AN
ENGLISH SINHALESE
DICTIONARY

AN
ENGLISH SINHALESE
DICTIONARY

CHARLES CARTER

SECOND REVISED EDITION

BY

D.E. HETTIARATCHI

GYAN

Published by

Gyan Publishing House
5, Ansari Road
Daryaganj, New Delhi-110002
Phone: 011-47034999, 9811692060
E-mail: books@gyanbooks.com

Distribution Network
gyanbooks.com
India, USA, Canada, UK, Australia, France

ISBN : 978-81-212-4347-6 (PB)
First Published, Colombo, 1938

2nd Impression 2020

Printed at: Gyan Press, Delhi.

An
English Sinhalese Dictionary
Author: D.E. Hettiaratchi

AN

ENGLISH-SINHALESE DICTIONARY.

BY

CHARLES CARTER,

Author of a Sinhalese–English Dictionary, Sinhalese and English Lesson Books on Ollendorff's System, "A Vernacular Grammar," "Sinhalese Verbs reduced to Conjugations," and Translator of the Bible into Sinhalese on behalf of the Baptist Missionary Society.

REVISED EDITION.

Under the Patronage of

The Government of Ceylon.

COLOMBO:

CEYLON OBSERVER PRESS.

1936.

TO HIS EXCELLENCY

THE HON. ARTHUR HAMILTON GORDON, G.C.M.G.,

GOVERNOR OF THE ISLAND OF CEYLON AND THE DEPENDENCIES THEREOF,

THE ENGLISH-SINHALESE DICTIONARY

IS (BY PERMISSION) RESPECTFULLY

Dedicated,

IN APPRECIATION OF THE MANY MATERIAL BENEFITS CONFERRED ON

THE SINHALESE BY HIS ADMINISTRATION

AND

OF THE AID HE HAS EVER RENDERED IN PROMOTING NATIVE

LITERATURE AND THE INTELLECTUAL ADVANCEMENT

OF THE PEOPLE,

BY HIS HUMBLE AND OBEDIENT SERVANT,

THE COMPILER.

PREFACE TO THE FIRST EDITION.

IT is now sixty-eight years since the first English-Sinhalese Dictionary, making any pretence to completeness, was first published "By the Rev. B. Clough, Wesleyan Missionary." Since that time the language has undergone some changes, the most important being those which have taken place during the past twenty years by the introduction of many words from Sanskrit and the ancient Sinhalese literature, and by the settlement of the orthography of a large number of words which, through the copiousness of the alphabet, had come to be written in a variety of ways. There has also been considerable progress made in accurate knowledge of Sinhalese by Europeans since Clough's work was first issued, so that an improved English-Sinhalese Dictionary adapted to present circumstances has long been much needed. The compiler of the present work felt this many years ago, and submitted a specimen of what he thought was required to some native friends, who expressed very decided approval of it and urged him to proceed with the work. The actual accomplishment of the task, however, was impracticable at the time, and little more than mental preparation was possible besides the increased preparedness, the writer keeping the object in view, which naturally resulted from his long-continued intercourse with the natives, his constant use of the language, both in public and private, and especially from his necessarily critical use of it in literary work, necessitating discussion with native scholars, the whole of which was carried on, and that for many years, through the medium of the Sinhalese language alone.

To the writer's deep regret considerations of health compelled him to retire from Ceylon in July, 1881; a regret, however, which was to some extent alleviated by the fact, that opportunity was thus given of commencing and by degrees accomplishing the arduous and necessarily slow work of the much-needed dictionary. After an absence of more than six years the writer returned to Ceylon for the purpose of the final revision and publication of the work.

Besides adding to his vocabulary and keeping abreast of the times by the perusual of current Sinhalese literature, the compiler has waded through a Sanskrit-English Dictionary, and carefully selected therefrom terms which he knew were required in Sinhalese, and most of which were already frequently used in the literature of the learned; these, amounting to five or six thousand, have been and will be, as the revision proceeds, submitted to competent native scholarship, and being thus tabulated in their proper places will be available for general use.

No pains have been spared to secure correct orthography; and it is believed that in this respect it will be found generally, and all but universally, to command approval; but as scholars are not yet agreed on all points, there will unavoidably be room for exception to be taken on one side or the other. In this matter of orthography the compiler would here acknowledge with thanks his indebtedness, for many valuable suggestions, to W. P. Ranasinghe, Esq., editor of the valuable native paper, the *Dinakaraprakásaya*, as also to W. Goonetilleke, Esq., editor of the *Orientalist*, to L. Corneille Wijesinha, Mudaliyar, translator of the *Mahawansa*, and to Simon de Silva, Mudaliyar, of the Public Instruction Department.

It would be unfair to demand absolute perfection in a work of this sort; and there is, of course, room for difference of opinion as to whether something might not have been added here or something omitted there, or whether in some cases a different rendering might not have been given. It would be vain to expect the entire approval of every one; but if the work is free from serious errors, is generally accurate and sufficiently full in its English vocabulary and its Sinhalese renderings, and is a considerable advance upon its predecessors, then its issue is justified, and it may fairly claim a favourable reception at the hands of those who need such a work.

It is intended to issue it in five parts at intervals of six months between each part, thus completing it in two years from the issue of the first part. This will bring the completion of the whole within a reasonable time, will make the purchase of it easy to many, and will give the author opportunity to take advantage of any just criticism, whether favourable or adverse, which any may be pleased to make upon the first and successive portions as they appear.

The author trusts that the work will be found of great service to the European who desires to acquire the Sinhalese language, and of equal service in aiding Sinhalese persons to acquire a more accurate and extensive acquaintance with English.

CHARLES CARTER.

Kadugannawa, June, 1889.

This work--begun in September, 1881, and on which I have been exclusively engaged for the last four years---being now completed, I would gratefully acknowledge that had not the Ceylon Government borne the cost of printing, it would have been impossible for me to have carried it through.

I have also pleasure in acknowledging the value of the services of Mr. D. T. Gunasekara, Pandit, of Katugastota, who has been employed by me to go over the manuscript with me before sending to press, in order to secure the greatest possible accuracy in all respects.

My hearty thanks are due also to Mr. C. J. A. Skeen, the Government Printer, for his careful superintendence of the work at press, and the very excellent typographical result which has so manifestly been attained.

C. C.

Kadugannawa, December, 1891.

PREFACE TO SECOND EDITION.

THE late Rev. Charles Carter, Compiler of this Dictionary, arrived in Ceylon, as a Missionary of the Baptist Missionary Society, on 22nd September, 1853. He was a great linguist and within four months of landing he preached a sermon in Sinhalese. He laboured as a Missionary in Ceylon for 28 years and during that time acquired a knowledge of the Sinhalese language such as has rarely if ever been equalled by any European. His Sinhalese-English Dictionary is still the leading dictionary of the language. His Lesson Books, both for English and Sinhalese students, are widely used as is also his "Sinhalese Verbs reduced to Conjugations."

It is forty five years since the first edition of this English-Sinhalese Dictionary was published; it supplied a long-felt want and its great worth has been recognised by all students of Sinhalese.

It has now been very carefully and thoroughly revised by Mr. D. E. Hettiaratchi, B.A. Hons. (Lond.), whose scholarly attainments and knowledge of Sinhalese marked him out for such a work as this.

The work of revision was first entrusted to Mr. Julius de Lanerolle by the Rev. J. A. Ewing of the Baptist Mission but owing to pressure of work Mr. de Lanerolle was able to revise only the first hundred pages, the rest of the work being entrusted to Mr. Hettiaratchi, whose own note follows this Preface.

This Dictionary is the property of the Baptist Missionary Society which has purchased the rights from the heirs of the late Rev. Charles Carter.

We gratefully acknowledge a donation of Rs. 2000/- from the Trustees of the Sri Chandrasekere Fund towards the cost of publishing this revised edition.

STANLEY F. PEARCE.

Baptist Mission House,
Colombo, 3rd July, 1936.

EXPLANATIONS.

1. In some of the examples given the Sinhalese is not the *grammatical* equivalent of the English, but is intended rather to show the best way of rendering the idea.

2. Often the object of the verb is not the same in Sinhalese as in English: the former expressing the idea in one way, and the latter in another; *e.g.*, see Clothe, which in Sinhalese governs directly the article put on, not the person, like Don.

3. It has not been practicable generally to separate the verbs into transitive and intransitive, but the distinction will be at once apparent in Sinhalese, and the Sinhalese student must understand that the English form is used in both senses when so given.

4. The *character* or peculiar usage of the word as well as the meaning has been taken into consideration, and the renderings restricted to those words which bear some correspondence to the peculiarity. *E.g.*, see Aliment, which is not the usual or common word like කෑම or food. On the other hand, where suitable, many words have been given to show more fully the idea of the English, and the various ways in which it may be rendered.

5. The same form or word in English may represent different parts of speech. That a form is given only as an adjective, for example, does not imply that it is not used as a participle; but the latter it was unnecessary to give, as its meaning does not differ from the verb: *e.g.*, *Dying* is both a participle and an adjective, and *Building* is both a noun and a participle.

6. Useless repetition of words by giving each word in all the possible parts of speech has been avoided; but it often happens that the different parts of speech from the same root have not the same application or meaning: *e.g.*, see Capital and its allied words. Such words, therefore, and their renderings have been given where otherwise they would have been unnecessary; and in Sinhalese also different renderings of a word in the various parts of speech are often possible, and serve to illustrate one another: *e.g.*, see Agree, &c. There is, besides, an advantage in having variety in the expression even where there is no variation in the idea.

7. The special application of a word, and sometimes the case it governs, is often shown by words in brackets, particularly to indicate whether the English word qualifies the agent or the object: for example, many adjectives in *ble* cannot be followed by the agent, though the Sinhalese might: as ඉවසිය නොහැකි (කෙනෙක්) would—without some indication to the contrary, such as යමෙකුට or යමෙකු විසින් preceding—quite as well mean "A person who cannot tolerate" something, as "An intolerable person."

8. Many so-called English adjectives cannot immediately precede the noun which they qualify but must be put in apposition to it along with a verb expressed or understood; *e.g.*, we could not say, *The afraid, or conversant or alive, or hurt man,* but either *The man is afraid of this* or *The man afraid of this*—that is, *The man who is afraid of this*

Such words are given with "be" as verbs, or in some cases for convenience of rendering in Sinhalese are designated by *a.* or *be.* In either case the Sinhalese student must avoid placing them before a noun, as he places the corresponding Sinhalese words. Some English adjectives, however, may precede the noun in some senses, but not in others: this is indicated by *be* preceding the senses which require it.

9. The various meanings of a word are often indicated by the insertion of the English equivalent; but for a fuller explanation of that equivalent the word must be sought in its place: *e.g.*, under *Confirmed* will be found *Chronic* as one of its meanings, but for the fuller rendering of *Chronic* it must be referred to in its proper place.

10. After explanatory renderings, a short term has been given, which it is hoped will be found sufficient when once the right idea has been obtained through the preceding explanation: see Constituency.

11. Many terms are chiefly applied to or are associated with Buddhism; its priests or monks, and its rites, but may with care be transferred to other things.

12. To avoid the repetition of the various renderings of the verbs in the formation of their verbal nouns, and other mere repetitions of words in the various parts of speech, one or two examples only in each case have generally been given, and the student referred for the rest to the verb or preceding adjective or noun, as the case may be, by the insertion of "&c.," which refers to some immediately preceding word; (ඩෙස්) or (ඩෙස්ය කියා) also refers to what immediately precedes.

13. Words separated by strokes must each be connected with the word which follows the last stroke: *e.g.*,

ඇතුළත්ව—අඩංගුව—තිබෙනවා means ඇතුළත්ව තිබෙනවා, අඩංගුව තිබෙනව·

14. *Or* is used between the Sinhalese words instead of හෝවත් as both more distinct and as forming no part of the sentence.

15. The definite form of the noun in Sinhalese has generally been used, as being the simpler; but where there was danger of the object being regarded as the only one of the kind or the only kind, the indefinite form is used and sometimes the plural: *e.g.*, see Artery.

16. The difference between the comma and the semicolon must be carefully observed: the former merely separating the words one from another; the latter indicating considerable difference in meaning or application, though the meanings will often run one into another, and be in some cases interchangeable.

17. The general pronunciation of *Ch* is ච, but where it is otherwise it is shown by the insertion of ශ or ක with the required vowel. *Chr* is always ක්‍ර. The pronunciation of a few words has been given to distinguish them one from another.

18. It has been the compiler's object to make the Dictionary as complete as practicable, but should the student miss some word, the idea of which he desires to render, let him turn to some synonym, and he will probable find the aid he requires.

19. The form කරනලද has been frequently used, in order to show that the sense in English is passive, but generally the simpler from කළ *or* කරනු may be substituted.

ABBREVIATIONS.

a. or adj... adjective
acc. .. accusative
ad. ... adverb
agri. ... agriculture
alg. ... algebra
anat. ... anatomy
anc. ... {ancient / anciently}
arch. ... architecture
arith. ... arithmetic
astr. ... astronomy
aux. ... auxiliary
B. ... Buddhistic
B. P. ... Buddhist priesthood
bot. ... botany
carp. ... carpentry
chem. ... chemistry
Chr. ... Christian
coll. ... colloquial
com. ... commerce
conj. ... conjunction
const. ... constellation
E. ... English
ent. ... entomology
esp. ... especially
excl. ... exclamation
fem. ... feminine
fig. ... figuratively
Fr. ... French
gar. ... gardening
gen. ... generally
geo., geol. ... geology
geog. ... geography
geom. ... geometry
Ger. ... German
Gr. ... Greek
gov. ... government
gram. ... grammar
H. ... Hindoo
Heb. ... Hebrew
her. ... heraldry
hon. ... honorific
int., intj., interj. ... interjection
inter. ... interrogative
invol. ... involitive
It. ... Italian
L. ... Latin
lit. ... literally
loc. ... locative
mas. ... masculine
math. ... mathematics
mech. ... mechanics
med. ... medical
meta. ... metaphysics
mil. ... military
mus. ... music
myth. ... mythology
n. ... noun
nat. hist... natural history
nat. phil... natural philosophy
neg. ... negative
neu. ... neuter
nom. ... nominative
obs. ... obsolete
ord. ... in ordinary usage.
ornith. ... ornithology
p. ... present participle
paint ... painting
per. ... person
phren. ... phrenology
pl. ... plural
pp. .. perfect participle
phil. ... philology
pos. ... positive
prep. .. preposition
pret. ... preterite
pron. .. pronoun
R. C. ... Roman Catholic
rhet. ... rhetoric
S. ... Sinhalese
Scot. ... Scottish
sculp. ... sculpture
sec. ... second
sing. ... singular
sp. ... specially
sur. ... surgical
temp. ... temporal
theol. ... theology
trig. ... trigonometry
v. ... verb
v. i. ... v. intransitive
v. t. .. v. transitive
vol. ... volitive
vul. ... vulgar
zool. ... zoological

PREFATORY NOTE.

SINCE the publication of this Dictionary over forty years ago our knowledge of the language and its Orthography has been considerably advanced by the investigations of scholars, while the vocabulary has also been enlarged by the progress made in scientific and other studies. In view of this progress a revision of the Dictionary was found essential.

In this revision every endeavour has been made to bring it up-to-date in the light of modern research. Expressions that had become obsolete or antiquated have been modernised; in giving meanings of words many synonyms have been included so that the reader may choose the word that suits the context best; a large number of technical terms occurring in mathematical and other scientific works as well as those coined by the Government Terms Committee have been included; and the collection of head-words has been enlarged.

A moot point in Sinhalese is its Orthography and in the present work the system followed is that used by the compilers of the Sinhalese Dictionary which is now being issued under the auspices of the Ceylon Branch of the Royal Asiatic Society. This system has been accepted as the most correct in the light of the latest researches.

The mode of spelling of Pali and Sanskrit *Tatsamas* adopted by the original compiler of the Dictionary has been retained although this is not in keeping with accepted standards. Tatsama words like කොටී and දේශ were written by Rev. Carter as කොට්ඨී and දේස in order that the words may be pronounced correctly even by those who have no knowledge of their original forms. This has been retained as it involves no change of meaning.

In conclusion I have to express my thankfulness to Messrs. Julius de Lanerolle, J. S. De Zoysa and D. C. Dissanayaka for valuable help rendered in this work of revision and also to the Rev. S. J. de S. Weerasinghe and Mr. D. H. D. Wickramaratne for useful suggestions, comments and assistance ungrudgingly given.

D. E. HETTIARATCHI.

Buthgamuwa,
Angoda.
1.7.1936.

ENGLISH-SINHALESE DICTIONARY

ඉංග්‍රීසි-සිංහල අකාරාදිය

A, an, indefinite article.—එක්, —අක්: a man මනුෂ්‍යයෙක්, a woman ස්ත්‍රියක්, an ear කනක්.

Aback, ad. පස්සට. I was taken aback (පස්සට තල්ලු වුණෙමි) හදිසියෙන් පුදුමයට — සැකයට— පැමිණියෙමි.

Abaft, ad. (at *or* to the stern) අවරයේ, අවරයට, අවරය පැත්තට, නැවේ පස්සා පැත්තට.

Abandon, v. අත්අරිනවා, අත්හරිනවා, අත්ඇර දමනවා, අත්ඇර යනවා, අතරමං කරනවා. වර්ජනය කරනවා.

An abandoned (deserted) house අත්ඇරිය—අත්ඇරපු—පාලු—ගෙයක්.

An abandoned (wicked) person දුෂ්ට—නපුරට කැපකළ තැනැත්තෙක්.

Abandoned, a. අත්අරිනලද &c., විවර්ජිත; දුෂ්ට, ජඩ.

Abandonment, n. අත්ඇරීම &c. (see verb); වර්ජනය; (of the world, i. e., renunciation) B. නෛෂ්ක්‍රම්‍යය.

Abase, v. පහත්කමට—නීචකමට—අවමානයට—අවමානයට — පමුණුවනවා; පහත්—යටත්—යටත් පහත්—කරනවා. See Humble.

Abased, become, v. පහත්කමට—පහත් *or* නීච ස්වභාවකට—පැමිණෙනවා.

Abash, v. ලජ්ජාකරනවා, ලජ්ජාවට පමුණුවනවා.

Abate, v. අඩුකරනවා, අඩුවෙනවා, බාලකරනවා, බාලවෙනවා.

Of a flood or fever වතුර—උණ—බහිනවා. බැස යනවා, අඩුවෙනවා, පහත්වෙනවා.

The wind has abated (ceased) හුළඟ නැවතිලා.

His anger has abated (passed away) ඔහුගේ කෝපය පහවෙලා, සන්සිඳිලා.

Abatement, n. අඩුකිරීම &c.; අඩුකරනගණන *or* තරම, න්‍යූනීකරණය.

Abbacy, n. තාපසාරාමාධිපති—මඨාධ්‍යක්ෂ—තැනගේ අධිතිවාසිකම *or* තනතුර.

Abbess, n. තාපස ස්ත්‍රීන් සමූහයකගේ නායක ස්ත්‍රී, නායක තාපසී, මඨාධ්‍යක්ෂා, ආරාමපාලිනී.

Abbey, n. තාපසයන්ගේ ගෙය, තපස් මඩම, පන්සල, සංඝාරාමය, ආශ්‍රමය.

Abbot, n. තාපසයන් සමූහයකගේ නායකයා, නායක තාපසයා, යතීන්ද්‍රයා, තාපසාරාමාධිපති, මඨාධිපති, මඨාධ්‍යක්ෂ.

Abbreviate, v. ලුහුඬුකරනවා, කොටකරනවා, පිකකරනවා, සංක්ෂේපකරනවා. Tell briefly ලුහුඬු කර කියනවා, ලුහුඬෙන්—සංක්ෂේපයෙන්—ස්වල්ප වශයෙන්—කියනවා.

Abbreviated, a. ලුහුඬු කළ &c., ලුහුඬු, කොට, සංක්ෂේප, සංක්ෂිප්ත.

Abbreviation, n. ලුහුඬු කිරීම &c.; සංක්ෂිප්තය, සංක්ෂේපය, සංක්ෂේපණය, (අ. හා. වාගේ කොටකළ) වචන කොටස්.

Abdicate, v. රජකමෙන්—නිලයෙන්—මැඩෙන්—අහක්වෙනවා *or* ඇරෙනවා, රජකම්-අධිතිවාසිකම &c.— (සිය කැමැත්තෙන්) අත්අරිනවා.

Abdomen, n. යටිබඩ, උදරය, කුක්ෂිය.

Abdominal, a. යටිබඩ, යටිබඩට අයිතිවූ, කෞක්ෂ.

Abduct, v. හොරෙන්—රහසින්—බලෙන්—රැවටිල්ලෙන්—ඇරගෙන යනවා, පැහැරගෙන යනවා.

Abduction, n. හොරෙන් &c. ඇරගෙන යෑම, පැහැරගෙන යෑම, අහකට *or* පැත්තකට ඇදගැනීම, අපහරණය, හරණය; Abduction of Jānakī ජානකී හරණය.

Aberration, n. පාර වරද්දගැනීම, මංවැරද යෑම, භ්‍රමය, මතිභ්‍රමය, මුළාවීම, මුළාව.

Abet, v. (අන්‍යයකුගේ නපුරු ක්‍රියාවට) අනුබල දෙනවා, බෙයිගේදෙනවා, උදව්වෙනවා.

Abeyance, n. කලසට නැවති තිබීම-නවත්වා තැබීම, කලකට අහකින් *or* ඉවතින් තැබීම.

Abhor, v. පිළිකුල්කරනවා, ජුගුප්සාකරනවා.

Abhorrence, n. පිළිකුල්කිරීම, පිළිකුල, ජුගුප්සාව.

Abhorrence, an, be *or* **become,** v. පිළිකුල්වෙනවා, පිළිකුලක්ව සිටිනවා.

Abide, v. remain හිටිනවා, නවතිනවා, නැවති සිටිනවා, පවතිනවා; dwell වාසය කරනවා, පදිංචිවෙනවා, පොරොන්දුව සිටිනවා *or* හිටිනවා; tolerate ඉවසාගෙන ඉන්නවා.

Ability, n. පුළුවන්කම, බලය, ශක්තිය, ප්‍රඥාවය, සමර්ථකම, සමර්ථතාව, සාමර්ථ්‍යය, පාටවය.

Abject, a. පහත්, නීච, දූෂිත.

Abject, n. පහත්—නීච—දූෂිත—තැනැත්තෙක්.

Abjure, v. දිවුරා—දිවුරුමක් පිට—වැදගත්ලෙස—එපාකරනවා *or* අත්අරිනවා.

Ablative, a. (case) අවධි, අපාදාන, පඤ්චමී (විභ [ක්තිය).

Able, be, v. පුළුවන, පුළුවනි, හැකි, පුළුවන්වෙනවා, පුළුවන්ව සිටිනවා, හැකිව සිටිනවා.

Able, a. බලගතු, බලසම්පන්න, ප්‍රබල, ප්‍රඥ; clever දක්ෂ, හපන්, සමර්ථ, විචක්ෂණ.

Able-bodied, a. ශක්තිමත් දේහ ඇති, කායබල ඇති, ශක්තිමත්.

Ablution, n. සේදීම, නෑම, ස්නානය, ධෝවනය, ප්‍රක්ෂාලනය.

Abnegation, n. නැත කීම, එපාකිරීම, ප්‍රත්‍යාඛ්‍යානය, ත්‍යජනය; self-abnegation ආත්මත්‍යජනය, ආත්ම පරිත්‍යාගය; see Self-denial.

Abnormal, a. අනියම්, අසාමාන්‍ය, නියම—සාමාන්‍ය—ස්වභාවට වෙනස්වූ.

Aboard, ad. නැවේ–පාරුවේ–ඔරුවේ &c. (සිටිනවා *or* තිබෙනවා).

Abode, n. වාසස්ථානය, නිවාසය, නිවස, ආවාසය, ගෙදර; of a people ජනපදය, දනවුව.

Abolish, v. of laws &c., අවලංගුකරනවා, පහකර නවා, නිෂ්ප්‍රභා කරනවා; of customs අත්හරිනවා, අත්හිටවනවා, නවත්වනවා, නැතිකරනවා.

Abominable, a. පිළිකුල් සහිත, ගර්හණීය, ගර්හිත, කැත.

Abominate, v පිළිකුල්කරනවා, දෙව්ෂකරනවා, අප්‍රිය කරනවා.

Abomination, n. පිළිකුල, පිළිකුල්කම, කැත බව, ගර්හාව.

Aboriginal, a. (යම් රටක) මුල්වූ, ප්‍රථම, පළමු, ආදිම (මැසියෝ &c.)

Aborigines, n. pl. (යම් රටක) ප්‍රථම වැසියෝ, මුල් පදිංචිකාරයෝ, ආදි වැස්සෝ.

Abortion, n. ගර්භපාතිව, ගැස්සාවීම, ගර්භස්‍රාව, ගර්භ පාතනය, ඌනප්‍රසවය; fig. නිශ්ඵල; causing abortion ගැස්සාහෙළීම, භ්‍රෑණඝාතය.

Abortive, a. නිෂ්ඵල වෙන්නාවූ, හිස්වෙන්නාවූ, හරි නොයන්නාවූ (උත්සාහ &c.), වඳවී.

Abound, v. බහුලව–ගහනව–තිබෙනවා *or* සිටිනවා.

Abounding, a. ගහන, බහුල, ආඪ්‍ය, ප්‍රචුර, විපුල.

About, prep. around වටකර, වටේට, අවට, හාත් පස, හාත්පසින්; near ළඟ, වෙත, හර්යේදී; concerning ගැන.

About, ad. වාගේ, පමණ, විතර; here and there එහා මෙහා, එහෙ මෙහෙ, ඔබමොබ; somewhere round වටපිට, වටාපිටා; about to do (as a fact) කරන්ට යනවා; (as an arrangement) කරන්ට සිටිනවා; (with intention) කරන්ට හදනවා, කරන්ට තනනවා.

Above, prep. above it ඊට උඩින්, ඉහළින්, ඉවත්ව (තිබෙනවා); more than වඩා, වැඩියෙන්, වැඩියෙ; superior to වඩා උසස්, වඩා උතුම්.

Above, ad. උඩ, උඩින්, ඉහළ, ඉහළින්; above all සියල්ලටම වඩා, සියල්ලටම ප්‍රධාන; above-board නොසඟවා, වසඳවා නැතුව; above-said යථෝක්ත, ඉහතකී, යට කී–කියනලද.

Abrade, v. t. scrape, scratch සූරනවා.

Abraded, become, v. ගෙවෙනවා ගෙවී යනවා, සිරෙනවා, සිරී යනවා.

Abreast, ad. පෙළට, පේළියට, උරෙන් උර ගැසී, (සිටිනවා).

Abridge, v. කොටකරනවා, අඩුකරනවා, සංක්ෂේප කරනවා. See Abbreviate.

Abridgement, n. කොටකිරීම &c.; සංග්‍රහය, ලුහුඬු සංග්‍රහය, සංක්ෂිප්තිය.

Abroad, ad. දුරු රටකට (ගියා), අන්රටක–දේශයක –දේශාන්තරයක–විදේශයක්‍ව (සිටිනවා) ; widely විශාලලෙස, දුරට, පතළව.

Abrogate, v. අවලංගුකරනවා; (of customs) පහකර නවා, නවත්වනවා, අත්හිටවනවා.

Abrupt, a. ආකස්මික, අසම්බන්ධ; steep ප්‍රපාතවූ; sloping පල්ලම්වූ; hasty ඉක්මන්, හදිසි; rough රළු.

Abruptly, ad. හදිසියෙන්, ඉක්මන් ලෙස, එක පාරට.

Abscess, n. ගෙඩිය, ගඩගෙඩිය, විද්‍රධිය.

Abscind, v. කපා දමනවා, සිඳ දමනවා.

Abscond, v. සැඟවී යනවා, හැංගී යනවා, පැනලා යනවා.

Absence, n. ළඟ නැතිබව, පරෝක්ෂය, අනභිමුඛය, නැතිකම, අභාවය.

Absent, a. ළඟ නැති, ඉදිරිපිට නැති, අහක්ව සිටින, අනභිමුඛ, පරෝක්ෂ.

be absent in mind කල්පනානොකර–සිත යොමුනොකර–ශූන්‍ය චිත්තව–සිටිනවා.

Absent, v. (one's self) අහක්ව–නැතිව–සිටිනවා.

Absolute, a. perfect සම්පූර්ණ, පරම; certain සත්‍යක, නිත්‍ය, නියත; self-existent කේවල, අනන්‍ය සම්බ න්ධ; absolute monarchy පරම–ස්වාධීන–රාජාණ්ඩුව, අනන්‍යනොමතික ආණ්ඩුව.

Absolution, n. ක්ෂමාව, පාපක්ෂමාව, පාපමුක්තිය, කමාව, පව්කමාව; priestly පාප මෝචනය.

Absolve, v. release පාපයෙන් &c. නිදහස්කරනවා, මුදනවා; forgive ක්ෂමා–කමා–ඉවසනවා *or* කරනවා; announce pardon කමාවීම දක්වනවා; acquit නිදෝෂ කාරයකු කරනවා.

Absorb, v. drink in බීගන්නවා; suck in උරාගන්නවා.

The earth absorbs water පොළොවට ජලය බීගන්නවා.

[But vol. with nom. as හරකා කැඳ බීගත්තා, "the ox has drunk up the congee."]

A sponge absorbs (draws in) liquids ස්පොන්ජ්තක ට ද්‍රවජාති ඇදෙනවා, ඇදීයනවා, ඇදගන්නවා.

Absorbed in business වැඩෙහි යෙදී–නිසුසානව –නිරතව–ව්‍යාපෘතව–සිටිනවා. නවා.

Absorbed in luxury සැපයෙහි ඇලී ගැලී සිට

Absorbed, a. (*or* be) බීගන්නාලද &c, immersed in නිමග්න; concealed in නිලීන, ලීන: absorbed in thought සමාහිත.

Absorption, n. බීගැනීම &c; නිපානය; ලීනතාව. of existence අසංභාතිය, (වෛදික) මුක්තිය, මෝක්ෂය.

Abstain, v. වැළකෙනවා, වලකිනවා, නොකර සිට නවා, විරමණය කරනවා.

Abstainer, n. වැළකෙන්නා &c.; from intoxicating drink අමද්‍යප පුරුෂයා.

Abstemious, a. මදලෙසකන බොන, මිතාහාර, මිතා ශන, (සැප සැත) පමණ දන ක්‍රියා කරන, අධික සැපෙන් වැළකෙන.

Abstinence, n. fasting නිරාහාරව–නිරාහාරයෙන්– කෑම් නොකා–සිටීම, උපවාසය; refraining වැළ කීම, විරමණය.

Abstract, v. take out ඇදගන්නවා, ඇරගන්නවා. හොරෙන් ගන්නවා; separate වෙන්කරගන්නවා. See Abbreviate.

Abstract, a. separated වෙන්කොට ගත්, විභින්න, කේවල, තනි; of qualities ගුණ; of kinds විශී, ජාති; of state, condition භාව (මවන).

Abstract, n. ලුහුඬු පිටපතක්, සංක්ෂේප පිටපතක්, උප සංක්ෂේපය.

Abstracted, a. ඇදගන්නාලද &c; see verb; intent upon භාවසමාහිත.

Abstractedly, ad. වෙන් විගයෙන්, වෙනවෙනම, වෙන්කර.

Abstraction, n. ඇදගැනීම, අපහරණය &c. see verb, fixing the mind සිත යොමුකිරීම, චිත්තස්ථාපනය, සමාධිය, ප්‍රණිධානය.

Abstruse, a. ගම්භීර, ගූඪ, දුර්බෝධ, ප්‍රච්ඡන්න ගැඹුරු, අමාරු, අඳුරු, නොපැහැදිලි.

Absurd, a. පරස්පර විරෝධවූ, න්‍යාය විරුද්ධ, අභූප පන්න, මෝඩ.

Abundance, n. බහුලකම, බහුලත්වය, බාහුල්‍යය, අධිකකම, පුරම තිබීම, සම්පූර්ණකම, සමෘද්ධතාව, සම්පත්තිය. [පමණ.

Abundant, a. අධික, බහුල, ප්‍රචුර, විපුල, සෑහෙන

Abundant, be, v. නොමදව—අධිකලෙස—පුරම—සම්පූර්ණලෙස-බහුලව-සෑහෙන පමණ-තිබෙනවා.

Abundantly, ad. අධිකලෙස, පුරම, බහුල ලෙස, අතිශයින්, නොමදව.

Abuse, v. අනිසි ලෙස—නුසුදුසු ලෙස—අයථා පරිද්දෙන්-භාවිතකරනවා *or* පාවිච්චිකරනවා *or* ප්‍රයෝජන ගන්නවා; revile බනිනවා, නින්දා කරනවා, ආක්‍රෝශකරනවා, උපවාදකරනවා.

Abuse, n. අනිසිලෙස භාවිතකිරීම &c; අනිසි භාවිතාව, අයථා ප්‍රයෝජනය, බැනුම, ආක්‍රෝශය, ගර්හාව, පරිභවය.

Abusive, a. බනින, නින්දාකරන, බැනුම් සහිත &c.

Abut, v. යාව-හේත්තුව-තිබෙනවා.

Abutment. n. යාවූ කොටස. See Buttress.

Abyss, n. ගැඹුර, අගාධය, පාතාලය.

Academy, n. පාඨශාලාව, ශිල්පශාලාව, ශාස්ත්‍රශාලාව. විද්‍යාලය.

Accede, v. එකඟවෙනවා, එකමුතුවෙනවා; yield යටත්වෙනවා.

Accelerate, v. ඉක්මන්කරනවා, ඉක්මන්කරවනවා, කඩිනම්කරනවා.

Accent, v. ස්වර තබා කියනවා, එක් අක්ෂරයක් බරකොට කියනවා, ප්‍රධාන ස්වරයට ලකුණක් ලියනවා.

Accent, n. ප්‍රධාන ස්වරය, ප්‍රධාන ස්වරයේ ලකුණ, උච්චාරණ ධ්වනය, ශබ්ද කිරීමේ විධියක්.

Accented, pp. *or* a. ස්වර තබා කියන, ස්වරිත, උදාත්ත.

Accentuate, v. fig. කාරණාවක් බරපතල කොට කියනවා. See Accent.

Accept, v. පිළිගන්නවා, ඒත්තුගන්නවා, ප්‍රතිග්‍රහණය කරනවා; take charge of භාරගන්නවා.

Acceptable, a. ප්‍රසන්නවූ, ප්‍රියවූ, ප්‍රතිග්‍රහණීය, සමාදේය, රුචිර.

Acceptance, n. පිළිගැනීම &c., see verb; ප්‍රතිග්‍රහණය, ස්වීකාරය; a bill පොරොන්දු පත්‍රයක්.

Acceptation, n. ප්‍රසන්නකමින් පිළිගැනීම, ප්‍රසන්නකම, ආශය; meaning තේරුම, අභිප්‍රාව, අර්ථය.

Accepter, Acceptor, n. පිළිගන්නා &c., see verb; ප්‍රතිග්‍රාහකයා.

Access, n. ළඟාවීම, ඇතුල්වීම, ළඟට පැමිණීම, එළඹීම, ප්‍රවේශය, උපසර්පණය, ළඟාවීමේ මාර්ගය *or* විධිය.

Accessibility, n. (යමකු විසින්) ළඟාවිය හැකිකම *or* ළඟාවීමේ පහසුකම &c., see Access. ආගම්‍යතාව, ගම්‍යතාව.

Accessible, a. ළඟාවියහැකිවූ &c., see Access, උපසර්පණීය, ආගම්‍ය, ගම්‍ය.

Accession, n. ළඟාවීම &c., see verb; (සිංහාසනයට) ආරූඪවීම, ආරූඪිය; increase වැඩිවීම, එකතුවීම.

Accessory, a. උදව්කාර, සහකාර, හවුල්කාර.

Accessory, n. සහායකයා, (නපුරක් කිරීමට) උදව්කාරයා, හවුල්කාරයා, සහකාරයා.

Accident, n. අහම්බෙන් සිදුවන දෙයක්, හදිසියක්, හදිසි අනතුරක්, අත්වැරැද්දක්.

Accidental, a. අහම්බෙන් සිදුවෙන, හදිසි *or* හදිස්සි.

Acclaim, Acclamation, n. ඔල්වරහඬ, ප්‍රීතිඝෝෂාව, ජය ඝෝෂාව; clapping hands අත්පොළසන් දීම.

Acclimatize, v. දේශගුණයට පුරුදුකරනවා *or* පුරුදු වෙනවා.

Acclivity, n. කන්දක නැඟුම *or* නැග්ම, කඳුබෑවුම, නිතම්බය.

Accommodate, v. accommodate to circumstances (ඉදිරිපත්) කාරණවල හැටියට යොදනවා *or* යොදා ගන්නවා, අවස්ථානුකූලව කරනවා; accommodate one's self to circumstances අවස්ථානුකූලව ක්‍රියා කරනවා;
supply සපයාදෙනවා; favour, help උදව්-උපකාර -කරනවා;
give lodging නවාතැන් දෙනවා, ඉඳුම්හිටුම් දෙනවා.

Accompanied with *or* **by, be**, (යම් තැනැත්තකු) සමඟ-කැටුව- *or* (යම් තැනැත්තන්) විසින් පිරිවරන ලදුව (යනවා &c.)

Accompany, v. සමඟ — කැටුව—එක්ව—එක්ක—යනවා *or* එනවා.

Accompanying, a. සමඟ &c. යන *or* එන.

Accomplice, n. පාපසහාය, (නපුරක් ගැන) සහකාරයා. See Accessory.

Accomplish, v. effect සිද්ධ-සිදු-කරනවා, ඉෂ්ට-ඉටු -කරනවා, සාධනයකරනවා;
finish සමාප්ත—කම්මුතු—ඉවර—නිම—කරනවා;
perfect සම්පූර්ණකරනවා.

Accomplished, pp. & a. ඉෂ්ට—ඉටු—වී *or* වූ, මුදුන් පත්වී *or* වූ, සමාප්ත වී *or* වූ &c.; සාධිත; well versed පුහුණුව සිටින, නිපුණ, විශාරද.

Accomplishment, n. සිද්ධ කිරීම &c., see verb; සංසිද්ධිය, සාධනය, සම්පාදනය, නිෂ්පත්තිය; skill සමර්ථකම; learning උගත්කම, නිපුණතාව.

Accord, v. එකඟවෙනවා, හරියනවා, හුරුව තිබෙනවා, සමවෙනවා; in mind එකමුතු වෙනවා; be like සමාන වෙනවා; make to accord එකඟ කරනවා &c; grant කරුණාවෙන් දෙනවා.

Accord, n. එකඟකම, හුරුකම, සමකම; සමානකම; එකමුතුකම, one's own accord තමාගේම කැමැත්ත, ස්වකීය කැමැත්ත, ස්වේච්ඡාව.

Accordance, n. එකඟකම, අනුකූලභාවය, අනුසාරය, අනුරෝධය, එකමුතුකම.

Accordant, a. එකඟ, හුරු, සම, අනුකූල. අනුරූප, සමාන, එකමුතු.

According to, prep. හැටියට, ප්‍රකාරයට, පරිද්දෙන්, අනුරූපව.

Accordingly, ad. එසේ, එසේම, එලෙස, ඒහැටියට &c., see prep.

Accost, v. speak to (යමකුට) ඉස්සරවෙලා කථා කරනවා, (යමකු විසින් තමන්ට කථාකරන්ට පළමුවෙන් තමන් විසින් ඔහුට) කථාකරනවා;
n. manner ආචාරය, වෘත්තිය.

Accouchement, n. Fr. දරුවන් වැදීම, ප්‍රසූතකිරීම.

Accoucheur, n. Fr. සූති වෛද්‍ය.

Accoucheuse, n. Fr. වින්නඹු ස්ත්‍රී, වින්නඹුව.

Account, n. ගණන, ගණන්පත්‍රය; narrative විස්තරය, විස්තර කථාව, කථාන්තරය, කතන්දරය, ප්‍රවෘත්තිය, වාර්තාව, වග; on account of නිසා, නිමිත්තකොට ගෙන.

Account, v. regard as (යමක් කොට) සලකනවා, ගණන් ගන්නවා, (මිත්‍රයෙක්යයි) සලකනවා; account for කාරණා කියනවා, ගණන් දෙනවා, වගකියනවා.

Accountability, n. වග කියයුතු බව, උත්තර දියයුතු බව.

Accountable, a. වගකියයුතු, වගකියත්වවූ, උත්තර දියයුතු.

Accountant, n. ගණන් තබන්නා *or* ලියන්නා.

Accoutre, v. පලන්දනවා, යුද්ධායුධ පලන්දනවා, සන්නද්ධකරනවා; one's self පලඳිනවා, පැලඳගන්නවා, සන්නද්ධවෙනවා.

Accoutrements, n. pl. ඇඳුම් පැලඳුම්, යුද්ධායුධ, සන්නාහ, ආයිත්තම්.

Accredited, a. සාක්ෂි ලත්, බලය ලත්, බල පවරනු ලැබූ.

Accretion, n. වැඩිවීම, ලියලීම, (යමකට යමක්) එකතුව *or* පැස්සී වැඩීම—දිවුණුවීම (දෙබිස් ඇඟිලි පරිද්දෙන්).

Accrue, v. arise උපදිනවා; receive ලැබෙනවා, අත් වෙනවා.

Accumbent, a. හේත්තුවූ, හාන්සිවූ.

Accumulate, v. රැස්කරනවා, ගොඩකරනවා, රැස් වෙනවා, රැඳෙනවා;
increase වැඩිවෙනවා, වැඩිවේගන යනවා.
Filth collects here මෙතන කුණු රැඳෙනවා, එකතු වෙනවා.

Accuracy, n. නිවැරදි බව, හරි බව, යථාර්ථතාව, නිරවද්‍යතාව.

Accurate, a. නිවැරදි, හරි, සම්පූර්ණ, අඩුවැඩි නැති, ඇත්තට එකඟ, යථාර්ථ.

Accurse, v. See Curse.

Accursed, a. ශාපලත්, විනාශයට කැපවූ.

Accusation, n. වරදතැබීම &c., see verb; දෝෂාරෝපණය, අපවාදය, චෝදනාව.

Accusative, a. (case) කම් (විබත්) *or* කර්ම (විභක්තිය).

Accuse, v. වරද තබනවා, දොස් තබනවා, වරද නඟනවා. දොස් පවරනවා, දෝෂාරෝපණය කරනවා, අපවාදකරනවා, චෝදනාකරනවා.

Accused, n. වරද තබනලද—දෝෂාරෝපිත—චූදිත—අය; defendant විත්තිකාරයා.

Accuser, n. වරද තබන්නා &c., see verb; දෝෂාරෝපණය කරන්නා, චෝදකයා, චෝදනාකාරයා.

Accustom, v. පුරුදුකරනවා, පුහුණුකරනවා, ප්‍රගුණ කරනවා, අභ්‍යාසකරනවා.

Accustomed, become, v. පුරුදුවෙනවා, පළපුරුදු වෙනවා, පුහුණුවෙනවා, ප්‍රගුණවෙනවා.

Acentric, a. අමධ්‍යවූ, මැදෙහි නූවූ.

Acerbity, n. කහට, ඇඹුල්කම; fig. සැරකම, කෝපය.

Acescence, Acescency, ඇඹුල්වීම, ඇඹුලට හැරීම.

Acetic, a. ඇඹුල්—කාඩි—සවභාව ඇති.

Ache, v. කකියනවා, රිදෙනවා; n. කැක්කුම, රිදුම, වේදනාව.

Achieve, v. ඉෂ්ට *or* ඉටුකරගන්නවා, සම්පූර්ණ කරගන්නවා, මුදුන්පත්කරගන්නවා.

Achievement, n. ඉෂ්ට *or* ඉටුකරගැනීම &c; නිෂ්පත්තිය; winning දිනුම; victory ජය.

Acid, a. ඇඹුල්, අම්බිල; n. ඇඹුල, අම්ල.

Acidity, n. ඇඹුල්බව, ඇඹුල්ගතිය, ඇඹුල් රස.

Acidulate, v. ඇඹුල්කරනවා, ඇඹුල් දමනවා.

Acknowledge, v. that it is so එසේ බව-එසේය කියා-පිළිගන්නවා; admit to be true *or* false සැබෑබව *or* බොරුබව පිළිගන්නවා;
receive as a son පුත්‍රයකුකොට පිළිගන්නවා, පිළිගන්නවා;
acknowledge he is a son ඔහු පුත්‍රයෙක්ය කියා-පුත්‍රයෙක් බව-පිළිගන්නවා, පිළිගන්නවා;
acknowledge receipt of favour &c., අනුග්‍රහය ලැබුණාය කියා පිළිගන්නවා;
acknowledge receipt of a letter ලියුමක් ලැබුණාය කියා දන්වා ලියා අරිනවා;
acknowledge any one's kindness යමකුගේ කරුණාව ගැන සතුතිකරනවා.

Acme, n. මුදුන, මුදුන් සවභාවය, අග්‍රස්ථානය, සම්පූර්ණකම, පූර්ණත්වය.

Acne, n. මුහුණේ තද කුරුලෑ, යුවගණඩ.

Acolyte, n. (පුරාණ ක්‍රිස්තියානි සභාවේ) අත්උදව්කාරයා, අතවැස්සා, ඇබිත්තයා.

Acorn, n. අලෝන් ගසේ—ඕක් ගසේ—ගෙඩිය.

Acoustics, n. pl. ධවනි විද්‍යාව, ශ්‍රවණය පිළිබඳ ශාස්ත්‍රය, බිහිරිකමට බෙහෙත් *or* පිළියම්.

Acquaint, v. දන්වනවා, දන්වාදෙනවා, දැනුම්දෙනවා, නිවේදනයකරනවා.

Acquaintance, n. දැනගැන්ම, දැනුම, ඇඳිනුම්කම, විජානනය; (a person) අඳුනන්නා.

Acquainted, make, v. introduce අඳුන්වනවා, අඳුන්වා දෙනවා.

Acquiesce, v. සතුටුවෙනවා, එකඟවෙනවා, අනුමත කරනවා, අවිරුද්ධවෙනවා.

Acquire, v. ලබාගන්නවා, සම්බකරගන්නවා, අයිති කරගන්නවා, උපයාගන්නවා.

Acquirement, n. ලබාගැනීම &c; උද්ග්‍රහණය, උපාර්ජනය, of knowledge, &c. විද්‍යෝද්ග්‍රහණය &c.; the thing learnt ඉගෙනගත් දේ; pl. learning උගත්කම්.

Acquisition, n. ලබාගැනීම &c., see verb; ලබාගත් වස්තු දේ; see also Advantage, Benefit, Help.

Acquisitiveness, n. සම්බකර ගැනීමේ ආශාව; in phren. ඒ ආශාව රඳා තිබෙන මොළේ *or* ඉසේ කොට්ඨාසය, ධනාර්ජනේන්ද්‍රියය.

Acquit, v. නිදොස් කරනවා, නිදොස් බව ඔප්පු කරනවා; set free නිදහස්කරඅරිනවා; acquit one's self well තමාගේ යුතුකම් හොඳලෙස ඉටුකරනවා.

Acquittal, n. නිදොස්කිරීම, නිදහස්කිරීම.

Acquittance, n. ණයකින් නිදහස්කිරීම; (රට මිදන) කුවිතන්සි පත්‍රය, කුවිතන්සිය.

Acre, n. අක්කරය, දෙපැළක බිම.

Acreage, n. අක්කර ගණන, භූමි ප්‍රමාණය.

Acred, a. ඉඩම් කඩම් ඇති.

Acrid, a. කහට, කහට ඇත්තාවූ, කටුක, කර්කශ, උග්‍ර.

Acridness, n. කහට, කහටරස, කටුක රස, උග්‍ර රස.

Acrimony, n. කටුකබව, සැරකම, කර්කශකම, පරුෂකම, තරඟ ගතිය.

Acrobat, n. පිනුම්කාරයා, උස් කඹයක්පිට නටන්නා.

Across, prep. athwart හරහ, සරස, හරහින්; other side (of river or swamp) එගොඩ, එතර.

Across, ad. හරහට, එගොඩ, එගොඩට, එගොඩව එතරව.

Act, v. ක්‍රියාකරනවා, හැසිරෙනවා, කල්කරනවා; on the stage රඟුම් පෙන්වනවා, නාට්‍යපවත්වනවා.

Act, n. ක්‍රියා කිරීම &c.; ක්‍රියාව; law පනත, ඝනිකාව.

Action, n. ක්‍රියාකිරීම, ක්‍රියාව, කෘත්‍යය; battle යුද්ධය, සටන; lawsuit නඩුව.

Actionable, a. නඩු කියහැකිවූ (වරද), නඩු ගැසීමට සුදුසුවූ (කාරණ).

Active, a. acting, operative කාරක, ක්‍රියාකාර, උද්‍යෝගවත්, උද්‍යෝගී; in gram. සකර්මක; effective පණ–ගුණ–බල–ඇති; sprightly උනන්දු; quick ඉක්මන්; industrious කඩිසර, කම්නම්, ප්‍රයත්නවත්.

Activity, n. ක්‍රියාකාරකම, කඩිසරකම, උනන්දුකම, ප්‍රාණවත්කම, උද්‍යෝගීතාව.

Actor, n. ක්‍රියාකාරයා, ක්‍රියාකරන්නා; stage-player නාඩගම්කාරයා, නාට්‍යකරුවා, නළුවා.

Actress, n. නෘත්‍යකාරී, නාටිකාංගනාව, නැටුම්කාරී, නළඟන.

Actual, a. ඇත්තවශයෙන් තිබෙන, සැබෑ, ඒකාන්ත, සත්‍ය, තථ්‍ය. [සැටි.

Actuality, n. ඇතිසවභාවය, තත්වාකාරය, ඇති

Actually, ad. ඇත්තටම, සැබෑවටම, ඒකාන්තයෙන්ම.

Actuary, n. ලේකම්, ගණන් ලියන්නා, (වෙළඳ සමාගමක) ගණන් බලන්නා.

Actuate, v. කරවනවා, ක්‍රියාකරවනවා; incite පොළඹනවා, යොමුකරනවා.

Acumen, n. සිහියේ තීක්ෂණකම, තීක්ෂණ නුවණ, සූක්ෂම බුද්ධිය, විදග්ධතාව.

Acute, a. sharp තියුණු, තීක්ෂණ; severe සැර; clever ඥානවන්ත, සමර්, සූක්ෂමබුද්ධි, මද්බුද්ධි.

A. D. (Anno Domini) ක්‍රි. ව. *or* ක්‍රිස්තුවර්ෂය.

Adage, n. ව්‍යවහාර කීම, උපමාව, ආප්තෝපදේශය.

Adamant, n. diamond වජ්‍රය, දියමන්තිය.

Adamantine, a. වජ්‍රාකාර, වජ්‍රමය, වජ්‍ර, දැඩි, තද, දෘඪ, හයිය.

Adam's Peak, n. සමනළ කන්ද, සුමන–සමන්ත කූටය, ශ්‍රීපාදය.

Adapt, v. සුදුසු කරගන්නවා, යෝග්‍ය කරගන්නවා.

Adaptation, n. සුදුසුවන පරිද්දෙන් හරිගස්සාගැන්ම, යෝග්‍යකොටගැන්ම, තැනට *or* කටයුත්තට සුදුසු කොට ගැන්ම.

Add, v. එකතුකරනවා, එකතුත් කරනවා, සංකලනයකරනවා; increase වැඩිකරනවා; say further තවදුරටත් කියනවා.

Added, a. එකතුකළ &c., සංකලිත.

Addendum, n. Addenda, pl. L. තවත් එකතුකරන්ට තිබෙන දේ; (supplement) අතිරේකය.

Adder, n. විෂකුරු සර්පයෙක්.

Addict, (one's self) v. (ප්‍රධානකොට හරකකට) භාර වෙනවා, යමක ඇලී ගැලී සිටිනවා, නියුක්ත–නිරත–ආසක්ත–වෙනවා.

Addicted, be, v. to drink නිතරම බේබදුකම කරනවා, සුරාබුහතීව–සුරාසොඬව–සිටිනවා; inclined, accustomed ලැදිව–පුරුදුව–සිටිනවා.

Addition, n. එකතුකිරීම, එකතුවීම, වැඩිවීම, එකතුකළ–එකතුවූ–කොටස; in arith. සංකලනය, එකතුකිරීම; of fractions භින්නසංකලනය; advantage වාසිය, ලාභය. [රේක.

Additional, a. වැඩියෙන් තිබෙන, තව, වැඩිපුර, අති

Addle, v. *or* a. (බිත්තර) නරක්වෙනවා, කුණුවෙනවා, නරක්වූ, සිස්වූ, නමට, දුෂට.

Address, v. (සමූහයකට, කෙනකුට) කථාවක් කරනවා, ආමන්ත්‍රණය කරනවා; (see Accost); a letter ලියුමක් ලියා අරිනවා, ලියුම පිට නම ගම ලියනවා; address one's self to a thing යමකට භාරවෙනවා, යමක් බලාගන්නවා.

Address, n. කථාව; අනුශාසනාව; සභාපති පත්‍රය; නම ගම; skill, දක්ෂකම; manner අන්දම, කථාලීලාව.

Adduce, v. ගෙනැවිත් දක්වනවා *or* පානවා, සාක්ෂි වශයෙන් කියාපානවා, උපන්‍යාස කරනවා.

Adeps, n. තෙල, මේදය.

Adept, a. සමර්, දැනුම් ඇති, පුරුදු, පුහුණු, නිපුණ, ප්‍රවීණ.

Adequate, a. suffioing, suitable සෑහෙන, සුදුසු, පාත්‍රික, උපයුක්ත; that comports අනුරූප.

Adequately, ad. සෑහෙනලෙස, සුදුසුලෙස, නිසිප්‍රමාණයට, ඇතිතරමට; පාත්‍රිකව; අනුරූපවන ලෙස.

Adhere, v. ඇලෙනවා, අලවාතිබෙනවා; ඇලුම්වෙනවා, සංසක්තවෙනවා: ස්ථිරව සිටිනවා.

Adherence, Adhesion, ඇලීම, &c.; ස්ථිරකම, විශ්වාසකම, ආසක්තිය, සංසක්තිය.

Adherent, n. (යමකට) බැඳී සිටින්නා, පක්ෂවාදියා, භජනයකරන්නා, සමාගම්කාරයා ; of a religion (බුද්ධ, ක්‍රිස්තු &c.) භක්තිකයා.

Adhesive, a. ඇලෙන්නාවූ, ඇලෙන ගතියක් ඇත්තාවූ, ඇලෙනසුලු, සංලග්නශීල.

Adieu, ad. සුවසැති, ආයුබෝවන්, ශුභ සිද්ධවේවා; දෙවාශීර්වාද ලැබේවා.

Adigar, n. අදිකාරම, මහනිලමේ.

Adjacent, a. ළඟ, සිටිවූ, සමීප, සමීපස්ථ, ආසන්න, අසල්, යාවතිබෙන, යාබද

Adjective, n. ගුණවචනය, වෙසෙසුන, විශේෂණය, ගුණවාචක ශබ්දය.

Adjoin, v. i. යාව තිබෙනවා, (ගෙයකට ගෙයක් etc.) අල්ලාතිබෙනවා

Adjoining, a. යාවූ, යාබද, යාව තිබෙන. (ගෙයකට ගෙයක් etc.) අල්ලා තිබෙන.

Adjourn, v. කල්දමනවා, කලකට අත්හිටවනවා.

Adjournment, n. කලකට අත්හිටවීම, කල්දැමීම; අත්හිටවන වේලාව *or* කාලය.

Adjudge, Adjudicate, v. මුසිංචියක් කියනවා, නියම කරනවා, විනිශ්චයකර කියනවා, තීන්දුකොටකියනවා, නිර්ණය කරනවා.

Adjudication, n. මුසිංචියක් කීම &c.; මුසිංචිය, නඩු තීන්දුව, නිර්ණය.

Adjunct, n. එකතුකළ දේ, වැඩියෙන් එකතුවූ කෙනෙක් *or* වාසියක්.

Adjure, v. දිවුරවනවා, ශපථ කරවනවා; ඕනෑකමින් අණකරනවා, උදක්ම ඉල්ලනවා.

Adjust, v. හරිගස්සනවා, (ගණනක්, කාරණාවක්) බේරනවා; see Adapt.

Adjutant, n. (සේනාපතියාගේ) අත්උදව්කාර–සහකාර–මුලාදෑනියා, උපස්ථම්භක මුලාදෑනියා; the bird හලගණ්ඩ පක්ෂියෙක්, විශාල කොක්කු විශේෂයක්.

Admeasurement, n. නියම ක්‍රමයෙන් මැනීම; එසේ මනින ප්‍රමාණය.

Administer, v. serve (as a dose of medicine) පිළියෙල කොට–හරිගස්සා–දෙනවා; supply සපයා දෙනවා; effect ඉෂ්ටකරදෙනවා; distribute බෙදා දෙනවා; manage, govern හසුරුවනවා, ආණ්ඩුකරනවා, පාලනය කරනවා.

Administration, n. පිළියෙලකොට-හරිගස්සා-දීම &c.; government ආණ්ඩුව, පාලනය.

Administrator, n. නිසිබලයඇතුව පාලනය කරන්නා &c. see verb; බලයඇති කළමනාකාරයා; බුදල් බල කාරයා.

Admirable, a. ප්‍රශංසනීය, මනෝහර, අනුපම.

Admiral, n. යුද්ධනැව් සමූහයක අධිපතියා, නාවුක අධ්‍යක්ෂතැන.

Admiralty, n. නාවුක අග්‍රසේනාපතිධුරය; නාවුක සේනා-ආණ්ඩු-සභාව; නාවුක සේනා-සභා-ශාලාව.

Admire, v. උතුම්කොට-ප්‍රේමයෙන්-ප්‍රසන්නකමින්-සලකනවා.

Admit, v. ප්‍රවේශ-ඇතුල්-වෙන්ට ඉඩ දෙනවා; accept as true &c. ඒත්තුගන්නවා, see Acknowledge.

Admission, n. ඇතුල්වෙන්ට ඉඩදීම and ඉඩ ලැබීම, ඇතුල්වීම, ප්‍රවේශය; ඒත්තු ගැනීම.

Admissible, Admittable, a. ඇතුල්වෙන්ට අවසර ඇති; පිළිගන්ට-ඒත්තුගන්ට-පුළුවන්වූ or සෑහෙන් නාවූ, ආදේය.

Admittance, n. ඇතුල්වෙන්ට ඉඩදීම &c. see verb; ඇතුල්වීමට අවසරය.

Admixture, n. මිශ්‍ර කිරීම; මිශ්‍ර ද්‍රව්‍ය, කලවම; මිශ්‍රණය, සඞ්කරය.

Admonish, v. අවවාදකරනවා, දනුමුතුකම් දෙනවා, ඔවාදෙනවා, අනුශාසනාකරනවා.

Admonition, n. අවවාද කිරීම &c.; අවවාදය, දනුමුතුකම, ඔවාබස, අනුශාසනය.

Ado, n. කරදරය, හිරිහැරය, ආයාසය, මහන්සිය Make a great ado මහබක්කක්-කලබලයක්-කර නවා &c.

Adolescence, n. වැඩෙන කාලය, තරුණ වයස, යෞවන දශාව.

Adopt, v. දරුකමට පිළිගන්නවා or භාරගන්නවා; rear—bring up—for filiation දරුකමට ඇතිකර ගන්නවා.

Adoption, n. for filiation දරුකමට හදාගැනීම; of an opinion මතයක් පිළිගැනීම.

Adorable, a. නමස්කාරය ලැබිය යුතුවූ, වන්දනීය, පූජනීය, පූජාර්හ; අති ගෞරවාර්හ; exalted උත්කෘෂ්ට.

Adoration, n. නමස්කාර කිරීම &c., see verb; නමස්කාරය, සම්භාවනය.

Adore, v. worship නමස්කාරකරනවා, නමදිනවා &c.; ඉතා උතුම්කොට සලකනවා; ආදර ගෞරව කරනවා.

Adorn, v. සරසනවා, අලංකාරකරනවා, සමලඞ්කෘත කරනවා; සජ්ජිත කරනවා; ආසිත්තම් කරනවා, (ආභරණ &c.) පලන්දනවා.

Adorned, pp. or a. සැරසුණුවාවූ &c., see verb; සමලඞ්කෘත, සජ්ජිත, භූෂිත, මණ්ඩිත, ප්‍රතිමණ්ඩිත.

Adornment, n. සැරසීම &c.; මණ්ඩනය; සැරසිල්ල, ආසිත්තම, පැළඳුම.

Adrift, ad. free from fastenings ලිහිගොස්, නිරාලම්බව.

Adroit, a. දක්ෂ, සපත්, චතුර, නිපුණ. **Adroitly**, ad. දක්ෂලෙස, සපත්ලෙස, චතුරලෙස.

Adroitness, n. දක්ෂකම, සපත්කම etc.

Adscititious, a. වැඩිවූ, වැඩිපුර, අධික, අතිරේක, අමුතු.

Adulation, n. අධික යටහත් ප්‍රශංසාව, ඉච්චාව, චාටුව.

Adult, n. සම්පූර්ණ වයස් ඇත්තා, වයස් පිරුණු තැනැත්තා, සම්පූර්ණ වයසට පැමිණි අය, දන්නා කියන අය; see Puberty.

Adulterate, v. අන්‍ය ද්‍රව්‍ය දමා—මිශ්‍රකර—නරක්කර නවා, දූෂණයකරනවා; make inferior බාලකරනවා.

Adulterer, n. පරදාර කර්මය කරන්නා, පර ස්ත්‍රී සේවනය කරන්නා,

Adulteress, n. පරපුරුෂ සේවනය කරන්කී, වේශ්‍යා ස්ත්‍රී, වේසී.

Adulterous, a. පාරදාරික, කාමමිථ්‍යාචාරික.

Adultery, commit, v. of the man පරදාරය-පරදාර කම්-පරදාරකර්මය-කරනවා; of a woman පරපුරුෂ සේවනයකරනවා; of either කාමමිථ්‍යාචාරය කර නවා, වේශ්‍යාකම්කරනවා.

Adultery, n. පරදාර සේවනය see verb; පරදාරය, පරදාරකම, පරදාර කර්මය, පාරදාර්‍ය්‍යය, කාමමිථ්‍යාචාරය, මිසහැරය, වේශ්‍යාකම, වේසාකම.

Adumbrate, v. ඡායාවක් මෙන්-ප්‍රතිච්ඡායා මෙන් පෙන්වනවා; fig. (ඡායාවකින් මෙන්) අඟවනවා.

Advance, v, i. ඉස්සරහට යනවා or එනවා; increase වැඩිවෙනවා; improve දියුණුවෙනවා, වර්ධනය වෙනවා, අභිවෘද්ධියට පැමිණෙනවා, උසස් අවස්ථාවකට පැමිණෙනවා.

Advance, v. t. ඉස්සරහට කරනවා or පමුණුවනවා; ඉදිරියට-පෙරමුණට-කරනවා; දියුණු-අභිවර්ධනය-කරනවා &c., see v. i., see also Adduce; give beforehand කල්තියා දෙනවා.

Advancement, n. ඉස්සරහට යෑම or ඒම or කිරීම &c., see verbs; දියුණුව, ප්‍රසිද්ධිය, වර්ධනය, අභිවර්ධනය, අභිවෘද්ධිය.

Advantage, n. වාසිය, පාච්චලය, අවකාශය; profit ප්‍රයෝජනය, gain ලාභය; victory ජය, දිනුම.

Advantageous, a. වාසිඇති, ප්‍රයෝජනවූ, ප්‍රයෝජනවත්, වැඩදායක, ලාභඋපදින, ලාභලැබෙන, ලාභකර, හිතකර.

Advantageously, ad. වාසිඇතුව, ප්‍රයෝජනවත් ලෙස.

Advent, n. පැමිණීම, ළඟාවීම, සම්ප්‍රාප්තවීම, සම්ප්‍රාප්තිය; to the world ලොව පහළවීම.

Adventitious, a. අනපේක්ෂිත, බාහ්‍ය, පිටසතර, අඩුත්තු නැති, අමුතු, ආගන්තුක.

Adventure, v. අනුමානයට-අනුමාන නුවූත්-කරනවා, නිර්භයව කරනවා.

Adventure, n. නිර්භීතක්‍රියාව; ප්‍රගල්භය, අපූර්ව සිද්ධිය; see Accident.

Adventurous, a. (යමක් කිරීමට) නිර්භීත, නිර්භය; අනතුරක් වියහැකිවූ.

Adverb, n. ක්‍රියාවිශේෂණය.

Adversary, n. සතුරා, එදිරිකාරයා, විරුද්ධකාරයා, පසමිතුරා.

Adversative, a. විරුද්ධ (කාරණා); ඉතා වෙනස්වූ, විපර්‍යාස.

Adverse, a. සතුරුවූ, එදිරිකාර, විරුද්ධ; අවාසනාවන්ත, දුඃඛිත.

Adversely, ad. විරුද්ධ ලෙස; අවාසනාවන්ත ලෙස.

Adversity, n. දුක, අමාරුව, දුඃඛිතකම, අභේතුව, විපත්තිය, ආපදාව, විපත.

Advert to, v. mention (අමුතුවෙන්) සඳහන්කරනවා, මතක්කරනවා, අපේක්ෂණයකරනවා.

Advertence, n. සඳහන්කිරීම, මතක්කිරීම, අපේක්ෂණය,

Advertise, v. ප්‍රකාශ කරනවා, ප්‍රසිද්ධ කරනවා, (ආරංචි පත්‍රවල) ප්‍රසිද්ධකරනවා, දැන්වීමක් කරනවා.

Advertisement, n. ප්‍රකාශ කිරීම &c., see verb; දැන්වීම.

Advice, n. දැනුමුතුකම, අවවාදය, අනුශාසනය, උපදේශ වාක්‍යය, උපදේශය; කල්පනාව; notice දැනුම්දීම, හැඟවීම.

Advisable, a. නුවණට හුරු, යෝග්‍ය, සුදුසු.

Advise, v. දැනුමුතුකම් දෙනවා, අවවාද-අනුශාසනා-කරනවා, කල්පනාව කියනවා; දැනුම්දෙනවා, හැඟ කරනවා.

Advisedly, ad. act advisedly කල්පනාකර—මන්ත්‍රණයකර-දැනුමුතුකම් අසා-සිහි කල්පනා ඇතුව-ක්‍රියාකරනවා.

Advocacy, n. නඩුවකදී පක්ෂයක් වෙනුවෙන් කථාකිරීම, මැදහත්ව කථාකිරීම.

Advocate, n. අනුන් වෙනුවෙන් මැදහත්ව කථාකරන්නා, අද්වකාත්; partizan පක්ෂවාදියා.

Advocate, v. (කරන *or* නොකරන හැටියට) දැනුමුතුකම් දෙනවා; මැදහත්ව කථාකරනවා.

Adytum, n. Adyta, pl. පුරාණ දේවාලවල රහස්ගේ, දේවස්ථානයේ අභ්‍යන්තරය, see Chancel.

Adze, n. මෑය. v. වෑයෙන් සහිනවා.

Aegis, n. පලිහ; fig. ආරක්ෂාව, රක්ෂණය.

Aerate, v. (යමක් සමඟ මිශ්‍රවෙන්ට ඊට) වාතය වද්දනවා, (යමක්) වායුව සමඟ මිශ්‍රකරනවා,

Aerial, a. air වායුවූ; of the air වාතයට-ආකාශයට-අයිතිවූ, ආකාශීය, වායුමය; in the sky or air ආකාශයේ ඉහත්වූ, ආකාශස්; moving in the air ආකාශචර; produced from the air ආකාශජ

Aerie, n. see Eyry. **Aeriform**, a. මායුවූ, මායම,

Aerolite, n. අහසෙන් වැටෙන ගලක්, උල්කා ගර උත්පාත.

Aerologist, n. වායුශාස්ත්‍රඥයා, **Aerology**, n. වායු ශාස්ත්‍රය.

Aeronaut, n. (දුඹුමොණර යන්ත්‍රයට නැගී) අහසින් යන්නා, වෛමානිකයා.

Æsthetics, n. see Esthetics.

Afar, ad. දුරට, දුරදීම, ඈත, එපිට.

Affability, n. ආචාරවන්තකම, ප්‍රසන්න ගතිය, උඩඟු නැතිකම, මධුරාලාපනාව, සුශීලත්වය.

Affable, a. ආචාරවන්ත, ප්‍රසන්න ගතියක් ඇත්තාවූ, උඩඟුනැති, කරුණාවන්ත, මධුරාලාප.

Affair, n. කාරණය, පලහිලව්ව, කාර්‍ය්‍යය, කාරිය affairs කාරණා, කරුණු, තොරතුරු; කටයුතු.

Affect, v. the mind සිතට වදිනවා, වැදියනවා; හිතට වේදනා කරනවා, හිත සිදිනවා, හෘදය කම්පාකරනවා; the body ඇඟට දැනෙනවා; in general (යමකින්) ගුණගුණ ලැබෙනවා, වෙනසක්වෙනවා, ආකූල කරනවා *or* වෙනවා, ක්‍රියා කෙරෙනවා; see Pretend. It does not affect me ඒක මට කාරියක් නොවේ, එයින් මට කාරියක් නෑ, එයින් මට වෙනසක්-ගුණගුණ-නෑ.

Affectation, n. අහංකාරකම, ආටෝපය, උඩඟුලෙස හැසිරීම; (අහංකාර කමින් *or* වඹකකමින්) තමාගේ තරමට වෙනස් ලෙස ක්‍රියාකිරීම.

Affected, a. well or ill affected to, පක්ෂ *or* විපක්ෂ මැදි *or* විරුද්ධ, ප්‍රකෘතියට වෙනස් සවභාවක් පෙන්වන, විකෘත, අහංකාර.

Affectedly, ad. අහංකාරලෙස, ආටෝපය ඇතුව, වඹකලෙස.

Affecting, a. හිතට වැදියන, අනුකම්පා උපදවන.

Affection, ආදරය, සමාදරය, ඇලුම්කම, ඇල්ම, ප්‍රේමය, ස්නේහය, හිතේසිකම, වත්සලතාව, disease රෝගය, ආබාධය.

Affectionate, a. ප්‍රේමවන්ත, ස්නේහවන්ත, හිතේසි, වත්සල, ප්‍රේමානවිත.

Affectionately, ad. ප්‍රේමවන්තලෙස &c., see adj.

Affiance, v. ආවාහවිවාහ බස් දෙනවා, කාරබැඳීමට පිළිසඟන්නවා.

Affidavit, n. දිවුරුම් පිට කීම; දිවුරුම් පත්‍රය, දිවුරුම් පෙත්සම.

Affiliate, v. දරුකමට භාරගන්නවා, එකට සම්බන්ධකර ගන්නවා; (සාමාජිකයකු විශයෙන් *or* ශාඛා සභාවක් විශයෙන්) බන්දගන්නවා, ඒකාබද්ධකර ගන්නවා.

Affiliation, n. දරුකමට භාරගැනීම &c.; අවජාතක ළමයකුගේ පියා නියමකොට ගැන්ම.

Affinity, n. (ලේ උරුම නොවන) නෑකම; බන්ධුත්වය, similarity &c. සමානකම, එකාකකම, සමානත්වය; සාම්‍යය, සවිපක්ෂය.

Affirm, v. සහතිකකර කියනවා, සහතිකලෙස කියනවා, කියා සිටිනවා.

Affirmation, n. සහතිකකර කීම &c.; සහතිකකර කියන කරුණ, සහතිකකරන දෙය.

Affirmative, n. එසේය-ඔව්ය-කීම; එසේය-ඔව්ය-කියන පක්ෂය.

Affirmative, a. එසේය-ඔව්ය-කියන, (යමක්) සහතික කරන—ස්ථිර කරන (පක්ෂය, වාක්‍යය &c.)

Affix, v. අගට සම්බන්ධ කරනවා; (යමකට යමක්) අලවනවා *or* අල්ලනවා *or* ගහනවා, යා කරනවා.

Affix, n. අනුබන්ධය, ප්‍රත්‍යය.

Afflict, v. දුක්දෙනවා, දුකට පමුණුවනවා, දුක්-වේදනා-කනගාටු-පමුණුවනවා; පීඩා කරනවා; හිරිහැර කරනවා, හිංසාකරනවා.

Afflicted, a. පීඩිත, දුඃඛිත, ආතුර.

Affliction, n. පීඩිතකම, දුක, කනගාටු, වේදනා, ලෙඩදුක්, පීඩා, විපත *or* විපත්.

Afflictive, a. ඛෙදජනක, දුඃඛදායක.

Affluence, n. පොහොසත්කම, ධනවත්කම, සම්පත, ඉසුරුමත්කම, ආඪ්‍යත්වය.

Affluent, a. පොහොසත්, ධනවත්, සම්පත් ඇත්තාවූ, ඉසුරුමත්, ආඪ්‍ය, සමෘද්ධ.

Afflux, n. (එක්තැනකට) ගැලීම, ගලාඒම, ගැල්ම, ප්‍රවාහය, ගලාඑන් දේ.

Afford, v. This affords a good living (say) මෙයින් හොඳ රක්ෂාවක් ලැබෙනවා; උපයනවා &c., see Supply, Give, Furnish.

I can afford to do this මේක කරන්ට මට පුළුවන්කම-පොහොසත්කම-තිබෙනවා, අමාසි නැතුව මට මේක කරන්ට පුළුවනි.

I cannot afford time for that ඊට මට කල් *or* ඉස්පාසු නෑ, මට ඒකට යොදන්ට කාලයක් නෑ.

Affray, n. සඬංගුව, ගහගැනීම, සණ්ඩුව, දඟරය, කලහය.

Affright, v. භයගන්වනවා, බයකරනවා; make tremble or palpitate තැතිගන්වනවා.

Affront, v. අවඥ කරනවා, අවමන් කරනවා, ප්‍රසිද්ධයේ හෙළා දකිනවා, නිග්‍රහ කරනවා.

Affront, n. අවඥ කිරීම &c., නිග්‍රහය.

Affusion. n. (යමක් පිටට) වත්කිරීම, වැක්කිරීම.

Afloat, be, v. The boat is afloat (launched) ඔරුව දියට බා–දියත්කොට–තිබෙනවා.

The corpse is floating (come to the surface) මිනිය පාවෙමින්–ඉලිප්පී–තිබෙනවා.

Afoot, ad. පයින් ; begun පටන්ගෙන, ආරම්භ කොට, ලුලුපුරා.

Afore, prep. and ad. see Before.

Aforesaid, a. පළමු කී, ඉහත කී, යට කී, පූර්වෝක්ත, යථෝක්ත.

Aforethought, a. කලින් අදහස්කළාවූ, කල්තබා සිතූ.

Aforetime, ad. ඉස්සර, පූර්වයෙන්, කලින්, පූර්ව කාලයේදී, පූර්වයේදී, පුරාණයේදී.

Afraid, be, v. භයයි, සැකයි, භයවෙනවා, සැකව සිටිනවා ; S. adj. භයවූ, සැකවූ.

Afresh, ad. අමුතුවෙන්, නැවත, ආයේ; recently අලුතෙන්.

Africa, n. අප්‍රිකාව. African, a. අප්‍රිකානු.

Aft, ad. අවරයේ, අවරයට, අවරය දෙසට.

After, prep. behind (මා) පස්සේ, පස්සෙන්, අනුව later (මට) පසු, පසුව; according to හැටියට &c;

After, Afterwards, ad. පසුව, පස්සේ, පස්සෙන්. ඉක්බිති, ඉක්බිත්තෙන්.

After-ages, n. pl. මතු කාලවල්; (එකලට) පසු [කාලවල්,

Afterbirth, n. වැදෑමහ.

Afternoon, n. හවස්වරුව, පස්වරුව, අපරභාගය, අපරාහ්ණය.

After-thought, n. පසුකල්පනාව, දෙවනුව සිතට නැඟුණු අදහස.

Again, ad. නැවත, ආයේ, යළි, දෙවනු; again and again නැවත නැවත.

Against, prep. විරුද්ධව, විපක්ෂව, එදිරිව; opposite to ඉස්සරහ පිට, ඉදිරි පිට.

Stand against or near හේත්තුවී–ළඟ–තිබෙනවා *or* සිටිනවා.

Strike against &c. (මට) හැපෙනවා, වදිනවා.

Age, n. වයස, ආයුෂ; old age මහලු වයස, වයෝවෘද්ධභාවය, වෘද්ධවයස, වෘද්ධත්වය; of the world යුගය, period කාලය; generation පරම්පරාව.

Aged, a. (aged so much) — වයස් ඇත්තාවූ—ආයු විළඳ සිටිත්තාවූ,—වයසක; old (of things) පරණ; (of animals or persons) මහලු, වැඩිමහල්, නාකි, වයෝවෘද්ධ, වෘද්ධ වයස් ඇති, වෘද්ධවයසක.

Agency, n. කර්තෘත්වය, ක්‍රියාකාරකම; agent's office *or* work ව්‍යාපාර නියෝජිතයාගේ තැලය *or* ධුරය, ව්‍යාපාර නියෝජිතකම.

Agenda, n. pl. L. (සභාවක් ඉදිරියට පමුණුවන) වැඩ පිළිවෙළ.

Agent, n. කර්තෘ, ක්‍රියාකාරයා, ව්‍යාපාර නියෝජිතයා; Government Agent ආණ්ඩුවේ ඒජන්ත.

Agglomerate, v. ගුළිගස්වනවා; ගුළිගැහෙනවා, කැටිකරනවා, රාශිකරනවා.

Agglutinant, n. අලවන ද්‍රව්‍යය, බදුම.

Agglutinate, v. (මැලියම් වලින්) එකට අලවනවා, සංලග්න කරනවා.

Aggrandize, v. උතුම්කරනවා, උසස් කරනවා, උත්කෘෂ්ට කරනවා, (වස්තුව–බලය–ගෞරවය) වැඩි කරනවා, අධික–බහුල–කරනවා, අභිවෘද්ධිකරනවා.

Aggrandizement, n. උතුම් කිරීම, උතුම්වීම &c, උන්නතිය, (උතුම්කමේ, බලයේ &c.) අභිවෘද්ධිය.

Aggravate, v. (දෙස් &c.) බරපතළ කරනවා, වැඩි කරනවා, (රෝගයක්) වැර–අමාරු–වෙනවා, අමාරුඅතට හැරෙනවා; තරහකරනවා.

Aggravation, n. බරපතළ කිරීම &c., see verb.

Aggregate, n. මුළු ගණන, රාශිය, සමස්තය, එකතුව.

Aggregate, a. (සියල්ල) එකතුවූ, සමස්ත, සමාහිත.

Aggregation, n. රැස් කිරීම, එකතු කිරීම, එකගොඩක් කිරීම, සමාහාරය; රැස්වීම &c.

Aggress, v. විරුද්ධත්වයට පැමිණෙනවා, ආක්‍රමණය කරනවා, හිංසාරම්භ–විරුද්ධාරම්භ–කරනවා.

Aggression, n. විරුද්ධත්වයට පැමිණීම &c., ආක්‍රමණය; අයුක්තිය කිරීම.

Aggressive, a. විරුද්ධත්වයට පැමිණෙන, විරුද්ධවෙන්නාවූ, විරුද්ධවෙන්ට පටන්ගන්නාවූ.

Aggressor, n. විරුද්ධකම් කරන්ට පටන්ගත්ත අය; අයුක්තිය කරන්නා.

Aggrieve, v. කනගාටු පමුණුවනවා *or* ගෙනදෙනවා, දුක් දෙනවා, ශෝකකරවනවා.

Aggrieved, pp. or a. කනගාටු පමුණුවනු ලැබ–ලැබූ–ගෙන දී–ගෙන දුක් &c.; දුක් ලැබ, දුක්වී සිටින &c. See Injure.

Aghast, pp. ත්‍රාසනවී. a. ත්‍රාසනවූ, විස්මයාකූල.

Agile, a. ශීඝ්‍ර, ඉක්මන්, සුළු, තුරිත.

Agility, n. ශීඝ්‍රතාව, ඉක්මන්කම, තුරිතකම.

Agitate, v. සොලවනවා, චඤ්චලකරනවා, චලිතකරනවා, කම්පිත කරනවා; අවුස්සනවා, කලබොල කරනවා, කලඹනවා; (a question) කාරණාවක් අවුස්සනවා.

Agitated, be, v. සෙලවෙනවා &c., තැතිගන්නවා, චකිතවෙනවා. [තය, ක්ෂෝභය.

Agitation, n. සෙලවීම &c.; චඤ්චලය, චලිතය, චකි

Agnosticism, n. මැවුම්කාරයෙක් ඇද්ද නැද්ද කියා හෝ ලෝකයේ උත්පත්තිය ගැන හෝ නොදන සිටීම, එබඳු දැනීමක් ඇතිකරගන්ට නොහැකිය යන විශ්වාසය, අනීශ්වරවාදය.

Ago, ad. ඉස්සර, ප්‍රථම, ප්‍රථමයෙන්, පෙර, පෙරදී, පළමුවෙන්; some time ago කලකට ඉස්සර &c.

Agonistic, a. පොරබැදීම් ආදී තරඟ ක්‍රීඩා පිළිබඳ.

Agonistics, n. පොරබැදීම් ආදී තරඟ ක්‍රීඩා.

Agonize, v. වේදනාව සමඟ පොර අල්ලනවා, සිත් වේදනාවෙන් මිරිකෙනවා, බලවත් ලෙස වේදනා කරනවා, දුකෙන් පෙළෙනවා.

Agonized, be, v. බලවත්වේදනා විඳිනවා.

Agony, n. බලවත් වේදනාව, චිත්ත සන්තාපය, දුක, සිත් තැවිල්ල.

Agrarian, a. වතුපිටි සම්බන්ධ, ගම්බද, පිටිසර.

Agree, v. (of persons) එකඟ–එකමුතු–එක්සිත්–සමාධාන–සමගි–වෙනවා, සම්මතවෙනවා; (of things) එකඟව–සමානව–සමව–යෝග්‍යව–තිබෙනවා; හරියනවා, ඔබිනවා, සිහෙනවා.

Agreeable, a. එකඟ &c ; conformable අනුකූල; pleasing ප්‍රියවූ, ප්‍රසන්න, රම්‍ය.

Agreeableness, n. එකඟකම, ප්‍රසන්නකම, රම්‍යතාව.

Agreement, n. එකඟවීම, එකඟව සිටීම &c.; ගිවිසුම, (mutual) අන්‍යෝන්‍යානුමතිය; එකඟකම &c. සම්මුතිය, එකමුතු භාවය, සමගිකම, සමකම &c., see verb, අනුකූලත්වය.

Agriculture, n. ගොවිකම්න්තය, ගොවිකම, ගොවිකම් කිරීම, කෘෂිකර්මය, හලභානිය.

Agriculturist, n. ගොවියා, ගොවිකම්න්ත කාරයා, අස්වද්දන්නා, කම්කයා.

Aground, become or be, v. (නැව &c.) ගොඩ ඇනෙනවා, ගොඩ-බිම-වැදී or ඇති තිබෙනවා.

Ague, n. ගැහෙන උණ, වෙවුලන උණ.

Ah, interj. අෑ, අහෝ; අනේ, අයියෝ, අපොයි.

Aha, interj. අහ, ඔහෝ.

Ahead, ad. ඉස්සරහට, පෙරමුණට; get ahead ඉස්සරහට-පෙරමුණට-වෙනවා, ඉස්සරවෙනවා.

Aid, v. උපකාර කරනවා, උපකාර වෙනවා, උදව් වෙනවා, ආධාරවෙනවා; as favour පිහිටවෙනවා; aid greatly ප්‍රතිෂ්ඨාධාර-පිහිටාධාර-වෙනවා.

Aid, n. උපකාරය, උදව්ව, ආධාරය, පිහිට, සරණ; වාරුව: as සැරයටි වාරුවෙන් යනවා; mutual aid අන්‍යොන්‍යාධාරය.

Aider, n. උපකාර කාරයා, උදව් කාරයා, ආධාර වෙන්නා; පිහිටවෙන්නා.

Aids, n. pl. means උපකරණ.

Ail, v. අපහසුවක්-පීඩිතකමක්-කනගාටුවක්-අසනීපයක්-වෙනවා. What ails you තුඹට මොකවෙලාද? මොන අපහසුවක් &c. තිබෙනවාද ?

Ailing, be, v. (unwell) අසනීපව-අසනීපෙන්-සිටිනවා, සනීප නැතුව සිටිනවා.

Ailment, n. අසනීපයක්, අපහසුවක්, ආබාධයක්.

Aim, v. (with gun &c.) කුරුමානම් කරනවා, කුරුමානම් බලනවා or අල්ලනවා, මානනවා; design අදහස්කරනවා.

Aim, n. කුරුමානම් කිරීම &c., කුරුමානම; අදහස, අභිප්‍රාය, ආශය, අධ්‍යාශය, බලාපොරොත්තුව.

Aimless, a. අදහසක්-අභිප්‍රායක්-නැත්තාවූ.

Air, n. වාතය, වාසුව, හුළඟ, පවන, වායෝධාතුව; atmosphere ආකාශය; tune තාලය; out-ward manner අත්දම, පිටත ලීලාව, පෙනීම, ආකාරය.

Air, a. වාත. වායු. හුළං. පවන්.

Air, v අව්වේ-එළියේ-තබනවා, වේලෙන්ට තබනවා; හුළඟ වදින්ට (දොර &c.) අරිනවා.

Airiness, හුළඟ වදින ගතිය, (යම් තැනක) හැමෙන පවන හුළං ඇතිකම, වාතාශ්‍රය ඇතිබව.

Airing, n. අව්වේ තැබීම &c.; එළිමහනේ ඇවිදීම, ඇවිදින්ට යාම.

Airy, a. හුළං ඇත්තාවූ, හුළඟ වදින, වාතාශ්‍රය ඇති, (හුළඟ මෙන්) සැහැල්ලු, සුළු, වැදගැම්මකට නැති.

Aisle, n. දේවස්ථානයේ ඇතුළු මඟ, මණ්ඩපයේ තිබෙන මඟ.

Ajar, be, v. අඩවල්ව-අඩවල්කර-තිබෙනවා. The door &c., which is ajar අඩවල්දොර &c.

Akin, be, v. නෑකම් ඇතුව-කිට්ටුවන්තව-කිට්ටුවරව-සිටිනවා; සමජාතිකව-සමව-අනුකූලව-තිබෙනවා;

something akin to this මීට සම-අනුකූල-දෙයක්.

Alabaster, n. කිරිගරුඬ වර්ගයක්.

Alacrity, n. උනන්දු කම, කඩිසරකම, ප්‍රාණවත්කම, අවිලම්බිතතාව.

Alarm, v. භය උපදවනවා, භයපත්කරනවා, භීත කරනවා; (උපද්‍රව පැමිණෙනවාය කියා) කලබනවා; චකිතකරනවා.

Alarm, n. චකිතය, භය, භයපත්කම, භීතිය, භීත වීම; ත්‍රාසය, හොරණෑ ආදියෙන් උපද්‍රවය දන්වීම, භීතිතාලය (පිඹීම), භයධ්වනිය.

Alarmed, be, v. භයවෙනවා &c.; චකිතවෙනවා, තැතිගැනෙනවා.

Alarming, a. භය උපදවන &c., see verb. භයජනක.

Alas, interj. අෑ, අනේ, අහෝ, අප්‍රොයි.

Albeit, conj. එහෙත්, එසේනමුත්, එසේදවුවත්, වී කොයිනැවිතමුත්.

Albino. n. (සචකීය වර්ගයට වෙනස්ලෙස) උපතනීයෙන්ම හම කෙස් &c. සුදුවූ තැනැත්තා or සත්වයා, ශ්වේතයා, ඇල්බිනිනා or සතා.

Album, n. (සිතියම් ආදිය දමන) සිත්-පුතු-පොත.

Albumen, n. (බිත්තරයක) සුදුමදය, සුදුසාරු.

Albuminous, a. සුදු මද සහිත; සුදු සාරුවූ.

Alchemist, n. සිතුරම් ශාස්ත්‍රඥයා, රසසාධකයා, රසඥයා.

Alchemy, n. පුරාණ රසායන ශාස්ත්‍රයක්, ලෝහ විපර්යාස ශාස්ත්‍රය, සිතුරම් ශාස්ත්‍රය, රස විද්‍යාව.

Alcohol, n. මද්‍යසාරය; spirituous liquor මේරය.

Alcove, n. කාමරයක පැත්තක or උයනක or වනයක තිබෙන ගුහාවක් වැනිවූ ඉඩමක්, අභ්‍යන්තරස්ථානය, නිභෘතස්ථානය.

Alderman, n. නුවරක දෙවෙනි මූලාදෘනියෙක්, උපනගර ශුභනිකයා, නාගරික මූලාදෘනියෙක්.

Ale, n. යවසුරා, යවමද්‍යපානය.

Ale-house, n. යවසුරා සැල, තැබෑරුම.

Alert, a. උද්‍යොගී, අතන්ද්‍ර, සාවධාන, ජාගරූක, සෝදිසියෙන්ම සිටින; be on the alert, උද්‍යොගීව, සෝදිසියෙන්-පිබිද බලාගෙන-සිටිනවා.

Alertness, n. උද්‍යොගීකම, අවධානය; සාවධානබව, සෝදිසියෙන්ම සිටිනබව.

Algebra, n. ගණිත විසියක්, බීජගණිතය. Algebraic, a. බීජගණිත.

Algebraist. n. බීජගණිතඥයා

Alias, conj. නොහොත් : Jones *alias* Smith ජෝන්ස් නොහොත් ස්මිත්.

Alien, a. විදේශී, අන්‍යදේසක්කාර, පරදේශික, අන්‍ය; opposed විරුද්ධ, විපක්ෂ.

Alien, n. විදේශියා, පරදේශියා, අන්‍යදේසක්කාරයා; පිට කෙනෙක්, අන්‍ය දේශිකයෙක්.

Alienable, a. අස්සතු-අනුත්සන්තක-කළහැකිවූ.

Alienate, v. (උරුමය, අයිතිවාසිකම &c) පවරාදෙනවා, අන්සතු කරනවා; fig. (සැලකීම, ප්‍රේමය)පහ කරවනවා, කඩකරනවා.

Alienation, n. පරහට අයිතිකරදීම, අන්සතුවීම; (යමකුගෙන් ප්‍රේමය &c.,) අහක්කිරීම or අහක්වීම or කඩවීම.

Alight, v. (රථයෙන් &c,) බහිනවා; යමක් පිටට බසිනවා, පතිත වෙනවා, (මැස්සෙක් &c. සිනිඳුල &c.) වහනවා.

Alike, be. v. එකාකාරව — සමානව — එකසමව — එකබඳුව — නිර්විශේෂව — සදෘශව — සිටිනවා or තිබෙනවා.

Alike, ad. එකාකාරයෙන්, එකාකාරයට, එකවිසියට, එකලෙස, එකසමව &c.

Aliment, n. භෝජනය, ආහාරය, පෝෂණය. See Food.

Alimentary, a. ආහාරමය, පෝෂක, යැපෙනවඩීන, පුෂ්ටිදායක; alimentary canal කෑම යන මාර්ගය, පෝෂණ මාර්ගය.

Alive, be, v. ජීවත්ව-පණඇතුව-පණපිටින්-ප්‍රාණවත්ව-සිටිනවා; lively උනන්දුව සිටිනවා.

Alive, ad. පණතිබෙද්දී, පණපිටින්.

Alkali, n. යවකාර ලුණු, ක්ෂාර, සජ්ජි...

All, a. සියලු, හැම, හැම, සර්ව, සකල, සමස්ත.

All, pron. සියල්ල, ඔක්කොම, ඡේරම, සියල්ලෝම, හැමෝම.

All, ad. මුළුමනින්ම, එහෙම්පිටින්ම, සහමුලින්ම; at all (neg.) කොහෙත්ම, එකක්වත්, කිසිවක්වත්, &c.;
once for all, just once, හැමදටම හරියන්ට එක් වරක්, එක්වරක්ම; all along දිගටම;
he went on all fours ඔහු අත් පා (හතරම) බිම ගසාගෙන—බඩගාගෙන—ගියා.

Allay, v. බාලකරනවා, අඩුකරනවා, නවත්වනවා, උපශමය-ව්‍යුපශමනය-කරනවා; (thirst &c.) සත් සිඳුවනවා, මර්දනය කරනවා; relieve සහනය කරනවා.

Allayment, **Allaying**, n. බාලකිරීම &c., සහනය, උපශමය, මර්දනය, ව්‍යුපශමනය

Allegation, n. දෝෂාරෝපණය &c., see verb; ඇත් තක්කොට කියන-ගෙනපාන-කාරණාව.

Allege, n. ඇත්තක්ලෙස—කාරණාවක්කොට—සත්‍යර ලෙස—කියනවා or ගෙනපානවා, දෝෂාරෝපණය කරනවා.

Allegiance, n. (ආණ්ඩුව කෙරෙහි තිබෙන) පක්ෂපාත කම, විශ්වාසකම, පක්ෂවාදිකම.

Allegorical, a. උපමා, උපහැරණ, දෘෂ්ටාන්ත, රූපක.

Allegorically, ad. උපමා ලෙස &c., දෘෂ්ටාන්ත—රූපක—වශයෙන්.

Allegorist, n. උපමාකථා කියන්නා, දෘෂ්ටාන්ත කථා කාරයා.

Allegorize, v. උපමා කරනවා, උපමා—දෘෂ්ටාන්ත-වශයෙන් කියනවා.

Allegory, n. උපමාව, උපහැරණය, දෘෂ්ටාන්ත කථාව, රූපකය.

Alleviate, v. (ශෝකය, වෙහෙස &c.) සැහැල්ලුකර නවා, බාලකරනවා, අඩුකරනවා, මර්දනයකරනවා සහනයකරනවා.

Alleviation, n. සැහැල්ලුකිරීම &c.; සහනය, සහනය ගෙනදෙන හේතුව.

Alley, n. පටුවීථිය, පටුවීදිය, මුඩුක්කුව, ගස් අතරේ, පටු පාර, උද්‍යානපථය.

Alliance, n. සම්බන්ධවීම, සම්බන්ධය, සන්ධානය; විවාහ බන්ධනය.

Allies, n. pl. ගිවිසගත්—සම්බන්ධ—රාජ්‍යවල්.

Alligator, n. කිඹුලා, කුම්භීලයා, සුංසුමාරයා.

Alliteration, n. අනුප්‍රාසය, ශ්‍රුත්‍යනුප්‍රාසය.

Allocate, v. වෙන්කරනබනවා, එකිනෙකාට වෙන් වෙන්කරදෙනවා.

Allot, v. (කොටස් වශයෙන්) බෙදාදෙනවා, වෙන් කරදෙනවා.

Allotment, n. බෙදාදීම, වෙන්කරදීම; කොටස or බෙදාදෙන කොටස, වෙන්කරන කොටස.

Allow, v. ඉඩඅරිනවා, අවසරදෙනවා; grant දෙනවා; admit (as true) පිළිගන්නවා.

Allowable, a. ඉඩදෙන්ට වටිනා, ඉඩදිය හැකි—යුතු.

Allowance, n. ඉඩදීම &c., see verb; ඉඩ, අවසරය, නියමය, (නියම වශයෙන්) දෙන කොටස; වේතනය.

Alloy, v. මාත්තු අඩුකරනවා; ලෝහ ජාති මිශ්‍රකර නවා, දූෂ්‍යකරනවා.

Alloy, n. (මිශ්‍ර කරන) බාල ද්‍රව්‍ය; මිශ්‍ර ලෝහ ජාති; fig. ප්‍රකෘති සවභාව නරක්කරන දේ.

All-pervading, a. සෑමතැනම ඇත්තාවූ, විශ්ව ව්‍යාපක, සර්වව්‍යාපී.

All-powerful, a. See Almighty.

All-protecting, a. සර්වාරක්ෂක, සර්වපාලක.

Allude, v. mention සඳහන්කරනවා; hint අඟවනවා; what he alludes to is this ඔහු කියන්නේ-සංඥා කරන්නේ—මේ ගැනයි.

Allure, v. කැමති කරවනවා, (ඇමකින් මෙන්) ආශා උපදවනවා, ඇදගන්නවා, tempt ප්‍රලෝභකර වනවා, පොළඹවනවා.

Allurement, n. (යහපතට, අයහපතට) ආශා උපදවන දෙය, ආකර්ෂණය, ඇදගැන්ම, පෙලඹවීම, ප්‍රලෝභය, ප්‍රලෝභනය.

Alluring, a. ආශාඋපදවන &c., චිත්තාකර්ෂණය කරන, මනෝහර.

Allusion, n. සවල්ප වශයෙන් සඳහන්කිරීම, ඇඟවීම, කීම;
he made an allusion to this ඔහු මේ ගැන වචනයක් කිවා.

All-wise, a. සියල්ල ගැන දන්නා, සර්ව ප්‍රාඥ.

Ally, v. (one's self) සම්බන්ධ වෙනවා, බැඳෙනවා ගිවිසගන්නවා.

Ally, n. සම්බන්ධ කෙනෙක්, සම්බන්ධ—ගිවිසගත්—රාජ්‍යයක්.

Almanac, n. ලිත.

Almightiness, n. සර්වපරාක්‍රමය, සියලු බල ඇතිබව.

Almighty, a. සර්වපරාක්‍රම, සර්වබලධාරී.

Almighty, the, n. සර්වපරාක්‍රමයාණන්වහන්සේ, සියලු බල ඇති දෙවියන් වහන්සේ.

Almond, n. කොට්ටම්බා, කොට්ටම්බාගෙඩි, කොට්ටම්බා ගස් &c., අමන්දල්.

Almoner, n. දන් බෙදාදෙන මූලාදෑනියා, දන් or හිඟ මන් බෙදාදෙන්නා.

Almost, ad. almost all, almost entirely &c., සියල්ලම වාගේ-පාහේ, සහමුලින්ම වාගේ;
almost finished ඉවරවෙන්ට කිට්ටුයි or ළඟයි; තව ඩිංගකින් ඉවරයි.
almost escaped තව ඩිංගෙන් ගැළවී ගියා.
almost perished විනාශවෙන්ට ලංවුණා, තව ඩිංගෙන් විනාශවුණා.

Alms, n. දන්, දාන, හිඟමන්, භික්ෂා.

Alms-giving, n. දන් දීම; regularly දන්වැට, දාන මාත්තිය.

Alms-house, n. දිළිඳුන්ගේ වාසය පිණිස දී තිබෙන ගෙය, අනාථ නිවාසය or ශාලාව, දන් සැල, දාන ශාලාව.

Aloe, n. හෝණ ගහ, අගිල්—අගරු—ගහ, කෝමාරිකාගහ.

Aloes, n. (the extract) කෝමාරිකා සාරය.

Aloft, ad. ඉහළ, ඉහළින්, ඉහළට, උඩ, උඩින්, උඩට.

Alone, ad. තනියම, එකලාව, උදකලාව, විවේකව.
The name alone, the mere name නාම මාත්‍රයම.
Let it alone ඒක තිබුණාවේ or ඒක ගන්ට එපා.
Let him alone ඔහු නිකම් උන්නාවේ or ඔහුට නිකම්ඉන්ට ඇරපන් or ඔහුට කිසිවක් කරන්ට එපා.

Along, ad. දිගට; forward ඉස්සරහට; along with සමඟ, කැටුව, ඇතුළුව; alongside පැත්තකින්; එකපෙළට; along shore වෙරළ දිගේ.

Aloof, ad. අහක්ව, අහකින්, වෙන්ව, මැදිනොවී, නොපැමිණ, පැත්තකටවී.
stand aloof, refrain from නොපැමිණ වෙනවා, නොපැමිණ—පැත්තකටවී— සිටිනවා.

Aloud, ad. (ඇසෙන තරමට) හයියෙන්, ශබ්ද නඟා, මහත් හඬින්.

Alphabet, n. හෝඩිය, වර්ණමාලාව.

Alphabetically, ad. හෝඩියේ පිළිවෙළට, අකාරාදි පිළිවෙළට.

Already, ad. (even now) දැන් පවා, දැනුත්.
 Already done කරලා කම්මුතුයි, කරලා ඉවරයි &c. කරලාමයි.
 He is already dead ඔහු දැන් මැරී ඉන්නවා *or* මැරිලා.
 He was already dead ඔහු එකල–ඒවේලාවේ–මැරී උන්නා.

Also, conj. ත්, ත, ද : I also went මමත්–මමද–ගියෙමි. See Moreover, Besides.

Altar, n. පූජාසනය.

Alter, v. වෙනස්කරනවා, විපර්යාසකරනවා, වෙනස් වෙනවා &c.

Alterable, a. වෙනස්කළ හැකිවූ, වෙනස් වියහැකිවූ.

Alteration, n. වෙනස් කිරීම &c., විකෘතිය, විකාරය, see verb; වෙනස, විපර්යාසය; make an alteration වෙනසක් &c. කරනවා.

Alterative, n. වෙනසක් උපදවන බෙහෙත.

Altercation, n. විවාදය, පොරය, හබය, කලහය.

Alternate, v. මාරුවෙන් මාරුවට *or* විකල්පයෙන් කරනවා *or* වෙනවා *or* පැමිණෙනවා *or* තිබෙනවා; මාරුවෙනවා; work by turns මාරුවෙන් මාරුවට–මුරයෙන් මුරයේ–සැරෙන් සැරේ–වැඩකරනවා.
 the leaves and flowers alternate මලුත් කොළත් මාරුවෙන් මාරුවට තිබෙනවා *or* එනවා.
 night and day alternate රාත්‍රියත් දවාලත් මාරු වෙනවා, මාරුවෙන් මාරුවට පැමිණෙනවා.

Alternate, a. එකක් ඇර එකක්වූ; විකල්ප; every alternate day &c. දවසක් ඇර දවසක් &c.

Alternately, ad. මාරුවෙන් මාරුවට, සැරින්සැරේ, වරින් වර, විකල්පයෙන්.

Alternation, n. මාරුවෙන් මාරුවට කිරීම &c.; see verb.

Alternative, a. තවත් එකම–ඉතුරු එකම (දෙයක්, විධියක් &c.); වෛකල්පික.

Alternative, n. (මෙය ඇර) තවත් තිබෙන එකම දෙය, ඉතුරු එකම දේ, විධිය &c.: no alternative but this මෙයම මිස තවත් (දෙයක්) නෑ.
 there is no alternative වෙන කරන්ට දෙයක් නෑ.
 there is just one alternative වෙන කරන්ට පුළුවන් එකම දෙයයි.

Although, conj. එහෙත්, එසේ නමුත්, ඒ කොයිහැටි නමුත්; although he goes ඔහු යන නමුත්.

Altitude, n. උස, (ඉර &c.) ඉහත්වෙන ප්‍රමාණය, උච්චතාව.

Altogether, ad. completely මුළුමනින්ම, සහමුලින්ම, එහෙමපිටින්ම; at once එකහෙළා; all සේරම.

Alum, n. සීනක්කාරම්.

Alumnus, n. යම් පාඨශාලාවක හැදුණ කෙනෙක්, (අසවල් පාඨශාලාවේ) ශිෂ්‍යයෙක්.

Always, ad. නිතරම, නිරන්තරයෙන්ම, නිරතුරුම, නිතිපතා, නිත්‍යයෙන්, සතතයෙන්, අනවරතයෙන්, නිබඳම, නිස්සේම, හැමවේලේම, හැමකල්හිම, සදාකල්හිම.

A. M. anno mundi ලෝ. ව. *or* ලෝක වර්ෂය; ante meridian පෙ. ව. *or* පෙරවරුව; also M. A. which see.

Am, v. (substantive) (මෙහි) ඉඳිමි, සිටිමි; (copula) (මිත්‍ර)ව සිටිමි; වෙමි.

Amain, ad. බලවත් ලෙස, සැරේට, වේගයෙන්.

Amalgam, n. රසදිය මිශ්‍ර ලෝහ; මිශ්‍ර ධාතු, පාරද සංසෘෂ්ට ධාතු; කවලම.

Amalgamate, v. එක්කරනවා, ඒකාබද්ධකරනවා, සංයෝගකරනවා, එක්සත්කරනවා.

Amalgamation, n. එක්කිරීම &c.; සංයෝගය, එක්සත්කම, ඒකාබද්ධකම.

Amanuensis, n. යමෙක් කියන කාරණ ඔහු වෙනුවෙන් ලියන්නා, අතවැසි ලියන්නා–ලිපිකරුවා.

Amaranth, n. පරනොවන මල් ජාතියක්, තම්පලා.

Amass, v. රැස්කරගන්නවා, ගොඩකරගන්නවා, එකතුකරගන්නවා.

Amateur, n. (රක්ෂාවට නොව) සන්තෝෂයට ශාස්ත්‍රයක්—ශිල්පයක්—පුහුණුකරගන්නා, විනෝදකයා.

Amativeness, n. ප්‍රේමශීලතාව, සෙනහසවය; ශෘංගාර ප්‍රිය බව; in phren. ප්‍රේමොත්පාදක බලය *or* මොළේ කොටස, ප්‍රේ මෝ ත්පා ද ක යා, ප්‍රේමේන්ද්‍රියය.

Amatory, a. ප්‍රේම සහිත, ආලය ඇත්තාවූ, කාමී.

Amaze, v. විස්මපත්කරනවා, මවිතකරනවා.

Amazement, n. විස්මපත්කම, විස්මය, විස්මපත්වීම, මවිතය, ආශ්චර්යය.

Amazing, a, විස්මපත්, මවිතකරන.

Amazingly. ad. විස්මපත් ලෙස, මවිතාකාරයෙන්.

Amazon, n. පුරාණයේ සිටියාය කියන යුද්ධකාරියෝ, පරුෂ ස්ත්‍රියක්.

Ambassador, n. තානාපතියා, පිටරට තානාපතියා, රාජදූතයා.

Amber, n. වීදුරු වැනි කහපාට දුම්මල විශේෂයක්, තෘණමණි.

Ambidexter, n. දෑතම හුරු අය; fig. (දෙපක්ෂයෙන් වාසි ගන්න) කපටියා, දෙපිට කපන්නා, දෙපිට කාට්ටුවා.

Ambidextrous, a. දෑතම හුරුවූ, උභය හස්ත කුශල; fig. කපටිකාර, ප්‍රයෝගකාර, දෙපිටකාට්ටු.

Ambient, a, හාත්පසින් තිබෙන, අවට–හාත්පස–ගැවසිගත්.

Ambiguity. n. අර්ථයේ *or* අදහසේ අනුමානකම, අඳුරුකම, අර්ථාපත්තිය, සන්දිග්ධාර්ථය. සන්දිග්ධාර්ථතාව, වක්‍රොක්තිය.

Ambiguous, a. අර්ථයෙන් *or* අදහසින් අනුමානවූ, දෙතුන්අර්ථ ඇත්තාවූ, අඳුරු, අර්ථාපත්ති, සන්දිග්ධාර්ථ, අව්‍යක්ත, අස්පෂ්ට.

Ambiguously, ad. අනුමානලෙස, අර්ථාපත්ති ආකාරයෙන්, සන්දිග්ධව.

Ambition, n. උසස් අයියකට පැමිණෙන්ට තිබෙන ආශාව, උසස්කමට ආශාවීම, විජිගීෂාව, ආකාංක්ෂාව, යශස්කාම්‍යය.

Ambitious, n. උසස්කමට ආශා ඇති, ශ්‍රේෂ්ඨකාමී, කීර්තිකාමී, විජිගීෂු.

Amble, n. අශ්වයාගේ හිත්පිම්මේ *or* පිම්මෙන් දිවීම, බෝරිත ගමන.

Ambrosia, n. in myth. දිව්‍ය භෝජනය, සුධා භෝජනය, අමෘතය.

Ambrosial, a. ඉතා මිහිරි සුවඳ—මිහිරිරස—ඇත්තාවූ, ප්‍රණීත, අමෘතතුල්‍ය.

Ambulance, n. (යුද්ධවලදී ගෙනයන) ආරෝග්‍ය රථය, ගිලාන රථය.

Ambulant, a. සඤ්චාරණ, තැනින්තැන යන්නාවූ.

Ambulate, v. සක්මන්කරනවා, සඤ්චාරණයකරනවා.

Ambulatory. a. ඇවිදින, සක්මන්කරන, සක්මන්. තැනින් තැන යන්නාවූ.

Ambush, **Ambuscade**, n. රහසින් රැකසිටීම; රහසින් රැක සිටින තැන; නිභෘත ස්ථානය, රහසින් රැක සිටින සේනාව, රහස් සේනාව.

Ameliorate, v. (තත්ත්වය *or* ස්වභාව) තිබුණාට වඩා හොඳවෙනවා, සහනය වෙනවා, උසස්වෙනවා *or* කරනවා, දියුණුවෙනවා, වඩාහොඳ ස්වභාවයට පමුණුවනවා, සහනයකරනවා.

Amelioration, n. තිබුණාට වඩා හොඳවීම &c., සහනය, දියුණුව.

Amen, v. ආමෙන්, එසේවේවා, භවතු, එවිටසත්‍ය.

Amenable, a. කීකරුවූ, ආයත්ත, (ආණ්ඩුවට) වගකියයුතුවූ.

Amend, v. හරිගස්සනවා, හරිගැස්සෙනවා; වඩා යහපත් වෙනවා, වඩා යහපත් කරනවා, සංශෝධනය කරනවා.

Amendment, n. හරිගැස්සීම &c; වඩා සනීපවීම; වඩා හොඳ—වෙනම—යෝජනාවක් *or* විධියක්, සංශෝධනයක්.

Amends, n. pl. (කළ වරදක් හෝ අලාභයක් වෙනුවට කරන) හිලව්ව, ප්‍රතිදානය, වරද කියාදීම, වරද හරිගැස්සීම, ප්‍රමාර්ජනය, නිස්තාරය.

Amenity, n. ප්‍රසන්න ගතිය, ප්‍රසන්නතාව, රම්‍යතාව, මනොඥතාව.

Amerce, v. දඩයක්ගහනවා, දඩගහනවා.

America, n. අමෙරිකාව.

American, a. අමෙරිකානු, අමෙරිකන්.

Amiable, a. සුශීල, ප්‍රියදර්ශන, රමණීය, ප්‍රසන්න.

Amiableness, n. සුශීලත්වය, ප්‍රියදර්ශනභාවය, රමණීයත්වය, ප්‍රසන්නකම.

Amiably, ad. ප්‍රියදර්ශනලෙස, රමණීයාකාරයෙන්.

Amicable, a. මිත්‍ර, සමාධාන, සමගිකමට ලැදිවූ, සාමග්‍රී, ස්නෙහශීලී, හිතමිත්.

Amicableness, n. මිත්‍ර භාවය, සම්ප්‍රීතාව, සමාධාන ලීලාව, සාමග්‍රීතාව &c.

Amicably, ad. මිත්‍රභාවයෙන්, සමාධානලෙස, සමාධානයෙන්, සාමග්‍රීලෙස &c.

Amid, **Amidst**, prep. අතරේ, අතරතුරේ, මැද, මධ්‍යයෙහි.

Amiss, be v. වැරදිව—සදොස්ව—තිබෙනවා, වැරදියි.

Amiss, ad. වැරදිලෙස, අයුතුලෙස.

Amity, n. මිත්‍රකම, මිත්‍රභාවය, සමගිකම, සාමග්‍රිය, සාමග්‍රීතාව.

Ammonia, n. රසායන වර්ගයක්.

Ammunition, n. (වෙඩිල්බෙහෙත් උණ්ඩ යනාදී) වෙඩි තිබීමේ ද්‍රව්‍ය, යුද්ධෝපකරණ.

Amnesty, n. (ආණ්ඩුව විසින් දෙන ලද) සාමාන්‍ය සමාව, දෝෂ ක්ෂමාව.

Among, **Amongst**, prep. අතරේ, අතුරේ, අතරෙහි, අතරතුරේ, අස්සේ, අතරට &c; from amongst අතුරෙන් &c.

Amorous, a. ප්‍රේමශීලී, කාමුක, රසික; ශෘංගාර ප්‍රිය.

Amorousness, ප්‍රේමශීලත්වය, අනුරාගය, ඇලුම්කම, ආලය, කාමුකකම, රසිකබව &c.

Amorphous, a. නියම හැඩහුරුකමක් නැති, අරූප, විරූප.

Amount, v. ගණනක්—එකතුවක්—වෙනවා; what does it amount to (lit.) එහි මුළුගණන කීයද? (fig.) ඒකේ වැදගත්කම මොකද? it amounts to nothing ඒකේ වැදගැම්මක් නැහැ.

Amount, n. ගණන, මුළුගණන, සමස්තය, එකතුව; in arith. ඓක්‍යය.

Amour, n. කාමුක කාරණාවක්, කාම චරිතය, ව්‍යභිචාර කර්මය.

Amphibious, a. දිය ගොඩ දෙකේම ජීවත්වෙන්ට පුළුවන්වූ, ස්ථලජලචර, ද්විධාගති, ද්විප්‍රකාරවූ.

Amphitheatre, n. වටකුරු නාඩගම් මඩුව, වටකුරු නෘත්‍ය මණ්ඩලය, අණ්ඩාකාර නෘත්‍යශාලාව, රඟ මඩල, රංගභූමිය.

Ample, a. විපුල, ප්‍රචුර, බොහෝවූ, බහුල, සෑහෙන පමණ (විශාලකම, බලය, වස්තු &c.)

Ampleness, n. විශාලකම, බහුලත්වය, විපුලතාව, ප්‍රාචුර්‍යය.

Amplification, n. මහත්කිරීම &c., see verb, විස්තරය, විශ්තාව.

Amplify v. මහත් කරනවා, විශාලකරනවා, වැඩිකරනවා, විස්තාර කරනවා, විස්තර ලෙස කියනවා, විස්තර—විශ්තා—කරනවා.

Amplitude, n. මහත්කම, විශාලකම, බහුලත්වය &c.

Amply, ad. බහුල ලෙස, අතිශයින්, ප්‍රචුර—විපුල—ලෙස; සෑහෙන ලෙස.

Amputate, v. අතු—අවයව—කපා දමනවා, ඡේදනය කරනවා.

Amputation, n. කපාදැමීම, ඡේදකිරීම, ඡේද්‍යය අඞ්ගකර්තනය.

Amulet, n. a charm (නූල් යන්ත්‍ර ආදී) රක්ෂාකරණ්ඩය.

Amuse, v. (සෙල්ලම්වලින්, සැහැල්ලු ලෙස) ප්‍රීති—විනෝද—කරනවා *or* වෙනවා.

Amusement, n. සෙල්ලම, විනෝදය, සන්තෝෂය, ප්‍රීතිය.

Amusing, a. විනෝදකරන, විනෝදසහිත, ප්‍රීතිකරන

An, indef. article. See A.

Analogous, a. සමානත්වයක් ඇත්තාවූ, සමාන, සදෘශ, තුල්‍යරූප, ආනුෂඞ්ගික.

Analogy, n. සමානත්වය, සමානකම, සදෘශතාව, උපමිතිය, තුල්‍යත්වය.

Analysis, n. කොටස්වශයෙන් වෙන් කිරීම, විභාගකර බැලීම &c., විභාගය, ව්‍යවච්ඡේදය, ව්‍යාකරණය., see verb.

Analyst, n. ධාතු—විභාග—ශාස්ත්‍රඥයා, ද්‍රව්‍ය ගුණ පරීක්ෂකයා.

Analytic, **Analytical**, a. මුල් කාරණ-ධාතු-වශයෙන් විභාගකිරීම සම්බන්ධ, ප්‍රභේද, විභින්න.

Analytics, n. pl. ධාතු—විභාග—ශාස්ත්‍රය.

Analyze, v. මිශ්‍ර ද්‍රව්‍ය වෙන් කරනවා, ප්‍රභේද කරනවා, (කාරණාවක්) ප්‍රභේද වශයෙන් විභාග කරනවා, නිරවුල්කොට බලනවා.

Anarchical, a. අවුල්වූ, අරාජක, රාජවිප්ලවවූ.

Anarchy, n. රාජභඞ්ගය, අවුල, අරාජකත්වය, රාජ විප්ලවය.

Anathema, n. ශාප කිරීම, ශාපය, ආක්‍රෝශය, අභිශාපය.

Anathematize, v. ශාප කරනවා, (සභාවෙන් අහක් කරනවිට) විනාශයට කැපකරනවා.

Anatomical, a. (මෘත) කායවිච්ඡේද විද්‍යාව සම්බන්ධ; විච්ඡේදකළ ශරීර කොටස්වල සම්බන්ධ.

Anatomist, n. කායවිච්ඡේද ශාස්ත්‍රඥයා.

Anatomize, v. කොට්ඨාස වශයෙන් ශරීරය විච්ඡේද කරනවා.

Anatomy, n. ශරීරය කොට්ඨාස වශයෙන් කපා වෙන්කිරීම, ශරීරය කොටස්කර දක්වන ශාස්ත්‍රය, කායවිච්ඡේද විද්‍යාව, (යම් කාරණාවක or දෙයක කොටස්) මෙන් වශයෙන් විභාගකර බැලීම.

Ancestor, n. මුතුන්මුත්තන්ගෙන් කෙනෙක්. pl. මුතුන්මුත්තෝ.

Ancestral, a. මුතුන්මුත්තන්ට අයිතිවූ, මුතුන්මුත්තන් ගෙන් උරුම වෙන්නාවූ or පැවත එන්නාවූ, කෞලික.

Ancestry, n. මුතුන්මුත්තෝ, මුතුන්මුත්තන්ගේ පෙළපත්තිය, වංශය, අන්වය.

Anchor, n. නැංගුරම, අංකරය.

Anchor, v. නැංගුරම් දමනවා, සිත් එළනවා; weigh anchor නැංගුරම් උස්සනවා—මුහුදට යන්නවා; be or ride at anchor නැංගුරම් දමා රැඳෙනවා.

Anchorage, n. නැංගුරම් දමන ප්‍රදේශය or තැන; නැංගුරම් ඇල්ලීම, නැංගුරම් තීරුව.

Anchorite, n. තාපසයා, වනවාසියා, ආරණ්‍යකයා.

Ancient, a. පුරාණ, පෞරාණ, පුරාතන, පූර්ව, පෞරාණික, පූර්වකාලීන; old පරණ; ancient time, n. පුරාණ කාලය, පූර්වකාලය or පුරාණය, පූර්වය; the ancients පුරාතනයෝ, පෞරාණිකයෝ. [&c.

Anciently, ad. පුරාණයේදී, පූර්වයේදී, පූර්ව කාලයෙහි

Ancientness, n. පුරාණකම, පෞරාණිකකම, පුරාතනත්වය.

And, conj. සහ—ත්—ද—උත්—ද.

And so on (etc.) යනාදිය, යනාදී.

Anecdote, n. පුවත් or පුංචි ප්‍රවෘත්තිය, කුළු කථාව, උපාඛ්‍යානය.

Anemometer, n. හුළඟේ වේගය මනින යන්ත්‍රය, වායුමානක යන්ත්‍රය.

Aneurism, n. ලේ නහර ඉදිමුම.

Anew, ad. again නැවත, ආයේ; afresh අලුතුමෙන්; අලුතෙන්.

Angel, n. දේවදූතයා.

Angelic, a. දේවදූත, දේවදූත සමාන, දිව්‍ය, දේවදූතෝපම.

Angelogy, n. දේවදූතයන් සම්බන්ධ ධර්මය, දේවදූත ධර්මය.

Anger, n. තරහ, කෝපය, උදහස, උරණය, රෝෂය.

Anger, v. තරහකරනවා, තරහ අවුස්සනවා, කෝප කරනවා, කුපිතකරනවා, උදහස්කරනවා.

Angle, n. අස්සය, කෝණය; inner මුල්ල; outer කොණ; for fishing බිලිය, බිලිපිත්ත.

Angle, v. බිලිබානවා; lit & fig.–ඇමක් දමනවා.

Anglican,a. ඉංග්‍රීසි—එංගලන්ත—සභාවට අයිතිවූ.

Anglicanism, n. එංගලන්ත සභා ධර්මය, එංගලන්ත සභාවට ලැදිකම.

Anglicism, n. ඉංග්‍රීසි භාෂාවේ යම් විධියක්, ඉංග්‍රීසි භාෂාවේ රීතියක්.

Anglicise, v. ඉංග්‍රීසි විධියට සමානකරනවා, ඉංග්‍රීසි භාෂා රීතියට එකඟ කරනවා, ඉංග්‍රීසි භාෂාවේ තත්ත්වයට පමුණුවනවා or හරවනවා.

Angrily, ad. තරහෙන්, තරහලෙස &c. See Anger.

Angry, a. තරහ &c., රෞද්‍ර (කෙනෙක්); become or make angry තරහ–කෝප–උදහස්–වෙනවා or කරනවා.

Anguish, n. බලවත් වේදනාව, පරිතාපය, වේදනාව, ආතඞ්කය, ඉතා තද ශෝකය, අත්‍යන්ත ශෝකය.

Angular, a. කොන් or කොණක්—හුඩු or හුඩක්—ඇත්තාවූ, උල්වූ, අශ්ලේෂිත.

Angularity, n. කොන් ඇති බව, හුඩු—උල්—ගතිය; අශ්ලේෂිතභාවය.

Animadversion, n. දොස්කීම, දොස් තැබීම, දෝෂාරෝපණය, නින්දාකිරීම.

Animadvert upon, v. mention අගුණ සඳහන් කරනවා, යමක අගුණ ගැන තමන්ගේ කල්පනා කියනවා; blame දොස්කියනවා, වරද පෙන්වනවා.

Animal, n. සතා, මෘගයා, තිරිසනා, තිරශ්චීනයා.

Animal, a. ශාරීරික or සතුන්ට අයිතිවූ, සත්ව.

Animalcule, n. (ඇහැට නොපෙනෙන තරමට) ඉතා කුඩා සතා, ක්ෂුද්‍ර ප්‍රාණියා, ක්ෂුද්‍රජන්තු.

Animalism, n. තිරිසන් ගතිය, මෘග ස්වභාවය.

Animalize, v. සත්වප්‍රාණය දෙනවා; (කන ද්‍රව්‍ය) ශරීර ස්වභාවට හරවනවා.

Animate, a. ප්‍රාණික, සප්‍රාණික, ජීව.

Animate, v. ජීවත් කරනවා, ජීවිතය දෙනවා; fig. ප්‍රාණවත්කරනවා.

Animated, a. පණඇති, සජීව, ප්‍රාණවත්, උත්සුක.

Animation, n. ජීවත් කිරීම, ප්‍රාණවත්ව සිටීම, ප්‍රාණවත්කම, උත්සුකකම.

Animosity, n. වෛරය, ද්වේෂය, ඊර්ෂ්‍යාව, ඊර්ෂ්‍යාකම, විරෝධය.

Animus, n. අවශ්‍යතාව, නපුරු ස්වභාව.

Anise, n. අසමෝදගම් or ගන්දුරු.

Ankle, n. වළලුකර; ankle-bone ඇස්වටය, බොලටය, ගුල්ඵය.

Annals, n. pl. කාලක්‍රම කථාන්තර, පිළිවෙළ කථා, පුරාණ කථා, වෘත්තාන්ත.

Annalist, n කාලක්‍රම &c. කථා කතෘ.

Anneal, v. (වීදුරු ලෝහ ආදියට) පණ පොවනවා, උණ්ණය ගැසීමට රත්කරනවා,

Annex, v. (අගට) එකතුකරනවා, සම්බන්ධ කරනවා, ඒකාබද්ධකරනවා, යාකරනවා, අයිතිකරදෙනවා.

Annexation, n. එකතු කිරීම &c; එකතු කළ කොටස, යාකළ කොටස.

Annexed, pp. or a. එකතුකළ &c., සම්බන්ධ, ඒකාබද්ධ, සංයෝජිත.

Annihilate, v. නැතිකරනවා, නිර්වාණය කරනවා, නිරුද්ධකරනවා.

Annihilation, n. නැතිකිරීම &c.; නිර්වාණය, විනාශය, විලෝපය, උච්ඡේදය.

Annihilationist, n. උච්ඡේද දෘෂ්ටිකයා.

Anniversary, n. අවුරුදු දවස, අවුරුදු මංගල දවස, සංවත්සර මංගලය, සාංවත්සරිකය.

Anniversary, a. See Annual.

Annotate, v. (ලියවිල්ලක්—පොතක්—ගැන) කාරණා සටහන්කරනවා, විස්තරකරනවා, ටීකාලිපි සටහන් කරනවා.

Annotation, n. විස්තරය, විස්තර විශක්තිය, ව්‍යාඛ්‍යානය, ටීකාව, විවෘති.

Annotator, n. අටුවා—ටීකා—විවෘති—කතෘ; අර්ථකථාචාර්යයා.

Announce, v, make known දන්වනවා, ආරංචි කරනවා, ප්‍රකාශකරනවා, නිවේදනයකරනවා; publish ප්‍රසිද්ධකරනවා, පළකරනවා.

Announcement, n. දැන්වීම &c.; දන්වන කාරණාව.

Annoy, v. හිංසාකරනවා, පීඩාකරනවා, හිරිහැර කරනවා, ගැහැට කරනවා, කරදර කරනවා; displease අප්‍රසන්න කරනවා.

Annoyance, n. හිංසාකිරීම &c.; හිංසාව, පීඩාව, හිරිහැරය, ගැහැට, කරදරය, අප්‍රසන්නතාය.

Annual, a. අවුරුද්දපතා, අවුරුද්දෙන් අවුරුද්දට පැමිණෙන, සංවත්සර, සාංවත්සරික; අවුරුද්දක් පමණක් පවතින, ඒකවර්ෂජීවී.

Annual, n. අවුරුද්දක් පමණක් පවතින ගසක් (පැළයක්), ඒකවර්ෂ ජීවී වෘක්ෂය; වාර්ෂික ග්‍රන්ථය.

Annually, ad. අවුරුදු පතා, අවුරුද්දෙන් අවුරුද්ද, සංවත්සර වශයෙන්.

Annuity, n. (දෙන *or* ලබන) අවුරුදු මුදල, සංවත්සර මුදල.

Annul, v. අවලංගුකරනවා, නිෂ්ඵලකරනවා, නිෂ්ප්‍රභා කරනවා, විලෝප කරනවා.

Annular, a. වළල්ලක් වැනිවූ, වටකුරු, කවාකාර, වලයාකාර, වෘත්තාකාර, මණ්ඩලාකාර.

Annulate, Annulated, a. වළලු ඇත්තාවූ, චක්‍ර ඇත්තාවූ.

Annunciate, v. ආරංචිකරනවා, දන්වනවා &c. See Announce.

Annunciation, n. ආරංචිකිරීම &c.; (දේවදූතයා විසින් මරියා තම කන්‍යාඕගතාවට ප්‍රකාශ කරන ලද) ප්‍රවෘත්තිය.

Anoint, v. ආලේපකරනවා, ගානවා, ලිම්පනය කරනවා; See Smear.

Anointed, a. ආලේපකරනලද, අභිෂේක ලත්.

Anointing, n. ආලේපකිරීම &c., see verb, ආලේපය, අභිෂේකය.

Anomalous, a. අනියම්, නියම විධියට වෙනස්වූ, අයෝග්‍ය, විපරීත, විසිවිරුද්ධ, ව්‍යභිචාර.

Anomaly, n. අනියම් එකක්, අක්‍රමික දේ, උත්ක්‍රමය, ව්‍යභිචාරය.

Anon, ad. එකෙණෙහිම, වහාම; ආයේ *or* පසුව, නැවත.

Anonymous, a. නමනැති, නමදමා නැති, නිර්නාමික.

Anonymously, ad. නම නැතුව, නම නොදමා, නිර්නාමිකව.

Another, a. additional තව, තවත්; other වෙන, වෙනින්; not one's self or one's own අන්, අන්‍ය.

Another, pron. තව එකක්, තව කෙනෙක්, වෙන එකක් &c., අන් කෙනෙක්, අන්‍යයෙක්.

Answer, v. a question or letter උත්තර දෙනවා; answer for this මේකට වගකියනවා, මේ ගැන උත්තරදෙනවා, කාරණ කියනවා, ගණන්දෙනවා; give responses ප්‍රතිඋත්තර දෙනවා, පිළිවදන් දෙනවා; reply when called අඬගසනවිට කථාකරනවා, උත්තර දෙනවා; suffice, suit සෑහෙනවා, හරියනවා.

Answer, n. උත්තරය, ප්‍රතිඋත්තරය, ප්‍රත්‍යුත්තරය, පිළිතුර.
statement, වගකීම, කියන කාරණාව, කථනය.

Answerable, be, v. උත්තර දෙන්ට—පහදන්ට—පුළුවන්ව තිබෙනවා, *or*
in S. adj. උත්තරදෙන්ට — පහදන්ට—පුළුවන්වූ (ප්‍රශ්න &c.);
responsible වගකියන්ට ඕනෑව සිටිනවා;
suitable ඉසංගුව තිබෙනවා.

Answerer, n. උත්තර කියන්නා, ප්‍රතිඋත්තර දෙන්නා.

Answerless, a. උත්තර නැති, නිරුත්තර, උත්තර රහිත, භෘතෝත්තර, උත්තර දිය නොහැකි, (ප්‍රශ්න &c.).

Ant, n. the small kinds කුහුඹුවා, කුඹියා, තෙල් කුඹියා; red — දිමියා, ඇඹලයා, black — කඩියා, කොඩියා; white—වේයා.

Antagonism, n. වෛරය, විරුද්ධකම, විරුද්ධකාරකම, විරෝධය, එදිරිකම.

Antagonist, n. විරුද්ධකාරයා, එදිරිකාරයා, සතුරු, වෛරක්කාරයා, පොරට සිටින්නා, විරුද්ධවාදියා.

Antagonistic, a. විරෝධ, එදිරි, ප්‍රතිවිරුද්ධ, වෛර.

Antagonize, v. (ක්‍රියාවෙන් *or* විවාදයෙන්) විරුද්ධ වෙනවා, විපක්ෂ වෙනවා, පසමිතුරු වෙනවා, විරුද්ධකම් කරනවා.

Antarctic, a, දක්ෂිණධ්‍රැව; antarctic circle දක්ෂිණධ්‍රැව වෘත්තය.

Ante, Latin prep. ඉස්සරහ, ඉස්සර, පළමු, ප්‍රථම, පූර්ව, පෙරටු.

Antecedence, n. (කාලයෙන්) ඉස්සරවීම, ප්‍රථමවීම.

Antecedent, a. (කාලයෙන්) ඉස්සරවෙන්නාවූ, පළමු -ප්‍රථම-වුණාවූ; කලින්වෙන්නාවූ *or* වුණු *or* තිබුණු; ඉහළින් තිබෙන, පූර්ව, පුරෝගාමී.

Antecedent, n. පළමු දෙය, ඉස්සරවෙන දෙය, ඉහළින් තිබෙන කාරණාව, ඉහත කාරණාව, පූර්වපදය, පුරෝගාමී ශබ්දය.

Antecedently, ad. පළමුවෙන්, ප්‍රථමයෙන්, ඉස්සරින්.

Antechamber, n. ශාලය, පිටකාමරය, කාමරය.

Antedate, v. හරි දිනට කලින් දිනක් ලියනවා, ප්‍රථම දිනක් *or* වකවනුවක් ලියනවා; fig. නියම කාලයට ප්‍රථම ප්‍රාර්ථනාවෙන්—සිතින්—භුක්ති විඳිනවා.

Antediluvian, a. (නෝවාගේ කාලයේ) මහ ජලගැල්මට ප්‍රථමවූ, අති පුරාණ.

Antediluvian, n. මහ ජලගැල්මට ප්‍රථමයෙන් සිටි තැනැත්තෙක්.

Antelope, n. මුව ජාතියක්, සාරංග මෘගයෙක්.

Antemeridian, a. පෙරවරුවට අයිතිවූ, මද්දහනට—මධ්‍යාහ්නයට—පෙර.

Antemundane, a. ලොව මවන්ට පෙර, ලෝක පූර්ව.

Antennæ, n. pl. (කුඩා සතුන්ගේ අං වැනි) ඉස්කෝ.

Antenuptial, a. කසාද බැඳීමට පෙර, කසාදයට පළමු.

Antepast, n. කලින් භුක්ති විඳීම, කලින් භුක්තිවිඳින දේ.

Anterior, a. of place පෙරටු, ඉස්සරහ; of time පූර්ව, ප්‍රථම, පළමු, ඉස්සර.

Anteriority, n. පෙරටුව — ප්‍රථමව— තිබීම, පූර්වය, ප්‍රාක්තනය.

Anteriorly, ad. පෙරටුවෙන් &c.; පූර්වයෙන් &c., see adj., ඉස්සරව, ඉස්සර, ඉස්සරින්.

Anteroom, n. ඉස්සරහ ගේ—කාමරය.

Anthelmintic, a. පණුවන් නසන්නා, කෘමිහර, පණු (බෙහෙත්).

Anthem, n. ගීතිකාතාලයක්, ස්තුතිගීතය.

Anther, n. පරාගකෝෂය.

Anthology, n. පුෂ්ප-කලාපය, කුසුම පුස්තකය; fig. කවි මල්දම, කාව්‍ය මාලාව.

Anthropology, n. මනුෂ්‍ය-ස්වභාව-ශාස්ත්‍රය; මනුෂ්‍ය ජාති පිළිබඳ විද්‍යාව; (දෙවියන් වහන්සේ ගැන) මනුෂ්‍යවිය වශයෙන් කථාකිරීම.

Anti, Gr. prep. විරුද්ධ, විරෝධ.

Antibilious, a. පිත්රෝගයට විරුද්ධවූ *or* පිත් රෝගය සුවකරන, පිත්තහර, පිත්තඝ්න (බෙහෙත්).

Antic, n විහිළු ක්‍රියාවක්, විසුළුව, විගඩම, විහිළු කාරයා.

Antichrist, n. ක්‍රිස්තු ශත්‍රු, එනම් තැනැත්තා.

Antichristian, a. ක්‍රිස්තියානි ආගමට විරුද්ධවූ, ක්‍රිස්තියානියට විපක්ෂ.

Anticipate, v. (අත්‍යයකුට) කලින් කරනවා, ඉස්සර වෙනවා, කලින් කරනවා, කලින් සිතනවා–බලාපොරොත්තු වෙනවා–දැනගන්නවා; පූර්වාසවාදනය කරනවා.

Anticipation, n. කලින් කිරීම &c.; බලාපොරොත්තුව, බලාසිටීම, පූර්වාසවාදනය.

Antidotal, a. විෂ මරන, විෂහරණ, විෂඝන.

Antidote, n. විෂ මරන බෙහෙත, විෂ හරණය, ප්‍රතිකාරය; නරකක් වලක්වන දෙය.

Antimony, n. ලෝහ ජාතියක්, අඤ්ජන කැට, රසාඤ්ජන, පීතසාරි, ස්‍රෝතෝඤ්ජන, සෞවීර.

Antinomian, a. දේව ව්‍යවස්ථාවට විරුද්ධවූ *or* දේව ව්‍යවස්ථාවට යටත් නැති, දේව–නීති–ද්‍රෝහී.

Antipathy, n. විරුද්ධකම, අප්‍රිය ස්වභාව, වෛරය, විරෝධය.

Antipodes, n. pl. පොළොවේ අනික් පැත්තේ සිටින්නෝ, පොළොවේ අනික්පැත්ත; fig. යම්කට ඉතා වෙනස්වූ–විපර්යාසකවූ–දෙය, ප්‍රතිලෝමය.

Antiquary, –rian, n. පුරාණ දේ සොයාගන්න—දැනගන්න—තැනැත්තෙක්, ප්‍රාක්තනිකයා, පුරාණ දේ ගැන දන්නා පණ්ඩිතයා.

Antiquated, pp. *or* a. පැරණිවූ, පූර්ව කාලයට අයිතිවූ, කල් ගියාවූ, ව්‍යවහාරය *or* භාවිතය නැතිවමෙන් අවලංගුව තිබෙන්නාවූ; පුරාතන, ප්‍රාක්තන, පුරාණ.

Antique, a පුරාණ, පූර්ව කාලයට අයිතිවූ, පෞරාණික, &c. see Antiquated.

Antiqueness, n. පුරාණ ස්වභාව, පෞරාණික භාවය etc.

Antiquity, n. පුරාණකම, පෞරාණිකකම; පුරාණය, පුරාණ කාලය, පූර්වය, ප්‍රාක්කාලය, පුරාතනය, පූර්ව කාලය, ආදිකාලය, පුරාතනයෝ; පුරාණදේ.

Antithesis, n. විශක්ති–ස්වභාව–අර්ථ–දෙකක තිබෙන ඉතා වෙනස් භාවය *or* විරුද්ධ භාවය, විපර්යාසය, ප්‍රතිපක්ෂතාව, විරෝධය, අර්ථවෛපරීත්‍යය.

Antithetical, a. විරුද්ධවූ, ඉතා වෙනස්වූ, විපර්යාස, විපර්යාසක.

Antitype, n. ආදර්ශයෙන්—සිතියමෙන්—අච්චුවෙන්—උපහැරණයෙන්—පෙන්වන කාරණාව, දෘෂ්ටාන්තයේ—ජායාවේ—තේරුම *or* කරුණ, දෘෂ්ටාන්තයේ මුල් කාරණාව, මුලමූර්තිය, ආදර්ශය.

Antler, n. (මුවන් ආදී සතුන්ගේ) අංදලුව, අං අත්ත අංතට්ටුව.

Anus, n. අධෝමාර්ගය, ගුදය.

Anvil, n. කිනිහිරය, කිතිරය.

Anxiety, n. කනගාටු සිතීම, කාන්සාව, තලංගුව, සංවේගය, මනස්තාපය, උත්කලිකාව.

Anxious, a. කනගාටුසිතන, කාන්සාවූ, සිත චංචලවූ, සංවේග, මනස්තාප.

Any, a. යම්, යම්කිසි; (with neg. *or* interrog.) කිසි.

Any, ad. කොහෙත්ම, විකක්වත්, යම්තමකටවත්.

Any, pron. any one, anything, යමෙක් යමක්, කිසිවෙක්, කිසිවක්, යම්කිසිවෙක්, කවුරුවත්; any whatever කවුරු නමුත්, කවරක් නමුත්, මොකක් නමුත්, මොකවත් &c.

Anyhow, ad. කොයිහැටි නමුත්, කොහොම නමුත්,

Anywhere, ad. කොතන නමුත්, කොහේවත්, කොහේනමුත්.

Aorist, n. in Sanskrit, Gr. gram. භූතකාලක්‍රියාව.

Apace, ad. ඉක්මනට, ඉක්මන්ලෙස, විගහට.

Apart, ad. වෙන්ව, වෙන්කර, වෙන්වශයෙන්, ප්‍රභේදව, දුරින්, තොරව.

Apartment, n. තනි කාමරය, කාමර පේළිය, ඕවරකය, ශාලාව; Inner, a. ඇතුළු කාමරය &c.

Apathetic, a. නොසැලකිලි, අනුෂණ, නිර්වියෝ, මන්දෝත්සාහ.

Apathy, n. උදාසීනතාව, නොසැලකිලිකම, උනන්දු නැති ගතිය, අනුෂණතාව, නිර්වීර්යය, මන්දෝත්සාහය.

Ape, n. වානරයා, වඳුරු; small monkey රිළවා, pl. රිළව්; of any kind ශාඛා මෘගයා.

Ape, v. (රිළවකු මෙන් වෙන කෙනකුට) සමාන වෙන්ටහදනවා *or* සමාන ලෙස ක්‍රියා කරනවා, කම්මකම්කරනවා.

Aperient, a. පාචනකරවන, විරේක, විරේචන.

Aperient, n. පාචන කරවන — විරේක — බෙහෙත, විරේචන බෙහෙත, විරේකය.

Aperture, n. විවරය, සිල, සිදුර. **Apex,** n. මුදුන, මුදුන්තුඩ, ශිඛරය, ශිඛාව, මස්තකය, අග්‍රශිඛය.

Aphaeresis, Apheresis, n. මුලින් ලොප්කිරීම, පූර්වලෝපය.

Aphelion, n. ග්‍රහපථයෙහි සූර්යයාගෙන් ඉතා දුරවූ තැන.

Aphorism, n. සූත්‍ර පදයක්, ආප්ත වචනයක්.

Aphoristic, a. සූත්‍ර පද—ආප්ත වචන—පිළිබඳ.

Apiece, ad. එකිනෙකා–එකිනෙක–එක්එක්කෙනාබැගින්; ඒකෙකකව.

Apish, a. (see Ape, v.) මෝඩ, ජේත්තුකාර, වානරෝපම.

Apocalypse, n. එළිදරව්කිරීම, ප්‍රකාශ–පහළ–කිරීම; ඒ නම ඇති පොත.

Apocalyptic, a එළිදරව්කරන්නාවූ &c., එනම් පොතට අයිතිවූ.

Apocopate, v. (ශබ්දයෙක) අගින් ලොප් කරනවා.

Apocope, n. (ශබ්දයෙක) අගින් ලොප්කිරීම, පරවර්ණලෝපය.

Apocryphal, a. සැකවූ, බොරු ප්‍රබන්ධවූ, සැබෑනොවන, සන්දිග්ධ.

Apodosis, n. උත්තර වාක්‍යය.

Apogee, n. චන්ද්‍රකක්ෂයෙහි පොළොවෙන් ඉතා දුර ස්ථානය; ග්‍රහ තාරකාවක කක්ෂයෙහි පොළොවෙන් ඉතා දුර ස්ථානය.

Apologetic, a. නිදොස් බවට කාරණ ගෙන පාන්නාවූ, කමාව ඉල්ලන.

Apologetics, n. pl. යම් ආගමක් නිදොස්බවට කරුණු කියන ක්‍රමය, තර්කතුලාව.

Apologize, v. කළ වරදට කමාව ඉල්ලනවා. [වක්.

Apologue, n. කථාවක්, උපමාවක්, දෘෂ්ටාන්ත කථා

Apology, n. කළ වරදට ඉල්ලන කමාව.

Apophthegm, Apothegm, n. හිතෝපදේශය, ආප්ත වචනය.

Apophlegmatic, a. සෙම්අරින, ශ්ලේෂ්මහරණ, කළු නාශන (බෙහෙත්).

Apoplexy, n. සන්නිය, සංන්‍යාසය, අඞ්ග විකෘතිය.

Apostacy, (තමා පිළිගෙනසිටිය ධර්මය *or* සභාව) අත් ඇරීම, (එයින්) අහක්වීම, වර්ජනය; ස්වධර්මත්‍යාගය, පරධර්මාශ්‍රය.

Apostate, n. (ස්වධර්මය, සභාව) අත්අරින්නා, අහක් වෙන්නා, වර්ජකයා, ස්වධර්මභ්‍රෂ්ටයා.

Apostatize, v. (ධර්මයෙන්, සභාවෙන්) ඈරෙනවා, අහක්වයනවා, තුරන්වෙනවා, ව්‍යපගමනයකරනවා.

A posteriori, L. ඵලයෙන් මුල-හේතුව-ඔප්පු කිරීම, විනම් තර්ක ක්‍රමය, හේතු ඵල ධර්මයේ අභියයක්.

Apostle, n. ප්‍රේරිතයා, දූතයා.

Apostleship, n. ප්‍රේරිතකම, ප්‍රේරිත ධුරය.

Apostolic, a. ක්‍රිස්තියානි ප්‍රේරිතයන් සම්බන්ධවූ, ප්‍රේරිතයන්ගෙන් ලැබූ; ප්‍රේරිතයන්ගේ ගුරුකමට එකඟවූ.

Apostolicity, n. ප්‍රේරිතයන් හා සම්බන්ධතාව, ප්‍රේරිතයන්ගේ ගුරුකමට එකඟකම.

Apostrophe, n. ලොප් කළ බව පෙන්වන (') මේ ලකුණ, ලොප් ලකුණ, ලෝපසඤ්ඤානය; as man's; සම්බෝධනය, ආමන්ත්‍රණය.

Apostrophize, v. (ඉදිරිපිටදී මෙන්) අනභිමුඛ කෙනකුන්ට කථාකරනවා.

Apothecary, n. බෙහෙත් විකුණන්නා, බෙහෙත් වෙළෙන්දා.

Apotheosis, n. in myth. දෙවිකමට්ටගැනීම, යම්මනුෂ්‍යයකු දෙවියකුකොට සලකාගැන්ම, දේවසාධුජනය.

Appal, v, ත්‍රාසන කරනවා, තැතිගන්වනවා, භයකරනවා.

Appalled, be, v. ත්‍රාසනවෙනවා &c.

Appalling, a. ත්‍රාසනකරන, භයකරන, දරුණු.

Apparatus, n. උපකරණ, උපකරණ පඬ්කාප්ය, අඩ්මැසිය.

Apparel, n. ඇඳුම්, වසනු, පරිධාන.

Apparel, v. (one's-self) අඳිනවා, ඇඳගන්නවා, පලඳිනවා, පැළඳගන්නවා; (others) අන්දනවා, පලන්දනවා.

Apparent, a. පෙනෙන, දකින්ට තිබෙන, දෘශ්‍යමාන, ප්‍රකාශිත, ව්‍යක්ත, සපෑව, සප්‍රිට; be clearly manifest පැහැදිලිව-ප්‍රකටව-ප්‍රත්‍යක්ෂව-තිබෙනවා.

Apparently, ad. පෙනීමේ හැටියට, පෙනෙන්ට තිබෙන හැටියට.

Apparentness, n. පැහැදිලිකම, ප්‍රත්‍යක්ෂකම or බව, ව්‍යක්තභාවය.

Apparition, n. අවතාරය, භූත රූපය.

Appeal, v. ask help &c.—පිහිට &c. ඉල්ලනවා, ඉල්ලා සිටිනවා; for a second trial—දෙවෙනි විනිශ්චයක් ඉල්ලනවා.

Appeal, n. ඉල්ලීම, කන්නලව්ව, අයැදීම; දෙවෙනි විනිශ්චයක් ඉල්ලීම.

Appear, v. පෙනෙනවා, දර්ශනය වෙනවා, දෘශ්‍යමාන වෙනවා; be obvious ප්‍රත්‍යක්ෂ වෙනවා, සුප්‍රකාශ වෙනවා; present one's-self පෙනී සිටිනවා.

Appearance, n. පෙනීම &c.; පෙනෙන දේ, පෙනුම; ලක්ෂණය, වේශය.

Appeasable, a. (යමකු විසින්) ශාන්තකළ හැකිවූ; &c. see verb.

Appease, v. නිශ්චලකරනවා, ශාන්තකරනවා; සන්සිඳුවනවා; satisfy සතුටුකරනවා: lull, soothe නළවනවා.

Appellant, n. දෙවෙනි විනිශ්චයක් ඉල්ලා සිටින්නා.

Appellate, a. දෙවෙනි විනිශ්චය සම්බන්ධ.

Appellation, n. නම, නාමය, (ගුණ-ස්වභාව-පෙන්වන) නාමයක් or කීමක්, සංඥානාමය, අභිධානය.

Appellative, n. (වර්ගයකට අයිති) සාමාන්‍ය නම, පොදු නම.

Appellative, a. අභිධායික.

Append, v. suspend (යම් දෙයක තවත් දෙයක්) එල්ලනවා, එල්ලා තබනවා; join to සම්බන්ධ කරනවා, එකතුකරනවා, යාකරනවා.

Appendage, n. එකතුකළ දේ, සම්බන්ධවූ දේ, අනුබන්ධය.

Appendant, n. අන් දෙයකට අයිති දේ, සම්බන්ධදේ, එල්ලී තිබෙන දේ.

Appendix, n. අගට සම්බන්ධ කාණ්ඩයක්, උපග්‍රන්ථය, පරිශිෂ්ටය.

Appertain, v. අයිතිව-අයිත්තුව-පිළිබඳව-තිබෙනවා.

Appetence, Appetency, n. ලැදිවීම, ඇලීම, ආසාව, ඇදෙන බව, ඇදීම.

Appetite, n. කෑමට ආසාවීම, ආහාර තෘෂ්ණාව, ආසාව, ඇලීම.

Applaud, v. අත්පොළසන් දීමෙන් ප්‍රශංසාකරනවා, සාධුකාර දෙනවා, ප්‍රශංසා කරනවා, අභිනන්දනය කරනවා.

Applause, n. අත්පොළසන් දීම, සාධුකාර හඬ, ප්‍රශංසාව, අභිනන්දනය, ශ්ලාඝය.

Applausive, a. සාධුකාර, ප්‍රශංසා සහිත, ශ්ලාඝාන්විත.

Apple, n. ජම්බු ජාතියක්, ආපල් ඵල වර්ගයක්. See also Pupil.

Appliance, n. helping means උපකරණය.

Applicable, a. සුදුසු, අදාළ, හරි යන, සෑහෙන, යොග්‍ය, උචිත.

Applicability, n. අදාළකම, යෝග්‍යතාව &c.

Applicant, n. ඉල්ලුම්කාරයා, අයදුම්කාරයා.

Application, n. (යමකට යමක්) ඇල්ලීම, තැබීම, තැවරීම, අදාළකිරීම, අදාළවීම, (එසේ) අල්ලන—තබන—තවරන—දේ; යොමු කිරීම; යෙදී සිටීම, ව්‍යාපෘතවීම, ඉල්ලීම; petition අයදුම්—ඉල්ලුම්—පත්‍රය. See Apply.

Apply, v. hold or place to අල්ලනවා, තබනවා, තවරනවා; fit. අදාළකරනවා, අදාළවෙනවා; use භාවිතකරනවා.

Apply the sermon to one's-self දේශනාව තමාටම අදාළකරගන්නවා.

It applies to (fits) me ඒක මට අදාළව-යෝග්‍යව-තිබෙනවා or සෑහෙනවා or හරි යනවා.

Take to heart (observe) හිතට ගන්නවා.

Apply the mind or thoughts හිත-කල්පනාව-යොමුකරනවා.

Apply one's-self to business වැඩේ යෙදී සිටිනවා, ව්‍යාපෘතවෙනවා.

Request, ඉල්ලනවා ඉල්ලුම්කරනවා.

Appoint, v. නියමකරනවා, නියෝගකරනවා; (persons only) පත්කරනවා. See Ordain.

Appointed, a. නියම කරනලද &c.; නියමවූ, පත්වූ; well or ill උවමනා ඇති or නැති, අඩුවැඩිය පංගු බෙදූ or මදිවූ.

Appointment, n. නියමකිරීම &c.; නියමය, මාසනවය, නියෝගය; (mutual) සම්මුතිය; officeනිලය, ධානාන්තරය; equipment නියම උපකරණ.

Apportion, v.(නිසි කොටස්) බෙදදෙනවා, කොටස් කර දෙනවා, කොටස් නියමකරනවා, වෙන්කොට දෙනවා.

Apportionment, n. බෙදදීම &c., see verb.

Apposite, a. හරියන, එකඟ, අදාළ, සුදුසු, අනුකූල, උචිත, යුක්ත, සඞ්ගත.

Apposition, n. යාකිරීම, යාබද්කම; in gram.—say (සම්බන්ධවූ වචන දෙකක) සමකම, තුල්‍යතාව, සමානාධිකරණය, ඒකානවය.

as–my friend, Appuhamy මගේ මිත්‍රයා (වන) අප්පුහාමි.

Appraise, v. අගයකරනවා, මිලකරනවා, අගය නියම කරනවා, තක්සේරුකරනවා.

Appraisement, n. අගයකිරීම &c., තක්සේරුව.

Appreciable, a. වටිනාකම්-තරාතිරම-දැනගන්ට පුළුවන්, ප්‍රමාණ කළහැකි, අගය කළහැකි, ගුණාගුණ කියහැකි; valuable අගනා.

Appreciate, v. අගේකොට or උතුම්කොට සලකනවා, ගුණාගුණ විනිසනවා or ප්‍රමාණකරනවා, තරාතිරම තේරුම්ගන්නවා.

Apprehend, v. seize අල්ලනවා, හිරභාරයට ගන්නවා; understand තේරුම්ගන්නවා, හැඟෙනවා, තේරුම්යනවා, තේරෙනවා, සිතෙනවා; fear (යමක් වේයයි) භය සිතෙනවා, අනුමානකරනවා.

Apprehensible a. (යමකුට) අල්ලන්ට—තේරුම්ගන්ට—පුළුවන්වූ, තේරුම් යන්නාවූ.

Apprehension, n. ඇල්ලීම &c., see verb; කල්පනාව, සිහිකල්පනාව, ඥාන ශක්තිය, සැකය, අනුමානය.

Apprehensive, a. භය—සැක—සිතෙන or සිතන, ආශඞ්කිත.

Apprentice, n. කර්මාන්තයක්—ශිල්පයක්—ඉගෙන ගන්නා පිණිස බැඳී සිටින තැනැත්තෙක් or ශිෂ්‍යයෙක්, වැඩක් ඉගෙනගන්නා තැනැත්තෙක්.

Apprentice, v. වැඩක් ඉගෙනගැනීම පිණිස බින්දනවා or භාරකරනවා.

Apprenticeship, n. වැඩක් ඉගෙනගන්න කාලය, රට බැඳීසිටීම.

Apprise, v. දැනුම්දෙනවා, සැලකරනවා.

Approach, v. ලංවෙනවා, කිට්ටුවෙනවා, ළඟට පැමිණෙනවා, ළඟට එළඹෙනවා, ළඟාවෙනවා, සමීප වෙනවා, ආසන්නවෙනවා, උපසර්පණය කරනවා.

Approach, n. ලංවීම &c.; ලංවීමට තිබෙන-ලංවෙන-මඟ, පාර, මාවත. [ගමන.

Approachable, a. ලංවිය හැකිවූ, උපසර්පණීය, සමීප

Approbation, n. හොඳයයි සිතීම or කීම, සම්මුතිය, මනාපවීම, මනාපය, කැමැත්ත.

Appropriable, a. (යමකු විසින්) වෙන්කරගැනීයහැකිවූ; අත්කරගතහැකිවූ &c., see verb.

Appropriate, v. (විශේෂයෙන් යමක් පිණිසම) වෙන්කර තබනවා, අයිතිකරගන්නවා, හිමිකරගන්නවා, සන්තක කරගන්නවා, අත්-අත්පත්-කරගන්නවා.

Appropriate, a. (යමකට) අදාළ, ඔබින, සුදුසු, අනුරූප, උචිත, අනුකූල.

Appropriately, ad. ඔබින ලෙස, ඉනාගු ලෙස, අනුරූපාකාරයෙන්, උචිත ලෙස.

Appropriateness, n. ඔබිනකම, ඉනාගුව, අනුරූපතාව, උචිතබව, සුදුසුබව. [see verb.

Appropriation, n. විශේෂයෙන් වෙන්කරගැනීම &c.,

Approval, n. (යමක්) හොඳයයි සිතීම or කීම, මනාපවීම, සම්මුතිය, අනුමතය.

Approve, v. හොඳයයි සිතනවා, (යමකට) මනාප වෙනවා, කැමති වෙනවා, අනුමත කරනවා.

Approximate, v. fig. ලංවෙනවා, ආසන්නවෙනවා.
this approximates to that මෙය ඊට සමානයි or සමානකමෙන් කිට්ටුවේගෙන එනවා or සමාන වේගෙන එනවා.
this colour—meaning—size—approximates to the other මේ පාට—අර්ථය—මහත—අනිකට කිට්ටුයි or සමානයි or සමානවේගෙන එනවා.

Approximate, a. (ගුණෙන්, ගණනින් &c.) ලංවූ, ළඟ, කිට්ටු, තුදුරු, සමාන.

Approximately, ad. තුදුරු ලෙස, කිට්ටුවෙන්, ආසන්නව, වියක් අඩුවෙන් or වැඩියෙන්, වාගේ.

Approximation, n. ලංවේගන යාම &c., see verb; සන්නිකර්ෂණය.

Appurtenance, n. (වෙන යමකට) අයිතිවූ-අඩුත්තුවූ-එකතුවූ-දෙයක්, අනුබන්ධය; laic appurtenances ගිහි පත්තය; clerical appurtenances පැවිදි පිරිකර, පරිෂ්කාර.

Apricot, n. එනම් ඵල වර්ගය.

April, n. බක් මස, අප්‍රේල් මාසය.

A priori, L. මූලෙන්-හේතුවෙන්-ඵලය ඔප්පුකිරීම, එනම් තර්ක ක්‍රමය, හේතු ඵල බන්ධයේ අඩියයක්.

Apron, n. ඉපර වැස්ම, ඉස්සරහ වැස්ම, ඉතේවැස්ම, හම් වැස්ම.

Apt, a. suitable සුදුසු, ආපන; tending -සුලු; (apt to forget අමතකකරනසුලු); clever දක්ෂ, සමර්ථ.

Apterous, a පියාපත්නැති, අපත (ක්ෂුද්‍ර ප්‍රාණී).

Aptitude, n. හුරුකම, සුදුසුකම, පුළුවන්කම, දක්ෂකම, සමර්ථකම.

Aptly, ad. හුරුලෙස, ඉනාගුලෙස, ආපනලෙස, දක්ෂලෙස, සුදුසුලෙස.

Aptness, n. හුරුකම, සමර්ථකම &c.

Aqua fortis, n. තීන්තුර.

Aquarium, n. දියයට හලගන්නා පැළෑටි ඒවී වලන ගහෝ ජලචර සතුන් ඇතිකරන ජලාශයක්.

Aquarius, n. කුම්භරාශිය.

Aquatic, a. දියට අයිති, දියේ ඉන්න or තිබෙන, දිය. ජල, ජලජ, වාරිචර, ජලචර, වාරිජ.

Aquatic, n. දිය පැළය, දියෙහි හටගන්නා පැළෑටියක්. Aquatics ජලක්‍රීඩා, දියකෙළි.

Aqueduct, n. (වතුර ගෙනයන) කාණුව, ඇළ, වාරිමාර්ගය, ජලමාර්ගය, ජලප්‍රණාලිය. [දියාරු.

Aqueous, a. දියවූ, දිය සහිත, ආප්‍ය, *i. e.* ජලමය,

Aqueousness, n. දියාරුකම, ජලභාවය, ආප්‍යතාව.

Aquiline, a. රාජාලි; (උගේ තුඩ වාගේ) වකුවූ, හිරුහොට වැනි.

Arabian, a. & n. අරාබි, අරාබියා.

Arabic, a. & n. අරාබි, අරාබි භාෂාව.

Arable, a. සීසෑමට සුදුසු, හාන්ට පුළුවන්වූ, කර්ෂණීය.

Arbiter, **Arbitrator**, n. බේරුම්කාරයා, මධ්‍යස්ථපුරුෂයා, සන්ධානකරු; තමාගේම කැමැත්තේ හැටියට විනිශ්චය දෙන තැනැත්තා, ස්වේච්ඡාවෙන් නියමකරන්නා or ආඥාපකරන්නා.

Arbitrament, n. ස්වේච්ඡාවිනිශ්චය, බේරුම්කාරයාගේ තීන්දුව.

Arbitrarily, ad. හිතුවක්කාර ලෙස, හිතුමතයට, ස්වේච්ඡාචාරීව, ස්වේච්ඡාවෙන්ම.

Arbitrariness, n. හිතුවක්කාරකම &c.

Arbitrary, a. හිතුවක්කාර &c.

Arbitrate, v. (විවාදයක්) බේරාදෙනවා, බේරුම්කොට දෙනවා.

Arbitration, n. බේරාදීම, බේරුම්කිරීම.

Arbitrator, n. See Arbiter.

Arboraceous, a. වෘක්ෂ සම්බන්ධ, වෘක්ෂාකාර.

Arboreous, a. බොහෝ ගස් ඇති, ගස් රාශියකින් ගැවසිගත්, තරුවරගතයෙන් හොබනා.

Arboretum, n. වෘක්ෂෝද්‍යානය, වෘක්ෂවාටිකාව.

Arboriculture, n. ගස් වැවිලිකිරීම.

Arbour, n. පන්දලම, නිකුඤ්ජය, ලතා ගෘහය.

Arc, n. දුනුහැඩය, චාපාකාරය.

Arcade, n. බෝක්කු වීදිය, බෝක්කුවීදි කඩේ, ජනත පථය.

Arch, n. අර්ධකවය, ආරුක්කුව, බෝක්කුව; triumphal arch තොරණ, ශෙසිගෙය.

Arch, v. බෝක්කු තමනවා, බෝක්කු තමා තනනවා.

Arch, a. කපටි, සරදමට හපන්, චතුර.

Arch, prefix ප්‍රධාන, උත්තම, ශ්‍රේෂ්ඨ.

Archaeologist, n. පුරාණ වස්තු—පුරාවස්තු—ශාස්ත්‍රඥයා, පුරාවිද්‍යාඥයා.

Archaeology, n. පුරාණ දේ ගැන උගන්වන ශාස්ත්‍රය, පුරාණ වස්තු—පුරාවස්තු—ශාස්ත්‍රය, පුරාවිද්‍යාව.

Archaic, a. පුරාණ, පෞරාණික, පරණ, පැරණි, ආදි.

Archaism, n. යටගිය—පුරාණ—වාක්‍යයක්; පැරණි කීමක්, යෙදීමක් *or* ප්‍රයෝගයක්.

Archangel, n. උත්තම දේවදූතයා.

Archbishop, n. අග්‍රපාරිදශිකතැන, අග්‍ර බිෂොප් උන්නාන්සේ, R. C. අග්‍ර රාජගුරුප්‍රසාදිතැන.

Archbishopric, n. අග්‍රපාරිදශික පදවිය, අග්‍ර රාජගුරු පදවිය.

Archdeacon, n. (එංගලන්ත සභාවේ) අනුනායකයා. උත්තමෝපස්ථායකයා.

Archdeaconship, n. උත්තමෝපස්ථායක ධුරය, අනුනායක ධුරය.

Archer, n. දුනුවායා, දුනුකාරයා, ධනුර්ධරයා. [දය

Archery, n. විදීම, ධනුශිල්පය, ශරාභ්‍යාසය, ධනුර්වේ

Archetype, n. මුල් සිතියම, මුල් අච්චුව, මුල් ආදර්ශය, මුල් පිටපත.

Archipelago, n. (එනම්වූ) ග්‍රීක් මුහුද, දූපත් බහුල මුහුද, දූපත් සමූහය.

Architect, n. ගෘහ නිර්මාණ ශිල්පඥයා, නිර්මාණ ශිල්පඥයා, වාස්තු විද්‍යාඥයා.

Architectural, a. ඉදිකිරීමේ ශිල්පයට අයිත්තු. ඉදිකිරීම - ගොඩනැගිලි - සම්බන්ධ, නිර්මාණ ශිල්පය - වාස්තු විද්‍යාව—පිළිබඳ.

Architecture, n. නිර්මාණ ශිල්පය, වාස්තු විද්‍යාව, ඉදිකිරීම් ශාස්ත්‍රය, ගෘහාදි ශිල්පය; ගොඩනැගිල්ල.

Archives, n. pl. ලේඛන රක්ෂාස්ථානය, රාජලේඛනාගාරය; තෝම්බුව, ලේකම් මිටිය.

Archstone, n. බෝක්කුවේ මැද ගල.

Arctic, a. උතුරු, උත්තරධ්‍රැව; arctic circle උත්තර ධ්‍රැව වෘත්තය.

Ardent, a. දන, දැවෙන, දැවිල්ලක් ඇති, උෂ්ණ, තියුණු, ජ්වලිත, ප්‍රචණ්ඩ; ardent spirits පෙරපු මද්‍යසාරය, මෙරය, ආසවය.

Ardently, ad. තද ඇල්මෙන්, උනන්දුලෙස, ජ්වලිත ලෙස.

Ardour, n. උණුසුම්කම, ජ්වලිතකම, උනන්දුකම, (ප්‍රේමයේ) තදකම.

Arduous, a. අසීරු, අමාරු, අපහසු, දුෂ්කර.

Are v. pl. සිටිනවා &c., See Be.

Area, n. එළිමහන් ඉඩම *or* බිම, ඉඩ, ඉඩ ප්‍රමාණය, මිදුල, වලය; area of a field, ක්ෂේත්‍රඵලය.

Areca, (nut, tree) n. පුවක්, ක්‍රමුක, කැමුකු; a very small species දොතලු, ලේණතැරි.

Areca-nut-cutter, n. (shears) ගිරය, ගිරේ.

Arena, n. රඟමඩල, සංග්‍රාම භූමිය, වාදභූමිය.

Argil, n. කුඹල්මැටි, කිරිමැටි.

Argillaceous, a. මැටි මිශ්‍රවූ, මැටිවූ.

Argilliferous, a. මැටි සහිත, මැටි ඇත්තාවූ.

Argue, v. කාරණ ගෙනහැර දක්වනවා *or* ගෙනපානවා, වාදකරනවා, විවාදකරනවා, තර්කකරනවා.

Argument, Argumentation, n. වාදකිරීම &c.; ගෙනහැර දක්වන කාරණව; වාදය, විවාදය, තර්කණය, තර්කය.

Argumentative, a. කාරණ ගෙනපාන්නාවූ, වාද-විවාද-සහිතවූ, වාදයට ලැදිවූ, විවාදප්‍රිය, තර්කානුගාමී. [යෙන්.

Argumentatively, ad. විවාදාකාරයෙන්, තර්ක වශ

Argumentativeness, n. වාද සහිතකම &c.

Arid, a. වියළි, දියසිරාව නැත්තාවූ, ශුෂ්ක. [භාව.

Aridity, n. වියළිකම, දියසිරාව නැතිකම, ශුෂ්ක

Aries, n. මේෂරාශිය.

Aright, ad. හරිලෙස, හරියට, යුතුලෙස. [සිවිය.

Aril, Arillus, n. (සාදික්කාවල මෙන්) ඇටේ පිට

Arise, v. from bed, a seat, inaction or death නැගිටිනවා; of the sun &c. පායනවා, උදාවෙනවා, නගිනවා; see Ascend; originate උපදිනවා, මුලින් ඇතිවෙනවා.

disputes, good &c. arise—විවාද, යහපත යනාදිය උපදිනවා.

helpers. arise—appear—උපකාරකාරයෝ නැගිටිනවා, පැමිණෙනවා.

Aristocracy, n. රදළ ආණ්ඩුව *or* රදළවරුන්ගේ ආණ්ඩුව, *i. e.*, උසස් කුලවතුන් විසින් ආණ්ඩුකිරීම; රදළ පෙළ, රදළවරු. වංශවත් අය.

Aristocratic, a. රදළකමට—රදළ පෙළට—අයිතිවූ. වංශවත්.

Arithmetic, n. ගණිතශාස්ත්‍රය, ගණිතය, අංකවිද්‍යාව.

Arithmetic, Arithmetical, a. ගණිත ශාස්ත්‍රයට අයිතිවූ, ගණිත, ගණිත ශාස්ත්‍රාකාරවූ.

Arithmetically, ad. ගණිත ශාස්ත්‍රයෙන්, ගණිත ශාස්ත්‍රානුසාරයෙන්.

Arithmetician, n. ගණිත ශාස්ත්‍රඥයා.

Ark, n. (මැස්මක් ඇති) පෙට්ටියක්; of Noah–නැව; of the Covenant ගිවිසුම් පෙට්ටිය.

Arm, n. අත, හස්තය; upper portion බාහුව; branch අත්ත, ශාඛාව;
of a machine &c. අත; of the sea මුහුදු තුඩුවක්;
weapon ආයුධය, ශස්ත්‍රය, fig. බලය.

He kept me at arm's length ඔහු මා කිට්ටුවකට ගත්තේ නැහැ.

Arm, v. යුද්ධායුධ වලින් සැරසෙනවා *or* සන්නද්ධ වෙනවා *or* සරසනවා, යුද්ධායුධ පැලඳගන්නවා *or* පලන්දනවා *or* සපයාදෙනවා.

Armadillo, n. කබල්ලෑ වර්ගයක්.

Armament, n. යුද්ධායුධ පැලඳ ධජිණ සමූද, යුද්ධ සමූද, බලසේනාව, නැවක යුද්ධායුධ.

Arm-chair, n. අත්පුටුව, ඇඳිපුටුව.

Armed, a. යුද්ධායුධයෙන් සැරහුණු, ආයුධ සන්නද්ධ, වර්මිත.

Armful, n. අතට අසුවෙන තරමක්.

Armhole, n. කිහිල්ල, ඇඳුමක අත දමන සිදුර.

Armistice, n. යුද්ධ නැවතීම, යුද්ධය (විකකලකට) අත්හිටවාගැනීම, යුද්ධ විරතිය.

Armless, a. අත්නැති, යුද්ධායුධ රහිත, ආයුධ රහිත.

Armlet, n. of the sea කුඩා මුහුදු තුඩුව; for the arm බාහුභූෂාව, වළල්ල, අංගදාභරණය.

Armorial, a. යුද්ධායුධ සම්බන්ධ, වංශ සලකුණු—කුල චිහ්නය—පිළිබඳ.

Armour, n. සන්නාහය, වර්මය, කඤ්චුකය, කවචය.

Armourer, n. යුද්ධායුධ තනන්නා, ශස්ත්‍රකාරයා, යුද්ධායුධ බලාගන්නා.

Armoury, n. ආයුධාගාරය, යුද්ධායුධාගාරය, යුද්ධායුධ-ශස්ත්‍ර-සංහතිය.

Armpit, n. කිහිල්ල.

Arms, n. pl. යුද්ධායුධ &c., see Armour; fig. යුද්ධය, සටන; වංශ සලකුණ, කුලචිහ්නය. [සේනාවක්.

Army, n. යුද්ධ සේනාව, යුද්ධ හමුදාව; සමූහයක්,

Aroma, n. සුවඳ, සුසුඹ, සුගන්ධය, ආමෝදය, ඉහළට ගන්ධය, පරිමලය.

Aromatic, a. සුවඳ ඇති, සුසුඹ ඇති, සුගන්ධ, ආමෝදිත, සුරභිත.

Aromatic, n. සුවඳ ගහක් *or* ද්‍රව්‍යයක්, සුගන්ධිකයක්.

Arose, v. නැගිට්ටා, නැඟුණා. See Arise.

Around. prep. & ad. වටකර, වටකරින්, වටේට, අවට, හාත්පසින්, වටපිට, අහලපහල.

Arouse, v. from sleep or inaction පුබුදුවනවා, අවදි කරනවා, අවුස්සනවා, ප්‍රබෝධකරනවා.
make to arise, නැගිටවනවා; make active උනන්දුකරනවා.

Aroused, pp. *or* a. පුබුදුවනලද &c. ප්‍රබෝධිත, ප්‍රබුද්ධ.

Arousing, n. පිබිදවීම &c.; ප්‍රබෝධනය.

Arrack, n. අරක්කු.

Arraign, v. විනිශ්චයට-විභාගයට-පමුණුවනවා: වරද නඟනවා, දෙස්තබනවා, චෝදනාරෝපණයකරනවා. See Accuse.

Arraignment, n. විනිශ්චයට පැමිණවීම &c., see verb; චෝදනාරෝපණය.

Arrange, v. පිළිවෙළට තබනවා *or* යොදනවා, අස් කරනවා; mentally යෝජනා කරනවා; prepare පිළියෙලකරනවා; settle බේරනවා.

Arrangement, n. පිළිවෙළට තැබීම &c., පිළිවෙළ, ක්‍රමය, බේරුම.

Arrant, a. පල් (බොරුකියා), වස (පාස්කාකියා), යදබල (මංචාකාරයා) &c.

Array, v. පෙළට-පිළිවෙළට-තබනවා; (යුද්ධයේදී) පිළිවෙළට සිටිනවා, සරසනවා, ආයිත්තම්කරනවා, පලඳිනවා, සජ්ජිත කරනවා; one's-self සැරසෙනවා, සන්නද්ධවෙනවා, පැලඳගන්නවා.

Array, n. පිළිවෙළ, වින්‍යාසය, සැරසිල්ල, ඇඳුම් පැළඳුම්, ආයිත්තම්.

Arrear, n. අතපසුවීම, ඉතුරු කොටස, *i. e.*, කුලී යනාදියෙන් නොගෙවා *or* වැඩ —' ගණන — සම්පූර්ණ නොකර අතපසුව තිබෙන පංගුව, හිඟ හිටලා තිබෙන ගණන;
the work is in arrears වැඩය අතපසුව තිබෙනවා;
the accounts are in arrears ගණන් (ලිවීම, ගෙවීම) අතපසුව තිබෙනවා *or* නොලියාපු—නොගෙවූ—ගණන් තිබෙනවා.

Arrest, v. stop නවත්වනවා, හිටවනවා; prevent වලක්වනවා; seize (යම බලයක් පිට) අල්ලනවා, අල්ලාගන්නවා, attention (කල්පනාව, සැලකිල්ල) යොමුකරවනවා.

Arrest, n. නැවැත්වීම &c.

Arrival, n. පැමිණීම &c., see verb; ආගමනය, ප්‍රාප්තිය, සම්ප්‍රාප්තිය.

Arrive, v. පැමිණෙනවා, ළඟාවෙනවා, ලඟාවෙනවා, ප්‍රාප්තවෙනවා, සම්ප්‍රාප්තවෙනවා.

Arrogance, n. අහංකාරය, අහංකාරකම, ආඩම්බරකම, ගර්වය, එඩිය, මද, ප්‍රගල්භය, දර්පය, අභිමානය, මදය, අවලේපය, ආටෝපය. [ප්‍රගල්භ &c.

Arrogant, a. අහංකාර, ආඩම්බර, බැරෑරුම්, එඩි,

Arrogantly, ad. අහංකාරලෙස &c., see adj.

Arrogate, v. (ප්‍රශංසා, තනතුරු *or* වෙන වාස) අහංකාරකමින් — නුසුදුසු පරිද්දෙන් — අන්‍යායෙන් — ආරූඪ කරගන්නවා *or* හිමිකරගන්ට හදනවා.

Arrogation, n. (ප්‍රශංසා, බලය &c.) යුතු තරමට වඩා-අයුතුලෙස-හිමිකරගැනීම &c.

Arrow, n. ඊගහ, ඊය, ශරය; Arrow-head ඊතලය.

Arrow-headed, a. ඊතලයක-ආකාර-සටහන්-ඇති.

Arrow-root, n. අරරූත්, අරරූත් පිටි, (අරළුපිටි) හුලංකීරිය.

Arsenal, n. යුද්ධායුධාගාරය, යුද්ධායුධ සාදා තබාගන්නා ස්ථානය.

Arsenic, n. පාෂාණම් ලෝහය; පාෂාණම් (විෂ), තේපාලිකා.

Arsenical, Arsenious, a. පාෂාණම්, පාෂාණම් මිශ්‍රවූ..

Arson, n. ගෙවල් ආදිය ගිනිලන අපරාධය, ගෙවල් ගිනිතැබීම.

Art, v. Thou art (තුඹ, තමුසේ &c.,) සිටිනෙහි *or* (මිත්‍ර &c. ව) සිටිනෙහි.

Art, n. කර්මාන්තය, ශිල්පය, කලාව; විසිවත්කම, උපක්‍රමය, උපාය; දක්ෂකම; the arts (පාඨශාලාවල උගන්වන) ශිල්ප.

Arterial, a. (හෘදයෙන් පිටත්ව යන) ලේ නහර සම්බන්ධ, ඒ නහරවල ඇත්තාවූ. See Artery.

Artery, n. (හෘදයෙන් ලේ ගලායන) නහරයක්, ලේ නළයක්, රක්තවාහිනිය, ප්‍රාණනාඩිය (veins හෘදයට ලේ හැරී එන ලේ නළ).

Artesian well, n. (පොළොව සිදුරුකර තැනූ) ජල නළය *or* ළිඳ *or* උල්පත.

Artful, a. දක්ෂ උපාය ඇත්තාවූ, දඟකාර, ප්‍රයෝගකාර, මායාකාර.

Artfully, ad. දක්ෂ උපාය ඇතුව, ප්‍රයෝගලෙස, ප්‍රයෝගයෙන්, මායාවෙන්.

Artfulness, n. උපාය දක්ෂකම, ප්‍රයෝගකාරකම.

Arthrology, n. (ශරීරයේ) සන්ධි පිළිබඳ විද්‍යාව.

Article, n. නියම නිපාතය (the), අනියම් නිපාතය (a); දෙය, බඩුව, special to B.P. පිරිකර, පරිෂ්කාරය, නියමය, (in newspaper &c.) ලියවිල්ල, ලිපිය, වාක්‍යය; articles of war යුද්ධ නියෝග.

Articled, be v. ලියවෙනවා.

Articulate, v. ස්වර හඟනවා, උච්චාරණය කරනවා; (වචනයේ එක එක අකුර) වෙන් වෙන් වශයෙන් *or* පැහැදිලි ලෙස කියනවා, කොටස් කීපයක් සන්ධි කරනවා *or* සන්ධි වශයෙන් අමුණනවා.

Articulate, a. වෙන්වෙන් ශබ්ද ඇත්තාවූ (කථා); සන්ධි *or* පුරුක් ඇත්තාවූ.

Articulately, ad. ශබ්ද වෙන් වශයෙන් කියා, පැහැදිලිලෙස; සන්ධි *or* පුරුක් ඇතුව.

Articulation, n. ඇටසන්ධිවීම, ඇට සන්ධියක්; (ගසේ) පුරුකක්; වෙන් වශයෙන් ශබ්දකිරීම; ශාත්‍රාක්ෂරයක්.

Artifice, n. දක්ෂ උපාය, ප්‍රයෝගය, දඟය, මායාව, පොරඩාව, ව්‍යාජය.

Artificer, n. කර්මාන්තකාරයා, කම්කරුවා.

Artificial, a. අතින්කරනලද (මල් &c.), කෘතක, අස්වාභාවික, සහජ නොවන, ව්‍යාජ. [භාවය.

Artificiality, n. කෘතකතාව, අතින් කළ බව, ව්‍යාජ

Artificially, ad. කෘතක වශයෙන්, කර්මාන්තයෙන්.

Artillery, n. කාලතුවක්කු, ඒවාට අයිති රථ වාහන, වෙඩි බෙහෙත් යනාදි සියලු උපකරණ, කාලතුවක්කු-උපකරණ; කාලතුවක්කු-හමුදාව, කාලතුවක්කු-ශිල්පය.

Artisan, n. කර්මාන්තකාරයා, කම්කරුවා, ශිල්පියා.

Artist, n. (සිතියම්, කැටයම්, ගෘහ යෙදුම් යනාදි) සියුම් කර්මාන්ත කරන්නා, ශිල්පියා, චිත්‍ර ශිල්පියා, සූක්ෂම ශිල්පියා.

Artistic, Artistical, a. ශිල්පයකට අයිතිවූ, ශිල්පානුකූල.

Artistically, ad. (අදහසක් අඩංගු) සියුම් පිළිවෙළකට, සියුම් විධියකින්, ශිල්පානුකූලව.

Artless, a. ප්‍රයෝග නැති, අප්‍රයෝග, උපාය රහිත, අවංක, මායා රහිත.

Artlessly, ad. ප්‍රයෝගනැතුව, උපායරහිතව, අවංක ලෙස.

Artlessness, n. ප්‍රයෝග නැතිකම, උපාය රහිත බව, අවංකකම.

Artocarpus, n. දෙල්, රටදෙල්.

Art-union, n. සියුම්-සූක්ෂම-ශිල්ප සංගමය.

Arum, n. පඤ්ඤල, පොලොංඅල, කිඩාරම්.

As, ad. & conj. manner (as I say මම කියන) හැටියට, ආකාරයට, ලෙස, පරිද්දෙන්.

As being, as also, වාගේ, මෙන්, කොට. [ලෙස, මෙන්, හැටියට, are also used of effect: so that] persuade him so that he go (to go) as I say මා කියන හැටියට &c. යනලෙස &c. ඔහු කැමති කරවාපන්.

As also (as well as): he goes as well as I, he also goes as I do මා වාගේ—මා වාගේම—ඔහුත් යනවා. I give to you as well as to him ඔහුට වාගේම—මෙන්ම——තුඹටත් දෙමි.

As if: he speaks as if he were a friend ඔහු මිත්‍රයකු වාගේ—මිත්‍රයකු මෙන්—කථාකරනවා.

As (being so or not): I entertain him as a friend මිත්‍රයකුට වාගේ—මෙන්—ඔහුට සත්කාර කරමි.

As (really so regarded): I accept him as a friend ඔහු මිත්‍රයකු කොට පිළිගනිමි.

I obey him as my master මාගේ ස්වාමියා කොට—හැටියට—ඔහුට කීකරුවෙමි.

As for me, I will not go මම නම් යන්නේ නෑ, නොයමි.

As for me, I cannot go මට නම් යන්ට බැරිය.

As soon as he went ඔහු ගිය හැටියේම, ගිය කාඩ්ඩාමින්ම, ගිය ක්ෂණයේම, ගිය විගසම.

As for instance, for example ආදර්ශයක් වශයෙන් —කොට.

As, because බැවින්, සෙයින්, නිසා.

As, whilst: as I went මා යද්දී; as I go මා යන අතර.

As far-much-as තරිය, තරියේ, පමණ.

As said, the above said යථෝක්ත - ඉහත කී-පූර්වෝක්ත-යටකී-පරිද්දෙන්.

Asafœtida, Asafetida, n. පෙරුංකායම්, හිංගු.

Asbestus, Asbestos, n. දැලානොයන ලෝහජාතියක්, අදාහ්‍ය ලෝහයක්.

Ascend, v. නගිනවා, නැඟෙනවා, උද්ගත වෙනවා, ආරූඪවෙනවා; come up නැඟී එනවා, (from below ground) ගොඩනගිනවා; go up නැඟියනවා, උඩ එනවා; See Arise, Increase, Mount.

Ascendant, Ascendancy, n. බලය ඇතුව සිටීම, (මැසිවිගන යන) බලසම්පන්නකම, බලය පැවැත්වීම; (අනුස්ව වඩා) වැඩිබලය *or* උතුම්කම.

Ascended, pp. *or* a. නැඟී, නැඟුණ &c., උද්ගත; ආරූඪ, සමාරූඪ.

Ascending, p. *or* a. නගින, නැඟෙන, උද්ගතවෙන, ආරූඪවෙන; in astr. උතුරට යන්නාවූ.

Ascension, n. නැඟීම, නැඟීයාම, ඉහළවයාම, උද්ගත වීම, සමුත්ක්‍රමය; ආරූඪවීම, ආරූඪය, අරෝහණය.

Ascent, n. උද්ගමය, උද්ගමනය; See Ascension (නගින තැන එන) නැග්ම.

Ascertain, v. නිශ්චයලෙස—නිසැකව—නිරවුල්ව—දැනගනනවා, සොයා දැනගන්නවා, නිශ්චයකරනවා, විජානනය කරනවා.

Ascertainable, a. දැනගත හැකිවූ (දේ) &c., විඥේය, ඥානගම්‍ය.

Ascertained, pp. *or* a. දැනගත්තාවූද &c., නිශ්චිත.

Ascertainment, n. දැනගැනීම &c., see verb.

Ascetic, a. තාපස, තපස්, ශ්‍රමණ, ප්‍රව්‍රජිත.

Ascetic, n. තාපසයා, ශ්‍රමණයා, ප්‍රව්‍රජිතයා, පරිව්‍රාජකයා, සන්නාසියා.

Asceticism, n. තාපසකම, තපස්රැකීම, තපස්භාවය, තාපස වෘත්තිය, සන්නාසිකම.

Ascribe, v. lit. (යම් ගණනකට *or* හේතුවකට) ආරෝපණය කරනවා; used only fig.–thus

I ascribe it to envy, love sorrow, joy &c. &c. ඒක ඊර්ෂ්‍යාවෙන්, ප්‍රේමයෙන්, දුකෙන් ප්‍රීතියෙන් &c. වුණයයි සලකමි.

I ascribe it to him (ඒක ඔහුගේ ගණනට—ඔහු පිට—තබමි *i. e.*) ඔහු ඒක කළාය *or* ඒක ඔහු නිසා *or* ඔහු අතින් *or* ඔහුගේ වැරැද්දෙන් *or* ඔහුගේ යහපත්කමින් වුණයයි සලකමි.

Ascribe praise, blame &c. ප්‍රශංසා කරනවා, වරද තබනවා *or* පවරනවා.

Ascription, n. See Ascribe. (එසේ වුණයයි) සැලකීම *or* කීම; ප්‍රශංසා *or* වරද පැවරීම *or* අසවලාට අසවල් ගුණය ඇතැයි *or* අයිතියයි පැවරීම.

Ashamed, be, v. ලැජ්ජයි, ලජ්ජා වෙනවා, ලජ්ජාව සිටිනවා, ලජ්ජිතව සිටිනවා.

Ash-colour, n. අළුපාට.

Ashes, n. pl. අළු, (මිනිය ආදහන කිරීමෙන් ඉතුරු වෙන කොටස), fig. මලමිනිය.

Ashore ad. ගොඩ, ගොඩදී, ගොඩබිමදී; go *or* be ashore ගොඩ යනවා, ගොඩබහිනවා, ගොඩ ඉන්නවා. See Aground.

Ash-Wednesday, n. අළුබදාදා.

Ashy, a. අළුවූ, අළු මිශ්‍රවූ, අළු පාටවූ, සුදුමැලි.

Asiatic, a. ආසියාවට අයිතිවූ, ආසියාතික. [යෙක්.

Asiatic, n. ආසියාවේ හැදුණෙක්, ආසියාතිකයෙක්.

Aside, ad. ඉවත, අහක, අහකින්; පැත්තකට—අහකට—කොණකට—වෙලා *or* කර; එකත්පස්ව, එකත්පසෙක, වෙන්ව, ඈත්ව, අහකින් තිබෙද්දී *or* තබා.

Asinine, a. කොටළුවාට අයිතිවූ, බූරු; fig. බූරුවා වැනි, මෝඩ.

Ask, v. inquire අසනවා, විචාරනවා, ප්‍රශ්න කරනවා; ask for, request ඉල්ලනවා; beseech අයදිනවා; invite කැඳවනවා.

Askance, Askant, Askew, ad. ඇදව, ඇදකර, වපරේට, ඇස්කොණින්.

Asking, n. & p. ඇසීම &c., අසමින් &c., see verb.

Aslant, ad. ඇලවෙලා, ඇදව, ඇදලෙස.

Asleep, be v. නිදා—නිදාගන—බුදියාගන—ඉන්නවා, නිදි, බුදි; fall asleep නින්ද යනවා, නිද්‍රෝපගත වෙනවා.

Asomatous, a. අශරීර, අශරීරික, අරූපී, ශරීරයක් නැති.

Asp, n. (මිසර දේශයෙහි සම්භවන) විසකුරු කුඩා සර්ප ජාතියක්.

Asparagus, n. සාතාවාරිය, ශාතාවාරිය.

Aspect, n. පෙනුම, පෙනීම, බැල්ම, දෘෂ්ටිය, ආකෘතිය.

Asperity, n. රළුකම, සැරකම, කර්කශකම.

Asperse, v. අනුන්ගේ අගුණ කියනවා, ඕපාදූප කියනවා.

Aspersion, n. අනුන්ගේ අගුණකීම &c., පරූපවාදය, පරෝපවාදය, ඕපාදූපය, මිථ්‍යාපවාදය.

Aspersive, Aspersory, a. මිථ්‍යාපවාද, පරූපවාද, ඕපාදූප.

Asphalt, n. ශල්කීල්, ශිරිප්‍රුෂ්පක.

Asphyxia, Asphyxy, n. (දියෙහි ගිලී මැරීමේදී මෙන්) හුස්ම නැවතීම, ශ්වාස භංගය.

Aspirant, n. ප්‍රාර්ථනාකරන්නා &c., see Aspire.

Aspirate, n. හයන්න *or* මහා ප්‍රාණාක්ෂරයක්.

Aspirate, v. හ *or* මහා ප්‍රාණාක්ෂර උච්චාරණය කරනවා.

Aspiration, n. ප්‍රාර්ථනාකිරීම &c. see Aspire; ප්‍රාර්ථනාව, පැතුම, ආශාව, ආකාංක්ෂාව; මහා ප්‍රාණාක්ෂර උච්චාරණය කිරීම &c. see Aspirate.

Aspire, v. ප්‍රාර්ථනාකරනවා, පතනවා, උසස් දෙයකට ආශාවෙනවා.

Aspiring, a. උසස්කමට ආශාවෙන්නාවූ.

Asquint, ad. වපරේට, ඇස් කොණින්.

Ass, n. කොටළුවා, බූරුවා, ගර්දභයා.

Assafœtida, n. පෙරුංකායම්, හිංගු.

Assail, v. (කටින් *or* අතින්) විරුද්ධකම් කරනවා, අඩත්තේට්ටම් කරනවා, සටන්කරනවා, ආක්‍රමණය කරනවා, දෝෂාරෝපණය කරනවා.

Assailable, a. (යමකු විසින්) විරුද්ධකම් කළ හැකිවූ, දෝෂාරෝපණය කළ හැකිවූ.

Assailant, n. (as above විවාදයෙන්, දෙස්තැබීමෙන්, නින්දා කිරීමෙන්, ගැසීමෙන් *or* යුද්ධයෙන්) විරුද්ධකම් කරන්නා.

Assassin, n. (රැක සිට *or* හදිසියෙන්) මිනී මරන්නා, ඝාතකයා.

Assassinate, v. (රැකසිට *or* හදිසියෙන්) මිනීමරනවා.

Assassination, n. රහස් පහරකින් මිනීමැරීම, රැක සිට හදිසියෙන් මිනීමැරීම.

Assault, v. see Assail. අඩත්තේට්ටම් කරනවා, ගහනවා; හණිඹුවට—පොරට—සටනට—(වේගයෙන්) යනවා.

Assault, n. විරුද්ධකම් කිරීම, ගැසීම, බැණීම, සටන, අඩත්තේට්ටම, ආක්‍රමණය.

Assay, v. මාත්තුබලනවා, උරගාබලනවා, පරීක්ෂා කරනවා. See Essay.

Assay, n. මාත්තු බැලීම &c.; පරීක්ෂාව, විභාගය, සෝදිසිය.

Assayer, n. මාත්තු බලන්නා, පරීක්ෂකයා.

Assaying, n. මාත්තු බැලීම, ලෝහ පරීක්ෂාව.

Assemblage, n. රැස්වූ සමූහය, එකතුවූ දේ, රැස.

Assemble, v. රැස් කරනවා, එකතුකරනවා, රැස් වෙනවා, එකතුවෙනවා

Assembled, a. රැස්කරන ලද &c., රැස්වූ &c., සන්නිපතිත.

Assembly, n. රැස්වී සිටින අයවල්, සමූහයා, සභාව, සමුච්චය, පිරිස.

Assembly-room, n. සභා ශාලාව.

Assent, v. (යමකට) එකඟවෙනවා, එකමුතු වෙනවා, (එසේයයි) පිළිගන්නවා, අනුඥාකරනවා, කැමැත්ත දෙනවා.

Assent, n. එකඟවීම &c.; අනුඥාව.

Assert, v. කියා සිටිනවා, සහතිකලෙස කියනවා, ස්ථිරකරනවා; assert one's rights තමාගේ අයිතිවාසිකම් කියා *or* පෙන්වා සිටිනවා.

Assertion, n. කියාසිටීම &c.; කීම, කියන කාරණය.

Assertor, n. කියාසිටින්නා &c.

Assess, v. අයබදු නියමකරනවා, වටිනා කම නියම කරනවා, තක්සේරු කරනවා.

Assessable, a. අයබදු තක්සේරු කළයුතු; අගය නියම කළහැකිවූ.

Assessment, n. අයබදු නියමකිරීම &c.; තක්සේරුව; assessment tax වරිපනම්, අයබද්ද.

Assessor, n. අයබදුනියමකරන්නා, තක්සේරු කාරයා.

Assets, n. pl. ණය ගිලව් වස්තු—*i. e.* ණය ගෙවීම පිණිස තිබෙන වස්තු; අය, අයවෙන්ට තිබෙන ණය *or* දේවල්, වෙළෙන්දගේ වත්කම.

Asseverate, v. සහතිකලෙස—ස්ථිරලෙස—වැදගත් ලෙස—ඕනෑකමින්—දිවුරා—කියනවා, සහතිකකර කියනවා, ශපථකොට කියනවා.

Asseveration, n. සහතිකලෙස කීම, ඒකාන්ත කීම, සහතිකලෙස &c. කියන කාරණය.

Assiduity, n. (වෑයම) යෙදීසිටීම, ව්‍යාප්‍රෘතතාව, කඩිසරකම, වීර්යවන්තකම, තත්පරතාව, උද්‍යෝගය.

Assiduous, a. (යම් දෙයක) නොකඩව යෙදී සිටින, ව්‍යාප්‍රෘත, කඩිසර &c.

Assiduously ad. අනලස්ව, කඩිසරලෙස, ව්‍යාප්‍රෘතව, · Assiduousness, n. see Assiduity.

Assign, v. නියම කරනවා, නියමකර දෙනවා; (දේපොළ) ලියා දෙනවා, නියම කර තබනවා, assign a reason කාරණාවක් කියනවා *or* ගෙනපානවා *or* ගෙනහැර දක්වනවා.

Assign, n. (ලියාදීමෙන්) යමක් හිමිවෙන අය, අයිතිවාසිකම ලබන්නා.

Assignable, (යමකු විසින්) නියම කළ හැකිවූ &c. ලියාදියහැකිවූ, (කාරණාවක් කොට) කියහැකිවූ.

Assignation, n. (සම්බවීමට වේලාවක්) නියමකිරීම, (ඔප්පුවක් පිට) හිමිකරදීම.

Assignee, n. නියම කරනු ලබන්නා, නියමකරන දේ ලබන්නා, බලයලත් අය, අයිතිවාසිකම ලබන්නා.

Assigner, n. නියමකරන්නා &c., see verb.

Assignment, n. නියමකරදීම &c.; see Assign and Assignation; හිමිකරදෙන ඔප්පුව.

Assimilate, v. සමභාවයට—ඒකස්වභාවයට—සමානත්වයට—පමුණුවනවා; සම ද්‍රව්‍ය කරගන්නවා *or* වෙනවා.

Assimilation, n. සමභාවයට පැමිණීම &c., ආහාර ශරීරද්‍රව්‍යකිරීම *or* වීම, තුල්‍යකරණය, සමීකරණය.

Assimilative, a. සමභාවයට පමුණුවන්නාවූ &c.

Assist, v. උපකාරකරනවා, ආධාරවෙනවා &c., see Aid.

Assistance, n. උපකාරය, උදව්ව, ආධාරය, පිහිට.

Assistant, a. උප-, උපකාරවූ, ආධාර; assistant secretary &c. උපලේකම් තැන &c.

Assistant, n. උපකාරයට සිටින්නා, උදව්කාරයා, අත්උදව්කාරයා, සහකාරයා.

Assize, Assizes, n. නඩු විභාගවාරය, ශ්‍රේෂ්ඨාධිකරණ වාරය.

Assize, v. මිනුම්—කළත්පසි—අගය ආදිය—නියම කරනවා. [රියා.

Assizer, n. මිනුම් හා කළත්පසි පරීක්ෂා කරන නිලධා

Associable, a. (යමකු විසින්) සම්බන්ධ කළ හැකිවූ; මිත්‍රකමට or ආශ්‍රයට පත්කළහැකිවූ.

Associate, v. සමාගම් පවත්වනවා, ආශ්‍රයකරනවා, හවුල්වෙනවා, සම්බන්ධවෙනවා, සම්බන්ධකරනවා, මිත්‍රවෙනවා.

Associate, a. සම්බන්ධ, එකතු, හවුල්, සහකාර.

Associate, n. සමාගම්කාරයා, හවුල්කාරයා, සහකාරයා, යහළුවා, සම්බන්ධ—එකතු—නෑනෑත්තෙක්.

Association, n. සමාගම් පැවැත්වීම &c.: එක්වීම, සංයෝගය, සමාගම, සඞ්ගමය.

Assonance, n. ශබ්දවල—ස්වරයන්ගේ—සමානකම.

Assonant, a. ස්වරයෙන් සමාන.

Assort, v. වෙන් වෙන් විශයෙන් තෝරනවා or බේරනවා or බෙදනවා.

Assortment, n. තේරීම &c.; නොයෙක් පාත් බඩු රැසක්, තෝරාගත් බඩු රැසක්.

Assuage, v. සංහනයකරනවා &c. See Allay & Abate.

Assume, v. තමාපිටට ගන්නවා, භාරගන්නවා, ආරූඪකරගන්නවා, ආරූඪවෙනවා.

I assume payment of the debt ණය ගෙවීම මම භාරගනිමි.

හිතාගන්නවා, සලකාගන්නවා or ඊත්තුගන්නවා: let us assume this as true මේක සැබෑය කියා සිතමු, or (සැබෑ වෙතත් නොවෙතත්) සැබෑවක් මෙන් ගණන්ගනිමු; ඔහු මිත්‍රයෙක්ය කියා සිතමු.

He assumes too much (අසවල් ආකාරය කියා) ඔහු පිළිගන්නවා or විශ්වාසකරනවා වැඩියි or (in the sense of arrogate) ඔහු උතුම් වෙන්ට—බලයගන්ට — හදනවා වැඩියි, හිතටගන්නවා වැඩියි; උඩඟුකම් පානවා.

Assuming, a. උඩඟුකම් පාන්නාවූ, ආඩම්බර, අහංකාර.

Assumption, n. ආරූඪකරගැනීම &c., see verb; (අසවල් ආකාරය කියා) හිතාගන්න—පිළිගන්න—කාරණාව; අහංකාරකම, උඩඟුකම; R. C. (යේසුස් වහන්සේගේ මෑණියන් ස්වර්ගයට) උද්ග්‍රහණයකරගැනීම; ග්‍රහණෝත්සවය.

Assurance, n. සහතික කිරීම &c., see verb; සහතිකය, සත්තකකම, ස්ථිර විශ්වාසය, නිසැකකම, නිශ්ශංකාව, භය සැක නැතිකම.

Assure, v. සහතිකකරනවා, යථාර්ථකාර කියනවා, සහතිකලෙස දන්වනවා.

Assuredly, ad. සත්තකටම, සහතික ලෙස, අනුමාන නැතුව, ඒකාන්තයෙන්ම, ඉඳුරාම.

Assuringly, ad. නිසැකවම, විශ්වාසජනක ලෙස, ධෛර්යය උපදිනලෙස.

Assyrian, a. අසිරියාවට අයිතිවූ; n. අසිරියා ජාතිකයෙක්.

Asterisk n. තරු ලකුණක්; එනම් මේ (*) ලකුණ.

Asterism, n. තරු පඞ්ක්තියක්, තරු පොකුරක්, නක්ෂත්‍රයක්.

Astern, ad. අවරයේ, අවරයට; (නැව් ඔරු යනාදිය) පස්සට (යනවා); (නැවකට) පස්සෙන්.

Asteroid, n. කුඩා තරුවක්.

Asthma, n. ඇදුම, මුහරෝගය.

Asthmatic, a. ඇදුම ඇත්තාවූ, මුහරෝගිවූ, මුහ.

Astonish, v. පුදුමකරනවා, මවිත කරනවා, විස්මපත් කරනවා.

Astonished, be, v. පුදුමවෙනවා, මවිතවෙනවා, විස්මපත්වෙනවා.

Astonishing, a. මවිතකරන &c.; පුදුම, විස්මපත් (දේ).

Astonishingly, ad. පුදුමලෙස, මවිතලෙස, විස්මපත් ලෙස.

Astonishment, n. පුදුමවීම &c.; මවිතය, විස්මය.

Astound, v. මවිතකරනවා, විස්මපත්කරනවා, තෝන්තුකරනවා.

Astounded, a. මවිතකරනලද &c., මවිතවූ &c., තෝන්තු, විස්මයාකූල.

Astounding, a. මවිතකරන, මවිත, විස්මපත්.

Astray, ad. මුළාවී, මුළාව, මංමුළාවී, පාරවරද්දාගෙන.

Astride, ad. (යම්දෙයක) දෙපැත්තට කකුල් දමා; (යමක් උඩින්) කකුල් විදහාගෙන.

Astringency, n. වියළුවන–අකුළුවන–ස්වභාව, කහට.

Astringent, a. වියළුවන්නාවූ, කහටඇත්තාවූ. n. වියළුවන බෙහෙත. [ඥයා.

Astrologer, n. නැකැත්කාරයා, නැකතියා, දෛවඥ

Astrologically, ad. නැකැත් ශාස්ත්‍රයෙන්, දෛවඥ විද්‍යා විධියෙන්.

Astrology, n. නැකැත් ශාස්ත්‍රය, දෛවඥ විද්‍යාව.

Astronomer, n. (තරුවල ක්‍රම, ගමන් ආදිය දන්න) තාරකා ශාස්ත්‍රඥයා, ජෝතියා, ජ්‍යෝතිශ්ශාස්ත්‍රඥයා.

Astronomical, a. ජ්‍යෝතිශ්ශාස්ත්‍රය සම්බන්ධ, තාරකා ශාස්ත්‍රානුකූල.

Astronomy, n. තරු පිළිබඳ ශාස්ත්‍රය, තාරකා ශාස්ත්‍රය, ජ්‍යෝතිර්විද්‍යාව, ජ්‍යෝතිශ්ශාස්ත්‍රය.

Astute, a. තියුණු සිහි පරීක්ෂා ඇත්තාවූ, තියුණු නුවණ ඇති, නිපුණ, විදග්ධ.

Astutely, ad. තියුණු සිහි පරීක්ෂාවෙන්, තියුණු නුවණින්.

Astuteness, n. තියුණු සිහිපරීක්ෂාව, තියුණු නුවණ.

Asunder, ad. වෙන්ව, වෙන්කර, වෙන් වශයෙන්, දෙකඩව.

Asylum, n. refuge, රක්ෂස්ථානය, ආවරණය; (අසරණයන්ට) උපස්ථානාගාරය; lunatic asylum උන්මත්තකාගාරය, උන්මත්තකාරෝග්‍යශාලාව, පිස්සන් කොටුව.

Asymmetry, n. අසමකම, ඉතාංගු නැතිකම.

At, prep. At home, the house, church ගෙදර, ගෙයි, ගේ ළඟ, පල්ලියේ, පල්ලියෙහි.

Whilst at home &c. ගෙදර සිටිද්දී, ගෙදරදී, ගෙයිදී, ගේ ළඟදී, පල්ලියේදී.

At four o'clock හතරට. At (near) ළඟ; (towards) ට, දෙසට.

At sight දුටුවිට, දකිනවිට දැකීමේදී, දර්ශනයෙහි.

At peace, strife &c., සමාදානයෙන්—පොරව—සිටිනවා &c.

Ate, pret. of Eat, කෑවා. [කයා.

Atheism, n. අදේව දෘෂ්ටිය, නාස්තික දෘෂ්ටිය, නාස්ති

Atheist, n. මැවුම්කාර දෙවියකෙනෙක් නැතකියන්නා, අදේව දෘෂ්ටිකයා, නාස්තික දෘෂ්ටිකයා, නාස්තිකයා.

Atheistic, a. අදේවදෘෂ්ටි, නාස්තික දෘෂ්ටි, නාස්තික.

Atheistically, ad. අදේවදෘෂ්ටි ලෙස, අදේව දෘෂ්ටි ආකාරයෙන්.

Atheneum, n. ප්‍රසිද්ධ විද්‍යාලය.

Athenian, n. අතේනස නුවර වැසියෙක්.

Athirst, be, v. පිපාසව—පිපාසායෙන්—පිපාසිතව—සිටිනවා fig. ආශාවෙනවා.

Athletic, a. පොර ඇල්ලීම—ශඟගෑසීම—දිවීම—යනාදියට අයිතිවූ, ශරීර ව්‍යායාමට ඇතුලත්, ශක්තිමත්, බලවත්.

Athletically, ad. පොර ඇල්ලීම් ආදී වශයෙන් &c.

Athwart, prep. & ad. හරහ, හරස, හරහින්, හරහට.

Atlas, n. ලෝක සටහන, ලෝක සිතියම් පොත, පෘථිවි සංස්ථාන පොත.

Atmosphere, n. වායුගෝලය, අන්තරීක්ෂය, ගගනය, ආකාශය ; fig. තාත්පර ගුණධර්මය.

Atmospheric, a. වායු, අන්තරීක්ෂ.

Atoll n. (ඇතුලෙහි වැවක් ඇති) ප්‍රවාල ද්වීපයක්, පබළු දිවයිනක්.

Atom, n. (තවත් කඩන්ට බැරිතරම්) කුඩා කැබෙල්ලක් පොඩ්ඩක්, පරමාණුව.

Atomic, a. අතික්ෂුද්‍ර, පරමාණු ; atomic theory පරමාණුවාදය.

Atone, v. කළ වරදක් හරිගස්සනවා, කළ වරදකින් නිදෙස්වෙනවා, පිරිසුදුවෙනවා, නිස්තාර කරනවා, ප්‍රමාර්ජනය කරනවා, වන්දිදෙනවා ;
make reconciliation සමගිවෙනවා. සන්ධාන කරනවා.

Atonement, n. වරද—දොස්—හරිගැස්සීම &c.

Atrocious, a. ඉතා නපුරු. ඉතා දුෂ්ට, ඉතා කෲර. ඝෝර, පාපිෂ්ඨ.

Atrociousness, Atrocity, n. තදබල නපුරුකම, අධික දුෂ්ටකම, තද කෲරකම &c.

Atrophy, n. කෙට්ටුවීම, ක්ෂයවීම, වැරීම, ක්ෂීණවීම, ක්ෂීණතාව.

Attach, v. ගලපනවා, සන්ධිකරනවා, සම්බන්ධකරනවා, අලවනවා; see Affix & Annex; ඇලුම්වෙන්ට සලස්වනවා, ආලය කරවනවා ; (නීති මාර්ගයෙන්) යමකු අල්ලනවා *or* බඩු තහනම් කරනවා ; attach importance to a thing යමක් වැදගත් දෙයක් කොට සලකනවා.

Attachable, a. (නීති මාර්ගයෙන්) ඇල්ලියහැකිවූ, තහනම්කළහැකිවූ.

Attaché, n Fr. (උත්තමයකුගේ) පිරිසෙන් එක් [කෙනෙක්.

Attached; be, v. ගලපා *or* ගැලපී තිබෙනවා &e., see verb : ඇලුම් වෙනවා ; S. adj. බැඳි, සම්බන්ධ, සංයෝජිත ; ඇලුම්වූ, හිතෙනම්වූ, භාගවයී, ප්‍රසක්ත, නියැළි ; attached to truth &c. සත්‍යයට ඇලුම්වූ, සත්‍යකාමී.

Attachment, n. ගැලපීම &c. ; ඇල්ලීමේ *or* තහනම් කිරීමේ බලපත්‍රය ; බන්ධනය ; ඇලුම්කම, ඇල්ම, ආලය, ආදරය, හිතවත්සිකම, මමත්වය.

Attack, v. විරුද්ධකම් කරනවා, පහරදෙනවා. See Assail & Assault.

Attack, n. විරුද්ධකම් කිරීම &c.; ආක්‍රමණය.

Attain, v. (යම් අභියකට *or* ස්වභාවයකට) පැමිණෙනවා, ලබාගන්නවා, ප්‍රාප්ත වෙනවා, සම්ප්‍රාප්ත වෙනවා ; attain the next world පරලෝකප්‍රාප්ත වෙනවා.

Attainable, a. ලැබියහැකි, ප්‍රාප්‍ය, සම්ප්‍රාප්‍ය, ආගම්‍ය, ලභ්‍ය. See Accessible.

Attainder, n. (රාජ අපරාධයක් නිසා) වරදට පත් කිරීම ; ඒ නිසා වරදකාරයාගේ සාමාන්‍ය අයිතිවාසිකම් සියල්ලක්ම ඔහුට අහිමිකිරීම.

Attainment, n. පැමිණීම &c., see verb ; ලබාගත්තදේ, උද්ග්‍රහණය ; learning උගත්කම.

Attaint, v. පරිභවකරනවා, නින්දා කරනවා, දූෂිතබව ප්‍රකාශ කරනවා.

Attaint, n. කැළල, කිලුට, පැල්ලම, නින්දාව, පරිභවය.

Attemper, v. මිශ්‍රකරනවා, (මිශ්‍රකිරීමෙන්) බාලකරනවා, මදකරනවා, මර්දනය කරනවා ; නිසිලෙස මිශ්‍ර කරනවා ; කාරණාවලට යෝග්‍යකරනවා.

Attempt, v. endeavour උත්සාහ කරනවා, වෑයම් කරනවා, තැත්කරනවා; essay (to do කරන්ට) හදනවා *or* තැත්කරනවා.

Attempt, n. උත්සාහකිරීම &c., උත්සාහය, වෑයම ; (කරන්ට) හැදීම, තැත්කිරීම.

Attend, v. accompany කැටුව යනවා *or* එනවා, සහිතව—එක්ව—එකට—තිබෙනවා ; disease is attended with pain ලෙඩේ වේදනා සහිතව තිබෙනවා ; as a retinue පිරිවර සිටිනවා ; wait on සේවය කරනවා ; (the sick) සාත්තුකරනවා, සාත්තු සප්පායම් කරනවා ;
give ear ඇහුම්කන් දෙනවා ; attend to හිතට ගන්නවා, සිත යොමුකරනවා, බලාගන්නවා, ව්‍යාපෘත වෙනවා ;
be present at පැමිණ—පෙනී—ඉදිරිපිට—සිටිනවා.

Attendance, n. කැටුව යාම &c. ; සේවය ; සාත්තුව ; පැමිණෙන්නෝ, එනඅය &c.; retinue පිරිවර, පිරිස.

Attendant, a. කැටුව යන්නාවූ, සහිත, අනුගත, සම්බන්ධ, සංයෝග, පරිවාර, සහචර.

Attendant, n. කැටුවයන්නා, අනුගතුදේ ; සේවකයා, සහචරයා, සාත්තුකාරයා, මෙහෙකරුවා, පරිවාරකයා, fem. පරිචාරිකාව.

Attention, n. බලාගැනීම, හිතටගැනීම, සාවධානය, අවධානය, අපේක්ෂාව, අප්‍රමාදය, අනුසන්ධානය ; regard සැලකීම, සැලකිල්ල.

Attentive, a. බලාගන්න, හිතටගන්න. සලකන, සාවධාන &c.

Attentively, ad. සැලකිලි ඇතුව, හිත යොමුකර. සාවධානව.

Attenuant, n. (ලේ ආදියේ) ඝන බව තුනීකරන බෙහෙත.

Attenuate, v. හීන්කරනවා, තුනීකරනවා, ක්ෂීණකරනවා, සිහින්කරනවා.

Attenuation, n. හීන්කිරීම &c., හීන්වීම &c.; ක්ෂීණභාවය, කෘශතාව.

Attest, v. සාක්ෂිදෙනවා, සහතිකකරනවා.

Attestation, n. සාක්ෂිදීම &c.

Attic, n. උඩුමහල්තල කීපයකින් ඉහළ තිබෙන කුඩා තනි කාමරය ; ඉහළ උඩුමහල, විද්‍යා ශාලාව, අට්ටාලය.

Attire, n. ඇඳුම්, වස්ත්‍ර.

Attire, v. අඳිනවා, සැරසෙනවා ; අන්දනවා, සරස [නවා.

Attitude, n. (ශරීරය පිහිටුවාගෙන) සිටින ආකාරය, ඉරියව්වක් ; (පෙන්වන) ස්වභාව.

Attitudinal, a. ශරීරය පිහිටුවාගත්ත ආකාරයට අයිතිවූ &c.

Attitudinize, v. අමුතු ආකාරයකට සිටගන්නවා.

Attorney, n. බලයලත් කළමනාකාරයා, පරකාර්‍යසාධකයා, ඇටෝර්නි.

Attorney-General, n. නීතිඥයන්ගේ ප්‍රධානියා, ඇටෝර්නි ජනරාල්.

Attorneyship, n. නීතිඥ ධුරය. පරකාර්‍යසාධකධුරය.

Attract, v. ආකර්ෂණය කරනවා, ඇදගන්නවා, පමුණුවාගන්නවා; the earth attracts all things සියල්ල පොළොවට ඇදෙනවා *or* ඇදගන්නවා ; attract all hearts සියලු සිත් ඇදගන්නවා ; attract attention සැලකිල්ල උපදවා ගන්නවා.

Attraction, n. ඇදගැනීම, ඇදගැනීමේ බලය; අනුකර්ෂණය, ආකර්ෂණය; gravitation ආකර්ෂණ බලය *or* ශක්තිය.

Attractive, a. ඇදගන්නාවූ, (සිත ඇදගන්නා නිසා) ප්‍රිය කරවන්නාවූ, චිත්තාකර්ෂණ, ප්‍රියඞ්කර, මනෝහර.

Attractively, ad. සිත් ඇදගන්නා පරිද්දෙන්, මනෝහර ලෙස, චිත්තාකර්ෂණ ලෙස.

Attractiveness, n. චිත්තාකර්ෂණතාව, මනෝහර භාවය.

Attrahent, a. ඇදගන්නාවූ, ආකර්ෂණය කරන්නාවූ.

Attributable, be, v. It is attributable to such a cause &c. එය අසවල් හේතුවෙන් වුණයයි සිතිය හැකිය &c., මෙක ඔහු පිට පැවරිය හැකිය &c., see verb.

Attribute, v. See Ascribe.

Attribute, n. අඞ්ගය, ගුණඞ්ගය, (යමකට අයිතිය කියා සිතන) ගුණය *or* අන්තර්ගත ස්වභාව, ලක්ෂණය.

Attribution, n. (කල්පනාවෙන්) අයිතිකිරීම *or* නියම කිරීම *or* පැවරීම &c., see verb.

Attributive, a. ආරෝපණ, විශේෂණ, වාචක; n. in gram. විශේෂණය.

Attrition, n. ගෙවියාම, සීරියාම, තැළීම; R. C. තැවීම, තාපය, අනුතාපය.

Attune, v. (තූර්ය භාණ්ඩයක) හඬ හරිගස්සනවා, හඬ සමකරනවා *or* එකමුතුකරනවා; fig. (සිතිවිලි යනාදියට) හරියන්ට සලස්වනවා.

Auburn, a. තඹවන්, අඳුරු රතු, පාණ්ඩු වර්ණ.

Auction, n. ඉල්ලන වැඩිගණනට විකිණීම, වෙන්දේසිය, වෙන්දේසිකිරීම.

Auctioneer, n. වෙන්දේසියේ විකුණන්නා, වෙන්දේසිකාරයා.

Audacious, a. නිර්භීතවූ, ගරුසරු නැති, නිලිජ්ජ, ප්‍රගල්භ, භයලජ්ජා නැති.

Audaciousness, n. නිර්භීතකම, ගරුසරුනැතිකම, නිලිජ්ජභාවය.

Audacity, n. නිර්භීතකම, බුහුටිකම, ගරුසරු නැතිකම.

Audible, a. ශ්‍රවණක්ෂම, ශ්‍රව්‍ය, ඇසෙනතරමට හඬ ඇත්තාවූ, ඇසෙන්නාවූ; that sound is audible ඒ ශබ්දය ඇසෙනවා.

Audibly, ad. ඇසෙනලෙස.

Audience, n. අහගෙන ඉඳීම, අහගෙන ඉන්න සමූහයා; ඇසීම, පිළිගැනීම; say හමුවීමට, බැහැදැකීම.

Audit, a. (සාක්ෂි ඇසීමෙන් *or* බැලීමෙන්) ගණන් පරීක්ෂාකිරීම, පරීක්ෂාකළ ගණන.

Audit, v. (එසේ) ගණන් පරීක්ෂාකරනවා.

Auditor, n. අහගෙන ඉන්න කෙනෙක්, ශ්‍රවණය කරන්නා, ගණන් පරීක්ෂකයා.

Auditorship, n. ගණන් පරීක්ෂක ධුරය.

Auditory, n. අහගෙනඉන්න සමූහයා, කථා ඇසීමට නියමවූ ස්ථානයක්, ශ්‍රවණ ශාලාව.

Auditory, a. ශ්‍රෝත්‍රය, ශ්‍රවණ, ශ්‍රෝත්‍රේන්ද්‍රිය සම්බන්ධ, (නහර &c.).

Auger, n. අවශාරය, ලොකු බුරුමය.

Aught, n. යමක්, යම්කිසිදෙයක්, මොකවත්

Augment, v (මහතින්, ගණනින්, බරපතලකමින්) වැඩිකරනවා, අධිකකරනවා, බහුලකරනවා, වෘද්ධ කරනවා, වැඩිවෙනවා &c.

Augment, Augmentation, n. වැඩිකිරීම &c., ප්‍රවර්ධනය, වැඩිවී තිබෙන ප්‍රමාණය *or* දෙය; in gram. වෘද්ධිය, ආගම.

Augmentative, a. වැඩිකිරීමට බලයක් ඇත්තාවූ.

Augmented, a. වැඩි කරන ලද &c., වැඩිවී තිබෙන, වැඩිවූ.

Augur, v. නිමිති කියනවා; (ලකුණුවල හැඩියට අස වල් ආකාර වේයයි) අනුමානයට සිතනවා *or* සිතින් නියමකරනවා.

Augur, n. නිමිත්තපාඨකයා, ලක්ෂණපාඨකයා.

Augury, n. නිමිතිකීම; නිමිත්ත, (කලින් වෙන්නාවූ) ලකුණක්, පූර්වනිමිත්ත.

August, අගෝස්තුමාසය, නිකිණිමස.

August, a. උත්කෘෂ්ට, මහෝත්තම, ප්‍රතාපවත්, ගරු ගම්භීර.

Augustly, ad. උත්කෘෂ්ටලෙස, ගරුගම්භීරලෙස.

Augustness, n. උත්කෘෂ්ටතාව, ගරුගම්භීරත්වය.

Aunt, n. නැන්ද, ලොකුඅම්මා, කුඩම්මා; එනම් පියාගේ *or* මවගේ සහෝදරියක් *or* පියාගේ *or* මවගේ සහෝදරයකුගේ භාර්යාව.

Aureola, Aureole n. (සිත්තම් කළ රූපයක් වට කොට ඇති) රශ්මිමාලාව, රශ්මි මාලාව.

Auricle, n. පිට කන, කන් පෙත්ත, ඊට සමාන හෘදයේ කොට්ඨාස දෙකක්.

Auricular, a. කනට *or* ශ්‍රවණයට අයිතිවූ, කර්ණ, කනට (කොඳුරා) කියන්නාවූ, (එබැවින් රහස්වූ; auricular confession කනට කර පව් කියාදීම, කොම්සන් කිරීම.

Auricularly, ad. කනට (කොඳුරා) කියා, රහස්ලෙස.

Auriculate, Auriculated, a. කන් සමානදේ ඇත්තාවූ.

Auriferous, a. රන් ඇත්තාවූ (පොළොව), ස්වර්ණ (භූමිය).

Auriform, a. කනේ හැඩය ඇත්තාවූ, කර්ණාකාර.

Aurist, n. කන්වෙද.

Aurora, n. අරුණ, අරුණෝදය, එළිය.

Aurum, n. ස්වර්ණ, රන්.

Auscultation, n. ශ්‍රවණයකිරීම; (හෘදයවස්තුවේ හඬ ආදිය) ශ්‍රවණයකිරීමෙන් රෝගනිදානය දැනගන්න විධියක්.

Auscultatory, a. ශ්‍රවණය සම්බන්ධ, ශ්‍රවණ.

Auspice, n. නිමිත්ත. See Augury.

Auspices, n. pl. ආරක්ෂාව, උපකාරය, අනුග්‍රහය, ආශ්‍රය, බලය; he is under our auspices ඔහු අපේ ආරක්ෂාව යටතේ—අප යටතේ—සිටිනවා *or* අපේ උපකාරය ඇතුව සිටිනවා &c.

Auspicious, a. හොඳ නිමිති ඇත්තාවූ, වාසනාවන්ත, ශුභ, කල්‍යාණකර, මඞ්ගල.

Auspiciousness, n. වාසනාවන්තකම, කල්‍යාණතාව, සෞභාග්‍යය.

Austere, a. කර්කශ, සැර, කඨෝර, උග්‍ර.

Austerely, ap. කර්කශලෙස, සැරලෙස &c.

Austereness, Austerity, n. තදකම, කර්කශකම, සැරකම &c.; තපස්, උග්‍රතපස්.

Austral, a. දක්ෂිණ, දකුණු.

Australasia, n. (ආසියාවට දකුණින් තිබෙන) ශාන්ති කර සාගරයේ දේශවල්, දකුණු ආසියාව.

Australia, n. ආස්ත්‍රේලියාව.

Australian, a. ආස්ත්‍රේලියාවට අයිතිවූ.

Authentic, a. සැබෑවූ; විශ්වාසවූ (පොත්පත්), සත්‍යවූ (කථාන්තර).

Authentically, ad. සැබෑලෙස.

Authenticate, v. සැබෑ බව ඔප්පු කරනවා *or* සහතික කරනවා; (කථාන්තර) සත්‍ය කරනවා, ඒකාන්ත කරනවා.

Authentication, n. සැබෑ බව ඔප්පුකිරීම &c.; නිසි බලයෙන් ස්ථිරකිරීම.

Authenticity, n. (පොත්පත්වල) සැබෑකම, (කථාන්තරවල) සත්‍යකම, සත්‍යතාව.

Author, n. සාදන්නා, උපදවන්නා, මූලිකයා; කර්තෘ, ග්‍රන්ථකර්තෘ.

Authoress, n. සාදන්නී &c.

Authoritative, a. (ආණ්ඩු) බලය ඇත්තාවූ, බල සහිතවූ, අණකරන බලයක් ඇත්තාවූ.

Authoritatively, ad. නිසි බලයක් පිට, බල සහිතව, ආඥාවශයෙන්.

Authority, n. නිසි බලය *or* ප්‍රභූකම, ආණ්ඩු බලය, ආධිපත්‍යය; අවසරය, සාක්ෂි, සාක්ෂිකාරයා; pl. ආණ්ඩුකාරයෝ, සාක්ෂිකාරයෝ, සාක්ෂි ඇති පොත්.

He has authority to do this මේක කිරීමට ඔහුට බලය—අවසරය—තිබෙනවා.

There is authority for this statement මේ කියන කාරණයට ඒක සැබෑබවට—සාක්ෂි තිබෙනවා.

He is a person of authority ඔහු බලයලත්—වැදගත්—තැනැත්තෙකි.

Authorization, n. බලය &c. දීම, see verb.

Authorizo, v. බලය—ප්‍රභූකම—අවසරය—දෙනවා &c.

Authorless, n. මූලිකයෙක් නැති, කර්තෘ විරහිත.

Authorship, n. කර්තෘකම, කර්තෘත්වය.

Autobiographer, n. ස්වකීය ජීවිත කථාව ලියන්නා, ආත්ම චරිත රචනා කරන්නා.

Autobiography, n. ආත්ම චරිත රචනාව.

Autocracy, n. සිය කැමැත්ත පරිදි ආණ්ඩුකිරීම, ස්වච්ඡන්ද රාජාණ්ඩුව, සාම්‍රාජ්‍යය.

Autocrat, n. (සිය කැමැත්ත පරිදි ආණ්ඩුකරන) අග රජ, ස්වච්ඡන්ද රජ.

Autocratic, Autocratical, a. ස්වච්ඡන්ද රජකුට අයිතිවූ, ස්වච්ඡන්ද රාජාණ්ඩුව පිළිබඳ.

Autocratically, ad. තනි කැමැත්තෙන් (ආණ්ඩුකරනවා), අගරජකු ලෙස (ක්‍රියාකරනවා).

Autograph, n. සිය අත්සන; ස්වහස්ත ලේඛය, ස්වකීය අත් ලියවිල්ලක්, ස්වලිඛිතය, ස්වාක්ෂරය.

Automatic, Automatical, a. ස්වකීය බලයෙන් ක්‍රියාකෙරෙන, (හෘදයේ තට්ටුවීම මෙන් සත්ත්වයාගේ උත්සාහයක් නැතුව) ඉබේ කෙරෙන්නාවූ.

Automaton, n. ස්වකීය බලයෙන් ක්‍රියාකෙරෙන යන්ත්‍රය, සත්ත්වයකු මෙන් ක්‍රියාකෙරෙන රූපයක් *or* රූකඩයක්.

Autonomous, a. ස්වේච්ඡාණ්ඩුබලය ඇත්තාවූ.

Autonomy, n. ස්වේච්ඡාණ්ඩුව, ස්වේච්ඡාණ්ඩු බලය.

Autumn, n. ශරත් කාලය, ශරත් ඍතුව.

Autumnal, a. ශරත් කාලයට අයිතිවූ, ශරත්, ශරත් කාලීන, ශාරද, ශාරදීය.

Auxiliary, a. උපකාර, උපකාරික, උපකාරදායක, ආධාර, උපස්තම්භක, උප—අනු—ශාඛා—(සමාගම).

Auxiliary, n. උපකාරකාරයා, ආධාරයට සිටින්නා, උදව්කාරයා; in gram. උපක්‍රියා වචනය.

Avail, v. ඵල—ගුණ—සහිත වෙනවා, (යමක් පිණිස) ප්‍රයෝජන—උපකාර—වෙනවා *or* ගන්නවා.

Efforts avail උත්සාහය ඵල සහිතය, (නිෂ්ඵල නොවේ) *or* උත්සාහයේ ඵලයක් තිබෙනවා *or* උත්සාහයෙන් ප්‍රයෝජන තිබෙනවා *or* උත්සාහයෙන් කාරණව ඉෂ්ටවෙනවා.

I avail myself of this මම මෙයින් ප්‍රයෝජන ගනිමි.

Avail, n. (යමක් ඉෂ්ටවීමට) බලය, ප්‍රයෝජනය, උපකාරය.

All is of no avail (යමක සංසිද්ධියට) සියල්ලම නිෂ්ඵලය *or* කිසිමකින් ප්‍රයෝජන නැත, කිසි දෙයක බලයනැත.

Available, a. (යමක් පිණිස) ගතහැකිවූ, ලැබියහැකිවූ, ලැබෙන්නාවූ *or* පාවිච්චිකරන්ට සුදුසුවූ, වලංගුවූ.

Availableness, n. ගතහැකිකම, ලැබියහැකිකම *or* බව, භාවිතකිරීමේ සුදුසුකම, වලංගුව, වලංගුකම.

Avalanche, n. කඳුවලින් මැවෙන තුෂාර රැසක්, පහතට කඩා මැවෙන පස් *or* ගල් රැස.

Avarice, n. මසසු තෘෂ්ණාව, ධනාශාව, තණ්හාව, ලෝභකම, ලෝභය, ලාලසය.

Avaricious, a. තණ්හාවූ, ලෝභ, ලෝභීවූ, මසසු තෘෂ්ණා ඇත්තාවූ, කෘපණ.

Avariciousness, n. මසසු තෘෂ්ණාව &c. See Avarice.

Avatar, n. (දේවතාවෙකුගේ) ලොව පහළවීම, අවතීර්ණවීම, අවතාරය. See Apparition.

Avaunt, interj. පල, යව, දෙවට.

Avenge, v. පළිගන්නවා; I avenged the wrong අයුක්තියට පළිගත්තෙමි.

I avenged him of his foes ඔහුගේ සතුරන්ගෙන් ඔහු වෙනුවට පළිගත්තෙමි.

Avenger, n. පළිගන්නා.

Avenue, n. ඇතුල්වෙන මාවත, දෙපස ගස්ඇති පාර, පලල් වීථියක්, වෘක්ෂ ශ්‍රේණිය.

Aver, v. සහතිකකර කියනවා, සහතිකලෙස කියනවා, ඒකාන්තකොට කියනවා.

Average, n. (කීපයකින් ඒකකට වැටෙන) සාමාන්‍ය ගණන; on an average සාමාන්‍ය ගණනේ හැටියට.

Average, v. මධ්‍යස්ථ ප්‍රමාණයක් &c. වෙනවා, සාමාන්‍ය ගණන *or* තරම දැනගන්නවා.

Average, a. මධ්‍යස්ථ, සාමාන්‍ය.

Averment, n. සහතිකකර කීම &c., see verb, ඒකාන්ත කීම.

Averruncate, v. මූලෝච්ඡින්න කරනවා, මුලින් උදුරනවා.

Averse, be, v. එකඟනොවී—අප්‍රියව—නොකැමැතිව—විරුද්ධව—විපක්ෂව—පරාඞ්මුඛව—සිටිනවා; in S. also abj. එකඟනැති, අප්‍රියවූ &c.

Aversion, n. අප්‍රියකම, නොකමැත්ත, අමනාපය, විපක්ෂකම.

Avert, v. අහකට—පැත්තකට—හරවනවා, වලක්වනවා.

Aviary, n. කුරුලු ගේ, කුරුලු කොටුව, කුලාගිකාව, පක්ෂිශාලාව, විහංගය, පඤ්ජරය.

Avidity, n. තද ආශාව.

Avocation, n. රැකිරක්ෂාව, i. e. රක්ෂාවක් පිණිස කරන මැඩය, ධාතාන්තරය, ආජීවය, ජීවිකාව, ව්‍යාපාරය.

Avoid, v. refrain (යමක්) නොකර අරිනවා, නොකර සිටිනවා, වලකිනවා, මැලකෙනවා; escape (යම ආකාරයක්) නොවී සිටිනවා; as (යමකට) අසුනොවී සිටිනවා, (යමකින්) මිදෙනවා, මැලහෙනවා.

Avoidable, a. නොකර ඇරිය හැකිවූ, වැලකිය හැකිවූ, මිදිය හැකිවූ.

Avoidance, n. නොකර ඇරීම, &c., නිවෘත්තිය, විරමණය.

Avoirdupois, n. or a. රාත්තලට ඖන්ස දහසයක් ඇති බර ක්‍රමය.

Avouch, v. ඒකාන්තකොට කියනවා, සත්‍යකොට කියනවා, සහතිකකර කියනවා.

Avouchment, n. ඒකාන්තකොට කීම &c.

Avow, v. ප්‍රකාශකොට කියනවා; නොසඟවා කියනවා; (එසේයයි) ඒත්තුගන්නවා.

Avowal, n. ප්‍රකාශකොට කීම &c.

Avowedly, ad. ප්‍රකාශලෙස, ඒත්තුගෙන:

Avowedly, he has gone, ඔහු ගිය බව ප්‍රකාශයි *or* සත්තකයි *or* ඒත්තුගෙන තිබෙනවා *or* සෑම දෙනාම දන්නවා, ඔහු නම් ගියාවද?

He has gone avowedly to do wrong ඔහු අයුක්තියක් කරනවාය කියාලාම ගියා, *or* ගිහින් තිබෙනවා.

Await, v. බලාසිටිනවා; බලාපොරොත්තුවෙනවා.

He awaits your coming තුඹේ ඊම—තුඹ එනතුරු—ඔහු බලාසිටිනවා.

Punishment awaits the guilty වරදකාරයන්ට අඩුවුව පැමිණෙන්ට තිබෙනවා *or* තබා—සූදානම්ව—තිබෙනවා.

Awake, Awaken, v. ප්‍රබුද්ධවෙනවා, ප්‍රබුද්ධකරනවා, අවදිකරනවා, කුද්දනවා; පිබිදෙනවා, අවදිවෙනවා; ප්‍රබෝධකරනවා, ප්‍රබෝධවෙනවා.

Awake, be, v. පිබිද—අවදිව—ප්‍රබෝධව—සිටිනවා.

Awakening, n. පිබිදවීම, ප්‍රබුද්ධකිරීම &c.; ප්‍රබෝධය, උනන්දුව.

Award, v. ඵල විපාක නියමකරනවා, දීමනාවක් දෙනවා.

Award, n. නියමකරන ඵලවිපාකය, මුහිංචිය, තීන්දුව, තීරණය, දීමනාව.

Aware, be, v. දැනගෙන—දැනුවත්ව—දැනුම් ඇතුව—සිටිනවා; S. adj. දැනුවත්.

Away, ad. ඉදිරිපිට නැතුව, අහක්ව, අහකින්, අහකට, අනභිමුඛව.

Trifle away time කාලය නිෂ්ඵලලෙස—සෙල්ලමෙන්—නිකම්—ශතකරනවා.

Squander away riches වස්තු නිෂ්ඵල වියදම්වලින් නැතිකරගන්නවා.

Awe, n. ගරුකමින් අටගත්ත භය, ගරුකමින් මිශ්‍රවූ භය, භය සහිත ගරුකම, භීතිය, ත්‍රාසය, ආදරය.

Awe, v. භයගන්වනවා, ගරුකමින් සලකන ලෙස භයගන්වනවා, *or* ගරුකමින් මිශ්‍රවූ භයක්—භය සහිත ගරුකමක්—උපද්දනවා.

Awe-inspiring, a. භය &c. උපද්දන.

Awful, a. භයානක, භයඞ්කාර; ගරුකම උපදවන්නාවූ.

Awfully, ad. භයඞ්කාරලෙස, භය උපදවන තරමට.

Awfulness, n. භයානකකම, භයඞ්කාරකම, දරුණුකම.

Awhile, ad. ස්වල්ප-මද-ටික-වෙලාවක් *or* කලක්.

Awkward, a. (අතින්, ක්‍රියාවෙන්, අන්දමෙන්) දක්ෂ නැති, අකෞශල්‍ය, හැඩහුරුකම මදිවූ; හසුරුවන්ට අමාරුවූ, අහේතු, කැත, අවලක්ෂණ.

Awkwardly, ad. අදක්ෂලෙස, අකෞශල්‍ය ලෙස, නිසි හැඩහුරුකමක් නැතුව, කැතට, අවලක්ෂණට.

Awkwardness, n. අදක්ෂතාව, අදක්ෂකම, හැඩහුරුකම මදිබව &c.

Awl, n. බුරුමය, විදින කටුව.

Awn, n. of corn තණ්ඩුව, වී තණ්ඩුව.

Awning, n. වියන, ආකාශ වියන, විතානය, උලෙව්මය.

Awoke, pret. of Awake, පිබිදෙව්වා &c.

Awry, ad. පැත්තකට හැරී, ඇලේට, වපරේට, ඇදට, ඇදව.

Axe, n. පොරව, කෙටේරිය, කුඨාරය.

Axe-head, n. පොරෝතලය, කෙටේරිතලය.

Axe-helve, n. පොරෝමිට.

Axial, Axile, a. අක්ෂ, අක්ෂය සම්බන්ධ.

Axilla, n. කිසිල්ල.

Axiom, n. සූත්‍රය, සිද්ධාන්තය.

Axiomatic, Axiomatical, a. සූත්‍රාකාරවූ, (සිද්ධාන්තයක් සේ) ප්‍රත්‍යක්ෂවූ.

Axis, n. අක්ෂය, කූබරය; of the earth ධ්‍රැවය.

Axle, Axle-tree, n. අලවංගුව, අක්ෂය, අක්රුක්, අක්රික්.

Ay, Aye, ad. (ආයි) ඔව්, එහෙයි, එහෙමයි, හැබැයි.

Aye, ad. (එයි) නිබඳම; for aye සදාකාලේටම.

Azure, a. නිල්, නිල්වන්, නිලවූ, නිලවණ්, ආකාශ වණ්; n. නිල, නිල්පාට, නිලවණ්ය.

B.

B. A., bachelor of arts, විද්‍යාධාරියා.

Baa, n. බෑ යන එළු බැටළු හඬ.

Babble, v. දෙඩවනවා, ප්‍රලාප කියනවා, වාචාල දෙඩනවා; of drunkards කම්පිම්මිරි ගානවා; fig. රහස් දන්වනවා, රහස් පිටෝත්තුකරනවා, රහස් පිට කියනවා.

Babble, n. ප්‍රලාපය, දෙඩවිල්ල.

Babbler, n. දෙඩවන්නා &c., නිෂ්ඵල කථාකාරයා, වාචාලයා.

Babbling, n. දෙඩවීම &c., දෙඩවිල්ල, නිෂ්ඵලකථාව, වාචාලකම, කටවාචල් කීම.

Babbling, a. දෙඩවන &c., නිතර හීන් ශබ්ද නගින (උනන දිය &c.).

Babe, Baby, n. ළදරුවා අතදරුවා, බිලින්දා.

Babel, n. fig. අවුල, වියවුල, කෝලාහලය.

Baboo, n. මහත්මයා, මහතාණෝ.

Baboon, n. වඳුරා, වානරයා.

Baby, a. ළදරු, සුරතල්.

Babyhood, n. ළදරුකම, ළදරුභාවය, ළදරුකාලය.

Babyish, a. ළදරුවකු වැනි, ළදරු, ලාමක.

Bacchanalian, n. සුරාධූර්තයා; a. සුරාධූර්ත, බේබද්ද.

Bacchanals, Bacchanalia, n. pl. මත්පැන්, මඟුල, සුරාධූර්ත කෘත්‍ය.

Bacchus, n. සුරාදෙවියෝ.

Bachelor, අවිවාහකයා; of Arts විද්‍යාධාරියා. See B. A.

Bachelorship, n. පිරිමියකුගේ අවිවාහක භාවය; of Arts විද්‍යාධාරි භාවය.

Back, n. පිට; පිට පැත්ත, පස්සා කොට්ඨාශය, පස්සා පැත්ත;

of a chair or bench ඇන්ද. Turn the back පිටිපානවා.

Behind one's back අනභිමුඛයේදී, අසම්මුඛයේදී, රහසින්.

Back a. පිටිපස්සේ, පස්සා.

Back, ad. පස්සට, පිටිපස්සට; go, come or give back ආපසු–හැරී–යනවා, එනවා, පැමිණෙනවා; ආපසු දෙනවා;

go back, decline පසුබටවෙනවා, අනභිවෘද්ධියට පැමිණෙනවා.

Back, v. mount (අශ්වයකු) පිටට නගිනවා ;
aid, prop, back up අනුබල—රුකුල්—දෙනවා ;
put back පස්සට කරනවා, පස්සට තල්ලුකරනවා ;
step back, පස්සට යනවා, පස්සට වෙනවා ;
endorse පිටිපැත්තේ අත්සන්කරනවා.

Back-band, n. පිට පටිය.

Backbite, v. කේලම් කියනවා, බොරුවට අගුණ කිය නවා, දූසා කියනවා, අනුන්ගේ ඕපාදූප කියනවා.

Backbiting, n. කේලම් කීම &c.; කේලම, ඕපාදූපය.

Backbone, n පිටිකොන්ද, කොඳුඇටය, කශේරු කාව ; fig. strength ශක්තිය.

Back-door, n. පිටිපස්සේ දොර.

Backer, n. අනුබලදෙන්නා.

Backgammon, n. දාදු කෙළියක්.

Background, n. පශ්චාද් භූමිය, පස්සා බිම, පිට පැත්තේ බිම ; fig. අඳුරු තැන, අප්‍රකට තැන.

Back-handed, ad. අතින් පිටිපස්සට, පිටි අතින් (ගැසීම, පහරදීම &c.); adj. පිටිඅත් (පහර).

Backing, n. පිටට නැගීම &c., see verb; (අශ්වයකු) පුරුදු කිරීම ; පොතක පිට පිළියෙල කිරීම.

Backside, v. පිටිපැත්ත, පස්සා පැත්ත, සට්ටම ; coll. තට්ටම.

Backslide, v. පසුබටවෙනවා, කළකිරෙනවා. [කයා.

Backslider, n. පසුබටවෙන්නා, කලකිරෙන්නා, වැර

Backslums, n. pl. නගරවල මිනිස්සු ආදී තැන්.

Backward, **Backwards**, ad. පස්සට, පස්සෙන් පස් සට, අනභිවෘද්ධියට ; අශනිට (පටන්ගෙන).
fall backwards (face up) උඩුබැල්මෙන් වැටෙනවා.

Backward, a. පරක්කු, සුනංගු, අතපසු, නොකැමති.

Backwardness, අතපසුවීම, අනභිවෘද්ධිය, විලම්බනය, නොකැමැත්ත.

Back-water, n. (ගැඹ පාරේ) පස්සට ගලන වතුර, ආපසු ගලන වතුර, දරණිය.

Backwoodsman, n. (අමෙරිකාවේ &c.) පිටිසරයා.

Back-yard, n. පිටිපස්සේ මිදුල.

Bacon, n. ලුණු ඌරුමස්, ඌරන්ගේ ලැපැත්තේ මස්.

Baconian, a. බේකොන් නම් පඬිතුමා සම්බන්ධ or ඒ පඬිතුමාගේ ශාස්ත්‍ර විධියට අයිතිවූ.

Bad, **Bade**, pret. of Bid අණකළා &c.

Bad, a. නරක, නරක්වී තිබෙන, අරිෂ්ට, අපිරිසිදු ; morally නපුරු, දුෂ්ට ; අයහපත්, අසත්.

Bad, become or go, v. නරක්වෙනවා &c.; of liquids පල්වෙනවා ; of flowers, fruits &c. පර, පරුෂු &c. වෙනවා ; of uncooked meat ඌරල්වෙනවා ; of cooked food පිළිත්වෙනවා, පිළිනුවෙනවා.

Badge, n. (ඇඳිනගැනීමට) පිට ලකුණක්, සලකුණ, ලාඤ්ඡනය, චිහ්නය.

Badger, n. කැණහිල් වර්ගයක් or ඌරු වර්ගයක්.

Badger, v. (badger නම් සතාට මෙන් යමකුට) හිරි හැර කරනවා, කරච්චල් කරනවා.

Badly, ad. නරකලෙස, අයහපත්ලෙස, අරිෂ්ටලෙස, වැරේට, අසමර්ථලෙස.

Badness, n. නරක්කම, නපුරුකම &c., අගුණය, හැරකම, වැරකම.

Baffle, v. (ගපත්කම, උපා, යනාදියෙන්) පරද්දනවා, නිෂ්ඵල කරනවා, කඩකරනවා, අත්මිදී යනවා.

Bag, n. මල්ල, පසුම්බිය, කුරපයිය, මස්ස්සලය.

Bag, v. මල්ලක දමනවා, පිරුණු මල්ලක්මෙන් තෙර නවා.

Bagatelle, n. Fr. සුළු දෙයක්, මේසේ බෝල ක්‍රීඩාව or බෝලකෙළිය.

Baggage n. යුද්ධසම්බන්ධවූ උපකරණ, බරබද්දර, ගමන්බඩු, උපකරණ, මාර්ගෝපකරණ.

Bagging, n. මලු තනන රෙදි, ගෝනි රෙදි.

Bagpipe, n. මයිනහමකින් පිඹින නලාව, මයිනහම් නලාව.

Bail, n. ඇපය, ඇපකාරයා.

Bail, v. ඇපදෙනවා, ඇපවෙනවා.

Bailable, a. ඇප දියහැකිවූ, ඇප දී මිදිය හැකිවූ.

Bailee, n. බඩුභාරගන්නා, භාරකාරයා. [යෙක්.

Bailie, **Baillie**, n. ස්කොට්ලන්තයේ නුවරක මූලාදෑනි

Bailiff, n. පිස්කල් පියොන්කාරයා, ඉඩම් හිමිය කුගේ කළමනාකාරයා.

Bailment, n. (කළමනාකාරයකුට බඩු) භාරදීම.

Bairn, n. ළමයා, දරුවා.

Bait, n. ඇම ; පරීක්ෂාව ; (ගමනක දී කන) කෑම වික. ගමන් කෑම, පලා බත්.

Bait, v. ඇමක් දමනවා, (ගමන් කරන සතෙකුට ගම නේදී) කෑම දෙනවා.

Bait, v. බල්ලන් උසිගන්වා හිරිහැර කරනවා, fig. නදින් හිරිහැර කරනවා.

Baiting, n. ඇමක් දැමීම &c., see verbs ; ගමන් කෑම.

Baize, n. කම්බිලි රෙදි ජාතියක්, ලොම් රෙදි ජාති යක්. [වෙනවා.

Bake, v. පුලුස්සනවා, පිළිස්සෙනවා, (අච්චුවට) හයි

Baked, a. පුලුස්සාපු, පිළිස්සුණ, රත්තයෙන් හයිවුණ.

Bakehouse, n. (පාන්) පුලුස්සන ගේ, පාන් ගේ, සූපශාලාව.

Baker, n. බත්කාරේ, (පාන්) පුලුස්සන්නා, පාන් කාරයා, සූපකාරයා.

Bakery, n. රොටි පිළිස්සීම, රොටි පුලුස්සන ගේ, පාන් ගේ.

Baking-pan, n. තාච්චිය.

Balance, n. for weighing තරාදිය, තුලාව ; equal weight සම බර, තුල්‍යත්වය ; remainder ඉතුරු ගණන, ශේෂය ; balance sheet අය වැය ලේඛනය.

Balance, v. සම බරක්-ප්‍රමාණයක්-කරනවා or වෙන වා ; බලය සමකරනවා or සම්වෙනවා ; බරෙන්-බලයෙන්-ගණනින්-ගුණයෙන්-සමකරනවා or සම වෙනවා ; ගණන් බේරනවා ; fig. (කාරණ) කිරා බල නවා.

Balcony, n. උඩුමහලේ ඉස්තෝප්පුව or බරාඳය, උඩු මහලේ පිටතට්ටුව.

Bald, a. තට්ට, මුඩු, ඉස මුඩුවූ, මුණ්ඩිත ; fig. අලංකාර නැති (කථාන්තරය &c.), අවිචිත්‍ර.

Balderdash, n. දෙඩවිල්ල, ප්‍රලාපය, විසුළුල් බස.

Baldhead, n. තට්ටය. **Baldheaded one**, n. තට්ටයා.

Baldly, ad. නිරලංකාර ලෙස, අවිචිත්‍ර ලෙස. [තාව.

Baldness, n. මුඩුකම ; fig. අලංකාරනැතිකම, අවිචිත්‍ර

Bale, n. බඩු මිටිය. **Bale**, v. බඩු මිටි බඳිනවා.

Bale out, v. (බාල්දියකින් or ඉබ්බකින්) ජලය ඉහිනවා.

Baleful, a. අනතුරුසහිත, උපද්‍රව ඇති, අගුණ, මහලු, ව්‍යසනසහිත, අනභිප්‍රේත, දුඃඛිත.

Balefully, ad. අනතුරු ඇතුව, උපද්‍රව සහිතව, අනර්ථ ලෙස, අනභිප්‍රේතයක ලෙස, දුඃඛිතව.

Balefulness, n. අනතුරු සහිත බව, උපද්‍රවය, අගු ණය, අනර්ථය, අනභිප්‍රේතයක බව, දුඃඛිතභාවය.

Baling, n. බඩු මිටි බැඳීම, ජලය ඉහීම.

Balk, v. hinder බාධාකරනවා ; prevent වලක්වනවා; make void නිෂ්ඵලකරනවා, නිෂ්ප්‍රභාකරනවා.

Ball, n. පන්දුව, ගෝලය, බෝලය, කන්දුකය ; cannon-ball කාලතුවක්කු උණ්ඩය.

Ball, n. a dance, නැටුම් මගුල, නෘත්‍යය, නෘත්‍යෝත් සවය.

Ballad, n. සුළු කාව්‍යම *or* සින්දුව ; සින්දු තාලය.

Ballast, n. (නැව් නොපෙරළෙන පිණිස අඩියේ දමන ගල්, වැලි යනාදී) නිකම් බර ; fig. (යමක්) අචල-ස්ථිර-කරවන දේ ; ස්ථිරකම.

Ballast, v. බර හරිගැස්සීමට (නිකම්) බර පටවනවා ; fig. නිශ්චල කිරීමට කටයුතු කරනවා.

Ballet, n. නෘත්‍ය ජාතියක්; නෘත්‍ය කාව්‍ය-රචනාවක්.

Balloon, n. අහසේ පාවී යන්නට හැකිවන පරිද්දෙන් ඇතුළත වායුවෙන් පුරවනලද ගෝලයක්, ව්‍යෝම යානාවක්. [කිරීම.

Ballooning, n. ව්‍යෝම යානා නැගීම *or* අහසේ යාත්‍රා

Ballot, v. (ගුටිකාවක් *or* සලාක පත්‍රයක් දැමීමෙන්) අප්‍රකාශයෙන් *or* රහසින් තෝරාගන්නවා-කැමැත්ත දෙනවා.

Ballot, n. (රහසින් කැමැත්තදීමට *or* තෝරාගැනීමට දමන) ගුටිකාව *or* සලාක පත්‍රය *or* ඡන්ද පත්‍රය ; එසේ දමා කැමැත්තදීම.

Ballot-box, n. ගුටිකා *or* සලාකපත්‍ර *or* ඡන්දපත්‍ර දමන පෙට්ටිය, සලාක පෙට්ටිය.

Balloting, n. අප්‍රකාශයෙන් තෝරාගැනීම, කැමැත්ත දීම *or* නියමකිරීම.

Balm, n. ගුගුල්, සුවඳතෙල ; ඖෂධයක් වැනි දෙයක් *or* කාරණවක් ; fig. ප්‍රතිකාරයක්, ශාන්තියක්.

Balmy, a. සුවඳ, සෞම්‍ය (පවන &c.); fig. සහනය ගෙනදෙන.

Balsam, n. සුවඳ ලාටු ජාතියක්, ගුග්ගුල, විලේපන.

Balustrade, n. කුඩා කණුපෙළ, ගරාදි මැට, ප්‍රග්‍රීවය.

Bamboo, n. උණ *or* බට ගහ ; (when cut down) උණ ලීය *or* උණගහ ; a. උණ උණලී ; බට, බටලී.

Ban, n. තහනම ; ශාපය, අභිශාපය, ආක්‍රෝශය ; v. ශාපකරනවා, යදිනවා, තහනම් කරනවා.

Banana, n. කෙහෙල්, කෙසෙල්, කෙසෙල් ගහ, කෙසෙල්ගෙඩිය.

Banco, n. විනිශ්චයාසනය ; මුළු විනිශ්චය මණ්ඩලය, විනිශ්චයාසනයේ උදීම ; බැන්කුවිල, බැන්කුවකින් නියමකරන පරිද්දෙන් මුදලක හෝ කාසියක පව ත්නා වටිනාකම—අගය.

Band, n. පටිය, බැඳුම, බන්ධනය ; ශ්‍රේණිය, රංචුව, සමාගම, තූර්‍ය කණ්ඩායම.

Band, v. (පටියකින් මෙන්) බිඳිනවා, බැඳෙනවා ; සමාගමක් වෙනවා, එකතුවෙනවා.

Bandage, n. පටිය, ඔතන පටිය; v. පටියක් ඔතනවා *or* වෙළනවා.

Bandbox, n. කඩදසි පෙට්ටිය.

Banded, be, v. පටියකින් බැඳ තිබෙනවා ; බැඳී සිටි නවා ; (පටි වැනි) විචිත්‍ර රේඛා සහිතව තිබෙනවා.

Bandit, n. මංකොල්ලකාරයා, මංපහරන හොරු, පල් හොරු. [නියා.

Bandmaster, n තූර්‍ය කණ්ඩායමේ මූලිකයා *or* ප්‍රධා

Bandy. n. (In Indian languages, such as, Telugu and Canarese) කරත්තය, රථය, බැර ; (for single bullock &c.) තනි ගොන් කරත්තය, තනි අශ්වරථය; (for pair) ගොන් බාන බදින-බර-කරත්තය &c.

Bandy, n. (පන්දුවකට ගැසීමට) අග වකුවූ කළ පොල්ල ; (එවැනි) පන්දු පොලු කෙළිය.

Bandy, v. (එහාට මෙහාට) පන්දුවක් ගසා කෙළි නවා ; fig (අහිත් අතට, මුවෙන් මුවට) දමනවා.
bandy words ඔවුනොවුන්ට විරුද්ධව විවාද කර ගන්නවා, බැණගන්නවා.

Bandy-leg, n. බකල කකුල.

Bandy-legged, a. බකල, ප්‍රගතජානු.

Bane, n. (used fig.) විෂ, වස ; අනර්ථ-උපද්‍රව-උපද වන කාරණව.

Baneful, a. විෂ සහිත, විෂබර, අනදර, අනර්ථදායක.

Banefully, ad. විෂ ලෙස, අනදර වශයෙන්, අනර්ථ ලෙස. [අගුණය.

Banefulness, n. විෂ සහිතකම, අනර්ථදායකත්වය,

Bang, n. තද පහර, මහත් හඬක් නැගෙනසේ ගැසීම.

Bang, v. වැරලෙස ගසනවා ; bang down or about තදින් හෙළනවා *or* බිමදමනවා.

Bangle, n. ආභරණ විශේෂයක්, වළල්ල; for the arm අත් වළල්ල; for the feet පාවළල්ල, නූපුරය.

Banian, n. බැනියම.

Banish, v. රටෙන් පිටදමනවා, රට නංගනවා, රට නංවනවා, පිටවහල්කරනවා ;
drive away නෙරපා දමනවා, පහකරනවා.

Banishment, n. රටෙන් පිටදැමීම &c.; පිටවහල් කිරීම, පිටවහල්කම.

Banished, pp. or a. පිට දමනලද &c. පිටවහල්වූ, නිර්වාසිත, විවාසිත.

Bank, n. mound ගොඩක්, ගොඩැල්ල ; in the sea වැලිකණ්ඩිය ;
river border ගංඉවුර, ගංතෙර ; for money මුදල් භාණ්ඩාරය, මුදල් භාණ්ඩාගාරය, බැංකුව.

Bank, v. ගොඩක් නංගනවා *or* උස්සනවා, භාණ්ඩා රයෙහි මුදල් දමනවා.

Bank-agent, n. බැංකුවේ කළමනාකාරයා.

Bank-bill, n. බැංකු බිල.

Banker, n. මුදල් භාණ්ඩාගාරිකයා, මුදල් භාණ්ඩාගා රික තැන, බැංකුකාරයා, බැංකුවේ ප්‍රධානියා.

Banking, n. ගොඩක් නැංගීම &c., see verb ; මුදල් භාණ්ඩාර නිලය.

Bank-note, n. මුදල් පත්‍රය, නෝට්ටුව.

Bankrupt, become, v. ණයගෙවාගන්ට බැරිවෙනවා; (යමෙකුට) පාඩුවෙනවා, (යමෙක්) වස්තු භංගත්ව යට පැමිණෙනවා, පරික්ෂීණ වෙනවා, පරික්ෂය වෙනවා.

Bankrupt, a. ණය ගෙවන්ට බැරිවූ, බංකොලොත්, වස්තු භංගත්වයට පැමුණුණු, පරික්ෂීණ.

Bankrupt, n. ණය ගෙවන්ට මුදල් නැති වෙළෙන්දා, වෙළඳාමෙන් පාඩුවුණුඅය, වස්තු භංගත්වයට පත්වූ තැනැත්තා. [verb.

Bankruptcy, n. වස්තු භංගත්වය, පාඩුවීම &c., see

Bankrupt-law, n. වස්තු භංගත්ව නීතිය.

Bank-stock, n. බැංකුවේ මුල් මුදලෙන් කොටස් *or* කොටසක්.

Banner, n. කේතුව, කොඩිය, ධජය, ධ්වජය. [ගත්.

Bannered, a. කොඩි ඇත්තාවූ, කොඩි දරන, කොඩි

Banquet, n. උතුම් මඟුලය, මඟුල්‍ය භෝජනය; fig. ප්‍රීති මඟුලය.

Banquet, v. මඟුල්‍ය කෑමක් දෙනවා, මඟුල්‍ය භෝජන අනුභව කරනවා.

Banqueting-hall, or room, n. මඟුල්‍ය ශාලාව.

Bans, **Banns**, n. pl. පෙර නම් ; publish bans පෙර නම් ප්‍රකාශකරනවා *or* ප්‍රසිද්ධකරනවා.

Bantam, n. කුඩා කුකුළු ජාතියක්.

Banter, v. (ප්‍රහසනකමින්) කවටකම් කරනවා, (කථාවෙන්) සරදම්කරනවා, සමච්චල් කරනවා, අපහාසකරනවා.

Banter, n. කවටකම, සරදම, සමච්චලය, අපහාසය.
Banyan, n. නුගගහ, න්‍යග්‍රෝධ වෘක්ෂය.
Baptism, n. බව්තිස්මය, අවගාහනය; R. C. ඥාන ස්නානය. See Immersion.
Baptist, n. අවගාහනය කරන්නා, බැප්ටිස්ට් සභාවේ තැනැත්තෙක්.
Baptistery, n. බව්තිස්ම – අවගාහන – ඥානස්නාන – ජලාශය or තටාකය.
Baptize, v. බව්තිස්ම කරනවා, අවගාහනය කරනවා; R. C. ඥානස්නානය කරනවා.
Bar, n. (ලී or ලෝහ) පොල්ල, හරස්දණ්ඩ; දිගඅගුළ; පලල් රේඛාව; බාධාව; විනිශ්චයස්ථානය, අධිකරණ ස්ථානය; තැ ඳුරුම් මෙසය.
Bar, v. (දොරේ) පොල්ල–අගුළ–දමනවා; පලල්රේඛා අඳිනවා; බාධාකරනවා, වලක්වනවා.
Barb, n. (ඊතල, බිළිකටුව යනාදී දේවල පස්සටහැරී තිබෙන) පස්සා තුඩ or කටුව, කණිය, ශූලාග්‍රය.
Barb, v පස්සට නමාපු තුඩ තනනවා or පිහිටුවනවා.
Barbacan, Barbican, n. පිටත බලකොටුවක්.
Barbarian, a. වනචර, මෙලේච්ඡ, අශිෂ්ට, චණ්ඩ, රෞද්‍ර.
Barbarian, n. වනචරයා, මෙලේච්ඡයා, බර්බරයා, අශිෂ්ටයා, චණ්ඩයා, රෞද්‍රයා.
Barbarism, n. වනචරකම, අනාචාරකම, අශිෂ්ටතාම; රීතියට එකඟ නැති–අපණ්ඩිත–කීමක්.
Barbarify, n. වනචරකම, කෲරකම, රෞද්‍රකම, චණ්ඩකම.
Barbarous, a. වනචර, මෙලේච්ඡ, අශිෂ්ට, නිරාචාර, කෲ ර, රෞද්‍ර, චණ්ඩ.
Barbarously, ad. වනචර ලෙස, කෲර ලෙස, නියම රීතියට එකඟ නැති ලෙස, අව්‍යක්ත ලෙස.
Darbarousness, n. වනචරගතිය, මෙලේච්ඡතාව; කෲර කම; භාෂාරීතියට විරුද්ධකම.
Barbed, a. පස්සා තුඩු or කටු ඇත්තාවූ; සන්නාහබවූ (අශ්වයා). Barbed wire කටුකම්බි.
Barber, n. පනික්කියා, ඇම්බැට්ටයා, කරනැවැමියා, නහාපිතයා.
Barber, v. ඉසකේ ආදිය කපනවා &c.
Barbet, n. පක්ෂි ජාතියක්, කුරුලු ජාතියක්, කොට්ටෝරුවා; බලු ජාතියක්.
Bard, n. චාරණභට්ටයා, වෛතාලිකයා.
Bare, a. වැසුම් නැති, නිවිසනු, නග්න; හැරසිලි නැති; fig. තනි, ශූන්‍ය, ප්‍රකට.
Bare, make or be, v. වැසුම්අරිනවා, විවෘතකරනවා, නිවිසනුකරනවා; වැසුම් ඇරී තිබෙනවා, වැසුම් නැතුව–නග්නව–සිටිනවා or තිබෙනවා, විවෘතව තිබෙනවා; ඉස නොවසා සිටිනවා.
Barefaced, a. lit. මුහුණ වසා නැත්තාවූ, වැස්මක් නැත්තාවූ (බොරුවක්); ලජ්ජානැති.
Barefacedly, ad. fig. වැස්මක් නැතුව, ප්‍රකාශයෙන්ම, ලජ්ජා නැතිව.
Barefoot, ad. වහන් නොදමා, වහන් නැතුව.
Barefooted, a. වහන් නැති, නග්න පාද ඇත්තාවූ.
Bareheaded, a. ඉස වසා නැති.
Barely, ad. ස්වල්ප වශයෙන්, හිඟ ලෙස, යම්තම්, අමාරුවෙන්.
Bargain, n. වෙළඳ හුවමාරුවක්, ගනුදෙනු කිරීමක්, විකිණීමක්, මිලේට ගැනීමක්, ඒ ගැන ගිවිසගැනීම;
Bargain, n. වෙළඳ හුවමාරුවක්, ගනුදෙනු කිරීමක්, විකිණීමක්, මිලේට ගැනීමක්, ඒගැන ගිවිසගැනීම; (ව්‍යාපාර ලාභවූ ක්‍රියාවක්), ලාභයක්.
Bargain, v. ගනුදෙනු ගැන ගිවිසගන්නවා, පොරොන්දු වෙනවා, වෙළඳ හුවමාරු කරගන්නවා.
Bargainee, n. වෙළඳ ඇතුව මිලේට ගැනීමට ගිවිස ගන්නා.
Bargainer, n. වෙළඳ ඇතුව විකිණීමට ගිවිසගන්නා.
Barge, n. පාරුව, පඬිච්ච, රාජ නෞකාව.
Bargeman, n. පාරුකාරයා, පඬිච්චකාරයා.
Bariton, n. See Bargtone.
Bark, n. පොත්ත, සිවිය, සුඹුල; dog's voice බිරුම, බිරීම.
Bark, v. peel පොතුඅරිනවා, උලුප්පනවා; of dogs බුරනවා.
Bark, a. පොතු, සිවි, වල්කල.
Bark-bound, a. පොත්ත තිරවූ (ගහ).
Barking, n. පොතු ඇරීම &c.; බිරීම.
Barley, n. යව.
Barley-corn, n. යව ගස්‍ය.
Barley-meal, n. යව පිටි.
Barm, n. පැලහන මද්‍යපානවල–රාමල–පෙන; මුහුන්, මණ්ඩ, සුරාමණ්ඩ.
Barmaid , n. (මද්‍යපාන විකුණන) තැබෑරුමේ වැඩ කාරි, තැබෑරුම් කෙල්ල, මද්‍ය ශාලාවේ පරිචාරිකාව.
Barn, n. ධාන්‍ය ගේ, ධාන්‍යාගාරය, ගොයම් ගේ (ගොයම, පිදුරු යනාදිය තබාගන්න ගේ).
Barnacle, n. මුහුදු හංස වර්ගයක්.
Barn-yard, n. ධාන්‍යාගාරයේ or ගොයම් ගෙයි මිදුල.
Barology, n. (ද්‍රව්‍යවල) බර කිරන ශාස්ත්‍රය.
Barometer, n. වායු භාරත්ව මාපක යන්ත්‍රය.
Barometric, Barometrical, a. වායුතුලාකාර, වායු චකිත් එක වෙන්කරන.
Baron, n. පස්වෙනි තරමේ වංශාධිපතියෙක්, සිටු වරයෙක්.
Baronage, n. පස්වෙනි වංශාධිපතිකම, පස්වෙනි තරමේ සිටුවරු.
Baroness, n. පස්වෙනි තරමේ සිටු දේවී.
Baronet, n. හයවෙනි තරමේ වංශාධිපතියෙක්.
Baronetcy, n. හයවෙනි වංශාධිපතිකම.
Barony, n. පස්වෙනි වංශාධිපතිකම, අයර්ලන්තේ කෝරළයක්.
Barque, n. කුඩා නැව් ජාතියක්, නැවක්.
Barrack, n. සේවාබලම, සේවාශාලාව, බැරැක්කය.
Barratry, n. නඩුහබවලට පෙලඹීම, නාවිකයාගේ රැවටිල්ල; Scot. නඩුකාරතැන විසින් අල්ලස් ගැනීම.
Barrel, n. පීප්පය, ලේගරය; පීප්පයක &c. ප්‍රමාණය, a barrel of bear බීර පීප්පයක් &c.; ඒ හැඩය ඇති දෙයක්; gun-barrel තුවක්කු කානුව, තුවක්කු නළය.
Barrel-drain, n. වටකුරු කානුව, වට්කුරු සොරොව්ව.
Barrelled, a. නළයක් ඇත්තාවූ, නළයක හැඩය ඇත්තාවූ.
Barren, a. ශුෂ්ක, වන්ධ්‍ය, මෝඝ, of animals වඳ, වන්ධ්‍ය; of vegetation and land ඵල නැති, විඵල; අඵල; also fig. නිස්සාර, නිසරු, අසාර; fruitless නිෂ්ඵල.
Barrenness, n. වඳබව, නිස්සාරකම, අඵලත්වය; නිෂ්ඵලකම.
Barricade, n. (ගස්, පස්, යනාදිය ගොඩ කිරීමෙන් තනන) පවුර, බාධාව, සම්බාධය, අවහිරය.
Barricade, v. (එසේවූ) පවුරක් තනනවා or (ස්ථාන යක් ව්‍යාකාර) පවුරකින් වටකරනවා, අවහිරකර නවා; close up අහුරනවා.

Barrier, n. යාම් ඊම් වලක්වන වැට-තාප්පය-ගොඩ-යනාදි දෙයක්, පවුර, බාධාව, අවහිරය, සම්බාධය; මායිම් ලකුණ, මායිම.

Barrister, n. ශ්‍රේෂ්ඨ නීතිඥයෙක්, අද්වකාත්, උත්තරවාදියා.

Barrow, n. අත්කරත්තය ; wheel-barrow තනි රෝද යේ අත්කරත්තය.

Barrow, n. (සොහොන් පලක්ව තිබුණ) ගොඩැල්ල, මිටි කෙල.

Barter, v. බඩු හුවමාරු කරනවා, මාරු කරනවා, බඩු වට බඩු ගැනීමෙන් වෙළඳාම් කරනවා.

Barter, n. බඩු හුවමාරු කිරීම, හුවමාරුව, පරිවර්තනය, බඩුවට බඩු ගැනීමෙන් කරන වෙළඳාම.

Barytone, n. lit. බර ස්වරය ; පරුෂ හඬ ; in Gr. gram. අගට පහත් ස්වරයක් ඇති ශබ්දය.

Basalt, n. ගල් ජාතියක්.

Base n, පහත් කොටඨාසය ; bottom අඩිය, පතුල ; foundation අඩිතාලම, අත්තිවාරම; in music පහත් නාදය, බර හඬ; mil. ප්‍රධාන කඳවුර ඇති ස්ථානය.

Base, a. පහත්, නීච, තුච්ඡ, නොවටිනා, තක්කඩි, දුෂ්ට.

Base-born, a. අවජාතක, නීච, හීන, දීන.

Baseless, a. අඩියක් නැත්තාවූ &c., see noun ; fig. අමූලික, අසත්‍ය.

Base-line, n. රට මැනීමේ ප්‍රධාන රේඛාව ; සිතියමේ මුල් රේඛාව.

Basement, n. ගොඩනැගිල්ලේ පහත් තට්ටුව; අඩිතාලම් තට්ටුව.

Baseness, n. පහත්කම, නීචකම, දුෂ්ටකම ; (ලෝහ වල) නොවටිනාකම ; of birth අවජාතක බව, පහත් උත්පත්තිය.

Bashful, a. ලජ්ජාවෙන්නාවූ, ලජ්ජාන්විත, ලජ්ජාශීලී, විළි බිය ඇත්තාවූ.

Bashfully, ad. ලජ්ජා ඇතුව, විළි බිය ඇතුව.

Bashfulness, n. ලජ්ජා ඇතිකම, විළිබිය.

Basil, n. තලා, පත්‍ර පුෂ්ප ; පදම්කළ බැටළු හම.

Basilica, n. (පුරාණ) නඩුශාලාවක්, (දැන්) මහා දේවස්ථානයක්.

Basin, n. බේසම, තාලිය, පාත්‍රය, පතහ, පහත් භූමි ප්‍රදේශය. See Pond and Harbour.

Basis, n. අත්තිවාරම, අඩිතාලම, මුල; මුල් කාරණාව. See Principle.

Bask, v. in the sun අව්ව තපිනවා *or* අව්ව තැප ප්‍රීතිවෙනවා ;
in the light, favour, විලියේ ඉඳ-කාරුණ්‍ය ලැබ-සන්තෝෂවෙනවා.

Basket, n. වැල් පෙට්ටිය, පන් පෙට්ටිය, වට්ටිය, කූඩය, පැස ;
for catching fish කෙමන, කෙමින, කරක් ගෙඩිය ; flower-basket මල්ගුලාව.

Basket-maker, n. කූඩ වියන්නා, කූඩපොත්තා, නළකාරයා.

Basket-man, n. a carrier of goods in a basket වට්ටිකාරයා ;–woman වට්ටිකාරී.

Bass, n. පා කොට්ටය ; in music, see Base.

Bassoon, n. පිඹින ලොකු නළාවක්.

Bass-viol, n. මහ රවිකිඤ්ඤය *or* මහ වීණාව.

Bastard, n. අවජාතක දරුවා, අවජාතකයා, අවජාතයා, විජාතයා, ජාරජයා.

Bastard, a. අවජාත, අවජාතක ; අසත්‍ය, බොරු.

Bastardize, n. අවජාතයකු කොට නියම කරනවා *or* සලකනවා.

Bastardy, n. අවජාතකභාවය, විජාතබව.

Baste, v. කෝටුවකින් තළනවා ; (meat when roasting) තෙල් වක්කරනවා ; make long stitches නූල් අදිනවා.

Bastinade, Bastinado, v. පතුලට පහරදෙනවා.

Basting, n. කෝටුවකින් තැළීම &c., see verb.

Bat n. cricket bat පන්දු පිත්ත.

Bat, v. පිත්තකින් පන්දු ගසනවා.

Bat, n. වවුලා ; great bat මාවවුලා ; tiger-eared bat කොටිකන් වවුලා ; milk bat කිරිවවුලා.

Batch, n. එකවිට පුළුස්සන පාන් ගණන ; එකට අසිනි ගණන *or* ගොඩ, කට්ටිය ; fig. එක වල්ල, කැල, පෙළ.

Bate, v. අඩුකරනවා. See Abate, Batement, n. See Abatement.

Bath, n. Heb. දිය මිම්මක්, ධාන්‍ය මිම්මක්.

Bath, n. පටබැඳි නමක්.

Bath n. නාන ගෙය, අවගාහනාගාරය, නාන වළ, නාන බක්කිය, අවගාහය.

Bath-brick, n. පිහියා මදින ගඩොලක්.

Bath-chair, n. රෝද ඇති පුටුව, පපිය, ගිලන්පුටුව.

Bathe, v. නානවා, ස්නානය කරනවා, නාවනවා ; foment තවනවා. See Wash.

Bathe, Bathing n. නෑම &c , අවගාහය, ස්නානය.

Bathing-machine, n. ස්නාන යන්ත්‍රය, ස්නාන රථය.

Bathing-tub, Bath-tub, n. නාන බාල්දිය.

Bathos, n. (උතුම් වාක්‍ය) පහත වැටීම.

Baton, n. lit. පොල්ල, දණ්ඩ, ගදාව; fig. අණ පොල්ල *or* කොන්තය.

Batsman, n. පන්දු පිත්ත අල්ලන්නා *or* හරඹ කරන්නා, (පිත්තෙන්) පන්දු ගසන්නා.

Batta, n. ගමන් වියදම, ගමන් මිල, මංකුලී, අඩකුලී.

Battalia, n. යුද්ධ පිළිවෙළ, යුද්ධ පිළිවෙළට සිටින සෙනග, ගුල්මය.

Battalion, n. පාබල සේනාවෙන් රංචුවක්, පාබල කණ්ඩායමක්, සේනාඛණ්ඩයක්.

Batten, v. තරකරනවා, පෝෂණය කරනවා. තර වෙනවා &c., ආරනවා ; fig. සැපෙන් පසුවෙනවා.

Batten, n. කුඩා පැතලි ලීකෑල්ල.

Batten, v. කුඩා ලීවලින් සවිකරනවා *or* විසාදමනවා.

Batter, n. (බිත්තර සහ කිරි දමා) මිශ්‍රකළ පිටි.

Batter, v. නැවත නැවත ගසනවා; (එසේ ගැසීමෙන් පොඩිකරනවා, කාලතුවක්කුවලින් (වෙඩි තියා) පහරදෙනවා.

Battering-ram, n. (පුරාණයේදී පවුරුවලට) පහර දුන් යන්ත්‍රයක්.

Battery, n. ගැසීම &c., verb ; අඩන්තේට්ටම, කාලතුවක්කු කොටුව ; කාලතුවක්කු ප්‍රාකාරය, කාලතුවක්කු කණ්ඩායම.

Battle, v. යුද්ධකරනවා, සටන් කරනවා, පොරට සිටිනවා.

Battle, n. යුද්ධකිරීම &c.; යුද්ධය, සටන, සංග්‍රාමය, පොර.

Battle-array, n. යුද්ධ පිළිවෙල, සේනා වින්‍යාසය.

Battledore, Battledoor, n. කුඩා පන්දු පිත්තක

Battle-field, n. යුද්ධභූමිය, සංග්‍රාමභූමිය.

Battlement, n. (ගෙයක්-ගොඩනැගිල්ලක තිබෙන) විවර ඇති ප්‍රාකාරය *or* බිත්තිය.

Bauble, n. නොවටිනා–අගේනැති–සැරසිල්ල, අගේ නැති ආභරණයක්, සුළු දෙයක්.
Bawd, n. වේසාගෙයක් තබාගන්න තැනැත්තෙක්; වේශ්‍යාවන් සපයාදෙන තැනැත්තෙක්; fem. කුට්ටිනී, ගම්බලී.
Bawl, v. කෑගසනවා, කෑමොරගසනවා, කෑගසා කථාකරනවා, උස් හඬින් කථාකරනවා.
Bay, n. මහ වරාය, මුහුදු බොක්ක.
Bay, a. තඹවන්, මදුරතු, පිඟුවන්, පිඩගලවණ්.
Bay, v. bark බුරනවා, උඹුබුරුලනවා.
Bay, keep at, v. ලංවෙන්ට ඉඩ නොදී වලක්වනවා.
Bay-salt, n. සමුද්‍රලවණ, ගෙහෙඩම–සහිද ලුණු
Bay-window, n. බොකු කවුළුව. [නෙත්තුව.
Bayonet, n. තුවක්කු කිරිච්චිය, බයිනෙත්තිය, බයි
Bayonet, v. බයිනෙත්තියෙන් අනිනවා.
Bazaar, n. සල්පිල, වෙළඳ ශාලාව, ආපණ ශාලාව, කඩය *or* කඩේ, කඩවණිජ්ය; fancy bazaar ප්‍රසන්න සල්පිල.
Be, v. of living beings සිටිනවා, හිටිනවා, ඉන්නවා, වෙනවා, ඇතුව සිටිනවා &c;
of things තිබෙනවා, තියෙනවා ඇතුව තිබෙනවා, වෙනවා.
of both ඇත, ඇති, ඇත්තේය; (copula)—ව සිටිනවා &c.,—ව තිබෙනවා.
We must be here අපි මෙහි සිටින්ට ඕනෑ.
Ye are kind තුඹලා කරුණාවන්තයි.
We were friends අපි මිත්‍රයෝව–මිත්‍රව–සිටියෙමු.
There is a book here මෙහි පොතක් තිබෙනවා.
This is a book මේක පොතකි.
Beach, n. වෙරළ, වැල්ල, තෙර, මුහුදු තෙර, සමුද්‍ර තීරය, මයගිාදුව.
Beached, become or be. v. (නැවක් &c.) වෙරළ–ගොඩ–ඇතෙනවා; ඇති තිබෙන්වා.
Beaching, n. (නැව් ආදිය) ගොඩට ඇදීම.
Beacon, n. අන්තරාය පෙන්වන ලකුණක් *or* පහනක්, අන්තරාලකුණ.
Bead, n. බුබුළ, කුඩා ගුළියක්, පබුළු (?) ඇටයක්.
Beadle, n. සබාශාලාවේ *or* අග්‍ර පාඨශාලාවේ *or* පල්ලියේ පණිවිඩකාරයා; දූතයා, පියොන්කාරයා, විදුරහ.
Beagle, n. දඩයම් බලු ජාතියක්.
Beak, n. හොට, තුඩ, වඤ්චුව, තුණ්ඩය.
Beam, n. of wood ලීකඳ, බාල්කය; of light රශ්මිය, රැස, දීප්තිය, අංශුව.
of a balance තරාදි කඳ, තුලාධාරය;
of a carriage බෝන් ලීය;
of a loom වාපදණ්ඩ, වායදණ්ඩ, වියනදණ්ඩ;
of an anchor නැංගුරම් කඳ; of a plough නඟුල් කඳ.
Beam, v. shine, බැබලෙනවා, බබලනවා; (චිත්‍රය) බබලවනවා, රශ්මි විහිදුවනවා *or* විහිදෙනවා.
Beaming, a. බැබලෙන &c., see verb; දීප්තිමත්.
Bean, n. මෑ, කඩල, කොල්ලු, යනාදී ඇටජාති; බෝංචි.
Bear, n. වලහා, වලහා; fem. වැලහින්නි; pl. වලස්සු.
Bear, v. support දරනවා, උසුලනවා; suffer විඳිනවා; tolerate, bear with, endure patiently ඉවසනවා; bear fruit ඵල දරනවා;.
bear—bring forth—children දරුවන් වදනවා *or* ප්‍රසූතකරනවා; [යනවා;
bear away, bear off රැගෙන යනවා, උසුලාගෙන
bear a hand අතපොවා උදව්වෙනවා;
bear down, away &c. පහළට–අහකට &c.—සැරෙන් *or* ක්‍රමයෙන් යනවා;
bear–press–down ඔබනවා;
bear in mind සිතේ *or* මතක *or* සිහියේ තබාගන්නවා *or* ධාරණය කරගන්නවා.
bear witness සාක්ෂිදරනවා *or* දෙනවා.
bear malice, hatred ක්‍රෝධ–වෛර–බඳිනවා;
bear the expense of වියදම් ගෙවනවා *or* දරනවා
bear heavily, press upon බරවෙනවා; [නවා;
bear on, relate to අදාළවෙනවා, අනුකූලව තිබෙ
bear up under affliction &c., දුක් උසුලනවා *or* ඉවසනවා;
bear out: this bears out my statement මේක මගේ කීමට සාක්ෂියි.
Beard, n. රැවුල; ඊට සමාන නොයෙක් දේ *or* කෙඳි.
Beard, v. රැවුල අල්ලාගන්නවා;
beard the lion සිංහයාගේ රැවුල අල්ලාගන්නවා; fig. යමකුගේ මූණ ඉදිරිපිටදී ඔහුට විරුද්ධ වෙනවා. [තරුණ.
Bearded, a. රැවුල ඇති. **Beardless**, a. රැවුල නැති,
Bearer, n. දරන්නා, උසුලන්නා, විඳින්නා, ඉවසන්නා &c., see verb; (ලියුමක් &c.) ගෙනයන්නා; මිනිය ගෙනයන්නා; කඩුවක්, පදක්කමක් &c. පලඳින්නා.
Bear-garden, n. වලස් කොටුව; fig. කෝලාහල භූමිය, කෝලාහල කරන තැන *or* ඉඩම.
Bearing, n. දරීම &c., see verb; ධාරණය; දරන–හැසිරෙන–අත්දම, ලීලාව; (යමක් යමකට) අදාළවෙන–සිහෙන–කරදෙන–ප්‍රකාරය, අදාළකම, පිහිටි අත්දම *or* දිශාභාගය.
Bearish, a. වලසකු වැනි, රළු, චණ්ඩ, නපුරු.
Beast, n. මෘගයා, තිරිසනා.
Beastliness, n. තිරිසන්කම.
Beastly, a. මෘගාකාර, මෘගයකු වැනි, තිරිසන්.
Beat, v. strike (in general) ගහනවා, ගසනවා; flog, pound තළනවා;
beat out (gold &c.) තහඩු තළනවා, (corn) මඩිනවා, කොටනවා &c.;
beat or strike against වදිනවා;
of the heart, a watch, clock, bell තට්ටුවෙනවා, ගැහෙනවා; see noun;
defeat පරද්දනවා, පරාජයකරනවා;
beat to arms යුද්ධයට (සැරසෙන්ට කියා) බෙර ගහනවා.
Beat, n. one beat එක පහරක්; තට්ටුවීම, තට්ටු කිරීම; (නිතර අඩි තබා යන) පුරුදු ගමන *or* පාර; beat of the heart පපුවේ ගැස්ම.
Beaten, a. තළනලද, තහඩුකරනලද; a beaten path පෑගී සැදුණු පාරක්, එළිවුණු–එළිකරදු–පාරක්.
Beater, n. ගසන්නා; තහඩු තළන්නා; තැළීමේ ආවුදය &c.
Beatific, a. ස්වර්ග සම්පත්තිදායක, මෝක්ෂප්‍රද.
Beatification, n. වාසනාවන්ත කිරීම &c., see verb; ස්වර්ගාරෝහණය.
Beatified, a. ස්වර්ග සම්පත් ලැබූ *or* ලබා සිටින, ස්වර්ග සැපතට පැමිණුණාවූ, ස්වර්ගාරූඪ, ස්වර්ගෝපගත, ස්වර්ගගත.
Beatify, v. (ස්වර්ග සම්පත් දීමෙන්) වාසනාවන් කරනවා, ස්වර්ග සම්පත් දෙනවා, ස්වර්ගෝපගත කරනවා; R. C. යමෙක් ස්වර්ගයට පත්වුණායයි–ස්වර්ගෝපගතයයි–ප්‍රකාශකරනවා.

Beating, n. ගැසීම &c., see verb, තාඩනය.

Beatitude, n. ස්වර්ග සම්පත්; ආශීර්වාදලත් බව; the beatitudes, Matt. v. chap. වාසනාවන්තයයි කියා තිබෙන සංඛ්‍යාවල්.

Beau, n. ජේන්තුකාරයා; ස්ත්‍රියකගේ ප්‍රේමවන්තයා, සුභගම්මන්‍යයා.

Beau-ideal, n. (යමක් ගැන තිබෙන) සම්පූර්ණ කල්පනාව, කල්පනාවේ සම්පූර්ණ රූපය.

Beauteous, a. අලංකෘත, අලංකාර, දර්ශනීය, මනෝහර, රුචිර, ශෝභාසම්පන්න, සිත්කලු, අභිරාම.

Beauteousness, n. අලංකෘතභාවය, අලංකාරය, දර්ශනීයකම, මනෝහරබව, ශෝභාසම්පන්නතාව.

Beautiful, a. ශෝභන, ශෝභමාන, අලංකාර, රමණීය, රම්‍ය, දර්ශනීය.

Beautifulness, n. ශෝභනකම &c.

Beautifully, ad. ශෝභන ලෙස &c., මොනවට.

Beautify, v. අලංකෘත-අලංකාර &c.-කරනවා, සමලංකෘත කරනවා, සරසනවා, සජ්ජිතකරනවා.

Beauty, n. ශෝභනත්වය, රූප සම්පත්තිය, ශ්‍රිය, සිරියාව, ශෝභාව, සෞන්දර්‍යය, අලංකාරය.

Becalm, v. නිශ්චලකරනවා. See Calm.

Becalmed, be, v. (හුළං නැතුව නැව) නිශ්චලව තිබෙනවා, *i. e.*, ගමන් නොකර-නැවතී-සිටිනවා.

Became, v. වුණා &c. See Become.

Because, conj. (following a verb expressed or implied) නිසා, බැවින්, හෙයින්, සෙයින්, හින්ද, හන්ද.

we paid because he went ඔහු ගිය නිසා අපි ගෙවුවෙමු;

because he is my friend ඔහු මගේ මිත්‍රයා නිසා, *i. e.* ඔහු මගේ මිත්‍රයාව සිටින නිසා.

Because or for (preceding a sentence) මක්නිසාද කීවොත්, කුමක්හෙයින්දයත්.

Because of, prep. නිසා, හේතුකොටගෙන, කරණකොටගෙන:

he went because of me ඔහු මා නිසා ගියා.

Beck, n. (අතින් *or* ඔළුවෙන් කරන) සංඥාව, සලකුණ, හසනමුද්‍රාව, හසන සංඥාව.

Beckon, v. (එසේ) සංඥාකරනවා; (යමක් දක්වන්ට *or* අණකරන්ට) අත වනනවා. [නවා.

Becloud, v. වලාකුල්වලින් වසනවා; fig. අඳුරුකර

Become, v. වෙනවා; what has become of the book? පොතට මක්වෙලාද?

be suitable or proper ඔබිනවා, යෝග්‍යව-සුදුසුව-සුතුව-තිබෙනවා. [ඉතාංගු.

Becoming, a. ඔබින, ශෝභන, යෝග්‍ය, සුදුසු, සුතු.

Bed, n. ඇඳ, යහන; of a garden පාත්තිය; of a river or sea පල්ල, අඩිය; stratum තට්ටුව.

Bedaub, v. (මඩ &c.) තවරනවා.

Bedchamber, n. See Bedroom,

Bedding, n. ඇඳ ඇතිරිලි ආදිය, ශයනය, ශයනාව, ලගින පිදුරු ආදිය.

Bed-fellow, n. ඇඳේ සැතපෙන සහකාරයා, එකට සැතපෙන්නා *or* නිදියෙන්නා.

Bedim, v. අඳුරුකරනවා. See Dim.

Bedlam, n. උන්මාදශාලාව, පිස්සන් කොටුව.

Bedrid, Bedridden, be v. ඔත්පලව ඉන්නවා; adj. ඔත්පල; lit. ඇඳේම ඉන්නවා.

Bedroom, n. සැතපෙන ගේ, ශයනාගාරය, නිදන කාමරය.

Bedstead, n. ඇඳ, යහන, මඤ්චය.

Bed-top, Bed-canopy, n. කෑන්ද.

Bee, n. මීමැස්සා.

Bee-bread n. රොන්.

Beef n. හරක් මස්, ගෙරිමස්.

Beefsteak, n. බැදින හරක් මස් පෙත්ත *or* කෑල්ල.

Bee-hive, n. මීය, මීමැසිකුඩුව, මධුකෝශය.

Been, pp. of Be, which see. He has been here or there ඔහු මෙහි ඇවිත් *or* එහි ගිහින් තිබෙනවා.

Beer, n. යව මද්‍යපානය, බීර; ඉඟුරු බීර යනාදී පාන ජාති.

Beeswax, n. මීඉටි. Beet, n. අලජාතියක්, රතු අල.

Beetle, n. (an insect) කුරුමිණියා; (a mallet) මහ අත කොච්ච.

Beetle, v. උඩින් නෙරනවා, නෙරාතිබෙනවා.

Beeves, n. pl. ගවයෝ.

Befall, v. (වැඩි වශයෙන්ම නරකක්) පැමිණෙනවා, සිද්ධවෙනවා.

Befit, v. ඔබිනවා, සුදුසුව-යෝග්‍යව-තිබෙනවා.

Befitting, a. නිසි, සුදුසු, සුතු, යෝග්‍ය, අනුරූප, ආපන.

Before, prep. loc. (in, to, or from the presence of) (මා) ඉදිරියෙහි, ඉදිරියේදී; ඉදිරියට; ඉදිරියෙන්; ඉදිරිපිට &c., ඉස්සරහපිට &c., හමුයේ &c., අභිමුඛයෙහි &c.;

(in, to, or from the front—far or near) (මට) ඉස්සරහින්; ඉස්සරහට, පෙරටුවෙන්; පෙරටුව;

set before one's-self as an object අභිමුඛකරගන්නවා, ප්‍රමුඛකරගන්නවා, පෙරටුකරගන්නවා.

(previously to) (මට) ඉස්සර, ඉස්සරින්, ඉස්සරව, පළමුවෙන්, පූර්වයෙන්.

Before, ad. ඉස්සර, ඉස්සරින්, පළමුවෙන්, පූර්වයෙන්, පූර්වදී, පෙරාතුව.

Beforehand, ad. කලින්, කල්තියා, කල්වත්තෙන්.

Before-mentioned, a. ඉහතකී, පූර්වෝක්ත, යටකී.

Befoul, v. කිලුටුකරනවා, මලිනකරනවා.

Befriend, v. (යම්කුට) මිත්‍රකම් කරනවා, මිත්‍රයකු මෙන් පිහිට වෙනවා, කරුණා කරනවා, අනුග්‍රහ කරනවා.

Beg, v. යටහත්ලෙස *or* ඕනෑකමින් ඉල්ලනවා, අයදිනවා; ask alms හිඟනවා, හිඟමන් ඉල්ලනවා, යදිනවා; B. P. භික්ෂාවේ හැසිරෙනවා; පිඬුසිඟනවා.

Beg the question ඔප්පුනොකර සාධ්‍යය ගන්නවා.

Beget, v. ජාතකකරනවා, උපද්දනවා.

Beggar, n. හිඟන්නා, යාචකයා. See Mendicant.

Beggarliness, n. fig. හිඟන්නකු ලෙස හැසිරීම; අනිසි මසුරුකම, කෑතකම. [මසුරුවූ.

Beggarly, a. හිඟන්නකු මෙන් පහත්වූ, ලෝභීවූ,

Beggarly, ad. හිඟන්නකු ලෙස, මසුරු ලෙස, ඉතා පහත් ලෙස. [අනාථභාවය.

Beggary, n. හිඟනකම, දුප්පත්කම, දිළිඳුබව,

Begging, n. ඉල්ලීම &c., see verb.

Begin, v. i. ආරම්භවෙනවා; arise, become මතුවෙනවා, පැනනගිනවා, වෙනවා.

Begin, v. t. පටන්ගන්නවා, ආරම්භකරනවා; start, initiate, පුරනවා, මුලපුරනවා; begin this sewing for me මේ මැහුම මට පුරා දියන්.

Beginner, n. පටන්ගන්නා, ආරම්භකරන්නා, පුරන්නා; a novice ආධුනිකයා, නූතනයා, නවීනයා.

Beginning, n. පටන්ගැනීම &c., ආරම්භය, ප්‍රාරම්භය, සමාරම්භය. [යන්ඩ.

Begone, int. or imp. යව, පල, පලයන්, පලයන්

Begonia, n. එතම ගස් වර්ගයක්, මහ හකබලා.

Begotten, be, v. ජාතවෙනවා, දූවෙනවා, උත්පාද වෙනවා.

Begrime, v. කිලුටු කරනවා, කිලුටු තවරනවා. See Soil.

Begrudge. n. ඊර්ෂ්‍යාකරනවා. See Grudge. Envy.

Beguile, v. රවටනවා, මුළාකරනවා, beguile difficulties, time &c. අමාරු සැහැල්ලුකරගන්නවා; ඉවත් කරනවා, කාලය ගතකරනවා.

Beguiling, a. රවටන &c.; චිත්තාකර්ෂණ.

Behalf, n. (S. prep.) (මා) වෙනුවට, වෙනුවෙන්, උදෙසා, සඳහා, අරබයා.

Behave, v. හැසිරෙනවා, කල්කරනවා, කල්යවනවා.

Behaved, a. morally සුචරිත; wickedly දුශ්චරිත; well විනීත, සුවිනීත; ill අවිනීත.

Behaviour, n. හැසිරීම, කල්ක්‍රියාව, ලීලාව, චරිතය; moral සුචරිතය; immoral දුශ්චරිතය.

Behead, v. ඉස කපාදමනවා, ඉසගසාදමනවා, හැරිය ගහනවා, ශිරශ්ඡේදය කරනවා.

Behest, n. අණ, ආඥාව. See Command.

Behind, ad. පිටිපස්සේ &c.; fall behind (lit.) පස්සට වෙලා, (fig.) මැසිදිවුණු තොවී; yet, still තව, left ඉතුරු වී;-tie the hands behind පිටිතලාවටබඳිනවා.

Behindhand, be, v. සූදානම්නොවී-අතපසුවී-සිටිනවා or තිබෙනවා.

Behold, v. look බලනවා, නිරීක්ෂණය කරනවා;
fix the eyes on (යමක් දෙස) ඇස් හෙලාගෙන සිටිනවා; see දකිනවා.

Behold, Lo, interj. බලව, බලාපන්, මෙන්න, ඔන්න, අන්න.

Behoof, n. වාසිය, ප්‍රයෝජනය, ලාභය.

Behove, v. (impersonal,) it behoves me to do this, මගේ යුතුකමනම්—මට යුතුව තිබෙන්නේනම්— මේක කිරීමයි.

Being, n. existence වීම, සිටීම, තිබීම, ඇතුවසිටීම &c., පැවැත්ම; [සත්වයෙක්.
a person තැනැත්තෙක්; any living being සත්

Belabour, v. නියසීයෙන් කරනවා, තැවත තැවත පහරදෙනවා.

Belay, v. (නැවේ යොතක්) සම්කොට බඳිනවා.

Belch, v. රම්පෙතල් අරිනවා; fig. (as ශාප, යශීං &c.) කටින් නික්මවනවා, පිටකරනවා.

Beleaguer, v. සේනාවකින් වටකරනවා, වටකර අවහිර කරනවා, අවරෝධනය කරනවා.

Belfry, n. ඝණ්ටාස්තම්භය, සීනුකුළුන.

Belie, v. බොරුකරනවා. His deeds belie his words ඔහුගේ ක්‍රියාව කථාවට විරුද්ධයි; proverb.-ඔහුගේ කථාව දොලාවෙන් ගමන පයින්.

Belief, n. විශ්වාසය, විශ්වාස කිරීම; religious belief ඇදහීම;
faith භක්තිය; creed ඇදහිල්ල, ඇදහිලි ක්‍රමය.

Believable, a. (යමකු විසින්) විශ්වාස කළ හැකි, විශ්වාසකටයුතු.

Believe, v. credit විශ්වාසකරනවා; think සිතනවා; trust (rc igiously) අදහනවා.

Believer, n. විශ්වාස කරන්නා, අදහන්නා, ඇදහිලිවන්තයා, ඇදහිලිකාරයා.

Believing, a. විශ්වාසකරන, අදහන, ඇදහිලිවන්ත, ඇදහිලිකාර, ශ්‍රද්ධාන්විත, ශ්‍රද්ධාවත්.

Bell, n. ඝණ්ටාව, small, මිණිගෙඩිය, කිකිණිය, large ඝණ්ටාරය, සීනුව.

Belle, n. Fr. ශෝභන ස්ත්‍රී, රුව ඇති ස්ත්‍රී, සුන්දරී.

Bell-foundry, n. සීනු ආදිය වාත්තුකරන පට්ටලය.

Bell-hanger, n. (ගෙවල) මිණිගෙඩි එල්ලා තබන්නා or එල්ලන කර්මාන්තකාරයා.

Bellicose, a. යුද්ධකාමී, දබරයට කැමති.

Belligerent, a. යුද්ධකරන, සටන් කරන; n. යුද්ධකරන්නා, යුද්ධකරන රාජ්‍යය.

Bellman, n. සීනුව ගහන්නා,සීනුව නාදකරන්නා.

Bellow, v. shout මොරගහනවා;l ow නාදපුලනවා; make a loud noise ගිගුරුම් දෙනවා, ඝෝෂා කරනවා; roar බෙරිහන්දෙනවා.

Bellows, n. මයිනහම. Bell-pepper, n. කාපිරි මිරිස්.

Bell-ringer, n. සීනුවගහන්නා, සීනුව නාදකරන්නා.

Bell-shaped, a. ඝණ්ටාකාර, සීනු හැඩය ඇත්තාවූ.

Belly, n. බඩ, උදරය, කුක්ෂිය, ජඨරය, එවැනි හැඩය.

Belong, v. අයිතියි, අයිතිව සිටිනවා or තිබෙනවා;
appertain, be a part of අයිත්තුව-අඩංගුව-තිබෙනවා.]
S. adj. අයිති, අයත්, අයිත්තු, අඩංගු.

Belongings, n. pl. අයිති දේවල්; the portion which belongs අයිති කොටස. (The latter also means ownership අයිතිවාසිකම.)

Beloved, a. ස්නේහවන්ත, ප්‍රේමවන්ත, ප්‍රිය, පෙම්බර.

Below, prep. lower than (ඊට) පහළ, පහළින්, පහළට, පහත &c., යටින්, යටට; under (ඊක) යට, යටින්, යටට; at the foot of the hills කඳු පහළින්, කඳුපාමුල. [යටින්, යටට.

Below ad. පහළ, පහළින්, පහළට, පහත &c.; යට,

Belt, n. පටිය, බඳපටිය, ඉහපටිය; sabre belt කඩුතාන පටිය; over the shoulder බාපනය.

Belt, v. පටියක් දමනවා; වළල්ලක් කරනවා, වළලු ගහනවා, චක්‍රාකාර කරනවා.

Belted, a. පටියක් බැඳපු, පටි බැඳපු, වළල්ලක් ඇති.

Bemoan, v. t. (S. v. i. යමක් ගැන) වැලපෙනවා, විලාප කියනවා, ළතැවෙනවා.

Bench, n. බංකුව, එලකය, නඩුආසනය; (එහි වාඩි වෙන්නෝවන) නඩුකාරයෝ.

Bend, v. නමනවා, නැමුරුකරනවා, අවනතකරනවා, නැමෙනවා, නැමුරුවෙනවා; submit යටත්වෙනවා, අවනතවෙනවා;
make crooked ඇදගහනවා, ඇදකරනවා;
become crooked ඇදවෙනවා, ඇදගැහෙනවා;
apply the mind හිත යොමුකරනවා;
bend to one's will යමකුගේ අදහසට or කැමැත්තට යටත්කරගන්නවා, වශකරගන්නවා.

Bend, n. ඇදය, වංගුව, වක්‍රවූකම, වක. See Corner.

Beneath, prep. & ad. See Below and Unworthy. [ය.

Benediction, n. ආශිර්වාද කිරීම, ආශිර්වාදය, ආශංසන
pronounce the benediction ආශිර්වාදය කීම.

Benedictory, a. ආශිර්වාදකරන, ආශංසන.

Benefaction, n. යහපතක් කරදීම, උපකාරය;
hospitality සත්කාරය, gift, alms පඬුර, දානය.

Benefactor, n. යහපත කරදෙන්නා, වැඩිදියුණුකරන්නා, උපකාරකරන්නා, උදව්කාරයා.

Benefactress, n. fem. යහපතකරදෙන්නී, වැඩදයක ස්ත්‍රී &c., උදව්කාරී.

Benefice, n. දේවගැතිජීවිකාව, ධර්මිෂ්ඨක වෘත්තිය.

Beneficed, a. දේවගැති ජීවිකාවක්-පදවියක්-ඇති; ජීවිකාවක්-පදවියක්-ඇති (දේවගැතියා).

Beneficence, n. යහපතකිරීම, ගුණවත්කම, පරාර්ථ සිද්ධිය, පරෝපකාරය.

Beneficent, a. (අනුන්ට) යහපතකරන, ත්‍යාගවන්ත, පරෝපකාර.

Beneficently, ad. ත්‍යාගවන්ත ලෙස &c.
Beneficial, a. වැඩදායක, වැඩ සලස්වා දෙන්නාවූ, ප්‍රයෝජනවත්වූ, යහපත සිද්ධවෙන්නාවූ *or* සිද්ධ කරදෙන්නාවූ.
Beneficially, ad. වැඩදායක ලෙස, ප්‍රයෝජනවත් ලෙස &c.
Beneficialness, n. වැඩදායකකම, ප්‍රයෝජනවත්කම.
Beneficiary, n. දේවගැති ජීවිකාවක් ඇත්තා; දානය—හඬින්තුව—ලබන්නා.
Benefit, n. වැඩිය, උපකාරය, යහපත, ප්‍රයෝජනය.
Benefit, v. වැඩ &c. සිද්ධකරදෙනවා *or* (යමකින්) ලැබෙනවා *or* සිද්ධවෙනවා, වැඩි සැදෙනවා, වැඩ වෙනවා; උපකාර—යහපත—කරනවා; අනුග්‍රහ කරනවා.
Benevolence, n. ගුණවත්කම, ත්‍යාගවන්තකම, කරුණාව, සුජනත්වය.
Benevolent, a. ගුණවත්, කරුණාවන්ත, ත්‍යාගවන්ත, දානශීලී.
Benevolently, ad. ගුණවත්ලෙස, කරුණාවන්තලෙස.
Bengal, n. බංගාලය, බංගාලරට; වංගරට, වංගදෙශය; a. බංගාලි.
Bengalee, n. බංගාලි—වංග—භාෂාව. Bengalese, n. බංගාලියා *or* බංගාලිවරු.
Benighted, a. රාත්‍රිගතවූ; fig. (සිහියෙන්) අන්ධකාරවූ, අඥාන.
Benign, a. යහපත් ගුණ ඇත්තාවූ *or* උපදවන, කරුණාවන්ත, කරුණාභරිත.
Benignant, a. ගුණවත්, කරුණාවන්ත.
Benignity, n. ගුණවත්කම, දයාවන්තකම, කරුණාව.
Benignly, ad. ගුණෙන්, කරුණාවෙන්, කුලුණෙන්.
Bent, a. නැමී තිබෙන, නැඹුරු, ඇද, වකුටු, වක්වූ, කුටිල.

He is bent on going ඔහු යන්නට තදනවා *or* යන්නම හිත තමාගෙන ඉන්නවා.

Bent, n. fig. ඇදීම, ඇලුම්කම, ආශාව.
Benumb, v. (ස්වල්ප වශයෙන්) පණනැති කරනවා, මලානිකකරනවා, හිරිවට්ටනවා.
Benumbed, become, v. පණනැතිවෙනවා, මලානික වෙනවා; cramped හිරිවැටෙනවා.
Bepraise, v. අධිකලෙස ප්‍රශංසා කරනවා, in rhyme විරිදු කියනවා.
Bequeath, v. (අන්තිම කැමති පත්‍රයෙන්) උරුමකර තබනවා, උරුමකර දෙනවා, හිමිකර දෙනවා.
Bequest, n. (අන්තිම කැමති පත්‍රයෙන්) හිමිකරදෙන කොටස *or* වස්තුව.
Bereave, v. තොරකරනවා, පැහැරගන්නවා, ඉවත් කරනවා.

I am bereaved of my children and of all මගේ දරුවන් හා සියල්ලෙන් තොරවී—තොරකරනු ලැබ—සිටිමි.

Bereaved, a. (නෑයෙක් &c.) ඉවත්වීමෙන් දුකට පත්වූ, පරිවර්ජිත.
Bereft, pp. (එසේ) තොරවී, තුරන්වී, දුකට පත්වී, අසරණව.
Berry, n. ඇට ඇති පුංචි ගෙඩිජාති.
Berth, n. (නැවේ) නැව් පොළ, නැවක කාමරයක්, නැවක නිදන තැන *or* යහන; employment තනතුර.
Beseech, v. උදක්ම—ඕනෑකමින්—ඉල්ලනවා, කන්නලව් කරනවා, යදිනවා.
Beseechingly, ad. උදක්ම ඉල්ලමින්, කන්නලව් වශයෙන්.
Beseem, v. ඔබිනවා, හොබිනවා, (පෙනීමෙන්) ඉතා ගුණ තිබෙනවා.

Beset, v. වටකරගන්නවා; watch for රැක සිටිනවා; press upon තෙරපනවා; trouble කරදර කරනවා.
Besetting, a. වටකරගන්න, නිතර තෙරපන *or* අසු කරගන්න.
Beside, prep. near ළඟ, කිට්ටු, සමීප, යාව; in addition, ඇර; different from දුර, වෙනස්ව; be beside one's-self ඔල්මාදව සිටිනවා.
Beside, Besides, ad. ඇරත්, තවද, වැඩිත්.
Besiege, v. යුද්ධසේනාවකින් වටලනවා, වටකරනවා, උපරෝධනය කරනවා.
Besieged, a. යුද්ධ සේනාවකින් වටවූ, උපරුද්ධ.
Besieging, a. (ස්ථානයක්) වටලන, වටලාගෙන සිටින.
Besmear, v. අශෝභන ලෙස ගානවා, කුණුගානවා, තවරනවා.
Besmirch, v. කිලුටුකරනවා, කිලුටු තවරනවා, මලින කරනවා.
Besom, n. ඉලපත, ඉදල, බෝල්පත්ත, මුස්න, මාජිනි.
Besot, v. (බේබද්දකමින් මෙන්) සිහිය වෙනස් කර නවා, මූඪකරනවා.
Besotted, a. මූඪ බුද්ධි, බේබදු, සුරාධූර්ත.
Besought, pret. of Beseech, උදක්ම ඉල්ලූවා &c.
Bespangle, v. දිලියෙන දේවලින් සරසනවා.
Bespatter, v. (යමකට දිය ජාති, මඩ &c.) ඉසිනවා; fig. ඔපාදූප කියනවා.
Bespeak, v. කලින් කථාකර ඉල්ලනවා; betoken කලින් පෙනියනවා, හැඟෙනවා.
Bespeckle, v. පුල්ලි ඉසිනවා.
Bespoke, pret. of Bespeak.
Besprinkle, v. (යමකට යමක්) ඉසිනවා; besprinkle something with dust, යමකට දූවිලි ඉසිනවා.
Best, a. (සියල්ලෙන්) ඉතා හොඳවූ, යහපත්වූ, ඉස්තරම්වූ, ශ්‍රේෂ්ඨ.

At best it is little ඉස්තරම්නුත් ඒක ටිකයි.
He did his best ඔහු පුළුවන් ඉස්තරම කළා.
Make the best of a thing යමකින් පුළුවන් පමණ (දේ *or* හොඳ ලෙස) කරනවා.

Best, n. පුළුවන් උත්සාහය, ඉස්තරම.
Best, ad. ඉතා හොඳලෙස &c., පුළුවන් පමණ හොඳට.
Bestial, a. මෘග, තිරශ්චීන, මෘගාකාර, ඉතා දුෂ්ට.
Bestiality, n. මෘග ගතිය, තිරිසන්කම, පශුතාව; අස්වාභාවික-මෘග-සංවාසය.
Bestir, one's-self, v. උනන්දුව-කඩිසරව-ක්‍රියාකරනවා.
Bestow, v. දෙනවා, දානයකරනවා, ප්‍රදානය කරනවා,
bestow supernaturally පහලකර දෙනවා;
stow, place, පුරවනවා, ධාරණය කරනවා, තබනවා;
bestow time upon a thing යමකට කල්ගත කරනවා;
bestow labour upon a thing යමක් ගැන මාන්සි ගන්නවා.
Bestowal, Bestowment, n. (එසේ) දීම &c.; ප්‍රදානය.
Bestrew, v. ඉසිනවා, ඉසිරවනවා, එහෙ මෙහෙ දමනවා.
Bestride, v. අශ්වයකු පිට *or* යම්දෙයක දෙපැත්තට කකුල් දමනවා, (යමකට උඩින්) කකුල් විහිදු ගන්නවා.
Best-tempered, a. ඉතා ඉවසිලිවත්, ඉතා ඉවසිලි ගතිය ඇති.
Best-trained, a. ඉතා හොඳ ලෙස පුරුදු-පුහුණු-කරන ලද, සුශික්ෂිත.
Best-written, a. ඉතා හොඳට ලියනලද, සුලිඛිත.
Bet, v. ඔට්ටු කරනවා, ඔට්ටු තබනවා, ඔට්ටු අල්ලනවා; n. ඔට්ටුව.

Betake, one's-self, v. (යම් අදහසකින්) ස්ථානයකට පැමිණෙනවා, (කාරණාවකට කලක්) භාරවෙනවා, (යමක) යෙදී සිටිනවා, නියුක්ත වෙනවා.

Betel, n. the plant බුලත් වැල, නාගලතාව; the leaves බුලත්, දළුබුලත්, තාම්බූල; with the adjuncts බුලත් විටක්; bundle of the leaves බුලත් අතක්; as presented to a superior බුලත් හුරුල්ලක්.

Betel-nut, n. පුවක්, පූගඵල, ක්‍රමුකඵල.

Bethink, one's-self, v. මතක්වෙනවා, මතක්කර ගන්නවා, කල්පනාකරනවා.

Betide, v. See Befall. [වට.

Betimes, ad. වේලාසනින්, වේලාපහෙන්, නියි වේලා

Betoken, v. (signs indicate) ලකුණුවලින් පෙනී යනවා, නිමිති වලින් දැනගන්ට තිබෙනවා.

Betray, v. deliver up පාවාදෙනවා; reveal secrets රහස් එළිදරව්කරනවා, යමකු ගැන (ද්‍රෝහකමින්) දන්වනවා; betray trust විශ්වාසය කඩකරනවා.
The face betrays the heart මුහුණෙන් හිතේහැටි ප්‍රකාශවෙනවා.

Betrayal, Betrayment, n. (ද්‍රෝහකමින්) පාවාදීම &c.

Betrayer, n. (ද්‍රෝහකමින් &c.) පාවාදෙන්නා &c. see verb, ද්‍රෝහියා.

Betroth, v. ආවාහ විවාහ බස් දෙනවා, කාරබැඳීමට ගිවිසගන්නවා.

Betrothal, Betrothment, n. ආවාහ විවාහ බස් දීම, කාරබැඳීමට ගිවිසගැනීම.

Better, a. වඩා හොඳවූ, වඩා යහපත්වූ.

Better, ad. වඩා හොඳට, වඩා හොඳ ලෙස, වඩා යහපත් ලෙස.

Better, be, v. වඩා හොඳයි &c., වඩා හොඳව—වඩා යහපත්ව—තිබෙනවා *or* සිටිනවා; in health නිබූණාට වඩා සනීපයි.

Better, v. t. වඩා හොඳට සාදනවා; උතුම්කරනවා, දියුණුකරනවා.

Betterment, n. වඩා හොඳට සෑදීම &c.; දියුණුකිරීම.

Between, Betwixt, prep. (දෙකට, ඒවාට &c.) අතරේ, මැද, මධ්‍යයේ;
with acc. in S. Among, which see. There is a difference between them ඒවායේ වෙනසක් තිබෙනවා.

Bevel, n. ඇලහැඩය, ඇලය, ඇල ආවුදය; a. ඇලවූ; v. ඇලකරනවා.

Beverage, n. (පිපාසයට බොන) බීම, පානය.

Bevy, n. කුරුලු රැළක්, (මිනිස්-ස්ත්‍රී) පෙළක්, ගණනක්, රංචුවක්.

Bewail, v. t. (S. v. i. යමක් ගැන) වැලපෙනවා, ළතැවෙනවා, විලාප කියනවා.

Beware, v. (යම් තරකක් ගැන) පරෙස්සම්-සාවධාන-වෙනවා, බලාගන්නවා.

Bewilder, v. සිහිය විකල කරනවා, ආකූල කරනවා, වල්මත් කරනවා, ව්‍යාකූල කරනවා.

Bewildered, a, සිහිය විකලවූ, වල්මත්, ව්‍යාකූල, වික්ෂිප්ත.

Bewilderment, n. සිහියේ වියවුල, ආකූලභාවය, වල්මත්ගතිය, වික්ෂේපය, භ්‍රමය.

Bewitch, v. අනාචාර කරනවා, කොඩිවින කරනවා, වශී කරනවා, සම්මුග්ධ කරනවා, හිත කෙරෙහි බලපවත්වනවා, ප්‍රීතිමත් කරනවා. [පිණවන,

Bewitching, a. (සිත) සම්මුග්ධ කරන, වශීකරන,

Bewitched, be, v. අනාචාර-කොඩිවින වදිනවා, සම්මුග්ධ වෙනවා, ප්‍රීතියෙන් පිණනවා.

Bewitchment, n. අනාචාරය, හූනියම, සම්මුග්ධය, මුළාවීම, මෝහනය.

Beyond, prep. එපිට, එපිටට, එපිටින්, (ඊට) ඈත. ඈතට &c., දුර, දුරට &c.; වැඩිය; adj. in S. (ඊට) එපිට, ඈත, දුර. දෙ-, ද්වි-.

Bezoar, n. ගෝරෝචන, ගොරද. Bi, prefix

Biangular, a. දෙකොන්, ද්විකෝණ.

Biarticulate, a. සන්ධි දෙකක් ඇති, ද්විසන්ධි.

Bias, v. පක්ෂයකට අදිනවා *or* බැදෙනවා, පක්ෂපාත වෙනවා, අගතියට යනවා.

Bias, n. lit. පැත්තකට-එක් අතකට-බරවීම; පක්ෂයකට නැමීම, පක්ෂවාදීකම, පක්ෂපාතකම.

Biased, be, v. පක්ෂයකට ඇදෙනවා *or* බැදෙනවා, adj. පක්ෂවාදී. [ද්විඅක්ෂ.

Biaxal, Biaxial, a. කුඹ්ර *or* අක්ෂ දෙකක් ඇති,

Bib, v. (මත්පැන්) නිතර බොනවා, බේබදුකම් කරනවා; n. ළැපැත්තේ බඳින රෙදිකඩ, බිරෙත්තිය.

Bibacious, a. බීමට ළැදි, මද්‍යපානයට ලොල්වූ, සුරාධූර්ත.

Bibber, n. බීමට ලොල් තැනැත්තා, මද්‍යපයා, බේබද්ද, සුරාධූර්තයා.

Bible, n. ක්‍රිස්තියානි ශුද්ධ ලියවිල්ල, බයිබලය.

Biblical, a. බයිබලය සම්බන්ධ *or* ඊට අඩංගු, ශුද්ධ ලියවිල්ලට අයිතිවූ.

Bibliographer, n. පොත්පත් පිළිබඳ තොරතුරු ලියා තබන්නා.

Bibliographic, a. පොත් ගැන ලියාපු තොරතුරු සම්බන්ධ.

Bibliography, n. පොත් පත් රචනා කළ වකවනු ආදිය ගැන විස්තර ලිවීම.

Bibliology, n. බයිබලයෙහි ඇතුළත් කරුණු *or* දේවධර්මය.

Bibliomania, n. අපූර්ව පොත්පත් ලබාගැනීමට ඇති ආලය, පුස්තකලෝලය [ශාලා.

Bibliotheca, n. පුස්තකාලය, පුස්තකාගාරය, පොත්

Bibulous, a. දිය ජාති උරාගන්නසුලු, ජලශෝෂක.

Biceps, n. අග ඉස් දෙකක් ඇති නහරයක්, මුල් දෙකක් ඇති නහරයක්.

Bicipital, Bicipitous, a. අග ඉස් දෙකක් ඇත්තාවූ.

Bicker, v. කලහ-විවාද-කරනවා, වචනවලින් සණ්ඩු කරනවා.

Bickering, n. කලහය, විවාදය.

Bicycle, n. බයිසිකලය, ද්විචක්‍රය.

Bid, v. invite කැඳවනවා; command අණකරනවා; offer a price ගණනකට ඉල්ලනවා; bid goodbye or God-speed ආයුබෝවන්—ශුභ සිද්ධවේවා-කියනවා; bid defiance විග කියනවා.

Bidder, n, (මිල ගණනකට) ඉල්ලන්නා.

Bidding, n. කැඳවීම &c., see verb; අණ.

Bide, v. wait for බලා සිටිනවා. See Abide.

Bidental, a. දත් දෙකක් ඇති, ද්විදන්ත.

Biennial, a. දෑවුරුද්දක් පවතින්නාවූ, ද්විවාර්ෂිකවූ, ද්විවාර්ෂික, දෛවවර්ෂික, දෑවුරුද්දකට වරක් පැමිණෙන; n. ද්විවාර්ෂික ගස.

Biennially, ad. දෑවුරුද්දකට වරක්.

Bier, n. දෙණ, මිනී මැස්ස, තුම්බය, ශවයානය.

Bifold, a. දෙපට, ද්විගුණ, දෛවිධ. Biform, a. දෙයාකාර, දෛවිධ, ද්විරූප.

Bifurcate, Bifurcated, a. දෙපැත්තට බෙදුණු, ද්ව්‍යංග (ගස &c.).

Big, a. ලොකු, මහත්, සවිල, විපුල.

Bigamist, n. ස්ත්‍රීන් දෙදෙනකුත් එකවර පාවාගත් පුරුෂයා හෝ පුරුෂයන් දෙදෙනකුත් සමඟ එක වර විවාහවූ ස්ත්‍රී.
Bigamy, n. (ස්ත්‍රීන් හෝ පුරුෂයන්) දෙන්නකුත් එකවර සරණකරගැන්ම.
Bight, n. කුඩා වරාය, (වටවූ) ලනු පුඩුවක්.
Bigness, n. ලොකුකම, මහත්කම, මහත, ප්‍රමාණය, සුවිපුලතාව, වෛපුල්‍යය.
Bignonia, n. අත්තන වර්ගයේ ගස්.
Bigot, n අවිචාරයෙන් සිය මතයෙහිම ඇලී සිටින්නා, ස්වමතාවලම්බී තැනැත්තා.
Bigoted, a. ස්වමතාවලම්බී.
Bigotry, n. (නිසි කාරණපිට නොව මුරණ්ඩුකමින් පව තින) තද පක්ෂපාතකම, ස්වමතාවලම්බී භාවය.
Big-sounding, a. උදාරතර — උඩඟු — ශබ්ද ඇති (වාක්‍ය &c.)
Bilateral, a. දෙපැත්තක් ඇත්තාවූ, ද්වයංග.
Bile, n. පිත, පිත්තය; bile-duct පිත්තනාලය.
Bilge, n. නැවේ පත්ල.
Bilge-water, n. නැව් පත්ලට ගලන දිය.
Biliary, a. පිත සම්බන්ධ, පිත්ත, පිත ගලායන (නළ).
Bilimby, n. බිලිංගෙඩිය.
Bilingual, a. භාෂා දෙකකින් කථාකරන *or* කියා—ලියා—තිබෙන, ද්විභාෂා. [න්නා.
Bilinguist, n. භාෂා දෙකකින් කථාකළහැකි තැනැ
Bilious, a. පිත්, පිත් සහිත, පිත්ත; bilious fever පිත්තජ්වරය.
Biliteral, a. අකුරු දෙකක් ඇත්තාවූ, ද්ව්‍යක්ෂර.
Bilk, v. රවටනවා.
Bill, n. beak, හොට, තුඩ, තුණ්ඩය, වඤ්චුව; bill-hook කැත්ත; note (in general) පත්‍රය, පත්‍රිකාව; account ගණන් පත්‍රය.
Bill, v. (පරෙවියන් මෙන්) තුඩු හපනවා; fig. ආදර කරනවා. [තබන පොත.
Bill-book, n. ගණන් පත්‍රවල මිල ගණන් &c. ලියා
Billet, n. ලී කොටය, දරකොටය.
Billet, n. ලියාපු කුඩා පත්‍රයක්, ලේඛනයක්; (සේවායන්ට නවාතැන් නියමකරන) නවාතැන් පත්‍රය.
Billet, v. නවාතැන්-පත්‍රයක් දෙනවා, නවා තැන නියම කරනවා.
Billiards, n, (මේසයේ) බෝල කෙළිය. [හරුප.
Billingsgate, n. fig. අසභ්‍ය වචන, කැත කථා, නීච
Billion, n. දශලක්ෂයෙන් ගුණකළ දශලක්ෂයක්, ලක්ෂ කෝටියක්.
Billow, n. great wave තරඞ්ගයක්, මහ රැළක්, කල්ලෝලයක්; outstretch of billows රැළපතර. [නාවූ.
Billowy, a. රැළ සහිත, කල්ලෝල-රැළ පතර-ඇත්
Bill-sticker, n. (තැන් තැන් වල) දැන්වීම් පත්‍ර අල වන්නා.
Bimaculate, a. ලප දෙකක් ඇත්තාවූ.
Bimanous, a. අත් දෙකක් ඇති, ද්විහස්ත.
Bimensal, a. දෙමසකට වරක් සිදුවෙන, ද්විමාස ද්වෛමාසික (පත්‍රය &c.) [යම.
Bin, n. බෝග පෙට්ටිය, පිටි පෙට්ටිය, අටුව, පත්තා
Binary, a. දෙකක් අඞ්ගවූ, ද්වෛධ (ගණන්, රසායන ද්‍රව්‍ය, තාරකා).
Bind, v. බඳිනවා; the bowels විරේකය නවත්වනවා, බඩ වේලවනවා; ratify ස්ථිරකරනවා; bind over (to peace) ඇප බඳිනවා.
Binder, n. (පොත් ගොයම්මිටි යනාදිය) බඳින්නා; බඳින පටිය, බඳපටිය.

Binding, be, v. යුතුකමක්ව—අවශ්‍යයෙන් කළ යුත්තක්ව—තිබෙනවා.
Binding, n. බැඳීම &c.; බැම්ම, පටිය, බන්ධනය.
Binnacle, n. compass-box මාලිමා යන්ත්‍ර-පෙට්ටිය.
Binocle, n. ද්විනේත්‍රසාධනය, සමුක්කාව. [නේත්‍ර.
Binocular, a. ඇස් දෙකක් ඇත්තාවූ, ද්ව්‍යක්ෂි, ද්වි
Binomial, a. in alg. නාම *or* කොටස් දෙකක් ඇති.
Binominous, a. නාම දෙකක් ඇත්තාවූ, ද්විනාම.
Biographer, n. ජීවිත කථාන්තර ලියන්නා, චරිත නිවේදකයා.
Biographic, a. ජීවිතකථාන්තර, ජීවිතකථා ඇතුළත්.
Biographically, ad. ජීවිත කථා වශයෙන්, චරිතකථා වශයෙන්. [ව.
Biological, a. සත්ත්ව විද්‍යා. **Biology**, n. සත්ත්ව විද්‍යා
Biped, a. ද්විපද, ද්විපාද, දෙපා ඇති; n, දෙපා සතා, දෙපාවා.
Birch, n. ගස් ජාතියක්; rod or cane ඉපල, වේවැල.
Bird, n. කුරුල්ලා, පක්ෂියා. **Bird-cage**, n. කුරුලු කූඩුව, පක්ෂි කූඩුව.
Bird-catcher, n. කුරුලු වැද්දා. [කුරුලු වෙළෙන්දා.
Bird-fancier, n. කුරුල්ලන් ඇතිකිරීමට ප්‍රියඇත්තා;
Birdlike, a. පක්ෂි රූප, කුරුලු ආකාර.
Birdlime, n. කුරුලු ලාටු, *i. e.* කුරුල්ලන් අල්ලන පිණිස ගන්නා ලාටු *or* කොහොල්ලෑ.
Bird of paradise, n. වලුහොරා.
Bird's-eye, a. (ඉහිලෙන) පක්ෂි නේත්‍රයට පෙනෙන ආකාර, පක්ෂි දෘෂ්ටි ආකාර; fig. bird's-eye view සාමාන්‍ය බැල්මක්, ස්වල්ප බැලීමක්, අසූක්ෂම දෘෂ්ටිය.
Bird's-nest, n. කුරුලු කූඩුව, පක්ෂි කූඩුව, කුරුලු ගේ; චීන රටේ කෑමට ගන්නා කුරුලු කූඩුව.
Birth, n. ඉපදීම, උත්පත්තිය, ජන්මය, උද්භවය, සම්භවය, උප්පැත්තය, විජායනය, ප්‍රසවය; race ජාතිය; lineage වංශය; high birth කුලීනතාව.
Birth-day, n. or a. උපන් දවස, උපන්දින, ඉපදීමේ සංවත්සර දවස.
Brith-night, n. උපන් රාත්‍රිය, එම සංවත්සර රාත්‍රිය.
Brith-place, n. උපන් තැන, උපන් නුවර &c; උත්පත්ති ස්ථානය, උත්පත්ති භූමිය.
Birthright, n. උත්පත්තියෙන් ලැබුණු අයිතිවාසිකම, සහජාත උරුමය, සහජාත අයිකාරය, primogeniture කුලුදුල්කම, අග්‍රජත්වය, පූර්වජත්වය.
Bis, prefix, දෙ,-ද්වි-, *i. e.*, දෙවරක් යන අර්ථය.
Biscuit, u. කරකළ තුනී රොටිය, විස්කෝත්තුව.
Bisect, v. දෙකට කපනවා, දෙපළුකරනවා.
Bisection, n. දෙකට කැපීම, දෙපළුකිරීම, ද්විධාකර ණය, විච්ඡේදනය.
Bisegment, n. ඡේදාර්ධය, අඩ ඉරක්. [(මල්).
Bisexual, a. in bot. ද්විලිංග, ද්විලිංග කේසර ඇති
Bishop, n. සභාවේ නායක තැන, පාරිදෘශිකතැන. බිෂොප් උන්නාන්සේ, R. C. රාජගුරු තැන, රාජගුරු ප්‍රසාදිතැන.
Bishopric, n. සභාවේ නායක තනතුර, රාජගුරු පදවිය, පාරිදෘශික පදවියේ පළාත.
Bishop's-court, n. පාරිදෘශික නඩුශාලාව.
Bison, n. වල් ගව ජාතියක් *or* වල් මහිෂ ජාතියක්.
Bissextile, n. අධිමාස වර්ෂය; a. අධිමාස වර්ෂ.
Bisulcous, n. බෙදුණු කුර ඇත්තාවූ, විශඵ
Bit, n. කැබෙල්ල, කෑල්ල, ඛණ්ඩය; ලවය, විකක්, ඩිංගක්, (very small) ඩිංගිත්තක්; bridle bit කටක ලියා යකඩය; for boring විදිනකටුව, බුරුමකටුව.

Bit, v. කට කලියාම් දම්නවා. Bitch, n. බැල්ලී.
Bite, v. හපනවා, හපාකනවා, විකනවා; (as cogs) කෑවෙනවා; penetrate කා වදිනවා; cling, hold අල්ලනවා.
Bite, n. හැපීම &c.; හැපීමේ තුවාලය; (කටට ගන්න ප්‍රමාණය *or*) විකක්.
Biting, a. හපාකන, ඇනෙන. ඇනුම් (පද); සැර, තද (ශීත &c.).
Bitten, pp. හපාකනු ලැබ, රැවටී, වංචාවට අසුවී.
Bitter, a. තික්ත, තිත්ත, උග්‍ර, කටුක; severe සැර; sorrowful දුක් සහිත; malicious ක්‍රෝධ.
Bitterish, a. මදක් තික්ත.
Bitterly, ad. උග්‍ර ලෙස, කටුක ලෙස, සැර ලෙස, දුඃඛිත ලෙස, තද ශෝකයෙන්.
Bittern, n. කණකොකා.
Bitterness, n. තික්තය, උග්‍රබව, කටුකබව, තික්ත කම; fig. සැරකම, ක්‍රෝධය, තද ශෝකය.
Bitters, n. pl. තික්ත මිශ්‍ර පානය.
Bitumen, n. කීල්, ගල්කීල්, ගිරිපුෂ්පක, බිම්දුම්මල යනාදී දේ.
Bitumenous, a. කීල් මුසු, ගිරිපුෂ්පක.
Bivalve, a. ද්විකෝෂ; n. (කාවාටියා මෙන්) දෙ කබල් සත්‍ව, බෙල්ලා, ජලශුක්තියා; දෙපියන් ඇති කටුව, ශම්බුකයා.
Bivouac, v. (මුර කිරීමට රාත්‍රියේ) එළියෙහි නවා තැන් ගන්නවා *or* මුරට සිටිනවා; n. මුර නවාතැන.
Blab, v. රහස් එළිදරව් කරනවා, කල්පනා නැති සැටින් රහස් ප්‍රකාශකරනවා.
Black, a. කළු, ඇඳිරි, කාල, කෘෂ්ණ.
Black, n. කළුපාට, කාලවර්ණය; කළුතැනැත්තෙක්; කළු ඇඳුම්, කළු; v. see Blacken.
Black-art, n. අංගම්, කාලම්, හූනියම්. [කරනවා.
Black-ball, v. (කළුගුළියක් දැමීමෙන්) ප්‍රතික්ෂේප
Blackberry, n. රට ඇඹිල්ල.
Blackbird, n. කවුඩුපතික්කියා.
Black-draught, n. විරේචන බෙහෙතක්.
Blacken, v. කළුකරනවා, fig. කැලැල්කරනවා.
Blackguard, n. නින්දාකරන්නා, නින්දිතයා; අධමයා; v. නින්දාකරනවා, නිගාකරනවා. [ජන.
Blacking, n. (යමක් කළුකරන) කළුද්‍රව්‍ය, දැලි, පත්‍රාං
Blackish, a. මදක් කළු, ඇඳිරි.
Blacklead, n. මිරන්; v. මිරන් ගා මදිනවා.
Black-leg, n. ප්‍රයෝග සූදුකාරයා.
Blackness, n. කළුබව, කළුවරකම; fig. අති දුෂ්ටකම.
Black Sea, n. කළු මුහුද. Blacksmith, ආචාරියා, අයස්කාරයා, ලෝහකාරයා.
Bladder, n. මුත්‍රබොක්ක.
Blade, n. of grass තෘණ පත්‍රය; of an instrument තලය; of a sword කඩුපත.
Blade-bone, n. උරපත්ත.
Blain, n. බිබිළ ගඩුව, ව්‍රණය.
Blamable, a. faulty දොස් සහිත, වරදකාර, සාවද්‍ය.
Blamableness, n. දොස් සහිත කම, වරදකාර කම, සාවද්‍යතාව.
Blamably, ad. දොස් තැබියයුතු ලෙස, සාවද්‍ය ලෙස.
Blame, n. දෝෂාරෝපණය, දෝෂය, වරද, උපවාදය, පරිවාදය.
Blame, v. දෝෂ–දොස්–වරද–තබනවා, දෝෂාරෝපණය කරනවා, උපවාදකරනවා.
Blameless, a. නිදොස්, නිර්දෝෂ, නිවැරදි, දෝෂ–දොස්–රහිත, දෝෂයක් නැති, නිරපරාධ.

Blamelessly, ad. නිදොස් ලෙස, නිවැරදි ලෙස නිරප රාධ ලෙස. [ධකම.
Blamelessness, n. නිදොස්කම, නිවැරදිකම, නිරපරා
Blameworthy, a. දෝෂාරෝපණීය, සාවද්‍ය.
Blanch, v. (පාට ඇරීමෙන්) සුදුකරනවා, (සුදුවෙන ලෙස) සායම්—කිලුටුකම—අරිනවා, සුදුවෙනවා.
Blanching, n. සුදුකිරීම, සුදුවීම.
Bland, a. සෞම්‍ය, මොළොක්, මෘදු, මසෘණ.
Blandish, v. (කවින්) ආදරකරනවා, සුරතල්කරනවා, ඉච්චාකරනවා, චාටුකරනවා.
Blandishment, n. සෞම්‍ය කීම, සෞම්‍ය ක්‍රියාව, ඉච්චාව, චාටුව, සුරතල් වචනය, සුරතල.
Blandness, n. සෞම්‍යකම, චාටු ගුණය, ඉච්චා බව, චාටුබව.
Blank, a. white සුදු; empty හිස්; unwritten නොලියාපු (කඩදාසි); point blank, fig. කෙළින්ම.
Blank, n. හිස්කම, හිස්තැන, හිස් දෙය.
Blank-cartridge, n. (උණ්ඩයක් නැති) හිස් පතරොම,
Blanket, n. ලොම් ඇතිරිල්ල, කම්බිලිය, කම්බලය, පලස.
Blanket, v කම්බිලියකින් වසනවා, කම්බිලියක දමා උඩට වීසිකරනවා.
Blankness, n. හිස්කම, සිස්බව.
Blank-verse, n. අගට එළිවැටක් නැති පද්‍යය.
Blarney, n. (vul.) සුරතල්–රැවටිලි–කථාව, ඉච්චාව.
Blaspheme, v. (දෙවියන්වහන්සේට) අපහාස කරනවා, නින්දාකරනවා, දොස් කියනවා.
Blasphemer, n. අපහාසකරන්නා &c.
Blasphemous, a. දේව අපහාසකරන, ඊශ්වරනින්දක.
Blasphemously, ad. දේව අපහාසකරන ලෙස &c.
Blasphemy, n. දේව අපහාසය, ඊශ්වර නින්දාව; පාෂණ්ඩතාව.
Blast, n. හුළං ගැස්මක් *or* පහරක්, වායුවේගය, (හොරණෑ) පිඹීමක්; (හුළං ගැසීමකින් මෙන් පැමිණෙන) විනාශය *or* හදිසි විනාශය; (වෙඩිබෙහෙත් මල &c.) පිපිරීම.
Blast, v. (හුළං ගැසීමකින්–පහරකින්–මෙන්) පාළු කරනවා, තවබුන් කරනවා; with gunpowder පුපුරවනවා.
Blast-furnace, n. (සැර ලෙස හුළං පඹින) ගිනි උදුන.
Blasting, n. හුළං පහරක්; තවබුන්කිරීම, පිපිරවීම.
Blatant, a. තැප් ලන; fig. කෑමොරගසන, උද්ඝෝෂණයකරන.
Blaze, n. ගිනිදැල්ල; large flame ගිනිමැලය; shining බැබළීම, දීප්තිය; white spot සුදු ලපය.
Blaze, v. දල්වෙනවා, ඇවිළෙනවා, බැබළෙනවා, ප්‍රකාශවෙනවා, ප්‍රකාශකරනවා.
Blazing, a. ඇවිළෙන, බැබළෙන, ප්‍රජ්වලිත.
Blazon, v. ප්‍රසිද්ධකරනවා, පතළකරනවා, වංශ සලකුණු විස්තරකරනවා, සජ්ජිතකරනවා.
Blazon, n. ප්‍රසිද්ධකිරීම &c.; දිලියෙන ප්‍රදර්ශනය.
Blazonry, n. වංශ සලකුණු විස්තර කිරීමේ ශාස්ත්‍රය.
Bleach, v. (සුදු පාට ගෑමෙන් නොව පාට *or* කිලුටු කම ඇරීමෙන්) සුදු කරනවා, එළ කරනවා, සුදු වෙනවා.
Bleak, a. ශීත සුළඟට මුවාවක් නැති, ශීත සුළඟ වදින, ශීතල (තැනක් &c.).
Bleakness, n. ශීතලට මුවාවක් නැතිකම, සුළඟේ ශීත ගතිය.
Blear-eyed, a. ගායවූ ඇස් ඇති, පිලල් ඇස් ඇති, ඇස් අඳුරු, කඳුළු මුසු ඇස් ඇති.

Bleat, Bleating, n. බැටළු හඬ; v. බෑ ගානවා.
Bled, pret. of Bleed.
Bleed, v. ලේ යනවා, ලේ ගලනවා, ලේ අරිනවා; (ගස් වලින්) ඔජස-ප්‍රස-යනවා or අරිනවා or අදිනවා.
Bleeding, n. ලේ යාම &c.; රුධිරස්‍රාවය. [නම්බුව.
Blemish, n. lit. & fig. කැලල, පළුද්ද; dishonour අව
Blemish, v. කැලැල් කරනවා.
Blench, v. කළකිරෙනවා, (භයින්) පස්සට වෙනවා or හැකිළෙනවා.
Blend, v. මිශ්‍රකරනවා, කලවම්කරනවා, මිශ්‍ර වෙනවා, කලවම් වෙනවා.
Blend, n. කලවම, මිශ්‍රණය.
Bless, v. ආශීර්වාද කරනවා. ආශීර්වාද &c. දෙවියි කියනවා or ආශංසනය කරනවා; praise ප්‍රශංසා කරනවා; consecrate පවිත්‍ර කරනවා.
Blessed, a. ආශීර්වාද ලත්, කල්‍යාණ, සුබාන්විත, ධන්‍ය.
Blessedness, n. ආශීර්වාද ලත් බව &c. [නාව.
Blessing, n. ආශීර්වාද කිරීම &c.; ආශීර්වාදය, වාස
Blest, a. ආශීර්වාද ලත්, වාසනාවන්ත.
Blight, n. ගස්වල රෝගයක්, විළුලබව, පුහුවීම, බොල්වීම.
Blight, v. (කුඩා සතුන් විසින්-ගස්) නිස්සාරකරනවා, නැතිකරනවා; fig. විළුල කරනවා, පාළුකරනවා &c.
Blind, v. අන්ධකරනවා, කණකරනවා; fig. deceive රවටනවා.
Blind, a. අන්ධ, කණ, ඇස් නොපෙනෙන; ignorant අඥාන; blinded by passion කාමාන්ධ.
Blind, n. blind person අන්ධයා, කණා; curtain කඩ තුරාව; cover වැස්ම; screen පැලැල්ල; screen or shelter මුවාව; device උපාය.
Blindfold, v. (යමකුගේ) ඇස් වසනවා or බඳිනවා රවටනවා.
Blindfold, be, v. ඇස් වසා සිටිනවා; fig. අන්ධව—අඥානව—සිටිනවා.
Blinding, a. lit. & fig අන්ධකරන, රවටන. [ලෙස
Blindly, ad. අන්ධලෙස, නොදැක, නොදැන, අඥාන
Blindness, n. අන්ධකම, කණකම, අඥානකම.
Blind-side, n. ඇහැ කණවූ පැත්ත; fig. (යමකුගේ) දුර්වල ගතිය or දුර්වල කාරණාව.
Blind-worm, n. ගැඩිවිලා.
Blink, v. ඇස්පිය ගහනවා. ඇස්පිය හෙළනවා; fig. (කාරණාවක්) නොබලා අරිනවා.
Blinkers, n. pl. (අශ්වයාගේ) ඇස්වැසුම.
Bliss, n. ප්‍රීතිය, ප්‍රීති සම්පත, ප්‍රමෝදය, වාසනාවන් කම, සැපත, ස්වර්ග සැපත. [ආනන්දිත.
Blissful, a. ප්‍රීතිමත්, වාසනාවන්ත, ප්‍රමෝදිත,
Blissfully, ad. ප්‍රීතිමත් ලෙස &c.
Blissfulness, n. ප්‍රීතිමත්කම &c. [බෙහෙත් කඩ.
Blister, n. බිබිල, ගෙඩිය, බුබුළක් අටගන්වන
Blister, v. (පැලැස්තරයක් දමා) බිබිලක් අටගන්වන වා, (හමේ or වෙන දේවල) බුබුළු අටගන්නවා.
Blithe, a. ප්‍රීතිවෙන්නාවූ, ප්‍රීතියෙන් ප්‍රාණවත්වූ, ප්‍රමුදිත.
Blithely, ad. සැහැල්ලු ප්‍රීතියක් ඇතුව, උනන්දු තුණුවි යෙන්, ප්‍රමුදිතව.
Blithesome, a. ප්‍රීතිමත්, ආනන්ද. [වනවා.
Bloat, v. ඉදිමෙන්ට සලස්වනවා, පුප්පනවා, පුප්ප
Bloated, become, v. ඉදිමෙනවා, උණ්ඩුවෙනවා; a. ඉදිමුණ, උණ්ඩුවූ. [පිපිහලුකම.
Bloatedness, n. ඉදිමුම්කම, උණ්ඩුගතිය, පිපුණ ගතිය,
Bloating, n. ඉදිමුම, උණ්ඩුව, පිපීම.
Block, n. දණ්ඩ; chopping block දංගෙඩිය; mass ලොකු කැබෙල්ලක්; obstruction අවහිරය; lot of houses ගෙවල් කැටිය; pulley කප්පිය.
Block, Block up, v. අහුරනවා, වසා දමනවා, අවහිර කරනවා.
Blockade, v. (යුද්ධ සමුද්‍රවක් විසින්) වටලෑමෙන් යාම් ඊම වලක්වනවා.
Blockade, n. වටලෑම, අවරෝධය.
Blockhead, n. මොට්ටයා, මෝඩයා
Block-house, n. යෝධ සටයන්ට දැව වලින් තැනූ ගෙයක්, බලඇණියකට තැනූ ගෙයක්.
Blockish, a. මෝඩ, අසම්රී.
Block-like, a. ලී කොටයක් වැනි; fig. මෝඩ.
Blonde, n. ඉතා සුදුඅය, අතිශුභ්‍රයා, අතිශුභ්‍රාංගනාව.
Blood, n. ලේ, රුධිරය, රුහිරය, ලේ නෑකම, වංශය.
Blood, v. ලේ තවරනවා.
Blood-bought, a. ලේ නැමති මිලයෙන් ගන්නාලද.
Blood-coloured, a. ලේපාට ඇති, රක්තවර්ණ; blood-dyed ලෙයින් පෙඟුණ. [ළණය.
Blood-head, n. ලේවල උෂ්ණයේ තරම, රක්තෝ
Blood-horse, n. ශ්‍රේෂ්ඨ ජාතියේ අශ්වයෙක්, ආජා නේය අශ්වයා.
Blood-hound, n. (ලේ ඉව අල්ලන) බලු ජාතියක්.
Bloodily, ad. ලේ සහිතව, ක්‍රෑරලෙස.
Bloodless, a. ලේනැති, රක්තහීන, මෘත, මලානික or උනන්දු නැති.
Blood-relation, n. ලේ නෑයා.
Blood-relationship, n. ලේ නෑකම.
Bloodshed, Bloodshedding, n. ලේ වැගිරීම, ලේ ගැලීම, ලේ වැගිරවීම, රක්ත පාතනය.
Blood-shot, a. ලේ වැදීතිබෙන; blood-shot eye රක්තේක්ෂණය.
Blood-stained, a. ලේ පෙඟුණ; fig මිනීමරු.
Blood-sucker, n. ලේ උරා බොන සතෙක්; fig. ක්‍රෑර නැනැත්තා.
Blood-thirsty, a. මිනී මැරීමට ආශා ඇති.
Blood-vessel, n. ලේ නහරය, ලේනාළය, රුධිරනාඩිය.
Bloody, a. ලේ සහිත, ලේ ගෑවී තිබෙන; fig. මිනීමරු, ලේ පිපාසාවත, ඉතා ක්‍රෑර; v. ලේ තවරනවා.
Bloody-flux n. රක්තාතිසාරය.
Bloody-minded, a. මිනීමරු සිත් ඇති, ඉතා ක්‍රෑර.
Bloom, v. මල් අටගන්නවා, පුදිනවා; flourish සශ්‍රීක වෙනවා.
Bloom, n. මල්, පුෂ්ප, මල් පිපීම; fig. සශ්‍රීක කාලය.
Blooming, a. මල් අටගත්ත &c.; සශ්‍රීක, සමෘද්ධ.
Bloomy, n. මල් සහිත, මල්වලින් ගැවසුණු. [නවා
Blossom, v. මල් අටගන්නවා, මල් පිපෙනවා, පුදි
Blossom, n. මල, මල්, පුෂ්පය, පුෂ්ප.
Blossoming, a. or n. මල් අටගත්ත &c.; මල් අටගැනීම &c. [කැලල.
Blot, n. spot ලපය, බින්දුව; stain, blemish පැල්ලම,
Blot, v. තීන්ත ආදි යමක් යමකට ඉහිනවා; besmear තවරනවා; blemish කැලැල්කරනවා; efface මකනවා, මකා දමනවා, ලොප්කරනවා; cross out කටුගානවා, කටුගා දමනවා.
Blotch, n. හමේ බිබිල, විසපිය.
Blotchy, a. බිබිලි—පුල්ලි—ලප—විසපි—ඇත්තාවූ.
Blotted, a. තීන්ත පැල්ලම් ඇති, කැලැල් ඇති.
Blotting, n. තීන්ත පැල්ලම් ඉසීම &c.; blotting-paper තීන්ත පොවන කඩදාසිය.

Blow, n. ගැසීම, ගැසීම, පහර, ප්‍රහාරය; පිඹීම.

Blow, v. with mouth or instrument පිඹිනවා; the wind blows හුළං ගහනවා *or* හමනවා; blow over, fig. පහවෙනවා; pant හති දමනවා; of flowers පිපෙනවා; of flies, deposit eggs, ඉහඳ දමනවා; blow up හුළං දුරවනවා, ශිඝ්‍රපිඹිනවා; with gunpowder &c. පුපුරවනවා. [බටය.

Blowpipe, n. ලෝහ මැකීමට වාතය පිඹින නළය,

Blubber, n. තල්මස් ආදි මහා මත්‍ස්‍යයන්ගේ තෙල, මත්‍ස්‍ය තෙල.

Blubber, v. ශබ්ද නගා අඬනවා, කම්මුල් ඉදිමෙන තරමට අඬනවා.

Bludgeon, n. පහර දෙන පොල්ල, අග බරවූ පොල්ල, ලගුඩය, ගදාව.

Blue, a. නිල්, නීල; n. නිල, නිල්පාට, නීලවර්ණය.

Blue, v. නිල්පාට පොවනවා, නිල්කරනවා.

Blue-blood, n. වංශවත් රුධිරය, *i. e.*, ශ්‍රේෂ්ඨ වංශය *or* වංශවත් බව.

Blue-book, n. ආණ්ඩුවේ වාර්තා ආදි ලිපි ඇතුලත් පොත (නිල්පිටකොළ ඇතිහෙයින් මේ නම කියනු ලැබේ); (American) ආණ්ඩුවේ නිලතල පොත.

Blue-eyed, a. නිල් ඇස් ඇති, නීලාක්ෂි.

Blue-light, n. නිල් ගිනිහුළ, නිල් ගිනිදල්ල, නිලා විළිය, නීලාව.

Blue-pill, n. රසදිය ගුළිය.

Blue-vitriol, n. තුත්තං. [පරුෂ, රළු.

Bluff, a. මදක් රළු ලීලා ඇති, මදක් රෞද්‍ර, රූක්ෂ.

Bluff, n. (මෙරළේ) උස් පර්වතයක්; v. බයගන්වනවා.

Blunder, v. නොසැලකිල්ලෙන්—නිවටකමින්—වරද්දනවා, වරද්දගන්නවා.

Blunder, n. වැරැද්ද, අනුවණකම, ප්‍රමාද දෝෂය, ස්ඛලනය, භ්‍රමය.

Blunderbuss, n. කොට තුවක්කුවක්.

Blundering, a. නිතරම වරදින, වරද්දගන්නසුලු, අදක්ෂ, ස්ඛලිත.

Blunt, n. මොට්ට, මොට, මුවාත නැත්තාවූ; in manners මදක් රළුවූ, ගරුනොකර–බය හැකනැතුව–කථාකරන්නාවූ. [කරනවා.

Blunt; v. මොට්ට කරනවා, බාලකරනවා, මන්දීභය

Bluntly, ad. මදක් රළු ලෙස, ගරුසරු නැතුව.

Bluntness, n. මොටකම, මද රළු ලීලාව, ගරුසරු නැතිකම.

Blur, n. අඳුරු පැල්ලම, lit. & fig. කැලල; v. කිලුටු කරනවා, කැලැල්කරනවා.

Blurt, v. නොසැලකිල්ලෙන් - හදිසියෙන් - ඉක්මන් කමින්-අවිචාරයෙන් - වචන පිටකරනවා *or* යමක් කියනවා.

Blush, v. become ashamed ලජ්ජා වෙනවා, ලජ්ජා වෙන් මුහුණ දෙලෙහෙනවා, මුහුණ රතුවෙනවා.

Blush, n. මුහුණේ දෙලෙහීම, මද රක්තවර්ණය; at the first blush ප්‍රථම පෙනීමේදී, පෙනුණ ක්ෂණයේම.

Bluster, v. (සැර හුළඟ මෙන්) ඝෝෂා කරනවා; ඝෝෂා ඇතුව-ලොකුවට-කථාකරනවා; ගර්ජනා කරනවා, කෝලාහල වශයෙන් යමක් කරනවා.

Bluster, n. හුළං ශබ්දය, ඝෝෂාව, ගර්ජනාව, පුම්බම.

Blusterer, n. පුම්බම් දොඩවන්නා, පාරට්ටුකරගන්නා.

Blustering, a. හුළං හමන්නාවූ, ඝෝෂාකරන, පුම්බම් දොඩවන.

Bo, exclam. ළමයින් භයගන්වන ශබ්දයක්.

Boa, Boa-constrictor, n. පිඹුරා; boa (ඌරුව සමාන) ලොම් ඇඳුමක්.

Boar, n. (කප්පාදු නොකළ) ඌරා.

Board, n. ලෑල්ල, පෝරුව, මේසය; (මේසයේ තබන) කෑම බීම, නැව්—ඔරු—තට්ටුව *or* නැවේ ඇතුළත;
go on board නැවට-ඔරුවට-නගිනවා *or* යනවා,
නැව් නගිනවා [නවා;
be on board නැවේ—ඔරුවේ—ඉන්නවා *or* තිබෙ
fall overboard නැවෙන් &c. ඉවතට වැටෙනවා.
මණ්ඩලය, සභාව: B. of Improvement නගර වර්ධන මණ්ඩලය, B. of Ministers අමාත්‍ය මණ්ඩලය, B. of Health සෞඛ්‍ය සභාව, Local Board ප්‍රදේශ සභාව, Sanitary B. සනීපාරක්ෂක සභාව.

Board, v. board over ලෑලි ගහනවා *or* දමනවා, ලෑලි වලින් වසනවා; board a ship නැවට චඩිනවා *or* නැව අල්ලාගන්නවා; of food දළප්පතා කෑම් බීම් සපයාදෙනවා *or* ලබනවා.

Boarder, n. (වියදම දී) කෑම බීම ලබන්නා; බලාත්කාරයෙන් නැවකට චඩින්නා.

Boarding, n. ලෑලිගැසීම &c. see verb; ලෑල් තට්ටුව, කෑම බීම. [ගෙදර.

Boarding-house, n. (මිලේට) කෑම් බීම් සපයාදෙන

Boarding-school, n. (කෑම &c. දෙන) නේවාසික පාඨශාලාව *or* ඉස්කෝලය.

Boarish, a. fig. ඌරු ආකාර, චණ්ඩ, අසභ්‍ය, ග්‍රාම්‍ය.

Boast, v. පාරට්ටුකරනවා, ලොකුවට කථාකරනවා, පුම්බම් දොඩනවා, ගරුකම් කථාකරනවා, ආත්ම වර්ණනාකරගන්නවා.

Boast, n. පාරට්ටුව &c.

Boaster, n. පාරට්ටු කරන්නා, පුම්බම් දොඩන්නා, ආත්ම වර්ණනාකරගන්නා. [කථාකරන.

Boastful, a. පාරට්ටුකරන, පාරට්ටුකාර, ගරුකම්

Boastfully, ad. පාරට්ටුලෙස, ගර්විතලෙස.

Boastfulness, n. පාරට්ටු සහිත බව.

Boasting, n. පාරට්ටුකිරීම &c., see verb.

Boat, n. canoe ඔරුව; wide boat පාරුව, පඩිච්චි, දෝණිය; double canoe or canoe raft අතුළ; ship නැව.

Boat-builder, n. ඔරු පාරු &c. තනන්නා.

Boat-building, n. ඔරු පාරු ආදිය තැනීමේ ශිල්පය.

Boat-hook, n. ඔරුව — පාරුව—තල්ලුකරන රිට, පාරු කොක්ක.

Boating, n. ඔරු &c. යාත්‍රාකිරීම *or* පැදීම.

Boatman, n. ඔරුකාරයා, පාරුකාරයා.

Boatswain, n. නැවේ රුවල් යනාදිය බලාගන්න සුළු මුලාදෑනියෙක්.

Bob, v. up and down—about—ඉහළ පහළ—එහාට මෙහාට—පනිනවා *or* වෙනවා *or* කරනවා.

Bob, n. ඉහළ පහළ පැනීම, (ඔළුව) වැනීම, ඉහළ පහළ පනින දෙය.

Bobbin, n. බීරළුව.

Bobtail, n. කොට වල්ගය; vul. නීච-පහත්-උදවිය.

Bode, v. (දිවසින් මෙන්) කල් ඇතුව කියනවා, නිමිති කියනවා; (මෙසේ වේය කියා කාරණාවලින්) තේරුම් යනවා, හැඟෙනවා. See Forebode.

Bodice, n. චෝලිය, චේලිකාව. [නාවූ.

Bodiless, a. අශරීර, අරූපි, අනඞ්ග, ශරීරයක් නැත්

Bodily, a. ශාරීරික, දේහ, දේහවත්; ශරීරයට–ඇඟට–අයිතිවූ *or* අඞ්ගවූ, ශරීරය සහිතවූ, මූර්තිමත්, දෛහික.

Bodily ad. ශරීරයක් ඇතුව, ශරීරයෙන් යුක්තව, ශරීරාකාරයෙන්, ශරීරයපිටින්; entirely සම්පූර්ණයෙන්ම, එකෙණෙපිටින්ම.

Bodkin, n (නූල්, කොඳින් යනාදිය) අදින කටුව.
Body, n. ශරීරය, දේහය, කය; corpse කලේවරය; the trunk කද, a person, somebody තැනැත්තෙක්, යමෙක්; material ද්‍රව්‍යය, වස්තුව; the body –whole element–of water ජලස්කන්ධය, දියකද; body of instructions or laws, body of divinity ධර්මස්කන්ධය; society සභාව, සමාගම; body of (the army &c.) වැස්පංගුව.
Bodies politic and corporate නීත්‍යනුකූලව සංඝටිත ගණයන් හා ශ්‍රේණීන්.
Body, v see Embody.
Body-guard, n. (රජු රකින) රාජ සේවා හමුදාව, ආසන්න පරිවාරක. [කරත්තා.
Body-snatcher, n. (මිනීවළෙන්) මළකඳන් හොරකම්
Bog, n, මඩවගුර, ගොහොරුව.
Boggle, v. (මඟුරක එරුණු තැනැත්තකු මෙන්) අවුලට–සැකයට–පැමිණෙනවා.
Boggy, a. වගුරු, වගුර–මඩ–ඇත්තාවූ.
Bogie, n. දුම්රිය මැස්ස.
Boil, n ගඩුව, ගඩගෙඩිය, විසපිය.
Boil, v. (of a liquid) dance, overflow, නටනවා, උතුරනවා, උතුරුවනවා;
heat උණුකරනවා; seethe තම්බනවා;
become sodden with water or heat තැම්බෙනවා;
effervesce පෙණ දමනවා; of the blood, fig. ලේ කුපිතවෙනවා–උතුරනවා.
Boiler, n. තාලිය, කටාරම, බොයිලේරුව.
Boiling, a. උතුරන, උතුරන තරම් උණුහුම්වූ; n. නැටීම &c. [කුපිය.
Boiling-spring, n. උණුහුම් දිය උල්පත, උෂ්ණ ජල
Boisterous, a. ඝෝෂාකාර, කෝලාහල.
Boisterously, ad. ඝෝෂා ඇතුව, කෝලාහල ලෙස.
Boisterousness, n. ඝෝෂාකාරකම, කෝලාහල සහිත බව
Bold, a. භය නැත්තාවූ, නිර්භීත, බුහුටි, සැක භය නැති; impudent චම්බු, ගරුසරු නැත්තාවූ; in appearance පැහැදිලි, ප්‍රත්‍යක්ෂ (සිතියමේ රූප); steep ප්‍රපාත.
Boldly, ad, නිර්භීත ලෙස, සැක භය නැතුව, බුහුටි ලෙස, ගරුසරු නැතුව.
Boldness, n. භයනැතිකම, නිර්භීතකම &c., see a., ගරුසරු නැතිකම, ලජ්ජා නැතිකම.
Bole, n. ගහේ කඳ; සිහින් මැටි වර්ගයක්
Boll, n. කරල, බීජකෝෂය; බුහල් හරේ මිම්මක්.
Bolster, n. දිග කොට්ටය, බෝල කොට්ටය.
Bolster, Bolster up, v. කොට්ටයක්දමා උස්කරනවා, උස්සනවා, රුකුල් දෙනවා.
Bolt, n. අගුළ, අගිලිය; of a lock දිවත; pin ඇණය; arrow ඊගහ; dart තෝමරය; thunderbolt අකුණ, හෙණය.
Bolt, v අගුළු දමනවා, අගුල් ලනවා; sift (පෙනේරය කින් පිටි &c.) හලනවා; bolt food කෑම නොවිකා ගිලිනවා; flee පලායනවා, හැංගීයනවා.
Bolter, n. පිටි හලන යන්ත්‍රයක් Bolus, n ගුළිකාව, බෙහෙත් ගුළියක්.
Bomb, Bombshell, n. ගිනිඋණ්ඩය, පුපුරන වෙඩිල්ල, වෙඩිලබෝම්බය.
Bombard, v. (a town &c. නුවරකට) කාලතුවක්කු වෙඩි තියනවා. [යක්.
Bombardier, n. කාලතුවක්කුකාරයා; කුරුමිනි වර්ග
Bombardment, n. (යමකට) කාලතුවක්කුවෙඩිතිබීම.

Bombast, n පුම්බම්දෙඩීම, පුම්බම, අහංකාර කථාව.
Bombastic, a. පුම්බම් කියන, ලොකුවට කථාකරන, අහංකාර. [ඕදෙන.
Bomb-proof, a. කාලතුවක්කු උණ්ඩ වැදීමෙන් නො
Bona-fide, a. L. අව්‍යාජ, විශ්වාස, සත්‍ය.
Bonbon, n. Fr සීනිකැවිලි.
Bond, n. බැම්ම, බැඳුම, බන්ධනය; සම්බන්ධය, පොරොන්දු පත්‍රය, ප්‍රතිඥා පත්‍රය, ඔප්පුව.
Bond, a. දාස, වාල්.
Bondage, n. දාසකම, වහල්කම, වාල්කම. [ගැතිම.
Bonding, n. (තීරුව නොගෙවූ) බඩු රේගුවේ තබා
Bondmaid, n. දාසි, වාලී. Bondman, n. දාසයා, වාලා.
Bondservice, n. දාස කර්මය, දාස සේවය, දාසකම, දාසත්වය, වාල්කම.
Bondsman, අන් කෙනකුගේ ණය ගෙවීමට බැඳෙන්නා, ඇපකාරයා. [අත්පී.
Bone, n. ඇටය, කටුව, අස්ථිය; a. ඇටයකින් තැනූ.
Boned, a. large-boned &c. ඇට (කටු) ලොකුවූ *or* ලොකු ඇට ඇත්තාවූ &c.
Bone-dust, Bone-manure, n. ඇටකුඩු, ඇටකුඩුපොහොර.
Boneless, a. ඇට නැති, කටු නැති, අස්ථි රහිත.
Bone-mill, n ඇට කුඩුකරන යන්ත්‍රය, ඇට මෝල.
Bone-setter, n. කැඩුණ–උලුක්කුවුණ–ඇට හරිගස්සන්නා, හඳිවෙද. [ශිත්න.
Bonfire, n. සන්තෝෂයට පත්තුකරන ගින්න, ජය
Bonmot, n. Fr. සරදම් කියමන.
Bonnet, n. ස්ත්‍රීන්ගේ තොප්පිය.
Bonny, a. සුන්දර, රූපවත්, රූපසම්පන්න, රුවත්.
Bonus, n. මැසිපුර දීමනාවක්, භාග්‍යයෙන් අධික කොටසක්.
Bony, a. ඇට ඇත්තාවූ, ඇට මැසිවූ, බොහෝ ඇට ඇත්තාවූ, අස්ථිමත්; lean කෙට්ටු.
Booby, n. ලාමකයා, ළපටියා, මෝඩයා; a. මන්දබුද්ධි.
Book, n, පොත, ග්‍රන්ථය; (මුළු පොතෙන්) කාණ්ඩයක් *or* කොටසක්සයක්.
Book, v. පොතේ සටහන් කරනවා, ලියා තබනවා, ලියාපදිංචිකරනවා.
Book-binder, n. (පිටකොළ දමා) පොත් බඳින්නා, පොත් මහන්නා.
Bookbinding, n. පොත් බඳින ශිල්පය, පොත්බැඳීම.
Bookcase, n. පොත් අල්මාරිය, ග්‍රන්ථකුටිය.
Booking-office, n. (මගීන්ගේ) නම් &c. ලියා තබන කන්තෝරුව, සිට්ටු දෙන ශාලාව, පත්‍රාගාරය.
Bookish, a. පොත් බැලීමෙහි නියුක්ත.
Book-keeper n. ගණන් ලියන්නා, ගණන් තබන්නා.
Book-keeping, n. ගණන් තැබීම, ගණන් තැබීමේ ශිල්පය.
Book-knowledge, n. පොත් කියවීමෙන්ම ලබාගත් දැනගැම්ම.
Bookseller, n. පොත් වෙළෙන්දා.
Bookstall, Bookstand, n. පොත් වෙළඳම් පොළ, පොත් මේසය.
Bookworm, n. lit. පොත්පණුවා; fig. පොත් බැලීමෙම යෙදී සිටින්නා, නිතරම පොත් බලන්නා, පොත් බැලීමෙම නියුක්ත අය.
Boom, n. ඇළකරන කුඹයක්: (බාධාවක් ලෙස දමන) හරස් දණ්ඩ *or* දම්වැල; කාලතුවක්කුවල ශබ්දය, (බුම් යන ශබ්දයට සමානවූ) මුහුදුඝෝෂාව, තම්බෝරු ශබ්දය &c.
Boom, v. වේගයෙන් යනවා; (බුම්) ශබ්ද නගනවා, ඝෝෂාකරනවා, ගිගිරුම් දෙනවා.

Boomerang, n. පුරාණ අසෙත්‍රලියාවරුන්ගේ යුද්ධා
Boon, වරය, ප්‍රසාදය; වරප්‍රසාදය, යුධයක්.]
Boor, n. fig. හැදීමක් නැති තැනැත්තා, අශිෂ්ටයා, නූගතා; orig. ගොවියා, පිටිසරයා.
Boorish, a. අශිෂ්ට, අවිනීත.
Boorishness, n. අශිෂ්ට බව.
Boose, v. vul. මත්පැන් බීබී ඉන්නවා.
Boot, n. සපත්තුව, පාදුකාව.
Boot, v. (යමකුට) සපත්තු &c. දමනවා *or* ලනවා.
Boot, v. වාසිවෙනවා; receive something to boot වාසියක් කොට යමක් ලබනවා.
Booth, n. පැල, මඩුව, උණ්ඩලාව. [රුව.
Boot-jack, n. සපත්තු ගලවන පෝරුව, වහන් පෝ
Bootless, a. නිෂ්ඵල, නිෂ්ප්‍රයෝජන, ලාභනැති, අවාසි.
Bootlessness, n. නිෂ්ඵල බව; වාසි නැති බව.
Booty, n. කොල්ලය, ලුණ්ඨනය, ලෝප්‍රය; (කොල්ල කන්ට—ලබාගන්ට—තිබෙන *or* කොල්ලකාගත්) බඩු, ලාභය.
Borax, n. යවක්ෂාර වර්ගයක්, ද්‍රාවකර.
Border, n. brim ගැට්ය; rim වාට්ය; edge අද්දර, අයින, ප්‍රාන්තය; fancy edge දූරය; of river ඉවුර; boundary මායිම, සීමාව.
Border, v. t. වාට්යක් සාදනවා, දූරයක් අල්ලනවා.
Border upon; v. i., be adjacent යාබ තිබෙනවා; fig. ලංවෙනවා, ලංව තිබෙනවා.
Borderer, n. රටේ මායිම ළඟ වාසයකරන්නා, මායිමෙ වැසියා.
Bore, v. විදිනවා, සිදුරු කරනවා; cut or dig into හාර නවා, කණිනවා; to weary or annoy හිරිහැර කර
Bore, n. විදපු සිදුර *or* හිල; හිරිහැරකාරයා. නවා.]
Boreal, a. උතුරු, උත්තර, උතුරු භූමි.
Boreas, n. උතුරු හුළඟ.
Borer, n. විදින්නා, විදින ආයුධය, විදින පණුවා.
Boring-machine, n. විදින යන්ත්‍රය.
Born, be, v. උපදිනවා, ජනිතවෙනවා; issue or come forth ප්‍රභූතවෙනවා.
Borne, pp. of Bear, which see.
Borough, n. (එංගලන්තයේ) පාර්ලිමේන්තුවට මන්ත්‍රී කෙනකු තෝරා පත්කරන ප්‍රදේශය. See Constituency.
Borrow, v. ණය ගන්නවා, ණයටගන්නවා, විකටවේලා වකට ඉල්ලාගන්නවා; අනුන්ගෙන් ගන්නවා, *i. e.*, අනුන්ගේ කීම්, වශන්ති, කල්පනා යනාදිය තමන් ගේ ප්‍රයෝජනයට ගන්නවා.
Borrower, n. ණය ගන්නා &c.
Bos, n. ගව මහිෂාදි ජාති, ගෝජාති.
Boscage, n. ලැහැබ, කැලෑව.
Bosky, a. ලැහැබෙන්—කැලෑවෙන්—ගහනවූ.
Bosom, n. ළැපැත්ත, වක්ෂඃස්ථලය, තුරුල්ල, ඇතුළාන්තරය; fig. හිත, හෘදය, ඇතුළ් කෝෂ්ඨාගාරය.
Bosom-friend, n. හිතෛෂී මිත්‍රයා, අබියාච්චා.
Boss, n. මොට්ටු හැඩය ඇතිදේ *or* ආභරණය.
Botanic, Botanical, a. උද්භිද ශාස්ත්‍රය සම්බන්ධ; botanic garden, උද්භිදෝද්‍යානය.
Botanically, ad. උද්භිද ශාස්ත්‍රය ලෙස.
Botanist, n. උද්භිද ශාස්ත්‍රඥයා.
Botanize, v. (උද්භිද ශාස්ත්‍රය පිණිස) පැළ තෘණාදිය සොයනවා.
Botany, n. උද්භිද ශාස්ත්‍රය.
Botch, n. a swelling ඉදිමුම, තම්බිස්සිය; ulcer වණය; bad patch නරක අණ්ඩය.
Botch, v. අදක්ෂලෙස අණ්ඩදමනවා, අදක්ෂලෙස හරිගස්සනවා.
Botcher, n. පරණ ඇඳුම් හරිගස්සන්නා, අදක්ෂ කර්මාන්තකාරයා.
Botchy, a. ඉදිමුම් පැල්ලම් ආදියෙන් ගහනවූ.
Both, a. උභය, දෙ–, ද්වි–.
Both, pr. of persons දෙන්නාම, දෙන්නම, දෙදෙනම, දෙගොල්ලම; of things දෙකම; of kinds දෙවර්ගේම.
Both, conj. සහ—ත් *or* ත්—ත් merely, or add the numeral pronoun, as මමත් ඔහුත් දෙන්නම &c. He can both read and write ඔහුට කියවන්ටත් පුළුවනි ලියන්ටත් පුළුවනි.
Bother, n. කරදරය, කරදරය, ඇවිට්ය, බාධාව.
Bother, v. කරදරකරනවා, කරදරකරනවා.
Both-sides, n. දෙපැත්තම, දෙපසම, උභයාංශයම.
Bothy, n Scot. කුටිය, කිළිය. ආලම.]
Bottle, n. බෝතලය; a bottle of water වතුර (දිය, දියර) බෝතලයක්; vessel භාජනය.
Bottle, v. බෝතලේ—භාජනයේ *or* බෝතලවල &c. දමනවා.
Bottle-companion or friend, n. බේබදුකම නිසා මිත්‍රකම පවත්වන්නා, එකට බොන තැනැත්තා.
Bottled, a. බෝතලවල දමනලද.
Bo-tree, n. බෝගහ, බෝධි වෘක්ෂය.
Bottom, n. lowest part අඩිය; of a river &c., or inner bottom of anything, පල්ල; underpart, sole, පතුල; foundation අත්තාලම, අත්තිවාරම.
Bottom, v. අඩිය දමනවා, අඩියට බසිනවා; fig. මුල් කාරණාව දැනගන්නවා.
Bottom-heat, n. (පෝරවලින් &c. අටගන්න) බිමේ යට—අභ්‍යන්තර—උෂ්ණය.
Boudoir, n. Fr. කුඩා ඇතුළ් ගෙය *or* කාමරය.
Bough, n. අත්ත, ශාඛාව.
Bought, v. pret. of Buy මිලේට ගත්තා.
Bouillon, n. Fr. සොද්ද; pl. සොදි.
Boulder, Bowlder, n. (ගෙවී යාමෙන්) වටකුරුවූ ගලක්; ගෝල ගල, මුල් තැනින් වෙන්වූ පර්වතයක්.
Bounce, v. leap, rebound, පනිනවා, ආපසු–පස්සට–පනිනවා.
Bounce, n. ආපසු පැනීම; thump පහර; boast පුරසම.
Bouncing, a. ආපසු පනින; stout (colloq.) බලගතු, සැරවැර. [පැනුම.
Bound, n. ඉම් &c., see Boundary; spring, leap,
Bound, pp. of Bind බැඳ, බැඳී; bound for a place ස්ථානයකට යන්ට නියමව සිටිනවා; weather-bound හුළඟ *or* කුණාටු නිසා &c. යන්ට බැරිවූ; ice-bound මිදිච්ච දියට හිරවූ.
Bound, a. බැඳී, බඳව, බැඳුණු.
Bound, v. t. fix boundaries සීමා නියම්කරනවා *or* පිහිටුවනවා, මායිම් තබනවා, ප්‍රමාණකරනවා.
Boundary, n. ඉම, මායිම, සීමාව, කඩඉම, මර්යාදාව.
Bounded, be, v. මායිම් වෙනවා; S. a. මායිම් &c. ඇත්තාවූ.
Bounden, a. බැඳී සිටින, නියමවූ (යුතුකම).
Boundless, a. ඉමක්–කෙළවරක්–කෙළවර–නිමක්–නැත්තාවූ, අප්‍රමාණ, අනන්ත.
Boundlessly, ඉමක් නැතිලෙස &c., අප්‍රමාණලෙස &c.
Boundlessness, n. ඉමක් &c. නැතිකම, අප්‍රමාණකම.
Bounteous, a. උදාර, ත්‍යාගශීලී. See Bountiful.
Bountiful, a. තෑගිවනන, ගුණවත්, උදාර, ත්‍යාගශීලී.

Bountifulness, n. තිලෝභිකම, නොමසුරුකම, ත්‍යාගිතාව

Bounty, n. තෑගිවන්තකම, ගුණවන්තකම, ත්‍යාගය, තෑග්ග, දීමනාව, දානය.

Bouquet, n. Fr. මල්මිටිය, මල්පොකුර, පුෂ්පගුච්ඡය, කුසුමස්තබකය.

Bout, n. (යමක් කරන) වාරයක් *or* උත්සාහයක්.

Bovine, a. ගව මහිෂාදි ජාතියකට අයිතිවූ, ගව, ගෙරි.

Bow, v. bend. නමනවා, නැමෙනවා, අවනතවෙනවා; fig. යටත්කරනවා, යටත්වෙනවා; bow to, worship වඳිනවා, නමස්කාර කරනවා, නමදිනවා; bow down, pay homage, බැහැදකිනවා, වැඳවැටෙනවා; bow the knees දන නමනවා, දනගසනවා; salute ආචාරකරනවා.

Bow, n. වැඳීම, ආචාරය; of a ship ඇණිය.

Bow (බෝ), n. දුන්න, චාපය, ධනුව, අඞ්කවය; loop පුඩුව. [භවනය වී.

Bowed, pp. නැමී, නැබුරුවී; subdued යටත්වී, අභි

Bowed, (බෝඩ්) pp. නැමී, වකුටුවී, a. අවනත.

Bowel, n. බඩවැල, අතුණ, අන්ත්‍රය.

Bowels, n. pl. බඩවැල්, අතුණු; of the earth පොළෝ ගැබ; fig. obs. අනුකම්පාව.

Bower, n. පත්දලම, නිකුඤ්ජය. [ණය.

Bowing, n. නැමීම &c. see verb; at the feet, පාදග්‍රහ

Bowie-knife, n. දික් පිහියක්. [ණම.

Bowl, (බෝල්) n. පාත්‍රය, යම්දෙයක කුහරය, ලී පන්

Bowl, v. ලී පන්දු කෙළිනවා, පන්දු වීසිකරනවා; bowl along (රථයක් &c.) පහසුවෙන් දුවවනවා.

Bow-leg, n. වකුටු-බකල-කකුල.

Bow-legged, a. බකල.

Bowler, n. පන්දුව වීසිකරන්නා.

Bowman, n. දුනුවායා; ඇණියේ ඉඳ පදින්නා.

Bowshot, n. ඊගහ යන දුර.

Bowsprit, n. ඇණිකුඹය. See Boom. [ජ්‍යාව.

Bowstring, n. දුනුදිය, දුන්නේ ලනුව, ධනුර්ගුණය,

Bow-window, n. බොකු කවුළුව.

Box, n. පෙට්ටිය, මඤ්ජුෂාව; small box or casket හෙප්පුව; chunam box කිල්ලෝටය; a blow අතුල් පහරක්; a plant ගස් ජාතියක්.

Box, v. අල්ලෙන් *or* මිටින් ගහනවා, අල්ලෙන් පහරක් දෙනවා, මිටින් ගහගන්නවා; පෙට්ටියක දමනවා; box off කුඩා කාමරකොට බෙදනවා.

Box-drain, n. චතුරස්‍ර කානුව.

Boxer, n. මිටින් ගහගන්නා.

Boxing, n. ගහගැනීම, බාහුප්‍රහරණය, මුෂ්ටිප්‍රහරණය.

Boy, n. ... පිරිමි ළමයා, පිරිමි දරුවා; child ළමයා; lad කොල්ලා, ගැටයා.

Boyhood, n. ළමාභාවය, බාලකාලය, බාල්‍යය.

Boyish, a. පිරිමි ළමයකු වැනි, ළාමක.

Brace, n. බැඳුම, පටිය, රුවල් කඹය, කලිසම්පටිය; (වචන බඳින) සඟළ රේඛාව (as (, [, {,) ; වඩු ආවුද යක්, තොරපනය; a pair කුට්ටම, ජෝඩුව, යුවළ, ඇඳුත්ත.

Brace, v. පටිදමා බඳිනවා, තදකරනවා, සවිකරනවා.

Bracelet, වළල්ල, වළය, හස්තාභරණය, පාරිහාර්යය, කටකය.

Brachylogy, n. සංක්ෂේපවිධිය, සංක්ෂේපණය.

Bracing, a. සවිකරන, ශක්තිදායක.

Bracket, n. කුරුපාව, කුඩා රාක්කය, සඟළ රේඛාව.

Bracket, v. සඟළ රේඛාවලට මැදිකරනවා.

Brackish, a. ලුණුරස ඇත්තාවූ (ජලය).

Brakishness, n. ලුණුරස.

Brad, n. ඇණ ජාතියක්.

Brag, v. පුම්බම් දොඩනවා, පාරට්ටුකරගන්නවා, ලොකුවට කථාකරනවා.

Brag, Bragging, n. පුම්බම, පාරට්ටුව, පුම්බම් කීම.

Braggadocio, n. පුම්බම්කාරයා, හිස් පුම්බම.

Braggart, n. පුම්බම්කාරයා, පාරට්ටුකාරයා, වාචාලයා, පිණ්ඩිශූරයා.

Brahma, n. බ්‍රහ්මයා, මහාබ්‍රහ්මයා.

Brahman, n. බ්‍රාහ්මණයා, බමුණා.

Brahmanical, a. බ්‍රාහ්මණ, බ්‍රහ්මාගම සම්බන්ධ.

Brahmanism, n. බ්‍රහ්මාගම.

Braid, n. ගෙතුම් ජාතියක්, ගෙතුම් පටිය.

Braid, v. පටි අල්ලනවා, ගෙතුම් දමනවා *or* මගනවා, ගෙතුම්වලින් සරසනවා.

Brain, n. ඉස්මොළය, මස්තිෂ්කය, මස්තිය; sense සිහිය, සිහිනුවණ.

Brain, v. මොළේ ගසා දමනවා.

Brain-fever, n. මොළේ උණ, මොළේ දැවිල්ල.

Brainless, a. මොළේනැති; fig. සිහිනුවණ නැති: මූඪ, මෝඩ, අනුවණ.

Brake, n. (යමක්) පොඩිකරන යන්ත්‍රය; අශ්වයන් පුරුදුකරන *or* දමනයකරන ගැල; (රෝදයටඅල්ලා) කරත්තය නවත්වන යන්ත්‍රය *or* පොල්ල *or* බල්ලා.

Brake, n. මීවන, මීවන ඇතිතැන; අකුල.

Bramble, n. කටු පඳුරු ජාතියක්, රට කටුඇඹිල්ල.

Braminic, a. See Brahmanical.

Bran. ධාන්‍ය පොතු, දහයියා, දහඩියා.

Branch, n. අත්ත, ශාඛාව; twig, රිකිල්ල; fig, අත සම්බන්ධ කොට්ඨාසය, ශාඛාව, උපාඞ්ගය.

Branch, a. අතු, උපාඞ්ග: as–උපාඞ්ගසූත්‍ර minor rules.

Branch, v. අතු විහිදෙනවා, කොටස්වලට බෙදෙනවා.

Branching, a. අතු අටගන්න, අතු විහිදෙන.

Branchless, a. අතු නැති, ශාඛා රහිත.

Branchlet, n. කුඩා අත්ත, රිකිල්ල.

Brand, n. fire stick දර පෙනෙල්ල, ගිනි පෙනෙල්ල; mark of hot iron හත්වඩුව, හත්වඩු ලකුණ, නිවරණය; scar, stigma කැළල.

Brand, v. හත–හත්වඩු–ගහනවා, හත්වඩු කරනවා, හත්නිවරණ කරනවා; fig. නුසුදුසු නමක් දමනවා, කැළැල්කරනවා.

Branded, a. හත්වඩු ලකුණක්–නිවරණ–ඇත්තාවූ; කැළැල්වූ, අපකීර්ති ලත්. [කොක්ක.

Branding-iron, n. හත්වඩු ගහන කොක්ක, අඟුරු

Brandish, v. (කඩු &c.) ලෙළවනවා, හරඹ කරනවා, සරඹකරනවා; (කඩු) කරකවනවා.

Brand-new, a. ඉතා අලුත්.

Brandy, n. බැරැන්ඩි, රටබීම ජාතියක්, මේර වර්ගයක්. මුද්‍රිකා මේරය.

Brangle, n. සඬංගුව; v. සඬංගු කරනවා.

Brangler, n. සඬංගුකාරයා.

Branny, a. පරච් සමාන, පරච් මුසු.

Brasier, Brazier, n. පිත්තල වැඩකරුවා, ලෝකුරුවා; ගිනිඅඟුරු භාජනය.

Brass, n. පිත්තල; fig. භය ලජ්ජා නැතිකම.

Brass-band, n. පිත්තල තූර්ය කණ්ඩායම.

Brassy, a. පිත්තල මිශ්‍රවූ, පිත්තලට සමානවූ; fig. ලජ්ජා නැති.

Brat, n. vul. ළමයා, පැටියා, පැන්චා. [කීම.

Bravado, n. පුම්බම, පාරට්ටුව, උඩඟු දෙඩීම, බිය

Brave, a. නිර්භය, නිර්භීත, ධෛර්යමත්, ශූර.
Brave, n. (අනුමණ) නිර්භීතයා; මිශකිමක්.
Brave, v. (අනතුරු විරුද්ධකම් යනාදියට) භය නොවී යමක් කරනවා.
I brave all dangers කිසිම අනතුරක් නොසලකමි, *or* මොනම අනතුරකට නමුත් මුහුණ පාන්ට නිර්භීතව සිටිමි.
Bravely, ad. නිර්භීත ලෙස.
Bravery, n. නිර්භීතකම, ධෛර්යමත්කම, ශූරතාව.
Bravo, n. (බ්‍රේවෝ) භය නැති වණ්ඩියා.
Bravo, interj. (බ්‍රාවෝ) යසසි, සාධු.
Brawl, n. කෝලාහලය, සණ්ඩුව, සඬංගුව.
Brawl, v. කෝලාහලකරනවා, ඝෝෂා ඇතුව සණ්ඩු සරුවල් කරනවා, ඝෝෂාකරනවා.
Brawler, n. සඬංගුකාරයා, ඝෝෂාකරන්නා.
Brawling, n. කෝලාහල කිරීම &c.; a. සඬංගුකාර, ඝෝෂාකාර.
Brawn, n. ඌරුමස් කැටිය.
Brawny, a. මස් ගොබ සහිත, සවිබල ඇත්තාවූ (තැනැත්තෙක්).
Bray, v. (වංගෙඩියේ) කොටනවා; (කොටළුවාමෙන්) කෑගසනවා.
Braying, n. වංගෙඩියේ කෙටීම, කොටළුවාගේ කෑගැසීම, ඛරනාදය.
Brazen, a. පිත්තල; fig. මුරණ්ඩු, භය ලජ්ජා නැති, ගරු සරු නැති.
Brazen-faced, a. විළි බිය නැති, අලජ්ජී බැල්මක් ඇති.
Brazenness, n. ගරුසරු නැතිකම, අලජ්ජී පෙනුම.
Brazier, n. see Brasier.
Breach, n. broken place බිඳුම, කැඩුම; gap, කඩුල්ල, කපොල්ල; of law &c. කඩකිරීම, භංගය; difference භේදය; breach of promise පොරොන්දු කඩකිරීම, ප්‍රතිඥා භංගය; breach of trust, විශ්වාසය කඩකිරීම, විශ්වාස භංගය.
Breach, v. කඩුල්ලක් - කපොල්ලක් - සිදුරක් - කරනවා.
Bread, n. පාන්, රොටි, see Food; fig. ආහාරය, රැකී රක්ෂාව.
Breadfruit, n. රටදෙල්.
Breadth, n. පළල, විශාලත්වය.
Break, v. කඩනවා, කැඩෙනවා; (of brittle things) බිඳිනවා, බිඳෙනවා;
break down බිඳ හෙළනවා, බිඳ වැටෙනවා;
break away ගැලවී යනවා;
break out බිඳගෙන එනවා *or* යනවා, නික්මෙනවා, අටගන්නවා;
transgress, violate, කඩකරනවා, ප්‍රතිෂිද්ධ කරනවා;
the day breaks පහන් වෙනවා;
break off, stop නවත්වනවා, නවතිනවා;
break the force බලය, වේගය &c. බාලකරනවා;
break the news ප්‍රවෘත්තිය පළමුකොට දන්වනවා;
break ground බිම හාරනවා, fig. පටන්ගන්නවා;
break into a house ගේ බිඳිනවා, බිඳගෙන ඇතුල් වෙනවා, උමං කණිනවා;
break up (of health, a society &c.) නැතිවෙනවා, නටඹුන්වෙනවා; disperse විසිර යනවා.
break in, train දමනය කරනවා, පුරුදුකරනවා, හෙම්බවල්කරනවා.
Breakable, a. කැඩියහැකිවූ, බිඳියහැකිවූ.
Breakage, n. කැඩීම, බිඳීම, කැඩුම් බිඳුම්; ඊට ගෙවන මිල ගණන.
Breaker, n. කඩන්නා, කඩකරන්නා &c.; (යමක වැදී) බිඳෙන රළ පතර.
Breakfast, n. උදේ කෑම, හීල, හීල් බත, ප්‍රාතරාශය.
Breakfast, v. උදේ කෑම-හීල-කනවා *or* දෙනවා.
Breaking, n. කැඩීම &c., භංගය.
Breaking, a. කඩන &c., භංජක, භේදක.
Breakwater, n. රළ ගැසීම-මුහුදේ රළ-නවත්වන පවුර *or* බැම්ම, මුහුදු බැම්ම.
Breast, n. ළය, ළැපැත්ත, පපුව, වක්ෂය; that gives suck තනය, ස්තනය, පියයුරු, පයෝධරය; fig. හිත, සිත, හෘදය.
Breast-bone, n. පපු ඇටය.
Breast-high, a. ළයේ උසට ඇති, තනමිත්තක් උස්වූ.
Breast-plate, n. ළය වැස්ම, කවචය.
Breast-work, n. (තනමිත්තක් උස්වූ) පවුර, ප්‍රාකාරය.
Breath, n. හුස්ම, ශ්වාසය; life පණ; slight wind මඳ පවන.
Breathe, v. inhale හුස්ම ගන්නවා, exhale හුස්ම අරිනවා, (both) ආශ්වාස ප්‍රශ්වාස කරනවා; blow පිඹිනවා.
Breathing, n. හුස්ම ගැනීම &c.; මඳ පවන, ශ්වාසය. See Accent and Aspiration.
Breathing-time, n. හුස්මගන්න පමණ වේලාව; fig. නැවතීම, නිවාඩුව.
Breathless, a. හුස්ම නැත්තාවූ, නිශ්වාස, මෘත.
Breathlessness, n. හුස්ම නැතිකම.
Bred, pret. of Breed.
Breech, n. තට්ටම, නිතම්බය; (තුවක්කුවක &c.) පස්සා කොට්ඨාසය.
Breech, v. (ළමයකුට පළමුවෙනි වතාවට) කලිසම අන්දනවා; (අශ්වයකුට) තට්ටම් පටිය දමනවා.
Breeches, n. කලිසම, සරුවාලය.
Breeching, Breech-band, n. (අශ්ව) තට්ටම් පටිය; නැවේ කාලතුවක්කු යොත්.
Breed, v. lit. & fig. උපද්දනවා, අටගස්වනවා, බෝකරනවා; බෝවෙනවා, උපදිනවා, අටගන්නවා; rear ඇතිකරනවා.
Breed, n. (සත්තු) ජාතියක්, වර්ගයක්.
Breeder, n. (පැටව් &c.) උපද්දන ගෑනු සතා, (සතුන්) බෝකරවන්නා, ඇතිකරන්නා.
Breeding, n. ඉපැද්දීම, ඇතිකිරීම &c.; good breeding හොඳට ඇතිදැඩිවීම, ශිෂ්ටාචාරයකම්, සුශික්ෂිතය.
Breeze, n. මඳ පවන, හුළඟ, හුළං ගැසීම.
Breezy, a. පවන්ගසන, හුළං වදින.
Brethren, n. pl. සහෝදරයෝ, සොහොයුරෝ.
Breviary, n. සංහිතාව, ස්තෝත්‍ර සංග්‍රහය; R. C. පූජා පොත.
Brevity, n. ලුහුඬුකම, සංක්ෂේප බව සංක්ෂිප්තය.
Brew, v. බීම ජාති සාදනවා *or* බීම ජාති සෑදීමට ද්‍රව්‍ය උණුකරනවා *or* තම්බනවා; යව සුරා (බීර) සකාරනවා; fig. උපා යොදනවා.
Injury is brewing අනතුරු හටගැනගෙන එනවා.
Brew, n. සකාරන බීම, සාදපු යව සුරා.
Brewer, n. යව සුරා සාදන්නා.
Brewery, n. යව සුරා තනන තැන.
Brewing, n. බීම ජාති සෑදීම &c.; සකාරන බීම ප්‍රමාණය.
Briar, Brier, n. කටුගහක්, වල් සෙව්වන්දි ගස් ජාති, වල් රෝස වර්ගයක්.
Bribe, n. අත්ලස, අල්ලස, කැඹුරුම, උපායනය.
Bribe, v. අත්ලස්-අල්ලස්-දෙනවා.
Bribery, n. අල්ලස් දීම.
Brick, n. ගඩොල, ගැඩොල; ඒ හැඩය ඇති දේ.

Brick, v. ගඩොල්-ගල්-අල්ලනවා; brick up ගඩොල් වලින් අහුරනවා.
Brickbat, n. ගඩොල් කැබෙල්ලක්, ගල් කැල්ලක්.
Brick-kiln, n. ගඩොල් පෝරණුව
Bricklayer, n. පෙදරේරුවා.
Bricklaying, n. පෙදරේරු වැඩ.
Brickmaker, n. ගඩොල් තනන්නා.
Brickwork, n. ගඩොල් වැඩ.
Brickyard, n. ගඩොල් පට්ටලය.
Bridal, a. මනමාලි-සරණ මංගලය-සරණපාවා ගැනීම -පිළිබඳ. Bridal-cake, n. මගුල් කැවුම, මඩිගල පූපය].
Bride, n. මනමාලි, මනාලී.
Bridegroom, n. මනමාලයා, මනාලයා.
Bridemaid, Bride's-maid, n. මනාලියගේ මිතුරී, ජන්‍යා.
Bridewell, n. දඬුවම්, බන්ධනාගාරය.
Bridge, n. පාලම; of one plank or beam ඒදණ්ඩ, පාලම් හැඩය ඇති දේ; see Drawbridge; bridge of the nose or nose bone නාස්පොල්ල, නැහැ දණ්ඩ.
Bridge, v. bridge the river ගඟෙන් එගොඩ මෙත්ට-ගත උඩින් පාලමක්-ඒදණ්ඩක්-දමනවා; bridge a difficulty අමාරුවකින් මිදෙනවා *or* මිදෙන්ට-එතර වෙන්ට හැකියක්-මාර්ගයක්-සොයාගන්නවා.
Bridle, n. කටකලියාම, කඩියාලම; fig. නවත්වන දේ.
Bridle, v. කටකලියාම දමනවා; fig. නවත්වනවා. මැඩපවත්වනවා. [පාර.
Bridle-path, Bridle-way, අශ්වයන් පිටින් යාමට සෑදූ
Brief, a. ලුහුඬු, කොට, සංක්ෂේප.
Brief, n. epitome සංග්‍රහය, ලුහුඬු සංග්‍රහය; lawyer's brief නඩු සංග්‍රහය; summons සිතාසිය.
Briefless, a. නඩුවක් නොලැබෙන-වැඩක් නොලැබෙන (නීතිඥයා).
Briefly, ad. ලුහුඬින්, කොටින්, සංක්ෂේපයෙන්, සංක්ෂේපලෙස, සැකෙවින්.
Briefness, n. see Brevity.
Brig, n. නැව් ජාතියක්.
Brigade, n. යුද්ධසේනාවෙන් කොටසක්, හේවා හමුදාවක්; වාහිනිය. ගුල්මය.
Brigade, v. යුද්ධසේනාව කොටස්වලට බෙදනවා.
Brigadier, Brigadier-general, n. හේවා හමුදාවක අධිපතියා, සේනාධිපතියා.
Brigand, n. මංකොල්ලකාරයා, පල්හොරා.
Brigandage, n. මංකොල්ලකාරකම, පල්හොරකම.
Brigantine, n. කුඩා ශීඝ්‍ර නැව් ජාතියක්.
Bright, a. දීප්තිමත්, දිලිසෙන, තේජස් ඇත්තාවූ, තේජවන්ත, ප්‍රභාමත්; polished ඔප ඇත්තාවූ, clear පැහැදිලි; clever සමර්ථ.
Brighten, v. දීප්තිමත් කරනවා, ආලෝකවත් කරනවා, ඔපදමනවා, ඔපගානවා, සමර්ථකරනවා.
Brightness, n. දීප්තිමත්කම, දීප්තිය, දිලිසීම, කාන්තිය, ආලෝකය, ඔපය, පැහැදිලිකම, සමර්ථකම.
Brilliance, Brilliancy, n. දීප්තිමත්කම, දීප්තිය, ප්‍රදීපය, උජ්ජ්වලතාව, කාන්තිය, කැලුම.
Brilliant, a. ඉතා දීප්තිමත්, ප්‍රදීප්ත, උජ්ජ්වලිත, දීප්තය-කාන්තිය-ආලෝකය-ඇති *or* වැටෙන, බැබළෙන, භ්‍රාජමාන. [යම් කල දීයමනාතිය
Brilliant, n. බෙරලියන්තුව, කාන්තිමත් වජ්‍රය, කැට
Brilliantly, ad. දීප්තිමත් ලෙස, භ්‍රාජමාන ලෙස, විරාජිත ලෙස.
Brim, n. (භාජනයේ &c.) කට, ගැවිණ, වාවිය. [න,
Brimful, a. ගැවිය දක්වා පිරුණු, හොඳට පිරී තිබෙ
Brimstone, n. ගෙන්දගම්, කෙන්දගම්, ගන්ධක.
Brinded, Brindled, a. ලප ඇත්තාවූ, රේඛා ඇත්තාවූ.

Brine, n. ලුණුදිය, කරදිය, ලුණිජ්ජ, කරිජ්ජ.
Bring, v. ගෙන එනවා, ගෙනෙනවා, ගේනවා, අරන් -ඇරන්-අරගෙන-රැගෙන-එනවා;
get brought ගෙන්වනවා; hon. (priests &c.) වැඩමවනවා, වඩම්මනවා.
cause to come පමුණුවනවා;
bring about සිද්ධකරනවා, ඉෂ්ටකරනවා;
bring forth (young) ප්‍රසූතකරනවා, ප්‍රසවකරනවා, වදනවා;
bring in, lit. ඇතුළට ගෙනෙනවා, fig. පමුණුවනවා, උපද්දනවා, ආරම්භකරනවා; [නවා;
bring off, lit. රැගෙන එනවා; fig. නිදහස්කරගන්
bring under, lit. යටට ගෙනෙනවා; fig. යටකරගන්නවා, අභිභවනයකරනවා; bring to (නැවක්) නවත්වනවා;
bring up, lit. ඉහළට-උඩට-ගෙනෙනවා; fig. ඇතිකරනවා, ඇතිදැඩිකරනවා.
Bringer, n ගෙනෙන්නා &c.; bringer in &c. ඇතුළට ගෙනෙන්නා &c.
Bringing-forth, n. ඉදිරියට ගෙන ඒම &c.; (young) ප්‍රසවය, වැදීම.
Brinish, a. මඳ ලුණුරස ඇති. See Brine.
Brink, n. edge අද්දර, අයින; of river ඉවුර.
Briny, a. ලුණු දිය-කරදිය-සහිත &c. see Brine.
Brisk, a. උනන්දු, කඩිසර, ප්‍රාණවත්, ත්වරිත.
Brisket, n. (ගව මහිෂාදීන්ගේ) පපුවේ කොටසක්.
Brisk-looking, a. උනන්දු පෙනුමක් ඇති &c. [ලෙස.
Briskly, ad. උනන්දු ලෙස, කඩිසර ලෙස, ත්වරිත
Briskness, n. උනන්දුකම, කඩිසරකම, ප්‍රාණවත්කම.
Bristle, n. ඌරු ලොම, දැඩි-ලොකු-මයිල් ගසක්, රෝමයක්; කෙන්දක්.
Bristle, v. bristle up (තරහ සතකුගේ මයිල් වාගේ) හදිසියෙන් නැඟී සිටිනවා *or* සැරවෙනවා. [ඇති.
Bristly, a. දැඩි කෙස්-මයිල්-ඇත්තාවූ, කොට කෙඳි
Britannic, British, a. බ්‍රිතාන්‍යයට අයිති, බ්‍රිතාන්‍ය.
Brittle, a. පහසුවෙන් බිඳෙන, හඩිගුර, සුභඞ්ග.
Brittleness, n. පහසුවෙන් බිඳෙනසුලු බව &c.
Broach, n. උල, කීලය; v. pierce or open a cask පිප්පයක් විදිනවා *or* අරිනවා; begin පටන්ගන්නවා.
Broad, a. පළල්, පුළුල්, wide විශාල.
Broad-brimmed, a. ගැවිය-වාවිය-පළල්වූ, පළල් ගැවියක් &c. ඇති.
Broadcast, ad. අහින් විසිකර (වපුරනවා.)
Broad-chested, a. ළය පළල්වූ, පළල් ළයක් ඇති.
Broadcloth, n. ලාක්ක, ලාක්ක රෙදි.
Broaden, v. පළල්-විශාල-වෙනවා, පළල් කරනවා, විශාල කරනවා.
Broadly, ad. රළු ශබ්දයකින්. [කම.
Broadness, පළල්කම, විශාලකම, ශබ්දයේ අමිහිරි
Broad-seal, n. රාජ මුද්‍රාව.
Broadside, n. (නැවේ) මුළු පැත්ත, මුළු පැත්තෙන් වෙඩිතිබීම; (එකපැත්තක්) අච්චුගසාපු පළල් පත.
Broadsword, n. පළල් කඩුව.
Broadwise, ad. පළල දිගාවට, පළලට, හරහට.
Brocade, n. විසිතුරු පටරෙදි.
Brocaded, a. විසිතුරු ගෙතුම් ඇති.
Broccoli, n. රතු මල් ඇති කෝවි වර්ගයක්.
Brogue, n. යම් භාෂාවක් කථාකරන පැහැදිලි නැති ශබ්දය, ගොරෝසු කටහඬ.
Broider, v. ලියවැල් මහනවා. See Embroider.
Broil, n. දඬරය, ගඬුගුව, කෝලාහලය.

Broil, v. (අඟුරු මතුපිට) බදිනවා, බැදෙනවා; ඉතා උණුහුම්වෙනවා, ඕාදිය දමනවා.
Broiling, a. බැදෙන, ඕාදිය දමන, ඉතා උණුහුම්.
Brokage, n. See Brokerage.
Broken, pp. or a. කැඩී &c.; කැඩුණාවූ, කැඩිච්ච &c., see Break; සුන්බුන්, භින්න, භග්න.
Broken-hearted, a. බිඳුණු සිතක් ඇත්තාවූ, ළය පැළුණාවූ, හිත තරක්වූ. [&c.)
Broken-kneed, a. දන කැඩුණු, භග්නජානු (අශ්වයා
Broken-toothed, a. දත් බිඳුණු, භග්න දන්ත.
Broken-meat, n. කෑම කැබලි, ඉඳුල් කෑම, ඉඳුල්බත්.
Brokenness, n. කැඩුණු බිඳුණු ස්වභාව, භින්නතාව, විෂමතාව.
Broken-winded, a. භින්න ප්‍රාශ්වාස or ප්‍රාශ්වාස තිත්තාවූ (අශ්වයා).
Broker, n. පරණ බඩු විකුණන්නා, තරව්වුකාරයා, තැරැව්වුකාරයා.
Brokerage, n. පරණ බඩු වෙළඳම, තරව්වුව, තැරැව්වුව, තැරැව්වු මිල.
Bronchial, උගුරු දණ්ඩට අයිතිවූ, පෙනහල්ලේ නළ සම්බන්ධ, කණ්ඨස්ථ.
Bronchitis, n. ගලරෝගය, උගුර දැවිල්ල or උගුරු දණ්ඩේ දැවිල්ල.
Brontology, n. ගර්ජිතඥාව.
Bronze, n. ලෝකඩ, ඒ ලෝහවලින් සාදපු පිළිමය; ඊට සමානව පෙනෙන තීන්ත or වර්ණය.
Bronze, v. ලෝකඩ–or ඒ පාට–ගානවා.
Brooch, n. හාරිච්චිය,
Brood, v. බිජු රකිනවා; පියාපත්වලින් වසා ඉන්නවා; brood over (a matter කාරණාවක් ගැන) කනගාටු වෙනවා or කනගාටුවෙන් කල්පනාකරකර ඉන්නවා.
Brood n එකාමරකම උපදින පැටව් ගණන; වංශය, ජාතිය.
Brook, n. ඇළ, දොළ, ඔය.
Brook, v. (ඉවසන්ට ඕනෑ නොකරන යමක් ගැන) ඉවසනවා, රුස්සනවා.
Brooklet, n. කුඩා ඇළ or දොළ.
Broom, n. the plant ඉදල; brush මුස්න, කොස්ස, ඉලපත, ඉදල.
Broomstick, n. කොස්සේ මිට, කොහු මිට.
Broth, n. හොද්ද, pl. හොදි.
Brothel, n. වේශ්‍යා ගේ, වේශ්‍යා ගෘහය.
Brother, n. සහෝදරයා, සොහොයුරා.
Brotherhood, n. සහෝදරකම, සහෝදරත්වය. සමාගම, එක සමාගමේ අය.
Brother-in-law, n. මස්සිනා.
Brotherly, a. සහෝදර ආකාර, සහෝදරයකු වැනි, සෙන්හවන්ත.
Brongham, n. රථ ජාතියක්.
Brought, pret. & pp. of bring ගෙනාවා, ගෙනත්.
Brow, n. eye-brow ඇස් බැම; knit the brows බැම අකුලනවා; forehead නලල; edge අද්දර.
Browbeat, v. හැරකුරනවා, හැරවීමෙන් or හැරබැල්මෙන් යටත්කරනවා,
Browbeating, n. හැර කිරීමෙන් or හැර බැල්මෙන් යටත්කිරීම or මැඩපැවැත්වීම.
Brown, a. එළලු, තලඑළලු, දුඹුරු.
Brown, n. එළලුපාට, තලඑළලු පාට, දුඹුරුපාට.
Brown, v. එළලු පාට &c. කරනවා; bake brown or incrust කර කරනවා.
Browning, n. එළලුපාට &c. පෙවීම, කරකිරීම.
Brown-study, n. කාන්සියෙන් මෙන් මෙනෙහිකිරීම.
Brow-post, n. ගෙයි හරහ ලීකඳ, බාල්කය.
Browse, n. දලු, ළපටි රිකිලි; v. දලු–or රිකිලි–කනවා.
Bruise, v. තළනවා, පොඩිකරනවා; become bruised තැලෙනවා, පොඩිවෙනවා.
Bruise, n. තැළුම, තැල්ම, තැළුම්බුව, තැළුම්බුව.
Bruit, n. Fr. පැතුරුණු ආරංචිය.
Brunette, n. Fr. (සම්පූර්ණ සුදු නොවන) විකක් තඹ වන් තැනැත්තී.
Brunt, n. යම් විරුද්ධකමක–සටනක–විවාදයක–පහරක–වේගය.
Brush, n. කොස්ස, මුස්න, බුරුසුව; painter's තෙල් ලා තුලිකාව; slight collision හැපීම, තැවරීම, සුළු සටනක්; fox-tail නරි වල්ගය.
Brush, v. කොස්සෙන් &c. පිහදමනවා; rub අතුල්ලනවා; sweep අතුගානවා, අමදිනවා; touch තැවරෙනවා.
Brushwood, n. අකුල, කැලය, කැපූ අතු.
Brusque, Brusk, a. මදක් රළු ලීලා ඇති.
Brutal, a. චණ්ඩ, ප්‍රචණ්ඩ, කරුණා නැති, කෲර.
Brutality, n. චණ්ඩකම, ප්‍රචණ්ඩතාව. කෲරකම.
Brutalize, v. චණ්ඩ භාවයකට පමුණුවනවා, ප්‍රචණ්ඩ කරනවා. [යෙන්.
Brutally, ad. චණ්ඩ ලෙස, කෲර ලෙස, ප්‍රචණ්ඩාකාර
Brute, n. මෘගයා, තිරිසනා; fig. චණ්ඩයා.
Brute, a. මෘග, තිරිසන්.
Brutish, a. මෘගාකාර, චණ්ඩ; සිහිනුවණ නැත්තාවූ.
Brutishness, n. මෘගාකාර ගතිය, ප්‍රචණ්ඩතාව, කෲරකම.
Brutum fulmen, n. L. හිස්වූ තර්ජනය.
Bubble, n. බුබුළ; හිස්කම, රැවටිල්ල.
Bubble, v. බුබුළු අවශන්නවා, බුබුළු මතුවෙනවා.
Bubo, n. කලල් ගඩුව.
Buccinal, a. හොරණෑ හැඩය ඇත්තාවූ.
Buck, n. මුවා, ගෝණා, හාවා (යන පිරිමි සත්තු); fig. තරුණ ජෝන්තුකාරයා.
Bucket, n. (දිය අදින or ගෙනයන) භාජනයක්, බාල්දියක්, දියඇළුව.
Bucketful, n. බාල්දියක ප්‍රමාණය; of water &c. දිය බාල්දියක්, දිය අළුවක් &c.
Buckish, a. fig. තරුණ ජෝන්තුකාර.
Buckle, n. ගෑස්පරය; v. ගෑස්පරය පියවනවා; buckle to යම් වැඩකට කඩිසර ලෙස පැමිණෙනවා or එය පටන්ගන්නවා.
Buckler, n. shield පලිහ.
Buckling, n. ගෑස්පරයකින් බැඳීම.
Buckram, n. තද හණ රෙදි ජාතියක්.
Buckskin, n. මුවහම; a. මුවහම. [සාමියම.
Bucolic, a. ගෝපාල, එඬේර; n. ගෝපාල–එඬේර–
Bud, n. of leaves or generally දලුව; from twigs ළපල්ල, ළපත; of stem or branch අංකුරය; unexpanded flower මල් කැකුළ, කලිකාව, මොට්ටුව; from the root මොරෙසියා.
Bud, v. දලු ලනවා, දලු &c. දමනවා, මල් කැකුළු &c. අටගන්නවා, මොරෙසියන් දමනවා; begin to grow පැළවෙනවා, ඇස්වෙනවා; ingraft දලු පාස්සනවා.
Buddha, n. බුදුන්, බුදුරජාණන් වහන්සේ; epithetic names applied to him (adj.) තථාගත, සුගත, සර්වඥ, තිලෝගුරු; (n.) ශාක්‍ය මුනි, ශාක්‍යසිංහ &c.
Buddhahood, n. බුද්ධත්වය, බුදුබව.

Buddhism, n. බුද්ධාගම, බෞද්ධාගම, බෞද්ධ ලබ්ධිය, බුද්ධසමය, සුගතාගම, බුද්ධ ශාසනය, සම්බුද්ධ ශාසනය, සර්වඥශාසනය &c.

Buddhist, n. බුද්ධාගම්කාරයා, බෞද්ධයා.

Buddhist, **Buddhistic**, a. බුද්ධාගම්කාර, බෞද්ධ, සෞගත.

Budding, n. දළුලෑම &c., see verb; (බෝකිරීමට) දළු [පැස්සීම.

Budge, v. අහක්ව යනවා.

Budget, n. කුරපසිය, මල්ල; (එනි ඇතිදේ) ගණනක්, එගයක්; as: budget of news ආරංචි වගයක් or හුඟක්; රජ භාණ්ඩාගාරයේ මුදල් කළමනා, අයවැය.

Buff, n. මීහරක් හම, (එම හමේ පාට) මඳ පඩුවත් පැය

Buffalo, n. මීමා, මීවා, මීහරකා, මහිෂයා; fem. මීදෙන.

Buffer, n. දුම්රිය ආදිය එකිනෙකට හැපෙනවිට වදින්නට තිබෙන දූන්න or කොටය.

Buffet, v. අල්ලෙන් or මිටින් පහරදෙනවා; fig. විවාදයෙන් පහරදෙනවා.

Buffet, n. අතුල් පහර; පිඟන් කෝප්ප රාක්කය, තැබෑරුම් මේසය.

Buffeting, n. පහරදීම; විවාදයෙන් පහරදීම.

Buffle-headed, a. මීවාගේ හිසවැනි හිසක් ඇත්තාවූ, මොට්ට, මූඪ.

Buffoon, n. කවටයා, විහිළුකාරයා, විගඩම්කාරයා.

Buffoonery, n. විහිළුව, විහිළුකම, විගඩම.

Bug, n. මකුණ, ඇඳමකුණ.

Bugbear, n. පඹයා, නිෂ්කාරණයේ භය කරවන දේ

Buggy, a. මකුණන්ගෙන් ගහනවූ.

Buggy, n. තනි අශ්වයා බඳින ගැල් ජාතියක්.

Bugle, n. හොරණෑව.

Build, v. ගොඩනගනවා, ඉදිකරනවා; fig. (ප්‍රාර්ථනා &c.) පිහිටුවනවා.

Build, n. තනාතිබෙන අන්දම, හැඩය. [කයා.

Builder, n. ගොඩනගන්නා, ඉදිකරන්නා, ගෘහකාර

Building, n. ගොඩනැගීම, ගොඩනැගිල්ල, ගෙය; ගෘහය.

Built, pret. & pp. ගොඩනැගුවා &c.; ගොඩනැගූ.

Bulb, n. ගෝලයක් වැනි දෙයක්, ගුලියක ආකාර මුලක්, අලය.

Bulbiferous, a. අල හටගන්න.

Bulbous, a. අල ඇත්තාවූ, අළුවැනි, වටකුරු.

Bulge, n. (සමතලා මට්ටමට වඩා) මතුවී තිබෙන කොටඨාසය, නෙරීම.

Bulge, v. (එක් තැනක්) මතුවෙනවා or ලොකුවෙනවා or නෙරනවා.

Bulk, n. මහත, තරම, ප්‍රමාණය, වැඩි පංගුව.

Bulkiness, n. මහත් බව, ලොකුබව, ස්ථූලතාව.

Bulky, a. ලොකු, බොහෝ මහත-ගනකමත් පළලත්-ඇත්තාවූ, ස්ථූල. [රාශිය.

Bull, n. ගොණ, මදයා, වෘෂභයා; Taurus වෘෂභ

Bull, n. of the Pope ආඥාපත්‍රය.

Bull, n. self-contradiction පරස්පර විරෝධය.

Bull-baiting, n. බල්ලන් උසිගන්වා හරකුන්ට හිරිහැර කිරීම.

Bull-dog, n. රෞද්‍ර-බලු ජාතියක්.

Bullet, n. වෙඩි උණ්ඩය, මුණ්ඩය.

Bullet-proof, a. උණ්ඩයෙන් සිදුරු නොවන.

Bulletin, n. (කාරණා සිඩවේගෙන යනහැටි) ආරංචි කිරීම or ආරංචි කරන පත්‍රය; විශේෂ ප්‍රවෘත්ති පත්‍රය.

Bull-fight, n. ගොන් පොරය.

Bullion, n. මුදල් නොකළ රන් රිදී, රත්රන් හෝ රිදී.

Bullock, n. කප්පාදුකළ ගොණා, හරකා.

Bull's-eye, n. කුඩා ලී වළල්ලක්, කුඩා වටකුරු කවුළුවක්, ඉලක්කයේ මැද.

Bully, n. ගෝර්වකාරයා, කලහකාරයා, හිරිහැර කරන්නා, අසුතුබල පාන්නා.

Bully, v. අසුතුබල පානවා, බලකරන්ට හදනවා.

Bulrush, n. පන්, පොතුකොළ ජාතියක්. [මුවාව.

Bulwark, n. (ආරක්ෂාවට තිබෙන) පවුර, ප්‍රාකාරය,

Bumble-bee, n. ලොකු මීමැසි ජාතියක්, බඹරමැස්සා.

Bump, n. swelling ඉදිමුම, තඩිස්සිය; stroke තද පහරක්.

Bump, v (බර or ලොකු දෙයක් මෙන්) වදිනවා, වදිදනවා; (එබඳු දෙයකින් මෙන්) ගසනවා.

Bumper, n. පුරා වීදුරුව, පුරා කුසලාන, පුරා එකක්.

Bumpkin, n. අදක්ෂයා, මොට්ටයා, පිටිසරයා.

Bun, n. පාන් කැවුම, බනිස් ගෙඩිය. [කැරැල්ල.

Bunch, n. මිටිය, වල්ල, පොකුර, කැන, කිනිත්ත,

Bunch, v. මිටි බඳිනවා &c.

Bundle, n මිටිය, පොට්ටනිය, පොදිය, කට්ටිය; v. එකට දමනවා. [නවා.

Bung, n. plug ඇබය; lid මූඩිය, පියන; v. ඇබ ගහ

Bungalow, n. බංගලාව, මණ්ඩප ශාලාව.

Bung-hole, n. පීප්ප කට.

Bungle, v. නිවටකමින් වරද්දගන්නවා, අදක්ෂ ලෙස යමක් කරනවා. [අදක්ෂයා.

Bungler, n. නිවටකමින් වරද්දගන්නා, නිවටයා,

Bungling, a. නිවට, අදක්ෂ, (එසින්) වරද්දගන්න.

Bunting, n. කොඩි රෙදි.

Buoy, n. ඉපියා කඳ; float ඉපියාව.

Buoy, v. buoy up (කිඳෙන්ට නැර) උලුප්පවනවා, ඉල්පවනවා, පාවෙන්ට සලස්වනවා; fig. උසුලනවා; fix buoys ඉපියා දමනවා.

Buoyancy, n. ඉල්පෙන ශක්තිය; fig. ප්‍රාණවත්කම.

Buoyant, a. ඉල්පෙන, නොකිඳෙන, නොමැරෙන, සැහැල්ලු, ප්‍රාණවත්.

Bur, n. තුත්තිරි; 'ර'යන්නේ රළු ශබ්දය.

Burden, n. බර; (නැවකින් ගෙනයන) බර ප්‍රමාණය; burden of a story &c. කථාවේක අදහස or ප්‍රධාන කාරණාව or භාවාර්ථ.

Burden, v. බරකරනවා, අධික බර තබනවා, අමාරු කරනවා.

Burdened, a. බර දරා සිටින, අමාරු විඳින.

Burdensome, a. දුර්භර, දුර්වහ, බරවූ, තද, අමාරු, අප්‍රිය.

Burdensomeness, n. දුර්භරතාව, තදකම; අමාරුකම.

Bureau, n. එක් වර්ගයක පෙට්ටගමක්; ලියනමේසය, බිරෝව; (ආණ්ඩුවේ) රාජකාරි කරන ඇතුළුගේ or කාමරය, කාර්යාලය.

Bureaucracy, n. ආණ්ඩුවේ නිලධාරි මණ්ඩලය, නිලධාරි මණ්ඩලය විසින් කරනු ලබන ආණ්ඩුව.

Burgess, n. නුවර වැසියෙක් or මන්ත්‍රියෙක්.

Burgh, n. See Borough.

Burgher, n. නුවර වැසියෙක්, නාගරිකයෙක්, එබන්දකුගෙන් පැවත එන්නෙක්, ලන්සි ජාතිකයෙක්.

Burglar, n. ගෙවල් උමං-කාණීන්නා, ගෙවල් බිඳින හොරා, හිත්ති චෞරයා.

Burglarious, a. (රාත්‍රියේදී) උමං කැණීම සම්බන්ධ, ගෙවල් කොල්ලකන.

Burglary, n. ගෙවල් උමං-කැණීම or කොල්ලකෑම, ගෙවල් බිඳීම. [රාත්‍යක්ෂ.

Burgomaster, a. (ජර්මනියේ) නගර ගුත්තිකයා, නග

Burial, n. වැළලීම, භූමදාන කිරීම, තැන්පත් කිරීම, භූමදානය, භූමදාන කෘත්‍යය, අවමඞ්ගල කෘත්‍යය, සොහොන් මෙහෙවර, a. වැළලීමට &c. අයිතිවූ, භූමදාන. [භූමිය.

Burial-place, n. සොහොන්පළ, සොහොන, සුසාන

Burial-service, n. භූමදාන මෙහෙය, අවමඞ්ගල මෙහෙය. [නවා.

Burke, v. t. හුස්ම හිරකර මරනවා; fig. යටපත්කර

Burlesque, n. විහිළුව, පරිහාසය, කවටකම.

Burlesque, v. විහිළුවට හරවනවා, විහිළු කරනවා, පරිහාස කරනවා, කවටකම් කරනවා.

Burly, a. ස්ථූල, මහත්, ශෝභාකාර.

Burn, v. t. දවනවා, පුළුස්සනවා, පුළුස්සාදමනවා, පලහනවා, දහනයකරනවා; in baking කරකරනවා; burn up or out (දර &c.) කම්මුතුවට පත්කරනවා.

Burn, v. i. (house &c.) දැවෙනවා, පිලිස්සෙනවා, දනවා, දලායනවා, දහනවෙනවා; (the fire itself) ඇවිළෙනවා, පත්තුවෙනවා; (feeling of heat) දනවා; burn out නිත්දුවට පත්තුවෙනවා, දලායනවා; of inflamatory, darting pain ඇවිළෙනවා; with anger &c. කෝපයෙන් &c. දෙලෙනනවා.

Burn, n. දැවීම, දැවීමෙන්-ගින්නෙන්-වූ තුවාලය.

Burn, n. Scot. ඇළ, ඔය.

Burned, Burnt, a. දවාපු &c., දැවාවූ &c., පිලිස්සුණු, දැගුම, පුළුලුව; in baking කරකල, කරවුණු.

Burner, n. දවන්නා &c., (පහනේ තෙල් &c.) පත්තුවෙන තැන, පහන් තුඩ.

Burning, n. දැවීම &c., see verbs; දහනය, දාහය, ආදහනය. [යමි·

Burning, a. දැවෙන. පිලිස්සෙන, ඇවිළෙන, දන, ගිනි

Burning fever, n. ඉතා තද උණ, සහලවන උණ, දාහ ජ්වරය.

Burnish, v. ඔප් නගනවා, දීප්තකරනවා, කාන්ති නගනවා; ඔප &c. වැටෙනවා *or* නැගෙනවා.

Burnished, a. ඔප් නැඟූ, ඔප් නගනලද &c.

Burnisher, n. ඔප් නගන්නා &c.; ඔප් නගන ආවුදය.

Burnt-offering, n. දවන පූජාව, දහන පූජාව.

Burrow, n. (පර්වතයේ) ලෙණ, (පොළොවේ *or* ගහේ) බෙණය, බිල.

Burrow, v. ලෙණ-බෙණ-බිල-හාරනවා.

Bursar, n. (ඉස්කෝලයක *or* මඩම්ක *or* ආරාමයක) මුදල් භාරකාරයා; Scot. (වියදමට) මුදල් ලබන ශිෂ්‍යයා.

Burst, v. පුපුරනවා, පිපිරෙනවා; split පළනවා, පැළෙනවා; burst away &c. (යමක්) බිදගෙන-පැනලා-යනවා; burst in upon බිදගෙන-හදිසියෙන්-වේගයෙන්-එනවා, ගෙට වදිනවා.

Burst, n. පිපිරීම &c., see verb.

Bury, v. වළලනවා, භූමදාන කරනවා, තැන්පත් කරනවා, වැළලෙනවා: පස්වලින් වසනවා; conceal වහනවා.

Burying, n. වැළලීම &c., see verb & Burial.

Burying-ground, n. සොහොන් භූමිය.

Bush, n. shrub පඳුර; thicket, අකුල, ලැහැබ, ලෝහ වළල්ලක්, බොස්ගෙඩිය.

Bushel, n. බුසල, ධාන්‍ය කෝපි යනාදිය මනින මිම්මක්, නැලි මිසි අටක් අල්ලන මිම්ම. [නකම.

Bushiness, n. පඳුරුවල ගහනකම, පඳුරක් වැනි ඝන

Bushman, n. අප්‍රිකාවේ වනචරයෙක්, ආස්ත්‍රේලියාවේ පිටිසර වැසියෙක්. [ගහන.

Bushy, a. අතු ගහනවූ, පඳුරු ගහනවූ, පඳුරක් වැනි,

Busily, ad. කඩිසර ලෙස, ඕනෑකමින්, කාරණාවල යෙදී.

Business, n. වැඩය, වැඩපළ, කර්මාන්තය, කළමනාව, කාරණාව, කාර්යය; state business රාජකාර්යය, රාජ්‍යකාර්යය, රාජ්‍යකෘත්‍යය; [නොවේ.

It is no business of mine ඒක මගේ වැඩක්

You have no business to do this මේක කිරීමට නුඹට අවසර-යුතුකමක්-නැ.

Business-like, a. කළමනා විධියට එකඟ, කළමනා නිසි විධියට කරන, කාර්යක්ෂම.

Buskin, n. නාඩගම්වලට අඳින උස් සපත්තු වර්ගයක්.

Buss, n. සිඹීම, චුම්බනය; v. (ආචාර සමාචාර වශයෙන්) සිඹගන්නවා.

Bust, n. ඌර්ධ්වකාය, ඌර්ධ්වකායේ රූපය.

Bustard, n. දුවන පක්ෂි ජාතියක්.

Bustle, v. කලබලයෙන් කටයුතු කරනවා.

Bustle, n. ඉක්මන්වීම, පිටිප්සර කඩිසරකම, කලබලය, සම්භ්‍රමය.

Busy, a. බොහෝ වැඩ ඇත්තාවූ, කාර්යවත්, කටයුතු බහුල; be busy බොහෝ වැඩ ඇතුව-වැඩවල යෙදී-සිටිනවා, යමක් කිරීමෙහි නියුක්තව සිටිනවා.

Busy-body, n. අනුන්ගේ කාරණා ඇඟට ගන්න අය.

Busy-minded, a. කඩිසර සිතක් ඇති.

But, conj. එසේදවුවත්, ඒනමුත්, එහෙත්. I searched, but did not find මම සෙව්වනමුත් හම්බවුණේ නෑ. I told him to go, but-yet-he did not go මම ඔහුට යන්ට කීමෙමි, එහෙත් ඔහු ගියේ නැත. [බැරිය.

I cannot but suppose so එසේ නොසිතා මට

There is no doubt but he will come ඔහු එනවාට අනුමානයක් නැත.

But, prep. පමණක්, ඇර, මිස. He took but one book ඔහු ගත්තේ එක පොතක් පමණයි. I took all but one එකක් ඇර සේරම ගත්තෙමි. There is nothing but this මේක මිස වෙන මොකවත් නැත.

Butcher, v. කෑමට සතුන් මරනවා, මස්කරනවා, (සතකු කපන්නාක් මෙන්) කපා මිනීමරනවා.

Butcher, n. කෑමට සතුන් මරන්නා, මස් විකුණන්නා, මස් වෙළෙන්දා.

Butcher's-meat, n. කෑමට විකුණන මස්, පශුමාංශය.

Butchery, n. කෑමට සතුන් මැරීම, සතුන් මරන ස්ථානය, ඝාත ස්ථානය, කෲර ලෙස මිනීමැරීම.

But-end, n. දික්වූ දෙයක මොට්ට-ලොකු-කොණ. of a gun තුවක්කු වල්ල.

Butler, n. ගබඩාකාර මෙහෙකරුවා, ප්‍රධාන මෙහෙකරුවා, අප්පු, බොටලේරුවා. [රුකම.

Butlership, n. ගෙයි ගබඩාකාර මෙහෙය, බොටලේ

Butment, n. see Abutment.

Butt, n. cask ලේශරය; target ඉලක්කය; thrust ඉසින් කරන ඇනුම.

We made a butt of him (කවටකම් නින්ද යනාදියෙන් අනින්ට) ඔහු ඉලක්කයක් කරගත්තෙමු.

Butt, v. (බැටළුවා මෙන්) ඉසින් අනිනවා, පොර අනිනවා.

Butter, n. වෙඬරු, නවනීත, දධිසාරය; oil of butter ගිතෙල්, එළගිතෙල්; of buffaloe's milk දුත්තෙල්.

Butter, v. වෙඬරු ගිතෙල් &c. ගානවා.

Butterfly, n. සමනලයා.

Buttermilk, n. කිරිමෝරු, තක්‍ර, දණ්ඩාහත.

Buttock, n. තට්ටම, කටිප්‍රෝථය; (නැවේ) අවරයේ පිට කොටබානය.

Button, n. බොත්තම.
Button, v. බොත්තම් පියවනවා *or* අල්ලනවා.
Button-hole, n. බොත්තම් සිදුර. [බලය.
Buttress, n. කසිරුව, භිත්ති-රුකුල; fig. රුකුල, අනු
Buttress, v. කසිරුබඳිනවා; lit. & fig. රුකුල්දෙනවා, fig. අනුබල දෙනවා.
Butts, n. pl. ඉලක්කයට විදින භූමිය, ඉලක්ක භූමිය.
Butyric acid. n. දසිජාම්ල.
Butyrine, n. (හිස්දන ලද) ගිතෙල්. [(ස්ත්‍රියක්)
Buxom, a. ප්‍රසන්න, ශෝභන, උනන්දු, ලලිත, සාතන්ද
Buy, v. මිලේට-කාසිවලට-මුදලට-ගන්නවා, මිල දී ගන්නවා, අල්ලස් &c. දී ලබාගන්නවා; buy off මිල &c. දී ගලවාගන්නවා; buy up (බඩු සියල්ලම) තීන්දු වට මිලදී ගන්නවා.
Buyer, n. මිලේට ගන්න අය, ගැනුම්කාරයා.
Buzz, Buzzing, n. මීමැස්සන් කරන ශබ්දය, මීමැසි හඬ. [වනවා.
Buzz, v. (මැස්සන්ගේ හඬ මෙන්) හීන් හඬක් පවත්
By, prep. ළඟ, වෙත, අත &c. I have it by me ඒක මා ළඟ-වෙත-අත-තිබෙනවා. [ගියෙමු.
ළඟින්: We went by that place ඒ ස්ථානය ළඟින්
-භූත්: They were killed by or with a blow ඔවුන් පහරකින් මරනු ලැබුවා. We went by land අපි ගොඩින් ගියා. I know him by name ඔහු නමින් හඳුනනවා.
-එන්: The city was destroyed by fire ඒ නුවර ගින්නෙන් විනාශවුණා.
-විසින්: These were done by him මේවා ඔහු විසින් කරන ලදී *or* මේවා කරන ලද්දේ-කරන්ට යෙදුණේ-ඔහු විසිනුයි.
-පාසා: One by one එකක් එකක් පාසා. [පල්ල.
-පා-පල්ල: By my two eyes මගේ ඇස්දෙක පා-
-ගණනට: We paid by the day අපි දවස් ගණනට ගෙව්වෙමු.
-ගණනේ: We sold by the pound අපි රාත්තල් ගණනේ වික්කෙමු.
තනියම, වෙනම: I stand by my self මම තනියම -වෙනම-සිටිමි.
By-and-By: ටික වේලාවකින්, ටික වේලාවකට පසු, ටිකකින්.
Day by day දවසින්දවස, දවස්පතාම, දිනෙන්දින.
By, ad. ළඟ, ළඟින්, අහක. Stand by ළඟ හිටපන්. I go by ළඟින් යමි. Let that stand by ඔක අහක -අහකින්-තිබුණාවේ.
By-corner, n. රහස් තැනක්.
By-end, n. රහස් අදහසක්, වෙනම අදහසක්.
By-gone, a. පසුගිය, පුරාණ. Let by-gones be by-gones පසුවුණු දේ (දෙස්) මතකනැති වේවා; ගියදේ ගියාවේ
By-interest, n. තමාගේම ප්‍රයෝජනය, ආත්මාර්ථය.
By-lane, n. අප්‍රසිද්ධ පාර, මුඩුක්කුව.
By-law, n. අනු පනත, අනුනීතිය.
By-name, n. උපාසියක්, අමුතු නමක්, කවට නමක්.
By-path, n. අප්‍රසිද්ධ පාර, අතුරු පාර, හොර පාර.
By-play, n. (නාඩගමේදී පැත්තකින් වෙනම කරන) සුළු ක්‍රීඩාව, අතරතුරේ ක්‍රියාවක්.
Byssus, n. පුරාණ සිහින් රෙදි ජාතියක්, (සමහර මුහුදු සතුන්ගේ) ඉතා සිහින් කේශර වල්ල.
By-stander, n. ළඟ සිටින්නා; (කාරණාවට අයිතිනැති) නිකම් බලා සිටින්නා.
By-stroke, n. වෙනව දෙන පහර.

By-way, n. see By-path.
By-word, n. පරිහාස කීමක්, නින්ද කීමක්, කවටවූ වචනයක් *or* කීමක්, උපමා කීමක්.

C

C (hundred) සියයක්; CC. &c. දෙසියයක් &c.
Cab, n. අශ්වකරත්තයක්, ගැලක්.
Cabal, n. කුඩා කුමන්ත්‍රණ සභාවක්, සභාවක්පි සිටින ස්වල්ප දෙනකුගේ රහස් අදහස *or* කුමන්ත්‍රණය.
Cabal, v. රහස් අදහස් පිණිස කුඩා සභාවක්වෙනවා.
Cabala, n. යුදෙව්වරුන් විසින් ශුද්ධ ලියවිලි විස්තර කරන රහස් ක්‍රමයක් *or* රහස් ශාස්ත්‍රය, ගූඪ ශාස්ත්‍රය, ගුප්ත විද්‍යාව.
Cabbage, n. ගෝවා, කෝපි.
Cabbage, v. කැබලි—කොටස්—හොරකම් කරනවා *or* හොරෙන් තබාගන්නවා, හොරෙන් අත්කර ගන්නවා.
Cabbage-net, n. කෝපි දමන දැල, කෝපි දැල.
Cabin, n. කිළිය, කුඩාගේ, නැවේ ඇතුළගේ *or* කාමරය, ලැගුම්ගේ.
Cabin, v. කුඩා ගෙයක වසා තබනවා.
Cabin-boy, n තැවේ ඇතුළ කාමරවල වැඩකාරයා.
Cabinet, n. කුඩා ඇතුළ ගෙයක් *or* කාමරයක්, අභ්‍යන්තරාගාරය, අප්‍රසිද්ධ මන්ත්‍රණාගාරය; (එහි රැස් වෙන) ආණ්ඩුවේ මන්ත්‍රණ සභාව, ලාච්චු ඇති පෙට්ටගම, ගබෙන්තුව, ගබඩාව. සභාව.
Cabinet-council, n. ආණ්ඩුවේ අප්‍රසිද්ධ මන්ත්‍රණ
Cabinet-maker, n. පෙට්ටගම්-පුටු-මේස යනාදිය තනන්නා.
Cabinet-work, n. පෙට්ටගම් ආදිය තැනීම, අරුමෝසම් කර්මාන්තය.
Cable, n. ගල් කඹය, නැංගුරම් කඹය, මුහුදු විදුලි කම්බිය, සැරසිලි කඹය.
Cabling, n. in arch. සැරසිලි කඹ දැමීම, සැරසිලිකඹ.
Cabman, n. අශ්වකරත්තකාරයා.
Cabriolet, n. see Cab. [ප්‍රහාසය.
Cachinnation, n. හසියෙන් සිනාසීම, මහ හිනාව,
Cackle, Cackling, n. පාත්තයන්ගේ හඬ, කෙකර ගෑම, කෙඳිරීම, කූජනය; fig. දෙඩවිල්ල, ප්‍රලාපය.
Cackle, v. කෙකරගානවා, fig. දෙඩවනවා, රහස් එළිදරවු කරනවා. [කරන්නා.
Cackler, n. කෙකරගාන සතා, රහස් එළිදරවු
Cacoethes, n. දුශ්චරිතය, නරක පුරුද්ද.
Cacoethes scribendi, L. ලිවීමට ඇති ආසාව.
Cacophonous, a. ස්වරයෙන් අමධුර, අමධුරාක්ෂර.
Cacophony, n. අමධුර ස්වරය, අමිහිරි හඬ.
Cacotrophy, n. අපථ්‍යාහාරය.
Cactus, n. ගස් ජාතියක්, පතුක්, කටුපතුක්, පතොක්.
Cadaverous, a. මිනියක පෙනීම ඇත්තාවූ, සුදුමැලිවූ, පාණ්ඩු.
Cadaverousness, n. සුදුමැලිකම, පාණ්ඩු වර්ණය.
Caddy, n. කුඩා තේකොළ පෙට්ටිය.
Cade, a. හීලෑ, ඇතිකරගත් (බැටළු පැටියා &c.)
Cadence, n. හඬ බාලවීම *or* හීන්වීම, හඬ වෙනස්වන ක්‍රමය.
Cadet, n. සේවා ශිෂ්‍යයා, සේවාකමට පුරුදු වෙන් නෙක්, රාජකාරියකට පුරුදුවෙන්නෙක්.
Cadetship, n. සේවා ශිෂ්‍යයකු වශයෙන් බැඳීම, රාජකාරියකට පුරුදුවීම.
Cadi, n. තුර්කි නඩුකාරයෙක්.
Caducous, a. ටික කලකින් වැටෙන (පත්‍ර, පුෂ්ප).

Cage, n. පක්ෂි කූඩුව, මැදිරිය, පඤ්ජරය; v. කූඩුවක දමනවා, හිරකරනවා.
Cairn, n. ගල්ගොඩක්.
Caitiff, n. නීචයා, චණ්ඩාලයා.
Cajole, v. ඉච්චාවෙන් *or* චාටුවෙන් රවටනවා *or* කැමතිකරවාගන්නවා.
Cajolery, n. රැවටිල්ල, ඉච්චාව, චාටුව.
Cake, n. කැවුම, රොටිය, කැවිය.
Cake, v. (කැවුම් වාගේ) කැටිගහනවා, කැටිගැහෙනවා, එකට ඇලෙනවා.
Calamander, n. කළුමැදිරිය, කළුමැදිරි ලී.
Calamitous, a. විපත් පමුණුවන, ඛේදජනක, දුඃඛිත, පීඩිත, ව්‍යසනී.
Calamitously, ad. ඛේදජනක ලෙස, දුඃඛිත ලෙස.
Calamitousness, n. දුඃඛිතකම, පීඩිතකම, ව්‍යසනීත්වය.
Calamity, n. විපත, විපත්තිය, ව්‍යසනය, දුක, ආපදාව.
Calamus, n. හීන් වේවැල, නළාව, පෑන. [මක්.
Calash, n. සැහැල්ලු රථ ජාතියක්, රථ පියන, ඉස්මැස්
Calcareous, a. හුනුගතිය ඇත්තාවූ, චූර්ණී.
Calciferous, a. හුනු ඇති *or* හුනු ගල් ඇති (පොළොව). [ණය.
Calcination, n. අළුකර දැවීම &c. see verb, භස්මීකර
Calcine, n. අළුකර දවනවා, කුඩුවෙන තරමට දවනවා, රස්නයෙන් කුඩුකරනවා *or* කුඩුවෙනවා, භස්ම කරනවා.
Calcined, pp. or a. අළුකර දවනලද &c., භස්මීකෘත.
Calculable, a. ගණන්කළ හැකිවූ, ගණනීය. [නවා
Calculate, v. ගණිනවා, ගණන් කරනවා, ගණන් බල
Calculation, n. ගැණීම් &c.; ගණිතය.
Calculator, n. ගණින්නා, &c.; of fortune &c. (එලාඵල ගණිත) ගණිතයා.
Calculus, n. ගණිත උපායක්, බීජගණිතවිධියක්; මුත්‍ර බොක්කේ &c. ගලක්, අශ්මරීගලක්.
Caldron, n. ලොකු හැලිය, කල්දරම, කල්දේරම.
Caledonian, a. ස්කොට්ලන්තයට අයිති.
Caledonian, n. ස්කොට්ලන්ත වැසියෙක්.
Calefaction, n. උණුහුම් කිරීම, උණුහුම් ගතිය.
Calefy, v. උණුහුම් කරනවා, උණුහුම් වෙනවා.
Calendar, n. ලිත පිළිපත්‍රය; පඤ්චාංගය; නාඩි ලේඛනය; Calendar month පිලිපති මාසය, ලිත් මාසය.
Calender, n. රෙදි මිරිකා මදින යන්ත්‍රය; v. මිරිකා මදිනවා. [පලමුවෙනිදා.
Calends, n. (පුරාණ රෝමවරුන් අතරෙහි) මාසයේ
Calf, n. වස්සා, වැස්සි; of the leg බත්කෙණ්ඩය; dolt මෝඩයා.
Caliber, n. තුවක්කු කානුවේ මහත, නළයක මහත *or* ප්‍රමාණය, ඡිද්‍රව්‍යාසය.
Calibre, n. (Mental සිහියේ) ප්‍රමාණය, ආකාරය, බලය, දැනගැනීමිය.
Calice, Chalice, n. කුසලාන, කංසය, භාජනය
Calico, n. කපු පිළි, කපු රෙදි.
Calico-printing, n. කපු පිළි චිත්‍රකිරීම.
Calicular, a. කුසලානක් වැනි, කංසාකාර.
Calif, Caliph, n. (මහමත් ආගමේ) පූජ්‍යපාදයා.
Califate, n. (මහමත් ආගමේ) පූජ්‍යපාදකම.
Caligation, n. අඳුරුකම, පෙනීමේ අඳුරුකම.
Caligraphy, Calography, n. පෙනුම ඇති අත් අකුරු, ශෝභන ලේඛනය.
Calisthenic, a. ශරීර ව්‍යායාම පිළිබඳ.
Calisthenics, n. pl. ශරීරශක්තිය ගෙනදෙන ව්‍යායාම.

Calix, n. See Calyx.
Calk, v. (දියර වගී නොවැස්සෙන පිණිස නැවක *or* භාජනයක) සිදුරු අහුරනවා, ගලප්පත්තී කරනවා.
Call, v. name නම් තබනවා; to come, summon අඬගසනවා; invite කැඳවනවා;
call forth පිටතට අඬගසාගන්නවා; arouse මතු කරනවා, උපද්දනවා; [තවා;
call out, cry out, කෑගසනවා, හඬනගා කිය
call over (names &c.) නම් වසයෙන් කියනවා;
call to mind සිහිකරගන්නවා;
call upon to do කරන්ට අඬගසනවා *or* ඉල්ලනවා *or* අණකරනවා; [යාච්ඤා කරනවා.
call on or upon, visit බලන්ට යනවා, pray
I call this good, I call him a friend, මේක හොඳ යයි කියමි. ඔහු මිත්‍රයෙක්යයි කියමි.
Call, n. අඬගැසීම &c.; demand අයකිරීම.
Called, pp. or a. නම් තබා &c.; නම් තබනලද, නම්වූ, සංඛ්‍යාත.
Calling, n. නම් තැබීම &c.; work, living වැඩය, කර්මාන්තය, නිලය, රක්ෂාව, රැකීරක්ෂාව, ජීවිකාව.
Callosity, n හමේ තදකම, කැළලක තදකම.
Callous, a. දැඩි, මුරණ්ඩු.
Callousness, n. තදකම, දැඩිකම, මුරණ්ඩුකම.
Callow, a. පුබ්බර, පිහාටු නැත්තාවූ, පක්ෂහීන.
Calm, a. කුණාටු—හුළං ගැසීම—නැත්තාවූ; නිවාත, නිශ්චල, සංසුන්, ශාන්ත.
Calm, Calmness, n. නිශ්චලය, නිශ්චලකම.
Calm, v. නිශ්චල කරනවා; calm down නිශ්චල වෙනවා, මද්දනය වෙනවා, සංහිඳෙනවා.
Calmly, ad. නිශ්චල ලෙස, සංසුන්ලෙස, ශාන්තලෙස.
Calomel, n. රසදිය ජාතියක්, රසපුෂ්පය.
Caloric, n. උෂ්ණය, උෂ්ණ ධාතුව, තේජෝධාතුව.
Calorific, a. උෂ්ණෝත්පාදක, උෂ්ණජනක, තාපකර, තාපජනක.
Calorification, n. උෂ්ණ ඉපදවීම, උෂ්ණෝත්පාදනය.
Calorificient, a. (ශරීරයෙහි) උෂ්ණ උපදවන, උෂ්ණෝත්පාදක (ආහාර).
Calorimeter, n. (ශරීරයේ) උෂ්ණය මනින යන්ත්‍රය, උෂ්ණපරිමාණය.
Calumniate, v. බොරු, වරද තබනවා, අගුණ කියනවා, අපවාදකරනවා, නින්දාකරනවා.
Calumniated, pp. or a. බොරු වරද තබනලද, බොරුවෙන් කෙලෙසුණ, මිථ්‍යාපවාදිත.
Calumniator, n. බොරු වරද තබන්නා &c.; see verb, මිථ්‍යාපවාදකයා.
Calumnious, a. මිථ්‍යාපවාදයෙන් යුක්ත.
Calumny, n. බොරු වරද, මිථ්‍යාපවාදය.
Calve, v. වහුපැටියකු වදනවා.
Calvinism, n. කැල්වින් ධර්මාචාර්යයාගේ ධර්ම ක්‍රමය *or* ගුරුකම.
Calvinist, n. කැල්වින්ගේ ධර්මක්‍රමය පිළිගන්නා.
Calvinistic, a. කැල්වින් ධර්ම ක්‍රමයට–ගුරුකමට–එකඟවූ.
Calx, n. රටහුනු, අළුහුනු; රීති පුෂ්පය.
Calyx, n. මල්වල පිට තැරිය, මණිය.
Cam, n. මැද නාභියක් නැති චක්‍රය *or* වළල්ල.
Cambric, n. ඉතා සිහින් හණ රෙදි ජාතියක්, සිහින් කපු පිළි, අංශුක, දුකුල.
Came, v. pret. of come ආවා, පැමිණුණා.
Camel, n. ඔටුවා, ක්‍රමේලකයා.
Cameleon, n. කටුස්සා, ගස් කටුස්සා, බොහොඩා.

Camera-obscura, n. කැඩපත් ජාතියක්: එයින් අඳුරු ගෙයකදී වටකර එළියේ තිබෙන දේ පෙන්වනු ලැබේ.

Camomile, see Chamomile.

Camp, n. කඳවුර, කූඩාරම්භූමිය, ශිබිරය, කඳවුරේ සේනාව; in agri. විසාල අලගොඩක්.

Camp, v. කඳවුරු පිහිටුවනවා, කූඩාරම් ගහනවා.

Campaign, n. යුද්ධ කාලය *or* යුද්ධ වාරය, යුද්ධ ප්‍රයාණය, යුද්ධ ප්‍රවෘත්තිය.

Campaigner, n. යුද්ධ වාර කීපයකදී සේවයකළ භේවායා, පළපුරුදු භේවායා. [(පුෂ්ප).

Campaniform, Campanulate, a. in bot. ඝණ්ඨාකාර

Campanile, n. ඝණ්ඨා-ස්තම්භය, හෝරා යන්ත්‍ර ස්තම්භය. [ශිල්පය.

Campanology, n. ඝණ්ඨා නාදන ශිල්පය, සීනු ගසන

Camp-bedstead, n. පියන ඇඳ, බුරු ඇඳ.

Campestral, Campestria n, a. එළිමහත්, එළිමහතේ වැවෙන.

Camphor, n. කපුරු, කර්පූර.

Camphorated, a. කපුරු මුසු, කර්පූර සංසෘෂ්ට.

Camp-meeting, n. එළිමහත් රැස්වීම-සභාව.

Camp-stool, n. පියන පුටුව.

Can, n. බෙලෙක් කූඩලාන, කෙණිස්ස.

Can, v. හැකි, පුළුවනි, පිළිවනි.

Canaille, n. Fr. තිච ජනයා, පහත් ජනයා. [නළය.

Canal, n. කැප්පු ඇළ, අගල, ප්‍රණාලිය; in anat. &c.

Canal-boat, n. ඇළක යන පාරුව, යාත්‍රාව.

Cancel, v. මකනවා, අවලංගු කරනවා, බල නැතිකර නවා; cancel a debt ණයක් මකාදමනවා, අත්හරි නවා.

Cancer, n. පිළිකාව, මාංසාබ්බුදය, අබ්බුදය; in astron. කටක රාශිය, කටක ලග්නය, කකුළු රැස.

Cancerous, a. පිළිකා, අබ්බුද.

Candelabrum, n. උස්වූ පහන් රුක, ඇගෑව.

Candid, a. අවඩක, වංචා රහිත, ඇදනැති, කෙළින්.

Candidate, n. (තිලයකට *or* සභාවකට පැමිණෙන්ට) ඉල්ලුම්කාරයා, අයදුම්කාරයා, එසේ පතන්නා *or* සිටින්නා; සෝදිසි පිට සිටින්නා.

Candidly, ad. අවඩක ලෙස, අගති රහිතව &c., see adj. නොසඟවා.

Candidness, n. අවඩකකම &c. See Candour.

Candied, a. කැටිගැස්සූ; (සීනිකැට සහිත) දොසි ආකාර,

Candle, n. ඉටිපන්දම, විලක්කුව.

Candle-light, ඉටිපන්දම් එළිය, විලක්කු එළිය.

Candlestick, n. පහන් කඳ, පහන් රුක.

Candlewick, n. පහන්කඩය.

Candour, n. අවඩකකම, ඇදනැතිකම, සරල බව.

Candy, n සාදපු සීනිකැට, සුකිරි, ඛණ්ඩ, ගකීරා, ගල් කණ්ඩු; (බොම්බායේ) රාත්තල් පන්සිය හැටක බර.

Candy, v. (සීනි උණුකර) කැටිගස්සනවා, කැටිගැසෙ නවා, දොසි හදනවා.

Cane, n. වේවැල; v. වේවැලෙන්-ඉපලෙන්-තළනවා.

Cane-brake, n. වේවැල් අකුල-ගාල.

Cane-mill, n. (උක් මිරිකන) උක් යන්ත්‍රය, උක්මෝල.

Canes-venatici, n. pl. L. තරු පඞ්ක්තියක්, සුනඛ රාශිය.

Cangany, n. කංකානම.

Canine, a. බලුගති ඇති, බලු; canine nature බලුකම, බලු ගතිය, සුනඛ ස්වභාව; canine tooth (බල්ලාගේ දත්වලට සමානවූ) දඩයම් දත, දළාව.

Caning, n. වේවැලෙන් තැළීම.

Canis, n. L. බල්ලා, සුනඛයා; canis major මහා සාර මේය රාශිය; canis minor ක්‍ෂුද්‍ර සාරමේය රාශිය.

Canister, n. (තේ කොළ යනාදිය තබාගන්න) කුඩා බෙලෙක් පෙට්ටිය.

Canker, n. කටේ කුඩා වණය, ගස් දිරවන රෝගයක්, පිළිකාව. [කනවා.

Canker, n. කාවදිනවා, දිරවනවා, දිරායනවා, මලකඩ

Cankerous, a. පිළිකාවක ආකාරයෙන් කාවදින්නාවූ.

Canker-worm, n. ඉල්පණුවා, කැප්පිටි පණුවා.

Cannabis, n. කංසා.

Cannibal, n. මිනීමස් කන්නා, මනුෂ්‍ය මාංස භක්‍ෂක යා, පෝරිසාදයා, පුරිෂාදයා.

Cannibal, a. මිනීමස් කන, මනුෂ්‍ය මාංස භක්‍ෂක, පුරි ෂාද, පෝරිසාද.

Cannibalism, n. මිනීමස්කෑම, මනුෂ්‍ය මාංස භක්‍ෂණය.

Cannon, n. කාලතුවක්කුව; in mech. නාලය.

Cannonade, v. යමකට කාලතුවක්කු වෙඩි තබනවා; කාලතුවක්කු පත්තුකරනවා; n. කාලතුවක්කු වෙඩි තිබීම.

Cannon-ball, n. කාලතුවක්කු උණ්ඩය.

Cannon-proof, n. see Bomb-proof.

Cannot, v. බැරිය, බැහැ, බෑ, නුපුළුවනි, නොහැකිය.

Cannular, a. නාළි ආකාර, නළාකාර.

Canny, a. හපන්, නුවණැති.

Canoe, n. ඔරුව,

Canon, n. සූත්‍රය, ධර්ම සූත්‍රය, නියෝගය; sacred canon ශුද්ධ ධර්ම පොත්, ශුද්ධ ධර්ම පුස්තක සංඛ්‍යාව;
R. C. catalogue of saints නියම මුනිවරයන්ගේ නාමාවලිය;
a church dignitary දේවගැතියෙක්; [අකුරු.
large type මහ මුද්‍රණාක්‍ෂර වර්ගයක්, ලොකු අච්චු

Canonical, a. සූත්‍රයට-ධර්මයට-අයිතිවූ, ශුද්ධ ධර්මයට අයිතිවූ; according to rule නියමයට එකඟ, නියමා නුසාරී.

Canonically. ad. සූත්‍රයට-ධර්මයට-එකඟ ලෙස.

Canonicalness, n. සූත්‍රයට-ධර්මයට-එකඟ භාවය, ශුද්ධ ධර්ම පුස්තක සංඛ්‍යාවට ඇතුලත් බව.

Canonicals, n. pl. (දේවගැතිවරුන්ට) නියම වස්ත්‍ර.

Canonicate, n. දේවගැති ධුරයක්.

Canonicity, n. ශුද්ධ පුස්තක සංඛ්‍යාවට ඇතුලත් බව

Canonist, n. pl. සභා ධර්මඥයා, නීතිඥයා.

Canonization, n මුනිවරයකු කොට නියමකිරීම &c., see verb.

Canonize, v. R. C. මුනිවරයකු-ශුද්ධවන්තයකු-සාන් තුවරයකු-කොට නියම කරනවා, මුනිවර නාමාවලි යේ නම සටහන් කරනවා.

Canonry, Canonship, n. කැනන් නම් දේවගැති ධුරය.

Canopied, a. වියන් බැඳි, විතානයක් ඇති.

Canopy, n. වියන, උඩුවියන, ආකාශ වියන. විතානය.

Cant, n. (දුකින් *or* භක්තියෙන් මෙන් කරන) වංචා කථාව, වංචාකීම. අපභාෂණය; නිෂ්ඵල බස් දෙඩී ම, ඇලේට තිබීම.

Cant, v. ඇලකරනවා, බොරු භක්තියෙන් මෙන් කථා කරනවා, දොඩවනවා.

Cant, a. අශෝභන, චාටු, දෙඩවිලි (වචන &c.)

Cantankerous, a. විවාදයට ලැදිවූ, සණ්ඩුකාර.

Cantata, n. තාලයක් සහිත කාව්‍යයක්.

Canteen, n. බීම භාජනයක්, තැබෑරුම, කෑන්ටිම.

Canter, n. වංකකමින් *or*-බොරු භක්තියෙන් මෙන්-කථාකරන්නා, අශ්වයකුගේ එක් පිම්මක්.

Canter, v. (අශ්වයන් මෙන්) කකුල් දෙකින් දෙක බිම ගසා හිස්සැරේ දුවනවා, හිස්සැරේ පිම්මේ යනවා.
Canticle, n. ගීතය, ගිතිකාව; pl. සාලමොන්ගේ ගීතිකා or ගීත පොත.
Canting, n. ඇලළිකිරීම &c., see verb.
Cantingly, ad. වාටු ලෙස, දුක්මුසු වණ්ඩවා හඬකින්.
Canto, n. මුළු කාව්‍යයෙන් එක් කාණ්ඩයක්, කවි කාණ්ඩය, පරිච්ඡේදය, සර්ගය.
Canton, n. දේශ කොට්ඨාසයක්, ප්‍රදේශය, ප්‍රදේශයක වැසියෝ; (පලිහකින් or සිතියමකින්) කොණක්, ප්‍රදේශයක්.
Canton, v. කුඩා ප්‍රදෙශවලට බෙදනවා; සමුද්‍රවලට නවාතැන් නියමකරනවා. [වුර.
Cantonment, n. සමුද්‍රවික නවාතැන, ඡාවිරය, කඳ
Canvas, n. හණ රෙදි, චෙන ගොරෝසු රෙදි ජාති.
Canvas, a. හණ රෙදි, හණ.
Canvass, v. canvass a matter කාරණයක් විමසනවා; canvass a city for votes නුවර මුළුල්ලේ ඡන්දය ඉල්ලා ඇවිදිනවා.
Canvass, Canvassing, n. කාරණයක් විමසීම &c., කාරණයක් ගැන පෙලඹවීම.
Cap, n කුඩා තොප්පිය, ඉස්පසිය, ඉස්වැස්ම.
Cap, v. මස්තකය-මුදුන-වසනවා, ඉස්වැස්ම දමනවා.
Capability, n. පුළුවන්කම, සමර්ථකම, කාර්යක්ෂම තාව, ප්‍රඥාවය, සාමර්ථ්‍යය, පාත්‍රතාව.
Capable, a. පුළුවන්, ශක්තිය ඇති, කාර්යක්ෂම, ප්‍රඥ, සමර්ථ, පොහොසත්, යෝග්‍ය,
Capableness, n. See Capability.
Capacious a. විශාල, බොහෝ ඉඩඇත්තාවූ, විස්තීර්ණ, විපුල, ප්‍රචුර.
Capaciously, ad. විශාල ලෙස, බොහෝ ඉඩ ඇතුව.
Capaciousness, n. විශාලකම, විශාලත්වය, මහත්කම, විස්තීර්ණත්වය.
Capacitate, v. (බලයෙන්, සමර්ථකමින්, ගුණෙන්) යෝග්‍ය කරනවා, සෑහෙන බලය &c. දෙනවා.
Capacitation, n. යෝග්‍ය කිරීම, සෑහෙන බලපුළුවන් කම දීම.
Capacity, n. ප්‍රමාණය, පරිමාණය, අවකාශය; පුළුවන්කම, උත් බලය, සමර්ථකම; ස්වභාව, ආකාරය, ධාරණ ශක්තිය, ග්‍රහණ සාමර්ථ්‍යය.
What is the capacity of this vessel? මේ භාජනයේ අල්ලන ප්‍රමාණය-මහත-කොපමණද?
He has no capacity for learning ශාස්ත්‍රාද්‍යග්‍රහණයට ඔහුට පුළුවන්කමක්-සමර්ථ කමක්-සාමර්ථ්‍යයක්-නැත.
In what capacity do you say so? තුඹ ඔයාකාර කියන්නේ මොන බලයක් පිටද?
I say it as a friend මිත්‍රයකු හැටියට මම ඒක කියමි.
Caparison, n. අශ්වයකු පිට එලන අලංකාර රෙද්ද, ආභරණය, අශ්වාලංකාරය.
Caparison, v. (අශ්වයකු පිට) අලංකාර රෙද්දක් එලනවා, සරසනවා, ඇඳුම් පැළඳුම් පලන්දනවා.
Cape, n. දේශ තුඩුව; තුඩක් ඇති ඇඳුමක්.
Caper, v. (එළුවකු මෙන්) පැන පැන කෙළිනවා, නටනවා, පෙන් කෙළිනවා.
Caper, n. පැනීම, නැටීම; මල් කැකුළු ජාතියක්. [නා.
Caperer, n. එහාට මෙහාට පනින්නා, විහිළුවට නටන්
Capillament, n. ඉතා සිහින් කෙන්ද, මාණලය, කේශරය.
Capillary, a. කේශරකාර, කෙන්දක ආකාර, කේශර, මෘණල, ඉතා සිහින්වූ.
Capillary-attraction, n. සිහින් නළ දිගේ දිය නැගෙන බලය, කේශරාකර්ෂණය.
Capillary-tube, Capillary, n. කේශරාකාර නළය, සියුම් නළය.
Capilliform, a. කේශරාකාර.
Capital, a. (ඉසට අයිතිවූ) ප්‍රධාන, ශ්‍රේෂ්ඨ, පරම, මුඛ්‍ය, උත්තම, උත්කෘෂ්ට; capital punishment මරණයට පත්කරවන-මරණීය-දඬුවම, දේහදණ්ඩනය, ප්‍රාණදණ්ඩනය; capital letters ලොකු අකුරු.
Capital, n. කුළුණු ඉස; උඩ කොට්ඨාශය; ප්‍රධාන නුවර, රාජධානිය; ලොකු අකුර; අරමුදල, මුල් මුදල, මූලධනය, මූල ද්‍රව්‍යය.
Capitalist, n. අරමුදලක් &c. ඇති තැනැත්තා.
Capitalize, v. ද්‍රව්‍ය මුදල්කරගන්නවා.
Capitally, ad. ප්‍රධාන-ශ්‍රේෂ්ඨ-පරම &c. ලෙස.
Capitation, n. ඉස් වශයෙන්-එකිනෙකා-ගණන් කිරීම; ඇඟ බද්ද.
Capitol, n. රෝමයේ දේවාලයක්, ප්‍රාසාදයක්, අමෙරිකාවේ මහා මන්ත්‍රණ සභා ශාලාව.
Capitolian, Capitoline, a. රෝමයේ දේවාලයට අයිතිවූ, ජුපිතර් දේවාල.
Capitular, Capitulary, n. ධර්ම-සභා-නීතියක්, ධර්ම-සභා-සාමාජිකයෙක්.
Capitular, Capitulary, a. ධර්ම සභාවට අයිතිවූ.
Capitulate, v. ගිවිසුමක් පිට සතුරන්ට-විරුද්ධ පක්ෂයට-යටත්වෙනවා, ප්‍රතිඥවක් පිට යටත්වෙනවා.
Capitulation, n. ගිවිසුමක් පිට යටත්වීම &c.; යටත්වීමේ ප්‍රතිඥ පත්‍රය.
Capon, n. කප්පාදුකළ කුකුළා.
Capped; a. තොප්පියක් ඇති, මුදුන් වැස්මක් ඇති.
Caprice, n. හිතුබුද්ධිය, හිතුවක්කාරකම, චපලත්වය, මනෝලෞල්‍යය.
Capricious, a. හිතුවක්කාර, චපල, චපලාත්මක.
Capriciously, ad. හිතු බුද්ධියෙන්, චපල ලෙස.
Capriciousness, n. see caprice, චපලතාව.
Capricorn, n. මකරය, මකර-රාශිය.
Capriform, a. එළු රූපයක් ඇති, ඒඩකරූපි
Capsicum, n. මිරිස්, තයි මිරිස්.
Capsize, v. පෙරළනවා, පෙරළෙනවා.
Capstan, n. නැ-ගුරම් උස්සන යන්ත්‍රය.
Capsule, n. සිද්ධ්‍ය ඇට-කොපුව, බීජකෝශය, වැස්ම.
Captain, n. යුද්ධ මුලාදෑනියෙක්, නැවේ ප්‍රධානියා, සේනාපතියා.
Captaincy, n. යුද්ධ මුලාදෑනිකමක්, සේනාපති ධුරය.
Captainship, n, see Captaincy; යුද්ධ දක්ෂකම.
Caption, n. අල්ලාගැනීම
Captious, a. දෙස් අල්ලාගන්ට-වරද තබන්ට-සොයන, සිදුරු සොයන.
Captiously, ad. දෙස් සොයන-වරද තබන-අදහසින්, අවලාද ලෙස. [ගතිය.
Captiousness, n. වරද තබන ගතිය, සිදුරු සොයන
Captivate, v. නෙත්-සිත්-ගන්නවා or දිනාගන්නවා.
Captivating, a. සිත්ගන්න, &c.
Captivation, n. සිත් ගැනීම &c.
Captive, n. යුද්ධයේදී සතුරන් අතට අසුවෙන්නා, දාසයා, වාලා; take captive සිරභාරයට ගන්නවා, වාලට ගන්නවා; fig. සිතින් අසුවූ අය
Captivity, n. (සතුරන්ට) අසුවීම, සිරගණයේ සිටීම, වාල්කම, දාසත්වය.
Captor, n. (යමකු) අල්ලාගන්නා, සිරබාරයට ගන්නා, පරිග්‍රාහකයා.

Capture, v. අල්ලාගන්නවා, අත්පත්කරගන්නවා, පරිග්‍රහණය කරනවා.

Capture, n. අල්ලාගැනීම &c.; අල්ලාගත් දේ.

Car, n. කරත්තය, රථය, ගැල, රිය.

Carat, n. මංචාසි සතරක බර.

Caravan, n. තවලම, තවලම් කණ්ඩායම. [යම.

Caravansary, n. තවලම් කණ්ඩායමක් නවතින තානා

Caraway, n. මාදුරු. Carbine, n. කොට තුවක්කුවක්.

Carbon, n. අඞ්ගාර ධාතුව, අඞ්ගාරය.

Carbonic, a. අඞ්ගාරික.

Carbonic acid, n. අඞ්ගාරිකාම්ලය.

Carbonic acid gas, n. අඞ්ගාරිකාම්ල වායුව. [රක.

Carboniferous, a. ගල් අඟුරු ඇත්තාවූ, අඞ්ගාරධා

Carbonize, v. අඞ්ගාරයට පෙරළනවා, අඞ්ගාර කර නවා.

Carbuncle, n. මැණික් ගලක්, පද්මරාගය; ගඩුව, ලේ ගඩුව, විසෙළුවිටය. [ණය.

Carburet, n. අඞ්ගාර මිශ්‍රවූ ද්‍රව්‍යයක්, අඞ්ගාර මිශ්‍ර

Carburetted, a. අඞ්ගාර මිශ්‍රවූ (ජලකර වායුව &c.)

Carcass, n. මළකුණ, කුණපය, මිනිය.

Card n. ඝන කඩදාසිය, ඝන කඩදාසි කැබෙල්ලක්; නාම පත්‍රය; ක්‍රීඩා පත්‍රය.

Card, v. card wool &c., (ලොම්, පුළුන්, හණ කෙඳි &c.) පීරනවා.

Cardamom, n. කර්දමුංගු, රට එන්සාල්.

Card-case, n. නාම පත්‍ර හෙප්පුව.

Carded, a. පීරන ලද-පීරා ශුද්ධකරනලද (ලොම් &c.).

Cardiac, Cardiacal, a. හෘදයට අයිතිවූ, හෘද; හෘදව බෝධ (බෙහෙත්).

Cardiac, n. හෘදවබෝධ ඖෂධය. [චක්‍රය.

Cardiac-wheel, n. හෘදයේ හැඩය ඇති චක්‍රයක්, හෘද

Cardiagraphy, n. හෘදය ගැන විස්තර කිරීම, හෘද විස්තරය.

Cardialgia, n. හෘද්‍රෝගය, බඩ දැවිල්ල.

Cardinal, a. ප්‍රධාන, පරම, ශ්‍රේෂ්ඨ: cardinal virtues ප්‍රධාන ගුණධර්ම; cardinal numbers (පළමුවෙනි දෙවෙනි යනාදියනොව) එක දෙක තුන යනාදි ඒවා, cardinal points ප්‍රධාන දිසා, දිග්භාග.

Cardinal, n. R. C. කර්දිනාල් උන්නාන්සේ.

Cardinalate, Cardinalship, n. R. C. කර්දිනාල් පදවිය.

Carding-machine n. (ලොම් &c.) පීරන යන්ත්‍රය.

Cardiology, n. හෘද විද්‍යාව, හෘද ශාස්ත්‍රය.

Card-player, n. කඩදාසි සෙල්ලම් කරන්නා.

Care, n. taking care of බලාගැනීම, පරෙස්සම්කිරීම, පාලනය; regard සැලකිල්ල; charge භාරය; anxiety කාන්සාව, තලංගුව.

Care, v. සලකනවා; care for සලකනවා, බලාගන්නවා; wish කැමතිවෙනවා.

Careen, v. (නැවක්) ඇලකරනවා, ඇලවෙනවා.

Career, n. දිවීම, කල්කිරීම, ගමන, වයසිංව.

Careful, a. පරෙස්සම්වෙන්නාවූ; attentive සාවධාන.

Carefully, ad. පරෙස්සම් ලෙස, පරෙස්සමෙන්, සාවධානව.

Carefulness, n. පරෙස්සම, සැලක්ලිකම. [කිලිකාර.

Careless, a. නොපරෙස්සම්, නොසැලකිලි, නොසැල

Carelessly, ad. නොපරෙස්සම් ලෙස, නොසැලකිලි ලෙස, බලානොගෙන. [කම.

Carelessness, n. නොපරෙස්සම්කම, නොසැලකිලි

Caress, v. ආදරය කරනවා, සුරතල් කරනවා, බදගන්නවා, වැළඳගන්නවා.

Caress, n. ආදර කිරීම &c., සුරතලය.

Caret, n. වගන්තියක යමක් අඩු බව හඟවන මේ (^) ලකුණ, අඩුබවේ ලකුණ, ඌනත්වයේ ලකුණ, කාක පාදය.

Careworn, a. කාන්සාවෙන් කෘෂවූ, කරදරවලින් මිරිකුණු, පීඩිතවූ.

Cargo, n. නැවක පැටවිල්ල, බර.

Carica, n. පැපොල් ගස.

Caricature, n. විහිළු ප්‍රතිබිම්බය, විහිළු රූපය, විහිළු සටහන or විස්තරය.

Caricature, v. විහිළුවට පෙරළනවා, විහිළු උපමා කරනවා. [අඳින්නා.

Caricaturist, n. විහිළුවට පෙරළන්නා, උපහාස්‍ය රූප

Cariole, n. කුඩා ගැලක්, ප්‍රවහණය.

Cariosity, n. ඇටයක දිරුම, අස්ථික්ෂය.

Carious, a. දිරායන, පරික්ෂයවෙන (ඇට, දත්).

Carminative, a. වාතය නසන, වායුඝ්න, වාතාපහරණ.

Carminative, n. වාතය නසන බෙහෙත, වායු නිවෘත්තිය.

Carmine, n. රතු ද්‍රව්‍යයක්, රතු පාට, රක්තවර්ණය.

Carnage, n. (යුද්ධයේදී මෙන් බොහෝදෙනකු) මරා දැමීම, ප්‍රතිඝාතනය.

Carnal, a. කායික, ශරීරය පිළිබඳ, විෂය පිළිබඳ; carnal knowledge සංවාසය, සම්භෝගය.

Carnality, n. විෂය පිළිබඳ බව, කාමාධ්‍යාශය, කාම තෘෂ්ණාව.

Carnalize, v. කාම තෘෂ්ණාවට පමුණුවනවා.

Carnally, ad. කාමුකව.

Carnal-minded, a කාමුක හිතක් ඇති.

Carnation, n. මාංසපාට; රතු මල් ජාතියක්.

Carnival, n. R. C. උපවාසයට පෙර මඞ්ගලය. generally උත්සවය, ක්‍රීඩා මඞ්ගලය.

Carnivora, n pl. මස් කන සත්තු, මාංස භක්ෂකයෝ.

Carnivorous, a. මස් කන්නාවූ, මාංස භක්ෂක, ක්‍රව්‍ය භෝජන.

Carol, n. ප්‍රීති ගීතිකාව, ප්‍රීති සින්දුව, ආනන්ද ගීතය, භක්ති ගීතය.

Carol, v. (ප්‍රීතියෙන්) සින්දු කියනවා, ගී කීමෙන් වර්ණනා කරනවා; (කුරුල්ලන් විසින් දිගට) හඬ නඟනවා.

Carolling, n. ප්‍රීතියෙන් ගී කීම &c.; කුරුළු නාදය.

Carotid, a. බෙල්ලේ මහ ලේ නහරවලට අයිතිවූ, ග්‍රීවා-රක්ත-වාහි (නාල)

Carousal, n. මද්‍යපාන මංගලයක්, මද්‍යපානෝත්සවය, පානෝත්සවය.

Carouse, v. බොහෝසෙයින් මද්‍යපාන බීබී ඉන්නවා.

Carouse, n. මද්‍යපාන-උත්සවය.

Carp, n. මත්ස්‍ය ජාතියක්.

Carp, v. නිෂ්කාරණයේ-නිවැරැද්දේ වරද තබනවා.

Carpel, n. බීජකෝෂරන්ධ්‍රයක්, බීක.

Carpenter, n. වඩුවා, වඩු ඇදුරා, තක්ෂකයා. [ලය.

Carpenter's shop or premises, n. වඩුපට්ටලය, වංක

Carpentry, n. වඩුවැඩ, වඩු කර්මාන්තය, වඩු ශිල්පය. තක්ෂ ශිල්පය.

Carper, n. නිවැරැද්දේ වරද තබන්නා.

Carpet, n. බුමුතුරුණුව, (බිම එළන) ආස්තරණය, පලස; (merely to walk on) පාවාඩය, පියම්ළිය.

Carpet, v. බුමුතුරුණුවකින් වසනවා, පාවාඩ එළා තබනවා. [මල්ල.

Carpet-bag, n. බුමුතුරුණුවෙන් කළ මල්ල, ගමන්

Carpe'-brush, n. බුමුතුරුණු මුස්න.

Carpeted, a. බුමුතුරුණු-පාවාඩ-එළා තිබෙන.

Carping, n. නිෂ්කාරණයේ වරද තැබීම &c., see verb; නිෂ්කාරණ අවලාදය.
Carpology, n. ඵල විද්‍යාව.
Carriage, n. රථය, ගැල, කරත්තය; steam වාෂ්ප රථය, දුම්රිය (දුම්රථය); conveying ගෙනයාම; hire (ගෙනයාමේ) කුලිය; behaviour හැසිරෙන අත්දම, ලීලාව.
Carriage-free, ad. (ගෙනයාමේ) කුලිය අයනොකර.
Carriage-paid, ad. *or* a. කුලිය &c. ගෙවා *or* ගෙවාපු: I sent it carriage paid ඒක (ගෙනයාමේ) කුලිය ගෙවා ඇරියෙමි.
Carrier, n. ගෙනයන්නා, උසුලන්නා.
Carrier pigeon, n. ලියුම් ගෙනයන පරවියා.
Carrion, n. කුණු මස්, කුණපය.
Carrot, n. රතු අල ජාතියක්.
Carroty, a. රතු (ඉසකේ).
Carry, v. උසුලාගෙන යනවා *or* එනවා; (a child) වඩාගෙන යනවා &c.; convey ගෙනයනවා, ගෙනියනවා; sustain දරනවා, උසුලනවා; carry through effect ඉෂ්ට කරනවා; carry on, manage හසුරුවනවා, පවත්වනවා; පවත්වාගෙන යනවා; act කල් කරනවා, හැසිරෙනවා.
Carrying, n. ගෙනයාම &c.; carrying trade වස්තු ගෙනයාමේ වැඩේ.
Carrying, a. ගෙනයන &c.
Cart, n. රථය *or* ගැල, කරත්තය.
Cart, v. කරත්තයෙන් ගෙනයනවා, බඩු අදිනවා.
Cartage, n. කරත්තයෙන් ගෙනයාම, ගෙනයාමේ කුලිය.
Carte-blanche, n. Fr. (අත්සනක් ඇති) හිස් කඩදාසිය, fig. කැමැත්තට ඉඩදීම, (දෙන) අපරාධීනත බලය.
Carter, n. කරත්තකාරයා. [සම්බන්ධ.
Cartesian, a. Des Cartes නම් අයගේ ශාස්ත්‍ර විධිය
Cartesianism, n Des Cartes නම් අයගේ ශාස්ත්‍රවිධිය.
Cartful, a. කරත්තයක් පුරා, (පස් &c.) කරත්තයක්.
Carthaginian, a. පුරාණ කාතේජ් නුවර සම්බන්ධ.
Cart-horse, n. කරත්තයේ බඳින අශ්වයා.
Cartilage, n. ශරීරයේ ලපටි ඇට, තරුණාස්ථි.
Cartilaginous, a. ලපටි ඇට, තරුණාස්ථි, ලපටි ඇට සමාන.
Carting, n. කරත්තෙන් ගෙනයාම.
Cart-load, n. කරත්තයක පටවන බර.
Cartography, n. මුහුදු සිතියම් ඇඳීම.
Cartoon. n. (ආදර්ශයක් පිණිස) ඝන කඩදාසියේ අඳින සිතියම, විහිළු පිත්තුරය.
Cartridge, n. එක් වෙඩිල්ලකට වුවමනා වෙඩිබෙහෙත් ගුලිය, පතරොන් එකක්.
Cartridge-paper, n. ඝන කඩදාසිය.
Cartwright, n. කරත්ත තනන වඩුවා, රථකාරයා.
Caruncle, n. මස් කැටිය, මස් පිඩුව, බිබිළ.
Carve, v. මස් කැබලි කපනවා; engrave කැටයම් කරනවා, රූපයක් කපනවා; fig. carve out, plan, යෝජනා කරනවා,
Carved, a. (කැබලි) කපාපු; කැටයම්වූ; ඡේදිත.
Carver, n. මස් කපන්නා; කැටයම්කාරයා; ලොකු මේස පිහියේ.
Carving, n. කැපීම; කැටයම, කැටයම් ශිල්පය; කැටයම් රූපය, කැපූ පිළිමය.
Cascade, n. කුඩා ඇල්ල, කෙළින් වැටෙන ජල ධාරාව, ප්‍රස්‍රවණය.

Case, n. covering වහන්තරුව, වැස්ම, පිළිවැස්ස; sheath කොපුව, කූඩුව, කෝෂය; box පෙට්ටිය; outer part බාහිර කොට්ඨාසය.
Case, v. වැස්මක-පෙට්ටියක-දමනවා, වසනවා.
Case, n. condition සවභාව, ආකාරය. විලාසය; a matter කාරණාවක්; law suit නඩුව; of gram. විභක්තිය, විබත.
Case-hardened, a. (වානේ මෙන්) පිටතින් තදකළාවූ; fig. පුරුද්ද කරණකොටගෙන දැඩිවූ.
Casein, n. දීකිරි ධාතුව.
Casemate, n. බලකොටුවක බිංගෙයක්.
Casement, n. කවුළු රාමුව, අරින පියන කවුළුව; කුහර සහිත ලීස්තරයක්. [කරනවා.
Cash, n. කාසි, මිල; v. (මිල පත්‍රයක්) කාසිවලට මාරු
Cash-account, n. ලියාපු මිල ගණන, අය වැය මිල ගණන, මුදල් ගණන. [පොත.
Cash-book, n. මිල ගණන් පොත, මුදල් ගණන්
Cashew-tree or nut, n. කජු ගහ *or* කජු ඇටය.
Cashier, n . මුදල් භාරකාරයා, සරප්පු, පනම් බලන්නා.
Cashier, v. නිලයෙන්-වැඩෙන්-පහකරනවා, අහක් කරනවා.
Cash-keeper, n. මුදල් භාරගන්නා.
Cashmere, a. or n. කාශ්මීර (සළුව &c.).
Cashmerian, a. කාශ්මීරයට අයිතිවූ.
Casino, n. නාට්‍යශාලා ආදියෙන් යුක්ත ප්‍රසිද්ධ ගොඩනැගිල්ලක්, පිටිසර ගෙයක්.
Cask, n. පේගරය, පීප්පය. [සමුදායය.
Casket, n. හෙප්පුව, (ආභරණ දමන) කුඩා පෙට්ටිය,
Cassada, Cassado, n. මඤ්ඤොක්කා ගහ. See Cassava.
Cassation, n. අවලංගුකිරීම; court of cassation (ප්‍රංශ රාජ්‍යයේ ඇපැල් ගැනීමේ) ශ්‍රේෂ්ඨාධිකරණ සභාව.
Cassava, n. මඤ්ඤොක්කා පිටි. See Cassada.
Cassia, n. දවුල් කුරුඳු, ලමග, තෝරගස් ජාති.
Cassia-oil, n. කුරුඳු තෙල්.
Cassiopeia, n. උතුරේ තරු පඞ්ක්තියක්.
Cassock, n. දේවගැතිවරුන්ගේ ඇඳුමක්.
Cassowary, n. පැස්බරාට සමාන පක්ෂියෙක්.
Cast, v. throw විසිකරනවා.
cast aside අහක දමනවා; cast down දමනවා; හෙළා දමනවා.
cast eyes upon, ඇස් හෙළාගන්නවා, බලනවා; cast lots දාදු දමනවා.
cast out පහකරනවා, අහක්කරනවා, බැහැර කරනවා, දුරුකරනවා.
cast up, add එකතුකරනවා, ගණනක් බලනවා.
cast metal වාත්තුකරනවා; cast young ගබ්සා වෙනවා;
cast in one's teeth යමකුට වද පිණිස යමක් ගෙනපානවා.
Cast, n. විසිකිරීම, දැමීම; of the eye වපර බැල්ම; manner අත්දම; form හැඩය; cast of countenance මුහුණේ හැඩය *or* ආකාරය; a figure හුනු-ලෝහ-රූපයක් *or* අච්චුවක්. [දේ.
Castaway, a. අහක දැමූ; n. අහක දමනු ලැබූ අය *or*
Caste, n. කුලය, ගෝත්‍රය.
Castellated, a. කොටුකරපු (උල්පත &c.)
Caster, n. විසිකරන්නා &c., see verb; මේසයේ කුප්පියක්; (බඩුවල අඩියේ) කුඩා රෝදය.
Castigate, v. දඬුවම් පිණිස තළනවා, පහරදීමෙන් අච්චුකරනවා. [පහරදීම
Castigation, n, තැළීම &c.; fig. (ලියුම් කියුම්වලින්).

Castigator, n. තළන්නා, දඬුවම් කරන්නා, පහර දෙන්නා.
Castigatory, a. දඬුවම් ආකාර or පිළිබඳ.
Casting, n. විසිකිරීම &c., see verb; of metal වාත්තුව, වාත්තුකිරීම.
Casting-net, n. විසිකරන දැල.
Casting-vote, n. (යම් තීරණයක් ගැන සභාවේ ප්‍රධානියාගේ) වැඩිපුර කැමැත්ත දීමක්, තීරණීය ඡන්දය.
Cast-iron, n. වාත්තු යකඩය.
Castle, n. බලකොටුවක් සේ තනා තිබෙන ගෙයක්, බලකොටුවක්.
Castle-building, n. fig. අහසේ බලකොටු බැඳීම, නිෂ්ඵල යෝජනා කිරීම.
Cast-off a. අහක දැමූ, පහකළ (ඇඳුම් &c.).
Castor-oil, n. එඬරු තෙල්, එරණ්ඩ තෙල.
Castrate, v. කප්පාදුකරනවා, කරඅඹනවා.
Castrated, a. කප්පාදුකළ, කප්පාදු.
Castration, n. කප්පාදු කිරීම, කරඇඹීම; මල්වල පරාගකෝෂය කපාදැමීම.
Cast-skin, n. වැටෙන සිවිය, හැවය.
Casual, a. අහම්බෙන්—ඉඳ හිටලා—සිද්ධවෙන්නාවූ; අනියම්වූ, ආගන්තුක.
Casually, ad. අහම්බෙන්, ඉඳහිටලා, අනියමලෙස.
Casualty, n. අහම්බෙන්—අනියම් ලෙස—සිද්ධවෙන දෙය, හදිසියක්, හදිසි අනතුරක්.
Casuarina, n. කස ගහ, කස වෘක්ෂය.
Casuist, n. ධර්මාධර්ම-ක්‍රියාවක් or සිතේ ස්වභාවයක්-යුතුද අයුතුද කියා විමසා කියන්නා.
Casuistic, Casuistical, a. ධර්මාධර්ම, යුතු අයුතු.
Casuistry, n. ධර්මාධර්ම විවේචන විද්‍යාව.
Cat, n. බළලා, බැළලී, ගඳුවා; whip කසය.
Cata, prefix, විරෝධ, යට, යටට, ක්‍රමයෙන්, තීක්ෂ්ණව, තදලෙස, යනමේ තේරුම් ඇති උපසර්ගයක්.
Catacathartic, n. විරේචනෞෂධය.
Catachresis, n. (උපමා වල) අන්‍ය-විපරීත-ව්‍යවහාරය.
Catachrestic, a. විපරීත, විපර්යාස.
Catachrestically, ad විපරීත ලෙස, විපර්යාසලෙස.
Cataclysm, n. ජලප්‍රවාහය, ජලගැල්ම, භූමිකම්පාව.
Catacomb, n. භූගෙයක්ව or ගුහාවක්ව තිබෙන සොහොන් පළ, සොහොන් ගුහාව, අන්තර්භෞම ශ්මශානය.
Catacoustic, a. ඝෝංකාර, අනුනාද.
Catacoustics, n. pl. ඝෝංකාර ශාස්ත්‍රය, අනුනාද-අනුරාව-ප්‍රතිනාද-ශාස්ත්‍රය.
Catadioptric, a. කාන්ති වැටෙනසුළු, කාන්තිවර්තන.
Catalepsis, Catalepsy, n. හදිසියෙන් සිහිනැතිවීම, සිහි-අපිරි, අපස්මාරය. [රු කරනවා.
Catalogue, v. නම් වට්ටෝරුවක් ලියනවා, වට්ටෝ
Catalogue, n. නම් වට්ටෝරුව, නාමාවලිය.
Catamaran, n. T. කට්ටමරන්, පහුරු.
Catamenia, n. මාසේ මාරුවීම, කිලිවීම, ආර්තවය.
Catamenial, a. කිලිවීම පිළිබඳ, ආර්තව.
Catapult, n. ගල් &c. විසිකරන යන්ත්‍රය, ගල්පට්ටිය.
Cataract, n. මහ ඇල්ල, කෙළින් වැටෙන මහත් ජල කඳ; of the eye ඇස්රෝගයක්, පටලය, කාචය.
Catarrh, n. පීනස.
Catarrhal, a. පීනස් සහිත.
Catastrophe, n. (දුඃඛිත) අන්තිම සිද්ධවීම or කෙළවර, මහත් විපත්තිය; in geol. භූමි භංගය.
Catch, v. අල්ලනවා, අල්ලාගන්නවා; අසුකරනවා, අසුවෙනවා; catch at අල්ලන්ට අත දික්කරනවා or දමනවා.

Catch, n. ඇල්ලීම &c.; ඇණයක් or කොක්කක් or [illegible] මෙන් යමක් අල්ලා—අසුකර—සවිකර—[illegible] පාවිච්චි කරන දෙය; අතට අසුවෙන දේ, [illegible].
Catching, a. බෝවෙන (රෝග).
Catchpenny, a. මුදල් අසුකරගැනීමට විකුණන්නාවූ, [illegible].
Catchup, n. හතු ඉස්ම, වෙන සමහර ගෙඩි ජාතිවලින් [illegible] (සාස් කියන) ඉස්ම.
Catch-word, n. ළඟක්කරවන අන්තිම වචනය, පත් [illegible] අන්තිම වචනය.
Catechetical, Catechetic, a. ප්‍රශ්නෝත්තර. [යෙන්.
Catechetically, ad. (පුහුණුකරන) ප්‍රශ්නෝත්තර වශ
Catechetics, n. pl. ප්‍රශ්නෝත්තර වලින් උගන්වන [illegible].
Catechise, v. ප්‍රශ්න ඇසීමෙන් පුහුණු කරවනවා, ප්‍රශ්නෝත්තර ක්‍රමයෙන් උගන්වනවා, ප්‍රශ්න ඇසි [illegible] සෝදිසිකරනවා.
Catechism, n. ප්‍රශ්නෝත්තර පාඨය, ප්‍රශ්නෝත්තර [illegible], කතිකිස්මය.
Catechist, Catechiser, n. ප්‍රශ්නෝත්තර මඟින් [illegible]කරවන්නා, කතිසාරුනැන.
Catechumen, n. ක්‍රිස්තියානි ශිෂ්‍යයා, ශෝලයා.
Categorical, a. ක්‍රමාකාරවූ, &c., see noun; කෙළින් [illegible] &c.), ඒකාන්ත, නියත, ව්‍යක්ත.
Categorically, ad. ඒකාන්ත ලෙස, කෙළින්ම.
Category, n. ක්‍රමය, වර්ගය, සමාන වර්ගය, පඩිපාතිය, [illegible]ම, පිළිවෙළ, ප්‍රභේදය.
Catenary, n. (දෙකොණගලෙන් එල්ලී වැටෙන) යොත, [illegible] නැමුම. [කරනවා.
Catenate, v. ඈඳනවා, අමුණනවා, පුරුක්වලින් සන්ධි
Catenation, n. පුරුක් වශයෙන් ගැළපීම, සන්ධික්‍රමය. See Concatenation.
Cater, v. cater for කෑම සපයනවා or සපයාදෙනවා.
Caterer, n. සපයන අය, (ප්‍රසිද්ධවකට, මඟුල්කට) [illegible] or කෑම්ලි පෙම්ලී සපයාදෙන්නා.
Caterpillar, n. දළඹුවා, දළඹුවා. [ගසනවා.
Caterwaul, v. බළලුන් මෙන් අමිහිරි ශබ්දයෙන් කෑ
Catgut, n. සතුන්ගේ බඩවැල් වලින් තනන රැහැන් තත්.
Catharsis, n. විරේචනකිරීම. [බෙහෙතක්.
Cathartic, a. විරේචනකරන, විරේක.; n. විරේචන
Cathartocarpus, n. cassia fistula ඇහැළ.
Cathedra, n. ආසනය, ප්‍රධානාසනය; ex cathedra බලය ඇතුව.
Cathedral, n. පාරිදෘශික දේවස්ථානය, ප්‍රධාන දේවස්ථානය; R. C. ආසන දේවස්ථානය, ආසන දෙව් මැදුර.
Cathedral, a. පාරිදෘශික දේවස්ථානයට අයිති, පාරිදෘශික දේවස්ථාන &c.
Catholic, a. සර්වසාධාරණ, සර්ව සාමාන්‍ය, සාර්වභෞම, උදාර, අපක්ෂපාත; R. C. (රෝමානු) කතෝලික.
Catholic, n. රෝමානු කතෝලිකයා, රෝමානු ආගම්කාරයා.
Catholicism, n. රෝමානු සභාවට බැඳී සිටීම, රෝමානු ඇදහිල්ල.
Catholicity, n. සර්ව සාමාන්‍යත්වය, සාර්වභෞමතාව, අපක්ෂපාතතාව.
Catholicon, n. සර්වප්‍රතිකාරය, සියලු රෝග සුවකරන බෙහෙතක්.
Catkin, n. මල් කිනිති ජාතියක්. [වීස.
Cat-o'-nine-tails, n. පට් නවයක් ඇති කසය, සැමි

Cat's-eye, n. වෛරෝඩිය, වෙරළුමිණ.
Cat's-paw, n. lit. බළල් අත, fig. ආවුදයක් or උපකරණයක් කරගනු ලබන්නෙක්.
Cat-tail, n. හම්බු පත්. [පශුජාති.
Cattle, n. pl. ගවයෝ, ගෙරි, හරක්, හරකා බාන,
Cattle, a. ගව, ගෙරි, පශු. [එඬේරු.
Cattle-keeper, n. ගෝපාලයා, පශුපාලයා, හරක්
Cattle-keeping, n. ගවපාලනය, පශුපාලනය.
Cattle-produce, n. පශු සම්භවය.
Cattle-show n. පශු ප්‍රදර්ශනය.
Caudal, a. වල්ගයට අයිතිවූ, නකුට.
Caudle, n. බෙත් කැඳ.
Caul, n. ළුයට දමන දූල් මැස්ම; film or cover සිවිය; of the bowels අතුණුවැටිය.
Cauliflower, n. කෝවි ජාතියක්, සුදු මල් කෝවි.
Causal, Causative, a. කරවන්නාවූ, කාරක, උත්පාදක, හේතුක; in gram. ප්‍රයෝජ්‍ය (විධිය).
Causality, n. කාරණත්වය, හේතුතාව; in phren. හේතුපරීක්ෂණේන්ද්‍රිය or මොළේ ඒ කොටස.
Causally, ad. හේතු ක්‍රම ආකාරයෙන්.
Causation, n. කරවීම &c., see verb., හේතුතාව.
Cause, n. origin හේතුව, ප්‍රත්‍යය, මුල; object කරුණ, motive අදහස, අභිප්‍රාව; lawsuit නඩුව.
Cause, v. කරවනවා, සලස්වනවා, උපද්දනවා, උත්පාද කරනවා.
Causeless, a. අහේතුක, හේතුවක් නැති, නිෂ්කාරණ, නිකරුණ.
Causelessly, ad. අහේතුවෙන්, හේතුවක් නැතුව, අප්‍රත්‍යයෙන්, නිෂ්කාරණයේ, නිකරුණේ.
Causelessness, n. අහේතුතාව, නිෂ්කාරණත්වය.
Causer, n. කරවන්නා &c., see verb, උත්පාදකයා.
Causeway, n. උස්කර තැනූ මාර්ගය, (වැටියේ or මාවතේ පැත්තක) බැඳපු පාර.
Caustic, n. ගිනි (මෙන් දවන) බෙහෙත, කාරම, දහකෞෂධය, කොස්ටික්.
Caustic. a. දවන, දාහක; fig. තද ඇනුම් සහිත.
Caustically, ad. ඇනුම්පද වශයෙන්.
Causticity, n. (බෙහෙත්වල) දවන ගුණය; (ඇනුම්පද වල) තද්කම.
Cauterant, n. (ගිනිවතුර මෙන්) දන ද්‍රව්‍යය. [verb.
Cauterization, n. in sur. පිලිස්සීම, අග්නි කර්මය. see
Cauterize, v. (ගිනියම් යකඩයකින් or ගිනි බෙහෙතකින්) පුලුස්සනවා, දවනවා.
Cauterizing, n. පිලිස්සීම, දහනයකිරීම, දැවීම.
Cautery, n. දහනය.
Caution, n. care පරෙස්සම, ප්‍රවේසම පරෙස්සම්වීම; warning කලින් දැන්වීම, දැනුම්දුනුකම, සම්ක්ෂාව.
Caution, v. (අනතුරක් ගැන) කලින් දන්වනවා, කලින් දැනුම්දුනුකම් දෙනවා.
Cautionary, a. කලින් දැනුම්දීමක් සහිතවූ, ඇපයක්වූ.
Cautious, a. පරෙස්සම් වෙන්නාවූ, පරීක්ෂාකාරී, විපරම් සහිත.
Cautiously, ad. පරෙස්සම්ලෙස, බලාගෙන, පරීක්ෂාවෙන්, විපරමෙන්.
Cautiousness, n. පරෙස්සම්වීම, විපරම.
Cavalcade, n. අසරු පෙළ, අසරු පිරිවර, අශ්වාරෝහ ශ්‍රේණිය.
Cavalier, n. අශ්වාරෝහකයා, අසරුවා.
Cavalier, a. අසරු ආකාර, *i. e.*, අහංකාර, උඩඟු.
Cavalierly, ad. උද්දච්ච ලෙස, උඩඟු ලෙස.

Cavalry, n. අසරු සේනාව, අසරුවෝ, අශ්ව සමූහව, අශ්ව සේනාව.
Cave, Cavern, n. ගුහාව, බෙනය, ලෙණ. See Burrow.
Cave, v. cave in ඇතුලට වැටී කුහර වෙනවා.
Caveat, n. in law තහනමක්.
Cavendish, n. දුම්කොළ ජාතියක්.
Caverned, a. ගුහා ඇත්තාවූ, විවර සහිත.
Cavernous, a. කුහරවූ, ගුහා විවර ආදිය සහිත.
Cavil, v. වරදක් කොට ඒගැන බොරු or වැදගැම්මකට නැති or සුළු කාරණා කියා වාද කරනවා, බොරුවට වාදකරනවා, මිථ්‍යා විවාද කරනවා.
Cavil, n. සුළු—අසත්‍ය—මිථ්‍යා—විවාදය.
Caviller, n. අසත්‍ය වාදකාරයා, වැදගැම්මකට නැති විවාදකරන්නා. [&c.
Cavilling, n. අසත්‍යතාවෙන් සුළු ලෙස විවාදකිරීම
Cavity, n. පතස, කුහරය, වළ, සිදුර.
Caw, n. කපුටාගේ හඬ, කා යන ශබ්දය; v. (කපුටුවා මෙන්) කා ගානවා.
Cayenne pepper, n. රට මිරිස්.
Cayman, n. කිඹුලා.
C. B. ඉංග්‍රීසි පටබැඳි නාමයක්.
C. E. සිවිල් ඉංජිනේරුවා, නගර කර්මාන්තාදිය බලාගන්නා ශිල්පියා.
Cease, v. නවතිනවා, නැවතෙනවා, ශෝධ්‍යාරම්භවනවා; cease to be නිරුද්ධවෙනවා, නැතිවෙනවා; refrain වැලකෙනවා.
Ceaseless, a. නොනවතින, නොරනැති, අනවරත, නිරන්තර. [තරයෙන්.
Ceaselessly, ad. නොර නැතුව, අනවරතයෙන්, නිරන්
Ceasing, n. නැවතීම &c. see verb.
Cedar, n. දේවදාරු.
Cede, v. (ගිවිසුමකට ලොව) දෙනවා, පාවාදෙනවා, පරිත්‍යාග කරනවා. [නවා.
Ceil, v. වහලේ යටපැත්තේ ලෑලි ගහනවා, රෙදි ගහ
Ceiled, a. උඩින් ලෑලි—රෙදි—ගසාපු, වියන් තව්වුවක් ඇති.
Ceiling, n. වියන් තව්වුව, සිලිම.
Celebrant, n. දේව මෙහෙයක් පවත්වන්නා.
Celebrate, v. වර්ණනාකරනවා, ප්‍රශංසාකරනවා, උත්සව කොට—මඟුලයක් කොට—උත්සවයක් කොට—පවත්වනවා
Celebrated, a. කීර්තිමත්, ලෝකප්‍රසිද්ධ, විශාරද.
Celebration, n. වර්ණනාකිරීම &c., සංකීර්තනය.
Celebrity, n. කීර්තිය, කීර්තිමත්කම.
Celerity, n. ඉක්මන්කම, තුරිතකම, ශීඝ්‍රකම.
Celery, n. සැල්දිරි.
Celestial, a. ස්වර්ග (වූ), ස්වර්ගීය, ස්වර්ගික, දිව්‍ය; අහසට—ආකාශයට—අයිතිවූ.
Celestially, ad. ස්වර්ග—දිව්‍ය—ආකාරයෙන්, ඉතා ප්‍රීතිමත් ලෙස, අභිනන්දන ලෙස.
Celibacy, n. බ්‍රහ්මචර්යාව, බඹසර.
Celibate, a. බ්‍රහ්මචාරී, විවාහක.
Celibate, n. බ්‍රහ්මචාරියා.
Cell, n. කුඩා කුහරය, සිදුර, බිල, රන්ධ්‍රය; කුඩා ඇතුළු ගෙය, හිරගෙයි කාමරයක්, ඇඳිරි ගෙය, කුටිය.
Cellar, n. බිං ගේ, බිම ගෙය &c., බිං ගබඩාව.
Cellarage, n. බිං ගබඩා ඉඩම, බිං ගබඩාවේ කුලිය.
Cellaret, n. මත්පැන් බෝතල පෙට්ටිය.
Cellular, a. සිදුරු ආකාරවූ, සිදුරු ඇත්තාවූ, බිල සහිත; cellular tissue, රන්ධ්‍ර—සිදු—ජාලය.

Celt, n. සෙල්ත් නම් පුරාණ යුරෝපීය ජාතියක තැනැත්තෙක්; ආයර් ජාතියේ තැනැත්තෙක්, සෙල්ත්‍රයා, සෙල්තිකයා, ඒ ජාතියේ අයවලුන්ගේ ආවුදයක්.
Celtic, a. සෙල්තික, n. සෙල්තික් භාෂාව.
Cement, n. බදාම, (සිමෙන්ති); අලවන ද්‍රව්‍ය; fig. සම්බන්ධය.
Cement, v. බදාමෙන් අලවනවා, (ප්‍රේමය &c.) සම්බන්ධ කරනවා.
Cementation, n. බදාමෙන් ඇලවීම, සම්බන්ධ කිරීම; (වානේ &c. සාදන) රසායන විධියක්.
Cemetery, n. සොහොන් පළ, සොහොන් භූමිය, ප්‍රේතාවාසය, ශ්මශානය.
Cemetral, a. සොහොන් භූමිය පිළිබඳ.
Cenotaph, n. මළවුන් සිහිපත් කරවීමට බඳින ඵද කොත, සමරණසතම්භය, පිට තැනකදී මැරුණු තැනැත්තකු සිහිවීමට බඳින ඵද කොත.
Censer, n. සුවඳ දුම් භාජනය, ධූප පාත්‍රය.
Censor, n. පුරාණ රෝමවරුන්ගේ ගම් බිම් ලේකම්; පොත් පත් විමසන්නා, ග්‍රන්ථපරීක්ෂකයා, ලියවිලි ආදී වරද සොයන්නා.
Censorious, a. ලියවිලි ආදියේ වරද සොයන, දෝෂාරෝපණ, අපවාදක.
Censoriousness, n. වරද සොයන බව &c.
Censurable, a. දෙස් සහිත, සාවද්‍ය. [තාව.
Censurableness, n. දෝෂාරෝපණීයතාව, සාවද්‍ය
Censure, v. වරදතබනවා, දෝෂාරෝපණය කරනවා, අවලාද කරනවා.
Censure, n. වරද තැබීම, දෝෂාරෝපණය, පරිවාදය, අවලාදය, ආක්‍රෝශය, දෝෂ ප්‍රසංගය.
Census, n. ජන ලේඛනය.
Cent, n. සියය; (මුදලින්) ශතයක්; five &c. per cent. සියයට පහක් &c. [ත්තා.
Centenarian, n. අවුරුදු සියයක් වයස් පිරුණු තැනැ
Centenary, n. එකසිය ගණනක්; අවුරුදු සියයක්, වර්ෂ ශතය; ශත සංවත්සරය පැවැත්වීම, ශත වර්ෂ මඞ්ගලය.
Centenary, a. සියයක් අඩංගු, සිය, ශත.
Centennial, a. ශත වර්ෂයකට වරක් සිදුවන, ශතවර්ෂ.
Centered, pp. (චක්‍ර නාභියකට මෙන්) රැඳී; fig. පිහිටා.
His thoughts are centered on pleasure ඔහුගේ සිතිවිලි සැප කෙරෙහි රැඳී තිබේ.
Centesimal, a. සියවෙනි, ශතම; n. ශතමසථානය.
Centigrade, a. අංශ සියයක් ඇති, ශතාංශ.
Centipede, n. පත්තෑයා, ශතපදිකයා.
Centoculated, a. ඇස් සියයක් ඇති, ශතාක්ෂ.
Central, a. මැදිවූ, මධ්‍යස්ථ, මධ්‍යමීය.
Centrality, n. මැදි බව, මධ්‍යත්වය.
Centralization, n. මධ්‍යයෙහි රැඳීම, මධ්‍යයෙහි පිහිටුවීම, මැදට—මැද දිහාවට—ඇදීම; කොටඨාස සම්බන්ධකිරීම.
Centralize, v. මැදට—එකතැනකට—අදිනවා or එකතුකරනවා, කොටඨාස එකමුතුකරනවා.
Centrally, ad. මධ්‍යයෙහි, මධ්‍යාකාරයෙන්.
Centre, n. මැද, මධ්‍යය, චක්‍රනාභිය, කේන්ද්‍රය.
Centre, v. මැදට අදිනවා or ඇදෙනවා, මැදට එකතු කරනවා, මධ්‍යයෙහි පිහිටුවනවා, or පිහිටනවා.
All things centre upon this සියල්ලම මෙකට ඇදෙනවා or පැමිණෙනවා, මෙහි රඳාපිහිටිනවා.
Centric, Centrical, a. මධ්‍යමීය, මධ්‍යස්ථ. See Central.
Centrifugal, a. මධ්‍යයෙන් අහක්වීමට—විසිවීමට—ඇදෙන්නාවූ, මධ්‍යයෙන් විසිකරවන්නාවූ (බලය).

Centripetal, a. මධ්‍යයට ඇදෙන්නාවූ or ඇදගන්නාවූ; මධ්‍යාකර්ෂණ (බලය).
Centuple, a. සියවරක් (වූ), ශතගුණ.
Centuple, v. සියසැරයක්–ශතගුණයක්–වැඩිකරනවා.
Centurion, n. හේවායන් සියයකගේ මුලාදෑනියා.
Century, n. අවුරුදු සියය, ශතවර්ෂය, ශතසංවත්සරය.
Cephalalgy, n. ඉස රදය.
Cephalic, a. ඉස සම්බන්ධ, ශිරස්.
Cephalous, a. ඉස ඇති, ශිරසාන්විත.
Cerate, n. ඝන තෙල.
Cerberus, n. in myth. බලි මන්දිරයේ සුනඛයා.
Cere, v. ඉටි ගානවා. Cereal, a. ධාන්‍ය.
Cerealia, n. pl. ධාන්‍ය ජාති.
Cerebellum, n. මොළයේ යට පංගුව, යටි මොළය.
Cerebral, a. මොළයට අයිතිවූ, මස්තිෂ්ක, මස්තුලුංගික.
Cerebral,-letter, n. මූර්ධජාක්ෂරය. [මොළය.
Cerebrum, n. මොළයේ උඩ—ප්‍රධාන—පංගුව, උඩු
Cerecloth, n. ඉටි ගාපු රෙද්ද, ඉටිරෙද්ද
Cerement, n. (මිනී ආරක්ෂාකිරීමට වෙළුම්) ඉටි රෙදි.
Ceremonial, a. චාරිත්‍රයට අයිතිවූ.
Ceremonial, n. චාරිත්‍ර ක්‍රමය, චාරිත්‍ර පොත.
Ceremonially, ad. චාරිත්‍ර වශයෙන්, චාරිත්‍ර ක්‍රමයේ හැටියට.
Ceremonious, a. බහු චාරිත්‍රගත; පිළිවෙත්-චාරිත්‍ර-බොහෝසෙයින් සලකන්නාවූ. [ලෙසට.
Ceremoniously, ad. චාරිත්‍ර වශයෙන්, සිරිත් විරිත්
Ceremony, n. පිළිවෙත, ආගමේ චාරිත්‍ර; devil ceremonies යක් තොවිල්, යක්ෂ පිළිවෙත්.
Ceres, n. in myth. ධාන්‍ය දේවතාවා.
Certain, a. සත්තක, සහතික, නිසැක, තිරසාර, නියත, නිශ්චිත, නියම, එක්තරා. [කයෙන්ම.
Certainly, ad. සත්තකටම, සහතික ලෙස &c., නිසැ
Certainty, n. සත්තක බව &c., නිශ්චය, නිශ්චිතය.
Certificate, n. සාක්ෂි පත්‍රය, සහතික පත්‍රය.
Certificate, v. සාක්ෂි පත්‍රයක්—සහතික පත්‍රයක්—දෙනවා. [ලැබූ.
Certificated, a. සාක්ෂි පත්‍රයක්—සහතික පත්‍රයක්—
Certified, a. සහතික කරනලද, ඒකාන්ත දැනුම් දීමක් ලැබූ; say ඒකාන්ත ලෙස දැනගත්. [නවා,
Certify, v. සහතික කරනවා, ඒකාන්තයෙන් දන්ව
Certitude, n. සත්‍යභාවය, සත්තකකම, ඒකාන්තතාව.
Cerulean, a. ආකාශ වර්ණ, නිල, නිල්.
Cerumen, n. කන්කාදුරු, කලාදුරු, කණ්ගූථ.
Cervus, n. ගෝනා, මුවා. Cess, n. or v. See Assess.
Cessation, n. නැවතීම, නතරවීම, හිටීම, නිවෘත්තිය, &c., See Cease; නිවාඩුව, විශ්‍රාමය; refraining විරතිය, අපගමය.
Cession, n. අත්හැරදැමීම, වාසියක්කොට පාවාදීම.
Cesspool, n. වැසිකිළි වළ.
Ceylon, n. ලඞ්කාව, ලංකාව, ලංකාද්වීපය, ලක්දිව, ශ්‍රී ලංකාව, සිරිලක.
Ceylon, a. ලංකා, ලක්, ලාංකික.
Chafe, v. උලනවා, ඇතිල්ලීමෙන් උණුහුම් කරනවා; ගෙවනවා, ගෙවෙනවා, සීරෙනවා; fig. තරහ අවුස්සනවා, ඇවිස්සෙනවා.
Chafe, n. ඉලීමේ උණුහුම, තරහ ඇවිස්සීම, උරණය.
Chafed, a. සිරුණාවූ, කිපුණාවූ, තරහවූ. [&c.
Chaff, n. බොල්, පොතු, දහයියා, තුෂ; කපාපු පිදුරු
Chaff-cutter, n. පිදුරු &c. කපන යන්ත්‍රය.
Chaffer, v. මිලේට ගැනීමේදී ලෙල්ලම් කරනවා, සෙල්ලම්කරනවා. [see verb.
Chafing, n. ඉළීම &c.; ගෙවීයාම &c.; ඇවිස්සීම.

Chagrin, (ෂග්‍රීන්) n. තරහ, අප්‍රසන්නය. [නවා.

Chagrin, (ෂග්‍රීන්) v. අප්‍රසන්න කරනවා, කෝප කර

Chain, n. දම්වැල, දමය; ornament, garland, මාලය, මෙවුල්දම; row (රෝ) or series පෙළ, ශ්‍රේණිය; of measure අඩි හැටහයක මිම්ම. [තවා.

Chain, v. දම්වැල් දමනවා, දම්වැලෙන් බඳිනවා; ඈද

Chain-cable, n. යකඩ පුරුක් කම්බිය, යදම. යදම් වැල.

Chained, pp. *or* a. දම්වැල් දමනලද &c., දම්වැලෙන් බැඳි, ශෘඞ්ඛලිත. [කණ්ඩායමක්.

Chain-gang, n. හිරකාරයන් පෙළක් *or* රංචුවක් *or*

Chain-moulding, n. දම්වැල් ලීස්තරය.

Chain-pump, n. (දිය අදින) දම්වැල් යන්ත්‍රය.

Chain-work, n. දම්වැල් මැහුම.

Chair, n. පුටුව; seat ආසනය; of professor, ආචාර්යාසනය, *i. e.*, ආචාර්යත්වය; of railway යකඩ පිලි කොට්ටය; of public assembly ප්‍රධානාසනය; take the chair ප්‍රධානාසනයට පැමිණෙනවා.

Chair, v. (ජයගත් අය පෙරහැර වශයෙන්) පුටුවක තබාගෙන යනවා. [පති.

Chairman, n. සමුහියේ *or* සභාවේ ප්‍රධානයා, සභා

Chairmanship, n. සමුහියේ ප්‍රධානත්වය, සභාපතිකම. [යක්.

Chaise, (ෂේස්) n. රථ ජාතියක්, අශ්ව වාහන ජාති

Chaldean, n. කල්දියාවේ වැසියෙක්, කල්දියයා.

Chaldee, n. කල්දියාවේ භාෂාව, කල්දි භාෂාව.

Chaldron, (කා) n. මිම්මක්, රාත්තල් බරක් *or* ගණනක්.

Chalice, n. කුසලාන, පාත්‍රය. [කරනවා.

Chalk, n. රටහුනු; v. රටහුනු ගානවා, හුනෙන් ලකුණු

Chalky, a. රටහුනු මුසු, රටහුනු වැනි.

Challenge, v. සටනට—පොරට—විවාදයට—අඬගසනවා, defy මියකියනවා; dispute අරෝ කරනවා; (මුරකාරයා විසින්) විචාරනවා. [ප්‍රශ්නය.

Challenge, n. සටනට &c. අඬගැසීම &c.; අරෝව,

Challie, n. සල්ලිය. [පානය.

Chalybeate, (කා) a. or n. යකඩ මල මිශ්‍රවූ දිය *or*

Chamber, n. ඇතුළු ගෙය, කාමරය, ශයනාගාරය, සාකච්ඡා ශාලාව; කුහරය, කිල.

Chambered, a. ඇතුළු ගෙයි සිටින &c; කුහර ඇති.

Chamberer, n. සල්ලාලයා.

Chamber-hanging, n. ශයනාගාර තිරය.

Chambering, n. සල්ලාලකම.

Chamberlain, n. ඇතුළු ගෙවල් බලාගන්න අය, මාළිගාවේ රහස් කාමර බලාගන්න අමාත්‍යයා; හැතපෙන ගෙයි නිලමේ.

Chambermaid, n. ඇතුළුගෙයි වැඩකාරි.

Chamber of Commerce, n. (නුවර) වෙළඳ සභාව *or* වෙළඳ සභා ශාලාව [කළ හම.

Chamois, (ෂමි) n. මුව ජාතියක්; (ඒ සතාගේ) පදම්

Chameleon, (කා) කටුස්සා, බොහොඩා.

Chamomile, (කා) n. බෙහෙතට ගන්න පැළ ජාතියක්.

Champ, v. (ශබ්ද ඇතුව) නැවත නැවත විකනවා, හප හපා ඉන්නවා.

Champac, n. සපු, ගිනි සපු, රටසපු, මල් සපු, චම්පක.

Champagne, (ෂ) n. මුද්‍රිකාපාන ජාතියක්.

Champaign, (ෂ) n. සමතලා රට, එළිමහන.

Champaign, (ෂ) a. සමතලා, එළිමහන්.

Champion, n. සටන—පොරය—විවාදය—අරෝව—භාරගන්න අය, මල්ලවයා, වීරයා, පොර දිනූ තැනැත්තා *or* පොරට හපනා.

Champion, v. සටනත් &c. භාරගන්නවා.

Championship, n. සටනක් &c. භාරගැනීම; ජය ගැනීමේ ශ්‍රේෂ්ඨතාව, පොර දිනූ හපන්කම. [ණෙනවා.

Chance, v. ඉබේට වෙනවා, ඉබේට සිද්ධවෙනවා, පැමි

Chance, n. ඉබේට සිද්ධවෙන දේ, අහම්බය; opportunity ඉඩ, ප්‍රස්තාව.

Chancel, n. දේවස්ථානයේ පූජාසනය *or* මේසය තිබෙන කොට්ඨාසය, පූජාසන මණ්ඩලය, අභ්‍යන්තර ගය

Chancellor, n. Lord High Chancellor ප්‍රධානාමාත්‍යයා; Chancellor of the Exchequer භාණ්ඩාගාරික අමාත්‍යයා; නොයෙක් උසස් නිලධාරී.

Chancery, n. මහා ත්‍රිනාත්‍යයේ ශ්‍රෙෂ්ඨාධිකරණ ශාලාව. [වෘක්ෂය.

Chandelier, (ෂ) n. පන්දම් වල්ල, පහන් ගස, දීප

Chandler, n. ඉටිපන්දම් තනන්නා *or* විකුණන්නා.

Change, v. alter වෙනස්කරනවා, වෙනස්වෙනවා, විපරීතවෙනවා; exchange මාරුකරනවා, මාරුවෙනවා; in gram. ආදේශවෙනවා; barter හුවමාරුකරනවා

Change, n. වෙනස්කිරීම &c.; වෙනස, විපර්යාසය, විකෘතිය; in gram. ආදේශය; of season ඍතු විපර්යාසය, ඍතු මාරුවීම; small money පොඩි—පංචි—කාසි.

Changeable, a. වෙනස්විය හැකි; වෙනස්කළ හැකි; වෙනස්වෙන්නාවූ, චපල, අනිත්‍ය.

Changeableness, n. වෙනස්විය හැකි බව &c., වෙනස්වෙන ගතිය, චපලත්වය, අනිත්‍යතාව. [චපල.

Changeful, a. නිතර වෙනස් වෙන්නාවූ, අනිස්ථිර,

Changeless, a. වෙනස්නොවන, අවිකාර.

Changeling, n. මාරුකරගත් ළදරුවා; මෝඩයා.

Changer n. වෙනස්කරන්නා &c., see verb; මුදල් මාරුකරන්නා. [වෙන්නාවූ.

Changing, n. වෙනස්කිරීම &c., see verb; a. වෙනස්

Channel, n. ඇළ, සොරොව්ව, බිඩිය; (ගංගාවේ &c.) ගැඹුරු දියපාර; මහා සමුද්‍ර සන්ධිය.

Channel, v. යමක් ගලාගෙන යන්ට ඇළවල් කපනවා.

Channelled, a. කපාපු පිලි *or* හීවිටි වැනි සිදුරු ඇති.

Chant, v. සින්දු කියනවා, නිකම් වගන්ති ගීතිකා වශයෙන් කියනවා; ගීතිමෙන් වර්ණනාකරනවා; (පිරිත්) සජ්ඣායනා කරනවා.

Chant, n. සින්දු තාලය.

Chanticleer, n. කුකුළා, අඬලන්නා.

Chanting, n. සින්දු කීම, වගන්ති ගීතිකාකිරීම.

Chaos, (කේ) n. සංකරය, සංකූලය, ව්‍යාකූලය; අවුල.

Chaotic, (කේ) a. ව්‍යාකූල, වියවුල්, අවුල්.

Chap, v. ඉරිතලනවා, ඉරි මැවෙනවා, ඉරි ගැහෙනවා; ඉරි ගහනවා.

Chap, n. ගැහුණු ඉරක්, සිදුරක්.

Chap, n. කොල්ලා, පැංචා, this chap &c. මෙයා, මේකා, එයා, ඒකා, ඕකා &c.

Chap, n. හක්ක, හොස්ස.

Chapel, n. දේවස්ථානය, පල්ලිය, දේවමැදුර.

Chapel-royal, n. රජමාළිගාවේ දේවස්ථානය.

Chaperon,, (ෂ) v. (ස්ත්‍රියකට) මග පෙන්වා පරෙස්සම්කරනවා.

Chaperon, (ෂ) n. ප්‍රසිද්ධියේ ස්ත්‍රියක් පරෙස්සම් කරන්නා.

Chap-fallen a. (lit. හක්ක පහත්වූ), කනගාටුවෙන් ඔළුව පහතට හෙලාගෙන ඉන්නාවූ; හිත කලකිරී සිටින.

Chapiter, n. කුළුනු ඉස.

Chaplain, n. පවුලකට—කුලයකට—නැවකට—හේවා සමූහයකට—නියමවූ දේවගැතිතැන.

Chaplaincy, Chaplainship, n. පවුලක &c. දේවගැති ධුරය.

Chaplet n. මාලාව, මල් වඩම; rosary කොත්තය.

Chapman, n. බඩු ගනුදෙනු කරන්නා.

Chappy, a. සිදුරු—ඉරි—ගහනවූ.

Chaps, Chops, n. pl. සිදුරු; හකු; අඩු.

Chapter, n. පරිච්ඡේදය, අධ්‍යාය, අධිකාරය; කාරක සභිකසභාව; එක දේවස්ථානයක දේවගැති සංඛ්‍යාව; ශාඛාසභාව.

Chapter-house, n. පෝයගේ, උපෝසථාගාරය; දේවස්ථානයේ සභාගෘහය.

Char, v. දවා අඟුරු කරනවා.

Char, v. ගෙවල පහත්වැඩ කුලියට කරනවා.

Character, (ක) n. ආකාරය, හැඩය; හැටි, ස්වභාව; ලකුණ; අකුර; ගුණාඞ්ගය, චරිතය, ස්වභා-ගුණ; (එක්තරා චරිතයකින් යුත්) තැනැත්තෙක්; ගුණාංගය; a person of character හොඳ ගුණාංග ඇත්තෙක්; certificate (චරිතය *or* ගුණාංගය ගැන දෙන) සාක්ෂිපත්‍රය.

Characteristic, (ක) n. ඒ ඒ දේවලටම අයිති ස්වභාව *or* ස්වභා ලක්ෂණය; ඒ ඒ ස්වභා පෙන්වන ලකුණ; රස, ලක්ෂණය, විශේෂ ලක්ෂණය, ආවේණික ගුණය.

Characteristic, (ක) a. ස්වභා ලක්ෂණයට අයිතිවූ, He acted with characteristic diligence තමාගේ (නියම) ස්වභාවේ හැටියටම ඔහු කඩිසර ලෙස ක්‍රියාකළා.

Characteristically, (ක) ad. ස්වභාවේ හැටියටම.

Characteristicalness, (ක) n. ස්වභාවට එකඟකම.

Characterize, (ක) v. (අසමල් එකය කියා) ගුණාංගය *or* හැටි, ස්වභාව නියම වශයෙන් කියනවා.

Characterized be, (ක) v. (මේ මේ) විශේෂ ලක්ෂණ ඇතුව සිටිනවා.

Character'ess, (ක) a. විශේෂ ගුණ නැති, විශේෂ ලක්ෂණ නැති; නියම චරිතයක් නැති.

Charade, (ෂ) n. තේරවිල්ලක්.

Charcoal, n. අඟුරු, අඟුර, අඞ්ගාර.

Charge, v. (සටනට-විරුද්ධයට-) වේගයෙන් දුවනවා; charge a gun &c. තුවක්කුවට වෙඩිබෙහෙත් දමනවා; charge with : fill පුරවනවා, commit to භාරකරනවා, accuse වරද තබනවා; charge to ගණනට තබනවා; order අණකරනවා; exhort අවවාදකරනවා.

Charge n. (යම්කට විරුද්ධව) වේගයෙන් දිවීම; සටනට අණදීම; fee ගාස්තුව, expense වියදම, ගණන; charge against දෝෂාරෝපණය, චෝදනාව; command අණ; admonition අවවාදය, අනුශාසනාව, charge of භාරය, in my charge මගේ භාරේ—භාරයේ (තිබෙනවා); person in charge of භාරකාරයා, trusteeship භාරකාරකම, what is entrusted භාරකළ දේ *or* භාරගත් දේ.

Chargeable, a. ගණනට තැබියහැකි (වියදම &c.); (*E. with* be) වියදම ගෙවියයුතුවූ, දෝෂාරෝපණ වියයුතුවූ, සාවද්‍ය.

Charge d' Affaires, (ෂ) n. Fr. නානාපතියකු වෙනුවෙන් සිටින කළමනාකාරතැන.

Charger, n. යුද්ධ අශ්වයා, තැටිය.

Charge-sheet, n. වරදකාරයන්ගේ නම් වට්ටෝරුව.

Charily, ad. බයහැක නිසා පරෙස්සමෙන්. See Chary.

Chariot, n. මඞ්ගල රථය, යුද්ධ රථය.

Charioteer, n. රථාචාර්යයා, රථාචාරියා, රථවාහකයා.

Chariot-race, n. ඔට්ටුවට රථ එළවීම.

Chariot-wheel, n. රථරෝදය.

Charitable, a. ත්‍යාගවන්ත, දන දයක, පිහිටාධාර කරන (සමාගම &c.).

Charitableness, n. ත්‍යාගශීලිබව.

Charitably, ad. ත්‍යාගවත්ව.

Charity, n. (in the English Bible) ප්‍රේමය, ත්‍යාගය, ත්‍යාගී ගුණය, දීමෙහි ලොල්බව.

Charity-school, n. දිළිඳුන්ගේ පාඨශාලාව.

Charlatan, (ෂ) n. පාරට්ටුදෙඩන්නා, පාරට්ටුකාරයා පුච්චම්බකාර—බොරු—වෙදා.

Charlatanical, (ෂ) a. පාරට්ටු දෙඩන &c.

Charlatanry, (ෂ) n. පාරට්ටු දෙඩීම &c.

Charles's Wain, n. තරු පඞ්ක්තියක්, සප්තමුනිචාරය.

Charm, n. මන්ත්‍රය, යන්ත්‍රය; fig. පරිමෝහනය, චිත්තාකර්ෂණය.

Charm, v. මතුරනවා, fig. ප්‍රීතිමත්කරනවා, චිත්තාකර්ෂණය කරනවා, ප්‍රමෝද කරනවා.

Charmed, a. මන්ත්‍රයෙන් බැඳුණු, සම්මූඪ; fig. ප්‍රමෝදිත.

Charmer, n. මතුරන්නා, මන්ත්‍රකාරයා, fig. ප්‍රීතිමත් කරන්නා.

Charming, a. ප්‍රීතිමත්කරන්නාවූ, ඉතා ප්‍රියවූ, ප්‍රීති වඩන, රමණීය, මනෝහර.

Charmingly, ad. මනෝහර ලෙස, මනෝරම්‍ය ලෙස.

Charnel-house, n. මිනීඇට (දමන) ගේ, මළවුන්ගේ ඇට මළුවා තබන තැන.

Charred, a. අඟුරුකරපු, පිච්චී පුළුස්සාපු (ලී &c.).

Chart, n. මුහුදු සිතියම; වේලාපටය.

Charter, n. (පොරොන්දු ස්ථිරකරන) අවසරපත්‍රය, බලපත්‍රය, ශාසනපත්‍රය, සන්නස. royal charter ශ්‍රීසන්නස; මාසිය.

Charter, v. (පොරොන්දු පත්‍රයක් පිට) නැවක් කුලියට ගන්නවා.

Chartered, a. බලපත්‍රයකින් ස්ථිරකරපු, පොරොන්දු පත්‍රයක් පිට දුන් *or* ලැබූ, කුලියට ගත් (නැවක් &c.)

Chartism. n. ඒ නම්වූ ජනසම්මත දේශපාලන ක්‍රමය.

Chartist, n. ඒ නම් ඇති ජනසම්මත දේශපාලන සභාවේ තැනැත්තෙක්.

Char-woman, n. ගෙසිවැඩ කුලියට කරන ස්ත්‍රී.

Chary, a. බියහැක නිසා පරෙස්සම් වෙන්නාවූ, He is chary of signing අත්සන් කිරීමට ඔහු සැක කරනවා *or* සැකයි.

Chase, v. chase after පස්සේ එළවාගෙන යනවා, ලුහුබඳිනවා, ලුහුබැඳ යනවා; drive එළවනවා, පන්නනවා; hunt දඩයම් කරනවා; in a lathe ලියනවා.

Chase, n. පස්සේ එළවාගෙන යෑම &c.; hunt දඩයම; hunting ground දඩයම් භූමිය; effort උත්සාහය.

Chased, n. එළවනලද &c., see verb.

Chaser, n. (යමකු පස්සේ) එළවාගෙන යන්නා &c., (එළවනු ලබද්දී වෙඩිතබන) නැව් ඇණියේ-අවරයේ-කාලතුවක්කුව.

Chasing n. එළවීම &c.; කැටයම් වැඩ ජාතියක්.

Chasm, (ක) n. විවරය, පැල්ම; හිස් තැන.

Chaste, a. පිරිසුදු, නිර්මල, sp. of a wife පතිව්‍රතා; in appearance දශීනීය.

Chastely, ad. පිරිසුදු ලෙස, නිර්මල ලෙස &c.

Chasten, v. දඬුවම් කිරීමෙන් පිරිසුදු කරනවා, දඬුවම් කරනවා.

Chastened, pp. or a. දඬුවමින් පිරිසිදුවූ (දුක් විඳීමෙන්) පිරිසුදුවූ, (එයින්) යටත්වූ.
Chasteness, n. පිරිසුදුකම &c. see adj. බ්‍රහ්මචර්යාව &c. See Chastity.
Chastening, n. මට්ටු කිරීම, දඬුවමෙන් පිරිසුදු කිරීම.
Chastise, v. දඬුවම් කරනවා, අච්චු කරනවා, මට්ටු කරනවා.
Chastisement, n. දඬුවම් කිරීම &c.; දඬුවම.
Chastity, n. බ්‍රහ්මචර්යාව, පතිව්‍රතාව, පිරිසුදුකම.
Chat, n. සැහැල්ලු කථාව, යහළු කථාව, chit-chat අල්ලාප සල්ලාපය.
Chat, v. සුළුලෙස-සුළු කාරණා ගැන-සැහැල්ලු ලෙස කථාකරනවා.
Chattels, n. pl. චංචල දේපල or බඩු, බඩුබාහිරාදිවූවවු.
Chatter, v. සුළු ලෙස කථාකරනවා, දෙඩවනවා, පල් දොඩනවා, කටවාචාල් කියනවා; of the teeth දත් කට කට ගානවා, වෙව්ලනවා. [දෙඩවිල්ල.
Chatter, Chattering, n. සුළු ලෙස කථාකිරීම &c.;
Chatter-box, n. නිතරම කථාකරන්නා, වාචාලයා.
Chatterer, n. දොඩවන්නා, වාචාලයා, කටවාචාල් කියන්නා.
Chatty, a. නිදහස් ලෙස—සුළු ලෙස—කථාකරන.
Chaw, v. විකා කනවා.
Cheap, a. ලාභ; මිල අඩු නැති. [නවා;
Cheapen, v. අගය—මිල—අඩුකරනවා, කේවෙල්කර
Cheaply, ad. ලාභයට, අඩු ගණනට, අඩු මිලට.
Cheapness, n. අඩු ගණන, ලාභය, ලාභ බව.
Cheat, v. (මට) වංචා කරනවා, රවටිලි කරනවා, (මා) රවටනවා.
Cheat, n. වංචාව, ව්‍යාජය; වංචාකාරයා.
Cheater, n. වංචාකරන්නා &c., වංචාකාරයා, රැවටිලිකාරයා.
Cheating, n. වංචාකිරීම &c.
Check, v. (තරමකට) නවත්වනවා, බාධාකරනවා; forbid තහනම් කරනවා; rebuke තරවටුකරනවා; correct හරිමැරදි බලනවා, (එසේ බලා) ලකුණු කරනවා.
Check, n. නැවැත්වීම &c.; බාධාව, තහනම; bank check (චෙක්) මුදල්පත; කුවිතාන්සිය.
Check, a. chequered විසිතුරු.
Checker, v. විසිතුරු කරනවා, මිශ්‍රාකාර කරනවා.
Checkered, a. විසිතුරු, නානාප්‍රකාර; fig. දුක්සැප මුසු.
Checkers, n, pl. ක්‍රීඩාවක්.
Checkmate, n. ඒ ක්‍රීඩාවේදී කරන අවසිරයක්; fig. පරාදය, පරාජය, නැවැත්වීම.
Checkmate, v. පරාද කරනවා, නවත්වනවා.
Checkroll, n. නම් සටහන් පොත, නම් වට්ටෝරුව.
Check-taker, n. කුවිතාන්සිවලට මුදල් අයකරන්නා.
Cheek, n. කම්මුල, කම්මුල, කපෝලය, කොපුල.
Cheer, Cheer up, v. ප්‍රීතිකරනවා, ප්‍රාණවත්කරනවා; cheer (අත්පොළසන්—සාධුකාර—දීමෙන්) ප්‍රශංසා කරනවා or ධෛර්‍ය දෙනවා.
Cheer up. v. මදක් (කාන්සාවෙන් මිදී) ප්‍රීති වෙනවා, සැනසෙනවා, ප්‍රාණවත් වෙනවා
Cheer, n. ප්‍රීතිය, සත්කාරය, සංග්‍රහය or සංග්‍රහ-භෝජනය; ප්‍රීතිඝෝෂාව, සාධුකාරය, සැනසිල්ල.
Cheerful, a. සිත්සතුටු, ප්‍රාණවත්, ප්‍රඵුල්ල, සැනසිලි.
Cheerfully, ad. සතුටුකමින්, අකමැති නොවී, උනන්දුලෙස. [කම.
Cheerfulness, n. සිත් සතුටු බව, සොම්නස, ප්‍රාණවත්
Cheerily, ad. සන්තෝෂයෙන්, ප්‍රීතියෙන්.

Cheering, a. ප්‍රීති කරන, සනසන &c., see verb.
Cheeringly, ad. ප්‍රාණවත්කරන ලෙස, සනසන ලෙස.
Cheerless, a. කාන්සාවූ, ප්‍රාණීනා රහිතවූ, සැනසිලි නැත්තාවූ.
Cheerlessness, n. දොම්නස—සැනසිල්ල—නැති බව, කනගාටු බව.
Cheese, n. චීස්.
Cheesecake, n, අමු දීකිරි කැවුම.
Cheesemonger, n. චීස් වෙළෙන්දා.
Cheese-paring, n. චීස් ලෙල්ල.
Cheesy, a. චීස් ආකාර, චීස් රස ඇති.
Cheetah, n. කොටියා.
Chemical, n. (කෙ) a. රසායන ශාස්ත්‍රයට අයිතිවූ; රස, රසායන, chemical property රසායන ගුණය; chemical action රසායන කෘත්‍යය; chemical combination රසායන සංයෝගය; chemicals, n. pl. රසායන ද්‍රව්‍ය.
Chemically, (කෙ) ad. රසායන ශාස්ත්‍රාකාරයෙන්.
Chemise, (ෂෙ) n. ස්ත්‍රීන්ගේ යට ඇඳුම.
Chemist, (කෙ) n. රසඥයා, රසායනශාස්ත්‍රඥයා.
Chemistry, (කෙ) n. රසායන ශාස්ත්‍රය, රසායන විද්‍යාව, රස විද්‍යාව.
Cheque, n. (චෙක්, properly චෙක්) මුදල් පත.
Cherish, v. ආදරේ කරනවා; සත්කාර කරනවා; comfort සනසනවා; take care of බලාගන්නවා, පෙරෙස්සම්කරනවා, ප්‍රේමය—කල්පනාවක්—ආසාවක්—සිතේ තබාගන්නවා, දරු සිටිනවා.
Cherished, a. (යමකු විසින්) ආදරයෙන්—දයාවෙන්—පිළිගත්තාවූ or ඇතිකළාවූ; සුභාශා, ආලයෙන් සිතෙහි තබාගත්තාවූ.
Cherisher, n. ආදරයෙන් &c. පිළිගන්නා, ප්‍රතිපාලනය කරන්නා, භක්තිකරන්නා.
Cheroot, (ෂෙ) n. සුරුට්ටුව.
Cherry, n. ගස් ජාතියක්.
Cherub, n. (pl. Cherubs or Cherubim) එක් වර්ගයක දේවදූතයෝ.
Cherubic, a. දේවදූත.
Chess, n. දුම් කෙළිය, චතුරංග ක්‍රීඩාව; play at chess දුම් කෙළිනවා.
Chess-board, n. දුම් පෙත, දුම් පෝරුව.
Chess-player, n. දුම් කෙළින්නා.
Chest, n. පෙට්ටිය, පෙට්ටගම, of the body පපුව, ළැපැත්ත, භුජාන්තරය; of sugar සිනි පෙට්ටියක්; chest of drawers ලාච්චු පෙට්ටගමක්.
Chested, a. as: broad chested පළල් ළැපැත්තක් ඇති, ළැපැත්ත පළල්වූ;
Chestnut, n. ගස් ජාතියක් or එහි ඇටය; (ඒ ඇටවල පාටවන) අඳුරු රතු පාට,
Chestnut, a. අඳුරු රතු පාට, තඹවන්.
Chevalier, (ෂෙ) n. අසරුවා; ධෛර්‍යමත් යෞවනයා.
Chew, v. (කෑම) විකනවා, හපනවා. [නවා.
Chicane, (ෂි) v. කපටිකම්—ප්‍රයෝග—රැවටිලි කර
Chicane, Chicanery, (ෂි) n. දඟය, උපාය, ව්‍යාජය, කපටිකම, ප්‍රයෝගය.
Chicaner, (ෂි) n. අසත්‍යවාදියා, කපටියා, &c.
Chick, Chicken, n. කුකුළු පැටියා fig. දරුවා, ගැටයා, පැටවා.
Chicken-hearted a. බයාදු, ධෛර්‍ය නැති.
Chicken-pox, n. පැපොල් ලෙඩ, පැපොල් රෝගය.
Chide, v. තරවටු කරනවා, සැර කරනවා.
Chiding, n. තරවටු කිරීම &c., තරවටුව.

Chief, a. ප්‍රධාන, උත්තම, පරම, ප්‍රමුඛ, ශ්‍රේෂ්ඨ; make chief (object) ප්‍රමුඛ-ප්‍රධාන-කරගන්නවා, පරමකොට ගන්නවා, පරමාර්ථ කරගන්නවා.

Chief, n. ප්‍රධානයා, මුලාදෑනියා, නායකයා, ශ්‍රේෂ්ඨයා; ග්‍රාමාධිපතියා; a noble රදළ කෙනෙක්.

Chief-justice, n. නායක විනිශ්චයකාර තැන, අග්‍ර විනිශ්චයකාර තැන.

Chief-justiceship, n. නායක විනිශ්චයකාර ධුරය &c.

Chiefly, ad. ප්‍රධානකොට, විශේෂ ලෙස, වැඩිකොට.

Chieftain, n. ප්‍රධානයා, ජනාධිපතියා, අධිපතියා.

Chieftaincy, Chieftainship, n. ජනාධිපතිකම. [මය.

Chilblain, n, (ශීතලෙන්වූ) බුබුළ, බිබිළ, පාදශෝථ

Child, n. ළදරුවා, දරුවා, ළමයා, බාලයා, ළාබාලයා, be with child බඩදරුවෙක් ඉන්නවා, ගර්භිණීව සිටිනවා.

Child-bearing, Childbirth, n. වැදීම, දරුවන් වැදීම, ප්‍රසූතකිරීම, විජායනය. [බාල්‍යය.

Childhood, n. ළමාභාවය, බාලකාලය, බාලවයස,

Childish, a. ළාමක, බාල, සුරතල්, ළමා, Childishly, ad. ළාමක ලෙස &c.

Childishness, n. ළාමක බව &c.

Childless, a. දරුවන් නැති, වඳ, වන්ධ්‍ය.

Childlike, a. ළමයකු සමාන, මෘදු, යටහත්.

Children, n. pl. දරුවෝ, ළමයි, ළමෝ.

Chiliad, (කි) n. දහසක්, සහස්‍රයක්; වර්ෂ සහස්‍රයක්.

Chiliarch, (කිලිආර්ක්) n සහස්‍ර සේනාපතියා, දහසකට අධිපතියා.

Chiliasm, (කි) n. වර්ෂ සහස්‍රයක්, අවුරුදු දහසක්.

Chill, n. මද ශීතල, වෙව්ලුම; fig, කලකිරීම.

Chill, Chilly, a. මද ශීතලවූ, සතුටු මදිවූ.

Chill, v. ශීතකරනවා, සිසිල්කරනවා, fig. උණුහුම—උනන්දුකම—අඩුකරනවා, ම්ලානිකකරනවා.

Chilli, n. නයි මිරිස්.

Chilliness, n. මද ශීත, ශීත දැනීම, සිසිල් ගතිය.

Chilling, a. සිසිල්කරන, වෙව්ලවන; fig. ම්ලානික කරන &c., see verb.

Chime, n. මිණිගෙඩිවල-ඝණ්ඨාරවල-නාදය; ඝණ්ඨාර නාදය; එකමුතු ශබ්ද ඇති ඝණ්ඨාර ගණනක්, මිණි ගෙඩි ගණනක්.

Chime, v. (මිණිගෙඩි &c.) එකමුතු ලෙස ශබ්ද නඟනවා, එකමුතු හඬක් පවත්වනවා; fig. එකමුතු වෙනවා.

Chimera, (කෛ) n. අභූත කල්පනාව *or* මතය, අසම්භව කල්පනාව, ඉටුවෙන්ට බැරි කල්පනාව, අනාර්ථ සිහිවල්ල.

Chimerical, (කෛ) a. අභූත, අනර්ථ, නිෂ්ඵල.

Chimney, n. ධූම නළය, ධූම කූඑන, චිමිනිය.

Chimney-corner, n. ලිප ළඟ, ගිනිහල. [නිකට.

Chimney-sweeper, n. ධූම කූඑනු සුරන්නා. Chin, n.

China, n. චීනය, china ware චීන පිඟන් කෝප්ප.

Chine, n. මුදුන් ඇටය, කොඳුඇටය; කොඳුඇටයේ මස් කැබැල්ල.

Chinese n. sing. & pl. චීනා, චීන්නු, poss. case &c. චීනුන්ගේ &c.; චීන-භාෂාව.

Chink, n. සිදුර, කුඩා විවරය; කුඩා ලෝහ කැබලිවල ශබ්දය; රාවය.

Chink, v. (ලෝහ කැබලි තට්ටුකිරීමෙන්) චිංක් යන ශබ්දය උපදවනවා *or* උපදිනවා, චිං චිං ගානවා.

Chinky, a. සිදුරු ඇති, සිදුරු සහිත.

Chintz, n. සිතියම් කරපු කපු පිළී, විසිතුරු කපු රෙදි, චීත්ත රෙදි. [නවා.

Chip, v. සහිනවා, පෙතිගහනවා; කැබලි ගැලෙ

Chip, n. පතුර, කැබෙල්ල, කැබැල්ල.

Chipping, n. සැහීම &c.; පතුර.

Chirography, (කෛ) n. ලේඛන ශාස්ත්‍රය; හස්ත ලේඛනය, අත්ලියවිල්ල.

Chiromancy, (කෛ) n. හස්ත-රේඛා-ශාස්ත්‍රය, අත් බලන ශාස්ත්‍රය (by spots &c.) සාමුද්‍රිකා ශාස්ත්‍රය.

Chiromanist, (කෛ) n. හස්ත-රේඛා-ශාස්ත්‍රඥයා.

Chiropodist, (කෛ) n. අත්පා වෙද. [හඬ.

Chirp, n. කුඩා කුරුල්ලන්ගේ හඬ, චිප් චිප් ගාන

Chirp, v. චිප් යන ශබ්දය කරනවා, චිප් චිප් ගානවා.

Chirping, n. චිප් චිප් ගෑම.

Chisel, n. නියන.

Chisel, v. නියනෙන් කපනවා. [ලද.

Chiselled, a. නියනෙන් කපනලද, කැටයම් කරන

Chit, n. දලුව; scrap තුණ්ඩුව; fig. ළදරුවා, උනන්දු ළමයා.

Chit, v. පැළවෙනවා, දලු ලනවා.

Chit-chat, n. සුළු කථාව, අල්ලාප සල්ලාපය.

Chivalry, (ෂි) n. අසරු මුලාදෑනිකම; අසරු සේනා චාරිත්‍ර; ශූරතාව, පෞරුෂය. [වර්ගයක්.

Chloroform, (ක්ලෝ) n. සිහි නැතිකරන රසායන

Chlorosis, (ක්ලෝ) n. ස්ත්‍රීන්ගේ රෝගයක්. [නවා.

Chock, v. හිස් තැනක්—සිදුරක්—කුහරයක්—පුරව

Chocolate, n. චොකලට්.

Choice, n. තෝරාගැනීම; තෝරාගැනීමට ඉඩ *or* බලය, තේරීම; make choice of this මේක තෝරා ගන්නවා; this is my choice මම තෝරාගත්තේ මේකයි.

Choice, a. තෝරාගන්නට වටින, අනඝ, මහාඝ.

Choiceness, n. අනඝකම, මහාඝතාව.

Choir, n. ගීතිකා කණ්ඩායම, ගායනා කණ්ඩායම, සංගීත ස්ථානය.

Choir-service, n. ගායනා මෙහෙය.

Choke, v. උගුරුදණ්ඩ අහුරනවා, උගුර හිරකරනවා, හුස්ම හිරකරනවා, බෙල්ල මිරිකා මරනවා; (පාරක්, නළයක්) පුරවා අහුරනවා; මඝාදමනවා, නවත්ව නවා; ඇහිරෙනවා, උගුර ඇහිරී හුස්ම හිරවී මැරෙනවා. [නවා.

Choked, be, v. ඇහිරෙනවා, බෙල්ලමිරිකී මැරෙ

Choke-damp, n. (ආකරවල තිබෙන) ආශ්වාස කරන්නට බැරි නරක වාතය, අංගාරිකාම්ල වායුව. [පුරු.

Choke-ful, a. පිරීලාම-පුරාම-තිබෙන, සම්පූර්ණ, පිරු

Choker, n. බෙල්ල මිරිකා මරන්නා &c.; fig. නිශ්ශබ්ද කරන්නා, අග්‍රාහ්‍ය කාරණාව. [ණය.

Choler, (කො) n. bile පිත, පිත්තය; anger තරහ, උර

Cholera, (කො) n. විසූචිකාව, ජලසන්නිය, කොලරා රෝගය.

Choleric, (කො) a. පිත් වැඩිවූ, පෛත්තික; fig. තරහ, ඉක්මනට කිපෙන. [ගන්නවා.

Choose, v. තෝරනවා, තෝරාගන්නවා, නියමකර

Choosing, n. තෝරාගැනීම, නියමකරගැනීම.

Chop, v. පහරකින්—පහරවලින්—කපනවා, කොට නවා; (භූමිය මෙන්) එකපාරට හැරෙනවා, වෙනස් වෙනවා; mince හීන්කර කපනවා, හීන්කරලිය නවා, [කරනවා.

Chop, v. barter, බඩු හුවමාරුකරනවා, ගනුදෙනු

Chop, n. කපන—කොටන—පහර; කපාපු මස් කැබෙල්ල; see Chap.

Chop-fallen, a. සැලුණු, ම්ලානවූ.

Chopper, n. ලොකුපිහියේ, පුංචි පොරොව, කැත්ත.

Chopping-block, n. දංගෙඩිය.

Chops, n. pl. jaws. හකු, කට, හොස්ස; of a river මෝයේ දෙපස.

Chopsticks, n. pl. (චීන රටේ හැඳි *or* ගෑරුප්පු ආකාර) ලී පතුරු, ඇත් දත් කූරු &c.

Choral, (කෝ) a. සංගීතික, සංගීත.

Chord, (ක) n. වීණා තත, තූර්යභාණ්ඩයක ලනුව; (තූර්යනාදවල) එකමුතු ශබ්දය, සම්ගබ්දය; චක්‍රවල පැත්තෙක් පැත්තට අඳින සෘජු රේඛාව, of an arc දුන්නේ ඉර, ජ්‍යාකාව.

Chorister, (ක) n. ගීතිකා කණ්ඩායමෙන් එක් කෙනෙක්; සින්දුකාරයා.

Chorus, (කෝ) n. බූවකය, අනුපදය.

Chosen, a. තෝරාගත්තාවූ, තෝරාගත්.

Chrism, n. ශුද්ධ තෙලය, විලේපනය. (Chr is ක්‍රි throughout).

Chrismation, n. විලේපකිරීම, අභිෂේකය.

Christ, n. අභිෂේක ලද්දා, ක්‍රිස්තුස්වහන්සේ.

Christen, v. බව්තීස්ම කරනවා; බව්තීස්ම කර නම් තබනවා.

Christendom, n. ලෝකයෙහි ක්‍රිස්තියානි ආගම පවතින මුළු කොටඨාසය, ක්‍රිස්තියානි රටවල්; ලෝකයේ මුළු ක්‍රිස්තියානි සමූහයා. [භක්තික.

Christian, a. ක්‍රිස්තියානිකාර, ක්‍රිස්තියානි, ක්‍රිස්තු

Christian, n. ක්‍රිස්තියානිකාරයා, ක්‍රිස්තුලබ්ධිකයා.

Christianity, n. ක්‍රිස්තියානි ආගම, ක්‍රිස්තුභක්තිය, ක්‍රිස්තු සමය, ක්‍රිස්තු ලබ්ධිය. [see verb.

Christianization, n. ක්‍රිස්තියානි ආගමට හැරවීම &c.,

Christianize, v. ක්‍රිස්තියානි ආගමට හරවනවා, ක්‍රිස්තු භක්තියට පමුණුවනවා. [දෙන නම.

Christian name, n. (-ගේ නම නොව) බව්තීස්මයේදී

Christless, a. ක්‍රිස්තුස්වහන්සේ රහිත *or* (හිතෙන්) නොපිළිගන්නාවූ.

Christmas, n. ක්‍රිස්තුස්වහන්සේගේ උපතේ මංගලය, නත්තල් කාලය.

Christmas, a. නත්තල්.

Christmas-box, n. නත්තල් තෑග්ග.

Christmas-day, n. නත්තල් දවස.

Christmas-eve, n. නත්තලට පළමු සවස.

Christology, n. ක්‍රිස්තුස්වහන්සේ ගැන විස්තරකථාව.

Chromatic, a. වර්ණ සම්බන්ධ.

Chromatology, n. වර්ණ විස්තරය.

Chronic, Chronical, a. බොහෝකල් පැවතුණාවූ, කල් ගියාවූ, කාලික, චිරන්තන, නිදන්ගත (රෝගයක්, අනතුරක් &c.).

Chronicle, n. පිළිවෙළ කථාව, ඉතිහාසය.

Chronicle, v. තොරතුරු සටහන්කරනවා, ලේඛන ලියනවා, කථාන්තර ලියනවා.

Chronicler, n. පිළිවෙළ කථා ලියන්නා.

Chronologically, ad. කාල පිළිවෙළට.

Chronologist, Chronologer, n. කාල ගණක, කාල ගණිතඥයා, කාල ගණිතාචාර්යයා.

Chronology, n. කාල නිර්ණය විද්‍යාව, කාල ගණිත ශාස්ත්‍රය, කාල ගණිතය.

Chronometer, n. ඔරලෝසුව, හෝරා යන්ත්‍රය. ඝටිකා යන්ත්‍රය. [කෝෂය.

Chrysalis, n. (දළඹුවා ඉන්න) දළඹු කොපුව, දළඹු

Chrysolite, n. චන්ද්‍රකාන්තිය.

Chubby, a. තර සහ මිපිවූ, තරවූ වටවූ මුහුණක් ඇති.

Chuck, Chuckle, v. පැටවුන්ට අඬගසන කිකිළි මෙන් හඬ නගනවා, චුක් ගානවා, කෙකර ගානවා; chuck විසිකරනවා.

Chuck, n. කිකිළි පැටියන්ට අඬගසන හඬ, කුකුළු පැටියා, ළපටියා; (නිකමට ගහන) සුළු පහරක්.

Chuckle, v. උගුරෙන්—හෙමින්—සිනාසෙනවා, වාසි—ජය—ලැබුණාට මුව තුළ සිනාසෙනවා, ප්‍රීතිවෙනවා.

Chuckle, Chuckling, n. (යමකුගේ අවාසිය ගැන රහසින් මෙන්) සිනාසීම &c., මඳ සිනාව.

Chum, n. (එක ගෙයි පදිංචි) සහකාරයා, යාළුවා.

Chum with, v. (සහකාරයකු ලෙස) එක ගෙයි නවාතැන් ගන්නවා.

Chump, n. ලී කොටයක්.

Chunam, n. හුනු, චූර්ණ.

Chunam-box, n. කිල්ලෝටය.

Church, n. දේවස්ථානය, දේව මන්දිරය, දෙව් මැඳුර, පල්ලිය; ක්‍රිස්තියානි සභාව, දේව භක්තිකයෝ.

Church, v. දේවස්ථානයේදී යමකු ගැන සතුති ඔප්පු කරනවා. [පත්‍රය.

Church-authority, n. සභාවේ බලය, සභාවේ ආසි

Church-government, n. සභා-ආණ්ඩුව.

Church-history, n. ක්‍රිස්තියානි සභාවේ කථාන්තරය.

Churchism, n. එංගලන්ත සභාවට ලැදිවීම *or* බැඳී සිටීම.

Church-living, n. එංගලන්ත සභා ජීවිකාව.

Churchman, n. එංගලන්ත සභාවේ සාමාජිකයා. [යා.

Church-member, n. ක්‍රිස්තියානි සභාවක සාමාජික

Church-membership, n. ක්‍රිස්තියානි සභාවක සාමාජිකත්වය.

Church-rate, n. එංගලන්ත සභාවේ දේවස්ථාන පිළිබඳ අයබද්ද.

Church-service, n. එංගලන්ත සභාවේ දේවමෙහෙය.

Church-wake, n. එංගලන්ත සභාවේ දේවස්ථානයක ගෙවද්දමේ සාංවත්සර මංගලය, දේවස්ථාන මංගලය.

Churchwarden, n. දේවස්ථානාරක්ෂකයා.

Churchyard, n. දේවස්ථාන මිදුල, දේවස්ථානාඞ්ගණය, සොහොන් බිම.

Churl, n. පිටිසරයා, අශිෂ්ටයා, රෞද්‍රයා, ලෝභයා.

Churlish, a. අශිෂ්ට, කර්කශ, සැර, මුරණ්ඩු, ලෝභ.

Churlishness, n. අශිෂ්ට බව, කර්කශකම &c.

Churn, v. යොදේ කොටනවා, යොදේ මතගානවා.

Churn, n. යොදේ කොටන භාජනය.

Churned, a. කොටාපු, මථිත. [මන්ථනය.

Churning, n. යොදේ කෙටීම, යොදේ මතගෑම,

Chyle, (කෙල්) n. ජීර්ණවූ කෑමෙන් හැදෙන කිරි, අන්නරස.

Chyme, (කෛම්) n. බඩේ ජීර්ණවූ කෑම. [ලපය.

Cicatrix, Cicatrice, n. (සුවවුණ තුවාලයක) කැළල,

Cicatrize, v. තුවාලයක් *or* වණයක් සුවකරනවා *or* සුවවෙනවා *or* වේලවනවා.

Cicerone, n. (යම් ස්ථානයක අපූර්ව දේ බැලීමට) මග පෙන්වන්නා.

Cider, n. රට ජම්බු පානය.

Cigar, n. සුරුට්ටුව.

Cilia, n. pl. ඇස් පිහාටු, අක්ෂි පක්ෂම; in bot. කෙඳි; in zool. සිහිඳු කෙඳි. [නය.

Cimeter, Scimitar, n. කොට කඩුව, කඟය, කස්තා

Cimmerian, a. fig. ඝනාන්ධකාර.

Cinchona, n. සිංකෝනා, ක්විනෛන් ගහ.

Cincture, n. බඳපටිය, මේඛලාව, වළල්ල.

Cinder, n. අඟුර, නිවුණ අඟුර; dross of iron යබර.

Cindery, a. අඟුරු ආකාර, අඟුරු මිශ්‍ර.

Cinerary, a. අළුවූ.

Cineration, n. පුළුස්සා අළුකිරීම.

Cinnamon, n. කුරුඳු; wild දඹුල් කුරුඳු, වල් කුරුඳු.
Cinnamon peeler, n. කුරුඳු තළන්නා, කුරුඳුකාරයා.
Cinque, n. පහක්.
Cion, Scion, n. රිකිල්ල, දළුව, පාස්සන පිණිස කපාගත් දළුව *or* රිකිල්ල; පවුලක උරුමක්කාරයෙක්.
Cipher, n. (ඉලක්කමක් සේ සලකනු ලබන) බින්දුව, ඉලක්කම, අඞ්කය; ලිපියේ රහස් විධියක්; (තනි බින්දුව මෙන්) අගයක් නැති දේ, හිස් දේ.
Cipher, v. ඉලක්කම් ලියනවා, ගණන් ලියනවා; රහස් විධියකින් ලියනවා.
Ciphering, n. ඉලක්කම් ලිවීම, ගණිතය.
Circar, n. පළාත, ප්‍රදේශය.
Circle, n. කවය, වටය, චක්‍රය, වළල්ල, සක; fig. පිරිස. [නමා.
Circle, v. වටේට යනවා, භ්‍රමණය කරනවා, වටකර
Circled, a. චක්‍රාකාර, වටකුරු.
Circlet, n. කුඩා චක්‍රයක්.
Circuit, n. වටකර යාම; වටකර—හාත්පසින්—යන ගමන, තැනින් තැන ගොස් හැරී එන ගමන, ආවෘත ගමන, පරිභ්‍රමණය; වටවූ ඉඩම; පළාත.
Circuitous, a. වටකර—එපිට, වටපිට—යන, කෙළින් නොවන, ඇත්වූ. [ඇතිව.
Circuitously, ad. කවාකාරයෙන්, වටින් පිටින්,
Circular, a. වටකුරු, වටවූ, කවාකාර, වර්තුල, රවුම්, චක්‍රවත්; කවයට අයිතිවූ, චක්‍ර; of argument චක්‍ර; general පොදු.
Circular, n. (වටේට—තැනින් තැන—පොදු ලෙස යවන) පොදු ලියවිල්ල, චක්‍රාකෘතිය, චක්‍රලේඛනය.
Circularity, n. කවාකාරබව, වටකුරුකම, චක්‍රතාව.
Circularly, ad. කවාකාරයෙන්, චක්‍රාකාරයෙන්, භ්‍රමණකාරයෙන්.
Circulate, v. වටේට අරිනවා, තැනින් තැනට යවනවා *or* යනවා, කරකැවෙනවා, පතුරුවනවා, පැතිරෙනවා;
of the blood ලේ දුවනවා *or* ධාවනයකරනවා.
Circulating library, n. (දායකයන් අතරේ) පොත් අනින් අත මාරුකරන පුස්තකාලය.
Circulating-medium, n. වලංගු මුදල් වර්ගය.
Circulation, n. වටේටයැවීම &c., see verb; of money පාවිච්චිකරන මුදල් ගණන.
Circulative, වටේට යවන, ධාවනය කරවන.
Circum-, prefix. අවට, වටකර, හාත්පස (යන අර්ථ ඇති උපසර්ගය).
Circumambient, a. වටකරගත්තාවූ, හාත්පස තිබෙන, අවට, පරිගත.
Circumambulate, v. වටකර—තැනින් තැන—ඇවිදිනවා, පරිභ්‍රමණය කරනවා, සිසාරනවා; with the right side towards the object to be honoured ප්‍රදක්ෂිණාකරනවා.
Circumambulation, n. වටකර ඇවිදීම &c., පරිභ්‍රමණය; for honour ප්‍රදක්ෂිණාව.
Circumcise, v. චර්මච්ඡේදනය කරනවා. [දිත.
Circumcised, a. චර්මච්ඡේදනය කරනලද &c. චර්මච්ඡේ
Circumcision, n. චර්මච්ඡේදනය කිරීම, චර්මච්ඡේදනය; fig චර්මච්ඡේදිතයෝවන යුදෙව්වරු හෝ මුස්ලිම්වරු.
Circumference, n. නේමිය, පරිධිය; of the earth භූපරිධිය, වටේට යන රේඛාව, වට ප්‍රමාණය, පිටපැත්ත.
Circumflex, n. (හඬ ඉහළ පහළ යන්නාක් මෙන් කියවෙන) එක්තරා ස්වරයක්, ස්වරිතය, ස්වරිත ලකුණක් වන (~) මෙය *or* (∧) මෙය.
Circumflex, a. වටකර නැමෙන, වකුටු.
Circumfluent, a. අවට ගලන, පරිප්ලුත, පරිගලිත.
Circumfuse, v. අවට විසුරුවනවා, හාත්පස පතුරුවනවා.
Circumjacent, a. වටකර ඇත්තාවූ, හාත්පස තිබෙන *or* සිටින, ප්‍රත්‍යාසන්න, අවට යාවූ, අහල පහල.
Circumlocution, n. වක්‍රෝක්තිය, අන්‍යෝක්තිය, කෙළින් නොකියා කථාකිරීම, වචන වැඩිකර කීම, අතිවිස්තරය. [රවූ.
Circumlocutory, a. කථාවෙන් වටපිට යන, අතිවිස්ත
Circumnavigate, v. හාත්පසින් යාත්‍රාකරනවා, වටේට නැවෙන් යනවා.
Circumrotary, a. කරකැවෙන, භ්‍රමණයකරන.
Circumscribe, v. වටකර ඉම නියම්කරනවා, අවට මායිම් කරනවා; සම්පූර්ණ නිදහස නොදී තරම් නියම කරනවා, ප්‍රමාණ කරනවා. [නැති.
Circumscribed, a. ප්‍රමාණකරනලද, පරිමිත, විශාල
Circumspect, a. fig. වටපිට බලා ක්‍රියාකරන්නාවූ, සිහිකල්පනා ඇත්තාවූ, ඉතා පරෙස්සම්වූ, ප්‍රසමීක්ෂණ.
Circumspection, n. fig. වටපිට බැලීම, සිහිකල්පනාව, පරෙස්සම. [ලෙස.
Circumspectly, ad. සිහි කල්පනා ඇතුව, පරෙස්සම්
Circumstance, n. (වෙන යමක් කැටුව ඇත්තාවූ *or* සිදුවෙන්නාවූ) දෙය, සම්බන්ධ කාරණාව; state ස්වභාවය; particulars තොරතුරු, විස්තර.
Circumstanced, be, a. යම් ස්වභාවයක සිටිනවා; happily or unhappily circumstanced කල්‍යාණ—අකල්‍යාණ—ස්වභාවයක සිටින.
Circumstantial, a. පිට කාරණා ඇත්තාවූ, ප්‍රාසංගික, විස්තර සහිතවූ, තොරතුරු ඇත්තාවූ, එක එක කාරණාව පෙන්වන්නාවූ.
Circumstantials, n. pl. අතුරු කාරණා, ප්‍රාසංගිකදේ.
Circumstantiality, n. පිට කාරණා සහිත බව, තොරතුරු සහිතකම, විස්තර සහිත බව.
Circumstantially, ad. පිට කාරණා ලෙස, යථාවෘත්ත ලෙස, තොරතුරු වශයෙන්, තීක්ෂණ ලෙස.
Circumstantiate, v. තොරතුරු කියා කාරණාව ඔප්පු කරනවා.
Circumvallation, n. ප්‍රාකාර බැඳ—අගල් කපා—වට ලෑම, අවට බැඳි ප්‍රාකාරය, අවට කැපූ අගල.
Circumvent, v. (fig. යමකු වටකරගන්නවා. එනම්:) උපාවලින් රවටනවා *or* දිනාගන්නවා.
Circumvention, n. උපායෙන් දිනාගැනීම, ප්‍රයෝගය, රැවටිල්ල.
Circumvolution, n. කරකැවීම, භ්‍රමණය, පරිවර්තනය; අවට වෙළාපු දේ, අවට රේඛාව.
Circus, n. වටකුරු (අශ්වයන් පන්වන) අශ්ව-නාඩගම්-පළ, අශ්ව-මණ්ඩලය, සරකස් ක්‍රීඩාව.
Cistern, n. තටාකය, පෙට්ටියක හැඩහුරුකමට තැනූ පොකුණ *or* වල, ජලාශය, පුෂ්කරිණිය.
Citadel, n. (නුවරක) බලකොටුව.
Citation, n. සිතාසි කිරීම &c., see verb, සිතාසිය.
Cite, v. summon සිතාසිකරනවා; quote අන්කෙනකුගේ වගන්තියක් ගෙනහැර පානවා; උපුටාගන්නවා; adduce සාක්ෂිකොට ගෙනෙනවා, උපන්‍යාස කරනවා.
Citizen, n. නුවර වැසියා, නුවර පදිංචිකාරයා, නාගරිකයා, නගර වැසියා. [වාසිකම.
Citizenship, n. නාගරිකකම, නුවර වැසියාගේ අයිති
Citron, n. සිදරන්, මහ රටදෙහි.
City, n. ලොකු නුවරක්, පුරප්‍රවරය; see Borough; නගරය, නුවර.

Civet, n. කස්තූරි, කස්තූරිකාව.
Civet-cat, n. උරුලෑවා, කස්තූරි මුවා.
Civic, a. නාගරික, පෞර.
Civil, a. නුවරට අයිතිවූ, නාගරික, ශිෂ්ටාචාර, සිවිල්; civil law, රාජ්‍ය නීතිය; civil war ස්වදේශ යුද්ධය.
Civil-court, n. සමාදාන නඩුශාලාව.
Civil-engineering, n. (යුද්ධ කෘත්‍ය නොවන) නගර කර්මාන්තාදිය කිරීමේ ශිල්පය; සිවිල් ඉංජිනේරුකම.
Civilian, n. (සේවායක්තු නොවන) රටවැසියෙක්; (යුද්ධ සහ ආගමේ කාරණ නොවන) ආණ්ඩුවේ යම් නිලයක් දරන අය, සිවිල් නිලධාරියා.
Civility, n. ආචාරවන්තකම, ආචාර ගුණය, ශිෂ්ටාචාරය, ශිෂ්ටතාව.
Civilization, n. මනාචර ගතිය පැහැදීම, මනාචර නොවන ගතිය; ශිෂ්ටාචාරභාවය, ශිෂ්ටාචාරකම, ශිෂ්ටාචාරත්වය, ආචාර ශිෂ්ටතාව, සභ්‍යතාව.
Civilize, v. ශිෂ්ටාචාර භාවයට—ශිෂ්ටාචාරකමට—පමුණුවනවා, ශිෂ්ටාචාර කරනවා.
Civilized, a. මනාචර නොවන, ශිෂ්ටාචාර.
Civilly, ad. රාජ්‍ය නීති පනත් ලෙස, නීති ප්‍රකාරයෙන්, ශිෂ්ටාචාර ලෙස, ආචාරවන්ත ලෙස.
Clack, v. (ලෝහ වැනි හයිය ඇති දේවලට ගැසීමෙන් උපදින ශබ්දයට සමානවූ) කලැක් යන ශබ්දය නගනවා, ඊට සමානලෙස කථාකරනවා, දොඩමලුනවා.
Clack, n. කලැක් වැනි ශබ්දයක්; fig. දොඩමළුව.
Claim, v. අයිතිවාසිකම කියා සිටිනවා;
He claims this මේක තමාට අයිතිය කියා or දෙන්ට ඕනෑය කියා ඔහු කියා සිටිනවා.
I claim attention මට ඇහුම්කම් දීම යුතුයයි—ඕනෑයයි—නොදී සිටීම අයුතුයයි—කියා සිටිමි.
Claim, n. අයිතිවාසිකම කියා සිටීම &c.; එසේ කියා සිටීමට or ඉල්ලීමට ඇතියුතුකම, එසේ ඉල්ලන දේ.
Claimant, n. (යමක් තමාට අයිතියයි කියමින් එය දෙන්ටම ඕනෑය කියා) ඉල්ලා සිටින්නා, අයිතිවාසිකම් කියා සිටින්නා, ලබාගන්න පිණිස නඩු කියන පැමිණිලිකාරයා.
Clamber, v. අමාරුවෙන්—උත්සාහයෙන්—අතපය ගසා නගිනවා.
Clammy, a. ඇලෙන ද්‍රව්‍ය ගා තිබෙන්නාක් මෙන් අතට දැනෙන්නාවූ or ඇලෙන්නාවූ, ඇලෙන ගතියක් ඇත්තාවූ, ඇලෙනසුලු.
Clamour, n. කෑමොර ගැසීම, ඝෝෂාව, කෝලාහල හඬ, උද්ඝෝෂණය; make a clamour, ඝෝෂාවක් කරනවා, කෝලාහල හඬ පවත්වනවා.
Clamour, v. ඝෝෂා කරනවා; clamour for කෑගස ගසා ඉල්ලනවා. [කලම්පය.
Clamp, n. ලී බැම්මක් or ලෝහ බැම්මක්, බන්ධනය,
Clamp, v. හරහ බැම්මකින් සවිකරනවා, හරහ බැම්මක් දමනවා, කලම්ප ගහනවා.
Clan, n. වංශය, අන්වය; fig. ලබ්ධිය, පාර්ශවය.
Clandestine, a. රහස්, රහසිගත, ප්‍රයෝගකාර.
Clandestinely, ad. රහසින්, හොරෙන්.
Clang, n. (ලොකු ලෝහ කෑලිවලට ගැසීමෙන් හට ගන්න) කලෑං යන ශබ්දය, ඊට සමාන මහත් හඬක්.
Clang, v. කලෑං යන ශබ්දය නගනවා, or නැගෙනවා.
Clank, n. එකට වදින යදම්වල ශබ්දය වැනි ශබ්දයක්.
Clank, v. එවැනි ශබ්දයක් කරනවා.
Clannish, a. තද පාර්ශවගතිය ඇති.
Clanship, n. වංශ සම්බන්ධකම.

Clap, v. තට්ටුකරනවා, එකිනෙකට වද්දනවා; strike &c. (අල්ලෙන් or පැතලි දෙයකින්) ගසනවා; ඉක්මනින් දමනවා; clap hands අත්පිඩි ගසනවා; to applaud අත්පොළසන් දෙනවා.
Clap a patch on this මේකට අණ්ඩයක් ගහපන්.
Clap this in the box මේක පෙට්ටියේ දාපන්.
Clap, n. තට්ටුකිරීම &c.; පහර, අතුල්පහර, පුපුරන or වදින හඬ.
Clapper, n. තට්ටුකරන්නා &c.; මිණිගෙඩියේ දිවත.
Clapping, n. අත්පොළසන් දීම, අත්පිඩි ගැසීම.
Clap-trap, n. fig. කපටි උපායක්.
Claret, n. රතු මුද්‍රිකපාන වර්ගයක්.
Clarification, n. පිරිසුදු කිරීම, (දිය ජාති) පැහැදවීම, පැහැදීම &c., see verb.
Clarified, a. ශුද්ධකරනලද &c., පිරිසුදුකළාවූ, පැහැදුවාවූ, පැහැදුණාවූ.
Clarify, v. ශුද්ධකරනවා, පිරිසිදු කරනවා, පිරිසුදු වෙනවා, පැහැදෙනවා. [වර්ගයක්.
Clarion, n. සැර ශබ්දයක් ඇති හොරණෑවක්, තලා
Clash, v. (සැර ශබ්දයක් ඇතුව එකකට එකක්) හැරෙට වදිනවා or හැපෙනවා, ඝට්ටනයවෙනවා; fig. එකිනෙකට විරුද්ධවෙනවා. [ද්ධවීම.
Clash, n. සැරෙන් වැදීම, හැපීම, ඝට්ටනය; fig. විරු
Clasp, v. අත්වලින් වෙළාගන්නවා, තුරුල්කරගන්නවා, බදාගන්නවා, (කොක්කකින් මෙන්) ඇදනවා අතින් අල්ලාගන්නවා.
Clasp, n. වෙළාගැනීම &c.; ඇදීමට or (සවිකිරීමට දමන) කොක්ක or ගාංචුව. [පහුර.
Clasper, n. වෙළාගන්නා, වෙළන දේ &c., (වැල්වල)
Clasp-knife, n. දුනුපිහිය.
Class, n. වර්ගය, පන්තිය, පෙළ.
Class, Classify, v. වර්ගවලට බෙදනවා, වර්ග බෙරනවා, වර්ගයේ හැටියට—පිළිවෙලට—පන්තිවලට—තබනවා.
Classic, Classical, a. ශ්‍රේෂ්ඨ, සම්භාවනීය, ඉතා උතුම් වගන්ති ඇත්තාවූ.
Classic, n. ශ්‍රේෂ්ඨ—සම්භාවනීය—ප්‍රථම පන්තියේ—ග්‍රන්ථයක්.
Classically, ad. ශ්‍රේෂ්ඨාකාරයෙන්. [see verb.
Classification, n. වර්ගවලට බෙදීම, වර්ග බෙරීම &c.,
Clatter, v. සට සට ගානවා, එවැනි ශබ්දයක් කරනවා or වෙනවා; fig. බොහෝ ශබ්ද ඇතුව දොඩමළුනවා.
Clatter, n. සට සට ගාන ශබ්දය.
Clause, n. වගන්තිය, ගිවිසුම්—කැමැති—ආඥා—පත්‍රය කිසි කොටසක් or වගන්තියක්.
Clavicle, n. ග්‍රීවාස්ථිය.
Claw, n. පක්ෂියාගේ සහ මෘගයාගේ නිය, නියපොත්ත, පක්ෂි අඩිය.
Claw, v. නියපොතුවලින් ඉරනවා, පලුරුගානවා.
Clay, n. මැටි.
Clayey, a. මැටි, මැටි මිශ්‍රවූ, මැටි සමාන.
Clean, a. පවිත්‍ර, පිරිසුදු, ශුද්ධ, නිර්මල, නිකැළැල්.
Clean, ad. සම්පූර්ණ ලෙස, එහෙමපිටින්ම.
Clean, v. පවිත්‍රකරනවා, ශුද්ධකරනවා; clean up පරිකර්ම කරනවා; see Cleanse; of rice—sift or pick පොළනවා, ගරනවා.
Cleaning, n. පවිත්‍රකිරීම &c.; පරිකර්මය.
Cleanliness, n. පවිත්‍රකම, ශුද්ධබව.
Cleanly, a. පවිත්‍රවූ, වැඩ පිරිසිදුලෙස කරන්නාවූ.
Cleanness, n. පිරිසුදුකම, පිරිසිදුබව, නිර්මලකම.
Cleanse, v. ශුද්ධකරනවා, පිරිසුදු කරනවා, නිර්මල කරනවා, සංශෝධනයකරනවා, දොස් අරිනවා, නිදොස් කරනවා.

Cleansed, pp. *or* a. ශුද්ධකර &c., ශුද්ධකරනලද &c. ශෝධිත, සංශෝධිත.
Cleansing, n. ශුද්ධකිරීම &c., see verb; සංශෝධනය.
Clear, a. plain පැහැදිලි, නිසැක, ප්‍රසාද, ප්‍රත්‍යක්‍ෂ; pure පවිත්‍ර, විශද; bright දීප්තිමත්; open (space) එළිවූ, එළිමහත්වූ; unobstructed බාධා නැත්තාවූ; free නිදහස්වූ; faultless නිදොස්, නිර්මල.
Clear, or become clear, v. (as above) පැහැදිලි—පවිත්‍ර — දීප්තිමත් — එළි — එළිපහළි— නිදහස් — නිදොස්—කරනවා *or* වෙනවා; [කරනවා;
from obscurity, පහදවනවා, පැහැදෙනවා, එළි
Clear grain from the husk එළකරනවා, මිදිකරනවා, පොතු අරිනවා;
become clear or congealed මිදෙනවා;
clear up (of the day) පායනවා; clear up, settle බේරනවා. [ගන්නා.
He cleared five rupees ඔහු රුපියල් පහක්ව ලාභ
He cleared—jumped clear over—the fence ඔහු නොහැපී වැටට උඩින් පැන්නා.
Clearing, n. පැහැදිලිකිරීම &c., see verb; open space එළිමහන, එළිකළ—එළිවූ—භූමිය. [potatorum.
Clearing-nut, n. ඉඟිනි ඇටය, දුරණය; Strychnos
Clearly, ad. පැහැදිලි ලෙස, ප්‍රත්‍යක්‍ෂ ලෙස, ප්‍රත්‍යක්‍ෂව, නිරාකූල ලෙස, නිරාකූලව, පවිත්‍ර ලෙස.
Clearness, n. පැහැදිලිකම, ප්‍රත්‍යක්‍ෂකම, ප්‍රසාදය, විශදතාව;
without obstruction බාධා නැතිබව; without confusion අනාකූලත්වය;
without fault, spot &c. නිදොස්කම, නිර්මලකම.
Clear-sighted, a. ප්‍රසාදදෘෂ්ටි, තේරුම්ඇති, නුවණැති, නැණවත්.
Cleave to, v. ඇලෙනවා, ඇලුම්වෙනවා.
This paper cleaves to the wood මේ කඩදාසිය ලීවලට ඇලෙනවා. [වෙනවා.
My heart cleaves to him මගේ හිත ඔහුට ඇලුම්
Cleave, v. (ලී &c.) පළනවා, මාත්කරනවා, විවරකරනවා, පැළෙනවා, මාත්වෙනවා, විවරවෙනවා.
Cleaver, n. පළන්නා &c.; (පැළීමේ ආවුදය වන) අත් පොරොව, මස පිහියේ, කැත්ත.
Cleaving, n. පැළීම &c.; cleaving to, attachment ඇලුම්වීම, ඇලුම්කම, ඇල්ම, භජනය. [ක්‍රමයක්.
Clef, n. තූර්යනාදක්‍රමය පෙන්වන ලකුණක්, තූර්යනාද
Cleft, n. පැල්ම, සිදුර, විවරය.
Clemency, n. මෘදු ගුණය, මෘදුකම, දයාබරකම, කරුණාව, අනුකම්පාව.
Clement, a. මෘදු, දයාබර, කරුණාවන්ත &c.
Clergy, n. pl. දේවගැතියෝ, පාදිලිවරු; B. සංඝයා, පැවිද්දෝ, ප්‍රව්‍රජිතයෝ.
Clergyman, n. දේවගැතියා, B. ප්‍රව්‍රජිතයා.
Clerical, a. දේවගැතිවූ (කෙනෙක් *or* කාරණාවක්), B. පැවිදි, ප්‍රව්‍රජිත; of a writer ලිපිකරු (විභාගය &c.) [දෝෂය.
Clerical error, n. ලිවීමේදී සිදුවුණු අත්වැරැද්ද, ලිපි
Clerk, n. ලියන්නා, ලිපිකාරයා, ලිපිකරුවා, ලියන අප්පු; පාදිලිකෙනෙක්; දේවමෙහෙයේදී ප්‍රත්‍යුත්තර දෙන අය.
Clerkship, n. ලිපිකාර ධුරය, ලිපිකාරකම.
Clever, a. සමර්ථ, දක්‍ෂ, හපන්, සමත්. [කම.
Cleverness, n. සමර්ථකම, දක්‍ෂකම, දස්කම, හපන්
Clew, Clue, n. (මග පෙන්වන) නූලක්, නූල්පටක්, *i. e.*, සංඥාවක්.

Click, n. ක්ලික් යන හීන් ශබ්දය.
Click, v. ක්ලික් යන හඬ වැනි හීන් හඬක් කරනවා.
Client, n. පිහිට ලබන්නා, sp. (පෙරකදෝරු කෙනකුට &c.) නඩුවක් භාරදෙන්නා.
Cliff, n. කෙළින් තිබෙන උස්වූ පර්වතය, ප්‍රපාතය.
Climate, n. දේශගුණය, පොළෝතලයේ කොට්ඨාශයක්. [අයිතිවූ.
Climatic, a. දේශගුණයෙන් හටගත්ත, දේශගුණයට
Climatize, v. දේශගුණයට පුරුදු කරනවා *or* පුරුදු වෙනවා.
Climatology, n. දේශගුණ විද්‍යාව.
Climax, n. පස්වලින් මෙන් නැගීයන—වැඩිවේගන යන—ක්‍රමය; ආරෝහන වාක්‍යයක් *or* වගන්ති පෙළක්; (එසේ පැමිණෙන) මුදුන, මුදුන් සවභාව, උන්නත භාවය; අතිභූමිය.
Climb, v. (අතපය ගසා—අමාරුවෙන්—) උඩ නගිනවා *or* නැගෙනවා; (වැල්) වෙළි-අල්ලා-නගිනවා, බඩගානවා.
Climber, n. (එසේ) උඩ නගින්නා &c.; නගින වැලක්, නියවලින් නගින කුරුල්ලෙක්.
Clime, n. see Climate.
Clinch, v. මිටියංකරනවා; the fist මිට මොලවනවා; fig. සම්කරනවා.
Cling, v. ඇලෙනවා, වෙළීමෙන් *or* ඇල්ලීමෙන්, එකක් වෙන එකකට) තදවෙනවා; හිතෙන් ඇලුම්වී බැදෙනවා.
Clinic, n. ඔත්පළ නැතැත්තෙක්.
Clinic, Clinical, a. ලෙඩ ඇඳට සම්බන්ධවූ. ලෙඩාගේ යහන පිළිබඳ.
Clink, n. (කුඩා දේ එකටහැපීමෙන් අටගත්ත) හීන් ශබ්දයක්. [Chink.
Clink, v. කලිංක් යන හීන් ශබ්දය උපදවනවා. See
Clinker, n. අඟුරු බොර කැල්ලක්, යබොර කැල්ලක්.
Clip, v. කතුරෙන් කපනවා, පහරකින් වෙන්කරනවා, කොටකරනවා; කැබැලිකර කපනවා.
Clip, Clipping, n. කතුරෙන් කැපීම &c.; කතුරෙන් කැපූ කැබෙල්ල *or* පංගුව.
Clique, (කලික්), n. පක්‍ෂවාදී කණ්ඩායම.
Clitoria, n. කටරොළු ජාති.
Cloak, n. සළුව; fig. වැස්මක්, මුවාවක්, උපායක්, වේශයක්.
Cloak, v. සළුවක් පලඳිනවා, fig. උපායවලින් වසනවා, වසාතබනවා. [යන්ත්‍රය.
Clock, n. ලොකු ඔරලෝසුව, ඝටිකා යන්ත්‍රය, හෝරා
What o'clock is it? දැන් වෙලාව කීයද?
It is eight o'clock දැන් වෙලාව අටයි, the eighth hour අටේ කනිසමයි.
Clock-tower, n. ඔර්ලෝසු කණුව. හෝරා යන්ත්‍ර කුළුන, හෝරා යන්ත්‍ර ස්තම්භය,
Clod, n. පිඩැල්ල, පස්පිඩැල්ල; pl. පිඩලි; dolt, clod-hopper මෝඩයා, මොට්ටයා.
Clog. v. (යමක් කිරීමට අමාරුකරන පිණිස) විලංගු-බරය-නාදිය දමනවා, අමාරු කරනවා, බාධා කරනවා, එකට ගැහෙනවා, කැටිගැහෙනවා, ඇහිරෙනවා.
This machine is clogged with bad oil මේ යන්ත්‍රය නරක තෙල්වලින් හිරවී—තදවී—හිරවෙනවා.
This drain is clogged up with filth මේ කානුව කුණුවලින් ඇහිරී තිබෙනවා. [කොටය.
Clog, n. සෙරෙප්පුව; බාධාව; බාධාවක් පිණිස බඳින
Cloister, n. තපස් ශාලාව. තපස් මඩම, පන්සල, ආශ්‍රමය; මිදුලක් වටකර තිබෙන බරාඳය.

Cloister, v. තපස් මඩම්ක සිටුවනවා *or* ඊට භාරකර නවා, ගෙයක වසා තබනවා.

Close, v. shut වසනවා, පියනවා, තිරෝධානය කර නවා, වැසෙනවා, පියවෙනවා;
accounts or debts ගණන් *or* ණය පියවනවා *or* බේරනවා.
finish නිමකරනවා, සමාරකරනවා, නිමවෙනවා &c., නිමවෙනවා; [වෙනවා.
unite එක්කරනවා, යාකරනවා, එක්වෙනවා, ලං
fill, stop up, පුරවනවා, අහුරනවා, ඇහිරෙනවා.

Close, n. නිමව, අන්තිමය, කෙළවර, අවසානය, සමාප්තිය.

Close, n. (වැටක් ඇති—කොටුකරපු) කුඩා පිට්ටනිය, මිදුලය.

Close, a. ළඟම (තිබෙනවා), ළංවූ, සිට්ටු, සමීප, ආසන්න; dense ඝනසැර, ඝන, ගහන; secret රහස්, රහසිගත; united ඒකාබද්ධ, දැඩිවබැඳුණු, එකඑකත; unventilated හුළං නැත්තාවූ, වාතාශ්‍රය නැති.

Closely, ad. densely ඝනසැර ලෙස, ඝනසැරේ, ඝන නව etc.; near සිට්ටුවෙන්; intently &c., ඕනෑක මින්, ඇහිසැවියට.

Closeness, n. සිට්ටුකම, ආසන්නතාව, සම්බන්ධ කම; ගහනකම; etc. See adj. & ad.

Closet, n. ඇතුල් ගේ, කුඩා රහස් කාමරය.

Closet, v. ඇතුල් ගෙයි වසා තබනවා, (මන්ත්‍රණය කිරීමට) ඇතුල්ගෙට කැඳවාගන යනවා.

Closure, n. වසාතැබීම, පියවීම, අවසාන කිරීම (දොර කඩ, වීවර &c.) වැසෙන දේ.

Clot, v. කැටිගැසෙනවා, මිදෙනවා.

Clot, n. (මිදුණ) දියර කැටිය, කැටිගැහුණ පිඬුව.

Cloth, n. රෙදි, (ජාති) පිළි; a cloth—as a garment රෙද්දක්.

Clothe, v. one's–self අඳිනවා, ඇඳගන්නවා &c.; another අන්දවනවා; ඇඳුම් සපයා දෙනවා.
Clothe thoughts in language වචනයෙන් සිතිවිලි සරසනවා. [සිටිනවා.
Be Clothed with authority බලයෙන් යුක්තව

Clothes, n. pl. රෙදි, ඇඳුම්, වස්ත්‍ර; bed–clothes ඇඳ ඇතිරිලි ආදිය.

Clothes–line, n. රෙදි වනන ලනුව.

Clothier, n. රෙදි සාදන්නා, ඇඳුම් විකුණන්නා.

Clothing, n. ඇඳීම, ඇඳුම, ඇඳුම්; B· P. පාරුපනය.

Clotted, a. කැටිගැහුණු.

Cloud, n. වලාව, වලාකුළ, වලාපටලය, මේඝය, ජලධරය; of dust ධූලි පටලය; fig. රාශිය, අඳුරුකම.

Cloud, v. වලාකුල්වලින් වැසෙනවා; (වලාකුල්වලින් මෙන්) අඳුරුකරනවා, අඳුරුවෙනවා.

Cloud–capt, a. (ඉස වැස්මක් මෙන්) මුදුනේ වලාකුල් සහිත, වලාකුල් වලින් වැසුණු මුදුන් සහිත (කඳු) ඉතා උසැති.

Cloudiness, n. වලා සහිත බව, වැලලිකම, අඳුරුකම.

Cloudless, a. වලාකුල් රහිත, පැහැදිලි, දීප්තිමත්.

Cloudy, a. වලාකුල් සහිත, වැලලි, වලාපටලවූ; නොපැහැදිලි, අඳුරුවූ, කනස්සලුවූ (මුහුණ).

Clout, n. අත්ඩය, රෙදිකෑල්ල, පිළිකඩ; අතුල් පහර.

Cloven, pp. or a. (from Cleave) පලා–පැළී–බෙදී–බෙදී–තිබෙන, දලිත, විදලිත, විදාරිත.

Cloven–foot, n. බෙදී තිබෙන කුරය, ද්විශඵය; fig. යක්ෂයාගේ පාදය.

Cloven–footed, a. කුර බෙදී තිබෙන, බෙදුණු කුර ඇති, ද්විශඵ.

Clover, n. තණකොළ ජාතියක්, ත්‍රිපර්ණ තෘණ; fig. to live in clover සැපෙන් පසුවෙනවා.

Cloves, n. pl. කරාබු, කරාබු, ලවංග, ලවංග, ලවංග, දේව කුසුම; clove tree කරාබු ගස.

C'own, n. පිටිසරයකු වැනි කෙනෙක්, නාඩගමේ කවටයා, බහුරූපයා, විහිළුකාරයා, විහිළුකාරයා.

Clownish, a. අශිෂ්ට, අසභ්‍ය.

Clownishness, n. අශිෂ්ටතාව, ග්‍රාම්‍යත්වය, රළුකම, අසභ්‍යකම. [වනවා.

Cloy, v. තෘප්තිමත් කරනවා, අති තෘප්තියට පමුණු

Cloyed, be, v. or a. තෘප්තිමත්, අති පූර්ණ.

Club, n. පොල්ල, මුගුර, ලගුරය ලගුඩය; a card (කාඩ්පත් කුට්ටියේ) කලාබර කොළය; a society සමාගමක්, සඩගමය, සමාජය.

Club, v. සමාගමක් වශයෙන් බැඳෙනවා, කට්ටුන කිරීමට එක්වෙනවා, (උත්සාහ, වියදම් &c.) සංයෝග කරනවා, පොදු කරනවා; (තුවක්කුව) පොල්ලක් කොට අල්ලනවා.

Clubbed, be, v. or a. යෝජිත, බැඳි, පොල්ලක්වැනි.

Club–foot, n. (ලී කොටය වැනි) විරූප පාදය.

Club–footed, a. විරූප පාදයක් ඇති, ඛලිපදී.

Club–house, n. (සමාගම්කාරයන්ගේ) පොදු සංග්‍රහ ශාලාව.

Club–moss, n. එනස්ස ජාතියක්. [පත්.

Club–rush, n. පත් ජාතියක්, මහ ගැටපත්, දුර නාල්

Cluck, v. (කුකුල්පැටියන් එකතුකරගැනීමට) කිකිළිය කොක් කොක් ගානවා, කොක් කොටනවා.

Clue, n. See Clew.

Clump, n. (ලී or යකඩ) කොටය, ඝන කැබැල්ලක්, තණ පඳුර, ගුච්ඡය, ගුම්බය,

Clumpy, a. ඝන කැබලි ඇති, පඳුරු සහිත.

Clumsily, ad. අදක්ෂලෙස, අවලක්ෂණ ලෙස, අශෝභන ලෙස, හැඩහුරුකම මදිලෙස.

Clumsiness, n. අදක්ෂකම, අකෞශල්‍යය, අශෝභන කම &c.

Clumsy, a. අශෝභන, දක්ෂ නැති, අදක්ෂ, හැඩහුරු කම මදිවූ.

Cluster, n. වැල්ල, පොකුර, සතවකය, කුඩා පඞ්ක්ති යක්, ලඟ ලඟවූ—ගෙවල්–බිම්—මිනිස්සු—ගණනක්, කැටියක්.

Cluster, v. වලු or පොකුරු විශයෙන් වැවෙනවා, පඞ්ක්ති වශයෙන් එකතු වෙනවා, පඞ්ක්තියක් කොට තබනවා, කැටිකරනවා.

Clustered, a. වලු—පොකුරු—කැටි—ආකාර, පඞ්ක්ති ආකාරයෙන් එකතුවූ.

Clutch, v. දැඩිව අල්ලාගන්නවා; clutch at අල්ලා ගන්ට—fig. අත්කරගන්ට—තැත්කරනවා.

Clutch, n. (නියපොතුවලින් මෙන් කෲර ලෙස) තදින් ඇල්ලීම, දෘඪග්‍රහණය.

Clutches, n. pl. මෘගයන්ගේ නිය, කෲර ලෙස or බලවත් ලෙස අල්ලාගන්න අත්.

Clutter, n. ඝෝෂාව, කලබලය, කලබැගෑනිය.

Clyster, n. වස්තිය.

Co, Cog, prefixes, සමඟ, එක්ව, (යන අර්ථ ඇති උපසර්ග).

Coach, n. රථ ජාතියක්, කෝච්චිය.

Coach, v. රථයෙන් ගෙනයනවා *or* ගමන්කරනවා, fig. (රථයෙන් ගෙනයන්නාක්මෙන්) පොලඹවනවා, සුහුම පුහුණුකරවනවා.

Coach–box, n. දක්කන්නාගේ ආසනය, රථෝපස්ථය. සූතාසනය.

Coachman, n. දක්කන්නා, රිය පදවන්නා, රථාචාර්යයා, සාරථියා.
Coachmanship, n. රථ දක්කීමේ දක්‍ෂකම.
Coadjutor, n. සහකාරයා, උදව්කාරයා, සහායකයා, උපසත්ථම්භකයා, ආධාරකාරයා; R. C. (සභාවේ, උත්තමයෙකුගේ) සහකාර නිලධාරියා.
Coadjutorship, n. සහායකත්වය.
Coadmeasurement, n. සමමිතිය.
Coagulable, a. මිදවියහැකි (ඉද්), කැටිගැහියහැකි.
Coagulate, v. කැටිගස්සනවා, කැටිගැහෙනවා, මුද වනවා, මිදෙනවා.
Coagulated, a. කැටිගැහුණු, මිදුණු, මුදවාපු.
Coagulation, n. කැටිගැසීම &c.; කැටිගැහුණු දෙය.
Coagulative, a. (කිරි ආදිය) කැටිගස්වන (ද්‍රව්‍ය).
Coagulum, n. කැටිගැහුණු කැබෙල්ල, කැටිය.
Coal, n. රට අඟුරු, ගල් අඟුරු.
Coal, v. ගින්නට අඟුරු දමනවා; (නැවකට &c.) අඟුරු සපයාදෙනවා *or* අඟුරු ගන්නවා.
Coalesce, v. එක්වෙනවා, එකතුවෙනවා, ඒකාබද්ධ වෙනවා, සංයුක්තවෙනවා.
Coalescence, n. එක්වීම &c.; සංයුක්තතාව.
Coal–formation, n. (පොළොවේ) ගල් අඟුරු සෑදීම, භූමියේ ගල් අඟුරු තට්ටු.
Coal–gas, n. (පත්තුකරන) ගල් අඟුරු වායුව, ගෑස්.
Coaling, n. ගල් අඟුරු සපයාදීම *or* ගැනීම.
Coalition, n. එක්වීම, සම්බන්ධවීම, සම්බන්ධය, සන්ධානය, සංගතිය: See Coalescence.
Coal–measures, n. pl. ගල් අඟුරු අඩංගු පර්වත *or* භූමි *or* තට්ටු.
Coal–mine, n. ගල් අඟුරු ආකරය *or* පතල.
Coal–pit, n. ගල් අඟුරු පතළ *or* ආකරය.
Coarctation, n. හිරකිරීම, තදකිරීම, මිරිකීම.
Coarse, a. සිහින් නොවන, දළ, ගොරෝසු, රූක්‍ෂ, ලොකු, අශිෂ්ට, රළු, පරුෂ.
Coarsely, ad. අශිෂ්ට ලෙස, අශෝභන ලෙස, රළු ලෙස etc.
Coarseness, n. සිහින් නොවන බව, ඝනකම, රූක්‍ෂතාවය, අශිෂ්ටතාව, රළුකම,
Coast, n. මුහුදුබඩ, වෙරළ, සමුද්‍රතීරය, මායිම.
The coast is clear දැන් බාධාවක් *or* අනතුරක් නැත.
Coast, v. වෙරළ අසලින් *or* ගොඩබිම සමීපයෙන් යාත්‍රාකරනවා; එකම රටේ වරායෙන් වරායට යාත්‍රා කරනවා.
Coaster, n. එසේ යන නැව.
Coat, n. කබාය, හැට්ටය, වැස්ම; of animals මෘගයාගේ ලොම් *or* රෝම; coat of mail කවචය, සන්නාහය; see Mail; coat of arms (උත්තමයකුගේ) යුද්ධ සංකුණු සටහන.
Coat, v. යමක් ගා වසනවා, යමක් දමා වසනවා, ආලේප කරනවා, ඡාදනය කරනවා.
Coated, be, v. or a. හැට්ටයක් ඇති, යමක් ගා වසා තිබෙන, ඡාදිත.
This is coated with mud මෙය මඩ තට්ටුවකින් වැසී තිබේ.
Coating, n. යමක් ගා වැසීම &c.; ආලේපය, දමන වැස්ම, කබා සාදන රෙදි.
Coax, v. පුරතල් බසින් *or* කරුණාවෙන් කැමතිකර වනවා, ලාලනය කරනවා, ඉච්චාවෙන් පොළඹවනවා, වාටුකරනවා.
Coaxingly, ad. ඉච්චාලෙස, කැමතිකරවන විධියකින්, පුරතල් ලෙස.

Cob, n. (ඉරිඟු) කරල, සවි ඇති මිටි අශ්වයා, පිදුරු මුසු මැටි.
Cobalt, n. ලෝහ ජාතියක්. [බරුව.
Cobble, n. කුඩා මත්ස්‍ය පාරුව, මත්ස්‍ය ඔරුව, මාළු
Cobble, n. වටකුරු ගලක්; pl. also ගල් අඟුරු කැබලි.
Cobble, v. පිළිවෙළකට නැතිව *or* හැඩ නැතිව හරිගස්සනවා, අත්ඩ දමනවා.
Cobbler, n. සවිලා වසයෙන් හරිගස්සන්නා, සපත්තු අලුත්වැඩියා කරන්නා, සපතේරුවා.
Cobelligerent, a. එක්ව යුද්ධකරන; n. එසේ යුද්ධ කරන රාජ්‍යය. [විෂයා.
Cobra, **Cobra de Capello** n. නයා, නාගයා; ආශීවි
Cobwall, n. පිදුරු මුසු මැටි බිත්තිය.
Cobweb, n. මකුළු දැල.
Cocculus, n. තිත්ත වැල් (ජාතියක්).
Cochineal, n. කුඩා කෘමි ජාතියක්; (උන්ගෙන් සාදන) රතු ද්‍රව්‍ය.
Cock, n. කුකුළා, සැවුළා, තම්බසිළුවා; jungle cock වලිකුකුළා; tap කොමිය; straw or hay cock පිදුරු ගොඩ &c.; of a gun ගිනි මිට්ය, කොකා.
Cock, v. කෙළින් ඔසවනවා; පිදුරු &c. ගොඩවල් කරනවා; a gun (තුවක්කුවේ) මිට්ය *or* කොකා අදිනවා.
Cockade, n. (කුකුල් කරමලට සමානවෙන ලෙස) තොප්පියේ බඳින මලක්.
Cockatoo, n. ගිරා ජාතියක්, රට ගිරවා.
Cockatrice, n. in myth. සර්ප ජාතියක්.
Cockchafer, n. කුරුමිනි ජාතියක්.
Cockerel, n. mas. කුකුළු පැටවා, තරුණ කුකුළා.
Cock–fight, **Cock–fighting**, n. කුකුළන් කෙටවීම, කුකුල් පොරය. [බෙල්ලෙක්.
Cockle, n. the weed කිරිඳි; the shell, මට්ටියා,
Cockle, v. මැකරැලි වැටෙනවා, රැලි වැටෙනවා.
Cock–loft, n. ඉහළ උඩුමහල.
Cockney, n. ලන්ඩන් නගර වාසියෙකුට ලඝුකොට *or* හෑල්ලු කොට කථාකිරීමේදී ව්‍යවහාර කරන ශබ්දයක්. [තත්ත්වය.
Cockneyism, n. එමැන්නන්ගේ භාෂාව, ලීලාව *or*
Cock–pit, n. පොර කුකුල් කොටුව; (තුවාලවලට ප්‍රතිකාර කරන) යුද්ධ නැවේ කමතාගාරය; අහස් යාත්‍රා එක නැවියා හිඳගන්නා ස්ථානය.
Cockroach, n. කැරපොත්තා.
Cock's–comb, n. කුකුල් කරමල, කුඩා ගස් ජාතියක්, කිරිහැන්ද; fig. ආඩම්බරකාරයා, ජේත්තුකාරයා.
Cockswain, n. See Boatswain. [ගස්.
Cocoa, n. කොකෝ *or* කොකෝවා, එම ගෙඩි *or*
Coco–nut, n. පොල්ගෙඩිය, පොල්; (young coco–nut) කුරුම්බා ගෙඩිය, නාළිකේර, තෙරළු, වැවරගෙඩිය, (king–coconut) තැඹිලි.
Coco–nut–shell, n. පොල්කටුව, උතුකටුව.
Cocoon, n. දළඹු කොපුව, පට පණු කෝෂය, කෘමි කෝෂය.
Coction, n. තැම්බීම, (ව්‍යණයක) පැසවීම.
Cod, n. බීජකෝෂය.
Cod, **Cod–fish**, n. මත්ස්‍ය ජාතියක්
Coddle, v. එකක් තම්බා තරක්කරනවා, ඇට්ටකුණු කරනවා. Become coddled ඇට්ටකුණු වෙනවා, නැප්පෙනවා; මනැනැති ලෙස සාත්තුකරනවා *or* සාත්තුකරගන්නවා, පුරතල් කරනවා.
Code, n. නීතිසංග්‍රහය, නීති සංග්‍රහව, ධර්මසංග්‍රහය, ව්‍යවස්ථා පද්ධතිය, ව්‍යවස්ථා පොත.

Codex, n. L. අත් අකුරු පත්‍රය, ප්‍රකාශකය, නීති සංග්‍රහය.

Codicil, n. (අන්තිම කැමැති පත්‍රයට එකතුකරන) අමුතු කොටඨාසය, අන්තිම කැමැති පත්‍රයේ ඌන පූරණය

Codify, v. අණපනත් පිළිවෙළට තබනවා, නීතිසංග්‍රහයක් or නීති සංග්‍රහයක් කරනවා.

Codling, Codlin, n. රට ජම්බු ජාතියක්.

Cod-liver-oil, n. (කොඩ් නම්වූ) මාලු අක්මා තෙල්.

Coefficiency, n. (යමක් ඉෂ්ට කිරීමට) සහකාරික බලය, සහකාර සාධනය.

Coefficient, n. සහකාරික ගුණයක් ඇති දෙය; in alg. සංගුණකය, ගුණිත සංඛ්‍යාව.

Coequal, a. එක් සමවූ, එක් තරම්වූ; n. එක්සම තැනැත්තා, සමාන පදස්ථයා. [ප්‍රදත්‍ය.

Coequality, n. එක්සමතාව, එකසමාන බව, තුල්‍ය

Coequally, ad. එක්සමලෙස, එකාකාරයෙන්ම.

Coerce, v. restrain වලක්වනවා; compel බලකරනවා.

Coercion, n. වැලැක්වීම &c.; බලකිරීම, බලාත්කාරය.

Coercive, a. වලක්වන, බලකරන, බලාත්කාර.

Coessential, a. සමගතිවූ, තුල්‍ය ගුණ ඇති; මෙන යමක් සමග ඔනෑම කරන්නාවූ.

Coessentialty, n. සමගතිය &c.

Coeternal, a. සමසදකාලික, සමානානන්ත.

Coeternity, n. සමසදකාලිකකම, සමානානන්තතාව.

Coeval, a. එක යුගයට or එක කාලයට අයිතිවූ. සමකාලික, සමකාලීන.

Coexist, v. එක්ව or එක කාලයේ පවතිනවා, සමකාලිකව පවතිනවා.

Coexistence, n. එක්ව පැවතීම, සමකාලිකකම, සහවර්තනය, සහජීවිතය.

Coexistent, a. එක්ව පවතින, සමකාලික, සමකාලීන, සහවර්තින.

Coextension, n. සමව පැතිරීම, සමවිස්තෘත භාවය, සමව්‍යාප්තිය.

Coextensive, a. සමව පැතුරුණු, සමවිස්තෘත.

Coffee, n. කෝපි, කෝපි ගහ. [කඩය.

Coffee-house, n. (බීමට කෝපි විකුණන) කෝපි

Coffer, n. පෙට්ටිය, මුදල් පෙට්ටගම, කුහර ඉඩමක්.

Coffer-dam, n. පෙට්ටි ආකාර ජල බන්ධනය.

Coffin, n. මිනීපෙට්ටිය,

Coffin, v. මිනීපෙට්ටියක තබනවා.

Cog, n. රෝද දත, චක්‍ර දන්තය

Cog. v. රෝදයක දත් දමනවා.

Cogency, n. බලවත්කම, වැරය, සිතට කාවදින ගතිය.

Cogent, a. (සිතට වදින ලෙස or කාවදින ලෙස) බලවත්, ස්ථිර.

Cogently, ad. සිතට කාවදින ලෙස, බලවත් ලෙස.

Cogitate, v. කල්පනාකර කර ඉන්නවා, කල්පනා කර බලනවා, සිතනවා, මෙනෙහිකරනවා.

Cogitation, n. කල්පනාකර බැලීම, මෙනෙහි කිරීම

Cogitative, a. කල්පනා කරන, මෙනෙහි කරන, මෙනෙහිකිරීමට ලැදිවූ, සිතනසුලු, චින්තාපර.

Cognate, a. සහජ, සමාන ජාතිය, සජාතික, සම්බන්ධ, එක ධාතුවෙන් or මුලෙන් or හේතුවෙන් නික්මෙන—නික්මී තිබෙන—(වචන, අක්ෂර).

Cognation, n. ඥාතිත්වය, මුලින්—ගතියෙන්—ඇති සම්බන්ධකම.

Cognition, n. දැනීම, අභිඥානය, සංඥානය.

Cognizable, a. (යමෙකුට) දැනගතහැකිවූ, දතහැකි, ඥෙයය, විඥෙයය, දැනෙන්නාවූ; (නඩු මාර්ගයෙන්) සෝදිසිකළ හැකිවූ (වරද).

Cognizance, n. දැනුම, දැනසිටීම; take cognizance or notice of, regard, සැලකීම, බලාගැනීම, (නඩු මාර්ගයෙන්) සෝදිසිකිරීම, or විසඳීම.

Cognizant, be, v. I am cognizant of that මම එබව දනිමි or ඒගැන මට දැනුම තිබෙනවා.

Cognomen, n. නම, පෙළපත් නාමය, වැඩිපුරනමක්.

Cog-wheel, n. දැතිරෝදය.

Cohabit, v. අඹුසැමි දෙදෙනකු ලෙස එකට වාසය කරනවා, විසමේ සිටිනවා; සංවාසයකරනවා.

Cohabitation, n. (සරණ පාවානොගෙන) එක්ව වාසය කිරීම, සංවාසය.

Coheir, n. හවුල් උරුමක්කාරයා සමාංශයා.

Coheiress, n. හවුල් උරුමක්කාරී.

Cohere, v. එකට ඇලෙනවා, සංසක්තවෙනවා, ගැළපෙනවා, එකඟවෙනවා, ඉතාංගුවෙනවා.

Coherence, n. එකට ඇලීම &c.; එකඟකම, යෝග්‍යකම, සම්බන්ධකම.

Coherent, a. එකට ඇලෙන, ගැළපෙන, එකඟ, ඉතාංගු, සම්බන්ධ. [&c.

Coherently, ad. හරියට ගැළපෙනලෙස, එකඟලෙස

Cohesion, n. එකට ඇලීම, ගැළපීම, සම්බන්ධතාව, සංසක්තිය.

Cohesive, a. එකට ඇලෙන්නාවූ, ඒකාබද්ධවෙන්නාවූ.

Cohort, n. (රෝමවරුන්ගේ) හේවා කණ්ඩායමක්, සුළු සමූහයක්.

Coif, n. (නීතිඥයන් අඳින) කුඩා තොප්පිය.

Coil, v. (රැහැ වළල්ලක් වගයෙන්) විකකරනවා, දඟර-දරණු-ගහනවා; වටේට වෙළනවා; (සර්පයකු මෙන්) දරණ ගැහෙනවා. [දරණුව.

Coil, n. (විකකරපු) රැහැ වළල්ලක්, ඉවිච්චක්, දඟරය,

Coiled, a, (වළලු වගයෙන්) විකකරපු, දරණගැහුණු.

Coin, n. කාසිය; quoin කුඤ්ඤය; fig. pay in the same coin එකටඑක කරනවා.

Coin, v. මුදල් or කාසි or සල්ලි අච්චුගහනවා; invent අමුතුවෙන් සාදනවා or උපදවනවා, බොරුවට පුබන්ධකරනවා. [or කාසි.

Coinage, n. මුදල් අච්චුගැසීම &c.; අච්චුගසාපු මුදල්

Coincide, v. (ඉරි දෙකක් or බිඳු දෙකක් මෙන්) එක තැනම වැටෙනවා, එකපිට එක වැටෙනවා, එක් වෙනවා; fig එකඟවෙනවා, සම්මත වෙනවා, සංපාත වෙනවා.

Coincidence, n. එක්වීම, සංපාතය &c.; එක කාලයට සිදුවීම, එකඟකම, සම්මතතාව.

Coincident, a. එකතැනම වැටෙන, එක්වෙන; එකඟ, සම්මත.

Coincidently, ad. වෙන යමක් සමගම, එක්වම, එක විටම etc.; It happened coincidently with his arrival එය ඔහුගේ පැමිණීමත්—ඔහු එනවාත්—එක්වම සිදුවිය.

Coiner, n. කාසි or මුදල් අච්චුගසන්නා, බොරුකාසි සාදන්නා; (වචන) අමුතුවෙන් උපදවන්නා.

Coinheritance, n. හවුල් උරුමය. Coir, n. කොහු.

Coition, n. එක්වීම, සංවාසය, මෛථුනය.

Coke, අඟුරු වර්ගයක්. [රය.

Colander, n. බීම වර්ග පෙරන භාජනයක්, පෙනේ

Cold, a. ශීතල, ශිශිර, සිසිල්, හිමවත්; (of food) cooled නිමුණු, නිම්වච; cold rice හිල්බත්; fig උනන්දුනැති, නොසැලකිලි, ජ්වලිත නැති, අනුෂ්ණ,

Cold, n. ශීතලය, ශීතය. සෙම්බිරිස්සාව, සෙම්ප්‍රති සභාව; පීනස.

Cold-blooded, a. සිසිල් ලේ ඇති (සත්ත්‍ව); fig. අනුකම්පා නැති, කෲර.

Cold-hearted, a. අනුෂ්ණ සිතක් ඇති, උනන්දුනැති.

Coldly, ad. fig. උනන්දුනැති ලෙස, නොසැලකිලිලෙස, අනුෂ්ණ ලෙස.

Coldness, n. ශීත ශක්තිය, ශීතල භාවය, ශීතතාව, සිසිල්කම, ඉසිල, සිසිලස; fig. නොසැලකිලිකම, අනුෂ්ණතාව &c., see adj.

Cold-shoulder, n. fig. give the cold shoulder යමෙකුට නොසැලකිල්ල—අනාදරය—නුළුකම්—පානවා.

Colic, n. බඩේ කැක්කුම, බඩරුජාව, ආමශූලය, පක්වාශූලය, වාතවූලරෝගය, වාතශූලය.

Coliseum, Colosseum, n. රෝමයේ මහා නාට්‍ය මණ්ඩලය.

Collaborator, n. (ශිල්ප ශාස්ත්‍ර පිළිබඳ වැඩ) එක්ව *or* එකට *or* සහායව කරන්නා.

Collapse, v. (භාජනයක *or* මල්ලක පැතිලෙස) එකට වැටෙනවා, ඇදවැටෙනවා, ක්ෂයවෙනවා, පිරිහෙනවා.

Collapse, n. ඇදවැටීම, කඩාවැටීම, ක්ෂයවීම, බල නැතිවීම, පිරිහීම.

Collar, n. බෙල්ලේ පටිය, කරපටිය; බෙල්ල පිට වැටෙන කබා-වාටිය; ග්‍රීවාභරණය, අශ්ව බෙල්ලේ ඇඳුම.

Collar, v. බෙල්ලේ පටියෙන්—බෙල්ල ලඟින්—අල්ලා ගන්නවා, අනුකරගන්නවා; අශ්වයාගේ—මෘගයකුගේ—බෙල්ලේ ඇඳුම් දමනවා.

Collar-bone, n. කුළල් ඇටය, අකුව, ග්‍රීවාස්ථිය.

Collate, v. පිළිවෙළට තබනවා *or* පිහිටුවනවා, සමානකර බලනවා, පරීක්ෂාවෙන් සසඳ බලනවා; පරිශෝධනය කරනවා; confer a benifice දේව පීඨිකාව දෙනවා.

Collateral, a. එක සමානවූ, එක හැඩයට හරිවූ; පාර්ශ්වවර්තී, සමාන්තර, උප (සාක්ෂි, ඇප &c.); එක ගෝත්‍රයේ පවුල් සම්බන්ධ (නෑකම), සමාන ඥාති, සමාන ගෝත්‍ර.

Collaterally, ad. සමලෙස, සමාන්තරලෙස.

Collation, n. පිළිවෙළට තැබීම &c., see Collate, lunch අතුරුපස. [verb.

Collator, n. (පොත්පත්) පිළිවෙළට තබන්නා &c. see

Colleague, n. (ස්ථානාන්තරයකට, සම්බන්ධ) සහකාරයා, හවුල්කාරයා, සමාගම්කාරයා.

Collect, v. රැස්කරනවා, එකතුකරනවා, සංචයකරනවා, සමුච්චය කරනවා, රැස්වෙනවා, එකතුවෙනවා &c.; debts &c. [illegible]; accumulate රැඳෙනවා, රැඳෙනවා; concentrate යොමුකරනවා.

Collect, n. ලුහුඬු යාච්ඤාව, සංක්ෂිප්ත යාච්ඤාව, සංගත යාච්ඤාව.

Collectanea, n. pl. L. සංගත වස්තු *or* ඉදි, සංගත පද, පාඨමාලාව, කාව්‍ය *or* පද්‍ය මාලාව.

Collected, a. or be, රැස්කළ, රැස්වූ, රාශීභූත, සංචිත, සමුපචිත; අව්‍යාකූලව—නිශ්චලව—සිටිනවා.

Collectedly, ad. එකහෙළා, අව්‍යාකූලව, නිශ්චලව.

Collectedness, n. රැස්වූබව, රාශීභූත භාවය, අව්‍යාකූලකම, නිශ්චලතාවය.

Collectible, a. (යමෙකුට) රැස්කළහැකි, අයකළහැකි.

Collection, n. රැස්කිරීම &c., සංචය, උපාර්ජනය, රැස්වූ ගණන, රැස, සමහාරය, ගොඩ, සමූහය, සමුච්චය; contribution සම්මාදම.

Collective, a. රැස්වූ, මුළු, සඞ්ගෘහිත; in gram. සමූහවාචී (ශබ්ද).

Collectively, ad. එකතුව, මුළු වශයෙන්.

Collector, n. එකතුකරන්නා &c.; අයකරන්නා, ආදායම් අයකරන නිලධාරියා.

Collectorate, Collectorship, n. ආදායම් අයකරන්නාගේ තනතුර, ආදායම් අයකරන ප්‍රදේශය.

College, n. විද්‍යාලය, අග්‍ර පාඨශාලාව, විද්‍යාපීඨය, පණ්ඩිත සමාජය, පිරිවෙණ;
college of surgeons ශල්‍ය වෛද්‍ය සමාජය.

Collegian, n. පාඨශාලාවේ කෙනෙක්, පාරිවෙණිකයා, විද්‍යාලයස්ථයා, ශාස්ත්‍ර-සභාවේ කෙනෙක්.

Collegiate, a. විද්‍යාලය සම්බන්ධ, පාඨශාලාවට අඩංගුවූ, පාඨශාලාවක් සහිතවූ, විද්‍යාලයාකාර.

Colletic, a. ඇලවන; n. ඇලවන ද්‍රව්‍යය.

Collide, v. එකිනෙකට වදිනවා *or* හැපෙනවා, ගැටෙනවා, සංඝට්ටනය වෙනවා.

Collie, n. එඬේර බල්ලා.

Collier, n. ගල් අඟුරු ආකරයේ වැඩකරන්නා, ගල් අඟුරු හාරන්නා, ගල් අඟුරු ගෙන යන නැව.

Colliery, n. ගල් අඟුරු ආකරය, ගල් අඟුරු වෙළඳම.

Colligate, v. එකට බඳිනවා, සම්බන්ධ කරනවා.

Collineate, v. ලකුණක් දෙසට දිගුකරනවා, එල්ලකරනවා.

Colliquate, v. දියකරනවා, දියවෙනවා.

Colliquative, a. (ඇඟ) දියකරවන (විරේචනය).

Colliquafaction, n. එකට උණුකිරීම.

Collision, n. එකිනෙකට වැදීම *or* හැපීම, ගැට්ටනාව සංඝට්ටනය, fig. විරුද්ධවීම,

Collocate, v. එකට තබනවා, පිළිවෙළට තබනවා වින්‍යාසකරනවා.

Collocation, n. එකටතැබීම &c.; පිළිවෙළ, වින්‍යාසය,

Collocution, n. සාකච්ඡාකිරීම, සාකච්ඡාව, සංලාපය, සම්භාෂණය.

Collop, n. මස් කැබෙල්ලක්, මස් කැටියක්.

Colloquial, a. කථා ව්‍යවහාරයෙහි පවත්නා, ශිථිල.

Colloquialism, n. එවැනි ශබ්දයක්, ලිහිල් බසක්.

Colloquially, ad. කථා ව්‍යවහාර මගයෙන්, ශිථිල වශයෙන්. [සංලාපය, සාකච්ඡාව,

Culloquy, n. එකිනෙකා සමග කරගන්න කථාව.

Collude, v. එකමුතුව ක්‍රියාකරනවා, කුමන්ත්‍රණ කරනවා. [ණය.

Collusion, n. වංචාවක් පිණිස එකමුතුවීම, කුමන්ත්‍ර

Collusive, a. කුමන්ත්‍රණකාර.

Collusively, ad. කුමන්ත්‍රණ වශයෙන්, වංචාවක් පිණිස, එකමුතුව.

Colly, v. (අඟුරු වලින්) මලිනකරනවා, කිලිටිකරනවා, කළුකරනවා.

Collyrium, n. නයනෞෂධය, නේත්‍රරඤ්ජනය, නේත්‍රාඤ්ජනය, රසාඤ්ජනය.

Colocynth, n. තිත්ත ලබු, පිටංකාකී.

Colon, n. පද බෙදීමේ ලකුණක් වන (:) මෙය; බඩවැල්වලින් ලොකු කොට්ඨාසය, මහ බඩවැල.

Colonel, n, සේනා-කණ්ඩායමේ අධිපතියා.

Colonelcy, n. සේනා-කණ්ඩායමේ අධිපතිකම.

Colonial, a. (රාජ්‍යයේ) පිට ප්‍රදේශවලට අයිතිවූ, පිට ප්‍රදේශවූ, ප්‍රාදේශික, ප්‍රදේශ භාර (ඇමතියා).

Colonialism, n. පිට ප්‍රදේශ රීතියක් *or* විධියක්.

Colonist, n. (රාජ්‍යයේ) පිට ප්‍රදේශකාරයා, පිට ප්‍රදේශයක පදිංචිකාරයා.

Colonization, n. පිටරටක ජනගහනකිරීම, පිට ප්‍රදේශයක් ජනපදයක් කිරීම &c., see verb.

Colonize, v. පිටරටක ජන සමූහයක් පදිංචි කරවනවා, සමූහයක් වශයෙන් පිටරටක පදිංචිවෙනවා.

Colonnade, n. කණු පෙළ.

Colony, n. ජන සමූහයක පිට පදිංචිය, *i. e.* සිය ආණ්ඩුවෙන් වෙන්නොවී පදිංචිව සිටින පිටරට, පිට ප්‍රදේශය, පිට පදිංචි ජන සමූහයා, *i. e.* සිය ආණ්ඩුවට යටත්ව පිටරටක පදිංචි ජන සමූහයා.

Coloration, n. පාටගෑම &c.,

Colorific, a. පාට මැවෙන්ට සලස්වන්නාවූ, වර්ණ ගෙණදෙන්නාවූ, වර්ණවත්කරන, රඤ්ජක, (ද්‍රව්‍ය).

Colossal, a. ඉතා මහත්, අතිවිශාල.

Colossus, n. ඉතා මහත් ප්‍රතිමාව.

Colour, n. පාට, වර්ණය, පැහැය, සායම, තීන්ත; fig. වේශය, උපාය, pl. ධජය.

Colour, v. පාට ගානවා, තීන්ත ගානවා, රඤ්ජනය කරනවා, සායම් පොවනවා; ලජ්ජාවෙන්, තරහෙන් &c. දිලිහෙනවා; fig. ඇත්තට වෙනස් ලෙස කියනවා, බොරු කියනවා, සායම් පොවා කියනවා.

Colour-blindness, n. පාට නොහැඳිනීම, පාට ඇසට නොපෙනීම.

Coloured, n. පාට ඇති, සායම් පොවාපු, වර්ණවත් චිත්‍රිත, පැහැ'ති; fig. ඇත්තට වෙනස්වූ; coloured people (සුදු නොවන) කළු මිනිස්සු, තඹපාට මිනිස්සු &c.

Colouring, n. පාට ගෑම, &c see verb. රඤ්ජනය, වර්ණ, පාට ඇති ද්‍රව්‍ය, සායම; fig. වේශය.

Colourless, a. පාට නැති, අවර්ණ, විවර්ණ, විනිවිද පෙනෙන.

Colour-man, n. සායම්-තීන්ත-වෙළෙන්දා.

Colour-sergeant, n. ධජධාරි මුලාදෑනියා, කොඩිකාර මුලාදෑනියා.

Colportage, n. පොත් පත් විකුණ ඇවිදින ක්‍රමය, පොත් පත් විකුණ ඇවිදීම.

Colporteur, n. පොත් පත් විකුණ ඇවිදින්නා.

Colstaff, n. කඩ.

Colt, n. අශ්වපැටියා; (එවැනි) අනිස්ථිර තරුණයා.

Colter, n. නගුල් දත, හීවැල.

Columba, n. කොබෙයියා, පරෙවියා.

Columbary, n. පරෙවි කූඩුව.

Column, n. කුළුන, ස්තම්භය, වැඹ; pl. වැඹ; of a page (පත් ඉරුවක) තීරය; (ඒ අන්දමට සිටින) හේවා රංචුව; (ඒ හැඩයේ) ජලයකඳ, ජලකඳක්.

Columnar, a. කුළුණු ආකාර, ස්තම්භාකාර, කුළුණු සහිත.

Com, Con, Co, Col, Cor, prefixes, සමග, එක්ව (යන අර්ථ ඇති උපසර්ග).

Coma, n. මූර්ජාවක් වැනි තද නින්දක්, මූර්ජාව.

Comatose, a. අස්වාභාවික තද නින්දෙන් සිටින, මූර්ජාවත්, මූර්ජිත.

Comb, n. for hair පනාව; cock's comb කුකුළු කරමල; honey comb මීවදය, v. පීරනවා.

Combat, v. සටන්කරනවා, විරුද්ධව සිටිනවා, පොරට සිටිනවා, පොරකනවා, විවාදකරනවා.

Combat, n. සටන, හබගැනීම, පොරය, පොරටසිටීම, විවාදය.

Combatant, n. සටන්කරන්නා, හබයා, හබගන්නා, පොරකන්නා, විවාදකරන්නා.

Combative, a. සටනට—පොරට—විවාදයට &c.—ලැදිවූ, සටන්කරනසුළු, විවාදශීලි.

Combativeness, n. සටනට &c. ලැදිකම; in phren. ඒ ගතිය පිහිටා තිබෙන මොළේ කොටස, විරෝධේන්ද්‍රියය.

Comber, n. පීරන්නා, ලොම් පීරන කර්මාන්තකාරයා, පීරන යන්ත්‍රය; මත්ස්‍ය විශේෂයක්. [verb.

Combinable, a. එක්කළහැකි, මිශ්‍රවිය හැකි &c., see

Combination, n. එක්කිරීම &c. සම්බන්ධය, සංයෝගය, සම්මිශ්‍රණය; සංඝතිය, සමාසක්තිය, (එකට සිදුවෙන කාරණ) ගණනක්, රැසියක්.

Combine, v. එක්කරනවා, එකට යොදනවා, සම්බන්ධ කරනවා, ඒකාබද්ධ කරනවා, ගලපනවා, සංයෝග කරනවා, මිශ්‍ර කරනවා, එක්වෙනවා &c., ගැළපෙනවා, සමාගම් වශයෙන් බැඳෙනවා; (as kingdoms) එක්සත් කරනවා, එක්සත් වෙනවා.

Combined, a. එක්කළාවූ &c., එක්වූ, එකතු, සම්බන්ධ ඒකාබද්ධ, සංයෝජිත, සමාසක්ත, එක්සත්.

Combining, a. එක්වෙන &c., see neuter verbs.

Combustible, a. පත්තුවියහැකි, දැවෙන, පිලිස්සෙන සුළු, ජ්වලනීය, දාහ්‍ය, ජ්වලනශීලි.

Combustible, n. පත්තුකරන්ට පුළුවන්-පත්තුවෙනවස්තුවක්, ජ්වලනීය ද්‍රව්‍යයක්.

Combustion, n. දැවීයාම, පිලිස්සීම, දහනය, ජ්වලනය, දාහය.

Come, v. එනවා, පැමිණෙනවා, පළඹිනවා, උපසම්පන්නවෙනවා; hon. යහපත් වෙනවා, වඩිනවා, වැඩම කරනවා; [නවා;

come to pass, come about වෙනවා, සිද්ධවෙ

come at, come by a thing ලබාගන්නවා, සම්බන්ධ කර ගන්නවා; (නවා.

come forth එළියට—පිටතට—එනවා, නික්මෙ

come in ඇතුල්වෙනවා, ඇතුළට එනවා, ප්‍රසිද්ධ වෙනවා; [නවා;

come in for, come in to, receive ලබනවා, ලැබෙ

come of (a race or stock) පැවත එනවා, උපදිනවා;

come off, take place සිද්ධවෙනවා;

come out (sun &c.) පායනවා, පෙනෙනවා, it &c. comes out ප්‍රකාශ වෙනවා;

come out with, make known ප්‍රකාශ කරනවා, දන්වනවා;

come short හීනවෙනවා; come upon විරුද්ධයට එනවා, සම්බ වෙනවා;

come up ඉහළට එනවා, නගිනවා, මතුවෙනවා;

come down පහළට එනවා, බසිනවා;

the things to come මතු පැමිණෙන—සිද්ධවෙන—දේ, අනාගත දේ.

Comedian, n. නාඩගම්කාරයා, සිනා උපදවන නාඩගම් ප්‍රබන්ධ කරන්නා.

Comedy, n. නාඩගම, සිනා උපදවන නාට්‍යය.

Comeliness, n. සුදුසුකම, ශෝභනකම, ශෝභනත්වය, දර්ශනීයතාව.

Comely, a. ඔබින, සුදුසු, ශෝභන, සුන්දර; comely with (යමකින්) ශොභීයාවූ.

come-off, n. බේරීමේ උපායක්.

Comet, n. වල්ගා තාරකාව, ධූමකේතුව.

Cometography, n. ධූමකේතු විස්තරය.

Comfit, n. පැණිරස කැවිලි, වියලි ලොසි.

Comfort, n. සැනසිල්ල, සැනසීම, අස්වැසීම *or* අස්වැසුම, අස්වැසිල්ල, සහනය, මඳ සැපපහසුව.

Comfort, v. සනසනවා, සහනයකරනවා, අස්වසනවා; soothe, lull, නළවනවා.

Comfortable, a. සැනසිලිදායක, සැපපහසු ඇති, සුඛදායක, සව්‍යාසඵජනක.

Comfortableness, n. සහනත්වය, සැපපහසු ඇතිබව.

Comfortably, ad. සැපපහසු ඇතුව, පහසු ලෙස, වඩා අමාරු නැතිව.

Comforter, n. සනසන්නා, සැනසිලිකාරයා, අස්වැසිලි කාරයා, අස්වසන්නා. [දෙන.

Comforting, a. සනසන &c., සැනසීම—සනසනය—

Comfortless, a. සැනසිලි නැති, අසරණ.

Comic, a. නාඩගමට අයිති, සිනා උපදවන, විහිළු.

Comical, a. කවට, විහිළු, විකට, සම්ච්චල්, හාස්‍යෝත්පාදක, හාස්‍යජනක, හාසකර.

Comically, ad. විහිළු ලෙස, සම්ච්චල් විසයෙන්, හාස්‍යජනක ලෙස. [තාව.

Comicalness, n. විහිළුකම, විහිළු ගතිය, හාස්‍යජනක

Coming, a. එන්නාවූ, මතු පැමිණෙන; n. ඊම &c.; ආගමනය, පැමිණීම, ප්‍රාප්තිය.

Coming-in, n. ඇතුල්වීම, පටන්ගැන්ම, ආදායම, අය.

Comma, n. පද බෙදීමේ ලකුණක් වන (,) මෙය.

Command, v. අණ කරනවා, ආඥකරනවා (ord. අණ දෙකරනවා), අණ දෙනවා, ආණ්ඩු කරනවා, බල පවත්වනවා;

fig. This gun commands the whole region මේ තුවක්කුවෙන් මුළු ප්‍රදේශයට වෙඩිතියන්ට පුළුවන.

This hill commands a view of all around මේ කන්දේ සිට හාත්පස සියල්ල දකින්ට පුළුවන *or* මේ කන්දට පෙනෙනවා.

Command, n. අණ, ආඥව (ord. අණඳුව), විධානය, ආණ්ඩු බලය; ආණ්ඩුකාර ධුරය; (මුලාදෑනියෙක් විසින්) ආණ්ඩුකරන සේනාව; බල පැවැත්වීම.

Commandant, Commander, n. අණ දෙන මුලාදෑනියා, ආඥදායකයා, සේනාපතියා, අධිපතිකම් කරන්නා, අධ්‍යක්ෂකතැන.

Commanding, a. අණ කරන &c., see verb, තේජ වන්ත, අධිපතිකම් කරන. [කෙනෙකි.

He is a commanding person ඔහු තේජවන්ත

This is a commanding position වටපිට බැලීම වත් බල පැවැත්වීමටත් මෙය වාසි ඇති ස්ථානයකි.

Commandment, n. අණ, ආඥව, අණඳුව, නියමය, නියෝගය, විධානය.

Commemorable, a. See Memorable.

Commemorate, v. සිහිපත් කිරීම—සිහිකිරීම—පිණිස යමක් පවත්වනවා, ගරුවිසයෙන් සිහිපත්කරනවා, සමරණෝත්සවය පවත්වනවා. [වය.

Commemoration, n. සිහිපත්කිරීම &c., සමරණෝත්සව

Commemorative, a. සිහිපත්කරවන.

Commence, v. t. & i. පටන්ගන්නවා; v. t. ආරම්භ කරනවා, පුරනවා, See Begin.

Commencement, n. පටන්ගැනීම &c.; පටන්ගැන්ම, ආරම්භය, ප්‍රාරම්භය, සමාරම්භය, ප්‍රස්තාවනාව.

Commend, v. යමක් යහපත්ය කියනවා, ඒ ගැන හොඳ සාක්ෂි දෙනවා; praise ප්‍රශංසා කරනවා, කීර්තනය කරනවා, උතුම්ය කියනවා;

commit to භාරදෙනවා *or* පිළිගන්ට කියනවා, සම්පිණය කරනවා.

Commendable, a. උතුම්කොට සලකන්ට වටින, ප්‍රශංසනීය, පැසසියයුතු, ශ්ලාඝ්‍ය, කීර්තනීය.

Commendably, ad. ප්‍රශංසනීය ලෙස, යහපත් ලෙස.

Commendation, n. ප්‍රශංසාකිරීම &c. ප්‍රශංසාව, ගුණ කීර්තනය; ප්‍රශංසා හේතුව, ප්‍රශංසා කරවන කාරණාව.

Commendatory, a. යහපත්යයිකියන, ප්‍රශංසා සහිත, ගුණප්‍රකාශක, ගුණෝත්කීර්තන, (වාක්‍ය පත්‍ර).

Commensurability, n. ප්‍රමාණයේ සමානත්වය, සමමිතත්වය, සමප්‍රමේයතාව. [සමප්‍රමේය.

Commensurable, a. ප්‍රමාණයෙන් සමාන, සමමිත,

Commensurate, a. එකප්‍රමාණය ඇත්තාවූ, එකතරම් වූ, මහතින්—ගුණෙන්—එකාකාර, සමවූ, සමමිත.

Commensurately, ad. එකප්‍රමාණයෙන්, සමමිතලෙස.

Comment upon, v. විස්තර කරනවා, ගුණදෙස් දක්වනවා. [තිය.

Comment, n. ගුණදෙස් කීම, විස්තරය, විස්තර වශයෙන්

Comment, v. යමක් පිළිබඳව කථාකරනවා, අර්ථකථනය කරනවා, ව්‍යාඛ්‍යානයකරනවා, විස්තරාර්ථ ලියනවා. [ව්‍යාඛ්‍යාව.

Commentary, n. අටුවාව, අටුවා පොත, අර්ථකථාව,

Commentator, n. විස්තරකරන්නා, විස්තර ලියන්නා, අටුවාචාර්යයා, අර්ථකථාචාර්යයා. [සංවාසය.

Commerce, n. හුවමාරුව, ගනුදෙනුකිරීම, වෙළඳාම;

Commercial, a. වෙළඳ, වෙළඳාමට, අයිති, වාණිජ, වෙළඳාම් සහිතවූ, වෙළඳාම් කරන්නාවූ.

Commercially, ad. වෙළඳාම් විසයෙන්, වෙළඳාම් ආකාරයෙන්.

Commination, n. තර්ජනය, ශාපය, තර්ජනය කිරීම, ශාපකිරීම. [සහිත.

Comminatory, a. තර්ජන කරන, ශාප කරන, ශාප

Commingle, v. සම්මිශ්‍රකරනවා, සම්මිශ්‍රවෙනවා, කලවම් කරනවා &c.

Commingled, a. සම්මිශ්‍රිත, සම්මිශ්‍ර, කලවම්වූ. [නවා.

Comminute, v. කුඩුකරනවා, සුනුකරනවා, චූර්ණ කර

Comminuted, a. කුඩුකරන &c., සුනුවූ, චූර්ණිත.

Comminution, n. කුඩුකිරීම, &c., සිත්කිරීම.

Commiserate, v. යමෙක් සමග දුක්වෙනවා, දයාවෙනවා, අනුකම්පා කරනවා.

Commiseration, n. දයාවීම, අනුකම්පාවීම, දයාව, අනුකම්පාව.

Commissarial, a. භෝජනාධිකාර.

Commissariat, n. භෝජනාධිකාර ධුරය, භෝජනාධිකාර සේවකයෝ.

Commissary, n. නිලයකට—කටයුතු කිරීමට—පත්වී සිටින්නා; කෑම ඇඳුම් සපයාදෙන හේවා මුලාදෑනියා, භෝජනාධිකාර මුලාදෑනියා.

Commissary-general, n. භෝජනාධිකාරාධිපතියා.

Commission, v. යමක් කිරීමට බලයදී අරිනවා, බලය දෙනවා, පත්කරනවා.

Commission, n. බලය දී ඇරීම &c. බලපත්‍රය, අධිකාර පත්‍රය, බලයලත් කාරක සභාව, කොමිෂන් සභාව; (Public Service) රාජ්‍ය මෙහෙය පිළිබඳ කොමිෂන් සභාව; දෙන නියම කොටස *or* ශුල්කය.

Commissioner, n. කාරණ ඉෂ්ටකිරීමට නියමව සිටින්නා, කොමසාරිස් තැන, අධිකාරී.

Commission-agent, n. ශුල්කය ලබන කළමනාකාරයා, කොමිස් පිට බඩු ගනුදෙනු කරන්නා, තැරැව්කාරයා.

Commit, v. intrust, භාර දෙනවා, භාර කරනවා; imprison, හිරකරනවා; commit a fault වරදක් කරනවා; commit to memory කටපාඩම් කර ගන්නවා, හදරනවා, මතකපාඩම් කරනවා.

Commitment, Committal, n. භාරදීම &c., හිරකිරීමට දෙන ආඥපත්‍රය.

Committee, n. කාරක සභාව, කොමිටිය, කටයුතු සම්පාදක සභාව; (district) පළාත් කාර්‍ය සභාව; (provincial) දිසා කාර්‍යසභාව; (select) තෝරාගත් කාර්‍ය සභාව; (standing) නිත්‍ය කාර්‍ය සභාව; (village) ගම් කාර්‍ය සභාව; (committee of the whole council) මුළු රාජ්‍ය සභාවෙන් සමන්විත කාර්‍යසභාව; (executive) විධායකසභාව.

Committee n. භාරදෙන්නා &c. see verb.

Commix, v. එකට කලවම්කරනවා. See Commingle.

Commixture, n එකට කලවම්කිරීම &c.; කලවම, සම්මිශ්‍රණය.

Commodious, a. ඉඩපාඩුඇති, විශාල, සෑහෙන, සුදුසු.

Commodiously, ad. ඉඩ පාඩු ඇතුව, පහසු ලෙස, යෝග්‍ය ලෙස.

Commodity, n. බඩුව; pl. බඩු, වෙළඳාමේ බඩු or දේපළ, වෙළඳාම් බඩු.

Commodore, n. නැව් සමූහයක අධිපතියා, (නැව් සමූහයකට මග පෙන්වන) මූලික නැව.

Common, a. පොදු, සාමාන්‍ය, සාධාරණ; B. P. සාධාරණ, ව්‍යවහාර, නිකම්, විශේෂ අගේ නැති; frequent බහුල. [නිය.

Common, n. (සැමදෙනාට අයිති) පොදු, ප්‍රසිද්ධ, පිට්ට

Commonality, n. (උතුම් වංශවලට අයිති නොවන) පොදු මනුෂ්‍යයෝ. [බඩු අදින්නා.

Common-carrier, n. කුලියට බඩු ගෙනයන්නා, කුලී

Common-council, n. නාගරික සභාව.

Common-crier, n. ප්‍රසිද්ධ අණබෙරකාරයා.

Commoner, n. මහජනයාගෙන් කෙනෙක්, වංශවත් නොවන කෙනෙක්, මහජන මන්ත්‍රියෙක්.

Common-hall, n. ප්‍රසිද්ධ ශාලාව, නාගරික ශාලාව.

Common-law, n. (ලියා නැති) පාරම්පරීය ව්‍යවස්ථාව, ලෝක ව්‍යවහාර නීතිය.

Common-looking, a. අගේ—ලක්ෂණ—උතුම්—පෙනීමක් නැති, පහත් පෙනීමක් ඇති.

Commonly, ad. සාමාන්‍යයෙන්, වැඩිකොටස.

Commonness, n. පොදුකම, සාමාන්‍යත්වය, සාධාරණත්වය; බහුලකම, බාහුල්‍යය, අගේනැතිකම.

Commonplace, a. අපූර්ව නොවන, නිකම්, අගේ නැති, විශේෂ නොවන. [ක්‍රමය.

Common prayer, n. එංගලන්ත සභාවේ යාච්ඤා

Commons, n. pl. මහජනයා, පොදුජනයා, වංශවත් නොවන මිනිස්සු, මහජන-මන්ත්‍රී-සභාව, පොදු ආහාරය.

Common sense, n. සාමාන්‍ය සිහිය or කල්පනාව, ජනබුද්ධිය.

Common term, n. සාමාන්‍ය වචනය or ශබ්දය.

Commonwealth, Commonweal, n. වැසියන් විසින් පවත්වන ආණ්ඩුව, ජන සම්මත-ආණ්ඩුවක් ඇති රාජ්‍යය, මහජනයා.

Commotion, n. පෙරළීම, විප්ලවය, කැළඹීම, කම්පාව, ක්ෂෝභය, කෝලාහලය, කලහය.

Communal, a. දිසාභාගයකට අයත්. [මණ්ඩය.

Comune, n. ප්‍රන්සයේ දිසාභාගයක්, පත්තුව, සමාජ

Commune, v. කථාබස්කරගන්නවා, සම්භාෂණයකරනවා, සාකච්ඡාකරනවා, සමාගම් පවත්වනවා, ක්‍රිස්තියානි රාත්‍රි භෝජනය පිළිගන්නවා.

Communicable, a. (තමා විසින් අන්‍යයෙකුට) දෙන්ට පුළුවන්වූ, දියහැකිවූ, අදහස හුවමාරු කළ හැකි, දන්වියහැකිවූ දෙය.

Communicant, n. ක්‍රිස්තියානි-ස්වාමින්ගේ-රාත්‍රි භෝජනය පවත්වන්නා, රාත්‍රි භෝජනයට පැමිණෙන්නාවූ කෙනෙක්.

Communicate, v. inform දැනුම්දෙනවා, දන්වනවා, ප්‍රකාශ කරනවා; give දෙනවා; ප්‍රදානය කරනවා, make to share පංගුකාරයෙක් වෙනවා, කොටස් කාරයෙක් වෙනවා; ක්‍රිස්තියානි රාත්‍රි භෝජනය පිළිගන්නවා; ලියුම් &c. හුවමාරුකරගන්නවා; to have mutual passage එකකින් එකකට යන්ට එන්ට මගක් ඇතුව තිබෙනවා.

Communication, n. දැනුම්දීම &c.; කථාබස්කරගැනීම, ලියුම, හසුන, මග, දීමනාව.

Communicative, a. දන්වන්ට ලැදිවූ, කියාදෙන්ට සූදානම්වූ, වාචාලික.

Communion, n. සමාගම් පැවැත්වීම, සඞ්ගමය, සඞ්ගතිය, සංසර්ගය, සහභාගිකම, එකතුකම, පංගුකාරකම, සම්බන්ධ සභාවක්, ස්වාමින්ගේ රාත්‍රි භෝජනය.

Communion-service, n. ක්‍රිස්තියානි රාත්‍රි භෝජනමෙහෙය, රාත්‍රි භෝජනමෙහෙයේ ක්‍රමය, R. C. සත්‍ප්‍රසාද මෙහෙය.

Communism, n. (රට වැසියන් විසින්) වස්තු පොදුවේ අයිති වීම, සජීවීසමවිමය

Communistic, a. සජීවීසමවාදී, සාම්‍යවාදී.

Community, n. හවුලේ අයිතිවීම, පොදු අයිතිය, (එක් අයිති විඳින) උදවිය, සභාව, ජන සමූහය; සමුදයය, මහජනයා. [ශක්‍යතාව.

Commutability, n. මාරුකළහැකිකම; in phil. ආදේ

Commutable, a. මාරුකළ හැකි, වෙනස්කළ හැකි, ප්‍රතිදේය, ආදේශ්‍ය.

Commutation, මාරුකිරීම, ප්‍රතිදානය &c., see verb; in gram. ආදේශය.

Commute, v. alter වෙනස්කරනවා; exchange මාරු කරනවා, එකක් වෙනුවට වෙන එකක් තියාව කළනවා, ආදේශකරනවා.

Compact, v. එකටතදකරනවා, or සම්බන්ධකරනවා, ඝනකරනවා, සංක්ෂිප්ත කරනවා.

Compact, a. එකට තදවූ, ඝනවූ, සම්බන්ධවූ, දැඩිවූ, ඝනවූ, සංක්ෂේපයෙන් හුගක් අඩංගුවූ, සංක්ෂිප්ත.

Compact, n. ගිවිසුම, පොරොන්දුව.

Compactly, ad. ඝනසැරේ, ඝනලෙස, යාබදව, ළඟ ළඟම, සංක්ෂිප්තලෙස.

Compactness, n. ඝනකම, දෘඪතාව, සංඝතතාව, සංක්ෂිප්තතාව.

Companion, n. සහකාරයා, හවුල්කාරයා, යහළුවා, සමාගම්කාරයා, සහායයා, සහචරයා, companion-way නැවක පඩිපෙළ.

Companionable, a. ආශ්‍රයට සුදුසු, යහළුවූ, සාමිචිකා, ප්‍රතිභාවවත්, ප්‍රසන්න.

Companionship, n. සහකාරකම, සහායත්වය, සහායතාව, යහළුකම, සාහචර්‍යය.

Company, n. සමාගම්කාර උදවිය, සමාගම, සමාජය, සමිතිය; සමූහය; හේවා සමුදායෙන් එක රැවුවක්; association, ආශ්‍රය.

Comparable, a. සමානකළහැකි, තුල්‍යය, තුල්‍ය, උපමේය; සමානයයි කියහැකිවූ, සදෘශකම් ඇත්තාවූ, සම අගය ඇත්තාවූ.

Comparative, a. සමානකර or සංසන්දනය කිරීමෙන් දැනගන්නාවූ, ආනුෂඞ්ගික, ප්‍රමාණය පෙන්වන, ප්‍රමාණවාචක.

Comparatively, ad. සමානකර බැලීමට, උපමානයෙන් දතහැකි ලෙස.

Compare, v. සමානකර බලනවා, සදෘශකරනවා, සංසන්දනය කරනවා, සසඳනවා, සංසන්දනයකර බලනවා; (white, whiter, whitest යන ක්‍රමයට) ගුණ විවිධ තුන් ප්‍රමාණයෙන් කියනවා.

Comparison, n. සමානකර බැලීම &c., සංසන්දනය, සැසඳීම, සදෘශකම; simile උපමාව; subject of comparison උපමේයය;
this is small in comparison with that එයට සමානකර *or* සසඳා බැලූවිට මෙය කුඩාවේ. [යක්,

Compartment, n. (ඉඩම්කින් රථයකින්) කොට්ඨාස අංශය, ඛණ්ඩය, භාගය, (රථ) කාමරය, කොටස.

Compass, v. වටකරනවා, හාත්පසින් යනවා; accomplish ඉෂ්ටකරනවා.

Compass, n. වටකරයාම, ඉම, සීමාව; degree, extent, ප්‍රමාණය; mariner's compass මාලිමා යන්ත්‍රය, කොම්පාසුව, උතුරුකටුව, (දිශා පෙන්වන) කාන්දම් යන්ත්‍රය, ශංකුව.

pass-box, n. මාලිමා යන්ත්‍ර-පෙට්ටිය. [පත්‍රය.

Compass-card, n. (දිශා සටහන්වූ) මාලිමා යන්ත්‍ර

Compasses, n. pl. කවකටුව.

Compassion, n. අනුකම්පාව, දයානුකම්පාව, කරුණාව, දයාබරකම, දයාව. [වෙනවා.

Compassionate, v. අනුකම්පා කරනවා, අනුකම්පා

Compassionate, a. අනුකම්පා ඇත්තාවූ, දයාබර, අනුකම්පක, සානුකම්ප, කරුණාවන්ත, දයාවත්.

Compassionately, ad. අනුකම්පාවෙන්, දයාබරලෙස.

Compassionateness, n. අනුකම්පා සහිත බව, දයාවන්තකම, දයාලුත්වය, දයාශීලිත්වය.

Compass-needle, n. මාලිමායන්ත්‍ර-කටුව. [see adj.

Compatibility, n. අවිරුද්ධ ගතිය, අනුකූලතාව &c.,

Compatible, a. එක්ව තිබෙන්ට පුළුවන් (ගතියෙන්) අවිරුද්ධ, අනුකූල, අනුරූප, ඒකග, හුරු, ඉතාංගු,

Compatibly, ad. අනුකූල ලෙස &c.

Compatriot, n. ස්වදේශක්කාරයා, ස්වදේශිකයා, සියරටියා, ඒකදේශිකයා, සාංස්ථානිකයා.

Compeer, n. සමතරම් කෙනෙක්, සහකාරයා.

Compel, v. බලකරනවා, බලයෙන් කරවනවා.

Compellab e, a. බලකළහැකි.

Compendious, a. සංක්ෂේපයෙන් හුඟක් අඩංගුවූ, සංක්ෂිප්ත, සාංක්ෂේපික, සාමාසික.

Compendiously, ad. සංක්ෂේපයෙන්, සංක්ෂිප්තලෙස, ලුහුඬින්.

Compendiousness, n. සංක්ෂිප්තතාව.

Compendium, n. සඞ්ග්‍රහව, සඞ්ග්‍රහය, සඟරාව.

Compensate, v. වන්දි ගෙවනවා, අලාභ ගෙවනවා, හිලව් කරනවා, හිලව් වෙනවා.

Compensation, n. වන්දි ගෙවීම &c.; ප්‍රතිකාරය, ප්‍රතිදානය, සම අගයක් දීම, විපාකය, ප්‍රතිඵලය.

Compensatory, a. අලාභ හරිගැස්සෙන, ප්‍රතිකාරවශයෙන් පවත්නා, ප්‍රතිදානාකාර.

Compete, v. දිනන්ට උත්සාහ කරනවා, තරඟ කරනවා, වෙනකෙනෙකුට සමවෙන්ට හදනවා.

Competence, Competency, n. of property වත්කම, සෑහුම්කම; of power පුළුවන්කම, බලය; of fitness සෑහුම්කම, සුදුසුකම, සමර්ථකම, යෝග්‍යතාවය.

Competent, a. සෑහෙන,සුදුසු, යෝග්‍ය, බලපුළුවන්කම්-අවසර-ඇත්තාවූ; සමර්ථ, කාර්යක්ෂම, කර්මක්ෂම.

Competently, ad. සෑහෙන ලෙස, සුදුසු ලෙස, සමර්ථලෙස.

Competition, n. දිනන්ට උත්සාහ කිරීම &c., see Compete; අනුන් පරදවන්ට කරන වීර්යය, තරඟය, ප්‍රයාමය.

Competitive, a. දිනන්ට උත්සාහ කරන, තරඟකාර.

Competitor, n. දිනාගන්ට උත්සාහ කරන්නා, තරඟකාරයා.

Compilation, n. සඞ්ග්‍රහකිරීම &c., සමාහෘතිය, සංහිතාව, සඟරාව, රචනාව, රැස, එකතුවූ ගණන.

Compile, v. පොත්වලින් කාරණ එකතු කරනවා, (එසේ පොත් සාදනවා, සඞ්ග්‍රහකරනවා, සම්පාදනයකරනවා, ලියවිලි එකතුකර පිළිවෙළට තබනවා, රචනා කරනවා. [තෑන &c.

Compiler, n. සඞ්ග්‍රහකරු, සම්පාදකයා, සම්පාදක

Complacence, Complacency, n. සතුටුකම, සතුට, සොම්නස, ප්‍රීතිය, ආහ්ලාදය, ප්‍රසන්නකම, සන්තුෂ්ටිය, අනුරෝධය.

Complacent, a. ආචාරවන්ත, සුශීල, ප්‍රසන්නගතියක් ඇත්තාවූ, සන්තුෂ්ටිකර. [ම්‍යලෙස.

Complacently, ad. සතුටුකමින්, ප්‍රසන්න ලෙස, සෞ

Complain, v. දුක් කියනවා, මැසිවිලි කියනවා, දෙස් කියනවා, අවලාද කරනවා, පැමිණිලිකරනවා.

Complainant, n. පැමිණිලිකාරයා.

Complainer, n. දුක් කියන්නා &c.; කොඳුරන්නා

Complaining, a. දුක් කියන, කොඳුරන &c., see verb.

Complaint, n. දුක් කීම &c.; දුක, ලෙඩ, අවලාදය, මැසිවිල්ල, ගත්ත, පැමිණිල්ල.

Complaisance, n. ආචාරවන්තකම, ප්‍රසන්න ගතිය, අනුකූලත්වය, සුශීලතාව, සෞජන්‍යය.

Complaisant, a. ආචාරවන්ත, ගුණවන්ත, ශීලාචාර, ප්‍රසන්න ගතියක් ඇත්තාවූ, සුප්‍රසන්න, අනුකූල, තුෂ්ටිජනන.

Complaisantly, ad. ආචාරවන්ත ලෙස etc.

Complement, n. අඩුකම, සම්පූර්ණකරන කොටඨාශය, ඌනපූරණය, නියම පුරා ගණන; of a segment පිඩය.

Complemental, Complementary, a. අඩුකම්—අඩුඑක—සම්පූර්ණකරන්නාවූ, ඌණපූරක.

Complete, v. perfect, සම්පූර්ණකරනවා; finisn නිමා—නිම—හමාර—කරනවා, සමාප්ත කරනවා, නිෂ්ඨා කරනවා. [නිෂ්ඨිත,

Complete, a. සම්පූර්ණ, පුරා, සමාප්ත, පරිසමාප්ත.

Completed, a. සම්පූර්ණකළ &c., see verb & adj., සාධිත, සමාපිත.

Completely, ad. සම්පූර්ණයෙන්ම, නිමාවටම, සහමුලින්ම, සාකල්‍යයෙන්ම, නිශ්ශේෂකොට.

Completeness, n. සම්පූර්ණකම. සම්පූර්ණත්වය, පරිසමාප්තතාව.

Completion, n. සම්පූර්ණකිරීම &c., ඉෂ්ට කිරීම, නිමා කිරීම, සමාප්තය, පරිසමාප්තය, සමාප්තිය, පරිසමාප්තිය.

Complex, a. නොයෙක්කාරණඅඩංගුවූ, මිශ්‍ර, සංකීර්ණ, මිශ්‍රිත, සම්මිශ්‍ර, පැටලිලි ඇත්තාවූ, කලවම්වූ.

Complexion, n. ශරීරයේ පාට, මුහුණේ පාට, ශරීර වර්ණය, පෙනීම, හැඩ.

Complexioned, a. as: dark or fair complexioned කළු—සුදු—වර්ණගත, කළු, සුදු &c.

Complexity, n. මිශ්‍රගතිය, කලවම්කම, සඞ්කීර්ණතාව, පැටලිලිගතිය, සම්මිශ්‍රතාව.

Compliance, n. (අනෙකුගේ කැමැත්තට) යටත්වීම, එකඟවීම, එකඟකම.

Compliant, a. යටත්වෙනසුලු, මනාපවෙන, අනුරෝධී, කෘතානුකූල්‍ය, විධෙය.

Complicate, v. පටලවනවා, පැටලිලි කරනවා, අවුල් *or* ආකූලකරනවා.

Complicate, Complicated, a. පටලවා—පටලැවී—තිබෙන, නොයෙක් කොටස් අඩංගුවූ, සම්මිශ්‍ර, ආකීර්ණ, සාන්නිපාතික.

Complication, n. පැටලවීම &c.; පැටලිල්ල, සම්මිශ්‍රණය, ආකූලත්වය.

Complicity, n. (නපුරක් පිණිස) හවුල්වීම, සපර, සහකාරකම.

Compliment, n. ප්‍රශංසා වාක්‍යය, ප්‍රසන්නබව අඟවන කීමක්: we paid him a compliment ඔහුට ප්‍රශංසා වශයෙන් කථාකළෙමු.

Compliment, v. ප්‍රශංසා වශයෙන් කථාකරනවා, ඉච්චාකරනවා. See Congratulate

Complimentary, a. ප්‍රශංසා ආකාර, සතුතිමය; flattering චාටුකාර. [කරනවා.

Complot, v. එක්ව මන්ත්‍රණය කරනවා, කුමන්ත්‍රණය

Comply, v. (අන්කෙනෙකුගේ කැමැත්තට) යටත්වෙනවා, එකඟවෙනවා; fulfil ඉෂ්ටකරනවා. [යත්.

Component, a. සම්බන්ධ, අඩංගු; n. අඩංගු කොට්ඨාස

Comport with, v. අනුකූලව—යෝග්‍යව—එකඟව—සමව—තිබෙනවා, ඔබිනවා

Comportable, a. අනුකූල, යෝග්‍ය, එකඟ, ඉනංගු.

Compose, v. make තනනවා, සාදනවා, හැදෙනවා, ලියනවා, යොදනවා, ප්‍රබන්ධ කරනවා, රචනා කරනවා, සංග්‍රහකරනවා;
quiet, නිශ්චල කරනවා, සංසිඳුවනවා; soothe තලවනවා.

Composed, pp. *or* a. තනා &c.; calm නිශ්චල, සන්සුන්, ශාන්ත-චිත්ත; as a book &c. රචිත, විරචිත.

Composedly, ad. නිශ්චලලෙස, සන්සුන්ලෙස, ශාන්තලෙස. [තිය.

Composedness, n. නිශ්චලකම, සන්සුන්කම, ශාන්

Composer, n. ප්‍රබන්ධ කරන්නා &c., see verb තාලයොදන්නා.

Composing, p. යොදමින් &c.; adj. නිශ්චලකරන &c., උපශාමී,. ශාන්තිකර.

Composite, a. සම්මිශ්‍ර, නොයෙක් දේ වලින් සාදතිබෙන්නාවූ, සඞ්කීර්ණ.

Composition, n. තැනීම &c.; සංග්‍රහකිරීම &c., see verb; සෑදූ දේවන ලියවිල්ල, පොත *or* වගන්ති, රචනාව, ග්‍රන්ථය, ප්‍රකරණය, ප්‍රබන්ධය; යෙදුම සමාහරණය, (ණය ගෙවීම ගැන) එකඟවීම, සන්ධානය, සම්මත ගණන, බේරුම, බේරුම් ගණන.

Compositor, n. වර්ණයෝජකයා, අච්චු අකුරු ගළපන්නා, අකුරු අමුණන්නා.

Compos mentis, L. (උන්මාද නොව) සිහි ඇතුව.

Compost. n. මිශ්‍රවූ පොහොර, මිශ්‍ර ද්‍රව්‍ය, සම්මිශ්‍රණය.

Composure, n. නිශ්චලකම, ශාන්තිය, ශාන්තකම, උපශාන්තිය, සමාධිය.

Compound, v. මිශ්‍ර—කලවම්—කරනවා; in gram. සමාසකරනවා; settle (මිත්‍රකමින් *or* කොටසක් ගෙවීමෙන්) බේරාගන්නවා, සම්මතකරනවා.

Compound, a. (නොයෙක් දේ) සම්බන්ධවූ, මිශ්‍රවූ, සම්මිශ්‍ර, සාමාසික; in gram. සමාස, සමාසවත්; in bot. සංකීර්ණ.

Compound, n. මිශ්‍ර දෙයක් *or* ගණනක්, සම්මිශ්‍රණය; in gram. සමාසය සමාස වචනය; yard මිදුල.

Comprehend, v. contain අල්ලනවා, අඩංගුවෙනවා, අන්තර්ගත වෙනවා; understand තේරුම්ගන්නවා, තේරෙනවා, අවබෝධකරනවා.

Comprehended, pp. *or* a. අල්ලා &c.; අල්ලනලද &c.; අඩංගුවූ, අන්තර්ගත, තේරුම්ගිය, සිතටගත්, අවබෝධකළ; (easily) සුබාවබෝධ.

Comprehensible, a. (යමකු විසින්) අඩංගු කළහැකි &c.; තේරුම්යන, අවබෝධ කළහැකි, විඥෙය, සුගම.

Comprehension, n. ඇල්ලීම &c.; අවබෝධය. (easy) සුබාවබෝධය; capacity සිහිය, සිහිකල්පනාව.

Comprehensive, a. බොහෝ දේ අඩංගුවෙන *or* ඇතුළත්වෙන, සංක්ෂිප්ත, සාමාසික, බහුශ්‍රැත, විශාල.

Comprehensiveness, n. බොහෝදේ අඩංගුවෙන බව, සාමාසිකභාවය, විශාලත්වය. [නවා.

Compress, v. මිරිකනවා, තදකරනවා, සංක්ෂේප කර

Compress, n. මිරිකන පටිය.

Compressed, a. මිරිකනලද, මිරිකුවාවූ &c., සංහත.

Compression, n. මිරිකීම &c., සම්පීඩනය, සංකෝචනය, ප්‍රතිසංහාරය, තදගතිය, ප්‍රතිසංහතතාව.

Comprise, v. අඩංගුකරනවා, අඩංගුව—අන්තර්ගතව—තිබෙනවා.

Compromise, v. (දෙපක්ෂයේම පොරොන්දුපිට) බේරාගන්නවා *or* ගිවිසුමකට පත්වෙනවා; අපුවෙනලෙස යමක් කරනවා, *or* කියනවා, as: Our honour must not be compromised අපේ මාන්නය කෙලෙසෙන හැටියට යමක් කිරීම සුදුසු නැත.

Compromise, n. ගිවිසීම, එකමුතුවීමෙන් බේරාගැනීම.

Compulsion, n. බලකිරීම, බලාත්කාරය.

Compulsorily, ad. බලවත් ලෙස, බලාත්කාර ලෙස, බලාත්කාරය නිසා: I went compulsorily මට බල කළ නිසා ගියෙමි.

Compulsory, be, v. ඕනෑම්කරනවා, නොකරම බැරි: This is a compulsory thing මෙය කරන්ටම ඕනෑවූ—නොකර සිටින්ට බැරිවූ *or* අත්‍යාවශ්‍ය—දෙයක්.

Compunction, n. ශෝක සහිතවූ තැවීම, පසුතැවිල්ල, පශ්චාත්තාපය, තැවීමේ—විරුද්ධ හැඟීමේ—ශෝකය. [කිරීම.

Compurgation, n. අනුන්ගේ දිවිරුම්පිට යමකු නිදෙස්

Computable, a. ගණන් කළ හැකිවූ, සංඛ්‍යෙය, ගණනීය.

Computation, n. ගණන්කිරීම &c., see verb; ගණිතය, කලාශිල්පය, ගණන, එකතුව. [නවා.

Compute, v. ගණන්කරනවා, ගණිනවා, ගණන් බල

Comrade, n. සහකාරයා, යහළුවා. [මිරුදුඛ.

Con, prefix; see Com. **Con,** contraction of Contra-

Con, v. (පිකවිකවත් දැනගන්ට) පාඩම්—පොත—කාරණව—බලනවා—පාඩම්කරනවා—අභ්‍යාස කරනවා.

Con amore, It. (අකමැත්තෙන් නොව) ප්‍රීතියෙන්ම.

Concatenate, v. fig. ඈඳනවා, පුරුක්මෙන් ගළපනවා, කාරණ එකිනෙකට දම්වැලක් වශයෙන් ගළපනවා *or* එක්කරනවා, අමුණනවා.

Concatenated, a. fig. ඈඳුපු, අමුණපු, ගැළපී තිබෙන, පෙළක් වශයෙන් සම්බන්ධවූ, ශෘඞ්ඛලිත.

Concatenation, n. ඈඳීම, ශෘඞ්ඛලතාව &c., කාරණ පෙළ, ශ්‍රේණිය, පඞ්ක්තිය, මාලාව.

Concave, a. බොකු, බොකුවුවූ, කුහරවූ, පුටාකාර.

Concavity, n. කුහරය, බොකුවුව, ගෝලයක ඇතුල් පැත්ත.

Conceal, v. සඟවනවා, හංගනවා, යටබුත් කරනවා, සංවෘත කරනවා, ප්‍රකාශ නොකර සිටිනවා, ගූඪකරනවා.

Concealed, a. සඟවාපු, ගූඪ &c.; සංවෘත, ගුප්ත.

Concealing, n. සැඟවීම &c., රහසේ තබාගැනීම.

Concealment, n. සැඟවීම &c., සංවෘතිය, රහස්භාවය, සැඟවෙන තැන.

Concede, v. accept as true &c. (සැබෑවක්කොට &c.) පිළිගන්නවා, පිළිගන්නවා; permit ඉඩ—අවසර දෙනවා; give up to දෙනවා, අත්පත්කරදෙනවා.

Conceit, n. උපදවාගත්ත කල්පනාවක්, නිකම් කල්පනාවක්, අහංකාර සිතිවිල්ල, අහංකාරකම, මානය, ගර්වය.

Conceited, a. අහංකාර, ගර්විත.

Conceitedly, ad. අහංකාර ලෙස.

Conceivable, a. සිතියහැකි, විශ්වාස කළහැකි.

Conceivably, ad. සිතිය—විශ්වාසකළ—හැකිලෙස.

Conceive, v. සිතනවා, සිතාගන්නවා, තේරුම්ගන්නවා; in the womb ගැබ්ගන්නවා; of the child පිළිසිඳෙනවා, ප්‍රතිසන්ධිවෙනවා.

Concentrate, v. (සිත්, සිතිවිලි &c.) යොමුකරනවා *or* එක්තැන්කරනවා, එකඟකරනවා, සංගතකරනවා, සප්‍රිතු *or* සාර කරනවා; (කීපයක් එකට) ලංකරනවා. See Condense.

Concentrated, a. යොමුකරපු, එකඟකළ, ඒකාග්‍ර, සංගත, සප්‍රිතු කරනලද, සංක්ෂිප්ත.

Concentre, v. (චක්‍ර නාභියකට මෙන්) එකතැනටම රැස්වෙනවා, රැඳෙනවා, රැස්කරනවා. [කේන්ද්‍ර.

Concentric, a. එකතැනටම රැස්වෙන, රැඳෙන, සම

Conception, n. සිතීම, සිතිවිල්ල, කල්පනාව, ඒනතාව, මතිය; ගැබ්ගැනීම, ගර්භග්‍රහණය, පිළිසිඳීම, පිළිසිඳගැනීම, ප්‍රතිසන්ධිය.

Concern, v. සම්බන්ධවෙනවා, අයිතිවෙනවා, වැදගත් ලෙස සලකනවා, කරදරවෙනවා;

This does not concern me මෙය මගේ කාරණාවක් නොවේ *or* මීට මා සම්බන්ධ නැත.

This concerns me very much මෙය මට ඉතා වැදගත් දෙයකි.

I am concerned about this මෙය ගැන මට සැක—කනගාටු—සිතෙනවා *or* මම සැකෙන් &c. පෙළෙමි.

I do not concern myself about other people's affairs අන්‍යයන්ගේ කාරණා ගැන හිතට නොගනිමි *or* කාරණාවලට මැදිනොවෙමි.

Concern, n. affair කාරණාව, කාර්යය; anxiety සංවේගය, කාන්සාව, උද්වේගය, ඖත්සුක්‍යය; [කීම. importance වැදගත්කම; care ප්‍රවේසම්වීම, සැල

Concerned, be, v. සම්බන්ධව—සංයුක්තව—තිබෙනවා *or* සිටිනවා, සංවේගයෙන් සිටිනවා.

Concerning, p. as prep. ගැන, පිළිබඳව.

Concernment, n. (යමකුට) වැදගත් දෙය, සම්බන්ධ දෙය, කාර්යය, කාන්සාවීම.

Concert, v. මන්ත්‍රණය කර යොදනවා, සම්මත කරනවා, මන්ත්‍රණයකරගන්නවා.

Concert, n. (යමක් කිරීමට) එකමුතුවීම, සම්මතය; of music සංගීත පැවැත්වීම, සංගීතය.

Concerted, pp. *or* a. සම්මතකරන ලද (උපායක් &c.)

Concession, n. ඒත්තුගැනීම &c., see concede; දෙන වාසිය, සැබෑවක් කොට පිළිගන්න දේ. [දෙන.

Concessive, a. වාසියක් දෙන, වාසියක් කොට ඉඩ

Conch, n. හක්ගෙඩිය, සක.

Conchifer, n. කබල් ඇති සතෙක්, ඉඳිබුවා.

Conchologist, n. ශංඛඥයා.

Conchology, n. ශංඛ විද්‍යාව.

Conciliate, v. සතුටුකරගන්නවා, මනාපකරගන්නවා, සිත්දිනාගන්නවා, ප්‍රසන්න කරනවා, සමඟිකර ගන්නවා.

Conciliatory, a. සතුටු කරන, ප්‍රසන්න කරන, සමඟිකම උපදවන, සාමග්‍රී, සතුටුදායක, සාන්ත්ව.

Concise, a. සංක්ෂේපයෙන් ප්‍රභක් අඩංගුවූ, ලුහුඬුකොට, සංක්ෂේප, සංක්ෂිප්ත. [හිත්.

Concisely, ad. සංක්ෂේපයෙන් ,සංක්ෂිප්ත ලෙස, ලුහු

Conciseness, n. සංක්ෂේප බව, සංක්ෂිප්තතාව, ලුහුඬුකම.

Concision, n. lit. ඡේදනය, විච්ඡේදය, fig. වම්වෙඡ්දිතයෝවන යුදෙව්වරු.

Conclave, n. (පාප්තෙනෙක් තෝරාගන්ට අනුනායක අය රැස්වෙන) ඇතුල් ගෙය, අභ්‍යන්තරාගාරය, එසේ රැස්වෙන අනුනායක සභාව, රහස් සම්මුතිය.

Conclude, v. finish නිෂ්ඨකරනවා, ඉවරකරනවා, නිම කරනවා, හමාරකරනවා, සමාප්තකරනවා, අවසාන කරනවා; නිරණය කරනවා, නිෂ්ඨ වෙනවා &c.; prove ඔප්පුකරනවා; decide නිශ්චය කරනවා, නියම කරනවා.

Concluding, a. අන්තිම, අවසාන, සමාප්තික, අන්ත්‍ය

Conclusion, n. නිෂ්ඨකිරීම &c.; නිෂ්ඨාව, නිරණය, අවසානය, සමාප්තිය; of B. P.'s sojourn පවාරණය; of syllogism නිගමනය, සිද්ධාන්තය, තර්ක සිද්ධාන්තය.

Conclusive, a. නිෂ්ඨකරන්නාවූ, හරි නිරණයකට පමුණුවන, නිරුත්තර.

Conclusively, ad. නිරණයකොට, නිරුත්තර ලෙස, නිශ්චිතලෙස. [තාව.

Conclusiveness, n. (තර්කයේ) හරි නිගමනය, නිශ්චිත

Concoct, v. පිණිකරගන්නවා, fig. සිතින් යොදනවා.

Concoction, n. පිණිවීම; රුධිර සංශුද්ධිය; සිතින් යොදගැනීම.

Concomitant, a. සහිත, සම්බන්ධ, කැටුව—එක්ව—තිබෙන, අනුබන්ධ, අනුවර්ති, සහගත, සානුචර.

Concomitant, n. සහිත දෙයක් &c., අනුබන්ධය, සම්බන්ධ කෙනෙක්, සානුචරයා.

Concomitantly, ad. සහිතව, සහගතව, සානුචරව.

Concord, n. එකමුතුකම, සමඟිකම, ගිවිසුම, එකඟකම, සමකම, අනුකූලතාව.

Concordance, n. එකඟකම, අනුරූපතාව, පොතක සම්පද පෙන්වන අකාරාදිය, සම්පද අකාරාදිය, පුස්තක සූචිය.

Concordant, a. එකඟ, අනුරූප, ඉතාංශු, අනුකූල.

Concordat, n. (පාප් උන්නාන්සේ සමග කරන) රාජ ගිවිසුම; (සභාවේ කාරණාවක් ගැන) දේවගැති ගිවිසුමක්.

Concourse, n. රැඳීම, සංගතවීම, රැස්වූ සමූහය *or* ගණන, ජනතාව, ජනසන්නිපාතය, සමුච්චයය.

Concrete, a. එකට තනා—තැනි, ගැලපී—තිබෙන; සැබවින්ම පවත්නාවූ, ජීවමාන; ව සතු වා ව ක, concrete term ද්‍රව්‍යයක් *or* කෙනෙක් සම්බන්ධවූ ගුණයක් පෙන්වන වචනයක්, වස්තුවාචකයක්.

Concrete, n. මිශ්‍රවූ ඝනදෙයක්, මිශ්‍රවූ කැටයක්; හුනු, වැලි, ගල් කලවම්කර සාදන එකක්, ඝන මිශ්‍රණයක්.

Concrete, v. නොයෙක් ද්‍රව්‍ය එකටදමා කැටකරනවා *or* තදලෙස මුදවනවා, ඝනකරනවා, කැටවෙනවා, තද ලෙස මිදෙනවා.

Concretion, n. එසේ සාද—සෑදී—තිබෙන දෙය *or* කැටය.

Concretive, a. ඝන කරන, ඝන වෙන්නාවූ.

Concubinage, n. කසාද නොබැඳ අඹු සැමියන් ලෙස ජීවත්වීම, අනියම්භාර්‍යා පරිහරණය, උපස්ත්‍රී සේවනය.

Concubine, n. කසාද නොබැඳ පුරුෂයෙක් සමග වාසයකරන ස්ත්‍රී, උප භාර්‍යාව.

Concupiscence, n. කාම තෘෂ්ණාව, අධික කාමය, කාමුකත්වය, අභිරතිය. [තුර.

Concupiscent, a. කාමතෘෂ්ණාධික, කාමුක, කාමා

Concur, v. එකමුතුවෙනවා, සමමතවෙනවා, එකඟ වෙනවා, එක්වෙනවා.

Concurrence, n. එකමුතුවීම, ඓකමත්‍යය &c., approval කැමැත්ත, අනුමතිය, සම්මතය.

Concurrent, a. එකමුතුවූ, එකඟ, එකට ක්‍රියා කෙරෙන්නාවූ, සානුචර, සමකාලික. [ලිකව.

Concurrently, ad. එක්ව, එකඟව, සානුචරව, සමකා

Concurring, p. *or* a. එකඟවෙන, සම්මත, සමුප කාරක.

Concussion, n. එකිනෙකට වැදීම, ගැසීම, හැපීම, තද සංඝට්ටනය, එයින් වෙන්නාවූ තද සෙල්වීම.

Condemn, v. වරදට—අච්චුවට—පත්කරනවා, දොස් තබනවා, දෝෂාරෝපණය කරනවා, වරදය—නුසුදුසුය—කියනවා, වරදකොට නියමකරනවා.

Condemnable, a. වරදට පත්කළයුතු, දෝෂාරෝපණය කළයුතු, දොස් තැබියයුතු, සාවද්‍ය.

Condemnation, n. වරදට පත්කිරීම &c., වරදට—අච්චුවට—පත්වීම, වරදට පත්වීමේ—දෝෂාරෝපණ—කාරණාව.

Condemnatory, a. වරදට පත්කරන, දෝෂාරෝපක, අපවාදක, නින්දාවාචක.

Condemned, pp. *or* a. වරදට—අච්චුවට—පත්වූ, දෝෂාරෝපිත; සාවද්‍යයයි—නුසුදුසුයයි—නියමවූ.

Condensable, a. ඝන—උකු—සංක්ෂේප—කළහැකිවූ.

Condensation, n. ඝනකිරීම &c.

Condensative, a. ඝනකරන, උකුකරන.

Condense, v. (මිරිකීමෙන් *or* හින්දීමෙන්) ඝනකරනවා, උකුකරනවා, ඝනවෙනවා, උකුවෙනවා, (වචන *or* වගන්ති අත්ඇරීමෙන්) සංක්ෂේපකරනවා.

Condensed, a. ඝනකරනලද, උකුවූ, සංක්ෂිප්ත.

Condenser, n. වාෂ්ප යනාදිය තදකරන යන්ත්‍රයක්.

Condescend, v. යටහත්වෙනවා, කරුණාව නිසා පහත් අයකට පැමිණෙනවා, යටත්පහත්වෙනවා.

Condescending, a. කරුණාවෙන් යටහත්වෙන, කෘතානුකූල්‍ය, නිහතමානී.

Condescension, n. යටහත්වීම &c., කරුණාවන්ත යටහත්කම, නිහතමානී ගතිය.

Condign, a. හොඳටම යෝග්‍යවූ, ඉතා සුදුසු, උචිත, ලැබියයුතු (අච්චුව).

Condignly, ad. යෝග්‍යලෙසම etc.

Condiment, n. ව්‍යංජන, සම්බල්, අච්චාරු යනාදිය, ආහාර රසවත්කිරීමට උවමනා ද්‍රව්‍යය.

Condition, n. ස්වභාවය, අන්දම, තත්වය, අවස්ථාව, තරාතිරම, නියමය, පොරොන්දුව, කොන්දේසිය.

Condition, v. (කාරණ, තොරතුරු) නියම කරනවා, ගිවිසගන්නවා.

Conditional, a. නියමයක්—නියම කාරණ—ඇත්තාවූ, ගිවිසුමක් පිට පවත්නා, සාමයික in gram. අසම්භාවන (විධිය).

Conditionally, ad. නියම කාරණ පිට.

Conditioned, be, v. එක්තරා අන්දමකට නියමව තිබෙනවා, කාරණාවල හැටියට ඉෂ්ටවෙනවා.

Condole with, v. අන් කෙනෙකුගේ දුක් ගැන ඔහු සමග කනගාටුවෙනවා, අනුකම්පාවෙනවා.

Condolence, n. අනිකෙකුගේ දුකෙහිදී දුක්වීම, අනුකම්පාව.

Condone, v. ක්ෂමාකරනවා. [තිබෙනවා.

Conduce, v. (යමක් ඉෂ්ටවීමට) ආධාරව *or* සාධකව

Conducive, be, v. ආධාරව-වැදගත්කමව-සංවර්ධකව-තිබෙනවා.

Conduct, v. lead ගෙනයනවා, ගෙනවිනවා, එක්ව යනවා, කැඳවාගෙන යනවා, පමුණුවනවා; govern ප්‍රධානකම්කරනවා, පරිපාලනය කරනවා; manage හසුරුවනවා; conduct one's-self, behave, හැසිරෙනවා.

Conduct, n. හැසිරවීම, හැසිරීම, කල්ක්‍රියාව, ලීලාව, චරිතය; good conduct, &c. සුචරිතය, සදාචාරය See Behaviour,.

Conductor, n. ගෙනයන්නා &c., see verb; ප්‍රධානකම් කරන්නා, නායකයා, පරිපාලකයා, හසුරුවන්නා, ප්‍රධානියා, සංඝානම; විදුලිකම්බියක්.

Conduit, n. වතුරපාර, අගල, කානුව, පීල්ල.

Cone, n. දගැබ වාගේ මුදුන තුඩක්ව අඩිය වක්‍රයක්ව තිබෙන වටකුරු දෙයක්, සෘජුශෘංගාකාරය, ථූපය; ඒ හැඩය ඇති සමහර ගෙඩි *or* ගස්වල එල; ant cone or hill තුඹස, හුඹහ.

Coney, n. රට හාවා.

Confabulation, [coll.] **Confab**, n. කථාබස්කරගැනීම, කථාබස. [විල.

Confection, **Confectionary**, n. දෝසි, පැණිරස කෑ

Confectioner, n. පැණිරස කැවිලි සාදන්නා, කැවිලි විකුණන්නා.

Confederacy, n. ගිවිසුම, එක්සත්වීම, මිත්‍රවීම, ගිවිසගත් අයවල් *or* රාජ්‍යවල්, එක්සත් රාජධානි.

Confederate, v. ගිවිසගන්නවා, ගිවිසුම්වලින් බැඳෙනවා *or* බැඳගන්නවා *or* සම්බන්ධ කරනවා; සංයෝග වෙනවා, එක්සත්වෙනවා. [සත්.

Confederate, a. ගිවිසගත්තාවූ, ගිවිසුමෙන් බැඳි, එක්

Confederate, n. අන්‍යයන් සමග ගිවිසගත් කෙනෙක් *or* රාජ්‍යයක්, ගිවිසුමෙන් බැඳි අය, එකානුකාරයා.

Confederation, n. ගිවිසගැනීම, රාජ්‍යවල සම්බන්ධවීම, ගිවිසුම.

Confer, v. (උපදේශ පිණිස) සාකච්ඡා කරනවා, මන්ත්‍රණය කරනවා; bestow කරුණාවක්කොට දෙනවා, ප්‍රදානයකරනවා, supernaturally පහළකරනවා.

Conference, n. සාකච්ඡා කර ගැනීම, සාකච්ඡාව, මන්ත්‍රණයකරගැනීම, මන්ත්‍රණය, සාකච්ඡා සභාව.

Conferring, n. සාකච්ඡාකරගැනීම &c., see verb.

Confess, v. ඇත්ත කියාදෙනවා, තමාගේ වරද නොසඟවා කියනවා; (එසේයකියා) පිළිගන්නවා; R. C. පාපෝච්චාරණය කරනවා, කොම්සන් කරනවා, පාපෝච්චාරණය කරවනවා *or* පාපෝච්චාරණය අසනවා.

Confessedly, ad. ප්‍රකාශලෙසම, ප්‍රකටලෙසම, නිසැකවම; he is confessedly ill ඔහු ලෙඩෙක් බව ප්‍රකාශයි.

Confession, n. ඇතුතක්යාදීම &c.; පාපෝච්චාරණය; creed ඇදහිලි ක්‍රමය.

Confessional, n. R. C. පාපෝච්චාරණසනය, කොම්සන්කරන ස්ථානය.

Confessionary, a. පාපෝච්චාරණයට අයිතිවූ.

Confessor, n. ඇත්ත කියාදෙන්නා, පාපෝච්චාරණය අසන පාදිලි උන්නාන්සේ.

Confest, **Confessed**, a· (එසේයයි) පිළිගන්නා ලද, ප්‍රකාශිත, නිःශංසය.

Confidant, n. mas. විශ්වාස මිත්‍රයා, විශ්වාසත්‍යයා.

Confidante, n. fem. විශ්වාස මිතුරී.

Confide, in. v. විශ්වාස කරනවා, විශ්වාසය තබාගන්නවා, සැබෑවට ගන්නවා.

Confide to, v. intrust විශ්වාසකර භාරදෙනවා.

Confided in be *or* a. විශ්වාස කරනලද, විශ්වස්ත.

Confidence, n. විශ්වාස කිරීම විශ්වාසය, සමාශ්වාසය; ground of confidence විශ්වාස කාරණය; boldness නිර්භීතකම, ප්‍රගල්භතාව.

Confident, a. නිසැකයෙන් විශ්වාස කරන, නිසැකව සිටින, සත්තක, ශඞ්කා නැති, ශඞ්කා විරහිත, ප්‍රතිඥාතපිත, ප්‍රෞඪ, ප්‍රගල්භ.

Confidential, a. විශ්වාසවූ, විශ්වාස්‍ය, විශ්වස්ත, රහස් තබාගත්ට යුතුවූ, ගෝප්‍යනීය (කාරණයක්).

Confidentially, ad. රහසක්කොට, රහස්ලෙස, විශ්වාසලෙස.

Confidently, ad. නිසැකයෙන්, නිසැක ලෙස, ප්‍රතිඥාතපිත ලෙස.

Confider, n. විශ්වාසකරන්නා &c., see verb, විශ්වාස ප්‍රතිපන්නයා.

Confiding, a. විශ්වාස කරන &c., විශ්වාස ප්‍රතිපන්න.

Configuration, n. හැඩය, හැඩහුරුකම, ලක්ෂණය, ආකාරය, රූපය.

Confinable, a. හිරකළහැකිවූ &c., see verb.

Confine, v. හිරකරනවා, අවහිරකරනවා, සීමා නියම කරනවා, නවත්වනවා, බඳිනවා; (සිතිවිලි &c.) යොමුකරනවා; Confine one's-self to a thing or place යමක යෙදීලාම–යම් තැනක නැවතීලාම–සිටිනවා.

Confine, n. (gen in pl.) ඉම, මායිම, සීමාව, තෙර; pl. ඉම්, මායිම්, සීමා.

Confined, a. *or* be, හිරවූ, හිරඅඩස්සිවූ, පටු, පරිමිත; දරුවෙක් වදා සිටිනවා, ප්‍රසව අවස්ථාවට පත්ව සිටිනවා; woman recently confined ප්‍රසූතිකාව.

Confinement, n. හිරකිරීම, බන්ධනය &c. හිරවීම, හිරඅඩස්සිය, (ලෙඩ *or* දරු වැදීම නිසා) පිටතට නොයාස් සිටීම, ප්‍රසව කාලය, ප්‍රසවාවස්ථාව.

Confirm, v. ස්ථිරකරනවා, සවිකරනවා, සහතික කරනවා; (පාර්ලිමේන්තුව විසින්) අත්තබා ස්ථිරකරනවා; R. C. අභිෂේකදි ආලේපකරනවා.

Confirmation, n. ස්ථිරකිරීම &c., ස්ථිරවීම &c.; R. C. අභිෂේකදි ආලේපය; of B. P.'s ordination දළහිකර්මය, දෘඪිකරණය.

Confirmative, Confirmatory, a. ස්ථිරකරන &c., සත්‍ය කරන, ඔප්පුකරන.

Confirmed, a. ස්ථිර කරනලද &c., ස්ථිරවූ; chronic චිරස්ථිත.

Confiscate, v. (බඩු, ඉඩම් කඩම් යනාදිය) දඩයක් කොට හියමකරනවා *or* ආණ්ඩුවට අල්ලාගන්නවා, අභිමිකරනවා, රාජසන්තක කරනවා, සර්වස්වහරණය කරනවා.

Confiscated, a. දඩයක් කොට ආණ්ඩුවට අල්ලාගත්, අභිමිකරනලද, රාජසන්තක කළ &c., සර්වස්වදණ්ඩ.

Confiscation, n. (බඩු &c.) අල්ලාගැනීම, රාජසන්තක කිරීම &c., සර්වස්වදණ්ඩය, සර්වස්වහරණය, ධනදණ්ඩනය.

Conflagration, n. මහ ගිනිමැලය, ලැව්ගින්න, දවාගනිය, (ගෙවල් &c.) දැවීයාම, ආදහනය.

Conflict, v. එකිනෙකට වදිනවා, ගැටෙනවා, සංඝට්ටන වෙනවා, සටන් කරනවා, පොරට සිටිනවා, එකිනෙකට විරුද්ධවෙනවා, විසදෘශවෙනවා.

Conflict, n. එකිනෙකට වැදීම &c.; සංඝට්ටනය, සටන, පොරය, පෙළීම.

Conflicting, a. එකිනෙකටවිරුද්ධවූ, විපර්‍යාස, පරස්පරඝන, පරස්පර විරෝධී.

Confluence, n. (ගංගාවල) එක්වීම *or* එක්වෙන තැන, නදී සංයෝගය, සංගමවීම, සංගමය, සංගය, සංගමවෙනතැන, ප්‍රයාගතොට; (සමූහයන්ගේ) රැදීම, සමුච්චය, ජනසන්නිපාතය.

Confluent, a. (ගංගා මෙන්) එක්ව ගලායන්නාවූ; සංගම වෙන්නාවූ! (බිබිළි) පැහිරෙන, එක පැලැස්සට තිබෙන, (වසූරිය &c.).

Conflux, n. එක්ව ගලායාම, සංගමය.

Conform, v. එක හැඩේට පමුණුවනවා, සමානකර සාදනවා, සමානවෙනවා, නියමයට යටත්වෙනවා *or* ඊට එකඟ ලෙස ක්‍රියාකරනවා, සීකරුවෙනවා.

Conformable, a. සමාන, අනුරූප, අනුකූල, එකඟ, අනුවාද්‍ය; compliant විනයසර &c., see verb.

Conformably, ad. සමාන ලෙස &c., see adj., විනය සථාකාරයෙන්.

Conformation, n. සමානවීම &c., see verb; සාදතිබෙන ආකාරය, අත්දම.

Conformist, n. එකඟවෙන්නා, යටත්වෙන්නා; එංගලන්ත සභාවට බැඳීසිටින්නා.

Conformity, n. සමානත්වය, අනුකූලතාව, එක ඟකම, යටත්වීම, අනුවිධායිත්වය.

Confound, v. අවුල්කරනවා, ආකූල කරනවා, වියවුල් කරනවා, වික්ෂේපකරනවා, වල්මත්කරනවා, ත්‍රසන කරනවා.

Confounded, be, v. අවුල්වෙනවා &c., see confound විමතිවෙනවා.

Confoundedly, ad. (vul.) ගජේට, වසලෙස.

Confraternity, සහෝදර සමාගම, භ්‍රාතෘක සභාව.

Confront, v. සම්මුඛකරනවා, මුහුණ ඉදිරිපිටට පමුණුවනවා *or* පැමිණෙනවා, අභිමුඛ වෙනවා, මූණ පානවා, මූණ දෙනවා.

Confuse, v. ආරාවුල්කරනවා, විකාරකරනවා, පටලවනවා, පැටලිලිකරනවා, See Confound.

Confused, a. *or* be, අවුල්, ආරාවුල්වූ, ආකූලිත, සංකීර්ණ, වියවුල්, විකල්, වික්ෂිප්ත, කලබල, කලගොනුවූ. [ලෙස.

Confusedly, ad. අවුල් ලෙස, වියවුල් ලෙස, විකාර

Confusion, n. ආරාවුල් කිරීම &c.; අවුල, වියවුල, ව්‍යාකූලත්වය, වික්ෂිප්තිය, කැළඹීම, ලජ්ජාවීම, පටලැවිල්ල, පැටලිල්ල, කරදරය, කලබැගෑනිය.

Confutable, a. බොරු බව ඔප්පු කළහැකිවූ, ඛණ්ඩනව්‍ය, විඛණ්ඩිතව්‍ය. [ඛණ්ඩනය.

Confutation, n. බොරු බව ඔප්පුකිරීම &c., වාක්‍ය-

Confute v. බොරුබව–වැරදිබව ඔප්පුකරනවා, තර්කයෙන් පරදවනවා, නිරුත්තර කරනවා.

Confuted, be, v. බොරුබව ඔප්පුවෙනවා, පරදිනවා, විඛණ්ඩිත වෙනවා; adj. ඛණ්ඩිත, විඛණ්ඩිත.

Conge, n. Fr. අන්තිම ආචාරය, සමුගැනීම, අනුඥාය, ප්‍රණාමය, අභිවාදනය.

Congeal, v. (හිමමෙන් දියජාති) මිදවනවා, මිදෙනවා, කැටිගැසෙනවා.

Congealed, pp. *or* a. මිදවාපු, මිදවනලද, මිදුණු, ඝනවූ, කැටිගැසුණු, ශීත.

Congee, n. කැඳ, හුළුකැන්, යාගු, තරල. [කැටිවීම.

Congelation, Congealmnnt, n. මිදවීම, මිදීම, ඝනවීම,

Congener, Congenerous, a. සමජාතිවූ, සමජනම.

Congener, n. සමජාතීයයා, සමජාතියේ දෙයක්.

Congenial, a. සිතින්–ගුණයෙන්–ගතියෙන්–සමවූ, හුරු, අනුකූල, අනුගුණ, අනුරූප, සුදුසු, ඉතාංගු.

Congeniality, n. සමගතිය, අනුගුණය, අනුකූලතාව, යෝග්‍යතාව, අනුරූපබව, ඉතාංගුකම.

Congenital, a. එක්ව උපන්නාවූ, සහජ.

Congeries, n. ද්‍රව්‍ය රැස, සමුච්චය.

Congestion, n. (ශරීරයේ යම්තැනක) ලේ රැදීම *or* එකතුවී තදවීම *or* හිරවීම, රක්තාවරෝධය.

Conglomerate, v. (කීපයක්) එක ගුළියක්—පිඩක්—කැටියක්—කරනවා.

Conglomerate, a. ගුළි ආකාර, පිඩුකළ, කැටිකළ, වලූ ආකාර. [තය.

Conglomerate, n. මිශ්‍රවූ ගල් වර්ගයක්, සම්මිශ්‍ර පර්

Conglomerated, a. කැටිගැසි—ගුළියක්වී—තිබෙන, සමවායී.

Conglomeration, n. එක ගුළියක් &c. කිරීම, එකට ගැසී තිබෙන ගුළිය or ගොඩ, සමවායය.

Conglutinate, v. අලවනවා, සංයුක්ත කරනවා, සංශ්ලේෂකරනවා, යූනිකරනවා, යූනිවෙනවා.

Congratulate, v. යමෙකුගේ අභිසිද්ධියක් පිළිබඳව ප්‍රීතිය ප්‍රකාශකරනවා, සතුට ප්‍රකාශකරනවා, ප්‍රීති සොම්නස දක්වනවා;

I congratulated him on his good fortune ඔහුගේ ශුභසිද්ධිය ගැන මම ප්‍රීතිවන බව ප්‍රකාශ කෙළෙමි.

I congratulate you much on the birth of a son තමුසෙට පුතෙක් ලැබීම ගැන මම ඉතා ප්‍රීති වෙමි.

Congratulation, n. ප්‍රීති සොම්නස—සතුටු සොම්නස—දක්වීම or ප්‍රකාශකිරීම, see verb. [වක.

Congratulatory, a. ප්‍රීති සොම්නස දක්වන, ප්‍රීතිවා

Congregate, v. රැස්කරනවා, එකතුකරනවා, රැස් වෙනවා, එකතුවෙනවා.

Congregated, a. රැස්වූ, එකතුවූ, සංගත.

Congregation, n. රැස්වූ ගණය, සමූහය, සෙනග, සමුච්චයය, පිරිස.

Congregational, a. එක (දේව) ස්ථානයක සභාවට අයිතිවූ, සභාව ආකාරවූ, සභාපාලිත; සමූහයට අයිතිවූ, මුළු සමූහය ඇතුළුවූ.

Congregationalism, n. ඒ ඒ සභා විසින් තමතමුන්ගේ කාරණා පසුරුවාගැනීමේ ක්‍රමය, සභාම පාලන විධිය, ජනපාලනය. [කයා,

Congregationalist, n. ජනපාලිත සභාවේ සාමාජි

Congress, n. රැස්වීම, සඞ්ගමය, සම්මේලනය, වැදගත් අයින්ගේ රැස්වීම; සම්මුතිය; අමෙරිකාවේ ශ්‍රේෂ්ඨ මන්ත්‍රණ සභාව.

Congressional, a. වැදගත් සම්මුතියකට අයිතිවූ, සම්මේලනයකට අයත්; අමෙරිකාවේ රාජ්‍ය මන්ත්‍රණ සභාවට අයත්වූ.

Congruity, n. යෝග්‍යකම, සමකම, හුරුකම, සුදුසුකම, උචිතබව, සාරූප්‍යතාව, ඉනංගුව.

Congruous, a. යෝග්‍ය, සම, හුරු, ඉනංගු, අනුරූප, උචිත, සදෘශ.

Congruously, ad. සමුචිතලෙස, යෝග්‍යලෙස, ඉනංගුලෙස, සමලෙස, සරූපලෙස.

Congruousness, n. යෝග්‍යතාව, සමුචිතතාව, අනුරූපතාව &c.

Conic, Conical, a. දඟැබ මැනි හැඩයක් ඇත්තාවූ, සූච්‍යග්‍රාකාර. See Cone; Conic section ශංකුච්ඡේදය. [සිත.

Conjectural, a. අනුමානයට සිතන, ශංකනීය, ශං

Conjecture, v. අනුමානයට සිතනවා. [කාව.

Conjecture, n. අනුමානයට සිතීම, අනුමාන කල්පා

Conjoin, v. සන්ධිකරනවා, ගලපනවා, සම්බන්ධ කරනවා, සංයෝගකරනවා.

Conjoined, pp. or a. සන්ධිකරන ලද &c., සම්බන්ධ, සංයෝජිත, සංයුක්ත, එකතුවූ.

Conjoint, a. එකතු, සම්බන්ධ, සංයෝජිත, එකසත්.

Conjointly, ad. එකතුව, සම්බන්ධව, සංයෝජිතව.

Conjugal, a. විවාහය සම්බන්ධ, වෛවාහික, විවාහ සම්බන්ධාවට අයිතිවූ, දාම්පත්‍ය

Conjugal love, n. අඹු සැමි ප්‍රේමය.

Conjugal state, n. විවාහක සම්බන්ධාව.

Conjugate, v. ක්‍රියාපද නිශ්චයකරනවා or නියම පිළිවෙළට කියනවා, වරනඟනවා.

Conjugation, n. (ක්‍රියාපද) වරනැඟීම &c.; සංහිතාව, සංහිතා ක්‍රමය.

Conjunction, n. එක්වීම, සන්ධිවීම, සන්ධිය, සංයෝගය; in gram. සන්ධි නිපාතය, සමුච්චය නිපාතය, සංයෝජක අව්‍යය.

Conjunctive, a. සම්බන්ධ, සම්බන්ධක, සංයෝජනාත්මක; in gram. අසම්භාවන (විධිය, ක්‍රියාව).

Conjuncture, n. සංයෝගවීම, සංයෝගය, සංගමය, (කාරණා සිද්ධවෙන) වේලාව, ප්‍රස්තාව, අවකාශය.

Conjuration, n. යන්ත්‍ර මන්ත්‍ර කිරීම, ඇස්බැන්දුම, මායාකිරීම, ඉන්ද්‍රජාලය.

Conjure, v. දිවුරවනවා, මායා or ඇස්බැන්දුම් කරනවා; (දේව නාමයට මෙන්) උදක්ව ඉල්ලනවා.

Conjure; v. ඇස්බැන්දුම් කරනවා, මායම්කරනවා, මිනකරනවා, දිවුරනවා, බොහෝකොට ඉල්වනවා; conjure up. fig. සිතින් උපදවාගන්නවා, යොදාගන්නවා, නිෂ්කාරණයේ සිතාගන්නවා.

Conjurer, n. ඇස්බැන්දුම්කාරයා, මායාකාරයා, අත මිනකාරයා, ඉන්ද්‍රජාලිකයා.

Connect, v. එක්කරනවා, ගලපනවා, සන්ධිකරනවා, සම්බන්ධකරනවා, එක්වෙනවා &c.

Connected, a. එකතු, සන්ධිවූ, සම්බන්ධ, සම්ප්‍රයුක්ත සංයුක්ත, ප්‍රතිසංයුක්ත, සමායුත. [ලයන්.

Connectedly, ad. සන්ධි වශයෙන්, සම්බන්ධවා කා ර

Connection, n. එක්කිරීම &c.; සම්බන්ධය, සම්බන්ධකම, සම්බන්ධතාව, යෝගය, සම්ප්‍රයෝගය, සම්බන්ධවූ—නෑවූ—කෙනෙක්; relationship නෑදෑකම, බන්ධුත්වය, ඥාතිත්වය; society සමාගම.

Connective, a. සන්ධිකරන, සම්බන්ධක.

Connective n. සන්ධිය; in gram. සන්ධිනිපාතය, සන්ධිවාචකය.

Connivance, n. වරදක් නොසලකා හැරීම, දැනුවත්ව සිටීම, ඊට එකමුතුවීම.

Connive, v. අන් කෙනෙකුගේ වරදක් දකින නුමුත් නොදකින්නාක් මෙන් ක්‍රියා කරනවා or ඊකට ඉඩ කරනවා.

They connive at evil deeds ඔවුන් නපුරු ක්‍රියාවලට ඉඩඅරිති or නපුරු ක්‍රියා ගැන නොසලකා—එකමුතුව—සිටිති.

Connoisseur, n. නිපුණයා, සමතා, විචක්ෂණයා.

Connubial, a. See Conjugal.

Conquer, v. ජයගන්නවා, ජයග්‍රහණයකරනවා; defeat පරාජයකරනවා, පරදවනවා; subdue මැඩපවත්වනවා, යටත්කරගන්නවා, අභිභවනය කරනවා, දමනය or මිඝන කරනවා

Conquerable, a. (යමෙකුට) පරාජය කළහැකිවූ &c., අභිභවනීය, ජේතව්‍ය, ජේය.

Conquered, a. ජයගන්නාලද &c., පරාජයවූ, ජිත, පරාජිත, අවජිත, විජිත, අභිභූත.

Conqueror, n. ජයගන්නා, ජයග්‍රහණයකරන්නා &c.

Conquest, n. ජයගැනීම &c., ජය, දිනුම, ජයග්‍රහණය, ජයෙන් ලබාගන්න දේ

Consanguineous, a. ලේ නෑකම ඇත්තාවූ, ඒකපිණ්ඩ, සපිණ්ඩ, සගෝත්‍ර.

Consanguinity, n. ලේනෑකම, ඇවැස්ස නෑකම, ඒකපිණ්ඩතාව, සාපිණ්ඩ්‍යය, සගෝත්‍රතාව.

Conscience, n. හෘදය සාක්ෂිය, සාවද්‍යානවද්‍ය විඥානය.

Conscientious, a. හෘදය සාක්ෂියට ඒකාන්ත ක්‍රියාකරන, හෘදය සාක්ෂියට කීකරුවූ, අවඞ්ක.

Conscientiously, ad. හෘදය සාක්ෂියට ඒකාන්ත ලෙස, හෘදයසාක්ෂියේ හැටියට, හරි වැරදි—යුක්තායුක්ත—සලකා, අවඞ්කලෙස.

Conscientiousness, n. හෘදය සාක්ෂිය—යුක්තා යුක්ත—සලකන බව, අවඞ්කකම, සෘජුතාව.

Conscious, a. තමාගේ සිහිවිලි—තමා ගැන—දැනගන සිටින්නාවූ, දැනුම ඇත්තාවූ, දන්නා, සචේතනික, සචේතන, සඤ්ඥික. I am conscious of wrong, truth &c., වරද, සත්‍යය යනාදිය මට හැඟෙනවා, වැටහෙනවා.

Consciously, ad. දැනගනම, දැනුවත්ව.

Consciousness, n. සංවිඥනය, දැනුම, හැඟීම, හැඟුම, වැටහීම.

Conscript, a. නම් ලියා තබනලද, ලිඛිත, (රෝමයේ ලිඛිත පිතෘවරු වන මන්ත්‍රීශවරු).

Conscript, n. බලයෙන්ම හේවාකමට බඳවාගත් අය.

Conscription, n. නම් ලියා පදිංචිකිරීම; (එසේ අකැමැති කෙනෙක් නමුත්) බලයෙන් හේවාකමට පත්කිරීම.

Consecrate, v. ශුද්ධකොට වෙන්කර තබනවා, කැපකරනවා, සංස්කාර කරනවා.

Consecrated, a. ශුද්ධකොට වෙන්කර තිබෙන, ශුද්ධවූ, කැපවූ, සංස්කෘත; venerable පූජාර්හ, අති ගෞරවාර්හ.

Consecration, n. කැපකිරීම, සංස්කාරය &c.; of the ground &c. භූශුද්ධිය, ගෘහශුද්ධිය &c.

Consecution, n. ක්‍රමානුක්‍රමය, අනුපූර්වය, ක්‍රමාගතභාව, ක්‍රමායාතය, අනුයායිනි ක්‍රමය.

Consecutive, a. ක්‍රමයෙන් පැමිණෙන, පිටපිටම වෙන්නාවූ, අනුපූර්වවූ, අනුයාත, අනුලෝම, ක්‍රමානුසාරී.

Consecutively, ad. ක්‍රමානුක්‍රමයෙන්, ක්‍රමායාතයෙන්, පන්නා, පාසා, එකක් පාසා එකක්, අනුක්‍රමයෙන්, පිළිවෙළින්.

Consent, v. agree එකමුතුවෙනවා, එකඟවෙනවා, සම්මතවෙනවා, කැමතිවෙනවා, කැමැත්තදෙනවා; permit අවසර දෙනවා, ඉඩ අරිනවා; yield යටත් වෙනවා.

Consent, n. එකමුතුවීම &c.; එකමුතුකම, එකඟකම, මනාපය, කැමැත්ත, සම්මතය; අවසරය, අනුමතිය, සම්මතිය.

Consentaneous, a. එකඟ, අනුකූල, හුරු, ඉතාංග, අනුරූප, අනුසාරී

Consentient, a. එකමුතු, සම්මතික.

Consequence, n. අනුව යන දෙයක් *or* යමකින් සිද්ධ වෙන දෙයක් *or* යම් ක්‍රියාවක ඵලය, ප්‍රතිඵලය, විපාකය, ආනුෂංගිකය, අනුයායිනිය, ඵලෝදය, සන්නිබන්ධය; importance වැදගත්කම, වැදගැම්ම;
Pain is a consequence of disease වේදනාව රෝගයක ඵලයකි;
His fall was the consequence of pride ඔහුගේ වැටීම ආඩම්බරකමේ ඵලයයි;
He fell in consequence of pride ඔහු වැටුණේ—ඔහුගේ වැටීම වුණේ—ආඩම්බරකම නිසයි;
In consequence of that ඒකනිසා, ඉන්නිසා, එය හේතුකොටගෙන;
It is of no consequence or importance ඒකේ වැදගැම්මක් නැත;
He is a person of consequence ඔහු වැදගත් කෙනෙක්ය.

Consequent, n. යම් ක්‍රියාවකින් *or* ස්වභාවයකින් සිද්ධ වෙන දෙය, සිද්ධිය, ප්‍රත්‍යය, ඵලය; අනුයායිනිය; කාරණාවලින්ම ඉපදුවෙනවක.

Consequent, a. *or* be, ක්‍රියාවකින් &c. අටගන්නවා, ඉපදුවෙනවා, අනුයාත, අනුයායිනී.
Headache is consequent upon drunkenness ඉස කැක්කුම බේබදුකමින් අටගන්නවා *or* බේබදුකමේ ඵලයකි.

Consequential, a. යම් හේතුවකින් අටගන්න, අනුබන්ධික, අනුයායිනී, හරි නිරණයට පැමිණෙන; (වැදගත්කෙනෙක්මෙන්) අහංකාරලෙස හැසිරෙන.

Consequentially, ad. ක්‍රමායාතයෙන්, හේතු-සිද්ධි වශයෙන්, සිද්ධාන්තාකාරයෙන්, අනබ්ධකාර ලෙස.

Consequently, ad. එසේහෙයින්, ඒහෙයින්, ඒබැවින්, ඉන්නිසා, එය හේතුකොටගෙන.

Conservable, a. (නරක් නොවෙන ලෙස) ආරක්ෂාකළ හැකි, තබාගතහැකි.

Conservant, a. ආරක්ෂක, ප්‍රතිරක්ෂක.

Conservation, n. ආරක්ෂාකිරීම, සංරක්ෂණය, සමා [රක්ෂණය.

Conservatism, n. ඇත්තාවූ විධිය, වෙනස් නොකර තබාගැනීමේ ආලය, සංරක්ෂණයට ලැදිකම; සංරක්ෂණ මතිය *or* පිළිවෙත්කම.

Conservative, a. ආරක්ෂා කරන්නාවූ, ආරක්ෂක, අනුරක්ෂක, පරිරක්ෂක, සංරක්ෂක, (ලුණු සීනි යනාදිය මෙන්) ආරක්ෂා ගුණයක් ඇත්තාවූ; ව්‍යවහාර නීති වෙනස්කිරීමට කැමති නැති (පක්ෂය), අවිකාරී, ඒ සංරක්ෂණ පක්ෂයට අයිතිවූ.

Conservative, n. ආරක්ෂා කිරීමට ලැදි අය, සංරක්ෂණයට ලැදි අය; රාජකාර්‍ය වෙනස් නොකර පවත්වාගන්ට—*or* තබාගන්ට—කැමති කෙනෙක්; ඒ සංරක්ෂණ පක්ෂයේ කෙනෙක්.

Conservator, n. ආරක්ෂකයා, පරිපාලකයා, සංරක්ෂක මූලාදෑනියා.

Conservatory, a. ආරක්ෂක, සංරක්ෂක, වෙනස්කිරීමට කැමති නැති.

Conservatory, n. (යමක් තබාගන්නා) ආරක්ෂා ස්ථානය; (පිටරට පලතුරු වවන) ආරක්ෂා මිඩුව, වෘක්ෂාගාරය.

Conserve, v. රක්ෂාකරනවා, ආරක්ෂාකරනවා, සංරක්ෂණය කරනවා; ගෙඩි දෝසි හදනවා.

Consider, v, කල්පනාකරනවා, සිතාබලනවා, කල්පනාකර බලනවා, විකල්පනය කරනවා; regard සලකනවා.

Considerable, a කල්පනාවට ගන්ට වටින, කල්පනා කටයුතු, සැලකියයුතු, විශාල, ස්වල්ප නොවන, තරමක් මහත්වූ, වැදගත්.

Considerably, ad. අල්ප නොවන ලෙස, අනල්පව, තරමක් දුරට, හුඟක්.

Considerate, a. කල්පනාකර බලන්නාවූ, කල්පනා සහිත, සිතනසුලු, විචක්ෂණ, විමර්ශකාරී, නොසලකානාරින, ප්‍රසමීක්ෂණ, තද නොවන, කරුණාවට ලැදිවූ.

Considerately, ad. නිසි කල්පනා—නුවණ—නිශ්චලකම—කරුණාව—ඇතුව, සැලකිලිවන්තව.

Consideration, n. කල්පනා කිරීම &c., කල්පනාව, සිහි කල්පනාව, සංචින්තනය, සලකා බැලීම; වැදගත්කම; (යමක් කිරීමට කාරණාවක් කොට ලැබෙන) විපාකය, ප්‍රතිඵලය, පාරිතෝෂිකය; he will do it for a consideration ඔහුට යමක් දුන්නොත්—තෑග්ගකට—ඔහු ඒක කරයි.

Considering, p. කල්පනාකරමින්, කල්පනාකළාවි:
no wonder he fell, considering his weakness ඔහුගේ දුර්වලකම ගැන කල්පනා කළාම්, ඔහු වැටුණුඑක පුදුමයක් නොවේ; [යන්නෙහි.
considering this, I shall not go මෙය නිසා මම නොයමි.

Considering, n. කල්පනාකිරීම, කල්පනාකර බැලීම, සංචින්තනය.

Consign, v. භාරකරනවා, භාර දෙනවා, භාරකර දෙනවා, භාරකරතබනවා, සම්පිණ්ඩයකරනවා; [ord. බාරකරනවා &c.]

Consignee, n. යමක් භාරගන්නා, බාරගන්නා.

Consigner, n. භාරකරන්නා, භාරදෙන අය.

Consignment, n. භාරකිරීම &c., භාර කරන බඩු or දේවල්, භාරකිරීමේ පත්‍රය,

Consist, v. එක්ව පවතිනවා, අන්තර්ගත වෙනවා, යුක්තවෙනවා, අඩංගුවෙනවා, අඩංගුව තිබෙනවා, සංයුක්තව—සහගතව—තිබෙනවා;
This *consists of* various things මෙහි නොයෙක් දේවලින් යුක්තව තිබෙනවා or සාදා තිබෙනවා or සංයුක්තයි.
Repentance *consists in*—is—hating and forsaking sin පසුතැවිල්ල නම්/පාපයට දෙවේෂකර අත්ඇරදැමීමයි.
Health does not *consist with* drunkenness සුව පය බේබදුකම-එක්ක පවතින්නේ නැත, බේබදුකම සහිතව සනීපය නොතිබේ.

Consistence, Consistency, n. එක්ව පැවතීම, සංයුක්තව තිබීම, සහගතතාව;
moderate density මදක් උකුවතිබීම, යම්තරමක උකුකම, ඝනතාව;
firmness සවිය, ස්ථිරකම;
harmony ප්‍රතිවිරුද්ධ නොවන බව, අවිරෝධය, අනුකූලත්වය, ගැලපීම, එකඟකම, ගැලපුම.

Consistent, a. එකඟ, ඒකාකාර, ගැලපෙන, ස්ථිර, ප්‍රතිවිරුද්ධ නොවන, අනුකූල, අවිරෝධ, අවිරුද්ධ, සම සමාන. [ලෙස.

Consistently, ad. එකඟලෙස, ප්‍රතිවිරුද්ධ නොවන

Consistorial, a. පාරිශුද්ධ අධිකරණ සභාව සම්බන්ධ.

Consistory, n. ආගමේ නඩුශාලාව, පාරිශුද්ධ අධිකරණ සභාව, ධර්මාධ්‍යක්ෂ සභාව; R. C. අනුනායක සම්මේලනය.

Consociation, n. සහකාරකම, සහායතාව.

Consolable, a. (යමකු සිත්) සැනසියහැකි, සැනසීම ලැබියහැකි, අස්වැසියහැකි.

Consolation, n. සැනසීම, සැනසිල්ල, සැනසිලිදීනා කම, අස්වැසිල්ල. [නය.

Console, v. සනසනවා, අස්වසනවා; soothe නළවනවා.

Consoler, n. සනසන්නා, සැනසිලිකාරයා.

Consolidate, v. තදකරනවා, ඝනකරනවා, දැඩිකර නවා, ස්ථාවරකරනවා, තහවුරු කරනවා, ශක්තිමත් කරනවා, ඒකාබද්ධකරනවා සම්බන්ධ කරනවා, ඝන කිරීමට—සුසවීමට—එක්කරනවා or එකට පදිංචිවීමනවා, ඝනකරනවා, තදවෙනවා &c., එකට බැඳී සවි වෙනවා.

Consolidated, a. තදකරනලද &c., තදවී තිබෙන &c., ඒකාබද්ධ, එක්සත්, සම්බන්ධ.

Consolidation, n. තදකිරීම &c.; තදවීම &c., see verb.

Consoling, a. සනසන, ශාන්තව, සන්තාපහර, නළවන.

Consols, n. pl. ඉංග්‍රීසි රජණයෙන් එක්කොටසක්.

Consonance, n. එකඟකම, හුරුකම, ගැලපුම. සම කම, අනුකූලතාව, යෝග්‍යතාව, අවිරෝධය, සාදෘශ්‍යය.

Consonant, a. එකඟ, හුරු, ගැලපෙන, සම, අනුකූල, යෝග්‍ය, අවිරුද්ධ, සදෘශ. [රය.

Consonant, n. ශාස්ත්‍රාක්ෂරය, ව්‍යංජනය, ව්‍යංජනාක්ෂ

Consort, n. හවුල්කාරයා, භාර්යාව හෝ පුරුෂයා, විලාසයා or විලාසිය සහ, ප්‍රියයා or ප්‍රියාව.
Prince consort විලාසිය කුමාරයා; Queen consort විලාසිය බිසව, රැජිය, රාජ මහිෂිය.

Consort with, v. සමාගම් පවත්වනවා, ආශ්‍රයකරනවා, ඇසුරුකරනවා; සරණකරනවා, විවාහකරනවා.

Conspicuous, a. හොඳට පෙනෙන්නාවූ, ප්‍රකට, ප්‍රකටව පෙනෙන, දැකීමට ඉතා පැහැදිලි, ප්‍රත්‍යක්ෂ, ප්‍රකාශිත, සුප්‍රකාශ, ප්‍රසිද්ධ, ලෝකප්‍රසිද්ධ.

Conspicuously, ad. පැහැදිලිලෙස, ප්‍රත්‍යක්ෂ ලෙස, ප්‍රකාශලෙස, ප්‍රකටලෙස.

Conspicuousness, n. දැකීමට පැහැදිලිකම, ප්‍රකට කම, ප්‍රකටව පෙනීම, ප්‍රත්‍යක්ෂකම, ප්‍රකාශිතත්වය, සුප්‍රකාශත්වය.

Conspiracy, n. කුමන්ත්‍රණය, නපුරක් කිරීමට සම්බන්ධ වීම, ද්‍රෝහය, රාජද්‍රෝහය.

Conspirator, n. කුමන්ත්‍රණය කරන්නා, කුමන්ත්‍රණකාරයා, නපුරක් කිරීමට සම්බන්ධවෙන්නා or බැඳෙන්නා, ද්‍රෝහකම් කරන්නා, ද්‍රෝහියා.

Conspire, v. සම්බන්ධවෙනවා, එකමුතුවෙනවා; (නපුරක් පිණිස) සහකාරීව බැඳෙනවා, කුමන්ත්‍රණය කරනවා, ද්‍රෝහකම් කරනවා.

Conspiring, p. or a. සම්බන්ධවෙන, එකමුතුවෙන, බැඳෙන, කුමන්ත්‍රණය කරන, සම්බන්ධ, සංගත.

Constable, n. (පොලිස්) මිදලේ, කොස්තාපල්.

Constabulary, n. මිදල ගණය, කොස්තාපල් ගණය.

Constancy, n. ස්ථිරකම, නිත්‍යකම, නිත්‍යතාව, දැඩිතාව, දැඩි භක්තිය, සිරත්වය.

Constant, a. ස්ථිර, නිත්‍ය, නිරන්තර, නෛත්‍යක, දැඩි, සිර, ස්ථිර චේතස්.

Constantly, ad. නිතරම, නිරන්තරයෙන්ම, සැමවේලේම, අනවරතයෙන්, නිතිපතා, නිත්‍යයෙන්, ස්ථිරලෙස.

Constellated, a. එක්ව බැබළෙන, දීප්තිමංගත, සම්පූර්ණවූ; තරු සහිත, තරුපංක්තිවලින් සැදුණ

Constellation, n. තාරකා පංක්තිය, නක්ෂත්‍ර මණ්ඩලය, තරුරැස, තරුවැල; fig. තේජස්—ගුණෝදා—පංක්තිය, රැස.

Consternation, n. කැළඹීම, තිගැස්සිය, භීතිය, භ්‍රාන්තිව, චිත්ත වික්ෂේපය.

Constipate, v. අධිස්සිකරනවා, බඩ වේලවනවා, ගුදග්‍රහය කරනවා, මල බද්ධ වෙනවා.

Constipated, be, v. බඩ වේලී තිබෙනවා, මල බද්ධවී තිබෙනවා, උස්මුරුනාව තිබෙනවා.

Constipation, n. මලබද්ධය, මලබද්ධකම, බඩවේලීම, බඩවේලුම්කම, උස්මුරුතාව, ගුදග්‍රහය.

Constituency, n. (මන්ත්‍රීවරුන් &c.) තෝරාගැනීමට බලයලත් අයවල්, ඡන්දදායක පිරිස or කොට්ඨාසය, සාධක උදවිය.

Constituent, a. (ධාතු වශයෙන්) අන්තර්ගතවූ, අඩංගුවූ, ධාතුවූ, අංගික, අවයවවූ; තෝරාගැනීමේ බලය ඇත්තාවූ, සාධක.

Constituent, n. යමක් සාදතිබෙන ද්‍රව්‍යවලින් එකක්, අංගයක්, ධාතුවක්, (යමෙකු නිලයකට &c.) තෝරාගැනීමට බලය ඇති කෙනෙක්, සාධකයෙක්.

Constitute, v. පිහිටුවනවා, සංස්ථාපනය කරනවා, යුක්ත වෙනවා, පත්කරනවා, නියම කරනවා; නියෝගකරනවා:

The society is now constituted සභාව දැන් පිහිටුවා—සාදා—තිබෙනවා.

It is constituted of good men ඒක යහපත් මනුෂ්‍යයින්ගෙන් සෑදී තිබෙනවා.

I constitute him my agent මගේ කළමනාකාරයා කොට ඔහු පත්කරමි, නියමකරමි.

Righteousness constitites our defence ධර්මිෂ්ඨකම අපේ ආරක්ෂාව වෙනවා *or* අපේ ආරක්ෂාව නම් ධර්මිෂ්ඨකමයි.

Constiuted, a. පිහිටුවනලද, පිහිටාපු, යුක්ත, පත්වූ, නියමකර තිබෙන, නියෝජිත.

Constituted authorities, n. pl. නියම—නියෝජිත—මූලාදෑනිවරු, අධිපතිවරු, ආණ්ඩුකාරයෝ.

Constitution, n. පිහිටි ස්වභාවය, තත්ත්වය, ශරීර ගතිය, ආත්මගතිය; ආණ්ඩුවේ ආකාරය, ආණ්ඩු ක්‍රමය, ක්‍රමය: Ceylon constitution ලංකා රාජ්‍ය සංස්ථාපනය; නියෝග ක්‍රමය.

Constitutional, a. ජන්ම, ජන්ම ස්වභාවට අයිතිවූ, සහජ, ස්වභාවික, ප්‍රකෘති; නියම ක්‍රමයට එකඟවූ *or* අනුපිත්තවූ, නීතියට අවිරෝධ, නීත්‍යනුකූල, ව්‍යවස්ථානුකූල, ආණ්ඩු ක්‍රමානුකූල, ආණ්ඩු ක්‍රමානුගත, ආණ්ඩුක්‍රමය සහිත.

Constitutional, n. සනීපය හෝ ව්‍යායාමය පිණිස කරන ඇවිදීම, ජංගාවිහරණය.

Constitutionalist, n. පිහිටි ආණ්ඩුක්‍රමය භජනය කරන්නා, ආණ්ඩුක්‍රමයටම ලැදි අය; (ප්‍රස්තයේ) අභිනව ආණ්ඩුක්‍රමය භජනයකරන්නා.

Constitutionally ad. නියම ක්‍රමයට එකඟ ලෙස, ආණ්ඩුක්‍රමයට එකඟලෙස. [ශකරන.

Constitutive, a. සාධක, භෞතික, පිහිටුවන, නියෝ

Constrain, v. බලකරනවා, බලාත්කාර කරනවා, පෙලස්වනවා, අමාරුවෙන් කැමතිකරවාගන්නවා.

Constrained, be v. බලකරනුලබනවා, බලාත්කාරයට යටත්වෙනවා.

He was constrained to stay ඔහුට සිටින්ටම සිදුවිය *or* සිටීමටම ඔහු බලකරනු ලැබී.

Constraint, n. බලාත්කාරය, බලකිරීම, ඕනෑමකිරීම, ආවශ්‍යකත්වය.

Constrict, v. හිරකරනවා, තදකරනවා, ඉඩ මදි කරනවා, මිරිකනවා, හකුළුවනවා, සංවෘතකරනවා.

Constriction, n. තදකම, ඉඩමදිකම, අඩස්සිය, සමාකර්ෂණය, ඇකිළීම, සංකෝචය, සංචාරය, සංවෘතිය.

Constrictive, a. තදකරන, හිරකරන, අඩස්සිකරන, අකුලන, සමාකර්ෂික.

Constringent, a. වේලවන, අඩස්සිකරන, අකුලවන, සමාකර්ෂික, (ඒ ගුණ ඇති බෙහෙත් &c.)

Construct, v. ගොඩනගනවා, ඉදිකරනවා, තනනවා, නිර්මිත කරනවා, සාදනවා, යොදනවා, රචනාකරනවා,

Construction, n. ගොඩනැඟීම &c.; සාදපු අත්දම, යෙදුම, රචනාව, පද යෝජනය, (තේරුම් ගන්න) අභිප්‍රාව, අදහස;

What construction do you put upon these words නුඹ මේ වචන තේරුම්ගන්නේ මොන අදහසකටද?

Constructive, a. (වගන්ති &c. ··ිකාකාර) යොදන, තේරුම්ගන්න (අර්), නිර්මාණ ශක්ති ප්‍රකාශක, අර්ථදායක, අර්ථසාධක. [යෙන්.

Constructively, ad. කාරණවල හැටියට, අනුමිති වශ

Constructiveness, n. නිර්මාණ ශක්තිය, ඉදිකිරීමේ නුවණ, එය රඳා තිබෙන මොළයේ කොට්ඨාසය. නිර්මාණේන්ද්‍රියය.

Construe, v. (වාක්‍යගමක වචන) නිසිපිළිවෙළට යොදනවා, අර්ථ කියනවා, තේරුම්කරදෙනවා, (යම් අතකට–අභිප්‍රායකට–අදහසකට–) තේරුම්ගන්නවා.

Constupration, n. තනිස් නඩුව, බලාත්කාර ස්ත්‍රී හරණය, කන්‍යා දූෂණය.

Consubstantial, a. (වෙන යමක් සමග) එක ස්වභාව—පැවැත්ම—ඇත්තාවූ, සමගතිවූ, සමභාව

Consubstantiation, n. සහභූතාර්ථය, සමභාවත්වය.

Consuetude, n. චාරිත්‍රය, සිරිත.

Consuetudinary, a. චාරිත්‍ර, පාරම්පරීය.

Consul, n. රෝමවරුන්ගේ ශ්‍රේෂ්ඨාධිපතියා; (ස්වකීය ආණ්ඩුව වෙනුවෙන් පිට දේශයක සිටින) කළමනාකාර මන්ත්‍රියා, තානාපතියා.

Consulate, n. තානාපති ධුරය *or* පදවිය, තානාපතියාගේ නිවාසය, තානාපති මන්දිරය, තානාපතියාට භාර දේශය.

Consulship, n. තානාපති ධුරය, තානාපති කාලය.

Consult, v. දැනමුතුකම් අහනවා, උපදේශ ලබාගන්නවා, අදහස් විමසනවා, මන්ත්‍රණය කරනවා.

I consulted the books (යමක් දැනගන්ට) පොත් බැලුවෙමි *or* විභාග කෙළෙමි.

He consulted duty, not pleasure ඔහු සැලකුවේ සැපත නොව යුතුකමයි.

Consultation, n. දැනමුතුකම් ඇසීම &c., මන්ත්‍රණය, මන්ත්‍රණ සම්මුතිය.

Consulting, p. *or* a. දැනමුතුකම් අසමින් &c.; consulting physician දැනමුතුකම් දෙන—මන්ත්‍රණකාර—වෛද්‍යයා.

Consume, v. burn දවනවා, දැවී යනවා;- eat up කා දමනවා, කා කම්මුතුකරනවා; waste නාස්ති කරනවා, නැතිකරනවා, නාස්තිවෙනවා, ක්ෂයවෙනවා; expend වියදම්කරනවා, වියදම්වෙනවා, අලෙවිකරනවා *or* වෙනවා, ව්‍යයවෙනවා, ගතකරනවා, ගතවෙනවා.

Consumer, n. දවන්නා &c., විනාශකයා; user (බඩු) පාවිච්චිකරන්නා *or* පරිභෝගකරන්නා.

Consuming, a. දවන &c., විනාශක.

Consummate, v. සම්පූර්ණ කරනවා, ඉෂ්ට කරනවා, නිමකරනවා, සමාප්තකරනවා, කෙළවරකරනවා.

Consummate, a. සම්පූර්ණ, පරිපූර්ණ, ඉතා උසස්, ඉතා උතුම්, පාරප්‍රාප්ත.

Consummation, n. සම්පූර්ණකිරීම, සම්පූර්ණවීම, ඉෂ්ට පරිසමාප්තිය, අවසානය, නිමාව.

Consumption, n. දැවීම &c.; see Consume; ක්ෂය රෝගය, සයරෝගය, ශෝෂය.

Consumptive, a. නැතිනාස්තිකරන, විනාශී; ක්ෂයරෝගය සහිතවූ *or* ඇත්තාවූ, ක්ෂයරෝගී, ක්ෂය රෝග ගතියක් ඇති; consumptive cough සයරෝග කැස්ස, ක්ෂයකාසය. [ත්වය.

Consumptiveness, n. ක්ෂයරෝග ගතිය, ක්ෂයරෝගි

Contact, n. තට්ටුවී—අල්ලා—යාව—තිබීම, එකාවන්කව දී තිබීම, ආශ්‍රය, ස්පර්ශය, ස්පර්ශනය.

Contagion, n. (ලෙඩකුට ස්පර්ශවීමෙන්) රෝගය ඇල්ලීම *or* ලෙඩ බෝවීම, රෝග සංචාරය, රෝග ව්‍යාප්තිය, විෂ වැදීම, බෝවෙන විෂය, විසංගතය; fig. (දුශ්චරිතය &c. නැමති) වසංගතය *or* බෝවීමේ බලය.

Contagious, a. (එක්කෙනකුගෙන් තවත් කෙනකුට අල්ලන හැටියට) බෝවීගත යන්නාවූ, බෝවෙන, පැතිරෙන, වසංගතවූ, තවාව, සංචාරී, සංස්පර්ශී; fig. be contagious (ගුණාගුණ &c.) බෝවෙනවා.

Contagiousness, n. බෝවෙන ගතිය, තවාවත්වය.

Contain, v. අල්ලනවා, අඩංගුව—අන්තර්ගතව—තිබෙනවා, contain one's self (ප්‍රීතිය, කෝපය &c.) නවත්වා ගන්නවා, දරාසිටිනවා, උසුලනවා.

Contaminate, v. අපවිත්‍ර කරනවා, කිලුටු කරනවා, දූෂණය කරනවා, මලින කරනවා, නරක් කරනවා, කෙලසනවා, කෙලෙසනවා

Contaminated, pp. *or* a. අපවිත්‍රකරනලද &c. *or* අපවිත්‍රවූ &c., දූෂිත.

Contemn, v. සුළුකොට සිතනවා, සුළුකරනවා; treat with contempt සුළුකම් කරනවා, ගර්හා කරනවා, හෙළාදකිනවා, පරිභවකරනවා, අපහාස කරනවා, අවඥාකරනවා, අවමන්කරනවා.

Contemner, n. සුළුකොට සිතන්නා &c., නිග්‍රහ කරන්නා.

Contemplate, v. කල්පනාකරබලනවා, මෙනෙහි කරනවා, භාවනාකරනවා; intend, අභිප්‍රාය කරනවා, අරමුණුකරනවා, අදහස්කරනවා.

Contemplated, a. කල්පනා කරන ලද, කල්පනාකර බැලූ, අරමුණුකළාවූ.

Contemplation, n. කල්පනාකරබැලීම &c.; භාවනාව, සමාධිය, ධ්‍යානය.

Contemplative, a. කල්පනාකරබලන්නාවූ, මෙනෙහි කරන්නාවූ, භාවනා කරන්නාවූ, ධ්‍යානතත්පර, ධ්‍යානපර, චින්තාශීල.

Contemporaneous, Contemporary, a. සමකාලික, සමකාලීන, එකකාලයේ පවතින්නාවූ, වයස්‍ය.

Contemporaneousness, n. සමකාලිකකම, සමකාලිකතාව, වයස්‍යතාව.

Contemporary, n. සමකාලික අය, වයස්‍යයා.

Contempt, n. සුළුකොට සිතීම, හෙළාදැකීම, අවමානය, අවමතිය, සුළුකිරීම &c., see Contemn; නිග්‍රහය, අවඥාව.

Contemptible, a. ඉතා සුළු, පහත්, නීච, තුච්ඡ, නොවටිනා, ගර්හාකරනු ලබන්ට වටින්නාවූ, ගර්හණීය, අවඥෙය, අවමාන්‍ය.

Contemptibleness, n. ඉතා සුළුගතිය &c., තුච්ඡතාව, අවඥෙයතාව, අවමාන්‍යතාව.

Contemptibly, ad. පහත්ලෙස, නීචලෙස, තුච්ඡලෙස ගර්හණීයලෙස &c.

Contemptuous, a. උදුරම්වූ, අනුන් සුළු කරන්නාවූ, ගර්හාකරන්නාවූ, සාවඥ.

Contemptuously, ad. උදුරම්බලෙස, සාවඥලෙස.

Contemptuonsness, n. උදුරම්බකම, අනුන් සුළුකරන ගතිය, සාවඥතාව.

Contend, v. (යමක් ගැන) ව්‍යාසකරනවා, සටන් කරනවා, පොරට සිටිනවා, අරෝවකරනවා, විවාද කරනවා, තර්කකරනවා, දබරකරනවා;
I contend for the right යුක්තිය ගැන යත්න කරමි, ව්‍යාසකරමි &c. to විවාදකරමි.
I contend that this is right මෙක හරියයි කියා සිටිමි *or* විවාදකරමි.

Contender, n. ව්‍යාසකරන්නා &c., අරෝවකාරයා, වාදකාරයා.

Contending, a. එකිනෙකට විරුද්ධව වන්නාවූ, අරෝවකාර, ප්‍රතිකූල.

Content, v. සතුටුකරනවා, මනාපකරනවා, තෘප්තියට පත්කරනවා.

Content, be v. නොකොඳුරා—සතුටුව—මනාපව—ශාන්තව—සිටිනවා, තෘප්තව සිටිනවා.

Content, n. සතුටුව සිටීම, සතුටුකම, ශාන්තිය, තුෂ්ටිය, තෘප්තිය.

Contented, a. නොකොඳුරන්නාවූ, සතුටුවූ, ශාන්ත, ප්‍රශාන්ත, සන්තුෂ්ට, තෘප්ත.

Contentedly, ad. නොකොඳුරා සතුටින්, සතුටුලෙස, තෘප්තලෙස.

Contentedness, n. ලත් පමණින් සතුටුවීම, අල්පේච්ඡතාව, සතුටුභාවය, ශාන්තතාව.

Contention, n. ව්‍යාසකිරීම &c., See Contend; ව්‍යාසය, සටන, පොරය, විවාදය, ප්‍රතිවාදය, විරුද්ධවාදීකම, තර්කය, දබරය, අරෝව, ආරාවුල.

Contentious, a. සටන්කිරීමට—සටනට—විවාදයට—ලැදිවූ &c. see contention; පෙරළිකාර, සණ්ඩුකාර, කලහකාරී, විවාදශීලී.

Contentment, n. සතුටුබව, ශාන්තතාව, ප්‍රශාන්තතාව, තුෂ්ටිය, තෘප්තිය.

Contents, n. pl. අඩංගු දේ *or* කාරණ; of space &c, අන්තර්ගත ප්‍රමාණය; index පටුන, සූචිපත්‍රය.

Conterminous, Conterminal, a. මායිමට යාවූ, යාබද, එක මායිම ඇත්තාවූ, සීමාසන්ධි, සීමා සම්බන්ධ; සමානාන්ත, සමසීමාඇති, ප්‍රත්‍යන්ත, ඒකප්‍රත්‍යන්ත, (දේශ).

Contest, v. සටන්—විවාද—අරෝව—කරගන්නවා, තර්කකරනවා.

Conest, n. සටන්කිරීම &c., සටන, පොරය, විවාදය, ප්‍රතිවාදය, අරෝව.

Contestable, a. (යමකුට) විවාද—අරෝව—කළහැකිවූ, අනුමාන.

Contested, a. විවාද සහිත, විවාදනුගත, අරෝව කරනලද, තර්කකළ.

Context, n. ඉහළ පහළ පද, යාව තිබෙන වගන්ති, ඒකාබද්ධ පද, සංයුක්ත පද, පාඨ සම්බන්ධය, පද සම්බන්ධත්වය.

Contexture, n. (වියා) සාදතිබෙන අඳුම, සම්බන්ධතත්වය, වින්‍යාසය, සංස්ථිතිය.

Contiguity, n. යාව—අල්ලා—තිබීම, යාබදකම, සංයෝගය, සංස්පර්ශනය, ප්‍රකෘතිය සමීපතාව.

Contiguous, a. යාව තිබෙන, යාබද, අල්ලාපු, ළඟවූ. ආසන්න, ප්‍රත්‍යාසන්න, සමීපස්ථ, ප්‍රත්‍යන්ත (දේශ).

Contiguously, ad. යාව, යාබදව, යාකර, ළංව, ආසන්නව, සමීපව.

Contiguousness, n. යාව තිබීම, යාබදකම, සංයෝගතාව, ප්‍රත්‍යාසන්නතාව.

Continence, n. අභිලාෂ මැඩපවත්වාගැනීම, අභිලාෂාභිභවනය, කාම තෘෂ්ණාව ගැන පමණ දැන ක්‍රියාකිරීම, ආත්මසංයමය, ඉන්ද්‍රියදමනය *or* සංවරය, බ්‍රහ්මචර්යය.

Continent, a. (නිසිලෙස) ආශා—අභිලාෂ—මැඩපවත්වාගත්තාවූ, අභිලාෂාභිභවන, සංවර.

Continent, n .මහාද්වීපය, මහා දේශය.

Continental, a. මහාද්වීපයකට අයිතිවූ, මහාද්වීපීය,

Continently, ad. අනිසි අභිලාෂ මැඩපවත්වාගෙන. ශුචිලෙස.

Contingence, Contingency, n. අනියමය, අනියම්භාවය, අනියම්කම, අනිශ්චිතභාවය.

Contingent, a. අනියම්වූ, අහම්බෙන් වෙන්නාවූ, හැකිවූ, අනිශ්චිත.

Contingent, n. අනියම්වූ දේ &c., අනිශ්චය, හදිසිය, හදිසි සිදුවීම; (ප්‍රමාණයේ හැටියට වැටෙන) කොටස, පංගුව, භාජනය, අංශය, භාගය; සහයෝගී සේනා කණ්ඩායම.

Contingently, ad. අනියම් ලෙස, අනිශ්චිතලෙස, අවලම්බිත ලෙස.

Continual, a. නිත්‍ය, නිරන්තර, පවතින්නාවූ, නොර නැති, අනවරත, ඓකාන්තික, කාලව්‍යාපී, අඛණ්ඩ, අවිච්ඡින්න.

Continually, ad. හැමවේලේම, නිතරම, නිතිපතා, නිබඳ, නිරන්තරයෙන්ම, නොකඩවම, නිස්සේම, පිටපිටම, නොරනැතුව.

Continuance, Continuation, n. පැවතීම, ස්ථිතිය, ච්‍යවස්ථිතිය, චිරස්ථිතිය, පොරොත්තුවීම, නොනැවති—තවදුරට—කරගනයාම, අවිච්ඡේදය, සන්තතිය

Continue, v. පවතිනවා, සන්තත වෙනවා, චිරස්ථායී වෙනවා; (මෙහි &c.) නවතිනවා, පොරොත්තු වෙනවා, හිටිනවා, නොනැවති *or* නොකඩවා කරගනයනවා.

Continued, a. පවතින, නොරනැති, අපරිච්ඡින්න.

Continuity, n. නොකැඩී පැවතිගන යාම, නොකඩ බව; අඛණ්ඩ පැවැත්ම, එකිනෙකට අල්ලා තිබෙන බව, සම්බන්ධතාව, අඛණ්ඩිතතාව, අපරිච්ඡින්නතාව, සන්තතිය, අවිච්ඡේදය.

Continuous, a. අනවරත, සන්තත, ඒකාබද්ධ, අඛණ්ඩිත, අපරිච්ඡින්න, නොකඩවූ.

Continuously, ad. අනවරතලෙස, සන්තතව, නොර නැතුව, නිරන්තරව, අඛණ්ඩිත ලෙස.

Contort, v. ඇදකරනවා, දඟරගහනවා, වකුටුකර නවා, විකෘතිකරනවා.

Contorted, a. ඇදකරපු, ඇදවූ, පෙරළුණාවූ, විකෘතාකාර etc.

Contortion, n. ඇදකිරීම, ඇදවීම, වකගැහීම, වකවීම, ඇකිළීම, පෙරළීම.

Contour, n. හැඩයේ බාහිර ආකාරය, හැඩය, පිට සටහන, සාමාන්‍ය පෙනීම, බහිරාකාරය.

Contra, prep. *or* prefix විරුද්ධ.

Contraband, a. රාජාඥාවට විරුද්ධවූ, තහනම්වූ, අයෝග්‍යවූ, වර්ජිත; n. තහනම් කළ බඩු.

Contra bonos mores, L. සුචරිතවලට විරුද්ධව (තිබෙනවා *or* හැසිරෙනවා &c.)

Contract, v. shorten &c. කොටකරනවා, පුංචි කරනවා, ලුහුඩු කරනවා, සංවෘත කරනවා, සංක්ෂේප කරනවා, අඩුකරනවා, ලොප්කරනවා, කොටවෙනවා &c.; [කෙනවා.
shrink ඇකිළෙනවා; squeeze මිරිකනවා, මිරි
promise පොරොත්තුවෙනවා, ගිවිසුම්දෙනවා, බඟ දෙනවා (කොන්ත්‍රාත්කරනවා);
contract debts ණයවෙනවා, ණයතුරුස්වෙනවා;
contract a disease රෝගයක් වළඳිනවා *or* වැළදෙනවා.

Contract n. පොරොත්තුව, පොරොත්තුපත්‍රය, ගිවිසුම් පත්‍රය, ප්‍රතිඥා පත්‍රය, පණිවිඩය, කොන්ත්‍රාත්, කොන්ත්‍රාත්තුව.

Contracted, pp. *or* a. කොටකරනලද, කොටකරපු, සංක්ෂිප්ත ,සංහෘත &c.; සංඝාත; පටු; of contracted mind &c. ගුණ—සිහිකල්පනා—මදිවූ; in gram- ලොප්කළ; compounded සමාස කරනලද, සමස්ත.

Contractile, a. කොටකරන බලයක් ඇති &c., ඇකිළෙන. [සංඝාතත්වය.

Contractility, n. කොටවෙන—ඇකිළෙන—භාවය,

Contraction, n. කොටකිරීම, කොටවීම &c., සංචාරය, සංකෝචනය; in gram. ලොප, සමාසය.

Contractor, n. ගිවිසුමකින් බැඳෙන්නා, පණිවිඩකයා, කොන්ත්‍රාත්කාරයා.

Contradict v. නැතකියනවා, විරුද්ධව කථාකරනවා; oppose විරුද්ධවෙනවා.

Contradiction, n. නැතකීම &c., විරුද්ධතාව, විපර්‍යාසය, විරෝධය, ප්‍රතිවාදය; [විරෝධය.
self-contradiction පූර්වාපර විරෝධය, පරස්පර

Contradictory, a. විරුද්ධව කථාකරන්නාවූ, විරුද්ධ, විරුද්ධවාදී, විරුද්ධාර්ථ, පරස්පර විරෝධී, පූර්වාපර විරෝධ.

Contradistinction, n. විපර්‍යාසතතාව, විපර්‍යාසතාව. විභේදතාව, ව්‍යතිරේකය, විපරීත ගුණ විස්තාව, විපරීතතාව.
He said black in contradistinction to white ඔට කළු කීවේ සුදුපාටට විපරීත වශයෙන්ය.

Contrariety n. විපර්‍යාසය, විපරීතත්වය, අපරත්වය. ප්‍රතිපක්ෂභාවය, ප්‍රතිකූලභාවය, විරුද්ධත්වය.

Contrarily, ad. විරුද්ධ ලෙස, ප්‍රතිපක්ෂ ලෙස, අනිත් අතට, විපර්‍යාසලෙස.

Contrariwise. ad. විරුද්ධ වශයෙන්, ව්‍යස්ත වශයෙන්, අනික් අතට.

Contrary, a. විරුද්ධ, විභේද, විපරීත, විරෝධී, ඉතා වෙනස්වූ, පටහැණි, ප්‍රත්‍යනීක, ප්‍රතිකූල.

Contrary, n. (වෙන යමකට) විරුද්ධ ගුණ ඇති එක, විරුද්ධ දෙයක් *or* කිමක් *or* කාරණාවක්, ව්‍යස්ත එක, විපර්‍යාස එක, විපරීතය;
Untruth is the contrary of truth අසත්‍යය සත්‍යයට ව්‍යස්ත එකයි.
On the contrary, on the other hand අනිත් අතට,

Contrast, v. වෙනස්ව—විභේදව—තිබෙනවා *or* සිටිනවා; වෙනස් බව පෙන්වනවා, වෙනස සමානකර බලනවා.
Ceylon contrasts favourably with India සමාන කර බැලුවාම — වෙනස බැලුවාම — ඉන්දියාවට වඩා ලංකාවට වාසි තිබෙනබව පෙනේ.
I contrasted this with that මෙකෙත් ඒකෙත් වෙනස සසඳා බැලුවෙමි *or* සමානකර පෙන්නුවෙමි.

Contrast, n. වෙනස පෙන්වීම, ඉතා වෙනස් භාවය, වෙනස, අසමානකම, විපරීතතාව.

Contravene v. විරුද්ධවෙනවා, එදිරිවෙනවා, බාධා කරනවා, ප්‍රතිබන්ධනය කරනවා, කඩකරනවා, බල නැතිකරනව [න්ධය.

Contravention, n. විරුද්ධවීම &c., විරෝධය, ප්‍රතිබ

Contretemps, n. Fr. හදිසි විරුද්ධයක්, විරෝධ විපත්තියක්.

Contribute, v. සම්මාදම් දෙනවා, (පොදු කාරණාවකට) පංගුවක්—කොටසක්—දෙනවා aid ආධාර වෙනවා, උපකාරකරනවා.

Contribution, n. සම්මාදම් දීම &c., සම්මාදම, අය මුදල, දෙන පංගුව, අංශය, භාගය.

Contributive, be, v. ආධාරව—සංවදනීකව—තිබෙනවා, දායකව සිටිනවා, උදව් *or* පිහිටවෙනවා.

Contributor, n. සම්මාදම් දෙන්නා, ආධාරවෙන්නා, උපකාරකරන්නා, දායකයා.

Contributory, a. *or* be ආධාර, සංවර්ධක.

Contrite, a. තැවෙන්නාවූ, බිඳුණු සිතැති, සිත් තැළුණාවූ, පසුතැවිලිවූ, පශ්චාත්තාපවූ.

Contrition, n. පසුතැවිල්ල, චිත්තතාපය, විපිළිසර, පශ්චාත්තාපවීම, පශ්චාත්තාපය, අනුතාපය, කනගාටුව.

Contrivance, n. යෙදීම, යොදගැනීම, පරිකල්පනය; යෙදුම, යොදන දේ, සොයාගත්ත විධිය, උපාය, උපක්‍රමය, ප්‍රයෝගය.

Contrive, v. යොදනවා, පරිකල්පනය කරනවා, (යමක් ඉෂ්ටකිරීමට) විධියක් සොයාගන්නවා.

Contrived, a. යොදපු, යෙදූ, සොයාගත්, පරිකල්පිත.

Control, v. හසුරුවනවා, බලපවත්වනවා, ආණ්ඩුකරනවා, පාලනයකරනවා, අභිභවනය කරනවා, තරමකට නවත්වනවා *or* මැඩපවත්වනවා, සීමාකරනවා, හික්මවනවා, දමනයකරනවා, වශකරනවා.

Control, n. හැසිරවීම &c., පවත්වන බලය, නිග්‍රහය, පාලනය, දමථය, ප්‍රත්‍යාහරණය; self-control සංවරය, සංයමය, ආත්ම දමනය.

Controllable, a. (යමෙකු විසින්) හැසිරවියහැකිවූ &c., නිග්‍රහණීය, ප්‍රත්‍යාහරණීය, දමනීය.

Controller, n. හසුරුවන්නා &c., comptroller ආණ්ඩුවේ ගණන් පරීක්ෂාකරන්නා, රාජකීය ගණන් පරීක්ෂකයා.

Controversial, a. වාදකර, වාදසහිත, විවාදී, විතර්කී.

Controversy, n. වාදය, විවාදය, තර්කණය, තර්කය.

Controvert, v. t. යමකට විරුද්ධව කාරණ ගෙනහැර දක්වනවා, විරුද්ධ කාරණ කියනවා, විවාදයෙන්—කීමෙන්—විරුද්ධව සිටිනවා.

I controvert the statement ඒ කීම—කියන කාරණ—සැබෑ නැතැයි කියමි.

Controverted, a. *or* be, විවාද සහිත, අනිශ්චිත.

That is a controverted point එය විවාද සහිත—අනිශ්චිත එකකි *or* කාරණයකි. [තවා.

That point is controverted එයගැන විවාද තිබෙ

Contumacious, a. උඩඟුකමින් විරුද්ධවූ, මුරණ්ඩු, අකීකරු. [අකීකරු ලෙස.

Contumaciously, ad. හිතුවක්කාරලෙස මුරණ්ඩුලෙස.

Contumacy, n. උඩඟු, විරුද්ධකම, මුරණ්ඩුකම, මුරණ්ඩුකමින් පාන අකීකරුකම.

Contumelious, a. උද්දච්ච, පරුෂ, හෙළාදකින, උද්දච්ච ලෙස නිග්‍රහකරන, නින්දකර, අවමානී.

Contumely, n. උද්දච්ච, උද්දච්චකමින් නිග්‍රහ කිරීම, ගර්හාව, නින්දාබස, අවමානය, අපවාදය.

Contuse, v. තලනවා, පොඩිකරනවා.

Contusion, n. තැළීම, පොඩිකිරීම, තැල්ම, තැලීමුව.

Conundrum, n. තේරවිල්ල, ප්‍රහේලිකාව.

Convalescence, n. සනීපවීම, ක්‍රමයෙන්සුවවීගෙනඒම, කල්‍යත්වය, ප්‍රෝල්ලාසිතභාව.

Convalescent, a. සුව—සනීප—වෙගන එන්නාවූ, උල්ලාස, ප්‍රෝල්ලාසිත.

Convene, v. රැස්කරනවා, රැස්වෙනවා, කැඳවනවා, එකතුකරනවා, එක්වෙනවා.

Convener, n. රැස්කරන්නා, රැස්කරවන්නා, කැඳවන්නා, (සභාව රැස්කරවන) සභාපතිතැන, සභාවේ ප්‍රධානියා.

Convenience, n. යෝග්‍යතාව, යෝග්‍යභාවය, සුදුසුකම, පහසුව, ඉඩපාඩුව, (ඔනෑ කාරණවට) හරියන දේ.

Convenient, a. සැහෙන, යෝග්‍ය, ගැලපෙන, උචිත, හරියන්නාවූ, ඉඩපාඩුඇත්තාවූ, කාලෝචිත, සිව්වු, සම්පසර.

Conveniently, ad. යෝග්‍යලෙස, පහසු ලෙස, පහසුකම් ඇතුව, ඉඩපාඩු ඇතුව.

Convent, n. තාපස සමූහය *or* සමාගම, තාපස ආශ්‍රමය, පන්සල, අසපුව, මඩම, කන්‍යාමඩම.

Conventicle, n. අප්‍රසිද්ධ--පුළු--සමාගම, රහස් සභාව.

Convention, n. රැස්වීම; රැස්වූ සභාව, සංගමය; ප්‍රාරම්භ ගිවිසුම, සම්මතය.

Conventional, a. එකමුතුවීම — ඉඩදීම — පිට පිහිටා තිබෙන, සම්මත, ව්‍යවහාර, පුරුදු, ශිථිල, (බස්).—

Conventionalism, n. ව්‍යවහාර විධියක්, වාගව්‍යාපාරයක්.

Conventual, a. තාපස, තපස්, ආශ්‍රම, ආශ්‍රමික, විහාරික, මඩමකට අයත්; n. ආශ්‍රම වාසියා.

Converge, v. (කීපයක්) එකදිශාවට—තැනට—ලංවෙගන යනවා *or* නැමෙනවා, ඒකසථවෙනවා, සන්නිකර්ෂණය වෙනවා. [නිකර්ෂණය.

Convergence, n. එකතැනට ලංවෙගන ඒම &c. සන්

Convergent, **Converging**, a. එක දිශාවට—තුඩට—ලංවෙගන යන්නාවූ, සන්නිකර්ෂණය වෙන්නාවූ, රැස වෙන්නාවූ.

Conversancy, n. දන පුරුදුව සිටීම, පුරුදුකම, ඇඳිනුම්කම, පුහුණු ගතිය, ආශ්‍රිතත්වය, නිපුණත්වය, පරිචය. [නවා.

Conversant, be, v. පුරුදුව—දනගෙන—නිපුණව—සිටි

He is conversant with everything ඔහු සෑමදේවලට පුරුදුයි, සෑම දේ ගැන ඔහුට තේරුම තිබෙනවා.

They are conversant with all sorts of men ඔව්හු සියලු ආකාර මිනිසුන් අතරෙහි හැසිරෙති ඔවුන්ගේ අන්දම් දනිති *or* මිනිසුන් ඇඳින පුරුදුයි *or* පුරුදුව සිටිති.

Conversation, n. සාකච්ඡාකිරීම &c., see verb; කථාව, කථාබහ, සාකච්ඡාව, සංලාපය, සම්භාෂණය.

Conversational, a. සාකච්ඡාවට අයිතිවූ, කථාබසින් වෙන්නාවූ, සංලාපක, සම්භාෂණ. [මය.

Conversazione, n. It. කථාසම්මුතිය, සම්භාෂණ-සංග

Converse, v. සාකච්ඡාකරනවා, කථාකරනවා, කථාබස්කරගන්නවා, සම්භාෂණය කරනවා.

Converse, n. සාකච්ඡාව, කථාබහ; intercourse සමාගම් පැවැත්වීම, ආශ්‍රය කිරීම; reverse ප්‍රත්‍යාය, ව්‍යත්‍යාසය, පරිවර්තිතය.

Converse, a. විරුද්ධ, ප්‍රතිපක්ෂ, පරිවර්තිත, ප්‍රත්‍යාව, ව්‍යස්ත, ව්‍යතිකර, ව්‍යතිෂක්ත.

Conversely, ad. අනික් අතට, ප්‍රත්‍යාව ලෙස, ව්‍යස්ත විධියෙන්, පරිවර්තිත වශයෙන්.

Conversion, n. හැරවීම &c., see Convert, v.; හැරීම, වෙනස්වීම, මාරුවීම; Chr. හිතෙන්ම අලුත්වීම.

Convert, v. හරවනවා, පරිවර්තනයකරනවා; pervert පෙරළනවා; to one's own use අත්කරගන්නවා; change වෙනස් කරනවා, මාරුකරනවා; change into, as: convert a desert into fruitful land මැලි කාන්තාරයක් සාරවත් රටක් කරනවා; invert ප්‍රත්‍යා—ප්‍රතික—ව්‍යස්ත—කරනවා.

Convert, n. (එක් ආගමකින්—ලබ්ධියකින් *or* දෘෂ්ටියකින්, මතයකින් *or* පක්ෂයකින්—වෙන එකකට) හැරුණ අය, අන්‍ය ලබ්ධියක් වැළඳගත් අය, පාපයෙන් ශුද්ධකමට—නොසැලකිලිකමින් ආත්මික සකස්වනතකමට—හැරෙන්නා *or* පැමිණෙන්නා.

Converted, pp. *or* a. (එක ස්වභාවයකින් වෙන ස්වභාවකට) හැරුණ, වෙනස්වුණ, මාරුවුණ, එකක්ව තිබී වෙන එකක් වුණාවූ &c., see verb.

Convertibility, n. (යමකුට) වෙනස් කළ හැකි—මාරුකළහැකි—ස්වභාව, වෙනස්වියහැකි ස්වභාව, පරිවර්තනීයතාව.

Convertible, a. (යමකුට) වෙනස් කළ හැකිවූ &c.

Convex a. (චක්‍රයක—ගෝලයක—පිටපැත්ත මෙන්) වටකුරුවූ, වටකුරුකමින් මැද උස්වූ, පිටින් වකවූ, කුබ්ජ.

Convexity, n. (මද *or* සම්පූර්ණ) වටකුරුකම, නැම්ම, පිටවකය, කුබ්ජතාව.

Convey, v. ගෙනයනවා, අරන් යනවා, උසුලාගෙන යනවා; සින්නක්කරයකින්—ඔප්පුවකින්—හිමිකර දෙනවා *or* භාරදෙනවා, අත්කර දෙනවා, පාවාදෙනවා; convey an idea කල්පනාවක් හඟවනවා, ප්‍රකාශකරනවා.

Conveyance, n. ගෙනයාම &c.; රථය, වාහනය, යාතාව, කරත්තය. පාරියානිකය; deed සින්නක්කරය, ඔප්පුව, බලපත්‍රය.

Conveyancing, n. සින්නක්කර-බද්ද-ආදී ඔප්පුලිවීම.

Convict, v. වරද ඔප්පුකරනවා, වරද හඟවනවා, වරදට පත්කරනවා, වැරදිකාරයා කරනවා. [රයා.

Convict, n. නීති මාර්ගයෙන් වරදට පත්වූ අය, හිරකා

Conviction, n. වරදඔප්පුකිරීම &c. වරදකාරයෙකැයි විනිශ්චයකිරීම, දෝෂය—වැරැද්ද—හැඟීම *or* ඒත්තුයාම *or* වැටහීම, (යමක් ගැන තිබෙන) සහතික විශ්වාසය.

Convince v. (යමක් සැබෑබව—අසවල් ආකාරයයි—) ඒත්තුගන්වනවා, ලගන්වනවා, ඔප්පුකරදෙනවා.

Convinced, be, v. ඒත්තුයනවා, හැඟෙනවා, වැටහෙනවා, අවබෝධවෙනවා.

I am convinced of this මේක මට ඒත්තුගියා *or* සහතිකලෙස පෙනෙනවා.

Convincing, a. ඒත්තුගන්වන, ලගන්වන (සාක්ෂි &c.), විශ්වාසජනක.

Convivial, a. මඞ්ගලාකාර, උත්සව, උත්සවාකාර, සම්භෝජන.

Conviviality, n. මඞ්ගල *or* උත්සව ප්‍රීතිය, එවැනි ප්‍රීතිමත් ස්වභාව, සමූහසවතාව.

Convocation, n. කැඳවාගැනීම, රැස්කරවීම; සම්මුතිය, සංගමය; දේවගැතියන්ගේ රැස්වීමක්, ධම් සභාවක්. [නවා.

Convoke, v. (රැස්වෙන්ට) කැඳවාගන්නවා, රැස්කර

Convolute, Convoluted, a. ඇකිළී තිබෙන, එතී තිබෙන.

Convolution, n. එකට වෙළීම, එතීම, වටකර ඇකිළීම, වෙළාපු පට, එතී තිබෙන පට.

Convolve, v. වටකර අකුළනවා, වෙළනවා, ඔතනවා.

Convolvulus, n. මල්වැල, ජගලාණ්ඩිය.

Convoy, v. ආරක්ෂාකිරීමට එක්ව යනවා, ඇරලන්ට යනවා, රැකවලට යනවා, මුරට යනවා.

Convoy, n. එක්ව යාම &c., සමග යන රැකවල් සේනාව *or* නැව, එසේ රැකවල් කරනු ලබන දේ *or* නැනැත්තෝ.

Convulse, v. චංචලකරනවා, කම්පිතකරනවා, සොලවනවා, වෙව්ලවනවා, ගැහෙනවා.

Convulsed, a. *or* be, කම්පිත, කම්පිතවෙනවා, වලිප්පු අල්ලනවා, ගැස්ම හැදෙනවා.

Convulsion, n. චංචලකිරීම &c., කම්පාව, කම්පනය, චංචලය; of the muscles ගැස්ම, වලිප්පුව.

Cony *or* **Coney**, n. පලස්තීනයේ පර්වත විවරයන්හි වාසයකරන කුඩා සතෙක්.

Coo, v. පරවි හඬනගනවා, කූ කූ ගානවා, කූජනය කරනවා, සුරතල් බස් කියනවා.

Coo, n. කල රැව් හඬ.

Cook, v. උයනවා, පිහනවා, පිසනවා; fig. බොරුලෙස පිළියෙලකරනවා.

Cook, n. උයන්නා, පිසන්නා, සූපකාරයා, අරක්කැමියා, පාචකයා, කෝකියා, සූදයා.

Cookery, n. සූප ශාස්ත්‍රය, පාක ශාස්ත්‍රය, සූද විද්‍යාව, සූප කර්මාන්තය.

Cooking, a. උයන, පිහන, පාක, පචන.

Cooking utensil, n. උයන භාජනය, පාක පාත්‍රය, පාක භාණ්ඩය, කොරහ &c. See Pan.

Cool, a. මඳ සීතල, සිසිල්, උෂ්ණත්ම නැති, නිවුණු; fig. උනන්දු නැති, උදාසීන; calm, නිශ්චල; impudent ලජ්ජා නැති.

Cool, n. මඳ ශීතතාව, සිසිල, සිසිල් වේලාව.

Cool, v. උෂ්ණත්ම නිවෙනවා, නිවනවා, සිසිල්කරනවා, ඇල්කරනවා, calm නිශ්චලකරනවා, නිශ්චලවෙනවා, සංසිඳුවනවා, love, anger &c., අඩුවෙනවා, මඳීනය වෙනවා.

Cooler, n. සන්තාපහර ද්‍රව්‍යය *or* දේ, තාපහර භාජනය, සිසිල් කරන භාජනය, නිවණ උපකරණය.

Cool-headed, a. චංචල නොවෙන, නොකැළඹෙන.

Cooling, a. උෂ්ණත්ම අරින, සිසිල් කරන, තාපහර, සන්තාපහර, නිවන.

Coolly, ad. උෂ්ණත්ම නැතුව, උනන්දුකම නැතුව, උදාසීනලෙස, නොසැලකිලි ලෙස, නිශ්චල ලෙස, ඉක්මන්කම නැතුව.

Coolness, n. මඳ ශීතලය, මන්දශීතතාව; උනන්දු නැතිකම, උපේක්ෂාව. [රුවා.

Cooly, n. කුලීකාරයා, කුලීවැඩ කරන්නා, මෙහෙක

Coop, n. cage කූඩුව, පේලාව, (කුකුල්කූඩුව, පීප්පය, ලේගරය; basket කූඩය.)

Goop, v. කූඩුවේ &c., වහාතබනවා, හිරකරනවා.

Cooper, n. ලේගර, පීප්ප, බාල්දි යනාදිය සාදන්නා, පීප්ප වඩුවා.

Co-operate, v. එක්ව—එකට—සහකාරව—ක්‍රියාකරනවා, එකතුව වැඩකරනවා, සමූපකාරකවෙනවා, ආධාරවෙනවා.

Co-operation, n. එක්ව &c., ක්‍රියාකිරීම, සහකාරිතාව, ප්‍රතියෝගතාව, ප්‍රතියෝගය, සමූපකාරය.

Co-operative, a. සහකාරික, සමූපකාර, සමූපකාරක, ප්‍රතියෝගී. [නා.

Co-operator, n. සහකාරිකයා, සහකාරව ක්‍රියාකරන්

Co-ordinate, a. තරමින්—ප්‍රමාණයෙන්—බලයෙන්—එකාකාරවූ, එකසමාන, සහභාගී, සහභාගික, සමවෙන.

Co-ordinately, ad. එක ප්‍රමාණයෙන්, සමබලයෙන්, එකසමාන ලෙස.

Co-ordination, n. සම ප්‍රමාණය, එකසමානත්වය, තුල්‍යතාව. [යෙක්

Coot, n. දියේ ඉන්න පක්ෂි ජාතියක්, ජලචර පක්ෂි

Co-partner, n. සහකාර පංගුකාරයා, හවුල්කාරයා, කොටස්කාරයා, සමාංශියා.

Co-partnership, n. (වෙළඳාමෙහි &c.) සහකාරකම, සහකාර සාමාජිකකම, සමාංශිතාව, සංසෘෂ්ටත්වය, සහකාර සමාගම.

Cope, v. පොරට සිට ජයගන්නවා.

I cannot cope with him ඔහු සමග පොරට සිටින්ට—සමත්කරන්ට—මට බලය මදියි.

We can cope with this evil මේ නපුරුකම මැඩපවත්වන්ට අපට පුළුවන්කම ඇත.

Copernican, a. කොපර්නිකස්ගේ ඉගැන්වීම සම්බන්ධ: Copernican theory පෘථිවිය සහ අන්‍ය ග්‍රහතාරකාවෝ සූර්යයා වටේ යෙතියි යන මතය.

Copestone, n. මුදුන්ගල.

Copier, n. See Copyist

Coping, n. (වහලක් මෙන් තිබෙන) තාප්පයක උඩ පේළිය, තාප්ප වැස්ම, ප්‍රාකාර ශුඞ්ගය, කපිශීර්ෂය, සාලශෘඞ්ගය.

Copious, a. බොහෝවූ, බහුල, බාහුල්‍ය, හොමද, ප්‍රචුර; අධික, අනේක.

Copiously, ad. බොහෝසෙයින්, බහුල ලෙස, අතිශයින්, නොමදලෙස.

Copiousness, n. අධිකකම, බහුලකම, බාහුල්‍යතාව, බාහුල්‍යත්වය, ප්‍රචුරත්වය.

Copper, n. තඹ තාම්‍රය; තඹ බාල්දිය, තඹ කල්දේරම, තඹ කටාහ *or* කටාරම; තඹ මිලයක්.

Copper, a. තඹ, තාම්‍ර.

Copperas, n. තුත්තත්, ශිනිවතුර, පච්චි සිතක්කාරම.

Copper-coloured, a. තඹ, පාට ඇති, තඹවන්, තාම්‍ර වර්ණ.

Copper-plate, n. තඹ තහඩුව, තඹපත, තාම්‍ර පත්‍රය, තාම්‍ර පට්ටය. [ගැසූ සිතියම.

Copperplate, n. කැටයම් තඹ තහඩුව, එයින් අච්චු

Coppersmith, n. තඹකරුවා, තාම්‍රකාරයා.

Coppery, a. තඹමුසු, තාම්‍ර මිශ්‍ර, තඹ ආකාර, තඹ රස ඇති, තඹපාට, තඹවන්.

Coppice, Copse, n. කැළය, වනලැහැබ. [ය.

Copula, n. සම්බන්ධය; in logic ක්‍රියාකාරක සම්බන්ධ

Copulate, v. සංවාසය කරනවා, මෛථුන සේවනය කරනවා.

Copulation, n. සංවාසයකිරීම, සංවාසය, සංසර්ගය, මෛථුනය, මෛථුනසේවනය.

Copulative, a. සන්ධිකරන, සම්බන්ධකරන; n. සන්ධි වාචකයක්.

Copy, v. කෙටුම්පතක්—පිටපතක්—කරනවා, කොපි කරනවා; යමක් ආදර්ශයට ගන්නවා, අනුහාර ලෙස ක්‍රියාකරනවා.

Copy, n. කෙටුම්පත, පිටපත, කොපිය; සටහන; (ඒකාකාර) ගණනකින් එකක්; මුල් ලියවිල්ල, මූල ලේඛනය.

Copy-book, n. ගුරු අකුරු පොත, අනුලේඛ්‍ය පුස්තකය, කොපිපොත.

Copyhold, n. සන්නස් පිට ඉඩමක් භුක්තිවිඳීම, එසේ භුක්තිවිඳින ඉඩම.

Copying-press, n. කෙටුම්පත් යන්ත්‍රය, කොපි *or* පිටපත් කරන යන්ත්‍රය.

Copyright, n. කර්තෘත්වයේ අයිතිවාසිකම, අයිතිවාසිකමේ බලය.

Copyist, Copier, n. කෙටුම්පත්ලියන්නා, කෙටුම්පත්කාරයා, කොපිකරන්නා, පිටපත්කරන්නා, අනුහාර ලෙස කරන්නා, අනුහාරයා; plagiarist රචනා චෞරයා.

Coquet, v. විවාහය—ප්‍රේමය—ගැන සරදම් කරනවා, විවාහය ගැන සරදම් ලෙස—රැවටිලි ලෙස—හැසිරෙනවා, අඟරකරනවා.

*Coquetry**, n. ව්‍යාජ ප්‍රේම ලීලාව, රැවටිලි ප්‍රේම විලාසය, අඟරකිරීම.

Coquetee, n. ව්‍යාජ ප්‍රේමය පෙන්වන්නී, ව්‍යාජ ප්‍රේම ලීලාවතී, විලාසිනී.

Coral, n. red පබළු, පබුළු, ප්‍රවාල, ලතාමණිය, විද්‍රුම, කොරල්; white හිරිගල.

Coral, a. පබළු, ප්‍රවාල, ප්‍රවාලමය; හිරිගල්.

Coral-reef, Coral-island, a. හිරිගල් පර්වතය, හිරිගල් දූපත.

Coral-tree, n. වැට එරබදු ගහ, යක් එරබදු ගහ, පාරිජාතය, පාරිභද්‍රය.

Coram judice, L. විනිශ්චයකාරයා අභිමුඛයෙහි.

Cord, n. ලනුව, රැහැන, යොත, රජ්ජුව; v. ලනුවෙන්—ලනුවලින්—බඳිනවා.

Cordage, n. යොත් ගණනක්, නැවක යොත් *or* කඹ.

[illegible]late, a. හෘදයේ හැඩය ඇති, හෘදයාකාර.

Cordia, n. ලෝලු ගහ, බෝලු ගහ.

Cordial, a. හිතෙහිම පැමිණෙන, අව්‍යාජ, මිතුරු, හිතෛෂී, හිතෛෂි, හෘදයික, හෘදයඞ්ගම.

Cordial, n. (ශක්තියදෙන) රසායනය, දීපනෞෂධය, ප්‍රාණවත් කරවන පානය, හිත සනසන දෙය.

Cordiality, n. අව්‍යාජමිත්‍රකම, ප්‍රසන්නකම, මිත්‍රත්වය, හිතෛෂිකම, හිතෛෂී භාවය, සෞහාර්දය.

Cordially, ad. අව්‍යාජ ප්‍රසන්නකමින්, හිතෛෂී ලෙස, මිත්‍රකමින්.

Cordon, n. (නම්බුව පිණිස දෙන) පීත්ත පටිය, (බල කොටුවේ ඉස්සරහ) ගල් පෙළ, මුරපලවල් පෙළක්.

Cordwainer, n. සපත්තුකරුවා, සම්කරුවා.

Core, n. heart හෘදය, ගර්භය, අභ්‍යන්තරය, ඇතුල් කොටස, මධ්‍ය භාගය; pulp, pith, මදය, සාරය; pus සැරව.

Co-religionist, n. සමාන භක්තිකයා, සමභක්තිකයා.

Coriander, n. කොත්තමල්ලි, කොත්තුම්බුරු, කුස්තුම්බුරි.

Corinthian, a. කොරින්තියට අයත්; corinthian order ගෘහ නිර්මාණ ශිල්පය සම්බන්ධ එක් පිළිවෙළක්, n. කොරින්ති වාසියා, ප්‍රීතියට හා ජෝත්තුවට අධික ආශා ඇති කෙනෙක්.

Cork, n. ගස් ජාතියක පොතු; (එයින් *or* කිරළ මුලින් සාදන) පොරොප්පය, plug ඇබය, මූඩිය. [නවා.

Cork, v. පොරොප්පයක්—ඇබයක් *or* මූඩියක්—ගස

Cork-leg, n. (පොතුවලින් සාදපු) බොරු කකුල.

Corkscrew, n. බෝතලවල මූඩි අරින ආවුදය, කස්කුරුප්පුව. [රයා.

Cormorant, n. මුහුදු ශිල්ලිහිණියා; glutton, කෑද

Corn, n. ධාන්‍ය ඇටය, ධාන්‍ය කෝෂ්ඨ; growing ගොයම, ගොයම්, ශස්‍ය; parched පොරි, විලඳ; (on the foot &c.) කරගැටය.

Corn, v. (මස්වලට) ලුණු දමනවා. (සතෙකුට) ගෝශ දෙනවා.

Cornea, n. ඇසේ විනිවිද පෙනෙන පොත්ත, ඇසේ සිවිය, ශුක්ල මණ්ඩලය.

Corned, a. ලුණු දමාපු, ලාවණීකෘත.

Cornelian *or* **Carnelian**, n. රතුකැට ජාතියක්.

Corner, n. (inner) මුල්ල; (inner *or* outer) කොණ, කෝණය; fig. රහස් තැනක්, අස්සක්, මුල්ලක්.

Corner-stone, n. කොන් ගල, කොනේ ප්‍රධාන ගල, කෝණ ප්‍රස්තරය.

Corner-wise, ad. කොන ඉස්සරහට තබා *or* කොණ හරහට කර.

Cornet, n. කුඩා හොරණෑවක්, (කොඩිය උසුලන සුළු) අසරු මුලාදෑනියා.

Cornetcy, n. කොඩිකාර අසරු මුලාදෑනිකම.

Corn-exchange, n. ධාන්‍ය වෙළඳ ශාලාව,

Corn-factor, n. ධාන්‍ය වෙළෙන්ද.

Corn-floor, n. පාවර, කලවිට, කමත.

Corn-field, n. කුඹුර, ගොයම් කෙත, ශස්‍යක්ෂේත්‍රය.

Corn-grower, n. ගොවිතැන්කරන්නා, ගොවියා.

Corn-growing, a. ධාන්‍ය වැවෙන (පළාත) ගොවිතැන් කරන.

Cornice, n. කුළුනු උඩ ලීස්තරය, භිත්ති උඩ ලීස්තරය, තොරප්පු දරය, ප්‍රාන්තය. [වන්.

Corniculate, a. අං හැඩය ඇති, ශෘඞ්ගාකාර, ශෘඞ්ග

Corn-mill, n. ධාන්‍ය අඹරන යන්ත්‍රය, ධාන්‍ය යන්ත්‍රය, ධාන්‍ය මෝල.

Cornopean, n. හොරණෑ ජාතියක්.

Corn-stalk,, n. ගොයම් ගහ.

Cornucopia, n. fig. සම්පත්ති හොරණෑව, සමෘද්ධ ශෘඞ්ගය, (යත උපමාව *or* සැරසිල්ල).

Corol, Corolla, n. මල්පෙති වළල්ල.

Corollary, n. conclusion නිගමනය, කාරණවලින් පෙනියන-ඔප්පුවෙන-දෙය, උප සිද්ධාන්තය, උප සූත්‍රය.

Corona, n. කුළුනු මුදුනේ පැතිලි කොටසක්, හක් කේ දත්වල මුදුන, අංශුමාලාව, (ශාලාවල එල්ලන) පහන් චක්‍රය.

Coronal, n. මකුටය, කිරීටය, මෞලිය, මාලාව, ඉස් කබලේ මුදුන් සන්ධිය.

Coronation, n. ඔටුනු පැළඳීම, ඔටුනු පැළඳවීම, රාජාභිෂේකය, අභිෂේකය.

Coroner, n. මිනීමැරුම් සහ හදිසි මරණ විමසන මූලාදෑනියා, හදිසි අනතුරු පරීක්ෂකයා, කොරනෙල්.

Coronet, n. සුළු (or දෙවෙනි තරම්) ඔටුන්න, වංශාධිපතියන්ගේ කිරීටය.

Coroneted, a. කිරීටධාරී.

Coroniform a. ඔටුන්නක් වැනි, කිරීටාකාර.

Corporal, n. පාබළ සේනාවේ ඉතා සුළු මූලාදෑනියා.

Corporal, a. ඇඟට අයිතිවූ, ශාරීර, ශාරීරික, ශරීරික.

Corporally, ad. ශරීරය ඇතුව, ශරීරාකාරයෙන්.

Corporate, a. (ආණ්ඩුවෙන් බලය ලත්) සමාගම්වූ, සමාගමක් කොට සම්බන්ධවූ, එක්සත්, එකමුතු, සංයුක්ත, ශ්‍රේණි.

Corporately, ad. සමාගමක් ලෙස සම්බන්ධව, සංයුක්තව, ඒකාබද්ධව.

Corporateness, n. සංගමතාව, සංයෝගතාව, ඒකාබද්ධකම, සමිති ව්‍යාප්තිතාව.

Corporation, n. (කෙනෙක් මෙන් කාරණ කරන්ට) බලයලත් සමාගම, බලයලත් නගරය.

Corporeal, a. ශරීරයක් ඇත්තාවූ ශරීරයක්වූ, ශරීර, කායික, මූර්තිමත්, දේහවත්, ද්‍රව්‍ය සහිත.

Corporealist, n. (ආත්ම නොමැතිසි කියන) ශරීර දෘෂ්ටියා.

Corporeality, n. ශරීරයක් ඇතුව සිටීම, ශාරීරත්වය.

Corporeally, ad. ශරීරයක් ඇතුව, ශාරීර වේශයෙන්, ශරීරාකාරයෙන්.

Corps, (කෝර්), n. sing & pl. සේනා රංචුව, සේනා රංචු, සේනා සමූහ.

Corpse, n. මිනිය, මළකඳ, කලේවරය or කලේබරය, මෘතදේහය, ශවය.

Corpulence, Corpulency, n. තරබාරුකම, ස්ථූලතාව, පිවිණසිලතාව.

Corpulent, a. තරබාරු, ස්ථූල, පිවිණසිල.

Corpus, Christi, n. L. lit. ක්‍රිස්තුස්වහන්සේගේ ශරීරය; R. C. සත්‍යප්‍රසාද මංගල්‍යය.

Corpuscle, n. (දූවිල්ල මෙන්) ද්‍රව්‍යවූ ඉතාසියුම් කැබෙල්ලක්, අනු මාත්‍රය.

Corpuscular, a. පරමාණු, අනුමාත්‍ර. See Atom and Atomic.

Correct, v. වැරදි බලා හරිගස්සනවා, විශෝධනය කරනවා, පරිශෝධනය කරනවා, හරි ස්වභාවකට පමුණුවනවා; chastise මට්ටුකරනවා.

Correct, a. හරි, යථාර්ථ, සම්‍යක්, නෛයමික; සූත්‍ර, නිවැරදි, නිදොස්, නිර්දෝෂ, නිරවද්‍ය, ශුද්ධ, නෛයමිතික.

Corrected, pp. or a. හරිගස්සා, හරිගස්සන ලද, හරිගැස්සූ &c., සංශෝධිත &c., දඬුවම්ලැබූ, මට්ටුවූ.

Correction, n. හරිගැස්සීම &c., හරිගැහීම, සංශෝධනය, පරිශෝධනය; විශෝධනය; (වැරදිවලට මෙනුවට දමන) විශුද්ධිය, දඬුවම.

Correctonal, Corrective, a. සංශෝධන, විශෝධන, සංශෝධක, විශෝධී.

Correctly, ad. හරි ලෙස, යථාර්ථයෙන්, නිවැරදි ලෙස, සූත්‍රලෙස; according to rule නියම ලෙස.

Correctness, n. හරිකම, නිවැරදිකම, යථාර්ථතාව; සූත්‍රකම, සාධුත්වය, ශුද්ධිය, ශුද්ධතාව. [ද්‍රව්‍ය.

Corrector, n. හරිගස්සන්නා &c., ගුණ වෙනස් කරන

Correlative, a. එකිනෙකට අයිත්තුවූ or සම්බන්ධවූ, ව්‍යතිශක්ත, පරස්පර සම්බන්ධ ඇති.

Father and son are correlative (terms) පියා පුත්‍රයා යන එකිනෙකට සම්බන්ධයි, ව්‍යතිෂක්තයි; correlative term, ව්‍යතිෂක්ත වාචකය.

Correlative, n. සම්බන්ධ එක, ව්‍යතිෂංගය.

Correlatively, ad. සම්බන්ධ ලෙස, ව්‍යතිෂක්ත ලෙස, පරස්පර සම්බන්ධාකාරයෙන්.

Correspond, v. සමව—හුරුව—ඉතාංගුව—අනුරූපව—තිබෙනවා, හරියනවා, සැහෙනවා, ලියුම් හුවමාරු කරගන්නවා.

Correspondence, n. සමකම, සමභාවය, ඉතාංගුකම, හුරුකම; ලියුම් හුවමාරුකරගැනීම; හුවමාරුකර ගන්න ලියුම්, හසුන්පත්‍ර; මිත්‍රකම් පැවැත්වීම.

Correspondent, a. සම, හුරු, ඉතාංගු, යෝග්‍ය, අනුරූප.

Correspondent, n. (යමෙක් සමග) ලියුම් හුවමාරුකර ගන්නා, ලියුම්කාරයා, ලියුම්කරුවා.

Corresponding, a. සම, හුරු, ඉතාංගු; ලියුම් හුවමාරු කරන, ලියුම්කරු.

Corridor, n. ඉස්තෝප්පුව, බරාදය. දිසිවරණ්ඩය, දිසාලින්දය.

Corrigible, a. (යමෙකුට) හරිගස්සන්ට—මට්ටුකරන්ට —හික්මවන්ට—පුළුවන්වූ, ශෛක්ෂ.

Corroborate, v. සාක්ෂිවලින් ස්ථිරකරනවා, සහතික කරනවා, තහවුරුකරනවා, සුනිශ්චිත කරනවා.

Corroboration, n. ස්ථිරකිරීම, සහතිකකිරීම, තහවුරුකිරීම. [&c.

Corroborative, a. ස්ථිරකරන, සහතිකකරන (සාක්ෂි)

Corrode, v. කාවදිනවා, මලකඩ කනවා, දිරවනවා, ගෙවීයනවා; fig. නරක්කරනවා, හිරිහැරවලින් පෙළනවා.

Corroded, a. or be, කාවැදීගියාවූ, මලකඩකාපු, දිරාගිය, විලීනවූ; fig. (කාංසාවෙන් &c.) ක්ෂයවූණාවූ, හිරිහැර විඳින්නාවූ.

Corrosion, n. කාවැදීම &c., see verb.

Corrosive, a. කාවදින්නාවූ, කපායන, දිරවන්නාවූ, විලයන; fig. ගිරිහැරදායක (කාංසා &c.).

Corrosive, n. (මලකඩ, සමහර බෙහෙත්ජාති, යකාදිය මෙන්) කාවදින දෙයක්, විලයන ද්‍රව්‍යයක්. [නවා.

Corrugate, v. රැළිගස්වනවා, රැළිනමනවා, රැළිදම

Corrugation, n. රැළිගැස්වීම &c.; රැල්ල, වැකරැල්ල.

Corrugator, n. (නළල රැළිගස්වන) නළලේ නහරය.

Corrupt, v. නරක්කරනවා, අත්ලස් දෙනවා; විකාර කරනවා, පෙරළනවා, නපුරට හරවාගන්නවා, දූෂණය කරනවා, විශිෂ්ට වාග්ව්‍යවහාරය or භාෂාවේ පවිත්‍රතාව කිලිටුකරනවා or දූෂිතකරනවා; නරක් වෙනවා, දුෂ්ප්‍රතිපන්න වෙනවා, කුණුවෙනවා, අපවිත්‍ර වෙනවා, දුෂ්‍යවෙනවා, දිරායනවා,

Corrupt, become, v. නරක්වෙනවා, කුණුවෙනවා, දිරනවා; නපුරුවෙනවා, දුෂ්‍යවෙනවා; fetid, putrid, පල් වෙනවා, පිළිනූ වෙනවා.

Corrupt, a. නරක්වූ, කුණුවූ, දූෂිත, දූෂක, වැරදි සහිත, අශුද්ධ.

Corrupter, n. නරක්කරන්නා, දූෂණය කරන්නා, දූෂකයා, අල්ලස්දෙන අය.
Corruptible, a. (යමකුට) නරක්කළ හැකි &c.; කුණුවියහැකි &c.
Corrupting, a. නරක්කරන &c., දූෂ්‍යාණ, දූෂ්‍යකරන, නරක්වෙන, කුණුවෙන &c.
Corruption, n. නරක්කිරීම &c., දූෂණය; නරක්කම, දූෂ්‍යටතාව; filth කුණු; carcase, කුණපය, කුණ; of mind &c. දූෂ්‍යට වංකකම, අල්ලස්දීම.
Corruptly, ad. දූෂ්‍යටලෙස, හක්කඩි ලෙස, නොසිරිත් ලෙස, අල්ලස් දීලා or දීමෙන්.
Corruptness, n. නරක්කම, පල්ගතිය, පිළුණු ගතිය, කුණුභාවය; දූෂකතාව, දූෂ්‍යකම, දූෂ්‍යටත්වය.
Corsair, n. මුහුදු කොල්ලකාරයා, සමුද්‍රීය චෞරයා, කොල්ලකාර නැව.
Corse, n. මෘතකාය, මෘතදේහය, කලේබරය, මිනිය, කුණපය,
Corselet, n. සන්නාහය, යකඩ හැට්ටය, කවචය.
Corset, n. චෙලිකාව, චෝලිය.
Cortege, n. කැටුව යන පිරිස, පෙරහැර.
Cortex, n. පොත්ත, පිටවැස්ම.
Cortical, a. පොතු, පොතු ආකාර, පිටවැස්මට අයිති, තව්ව.
Coruscate, v. දිස්නවැටෙනවා, කාන්තිය වැටෙනවා, දිලිසෙනවා.
Coruscation, n. දිලිසීම, දිස්නය කාන්තිය—වැටීම.
Corvette, n. කුඩා යුද්ධනැවක්. Cosey, a. See Cosy.
Co-sine, n. ලම්බජ්‍යාව, කෝටිජ්‍යාව.
Cosmetic, n. (හම, මුහුණ) අලංකාර කරවන ද්‍රව්‍යයක් or බෙහෙතක්, අංජනය, රසාංජනය, අඹගරුඹ.
Cosmic, Cosmical, a. ලෝක ක්‍රමයට අයිති, ලෝක ප්‍රමිත, සර්ව ලෝක ක්‍රමයට අයිති, ජගත් සම්බන්ධිය.
Cosmogonist, n. ලෝකෝත්පත්ති-ශාස්ත්‍රඥයා.
Cosmogony, n. ලෝකෝත්පත්තිය, ජගදුත්පත්තිය, ලෝකාරම්භය, ලෝකය මැවීම, ලෝකෝත්පත්ති-ශාස්ත්‍රය.
Cosmographer, n. ලෝකවිස්තර-ශාස්ත්‍රඥයා, ජගද්විවරණ කරන්නා.
Cosmography, n. ලෝක විස්තරය, ජගද්විවරණය, ලෝකවිස්තර ශාස්ත්‍රය, ජගද්විවරණ විද්‍යාව.
Cosmological, a. සර්වලෝක-ශාස්ත්‍රයට අයිති, සර්වලෝක-ශාස්ත්‍ර.
Cosmologist, n. සර්වලෝක-ශාස්ත්‍රඥයා.
Cosmology, n. ලෝක-ශාස්ත්‍රය, සර්වලෝක-ශාස්ත්‍රය.
Cosmometry, n. (අංශවලින්) ලෝකයමැනීම, ලෝක ප්‍රමිතිය.
Cosmopolitan, a. ලොව සියලු රටවලටම අයිති.
Cosmopolitan, Cosmopolite, n. (කොයි රටක වුවත් වාසයකරන) ලෝවැසියා. [කාය.
Cosmos, n. සජීවී (විශ්වලෙබු) ලෝකය, සර්වලෝ
Cost, n. value අගය, වටිනාකම; price ගණන, මිල; expense, වියදම, වැය, ව්‍යය; costs නඩුගාස්තුව, නඩු වියදම; loss, අලාභය, පාඩුව.
Cost, v. මිලගණනක්—කල්—අල්ලනවා or වියදම් වෙනවා; that cost labour and suffering එසින් මහන්සිවීමට හා දුක් විඳීමටද සිදුවිය.
Costal, a. ඇලපතට—අංශයට—ඇලඇටවලට—අයිති, අංශ.
Costermonger, n. තැනින් තැන ගොස් එළු, එළවලු ආදිය විකුණන්නා.

Costive, a. මලබද්ධවූ, මළබද්ධවූ, විවිසංග, විඩිග්‍රහ.
Costiveness, n. මලබද්ධය, මළබද්ධය, විවිසංගය, විඩිග්‍රහය.
Costliness, n. අගය, අනගිකම, අනසිකම, මහාර්ඝතාව, මහඟුකම, වියදම් වැඩිකම.
Costly, a. valuable, අගේ ඇති, අනගි, අනර්ඝ, මහාර්ඝ, මහඟු; expensive බොහෝ වියදම් අල්ලන්නාවූ, වියදම් වැඩි.
Costume, n. අඳින—පලඳින—විධිය, ඇඳුම, වේශය.
Cosy, Cosey, Cozy, a. සැනසිලිවූ or පහසු ඇත්තාවූ.
Cot, n. කුඩා ගෙය, පැල, කුටිය; පුංචි ඇඳ, තොට්ල්ල; ඔරුපිලාව.
Cote, n. බැටළුවගාල; dove-cote පරෙවිකුඩුව
Contemporaneous, Contemporary, a. සමකාලික, සමකාලීන, එක කාලයේ පවතින්නාවූ or සිද්ධවෙන්නාවූ, සමකාලවර්තී, සම වයස්ක.
Cotemporaneously, ad. සමකාලිකව etc.
Cotemporary, n. සමකාලික අය, සමවයස්කයා.
Coterie, n. Fr. මිත්‍රවූ කුඩා සමූහය.
Coterminous, a. See Conterminous.
Co-trustee n. සහකාර භාරකාරයා.
Cottage, n. කුඩා ගෙය, කුඩා බංගලාව, කුටීරය.
Cottager, n. කුඩා ගෙයක වාසයකරන්නා, ග්‍රාම වාසියා.
Cotton, n. the fibre කපු, පුලුන්; the cloth කපු රෙදි, කපුපිළි.
Cotton-mill, a. (කපු පීරන, අඹරන, වියන) කපු මෝල
Cotton-plant, n. කපු පැලය, කපු පඳුර. [පෙවීම.
Cotton-printing, n. කපුරෙදිවලට චිත්‍රකිරීම or සායම්
Cotton-tree, n. bombax සැඩුගහ, ඉඹුල් ගහ, කටු ඉඹුල, සිම්බලී වෘක්ෂය.
Cotton-wool, පුලුන්, ඉඹුල් පුලුන්.
Cottony, a. පුලුන් ආකාර, පුලුන්වූ.
Couch, v. t. (ඇදේ) බාවනවා, තබනවා, හොවනවා, පිහිටුවනවා; intimate හඟවනවා or ගූඪලෙස කියනවා; include අඩංගුකරනවා; couch the eye ඇස් පටලය අරිනවා. [ඉන්නවා.
Couch, v. i. නැමී—එබී—පහත්වී—ඉඳගෙන—ලැග—
Couch, n. කබිල්ලය, ශයනාසනය, යහන, ශේනාසනය, සෙනසුන.
Couchant, a. උඩුමුවව ලැගඉන්නාවූ.
Couching, n. බෑවීම &c., නැමීම &c., see verbs.
Cough, v. කහිනවා; cough up කැහැදමනවා.
Cough, Coughing, n. කැස්ස, කාසය; consumptive cough ක්ෂය කාසය. [ධය.
Cough-mixture, n. කැස්සට බෙහෙතක්, කාසෞෂ
Could, v. pret. of Can පුළුවන්ව තිබුණ.

I once could do it වරක් ඒක කරන්ට මට පුළුවන්ව තිබුණ.

I could—can—do it if necessary ඕනෑකළොත් මට ඒක කරන්ට පුළුවන්වෙයි or පුළුවනි.

I could not do it yesterday ඊයේ මට ඒක කරන්ට බැරිවුණ.

I could not have done it yesterday, if he had not come ඔහු නාවානම් මට ඊයේ ඒක කිරීමට බැරිවිය හැකිව තිබුණ.

Coulter, n. නගුල් දත, හීවැල.
Council, n. රාජ සභාව: Order in C. රාජ සභාවේ නියෝගය, His Majesty in C. අමාත්‍ය මණ්ඩලය සහිත මහ රජතුමා; The King's Most Excellent

Majestyin C. නෛකග්‍රිත් විරාජමාන සාමාත්‍ය මහා රාජෝත්තමයාණන් වහන්සේ;- කවුන්සලය; Privy C. ප්‍රිවිකවුන්සලය, මන්ත්‍රණ සභාව, Legislative C. ව්‍යවස්ථාදායක මන්ත්‍රණ සභාව; State C. රාජ්‍ය මන්ත්‍රණ සභාව, සභාව; District C. පළාත්සභාව; Municipal C. නාගරික සභාව, මන්ත්‍රී මණ්ඩලය, විනිශ්චය මණ්ඩලය.

Council-chamber, n. මන්ත්‍රණ සභා ශාලාව.

Councillor, n. මන්ත්‍රීශ්වරයා, මන්ත්‍රී. See Counsellor.

Counsel, n. දැනුමුතුකම, ඔවාබස, අනුශාසනාව, අවවාදය, උපදේශය, මන්ත්‍රණය; (දැනුමුතුකම්දෙන) නීතිඥයා *or* නීතිඥයෝ; prudence සිහිකල්පනාව.

Counsel, v. දැනුමුතුකම්දෙනවා, ඔවාදෙනවා, උපදෙස් දෙනවා, අනුශාසනාකරනවා, අවවාදකරනවා.

Counsellor, n. දැනුමුතුකම් දෙන අය &c., උපදේශකයා, බුද්ධිසහායයා, මන්ත්‍රණකාරයා, මන්ත්‍රී, මන්ත්‍රීවරයා, මන්ත්‍රීශ්වරයා; lawyer නීතිඥයා.

Counsellorship, n. මන්ත්‍රීධුරය, මන්ත්‍රීත්වය, මන්ත්‍රීකම, උපදේශක තනතුර. ;

Count, v. ගණිනවා, ගණන්කරනවා, ගණන්බලනවා' ගැණෙනවා. [සිතමි

I count him a friend ඔහු මිත්‍රයෙක් කොට

Each one counts (v. i.) එකඑකෙක් ගණන වැසි වෙනවා. [බේයසි විශ්වාස කරමි:

I count upon aid from him ඔහුගේ උපකාර ලැ

Count, n. ගණන්කිරීම &c., ගණන: keep count ගණන මතකතබාගන්නවා *or* ලියාගන්නවා;

item of accusation දෝෂාරෝපණයෙන් එක කාරණාවක්.

Count, n. Fr. තුන්වෙනි තරමේ සිටුකෙනෙක්.

Countenance, n. මුහුණ, මුහුණුවර, බැල්ම, පෙනීම; aid පිහිට.

Put out of countenance ලජ්ජාකරනවා.

Keep in countenance තනියම සිටින්ට—ලජ්ජාවට පැමිණෙන්ට—නැර ධෛර්‍යදෙනවා.

Countenance, v. ධෛර්‍ය දෙනවා, අනුබල දෙනවා, සුමුඛවෙනවා, පිහිටවෙනවා.

Counter, n. ගණින්නා (ගණිත පිණිස භාවිතා කරන) බොරු මිලයක් *or* වෙන යමක්, ගණිත මේසය, වෙළඳාම් මේසය, කවුන්ටරය.

Counter, ad. විරුද්ධව, විරුද්ධලෙස.

Counter, a. *or* prefix විරුද්ධ, විරෝධ.

Counteract, v. render void නිෂ්ඵල කරනවා, ව්‍යර්ථ කරනවා. බල නැතිකරනවා, ප්‍රතික්‍රියා කරනවා, ප්‍රතිබන්ධනය කරනවා; obstuct බාධාකරනවා, ප්‍රතිඝාතනයකරනවා; stop නවත්වනවා.

Counteracting, Counteractive, a. නිෂ්ඵලකරන &c., ප්‍රතිබන්ධක, විරෝධවූ·

Counteraction, n. නිෂ්ඵල කිරීම &c.; විරෝධනය, ප්‍රතිබන්ධය, ප්‍රතික්‍රියාව.

Counter- attraction, n. විරෝධාකර්ෂණය.

Counterbalance, n. (වෙන යමක බරට &c. විරුද්ධ වෙන්නාවූ) සම බරක්, සම බලයක්, සම ගුණයක්.

Counterbalance, v. (විරුද්ධලෙස) සම බරක් දෙනවා, සමසිරීමට බරක් යොදනවා, සම බලයක් පවත්වනවා &c., එලෙස්දූකරනවා, එලෙස්දූවෙනවා.

Countercharge, n. පහරට පහර, .ප්‍රතිවිරෝධ දෝෂාරෝපණය, ප්‍රතිවිරුද්ධ පැමිණිල්ල.

Countercharm, v. යන්ත්‍ර මන්ත්‍ර-දෝෂවෙන යන්ත්‍ර මන්ත්‍රවලින් නැතිකරනවා, යන්ත්‍ර මන්ත්‍ර නිෂ්ඵලකරනවා,· ප්‍රතිවිරුද්ධව යන්ත්‍ර මන්ත්‍ර කරනවා.

Countercharm, n. යන්ත්‍ර මන්ත්‍රාදීන්හි බල බිඳුවන යන්ත්‍රය හෝ මන්ත්‍රය, ප්‍රතිවිරෝධ යන්ත්‍ර මන්ත්‍රය.

Counter-current, ප්‍රතිවිරුද්ධ, සැඩපහර.

Counter-evidence, n. ප්‍රතිවිරුද්ධ සාක්ෂිය.

Counterfeit, v. බොරුවට යමක් කරනවා, කූට වස යෙන් සාදනවා *or* තනනවා, බොරු ස්වභාවක් අඟවනවා.

Counterfeit, n. බොරුවට යමක් කරන්නා, වංචාකාරයා, හොරවූ දෙය.

Counterfeit, a. වංචාවූ, ව්‍යාජ, හොර. counterfeit money හොරකාසි.

Counterfoil, n. උප පත්‍රිකාව.

Counter- irritant, n. රෝගයට විරුද්ධ ස්වභාවක් උපදවන ද්‍රව්‍යයක් *or* කුපිතකරන බෙහෙත.

Countermand, v. දුන් අණක් අවලංගු කරනවා, තහනම් අරිනවා.

Countermarch, n. (යුද්ධ සමුදයේ) ආපසු හැරීයාම, වෙන අතකට ගමන් කිරීම; fig. අමුතු විසියකින් ක්‍රියාකිරීම.

Countermark, n. (නොයෙක් කාරණා පිණිස දමන) දෙවෙනි *or* තුන්වෙනි ලකුණක්, අමුතු සලකුණක්, ප්‍රතිචිහ්නය.

Countermine, n. (සතුරන්ගේ බිංගෙට) ප්‍රතිවිරුද්ධ බිංගෙයක්; fig. ප්‍රතිවිරුද්ධ උපාය.

Countermine, v. ප්‍රතිවිරුද්ධ බිංගෙයක් හාරනවා, fig. ප්‍රතිවිරුද්ධ උපා යොදනවා.

Countermotion, n. ප්‍රතිවිරුද්ධ යෝජනාව.

Countermovement, n. ක්‍රියාවකට විරුද්ධව ක්‍රියා කිරීම, ප්‍රතිවිරුද්ධ ක්‍රියාව.

Counterpane, n. මතුපිට ඇතිරිල්ල, ශයනාස්තරණය.

Counterpart, n. යමකට අනුත්තුවූ කොටස්යක්, සම්පූර්ණකරන කොටස්ය, ප්‍රතිකොටස්ය, ප්‍රතිරූපය; a copy පිටපතක්, කෙටුම්පතක්. [සම.

Counter-petition, n. ප්‍රතිවිරුද්ධ ඉල්ලුම්පත්‍රය *or* පෙත්

Counter-plea, n. ප්‍රත්‍යභියෝගය, ප්‍රත්‍යුත්තරය.

Counterplot, n. ප්‍රතිවිරුද්ධ උපාය, ප්‍රත්‍යුපාය; v. ප්‍රතිවිරුද්ධ උපා යොදනවා.

Counterpoise, v. See Counterbalance.

Countersign, v. (ප්‍රධාන අත්සනට සාක්ෂියක් පිණිස) දෙවෙනි අත්සන ලියනවා.

Countersign, n. දෙවෙනි අත්සන (ඇඳිනගැනීමට මුර කාරයින්ගේ) රහස් ලකුණක් *or* කීමක්.

Counter-signature, n. දෙවෙනි අත්සන. [ඇපය.

Counter-surety, n. ඇපකාරයා වෙනුවට දෙවෙනි

Counter-trench, n. (විවලන සතුරන්ගේ යුද්ධ අගළට) ප්‍රතිවිරුද්ධ අගළ.

Countervail, v. (බලයක් &c. සිඳීමට) සමාන බලයක් පවත්වනවා, සමාන අගයක්—ගුණයක්—ඇතුව තිබෙනවා, හරිබරට සිටිනවා, සමව සිටිනවා.

Countervailing, p. *or* a. (යමකට විරුද්ධව *or* යමක් නිෂ්ප්‍රභාකිරීමට) සමබලයක් පවත්වන, විරුද්ධකම නිෂ්ප්‍රභා කරන.

Counterwork, v. විරුද්ධව ක්‍රියාකර නිෂ්ප්‍රභා කරනවා. See Counteract.

Countess, n. තුන්වෙනි තරමේ සිටුදේවි. [නය.

Counting, n. ගණන්කිරීම, ගැණීම *or* ගිණීම, ගණි

Counting-house, n. ගණන් කන්තෝරුව, ගණන්තබන ස්ථානය, ලේඛ්‍යස්ථානය.

Countless, a. ගණන් නැති, ගණනාවක් නැති, ගණින්ට බැරිවූ, අසංඛ්‍ය, අප්‍රමාණ, අගණිත, අමිත.

Countrified, a. පිටිසර ආකාරවූ, ග්‍රාමික, ග්‍රාම්‍ය.

Country, n. පිටිසර; රට, දේශය; ප්‍රදේශය, පෙදෙස; inhabited ජනපදය, දනව්ව.

Country, a. පිටිසර, පිටිසරබද, ගම්බද, ග්‍රාම්‍ය.

Countryman, n. පිටිසර මිනිහෙක්; a countryman of ours &c. සියරටියා, අපේ රටේ කෙනෙක්.

Country-seat, n. (නුවර වැසියකුගේ) පිටිසර ආවාසය or විමානය, ප්‍රත්‍යන්ත නිවස.

County, n. කෝරළය, ජනපදය, ප්‍රදේශය.

County-court. h. කෝරළේ නඩුශාලාව.

County-town, n. කෝරළේ ප්‍රධාන නගරය.

Couple n. two දෙක, යුවළ, ද්විතය, යුගය; pair යුග්මය, යුගලය, කුට්ටම, කූට්ටම; two united ඇඳුත්ත, ස්ත්‍රී පුරුෂ දෙදෙන, අඹු සැමි දෙදෙන, දම්පතීහු, දෙමහල්ලෝ; of animals (ගොන්, අලි, අශ්ව &c., බාන ජෝඩුව; suit කුට්ටම, ජෝඩුව.

Couple, v. ඈඳනවා, සන්ධිකරනවා; splice පුරුද්දනවා, see Marry සංවාසයකරනවා.

Couplet, n. කවි දෙපදයක්, දෙපද කවියක්.

Coupling, n. ඈඳීම &c., see verb; සන්ධිය, පුරුක.

Coupon, n. (කපන වෙන්කරන) සිට්ටු කොටුම්පත, කූපන්චීක.

Courage, n. නිර්භීතකම; නිර්භයතාව, ධෛර්යය, වීර්යය, ශූරතාව, ශෞර්යය, වික්‍රමය, පරාක්‍රමය.

Couragcous, a. නිර්භීත, ධෛර්යවත්, ධෛර්ය ඇත්තාවූ, ශූර, වීර.

Courageously, ad. නිර්භීත ලෙස, ධෛර්යවත් ලෙස, ශූර ලෙස, වීරලෙස.

Courageousness, n. නිර්භීතකම, ධෛර්යවත්කම, ශූරතාව.

Courier, n. රාජකාරියට යන පණිවිඩකාරයා, රජ පණිවිඩකාරයා, ගමන්කාර පරිචාරකයා.

Course, n. දිවීම; දුවන පාර, මාර්ගය, පථය; දුවන ඇමිය; යන දිශාව, යන අත; යන ආකාරය, විධිය, යන අන්දම; ආචාරය, වෘත්තිය, නියම ක්‍රමය, ක්‍රමය, රීතිය, ප්‍රකාරය; පේළිය, පිළිවෙල; අධ්‍යයන පරිච්ඡේදය; මේසයේ එකවරට අරින කෑම්, භෝජන පරිපාටිය; course of the son or moon අයනය; of course එලෙස, සැබවින්ම, නිසැකින්ම, ඇත්තෙන්ම, සැබෑවටම, අනුමාන නැතුව, එසේ නම්, සැබැයි.

Course, v. දුවනවා, වේගයෙන් යනවා; චලචාගත යනවා, දඹවනවා ලුහුබඳවා, යනවා, ලුහුබඳිනවා; hunt දඩයම්කරනවා.

Courser, n. වේගයෙන් දුවන අශ්වයා, ශීඝ්‍ර අශ්වයා, සතෙක් පස්සේ දිවීමෙන් දඩයම්කරන්නා.

Courses, n. pl. of Course & (ස්ත්‍රීන්ගේ) මාසේමාරුවීම, මාස්වීම, ශුද්ධවීම, සෘතුවීම, ඔසප්වීම, ආර්තවය.

Coursing, n. දිවීම, දිවීමෙන් දඩයම්කිරීම.

Court, n. මිදුල, කොටුව, සෙඩුවාඩුව, අඞ්ගණය; මාලිගාව, රාජමන්දිරය, රාජභවනය; රාජ පිරිස, රජ පිරිවර, ඇමති මණ්ඩලය, උසාවිය, නඩුශාලාව, විනිශ්චයශාලාව, අධිකරණශාලාව; ධර්මාධිකරණය, නඩු සභාව.

Court, v. කරුණාව සොයනවා, ප්‍රසන්න කරනවා, ඉච්ඡාකරනවා, ප්‍රාර්ථනය කරනවා; සිත්ගන්ට උත්සාහකරනවා, පෙම්බඳිනවා, ආලය පවත්වනවා, විවාහ බස් ඉල්ලනවා.

Court-chaplain, n. රජගෙදර පාදිලිතැන, රාජගුරු; රාජ පුරෝහිතයා.

Courtcraft, n. රාජානුකූල උපාය දක්ෂකම.

Court-dress, n. රජදුක්මේ පලඳනාව or වස්ත්‍ර, රාජකීය ආයිත්තම,

Courteous, a. ආචාරවන්ත, ශිෂ්ටාචාර, අනුනයී, අනුරෝධී, සුශීලී, ශිෂ්ට, සභ්‍ය, ආචාර සම්පන්න.

Courteously, ad. ආචාරවන්ත ලෙස &c., ශිෂ්ටාචාරයෙන්.

Courteousness, n. ආචාරවන්තකම, ශිෂ්ටාචාරය, ශිෂ්ටතාව, සුශීලතාව.

Courter, n. කරුණාව සොයන්නා &c., see verb.

Courtesy, n. අචාරවන්තකම, අනුනයය, සුශීලභාවය, ගුණවන්තකම, ආචාරශීලිත්වය; ශිෂ්ටාචාර ක්‍රියාවක්, ගුණවන්ත ක්‍රියාවක්, ශිෂ්ටාචාරය, ආචාරය.

Courtesy, n. ස්ත්‍රියෙකුගේ ආචාරය. See Curtsy.

Courtezan, n. වේශ්‍යාව, ගණිකාව, වේසී, වේශ්‍යා ස්ත්‍රිය.

Courthouse, n. නඩුශාලාව විනිශ්චයශාලාව, ප්‍රසිද්ධශාලාව.

Courtier, n. රාජ සේවකයා, රාජවල්ලභයා, රාජ පිරිසට අයිති කෙනෙක්, ඉච්ඡාකරන්නා.

Courting, n. කරුණාව සෙවීම &c. see verb.

Courtliness, n. ශ්‍රේෂ්ඨලීලාව, උතුම් ලීලාව, උසස් අස්දම, ශිෂ්ටතාව, සභ්‍යතාව.

Courtly, a. ශ්‍රේෂ්ඨ ලීලා ඇති, උතුම් අන්දමක් ඇති, උසස්වූ, අලංකාර, සභ්‍ය, ශිෂ්ට

Court-martial, n. හේවා නඩු-සභාව, යුද්ධ නාඩුසභාව.

Court-plaster, n. පටරෙදි පැලැස්තරය.

Courtship, n. විවාහ බස් ඉල්ලීම, (ඒ පිණිස) ආශ්‍රය කිරීම, ආරාධනය, අනුරඤ්ජනය, යාජනය.

Cousin, n. mas. & fem. සහෝදර සහෝදරියන්ගේ දරුවන්ට එකිනෙකා කෙරෙහි ඇති නෑකම, මස්සිනා; (mas.) නෑනා (fem.); සහෝදරයා, සහෝදරී, අයියා &c.

Cove. n. කුඩා වරාය, කුඩා කලපුව, කුහරය.

Covenent, n. ගිවිසුම, ගිවිසුම, ගිවිසුම්-පත්‍රය; promise පොරොන්දුව, ප්‍රතිඥාව.

Covenant, v. ගිවිසනවා, ගිවිසගන්නවා, ගිවිසුමක් කරනවා, බැඳෙනවා, පොරොන්දුවෙනවා.

Covenanted, pp. *or* a. ගිවිසිනලද, ප්‍රතිඥාත, පොරොන්දුවූ.

Covenanter, n. ගිවිසගන්නා, sp. ස්කොට් සභාවේ ගිවිසුමට බැඳුණු කෙනෙක්.

Covenantor, n. ගිවිසගන්නා, ගිවිසුමක් කරන්නා, ගිවිසුම්කරු, පොරොන්දුවන අය.

Cover, v. වහනවා, වසනවා, ආවරණය කරනවා, ප්‍රතිච්ඡන්නකරනවා, ඡාදනය කරනවා; hide සඟවනවා, යටබුන්කරනවා; shelter මුවාකරනවා, ආරක්ෂාකරනවා; wrap around පොරවනවා; roof සෙවිලි කරනවා; suffice for සෑහෙනවා, පිරිමසනවා; spread over, or stud with ගවසනවා.

Cover, covering, n. වැස්ම, උරය, ඇතිරිල්ල, ඡාදනය, ආච්ඡාදනය, ප්‍රච්ඡාදනය ආස්තරණය; of a book පිට කොළය, කවරය; of a native book පොත්කම්බය; lid මූඩිය, පියන, පිධානය, වහනාරුව; shelter මුවාව, සෙවන, ආවරණය, ගුප්තිය ආරක්ෂාව.

Covered, pp. *or* a. වසා, වැසී &c.; වසනලද &c., ඡාදිත, ප්‍රච්ඡාදිත, ගවසනලද, ගැවසී තිබෙන, ගැවසීගත්; මූඩිය &c. දමා තිබෙන, මුවාවී තිබෙන; see verb & noun; සංවෘත, ගුප්ත.

Coverlet, n. ඇඳේ ඇතිරිල්ල.

Covert, a. වසාතිබෙන්නාවූ, සැඟවුණුවූ, රහස්වූ, ගූඪ, ඡන්න, ගුප්ත, රහස්‍ය.

Covert, n. මුවාවක්වූ ඉඩමක්, ආවරණය, සැඟවෙන ස්ථානය, රහස් ඉඩම, ගුප්තස්ථානය; thicket අකුල.

Covertly, ad. රහසින්, රහස්ලෙස, අප්‍රකටව.
Coverture, n. මුවාව, ආරක්ෂාව, ගෝපනය.
Covet, v. යමක් ලබන්ට ආශාවෙනවා, ලෝභවෙනවා, තෘෂ්ණාවෙනවා, ප්‍රලෝභකරනවා, අභිද්‍යාකරනවා, පතනවා. [ශිත.
Coveted, pp. *or* a. (යමෙක්) ප්‍රලෝභකරන &c., ප්‍රලෝ
Coveting, n. ප්‍රලෝභ කිරීම, ප්‍රලෝභය, ආශාව, අභිධ්‍යාව.
Covetous, a. තෘෂ්ණාවූ, වස්තු-තෘෂ්ණා ඇත්තාවූ; parsimonious ලෝභ, ලෝභිවූ, ප්‍රලෝභ; niggardly මසුරුවූ. [ලෝභලෙස.
Covetously, ad. තෘෂ්ණාවෙන්, වස්තු-තෘෂ්ණාවෙන්,
Covetousness, n. තෘෂ්ණාව වස්තු-තෘෂ්ණාව, අභිධ්‍යාව, විසම ලෝභය, ලෝභය, ලෝභකම, ප්‍රලෝභතාව, මසුරුකම.
Covey n. එක පක්ෂියෙකුගේ පැටව් ගණන; කුඩා, පක්ෂි-රංචුවක්.
Cow, n. එළදෙන, දෙන, ධේනුව, හරකී; buffalo cow මීදෙන, මීහරකී.
Cow, v. සවලප වශයෙන් භයගන්වනවා, බයාදුකමට පමුණුවනවා, බදබිද්දනවා.
Coward, n. භයකාරයා, බියසුල්ලා, බයගුල්ලා.
Cowardice, n. භයචකිතකම, බියසුලුකම, භීරුතාව, භීරුකත්වය, ධෛර්‍යනැතිකම.
Cowardliness, බයගුලුකම, බියසුලුකම·
Cowardly, **Coward**, a. බයගුලු, බියසුලු, වීර්‍යහීන.
Cow-boy, n. එඬේර ළමයා *or* කොල්ලා.
Cow-calf, n. වැස්සී. **Cow-dung**, n. ගොම.
Cower, v. බයාදුකමින් නැබුරුවෙනවා, වකිතවෙනවා, ඇකිළෙනවා. [රුම්‍.
Cowhage, **Cowitch**, n. ආචාරිශාපලු, වැල්දමනිය, වඳු
Cowherd, n. ගෝපාලයා, ගොපල්ලා, එඬේරා.
Cowhide, n. හරක්හම, ගෝචර්මය; v. හරක්හම් කසය කින් තළනවා.
Cowhouse, n. හරක් ශාල, ගවශාල, ගෝශාලාව.
Cow-keeper, n. කිරිඑළදෙනුන් තබාගන්නා, ගෝරක්ෂකයා.
Cowl, n. තාපසයින්ගේ ඉසේ වැස්ම, ජටාව, දළමඩුල්ල, දුම්නළයේ මුදුන් වැස්ම. [ධාරී.
Cowled, a. ජටා බඳින, ජටා බැඳි, දළමඩුලු බඳින, ජටා
Cowman, n. එළදෙනුන් තබාගන්නා *or* බලාගන්නා.
Co-worker, n. සහකාරිව ක්‍රියාකරන්නා.
Cow-pox, n. එළදෙනුන්ගේ කුෂ්ටයක්, ගව වසූරිය.
Cowry, n. කුඩා බෙලිකටුව, කවඩිකටුව, කවඩියා.
Cowslip, n. කුඩා මල් ජාතියක්.
Coxcomb, n. ජේත්තුකාරයා, උජාරුකාරයා, ඇඳුම් පැලඳුම් ගැන ආඩම්බර කෙනෙක්.
Coxswain, n. පාරුවක මුලාදෑනියා, තණ්ඩලා.
Coy, a. ලජ්ජාවෙන්නාවූ, කෝලවූ, ලජ්ජාශීලී, වඩා කථා නැත්තාවූ, අල්පභාෂී, කථාකිරීමට හැක භය ඇත්තාවූ, කොහොල්.
Coyness, n. මන්දලජ්ජාතම්භතාව අසිකෝලය, ලජ්ජාශීලිභාවය, කෝල සවභාව, මිලිබර ගතිය, කොහොල්කම.
Cozen, v. ඉව්වාවෙන් ප්‍රයෝග කරනවා, රවටනවා, වංචාකරනවා.
Cozenage, n. ප්‍රයෝගකිරීම &c., ව්‍යාජය.
Cozily, ad. පිටත පහසු ඇතුව.
Crab, n. කකුළුවා, කර්කටකයා, const, කර්කටක රාශිය, කකුළු රස, කටක ලගනය; a fruit වල්ජම්බු ජාතියක්; a crane බර උස්සන යන්ත්‍රයක්, දෙඹකරය.

Crabbed, a. තරහ ගතියක් ඇත්තාවූ, කර්කශ, රළු, අමාරු.
Crabbedly, ad. කර්කශලෙස, රළුලෙස.
Crabbedness, n. තරහ ගතිය, කර්කශකම, රළුකම.
Crack, v. ගැහෙනවා, ඉරිගැහෙනවා, පිපිරෙනවා, පුපුරනවා, සිඳෙනවා, පුපුරවනවා, බිඳිනවා, ශබ්දකරනවා, විහිළු කරනවා, කවටකම් කරනවා, විකත්ථනය කරනවා.
Crack, n. ගැහීම &c.; පැල්ම, සිදුර, කුඩාවිවරය; flaw පලුදුව; sound ශබ්දය පිපිරුම.
Crack-brained, a. මදක් උන්මාද, මනෝද්භ්‍රාන්ත.
Cracked, pp. *or* a. ගැහිනිබෙන &c., ගැහිච්ච &c., see verb; සිහිමදි.
Cracker, n. ගිනිකෙළි ජාතියක්, රතිඤ්ඤ; හයිය ඇති බිස්කෝත්තු ජාතියක්; (යමක්) කඩන ආවුදය.
Cracking, n. ගැහීම &c., see verb; පිපිරීමේ ශබ්දය.
Crackle, v. කුඩා දෙයක් පිපිරෙන්නාක් මෙන් ශබ්ද වෙනවා. [ඌරුමස් හම.
Crackling, n. පිපිරීමේ හීන් ශබ්ද ගණනක්, කරවූ
Cradle, n. තොටිල්ල, තොටිල්ලට සමානවූ නොයෙක් පෙට්ටි; fig. from the cradle ළදරු කාලයේ පටන්.
Cradle, v. තොටිල්ලේ බාවනවා; fig. cradled in luxury, misery &c., ළදරුකාලයේදී සැප, දුක &c. වින්ද *or* සැපසේ දුකසේ etc. වැඩුණු.
Cradling, n. තොටිල්ලේ බෑවීම, ඒනම්ඇති නොයෙක් පෙට්ටි සාදිතාකිරීම; in arch. බදම අල්ලන දැව, ජිප්ප ආදි තට්ටුව.
Craft, n. උපා දක්ෂකම, දක්ෂය, ප්‍රයෝගය; හස්ත කෞශල්‍යය, චතුරභාවය, චාතුර්‍යය, නිපුණත්වය, කර්මාන්තය, ශිල්පය, කලාව, අත්කම්; කුඩා නැව.
Craftily, ad. නුවණින්, උපා දක්ෂකමින්, ප්‍රයෝගයෙන්, වංචා ලෙස.
Craftiness, n. උපාදක්ෂකම, ප්‍රයෝගකාරකම.
Craftsman, n. කර්මාන්තකාරයා, ශිල්පියා.
Crafty, a. උපා යෙදීමට දක්ෂ, ප්‍රයෝග; දක්ෂකාර, ශඨ; චතුර, විදග්ධ. [කූටය.
Crag, n. උස් පර්වතය, රළු පර්වත තුඩ, ගිරිකූළ, පර්වත
Cragged, **Craggy**, a. උස්වූ—රළු—පර්වතඇති, ගිරිකූළු වලින් ගැවසීගත්.
Cram, v. ඔබා—තදකර—පුරවනවා, හිරකරනවා; ශීඝ්‍ර ලෙස—වැඩිලෙස—කනවා; හුගක්ම කවනවා, අතිශයින් පුරවනවා, ආකීර්ණකරනවා, සම්බාධකරනවා.
Cramp, v. restrain නවත්වනවා, මලක්වනවා; හිර කරනවා.
Cramp, n. නැවැත්වීම &c., මස් පෙරළීම &c., cramp iron තදකරන යකඩය, තදකිරීමට පාවිච්චිකරන යකඩ යන්ත්‍රය, ක්‍රාමය.
Cramped, be v. නවත්වනු ලබනවා &c., හිරවෙනවා; of the limbs මස් පෙරළෙනවා; benumbed හිරි වැටෙනවා.
Crane, n. කොකා; (fem. කොකියක්, කොකිනියක්,) බකකණ්ඩිකයා; බර උස්සන යන්ත්‍රය, දෙඹකරය.
Craniognomy, n. (ඉසේ හැඩයෙන් සවභාව දක්වන) ශීර්ෂවිද්‍යාව, කපාල විද්‍යාව.
Craniologist, n. ශීර්ෂ ශාස්ත්‍රඥයා, කපාල ශාස්ත්‍රඥයා.
Craniology, n. ශීර්ෂ ශාස්ත්‍රය, කපාල ශාස්ත්‍රය.
Cranium, n. ඉස, සිරස, ඉස්කබල, කපාලය.
Crank, n. වංගුව, කවාපු අක්ෂය, කවාපු අලබංකුව.
Crank, **Crankle**, v. වංගුවී යනවා, වංගුලෙස යනවා.
Cranny, n. කුඩා විවරය, පැල්ම, කුඩා රහස් තැනක්.

Crape, n. ශීත් රෙදි ජාතියක්, ක්‍රෙප් රෙදි.

Crash, n. (යමක් බිඳෙන) සැරශබ්දය, රවය, නිනාදය, දද්දර, ජර්ජරය.

Crash, v. සැර ශබ්දයක් ඇතුව බිඳෙනවා *or* වැටෙනවා *or* යමක් කරනවා.

Crasis, n. in gram. වෘද්ධික්‍රමය.

Crass, a. තද; crass ignorance තද අඥනකම. [ක්.

Crate, n. (බඩු ගෙනයන) ලොකු කූඩයක් *or* පෙට්ටිය

Crater, n. ගිනිකන්දේ විවරය, ජ්වාලමුඛය; දක්ෂිණ තාරකා පඞ්ක්තියක්.

Craunch, v. විකා ශබ්ද නගනවා, විකා පොඩිකරනවා.

Cravat, n. දුසිය, බෙල්ලේ පටිය.

Crave, v. උදක්ම ඉල්ලනවා, බැගෑපත්ව ඉල්ලනවා, තදින් ආශාවෙනවා.

Craven, a. බයාදු, බියගුලු; n. භයකාරයා, බියසුලුඅය, බයගුල්ලා.

Craving, n. උදක්ම ඉල්ලීම; තද ආශාව, මහදෙළ, දෙළදුක. [බොක්ක.

Craw, n. කුරුල්ලන්ගේ පළමුවෙනි බොක්ක, කුරුදු

Crawfish, Crayfish, n. පොකිරිස්සෝ ජාතියක්.

Crawl, v. බඩගායනවා, දනගායනවා; crawl about or wriggle නලියනවා; ඉතා හෙමින් යනවා, ගාටනවා, කකුල්ගානවා.

Crayon, n. රටහුණු පැන්සලය, නොයෙක් පාට ඇති රටහුණු කූර, වර්ණලේඛාව.

Craze, n. අනුවණ ආලයක් *or* මතයක්, උන්මාදය.

Craze, v. (ඇඟ) බෙලහීන කරනවා, සිහිය බෙලහීන කරනවා, උමතුකරනවා. [Crazy.

Crazed, pp. *or* a. කැඩුණු, බිඳුණු, පොඩිවුණු &c See

Craziness, n. කැඩුණු භාවය, ඔබලත්කම, විකාරය, මානසික දුර්වලතාව, සිහිවිකලකම, බුද්ධි වෛකල්‍යය.

Crazy, a. ඔබලත්, සෙලවෙන්නාවූ, හැම්මදිවූ, සිහියෙන් දුර්වලවූ, උමතු, විකාර.

Creak, v. (යකඩ අගුලකින් *or* තෙල් නැති රෝදයකින් මෙන්) ක්‍රීක් වැනි ශබ්දයක් වෙනවා.

Cream, n. යොදය, යොදේ; fig. උතුම් කොටඨාසය, අගේ ඇති කොටස, සාරය, හරය.

Cream, v. යොදේ එකතුකරනවා *or* අහක්කරගන්නවා. fig. උතුම් කොට්ඨාසය ගන්නවා.

Cream-coloured, a. යොදේ පාට ඇති.

Creamy, a. යොදේ මුසු; යොදේ ආකාර.

Crease, n. රැල්ල, වැකරැල්ල, නැමුම.

Crease, v. රැළිගස්වනවා, රැළිදමනවා; රැළිවැටෙනවා.

Create, v. මවනවා, උපදවනවා, නිර්මාණය කරනවා. (නිලයක් &c.) අලුතුවෙන් නියමකරනවා.

Created, pp. *or* a. මවා &c.; මවනලද &c., උත්පාදිත, දේවනිර්මිත, සෘෂ්ට.

Creation, n. මැවීම &c.; සෘෂ්ටිය, මැවිල්ල, මැවිලි.

Creative, a. මවන්නාවූ, මැවීමේ බලය ඇත්තාවූ, උත්පාදක, ජනක.

Creator, n. මවන්නා, උත්පාදකයා, උපදවන්නා &c.; මැවුම්කාරයා, මැවුම්කාරයාණන් වහන්සේ. [තාව.

Creatorship, n. උත්පාදකත්වය, මැවීමේ බලය සහිත

Creatural, a. මැවිල්ලකට අයිති, උත්පාදිත සත්ත්වාකාර, උත්පාදිතත්වයට අඩංගු.

Creature, n. මැවිල්ල; living being සතා, සත්ත්වයා, ප්‍රාණියා, උපදවාගත් දේ *or* කල්පනාව, අලුතුවෙන් නියමකරනු ලැබූ අය; අන්කෙනෙකුට යටත්වූ අය, උපජීවී. [භක්තිය.

Credence, n. විශ්වාසය, විශ්වාස කිරීම, ඇදහීම,

Credentials, n. pl. සාක්ෂි, සාක්ෂිපත්‍ර, ඔප්පු, අස්තේ.

Credibility, Credibleness, n. (යමකු විසින්) විශ්වාස කළහැකි භාවය, විශ්වාස්‍යත්වය.

Credible, a. විශ්වාසකරන්ට—විශ්වාසයටගන්ට—පුළුවන්වූ, විශ්වාස්‍ය, ඇදහියහැකි. [යෙන්.

Credibly, ad. විශ්වාසකළහැකි ලෙස, විශ්වාස්‍යාකාර

Credit, n. belief විශ්වාසය, විශ්වාසකිරීම; fidelity විශ්වාසකම; honour මාන්නය, සම්මානය, කීර්තිය, යසස, ප්‍රශංසාව, නම්බුව; (විශ්වාස කරන නිසා) ණයට දීම.

Credit, v. විශ්වාසකරනවා, (විශ්වාසකර) ණය—ණයට—දෙනවා; යමෙකුගේ වාසියට — වාසි ගණනට— ලියා තබනවා.

Creditable, a. නාම්බුකාර, ප්‍රශස්ත, ප්‍රශංසනීය (ක්‍රියා).

Creditableness, n. නම්බුකාරකම, ප්‍රශංසනීයකම.

Creditably, ad. නම්බුකාරලෙස, ප්‍රශංසනීයලෙස.

Creditor, n. ණය දෙන අය, ණයට දෙන අය, ණය හිමියා.

Credulity, n. සෑහෙන සාක්ෂි නැතුව විශ්වාස කරන ගතිය, ඉක්මන් විශ්වාසය, විශ්වාසයට ගැනීමට අධික ලැදිකම.

Credulous, a. සාක්ෂි නැතුව විශ්වාසයට ගන්නාවූ, විශ්වාසකිරීමට ලැදිවූ, ඉක්මණින් පැහැදෙනසුලු.

Credulousness, n. විශ්වාසකිරීමට අධික ලැදිකම.

Creed, n. ඇදහිල්ල, ඇදහිලික්‍රමය, විශ්වාසය.

Creek, n. කුඩා මුහුදු තුඩුවක්, කුඩා කලපුව, කුඩා වරාය, බොක්ක, මුහුදු වෙරළේ--ගංවෙරළේ—කුඩා මුල්ලක් *or* වංගුවක්.

Creep, v. බඩගා යනවා—දනගා යනවා—වැලක්මෙන් හිමෙහි—ගහක එල්ලී—වැවෙනවා; යමක් දිගේ වැවෙනවා, ඉතා සෙමින් *or* රහසින් යනවා *or* එනවා.

Creeper, n. බඩගායන සතා &c.; වැල, ලතාව, වල්ලිය, ගුල්මිනිය.

Creephole, n. (සතෙක්) රිංගා ඇතුල්වෙන හිල *or* වළ *or* බිල *or* බෙනය; සමාව.

Creeping, p. *or* a. බඩගායන &c. see verb, උරග.

Cremate, v. (මළමිනිය) පුලුස්සනවා, ආදාහනයකරනවා. [(කොළ).

Crenate, a. කත්තු ඇති, කඩතොලු, තුඩු ආකාර,

Creosote, n. කීල්වල (තාර) සාරය.

Crepitate, v. ශීත් ශබ්ද ඇතුව පිපිරෙනවා, ශීත් ශබ්ද වැටෙනවා.

Crepitation, n. ශීත්ශබ්ද ඇතුව පිපිරි පිපිරියාම, ශීත් ශබ්ද වැටීම.

Crescent, n. අලුත් හඳ, නවසඳ, අඩහඳ, අර්ධචන්ද්‍රයා, චන්ද්‍ර රේඛාව; ඊට සමාන හැඩය; ඒ හැඩයඇති ගොඩනැගිලි පේළිය.

Cress, n. (සලාදවලට ගන්න) පලා ජාතියක්.

Cresset, n. (කොතක් උඩ පත්තුකරන) ගිනිමැලය, ලොකු පන්දම, පහන් කොත.

Crest, n. කුකුල් කරමල, පක්ෂි කොණ්ඩය; චූඩාව, ශිඛාව, කිරීටය, මෞලිය, මුදුන, මස්තකය; (ආරක්ෂා තොප්පියේ පලඳින) පිහාටු මිටිය, තොප්පියේ මුදුන් පිහාටු; (කුලදෙ හරිකඩට උඩින් අඳින) මුදුන් රූප සටහන, සිරස් ආයිත්තම; fig. අහංකාරකම, ගර්වය, ධෛර්යය.

Crested, a. කරමලක්ඇති, තොප්පියේ පිහාටු මිටියක් ඇති, ශිරස් ආයිත්තම් ඇති.

Crest-fallen, a. (කොඩිය—ශිරස්ආයිත්තම—වැටුණක් මෙන්) බද බිඳී ඉන්නාවූ, කරබා ඉන්නාවූ, දුම්මුඛ, විෂණ්ණ, අධෛර්ය, මන්මුන්, දීන සිත් ඇති.

Cretaceous, a. චූර්ණීය, හුනු වැනි, හුනු සහිත.

Crevasse, n. මිදුණු දියකඩේ පැල්ම, විවරය, මහ ගැඹුරු විවරය.

Crevice, n. පැල්ම, සිදුර, ඉරුම, කුඩා විවරය.

Crew, n. (නැවේ වැඩකරන) නාවුක පෙළ, නැව්කාර සමූහය; මිනිස්සු පෙළ, සමූහය.

Crew, v. pret. of Crow ඇඬලූවා, අඬලෑවා.

Crib, n. (මාංශයිත්ට) කෑමදෙන කෑමඔරුව or කොටුව, ගව ඔරුව, ගොඩුරු රාක්කය; stable, stall අස්හල, පට්ටිය; hut පැල; cradle තොට්ල්ල; පදගතාර්ථ පිටපතක්. [සමා.

Crib, v. අයුතු ලෙස—හොරෙන්—ගන්නවා; හිරකර

Cribbage, n. කාඩ්දසි කෙළියක්.

Cribbed, be, v. සෑහෙන ඉඩ නැතුව හිරවී ඉන්නවා.

Crick, n. (බෙල්ලේ or පිටිකොන්දේ) හිරිවැටීම, ග්‍රීවා ස්තම්භය.

Cricket, n. the insect රැහැයියා, කෑරැස්සා, චිරිකාවා; the game පන්දු කෙළිය, ගුලකෙළිය, ගුළිකා ක්‍රීඩාව, ක්‍රිකැට්.

Cricket-ball, n. (ක්‍රිකැට්) පන්දුව, ක්‍රිකැට් බෝලය.

Cricketer, n. පන්දු පිත්තෙන් කෙළින්නා, ක්‍රිකැට්කාරයා, පන්ද ක්‍රීඩා කරන්නා.

Cricket-ground, n. පන්දු භූමිය, පන්දුපිටිය.

Cricket-match, n. පන්දු පොරය, තරඟ පන්දු ක්‍රීඩාව.

Crier, n. මොරගසා ප්‍රකාශකරන්නා, අණබෙරකාරයා, ඝෝෂකයා.

Crime, n. අපරාධය, තදබල වරද, දුෂ්ට ක්‍රියාව. See Capital.

Criminal, a. අපරාධවූ, අපරාධි, අපරාධ සහිත, අපරාධකාර, දුෂ්ට ක්‍රියා කළාවූ; criminal court අපරාධ නඩු ශාලාව.

Criminal, n. අපරාධියා, අපරාධකාරයා, වරදකාරයා, වරදට පත්වූ අය. [තාව.

Criminality, n. වරදකාරකම, අපරාධකම, සාවද්‍ය

Criminally, ad. නීතිය කඩකරන ලෙස, අපරාධික ලෙස, දුෂ්ටලෙස, දුශ්චරිතලෙස.

Criminate, v. (දුෂ්ට ක්‍රියාවක් ගැන) වරද තබනවා. දෝෂාරෝපණයකරනවා.

Crimination, n. වරදතැබීම &c., දෝෂාරෝපණය, දෙස් පැවරීම. [පණ සහිත.

Criminative, Criminatory, a. වරද තබන, දෝෂාරෝ

Crimp, v. wrinkle රැළිගස්වනවා, රැළිදමනව; decoy යමෙකු හොරෙන් — රහසින් — කැමතිකරවා ගන්නවා or ලබාගන්නවා.

Crimp, n. අනුන් හොරෙන්—අනිසිලෙස—කැමතිකරවාගන්න අය or ලබාගන්න අය.

Crimping-machine, n. රැළිදමන යන්ත්‍රය.

Crimson, n. ඉතා රතුපාටක්, රක්තවර්ණය, ශෝණය.

Crimson, a. ඉතා රතු, රක්ත, ශෝණ. [නවා.

Crimson, v. රතුපාට පොවනවා, රතුකරනවා, රතුවෙ

Crinal, a. කේශර, ඉසකේ.

Cringe, v. (භයින් මෙන්) නැමෙනවා, පහත්වෙනවා ඇකිළෙනවා; ඉච්චාවට-අනිසිලෙස-චාටුක්මෙන්-යටත් පහත් වෙනවා.

Cringing, p. or a. ඉච්චාවට or භයින් &c. නැමෙන, පහත්වෙන &c. [රුම්.

Cringingly, ad. අනිසි පහත්කමින්, භයින් &c. නැඹු

Crinkle, v. රැළිගැහෙනවා, රැළිවැටෙනවා, ඇකිළෙනවා. රැළිගහනවා, රැළිගස්වනවා; n. රැල්ල, වැක රැල්ල. [වර්ගයක්.

Crinoline, n. අශ්ව ලොම් ආදියෙන් සෑදූ ඝන රෙදි

Cripple, n. maimed, deformed අබ්බාගාතයා, හොත්තියා, විකලාංගියා; lame කොරා; bent කුදා; one who limps තොණිස්සා.

Cripple, v. අබ්බාගාත—විකලාංග &c.—කරනවා. See Disable.

Crippled, pp. or a. අබ්බාගාතකර &c.; අබ්බාගාත, හොත්ති, විකලාංග, කොර, තොණිසි.

Crisis, n. රෝගයක් or වෙන යමක් බේරුමට—නියම වීමට—පැමිණෙන වේලාව or පැමිණීම, ඉතා බර පතල වේලාව, ඉතා අමාරු අවස්ථාව, ව්‍යාසිසිමාව, ඉතා වැදගත් ස්වභාවය.

The disease will come to a crisis to-day ලෙඩ ඉතා සැරවෙන්නේ—කොහොමවේදකියා නියමවෙන්නේ—අදයි.

Crisp. a. (වියලුණු කොළ or බැදුම් මෙන්) පහසුවෙන් කැඩෙන්නාවූ, පොඩිවෙන්නාවූ, සිදුර.

Crispness, n. පොඩිවෙනසුලුබව, සිදුරබව.

Criterion, n. විමසීමට—නිශ්චය කිරීමට—ලකුණක්, නිශ්චය ලකුණ.

Critic, n. ගුණදෝෂ පරීක්ෂකයා, ගුණදෝෂ විචාරකයා, ගුණදොස් විවේචනය කරන්නා; skilled person නිපුණයා.

Critical, a. (ගුණදෝෂ) නිශ්චය කරන්නාවූ, නිශ්චය කිරීමට අනුකූල; නිශ්චයකිරීමට නිපුණ; දොස් තැබීමට ලැදිවූ; fine, subtle, ඉතා තීක්ෂණ; a critical—decisive—moment (කාරණ නියම්වෙන) ඉතා වැදගත් මොහොතක්; a critical event (වෙන දේවල් පිහිටා තිබෙන) ඉතා බරපතල කාරණාවක්.

Critically, ad. විනිශ්චයවශයෙන්, තීක්ෂණ ඥානයෙන්, තීක්ෂණලෙස, වැදගත් ආකාරයකින්, වැදගත් වේලාවකදී.

Criticalness, n. තීක්ෂණකම; වේලාවක බරපතලකම.

Criticise, Criticize, v. (ගුණදොස්) නිශ්චය කරනවා or පරීක්ෂාකරනවා or විවේචනය කරනවා; ගුණදොස් දක්වනවා; දොස් තබනවා. [ශාස්ත්‍රය.

Criticism, n. ගුණදොස් දැක්වීම &c.; ගුණදෝෂ විභාග

Critique, n. ගුණදෝෂ විභාගය or දැක්වීම, ගුණදෝෂ වාක්‍යය, ගුණදොස් දක්වන ලියවිල්ල.

Croak, n. මැඩියාගේහඬ, ගෙම්බිහඬ, කපුටාගේහඬ, කාකස්වරය, එවැනි රළු හඬක්.

Croak, v. (එවැනි) රළු හඬක් පවත්වනවා, කැරකැර—බකබක—ගානවා; fig. කොඳුරනවා.

Croaker, n. කොඳුරන්නා. අමලාදකියන්නා.

Croaking, a. රළු හඬක් පවත්වන &c.; fig. කොඳුරන.

Croaking, n. රළු හඬින් පැවැත්වීම &c., රළු හඬ; fig. අවලාදය. [ගොතනවා.

Crochet, (ක්‍රෝෂේ), n. ගෙතුමක්; v. කුඩා කටුමකින්

Crock, n. මැටි භාජනයක්; දූලි, දුඹුලු.

Crockery, n. (වලන්, පිඟන්, පීරිසි, කෝප්ප, යනාදී) මැටි භාජන. [රයා.

Crocodile, n. කිඹුලා, දතිකිඹුලා, කුම්භිලයා, සුංසුමා

Crocodile, a. කිඹුල්, කුම්භීල, සුංසුමාර.

Crocus, n. කහ ගස් වර්ගයක්, පීතකාවේරය.

Croft, n. (ගොවියාගේ ගෙදර ළඟ කොටුකරතිබෙන) කුඩා පිට්ටනිය or කුඹුර.

Crone, n. නාකි ගෑනි, මැහැලී.

Crony, n. (බොහෝකල් මිත්‍රව සිටිය) පරණ යාළුවා, ප්‍රිය මිත්‍රයා.

Crook, n. a. bend වංගුවක්; hooked stick කොක්ක; elephant hook හෙණ්ඩුව; deceit ප්‍රයෝගය.

Crook, v. වංගුවෙනවා, ඇදවෙනවා, වංගුකරනවා ඇදකරනවා.

Crook-back, n. කුදා, කුබ්ජයා, පාංගුවයා.
Crook-backed, a. කුදු, කුබ්ජ, පාංගුව.
Crooked, a. නැමීතිබෙන, ඇද, කුදු, වකුටු; fig. කුටිල, වඞ්ක.
Crookedly, ad. ඇද ලෙස, ඇදේට, මුරණ්ඩු ලෙස, වඞ්කලෙස. [කුටිලතාව.
Crookedness, වකුටුකම, ඇදකම, අගතිය, වඞ්කකම.
Crop, n. අස්වැන්න, පලදාව, කුකුළුරේ මුළු ශොයම, ශගේ *or* වත්තේ මුළු එල ගණන; the craw කුරුලු බොක්ක.
Crop, v. (තෘණවල, අතුවල *or* වෙන දේවල අග්ගිස්) කපනවා *or* කකායනවා, කප්පාදුකරනවා; crop the hair ඉසකේ කොටකර කපනවා; crop the ground (බිමේ) ගොවිතැන් කරනවා.
Crop-out *or* **up**, v. මතුවෙනවා; fig. ප්‍රකාශවෙනවා.
Cropped, Cropt, pp. *or* a. අග්ගිස් කපාපු *or* කාපු; කොටකර කැපූ &c.
Cropping, n. අග්ගිස් කැපීම &c.
Crore, n. කෝටිය, 10,000,000. [යටිය.
Crosier, n. කුරුසියට සමාන බස්තම, පාරිදශික සැර
Cross, n. කුරුසිය, එකිනෙකට හරස්වූ දෙකක්, එසේ වූ ඉරිදෙකක් (x) යනලකුණ, කතිරය; මිශ්‍රවූ සත්ත්ව ජාතියක්; fig. කුරුසියේ (ඇණගසනුලැබීමේ) වේදනාව, (විඳිය්වම ඕනෑවූ) දුක.
Cross, v. කුරුසිය යන ලකුණ කරනවා; (x) මේ ලකුණ කරනවා or ලියනවා, කතිරය ගහනවා; හරහට ඉරක් ගහනවා; කටුගානවා.
  Cross out කටුගාදමනවා; lay across හරස්කරනවා; get or convey across හරහට කරනවා *or* ගෙනයනවා; across a river එගොඩ–එතර–කරනවා *or* ගෙනයනවා; go across හරහට යනවා, එගොඩ—එතර—වෙනවා *or* යනවා; hinder බාධාකරනවා; oppose විරුද්ධ වෙනවා;
  Cross the breed ජාතිය මිශ්‍රකරනවා.
Cross, a. transverse හරස්; adverse විරුද්ධ; angry තරහ, අසතුටු, අමනාප.
Cross-action, n. පැමිණිලිකාරයාට විරුද්ධ පැමිණිල්ල *or* නඩුව, ප්‍රතිනඩුව.
Cross-bar, n. හරස් දණ්ඩ; in walls තලාදය, pl. තලාද *or* තලාත්; fix cross-bars තලත් ගහනවා.
Cross-beam, n. හරස් දූවය, හරස් බාල්කය.
Cross-bearer, n. කුරුසියදරන්නා; R. C. අග්‍රපාරිදශික තැනට පෙරටුව කුරුසිය ගෙනයන්නා.
Cross-breed, n. මිශ්‍ර ජාතිය, මිශ්‍ර ජාතියක සත්ත්ව.
Crossed, pp. හරහට ඉරක් ඇතුව, කටුගා; බාධාකර, බාධාකරනලදුව (තිබෙනවා *or* සිටිනවා &c.): එතර වූ, තීර්ණ. [verb.
Cross-examination, n. හරස් උත්තර ඇසීම &c., see
Cross-examine, Cross-question, v. හරස් උත්තර—විරුද්ධ උත්තර—අහනවා, කෝන්තර අසනවා.
Cross-eyed, a. වපර, වමරස්; cross-eyed person වපරයා, වමරස්කාරයා.
Cross-grained, a. කෙඳි හරහට තිබෙන, විලෝමවෙච්ච; fig. අනාඥ, මුරණ්ඩු.
Crossing, n. හරහට ඉරක් ගැසීම &c., see verb. තරණය, එතරවීම; හරහට යන තැන *or* මග, මාර්ග සන්ධිය, හරස්පාර.
Crossly, ad. තරහලෙස, කිපී, නුරුස්සා,.
Crossness, n. තරහ, නොරිස්සුම් ගතිය, කිපෙනගතිය,
Cross-purpose, n. විරුද්ධ අදහස; they are at cross-purposes ඔවුන් ප්‍රතිවිරුද්ධ අදහස්වලින් ක්‍රියා කරති, ප්‍රතිවිරුද්ධ අදහස් ඇතුව සිටිති.

Cross-question, v. See Cross-examine. [පථය.
Cross-road, n. හරස්පාර, පටුපාර ශෘඞ්ගාටකය. උප
Cross-tress, n. කුඹ ගහේ හරස් දඬු, කුඹ පියල්.
Cross-wise, ad. හරහට, පළල් අතට, කුරුසි ආකාරයෙන්.
Crotchet, n. ගාන්ධර්ව ශාස්ත්‍රයේ ([*or*]) යන ලකුණ; හිතු බුද්ධිය, අනුමාන ආලයක් *or* මතයක්; වෙද ආවුදයක්.
Crotchety, a. වැදගැම්මක් නැති *or* නිෂ්ඵල කල්පන; ඇත්තාවූ, වැදගැම්මක්නැති *or* ලාමක අදහස් ඇත්තාවූ, හිතුබුද්ධියෙන් යුක්තවූ.
Croton, n. ජයපාල, තෙරුවාල.
Croton-oil, n. ජයපාල තෙල්, ජයපාල තෛලය.
Crouch, v. නැමෙනවා, නැබුරුවෙනවා ඇනඉන්නවා, ලගිනවා, බිම වැතිර ඉන්නවා; fig. (වහලෙක් මෙන්) යටත්පහත්වෙනවා, නිවටයෙක් ලෙස ක්‍රියාකරනවා.
Croup, n. (බාල ළමයින්ට අල්ලන) උගුරේ ලෙඩක්; (අශ්වාදීන්ගේ) තට්ටම්, නිතම්බය.
Crow, n. කපුටුවා, කපුටා, කාක්කා, කාකයා, කවුඩා, බිලිපුටුවා, අරිෂ්ටයා; pick a crow, fig. සුළු දෙයක් ගැන තරහ කරනවා. [වය.
Crow, Crowbar, n. යවුල, අලවංගුව, භාරඝනය, භාරු
Crow, v. අඬලනවා; fig. පුරසාරම් කරනවා.
Crowd, n. සමූහය, සමූහයා, උදවිය, රංචුව, කැලසංඝනිය, ඝෙස, රාශිය.
Crowd, v. තදවෙනලෙස හුහක් දමනවා *or* එකතුකරනවා; throng තෙරපනවා; තදලෙස එකතුවෙනවා, ආකීර්ණකරනවා, ගහනකරනවා, පුරිකනවා, පොදිකනවා, කැපිගැහෙනවා; be crowded or thronged තෙරපෙනවා, හිරවෙනවා.
Crowded, pp. *or* a. හුහක් දමා &c.; තෙරපනලද, ගහන, ඉඩ නැති, අනවකාශ, ආකුල, ආකීර්ණ, ප්‍රසභිත, සංකුල.
Crowding, n. හුහක් දැමීම &c., see verb, ආකීර්ණවීම,
Crown, n. ඔටුන්න, කිරීටය, මකුටය, කිරුළ; රාජ්‍යය ධාරන අය, රාජ බලය, ආණ්ඩුව: C. Advocate ආණ්ඩුවේ අද්වකාත්, C. Cousel, ආණ්ඩුවේ නීතිඥ; ඉස්මුදුන; the top මුදුන; as: the crown of the hat, hill &c., තොප්පියේ මුදුන, උඩ කොටස, කන්දේ මුදුන; සමාපතිය; සිලිම් පනහ මිලයක්; කුරුම.
Crown, v. ඔටුනු පලඳනවා, ඔටුනු පලඳවනවා, රාජාභිෂේක කරනවා, අබිසෙස් කරනවා,; (ඔටුන්නකින් මෙන්) මුදුන වසනවා, කුළුගස්වනවා.
  Crown with honour, success &c. ගෞරවය—සඵලය—තැමති ඔටුන්න පලඳවනවා *or* මෙතෙර් ගෞරවය &c. ලැබෙනවා *or* දෙනවා &c.
  Our efforts were crowned with success අපේ උත්සාහ සඵලවී සම්පූර්ණ ලෙස ඉෂ්ටවුණ *or* අපේ උත්සාහ සඵලත්වයට පැමුණුණ.
Crown-court, n. අපරාධ නඩුශාලව.
Crowned, a. *or* be, ඔටුනු පලදන ලද, රාජාභිෂේක ලත්, අබිසෙස්කළ, අභිෂික්ත; ගෞරවයට–සඵලත්වයට–&c. පැමිණෙනවා.
Crowning, a. fig. සම්පූර්ණකරන, ඉතා උතුම් *or* අධික.
Crown-lands, n. ඔටුන්න—ආණ්ඩුව—සතු බිම, රාජසන්තක ඉඩම්.
Crown-post, n. මුදුන් කණුව.
Crown-prince, n. ඔටුන්න හිමි කුමාරයා, රජකමට පැමිණෙන්ට සිටින රාජකුමාරයා.

Crucial, a. in sur. හරස්; කුරුසියේ හැඩය ඇත්තාවූ, තේරුම් බේරුම් කරන, තිරණය කරන, පරීක්‍ෂක, පරීක්‍ෂ්‍යමාන, බලවත් තියුණු; as: This lawsuit will be a crucial one මේ නඩුව (කාරණාව විභාග කර දැනගැනීමට) පරීක්‍ෂක නඩුවක් වේ.

Crucible, n. කෝවය, මූෂාව, ශිලාභාජිකාව.

Cruciferae, n. pl. කුරුසි ආකාර මල් ඇති පැල ජාති. හොඹිලවැල්. [මල් ඇති,

Cruciferous, a. කුරුසිය දරණ; in bot. කුරුසි ආකාර

Crucifix, n. ක්‍රිස්තු රූපය ඇණගසාපු කුරුසිය, කුරුසි සුරුවම.

Crucifixion, n. කුරුසියේ ඇණගැසීම.

Cuicform, a. කුරුසියේ හැඩය ඇති, කුරුසි ආකාර.

Crucify, v. කුරුසියේ ඇණගසනවා; fig. (තෘෂ්ණා &c). මැඩපවත්වනවා, තළනවා.

Crude, a. fresh අමු; unripe නොපැසුණුවූ; undigested අජීර්ණවූ; unfinished සම්පූර්ණ නැති, අසම්පූර්ණ, නොහරිගස්සාපු. රළු ශුද්ධනොකළ, අසංස්කෘත

Crudely, ad. අසම්පූර්ණලෙස, නිවටලෙස, නිසි පිළිවෙලක් නැතුව, etc.

Crudeness, Crudity, n. අමුගතිය, අසංස්කෘත භාවය, අජීර්ණතාව; (කල්පනාවල යෝජනාවල &c.) අසම්පූර්ණකම, නිවටකම. [දරුණු.

Cruel, a. ක්‍රෑර, ක්‍රෑරතර රෞද්‍ර, කරුණානැති, චණ්ඩ,

Cruelly, ad. ක්‍රෑරලෙස, නිෂ්කාරුණික ලෙස, අකාරුණික ලෙස.

Cruelty, n. ක්‍රෑරකම, ක්‍රෑරතාව රෞද්‍රකම, චණ්ඩකම; ක්‍රෑර ක්‍රියාවක්, පීඩාවක්.

Cruet, n. (කෑම මේසයේ තබන) කුප්පියක් *or* කුඩා බෝතලයක්.

Cruet-stand, n. කුප්පි ආධාරය. ක්‍රුවෙට් සටැණ්.

Cruise, Cruse, n. මැටි කූසලානක්, බෝතල හැඩය ඇති භාජනයක්.

Cruise, v. තැනින් තැන—එහාට මෙහාට—යාත්‍රා කරනවා, මුහුදේ එහාමෙහා නැව්න් යනවා.

Cruise n. මුහුදේ එහාට මෙහාට යන ගමන, තැනින් තැන යාත්‍රා කිරීම. [නැව,

Cruiser, n. තැනිත්තැන යාත්‍රාකරත්තා *or* යාත්‍රාකරන

Crumb, n. පොඩි කැබෙල්ල පොඩි පාන් කැබෙල්ල; pl. පාන් කුඩු. සුප සුනු. [නවා.

Crumb, Crumble, v. t. කැබලිකර කඩනවා, කුඩුකර

Crumble, v. i. ඉතා පොඩි කැබලිවී කැඩෙනවා, සුනු වෙනවා, ජරාපත්වෙනවා, සුන්බුන් වෙනවා, චූර්ණය වෙනවා. [පත්වෙන.

Crumbling, a. කුඩුවෙන, සුනුවෙන; decaying ජරා

Crumple, v. වැකරැළිගසනවා, මිරිකනවා, වැකරැළි ගැහෙනවා, ඇකිලෙනවා, රැළිවැටෙනවා.

Crunch, Craunch, v. (ශබ්දයක් වෙනලෙස) දත්වලින් හපා පොඩි කරනවා. [පටිය.

Crupper, n. අශ්ව තට්ටම; (අශ්ව ඇදුමේ) වල්ගා

Crural, a. කකුලට අයිතිවූ, කකුල් (නහර &c.); කකුල් හැඩය ඇති.

Crusade, n. (පුරාණයේදී) කුරුසිය ධ්වජයකොට ආගම උදෙසා කළ යුද්ධය, කුරුසි යුද්ධය, ආගම සම්බන්ධ යුද්ධය, එවැනි උද්දේශයෙන් කරන සටන *or* උත්සාහය *or* ව්‍යාපාරය. [න්ධ යුද්ධකාරයා.

Crusader, n. ආගම ගැන යුද්ධකරත්තා, ආගම් සම්බ

Cruse, n. මැටි කූසලානක් &c. See Cruise.

Crush, v. පොඩිකරනවා, මිරිකනවා, මිරිකෙනවා, සුරිකනවා; fig. මැඩපවත්වනවා, යටකරනවා මර්දනය කරනවා.

Crush, n. පොඩිකිරීම, මිරිකීම, තදවීම, තදලෙස තෙරපීම, සුරිකෑම සංකූලය.

Crushed, pp. *or* a. පොඩිකර &c.; පොඩිවූ, මිරිකන ලද, මිරිකුණ &c.,

Crust, n. (වේලීමෙන්—තදවීමෙන්—කරවීමෙන්—සෑදී තිබෙන) පොත්තක් වැනි පිටපැත්ත, ලෙල්ල, පිට පතුර, පාන්ගෙඩියේ පිටපැත්ත; a crust of bread පාන් කැබෙල්ලක්; the earth's crust පොළොවේ මතු කොටඨාසය.

Crust. v. (පොත්තක්—ලෙල්ලක්—මෙන්) පිටපැත්ත තදවෙනවා *or* තදකරනවා, එසේ ලෙලිවලින් මෙන් වැසෙනවා *or* වසනවා.

Crustacea, n. pl. කකුළුවෝ, ඉස්සෝ, යනාදි කබල ඇති සත්තු ජාති, පොතු මසු ජාති, පොතු මසුන්, කබලු මසුන්; (one of the order) පොතු මසා, පොතු මසෙක්, කබලු මසා &c.

Crustaceology, කබලැති සත්වජාතීන් පිළිබඳ විද්‍යාව.

Crustaceous, a. පොතු — ලෙලි — කබල් — ඇත්තාවූ (සත්වයෝ).

Crustily, ad. මදක් රළුලෙස.

Crustiness, n. කබලක් වැනි සවභාව, තදකම; fig: මදරළුකම, කිපෙනසුලුබව.

Crusty, a. හයිය ඇති පිටපැත්තක් ඇත්තාවූ—වැසිකරවූ; fig. මදක් රළුවූ, කිපෙන.

Crux, n. අමාරු *or* ගැටලු ප්‍රශ්නය.

Crutcn, n. (කොරා කිහිල්ලට තබාගන යන) හැරමිටිය, හැරයටිය; prop. රුකුල.

Cry, v. කෑගසනවා, කෑමොරගසනවා; weep අඬනවා, වැලපෙනවා, විලාපකියනවා;

cry to *or* cry out to කෑගසා කථාකරනවා, කෑගසා කියනවා, (කෑගසන්නාක් මෙන්) ඔනෑකමින් යාච්ඤාකරනවා. [වනවා.

proclaim aloud ශබ්දනගා ප්‍රසිද්ධ කරනවා *or* දන්

cry down (කෑගැසීමෙන් මෙන් යටකර දමනවා), දොස්තබනවා, නරකයයිකියනවා, අපවාද කියපසනවා; cry up ප්‍රශංසා ඇතුව ප්‍රසිද්ධකරනවා, සනවා, කීර්තනය කරනවා;

they cry down my work and cry up their own ඔවුන් මගේ වැඩේ අගේ නැතැයි කියා–සුළු කර–තමුන්ගේම වැඩේ ගැන පාරට්ටු කර ගනිති.

Cry, Crying, n. කෑගැසීම &c.; මහත් ශබ්දය, හැරහඬ, විලාපය, යාච්ඤාව.

Crying, a. fig. (හරිගස්සන්ට ඕනෑවූ) ප්‍රසිඬ, මහත්, (අශුභකති). [පල්ලියක්.

Crypt, n. සිංගේ, සිංගෙයක්වූ සොහොන් ගෙයක් *or*

Cryptogamia, n. pl. අප්‍රකාශ ලිංගසහිත—පුෂ්පශූන්‍ය —පැලජාති.

Cryptogamian, Cryptogamous, a. අප්‍රකාශ ලිංග සහිත, පුෂ්පශූන්‍ය, අප්‍රකාශ ස්ත්‍රී පුරුෂ කේශරවත් (පැල).

Cryptography, n. රහස්ලිපියකින් ලිවීම, රහස් අක්‍ෂර, ගෝප්‍යාක්‍ෂර විද්‍යාව.

Cryptology, n. රහස් ලිපියක භාෂණයක්.

Crystal, n. පළිඟුව, අමච්ච, ස්ඵටිකය, පිළිමිණි, ස්ඵටික මාණික්‍යය, ද්‍රවාතගල; පළිඟුවට සමාන සිලුටු වීදුරු; (එක් හැඩයක්වන වජ්‍ර—තොපයස්ගල්—හිම කැට—සීනිකැට—යනාදී ද්‍රව්‍යවල හැඩයට සෑදී) එකාකාර සිලුටු පැති ඇත්තාවූ කැටය.

Crystal, Crystalline, a. පළිඟු, අවඵ, සඵටික, පළිඟුවලට සමාන, පළිඟු මෙන් පිරිසිදු, පැහැදිලි; crystalline humour or crystalline lens ඇසේ කොටස්කයක්.

Crystallize, v. (see crystal, n.) ඒ [ක්‍රිස්ටල්] හැඩියට සැදෙනවා, ඒ හැඩයට කැට කැට වෙනවා or කැට ගස්වනවා. [කැට ආකාරවූ.

Crystallized. a. නියම ඝනාකාරයකට කැටවුණුවූ.

Crystallography, n. කැටවීමේ විද්‍යාව.

Crystal palace, n. (ද්‍රව්‍ය ප්‍රදර්ශන) වීදුරු මාළිගාව, සඵටික ප්‍රාසාදය.

Cub, n. (වලසා, නරියා යනාදී සමහර සිව්පාවුන්ගේ) පැටවා, පැටියා, පෝතකයා, පොව්වා.

Cub, v. පැටව්ගසනවා, වදනවා.

Cube, n. (දාදුකැටයමෙන්) ඒකාකාර පැතිහයක් ඇති දෙයක්, ඝනචතුරස්‍රය; ගණිතක තුන්වෙනි අඩිය or බලය: මෙසේ 2×2×2=8 බැවින්, 8 දෙකේ තුන්වෙනි බලයයි; cube root (8 යන) තුන්වෙනි බලයේ මුල (එනම් 2 ය), ඝනමූලය.

Cube, v. ගණනක් ඒ ගණනින්ම දෙවරක් වැඩිකර නවා, ඝනකරනවා.

Cubic, Cubical, a. දාදුකැටයගේ හැඩය ඇත්තාවූ, ඒ හැඩයට අඩංගු, ඝන; cubic root ඝන අඩිය; cubic number (ගණනක් එයින්ම දෙවරක් වැඩිකළ) ඝන ගණන.

Cubicle, n. සයනාගාරයක කුඩා කාමරයක්.

Cubit, n. රියන, රතනය, අත; in anat. ප්‍රකෝෂ්ඨය, අත්-දණ්ඩ.

Cubital, a. රියනක් දිගවූ, ප්‍රකෝෂ්ඨට.

Cuckold, n. මිසහැරකාරියගේ පුරුෂයා, අනාචාරිකාවගේ පුරුෂයා, අවිශ්වාස භාර්‍යාවගේ පුරුෂයා.

Cuckoo, n. කුකූ යන හඬ ඇති කුරුල්ලෙක්, පරභෘතයා, කෝකිලයා, කොවුලා, පරපුට්ඨා.

Cucumber, n. පිපිඤ්ඤා, කැකිරි, තියඹරා.

Cucurbita, n. ලබුජාති, රට ලබු.

Cud, n. (ගවයා, බටුවා, යනාදී සතුන් විසින්) චමාරු කන්න ඇම; දුම්කොළ මිටක්.

Cuddion, v. තුරුල් කරගන්නවා, බදාගන ඉන්නවා; Cushion, විනවා.

~ බළ්ගමා: thiලට, මුගුර, තඩිය, දණ්ඩ, යෂ්ටිය.

Cudgel, v. පොල්ලකින් or මුගුරකින් ගසනවා, තඩිබානවා; පහරදෙනවා. [ලීය.

Cue n. වල්ගයක් වැනි දිග කොංඩය, රොද; බෝල

Cue, n. a hint සංඥාව, ඔම්පාව; see Clew; (සංඥාවේ හැටියට නියමවෙන) ක්‍රීඩා කොටසය.

Cuff, n. ඇඳුමේ අතේ කෙළවර කොටස, කමිසඅත, බෝරිච්චිය.

Cuff, n. අතුල් පහර, පාණිප්‍රහාරය; v. අතුල් පහර දෙනවා or ගහනවා.

Cui bono, L. කාට ප්‍රයෝජනද?

Cuirass, n. උරහැද, උරපේදය, උරස්ත්‍රාණය, ලය වැස්ම, යකඩ ඇඳුමය, කවචය.

Cuisine, n. සූපකර්මය, පිහමන, මුළුතැන්ගෙය.

Cul-de-sac, n. Fr. lit. මල්ලේ අඩිය; fig. එක කෙළවරක් වසා—අහුරා—තිබෙන වීදිය

Culinary a. කුස්සියට අයිතිවූ, සූපකර්මයට—ඉවීමට—අයිත්තවූ; පාකසම්බන්ධ.

Cull, v. choose තෝරාගන්නවා; pluck නෙලනවා, කඩාගන්නවා. [රය.

Cullender, n. පෙරන බෙලෙක් භාජනයක්, පෙනේ

Culm, n. තණ සහ ගොයම් ජාතිවල ගස්, තණදඬු &c.; එනම් (කරල් නොව) ජීවාංගේ කඳන්.

Culm, n. අශුද්ධ අඟුරු වර්ගයක්.

Culminate, v. (අහසේ වඩා නොව තමාගේම) මුදුන් භාවයට පැමිණෙනවා; ඉතා උසස්—උතුම්—බලවත්—වැදගත්— භාවයට or තරමට පැමිණෙනවා; මුදුන් පැමිණෙනවා, මුදුන්පත්වෙනවා, අගපත්වෙනවා.

That star culminates to night at nine o' clock ඒ තාරකාව අද රාත්‍රියේ මුදුනට පැමිණෙන්නේ නවයටයි.

His fame culminated on the production of a poem ඔහුගේ කීර්තිය ඉතා උසස් භාවයට පැමිණුණේ කාව්‍ය ප්‍රබන්ධයක් කිරීමෙන්ය or කළ කල්හිය.

His afflictions culminated in insanity පිස්සු වැටෙනතරමට ඔහුගේ පීඩිතයම් වැඩිවිය ආවා.

Culmination, n. (තාරකාවක &c.) මුදුන්වීම, මුදුන් පැමිණීම, (සවභාවේ, කීර්තියේ, රෝගයේ) ඉතා අධික ගතිය, මුදුන් පැමිණීම, මුදුන්පත්වීම, මුදුන, මුදුන් සවභාව.

Culpability, n. වරදකාරකම, සාපරාධතාව, දෝෂාරෝපණීයතාව, නින්දාතාව, ගර්හ්‍යතාව.

Culpable, a. දෝෂාරෝපණීය, සාවද්‍ය, වරදකාර, දෝෂ සහිත, සාපරාධ.

Culpableness, n. සාවද්‍යතාව. See Culpability.

Culpably, ad. දෝෂාරෝපණීය ලෙස, වරදකාර ලෙස, සාවද්‍යලෙස.

Culprit, n. දෝෂාරෝපණය කරනු ලබන්නා, දෝෂාරෝපිතයා, වරදකාරයා, අපරාධකාරයා, අපරාධියා.

Cult, n. ලබ්ධිය, දෘෂ්ටිය, ඇදහීම, ඊශ්වරාසය.

Cultivable, a. ගොවිතැන් කරන්ට පුළුවන්, ගොවිතැනට සුදුසු, වැවියහැකි, වගාකළහැකි (බිම් &c.).

Cultivate, v. the ground (බිමේ) ගොවිතැන්කරනවා, trees &c. වවනවා, වැවිලිකරනවා; improve දියුණු කරනවා, පුහුණු කරනවා, අභිවර්ධනය කරනවා, increase වැඩිකරනවා.

Cultivated, pp. or a. ගොවිතැන්කරනලද &c.; අභිවර්ධිත, (සිතින්, උගත්කමින් &c.) පුහුණුවූ, ප්‍රගුණිත, ශිෂ්ටාචාර.

Cultivation, n. ගොවිතැන් කිරීම etc., ගොවිතැන, ගොවිකර්මාන්තය, වැවිලිකර්මාන්තය.

Cultivator, n. ගොවිතැන්කරන්නා, ගොවියා; වැවිලිකාරයා.

Culture, n. වැවිලිකර දියුණුකිරීම, අභිවර්ධනයකිරීම, දියුණු—පුහුණු—වූණ භාවය, උගත්කම, ශාස්ත්‍රඥභාවය, විද්‍යාභ්‍යාසය, ශික්ෂිතතාව, සභ්‍යත්වය, gen. සුශික්ෂිතත්වය.

Culvert, n. බෝක්කු කානුව, බෝක්කුව, (පාරක් &c. යට) බෝක්කු මග. [නවා.

Cumber, v. බරකරනවා, අමාරු කරනවා, හිරිහැරකර

Cumbersome, Cumbrous, a. අපහසු, බාධා සහිත, අමාරු, බර ඇති, පීඩාකර, කරදර සහිත.

Cumbrance, n. බාධාව, (බාධාවක්වූ) බර, අමාරුදෙය.

Cumbrousness, n. (ලොකු නිසා ඇති) අමාරුකම, අපහසුකම. [දේවදුරු.

Cummin, n. දුරු, ජීරක, කළුදුරු, සුදුදුරු, මාදුරු,

Cumulate, v. එක ගොඩකට—තැනකට—රැස් කරනවා, ගොඩකරනවා.

Cumulative, a. (එකකට එකක් එකතුකිරීමෙන්) වැඩිවේගන යන්නාවූ or බලවත් වෙන්නාවූ.

Cumulus, n. ගොඩවල් හුලක් මෙන් පෙනෙන වලාකුළ or වලාකුළු ජාතිය, වලාකූටය

Cuneate, Cuneated, a. ඊතලය ආකාර, කීලාකාර, (කොළ &c.).
Cuneiform, Cuniform, a. ඊතලය ආකාර, කුඤ්ඤ ආකාර, ශරමාණි ආකාර (අක්ෂර).
Cunning, a. දක්ෂ උපා ඇත්තාවූ, නිපුණ, චතුර, ප්‍රයෝගයෙහි දක්ෂ, කපටි, ශඨ, ප්‍රයෝගකාර, දඟකාර, සව්‍යාජ.
Cunningly, ad. දක්ෂ උපා ඇතුව, ප්‍රයෝගකාර ලෙස, දඟකාරලෙස, සව්‍යාජයෙන්.
Cup, n. කෝප්පය, පාත්‍රය, කුසලාන, චිත, චෂකය, කූප්පි හැඩය; made of leaf ගොටුව.
Cup, v. ලේ ඇර කූප්පියක් අල්ලනවා, වක්කම් අල්ලනවා.
Cup-bearer, n. උත්තමයන්ට බීම දෙන සේවකයා, පානපාත්‍රවාහකයා, බීම අල්ලන්නා.
Cupboard, n. භිත්ති රාක්කය, පියන් ඇති රාක්කය, රාක්කය.
Cupful, n. (වතුර &c.) කෝප්පයක්, කුසලානක්.
Cupid, n. කාමදේවයා, මදනයා, මන්මදයා, කුසුමවියා, මලවියා, අනංගයා.
Cupidity, n. තණ්හාව, වස්තු-තෘෂ්ණාව, ප්‍රලෝභය, ලෝභය, ලුබ්ධතාව.
Cupola, n. අඩිකට-පියස්ස, ගොඩනැගිල්ලක් උඩ තිබෙන බෝක්කුව, අර්ධචන්ද්‍රාකාරච්ඡදනය.
Cupreous, a. තාම්‍රමය, තඹ සහිත, තඹ වැනි.
Cur. n. කුඩා—හීච—පර—බල්ලා; fig. නීචයා.
Curability, n. (යමෙකුට) සුවකළ හැකි බව, සාධ්‍යත්වය.
Curable, a. සුවකළහැකි, සාධ්‍ය, සාධ්‍යමාන.
Curacy, n. උප දේවගැති තනතුර, උප දේවගැති ජීවිකාව.
Curate, n. උපදේවගැතියා.
Curative, a. ලෙඩ සුවකිරීමට අයිතිවූ, සුවකරන්නාවූ, පිළියම්වූ, ප්‍රතිකාර, ප්‍රතිකාරගුණ ඇත්තාවූ, රෝගහර, රෝග ඝාතක, රෝගඝාතක, ආරෝග්‍ය ජනක.
Curator, n. පත්වූ නියම පරිස්සම්කාරයා, යම් ස්ථානයක or සභාවක කාරණා බලාගන්න මූලාදෑනියා, නියම ආරක්ෂාකාරයා, ආරක්ෂකතැන, අධිකාරී.
Curb, n. කටකලියාගේ දම්වැල, මුක්කච්චිය, (පාර අයිනේ අල්ලා තිබෙන) අයිනේ ගල් පේළිය, කයිරුම; curb-stone අයිනේ ගලක්, කයිරු ගලක්; fig. වලක්වන දෙය, බාධාව.
Curb, v. මදක් නවත්වනවා, වලක්වනවා, මැඩපවත්වනවා, දමනය කරනවා, මර්දනය කරනවා.
Curcuma, n. කහ පැළ.
Curd, n. දීකිරි; මුදවාපු කිරි, මී, දඹි.
Curdle, v. කැටිගැහෙනවා, කැටිගස්සනවා; congeal, thicken, මිදෙනවා, මුදවනවා, දීකිරිවෙනවා.
Curdled, pp. *or* a. කැටිගැහුණ, මිදුණ, මුදවාපු, දීකිරිව තිබෙන.
Curdy, a. දීකිරි මුසු, දීකිරි වැනි.
Cure, v. සුව කරනවා, සුවපත් කරනවා, සනීප කරනවා, ව්‍යුපශමනය කරනවා, උපශමනය කරනවා, (cure evils) හරිගස්සනවා, පහකරනවා; (meat &c.) ලුණුදමනවා, වේලනවා.
Cure, n. සුවකිරීම &c., ව්‍යුපශමනය, උපශමනය, රෝග ශාන්තිය, රෝගෝපශමය, සුවය, පහසුව; remedy බෙහෙත, පිළියම, ප්‍රතිකාරය; benefice දේවගැති තනතුර.
Curfew, n. එංගලන්තයේ පුරාණ නියෝගයක හැටියට රාත්‍රියේ අටට ගැසූ ඝණ්ටාර ශබ්දය; curfew bell අටටගැසූ ඝණ්ටාරය, අටේ ඝණ්ටාරය.

Curiosity, n. අපූර්ව දේ දකීමට—රහස් දේ දැනගැනීමට—ඇති ආශාව, කෞතුකය, කෞතුහලය, කුතුහලය, කුහුල, (ඒ ආශාව උපදවන) අපූර්ව දේ, අරුමය, දුලබ ද්‍රව්‍යය.
Curious, a. inquisitive, අපූර්ව දේ දකීමට—රහස් දේ දැනගැනීමට—ආශා ඇත්තාවූ, කෞතුක, කුහුල්; strange අපූර්ව, පුදුම, අරුම.
Curiously, ad. පුදුමලෙස, අපූර්වලෙස, අරුමලෙස.
Curiousness, n. අපූර්වකම (ord. අපූරුකම) අරුමකම, කෞතුකත්වය, කෞතුහලභාවය, කුහුල්කම.
Curl, v. (වකුටු ඉසකේ මෙන්) වකුටුකරනවා, වටේට අකුළනවා, ඇකිළෙනවා, පුරුණ්ඩ්වෙනවා, (නගින දුමමෙන්) කරකැවෙනවා.
Curl, n. වකුටු ඉසකේ රොද, ඊට සමාන වකුටු දේ.
Curlew, n. වටුවෝ ජාතියක්, කිරළා.
Curling, a. වකුටුවෙන, ඇකිළෙන.
Curly, a. අක්බඹුරු, බොකුටු, පොකුටු, වකුටු.
Curly-headed, a. වකුටු ඉසකේ ඇති; curly-headed-one, බොකුටා, පොකුටා.
Curmudgeon, n. මසුරා, කෘපණයා, ලෝභියා.
Currant, n. කුඩා වියලි මුද්‍රික ඵල ජාතියක්; (ඊට සමානවෙන) රතු—සුදු—කළු—ඵල ජාති.
Currency, n. පතළවීම, ප්‍රචලනය, පාවිච්චිකරන මිල, වලංගු මුදල්.
Current, a. spreading පතළ; ප්‍රචල; common පොදු, සාමාන්‍ය, ව්‍යවහාර, භාවිතා කරනු ලබන; valid වලංගු.
Current, n. සැඩපාර, දියවැල, ජලප්‍රවාහය, ඕඝය, ශ්‍රෝතස, (ඊට සමානව) සිදුබවෙන යාම, සිදුබවෙන යන ආකාරය, ගමන් ක්‍රමය. See Course.
Currente Calamo, L. ලියමින්ම (රචනාකරනවා).
Currently, ad. සාමාන්‍යයෙන්, පොදුලෙස, සාධාරණ ලෙස.
Current money, n. වලංගු මිල.
Curricle, n. (අශ්වයන් දෙන්නෙකු බඳි රෝද දෙකක් ඇති) අශ්ව රථයක්.
Curriculum, n. දුවන භූමිය, රථය, අ[illegible] ඉගෙණගැනීමේ ක්‍රමය, උගන්වන[illegible]ණීම පිළිවෙල, විද්‍යාභ්‍යාස-ක්‍රමය, [illegible] their own
Currier, n. සම්කරුවා; හොම්මරයා [illegible]
Curry, n. පොල්කිරි මාළුව, මාළු [illegible]කාරය, ව්‍යංජනය.
Curry, v. පදම් කළ හම් තව දුරට හරිගස්සනවා, (අශ්වයා පනාවකින් ගා or පිරා) ශුද්ධ කරනවා; curry favour ඉච්චාවෙන් &c. උපකාර—වාසි—ලබාගන්නවා.
Curry-comb, n. අශ්වයා පිරන–ගා ශුද්ධකරන–පනාව; අශ්ව-පනාව.
Currying, n. හම් හරිගැස්සීම, මාදුකිරීම, අශ්වයෙකු ශුද්ධකිරීම.
Curry-stuffs, n. කාඩසරක්කු.
Curse, v. ශාපකරනවා, දෙස්කියනවා, දෙවොල් කියනවා, නරකක් ගැන යදිනවා, විනාශයට කැපකරනවා.
Curse, n. ශාපකිරීම &c.; ශාපය, ව්‍යසන උපදින දේ: riches—his children—are a curse to him වස්තු—ඔහුගේ දරුවෝ—ඔහුට ශාපයකි.
Cursed, be, v. ශාප කරනු ලබනවා &c., see above.
Cursed, a. ශාපලත්, ශාප කරන ලද, ශප්ත, ශාපග්‍රස්ත, දුෂ්ට; දෙව්ෂ්‍ය.
Cursing, n. ශාපකිරීම &c., යැදීම &c.
Cursive, a. දුවන්නාවූ; cursive writing අකුරු එකිනෙකට අල්ලා ලියන ලිවීම, වැල් අකුරු.

Cursorily, ad. ඉක්මන් ලෙස, කඩිනම් ලෙස, පරිස්සම් නැතිලෙස, යන්තමට, ස්වල්ප වශයෙන්.

Cursory, a. (දුවන්නාවූ), ලුහුඬු, ඉක්මන්, කඩිනම්, පරිස්සම් නැති (බැල්ම &c.).

Curst, a. See Cursed, a. [&c.)

Curt, a. (කොටකලාවූ) ලුහුඬු, අසම්පූර්ණ, (උත්තර

Curtail, v. කොටකරනවා, ලුහුඬුකරනවා, සංක්ෂේප කරනවා.

Curtailing, n. කොටකිරීම &c., සංක්ෂේපය.

Curtain, n. තිරය, කඩතුරාව, ජවනිකාව; fig. (නාඩගම් මඩුවේ තිරයේ හැටියට) : behind the curtain අප්‍රසිද්ධයෙන්;

those behind the curtain or scenes ප්‍රසිද්ධ නැති කාරණා දන්නෝ;

draw or drop the curtain කාරණා තවදුරට නොපෙන්වා තවතිනවා or වසනවා;

raise or draw aside the curtain පෙන්වන්ට පටන්ගන්නවා, රහස් කාරණා පෙන්වනවා or දන්වනවා.

Curtain, v. තිර එල්ලනවා, තිර බඳිනවා.

Curtained, a. තිර එල්ලාපු, තිර බැඳි, තිරෝහිත.

Curtsy, v. දනහිස් ටිකක් නමා—පසත්කර—ආචාර කරනවා;

Curtsy, n. (දනහිස් ටිකක් නැමීමෙන් කරන) ස්ත්‍රීන්ගේ ආචාරය.

Curvation, n. නැමීම, වකුටුවීම, වක්‍රීකරණය.

Curvature, n. වකුටුකම, වක්‍රීභාවය, වක්‍රතාව, කුටිලතාව, නැමී තිබෙන or නැමීමේ ප්‍රමාණය.

Curve, n. වංගුව, වකුටුකම, වක්‍රය, වක, නැමුම, වක්‍ර රේඛාව.

Curve, v. නමනවා, වකුටුකරනවා, ඇදකරනවා, නතුකරනවා, නැමෙනවා, හැරෙනවා.

Curved, a. නැමුණු, නත, වකුටු, කුටිල, ප්‍රතිකුංචිත.

Curvet, n. දුනු හැඩයට පනින අශ්වයාගේ පැනීම or පිම්මක්; v. (එසේ) උඩපනිනවා.

Curvilineal, Curvilinear, a. වකුටු රේඛා ඇත්තාවූ. වකුටු හැඩ ඇත්තාවූ, වක්‍ර රේඛික.

Cushion, n. කොට්ටය, මෙට්ටය, කුලිච්චිම.

Cushion, v. කොට්ට ඇණ ගසනවා, සව්කරනවා or බඳිනවා: this carriage, chair &c. is cushioned මේ රථය, පුටුව, යනාදී දේවල කොට්ට ඇණගසා-බැඳ-තිබෙනවා. [(ආසන &c.).

Cushioned, a. කොට්ට බැඳි, කොට්ටයක් ඇති,

Cusp, n. (අලුත් හඳේ) තුඩක් or අඟක්, අඩ් චන්ද්‍රාග්‍රය, චන්ද්‍ර ශෘංගය; in arch. එල්ලෙන තුඩක්, (වකුටු රේඛා දෙකකින් සෑදෙන) වකුටු කොණ, වක්‍ර ශෘංගාකාර කොණ.

Cuspated, a. තුඩවූ, වක්‍ර ශෘංගාකාර, සූච්‍යග්‍ර.

Custard, n. බිත්තර මිශ්‍රවූ කිරි, කිරි බිත්තර කැඳ or තලප.

Custard-apple, n. අනෝදා ගෙඩිය, අනෝදගෙඩිය, ආනා or ආත්තා ගෙඩිය.

Custodian, n. (ප්‍රසිද්ධ ශාලාවක්) බලාගන්නඅය, රැකවලා, භාරකාරයා.

Custody, n. guarding රැකවල; charge භාරය, බාරය; imprisonment හිර අඩස්සිය, හිරේ ඉඳීම; taking into custody හිරභාරයට ගැනීම.

Custom, n. usage ව්‍යවහාරය, භාවිතාව; habit පුරුද්ද, සිරිත, චාරිත්‍රය; habit of buying මිලේට ගැනීමේ භාවිතාව, මිලේට ගැනීම, as: I give my custom to him මම (සිරිතක්කොට—සාමාන්‍යලෙස—සෑම දම්—) මිලේට ගන්නේ ඔහුගෙනුයි;

We have much custom or many customers බොහෝදෙනෙක් (පුරුද්දට) අපෙන් මිලේට ගන්නවා.

tax තීරුව, ආදායම, ආදායම් බද්ද, ශුල්කය, customs රට ගෙනයන or ගෙනෙන බඩු තීරුව, තීරු බද්ද, මුදු බද්ද. [(බඩු).

Customable, a. තීරුවට යටත්වූ, තීරු ගෙවිය යුතු

Customarily, ad. සාමාන්‍යයෙන්, සිරිත් වශයෙන්.

Customary, a. ව්‍යවහාර, පුරුදු, ව්‍යවහාරික, ව්‍යවහාර්‍ය.

Custom-duties, n. pl. රේගුවේ තීරු, තීරුබදු.

Customer, n. (පුරුද්දට යමෙකුගෙන්) මිලේට ගන්නඅය, බඩු මිලදී ගන්නා.

The barber has his customers පනික්කියා ළඟට යන්නෝ—පනික්කියාගෙන් වැඩගන්නා අය—සිටිත්. [අමාරු සතෙකි.

A bear is an ugly customer වලසා හසුරුවන්ට

Custom-house, n. ආදායම් ගේ, ආදායම් ශාලාව, රේගුව, ශුල්කස්ථානය.

Cut, v. කපනවා, කැපෙනවා, ඡේදනය කරනවා, සිඳිනවා; saw ඉරනවා; cut down කපාදමනවා; lessen අඩුකරනවා; [වලක්වනවා;

cut off කපාදමනවා, සිඳදමනවා, වෙන් කරනවා;

cut out:—*separate* කපා අරිනවා; කපා වෙන්කරනවා; [නවා.

form කැපීමෙන් නිර්මාණය කරනවා, කපා සාද

plan (විසි, වැඩ &c.) යෝජනා කරනවා, නියම කරදෙනවා;

precede ඉස්සර වෙනවා, වලක්වනවා : *I cut him out* ඔහු වලක්වන හැටියට ඔහුට ඉස්සර වුණෙමි.

cut up කෑලිකොට කපනවා, fig. හිත පොඩිකරනවා, හෘදයට අනිනවා, ළය පළනවා;

cut short කොටකර කපනවා: (ගස්) කප්පාදු කරනවා; fig. ලුහුඬුකරනවා, නවත්වනවා;

cut across, cut, හරහට කපනවා; හරහට යනවා; this line cuts that මේ ඉර ඒ ඉර හරහට වැටෙනවා or වැටී තිබෙනවා.

Cut, pp. or be or a. කැපිලයි &c.. කපා තිබෙනවා &c., කපනලද, ඡින්න, සිඳිනලද, ව්‍යවච්ඡින්න.

Cut, n. කැපීම, කැපුම; (with whip &c.) පහර, fig. ඇනුම්පදය; [or කැල්ල,

canal කැප්පු ඇල; a piece කපාපු කොටසක

a short cut කිට්ටු පාරක්; fig. පහසු විධියක්;

wood cut ලී අච්චු සිතියම; *i. e.* ලීයේ කැටයම් කර එයින් අච්චුගසන සිතියම;

cut—shape—of a coat &c. කබායක හැඩය.

Cutaneous, a. හමට අයිතිවූ, ත්වාච, ත්වාචී, චර්මානුකූල; cutaneous disease හමේ රෝගයක්, චර්මදූෂිකාව.

Cutchery, n. කච්චේරිය. රාජකාර්‍ය ශාලාව.

Cute, a. vul, තියුණු, සපන්.

Cuticle, n. පිට හම, හෝහම, බාහ්‍ය චර්මය, of a tree පොත්තේ පිට සිවිය, සුඹුළුව.

Cuticular, a. හෝහමට අයිතිවූ, සුඹුළු.

Cutlass, n. පලල් වකුටු කඩුව; කස්තානය.

Cutler, n. පිහියා, කතුරු යනාදිය සාදන්නා, කැපෙන ආයුද සාදන්නා or විකුණන්නා.

Cutlery, n. කැපෙන ආවුද කර්මාන්තය or වෙළඳම, කැපෙන ආවුද.

Cutlet, n. කට්ලිස්, පිරිකිඳුල්.

Cutpurse, n. ගැටකපන්නා, ගැටකපන හොරා.

Cutter, n. කපන්නා; කපන ආවුදය; ඉස්සරහ දතක්; කුඩා නැව් ජාතියක්.

Cut-throat, n. බෙලි කපන්නා, මිනීමරුවා.

Cutting, n. කැපීම &c., see verb; කැපුම, ව්‍යවච්ඡේදය, කපාපු තැන or කැබෙල්ල, හෙලක් මැදින් කැපූ පාර, කපාපු රිකිල්ල or අත්ත.

Cutting, a. කපන, කැපෙන, ඡේදයකරන; (සිතට) ඇනෙන, ඇනුම්පද සහිත.

Cuttingly, ad. (සිතට) ඇනෙන ලෙස. [යෙක්.

Cuttle, Cuttle-fish, n. කළු ද්‍රව්‍ය නික්මවන මත්ස්‍ය

Cycle, n. කාල චක්‍රය, සම්පූර්ණ කාල ගණන, කිහාතු සතය, කාල මණ්ඩලය, පාගන රථය, සක් පුවළ, සයිකලය; cycle of the moon චන්ද්‍ර කාල චක්‍රය or චන්ද්‍රයාගේ කාලක්‍රමය; (ඒ ක්‍රමය අවුරුදු දහනවය කින් සම්පූර්ණවී නැවත පටන්ගන්නවා).

Cyclic, Cyclical, a. කාල චක්‍රයකට අයිතිවූ; (කාරණ—ස්ථාන—ගැන) චක්‍රවත්, ආවෘත්තනාකාර.

Cyclone, n. බලවත් සුළි හුළඟක්.

Cyclopedia, Cyclopaedia, n. ඥාන-මණ්ඩලය, විද්‍යා-අකාරාදිය, විද්‍යාභාරවලිය, විශ්වකෝෂය, ශිල්ප ශාස්ත්‍රාදී සියල්ල අඩංගුවූ පොත or පොත්. [කාර.

Cyclopedic, a. ඥාන-මණ්ඩලාකාර, විද්‍යා-අකාරාදියා

Cygnet, n. රාජ හංස පැටියා. [රාශිය.

Cygnus, n. රාජ හංසයා, තාරකා පඞ්ක්තියක්, හංස

Cylinder, n. කොටවූ ලොකු නළයක්, වර්තුලය, කව පොල්ල, බේලනය, සිලින්ඩරය, දඬුල් කද වැනි හැඩය. [තාවූ.

Cylindric, Cylindrical, a. නාලාකෘති, නාලගුණ ඇත්

Cymbal, n. අත්තාලම, කෛතාලම.

Cynic, Cynical, a. (තරහ බල්ලෙකු මෙන්) අප්‍රසන්න ගතියක් ඇත්තාවූ, ඝෝරකයාවැනි, රළු, නින්දශීල.

Cynic, n. අප්‍රසන්නකාරයා, ඝෝරකයා; pl. (ජීවිතයේ ප්‍රසන්නවූ සියල්ල සුළුකළ) පුරාණ පණ්ඩිතයෝ වග යක් [මෙන්.

Cynically, ad. (අනිසි) අප්‍රසන්නකමින්, ඝෝරකයා

Cynicalness, n. අප්‍රසන්නකම, බද්ධගතිය.

Cynosure, n. ධ්‍රැව තාරකාව අඩංගු තාරකා පඞ්ක්තිය, ක්ෂුද්‍ර හල්ලූක රාශිය; fig. ප්‍රකට එක, සර්ව දෘෂ්ටි සංගත එක.

Cypher, see Cipher, n.

Cypress, n. (කිහිරි, දේවදර යනාදි ජාතිවලට සමාන) ගස් ජාතියක්; fig. අවමඞ්ගල සලකුණ.

Cyst, n. සැරව අඩංගු බොක්ක, පූයා ශාලය.

Cystine, n. මූත්‍ර බොක්කෙක් ගලක්, අසාවර් ගලක්.

Cystotomy, n. (ගල් අහක්කරන්ට) මූත්‍ර බොක්ක කැපීම, මූත්‍රකෝෂ-ඡේද්‍යය.

Czar, n. රුසියාවේ අග රජ්ජුරුවෝ.

Czarina, n. රුසියාවේ අගබිසව.

Czarowitz, n. බටුත්ත හිමි රුසියාවේ රාජකුමාරයා.

D

D, (500) පන්සියයක්, ආචාර්යයා; D. D. ධර්මාචාර්යයා; M. D. වෛද්‍යාචාර්යයා.

Dab, n. හිත් අතුල් පහරක්, (තෙත ද්‍රව්‍යවලින්) කැටියක්, ගුළියක්, පිඩක් or පැල්ලමක්.

Dab, v. හිත්සැරේ අතින් ගහනවා, අතුල් පහර දෙනවා; (තෙත or මොළොක් ද්‍රව්‍යවලින්) හිත්සැරේ ගහනවා, තට්ටුකරනවා.

Dabble, v. චික චික වතුරේ ගැසීමෙන් තෙමනවා; (අත or පය දියේ දමා) හිත්සැරේ දිය කෙළිනවා; fig. සුළු ලෙස යමක් කරනවා, මැදිවෙනවා.

Dabbler, n. ස්වල්ප විසයෙන් දියකෙළින්නා, ස්වල්ප විසයෙන් යමක් කරන්නා or මැදිවෙන්නා.

Dabster, n. හපනා, නිපුණයා.

Da capo, (ඩා කාපො) It. මුල පටන.

Dacoits, n. pl. මංකොල්ලකාර පෙළක්.

Dactyl, n. (විගසින්, පලමු යනාදි වචනමෙන් බර වෙන ශබ්දය මුලට ඇතුව) ශබ්ද තුනක් ඇති කවි පදයක්; බගණය.

Dactylic, n. ඒයාකාර පද ඇති පේළියක්.

Dactylology, n. (කථාවෙන් මෙන්) ඇඟිලිවලින් හඟවා දීම; මුද්‍ර විද්‍යාව, හස්තමුද්‍ර භාෂාව.

Dactylonomy, n. ඇඟිලිවලින් ගණිත විධිය, අඞ්ගුලි ගණිතය.

Dad, Daddy, n. තාත්තා.

Daffodil, n. මල් ජාතියක්.

Daedal, a. චිත්‍ර විචිත්‍ර, බහුවිධ, රචිත, ශිල්ප කුශල, චතුර, උපායවත්.

Daft, be or a. මද උන්මාද, සිහිකල්පනා මදි, මෝඩ, තකතිරු.

Dagger, n. අනිත කොට කඩුව, කිරිච්චිය, හෙල්ල, කුන්තාග්‍රබය, සිරිය, ඡුරිකාව, අබෝලිපියට &c., දමන (†) මේ ලකුණ.

be at daggers drawn, fig. ක්‍රෝධයෙන්—යැර පොරට or විරුද්ධව—සිටිනවා. [ගැටෙනවා.

Daggle, v. (ඇඳුම් කෙළවර මඩේ) ගාගන්නවා or

Dagaba, n. දාගැබ, ස්තූපය, චෛත්‍යය, සෑය.

Daguerreotype, n. ආලෝකයෙන් කරන සිතියම් ජාතියක්. [කය.

Dahlia, n. (ඩේලිය නම්) මල් ජාතියක්; දෘඪකණ්ට

Daily, ad. දවස්පතා, දවසින්දවස, දවසගානේ, සෑම දවම, දිනපතා; a. දවස්පතා, දිනපතා. [සලකා.

Daintily, ad. රූමලෙස, රසවත්කම බොහෝසෙයින්

Daintiness, n. රසවත්කම, ප්‍රණීතතාව; රසවත්කම ගැන අධික සැලකීම

Dainty, a. රසවත්, මධුර, ප්‍රණීත, ස්වාදු, රසවත්කම ඉතාමත්ම සලකන්නාවූ; fine කදිම, මනෝහර, මනහර, කෝමල.

Dainty, n. මිහිරි—මධුර—රසවත්—ප්‍රණීත—ආහාරයක්; jams & such ලෙය්‍යපෙය්‍ය.

Dairy, n. කිරිතබන ගේ, කිරිගේ, කිරිපට්ටිය; වෙඬරු, දීකිරි, චෙස්, යනාදිය සාදන ස්ථානය.

Dairy a. කිරි, පයස්‍ය.

Dairying, n. කිරි, චේස්, ආදි කර්මාන්තය.

Dairy-maid, n. කිරිගෙයි වැඩකාරී. [ඉසත්‍යාදුව.

Dais, n. (භෝජන ශාලාවේ) උස් බිම, උස් තට්ටුව,

Daisy, n. කුඩා මල් ජාතියක්.

Dale, n. දෙණිය, මිටියාවත.

Dalliance, n. මිඩංගුව; (ආදරයෙන්, සුරතල් ලෙස) සරදම්කිරීම, ආදරකිරීම, විලසනය.

Dally, v. delay, මිඩංගුවෙනවා; trifle යමක් සුළුලෙස—සුළු දේ—කරනවා; fondle ආදරකරනවා, සුරතල් කරනවා.

Dam, v. (වේල්ල or බැම්ම or පවුර බැඳීමෙන්) වතුර නවත්වනවා; වේලි—අමුණු—නියර—බඳිනවා; fig. නවත්වනවා, වලක්වනවා.

Dam, n. වේල්ල, නියර, අමුණ, (වතුර නවත්වන) බැම්ම or පවුර, ජලබන්ධකය.

Dam, n. බෙනුව, දෙන, මෘගබෙනුව මූව්දෙන.

Damage, n. අලාභය, හානිය, අනතුරුව, නාස්තිය; pl. නාස්තිවුණ or නරක්වුණ දේවල වටිනාකම, අලාභය; assess damages අලාභ තක්සේරු කරනවා.

Damage, v. හරක් කරනවා, අලාභ කරනවා, අනතුරු කරනවා, හානිකරනව, අලාභහානිකරනවා, නාසති කරනවා, නරක්වෙනවා.

Damageable, a. නරක්විය හැකිවූ, හානිවියහැකිවූ.

Damaged, be *or* a. නරක්වෙනවා &c.; නරක්වී තිබෙන, නරක්වූ, නරක්වෙච්ච.

Damask, n. විසිතුරු රෙදි ජාතියක්, කෞශෙය; අඳුරු රතුපාටක්.

Damask, a. අඳුරු රතුපාටක් ඇති.

Damask, v. මල් ආකාරයෙන් රෙදි විසිතුරු කරනවා; වාන විසිතුරුකරනවා.

Damask- rose, n. අඳුරු රතු සෙව්වන්දි මල. [ස්ත්‍රී.

Dame, n. ලමාවිතනි, ලමාතෙනි; විතනා, මාසියා,

Dame-school, n. ස්ත්‍රියකගේ අක්ෂර පාඨශාලාව, ස්ත්‍රියක් විසින් පවත්වනු ලබන සෙකොලය.

Damn, v. නිරයට පත්කරනවා; (එසේ පත්වේවා කියා) දෙස් කියනවා; ශාප කරනවා; condemn වර දට පත්කරනවා.

Damnable, a. නිරයට—වරදට—පත්වෙන්ට සුදුසුවූ, අච්චුවට නිසි; දෙවිඥ කටයුතු, නින්ද්‍ය, ගර්හ්‍ය.

Damnation, n. නිරයට පත්කිරීම; නිරයට පත්වීම.

Damned, a. නිරයට පත්වූ, අපාගත; (E. vul.) අසික් කින, කිව.

Damnify, v. අලාභහානි කරනවා; අනතුරු කරනවා.

Damning, a. වරදට—අච්චුවට—පත්කරවන (සාක්ෂි &c.).

Damp, n. තෙත, තෙත්ගතිය, තෙතමන; choke-damp අඞ්ගාරිකාම්ල වායුව; fire-damp අඞ්ගාර ජලකර වායුව. [ආර්ද්‍රවූ.

Damp, a. තෙත, තෙත්වූ, තෙත් ගතිය ඇත්තාවූ,

Damp, v. තෙමනවා, තෙත් කරනවා, fig. මලානික කරනවා; (ධෛර්‍ය්‍ය, ජ්වලිතකම &c.) අඩුකරනවා, අධෛර්‍ය්‍යකරනවා.

Damper, n. තෙමන්නා; (හුලඟ නැවැත්වීමෙන්) ගින්න අඩුකරන තහඩුව, හුලං තහඩුව; fig. (හිත, ධෛ ර්‍ය්‍ය) මලානික කරන දේ.

Dampish, a. මද තෙත්වූ. [තිය.

Damsel, n. තරුණී, ලමිස්සි, යෞවනී, කන්‍යාව, යුව

Damson, n. ඵල ජාතියක්.

Dance, v. නටනවා, නෘත්‍යකරනවා, නටවනවා;
perform devil-dance යකුන් නටනවා, බලියක් නටනවා.
Dance attendance (යමෙකු සමග) යටත් පහත් ලෙස හැසිරෙනවා *or* ආශ්‍රය කරනවා. [කය.

Dance, n. නැටීම, නැටුම, නැවිල්ල, නෘත්‍යය, නාට

Dancer, n. නටන්නා, නාටකයා, නෘත්‍යකරුවා, නර්ත කයා, නැටුම්කාරයා, නැටුම්වා, fem. නැටුම් කාරී, නෘත්‍යකාරී. [කාර; පෙම්කෙළිත.

Dancing, a. නටන &c., නාටක, නෘත්‍ය, නැටුම්

Dancing, n. නැටීම &c., තාණ්ඩවය. See Dance.

Dancing-master, n. නැටීම උගන්වන්නා, නෘත්‍යකාර ගුරුවරයා, නාට්‍යාචාර්‍ය්‍යයා.

Dancing-school, n. නටන්ට උගන්වන ශාලාව.

Dandle, v. වඩාගෙන සුරතල් කරනවා, නටවනවා.

Dandruff, n. ඉස්සොරි *or* ඉස්සොරි.

Dandy, n. ජේත්තුකාරයා, ආඩම්බරකමින් ලක්ෂණට පලඳින්නා, හැඩකාරයා.

Dandyism, n. ජේත්තුකාර ලීලාව.

Danger, n. අනතුරුව, අනතුරුවෙන්ට පුළුවන් සම්භාව, අනතුර, ආපදව, ව්‍යසනය, උවදුර, උපද්‍රවය, ශංකාව, සංදේහය, සංශය.

Dangerous, a. අනතුරු—අනතුරු &c.—වියහැකිවූ, අනතුරු සහිත, අනතුරුයකර, අනතුරුදායක, භයා වහ, භයහෙතුක.

Dangerously, ad. අනතුරුවියහැකිලෙස etc.

Dangerousness, n. අනතුරු වියහැකිකම, අනතුරු සහිතතාව, අනතුරුදායකභාවය.

Dangle, v. එල්ලී තිබෙනවා; එල්ලීවැටෙනවා; එල්ලෙ නවා; එල්ලාගෙන වනනවා; *or* එල්ලී වැනෙනවා.

Dangling, a. බුරුල්ලෙස එල්ලීවැටෙන.

Danish, a. ඩේන්වරුන්ට—ඩෙන්මාර්ක් රටට අයිතිවූ.

Danish, n. ඩෙන්මාර්ක් භාෂාව.

Dank, a. තෙත්වූ, තෙතමන ඇත්තාවූ.

Danubian, a ඩැනුබ් ගංගාවට අයිතිවූ.

Daphne, n. කුඩා ගෘහ තාරකාවක්; නොයෙක් මල් පැළ ජාති.

Dapper, a. උනන්දු, දක්ෂ, කඩිසර, චිත්ත.

Dapple, a. නොයෙක් පාට ලප ඇත්තාවූ, ලපසහිත, ලාඤ්ඡනවත්, පුල්ලි ඇත්තාවූ, කබ්රුවත්, ගෝමර.

Dapple, v. විසිතුරු කරනවා, චිත්‍ර කරනවා, කබ්රු වත් කරනවා, ගෝමරකරනවා.

Dappled, a. කබ්රුවත්, විසිතුරු පුල්ලි ඇති, ගෝමර ඇති, නානා වර්ණ.

Dare, v. නිර්භීතව සිටිනවා, නිර්භයවෙනවා, ධෛර්‍ය්‍ය ඇතුව සිටිනවා; defy මිගකියනවා. [නැති.

Daring, a. නිර්භීත, භය නැති, බුහුටි ප්‍රගල්භ, ගරු

Daring, n. නිර්භීතකම, භයනැතිකම, බුහුටිකම, ප්‍රගල්භතාව.

Daringly, ad. නිර්භීතලෙස, බුහුටිලෙස.

Dark, a. අන්ධකාර, කළුවර; මදක් කළු; අඳුරු; අප්‍ර කට, රහස්, ගුප්ත,

Dark, n. අන්ධකාරය; අඳුර; රහස් ගතිය; keep in the dark රහසේ තබාගන්නවා. [වර්ණ.

Dark-coloured, a. අඳුරු පාට ඇති; දුඹුරු, කෘෂ්ණ

Darken, v. අන්ධකාරකරනවා; කළුවරකරනවා; කළු කරනවා; අඳුරුකරනවා, මලිනකරනවා; අන්ධකාර වෙනවා &c

Darkish, a. මද අඳුරු. [ලෙස.

Darkly, ad. අඳුරුලෙස; අප්‍රකටලෙස; නොපැහැදිලි

Darkness, n. අන්ධකාරකම, කළුවරකම, අඳුරුකම, තමස, තිමිරය, අප්‍රකාශකම

Darky, n. නිග්‍රෝ ජාතියේ කෙනෙක් [දයාබර.

Darling, a. සුරතල්, ස්නේහවන්ත, ප්‍රේමවන්ත, ප්‍රියවූ,

Darling, n. සුරතල් දරුවා *or* මිත්‍රයා, සෙන්හවන්තයා, ඉතා ආදරණීය අය.

Darn, v. එලලනවා; n. එලලාපු තැන.

Darning, n. එලලීම.

Darnel, n. කිරිඳි.

Dart, n. තෝමරය, හෙල්ලය, සෙල්ලය, ඊය, ශූලය, හෙම (pl. හෙප්); කරමුකතය.

Dart, v. (හෙල්ලයක් මෙන්) හදිසියෙන්—සැරෙන්—විසිකරනවා, විදිනවා, දමාගසනවා, වේගයෙන් නික්මෙනවා *or* පැනයනවා, වේගයෙන් ඉගිලෙ නවා. [නවා;

Dash, v. තදින් හෙලනවා, හෙලාදමනවා, ගසාදම
dash together තදින් එකට වද්දවනවා, ගටනවා, සැරෙන් වදිනවා *or* ගැටෙනවා; dash in pieces පොඩිකරදමනවා, සුන්කරනවා, බිඳදමනවා.
dash hopes ප්‍රාර්ථනා නටබුන් කරනවා, බලාපො රොත්තු සුන්කරනවා *or* කඩකරනවා, ශූන්‍ය කරනවා.

rush වේගයෙන් ... or පැනලා යනවා;
dash off ... hastily ... නවා—එකපාරටම—
කාර නිෂ්පාදනවා;
splash about සැරෙන් ඉහිනවා.
Dash, n. තදින් හෙළීම &c.; හදිසි පහරක්; (වචන
වෙන්කිරීමට &c. ගහන) – මේ ඉර or / මෙය; මිශ්‍රවූ
ද්‍රව්‍යාංශයක්. [වුම.
Dash-board, n. ... ස්වරහ රැල්ල; පෙල් කො
Dashing, a. ...ක්—... වත්කමින්—වේගයෙන්—
කාරනය ... වේග ගතියක් ඇති, වේගවත්,
සැයතැන්, නිර්භීත.
Dastard, a. නීච බයගුල්ල, ඉතා බයාදු; n. නීචවූ බය
ගුල්ලා, බයාදුකාරයා.
Dastardly, ad. නීච බයාදුකමින්, ඉතා බයාදු ලෙස.
Dastardy, n. නීච බයාදුකම, හිරුහුවය, දීනතාව.
කාපුරුෂත්වය.
Data, n. pl. L. (පිළිගත්ත) නියම දේ ... ධාරණ or
සූත්‍ර, ප්‍රද ... විෂයය.
Date, n. විශේෂනුව, කාලය, දින, දුතම.
Date, v. වකවානුව—කාලය—දින—ලියා ... or සට
හන් කරනවා, දුතමදමනවා, (යමක) ... පටන්
ගන්නවා or ගැණෙනවා.
Date, n. ඉඳි, සිඳි, රට ඉඳි (ගෙඩි); tree ඉඳි ගහ;
යොත් ඉඳි, බර්ජූර වෘක්ෂය; බරසකණ ...
Dated, pp. or a. (අසමේල්) දින ... දුතම ... වකව
නුව සටහන්වූ.
Dateless, a. දින &c. සටහන්නැති; කාලනි... ගිත.
Dative, a. සපදන්, සම්ප්‍රදාන, චතුර්ථි (විභක්...
Datura, n. අත්තන, රටඅත්තන, උන්මත්ත.
Daub, v. තවරනවා, ආලේප ... හොඳ ... නි
ලෙස තින්තගානවා; fig. (යමක් තැවරීමෙන් ...)
වසනවා; තදලෙස ඉච්චාකරනවා.
Daub, n. අසමරීලෙස සායම්ගෑම, අවලක්ෂණ පින්තා
රුව; හොඳ නැති සිතියමක්.
Daubing, n. තරක ලෙස තැවරීම; fig. තද ඉච්චාව.
Daughter, n. දුව, දුවණියෝ, දියණියෝ, දෙදුණි
යෝ, තනූජනිය, පුත්‍රිය, පුත්‍රිකාව, දුහිතෘව, ධීතෘව.
Daughter-in-law, n. යෙහෙලි; ලේලී.
Daughterly, a. දුවෙකුට යෝග්‍ය; (ආදරයෙන්; සැල
කිල්ලෙන්) දියණියක් වැනි. [නවා.
Daunt, v. භයකරනවා, කලකිරවනවා, පසුබට කර
Dauntless, a. භය නොවෙන්නාවූ, නිර්භීත, නිර්භය,
අභීත.
Dauntlessly, ad. භය නැතුව, නිර්භීතලෙස, අභීතව.
Dauntlessness, n. භය නැතිකම, නිර්භීතතාව, අභී
තිය.
Dauphin, n. ප්‍රන්ස රජ්ජුගේ වැඩිමහල් කුමාරයා, (එය
ඔහුගේ පටබැඳි නම). [වය or ලිය.
Davit, n. තැංගුරම, ඔරු යනාදිය එල්ලා තබන යක
Dawdle, v. කම්මැලි ලෙස ක්‍රියාකරනවා; නිෂ්ඵල
ලෙස or නිකරුණේ කාලයගතකරනවා.
Dawk, n. ඉන්දියාවේ තැපෑල.
Dawn, v. පහන්වෙනවා, එළිවෙනවා; fig. එළිදරව්
වෙන්ට පටන්ගන්නවා; ප්‍රබෝධ වෙනවා, හැඟී
යනවා.
Dawn, n. පහන්වීම &c., පහන්වෙන වේලාව, පහන්
වේලාව, පාන්දර, උදෑහැන, උදෑසන, උදෑසන, අලු
යම, අරුණෝදය, ප්‍රභාතය, ප්‍රාතඃකාලය, ප්‍රත්‍යූ
ෂය; ප්‍රබෝධය; of hope ප්‍රාර්ථනාවේලදුවීම or පටන්
ගැන්ම. [ගැන්ම.
Dawning, n. පහන්වීම &c.; fig. ප්‍රබෝධය, පටන්

Day, n. දවස, දිනය, දා; to-day අද; period of light
දහවල, දිවාකාලය; fig. කාලය; day by day දවසින්
දවස, දිනෙන් දින; from day to day (from hand
to mouth) එදින් එදට.
Day after to-morrow, n. අනිද්දා, අනිත්දා.
Day before yesterday, n. පෙරේදා.
Day-boarder, n. එදින් එද කෑම ලබන ශිෂ්‍යයා, දිවා
කාල නේවාසිකයා.
Day-book, n. දවසේ පොත, දිනපොත, එක එක
දවසේ ගණන් ලියන පොත.
Day-break, Day-spring, n. පහන්වීම &c. See Dawn.
Day-dream, n. (හීනයක් වාගේ) දවාලේ නිකම් සිති
මක්; දවල් හීනය. [වැඩේ.
Day-labour, n. දිනපතා වැඩේ, එදින් එදවීම රැබෙන
Day-labourer, n. එදින් එදවම වැඩකරන්නා.
Daylight, n. දවල් එළිය, ඉරේඑළිය, සූර්‍යාලෝකය,
දවාල. [ලය.
Day-school, n. දවස්පතා පාසැලය; දවල් පෙසෙර්
Daysman, n. බේරුම්කාරයා, මැදහත් වෙන අය,
මධ්‍යස්ථයා.
Day-star, n. පහන් තාරකාව, පාන්තරුව, සිකුරුව,
සිකුරු. [භාගය.
Daytime, n. දවාල, දවල්කාලය, දිවාකාලය, දිවා
Dazzle, v. දිපනි මැඩිකමින් ඇස් මදක් අඳුරු කර
නවා, නිලංකාර කරනවා; fig. දිපනි මැඩිකමින්
විස්මිතකරනවා, මුළාවෙනවා.
Dazzled, pp. or a. අධිකාලෝකයෙන් ඇස් අඳුරුවූ,
නිලංකාරවූ; අධික දීපනියට මවිතවෙන.
Dazzling, a (බැලීම—දැකීම—අමාරු තරම්) අති දීපනි
යෙන්වූ, නිලංකාර කරන; fig. තේජසින් මවිතකරන.
D. D. Doctor of Divinity, ධර්මාචාර්‍යයා. [යකයා.
Deacon, n. (ක්‍රිස්තියානි සභාවේ) සේවකයා, උපසථා
Deaconess, n. (එසේපත්වූ) උපසථායක ස්ත්‍රී; උපසථා
යිකාව. [පදවිය.
Deaconry, Deaconship, n. සභා—සේවක නිලය or
Dead, a. මෘත, නැසුණ, මැරුණ, මළ, මළාවූ; වූහවූ,
අපවත්වූ, උකුත්වූ, පරලෝකප්‍රාප්තවූ, කාලයාත්‍රා
කළ; B. of arahant පිරිනිවි; lifeless පණ නැති,
අජීව, අප්‍රාණික; breathless පරුසු; in heaven
සවගිසව, fig. උනන්දු නැති, මලානික; මරණයවැනි
වූ; තද (නින්ද &c.); බලනැති, වලංගු නැති.
the dead මළවුන්; මළ අයවල්;
dead level කිසිම වෙනසක් නැති සමතලාව;
dead certainty, නොවරදින සහතිකකම;
dead shot නොවරදින ලෙස වෙඩිතබන්නා,
Dead, n. dead of the night මධ්‍යම රාත්‍රිය; dead of
winter ශීතකාලයේ මධ්‍යය.
Dead-born, a. (කුසේදී) මැරී උපන්.
Dead-colouring, n. සිතියමේ ගාන ප්‍රථම වර්ණය.
Dead-drunk, be, v. සිහිනැතිවෙන තරම් මත්ව සිටි
නවා.
Deaden, v. මලානික කරනවා, අප්‍රාණික කරනවා,
බාල කරනවා, අඩුකරනවා, හීන කරනවා, නිශ්චල
කරනවා.
Dead-heat, n. තරඟ දිවීමකදී කීපදෙනෙක් එකවර
දිනුම් කණුවට ලඟාවීම, සමවේගය, සමාකර්ෂය.
Dead language, n. දැන් කාලයේ කථානොකරන
භාෂාවක්, යටපත් භාෂාවක්, මෘත භාෂාව, අප්‍රා
ණික භාෂාව.
Dead-letter, n. භාරනුදුන් ලියුමක්; fig. බල නැති—
අවලංගු—අණක් &c.

Deadliness, n. මරණය සිද්ධකරන සුලු භාවය, මාරක බව, මාරාත්මකභාවය, ප්‍රාණහරතාව, අසාධ්‍යතාව, fig. (වෛරයේ &c.) තදකම, විෂතුල්‍යතාව, භයානකත්වය.

Dead-lock, n. fig. (බාධාවක් නිසා යන්ට බැරුව) සම්පූර්ණ නැවතීම, අවහිරවීම.

Deadly, a. මරණය පමුණුවන්නාවූ, මරණීය, මාරක, ප්‍රාණහර, අසාධ්‍ය; fig. භයානක, බියකරු, භීෂණ, භයඞ්කර, ඉතා තද, චණ්ඩ; (වෛරය &c.).

Dead-march, n. අවමඞ්ගල්‍ය තූර්යතාලයක නම.

Deadness, n. පණනැතිකම, අචේතනත්වය, නිර්ජීවිතාව, උනන්දු නැතිකම, මලානික භාවය, නිශ්චලතාව.

Dead-reckoning, n. (නැව ගිය දුර, ඉර හඳ නොබලා) මැනීමෙන් &c. ගණිත විධිය.

Dead-set, n. (මුළු හිතෙන් කරන) ඉතා තදබල වීර්යය, දැඩි ප්‍රයත්නය, සුනිශ්චිත චේෂ්ටාව.

Dead-weight, n. තද බරක් or බාධාවක්; නැවක බර පැටවිල්ල.

Deaf, a, බිහිරි, බීරි, කන් නැසෙන, බධිර; fig. ඇහුම්කන් නොදෙන, නොසලකන; deaf person බිහිරා, බීරා, බධිරයා.

Deafen, v. බිහිරිකරනවා, බධිරකරනවා,

Deaf-mute, n. බිහිරි ගොළුවා; එඩමූකයා

Deafness, n. බිහිරිකම, බධිරත්වය; fig. ඇහුම්කන් නොදීම. [දෙනවා;

Deal, v. distribute බෙදාදෙනවා, එකක්පාසා එකක්
deal—traffic—with or in* යමෙකු සමග or යම් බඩුවලින් වෙළඳාම්කරනවා, ගනුදෙනුකරනවා;
deal with, manage හසුරුවනවා; be have හැසිරෙනවා.
deal kindly &c. කරුණාවෙන් &c. පවතිනවා.

Deal, n. (බෙදුපු) කොටස්භාගයක්; පංගුවක්; අනියමිවූ ගණනක්; හුඟක් රාශියක්; රටඅඹ ලී or ලෑලි.

Dealer, n. බෙදාදෙන්නා &c.; a dealer in tea, suger &c. තේකොළ, සීනි යනාදිය වෙළඳාම්කරන්නා &c. ප්‍රාපණිකයා.

Dealing, n. බෙදාදීම &c.; අනුන්ගැන හැසිරෙන විධිය or පැවැත්ම.

Dean, n. (පාර්ශ්වක නැත යටපේ දේවගැති සමාගමේ) නායක දේවගැතියා; වෙන සමහර සමාගම්වල ප්‍රධානියා. [වලවීම.

Deanery, n. (ඉහතකී) නායකධුරය; ඒ නායකයාගේ

Dear, a. (විකිණීමේ) මිල වැඩිවූ, අලාභ; ප්‍රිය, සෙනෙහවන්ත, ආදරණීය, ආදරවන්ත; හිතේෂී; ආනන්ද; ඉෂ්ට; n. ප්‍රේමවන්තී, ප්‍රේමවන්තයා.
[වන්ත &c.

Dearest, a. ඉතා අලාභ; ඉතාප්‍රිය, ප්‍රියතම, ඉතා ප්‍රේම

Dearly, ad. ප්‍රේමයෙන්, ප්‍රේමයෙන් යුක්තව; dearly beloved ඉතා ප්‍රේමවන්ත, අලාභ—අනතුර—සහිතව: victory was dearly bought බොහෝ අලාභ විඳ ජයගන්නා ලදී.

Dearness, n. (බඩුවක) මිල වැඩිකම, අලාභකම; හිතේසිකකම, හිතෙෂි භාවය, සෙනෙහවන්තකම; ආනන්දතාව.

Dearth, n. හිඟකම, හිඟය, අඩුකම; සාගතය, සාය, දුර්භික්ෂය.

Death, n. මැරීම, මරණය, මෘතිය, මියයාම, මෘතතාව, මරණයේ හේතුව; figurative terms for death:— කාල ධර්මය (law of time), කාලක්‍රියාව, කාලූරිය (act of time), දිෂ්ටාන්තය (end of sight), ප්‍රාණාන්තය, ජීවිතක්ෂය (end of life), ප්‍රාණත්‍යාගය (surrender of life), දේහත්‍යාගය (surrender of the body), කථාශේෂය (end of speech), දීඝ නිද්‍රාව, (the long sleep), මහා නිද්‍රාව (the great sleep), නිධනය, නිධනප්‍රාප්තිය (loss), අපවත්වීම, අපත්වීම, නැතිවීම, නැසීම, උකුත්වීම; B. පිරිනිවීම, පිරිනිවන් පෑම (passing away), පරලෝකප්‍රාප්තිය, සවර්ගස්ථවීම, අවමඞ්ගල්‍යය; death personified මරහු, මරුවා, මාරයා; worthy of death වධ්‍යහී, වධ්‍ය, මරණයට පත්වියයුතු.

Death-agony, n. මරණ වේදනාව.

Death-bed, n. මර යහන, මර ඇඳ, මරණ ශය්‍යාව, මරණ මඤ්චකය. [ශණ්ඩාව.

Death-bell, n. මරණය අඟවන ඝණ්ටාව, අවමඞ්ගල්‍ය

Death-blow, n. ප්‍රාණඝාතිකරනපහර, මරණය පමුණුවන පහර; fig. නැතිකරන පහර, මරුපහර.

Death-doomed, a. මරණයට පත්වූ or නියමවූ.

Deathless, a. නොමැරෙන්නාවූ, නොමියන, නොනසින &c., අමරණීය, අමර, අමෘත.

Deathlessness, n. අමරණීයත්වය, නොනසිනභාවය, නොනස්නාබව, අමෘතතාව.

Deathlike, a. මරණය වැනි, මලානික, අචල.

Deathly, a. මරණකාර, මළාක්වැනි, මිනියක පෙනීම ඇති, ඉතා සුදුමැලි.

Death's-door, n. මරණය නමැති දොරටුව, මරුමුව, මාරමුඛය, මරණාසන්නතාව; be at death's door මරණාසන්නව සිටීම.

Death's-head, n. මිනීඉස්කබල, ශීර්ෂකපාලය, එවැනි සටහන or සණ්ඨානය; death's-head moth එවැනි සණ්ඨානයක් ඇති සමනලයා.

Death-warrat, n. මරණ බලපත්‍රය. [තුවාලය.

Death-wound, n. ප්‍රාණඝාතිකර තුවාලය, මරණීය

Debacle, n. ගංගාවක්හි මිදුණු දිය කැඩී වෙන්වීම; ගල් යනාදිය ගෙන එන හදිසි ජලප්‍රවාහය; ආණ්ඩු විපර්‍යාසය.

Debar, v. (ඇතුල්වීමෙන් or භුක්තිවිඳීමෙන්) වළක්වනවා, අවහිරකරනවා, බාධාකරනවා, තහනම්කරනවා, (යමක් නොලැබීමට) අගුල් දමනවා. [කරනවා.

Debark, v. නැවෙන් ගොඩබසිනවා, අවතරණය කර

Debase, v. පහත් අගයකට or ස්වභාවකට පමුණුවනවා, පහතබස්වනවා, හීනකරනවා, මාලකරනවා, නරක්කරනවා, අගය අඩුකරනවා.

Debased, a. පහත් අගයකට පමුණුවන ලද &c., පහත්වූ, හීන, අපකෘෂ්ට.

Debasement, n. පහත් අගයකට පැමිණවීම &c., පහත් ස්වභාව, අවනම්බු ස්වභාව, හීන භාවය.

Debasing, a. නරක්කරන, හීනකරන, අපකර්ෂක.

Debatable, a. විවාද කළ හැකි. අරෝ කළ හැකි, (කාරණ).

Debate, v. වාද—විවාද—තර්කණය—කරනවා, කල්පනාකර බලනවා, අරෝකරනවා.

Debate, n. වාදය, විවාදය, තර්කණය, තර්කය, විතර්කණය, අරෝව. [අනුමාන.

Debated, a. වාදකරන ලද, තර්කිත, විවාද සහිත,

Debater, n. විවාදකරන්නා, විවාදියා, තර්කකරන්නා.

Debating society, n. (පුහුණුවීම පිණිස) වාද පවත්වන සභාව, වාග්වර්ධන සමිතිය.

Debauch, v. (වේශ්‍යාකමින් මෙන්) නරක් කරනවා, කිලුටුකරනවා, දූෂ්‍යකරනවා, මුලාකරනවා.

Debauch, n. වේශ්‍යාකම—බීමත්කම—කෑදරකම—යනාදි දූෂ්‍ය ක්‍රියාවක්.

Debauched, a. (සිතෙන්, ලීලාවෙන්) නරක්වූ, දූෂ්‍යවූ; දූෂිතවූ, විප්‍රදූෂට, සල්ලාල. [ලියා.

Debauchee, n. (ඉහතකී) දූෂ්‍යක්‍රියා කරන්නා, සල්ලා

Debaucher, n. (ශරීරයෙන් හෝ හිතෙන්) අනුන් නරක්කරන්නා, දූෂණයකරන්නා.

Debauchery, n. (ඉහතකී) දූෂ්‍යකම් කිරීම; sp. සල් ලාලකම, අනුන්ගේ විශ්වාසකම නැතිකිරීම.

Debauchment, n. අනුන් නරක්කිරීම; දූෂණය කිරීම.

Debenture, n. ණයකැරේ, ණයකැරය, ණය ඔප්පුව.

Debilitate, v. දුර්වල කරනවා, බෙලහීන කරනවා, එහක්කේඩු කරනවා. [ණුවන.

Debilitating, a. දුර්වලකරන, බෙලහීන ගතියකට පමු

Debility, n. දුර්වලකම, බෙලහීනකම, හිලත්කම.

Debit, n. (ලියා) තිබෙන ණය ගණන; ණයට—ණය කොට—ලියාතිබෙන ගණන; debit-side ණයතුරුස් තිරුව.

Debit, v. ණය ගණනට ලියා තබනවා; (ගණනක්) පොතේ ණය තිරුවේ ලියා තබනවා.

Debonair, a. Fr. ආචාරවන්ත, ආචාර සම්පන්න, තුෂ්ටිජනක, සුප්‍රසන්න.

Debouch, (ඩෙබූෂ්), v. Fr. (සමුද්‍රවක් මෙන් පටු ඉඩ මකින්) නික්මෙනවා, නික්ම එනවා.

Debouchure, n. Fr. මෝදර, මෝය; සමුද්‍රස ඉසිමුඛය.

Debris, (ඩෙබ්‍රි), n. Fr. (කැඩුණ පර්ත—ගල්, ලී, දඬු—යනාදී) කැබලි, සුන්බුන්, භග්නාවශේෂ.

Debt, n. ණය, ණයතුරස.

Debtee, n. ණය අයිතිකාරයා, ණයහිමියා.

Debtor, n. ණයකාරයා; fig. (පිහිට ආධාර නිසා) ණයතුරුස්ව සිටින්නා.

Debut, (ඩෙබූ), n. Fr. (ලෝකයා අභිමුඛයට) ප්‍රථම—පළමුවෙන්—පැමිණීම; ප්‍රසිද්ධ ප්‍රවේශනය,

Deca, Gr. prefix දසය; adj. දස.

Decachord, Decachordon, n. තත් දසයක වීණාව; කොටඨාස දසයක් ඇති දෙයක්.

Decacuminated, a. මුදුන කපා දමන ලද; ජිනන මසනක; කවණඩ.

Decadal, a. දසයක් අඩංගු, දශක්‍රමාකාර.

Decade, n. දසයක්, දශයේ ගණනක්, දශ වෂියක්.

Decadence, n. හීනවීම, ක්‍ෂයවීම, නටබුන්වීම, පරි හානිය. See Decay.

Decadent, a. හීන වන්නාවූ, නටබුන් වන්නාවූ, පිරි හෙන, පරිහායන.

Decagon, n. (පැති හා) කොන් දසයක් ඇති හැඩය, දශකෝණය, දශාස්‍රය.

Decahedral, a. පැති දසයක් ඇත්තාවූ.

Decahedron, n. පැති දශයක් ඇති ඝන දෙයක්, දශාංග ඝනයක්.

Decalogue, n. පාඨ දශය; *i. e.* දේව ආඥා දශයට කියන නම, ආඥා දශය, දසපනත. [යක්.

Decametre, n. ඩෙකමීටරය, මීටරය මෙන් දශ ගුණ

Decamp, v. අහක්ව යනවා, පැනලා යනවා, රහසින් යනවා.

Decangular, a. කොන් දසයක් ඇති, දසකොන්.

Decant, v. (මණ්ඩි ඉතුරුවෙන හැටියට) හෙමින් වක් කරගන්නවා, එක් භාජනයකින් තවත් භාජනය කට වක්කරනවා.

Decanter, n. මණ්ඩි නැතුව බීම ජාති වක්කර තබන භාජනය, කැටයම් වීදුරු භාජනය, ඩිකැන්ටරය.

Decapitate v. ඉස කපාදමනවා, ඉසගහනවා, සිරස ඡේදනයකරනවා.

Decapitation, n. ඉස කපාදැමීම &c.; ශිරශ්ඡේදනය, ශීර්ෂච්ඡේදය.

Decapod, n. දසපාවා, දශපදී.

Decapoda, n. pl. (කකුළුවාමෙන්) දශපාද ඇති සත්තු ජාති, දසපාදවෝ. [නවා.

Decarbonate, v. (යමකින්) අඟාරිකාම්ල පැහැර අරි

Decarbonize, v. (යමකින්) අඟාර ධාතුව පැහැර අරි නවා *or* නසනවා.

Decay, v. හීනවෙනවා, ක්‍ෂයවෙනවා, දිරනවා, දිරා පත්වෙනවා, ජරාවට පැමිණෙනවා; ජරාපත් වෙනවා, ජරාවාසවෙනවා, නටබුන් වෙනවා, පරි ක්‍ෂයවෙනවා. [ක්‍ෂයය.

Decay, n. හීනවීම &c.; හීනභාවය, දිරුම, ජරාව, පරි

Decayed, a. හීනවී තිබෙන &c., ක්‍ෂයවූ, දිරාපත්වූ, දිරූ, ජරාපත්වූ, ජරාවාසවූ. [වෙන &c.

Decaying, a. ක්‍ෂීණවෙන, දිරායන, ක්‍ෂයවෙන, දිරාපත්

Decease, v. තුරන්වෙනවා, අපත් වෙනවා, අපවත් වෙනවා, උකුත්වෙනවා, කාලක්‍රියා කරනවා, කළු රියකරනවා, කථාශේෂවෙනවා &c.

Decease, n. තුරන්වීම &c., තුරන්ම්, කාලක්‍රියාව, මර ණය, පරලෝකප්‍රාප්තිය &c. See Death.

Deceased, a. තුරන්වූ, අපත්වූ &c., මැරුණ, පරලෝ කප්‍රාප්ත; the deceased තුරන්වූ අය &c. [ජය.

Deceit, n. වංචාව, රැවටිල්ල, කපටිකම, දඟය, ව්‍යා

Deceitful, a. වංචාකාර, රැවටිලි, රැවටිලිකාර, කපටි කාර, කෛරාටික, ව්‍යාජ.

Deceitfully, ad. වංචාකාරලෙස &c., ව්‍යාජයෙන්.

Deceitfulness, n. වංචාකාරකම, රැවටිලිකාරකම, කපටිකම, කපටිකාරකම, කෛරාටිකකම, කෛ රාටිකභාවය.

Deceivable, a. වංචාවට අසුවියහැකිවූ, රැවටියහැකිවූ, ව්‍යංසනීය, වංචනීය.

Deceive, v. රවටනවා, මුලාකරනවා, (බලාපොරොත් තුව) සිස්කරනවා, නිෂ්ඵලකරනවා.

Deceived, be *or* a. රැවටෙනවා &c., ව්‍යංසිතවෙනවා, රැවටෙන, රැවටීසිටින, ව්‍යංසිත.

Deceiver, n. රවටන්නා, වංචාකාරයා, රැවටිලිකාරයා, කෛරාටිකයා, මුලාකරන්නා.

Decelerate, v. වේගය අඩුකරනවා *or* අඩුවෙනවා,

Decem, prefix, L. දශ යන අර්ථය ඇති උපසර්ගය.

December, n. දෙසැම්බර් මාසය, උඳුවප්මස.

Decemvir, n. පුරාණ රෝමයේ දස මුලාදෑනීන්ගෙන් කෙනෙක්; දශානනරාධිපතියා. [පති සභාව.

Decemvirate, n. දශානනරාධිපති ධුරය, දශානනරාධි

Decency, n. සුචරිතතාව, විනීතතාව, සභ්‍යතාව, ශෝභනකම, සුන්දරතාව, සුදුසුකම, උචිතබව, ඔබි නාකම.

Decennary, n. දශ වෂියක කාලය, දශවෂියක්.

Decennial, a. දශවෂියක් පවතින, දශවෂිපර්‍යාය, දශ වෂියක් සහිත, දශවෂී, දශවර්ෂිය, දශ අවුරුද්දකට වරක් සිද්ධවෙන.

Decent, a. පිළිකුල් නොවන, අසිව; සුචරිත, විනීත, ශෝභන, සුන්දර, සභ්‍ය, ඔබින, උචිත, සෑහෙන.

Decently, ad. අසිවලෙස, සුචරිතලෙස &c.; සෑහෙන ලෙස. [ක්‍රියාව, මායාව.

Deception, n. රැවටීම, රැවටිල්ල, වංචාව, ප්‍රයෝග

Deceptive, a. වරදවන, විශ්වාස නැත්තාවූ, රවටන් නාවූ, වංචාකාර, කූටකාරක, මායික.

Deceptively, ad. රවටන ලෙස, මුලාකරන ලෙස, වංචාකාරලෙස. [සවභාව.

Deceptiveness, n. රවටනගතිය, අවිශ්වාසකම, ව්‍යාජ

Decide, v. නියම කරනවා, නිශ්චය කරනවා, නිර ණය කරනවා, තීන්දුකරනවා, බේරුම්කරනවා, බේර නවා.

Decided, a. නියම කළාවූ etc.; ස්ථිර, සහතික, ඒකාන්ත. [යෙන්ම.

Decidedly, ad. ස්ථිර ලෙස, සහතිකලෙස, ඒකාන්ත

Deciduous, a. වැටෙන්නාවූ (දත්, මුව අං, මයිල්, කොළ යනාදිය මෙන්). [ංගුම.

Decigramme, Decigram, n. ග්‍රෑම් එකකින් දහයෙන්

Decilitre, n. ලීටර් එකකින් දහයෙන් කොටස.

Decillion, n. ඉලක්කම් හැට එකකින් ලියන ගණන, දශදශස් අබ්බුදය.

Decimal, a. දශක, දශක ක්‍රමයෙන් ගණින්නාවූ, දහය දහය බැගින් ගණින්නාවූ, දශම.

Decimal, n. දහයෙන් එක, දශකය, දශක ක්‍රමයට අඩංගු ඛණ්ඩ ගණනක්, දශමය—Recurring D. පුන රාවර්ති දශමය; Terminating D. අන්ත දශමය, Unending D. අනන්ත දශමය: decimal figure දශ කාංකය. [දශක මයෙන්.

Decimally, ad. දහයේ ක්‍රමයෙන්, දශක ක්‍රමයෙන්,

Decimate, v. දසයෙන් පංගුවක් ගන්නවා, දහයෙන් එකක් බැගින් අඩුකරනවා; (සමූහයකින්) දසවෙනි දසවෙනි අය මරනවා.

Decimation, n. දසයෙන් පංගුවක්ගැනීම, බදුගැනීම, (යුද්ධ දවා) දසවෙනි අයවල් ඉවත්කිරීම,

Decimetre, n. අඟල් 3.937 කට සමාන දිග මැනීමක්, ඩෙසිමීටරය, දශමමීටරය, මීටර් එකකින් දහයෙන් කොටස.

Decipher, v. රහස් මිකියකින්—ගුප්තාක්ෂරවලින් or අවිරැ අකුරුවලින් ලියූ දේ කියවනවා or දැනගන් නවා; අමාරු ලියවිල්ලක් or කාරණයක් සොයා දැනගන්නවා; අසිරු දේ තෝරනවා.

Decipherable; a. කියවා–සොයා–දැනගත හැකි (ලිය විල්ල or කාරණ).

Decision, n. නියමකිරීම &c., see decide; නිශ්චය, තීන්දුව, තීරණය, නිර්ණය, අවසාන විනිශ්චය, මූහිංච්ය, ස්ථිරකම, ඒකාන්තකම, සම්ප්‍රධාරණය.

Decisive, a. තීන්දුවට නියමකරන or බේරන; නිශ්චය කාරී, අවසාන, සුනිශ්චිත, ඒකාන්ත, ස්ථිර, නිරුත්තර.

Decisively, ad. තීරණයක්වෙනලෙස, ඒකාන්තලෙස.

Decisiveness, n. නියම කිරීමේ—බේරීමේ—බලය; ඒකාන්තකම.

Deck, v. පළඳනවා; adorn සරසනවා, අලංකාර කර නවා; a ship නැවේ තට්ටු දමනවා.

Deck, n. නැවේ තට්ටුවක්.

Deck-cargo, n. නැවේ උඩතට්ටුවක පැටවිල්ල.

Decker, n. පළඳන්නා, සරසන්නා; a two-decker, &c. තට්ටු දෙකක් &c. ඇති නැව.

Declaim, v. (ව්‍යක්තයෙකුමෙන්) ශබ්ද නගා—බලගතු ලෙස—ප්‍රසිද්ධයෙන් කථාවක් කරනවා, ශෝභාකාර කියනවා.

Declamation, n. ප්‍රසිද්ධයෙන් කථාවක් කිරීම, ප්‍රසිද්ධ යෙන් කරන කථාව; (කාරණ ඔප්පු නොකර) බල ගතුලෙස කීම, කෑමොරගෑසීම.

Declamatory, a. ප්‍රසිද්ධකථා සම්බන්ධ, තිඹළු ශෝභා ඇතුව කථාකරන, කෑමොරගසන.

Declaration, n. කියා සිටීම; &c., see verb, ප්‍රතිවචන ණය, කියා සිටින දේ, භාෂිතය, කීම, භාෂණය, ප්‍රකාශය, නිවේදනය, ප්‍රකාශයේ කියා සිටීම, සහ තිකය.

Declarative, a. (යමක්) ප්‍රකාශකර කියන්නාවූ or දන් වන්නාවූ; (භාෂණය or ලියවිල්ල).

Declaratory, a. ප්‍රකාශලෙස කියන or දන්වන ප්‍රකාශක, වාචක.

Declare, v. කියා සිටිනවා, කියාපානවා, දන්වනවා, සහතික ලෙස කියනවා, ප්‍රකාශකර කියනවා, ප්‍රකාශකරනවා.

Declared, pp. or a. ප්‍රකාශකොට කී, හොඳහැටි කී, ප්‍රකාශිත, ප්‍රෝක්ත (දේ, අදහස් &c.).

Declension, n. හීනවීම, ක්ෂයවීම, පසුබටවීම, පසුබ ටය; in gram. වරනැගීම, වරනැගිල්ල.

Declinable. a. එපාකළහැකිවූ, ප්‍රතික්ෂේපකළහැකිවූ; in gram. විභක්තික, සවිභක්තික, විභක්ති සහිත, වරනැගිය හැකිවූ.

Declinate, a. in bot. පහත නැවෙන, නැඹුරු.

Declination, n. ඇලවීම, නැමීම, අඩුවීම, හීනවීම, (මුද්‍රනෙත්) ඈත්වීම, දුරවීම, පතනය; of the sun &c. සූර්යපතනය; in gram. වරනැගීම.

Declinator, n. බෑවුමේ—පල්ලමේ— ප්‍රමාණය මනින යන්ත්‍රයක්. [නවා;

Decline, v. lean ඇලවෙනවා, නැවෙනවා, ඇලකර depart from අහක්ව යනවා; go back පසුබසිනවා, පසුබටවෙනවා;
diminish අඩුවෙනවා, හීනවෙනවා, ක්ෂයවෙනවා; පිරිහෙනවා, පහත බසිනවා;
in gram. වරනගනවා; refuse එපා කියනවා, පිළි නොගෙන සිටිනවා, බැරිය කියනවා; reject ප්‍රතික්ෂේපකරනවා.

Decline, n. අඩුවීම, හීනවීම, ක්ෂයවීම, පිරිහීම, වැටීම, බෑසීම; අනතිවෘද්ධිය; ක්ෂයරෝගය.

Declining, p. or a. ඇලවෙමින් &c.; ඇලවෙන &c.; අහක්වයන &c.

Declivity, n. පල්ලම, බෑවුම, බෑවුම, සොලොප්පුව, කිඹිනතාව. [කැකෑරෙනවා.

Decoct, v. කකාරනවා, කසායක් උණුකරනවා;

Decoction, n. කැකෑරීම &c.; කෂාය, කසාය, කවාටිය.

Decollate, v. හිස සිඳිනවා, ශිරශ්ඡේදනය කරනවා.

Decolorate, v. පාට දමනවා, වර්ණ හීනකරනවා.

Decomposable, a. ධාතු වශයෙන් වෙන්කළ හැකිවූ, නරක්විය හැකි (ද්‍රව්‍ය.)

Decompose, v. (යම් මිශ්‍රවක) ධාතු වෙන්කරනවා or බේරනවා; or බේරෙනවා, ධාතුවියෝගකරනවා, දිරවනවා, කුණුවෙනවා, නරක්වෙනවා.

Decomposed, a. (ධාතු) වෙන්කරන ලද, වියෝජිත, දිරාගියා, කුණුවූ.

Decompositon, n. ධාතු වෙන්කිරීම or වෙන්වීම &c., ධාතු වියෝගය. [නවා.

Decompound, v. මිශ්‍රණයක් දෙවනුව සම්මිශ්‍ර කර

Decorate, v. සරසනවා, අලංකාර කරනවා, සැරසිලි කරනවා, සජ්ජිතකරනවා, ආයිත්තම් කරනවා.

Decorated, a. සරසනලද &c., සමලංකෘත, සජ්ජිත, භූෂිත.

Decoration, n. සැරසීම &c., සැරසිල්ල, ආයිත්තම, පැළඳුම, මණ්ඩනය, භූෂණය.

Decorative, a. සරසන, සැරසිලි ආකාර, අලංකාර.

Decorous, a. ඔබින, සුදුසු, ප්‍රත්‍යාවේක්ෂිත, ශෝභන, සංසුන්, විනීත, සුශීල. [ගහනවා.

Decorticate, v. පොතුඅරිනවා, පොතුගහනවා, ලෙලි

Decorum, n. ඔබිනාකම, සුදුසු කල්ක්‍රියාව or පැවැත්ම, හික්මීම, සදාචාරය.

Decoy, v. උපායෙන් ඇදගන්නවා; (ඇමකින් මෙන්) රවටාගන්නවා, තරව්කරනවා, උගුලට අසුකරනවා.

Decoy, n. (යමෙකු අසුකරගන්න) උපාය, රැවටිල්ල, තරව්ව, තරව්කාරයා.

Decoy-duck, n. (අසුවෙන්ට අන් තාරාවුන්ට) මග පෙන්වන—තරව් කරන—තාරාවා, තරව් තාරාවා.

Decrease, v. අඩුවෙනවා, බාලවෙනවා, හීනවෙනවා, කුඩාවෙනවා, පිරිහෙනවා, ක්ෂයවෙනවා, අඩුකර නවා &c.

Decrease, n. අඩුවීම &c., ක්ෂයය, පරික්ෂයය, හානිය; (හඳේ) අව පක්ෂය.

Decree, n. නියෝගය, රජාඥව, නියමය, විනිශ්චය, තීන්දුව, මුහිංඩිය.

Decree, v. නියෝගකරනවා, නියමකරනවා. [ෂය.

Decrement, n. අඩුවෙවීයාම, පිරිහීම, අඩුවෙන ප්‍රමා

Decrepit, a. ඔබලත්වූ, මහලුකමින් ඉතා දුර්වලවූ, වය සින් කුදුවූ, ජරපත්, ජීර්ණ, ජරාතුර, අතිවෘද්ධ.

Decrepitate, v. (ගිනිපත් ලුණු මෙන්) හීන් ශබ්ද ඇතුව පිපිරෙනවා.

Decrepitation, n. හීන් ශබ්ද ඇතුව පිපිරී වෙන්වීම.

Decrepitude, n. ඔබලත්කම, ජරපත්කම, ජරාව, ජීර්ණතාව. [ක්ෂයී.

Decrescent, a. අඩුවේගනයන, පිරිහෙන, පරිහායන,

Decretal, n. බල සහිත නියෝගයක්; R. C. ධර්මය ගැන නියමයක් අඩංගු පත්‍රයක්, පාප් උන්නාන් සේගේ නියෝග සංග්‍රහවක්.

Decretive, **Decretory**, a. නියෝග කරන, නියම කිරීමේ බලය සහිත.

Decrial, n. හඬහඬා දොස්තැබීම, නින්ද කිරීම, අප වාදය, පරිවාදය.

Decry, v. (ශබ්ද නගා) නරකය කියනවා, පිරිහෙළා කථාකරනවා, වරද දක්වනවා, නින්ද කරනවා, දොස්තබනවා.

Decumbent, a. වැතිරී *or* වැටී සිටින; ඇලවී සිටින, හෝනා.

Decuple, a. *or* n. දශගුණ, දසවරක්වූ, දශයෙන් වැඩි කිරීමෙන්වූණ ගණන.

Dedentition, n. දත් වැටීම, දන්ත පතනය.

Dedicate, v. කැපකරනවා, පේකරනවා, (උතුම යෙකුගේ නාමයට) ඔප්පුකරනවා.

Dedication, n. කැපකිරීම &c.; පොතේ ඔප්පු කිරී මේ වාක්‍යය.

Deduce, v. කාරණාවලින්—සාක්ෂිවලින්—ඔප්පු කර නවා; අනුමිති වශයෙන් දැනගන්නවා *or* තීරණය කට පැමිණෙනවා; නිගමනය කරනවා, අපෝහය කරනවා.

Deducible, a. කාරණාවලින් &c. ඔප්පුකළ හැකිවූ &c., අනුමෙය.

Deduct, v. අඩුකරනවා, එලෙස්දුකරනවා.

Deduction, n. අඩුකිරීම &c.; අඩුකළ ගණන *or* ප්‍රමා ණය; inference අනුමිතිය, නිගමනය, අපෝහිතය, පරාමර්ශය

Deductive, a. කාරණාවලින් ඔප්පුකරන, අනුමිති ආකාර, අනුමිති, අනුමිතික, අපෝහන.

Deductively, ad. අනුමිති ආකාරයෙන්, අනුයායිනි ලෙස.

Deed, n. act ක්‍රියාව, කෘත්‍යය; in law ඔප්පුව, ඔප් පිත්තය, සාක්ෂි පත්‍රය, කැරය, of sale සින්නක්ක රය, of grant සන්නස, තෑගි ඔප්පුව; deeds and proofs ඔප්පු තප්පු.

Deem, v. සිතනවා, කල්පනාකරනවා.

Deep, a. ජඹුරු, ගැඹුරු, නිම්න, අගාධ; fig. ගැඹුරු, ගම්භීර, ගාම්භීර, ගූඪ; secret රහස්; clever දක්ෂ; low පහත්, නිම්න; of breadth පළල; deep silence මහත් නිශ්ශබ්දකම; deep sound or voice ඝෝෂාරාවී සු—රව—හඬ; deep sleep තද නින්ද, සාහිකාව; deep darkness ඝනාන්ධකාරය.

Deep, n. ගැඹුර; *i. e.* මුහුද, සමුද්‍රය, සාගරය; in a river ගිල්ම.

Deepen, v. ගැඹුරුකරනවා, ජඹුරුකරනවා, ගම්භීර කරනවා, ගැඹුරු &c. වෙනවා; fig. of darkness, sorrow, interest &c. වැඩිකරනවා, වැඩිවෙනවා; of colour අඳුරුකරනවා, අඳුරු වෙනවා;

Deep-laid, a. ගම්භීර ලෙස—රහස් ලෙස—යොදපු, දක්ෂ උපා සහිත.

Deeply, ad. ගැඹුරුලෙස, ගම්භීරලෙස, රහස්ලෙස, දක්ෂ උපා ඇතුව, අධික ලෙස, අතිශයින්, අඳුරු ලෙස; he felt it deeply ඒක ඔහුගේ හිතටසැර ලෙස වැදුණා.

Deepness, n. ගැඹුරුකම, ගම්භීරකම, නිම්නතාව, උපා දක්ෂකම; of sorrow &c. අධිකකම; see adj.

Deep-read, a. පොත්පත් බලා පුහුණුවූ, බහුශ්‍රැත.

Deep-rooted, a. මුල් යටට ඇදී තිබෙන *or* මුල් බැස ගත්; fig. තදවී තිබෙන, කල්ගත, තිදන, (රෝග &c).

Deep-thinking, a. ගැඹුරු ලෙස කල්පනාකරන.

Deep-toned, a. පහත්—මහ—ශබ්ද ඇති.

Deer n. sing. & pl. මුවා, මුවෝ; red deer රෝහිත මුවා; spotted deer තිත් මුවා.

Deer-hound, n. මුව දඩයම් බල්ලා.

Deer-stalking, n. රැකසිට—මුවාවෙහි ගොස්—මුව න්ට වෙඩිතිබීම.

Deface, v. පෙනීම නරක්කරනවා, අරූප කරනවා, විරූපකරනවා, අපිවිකරනවා, මකනවා, කඩුගා නවා, අවලක්ෂණකරනවා. [ගාපු.

Defaced, a. පිටත නරක්කරන ලද &c.; මැකූ, කඩු

Defacement, n. පෙනීම නරක්කිරීම &c.; යමක් අපිවි කරන දේ.

De facto L. ඇත්තටම, (හරි නුමුත් වැරදි නුමුත්) තත්වූ පරිද්දෙන්ම.

Defalcate, v. (මුදල් — ගණන්, ආදායම් — ආදියෙන් කොටසක්) හොරෙන් පැහැර ගන්නවා, වංචාවා කරනවා.

Defalcation, n. (වංචාවෙන්) අඩුකිරීම, පැහැරගැනීම; අඩුගණන, පැහැරගත් ගණන.

Defamation, n. නම් කෙලසීම, අයශස *or* අප කීර්තියට පත්කිරීම, නින්දාව, අපහාසය, අපවා දය, කේලාම්කීම, පෙශූන්‍යය.

Defamatory, a. අපකීර්තිකරන &c., කේලම් සහිත, නිකාර, (ලියුම් &c.).

Defame, v. (යමෙකුගේ හොඳ) නාමය නරක් කර නවා, කෙලසනවා, අපකීර්ති කරනවා, අපහාස කරනවා.

Default, (යමක්) නැතුව තිබීම, ඉෂ්ට නොකර ඇරීම, පැහැර ඇරීම, නැතිකම, ඌනත්වය; suffer a default නඩුගාලාවේ නොපෙනී පැරදීම *or* නොපෙ නීමෙන් පැරදීමට යටත්වීම.

Default, v. (නඩුශාලාවේ අඩගැසුවාම නොපෙ නෙන අයට) විරුද්ධව තීන්දුව දෙනවා.

Defaulter, n. (කටයුතු දෙයක්) නොකර අරින්නා, නියම දින නඩුගාලාවේ නොපෙනී සිටින්නා, (මුදල් ගැන) අවිශ්වාස ලෙස හැසිරෙන්නා.

Defeasancee, n. නිෂ්ප්‍රභා කිරීම, නිෂ්ප්‍රභා කිරීමේ පත්‍රය. [හැකිවූ
Defeasible, a. නිෂ්ප්‍රභා කළ හැකිවූ, අවලංගු කළ
Defeat, v. පරදවනවා, පරාජයකරනවා, නිෂ්ප්‍රභාකර නවා, නිෂ්ඵලකරනවා.
Defeat, n. පැරදවීම, පැරදීම, පරාජය; පරාදය, පරාභවය, බල විනාශනය; in gambling එට්ටුව.
Defeated, a. පරදවනලද &c., පැරදුණ, පරාජයවුණ, පරාජිත, පරාභූත, නිෂ්ප්‍රභාවුණ.
Defecate, v. (මණිස්, බොර ආදිය ඈර) සංශුද්ධ කර නවා, පහදවනවා, නිර්මලකරනවා,
Defect, n. අසම්පූර්ණයක්, අසම්පූර්ණකමක්, අඩුකම, පරත, අඩුලුහුබ, ඇදකුද, පලුදුව, වැරද්ද, දෝෂය.
Defection. (යුතුකම් අත්ඇර) පසුබටවීම, (බැඳී සිටිය සභාවෙන් or අයගෙන්) අහක්වීම, වැටියාම, වර්ජනය; කැරළිගැසීම.
Defective, a. අසම්පූර්ණ, අඩු අඩුලුහුබු, ඇදකුද ඇති, පලුදු ඇති, සාවද්‍ය, දෝෂ සහිත.
Defectively, ad. අසම්පූර්ණ ලෙස, අඩු ලුහුබු ඇතුව, සාවද්‍යලෙස. [දුෂනාම.
Defectiveness, n. අසම්පූර්ණකම, අඩුලුහුබුකම, සාව
Defence, n. රැකවල, ආරක්ෂාව, ආරක්ෂා කිරීම, මුවාව, සුරක්ෂිතිය; self-defence ආත්මාරක්ෂාව; answer උත්තරය; vindication නිදොස්කිරීම; in law විත්තිකීම, විත්ති පක්ෂය.
Defenceless, a. රැකවල නැත්තාවූ, ආරක්ෂාව නැති, ආරක්ෂාරහිත, මුවාවක්නැති, විරුද්ධවෙන්ට බැරිවූ, අසරණ. [කම.
Defencelessness, n. රැකවල නැතිකම &c.: අසරණ
Defend, v. රැකවල්කරනවා, රැකගන්නවා, ආරක්ෂා කරනවා, මුවාකරනවා, සුරක්ෂිත කරනවා; උත්තර දෙනවා; නිදොස්කරනවා; විත්ති කියනවා.
Defendant. n. විත්තිකාරයා, ප්‍රතිවාදකයා.
Defender, n. රැකවල් කරන්නා &c., ආරක්ෂකයා, ආරක්ෂාකාරයා; D. of faith සමයාරක්ෂක.
Defensible, a. (යමෙකු විසින්) රැකවල්—ආරක්ෂා—සුරක්ෂණය—මුවා—කළහැකිවූ, ශ්‍රයණීය; නිදොස් බව පෙන්වන්ට පුළුවන්වූ
Defensive, a. රැකවලට—ආරක්ෂාවට &c.—උපකාරවූ: රැකවල් කරන &c., ආරක්ෂක.
Defensive, n. රැකවල් ආකාරය, ආරක්ෂක භාවය: I stand on the defensive (විරුද්ධ වීමෙන් or සටන් කිරීමෙන්) ආරක්ෂාකිරීම පිණිස සිටිමි.
Defensively, ad. රැකවල් වශයෙන්, රක්ෂණය පිණිස. ආරක්ෂක ලෙස.
Defensory, a. රැකවල් ආකාර &c. See Defensive.
Defer, v. t. කල්දමනවා, ප්‍රමාදකරනවා, අතපසුකර නවා, පරක්කු කරනවා.
Defer, to v. i. (Defer to one's opinion &c. යමෙකුගේ කල්පනාවට කැමැත්තට &c) යටත්වෙනවා.
Deference, n. (from Defer to) යටත්වීම, ගරුකිරීම, නම්බුකිරීම, සැලකීම, සමාදරය: pay deference to ගරුකරනවා, ගෞරව මහයෙන් සලකනවා.
Deferential, a. ගරුකරන, සලකන. [ලෙස.
Deferentially, ad. ගරුලෙස, ගරුකම්කරමින්, යටත්
Deferment, n. කල්දැමීම, ප්‍රමාද කිරීම, අතපසුකිරීම.
Defiance, n. මිග කීම, සටනට—පොරට—අඬගැසීම, නොසලකා ක්‍රියාකිරීම.
He went in defiance of me ඔහු මා (or මගේ කැමැත්ත, තහනම &c.) නොසලකා ගියා.
Bid defiance to danger අනතුර නොසලකාව—ඊට භයනොවී—සිටිනවා.
Defiant, a. පොරට සිටින, උද්ධත, සදර්ප, සාවඥ.
Deficiency, Deficience, n. අඩුකම, අඩුලුහුබ, අඩුලුහු බුකම, ඌනත්වය, මදිකම, හිඟකම, අඩුපාඩු, අග හිඟ
Deficient, a. අඩු, අසම්පූර්ණ, මදි, හිඟ, ඌනවූ.
Deficit, n. අඩුකම, හිඟ හිටලා තිබෙන ගණන, හිඟ ගණන. [නොසලකා ක්‍රියාකරන්නා.
Defier, n. මිග කියන්නා, අනතුර—තහනම &c.—
Defile, v. t. කිලුටුකරනවා, අපවිත්‍ර කරනවා, දූෂ්‍ය කරනවා, දූෂණයකරනවා, මලිනකරනවා, කෙලෙසනවා, කෙලෙසනවා.
Defile, v. i. පෙළට or වැලට යනවා.
Defile, n. (පෙළට යනට ඉඩ්නැකරන) පටුපාර. අතුපාර, දුර්ගමාර්ගය, පර්වතාන්තරය.
Defiled, a. කිලුටු කරන ලද &c., see v. t. මලිනිත, දූෂිත.
Defilement, n. කිලුටුකිරීම &c , දූෂණය; කිලුටුකම, කිලුට, කෙල්ශය, මලිනත්වය, අපවිත්‍රකම, දූෂ්‍ය කම. [කයා.
Defiler, n. කිලුටුකරන්නා &c., මලින කරන්නා, දූෂ
Defiling, p. or a. කිලුටුකරමින් &c., කිලුටුකරන &c., දූෂක.
Definable, a. (යමෙකු විසින් මායිම්—ගුණ—තේරුම &c.—අසමල් ආකාරයයි) නියමකළ හැකිවූ &c., see verb.
Define, v. (මායිම්) නියම කරනවා or පෙන්වනවා, ලක්ෂණ කියනවා, නිශ්චයකරනවා, විශේෂ ලක්ෂණ—විශේෂ විභාග—කියනවා, විස්තර කරනවා, විසඳනවා.
Defining, p. or a. (මායිම් &c.) නියම ලෙස පෙන්වන, විශේෂ ලක්ෂණ — තේරුම &c. — විස්තරකරන, නිශ්චායක.
Definite, a. නියම්වූ. ඒකාන්ත, පැහැදිලි, සත්තක, නියත, නිශ්චිත. ප්‍රමේය.
Definitely, ad. නියමලෙස, ඒකාන්තලෙස, පැහැදිලි ලෙස, නිමක්නොකොට, අනුමාන නැතුව.
Definiteness, n. ඒකාන්තකම, පැහැදිලිකම, අනුමාන නැතිකම, නිශ්චිත භාවය.
Definition, n. විශේෂ ලක්ෂණ—විශේෂ විභාග—කීම; ලක්ෂණ කීම, තේරුම්කර දීම, තේරුම විසඳීම, විස්තරය, විග්‍රහව, නාම වර්ණනාව.
Definitive, a. (තරම, තේරුම, නිඳුව, කාරණා) නියම කරන, ඒකාන්තකරන, ප්‍රමාණයකරන, ස්ථිරවූ
Definitive, n. ගුණවාචකය, ගුණ වචනය.
Definitively, ad. නිඳ වශයෙන්. ඒකාන්ත ලෙස, ස්ථිරලෙස. [දහනය.
Deflagration, n. පුපුරු ඇතුව ප්‍රහුම දලායාම, ශීඝ්‍ර
Deflagrator, n. (ලෝහ ජාති) සුහුම දවන විදුලි යන්ත්‍රයක්, ශීඝ්‍ර දහන යන්ත්‍රය.
Deflect, v. පැත්තකට-අහකට-හරවනවා, ඇදකරනවා, හැරෙනවා, නැමෙනවා, ඇදවෙනවා.
Deflection, n. සෘජු රේඛාවෙන් වෙන්ව හැරීම or නැමීම, ඇදවීම; ඇදකම; ඇද ප්‍රමාණය.
Deflective, a. අහකට හරවන, නමන, ඇදකරන.
Defloration, n. මල් — ලක්ෂණකම — පැහැරගැනීම, අනගි පංගුව ගැනීම; sp. සත්‍රීහරණය, කන්‍යා දූෂණය.
Deflour, v. ලක්ෂණකම පැහැරගන්නවා, දූෂණයකර නවා, නන්ස්නාඩුකරනවා.

Defloured, pp. *or* a. ලක්ෂණකම &c. පැහැර ගත්තා ලද, ක්‍ෂිත (සත්). [ශරත්කාලය.

Defoliation, n. කොළවැටීම, කොළවැටෙන කාලය,

Deforce, v. ඉඩම්කඩම්—බුදලය—අයුක්තියෙන් අත් කරගන්නවා; (හිමියාට නොදී) බලෙන් තබාගන් නවා.

Deform, v. අරූපකරනවා, විරූපකරනවා, විකලාඞ්ග කරනවා, අශෝභකරනවා, අවලක්ෂණ කරනවා.

Deformed, pp. අරූපකර, අරූපවී &c.

Deformed, a. අරූප, විරූප, විරූපික, විකලාඞ්ග, විකෘතාඞ්ග, අඞ්ග විකලවූ, අවලක්ෂණ.

Deformity, n. අරූපකම, විරූපකම, අඞ්ගවිකලත්වය, විකලාඞ්ගතාව, රූප විපර්‍යාසය, විකෘතිය, අවලක්ෂණකම.

Defraud, v. (යමෙකුට) ප්‍රයෝගයෙන් අලාභ—අයුක්තිය—කරනවා; වංචාවෙන් ගන්නවා:

They defrauded me of my wages ඔව්හු ප්‍රයෝගයෙන් මගේ පඩි නොදී සිටියෝයි *or* තියාගත්තෝයි.

They defrauded me of my inheritance ඔව්හු රැවටිල්ලෙන් මගේ උරුමය උදුරාගත්තෝයි *or* අත්කරගත්තෝයි. [කරන්නා.

Defrauder, n. (අනුන්ට) ප්‍රයෝගයෙන් අයුක්තිය

Defray, v. the cost &c. වියදම් ගෙවනවා *or* දරනවා *or* උසුලනවා. [*or* දැරීම.

Defrayment, n. of the expense &c. වියදම ගෙවීම

Deft, a. විසිත, කදිම, දක්ෂ.

Defunct, a. අපත්වුණාවූ, ච්‍යුතවූ, කාලක්‍රියා කළාවූ, මළාවූ, අභාවප්‍රාප්ත.

Defy, v. මිග කියනවා, සටනට—අරෝවට—අඩගස නවා, විරුද්ධකම්-විරුද්ධ බලය-නොසලකා ක්‍රියා කරනවා.

Degeneracy, n. පිරිහීම &c., see verb; පිරිහුණ-නරක් වුණ-ස්වභාවය, පසුබටය.

Degenerate, v. ස්වභාවයෙන් පිරිහෙනවා, ස්වභාව නරක්වෙගෙන යනවා *or* හීනවෙනවා, පහළ බසි නවා.

Degenerate, a. ස්වභාවයෙන් පිරිහුණාවූ, පසුබටවුණාවූ, පහත්වුණ, පහත්වූ, අධුතරමට පැමිණුණාවූ, හීනවූ.

Degeneration, n. ජම්මයෙන්-ගුණයෙන්-පිරිහීම &c.

Degenerative, a. ජම්මයෙන් පිරිහෙනසුලු, පසුබට කරන, හීනකරන.

Deglutition, n. (කෑම *or* යමක්) ගිලීම, ගිලගැනීම, ගිලගැනීමේ බලය.

Degradation, n. පහත් අඩියකට පැමිණවීම, පහත බැස්වීම, පහත් ස්වභාවකට පැමිණීම, හීනවීම, පහත්වීම, අවමානනය, නීචකම, බාහිරාව, බාහිර කම.

Degrade, v. (සිවිය තරමට වඩා) පහත් අඩියකට—අවමානනයට—පමුණුවනවා, පහත බස්වනවා.

Degraded, a. පහත් අඩියකට පමුණුවන ලද &c., භාගෙනශ්වයෑ, පහතබැස්සාවූ, අධම, නීච, බාහිර; නිකෘෂ්ට.

Degrading, be *or* a. අවමාන්ත කරන, අධම කරන, නීචකරන, පහත බස්වන.

Degree, n. step අඩිය; grade or quality ප්‍රමාණය, තරම, පටබැඳි නාම *or* නාමය, උපාධිය; gradation ක්‍රමය; order පිළිවෙළ; of a dial අංශකය; of a circle චක්‍රයක තුන්සිය හැටකින් පංගුවක්; වික්‍රාංශකය; (of an expression) in alg. ප්‍රශාඪත්වය; by degrees ක්‍රමක්‍රමයෙන්, විකෙන්විකා;

Dehiscence, n. විවරය, විවෘතය; in bot. (බීජකෝෂයේ &c.) විවෘතවීම.

Dehiscent, a. විවෘතවෙන්නාවූ, ඇරෙන.

Dehort, v. යමක් නොකරන ලෙස අවවාද කරනවා.

Dehortation, n. කරන්ට එපායයි අවවාද කිරීම.

Dehortative, Dehortatory, a. යමක් නොකරන හැටියට අවවාද කරන, කිරීමෙන් වැලැක්වීමට කථා කරන.

Deification, n. දෙවිකෙනෙක්කොට සැලකීම, දෙවිගණනට ආරූඪකිරීම &c., සුරාරූඪය.

Deified, pp. *or* a. දෙවිකෙනෙක් යයි කියන ලද, දේවතාවෙක්යයි ප්‍රකාශිත, දෙවිගණනට ආරූඪවූ.

Deify, v. දෙවිකෙනෙක් කොට සලකනවා, (මනුෂ්‍යයන්) දෙවිගණනට *or* දේව පඞ්කතියෙහි තබනවා, දෙවි කෙනෙකුටමෙන් ගරුකරනවා *or* නමස්කාර කරනවා.

Deign, v. condescend යටහත් වෙනවා (but always with another verb expressed or understood).

The king deigns to speak to us අපට කථාකරන තරමට රජ යටහත් වෙනවා.

That proud man does not deign us a look අප දෙස බලන ලෙසවත් ඒ උඩඟු අය යටහත් වෙන්නේ නැත.

Deism, n. (ආගමක් අදහන්නේ නැතුව) මැවුම්කාර දෙවි කෙනෙක් ඉන්න බව පමණක් විශ්වාසකිරීම, දේවදෘෂ්ටිය.

Deist, n. (ආගම් එපාකර) මැවුම්කාරයෙක් අදහන් නා, දේවදෘෂ්ටියා. [දෘෂ්ටි.

Deistic, Deistical, a. දේව දෘෂ්ටිය සැබඳ, දේව

Deity, n. දිව්‍යකම, දිව්‍යභාවය, දේවත්වය, දෙවිකම, දෙවියන්වහන්සේ, දේවතාවා.

Deject, v. (දුකින්, සාංකාවෙන්) මලානික කරනවා, ධෛර්‍යය නැතිකරනවා, දුර්මුඛ වෙනවා.

Dejected, pp. *or* a. මලානිකවී, මලානිකවූ, ධෛර්‍යය නැතිවුණාවූ, තලංගුවූ, විෂණ්ණ, දෞර්මනස්‍ය, දුර්මුඛ, දීනමනස්ක.

Dejection, n. මලානිකකම, ධෛර්‍යය නැතිකම, තලංගුව, විෂණ්ණතාව; පැහැරීම; මල, අශුචි.

Dejectory, n. පහරවන, විරේචන කරවන.

Dejeuner, Dejeune, n. Fr. ප්‍රාතරාශය, උදේ කෑම, අතුරුපස.

De jure. L. යුක්තියෙන් නම් (ඇති සැටි කොහොම නුමුත්) යුක්තියේ හැටියට.

Delapsion, n. (ගර්භය, අන්ත්‍රමාර්ගය &c.) පහත බැසීම

Delation, n. (නඩු මාර්ගයෙන්) දෝෂාරෝපණයකිරීම, දෝෂාරෝපණය.

Delay, v. ප්‍රමාදවෙනවා, සුනංගු-මිඩංගු-නතර-පරක්කු-පමා-අතපසු-නාවර-වෙනවා, ප්‍රමාදකරනවා &c., නාවුරුකරනවා.

Delay, n. ප්‍රමාදය, සුනංගුව, නගුව, පරක්කුව, මිඩංගුව, කල්දැමීම; without delay අප්‍රමාදව, සුනංගු නොවී &c., නොලස්ව, නොපමාව.

Dele, v. L. මකනු, කපුගානු. [&c.-ඇරිය හැකිවූ.

Deleble, a. (යමෙකුට) මැකිය හැකිවූ, පාට-කැළල්

Delectable, a. ප්‍රිය වඩන, ප්‍රීති උපදින, මහත් ප්‍රීති දායක, මනෝහර, රම්‍ය, මනෝඥ. [නය.

Delectation, n. මහත් ප්‍රීතිය, ප්‍රීතිමත්වීම, ආනන්ද

Delegate, v. (කළමනාකාරයෙක් *or* නියෝජිතයෙක් කොට) පත්කර අරිනවා, නියෝජ්‍යකර යව නවා, (තමාගේම කාරණාවක්, වැඩක් *or* බලය අන් කෙනෙකුට) භාරකරනවා.

Delegate, n. (පත්කර අරින) නියෝජිතයා, නියෝජිතවරයා.

Delegated, pp. *or* a. පත්කර අරිනලද, නියෝජිත.

Delegation, n. පත්කර ඇරීම, නියෝගකර යැවීම; නියෝජිත පිරිස *or* අය; (ණයතුරුස්කම *or* ණය හිමිකම) අන්‍යයෙකුට භාරකිරීම.

Delete, v. මකනවා, මකාදමනවා, නාසකිරනවා.

Deleterious, a. නාසක, විස, අන්තරා සහිත, විනාශක, අනර්ථදායක.

Deliberate, v. කල්පනාකර බලනවා, මෙනෙහි කරනවා, විකල්පනය කරනවා, ප්‍රසමීක්ෂණය කරනවා, මන්ත්‍රණය කරනවා.

Deliberate, a. කල්පනාකර බලන, සමෙප්‍රක්ෂණික, පරිස්සම් ලෙස—ඉක්මන්කම නැතුව නියමකර ගන්න, විචාරක බුද්ධියෙන් කරන, හොඳට-පරිස්සම්ලෙස-කල්පනාකරගත්, සමෙප්‍රක්ෂිත, සුවිනිත; slow පමාවූ.

Deliberately, ad. කල්පනා ඇතුව, පරිස්සම් ලෙස, ප්‍රසමීක්ෂණකාරයෙන්, ඉක්මන් නැතුව, සෙමිහිට.

Deliberateness, n. හොඳට කල්පනා කර බැලීම, සුවිනිතකතාව; ඉක්මන් නැතිකම.

Deliberation, n. කල්පනාකර බැලීම &c., see verb; පරිස්සම්කම, ප්‍රසමීක්ෂණය, ප්‍රසමීක්ෂාව, සමෙප්‍රක්ෂණය, විචාරණය, සුවිනතනය.

Deliberative, a. කල්පනා ඇතුව-පරිස්සම්ලෙස-ඉක්මන් නැතුව-ක්‍රියාකරන, සමීක්ෂ්‍යකාරී, විචාරක, විමර්ශී, මන්ත්‍රණයකරන. [කාරයෙක්.

Deliberatively, ad. කල්පනාකරලාම, ප්‍රසමීක්ෂණ

Delicacy; n. fineness සියුම්කම, සිනිඳුකම, තීක්ෂණකම; softness, tenderness, මොලොක්කම, ලපටිකම, සෞම්‍යකම, මෘදුකම, කෝමලතාව; of taste රසවත්කම, මධුරකම; of food රසවත් කෑම, මධුර කෑම, ප්‍රණීත කෑම; feebleness දුර්වලකම, රෝගාතුරකම.

Delicate, a. fine සිහින්, සියුම්, සිනිඳු, ජේලව; excellent කදිම; smooth සිලුටු, සිනිඳු; soft, tender, මොලොක්, හයිය නැති, ලපටි, කෝමල, සෞම්‍ය සිවුමැලි; gentle මෘදු; සෞම්‍ය; feeble දුර්වල, රෝගාතුර, හිලන්; nice රසවූ, රසවත්, ස්වාදු, මිහිරි, මධුර, රුචි, ප්‍රණීත.

Delicately. ad. tenderly මෘදු ලෙස, සෞම්‍ය ලෙස, with propriety සුවිනීත ලෙස; luxuriously සැප වතනලෙස, සැපෙන්. [Delicacy.

Delicateness, n. සියුම්කම &c., සෞම්‍යතාව &c. See

Delicious, a. ඉතා රසවත්, ඉතා මිහිරි, මියුරු, මධුර, ස්වාදු, ප්‍රණීත; අති ප්‍රසන්න, මනෝහර, රුචිර.

Deliciously, ad. ඉතා රසවත් ලෙස &c., මනෝහර ලෙස, රමණීය ලෙස.

Deliciousness, n. ඉතා රසවත්කම &c., මනෝහරතාව, අති රමණීයතාව,

Delight, n. ප්‍රීතිය, මහත් සොම්නස, සන්තුෂ්ටභාවය, සන්තුෂ්ටිය, ප්‍රමෝදය, ආනන්දය.

Delight, v. t. (මා) ප්‍රීතිමත් කරනවා, ඉතා ප්‍රසන්න කරනවා, සතුටුකරනවා,

Delight in, v. i. (යමක් ගැන *or* කෙරෙහි) ප්‍රීතිමත් වෙනවා, ප්‍රීතිවෙනවා, සොම්නස් වෙනවා, ප්‍රමුදිත වෙනවා.

Delighted, a. ප්‍රීතිමත්, ඉතා සන්තෝෂ, සන්තුෂ්ට, මෝදිත, ප්‍රමෝදිත, මුදිත, ප්‍රමුදිත, ප්‍රසන්න, ආනන්දිත.

Delightful, a. මනාවූ, ප්‍රීතිවඩන, ප්‍රීතිජනක, මනෝහර, මනෝරම්‍ය, අභිරම්‍ය, ආනන්දජනක.

Delightfully, ad. ප්‍රීතිමත් ලෙස, ප්‍රීතිජනක ලෙස, මනෝහරලෙස &c.

Delightfulness, n. ප්‍රීතිජනකභාවය, ප්‍රීතිදායකතාව, මනෝරම්‍යතාව &c.

Delightsome, a. ඉතා ප්‍රීතිදායක, සන්තෝෂජනක &c. See Delightful.

Delimitation, n. බෙදා වෙන්කිරීම; D. of Electoral Districts මන්ත්‍රීන් තෝරන පළාත් බෙදා වෙන් කිරීම.

Delineate, v. (හැඩය, ආකාරය) සලකුණු කරනවා, සටහන්කරනවා, අඳිනවා; fig. ලක්ෂණ දක්වනවා, විස්තරකරනවා.

Delineation, n. සලකුණුකිරීම &c., සටහන, සිතියම, ආලේඛ්‍යය, චිත්‍රය, විස්තරය.

Delinquency, n. කටයුතු නොකර ඇරීම *or* පැහැර ඇරීම, අයුතුකම, වරද, අපරාධය. [කාරයා.

Delinquent, n. යුතුකම නොකර අරින්නා, අපරාධ

Deliquesce, **Deliquiate**, v. ක්‍රමයෙන් දියවෙනවා.

Deliquescent, a. (හුළඟේ තෙත්ගතියෙන්) දියවෙන; ඉක්මනින් ක්ෂයවී යන.

Delirious, a. (ලෙඩ නිසා) සිහි නැත්තාවූ, සිහිමුළාවූ, සිහි විකාරවූ, මූර්ඡාවූ; fig. සිහියෙන් මුළාවූ, උමතු.

Delirium, n. සිහිනැතිකම, සිහිමුළාව, විකාරය, මූර්ඡාව; fig. උමතුකම, ඔල්මාදය.

Delirium-tremens, n. මද්‍යසාර-උන්මාදය, මද්‍යසාරය බීමෙන් අටගන්න උන්මාදය.

Deliver, v. rescue ගලවනවා; set free නිදහස් කරනවා, මුදනවා; commit to භාරදෙනවා; surrender පාවා දෙනවා; deliver a child ප්‍රසූත කරනවා; deliver a blow පහරක්දෙනවා; deliver an address කථාවක්කරනවා.

Deliverable, a. (පොරොන්දුලෙස) භාරදියයුතු (බඩු).

Deliverance, **Delivery**, n. ගැලවීම &c.; manner of speaking කථාකරන අන්දම; from transmigration සසරින් මිදීම *or* මුදාගැන්ම, මුක්තිය. [කාරයා.

Deliverer, n. ගලවන්නා &c., ගැලවුම්කාරයා, මිදුම්

Delivery, n. see Deliverance; childbirth දරුවන් වැදීම, විජායනය, ප්‍රසවය, ප්‍රසූතිය.

Dell, n. මිටියාවත, මිටිතැන, දෙණිය.

Delta, n. ඩෙල්ටා කියන (Δ) මේ ග්‍රීක් අක්ෂරය; (ප්‍රධාන ගඟක මෝය කොට ගඟක් මැද හැදෙන) ත්‍රිකෝණාකාර බිම *or* දූව; ඩෙල්ටාව.

Delude, v. රවටනවා, මුළාකරනවා.

Deluded, pp. *or* a. රවටා, රැවටී &c.; රවටනලද &c.; මෝහිත, ප්‍රලෝභිත, වංචිත.

Deluder, n. රවටන්නා &c.; රැවටිලිකාරයා.

Deluge, n. වතුර-ගැලීම, ජලගැලීම, මහා ජලගැල්ම, මහෞඝය; ජලප්‍රවාහය, භූතසම්ප්ලවය.

Deluge, v. t. දියෙන් වසනවා; say වතුර ගොඩට-ගොඩ උස්න්-ගලාවනවා, වතුර-ගැලීමට ගොඩ යට වෙනවා; fig. as: They deluge us with petitions (දරන්ට බැරි තරමට) ඔව්හු අයදුම් පත්‍ර මහ ප්‍රමාණයක් අපට ඔප්පුකරති.

Delusion, n. රැවටීම, රැවටිල්ල, මුළාව, මායාව, වැරදි කල්පනාව.

Delusive, **Delusory**, a. රැවටෙන්ට සලස්වන්නාවූ (පෙනීම &c.); රැවටීමට හේතුවන්වූ, වරදවන්නාවූ, මායාපටු, මායාමය, ඉන්ද්‍රජාලික.

Delusiveness, n. වරදින්ට—මුළාවෙන්ට—සලස්වන ගතිය, මායාපටුතාව, මෝහනතාව.

Delve, v. (බිම) හාරනවා, කොටනවා.

Demagnetize, v. කාන්දම්ගලේ බලය නැතිකරනවා;

Demagogue, n. මහජනයා ඇදගන්නා, මහජනයා ඇදගන්න ව්‍යක්ත කථිකයා.

Demain, Demesne, n. වලව්වක් අඩංගු උරුම ඉඩම.

Demand, v. ඉල්ලනවා, බලේට ඉල්ලනවා:

I demand that book–say ඒ පොත මට දෙන්ටම ඕනෑ or දෙන්ටම ඕනෑයයි කියමි;

This demands inquiry මේක විභාගකරන්ටම සුදුසුයි or ඕනෑ. See Claim.

Demand, n. ඉල්ලීම, බලේට ඉල්ලීම, අයකරන්ට නැන්සිරීම, (බඩුවකට &c. මිල ගණනක්) ඉල්ලීම, ඉල්ලන දේ or ගණන.

The book is in great demand ඒපොත අතිශයින් ඕනෑකරනවා or බොහෝදෙනෙක් ඉල්ලනවා.

Demandable, a. (යමෙකුට) යුක්තියේ හැටියට ඉල් ලියහැකි, අයකිරීමට නඩුකියහැකිවූ.

Demander, n. ඉල්ලන්නා, බලේට ඉල්ලන්නා, අයිති වාසිකම කියා සිටින්නා.

Demarcation, n. ඉම–මායිම–නියමකිරීම or සලකුණු කිරීම, ප්‍රමාණයකිරීම, බෙදීමේ මායිම, සීමාව.

Demean, v. one's-self, myself &c. හැසිරෙනවා. See also Debase.

Demeanour, n. හැසිරීම, ලීලාව, චරිතය.

Demented, a. ඔල්මාද, විකාර, උන්මත්ත, වියරු.

Demerit, n. වරදකාරකම, දෝෂය, අගුණය, සාවද්‍ය තාව, අකුසල. [උපහාසය.

Demi, prefix. අර්ධ–දෙකෙන් පංගුව–යන අර්ථය ඇති

Demi-god, n. අර්ධදෙවිකමඇත්තෙක්, අර්ධ දෙවියෝ, දේවයෝනිකයා, විද්‍යාධරයා, සිද්ධයා.

Demise, n. (උත්තමයින්ගේ) මරණය, කාලක්‍රියාව, කාලක්‍රියාකිරීම, ඇවෑම, ඉකුත්වීම, අපවත්වීම, දිවංගතවීම, ස්වර්ග පරායණය, පරලෝකප්‍රාප්තිය, අභාව ප්‍රාප්තිය; (ඔටුන්න–උරුමය–සින්නක්කරය කින් or බද්දට) භාරකරදීම.

Demise, v. උරුමකර දෙනවා, (අන්තිම කැමති පත්‍ර යෙන්) හිමිකරදෙනවා

Democracy, n: වැසියන් විසින් පවත්වන ආණ්ඩුව, සමූහාණ්ඩුව, මහජන ආණ්ඩුව, ජනසම්මත ආණ්ඩුව.

Democrat. n. සමූහාණ්ඩුවට කැමති කෙනෙක්, සමූ හාණ්ඩු ක්‍රමය භජනය කරන්නා. [සම්බන්ධ.

Democratic, a. සමූහාණ්ඩුක්‍රමය ආකාර, සමූහාණ්ඩුව

Demogorgon, n. in myth. ඝෝරතර දේවතාවා.

Demolish v. කඩාදමනවා, බිදහෙළනවා, නටබුන් කරනවා. [&c., බණ්ඩිත.

Demolished, pp. or a. කඩාදමා &c., කඩාදමන ලද

Demolishment, Demolition, n. කඩාදැමීම &c., ඛණ්ඩනය. [රාක්ෂයා.

Demon, n. අමනුෂ්‍යයා, යකා, භූතයා, රාක්ෂයා,

Demoniac, n. යක්ෂාවේශ අය, භූතාවේශයා, භූතා විෂ්ටයා; state of යක්ෂාවේශකම.

Demonical, a. අමනුෂ්‍ය, රාක්ෂස, යකුන් සම්බන්ධ or යකුන්ගෙන් පැමිණුණ, භෞත, පෛශාච.

Demonolatry, n. යකුන් ඇදහීම, යකුන් වැඳීම.

Demonology, n. යක්ෂ භූත විද්‍යාව.

Demonstrable, a. (සාක්ෂිවලින්) ඔප්පුකළහැකි (දේ); සාධනීය.

Demonstrably, ad. ඉදුරාම ඔප්පුකළ හැකි ලෙස, අනුමාන නැති ලෙස: this is demonstrably false මේක බොරු බව ප්‍රත්‍යක්ෂයි or ඔප්පුකළ හැකිය.

Demonstrate, v. සහතිකලෙස ඔප්පුකරනවා, පෙන්නුම් කරනවා, පෙන්වනවා.

Demonstration n. ඔප්පුකිරීම, රූපදර්ශනය; සහතික ඔප්පුව; පෙන්වීම, දැක්වීම, ප්‍රදර්ශනය, නැන්කිරීම.

Demonstrative, a. යමක් සහතික ලෙස ඔප්පුකරන (සාක්ෂි, විධි &c.); (සිතේ ප්‍රීතිය, ශෝකය &c.) පිට තින් පෙන්වන්නාවූ or අතිශයින් පාන්නාවූ, සන්දීපක.

Demonstratively. ad. සහතික ඔප්පුවලින්, ඔප්පු කළහැකි ලෙස, සහතික ලෙස, ප්‍රත්‍යක්ෂලෙස.

Demonstrator, n. ඔප්පුකරන්නා, ප්‍රදර්ශකයා; in anat ශරීර කොටස් පෙන්වන්නා.

Demoralization, n. සිත නරක්කිරීම &c., see verb.

Demoralize, v. සිතේ හොඳ ස්වභාව අඩුකරනවා, නරක්කරනවා, ගුණධර්ම පිරිහීමකට පත්කරනවා, චරිත දූෂණය කරනවා, සිත කෙලෙසනවා.

Demoralizing, p. or a. ධෛර්යය—ගුණය—සුශීල භාවය—අඩු කරන; ස්වභාව නරක් කරන. ගුණ දූෂක, චරිත දූෂක, සිත කෙලෙසන.

Demulcent, a. මොළොක්කරන, බුරුල්කරන (ද්‍රව්‍ය).

Demulcent, n. මෘදු කරන–බුරුල් කරන–බෙහෙත.

Demur, v. සාංකාවෙන්–සැකෙන්–අනුමානයෙන්–ඇනහිටිනවා, අකමැත්තෙන් ප්‍රමාදවෙනවා, පැකි ලෙනවා, අකමැතියයි or විරුද්ධයයි කියා සිටිනවා; in law නවතිනවා. [තීම.

Demur, n. සැකෙන් ඇනහිටීම, අකමැතිවීම, නැවතීම.

Demure, a. සිනා මුහුණක් නැත්තාවූ, සංසුන්වූ, ලජ්ජාවූ.

Demurely, ad. සංසුන්ලෙස, බොරු සංසුන්කමින්.

Demurrage, n. නැවක් ප්‍රමාදකරගත්තාට ගෙවන ගණන, පිඩංගු මිල, දඩය.

Demurrer, n. අකමැතිවෙන්නා; see verb; නීඩුවක් පිණිස කාරණාවක් කියා නැවතීම.

Demy, n. එක්තරා ප්‍රමාණයක කඩදාසිය, එය අඟල් 22½ ක් දිගයි, 17½ ක් පළලයි. [ලෙණ.

Den, n. cave ගුහාව, බිලය, කුහරය, ගුහාරය; lair

Denarius, n· රෝම ආණ්ඩු කාලයේ පැන්ස අටක් පමණ අගනා පැරණි රිදී කාසියක්,

Denationalize, v. වැසියෙකු අන්‍ය ආණ්ඩුවකට මාරු කරනවා; වැසියෙකුට ඇති වාසි or යුතුකම් පහ කරනවා, ජාතික ගුණයෙන් තොරවෙනවා.

Denaturalize, v. අස්වභා කරනවා, ස්වදේශී භාවයට පත් කෙනෙක් දෙවනු විදේශියෙක් කරනවා.

Dendriform, a. වෘක්ෂාකාර, ශාඛා හැඩය ඇති.

Dendrite, n. වෘක්ෂ රූප ශිලාව, ගස්—පඳුරු—ආදී රූප ඇති ගල or ලෝහ.

Dendroid, Dendroidal, a. පඳුරු ආකාර, ස්තම්බා කාර, ගුම්බාකාර.

Dendrology, n. වෘක්ෂ විද්‍යාව.

Dendrometer, n. වෘක්ෂ පරිමාපක යන්ත්‍රය. [කීම).

Deniable, a. නැත කියහැකිවූ, ප්‍රත්‍යාඛ්‍යේය (දේ or

Denial, n. නැතකීම, ප්‍රත්‍යාඛ්‍යානය; refusal ප්‍රතික්ෂේ පකිරීම, අපලාපය. See Deny.

Denier, n. නැත කියන්නා, ප්‍රත්‍යාඛ්‍යානය කරන්නා, ප්‍රතික්ෂේපකරන්නා.

Denizen n. පදිංචිකාරයා, නගර වාසියා, ස්වදේශි යෙක්වූ ශ විදේශියා. [නියම කරනවා.

Denominate, v. නම්කරනවා, නම් තබනවා, නමක්

Denominated, pp. or a. නම් කරනලද &c., නම්වූ, අභිධාන.

Denomination, n. නම්කිරීම &c.; නම, නාමය, අභිධා නය, (එකනමඇති) සමාගමක්, නිකාය, පඬිගතිය, වර්ගය.

Denominational,, a. සමාගමකට අයිතිවූ, නිකායික.
Denominationally, ad. සමාගම් වශයෙන්, නිකාය ලෙස.
Denominative, a. නම්කරන, නම් දෙන, විශේෂක.
Denominator, n. නම දෙන අය, නම් දෙන දෙය; in arith. හරය, භාජකය.
Denotation, n. නිමිත්ත කිරීම, හැඟුම්දීම, හැඟීම, තේරුම් යාම; see verb.
Denotative, be, v. S. adj. නිමිත්තකර..., හැඟුම් දෙන, අභිව්‍යාජක;
Signs denotative of insanity උන්මාදව නිමිත්ත කරන—පෙන්වන—ලකුණු.
Donate, v. t. දක්වනවා, අඟවනවා, පෙන්වනවා, ප්‍රකාශ කරනවා නිමිත්ත කරනවා, හැඟෙනවා, තේරුම් යනවා:
The dove denotes innocence පරවියා අහිංසක භාවය ප්‍රකාශ කරයි. [රාය අඟවයි.
The red flag denotes danger රතු කොඩිය අනතු
Denouement, n. Fr. (රචනාවක අදහස, සිදසි ක්‍රමය) ප්‍රකාශවේයන ඒම, විවෘතිය.
Denounce, v. වරදකොට බරපතල ලෙස කියනවා, ප්‍රසිද්ධියේ දෙස් තබනවා, දෝෂාරෝපණය කර නවා, චෝදනා කරනවා, වරද තබනවා, බිනැක මිත්—සැරෙත්—තර්ජනය කරනවා.
I denounce their deeds ඔවුන්ගේ ක්‍රියා නපුරුව යයි කියා සිටිමි.
I denounce vengeance පලිගනිමියි දන්වා සිටිමි.
De novo, L. අලුතුවෙන්, නැවත, ආයේ.
Dense, a. thick ඝන, උකු; many in a given space ගනසැර, ගහන, අවිරල; hard තද, දැඩි.
Densely, ad. ඝනාකාරයෙන්, ගනසැරේ, ගහනලෙස, අවිරල ලෙස, තද ලෙස.
Denseness, Density. n. ඝන භාවය, උකුකම, තද කම, ගහනකම, අවිරලතාව. [Notch.
Dent, n. කුහරයක් සමාන තුවාලය, කත්තුව. See
Dent, v. (ගසා or යමක් ඔබා) වළක්-වළවල්-කර නවා.
Dental, a. දත්වලට අයිතිවූ, දත් සම්බන්ධ, දන්ත්‍ය. dental surgeon දත්-වෙදා; in gram. දන්තජ; n. දන්තජාක්ෂරය.
Dentate, a. දත් ඇති, දැති ඇති, දන්තජාත, දන්තා කාර (කොළ &c.).
Dented, a. කුඩා කුහර—වළවල්—ඇති, කඩතොළු ඇති; දැති ඇති.
Denticle, n. කුඩා දත්තක් or තුඩක්.
Denticulate, Denticulated, a. කුඩා දැති ඇති, ක්ෂුද්‍ර දන්ත ජාත.
Dentiform, a. දත් හැඩය ඇති, දන්තාකාර.
Dentifrice, n. දත් මදින ද්‍රව්‍ය, දත්කුඩු, දත්බෙහෙත. දන්ත පවනය, දන්ත ශාණය.
Dentist, n. දත්-වෙදා, දන්ත වෛද්‍යයා. [ක්‍රමය.
Dentistry, n. දත්-වෙදකම, දන්ත වෛද්‍යකර්මය or
Dentition, n. (කාලේ) දත්ඒම or හටගැනීම or සෑදීම; දන්තෝද්භේදය.
Denudate, Denude, v. නග්න කරනවා, නිර්වස්ත්‍ර කර නවා; පැහැරකරනවා; වැසි සුළං වැදී ගෙවියනවා.
Denudation, n. නග්න කිරීම &c., in geol. (පොළො වේ පස් සේදී යාමෙන් යට තට්ටු) විවෘතවීම; (එසේ) විවෘතවූ තට්ටු.
Denunciation, n. තර්ජනය කිරීම &c., තර්ජනය, චෝද නාකිරීම, තරයේ දෙස් තැබීම. See Denounce.

Denunciator, n. ප්‍රසිද්ධියෙන් දෝෂාරෝපණය කර න්නා, තර්ජනයකරන්නා;
Denunciatory, a. දෝෂාරෝපක, තර්ජන සහිත.
Deny, v. නැත කියනවා, ප්‍රත්‍යාඛ්‍යානය කරනවා, නිෂේධකරනවා, (ඉල්ලීමක්) ප්‍රතික්ෂේප කරනවා, ඉල්ලන දේ නොදී සිටිනවා or දෙන්නේ නැතැයි කියනවා; [නැතැයි කියනවා;
deny knowledge of a thing යමක් දන්නේ
deny one's self තමාගේම කැමැත්ත කිරීමෙන් වළකිනවා, ආශා මැඩපවත්වාගන්නවා.
Deobstruct, v. බාධා—අවහිරකම්—අඩස්සි—පහකර නවා, නිර්විඝ්න කරනවා. [කය.
Deobstruent, n. අඩස්සි පහකරන බෙහෙත, විරේ
Deodorize, v. ද්‍රව්‍යවල ගඳ—සුගඳ or දුගඳ—නැතිකර නවා or පහකරනවා, නිර්ගන්ධ කරනවා, විගන්ධ කර නවා.
Deodorizing, a. ගඳ පහකරන, නිර්ගන්ධකරන.
Depart v,. go යනවා, ප්‍රයාණය කරනවා, start පිටත් වෙනවා; issue නික්මෙනවා; depart from අහක්ව යනවා, පහවෙනවා, ඉවත්වෙනවා, වෙන්වෙනවා, තුරන්වෙනවා; of dying කාලක්‍රියා කරනවා, කාල යාත්‍රාකරනවා, කල්පේත්‍රවෙනවා, ඉවත්වෙනවා, උතුත් වෙනවා, තුරන් වෙනවා, තුරන් වෙනවා, අපත් වෙනවා, ච්‍යුතවෙනවා, පරලෝ ක ප්‍රාප්ත වෙනවා.
Departed, pp. or a. ගොස් &c.; ගියාවූ &c.; නිෂ්ක්‍රා න්ත, ව්‍යපගත, අපගත, අප්‍රේත, ඉවත්වූ, මියගියා වූ, උකුත්වූ, අපත්වූ, ච්‍යුතවූ, කාලාන්තරගත ගත.
Departing, a. යන්නාවූ &c.; පිටත්වයන, ප්‍රස්ථානික.
Department, n. (බෙදුනු or වෙනම නියම කරපු) කොටඨාසය, ශාඛාව, දෙපාර්තමේන්තුව, කාර්ය කොටඨාසය; නිලය, (ප්‍රත්‍ය රටේ) පළාත, ප්‍රදේ ශය.
Departure, n. යාම &c., see verb, නික්මයාම, උත්ථා නය, නිෂ්ක්‍රමණය, ප්‍රයාණය, සම්ප්‍රයාණය, ව්‍යප ගමය, කාලක්‍රියාව, තුරන්වීම, පරලෝකප්‍රාප්තිය.
Depend, v.i. hang down or from එල්ලෙනවා, එල්ලී තිබෙනවා, එල්බ සිටිනවා, ලම්බනයවෙනවා, ලම්බි තව තිබෙනවා;
depend on, trust to විශ්වාසකරනවා, විශ්වාසය තබනවා, ආලම්බන වෙනවා, ආලම්බිතව සිටිනවා, රඳා සිටිනවා, ආධාර බලාසිටිනවා; depend or rest upon පිහිටා—රඳා—තිබෙනවා.
Life depends on food ජීවිතය පිහිටාතිබෙන්නේ කෑම පිටය or ජීවිතය රැඳෙන්නේ කෑම මතය.
I depend on his promise ඔහුගේ පොරොන්දුව කෙරෙහි විශ්වාසය තබමි or ඔහුගේ පොරො න්දුව ගැන බලා සිටිමි.
Our journey depends upon the weather අපේ ගමන වෙන්නේත් සෘතුවේ හැටියටයි or අපේ ගමන යාම නොයාම සෘතුවේ හැටියට වෙයි.
Dependable, a. විශ්වාසකළහැකි; විශ්වාසය තැබිය හැකි; ආධාර බලාපොරොත්තුවියහැකි.
Dependence, Dependency, n. එල්ලීම &c., ලම්බනය, ආලම්බනය; (අන් දෙයක් කෙරෙහි ඇති) ලම්බිත තාව; subordination පරාධීනතාව, පරායත්තභාවය. trust විශ්වාසය; hope බලාපොරොත්තුව;
dependency, subject territory රාජ්‍යයේ පිට ප්‍රදේශයක්, යටත්වසිටින රටක්; dependencies thereof තදායත්ත ප්‍රදේශ.

There is no dependence (to be placed) upon such things එයාකාර දේ පිට විශ්වාසය තබන්ට බැරිය or එයාකාර දේ විශ්වාස කරන්ට බැරිය.

Dependent, a. lit & fig. වෙන දේ කෙරෙහි පිහිටා—එල්ලී—අවලම්බිතව—තිබෙන්නාවූ; යමක් ආශ්‍රය කොට or එල්බ පවත්නාවූ, අවලම්බී, ආයත්ත, අවලම්බන, පරතන්ත්‍ර; subordinate අන්‍යාශ්‍රිත, පරාශ්‍රිත, නාථවත්, පරාශ්‍රය.

Dependent, Dependant, n. වෙන කෙනෙක් යටතේ සිටින්නා, අන්‍යාශ්‍රිතයා, පරාශ්‍රිතයා, වෙනකෙනෙකුගෙන් රක්ෂාවක් ලබන්නා, අන්‍යයෙකුගෙන් නඩත්තුවී සිටින්නා, සම්භාගයා.

Depending, p. එල්ලෙමින් &c., see verb; which or who depends &c. විශ්වාසකරන &c., අවලම්බන, අවලම්බිත, ආලම්බිත, ලම්බමාන.

Depict, v. යම් දෙයක හැඩිය සිතියම් කරනවා, සිතියම්කර දක්වනවා, ලක්ෂණ දක්වනවා, අඳිනවා, (සිතියමකින් මෙන්) නිදර්ශනයකරනවා, විස්තරකර කියනවා.

Depilatory, n. කෙස් නැතිකරන—මුඩුකරන—යම් ද්‍රව්‍යයක්.

Depletion, n. පූර්ණකම අඩුකිරීම, පිරිහීම, (අඩුකිරීමට) ලේ ඇරීම.

Depletory, a. සම්පූර්ණකම අඩුකරන, සම්පූර්ණහරණ.

Deplorable, a. වැලපීමට—ලතවීමට—ශෝකවීමට—යුතුවූ. කනගාටුදායක, අනුකම්ප්‍ය, අනුකම්පා කළයුතු, ඛේදජනක, ශෝච්‍ය, ශෝචනීය, (කාරණා).

Deplorableness, n. ඛේදජනකතාව, ශෝචනීයතාව.

Deplorably, ad. ශෝකවිය යුතු ලෙස, ඛේදජනක ලෙස, ශෝචනීය වසයෙන්.

Deplore, v. t. (S. v. i. යමක් ගැන) වැලපෙනවා, විලාපකියනවා, ශෝකවෙනවා, ලතවෙනවා.

Deploy, v. (එකිනෙක ඈත් කිරීමෙන් ගණනක්) විහිදනවා, විදහනවා, විරල කරනවා; (එකිනෙකාගෙන් ටිකක් ඈත්වීමෙන් සේනාවක්) විහිදෙනවා or තුනීවෙනවා, විරලවෙනවා.

Deploy, n. (සේනාවක) විරලවීම, විරලතාව.

Deplumation, n. පිහාටු ඇදදැමීම, පිහාටුසිඳීම, පිහාටු වැටීම.

Deplume, v. පිහාටු ඇදදමනවා, පිහාටු සිඳිනවා.

Deponent, a. අහක තබන්නාවූ; in L. gram. එක් ජාතියක ක්‍රියා වචන; i. e. අන්දමට තේරුම් වෙනස්වූ, සවෙචතනිකාර්ථ අචේතනික ක්‍රියාව.

Deponent, n. නඩුශාලාවේදී සාක්ෂි දෙන අය, සාක්ෂිකාරයා.

Depopulate, v. වැසියන් රටෙන් පහකරනවා, ජනසංඛ්‍යාව අඩුකරනවා, පාළුකරනවා, ජන ශූන්‍ය කරනවා.

Deport, v. අහකට or රටෙන් ගෙනයනවා, රටින්පිට අරිනවා, පිටවහල් කරනවා, රටනංවනවා.

Deportation, n. අහකට &c. ගෙනයාම, රටෙන් or යම් ස්ථානයකින් පිටවහල් කිරීම or පිටවහල් වීම, විවාසකරණය, විවාසනය.

Deportment, n. හැසිරීම, හැසිරෙන අන්දම, ලීලාව, කල්ක්‍රියාව, චරිතය.

Depose, v. සිංහාසනයෙන් or තිලයකින් පහකරනවා, භ්‍රෂ්ටකරනවා; see Dethrone; සාක්ෂි කොට කියනවා, සාක්ෂිදෙනවා.

Deposed, a. රජකමෙන්—තිලයෙන්—පහකරන ලද, නෙරපනලද, භ්‍රෂ්ට රාජ්‍ය.

Deposit, v. තබනවා, තබාගන්නවා, තැන්පත් කරනවා, ස්ථාපනය කරනවා, බාරකරනවා, උකස් කොට තිබනවා; as slime &c. කාරම් බඳිනවා.

Deposit, n. තැබූ or තබන දේ, භාරකළ දේ; අත්තිකාරම, උකස; කාරම.

Depositary, n. යමක් භාරගත්ත අය, භාරකාරයා.

Deposited, pp. or a. තබා &c., තබනලද &c., භාරවූ, ස්ථාපිත.

Deposition, n. පහකිරීම &c., see Depose දෙන සාක්ෂිය; free statement ස්වය මුක්තිය, තැබීම &c., see Deposit; පහතට වැටෙන or මිදෙන මණ්ඩි කාරම.

Depository, n, භාණ්ඩාගාරය, ගබඩාව.

Depot, (ඩෙපො), n. Fr. භාණ්ඩාගාරය, ගබඩාව, උපකරණ ගෙය, ශාලා; සේවා ස්ථානය, සේනාගාරය.

Depravation, n. නරක්කිරීම, නරක්වීම, විකාරවීම.

Deprave, v. යහපත් ස්වභාව නරක්කරනවා, විකාර කරනවා, ගුණ කෙලෙසනවා, දූෂ්‍යකරනවා. සුශීල භාවය පෙරළනවා. [මිතික.

Depraved, a. නරක්වූණාවූ, වංක, දුෂ්ට, දූෂක, දුෂ්ට

Depravity, n. (සිත) නරක්—නපුරු—වූණ ස්වභාව, කෙලෙසුණු බව, දූෂ්‍ය භාවය, දුෂ්ටබව, දුශ්ශීලතාව, දුෂ්ටභාවය, ශඨතාව.

Deprecate, v. යමක් නොවෙන ලෙස යදිනවා or ඉල්ලනවා, යමක් වෙනවාට අකමැතිවෙනවා, අසතුට තරගේ ප්‍රකාශකරනවා,

I deprecate any display of anger තරහ පාන වාට—or පාන්ට—මම අකමැතියි or තරහ නොපාන ලෙස ඉල්ලමි.

Deprecation, n. නොකිරීම පිණිස යැදීම &c.

Deprecatory, a. මිදෙන පිණිස—යමක් නොවෙන පිණිස—යදින or ඉල්ලන; එයාකාර ඉල්ලුම් සහිත.

Depreciate, v. අගේ අඩුවෙනවා, ගණන් පහත්වෙනවා, අගේ අඩුකරනවා, වටිනාකම සුළුකරනවා; තුච්ඡකරනවා.

Depreciation, n, අගේ—වටිනාකම—අඩුවීම, වටිනාකම-උතුම්කම-හොඳකම-සුළුකිරීම, තුච්ඡ කිරීම, of one's caste නීචකිරීම.

Depreciatory, a. අගේ &c. අඩුකොට පෙන්වන, ගුණමකු, (කීම් &c.).

Depredation, n. කොල්ලකෑම, පැහැරගැන්ම, විපලවය, එවැනි හොරකම් කිරීම, රෝගයෙන්—කාල්යාමෙන් &c.—පැමිණෙන ජරාව or නාසනිවීම.

Depredator, n. බඩු කොල්ලකාගන්නා, විපලම කාරියා, වනසන්නා.

Depress, v. පහතට ඔබනවා, යටහත්කරනවා, පහත් කරනවා, පහත් අඩියකට පමුණුවනවා, මිරිකනවා, පෙළනවා, හීනයට—දිළිඳු භාවයට—පමුණුවනවා, මලානික කරනවා, අධෛර්යමත් කරනවා, දොම්නසට or දීන භාවයට පමුණුවනවා.

Depressed, pp. or a. පහතට ඔබා &c., පහත් කරන ලද &c., පහත බැස තිබෙන, දීන භාවයට පත්, අධෛර්යවූ, හීනවූ, මලානික, නලංගු, දෞර්මනස්‍ය.

Depression, n. පහතට එබීම &c., පහත්වීම, පහත්කම, පහත් තැනක්, (සාමාන්‍ය මට්ටමට වඩා) පහත්වී-එබී-තිබෙන තැනක්; මලානිකකම, උනන්දු නැතිකම, අධෛර්ය වීම, දොම්නස්වීම, විෂාදය, සිතේ නලංගුව; ශක්තියෙන් or වස්තුවෙන් අඩුවූ බව, ධන හානිය, හීන භාවය.

Deprivation, n. ඉවත්කිරීම &c., see verb; (වස්තු &c. නැතිවුණ නිසා) අසරණව සිටීම, අසරණ භාවය. විහීනතාව, පරිවර්ජිතතාව.

Deprive, v. ඉවත්කරනවා, තොරකරනවා, අහක්කර දමනවා, පැහැරගන්නවා, අහිමිකරනවා.

They deprive me of my riches ඔව්හු මගේ වස්තු මගෙන් ඉවත් කරති or පැහැර ගනිති.

We deprived him of his inheritance ඔහුගේ උරුමය ඔහුට අහිමි කළෙමු.

We were deprived of office අපි නිලයෙන් අහක් කරනු ලැබුවෙමු.

We were deprived of all advantdges සියලු වාසි අපෙන් ඉවත්කළා or සියලු වාසිවලින් විහීනව -පරිවර්ජිතව-සිටියෙමු.

Deprived of, a. නැතිවූ, තොරවූ, හීනවූ, විහීනවූ, වියෝජිත, පරිවර්ජිත:

A child deprived of education ඉගැන්වීම් නොල බන-නොලැබූ-ළමයෙක්.

One deprived ef health, riches &c. සනීප &c. නැතිවූ-හීනවූ-විහීන-කෙනෙක්.

Depth, n. ගැඹුර, ජඹුර, ගැඹුරු තැන; fig. ගැඹුරු කම, ගම්භීරකම, ගාම්භීර්‍ය්‍යය; depth of winter, night &c., ශීත කාලයේ මධ්‍යය, මධ්‍යම රාත්‍රිය. See Deepness.

Depulsory, a. නෙරපන, පහකරන. See Repulsory.

Depurate, v. පවිත්‍රකරනවා, පහදනවා; adj. පවිත්‍ර &c. See Purify.

Depuration, n. (දිය ජාති or වණයක්) පිරිසිදුකිරීම; කුණු-නැරව-ඇරීම.

Deputation, n. නියෝගකර ඇරීම &c.; වෙන අය නිලව්වට නියමව සිටින කළමනාකාර අය, නියෝජිත පිරිස or අය, නියෝජිතයා.

Depute, v. (කළමනාකාරයෙක් කොට) නියෝගකර අරිනවා, නියෝජිතයෙක් කොට අරිනවා, (යමක් කිරීමට තමා නිලව්වට වෙන කෙනෙක්) පත්කර නවා.

Deputed, pp or a. නියෝග කර අරින ලද, නියෝජිත, නියුක්ත.

Deputy, n. දෙවෙනියා, ප්‍රතිපුරුෂයා, නියෝජිතයා, නියෝජ්‍යතැනා: [තැනා;

D. to Governor ආණ්ඩුකාර තුමාගේ නියෝජ්‍ය

D. Chairman නියෝජ්‍ය සභාපති;

D. Speaker නියෝජ්‍ය සභාධ්‍යක්ෂ.

Deputy-sheriff, Deputy-fiscal, n. උප පිස්කල්තැන.

Derail, v. පීලියනවා.

Derange, v. පිළිවෙළ අවුල්කරනවා, විසුරුවා දම නවා, වික්ෂිප්ත කරනවා, ව්‍යාකූල කරනවා, සිහිය වික්ෂේප කරනවා or විකල කරනවා.

Deranged, a. අවුල්වූ, ව්‍යාකූලවූ, සිහිය වික්ෂිප්තවූ.

Derangement, n. අවුල් කිරීම &c., අවුල, අවුල්කම, ව්‍යාකූලය, වික්ෂිප්තතාව, විකාරය.

Derelict, a. අත්ඇරදමනලද, වර්ජිත; n. (හිමිකාරයා විසින්) අත්ඇරපු දෙයක්; මුහුද බැසයාමෙන් ගොඩවී තිබෙන බිම.

Dereliction, n. අත්ඇරදැමීම; (යුතුකම) නොකරඇරීම or පැහැරදැරීම; අත්ඇරුණ ස්වභාව, වර්ජිතතාව.

Deride, v. යමෙකුට හිනාහවෙනවා or සිනාසෙනවා, පරිහාසකරනවා, කවටකම්කරනවා, සමච්චල්කර නවා, සරදම් කරනවා; කවටකමින් ගරහනවා.

Deridingly, ad. කවටකමින්, කවට ලෙස, හාස්‍යවශ යෙන්, සරදම් ලෙස.

Derision, n. යමෙකුට හිනාහවීම &c., යමෙකුට කරන හිනාව. කවටකම, පරිහාසය, හාස්‍යය, කවටකම් කරන දෙය.

Derisive, a. යමෙකුට නින්දාව or සරදම පිණිස සිනා සෙන, පරිහාසක, කවටකම් කරන; කවටකම් සහිත. [නිගුහ වශයෙන්.

Derisively, ad. කවටකමින් සමච්චල් විධියකින්,

Derivable, be, v. (S. a.) මුලකින් &c., පැමිණියහැකි වූ or ලබාගතහැකිවූ, බිදගත හැකිවූ (වචනයක්); see verb & Deducible.

Derivation, n. යම් තැනකින් ලබාගැනීම or ඇද ගැනීම &c., see verb; root of words ධාතුව, ප්‍රකෘ තිය, පදව්‍යුත්පත්තිය, ව්‍යුත්පත්තිය, නිෂ්පත්තිය, ප්‍රත්‍යය, නිරුක්තිය.

Derivative, a. වෙන යමකින් ලබාගත්තාවූ or පැමිණු ණාවූ, ජනිතවූ, තත්භව.

Derivative, n. වෙන යමකින් පැමිණුණ එක, බිඳී ආවාවූ වචනය, ජනිතවූ වචනය, තත්භව වචනය, තද්ධිත හෝ කෘදන්ත ශබ්දය.

Derivatively, ad. යමකින් නික්ම or නික්මීමෙන්, ධාතු ආකාරයෙන්, ප්‍රකෘති වශයෙන්.

Derive, v. (ගංගා ජලය වාරිමාර්ගයකින් මෙන් or මුලෙන්-උල්පතෙන්, ආරම්භයෙන් - යමකින්) ලබා ගන්නවා, පමුණුවාගන්නවා, අත්කරගන්නවා, (වච නයක්) බිඳගන්නවා, ප්‍රභවවෙනවා.

We derive various advantages from our ancestors (say) අපේ මුතුන් මුත්තන්ගෙන් අපි නොයෙක් ප්‍රයෝජන ලබනෙමු.

This word is derived from such a root මේ වච නය අසවල් ධාතුවෙන්—ප්‍රකෘතියෙන්—සෑදී තිබේ or බිඳී එයි.

Derived, pp. or a. (යම් මුලකින් &c.) ලබාගත්, ඇද ගත්, ජනිතවූ ආ, ව්‍යුත්පන්න, සිද්ධ.

Dermal, a. සම්, හම්, චර්ම. [රය, චර්ම විද්‍යාව.

Dermatology, n. චර්මය සහ චර්ම රෝග ගැන විස්ත

Derogate from, v. අගය-වටිනාකම-උතුම්කම-හිමි කම-යනාදිය අඩුකොට සිතනවා or කියනවා, අඩු කරනවා, හීනකරනවා, අවමංගලකරනවා.

They derogate from my dignity (උතුම්කමෙන් කොටසක් පහකරති). ඔව්හු මගේ උතුම්කම අඩුකොට පෙන්වති, තුච්ඡකරති, හීනකරති.

Derogatorily, ad. අගය &c. අඩුකොට පෙන්වන ලෙස, හීනකරන ලෙස, අවමාන්න ලෙස.

Derogatory, a. අගය &c. අඩුකරන්නාවූ, අවමාන්න කරන්නාවූ, අවමංගලකර.

Such an action is derogatory to my dignity එයාකාර ක්‍රියාවක් මගේ උතුම්කමට ඔබින් නේ නැත.

It is derogatory to my honour එසින් මාගේ මාන්නය අඩුවේ or එය මාගේ මාන්නයට කැතයි or මදිකමකි.

Derrick, n. බර උස්සන යන්ත්‍රය, දෙබකරය.

Dervis, Dervish, n, සන්නාසියා, මහමත් තාපසයා.

Descant, v. නොයෙක් අන්දමෙන් ගීතිකා කරනවා; විස්තර වශයෙන්-කොටස්වලට බෙදා-කථාකර නවා, දේශනාකරනවා; descant upon කාරණාවක් ගැන කථාවක් කරනවා.

Descend, v. බහිනවා, බසිනවා, අවරෝහණය කර නවා, අවරෝහණය වෙනවා, බැස එනවා, බැස යනවා, බැසෙනවා, පහත්වෙනවා, පහළට පැමි ණෙනවා;

sink in ගිලෙනවා; descend on, rush upon විරුද්ධව වදිනවා, විරුද්ධයට වේගයෙන් දුව නවා;

as offspring පැවත එනවා; as an inheritance පරම්පරාගතව ලැබෙනවා, පැවතඑනවා, උරු මවී එනවා, ප්‍රවේණියක් කොට ලැබෙනවා.

Descendant, n. පැවත එන්නා, දරුවා; pl. දරු මුනු බුරෝ &c.

Descent, n. බැසීම &c., අවරෝහණය, අවතරණය; from generation to generation පරපුරෙන් පැවත ඒම, පුත්‍රපෞත්‍රීණතාව; lineage වංශය, පරම්පරාව, පරපුර, පෙළපත, වංශවිතතිය, සන්තතිය, අන්වය. See Declivity.

Describable, a. (යමෙකුට) ආකාරය සටහන්කළ හැකිවූ &c., see verb.

Describe, v. (හැඩය, ආකාරය) සටහන් කරනවා, අඳිනවා; describe a circle චක්‍රයක් අඳිනවා; ලක්ෂණ දක්වනවා, හැටිය විස්තරකොට කියනවා, විස්තර කරනවා, වර්ණනාකරනවා, කියාදෙනවා, පෙන්වා දෙනවා.

Described, pp., be or a. (හැඩය) සටහන් කරන ලද &c., චිත්‍රලිඛිත, උද්දිෂ්ට, නිර්දිෂ්ට.

Description, n. සටහන්කිරීම &c., විස්තරය, අඳින-ඇඳපු-හැඩය, සටහන, ස්වරූපය; sort වර්ගය, ජාතිය.

Descriptive, a. ආකාරය සටහන්කරන, ලක්ෂණ දක්වන, තොරතුරු කියා දෙන, විස්තරය අඩංගු, සවිස්තර.

Descry, v. (නොයාබලා) හදිසියෙන් දකිනවා, දුරින්-අමාරුවෙන්-දකිනවා.

Desecrate, v. (ශුද්ධවූ දෙයක්) දූෂ්‍ය කරනවා or අප වित्‍රකරනවා, (ආගමට අයිති දේ) කෙලෙසනවා.

Desecrated, pp. or a. දූෂ්‍යවූ, කෙලෙසන ලද, අපවිත්‍ර කළ. (පූද පූජා, දේවස්ථාන &c.).

Desert', v. අත්අරිනවා, අත්ඇර යනවා, අත්ඇර දම නවා, අනාරමංකරනවා, වර්ජනය කරනවා, (තමාගේ සේවය අත්ඇර) සැඟවී යනවා, පැනලා යනවා, පාළුකර යනවා.

De'sert, a. විවේක, කාන්තාර, පාළු, වන්‍ය.

De'sert, n. විවේක පළාතක්, පාළු රටක්, කැලය, වනාන්තරය, කාන්තාරය, වාලුකාකාන්තාරය, මරු කතර, මරුස්ථලය.

Desert', n. කුසල, අකුසල, ප්‍රතිඵලය, විපාකය.

Deserted, a. අත්අරිනලද, බැහැර කළ, අනාරමංවූ, වර්ජිත, ත්‍යක්ත, ශූන්‍ය, පාළුවූ.

Deserter, n. (තමාගේ පක්ෂය, නිලය &c.,) අත්අරි න්නා &c., sp. හැංගී යන සේවායා or නාවිකයා.

Desertion, n. අත්ඇරීම, අත්ඇරයාම &c., වර්ජනය, ත්‍යාගය, අත්අරිනු ලැබූ ස්වභාවය, වර්ජිතතාව, පාළුකම, අසරණකම.

Deserve, v. (ප්‍රශංසාව or දෝෂාරෝපණය ලබන්ට) වටිනවා, සෑහෙනවා, (ඵලවිපාකයට) යෝග්‍යව or සුදුසුව සිටිනවා, හිමිවෙනවා, අර්හවෙනවා; they deserve, or are deserving of, reward or punishment ඔව්හු ත්‍යාගී or අඩුවලබන්ට යෝග්‍යව සිටිති.

Deservedly, ad. වටිනාලෙස, යෝග්‍යලෙස; සුදුසු පරිද්දෙන්; කුසලාකුසලේ හැටියට.

They are deservedly honoured ඔව්හු ගෞරව ලබන්ට යෝග්‍යව සිටිති or නිස්සෝ වෙත්.

They are deservedly punished ඔව්හු යෝග්‍ය ලෙස අඩුවූ ලබත්.

Deserving, a. ප්‍රශංසනීය, යහපත්, ගුණාන්විත, පුණ්‍ය වත්, අර්හ, යෝග්‍ය, සුදුසු.

Deshabille, n. Fr. See Dishabille.

Desiccate, v. හිත්දනවා, වේළනවා, ශුෂ්ක කරනවා, පරිශෝෂයකරනවා, හිඳෙනවා, ශුෂ්කවෙනවා.

Desiccative. a. හිත්දවන &c., (සැරව &c.) වේළවන, (රසායන ද්‍රව්‍ය).

Desiderate, v. (නැත යමක් වීමට) ආශාවෙනවා, ආශාකරනවා, ඕනෑකම්කරනවා.

Desideratum, n. Desiderata, pl. L. (සිද්ධවීමට) ආශා වියයුතු දේ, ඕනෑකම්කරන දෙයක් or දේවල්, සම්භාව්‍යය.

Design, v. යොදනවා, යෝජනාකරනවා; යොදු සට හන් කරනවා; සිතියම් කරනවා; අදහස් කරනවා, අභිප්‍රාකරනවා, පරිකල්පනය කරනවා, අරමුණු කරනවා; නියමකරනවා.

Design, n. සටහන, යෙදූ සිතියම, සැලැස්ම, යෝජ නාව, අදහස, අභිප්‍රාව, අභිප්‍රායිය, අභිමතාර්ථය, අරමුණ, අධ්‍යාශය, සංකල්පය.

Designate, v. ලක්ෂණ දක්වන නාමයක් තබනවා or වචනයක් කියනවා, ස්වභාව දක්වන ලෙස නම්කර නවා, සලකුණු කරනවා, නියම කරනවා.

We designated the man a fool ඒ මිනිහා මෝඩ යායයි නම් තැබුවෙමු or මෝඩයෙක්ය කියා (නියමකොට) කීවෙමු;

Designate to an office (පත්කරන පිණිස යමෙ කුගේ) නම සඳහන් කරනවා, නියම කරනවා.

Designated, pp. or a. ලක්ෂණවලින් දක්වන ලද, ලක්ෂිත, නම සඳහන්වූ, නම්කරනලද, නියමවූ.

Designation, n. ලක්ෂණ කියා දැක්වීම, නම්කිරීම, නාමය, අභිධානය, නියමකිරීම.

Designative, a. or be, (යමක) ලක්ෂණ අඟවන, ගතිය ප්‍රකාශකරන, (කීම, නම &c.); ස්වභාව-වාචක.

Designed, pp or a. යොදපු, යෙදූ. අදහස්කළ &c.

Designedly, ad. අදහසක් ඇතුව, අදහස්කරගෙනම, අදහස්පිටම, ඕනෑවට.

Designer, n. යොදන්නා &c.; (පලැස් වැනි) සිතියම් යොදන්නා, සැලසුම්කරු; නපුරු උපා යොදන්නා.

Designing, p. යොදමින්, යෝජනා කරමින් &c., a උපා යොදන්නාවූ, ප්‍රයෝගවූ

Desirable, a ආශාවීමට නිසිවූ, කැමතිවියයුතු, කම නීය, ප්‍රාර්ථනීය, ලෝභ්‍ය, ප්‍රියජනක, ප්‍රියකර, ප්‍රිය, මනෝහර.

Desirableness, n. ආශාකියයුතු ස්වභාවය, ගුණකළයුතු බව, ප්‍රියජනක භාවය, කමනීයතාව, ලෝභ්‍යතාව.

Desire, v. ආශාවෙනවා, කැමතිවෙනවා, ආශංසනය කරනවා, අභිමතවෙනවා, ඇලුම්කරනවා, ලොබ කරනවා; පතනවා, ඉල්ලනවා; (ගර්භිණී) දොළ දුකින් ඉන්නවා.

Desire, n. ආශාව, කැමැත්ත, අවිය, ඉච්ඡාව, මනෝ රථය, අභිලාෂය, තණ්හාව, තෘෂ්ණාව; thing desired අභිමතාර්ථය; (ගර්භිණීගේ) දොළ.

Desirous, a. ආශාවෙන්නාවූ, කැමතිවෙන්නාවූ, ආශා වත්, ආශාන්විත, කාමීවූ, ලොල්.

Desist, v. අත්හිටිනවා, හිටිනවා, නවතිනවා; refrain වලකිනවා, වැලකෙනවා.

Desk, n. (බෑවුමක් ඇති) ලියන මේසය, ලියන පෙට්ටිය; (එවැනි ලෑල්ලක් ඇති) දේශනා කුඩුව.

Desolate, v. පාළුකරනවා, නිර්ජනකරනවා, ශූන්‍යකර නවා, වනසනවා, නාසතිකරනවා.

Desolate, a. පාළු, ශූන්‍ය, නිර්ජන, දුරුෂමවර්ජිත, කාන්තාර, විවේක, අසරණ.

Desolated, pp. *or* a. පාළුකරනලද, නිර්ජනකළ, මැනසුණ, නාසතිවුණ.

Desolateness, n. පාළුකම, ශූන්‍යතාව, අසරණභාවය.

Desolation, n. පාළුකිරීම &c., පාළුකම, ශූන්‍යකම, අසරණකම.

Despair, n. බලාපොරොත්තු නැතිකම, බලාපොරොත්තු රහිත භාවය, ප්‍රාර්ථනා නැතිකම, ප්‍රාර්ථනා ශූන්‍යතාව, නෛරාශ්‍යය.

Despair, v. බලාපොරොත්තු නොවී *or* බලාපොරොත්තු රහිතව සිටිනවා, බලාපොරොත්තුවක්—පැතුමක්—නැතුව සිටිනවා, ප්‍රාර්ථනා නොකර සිටිනවා *or* ප්‍රාර්ථනා ශූන්‍යව සිටිනවා.

Despairingly, ad. බලාපොරොත්තු නැතුව, පැතුමක් නැතිබව ඇඟෙන ලෙස.

Despatch, v. (යම්තැනකට) අරිනවා; (පණිවිඩ, ලියුම්, බඩු) පිටත්කරඅරිනවා; ඉක්මන්කර අරිනවා; යමක් කර නිමකරනවා; මරාදමනවා, ජීවිතය හානිකරනවා.

Despatch him ඔහු පිටත්කර ඇරපන් *or* (ලෝකයෙන් තුරන්කරන්ටනම්) ඔහු මරාදමාපන්.

Despatch, n. ඇරීම &c., ප්‍රස්ථාපනය, ප්‍රේෂණය; පණිවිඩ පත්‍රය, සන්දේශය, රාජකාරිපත්‍රම්ප්‍රය; ඉක්මන, කඩිසරකම.

Despatched, pp. *or* be *or* a. ඉක්මනින් පිටත්කරන ලද, අරින ලද. ප්‍රස්ථාපිත, ප්‍රේෂිත; නිත්ද්‍රකර දැමූ; මරනලද. [හැක නැති කෙනෙක්.

Desperado, n. අති චණ්ඩයා, උමතු කෙනෙක්, භය

Desperate, a. බලාපොරොත්තුවක්නැති, පණ එපාය කියා ක්‍රියාකරන, භය සැලකිලි නැති, දරුණු, අති චණ්ඩ, සරෞද්‍ර,

Desperately, ad. කිසි බලාපොරොත්තුවක් නැතිකමින් මෙන්; ප්‍රාණාශාවක් නැතිව, සැර ලෙස, උමතුලෙස, කිසිවකටවත් භයනොවී, අතිශයින්ම.

Desperation, n; බලාපොරොත්තු නැතිකම; see Despair අති චණ්ඩකම, භය සැලකිලි නැතිකම.

Despicable, a. සුළුකරනු ලබන්ට *or* සුළුකර සිතන්ට වටින්නාවූ. නින්දා ලැබියයුතු, අවඥෙය, ගර්හණීය, ගර්හ්‍ය, ඉතාසුළු, පහත්, නීච, තුච්ඡ, අධම, අවමාන්‍ය, පරිභවිතව්‍ය.

Despicableness, n. ගර්හණීයතාව, ගර්හ්‍යතාව, නීචකම, තුච්ඡකම, අවමාන්‍යතාව, නොවටිනාකම, වසලත්වය. [ලෙස.

Despicably, ad. ගර්හණීයලෙස &c., නීචලෙස, තුච්ඡ

Despise, u. සුළුකරනවා, සුළුකොට සිතනවා, අගෞරව කරනවා, නින්දාකරනවා, අවමන් කරනවා, අපහාසකරනවා, ගර්හාකරනවා, නීචකොටසලකනවා.

Despised, pp. *or* a. සුළුකොට—නීචකොට—සලකන ලද, බාහිර, අවමත, අවමානිත, ගර්හිත, පරිභවිත, නින්දිත, නිකෘෂ්ට.

Despite, n එදිරිකම, විරුද්ධකම, විරෝධය, වෛරය, ක්‍රෝධය, නිග්‍රහය.

They treat us with great despite ඔව්හු අපට තද එදිරිකම් කරති &c.

In despite of all difficulties we went අපි සියලු අමාරු දරා—අමාරුවලින් ජයගෙන—අමාරු නොසලකා—ගියෙමු.

Despite, prep. විරුද්ධ *or* විරුද්ධනුමුත්.

Despite many difficulties he succeeded බොහෝ අමාරු තිබුණ නුමුත් ඔහුට පුළුවන්වුණා.

Despiteful, a. එදිරිකමින් පූර්ණවූ, එදිරිකාර, වෛරකාර, ක්‍රෝධකාර.

Despitefully, ad. එදිරිලෙස, ක්‍රෝධයෙන්, සුළුකම් කරමින්, නිග්‍රහකරමින්.

Despoil, v. (Despoil one of his goods යමෙකුගේ බඩු ඔහුගෙන්) පැහැරගන්නවා, උදුරාගන්නවා, කොල්ලකනවා.

Despond, v. වඩා බලාපොරොත්තු නොවී සිටිනවා, ප්‍රාර්ථනා හීනව සිටිනවා, අධෛර්යවෙනවා, බලාපොරොත්තුමදිකමින් කාන්සාවෙනවා, සිතින් මලානික වෙනවා, සිත පහත වැටෙනවා.

Despondency, n. බලාපොරොත්තු මදිකම, ප්‍රාර්ථනා හීනකම, අධෛර්යය, සිතේ මලානිකකම, විෂණ්ණතාව.

Despondent, Desponding, a. බලාපොරොත්තු මදිවූ, ප්‍රාර්ථනා හීනවූ, අධෛර්යවූ විෂණ්ණ.

Despot, n. (අන් බලයකට යටත් නැති) අගරජ, ස්වයම්ප්‍රභූරජ. ස්වකීයබලයෙන් *or* කැමැත්තෙන් රජකම් කරන ආඥාවූකාරයා, ස්වෛරී *or* අත්තනෝමතික රජ, චණ්ඩරජා; බලාත්කාරකාරයා.

Despotic, a. වැසියන්ට යටත් නොවී ආඥාවූකරන, අත්තනෝමතික; බලාත්කාර, බලාත්කාර ලෙස ක්‍රියාකරන, ස්වෛරී, කෲර, චණ්ඩ, හිතුවක්කාර.

Despotically, ad අත්තනෝමතිකලෙස, බලාත්කාර ලෙස etc.

Despotism; n. වැසියන්ගේ කැමැත්ත නැතුව *or* ස්වෛරීබලයෙන් පවත්වන ආණ්ඩුව, ස්වයම්ප්‍රභූ රාජාණ්ඩුව. See Absolute. [පැහැදීම.

Despumation, n. පෙණ දැමීම; පෙණ නැගීම, (එයින්)

Desquamation, n. කොරපොතු වැටීම; හම වේලී දූවිලි මෙන් වැටීම.

Dessert, n. (කෑමට පසුවඅරින කැවිලි—පලතුරු—යනාදි) අන්තිම කෑම, පැණිරස කැවිලි, අවුළුපත්.

Destination, n. කල්තියා නියමකිරීම, වෙන්ට නියම කෙළවර; පැමිණෙන්ට නියම ස්ථානය; අභිප්‍රේත ස්ථානය.

I arrived at my destination මට නියමවූ-මම අභිප්‍රාකල-ස්ථානයට පැමිණුණෙමි.

Destine, v. කල්තියා නියම කරනවා, නියෝග කරනවා, පත්කරනවා, දෛවයෙන් නියම වෙනවා, නියතවෙනවා: they are destined to sorrow ඔව්හු දුකට නියමව සිටිති.

Destined, pp. *or* a. කල්තියා නියමකරන ලද; පෙර නියමවූ, නියෝජිත.

Destiny, n. කල්තියා නියමවූ එක *or* ස්වභාව; නියමය, නියතිය, ඉරණම, දිෂ්ටිය, දෛවය.

It is his destiny to be poor දිළිඳුව සිටීම ඔහුට නියමවී තිබෙනවා, දිළිඳුකම ඔහුගේ ඉරණමයි.

Destitute, a. හිඟකමින්සිටින, අගහිඟකම් ඇත්තාවූ, අතමිට නැති, දිළිඳු, දරිද්‍ර, අසරණ, ධනහීන, නිරාශ්‍රණ, අනාථ, විනාථ, අකිංචන, නිර්ධන.

Destitute of, be, v. යමක් නැතුව—රහිතව—හීනව—සිටිනවා *or* තිබෙනවා.

Destitution, n. හිඟකම, අගහිඟකම, දිළිඳුකම, දරිද්‍රතාව, ධනහීනත්වය, අසරණකම, අකිංචනතාව.

Destroy, v. නාස්ති කරනවා, විනාශ කරනවා, වනසනවා. නටබුන් කරනවා, හානිකරනවා, නැතිකරනවා, සුන්කරනවා, බිඳ දමනවා, සිඳ දමනවා, හරණයකරනවා.

Destroyer, n. නාස්තිකරන්නා &c., නටබුන්කාරයා, නාස්තිකාරයා, විනාශකයා නැව් විනාශ කරන යුද්ධනැව් විශේෂයක්; killer මාරකයා, ඝාතකයා.

Destroying, p. *or* a. නාශනිකරමින් &c., නාශනිකරන &c., විනාශක, විනාශකාර, killing මාරක, ඝාතක.

Destructibility, n. නාශනිවියහැකිකම &c., නාශ්‍ය තාව, විනාශ්‍යතාව, විධ්වංසනීයතාව, ඛණ්ඩ්‍යතාව.

Destructible, a. (යමෙකු විසින්) නාශනිකළහැකි &c. නාශ්‍ය, ඛණ්ඩනීය, ඛණ්ඩ්‍ය.

Destruction, n. නාශනිකිරීම &c., නාශනිය, විනාශය, නාශනය, හානිය, ප්‍රහාණය, නස්පැත්තිය.

Destructive, a. නාශනිකරන &c., නාශනික, නාශනි කාර, විනාශක, විනාශකර, විනාශදායක, විවන සථායි (කල්පය period)

Destructively, ad. නාශනි සිද්ධවෙන ලෙස, විනාශ දායකලෙස, නාශනිකලෙස, විනාශිකලෙස, මාරක ලෙස, ඝාතකාකාරයෙන්.

Destructiveness, n. විනාශක බලය, විනාශකතාව, ඝාතක බලය; in phren. විනාශකාශාව පිහිටි මොළයේ කොට්ඨාසය, ඝාතකේන්ද්‍රිය.

Desudation n. ඩාදියද්‍රමීම; සෙව්දිනවීම; (ළණ බිබිලි සහිත) අතිසෙව්දය. [ලෝපය.

Desuetude, n. භාවිතාව අත්ඇරීම, අත්හිටවීම, ක්‍රියා

Desultoriness, n. පිළිවෙළක් නැතිකම, අක්‍රමතාව, අසම්බන්ධකම.

Desultory, a. පිළිවෙළකට නැත්තාවූ, එකඟ ලෙස නොසිටින්නාවූ, අක්‍රම, අසම්බන්ධ.

Detach, v. වෙන්කරනවා, ගළවනවා, ලිහනවා, අසංගත කරනවා, වියෝග—වියුක්ත—කරනවා.

Detached, pp. *or* a. වෙන්කරපු, වෙන්වූ, තනිවූ. අසංගත, වියෝග, වියෝජිත, වියුක්ත

Detachment, n. වෙන්කිරීම &c., වියෝගය; තනිවූ සවභාව, තනිකම, වියෝජිතතාව, ප්‍රභින්නතාව; පෘථක්භාවය; වෙන්කරපු කොටස: a detachment of troops, ships &c. යුද්ධසේනා—නැව්—යනාදියෙන් වෙන්කරපු කණ්ඩායමක්, සේනා කණ්ඩායමක්, නැව් කණ්ඩායමක්.

Detail, v. එකින් එක කියනවා, කියාදෙනවා, කාරණයේ තොරතුරු කියනවා, විස්තර දක්වනවා, විස්තරකොට කියනවා; එකිනෙකා *or* කණ්ඩායම් වශයෙන් නියමකරනවා.

Detail, n. මුළු කාරණාවෙන් එක එක කොටඨාසය කීම; වෙන් වශයෙන් නියම කිරීම; මුළු කාරණාවෙන් එක කොටඨාසයක්; pl. කරුණුකාරණා, කොටඨාස, තොරතුරු, විස්තර.

Detain, v. (යන්ට නොදී) නවත්වනවා, සුතංගු කරනවා, ප්‍රමාදකරනවා, (යමක් නොදී) තබාගන්නවා; අල්ලාගන්නවා, නවත්වාගන්නවා, නතරකරනවා, හාඩ්ඩුරුකරනවා.

Detect, v. (රහස්වූ—නොපෙනී තිබුණ—යමක්) දැනගන්නවා; අනාවරණය කරනවා, සොයා දැනගන්නවා; (මැරදී) අල්ලාගන්නවා.

Detected, pp. *or* a. දැනගන්නලද, එළිදරව්වූ, ප්‍රකාශිත, අල්ලාගත්.

Detection, n. (ගුප්තදෙයක්) දැනගැනීම, (ප්‍රමාදදෙස්) අල්ලාගැනීම.

Detective, n. රහස් පොලිස්කාරයා, රහස් කොස්තාපල්, අප්‍රකට විදුනේ.

Detention, n. නැවැත්වීම &c. See Detain.

Deter, v. යමක් නොකරනලෙස භයගන්වනවා, භයකර වලක්වනවා.

I was deterred from going නොයන ලෙස භය ගන්වනු ලැබුවෙමි *or* භය—අනතුරු—අමාරු—නිසා යාමෙන් වලක්වනු ලැබීමි.

Detergent, a. (ශරීරයේ *or* වණයක) අපවිත්‍රකම්අරින, ශුද්ධකරන.

Detergent, n. පවිත්‍රකරන බෙහෙත.

Deteriorate, v. ගුණ හීනවෙනවා, හොඳ සවභාව අඩුවෙනවා *or* අඩුකරනවා, නරක්වෙනවා, පිරිහෙනවා; පිරිහීගෙන යනවා, අනභිවෘද්ධිවෙනවා.

Deterioration, n. ගුණ හීනවීම, ගුණ පරිහානිය, හොඳ සවභාව—අගය—අඩුවීම &c., අනභිවෘද්ධිය. [Deter.

Determent, n. භයගැන්වීම, භයගන්වන හේතුව. See

Determinable, a. (යමෙකුට) නිශ්චය කළ හැකිවූ; නියම කළහැකි. [නත.

Determinate, a. නියමවූ, නිශ්චිත; පැහැදිලිවූ, ඒකා

Determination, n. නියමකිරීම &c., see verb, සම්ප්‍රධාරණව, ප්‍රක්ෂේපණය; නියමකරගත් නින්දුව; ස්ථිර අදහස, සංකල්පනාව, අධිෂ්ඨානය; determination of blood to the head &c. ලේ උඩ්වගනවීම.

Determine, v. නියමකරනවා, නියමකරගන්නවා, නිශ්චයකරනවා, බේරනවා, නිසලෙස නියමකරගන්නවා; සනිටුහන් කරනවා, ඉවතනවා, ඉවරගන්නවා, අධිෂ්ඨානකරනවා.

Determined, pp. *or* a. නියමකරනලද &c., නියමවූ, අධිෂ්ඨිත, ස්ථිර අදහසක් ඇත්තාවූ, සිතින් සම්වූ, ධෛර්යමත්. [Deter.

Deterrent, n. භයගන්වන—වලක්වන—හේතුව. See

Detest, v. ද්වේෂ කරනවා, පිළිකුල් කරනවා, අප්‍රිය කරනවා.

Detestable, a. ද්වේෂකටයුතුවූ, පිළිකුල්, ඉතා අප්‍රිය, අනිෂ්ඨිත, අසික්කිත.

Destestably, ad. ද්වේෂකටයුතුලෙස, පිළිකුල්ලෙස, අනිෂ්ඨිත ලෙස.

Dethrone, v. සිංහාසනයෙන්-රජකමින්-පහකරනවා *or* නෙරපනවා.

Dethroned, a. රජකමින් පහකරන ලද *or* පහවූ; රාජ්‍යච්‍යුත, රාජ්‍යභ්‍රෂ්ට. [රාජ්‍යභ්‍රංශය.

Dethronement, n. රජකමින් පහකිරීම, රාජ්‍යච්‍යුතිය,

Detonate, v. (වෙඩිබෙහෙත් මෙන්) ශබ්ද ඇතුව පිපිරෙනවා *or* පුපුරනවා.

Detonation, n. ශබ්ද ඇතුව පිපිරීම, පිපිරීමේ ශබ්දය.

Detour, n. Fr. (කෙළින් නොගොස්) ඈතින් යාම; ඈතින් යන ගමන.

Detract from, v. (යමකින් කොටසක් පහකරනවා); අගය *or* උතුම්කම අඩුකොට පෙන්වනවා; නම්බුව පැහැරගන්නවා; තුච්ඡකරනවා, අගුණ කියනවා, ගුණ මකනවා.

Detraction, n. අඩුකොට පෙන්වීම &c., කේලම, ගුණාපවාදය. [ගුණමකුවා.

Detractor, n. අපකීර්ති කරන්නා, අගුණ කියන්නා,

Detriment, n. අවැඩය, අලාභය, හානිය, අලාභ හානිය, විනාශය, අනභිවෘද්ධිය, බාධාව, අනර්ථය.

Detrimental, a. අවැඩ සිද්ධකරවන, අවැඩදායක, අනර්ථ, අනර්ථදායක, හානිකර, අනභිවෘද්ධිකර, බාධාකර, අලාභහානිවූ.

Detritus, n. (ගල්, ලී යනාදියෙන් ගෙවුණ—කඩා වැටුණ) කුඩු *or* කුඩා කැබලි.

Detruncate, v. (කඳෙන්) කපාදමනවා, කොටකර කපනවා, ඡේදනයකරනවා.

Deuced, a. (very low) යකා වැනි, යක්ෂාකාර.

Deuterogamy, n. (පළමුවෙනි ස්ත්‍රී *or* පුරුෂයා මැරුණුපසු) දෙවෙනි කසාදය, දෙවෙනි විවාහය, ද්විතීය පාණිග්‍රහණය.

Deuteronomy, n. ද්විතීය කථාව (නම්වූ බයිබලයේ පොත); අන්තිය වාක්‍යය.

Devastate, v. වනසනවා, විනාශ කරනවා, පාළුකර නවා, ආලාපාළුකරනවා, නටබුන්කරනවා.

Devastation, n. වැනසීම &c., නාසතිය, පාළුව, පාළු කම, හානිය.

Develop, v. වැඩිවේශන යනවා, වැඩෙනවා, වර්ධනය වෙනවා, උන්නතියට පැමිණෙනවා, විවෘතවෙනවා, විකාශයට පැමිණෙනවා, වැඩිදියුණුවේශනයනවා, එළිදරව්වේශන එනවා, වැඩිවේශනයන්ට &c. as above සලස්වනවා, දියුණුකරනවා.

The tree develops from a seed ගහ බීජයකින් මැඩී අවශේෂ—සම්පූර්ණ භාවයට පැමිණේ.

The boy develops into a man ළමයා වැඩී පුරුෂයෙක් වෙයි.

Let us try to develop the child's mind ළමයාගේ සිහි බුද්ධිය දියුණු කරන්ට—ප්‍රබෝධ කරන්ට—උත්සාහකරමු.

The scheme is gradually developing ඒ යෝජනාව ක්‍රමයෙන් සමෘද්ධවේශන එයි.

Development, n. වැඩිවේශන යාම &c., වැඩිවේශන යන්ට සැලැස්වීම &c., දියුණුකිරීම, උන්නතිය, විවෘතිය, සංවර්ධනය, අභිවර්ධනය.

Deviate, v. හරි මාර්ගයෙන් අහක්ව—එපිට—යනවා; පිටපනිනවා, පිටවෙනවා, මුලාව යනවා, වැරදි මග යනවා, කියාපු—අණකල—දෙයින් එපිට යනවා *or* ඊට වෙනස් ලෙස යමක් කරනවා *or* වෙනස් ලෙස හැසිරෙනවා, උල්ලංඝනය වෙනවා.

Deviation, n. අහක්ව යාම &c., උල්ලංඝනය.

Device, n. යෙදුම, යෝජනාව, උපාය, උපක්‍රමය; වංශ සලකුණ, යොදපු සලකුණ; trick උපාය, ව්‍යාජය.

Devil, n. යක්ෂයා, යකා; fig. අති දුෂ්ටයා; printer's devil (vul.) අච්චුකන්තෝරුවේ පණිවිඩකාර කොල්ලා.

Devil, v. මිරිස් ගම්මිරිස් ආදී හුණක් දමා බදිනවා.

Devil-ceremony, n. යක් තොවිලය, යක්ෂ පිළිවෙත, යකුම; perform them යක් තොවිල් කරනවා, යකුමක්—යකුම—නටනවා.

Devilry, n. යක්ෂ ක්‍රියාකාරකම, තද නපුරුකම, අති දුෂ්ටකම.

Devilish, a. යක්ෂාකාර, යක්ෂ, ඉතා දුෂ්ට.

Devil-priest, n. කට්ටාඩියා, යකදුරා, යක්දෙස්සා, යක් තොවිල්කාරයා.

Devious, a. හරි මාර්ගයෙන් අහක්ව යන්නාවූ, අමාර්ගගාමී, අප්‍රතිපන්න, මංමුලාවූ (ගමන, යාම, හැසිරීම); වක්‍ර, කුටිල. [හැකි.

Devisable, a. (යමෙකුට) යෙදියහැකි, උරුමකර දිය

Devise, v. උපායක් යොදනවා, උපක්‍රමයක්කරනවා, විධියක් සොයාගන්නවා, උපදවාගන්නවා, (බොරු) ගොතනවා; bequeath උරුමකර තබනවා.

Devise, n. උරුමකර තැබීම, අන්තිම කැමති පත්‍රය, ලබන උරුම කොටස.

Deviser, n. යොදන්නා.

Devisor, n. උරුමකර තබන්නා.

Devoid of, be, v. යමක් නැතුව—රහිතව—සිටිනවා *or* තිබෙනවා. [නැතුව සිටිති.

They are devoid of prudenee ඔව්හු නුවණ

The country is devoid of inhabitants දේශය වැසියන්ගෙන් තොරව තිබේ, දේශයෙහි වැසියෝ නැත.

A country devoid of inhabitants වැසියන් නැති—ජන ශූන්‍ය—දේශයක්.

A land (which is) devoid of vegetation වෘක්ෂලතාදිය නැති රටක්.

Devolve upon v. (යුතුකමක් *or* වැඩක් අනුක්‍රමයෙන්) භාරයට පැමිණෙනවා, පැවරෙනවා, යමෙකු පිට වැටෙනවා; භාරකරනවා, පවරනවා.

The accomplishment of this devolves upon me මෙක ඉෂ්ටකිරීම මගේ භාරයට පැමිණේසි *or* මා පිට පැවරේ.

I devolve this business upon you මේ වැඩේ—කාරණාව—තුඹට භාරකරමි.

Devonport, n. ලාච්චු ඇති කුඩා ලියන මේසයක්.

Devote, v. කැපකරනවා, පරිත්‍යාගකරනවා, පේකරනවා, පිරිනමනවා; (නාසතියට &c) පත්කරනවා, පාවාදෙනවා; devote one's self to කැපවෙනවා, පේවෙනවා, භාරවෙනවා, නියුක්තවෙනවා, ව්‍යාපෘතවෙනවා; devote time to anything යමකට කාලය ගතකරනවා, යොදනවා.

Devoted, a. ඇලුම්වූ, ලැදිවූ, ඒකාන්තික, පක්ෂපාත, ජ්වලිත; සක්ත, ආසක්ත, නිරත; engaged in ව්‍යාපෘත; to religion භක්ත, භක්තිවන්ත, භක්තික, දෘඪභක්තික, උපාසක; fem. උපාසිකා.

Devotedness, n. ඇලුම්කම, ලැදිකම &c., ඒකාන්තිකතාව, පක්ෂපාතකම, ජ්වලිතකම, ආසක්තිය, නිරතතාව, ව්‍යාපෘතතාව, භක්තිවන්තකම, දෘඪභක්තිය, උපාසක භාවය.

Devotee, n. ඉතා ලැදි කෙනෙක්; to religion, mas. උපාසකයා, තාපසයා, පැවිදි අය, ප්‍රව්‍රජිතයා; fem. උපාසිකාව; indef. උපාසිකාවක්, භික්ෂු තාපසයා, යෝගියා, සන්‍යාසියා, පරිව්‍රාජකයා.

Devotion, n. කැපකිරීම &c., see verb. ඇලුම්කම, අධික ඇල්ම, භජනය, භක්තිය, අනුරාගය, ඒකාන්තිකත්වය, ජ්වලිතකම; religious භක්තිමත්කම, නමස්කාරය, යාච්ඤාකිරීම

Devotional, a. දේව නමස්කාරය සහිතවූ, යාච්ඤාසහිත, නමස්කාරවූ, නමස්කාරයට අයිති, ඇදහිල්ල *or* ලබ්ධිය පිළිබඳ; වන්දනමානාකාර. [කාරයෙන්.

Devotionally, ad. නමස්කාර වශයෙන්, වන්දනමානා

Devour, v. ගිජුලෙස ගිලගන්නවා, ගිලිනවා, කාදමනවා; fig. ගිලගන්නාක් මෙන් නාසති කරනවා, පැහැරගන්නවා; (a book &c.) ආශාවෙන් කියවාබලනවා.

Devourer, n. ගිජුලෙස ගිලගන්නා &c., (යමක්) ගොදුරටගන්නා, නාසතිකාරයා.

Devouring, a. ගිජුලෙස කන, නැතිනාසති කරන, දවාදමන, විනාශක.

Devout, a. භක්තිවන්ත, දේවභක්ති, නමස්කාරයට ලැදිවූ, නමදින ස්වභාවක් ඇත්තාවූ, දේවභය සහිතවූ, ධාර්මික, ධර්මිෂ්ඨ; sincere අවංක.

Devoutly, ad. භක්තිවන්ත ලෙස, දේවභක්තියෙන්, ඕනෑකමින්, අවංකලෙස.

Devoutness, n. අවංක දේව භක්තිකකම, භක්තිවන්ත භාවය; නමස්කාරයට ලැදිකම.

Dew, n. පිනි, තුෂාර, ශිශිර; dew-drop පිනි බින්දුව; dew, fall or settle on, v. පිනිබානවා.

Dew-lap, n. ගලකඩ, තැල්ල, තැලිපොල, නාගිනිය, සාස්නාව, ගලකම්බලය.

Dewy, a. පිනිබාන, පිනි සහිත, පින්තෙත් තෙත්වූ.

Dexter, a. L. (වමට නොව) දකුණු, දක්ෂිණපර.

Dexterity, n. දක්ෂකම, සමර්ථකම, නෛපුණ්‍යය, පේශලතාව, කෞශල්‍යය.

Dexterous, a. අතින් *or* ක්‍රියාවෙන් දක්ෂ; සමර්ථ, අත්හුරු, නෛපුණ්‍ය, සුරුබුහුටි, කුශල, කෘතහස්ත, පේශල, කෞශල්‍ය. [&c.
Dexterously, ad. දක්ෂලෙස, හපන්ලෙස, සමර්ථ ලෙස
Dexterousnes, n. දක්ෂතාව &c. See Dexterity.
Dextral, a. දකුණු පැත්තට අයිති, දකුණු පැත්තේ තිබෙන, දකුණු.
D. F., Defensor fidei, ශාසනාරක්ෂකයා. [ලෙයන්.
D. G., Dei gratia, දේව කරුණාවෙන්, දේවානුග්‍රහ
Dhobie, n. රදවා, රෙදි අපුල්ලන්නා, හේනයා, පේඩියා.
Di, prefix. See Dis.
Dia, prefix, Gr. මැදින්, මුළුල්ලෙහි, භාජ්‍ය, විවිධ, යන අර්ථ ඇති උපසර්ගයක්.
Diabetes, n. ප්‍රමේහ රෝගයක්, බහු මූත්‍ර රෝගය, දියවැඩියාව, ඉක්ෂුමේහය, උදකමේහය.
Diabetic, Diabetical, a. ඉක්ෂුමේහී, උදකමේහය ඇත්තාවූ, දියවැඩියා.
Diabolic, Diabolical, a. යක්ෂ, යක්ෂාකාර, ඉතාදුෂ්ට, දරුණු, නපුරු, සාහසික. [දුෂ්ටලෙස etc.
Diabolically, ad. යක්ෂයාසේ, යක්ෂාකාරයෙන්, ඉතා
Diaconate, n. සභාවේ සේවක ධානානතරය, උපසථායක ධුරය.
Diacoustics, see Diaphonics. [(ලකුණු).
Diacritic, Diacritical, a. වෙනස පෙන්වන, ප්‍රභේද,
Diadem, n. ඔටුන්න, කිරීටය, මකුටය, සිරුළ, චූඩාව, මෞලිය, අවතංසය.
Diaeresis, Dieresis, n. ප්‍රාණාක්ෂර, (ප්‍රාණ අක්ෂරමෙන්) වෙන්කිරීම, ඒවා සංයෝග නොවන බව පෙන්වන ලකුණුවන (¨) මෙය: aerial වැනිය.
Diagnosis, n. රෝගය–රෝගයේ තොරතුරු–විමසීම, රෝග පරීක්ෂාව, ලෙඩේ ආකාරය විසඳීම, ලෙඩේ ඇඳිනීම, රෝග ලක්ෂණ විභාගය, රෝග නිශ්චය, ගස්වල විශේෂන–සලකුණු. [වන.
Diagnostic, a. ලෙඩේ ආකාරය පෙන්වන *or* අඳුන්
Diagnostic, n. ලෙඩේ ඇඳිනගන්න ලකුණ, ලෙඩේ විශේෂ–ලක්ෂණය,
Diagonal, n. කොණකින් ඊට ඉස්සරහකොණට අඳින රේඛාව; කොන් මැද ඉර, කෝණ විෂ්කම්භය, කෝණක්ෂය.
Diagonal, a. (මුළු එක දෙකට බෙදෙන ලෙස) කොණින් කොණට අඳින, කෝණභේදක.
Diagonally, ad. කොණින්කොණට, කෝණභේදකාකාරයෙන්.
Diagram, n. (ආකාරය දක්වනප්‍රිණිස අඳින) රූප සටහන, සිතියම, න්‍යාසය, පිඹුරුව.
Diographics, n. pl. සිතියම් යෙදීමේ ශාස්ත්‍රය, සිතියම් ඇඳීමේ ශිල්පය.
Dial, n. සූර්ය–ඝටිකා යන්ත්‍රය, පැකැටිය; ඔර්ලෝසු–මඬල, හෝරා–යන්ත්‍ර මණ්ඩලය, ඔර්ලෝසු මුහුණත.
Dialect, n. පළාතක ව්‍යවහාර භාෂාව, භාෂා ක්‍රමයක්, භාෂාවක් කථාකරන විධිය.
Dialetic, Dialectical, a. පළාතක භාෂා රීතියට අයිතිවූ; තර්ක සහිත, තර්ක ශාස්ත්‍රයට අඩංගු, නෛයායික.
Dialectician, n. තර්ක ශාස්ත්‍රකාරයා, නෛයායිකයා, නෛයායික ශාස්ත්‍රඥයා, සාංවාදිකයා.
Dialectics, n. pl. තර්ක සූත්‍ර, තර්ක ශාස්ත්‍රය, නෛයායික ශාස්ත්‍රය. [කා–යන්ත්‍ර ශිල්පය.
Dialling, n. සූර්ය ඝටිකා–යන්ත්‍ර ශාස්ත්‍රය සූර්ය ඝටි
Dialogistic, Dialogistical, a. (කීපදෙනෙක් අතරේ කරන) කථාබස් ආකාර, දෙබස් ආකාර.
Dialogue, n. (දෙන්නෙක් *or* කීපදෙනෙක් අතරේ) කරගන්න කථා බහ, දෙබස; උභය භාෂණය, ලියාපු දෙබස. [යන්ත්‍ර මණ්ඩලය.
Dial-plate, n. සූර්ය ඝටිකා–යන්ත්‍ර මණ්ඩලය, හෝරා
Dialysis, n. ප්‍රාණාක්ෂර වෙනස් වියෝග කරන ලකුණුවන (¨) මෙය; see Diaeresis; in med. දුර්වලකම, වියෝගය.
Diameter, n. කවයක මැදඉර, විෂ්කම්භය, ව්‍යාසය, විෂ්කම්භයේ දිග, යම් දෙයක මැද ඉරේ දිග.
Diametric, Diametrical, a. විෂ්කම්භ සාධක, විෂ්කම්භාකාර, සෘජු.
Diametrically, ad. (මැද ඉර මෙන්) මැදින්ම, ඉස්සරහපිටින්ම: diametrically opposed කෙළින්ම–හොඳටම–ඉඳුරාම–විරුද්ධව.
Diamond, n. වජ්‍රය, විදුර; දියමන්තිය, වජ්‍ර–හැඩය, කඩදාසිකුට්ටමේ එක වංශයක්, රුයිත; ඉතා කුඩා අච්චු අකුරු.
Diamond, a. වජ්‍ර, වජ්‍ර හැඩය ඇති, වජ්‍රාකාර.
Diamond-ring, n වජ්‍ර බැඳි මුද්දුව, දියමන්ති මුද්දුව.
Diapason, n. සප්ත තූර්යනාද ක්‍රමය, නාද උපදවීමට තූර්යභාණ්ඩ හරිගස්සන ක්‍රමය.
Diaper, n. විසිතුරු සිහින් හණරෙදි තුවාය.
Diaper, v. (රෙදිවල මෙන් රූප සිතියම්වලින්, මල් ආකාරයෙන්) විසිතුරු කරනවා.
Diaphanous, a. විනිවිද පෙනෙන, විශද, ස්වච්ඡ.
Diaphonics, n. pl. (ද්‍රව්‍ය මැදින්යාමෙන් ශබ්ද වෙනස් වෙන ආකාරය පෙන්වන) නිනාදශෝභා විද්‍යාව.
Diaphorectic, a. ඩාදිය දමවන, ස්වේදජනක (බෙහෙත).
Diaphoretic, n. ස්වේදෞෂධය, ස්වේදනය.
Diaphragm, n. පපුව බඩෙන් වෙන්කරන හම, බඩ මැද හම, මහා ප්‍රාචීරපේශිය, සමුක්කාවේ ඇතුල් වළල්ලක්.
Diarrhoea, n. අතිසාරය, අධික පාචනවීම, බඩකැඩුන්නුව, බඩයාම, පාචන රෝගය. [දිනපොත.
Diary, n. දවසේ කාරණ ලියන පොත, දින සටහන,
Diastole, n. in anat, හෘදයේ විදහීම, හෘදවිකාසවරය; in gram. දිගීවීම, වෘද්ධිය.
Diatribe, n. සැරවූ දිගී කථාව, දිගිවූ සැරකිරීමක්.
Dibble, n. හිල් *or* කුඩා වළවල් හිමේ ගහන පිණිස පාවිච්චිකරන උල; පත්ත.
Dibble, v. උලෙන් වළවල් ගහනවා. එසේ උලෙන් බීජ හිටවනවා,
Dice, n. pl. of Die දාදු, දාදුකැට, පසඇට, ප්‍රාසක; game of දාදුකෙළිය, දූකෙළිය, පහඩකෙළිය.
Dice-box, n. දාදු කැටය, දාදු හෙප්පුව. [ශීර්ෂක.
Dicephalous, a. ඉස් දෙකක් ඇති සතා, ද්විමුඛී, ද්වි
Dicer, n. දාදු කෙළින්නා, දූ කෙළින්නා, පහඩ කෙළින්නා. [බෙදනවා
Dichotomize, v. දෙකට කපනවා, කුට්ටම් වශයෙන්
Dichotomous, a. in bot. දෙක දෙක බෙදී තිබෙන, (අතු. කොළ) ද්විපර්ණී.
Dichromatic, a. පාට දෙකක් ඇති, ද්විවර්ණගත, ද්විවර්ණජනක. [*or* ගස්ජාති.
Dicotyledon, n. බියලි බීජ ගහක්; pl. බියලි බීජ ගස්
Dictate, v. බලයෙන් මෙන් කියනවා, අණකරනවා, අණපදනවා, විධාන කරනවා, ලියනලෙස කියවනවා; an act which wisdom dictates ප්‍රඥාවේ හැටියට කරන්නම්බිනෑ ක්‍රියාවක්, ප්‍රඥෛශ්වර ක්‍රියාවක්.

Dictate, n. බලයෙන් කීම, අණ, විධානය; the dictate of folly අනුවණකමේ අණ *or* විධිය, අද්භූත ශෞර්වරය.
Dictation, n. බලයෙන්මෙන් කීම &c.; කෙනෙකුගේ කියාදීම පිට ලියාපු වගන්ති, කියවනවිට ලිවීම.
Dictator, n. බලයෙන්මෙන් කියන්නා, ආඥාදායකයා, විධායකයා, විධානකරන්නා, බලසම්පන්න ආණ්ඩුකාරයා.
Dictatorial, a. බලසම්පන්න ආණ්ඩුකාරයෙකු වැනි, අණදීමට රුදි; අණකරන විධියකින් කථාකරන.
Dictatorship, n. (පුරාණ රෝමයේ) බලසම්පන්නාධිපති ධුරය; ඒ අධිපතිකමේ කාලය.
Diction, n. වාග් ව්‍යවහාරය, වාක්‍යවිධිය, වාග්ලීලාව, කථාවේ අන්දම.
Dictionary, n. අකාරාදිය, ශබ්ද කෝෂය, වචන [පොත.
Dictum, n. Dicta, pl. L. බලයෙන් කීම, ව්‍යවහාර නියමන, උපදේශය, අණ; in law මුශිංසිය, නිඥව.
Did, pret. of Do, කළා.
Didactic, a. උපදේශක, ශික්ෂක, උපදේශාත්මක, ශික්ෂා—ගුරුකම්—සහිතවූ.
Didactically, ad. ගුරුකම් වශයෙන්, උපදේශක වශයෙන්, ශික්ෂක ලෙස.
Didactylous, Didactyle, a. (අත්පාවල) ඇඟිලි දෙකක් ඇත්තාවූ, ද්විඅංගුලී, ද්වයඞ්ගුලී (සත්ත්වයා).
Didrachma, n. රිදී අවුන්සයකින් හතරෙන් පංගුව; රිදී මිලයක්.
Die, v. නසිනවා, නැසෙනවා, මැරෙනවා, මියනවා, fig. terms කාලක්‍රියාකරනවා, කළුරිය කරනවා, කථාශේෂෝපගත වෙනවා, කථාශේෂභාවයට පැමිණෙනවා; see Depart & Death;
be lost, perish නැතිවෙනවා. අභාවයට පත්වෙනවා; die away ක්‍රමයෙන් නැතිවී යනවා; (sound &c.) නවතිනවා; (desires &c.) පහවෙනවා, ඉතා මලානිකවෙනවා, නිවෙනවා, සංසිඳෙනවා.
Die, n. Dice, pl. දාදුව, දාදුකැටය, පසඇටය, අක්ෂය, පාශකය, ප්‍රාසකය, ඒ හැඩය ඇති කුඩා දෙයක්; (දාදුව වැනි) අනුමානය.
Die, n. Dies, pl. (මුදල් යනාදිය අච්චුගසන) අච්චුව, අච්චු, මුද්‍රාව.
Diet, n. (සමහර රාජ්‍යවල) මන්ත්‍රණ සභාව.
Diet, n. කෑම, පත්තියම, නියමකරන කෑම ජාතිය *or* කෑම ප්‍රමාණය.
Diet, v. කෑම සපයාදෙනවා; කෑම නියමකරනවා; නියම විධියකට කෑම කනවා: I diet myself (ලෙඩ නිසා *or* සනීප පිණිස) කෑම නියමකරගෙන කමි, පත්තියම් වෙමි.
Dietary, n. නියම ආහාර ක්‍රමය.
Dietary, Dietetic, a. නියම ආහාර ක්‍රමයට අයිති, පත්තියම්.
Dietetics, n. pl. ආහාර ජාති හා ප්‍රමාණය නියමකරන ශාස්ත්‍රය *or* විධිවත්කම, පථ්‍යාහාර ශාස්ත්‍රය.
Differ, v. වෙනස්වෙනවා, වෙනස්ව තිබෙනවා, පරස්පර වෙනවා, අසමව තිබෙනවා, විසදෘශ වෙනවා; ප්‍රභේදව තිබෙනවා, ප්‍රභේදව සිටිනවා; වෙනස් ලෙස සිතනවා, එකඟනොවී සිටිනවා, විමති වෙනවා; භේදවෙනවා, තර්කයට කථාකරනවා.
Difference, n. වෙනස, වෙනස්කම, ප්‍රභේදය, විභේදය; speciality විශේෂය; in number or quantity අන්තරය; discord භේදය, භේද කාරණාව; නානාමතිය.

Different, a. වෙනස්, වෙනස් ආකාර, අභින්න, අන්‍ය, අසදෘශ, අසමාන; විශේෂ, විවිධාකාර, නානාවිධ; not different නිර්විශේෂ.
Differential, a. වෙනසක්—වෙනස්කම්—කරන්නාවූ, විශේෂයක් ඇතිකරන, (ආදායම්-ක්‍රමය); ඉතා කුඩා වෙනස්කම් පෙන්වන, ක්ෂුද්‍රානුක්ෂුද්‍ර, (මිම්ම *or* ක්‍රමය).
Differentiate, v. වෙනස්කොට දක්වනවා.
Differently, ad. වෙනස් ලෙස, වෙනස් ආකාරයෙන්, විවිධාකාරයෙන්, නානාවිධ ලෙස.
Difficult, a. අමාරු, අසීරු, අපහසු, උගහට, දුෂ්කර, බැරෑරුම් (වැඩ).
Difficulty, n. අමාරුව, අමාරුකම, අසීරුව, අසීරුකම, අපහසුකම, දුෂ්කරත්‍වය.
Diffidence, n. සැක, සැක භය, අවිශ්වාසය, සංශය, දෙගිඩියාව, බයාදුකම, ලුහුටි නැතිකම, හිරි බිය.
Diffident, a. සැකකරන, තමා ගැන සැක භය ඇත්තාවූ; විශ්වාසමදිවූ, ලුහුටි නැති, බයාදු, ත්‍රපාන්විත.
Diffidently, ad. මද සැක ඇතුව; ආත්ම විශ්වාසය මදිලෙස, ලුහුටිකම් නැතුව.
Diffraction, n. In optics එළියේ බෙදීම, රශ්මි විශීර්ණය, භින්නවීම.
Diffuse, v. විහිදවනවා, පතුරුවනවා, පතලකරනවා, විසුරුවනවා, විශීර්ණකරනවා, ව්‍යාප්ත කරනවා.
Diffuse, a. සංක්ෂේප නොවන, කාරණා-වචන-වැඩිවූ, බහුල, ව්‍යාප්ත, විසීර්ණ.
Diffused, a. පැතුරුවාවූ &c., පතළාවූ, ව්‍යාප්ත, විසෘත, අතිව්‍යාප්ත, පරිකීර්ණ, විකීර්ණ.
Diffusely, ad. සංක්ෂේප නැතුව, බහුල ලෙස, අතිවිස්තර ලෙස, සවිස්තරව, විස්තරාකාරයෙන්, වැඩිපුර කාරණා *or* වචන ඇතුව (කථාකරනවා *or* ලියනවා).
Diffusion, n. විහිදවීම &c., see verb; පැතිරීම, පැතුරුම, පතලවීම &c.; විස්තාරය, විස්තෘතිය, විසීර්ණතාව, ව්‍යාපකතාව, ව්‍යාප්තිය.
Diffusive, a. පතුරු වන්නාවූ, පැතිරෙන, පැතිර තිබෙන, ව්‍යාප්ත, ව්‍යාපක, ව්‍යාප්තිමත්;
Diffusively, ad. විශාල ලෙස, බහුල ලෙස, ව්‍යාපක ලෙස, විසීර්ණලෙස.
Diffusiveness, n. පැතිරෙනසුලු බව, ව්‍යාපකත්‍වය, අති විස්තරතාව, සංක්ෂේප නොවනබව.
Dig, v. (බිම) කොටනවා; excavate හාරනවා; dig down හාරුදමනවා; dig down to ව—දක්වා—හාරනවා; dig out හාරාගන්නවා; dig into ඇතුළට හාරනවා *or* වද්දවනවා, අනිනවා; dig through හාරා පසාරුකරනවා; කණිනවා, උමං කණිනවා.
Digest v. ජීර්ණවෙනවා, (ආහාර) දිරවනවා, ජීර්ණකරනවා; in chem. තම්බනවා, පැසවනවා, කකාරනවා, තැම්බෙනවා, පැසෙනවා; fig. සිතින් පිළිවෙළට තබනවා. සිතේ පදිංචිකරගන්නවා, ධාරණය කරගන්නවා.
Digest, n, නීති සඞ්ග්‍රහව; (වෙන ව්‍යවස්ථා-ව්‍යවහාර-ශාස්ත්‍ර-) පිළිවෙළේ සඞ්ග්‍රහව; සංහිතාව, ලුහුඩු සඞ්ග්‍රහව.
Digested, pp. *or* a ජීර්ණවී &c., ජීර්ණවූ, තැම්බුණ, පැසිති බින; සිතෙහි පිළිවෙළට තබාගත්.
Digester, n. ජීර්ණකරවන *or* ආහාර දිරවන බෙහෙතක්; (කාරණා) පිළිවෙළට තබන්නා *or* සඞ්ග්‍රහවක් කරන්නා; ඇටසැටු තම්බන භාජනයක්.
Digestible, a. දිරවියහැකි, ජීර්ණ වෙන්නාවූ, පහසුවෙන් ජීර්ණවෙන, පක්තව්‍ය.

Digestion, n. ජීර්ණවීම &c., ජීර්ණය; (මද උෂ්ණයෙන් *or* රසායන ද්‍රව්‍යවලින්) පැසවීම.

Digestive, a. දිරවන, ජීර්ණකරවන, පාචක, අග්නි වර්ධක, අග්නි දීපක.

Digestive, n. (ආහාර) ජීර්ණකරවන බෙහෙත; (වණ) පැසවන බෙහෙත, පාචකෞෂධය.

Digit, n. (ඇඟිල්ල, ඇඟිල්ලක පළලවන) අඟලකින් තුන්කාලක්; කලාව, සූර්ය—චන්ද්‍ර—විෂ්කම්භයෙන් දොළොසෙන් එක පංගුවක්; සූර්ය විෂ්කම්භාංශකය, චන්ද්‍ර විෂ්කම්භාංශකය, චන්ද්‍රලේඛාව, අංකය, ඉලක්කම් නවයෙන් එකක්.

Digital, a. ඇඟිලිවලට අයිති, ඇඟිලි. [කාර.

Digitate, a ඇඟිලි වැනි, ඇඟිලි ආකාර, අඞ්ගුල්‍යා

Digitigrada, n. pl. L. (පතුල නොව) ඇඟිලි බිම තබා යන සත්ත්ව ජාති, අඞ්ගුලිචරයෝ, (බළලා වැනිය).

Digitigrade, a. ඇඟිලි තබායන, අඞ්ගුලිචර; n. අඞ්ගු ලිචරයා.

Dignified, a. උතුම්, කුලීන, ගරුවූ, ශ්‍රේෂ්ඨ, උදාර, ප්‍රතාපවත්; උතුම් කෙනෙකු මෙන් හැසිරෙන *or* පෙනෙන.

Dignify, v. උතුම්කරනවා, උතුම් බවට පමුණුවනවා, ගෞරවයට පමුණුවනවා. [යා.

Dignitary, n. උතුම් නිලධාරියා, උත්තමයා, ශ්‍රේෂ්ඨ

Dignity, n. උතුම්කම, ගරුකම, ගරුත්වය, උසස් තත්ත්වය *or* පදවිය; ශ්‍රේෂ්ඨකම, ජ්‍යෙෂ්ඨකම, මාහාත්මය, සමුන්නතිය, උතුම් පෙනීම, උන්නත ලීලාව, උදාරගතිය.

Digress. v. (මාර්ගයෙන් අහක්ව යනවා: එනම්) ප්‍රධාන කාරණාවෙන් අහක්ව වෙන කාරණා කියනවා, ප්‍රස්තුත කාරණාවෙන් බැහැරට යනවා, කථාවේදී අමුතු කාරණාවලට බහිනවා, මාතෘකාවෙන් පිට යනවා.

Digression, n. අහක්වයාම, ලංඝනය, කථාවේ ප්‍රධාන නොවන කාරණාව *or* කොට්ඨාසය, කථා වෙන් පිට කාරණාව, අතුරු කථාව.

Digressional, **Digressive**, a. කාරණාවෙන් පිටවෙන, අමුතු කාරණාවකට බසින; පිටවූ, අමුතු.

Dike n ditch අගළ; channel ඇළ; embankment වේල්ල, නියර, ආලිය.

Dike, v. අගළකින් වටකරනවා; වේලි බඳිනවා.

Dilapidate. v. (ගොඩනැගිලි ක්‍රමයෙන්) තරක්වී කඩා වැටෙනවා, ගරාවැටෙනවා, බිඳ වැටෙනවා, ජරා වාසවෙනවා; කඩාවැටෙන්ට අරිනවා, පාළුකර නවා.

Dilapidation, n. කඩාවැටීම &c., නාස්තිය, පාළුකම, ජරාවාසය, පරික්ෂයය.

Dilate, v. පුප්පනවා, විහිදවනවා, විශාලකරනවා, පිපෙනවා, විහිදෙනවා, ඉදිමෙනවා, ලොකුවෙනවා dilate upon විස්තරලෙස-බහුලලෙස-කියනවා.

Dilated, a, විහිදී—ඉදිමී—මහත්වී—තිබෙන්නාවූ.

Dilation, **Dilatation**, n. පිපීම, මහත්වීම, ඉදිමීම, පිපුණුබව.

Dilatoriness, n. කඩිසර මදිකම, අලසකම, අතපසු කරන සුලුබව, විලම්බය, දීඝසූත්‍රතාව.

Dilatory, a. අතපසුකරන, ප්‍රමාද, සූතංගු, අලස, අතු රින, දීඝ සූත්‍ර.

Dilemma, n. (විරුද්ධකාරයා දෙකෙන් කොයි එක පිළිගත්තත් අසුවෙන) තර්ක විධියක්, ද්විධාග්‍රහණය, ද්විධාග්‍රහිතත්ව්‍යය, උභතෝකෝටික ප්‍රශ්නය, විකල්පය, දෙකකට *or* කීපයකට අතරේ තෙර පීම, උභයානීතිය, උභයශංකාවය, ශංකාව.

Diligence, n. ඕනෑකමින් ක්‍රියාකිරීම, කඩිසරකම, වීර්යවන්තකම, අනලස්කම, අප්‍රමාදය, උද්‍යෝගී භාවය, ව්‍යවසිතතාව.

Diligent, a. ඕනෑකමින්ක්‍රියාකරන, ක්‍රියාපර, තත්පර, ව්‍යවසිත, හොඳටම බලාගන්නාවූ, කඩිසර, වීර්ය වන්ත, උද්‍යෝගී; උත්සාහවන්ත, අනලස්වූ.

Diligently, ad. ඕනෑකමින්, කඩිසරලෙස, වීර්යවන්ත ලෙස, අනලස්ව.

Diliy-Dally, v. ප්‍රමාදවෙනවා, සූතංගුවෙනවා, කාල ය ගතකරනවා.

Diluent, a. සැර අඩුකරන, දියකරන, බාලකරන.

Diluent, n. උකුකම අරින ද්‍රව්‍යයක්, සැර බාලකරන ද්‍රව්‍යයක්; ලේවල ඝනය අඩුකරන දියජාති.

Dilute, v. වතුර මිශ්‍ර කිරීමෙන් සැර අඩුකරනවා, බාලකරනවා, දියකරනවා, තුනීකරනවා; fig. බාල කරනවා, තුනීකරනවා.

Dilute, **Diluted**, a. දියවූ, තුනී, සැර බාලවූ.

Diluvial, a. වතුර ගැලීමෙන් වූණාවූ,s (p. නෝවාගේ කාලයේ සිදුවූ) මහ ජලගැල්ම සම්බන්ධවූ, මහ ජලගැල්මෙන් වුණවූ.

Diluvium, n. වැලි—බොරළු, මැටි—යනාදිය පුරාණ ජලගැල්මවලින් රැඳී සෑදී තිබෙන බිම. ජලජභූමිය.

Dim, a. අඳුරු, දීප්තියනැති, පැහැදිලි නැති; පෙනීම මදිවූ (ඇස්).

Dim, v. අඳුරුකරනවා, දීප්තිය අඩුකරනවා, (සිහිය) මොට්ටකරනවා.

Dime, n. අමෙරිකාවේ ගත දශයේ මිලය.

Dimension, n. (දිග, පළල, ඝනය, යන) මහත, ප්‍රමාණය, තරම, පෘථක්මානය.

Dimensional, a. පෘථක්මානීය.

Dimidiation, n. අර්ධ දෙකකට බෙදීම, හරියට දෙපළු කිරීම, ද්විධාකිරීම.

Diminish, v. අඩුකරනවා, හීනකරනවා, මදකරනවා, අඩුවෙනවා &c., ක්ෂයවෙනවා, පිරිහෙනවා.

Diminished, pp. *or* a. අඩුකරනලද &c., අඩුවූ &c.. අල්පීභූත, පිරිහුණ, ක්ෂයවූ.

Diminution, n. අඩුකිරීම &c., හීනභාවය, ක්ෂයය.

Diminutive, a. මහතින් හීන, කුඩා, මිටි, කුරු, පුංචි, ක්ෂුද්‍ර; තරමින් අඩු.

Diminutive, n. in gram. (branchlet මෙන්) කුඩා එකක් බව පෙන්වන වචනයක්; ක්ෂුද්‍රතාවාචකය.

Diminutiveness, n. හීනකම කුඩාකම, මිටිකම, ක්ෂුද්‍රතාව, කණිෂ්ඨතාව.

Dimissory, a. යන්ට අවසර දෙන; (පදවි-ප්‍රාප්තයන්) මාරුකරන (පත්‍ර).

Dimity, n. කපු රෙදි වර්ගයක්, දිමිටි රෙදි.

Dimly, ad. අඳුරුලෙස, නොපැහැදිලිව, පැහැදිලි නැතිලෙස, දීප්ති නැතුව.

Dimness, n, අඳුරුකම, පෙනීම මදකම, නොපැහැ දිලිකම, මොට්ටකම.

Dimorphism. n. (දියවූ ද්‍රව්‍ය) දෙහැඩයකට කැටවීම, ද්විධාකාරත්ව.

Dimple, n. නිකටේ වළ, කම්මුලේ වළ. [නවා.

Dimple, v. කුඩා වළක් *or* වළවල් ගැහෙනවා *or* ගහ

Din, n. ඝෝෂාව, කෝලාහල හඬ, ඝෝෂාව.

Din, v. ඝෝෂාවෙන්-කරදරයෙන්-හිංසාකරනවා, ඝෝෂාකරනවා, කන් බිහිරි කරනවා.

Dine, v. දවල් කෑමකනවා, දවාලට බත්කනවා; දවල් කෑම දෙනවා.

Ding, v. සීනුවෙන් ශබ්දවෙනවා, ධ්වනිත කරනවා, බලයෙන් මෙන් කන්වල හෙළනවා.

Dingdong, n. ඝණ්ටාර ශබ්දය; fig. එවැනි දෙඩවීම.
Dinginess, n. (පාටෙක්) අඳුරුපෙනීම, ඔපනැතිකම, පවිත්‍ර මදිකම.
Dingle, n. පටු මිටි තැන, කන්දරය.
Dingy, a. අඳුරු (තැනක්, පාට &c.), ඔපනැති, කිලුටු, මලින, පාට ගියාවූ.
Dining-hall, Dining-room, n. භෝජන ශාලාව, භෝජනාගාරය, කෑම ගෙය.
Dining-table, n. කෑම අරින මේසය, කෑම කන මේසය.
Dinner, n. දවසේ ප්‍රධාන කෑම, අපරාහ්නභෝජනය, රාත්‍රි කෑම, මඞ්ගල්‍ය කෑම, රාත්‍රි භෝජන සංග්‍රහය.
Dinornis, Deinornis, n. (නිවුසිලන්ඩ් රටේ පුරාණයේ සිටිය) මහ පැස්බරා.
Dinotherium, Deinotherium, n. පුරාණයේ සිටිය මහ දළ ඇති ජලචර සතෙක්; මහදළ හිරිසතා.
Dint, n. (එබීමෙන් or පහරකින් වූණ) කුඩා වළක්; පහර, අභිඝාතය, බලය.
Dint, v. (එබීමෙන් or ගැසීමෙන්) කුඩා වළක් කරනවා, වළවල් ගහනවා. [තාත්පේ.
Diocesan, n. පළාතක පාරිදැශික තැන, බිෂොප් උන්
Diocesan, a. පාරිදැශික පළාත සම්බන්ධ, පාරිදැශික.
Diocese, n. පාරිදැශික පළාත, බිෂොප් තැන බලය පවත්වන පළාත.
Dioptric, Dioptrical, a. දූරදැශික, දූරදැශනෝපකාර.
Dioptrics, n. pl. (වායු-වතුර, වීදුරු-ආදී ද්‍රව්‍ය මැදින් යාමෙන් වෙනස්වෙන එළිය සම්බන්ධ) ඛිනනා ලෝක විද්‍යාව.
Diorama, n. සිතියම් පෙන්වන විධියක්, සංස්ථාන දර්ශකය; සංස්ථාන දර්ශක ශාලාව.
Dioscorea, n. (yams) කටුවල-උයල, කොබෝල්, හිරිතල, වැල්ල, හිතුරල-යනාදි අල ජාති.
Dip. v. ගිල්වනවා, ගිල්ලනවා, ගලනවා; ගිල්වා බෞතිස්ම කරනවා; ගිලෙනවා; [බලනවා;
dip into a subject &c., කාරණයක් තරමකට
bend down පහතට නැමෙනවා or ඇලවී තිබෙනවා, පහත්වෙනවා [ණය.
Dip, n. ගිල්වීම &c.; ඇලවෙන භාවය, පල්ලම් ප්‍රමා
Dipetalous. a. මල්පෙති දෙකක් ඇති, ද්විපත්‍රික, යුග්මපත්‍රිය.
Diphtheria, n. උගුරේ ලෙඩක්, ගලපටල රෝගය.
Diphthong, n. එකට ශබ්දවෙන ප්‍රාණාක්ෂර දෙකක්, ඒකාබද්ධ ද්ව්‍යක්ෂරය, සංයුක්ත සවරය, සන්ධ්‍යක්ෂරය.
Diploma, n. පවබැඳිනාමයක්-නම්බුවක්-බලයක්-දෙන පත්‍රය, බලපත්‍රය, අධිකාරි පත්‍රය, සන්නස, පවබැඳි නාමය.
Diplomacy, n. තානාපති ක්‍රමය, තානාපතිකමේ සිරිත් ක්‍රමය; රාජනනුකූල සමර්ථකම, රාජෝපාය, කාරණ හැසිරවීමට ඇති සමර්ථකම, උපායෙහි දක්ෂකම.
Diplomatic, a. අධිකාරි පත්‍රයකට අඩංගු; අධිකාරි පත්‍රයක් ඇත්තාවූ; රාජ්‍යාධිකාර කටයුතු පිළිබඳ; ගිවිසුම් කරවීමට සමර්ථ.
Diplomatic, n. තානාපතියා, සන්දේශහරයා.
Diplomatically, ad. තානාපති ක්‍රමය ලෙස, උපායෙන්, ප්‍රයෝගයෙන්.
Diplomatics, n. pl. පුරාණ සන්නස් යනාදිය දැනගන්න ශාස්ත්‍රය, පුරාණ සන්නස් විද්‍යාව.
Diplomatist, n. තානාපතිකම් කිරීමට සමර්ථයා; රාජෝපාය දක්ෂයා, රාජ්‍යාධිකාර නිලධාරියෙක්.
Diplopia. n. ද්විදර්ශනය, ද්විගුණදර්ශනවිරෝගය; ද්විදර්ශන චක්ෂු රෝගය.
Dipper, n. ගිල්වන්නා; ladle හැන්ද.
Dipping, n. ගිල්වීම &c., see verb, අවගාහනය; slope බෑවුම.
Diptera, n. pl. අත්තටු දෙකක්ම ඇති මැසි ජාති.
Dipteral, Dipterous, a. අත්තටු දෙකක්මඇති, පියාපත් දෙකකින්ම යුත්, (ඒ මැසි ජාති සම්බන්ධ).
Dire, a. භයානක, දුක්ඛිත, භයඞ්කාර, ඝෝර, උග්‍ර, ඉතා සැර, කටුක, දරුණු, (විපත or දුක).
Direct, a. කෙළින්තිබෙන, කෙළින්යන, සෘජු, අවක්‍ර, ඇද නැති, (පාර &c.); කෙළින් පැවතඑන, අසම්මිශ්‍ර, පැහැදිලි, ප්‍රත්‍යක්ෂ, අපරෝක්ෂ; fig. ඇදනැති, අවංක.
Direct, v. (යමක් දෙසට) කෙළින් කරනවා or හරවනවා, එල්ලකරනවා, මග or විධිය පෙන්වනවා or කියාදෙනවා, යොමුකරනවා, මෙහෙයනවා, කාරණා හසුරුවනවා, අණදෙනවා, (ලියුමක් පිට) නම ගම ලියනවා.
Direction, n. කෙළින් කිරීම &c., යන දිශාව, දිශාභාගය, දිගාව; අණ, අණදීම, විධිවිධාන; ගුරුකම්; නිදේශය, කාරණ හැසිරවීම, කාරක සභාව; (ලියුමක් පිට ලියන) නම ගම.
Directive, a. මග පෙන්වන, නිදේශක; විධිවිධාන, හසුරුවන.
Directly, ad. කෙළින්, ඇද නැතුව, අප්‍රමාදව, කඩිනමින්; තමා විසින්ම: directly or indirectly තමා විසින්ම හෝ අනුන් ලවා හෝ. [කම.
Directness, n. (වටපිට නොයන) සෘජුතාව, ඇදනැති
Director, n. විධිවිධානකරන්නා, හසුරුවන්නා; (සමාගමක) ප්‍රධාන කළමනාකාරතැන, අධ්‍යක්ෂකතැන.
Directorate, n. කාරක ධුරය, අධ්‍යක්ෂක ධුරය; කළමනාකාර or අධ්‍යක්ෂක සභාව.
Directorial, a. විධිවිධාන කිරීමට අයිතිවූ, නිදේශ සහිත, නිදේශී.
Directorship, n. ප්‍රධාන කළමනාකාර or අධ්‍යක්ෂක ධුරය.
Directory, n. දේවමෙහෙයේක්‍රමය පෙන්වන පොත; නුවරක or රටක කාරණා අකාරාදි වශයෙන් දක්වා තිබෙන පොත, නම් ගම් පොත, සභාපතිය, සිරස්තරිය; කාරක සභාව.
Direful, a. විපතත්ඇත්තාවූ; විපතතියුක්ත. See Dire.
Direfully, ad. විපතති වශයෙන්, භයානක ලෙස, දරුණුලෙස.
Direfulness, n. විපතති සහිතතාව, භයානකකම, භයානකභාවය, දරුණුකම, රෞද්‍රතාව.
Dirge, n. අමුදුන ගීතිකාව, විලාපකීමේ ගීතිකාව, ලතෝනි ගීතිකාව.
Dirk, n. කිරිච්චිය. අතින කොට කඩුව.
Dirt, n. කුණු, කසළ, අපවිත්‍ර දේ, මල, අශූචි, ගොම, කලල්, මඩ.
Dirtily, ad. කිලුටුලෙස, අපවිත්‍රලෙස, කැතලෙස, නීචලෙස. [කම.
Dirtiness, n. කිලුටුකම, අපවිත්‍රකම, කැතකම, නීච
Dirty, a. අපවිත්‍ර, මලින, කිලුටු, මඩ ඇත්තාවූ, කැත; බොර (වතුර), අඳුරු (පාට); fig. කැත, නීච.
Dirty, v. අපවිත්‍රකරනවා, කිලුටු කරනවා, මලිනකරනවා, කැතකරනවා.
Dis, prefix. අ, අව, නි, නිර්, නො, නැති, යන අර්ථ ඇති නිපාතය.

Disability, n. නුපුළුවන්කම, බලනැතිකම, දුර්වලකම, අශක්තිය, අසාමර්ථ්‍යය, අපොහොසත් බව; අවසර නැතිකම.

Disable, v. නුපුළුවන් කරනවා, බල නැතිකරනවා, දුර්වලකරනවා, නුසුදුසුකොට *or* තහනම්කොට නියමකරනවා.

Disabled, pp. *or* a. බල නැතිකරනලද, බල නැතිවූ. (අවයව, සිහිය) වලංගු නැතිවූ.

Disabuse, v. වැරදීම—වැරදි කල්පනා—පහකරනවා *or* පහකරවනවා, හරිගස්සනවා.

I disabused him of his mistake ඔහුට වැරදුණ බව ඔහුට ඔප්පු කළෙමි.

I disabused him of that idea ඒ කල්පනාව වැරදි බව ඔහුට පෙන්නුවෙමි.

Disaccord, v. එකඟ නොවෙනවා. විරුද්ධවෙනවා.

Disadvantage, n. අවාසිය. අවැඩය, අප්‍රයෝජනය, පාඩුව, අලාභය, හානිය, අනර්ථය.

Disadvantageous, v. අවාසිවූ, වාසි මදිවූ, පාඩුවූ, අහිත, අනර්ථ.

Disadvantageously, ad. අවාසි ලෙස, අවාසි ඇතුව, පාඩුවෙනලෙස etc.

Disaffected, pp. *or* a. ඇලුම්කම-මිත්‍රකම-සතුටුකම-පහවුණාවූ; ඇලුම් නැත්තාවූ, අමිත්‍රවූ, භජන නැති, අහිතවූ, විපක්ෂ, විරක්ත.

Disaffection, n. ඇලුම් නැතිකම, අමිත්‍රකම, භජන නැතිකම, විපක්ෂකම, නොහොඳය.

Disaffirm, v. නැත කියනවා, මුහුණියක් අවලංගු කරනවා.

Disaggregate, v. සංඝත ගණනක් අසංඝත-වියෝග-කරනවා.

Disagree v. වෙනස්වෙනවා, එකඟ නොවෙනවා, විරුද්ධවෙනවා, අසමව-ප්‍රභේදව-තිබෙනවා *or* සිටිනවා; වෙනස්ලෙස සිතනවා, භේදවෙනවා.

Disagreeable, a. අප්‍රිය, අමනෝඥ, අප්‍රසන්න, අනභිමත, අරම්‍ය, අප්‍රියාස උපදවන්නාවූ.

Disagreeableness, n. අප්‍රියකම, අමනෝඥතාව, අප්‍රසන්නතාව, අරුචිය.

Disagreeably, ad. අප්‍රියලෙය, අප්‍රසන්නලෙස.

Disagreement, n. වෙනස්වීම &c.; වෙනස, අසමකම, එකඟනැතිකම; ප්‍රභේදය, භේදය, නෝක්කාඩුව.

Disallow, v. අවසර-ඉඩ-නොදී සිටිනවා, තහනම්කරනවා; (සැබෑබව, හරිබව) ඒත්තුනොගෙන සිටිනවා; reject ප්‍රතික්ෂේපකරනවා.

Disallowable, a (යමෙකු විසින් අවසරදියයුතු නැති, අවසරදෙන්නට බැරි, තහනම්කළයුතු.

Disallowance, n. අවසරනොදීසිටීම &c, ප්‍රතික්ෂේපය.

Disannul, v. මුළුමනින්ම අවලංගුකරනවා, නිෂ්ප්‍රභා කරනවා.

Disappear, v. නොපෙනී යනවා, සැඟවීයනවා, අන්තර්ධානවෙනවා, අතුරුදන් වෙනවා, අදෘශ්‍යමාන වෙනවා; පහවෙනවා, දුරුවීයනවා, තුරන්වෙනවා.

Disappearance, n. නොපෙනී යාම &c., අන්තර්ධානය, අදර්ශනය.

Disappoint, v. බලාපොරොත්තු නැතිකරනවා, කඩකරනවා, ඉෂ්ටනොකර අරිනවා, ප්‍රාර්ථනා ශූන්‍යකරනවා, කලකිරවනවා.

We disappointed them ඔවුන්ගේ බලාපොරොත්තුවේ හැටියට නොකළෙමු, *or* (defeated, rendered void)' ඔවුන්ගේ උත්සාහය-පැතුම-නිෂ්ප්‍රභාකළෙමු.

Disappointed, pp, *or* a. බලාපොරොත්තුකඩවූ, ඉෂ්ට නුණ, ඉෂ්ටනොවී ගියාවූ, නිෂ්ප්‍රභාවූ, (උත්සාහ, ආශා &c.); තමාගේ කැමැත්ත &c. ඉෂ්ටනුණ (කෙනෙක්), කලකිරුණු, ඛණ්ඩිත, භග්නාශ, ක්ෂතාශ, විප්‍රලබ්ධ.

Disappointment, n. බලාපොරොත්තුනැතිකිරීම &c., බලාපොරොත්තුව-ආශාව-ඉෂ්ට නොවී යාම, විප්‍රලම්භය, ප්‍රතිබන්ධය, කැමැත්ත-පැතුම-ඉෂ්ටනොවී මෙන් පැමිණෙන කනගාටුව, කලකිරීම, විෂාදය.

It is a great disappointment බලාපොරොත්තුව ඉෂ්ටනුණඑක මහත් කනගාටුවකි, එය මහත් ප්‍රතිබන්ධයකි.

Disapprobation, Disapproval, n. හොඳනැතැයි සිතීම &c., see verb; අමනාපය, අප්‍රසාදය, අනභිමතිය, ප්‍රතික්ෂේපය.

Disappropriate, v. අයෝග්‍ය ලෙස භාවිතා කරනවා, අසන්තක කරනවා, අහිමි කරනවා.

Disapprove, v. හොඳ නැතැයි සිතනවා, (යමකට) අමනාපවෙනවා; reject ප්‍රතික්ෂේපකරනවා.

Disapproved, pp. *or* a. නුසුදුසුයයි සිතනලද &c., අනභිමත, ප්‍රතික්ෂිප්ත.

Disarm, v. (යමෙකුගෙන්) යුද්ධායුධ පැහැරගන්නවා, අසන්නද්ධකරනවා, අනතුරුකිරීමේබලය නැතිකරනවා, බල සිඳිනවා; විරුද්ධ බලය—විරුද්ධකම—පහකරනවා.

Disarmed, pp. *or* a. යුද්ධායුධ පැහැරගන්නා ලද *or* පැහැරවූ, නිරායුධ; විරුද්ධ බලය පහවූ, අභිභූත, සංයමිත.

Disarrange, v. පිළිවෙළ අවුල්කරනවා, ව්‍යාකූල කරනවා.

Disaster, n. අවාසනාව, විපත, විපත්තිය, අනතුර, ව්‍යසනය, ආපදාව, දුඃඛය, විනාශය, බුද්සිතියාව.

Disastrous, a. අවාසනාව—විපත—යනාදිය සහිතවූ *or* පමුණුවන්නාවූ, අවාසනාවන්ත, විපත්තිකර, දුර්භාග්‍ය, ව්‍යසන, ව්‍යසනජනක; become disastrous බුද්සිතියා වෙනවා.

Disastrously, ad. අවාසනාවන්තලෙස, විපත්ති ඇතුව, ව්‍යසනාකාරයෙන්.

Disastrousness, n. අවාසනා සහිතකම, විපත්තිකර බව, විපද්ග්‍රස්තතාව.

Disavow, v. නැත කියනවා, (එසේයයි) ඒත්තු නොගෙන සිටිනවා, පිළිනොගන්නවා, (යමක් අයුතුයයි *or* තමා ඊට එකඟ නැතැයි) එපාකරනවා, යම්මය නැතැයි ප්‍රතික්ෂේප කරනවා.

Disavowal, n. නැත කීම &c., ප්‍රතික්ෂේපය.

Disband, v. සමාගමක සම්බන්ධය අවලංගුකරනවා, (එසේ කිරීමෙන්) සමාගම—හේවා රංචුව—පහකරනවා, අසම්බන්ධ කරනවා, නිදහස්කර අරිනවා, වියෝගවෙනවා, අසම්බන්ධවෙනවා.

Disbanded, pp. *or* a. හේවාකම්න් මිදුණ, අසම්බන්ධවුණ, විසිරගිය.

Disbelief, n. අවිශ්වාස කිරීම, අවිශ්වාසය, ඇදහිලි නැතිකම, නොඇදහිලිවන්තකම, අශ්‍රද්ධාව.

Disbelieve, v. අවිශ්වාසකරනවා, නොඅදහාසිටිනවා,

Disbeliever, n. අවිශ්වාසකරන්නා, විශ්වාස නොකරන්නා, අවිශ්වාසියා, නොඇදහිලිකාරයා.

Disburden, v. බර පහකරනවා, බරෙන් නිදහස් කරනවා; disburden the mind of cares සිත කරච්චල්වලින් මුදනවා, කාන්සා බර සිතෙන් පහකරනවා.

Disburse, v. (තමා අතින් *or* පර්යෙන්) මුදල—වියදම—දෙනවා *or* ගෙවනවා, ගබඩාවෙන්—පර්යෙන්—මුදල් අරන් දෙනවා.
  It is you who expend and I who disburse the money මුදල් වියදම්කරන්නේ තුඹය් එය ගෙවන්නේ—දෙන්නේ—මමය්.

Disbursement, n. (ගබඩාවෙන් &c.) මුදල් අරන් දීම, ගෙවීම, ගෙවිල්ල; (එසේ) අරන් දෙන ගණන.

Disc, n. මණ්ඩලය, මණ්ඩලාකාරය.

Discard, v. ඇරදමනවා, අහකදමනවා, පහකරනවා; අහක්කරනවා, ඉවත්කරනවා, එපාකරනවා, බැහැරකරනවා.

Discern, v. බේරුම්ලෙස දකිනවා; දැනගන්නවා, තේරුම්ගන්නවා *or* (යමෙකුට) පෙනෙනවා, දැනෙනවා, තේරුම්යනවා, වැටහෙනවා.
  I discern a tree in the distance දුරින් ගහක් තිබෙනවා දකිමි *or* මට පෙනෙනවා.
  I cannot discern the difference between these two මේ දෙකේ වෙනස මට දැනගන්ට බැහැ *or* මට පෙනෙන්නේත්—දැනෙන්නේත්—නැත.
  I now discern your meaning තුඹේ අභිප්‍රාව මට දැන් තේරුම් යනවා *or* තේරුම් ගියා, හැඟෙනවා [පිමසන්නා.

Discerner, n. බේරුම් ලෙස තේරුම්ගන්නා, හරියට

Discernible, a. (යමෙකුට) දැකියහැකිවූ, -දැනෙන, හැඟෙන.

Discerning, a. [කාරණා දැනගැනීමට] සිහි පරීක්ෂා ඇත්තාවූ, නුවණ ඇති, දැනුම් ඇති.

Discernment, n. බේරුම්ලෙස දැකීම &c.; සිහිපරීක්ෂාව, සිහි විපරම. [කළහැකි.

Discerptible, a (යමෙකුට) වෙන්කළහැකි, වියෝග

Discharge, v. unload බඩු බානවා; set free නිදහස් කරනවා, මුදනවා; dismiss අරිනවා, අහක්කරනවා; a gun පත්තුකරනවා, වෙඩිතබනවා; arrows ඊගස් විදිනවා ;debt ණය ගෙවනවා; a duty යුතුකමක් ඉෂ්ටකරනවා, pus, blood &c. හැරව–ලේ–යනාදිය යනවා *or* අරිනවා.

Discharge, n. බඩුබෑම &c.; of a debt පියවීමය; from debt &c. ණයෙන් *or* වරදෙන් නිදහස්කිරීමේ පත්‍රය; සිලයෙන් අහක්කිරීමේපත්‍රය; (කිසිමෙන ද්‍රව්‍යවන) හැරව, සෙම &c., as:
  The discharge from this wound and from the lungs මේ තුවාලයෙන් යන හැරව *or* ලේ, පෙනහැල්ලෙන් යන සෙම &c.

Discharged, pp. *or* a. බානලද, බෑවාවූ; නිදහස්කළ &c., පියගණිත, (ණය).

Disciform, a. මණ්ඩලාකාර, මණ්ඩලහැඩය ඇත්තාවූ

Disciple, n. ශෝලයා, ශිෂ්‍යයා, අතවැසියා; B. ශ්‍රාවකයා.

Disciple, v- ශෝලයෙක්-ශෝලයන්-කරගන්නවා, ශිෂ්‍යෝපගත කරනවා, ශිෂ්‍යභාවෝපගත කරනවා.

Discipleship, n. ශෝලයෙක්ව සිටීම, ශිෂ්‍යභාවය, ශිෂ්‍යතාව; B. ශ්‍රාවකභාවය.

Disciplinable, a. පුහුණුවියහැකි; මට්ටුකිරීමට–දණ්ඩනීතියට–යටත්වූ.

Disciplinarian, n. නියම විධියකටම පුහුණුකරන්නා &c., see verb; පුහුණු කිරීමට &c. නියම විධියක් භාවිතාකරන්නා.

Disciplinary, a. පුහුණුවීමේ නියම විධියකට අයිති; හික්මවීමට අයිති; විනීතභාවසංරක්ෂක.

Discipline, v. නියම විධියකට පුහුණුකරනවා, විනීත කරනවා, හික්මවනවා; මට්ටුකරනවා.

Discipline, n. නියම විධියකට පුහුණුකිරීම &c. විනය; එය ඉෂ්ටකරන පිළිවෙළ *or* විධිය, අභිවර්ධක විධිවත්කම; correction ශික්ෂාව, ශිෂ්‍යශික්ෂාව: (public) දණ්ඩනීතිය.

Disciplined, pp. *or* a. පුහුණු කරනු ලැබූ &c., හික්මුණු, විනීත.

Disclaim, v. තමාට අයිති නැතැයි කියනවා:
  I disclaim the ownership of that house ඒ ගෙයි අයිතිවාසිකම මට නම් නැතැයි කියමි *or* මට නම් ඒ ගේ අයිති නැතැයි කියමි.
  I disclaim that opinion ඒ මතය මටනම් නැතැයි කියමි.
  Reject එපාකරනවා: I disclaim all authority කොයි කෙනෙකුටවත්වුත් බලය ඇතැයි පිළිනොගනිමි *or* මට නම් යම් බලයක් ඇතැයි පිළිනොගනිමි.

Disclaimer, n. අයිති නැතැයි කීම as above; තමාට අයිති නැතැයි කියන්නා *or* තමාට ඇතැයි පිළිනොගන්න අය.

Disclose, v. වැස්ම ඇර පෙන්වනවා, විවෘතකරනවා, අනාවරණය කරනවා, එළිදරව් කරනවා, ප්‍රකාශ කරනවා, දක්වනවා, ආදර්ශනයකරනවා.

Disclosure, n. වැස්ම ඇර පෙන්වීම &c., ආදර්ශනය, ප්‍රකාශය; එළිදරව්කරන දේ, දක්වන කාරණාව.

Discoid, **Discoidal**, a. මණ්ඩලාකාර (බෙලිකාවූ, මල්).

Discoloration, n. නියම පාට–ජම්ම පාට–වෙනස්කිරීම, පාට නරක්කිරීම, විවර්ණකිරීම, පාට වෙනස්වීම.

Discolour, v. නියම පාට වෙනස්කරනවා, පාට නරක් කරනවා, දුර්වර්ණ *or* විවර්ණකරනවා.

Discomfit, v. ව්‍යාකූල කරනවා, කලඹනවා, වික්ෂේප කරනවා; scatter විසුරුවා දමනවා; defeat පරදවනවා, පරාජයකරනවා.

Discomfited, pp. *or* a. ව්‍යාකූල කරනලද &c., යුද්ධයේදී පැරදුණ, පරාජයවූ.

Discomfiture, n. ව්‍යාකූල කිරීම &c., ව්‍යාකූල බව, වික්ෂේපය; විසුරුවාදමනු ලැබීම, පරාජයවීම, පරාදය.

Discomfort, n. සැනසිල්ල නැතිකම, අපහසුව, අස්වැසිලි නැතිබව, අසවාසථ්‍යය; v. අපහසු කරනවා.

Discompose, v. ව්‍යාකූල කරනවා, අවුල් කරනවා, මදක් කලඹනවා, චඤ්චලකරනවා.

Discomposure, n. ව්‍යාකූලතාව, ක්ෂෝභය, කැලඹීම, චඤ්චලය, චලිතය, චකිතය.

Disconcert, v. (පිහිටක්කම, යෝජනාව *or* උපාය) අවුල්කරනවා, ව්‍යාකූල කරනවා, නිෂ්ඵලකරනවා, කලඹනවා, චකිතකරනවා.

Disconcerted, pp. *or* a. අවුල්කරනලද &c., තිගැස්සුණාවූ. වික්ෂිප්ත, චකිත.

Disconnect, v. අසම්බන්ධ කරනවා, වෙන්කරනවා, ගලවනවා, වියෝගකරනවා.

Disconnected, a. අසම්බන්ධ, වෙන්වූ, වියෝග, වියෝජිත. අසංගත.

Disconsolate, a. නොසැනසෙන්නාවූ, අස්වැසිල්ලක් නැති, කනගාටුවූ, ශෝක සහිත, කාන්සාවූ, තලංගුවූ.

Discontent, n. අසතුටුකම, සතුටුනැති භාවය; අසන්තෝෂය, අතෘප්තිය.

Discontented, a. අසතුටු, අසතුටු භාවයක් ඇති, සතුටු නොවන, අසන්තුෂ්ට, අතෘප්ත.

Discontentment, n. අසතුටුකම, සතුටු නැතිකම.

Discontinuance, **Discontinuation**, n. නැවතීම, අත්හිටීම, නොරවීම, අසවීතිය; නැවැත්වීම, අත්හිටවීම, නොරකිරීම.

Discontinue, v. (යමක් කිරීමෙන්) නවතිනවා, නවත්වනවා, අත්හිටවනවා, නතරකරනවා, නොරකරනවා. [වියෝජිතතාව.

Discontinuity, n. වෙන්ව තිබීම, අසම්බන්ධතාව,

Discontinuous, a. වෙන්වූ, වියෝජිත, අසම්බන්ධ.

Discord, n. එකඟනැතිකම, එකමුතු නැතිකම, අසමාදානය, භේදය, විරුද්ධකම; විරෝධ ශබ්දයක්, එකඟ නැති ශබ්ද, විස්වරය.

Discordance, **Discordancy**, n. එකඟනැතිකම, එකමුතු නැතිකම, විරුද්ධකම, ඉනාංගු නැතිකම, නොපෑහෙන බව.

Discordant, a. එකඟ නැති, එකමුතු නැති, භේදවූ; ඉනාංගු නැති, නොපෑහෙන, විස්වර.

Discordantly, ad. එකඟනැතිලෙස, භේදලෙස; ප්‍රතිවිරුද්ධලෙස.

Discount, n. (ණයෙන් *or* ගණන් පත්‍රයෙන්) අඩුකරන ගණන; පොළියක් කොට අල්ලන ගණන, අකල් පොළිය, උද්ධෘතභාගය.

Discount, v. (ණයෙන් *or* ගණන් පත්‍රයෙන්) ගණනක් අඩුකරනවා; කලින් පොළිය අල්ලා ණයට දෙනවා.

Discountenance, v. (අකමැති බව පෙන්වීමෙන් *or* අප්‍රිය බැල්මෙන්) විරුද්ධකම් පානවා; දුර්මුඛ වෙනවා, විමුඛවෙනවා, අධෛර්යකරනවා, ආධාරනොවී සිටිනවා, නොඅනුදන්නවා.

Discountenance, n. (එසේ) විරුද්ධකම් පෑම &c., අප්‍රිය බැල්ම, දුර්මුඛය, විමුඛය.

Discourage, v. හිත පසුබට කරනවා, අධෛර්ය කරනවා, කලකිරවනවා, හිත මලානික කරනවා.

Discouraged, be, v. හිත පසුබට වෙනවා, අධෛර්ය වෙනවා, කලකිරෙනවා, තාත්තුවා වෙනවා.

Discouragement. n. හිත පසුබටකිරීම &c., පසුබට වීම &c., අධෛර්යය, තාත්තුවාව, කලකිරවන හේතුව. [කරන.

Discouraging, a. හිත පසුබට කරන &c., මලානික

Discourse. n. කථාකිරීම, කථාව, කථාබස; දේශනාව, අනුශාසනාව, දෙසීම.

Discourse, v. (නියම කථාවක් *or* දේශනාවක් මෙන්) දිගට කථාකරගන යනවා; දේශනා කරනවා, දෙසනවා, අනුශාසනා කරනවා.

Discourteous. a. ආචාරවන්ත නොවන, ආචාර සම්පන්න නොවූ. අවිනීත, නැකීම මදිවූ, රළු.

Discourtesy, n. ආචාරනැතිකම, අවිනීතතාව, ආචාර නැති ක්‍රියාවක්,

Discover, v. සොයාගන්නවා; අමුතු දෙයක් සොයා දැන්ගන්නවා *or* යොදනවා; දැනගන්නවා, දකිනවා, එළුම් අරිනවා, අනාවරණය කරනවා.

Discoverable, a. සොයා දැනගතහැකි, අමුතුවෙන් දැනගතහැකි.

Discovered, pp. *or* a. සොයා දැනගන්නාලද, අසුඹු, අමුතුවෙන් සොයා දැනගත් *or* යොදනලද.

Discovery, n. සොයා දැනගැනීම &c., සොයා දැනගන්නදේ, දැනගත් අමුතු කාරණාවක්; (legal usage) එළිදරව්කිරීම.

Discredit, v. අවිශ්වාස කරනවා, අවිශ්වාස බව පෙන්වනවා, (එසින්) අවනම්බු කරවනවා, අවමන් කරනවා, අගරු කරනවා.

Discredit, n. අවිශ්වාස ගතිය, අයස, අවමාන්නය, අපකීර්තිය.

Discreditable, a. අවනම්බු, අවමානන, නින්දිත.

Discreditably, ad. අවනම්බුලෙස, අවමාන්න ආකාරයෙන්, නින්දිත ලෙස.

Discreet, a. දැනුම් තේරුම් ඇත්තාවූ, නුවණ ඇත්තාවූ, නුවණක්කාර, නුවණින් ක්‍රියාකරන්නාවූ, නැණවත්, විමෘෂ්‍යකාරී, විචක්ෂණ, කාර්යඥ්නතක.

Discreetly, ad. දැනුම් තේරුම් ඇතුව, නුවණින්, නුවණක්කාර ලෙස, නැණවත් ලෙස.

Discreetness. n. නුවණක්කාරකම, නැණවත්කම, කාර්යඥ්නතාව.

Discrepance, **Discrepancy**, n. එකඟනැතිකම, අසමකම, වෙනස, විපර්යාසය, ප්‍රභේදය, විප්‍රතිපත්තිය,

Discrepant, a. එකඟනැති, අසම, වෙනස්, විපර්යාස, ප්‍රතිවිරුද්ධ, විසදෘශ.

Discrete, a. වෙනම, වෙන්වූ. ප්‍රභේදවූ, විභින්න, විවේචනන, විවික්ත.

Discretion, n. නුවණ, සිහිබුද්ධිය, සිහි කල්පනාව, නැණවත්කම, විමෘෂ්‍යකාරීතාව, සෙච්ඡාධීනතාව; decision or will කැමැත්ත, මනාපය, අභිමතය: It is left to our discretion අපේ නුවණ ලෙසට–අපටම හොඳට පෙනෙනලෙස–අපේම කැමැත්තේ හැටියට–කරන්ට ඒක අපට භාරදී තිබෙනවා.

Discretionary, be, v. තමාගෙ තනි නුවණටම *or* කැමැත්තටම ඇර තිබෙනවා: Your going or not is quite discretionary නුඹ යන නොයන එක නුඹේ කැමැත්තටම ඇර තිබෙනවා *or* නුඹේම නුවණින් නියමකරගන්ට ඔනෑ.

Discretive, a. වෙනස් බව පෙන්වන, වෙන්කරන, විශේෂක, ප්‍රභේදකරන, වියෝගවූ.

Discriminate, v. වෙනස දැනගන්නවා, විශේෂ ලක්ෂණයක්ගෙන් වෙන්කොට දැනගන්නවා: ප්‍රභේද ලෙස බේරනවා, වෙන්කරනවා, තෝරනවා, ප්‍රභේදකරනවා.

Discriminating. **Discriminative**, a. වෙනස බලන *or* තේරෙන, සිහිවිපරම්, (කෙනෙක්); වෙනස පකාශවෙන, විශේෂක, (ලකුණ, ගුණ &c.).

Discrimination, n. වෙනස දැනගැනීම &c., භේදනය; (වෙනස දැනගන්ට පුළුවන්වූ) සිහිපරීක්ෂාව, සිහිවිපරම.

Discursive, a. (එකක් ඇර තව එකකට) පැනලා යනනාවූ, අසම්බන්ධ, අස්ථිර, තර්කකාර.

Discuss, n. පැතිලි ක්‍රීඩා–චලල්ල, සූර්ය මණ්ඩලය, චන්ද්‍ර මණ්ඩලය; සමහර මල්වල මැද කොටඩාසස

Discuss, v. (කාරණ ගෙනහැර දක්වීමෙන් යමක් විමසනවා, විමර්ශනය කරනවා, තර්කය කරනවා, වාද කරනවා, විවාද කරනවා, සාකච්ඡා කරනවා; food &c., ආහාර *or* පානය බෙදගන කනවා *or* බොනවා.

Discussion, n. විමසීම &c.; විමර්ශනය, වාදය, තර්කය, විතර්කය, සාකච්ඡාව; in sur. ගඩුවක් &c. විසුරුවා ඇරීම. [බෙහෙතක්.

Discussive, **Discutient**, n. ගඩුවක් &c, විසුරුවා අරින

Discutient, a. විසුරුවා අරින.

Disdain, v. සුළුකොට සිතනවා, ඉතා නීචකොට සලකනවා, සුළුකරනවා, හෙලා දකිනවා; අපහාසකරනවා, අවඥකරනවා. [උඩඟුකම.

Disdain, n. සුළුකොට සිතීම &c.; ගර්වය, අවඥව;

Disdained, be, v. සුළුකරනුලබනවා &c.; S. a. සුළුකරනලද &c., අවඥත.

Disdainful, a. අනුත් සුළුකරන්නාවූ, උදරම්වූ, සාවඥ.

Disdainfully. ad. හෙළාදකුම්ඇතුව, හෙළාදක, සුළුකර, උදරම් ලෙස.

Disdainfulness, n. අනුත් සුළුකොට සිතන ගතිය, උඩඟුකම, සාවඥතාව.

Disease, n. අසනීපය, ලෙඩ, රෝගය, ව්‍යාධිය.

Diseased, a. රෝගී, රෝගාතුර, හිලන්, ව්‍යාධි සහිත, අසවසථ, රෝග ග්‍රස්ත.

Disembark, v. (බඩු) ගොඩබානවා, (තමා) ගොඩබහිනවා: ගොඩබසිනවා.

Disembarkation, Disembarkment, n. නැවෙන් ගොඩබෑම. ගොඩබැසීම.

Disembarrass, v. අමාරුවලින්-පැටලිල්ලෙන්-වියවුලෙන්-මුදනවා; අනාකුල ක[illegible]නවා, අවික්ෂේප කරනවා.

Disembarrassed, be, v. අමාරුවලින් &c. මිදී-අනාකුලව-අවික්ෂිප්තව-සිටිනවා or තිබෙනවා.

Disembodied, a. ශරීරයෙන් චුතවූ or වෙන්වූ, ශරීර රහිතවූ, අශරීරීකෘත, අමූර්තිකෘත.

Disembody, v. ශරීරයෙන් චුතකරනවා, අශරීර කරනවා, අශරීර ගතියට පමුණුවනවා, අමූර්ති කරනවා.

Disembogue, v. (මෝයෙන් ගංගා ජලය) නික්මවනවා, අරිනවා, නික්මෙනවා, මුහුදට වැටෙනවා or පිටවෙනවා. [නවා.

Disembowel, v. බඩවැල් අරිනවා, බඩවැල් අහක්කර

Disenchant, v. මන්ත්‍රබලයෙන්-රැවටිලි බලයෙන්-රැවටිල්ලෙන්-මුදනවා. See Disabuse.

Disencumber, v. බාධාවලින්—බරෙන්—නිදහස්කරනවා, බාධා &c., ඉවත්කරනවා.

Disengage, v. ලිහනවා, මුදනවා, නිදහස්කරනවා, ගළවනවා.

Disengaged, be, v. ලිහී තිබෙනවා, මිදී-නිදහස්ව-නොබැඳී - නිෂ්කලංකව - නිකම් - සිටිනවා; ලිහෙනවා&c., අසංසෘෂ්ට වෙනවා.

Disengaged, a. නිකම් තිබෙන or සිටින, හිස්වූ, අත්කර නොගත්, (ආසනයක්, ඉඩමක් &c.).

Disengagement, n. ලිහීම &c., ලිහී තිබීම &c., අසංසෘෂ්ටතාව, නිදහස, නිෂ්කලංකය.

Disentangle, v. පැටලිල්ල අරිනවා, වියවුල බේරනවා.

Disestablish, v. (නියමකර-ස්ථිරකර-පිහිටුවා තිබෙනදේ) අවලංගුකරනවා, අස්ථිතකරනවා.

Disesteem, v. උතුම්කොට නොසලකාඅරිනවා, ගරුකොට නොසලකනවා, සුළුකොට සිතනවා, අයහපත්කොට සලකනවා.

Disfavour, n. අමනාපය, අප්‍රියකම, නොහොඳ, අප්‍රසාදය, දූර්මුඛය; අමිත්‍රකම, අවාසිය, අනුපකාරය.

He is in disfavour with them (say) ඔව්හු ඔහු කෙරෙහි අප්‍රසන්නව—අමිත්‍රව—සිටිති.

They did him a great disfavour ඔව්හු ඔහුට [illegible]න් අවාසියක් &c. කළෝය.

Disfavour, v. අමනාපය පානවා or දක්වනවා, එකඟ නැති බව පෙන්ව[illegible], දූර්මුඛ වෙනවා.

Disfiguration, Disfigurement, n. හැඩය නරක්කිරීම &c.; අවලක්ෂණවීම &c., ජරාප්‍රේතවීම; (ඇමුණුණු) අරූපකම, විරූපකම, අජීවකම.

Disfigure, v. හැඩය or පෙනීම නරක්කරනවා, අවලක්ෂණ කරනවා, විරූප කරනවා, අජීව කරනවා.

Disfigured, pp. or a. පෙනීම නරක්කරන ලද &c., හැඩය නරක්වූ, විරූපවූ, ජරා ප්‍රේතවූ.

Disfranchise, v. වැසියාගෙන් නාගරිකකමේ බලය ලහකරනවා, ඡන්දය නැතිකරනවා, ඡන්ද බලය නැතිකරනවා, රාජවාසිය බැහැරකරනවා.

Disgorge, v. ගිලගත් දේ නැවත උගුරෙන්—කටින්—පිටකරනවා, වමාරා අරිනවා, වමාරනවා, වමනේ කරනවා, උදගිරනය කරනවා; fig. (අයුතු ලෙස) අත්කරගත් දේ නැවත අනකදමනවා or නැවත දෙනවා.

Disgrace, v. අවනම්බුකරනවා, අවමාන්න කරනවා, ලජ්ජාවට පත්කරනවා, කෙලෙසනවා, අවනම්බුවට-අවමාන්නයට-නින්දාවට-පමුණුවනවා.

Disgrace, n. අවනම්බුව, අගෞරවය, අපකීර්තිය. නින්දාව, ලජ්ජාව, බාහිරව, කුලය.

Disgraced, pp. or a. අවනම්බු කරනලද &c., අගෞරවයට පත්වූ.

Disgraceful, a. අවනම්බුව &c. පමුණුවන්නාවූ, නින්දා සහිත, නින්දිත, කැත, නීච.

Disgracefully, ad. අවමානී ලෙස, නින්දිතලෙස.

Disguise, v. වෙස් මාරුකරනවා, වෙස් පෙරළනවා, වෙස්වළාගන්නවා, පෙනීම වෙනස්කරනවා, රැවටිලි කරනවා, ඇත්ත or අදහස හංගනවා.

Disguise, n. බොරුවේශය, අපදේශය, බොරුඋපාය, ව්‍යාජය, ඡද්මය, ව්‍යාජෝක්තිය.

Disguised, pp. or a. වෙස්මාරුවූ &c., ඡද්මවේශ ඇති තාවූ, අප්‍රකට, ව්‍යාජෝක්ත (අදහස් &c.).

Disguising, n. වෙස් මාරුකිරීම &c.; කෝලම, කෝලම්කිරීම.

Disgust, n. (රස ගැන) අප්‍රියාව, අරුචි සිනීම, අරුචිය; (කැතකම or නුසුදුසු ක්‍රියා නිසා) පිළිකුල් සිනීම, පිළිකුල; බීභත්සය, ජුගුප්සාව.

Disgust, v අප්‍රියාව උපදවනවා. පිළිකුල් සිතක්ව සලස්වනවා

This food disgusts me මේ කෑමට මට අප්‍රියාවක් ඇතිවෙනවා or මේ කෑම මට ඉතාමත්ම අරුචිය or පිළිකුල්ය.

I am disgusted with his pride ඔහුගේ ආඩම්බර කමට මම ඉතාමත්ම අප්‍රියවෙමි or ඔහුගේ ආඩම්බරකම මට කැතයි.

Disgusting, a. අප්‍රියාව උපදවන, පිළිකුල් උපදවන, අරුචිදායක; අශික්ෂිත.

Disgustingly, ad. අරුචි ආකාරයෙන්, අශික්ෂිතලෙස.

Dish, n. තැටිය, දීසිය, තලිය, මණ්ඩය, පලංගානය; (තලියේ දමන) කෑම ජාතිය.

Dish v. (මේසයට ගෙනයන පිණිස) කෑම තැටියක or තලියේ දමනවා; vul. රවටනවා.

Dishabille, n. නිකම් ගෙදර ඇඳුම, උදේ ගෙදරඳින ඇඳුම.

Dish-cloth, n. පිඟන් සෝදන රෙදිකඩ. [rage.

Dishearten, v. හිත මලානික කරනවා. See Discou-

Dishevel, v. ඉසකේ ලිහාඅරිනවා, අවුල්වෙන්ට අරිනවා, නොපිරා අරිනවා.

Dishevelled, a. ලිහා ඇරියාවූ or වැටුණාවූ or නොපිරාපු or අවුල්වූ (ඉසකේ), ප්‍රකීර්ණ (කේශ).

Dishful, n. තැටියක ප්‍රමාණය: a dishful of potatoes බතල තැටියක්.

Dishonest, a. වංක, සෘජු නොවන, වඤ්චාකාර, ප්‍රයෝග, හොර, තක්කඩි, චෞර, වක්‍රගාමී.

Dishonestly, ad. වංකලෙස, වඤ්චාකාරලෙස &c.

Dishonesty, n. වංකකම, වඤ්චාකාරකම, ප්‍රයෝගකම; act of වඤ්චාව, ප්‍රයෝගය, හොරකම, තිකාතිය.

Dishonour, n. අවනම්බුව, අගෞරවය, නින්දාව, අසම්මානය, අවමාන්නය, අපමානය.

Dishonour, v. අවනම්බු කරනවා, අවමන් කරනවා, නින්දාකරනවා, බාහිරකරනවා, අගෞරවකරනවා, අවමාන්නකරනවා, පරිභව කරනවා, කෙලෙසනවා; violate දූෂ්‍යකරනවා, (මුදල් පත්‍රයකට නොගෙවා) ප්‍රතික්ෂේපකරනවා.

Dishonourable, a. අවනම්බුවූ, අවමාන්‍ය, නම්බුකාර ලෙස නොහැසිරෙන, නිගුහ කටයුතු, නොවැදගත්. අධාර්මික, නින්දිත, අවිශ්වාස.

Dishonourableness, n. අවනම්බුකාරකම, අවමාන්‍යතාව, නින්දිතකම.

Dishonourably, ad. අවනම්බු ලෙස, අවමාන්‍ය ලෙස, අවිශ්වාසලෙස.

Dishonoured, pp. *or* a. අවනම්බුකරනලද &c., කෙලෙසුණ. පරිභවිත; දූෂිත; ප්‍රතික්ෂිප්ත (මුදල් පත්‍රය)..

Dish-water, n. පිඟන් ආදිය සේදූ වතුර; එවැනි අරුචි පානය. .

Disillusionize, v. මුළාව දුරුකරනවා *or* පහකරනවා.

Disinclination, n. අකමැත්ත, අමනාපය, ළැදිනැතිකම.

Disincline, v. කැමැත්ත පහකරනවා, අමනාප කරනවා, අකමැතිකරවනවා, අප්‍රියකරවනවා.

Disinclined, be, v. (යමක් කිරීමට) අකමැතිව-අප්‍රියව-අප්‍රසන්නව-සිටිනවා; S. adj. අකමැති &c., ළැදිනැති.

Disincorporate, v. සමාගමක බලය අවලංගුකරනවා, සමාගමක් වියෝග කරනවා.

Disinfect, v. (යම්තැනකින්) වසංගතය *or* රෝග විෂ පහකරනවා, විෂඇර පවිත්‍රකරනවා, ලෙඩ බෝවීම වලක්වනවා; disinfect the whole house මුළු ගෙයි හුණු ගා &c. විෂ අරිනවා.

Disinfectant, n. වසංගත බෝනොවෙන ලෙස විෂ මරන බෙහෙත *or* වෙන ද්‍රව්‍යයක්, විෂහරණය.

Disingenuous, a. ඇත්තේ හැටියටම නොකරන, අවංකකමින්ම නොහැසිරෙන, මදක් වංචාකාරවූ. කපට.

Disingenuously, ad මදක් අනෘජුලෙස, කපට ලෙස, අප්‍රකට උපා ඇතුව, අනිසි රහස්කමින්. [කම.

Disingenuousness, n. අනෘජුතාව, අසුතුකම, වංක

Disinherit, v. ප්‍රවේණියෙන් අහක්කරනවා, උරුමය නොදී අරිනවා, අහිමිකරනවා.

Disinherited, pp. *or* a. උරුමක්කාරකමින් අහක්කරනලද *or* පහවූ.

Disintegrate, v. ජම්ම කොටඨාස වෙන්කරනවා, වියෝගකරනවා, විශ්ලිෂ්ට කරනවා, කොටස්වලට වෙන්වෙනවා, ලිහියනවා, බිඳියනවා.

Disintegration, n. ජම්ම කොටඨාසවලට වෙන්වීම *or* කැඩීයාම, කඩාවැටීම, වියෝගවීම, වියෝගය.

Disinter, v. (මැළවූ දේ) ගොඩලනවා *or* ගොඩගන්නවා, ඕමෙන් හාරගන්නවා; fig. ගුප්ත-රහස්-දේ එළියට ගෙනෙනවා.

Disinterested, a. ආත්මාර්ථය නොසලකන්නාවූ, අනාත්මාධීන, අනාත්මාර්ථ, අවිපක්ෂ, අපක්ෂවූ, අපක්ෂපාත, උපේක්ෂාසහගත, අගති විරහිත.

Disinterestedness, n. නිර්මමත්වය, අනාත්මාධීනතාව, අනාත්මාර්ථතාව, අනභිසන්ධානය, අවිපක්ෂතාව, අගති රහිතකම, අපක්ෂපාතකම.

Disinthral, v. වහල්කමින්-පීඩාවෙන්-මුදනවා, නිදහස් කරනවා.

Disjecta membra, n. pl. L. විසිරී තිබෙන අවයව *or* කොටඨාස, භින්නාවිත් ගාත්‍ර.

Disjection, n. හෙළාදැමීම, විසිරවීම..

Disjoin, v. වෙන්කරනවා, අසම්බන්ධකරනවා, වියෝගකරනවා, බෙදනවා, අසංලග්න කරනවා.. වෙන්වෙනවා &c.

Disjoint, v. ගාත්‍රා කපා වෙන්කරනවා, සන්ධි ගලවනවා, පුරුක් ගලවනවා, අවසන්ධිකරනවා, ගලවා අහක්කරනවා, අවුල්කරනවා.

Disjointed, pp. *or* a. ගාත්‍රා වශයෙන් වෙන්කරපු, වෙන්වූ, සන්ධි ගැලවී තිබෙන, පුරුක් ගැලුණ, අපසන්ධි, විසන්ධි, ගැලපීමක් නැති, අසටමාන.

Disjunct, Disjoined, a. අසම්බන්ධ, වෙන්වූ, අසංයුක්ත, වියෝජිත, අසංලග්න.

Disjunction, n. අසම්බන්ධකිරීම &c., see Disjoin; අසම්බන්ධය, වියෝගය. අසංයෝගය.

Disjunctive, a. අසම්බන්ධ කරන, වියෝග කරන, වෙන්කරන, විශ්ලේෂක, වියෝග.

Disjunctive, n. (නුමුත්, එහෙත්, යනු වැනි) වියෝග වාචකය.

Disk, n. (වටකුරු තහඩුවක් බඳු) මණ්ඩලය, බිම්බය; disk of the sun සූර්යමණ්ඩලය, රවිමණ්ඩලය. රිවිමඬල; watch disk හෝරා-යන්ත්‍ර මණ්ඩලය. ඔර්ලෝසු මඬල.

Dislike, v. (යමකට) අප්‍රියව සිටිනවා *or* අප්‍රිය කරනවා, අරුචිකරනවා, අප්‍රසන්න වෙනවා, අකැමති වෙනවා.

Dislike, n. අප්‍රියාව, අප්‍රියකම, අප්‍රසන්නය.

Dislocate, v. අවසන්ධිකරනවා, සන්ධි පෙරළනවා.

Dislocated, become, v. අවසන්ධි වෙනවා, සන්ධි ඉලිලෙනවා, සන්ධි පෙරළෙනවා; උළුක්කුවෙනවා.

Dislocation, n. අවසන්ධිකිරීම &c., අවුසන්ධිවීම &c ; in geol. ගල් තට්ටු-ගල්-ආදිය මුල් තැනින් තුරන්වීම.

Dislodge, v. (පිහිටා තිබෙන-සිටින-තැනින්) ගළවනවා, ඉවත්කරනවා, පැහැරකරනවා, ඇරදමනවා, පහකරනවා.

Dislodgement, n. පිහිටාපු තැනින් අහක්කිරීම &c., (අල්ලාගන සිටින ස්ථානයෙන්) ඉවත්කිරීම *or* පන්වා දැමීම.

Disloyal, a. රාජපාක්ෂික නොවූ, රාජ ද්‍රෝහී, ද්‍රෝහී, අපක්ෂපාත. [සලෙස.

Disloyally, ad. රාජද්‍රෝහිලෙස, ද්‍රෝහිලෙස, අවිශ්වා

Disloyalty, n. රාජද්‍රෝහීකම, ද්‍රෝහීකම, විපක්ෂකම.

Dismal, a. අඳුරු, කාන්සාවූ, නළංගු, දුඃඛිත බෙදජනක. [විලාපයෙන්.

Dismally, n. ad. කාන්සා ලෙස, නළංගුවෙන්, දුක්

Dismantle, v. ඇඳුම් *or* සැරසිලි වැනිදේ ඉවත් කරනවා, බලකොටුවක පවුරු-කාලතුවක්කු-යනාදිය පහකරනවා; නැවක කඹ-කූඹ, පුක්කානම යනාදිය පහකරනවා *or* බානවා; වනසනවා.

Dismast, v. නැවෙන් කූඹ අහක්කරනවා.

Dismasted, a. කූඹ අහක්කරනලද, කූඹ කැඩීගිය, කූඹ පහවූ, (නැව).

Dismay, n. දෞර්මනස්‍යය, දොම්නස, චිත්ත පීඩාව, භීතිය, භයපත්කම, හිත් වණ්දවලය, කැළඹීම, ත්‍රාසය.

Dismember, v. ශරීරය ගාත්‍රාකොට කපනවා, ගාත්‍රා කපා වෙන්කරනවා, ගාත්‍රා සිඳිනවා, අවයව වෙන් කරනවා, මුළු එක කෑලිකරනවා.

Dismembered, pp. *or* a. ගාත්‍රා වෙන්කරනලද, ගාත්‍රා වියෝජිත, විසන්ධි.

Dismemberment, n. ගාත්‍රා කපාදැමීම &c., කෑබලි කිරීම, ප්‍රතිච්ඡේදනය, විච්ඡේදනය.

Dismiss, v. (පණිවිඩකාරයෙක්) අරිනවා, යන්ට අරිනවා, (හිතෙන් කාරණ, දුක, යනාදිය) පහකරනවා, පැහැර අරිනවා, මැඩෙත් පහකරනවා, අස්කරනවා, ඉවත ලනවා,

Dismissal, Dismission, n. ඇරීම &c.; අහක්කිරීමේ—අහක්වීමේ—පත්‍රය; (එක තැනකින් වෙනතැනකට යමෙකු) මාරුකිරීමේ පත්‍රය.

Dismount, v. i. (රථ වාහනයෙන්) බහිනවා, බසිනවා.

Dismount, v. t. (ආරූඪකර තිබෙන-ආරූඪව සිටින-තැතින්) බස්වනවා, බානවා, පෙරළා දමනවා, කඩා දමනවා.

Dismounted, pret. pp. *or* a. බැස්සා, බැස්සෙව්වා &c.; බැස, බස්වා &c.; බස්වනලද, පෙරළා දැමූ.

Disobedience, n. අකීකරුවීම, අකීකරුකම, කීකරු නැතිකම, අණ කඩකිරීම, ආඥා උල්ලංඝනය, ආඥා භංගය.

Disobedient, a. අකීකරු, කීකරු නැති, කීකරු නොවන, ආඥා භඞ්ගකර.

Disobey, v. අකීකරුවෙනවා, අකීකරුකම කරනවා. අණ කඩකරනවා, මරුප්පුකරනවා.

Disoblige, v. (අනුපකාරයෙන්, යමෙකුගේ කැමැත්ත නොසැලකීමෙන්) අප්‍රසන්නකරනවා, සතුටුනොකර අරිනවා.

Disobliging, a. (උපකාර නොකිරීමෙන් යමෙකු) අසතුටුකරන, අනුපකාරවූ.

Disorder, n. පිළිවෙළ නැතිකම, අවුල්කම, ව්‍යාකූලය, ක්‍රමභඞ්ගය, වියවුල, කැළඹීම, පෙරළිය, රෝගය, ආබාධය, ලෙඩේ.

Disorder, v. පිළිවෙළ අවුල් කරනවා, ව්‍යාකූලකරනවා; අසනීප *or* ලෙඩ අටගන්නවා; සිහිය වික්ෂිප්ත කරනවා. [ලත්වය.

Disorderliness, n. පිළිවෙළක් නැතිකම, අවුල, ව්‍යාකූ

Disorderly, a. පිළිවෙළක් නැති, අවුල්වූ, ව්‍යාකූල; නියම ක්‍රමය කඩකරන, අශිෂ්ට.

Disorderly, ad. පිළිවෙළක් නැතුව, අවුල් ලෙස, නියම ක්‍රමයට විරුද්ධව, සංකීර්ණලෙස.

Disorganization, n. කොටඨාස වෙන්කිරීම &c; කොටඨාස *or* ධාතු වෙන්වීතිබෙන සවභාවය, වියෝජිතත්වය, අසංයුක්තතාව, පිළිවෙළ නැතිකම, ව්‍යාකූලය.

Disorganize, v. (ශරීරයක *or* සභාවක) කොටඨාස වෙන්කරනවා *or* වියෝගකරනවා, අසංයුක්ත කරනවා, මුළු එකේ ධාතු වෙන්කරනවා, ව්‍යාකූල කරනවා.

Disorganized, pp. *or* a. ධාතු වෙන්කරනලද &c. වියෝජිත, අසංයුක්ත, ව්‍යාකූලවූ.

Disown, v. තමාට අයිති නැතැයි කියනවා, අයිතිවාසිකම එ ාකරනවා, (එසේයයි පිළිනොගෙන) එපාකරනවා; නැත කියනවා.

Disowned, pp. *or* a. අයිතිනැතැයි එපාකරනලද &c.; අභිමිකරන ලද, ප්‍රතික්ෂිප්ත, (දරුවා &c.).

Disparage, v. අගේ අඩුකරනවා, වටිනාකම *or* උතුම්කම පුළුකරනවා; හෙළාදකිනවා, අවඥා කරනවා, අවනම්බුකරනවා, පරිභවකරනවා, තුච්ඡකරනවා; one's-self කුඩාකම පානවා.

Disparagement, n. අගය අඩුකොට සිතීම &c., පරිභවය, ප්‍රංශීකමක්.

Disparaging, p. *or* a. අගේ අඩුකොට සිතමින් &c.; අගේ අඩුකොට සිතන &c., අවඥාකර.

Disparagingly, ad. පුළුකරනලෙස, තුච්ඡකරනලෙස; විනිඳනලෙස, අවඥාලෙස, පරිභාවුකලෙස.

Disparity, n. අසමකම, අසමානකම, වෙනස, අතුල්‍යතාව, විෂමතාව.

Dispart, v. වෙන්වෙනවා, බෙදෙනවා, ප්‍රභින්න වෙනවා; වෙන්කරනවා, බෙදනවා, ප්‍රභින්නකරනවා.

Dispassionate, a. නිශ්චල, ශාන්ත, අරෝෂ; අපක්ෂ, පක්ෂපාත නොවූ, අගති විරහිත.

Dispassionately, ad. නිශ්චලලෙස &c.

Dispatch, n. *or* v. See Despatch.

Dispel; v. පහකරනවා, දුරුකරනවා, විසුරුවා දමනවා, දුරීභූතකරනවා, විනාශ කරනවා.

Dispensable, a. බෙදාදියහැකිවූ, නියමකරදිය හැකිවූ.

Dispensary, n. බෙහෙත් මිශ්‍රකර දෙන ස්ථානය, බෙහෙත් ශාලාව, බෙහෙත් සාප්පුව, ඖෂධාගාරය, ඔසු මැඳුර, ඖෂධාලය.

Dispensation, n. කෑම &c., බෙදාදීම, ප්‍රකාශිය &c., නියමකිරීම; see verb.; කාරණ හැසිරවීම, දේව ආණ්ඩුව, දේව ආණ්ඩුවේ විධියක්; දේව නියමයක්; ශාසනය, සමූහ, සස්න:

Jewish dispensation &c. යුදෙව් ශාසනය, එය පැවතුණ කාලය; යුදෙව් යුගය; ක්‍රිස්තියානි ශාසනය, ක්‍රිස්තියානි යුගය.

Exemption යමක්-කටයුත්තක්-නොකිරීමට අවසර දීම; නිදහසක්.

Dispensative, Dispensatory, a. කටයුත්තක්නොකර සිටීමට අවසරදෙයක (පත්‍ර &c.).

Dispensatory, n. බෙහෙත් සාදන්ට උගන්වනපොත, ඖෂධ සාධන ග්‍රන්ථය, චිකිත්සා ග්‍රන්ථය.

Dispense, v. බෙදාදෙනවා, කෑම-ඇඳුම්-දන-යනාදිය බෙදාදෙනවා; dispense justice &c. යුක්තිය—එල විපාක—යනාදිය නියමකර දෙනවා *or* ඉෂ්ටකර දෙනවා; dispense with යමක් නැතුවත්-නොතිබුණත්-ඇරලාත්-කාරණාව ඉෂ්ටකරනවා: as—

I can dispense with the knife පිහිය නැතුවත් මට පුළුවනි *i. e.* කපන්ට *or* කාරණාව කරන්ට පුළුවනි.

I can dispense with your presence තුඹ නොසිටියත් මට පුළුවනි *or* තුඹ නොසිටියාට මට බැරි වෙන්නේ නැත.

I will dispense with your aid තුඹේ උපකාරය නැතුව (කාරණාව) කරන්නෙමි.

Dispensing, p. *or* a. බෙදාදෙමින්, ඉෂ්ටකර දෙමින්; බෙදාදෙන &c,; dispensing with (*in E. after the noun*) යමක් නැතුව කරන, කටයුත්තක් නොකරන්ට අවසර දෙන:

The man dispensing with wine මුද්‍රික පානය නොබී අරින මනුෂ්‍යයා;

The man dispensing with morality සුචරිතය අත්අරින — *or* අත්අරින්ට අවසර දෙන—මනුෂ්‍යයා.

Dispeople, v. ජනයන් නැතිකර රටක් හිස්කරනවා. නිර්ජන කරනවා, ජනශූන්‍ය කරනවා, විජනකරනවා,

Dispermous, a. බීජ දෙකක්ම ඇත්තාවූ; ද්විබීජ, (කෝෂ, පැළ).

Disperse, v. විසුරුවනවා, පතුරුවනවා, දුරීභූත කරනවා, විසිරෙනවා, දුරීභූතවෙනවා.

Dispersed, pp. *or* a. විසුරුවනලද &c., විසිරුණ, දුරීභූත, දුරීකෘත.

Dispersion, n. විසිරවීම &c., දුරීකරණය, විසිරීම &c., දුරිඥතතාව; (ආලෝකයේ) ප්‍රභේදවීම; (බාබෙල් කොටුවෙන් මනුෂ්‍යයන්ගේ) විසිරියාම.

Dispersive, a. විසුරුවා අරින, පහකර අරින, දුරිඥත කරන.

Dispirit, v. හිත මලානික කරරනවා &c. See Discourage.

Displace, v. තිසි-පුරුදු තැනින් අහක්කරනවා, ස්ථානය වෙනස් කරනවා. අවුල් කරනවා, ව්‍යස්ථකරනවා, ස්ථානයෙන් or තනතුරෙන් පහකරනවා.

Displacement, n. නියම තැනින් අහක්කිරීම, තිලයෙන් මාරුකිරීම.

Displant, v. සිටවාපු—වැවෙන—තැනින් උදුරනවා; ජනපදයෙන් ජනයා අහක්කරනවා or නෙරපා දමනවා.

Display, v. විදහා පෙන්වනවා, පානවා, දක්වනවා, පෙන්වනවා, සංදර්ශනය කරනවා, ප්‍රදර්ශනය කරනවා, ප්‍රකාශකරනවා

Display, n. විදහාපෙන්වීම &c., සන්දර්ශනය, ප්‍රදර්ශනය.

Displease, v. අප්‍රසන්න කරනවා, අසන්තෝෂ කරනවා, අමනාපකරනවා, නොසතුටුකරනවා.

Displeased, be, *or* a. අප්‍රසන්න වෙනවා &c , විරෙහි වෙනවා, අප්‍රසන්නවූ, අසන්තෝෂ, අමනාප.

Displeasing, a. අප්‍රසන්නකරන &c., අප්‍රියවූ, අමනෝඥර, අමනෝඥ.

Displeasure, n. අප්‍රසන්නය. අප්‍රසන්නකම, අසන්තෝෂය, අසන්තෝෂකම, අමනාපය.

Disport, v. පොංසෙල්ලනවා. ක්‍රීඩාකරනවා.

Disposal, n. හැසිරවීම, ජායමකිරීම; නියමය, නියම කරන පිළිවෙළ; නියමකිරීමේ බලය; අලෙවිකිරීම.

Dispose, v. යම් යම් අත්දම්වලට-පිළිවෙළකට-තබනවා: හසුරුවනවා; (හිත යම් අතකට හරවනවා *i. e.*) කැමතිකරනවා; dispose of a thing යමක් අලෙවිකරනවා, පේත්දුකරනවා, කම්මුතුවට යම කිසි යමක් කරනවා *or* යමක් යම් කාරණාවකට ගන්නවා *or* නියමකරනවා;

I have disposed of all those things &c. ඒ සියලුදේ ගැන සුදුසු හැටියට කළෙමි, *i.e.* ඒවා විකුණ දැම්මා, අලෙවිකර දුන්නා *or* දී දැම්මා *or* ඒවාසින් වෙන යමක් කළා.

Disposed, be, v. යම් අත්දමකට ලැදිව සිටිනවා, කැමතිව සිටිනවා; disposed of අලෙවි කරනු ලබනවා, අලෙවිවෙනවා.

Disposition, n. තැබීම; යෙදීම, තබා තිබෙන අත්දම *or* පිළිවෙළ, රඟ; සිතේගතිය *or* ස්වභාවය; ලැදිකම, කැමැත්ත,

Dispossess, v භුක්තිවින්දමෙන්-උරුමයෙන්-අයිතිවාසිකමෙන්-අහක්කරනවා, ඉවත් කරනවා, අහිමිකරනවා.

Dispraise, n. දෝෂාරෝපණය, පරිවාදය, අපවාදය, නින්දාව.

Disproof, **Disproval**, n. අසත්‍ය බව ඔප්පුකිරීම, වාක්‍යඛණ්ඩනය, විඛණ්ඩනය.

Disproportion, n. ප්‍රමාණයේ අසමකම, තත්වයේ අසමකම, අසමත්වය, අතුල්‍යතාව.

Disproportion, v. (හැඩයෙන් *or* ප්‍රමාණයෙන්) අසම කරනවා, අතුල්‍යකරනවා.

Disproportional, **Disproportionate**, a අසම, අතුල්‍ය, ප්‍රමාණයෙන් මදිවූ.

Disprovable, a. නැති බව &c., ඔප්පු කළහැක්වූ, විඛණ්ඩිතව්‍ය.

Disprove, v. නැතිබව-අසත්‍ය *or* වැරදි බව-ඔප්පුකරනවා, විඛණ්ඩනය කරනවා.

Disputable, a. අනුමාන, විවාද සහිත, අවිනිශ්චිත, අනිශ්චිත, අරෝකළහැකි, තර්ක්‍ය.

Disputant, n. වාදකාරයා, තාර්කිකයා; a වාදකාර, විවාදකරු.

Disputation, n. විවාදකිරීම &c., see verb; වාදය, විවාදය, වාදප්‍රතිවාදය, විතර්කණය.

Disputatious, a. වාදකාර, විවාදයට ලැදිවූ, විවාදී, වාදශීලී.

Dispute, v .විවාදකරනවා, තර්කකරනවා, විතර්කණය කරනවා; තරඟයට කථාකරනවා, අරෝකරනවා. See Controvert.

Dispute, n. විවාදය, තරඟය. අරෝව. ආරාවුල, හබය, අරගලය, විතණ්ඩිය.

Disputed, pp. *or* a. විවාදකරනලද, විවාද සහිත; අනිශ්චිත.

Disqualification, n. නුසුදුසුකිරීම &c., see verb; අයෝග්‍යකරන හේතුව; යම් කාරණාවකට හරි නොයනභාවය, නුසුදුසුභාවය, අයෝග්‍යතාව, ශක්තියෙන් අපොහොසත්කම.

Disqualify, v. (යම් කාරණාවකට හරිනොයනලෙස) නුසුදුසු කරනවා, අයෝග්‍ය කරනවා, අයෝග්‍ය කොට නියමකරනවා.

Disquiet, v. අශාන්තකරනවා, චලිතකරනවා, කරදර කරනවා, හිරිහැර කරනවා, කරච්චල් කරනවා, කලඹනවා, කුපිතකරනවා.

Disquiet, **Disquietude**, n. අශාන්තිය, ශාන්ති නැතිකම, වික්ෂේපය, හිරිහැරය, කාන්සාව.

Disquisition, n. කාරණ විභාගකරන—*or* විමසන—සංග්‍රහය, විචාරය, විමර්ශය, විචාර රචනාව *or* කථාව.

Disregard, v. නොසලකා—නොතකා—අරිනවා, ගණනකට නොගන්නවා, අස්ාමකනවා, අකාමකා අරිනවා, සුළුකරනවා

Disregard, n. නොසලකාඇරීම ,සුළුකිරීම, නොසැලකිලිකම, නොතැකීම, අනාදරය, අවඥව.

Disregardful, a. නොසැලකිලි, නොසලකා අරින.

Disrelish, n. (රස ගැන) අප්‍රියාව; fig. අප්‍රියකම.

Disrelish, v. අරුචිකරනවා, අප්‍රියකරනවා, අප්‍රිය සිතනවා.

Disrepair, n. කඩාවැටුණු—හරිගස්සා නැති—භාවය, ජරාවාස භාවය.

Disreputable, a. අවනම්බුවූ, අවකල්ක්‍රියා ඇත්තාවූ. අවමානිත, නින්දිත.

Disreputably, ad. අවමාන්‍යලෙස, අවකල්ක්‍රියාවෙන්, නින්දිය ලෙස..

Disrepute, n. අවමාන්නය, අපකීර්තිය, අයස, නින්දාව.

Disrespect, n. (උතුම්කොට) නොසලකා—නොතකා—ඇරීම; අනාදරය, පරිභවය; treat with disrespect අවනම්බුකරනවා, පරිභවකරනවා, හෙළාදකිනවා, අගරු *or* නිගරුකරනවා.

Disrespectful, a. අනුන් නොසලකා—නිසි නම්බුනොදී—හැසිරෙන, අනාචාර, අගරු.

Disrespectfully, ad. අනාචාරලෙස, අගරුලෙස, ගරුසරු නැතුව.

Disrobe, v. සළුව අරිනවා, වස්ත්‍ර ගළවනවා, වස්ත්‍රාපහරණය කරනවා; B. P. සිවුරු අරිනවා, සිවුරු අරවනවා.

We disrobed him අපි ඔහුගේ වස්ත්‍ර—පොරවනාව ගැලෙව්වෙමු.

Disrupt, v. කැඩී යනවා භේදවෙනවා.

Disruption, n, කැඩීම, පිපිරීම, දෙදරීම, විදාරණය, භේදවීම, භේදය.

Dissatisfaction, n. අසතුටුකම, නොසතුට, සතුටු නැති භාවය; අප්‍රසන්නකම, විප්‍රියය. [විප්‍රිය.

Dissatisfied, a. අසතුටු, සතුටු නොවන; අප්‍රසන්න,

Dissect, v. ගාත්‍රා-කොටස්‍ය-කපා වෙන්කරනවා; (මෘතකාය or පැළ) ව්‍යවච්ඡේද කරනවා; ශරීරය කපා බලනවා; (කාරණාවක් කොටස් වශයෙන්) වෙන්කර බලනවා.

Dissected, pp or a. කොටස් වශයෙන් කපා වෙන් කරනලද &c.; ප්‍රභේදලෙස විභාගකරනලද.

Dissection, n. කපා වෙන්කිරීම &c.; ව්‍යවච්ඡේදය. See Anatomy.

Disseize, v. භුක්තියෙන් අයුක්ති ලෙස අහක්කර නවා, අනවුලෙස ඉවත්කරනවා.

Dissemble, v. ඇත්ත or අදහස වංචාවෙන් සඟව නවා, කපටිකම්කරනවා, රැවටිලිකරනවා, බොරු ස්වභාවක් ගන්නාව, කුහකකමින්—ව්‍යාජයෙන්—හැසිරෙනවා.

Dissembler, n. ඇත්ත වංචාලෙස සඟවන්නා, ව්‍යාජ යෙන් හැසිරෙන්නා, වංචනිකයා.

Disseminate, v. පතුරුවනවා, පතළකරනවා, ව්‍යාප්ත කරනවා, ප්‍රචාරයකරනවා, ප්‍රචලිත කරනවා, විසුරු වනවා, විසිකිරීකරනවා.

Disseminated, pp. or a. පතුරුවනලද &c.; පතළාවූ.

Dissemination, n. පැතිරවීම, පතළකිරීම &c.

Dissension, n. කල්පනාවෙන් එකඟනැතිකම, අසම්ම තිය, විමතිය; භේදවීම, භේදය, විරුද්ධකම, අරෝව, ආරාවුල, දබරය, කලහය.

Dissent, v. එකමුතුනොවී සිටිනවා, එකඟනොවී සිටි නවා, එකඟ නොවෙනවා, භේදවෙනවා, වෙනස් වෙනවා, විරුද්ධවෙනවා. [තිය.

Dissent, n. එකමුතුනොවී සිටීම &c., අසම්මතිය, විම

Dissenter n. වෙනස් ලෙස කල්පනා කරන්නා, එක මුතු නොවී සිටින්නා; (එංගලන්ත සභාවෙන් &c.) වෙන්වෙන-වෙන්ව සිටින-අය.

Dissentient, Dissenting, a. එකමුතු නැති, එකමුතු නොවී සිටින &c., අසම්මත, විමත.

Dissertation, n. විස්තර කථාවක්, කාරණාවක් විස දන දෙශනාවක්; විස්තර සංග්‍රහය, විවරණය.

Disservice, n. අවැඩය, අලාභය, අප්‍රයෝජනය, අන ර්ථය, අපකාරය, අනාදරය.

Dissever, v. වෙන්කරනවා, අසම්බන්ධකරනවා.

Dissident, a. එකඟ නොවෙන, වෙනස්වී යන.

Dissilient, a. පැළෙන, පිපිරී යන, විවෘත වෙන, (කරල්).

Dissimilar, a. අසමාන, එකිනෙකට වෙනස්වූ, විස දෘශ, සදෘශ නොවන, නොයෙක් ආකාරවූ.

Dissimilarity, n. අසමානකම, අසමානත්වය, අසම තාව, අසාදෘශ්‍යය.

Dissimulation, n. බොරු වේසයකින් හැසිරීම, ව්‍යා ජෝක්තිය, කුහකකම, කපටිකම, වංචාව, රැව ටිල්ල, ආකාර ගුප්තිය.

Dissipate, v. (වලාකුල්—සාංකා—දුක-යනාදිය) දුරු කරනවා, පහකරනවා, දුරීභූතකරනවා; වස්තුනැති කරගන්නවා, වියදම් කරනවා; නාස්තිකරනවා, දුරු වෙනවා &c.,

Dissipated, pp. or a. දුරුකරනලද &c., දුරුවුණාවූ, දුරීභූත නැතිකරගත්තාවූ, ව්‍යයීකෘත, නිෂ්ඵල වියදමට ලැදිවූ; පඤ්චකාමයහි ලොල්වූ, සැප සෙල්ල මෙහි ඇළුණු, කාමුක, දුරාචාර, දුශ්ශීල.

Dissipation, n. දුරුකිරීම &c., දුරීකරණය, සැප සෙල්ලමෙහි පසුවීම, පඤ්චකාමයට ඇලුම්වූ ස්ව භාව.

Dissociate, v. අසම්බන්ධ කරනවා, වෙන්කරනවා, අසංගතකරනවා, වියෝගකරනවා.

Dissoluble, Dissolvable, a. උණු-දිය-කළහැකිවූ, අව ලංගු කළහැකි.

Dissolute, a. අනාචාර, අවකල්ක්‍රියා ඇත්තාවූ, කාමුක, සල්ලාල, ධූර්ත. [ලෙස.

Dissolutely, ad. අනාචාර ලෙස, දුශ්චරිත ලෙස, ධූර්ත

Dissoluteness, n. අනාචරය, දුශ්චරිතය, සල්ලාල කම, ධූර්තාව.

Dissolution, n. උණුකිරීම &c., see verb, වියෝගය, ධාතු වියෝගය; of death අපවත්වීම, මරණය.

Dissolve, v. t. melt උණුකරනවා, මකනවා, දියකර නවා; decay දිරවනවා, වියෝග කරනවා; fig. බිඳි නවා, ලිහනවා, විසුරුවා අරිනවා, අසම්බන්ධ කර නවා, වෙන්කරනවා; අවලංගුකරනවා.

Dissolve, v. i. උණුවෙනවා &c.; දිරනවා, වියෝග වෙනවා; බිඳෙනවා &c.

Dissolved, pp. or a. උණුකරන ලද &c., අසම්බන්ධවූ, වියෝජිත, අවලංගුවූ.

Dissolvent, a. (ද්‍රව්‍ය) උණුකරවන්නාවූ, දියකරවන් නාවූ or දිරන්නාවූ, වියෝග කරන, (රසායන or වෙනයම් බලයක්).

Dissonance, n. විරෝධ ශබ්දයක්, ශබ්දවල පරස්පර විරෝධය, [illegible] fig. එකඟ නැතිකම.

Dissonant, a. ශබ්දයෙන් එකඟ නො &c.; [illegible] [illegible]වන, ස්වරයෙන් විරුද්ධවූ, විස්වර, අප්‍රිය; fig. අසම, භේද.

Dissuade, v. යමක් නොකිරීමට කැමති කරවනවා, නොකරනලෙස අවවාදකරනවා or හිත හරවනවා, කරුණු කියා වලක්වනවා.

Dissuasion, n. නොකරන ලෙස කැමතිකරවීම &c.

Dissuasive, n. වැලැක්වීමට කරන අවවාදය, නොක රන ලෙස හිත හරවන කාරණාව.

Dissyllabic, a. මාත්‍රා දෙකකින් යුත්, ද්විස්වර.

Dissyllable, n. ද්විස්වරවාචකය. (Gar-den, මින්-න, ය-මක්, හි-ත, යනාදි ද්විස්වර or කොටස් දෙකක් ඇති වචන මෙන්).

Distaff ඉද්ද, තර්කුවාය, සූත්‍රලාව.

Distance, n. දුර, ඈත, ඈත්කම, දුරස්ථකම, පරත රය, දුරතාව; interval අන්තරය; at a distance, in the distance දුරින්, තරමක් දුරින්, දුරදී; thus far මෙතැනට හරිය, මේ හරිය; at this distance of time මෙපමණ කලකට පසු; keep your distance උඹ තම ඈතින් සිටපන්

Distance, v. දුරකරනවා, දුරට පසුකර යනවා, බොහෝ දුරට ඉස්සරවෙනවා.

Distant, a. දුර, ඈත, ඈත්වූ, එපිට, දුරස්ථ, දුරුක තර දුරස්ථ, දුරීභූත; fig. අමිත්‍ර; distant and near–ancient and modern–ඈත මෑත, පුරාණ අභිනව, (කාල).

Distantly, ad. දුරින්; අමිත්‍රලෙස; කිට්ටුවන්න නැති ලෙස; distantly related දුර නෑකමක් ඇතුව සිටි නවා.

Distaste, n. (කෑම ගැන) අප්‍රියාව, අරුචිය; fig. අප්‍රි යාව, අප්‍රියකම.

Distasteful, a. අප්‍රියාව උපදවන්නාවූ, අරුචි; අමිහිරි, අමධුර, අප්‍රිය.

Distemper, n. ලෙඩ, රෝගය, මෘගලෙඩ, වසංගතය; බිත්තියේ ගාන සායම් වර්ගයක්.

Distempered, a. ලෙඩවූ, ව්‍යාධි ඇත්තාවූ; අශාන්ත, දුශ්ශාන්ත.

Distend, v. පුප්පවනවා; (ඉදිමීමෙන් සේ) ලොකු කර නවා, පළල්කරනවා, ඉදිමෙනවා

Distended, pp. *or* a. පුප්පවන ලද &c., ඉදිමී—පිපී-- තිබෙන; විසකලිත.

Distension, n. පිප්පවීම, ඉදිමීම, පිපීම, විසකලිතතාව

Distich, n. දෙපද කවියක්.

Distil, v. වාහිනවා, වෑහෙනවා, වෑස්සෙනවා; (spirit &c.) උණුසුකරනවා, පෙරනවා.

Distillation, n. වෑහීම, වෑස්සීම, උණුකිරීම, පෙරීම, මද්‍යෝත්පාදනය, වෑස්සීවැටෙන ද්‍රව්‍ය; පෙරාගත්ත ද්‍රව්‍ය [භාරකයා.

Distiller, n. මේරය උණුකරන්නා, පෙරන්නා, මණ්ඩ

Distillery, n. මද්‍යසාරය උණුකරන ස්ථානය, අරක්කු පෙරන මඩුව, කල්දේරම් මඩුව, ඉස්කාගාරය.

Distinct, a. බෙරුම්වූ, ප්‍රභේදවූ, වෙනම, වෙනස්වූ, විශේෂ, විශිෂ්ට, පැහැදිලි, ප්‍රත්‍යක්ෂ.

Distinction, n. ප්‍රභේදය, වෙනස, විශේෂ ලක්ෂණය; (සාමාන්‍ය තරමට වඩා) උසස්කම, තාන්තමාන්ත.

Distinctive, Distinguishing, a. ප්‍රභේදකරන, වෙනස පෙන්වන; විශේෂ, විශේෂක. [ලෙස.

Distinctly, ad. ප්‍රභේදලෙස, පැහැදිලිලෙස, ප්‍රත්‍යක්ෂ

Distinctness, n. ප්‍රභේදතාව, භින්නතාව, විශේෂත්වය, වෙනස්භාවය, පැහැදිලිකම, ප්‍රත්‍යක්ෂකම.

Distinguish, v. වෙනස දැනගන්නවා *or* දැනෙනවා, බෙරනවා, ප්‍රභේදකරනවා; (සාමාන්‍ය තරමට වඩා) උසස්කරනවා, උතුම් කමට පමුණුවනවා, විශේෂ කරනවා, one's-self (උතුම් දේ කිරීමෙන්) උතුම් කමට පැමිණෙනවා *or* (නපුරට නුවූත්) වෙනස්ව පෙනෙනවා.

Distinguished, a. (අන්‍යයන්ට වඩා) උතුම්වූ, උත්තරීතර, කීර්තිමත්; විශිෂ්ට, විශේෂිත.

Distinguished by, be, v. (විශේෂ ලෙස යමකින්) සංලක්ෂිතව–උපලක්ෂිතව–සමුපලක්ෂිතව–සිටිනවා; S. adj. සංලක්ෂිත &c.

Distort, v. (anything straight) ඇද කරනවා, වකුටු කරනවා; (form) විරූපකරනවා, විකෘතිකරනවා; (meaning) පෙරළනවා.

Distorted, pp. *or* a. ඇදකරනලද &c., ඇදවූ, වකුටු; පෙරළුණු, විරූප, විකෘත, විකෘතාකාර.

Distortion, n. ඇදකිරීම &c.; ඇදකම, වකුටුකම, වක්‍රතාව, ඇදකුදය; විරූපකම, විකෘතිය.

Distract, v. (හිත, කල්පනාව, යොමුකරන්ට යොදී වෙන අතකට) අහකට ඇදගන්නවා *or* හරවනවා, විකම්පණය කරනවා; හිත වියවුල් කරනවා, ව්‍යාකූල කරනවා, කරදරකරනවා, වික්ෂෙපකරනවා, උමතු කරනවා, වල්මත්කරනවා.

Distracted, pp. *or* a. අහකට ඇදගත්ත ලද &c., සිකල්, කසිගොනුවූ, වික්ෂිප්ත, විකාර, ආකූල, උන් මත්ත, විකෘෂ්ට. [ලෙස.

Distractedly, ad. වියරුලෙස, වල්මත්ලෙස, උන්මාද

Distracting, p. *or* a. (හිත &c.) අහකට ඇදගනිමින් &c., වියවුල් කරන, වල්මත් කරන, සිකල් කරන, විකම්පණ.

Distraction, n. (හිත &c.) අහකට ඇදගැනීම &c., විකම්පණය, වියවුල්කම, ව්‍යාකූලත්වය; විකලත්වය, විකාරය, වික්ෂිප්තතාව.

Distrain, v. (ණය *or* දඩ නිසා) බඩු තහනම් කරනවා, බඩු අල්ලාගන්නවා.

Distress, n. දුක, දුක්ඛිතකම, අමාරුව, අසක්කුව, අපදාව, විපත, විපත්තිය, ව්‍යසනය, දුගීබව; ශෝකය; පීඩාව, පරිතාපය, බලවත් වේදනාව; ආදීනවය, අනතුරුව, උපද්‍රවය.

Distress, v. තද දුක්ඛිතකමට—තද අමාරුවට—පමුණුවනවා, දුක් දෙනවා, වේදනාකරනවා; සැරලෙස හිරිහැරකරනවා, දුකින් පෙළනවා.

Disrressed, pp. *or* a. දුක්ඛිත, තද දුක-අමාරුව-හිරිහැර විඳින, දුකින් පෙළෙන, මැඩෙන, බෙදිත, පීඩිත, දීන, ශෝකාතුර, ශෝකාකූල.

Distressing, a. තද දුක්ඛිතකමට පමුණුවන &c., බෙදජනක, දුක්ඛදායක. [හැකි.

Distributable, a. බෙදදිය හැකි, වගීවලට බෙදිය

Distribute, v. බෙදනවා, බෙදාදෙනවා, (දන්) දෙනවා, සංවිභාගකරනවා, කොටස්කරනවා; වගීවලට බෙදනවා; (අච්චු අකුරු) බේරා තබනවා.

Distributed, pp. *or* a. බෙදා දෙන ලද, බෙදා තිබෙන, බෙදූ &c.; in logic ව්‍යාප්ත.

Distribution, n. බෙදීම, බෙදාදීම &c.; කොටස්භාග වශයෙන් නියම කිරීම; (ලක්ෂණ) ප්‍රභේදකිරීම.

Distributive, a. එකිනෙකට වෙන් වශයෙන් නියම කරන්නාවූ; වගීවලට බෙදන්නාවූ, ප්‍රභේදකරන්නාවූ.

Distributive, n. in gram. (each, every, either, එක එක, යන ඒවාමෙන් ප්‍රභේදකරන) ප්‍රභේදවාචකය.

Distributively, ad. එකිනෙක බැගින්, එකක් පාසා එකක්, තනි ලෙස, අසංගතාකාරයෙන්; ප්‍රභේද ලෙස.

District, n. පලාත, දිශාව, දිශානතය, දිග්භාගය; ප්‍රදේශය, පෙදෙස, පියෙස; county කෝරළය; division of a county පත්තුව.

District, a. පලාත්, දිග්භාග, දිශා.

Distrust, v. අවිශ්වාස කරනවා, (යමක් ගැන) සැක කරනවා. [සැකය.

Distrust, n. අවිශ්වාසකිරීම, සැකකිරීම, අවිශ්වාසය,

Distrustful, a. විශ්වාස නොකරන, අවිශ්වාස කරන, සැකකරන, අවිශ්වාසී, සැක භය ඇති.

Distrustfulness, n. අවිශ්වාසකරන ගතිය, සැක භය ඇතිකම.

Disturb, v. සොලවනවා, කලත්තනවා, කළඹනවා, වික්ෂෝභ කරනවා, අවුල් කරනවා, වික්ෂේප කරනවා, චංචලකරනවා, පෙළනවා; (යමෙකුට) කරදර කරනවා *or* ලෙල්ලම් කරනවා, බාධාකරනවා, ආරාවුල් කරනවා.

Disturbance, n. සෙලවීම &c.; චලනය, කම්පාව, චංචලය; කරදරය, ලෙල්ලම, ආරාවුල, කෝලාහලය, කැරැල්ල. [ලාහලවූ.

Disturbed, pp. *or* a. සොලවන ලද &c., චලිත, කෝ

Disturber, n. සොලවන්නා &c., ආරාවුල්කාරයා, සමාදානය කඩකරන්නා.

Disunion, n. වෙන්වීම, වියෝජිත භාවය, අසම්බන්ධකම, විසංයෝගය, අසම්බන්ධනය, එකඟනැතිකම, අසමගිය, භේදය; භේදවීම, විරුද්ධකම.

Disunite, v. වෙන්කරනවා, ලිහනවා, වියෝග කරනවා; අසම්බන්ධ කරනවා, භේදකරනවා, අසමගි කරනවා, වෙන්වෙනවා, ලිහෙනවා &c.

Disunited, pp. *or* a. වෙන්වූ, අසම්බන්ධ, වියෝජිත, අසංගත.

Disusage, n. භාවිතා නොකර ඇරීම &c.; භරාගච්ඡ නැතිවීයාම, අභාවිතයට යාම, යටපත්වීම

Disuse, n. අව්‍යවහාරය, අනභ්‍යාසය &c.; See Disusage & verb.

Disuse, v. භාවිතා නොකර-පාවිච්චි නොකර-ව්‍යවහාර නොකර-අරිනවා, පාවිච්චිකිරීමෙන් වැලකෙනවා, භාවිතාව &c. අත්අරිනවා.

Ditch, n. අගල, පරිඛාව, ඇළිය; v. අගල් කපනවා *or* සාදනවා; අගල්වලින් වටකරනවා.

Ditheism, n. දෙවිවරු දෙන්නෙක් සිටිනවායයි විශ්වාසකිරීම, ද්විදේවදෘෂ්ටිය.

Dithyramb, Dithyrambus, Dithyrambic, n. සුරදේව-වර්ණනා කාව්‍යය, එවැනි වේගවත් සැර කවියක්.

Ditokous, a. වරකට දෙදෙන බිජුයින් පැටවී ගනන.

Dittany, n. සුවඳ ඖෂධ විශේෂයක්.

Ditto, Do, ad. ඉහත කීලෙස, එම ලෙස, එම.

Ditty, n. සුළු කවියක්, ලුහුඩු සින්දුවක්, ගීයක්.

Diuresis, n. මූත්‍රාතිශය, දියවැස්යාව.

Diuretic, n. මූත්‍ර වැඩිකරන බෙහෙත, මූත්‍රවර්ධකෞෂධය.

Diurnal, a. දවස්පතා, දිනපතා, දෛනික, ආහ්නික; දවල්..

Diurnally, ad. දවස්පතා, දිනපතා, දවසින් දවස.

Divagate, v. නොමගයනවා, අමාර්ගප්‍රතිපන්න වෙනවා.

Divan, තුර්කි රජ මන්ත්‍රි-මණ්ඩලය; උතුම් ආසන ඇති මන්ත්‍රණ ශාලාව; කොට්ට හා මෙට්ට ඇති ආසනය *or* කවිච්චිය; සුරුට්ටු බොන *or* දුම්බීමට පාවිච්චිකරන ශාලාව.

Divaricate, v. දෙකකට බෙදී යනවා, ද්විධාභින්න වෙනවා. See Diverge.

Divaricate, a. දෙකට බෙදුණු *or* ද්විධාභින්න (අතු).

Dive, v. කිමිදිනවා; dive into a subject කාරණයක් ගම්භීරලෙස-හොඳට-විභාග කරනවා.

Diver, n. කිමිදින්නා, කිමිදුම්කාරයා, කිමිදින කුරුල්ලා.

Diverge, v. (එකතැනින් නික්ම) වෙන්වයනවා, වෙන වෙන දිශාවලට හැරියනවා, එකිනෙකට ඈත්වෙි ගත යනවා, ප්‍රභේද වෙනවා.

Divergence, Divergency, n. වෙන්වී යාම, අනකට හැරී යාම, ඈත්වෙීගත යාම.

Divergent, Diverging, a. වෙන්වියන, එකිනෙකෙන් ඈත්වෙීගතයන, ප්‍රභෙදගත, එකිනෙකට වෙනස්, ප්‍රතිවිරුද්ධ.

Divers, a. කීප, නොයෙක්, බොහෝ, අනේක, නෙක; divers-coloured නානා වර්ණ.

Diverse, a. වෙනස්වූ, වෙනස් ආකාර, ප්‍රභේද; නොයෙක් ආකාර, අනේකවිධ, නානාවිධ, විවිධ, නානා ප්‍රකාර, නෛකභේද.

Diversely, ad. වෙනස්ලෙස, නොයෙක් ආකාරයෙන්, විවිධාකාරයෙන් &c.

Diversification, n. විසිතුරුකිරීම &c.; විවිධාකාරකම, විවිධත්වය,

Diversified, pp. *or* a. විසිතුරුකරපු &c.; මිශ්‍රිත, විසිතුරු, නානාප්‍රකාර, විවිධාකාර.

Diversify, v. විසිතුරුකරනවා, නානාප්‍රකාරකරනවා, නොයෙක් ආකාරයට සාදනවා.

Diversion, n. පැත්තකට හැරවීම &c., see Divert; සෙල්ලම, ක්‍රීඩාව, (එවැනි) සුළු ප්‍රීතිය, විනෝදය.

Diversity, n. වෙනස, අසමානකම, අසාදෘශ්‍යය, විසිතුරුකම, විවිධාකාරකම, නානාත්වය, ප්‍රභේදතාව.

Divert, v. පැත්තකට—අනකට—වෙනතකට—හරවනවා *or* යොමුකරනවා; (හිත) වෙන අතකට ඇදගන්නවා; amuse (සෙල්ලමෙන්) සැහැල්ලුලෙස ප්‍රීතිකරනවා, විනෝදයට පත්කරනවා.

Diverted, pp. *or* a. අනකටහරවනලද &c.; විනෝදිත.

Diverting, p. *or* a. පැත්තකට හරවමින් &c.; විනෝද කරන, විනෝදක, හාස්‍යජනක, ක්‍රීඩාපර.

Divest, v. ඇඳුම් *or* ඇඳුමක් ගළවනවා, ඇඳුම් පැළඳුම් ගළවනවා, වස්ත්‍රාපහරණය කරනවා, නග්නකරනවා, නිලයෙන්—ගෞරවයෙන්—පැහැරකරනවා, චුවත්කරනවා, තොරකරනවා, අහිමිකරනවා, නැති කරනවා.

I divest him of his robe ඔහුගේ සළුව ඔහුගෙන් ගලවමි, අහක්කරමි *or* පැහැර කරමි.

I divest him of office and all honours නිලයෙන් සහ සියලු මාන්නවලින් ඔහු පැහැර කරමි.

Divide, v. බෙදනවා, බෙදා දෙනවා, කොටස්කරනවා, පංගුකරනවා, පේරුකරනවා, විභජනය කරනවා, විභක්තකරනවා; lengthwise මාත්කරනවා; into two දෙපළුකරනවා; as seed-lobes බියලි කරනවා; separate වෙන්කරනවා; අසම්බන්ධකරනවා; ඡේද කරනවා; බෙදෙනවා &c.; for voting (සමූහයා) ඡන්දයට බෙදී යනවා.

Divided, pp. *or* a. බෙදන ලද, බෙදූපු &c.; වෙන්වූ, අසම්බන්ධ, භාජිත, ප්‍රතිභින්න, ඡේදිත, විභක්ත.

Dividend, n. බෙදන්ට තිබෙන ගණන, භාජ්‍යය; (බෙදූ විට එකිනෙකාට) වැටෙන කොටස, අංශය, භාගය, පංගුව.

Divider, n. බෙදන්නා, බෙදාදෙන්නා &c.; ඡේදකාරයා, ඡේදකයා.

Dividing, p. *or* a. බෙදමින් &c.; බෙදන &c., භාජක.

Divination, n. දිවස්කීම, දිවස, දිවසින් මෙන් දැනගැනීම, පේන කීම, පේන, ආවේශනාව.

Divine, a. දේව, දිව්‍ය, දිව්‍යමය, දේවකීය; n. දේව ධර්මවාදියා; දේවගැතියා.

Divine, v. දේවානුභාවෙන් දැනගන්නවා *or* කියනවා, අනාගත වාක්‍යය කියනවා; දිවස් කියනවා, දිවසින් දැනගන්නවා; fig. දිවසින් මෙන් දකිනවා, අනුමාන කොට සිතනවා.

Divinely, ad. දිව්‍යලෙස, දිව්‍යාකාරයෙන්; දේවානුභාවයෙන් මෙන්; ඉතා උතුම් ලෙස.

Diviner, n. දිවස් කියන්නා, ශාස්ත්‍ර කියන්නා, දෛවඥයා, දෛවකෝවිදයා, නැකැත්කාරයා, නිමිත්ත පාඨකයා.

Diving-bell, n. කිමිදුම් යන්ත්‍රය, වතුරට බැසීමේ යන්ත්‍රය, නිමජ්ජන යන්ත්‍රය.

Divinity, n. දෙවිකම, දිව්‍යකම, දේවත්වය, දේවභාවය; the Divinity දෙවියන් වහන්සේ, දෙවියෝ; a god දේවතාවා; theology දේව ධර්ම ශාස්ත්‍රය, a body of divinity දහම් කඳක්, ධර්මස්කන්ධය.

Divisibility, n. බෙදිය හැකි බව, විභජ්‍යමානතාව, භාජ්‍යත්වය.

Divisible, a. බෙදිය හැකි &c., see Divide, ඡේද්‍ය, භාජ්‍ය, විභජ්‍යමාන, විභාජ්‍ය, අංශ්‍ය.

Division, n. බෙදීම &c., see verb, ප්‍රවිභාගය; fissure පැලුම; in arith. භාගහාරය; of fractions භින්න භාගහාරය; portion කොටස්භාගය, කොටස, පේරුව, වැසික්කිය, පළුව, පංගුව, කට්ටිය; of a seed බිජුපාව, බියල්ල, පියල්ල; of a field ලියද්ද, කණ්ඩිය; of a book කාණ්ඩය; of an army &c. කණ්ඩායම; variance භේදය.

Divisional, a. බෙදීමට අයිතිවූ, බෙදීම් ආකාර, කණ්ඩායම් ආකාර.

Divisor, n. භාජකය, භාගකය, හාරය.

Divorce, v. (නීතියේ හැටියට) විවාහය—කසාදය—අවලංගුකරනවා *or* කඩුගානවා, දික්කසාද කරනවා; fig. (ජම්ම *or* නිසි බැම්ම බිඳ) වෙන්කරනවා; වියෝගකරනවා.

Divorce, n. විවාහය අවලංගුකිරීම &c., දික්කසාදය, විවාහය අවලංගුකරන මුහිංචිය.

Divorced, pp. *or* a. කසාදය අවලංගුකර, දික්කසාද වී &c.; කසාදය අවලංගුකරනු ලැබූ, දික්කසාදවූ; fig. (අනිසි ලෙස) වෙන්වූ, වියෝජිත.

Divulge, v. (රහසක්) එළිදරව්කරනවා, දන්වනවා; ප්‍රකාශකරනවා, පිටකරනවා.

Dizziness, n. ඉස කරකැවිල්ල, තෝන්තුව, භ්‍රමනය.

Dizzy, a. *or* be, ඉස කරකැවිල්ල ඇත්තාවූ; තෝන්තුව සිටිනවා; dizzy height ඉස ක කැවෙන උස *or* ප්‍රපාතය; fig. නොසැලකිලි, අප්‍රවේසම්. [නවා.

Do. v. කරනවා; සාදනවා; ක්‍රියා කරනවා, හැසිරෙ
do up, clear, mend &c. පරිකර්මය කරනවා, හරිගස්සනවා;
do away with පහකරනවා, නැතිකරනවා;
do well හොඳලෙස කරනවා *or* සඵලකරනවා *or* සඵල වෙනවා.
This does for me මේක මට හොඳයි *or* හරියනවා.
This stick will do for a beam මේ ලීය බාල්කය කට හොඳයි *or* හරියයි *or* හැහෙයි.
I can do nothing with him ඔහු සමග කිසිවක් කරන්ට—*or* ඔහු හසුරුවන්ට—මට බැරිය.
Do you do anything with this තුඹ මේකෙන් යමක් කරනවාද? I do කරමි. Did we write ලිව්වෙමුද? We did ලිව්වෙමු.
As auxilliary verb යෙදෙනවා may represent the construction with Do, but not the exact force:
He did go—it occurred that he went— ඔහුට යන්ට යෙදුණා.
He did go (emphatic) ඔහු ගියාමයි *or* ඔහුට යන්නමයෙදුණා.

Dobie, Dhoby, n. අපුල්ලන්නා, රදවා, හේනයා, රජකයා, රජකයා; fem, රිදී, රිදී නැන්දා, රිදී අම්මා.

Docile, a. හික්මෙන්නාවූ, උගන්වන්ට පුළුවන්වූ, හීලෑවූ, විනේය, කීකරු, ශිෂ්ට.

Docility, n. හික්මුම්කම, කීකරුකම, හීලෑකම, විනීතතාව, ශිෂ්ටතාව.

Dock, n. වල් පැළ ජාතියක්

Dock n. නැව් සාදන *or* හරිගස්සන පිණිස හාරාපු අගල, නෞකා තටාකය, [illegible], නැව් සාදන ස්ථානය; විනිශ්චයට වරදකාරයා සිටින කූඩුව, විත්ති කූඩුව.

Dock, v, නැවක් තටාකයේ තබනවා.

Dock, v. අග කපා කොටකරනවා; අඩුකරනවා; n. (කපාපු) කොට වල්ගය.

Dockyard, n. නැව් සාදන මිදුල *or* කොටුව, නෞකා තටාක–කොටුව, නැව් කොටුව.

Doctor, n. (අග්‍ර පාඨශාලාවකින්) පටබැඳි නමක් ලැබූ පණ්ඩිතයා, පණ්ඩිත උපාධිය ලත් තැනැත්තා, පඬිවරයා, ආචාර්යයා, ශාස්ත්‍රාචාර්යයා; of divinity ධර්මාචාර්යයා; of medicine වෛද්‍යාචාර්යයා, වෛද්‍යාචාරියා, වෛද්‍යවරයා, වෙද මහත්මයා, වෙද ගුරුන්නාන්සේ, දොස්තර, වෙදා.

Doctor, a. පණ්ඩිතාචාර්ය, පණ්ඩිතෝත්තම, ආචාර්ය, ධර්මාචාර්ය &c., see noun.

Doctor, v. වෙදකම් කරනවා, පිළියම් කරනවා, ප්‍රතිකාර කරනවා, වෛද්‍ය කර්මය කරනවා.

Doctrinal, a. ගුරුකම් සහිත, ගුරුකම් සම්බන්ධ, ඉගැන්වීම් පිළිබඳ, ධර්මයෙන් යුක්ත.

Doctrinally, ad. ගුරුකම් වශයෙන්, ධර්මාකාරයෙන්.

Doctrine, n. ඉගැන්වීම, ගුරුකම, ධර්මය, දහම, ශික්ෂාව.

Document, n. ලියාපු ඔප්පු පත්‍රය, සාක්ෂි පත්‍රය, ලියාපු පත, කැරය, ලියවිල්ල, ලිපිය.

Documental, Documentary, a. ලියාපු පත්‍ර සම්බන්ධ, පත්‍රවල අඩංගුවූ, ලේඛනගත.

Dodecagon, n. පැති හා කොන් දොළොසක් ඇති හැඩය, ද්වාදශ කෝණය, ද්වාදශාස්‍රය.

Dodeca hedron, n. ද්වාදශ ඵලකය.

Dodge, v. (බල්ලා වාගේ තැනින්තැන) පසුපස්සේ යනවා; හදිසියෙන් පැත්තකටවෙනවා *or* පනිනවා, මග අරිනවා; fig. රැවටිලි කරනවා.

Dodge, n. උපාය, ප්‍රයෝගය, උපක්‍රමය, සුළු දඟය.

Doe. n. මුව දෙන, මෘග බෙනුව.

Doeskin, a. මුව හම; (ඊට සමාන) රෙදි ජාතියක්.

Doff, v. (ඇඳගන ඉන්න ඇඳුමක්, තොප්පි, සපත්තු, යනාදිය) ගලවනවා, අහක දමනවා, ඇඳුම්ලිහනවා.

Dog. n. බල්ලා, සුනඛයා, කුක්කුරයා, සාරමෙයයා; ජාමහර ආවුද ජාති; in astr. සුනඛ රාශිය.

Dog, v. (බල්ලා වාගේ) පසු පස්සේ ගොස් ඔත්තු බලනවා *or* හිරිහැර කරනවා.

Dog-cart, n. (බල්ලන් ගෙනයන) රථ විශේෂයක්.

Dog-cheap, a. ඉතා මිල අඩු, අගය නැති, නොවටිනා.

Dog-eared, a. නැමුණු කොන් ඇති (පත් ඉරු).

Dog-fancier, n. බල්ලන් ඇතිකරන්නා, බල්ලන් විකුණන්නා.

Dog-fish, n. මෝරා.

Dogged, a. රළු, මුරණ්ඩු, තද; කලනොකිරෙන.

Doggerel, n. කුකවිය, පිළිවෙළක් නැති කවිය, කවට කවිය.

Doggish, a. බලු ආකාර, කර්කශ, සැර, මුරණ්ඩු.

Dogma, n. නියම ගුරුකම, නියම මතය, චිරන්තන මතය, දහම, ස්ථිර ශික්ෂාව.

Dogmatic, Dogmatical, a. නියම ගුරුකම් සහිත, දහම් ආකාර, ශික්ෂණීය, ශික්ෂක; අනිසි සහතිකකමින්—අහංකාර ලෙස—කියන්නාවූ. [ලෙස.

Dogmatically, ad. අධික සහතිකකමින්, අහංකාර

Dogmatism, n. අනිසි සහතිකකමින් කීම, තමාගේම මතය අධික ලෙස කීම, අහංකාරකම.

Dogmatist, n. තමාගේම මතය සහතික ලෙස පාන්නා; ගුරුකම් නිශ්ශංකාවෙන් උගන්වන්නා.

Dogmatize, v. බලයෙන් මෙන් සත්තකලෙස කියනවා, අනිසි ධෛර්යයෙන් *or* අහංකාරයෙන් තමාගේම මතය කියනවා, ශික්ෂක ලෙස—ශික්ෂා වශයෙන් කථාකරනවා.

Dog's-ear, n. (බලු කන වාගේ) නැමී තිබෙන පත් ඉරුවේ කොන; v. පත්‍ර කොන් නමනවා.

Dog's-meat, n. ඉතුරු කෑම කැබලි, නොවටිනා ඉඳුල් කෑම.

Dog-star, n. සුනඛ රාශියේ ප්‍රධාන තාරකාව, Sirius නම්වූ තරුව. [පත්.

Dog-weary, a. ඉතා වෙහෙසවූ, මහන්සිවූ *or* එඩාවට

Doily, n. මේසයේ කුඩා රෙදිකඩක්.

Doit, n. දොයිතුව, අලුක්කාල; කිසි වටිනාකමක් නැති දෙයක්; fig. සිංගිත්තක්; කොහෙත්ම, (සල කාස්සේ නැත).

Dole, n. බෙදදෙන ටික; කුඩා පංගුව; අනාථ වැටුප.

Dole out, v. ටික ටික දෙනවා, කුඩා පංගු බෙද දෙනවා.

Doleful, a. විලාපසහිත, දුක්ඛිත, කාන්සියෙන් සිටින, ශෝක සහිත, ඛේදජනක. [හැඩිත්.

Dolefully, ad. දුක්ඛිත ලෙස, කාන්සාලෙස, දුක්මුසු

Dolefulness, n. විලාප සහිතතාව, දුක්ඛිතකම, ඛේදන්විතතාව, විෂාදය.

Doll, n. බෝනික්කා, රූකඩය.

Dollar, n. of Ceylon පතාගය, රිදී පත; American සිලිම් හතරහමාරක් වටින මිලයක්.

Dolomite, n. කිරිගරුඬ සමාන හිරිගල් වර්ගයක්.

Dolor, Dolour, n. කාන්සාව, කාන්සිය, තලංගුව, ශෝකය, කනගාටුව, ඛේදය.

Dolorous, a. කාන්සාවූ, දුක්ඛිතවූ, ශෝක සහිත, දුඃඛාන්ත; විලාප සහිත; කාන්සියෙන් සිටින.

Dolphin, n. කුඩා තල්මස වර්ගයක් සහ වෙන මත්ස්‍ය ජාතියක්. [යා, අඥානයා.

Dolt, n. මොට්ටයා, ගුඩ්ඩයා, මුග්ධයා, මෝඩයා, මුග්

Doltish, a. මොට්ට, ගුඩ්ඩ, මුග්ධ.

Domain, n. රාජ්‍යය; ප්‍රදේශය; වලව්වක් අඩංගු උරුම ඉඩම; fig. යමෙක් බලයපවත්වනතැන or කොට්ඨාසය or කාරණාව, බලමණ්ඩලය, අධිකාර ප්‍රදේශය, විෂය.

Dome, n. අර්ධකව-පියස්ස, අර්ධචන්ද්‍රිකා or අර්ධ ගෝලාකාර-ඡදනය, ගොඩනැඟිල්ලක් උඩින්වෙන බෝක්කුව; දාගැබ; celestial, අහස් කුස, නුබගැබ, නභෝකුක්ෂිය, නභස්තලය, අහස් තලය.

Dome-shaped, a. අර්ධකව—පියස්ස ආකාර, බෝක්කු හැඩය ඇති

Domestic, a. ගෘහ්‍ය, ගෘහස්ථ, ගෘහාදාකුල, ගෘහවාසී, ගෙදරට or පවුලට අඩංගු, ගෙදරදොරේ, ගේදොර නිවාසයට ඇලුම්වූ, පිටත වඩා නොයන්නාවූ; ස්වකීය රාජ්‍යයට අයිතිවූ; domestic state ගෘහස්ථතාව, පවුල්කාරකම; tame හීලෑ, ගෘහ්‍යක.

Domestic, n. ගෙදර වැඩකාරයා, ගෘහ සේවකයා, මෙහෙකරුවා,

Domestically, ad. ගෘහස්ථාකාරයෙන්, පවුලේ හැටියට, ගෙදර කාරණාවල හැටියට.

Domesticate, v. ගෙදර සිටීමට පුරුදු කරනවා, පවුලේ කෙනෙක් මෙන් වෙන්ට සලස්වනවා; (ගෙදර සතෙක් මෙන්) හීලෑකරනවා.

Domesticated, pp. or a. ගෙදර සිටීමට පුරුදුවූ, ගෘහවාසීන, පවුලේ කෙනෙක්මෙන් සිටින, හීලෑකරන ලද.

Domestication, n. ගෙදර සිටීමට පුරුදු කිරීම or ගෙදර පසුවීම; හීලෑකිරීම, ගෘහ්‍යකිරීම.

Domicile, n. වාසය, නිවාසය, නිත්‍ය වාසය, නිවෙස, නිවේශනය, වාසස්ථානය, වාස භවනය.

Domicile, v නියම ස්ථානයක වාසයකරනවා, නිත්‍ය වසයෙන් යම් තැනක පදිංචි කරනවා. [නවා.

Domiciled, be, v. නියම වාසස්ථානයක පදිංචිව සිටි

Domiciliary, a. නිවාසය පිළිබඳවූ, පදිංචිය පිළිබඳවූ; domiciliary visit යමෙකුගේ ගෙදර හෝ පදිංචි ස්ථානය සෝදිසියට යාම.

Dominant, a. ආණ්ඩු බලය පවත්වන; ප්‍රබල, ප්‍රධානකම ඇති, ප්‍රාධාන්‍ය, අග්‍රස්ථ.

Dominate, v. ආණ්ඩුකරනවා, අභිභවනය කරනවා; අධිපතිකම් කරනවා, බලය පවත්වනවා.

Domination, n. ආණ්ඩුකිරීම &c., පවත්වන බලය, බලාත්කාරකම, ආධිපත්‍යය.

Domineer, v. තද ලෙස ආණ්ඩු බලය පවත්වනවා; බල කරනවා; උඩඟුකම් කරනවා.

Dominical, a. ස්වාමීන්වහන්සේට අයිතිවූ or ස්වාමීන්වහන්සේගේ (දවස or යාච්ඤාව).

Dominie, Domine, n. Scot. ගුරුවරයා; පාදිලිතැන.

Dominion, n. ආණ්ඩු බලය, අධිපතිකම, රාජකීය බලය, ආධිපත්‍යය; විජිතය, යටත් රාජ්‍යය, උප රාජ්‍යය.

Domino, n. දිග කබා ඇඳුමක්, කෝලම් ඇඳුමක්; දාදු කෙළියක්, දාදු කැට ජාතියක්.

Don, n. Spanish, මහත්මයා, ප්‍රධානියා; tem. Dona or Donna ළමා එතනි.

Don, v. (වස්ත්‍ර ආදිය) ඇඳගන්නවා, දමාගන්නවා.

Donation, n. දීම, දීමනාව, සම්මාදම; දානය; ත්‍යාගය, තෑග්ග, උපායනය; උපහාරය.

Donative, n. තුෂ්ටි දානය; (ප්‍රතිපාලකයා විසින් දේවගැති තුමෙකුට දෙන) ජීවිකාවෘත්ති දානය.

Done, pp. of Do ඉෂ්ටකර &c.; (ඔට්ටුව පිළිගන්න විට) ස්ථිරයි, නිශ්චයයි, ඔට්ටුයි.
I have done with him ඔහුගෙන් මගෙන් ගනුදෙනු ඉවරයි; ඔහු සමග තව කිසිවක් නොකරමි.

Donee, n. ප්‍රතිග්‍රාහකයා, දීමනාව ලබන්නා; ඉඩම් කඩම් භාරදෙනු ලබන්නා

Donkey, n. බූරුවා, ගර්දභයා; fig. මෝඩයා.

Donor, n. යමක් දෙන අය, තෑගි දෙන අය, ප්‍රදානය කරන්නා, දායකයා, දාතෘ.

Doom, v. අවවූවට නියමකරනවා or වරදට පත්කරනවා; (මැඩට, දුකට &c.) ස්ථිර ලෙස නියමකරනවා.

Doom, n. මුගිංචිය; නියතිය; දණ්ඩාඥව; දුක් සහිත නියමය or ඉරණම, දෛවය, විනාශය.

Doomed, pp. or a. දණ්ඩනයටපත්වූ; (ව්‍යසනයට &c.) නියමවූ.

Doomsday, n. (ලෝකයේ අන්තිම) විනිශ්චය දවස.

Door, n. දොර, ද්වාරය; fig. ඇතුල්වෙන මග; out of doors එළියෙහි, එළිමහනෙහි; the fault lies at your door වරද නුඹ පිටයි.

Door-case, Door-frame, n. උළුවස්ස.

Doorkeeper; n. දොරටුපාලයා, ද්වාරපාලකයා.

Door-mat, n. පාපිස්ස, පාපිස්න, පාද-ප්‍රඤ්ඡනය. පලාල-ප්‍රඤ්ඡනය.

Door-post, උළුවස්ස, උළුවහු කණුව.

Door-sill. n. එළිපත්ත.

Door-step, n. දොර පඩිය.

Door-way, n. දොරකඩ.

Dormancy, n. නිදි පත් ගතිය, නිද්‍රිත බව; නිසොල්මන් ගතිය, ක්‍රියා නොකර පැවතීම, අකර්මණ්‍යය.

Dormant, a. නිදිපත්, ශයන; නින්ද වැනි ස්වභාවෙහි ඇත්තාවූ; උනන්දු නොවන, ක්‍රියාකාර නොවන (බලයක්); in arch. leaning හාන්සි, ඇලවූ.

Dormitory, n. නිදාගන්න ගෙය, ශයනාගාරය; fig. සොහොන්පළ.

Dormouse, n. මීයෝ ජාතියක්.

Dorsal, a. (සතුන්ගේ) පිටට අඩංගුවූ, පිට, පෘෂ්ඨ.

Dorsal-bone, n. පිටිඇටය, කොඳුඇටය, පෘෂ්ඨාස්ථිය.

Dose, n. එක වරකට දෙන බෙහෙත්, බෙහෙත් පංගුව, බෙහෙත් වේල; එක හැරයක කොටස; fig. (විඳින්ට ඕනෑවූ) අමිහිරි පංගුව.

Dose, v. බෙහෙතක වේල් නියමකර දෙනවා, ලෙඩේ තරමට බෙහෙත් කොටස්කර දෙනවා; fig. අමිහිරි දෙයක් අනුභවයට දෙනවා.

Dot, n. තිත, බින්දුව; v. තිත් ගහනවා; (බිඳුමෙන් වෙන දේ) තැන්තැන්වල ගවසනවා, බිඳු ගහනවා, බිඳු ලියනවා.

Dotage, n. (මෑදබ වයසේ තිබෙන) සිහියේ දුර්වලකම or ළාමක භාවය, දෞර්බල්‍යය, ජීර්ණාවස්ථාව, ජරා වෛකල්‍යය.

Dotard, Doter, n. සිහිය දුර්වල මහල්ලා; මෝඩ ලෙස ආලය කරන්නා.

Dote, v. උමතුව–සිහිය දුර්වලව–සිටිනවා; උමතුලෙස ආලය වෙනවා or ආදර කරනවා.

Dotingly, ad. අධික ඇල්මෙන්, අනුචණ තරමට.

Dotted, a. තිත් ඇත්තාවූ, තිත් or බිඳු ගැවසී ගත් තාවූ, (වෙන දේ) තැන් තැන්වල ගැවසී තිබෙන.

Double, v. දෙකට නමනවා, දෙපටකරනවා; දෙගුණ කරනවා, ද්විගුණ කරනවා, ද්විත්ව කරනවා, දෙකොන් වැසිකරනවා, දෙකට නැමෙනවා, දෙපට වෙනවා &c., ද්විත්ව වෙනවා; (දුවන හාවා මෙන්) පස්සට or පැත්තකට හැරී යනවා; the fist මිට මොලවනවා, උච්ක්කරනවා. [ශියෙමු.
We doubled the Cape අපි දේශ තුඩුව පසුකර

Double, a. in quantity, ද්විගුණවූ, ද්විත්ව, දෙපංගුවක් — දෙගුණයක් — ඇත්තාවූ; ජෝඩුවක්; in number දෙකක්—බාණක්—කුට්ටමක්—ඇත්තාවූ; twofold දෙපට; of two kinds දෙයාකාර, ද්ව්‍යාකාර ද්විප්‍රකාර, ද්විවිධ; deceitful, දෙයාකාර, දෙපිට කපට, වංක.

Double-barrelled, a. කාණ්ඩ — නල — දෙකක් ඇති ද්වීනාල. [කරපු.

Doubled, pp. or a. දෙගුණකළාවූ, ද්විගුණිත; දෙපට

Double-dealing, n. දෙයාකාරයෙන්— වංචාලෙස— හැසිරීම, දෙපිට කැපීම, වංක ක්‍රියාකාරකම, වංක ක්‍රියාව.

Double-dye, v. දෙවරක් සායම් පොවනවා; fig. double-dyed sinner &c. ද්විගුණිත දුෂ්ටයා, පාප තරයා, භූතා දුෂ්ට කෙනෙක්.

Double-entendre, n. Fr. යුවලාර්ථ වචන, දෙතේරුම්ලි වචන, දෙපා වචන.

Double-entry, n. එනම් ගණන් තැබීමේ ක්‍රමය, ද්විධා ලේඛ්‍ය ගණිතය.

Double-faced, a. fig. මුහුණු දෙකක් පාන, ද්විමුඛ, කපටිකාර, දෙපිටකාට්ටු.

Double-minded, a. දෙසිත් ඇත්තාවූ, අස්ථිරවූ, චපල. [තාරකාව.

Double-star, n. (ඇසට එකක්ව පෙනෙන) යුගම

Double-tongued, a. දෙදිව් ඇති; (වංචාවට) දෙවිසියෙන් කථාකරන, ව්‍යාජ කථාකාර.

Doubling, n. දෙපට කිරීම &c. see verb; දෙපටය, ද්විගුණත්වය.

Doubly, ad. දෙගුණයක් වශයෙන්, දෙපංගුවක්; ද්විගුණ (තරමට).

Doubt, v. (යමක් ගැන) අනුමාන කරනවා, සැකකරනවා, සාංකාකරනවා, අනුමානවේනවා &c., සැක සිතනවා.

Doubt, n. අනුමාන කිරීම &c.; අනුමානය, සැකය, කුකුස, සාංකාව, ශංකාව, සංශය.

Doubtful, a. අනුමාන, සැක, සාංකා සහිත, කුකුස්, අනිශ්චිත, සන්දිග්ධ, ශංකනීය, පරිශංකනීය.

Doubtfully, ad. අනුමාන ලෙස, අනුමානයට, සැක ලෙස, සංකා සහිතව.

Doubtfulness, n. අනුමාන ගතිය, අනිශ්චිතතාව, සාංකා සහිතකම.

Doubtless, Doubtlessly, ad. අනුමාන නැතුව &c., අනුමානයක් නැතුව &c., සංකා රහිතව &c.

Dough (ඩෝ) n. අනාපු පිටි, පාන් මස. [බුහුටි.

Doughty, a. (ඩෞටි) ධෛර්‍යමත්, වීර, වික්‍රාන්ත,

Doughy (ඩෝයි), පාන් මාංස සමාන, අමු පාන් වැනි, අමුවූ.

Douse, v. සැර ලෙස වතුරේ ගිල්ලවනවා; වේගයෙන් රුවල් ගහනවා or බානවා; නිවාදමනවා.

Dove, n. පරවියා, කොබෙයියා, කපෝතයා, පාරාපතයා.

Dove-cot, Dove-cote, n. පරවි කූඩුව, කපෝතපාලිකාව, කොබෝලෙස් වළල්ල.

Dovetail, v. පරවි වල්ගයේ හැඩයට ලෑලි කපා එකිනෙකට වද්දනවා, කත්තු කපා වද්දනවා; fig. ගළපනවා

Dowager, n. (දායාදයක් or උරුමයක් ඥාති විඳින) වංශවත් වැන්දඹු or කනවැන්දුම් ස්ත්‍රී; queen-dowager වැන්දඹු මහේසිකාව.

Dowdy, n. අශෝභන ලෙස අඳින ස්ත්‍රිය.

Dower, Dowry, n. (පුරුෂයාගෙන් භාර්යාවට ලැබෙන) දායාදය or වස්තුව, (භාර්යාවගෙන් පුරුෂයාට ලැබෙන) දෑවැද්ද, දායාදය,

Down. prep. or ad. පහළ, පහළට, පහත, පහතට, යට, යටට; put down යටම තබනවා; (subdue) මැඩ පවත්වනවා, මර්දනය කරනවා, යිදහෙළනවා, නට බුන්කරනවා; go down the mountain or river කන්ද පහළින්–යටගං බලා–යනවා; lie down දිගා වෙනවා, ශයනය කරනවා, හාන්සිවෙනවා, සැතපෙනවා.

Down, n. කුඩා හෙල් ගැට සිගත් පළාත, ගොඩැලි පළාත, හෙල් පිට්ටනිය, පතනය.

Down, n. සිහින් පිහාටු; සිහින් රෝම; සිහින් පුලුන්; of plants & insects බූව.

Downcast, a. පහත හෙළා තිබෙන (බැල්ම); කාන්සාවූ, මලානිකවූ, දීනමුඛ, දුර්මුඛ; be downcast කාන්සාවෙන් සිටිනවා, දුර්මුඛව සිටිනවා.

Downfall, n. වැටීම, කඩාවැටීම, බිඳවැටීම; කඩා වැටෙන දේ; නටබුන් වීම, විනාශය.

Down-haul, v. පහළට අදිනවා; n. (රුවල) පහළට අදින යොත.

Down-hearted, a. අධෛර්‍යවූ, බලාපොරොත්තු මදිවූ, සැනසිම මදිවූ.

Downpour, n. පහළ වත්කිරීම, වැගිරවීම; of rain ධාරානිපාතය.

Downright, ad. සෘජුලෙස, අවංකලෙස; මුළුමනින්ම.

Downright, a. සෘජු, කෙළින් තිබෙන; සම්පූර්ණ (මිත්‍රයෙක්); විස (සතුරෙක්).

Down-stairs, a. or ad. පඩි පෙළින් පහළවූ or පහළට, පහත, පහතට.

Down-trodden, a. පාගාදමන ලද, මඩන ලද, යටවී සිටින, ආක්‍රාන්ත; බලෙන් අභිභූත, බලෙන් දමිත.

Downward, Downwards, ad. පහත් දිශාවට, පහතට, පහළට, යටිඅතට; මුල්තැනින් මෑතට, පැවත එන ක්‍රමාකාරයට; පසුබටයට, අනභිවෘද්ධියට.

Downward, a. පහතට යන්නාවූ, යටි අතට යන, අනභිවෘද්ධි.

Downy, a. සිහින් පිහාටු or සිහින්රෝම or පුලුන් ඇත්තාවූ; කෝමල, සිව්මැලි; fig. සුරතල්වූ, නැළවුම්වූ, (නින්ද &c.).

Doxological, a. දේව ප්‍රශංසාවට අඩංගු, දෙවියන් වහන්සේට ප්‍රශංසාදායක.

Doxology, n. දේවප්‍රශංසා ගීතිකාව, සතුත් ගීතිකාව, පසස් ගීය.

Doze, n. අඩනින්දෙන් නිදනවා, සවල්පවසයෙන් නිද ගන්නවා; fig. උනන්දුනොවී සිටිනවා, උනන්දුනොවී පසුවෙනවා.

Doze, n. අඩ නින්දක්, විකවේලාවක් නිදගැනීම.

Dozen, n. දොළහක්, දුසිම; a. දොළොස්.

Drab, Drab-coloured, a. දුඹුරු, දුඹුරු පාට ඇති, දුඹුවන්; n. දුඹුරුපාට ඝන රෙදි.

Drab, n. වේශ්‍යාව.

Drachm, Dram, n. මදවිය අවක බර, අවුන්සය එකෙන් අටෙන් පංගුවක්.

Draft, v. ආකාරය සටහන් කරනවා or අඳිනවා, කෙටුම්පත් කරනවා, සැලැස්ම සාදනවා, සටහන අඳිනවා; (ඉල්ලුම් පත් &c.) ප්‍රබන්ධ කරනවා or රචනා කරනවා; සේනාවකින් or රංචුවකින් සමහරුන් වෙන්කරගන්නවා or තෝරාගන්නවා.

Draft, n. සටහන, කෙටුම්පත; ප්‍රථම රචනාව; (වෙක්) යනාදි මුදල් පත; සමූදවකින් මිනිසුන් තෝරා ගැනීම, සමූහයකින් තෝරාගත්ත ගණන; (නැව කට ඔනෑකරන) දියේ ගැඹුර or ප්‍රමාණය.

Draftsman, n. (ආකාර, නැඹ, සිතියම්, සටහන්, ප්ලෑන්) අඳින්නා, සිතියම්කාරයා, සිත්තරා.

Drag, v. t. ඒයගියෙන් or අමාරුවෙන් අදිනවා; ඇද ගන්නවා, ආකර්ෂණයකරනවා, බිම ඇදගනයනවා, එහා මෙහා සැරලෙන අදිනවා; (පොකුණක &c. කොක්කක් or දැලක්) ඇද සොයනවා.

Drag. v. i. බිම තැවෙරනවා or ඇදීගන යනවා; අමාරුවෙන්—හෙමිහිට—යනවා.

Drag, n. ඇදීම, ආකර්ෂණය; දියේ අදින දැල or කොක්ක; දති පෝරුව; මිටිගැල; රෝදය නවත්වන පොල්ල; see Brake; fig. බාධාව.

Draggle, v. බිම ඇද කිලුටු කරනවා or තෙමනවා; බිම ඇදී කිලුටුවෙනවා or තෙමෙනවා.

Draggled, pp. or a. බිම ඇදී තෙමී කිලුටුවුණාවූ.

Drag-net, n. අදින දැල, මාදැල.

Dragoman, n. (මිසරයෙහිද ඒ අසලද) තුප්පහිකම් කියන්නා, මග පෙන්වන්නා, මාර්ගෝපදේශකයා.

Dragon, n. කිඹුලා, තල්මහ, සර්පයා, කවුස්සා, යනාදි නොයෙක් සතුන්ට කියන නාමයක්, යක් රූපයක්.

Dragoon, n. අශ්වාරෝහණ සේවායා, අසරු සේවායා, අශ්වයා පිටින් හෝ පයින් හෝ යුද්ධ කරන සේවායා.

Dragoon, v. (සේවායින් මෙන්) බලකරනවා, බලාත්කාර කරනවා.

Drain, v. i. trickle away (දිය ජාති) වෑස්සී යනවා, වෑස්සි හිඳෙනවා; බහිනවා, බැසයනවා.

Drain, v. t. (වතුර) වෑස්සියන්ට තබනවා, අගල් කපා–කානු සාද–වතුර අරිනවා; අද්දවනවා; fig. ටිකෙන් ටික හිස්කරනවා or නැතිකරනවා.

Drain, n. අගල, ඇළ, කාණුව, සොරොව්ව, ප්‍රණාලය.

Drainage, n. වෑස්සී යාම, (පොළවෙන්) වතුර බැස යාම; (එසේ) බැස යන විධිය; කාණු ඇළි, ආදිය පිහිටුවීම; (පිහිටුවන) කාණුක්‍රමය, වෑස්සී බැසයනජ්වා.

Draining, n. කාණු සාද වතුර ඇරීම, වෑස්සියාම &c., see verbs. [නළකැට.

Draining-tiles, Drain-tiles, n. කානු උළුකැට or මැටි

Drake, n. mas. (පිරිමි) තාරාවා, රේරා, කලහංසයා.

Dram, n. see Drachm; එකවරට බොන අරක්කු ප්‍රමාණය, මද්‍යපාන සෝප්පිය.

Drama, n. (මනුෂ්‍ය ජීවිත කාරණ පෙන්වන) නාඩගම් ප්‍රබන්ධයක්; (එය පෙන්වන) නාඩගම, මහාරූපකය, දෘශ්‍යකාව්‍යය, නාට්‍යය, නාටකය.

Dramatic, Dramatical, a. නාඩගමට අඩංගු; නාඩගම් ආකාර, නාටකීය, මහාරූපක, දෘශ්‍යකාව්‍ය.

Dramatically, ad. නාඩගම් ලෙස, මහා රූපකාකාරයෙන්.

Dramatis personae, n. pl. L. කථාවේ හැටියට නාඩගමෙන් පෙන්වන අයවල්, (නාටකයක් විසින් පෙන්වන) දෘශ්‍ය කාව්‍යයේ සෙනග.

Dramatist, n. නාඩගම් ප්‍රබන්ධකරන්නා, දෘශ්‍ය කාව්‍ය කර්තෘ, නාට්‍ය කර්තෘ, නාටකකරු.

Dramatise, v. (යම් කථාවක්) නාඩගමක් කොට ලියනවා, නාට්‍යයට නඟනවා, දෘශ්‍යකාව්‍ය රචනාකරනවා.

Dramaturgy, n. නාටක විද්‍යාව.

Dram-Drinker, n. (අරක්කු ආදී) මත්පැන් බොන්නා or පානය කරන්නා. [සැල.

Dram-shop, n. මත්පැන් වෙළඳ විකුණන සැල, සුරා

Drank, v. pret. of Drink බීවා.

Drape, v. රෙදිවලින් වසනවා or පලඳනවා.

Draper, n. පිළි වෙළෙන්ද.

Drapery, n. රෙදි, රෙදි ජාති, පිළි; තිර, ජවනිකා; සිතියම් වස්ත්‍ර.

Drastic, a. සැර, තදින් ක්‍රියා කරන.

Drastics, n. pl. සැර විරේචන බෙහෙත්.

Draught, n. (බර) ඇදීම; බොන ප්‍රමාණය; වීදුරුව; සටහන, කෙටුම්පත; (අදින දැලේ) මසුන් ප්‍රමාණය; වෙන්කරගත්ත ගණන (see Draft); දියේ ගිලෙන ප්‍රමාණය (Draft); (ඉල්ලුම්පත, පනත්වල &c.) ප්‍රථම රචනාව; මුදල් පත; කවුළුවෙන් or දොරින් ඇදෙන හුළඟ; (දුම් කුළුණෙන් හැමීයන) හුළං ඇදීම, හුළං ඇදීමේ ප්‍රමාණය. [Draft.

Draught, v. (ඇදගන්නවා, වෙන්කරගන්නවා. See

Draught-board, n. අෂ්ටාපදය, දුපෝරුව, දම්පෙත,

Draught-horse, n. බර අදින අශ්වයා.

Draughts, n. pl. අෂ්ටපාද ක්‍රීඩාව, දම් කෙළිය.

Draughtsman, n. See Draftsman.

Draw, v. t. අදිනවා, ගන්නවා, ඇදගන්නවා, ආකර්ෂණය කරනවා; [කරනවා;

draw breath හුස්ම අදිනවා or ගන්නවා, ආශ්වාස

draw ashore or up ගොඩ අදිනවා, ගොඩලනවා, ගොඩගන්නවා; ඉහළට අදිනවා;

draw attention මතක්කරනවා or කල්පනාවට ගත්ම කියනවා; [වනවා;

draw blood (විකක්වින්) ලේ අරිනවා, ලේ සොල්

draw the curtain තිරය අරිනවා or දමනවා;

drawn to or down පිටට—ළඟට—පහතට—අදිනවා or පමුණුවනවා; [අදිනවා;

draw lots දාදු දමනවා; draw pictures සිතියම්

draw a line &c. ඉරක් ගහනවා: draw a bill මුදල් පතක් ලියනවා; [නවා.

draw money මුදල් හැරගන්නවා or ආපසු ගන්

draw teddy පොල් මදිනවා; draw away or off පැහැරගන්නවා.

See Attract, Draft, Extend, Suck. [වා;

Draw, v. i. to, towards ඇදෙනවා, ආකර්ෂණය වෙන away, off, අහක් වෙනවා, දුරවෙනවා, ඈත්වී ගනයනවා;

near ළංවෙනවා; draw to, come to, පැමිණෙනවා ළංවෙයන එනවා;

draw back පස්සටවෙනවා; fig. පසුබට වෙනවා.

Draw, n. ඇදීම; දූදු දැමීමෙන් වැටෙන කොටස: ඇදීමේ වාරය, e. g. It is my draw අදින්ට or දූදු දමන්ට දැන් මගේ හැරේ or වාරය.

Drawback, n. අවාසිය, බාධාව. [සන පාලම.

Drawbridge, n. උඩ or පැත්තකට අදින පාලම, උස්

Drawer, n. අදින අය &c., see verb; ලාච්චුව; n. pl. also යට කලිසම.

Drawing, n. ඇදීම &c., see verb; සිතියම, සටහන, සිත්තම, ලේඛය; චිත්‍රකර්මාන්තය: free-hand drawing නිදහස් හස්තලේඛය; දූදු දැමීමෙන් බෙදාදීම.

Drawing-board, n. අඳින ලෑල්ල, සිත්තම් පෝරුව.

Drawing-master, n. සිතියම් ඇඳීම උගන්වන ගුරුවරයා, සිත්තර ගුරුන්නාන්සේ, චිත්‍රාචාර්යයා.

Drawing-room, n. (ගෙයි මිත්‍රයන් පිළිගන්න) උතුම් ශාලාව, විසිත්ත කාමරය; (මිත්‍ර භාවයෙන් පවත්වන) රජ දැක්ම or රදල දැක්ම.

Drawl, v. ඇදලා කථාකරනවා; n. ඇදලා කථාකිරීම.

Drawn, pp. or a. ඇදලා &c.; ඇදී &c.; අදිනලද, ඇදපු &c.; ඇදුණ, ආකර්ෂිත; drawn game or battle තුල්‍යාකෘති—එකසමාන—ක්‍රීඩාව or සටන.

Draw-well, n. වතුර අදින ළිඳ.

Dray, n. මිටිවූ බරකරත්තය, බර (අදින) ගැල.

Dread, v. භීතවෙනවා, භයපත්වෙනවා.

Dread, n. භීතවීම, භයපත්වීම; භීතිය, භීතකාව, භය; භීෂණය; භයඋපදවන දෙය.

Dread, a. භීතකරවන, ගරු භය උපදවන; ගරුකම ලබන්ට යෝග්‍යවූ.

Dreadful, a. භීතවූ, භීත උපදවන, භයානක, භයංකාර, බියකරු, ඝෝරතර, දරුණු, ඝෝර.

Dreadfully, ad. භීතාකාරයෙන්, භයානකලෙස, භයංකාර ලෙස, භීෂණකාරයෙන් &c.

Dreadfulness, n. භීතකම, භීතතාව, භයානකකම, භයංකාරකම, ඝෝරතරකම, දරුණුකම, ඝෝරතාව. [අභීත.

Dreadless, a. භය නැති, නිර්භීත, නිර්භය, අභය.

Dream, n. හීනය, සවප්නය; fig. හිස් සිහිවිල්ල.

Dream, v. හීන—හීනයක්—දකිනවා or පෙනෙනවා, සවප්න — සවප්නයක් — දකිනවා or පෙනෙනවා, fig. නිෂ්කාරණයේ සිතනවා; [ගතකරනවා.
dream away one's days හිස් සිහිවිලිවලින් දවස්

Dreamer, n. හීන—සවප්න—දකින්නා; හිස් සිහිවිලි සිතන්නා; අලසයා.

Dreaminess, n. සවප්නාකාර සවභාව, සවප්නශීලතාව, උනන්දු නැතිකම.

Drearily, ad. තලංගු ආකාරයෙන්, දුක් විලාසයෙන්

Dreariness, n. තලංගු සවභාව, දුක් විලාසය; උදාසීන සවභාව.

Dreary, a. තලංගු, ප්‍රීති නොවෙන්නාවූ, සැනසිලි නැත්තාවූ, උදකලාවූ, තනිවූ, කාන්තාරවූ, නිර්ජන, ශූන්‍ය.

Dredge, n. කාවාටි &c. එකතුකරන දැල; දිය පල්ලෙන් පස් උස්සන යන්ත්‍රය.

Dredge, v. (දැලකින් or යන්ත්‍රයකින් දියපල්ලේ) සූරා එකතුකරනවා, පස් සූරා උස්සනවා; (මස්වලට පිටි) ඉහිනවා.

Dredger, n. කාවාටි &c. දැලකින් අල්ලන්නා; පිටි ඉහි). භාජනය; dredging-machine වතුර පල්ලෙන් පස් උස්සන යන්ත්‍රය.

Dregs, n. pl. මණ්ඩි, බොර, කැලත, රොඩු, කුණු මල; fig. නීච කොට්ඨාසය.

Drench, v. හොඳටම පොඟනවා, පොඟවනවා, තෙත් කරනවා, හුණක් පොවනවා.

Drench, n. හුණක් පෙවීම; (සතෙකු) පොවන බෙහෙත් හුණක්.

Drenched, pp. or a. හොඳටම පෙඟුණ, තෙත්, සම; පලුත; හුණක් පෙවුණු.

Dress, v. හරිගස්සනවා, පිළියෙළ කරනවා or සරසනවා, සකස්කරනවා, අලංකාර කරනවා; (වස්ත්‍ර) අඳිනවා, අන්දවනවා;
dress up සම්පූර්ණ ලෙස අඳිනවා &c., පැලඳගන්නවා or පලඳවනවා;
dress food කෑම උයනවා or පිළියෙළ කරනවා;
dress wounds &c. තුවාල යනාදියට ඔසුදේ කරනවා: ශුද්ධකරනවා, බෙහෙත් දමා බඳිනවා, ප්‍රතිකාර කරනවා.

Dress, n. ඇඳීම, ඇඳුම, වස්ත්‍රය, පැලඳුම; ඇඳුම් &c., ගවොම; B. P. සිවුර, චීවරය.

Dresser, n. පිළියෙළ කරන්නා; අන්දවන්නා, පලඳවන්නා; (කෑම &c. පිළියෙළකිරීමට පාවිච්චිකරන) සූපකාර මේසය.

Dressing, n. වණයකට &c. දමන ප්‍රතිකාර ද්‍රව්‍ය; බිම අතුරන පෝර; පිළියෙළ කිරීමට පාවිච්චි කරන ද්‍රව්‍ය, සකස්කිරීමේ අඩුමැස්ස; a flogging (coll.) තැළීම.

Dressing-room, n. අඳින කාමරය. [සය.

Dressing-table, n. ඇඳගැනීමේ අඩුම්කැස්සතබන මේ

Dress-maker, n. ස්ත්‍රී ඇඳුම් මහන්නා or මහන්නී.

Dressy, a. ලක්ෂණ ඇඳුම් පැලඳුම් අඳින, ජේත්තුකාර.

Dribble, v. කුඩා බින්දු වැක්කියනවා or වැටීගෙන යනවා, හෙමින් බින්දු වැටෙනවා; කටින් කෙළ වැගිරෙනවා.

Driblet, n. වැක්කෙන ටික, පොදක්, පොඩ්ඩක්, පොඩ්ඩක්, බින්දුවක්, බිඳක්, ලේශයක්.

Dried, a. වේලාපු, වේළුණ, වියළි, ශුෂ්ක.

Drier, n. වේළන්නා; වේළවන ද්‍රව්‍යයක්.

Drift, v. ප්‍රළුණට or සැඩපහරට ගහගෙනයනවා, පාවෙනවා; (වැසින්) ගොඩගැහෙනවා; fig. ඇදී යනවා.

Drift, n. ගහගෙනයන දේ; (හිමේ) ගැහුණ or රැඳුණ ගොඩ, see Diluvium; ගහගෙනයන බලය; ගහගෙන යන දිසාව හා ප්‍රමාණය; fig. drift of a speech &c., කථාවක අදහස, භාවාර්ථය.

Drift-wood, n. වතුරපාරට ගසාගෙන ආ ලීදඬු.

Drill, v. බුරුමයෙන් විදිනවා, ගල්කටුවෙන් &c., හිල්කරනවා; හේවායන් පුරුදුකරනවා, සරඹ පුහුණු කරනවා; වෙන යමකට පුහුණුකරනවා; පේළිවලට වපුරනවා.

Drill, n. බුරුමය, විදින යන්ත්‍රය, තොරපණය, ගල් කටුව; පුරුදුකිරීම, පුහුණුකිරීම; බීජ වපුරන පේළිය.

Drilling, n. බුරුම ආදියෙන් විදීම &c.; රෙදිජාතියක්, කුස්පට නූල් පිළි.

Drill-machine, n. ලෝහ විදින යන්ත්‍රය.

Drill-sergeant, n. හේවායන් පුහුණුකරන සුළු මුලාදෑනියා.

Drink, v. බොනවා, බීගන්නවා, පානයකරනවා; (පොළොවට) බීගන්නවා; drink health or drink to a person බී ආචාරකරනවා; drink in, fig. ඔනෑකමින් හිතට ගන්නවා.

Drink, n. බීම, පානය; මද්‍යපානය; a drink of liquor හෝප්පියක්.

Drinkable, a, බීමට—පානයට—සුදුසු, පානීය, පේය.

Drinker, n. බොන්නා; බොන කෙනෙක්, බේබද්ද, සුරාධූර්තයා.

Drinking, n. බීම &c., see verb; a. බොන, සුරා බීම සම්බන්ධ.

Drinking-vessel, n. පානපාත්‍රය, ඔඩම, පානීලය, පැන්මලාව.

Drink-offering, n. දියර-පූජාව, පාන-පූජාව, පාන-නෛවේද්‍යය.

Drip, v. බින්දු වාසිනවා or වැටෙනවා, වෑස්සෙනවා. This cloth drips or water drips from this cloth මේ රෙද්දෙන් වතුර වාසිනවා or බිඳු බිඳු වැටෙනවා.

Drip, n. බිඳු වැටීම; බිඳු වශයෙන් වැටෙන ජීවා.

Dripping, Drip, n. (උයන මස්වලින් වැගිරෙන) තෙල්.

Drive, v. t. horse &c., දක්කනවා, එහිදවනවා, ගැල් පදවනවා, රිය පදවනවා; a person රථයෙක් ගෙන යනවා; away පන්නනවා, එළවනවා, නෙරපනවා; force into විද්දනවා; drive piles ජම්බාර ගහනවා; drive home, fig. (ඇණ &c.,) හොඳට විද්දවනවා, (සත්‍යය &c.,) හිතට හොඳට විද්දවනවා; impel බලකරනවා.

Drive, v. i. (හුළඟට &c.,) ගසාගනයනවා; රථයෙන් යනවා; drive or rush on වේගයෙන් යනවා; drive or aim at කිසියෙක් තැත්කරනවා, (ගහන්ට, ඉලට කරන්ට) උත්සාහකරනවා.

Drive, n. රථයෙන් යාම or පැදීම; රථ යන පාර; රථ-පාර.

Drivel, v. කෙල වැගිරෙනවා; fig. ලාමකලෙස කථා කරනවා, දොඩවනවා.

Drivelle, n. lit. කෙළතොල්ලා; fig. මෝඩලෙස—දුර්වලලෙස—ක්‍රියාකරන්නා, බුද්ධි විකලයා.

Drivelling, n. මෝඩලෙස-දුර්වලලෙස-තුච්ඡලෙස-ක්‍රියාකිරීම.

Drivelling, a. කෙළතොලුවූ; මෝඩලෙස ක්‍රියාකරන.

Driver, n. දක්කන්නා, පදවන්නා, සාරථියා, රියැදුරා, රථාචාරියා, ප්‍රාජකයා; (යමක්) තල්ලුකරන එක or විද්දන ආවුදය or ක්‍රියාකරවන එක.

Driving, n. දක්කීම &c., see verb; a. ගසාගනයන, තද, (කුණාටු &c.)

Driving-wheel, n. වෙන රෝද කරකවන රෝදය, දුම්රථයේ ප්‍රධාන රෝදයක්.

Drizzle, n. මැහිපොද, සිහින්පොද ගහන වැස්ස, සීකාරය; v. මැහිපොදගහනවා.

Droll, a. කවටවූ, විහිළු, සමච්චල්වූ, සිනාඋපදවන, හාස්‍යෝත්පාදක; n. විහිළුකාරයා, කවට කථිකයා, විදූෂකයා. [දම.

Drollery, n. කවටකම, විහිළුකම, සමච්චලය, සර

Dromedary, n. අරාබි ඔටුවා, එක මොල්ලියක් ඇති ඔටුවා.

Drone, n. පහත් ශබ්දයක්; ඒ ශබ්දය ඇති තලාව; (එවැනි හඬක් ඇති, පැණි නොසාදන) පිරිමි මීමැස්සා; fig. කම්මැලියා, අලසයා.

Drone, v. පහත් ශබ්දයක් කරනවා; (මීමැස්සන්මෙන) නාද කරනවා; කම්මැලිකමෙන් පසුවෙනවා.

Dronish, a. කම්මැලි, අලස ආකාර.

Droop, v. පහතට—බිමදිහාවට—නැමෙනවා, පරවී නැමෙනවා; ඔලුව කඩාගන්නවා; fig. මලානික වෙනවා.

Drooping, p. or a. පහතට නැමෙමින් &c.; පහත නැමෙන, පරවෙන; ක්ෂයවෙන, මලානිකවෙන.

Drop, v. i. (of a fluid) වාසිනවා, වෑස්සෙනවා, බිඳු වැටෙනවා; fall ගිලිහෙනවා, වැටෙනවා, පතිත වෙනවා; sink lower පහත්වෙනවා; drop down or behind පහත් දිසාවට or පස්සට වෙනවා; cease නවතිනවා.

Drop, v. t. බිඳුවශයෙන් වක්කරනවා;
Let fall වැටෙන්ට අරිනවා, අතඅරිනවා, හෙළනවා; drop a perpendiculer අවලම්බයක් හෙළනවා; leave, අත්අරිනවා;
lower පහත්කරනවා, බස්වනවා, දමනවා.
drop a remark or a word හැපෙන්ට වචනයක් කියනවා.

Drop, n. බිඳුව, බිඳ, දියාර්ත, පොද; බිඳුවක් වැනි ආභරණය; වැටෙන පාලම, පෝරයක් වැටෙන දොර or ලෑල්ල. [ජීවා.

Droping, n. වෑස්සීම, වැටීම &c., වාසිත ජීවා, වැටෙන

Dropsical, a. උදරරෝගාකාර, උදරරෝගී; උදකෝදර, ජලෝදර.

Dropsy, n. දිය උදරය, උදරරෝගය, උදකෝදරය, ජලෝදරය.

Drosera, n. විවරක්ෂ, කඳුලැස්ස.

Dross, n. of iron යබොර, යබර; in general බොර, කැළඹ, මලකඩ rust මලකඩ.

Drossiness, n. යබොර ගතිය, බොර ඇතිකම; නොවටනාකම.

Drossy, a. යබොර ආකාර, යබර—බොර—මුසු, මල සහිත; ඉතා පහත්තරම් (බඩු).

Drought, n. නියඟ, දුර්භික්ෂය, දුර්භික්ෂය, පැළුම.

Droughty, a. නියං, නියඟ, දුර්භික්ෂ; be droughty නියංකරනවා.

Drouth, n. Drouthy, a. Scot. දුර්භික්ෂය, පිපාසය; දුර්භික්ෂ, පිපාසිත.

Drove, n. (දක්කාගෙන යන) මෘගරැළ, එකට යන්නා වූ රංචුව or සමූහය, සූවිය, in agri. වතුරපාර, ඇළ්ලිය, වාරිමාර්ගය. [න්ද.

Drover, n. මෘගරැළක් දක්කන්නා; මෘග රංචුවෙළෙන්ද

Drown, v. ගිලලා මරනවා, ගිල්ලවාදමනවා, දියේ ඔබා මරනවා; දියට යටකරනවා, නිමග්නකරනවා; (හඬ වෙන ශබ්දයකට) යටකරදමනවා; ගිලී මැරෙනවා; (සැපසෙල්ලම්වල) ගිලෙනවා.

Drowned, pp. or a. or be. ගිල්වා මරනලද; ගිලී මැරුණ, නිමග්නවූ, දියට යටවෙනවා &c.

Drowning, n. or a. ගිල්ලවා මැරීම &c., ගිලී මැරෙන.

Drowsiness, n. නිදිමතකම, නිදිමතය; fig. උනන්දු නැතිකම.

Drowsy, a. නිදිමත, බුදිමත; fig. උනන්දු නැති, අලස, කම්මැලි.

Drub, v, තලනවා, පොල්ලකින්—වේවැලෙන්—තළනවා, තඩිබානවා, ගහනවා.

Drub, n. පහර, පොලු පහර. [දීම

Drubbing, n. තැළීම, වේවැලෙන් &c., තැළීම, පහර

Drudge, v. (වාලෙක් සේ) තදලෙස වැඩ කරනවා, බරවැඩ—පහත්වැඩ—කරනවා. [කරන අය.

Drudge, n. පහත්වැඩ කරන අය, තදලෙස වැඩ

Drudgery, n. තද වැඩ, එපාවුණ වැඩ, අප්‍රිය වැඩ, පහත්තරමේ වැඩ, කීචවැඩ.

Drug, n. බෙහෙත් ද්‍රව්‍යය, බෙහෙත, ඖෂධය, ඔසුව; fig. (බෙහෙත්වාගේ) ඉක්මනට නොවිකිණෙන බඩුව; knowledge of drugs රස විද්‍යාව, රස වෙදකම්ය,

Drug, v. බෙහෙත් දෙනවා, බෙහෙත් ද්‍රව්‍ය අධික ලෙස දෙනවා; (කෑම බීම ඒක්ක) බෙහෙත්—විස—දමා මිශ්‍රකරනවා. [අනුව.

Drugget, n. ලෝම රෙදි ජාතියක්, ලෝම බුමුතුරු

Druggist, n. බෙහෙත් වෙළෙන්ද, බෙහෙත් මිශ්‍රකර විකුණන්නා, ඖසදවටුවා.

Druid, n. (යුරෝපයේ පුරාණ) කෙල්තික් පූජකයා.

Druidism, n. කෙල්තික් ජාතීන්ගේ පුරාණ ආගම, කෙල්තික් සමය.

Drum, n. large දවුල, සිංගාරම, තම්බෝරුව, දුන්දුභිය; double මැම්මැට්ටම, තම්මැට්ටම; large in the middle බෙරය; small in the middle උඩැක්කිය, ඩැක්කිය, ඩමරුව; one-headed, tambourine, රබාන, අතතය; fig. ඒ හැඩයඇති දෙයක්; drum of the ear කනේ ඇතුල් කොට්ඨාසය, අන්තඃකර්ණ නාලය.

Drum, v. දවුල්, සිංගාරම් &c., ගහනවා; (බෙරයට මෙන් වෙන යම්කට පහරවලින්) තට්ටුකරනවා; drum up බෙරගසා රැස්කරනවා; drum out බෙර ගසා අරිනවා or අහස්කරනවා; drum into නැවත නැවත කියා හිතට වද්දවනවා.

Drumhead, n. දවුලේ මුදුන or හිස or හම, බෙරඇස, තම්බෝරු මුදුන &c., &c.

Drum-head court-martial, n. (දවුල වටකර රැස්වෙන) හදිසි හේවා-නඩු-සභාව.

Drum-major, n. බෙරවා මුලාදෑනියා, හේරිවාදක මුලාදෑනියා, ප්‍රධාන බෙරවායා, පනික්කල මුලාදෑනියා.

Drummer, n. බෙරවායා, බෙරකාරයා, පනික්කලයා, උඩැක්කිකාරයා.

Drum-roar, හේවිසිය, සිංගාරම, බෙරහඬ, භේරි ඝෝෂාව.

Drum-stick, n. කඩිප්පුව, තම්මැට්ටම් කොස්ක.

Drunk, be or **become,** v. මත්ව සිටිනවා, බීලා—බීගන—ඉන්නවා, වෙරිවෙනවා, ප්‍රමත්තවෙනවා.

Drunkard, n. බේබද්දා, බේබදුවා, බේබසියා, බෙබේ, බීමත්කාරයා, බොනයා, රාකොස්සා, සුරාධූර්තයා, රාසොඬා, පානශෞණ්ඩයා.

Drunken, a. of the state මත්වූ, වෙරි, බීලා ඉන්න, ප්‍රමත්ත, ක්ෂීබ, මද්‍යෝන්මත්ත of the habit බීමත්කාර, බේබදුවූ, සුරාධූර්ත.

Drunkenness, n. බීමත්කම, බේබදුකම, මත්ගතිය, මත්කම, සුරාධූර්තතාව, ප්‍රමත්තතාව.

Dry, a. වියළි, වේළිච්ච, තෙත නැති, දියසීරාව නැති, ශුෂ්ක, ඉඩෝර; පිපාස; නීරස; dry eyes කඳුළු නැති ඇස්, dry cow &c., කිරිනැති—කිරිමැරූ—කිරිදෙන &c., dry goods සියලු රෙදිජාති බඩු; fig. සිත උනන්දුනොකරන, සිත්නොගන්න, විරස, රස නැති, (කථාව); සැර,ඇනුම්පද ඇත්තාවූ; සුරාවෙන් තොර, සුරාවර්ජිත, මද්‍යවිරහිත.

Dry, v. වේළනවා, වියළනවා; වේළෙනවා, වියළෙනවා, ශුෂ්කවෙනවා; dry up (of a fluid) හිඳිනවා, හිඳෙනවා.

Dryad, n. වනදේවතාවා.

Dry-dock, n. වතුර හිස්කළ හැකි නෞකා තටාකය.

Dryer, n. වියළවන්නා; (නීත්ත) වියළවන ද්‍රව්‍යය.

Dryly, ad. තෙත නැතුව; උනන්දු නැතිලෙස; අමධුර ලෙස.

Dryness, n. වියළීම්කම, ශුෂ්කතාව, යුෂ නැතිකම, නිර්ද්‍රවතාව, ඉඩෝරකම, රස නැතිකම, විරස භාවය.

Dry-nurse, n. තනකිරි නොදී ළදරුවා ඇතිකරන්නී.

Dry-rot, n. වියලි ලීවල දිරාපත්වීම, කුණුවීම.

Dual, a. ද්වි, ද්විත්වාකාර, ද්විවාචකවූ, දෙකක් සහිත.

Dualism, n. යහපතෙක් හා අයහපතෙක්ද වන දෙවිවරු දෙදෙනෙක් ඇත යන විශ්වාසය, ද්විප්‍රකාර දේවද්වෛවිය.

Duality, n. ද්විප්‍රකාරත්වය, ද්විත්වය, ද්වෛතය, ද්වෛවිධීභාවය.

Dub, v. පටබඳිනවා, පටබැඳි නමක් දෙනවා; වැයෙන් සකිනවා; ගානවා.

Dubbing, n. හම්වල ගාන තෙල; වැයෙන් සැසීම.

Dubious, a. අනුමාන, සැක, සංකා සහිත, සංකාකීය.

Dubiously, ad. අනුමානලෙස &c., අනිශ්චිතලෙස; සාංකා උපද්නලෙස.

Dubiousness, n. අනුමාන ගතිය, සැකසහිතකම, අනිශ්චිතතාව.

Dubitation, n. සැකකිරීම, අනිශ්චිතතාව, සන්දේහය, සංශය, සඞ්කාව.

Ducal, a. ප්‍රධාන සිටුවරයාට අයිතිවූ, ආදිපාදික, පළමුවෙනි වංශාධිපති.

Ducat, n. යුරෝපයේ කලින් ව්‍යවහාරයෙහි පැවති කාසියක්.

Duchess, n. ප්‍රධාන සිටුවරයාගේ භාර්‍යාව, ආදිපාදයාණිව, පළමුවෙනි වංශාධිපති දේවී.

Duchy, n. ප්‍රධාන සිටාණන්ගේ ප්‍රදේශය, සිටු දනව්ව.

Duck, n. තාරාවා; fem. තාරාවී; fig. ඉස නැමීම; දළ රෙද ජාතියක්.

Duck, v. දියේ ඔබනවා, දිය යටට නමනවා; ඉස පහත් කරනවා or නමනවා; දිය යටට නැමෙනවා or ගිලෙනවා, ගිලී මතුවෙනවා.

Duckling, n. තාරාපැටියා.

Ducky, n. ප්‍රේමවන්තී or ප්‍රේමවන්තයා.

Duct, n. නළය, නාලය, (ශරීරවල or පැළවල) නාළිය, ප්‍රණාලිය, සිරාව.

Ductile, a. (කම්බි or කෙඳි අදින්ට or තහඩු තළන්ට හැකිලෙස) බුරුල්වූ, මෘදුවූ, පහසුවෙන් නැමෙන, ආනම්‍ය; (ලෝහජාති); fig. හික්මෙන්නාවූ.

Ductlity, n. (ලෝහවල) නැමෙන සුලුබව, ආනම්‍යතාව; හික්මුම්කම.

Dudgeon, n. අමනාපය, අසන්තෝෂය, කෝපය, රෝෂය, ක්‍රෝධය.

Due, a. ගෙවන්ට or දෙන්ට යුතුවූ, ණයවූ, දේය, යෝග්‍ය, යුතු, නිසි, නියම; the train is now due දැන් දුම්රියට එන්ට යුතු වේලාවයි.

Due, n. ගෙවිය or දිය යුතු දේ, යාස්තුව, අයබද්ද, තිරුව, හිස්ස: my due මට ලැබෙන්ට යුතු දේ, මට හිස්ස.

Duel, n. දෙදෙනෙකුගේ යුද්ධය, ද්වන්ද්ව යුද්ධය.

Duet, n. දෙදෙනෙකුටම නියමවූ නාලය, ද්වන්ද්ව වෘත්තය, දෙදෙනෙකුගේ ගීතිකාව. [යා.

Duffer, n. සාප්පු බඩු විකුණන්නා; මොට්ටයා, මෝඩ

Duke, n. ඉතා ශ්‍රේෂ්ඨ වංශාධිපතියා, පළමුවෙනි වංශාධිපතියා, ආදිපාදතුමා.

Dukedom, n. ශ්‍රේෂ්ඨ වංශාධිපතියාගේ ප්‍රදේශය, ශ්‍රේෂ්ඨාධිපතියාගේ රාජ්‍යය; ඒ පටබැඳි නම; ආදිපාද පදවිය, ඩියුක් නම් ශ්‍රේෂ්ඨකම.

Dulcet. a. lit &c., fig. to the taste or ear රුචි, සුරස, මධුර, මිහිරි.

Dulcify, v. in chem. (කහට, ඇඹුල්, ආදිය මැරීමෙන්) මධුරකරනවා.

Dulcimer, n. (පිත්තල තත් පණහක් ඇති) මිහිරි වීණාව.

Dull, a. stupid ගුඩ්ඩවූ, මන්දබුද්ධිවූ, බුද්ධිහීනවූ. මොට්ට; not sharp මුවාතනැති, තියුණු නැති, මොට්ට; dim දීප්තිය මදිවූ, අඳුරු; of the faculties තියුණු මදිවූ; sluggish උත්සාහ නැති; sad ප්‍රීතිමදිවූ, කාන්සාවූ

Dull, v. lit. & fig. මොට්ටකරනවා, මොට්ටවෙනවා, දීප්තිය—ප්‍රීතිය—අඩුකරනවා.

Dullard, n. මොට්ටයා, ගුඩ්ඩියා, මෝඩයා.

Dullness, n. මොට්ටකම, මන්දබුද්ධිය; තියුණු මදිකම, ඔප—දීප්ති—උත්සාහ—ප්‍රීති—මදිකම; see adj.

Dull-sighted, a. ඇස්පෙනීම මදිවූ, ඇස් අඳුරු.

Dull-witted, a. සිහි මොට්ටවූ, මන්දබුද්ධි.

Duly, ad. නිසිලෙස, සුදුසුලෙස, නියමලෙස. නියම වේලාවට, යථාකාලයෙහි.

Dumb, a. ගොළු, කථාකළ නොහැකි, මූක; silent නිශ්ශබ්ද, තුෂ්ණීක, කථානැති, Strike dumb හදිසියෙන් ගොළුකරනවා, නිරුත්තර කරනවා, fig. විස්මයෙන්—භයෙන්—නිශ්ශබ්දකරනවා, තුෂ්ණීකරනවා, ගල්ගැසෙනසේ සලස්වනවා.

Dumb-bells, n. pl. ව්‍යායාම පිණිස සරඹ කරන බර දුම්බ, [මය.

Dumbness, n. ගොළුකම; නිශ්ශබ්දකම, තුෂ්ණීම්භා

Dumb-show, n. නිශ්ශබ්දාංග වික්ෂේපය, කථානොකර පෙන්වන නාඩගම.

Dummy, n. ගොළුවා, බොරු පොට්ටනිය; කඩදාසි සෙල්ලමේ කණා.

Dump, v. බිමදමනවා, ගොඩගහනවා; ලාභබද්ධ බහුල කරනවා. [තයස.

Dumpish, a. තලංගු ගතියක් ඇති, මලානික දෞම්

Dumps, n. pl. කාන්සා සහිතභාව, කාන්සි ගතිය, අවතාපය.

Dumpling, n. තම්බන කැවි—පුඩිත්—ජාතියක්.

Dumpy, a. කොට ඝනවූ, මිටි තරබාරු.

Dun, a පාටෙන් අඳුරුවූ, දුඹුරු, දුම්වන්, තාම්‍රවර්ණවූ, තල එළලු,

Dun, v. නැවත නැවත ණය ඉල්ලනවා, (ණය *or* වෙන යමක්) කරදරකර ඉල්ලනවා.

Dun, n. නැවත නැවත ඇවිත් ඉල්ලන්නා, කරදරකර ඉල්ලන්නා.

Dunce, n. ඉගෙනගැනීමට සිහිය මදි අය. අඥනයා, මොට්ටයා.

Dune, n. මෙරළේ වැලිගොඩ, වැලිකන්ද, මිටි වැලි හෙල; ගල්කුළුගෙය, කූටාගාරය.

Dung, n. අශුචි, කසල, අභිතූ, (හරක්) ගොම, (අශ්ව) බෙටි, ඉලත්ති, වසුරු, v. පෝර දමනවා; ගොම &c., පතුරනවා, බෙටි ගහනවා.

Dungeon, n. ඇඳිරිගේ, හිරගේ, දණ්ඩගේ, කාරාගාරය, බන්ධනාගාරය.

Dunghill, n. කසළගොඩ, කුණුගොඩ. [නාවූ.

Duodecimal, a. දෙළොස යන ප්‍රමාණයෙන් ගණින්

Duodecimals, n. in arith. දෙළොසෙන් ගණිත ක්‍රමය, ද්වාදසකක්‍රම ගණිතය.

Duodecimo *or* 12mo, a. සම්පූර්ණ කොළය කොළ *or* පට දෙළොසකට නැමුවාවූ, දෙළොස් ප්‍රමාණයේ මහත ඇත්තාවූ, දෙළොස් ප්‍රමාණ, (පොත).

Duodecimo, n. (එසේ) දෙළොස් ප්‍රමාණ පොත.

Duodenum, n. (බඩවැලෙන්) පළමු කුඩා බඩවැල් පංගුව, පූර්ව ක්ෂුද්‍රාන්ත්‍රය.

Dupe, v. රවටනවා, මුළාකරනවා; n. පහසුවෙන් රැවටෙන්නා.

Duplex, v. ද්විගුණ.

Duplicate, a. දෙකක් අඩංගු, ද්විගුණ, ද්වන්ද්ව.

Duplicate, n. යමක් සමාන දෙවෙනි එකක්, දෙවෙනි පිටපත, කෙටුම්පත.

Duplicate, v. ද්විගුණකරනවා, ද්විත්වකරනවා, දෙපට කරනවා.

Duplication, n. ද්විගුණකිරීම &c.; නමාපු පටය.

Duplicity, n. දෙයාකාරකම, දෙබස, කූටකකම, වංකකම, ද්විජිහ්වතාව.

Durability, n. පවතින භාවය, කල් පැවතීම, සවිකම, චිරස්ථායිතාව, චිරස්ථිතිය, චිරස්ථභාවය

Durable, a ඉක්මනින් ගෙවීනොයන්නාවූ, පවතින, කල්පවත්නා, චිරස්ථගුණ ඇති, සවි.

Duramen, n. ගසේ තද පංගුව, අරටුව, හරය.

Durbar, n. ඉන්දියාවේ ශ්‍රවණ ශාලාව; රජදැක්ම.

Durance, n. පැවතීම; හිරඅඩස්සිය.

Duration, n. පැවතීම, පැවැත්ම, පවතින කාලය; පැවතීමේ බලය, චිරස්ථගුණය,

Duress, n. අනාවූ හිරඅඩස්සිය; හිරඅඩස්සියේ *or* අඩස්සියකොට තැබීම.

During, prep. දී (as කරද්දී), අතරතුරේදී, තුරු, කල්, සමයේ, during those days ඒ දවස් අතරතුරෙහි; during life ජීවිතයේදී *or* ජීවත්ව සිටිනතුරු &c.,

Dusk, become, v. අඳුරුවෙනවා, ඇඳිරිවෙනවා; n. අඳුරුකම, හිමිදිරිය, ගොම්මං වේලාව.

Duskiness, n. අඳුරුකම, මඳ කළුවරකම. Dusky, a. අඳුරු, මඳ කළුවූ.

Dust, n. දූවිල්ල, ධූලි, චූර්ණ, රේණුව; pollen රජස, පරාග.

Dust, v. දූවිලි. *or* දූවිල්ල ගසාදමනවා, පිසදමනවා; dust with powder &c., කුඩු, පිටි, දූවිලි, &c., ඉසිනවා *or* තවරනවා.

Dust-brush, n. දූවිලි කොස්ස.

Dust-cart, n. වීදිවල කුණු (රොඩු) ගෙනයන කරත්තය, කුණුකරත්තය

Duster, n දූවිලි ගසාදමන රෙදිකඩ, දූවිලි රෙදිකඩ; දූවිලි අහක්කරන දෙය.

Dust-man, n. කුණු ගෙණයන්නා, කුණු අදින්නා.

Dust-pan, n. දූවිලි ඉස්කෝප්පය, ධූලි භාජනය.

Dusty, a. දූවිලි සහිත, දූවිලි වැසි තිබෙන්නාවූ, රේණු දූෂිත.

Dutch, a. *or* n. හොලන්ඩ් රටට අයිතිවූ, ඕලන්දක්කාර, ලන්දේසි; ඕලන්දක්කාරයෝ; ඕලන්දක්කාර භාෂාව.

Dutiable, a. තීරුවට යටත්වූ, තීරු ගෙවියයුතු, (බඩු).

Dutiful, Duteous, a. කීකරු, හික්මුණු, යටහත්, ශිෂ්ට, සම්මාන.

Dutifully, ad. කීකරුලෙස, යටහත්ලෙස, හික්මුම් කමින්, සම්මානයෙන්,

Dutifuless, n. කීකරුකම, හික්මුම්කම, යටහත්කම, සම්මානතාව.

Duty, n. (කරන්ට තිබෙන) යුතුකම; යුතු වැඩය *or* නියමය, කටයුත්ත; රාජකාර්යය; religious ධර්ම ප්‍රතිපත්තිය; social duty of a man පුරුෂාර්ථය; a watch-man on duty වැඩේ යෙදිසිටින රැකවලෙක්; tax තීරුව, මුහුදුබද්ද, අයබද්ද, ශුල්කය.

Duty-free, a. තීරුවෙන් නිදහස්වූ, තීරුවට යටත් නැති (බඩු).

Duumvirate. n. (පුරාණ රෝමයේ) එක තනතුරෙහි දෙදෙනෙකුගේ සංයෝගය; ද්විත්ව සංයෝග ධානානන්තරය.

Duumvir, n. (එයාකාර දෙන්නාගෙන් කෙනෙක්), ද්විත්ව සංයෝග ධානානන්තරකාරයෙක්.

Dwarf, n. මිට්ටා, කුරා, අඟුටු මිට්ටා, ගොටයා; short-legged person ලකුණ්ටකයා; dwarf tree මිටි ගහක්.

Dwarf, v. (ලොකුවෙන්ට නැර) මිටි or කුඩාකරනවා, ලකුණ්ටකකරනවා.

Dwarfish, a. සම්පූර්ණ උස නැති, මඳමිටිවූ, වාමන; fig. සුළුපටු, පහත්.

Dwarfishness, n. උසනැතිකම, මිටිකම, කුඩාකම, ක්‍ෂුද්‍රතාව.

Dwell, v. පදිංචිවෙනවා, වාසයකරනවා, විසනවා, වෙසෙනවා, වැජඹෙනවා, විහරණයකරනවා; fig. Dwell on a thing යමක් ගැන බොහෝකල්—බර පතලලෙස—කථාකරනවා or මෙනෙහි කරනවා.

Dweller, n. පදිංචිවෙන්නා &c., පදිංචිකාරයා, වැසියා.

Dwelling, n. පදිංචිවීම &c., විහරණය; පදිංචිය, වාස ස්ථානය, නිවාසය, නිවස, භවනය.

Dwelling-house, n. නිවාසගෘහය, නිවේශනය, නිකේතනය, මන්දිරය, මැඳුර.

Dwindle, v. පිරිහෙනවා, හීනවෙනවා, ක්‍ෂයවෙනවා, අඩුවෙනවා; අඩුකරනවා.

Dye, v. සායම් පොවනවා, සායම්කරනවා; n. සායම, වර්ණය, රංගය.

Dye-house, n. සායම්කර්මාන්ත ගෙදර, සායම් පට්ට [ලය.

Dyeing, n. සායම්කිරීමේ ශිල්පය, සායම් පෙවීමේ කර්මාන්තය, රජනය.

Dyer, n. සායම් කර්මාන්තකාරයා, සායම් ශිල්පියා රජකයා.

Dying, p. or a. නසිමින් &c. see Die; නසින, නැසෙන, මරණීය; මරණය සම්බන්ධ, මරණාසන්න, මරණාසන්නයෙහි වුණාවූ &c.

Dying, n. මැරීම, නැසීම &c., මරණය, පරම්විලිය.

Dynamic, Dynamical, a. බලය සම්බන්ධ, බලජ, බලෝත්පාදක, වේගසම්පන්න, වේගාශ්‍රාකාර, වේගශාස්ත්‍ර.

Dynamics, n. pl. (ක්‍රියාකරන දේවල) බලය or වේගය පෙන්වන ශාස්ත්‍රය, වේග ශාස්ත්‍රය.

Dynamite, n. පුපුරන වෙඩිල්ලක්, ගල් වෙඩිල්ලක්.

Dynamo, n. විදුලි බලය උපදවන යන්ත්‍රයක්, බලෝත්පාදක යන්ත්‍රය.

Dynamometer, n. ශක්තිය මනින යන්ත්‍රය, ශක්ති මාපක යන්ත්‍රය.

Dynasty, n. රජ පෙළපත, රාජවංශය, රාජ පරම්පරාව, රාජකුලය, අන්වය, (පරම්පරාගත) රාජ ආණ්ඩුව.

Dys, prefix, Gk. දුස්, දුෂ්කර, අමාරු. යන අර්ථ ඇති උපසර්ගය.

Dysenteric, Dysenterical, a. රක්තාතිසාර, අතිසාරය පිළිබඳ.

Dysentery, n. රක්තාතිසාරය, අතීසාරය, ආමරක්තය, ආමාතිසාරය, පාචනරෝගය; in the fatal stage ප්‍රවාහිකාව.

Dysopsy, n. අඳුරු ඇස්-පෙනීම, ඇස් පෙනීමේ අඳුරුකම, ඇස් ඇඳිරිය.

Dyspepsia, Dyspepsy, n. අජීර්ණ රෝගය, අජීර්ණය, ආමය, මන්දාග්නිය.

Dyspeptic, a. අජීර්ණකම ඇත්තාවූ, අජීර්ණයෙන්—ආමයෙන්—අමාරුව විඳින්නාවූ, ආමරෝගී.

Dyspeptic, n. අජීර්ණකම විඳින්නා, ආමරෝගියා.

Dysury, n. අමාරුවෙන් මුත්‍ර පැහැරීම, මූත්‍ර කෘච්ඡ්‍රය, මූත්‍රාතිනය.

E.

E. for East, පූ. or පූර්ව දිශාව; for Ex., which see.

Each, a. එකඑක; pron. mas. එකිනෙකා; fem, එකිනෙකී; neu. එකිනෙක; (saw &c.) each other අන්‍යෝන්‍යයන් (දුටුවා &c.).

Eager, a. (යමක් ඉෂ්ටකිරීමට) ඉතා ආශා or ඕනෑකම් ඇති, ලොල්වූ, කෞතුක, කුතුහල, කෞතුහල, උත්සුක.

Eagerly, ad. තද කැමැත්තක් ඇතුව, ඉතා ඕනෑකමින් ජ්වලිතලෙස, කුතුහලලෙස, කුතුහලයෙන්, උත්සුකලෙස.

Eagerness, n. බලවත් ආශාව, තද කැමැත්ත, කුතුහලය, අභිමතතාව,

Eagle, n. රාජාලියා; රාජාලි කොඩිය; රාජාලි තරු රාශිය.

Eagle-eyed, a. රාජාලියා මෙන් තීක්‍ෂණ ඇස් ඇත්තාවූ, රාජාලිඇස් ඇත්තාවූ; fig. තීක්‍ෂණ සිහි පරීක්‍ෂා ඇත්තාවූ.

Eaglet, n. රාජාලි පැටියා; කුඩා ජාතියක රාජාලියා.

Eagle-winged, a. රාජාලි පියාපත් ඇත්තාවූ, රාජාලියා මෙන් ශීඝ්‍රවූ.

Ear, n. කන, සවනය, ශ්‍රවණය, ශ්‍රෝත්‍රය; outer ear කන්පොත්ත, ශුෂ්කිමණ්ඩලය, the sense ශ්‍රවණේන්ද්‍රිය; ear hole කන්සිදුර; ear lobe කර්ණ ලතිකාව; ear-disease කර්ණ රෝගය, ශ්‍රෝත්‍ර රෝගය; something of ear shape කනේ හැඩය ඇති දෙය; give ear or heed කන්දෙනවා, ඇහුම්කන් දෙනවා; set by the ears උසිගන්වනවා, තරහයට පොලඹවනවා, උල්පන්දම්දෙනවා, කොටවනවා.

Ear, n. කරල; v. කරල් අටගන්නවා.

Ear-ache, n. කන්කැක්කුම, කර්ණශූලය.

Ear-drop, n. See Ear-ring. Ear-drum, n See Drum.

Earl, n. තුන්වෙනි තරමේ වංශාධිපතියෙක්.

Earldom, n. තුන්වෙනි තරමේ වංශාධිපතියාගේ ප්‍රදේශය; ඒ පටබැඳි නම; අර්ල් පදවිය.

Earliness, n. වේලාසනකම, කල් ඇතුව සිඩවීම; ආදිත්වය.

Earl-marshal, n. (සුද්ධචාරිත්‍ර නිලායතන) අටවෙනි තරමේ සිටුවරයා.

Early, a. වේලාසනින්—කලින්—එන්නාවූ or වෙන්නාවූ &c.; an early riser අලුයම්—පාන්දරින්ම—නැගිටින්නා; early life පූංචි—බාල—තරුණ—කාලය or වයස; eariy ages පූර්වකාල, පුරාතන.

Early, ad. වේලාසනින්, වේලාපහෙන්, කලින්; අප්‍රමාදව; early in the morning අලුයම, උදෑසනින්ම, පාන්දරින්ම, ප්‍රාතඃ කාලයෙහි, ප්‍රත්‍යූෂ කාලයෙහි.

Earn, v. (වැඩ or වෙන යමක් කිරීමෙන් මුදල් or ප්‍රතිඵල) සම්බකර ගන්නවා, උපයනවා, මෙහෙයනවා, ලබනවා; (ස්තුති, ප්‍රශංසා, ගෞරව, යනාදිය) ලබාගන්නවා or ලබන්ට යෝග්‍ය වෙනලෙස හැසිරෙනවා.

Earnest, a. සිතේ ඕනෑකමින් ක්‍රියාකරන, උත්සාහවන්ත, උනන්දු, ජ්වලිත, (ශකතෙක්); ඕනෑකමින් කරන (ක්‍රියා); earnest look ඕනෑකමින් බැලීම.

Earnest, n. අර්ථනම්වය, ඒකාන්තකම, in earnest ඒකාන්තකමින් ; (of payment &c.) අත්තිකාරම් ; පූර්ව ලක්ෂණය.

Earnestly, ad. ඔනෑකමින්, උත්සාහයෙන්, ජ්වලිත ලෙස, උනන්දුලෙස, උදක්ම.

Earnest-money, n. ස්ථිරකිරීමට දෙන මුදල, අත්තිකාරම් මුදල.

Earnestness, n. හිත යොමුකිරීම, උත්සාහවන්තකම, ජ්වලිතකම, උනන්දුකම ; ඒකාන්තකම.

Earning, Earnings, n. (වැඩෙන් &c.) සම්බකරගත්ත දේ; ඉපයූ දේ, ප්‍රතිඵල, පඩි.

Ear-pick, n. කන්හැන්ද. **Ear-piercer**, n. කණ්ඃරුව.

Ear-ring, n. කුණ්ඩලාභරණය, කර්ණාභරණය, කඩුක්කම, අරුත්ගලය, තෝඩුව, අවතංසය, කණ් ආලණය.

Ear-shot, n. කනට ඇසෙන දුර, කර්ණගෝචරය, ශ්‍රවණ විෂය.

Earth, n. soil පස්, පාංශු ; ground භූමිය, පොළව; dry land ගොඩ, ගොඩබිම, ස්ථලය ; this world පොළව, භූමිය, පෘථිවිය. ලෝකය, ලොව, ධරණිය ; element of earth පෘථිවි ධාතුව.

Earth, v. පොළවෙහි වළලනවා, බිම හාරගෙන ඉන්නවා.

Earth-born, a. පොළවෙහි උපන්, පෘථිවිජ, භූමිජ.

Earthen, a මැටි, මෘන්මය, මෘත්තික, මෘණ්මයි, (භාජන).

Earthenware, n. (පීරිසි, කෝප්ප, වළන්, යනාදී) මැටි භාජන, මැටි බඩු, කුලාල භාජන.

Earthliness, n. ලෝක ස්වභාව, ඓහලෞකිකතාව, භෞමිකතාව; ලෞකිකකම, ලෝකාලය.

Earthly, a. මෙලොවට අයිත්තූ, මෙලොව, ලෝක, භූමික, භෞමික, පොළෝ, ඓහලෞකික, දෛහික; ලෞකික.

Earthly-minded, a. මෙලොව ඇල්ම ඇත්තාවූ, ලෞකික සිතක් ඇති.

Earthquake, n. පොළෝ කම්පාව, භූමි කම්පාව, පෘථිවි චලනය.

Earth-work, n. පස් වැඩය, පස් හෑරුම් වැඩය; පස්-පවුර.

Earth-worm, n. පණුවා; large ගැඩවිලා, ගැඩවිලා, කැටිපිල් පණුවා; fig. කීටයා.

Earthy, a. පස්වූ, පස් මුසු, පස් වැනි ; පොළෝ, භෞමික.

Ear-wax, n. කලාඳුරු, කන්කාඳුරු, කනේකසළ, කර්ණගූථය, කර්ණමලය.

Earwig, n. කුඩා සත්තු ජාතියක්, කන්වෑයා ; fig. කපටිකමින් කනට කොඳුරන්නා, ඉච්චා කාරයා.

Ear-witness, n, කනින් ඇසූ සාක්ෂිකාරයා.

Ease, n. පහසුව, පහසුකම, අමාරුනැතිකම, ලේසිය, ලේසිකම, අනායාසය ; සැනසිල්ල, නිෂ්කලංකය, ශාන්තිය, විශ්‍රාමය ; be at ease වේදනා—දුක—සංවේග — නැතුව සිටිනවා, සහනයේ සිටිනවා, ශාන්තියෙන් සිටිනවා.

Ease, v. පහසුදෙනවා, පහසුකරනවා, ලේසිකරනවා; (බර, දුක) අඩුකරනවා or සැහැල්ලුකරනවා. සහනයකරනවා.

Easel, n. (චිත්‍රකර්මාන්තකාරයා පාවිච්චිකරන) සිතියම් මැස්ස or රාමුව or සිතියම් රෑල්ල.

Easement, n. අමාරුවෙන් මිදීම, පහසුකම, සහනය.

Easily, ad. පහසුවෙන්, ලේසියෙන්, අමාරුනැතුව, නිතැතින්, අනායාසයෙන්, නිරායාසයෙන් ; smoothly මෘදුවෙන් ; easily obtained, a. සුලභ.

Easiness, n. පහසුකම, ලේසිකම, අනායාසතාව ; compliance විනයස්ථතාව ; tranquillity ශාන්තතාව.

East, n. නැගෙනහිර, පෙරදිග, ඉදුරුදිග, පැදුම්දිග, පූර්වදිශාව ; ප්‍රාචීනදේශය, නැගෙනහිර ලෝකය.

East, a. නැගෙනහිර, පෙරදිග, පූර්වදිශාවේ (තිබෙන).

Easter, n. පාස්කුව ; පාස්කු කාලය ; උපරිගමන මංගල්‍යය; Chr. ස්වාමීන්ගේ නැගිටීමේ කාලය or මංගල්‍යය.

Easterly, a. නැගෙනහිරෙන් එන්නාවූ, නැගෙනහිර; නැගෙනහිරට—නැගෙනහිර දෙස—තිබෙන්නාවූ.

Easterly, Eastward, ad. නැගෙනහිරට, නැගෙනහිර දෙසට, පූර්වදිශාවට.

Eastern, a නැගෙනහිර දිශාවට — පූර්වදිශාවට — අයිත්තූ, පෙරදිග, ප්‍රාචීන, පූර්වදේශීය, ප්‍රාච්‍ය ; නැගෙනහිරෙන් තිබෙන, පෙරදිගට යන්නාවූ; eastern mountain, උදයගිරි, උදයාචලය.

Easy, a. පහසු, ලේසි, ලෙහෙසි, සුකර, අමාරු නැති ; තදනැති, රළුනැති, මෘදු ; ලිහිල්, ශිථිල, සුගම; be easy වේදනා නැතුව—සහනයේ—සිටිනවා ; be easy with (යමෙකුට) අමාරුනොකර—තදනොවී—ක්‍රියාකරනවා, බුරුලදෙනවා.

Easy-chair, n. සතිප පුටුව, හාන්සි පුටුව, දික්සලා පුටුව.

Eat, v. කනවා, අනුභවකරනවා, වළඳනවා, සප්පායම් වෙනවා, සප්පායම් කරනවා බුදිනවා. කොටාබානවා, භක්ෂණයකරනවා ; invol. කෑවෙනවා ; eat into (as rust) කාවදිනවා ; eat up කාදමනවා.

Eatable, a. කෑ හැකි, ඛාද්‍ය; n. කෑමට සුදුසු—කෑමට ගන්න—ද්‍රව්‍ය : pl. කෑම්ජාති.

Eaten, pp. කා, කාලා &c., see verb ; S. adj. කාපු, කෑ &c., ඛාදිත.

Eating, n. කෑම &c., භක්ෂණය ; කෑවීම ; කාවැදීම ; කාදැමීම.

Eating-house, n, (මිලේට) කෑම දෙන ශාලාව, භොජන ශාලාව, බත්කඩේ.

Eau-de-Cologne, n. පිනිදිය, සුගන්ධාසවය, ඕඩ්කොලෝන් නම් සුවඳ පැන්.

Eaves, n. pl. වහලේ පහත අද්දර, or පලයයට. අක් දෙරිය, වලිකය ; ground below the eaves අගුව.

Eaves-dropper, n. (පිලිකනුවල, ජනේල) හොරෙන් අහගන ඉන්නා, රහසින් ඇහුම්කන් දෙන්නා.

Ebb, n. of the tide බැසයාම ; low water බාදිය ; ebb and flow වඩබාදිය ; fig. පිරිහීම.

Ebb, v. බහිනවා, බැසයනවා ; පසුබසිනවා ; පිරිහෙනවා, අඩුවෙනවා, ක්ෂයවෙනවා.

Ebon, a. කළුවර ලී; කළුවර ලී වැනි, කළු.

Ebonise v. කළුවර ලීමෙන් කළු කරනවා.

Ebony,. n. කළුවර ලී, කළුවර.

Ebriety, n. බීමත්කම, මත්ගතිය. **Ebriosity**, n. සුරාධූර්තතාව.

Ebullition, n. (වතුර මෙන්) උණුවී ඉතිරීම, ඉතිරියාම ; (බෙහෙත් ද්‍රව්‍ය වලින්) පෙනදැමීම ; fig. (ශෝකය, තරහ &c.) හදිසියෙන් නැගීම or වැඩිවීම, කිපීම.

Ecbactic, a. in gram. (පිණිස යන අර්ථය නොව සිද්ධවීම or සිද්ධවෙන) ජේ—පරිද්ද—ආකාරය—පෙන්වන, සිද්ධවාචක.

Eccentric, a. අක්ෂය or නාභිය චක්‍රයේ හරිමැදට නැත්තාවූ ; fig. නියම or සාමාන්‍ය අත්දමට වෙනස්වූ or වෙනස්ලෙස ක්‍රියාකරන, අනියම්, අමුතු, විකාර.

Eccentricity, n. හරිමැදින් ඈත්වතිබීම ; fig. සාමාන්‍ය නොවන මැදගැම්මක් නැති හැසිරීම, අනියම්කම &c.

Ecce signum, L. ලකුණ—ඔප්පුව—සාක්ෂි—බලනු.

Ecclesiarch, n. සභාපතියෙක්.

Ecclesiastes, n. දේශනාකාරයා; ඒ නාමය ඇති බයිබලයේ පොත.

Ecclesiastic, Ecclesiastical, a. සමයානුකූල, භක්තික සභාවිකට අයිත්තූ, පැවිද්දන්ට අයත් or ඔවුන් පිළිබඳ.

Ecclesiastic, n. පාදිලිතැන, B. පැවිදිඅය, ප්‍රව්‍රජිතයා.

Ecclesiology, n. සභාවිස්තරය ; දේවස්ථාන-ඉදිකිරීම් ශාස්ත්‍රය.

Eccoprotic, a. විරේචනකරන, විරේක ; n. විරේචන බෙහෙත.

Echo, n. ශබ්දංකාරය, ආපසු හැරීවිත ශබ්දය, අනුනාදය, ප්‍රතිනාදය, ප්‍රතිරාවය, පිළිරැව්ම, ප්‍රතිධ්වනිය.

Echo, v. ශබ්දංකාරදෙනවා, ප්‍රතිරාවයකරනවා ; ශබ්දංකාරයවිතවා ප්‍රතිරාවයවෙනවා ; fig. අන්‍යයෙක් කීදේම කියනවා.

Eclaircissement, n. Fr. පහැදීම, පැහැදීම, විස්තර [කිරීම.

Eclat, n. ප්‍රශංසා-ඔල්වරසන්, ප්‍රීතිඝෝෂාව ; බාහිර ඓශ්චර්යය පෙළහර, අලංකාරය, ශෝභාව කීර්තිය.

Eclectic, a. තෝරාගත්තාවූ.

Eclectic, n. (සියලු ශාස්ත්‍රවලින් සත්‍යය කියා තමා සිතන කොටස් or මත) තෝරාගත්ත පණ්ඩිතයා, න්‍යායශාස්ත්‍රඥයා.

Eclecticism, n. (එසේ) තෝරාගැනීම or තෝරාගත් ශාස්ත්‍රය.

Eclipse, n. ඉර හඳ වැහීම ග්‍රහණය, සූර්යග්‍රහණය, චන්ද්‍රග්‍රහණය.

Eclipse, v. An eclipse takes place (සූර්ය &c.) ග්‍රහණය or ග්‍රහණයක් වෙනවා or සිද්ධවෙනවා ; fig. (වැසීමෙන් or අන්‍ය අධික උතුම්කමකින්) අඳුරුකරනවා, අඳුරේ හෙළනවා ; ප්‍රභාරහිත කරනවා, නිවනවා, අගෞරවයට පමුණුවනවා, පරයනවා.

Ecliptic, n. (පෙනීමේ හැටියට අවුරුද්දට) ඉර අහසෙහි ගමන්කරන චක්‍රය, හිරුමඟ, ක්‍රාන්තිකක්ෂය, ක්‍රාන්ති මණ්ඩලය ; පොළෝතලයෙන් ඊට සමාන චක්‍රය.

Ecliptic, a. හිරුමඟට අයිතිවූ, ක්‍රාන්ති මණ්ඩල, ක්‍රාන්තික.

Eclogue, n. එඬේර කාව්‍යය, ගොපොල් කවිය, ගෝප ගීතිකාව.

Econonic, a. අර්ථ ශාස්ත්‍රීය, ධන සංරක්ෂණය පිළිබඳ ; n. pl. අර්ථ ශාස්ත්‍රය, ධන පාලන විද්‍යාව.

Economical, a. අනිසි වියදම් රහිතවූ ; පිරිමසින්නාවූ, සකසුරුවම්වූ.

Economically, ad. අනිසි වියදම් රහිතව, මඳවියදමින් සකසුරුවම්ලෙස.

Economize, v. ප්‍රවේශම්ලෙස—සකසුරුවම්කමින්—මුදල් &c, වියදම්කරනවා or කාරණා හසුරුවනවා, පිරිමසාගන්නවා, වියදම් අඩුකරනවා.

Economy, n. නිසි ප්‍රවේශම්කමින් මුදල් or බඩු වියදම් කිරීම, සකසුරුවම්කම, පිරිමැස්ම, පිරිමැසිල්ල, නිසි පිළිමැසීම ; නිසි ක්‍රමය. ලෝකපිළිවෙළ, දේව ආණ්ඩුව, දේවශාසනය.

Ecostate, a. මැදනාරටිය නැති (කොළ).

Ecstasied, pp. or be. ඉතා ප්‍රීතිමත්ව, ප්‍රමෝදිතව ; ඉතා ප්‍රීතිමත්ව සිටිනවා &c. ; in S. adj. ඉතා ප්‍රමෝදිත, ආනන්දිත.

Ecstasy, n. මූර්ඡාස්වභාවක් ; මහත් ප්‍රීතිමත්කම, ප්‍රීතියෙන් පිණීම, අතිආනන්දය, අත්‍යානන්දය, ඉතා ප්‍රමෝදිත භාවය.

Ecstatic, a. ඉතා ප්‍රීතිමත්කරන, ප්‍රීතියෙන් පිනවන or පිණන ; ඉතා ප්‍රීතිමත්.

Ecstatically, ad. ප්‍රීතිමත්කරනලෙස, නෙත් සිත් පිණවන ආකාරයෙන්, අති ප්‍රමෝදකලෙස.

Ectasis, n. හ්‍රස්වාක්ෂරයක් දීර්ඝකිරීම, මාදසිය.

Ecumenic, Ecumenical a. මුළුලෝක, සාමාන්‍ය, සම්ස්ත-සභා, (සංගමය, මිත්‍රණසභා-සංගමයක්.)

Eczema, n. විසර්ප ජාතියක්, දද්‍ය, පණුකැවිල්ල.

Edacious, a. කෑදර, කෑඹිලාවූ, කෑමට ලොල්වූ, ගිජු.

Edacity, n. කෑදරකම, කෑමට ලැදිකම, ගිජුකම.

Eddy, n. දියසුළිය, දියසළාව, දරණිය ; හුළං-සුළිය ; හුළං or දිය කරකැවීම, ආරණිය, ආවර්තනිය.

Eddy, v. (දිය) ආපස්සට ගලනවා, කරකැවෙනවා.

Eddy-water, n. (යමකට වැදී) ආපස්සට යන වතුර.

Eddy-wind, n. (එසේම) ආපස්සට හැරෙන හුළඟ.

Eden, n. ඒදන් රට, ඒඩන් උයන.

Edental, Edentalous, Edentate, a, දත් නැති, නිදීගත, අදන්ත.

Edentata, n. pl. (ඉස්සරහ) දත් නැති—දත් හීන—නිදීගත—සත්ව ජාති.

Edge, n. of a tool මුවහත, මුවාත ; sharpness තියුණුකම ; සැරකම ; දාරිය, හුලස, &c. See Border.

Set the teeth on edge දත් හිරිවැටෙනවා ; n. දත් හිරිවැටීම, දන්තහර්ෂය.

Edge, v. මාවියක් or අද්දරක් සාදනවා or දමනවා ; edge on පොළඹනවා ; edge towards or away (කෙලින්ම නොගොස් පැත්තක් පා) විකෙන් වික ළංවේගනයනවා or දුරවේගනයනවා.

Edge-tool, n. මුවාත ඇති මෙවලම or ආවුදය, කැපෙන ආවුදය.

Edgewise, ad. අද්දර—ගැටිය—ඉස්සරහට or ඔතැදිගාවට (තබා), අද්දරින්, හුලසට.

Edging, n. (මාවිය or අද්දර සෑදීමට පාවිච්චිකරන දේ වන) පස්මේස්තුව, රේන්ද &c., ලීස්තරය ; (පාත්ති අයිසේ) කුඩා පැළ පේළිය.

Edible, a. කෑමට සුදුසු, (සතුන් විසින්) කනු ලබන, ඛාද්‍ය, ඛාදනීය, භක්ෂණීය, භක්ෂ්‍යවූ, භෝජ්‍ය, භෝක්තව්‍ය.

Edict, n. රාජාඥාව, ආණ්ඩු නියෝගය.

Edification, n. lit. ගොඩනැගීම ; fig. ඥානයෙන් or ගුණයෙන් පුහුණුකිරීම or පුහුණුවීම, ඥානාභිවෘද්ධිය, ආත්මිකාභිවෘද්ධිය.

Edifice, n. මන්දිරය, ප්‍රාසාදය, උතුම් ගොඩනැගිල්ලක්, මහ ගෘහයක්.

Edify, v. ඥානයෙන් or භක්තියෙන් පුහුණුකරනවා, ආත්මිකලෙස වර්ධනයකරනවා or වර්ධනයවෙනවා.

Edifying, p. or a. ගුණෙන් පුහුණුකරමින් &c. ; ගුණෙන් පුහුණුකරන &c., හිතට ගුණදායක, ඥාන වර්ධක.

Edile, n. (පුරාණ රෝමයේ) නගර පරිපාලකයා.

Edit, v. පොතක් ප්‍රසිද්ධකිරීමට සූදානම්කරනවා, සංශෝධනය කරනවා, සකස්කරනවා, සංස්කරණය කරනවා; කතෘධුරය පවත්වනවා.

Edition, n. එකවරට අච්චුගසන පොත් ගණන ; මුද්‍රාඞකණය, සංස්කරණය, සංශෝධනය.

Editio princeps, L. (රචනාවක ඉතා පුරාණ) ප්‍රථම මුද්‍රාඞකණය.

Editor, n. පොතක් *or* පොත්පත් ප්‍රසිද්ධකිරීමට සූදානම්කරන්නා, සංස්කරණ කර්තෘ ; ප්‍රවෘත්තිපත්‍ර කර්තෘ, කර්තෘවරයා.

Editorial, a. කර්තෘවූ, කර්තෘ පිළිබඳ ; n. කර්තෘ වාක්‍යය.

Editorship, n. කර්තෘධුරය, කර්තෘකම, කර්තෘත්වය.

Educate, v. උගන්වනවා, පුහුණුකරනවා, ප්‍රගුණකරනවා, හික්මවනවා, නිසිලෙස ඇතිකරනවා, විනීත කරනවා, ප්‍රබෝධකරනවා, දැනුම ඇති කරනවා. අධ්‍යාපනය කරනවා.

Educated, pp. *or* a. උගන්වනලද &c., ප්‍රගුණිත, විනීත, ප්‍රබෝධිත, ශික්ෂිත ; උගත්, සත්දත්, ව්‍යත්, පණ්ඩිත, ව්‍යක්ත.

Eduction, n. ඉගැන්වීම &c. ; ප්‍රබෝධනය, පුහුණුව ඉගෙනගැනීම, ශාස්ත්‍රාදග්‍රහණය, අධ්‍යයනය.

Educational, n. ඉගැන්වීම සම්බන්ධ, අධ්‍යාපනය පිළිබඳ ඉගැනීමෙන් ලැබූ ; ප්‍රබෝධක.

Educator, n. (ශෝලයන් &c.) පුහුණුකරන්නා, ප්‍රගුණකරන්නා, ප්‍රබෝධකයා, ගුරුවරයා.

Educe, v. (ද්‍රව්‍ය *or* සිත *or* සිහිය) ඇතුළේ—රහස්ව—සැඟවී—තිබෙන දේ එළියට *or* පිටතට පමුණුවා ගන්නවා, නික්මවනවා *or* උපදවනවා.

Eduction, n. ඇතුළේ සිට පිටතට පැමිණවීම, නික්මවීම, ඉපදවීම ;

eduction pipe (ධූමයන්ත්‍රයේ) දුම අරින නළයක්.

Edulcorate, v. ඇඹුල් නැති කරනවා, මිහිරි කරනවා.

Eel, n. ආඳා, මස්රජ.

Efface, v. මකනවා, සුරා අරිනවා ; fig. පහකරනවා.

Effaceable, a. මකාදැමිය හැකි ; (සිතෙන් &c.) පහකළ හැකි.

Effect v. කරනවා, සිද්ධකරනවා, සිද්ධකරනවා, ඉෂ්ට කරනවා, සාධනය කරනවා, ප්‍රතිපාදනයකරනවා.

Effect, n, හේතුවකින් වෙන්නාවූ දෙය, ඵලය, අර්ථය, සිද්ධිය, (ලැබෙන, සිද්ධවෙන) ගුණය, ආනිසංසය, අභිප්‍රාය.

Speak to this effect මේ අභිප්‍රාවට කථාකරනවා.

For effect, (ඇසට, කනට, හිතට) බලවත්ව පෙනෙන *or* වදින පිණිස, යම් අදහසකට.

Effects, n. pl. බඩු, දේපල, බඩුබාහිරා, බඩුමුට්ටු, අඩුමැඩිය, වස්තු.

Effected, pp. *or* a. සිද්ධකරනලද &c., සමාසාධිත, ප්‍රතිපාදිත, සමුත්පාදිත.

Effecting, p. කරමින් &c. ; that effects (in S. adj.) කරන &c., සාධන, ප්‍රතිපාදන, ප්‍රතිපාදක.

Effecting, Effection, n. කිරීම &c., see verb, සාධනය ; producing සමුත්පාදනය, ප්‍රතිපාදනය.

Effective, a. (කාරණාව ඉෂ්ටකිරීමට) බලය ඇත්තාවූ, බලගතු, බලපුළුවන්කම ඇත්තාවූ ; සිද්ධකරන, සිද්ධිදායක, සාධක.

Effectively, ad. ඉෂ්ටවෙනලෙසම, සිද්ධිදායකාකාරයෙන්, සාධකලෙස.

Effectiveness, n. බලය ඇතිකම, බලගතුකම, සිද්ධිදායකතාව, සාධකතාව.

Effectual, a. (හේතුවක් සේ කාරණව) ඉෂ්ටකරන, සෑහෙන බලය *or* ගුණ ඇත්තාවූ, සාධක, (ප්‍රතිකාර &c.).

Effectually, ad. (කාරණව) ඉෂ්ටවෙනලෙස, සාධකාකාරයෙන්, හොඳටම, සම්පූර්ණලෙස.

Effectuate, v. සිද්ධකරනවා, ඉෂ්ටකරනවා, සාධනය කරනවා.

Effectuation, n. සිද්ධකිරීම, ඉෂ්ටකිරීම, සාධනය, සමාසාධනය &c. See Effecting, n.

Effeminacy, n. අපෞරුෂභාවය, ගැහැනියකට බඳු බව, ස්ත්‍රීත්වය, දුර්වලකම ; කාමුකතාව.

Effeminate, a. (සවියෙන්, ධෛර්යයෙන්) පුරුෂගතිය මදිවූ, පිරිමිකම මදිවූ, අපෞරුෂ, ගැහැනියකට බඳු, ළපටි, දුර්වල, කෝමල.

Effervesce, v. (පෝත්ත සහ සමහර මද්‍යපාන ජාතිමෙන්) හදිසියෙන් පිපීනටනවා *or* පෙනදමනවා, බුබුළු මතුවෙනවා.

Effervescence, n. පෙණදැමීම, බුබුළු මතුවීම.

Effervescent. Effervescing, a. පෙණදමන, (වායු අටගැසීමෙන්) බුබුළු නැගෙන.

Effete, a. (මරක් බලයඇතුව තිබී) බලය නැතිවූණුවූ ; දිරාපත්, නිස්සාර, අමලංගු.

Efficacious, a. (කාරණව) ඉෂ්ටකරන ; (ඉෂ්ටකිරීමට) බලය *or* ගුණ ඇත්තාවූ, ගුණදායී, ආනිසංසය ඇත්තාවූ, සාරවත්, සාර්ථක.

Efficaciously, ad. ඉෂ්ටවෙනලෙස, ගුණදායකලෙස, සාරවත්ලෙස.

Efficaciousness, n. සාරවත්කම. See Effectiveness.

Efficacy, n. (කාරණා ඉෂ්ටකිරීමේ) බලය, ගුණය, ආනුභාව, වරම ; ආනිසංසය, සාරත්වය අනුසස.

Efficience, Efficiency, n, කාරකත්වය, හේතුකතාව ; සාධකත්වය, ගුණය, ක්‍රියා ශූරත්වය, පටුත්වය, සමර්ථතාව.

Efficient, a. ඉෂ්ටකරන ; බලපුළුවන්කම ඇත්තාවූ, සමර්ථ, දක්ෂ, නිපුණ, ක්‍රියාශූර කාර්යක්ෂම ; efficient cause කාරක හේතුව.

Effigy, n. (යෙකෙනෙකුට සමාන) රූපය, පිළිමය, ප්‍රතිමාව, ප්‍රතිරූපය, සණ්ඨානය ; පඹයා, රූකඩය.

Burn &c. in effigy යමෙකුගේ ප්‍රතිමාව — ප්‍රතිකායය — පුලුස්සා දමනවා.

Efflorescence, n. පලමු පිදීම, (ගහක් පලමුවෙනි වරට) මල්ගන්නකාලය, නාඹුල් කාලය, මල් හට ගැනීම ; හමේ බිබිලි අටගැනීම, බිබිලි ; පිටි සමාන කුඩු නොයෙක් දේවල අටගැනීම, කුඩු පිපීම.

Effluence, n, ඇතුලෙන් ගැලීම, පිටාරවීම ; නික්මෙන—පිටාරවෙන—ද්‍රව්‍ය.

Effluent, n. (වැවකින් *or* ගංගාවකින්) නික්මයන ගඟක් *or* ඔයක්.

Effluvial, v. නික්මෙන ගඳ ඇති ද්‍රව්‍ය සම්බන්ධ, දුර්ගන්ධවායු.

Effluvium, n, (නෙත ඉඩම්, ශරීරයේ හම, ගස්කොළන්, කුණු, ආදියෙන්) මීදුම *or* වායුමෙන් නික්මෙන ගඳ ඇති ද්‍රව්‍ය ; ගඳඇති මීදුම *or* වායුව ; දුර්ගන්ධය.

Efflux, Effluxion, n. නික්ම මැගිරීම, පිටතට ගලායාම, පිටාරවීම ; නික්ම වැගිරෙන ද්‍රව්‍ය.

Effort, n. උත්සාහය, වියම, වීර්යය, යත්නය, ප්‍රයත්නය, උද්‍යමය, උද්‍යෝගය, ආයාසය, ප්‍රයාසය.

Effortless, a. උත්සාහ නොකරන &c., නිරුත්සාහ, අනායාස, නිර්වීර්ය, අයත්න.

Effrontery, n. ලජ්ජානැතිකම, ගරු සරු නැතිකම, විළිබියනැතිකම.

Effulgence, n. දීප්තිය, දීප්තිමත්කම, කාන්තිය, ප්‍රභාව, තේජස.

Effulgent, a. බබළන, දීප්තිමත්, දීප්තිය &c. ඇත්තාවූ, තේජවන්ත, ජ්‍යෝතිෂ්මත්.

Effusion, n. වත්කිරීම, වැගිරවීම, සන්‍යන්දනය ; වැගිරීම ; වත්කරන දේ, සන්‍යන්දිත ද්‍රව්‍ය ; (වාක්‍ය) බොහෝසේ පිටකිරීම.

Effusive, a. (වචන) බොහෝසේ පිටකරන, වාක්‍යාසික.

Effusively, ad. වචන වැඝිකමින්, වාක්‍යාසිකලෙස.

Effusiveness, n. (ඉච්චාවට) අධිකලෙස කීම, වාක්‍යාසිකභාව.

E. G. (e. g.) exempli gratia, L. නිදර්ශනයක් වශයෙන්, ආදර්ශයක්කොට, ආදර්ශයක් වෙනුවෙන්, ආ. වෙ.

Egest, v. (මල) පහරනවා. **Egestion**, n. පැහැරීම.

Egg, n. බිත්තරය, බිජ්ජුව, අණ්ඩය ; egg-born අණ්ඩජ [බවු.

Egg, v. පොලඹවනවා.

Egg-plant, Brinjal, n. වම්බටුපැළ ; (the fruit) වම්

Egg-shaped, a. බිජ්ජු හැඩය ඇති, අණ්ඩාකාර.

Egg-shell, n. බිජ්ජුකටුව. **Egg-spoon**, n. බිජ්ජු කන හැන්ද, බිජ්ජුහැන්ද.

Egotism, n. අහංකාරකම, පුච්චම, උඩඟුකම, ආත්මාභිමානය, මමතාව, ආත්මමහරිත්වය.

Egotist, n. අහංකාර තැනැත්තා, පුච්චම්කාරයා, ආත්මමහරියා.

Egotistic, a. අහංකාර, තමා ගැනම පුච්චම්කරගත්තාවූ, පටුනක්කාර, ආත්මමහරිවූ.

Egregious, a. බොහෝ අධිකතර, ගජ, තදබල, අපූර්ව, අද්භූත, වස, (බොරු, මරද, වැරදීම්, මෝඩකම් &c.)

Egregiously, ad. අධිකලෙස, ගජලෙස, තදබලලෙස, අතිශයින්.

Egregiousness, n. අධිකතරභාවය, තදබලකම. &c.

Egress, n. නික්මීම, පිටවීම ; පිටවීමේ බලය or අවසරය ; පිටවීමේ හැකියක් or මගක්.

Egression, n. ඇතුළෙන් නික්මීම, පිටවීම.

Egyptian, n. මිසරදේශයට අයිති, මිසර ; n. මිසරදේශවාසියා මිසරයා.

Eider, Eider-duck, n. මුහුදු තාරාවා.

Eider-down, n. මුහුදු තාරාවන්ගේ සිහින් පිහාටු.

Eight, a. or n. අට, අෂ්ට.

Eight-day, a. අටදවසක් කරකැවෙන, අටදවසක, (ඔරලෝසුව.)

Eighteen, a. දහඅට, අටළොස් ; n. දහඅට, අටළොස, අටළොහ, අෂ්ටා දශය.

Eighteenmo, Octodecimo, a. සම්පූර්ණ කොළය පටර් or කොළ දහඅටකට නැමූ (පොත).

Eighteenth, a. දහඅටවෙනි, අටළොස්වෙනි.

Eightfold, n. අට ගුණයක් ; a. අටගුණයක, අටහ : eightfold or eight times as many as those එයාකාර අටගුණයක්.

Eighth, a. අටවෙනි ; n. in music අටේ නාදය ; eighth day after the new or full moon අටවක.

Eighthly, ad. අටවෙනුව. **Eightieth**, a. අසූවෙනි, අශීතිම.

Eighty, a. අසූ ; n. අසූව.

Either, a. or pron. දෙකෙන් කොයිවක හෝ මුත්, දෙන්නාගෙන් කවරෙක් හෝ මුත්.

Either, conj. followed by or වත්...වත් ; හෝ මුත් හෝ මුත් ; නැත්නම් ; නොහොත් ; හරි...හරි ; හෝ, හෝ...හෝ.

Take either this or that මෙකවත් ඒකවත් &c. ගනින්.

Ejaculate, v. (වචන, යාච්ඤාබස්, කවින්) හදිසියෙන් පිටකරනවා or කියනවා.

Ejaculation, n. (වචන &c.) හදිසියෙන් පිටකිරීම ; හදිසියෙන් කියන වචනයක්, හදිසි කීමක් or යාච්ඤාවක්.

Ejaculatory, a. විසිකරන ; හදිසි ; හදිසියෙන් පිටකරන, කොටින් කියන.

Eject, v. පිටකරනවා, පිටවිහල්කරනවා, පිටතට දමනවා, නෙරපනවා, අහක්කරනවා, බැහැරකරනවා, පහකරනවා.

Ejected, pp. or a. පිටකර &c. ; පිටකරනලද &c., පිටවහල්වූ, බැහැරවූ, බහිෂ්කෘත.

Ejection, n. පිටකිරීම &c., (බලයෙන් or නීති මාර්ගයෙන්) ඉඩමකින් අහක්කිරීම ; (ශරීරයෙන්) පැහැරීම &c.

Ejectment, n. පිටකිරීම &c. ; (ඉඩමකින්) බැහැරකිරීමේ බලපත්‍රය ; බැහැරකිරීමේ නඩුව.

Eke out, v. පිරිමහනවා, පිරිමැසෙනවා ; of time කාලය ගතකරගන්නවා ; live with difficulty අමාරුවෙන් දිවිපවත්වනවා, පෝක්කරුවටම්කරනවා.

Elaborate, v. (වැඩක් or යෝජනාවක්) ක්‍රමයෙන්ද උත්සාහයෙන්ද ඉෂ්ටකරගන්නවා or සම්පූර්ණභාවයට පමුණුවනවා.

Elaborate, a. (යථෝක්තලෙස සම්පූර්ණකළ) ඉතා යෙන් කොටඩාස ඇත්තාවූ, විසිතුරුවූ ; ඉතා විස්තරවූ (කථාවක්).

Elaboration, n ක්‍රමයෙන් සම්පූර්ණකිරීම ; (ශරීරයෙහි) ආහාර වෙනස්වීමේ ක්‍රමය, තුල්‍යකරණයේ ක්‍රමය.

Elapse, v. (කාලය) පසුවෙනවා, ගතවෙනවා, ඉක්මෙනවා, (කල්) යනවා, ගෙවෙනවා, අතික්‍රාන්තවෙනවා.

Elastic, a. (මිරිකා — ඇද — නමා — ඇරියාම දුන්න මෙන්) ආපසු පනින, පැනෙන, ආපසු පනින ශක්තියක් ඇත්තාවූ, ආපසු පනින සුලු, ඇදෙන, නැවෙන, සථිතිස්ථාපක ; fig. (දුකින් මිදී) නැවත ප්‍රාණවත්වෙන්නාවූ, උනන්දුවූ.

Elasticity, n. (දුන්න මෙන්) ආපසු පනින සුලුබව, සථිතිස්ථාපකතාව.

Elate, v. හිත පිණවනවා, උදඟම වෙනවා ; උඩඟු කරනවා, ගර්විතකරනවා.

Elated, be, v. ප්‍රීතියෙන් පිණවනවා ; ගර්විතවෙනවා ; adj. ප්‍රීතිමත්, ප්‍රමුදිත, ගර්විත.

Elation, n. ප්‍රීතියෙන් පිණීම or පිණයාම ; ගර්විතවීම, ගර්විතභාව.

Elbow, n. වැලමිට ; ඒ හැඩය ඇති කොණ, වැලමිටි හරිය.

It is at my elbow ඒක මගේ අත ළඟමයි.

Elbow, v. වැලමිටින් තල්ලුකරනවා ; fig. (තෙරපීමෙන් සේ) විකිස්ව්ක අහක්කරනවා ; වැලමිට මෙන් නැමෙනවා or නෙරනවා.

Elbow-room, n. fig. (අත් දිගඇරීමට) සෑහෙන ඉඩ, උවමනා තරම් ඉඩ.

Elder, n. ගස් ජාතියක්.

Elder, a. වැඩි වයස් ඇති, වයසින් වැඩි, වැඩිමහල්, වැඩිමල්, ජ්‍යෙෂ්ඨ, දෙටු, වෘද්ධතර, අග්‍රජ, පූර්වජ ; elder brother අයියා, වැඩිමහල් සහෝදරයා ; elder sister අක්කා, වැඩිමහල් සහෝදරී.

Elder, n. වැඩි වයස් ඇත්තා, වැඩිමහල්ලා, වැඩිමලා, වෘද්ධයා ; officially වැඩිමහල්ලා, උපස්ථායකයා ; B. ස්ථවිරයෝ, තෙරුණුවෝ. [ගතවූ.

Elderly, a. මදක් මහලුවූ, මදක් වයස් ගියාවූ, වයස්

Eldership, n. වැඩිමහල්කම, පූජිතභාව; the office වැඩිමහල්කම, උපසථායකකම.

Eldership, a. (හිපදෙනෙකුගෙන්) වයස් වැඩිවූ, වැඩිමහල්.

El-dorado, n. Sp. සවර්ණ ප්‍රදේශය, fig. අනන්ත වස්තු ඇති ඉඩමක්.

Elect, v. තෝරනවා, තෝරාගන්නවා, තෝරාපත්කරගන්නවා; නියමකරනවා.

Elect, a. elected තෝරනලද, තෝරනුලැබූ, තෝරාගත්; නියමවූ.

Elect, n. තෝරනලද අය, තෝරාගනුලැබූ අය, නියමවූ අය.

Election, n. තේරීම &c. මන්ත්‍රීන් තේරීමේ තරඟය; තෝරාගැනීමේ බලය; මන්ත්‍රීවරුන් or නිලධාරීන් තෝරාගන්න — නියමකරන — ප්‍රසාදය: Election expenses තේරීමේ වියදම; Election judge තේරීම පිළිබඳ or තේරීමේ විනිශ්චයකාරු; Electon petition තේරීම් පෙත්සම; Contested election තරඟයෙන් තේරීම; දේව පෙර නියෝගය or නියමකිරීම.

Electioneering, n. නිලධාරීන් තෝරාගැනීමේ උපාභාවිතාකිරීම; a. ඒ තෝරාගැනීම් සම්බන්ධ, (විධි, උපා &c.)

Elective, a. තෝරාගැනීම් ආකාර, තෝරාගැනීමෙහි අවලම්බිත; තෝරාගැනීමෙන් නියමකරන; තෝරාගැනීමේ බලය පාවිච්චිකරන්නාවූ, තෝරාගන්න.

Elector, n. නිලධාරීන් &c. තෝරාගැනීමට බලය ඇත්තා, ජන්ද හිමියා; ජර්මනියේ අගරජු තෝරාගත් ශ්‍රෙෂ්ඨාධිපතියෙක්.

Electorate, n. ජර්මනියේ ඒ බලය සහිත ශ්‍රෙෂ්ඨාධිපතිකම, එයාකාර ශ්‍රෙෂ්ඨාධිපතියෙකුගේ ප්‍රදේශය: මන්ත්‍රියෙකු තෝරාගන්නා ජන සමූහයා, මන්ත්‍රීන් තෝරන කොට්ඨාශය.

Electorial, Electoral, a. නිලධාරීන් තෝරාගැනීම සම්බන්ධ, මන්ත්‍රීන් තේරීම පිළිබඳ; තෝරාගැනීමේ බලය සම්බන්ධ; Electoral districts මන්ත්‍රීන් තෝරන පළාත්.

Electric, Electrical, a. විදුලි ද්‍රව්‍ය ඇත්තාවූ or විදුලි බලය ඇත්තාවූ, විදුලි, වෛද්‍යුත; electric shock විදුලි පහර; of lightning only අකුණු පහර, හෙන වැදීම; electrical undertakings විදුලි කටයුතු.

Electrically, ad. විදුලිය ආකාරයෙන්, විදුලි බලයෙන්, විදුලියෙන්.

Electric-eel, n. විදුලිපහරක් දෙන ආඳා, විදුලි ආඳා.

Electrician, n. විදුලි ශාස්ත්‍රඥයා, වෛද්‍යුත ශාස්ත්‍රඥයා.

Electricity, n. විදුලිද්‍රව්‍ය, විදුලිබලය; electrology විදුලි ශාස්ත්‍රය; electric fluid අකුණ, හෙණ.

Electric machine, n. විදුලි උපදවන — විදුලි බලය පෙන්වන — යන්ත්‍රය, වෛද්‍යුත යන්ත්‍රය, විදුලි යන්ත්‍රය.

Electric telegraph, n. විදුලි කම්බිය, විදුලි-කම්බි-යන්ත්‍රය, දුරසංඥක වෛද්‍යුත යන්ත්‍රය.

Electrification, n. විදුලි ද්‍රව්‍ය පෙවීම &c., see verb; යමක විදුලි ද්‍රව්‍ය රැඳීම, වෛද්‍යුතතාව.

Electrify, v. විදුලි ද්‍රව්‍ය පොවනවා, වෛද්‍යුතකරනවා, විදුලිබලය ආරූඪකරනවා, විදුලි පහරක් දෙනවා; fig. (විදුලිපහරකින් මෙන්) හදිසියෙන් අවුස්සනවා or විස්මපත්කරනවා or ප්‍රීතියෙන් පිණවනවා.

Electrifying, p. or a. විදුලි ද්‍රව්‍ය පොවන &c.; හදිසියෙන් අවුස්සන &c.

Electro-chemistry, n. (විදුලි බලයෙන් රසායන ද්‍රව්‍ය වෙනස්කිරීම ගැන තිබෙන) විදුලි-රසායන ශාස්ත්‍රය.

Electrocution, n. විදුලි බලයෙන් ජීවිත හානිකිරීම.

Electrometer, n. විදුලි-මානක යන්ත්‍රය; විදුලි-ප්‍රකාශක යන්ත්‍රය.

Electron, n. පරමාණු සෑදී තිබෙන ඉතා සියුම්වූ විදුලි කොටසය.

Electroplate, v. (විදුලි බලයෙන්) රන්රිදී ගානවා or වසාලනවා, විදුලි බලයෙන් ලෝහ ආලේපකරනවා.

Electuary, n. මිහිරි බෙහෙත්ගුලිය.

Eleemosynary, a. දන්දීමට අධංගුවූ; පිනට දුන්, පින් තකා පිහිටුවනලද, දනාකාර, දනවම්, දනවැන්ති.

Eleemosynary, n. දානවැඩසියෙන් — දන්වැටෙන් — රක්ෂාවෙන්නා.

Elegance, Elegancy, n. (පෙනීමේ—ක්‍රියාවේ—කථාවේ—) කදිමකම, ශෝභනකම, අභිප්‍රසිතතාව, සුලලිතභාව, දක්ෂියතාව, අලංකෘතතාව, අභිරාමත්වය, අභිරුචිරතාව, මනෝඥතාව.

Elegant, a. කදිම, ශෝභන, ලක්ෂණ, අභිප්‍රසිත, සුලලිත, දක්ෂිය, අලංකෘත, අභිරාම, අභිරුචිර, මනෝඥ.

Elegantly, ad. කදිමලෙස &c., see adj.

Elegiac, a. බෙදුනකා, ශෝක ප්‍රකාශක, ලතෝනි, (කව).

Elegist, n. ලතෝනි කවිකරුයා, ශෝකවාචක කාව්‍ය කතෘ.

Elegy, n. ලතෝනි කාව්‍යය, විලාප ගීතිකාව, අවමංගල ගීය.

Element, n. මූල ධාතුව, ධාතුව, මූල වස්තුව; (මත්ස්‍යයන්ට ජලයද පක්ෂීන්ට ආකාශයද හේවායාට යුද්ධයද මෙන්) ජම්මයට සුදුසු ද්‍රව්‍යය, ජම්මස්ථානය, සජාතිධම්මය, ගෝචරත්වය; pl. මහා භූතයෝ; යම් දෙයක ද්‍රව්‍ය, මූල ද්‍රව්‍ය; මූල්කාරණ; සවාමින්ගේ රාත්‍රිභෝජන ද්‍රව්‍ය.

Elemental, a. මූල්ධාතුවූ, ධාතුක, ධාතුජ, භෞත; මූල්කාරණවලින් අවගන්න.

Elementary, a. මුල් ධාතුවූ, මූලික, මූලතාත්ත්වික, මූලධාම්මික, මූලජ; (මුලට ඉගෙනගන්න) මූල්කාරණම ඇත්තාවූ, මුල්, ආරම්භක.

Elench, Elenchus, L. පූර්වාපරවිරෝධයක් ඔප්පුකරන තර්කණ විධියක්, පූර්වාපරන්‍යායය.

Elephant, n. අලියා, හස්තියා, කුඤ්ජරයා, tusked ඇතා; female ඇතින්නී, හස්තිනී.

Elephant housing, n. හස්ත්‍යාලංකාරය.

Elephantiasis, n. බරවා කකුල, බරවය, පාදගණ්ඩිරය; සිපදරෝගය, ශ්ලීපදරෝගය; the patient බරවයා, බරවාකාරයා, ශ්ලීපදියා.

Elephantine, a. අලියාට අයිති, අලි, හස්ති; fig. ඉතා මහත්, අලි (වැඩ්ස), ගජ (බෝරු)

Elephant-keeper, n. ඇත්ගොව්වා, ඇත්පන්තික්කියා. ඇත්වෙණ්ඩිරා, හස්ති පාලකයා.

Elephantoid, Elephantoidal, a. අලිරූප ආකාර, හස්තිරූපී.

Elephant-rider, n. ඇතරුවා, හස්ත්‍යාරෝහකයා.

Elevate, v. උස්සනවා, උස්කරනවා, ඉහත්කරනවා; fig. උසස්කරනවා, උතුම් භාවයකට—උතුම් අදියකට — පමුණුවනවා; ප්‍රාණවත් කරනවා, ප්‍රීතිකරනවා.

Elevated, pp. or a. lit & fig. උසස්කරනලද &c.; උසස්, උන්නතමව, උන්නත, සමුන්නත, තුංග, උත්තුංග.

Elevation, n. ඉස්සීම &c.; උස, උස්කළ ප්‍රමාණය, ඌර්ධ්වත්වය; උස්තැන; උසස්කම, උසස් සවභාවය, උන්නතතාව, සමුන්නතිය; angle of elevation, උන්නතාංශයේ කෝණය.

Elevator, n. ඉහත්කරන්නා; උසස්කරන්නා; ඉහත් කරන යන්ත්‍රය; ඉහත්කරන නහරය.

Eleven, n. එකොළහ, එකොළස, ඒකාදශය; ක්‍රිකට් කණ්ඩායම; a. එකොළොස්.

Eleventh, a. එකොළොස්වෙනි.

Elf, n. කුඩා ප්‍රේතයා, පිශාචයා; fig. මිට්ටා.

Elicit, v. (විචාරීමෙන් or යමක් කීමෙන්) යමෙකු ගෙන් කාරණ කියවා ගන්නවා or දනගන්නවා; (එමෙන්ම යම් අන්දමකින් ප්‍රේමය, අනුකම්පාව, යනාදි නොයෙක් ගුණාංග) උපදවනවා, ප්‍රබෝධ කරනවා or ප්‍රබුද්ධවනවා; (ගිනිගලෙන් මෙන්) උපද වනවා or එළියට පමුණුවනවා, ඇතුළෙන් ඇද ගන්නවා.

Elide, v. ස්වර ලෝප්කරනවා, අනාවශ්‍ය ලෝප් කරනවා.

Eligibility, n. තෝරාගන්ට සුදුසු බව, සුදුසුකම, යෝග්‍යකම, යෝග්‍ය භාවය; සුදුසුකම, නියෝජනීයතාව, නියෝජ්‍යතාව.

Eligibly, n. තෝරාගත සුදුසු, සැතෙන්නාවූ, යෝග්‍ය ඉතා සුදුසු; (නියෝගාකාරයෙක් යම් නිලයකට) සුදුසුවූ, නියෝජනීය, නියෝජ්‍ය.

Eligibly, ad. තෝරාගත සුදුසුලෙස, යෝග්‍යලෙස.

Eliminate, v. (වැරදි, ලිපිදෙස්, නුසුදුසු ද්‍රව්‍ය &c.) බැහැරකරනවා, අඩුකරනවා, ඉවත්කරනවා, අහක් කරනවා, අරිනවා, පහකරනවා, නෙරපනවා.

Elimination, n. බැහැරකිරීම &c.; (ස්වේද or වෙන ද්‍රව්‍ය ආනුකූලවලින්) පිටකිරීම, ස්වේද මෝචනය.

Elision, n. ලෝප්කිරීම, ලෝපය, අනාවශ්‍ය ලෝපය.

Elite (එලීට්), n. Fr. ජ්‍යේෂ්ඨ කොටස, (සේනාවකින් &c.) ඉතා උතුම් කොට්ඨාසය.

Elixation, n. කැකෑරීම; ජීර්ණකිරීම.

Elixir, n. අනසි සාරය, අමෘත පානය; මිශ්‍ර රසායන යක්, රසායන මිශ්‍රණයක්.

Elk, n. ගෝනා, pl. ගෝන්නු.

Ell, n. රියන් දෙකහමාර යන මිම්ම, ත්‍ර්‍යශ්‍රීරතනය.

Ellipse, n. බිත්තරයක දිග අසිත ආකාර හැඩය, අණ්ඩා කාරය, අණ්ඩාකෘතිය, දීර්ඝවෘත්තය, ඉලිප්සය.

Ellipsis, n. වචන සමූහයක් අත්ඇරීම, කොටකිරීම, ලෝප්කිරීම, ලෝපය.

Elliptic, Elliptical, a. බිත්තරහැඩය ඇත්තාවූ, අණ්ඩා කාර; කොටසක් ඇරපූ, කොටකළාවූ, ලෝප් කළාවූ, සංක්ෂිප්ත.

Elliptically, ad. බිත්තරහැඩයේ හැටියට, අණ්ඩාකාර යට; පංගුවක් අත්ඇර, සංක්ෂිප්තලෙස.

Ellipticity, n. (පොළවේ හැඩයලෙස) අසම්පූර්ණ වට කුරුකම, මිත්‍රගෝලාකාරය, මණ්ඩාණ්ඩාකාරය, මණ්ඩපරිමණ්ඩලතාව.

Elm, n. ලොකු ගස් ජාතියක්.

Elocution, n. කථාකිරීමේ අන්දම; කථිතව්‍යක්තකම, වාක්පටුත්වය, උච්චාරණය.

Elocutionary, a. ප්‍රසිද්ධ කථාවේ අන්දමට අයිතිවූ, කථිත ව්‍යක්තකම සම්බන්ධ.

Elocutionist, n. ව්‍යක්ත කථිකයා, ව්‍යක්ත කථාචාර්යයා.

Elohim, n. pl. Heb., දෙවියෝ, දෙවියන්වහන්සේ.

Elongate, v. දික්කරනවා, දිගකරනවා, දීර්ඝකරනවා, දීර්ඝීකරනවා; (ග්‍රහතාරකා සූර්යයාගෙන්) දුරවෙනවා.

Elongation, n. දික්කිරීම &c.; දික්වීම, දිගවීම; දුර වීම, දුර, අන්තරය.

Elope, v. රහසින් පැනලායනවා, පලායනවා, (ස්ත්‍රී යෙක් පුරුෂයෙක් සමග) සැඟවී යනවා.

Elopement, n. රහසින් පැනලායාම &c.

Eloquence, n. කථාවේ දක්ෂකම, දක්ෂ කථිනය, වාක් පටුත්වය, වාක්පාටවය, වාක්චාතුර්යය.

Eloquent, a, දක්ෂ කථාකාරවූ, දක්ෂ කථික, ව්‍යක්ත, වාක්පටු, වාග්මී, චිත්‍රකථික, වාක්‍යවිශාරද, වාගීශ, වාගීශ්වර.

Eloquently, ad. වාක්පටුත්වයෙන්, ව්‍යක්ත ලෙස, වාක්‍යවිශාරදලෙස.

Else, adj. pron. තව, වෙන: who else වෙන කවුද; something else වෙන යමක්.

Else, ad. නැත්නම්, වෙන හැටිනම්. He came, else he would not be here now ඔහු ආවා, නැත්නම් (නාවානම්) දැන් මෙහි නොසිටිති. He has not come, else we should see him ඔහු ආවේ නැත, ආවානම් ඔහු අපට පෙනෙයි.

Elsewhere, ad. වෙන කොහේවත්, වෙන තැනක, වෙන තැන්වල, අන්තැනක.

Elucidate, v. විසදනවා, පහදනවා, විස්තරකරනවා, පැහැදිලිකරනවා.

Elucidated, pp. or a. විසඳනලද &c., විසඳුවාවූ, ස්පෂ්ටීකෘත.

Elucidation, n. විසඳීම, පැහැදීම &c., ස්පෂ්ටීකර ණය.

Elucidative, Elucidatory, be or a. විසඳන &c., විස දීම සහිත, විස්තර, උද්දේශක.

Elude, v. t. (S. v. i. මගෙන් &c.) හැංගෙනවා, සැඟවී යනවා, මග ඇරයනවා, බේරියනවා, වැලහෙනවා, මිදෙනවා, අසුනොවී සිටිනවා.

Elusoriness, n. අවිශ්වාසකම, රැවටිලිගතිය, කූට තාව, ව්‍යාජතාව, මායිකතාව.

Elusory, a. (ප්‍රයෝගයෙන්) බේරියන්නාවූ, රවටන් නාවූ, කූට, මායික.

Elysian, a. පරලෝක ක්ෂේමස්ථානයට අයිතිවූ, ස්වර්ගීය; අත්‍යානන්ද, අතිශය ප්‍රීතිමත්.

Elysium, n. in myth. පරලෝක ක්ෂේමස්ථානයක්, ක්ෂේම භූමිය; fig. සැප ඇති ස්ථානයක්.

Emaciate, v. මාංසය දියවෙනවා, කෙට්ටුවෙනවා, වැරෙනවා, කෘශවෙනවා; කෘශකරනවා.

Emaciated, a. කෙට්ටු, කෘශවූ, ක්ෂීණ.

Emaciation, n. කෙට්ටුවීම, වැරීම &c.; කෙට්ටුකම, ක්ෂීණතාව.

Emanate, v. (උල්පතෙන් or මුලින් මෙන්) නික්මෙන වා, නිකුත්වෙනවා, පිටවෙනවා, පැමිණෙනවා, අට ගන්නවා.

Emanation, n. නික්මීම &c., නිර්ගමය; නික්මෙන දේ &c.

Emancipate, v. නිවහල්කරනවා, ඉවටම්කරනවා, නිද හස්කරනවා, මුදනවා.

Emancipation, n. නිවහල්කිරීම &c.; නිවහල්වීම &c., නිවහල්කම, ඉවටම, මිදීම, මුක්තිය; religious මෝක්ෂය, නිරෝධය, විමුක්තිය.

Emasculate, n. කප්පාදුකරනවා, කරඅඹනවා, පුහු කරනවා, පෙලි පාරනවා; fig. පුරුෂගතිය—සවිය—ධෛර්යය—පහකරනවා, දුර්වලකරනවා.

Emasculate, a. fig. අපුරුෂ, පුරුෂගතිහීන.

Emasculation, n. නපුංසකකිරීම &c.; පුරුෂකම අඩු කිරීම *or* අඩුවීම.

Embalm, v. (මිනිය ආරක්ෂාකිරීමට) සුවඳ ද්‍රව්‍ය දමනවා, සුගන්ධ ද්‍රව්‍ය ගල්වනවා, සුවඳ කවනවා (සුළඟ) සුවඳකරනවා; fig. in memory (ඉතා මිහිරි දෙයක් කොට) ආදරයෙන් — සම්මාදරයෙන් — සිහියේ තබාගන්නවා.

Embalmed, pp. *or* a. සුවඳ ද්‍රව්‍ය පොවා තිබෙන; සුවඳ කවාපු, සුගන්ධිත, සුවඳ ද්‍රව්‍යවලින් යුක්ත; ගෞරවයෙන් සිත තබාගත්, ආදරයෙන් සිහිපත්කළ.

Embank, v. ගොඩක්නගා වටකරනවා; නියර බඳිනවා.

Embankment, n. පස් ගොඩකින් වටකිරීම, නියර බැඳීම; ගොඩැල්ල, වේල්ල, නියර.

Embargo, n. (විරුයට *or* විරුයෙන්) නැව්වල එම යාම තහනම්කිරීම; (කලකට) වෙළඳාම් තහනම් කිරීම; තහනම.

Embark, v. නැව් නගිනවා, නැවකට නගිනවා *or* යනවා; නැවකට නංවනවා, නැවකට බර පටවනවා; fig. (යමක් කිරීමට) පැමිණෙනවා *or* ඇතුළත්වෙනවා, වැඩක් පටන් ගන්නවා.

Embarkation, n. නැව් නැඟීම, නැව් නැංවීම, නැවකට පැටවීම &c.; නැවකට පටවන බර.

Embarrass, v. බාධාකරනවා, අමාරුකරනවා, පැටලිලිකරනවා, අවුල්කරනවා, වියවුල්කරනවා, පීඩාකරනවා, කලඹනවා.

Embarrassed, pp. *or* a. අමාරුවට පැමිණියාවූ, පැටලිලි, වියවුල්වූ.

Embarrassing, p. *or* a. බාධාකරන &c.

Embarrassingly, ad. බාධාකරනලෙස &c., බාධා පැමිණෙනලෙස &c.

Embarrassment, n. බාධාඇති ස්වභාවය, අමාරුව, කාර්ය්‍යසෙදනය; වියවුල්කම, පැටලීම, ව්‍යාකූලතාව, ආකූලත්වය.

Embassador, n. See Ambassador.

Embassy, n. තානාපතිකම, තානාපතිධුරය; තානාපතියා, තානාපතියෝ; රාජපණිවිඩය, ඇඩපනය, ප්‍රස්ථාපනය.

Embattle, v. යුද්ධ පිළිවෙළට සිටවනවා *or* සිටිනවා; විවර ඇති ප්‍රාකාර බඳිනවා.

Embattled, pp. *or* a. යුද්ධ පිළිවෙළට සිටවනලද *or* සිටින; විවරඇති ප්‍රාකාර සහිත *or* එබඳු සණ්ඨාන සහිත.

Embattlement, n. විවරඇති ප්‍රාකාරය; ඒ හැඩයට සාදා තිබෙන සැරසිල්ල, යුද්ධප්‍රාකාර සණ්ඨානය. See Battlement.

Embed, v. ඇතුළට වද්දනවා *or* ගිල්වනවා *or* ඔබ්බනවා.

Embedded, pp. *or* a, ඇතුළට ගිලී—ගිල්වා—වද්දා—තිබෙන්නාවූ,

Embellish, v. සරසනවා, ආසිත්තම්කරනවා, අලංකාරකරනවා, සජ්ජිතකරනවා.

Embellished, pp. *or* a. සරසනලද &c., සජ්ජිත, භූෂිත, මණ්ඩිත, ශෝභිත.

Embellishment, n. සැරසීම &c, අලංකාරය, භූෂණය, මණ්ඩනය; සැරසිල්ල, ආසිත්තම, පිළඳනය

Ember-days, n. pl. සෘතු සතරේ උපවාස දවස්.

Embers, n. pl. ගිනි අඟුරු.

Embezzle, v. (තමාගේ භාරේ ඇති අන්‍යයන්ගේ වස්තු) හොරෙන් ගන්නවා, වංචාකර ගන්නවා, විනාශකරනවා.

Embezzler, n. (එසේ) හොරෙන් ගන්න අය, චොරයා.

Embitter, v. තිත්ත කරනවා.

Emblazon, v. (ගිනි මෙන්) බැබළෙන පාටවලින් ලක්ෂණකරනවා; වංශ සලකුණුවලින් සජ්ජිතකරනවා; fig. උදාරම්ලෙස ප්‍රකාශකරනවා.

Emblazoning, n. වංශ සලකුණුවලින් සජ්ජිතකිරීම *or* සජ්ජිතකිරීමේ ශිල්පය.

Emblem, n. උපහැරණ සිතියම, උපහැරණය, (කාරණ හඟවන) සංඥාව, සලකුණ, සංකේතය, ප්‍රතිරූපය, ධ්වජය, ආදර්ශය, දෘෂ්ටාන්තය.

Emblematic, Emblematical, a. උපහැරණ සහිතවූ; උපහැරණ විසයෙන් &c. හඟවන්නාවූ, දෘෂ්ටාන්තාකාර. දෘෂ්ටාන්ත.

Emblematically, ad. උපහැරණලෙස, දෘෂ්ටාන්තලෙස, දෘෂ්ටාන්තාකාරයෙන්.

Emblemize, v. උපහැරණයෙන් පෙන්වනවා, දෘෂ්ටාන්තයෙන් දක්වනවා.

Embodied, a. ශරීරයක් ඇත්තාවූ, මූර්තිමත්; එක සංඝයක් කළාවූ, එක්කාසුකළාවූ, එක කඳකට අන්තර්ගතවූ, සම්ග්‍රහ; යම් අන්දමකට පමුණුවා තිබෙන්නාවූ, අඩංගුවූ.

Embodiment, n. මූර්තිමත්කිරීම &c., මූර්තිමත් භාවය, සම්ග්‍රහතාව.

Embody, v. (ආත්මයකට) ශරීරයක් පළදවනවා, මූර්තිමත්කරනවා; (නොයෙක් කොටස් එක කඳක් කරනවා, එකට අන්තර්ගතකරනවා, ඇතුළත් කරනවා, සම්ග්‍රහකරනවා; පැහැදිලි—නියම—අන්දමකට පමුණුවනවා.

Embogue, v. See Disembogue.

Embolden, v. නිර්භීතකරනවා, ධෛර්ය්‍යමත්කරනවා, ධෛර්ය්‍යදෙනවා.

Embolism, n. (කාලය හරියන්ට) කල් අන්තර්ගත කිරීම; අන්තර්ගතවූ කාලය; ලේ නහරවල කැටි හිරවීම.

Embosom, v. තුරුල්කරනවා, ළෙහි හොවා ගන්නවා; ප්‍රේමයෙන් සිතෙහි තබාගන්නවා; වෙනදේ මැද පිහිටුවනවා, මැදිකරනවා.

Embosomed, pp. *or* a. තුරුල්කරනලද &c., (ප්‍රේමය &c., නමැති) තුරුල්ලෙහි ඇත්තාවූ.

Emboss, v. ඉහළට ඉලිප්පී *or* නෙරා සිටිනසේ කැටයම් කරනවා *or* සිතියම් කරනවා, මතුවී තිබෙන ලෙස අච්චුගසනවා.

Embossed, pp. *or* a. ඝන සණ්ඨාන සහිත, ඉලිප්පුම් ඇත්තාවූ.

Embossing, n. ඉලිප්පී සිටිනසේ සිතියම්කිරීම &c.; (කඩදාසියෙහි) ඉහත්වූ ඒවා, ඉහත්වූ සණ්ඨාන.

Embowel, v. බඩවැල් අරිනවා; ඇතුල්පැංගුව අරන් දමනවා; ඇතුළේ ගිල්වනවා, ඇතුල්කරනවා.

Embower, v. අතුගෙයකින් — ශාඛාපත්දලම්කින් — වටකරනවා, ගස් අතරෙහි මැදිකරනවා.

Embrace, v. බදනවා, බදාගන්නවා, වැළඳනවා, වැළඳ ගන්නවා; තුරුල්කරනවා, ආලිංගනය කරනවා; opportunity &c. ආශාවෙන් ගන්නවා *or* පිළිගන්නවා; a religion, party &c. පිළිගන්නවා, භජනය කරනවා; include අඩංගුකරනවා, අන්තර්ගතකරනවා.

Embrace, Embracement, n. බදාගැනීම &c.; ආලිංගනය, පරිරම්භනය, සංශ්ලේෂය.

Embraced, pp. *or* be. බදාගත &c.; බදාගනුලබනවා &c.; S. adj. බදාගන්නලද &c., ආලිංගිත, ශ්ලිෂ්ට; අඩංගු, අන්තර්ගත.

Embrasure, n. (තුවක්කුවෙන් &c. වෙඩිතිබීමට සාදා තිබෙන) ප්‍රාකාර ඡිද්‍රය, පවුරු විවරය.

Embrocate, v. බෙහෙත් වතුරෙන් තවනවා.

Embrocation, n. තවන බෙහෙත් වතුර.

Embroider, v. ලියවැල් මහනවා, රෙදිවාටිය මැහුම් වලින් අලංකාරකරනවා, ගෙත්තම්කරනවා, ඇම්බ්‍රෝසි මහනවා.

Embroidery, n. ලියවැල් ශිල්පය; ලියවැල් මැහුම, මල් මැහුම, වාටියේ විසිතුරුකම, ගෙත්තම, ඇම්බ්‍රෝසි.

Embroil, v. සංඝුවකට—ආරාවුලකට—හවුල්කරවනවා, පටලවනවා, අසුකරවනවා.

Embryo, n. (කුසෙහි අලුත පිළිසිඳුණ) ගර්භය, කලල් රූපය, භ්‍රෑණය; බීජඇටය ඇතුලෙහිම හැදෙන දලුව, කලනය; fig... අසම්පූර්ණ ස්වභාව, ආරම්භය, පටන්ගැන්ම. [ව.

Embryology, n. කලල්රූප විද්‍යාව. භ්‍රෑණකලන විද්‍යා

Embryonic, a. කලල්රූප සම්බන්ධ, භ්‍රෑණ, කලනාකාර. [ඝතය.

Embryotomy, n. ගැට හෙළීම, භ්‍රෑණජේදනය, භ්‍රෑණ

Emendation, n. වැරදි—දොස්— ඇරීම, හරිගැස්සීම, පරිශෝධනය, විශෝධනය, සංශෝධනය.

Emendatory, a. (ලියවිලිවල) දොස් අරින. (ලියවිලි) පරිශෝධන &c.

Emended, pp. *or* a. දොස් අරිනලද, හරිගස්සාපු, පරිශෝධිත &c.

Emerald, n. මරකතය, පච්චගල, ගරුඩපාෂාණය.

Emerge, v. මතුවෙනවා, නික්මෙනවා, පිටවෙනවා, ඉකුත්වෙනවා, පායනවා, එළියට එනවා.

Emergence, v. n. මතුවීම, &c.

Emergency, Emergence, n. හදිසියෙන් පැමිණෙන කාරණාවක්, හදිසි ඕනෑකමක්, හදිසි අමාරුවක්, හදිස්සිය.

Emergent, a. මතුවෙන, නික්මෙන, ඉකුත්වෙන, (අඳුරු ගතියකින්) පායන; හදිසියෙන් පැමිණෙන.

Emeritus, a. (උසස් ශාස්ත්‍ර ශාලාවක ආචාර්යවරයෙක් මෙන් සිට) ගරුනම්බුපිට විශ්‍රාමලත්.

Emerods, Hemorrhoids n. pl. අරිසස්.

Emersion, n. මතුවීම &c.; in astr. (ග්‍රහණවී &c.) නැවත පෙනීම. [ලෝහ කුඩු.

Emery, n. තද ලෝහ ජාතියක්, (වෙන ලෝහ මදින)

Emetic, n. වමනයකරවන බෙහෙත, ළයවිරේකය, උද්ගාරෞෂධය.

Emeu, Emew, n. පැස්බරාට සමාන ලොකු පක්ෂි ජාතියක්, ඕස්ට්‍රේලියාවේ පැස්බරා. [කාර සමූහය.

Emeute, n. Fr. කැරළිකාර කෝලාහලය, කැරළි

Emiction, n. මූත්‍රකිරීම, මූත්‍රය, මූත්‍රය.

Emigrant, n. (අන් රටක වාසයකිරීමට) සියරටෙන් පිටත්ව යන්නා; a. පිටත්ව යන්නාවූ.

Emigrate, v. (එසේ) සියරටෙන් *or* වෙන රටකින් යනවා, පිටරට යනවා.

Emigration, n. පදිංචියට රටක් ඇර රටකට යාම.

Emigration-agent, n. අන්රට යාම පිළිබඳ කළමනාකාරයා.

Emigrationist, n. අන්රට යාමට අනුබල දෙන්නා.

Eminence, n. ඉහත්වූ තැන, උස්තැන, උන්නතභූමිය, උච්චස්ථානය, මස්තකය, මුදුන; උසස්කම, උතුම් තනතුර, විශිෂ්ටතාව, ශ්‍රේෂ්ඨකම, උන්නතතාව, මහාභාගතාව, විශාරදතාව; පටබැඳි නාමයක්:
His Eminence ශ්‍රේෂ්ඨවූ උන්වහන්සේ, උතුමාණන්වහන්සේ.

Eminent, a. ඉහත්වූ; උසස්, උතුම්, ශ්‍රේෂ්ඨ, උත්කෘෂ්ට, උත්තම, උත්තරීතර, ප්‍රවර, විශිෂ්ට, විශාරද.

Eminently, ad. (සාමාන්‍ය ප්‍රමාණයට වඩා) අතිශයින්, ඉතාමත්ම, පරමාකාරයෙන්, උසස්ලෙස.

Emir, n. (තුර්කි *or* මහමත්කාර) රදළකෙනෙක්, අධිපතියා.

Emissary, n. රහස් පණිවිඩකාරයා, අරිනලද ඔත්තුකාරයා, චරපුරුෂයා.

Emission, n. නික්මවීම &c., ස්‍රාවය, මෝචනය, නික්මවන දේ, නික්මවන ප්‍රමාණය.

Emit, v. t. නික්මවනවා, නිකුත්කරනවා; (emit rays &c. රශ්මි &c.) විහිදෙනවා, විහිදෙන්ට සලස්වනවා, විහිදුවනවා.

Emmet, n. කුහුඹියා, කුඹියා. See Ant.

Emollient, a. මෘදුකරන, මොලොක්කරන, (ඉදිමුම් ආදිය) ශමනයකරන, සනීශව.

Emollient, n. මෘදුකරන බෙහෙත, මොලොක්කරන ද්‍රව්‍යයක්, සනිශෞෂධය.

Emolument, n. පඩි ගණන, ලාභය, ප්‍රයෝජනය, වේතනය, වැටුප. [ගය.

Emotion n. හෘදය කම්පාව, සිත් චංචලය, උද්වේ

Emotional, a. හෘදය කම්පා සහිත, සිත් චංචලගතියක් ඇත්තාවූ, උද්වේගවත්.

Empale, v. වැට බැඳ වටකරනවා, ඉණි හිටවා කොටු කරනවා; උලතබනවා.

Empalement, n. වටකර වැට බැඳීම &c.; in bot. මල් තැටිය.

Empannel. See Impannel.

Emperor, n. අගරජ, මහ රජ්ජුරුවන් වහන්සේ, අධිරාජයා, එම්පරදෝරු රජ.

Emphasis, n. තදලෙස ස්වර නැගීම, තද උච්චාරණය; (කාරණාවක්, වගන්තියක්) බරපතලකිරීම, බරපතලකොට කීම, අවධාරණය.

Emphasize, v. තදලෙස ස්වර නගා කියනවා, බර කොට කියනවා, බරපතලලෙස කියනවා; බර පතලකොට පෙන්වනවා.

Emphatic, Emphatical, a. තදලෙස ස්වර නගා කිය යුතුවූ, එසේ කියන්නාවූ; බලවත්වූ, ප්‍රබල.

Emphatically, ad. ශබ්ද නගා, බලවත්ලෙස.

Empire, n. ආණ්ඩු බලය; ආණ්ඩු බලය පවතින හරිය, අග්‍ර රාජ්‍යය, අධිරාජ්‍යය.

Empiric, n. වෛද්‍යශාස්ත්‍රය නොදත් වෙද, නිවට වෙද, වාටු වෙද, දුශ්චිකිත්සකයා.

Empiric, Empirical, a. (ශාස්ත්‍ර වශයෙන් ඉගෙනනොගෙන) අත්හදා බැලුවාවූ, ශාස්ත්‍ර ඥානයක් නොමැති, ශාස්ත්‍රානුගත නොවූ, අත්දැකීම පිට රඳා තිබෙන, ප්‍රයෝග සිද්ධ, පරීක්ෂා සිද්ධ.

Empirically, ad. ශාස්ත්‍ර ඥානය නැතුව අත්දුටුලෙස, නිවට වාටු වෙද මෙන්.

Empiricism, n. වෙදකම ඉගෙන නොගෙන වෙදකම් කිරීම, වාටුවෙදකම.

Employ, v. use භාවිතාකරනවා, පාවිච්චි කරනවා, ව්‍යවහාර කරනවා; a. person වැඩට—යමක්කිරීමට ගන්නවා *or* පත්කරනවා, යොදනවා, නියුක්තකරනවා, කෙනෙකුට වැඩක් දෙනවා *or* කෙනෙක් ලවා කරවාගන්නවා; employ time කාලය පසුකරනවා, ගතකරනවා, ව්‍යාපෘතකරනවා; employ one's-self in doing anything යමක් කිරීමෙහි යෙදී සිටිනවා, ව්‍යාපෘතවෙනවා, මිඩංගුවෙනවා; a person employed by me මගෙන් වැඩලබන — මගේ ගණනේ සිටින-කෙනෙක්.

Employ, n. වැඩය, නිලය; my employ මම දෙන වැඩය; he is in my employ ඔහු මා යටතේ වැඩ කරනවා. [ගතයුතු.

Employable, a. (යමෙකුට) භාවිතාකල හැකි, වැඩට

Employé, n. (අන් කෙනෙකුගෙන්) වැඩ ලබන්නා, අන්කෙනෙක් යටතේ වැඩකරන්නා, රක්ෂාවකයෙදී සිටින්නා, සේවකයා.

Employer, n. භාවිතා කරන්නා, පාවිච්චි කරන්නා; (අන්‍යයන්) වැඩටගන්න අය.

Employment, n. භාවිතාකිරීම &c.; වැඩය, නිලය, රක්ෂාව, තනතුර, කරන කාරණේ.

Empoison, v. වස පොවනවා, විස දෙනවා, විෂකර නවා; fig. අමිහිරි කරනවා, අරුචි—තික්ත—කර නවා.

Emporium, n. විශාල වෙළඳපොළ, විශාල වෙළහෙළ ඳම්කරන නුවර, වෙළඳ නගරය, වණික්නගරය, මහා ආපණය.

Empower, v. බලය දෙනවා *or* පවරනවා, අවසර දෙනවා; වරම් දෙනවා, ශක්තිය දෙනවා, බලවත් කරනවා.

Empress, n. අගරැජිනිය, අග්‍රරාජිනිය *or* රාජ්ඤිය, අග බිසව, අග්‍ර මහේසිකාව.

Emptiness, n. හිස්කම, ශූන්‍යකම, ශූන්‍යත්වය, පාළු කම, නිස්සාරතාව.

Empty, v. හිස්කරනවා, ශූන්‍යකරනවා; හිස්වෙනවා &c.; empty out හලනවා, නමනවා.

Empty, a. හිස්, ශූන්‍ය, පාළු, නිස්සාර; of fruit පුහු, unsatisfactory නිෂ්ඵල, නිෂ්ප්‍රභා; ignorant අඥාන; දැනගැම්ම නැති.

Empty-handed, a. අතේ කිසිවක් නැති, හිස් අත්ඇති, ශූන්‍යහස්ත, රික්ත හස්ත.

Empty-headed, a. ඉස හිස්වූ, අඥාන.

Empyreal, Empyrean, a. පරමාකාශීමය, ආග්නේය; ඉතා උත්කෘෂ්ට ස්වර්ගීය.

Empyrean, n. ඉතා උත්කෘෂ්ට ස්වර්ගය. **Emu**, n. See Emeu.

Emulate, v. (අන් කෙනෙකුට ක්‍රියාවෙන් *or* ස්වභාවෙන්) සමවෙන්ට *or* වඩා උතුම්වෙන්ට උත්සාහ කරනවා, සපද්ධාකරනවා, තරඟ කරනවා.

Let us emulate the virtues of the good යහපතුන්ගේ ගුණාංගවලට පැමිණෙන්ට—ගුණාංග වලින් යහපතුන්ට සමාන වෙන්ට — උත්සාහ කරමු.

Emulation, n. (එසේ) සමානවෙන්ට &c. උත්සාහ කිරීම, සපද්ධාව.

Emulative, Emulous, a. (අන්‍යයෙකුට) සමවෙන්ට *or* වඩා උතුම්වෙන්ට උත්සාහකරන *or* ඊට ආශා ඇත්තාවූ, සපද්ධී, ප්‍රතිස්පර්ධී.

Enable, v. බලපුළුවන්කම දෙනවා, පුළුවන්කරනවා, සමර්ථකරනවා, බලය දෙනවා.

Enact, v. (ආඥා, නීති, පනත්) පනවනවා, නියෝග කරනවා; ඉෂ්ටකරනවා.

Enacted, pp. *or* a. පනවනලද &c.; නියෝජිත.

Enactive, a. පැනවීමට බලය ඇති, නියෝගකරන.

Enactment, n. පැනවීම, නියෝගකිරීම; (පනවාපු) ආඥාව, නියෝගය, පනත.

Enallage, n. in gram. (ලිඟුව, සංඛ්‍යාව, විභක්තියා දිය) මාරුකිරීම, ව්‍යාකරණදෝශය, භාෂණ විපර්යාසය.

Enamel, n. (වාත්තුකලාම් *or* උණුකර ගෑවාම වීදුරු වාගේ) සිලුටුදෙයක්, ඇනමල්; දත්වල සිලුටු පිට කොට්ඨාසය.

Enamel, v. ඔප ද්‍රව්‍ය ගානවා, (වීදුරුසේ පෙනීමට) ද්‍රව්‍ය ගා ඔප නගනවා.

Enamelling, n. දිලිසෙන සිලුටු ද්‍රව්‍ය ගෑම *or* ගා වැස්ම. සිලුටු ද්‍රව්‍ය ගෑමේ ශිල්පය.

Enamour, v. ප්‍රේමකරවනවා, ප්‍රේමයෙන්—ඇලුම්කමින්—සිත පුරවනවා, අවිවඩිනවා.

Enamoured, be, v. ඉතා සෙනෙහවෙනවා, (යමක් කෙරෙහි) ප්‍රේමයෙන්—ඇලුම්කමෙන්—පිරී සිටිනවා, අනුරක්තව සිටිනවා, පිළිබඳ සිත් ඇති වෙනවා, ප්‍රීතිමත්වෙනවා, ප්‍රමෝදිතවෙනවා.

Encamp, v. කඳවුරු බැඳ සිටිනවා, කූඩාරම් ගහනවා,

Encamped, pp. *or* a. කූඩාරම් පිහිටුවාපු, කූඩාරම් ගසාගෙන සිටින, කඳවුරු බැඳ සිටින.

Encampment, n. කූඩාරම් &c. පිහිටුවීම; කූඩාරම් පිහිටුවා තියෙන තැන, කූඩාරම් භූමිය; කඳවුර.

Encase, v. (යමකට ඇතුල්කර) වසානබනවා; in gold &c. රත්වලින් වසනවා.

Enceinte, be, v. Fr. ගර්භිණීව සිටිනවා.

Encephalice, a. ඉසට අයිතිවූ, ශිරස්, මොළයට අයිති, මස්තුලුංග.

Encephalon, n. උඩුමොළය; ඉසේ ඇතුළත, මස්තුලුංගය.

Enchain, v. දම්වැල්—දම්වැලෙන්—බඳිනවා; fig. (සිත &c.) අල්ලාගන්නවා, යොමුකර නවා.

Enchant, v. අනවිනකරනවා, සූනියම්කරනවා, මතුරනවා, ජපකරනවා; fig. ඉතා ප්‍රීතිමත්කරනවා, ප්‍රමුදිතකරනවා, සිත්ගන්නවා.

Enchanted, pp. *or* a. අනවිනකරනලද &c.; fig. ප්‍රමෝදිත, ඉතා ප්‍රීතිමත්.

Enchanter, n. අනවිනකාරයා, සූනියම්කරන්නා; ප්‍රීතිමත්කරන්නා &c.

Enchanting, a. අනවින කරන &c.; (සිත &c.) ප්‍රමෝදකරන, ප්‍රමෝද්‍යකරන, මනෝහර, සිත්ගන්නා.

Enchantingly, ad. ඉතා මනෝහරලෙස, නෙත් සිත් පිණවනලෙස, චිත්තාකර්ෂණකාරයෙන්.

Enchantment, n. අනවිනකිරීම &c.; අනවිනය, සූනියම, හූනියම, කොඩිවිනය, ඉන්ද්‍රජාලය, මන්ත්‍රය, යන්ත්‍රය; fig. චිත්තාකර්ෂණය.

Enchantress, n. අනවිනකාරී, මායාකාරී; fig. චිත්තාකර්ෂණකාරී.

Enchase, v. (යමක් යමක) ඔබ්බනවා; (ඉහත්වූ වැඩ වලින් *or* මැණික් ඔබ්බා) සජ්ජිතකරනවා.

Encircle, v. වටකරනවා, වටලනවා, වටේට එනවා, මණ්ඩලීකවෙනවා, වටකර යනවා; අත්වලින් ඉඳ ගන්නවා, පරිවේෂ්ටනය කරනවා.

Encircled, pp. *or* a. වටකර; වටකරපු &c., වටවී තිබෙන, පරික්ෂිප්ත, සමාවෘත.

Enclitic, n. (que in virumque & ද in මිනිසුන්ගේද මෙන්) අගට බැඳි වචනය, සංසිවූ වචනය, සමුච්චය වාක්‍යය.

Enclose, Enclitical, a, අගට බැඳි, සංසිවූ, සමුච්චය.

Enclose, v. ඇතුළේ දමා වසනවා, වසානබනවා; කොටුකරනවා, පරික්ෂේපකරනවා, මැදිකරනවා, වටකර වැට &c. බඳිනවා, අවුරනවා, අහුරනවා, ගාල්කරනවා.

Enclosed, pp. *or* a. ඇතුල්කරනලද, ඇතුළේ දමනලද, ඇතුළේ දමාපු &c., ඇතුළත්වූ, පරික්ෂිප්ත.

Enclosure, n. වසානැබීම &c.; ඇතුළත්කළ දෙය, ඇතුළත්වූ එක; කොටුව, (around trees) කොරවුව.

Encomiast, n. වර්ණනාකාරයා, ප්‍රශංසා රචනාවක් ලියන්නා, විරුදු කියන්නා, ස්තුතිපාඨකයා.

Encomiastic, Encomiastical, a. වර්ණනාකාර, පැසසුම් දෙන, ප්‍රශංසාකර, ස්තුතිමය.

Encomium, n. පැසසුම, වර්ණනාව, ප්‍රශංසාව, ගුණකීර්තනය, ස්තුති වාක්‍යය.

Encompass, v. හාත්පසින් යනවා, පරිභ්‍රමණයකරනවා; වටකරනවා, වටලනවා. [වෘත

Encompassed, pp. *or* a. වටකරනලද, වටලාපු, පරි

Encore, ad. ආයිත්, යළිත්, නැවත, දෙවනු.

Encore, v. යළිත්යයි කියා නැවත කරනලෙස ඉල්ලනවා, දෙවනු ඉල්ලනවා.

Encounter, v. සම්මුඛවෙනවා, මුණගැහෙනවා, හමුවෙනවා; ඉදිරියට පැමිණෙනවා, අභිමුඛවෙනවා; පොරට සිටිනවා, සටන්කරනවා, විග්‍රහවෙනවා, රණාභියෝග වෙනවා, (අමාරු, දුක්, යනාදියට) අසුවෙනවා.

Encounter, n. සම්මුඛවීම &c ; පොරය, විවාදය, සටන, විග්‍රහය, රණාභියෝගය.

Encourage, v. ධෛර්‍යමත්කරනවා, ධෛර්‍යදෙනවා; අභයදෙනවා ; පොළඹනවා ; අනුබලදෙනවා.

Encouragement, n. ධෛර්‍යමත්කිරීම &c.; ධෛර්‍ය උපදවන දේ *or* කාරණාව, අනුබලය.

Encouraging, p. *or* a. ධෛර්‍යමත්කරන &c., ප්‍රාර්ථනා උපදවන, ප්‍රාර්ථනාදායක.

Encouragingiy, ad. ධෛර්‍යමත්කරනලෙස, ප්‍රාර්ථනාදායකලෙස.

Encroach, v. (අනුන්ගේ අයිතිවාසිකම්) ක්‍රමක්‍රමයෙන් අල්ලාගන්නවා. [ගන්නා.

Encroacher, n. ක්‍රමයෙන් අනුන්ගෙන් වාසි අල්ලා

Encroachment, n. ක්‍රමක්‍රමයෙන් අල්ලා ගැනීම; (එසේ) අයුක්තියෙන් අල්ලාගත්—පැහැරගත්—දේ *or* කොටඨාසය.

Encumber, v. බරකරනවා, බර පටවනවා, (බර පැටවීමෙන් මෙන්) අමාරුකරනවා, බාධාකරනවා.

Encumbered, pp. *or* a. බරකරනලද &c., අමාරුවිඳින, ණයවලින් බරවූ.

Encumbrance, n. ක්‍රියාකිරීම, අමාරුකරන බර, බාධාව ; (උකස පිට තිබෙන) ණය ගණන.

Encyclical, a. පොදුලෙස නිකුත්කරන (ලියුම, පත්‍රය)

Encyclopædia, n. See Cyclopædia.

Encyclopædic, a. විශ්වකෝෂයකට බඳු, විශාරද.

End, n. තොංගල, අග, කෙළවර, අන්තිමය, ඉම; conclusion හමාරය, තීන්දුව, අවසානය, නිම, නිම්මාව, අන්තය, නිෂ්ඨාව, සමාප්තිය; death මරණය; remnant ඉතුරු කෑල්ල; design අදහස, අභිප්‍රාය; set on end අග බිම හිටවනවා ; his hair stands on end, becomes erect ඔහුගේ මයිල් කෙළින් සිටිනවා, ලොමු දැහැගන්නවා *or* රෝමෝද්ගමය වෙනවා.

End, v. කෙළවරකරනවා, අන්තිමකරනවා, කම්මුතුකරනවා, හමාරකරනවා, තීන්දුකරනවා, අවසානකරනවා, නිර්ණයකරනවා, නිමකරනවා, නිමවනවා, ඉවරකරනවා ; කෙළවරවෙනවා &c.

Endamage, v. &c. See Damage.

Endanger, v. අනතුරුවට—උපද්‍රවයට—අනතුරක් වෙන්ට පුළුවන් සවභාවට—පමුණුවනවා.

Endear, v. (යමෙකුට) ප්‍රියයක් *or* ප්‍රේමවන්තයෙක් වෙන්ට සලස්වනවා, ප්‍රියකරනවා, පෙම්බඳිනවා. His virtues endeared him to me (say) ඔහුගේ ගුණාංග නිසා ඔහු කෙරෙහි ඉතා ප්‍රියවුණෙමි.

Endearment, n. ප්‍රියකම—ප්‍රේමය—උපදවන කාරණාව ; ආදරණීය ඇලුම්කම, සිත බැඳීම.

Endeavour, n. උත්සාහය, වෑයම, වීර්‍යය, ව්‍යාපාරය ප්‍රයත්නය. ප්‍රයාසය.

Endeavour, v. උත්සාහකරනවා, වෑයම්කරනවා, වීර්‍යකරනවා, වෑඩියම්කරනවා, ප්‍රයත්නකරනවා, ප්‍රයාසකරනවා.

Endecagon, n. (පැති හා) කොන් එකොළහක් ඇති හැඩය, ඒකාදශකෝණය, ඒකාදශාස්‍රය.

Endemic, n. (පළාතටම *or* එක්ජාතියක මිනිසුන්ටම) නියමවූ රෝගය, ජම්ව රෝගය, දේශ රෝගය.

Endemic, Endemical, Endemial, a. ජනමානුගත, ජාත්‍යනුගත, දේශානුගත.

Ending, n. කෙළවර, කෙළවරවීම, නිමකිරීම &c., see End ; in gram ප්‍රත්‍යය.

Endless, a. කෙළවර නැති, කෙළවරක් නැති &c., නිමක් නැති &c. ; අනන්ත, නිරන්තර, අනවරත.

Endlessly, ad. කෙළවරක් නැතුව, නිමක් නැතුව &c., අනන්තලෙස, නිරන්තරයෙන්ම, අනවරතයෙන්, තොරනැතුව.

Endlessness, n. කෙළවර නැතිකම &c., අනන්තකම, නිරන්තරය, අනවරතය, තොරනැතිකම, අනමතග්ගය.

Endmost, a. අන්තිමවූ, කෙළවරට—අගට—ඇත්තාවූ.

Endocarp, n. in bot. ගෙඩිවල ඇතුල්කටුව, අන්තරාවරණය.

Endogenous, a. (පොල්, පුවක් ආදි ගස් මෙන්) ඇතුළේ පටන් වැඩෙන, අන්තෝද්භව.

Endogens, n. pl. අන්තෝද්භව වෘක්ෂ ජාති.

Endorse, v. (බලය දෙන පිණිස ලියවිල්ලක) පිට ලියනවා, පිට අත්සන් කරනවා ; fig. ස්ථිරකරනවා.

Endorsement, n. පිටලිවීම &c.; පිටලියාපු දේ, පිට අත්සන.

Endow, v. දායාදකර දෙනවා ; (සමාගමකට, පදවියකට &c.) සම්පත් අයිතිකරනවා *or* හිමිකර දෙනවා; fig. ගුණඕඝවලින් සමන්විත කරනවා.

Endowed with, be, v. දායාද ලබනවා &c.; යමකින් සමන්විතවෙනවා &c.; in S. adj. සමන්විත, සම්පන්න, උපේත, සමුපේත, යුක්ත, ප්‍රයුක්ත, සංයුක්ත.

Endowment, n. දායාද දීම &c.; දායාදය, දෑවැද්ද; (සමාගමක &c.) උරුම සම්පත ; ලැබී තිබෙන සිහිය, ගුණඕඝය.

Endue, v. lit. පලදවනවා, (යමෙකුට) සිහිය, බලය, යනාදි යම් ගුණඕඝයක් පලදවනවා *or* දෙනවා, එයින් පූර්ණකරනවා, සමන්විතකරනවා.

Endued, with, be, v. යමකින් සංයුක්තව සිටිනවා &c.; in S. adj. යුක්ත, සහිත, සම්පන්න, සමන්විත, සම්ප්‍රයුක්ත, උපේත, සංගත.

Endurable, a (යමෙකුට) ඉවසන්ට—දරන්ට—පුළුවන්වූ, ඉවසිය හැකි.

Endurance, n. ඉවසීම, ඉවසිල්ල, ක්ෂාන්තිය, සහනය, සහනත්වය; විඳීම, දැරීම, ධාරණය, සංතිතිය.

Endure, v. continue පවතිනවා ; tolerate ඉවසනවා; suffer වේදනා &c. විඳිනවා, විඳුවනවා, දරනවා, මර්ෂණයකරනවා.

Enduring, p. *or* a. පවතිමින් &c.; පවතින &c., චිර ස්ථායි, චිරස්ථ.

Endways, Endwise, ad. තොංගල බිමතියා ; අග ඉස් සරහට කර.

Enema, n. වස්ති ද්‍රව්‍ය.

Enema-pump, n. වස්ති යන්ත්‍රය.

Enemy, n. සතුරා, පරසතුරා, එදිරිකාරයා, පසමිතුරා, ප්‍රත්‍යර්ථිකයා, විරුද්ධකාරයා ; the enemy විරුද්ධ සේනාව.

Energetic, a. කඩිසර, උත්‍සාහ, වීර්‍ය්‍යවන්ත, උද්‍යෝගී, සෝත්සාහී, වීර, යත්නවත්.

Energetically, ad. කඩිසරලෙස, වීර්‍ය්‍යවත්තලෙස, සෝත්සාහීව, බලගතුලෙස, වීරලෙය &c.

Energize, v. බලවත්කරනවා, ධෛර්‍ය්‍ය උපදවනවා, වීරම් දෙනවා.

Energy, n. බලය, බලවත්කම, උත්‍සාහකම, වීර්‍ය්‍යය, ශක්තිය, උත්සාහය, වේගය.

Enervate, v. (නහරවල) සවිය නැතිකරනවා, බෙලහීන කරනවා.

Enervated, pp. *or* a. සවිය නැතිවුණාවූ, බෙලහීන, ශක්තිහීන.

Enervating, p. *or* a. සවිය නැතිකරන &c., ශක්ති විනාශක.

Enervation, n. සවිය නැතිකිරීම &c. ; බෙලහීනකම, ශක්තිහීනතාව.

Enfeeble, v. දුර්වලකරනවා, බෙලහීනකරනවා, සවිය —ශක්තිය—අඩුකරනවා.

Enfilade, v. (පේළි රංචුව *or* පේළිය) දිගටම වෙඩි [තිබනවා.

Enforce, v. බලයෙන් කරවනවා *or* පලස්වනවා, බල කරනවා ; බලවත් කරනවා, වලංගු කරනවා

Enforcement, n. බලයෙන් කරවීම &c., ඉෂ්ටකරවීම; (යමෙකුට) බලකරවන කාරණාව ; බලාත්කාරය.

Enfranchise, v. නිදහස්කරනවා ; නගරයේ *or* රාජ ආණ්ඩුවේ කාරණ ගැන අයිතිවාසිකම් පලස්වා දෙනවා *or* නිදහස ලබාදෙනවා, ඡන්දබලය දෙනවා.

Enfranchised, pp. *or* a. නිදහස්කරනලද; (නගරයේ &c.) නිදහසත්ලැබූ, බලයලත්.

Engage, v. a servant &c. නියමකරගන්නවා, පොරොන්දුකරවාගන්නවා; in contest පොරට සිටින වා, සටන්කරනවා; in any affair or business පැටලී වෙනවා, නියුක්තවෙනවා, යෙදී සිටිනවා; නියුක්ත කරනවා; one's-self, promise පොරොන්දුවෙනවා, ගිවිසගන්නවා, බැඳෙනවා, විවාහබස්දෙනවා; (අන්‍ය යෙකුගේ සිත, ප්‍රේමය, කල්පනාව &c.) අල්ලාගන් නවා, යොමුකරනවා, සංගතකරගන්නවා.

Engaged, pp. *or* a. නියමකරගත්තාලද &c.; නියම වූ; නියුක්ත, බැඳිසිටින, ප්‍රතිඥත, විවාහබස් දුන්; සංගත.

Engaged in, be, v. නියුක්තව සිටිනවා ; also adj. in S. නියුක්ත, සම්ප්‍රයුක්ත, ව්‍යාපෘත, තත්පර.

Engagement, n. නියමකරගැනීම &c., see verb ; පොරොන්දුව, ගිවිසුම, ප්‍රතිඥාව; සටන; නියම වැඩ ය ; පොරොන්දුවූ කාරණාවක්.

Engaging, a. සිත අලවන, සිත්ගන්නා, ප්‍රියකරවන, මනෝහර, චිත්තාකර්ෂක.

Engender, v. ජාතකකරනවා; (භේද, සඩංගු &c.) උපදවනවා, ඇවිස්සවනවා.

Engine, n. යන්ත්‍රය, සූත්‍රය, ඇන්ජිම; sp. ධූමයන්ත්‍රය.

Engine-driver, n. ධූමරථය—දුම්රිය—ගෙනයන්නා *or* එලවන්නා.

Engineer, n. යන්ත්‍ර හරිගස්සන්නා *or* බලාගන්නා, යන්ත්‍ර ශිල්පියා, යන්ත්‍රවිද්‍යාඥයා, military (ඉදිකිරීම්, අත්දෙයම් බැඳීම්, ආදී) යුද්ධකෘත්‍ය-ශාස්ත්‍රඥයා; civil නගරකර්මාන්ත-ශාස්ත්‍රඥයා, ඉංජිනේරුවා.

Enginery, n. (ධූමරථ, යුද්ධකෘත්‍ය) යන්ත්‍ර-ශිල්පය ; යන්ත්‍ර ගණන, යුද්ධයන්ත්‍ර.

England, n. එංගලන්තය.

English, a. ඉංග්‍රීසි, එංගලන්ත.

English, n. ඉංග්‍රීසිය, ඉංග්‍රීසි භාෂාව; the English ඉංග්‍රීසිකාරයෝ.

Engraft v. See Ingraft.

Engrail, v. විචිත්‍රකරනවා, තිත් තිත් ගහනවා; කඩ තොලුකරනවා.

Engrave, v. කැටයම්කරනවා ; තහඩුවක අකුරු ආදිය කොටනවා, වාත්තුකරනවා ; fig. (කැටයම් කලාක්මෙන් සිතෙහි) ධාරණය කරගන්නවා.

Engraved, Engraven, pp. *or* a. කැටයම්කරනලද &c., කැටයම්වූ; ධාරණයවූ.

Engraver, n. කැටයම්කාරයා.

Engraving, n. කැටයම් කිරීම ; කැටයම් කර්මාන්ත ය; of wood කාෂ්ඨකර්මාන්තය ; කැටයම් මුද්‍රිත සිතියම,

Engross; v. මුළු ගණනම ගන්නවා; (සිත, සිතිවිලි, සැලකීම, ප්‍රේමය &c.) මුළුමනින්ම අල්ලාගන්නවා *or* ඇදගන්නවා *or* යොමුකරනවා : this engrosses all my thought, my whole thought is engrossed by this මගේ මුළු කල්පනාව යන්නේ—ඇදෙන් නේ—යොමුවෙන්නේ—මේකටමයි. ලොකු පැහැදිලි අකුරුවලින් කෙටුම්පතක් ලිය නවා, අකුරු ලොකුකර ලියනවා, ලිපිකරනවා.

Engrossed, pp. *or* be, මුළුමනින්ම අල්ලාගනු ලබ නවා &c.; සමාවිෂ්ටවෙනවා, සම්ප්‍රයුක්තවෙනවා; adj. සමාවිෂ්ට, සම්ප්‍රයුක්ත ; ලොකු අකුරුවලින් ලියාපු, මහාක්ෂර ලිඛිත.

Engrosser, n. මුළු ගණනම ගන්නා ; (බඩුවල මිල වැඩි වනලෙස) සියල්ල මිලේට ගන්නා ; ලොකු අකුරු වලින් කෙටුම්පතක් ලියන්නා.

Engrossing, n. ලොකු අකුරුවලින් ලිපිකිරීම.

Engrossment, Engrossing, n. මුළු ගණනම ගැනීම; මුළුමනින්ම අල්ලාගැනීම, සමස්ත සංගතකිරීම *or* සංගතවීම.

Engulf, v. වතුරේ ගිල්වාදානවා, යටපත්කරනවා.

Enhance, v. (ගණන, මිල, අගය, &c.) වැඩිකරනවා, උස්කරනවා, අධිකකරනවා, වැඩිවෙනවා.

Enhancement, n. වැඩිකිරීම, වැඩිවීම, ප්‍රචුරීකරණය, වර්ධනය.

Enigma, n. තේරවිල්ල, දුෂ්ටකූටය, ප්‍රහේලිකාව; fig. අදුරු කාරණාවක්.

Enigmatical, a. තේරවිලි ආකාර, දුෂ්ටකූට; දැන ගන්ට අමාරු.

Enigmatically, ad. අදුරුලෙස, තේරවිලි ආකාර [යෙන්.

Enjoin, v. අණදෙනවා, අණකරනවා, අවවාදදෙනවා; නියෝගකරනවා.

Enjoy, v. ප්‍රීතියෙන් භුක්තිවිඳිනවා, බුත්තිවිඳිනවා, උපභෝගකරනවා, අනුභවකරනවා; enjoy one's-self සැපෙන් *or* ප්‍රීතියෙන් ජීවත්නවා; enjoy happiness සැප විඳිනවා, සුඛාස්වාදනය කරනවා; possess සමන්විතව සිටිනවා *or* භුක්තිවිඳිනවා.

Enjoyable, a. (යමෙකුට) භුක්තිවිඳිය හැකිවූ භුක්ති විඳීමට සුදුසු, ආස්වාදනීය, භෝක්තව්‍ය, භෝග්‍ය, භොජනීය.

Enjoyed, pp. *or* a. භුක්තිවිඳි &c.; (E. with which *or* who ; adj. in S.) භුක්තිවින්ද, අනුභවකළ &c., ආස්වාදිත.

Enjoyment, n. භුක්තිවිඳීම &c., භුක්තිය, අනුභවය පරිභෝගය, උපභෝගය, ආස්වාදනය, ප්‍රීතිය, සැප, සැපත.

Enkindle, v. දල්වනවා, පත්තුකරනවා, ගිනිනියනවා; ඇවිලෙනවා, ගිනිගන්නවා ; fig. අවුස්සනවා, ඇවිස්සෙනවා, ඇවිලෙනවා.

Enlarge, v. ලොකුකරනවා, මහත්කරනවා, විශාලකරනවා, මැඩිකරනවා; ලොකුවෙනවා &c ; enlarge upon බොහෝසේ විස්තරකොට කියනවා *or* ලියනවා.

Enlargement, n. ලොකුකිරීම &c.; ලොකුවීම &c. (සිහි කල්පනාවේ) වර්ධනය ; විස්තරලෙස කීම.

Enlighten, v. එළියකරනවා; fig. (සිතිය *or* සිත) ආලෝකකරනවා, ප්‍රබෝධකරනවා, පහදනවා, අවබෝධකරනවා.

Enlightened, pp. *or* a. එළියකරනලද &c.; ආලෝකවූ, ආලෝකය ඇති; fig. ප්‍රබෝධිත, ප්‍රබුද්ධ, දෙව්තිත ; බුද්ධවූ.

Enlightenment, n. එළියකිරීම &c.; එළියලත් සවභාව; ප්‍රබෝධවූ සවභාව; B. බුද්ධවීම, බුද්ධත්වයට පැමිණීම, සම්බෝධිපදප්‍රාප්තිය.

Enlist, v. (සේවාකම පිණිස &c.) නම් ලියාතබනවා, නම් එට්ටෝරු කරනවා; ලියවෙනවා, ලේඛනයට ඇතුල්වෙනවා; fig. (පක්ෂයකට, කාරණාවකට) ලබාගන්නවා, භජනයකරවනවා; බැඳෙනවා, භජනයවෙනවා.

Enliven, v. ප්‍රාණවත්කරනවා, උත්සාහ උපදවනවා, උනන්දුකරනවා, ප්‍රීතිකරනවා.

En masse (ආංමාස්), Fr. ad. මුළු සමූහය වශයෙන්, සමස්තාකාරයෙන්.

Enmity, n. සතුරුකම, එදිරිකම, එදිරිකාරකම, එදිරිය, එදිරිවාදුව, වෛරය, ක්‍රෝධය, ද්වේෂය.

Enneagon, n. (පැති නා) කොන් නවයක් ඇති හැඩය, නවකෝණය, නවාස්‍රය.

Ennoble, v. ශ්‍රේෂ්ඨකමට—උතුම්කමට—වංශාධිපතිකමට—පමුණුවනවා; උසස්කරනවා.

Ennobled, pp. *or* be. ශ්‍රේෂ්ඨකමට &c. පැමිණි; ශ්‍රේෂ්ඨකමට පැමිණෙනවා ; fig. (සිතින් &c.) උසස්වෙනවා, උත්කෘෂ්ටවෙනවා.

Ennui (ආංවී), n. Fr. (තෘප්තියෙන් *or* හැප වැඩිකමින් අටගන්න) අප්‍රියාව, මලානිකකම.

Enormity, n. නදබල වරද, අති දුෂ්ටකම ; (දුෂ්ටකමේ) ඉතා බරපතලකම, සාහසිකකම.

Enormous, a. ඉතා ලොකු, අතිමහත්, විශාල, බාරදූරවූ; ගජ, සාහසික.

Enormously, ad. ඉතාමත්ම, අතිශයින්ම; සාහසිකලෙස (නපුරුසි).

Enormousness, n. අතිමහත්කම ; ඉතා බාරදූරකම ; ඉතා බරපතලකම.

Enough, a. සෑහෙන, යැපෙන, ප්‍රමාණ, පොහෝනා; there is *or* are enough ඇතිසි.

Enough, ad. සෑහෙනලෙස, යැපෙනලෙස, සෑහුම්කමට, ඇතිපදමට.

Enough, n. සෑහෙන තරම, ඇතිපදම, සෑහුම්කම, satisfaction තෘප්තිය.

Enrage, v. කුපිතකරනවා, ඉතා කෝපකරනවා, උද්දහස්කරනවා, උරණකරනවා.

Enraged, pp. *or* a. ඉතා කුපිතකරනලද &c., කුපිත, කෝපයෙන් දිලිහෙන, ප්‍රකුපිත.

Enrapture, v. ඉතා ප්‍රීතිමත්කරනවා, ප්‍රීතිමත්කමින් පිණවනවා.

Enraptured, pp. *or* a. ඉතා ප්‍රීතිමත්කරනලද &c., අතිප්‍රමෝදිත, පරිතුෂ්ට.

Enrich, v. පොහොසත්කරනවා, ධනවත්කරනවා, සමෘද්ධ කරනවා, ආඪ්‍යකරනවා, (පොළව) සාරවත්කරනවා ; (සිත, සිහිය &c.) පූර්ණකරනවා ; (රචනා උතුම් වාක්‍යවලින්) සමලංකෘතකරනවා, අලංකාරකරනවා, භූෂණයකරනවා.

Enriched, pp. *or* a. පොහොසත්කරනලද &c., ධනවත්වූ, ධනසම්පන්නවූ ; සාරවත්වූ ; (ගුණාංගවලින්) පූර්ණවූ ; සමලංකෘත, භූෂිත.

Enrobe, v. (යමෙකුට) උතුම් වස්ත්‍ර පෙරවනවා.

Enrol, v. නම් ලියා තබනවා, නම් එට්ටෝරුකරනවා, ලියා පදිංචිකරනවා, සටහන්කරනවා. [හන

Enrolment, n. නම් ලියාතැබීම &c.; ලේඛනය, සට

En route (ආංරූට්), Fr. ad. මගදී. **Ensample,** n. See Example.

Ensconce, v. ආවරණයකරනවා, මුවාකරනවා ; one's self මුවාවෙනවා.

Ensemble (ආන්සාම්බල්), n. Fr. මුළු එක, සමස්තය, මුළු සවභාව.

Enshrine, v. lit. කරඬුවක තබනවා; fig. (ප්‍රේමයෙන් සිතෙහි &c.) ධාරණයකරගන්නවා, නිදන් කරනවා.

Enshroud, v. වැස්මකින් වසනවා, පෙරවනවා.

Ensiform, a. කඩු හැඩය ඇත්තාවූ, ඛඩ්ගාකාර.

Ensign, n. (රාජ්‍යවක *or* සේනාවක) ලකුණ දරන කොඩිය, ධවජය, පතාකය; කොඩිකාර මුලාදෑනියා.

Enslave, v. වාලුට ගන්නවා, වහල්කරනවා, දාසකරනවා ; fig. (තෘෂ්ණාවලට &c.) යටත්කරනවා.

Enslaved, pp. *or* a. වාලටගන්නාලද &c., වාල්වූ, දාසවූ, දාසභූත ; fig. යටපත්වූ.

Enstamp, v. මුද්‍රගසනවා, හස් ඔබනවා, යමක් ඔබා ලකුණුකරනවා ; (සිතෙහි &c.) ධාරණයකරනවා.

Ensue, v. (තර්කාංගවලින්, කාරණාවකින්) පැමිණෙනවා, සිද්ධාන්තාකාරයෙන් අටගන්නවා ; අනුව පැමිණෙනවා, පසුව සිද්ධවෙනවා.

Ensuing, p. *or* a. ඵලයක් වශයෙන්—සිද්ධාන්තාකාරයෙන්—පැමිණෙන ; අනුව පැමිණෙන, ඊළඟ, පසුව (දා &c.) [නවා.

Ensure, v. සත්තකකරනවා, නොවරද්දා ඉෂ්ටකර

Entail, v. (එක් පෙළපතකටම) උරුමය නියමකර තබනවා ; එක් ක්‍රමයකටම හිමිකර තබනවා ; fig. නියමලෙස—සත්තකලෙස—පමුණුවනවා : crime entails suffering අපරාධකමින් දුක් පැමිණෙනවාමයි.

Entail, n. (එක්පිළිවෙළකටම *or* පෙළපතකටම පැවැත්වෙන) නියමවූ උරුමය ; උරුමයේ නියමය *or* නියම විධිය.

Entailed, pp. *or* a. එක් පෙළපතකටම උරුමවූ, ප්‍රවේණි, පරම්පරාගත.

Entailment, n. එක් නියමක්‍රමයකට උරුමකරදීම ; ප්‍රවේණිකරදීම ; උරුමය පැවතවෙන විධිය.

Entangle, v. පටලවනවා, පැටළිලිකරනවා, අවුල්කරනවා ; ව්‍යාකූලකරනවා ; පටලැවිල්ලකට අසුකරනවා. [කුලවූ, වියවුල්වූ.

Entangled, pp. *or* a. පටලවනලද &c., පැටලිලි ; ව්‍යා

Entanglement, n. පටලැවීම &c.; පැටලිල්ල, පැටලිලි සවභාව, ව්‍යාකූලත්වය.

Enter, v. ඇතුල්වෙනවා, ඇතුළට පැමිණෙනවා, ඇතුළට වදිනවා, ප්‍රවිෂ්ටවෙනවා, පිවිසෙනවා, අභ්‍යන්තරවෙනවා ; (සමාගමකට &c.) ඇතුළත්වෙනවා, බැඳෙනවා ; (පොතක &c.) සටහන්කරනවා; enter into matters කාරණාවලට බහිනවා.

Entered, pp. *or* a. ඇතුල්වී &c.; (පොතෙහි &c.) සටහන්කරනලද, සටහන්වූ; S. adj. ඇතුල්වූ, ඇතුළත්වූ, ප්‍රවිෂ්ට, අභ්‍යන්තරවූ.

Enteric, a. බඩවැල්වලට අයිතිවූ, සන්නිපාත.

Enteritis, n. බඩවැල් දැවිල්ල, අතුණු දැවිල්ල.

Enterology, n. අන්ත්‍ර විද්‍යාව, ශරීරාභ්‍යන්තර විද්‍යාව.

Enteropathy, n. බඩවැල් රෝගය, අතුණු රෝගය, අන්ත්‍ර රෝගය.

Enterotomy, n. බඩවැල් කැපීම, අතුණු කැපුම් විද්‍යාව, අන්ත්‍රච්ඡේදය.

Enterprise, n. (කිරීමට) අතට ගත්ත කාරණාවක් *or* කටයුත්තක්; (භාරගත්ත), බරපතළ කාරණාවක්, නිශ්චිත ක්‍රියාවක්; බරපතළ කාරණ භාරගැනීමට ලැදිවූ ස්වභාව, ධෛර්‍ය්‍ය, ප්‍රෞඪිය, ව්‍යාපාරය.

Enterprising, a. බරපතළ කාරණා භාරගන්න *or* පටන්ගන්න, (එසේ කිරීමට) ධෛර්‍ය්‍ය ඇත්තාවූ, බුහුටි, ප්‍රෞඪ. [වා;

Entertain, v. guests සත්කාරකරනවා, සංග්‍රහකරන
amuse (කථාවෙන්, සෙල්ලමෙන් &c.) ප්‍රීතිකරනවා, විනෝදකරනවා;
entertain a proposal (යෝජනාවක්) කල්පනාවට ගන්නවා;
(thoughts, opinions &c.) සිතේ ඇතුව සිටිනවා *or* තබාගෙන සිටිනවා.
I entertain a high opinion of him (say) ඔහු උතුම්කොට සලකමි.

Entertaining, a. (කථාවෙන්, සෙල්ලමෙන් &c.) ප්‍රීතිකරන, විනෝදකරන.

Entertainment, n. සත්කාරකිරීම &c.; සත්කාරය, සංග්‍රහය, සංග්‍රහව, මංගල්‍යය; සෙල්ලම, විනෝදය, ක්‍රීඩාව, නාඩගම.

Enthelmintha, n. pl. අන්ත්‍රකෘමියෝ, අතුණු පණුවෝ, බඩපණුවෝ.

Enthrone v. සිංහාසනාරූඪකරනවා; උතුම් ආසනයක වාඩිකරවනවා; පාරිදශිකකෙනෙක් පත්කරනවා.

Enthroned, pp. *or* a. සිංහාසනාරූඪකරනලද &c., සිංහාසනාරූඪවූ, පාරිදශික පදවියකට පත්වූ.

Enthronization, n. පාරිදශිකාසනයෙහි වාඩිකරවීම *or* ආරූඪකිරීම.

Enthusiasm, n. උනඳුව, උත්සාහය, බලවත් ජ්වලිතකම, උද්‍යෝගීභාවය. [ක්.

Enthusiast, n. ඉතාමත්ම උනන්දු—ජ්වලිත—කෙනෙ

Enthusiastic, Enthusiastical, a. ඉතාමත්ම ජ්වලිත, අත්‍යුද්‍යෝගී.

Entice, v. කැමතිකරවනවා, ඇදගන්නවා, පොළඹනවා, ඔජකරනවා, ප්‍රලෝභකරනවා, ප්‍රලෝභනය කරනවා.

Enticement, n. කැමතිකරවීම &c., ප්‍රලෝභනය; කැමතිකරවන හේතුව *or* විපාකය *or* පැතුම, අනුකමිණය.

Enticing, a. කැමතිකරවන &c., ආකාමික, ප්‍රලෝභක, අවිම්බන.

Entire, a. සම්පූර්ණ, මුළු, අඛණ්ඩ, අඛණ්ඩිත, අනූන, සමස්ත.

Entirely, ad. සම්පූර්ණයෙන්ම, මුළුමනින්ම, සහමුලින්ම, සාත්පසින්ම, නිස්සේසකොට, නිශ්ශේෂ වශයෙන්, නිරවශේෂලෙස.

Entireness, Entirety, n. සම්පූර්ණත්වය, අඛණ්ඩතාය, අඛණ්ඩිතතාව, අඛණ්ඩිතත්වය, අනූනතාව.

Entitle, v. නමක් *or* මාතෘකාවක් තබනවා; අභිධානයක් දෙනවා, අභිධානය කරනවා; (යමක් ලබන්ට *or* අයිතිවාසිකමකට) බලය දෙනවා *or* යෝග්‍යකරනවා; labour entitles to reward (say) වැඩ නිසා විපාක ලබන්ට යෝග්‍යවෙනවා.

Entitled, pp. *or* be. නමක් තබා—නමක් ඇතුව—තිබෙනවා; (යමක් කිරීමට *or* ලැබීමට) බලය ලබනවා, හිමිවෙනවා, යෝග්‍යවෙනවා; S. adj. නමක් &c. ඇත්තාවූ; අභිධානවූ; යෝග්‍යවූ. [යා.

Entity, n. පැවැත්ම, අස්තිත්වය, වර්තනය; සත්ත්ව

Entomb, v. සොහොනේ තබනවා, භූමදානකරනවා, තැන්පත්කරනවා, වළලනවා.

Entomological, a. ක්ෂුද්‍රප්‍රාණි-විද්‍යා සම්බන්ධ, කීට විද්‍යා පිළිබඳ. [යා.

Entomologist, n. ක්ෂුද්‍රසත්ත්ව-ශාස්ත්‍රඥයා, කීටවේදි

Entomology, n. (මැසි, කුහුඹු, ආදි) ක්ෂුද්‍රසත්ත්ව-ශාස්ත්‍රය, ක්ෂුද්‍රප්‍රාණි-විද්‍යාව, කීට විද්‍යාව.

Entozoa, n. pl. (අන් සතුන්තුළ ඉන්න) ඇතුල් සත්තු ජාති, අභ්‍යන්තර ප්‍රාණීයෝ.

Entrail, n. බඩවැල, අතුණ, අන්ත්‍රය, pl. බඩවැල්, අතුණු, අන්ත්‍ර.

Entrammel, v. පටලවනවා, බාධාකරනවා.

Entrammelled, be, v. පටලැවී සිටිනවා, පටලැවිල්ලට හට බාධාවකට අසුවෙනවා.

En'trance, n. ඇතුල්වීම &c., see Enter, entering ප්‍රතිහාරණය, ප්‍රවේශය; permission to enter ඇතුල්වීමට අවසරය; beginning පටන්ගැන්ම; place of entrance දොරකඩ, දොරටුව, ද්වාරය, වාසල.

Entran·ce, v. මූර්ඡාවට පමුණුවනවා; fig. ඉතාමත්ම ප්‍රීතිමත්කරනවා, ප්‍රීතියෙන් පිණවනවා.

Entranced, pp. *or* a. මූර්ඡාවට පැමුණුණ, මූර්ඡිත; fig. ඉතාමත්ම ප්‍රීතිමත්, අතිප්‍රමෝදිත, ප්‍රීතියෙන් පිණිත.

Entrance-hall, n. ගොඩනැගිල්ලකට ඇතුල්වෙන ශාලාව, ප්‍රවේශශාලාව.

Entrancement, n. මූර්ඡාව; ප්‍රීතිමත්කම, ප්‍රීතියෙන් පිණීම.

Entrant, n. ඇතුල්වෙන්නා, (රැස්වීමකට etc.) අලුතෙන් බැඳෙන්නා.

Entrap, v. මලපතින් අල්ලනවා, උගුලට අහුකරනවා; උපායෙන්—රැවටිල්ලෙන්—අසුකරනවා.

Entreat, v. උදක්ම ඉල්ලනවා, කන්නලව්කරනවා, යදිනවා, ආයාචනා කරනවා.

Entreaty, n. ඉල්ලීම &c.; කන්නලව්ව, යැදුම.

Entree (ආංට්රේ), n. Fr. ඇතුල්වීම; ඇතුල්වීමට අවසරය; (මේසෙට පිළිගෙනෙන කෑමවලින්) මුල් කොට්ඨාස.

Entrepot (ආංට්‍රපෝ), n. Fr. භාණ්ඩාරය; රේගුව *or* පිටරට බඩු තබන ගෙය.

Entrust, v. See Intrust.

Entry, n. (ගෙට) ඇතුල්වෙන මග; ඇතුල්වීම, ප්‍රවේශය; සටහන්කිරීම; සටහන්වූ දේ.

Entwine, Entwist, v. ඔතනවා, දවටනවා, පටලනවා.

Enucleate, v. ඇට අරිනවා, ඇට වැනි දේ පහදනවා.

Enucleation, n. ඇට ඇරීම &c., පැටලිල්ල ඇරීම; පැහැදිලිකිරීම.

Enumerate, v. ගණිනවා, ගණන්කරනවා; එක එක සඳහන්කරනවා.

Enumerated, pp. *or* a. ගණන්කරනලද &c., සංඛ්‍යාත.

Enumeration, n. ගිණීම *or* ගැණීම &c., ගණනය; එක එක සඳහන්වූ ගණන, ගණනාව, සංඛ්‍යානය.

Enunciate, v. උච්චාරණයකරනවා, සවරනගනවා; පැහැදිලිලෙස කියනවා or දන්වනවා.
Enunciation, n. උච්චාරණයකිරීම &c.; උච්චාරණය; උච්චාරණයකරන අන්දම, සවරනගන අන්දම; in geom. සාධ්‍යභාෂණය.
Enunciative, Enunciatory, a. උච්චාරණ සහිත, උච්චාරණයකරන; ප්‍රකටකරන.
Envelop, v. වටේට දවටා වසනවා; වැසෙන හැටි යට ඇතුල්කරනවා; (ඇතුල්කර) සඟවනවා.
Envelope, n. වැස්ම, වහන්තරාව; ලියුමේ පිට වැස්ම, ලියුම් කොපුව, ලියුම් කවරය.
Enveloped, pp. or a. (යමක් වෙළීමෙන්) වසනලද, සඟවනලද, වැසී තිබෙන, සඤ්ඡාදිත, ප්‍රච්ඡාදිත, සංවෘත.
Envelopment, n. වටේට දවටා වැසීම &c., සංවෘතිය, ප්‍රච්ඡාදනය.
Envenom, v. විෂ වද්දනවා, විෂ පොවනවා, වස දමනවා; fig. (සිත) ක්‍රෝධයෙන් පුරවනවා.
Envenomed, pp. or a. විෂ වැදීතිබෙන &c.; be malicious ක්‍රෝධයෙන් පිරී සිටිනවා.
Enviable, a. ඊෂ්‍යා උපදවන්නාවූ; (ලබාගන්ට) ආශාකරවන, කාමනීය, ප්‍රාර්ථනීය, ලෝභ්‍ය.
Enviableness, n. ආශාවිය හැකි සවභාව, කාමනීයභාව, ලෝභ්‍යතාව.
Envious, a. ඊෂ්‍යාවූ, ඊෂ්‍යා සහිත or සහගත, ඊෂ්‍යා චිත්ත, කුහුලකේඩු.
Enviously, ad. ඊෂ්‍යාවෙන්, ඊෂ්‍යා සහිතව, ඊෂ්‍යා ලෙස.
Enviousness, n. ඊෂ්‍යාවන්තකම, ඊෂ්‍යා ගතිය.
Environ, v. වටකරනවා, වටලනවා, පරික්ෂෙපකරනවා, කොටු කරනවා.
Environed, pp. or a. වටකරනලද &c., පරික්ෂිප්ත, ආවෘත.
Environment, n. වටකිරීම &c.; භාත්පස, අවට ආශ්‍රය, වටේට තිබෙන දේ or සවභාව.
Environs, n. pl. භාත්පස තැන්, පිටකොටුව, අහල පහල ස්ථාන.
Envisage, v. මූණපානවා, නුවණින් දකිනවා.
Envoy, n. රාජ පණිවිඩකාරයා, රාජදූතයා, පිටරට නියෝජිතයා, සන්දේශහාරකයා.
Envy, n. ඊෂ්‍යාව; v. ඊෂ්‍යාවෙනවා, ඊෂ්‍යාකරනවා.
Eocene, a. in geol. මුලතම්ථානතර (තට්ටු).
Eolian harp, n. සුළඟින් නාද උපදින වීණාවක්, සුළං වීණාව.
Epact, n. (චන්ද්‍ර වර්ෂයට වඩා) සූර්ය වර්ෂයේ වැඩි කාල ගණන.
Epaulet, n. කුවස්, හේවා උරපලඳනාව, අංශාභරණය.
Epenthesis, n. මධ්‍යවර්ණ වෘද්ධිය, වචනයක් මැද අකුරක් දැමීම, වර්ණාගමය.
Epenthetic, a. (වියහියදව් යන්නෙහි හිය මෙන්) මධ්‍යවර්ණ වෘද්ධි.
Epha, Ephah, n. Heb. ඒෆාව, බුසල් එකහමාරක මිම්මක්.
Ephemera, n. එක දවසක් or ඉතා සවල්ප කලක් ජීවත්වෙන මැස්සා, දින සත්තු, ඓකාහික ප්‍රාණියා; එකදවසක උණ, දින ජ්වරය.
Ephemeral, a. එකදවසක් පවතින, ඓකාහික, දෛනික; (පැවැත්මෙන්) ඉතා ලුහුඩුවූ, ලඝුජීවී, ක්ෂණභූත.
Ephemeris, n. දිනපොත, දිනචරියාව; ග්‍රහචාර ලිත.
Ephod, n. Heb. එෆෝද, පූජක-සැට්ටය.
Epic, a. ඉතිහාසික, කථාප්‍රබන්ධවූ; n. ඉතිහාස කාව්‍යය, වීරකාව්‍යය, මහා කාව්‍යය.
Epicalyx, n. පිටතැරිය, උපමණිය.
Epicarp, n. in bot. ගෙඩියේ පිටවැස්ම, බාහිරාවරණය, බහිරාවරණය.
Epicene, a. or n. ලිඟු දෙකට අයිතිවූ, දෙලිඟු සම, in gram. (හරක් යන්න මෙන්) ද්විලිංග; ද්විලිංග වාචකය.
Epicure, n. සැප ඇති කෑම බීමට ලොල්වූ අය, පාත්‍රෙසමිතයා, කාමභෝගියා.
Epicurean, a. එපිකුරස් නම්ඇති ග්‍රීක් පණ්ඩිතයාගේ ගුරුකමට අයිත්තවූ, එපිකුරෙසික; සැපටම් ලොල්වූ, කාමභෝගී, විෂයාසක්ත.
Epicurean, n. එපිකුරෙයයා; රුචි ආහාරපානයට ලොල්වූ අය, රුචිලෝලයා.
Epicurism, n. එපිකුරෙසික ධර්මය; සැප ජීවිකාව, සැප ලෝලත්වය, විෂයාසක්තිය.
Epidemic, a. මාරක, වසංගත; fig. සාමාන්‍යලෙස වැළඳෙන්නාවූ.
Epidemic, Epidemy, n. වසංගතය, මාරක රෝගයා බොහෝදෙනෙකුට වැළඳෙන රෝගයක් or අසනීපයක්, මාරකය.
Epidemiology, n. වසංගත රෝග විද්‍යාව, මාරකායුර්වේදය.
Epidermal, Epidermic, a. පිට සිවියට—හෝගමට—අයිතිවූ, සුඹුළු.
Epidermis, n. පිට සිවිය, හෝගම, of trees සුඹුළුවම.
Epiglottis, n. උගුරේ උඩ කොටසක්, ඌර්ධ්වකණ්ඨ ද්වාරය, උපජිහ්වාව.
Epigram, n. තියුණු ලඝු කාව්‍යයක් or වාක්‍යයක්, තියුණු ලුහුඩු කවියක්.
Epigrammatic, a. තියුණු ලඝු කාව්‍ය ලේඛක; තියුණු හා සංක්ෂෙපවූ, ඇනුම්පද ආකාර.
Epigrammatically, ad. තියුණු ලඝු විසයෙන්, ලුහුඩු ඇනුම්පදලෙස.
Epigraph, n. (ගෘහ, චෛත්‍ය, ආදියෙහි) පිට සටහන; (පොතේ or පරිච්ඡේදයේ) මුලට ලියන මාතෘකා පදය or සංක්ෂෙප කීම.
Epigynous, a. in bot. ඩිම්බකෝෂය උඩ පිහිටියාවූ, යෝනිඋපරිසථ.
Epilepsy, n. මිමස්මර රෝගය, අපසමාරය, වස්මර රෝගය.
Epileptic, a. මිමස්මර රෝගී, අපසමාර, වායුග්‍රස්ත.
Epileptic, n. මිමස්මර රෝගියා, අපසමාර රෝගියා, වායුග්‍රස්තයා.
Epilogistic, a. අවසාන වාක්‍යාකාර, අවසාන වාක්‍ය.
Epilogue, n. (දේශනාවේ) අවසාන වාක්‍යය, සමාරකීම, උපසංහාරය, (නාට්‍යයක) අවසාන කථාව.
Epipetalous, a. මල්පෙති උඩ පිහිටියාවූ, කුසුමදලෝපරිසථ, පුෂ්ප-පත්‍රෝපරිසථ.
Epiphany, n. (පෙනීසිටීම), නත්තල් සිය දෙළොස්වෙනි දවස, (ඒදවසේ). දෘෂ්ටමංගල්‍යය.
Episcopacy, n. පාරිදෘශික ආණ්ඩුව, පාරිදෘශික ක්‍රමය.
Episcopal, Episcopalian, a. පාරිදෘශික, පාරිදෘශික සභාකාර.
Episcopalian, n. පාරිදෘශික සභාකාරයා.
Episcopalianism, n. පාරිදෘශික ආණ්ඩු ක්‍රමය.
Episcopally, ad. පාරිදෘශික ක්‍රමයෙන්, පාරිදෘශික බලයෙන්. [ය,
Episcopate, n. පාරිදෘශික පදවිය; පාරිදෘශික සංගති

Episode, n. (ප්‍රබන්ධයක අමුතු) අතුරු කථාවක්, අතුරු කාරණයක්, අමුතු සිදුසියක්, උපාඛ්‍යානය, උපකථාව.

Episodial, Episodic, a. අතුරුකථාව ආකාර, අමුතු සිදුසියකට අඩංගුවූ.

Epistle, n. යැවුම් පත්‍රය, ලියුම, ලියමන, ලේඛනපත්‍රය. හසුන, සන්දේශය.

Epistolary, a. යැවුම්පත්‍ර මාර්ගයෙන්වූ; ලියුම්වලට අඩංගුවූ *or* සුදුසු, ලේඛ්‍යක.

Epistolic, Epistolical, a. යැවුම්පත්‍රාකාර, ලියුම් ආකාර; අක්ෂර වාක්‍යාකාර (දත්විම්).

Epistolography, n. ලියුම් ලිවීමේ ශිල්පය.

Epitaph, n. සොහොන් කොතක *or* සමරණ ස්තම්භයක යමෙක් සිහිවීමට ලියනලද්ද, සොහොන් ලිපිය; සමාංති ප්‍රබන්ධය.

Epithalamium, n. (මනාල මනාලී දෙදෙනාට ප්‍රශංසා කරන) වෛවාහිකකාව්‍යය, විවාහ මංගල්‍ය ගීතිකාව, මංගල ගීතය.

Epithet, n. ගුණාංග කීමක්, ගුණාංග වාක්‍යයක්, ගුණවාචක ශබ්දය, විශේෂණය, පදය.

Epithetic, a. ගුණාංග කීම් සහිත, ගුණාංග වාක්‍ය, ගුණවාචක; ගුණාංග වාක්‍ය බහුල.

Epitome, n. ලුහුඬු සංග්‍රහය, සැකරුම, උපසංක්ෂේපය.

Epitomise, v. (කාරණාවලින්) ලුහුඬු සැකරුමක් කරනවා, සංක්ෂේපකරනවා.

E pluribus unum, L. නොයෙක් ඒවා අඩංගු එකක්, බහුසංඝාතාංගයක්.

Epoch, n. නියම *or*—ප්‍රධාන—වකවානුවක්, වැදගත් වකවානුවක්, කාලාවධිය, යුගය, කාල පරිච්ඡේදය.

Epsom-salt, n. විරේචන බෙහෙතක්, සම්දලුණු.

Equability, n. ඒකාකාරකම, සමත්වය, සමභාවය. අවිෂමාකාරත්වය; mental සමචිත්තතාව.

Equable, a. ඒකාකාරවූ, සම, විෂමාකාර නොවන, සමචිත්ත.

Equably, ad. ඒකාකාරයට, ඒකසමලෙස, සමචිත්තයෙන්.

Equal, a. ඒකසමාන, ඒකාකාර, සම, සමාන, සදෘශ; in number සමසංඛ්‍ය; impartial සාධාරණ; the sign = තුල්‍ය; equal in all respects සර්වතෝ භාවයෙන් සමාන.

Equal, n. (තරමින් &c.) සම කෙනෙක්, සමාන කෙනෙක්.

Equal, v. ඒක සමානකරනවා, සමකරනවා; ඒක සමානවෙනවා &c.

Equality, n. ඒකසමානකම, සමකම, සමතාව, සමානත්වය, සාම්‍යය, තුල්‍යතාව; Sign of equality සමාන ලකුණ *or* තුල්‍ය ලකුණ (=).

Equalization, n. ඒකසමානත්වයට පැමිණවීම &c.; ඒකසමානවීම.

Equalize, v. ඒකසමානත්වයට — සමකමට — පමුණුවනවා, සමභාගකරනවා, සමකරනවා, ඒකාකාර කරනවා.

Equalized, pp. *or* a. ඒකසමානත්වයට පමුණුවනලද &c., සමකළ &c., සමීකෘත, තුල්‍යකෘත. [ලා.

Equally, ad. ඒකසමානව, ඒකසමානලෙස, ඒකහෙ

Equanimity, n. සිතේ නිශ්චලකම, සමචිත්තත්වය, සන්සුන්කම, සන්සුන් ලීලාව, මධ්‍යස්ථතාව, උපේක්ෂාව, සමාධිය.

Equate, v. සමකරනවා, ඒකාකාරකරනවා, තුල්‍ය කරනවා.

Equation, n. සමකිරීම &c., සමීකරණය, තුල්‍ය කරණය; members of an equation සමීකරණයෙහි *or* තුල්‍යකරණයෙහි අවයව; quadratic equation වර්ගාදි තුල්‍ය කරණය; Sides of an equation තුල්‍ය කරණයෙහි අංග; Simple equation ඒක වර්ණ තුල්‍යකරණය; Simultaneous equation යෞග පදික තුල්‍ය කරණය.

Equator, n. ලෝකයේ මැද වූ ඉර, භූගෝල රේඛාව, භූපරිධිය, භූචක්‍රය, නිරක්ෂය, නිරක්ෂ-රේඛාව; the sun's passage of the equator විෂුව සංක්‍රාන්තිය.

Equatorial, a. නිරක්ෂ; නිරක්ෂයට යාබද.

Equery, Equerry, n. රජුගේ අශ්වයන් බලාගන්න මුලාදෑනියා, රාජාශ්වපාලයා; අශ්ව ශාලාව, අස්හල.

Equestrian, a. අශ්වයන් සම්බන්ධවූ; අසරුවූ; n. අසරුවා.

Equiangular, a. සමකොන් ඇත්තාවූ, සමකෝණීය.

Equidistant, a ඒකසමාන දුරවූ, සම සම දුරින් තිබෙන්නාවූ, සමදුරවර්තී.

Equiform, a. සම හැඩියක් ඇති, තුල්‍යරූප, සමරූපී.

Equilateral, a. සම පැති ඇත්තාවූ, සියලු පැති ඒකාකාරවූ, සමභුජ; equilateral triangle සමත්‍රිභුජය, සමභුජත්‍රිකෝණය.

Equilibration, n. See Equipoise.

Equilibrium, n. (දෙපැත්තේ සමබර *or* බලය ඇති නිසා තිබෙන) අචලතාව, නිශ්චලගතිය, නිශ්චලය, අචාපල්‍යය, සමතෝලත්වය.

Equimultiple, a. *or* n. තුල්‍යගුණිත; තුල්‍යගුණිතය.

Equine, a. අශ්වයන් සම්බන්ධ, අශ්ව, අශ්වීය, අස්.

Equinoctial, a. දිවාරාත්‍රි සමවෙන කාලයට අයිතිවූ, විෂුවකාල; භූචක්‍ර-ප්‍රදේශික, විෂුව, විෂුවීය.

Equinoctial, a. (භූචක්‍රයට කෙළින් තිබෙන) අහස් තල-මධ්‍යරේඛාව, අහස් චක්‍රය, ආකාශ විෂුවය.

Equinox, n. වේලාවෙන් දිවාරාත්‍රි සමවෙන කාලය, (එය) සූර්යයා භූචක්‍රයට කෙළින්වෙන කාලය, විෂුපය, විෂුවය; the vernal මහාවිෂුවය, the autumnal ශරත් විෂුවය; the day of the equinox විෂුව දිනය.

Equip, v. (මැඩකට *or* යම් කාරණාවකට ඇඳුම්, යුද්ධායුධ, මිනිසුන්, සේවායන්, යනාදී) උවමනාවල් සම්පාදනය කරදෙනවා, සූදානම්කරදෙනවා, සපයනවා, සජ්ජිත කරනවා. [නම්.

Equipage, n. යුද්ධෝපකරණ; පිරිවර; රථය; ආයිත්

Equipment, n. සම්පාදනයකිරීම &c.; උවමනා උපකරණ, සම්පාදනය කරන බඩු &c.

Equipoise, n. (තරාදියේ දෙපැත්තේ සමබර තිබෙන විට අටගන්න) අචලය, නිශ්චලය; ඒකසමාන බලය, තුල්‍ය බලය, සමතෝලත්වය.

Equipollence, Equipollency, n. බලයේ තුල්‍යත්වය, තුල්‍ය බලය; in logic තුල්‍යාර්ථය,

Equipollent, a. බලයෙන් තුල්‍යවූ, තුල්‍ය බල ඇති; තුල්‍යාර්ථ.

Equiponderance, n. තුල්‍යභාරත්වය, සමබර.

Equiponderant, a. බරෙන් තුල්‍යවූ, සමබර.

Equipped, pp. *or* a. උවමනා සම්පාදනය ලැබූ, උපකරණ සහිත, සෝපකාර, ආයිත්තම් සහිත, සන්නද්ධ.

Equitable, a. සාධාරණ, අපක්ෂ, අගතිරහිත, අපක්ෂපාතී, ධර්මිෂ්ඨ, ධාර්මික. [ෂ්ඨකම.

Equitableness, n. සාධාරණකම, අපක්ෂකම, ධර්මි

Equitably, ad. සාධාරණලෙස, etc.

Equity, n. සාධාරණකම, සාධාරණත්වය, ධර්මිෂ්ඨතාව, යුක්තිය.

Equivalence, n. සමබලය ; සමාර්ථය, *i. e.* බලයේ—වටිනාකමේ—අර්ථයේ—සමකම.

Equivalent, a. (බලයෙන්, වටිනාකමින්, අර්ථයෙන් &c.) සමවූ, සමබලයක් &c. ඇත්තාවූ, එකාකාරවූ, සමධෘත, සමාර්ථ, සමමූල්‍ය.

Equivalent, n. සම බලයක් &c. ඇති දෙයක්, තුල්‍ය වස්තුව ; in chem. සමධෘත ප්‍රමාණය.

Equivocal, a. උභයාර්ථ *or* අර්ථ කීපයක් ඇත්තාවූ, ද්වෛධාර්ථ ; අනුමාන, අනුමාන උපදවන (හැසිරීම).

Equivocally, ad. උභයාර්ථ ඇතුව, ද්වෛධාර්ථාකාරයෙන් ; අනුමානලෙස. [කම.

Equivocalness, n. උභයාර්ථත්වය, ද්වෛධාර්ථතාව ; අනුමාන

Equivocate, v. (රවටන පිණිස) අනුමාන කීම් භාවිතා කරනවා, අනියමලෙස කථාකරනවා, ඇත්ත සඟවා කථාකරනවා.

Equivocation, n. (කැමැත්තෙන්ම) අනුමානලෙස කීම &c., වක්‍රෝක්තිය.

Equivoke, Equivoque, n. අනුමාන කීම, ද්වෛධාර්ථවාචකය, වක්‍රෝක්තිය.

Equuleus, n. උතුරු තරුරාශියක්, අශ්වශිරෝරාශිය.

Equus, n. (අශ්වයා, කොටළුවා, යනාදි) නොබෙදුණු කුරඇති සත්ත්වජාතිය.

Era, n. යුගය, සමය, කාලය, වර්ෂය.

Eradiate, v. රශ්මි විහිදෙනවා, කාන්ති වැටෙනවා.

Eradiation, n. රශ්මි විහිදීම &c., බැබළීම.

Eradicable, a. මුලින් ඉදිරිය හැකිවූ &c. ; මුලින්ම නැතිකළ හැකිවූ.

Eradicate, v. මුලින් උදුරනවා, මූලෝච්ඡින්නකරනවා, උන්මූලනය කරනවා, මූලෝත්පාටනය කරනවා, සිඳ දමනවා, ව්‍යපරෝපණයකරනවා.

Eradicated, pp *or* a. මුලින් උදුරනලද &c., මූලෝත්පාටිත, උත්පාටිත, ව්‍යපරෝපිත.

Eradication, n. මුලින් උදුරා දැමීම &c., උත්පාටනය, මූලෝත්පාටනය, ව්‍යපරෝපණය, සමූලඝාතය.

Eradicative, a. මුලින්ම සිඳදමන, මූලෝච්ඡින්නකරන &c. [දමනවා.

Erase, v. සුරා අරිනවා, මකනවා, කටුගානවා, සිඳ

Erasement, Erasion, n. සුරාදැමීම, මැකීම, කටුගෑම, සිඳදැමීම.

Erasure, n. සුරා ඇරීම &c. ; යමක් සුරා ඇරිය තැන, කටුගෑ තැන.

Ere, ad. ප්‍රථමයෙන්, පළමුවෙන්.

Erebus, n. in myth. අන්ධකාරය, මළවුන්ගේ ස්ථානය, අඳුරු පාතාලය, නිරය.

Erect, a. (ඇලනොවී) කෙළින් තිබෙන, ඔසවාපු, සෘජු.

Erect, v. (ඉහළට) කෙළින්කරනවා, ඔසවනවා ; build ඉදිකරනවා, ගොඩනගනවා ; establish පිහිටුවනවා ; (a perpendicular අවලම්බයක්) හෙළනවා.

Erection, n. කෙළින්කිරීම &c. ; ගොඩනැගිල්ල.

Erelong, ad. නොබෝ දවසකින්, වඩා කල්යන්ට ප්‍රථමයෙන්, ටික කලකින්.

Ergo, conj. L. එබැවින්, එසේහෙයින්, ඉත්නිසා.

Ermine, n. සුදු ලොම් ඇති මුගටි ජාතියක් ; (ඒ) මුගටි ලොම් ; fig. (එයින් සාදපු වස්ත්‍ර අඳින) නඩුකාරයින්ගේ පිරිසිදුකම *or* ශ්‍රේෂ්ඨකම.

Erode, v. කාවදිනවා.

Eroded, pp. *or* a. කාවැදී තිබෙන, කඩතොලු සෑදී තිබෙන.

Erose, a. in bot. (අද්දර) කඩතොලු ආකාර, දැති ආකාර (කොළ.)

Erosion, n. කාවැදීම ; කාවැදී තිබෙන ගතිය.

Erotic, Erotical, a. ප්‍රේමය සම්බන්ධ *or* ප්‍රේමය දක්වන, ප්‍රේමාකාර, ශෘංගාර රසාත්මක, කාමප්‍රිය, කාමුක.

Erotic, n. ප්‍රේම රචනාවක්, අනුරාගකාව්‍යය, ශෘංගාර රසාත්මක කාව්‍යය.

Err, v. මුළාවෙනවා, වරදිනවා, වරද්දාගන්නවා, නොමග යනවා.

Errand, n. සන්දේශය, පණිවිඩය ; errand-boy පණිවිඩකාර කොල්ලා.

Errant, a. straying මුළාවූ, වල්වැදුණු ; knight-errant (පුරාණයෙහි) ගමන්කාර—සංචාරක—යුද්ධ අසරුවා.

Errantry, n. තැනින් තැන ගමන්කිරීම, පරිභ්‍රමය ; යුද්ධ අසරු සංචාරණය.

Errata, n. pl. L. වැරදිලි, ලිපිදෝස්, (ශුද්ධිපත්‍රයේ දමන) අශුද්ධ ඒවා.

Erratic, Erratical, a. එහා මෙහා යන්නාවූ *or* පනින්නාවූ, නියම විධියකට නැති, අනිස්ථිර, චංචල.

Erratically, ad. නියම විධියකට නැතුව, අනියම්ලෙස.

Erratum, n. L. වැරදිල්ල, ලිපිදෝෂය.

Errhine, n. නශ්‍යසම්බන්ධය, නස්‍යය.

Erring, p. *or* a. මුළාවෙමින් ; මුළාවෙන්නාවූ, වරදින, උත්පථගාමී.

Erroneous, a. වැරදිවූ, ඇත්තට එකඟනොවන, අසත්‍ය.

Erroneously, ad. වැරදිලෙස, අසත්‍යලෙස, මතිවිභ්‍රමයෙන්.

Erroneousness, n. වැරදිකම, වැරැද්ද, අසත්‍යතාව.

Error, n. වැරදිල්ල, බැරිවීම, ප්‍රමාදය, දෝෂය ; වැරැද්ද, මතිභ්‍රමය, මතිවිභ්‍රමය. [යේදී.

Erst, ad. ප්‍රථමයෙන්, ආදියෙහි, පූර්වයෙහි, පුරාණ

Erubescence, n. රතුවීම, රක්තවර්ණවීම. See Blush.

Eructation, n. රාමතෙල් ඇරීම ; (පොළෝගැබෙන් වාතය &c.) පිපිරීයාම.

Erudite, a. උගත්, වියත්, ව්‍යක්ත, විචක්ෂණ, පණ්ඩිත, බහුශ්‍රැත.

Erudition, n. උගත්කම, ව්‍යක්තතාව, පාණ්ඩිත්‍යය, බහුශ්‍රැතතාව.

Eruption, n. (හිරවී තිබෙන තැනින්) බිඳගනයාම, (ගිනිකන්දෙන් ද්‍රව්‍ය) පිපිරීයාම, හැරලෙස නිකුත්වීම *or* පිටවීම ; (යුද්ධයට) වේගයෙන් නික්මීම ; බිබිල—ගඩු &c.—අවගැනීම, විසප්පු, විසපිය, දද.

Eruptive, a. බිඳගන යන්නාවූ ; පිපිරීමෙන් අවගත් (පර්වත &c.) ; දද—බිබිලි &c.—සහිතවූ, (උණ.)

Erysipelas, n. (වඩාම මුහුණේ අවගන්න) දැවිල්ලක් සහිත කුෂ්ඨයක්, උද්දිය.

Escalade, v. (බලකොටුවකට පහරදෙන්ට) ඉණිමගින් නැගී වදිනවා ; n. (එසේ) වැදීම.

Escapade, n. (අශ්වයෙක් විසින්) පස්සට පනින් ගැසීම ; නොදනුවත්ව කරන අයුතුකමක්.

Escape, v. ගැලවෙනවා, මිදෙනවා, අත්මිදෙනවා, බේරිගනවා, පලායනවා, විරමණයවෙනවා ; escape notice නොපෙනී යනවා.

Escape, n. ගැලවීම &c. ; ගැලවිල්ල, විරමණය.

Escarpment, n. (කන්දක *or* පර්වතයක) බෑවුම, (බලකොටුවක) පිටබෑවුම.

Eschalot, n. රතුලූනු, පලාණ්ඩු.

Eschatology, n. (මරණය, විනිශ්චය, මතුජීවිතය, ගැන) අනාගත ධර්මය.

Escheat, n. (උරුමක්කාරයෙක් නැතුව or දඬුවමක් කොට) රාජසන්තක වෙන්නාවූ වස්තුව; (එය අත් කරගැනීමට දෙන) සන්තක බලපත්‍රය.

Eschew, v. (යහපතින් අයහපතින්) පහව සිටිනවා, වලකිනවා, විරමණය වෙනවා; දුරලනවා. See Avoid.

Escort, v. ඇරලන්ට යනවා, ආරක්ෂාවට එක්ව යනවා, පසුගමන් යනවා.

Escort, n. ගමනකදී ආරක්ෂාවට එක්ව යන රැකවලා or රැකවල්සේනාව; (එක්ව යන කෙනෙකුගේ) රැකවල, ආරක්ෂාව.

Escribe, v. බහිර්ලේඛා කරනවා.

Escribed, pp. බහිර්ලිඛිත.

Esculent, a. කෑමට සුදුසුවූ, ආහාරවූ, ඛාදනීය, ඛාද්‍ය, භක්ෂණීය, භෝජ්‍ය.

Esculent, n. කෑමට ගන්න යම් ජාතියක්, භෝජ්‍යයක්.

Escutcheon, n. යුද්ධ සලකුණු දරන පලිහ; වංශ-සලකුණ ඇති සිතියම; නැවේ නම ලියාතිබෙන තැන, නාම කොට්ඨාසය.

Esophagotomy, n. ආහාර නාල-ඡේදනය.

Esophagus, n. ආහාර නාලය, කෑම බීම බඩට බසින නලය. [කම or ශාස්ත්‍ර).

Esoteric, a. අප්‍රසිද්ධ, රහස්, ගුප්ත, අභ්‍යන්තර, (ගුරු

Esotericism, n. Esoterics, n. pl. අප්‍රසිද්ධ න්‍යායය, ගුප්ත—රහස්—ගුරුකම.

Especial, a. ප්‍රධාන, විශේෂ.

Especially, ad. ප්‍රධානකොට, විශේෂලෙස.

Espionage, n. ඔත්තුබැලීම, අගු බැලීම, චරපුරුෂකම, පෛශුනය, පෛශුන්‍යය.

Esplanade, n. (බලකොටුවට පිටතින් තිබෙන) සම භූමිය; (ශක්මන්කරන) සමතලාව, සමතලා එළිව තිය, මහමළුව.

Espousal, n. විවාහබස් දීම &c.; සරණපාවා දීම; සරණවීම, කාරබැඳීම; (පක්ෂයක්) වැළඳගැනීම, භජනයකිරීම.

Espousals, n. pl. විවාහබස්දීගැනීම.

Espouse, v. කාරබැඳීමට ගිවිස්සනවා, විවාහබස් දෙනවා; සරණපාවාදෙනවා, සරණපාවාගන්නවා; fig. (කාරණාවක්, පක්ෂයක්) වැළඳගන්නවා, පිළිගන්නවා or (ඊට) බැඳෙනවා, භජනයකරනවා.

Esprit de corps, (එස්ප්‍රි ඩ කෝර්), Fr. සභාව කෙරෙහි සාමාජිකයන්ගේ ඇලුම්කම, සාමාන්‍ය ඇල්ම, මමත්වය.

Espy, v. දුරින්—අමාරුවෙන්—හදිසියෙන්—දකිනවා.

Esquire, n. පුරාණයේ නයිට්වරයෙකුගේ උදව්කාරයා; සුළු වංශාධිපති නාමයක්, රාළහාමි, මහත්මයා.

Essay, v. තැත්කරනවා, උත්සාහ කරනවා; අත්හදා බලනවා.

Es'say, n. තැත්කිරීම; අත්හදාබැලීම; (කාරණාවක් ඔප්පුකරන්ට ලියන) කුහුඩු සංග්‍රහයක්, වාක්‍යය, රචනාව.

Essence, n, සත්වයා, ද්‍රව්‍යය, භූතය; element මුල් ධාතුව, ධාතුව; extract සාරය, රසය; perfume සුවඳරස.

Essential, a. ධාතුවූ, (නැතුව බැරිලෙස) ඕනෑමකරන් නාවූ; (යමකට) ඉතාමත්ම වැදගත්, අවශ්‍ය, ආවශ්‍යක, විශේෂ, ප්‍රධාන; සාරයවූ, සාරමය.

Essential, n. ඕනෑම දෙයක් or කාරණාවක් or ධර්මයක්, අවශ්‍ය එකක්.

Essentiality, Essentialness, n. ඕනෑමකිරීම, අවශ්‍යතාව.

Essentially, ad. ස්වභාවයෙන්ම, මුලින්ම, මුළුමනින්ම, ඉඳුරාම.

Establish, v. found, fix පිහිටුවනවා; confirm ස්ථිර කරනවා, සවිකරනවා, තහවුරු කරනවා, ස්ථාවර කරනවා, ප්‍රතිෂ්ඨාපනයකරනවා; make permanent චිරස්ථායිකරනවා; pass laws පනවනවා.

Established, pp, or a. පිහිටුවනලද &c., පිහිටුවාපු &c., ප්‍රතිෂ්ඨිත, (well) සුප්‍රතිෂ්ඨිත, සංස්ථාපිත; (long) චිරස්ථිත.

Establishment, n. පිහිටුවීම &c., සංස්ථාපනය; චිර ස්ථිතිය, සංස්ථිතිය; (පිහිටුවාපු නොයෙක් දේවින) නියම ආණ්ඩු ක්‍රමය; නියම යුද්ධ සමුද්‍රස්ථානය; නියම යුද්ධ සේනාගණන; ස්ථිර කර්මාන්තස්ථානය; පිහිටි සමාගම්ක්‍රමය or සභාව, කාර්‍ය මණ්ඩලය; (නොයෙක් කාරණා ඇතුව පිහිටුවාපු) ව්‍යවස්ථානය or මලව්ව.

Estate, n. rank කුලය, තරම, තත්වය; property වස්තුව, බුදලය, වතුපිටි, ඉඩම් කඩම්; for tea &c. වත්ත; estates of a prince රාජ්‍යප්‍රදේශ; estates of Britain (රජ, වංශාධිපතිවරු, පොදුජනයා, යන) ත්‍රිජන භේදය.

Esteem, v. (සුළුකොට or උතුම්කොට) සලකනවා; අනඝ or යහපත් or උතුම් කොටම සලකනවා, අගේකොට සිතනවා, සම්භාවනයකරනවා; යම්ක් අනවල් ආකාරය කියා කල්පනාකරනවා.

Esteem n. කල්පනාව; උතුම්කොට සැලකීම, සම්භාවනය, ආදරය, සම්මානය.

Esteemed, a. උතුම්කොට සලකනලද, සම්මානිත.

Esthetic, Esthetical, a. ශෝභා-ශාස්ත්‍රය සම්බන්ධ, ශෝභා-ශාස්ත්‍රානුකූල.

Estheticism, n. ශෝභා-ශාස්ත්‍රක්‍රමය, ශෝභා-ශාස්ත්‍රයට ලැදිකම. [න්ද ශාස්ත්‍රය.

Esthetics, n. pl. ශෝභා-ශාස්ත්‍රය, සෞන්දර්යය පිළි

Estimable, a. (යමෙකුට) ගණන් කළහැකිවූ, තක්සේරු කළ හැකි; උතුම්කොට සැලකීමට යෝග්‍යවූ, උතුම්, ගරුකටයුතු, සම්මානනීය, සම්මාන්‍ය, සම්භාවනීය.

Estimableness, n. උතුම්කොට සලකනු ලබන්ට යෝග්‍යතාව, සම්මාන්‍යතාව, සම්භාවනීයතාව, සම්මානනීයතාව.

Estimate, v. (වටිනාකම, ගණන, මහත &c.) ගණන් කර බලනවා or කල්පනාකර බලනවා, විගණනය කරනවා, ප්‍රමාණයකරනවා; අගයකරනවා, තක්සේරුකරනවා.

Estimate, n. ගණන්කර බැලීම &c., පරිමාණය; කල්පනාකරන ගණන, කල්පනාව, තක්සේරුව.

Estimation, n. ගණන්කර බැලීම &c.; කල්පනාව; උතුම්කොට සැලකීම.

Estival, a. ග්‍රීෂ්ම කාලයට අයිතිවූ, ඝර්මකාලික.

Estivate, v. ග්‍රීෂ්ම කාලය පසුකරනවා, ග්‍රීෂ්ම කාලයට සිටිනවා.

Estivation, n. ග්‍රීෂ්මකාලය පසුකිරීම &c.; in bot. මල් මොට්ටුවේ පෙතිනැමී (පිහිටා) තිබෙන විධිය, කලිකාපත්‍ර ව්‍යුහය.

Estrange, v. අමිත්‍රකරනවා, භේද කරනවා, (මිත්‍රභාවයෙන් —ප්‍රේමයෙන් —යමෙකු) වෙන් කරනවා; (අයිතිවාසිකම, සැලකීම, ප්‍රේමය) පහකරනවා.

Estranged, become or be v. අමිත්‍රවෙනවා, අමිත්‍රව සිටිනවා; (ප්‍රේමය &c.) පහවී තිබෙනවා.

Estrangement, n. අමිත්‍රකිරීම &c., අමිත්‍රවීම &c., පහකිරීම &c.

Estreat, v. කෙටුම්පතක් — පිටපතක් — කරනවා; n. ලියම්ල්ලක සැබෑ කෙටුම්පතක්.

Estuary, n. පටු මුහුදු තුඩුව; (මුහුදු දිය වදින) ගංමෝය, මෝදර, ඇළකට.

Esurient, a. කෑමට ලැදිවූ සාගින්න ඇත්තාවූ.

Et cætera, Etc., &c., (L.) යනාදිය, යනාදී.

Etch, v. ශිති වතුරෙන් තඹ තහඩුවල කැටයම් කරනවා, අකුරු කොටනවා.

Etching, n. (එසේ) කැටයම්කිරීම; තඹ තහඩුවල කැටයම් කර්මාන්තය; තඹ කැටයම්කින් අච්චුගසා ගත් සිතියම, කැටයම් සිතියම.

Eternal, a. සදාකාල, සදාකාලික, නිත්‍ය, සදාතන, සනාතන, ශාශ්වත; endless අනන්ත, අනන්ත්‍ය. without beginning මුලක් නැති, අනාදි, අනාදිමත්; without beginning or end කාලයෙන් මුලක් අගක් නැත්තාවූ, අක්මුල් නැති, අනාද්‍යනන්ත.

Eternal, The, n. සදාකාල නැනන්වහන්සේ, සදාකාලිකයාණන්වහන්සේ, අනාද්‍යනන්ත නැනන්වහන්සේ.

Eternally, ad. කාලයෙන් මුලක් අගක් නැතුව, අනාද්‍යනන්තලෙස; සදාකාලේටම; always හැමකල්ම, නිත්‍යයෙන්ම, සතතයෙන්.

Eternity, n. සදාකාලිකකම, සදාකාලය, අනාදිය, ආනන්ත්‍යය, අනාද්‍යනන්තතාව; මතු ජීවිතය.

Eternize, v. කාලයෙන් අනන්තකරනවා, සදාකාලිකකරනවා; නිත්‍යයෙන් පවතින්ට සලස්වනවා. See Immortalize.

Etesian, a. සංවත්සර; etesian wind සංවත්සර හුළඟ, නියම හුළඟ.

Ether, n. ආකාශයේ සිහින් වායුව; මෙර බෙහෙත් ජාතියක්.

Ethereal, a. (ඊ) සිහින් වායුවූ; (එවැනි) ඉතාමත්ම සිහින්වූ or සැහැල්ලුවූ; ආකාශයට අයිතිවූ, ආකාශීය, ආකාශස්ථ; ස්වර්ගීය, සග

Ethereality, n. (ඊ) සිහින් වායු ගතිය; fig. පරම නිෂ්කර්ෂණතාව.

Etherealize, v. සිහින් වායු ගතියට or—ඊ මෙරබෙහෙත් ජාතියට — හරවනවා; fig. පරමාත්මිකකරනවා.

Etherize, v. ඊතර් නම්වූ මෙර ජාතියට හරවනවා; එයින් මූර්ජාකරනවා.

Ethic, Ethical, a. චරිත, චාරිත්‍ර, චාරිත්‍ර සම්බන්ධ, සුශීල or සුශීල, ගුණ ගුණ; ශීලධර්ම සහිත.

Ethically, ad. චාරිත්‍රාකාරයෙන්, ශීලාකාරයෙන්, ගුණගුණ වශයෙන්, ශීලධර්මයලෙස.

Ethics, n. pl. ශීලධර්මය; ශීලධර්ම ශාස්ත්‍රය, නීති විද්‍යාව, ආචාර නීතිය; ධර්ම ශික්ෂාව, ගුණධර්මය.

Ethnic, Ethnical, a. මනුෂ්‍ය ජාති භේදවූ.

Ethiopian, a. එතියෝපිය දේශයට අයිතිවූ; n. එතියෝපියයා, එතියෝ පිය දේසක්කාරයා.

Ethiopic, n. එතියෝපිය භාෂාව; a. එතියෝපිය.

Ethnographer, Ethnographist, n. මනුෂ්‍ය ජාති භේද-ශාස්ත්‍රඥයා.

Ethnography, Ethnology, n. මනුෂ්‍යජාති පිළිබඳ ශාස්ත්‍රය, මනුෂ්‍යජාති-විද්‍යාව, නෘවංශවිද්‍යාව.

Ethologist n. ශීලධර්ම-ශාස්ත්‍රඥයා.

Ethology, n. ගුණගුණ ශාස්ත්‍රය. See Ethics.

Etiquette, n. ආචාරරීතිය, ආචාර සමාචාර විධිය; ශිෂ්ටාචාරකමේ බාහිර චාරිත්‍ර, සමාජ චාරිත්‍ර.

Etiology, n. රෝග හේතු-විද්‍යාව, රෝග නිදාන-ශාස්ත්‍රය.

Etymological, a. ව්‍යුත්පත්ති, පදව්‍යුත්පත්ති, පදභඤ්ජනාකාර.

Etymologist, n. පදව්‍යුත්පත්ති-නිරුක්ති-ශාස්ත්‍රඥයා,

Etymology, n. පදසිද්ධිය, වචන සෑදුණ අත්දම, පදව්‍යුත්පත්තිය, නිරුක්තිය; ශබ්දව්‍යුත්පත්ති විද්‍යාව, නිරුක්ති ශාස්ත්‍රය.

Etymon, n. මුල් වචනයක්, මූල වාචකයක්.

Eu. prefix, Gk. සු, සත්. පහසු, සම්පූර්ණ, සත අර්ථ ඇති උපසර්ගය.

Eucalyptus, n. ඔස්ට්‍රේලියාවේ වෘක්ෂයක්.

Eucharist, n. (lit. ස්තුති ඔප්පුකිරීම), ස්වාමීස්ගේ රාත්‍රි භෝජනය, R.C. සත්‍ප්‍රසාදය.

Eucharistic, a. ස්තුති ඔප්පුකිරීම සහිතවූ; ස්වාමීන්ගේ රාත්‍රි භෝජනයට අයිතිවූ, සත්‍ප්‍රසාද.

Eulogist, n. වර්ණනාකාරයා, ස්තුතිපාඨකයා, වන්දිභට්ටයා.

Eulogistic, a. වර්ණනා සහිත, ප්‍රශංසා ඇත්තාවූ, ප්‍රශංසාකාර, ස්තුතිමය. [රයෙන්.

Eulogistically, ad. වර්ණනා වශයෙන්, ප්‍රශංසා ආකා

Eulogium, Eulogy, n. පැසසුම්කථාව, වර්ණනාව, ප්‍රශංසාව, ගුණෝත්කීර්තනය, ස්තුතිවාක්‍යය, ස්තෝත්‍රය, වන්දිපාඨය, භෝගාවලිය. [නවා.

Eulogize, u. වර්ණනාකරනවා, ප්‍රශංසාකරනවා, පසස

Eulogized, pp. or a. වර්ණනාකරනලද &c., ප්‍රශංසිත, ස්තුත.

Eunuch, n. නපුංසකයා, කප්පාදුවා, පණ්ඩකයා.

Eunuchate, v. නපුංසකකරනවා.

Eunuchism, n. නපුංසක ගතිය.

Eupepsy, n. මනාදිරවීම, සුජීර්ණය.

Eupeptic, a. මනාදිරවීමක් ඇති.

Euphemism, n. (අමිහිරි or පිළිකුල් වචනයක් or කීමක් වෙනුවට පාවිච්චිකරන) මිහිරි කීම, මධුර වාක්‍යය, ශෝභන භාෂණය, සූක්තිය.

Euphemistic, a. සුශබ්ද ඇති, මධුර වාක්‍යවූ, ශෝභන, නොපිළිකුල්.

Euphonic, Euphonious, a. මිහිරි ශබ්ද ඇත්තාවූ, ශබ්දයෙන් මිහිරිවූ, පහසුවෙන් කියවෙන්නාවූ, සුබෝච්චාරණ.

Euphony, n. මිහිරි ශබ්දය, ශබ්ද මිහිරිකම, ශ්‍රවණ මාධුර්‍ය්‍යය, සුබෝච්චාරණය.

Euphorbia, n. (Euphorbiaceæ) බහුදුගඝිකාව, දළකීරිය ගස් ජාති:

E. parviflora එළ දදකීරිය; E. hirta බු දදකීරිය; E. thymifolia බිත් දදකීරිය; E. rosea මූදු දදකීරිය; E. antiquorum දළුක්.

Euphuisim, n. අතිපණ්ඩිත භාෂණය, ව්‍යාජ ව්‍යක්ත භාෂණය.

Euphuist, n. අතිපණ්ඩිත භාෂකයා.

Eurasian, n. යුරෝපිය සහ ආසියාතික මව්පියන් ගෙන් උපන් අය, යුරේසිකයා.

Europe, n. යුරෝපය.

European, a. යුරෝපිය, යුරෝපාන්‍ය, යුරෝපාකාර.

European, n. යුරෝපියයා, යුරෝපයේ ජාතියක කෙනෙකුක්.

Euthanasia, n. පහසු මරණයක්.

Evacuate, v. හිස්කරනවා, ශූන්‍යකරනවා, (බෙහෙත්) පහරනවා, මලපහකරනවා, බඩ ශුද්ධකරනවා; (සිටිය ස්ථානය හිස්වෙන හැටියට) අහක්ව යනවා, අත්ඇර යනවා.

Evacuated, pp. *or* a. නිස්කරනලද &c.

Evacuation, n. නිස්කිරීම &c.; විරේචනය, සමුත්සර්ගය; බඩෙන් පහරන මල &c., පැහැරුම.

Evade, v. (මුණගැහෙන්ට අකමැතිව) මගඇරයනවා, විලකා යනවා; උපා යොදා බේරෙනවා, මිදෙනවා, විලසිනවා, වලහනවා.

Evanescence, n. අන්තර්ධානවීම, අන්තර්ධානය, පහවී යාම, නොපවතිනසුලුබව.

Evanescent, a. අන්තර්ධානවෙන්නාවූ; පහවෙන, නොපවතින.

Evangelic, Evangelical, a. ක්‍රිස්තියානි ශුභාරංචි පොත්වලට එකඟවූ, ක්‍රිස්තියානි ධර්මයට එකඟවූ, ශුභාරංචියට අනුකූල, සම්‍යක්දෘෂ්ටි.

Evangelical, n. (ඒ) ශුභාරංචියේ හැටියට අදහන්නා, ශුභාරංචි සම්‍යක් දෘෂ්ටියා.

Evangelicalism, n. ශුභාරංචි ගුරුකම් සජනයකිරීම.

Evangelicism, n. ශුභාරංචි ධර්මය, ශුභාරංචි සම්‍යක් දෘෂ්ටිය.

Evangelism, n. ක්‍රිස්තියානි ශුභාරංචිය ප්‍රකාශකිරීම.

Evangelist, n. ක්‍රිස්තුස්වහන්සේගේ ජීවිතකථාන්තරය ලියූ කෙනෙක්, ශුභාරංචිපොතක කර්තෘ; ශුභාරංචිය ප්‍රකාශකරන්නා, එවංජලිස්ත තැන.

Evangelization, n. ශුභාරංචිය ප්‍රකාශකිරීම &c.

Evangelize, v. ශුභාරංචිය ප්‍රකාශකරනවා; ශුභාරංචිය පිළිගන්වනවා *or* ශුභාරංචියට හරවාගන්නවා.

Evaporate, v. හිඳෙනවා, වාෂ්ප බවට හැරෙනවා, වාෂ්පීභූත වෙනවා; හිඳිනවා, හින්දනවා, හින්දවනවා; fig. පහවී යනවා.

Evasion, n. මගඇර යාම &c., see Evade; බේරෙන විධිය, බේරීමේ උපාය.

Evasive, a. බේරීමට උපා පාවිච්චිකරන; බේරීමේ උපා සහිතවූ, අසුනොවෙන, හාඩ්ඩ්හැති, වංචනික, වක්‍ර.

Evasively, ad. fig. මග අරිනලෙස, etc.

Eve, Even, Evening, n. සවස, හැන්දෑව, සැන්දෑව, සන්ධ්‍යාව, සායාහ්නය, දිනාන්තය.

Eve, n. (යමක් සිදුවීමට) ඉස්සරින් සන්ධ්‍යාව *or* ළඟ කාලය.

Even, a. level සමතලා, එක මට්ටමට තිබෙන, පැතලි, සම, අකුට්ල (තලය, පෘෂ්ඨය); alike එකාකාර, එකසමාන, තුල්‍ය; even-tempered නොකිපෙන, ශාන්ති; in line with එල්ලේ තිබෙන්නාවූ; not odd ඉරට්ට, දෙකෙතිය (සංඛ්‍යාව).

Even, v. සමතලාකරනවා, මට්ටම් කරනවා, සමත් කරනවා; එකසමානකරනවා, තුල්‍යකරනවා, (accounts) එලෙන්දුකරනවා.

Even, ad. පවා, වත්, (even thus, that &c. එසේ, එය, ඔහු &c.) නුමුත්;

even as—just as—he entered ඔහු ඇතුල්වෙනවාත් එක්කම:

I came even as he ඔහු වාගේම මමත් ආවෙමි.

Even-handed, a. අපක්ෂ, සර්වසාධාරණ, ධර්මසාධක, අශනිරහිත.

Evening, n. සවස, see Eve; fig. evening of life &c. ජීවිතාන්ත භාගය; ක්ෂයකාලය.

Evening, a. සවසට අයිතිවූ, සවස්, හැන්දෑ, සන්ධ්‍යා.

Evening-star, n. සන්ධ්‍යා තාරකාව, ඉරබටු තරුව, Venus ශුක්‍ර තාරකාව, සිකුරා.

Evening-twilight, n. සවස් හිමිදිරිය, සන්ධ්‍යාංශය.

Evenly, ad. සමතලාලෙස, එකමට්ටමට, අකුටිලවම; එකසමානලෙස.

Even-minded, a. ශාන්ත, සංසුන්, සිතින් අචල, නිශ්චල, සමචිත්ත.

Evenness, n. සමතලාකම, අකුටිලත්වය; එකාකාරකම; of mind ශාන්තිය, සමචිත්තතාව; even number ඉරට්ටය, යුග්මය.

Event, n. සිදුවෙන කාරණාව, සිද්ධිය, සිදුවීම

Eventful, a. නොයෙක් කාරණ සිදුවූ, වැදගත් සිදුවීම්වලින් යුක්ත, සැලකියයුතු, සිහිකටයුතු, (ජීවිතය, කාලය &c.).

Eventide, n. සවස් වේලාව, සන්ධ්‍යාකාලය, සන්ධ්‍යා [සමය.

Eventual, a. ඵලයක් කොට සිදුවෙන, ආනුෂංගික; අන්තිම, අන්ත්‍ය.

Eventuality, n. in phren. සිද්ධිය සලකන මොළේ කොටස, ආනුෂංගිකේන්ද්‍රිය.

Eventually, ad. (බොහෝ දේ සිදුවුණාට) පසුව, කල්යාමෙන්, අන්තිමේදී, කෙළවරදී.

Ever, ad. at any time යම් කලකදී, කිසිකලක, කවදාවත්, කවදානුමුත්; always නිරතුරුම, නිතරම &c.; හැමදාම, සදාකාලයටම;

ever since then එවක් පටන්ම, එවක් පටන් හැමකල්ම;

as soon as ever he came ඔහු ආහැටියේම, ආ ක්ෂණයේම, ආ ඇසිල්ලේම.

ever and anon වරින් වර, ඉඳහිට.

Evergreen, n. අනවරතයෙන් අමු කොළ ඇති ගහ, නිත්‍යපලාශ වෘක්ෂය.

Evergreen, a. නිතර අමුවූ, හැමකල්ම අමුවූ, නිත්‍ය පලාශ.

Everlasting, a. හැමකල්ම පවතින, සදාකාල, සදාකාලික, සර්වකාලීන; අනවරත, නිරන්තර, නිත්‍යස්ථායී, ශාශ්වත.

Everlasting, n. සදාකාලය; (past) අනාදිය; (future) ආනන්ත්‍යය.

Everlastingly, ad. සදාකාලේටම, හැමකල්ම, නිරන්තරයෙන්ම, නිත්‍යයෙන්ම.

Ever-living, a. සදාකාලේටම — හැමකල්ම — ජීවත් වෙන, නිත්‍යජීවී.

Evermore, ad. මෙතැන්පටන්, එතැන්පටන්, හැමකල්ම, සදාකාලයටම.

Ever-recurring, a. විටින්විට නිතරම සිදුවෙන්නාවූ.

Eversion, n. පෙරළීම, පෙරළාදැමීම; of the eyelids ඇස්පිය පෙරළීම; නාශය, විනාශය.

Every, a. (සියල්ලෙන්) එක එක: as එක එක පොත, එක එක මනුෂ්‍යයා;

every one එකිනෙක, එකිනෙකා, හැමදෙනා, සියලුදෙන.

Everyday, a. හැමදාම සිදුවෙන *or* කරන, දවස්පතා

Ever-young, a. නිතරම අමුවූ; මහලු වයසට නොපැමිණෙන, අජර.

Everywhere, ad. හැමතැන සියලු තැන්වලම.

Evict, v. (නඩුමාර්ගයෙන් යමෙකු ඉඩකඩමින්) බැහැර කරනවා *or* පරිබාහිර කරනවා, බුක්තිය නැති කරනවා.

Eviction, n. (එසේ) භූක්තියෙන් බැහැරකිරීම.

Evidence, n. සාක්ෂිය, සාක්ෂ්‍යය, සාක්කිය, ඔප්පුව, ඔප්පු සාක්ෂිය, ඔප්පුතප්පු.

Evidence, v. ප්‍රත්‍යක්ෂකරනවා, ඔප්පුකරනවා.

Evident, a. පැහැදිලි, ප්‍රකට, ප්‍රකාශිත, ප්‍රත්‍යක්ෂ, ස්ඵුට, විශද, ස්පෂ්ට; self-evident, ස්වයං ස්පෂ්ට.

Evidential, a. සාක්ෂිමත්, සාක්ෂි සහිත, සාක්ෂි ලක්ෂණ, ඔප්පුකරන.

Evidently, ad. පැහැදිලිලෙස, ප්‍රත්‍යක්‍ෂලෙස, විශද ලෙස &c. see adj.

Evil, a. නරක, අනිෂ්ට; moral අයහපත්, නපුරු, දුෂ්ට, පාපී.

Evil, n. moral අයහපත්කම, නපුර, නපුරුකම; අයහපත; harm &c. අවැඩ, අනර්ථය, විපත, ආදීනවය.

Evil-disposed a. අවගති සහිත, අනර්ථකාමී, පාපිෂ්ට, නපුරු.

Evil disposition, n. අවගතිය, අවගුණය, දුෂ්ටතාව.

Evil-doer, n. අයහපතකරන්නා, නපුරකරන්නා, අනර්ථකාරියා, පාපකාරියා.

Evil-eye, n. ඇස්වහ, දුර්ලක්‍ෂණාව.

Evil-eyed, a ඇස්වහ බැල්මක් ඇත්තාවූ. ඊර්ෂ්‍යාවන්ත.

Evil-minded, a. අවගති, නපුරු, දුෂ්ට සිත්ඇති, පාප චේතනා යුක්ත, පාපබුද්ධි, දුෂ්ටමති.

Evil-mindedness, n. අවගතිය, නපුර, දුෂ්ටභාවය, දුෂ්ට ප්‍රකෘතිය.

Evil one, n. නපුරෙක්, දුෂ්ටයෙක්; the evil one නපුරා (වින යක්‍ෂයා or සාතන්), මාරයා.

Evil-speaking, n. අගුණ කීම, කේලම් කීම, ඕපා දූපය, දුරාලාපය.

Evince, v. ඔප්පුකරනවා, ප්‍රත්‍යක්‍ෂකරනවා, පෙන්වනවා.

Evincible, a. ඔප්පුකළහැකිවූ, ප්‍රත්‍යක්‍ෂකළහැකි, සාධනීය.

Eviscerate, v. අතුණු අරිනවා, බඩවැල් ඇද්දමනවා.

Evoke, v. (ගුණාංග, ක්‍රියා &c.) උපදවනවා, අවගත් වනවා, ප්‍රබෝධකරනවා, කැඳවනවා.

Evolution, n. ඇරීගනීම, අනාවරණයේගනීම; ක්‍රමයෙන් හැදීගන—නික්මීගන—ඊම; (the theory of) ක්‍රමයෙන් හැදීමේ ධර්මය, පරිණාමවාදය, සන්තාන ධර්මය; (the process) විසර්ජනෝත්පත්තිය, වෘද්ධි සන්තතිය; ක්ෂුද්‍ර සමුදාවල—නැව් කණ්ඩායම්ක—කරකැවීම or එහා මෙහා හැසිරීම.

Evolve, v. නික්මීගන එනවා, අනාවරණයේගන එනවා, විවරව නික්මෙනවා, ක්‍රමයෙන් හැදෙනවා; ක්‍රමයෙන් නික්මවනවා, උපදවනවා, විවෘතකරනවා, දිග අරිනවා.

Ewe, n. බැටළුදෙන.

Ewer, n. වතුර භාජනයක්, පුකුරුව, කෙණ්ඩිය.

Ex, prefix, ඇතුලෙන්, පිටතට, බොහෝසේ, යන අර්ථ ඇති උපසර්ගය.

Exacerbate, v. (කාරණව, හිත, තරහ, ලෙඩ) වඩා සැරකරනවා, කුපිතකරනවා.

Exacerbation, n. වඩා සැරකිරීම, කුපිතකිරීම, සැරවීම, වැඩිවීම.

Exact, a. හරියටම තිබෙන, සම්පූර්ණයෙන්ම හරිවූ, යථාර්ථ, තථ්‍ය, නියම, නියමයටම එකඟවූ, නියම ලෙසම ක්‍රියාකරන්නාවූ.

Exact, v. (මුළු ගණනම) තදලෙස or බලෙන් අයකරනවා, (මුදල් ගෙවීම, වැඩකිරීම, කීකරුවීම, යනාදිය ගැන) බලකරනවා, බලෙන් ගන්නවා.

Exaction, n. තදලෙස අයකිරීම &c.; අයුතුලෙස අයකිරීම; බලෙන් අයකරගන්න දේ: as අධික ආදායම්, අධික ගාස්තු, අධික වැඩ &c.

Exactly, ad. හරියටම, අඩුවැඩි නැතුවම, ඇත්තේ හැටියටම, යථාර්ථලෙසම.

Exactness, n. අඩුවැඩි නැතිකම, සම්පූර්ණ හරිකම, යථාර්ථතාව, නියමයටම එකඟකම.

Exactor, n. (අයකරන්නා); තදලෙස අයකරන්නා, අයුක්තිලෙස—බලෙන්—අයකරන්නා.

Exaggerate, v. (ඇත්තට වඩා) වැඩිකර කියනවා, අධික වර්ණනා or අතිවර්ණනා කරනවා, අධිකලෙස බරපතළ කරනවා, බේගල් කියනවා, හායම් පොවනවා; සිතියමේ පාට අධිකලෙස ගානවා.

Exaggerated, pp. or a. වැඩිකර කියනලද &c., බේගල් වශයෙන් කියාපු.

Exaggerater, n. වැඩිකර කියන්නා &c., බේගලා.

Exaggeration, n. වැඩිකර කීම &c., අතිවර්ණනාව, අත්‍යුක්තිය, අතිශයෝක්තිය, සිතියමකින් අධික කර පෙන්වීම.

Exalt, v. උසස්කරනවා, උතුම්කරනවා; වර්ණනාකරනවා; (හිත) පිණවනවා.

Exaltation, n. උසස්කිරීම &c.; උසස්වීම &c.; උසස්කම, උතුම් භාවය, ශ්‍රේෂ්ඨකම, සමුන්නතිය, මනෝඥතාව; self-exaltation ආත්මෝත්කර්ෂණය.

Exalted, a. උසස්, උතුම්, ශ්‍රේෂ්ඨ, ජ්‍යෙෂ්ඨ. උත්කෘෂ්ට, විශිෂ්ට, මනෝඥ.

Examination, n. සෝදිසිකිරීම &c.; සෝදිසිය, විභාගය, විපරම, පරීක්‍ෂණය, විමර්ශනය.

Examine, v. සෝදිසිකරනවා, විභාගකරනවා, විපරම්කරනවා, පිරික්සනවා, සොයා බලනවා, විමසනවා, විමසනවා, විමර්ශනයකරනවා.

Examiner, n. සෝදිසිකරන්නා &c., විභාගකරුවා, පරීක්‍ෂකයා.

Examining, p. or a. සෝදිසිකරන &c., විභාගකරු, පරීක්‍ෂක.

Example, n. උදාහරණය, නිදර්ශනය, ආදර්ශය, දෘෂ්ටාන්තය.

Ex animo, L. හිතෙන්ම, මුළු සිතින්.

Exanthema, n. විසපි, ජ්වර සහිත විසපි, උෂ්ණ සහිත විසපි

Exanthematology, n. විසපි සහිත ජ්වර-විද්‍යාව.

Exarch n. (පුරාණයේ) උපරජ, අනුරජ, බිසිසන්ටයින් අධිරාජ්‍යයේ ප්‍රදේශාණ්ඩුකාරයෙක්; ග්‍රීස් ක්‍රිස්තියානි සභාවේ පාරිදර්ශක නාමයක්; (වැනදි) ඒ සභාවේ දේවගැති පරීක්‍ෂකයෙක්.

Exasperate, v. කුපිතකරනවා, අවුස්සනවා, ඉතා තරහකරනවා; (කෝපය, සතුරුකම, ලෙඩ) වඩා සැරකරනවා.

Exasperated, pp. or a. කුපිතකරනලද &c., කුපිතවූ, ප්‍රකුපිත, රුෂිත, කිපුණ.

Exasperating, p. or a. කුපිතකරන &c., see verb.

Exasperation, n. කුපිතකිරීම &c.; කුපිතවීම, අධික තරහ, වඩා සැරවීම.

Ex-bishop, n. තිලයෙන් ඇරුණ පාරිදර්ශකයෙක්, හිටපු පාරිදර්ශකයා.

Ex-cathedra, L. (lit. [බලය ඇති] ආසනයේ සිට), බලය ඇතුව, ආධිපත්‍යයෙන් මෙන් or ආධිපත්‍යය ඇතුවාක් මෙන්.

Excavate, v. හාරනවා, කණිනවා, කණනවා, කුහර කරනවා.

Excavation, n. හෑරීම, කෑණීම &c.; හාරාපු තැන, හෑදූ කුහරය or හිල.

Excavator, n. හාරන්නා &c.; හාරන ආවුදය, හාරන යන්ත්‍රය.

Exceed, v. ප්‍රමාණය ඉක්මවනවා; අති ක්‍රමණය කරනවා, අධිකතරවෙනවා, අධිකලෙස කරනවා, අතික්‍රාන්තවෙනවා.

This exceeds our hopes, thoughts, fears &c. මෙය අපේ බලාපොරොත්තුවලට වඩා &c. අධිකව තිබෙනවා.

Do not exceed this amount මේ ගණන ඉක්ම වන්ට එපා: *i. e.* ඊට අධිකලෙස යමක් දෙන්ට *or* ඉල්ලන්ට *or* කරන්ට &c. එපා

Do not exceed my order මගේ අණට වඩා යමක් නොකරන් *or* මගේ අණ අතික්‍රාන්තනොකරන්.

Exceedingly, ad. ඉතාම, අතිශයින්ම, අධිකලෙස, අධිකතරලෙස, උදක්ම, අති, අත්‍යන්තලෙස.

Excel, v. (යම් ගුණාංගයකින්) අධිකතරව සිටිනවා *or* අධිකතරව තිබෙනවා; (ශක්තියෙන්, උගත්කමින්, යහපත්කමින් &c.) ඉතා උතුම්ව *or* උසස්ව සිටිනවා විශිෂ්ටවෙනවා, සමතික්‍රාන්තවෙනවා, දිනනවා, පර යනවා.

Excellence, Excellency, n. ඉතා හොඳකම, යහපත් කම, අනඝකම; උතුම්කම, විශිෂ්ටතාව, ශ්‍රේෂ්ඨ තාව, උත්කෘෂ්ටතාව, ගුණෝත්කර්ෂය; His Excellency උතුමාණන් වහන්සේ.

Excellent, a. ඉතා හොඳ, යහපත්, සාධු, කල්‍යාණ, අනඝ, උතුම්, මානැඟි, ආර්‍ය, ලෝකෝත්තර, ප්‍රවර, ශ්‍රේෂ්ඨ, විශිෂ්ට, උත්කෘෂ්ට.

Excellently, ad. ඉතා හොඳලෙස &c., මනාලෙස, මනාකොට, යහරුවට, මොනවට, හසස්කොට.

Except, v. (ගණනකින් සමහරක් නොගෙන) අරිනවා, හැරදමනවා, බැහැරකරනවා, ව්‍යතිරික්තකරනවා.

Except, Excepting, prep. *or* p. ඇර, හැර, විනා; (followed by neg. *or* inter. only) මිස, මිසක, මිසක්.

All are good except three තුනක් ඇර &c. අනිත් සියල්ල හොඳයි;

None are good except these three මේ තුන මිස &c., අනිත් ඒවා—මෙන එකක්—හොඳ නැත

Exception, n. ඇරීම &c., විශේෂණය, විශේෂය; (ගණනකින්) ඇරපුදේ *or* (සාමාන්‍ය විධිමට) වෙනස්වූ එකක් *or* කෙනෙක්, විශේෂය, ව්‍යතිරික්ත දේ; objection: as—I take exception to that statement ඒ කීමට එකඟනොවෙමි *or* ඒ කීම පිළිනොගනිමි.

Exceptionable, a. (යුතුබව) පිළිගතනොහැකිවූ (හැසිරීම &c.), දෙස් සහිත.

Exceptional, a. සාමාන්‍යනොවන, සාමාන්‍ය ගණනට වෙනස්වූ, විශේෂ.

Excerpt, n. Excerpta, pl. L. උපුටාගත් පදය *or* පාඨය.

Excess, n. වැඩිපුරතරම, වැඩිමනත්කම, අධිකකම, අධිකතාව, අතිශය, අත්‍යන්තිකතාව, ආධික්‍යය, අතිරික්තතාව.

Excessive, a. වැඩිවූ, අධික, අධිකතර, වැඩිපුර, අතිරේක, අත්‍යර්, බාහුල්‍ය.

Excessively, ad. වැඩි වශයෙන්, අධිකලෙස &c., අතිශයින්ම. [&c.

Excessiveness, n. වැඩිකම, අධිකතාව, බාහුල්‍යතාව

Ex-chancellor, n. නිලයෙන් ඇරුණ ප්‍රධානාමාත්‍යයා, හිටපු ප්‍රධානාමාත්‍යයා.

Exchange, v. මාරුකරනවා, හුවමාරුකරනවා, ගනුදෙනු කරනවා; vol. *or* be exchanged මාරුවෙනවා; in gram. ආදේශකරනවා.

Exchange, n. මාරුකිරීම &c.; හුවමාරුව; මාරුකරගත් දේ; in gram. ආදේශය; මුදල් හුවමාරු පත්‍රය; මාරුකිරීමේ සුල්කය; (ප්‍රසිද්ධ ගනුදෙනු කරන) හුවමාරු ශාලාව.

Exchangeable, a. මාරුකළහැකිවූ &c., මාරුකළ යුතු, ආදේශ්‍ය.

Exchange-broker, n. පිටරට මුදල්-පත්‍ර මාරුකරන්නා.

Exchequer, n. රාජ භාණ්ඩාගාරය; එක්තරා උතුම් විනිශ්චය ශාලාවක්; exchequer-bills රාජ මුදල් පත්‍ර.

Excisable, a. බද්ද ගෙවීමට අඩංගුවූ, ආදායම් ගෙවිය යුතු, බද්දට යටත්වූ.

Excise, n. (රටේම දේවල) ආදායම, බද්ද; මද්‍ය බදු.

Excise, v. (රටේම දේවලට) බද්ද—ආදායම—ගස්තවා *or* අයකරනවා.

Exciseman, n. (එජේ) බද්ද නියමකරන්නා, තක්සේරුකාරයා.

Excision, n. කපාදැමීම, ඡේදනයකරදැමීම, සිඳදැමීම, උච්ඡේදය.

Excitability n. (ප්‍රීතියෙන් හෝ දුකින්) පහසුවෙන් ඇවිස්සෙන ගතිය, පෙලඹියහැකි බව.

Excitable, a. පහසුවෙන් අවුස්සන්ට පුළුවන්වූ, ඉක්මණට ඇවිස්සෙන්නාවූ.

Excite, v. උත්තේජකරනවා, (සිත) ප්‍රබෝධකරනවා, අවුස්සනවා, කලබලකරනවා, විකෘවලකරනවා, උත්සාහකරනවා, පොලඹනවා, අවශක්වනවා.

Excited, pp. *or* a. උත්තේජකරනලද &c., ඇවිස්සුණ.

Excitement, n. උත්තේජකිරීම &c.; ඇවිස්සුණගතිය; ඇවිස්සීමේ හේතුව; චංචලය.

Exclaim, v. ශබ්දනගා කියනවා, ඔහැකමින්—බරපතලලෙස—කියනවා.

Exclamation, n. ශබ්දනගා කීම; ශබ්දනගා කියන දේ; (ප්‍රීතියෙන්, භයෙන්, වේදනාවෙන් &c. අවගත්ත) හඬිසි වචනයක් *or* කීමක්, විස්මයාර්ථකය; note or mark of exclamation හඬිසි කීමක ලකුණ වන (!) මෙය.

Exclamatory, a. ශබ්දනගා කථාකරන, හඬිසි කීම් අඩංගුවූ.

Exclude, v. පිටකරනවා පිටවහල්කරනවා, නෙරපනවා, අත්අරිනවා, අහක්කරනවා, බැහැරකරනවා, පරිබාහිර කරනවා, වර්ජිතකරනවා; (පිළිනොගෙන) අරිනවා; (ඇතුල්වෙන්ට නොදී) වලක්වනවා.

Excluded, pp. *or* a. පිටකරනලද &c., පිටවහල්වූ, නිවාරිත, නිෂිද්ධ.

Exclusion, n. පිටකිරීම &c.; පිටවහල්කම; නිෂේධය, නිවාරණය.

Exclusive, a. (අන්‍යයන්) පිළිනොගන්නාවූ, බැහැර කරන්නාවූ, තනිවූ, අනන්‍ය.

He has the exclusive (sole) right to do this (say) මෙක කරන්ට අවසර තිබෙන්නේ ඔහුට පමණයි.

There are three, exclusive of this මෙක ඇර තුනක් තිබෙනවා, මේක ඇරපුවාම තිබෙන්නේ තුනයි.

Exclusively, ad. (අන්‍යයන්) පිළිනොගෙනම, බැහැර කරලාම, ඇරලාම, පමණක්ම.

Exclusiveness, n. අන්‍යයන් බැහැරකරන ගතිය, අනන්‍යතාව, කේවලත්වය.

Excogitate, v. කල්පනාකරයොදනවා, කල්පනාකර දැනගන්නවා, සිතින් උපදවාගන්නවා, ආවර්ජනා කරනවා, සිතා බලනවා.

Excommunicate, v. සභාවෙන් අහක්කරනවා *or* පිට කරනවා, සමාජයෙන් ඉවත්කරනවා, වෙන්කරනවා, ප්‍රතික්ෂේපකරනවා; B. උපෙක්ෂිතිය කර්මය කරනවා.

Excommunicate, n. අහක්කරනලද කෙනෙක්, ප්‍රතික්ෂිප්තවූ අය.

Excommunicated, pp. *or* a. අභක්කරනලද &c., සභාවෙන් ප්‍රතික්ෂිප්ත

Excommunication, n. සභාවෙන් අභක්කිරීම &c., ප්‍රතික්ෂේපණය.

Excoriate, v. (හම විකක් *or* හුහක් සූරාදමනවා, say) හම සිරෙනවා, හම ගෙවියනවා, හම යන්වා.

Excoriation, n. හම සිරීයාම &c.; හම සිරීගිය තැන.

Excorticate, v. පොත්තගලවනවා, පොතු ගහනවා.

Excreate, v. කාරා කෙළ ගසනවා.

Excrement, n. පහරන දේ, මල, අශූචි, ගූ, අමේධ්‍යය, ගූථය, උච්චාරය; ගොම; බෙටි, වසුරු, වසිස්.

Excrementitious, a. පහරන දේ සම්බන්ධ, අමේධ්‍ය, අමේධ්‍ය යුක්ත.

Excrescence, n. (බිබිළ, ගඩුව, තසිස්සිය, ඉන්නා, පිළිල, මෙන් ශරීරයේ *or* ගහක) වැඩිපුර ලියලන පංගුව; fig. නුසුදුසු වැඩිපුර දේ, කැළල.

Excrescent, a. අන් දෙයකින් ලියලා වැවෙන, වැඩිපුරවූ.

Excrete, v. වෙන්කරනවා, (ශරීරය ඇතුළෙන්) පහ කරනවා, පහරනවා, මෝචනයකරනවා.

Excretion, n. වෙන්කිරීම &c.; පහකරන ද්‍රව්‍ය (වන මල, සෙම, පිත, දහඩිය &c.)

Excretive, a. (ශරීරයෙන් ද්‍රව්‍ය) වෙන්කර ඇරීමෙ බලය ඇති, මෝචනික.

Excretory, a. (එසේ) වෙන්කර අරින, පහකරන; n. (එසේ ද්‍රව්‍ය) පහකරන කූපය. [තවා.

Excruciate, v. වධකරනවා, ඉතාමත්ම වේදනාකර

Excruciated, pp. *or* a. වධකරනලද &c., අතිව්‍යථිත.

Excruciating, a. වධකරන, ඉතා වේදනා සහිතවූ, ව්‍යථාකර.

Exculpate, v. නිර්දෝෂකරනවා, නිදොස්කරනවා, නිවැරදිකරනවා, නිරපරාධකරනවා, නිදොස්බව පෙන්වනවා.

Exculpatory, a. නිර්දෝෂකරන, &c.

Excursion, n. (යම් තැනකට) නික්මයාම *or* පිටත්ව යාම; සෙල්ලම් ගමන, ක්‍රීඩා ගමන; (විකක් ඈත තැනකට) ගිහින් ඒම; ගිය ගිය අත ඇවිදීම, පර්යටනය.

Excursionist, n. සන්තෝෂයට ගමනක් යන්නා, සෙල්ලම් ගමන් යන්නා.

Excursion-train, n. සන්තෝෂයට යන්නන් ගෙන යන දුම්රිය.

Excursive. a. තැනින්තැන යන්නාවූ; (කාරණයෙන්) එපිට යන්නාවූ.

Excursus, n. L. (lit. එපිට යාම); fig. ග්‍රන්ථයක *or* කාරණාවක ඌනපූරණ විස්තරයක්.

Excusable, a. සැහැල්ලු කොට සැලකිය හැකිවූ, ක්ෂමාවිය හැකි, කමාවියහැකිවූ, (වරද); කමාව ලැබියයුතුවූ (කෙනෙක්).

Excusableness, n. කමාවිය — කමාව ලැබිය — යුතු ස්වභාව.

Excuse, v. (වරදෙන්, යුතුකමින්, සේවයෙන්) නිදහස් කරනවා; වරද සැහැල්ලු කොට සලකනවා, කමා කරනවා, ක්ෂමාකරනවා.

Excuse, n. නිදොස්වීමට කියන කාරණාව; නිදොස්වීමට *or* වරද සැහැල්ලු කිරීමට තිබි කාරණයක්.

Excuseless, a. නිදොස්වීමට—වරද සැහැල්ලුකිරීමට—කාරණාවක් නැති.

Exeat, L. lit. ඔහු ගියාවේ; (පාඨශාලාවෙන්) යන්ට දෙන අවසරය.

Execrable, a. සාප සැමයුතු, දෙව්ෂ කටයුතු, ඉතා නීච, අති දූෂට, ද්වේෂ්‍ය, ගර්හ්‍ය.

Execrate, v. ශාපකරනවා, නරකක් ගැන යදිනවා; පිළිකුල්කරනවා. [කුල්—කරනු ලබන.

Execrated, pp. *or* a. ශාපකරනලද, දෙව්ෂ—පිළි

Execration, n. ශාපකිරීම &c.; යැදීම, ශාපය.

Execute, v. සිද්ධකරනවා, ඉටුකරනවා, ඉෂ්ටකරනවා, සම්පූර්ණකරනවා; මරාදමනවා, මරණයට පමුණුවනවා, වධයට පත්කරනවා.

Execution, n. සිද්ධකිරීම &c.; manner of ඉෂ්ටකර තිබෙන අත්දම; skill of (යමක්) කිරීමේ දක්ෂකම; warrant for (ඉෂ්ටකිරීමේ) බලපත්‍රය, වරෙන්තුව; place of වධස්ථානය, වධ්‍යභූමිය.

Executioner, n. වධකයා, වදකරුවා, අලුගෝසුවා.

Executive, a රාජකාරි කරවන, ආණ්ඩුවේ කළමනාකාරවූ, කාරක, සාධක, සම්පාදක, විධායක.

Executive, n. රාජකාරි කරවන බලය ඇත්තා *or* ඇත්තෝ, ආණ්ඩුවේ කළමනාකාරඅය; කාරක බලය, කාරක ස්වභාව, විධායක මණ්ඩලය.

Executor, n. (මැරුණ අයගේ) බුදලයේ භාරකාරයා *or* බලකාරයා, කළමනාකාරයා, පොල්මෑකාරයා.

Executorship, n. බුදල භාරකාරකම, පොල්මෑකාර ධුරය. [කටයුතු, කාර්‍ය්‍ය.

Executory, a. රාජකාරියකරන, කාරක; මත්තෙහි

Executress, Executrix, n. බුදලයේ භාරකාරී, බලකාරී, පොල්මෑකාරී.

Exegesis, n. විසඳීම, පද විවරණය, අර්ථවිවරණය, ව්‍යාඛ්‍යාව, ව්‍යාඛ්‍යානය, විස්තර-ශාස්ත්‍රය.

Exegetic, Exegetical, a. විසඳන්නාවූ, විස්තරකාරවූ, විස්තර සහිතවූ. [ශාස්ත්‍රය.

Exegetics, n. pl. (ක්‍රිස්තියානි) ශුද්ධ ග්‍රන්ථ විස්තර-

Exegetist, n. ග්‍රන්ථ-විස්තර-ශාස්ත්‍රඥයා.

Exemplar, n. ආදර්ශය, ආදර්ශමත් කෙනෙක්; (චිත්‍ර කාර ආදී) උතුම් ශිල්පියාගේ ආදර්ශ කල්පනාව.

Exemplarily, ad. ආදර්ශයට ගැළපුනලෙස, ආදර්ශමත් ලෙස, උතුම්ලෙස; (නරකක් ගැන) දනවුනුවෙන ලෙස, ප්‍රත්‍යාදේශ වසයෙන්.

Exemplary, a. ආදර්ශයට ගැළපුනුවූ, ආදර්ශමත්, යෝග්‍ය, අනුගම්‍ය.

Exemplification, n. උදාහරණයෙන් &c., පෙන්වාදීම &c.; ඔප්පු සාක්ෂි කෙටුම්පතක්.

Exemplify, v උදාහරණයෙන්—නිදර්ශනයෙන්—පෙන්වාදෙනවා, ආදර්ශයක්ව සිටීමෙන් ඔප්පුකරනවා; කෙටුම්පතකින් ඔප්පුකරනවා.

Exempli gratia, ex. gr. *or* e. g. L. නිදර්ශනයක් සේ *or* නිදර්ශනයක්නම්.

Exempt, v. (යම් වැඩකට, &c. අසුනොවෙන්ට) අවසර *or* නිදහස දෙනවා, නිදහස්කරනවා, අත්හැරදමනවා, විනිර්මුක්තකරනවා.

Exempt, be, v. (යම් වැඩකට &c. අසුනොවෙන ලෙස) නිදහස්ව සිටිනවා, නිදහසක් ඇතුව සිටිනවා, විනිර්මුක්තව සිටිනවා.

Exemption, n. නිදහස්කිරීම &c.; නිදහස, නිදහස්කම, විනිර්මුක්තභාව.

Exequies, n. pl. අවමඟුල පෙළහර, අවමඟුලකෘත්‍ය, අවමංගල චාරිත්‍ර, අවමංගල කෘත්‍ය.

Exercise, v. use පාවිච්චිකරනවා, භාවිතාකරනවා; පවත්වනවා, ක්‍රියාකරවනවා; practise (යමක්) අභ්‍යාසකරනවා, (යමෙකු) අභ්‍යාසකරවනවා; train පුරුදුකරනවා, පුහුණුකරනවා; trouble පෙළනවා.

Exercise, n. පාවිච්චිකිරීම &c.; (ශරීරයේ) ව්‍යායාමය, වෙරවීරියකිරීම; (පුහුණුකිරීමේ) පාඩම, අභ්‍යාසය; military ශස්ත්‍රාභ්‍යාසය; of letters or reading අක්ෂරාභ්‍යාසය.

Exercised, be, v. පාවිච්චිකරනු ලබනවා &c.; by sorrow &c. පෙළෙනවා.

Exert, v. (බලය, ආනුභාවය &c.) පවත්වනවා; one's-self වීර්‍යකරනවා, ප්‍රයත්නදරනවා, වෙහෙසෙනවා.

Exertion, n. (බලය &c.) පැවැත්වීම &c.; වෑයම, වීර්‍යය, උත්සාහය, ප්‍රයත්නය, උද්‍යෝගය, උද්‍යමය.

Exfoliate, v. (ශරීරයෙන් *or* ලෝහමලින්) කොරපොතු වසයෙන් වැටෙනවා; කොරපොතු අරිනවා.

Exhalation, n. මීදුම නැගීම &c.; (මීදුම, පුසුම්, ගඳ, යනාදිය) නැගීම්හිදෙන ද්‍රව්‍ය.

Exhale, v. (මීදුම) නගිනවා, (පුසුම්) ගහනවා, (මීදුම, පිනි, දියජාති) හිඳෙනවා; හුස්ම අරිනවා, ප්‍රශ්වාස කරනවා.

Exhaust, v. කම්මුතුවටම ගන්නවා *or* පාවිච්චි කරනවා *or* වියදම්කරනවා; වෙහෙස කරනවා; හිස් කරනවා.

Exhausted, pp. *or* a. කම්මුතුවටම ගත්තාවූ &c.; කෙඩෙත්තුවූ, විඩාවූ, ශ්‍රාන්ත, පරිශ්‍රාන්ත.

Exhausting, p. *or* a. අත්තිමට නැතිකරන (බලය &c.) ඉතා හීනකරන; කෙඩෙත්තුකරන.

Exhaustion, n. කම්මුතුවටම ගෑනීම &c.; (බලය *or* වස්තුව නැතිවූ) ඉතා හීන භාවය, හීනත්වය, බල හීනතාව, බෙලහීනකම; කෙඩෙත්තුව, විඩාව, පරිශ්‍රාන්තිය, ක්ලාමථය.

Exhaustive, a. (බලය &c.) අත්තිමයට පමුණුවන; (කාරණාවක්) නිස්ස්ටුවටම පරීක්ෂාකරන *or* විස්තර කරන, දිගි.

Exhaustless, a. කම්මුතුවට වියදම්කළනොහැකිවූ, නිම්මාවක් නැත්තාවූ, අනන්ත.

Exhibit, v. පානවා, දක්වනවා, පෙන්වනවා, ප්‍රදර්ශනය කරනවා.

Exhibit, n. ගෙනපාන ඔප්පුව, සථිරකරන ඔප්පු සාක්ෂිය; දක්වනදෙය, ප්‍රදර්ශිත භාණ්ඩය.

Exhibiter, n. පාන්නා &c., ප්‍රදර්ශකයා; ඉල්ලුම්පත්‍රයක් &c. ඔප්පුකරන්නා.

Exhibition, n. පෑම &c. නිදර්ශනය; (නොයෙක් බඩු හා කර්මාන්ත දක්වන) ප්‍රසිද්ධ සල්පිල, ප්‍රදර්ශනය; (දිළිඳු ශිෂ්‍යයන්ට) නියමවූ වැටුප, වෘත්තිය.

Exhilarate, v. ප්‍රීතියෙන් පිණවනවා, ප්‍රීතිමත් කරනවා, ප්‍රාණවත්කරනවා, උනන්දුකරනවා.

Exhilarating, p. *or* a. ප්‍රීතියෙන් පිනවන &c.

Exhilarating, n. ප්‍රාණවත්කිරීම &c.; ප්‍රීති සහිත ප්‍රාණවත්කම.

Exhort, v. අවවාදකරනවා, අනුශාසනාකරනවා, දැනුමුතුකම් දෙනවා, ධෛර්‍යවත් කරනවා.

Exhortation, n. අවවාදකිරීම &c.; අවවාදය, උපදේශය, අනුශාසනාව, දැනමුතුකම.

Exhortative, Exhortatory, a. අවවාද—දැනමුතුකම—අනුශාසනා—සහිතාවූ, අනුශාසක, උපදේශක.

Exhumation, n. (මිනියක්) ගොඩලෑම, (වළලාපු දෙයක්) හාරගැනීම.

Exhume, v. (වළලා තිබෙන මිනියක්) ගොඩලනවා, ගොඩදමනවා, ගොඩගන්නවා; යමක්බිමෙන් හාරා ගන්නවා.

Exigence, Exigency, n. බලවත් ඕනෑකමක්, ඉක්මන් උවමනාවක්, හදිසි අමාරුවක්, අසක්කුවක්.

Exigent, a. බලවත් ඕනෑකමක් සහිත, කඩිනමින්ම උපකාර ඕනෑකරන *or* උපකාරකළයුතු, අවශ්‍යයෙන් කටයුතු, බරපතළ.

Exile, v. රටෙන් පිටදමනවා, රටෙන් පිටවහල් කරනවා, දේශත්‍යාගකරනවා, රටනෙරවනවා; exile one's self සියරට අත්ඇරදමනවා.

Exile, n. (සියරටෙන් *or* නිවාසයෙන්) පිටවහල්ව සිටීම, පිටවහල්කම; පිටවහලා, රටනෙරූ ඉන්න අය; voluntary ප්‍රවාසනය, විවාසනය.

Exiled, pp. *or* a. රටෙන් පිටදමනලද &c., පිටවහල් වූ, විවාසිත, ප්‍රවාසිත, විප්‍රෝෂිත.

Exilement, n. රටෙන් පිටදැමීම, පිටවහල්කිරීම, රට නෑරවීම, පිටවහල්කම, විප්‍රවාසනය &c. See Exile, n.

Exist, v. සිටිනවා, ඉන්නවා, ඇත, ඇත්තේය; of things තිබෙනවා, තියෙනවා; විද්‍යමානව තිබෙනවා, *or* සිටිනවා, පවතිනවා.

Existence, n. සිටීම, ඉඳීම; තිබීම; ඇතුළ සිටීම &c.; පැවැත්ම, භවය, වර්තනය, විද්‍යමානකම, අස්තිත්වය.

Existent, a. සිටින &c., පවත්නා, ඇත්තාවූ, විද්‍යමාන.

Exit, n. පිටතට යාම, අහක්ව යාම, නිකුත්ව යාම, තුරන්වීම, නිෂ්ක්‍රමණය; (ලෝකයෙන්) ඉකුත්වීම, තුරන්වුව, නිර්ගමය; outlet පිටතට යන මග.

Ex-mayor, n. (නිලයෙන් ඇරුණ) නගර ශ්‍රේෂ්ඨකතැන, හිටපු නගරාධිපතිතුමා *or* නගරාධ්‍යක්ෂකතුමා.

Ex mero motu, L. (a legal phrase) කැමැත්තෙන්ම, සන්තෝෂයටම, අභිමතයෙන්ම. [අමාත්‍යයා.

Ex-minister, n. නිලයෙන් ඇරුණ අමාත්‍යයා, හිටපු

Ex necessitate, L. ඕනෑම නිසා, ඕනෑකමකින්ම.

Exo, prefix, Gk. පිටත, බාහිර, වහිර්, යන අර්ථ ඇති උපසර්ගය.

Exode, n. (ග්‍රීක් නාට්‍යයක) අවසාන කොටස්ඛාසය.

Exodus, Exody, n. නිකුත්ව යාම, නික්මයාම; Exodus නික්මයාම නම්වූ බයිබලයේ දෙවෙනි පොත. (යෙන් පැමිණෙන.

Ex-official, a. නිලබලයෙන් පත්වෙන, ආධිපත්‍ය

Ex officio, L. නිලබලයෙන්ම, ආධිපත්‍යයෙන්ම.

Exogen, n. වහිර්වෘද්ධ ගස් ජාති, වහිර්වෘද්ධ වෘක්ෂයක්.

Exogenous, a. වහිර්වෘද්ධ.

Exomphalos, n. පෙකනි-බිඳුම, හින්න-නාභිය.

Exonerate, v. නිදොස්කරනවා· නිදොස් බව *or* නිර්දෝෂත්වය ඒත්තුගන්නවා.

Exoneration, n. නිදොස්කිරීම &c. **Exonerative**, a. නිදොස්කරන &c.

Exorable, a. (යමෙකුට) කැමතිකරවාගත හැකිවූ, නම්මාගතහැකි.

Exorbitance, n. ඉතා වැඩිකම, අධිකතාව, ප්‍රමාණාතික්‍රාන්තිය.

Exorbitant, a. in price &c. n. ඉතා වැඩිවූ, අධිකතර, ප්‍රමාණාතික්‍රාන්ත.

Exorcise, v. යකුන් දුරුකරනවා, යක්ෂයන් ප්‍රලය කරනවා.

Exorciser, Exorcist, n. යකුන් දුරුකරන්නා *or* ප්‍රලය කරන්නා, යක්දෙස්සා, යකැදුරා, ඇදුරා, යක් තොවිල්කරන්නා, කට්ටාඩියා.

Exorcism, n යකුන් දුරුකිරීම &c.; ceremony thereof තොවිලය, යක් තොවිලය.

Exordial, a. ප්‍රාරම්භ. **Exordium**, n, (කථාවේ *or* රචනාවේ) ප්‍රාරම්භය.

Exosseous, a. ඇටකටු නැති, අස්ථි රහිත.

Exoteric, Exoterical, a. ප්‍රසිද්ධ, (ජනසමූහයාට) ප්‍රකාශකරන, ප්‍රකට, (ගුරුකම් *or* ශාස්ත්‍ර). [යය.

Exotericism, n. අගුප්ත ගුරුකම් ක්‍රමය, ප්‍රසිද්ධ න්‍යා

Exotic, a. පිටරටකින් ගෙනා, විදේශීය, රට : as, රට දෙල්, රට ගස් &c.

Exotic, n. (ස්වදේශී නොවන) පිට රට ගහක් ; අන් භාෂාවකින් ගත් වචනයක් : as, මේසය, සපත්තු &c.

Expand, v. විදහනවා ; විශාලකරනවා ; පුප්පවනවා ; විහිදෙනවා, මහත්වෙනවා, විශාලවෙනවා, පිපෙනවා, විකසිත වෙනවා.

Expanded, pp. *or* a. විදහනලද &c. ; මහත්වුණ, පිපුණ, ප්‍රබුද්ධ, විස්තාරිත, ප්‍රඵුල්ල, ජෘම්භිත. [ශවර.

Expanding, p. *or* a. විදහන &c., ජෘම්භමාණ, වික

Expanse, n. විදහීම, විශාලකම, තලාව, පතළාවූ අවකාශය.

Expansion, n. විදහීම, &c., see Expand ; විශාලකම, විශාලවුණ හරිය, විශාල ප්‍රමාණය, ව්‍යාපනය, විස්තාරය ; සන්තාන අඩවිය, කිසිත්නැති අවකාශය.

Expansive, a. විදහිය හැකිවූ, විශාල විය හැකිවූ, ව්‍යාපක.

Ex parte, L. එක් පාර්ශ්වයකින් පමණක් පැමිණෙන, එක් පාර්ශ්වයක (කීම).

Expatiate, v. (යමක් ගැන) විශාලලෙස කථාකරනවා, බොහෝසේ විස්තරකොට කියනවා.

Expatriate, v. සිය රටින් පිටමහල්කරනවා *or* නෙරපනවා. See Exile, v.

Expatriation, n, සිය රටෙන් පිටමහල් කිරීම *or* පිටමහල්වීම, සිය රටත් ආණ්ඩුවත් අත්ඇර දැමීම.

Expect, v. යමක්ගැන බලා සිටිනවා ; බලාපොරොත්තු වෙනවා, අපේක්ෂාකරනවා.

Expectance, Expectancy, n. බලාසිටීම &c. ; වේයයි සිතන දේ, බලාපොරොත්තුව.

Expectant, a. බලාසිටින, බලාපොරොත්තුවෙන, අපේක්ෂක, ව්‍යපේක්ෂ.

Expectant, n. බලාසිටින්නා &c., ව්‍යපේක්ෂකයා.

Expectation, n. බලාසිටීම &c., see verb ; (වේයයි) සිතන දේ; එසේ සිතීමට තිබෙන කාරණාව ; බලාපොරොත්තුව, අපේක්ෂාව, ව්‍යපේක්ෂාව.

Expected, pp. *or* a. බලා සිටින, බලාපොරොත්තු වෙන, අපේක්ෂිත, ව්‍යපේක්ෂිත, ප්‍රතීක්ෂිත.

Expectorant, Expectorative, a. කෙළ ගස්වන, සෙම අරවන, (බෙහෙත).

Expectorant, Expectorative, n. සෙම අරින බෙහෙත, ශ්ලේෂ්මඝ්නෞෂධය.

Expectorate, v. කෙළගසනවා, කාරා දමනවා.

Expectoration, n. කෙළගැසීම &c. ; කැස දමන සෙම *or* ශ්ලේෂ්මාව.

Expedience, Expediency, n. (යමක් ඉෂ්ටකිරීමට තිබෙන) සුදුසුකම, යෝග්‍යකම, සෑහුම්කම, වාසිය.

Expedient, a. සුදුසු, යෝග්‍ය, හිසි, යුතු, වාසි ඇත්තාවූ.

Expedient, n. උපාය, යෝජනාව, විහිය, මාර්ගය, අභ්‍යුපාය.

Expedite, v. කඩිනම්කරනවා, ඉක්මන්කරවනවා.

Expedition, n. කඩිනම්කම, ඉක්මන්කම ; යුද්ධකාර ගමනක්, සමූහයක් යම් කාරණාවක් සඳහා යන ගමනක් ; (එසේ) ගමන්යන උද්විය.

Expeditious, a. යුහු, ශීඝ්‍ර, කඩිනම්, ඉක්මන්, තුරිත.

Expeditiously, ad. කඩිනමින්, යුහුව, ශීඝ්‍රලෙස, ඉක්මනින්ම, තුරිතලෙස.

Expel, v. නෙරපනවා, පන්නාදමනවා, එළවා දමනවා, දුරුකරනවා, ප්‍රලයකරනවා; පිටකරනවා, පහකරනවා, අහක්කරනවා, බැහැරකරනවා, දූරීභූතකරනවා, විධ්වංසනයකරනවා.

Expellable, a. නෙරපිය හැකිවූ &c. ; පහකළ හැකිවූ &c., විධ්වංසනීය.

Expelled, pp. *or* a. නෙරපනලද &c. ; විධ්වංසිත, වහිෂ්කෘත.

Expend, v. වියදම්කරනවා, වියහියදම්කරනවා, වියපැහැදම්කරනවා ; waste නාස්තිකරනවා ; expend time කාලය ගතකරනවා, කාලක්ෂේප කරනවා ; expend labour මාන්සිගන්නවා, මාන්සිවෙනවා.

Expended, be, v. වියදම්වෙනවා &c. ; S. adj. වියදම් කරනලද &c., වියදම්වූ, ව්‍යයිත.

Expenditure, n. වියදම්කිරීම &c., වියදම, ව්‍යය, වැය.

Expense, n. වියදම, වියදම් ගණන, වියහියදම, වියපැහැදම.

Expensive, a. බොහෝ වියදම් අල්ලන, ලොකු මිල ගණනක් වටින, අනර්ඝ.

Expensively, ad. බොහෝ වියදම් ඇතුව, බොහෝ වියදමින්.

Expensiveness, n. බොහෝ වියදම්අල්ලනා ස්වභාව, මහත් වටිනාකම.

Experience, v. අත්දකිනවා, අත්හදා බලනවා, පළපුරුදුවෙනවා ; (දුක සැප) විඳිනවා.

Experience, n. අත්දැකීම, අත්හදාබැලීම; (එයින් පැමිණෙන) දන්නාකම, පුහුණුව, පළපුරුද්ද, කෘතහස්තතාව, හස්තපරිචය.

Experienced, a. අත්දුටු, පළපුරුදු, පුරුදුපට්වූ, පුහුණුවූ, දැනුම් තේරුම් ඇත්තාවූ, තලත්තාති, තලත්තැති. [වා.

Experiment, v. අත්හදා බලනවා, පරීක්ෂාකර බලන

Experiment, n. අත්හදාබැලීම, පරීක්ෂාකර බැලීම, පරීක්ෂාව.

Experimental, a. අත්දැකීම සම්බන්ධ, පරීක්ෂාකර බැලූවාවූ ; අත්හදා බැලීමෙන් &c., දැනගත්තාවූ.

Experimentally, ad. අත්දැකීමෙන්, අත්හදා බැලීමෙන්, පරීක්ෂණයෙන්, පරීක්ෂක වශයෙන්, විඳීමෙන්.

Experimentum crucis, L. lit. කුරුසිය විඳීම ; fig. නිශ්චායක පරීක්ෂණය.

Expert, a. පළපුරුදු, දක්ෂ, සමර්ථ, නිපුණ, චතුර ප්‍රවීණ, විශේෂඥ.

Expert, n. පළපුරුදු අය, දක්ෂයා, සමර්ථයා, නිපුණයා, විශේෂඥයා.

Expertly, ad. දක්ෂලෙස &c. **Expertness**, n. දක්ෂකම් &c., නෛපුණ්‍යය.

Expiable, a. (පූජාවක් ඔප්පුකිරීමෙන්) මකාදමන්ට පුළුවන්වූ, දුරුකළ හැකිවූ, ශෝධනීය, ශෝධ්‍ය, (පාපය *or* වරද).

Expiate, v. පව් මකනවා, පව් නසනවා, පව් දුරුකරනවා. See Atone.

Expiation, n. පව් මැකීම &c. ; පව් මකන පූජාව, පාප-පූජාව.

Expiatory, a. පව් මකන, පව් නසන, පව්—වරද—දුරුකරන්ට බලය ඇත්තාවූ.

Expiration, n. ප්‍රශ්වාසකිරීම &c., ප්‍රශ්වාසය ; මරණය, තුරන්වීම.

Expire, v. ප්‍රශ්වාසකරනවා, හුස්ම අරිනවා; ප්‍රාණය අරිනවා, හුස්ම යනවා, පණ යනවා, ඉකුත්වෙනවා, අපවත්වෙනවා, නසිනවා, මැරෙනවා; (කාලය) ඉක්මෙනවා, යනවෙනවා, ඉකුත්වෙනවා, අතික්‍රාන්තවෙනවා.

Expiree, n. අච්චුවිඳ නිදහස්වුණ වරදකාරයා, අච්චු කම්මුතුවූ අය. [යේදී සිදුවෙන.

Expiring, p. *or* a. නසින, මරණාසන්නවූ; මරණාසන්න

Explain, v. පහදනවා, තෝරාදෙනවා, තේරුම් කරනවා, පැහැදිලි කරනවා, විස්තර කරනවා, විසඳනවා.

Explainable, a. පැහැදිය හැකිවූ &c.

Explained, pp *or* a. පහදනලද &c., සමුද්දිෂ්ට.

Explanation, n. පැහැදීම &c.; යමක් පැහැදෙන කාරණාව; බේරුගැනීම; විස්තරය.

Explanatory, a. පහදන්නාවූ &c., see verb; විස්තරය ඇත්තාවූ, විස්තර, නිර්දේශක.

Expletive, n. (වියඹියදම් යන්තෙනහි හිය මෙන්) වැඩිපුර වචනයක්, පදපූරණය. [හැකිවූ.

Explicable, a. විසඳන්ට පුළුවන්වූ, තේරුම්ගත

Explicate, v. fig. විවෘතකරනවා, පහදනවා, විසඳනවා, තේරුම් කරනවා.

Explication, n. විවෘතකිරීම &c.; තෝරාදෙන අරිය.

Explicative, Explicatory, a. විවෘතකරන &c., සමුද්දේශක.

Explicit, a. පැහැදිලි, ප්‍රකාශ, ප්‍රත්‍යක්ෂ, අතිවිස්තර.

Explicitly, ad. පැහැදිලිලෙස &c., නොසඟවා.

Explicitness, n. පැහැදිලිකම &c.; ඒකාන්තකම.

Explode, v. (මහ හඬින්) පුපුරනවා, පිපිරෙනවා; පුපුරවනවා; fig. as an argument සිඳහෙළනවා.

Exploded, pp. *or* a. පිපුරුණ &c.; fig. සිඳීගිය, විඛණ්ඩිත.

Exploit, v. ප්‍රයෝජනයට සලසාගන්නවා.

Exploit, n. දක්ෂ ක්‍රියාව, අපූර්ව ක්‍රියාව, වික්‍රම ක්‍රියාව, වික්‍රමය. [සමීක්ෂණය.

Exploration, n. විපරම් කිරීම &c.; අන්වේෂණය,

Explore, v. විපරම්කරනවා, සෝදිසිකරනවා, හොඳට සොයාබලනවා, පරීක්ෂාකරනවා, (රටක්) විමසා ඇවිදිනවා, අන්වේෂණයකරනවා.

Explored, pp. *or* a. විපරම්කරනලද &c., අන්වේෂිත, සමීක්ෂිත.

Explosion, n. වෙඩිල්ල, සැරලෙස පිපිරීම &c. See Explode. [නාවූ.

Explosive, a. සැරලෙස පුපුරන්නාවූ *or* පුපුරවන්

Explosive, n. වෙඩිබෙහෙත් ඩයිනමයිට් ආදි පුපුරනයමක්.

Exponent, n. දක්වන්නා, තේරුම්කරන අය, මතවාදියා; (ගණනක් එයින්ම කීවරක් වැඩිකරනවා දැයි "a³" මෙන්) දක්වන ඉලක්කම, ප්‍රදර්ශකාංකය, ප්‍රදර්ශකය.

Exponential, a. ප්‍රදර්ශකාංක.

Export, v. බඩු පිටරට යවනවා, පැටවිලිකර අරිනවා.

Export, n. පිටරට යවන වෙළඳම් බඩු.

Exportation, n. බඩු පිටරට යැවීම. [නා.

Exporter, n. බඩු පිටරට යවන්නා, පැටවිලිකර අරින්

Expose, v. වැස්ම අරිනවා, මුවාව පහකරනවා, අනාවරණකරනවා, විවෘතකරනවා; (to danger &c. අනතුරුවට &c. අසුවෙන්ට) පානවා *or* ඉඩඅරිනවා, එළියේ *or* ඉදිරිපිට තබනවා; (රහස් දේ) එළිදරව් කරනවා, එළිකරනවා.

Exposed, pp. *or* a. වැස්ම අරිනලද &c.; වැස්මක් නැති, මුවාවක් නැති, විවෘත; ප්‍රසිද්ධයේ තබා තිබෙන (බඩු &c.); ප්‍රකාශිත.

Exposition, n. තේරුම්කරදීම, විස්තරකිරීම, විස්තරය, සන්නය, අර්ථකථාව, අටුවාව, ව්‍යාඛ්‍යාව, ව්‍යාඛ්‍යානය, පදවිවරණය; ප්‍රදර්ශනය.

Expositor, n. විස්තරකරන්නා, අර්ථකථාචාර්යයා; අර්ථකථා-ග්‍රන්ථය.

Expository, a. විස්තර, නිර්දේශක, සන්නවූ.

Ex post facto, L. කිරීමට පසුව (එය වරදක් වීම *or* වරද බව නියමකිරීම.)

Expostulate, v. (වරදක් ගැන) කරුණු කියාදෙනවා, උදක්ම අවවාදකරනවා.

Expostulation, n. උදක්ම අවවාදකිරීම; අවවාද සහිත කථාව.

Exposure, n. වැස්ම ඇරීම &c., see verb; මුවාවක් නැතිකම, අනාවරණ ස්වභාවය; ප්‍රකාශිතතාව.

Expound, v. තේරුම්කරනවා, පහදනවා, විස්තර කරනවා, අර්ථ කියනවා.

Expounder, n. තේරුම්කරන්නා &c., විස්තරකරන්නා, ප්‍රදර්ශකයා.

Ex-president, n. ධුරයෙන්ඇරුණ ප්‍රධානියා *or* සභාපතියා, හිටපුසභාපතිතැන.

Express, v. (යුෂය &c.) මිරිකා අරිනවා; (ideas, desires &c.) කියනවා, කියාදෙනවා, නිර්දේශකරනවා, ප්‍රකාශකරනවා, පැහැදිලිලෙස *or* නමින් සඳහන්කරනවා, (සිතියමකින්, කවියෙන් *or* වෙන අන්දමකින්) දක්වනවා.

Express, a. පැහැදිලිවූ, සඳහන්වූ, ප්‍රකට, ඒකාන්ත; special අමුතු, විශේෂ; ශීඝ්‍ර.

Express, n. විශේෂ පණිවිඩකාරයා; විශේෂ රථය, නියම වාහනය.

Expressed, pp. *or* a. මිරිකා අරිනලද &c.; සඳහන්වූ, ප්‍රදර්ශිත.

Expressible, a. මිරිකා ඇරිය හැකිවූ (යුෂ &c.); කිය හැකිවූ, උච්චාරණය කළහැකිවූ, භාෂ්‍ය, (ශබ්ද &c.).

Expression, n. මිරිකා ඇරීම &c., see verb; කියන විදිය, වාක්‍ය විදිය; කියමන, කීම, උක්තිය, පදය, වචනය, නිර්දේශය; උච්චාරණය; දක්වන විදිය, පෙනුම; (සිතේ ස්වභාව ප්‍රකාශකරන මුහුණේ) පෙනීම, බැල්ම.

Expressionless, a. ප්‍රකාශකිරීමට උච්චාරණයක් නොමැති, ප්‍රකාශකළ නොහැකි.

Expressive, a. (යමක්) ප්‍රකාශකරන *or* දක්වන, අර්ථවාචක; බලවත්ලෙස දක්වන්නාවූ, හඟවන්නාවූ, සූචක, වාචක.

Expressiveness, n. (යමක් ප්‍රකාශකරන) අර්ථ සහිතකම, වාචකත්වය.

Expressly, ad. කෙළින්ම, පැහැදිලිලෙස, ඒකාන්තලෙසම, ඉඳුරාම; විශේෂලෙස.

Expugnable, a. බලයෙන් අල්ලාගත හැකිවූ, මැඩ පවත්වාගත හැකිවූ.

Expulsion, n. නෙරපීම &c. see Expel; විධ්වංසනය, වහිෂ්කරණය.

Expunge, v. කටුගානවා, මකනවා; fig. පහකරනවා, නැතිකරනවා. [නැතිකිරීම.

Expunging, Expunction, n. කටුගෑම, මකාදැමීම;

Expurgate, v. කිලුටුකම *or* දෝෂ අරිනවා, දෙස් පහකරනවා, පිරිසිදු කරනවා, ශුද්ධියකරනවා, සංශෝධනයකරනවා.

Expurgated, pp. *or* a. කිලුට අරිනලද &c., සංශෝධිත, විශෝධිත.

Expurgation, n. කිලුට ඇරීම &c., සංශෝධනය, විශෝධනය.

Expurgatory, a. කිලුට අරින &c., ශෝධක, සංශෝධන, විශෝධන.

Exquisite, a. ඉතා උතුම්, ඉතා කදිම, අනර්ඝ, ලක්ෂණ, විශිෂ්ට, ප්‍රණීත, සුන්දරතර, රම්‍ය, ඉතා සියුම්, අතිතීක්ෂ්ණ.

Exquisite, n. අති ලක්ෂණලෙස පලඳින්නා, ජේත්තුකාරයා, ජේත්තුකාරි.

Exquisitely, ad. ඉතා උතුම්ලෙස &c.

Exquisiteness, n. ඉතා උතුම්කම, අතිතීක්ෂ්ණතාව.

Exsanguinity, n. රතු ලේ හීනකම, ලේ අඩුකම, රුධිරහීනතාව. [හීන.

Exsanguinous, a. (රතු) ලේ නැති, රක්තහීන, රුධිර

Exscind, v. සිඳදමනවා, ඡේදනයකරනවා.

Extant, a. (යටබුත්නොවී) තවම ඇත්තාවූ, තවම පවත්නා, විද්‍යමාන, වර්තමාන.

It was then extant ඒක එකල ඇතුව තිබුණ.

Extemporally, Extemporaneously, Extempore, ad. සූදානමක් නැතුව, ඔනෑවේලේදීම, අසමුද්‍යතව, (කථාවක් කරනවා, දේශනාකරනවා &c.)

Extemporaneous, Extemporary, Extempore, a. (කලින් සූදානම්නොකර) ඔනෑවේලේදීම කරන්නාවූ. *or* උපදවා කියන්නාවූ, අසම්පාදිත, (කථාව, ක්‍රියාව &c.).

Extemporize, v. සූදානම්නොවී කථාවක් කරනවා *or* මේනයමක් කරනවා, ඒ ඒ වේලාවේම පිරිමසනවා.

Extend, v. දික්කරනවා, දීඝකරනවා, විශාල කරනවා, විස්තීර්ණකරනවා; (trade) වෙළඳාම වැඩිකරනවා; (the time) කල්දෙනවා, කල්දමනවා; (කරුණාව &c.) පානවා, පවත්වනවා; දිගට—දුරට—තිබෙනවා, විස්තීර්ණවෙනවා, විදහී තිබෙනවා, විහිදෙනවා.

Extended, pp. *or* a. දික්කරනලද &c.; විශාලවූ, දික්වූ, දිගට—දුරට—තිබෙන, විස්තීර්ණ.

Extendible, Extensible, a. දික්කළ හැකිවූ, විශාල කළ හැකිවූ &c.

Extension, n. දික්කිරීම &c.; විශාලවීම, විශාලව තිබීම, වැඩිවීම; විශාලත්වය, විස්තීර්ණය.

Extensive, a. විශාල, බොහෝ දුරට තිබෙන්නාවූ, විස්තීර්ණ. [ලෙස.

Extensively, ad. විශාලලෙස, බොහෝ දුරට, විස්තීර්ණ

Extensiveness, n. විශාලකම, විශාලත්වය, මහත්කම, විස්තීර්ණතාව.

Extensor, n. in anat. (අත &c.) දික්කරන නහරය.

Extent, n. විශාලකම, විශාල ප්‍රමාණය, හරිය, දිග පළල, මහත.

Extenuate, v. අඩුකරනවා, බාලකරනවා, මර්දනය කරනවා, සැහැල්ලු කරනවා, සැහැල්ලු බව පෙන්වනවා. [කරන &c.

Extenuating, p. *or* a. හීන්කරන, (දොස් &c.) අඩු

Extenuation, n. හීන්කිරීම, අඩුකිරීම, අඩුවීම &c.

Exterior, a. පිට, පිටත, පිටස්තර, බැහැර, බාහිර, බාහිරු, වහිර්, වහිර්ගත, බාහ්‍ය: ext. angle බාහ්‍ය කෝණය.

Exterior, n. පිට පැත්ත &c., පිටස්තරය, බාහිර කොට්ඨාසය &c.

Exteriorly. ad. පිටින්, පිටතින් &c., පිටස්තරලෙස, බාහිරලෙස.

Exterminate, v. සහමුලින්ම නැතිකර දමනවා, සිඳදමනවා, සම්පූර්ණයෙන් වනසනවා, විනාශකරනවා, මුල්සුන් කරනවා, මුලින්උදුරනවා, මූලෝත්පාටනයකරනවා, නිවාරණයකරනවා, මූලෝච්ඡින්න කරනවා.

Extern, a. වහිර්ගත, අන්‍යතර; n. වහිර්ගත ශිෂ්‍යයා; පිටත කොට්ඨාසය, පිටත හැඩය.

External, a. පිට, පිටත, බාහිර, බාහිරු, බහිඃසර, වහිර්ගත.

Externality, n. පිටත තිබීම, බාහිරකම, වහිර්ගතතාව.

Externally, ad. පිටින්, පිටතින්, පිටස්තරින්, බාහිරලෙස, බහිඃසර වසයෙන්.

Externals, n. pl. පිටත කොට්ඨාස; බාහිර චාරිත්‍ර.

Extinct, a. (පැවැත්ම) නැතිවීගියාවූ, අභාවප්‍රාප්ත, නිවීගිය, නිවුණ, යටබුත්, සුන්වූ, නිර්ගත; අවලංගු.

Extinction, n, නිවීම, නිර්වාපනය; නැතිවීයාම, නැතිකිරීම, ශූන්‍යකිරීම, නාශය, විනාශය.

Extinguish, v. නිවනවා. නිර්වාපනයකරනවා; නැතිකරනවා; (පැතුම්) ශූන්‍යකරනවා.

Extinguished, pp. *or* a. නිවනලද &c. නිර්වාපිත; නැතිවුණාවූ, ශූන්‍යවූ.

Extinguisher, n. neu. *or* mas. නිවන්නා &c.; (ඉටි පන්දම්) නිවන වැස්ම.

Extinguishment, n. නිවීම &c., see Extinction.

Extirpate, v. උදුරාදමනවා, උන්මූලනය කරනවා, උත්පාටනයකරනවා, මූලෝච්ඡින්න කරනවා, සිඳදමනවා.

Extirpation, n. උදුරාදැමීම &c., උන්මූලනය, උච්ඡේදය, මූලෝත්පාටනය, මුලින්ම—නිස්දුවටම—නැතිකිරීම.

Extol, v. පසසනවා, ප්‍රශංසාකරනවා, වර්ණනාකරනවා, (එසේ) උසස්කරනවා.

Extort, v. බලකර (යමක්) ගන්නවා, බලෙන්ගන්නවා, පැහැරගන්නවා; (extort a confession by question or fear &c.) (ප්‍රශ්නකිරීම භයගැන්වීම ආදියෙන්) කියන්ට සලස්වනවා, කියවාගන්නවා.

Extortion, n. බලකර ලබාගැනීම &c.; අයුතු අය කිරීම, බලාත්කාරය; fig. කොල්ලකෑම.

Extortionary, Extortionate, a. අයුක්තිලෙස අය කරන, බලාත්කාර.

Extortioner, n. බලකර ලබාගන්නා, බලෙන්ගන්නා, අයුතුලෙස අයකරන්නා, පැහැරගන්නා; fig. කොල්ලකාරයා.

Extra, a. *or* ad. L. වැඩිවූ, අධික, වැඩිපුර, අමතර, අතිරේක; වැඩියෙන්, අධිකලෙස.

Extract, v. ඇදගන්නවා ඇද දමනවා, උද්ධරණය කරනවා; (උණුකිරීමෙන්, පෙරීමෙන් &c. සාරය) ගන්නවා, කකාරාගන්නවා, හින්දනවා; (from a book) උපුටාගන්නවා.

Extract, n. යමකින් ඇදගත් *or* අරගත් එක, සාරය; උපුටාගත් කොටස.

Extraction, n. ඇදගැනීම &c., උද්ධරණය; descent පැවතඒම, පෙළපත, පෙළන්තිය, අන්වය.

Extradition, n. (අන් රටකට පල ගිය වරදකාරයන් ඒ රටේ ආණ්ඩුව විසින්) අල්ලාදීම *or* භාරදීම.

Extrageneous, වෙනජාතියකට අයිතිවූ, අන්වර්ගයක.

Extra-judicial, a. යම් නඩුශාලාවක බලයට පිටවූ, නීතික්‍රමයට අඩුත්තුනැති *or* වෙනස්වූ. [ලෙස.

Extra-judicially, ad. සාමාන්‍ය නීතික්‍රමයට වෙනස්

Extra-mundane, a. මෙලොවින් පිටවූ, ලෞකිකනුවූ.

Extra-mural, a. (නුවර) පවුරෙන් පිටවූ, පවුරට පිට තින් තිබෙන. [නැති.

Extraneous, a. පිටවූ, බාහිර, බාහ්‍ය, වහිර්ගත, අයුත්තු

Extra-official, a. නිලයට අයුත්තුනැති, නිලයෙන් පිටවූ.

Extraordinarily, ad. සාමාන්‍ය නොවනලෙස; අති ක්‍රමිකලෙස, විශේෂලෙස, ඉතාමත්ම.

Extraordinary, a. සාමාන්‍යනොවන, විශේෂ; අරුම, අපූර්ව, අද්භූත, විෂම.

Extra-tropical, a. ක්‍රාන්තිවලයෙන් පිටවූ, ක්‍රාන්ති වලයට පිටතින් තිබෙන.

Extravagance, Extravagancy, n. (වියදමෙන් &c.) ප්‍රමාණය ඉක්මවීම, අධිකතරකම, අතික්‍රමිකතාව, අත්‍යන්තතාව.

Extravagant, a. (වියදමෙන් &c.) ප්‍රමාණය ඉක්මවා යන්නාවූ; ඕනෑවට වැඩි, අධිකතර, අතික්‍රමික, අත්‍යන්ත, (වියදම &c.).

Extravagantly, ad. ප්‍රමාණය ඉක්මවා, අධිකතරලෙස, අතික්‍රාන්තලෙස.

Extravasate, v. (නිසි නහරවලින් ලේ මෙන්) නික්ම එනවා, පිටකරනවා.

Extravasated, pp. *or* a. නික්මවනලද &c., මිරිකී පිටවූ, නැඹුණු (ලේ).

Extreme, a. කෙළවරටම තිබෙන්නාවූ, ඉතා පිටවූ, අන්තිමවූ; අති, අතිශය, ඉතා, අත්‍යන්ත, අධිකවූ; extreme unction R. C. අන්තිමාලේපය. [ශයින්.

Extreme, n. කෙළවර, අන්තය, ඉතා අධිකතරකම, අතිප්‍රමාණය; in math. pl. අග මුල.

Extremely, ad. ඉතා අධිකලෙස, අත්‍යන්තලෙස; අති

Extremity, n. අග, අග්‍රිස්ස, කෙළවර—අයිත, පර්යන්තය; ප්‍රාන්තය; ඉතා වැඩිතරම, උග්‍රකම; අතිදුෂ්කරතාව *or* විපත.

Extricate, v. (අමාරුකම, අනතුර, වියවුල්, යනාදි යෙන්) මුදනවා, නිදහස් කරනවා, බේරනවා, ගල විනවා; නික්මවනවා. [නික්මීම.

Extrication, n. මුදාගැනීම &c.: (ද්‍රව්‍යවලින් වායු &c.)

Extrinsic, Extrinsical, a. පිටවූ, බාහිර, අන්තර්ගත නැති, අනන්තර්ගත.

Extrinsically, ad. පිටතින්, බාහිරකාරයෙන්.

Extrude, v. පිටතට පානවා, නෙරවනවා, පිටිපස්ට තල්ලුකරනවා, පිටතට දමනවා, ඔරවනවා. [වීම &c.

Extrusion, n. පිටතට පෑම, පිටතට නෙරවීම, එර

Extuberance, Extuberancy, n. med. මස්-නෙරිය, මස්දළුව, මස්-නෙත්තිය, ඉදිමුම.

Exuberance, n. අති බහුලත්වය, බාහුල්‍යය, වැඩිපුර කම, පරිපූර්ණතාව, සමෘද්ධතාව, සමෘද්ධිය.

Exuberant, a. බහුල, වැඩිපුරවූ, ඉතිරියන, අධිකතර, පුරුම ඇත්තාවූ, පරිපූර්ණ, සමෘද්ධ.

Exuberantly, ad. බහුලලෙස, etc. අතිශයින්ම.

Exudation, n. ඩාදිය දැමීම &c.; නික්මෙන *or* පිට වෙන ද්‍රව්‍ය, නිර්යාසය.

Exude, v. (ඩාදිය) දමනවා, (ඩාදිය, ඔජස, යුෂ) අරිනවා *or* පිටකරනවා; (ඩාදිය &c.) නික්මෙනවා, නිකුත්වෙනවා; (ගන්ධය) වහනයවෙනවා; (දිය ජාති) වෑස්සෙනවා.

Exulcerate, v. වණ අවගන්වනවා; වණ අවගන්නවා, වණවෙනවා; fig. කුපිතකරනවා.

Exult, v. (ජය *or* වාසියක් ගැන &c.) ප්‍රීතිමත්වෙනවා, අතිශයින් ප්‍රීතිවෙනවා, ප්‍රීතියෙන් පිනනවා, ප්‍රීති යෙන් පැනනගිනවා, ප්‍රීතියෙන් මත්වෙනවා, උදම් වෙනවා, සන්තෝෂවෙනවා, ප්‍රමුදිත වෙනවා.

Exultant, a. ප්‍රීතිමත්වෙන්නාවූ, ප්‍රීතියෙන් පිනන, ප්‍රීතිමත්, ප්‍රමුදිත. [ප්‍රමෝදය.

Exultation, n. ප්‍රීතිමත්වීම &c., ප්‍රීතිමත්කම, අති

Exuviæ, n. pl. L. සතුන්ගේ වැටුණු සිවි, හැව, කටු, කබල් ආදි දේ; in geol. (පොළවේ එවැනි) පාෂාණීභූත ධාතු.

Exuvial, a. පාෂාණීභූත ධාතුවූ.

Exuviation, n. සත්තු කටු, හැව, ආදිය වැටීම.

Eye, n. ඇස, නෙත, නේත්‍රය, නයනය, අක්ෂිය, චක්ෂුව; sight දෘෂ්ටිය, දෘෂ්ටීන්ද්‍රියය; (ඇසේ හැඩය ඇති දේ වන) දළුව, හිල, සිදුර, ඉදිකටුමල; (කොක්ක දමන) පුඩුව.

Eye, v. (යමක් දෙස) ඇස්හෙළාගෙන සිටිනවා, බලා ඉන්නවා, විලෝකනයකරනවා, නිරීක්ෂණයකර නවා.

Eyeball, n. ඇස්ගුලිය, ඇස්ගෙඩිය, ඇස්මොරය, අක්ෂිගෝලය, අක්ෂිකූටය.

Eyebrow, n. ඇස්බැම.

Eyed, pp. විලෝකනයකරනලද &c.; adj. as: blue-eyed &c. නිල් ඇස් ඇත්තාවූ.

Eye-doctor, n. ඇස්වෙද, අක්ෂිවෛද්‍යාචාර්යයා.

Eye-fly, n. කෝඳුරුවා. Eye-glass, n. කණ්ණාඩි එදුරුවක්.

Eyelash, n. ඇස් පිහාටුව, ඇස් පිහාටිට, අක්ෂිපක්ෂමය.

Eyeless, a. ඇස් නැත්තාවූ, නේත්‍රරහිත.

Eyelet, Eyelet-hole, n. (නූලක්, ලනුවක්, අමුණන) කුඩා සිදුර.

Eyelid, n. ඇස්පිය, ඇසිපිය, අක්ෂිපුටය.

Eye-salve, n. ඇස් තෙලව, අඳුන, නේත්‍ර රඤ්ජනය.

Eye-service, n. (ස්වාමියාට) පෙනෙද්දී පමණක් වැඩ කිරීම *or* එකල පමණක් නිසිලෙස වැඩකිරීම, දෘෂ්ට සේවය. [ෂය.

Eye-shot, පෙනෙනතෙක්මාන, නයන විෂය; චක්ෂුර්වි

Eyesight, n. ඇස් පෙනීම, නේත්‍ර-දෘෂ්ටිය, දෘෂ්ටීන්ද්‍රියය.

Eyesore, n. (ඇසට කටුවක් වැනිවූ) අවලක්ෂණ පෙනීම, ඇසට *or* දැක්මට අශෝභන *or* අප්‍රසන්න *or* අප්‍රිය දෙය.

Eye-tooth, n. (ඇසට යටින් තිබෙන) දඩයම් දත, දළදත.

Eye-water, n. ඇස්බෙහෙත් වතුර.

Eye-witness, n. සියැසින් දකින්නා, ඇසින් දුටු කෙනෙක්, සියැසින් දුටු සාක්ෂි.

Eyry, Eyrie, n. (රාජාලි, ගිජුලිහිණි, යනාදි පක්ෂීන් විසින් කූඩු සාදා) බිජු දමන තැන, ආකාශ—ඉහත්—කූඩුව.

F.

F, *for* Fellow, සාමාජිකයා: as, F.R.S. රාජකීය සභාවේ සාමාජිකයා.

Faba, n. කඩල ආදි ඇට ජාති, බෝංචි ජාති.

Fabian, a. (Fabius නම් අධිපතියා සේ) සටනෙන් වැලකෙන, අතපසු කරන, ප්‍රමාද.

Fable, n. හිතෝපදේශය, දෘෂ්ටාන්ත කථාව, කටවුත් කථාව, උපමා කථාව; මිථ්‍යාකථාව, මිථ්‍යා ප්‍රබන්ධය, මිථ්‍යාව.

Fabled, pp. *or* a. උපමා කථා වශයෙන් කියනලද, මිථ්‍යා කථා ආකාර.

Fabric, n. (සාදපු යමක්), නිර්මිත දේ, කර්මාන්තය, ඉදිකිරීම, ගොඩනැගිල්ල, පිළිය ; සම්බන්ධ කොටස, සම්බන්ධ විධිය *or* ක්‍රමය.

Fabricate, v. යොදනවා, සාදනවා, ශල්පා සාදනවා, ඉදිකරනවා, නිර්මිත කරනවා, නිර්මාණයකරනවා ; බොරුවට ප්‍රබන්ධකරනවා.

Fabricated, pp. *or* a. යොදනලද &c., නිර්මිත.

Fabrication, n. යෙදීම &c., නිර්මාණය, නිර්මිතිය; ප්‍රබන්ධය, බොරු ප්‍රබන්ධය, මිථ්‍යාව.

Fabulist, n. උපමා ප්‍රබන්ධ කතෘ, මිථ්‍යා ප්‍රබන්ධ යොදන්නා *or* රචනා කරන්නා.

Fabulous, a. සැබෑනොවන, මිථ්‍යා ප්‍රබන්ධවූ. මිථ්‍යා ප්‍රබන්ධවල සඳහන්, මිථ්‍යා; බොරුවට සාදපු.

Fabulousness, n. අසත්‍යතාව, මිථ්‍යා ප්‍රබන්ධතාව.

Facade, n. (ගොඩනැගිල්ලක) ඉස්සරහ පැත්ත.

Face, n. ඉස්සරහ පැත්ත ; තලය, face of the earth පොළෝතලය ; face of the heavens අහස්තලය ; face of a solid ඵලකය ; surface මතුපිට පැත්ත ; face of an animal මුහුණ, මූණ, වත, වක්‍රය, උවන ; fig. පෙනුම ; ලජ්ජානැතිකම ;
before one's face අභිමුඛයෙහි ; face to face මූණට මූණලා, මුණගැසී ;
fall on the face මුහුණින් වැටෙනවා ;
make faces මුහුණ පැඟිරිකරනවා, විකෘතකරනවා.

Face, v. සම්මුඛවෙනවා, හමුවෙනවා, මුණගැසෙනවා, මුහුණ ඉදිරිපිට සිටිනවා, මූණ පානවා ; පෙරපැත්ත යම් දිශාවක් දෙසට පිහිටා තිබෙනවා ; face about හැරෙනවා ; face with wood, stone &c. මතුපිට ලෑලි ගහනවා, ගල් අල්ලනවා &c.

Faced, pp, *or* pret. සම්මුඛවුණ &c. ; adj. as: round-faced &c. වටකුරු මුහුණක් ඇති.

Face-painter, n. මුහුණ අඳින්නා, මුහුණු සිත්තරු.

Facet, n. කුඩා මුහුණ ; (මැණිකේ &c.) පැත්තක්.

Facetious, a. සරදම්, කවට, කවටකථික, රසවත්, හාස්‍ය.

Facetiously, ad. සරදම්ලෙස etc.

Facetiousness, n. සරදම් ගතිය, හාස්‍යෝත්පාදක ගතිය, කවටකම, රසිකත්වය.

Facial, a. මුහුණට අයිත්තු, මූණ සම්බන්ධ *or* මූණට අයිති, මුහුණ ආකාර මුහුණුවර.

Facile, a. පහසු, ලේසි, සුකර ; not severe තදනැති, මෘදු, පහසුවෙන් කැමතිවෙන, නැමෙන, අනුකූල ; dexterous අත්හුරු, දක්ෂ.

Facilitate, v. පහසුකරනවා, ලේසිකරනවා.

Facilities, n. pl. (යමක් කිරීමට ඇති) පහසුකම් *or* වාසි *or* උපකරණ.

Facility, n. (කිරීමේ, හසුරුවීමේ) පහසුකම, ලේසිකම, අනායාසය ; දක්ෂකම, කෞශල්‍යය.

Facing, n. (ආරක්ෂාවට *or* ලක්ෂණයට තබන) මතුපිට වැස්ම, මතුපිට කොටස.

Facing, p. සම්මුඛවෙමින්, &c., see verb; S. adj. සම්මුඛ, මූණපාන &c.

Facsimile, n. හරියට සමාන පිටපතක් *or* කෙටුම්පතක්, සමාන සණ්ඨානයක්.

Fact, n. සිදුවූ දේ, සිදුසිය, කාරණය, ඇත්ත, තත්ත්වය, තථ්‍යය, සත්‍යය ; in fact ඇත්තෙන්ම, සැබවින්ම.

Faction, n. විරුද්ධ පක්ෂය, කැරලිපක්ෂය, පක්ෂය, කුමන්ත්‍රණ සභාව ; කුමන්ත්‍රණය, විරෝධය, භේදය.

Factious, a. විරුද්ධවාදීවූ, කලහකාර, කුමන්ත්‍රණකාර, කුමන්ත්‍රණ.

Factiousness, n. විරුද්ධවාදීකම, කුමන්ත්‍රණකිරීමට ලැදිකම, කලහකාරිත්වය.

Factitious, a. ස්වාභාවික නොවන, සාදපු *or* නියම කරපු, කෘතක, කෘත්‍රිම.

Factor, n. වෙළඳ කළමනාකාරයා, *or* කළමනාකාර වෙළෙන්ද ; in arith. මූලාංකය, සාධකය: Highest Common Factor උපරිම සාමාන්‍ය සාධකය, මහාපවර්තකය; gen. සාධනයක්, මූලකාරණයක්, ධාතුවක්.

Factorage, n. කළමනාකාර ශුල්කය. [ආකාර

Factorial, a. වෙළඳ ගෘහයට අයිතිවූ ; මූලාංක, ධාතු

Factory, n. වෙළඳ ගෘහය, කර්මාන්ත ශාලාව, පැක්ටෙරිය, වැඩපළ, වැඩපට්ටලය, කම්හලාගාරාව.

Factotum, a. සියලු ආකාර වැඩකරන්නා, සර්වකර්මිණයා.

Faculty, n. ඉන්ද්‍රියය, (යමක් කිරීමට ඇති) සමර්ථකම *or* ශක්තිය, සිතේ යම් බලයක්, ඉන්ද්‍රිය බලය, බුද්ධි මහිමය ; ලත්බලයක් *or* අවසරයක් ; බලයලත් ශාස්ත්‍ර සමාගමක්, බලයලත් වෛද්‍ය මණ්ඩලයක් ; වෛද්‍යවරයන් තිලය.

Facundity, n. වාක්පටුත්වය. See Eloquence.

Fade, v. පරවෙනවා, මැලවෙනවා, විවර්ණවෙනවා ; (බලය, දීප්තිය &c.) ක්ෂයවෙනවා, අඩුවෙනවා ; පරවෙන්ට සලස්වනවා, විවර්ණකරනවා.

Faded, pp. *or* a. පරවී &c. ; පරවූ, මැලවුණ &c. ම්ලාන. [වූ, අනිත්‍ය.

Fading, p. *or* a. පරවෙන්නාවූ &c., ජරාවාසවෙන්නා

Fæces, n. pl. මල, අශුචි, අමේධ්‍ය ; මණ්ඩි, බොර.

Fag, v. තදින් වැඩකරනවා, කෙළෙත්තු වෙනවා, නිරන්තරයෙන් වෙහෙසෙනවා ; වෙහෙසකරවනවා, කෙළෙත්තුකරනවා.

Fag, n. තදින් වැඩකරන්නා, (අන්‍යයෙකුට) පහත් වැඩකරදෙන අය.

Fag-end, n. (වියමනේ, රෙද්දේ) තොංගල් කෑල්ල, පිරුම ; බුරුල්වූ රැහු තොංගල ; වඩා අගේනැති කොටස.

Fagging, n. තදින් වැඩකිරීම &c., නිරන්තරායාසය ; පහත් වැඩකරදීම.

Fagot, Faggot, n. දරමිටිය ; (ඊට සමාන) කෑලි මිටියක් ; v. මිටි බඳිනවා.

Fahrenheit, n. (ඒ නමිවූ) ශීතෝෂ්ණ මාපක ක්‍රමයක්.

Fail, v. i. හීනවෙනවා, හිඟවෙනවා, අඩුවෙනවා, පිරිහෙනවා, ඌනවෙනවා, නැතිවීයනවා ; ඉෂ්ට නොවී යනවා, හරිනොයනවා, නිෂ්ඵලවෙනවා, බැරිවෙනවා, තුදුළුවන්වෙනවා, අසමර්ථවෙනවා, වරද්දනවා ; විසඳු-භංගත්වයට පැමිණෙනවා.

Fail, v. t. වරද්දනවා. See Disappoint.

Failing, p. *or* a. හීනවෙමින් &c. ; හීනවෙන්නාවූ &c.

Failing, n. හීනවීම &c. ; වැරද්ද, දෝෂය, බැරිකම *or* දුර්වලභාවය.

Failure, n. ඉෂ්ටනොකරඇරීම ; වසඳු-භංගත්වය ; හීනවීම &c., see verb.

Fain. ad. කැමැත්තෙන්, මද සතුටුකමින්.

Faint, v. ක්ලාන්තවෙනවා, මූර්ච්ඡාවෙනවා, සිහිනැතිවෙනවා; විසංඥවෙනවා ; fig. මලානිකවෙනවා.

Faint, be, v. මදක් ක්ලාන්ත ගතියකට පැමිණෙනවා, වහක්කේඩුවෙනවා; S. adj. ක්ලාන්ත, මූර්ජාවත්, වහක්කේඩු.

Faint, a. හීන් (ශබ්දය), නොපැහැදිලි, මද, ස්වල්ප, (පාට, පෙනීම, සමානකම); අධෛර්ය (හිත).

Faint-hearted, a. සිත දුර්වලවූ, ධෛර්යමඳවූ, බියසුලු.

Faint-heartedness, n. සිතේ දුර්වලකම, අධෛර්යය, බියසුලුබව.

Fainting, n. ක්ලාන්තය, මූර්ඡාව ; a. ක්ලාන්තවෙන්නාවූ, මූර්ඡාවෙන්නාවූ, මූර්ඡාවත්.

Faintly, ad. හීන්ලෙස; දුර්වලලෙස, ස්වල්ප වශයෙන්, මලානිකලෙස.

Faintness, n. ක්ලාන්තශක්තිය, ක්ලාන්තය, වෙහෙස්සේ බූව, තෝන්තුව, මලානිකකම ; නොපැහැදිලිකම, දුර්වලකම.

Fair, a. නොකැළැල් (මුහුණ, හම), පැහැදිලි, සුදු, ශෝභන, ලක්ෂණ; මලාකුල් නැත්තාවූ (අහස) ; නිසි, යුතු, හරියන්නාවූ; සෑහෙන්නාවූ; යහපත්, සාධාරණ ; the fair ස්ත්‍රීවරු, කාන්තාවෝ.

Fair, n. (නියම කාලවල පවත්වන *or* මංගල්‍යාකාර) හල්පිළ *or* වෙළඳම්පළ, ක්‍රයාරෝහය.

Fair-dealing, n. යුතු ගනුදෙනුව, සාධාරණ හැසිරීම, සමතාව.

Fair-field, n. සාධාරණ විශිවත්කම, සාධාරණ (රණ) භූමිය.

Fairing, n. හල්පිළෙන් අරන්දෙන තෑග්ග.

Fairly, ad. මදක්හොඳලෙස; සාධාරණලෙස, යුතු ලෙස ; හොඳටම, i. e. සහමුලින්.

Fairness, n. සුදුකම, ශෝභනකම, ශෝභාව, සෞන්දර්යය ; පැහැදිලිකම ; නිසිකම, විමලතාව ; අවංකකම, සාධාරණකම.

Fair-play, n. යුක්තියෙන් හැසිරීම, අපක්ෂපාතීව *or* අගතිගාමී නොව කටයුතු කිරීම.

Fair-weather, a. (ශීත, වැස්ස, ආදිය නැති) ප්‍රසන්න කාලයට අයිතිවූ ; fig. අමාරුනැති කාලයට අයිතිවූ, (මිත්‍රයා &c.)

Fairy, n. (මනුෂ්‍ය වේශය ගත්ත) ක්ෂුද්‍ර භූතයා, කුඩා ශරීර ඇති දේවතා විශේෂයක්, සුරඹගනාවෝ ; a. භූතයන් සම්බන්ධ.

Fairy-land, n. in myth. ක්ෂුද්‍ර භූතයන්ගේ ප්‍රදේශය, සුරඟනන්ගේ වාසභූමිය.

Fairy-tale. n. ක්ෂුද්‍ර භූතයන් ගැන කථාවක් ; fig. ප්‍රසන්නවූ අපූර්ව කථාවක්.

Faith, n. විශ්වාසය, භක්තිය ; ඇදහීම, ශ්‍රද්ධාව, (ord. හර්ධාව) ; ඇදහිල්ල, ලබ්ධිය ; සත්‍යකම, අවංකකම.

Faithful, a. විශ්වාස, විශ්වස්ත ; සැබෑ, සත්‍ය ; of a wife පතිව්‍රතා ; faithful wife පතිව්‍රතා ස්ත්‍රී, පතිනී.

Faithfully, ad. විශ්වාසලෙස, අවංකලෙස, ස්ථිරලෙස.

Faithfulness, n. විශ්වාසකම. භක්තිය, සත්‍යතාව, අවංකකම, ස්ථිරකම.

Faithless, a. විශ්වාසනැති, අවිශ්වාස, ඇදහිය නොහැකි, ද්‍රෝහි, ව්‍යාජ. [ලෙස.

Faithlessly, ad. අවිශ්වාසලෙස, ද්‍රෝහිලෙස, ව්‍යාජ

Faithlessness, n. විශ්වාසනැතිකම etc.

Fakir, Faquir, n. මහමත් සන්නාසියා.

Falcate, Falcated, a. (දෑකැත්තක්මෙන්) වකුවූ, නැම්මක් ඇති, වක්‍ර.

Falcation, n. වකුටුකම, නැම්ම.

Falchion, n. වකුටු කඩුව, අසිපත.

Falciform, a දෑකැත්තක හැඩය ඇත්තාවූ. **Falcon**, n. කුරුලුගොයා. [නා.

Falconer, n· කුරුලුගොයන් ඇතිකර පුහුණුකරන්

Falconry. n. (කුරුල්ලන් ඇල්ලීමට) කුරුලුගොයින් පුහුණුකිරීම ; කුරුලුගොයින් ලවා දඩයම්කරවීම.

Fall, v. වැටෙනවා, පතිතවෙනවා, පහත්වෙනවා, බැසෙනවා, බහිනවා, පහත බසිනවා ; විනාශවෙනවා ; diminish අඩුවෙනවා, පිරිහෙනවා ; fall away පසුබටවෙනවා ; කෑගවෙනවා ; ද්‍රෝහිකමින් අහක් වෙනවා ; fall asleep නින්දයනවා ; fall in with සම්බවෙනවා, මුණගැහෙනවා ; fall to, begin (හැරෙන්) පටන්ගන්නවා ; fall to any one, belong යමෙකුට අත්වෙනවා ; fall out : *happen*, සිද්ධ වෙනවා, *disagree* භේදවෙනවා, *quarrel* විරුද්ධ වෙනවා, පොරට සිටිනවා ; fall under යටවෙනවා, අසුවෙනවා.

Fall, n. වැටීම, &c., නිපතනය ; විනාශය ; වැටෙන ප්‍රමාණය ; declivity බෑවුම &c. ; fall of water වැටෙන ජලධාරාව, ඇල්ල, වතුර බස්නාව ; fall of rain, snow &c. වැස්සක්, ධාරානිපාතයක්, තුෂාර නිපාතයක් ; autumn (කොළ වැටෙන) ශරත්ඍතුව ; the fall ආදම් හා ඒවගේ පාපයට වැටීම, මූල පතනය.

Fallacious, a. වරදින්ට *or* රැවටෙන්ට සලස්වන්නාවූ, වැරදිවූ, ව්‍යාජ, අසත්‍ය, මිථ්‍යා, රැවටිලි.

Fallaciously, ad. වැරදිලෙස etc.

Fallaciousness, n. අසත්‍යතාව, ව්‍යාජතාව.

Fallacy, n. වැරදිල්ල, වැරදි කල්පනාව, වැරදි නිගමනය, අසත්‍ය තීරණය.

Fallen, pp. *or* a. වැටුණු, වැටීතිබෙන &c., see verb, පතිත, නිපතිත, භ්‍රෂ්ට, off or from its place පරිගලිත, ප්‍රච්‍යුත.

Fallibility, n. වරදින්ට පුළුවන් බව, වැරදියහැකි ශක්තිය, වරදිනසුලුබව.

Fallible, a. වරදින්ට පුළුවන්, වරදිනසුලු.

Falling, p. *or* a. වැටෙන පහත්වෙන &c., see verb, පතන, ප්‍රපතන.

Falling, n. වැටීම &c., පතනය, ප්‍රපතනය ; a falling in පහත් තැනක්.

Falling-star, Falling-stone, n. See Aerolite.

Fallow, a. පඬුවන් ; පුරන්වූ (බිම) ; n. පුරන් බිම, (අස්වද්දන නුමුත්) නොවපුරා අරින බිම.

Fallow, v. බිම් නිකම් අස්වද්දනවා, පුරණට අරිනවා.

Fallow-deer, n. (පඬුවන්) මුවා, ඕලුවා.

Fallowness, n. පුරන්කම, බිමේ හිස්කම, වන්ධ්‍යතාව, නිෂ්ඵලතාව.

False, a. අසත්‍ය, වංචාවූ, බොරු, ව්‍යාජ, මිථ්‍යා ; කූට, හොර (කාසි) ; unfaithful අවිශ්වාස, මිථ්‍යාචාර ; treacherous විශ්වාසඝාතී, ද්‍රෝහි ; dishonest කපටි, කුහක ; unfair අයුක්ති, වැරදි.

False-bottomed, a. පල්ල දෙකක් ඇති, හොර පල්ලක් ඇති, (බරු &c.).

False-hearted, a. සිතෙන් ද්‍රෝහිවූ, ව්‍යාජ, අවිශ්වාස.

Falsehood, n. බොරුව, අසත්‍යය, බින්නය, මුසාවාදය, මිථ්‍යාව.

Falsely, ad. බොරුවෙන්, හොරෙන්, ද්‍රෝහිලෙස, අවිශ්වාසලෙස.

Falseness, n. අසත්‍යකම, අසත්‍යත්‍වය, මිථ්‍යාතාව ; හොරබව, කූටතාව, ව්‍යාජතාව, අවිශ්වාසකම, වංකකම, ද්‍රෝහිකම.

Falsette, Falsetto, n. (ජම්ම හඬට වෙනස්වූ) හීන් හඬ, බොරුහඬ.

Falsi crimen, L. හොර අත්සන් තැබීමේ වරද, ඇත්ත සැඟවීමේ වරද.

Falsification, n. බොරුකිරීම &c. see verb.

Falsifier. n. බොරුකරන්නා, බොරු යොදන්නා; බොරුව ඔප්පුකරන්නා.

Falsify, v. බොරුකරනවා; බොරුබව—වැරදිබව—ඔප්පුකරනවා.

Falsity, n. අසත්‍යකම, බොරුබව, මිථ්‍යාතාව.

Falter, v. වික්කල් ගහනවා, ගොතගහනවා, ගොත ගගහ කථාකරනවා; (සාංකාවෙන් &c.) ඇනහිටින වා, පැකිලෙනවා.

Faltering, p. *or* a. වික්කල්ගහන, ගොතගහන; ස්ථිර නැති, ඇනහිටින.

Falteringly, ad. වික්කල්ලෙස, ගොතගහමින්; ඇන හිටිමින්, දුර්වලලෙස.

Fame, n. ප්‍රසිද්ධිය, කීර්තිය, කීර්තිමත්කම, යශස, යශෝඝෝෂාව, ප්‍රකීර්තිය, ඛ්‍යාතිය; world-wide fame ලෝක විශ්‍රැතිය. [ත.

Famed, a. ප්‍රසිද්ධ, කීර්තිමත්, කීර්තිත, ඛ්‍යාත, විශ්‍රැ

Familiar, a. දනපුරුදුවූ, ආශ්‍රයකර දන්නාවූ, සුපුරුදු, යහළු, මිත්‍ර, කුලූපග; අතිසිලෙස මිත්‍රව සිටින.

Familiar with, be, v. දන පුරුදුව—නිපුණව—සිටින වා; යහළුකම පානවා, (ඔහු යහළුවෙකු මෙන් මා සමග) නිදහස් ලෙස හැසිරෙනවා.

Familiarity, n. දන පුරුදුව සිටීම, පුරුදුකම, නිපු ණත්වය; ආශ්‍රයසිරිම, මිත්‍රකම, යහළුභාවය, කෘතා නුකූල්‍යතාව.

Familiarize, v. ඇදුනුම් කරනවා, පුරුදු කරනවා, පලපුරුදුකරනවා, පුහුණුකරනවා.

Familiarly, ad. පුහුණුවූ එකෙනෙකුලෙස, යහළුවෙකු ලෙස, යහළුකමින්, කෘතානුකූල්‍යලෙස.

Famille, Fr. en famille පවුලක් වශයෙන්, *i. e.* පවුල පමණක්.

Family, n. පවුල, අඹුදරුවෝ, පුත්‍රදාරවෝ, කුටුම්බ ය, ගෙසි වැසියෝ; වංශය, පෙළපත; අන්වයය; උතුම් වංශය; වර්ගය.

Family-law, n. caste usage කුලධර්මය.

Family-man, n. පවුලක් ඇති අය, පවුල්කාරයා

Family-way, n. ගර්භිණීව සිටීම, බඩදරුවෙන් ඉඳීම.

Famine. n. කෑම හානිය, සාගතය, සාය, දුර්භික්ෂය, හාමතේ.

Famish, v. t. හාමත්කරනවා, කෑම නොදී අරිනවා, කෑම වලක්වා තසනවා *or* කෙට්ටුකරනවා.

Famish, v. i. හාමත්වෙනවා, කෑමහානියෙන් පීඩා විඳිනවා, හාමත්කමින් මැරෙනවා.

Famished, pp. *or* a. හාමත්කමට පමුණුවනලද &c.; හාමත්වූ, ක්ෂුධාර්ත, හාමත්කමින් නැසුණ.

Famishing, p. *or* a. කෑම් බීම නැති, කෑම්හානියෙන් සිටින, නිරාහාර, හාමත්කම විඳින, ක්ෂුධාර්ත.

Famishment, කෑම බීම නැතිකම, කෑමහානිය, සයින් පෙළීම, ක්ෂුත්පීඩාව.

Famous, a. කීර්තිමත්, චිරප්‍රසිද්ධ, විශාරද, ප්‍රවර, ප්‍රශස්ත, පරිකීර්තිත, විඛ්‍යාත; ලෝකප්‍රසිද්ධ (නපුරු *or* යහපත් අය).

Famously, ad. විශාරදලෙස, ප්‍රවරලෙස, යශලෙස.

Famousness, n. කීර්තිමත්කම, විශාරදතාව, විශ්‍රැති ය, ලෝකප්‍රසිද්ධකම.

Fan, n. පවන් අත්ත, පවන්පත, වටාපත, අවාන, තල්වැට, චාමරය, ව්‍යජනය, විජිනිපත, පංකාව; පවන්පතේ හැඩය ඇති දෙයක්; for grain කුල්ල.

Fan, v. පවන්ගහනවා, පවන් සලනවා; winnow පොලනවා.

Fanatic, Fanatical, අති ශ්‍රද්ධාවත්, ශ්‍රද්ධා, උමතු, උන්මාද මතික, උමතුකමින් ජ්වලිතවූ.

Fanatic, n. ශ්‍රද්ධා උමතුව ඇත්තා, උමතු ජ්වලිතයා, ආගම් පිස්සා.

Fanaticism, n. ශ්‍රද්ධා උමතුව, උමතු ජ්වලිතකම.

Fancied, pp. *or* a. නිකම් සිතූ *or* සිතන, සැහෙන කාරණා නැතුව සිතන, චින්තාමය; මනාපවූ.

Fancier, n. මනාපවෙන්නා, යමකට පුළුලෙස ආශා වෙන්නා. See Birdfancier.

Fanciful, a. හිතුබුද්ධිවූ, හිතලු, මනසිජ, විධියකට නැති, අනියම්.

Fancifulness, n හිතුබුද්ධිය, විධියකට නැති භාවය, අනියම්කම. [ව.

Fancy, n. හිතුබුද්ධිය, නිකම් සිතිවිල්ලක්; පුළු ආශා I have taken a fancy to that ඊට මනාපයක්—ආශාවක්—මට අට ගැති තිබෙනවා.

Fancy, v. නිකම් සිතනවා *or* කල්පනා කරනවා, සිතෙනවා; මනාපවෙනවා *or* ආශාවෙනවා.

Fancy, a. සිංහත්ම යෙදූ; කදිම, යශ, සිත්කලු, අලංකාර.

Fancy-ball, n. කෝලම්, කෝලම් නැටීම, විකටය.

Fancy-fair, n. ප්‍රසන්න සල්පිල.

Fancy-goods, Fancy-wares, n. අරුමෝසම් බඩු, විසි තුරු බඩු.

Fancy-work, n. විසිතුරු ගෙත්තම් ආදිය.

Fane, n. දේවාලය, කෝවිල, දේවස්ථානය.

Fanfaron, n. පුම්බම්කාරයා. Fanfaronade, n. පුම්බම, පුම්බම් දෙසීම.

Fang, n. දිග දත, දළය, දංෂ්ට්‍රාව, විෂ දළය; නිය, නියපොත්ත.

Fanged, a. දළ ඇත්තාවූ, නියපොතු ඇත්තාවූ, විෂ දළයක් ඇති.

Fangless, a. දළ නැති, නිය නැති.

Fan-light, n. දොරට උඩින් තිබෙන කවුළුව.

Fanner, n. පවන් ගසන්නා; පවන් ගසන යන්ත්‍රය.

Fanning-machine, Fanning-mill, n. පොළන යන්ත්‍රය, පොළන මෝල.

Fan-palm, n. තල්ගස, තාලවෘක්ෂය.

Fan-shaped, a. පවන්පතේ හැඩය ඇති. [වියා.)

Fan-tailed, a. පවන්පත සමාන වල්ගයක් ඇති (පර

Fantasm, n. අවතාරය, භූතයා.

Fantastic, Fantastical, a. නියම විධියකට නැති, හිතුබුද්ධි, මනසිජ, මනෝසංකල්පිත; විසුළු ආකාර.

Fantastically, ad. සිතු බුද්ධිලෙස, නියම විධියක් නැතුව, විසුළුආකාරයෙන්.

Far, a. එහා (පැත්ත &c.); දුර, දුරස්තර, දුරකාතර, පිට, ඈත, දුරස්ථ, දූරීභූත, (දේශය &c.).

Far, be, v. දුරයි, දුරස්තරයි, ඈතයි, එපිටයි *or* දුරව තිබෙනවා &c.

Far, ad. of place or time දුර, ඈත, එපිට, දුරින්, දුරට &c.; of degree වඩා, අධික, අති; (how far කොයි, කී) පමණ, ප්‍රමාණයට, තරමට, හරියේ; thus far මේ හරියේ, මේ දක්වා, මෙතෙක්දු.

Farce, n, කවටවූ නාඩගම, විකට නාටකය, ප්‍රහස නය; අභූතවූ පෙළහර, මිහිච්ච, රැවටිල්ල.

Farcical, n. කවට නාඩගම ආකාර; විසුළු, සිනා උපදවන, හාස්‍යෝත්පාදක.

Farcically, ad. කවටලෙස, විසුළුලෙස, සමච්චල් ලෙස.

Farcicalness, n. විසුළුකම, විසුළු ආකාරකම, උප හාස්‍යතාව.

Fare, v. (යමෙකුට) කෙරිගතයනවා, සිද්ධවෙනවා, කාලදවස යවනවා, (යමෙක් සැපෙන් or දුකින්) පසුවෙනවා, යම් ආකාරයකින් සිටිනවා:
It fares well with him ඔහුට ශුභසිද්ධවෙනවා, ඔහු යහෙතින් සිටී.
How do you fare there ඔහේ සිටින ආකාරය කොහොමද?

Fare, n. ගමන් මුදල or ගාසතුව, කුලිය; (මේසයේ අරින) කෑම, භෝජනය; (කුලියට) ගෙනයනු ලබන්නා.

Farewell. int. ශුභසිද්ධවේවා, සුබපත්වේවා, ආයුබෝවන් (live long).

Farewell, n. ශුභසිද්ධවේවයි කීම, අන්තිම ආචාරය, යමෙකු අස්වීයාමේදී කරන සුබපැතීම; පිටත්ව යාම, ප්‍රයාණය.

Farewell, a. අන්තිම ආචාරයට අයත්, අස්වීමේ සුබපැතීම පිළිබඳ.

Far-fetched, a. lit. ඈතින් ගෙනාවාවූ, දුරින් පැමිණවූ; fig. සම්බන්ධය දුරවූ, ඈත, දුර, එකඟනැති, අදාළනැති, සුගම නොවන.

Farina, n. පුෂ්පරේණු, පරාගය; (ධාන්‍ය or අල) පිටි ජාති, පිටි.

Farinaceous, a. පිටිවූ, බීජචූර්ණ, (ආහාර); පිටි ඇත්තාවූ (ධාන්‍ය &c.); පිටි ආකාරවූ.

Farm, n. බදුගත් කුඹුරු, පිට්ටනි, යනාදී අඩංගු බිම් කොටස, වතුපිටි, ගොවිපළ, කෘෂිකෂේත්‍රය, බදුගත් බිම.

Farm, v. බිම් බදුදෙනවා or ගන්නවා; පාලම්රේන්ද &c. ගන්නවා; ගොවිතැන් කරනවා.

Farm-bailiff, n. බිම් කළමනාකාරයා.

Farm-buildings, n. ගොවිතැනේ ගොඩනැගිලි (වගාල්, ගොයම් ගේ, ආදිය).

Farmer, n. ගොවියා, ගොවිතැන් කරන්නා, ක්ෂේත්‍රපතියා, කෘෂිකයා; රේන්දකාරයා.

Farmhouse, n. ගොවියාගේ ගෙදර, ගොවිපළේ තිබෙන ගෙය, කමත් මඩුව.

Farming, n. බිම් බදුගැනීම &c., see verb; ගොවිකර්මාන්තය, ගොවිකම.

Farmost, a. (කීපයකින්) ඉතා දුරවූ, ඈතවූ, අතිදුරීභූත.

Farmyard. n. ගොවිපළේ මිදුල, ගාල, කමත.

Farrago, n. අවුල්ගොඩ, කලවම, අවුල, සංමිශ්‍රණය, දෙඩවිල්ල. [ද්‍රව්‍යයා.

Farrier, n. ලාඩම් ගහන්නා; අස් වෙදා, අශ්ව වෙ

Farriery, n. අශ්ව වෙදකම, පශු වෙදකම.

Farrow, v. ඌරුපැටව් ගහනවා; n. (එක විරියෙකුගේ) ඌරුපැටව් ගණන.

Far-seeing, Far-sighted, a. දුර පෙනෙන (ඇස්), දුර පෙනීම ඇත්තාවූ, දුර දකින, දුරදර්ශී; fig. නුවණක්කාර.

Far-sightedness, n. දුර දැකීමේ බලය, දුරදර්ශනය, දුරදර්ශීභාවය, නුවණක්කාරකම.

Farther, a. (දෙකකින්) වඩා දුරවූ, වඩා ඈත්වූ, &c., (මෙන එකකට) [illegible] &c.

Farther, ad. වඩාදුරට, ඔබ්බට, වඩාදුරින් &c. See Far, ad.

Farthest, a. or ad. (කීපයකින්) ඉතා දුරවූ; ඉතා දුරට &c. See Far, ad.

Farthing, n. ශතය, තඹසල්ලි දෙකක මිලය.

Fasces, n. pl. (පුරාණ රෝම තඩිකාරයාට ඉපරටු වෙත් ගෙනගිය) පොරවක් බැඳි කෝටුමිටිය.

Fascia, n. Fasciæ, pl. පටිය, බන්ධනපටිය, බන්ධනය; (කවුළුවේ ලිස්තරය or) නෙරිය. [යක්, කලඹ.

Fascicle, n. in bot. මල්පොකුර, ගුච්ඡය; කුඩා මිටි

Fascicular, a. මිටි වශයෙන් බැඳි, මිටි ආකාර.

Fasciculate, Fasciculated, a. පොකුරු ආකාරයෙන් වැවෙන, ගුච්ඡාකාර. [රය.

Fasciculus, n. කුඩා මිටිය, මල් කලඹ, පුෂ්ප ප්‍රක

Fascinate, v. lit. අනාවිනකරනවා, සූනියම්කරනවා; fig. සම්මුග්ධකරනවා, චිත්තාකර්ෂණයකරනවා, සිත අල්ලාගන්නවා, ප්‍රීතියෙන් ඇදගන්නවා, පිනවනවා

Fascinated, pp. or a. අනාවිනකරනලද &c., වශීකෘත, සම්මෝහිත.

Fascinating, a. සම්මුග්ධකරන &c., සිත් ගන්නා, මෝහී, සම්මෝහන, මනෝහර, චිත්තාකර්ෂණීය.

Fascination, n. අනාවිනකිරීම &c., පරිමෝහනය, ප්‍රමෝහය, සම්මෝහය.

Fascine, n. (යුද්ධෝපකරණවූ) කෝටුමිටිය.

Fashion, v. හැඩහුරුකරනවා, හැඩගස්වනවා, තනනවා, නිර්මාණයකරනවා.

Fashion, n. අන්දම, හැඩිය, ආකාරය, රීතිය, විධිය, මෝස්තරය, මාදිලිය; වස්ත්‍රාකාරය, ඇඳුම් විධිය, සාමාන්‍ය චාරිත්‍රය, ලෝක විධිය, ව්‍යවහාරය.

Fashionable, a. සාමාන්‍ය චාරිත්‍රාකාරවූ, සාමාන්‍ය හැඩයට එකඟවූ; අලුත් මෝස්තරයට අගින්, හැඩකාර, ජේත්තු.

Fashionableness, n. සාමාන්‍ය—ලෝක—චාරිත්‍රයට එකඟකම, හැඩකාරකම.

Fashionless, a. හැඩියක් නැතිකම.

Fashion-monger, n. හැඩකාරයා, ජේත්තුකාරයා.

Fast, a. swift ශීඝ්‍ර, සැරෙන්—වේගයෙන්—යන්නාවූ, දෘඪ, ස්ථිර; fig. සැපසෙල්ලමට ලොල්වූ.

Fast, ad. ඉක්මනට, හනික, සැරෙන්, වේගයෙන්, සුහුම, ශීඝ්‍රලෙස.

Fast, be, v. ශීඝ්‍රව තිබෙනවා &c.; firm ස්ථිරව—තදව—හිරව—සවිව—තිබෙනවා or සිටිනවා, ස්ථිරයි &c.
They are fast asleep ඔව්හු තද නින්දෙන් සිටිති.

Fast, v. කෑම නොකා ඉන්නවා, නිරාහාරයෙන් සිටිනවා, නිරාහාරව සිටිනවා, උපවාසකරනවා, ලංඝනයකරනවා.

Fast, Fasting, n. නිරාහාරව සිටීම, නිරාහාර කාලය, උපවාසය, ලංඝනය, උපෝෂණය.

Fasten, n. සවිකරනවා, තදකරනවා, බඳිනවා; තදවෙනවා; fasten on තදින් අල්ලාගෙන සිටිනවා.

Fastening, n. (කොක්ක, අගුල, වැනි) සවිකරන දේ.

Faster, a. or ad. වඩා ඉක්මන්, වඩා ශීඝ්‍ර &c.; වඩා ඉක්මන්ලෙස &c.

Fastest, a. or ad. ඉතා ඉක්මන්වූ &c., ඉතා ශීඝ්‍රලෙස &c. See Fast, a. & ad.

Fastidious, a. පහසුවෙන් සතුටුනොවන, (සතුටුකරන්ට අමාරු); සුළු වැරදි ගැන අසතුටු or ඒ ගැන සැලකිලි වැඩි.

Fastidiousness, n. සුළු දේ ගැන අසතුටුභාවය, රසමත් කෑම ගැන සැලකිලි වැඩිකම.

Fastigium, n. වහල මුදුන, පියසි මුදුන.

Fastness, n. (බුරුල් නැති) තදකම, සවිකම, දෘඪතාව, ස්ථිරතාව; බලකොටුව, ආරක්ෂා ඉඩම, දුර්ගය.

Fat, a. තර, තරබාරු, පොහොනි, ස්ථූල, පුෂ්ටිමත්; සාරවත්; become fat තරවෙනවා &c., ආරනවා, දෙලනවා.

Fat, n. තෙල; fig. සාරත්වය, තරකම, යසස.

Fatal, a. මරණය පමුණුවන, මරණීය, මාරක, මාරාන්තික, මාරාත්මක, අසාධ්‍ය, ප්‍රාණහර, නාශනික.

Fatalism, n. ඉරණම් ධර්මය, නියති ධර්මය, සියලු දේ ඉරණම් පරිදි සිද්ධවෙනවාය යන දෘෂ්ටිය, දෛෂ්ටිකතාව, දෛවපරතාව, දෛවාධීනතාව.

Fatalist, n. ඉරණම් ධර්මය විශ්වාසකරන්නා, දෛවචින්තකයා, දෛෂ්ටිකයා.

Fatality, n. ඉරණමේ නියමය, නියතිය; ජීවිත හානිය, මරණ හානිය; විපත.

Fatally, ad. ඉරණම පරිදි, දෛව නියෝගයෙන්; මරණීයලෙස, etc.

Fate, n. ඉරණම, දෛවය, නියතිය, භවිතව්‍යතාව, නියමය, කර්මය; මරණය, විනාශය.

Fated, a. *or* be, දෛවයෙන් නියමවූ, ඉරණමටපත්; ill-fated දෛවෝපහත.

Fates, n. pl. in myth. (මනුෂ්‍ය උත්පත්තිය, ජීවිතය, මරණය, කෙරෙහි බල පවත්වන) දෙවි දූවරු තිදෙනා.

Father, n. පියා, පියාණෝ, පියාණන්දෑ, තාත්තා, අප්පා, අප්පොච්චි; R. C. පියතුමා; pl. පියවරු, &c.; මුතුන් මුත්තෝ, මූලිකයෝ.

Father, v. දරුකමට පිළිගන්නවා; (තමා යමක්) උපදවාගත්තාය *or* කර්තෘය කියා ඒත්තුගන්නවා.

They father that scheme or child on him ඔහු ඒ යෝජනාවේ මූලිකයායයි *or* යෝජනාව උපදවාගත්තායයි—ඒ දරුවාගේ පියායයි—ඔව්හු කියති.

Father-confessor, n. R. C. පාපෝච්චාරණය අසන පාදිරි උන්නාන්සේ.

Fatherhood, n. පියකම, පිතෘත්වය, පිතෘභාවය, ජනකත්වය.

Father-in-law, n. මාමා, *i. e.* භාර්යාවගේ *or* පුරුෂයාගේ පියා.

Fatherland, n. කුලභූමිය, ජන්ම දේශය.

Fatherless, n. පියානැති (දරුවා); දන්න කර්තෘකෙනෙක්නැති (වැඩ &c.).

Fatherliness, n. පිය ගුණය, පිය කරුණාව, වාත්සල්‍යය.

Fatherly, a. පිතෘක; පියෙකු වැනිවූ, පිතෘසදෘශ, පිතෘතුල්‍ය.

Fathom, n. බඹය, ව්‍යාමය.

Fathom, v. (මුහුදේ) ගැඹුර මනිනවා; fig. (යමක විස්තර විභාග) සම්පූර්ණයෙන් සොයා දැනගන්නවා, ප්‍රමාණ කරනවා.

Fathomless, a. (ගැඹුර මැන) සොයා දැනගතනොහැකිවූ, අඩියක් නැති, ප්‍රමාණ කළ නොහැකි, අප්‍රමේය, අගාධ.

Fatigue, n. වෙහෙස, තෙහෙට්ටුව, කෙඩෙත්තුව, විඩාව, ආයාසය, අහේනිය, පරිශ්‍රමය, ශ්‍රමය, සරතස; (සටනක් නොවන) සේවාසින්ගේ වැඩය.

Fatigue, v. වෙහෙසකරනවා, වෙහෙසනවා, තෙහෙට්ටුකරනවා, කෙඩෙත්තුකරනවා.

Fatigued, pp. *or* a. වෙහෙසවූ, තෙහෙට්ටු, කෙඩෙත්තු, විඩාවටපත්, ආයාසවූ, අහේනිවූ, පරිශ්‍රාන්ත, ගැහැටු.

Fatigue-party, n. යම් වැඩක් කරන සේවා කණ්ඩායම.

Fatling, n. තරුණ තර සතා, (මරන්ට) තරකරපු සිව්පාවා.

Fatness, n. තරකම, තරබාරුකම, ස්ථූලතාව, පුෂ්ටිමත් බව; සාරවත්කම.

Fatten, v. තරකරනවා; සාරවත්කරනවා; තරවෙනවා, තරබාරුවෙනවා, ආරනවා.

Fattening, n. තරකිරීම; සාරවත්කිරීම; තරවීම &c., ඇරීම.

Fatty, a. තෙල ආකාරවූ; තෙල මිශ්‍රවූ, තෙල වැඩිවූ, (මස්).

Fatty acids, n. pl. තෙලින් ලබන ඇසිඩ්, තෛලාම්ල.

Fatty tissue, n. adipose tissue සත්ත්වතෙල අඩංගු කොටඨාසය, තෙල.

Fatuitous, Fatuous, a. සිහියෙන් දුර්වලවූ, මෝඩ, මූර්ඛ, මූඪ.

Fatuity, n. සිහියේ දුර්වලකම, රැවටෙන ගතිය, මූර්ඛතාව, මුග්ධතාව.

Faubourg, n. Fr. (ප්‍රංශ නුවරවලින්) පිටකොටුව, නගරෝපාන්තය, උපනගරය.

Fauces, n. pl. උගුරේ උඩ කොටඨාසය.

Faugh, int. ඡී.

Fault, n. වැරැද්ද, වරද, වද්‍යය, දෝෂය; පලුදුව, පරස, පරන.

Find fault වරද තබනවා, දෙස් තඟනවා, අපවාද කරනවා; (යමෙක් ගැන) ගතුකියනවා.

I am at fault මගේ වැරැද්දක් තිබෙනවා *or* (puzzled) වල්මත්ව—අමාරුවකට අසුවී—සිටිමි.

Fault-finder, n. වරද තබන්නා, අපවාදකාරයා; ගතුකියන්නා.

Faultily, ad. වැරදිලෙස, අඩුලුහුඩු ඇතුව, සාවද්‍යලෙස.

Faultiness, n. වරදකාරකම, දෙස්සහිතකම, පලුදු ඇති බව, සාවද්‍යතාව, සදෝෂත්වය; B. P. පාචිත්තිය, පචිතිය.

Faultless, a. නිර්දෝෂ, නිරපරාධ, අනවද්‍ය, නිරවද්‍ය, නිර්මල, නෛර්යාණික, පලුදු නැත්තාවූ, අනූන.

Faultlessness, n. නිර්දෝෂත්වය, නිදෙස්බව, නිරපරාධකම, නිරවද්‍යතාව, නිර්මලකම, පලුදුනැතිකම, අනූනතාව.

Faulty, a. දෝෂසහිත, සදෙස්වූ, සාවද්‍ය, පලුදු ඇත්තාවූ.

Faun, n. in myth. වන දෙවියෙක්.

Fauna, n. pl. (යම් රටක *or* යුගයක) මෘගජාති, සත්තුජාති.

Faux pas, Fr. හොර අසි තැබීමක්, වැරදිල්ලක්.

Favonian, a. බස්නාහිරෙන් හමන; fig. සඵල, සරු.

Favour, n. කරුණාව; පිහිට, පිළිසරණ, අනුග්‍රහය, ප්‍රසාදය; කරුණාවෙන් ලැබෙන දෙයක්, වාසියක්, උදව්ව, උපකාරය.

He is in or has my favour මගෙන් ඔහුට කරුණාව ලැබෙනවා, ඔහු කෙරෙහි ප්‍රියව සිටිමි.

I am in favour of him මම ඔහුට පක්ෂව—ප්‍රියව, කැමතිව—සිටිමි.

That is in my favour ඒක මගේ වාසියටයි.

Favour, v. කරුණාකරනවා; පිහිටවෙනවා, වාසිදෙනවා, පක්ෂව සිටිනවා, භජනයවෙනවා. භජනය කරනවා.

Favourable, a. (යමෙකු කෙරෙහි) කරුණාව ඇත්තාවූ, මිත්‍රවූ, පක්ෂවූ, පක්ෂපාතවූ; (යමක් පිණිස *or* කිරීමට) වාසි ඇත්තාවූ, පිච්චහල්වූ, උපකාරක, අනුකූල.

Favourableness, n. මිත්‍රකම, පක්ෂකම, පක්ෂපාතකම; වාසි ඇතිකම, අනුකූලතාව.

Favourably, ad. කරුණාවෙන්, මිත්‍රලෙස; වාසි ඇතුව.

Favoured, pp. *or* a. කරුණාකරනලද &c., see verb; වාසිලැබූ.

Favourer, n. කරුණාකරන්නා ; පිහිටවෙන්නා &c., භජනයකරන්නා.

Favourite, a. වඩා ප්‍රියවූ, ප්‍රියතම, විල්ලභ.

Favourite, n වඩා ප්‍රිය දේ, වඩා ප්‍රිය අය.

This book or friend is my *favourite* මම වඩා ප්‍රියව සිටින්නේ මේ පොතටයි *or* මිත්‍රයාටයි.

Favouritism, n. අනිසි පක්ෂකම, පක්ෂපාතිකාව, පාර්ශ්වගති ඇතිකම, පාර්ශ්වගතියෙන් ක්‍රියාකිරීම.

Fawn, n. මුවපැටියා, මුව පොල්ලා ; v. මුවපැටියෙකු වදනවා.

Fawn upon, v. (බල්ලා වාගේ) පැහැදී ආදරය පෙන්වනවා, ඉච්චාකරනවා, ඉච්චාවෙන් වාසි සොයනවා.

Fawn, n. ඉච්චා වැඩීම, පහත් ඉච්චාව.

Fawn-coloured, a. මුවපැටියාගේ පාට ඇති, පඬුවන්.

F. D., Fidei defensor, L. ශාසනාරක්ෂකයා, ශ්‍රද්ධා පාලකයා.

Fealty, n. (ස්වාමියා කෙරෙහි ඇති) විශ්වාසකම, භක්තිය ; නිසි පක්ෂවාදිකම.

Fear, n. භය, බිය, භීතිය, ත්‍රාසය ; සංවේගය ; භය වෙන කාරණාව ; of God දේවභක්තිය, සාදරය.

Fear, v. භයවෙනවා, භීතවෙනවා, භය සිතනවා; සංවේගවෙනවා ; fear God දේවභක්තියෙන් සිටිනවා, දේවභයෙන් ඇතුව සිටිනවා.

Fearful a. timid, භයවූ, බියාදු, භීරුක ; terrible භයඞ්කර, භයානක, භීම, භීෂණ, බිහිසුණු, බිරම්, බියකරු.

Fearfully, ad. භයඞ්කරලෙස, භයානකලෙස, බිය කරුලෙස.

Fearfulness, n. බියාදුකම, බයසුළුකම ; භයංකාර කම, භයානකකම.

Fearless, a. භය නැති, නිර්භය, නිර්භීත, අභීත.

Fearlessly, ad. භය නැතුව, නිර්භයලෙස, නිර්භීත ලෙස, අභීතලෙස.

Fearlessness, n. භය නැතිකම, නිර්භයභාවය, නිර්භීත කම, අභීතිය, අභීතතාව. [තාව.

Feasibility, n. කළහැකිබව, සාධ්‍යතාව, සම්භාව්‍ය

Feasible, a. (යමෙකුට) කළහැකිවූ, ඉෂ්ටකළ හැකිවූ, කරණීය, සාධ්‍ය, සම්භාව්‍ය.

Feast, n. මංගල්‍යය, උත්සවය, මගුල ; මගුල්කෑම, මංගල්‍යභෝජනය.

Feast, a. මංගල්‍ය, උත්සව, මගුල්.

Feast, v. මංගල්‍ය කෑම දෙනවා ; මංගල්‍ය කෑම කන වා ; fig. (හිත, සිතිය) පෝෂ්‍යකරනවා *or* ප්‍රීතිමත් කරනවා ; ප්‍රීතියෙන් භුක්තිවිඳිනවා.

Feast-day, n. මංගල්‍ය දවස, උත්සව දින.

Feasting, n. මංගල්‍ය කෑමක් දීම ; මංගල්‍ය භෝජනය අනුභවකිරීම ; fig. (සිත) ප්‍රමෝද කිරීම.

Feat, n. දක්ෂ ක්‍රියාව, අපූර්ව ක්‍රියාව, වික්‍රම ක්‍රියාව.

Feather, n. පිහාටුව ; පිහාටුව සමාන වාටියක් ; a feather in the cap, fig. තම්බුවක්, තම්බුකාර ලකුණක්.

Feather, v. පිහාටුවලින් වසනවා ; feather one's nest, fig. ධන රැස්කර ගන්නවා.

Feathered, pp. *or* a. පිහාටුවලින් වසනලද, පිහාටු ඇත්තාවූ ; පිහාටුබැඳි (ඊගස): පිහාටු වැනි දේ ඇත්තාවූ.

Feather-edge, n. (ලෑල්ලක) තුනීකරපු අද්දර.

Feathery, a. පිහාටු ඇත්තාවූ ; පිහාටු සමාන, පිහාටු ආකාර.

Feature, n. (යම් දෙයක) හැඩය, ලක්ෂණය, පෙනුම, රූපයේ ආකාරය, ආකෘතිය ; මුහුණේ යම් කොට සක් ; pl. මුහුණුවර, මුහුණේ පෙනීම ; අඞ්ගලක්ෂණ; විශේෂවිභාග.

Featured, a. well-featured &c. ශෝභන මුහුණුවරක් ඇත්තාවූ &c.

Featureless, a. විශේෂ ලක්ෂණයක්—මුහුණුවරක්—නැත්තාවූ. [යක.

Febrifacient, Febrific, a. උණ අටගන්වන, ජ්වරද

Febrifuge, n. උණ නසන බෙහෙත, ජ්වරනාශකය, ජ්වරාන්තකය, ජ්වරඝ්නය.

Febrile, a. උණ සහිත, උණ ඇත්තාවූ, ජ්වරසහිත, ජ්වරිත.

February, n. නවන් මස, පෙබරවාරි මාසය *or* මස.

Fecal, a. මනිස් මුසු, මනිස්වූ ; අශුචි, මලවූ.

Feces, n. pl. මනිස් ; අශුචි, මල.

Feculence, Feculency, n. බොරගතිය, කැතකම, කැලත. [ලත්.

Feculent, a. කැතකුණුවූ, බොරමිශ්‍රවූ, බොරවූ, කැ

Fecund, a. දරුඵල අධික, ජනක ; සාර්ථක, සඵල, සාර.

Fecundate, v. ඵල දරන්ට සලස්වනවා, ඵල අටගන් වනවා ; දරුගැබ අටගන්වනවා, ජනනයකරනවා.

Fecundity, n. සාඵල්‍යය, සඵලතාව, ජනකතාව : (ගස්වල) ඵලදරීමේ ගුණය ; (කුසේ) බෝවීමේ සාරත්වය ; fig. (සිතියේ &c.) සාරණීයකම.

Fed, pp. of Feed කෑම දී &c., S. adj. කවාපු, පෝෂ්‍ය කරනලද, පෝෂිත, පොහොනිපත්, පුෂ්ටිමත්.

Federal, a. (රාජ්‍යවල) ගිවිසුම් සහිතවූ, ගිවිසුමෙන් එකහත්වූ, සමුහාණ්ඩුගත, ඒකාබද්ධ.

Federal, Federalist, n. (අමෙරිකාවේ) එකහත් රාජ්‍යය භජනයකරන්නා.

Federalism, n. ගිවිසුමෙන් එකහත්වීම ; එකහත් කමේ ධර්මය.

Federalize, v. ගිවිසුමෙන් එක්සත්කරනවා *or* එක සත්වෙනවා, ඒකාබද්ධවෙනවා, සමුහාණ්ඩුවකට ඇතුළත්වෙනවා.

Federate, a. ගිවිසුමෙන් සම්බන්ධවූ, එකහත්වූ.

Federation, n. ගිවිසුමෙන් සම්බන්ධකිරීම *or* සම්බන්ධ වීම, එකහත්වීම.

Fee, n. කුලිය, ගාස්තුව, නියම මිලය, වේතනය, ශුල්කය, පාරිතෝෂිකය, උපායනය, උපප්‍රදානය.

Fee, v. කුලිය etc. දෙනවා.

Feeble, a. දුර්වල, බෙලහීන, දුබල, ගිලන් ; හයියනැති, හීන් (ශබ්දය); ස්වල්පවූ, නොපැහැදිලිවූ, (එළිය).

Feeble-minded, a. සිතෙන් — සිහියෙන් — දුර්වලවූ, අස්ථිර, අධෛර්ය.

Feebleness, n. දුර්වලකම, දුර්වලභාවය, බෙලහීනකම, ගිලන්කම ; හයියනැතිකම ; නොපැහැදිලිකම.

Feebly, ad. දුර්වලලෙස, දුබලලෙස ; හයියනැතිලෙස; නොපැහැදිලිලෙස.

Feed, v. t. කෑම දෙනවා ; කවනවා ; ආහාර සපයා දෙනවා; පෝෂ්‍යකරනවා, පොහොනිපත්කර නවා, භරණයකරනවා, පුෂ්ටිමත්කරනවා ; a fire &c. ගින්නට දර දමනවා &c. ; desires ආශා වැඩි කරනවා, අපි වඩනවා, ගෝචර දෙනවා.

Feed, v. i. (කෑම, තණකොළ, ගොදුරු) කනවා, භක්ෂණයකරනවා ; පෝෂ්‍යයවෙනවා, පුෂ්ටිමත්වෙනවා.

Feed, n. කන ද්‍රව්‍ය ; කෑම විධියක්, එකවරකට දෙන කෑම.

Feeder, n. කෑම දෙන අය, කවන්නා ; කෑමෙන් රක්‍ෂා වෙන්නා, (මාංස &c.) භක්‍ෂකයා ; (ළදරුවන්ට) කිරි පොවන බෝතලය, විදුරුනනය ; (ඔනෑ වතුර &c.) ගෙනදෙන නළය or ඇළ.

Feeding, n. කෑම දීම, කැවීම &c., see v. t.; කෑම, භක්‍ෂණයකිරීම &c., see v. i., භක්‍ෂණය ; කන ද්‍රව්‍ය, ගොදුර.

Feed-pipe, n. (ඔනෑ තැනට වතුර ගෙනයන) වතුර නළය.

Feel, v. අතගානවා, අතගා බලනවා; touch ස්පර්ශ කරනවා ; perceive හැගෙනවා, දැනෙනවා, විඳිනවා; (කනගාටු, ප්‍රීතිය &c.) සිතෙනවා or කනගාටුවෙනවා, සිතට වදිනවා.

Feel, n. (ස්පර්ශයෙන්) දැනෙන ආකාරය, දැනීම.

Feeler, n. (සතුන්ගේ කට ළඟ තිබෙන මයිල්), රැවුල, කෙන්ද ; fig. (කාරණ දැනගැනීමට කියන) සෝදිසි කීමක්.

Feeling, n. අතගෑම &c., see verb, ස්පර්ශය, පහස ; ස්පර්ශකභාවය ; හෘදය කම්පාව, සිත් වංචලය.

Feeling, a. හෘදයකම්පා සහිතවූ, හිතට වදින, හෘදයංගම ; දයාවන්ත.

Feelingly, ad. හෘදයකම්පා සහිතව, දයාවන්තලෙස ; හිතට වදින්නලෙස.

Fee-simple, n. (ඉඩමක) සම්පූර්ණ අයිතිකම or අයිතිවාසිකම.

Feet, n. pl. පාද, කකුල් ; පතුල් ; අඩි. See Foot.

Feign, v. බොරුවට යොදනවා, බොරුවට අඟවනවා, (යම් ස්වභාවයක්) ව්‍යාජයෙන්—බොරුවට—පෙන්වනවා, රැවටිලිකරනවා.

Feigned, pp. or a. බොරුවට යොදන or යොදපු, ව්‍යාජයෙන් පෙන්වන.

Feignt, n. බොරුවට කරන ක්‍රියාව, වංචාකාර උපාය, ව්‍යාජය ; බොරු හරඹය.

Feldspar, Feldspath, n. ලෝහ ජාතියක්.

Felicitate, v. See Congratulate.

Felicitous, a. ඉතා වාසනාවන්ත, අති කල්‍යාණ, ආනන්දිත ; suitable අනුරූප, උචිත, සුදුසු.

Felicitously, ad. ඉතා වාසනාවන්තලෙස &c.

Felicitousness, n. වාසනාවන්ත ස්වභාව, ආනන්දිතභාවය ; අනුරූපභාව, උචිතභාව.

Felicity, n. ඉතා වාසනාවන්තකම, වාසනාව, අත්‍යන්තසුඛය, සෞභාග්‍යය, සැපත, ප්‍රමෝදය.

Feline, a. බළල් ආකාර, බළල් ගතිවූ, ‍ කොටි—ව්‍යාඝ්‍ර—සිංහ—බළල්—යන ජාතියට අඩංගුවූ, විඩාල, මාජ්ජාරීය.

Fell, v. t. (බිම) ගසාදමනවා ; කපාදමනවා.

Fell, a. ක්‍රූරතර, රෞද්‍ර, චණ්ඩ, දරුණු, නපුරු, කුරිරු, (යෝධයා, කොල්ලකාරයා); ඉතා සැර (රෝගය).

Fellah, n. මිසරදේශයේ ග්‍රාමවාසියා, පිටිසරයා.

Felled, pp. or a. ගසාදමනලද, ගසාදැමූ, කපාදමනලද &c., නිපාතිත.

Felling, n. ගසාදැමීම, කපාදැමීම, නිපාතනය. [නා.

Fell-monger, n. අමු හම-වෙළෙන්ද ; හම් පදම්කරන්

Felloe, Felly, n. චක්‍රනේමියෙන් කොටසක්, වක් අත්ත.

Fellow, n. සහකාරයා, පංගුකාරයා ; ජෝඩුවකින් or කුට්ටමකින් එකක් ; සමාන එකක් ; (පාඨශාලාවක or යම් සභාවක) සමාගම්කාරයා, සාමාජිකයා; that fellow &c. ඌ, මූ, ඕකා ; vile fellow තක්කඩියා, චණ්ඩාලයා, කීච්යා, අධමයා.

Fellow, a. සහකාර, සහභාගි, හවුල්, පංගුකාර.

Fellow-citizen, n. (යමෙකු සමග) එකනුවර වසන්නා, සහ වැසියා.

Fellow-councillor, n. එකසභාවේ මන්ත්‍රීකම් කරන්නා, සහ මන්ත්‍රී.

Fellow-countryman, n. එකරටේ වැසියා, එක දේශීයයා, ස්වදේශීයයා, සියරට වැසියා, සියරැටියා.

Fellow-creature, n. එකජාතියේ සත්ත්වයා, තමා වැනි ප්‍රාණවත් සතා, සජාතියයා.

Fellow-feeling, n. (වෙන කෙනෙකුට මෙන්) සමාන දැනීම, සමාන සුව දුක් ඇතිබව, අනුකම්පාව, කෘපාව.

Fellow-heir, n. හවුල් උරුමක්කාරයා, සමාංශියා.

Fellow-helper, n. හවුල් උදව්කාරයා, සහකාරයා.

Fellow-labourer, n. (යමෙකු සමග) එකට වැඩ කරන්න or එක ස්වාමියාට වැඩකරන්නා.

Fellowmen, n. pl. සියලු මනුෂ්‍යයෝ, මනුෂ්‍ය වර්ගයා.

Fellowship n. මිතුරු හවුල්කාරකම, පංගුකාරකම, සහභාගිකම, සහායත්වය, මිත්‍රත්වය ; සමාගම ; (අග්‍ර පාඨශාලාවක) සමාගම්කාරදයාදය ; (වියදම් ලැබෙන) සමාගම්කාරකම, සාමාජිකත්වය ; in arith. සහකාර භේද්‍ය-විධිය.

Fellow-soldier, n. එකට සේවාකම කරන්නා, සමාන සේවායා.

Fellow-student, n. එකට ඉගෙන ගන්නා.

Fellow-sufferer, n. එකට දුක්විඳින්නා.

Fellow-traveller, n. එකට ගමන් යන්නා, සහගාමියා.

Felo-de-se, n. තමාම මරාගන්නා, ආත්මඝාතකයා.

Felon, n. අපරාධකාරයා, වරදකාරයා, පාපියා, දුෂ්ටයා ; (ඇඟිල්ලේ අග අටගන්න) නපුරු ගඩුවක්, රතන පුල්ලිය. [ෂඩ.

Felonious, a. නපුරු, අපරාධි, අපරාධකාර, දුෂ්ට, පාපි

Feloniously, ad. නපුරුකමින්ම, දුෂ්ටකමින්ම, අපරාධිලෙස, අපරාධකාරයෙක්, සාපරාධව.

Felony, n. (නීතියට විරුද්ධවූ) අපරාධය, දුෂ්ට ක්‍රියාව.

Felt, n. (තොප්පියා සාදපු) ලොම්රෙදි ජාතියක්.

Female, a. ගෑනු, ස්ත්‍රී, බැවලත්, ගෙසනුණ ; ස්ත්‍රීකේශර ඇති (පැළ).

Female, n. ස්ත්‍රී, ස්ත්‍රියක්, බැවලතා, ගෑනී, ගෑනියෙක් ; ගෑනු සතා, දෙන &c. ; (tree, flower) ස්ත්‍රීකේශර ගහ, ස්ත්‍රීකේශර පුෂ්පය.

Female plant, n. ස්ත්‍රීකේශර මල් දරන ගස.

Feminine, a. ස්ත්‍රී, ස්ත්‍රීගතිවූ, ස්ත්‍රීයකට බඳු, ගෑහැනු, බැවලත් ; fig. බොළඳ, කෝමල, ළමැ.

Femoral, a. කලවට අයිති, ඌරසම්.

Femur, n. කලවේ ඇටය, ඌරසම්ය. [පය.

Fen, n. මඩ වගුර, ගොහොරු බිම, ගොහොරුව, අනූ

Fence, n. වැට, of thick sticks කඳවැට, of stone &c. තාප්පය, පවුර ; හරඹක්‍රමය.

Fence, v. වැට or තාප්ප බඳිනවා, කොටුකරනවා, ආරක්‍ෂාකරනවා ; කඩු හරඹකරනවා.

Fencer, n. කඩු හරඹකරන්නා, හරඹක්‍රමය දන්න කෙනෙක්.

Fencing, n. වැට බැඳීම &c. ; වැට බැඳීමට ගන්න දඬු ඉනි, යනාදිය ; කඩුව පාවිච්චිකරන නිසි විධිය, හරඹක්‍රමය, හරඹය.

Fencing master, n. හරඹ ආචාර්යයා.

Fender, n. (ගින්දර ප්‍රවේසම්කරන) යකඩය or ලෝහ වැට ; නැව් ආරක්‍ෂක කොට්ටය.

Fenestral, n. කුඩා කවුළුව ; a. කවුළුවකට අයිතිවූ, කවුළු.

Fennel, n. දුරු, හූරිපුෂ්පා, රට ඇඳුරු.
Feoffment, n. (එක්තරා ගිවිසුමක් පිට) බිම් උරුමකර දීම, නිලකාරකමට බිම් උරුමකරදීම.
Ferment, v. (යුෂ, දියජාති) පැසෙනවා, පිපෙනවා, රාවෙනවා; පැසවනවා, පිපෙන්ට මුහුන් දමනවා; fig. ඇවිස්සෙනවා.
Ferment, n. පැසවන ද්‍රව්‍යය; ඇවිස්සීම, චංචලය, අන්‍යෝන්‍යක්ෂෝභය, කෝලාහලය.
Fermentation, n. පැසීම, පිපීම; පැසවීම; ඇවිස්සීම, චංචලය. [ඇත්තාවූ.
Fermentative, a. (යුෂ &c.) පැසවන්තාවූ; රාගති
Fermented liquors, n. (රාවීමෙන් සෑදුණ) මද්‍යපාන.
Fern, n. මීවන, පඹජාතිය, ඇත්පඹ, මහපඹ, ගිත් පඹ.
Fernery, n. මීවන වවන ස්ථානය, මීවන පාත්තිය, මීවන ආදී මඩුව.
Ferocious, a. ප්‍රචණ්ඩ, කෲර, රෞද්‍ර, දරුණු.
Ferociously, ad. ඉතා රෞද්‍රලෙස, ප්‍රචණ්ඩලෙස, කෲරලෙස.
Ferociousness, Ferocity, n. රෞද්‍රකම, චණ්ඩකම, ප්‍රචණ්ඩතාව, කෲරකම.
Ferrean, Ferreous, a. යකඩ මුසු, යකඩ, යකඩෙන් සාදපු, අයෝමය. [යක්.
Ferret, n. හීලෑ මුගටි ජාතියේ සතෙක්, මුගටි ජාති
Ferret out, v. (ඒ මුගටියා වාගේ ඉව අල්ලා). සොයා යනවා. සෝදිසිකරනවා, සොයා ගොස් එළියට පමුණුවනවා.
Ferriferous, a. යකඩ සහිත (පොළව).
Ferruginous, a. යකඩ, යකඩ ඇත්තාවූ, යකඩ මුසු. (පස් &c.); යකඩ මලපාට ඇති.
Ferrule, n. වටවූ ලෝහ වීල්ල, (බැම්මක් පිණිස දමන) කුඩා ලෝහ වළල්ල.
Ferry, n. තොටුපළ, තොට, තිත්ථය.
Ferry, v. (එගොඩ මෙගොඩ) තොටුපළෙන් ගෙන යනවා, ඔරුවෙන් එතර මෙතර කරනවා.
Ferry-boat, n. තොටුපළේ ඔරුව, තොටුපළේ පාරුව, අකුළ.
Ferry-man, n. තොටියා.
Fertile, a. සාරවත්, සාර, සරුසාර, සශ්‍රීක, එලබර, සඵල, lit *or* fig. සාරණීය. [සාඵල්‍යශ.
Fertility, n. සාරවත්කම, සාරත්වය, සශ්‍රීකකම,
Fertilization, n. සාරවත්කිරීම &c., (පුෂ්පපරාග කලංකවලට දැමීමෙන්) සඵලකිරීම, සඵලවීම.
Fertilize, v. (ෂපෝර්දැමීමෙන් &c.) සාරවත්කරනවා, පලදරන්ට සලස්වනවා.
Fertilizing, p. *or* a. සාරවත් කරන.
Ferule, n. (ළමයින්ට තළන) වේවැල, කෝටුව; v. වේවැලෙන් තළනවා.
Fervency, n. සිතේ උණුහුම්කම; ජ්වලිතකම, etc.
Fervent, a. උණුහුම්වූ, උෂ්ණ; ඉතා ජ්වලිත, ඉතා උනන්දු, ඉතාලැදි, ඉතා ඕනෑ, උද්‍යෝගී, උත්සුක.
Fervently, ad. ඉතා ඕනෑකමින්, ඉතා ජ්වලිතලෙස, බලවත් මනෝර්ථයෙන්, කුතුහලලෙස.
Fervid, a. උෂ්ණයෙන් දන, උෂ්ණයෙන් සැරවූ (රශ්මි); ඉතා ජ්වලිත, ඉතා බලවත්, (ආශා &c.).
Fervour, n. ජ්වලිතකම, උනන්දුකම, (ආශාවල, යාච්ඤාවල, ජ්වලිතකමේ) බලවත්කම, ඉතා, ඕනෑ කම, ලැදිකම, උද්‍යෝගය.
Festal, a. මංගල, මංගල්‍ය, මඟුල්, උත්සව; ප්‍රීති සහිත.
Fester, v. පැසවනවා; කුණුවෙනවා; n. පැසවන ගඩුව *or* වණය.

Festival, n. මංගලය, මංගල්‍යය, මංගල්‍ය දවස, උත්සවය, උලෙළ, උත්සව දින, religious festival පූජෝත්සවය. [සහිත.
Festive, a. මංගල්‍ය, උත්සව; මංගල්‍යාකාර, ප්‍රීති
Festivity, n. මංගල්‍ය ප්‍රීතිය, උත්සව ප්‍රීතිය, සැණකෙළිය, සමුත්සවය.
Festoon, n. මල්වැල, මල්දම, මාලය; festoon work ලියවැල, වෙට්ටම, ලතාකර්මය.
Festoon, v. මාලවලින් සරසනවා, මල්වැල් ආකාරයට සාදනවා, ලතාකම් කරනවා, ලියවැල් සාදනවා.
Fetch, v. ගිහින් ගේනවා; (එක් ස්වභාවකින් වෙන ස්වභාවකට) පමුණුවනවා; (යම් තැනකට *or* තැනක් ඉදිරිපිටට) ළංවෙනවා *or* ලේන්දුවෙනවා *or* ප්‍රාප්තවෙනවා; fetch a sigh (සුසුමක්) සුසුම්ලනවා; fetch blood ලේ සොල්වනවා; fetch a price යම් ගණනකට යනවා *or* විකිණෙනවා.
Fetch, n. පොරෝඩාව, උපාය, උපාමාරුව.
Fête (ෆේට්), n. Fr. මංගල්‍යය, උත්සවය, මංගල්‍ය දවස, උත්සව දින.
Fête v. මංගල්‍ය කෑමක් දෙනවා, තම්බුවක් කොට සංග්‍රහකරනවා. [යමක්.
Fetich, n. වැඳ නමස්කාරකරන ගල්, ගස්, යනාදී
Fetichism, n. ගල්, ගස්, සත්තු, යනාදී දේවලට නමස්කාරකිරීම *or* ඒවා ඇදහීම.
Fetid, a. දුගඳ, දුර්ගන්ධ, පූතිගන්ධික, පූතිගන්ධ.
Fetidness, n. දුර්ගන්ධභාවය, පූතිගන්ධිකතාව, පල්ගඳ.
Fetlock, n. කුරසන්ධි මයිල් රොද.
Fetlock-joint, n. කුර සන්ධිය.
Fetor, n. දුගඳ, දුර්ගන්ධය, පූතිගන්ධය.
Fetter, n. විලංගුව, හැකිල්ල, යදම, බන්ධනය, පාශය. ශෘංඛලය, පාදශෘංඛලාව.
Fetter, v. විලංගු—යදම්—හැකිලි—දමනවා; fig. තරමකට වලක්වනවා *or* බාධාකරනවා.
Fettered, pp. *or* a. විලංගු &c. දමනලද, ශෘංඛලිත; බාධාකරනලද.
Fettle, v. ස්වල්පවශයෙන් හරිගස්සනවා, (හරිගැස්සීමට වාගේ) සුළු දේ කරනවා.
Fetus, Fœtus, n. ගැබේ දරුවා *or* පැටියා, බිජුවේ ඉන්න පැටවා, ගැබ, ගර්භය, භ්‍රෑණය.
Feud, n. සඬංගුව, සණ්ඩුව, ද්වේෂය, සප කපටය, හබය, ආරාවුල, විරෝධය.
Feud, n. ගිවිසුමක් පිට පිහිටි ගම්බිම්–අයිතිවාසිකම *or* ගිවිසුම් ප්‍රවේණිය.
Feudal, a. පුරාණ කාලයේ පැවති වැඩ වසම්වූ, වැඩ ප්‍රවේණි ක්‍රමය පිළිබඳ.
Feudalism, n. (පුරාණ) ගිවිසුම් ප්‍රවේණික්‍රමය, වැඩ වසම් ක්‍රමය, නිලකාර ප්‍රවේණි ක්‍රමය.
Feudatory, a. ඒ ප්‍රවේණික්‍රමය සම්බන්ධවූ. නිලකාර ප්‍රවේණියක් භුක්තිවිඳින; උපජීවී, සාමන්ත.
Feu de joie, Fr. ප්‍රීතිගිනිමැලය; සන්තෝෂ වෙඩි තිබීම.
Fever, n. උණ, ජ්වරය, fever-heat ජ්වරාග්නිය; fig. සැර චංචලය, ඇවිස්සීම, උනන්දුව, උත්තේජිත අවස්ථාව.
Feverish, a. මදක් උණ ඇති; ජ්වරිත, ජ්වරාතුර, (ගතිය *or* කෙනෙක්); උණ සහිත. උණ අටගන්න, (රටක්); fig. චංචල (භාවය).
Few. a. ස්වල්ප, අල්ප, ටික, ඇතැම්; pron. ස්වල්ප යක්, ස්වල්පදෙනෙක් &c.
Fewness, n. ස්වල්ප ගණන, ගණනින් ස්වල්පතාව.
Fez, n. තුර්කි තොප්පිය.

F. G. S. Fellow of the Geological Society පෘථිවිඛාතු ශාස්ත්‍ර සභාවේ සාමාජිකයා.
Fiancé, n. [Fr] (විවාහගිවිසගත්) සෙත්ගවනතයා, පෙම්වතා.
Fiancée, n. [Fr] සෙත්හවනනී, පෙම්වතී.
Fiat, n. (ලේවා යන) නියෝගය, අණ, ආඥව.
Fib, n. බොරුව, මුසාවාදය ; v. බොරු කියනවා.
Fibre, n. පට්ටය (pl. පට්ටා), කෙන්ද, තන්තුව, කොහු, නූල් වැනි දේ.
Fibrine, n. (ශරීරයෙත් ගස්කොළත්වලත්) කෙඳි ආකාර ද්‍රව්‍ය ජාතියක්.
Fibrous, a. පට්ටා ඇති, කෙඳි සහිත, කෙඳි ආකාර, තන්තුමය, තන්තුමත්,
Fibula, n. කෙණ්ඩයේ කුඩා ඇටය.
Fibular, a. කෙණ්ඩයේ කුඩා ඇටය සම්බන්ධ.
Fickle, a. සිතින් අනිස්ථිර, අස්ථිර, චල, චලිත, චපල, ඉක්මනින් වෙනස්වෙන්නාවූ.
Fickleness, n. අනිස්ථිරකම, චපලත්වය, චපලතාව, ලෝලතාව,
Fiction, n. සිතෙන් කළ රචනාව, ප්‍රබන්ධය, බොරු ප්‍රබන්ධය, ප්‍රබන්ධ කථාව, මිථ්‍යා කථාව, මුසාවාදය.
Fictitious, a. ඇත්ත නොවන, අසත්‍ය; මිථ්‍යා, බොරු, හොර.
Ficus, n. බෝ, නුග, අත්තික්කා, යනාදි ගස්ජාති.
Fiddle, n, stringed instrument වීණාව, වේණුව, රොසිඤ්ඤය ; fiddlestick වීණා දුන්න; fiddle string වීණා තත.
Fiddle, v. වීණා ගානවා, වීණා ගායනාකරනවා.
Fiddle-faddle, n. (coll.) සුළුලෙස ක්‍රියාකිරීම, හැල්ල; සුළුලෙස ක්‍රියාකරන්නා.
Fidelity, n. විශ්වාසකම, භක්තිය, අනුරාගය; ස්ථිර කම ; of a wife පතිව්‍රතාව, පතිවත, සතීත්වය.
Fidget, v. (ඇඟ කසනවිට මෙන්) එහාට මෙහාට හැරී සෙලවෙනවා, විකක් දඟලනවා, ඇඹරෙනවා.
Fidgetiness, n. Fidgets, n. pl. චංචලභාවය *or* දඟලීම. [අඩංගුවූ, භාරවූ.
Fiducial, a. විශ්වාසය සහිතවූ, විශ්වාසවූ ; භාරයක්
Fiduciary, a. විශ්වාස, ස්ථිර; භාරයක් කොට— තමාගේ භාරයේ—ඇත්තාවූ.
Fiduciary, n. භාරකාරයා ; (කල්ක්‍රියා නොසලකා) ඇදහිල්ලේම පිහිටා සිටින්නා.
Fie, int. ඡී, ජෑ.
Fief, n. (උත්තමයෙකු යටතේ අනුභවිඳින) නිලකාර ප්‍රවේණිය, සේවාකම් සම්බන්ධ ප්‍රවේණිය, නින්ද ගම.
Field, n. කුඹුර, කෙත, වෙල, ක්ෂේත්‍රය, of dry ground, පිට්ටනිය, ඕවිට ; arena භූමිය, යුද්ධ භූමිය, රංගභූමිය ; field of view පෙනෙන හරිය, චක්ෂුර්විෂයය ; room ඉඩ, ඉඩපාඩු, ඉඩප්‍රස්ථා.
Field-book, n. (මිනින්දෝරු) එළියේ පොත, කෙත් පොත, ක්ෂේත්‍ර සටහන් පොත. [දවස.
Field-day, n. (සේවා සමුද) එළියේ පුහුණුකරන
Field-marshal, n. යුද්ධ සේනාපතියා, සේවා සමුදයේ අධිපතියා. [යෙක්.
Field-officer, n. සේනාකණ්ඩායමේ උසස් මුලාදෑනි
Field-piece, n. කුඩා කාලතුවක්කුවක්.
Field-practice, n. එළි මහතේ යුද්ධාභ්‍යාස කිරීම.
Fiend, n. යකා, යක්ෂයා, භූතයා, රාක්ෂයා, පිශාචයා; නපුරා, ක්‍රෝධකරන්නා.
Fiendish, a. රකුසු, නපුරු, ක්‍රෝධවූ, ඉතා කෲර, අතිදුෂ්ට, දරුණු.

Fierce, a. තද, තදබල, සැර; රෞද්‍ර, කෲර, චණ්ඩ, ප්‍රචණ්ඩ.
Fierce-looking, a. රෞද්‍ර බැල්මක් ඇත්තාවූ &c., ප්‍රචණ්ඩ දර්ශන.
Fiercely, ad. සැරලෙස, රෞද්‍රලෙස, චණ්ඩලෙස, ප්‍රචණ්ඩලෙස.
Fierceness, n. සැරකම, රෞද්‍රකම, රෞද්‍රතාව, චණ්ඩතාව &c.
Fieriness, n. අතිඋෂ්ණතාව ; සැරකම, කුපිතකම.
Fiery, a. ගිනි, දාහක, අග්නිමය, ආග්නේය, අග්නි වර්ණ ; fig. ගිනිවැනිවූ, ප්‍රචණ්ඩ, උග්‍ර, සැර, කිපෙන, කුපිතවෙන ; ඉතා උනන්දු.
Fife, n. කුඩා නළාව ; v. කුඩා නළාව පිඹිනවා.
Fife-major, n. (සේනාවේ) නළාකාර මුලාදෑනියා.
Fifteen, n. පහළොහ, පසළොස, පඤ්චදශය ; a. පසළොස්.
Fifteenth, a. පසළොස්වෙනි ; n, පහළොහෙන් කොටසක්.
Fifteenth century, n. පසළොස්වෙනි ශතවර්ෂය.
Fifth, a. පස්වෙනි, පඤ්චම ; n. පහෙන් පංගුවක් *or* කොටසක්.
Fiftieth, a. පණස්වෙනි ; n පණහෙන් කොටසක්.
Fifty, n. පණහ, පණස ; a. පණස්.
Fig, n. අත්තික්කා, උදුම්බරා, දිඹුල්, (ගහ &c.) ; ficus religiosa බෝගහ, අශ්වත්ථවෘක්ෂය.
Fight, v. ගහගන්නවා, සටන්කරනවා, යුද්ධකරනවා ; as dogs &c., and fig. පොරකනවා, පොරට සිටිනවා ; of cocks පොරකෙළිනවා, පොරකොටනවා ; of horned animals පොරඅනිනවා, ඇනගන්නවා.
Fight, Fighting, n. ගහගැනීම &c. ; සටන, පොරය, යුද්ධය. [භටයා.
Fighter, n. ගහගන්නා, පොරකාරයා, සටන්කරන්නා,
Fighting, a. ගහගන්න, සටන්කරන, සටනට යෝග්‍ය, සංග්‍රාමික.
Fighting-cock, n. පොර කුකුළා.
Figment, n. නිකම් සිහිවිල්ල, හිතලුව, බොරු කල්පනාවක්, මිථ්‍යා කථාව. [හැකි.
Figurable, a. හැඩයක් ඇතිවිය හැකි, හැඩහුරුකළ
Figurant, n. නාටක පිරිසෙන් කෙනෙක්; කථා නොකරන නළුවෙක් ; fig. කාරණාවකට සුළු හවුල් කාරයෙක්.
Figurate, n. එක් හැඩයක් ඇත්තාවූ ; එක් හැඩයකට සමානවූ.
Figurative, a. උපමා ආකාර, උපමා, උපහැරණ, රූපක, අලංකාර, උපමා සහිත, (කථාවක්, කථා අත්දම &c.).
Figuratively, ad. උපහැරණලෙස, උපමා වශයෙන්, උපමාවෙන්.
Figure, n. හැඩය, පෙනුම, මූර්තිය, රූපය, රූපසටහන, සණ්ඨානය, ක්ෂේත්‍රය, පිළිමය ; විග්‍රහය, ආකාරය, ආකෘතිය ; උපහැරණ ආකාරය, අලංකාරය, වාක්‍යාලංකාරය ; (නටන *or* නෘත්‍ය) ආකාරය ; ඉලක්කම, අංකය ; උපහැරණය, දෘෂ්ටාන්තය.
Figure, v. t. සිතියම්කරනවා, අඳිනවා, සටහන්කරනවා ; විසිතුරු කරනවා ; අඩයාලමකින් *or* ආදර්ශයකින් පෙන්වනවා ; (ආකාරය, හැඩය, පෙනීම &c.) සිතාගන්නවා ; ඉලක්කම් *or* ගණනක් ලියනවා.
Figure, v. i. ප්‍රධානව පෙනෙනවා, වැදගත් කෙනෙක් *or* කාරණාවක්සේ පෙනෙනවා.
Figured, pp. *or* a. සිතියම්කරනලද &c.; විසිතුරුවූ.

Figure-head, n. නැව් ඇණියේ ශිරස් රූපය, නැව් ඇණියේ රූපය.

Filament, n. ඉතා සිහින් නූල් වැනි දේ, කෙන්ද, තන්තුව, මෘණාලය.

Filamentose, Filamentous, a. නූල් වැනිවූ, කෙඳි ආකාර; මෘණාල.

Filature, n. පටදළම්බු කොපුවෙන් පටනූල් කැවීම; පටනූල් කටින ශාලාව.

Filbert, n. (කත්තාවූ මද ඇති) ඇට ජාතියක්.

Filch, v. (සුළු දේ *or* විකෙන් වික) හොරෙන් ගන්නවා, සුළු හොරකම් කරනවා.

File, n. (කඩදාසි ගසා තබන) කම්බිය, කඩදාසි කම්බිය; පිළිවෙළට අමුණූ කඩදාසි මිටිය; නාම වට් ටෝරුව; (එකිනෙකාට පිටිපස්සෙන් සිටින) සේනා පෙළ.

File, v. (කඩදාසි) කම්බියේ ගසා තබනවා, අමුණනවා; (නඩුලේඛන &c.) පිළිවෙළට තබනවා, පදියම කරනවා; (ඇසීමට නඩුවක්) ලියාතබනවා; (එකිනෙකාට පිටිපස්සෙ) පෙළට යනවා.

File, n. පීර, පිහිර; v. පීරිගානවා; (පීරකින් මෙන්) ගෙවනවා.

Filial, a. දරු, පුත්‍ර, පෞත්‍ර, දූ, (ප්‍රේමය &c.), දරුකමට යෝග්‍යවූ, පුත්‍රීය; filial reverence පිතෘ භක්තිය.

Filially, ad. දරු ආකාරයෙන්, දරුකමට යෝග්‍ය ලෙස.

Filiate, v. දරුකමට පිළිගන්නවා; අසවලාගේ දරුවායයි නියමකරනවා.

Filiation, n. දරුකම, පුත්‍රත්වය; දරුකමට පිළිගැනීම; (අසවලාගේ අවජාතක) දරුවෙක් කොට නියමකිරීම.

Filiform, a. කෙන්දක් වැනිවූ, දිගහිත්නූලක ආකාර, මෘණාලයක්වූ.

Filigree, n. (රන්රිදීවල) කෙඳි හා ඇට ආකාර සිනිඳු කැටයම් වැඩ.

Filing, p. අමුණමින්, පිළිවෙළට තබමින්; (විනිශ්චයට) ලියාතබමින්; පෙළට යමින්; පීරිගාමින්.

Filings, n. pl. යකුඩු, අයස්චූර්ණ, යකඩ කුඩු, පීරිගාමෙදී වැටෙන කුඩු, ලෝහ චූර්ණ.

Fill, v. පුරවනවා, පූර්ණකරනවා; තෘප්තියට පමුණුවනවා; fill an office &c. නිලයකට කෙනෙක් පත් කරනවා *or* නිලයකට පත්වසිටිනවා, නිලයක යුතුකම් කරනවා; පිරෙනවා, පූර්ණවෙනවා.

Fill, n. පූරණය; තෘප්තිය, තෘප්තිමත්කම.

Filled, pp. *or* be, v. පුරවනුලබනවා &c.; S. adj. පුරවනලද, පුරවාපු &c.; පිරීතිබෙන, පූරිත, පරිපූරිත, පරිපූර්ණ.

Fillet, n. කුඩා පටිය; ශිරස් පටිය, පට්ටබන්ධනය, ලලාටපට්ටය, නළල් පටය; (ලනුවකින් *or* පටියකින් වෙළා) බැඳපු මස්කෑල්ල; of veal වසුගාතයෙක් මස්කෑල්ලක්.

Filling, n. පිරවීම &., see verb, පිරවිල්ල; පිරෙනදේ, පුරවන්ට ගන්නදේ, පූරණය.

Fillip, v. නියපිටින් ගහනවා; n. නියපොතු පහරක්.

Filly, n. ගැනු අශ්ව පැටියා, තරුණ අශ්වවෙළෙම්බි; fig. ක්‍රීඩාකාර තරුණි, උත්තන්ඩ තරුණි.

Film, n. තුනී හම, හින් සිවිය, හැටිය; of the eye පටලය, පිෂ්චකය; ජායා චිත්‍රය, චිත්‍රපටිය.

Film, v. හින් සිවියකින් *or* පටලයකින් වසනවා; ජායා චිත්‍රයට ගන්නවා.

Filmy, a. හින් සිවියකින් වැසී තිබෙන, පටල ඇත්තාවූ, පටල ආකාර.

Filter, Filtrate, v. (වතුර) පෙරනවා, පෙරහන්කර නවා; පෙරෙනවා.

Filter, n. පෙරහන්කඩ, පෙරහන; පෙරෙන භාජනය *or* යන්ත්‍රය.

Filtering, Filtration, n. පෙරීම, පෙරාගැනීම, පෙරහන්කිරීම, පෙරුම.

Filth, n. කුණු, කසළ, කැත, මඩ, කිලුට, අශුචි, මල, කැලිකසළ.

Filthily, ad. අපවිත්‍රලෙස, කැතලෙස, කිලුටුලෙස, අසික්කිතලෙස &c.

Filthiness, n. අපවිත්‍රකම, අපවිත්‍රභාවය, කිලුටුකම, මලිනත්වය, කැතකම, අසික්කිතකම, දූෂ්‍යකම.

Filthy, a. අපවිත්‍ර, කිලුටු, කැත, මලින, ගොහොරු, අසික්කිත, අශික්ෂිත, දූෂිත, දූෂ්‍ය.

Fin, n. වරල, මල්පත. **Finable**, a. දඩගැසීමට—දඩයකට—යටත්වූ, දණ්ඩ්‍ය, දණ්ඩනීය.

Final, a. අන්තිම, කෙළවර, අවසාන, සමාප්තික; final cause අන්තබීජය, පරමබීජය, අභිප්‍රසිතාබීජය; (first cause ආද්‍ය බීජය).

Finale (ෆිනාලෙ), n. It. අවසානය, අන්තය, සමාප්තිය, පර්යවසානය.

Finality, n. අවසානභාවය, නිම්මාව, සමාප්තිකතාව.

Finally, ad. අන්තිමේකොට, අවසාන වශයෙන්; නිශ්චයවටම.

Finance, n. **Finances**, n. pl. මුදල් කළමනාව, මුදල් පාලනය, මුදල්, ආදායම්, අයවැය, අරමුදල; රාජ්‍ය අරමුදල.

Financial, a. මුදල් සම්බන්ධ, ගණිත්, අයවැය, (ලේඛන &c.); F. Secretary අරමුදලේ ලේකම්.

Financier, n. මුදල්-කළමනාකාරයා, භාණ්ඩාගාරික නැත, ධනාධිකාරීතැන.

Find, v. light upon සම්බවෙනවා; find out, seek out, සොයාගන්නවා; provide සම්බකරනවා, සපයනවා; ascertain දැනගන්නවා, දැනගන්ට ලැබෙනවා; obtain ලබාගන්නවා; receive ලැබෙනවා; find fault දෙස් තබනවා; find a thing bad &c. නරක බව පෙනෙනවා, දැනගන්නවා; (වරදයයි &c.) නිශ්චයකරනවා.

Find, n. සොයා සම්බවූ දෙය.

Finding, n. සම්බවීම &c.; විනිශ්චය මණ්ඩලයේ නිශ්චය *or* නිරණය.

Fine, n. දඩය, දඩ මුදල; v. දඩගහනවා.

Fine, a. හීන්, සියුම්, සිනිඳු, සියුම්, සූක්ෂම, කෝමල, සුකුමාර, සුඛුමාල; තියුණු, තීක්ෂණ; ශුද්ධ, විමල; කදිම, යහ, මාහැඟි, ලක්ෂණ, ශෝභන, රම්‍ය, සුන්දර, අලංකාර; fine arts අලංකාර ශිල්ප, කලාශිල්ප.

Fine, v. හීන්කරනවා, සියුම්කරනවා; ශුද්ධකරනවා.

Finely, ad. සිනිඳුලෙස, සියුම්ලෙස &c.; කදිමලෙස &c., කදිමට, කලේලියට.

Fineness, n. හීන්කම, සිහින්කම &c.

Finer, n. (සිනි &c., රන් &c.) ශුද්ධකරන්නා; a. වඩා හීන්වූ &c.; වඩා උතුම්, වඩා හොඳ, වඩා අලංකාර.

Finery, n. අලංකාර ඇඳුම් පැලඳුම්; යමක් ශුද්ධ කරන ස්ථානය; of metals පණ්පොවන ගිනි උදුන.

Fine-spun, a. හීන්කර කැටවාවූ; fig. ඉතා සියුම්.

Finesse, n. Fr. තීක්ෂණ උපාය, දක්ෂ උපාය, උපක්‍රමය.

Finesse, v. තීක්ෂණ උපා &c. යොදනවා *or* භාවිත කරනවා, දක්ෂ උපාවලින් ක්‍රියාකරනවා.

Fin-footed, a. (වරල් ආකාර) බදබපාද ඇත්තාවූ.

Finger, n. ඇඟිල්ල, අංගුලිය; a measure, an inch, අඟලක්. As at one's fingers' ends, lit. ඇඟිලි අග තිබෙන්නාක් මැනි; i. e. ඉතා ප්‍රගුණ, මනා පවුණු යක් ඇති; fig. දිව අග තිබෙන.

Finger, v. ඇඟිලිවලින් අල්ලනවා or තට්ටුකරනවා; අතගා හොරෙන් ගන්නවා; (ඇඟිලිවලින් තුයර් භාණ්ඩ) තට්ටුකරනවා or ගායනාකරනවා.

Finger-board, n. වීණාදණ්ඩ, (තුයර් භාණ්ඩවල) ඇඟිලි තට්ටුව, ඇඟිලි පෝරුව.

Finger-glass, n. ඇඟිලි සෝදන වීදුරුව, අත් සෝදන කෝප්පය.

Fingering, n. අතගෑම &c.; තුයර් භාණ්ඩයට තට්ටු කරන ආකාරය, අතගාන විසිය. [ලකුණ.

Finger-mark, n. ඇඟිලි ලකුණ, ඇඟිල්ල එබූ කිලුටු

Finger-post, n. මග පෙන්වන කණුව, අත ගහපු කණුව.

Finger-print, n. ඇඟිලි සටහන.

Finical, a. ජේත්තුකාර. [දඩ ගැසීම.

Fining, p. ශුද්ධකරමින්; දඩගසමින්; n. ශුද්ධකිරීම;

Fining-pot, n. (ලෝහ මකන) කෝච්ච, මූෂාව.

Finis, n. L. නිත්දුව, කෙලවර, අවසානය, සමාප්තිය, of a book (say) නිමි or සමාප්තයි.

Finish, v. නිත්දුකරනවා, හමාරකරනවා, කම්මුතු කරනවා, ඉවරකරනවා, අහවරකරනවා, අවසාන කරනවා, අවසන්කරනවා, නිරණයකරනවා, නිම කරනවා, නිමවනවා, සමාප්තකරනවා, නිෂ්ඨාකර නවා; (වැඩක්) සම්පූර්ණකරනවා.

Finish, n. නිත්දුව, නිෂ්ඨය; නිත්දුකර තිබෙන අන්දම or ආකාරය, අන්තිම වැඩය; අන්තිමට කරන දේ.

Finished, pp. or a. නිත්දුකරනලද &c., නිත්දුවූ, හමාරවුණ &c., කම්මුතු, අවසාන, සම්පූර්ණ, පාර ප්‍රාප්ත (උගතා). [කරන්නා.

Finisher, n. නිත්දුකරන්නා, නිමකරන්නා; සම්පූර්ණ

Finishing, n. නිත්දුකිරීම &c.; සමාප්තිය; (සම්පූර්ණ කිරීමට කරන) සමාප්තික වැඩය.

Finite, a. අනන්තනොවන, අන්තයක් සහිතවූ, නිමක් —ඉමක්—ප්‍රමාණයක්—ඇත්තාවූ, නියත, පරිමිත, පරිච්ඡින්න, having beginning and end ආද්‍යන්ත වත්.

Finitely, ad. අනන්තනොවනලෙස, නිමක්—ප්‍රමාණ යක්—ඇතුව, ආද්‍යන්තාකාරයෙන්.

Finiteness, n. අනන්තනොවන බව etc., පරිමිත තාව, ආද්‍යන්තතාව.

Finless, a. වරල් නැති, වල්පත් නැති.

Finny, a. වරල් ඇත්තාවූ, වල්පත් ඇත්තාවූ.

Fiord, n. මුහුදු තුඩුව, කරපුව.

Fir, a. or n. දේවදාර (ගහ, ලී).

Fire, n. ගින්න, ගින්දර, ගිනි, අග්නිය, වහ්නිය, දහනය, ජ්වාලය; තේජස, තෙද; fig. ඉතා උනන්දු භාවය, ප්‍රාණවත්කම, සැරකම; වෙඩිතිබීම; set on fire, be on fire (lit or fig.) අවුලුවනවා, ඇවිලෙනවා, ඇවිස් සෙනවා, ඇවිස්සී තිබෙනවා, ඇවිස්සී සිටිනවා.

Fire, v. (යමකට) ගිනිතිබනවා, ගිනිලනවා; (ගින්න, දර &c.) පත්තුකරනවා, (ගින්න) මොළවනවා, අවුලුවනවා; a gun වෙඩිතියනවා, වෙඩිතබනවා, පත්තුකරනවා, rockets ආකාශයෙහි අරිනවා; take fire පත්තුවෙනවා, ගිනිගන්නවා, දහවත් වෙනවා; cauterize පුලුස්සනවා; fig. ඇවිස්සෙන වා; ප්‍රාණවත්වෙනවා, ප්‍රාණවත්කරනවා, කුපිත කරනවා.

Firearms, n. pl. පත්තුකරන සියලු යුද්ධායුධ, තුවක් කු, කාලතුවක්කු &c.

Fire-bars, Furnace-bars, n. ගිනි උදුනේ ගරාදි මැස්ස.

Firebrand, n. පෙනෙල්ල (pl. පෙනෙලි), ගිනි පෙනෙල්ල, පෙනහෙලිය, අලාතය, විලක්කුව; fig. (අනුන් නපුරුකමට) අවුස්සවන්නා, උල්පන්දම් දෙන්නා, කෙටම්ලිකාරයා.

Fire-brick, n. ගින්නට නොබිදෙන ගඩොලක් ගිනි ගඩොල.

Fire-brigade, n. ගිනි නිවන හමුදාව.

Fire-damp, n. (අඟුරු ආකරවල) පත්තුවෙන වායුව, අංගාරජලකර වායුව.

Fire-eater, n. ගිනි කනවායයි බොරුවට පෙන් වන්නා; fig. ගහගැනීමට ලැදි අය.

Fire-engine, n. (ගිනි නිවන) ජලයන්ත්‍රය, අග්නි නිර්වා පන යන්ත්‍රය.

Fire-fly, n. කනමැදිරියා, කණෙද්කිමියා, කණෙද්පැණි යා, දහලා. [ආවුද.

Fire-irons, n. pl. (ගින්දර අල්ලන) අඩුව ආදි ලිපේ

Firelock, n. තුවක්කු වර්ගයක්.

Fireman, n. ගිනි නිවන හමුදාවේ කෙනෙක්; (ධූම යන්ත්‍රයේ) ගින්දර බලාගන්න අය.

Fire-pan, n. ගිනි භාජනය.

Fireplace, n. ලිප, උදුන, ලිපට යාවූ ඉඩම, ගිනිහල.

Fire-proof, a. පත්තුනොවෙන්නාවූ, ගිනිගන්වන්ට බැරිවූ, නොදන, අදාහ්‍ය.

Fire-side, n. ලිප or ගින්දර වටකර තැන; fig. ගෙදර, නිවාසය.

Firestick, n. ගිනි පෙනෙල්ල.

Firewood, n. දර, ඉන්ධන, කාෂ්ඨ.

Fireworks, n. pl. ගිනිකෙළි.

Fire-worship, n. ගින්නට නමස්කාරකිරීම, අග්නි නමස්කාරය.

Firing, v. ගිනිතිබීම &c., see verb; පිලිස්සීම; fuel දර, ගල්අඟුරු.

Firkin, n. ගැලුම් නවයක මිම්මක්.

Firm, a. නොසෙල්වෙන, නිශ්චල, අචල, අවිචලිත, ස්ථිර, සවි, හයි, තද, දෘඪ, ගාඪ, ධ්‍රැව, ස්ථාවර, ථාවර.

Firm, n. වෙළඳ සමාගම; වෙළඳ සමාගමේ නාමය.

Firmament, n. ආකාශය, අහස, අහස්තලය, නභස් තලය, නභොමණ්ඩලය, ආකාශමණ්ඩලය, ගගනය, අන්තරීක්ෂය, ව්‍යෝමවිස්තෘතිය, දේවපථය.

Firman, n. (තුර්කි ආණ්ඩුවේ) නියෝගයක්. අවසර පත්‍රයක්. [ඇති.

Firm-footed, a. නොසෙල්වෙන—නොලිස්සන—පාද

Firmly, ad. ස්ථිරලෙස, සවිලෙස, හයියෙන්, තද ලෙස &c.

Firmness, n. ස්ථිරකම, ස්ථිරත්වය, සවිය, තරය, තද කම, දෘඪතාව, ස්ථාවරතාව; in phren. මේ ගුණය පිහිටා තිබෙන මොළේ කොටස, අභිෂ්ඨානේන්ද්‍රියය.

First, a. temp. පළමුවෙනි, මුල්, ප්‍රථම, ආදිම, අග්‍රිම, ආද්‍ය, පූර්ව; loc. ඉස්සරහට—ඉස්සරව—තිබෙන්නාවූ; chief ශ්‍රේෂ්ඨ, ඉස්තරම්වූ, ප්‍රධාන, මුඛ්‍ය, ප්‍රමුඛ; first and last පූර්වාපර; in gram. first person උත්තම පුරුෂය.

First, ad. පළමුකොට, පළමුවෙන්, ප්‍රථමයෙන්, ඉස්ස රම, ඉස්සරහට; ප්‍රධානකොට, ප්‍රධානව, ප්‍රමුඛව; at first මුලදී.

First-born, n. කුලදුලා, fem. කුලදුලී, a. කුලදුල්, පූර්වජ, අග්‍රජ.

First-century, n. පළමුවෙනි ශතවර්ෂය. First-class, a. See First-rate.

First-fruit, First-fruits, n. තාඹුල් ඵල, අගස්; fig. පූර්ව ඵලවිපාක (මත ලාභ අලාභ &c.).

Firstling, n. කුළුදුල් මෘගයා. Firth, n. See Frith.

First-rate, a. ඉතා හොඳ, ඉස්තරම්, ශ්‍රේෂ්ඨ, උත්කෘෂ්ට, පරම.

Fisc, n. රාජ භාණ්ඩාගාරය; රාජ අරමුදල, රාජ ධන.

Fiscal, n. පිස්කල්තැන, ආණ්ඩුවේ භාණ්ඩාගාරිකයෙක්.

Fiscal, a. රාජ මුදල් භාණ්ඩාගාර, ආණ්ඩුවේ මුදල් ශබඩාව සම්බන්ධ, පිස්කල්.

Fish, n. මාළුවා, මාළුකුරියා, මත්ස්‍යයා; මාළු, dried fish කරවල, කරෝල; Maldive fish උම්බලකඩ.

Fish, v. මාළු අල්ලනවා, දැල්පත්තු කරනවා, මස් මරනවා, බිලිබානවා, මාළු බානවා; fig. ඇමක් දමනවා, උපායෙන් දැනගන්ට or ලබාගන්ට උත්සාහ කරනවා.

Fish, n. නැංගුරම් උස්සන යන්ත්‍රයක්; මත්ස්‍ය පිටේ හැඩයඇති බාල්කය.

Fish-backed, a. මත්ස්‍ය පිටේ හැඩය ඇත්තාවූ.

Fish-basket, n. මාළු කූඩය, මාළු වට්ටිය, මස් පැස, මත්ස්‍ය ධානිය.

Fisher, n. මස්මරන්නා, මාළු අල්ලන්නා, දැල්පත්තු කරන්නා, බිලිබාන්නා

Fisher-boat, n. මස්මරන්ට ගෙනයන ඔරුව &c., මාළු අල්ලන ඔරුව.

Fisherman, n. මස්මරන්නා, දැල්පත්තුකාරයා, කෙවුලා, කෙමනියා, ධීවරයා; මස්මරන නැව or ඔරුව.

Fishery, n. මසුමරන වැඩය, දැල්පත්තය, ධීවර කර්මය; මස් මරන—මාළු අල්ලන—ස්ථානය.

Fish-hook, n. බිලිකටුව, බලීශය, මත්ස්‍යවේධනය.

Fishing, n. මාළු ඇල්ලීම, මස් මැරීම, දැල්පත්තු කිරීම, මත්ස්‍යඝාතය.

Fishing, a. මස් මරන &c., see verb, මාළු ඇල්ලීමට අඩංගු.

Fishing-line, n. බිලිලනුව, මාළු යොත.

Fishing-net, n. දැල, ජාලය, මත්ස්‍යජාලය, hand-net අතංගුව, throwing net විසි දැල.

Fishing-rod, n. බිලිපිත්ත.

Fishmonger, n. මාළු වෙළෙන්දා, මාළු විකුණන්නා.

Fish-pond, n. මත්ස්‍ය තටාකය, මාළු පොකුණ.

Fish-sauce, n. මාළු සමග කන ඉස්ම.

Fishwife, Fishwoman, n. මාළු විකුණන ගෑනි, මාළු විකුණන්නී.

Fishy, a. මාළුවූ; මත්ස්‍යබහුලවූ; මාළු ආකාර.

Fissiped, a. පාද-ඇඟිලි ප්‍රභේදිතවූ; n. පාද-ඇඟිලි ප්‍රභේදිත සත්ත්වයා.

Fissure, n. පැළුම, සිදුර, විවරය; v. සිදුරක් කරනවා, විවරකරනවා.

Fist, n. මිට, මොලවාපු මිට, මුෂ්ටිය; අත්අකුරු; v. මිටින් ගහනවා, ගුටි අනිනවා, බුකුල් අනිනවා.

Fisticuffs, n. අනින ගුටි, දෙන පහර, ගහගැනීම, මුෂ්ටි ප්‍රහාරය, මුෂ්ටි යුද්ධය, මල්ලයුද්ධය.

Fistula, n. නළාව; (නළාහැඩය ඇති) පවු වණය, පිළිකාව.

Fistular, Fistulary, a. නළාව වාගේ කුහරවූ, නාලි [ආකාර.

Fit, a. නිසි, යුතු, සුදුසු, අනුරූප, හරුප්, යෝග්‍ය, උචිත, සමුචිත, අභි such as is fit නිසි ආකාර &c., යථෝචිත.

Fit, v. හරියන්ට සලස්වනවා, ගේත්තුකරනවා, අදාළ කරනවා, යොදනවා, ගළපනවා, සම්කරනවා; හරියනවා, සෑහෙනවා, ගේත්තුවෙනවා, එළෙනවා, අදාළවෙනවා, යෝග්‍යවෙනවා; fit out (ඕනෑදේ) සම්පාදනයකරනවා; fit up හරිගස්සනවා, සූදානම්කරනවා.

Fit, n. (මිමස්මර, ගැස්ම, යනාදී) හදිසි රෝගයක්, මූර්ඡාව, කාලාන්තරය; a fit of fever; laughter; sorrow &c.—උණගැනීම, උණගැනෙන වාරයක්; වේලාවක් පවතින හැර සිනාවක්; කාන්සාවට වැටීම &c.; (ඇඟට ඇඳුමක) ගේත්තුවීම or හරියාම.

Fitful, a. හදිසියෙන් වෙනස්වෙන්නාවූ, අනිස්ථිර, චපල.

Fitfully, ad. අනිස්ථිරලෙස, චපල ලෙස, ඉඳහිටලා, එහෙමිත් වතාවක්.

Fitly, ad. නිසිලෙස &c., see adj.

Fitness, n. සුදුසුකම, යෝග්‍යකම, යෝග්‍යතාව, න්‍යායතාව, පාත්‍රතාව; in shape හැඩහුරුකම, අඩ හැරය.

Fitter, n. අඩහැරකරන්නා; යන්ත්‍ර සම්කරන්නා.

Fitting, p. හරියන්ට සලස්වමින් &c., see verb.

Fitting, a. සුදුසු, යෝග්‍ය; fitting out &c. සම්පාදනය කරන &c., see verb.

Fittings, n. pl. (ගෙයක්, නැවක් &c. සම්පූර්ණකිරීමට ලාවවූ, යොත්, යනාදී) ඕනෑ අඩුමැඩිය, පූරණය.

Five, n. පහ, පස; a. පස්, පඤ්ච.

Fivefold, a. පස්පට ඇති; පස්ගුණ, පඤ්චගුණ.

Five-horse, a. අශ්වයන් පස්දෙනෙකුගේ බලය ඇති, පඤ්ච අශ්ව-බල (යන්ත්‍රය).

Fix, v. t. සම්කරනවා, තදකරනවා, පිහිටුවනවා, තහවුරුකරනවා, ප්‍රතිෂ්ඨාපනයකරනවා; (ඇස්) හෙළාගන සිටිනවා, (සිත &c.) යොමුකරනවා; (දවස, පිළිවෙළ &c.) නියමකරනවා.

Fix, v. i. තදවෙනවා, තිරවෙනවා, පිහිටනවා, පිහිටෙනවා, තහවුරු වෙනවා, ප්‍රතිෂ්ඨාපනයවෙනවා; (දියජාති) ඝනවෙනවා; fix on (සිතින්) නියමකරගන්නවා.

Fixation, Fixing, n. සම්කිරීම &c., අවස්ථාපනය, ප්‍රතිෂ්ඨාපනය; සම්වීම &c.; අවස්ථාපිතතාව; අචලත්වය, (දියනොවන) ඝනගතිය.

Fixed, a. ස්ථිර, අචල, සම්, නියමවූ; පහසුවෙන් උණු නොවෙන, or දියනොවෙන (රන්, තෙල් &c.); fixed stars ගමන් නොකරන—අභ්‍රමණ—තාරකා; based on පිහිටා or රඳාහිටින්නාවූ, අවස්ථාපිත, අවස්ථිත, ප්‍රතිෂ්ඨාපිත, වින්‍යස්ත.

Fixedly, ad. ස්ථිරලෙස, අචලලෙස &c.

Fixedness, Fixity, n. ස්ථිරකම, තදකම, අචලත්වය, ස්ථායිභාවය, අවස්ථාපිතතාව &c.

Fixture, n. (ගෙයක or අත්තැනක) සම්කරපු බඳුව, අචල බඳුම; නියම දිනක් or වැඩක්.

Fizz, Fizzle, v. ෆිෂ් යන ශබ්දය කරනවා, පිෂ්ශානවා.

Flabbiness, n. (ද්‍රව්‍යයක) තදනැතිකම, මොළොක් කම, ලිහිල්කම, ශිථිලතාව, ලම්බනතාව.

Flabby, a. සම් නැත්තාවූ, එල්ලා වැටෙන, මොළොක්, ලිහිල්, ශිථිල.

Flaccid, a. සම්නැති, බුරුල්, දුර්වල, ශිථිල, මැහැරී.

Flaccidness, Flaccidity, n. බුරුල්කම, ශිථිලතාව, ලම්බිතතාව.

Flacourtia, n. sweet lowilowi උගුරැස්ස, රට උගුරැස්ස, ප්‍රාචීනාමලකඵල.

Flag, n. (බිම අල්ලන) ගල්පෑල්ල, පෑලිගල ; v. (බිම) ගල්පෑලි අල්ලනවා.

Flag, v. මැලවෙනවා, මලානිකවෙනවා, දුර්වල වෙනවා, කෙඩෙත්තු වෙනවා, වසක්කේඩුවෙනවා, පසුබසිනවා, මැනෙනවා.

Flag, n. දියේ පත්ජාතියක් ; කොඩිය, කේතුව, ධජය, ධ්වජය, ධජපතාකය. Strike or lower the flag කොඩිය බානවා, යටත්වෙනවා.

Flag-bearer, n. කොඩිය or ධජය දරන්නා, කොඩිකාරයා.

Flagellate, v. කසෙන් — ඉපලෙන් — හැම්වියෙන් — තලනවා.

Flagellation, n. කසයෙන් &c. තැළීම.

Flageolet, n. (එක් ජාතියක) නළාව.

Flagging, n. ගල්පෑලි ඇල්ලීම ; ගල්පෑලි බිම.

Flagging, p. ගල්පෑලි අල්ලමින් ; මැලවෙමින් &c. ; a. මැලවෙන, මිලානිකවෙන &c., see verb.

Flagitious, a. ඉතා නපුරු, අති දුෂ්ට, අති පාපී, දරුණු, අපරාධික, ජඩ, සාහසික.

Flagitiously, ad. ඉතා නපුරුලෙස &c.

Flagitiousness, n. අති දුෂ්ටතාව &c.

Flagon, n. (දිය ජාති ගෙනයන) පටු කටක් ඇති භාජනයක්.

Flagrancy, n. (නපුරක) අධිකකම, බරපතළකම, සාහසිකතාව.

Flagrant, a. ඉතා මැඩ්වූ, අධික, බරපතළ, සාහසික, ඝෝර, (නරක දේ ගැන).

Flagrante delicto, L. අපරාධය කරද්දීම.

Flagstaff, n. කොඩිගහ, කොඩිකුඹය.

Flail, n. (මඩිනවා වෙනුවට) ගොයම් ගහන ලීය, ගොයි ලීය.

Flake, n. කොර පොත්තක් වැනි දේ, කුඩා කෑව්ය, (හිම, ගිනිපුපුර &c. වැනි) තුනී පැතලි කෑල්ල, පෙත්ත.

Flake, v. පෙති ආකාර කරනවා ; පෙති ගැලවෙනවා.

Flaky, a. පෙති ආකාරවූ, කොරපොතු ආකාර, පෙති ගැලවෙන සුලු.

Flambeau, n. පන්දම, විලක්කුව, හුළු.

Flame, n. ගිනිදැල්ල, ගිනිදලුව, දීපශිඛාව, පාත්සිඑව, ගිනිජාලාව, අග්නිජ්වාලාව, ගිනිමැලය ; fig. flame of desire &c. ආශා-ගින්න, ප්‍රේම-ගින්න, ජ්වලිත කම් නැමති ගින්න, කාමාග්නිය.

Flame, v. දැල්වෙනවා, ඇවිලෙනවා ; fig. ඇවිස්සෙනවා, හැරවෙනවා.

Flame-coloured, a. ගිනිපාට ඇත්තාවූ, ගිනිවන්, අග්නිවර්ණ.

Flaming, p. or a. ඇවිලෙමින් &c., ඇවිලෙන, ජ්වලිත, රතු, ඇවිස්සෙන.

Flamingo, n. රත්පැහැති ලක්ෂණ පක්ෂියෙක්, රාජහංසයා, රණහංසයා.

Flamy, a. ඇවිලෙන, ගිනි දැල්වූ, අග්නිවර්ණ, ආගෙන්ය.

Flange, n. (දුම්රියේ රෝදවල මෙන්) පිටට නෙරාපු ගැට්ට.

Flanged, a. ගැට්යක්—නෙරාපු ගැට්යක්—ඇත්තාවූ.

Flank, n. (ඉලඇට පටන් කලවය දක්වා) බඩේ පැත්ත, ඇලපත, පක්ෂය ; (යුද්ධ කණ්ඩායමේ) පැත්ත, අංගය, රංචුවේ තොංගල ; (ගොඩනැගිල්ලක) පැත්ත.

Flank, v. පැත්තට—කෙළවරට—ඉදිරිපිටින් සිටිනවා or ළංව සිටිනවා or තිබෙනවා, පැත්ත ඉදිරිපිටට වෙනවා or පැමිණෙනවා ; turn the flank (රංචුවේ) අංගය ඉදිරිපිටට පැමිණෙනවා.

Flannel, n. ලොම්රෙදි, පැනෙල් රෙදි, සිහින් කම්බිලි රෙදි ජාතියක්.

Flap, n. (අලිකන or දිග කබායේ, තොංගල් වාගේ එල්ලෙන) පළල් බුරුල් දෙයක් or පෙත්තක්, කබායේ පහත් පංගුව ; එවැනි පෙත්තකින් දෙන පහර ; වැනීම.

Flap, v. (අත්හැඳි මෙන්) වනනවා, වැනෙනවා ; (එසේ වැනී) වදිනවා ; (ඇරපු රෙද්දකින්) පහරක් දෙනවා ; flap the wings අත්තටු ගසනවා.

Flapping, p. or a. or n. වනමින්, වැනෙමින් ; වැනෙන ; වැනීම ; අත්තටුගැසීම, පක්ෂ ප්‍රසාරණය.

Flare, v. (ගිනිදැල්ල) චංචලවෙමින් ඇවිලෙනවා, හැරලෙස ගැහිගැහී ඇවිලෙනවා ; අධිකලෙස දිලිසෙනවා or ගිනිපාටට පෙනෙනවා.

Flare, n. (ගිනිමැලයක් මෙන්) චංචල ගිනිදැල්ල or අධික දිලිසීම.

Flash, n. (විදුලිය වාගේ) හදිසි දිලිහීමක්, මොහොතක හදිසි ගිනිදැල්ලක් ; fig. මොහොතක්—විකවේලාවක්—දිලිහී පවතින දෙයක්.

Flash, v. (lit. ආලෝකය, ගින්න ; fig. දක්ෂ කීම් &c.) හදිසියෙන් බැබළෙනවා, බබළනවා ; (කෝපයෙන්) හදිසියෙන් දිල්හෙනවා or හැරවෙනවා.

Flash, a. (නොවටිනා පිටත) දිලිහීමක් ඇත්තාවූ, අධම.

Flashily, ad. නොවටින (හිස්) පෙනීමක් ඇතුව, (අලේ නැති) හදිසි දීප්තයක් වශයෙන්.

Flashing, a. හදිසියෙන් බැබළෙන, විද්‍යෝතමාන, (එළිය, මුබරිතාව &c.).

Flashy, a. නොවටිනා දිලිහීමක් ඇත්තාවූ, පිටත පෙනුමක් පමණක් ඇත්තාවූ, හිස්.

Flask, n. පටු කටක් ඇති කුඩා භාජනයක්, බෝතල ජාතියක්, ජලමානකය ; වෙඩිබෙහෙත් කාරකය.

Flasket, n. දිග වේවැල් පෙට්ටියක්, පැස.

Flat, a. සමතලා, පැතලි, තැනිතලා, සම, අනුන්නත ; බෑවුම නැත්තාවූ ; බෑවුම මදිවූ ; (බිම) දිගාවී—වැටී—ඇත්තාවූ ; fig. අතීක්ෂණ (ශබ්දය) ; රසනැත්තාවූ, විරස, නීරස, අසාර ; හිතට නොවදින්නාවූ, මලානික, (කථා, දේශනා &c.) ; පැහැදිලි, සත්තක, ඒකාන්ත.

Flat, n. තලාව, සමතලාව, තැන්න, තැනිතලා ඉඩම ; ගෙයි තට්ටුවක් or මහලක්, මාලකය ; අතීක්ෂණ ශබ්දය ; අතීක්ෂණ ශබ්දයේ ලකුණ ; පලල්පාරුව ; (coll.) මෝඩයා, පහසුවෙන් රැවටෙන්නා.

Flatly, ad. fig. ප්‍රාණවත් නැතිලෙස ; අතීක්ෂණලෙස ; කෙළින්ම, මුළුමනින්ම, එකහෙළාම, ඉදුරාම, හාත්පසින්ම, (deny, refuse &c.).

Flatness, n. සමතලාකම, පැතලිකම, බෑවුම මදිකම ; රස මදිකම ; අතීක්ෂණතාව.

Flat-roofed, a. පැතලි වහලක් ඇත්තාවූ, වහල පැතලිවූ.

Flatten, v. සමතලාකරනවා, පැතලිකරනවා ; සමතලාවෙනවා &c. ; රස අඩුකරනවා ; (ශබ්ද) අතීක්ෂණ කරනවා or විකක් පහත් කරනවා.

Flatter, v. ඉච්චාකරනවා, ඉච්චා බස් දොඩනවා ; බොරු ප්‍රශංසාකරනවා, රවටනවා ; නිෂ්ඵල පැතුම් වලින් සන්තෝෂකරනවා.

Flatterer, n. ඉච්චාකරන්නා &c., ඉච්චාකාරයා, කයිවාරුකාරයා.

Flattering, p. or a. ඉච්චාකරමින් &c ; ඉච්චාකරන &c., ඉච්චාකාර, චාටුකාර, නිෂ්ඵල පැතුම් උපදවන ; සතුටිමය, ප්‍රීතිකර, ප්‍රශංසාමය, ප්‍රශංසා සහිත.

Flatteringly, ad. ඉච්චා වශයෙන් ; ප්‍රශංසා වශයෙන්.

Flattery, n. ඉච්චාකිරීම &c.; ඉච්චාව, බොරු ප්‍රශංසාව, චාටුව, චාටුකතිය, කසිවාරුව.

Flatulence, Flatulency, n. ආමාශයේ *or* බඩවැල්වල වාතය අටගැනීම, බඩේ වාතය, කුපිත වායුව, වායුගණ්ඩය, උදවර්තය, පාකජය.

Flatulent, a. වාතය වඩන (කෑම &c.), වාතජ (වේදනා &c.), බඩේ වාතය ඇත්තාවූ, වායුගුස්ත; fig. වාචාලවූ, හිස්වූ.

Flatus, n. L. පවන; (ඇඟේ අටගත්ත) වාතය.

Flatwise, ad. පැතලි පැත්ත යම් දිශාවකට තබා, අංගාකාරයෙන්.

Flaunt, v. (ජයකොඩියක් මෙන්) ප්‍රකාශලෙස වනනවා; පාරට්ටුවට — හිංසාවට — අහංකාරකමින් — යමක් පෙන්වනවා *or* කියා සිටිනවා.

Flavour, n. රස, සවාදය, ආසවාදය; පුස්බ, පුසුඹ, සුවඳ, ගඳ, ගන්ධය.

Flavour, v. රසකරනවා, රස කවනවා, (හොඳ *or* නරක) රසක් දෙනවා; ගඳ—සුගඳ, දුගඳ—ගදනවා.

Flavoured, pp. *or* a. රසකරනලද &c.; රසක්—ගඳක්—ඇත්තාවූ.

Flavourless, a. රසක් නැති, අරස, විරස; ගඳක් නැති, නිගන්ධ.

Flaw, n. පලුදුව, කැළල, ඇදකුදය, වැරද්ද, දෝෂය.

Flawless, a. පලුදුවක් නැති, කැළල් නැති, නිකැළැල්, ඇදකුද නැති, නිදෝෂ.

Flax, n. සිහින් හණ වැනි ජාතියක්, හණ, මහගැවිය, බුගැවිය.

Flaxen, a. හණවලින් සාදපු, ශාණ; ඒ ජාතියේ කෙඳිවල පාටඇති, රත්විස්. [වා.

Flay, v. හම ගහනවා, හම ගලවනවා, හම උලුප්පන

Flea, n. බලුමැක්කා, වැලිමැක්කා.

Flea-bite, n. බලුමැක්කාගේ හපාකෑම, හපාකෑ ලපය; fig. සුළු වේදනාවක්. [ම.

Flea-bitten, a. බලුමැක්කන් විසින් හපාකනලද; අඩ

Fledged, be, v. පියාපු අටගන්නවා *or* වැඩෙනවා, (ඉගිලීමට) පියාපු ඇතුව සිටිනවා.

Fledgeling, n. පියාපු වැඩුණ කුරුලු පැටියා.

Flee, v. පලායනවා, දුවයනවා, පලාදුවනවා, පැනලා යනවා, වලකිනවා.

Fleece, n. බැටළු ආදී සතුන්ගේ ලොම්; බැටළුලොම් මිටිය: i. e. එක සතෙකුගෙන් කපාගත්ත මුළු ලොම තරම.

Fleece, v. (බැටළුවාගෙන්) ලෝම කපාගන්නවා; fig. (වංචාවෙන් *or* බලයෙන්) පැහැරගන්නවා; (සුදු ලොම්වලින් මෙන්) සුදු පාටෙන් වසනවා, ශ්වේත කරනවා.

Fleecy, a. ලොම්වලින් වැසී තිබෙන; ලොම් මිටියක් වැනිවූ, මෘදු.

Fleeing, p. *or* a. පලායමින් &c.; පලායන.

Fleer, v. හෙළාදකිනවා, කවටකම්කරනවා, සුළුකරනවා, කවටකමට—නිඥාවට—ආචාරකරනවා.

Fleer, n. හෙළාදකීම, කවටකම, මිථ්‍යාචාරය.

Fleering, a. හෙළාදකින, etc.

Fleet, n. නැව් කණ්ඩායම, නැව් ගණනක්, නෞකා පඞ්ක්තියක්.

Fleet, a. ශීඝ්‍ර, ඉක්මන්, වේගයෙන් යන්නාවූ, ශීඝ්‍රගාමී, ජව සම්පන්න.

Fleeting, a. lit. වේගයෙන් පලායන fig. නොපවතින්නාවූ, අනිත්‍ය, අචිරස්ථායී.

Fleetly, ad. ශීඝ්‍රලෙස, වේගයෙන්, තුරිතලෙස, ක්ෂණිකව.

Fleetness, n. ශීඝ්‍රකම, ඉක්මන්කම, වේගය, වේගවත්කම.

Flesh, n. මාංසය, මස්, මාළු; (මත්ස්‍ය නොවන) ගොඩමස්, දඩමස් &c.; (ගෙඩිවල) මදය; fig. මාංසමය සත්ත්වයෝ, මනුෂ්‍යයා; ශරීරය, ශාරීරික තෘෂ්ණාව, මාංසික තෘෂ්ණාව; be one flesh එක ශරීර සම්භාවිත්ව සිටීම; an arm of flesh මනුෂ්‍ය බලය *or* පිහිට [නය.

Flesh-diet, n. මස් කෑම, මාංසාහාරය, මාංස භෝජ

Fleshiness, n. තරකම, තරබාරුකම, ස්ථූලතාව, පීනතාව, පිවරතාව, මාංසලත්වය.

Fleshliness, n. මාංසිකකම, මාංසතෘෂ්ණාධිකකම, කාමාසක්තිය.

Fleshly, a. මාංසාකාරවූ, මාංසවූ; මාංස තෘෂ්ණා ඇත්තාවූ, ඊෂසි. [ධ්‍යාසවූ.

Fleshly-minded, a. මාංසික සිතක් ඇත්තාවූ, කාමා

Fleshy, a. තරවූ, තරබාරු, ස්ථූල; බොහෝ මද ඇති.

Flew, Flough n. (වීසිවෙන) පුළුන්, පුළුන් කෙඳි, පුළුන් රේණු.

Flew, pret. of Fly, ඉගිලුණා.

Flex, v. නමනවා. See Bend.

Flexibility, Flexibleness, n. නැමෙනසුලුබව, තද නැතිකම; මුරණ්ඩුනැතිකම.

Flexible, a. නැමියහැකිවූ, නම්‍ය, නැමෙන සුලු, පහසුවෙන් නැමෙන; මුරණ්ඩු නැති, නරමා යටට පුළුවන්, කීකරුවෙන්නාවූ, අනිස්ථිර.

Flexile, a. පහසුවෙන් නැමෙන; (බලයට, දක්ෂතාකමට *or* ආඥාවට) යටත්වෙන, අවනතවෙන.

Flexor, n. in anat. (අත &c.) නමන නහරය.

Flexuos, Flexuose, a. වක්ව යන, නැමී—හැරී—යන, වකුටු.

Flexure, n. නැමීම, නැමුම, වක, වංගුව; ශරීරයෙන් අවනතවීම.

Flicker, v. (ගිනිදැල්ල) ගැහිගැසී ඇවිලෙනවා, චංචල ලෙස දිලිසෙනවා.

Flight, n. ඉගිලීම &c., see Fly; ඉගිලෙන දුර ප්‍රමාණය; of birds ඉගිලෙන පක්ෂි රැළ; of arrows එකවරට විදින ඊ ගණනක්; of an arrow ඊ හැරය; of stairs පඩි පෙළ, සෝපාන පඞ්ක්තිය; fleeing පලායාම &c. see Flee, දුවය, පලායනය. [කම.

Flightiness, n. චපලත්වය, සලපතලකම, මද උමතු

Flighty, a. fig. (සිතින් *or* සිතිවිල්ලෙන් ඉගිලෙන්නාක් මෙන්) චපල, හිතුබුද්ධිවූ, මදක් උමතුවූ, කයිගොනුවූ, සලපතල.

Flimsiness, n. සවි නැතිකම, etc.

Flimsy, a. සවි නැති, දුර්වල, බෙලහීන, හැහැල්ලු, ස්ථිර නැති, ලඝු, තුනී, වලංගු නැති, නිස්සාර, ශූන්‍ය.

Flinch, v. (භයින්) පස්සට පනිනවා, ඇකිළෙනවා, පස්සට වෙනවා, පසුබටවෙනවා.

Fling, v. වීසිකරනවා; fling down හෙළනවා; fling to the ground බිම හෙළනවා, හෙළාදමනවා, දමා ගසනවා, fig. defeat පරදවනවා; fling away අහක දමනවා; fling open (දොර) සැරෙන් ඇරතබනවා; fling up උඩට වීසිකරනවා, fig. අත්ඇරදමනවා; fling an affair &c. at a person යම් කාරණයක් නින්දාවක් *or* වරදක් කොට සඳහන්කරනවා, ඇනුම් පද කියනවා. [ගසීමට.

Fling, n. වීසිකිරීම; fig. ඇනුම්පදය, හෙළාදකීම.

Flint, n. ගිනිගල, අග්නිපාෂාණය, අග්නිප්‍රස්තරය.

Flint-glass, n. (මුලදී ගිනිගලෙන් සෑදූ) පවිත්‍ර අතසි වීදුරු.

Flint-hearted, a. දූඩි හිතක් ඇති, කෲරතර.

Flintiness, n. ගිනිගල් වැනි බව, දූඩිකම, දූඩිතාව.

Flinty, a. ගිනිගල්වූ, අග්නිප්‍රස්තරමය ; ගිනිගල් මිශ්‍රවූ; ගිනිගල් සමානවූ, fig. තද, දූඩි, කෲර.

Flip, n. උණුවූ මිශ්‍ර මත්පැන් ජාතියක්.

Flipflap, n. පළල් දෙයක වැදීමේ ශබ්දය.

Flippancy, n. දෙඩවිල්ල, සැහැල්ලු වාචාලකම.

Flippant, a. දෙඩවන, වාචාල, සැහැල්ලු කථාකාර, චපල.

Flippantly, ad. දෙඩවිලිලෙස, වාචාලලෙස, සැහැල් [ලුලෙස.

Flirt, v. සැහැල්ලුලෙස හැසිරෙනවා, සරදම්කරනවා, අඟරකරනවා, විලාසපානවා. See Coquet.

Flirt, n. සැහැල්ලුලෙස හැසිරෙන අය, විලාසපාන්නී.

Flirtation, n. (ප්‍රේමය ගැන) සැහැල්ලුලෙස හැසිරීම, විලාසය.

Flit, v. තැනින් තැන පැනයනවා, තැනින් තැන ඉගිලී යනවා, යුහුව ඔබමොබ හැසිරෙනවා.

Flitch, n. ලුණු ඌරුමස් පළුවක්.

Flitting, n. තැනින් තැන පැනයාම &c.; නිවාසය මාරුකිරීම, අමුතු ගෙයකට යාම.

Float, v. i. ඉලිප්පෙනවා, ඉල්පෙනවා, පාවෙනවා, පාවී තිබෙනවා; (නොවැටී) ආකාශයෙහි පවතිනවා ; float before the mind කල්පනාවෙච් තිබෙනවා.

Float, v. t. දියට බානවා, දියත්කරනවා ; පාකරනවා, [ඉල්පවනවා.

Float, n. ඉලිප්පී තිබෙන දේ, පහුර, තරණය ; ඉපිල්ල, ඉපියාව.

Floating, n. ඉලිප්පීම &c. ; දියට බෑම &c., see verbs.

Floating, a. (වතුරපිට) ඉලිප්පෙන, පාවෙන ; ගණින් අනියම් (මිල, ණය &c.).

Floating-battery, n. පහුරක් — or නැවක් — උඩ තිබෙන කාලතුවක්කු කණ්ඩායම.

Floating-bodies, n. දිය පිට ඉලිප්පෙන දේ (වන නැව්, ඔරු, ආදිය.)

Floating-bridge, n. ඉලිප්පෙන පාලම, පාරුපාලම.

Floating-breakwater, n. ඉලිප්පෙන මුහුදු ප්‍රාකාරය.

Flocculent, a. ලොම්රොද ආකාර, පෙති වශයෙන් කැටිගැසී තිබෙන.

Flock, n. රැළ, රංචුව, සමූහය, යූථය ; fig. ක්‍රිස්තියානි [සභාව.

Flock, v. (සමූහ වශයෙන්) එකතුවෙනවා, රැස්වෙනවා, රංචුගැහෙනවා.

Flock-bed, n. ලොම්රොද මෙත්තය, ලාක්ක කැබලි මෙත්තය.

Flocky, a. ලොම්රොද ආකාර, එවැනි කැබලි බහුල [වූ.

Floe, n. මුහුදේ පාවෙන මිදිච්ච දිය රැසක්.

Flog, v. තළනවා, තාඩනයකරනවා, ඉපල්පහර දෙනවා, කෝටුමස්කරනවා.

Flogging, n. තැළීම &c., තාඩනය.

Flood, n. වතුර ගැලීම, ජලගැල්ම, ගංවතුර, ජලප්‍රවාහය, ගංගාප්‍රවාහය ; of the tide වඩදිය ; the flood, see Deluge ; fig. සකණ්ඩය, සමෘද්ධතාව, අධිකතාව.

Flood, v. t. වතුර (ගොඩට) ගලනවා or ගලායනවා ; ගලන්ට අරිනවා or සලස්වනවා, යම් තැනකට වතුර අරිනවා; ඉතිරියන්ට සලස්වනවා, බහුලකරනවා.

Flood-gate, n. ජලද්වාරය, ජලදොර, දියදොර, වතුර දොර ; fig. රාශියක් පැමිණෙන ද්වාරය or මග.

Flooding, n. වතුර ගැලීම &c., see verb ; (ගර්භයෙන් යන) අධික ලේ ප්‍රවාහය, ලේමාදය.

Floor, n. (ගෙයක or යම් ස්ථානයක) බිම ; ගෙයක තට්ටුවක්, මහල, මාල, දූව තට්ටුව.

Floor, v. (ගඩොල්, ලෑලි, යනාදියෙන්) බිම සාදනවා or හරිගස්සනවා ; බිම ගසාදමනවා ; fig. (විවාදයෙන් &c.) පරදවනවා.

Floor-cloth, n. ගෙයි බිම වසන ඉටිරෙද්ද, බිම රෙද්ද.

Flooring n. බිම සෑදීම &c. ; සාදපු බිම, තට්ටුව ; බිම සෑදීමට ගන්න ද්‍රව්‍ය (වන ගැඩොල්, ලීදඬු, යනාදිය)

Floor-timbers, n. ලෑලි ගැසීමට බිම දමන බාල්ක, බිම බාල්ක, තට්ටුවේ දූව.

Flora, n. in myth. පුෂ්පදේවතාවී ; modern usage යම් රටකට or යුගයකට අයිති ගස්කොළන් or වෘක්ෂලතාදිය ; වෘක්ෂලතාදියේ නාමාවලිය.

Floral, a. මල් අඩංගුවූ, මල් සම්බන්ධ, පෞෂ්ප ; මල්වූ, කුසුම ; floral envelope පෞෂ්පික කෝෂය, මල් කොපුව.

Florescence, n. මල් පිපීම ; මල්ගන්න කාලය.

Floriculture, n. මල්පැළ වැවිලිකිරීම, මල්වැවීම.

Floriculturist, n. මල්පැළ වැවිලිකරු.

Florid, a. මද රතුවූ, වර්ණයෙන් දීප්තිමත් ; අලඞ්කාර ; සැරසිලි හා උපමා බහුල (කථාව &c.), සුසජ්ජිත.

Floridness, n. දීප්තිමත්කම, අලඞ්කාරය ; සැරසිලි බහුලකම, සුසජ්ජිතතාව.

Floriferous, a. මල්දරන. **Florification**, n. මල්දූරීම, මල් පිදෙන කාලය.

Floriform, a. මල්හැඩය ඇත්තාවූ, පුෂ්පාකාර.

Florin, n. ශිලිං දෙකක මිලයක්, රුපියල.

Florist, n. මල් වවන්නා ; පුෂ්ප-ශාස්ත්‍රකාරයා; වෘක්ෂලතාදිය ගැන රචනාවක් කරන්නා.

Floss, n. (සමහර කරල්වල) සිහින් කෙඳි, පුළුන්, කපු පුළුන්, පට පුළුන් or සිහින් පටකෙඳි.

Flotation, n. ඉලිප්පීම ; ඉලිප්පෙන වස්තූන් පිළිබඳ [ශාස්ත්‍රය.

Flotilla, n. කුඩා නැව් කණ්ඩායමක්.

Flotsam. **Flotson**, n. (නැව් බිඳීමෙන් නැතිවී) පාවෙන [බඩු.

Flounce, v. ඔබමොබ පනිනවා, සලපතළකමින් ක්‍රියාකරනවා, සැරලෙස එහාට මෙහාට පැන ක්‍රියාකරනවා, දඟලනවා.

Flounce, n. නොඉවසිලි ක්‍රියාවක් ; (ගවුමේ මහන) බුරුල් රැල්ල or වාටිය, පොලොසිය.

Flounder, v. (මඩේ එරෙන අශ්වයෙකු මෙන්) දඟලනවා, පෙරළෙනවා, වැතිරෙනවා.

Flounder, n. මත්ස්‍ය ජාතියක්.

Flour, n. පිටි, පිෂ්ටය, චූර්ණය.

Flour, v. පිටි ගහනවා or ගානවා or ඉහිනවා.

Flourish, v. සරුවෙනවා, සශ්‍රීකවෙනවා, දියුණුවෙනවා, වැඩිදියුණුවෙනවා, වර්ධනයවෙනවා, සමෘද්ධවෙනවා ; අකුරු සැරසිලිසහිත ලියනවා ; අලංකාර වාක්‍ය භාවිතාකරනවා ; අලංකාරලෙස හරඹකරනවා.

Flourish, n. පිටතින් සැරසිලි පෑම, පිටත අලංකාරය; අලංකාරයට ලියන ඉර ; හරඹය ; මිහිරිකමට කරන වැඩිපුර ශබ්දය.

Flourishing, a. සරුවෙන්නාවූ &c., දියුණුවීගෙන යන, සරු, සශ්‍රීක, සමෘද්ධ.

Flour-mill, n. ධාන්‍ය අඹරන මෝල, පිටි මෝල.

Flout, v. හෙළාදකිනවා, ගර්හාකරනවා, පුළුකම්කරනවා, කවටකම්කරනවා.

Flout, n. ගර්හාව, කවටකම.

Flow, v. ගලනවා, ගලායනවා ; of milk to the udder එරෙනවා ; abound බොහෝසෙයින් පැමිණෙනවා, ඉතිරෙනවා ; (හේතුවකින්) නික්මෙනවා ; (දියමෙන්) පහසුවෙන් නික්මයනවා ; (ඇඳුම මෙන්) බුරුල්ව වැටෙනවා.

Flow, n. ගැලීම &c.; වතුරබස්නාව, ප්‍රවාහය, ජල ප්‍රවාහය; දියපාර, සැඩපාර, of the tide වඩදිය; fig. වතුර ගැලීම වැනි කථාව, පූර්ණත්වය.

Flower, n. මල, පොහිය, පුෂ්පය, කුසුමය; fig. උතුම් කොට්ඨාසය, උතුම් අය; flower of speech සංරසිලි බස, උපහැරණ බස; flower of life තරුණප්‍රයස.

Flower, v. මල්ගන්නවා, මල් පිපෙනවා, පුදිනවා, පිදෙනවා, ජෘම්භණයවෙනවා; මල් ආකාරයෙන්—මල්වැඩෙන්—විසිතුරුකරනවා.

Flower-basket, n. මල් ගුලාව, මල් පැස.

Flower-bud, n. මල් කැකුළ, කලිකාව, මොට්ටුව.

Flowered, pp. or a. මල් අටගැති—පිදී—තිබෙන, ජෘම්භිත, පුෂ්පිත, කුසුමිත, විකසිත, ඵුල්ල, මල් වැඩෙන් සැදි, සජ්ජිත.

Floweret, Floret, n. කුඩා මල, ක්ෂුද්‍ර පුෂ්පය.

Flower-garden, n. මල්වත්ත, පුෂ්පෝද්‍යානය, පුෂ්ප වාටිකාව, පුෂ්පාරාමය.

Flower-fence, n. මොනරකුඩුම්බි ගස. [ශීර්ෂය.

Flower-head, n. in bot. ශීර්ෂාකෘති පුෂ්පය, කුසුම

Floweriness, n. මල් සහිතකම, පුෂ්පිතතාව, පුෂ්පශාලීතාව; (වාක්‍යවල) අලංකෘතිය, සජ්ජිතතාව.

Flowering, p. or a. මල්ගනිමින් &c.; මල්ගන්න, පුදින &c., ජෘම්භමාන, කුසුමවත්.

Flowerless, a. මල්නැති, මල්නොගන්න, පුෂ්පශූන්‍ය, පුෂ්පහීන.

Flower-pot, n. මල් පෝච්චිය.

Flower-show, n. පුෂ්ප ප්‍රදර්ශනය, මල් දක්කුම.

Flower-stalk, n. මල් නටුව, පුෂ්ප වෘන්තය. Flower-work, n. මල්වැඩ.

Flowery, a. මල් සහිතවූ, මල්වලින් ගැවසි, පුෂ්පශාලී, පුෂ්පවත්, පෞෂ්ප; කුසුමාකාර, මල් වැඩ සහිත; සැරසිලිවූ, අලංකාර, සුසජ්ජිත, (කථා &c.).

Flowing, p. or a. ගලායමින් &c., ගලායන &c., see verb; fig. පහසුවෙන් කියවෙන, දිය මෙන් ගලන, ප්‍රසෘත.

Flown, pp. of Fly, ඉගිලි.

Fluctuate, v. (මුහුද රළ මෙන්) චලිතවෙනවා, වරින් වර වෙනස්වෙනවා, එහා මෙහා පෙරළෙනවා, ඉහළ නැගී පහළ වැටෙනවා, උස් පහත් වෙනවා, අස්ථිරව තිබෙනවා.

Fluctuation, n. චලිතවීම &c., චලිතය.

Flue, n. දුම්නළය, දුම් මග, (උෂ්ණය—හුළඟ—ගෙන යන) නළය, නාලය.

Fluency, n. කථාවේ පහසුකම, මුඛරිතාව, මුඛරිකම, වාක් පටුත්වය.

Fluent, a. පහසුවෙන් කථාකරන්නාවූ, මුඛරිතාව ඇත්තාවූ; දිය මෙන් ගලන (කථාව); fluent or ready speaker මුඛරියා.

Fluently, ad. පහසුවෙන්, ඇනහිටින්නේ නැතුව, මුඛරිතාවෙන්.

Fluid, n. දියවූ ද්‍රව්‍යය, ද්‍රවය, දියර; (වාත සමාන) වායු සියලු ජාති.

Fluid, a. (ඝන—තද—ද්‍රව්‍ය නොවන) දියවූ, ද්‍රව; වායු.

Fluidity, Fluidness, n. දියරභාවය, ද්‍රවත්වය, උතන or හමන භාවය.

Fluke, n. (නැංගුරමේ &c.) හැන්දක් වැනි තුඩ; සවල්ප වාසනාව, වාසනාවනත සිද්ධිය.

Flummery, n. ඝන කැඳ or තරල ජාතියක්; නිස්සාර ලෙඩුම, ඉච්චාව.

Flunkey, n. වාලෙතුලෙස කුඩාකම් පාන්නා, නිච මෙහෙකරුවා, පහත් අය.

Flurry, n. කලබලකම, ව්‍යාකූලතාව, සම්භ්‍රමය, විභ්‍රමය, ත්වරාතිය, කලබැගෑනිය, චංචලය, වික්ෂය, නැගිගැස්ම.

Flurry, v. චංචලකරනවා, විස්මිතකරනවා, මදක් නැතිගස්සනවා.

Flush, v. හදිසියෙන් ගලනවා; (කානුවකට &c.) වතුර ප්‍රසෘත අරිනවා; (අහස, මුහුණ) දිලිසෙනවා, රතුවෙනවා; with joy ප්‍රීතියෙන් පූර්ණවෙනවා, පූර්ණකරනවා.

Flush, n. හදිසි ගැලීම; හදිසි—අමුතු—දිලිසීම or රතුවීම; හදිසි වැඩීම, සමෘද්ධතාව.

Flush, be, v. පූර්ණව තිබෙනවා or සිටිනවා; level with එක මට්ටමට තිබෙනවා.

Flushed, pp. or a. හදිසියෙන් පූර්ණවූ, වතුර හුහක්ම අරිනලද, (කානු &c.); රතුවූ, දිලියෙන, (මුහුණ); (ජයෙන් &c.) ප්‍රීතිමත්, ගර්විත.

Fluster, v. චංචලලෙස හැසිරෙනවා, චංචලකරනවා. See Bustle.

Fluster, n. කලබලකම, චංචලය, විකිතය, චිත්ත විභ්‍රමය, ව්‍යග්‍රතාව, ව්‍යාකූලතාව.

Flute, n. musical නළාව, වංශය, සානිකාව; pipe නළය, නාළය.

Flute, v. (කුලුනක or ඇඳුමක) නළ සාදනවා.

Fluted, a. නළාකාර, නළ ඇත්තාවූ. [නළ වැඩ.

Fluting, n. (කුලුනක &c.) නළයක් or නළ ගණනක්,

Flutter, v. පියාපත් ගසනවා or සොලවනවා, අත්තටු ගසනවා; සැලෙනවා, වැනෙනවා; fig. වියවුල්ලෙස or චංචලලෙස හැසිරෙනවා; මදක් වියවුල්කරනවා, චංචලකරනවා, විකිතකරනවා.

Flutter, n. පියාපත් ගැසීම, හුහුහුණුව වැසීම; චංචලය, වියවුල. [ද්‍ර.

Fluvial, a. ගංගාවලට අයිතිවූ; ජලජ, දියෙහි ඉන්නා

Fluviatile, a. ගංගා සම්බන්ධ, ගංගාවල ඇත්තාවූ, (ගල්තලවූ).

Flux, n. ගැලීම, ගැල්ම, ස්‍රවය, ප්‍රස්‍රවය, ප්‍රවාහය, උතන දේ; (ලෝහජාති) උණුකරන රසායන ද්‍රව්‍ය; (ඇඟෙන්) අයිකාලෙස පහවෙන ද්‍රව්‍ය, කිරිලිංගිය, කාබුත්තුව; of the tide වඩදිය. [වා.

Flux, v. (ලෝහ) මකනවා, උණුකරනවා, දියකරන

Fluxible, a. මැකිය හැකි, උණුකළ හැකි.

Fluxion, n. ගැලීම; ගලන—යන—පහවෙන—ද්‍රව්‍ය. See Differential & Calculus.

Fly, v. i. ඉගිලෙනවා, පියාසරකරනවා, පියාඹනවා, අහසින් යනවා; go or pass swiftly වේගයෙන් යනවා or පසුවෙනවා; flee පලායනවා; burst හදිසියෙන් පිපිරෙනවා; fly open හදිසියෙන් or සැරෙන් ඇරෙනවා; (රෙද්දක් or කොඩියක් මෙන්) හුළඟට වැනෙනවා, ලෙලදෙනවා; හදිසියෙන් කිපෙනවා, ඇවිස්සෙනවා.

Fly, v. t. (සැතකින් &c.) පලායනවා, (දෙයකින් &c.) දුරුවෙනවා, වලකිනවා; (සරුංගල්) අරිනවා; let fly (ඊගස්) විදිනවා, හදිසියෙන් අරිනවා, (පහර) හදිසියෙන්—සැරලෙස—ගසනවා.

Fly, n. මැස්සා; blue fly නිල්මැස්සා; අශ්වරථ ජාතියක්, සැහැල්ලු රථය.

Flying-fish, n. පියාපත් මත්ස්‍යයා, පියාමස්සා.

Fly-blow, v. (මැස්සන් විසින්) ඉහඳ දමනවා; n. ඉහඳ, මැසි ඉහඳ.

Flying, p. or a. පියාසරකරමින් &c.; පියාසරකරන; වැනෙන &c.; වේගයෙන් යන; with flying colours වැනෙන කොඩි ඇතුව, fig. ජය ලකුණු ඇතුව.

Fly-leaf, n. පොතේ හිස් කොළයක්.

Fly-wheel, n. (යන්ත්‍ර වේගය ඒකාකාරවීමට දමන) මහ රෝදය, බර වළල්ල.

Foal, n. අශ්ව පැටියා, කොටළු පැටියා; v. (අශ්ව, එළෙඬී &c.) පැටියෙකු වදනවා.

Foam, n. පෙණ, පෙද.

Foam, v. පෙණ දමනවා, පෙන නගිනවා; fig. සැර කෝපය පානවා; පෙණ නැමිනි ගාප &c. පිටෙව්තු කරනවා.

Focal, a. තුඩිස්ම රැස්වෙන තැනට අයිතිවූ, යොමු වෙන මැද තැනට අයිතිවූ.

Focus, n. (වීදුරුවකින් වැටෙන) එළිය රැදෙන තැන, රශ්මි ඇස; (රැස්වෙන, රැදෙන or යොමුවෙන) මැද තැන.

Focus, v. තුඩික් වෙනලෙස යොමුකරනවා.

Fodder, n. මෘගයින්ට දෙන කෑම, පිදුරු—වේළුවව තණකොළ—යනාදිය.

Fodder, v. මෘගයින්ට කෑම දෙනවා, පිදුරු ආදිය දමනවා.

Foe, n. සතුරා, විරුද්ධකාරයා, වෛරියා, සතුරු සෙනග; විරුද්ධකාරයා.

Foetus, n. See Fetus.

Fog, n. මිනිදුම, මීදුම, බූපිකාව, බූමමහිකය.

Foggily, ad. මීදුම් ඇතුව, මීදුම් ආකාරයෙන්; fig. අඳුරුලෙස.

Fogginess, n. මීදුම් සහිතකම; fig. අඳුරුකම, නොපැහැදිලිකම, අවුල.

Foggy, a. මීදුම් සහිත, මීදුම් ආකාර; fig. අඳුරු, මොට්ට, නොපැහැදිලි.

Fog-signal, n. (දුම්රියට) මීදුම්කාදී නගන ශබ්දය, මීදුම් සංඥා ශබ්දය.

Foible, n. (සිතේ or ලීලාවේ) දුර්වල ගතියක්, සුළු ඇදකුදයක්.

Foil, v. හොඳටම බාධාකරනවා, පරදවනවා; (අදහස් &c.) නිෂ්ප්‍රභාකරනවා.

Foil, n. පරාදය, නිෂ්ප්‍රභාවීම; මොට කඩුව.

Foil, n. තුනී ලෝහකොළ; (යමක් වඩා හොඳට පෙනෙන පිණිස ඒ සමග තිබෙන රිටි) ඉතා වෙනස්වූ දෙයක්, විපර්‍යාසය.

Foiled, pp. or a. බාධාකරනලද &c., බාධාවූ, බාධිත, මැරිවුණ, ප්‍රතිහත.

Foist, v. හොරෙන් අඩංගුකරනවා, අයුක්තියෙන් පමිරනවා or ආරූඪ කරනවා.

Fold, v. අකුළනවා, නමනවා; නැමෙනවා; arms or garments අත් අකුළාගන්නවා, පෙරවනවා; ගාලට ඇතුල්කරනවා, ගාල්කරනවා.

Fold, n. (නමන) පටක්, දෙපටක් &c., රැල්ල, නැමුම; (වැඩිකරන) දෙගුණයක්, දෙගුණයින්, තුන් ගුණයක් &c., වාරය; for cattle ගාල, පට්ටිය, ගෝමණ්ඩලය; බැටළු රැළ, සමූහය.

Folded, pp. or a. අකුළනලද, අකුළාපු &c., නැමී තිබෙන; අකුළාගත් (අත් &c.); ගාල්වී සිටින.

Folder, n. නමන්නා; (කඩදසි &c.) නමන ආවුදය.

Folding-doors, n. pl. අකුළන දොරවල්, බියලි දොර.

Foliaceous, a. කොළවූ, පත්‍ර; කොළ මුසු; පත්‍රාකාර, කොරපොතු වැනි.

Foliage, n. කොළ පත්‍ර, කොළ—මල්—රිකිලි—අතු—ආදිය.

Foliate, v. කොළ මෙන් වෙනලෙස තලනවා or තුනී තහඩු තලනවා; තුනී ලෝහකොළ අලවනවා, තුනී යට ලෝහජාති ගානවා.

Foliate, a. කොළ ඇත්තාවූ, පත්‍ර සහිත.

Foliated, pp. or a. පත්‍රාකාරයට තලනලද &c.; තුනී ලෝහ කොළවලින් වැසී තිබෙන; තුනී තහඩු ආකාර; පත්‍රාකාර.

Foliation, n. තුනී තහඩු තැළීම; තුනී තහඩුවකින් විසාරීම; in bot. කොළදළුවීමේ දළුවේ පෙති නැවී තිබෙන විධිය; in arch. කවුළු වේ ක්ෂුද්‍රාඩිච්ත්‍ර.

Foliferous, a. කොළ දරන, පත්‍රධාරී.

Folio, n. සම්පූර්ණ කොළය දෙකට නැමූ කඩදසියේ මිනත; (ඒ) දෙපට කඩදසිය; ඒ මිගත ඇති පොත; ගණන් පොතේ පත්ඉරුව.

Folk, n. Folks, pl. සෙනග, මිනිස්සු, අයවල්; young folks බාලයෝ, තරුණයෝ, old folks වයස් ඇත්තෝ, මහල්ලෝ.

Folk-lore, n. ජන ව්‍යවහාර, ජනශ්‍රැතිය.

Follicle, n. in bot. එක වැස්මක් ඇති බීජකෝශය; ශරීරයේ වාප්‍ර කෝශය, කුඩා මල්ල or කුහරය.

Follow, v. (යමෙක්) පස්සේ යනවා or එනවා, අනුව—කැටුව—යනවා &c.; පසුව පැමිණෙනවා; හේතුව කින් or කාරණාවකින් අවබෝධ වනවා or පැමිණෙනවා; follow on නොකඩවම යනවා; chase ලුහුබැඳ යනවා; follow any one's example යමෙකුගේ ආදර්ශයේ හැටියට කරගනයනවා, අඩිපාරේ යනවා, අනුගමනය කරනවා; follow a command අණකට කීකරුවෙනවා; follow with the eyes &c. ඇසින්—සිතින්, කල්පනාවෙන්—බලාගන යනවා; follow a business යම් වැඩක්—නිලයක්—නියමයට කරනවා.

Follower, n. අනුව්යන්නා, කැටුවයන්නා, අනුචරයා; යමෙකු යටතේ හැසිරෙන්නා; යමෙකුගේ ගුරුකම් පාරේ යන්නා, ගුරුකම් or ආදර්ශය පිළිගන්නා, යමෙකු භජනාකරන්නා, ගෝලයා, ශිෂ්‍යයා, B. ශ්‍රාවකයා; අතවැසියා.

Following, p. or a. අනුව යමින් &c., පස්සේ යන &c., අනුගාමික, අනුයායි; පහත සඳහන්වන; the following day &c. පසුවද, ඊළඟද &c.

Folly, n. මෝඩකම, අනුවණකම, මූඪත්වය, මූඪතාව, බුද්ධිහීනත්වය, අඥතාව.

Foment, v. තවනවා; fig. (ඩබර, සටන් &c.) උසුල්ල වනවා, පොලඹනවා, වැඩිකරනවා.

Fomentation, n. උණුදිය ජාතිවලින් තැවීම, තැවිල්ල, තැවුම; තවන උණු බෙහෙත් වතුර; (දබර &c.) උසුල්ලවීම, ඇවිස්සීම, පෙලඹීම.

Fond, a. ආලය ඇති, ප්‍රිය, සුරතල්, අනුරක්ත; මෝඩ.

Fond of, be. v. ආලය ඇතුව සිටිනවා, ආලයකරනවා. ආලයවෙනවා, ඇලුම්ව සිටිනවා, කැමතිව සිටිනවා.

Fondle, v. ආදරකරනවා, සුරතල්කරනවා.

Fondling, n. ආදරකිරීම &c.; සුරතල් දරුවා, සුරතල් සතා or සුරතල්දෙය.

Fondly, ad. ආලය ඇතුව, ආලයෙන්, සුරතල් ලෙස, සුරතලට.

Fondness, n. ඇලුම්කම, ලැදිකම, ස්නේහය, ප්‍රීතිය, ප්‍රියතාව, කැමතිවීම, වාත්සල්‍යය, වත්සලතාව.

Font, n. බව්තිස්ම භාජනය, බව්තිස්ම ජලාශය.

Font, n. (එක ප්‍රමාණයේ) අච්චු අකුරු ජෝඩුව, සමාක්ෂර පූරණයක්.

Food, n. කෑම, බොජුන්, භෝජනය, ආහාරය, ඛාද්‍ය භෝජ්‍ය, ඛාදනය, අශනය, පිණ්ඩය, අශනය; fig. (ප්‍රඥුවට etc.) ගෝචරය.

Fool, n. මෝඩයා, තකතිරුවා, මූඪයා, මුග්ධයා, මූඪයා, අඥයා; කවටයා, විහිළුකාරයා, විදූෂකයා, විගඩම්කාරයා; in law සිහි මදි අය; in Scrip. sometimes දුෂ්ටයා.

Play the fool විගඩම් කරනවා; අනුවණලෙස ක්‍රියාකරනවා.

Fool, v. විහිළුකරනවා, කොලොප්පම් කරනවා, මුසිප්පාත්තු පෙන්වනවා; මෝඩලෙස ක්‍රියාකරනවා; රවටනවා; fool away (කාලය, මුදල් &c.) මෝඩලෙස වියදම්කරනවා.

Foolery, n. අනුවණ ක්‍රියාව, විහිළුව, විළුළුව, විගඩම, අස්කෝඩිය, අකට විකට, මුසිප්පාත්තුව, නරිනාටකය. [කම.

Fool-hardiness, n. අනුවණ නිර්භීතකම, මෝඩ බුහුටි

Fool-hardy, a. අනුවණලෙස නිර්භීතවූ, අනුවණ නිර්භීතකම ඇත්තාවූ, මෝඩලෙස බුහුටිවූ.

Foolish, a. අනුවණ, මෝඩ, මූර්ඛ, අඥාන, අඥ, අප්‍රාඥ, බුද්ධිහීන, දුර්මතික, දුර්මති, මූඪ, මුග්ධ; විහිළු.

Foolishness, n. අනුවණකම, නානුවණ, මෝඩකම, මුග්ධතාව; විහිළුකම. [දුසිය.

Foolscap, n. අඟල් 17ක් දිගද 14ක් පළලද ඇති කඩ

Fool's-errand, n. බැරි දෙයක්—නැති දෙයක්—සොයන්ට යාම, සිස් පණිවිඩය.

Foot, n. කකුලෙන් පහත් කොටඨාසය, පය, පාදය; base අඩිය, මුල; of a mountain පර්වත පාදය, කඳු පාමුල *or* පාමුල; of 12 inches අඟල් දොළහ, අඩිය; infantry පාබලසේනාව, පත්තිය; (කාව්‍ය) ගණය; of a tree වෘක්ෂමූලය; foot ornament පාදාභරණය, පාඩගම, පාදකටකය, පාමුද්දුව, පාසලඹ; at the feet of පාද මූලයෙහි, පාමුල; set on foot පුරනවා, පවත්ගන්නවා; go on foot, walk පයින් යනවා.

Foot, v. foot it නටනවා; පයින් යනවා; යමකට අඩියක් *or* පතුලක් හාද තබනවා; ගණනක් අඩියේ සිට එකතුකරනවා.

Foot-ball, n. පයින් ගසන බෝලය, පා පන්දුව; පා පන්දු ක්‍රීඩාව.

Foot-barracks, n. pl. පාබලසේනා-මඩම, පාබලසේනා-බැරැක්කය.

Foot-bath, Foot-pan, n. පාදදෝවන බාල්දිය.

Foot-board, n. පාද එලකය. [ලා.

Foot-boy, n. (නියම ඇඳුම් අඳින) වැඩකරු කොල්

Foot-bridge, n. පයින් යන පාලම, ඒදණ්ඩ, සේතුව.

Foot-guards, n. pl. පාබලහේවා මුරකාරයෝ.

Foothold, n. අඩිය තබන ඉඩ.

Footing, n. අඩි තබන තැන, පය ගසා සිටින තැන; තැටිම; in arch. පලල් අඩ්තාලම; fig. ධම්සට ස්ථිර ඉඩම, ස්ථිර පිහිටීම, ස්ථිර අඩිය, ප්‍රතිෂ්ඨානය, සම්ලය, අත්තිවාරම, පිහිටි ස්වභාව, පිහිටා සිටින අන්දම; pay one's footing ප්‍රාරම්භ මිලය ගෙවනවා, අලුත්තාගේ අවසර මිලය ගෙවනවා.

Footless, a. පාද නැත්තාවූ, අපාද, අපාදක.

Footman, n (නියම ඇඳුම් අඳින) අතවැසි මෙහෙකරුවා.

Foot-mark, n. See Foot-print.

Foot-note, n. අධෝලිපිය.

Foot-pad, n. මංකොල්ලකාරයා.

Foot-passenger, n. පයින් යන මගියා.

Foot-path, n. පයින්ම යායුතු මග, අඩිපාර, පියහසර, පදික මාර්ගය.

Foot-print, n. අඩිය, පාදලාඤ්ඡනය, පදලස, පාසටහන, පද චිහ්නය, පදබිම්බය; length of පියවර, පියර.

Foot-race, n. දිනුමට පයින් දිවීම, දිනුම් දිවීම.

Foot-regiment, n. පාබලහේවා රංචුව.

Foot-rule, n. අඟල් දොළහේ මිම්ම, අඩිකෝදුව.

Foot-soldier, n. පාබල හේවායා, පත්තිකයා.

Foot-stalk, n. කොළ නටුව, වෘන්තය.

Footstep, n. අඩිගැසීම, අඩිය; track අඩිපාර; fig. footsteps අඩිපාර, ආදර්ශය. [රුව.

Foot-stool, n. පාපුටුව, පාදපීඨය, පදාසනය, පියපෝ

Fop, n. ජේත්තුකාරයා, ඇඳුම් පැලඳුම් ගැන ආඩම්බරකාරයා, හැඩකාරයා.

Foppery, n. ජේත්තුකාරකම, හැඩකාරකම, ආඩම්බර ලීලාව. [ඇත්තාවූ.

Foppish, a. ජේත්තුකාර, හැඩකාර, ආඩම්බර ලීලා

For, prep. on account of, නිසා, උදෙසා, සඳහා, අරබයා, වෙනුව, වෙනුවට, වෙනුවෙන්; in order to පිණිස, වස්, & dative case; towards දෙසට; during, අතරතුරේ, for one hour &c. එක පැයක්, අවුරුද්දක් &c.; for aught you know නුඹ දන්න පමණින් *or* නොදන්න නුමුත්; he may die, for what you care ඔහු මැරුණත් නුඹ සලකන්නේ නැහ; for all that ඒ සියල්ල නුමුත් *or* තිබෙද්දීත්; for—by—my life මගේ ජීවිතය පා, ජීවිතය නිසා වත්.

For, conj. මක්නිසාද, මක්නිසාද කීවොත්, මක්නිසාද නම්, කුමක් හෙයින්ද, කෙසේදයත්; for as much as, බැවින්, නිසා, හෙයින්, හෙයින්.

Forage, v. (සේවාසින් මෙන් තමුන්ගේ) මෘගයින්ට කෑම නැතින් තැන ගොස් බලෙන් ගන්නවා, පැහැරගන්නවා, රැස්කරනවා, සපයනවා, සොයා ඇවිද කොල්ලකනවා.

Forage, n. මෘගයින්ගේ කෑම වන තණකොළ, පිදුරු, ධාන්‍ය, යනාදිය. [සොයා ඇවිදීම.

Foraging, n. (මෘගයින්ට කෑම—කොල්ල—පිණිස)

Foraging-party, n. කොල්ල පිණිස සොයා ඇවිදින හේවා රංචුව, කොල්ලකාර රංචුව.

Foramen, n. කුඩා සිදුර, ක්ෂුද්‍ර ඡිද්‍රය.

Foraminifera, n. pl. සිදුරු ඇති කුඩා මට්ටි ජාති.

Forbear, v. වලකිනවා, මැලකෙනවා; ඉවසනවා.

Forbearance, n. මැලකීම &c; ඉවසිලිවන්තකම, ක්ෂාන්තිය, සංයමනය.

Forbearing, a. ඉවසිලිවන්ත, ක්ෂාන්ති ඇත්තාවූ, ක්ෂාන්ත. [කරනවා.

Forbid, v. තහනම්කරනවා, එපා කරනවා, ප්‍රතිෂේධ

Forbidden, pp. *or* a. තහනම්කර; තහනම්කරපු, තහනම්, නිෂිද්ධ, ප්‍රතිෂිද්ධ. [වන, අප්‍රිය.

Forbidding, p. තහනම්කරමින්; adj. fig. අප්‍රියකර

Forbore, pret. of Forbear, මැලකුණ; ඉවසුවා.

Force, n. බලය, බලවත්කම, සවිය, ශක්තිය; සැරය, වේගය; (බෙහෙතේ) ගුණය; (පනත්වල) වලංගුව; බලාත්කාරය; for war යුද්ධ-බලය (වන ආයුධ, සේනා, නැව් &c.), pl බල සේනා *or* හමුදා.

This is of great force මෙයේ මහත් බලයක් තිබෙනවා.

This is of no force මෙයේ බලයක් නැත.

That law is not in force ඒ නීතිය වලංගු නැත.

Force, v. බලාත්කාරකරනවා, බලකරනවා; බලයෙන් කරනවා, සලස්වනවා; (කොටුවක්, ඉඩමක් &c.) බලයෙන් අල්ලාගන්නවා; (වාක්‍ය) පෙරළනවා; of rape සාහස්කරනවා;

force a door &c. දොරක් බලෙන් — තල්ලුකර — අරිනවා;

force out බලෙන් තල්ලුකරදමනවා, පිටකරනවා, පන්වාදමනවා;

force from බලෙන් ගන්නවා, උදුරා ගන්නවා;

force in බලෙන් ඇතුල්කරනවා, (nails &c.) වද්දනවා.

Forced, pp. *or* a. බලාත්කාරකරනලද &c.; බොරුවට—ජම්මයට වෙනස් ලෙස—කරනලද (විසිය &c.).

Force-meat, n. කට්ලිස් සමාන මස්, කොටා මිශ්‍රකළ මස්

Forceps, n. අඬුව, දත්-අඬුව &c., සන්ඩංගය.

Forcible, a. බලවත්, බලසම්පන්න, ප්‍රබල, ශක්තිමත්; තද, බලාත්කාර.

Forcibleness, n. බලවත්කම; බලාත්කාරකම.

Forcibly, ad. බලවත්ලෙස, බලගතුලෙස, වැරෙන්; බලාත්කාරලෙස.

Forcing, n. බලාත්කාරකිරීම, &c.; in gar. (පෝර දැමීමෙන් &c.) ඉක්මණින් වැවිලිකිරීම.

Forcing-pump, Force-pump, n. බලයෙන් වතුර අරින යන්ත්‍රය, බලජල-යන්ත්‍රය.

Ford, n. තොට, තොටුපළ, වතුරේ බැහැලා එගොඩ වියහැකි තැන, පාදිය.

Ford, v. වතුරේ බැහැලා යනවා, පයින් එතරවෙනවා.

Fordable, a. පයින් එතරවිය හැකිවූ.

Fore, a. of place ඉස්සරහ, පෙරටු, පළමු, අග්‍ර, ඉදිරි; of time ඉස්සර, පූර්ව.

Fore, prefix. ඉස්සර, ඉස්සරව, කල්තියා, කලින්, පෙර, යන අර්ථ ඇති උපසර්ගය.

Fore-admonish, v. කල්තියා අවවාදකරනවා, කලින් අනුශාසනාකරනවා.

Fore-advise, v. කලින් දැනුමුතුකම් දෙනවා.

Fore-appoint, v. පූර්වයෙන් නියමකරනවා, කල්තියා පත්කරනවා.

Fore-arm, n. අත්දණ්ඩ, අත්ගොබය, මැදබාහුව, බාහුවේ මැද පංගුව, අග්‍ර බාහුව, අග්‍රභුජය, ප්‍රකෝෂ්ඨය, ප්‍රවේෂ්ටය.

Fore-arm, v. කල්තියා ආයුධ පළදවනවා, කලින් සටනට—අමාරුවට, අනතුරුවට—සූදානම්කරනවා.

Forebode, v. නපුරක් අනුමානයට කලින් සිතනවා *or* බලාපොරොත්තු වෙනවා, (නිමිතිවලින් මෙන්) කලින් කියනවා; නිමිතිකියනවා.

Foreboder, n. කලින් සිතන්නා, කලින් කියන්නා, නිමිතිකියන්නා.

Foreboding, n. අශුභ පූර්ව නිමිත්ත. [යේ.

Fore-cabin, n. ඇණියේ කාමරය, ඇණියේ ඇතුල්

Forecast, v. කලින් සිතාගන්නවා, කලින් යොදනවා; කල්තියා නියමකරගන්නවා.

Forecast, n. කලින් දැකීම, කලින් සිතාගැනීම; කල් ඇතුව කළ යෙදුම.

Forecastle, n. නැවේ උඩ තට්ටුවේ ඉස්සරහ පංගුව; ඇණියේ ඇතුල් ශාලාව.

Fore-chosen, a. කලින් තෝරාගන්නලද, පූර්වයෙන් නියමවූ.

Fore-close, v. කලින් වසනවා, වලක්වනවා; ගණන් නියම කලට ප්‍රථමයෙන් අත්හිටවනවා *or* නවත්වනවා.

Foreclosure, n. කලින් වසාදැමීම, කලින් ගණන් &c. අත්හිටවීම.

Fore-date, v. කලින් දිනයක් ලියනවා, මතු දිනයක් ලියනවා. [තට්ටුව.

Fore-deck, n. ඇණියේ ලෑලි තට්ටුව, නැවේ ඉස්සරහ

Fore-design, v. කලින් යොදනවා *or* යෝජනාකරනවා, පූර්වයෙන් අරමුණු කරනවා.

Fore-determine, v. කලින් නියමකරනවා, කලින් අදිටන්කරනවා, පූර්වයෙන් අභිසන්ධානකරනවා.

Foredoom, v. කලින් යමකට නියමකරනවා, කලින් දඬුවමට පත්කරනවා.

Forefather, n. මුල් පියා; මුතුන්මිත්තන්ගෙන් කෙනෙක්; pl. මුතුන්මිත්තෝ.

Forefend, v. (අනතුරුව කලින් වලක්වා) ආරක්ෂාකරනවා, මුවාකරනවා.

Forefinger, n. දබර ඇඟිල්ල, ඔබරඟිල්ල, තරඟිල්ල, තර්ජනාංගුලිය.

Fore-foot, n. ඉස්සරහ කකුල; ඒරුකගේ ඉස්සරහ ලිකැල්ල.

Forefront, n. හරි ඉස්සරහ පැත්ත, ඉස්සරහටම තිබෙන පංගුව, ප්‍රමුඛ ස්ථානය.

Forego, v. (යම් වාසියක් *or* ප්‍රීතියක්) භුක්තිනොවිඳ අරිනවා, වලකිනවා, අත්හරිනවා, පරිත්‍යාග කරනවා.

Foregoing, n. භුක්තිනොවිඳ ඇරීම, වැලකීම.

Foregoing, a. (යමකට) ඉස්සරවෙන්නාවූ *or* වුණවූ, යටගිය, පුරෝග, පුරෝගම; ඉහත තිබෙන, ඉහත කී, යථෝක්ත.

Foregone, pp. *or* a. කලින් නියමකළ *or* සිදුවූ (තීන්දුවක්, කල්පනාවක්), පුරෝගත; අත්හැරි, හළ, ත්‍යක්ත.

Foreground, n. ඉස්සරහ බිම, බිමේ ඉස්සරහ පංගුව; (සිතියමක) ඉස්සරහ කොටස.

Forehead, n. නළල, ලලාටය.

Fore-hold, n. ඇණියේ ඇතුල් පංගුව.

Foreign, a. විදේශීය, පරදේශී, පාරදේශික, අන්‍ය දේශීය, පිටරට, දේශාන්තර, ප්‍රත්‍යන්ත; ඈත්වූ, එකඟ නැති, අන්‍යවූ, ආගන්තුක.

Foreign-bred, a. පිටරටක ඇතිවුණ, විදේශජ.

Foreign-built, a. පිටරටක සාදපු.

Foreign country, n. පිටරට, විදේශය, පරදේශය, දේශාන්තරය, ප්‍රත්‍යන්තය.

Foreigner, n. විදේශියා, විදේශීයයා, පරදේශියා, පිටරට වැසියා, පිට ජම්මක්කාරයා.

Forejudge, v. (සාක්ෂි අසන්ට) පෙරටුවෙන් විනිශ්චය කරනවා, කල්තියා තීන්දුවකට පැමිණෙනවා; in law නඩුශාලාවෙන් බැහැරකරනවා.

Foreknow, v. මතු දේ දැන සිටිනවා, කලින් දැන සිටිනවා, යමක් සිදුවෙන්ට ප්‍රථමයෙන් දැනගන්නවා.

Foreknowledge, n. කලින් දැනගැනීම, පූර්වඥානය.

Foreland, n. දේශතුඩුව; (බලකොටුවට) ඉස්සරහ බිම.

Forelock, n. නළලේ කෙස් රොද; take time by the forelock කල්තියාම—ප්‍රස්තා ලැබුණ සැනින්ම—යමක් කරනවා.

Foreman, n. (යම් වැඩක *or* කාරණාවක) පළමුවෙනියා, වැඩ බලන්නා, වැඩේ මුලාදෑනියා, බාස්; ජූරි සභාවේ ප්‍රධානියා.

Foremast, n. ඇණියේ—නැවේ ඉස්සරහ—කුඹගහ.

Fore-mentioned, a. ඉහත කී, ඉහත සඳහන්වූ, යථෝක්ත, පූර්වෝක්ත, පූර්වෝදිත.

Foremost, a. ඉස්සරහටම ඇත්තාවූ, ඉස්සරම, පළමුවෙනි; ඉතා උතුම්, ප්‍රමුඛ, මුඛ්‍ය, අග්‍ර, අග්‍රිය, ප්‍රධාන, උත්කෘෂ්ට, ශ්‍රේෂ්ඨ.

Forenoon, n. පෙරවරුව, උදයභාගය, පූර්වාහ්නය.

Forensic, a. නඩුමාර්ගයට — නඩුශාලාවට — අයිතිවූ, නඩු ආකාරවූ, නඩුහබ සහිතවූ.

Fore-ordain, v. අනාගත දේ නියෝගකරනවා, කල්තියා—පූර්වයෙන්—නියමකරනවා.

Fore-ordained, pp. *or* a. පූර්වයෙන් නියෝගකරනලද &c., පූර්වනියෝජිත, පූර්ව නිර්දිෂ්ට.

Fore-ordination, n. අනාගත දේ නියෝගකිරීම &c., පූර්ව නියෝගය, පූර්වයෙන් පත්කිරීම.

Fore-part, n. ප්‍රථම කොටස්භාගය, ඉස්සරහ පැත්ත.
Fore-promised, a. කලින් පොරොන්දුවුණ, පූර්ව ප්‍රතිඥත.
Fore-quoted, a. ඉහළ ගෙන පැමිණවූ *or* උපුටා පෙන්වූ වාවූ, පූර්වෝද්දිත.
Forerun, v. (පණිවිඩකාරයෙකු මෙන්) පෙරටුව යනවා, පෙරටුවෙන් පැමිණෙනවා.
Forerunner, n. (යමෙකුට) පෙරටුව යන්නා, ඉස්සරව යන පණිවිඩකාරයා, අග්‍රේසරයා ; කලින් පෙනෙන නිමිත්ත *or* ලකුණ, පූර්වනිමිත්ත.
Foresaid, a. පෙර කී, ඉහත කී, පූර්වෝක්ත.
Foresail, n. ඉස්සරහ රුවල, ඇණියේ රුවල.
Foresee, v. (මතු දේ) කලින් දකිනවා, ලකුණුවලින් කලින් පෙනීයනවා *or* දැනගන්නවා ; පූර්වඥානයෙන් දකිනවා *or* දැනගන්නවා, ප්‍රත්‍යවේක්ෂණය කරනවා.
Foreseen, a. කලින් පෙනී—දැක—තිබුණ, ප්‍රත්‍යවේක්ෂිත.
Foreshadow, v. ඡායාවකින් මෙන් කලින් පෙන්වනවා, පූර්වනිමිතිවලින් පෙනීයනවා, ලකුණු පහළ වෙනවා.
Fore-shore, n. ඉස්සරහ වෙරළ, (වඩදිය ගලන) වෙරළේ බෑවුම, වෙරළ.
Foreshorten, v. (ඇසට පෙනෙනලෙස රූපයේ සමහර කොටස්භාග) කොටකර අඳිනවා.
Foreshow, v. කලින් පෙන්වනවා *or* දක්වනවා, අනාගත වාක්‍ය කියනවා.
Foresight, n. කලින් දැකීම, පූර්වදර්ශනය, පූර්වදෘෂ්ටිය, ප්‍රත්‍යවේක්ෂණය ; කලින් ඇති නුවණ *or* ප්‍රවේසම්කම, පාදුරේතය, දූරදර්ශීභාවය.
Foresighted, a. දූරදර්ශී, කලින් නුවණැති.
Foreskin, n චර්මාග්‍රය, ලිංගාග්‍ර චර්මය.
Forest, n. කැලය, කැලෑව, වනය, වනාන්තරය, මූකලාන, අරණ, අරණ්‍යය, අටවිය, කානනය.
Forest a. කැලෑ, වන, වනාන්තර, වනාන්තරගත, අරණ්‍ය.
Forest, v. වනයක් පිණිස වෘක්ෂ සිටවනවා, වනාන්තරගතකරනවා, කැලෑ වවනවා.
Forestall, v. (යමෙකුට) ඉස්සරව කරනවා, ඉස්සර වෙනවා, කලින් වලක්වනවා.
Forest-born, a. අරණ්‍යජ, වනයේ උපන්. [ගත.
Forested, pp. *or* a. වෘක්ෂවලින් ගැවසීගත්, වනාන්තර
Forester, n. වන රැකවලා, අරණ්‍යරක්ෂකයා ; වනයක වාසයකරන්නා, වනවාසියා, වනචාරියා, ආරණ්‍යකයා, නේෂාදයා.
Forestry, n. වන වැපිලිකාර ශිල්පය, කැලෑ වැවීම හා ආරක්ෂාකිරීම පිළිබඳ ශාස්ත්‍රය.
Forest-tree, n. කැලෑ ගහ, වන වෘක්ෂය.
Foretaste, n. කලින් රස බැලීම, (of good or evil) කලින් විකක් විඳීම, කලින් මදක් අත්දැකීම.
Foretell, v. (මතු වන දේ) කලින් කියනවා, අනාගත වාක්‍යකියනවා, දිවස් කියනවා, නිමිතිකියනවා.
Forethought, n. කලින් කල්පනාකරබැලීම ; කල් ඇතුව ප්‍රවේසම්වීම.
Foretoken, n. පෙරනිමිත්ත, කලින් ඇති ලකුණ.
Foretoken, v. පූර්වනිමිතිවලින් පෙනීයනවා, කලින් පෙන්වනවා. [සරහ දත්.
Fore-tooth, n. Foreteeth pl., ඉස්සරහ දතක්, ඉස්
Foretop, n. ඉස්සරහ කුඹ මුදුන *or* මුදුනේ තට්ටුව.
Forever, ad. සදාකාලයට, සදාකාලේටම, හැමකල්ම, හැම කලටම, නිත්‍යයෙන්ම.
Forewarn, v. කල් ඇතුව දැනමුතුකම් දෙනවා *or* අවවාදකරනවා ; (තරකක් ගැන) කලින් දක්වනවා.

Foreword, s. පූර්විකාව, සංදෙපනය.
Forfeit, v. දඩයක් කොට ගෙවනවා ; (වරදක් නිසා) යම් වාසියක් අහිමිවෙනවා, අහිමිකරගන්නවා.
Forfeit, n. දඩය, වරදක් නිසා විඳින අලාභය.
Forfeited, pp. *or* a. දඩයක් කොට ගෙවනලද, දඩයක්වූ, දඩුවමකට අහිමිවූ.
Forfeiture, n. දඩයක් කොට ගෙවීම &c. ; දඩයක් කොට ගෙවන ගණන, වරදක් නිසා අහිමිවෙන දේ.
Forgave, pret. of Forgive, කමාවුණ &c.
Forge, n. කම්මල, යකම්මල, ආචාරි පට්ටලය ; ආචාරි ගිනිඋදුන.
Forge, v. (ලෝහ) තළා සාදනවා ; බොරුවට සාදනවා, හොරට තනනවා *or* සාදනවා, forge letters හොරලියුම් ලියනවා, forge signature හොර අත්සනක් ලියනවා, හොර අත්සන් තබනවා.
Forgery, n. හොර ලියුම් ලිවීම, හොර අත්සන් තැබීම, හොර අත්සන් කිරීම, (එසේ) හොරලෙස කරන *or* ලියන දේ, කපටලේඛය.
Forget, v. මතකනැතිකරනවා, සිහිනැතිකරනවා, අතපසුකරනවා, පැහැර අරිනවා, මතක නැති වෙනවා, අමතකවෙනවා, සිහිනැතිවෙනවා.
Forgetful, a. මතකනැතිකරන්නාවූ, අමතකකරන, විස්මරණ ශීල.
Forgetfulness, n. මතකනැතිකරන ස්වභාවය, අමතකය, විස්මරණශීලතාව, අස්මෘතිය, විස්මෘතිය.
Forging, n. (ලෝහ උණුකර) තළා සෑදීම ; හොර ලියුම් &c. ලිවීම.
Forgive, v. (වරද *or* වරදවලට, අපට) ක්ෂමාකරනවා, කමාකරනවා ; (with dat.) ක්ෂමාවෙනවා, කමාවෙනවා.
Forgiven, pp. *or* a. ක්ෂමාකරනලද, කමාකරනු ලැබූ, කමාවුණ.
Forgiveness, n. ක්ෂමාකිරීම &c. ; ක්ෂමාව, කමාව, සමාව.
Forgiving, a. කමාකිරීමට පෑදිවූ, (වරද &c.) කමාකරන, කමාව දෙන, ක්ෂමාන්විත, දයාලු.
Forgotten, a. මතකනැතිවුණ, මතකනැතිවී තිබෙන, සිහිනැතිවුණ, විස්මෘත, අස්මෘත.
Fork, n. ගාරිප්පුව, ගෑරුප්පුව, කරුව, දෙබලය, සන්ධි තැනකින් දෙකට බෙදෙන දේ, (පාර, ගංගා) බෙදී සෑදෙන අත්ත.
Fork, v. i. (පාරක් *or* ගඟක් මාගේ දිගා *or* අතු) දෙකකට—කීපයකට—බෙදෙනවා.
Fork, v. t. ගාරිප්පුවක් වැනි ආවුදයකින් (පිදුරු &c.) උස්සනවා *or* එයින් බිම පෙරළනවා.
Forked, a. ගාරිප්පුවක් වැනි ආවුදයකින් කොටනලද &c. ; ගාරිප්පුව ආකාර, දෙබල, එක් තැනකින් අතු දෙකක් වෙනලෙස බෙදී තිබෙන.
Forlorn, a. පාළු, අසරණ, කාලකණ්ණි, අනාථ.
Forlorn-hope, n. අසරණ—මද—ඉතා ස්වල්ප—ප්‍රාර්ථනාව (*i. e.* ඉතා අනතුරු සහිත වැඩක් කරන්ට යන සේනාසමූහය) ; යන්තම් පැතීමට ඇති එකම කාරණාව, ඉතුරු එකම පැතුම
Form, n. shape හැඩය, ස්වරූපය, මූර්තිය ; manner ආකාරය, අන්දම, විධිය, විලාසය ; appearance පෙනීම, වේශය, වෙස ; order පිළිවෙළ ; prescribed mode නියම ක්‍රමය, ආකෘතිය, ආකෘතිපත්‍රය, පෝරමය ; ceremony චාරිත්‍රය, පිළිවෙත ; bench බංකුව, ආසනය ; class (in schools) පන්තිය, රංචුව ; of type අමුණපු අච්චු අකුරු ; mould අච්චුව.

Form, v. t. සාදනවා, තනනවා, ඉදිකරනවා ; හැඩ හුරුකරනවා, නිර්මාණයකරනවා ; යොදනවා, යොදා ගන්නවා, පනවනවා ; යෝගකරනවා, සංයෝග කරනවා.

Form, v. i. සෑදෙනවා, හැදෙනවා, තැනෙනවා, තැනී යනවා; හැඩහුරුවෙනවා, නිර්මිතවෙනවා, යෙදෙනවා; form or come to an opinion මතය කට පැමිණෙනවා ; form a part of anything යමකට අංගුව— යමකින් පංගුවක්ව—තිබෙනවා.

Formal, a. නියම විධියට එකඟ, විධිවත්, ක්‍රමානුකූල, නියමාකාර; බාහිර චාරිත්‍ර වැනි ; පිටාතර, පිටත ආකාරය පමණක් ඇත්තාවූ.

Formalism, n. ආගමේ බාහිර චාරිත්‍රවලම පිහිටා සිටීම, බාහිර භක්තිය.

Formalist, n. බාහිර චාරිත්‍රම සලකන්නා, ආගමේ බාහිරක්‍රමයටම සතුටු අය, බාහිර භක්තිකයා.

Formality, n. නියම ක්‍රමය, සිරිත, බාහිර චාරිත්‍රය, නියම පිළිවෙළම බලාගැනීම ; බාහිර චාරිත්‍රම පැවැත්වීම &c., see Formalism ; බාහිර—විශේෂ—ලක්ෂණය.

Formally, ad. නියම ක්‍රමයලෙස, නියම විධියෙන්; බාහිර චාරිත්‍රාකාරයෙන්ම, චාරිත්‍රම බලාගන.

Formation, n. සෑදීම &c., see verb, නිර්මිතිය ; සාද —සෑදී—යොදා—තිබෙන අන්දම, නිර්මිතාකාරය, හැඩහුරුකම, යෙදුම ; භූමියේ එක අන්දමට සෑදී—රැදී—තිබෙන ගොඩ or තට්ටුව, භූමි-සංයෝගය, පොළෝ යෙදුම.

Formative, a. හැඩය—රූපය—දෙන්නාවූ, (කැටයම් ශිල්පය මෙන්) මූර්තිදායක ; in gram. උපසර්ග—ප්‍රත්‍යාදී—සංකලන, ප්‍රත්‍යයාසංකලන.

Formative, n. in gram. (ප්‍රකෘතියට අඩංගු නැති) විභක්ති—උපසර්ග—ප්‍රත්‍යාදී—වාචකය.

Former, n. සාදන්නා &c.

Former, a. පළමු, ඉස්සර, ප්‍රථම, ඉහළ කී, මුල කී ; පූර්ව, පුරාණ,

Formerly, ad. ඉස්සර, ප්‍රථමදී, පූර්වයෙහි, ආදියෙහි, කලින්, පුරාණයේදී, පසුගිය අතර.

Formic, a. ඇඹල, කූඹි, දිමි, ආදීන් සම්බන්ධ ; formic acid ඇඹලැඹිල.

Formica, n. ඇඹල, කූඹි, දිමි, ආදී ජාතිවල සතෙක්.

Formidable, a. භයානක, භයංකර, බිය එළවන, ප්‍රතිභය, භයාවහ, භෛරව, භයජනක, භීෂණ; මහ බරපතළවූ, බැරෑරුම්, දරුණු.

Formidableness, n. භයානකකම, ප්‍රතිභයතාව &c. ; මහ බරපතළකම &c.

Formless, a. හැඩයක්නැති, හැඩහුරුකමක් නැත්තාවූ &c. ; අරූප, අරූපී, අමූර්ත.

Formula, n. නියම ක්‍රමය, නියමය, රීතිය, විධිය, විධි සූත්‍රය, සූත්‍රය, යෝගය, ඇදහිලි ක්‍රමය.

Formulary, n. (as the preceding, &c) නියම ක්‍රම අඩංගු ග්‍රන්ථය, සූත්‍ර සංග්‍රහය.

Formulate, v. සූත්‍රයකට අඩංගු කරනවා.

Fornax chemica, n. දකුණුදිගාවේ තරු පංක්තියක්, රසායන උදුන් රාශිය.

Fornicate, v. වේශ්‍යාකම්කරනවා, අනාචාරයෙහි හැසිරෙනවා.

Fornication, n. වේශ්‍යාකම, කාමමිථ්‍යාචාරය, අවිවාහකයන්ගේ අනාචාරය, පරස්ත්‍රීසේවනය, පාරදාර්‍යය, ව්‍යභිචාරය.

Fornication, commit, v. වේශ්‍යාකම්කරනවා, කාම මිථ්‍යාචාරයෙහි හැසිරෙනවා, හල්ලාලකම්කරනවා.

Fornicator, n. වේශ්‍යාකම්කරන්නා, හල්ලාලයා, fem. වේශ්‍යාවී.

Forsake, v. අත්අරිනවා, අත්හරිනවා, අත්ඇරයනවා, අත්ඇරදමනවා, අතරමංකරනවා, වර්ජනයකර නවා.

Forsaken, pp. or a. අත්අරිනලද &c., අත්ඇරු &c., අත්ඇරයිය, වර්ජන, ත්‍යක්ත, පරිත්‍යක්ත, ප්‍රෝජ්ඣිත.

Forsooth, ad. හැබෑවට, යසට, යසයි:

He says he helps you, forsooth ඔහු තුඹට උපකාර කරනවාය කියනවා යසයි.

Forswear, v. දිවුරුමක් පිට අත්අරිනවා or නැත කියනවා ; forswear one's self බොරුවට දිවුරනවා, බොරු දිවුරනවා.

Fort, n. කොටුව, බලකොටුව, දුර්ගය, ප්‍රාකාරය.

Forte, (ෆෝර්ටෙ), ad. It. මහ හඬින් (ගී කීමට).

Forte, n. (තමාගේ ප්‍රධාන) බලපූර්වවත්කම or සමර්ථකම, ශ්‍රේෂ්ඨගුණය.

Drawing is his forte ඔහු විශේෂලෙස සමර්ථව සිටින්නේ සිතියම් ඇඳීමටයි.

Forth, ad. පිටතට, එළියට, ඉදිරිපිටට, ඉස්සරහපිටට.

Forthcoming, a. සිදුවෙන්ට—පැමිණෙන්ට—සිටින or තිබෙන, ඉදිරිපත්වෙන, ආගාමී.

Forthgoing, n. පිටතට යාම ; a. පිටතට—පිටත්ව—යන. [යන.

Forth-issuing, a. නික්මෙන, පිටතට එන, පිටතට

Forthwith, ad. දැන්ම, එකෙණෙහිම, සැණෙකින්ම, කඩිනමින්ම, වහාම.

Fortieth, a. හතළිස්වෙනි, සතළිස්වෙනි, චත්වාරිංශත්තම.

Fortification, n. බලකොටුවලින් &c. සුරක්ෂිතකිරීම &c., see Fortify ; (එසේ) සුරක්ෂිතකිරීමේ ශිල්පය, ප්‍රාකාර ශාස්ත්‍රය, ප්‍රාකාර සාදන කර්මාන්තය ; ප්‍රාකාර-පවුරු, කොටු-පවුරු, ප්‍රාකාරය.

Fortified, a. සුරක්ෂිතකරනලද &c., see verb, සුරක්ෂිත ; සවිකරනු ලැබූ, බලය ලබා සිටින, බලය ලත්.

Fortify, v. (බලකොටු, ප්‍රාකාර, කාලතුවක්කු, යනාදියෙන් ස්ථානයක්) බලසම්පන්නකරනවා, සුරක්ෂිත කරනවා, කොටු සාදනවා ; fig. හිත &c. සවිකරනවා, බලවත්කරනවා.

Fortissimo, ad. It. ඉතා මහත් හඬින් (ගී කීමට).

Fortiter in re, L. කෘත්‍යයේදී බලවත්ලෙස, ක්‍රියාවෙන් බලගතුව.

Fortitude, n. හිත්සවිය, හිතේ සවිකම, ධෛර්‍යකම, සථිරතාව, ධෛර්‍යය, ස්ථිරත්වය, වීර්‍යය, වීරතාව, ශූරතාව, නිර්භීතතාව.

Fortnight, n. දෙසතියක්, සුමාන දෙකක්, පක්ෂය, අඩමස, ද්විසප්තාහය.

Fortnightly, ad. සතිදෙකකට වරක්, අඩමසකට වරක්, මසකට දෙවරක්.

Fortress, n. බලකොටුව, දුර්ගය, ප්‍රාකාරය ; සුරක්ෂිත ස්ථානය, ආරක්ෂාස්ථානය.

Fortuitous, a. අහම්බවූ, අහම්බෙන් or හදිසියෙන් සිදුවෙන, අනියම්, දෛවයෝගවූ.

Fortuitously, ad. අහම්බෙන්, අනියම්ලෙස, දෛවයෝගයෙන්.

Fortuitousness, n. අහම්බ ගතිය, අනියම්කම, දෛවයෝගතාව.

Fortuna, n. in myth. පුරාණම දේවතාවී ; කුඩා ග්‍රහ තාරකාවක නම.

Fortunate, a. වාසනාවන්ත, කල්‍යාණ, භද්‍රක, භාග්‍ය සම්පන්න, සෞභාග්‍යවත්, පින්වත්, පුණ්‍යවන්ත, ශුභාන්විත, ශ්‍රීයුක්ත; කල්‍යාණකර, කල්‍යාණචාර.

Fortunately, ad. වාසනාවන්තලෙස, කල්‍යාණලෙස, වාසනාවට (මෙන්).

Fortunateness, n. වාසනාව, වාසනාවන්තකම, කල්‍යාණතාව, ශුභාන්විතතාව, සෞභාග්‍යවත්තාව.

Fortune, n. fate ඉරණම, දෛවය, භාග්‍යය, නියතිය; (සිද්ධවෙන) ශුභාශුභය, හේතුව අහේතුව; wealth සම්පත, ධනය; good fortune සෞභාග්‍යය; ill fortune දෞර්භාග්‍යය; tell one's fortune යමෙකුගේ පලාපල කියනවා; discover one's fortune නිමිති අල්ලනවා.

Fortune-teller, n. නිමිති කියන්නා, නිමිත්තපාඨකයා, නෛමිත්තකයා, දෛවඥයා, කේන්ද්‍ර කියන්නා, ශාස්ත්‍රකාරයා.

Fortune-telling, n. යමෙකුගේ මතු ඵලාඵල &c. කීම, නිමිති කීම, කේන්ද්‍රකීම.

Forty, n. හතළිහ, සතළිස, චත්වාරිංශය; a. හතළිස්, සතළිස්, චත්වාරිංශත්.

Forum, n. (රෝමයෙහි) ප්‍රසිද්ධ කථිකාස්ථානය, ප්‍රසිද්ධ වෙළඳම්පළ; නඩුශාලාව.

Forward, ad. ඉස්සරහ දිහාවට, ඉස්සරහට, ඉදිරියට, පෙරමුණට; ඇණිය දෙසට; fig. චණ්ඩව.

Forward, a. ඉස්සරහ, ඉස්සරහට ඇත්තාවූ; කලින්වූ, වේලාසනින් සිදුවීතිබෙන (හැදෑව, වැව, ගෙඩි, &c.), අප්‍රමාද; (යමක් කිරීමට) හිතැති, ඉක්මනින්, ජවලිත; (අනුන් ඉදිරියේ) නිසි බය සැක නැති, ප්‍රෞඪ.

Forward, v. (බඩු ලියුම් &c. ඉස්සරහට, i. e. නියම තැනට) අරිනවා *or* යවනවා; දියුණුවෙන්ට උපකාර කරනවා, දියුණුකරනවා, අභිවෘද්ධියකරනවා; වඩා ඉක්මනට කෙරෙන්ට සලස්වනවා, ඉක්මන් කරනවා.

Forwarded, pp. *or* a. අරිනලද, ප්‍රේෂිත, ප්‍රේරිත; දියුණුකරනලද &c.

Forwardness, n. ඉස්සරහ භාවය, ඉස්සරහට තිබෙන ප්‍රමාණය; වේලාසනකම, කලින් තිබෙන තරම; හිතැතිකම, ජවලිතකම; නිසි සැක බය නැතිකම, අනිසි මැදිවීම.

Forwards, ad. ඉස්සරහටම; අභිමුඛලෙස.

Fosse, n. (බලකොටුවක් ඉදිරිපිට තිබෙන) අගළ, බලකොටු අගළ, පරිඛාව; in anat. අස්ථි කුහරය.

Fossil, n. (සතුන්ගෙන් ගස් ජාතිවලින්) ගල්වූ ධාතුව, පාෂාණීභූත ධාතුව; a. පාෂාණීභූත.

Fossiliferous, a. පාෂාණීභූත ධාතු සහිත, (පොළව, පර්වත).

Fossilize, v. (සතුන්ගේ ඇට &c.) ගල්කරනවා, ගල් වෙනවා, පාෂාණීභූතවෙනවා.

Fossilology, n. පාෂාණීභූත ධාතු විද්‍යාව, පාෂාණීභූත ධාතු ශාස්ත්‍රය.

Fossores, Fossorials, n. pl. (බිල්, සිදුරු &c.) හාරන සත්තු ජාති. [කාර.

Fossulate, a. අගල් ආකාර තැන් ගහනවූ, හිඹිටි ආ

Foster, v. පිළිදගනවා, පිළිදගුම්කරනවා, පොහොනිපත්කරනවා, පෝෂ්‍ය කරනවා, ඇති කරනවා; (කාරණවක්, වැඩක්) දියුණුකරනවා, (ජට) ප්‍රතිෂ්ඨාධාරවෙනවා, ධෛර්‍යදෙනවා; (ගුණාංග සිතේ) තබාගන්නවා *or* දියුණුකරගන්නවා, වඩනවා.

Foster, a. පරපුෂ්ට, අන්‍යවර්ධිත.

Foster-brother *or* **sister** n. (සහෝදරයෙක්ම &c. නොවන) එක්ව ඇතිවූණ පිරිමියෙක් *or* ගැනියෙක්.

Foster-child, n. (අන් මව්පියන් *or* අය විසින්) ඇති කරපු ළමයා, හදාගත් දරුවා.

Fostering, n. පිළිදැගීම &c., පරිජග්ගනය; a. පිළිදගින &c. [කී.

Foster-mother, n. කිරිමව්, අන් ළමයෙකු ඇතිකරන්

Foster-parents, n. අන් ළමයෙකු ඇතිකරන මව්පියෝ.

Foul, a. කිලුටු, කැත, මලදූෂිත, මලින, අපවිත්‍ර, අශුද්ධ, මඩිවූ, ගොහොරු; පල්වූ; පිළිකුල්, නින්දිත, කුත්සිත, ගර්හිත, දුෂ්ට; (of the weather) වැසි, සුළං, ආදිය සහිතවූ; foul air පූතිවාතය; unfair &c. අයෝග්‍ය, අනිසි, අනවූ, අවාසි; විරුද්ධ; be foul of a thing [illegible] අනුවී—හිරවී—තිබෙනවා.

Foul, v. කිලුටුකරනවා, මලිනකරනවා, කැතකරනවා, අසික්කිතකරනවා.

Foully, ad. කිලුටුලෙස, කැතලෙස, පිළිකුල්ලෙස, අසික්කිතලෙස; නින්දිතලෙස, තද වංචාවෙන්.

Foul-mouthed, a. දුෂ්ට කථාකාර, දුර්භාෂණ, දුර්වාචක, වාග්දුෂ්ට.

Foulness, n. කිලුටුකම, etc.; පල්ගතිය; පිළිකුල් කම, නින්දිතකම; gen. නරක්කම, සාහසිකතාව.

Found, v. අත්තිවාරම් දමනවා, අස්තාලම දමනවා; පිහිටුවනවා, ප්‍රතිෂ්ඨාපනය කරනවා, ගොඩනඟනවා.

Foundation, n. අත්තිවාරම, අස්තාලම; අඩිය, සභාවක උරුම සම්පත, ස්ථිර නඩත්තුව පිණිස දුන් අරමුදල.

Founded, pp. අත්තිවාරම් දමා &c.; S. adj. අත්තිවාරම් දමනලද &c., ස්ථාපිත, ප්‍රතිෂ්ඨාපිත.

Founder, n. අත්තිවාරම තබන්නා; පිහිටුවන්නා; (සභාවක් &c.) සම්පත්දී පිහිටුවන්නා.

Founder, n. ලෝහ [illegible], ලෝහ වාත්තුකරන්නා, ලෝකුරුවා.

Founder, v. (නැවක් මුහුදේ) ගිලීයනවා, කිඳෙනවා, ගිලාබසිනවා; fig. නටබුන්වෙනවා. [ශයක්).

Foundered, a. කිඳුණු; කුර ගායවී කොරවූ (අශ්ව

Foundery, Foundry, n. ලෝහ වාත්තුකරන කර්මාන්තය; වාත්තුකරන පට්ටලය, යකඩ වංකලය, කම්මල.

Foundling, n. අයිතිකාරයෙකු නැති හම්බවුණ ළදරුවා, ඇහිදගත් ළමයා.

Foundling hospital, n. අත්අරිනලද දරුවන් ඇති කරන ශාලාව, ළදරු ගෘහය.

Fount, Fountain, n. උල්පත, ජලාකරය; මුල, පටන් ගැන්ම, හේතුව.

Fountainhead, n. fig. උල්පත, නික්මෙන තැන, මූලික ස්ථානය, මුල.

Four, n. *or* a. හතර, සතර; adj. sometimes හාර, සාර, (මාසයක්), චතුර්, සිව්.

Four-cornered, a. සතර කොන් ඇත්තාවූ, චතුරස්‍ර.

Fourfold, a. සතරපටක් ඇත්තාවූ; සතර ගුණයක්වූ, චතුර්ගුණ, චතුරංග, චතුර්විධ.

Fourfold, n. සතරගුණයක්, සතරපංගුවක්, චතුර් ගුණයක්. [ෂ්පද;

Fourfooted, a. සිව්පා, පාද සතරක් ඇත්තාවූ, චතු

Fourscore, n. අසූව, අශීතිය; a. අසූ, අශීති. [බූ.

Four-sided, a. පැති හතරක් ඇත්තාවූ, සතර පට්ටම්

Foursquare, a. සතරැස්, හතරැස්, චතුරස්‍ර.

Fourteen, n. *or* a. දහහතර, දසසතර; n. තුදුස, චතුර්දශය; a. තුදුස්, චතුර්දශ.

Fourteenth, a. දහහතරවෙනි &c. Fourth, a. හතර වෙනි, සතරවෙනි.

Fourthly, a. හතරවෙනුව, සතරවෙනුව.

Four-wheeled, a. රෝද හතරක් ඇති.

Fowl, n. (domestic) කුකුළා, fem. කිකිළි; කුකුල් මාළු.

Fowler, n. පක්ෂි මැද්ද. Fowling, n. පක්ෂීන්ට වෙඩි තිබීම, පක්ෂි-දඩයම.

Fowling-piece, n. පක්ෂීන්ට වෙඩිතියන තුවක්කුව, පක්ෂි දඩයම් තුවක්කුව.

Fox, n. jackal නරියා, හිවලා, සිවලා, කැණහිලා, ජම්බුකයා, pl. නරි, හිවල්ලු, කැණහිල්ලු, ජම්බුකයෝ; fig. දඟකාරයා.

Fox-brush, n. නරි වල්ගය.

Fox-hound, n. නරින් දඩයම්කරන බලු ජාතිය.

Fracas (ෆ්‍රකා), n. Fr. කෝලාහලය, සණ්ඩුව.

Fraction, n. (බිඳුනු දෙයින් or මුළු ගණනින්) කැබෙල්ලක් or වීකක්; in arith. භින්නය, බණ්ඩගණන, භාගය, භාගගණන, භාග සංඛ්‍යාව, භින්නසංඛ්‍යාව; improper fraction, භාගානුබන්ධය, විෂමභාගය; cube of භින්න ඝනය; multiplication of භින්න ගුණය.

Fractional, a. මුළුගණනින් වීකක් ඇත්තාවූ; බණ්ඩගණනාකාර, භින්න, භාගික. [කාරී.

Fractious, a. කිපෙන, සණ්ඩුකාර, දඟලන්නාවූ, කලහ

Fractiousness, n. කිපෙන ගතිය, සණ්ඩුකාරකම.

Fracture, n. බිඳුම, කැඩීම, බිඳුම, කැඩුම. භංගය, භග්නය.

Fracture, v. බිඳිනවා, කඩනවා, භංගකරනවා.

Fractured, pp. or a. බිඳිනලද &c., බිඳුණු, කැඩුණු, බුන්, භග්න.

Fragile, a. පහසුවෙන් බිඳෙන, දුර්වල, ශක්තිය නැති, භඞ්ගුර, විනශ්වර, භිදුර.

Fragility, n. පහසුවෙන් බිඳෙන ගතිය, භිදුරතාව, බෙලහීනකම.

Fragment, n. කෑල්ල, කැබෙල්ල, බුන් කැබෙල්ල, ඛණ්ඩය, පතුර, තුනුව. [ලිවූ.

Fragmentary, a. කෑලි ආකාර, කැබලි සහිත. කැබ

Fragrance, Fragrancy, n. සුවඳ, පුසුඹ, සුගන්ධය, සුගන්ධිතාව, ඉෂ්ටගන්ධය, ආමෝදය, මෝදය.

Fragrant, a. සුවඳ, පුසුඹ ඇති, සුගන්ධ, ආමෝදිත, ගන්ධවත්, සුගන්ධි, සාමෝද.

Frail, a. (ස්වභාවෙන්ම) බෙලහීන, දුර්වල, ශක්තිනැති; අස්ථිර, අනිස්ථිර.

Frailness, Frailty, n. බෙලහීනකම, දුර්වල භාවය, සවිනැතිකම; අස්ථිරභාවය, අනිස්ථිරකම. See Failing.

Frame, v. යොදනවා, ගලපනවා, සාදනවා, හරි ගස්සනවා, නිර්මාණයකරනවා; යෝග්‍යකරනවා; රාමුවක් දමනවා.

Frame, n. රාමුව; මැස්ස; තොරණක් වැනි දෙයක්; high stand අටල්ල, අට්ටාලය; machine or loom යන්ත්‍රය, ආවාපනය, අලුව; ඇඟපත, රූපය, ශරීරය, දේහය, ගාත්‍රය; mood (සිතේ) අන්දම, ආකාරය, ස්වභාව, විලාසය; order ක්‍රමය.

Framed, pp. or a. යොදනලද &c., යෝජිත, නිර්මිත.

Frame-house, n. දුවගෙය. කාෂ්ඨාගාරය.

Framework, n. (යමක් උසුලන) රාමුව or මැස්ස or මැස්ම, කුඹුව, of the body සැකිල්ල; weaving අලුවේ වියිම.

Framing, n. යොදගැනීම &c., see verb, නිර්මිතිය; යොදපු රාමුව or මැස්ස; ගෙයක දැම්වැඩ, (බාල්ක, යටලී, පරාල, ආදිය).

Franc, n. Fr. (ශත පනහක් පමණ වටින) ප්‍රන්ස රිදී මිලයක්.

Franchise, n. රාජාණ්ඩුවේ මන්ත්‍රීන් තෝරාගැනීමේ බලය or නිදහස, ඡන්ද දායක බලය; එම අයිතිවාසිකම, අධිකාරය. See Borough.

Franchise, v. See Enfranchise.

Franciscan, n. R. C. ෆ්‍රංසිස් සාන්තුවරයාගේ සමාගමේ තාපසයෙක්.

Francolin, n. තලසිරිත්තා, චිත්‍රපක්ෂියා.

Frangibility, n. පහසුවෙන් බිඳෙන සුලුබව, භිදුරතාව, භඞ්ගුරත්වය.

Frangible, a. පහසුවෙන් බිඳෙන or කැඩෙන, භිදුර.

Frank, a. අවංක, වංචා රහිත, නොසඟවා කථාකරන.

Frank, v. (තැපැල් මුද්දලෙන් or ගාස්තුවෙන්) නිදහස් කරනවා.

Frank, n. ප්‍රන්ස රිදී මිලයක්; ප්‍රන්සය අල්ලාගත් ජර්මන්වරුන්ගේ නම; පුරාණයේදී බස්නාහිර යුරෝපයේ වැසියෙක්.

Frank-hearted, a. අවංක සිතැති, නොසඟවා කථාකරන ගතියක් ඇති.

Frankincense, n. කට්ටකුමංචල්, තුවරලා, සදෙළුමල, කුන්දුරු, කුන්දුරුක්කන්.

Frankly, ad. අවංකලෙස, නොසඟවා, පැහැදිලිලෙස.

Frankness, n. අවංකකම, නොසඟවා කථාකිරීම.

Frantic, a. ඉතා සැරලෙස ඇවිස්සී සිටින්නාවූ, පිස්සු කමින් සැරවූ; සැරලෙස කුපිතවූ, ප්‍රචණ්ඩ, රෞද්‍ර, උමතු, උන්මාද, උන්මත්ත. [ණ්ඩලෙස

Frantically, ad. ඉතා උමතුලෙස, වියරුලෙස, ප්‍රච

Franticness, n. සැර ඇවිස්සීම, සැර වියරුව, ප්‍රචණ්ඩතාව.

F.R.A.S. Fellow of the Royal Astronomical Society රාජකීය නක්ෂත්‍ර-සභාවේ සාමාජිකයා; රා.න. ස.සා.

Fraternal, a. සහෝදර, භ්‍රාතෘක, භ්‍රාත්‍රිය.

Fraternally, ad. සහෝදරලෙස, සහෝදර සෙන්හයෙන්, භ්‍රාත්‍රියාකාරයෙන්.

Fraternity, n. සහෝදරකම, භ්‍රාතෘකතාව, සෞභ්‍රාත්‍රය; සහෝදර සමිතිය, සහකාරසමාගම; නිකාය; එක සමාගමේ අයවල්.

Fraternize, v. සහෝදරයන් වසයෙන් සමාගම් පවත්වනවා, යහකාරවෙනවා.

Fratriage, Fratrage, n. in law මලයාගේ උරුමය; සහකාරයන් අතරෙහි බුදලය බෙදාගැනීම.

Fratricidal, a. සහෝදරයකු මරාදැමීම සම්බන්ධ, සහෝදරයකු මරන, භ්‍රාතෘඝාතක.

Fratricide, n. සහෝදරයෙකු මරාදැමීම, භ්‍රාතෘඝාතනය; සහෝදරයෙකු මරන්නා, භ්‍රාතෘඝාතකයා.

Fraud, n. වංචාව, රැවටිල්ල, ප්‍රයෝගය, දඟය.

Fraudulence, Fraudulency, n. වංචාකාරකම, රැවටිලිකාරකම, ප්‍රයෝගකාරකම, කූටතාව.

Fraudulent, a. වංචාකාර &c., වංචක, වංචාසහිත &c., කපටි, කූට.

Fraudulently, ad. වංචාලෙස, රැවටිලිලෙස &c., see noun, වංචාවෙන් &c., කූටාකාරයෙන්.

Fraught, a. පුණිවූ, (ශුභාශුභයෙන් &c.) බරවූ, භරිත, සංයුක්ත.

Fray, n. සඬංගුව, පෙරළිය, පොරය, සටන; (රෙදිවල) ගෙවීගිය තැනක්.

Fray, v. (රෙදිවලින්) නූල් ඇද්දමනවා; නූල්—කෙඳි *or* කෑලි—ගැලවී වැටෙනවා, ගෙවෙනවා.

F.R.B.S. රාජකීය උද්භිද සභාවේ සාමාජිකයා: රා.උ.ස.සා.

F.R.C.P. රාජකීය වෛද්‍ය සභාවේ සාමාජිකයා: රා.වෛ.ස.සා

F.R.C.S. රාජකීය ශල්‍ය සභාවේ සාමාජිකයා: රා.ශ.ස.සා.

Freak, n. හිතුබුද්ධිය, හදිසි සිතිවිල්ල, විහිළුව, මනෝ ලෞල්‍යය.

Freakish, a. හිතුබුද්ධි, චපල.

Freckle, n. (හමේ කුඩා) පුල්ලිය, ලපය, පිළල්ලුව.

Freckle, v. කුඩා පුල්ලි &c. අමගන්මනවා *or* අටගන් නවා.

Freckled, a. මුහුණේ කුඩා පුල්ලි &c. ඇත්තාවූ, ලප ගහණ.

Free, a. නිදහස්, නිදහස්කාර, නිර්දූස, නිරෝධ; unobstructed &c. බාධාතැති, සහනම්තැති, අවහිර නැති, නොබැඳි; liberal නොමසුරු; voluntary කැමැත්තෙන් දෙන *or* කරන; general සාමාන්‍ය, ගෙම්ල්ලක් නැති; free from, without නැති, රහිත, විරහිත.

Free, v. නිදහස්කරනවා, මුදනවා, ලිහනවා; බේරන වා; මෝචනයකරනවා, විනිර්මුක්තකරනවා; from bondage නිවහල්කරනවා, ඉවටම්කරනවා; from sorrow නිදුක්කරනවා, සෝකයෙන් මුදනවා *or* සෝකය &c. පැහැරඅරිනවා.

Free, become, v. නිදහස්වෙනවා, මිදෙනවා, අත්මිදෙ නවා, ලිහෙනවා, බේරෙනවා &c., මෝචනයවෙන වා &c.

Free-agency, n. නිදහස් කැමැත්තක් ඇති බව, සච්ඡ න්දතාව, සෞච්ජාව, සෛවරතාව, ස්වාතන්ත්‍ර්‍යය.

Free-agent, n. නිදහස් කැමැත්තක් ඇත්තා, සිය කැමැත්තෙන්ම ක්‍රියාකරන්නා, සවච්ඡන්දකාරයා.

Freebooter, n. කොල්ලකාරයා, මංකොල්ලකාරයා, මංපහරන්නා.

Free-born, a. නිදීසව උපන්, නිදීස මව්පියන්ගෙන් [උපන්.

Freedman, n. (දාසව සිට) නිදීසවුණ අය, නිදහස ලැබූ අය.

Freedom, n. නිදහස්කම, නිදහස්කාරකම, නිදහස, මුක්තිය; නිදීසකම, නිවහල්කම; නගරයේ *or* රාජාණ්ඩුවේ බලය; පහසුකම; බුහුටිකම.

Free-grace, n. කැමැත්තෙන්ම පවත්වන කරුණාව, සවච්ඡන්ද කරුණාව.

Free-hearted, a. අවංක, නිදහස්ලෙස කථාකරන; අලෝභී, නොමසුරු.

Freehold, n. (බද්දගත් එකක් නොවන) සම්පූර්ණ යෙන්ම අයිති ඉඩම. සින්නක්කර ඉඩම, ස්වාධීන භූමිය.

Freeholder, n. නිදහස් ප්‍රවේණි හිමියා.

Free-liver, n. නොමසුරුව යහට කන බොන අය.

Freely, ad නිදහස්ලෙස, නිදහස්කමින්; බාධා නැතු ව; සිය කැමැත්තෙන්ම, සවච්ඡන්දකාරයෙන්; නොසඟවා; බහුලලෙස; ත්‍යාගිවන්තලෙස, නොම සුරුලෙස.

Freeman, n. නිදීසයා, නිදහස්කාරයා; නගරයේ *or* රාජ්‍යයේ බලය ඇත්තෙක්.

Freemason, n. එක්තරා මිත්‍රරූ සමාගමක සාමාජික යෙක්, නිදීස-ශිල්ප-සභිකයා

Freemasonry, n. නිදීස-ශිල්ප-සභිකතාව.

Freeness, n. නිදහස්කම, නිදහස, සහනම්තැතිකම, බාධාතැතිකම; නිදහස්ලෙස කථාකරන ස්වභාව; ත්‍යාගිවන්තකම, නොමසුරුකම.

Free-port, n. තීරුබදු නොගෙවා බඩු බාන වරාය, නිද හස් වරාය.

Free-school, n. ශිෂ්‍යයන්ගෙන් අයකිරීමක් නැති පාසැල, නිදහස් පාඨශාලාව, පින් සෙකෝලය.

Free-spoken, a. නිදහස්ලෙස—පැහැදිලිලෙස—නො සඟවා—කථාකරන.

Freestone, n. වැලිගල්.

Free-thinker, n. දේව වචනය පිළිනොගන්නා, (ආගම ගැන) නිදහස් කල්පනාකාරයා.

Free-trade, n. තීරුබද්ධ නැතුව රට රාජ්‍ය අතරෙහි වෙළඳාම් කිරීම, නිදහස්ලෙස වෙළඳාම් කිරීම, අසම්බාධ වෙළඳාම.

Free-trader, n. අසම්බාධ වෙළඳාම්ක්‍රමය භජනය කරන්නා.

Free-will, n. සිතේ නිදහස්කම, නිදහස්-කැමැත්ත, සිය-කැමැත්ත, හිතුමනාපය, සවච්ඡන්දතාව, ස්වාච්ඡන්ද්‍යය.

Free-will, a. කැමැත්තෙන්ම කරන, සවච්ඡන්ද.

Freeze, v. (ශීතලෙන් මෙන් දියජාති) මිදවනවා, මිදෙනවා; දිය මිදෙන තරම ශීත අධිකවෙනවා; අතිශීතවෙනවා; freeze to death අතිශීතයී මැරෙ නවා.

Freezing, a. දිය මිදෙන, අතිශීතල, හිම ශීතල.

Freezing-point, n. ශීතලෙන් දිය මිදෙන තරම *or* ප්‍රමාණය.

Freight, n. නැවක පැටවිල්ල; රට ගෙවන කුලිය, පැටවිලි කුලිය, අනුතරය.

Freight, v. පටවනවා, පැටවිලිකරනවා.

French, a. ප්‍රන්ස, n. ප්‍රන්සභාෂාව; the French ප්‍රන්සකාරයෝ.

French-polish, n. මද්‍යසාරයෙන් දියකළ අලතාව; එයින් නගන ඔප.

Frenzy, n. හිතේ තද කැළඹීම, පිස්සුකම, පිස්සුවෙ සැරකම, උන්මාදය, සැර වියරුව. [ය.

Frequency, n. යමක් නැවත නැවත සිදුවීම, බාහුල්‍ය

Frequent, a. නැවත නැවත බොහෝවිට වෙන්නාවූ, වරින්වර කරන, බහුල, ගනසැර, නිරන්තර.

Frequent, v. (යම් ස්ථානයක) ගැවසෙනවා, ආශ්‍රය කරනවා.

Frequentation, n. ගැවසීම, ආශ්‍රයකිරීම.

Frequentative, n. in gram. (කිය කියා යන්න මෙන් නැවත නැවත කරන බව පෙන්වන) ගනසැරේ ක්‍රියාවචනය, පුනරුක්ත ක්‍රියාව, පුනඃපුනර්භාවික ක්‍රියාව.

Frequented, pp. *or* a. (යමෙකු) නිතර ආශ්‍රයකරන, ගැවසෙන.

Frequenter, n. (යම් තැනක) ගැවසෙන්නා, ආශ්‍රය කරන්නා.

Frequently, ad. නැවත නැවත, නොයෙක්විට, බොහෝවිට, වරින්වර, අචිරතව, ගනසැරේ.

Frequentness, n. නැවත නැවත සිදුවීම, ගනසැරය, බහුලත්වය.

Fresco, n. හිතතිරේම ඇන්ද සිතියම, භිත්තිසිතියම, බිතුසිතුයම.

Fresh, a. අමු, අමුතු, අලුත්, අභිනව, නවීන, නූතන, නව, පරණනැති, පරවීනැති, නරක්නොවූ; මදක් සැරවූ (හුළඟ); ප්‍රාණවත්, සැර, (අශ්වයෙක්); fresh water (not salt) මිරිදිය, cold water ඇල්වතුර.

Freshen, v. අලුත්ගතියට *or* මිහිරිගතියට පමුණුවනවා *or* පැමිණෙනවා ; (හුළඟ) වඩා සැරවෙනවා.

Freshet, n. (වතුර ගැලීම් — වැඩිවීම — නිසා ගලන) අලුත් ඔය *or* වතුර පාර, අලුත් වතුර බස්නාව.

Fresh-looking, a. අලු—පරවී නැති—පෙනීමක් ඇති, සතිප පෙනුමක් ඇති.

Freshly, ad. අලුතෙන්, අලුත්වෙන් ; අලුත් ගතියෙන්, මද සැරකමින්. [ශිෂ්‍යයා.

Freshman, n. ආධුනිකයා, (අග්‍ර පාඨශාලාවල) අලුත්

Freshness, n. අලුත්ගතිය, අලුත් ගතිය, අලුත්කම, නවීනතාව ; සතිප පෙනුම ; ප්‍රාණවත්කම ; (හුළඟේ) මදසැරකම ; (ලුණු නැති) මිහිරිකම ; සිසිල් කම.

Fresh-water, a. මිරිදියේ ඉපුන, මධුර ජලජ, මධුරෝදක ; ගංගාවලම *or* වෙරළ ළඟින්ම යාත්‍රාකරන ; fig. අලු, නිවට.

Fret, v. කාවදිනවා, ගෙවියනවා, ගෙවෙනවා ; හිරිහැරකරනවා, ලෙල්ලම්කරනවා ; කනස්සලුවෙනවා, දුක්වෙනවා, තරඟ උපදිනවා.

Fret, v. දැති ආකාරයෙන් විසිතුරුකරනවා, විසිතුරු කර්මාන්තයෙන් සරසනවා.

Fret, n. කුඩා දියරැළි, වතුර මතුපිට පෙලවීම ; සැරසිලි රේඛා වැඩේ ; කනස්සලුව.

Fretful, a. කනස්සලු, අසතුටු, කොඳුරන.

Fretfully, ad. කනස්සලුලෙස, අසතුටුලෙස.

Fretfulness, n. කනස්සලු ගතිය, අසතුටුකම, චරිස් සලය.

Fretted, pp. *or* a. මලකඩ ඇල්ලීමෙන් *or* ගෙවීයාමෙන් රළුවී—කඩ තොලුවී—තිබෙන ; වලිත ; සැරසිලි රේඛා වැඩ ඇත්තාවූ.

Fretting, p. *or* a. කාවදින ; කනස්සලුවෙන.

Fretting, n. කනස්සලුවීම, චරිස්සලය. [වැඩේ.

Fretwork, n. කපාපු සැරසිලි වැඩේ, සැරසිලි රේඛා

Friability, **Friableness**, n. පහසුවෙන් කුඩුවෙන සුල්ල, මද්දිනියතාව. [ය.

Friable, a. පහසුවෙන් කැඩෙන *or* කුඩුවෙන, මර්දනී

Friar, n. රෝමානු තාපසයා, රෝමානු සමහර සමාගම්වල සහභාගියා ; in printing තීන්ත නොවැදුණ තැන.

Friary, n. R. C. තපස් මඩම. **Friation**, n. කුඩුවීම, සුනුවීම, මර්දනය.

Fribble, v. වැදගැම්මක් නැතිලෙස හැසිරෙනවා.

Fribble, **Fribbler** n. සුළුලෙස හැසිරෙන්නා, නිරර්ථක දේ කරන්නා.

Fricassee, n. පරික්දල, බදින කෑම ජාතියක්.

Friction, n. ඇතිල්ලීම, ඉලීම, තැවරීම, ආඝර්ෂය, ඝර්ෂණය, සංඝර්ෂය, පරිමර්ෂය, සංඝට්ටනය, බාධාව ; තැවරීමේ ප්‍රමාණය.

Friday, n. සිකුරාදා, කිවිදින, ශුක්‍රවාරය.

Fried, pp. *or* a. බදිනලද, බැඳුණ, බැදපු.

Friend, n. මිත්‍රයා, මිතුරා, සබඳ, හිතෛෂියා, යහළුවා, යාළුවා ; (යමක්) සජනයකරන්නා.

Friend, S. a. මිත්‍ර : my friend Carolis මගේ මිත්‍ර කරෝලිස්.

Friendless, a. මිත්‍රයෙක් නැති, නිඃසහාය, බන්ධුහීන, අසරණ, අනාථ.

Friendlessness, n. මිත්‍රයෙකු රහිතකම, අසරණකම, බන්ධුහීනතාව.

Friendliness, n. මිත්‍රභාවය, මිත්‍රත්වය, අවිරුද්ධකම ; ප්‍රියතාව, අනුකූලතාව, අනුරාගය, කරුණාවන්තකම.

Friendly, a. මිත්‍ර, මිතුරු, මිත්‍රභාවයක් ඇත්තාවූ, හාදවූ ; සමගිකමට ලැදි, සමාදාන, සාමාග්‍රි, අවිරුද්ධ ; කරුණාවන්ත.

Friendship, n. මිත්‍රකම, යහළුකම, මිත්‍රතාව, මිත්‍රත්වය, මිත්‍රධර්මය, මිත්‍රසන්ථවය, සෞහාර්දය, සඛීත්වය, සඛ්‍යය. [සක්.

Frieze, n. ලොම්ගෙරදි ජාතියක් ; වැඹක උඩ කොට

Frigate, n මධ්‍යම ප්‍රමාණයක යුද්ධ නැවක්.

Fright, n. හදිසි භය, භීතිය, තිගැස්සිය, ත්‍රාසය.

Frighten, v. භයගන්වනවා, භීතකරනවා, බිරවිකරනවා, තිගැස්සිකරනවා, තැතිගන්වනවා,

Frightened, pp. *or* a. භයගන්වනලද &c., භයවූ, භයපත්වූ, භ්‍රාන්ත, භීත, ත්‍රස්ත, කලප්පුවූ, පලංකට

Frightful, a. භයංකාර, භයඞ්කාර, බියකරු, භීතිදායක, දරුණු, භීෂණ, භීම, භයානක, භෛරව, ප්‍රතිභය, ඝෝර.

Frightfully, ad. භයංකාරලෙස &c.

Frightfulness, n. භයංකාරකම etc. භයානකත්වය.

Frigid, a. ශීතල, ශීත අධික ; fig. ප්‍රාණවත්නැති, උනන්දුනැති ; ප්‍රේම නැති, අමිත්‍ර (බැල්ම).

Frigidity, **Frigidness**, n. ශීතලය, ශීතභාවය, ශීතතාව ; fig. උණුහුම නැතිකම, උනන්දු නැතිකම. ප්‍රාණවත් නැතිකම

Frigidly, ad. fig. උණුහුම නැතිලෙස, අමිත්‍රලෙස ; උනන්දු නැතිලෙස.

Frigid-zone, n. පොළවේ සිසිරවලය, ශීතවලය, ශීත කලාපය, පොළවේ ඉතා උතුරු දකුණු දිගා.

Frigorific, a. ශීතය උපදවන, ශීතල, (ද්‍රව්‍ය).

Frill, n. රැළි පස්මෙත්තුව, රැළි වාටිය.

Frill, v. රැළි වාටියක් දමනවා වාටියේ රැළි ගස්වනවා.

Fringe, n. නූල්—කෙඳි—බුරුල්වූ වාටිය, දවල්ල ; අසින, අද්දර. [මහනවා.

Fringe, v. නූල් බුරුල්වූ වාටියක් දමනවා, දවලු

Frippery, n. පරණ ඇඳුම් ; කඩමලු ; සිල්ලරබඩු ; පරණ ඇඳුම්-වෙළඳාම, පරණ ඇඳුම්-වෙළඳම්පළ.

Frisk, v. පොංකෙළිනවා, උඩ පනිනවා, තොංකෙළිනවා.

Frisk, a. ඉක්මන්, තුරිත, උනන්දු, සැහැල්ලු.

Frisket, n. (අච්චුයන්ත්‍රයේ කඩදාසි කොළය තබන) සැහැල්ලු රාමුව, (ෆ්‍රිස් කේට් නම්) කඩදාසි රාමුව.

Friskiness, n. පොංකෙළින ගතිය, ක්‍රීඩාකාරකම, උනන්දුකම.

Frisky, a. පොංකෙළින, උඩ පනින, ක්‍රීඩාකාර.

Frit, n. වීදුරු සෑදීමට පුලුස්සාපු ද්‍රව්‍ය.

Frith, n. පටු මුහුදුතුඩුව, මෝය අසල කුඩා කලපුව, මෝය ; ගඟේ හිටවන ගරාදිවැටක් *or* බැම්මක් ; කැලෑ ඉඩමක්.

Fritter, n. බැදපු මස්කෑල්ලක්, බැදපු කැවුමක් ; කැබෙල්ල.

Fritter, v. කෑලිකරනවා ; fritter away time &c. කාලය &c. නිෂ්ඵලලෙස ගතකරනවා *or* ක්‍රමයෙන් නැතිකරනවා.

Frivolity, n. නිරර්ථකකම, සරදම, සරදම් ගතිය.

Frivolous, a. සුළු, සුළුපටු, ලඝු ; නිරර්ථක, සංසුන් නොවන, සරදම්වූ.

Frivolousness, n. සුළුකම, සුළුපටුකම, නිරර්ථකකම, සරදම් ගතිය.

Frizz, **Frizzle**, v. (කුඩා වකුටු ඉසකේ රොද මෙන්) වකුටු *or* බොකුටු කරනවා, රළුකරනවා.

Frizzle, n. වකුටු කෙසකේ රොද.

Frizzled, a. වකුටුකරනලද. වකුටුවූ.

Fro, ad. (යම් තැනක) සිටත්, go to and fro එහාට මෙහාට යනවා, ගමනාගමනයකරනවා.

Frock, n. බුරුල් පිට ඇඳුමක්; ගවොම.

Frock-coat, n. දිග කබායක්.

Frog, n. මැඩියා, මණ්ඩූකයා, බලමැඩියා, ඇවිසිත්තා, භේකයා, ගෙම්බියා, ගෙම්බා; tree frog ගස් ගෙම්බා; of a horse's hoof අශ්ව පතුලේ මැද පාගුව.

Frolic, n. සෙල්ලම, ක්‍රීඩාව, පෙංකෙළිය, විසුළුව.

Frolic, v. සැරලෙස ක්‍රීඩාකරනවා, පෙංකෙළිනවා, විසුළුකරනවා.

Frolicsome, a. සැරලෙස ක්‍රීඩාකරන, ක්‍රීඩාපර, පෙංකෙළින, විගඩම්කාර.

From, prep. Render by ablative case *or* locative with පටන්, සිට, සිටන්, හිටන්, කෙරෙන්, ගෙන්, as: from above &c. ඉහළින් *or* ඉහළ සිට; ඇතුළ තින්, ඇතුළේ සිට; පිටතින්, පිටත සිට; අතරෙන්, අතරේ හිට; එපිටින්, එපිටහිටන් &c.

Frond, n. මීවන යනාදි ගස්වල ලපටි දලුව *or* කොක්ක, (පොල්) ගොබය, ගොක්කත්ත.

Frondescence, n. කොළ අටගැනීම; කොළ අට ගන්න කාලය.

Frondiferous, a. ගොබ ඇදෙන (ගස්ජාති).

Frondose, a. කොළ ගහන, පත්‍ර බහුල.

Front, n. ඉස්සරහ පැත්ත, ඉස්සරහ පාගුව, පෙර මුණ, ඉදිරිය, අභිමුඛය.

Front, a. ඉස්සරහ, ඉස්සරහ ඇත්තාවූ.

Front, v. මූණට මූණලා සිටිනවා; යම් දිකාවකට මුහුණ හරවාගන සිටිනවා. ඉස්සරහපිට—අභිමුඛව—සිටිනවා, අභිමුඛවෙනවා, හමුවෙනවා, යම් දිසාවක්—දෙයක්—දෙසට තිබෙනවා.

Frontage, n. ගොඩනැඟිල්ලක ඉස්සරහ පැත්ත, යම් ස්ථානයකට ඉස්සරහ ඉඩම, අග්‍රභාගය.

Frontal, a. නළලට අයිතිවූ, නළල්, ලලාට.

Frontal, n. ලලාට පට්ටය, ලලාටිකාව; නළල් බෙහෙත; කවුළුවේ උඩ සැරසිල්ලක්.

Frontier, n. දේශ සීමාව, රටේ ඉම, සීමා ප්‍රදේශය, ප්‍රත්‍යන්තදේශය, පර්යන්තය.

Frontier, a. දේශසීමා බද, සීමාවට යාවූ, ප්‍රත්‍යන්ත.

Fronting, a. ඉස්සරහ — ඉදිරිපිට — අභිමුඛව—ඇත්තාවූ &c. see verb.

Frontispiece, n. පොතක මුල තිබෙන රූපය *or* සිතියම, මුල්පිටේ සිතියම, ආරම්භ සිතියම; ගෙයක ඉස්සරහපැත්ත, ගෘහ මුඛය.

Frontless, a. fig. ලජ්ජානැති. **Frontlet**, n. නළල් පටිය, ලලාට පට්ටය.

Front-rank, n. ඉස්සරහ පෙළ.

Front-room, n. ඉස්සරහ කාමරය, පෙරටු ශාලාව.

Front-view, n. ඉදිරි පාර්ශ්වයේ පෙනුම, සම්මුඛ දර්ශනය.

Frost, n. මිදිච්ච පිනි, හිම, තුෂාරය, නීහාරය; වතුර මිදෙන තරම් ඇති ශීතලය.

Frost, v. මිදිච්ච පිනි මෙන් පෙනෙන්ට යමක් ගානවා.

Frost-bitten, a. ශීතලෙන් නරක්වුණාවූ (පැළ, අවයව).

Frosted, pp. *or* a. මිදිච්ච පිනිවලින් මෙන් වසනලද (කැවුම් &c.); පැහිච්ච (ඉසකේ).

Frostily, ad. ඉතා ශීතලව; fig. අනුෂ්ණව, නිරුදරව.

Frostiness, n. (හුළඟේ) ඉතා ශීත ගතිය.

Frosty, a. ඉතා ශීතල, තුෂාර; fig. අනුෂ්ණ, නිරුදර; පැහිච්ච.

Froth, n. පෙණ, පෙද; collection of froth පෙණ පිඩ; fig. ප්‍රලාපය, හිස් වාක්පටුත්වය.

Frothiness, n. පෙණ ඇතිකම; fig. හිස්කම.

Frothy, a. පෙණදමන, පෙණ ඇති, ඵේනල; fig. දෙඩවිලි ආකාර, හිස්.

Froward, a. හිතුවක්කාර, මුරණ්ඩු, අගති.

Frowardness, n. හිතුවක්කාරකම, මුරණ්ඩුකම, නොහික්මුම්කම, අගතිය.

Frown, v. රවනවා, රවා බලනවා, දුර්මුඛවෙනවා; අප්‍රසන්නය පානවා, බැම නමවා බලනවා.

Frown, v. රැවීම, රවා බැලීම, බැම නටවා බැලීම, අප්‍රසන්න බැල්ම, භ්‍රූභඞ්ගය, භ්‍රූකුටිය.

Frowning, a. රවා බලන, අප්‍රසන්නලෙස බලන, දුර්මුඛ, ඝර්ෂිතාකාර.

Frozen, a. ශීතලෙන් මිදුණුවූ; අතිශීත (දේශ); frozen in or out දිය මිදීමෙන් යන්ට—ඇතුල් වෙන්ට, මැඩකැරන්ට—බැරුව සිටිනවා; frozen up දිය මිදීමෙන් හිරවෙනවා.

F. R. S. රාජකීය සභාවේ සාමාජිකයා: රා. ස. සා.

Fructescence, n. (යම් ගහක) එලදෙන කාලය, ඵල පාක කාලය.

Fructiferous, a. පල දරන, ගෙඩි හටගන්නා, එලදයි, ඵලද.

Fructification, n. පලදරන්ට සැලැස්වීම &c., ජනනයකිරීම; in bot. (ගසේ) ජනික කොටස්සමූහය.

Fructify, v. පලදරන්ට සලස්වනවා, පල ගන්වනවා *or* හටගන්වනවා, සාරවත්කරනවා, සශ්‍රීක කරනවා; පුදිනවා, සඵලවෙනවා.

Fructifying, a. පලදරන්ට සලස්වන &c.

Frugal, a. වියදම ගැන ප්‍රවේසම්, සකසුරුවම්, පිරිමසින, මිතව්‍යයී.

Frugality, n. පිරිමැසීම, සකසුරුවම්කම.

Frugally, ad. පිරිමැසමෙන්, සකසුරුවම්ලෙස.

Frugivorous, a. ඇට, ධාන්‍ය, ඵලාදිය කන්නාවූ, බීජ භක්ෂක, (සත්ත).

Fruit, n. පල, ඵලය, ගෙඩිය; pl. also පලතුරු, ගඩාගෙඩි; fruit crop පලදාව; fig. සිද්ධිය, ඵල, ඵල ප්‍රයෝජනය, ඵලවිපාකය, ලාභය, ඵලසම්භවය; v. පලදරනවා.

Fruitage, n. ඵල ජාති; පලදාව.

Fruit-bearing, a. පලදරන, පලගන්න, ඵලප්‍රද, ඵල ග්‍රාහි, ඵලදයි.

Fruit-bud, n. ඵලජනික දලුව *or* මොට්ටුව.

Fruiterer, n. පලතුරු වෙළෙන්ද, ගඩාගෙඩි විකුණන්නා.

Fruitery, n. ඵල ජාති; ඵල තබන ආගාරය.

Fruitful, n. බොහෝ පල දරන, සාර, සාරවත්, සශ්‍රීක, ඵල ඇති, ඵලවත්, ඵලතර; ඵලවිපාක බහුලවූ, ඵලසම්භව; විදනැති, අවන්ධ්‍ය, සඵල, සාර්ථක.

Fruitfulness, n. සාරවත්කම, සාරත්වය, සශ්‍රීකකම, බහුලලෙස උපදවන බිම, සාඵල්‍යය, සඵලත්වය, ජනකතාව.

Fruiting, n. පලදරීම, පලගැනීම, ඵලප්‍රසූතිය.

Fruition, n. ඵල හටගැන්ම, ඵලෝදය, ඵලවිඳීමේ සැපත, ඇකතිවිඳීම, ප්‍රීති විඳීම, ඵලභෝගය.

Fruitless, a. ඵල නැති, අඵල, ඵලාපේත, නිෂ්ඵල, නිෂ්ප්‍රයෝජන, ව්‍යර්ථ, නිරර්ථක.

Fruitlessly, ad. නිෂ්ඵලලෙස, නිෂ්ප්‍රයෝජනලෙස.

Fruitlessness, n. ඵලනැතිකම, අඵලත්වය, නිෂ්ඵලකම, නිෂ්ප්‍රයෝජනකම.

Fruit-season, n. ඵලවාරය, ඵලකාලය, ඵලසමය.

Fruit-tree, n. ගෙඩිහටගන්නා ගහ, ඵල දරන රුක, ඵලවෘක්ෂය.

Fruity, a. ඵලරස ඇති, ඵලගුණැති.

Frumentaceous, a. ධාන්‍යවලින් සාදපු, ධාන්‍යමය; ධාන්‍යාකාර. [තිරිඟු.

Frumenty, n. (කිරිබත් මෙන්) කිරිවලින් තම්බාපු

Frustrate, v. නිෂ්ඵලකරනවා, නිෂ්ප්‍රභාකරනවා, විඵලකරනවා, පරදවනවා.

Frustrated, a. නිෂ්ඵලකරනලද &c., විඵලීකෘත

Frustration, n. නිෂ්ඵලකිරීම &c., විඵලීකරණය, පරාභවය.

Frustrum, n. කලාපය.

Frutex, n. L. Frutices, pl. පඳුර, (pl. පඳුරු), ගුල්මය, ස්තම්බය.

Fructicose, Fruticous, a. පඳුරක් මෙන් අතුදමන, ගුල්මාකාර, ස්තම්බාකාර.

Fry, n. බැදපු කෑමක්; v. බදිනවා, බැදෙනවා.

Fry, n. කුඩා මාළු රැසියක්. **Frying-pan**, n. බදින වළඳ, කබල, තාච්චිය.

Fuddle, v. මත්කරනවා.

Fuddled, become, v. මත්වෙනවා, වෙරිවෙනවා, මන්ඩංවෙනවා.

Fudge, n. විහිළු ප්‍රබන්ධය, හෑල්ල.

Fuel, n. දර, පත්තුකිරීමට ගන්න ද්‍රව්‍ය, ඉන්ධනය, සමින්ධනය, fig. අවුස්සන කාරණාව, ඇවිස්සීමේ හේතුව.

Fugacious, a. පලායන, පහවෙන, ප්‍රකෘතිතරල.

Fugaciousness, Fugacity, n. පහවෙනසුලු බව, ප්‍රකෘතිතරලතාව; අනිස්ථිරකම.

Fugitive, a. පනපුවෙන් —ඉක්මණින්—පහවන්නාවූ, අනිස්ථිර, වඩා කල් නොපවතින; පලායන්නාවූ; පාදඩ. [අය.

Fugitive, n. පලායන්නා, සැඟවුණ්නා, හැංගිසිය

Fugleman, Flugelman, n. හේවායන් ඉදිරිපිට සිට සරඹ උගන්වන්නා.

Fugue, n. මාරුවෙන තාලයක්.

Fulcrum, n. (යමක් පොල්ලකින් උස්සනවිට) පොල්ල *or* අලවංගුව ඔබන තැන, අඩය, ආධාරය, බල කරුව.

Fulfil, v. සම්පූර්ණකරනවා, ඉෂ්ටකරනවා, ඉටුකරනවා, පූරණයකරනවා; a law &c. පවත්වනවා.

Fulfilment, n. සම්පූර්ණකිරීම, සම්පූර්ණවීම, ඉෂ්ටකිරීම, ඉෂ්ටවීම, සාධනය, සංසිද්ධිය; පැවැත්වීම.

Fulgency, n. දිලිසීම, දීප්තිය, දීප්තිමත්කම, කාන්තිය, ප්‍රභාව. [උජ්ජ්වල.

Fulgent, a. දිලිසෙන්නාවූ, දීප්තිමත්, ප්‍රභාවත්,

Fulgora, n. (කණ්‍ඩෝපැණියා, රඹදුල්ලා, යනාදී) දිලිසෙන සත්ත්ව ජාති.

Fuliginous, a. සියත් දුඹුලුවූ, ධූමාකාර, මද කළුවූ, කජ්ජලමය.

Full, a. පූර්ණ, පිරී තිබෙන, පිරුණු, සම්පූර්ණ. සම්පන්න, පරිපූර්ණ, ආඪ්‍ය, පීවර, තෘප්තිමත්; මුළු; full-aged සම්පූර්ණ වයසට පැමුණුණ, සම්පූර්ණ වයස්ක;
full-blown සම්පූර්ණයට පිපුණාවූ (මල්);
full-eyed ඇස් ලොකුවූ, ලොකු ඇස් ඇත්තාවූ;
full-faced මුහුණ ලොකුවූ, ලොකු මුහුණක් ඇත්තාවූ;
full-grown සම්පූර්ණ මහතට පැමුණුණ, වැඩුණ; mature පැහිච්ච, ඉදිච්ච, විලිකුත් (ගෙඩි);
full-length මුළු දිග ඇත්තාවූ, මුළු උස පෙන්වන, (සිතියම්);
full moon පිරිසඳ, පුන්සඳ, පූර්ණ චන්ද්‍රයා, day of පහළොස්වක, පසළොස්වක, පෞර්ණමාසිය;
full-orbed පුන්මඬල ඇත්තාවූ; full (priest) උප සම්පන්න; at full speed or full drive මුළු වේගයෙන්.

Full, n. the full සම්පූර්ණය, පූරණය, පූර්ණතාව, සාකල්‍යය, සම්පූර්ණ ප්‍රමාණය, තෘප්තිය.

Full, Fully, ad. සම්පූර්ණලෙස, සම්පූර්ණයෙන්, සම්පූර්ණයට, පුරා, හොඳටම, මුළුමනින්ම, නිත්‍යවම.

Full, v. යන්ත්‍රයකින් රෙදි ඝනකරනවා; අපුල්ලනවා.

Fuller, n. රෙදි ඝනකරන්නා; අපුල්ලන්නා, රදවා.

Fuller's-earth, n. (කිරිමැටි වාගේ) රෙදි ඇපිල්ලීමට ගන්න පස්.

Fulminate, v. ගුගුරනවා, ගර්ජනාකරනවා; පුපුරවනවා; fig. (ගිගුරුම්මෙන්) තර්ජනකරනවා, තර්ජන පනවා අරිනවා.

Fulminate, n. පිපිරෙන ද්‍රව්‍ය ජාතියක්.

Fulminating, p. *or* a. ගුගුරමින් &c.; ගුගුරන &c.; ගිගුරුම් වැනි තර්ජන සහිත; පිපිරෙන.

Fulmination, n. ගිගිරීම &c.; (පාප්උන්නාන්සේ විසින් &c.) පනවා අරින තර්ජනය, තද තරවටුව.

Fulminatory, a. ගර්ජනා සහිත, තර්ජනාකාර, භය ගන්වන.

Fulness, n. පූර්ණකම, සම්පූර්ණකම, සම්පූර්ණත්වය, සම්පූර්ණතාව, අසීකකම, සමෘද්ධතාව, පරිපූර්ණතාව, පූර්ණත්වය; අඩුරුසිදුරු නැතිකම.

Fulsome, a. (වැඩි නිසා) අප්‍රිය, කැත, නීච, (ඉච්චා, ප්‍රශංසා &c.).

Fulsomeness, n. (වැඩි ඉච්චාවේ) අරුචිය, නීචකම.

Fumble, v. අදක්ෂලෙස අතගා බලනවා, අදක්ෂලෙස වෑයමෙක් කරනවා; (පොතේ කොළමෙන්) නිකම් පෙරළනවා, අතගගා ඉන්නවා.

Fumbler, n. අදක්ෂලෙස අතින් ක්‍රියාකරන්නා, අත නුහුරුකාරයා.

Fume, n. දුම, දුම්වාරය, මීදුම, නැගී විහිදෙන ද්‍රව්‍ය, ගඳ; fig. කුපිතකම, තරහ, වියරුව.

Fume, v. දුම් ගහනවා, මීදුම නගිනවා; දුම් ගස්වනවා, දුමෙන් වේළවනවා; fig. තරහෙන් හැරවෙනවා, ගෝරිගන්නවා.

Fumigate, v. දුම්ගස්වනවා, (විෂ අරින පිණිස) ඔබ්බෙහෙත් දුම්ගස්වනවා, සුවඳකරනවා, වාසිත *or* අනුවාසිත කරනවා.

Fumigation, n. දුම්ගැස්වීම &c., අනුවාසනය.

Fumigatory, a. දුම්ගැස්වීමෙන් පිරිසිදුකරන, විෂ අරින, (විසිය &c.).

Fun, n. සෙල්ලම, සරදම, කවටකම, පරිහාසය, සමච්චලය, කොංචිය; make fun of කොංචි කරනවා; සරදම්කරනවා.

Funambulate, v. කඹයක් පිට ඇවිදිනවා *or* නටනවා.

Funambulatory, a. කඹයක්පිට ඇවිදින *or* නටන; fig. කඹයක් වැනිවූ, ඉතා පටු.

Funambulist, n. කඹයක්පිට ඇවිදින්නා, කඹයේ නටන්නා.

Function, n. නියම වැඩය *or* නිලය, කෘත්‍යය, කාර්යය; ඉන්ද්‍රියයන්ගේ *or* ශරීරයේ යම් කොටසකයක නියම ක්‍රියාව *or* බලය, ඉන්ද්‍රියකෘත්‍යය; උත්සවය.

Function, v. නියමිත වැඩ කරනවා, ක්‍රියා පවත්වනවා, නිලදරු සිටිනවා.

Functional, a. (ඉන්ද්‍රියයක්ගේ &c.) නියම ක්‍රියාවට *or* බලයට අයිති, චෛතසික.
Functionary, n. නියම තනතුරක් ඇත්තා, නිලධාරියා.
Fund, n. අරමුදල, මුල් මුදල; pl. ආණ්ඩුවේ ණය මුදල; a sinking fund ණය ගෙවීමට වෙන්කර තබන මුදල; fig. හුඟක්, සම්භාරයක්.
Fund, v. අරමුදලක් කොට තබනවා.
Fundament, n. ඉම්මුල; ගුදය, මලමග, අධෝමාර්ගය, වසතිමාර්ගය.
Fundamental, a. ධාතුවූ, මුල්වූ, අත්තිවාරම්වූ, මූලික, මූල, ප්‍රකෘති, ප්‍රධාන, අති විශේෂ, අවශ්‍ය, ආවශ්‍යක.
Fundamental, n. ප්‍රකෘති සත්‍යයක්, ප්‍රධාන ධර්මයක්, මුල් කාරණාවක්, අවශ්‍ය එකක්.
Fundamentally, ad. ප්‍රකෘතියෙන්ම, මුලින්ම, විශේෂලෙසම.
Fund-holder, n. ආණ්ඩු ණයෙන් කොටස් හිමියා, රාජ්‍ය ණය හිමියෙක්,
Fundless, a. අරමුදලක් නැත්තාවූ, මුල් මුදලක් නැති.
Funeral, n. මැළලීම, ආදාහනය, මිනීමළගම, නෑත් පත්කිරිමේ කළමනා; ආදාහන පෙළහර, අවමංගල්‍යය.
Funeral, a. ආදාහනයට අයිති, අවමංගල්‍ය, අවමඟුල්; funeral ceremonies ආදාහන කෘත්‍ය, අවමංගල චාරිත්‍ර, අවමංගල්‍යකෘත්‍ය; funeral pile දරසෑය, චිතකය.
Funereal, a. ආදාහනයට ඉතාංගු; දුක් විලාසවූ, අවමඞ්ගල්‍යාකාර, අඳුරු.
Funereally, ad. අවමංගල්‍යාකාරයෙන්, දුක්විලාසයෙන් මෙන්.
Fungic, a. හතුවූ, දිලීරජ; fungic acid දිලීරාම්ල.
Fungiverous, a. හතුජාති කන්නාවූ, දිලීරභක්‍ෂක.
Fungoid, a. (පෙනීමෙන්) හතු සමාන, හතු හැඩය ඇති, දිලීරාකාර.
Fungous, a. (ද්‍රව්‍යවලින්) හතු ආකාර, මුදු හත්ත මැති; හදිසියෙන් උපදින, ඓකාහික.
Fungus, n හත්ත—පුස්—ගල්මල—ආදිය; මස් දලුව; pl. funguses or L. fungi හතු ජති, දිලීර ජාති.
Funicle, n. සීත් ලනුව, සීත් බන්ධනය, කඳ.
Funicular, a. සීත් ලනුවක් වූ, සීත් ලනු වූ, කෙඳිවලින් යුක්ත.
Funnel, n. පුනීලය, කට පළල්වූ නළය, කෙමිය, දුම්නලය, ප්‍රණාලය.
Funny, a. විහිළු, රසික, හාස්‍ය, හාස්‍යකර, හාස්‍යෝත්පාදක, සමච්චල්.
Fur, n. සිනිඳු රෝම, ලොම්, සිනිඳු රෝම සහිත හම; (දිවේ, භාජනවල &c. බැඳෙන) මල, කාරම, (දිවේ) අක්කාරම.
Fur, a. සිනිඳු රෝම, ලොම්; v. (ඇඳුම්වලට) රෝමයුත් කෑලි මහනවා *or* රෝම හමින් වසනවා; (දිවේ &c.) අක්කාරම් බැඳෙනවා.
Furbelow, n. ලොව්ව්ව්ය, සායේ බුරුල් මාවිය.
Furbish, v. ඇතිල්ලීමෙන් ඔප නගනවා, අතුල්ලා ඔප දමනවා; (hóuse, garden &c.) පරිකර්මයකරනවා.
Furcate, Furcated, a. අතු දෙකකට *or* කීපයකට බෙදී—විහිදී—තිබෙන.
Furcation, n. අතු මෙන්—කරුවක් මෙන්—බෙදී විහිදීම.
Furcular, a. කරුවක හැඩය ඇත්තාවූ, කරු ආකාර, ශාර්පු ආකාර.

Fur-dresser, n. රෝම හම් පදම්කරන්නා.
Furfuraceous, a. පරවී ආකාර, කොරපොතු ආකාර, කොරළු, ඉස්සොරි ආකාර.
Furfuration, n. ඉස්සොරි හැදීම *or* වැටීම.
Furious, a. ප්‍රචණ්ඩ, චණ්ඩපරුෂ, චණ්ඩ, ඉතා කෝප වූ, සරෝෂ, රෞද්‍ර, සාහසික, උමතු, උන්මත්ත, සමද, මදෝද්ධත, කෝපාකූල, සංරබ්ධ; වේගවත්, ප්‍රබල.
Furiously, ad. ප්‍රචණ්ඩලෙස etc.
Furiousness, n. ප්‍රචණ්ඩතාව, චණ්ඩපරුෂකම, සැර කෝපය, සරෝෂතාව; සැර වේගවත්කම.
Furl, v. අකුළනවා, අකුළා බඳිනවා, ඔතනවා, දවටනවා.
Furled, pp. *or* a. අකුළා; අකුළාපු, (රුවල, කොඩිය &c), සංවෘත.
Furlong, n. හැතැප්මෙන් අටෙන් පංගුව, පර්ලොම.
Furlough, n. (කලකට නිවාඩුගත්ට) අවසරය, විශ්‍රාමය.
Furlough, v. (නිවාඩුගත්ට සේවායෙකුට) අවසර දෙනවා.
Furnace, n. උදුන, ගිනි උදුන.
Furnish, v. උපයනවා, සපයනවා, අත්කරදෙනවා, උවමනාදේ—ගෙසි බඩු &c.—සම්පාදනයකරනවා, සපයාදෙනවා; (සිත ඥානයෙන් &c.) පූර්ණකරනවා, සංයුක්තයකරනවා.
Furnished, pp. *or* a. උපයනලද &c., සම්පාදිත; සජ්ජිත.
The mind furnished with knowledge ඥානයෙන් සම්ප්‍රයුක්ත—සජ්ජිත—සිත.
Furniture, n. බඩු, ගෙසි බඩු, අරුමෝසම් බඩු, ගෘහ භාණ්ඩ, ගෘහෝපකරණ; උවමනා උපකරණ; සැර සිලිබඩු.
Furniture-broker, n. පරණ ගෘහ භාණ්ඩ වෙළෙන්ද.
Furrier, n. සිනිඳු රෝමහම් වෙළෙන්ද.
Furrow, n. සීසිට, pl. සීසි; මුහුණේ රැල්ල, වැක රැල්ල.
Furrow, v. සී සානවා, සීසි සාදනවා.
Furrowed, become, v. වැකරැලි—ඇලි—සෑදෙනවා; (මුහුණේ) රැලි වැටෙනවා.
Furry, a. සිනිඳු රෝමවලින් වැසුණුවූ, රෝම සහිත.
Further, a. වඩා දුරවූ; හම, තවත්, තවද.
Further, ad. වඩා දුරට &c., see Farther; conj. ඇරත්, තවද.
Further, v. fig. දියුණුකරනවා, අනුබලදෙනවා, ආධාරවෙනවා.
Furtherance, n. දියුණුකිරීම, අනුබලදීම, අභිවර්ධනය.
Furthermore, ad. තවද, ඇරත්, ඊ ඇර.
Furthermost, a. ඉතා දුරවූ.
Furthest, a. (කාලයෙන් *or* ස්ථානයෙන්) ඉතා දුරවූ, අතිදුරස්ථ, අත්‍යන්තදූර, දූරතම; ad. ඉතා දුරින්, ඉතා දුරට.
Furtive, a. හොර ආකාර, හොර, රහස්. [න්.
Furtively, ad. හොර ආකාරයෙන්, හොරෙන්, රහසි
Fury, n. සැර වියරුව, රෞද්‍රකම, චණ්ඩකම; in myth. යමපල්ලා; fig. සැර තරහකාරී.
Furze, n. කටු පඳුරු ජාතියක්. Furzy, a. එනම් කටුපඳුරු ගහනවූ.
Fuse, v. (ඝන ද්‍රව්‍ය) මකනවා, උණුකරනවා, දියකරනවා, ද්‍රාවනයකරනවා; උණුවෙනවා.
Fused, a. මකනලද &c., ද්‍රාවිත, ද්‍රැත, විද්‍රැත.
Fusee, Fuse, n. ගිනිනූල, පේවනූල, පේවලනුව, ගිනිකූර.

Fusee, n. බරලෝසුවේ දම්වැල එතෙන චක්‍රය, දම් වැල් චක්‍රය.

Fusibility, n. (යමෙකුට) මැකිය හැකි ස්වභාවය, ගලනීයතාව, ද්‍රාව්‍යතාව.

Fusible, a. උණුකරන්ට පුළුවන්වූ, දියකළ හැකි ගලනීය, ද්‍රාව්‍ය.

Fusil, n. සැහැල්ලු තුවක්කුව.

Fusile, a. ගලනීය; දියවූ, ගලනසුලු.

Fusileer, n. තුවක්කුවක් දරන හේවායා, අත් තුවක්කුකාරයා.

Fusing, a. උණුකරන, විද්‍රාවක, උණුවෙන; fusing-point (ඝන ද්‍රව්‍යයක්) උණුවෙන උෂ්ණප්‍රමාණය, ද්‍රාව්‍යාංශය.

Fusion, v උණුකිරීම, දියකිරීම, ද්‍රාවනය; (උණුකිරීමෙන් වුණ) දිය ස්වභාව.

Fuss, n. කලබැගෑනිය, කලබලය, සලපතලකම; make a great fuss about (යමක්) මහබක්කක් කරනවා; make a fuss with පුරතල්කරනවා, සාදරයෙන් or පිටත සැලකිල්ලෙන් පිළිගන්නවා.

Fussy, a. පිටත සැලකිල්ල පාන, සලපතලලෙස හැසිරෙන.

Fustian, n. දළ කපුරෙදි ජාතියක්; fig. පුම්බම.

Fustigation, n. පොල්ලකින්—ලී කෝටුවකින්—තැළීම, තඩිබෑම.

Fustiness, n. පුස් ඇතිකම, පුස් ගඳ.

Fusty, a. පුස් ගඳ ඇත්තාවූ, පුස් බැඳුණ.

Futile, a. සුළු, නොවටිනා, නිස්සාර, නිෂ්ඵල, නිරර්ථක.

Futility, n. නොවටිනාකම, නිස්සාරකම, නිෂ්ඵලකම.

Future, a. මතු, අනාගත, ආගාමි, භවිෂ්‍යත්, ශාශ්වතන; පාරලෞකික.

Future, n. මතු කාලය, අනාගතය; for the future මත්තට, මතුවට; in the future මතු, මත්තෙහි, අනාගතයෙහි &c.

Futurity, n. මතුකාලය, අනාගත කාලය; අනාගතතාව; මතුකාරණාවක්. [යනවා.

Fuzz, n. සිනිඳු කුඩු; v. සිනිඳු කුඩු වශයෙන් පිපිරි

Fuzz-ball, n. ඉතා සිහින් කුඩු ඇති හතු ජාතියක්.

Fy, Fie, int, ඡී, ජීඃ.

G.

Gab, v. (E. vul.) දෙඩවනවා, ප්‍රලාප කියනවා; n. දෙඩවිල්ල, කටවාචාලය.

Gaberdine, n. දළවූ පිට ඇඳුමක්, දළ ගවොමක්.

Gabble, v. දෙඩවනවා, කටවාචල් කියනවා, (පාත්තසිත් මෙන්) කෙකරගානවා. [රඟෑම.

Gabble, n. දෙඩවිල්ල, කටවාචලය, ප්‍රලාපය; කෙක

Gabbler, n. දෙඩවන්නා &c., වාචාලයා.

Gabbling, n. දෙඩවීම &c., කටවාචලය. [ය.

Gabion, n. (යුද්ධයේදී මුවාව පිණිස තබන) පස් කූඩ

Gable, n. වහලේ තුත්හුලස් තොංගල, දෙබෑවුම් වහලේ තොංගල.

Gable-roof, n. දෙබෑවුම් වහල.

Gable-window, n. වහලේ තුත්හුලස් තොංගලේ කවුළුව; තුත්හුලස් කවුළුව

Gad, v. (නිෂ්කාරණයේ or කම්මැලිකමින්) තැනින් තැන ඇවිදිනවා.

Gad n. කෙවිට; හෙල්ලයේ තුඩ, ඊතලය; වාසේ කුසඳුඳය.

Gadfly, n. ඇට මස්සා.

Gaelic, a. (ස්කොට්ලන්ත කඳුකරේ) ගේලික් නම් මිනිස්සු ජාතියට අයිතිවූ, ගේලික; ගේලික් භාෂාව.

Gaff, n. (මාලු අල්ලන්නන්ගේ) සැහැල්ලු හෙල්ලයක් or උලක්; ඇලකරන කුඹයක් or රුවල් දණ්ඩ.

Gag, v. (බලාත්කාරයෙන් යමක් දමා) කට පියවනවා, කටේ යමක් දමා හඬ නවත්වනවා; fig. යම් බාධාවකින් කථාව නවත්වනවා, නිශ්ශබ්ද කරනවා.

Gag, n. කටබැම්ම, මුඛ බන්ධනය.

Gage, n. උකස, ඔට්ටුව, ඇපය; v. See Engage.

Gaggle, v. පාත්තයා වාගේ ශබ්දකරනවා, කෙකරගානවා.

Gaily, ad. ලක්ෂණලෙස, ලක්ෂණ සන්දර්ශනයෙන්, කලේලියට; සන්තෝෂයෙන්, ප්‍රීතියෙන්.

Gain, v. ලාභය ලබාගන්නවා, සම්බකරගන්නවා, ප්‍රයෝජන—වාසි, කාලය or වෙන යමක්—ලබාගන්නවා, (ඒකා &c.) ආරාධනයකරනවා, සිත්ගන්නවා, win දිනනවා, දිනාගන්නවා; attain පැමිණෙනවා, ප්‍රාප්තවෙනවා;
gain upon ලංවේගෙන එනවා or යනවා;
gain ground, advance දියුණුවෙනවා, අභිවෘද්ධියට පැමිණෙනවා.

Gain, n. ලාභය, ප්‍රයෝජනය, වාසිය, පරිලාභය, ඵලෝදය.

Gained, pp or a. ලබාගත් &c., ප්‍රාප්ත, පර්‍යාප්ත.

Gainful, a. ලාභ සහිත, අර්ථසාධක, ප්‍රයෝජනවත්, වසතු උපදින.

Gainings, Gains, n. pl. ලබාගන්න ඒවා, ලබන ලාභය.

Gainless, a. ලාභනැති, ලාභරහිත, අප්‍රයෝජන.

Gainsay, v. විරුද්ධව කථාකරනවා, විවාදකරනවා, නැත කියනවා.

Gainsaying, a. විරුද්ධව කථාකරන &c., විරුද්ධවෙන; n. විරුද්ධව කථාකිරීම &c.

Gairish, Garish, a. දිලිසීම වැඩිවූ, අගේ නැති දීප්තියක් ඇත්තාවූ.

Gait, n. අඩි තබාගෙන යන අන්දම, ඇවිදීමේ අන්දම, ගමන්ලීලාව; ගමන, සක්මන.

Gaiter, n. කෙණ්ඩයේ පිටත ඇඳුමක්, කෙණ්ඩ වැස්ම.

Gala, n. සෙල්ලම් මංගල්‍යය, උත්සවය, සන්දර්ශනය; gala-day මංගල්‍ය දවස, උත්සව දින.

Galactagogues, n. pl. කිරි වැඩිකරන—කිරි වරවන—බෙහෙත්, ක්ෂීරවර්ධකෞෂධ.

Galactodendron, n. ක්ෂීර වෘක්ෂය.

Galactometer, n. කිරි විභාගකරන යන්ත්‍රය, ක්ෂීර පරීක්ෂක යන්ත්‍රය. [යා.

Galactophagist, n. කිරෙන් රැකෙන්නා, දධිභක්ෂක

Galactophagous, a. කිරෙන් රැකෙන, දධිභක්ෂක.

Galactophorous, a. කිරිදෙන, ක්ෂීරදායක.

Galaxy, n. (රාත්‍රියට අහසේ පෙනෙන) මන්දාකිනිය, ආකාශ ගඟයාව; fig. ලක්ෂණ පිරිස, ලක්ෂණ දේ රාශියක්.

Gale, n. සැර හුළඟ, සැඩපවන, ප්‍රබල වායුව, චණ්ඩ වාතය, කුණාටුව.

Galeated, Galeate, a. in bot. ශීර්ෂත්‍රාකාර, ඉස්වැසුම් ආකාර.

Galiot, n. (ලුහුබඳින) කුඩා ශීඝ්‍ර නැවක්; galiot, galliott ඕලන්දක්කාර නැව් ජාතියක්.

Gall, n. පිත, see Bile; තික්ත ද්‍රව්‍ය; fig. ක්‍රෝධය.

Gall, Gall-nut, n. අරළු, අරළු ඇට සමාන ඇට.

Gall, v. t. (S. v. i.) හමයනවා, (හම or වෙන යමක්) ගෙවෙනවා; fig. තරහකරනවා, කුපිතකරනවා, හිතට වේදනාදෙනවා.

Gállant, (ගැලන්ට්), a. ධෛර්යවන්ත, වික්‍රමවන්ත, දක්ෂ, ශූර, වීර, නිර්භීත: (සිතේ) උතුම්භාවයක් ඇත්තාවූ, ශ්‍රේෂ්ඨ.
Gallánt (ගලෑන්ට්), a. (ස්ත්‍රීන්ට) ඉතා ආචාරවන්තවූ, ස්ත්‍රීන්ට බොහෝ සැලකිලි පාන.
Gállant, n. සැප සෙල්ලම්කාරයා, ජේත්තුකාරයා; ස්ත්‍රීඋපාසකයා, ස්ත්‍රීඋපචාරකයා; තරුණ අදහසින් ස්ත්‍රීන් සලකන්නා, ස්ත්‍රීන්ට පෙම්බැඳ සිටින්නා, උපපතියා, ජාරයා. [ලෙස.
Gállantly (ගැලන්ට්ලි), ad. ධෛර්යවන්තලෙස, උතුම්
Gallántly (ගලෑන්ට්ලි) ad. ඉතා ආචාරවන්තලෙස, (ස්ත්‍රීන් ගැන) කදිමට.
Gállantry, n. ධෛර්යවන්තකම, නිර්භීතකම; (ස්ත්‍රීන්ට පාන) ආචාරවන්තකම; සල්ලාලකම. [ක්ක.
Gall-bladder, n. පිත්තාශය, පිත තිබෙන කුඩා බෝ
Gall-duct, n. (පිත යන) පිත්තනාලය, pl. පිත්තනාල, පිත්නළ.
Galled pp. *or* a. හමගියාවූ; fig. හිරිහැරවූ, හිංසා පීඩා විඳින්නාවූ.
Galleon, n. (ස්පාඤ්ඤයේ පුරාණ) නැව් ජාතියක්.
Gallery, n. (ගරාදිවැටක් ඇති) උඩුමහල් තට්ටුවක්; ගෙයි දිග ඇතුල්මග, අන්තඃපථය; දික්වූ සිතියම් කාමරය, චිත්‍රාගාරය, චිත්‍රශාලාව; (යන්ට එන්ට සාදපු) බිම්ගෙයිමාවත; නෘත්‍ය ශාලාවක උස් කොට තැනූ ආසන පෙළ, ගැලරිය.
Galley, Gally, n. අච්චුඅකුරු අමුණා තබන ටැල්ල, අච්චුඅකුරු සම්කරන රාමුව.
Galley, n. හම්බාන; පාරුව, පදින නැව් වර්ගයක්; නැවක සූපකාමරය; fig. වාල්වැඩකරන ස්ථානය.
Galley-slave, n. හම්බන් වාලා, i. e. එවැනි නැව් පැදීමට නියමවූ වරදකාරයා.
Gall-fly, n. අරළුඇට සමාන ඇට අටගන්වන මැස්සා.
Galliass, n. හම්බන් ජාතියක්.
Gallic, a. (ගාවුල නම්වූ) ප්‍රන්ස රටට අයිති, ප්‍රන්ස.
Gallic acid, n. අරළු සමාන ඇටවල ඇඹුල.
Gallicism, n. ප්‍රන්ස භාෂාවේ රීතියක්.
Gallicize, v. ප්‍රන්ස භාෂාරීතියට සමානකරනවා.
Gallinaceous, a. Gallinæ නම්වූ පක්ෂි ජාතියට අයිති.
Gallinæ, n. pl. L. මොනරා—කළුකුමා—කුකුළා—යනාදී පක්ෂිජාති, කුක්කුට ජාති.
Galling, a. හම සීරෙන; හිරිහැර සහිත, හිතට ඇනෙන; n. හම සීරීම.
Gallipot, n. බෙහෙත් කෝප්පය.
Gallon, n. ගැලුම, බුසලෙන් අටෙන් පංගුවේ මිම්ම, කුරුණිය, ලාහ, pl. ලාස්.
Gallop, n. සැර පිම්මේ පැනීම.
Gallop, v. (හතරගාතෙන් දෙක දෙක උස්සා) පැන දුවනවා, පුලායනවා, පිම්මේ පනිනවා, පිම්මේ යනවා, තදින් දුවනවා; පිම්මේ දුවවනවා; fig. වේගයෙන්ම කරනවා
Gallopade, n. එක්විධියක නැටුමක්, ශීඝ්‍ර නෘත්‍යයක්; ශීඝ්‍ර නෘත්‍ය තාලය.
Galloper, n. පිම්මේ පනින අශ්වයා; තුරිතාලුවා; කුඩා කාලතුවක්කු ගැල.
Galloway, n. කුඩා අශ්ව ජාතියක්,
Gallows, n. එල්ලුම්ගහ, පෝරකය, වධස්ථානය.
Gall-stone, n. පිත්තාශයේ අශ්මරී ගලක්.
Galore, adv. බහුල *or* සුලභ ලෙස.
Galore, n. බහුලතාව, හුඟ.
Galvanic, a. රසායන විදුලි බලයෙන් අටගන්න, රසායන විදුලි, රසායන වෛද්‍යුත.

Galvanism, n. (රසායන ද්‍රව්‍යවලින් අටගන්න) විදුලි බලය, වෛද්‍යුත බලය; රසායන වෛද්‍යුත-ශාස්ත්‍රය; රසායන වෛද්‍යුත කෘත්‍යය.
Galvanist, n. රසායන වෛද්‍යුත-ශාස්ත්‍රඥයා.
Galvanize, v. රසායන විදුලිබලය වද්දනවා, විද්‍යුත්වත්කරනවා.
Galvanized-iron, n. තුත්තනාගම් සහ බෙලෙක් ගා තිබෙන යකඩය.
Galvanology, n. රසායන වෛද්‍යුත-විස්තරය.
Galvanometer, Galvanoscope, n. රසායන වෛද්‍යුත-මානක යන්ත්‍රය.
Gamble, v. සූදු කෙළිනවා.
Gambler, n. සූදුකෙළින්නා, සූදුකාරයා, සූදුවා, අක්ෂධූර්තයා, අක්දිවියා, අක්ෂද්‍යුතයා.
Gambling, n. සූදුකෙළීම, සූදුකෙළිය, දූ කෙළිය, සූදුව, අක්ෂක්‍රීඩාව.
Gambling-house, n. සූදුකෙළිගෙදර, සූදුමඩුව, අක්ෂාගාරය.
Gamboge, n. ගොකටු කිරි, ගොකටු මැලියම්, කහ ගොරක මැලියම්.
Gambol, v. පෙංකෙළිනවා, එහාට මෙහාට දුවපැන සෙල්ලම්කරනවා.
Gambol, n. පෙංකෙළීම, පෙංකෙළිය, සෙල්ලම් පැනුම, පිනුම.
Game, n. සෙල්ලම, කෙළිය, ක්‍රීඩාව; සරදම, කවට කම; දඩයම; දඩයම් සත්තු.
Make game of any one යමෙකුට කවටකම්කරනවා, කොංචිකරනවා.
Game, v. කෙළිනවා; සූදුකෙළිනවා.
Game-cock, n. පොර කුකුළා.
Game-keeper, n. දඩයම් සතුන් රැකවල්කරන්නා, දඩයම් රැකවලා.
Game-laws, n. pl. දඩයම් සතුන් සම්බන්ධ නීති, ව්‍යාධ නීතිසංග්‍රහය.
Gamesome, a. ක්‍රීඩාකාර, ක්‍රීඩාපර, සරදම්කිරීමට ලැදිවූ, පෙංකෙළින.
Gamester, Gaming. See Gambler & Gambling.
Gaming-table, n. සූදුකෙළින මේසය, සූදු මේසය.
Gammon, n. වියළාපු ඌරු ශාතය; දූඇට කෙළියක්; කවටකම, රැවටිල්ල.
Gammon, v. (මස්) ලුණුදමා වියළනවා; fig. පුළුලෙස—කවටකමින්—රවටනවා.
Gamut, n. තූර්යනාද ක්‍රමය. Gang, v. Scot. යනවා.
Gander, n. mas. (පිරිමි) පාත්තයා, හංසයා.
Gang, n. මිනිස්සු පෙළක් *or* රංචුවක්, මිනිස්සු කැටියක්, සමූහයක්.
Gangboard, n. ඔරුවට—නැවට &c.—නගින ටැල්ල.
Ganger, Gangsman, n. මිනිස්සු රංචුවක ප්‍රධානියා, කන්කානම,
Gangetic, Gangic, a. ගංගා නම් ගංගාව සම්බන්ධ.
Gangliform, Ganglioform, a. නහර ගැටයක හැඩය ඇත්තාවූ. [වය.
Ganglion, n. නහර ගැටය, නහර ඉදිමුම, ස්නායු ශෝථ
Ganglionic, Gangliac, a. ගැටිය ආකාර, ඉදිමුම් ඇත්තාවූ, (නහර).
Gangrenate, Gangrene, v. මාංසය කුණුවෙනවා, විද්‍රධිවෙනවා.
Gangrene, n. ඇඟේ කුණු මාංසය, විද්‍රධිය.
Gangrenous, a. කුණු ආකාර, කුණුවූ, (මාංස).
Gangway, n. (යම් තැනකට) යනෙන මග, නැවකට නගින බහින මග, නැව්මග.

Gantlet, n. දුවද්දී ලබන අව්ලුමක්; fig. Run the gantlet අමාරු—පහර &c.—විඳගන යනවා.

Gantry, n. පීප්ප — බාල්දි — තබන මැස්ස, බාල්දි මැස්ස.

Gaol, Jail, n. හිරගේ, හිරගෙදර, දඬුගෙ, බන්ධනාගාරය, කාරාගෘහය.

Gaoler, Jailer, n. හිරගෙයි මුලාදෑනියා, සිපිරියා, බන්ධනාගාරිකයා, කාරාරක්ෂකයා.

Gap, n. කපොල්ල, කපල්ල, කඩුල්ල, කඩොල්ල. ඡිද්‍රස්ස, විවරය.

Gape, v. ආතනවා, ඇනුම් අරිනවා; කට—හොට—අරිනවා, අයනවා; (විවරයක් — සිදුරක් — මෙන්) ඇරී තිබෙනවා; විස්මයෙන් කට අරිනවා.

Gape, n. ඈනීම &c.; කට—තුඩුව—ඇරෙන ප්‍රමාණය; the gapes ඈනුම් ඇති කුකුල් රෝගය.

Gaping, a. ආතන &c.; කට ඇර බරවා බලන; විවර ඇරී තිබෙන, ජෘම්භිත.

Garage, n. මෝටර් රථ ශාලාව, මෝටර්රිය වැඩිපළ.

Garb, n. පිටත විලාසය, පෙනුම, වේශය, ඇඳුම්වල ආකාරය.

Garbage, n. අහකදමන දේ, බඩවැල්, රොඩු.

Garble, v. (කිමක්, වගත්තියක්) අයෝග්‍යලෙස—විපාජලෙස—පංගුවක් වශයෙන්—උපුටාගන්නවා, පෙරළනවා. [ලනලද.

Garbled, pp. *or* a. අයෝග්‍යලෙස උපුටාගත්, පෙර

Garden, n. වත්ත, උයන, උද්‍යානය; gen. of B. P. ආරාමය; gardens & lands වතුපිටි, ඉඩම්කඩම්.

Garden, a. වතු, වත්තට අයිති, උද්‍යාන; වත්තේ (මිට &c.); වත්තක වවන්නාවූ, උද්‍යානජ

Garden, v. වතුවැඩ කරනවා, වත්තක වැඩිකරනවා.

Gardener, n. වතුවැඩ කරන්නා, වතුකාරයා, උයන් ගොවිවා, උයන්පල්ලා, උද්‍යානපාලයා, උද්‍යානසේවකයා.

Gardening, n. වතුවැඩ කිරීම, වතුවැඩේ, උයන් කර්මාන්තය, උද්‍යානකර්මාන්තය.

Gargle, v. බෙහෙත් වතුරෙන් උගුර සෝදනවා.

Gargle, n. උගුර සෝදන බෙහෙත් වතුර.

Garland, n. මල්දම, මාලාදාමය, මල්මාලය, මල්වැල, මාලාව, මල්වඩම, මල්කඩ; මල්මාලා වැඩේ.

Garland, v. මල්දම් etc. පලඳනවා, මල්මාලා දමනවා.

Garlanded, pp. *or* a. මල්මාලා දමනලද, සුගබර.

Garlic, n. සුදුළූනු, ලශූන.

Garlicky, a. හෙලලූණු මුසු, ලශූනීය.

Garment, n. ඇඳුම, වස්ත්‍රය, වසනය, අම්බරය, ආච්ඡාදනය; lower garment නිවාසනය, පරිධානය, pl. ඇඳුම්, වස්ත්‍ර, රෙදිපෙරෙදි &c.

Garner, n. අටුව, පත්තායම, කොටුගුළ, ධාන්‍යාගාරය, කොෂ්ඨය, භාණ්ඩාගාරය, කුශූලය.

Garner, v. අටුවේ—ගබඩාවේ &c.—තබාගන්නවා.

Garnet, n. රතුගල් ජාතියක්, රතුකැටයක්, රබහගල.

Garnet-ring, n. රතුකැට මුදුව.

Garnish, v. (සුළුලෙස) සැරසිලිකරනවා, සරසනවා, අලංකාර කරනවා.

Garnish, n. සැරසිල්ල, තැටියේ සැරසිල්ලක්.

Garnished, pp. *or* a. සරසනලද, සැරසිලි ඇති, සජ්ජිත, ප්‍රතිමණ්ඩිත, ශෝභිත, උපශෝභිත, අලංකෘත, භූෂිත, විභූෂිත.

Garnishing, n. සැරසීම; සැරසීමට ගන්න දේ, සැරසිල්ල, මණ්ඩනය.

Garniture, n. සැරසිල්ල, සැරසිලි බඩු, ආයිත්තම, පැළඳුම.

Garret, n. ඉතා ඉහළ උඩුමහල, වලඳිය, අට්ටාලය.

Garrison, n. බලකොටුවක යුද්ධසමුදාව; සමුදාවක් සිටින බලකොටුව.

Garrison, v. බලකොටුවක යුද්ධසමුද සිටවනවා; යුද්ධසමුද සහිත බලකොටු පිහිටුවනවා. [දමීම.

Garrote, n. (යකඩ බැම්මකින්) බෙල්ල මිරිකා මරා

Garrote, v. බෙල්ල මිරිකා මරනවා, එසේ අඩපණකර කොල්ලකනවා.

Garrote-robbery, n. බෙල්ල මිරිකා කොල්ලකෑම.

Garrulity, n. චාචාලකම, කටවාචල් කීම, වාචාලකතාව.

Garrulous, a. චාචාල, අධික කථාකාර, බහුභාෂී, මුඛර, දොඩමළු, වාචාලක.

Garter, n. මේස් බඳින පටිය, මේස් පටිය; පටබැඳිනාමයක ලකුණ.

Garter, v. මේස් පටිය බඳිනවා.

Gas, n. වාතජාති, වායුව; (ගෑස් කියන) අඟුරුවලින් නිස්වෙන වායුව *or* වායුධූමය, අග්නිවායුව, අංගාරමිශ්‍ර ජලකර වායුව.

Gasalier, n. ගෑස් පත්තුකරන පහන්රුක, ගෑස් දීප මාලාය.

Gas-bracket, n. ගෑස් පත්තුකරන පහන් අත *or* රුක *or* ඇගෑම.

Gsa-burner, n. ගෑස් පත්තුවෙන තලයේ තුඩ, ගෑස් පහන් තුඩ.

Gas-coal, n. ගෑස් ලබාගන්න ගල් අඟුරු, ගෑස් අඟුරු.

Gasconade, n. පාරට්ටුව, පුම්බම; v. පුම්බම් දොඩනවා. [ගතිය.

Gaseity, Gaseousness, n. වායුභාවය, වායුතාව, වායු

Gaseous, a. වායු ගතිවූ, වායුවූ.

Gasfitter, n. පත්තුකිරීමට තල—ඇගෑ—ආදිය පිහිටුවන්නා, ගෑස් උපකරණ කර්මාන්තකාරයා.

Gasfitting, n. (ගෑස් පත්තුකරන) ගෑස් උපකරණය.

Gash, v. (පහරකින් ඇඟේ &c.) දිග කැපුමක් කරනවා *or* කොටනවා.

Gash, n. කැපුණ දිග තුවාලය, දිග කැපුම *or* කෙටුම.

Gasification, n. වායු ගතියට පෙරළීම, වායු කිරීම.

Gasified pp. *or* a. වායු ගතියට පමුණුවනලද &c., වායුකෘත. [වා

Gasify, v. වායු ගතියට පමුණුවනවා &c., වායුකරන

Gas-jet, n. ගෑස් ගිනිදල්ල; ගෑස් පහන් තුඩ.

Gas-metre, n. (ගෑස් මනින) වායුධූම මිම්ම, ගෑස් මනින යන්ත්‍රය.

Gasometer, n. වායුමානක *or* වායුමාපක යන්ත්‍රය, වායු අල්ලන යන්ත්‍රය; (ගෑස් අල්ලන) වායුධූම භාජනය, වායු ගබඩාගාරය.

Gasometry, n. වායුමානක-ශාස්ත්‍රය; වායුමානක-ශිල්පය.

Gasp, v. හුස්ම ගන්ට කට අරිනවා, අමාරුවෙන් හුස්ම ගන්නවා; in dying පණ අදිනවා.

Gasp, v. හුස්ම ගන්ට කට ඇරීම; පණ ඇදීම.

Gassy, a. වායු ගතිවූ, වායුවෙන් පුණ්වූ, වාතපූර්ණ.

Gaster, prefix, Gr. බඩ, ආමාශය, යන අර්ථවාචකය.

Gastric, a. ආමාශයට අයිති, ආමාශයික, ජාඨර, ජඨරීය, උදරීය. [යාසවය.

Gastric juice, n. ආමාශයේ ඕජස, ජඨරාසවය, ජඨරි

Gastritis, n. පවතින බඩ දැවිල්ල, ආමාශයේ රෝගයක්.

Gastrology, n. ආමාශ විද්‍යාව, ආමාශ විස්තරය.

Gastronomer, Gastronomist, Gastronome, n. මධුරාහාර ලෝලියා.

Gastronomy, n. හොඳ ආහාර ගැනීමේ ශාස්ත්‍රය, මධුරාශන විද්‍යාව. [දීයා.

Gastropodous, a. බඩ හා පාද සම්බන්ධ, කෞෂ්ඨපා

Gastropods, Gastropoda, n. pl. බඩට සංසිඳුණු පාදයක් ඇති ගොම්බෙල්ලෝ ආදී සත්ව ජාති, කෞෂ්ඨපාදිකයෝ.

Gastrotomy, n. කෞෂ්ඨච්ඡේදය.

Gas-works, n. pl. ගෑස් පට්ටලය, ගෑස් මැඩපළ, අග්නිවායු කර්මාන්තශාලාව.

Gate, n. (වත්තක, පිට්ටනියක, නුවරක &c.) දොර, දොරටුව, ද්වාරය, වාහල්, ගෝපුරය, බිහිදොර.

Gateway, n. දොරකඩ, ද්වාරවීථිය, ප්‍රතිහාරය.

Gather, v. එකතුකරනවා, එක්කාසුකරනවා, රැස් කරනවා, සමුච්චය කරනවා, රාශීභූතකරනවා; unite සංගතකරනවා; එකතුවෙනවා &c.; fruits &c. කඩනවා, නෙලනවා; into folds or plaits රැලිගහනවා, රැලි දමනවා; infer තේරුම්ගන්නවා, තේරුම්යනවා; fester පැසවනවා.

Gather, n. (නූල ඇදීමෙන් කරන) රැල්ල.

Gathered, pp. *or* a. එකතුකරපුලද &c., එකතුකළ *or* එකතුකරපු &c., චිත, සඤ්චිත, ආචිත, උපචිත, සමුපචිත, රාශීකෘත, රාශීභූත.

Gathering, n. එකතුකිරීම &c.; heap, crowd &c. සමුච්චයය, සඤ්චයය, සම්භාතය, සමාගමය, සමවායය, of people ජන සන්නිපාතය, රැස්වීම, සභාව; of pus ගැඩුව. [ලියට.

Gaudily, ad. අගේ නැති ලක්ෂණකමින්, අධික කලේ

Gaudiness, n. අගේ නැති ලක්ෂණකම, දිලිසෙන පාට වැඩිකම.

Gaudy, a. අගේනැති ලක්ෂණකමක් ඇත්තාවූ, පාට හා දිලිසීම වැඩිවූ, වර්ණාධික.

Gautter, v. See Crimp.

Gauge (gaug...ගේජ්), v. (භාජනයක අල්ලන) තරම මනිනවා; fig. බලපුළුවන්කමේ තරම &c. දැනගන්නවා.

Gauge, n. මිම්ම; ප්‍රමාණය, තරම; carpenter's gauge වරක්කලය, කුරුසාත්තුව; rain-gauge වර්ෂාමාපක *or* මාපන යන්ත්‍රය; sea-gauge මුහුදේ ගැඹුර මනින යන්ත්‍රය; tide-gauge වඩිජ්ජ මනින යන්ත්‍රය; wind-gauge වාත වේගමානක යන්ත්‍රය.

Gaugeable, a තරම මැනියහැකි, ප්‍රමාණ කළහැකි.

Gauger, n. ප්‍රමාණය මනින්නා; (ලේගර &c.) මැනුම්කාර තිලබාරියා.

Gauging, n. (ලේගර, පීප්ප, බාල්දි, යනාදී) භාජනවල අල්ලන තරම මනින ශාස්ත්‍රය, භාජන මැනුම.

Gaul, n. ප්‍රන්සයේ පුරාණ නම; ප්‍රන්සයේ පුරාණ වැසියෙක්.

Gaunt, a. (බඩ) හිස්වූ, කෙට්ටු, මාංසය කෘශවූ.

Gauntlet, n. (පුරාණ හේවාසිත්තේ) යකඩ අත්වැස්ම; throw the gauntlet, fig. සටනට අඬගසනවා, take up the gauntlet ඒ සටන පිළිගන්නවා.

Gauze, n. ඉතා සිහින් පිළී ජාතියක්, සිහින් දැල් පිළී.

Gauzy, a. සිහින් දැල් පිළී ආකාර, ඉතා තුනී.

Gavial, n. ගංගා නම් ගඟේ කිඹුලා, කුම්භීලයා.

Gawk, n. තිමටයා, ගොබ්බයා, උස්වූ අදක්ෂයා, මූඪයා, මූඩයා.

Gawky, a. හපන්කම මදිවූ, තිමට; n. උස්වූ හැඩහුරු මදි අදක්ෂයා.

Gay, a. ක්‍රීඩාකාර, සැප සෙල්ලමෙන් පසුවෙන, සතුටු, ප්‍රාණවත්; දිලිසීම ඇත්තාවූ, පිටතින් ලක්ෂණවූ, කලේලි.

Gayety, Gaiety, n. සැප සෙල්ලම, උත්සවය; උල්ලාසය, ආනන්දය, හර්ෂය, ප්‍රහර්ෂය, ප්‍රමෝදය, ලක්ෂණ සන්දර්ශනය, කලේලිය.

Gayly, ad. See Gaily.

Gaze, v. ඕනෑකමින් බලනවා, නිරීක්ෂණයකරනවා, යමක් දෙස ඇස්හෙළාගෙන සිටිනවා.

Gaze, n. ස්ථිර බැල්ම, නිරීක්ෂණය, නිරීක්ෂාව, ප්‍රතීක්ෂණය, ප්‍රේක්ෂණය.

Gazehound, n. (ඉව ඇල්ලීමෙන් නොව) දැකීමෙන් ලුහුබඳින දඩයම් බල්ලා, හුළංබල්ලා.

Gazelle, n. මුව ජාතියක්, සාරංගයෙක්.

Gazette, n. ප්‍රවෘත්තිපත්‍රය, sp. රාජ නීති ආදිය ප්‍රසිද්ධකරන පත්‍රය, ආණ්ඩුවේ ප්‍රවෘත්ති පත්‍රය, ගැසට් පත්‍රය.

Gazette, v. ආණ්ඩුවේ ප්‍රවෘත්තිපත්‍රයේ ප්‍රසිද්ධකරනවා, ගැසට් කරනවා.

Gazetteer, n. භූමි විස්තර අකාරාදිය.

Gazing-stock, n. (ලෝකයා විසින්) පුදුමයෙන් *or* කවටකමට කරමින් බලන දෙයක් *or* කෙනෙක්, පුදුමයක්, කෝලමක්.

Gear, Gearing (ගී), n. උපකරණ, පන්න, මෘග-ඇඳුම් ප්‍රෝඩුව, කුඹගෙන් යොත් ආදී අඩුමැඩිය; එකිනෙකට කැවෙන දැතිරෝද ජෝඩුවක්; throw into or out of gear දැතිරෝද ගළපනවා *or* අවගළපනවා.

Gecko, n. හූනා.

Geese (ගී), n. pl. පාත්තයෝ.

Gehenna (ගි), n. යෙරුසලමට ලංවූ හින්නොම් මිටියාවත; fig. පිළිකුල් ස්ථානයක්; නරකාදිය.

Gelable, a. (ජෙ) මැලියම් ආකාරයට කැටිගැසිය හැකිවූ.•

Gelatinate, v. ඝනවූ මැලියම් ගතියට පමුණුවනවා; ජල්ලිවෙනවා.

Gelatine, n. (හම, නහර, ඇට, යනාදියෙන් ලබාගන්න) සත්වලාටු *or* මැලියම්, සත්ව ජල්ලිය.

Gelatinous, a. සත්වලාටුවූ, මැලියම් ආකාර.

Geld (ගෙ), n. කප්පාදුකරනවා, කරඅඹනවා.

Gelding (ගෙ), n. කප්පාදුකිරීම, කරඇඹීම; කප්පාදුවා, කප්පාදු අශ්වයා.

Gelid, a. (ජෙ) ශීතල, අතිශීත.

Gelidity, Gelidness, n. අතිශීතතාව, ශීතලය.

Gem, n. මැණික, මැණික් ගල, මාණික්‍යය, අනගි ගල, රත්නය, මිණි රත්නය, ආභරණය; fig. අනගි යමක්.

Gem, v. මැණික්වලින් &c. සරසනවා; ලක්ෂණ දේ ගවසනවා, ලක්ෂණ දේවලින් සජ්ජිතකරනවා.

Gemini, n. pl. නිවුන්නු; in astr. මිථුන රාශිය.

Geminous, n in bot. යුග්මාකාර, ද්විගුණ, යමක.

Gemmaceous, a. දළුවූ, දළු ආකාර.

Gemmæ, n. pl. L. (මල්මොට්ටු නොවන) කොළදළු.

Gemmated, a. මැණික්වලින් සජ්ජිත, මැණික් ගවසනලද.

Gemmation, n. දළුලෑම; දළුලන කාලය; දළු පිහිටා තිබෙන අන්දම.

Gemmiferous, a. දළු දරන, දළුලන.

Gemmiparous, a. මස් දළුලෑමෙන් බෝවෙන (සත්තු ජාති).

Gemmy, a. මැණික් ඇත්තාවූ, මැණික් ගහන; fig. දීප්තිමත්, ශෝභමාන.

Gendarme (ෂ), n. Fr. හේවා පොලිස්කාරයා, සාමාරක්ෂක හේවායා.

Gender, n. (ජේ) ලිංගය, ලිංගභේදය, ලිඟුව, as: පුරුෂ ලිඟුව, ස්ත්‍රීලිඟුව, නපුංසක ලිඟුව.

Gender, v. ජාතකකරනවා, ජනනය කරනවා, උත්පාදකරනවා; fig. උපදවනවා. See Engender.

Genealogical, a. (ජී) පැවත ආ ක්‍රමය පෙන්වන, පෙළපත ආකාර, පෙළපත්.

Genealogically, ad. පැවත ආ ප්‍රකාරයට, පෙළපත ආකාරයෙන්. [ඥයා.

Genealogist, n. පෙළපත් ලේකම, වංශඥයා, අන්වය

Genealogy, n. පෙළපත් ලේඛනය, වංශාවලිය, වංශානුචරිතය; පෙළපත් ක්‍රමය, වංශය, පරම්පරාව, අන්වයය. [යා, ජනරාල්.

General, n. වැසිපංගුව; සේනාධිපතියා, සේනාපති

General, a. සාමාන්‍ය, පොදු, සාධාරණ; අනියම්, අවිශේෂක; උසස්, ප්‍රධාන, අග්‍ර: Auditor G. ප්‍රධාන ගණන් පරීක්ෂක තැන, Governor G. අග්‍රාණ්ඩුකාරතුමා, Attorney G. ඇටෝර්නිජනරාල්; general knowledge පොදු—සාමාන්‍ය—දැනගැන්ම, සාමාන්‍ය දැනීම, පරිඥානය.

General-assembly, n. (ස්කොට්ලන්තේ ක්‍රිස්තියානි) මහාමන්ත්‍රණසභාව.

Generalissimo, n. සෙනෙවිරද, ශ්‍රේෂ්ඨ සේනාපතියා.

Generality, n. සාමාන්‍යව තිබීම, සාමාන්‍යතාව, සාමාන්‍යකම; වැසිපංගුව.

Generalization, n. සාමාන්‍යකිරීම &c., see verb, ව්‍යාපනය.

Generalize, v. සාමාන්‍යකරනවා, ව්‍යාපකකරනවා; ආදර්ශ ස්වල්පයක හැටියට සියල්ලම ගැන කල්පනා කරනවා, එක සමානලෙස ගණන් ගන්නවා.

Generally, ad. සාමාන්‍යලෙස, සාමාන්‍යයෙන්, පොදුලෙස, වැඩිවශයෙන්.

Generalness, n. පොදුකම, සාමාන්‍යකම, බහුලත්වය, ව්‍යාපතිය.

Generalship, n. සේනාපතිකම, සේනාපතිත්වය, සෙනෙවිරත් නිලය; සේනාපති සමර්ථකම.

Generant, n. උත්පාදක බලය, උත්පාදකය, සමුත්පාදකය; a. උත්පාදක, සමුත්පාදක.

Generate, v. උත්පාදකරනවා, සමුත්පාදකරනවා, ජනිත කරනවා, උපදවනවා, අටගන්වනවා.

Generated, be, v. උත්පාදිත—සමුත්පාදිත—වෙනවා, උපදිනවා, අටගන්නවා; S. adj. උත්පාදිත, සමුත්පාදිත, ජනිත, අටගත්, උපදින.

Generation, n. උත්පාදකිරීම &c., උත්පාදනය, සමුත්පාදනය; එක කාලයක අයවල්, පරම්පරාව, පරපුර; වංශය, සන්තතිය.

From generation to generation ad. පරම්පරාවෙන් පරම්පරාවට, පරම්පරාගතව; adj. පරම්පරානුගත, පරම්පරානුයාත.

Generative, a. උත්පාදකිරීමේ බලය ඇත්තාවූ, උත්පාදක, සමුත්පාදක, ජනක, අටගන්වන, භාවක.

Generator, n. උත්පාදකරන්නා &c., උත්පාදකයා; ධූමෝත්පාදක භාජනය; in mus. ධාතුරාවයක්.

Generic, Generical, a. ජාතියට අයිති, ජාත්‍යාකාර, ජාතික, ජාතීය, සාධාරණ; generic character සාමාන්‍ය ලක්ෂණය, ජාති ස්වභාව; generic difference &c. ජාතියේම වෙනස &c.

Generically, ad. ජාති වශයෙන්, ජාතියේ ආකාරයට, ජාති ප්‍රකාරයට.

Generosity, Generousness, n. ගුණවන්තකම, මාහාත්මිකතාව, උදාරතාව, ඖදාර්යය; ත්‍යාගිවන්තකම, නිලෝභකම, ත්‍යාග ශීලීභාවය, ත්‍යාගය.

Generous, a. ගුණවන්ත, මාහාත්මික, උදාර; ත්‍යාගිවන්ත, දානපති, නිලෝභී, වදාන්‍ය.

Generously, ad. ගුණවන්තලෙස, මාහාත්මිකතාවෙන්; ත්‍යාගිවන්තලෙස &c.

Genesis, n. මැවීම, උත්පාදකිරීම, උත්පාදනය, සාධනය, සෑදීම; උත්පත්තිකථාව (නම්වූ බයිබලයේ පොත).

Genial, a. සුඛදායක, ප්‍රසාදකර, ප්‍රසන්න; සොම්නස්—යහළුගුණ—පාත්තාවූ, ප්‍රීතිමත්, සුභග, මනෝරම, රම්‍ය, රමණීය.

Geniality, n. අනුන්ට පාන සොම්නස් ගතිය, ප්‍රසන්න ස්වභාව, යහළු ගුණය.

Genially, ad. යහළුලෙස, සිත්සතුටු කරමින්.

Geniculate, Geniculated, a. දනිස් සන්ධි ඇති, ජානුසහිත, ජානුසන්ධි සහිත; ජානු ආකාර සන්ධි සහිත, ජානු සන්ධි ආකාර.

Genitive, n. සම්බන්ධ විභක්තිය, සබඳ විබත, සාමිවචනය, ෂෂ්ඨිය.

Genital, a. උත්පත්තිය සම්බන්ධ.

Genitals, n. pl. රහස් අවයව, ජනනාංග. **Genitor**, n. ජනිතෘ, පිතෘ.

Genius, n. (යමෙකුගේ) විශේෂ චෛතසික ස්වභාව, විශේෂ බුද්ධිය *or* සමර්ථකම; සහජ උතුම් බුද්ධිය, ඥානශක්තිය, නෛසර්ගික බුද්ධිය; සහජ උතුම් බුද්ධියක් ඇත්තා, විශේෂලෙස සමර්ථව සිටින කෙනෙක්; (යම්දෙයක *or* ස්ථානයක &c.) විශේෂ ගතිය.

Genius, n. L. pl. Genii, in myth. යමෙකුගේ ජීවිතය *or* ඉරණම කෙරෙහි බලය පවත්වන දේවතාවා, ජනම දේවතාවා, ඉරණම් දේවතාවා.

Genius loci, L. in myth. යම් තැනක අරක්ගත් දේවතාවා; fig. (පාඨශාලාවක &c.) විශේෂ ලක්ෂණය.

Gent, n. see Gentleman; අධම ජේත්තුකාරයා.

Genteel, a. (ක්‍රියාවෙන්, පෙනීමෙන්, හැඩහුරුකමින්) උතුම්වූ, උතුම් වංශාකාර, මනෝඥ, කදිම, ශෝභන; in manners ආචාරවන්ත, සුවිනීත.

Genteelly, ad. උතුම්ලෙස, මනෝඥලෙස &c.

Genteelness, n. උතුම් ලීලාව, මනෝඥතාව, කදිමකම &c. [කතය.

Gentian, n. ගස් ජාතියක්, කිරාතතික්තකය, කිරාතති

Gentile, n. (යුදෙව් ජාතියට අයිති නැති) අන්‍යජාතියා, අන්‍යජාතිකයා.

Gentility, n. වංශවත් භාවය; ආචාරවන්තකම, සුවිනීතතාව; ශෝභනකම.

Gentle, a. මෘදු, සෞම්‍ය, සියුම්, සිනිඳු, කෝමල, කාරුණික, කරුණාවන්ත, කුලීන, රෞද්‍රනොවන, සන්සුන්, මහාණ, ශාන්තදාන්ත.

Gentle, n. ඉහද පණුවා.

Gentleman, n. වංශවත් කෙනෙක්, උත්තමයෙක්; මහතාණෝ, මහත්මයා; ගුණෙන් තම්බුකාර උත්තමයා; ආචාරවන්තයා.

Gentleman-farmer, n. ධනවත් වංශවත් ගොවියා, තමාගේම කිඹුල්වල ගොවිතැන්කරවන උත්තමයා.

Gentlemanlike, Gentlemanly, a. උත්තමයෙකුට ඉනංගුවූ, ආචාරවන්ත, සභ්‍ය, සුවිනීත, සුශීල.

Gentlemanliness, n. සුවිනීත උත්තමයෙකුගේ ලීලාව, සභ්‍යතාව, ආචාරවන්තකම, සුවිනීතතාව.

Gentleness, n. මෘදුකම, මෘදුගුණය, සෞම්‍යකම, කෝමලත්වය, සන්සුන්කම, මහාණතාව.

Gentlewoman, n. වංශවත් ස්ත්‍රී, කුලස්ත්‍රී, ආයසීව; ශ්‍රේෂ්ඨ කෙනෙකුගේ උතුම් පරිචාරිකාව.

Gently, ad. මෘදුලෙස &c., see adj; සැරනැතිලෙස, සිහින්සැරේ, හෙමින්, හෙමිහිට.
Gentoo, n. හින්දුකාරයා.
Gentry, n. වංශවත් අයවල්, මහත්වරු, රදළවරු.
Genuflection, n. (නමස්කාර පිණිස) දණ නැමීම, දණ ගැසීම.
Genuine, a. හොරනොවන, සැබෑ, සත්‍ය, නිර්ව්‍යාජ, අකෘත්‍රිම, නියම; අමිශ්‍ර, වාස්තවික.
Genuineness, n. සැබෑකම, etc. [නම;
Genus, n. (pl. Genera) ජාතිය, වර්ග සමූහයට පොදු
In log. ජාතිය or ව්‍යාපතිමත් ජාතිය, (species නියම වර්ගය).
Geocentric Geocentrical, a. පොළොවේ සිට පෙනෙන ආකාර, පෘථිවීමධ්‍යමීය.
Geocentrically, ad. පොළොව මධ්‍යය කොට (තබා ගෙන), පෘථිවී මධ්‍යමීයලෙස.
Geogony, n. භූමුත්පත්ති-ශාස්ත්‍රය.
Geographer, n. භූගෝල ශාස්ත්‍රඥයා, භූමිවිස්තර ලියන්නා, භූමි රට රාජ්‍ය සටහන්කරන්නා.
Geographic, Geographical, a. භූගෝල, පෘථිවීතල; භූමි රටරාජ සටහන්වූ, භූමි විස්තරයට අඩංගු, භූමි විස්තර, භූගෝල ශාස්ත්‍රීය.
Geographically, ad. භූමි විස්තරාකාරයෙන්, භූගෝලයේ පිහිටා තිබෙනලෙස.
Geography, n. භූගෝල ශාස්ත්‍රය, භූමි රට රාජ්‍ය සටහන or සටහන්වූ පොත, භූමි විස්තරය.
Geological, a. පෘථිවීධාතු-ශාස්ත්‍රය සම්බන්ධ, පෘථිවී ගර්භ-ශාස්ත්‍රාකාර.
Geologist, Geologian, n. පෘථිවීධාතු-ශාස්ත්‍රඥයා, භූමුත්පත්ති-ශාස්ත්‍රඥයා.
Geologize, v. පෘථිවීශාස්ත්‍රය පුහුණුකරගන්නවා or අභ්‍යාසකරනවා.
Geology, n. පෘථිවීධාතු-ශාස්ත්‍රය, පෘථිවීගර්භ-ශාස්ත්‍රය, භූගර්භ ශාස්ත්‍රය, භූමුත්පත්ති-ශාස්ත්‍රය.
Geomancer, n. භූමි රේඛා-දෛවඥයා.
Geomancy, n. බිමේඉරි—රූප—ආදියෙන් පේන කීම.
Geometric, Geometrical, a. මානක ශාස්ත්‍රය සම්බන්ධ, රේඛා ගණිත සම්බන්ධ, ජ්‍යාමිති, ජ්‍යාමිතික.
Geometrically, ad. මානක ශාස්ත්‍රාකාරයෙන්, ජ්‍යාමිතිකාකාරයෙන්.
Geometrician, Geometer, n. මානක ශාස්ත්‍රඥයා.
Geometry, n. මානක ශාස්ත්‍රය, රේඛා—තල—ඝන—යනාදිය මනින ශාස්ත්‍රය, ජ්‍යාමිතිය, ජ්‍යාමිති ශාස්ත්‍රය, රේඛා ගණිතය; Plane Geometry, සාමතාලික ජ්‍යාමිතිය; Solid Geometry, ඝන ජ්‍යාමිතිය.
Geoponics, n. pl. ගොවිතැන්කිරීමේ ශිල්පය, කෘෂිකර්මය.
Georgic, a. ගොවිතැනට අයිති, කෘෂි, ක්ෂේත්‍රික.
Georgic, n. ගොවිකර්මාන්තය ගැන සාදපු කාව්‍යයක්, ගොවි කවිය, කෘෂිකාව්‍යය.
Geranium, n. මල්ගස් ජාතියක්.
Germ, n. බීජාංකුරය, සිම්බය, මොරෙසියා; fig. පටන් ගැන්ම, මුල, ප්‍රකෘතිය.
German, a. cousins german ඇවැස්ස සහෝදර සහෝදරියන්ගේ දරුවෝ, ඇවැස්ස මස්සිනාවරු.
German Germanic, a. ජර්මනියට අයිතිවූ, ජර්මන් (රට, භාෂා &c.).
German, n. ජර්මන්කාරයා; ජර්මන්භාෂාව.
Germanism, n. ජර්මන්භාෂා රීතියක්.
German-silver, n. රිදීමෙන් පෙනෙන මිශ්‍රවූ ලෝහ ජාතියක්.

Germane (ජර්මේන්), a. (lit. ඇවැස්ස), fig. කිට්ටු, එකඟ, ඉතාංගු, අනුකූල.
Germinal, a. බීජාංකුරයට අයිති, සිම්බ; මූල.
Germinant, a. පැළවෙන, ඇස්වෙන, ප්‍රරෝහි.
Germinate, v. පැළවෙනවා, ඇස්වෙනවා, ඉකිරි අදිනවා, ප්‍රරෝහිවෙනවා; cause to පැළකරනවා, තවන්කරනවා.
Germination, n. පැළවීම, ඇස්වීම, පැළකිරීම, තවන් කිරීම.
Gerund, n. (ලතින් භාෂාවේ) ක්‍රියා වාචක ශබ්දයක්, ක්‍රියා නාමපදයක්, භාව ක්‍රියාව. [ය.
Gestation, n. ගර්භිණීව සිටීම, ගැබ්දරීම,, ගර්භධාරණ
Gestatory, a. දරුගැබ් පිළිබඳ.
Gesticulate, v. (අතින් &c.) සංඥකරනවා; (කථාකරනවිට) අත් &c. වනනවා.
Gesticulation, n. සංඥකිරීම &c.; සංඥාව, (අභිප්‍රාව හඟවන or බලවත්කරන පිණිස කරන) අංගවික්ෂේපය, හස්තවිකාරය, නාට්‍යසංඥාව, ඉඟිතය; විගඩම.
Gesture, n. අංගවික්ෂේපය, සංඥක්‍රියාව, අත—ඉස &c.—සෙලවීම or වැනීම. [වා;
Get, v. obtain, ලබාගන්නවා; get done කරවාගන්න
get done, get through, finish නිස්ඨකරනවා;
get off a lesson කටපාඩම් කරගන්නවා, හදරනවා;
get into any state (යම් ස්වභාවයකට පැමිණෙනවා), as:—get off, get away, get clear, පිටත්වෙනවා, අහක්වෙනවා, මිදෙනවා;
get up නැගිටිනවා, නගිනවා; get down බසිනවා;
get under යටට යනවා, යටටවෙනවා;
get over, lit. උඩින් යනවා or අනික් පැත්තට යනවා, fig. (පීඩාවලින් &c.) මිදෙනවා, ඉතුරුවෙනවා, රැස්සනවා;
get on උඩට—ඉස්සරහට—යනවා, දියුණුවෙනවා;
get home ගෙදරට පැමිණෙනවා or සේන්දුවෙනවා;
get ill or well සනීප අසනීප වෙනවා;
get at යමකට පැමිණෙනවා, ළංවෙනවා or යමක් නිවිවුකරගන්නවා, ප්‍රාප්තවෙනවා; get ready සූදානම්වෙනවා, සූදානම්කරනවා.
The above are samples of the numerous applications of the verb Get; it often implies effort to accomplish the object, as:—
He got out of prison ඔහු හිරගෙයින් ගැළවී ගියා.
Getter, n. ලබාගන්නා, සම්බකරගන්නා; ජාතක කරන්නා.
Getting, n. ලබාගැනීම &c.; සම්බකරගන්න ලාභය.
Get-up, n. (පිරිමයා) සූදානම්කළ දේ; සූදානම්කළ අන්දම.
Gew-gaw, n. අගේනැති සැරසිල්ල, ලක්ෂණවූ සුළු දෙයක්; ලක්ෂණ කෙළිබඩුව.
Geyser, n. (උඩට පැනනගින) උණු දිය උල්පත.
Ghastliness, n. මිනියක පෙනුම, ඉතා සුදුමැළිකම; පෙනීමේ දරුණුකම.
Ghastly, a. මිනියක පෙනීම ඇත්තාවූ, ඉතා සුදුමැළි; භයානක පෙනුමක් ඇත්තාවූ; භයානක, දරුණු.
Ghaut, n. කඳුපාර, දුර්ගමාර්ගය; කඳුවැටිය; (ගඟට බහින) ගංපඩිපෙළ. [තෙල්.
Ghee, n. ගිතෙල්, එළගිතෙල්, of buffalo's milk දුන්

Gherkin, n. (අච්චාරුවලට ගන්න) ඉතා කුඩා කැකිරි විශේෂයක්.

Ghost, n. ආත්මය; අවතාරය, භූතයා, ගෙවලයා, ප්‍රේතයා, අමනුෂ්‍යයා, හොල්මන
Give up the ghost ප්‍රාණය අරිනවා.

Ghostly, a. ආත්මය සම්බන්ධ, ආත්මික; අවතාර, අවතාරාකාර.

Ghost-story, n. ප්‍රේතයන් ගැන කියන කථාව, ප්‍රේත කථාව.

Ghoul, n. මළමිනී කන භූතයා.

Giant, n. යෝධයා, මිමව්ශුනයා, බක්කා; (in intellect &c. ඥානයෙන් &c.) බලගතු අය, ප්‍රඥ අය.

Giant, a. යෝධ, යෝධාකාර, ඉතා මහත්, ප්‍රඥ.

Giantess, n. යෝධ ස්ත්‍රී, යෝධී.

Giaour (ජෞර්), n. නොඅදහන්නා, මිථ්‍යාදෘෂ්ටිකයා, (තුර්කිවරුන් විසින් අන්‍යාගම්කාරයන්ට කියනලද නමක්).

Gibberish, (ගි), n. ප්‍රලාපය, දෙඩවිල්ල, කචිරිබිචිරි.

Gibbet, n. එල්ලුම්ගහ, පෝරකය; මිනිය එල්ලා තබන ගහ; v. එල්ලුම්ගහේ එල්ලා තබනවා.

Gibbon, n. වානර විශේෂයක්.

Gibbosity, (ගි), a. ගොඩැලි ආකාර, ඉලිප්පුම් ආකාර.

Gibbose (ගි), n. ගොඩැලි හැඩය, නැම්ම.

Gibbous (ගි), a. වක්වූ, අඩසඳට සමාන හැඩයක් ඇත්තාවූ, අර්ධචන්ද්‍රාකාර, බණ්ඩමණ්ඩල.

Gibe, v. කවටකම්කරනවා, ගර්හාකරනවා; n. කවටකම, ගර්හාව.

Giber, n. කවටකම්කරන්නා &c., සමච්චල්කාරයා, ගරහන්නා.

Gibingly, ad. කවටකම් වශයෙන්, සමච්චල්ලෙස, ගර්හාලෙස.

Giblets, n. pl. (පක්ෂියෙක් උයනකොට වෙන්කර ගන්න පපුකැනැත්තයනාදි) සුළු කොටස්, පක්ෂි හදවත.

Giddily (ගි), ad. fig. නොසැලකිලිලෙස, අප්‍රවේශම්ලෙස.

Giddiness (ගි), n. ඉහකරකැවිල්ල, භ්‍රමණය; තෝන්තුව; fig. අනිස්ථිරකම, අප්‍රවේශම්කම, චපලකම.

Giddy (ගි), a. ඉහකරකැවිල්ල ඇත්තාවූ, තෝන්තුවූ, බල්වොරොන්දු; giddy height ඉහකරකැවිල්ලක් අල්ලන උස් තැනක් or ප්‍රපාතයක්; fig. අනිස්ථිර ලෙස or අප්‍රවේශම්ලෙස හැරෙන් ක්‍රියාකරන, චපල බම්කරන.

Gift (ගි), n. තෑග්ග, ත්‍යාගය, තුෂ්ටිදානය, දීමනාව, ප්‍රාභෘතය, දායාදය; දීම; දීමේ බලය; උපතින් ලැබී යෙන්ව පිහිටි ක්‍රියා ශක්තිය, සහජ බලය.

Gifted (ගි) a. සහජබලයෙන් යුත්, (යමකට) පිහිටීම ඇති, ඉතා සමර්ථ.

Gig (ගිග්), n. රෝද දෙකේ සැහැල්ලු රථය; (නැවක) සැහැල්ලු ඔරුව.

Gigantic, a. යෝධ, යෝධාකාර, මහාකාය, භීම විග්‍රහ, ගජ, ඉතා මහත්; බලගතු.

Gigantology, n. යෝධයන් ගැන විස්තරය, යෝධ විස්තරය.

Gigantomachy, n. in myth. (ස්වර්ගයට විරුද්ධව කළ) යෝධයන්ගේ යුද්ධය, යෝධයුද්ධය.

Giggle (ගි), v. ලාමකලෙස මඳ ශබ්ද ඇතුව සිනාසෙනවා.

Giggle (ගි), n. ලාමක or මෝඩ සිනාව.

Gild (ගි), v. රත්රන් ගානවා, රනින් වසාලනවා, දෙසිරුඳු කරනවා, ස්වර්ණාලේප කරනවා, රත්වන් කරනවා; fig. දීප්තිමත්කරනවා.

Gilded (ගි), pp. or a. රත්ගා තිබෙන &c., ස්වර්ණවර්ණ ගත; fig. දීප්ත, ප්‍රදීප්ත.

Gilder (ගි), n. රත්රන් ගාන්නා etc.

Gilding (ගි), n. රනින් වසාලීම &c.; රනින් වසාලන ශිල්පය; වසාලන රන් or ස්වර්ණවර්ණය.

Gill (ගි), n. (මත්ස්‍ය) කරමල, කරමොලය; තැල්ල.

Gill (ජි), n. හුණිඩු බාගයක මිම්ම.

Gilt (ගි), a. දෙසිරුඳු, රනින් වසනලද, ස්වර්ණවර්ණ ගත; n. ගා තිබෙන රන් or ස්වර්ණවර්ණය.

Gilt-edged (ගි), a. අද්දර රන්ගාපු, රන්වන් අද්දර ඇති (පොත &c.).

Gimbal (ගි), n. මාලිමා යන්ත්‍ර චක්‍රය, මාලිමා යන්ත්‍රය එල්ලා තිබෙන වළල්ලක්.

Gimcrack, n. සුළු යන්ත්‍රයක්, සෙල්ලම්බඩුවක්, සම්නැති දෙයක්.

Gimlet (ගි), n. බුරුමය, බුරුම කටුව, තොරපනය.

Gimp (ගි), v. කබතොලුකරනවා. Gin, n. ජින් නම්වූ මත්පැන්.

Gin, n. උගුල, මලපත, පංගුස්ස; pile driver ජම්බාරය, crane දොඹකරය.

Gin, v. උගුලකින් අහුකරනවා or අල්ලනවා; යන්ත්‍රයකින් කපු කපනවා.

Gingely oil, a. තලතෙල්, the plant තල පැළ.

Ginger, n. ඉඟුරු, fresh අමු ඉඟුරු, ශෘංගිවේර, dried වියළි ඉඟුරු, සුණ්ඨී, මහෞෂධ.

Gingerbeer, n. ඉඟුරු මුසු පානය, ජින්ජි බීර.

Gingerbread, n. ඉඟුරු මුසු කැවුම, ඉඟුරු බිස්කෝත්තු.

Gingerly, ad. (අල්ලන්ට or කරන්ට භයවා මෙන්) ඉතා ප්‍රවේශම්ලෙස, සුදනමින්.

Gingerwine, n. ඉඟුරු මද්‍යපානය.

Gingham (ගි), n. කපු පිළි වර්ගයක්, චීත්ත වර්ගයක්.

Gingle, v. See Jingle.

Ginning, n. යන්ත්‍රයකින් පුලුන් ශුද්ධකිරීම, පුලුන්වල ඇට ඇරීම.

Gin-palace, Gin-shop, n. (ජින් ආදී) මෙර ප්‍රාසාදය, *i. e.* මෙර ශාලාව.

Gipsy, n. (යුරෝපයේ විසිරගිහින් සිටින) පාදඩ මිනිස්සු වර්ගයක්.

Gipsy-hat, n. (ස්ත්‍රීන්ගේ) පළල් වාටි ඇති තොප්පිය.

Gipsyism, n. ඒ පාදඩ ස්වභාවෙහි සිටීම; ඒ පාදඩයන්ගේ ලීලා, ඉච්චාව, රැවටිල්ල.

Giraffe or Camelopard, n. අප්‍රිකාවේ ඉතා උස්වූ සිව්පාවෙක්.

Girandole, n. ලොකු පන්දම් වැල්ල, දීපවෘක්ෂය.

Gird (ග), එවේටි බඳිනවා; වටකරනවා; gird on one's-self බැඳගන්නවා; tuck up skirt කැසපට ගහගන්නවා.

Girder (ග), n. (සියල්ල සම්කරන) ප්‍රධාන දූවය, මහ බාල්කය.

Girdle (ග), n. ඉණපටිය, බඳපටිය, ඔට්ටුකච්චිය, of gold &c. හවඩිය, රසනය, මෙවුල්දම, නූදම; (බැඳීමට පාවිච්චිකරන) වටකුරු යකඩ තහඩුවක්.

Girdle (ග), v. පටියකින් බඳිනවා, පටියක් වටබඳිනවා, පටිබඳිනවා; වටකරනවා; ගහක් වටේට චක්‍රයක් කපනවා.

Girl (ග), ගෑනුළමයා, බාලිකාව, දූරිය, young පැටික්කී, maiden පොඩොස්සි, ළමිස්සි, ගැටිස්සි.

Girlhood (ග), n. ගෑනුළමයෙක්ව සිටීම, ළමා කාලය, බාල කාලය.

Girlish (ග), a. ගෑනුළමයෙකු වැනි, ගෑනුළමයෙකු ආකාර. See Childish.

Girth, Girt (ග), n. බඳපටිය, ඔතන පටිය; වට ප්‍රමාණය.

Gist, n. පරමාර්ථය, පිණ්ඩාර්ථය, සාරාංශය ; භාවාර්ථය.
Give (ගි), v. දෙනවා, දානයකරනවා ; give ear ඇහුම්කන් දෙනවා ; [වා ;
give notice දන්වනවා, දැනුම්දෙනවා, සැලකරන
give place or way ඉඩදෙනවා, බුරුලදෙනවා, මගඅරිනවා ;
give a decision මුසිංඡියක් කියනවා, බේරුමක් කරනවා ;
give one's-self to බාරවෙනවා, වශපෘතවෙනවා. යෙදිසිටිනවා.
give one's word බසදෙනවා, සහතිකකර කියනවා, ප්‍රතිඥකරනවා ;
give out : *declare* කියනවා, ප්‍රකාශකරනවා, පිට කරනවා, එළිදරව්කරනවා, *emit* (light, heat &c.) පතුරුවනවා ;
give up : *commit to* භාරදෙනවා, *relinquish* අත් අරිනවා, *cease* නවතිනවා ;
give, yield to pressure or force තල්ලුවෙනවා, යටත්වෙනවා.
Given (ගි), pp. *or* a. දෙනලද, දුන්, දීපු ; a certain, fixed එක්තරා, නියම.
Giver (ගි), n. දෙන අය, දානයකරන්නා, දායකයා.
Gizzard (ගි), n. පක්ෂි බොක්ක.
Glacial, a. තුෂාරාකාර, හිම සම්බන්ධ, glacial—glacier—theory තුෂාරක්ෂේත්‍ර ධර්මය.
Glacier, n. (කඳු මිටියාවත්වල—කඳුරැලිවල—පල්ලම්වල—බැදෙන) මිදුණු දියවැටිය, තුෂාරසකන්ධය, තුෂාරක්ෂේත්‍රය.
Glacis, n. බලකොටුවේ පිටත බෑවුම, පල්ලම.
Glad, be, v. සතුටුව—සන්තෝෂව—ප්‍රීතිව—සිටිනවා.
Glad, a. සතුටු, ප්‍රසන්න (හිත), තුටුපහටු, ප්‍රීතිමත්, සන්තුෂ්ට, ප්‍රඵුල්ල.
Gladden, v. සතුටනවා, ප්‍රසන්නකරනවා, සන්තෝෂ කරනවා, ප්‍රීතිමත්කරනවා.
Gladdening, p. *or* a. සතුටන &c., ප්‍රීතිදායක, මෝදක, ප්‍රමෝදක.
Glade, n. වනාන්තරයේ එළිමහන, තලාව, වන මාර්ගය.
Gladiate, a. කඩුහැඩය ඇත්තාවූ, ඛඩ්ගාකාර.
Gladiator, n. (පුරාණ රෝමයේ තවත් කෙනෙකු සමග) කඩුවෙන් සටන් කරගත් අය, කඩුසරඹ කාරයා, ඛඩ්ගධරයා, තෛන්ත්‍රිංශික දම්සුව යුද්ධ කාරයා, [දම්සුව ඛඩ්ගධර.
Gladiatorial, Gladiatory, a. කඩුවෙන් සටන්කරන,
Gladly, ad. සතුටින්, සන්තෝෂයෙන්, ප්‍රීතියෙන්.
Gladness, Gladsomeness, n. සතුටුකම, සන්තෝෂය, ප්‍රීතිය, සොම්නස, සන්තුෂ්ටිය. [ක.
Gladsome, a. තුටුපහටු, ප්‍රසන්න, ප්‍රීතිමත් ; සතුටුදය
Glair, n. (ඔපතැබීමට ගාන) බිත්තර සුදුමදය, ඔප ඇති වෙන ද්‍රව්‍ය ; v. සුදුමද ගා ඔප තගනවා.
Glamour, n. ඇස් බැඳුම ; fig. රැවටිලි පෙනුම, ව්‍යාජ දෘෂ්ටිය.
Glance, n. (විදුලිය මෙන්) හදිසි බැලීමක් *or* දිස්නයක්, හදිසි *or* ඉක්මන් බැල්මක්, ඊෂද්දර්ශනය, දෘෂ්ටිපාතය.
Glance, v. glance against, over, along, යමකට යන්තම් වැදී *or* තට්ටුවී යනවා ; glance at යමක් දෙස හදිසියෙන් *or* සවල්පවශයෙන් බලනවා ; fig. වික්කම කියා *or* අඟවා පසුකරයනවා.
Gland, n. (කැටුනු මෙන්) ශරීරයේ ඇතුල් මස්පිඩු වර්ගයක්, ග්‍රන්ථිය, of the throat උගුරු කරමල ; in bot. කූප වර්ගයක්.
Glanders, n. අශ්ව පීනස, අශ්වයාගේ හකුපාඩාවේ ලෙඩක්.
Glandular, Glandulous, a. (යථෝක්තාකාර) මස්පිඩු ඇත්තාවූ, මස්පිඩු ආකාර, ග්‍රන්ථි සම්බන්ධි.
Glare, n. තද දිලිසීම, සැර දීප්තිය, අතිප්‍රභාව ; සැර බැල්ම, රවා බැලීම [නවා.
Glare, v. සැරලෙස දිලිසෙනවා ; සැරලෙස රවා බල
Glaring, a. සැරලෙස දිලිසෙන &c. ; fig. ප්‍රත්‍යක්ෂ, සුප්‍රකාශ, පැහැදිලි, සැර (දෙස් යනාදී යම් තරකක්).
Glaringly, ad. ප්‍රත්‍යක්ෂලෙස, ප්‍රකාශිතලෙස.
Glass n. වීදුරුව, කාච ; mirror කැඩපත &c. ; glasses වීදුරු &c. ; spectacles ඇස් කණ්ණාඩිය.
Glass-blower, n. වීදුරුබඩු (පිඹ) සාදන්නා, වීදුරු බඩු ශිල්පියා, කාචශිල්පියා.
Glass-cutter, n. වීදුරු කපන්නා, වීදුරු කපන කටුව *or* ආයුධය.
Glass-eye, n. වීදුරු ඇස. Glass-eyed, a. වීදුරු ඇසක් *or* ඇස් ඇත්තාවූ.
Glass-furnace, n. වීදුරු සාදන ද්‍රව්‍ය උණුකරන පෝර උඳුන, වීදුරු උදුන.
Glass-house, n. වීදුරු සාදන පට්ටලය ; වීදුරු ගෙය,
Glass-painting, n. වීදුරු සායම්කිරීම *or* චිත්‍රකිරීම, කාච චිත්‍ර ශිල්පය.
Glass-ware, n. වීදුරු භාණ්ඩ.
Glassy, a. වීදුරුවූ, කාචක ; වීදුරු වැනි, වීදුරු මෙන් ඔප &c. ඇත්තාවූ.
Glaze, v. (ජනේල ආදී දේවල) වීදුරු දමනවා, වීදුරු අල්ලනවා ; (වීදුරු මෙන් පෙනෙන්ට) ඔපදමනවා *or* ඔපලනවා.
Glazed, a. වීදුරු කවුළු ඇත්තාවූ, කවුළුවලට වීදුරු අල්ලාපු ; වීදුරු සමාන ඔප ඇත්තාවූ.
Glazier, n. කවුළුවලට වීදුරු අල්ලන කර්මාන්ත කාරයා, වීදුරු ශිල්පියා.
Glazing, n. වීදුරු ඇල්ලීම ; වීදුරු ආකාර ද්‍රව්‍ය ගෑම ; ගාන වීදුරු ද්‍රව්‍ය ; (වීදුරු මෙන් පෙනෙන) ඔපය.
Gleam, v. රශ්මි විහිදෙනවා, දිස්නය වැටෙනවා ; දිලිසෙනවා.
Gleam, n. රශ්මිය, දිස්නය වැටීම, දිලිසීම, කාන්තිය, ප්‍රභාව.
Glean, v. (වැටෙන ගොයම්ගස් *or* කරල්) ඇහිඳිනවා, අවුලනවා, කරල් හිඳිනවා ; ඉතුරු එල තෙලනවා. විරල දේ එකතුකරගන්නවා. ඇහිඳ ගන්නවා ; fig. එතෙන් මෙතෙන් ටිකටික ලබාගන්නවා *or* දැනගන්නවා.
Gleaner, n. ඉතුරු ගොයම් ඇහිඳගන්නා, කරල් හිඳින්නා ; විරල දේ එකතුකරන්නා.
Gleaning, n. ඉතුරු ගොයම් ඇහිඳීම &c. ; ඇහිඳගත් ගණන *or* දේ.
Glebe, n. පිට්ටනිය ; දේවස්ථානයට කැපවූ ඉඩම.
Glebe-land, n. දේවස්ථානයට *or* දේවගැති ජීවිකාවට කැපවූ ඉඩම.
Glee, n. ප්‍රීතිය, ප්‍රමෝදය, හර්ෂය, ආනන්දය, ආහ්ලාදය, මංගල්‍ය ප්‍රීතිය ; සංගීතාල වර්ගයක්.
Gleeful, a. ප්‍රීතිමත්, ප්‍රමුදිත. Glen, n. මිටියාවත, දෙණිය.
Glib, a. ලිස්සුම ගතියක් ඇත්තාවූ, සිනිඳු ; දෙබවන, ඉක්මන් කථාකාර (දිවක්), මුඛරි.
Glibly, ad දියමෙන්, පහසුවෙන්ම, මුඛරිලෙස, (කථා කරනවා &c.).
Glibness, n. ලිස්සුම්කම, සිනිඳුකම, මුඛරිතාව.

Glibe, v. ලිස්සියනවා, ලිස්සනවා, ලිහුවනවා, (බාධා—රචිකම—නැතුව) පහසුවෙන් ගලා යනවා; ඉක්මනින් පසුවියනවා.

Gliding, n. ලිස්සියාම &c., සර්පණය, විසර්පණය.

Glimmer, v. ඉතා සවල්ප වශයෙන් බැබළෙනවා, අඳුරුලෙස එළිය දෙනවා, මඳලෙස දිලිසෙනවා.

Glimmer, Glimmering, n. මඳ බැබළීම *or* මඳ එළිය දීම; ඉතා මඳ එළිය.

Glimpse, n. මොහොතක් බැබළීම, ක්ෂණ ප්‍රභාව; මොහොතක්—ඉතා ටික වේලාවක්—පෙනීම *or* දැකීම, අල්ප මාත්‍ර දර්ශනය; fig. ලඝු භුක්තිය.

Glisten, Glitter, v. දිලිසෙනවා, දිස්නය වැටෙනවා, කාන්තිය වැටෙනවා.

Glistening, a. දිලිසෙන, දිලියෙන, දිස්නය වැටෙන, දීප්තිමත්.

Glitter, n. දිලිසීම, දිස්නය, දීප්තිය, කාන්තිය, කැලුම.

Glittering, a. දිලිසෙන, දිස්නය ඇත්තාවූ &c., උදාර, භ්‍රාජමාන, උජ්ජ්වලිත.

Gloaming, n. අඳුර, අඳුරුවීම, අඳුරුවැටෙන වේලාව, සන්ධ්‍යාංශුව.

Gloat over, v. ආශාවෙන් — ප්‍රීතියෙන් — බලනවා *or* ප්‍රමෝදිතභාවයෙන්—ප්‍රීතිමත්කමින්—සලකනවා.

Globate, Globated, a. ගෝල හැඩය ඇත්තාවූ, ගෝලාකාර.

Globe, n. ගෝලය, පරිමණ්ඩලය; the earth භූගෝලය, පොළව; සණ්ඨාන භූගෝලය.

Globe-glass, n. ගෝල වීදුරුව. Globe-lamp, n ගෝලාකාර පහන, කොලෝව.

Globular, a. ගෝලාකාර, වටකුරු, නිසතල, වර්තුල.

Globularity, n. ගෝලාකාරය, ගුළි ආකාරය, පරිමණ්ඩලතාව.

Globule, n. කුඩා ගෝලය, ගුළිය, බිඳුව.

Globulous, a. ගුළි ආකාර බිඳු ආකාර, වටකුරු.

Glomerate, v. (ද්‍රව්‍ය) ගුළිකරනවා, ගෝල හැඩයට පමුණුවනවා, වටකුරුවට කැටිගස්වනවා.

Glomerate, a. වටකුරුවට—ගෝලාකාරයට—හැදෙන, ගෝලවූ.

Glomeration, n. ගුළිකිරීම &c.; ගුළි ආකාර කැටිය.

Gloom, n. අඳුර, අඳුරුකම, ඝන සෙවණ; කාංසිය, දොම්නස, ශෝකය.

Gloominess, n. අඳුරුගතිය, නිෂ්ප්‍රභතාව; දොම්නස් සවභාව, ම්ලානිකකම.

Gloomy, a. අඳුරු, බීරණ, නිෂ්ප්‍රභ; කාන්සාවූ, දොම්නස්, ප්‍රීතිරහිත, ම්ලානික.

Glorification, n. ගෞරවයට පැමිණවීම &c., සංකීර්තනය, ප්‍රශංසනය.

Glorified, pp. *or* a. ගෞරවයට පමුණුවනලද &c., තේජසට &c. පැමුණුණ, සවර්ගෝපගත; ප්‍රශංසිත, සංකීර්තිත.

Glorify, v. ගෞරවයට—තේජසට—මහත්තවයට—පමුණුවනවා, සවර්ගෝපගතකරනවා; laud වර්ණනාකරනවා, උත්කීර්තනය කරනවා, නම්බුදෙනවා, ප්‍රශංසාකරනවා.

Gloriosa superba, n. ගිනිදිව්වැල, නියඟලා වැල, ලාංගලිකාව.

Glorious, a. තේජවන්ත, ඓශවර්යමත්, මහිමාන්විත, කීර්තිමත්, ප්‍රතාපවත්; splendid විරාජමාන, දීප්තිමත්, උත්කෘෂ්ට, ප්‍රශස්ත.

Gloriously, ad. තේජවන්තලෙස, &c.

Gloriousness, n. තේජවන්තකම, ඓශවර්යමත්කම, විරාජමානතාව.

Glory, n. දීප්තිමත්කම, දීප්තිය, තේජස, තෙද මහිමය, ශ්‍රී විභූතිය, යශෝකීර්තිය, කීර්තිය, ඓශවර්යය, මහත්තවය; ගෞරවය, වර්ණනාව, ප්‍රශංසාව; ගෞරව උපදවන කාරණාව; boast පාරට්ටුව.

Glory in Glory, v. (යමක් ගැන) ප්‍රීතිමත්වෙනවා; ආඩම්බර වෙනවා, පාරට්ටුකරගන්නවා.

Glorying, n. (යමක් ගැන) ප්‍රීතිමත්වීම; පාරට්ටුකරගැනීම, ගර්විතවීම.

Gloss, n. දිස්නය, ඔපය; fig. වංචාකාර පෙනීම *or* දැක්වීම, රැවටිලිකාර, තේරුම්කිරීම; විස්තරය.

Gloss, v. ඔප නගනවා; fig. gloss, gloss over දෙස් සඟවන්ට කාරණ කියනවා, රැවටිලිලෙස තේරුම් කරනවා.

Glossarist, n. ගැටපද විවරණකරන්නා, ග්‍රන්ථිපද විවරණකාර, ටීකා ලියන්නා.

Glossary, n. ගැටපදවිවරණය, ග්‍රන්ථිපද විවරණය, ටීකාව, විපපනිය, නිඝණ්ඩුව, ශබ්ද කෝෂය.

Glossiness, n. සිලුටුවූ ඔපගතිය.

Glossographer, n. ග්‍රන්ථිපදවිවරණ ලේඛකයා, ටීකා ලියන්නා, අර්ථ කථාචාර්යයා.

Glossography, n. ගැටපදවිවරණ ලිවීම, (නිදර්ශනවලින් විස්තරකිරීමට) අර්ථකථා ලිවීම.

Glossologist, n. ගැටපද විවරණකරන්නා, තේරුම විසඳන්නා.

Glossology, n. ගැටපද විවරණකිරීම, තේරුම විසඳීම.

Glossy, n. සිලුටු, ඔප ඇත්තාවූ *or* සිලුටු ඔප ඇත්තාවූ.

Glottis, n. උගුරුදණ්ඩේ කට *or* විවරය.

Glove, n. අත්වැස්ම, අත්මේස්. Gloved, a. අත්මේස් දමා ඇත්තාවූ.

Glover, n. අත්මේස් සාදන්නා, අත්මේස් වෙළෙන්ද.

Glow, v. උෂ්ණයෙන් දිලිසෙනවා, ඇවිලෙනවා; ගිනිපාටෙන් දිලිසෙනවා; ඇඟේ උෂ්ණය දැනෙනවා, දනවා; ඉතා උනන්දුව සිටිනවා.

Glow, n. දිලිසෙන උෂ්ණය, ඇවිලීම; ගිනිපාට වැටීම; තරහෙන්—ජවලිතකමින් &c.—දිල්සීම *or* උනන්දුවීම.

Glowing, a. උෂ්ණයෙන් දිලිසෙන, ඇවිලෙන; උනන්දු (ජවලිතකම, කථාව, සිතිවිලි &c.).

Glow-worm, n. රැබදුල්ලා, කලදෑකිමියා.

Gloze, v. ඉච්චාකරනවා; gloze over වංචාලෙස දෙස් බාලකරනවා *or* සඟවනවා.

Glue, n. (හම්, කුර, යනාදිය තම්බා සාදන) මැලියම්, පශු මැලියම්.

Glue, v. පශුමැලියමින් අලවනවා.

Glue pot, n. පශුමැලියම් දියකරන කුප්පිය, මැලියම් කුප්පිය, මැලියම් භාජනය.

Gluey, a. මැලියම් ආකාර, ඇලෙන සුළු, කොහොල්ලූ වැනි.

Glum, a. (ද්වේෂයෙන් *or* තරහෙන්) ඉතා අසතෝෂවූ, අසතුටු, දුර්මුඛ.

Glumaceous, a. පොතු ඇත්තාවූ, තුෂ සහිත, (ධාන්‍ය).

Glume, n. (ධාන්‍යවල) පොත්ත, තුෂය, දහයියා.

Glumiferæ, n. pl. තුෂ සහිත බීජ දරන පැළ, (වී තණ, ගොයම්), තුෂ ධාන්‍යධාරී පැළ.

Glut, v. glut one's self &c. ගිජුලෙස කනවා, අධිකලෙස බඩ පුරවාගන්නවා; අතිතෘප්තිමත්කරනවා; (ස්ථානයක්) අධිකලෙස පුරවනවා.

Glut, n. අධික තෘප්තිමත්කම, වැඩි තෘප්තිය; පුරම—වැඩිතරම—තිබීම.

Gluten, n. (තිරිඟු ආදී ධාන්‍යවල) කොහොල්ලූ වැනි ද්‍රව්‍ය, ධාන්‍යනියාසය.

Glutinate, v. (කොහොල්ලෑවලින් මෙන්) අලවනවා.
Glutinosity, n. ඇලෙන සුලුබව, අලවන ගතිය.
Glutinous, a. (කොහොල්ලෑ මෙන්) ඇලෙන ගතියක් ඇත්තාවූ, ඇලෙන සුලු, බාහ්‍යනියර්‍යාසාකාර.
Glutton, n. කෑදරයා, කෑඹලාවා, බඩජාලියා, ඇලියාමා, කාකයා; තද ආශාවක් ඇත්තා.
Gluttonize, v. කෑදරලෙස—ඇලියාලෙස—භක්‍ෂකලෙස—කනවා.
Gluttonous, a. කෑදර, කෑඹලාවූ, ගිජු, භක්‍ෂක, ආහාරයෙහි ලොල්, මජර.
Gluttonously, ad. කෑදරලෙස etc.
Gluttony, n. කෑදරකම, ගිජුකම, කාකකම, බඩජාලිකම, මජරකම, කෑඹලාකම, ඇලියා ගතිය.
Glycerine, n. තෙල්වල මධුර සාරය.
Glyptics, n. pl. අනඝ ගල්වල කැටයම් ශිල්පය.
G. M., Grand Master ශ්‍රේෂ්ඨාධිපතිහු, ශ්‍රේ.අ.
Gnarl, v. හෙමින් ගොරවනවා; කොඳුරනවා.
Gnarl, n. ගැටය.
Gnarled, Gnarly, a. ගැට ඇත්තාවූ, ගැට ගහන, ග්‍රන්ථි බහුල.
Gnash, v. the teeth දත්මිටිකනවා, දත්කුරුකනවා, දත් කනවා. [ණය.
Gnashing, n. දත්මිටිකෑම, දත්කුරුකෑම, දන්ත ඝර්
Gnat, n. කුඩා මදුරු වර්ගයක්, ගෝනුසුමුවා.
Gnaw, v. විකනවා, විකාකනවා, හපනවා, කනවා, දතින් කපනවා; corrode කාවදිනවා.
Gnawed, pp. *or* a. විකනලද &c.; කාවැදුණු.
Gneiss, n. මිශ්‍රවූ ගල් *or* ශෛල වර්ගයක්.
Gnonic, a. උපදේශාත්මක, නීතිගර්භ.
Gnome, n. in myth. අන්තර්භෞම භූතයා, ප්‍රේතයා.
Gnome, n. නීතිවාක්‍යය, උපදේශ වාක්‍යය, සූත්‍රය.
Gnomon, n. (ඝටිකායන්ත්‍රයේ) ජ්‍යාකටුව, ජ්‍යාංගුලිය, ශඞ්කුව; නක්ෂත්‍ර ශාස්ත්‍ර කණුවක්.
Gnomonics, n. pl. සූර්‍ය ඝටිකායන්ත්‍ර-ශාස්ත්‍රය; සූර්‍ය ඝටිකායන්ත්‍ර-ශිල්පය.
Gnomonology, n. සූර්‍ය ඝටිකායන්ත්‍ර-ශිල්පශාස්ත්‍ර විස්තරය.
Go, v. යනවා; arrive at පැමිණෙනවා, සේන්දුවෙනවා; hon. *either* go *or* come වඩිනවා, යහපත්වෙනවා, වැඩමවනවා;
go back හැරීයනවා; පස්සට වෙනවා; පසුබටවෙනවා, අනභිමුඛියට පැමිණෙනවා;
go beyond එපිටට යනවා, (a law &c.) උල්ලංඝනයකරනවා, උල්ලංඝනයවෙනවා, අතික්‍රාන්තවෙනවා;
go by (this &c.) මේ හැටියට කරනවා *or* කල්පනාකරනවා; ළඟින් යනවා, පසුකර යනවා; පසුවෙනවා; [වා;
go, be expended වියදම්වෙනවා, කම්මුතුවෙන
go hard with (යමෙකුට) අමාරුවෙනවා;
go on ඉදිරියට යනවා, කරගෙන යනවා;
go out පිටතට—එළියට—යනවා, පිටවෙනවා; නිවෙනවා;
go ill or well with (යමෙකුට) ශුභ *or* අශුභ සිදුවෙනවා, අමාරු *or* පහසුවෙනවා;
go in ඇතුළට යනවා, ඇතුල්වෙනවා, ප්‍රවිෂ්ටවෙනවා.
go into a subject කාරණවකට බහිනවා;
go off: *away* අහකට යනවා, යන්ට යනවා, *sell* විකිණෙනවා, *explode* පත්තුවෙනවා, පිපිරෙනවා;
go over උඩින් යනවා; එගොඩ යනවා; මුචිල්ලේ යනවා; නිත්දුවට බලනවා *or* කල්පනාකරනවා;
go through මැදින් යනවා; නිත්දුකරනවා; විඳිනවා.
Goad, n. කෙවිට, ප්‍රතෝදය, තෝත්‍රය, elephant hook හෙණ්ඩුව, අකුස්ස, අඞ්කුශය.
Goad, v. කෙවිටෙන් අනිනවා *or* ගහනවා, කෙවිටිකරනවා; fig. වේදනාවෙන්, පීඩාවෙන් &c. පොලඹවනවා, අවුස්සනවා.
Goaded, pp. *or* a. කෙවිටෙන් අනිනලද &c.; තරහෙන් &c. පොලඹනලද, චෝදිත, ප්‍රේරිත, ප්‍රෝත්සාහිත.
Goal, n. දිනුම් කණුව, ජයස්තම්භය; fig. (පැමිණිය යුතු) නිත්දුව, අන්තිමය, ළඟාකරන්ට යන අදහස, අභිප්‍රායය, අභිමතාර්ථය, ලක්ෂ්‍යය.
Goat, n. එළුවා, ඒඩකයා. [යා.
Goatherd, n. එළු එඬේරා, ඒඩකපාලයා, අජපාලක
Goatish, a. එළුවෙක් වැනි, ඒඩකාකාර; fig. රාගාන්විත.
Gobble, v. ඉක්මන්ලෙස—ගිජුලෙස—කෑල්වශයෙන්—ගිලගන්නවා; කළුකුමා වාගේ ශබ්දකරනවා.
Gobbler, n. ගිජුලෙස ගිලගන්නා, කෑදරලෙස කන්නා, කෑදරයා.
Go-between, n. මැදහත්වෙන්නා, දෙපාර්ශ්වයක් අතරෙහි කාරණ ඉෂ්ටකරන්නා, තැරැව්කාරයා, කපුවා, කුටච්නිය.
Goblet, n. කුසලාන, බඳුන, පානපාත්‍රය, පානීලය.
Goblin, n. ප්‍රේතයා, භූතයා, රාක්ෂසයා, වේතාලයා, නිසාචරයා; fem. පිසාචී.
Go-by, n. නොසලකා ඇරීම, පසුකරයෑම, උපායෙන් මගඇරීම.
Go-cart, n. (ළාබාල දරුවන් ඇවිදීමට පුරුදුකරවන) කුඩා ගැලක්, ළදරු ගැල.
God, n. දෙවියන්වහන්සේ, දෙවියෝ; a god දෙවි කෙනෙක්, දේවතාවා; idol දේවරූපය, දේව පිළිමය; household god ගෘහ දේවතාවා, කුල දෙවියා.
Godchild, n. ඉස අත්තබනලද දරුවා, පිජාදුවා.
Goddess, n. දේවතාවී, දිව්‍යාඞ්ගනාව, දිව්‍යප්සරාව, දෙව්දුව.
Godfather, n. ඉස අත්තබන පියා, ඇපකාරපියා.
Godhead, n. දෙවිකම. දිව්‍යකම, දිව්‍යභාවය, දේවත්වය, දේවභූයය.
Godless, a. දේවභක්ති නැත්තාවූ, භක්ති රහිත, දෙවියන් නොඅදහන; දුෂ්ට; නාස්තික, අදේවදෘෂ්ටි.
Godlessly, ad. භක්තිරහිතලෙස; දුෂ්ටලෙස, දුශ්ශීලලෙස; අදේවදෘෂ්ටිලෙස.
Godlessness, n. දේවභක්ති නැතිකම, අභක්තිය; දුශ්ශීලතාව, දුෂ්ටකම.
Godlike, a. දිව්‍යාකාර, දේවතුල්‍ය, දේවෝපම, දෙවියන් බඳු, දිව්‍ය, යහපත්කමින් ඉතා උතුම්.
Godliness, n. භක්තිමත්තකම, දේවභක්තිය, යපහත්කම. [ධර්මචාරී.
Godly, a. දේවභක්ති, භක්තිවන්ත, යහපත්වූ, දේව
Godmother, n. ඉස අත්තබන මව්, ඇපකාර මව්.
Godown, n. (නිකම් බඩු තබන) ගබඩාව, ගබඩාගෙය, කොටෙඩුව, ගුදම.
Gods, n. pl. දෙවිවරු; දේවරූප; (derisively) නාඩගම්පලේ ඉහළ තට්ටුවේ අයවල්.
Godsend, n. (දේවකාරුණ්‍යවත්ම මෙන්) හදිසියෙන් ලැබුණ ශුභයක්, දේව දීමනාවක්, දේව දයාදයක්.
Godson, n. ඉස අත් තබනලද ළමයා *or* පුතා.

Godspeed, n. ශුභසිද්ධවීම, සවුලවීම ; wish godspeed ශුභසිද්ධවේවායි ආශංසනයකරනවා.

God-ward, ad. දෙවියන්වහන්සේ කෙරෙහි *or* දෙසට.

Goer, n. යන්නා, a good goer හොඳට යන—ධාවන—සතා.

Goffering, n. රැලිදමාපු වාටිය රැලි පස්මෙත්තුව.

Goggle, v. ඇස් පෙරළනවා. [නි.

Goggle-eyed, a. නෙරාපු ඇස් ඇත්තාවූ, බුබුලැස් ඇ

Goggles, n. pl. ඇස් මුවාකරන කණ්ණාඩිය; ඇස් වැසුම්.

Goglet, n. ගුරුලේත්තුව, පුතුරුව, පුස්කිරිය.

Going, n. යාම, පිටත්වීම ; lit. & fig. චාරය, චාරිකාව, හැසිරීම.

Goitre, n. උගුරේ ඉදිමුමක්, ගණ්ඩය, ගලගණ්ඩය, කණ්ඨමාලය.

Gold, n. *or* a. රන්, රත්රන්, සවණ්ණ, කනක්, virgin gold අමුරන්, හිරණ්‍යය ; fig. ධන ; the colour රන් පාට, සවණ්ණවර්ණය ; a. රන්වන් ; do gold work රන් කම් කරනවා.

Gold-beater. n. රන් තළන්නා, රන්පත් තළන්නා.

Gold-beating, n. රන් තැළීම, රන් තැළීමේ ශිල්පය.

Gold-cradle, n. රන් පෙරන ඔරුව.

Gold-digging, n. රන් හෑරීම ; රන් හාරාගන්න තැන ; pl. රන් හාරාගන්න පළාත්.

Gold-dust, n. රන් කුඩු, රන් සුනු.

Golden, a. රන්, රත්රන්, රන්මය, සවණ්ණ, සවණ්ණික, සවණ්ණමය, කනකමය, කාඤ්චන, රන්මුවා ; in colour රන්වන් ; fig. දීප්තිමත් ; වාසනාවන්ත ; රන් වැනි, අනඝ, උතුම්, මහඟු.

Golden-breasted, a. රන්වන් ළැපැත්තක් ඇති, ළැපැත්ත රන්වන්, (කුරුල්ලා &c.).

Golden-calf, n. රන් වස්සා පිළිමය ; fig. වස්තුතෘෂ්ණාව.

Golden-haired, n. රන්වන් ඉසකේ ඇති, හිරණ්‍යකේශ.

Golden-rule, n. (බයිබලයේ) හිරණ්‍යසූත්‍රය : එය Matt. vii. 12 ක්‍රියාතිබෙන සූත්‍රය. [ස්වර්ණපක්ෂ.

Golden-winged, a. රන්වන් පියාපත් ඇති, සවණ්ණප

Gold-fever, n. රන් හාරාගැනීමට තද ආශාව, සවණ්ණ උන්මාදය (fig.).

Gold-field, n. රන් සම්බන්ධවෙන—හාරාගන්න—පළාත, සවණ්ණභූමිය.

Goldfinch, n. පක්ෂි වර්ගයක්, රන්වන් කුරුල්ලා.

Gold-fish, n. රන්වන් මත්ස්‍යයා.

Gold-leaf, n. (තළාපු) රන්කොළය, රන්පත.

Gold-plate, n. (තැටි, පාත්‍ර, කුසලාන්, හැඳි, ආදී) රත්රන් බඩු. [ගොඩගන්න.

Gold-proof, a. අත්ලස් ගැනීමට අපුහොවන, අත්ලස්

Goldsmith, n. බඩාලා, රන්කරුවා, ගල්ලද්දා, තුලාධරයා, සවණ්ණකාරයා, තරහළුවා.

Goldsmith's work, n. රන් වැඩ, gold *or* silversmith's work බඩල් වැඩ.

Gold-stick, n. රන් කොන්තයක් රජු ඉදිරියෙහි දරන මුලාදෑනියා, සවණ්ණ කොන්තධාරියා.

Golf, n. (පොල්ලකින් ගසන) පන්දු කෙළියක්, ගෝල ක්‍රීඩාවක්.

Goloe-shoe, n. Goloshes, pl. (සපත්තුව පිටින් දමන) පිට සපත්තුව|*or* සපත්තු වැසුම්.

Gondola, n. It. සෙල්ලම් ඔරුව ; පාරුව.

Gondolier, n. සෙල්ලම් ඔරුව පදින්නා, ඔරුකාරයා.

Gone, pp. of Go. ගිහින්, ගොස්, පසුවී, පහවී, ඉවත්වී, චුතවී ; නැතිවී ; නරක්වී.

Gong, n. (ශබ්දකිරීමට ගසන) තැටිය, යමෙරුකාව, මිණිතැටිය.

Goniometer, n. සනකෝණංශ මානක යන්ත්‍රය.

Goniometry, n. සනකොන් මැනීම.

Gonorrhea, n. ප්‍රමේහය, කුණුලේඩ, උපදංශය.

Good, a. හොඳ, යහ, මනා, සකස්, සත්, සු (මිතුරු), උතුම්, සුන්දර, හිත, කල්‍යාණ, ශුභ, මඞ්ගල, සම්‍යක්, morally යහපත්, සද්ගුණ, සදාචාර, සුචරිත.

The above terms will admit most of the applications of the English word ; but see the English word for the specific meaning required as: Valid, Suitable &c. &c.

A good deal බොහෝ ; make good ; *accomplish* ඉෂ්ටකරනවා, *confirm* ස්ථිර කරනවා, *prove* ඔප්පුකරනවා, *supply deficiency* අඩුපාඩු සම්පූර්ණකරනවා, *prepare* සකස්කරනවා.

Good, n. හොඳක්, යහපත, යහස ; ප්‍රයෝජනය, ශුභ සිද්ධිය, වැඩ, ශුභය, වාසිය ; good and evil හොඳ නරක, යහපත අයහපත, හිතාහිත, ශුභාශුභ.

Good, int. හොඳයි.

Good-breeding, n. ශිෂ්ටාචාරකම, ආචාරවන්තකම, සුවිනීතභාව, සුශීලතාව.

Good-bye, Good-day, int. ආයුබෝවන්.

Good-Friday, n. මහසිකුරාදා.

Good-humour, n. සිත්-සතුටුකම, සන්තෝෂ ගතිය.

Good-humoured, a. සිත්-සතුටු, මනාපගතියක් ඇත්තාවූ. [සුන්දර.

Good-looking, a. ලක්ෂණ පෙනීමක් ඇත්තාවූ, සුදර්ශන,

Goodly, a. යශාකාර, යස, ශෝභන, ප්‍රිය.

Good-man, n. ගෙදර ප්‍රධානියා, ගෙහිමියා, ස්වාමි පුරුෂයා.

Good-nature, n. සුගතිය, මෘදුකම, කරුණාවන්ත ගතිය, සද්භාවය, සද්ගුණය, සාධුත්වය.

Good-natured, a. සුගති, මෘදු, කරුණාවන්ත, සුශීල.

Good-naturedly, ad. කරුණාවන්තලෙස.

Goodness, n. හොඳකම, යහපත්කම, සද්ගුණය, ගුණවන්තකම, සද්භාවය, සත්පුරුෂකම ; සත්කම්මය, සත්කෘතිය.

Good-night, int. (රෑ පිළිබඳ) ආයුබෝවන්, ශුභසිද්ධ වේවා, ශුභ රාත්‍රියක්වේවා.

Goods, n. pl. බඩු, බඩුබාහිරා, බඩුමුට්ටු, දේපළ, බඩු බස්සල්, වෙළඳබඩු.

Good-will, n. ප්‍රසන්නය, කරුණාව ; හොඳ හිත, ඉත සිත ; (වෙළඳාම්කිරීමට තිබෙන) වාසිය *or* භාවිතාව.

Gooroo, n. ගුරුවරයා, ආචාර්යයා, අධ්‍යාපකයා, ශික්ෂකයා.

Goose, n. පාත්තයා ; fem. පාත්ති ; (tailor's) ඉස් තිරික්කය ; fig. මෝඩයා, අනුවණයා.

Gooseberry, n. කුඩා එල ජාතියක්. [තුව.

Goose-flesh, n. (ශීතලට) රැලිගැසුණ ඇඟේ හම, සිග

Gordian-knot, n. ලිහන්ට අමාරු ගැටයක් : fig. හසුරුවන්ට අමාරු කාරණාව.

Gore, n. කැටිගැසුණු ලේ, තැම්බරුණ ලේ.

Gore, n. (ඇඳුමේ මහන) කතුරු ආකාර කෑල්ල.

Gore, v. (ඇඳුමකට) තුන්හුලස් කෑලි දමා මහනවා, කතුරු ආකාර කෑලි අල්ලනවා ; (ගෙල්ලයෙක්, අගින් &c.) අනිනවා.

Gorge, n. උගුරු දණ්ඩ, උගුර ; (කඳු අතරේ) පටු මගක්, කඳුර ; බලකොටුවක පටු මගක්, කුරුබිලිය ; ගිලගත් දේ.

Gorge, v. ගිජුලෙස ගිල කනවා; (one's self &c.) අසීකලෙස බඩ පුරවා ගන්නවා, අසීකලෙස කම තවා.

Gorgeous, a. විරාජමාන, විරාජිත, ප්‍රභාවත්, දීප්තිමත් වර්ණඇති, උජ්ජ්වල, ඉතා අලංකාර.

Gorgeously, ad. විරාජමානලෙස, &c.

Gorgeousness, n. විරාජමානත්වය, විරාජිතතාව.

Gorget, n. බෙල්ලවැස්ම, කණ්ඨාවරණය; in sur. මුත්‍රාශයඡේදනායුධය.

Gorgon, n. in myth. (බලන්නා ගල්ගැසෙන තරම්) භයානක දෘෂ්ටියක් ඇති අමනුෂ්‍යයෙක්, ඝෝරරූපී අමනුෂ්‍යයා; අප්‍රිය දෙයක්, ඝෝරතරයා.

Gorgon, Gorgonean, Gorgonian, a. ඝෝරරූපී අමනුෂ්‍යයා වැනි, ඝෝරතර. [ලං.

Gorilla, n. අප්‍රිකාවේ වසන වානර වර්ගයක්, ගොරිල්

Gormand, Gormandizer, n. කෑදරයා, බඩජාලියා, කැතුලැතියා, කෑඹලාවා, ගේඩයා.

Gormandize, v. ගිජුලෙස—අසීකලෙස—කනවා.

Gorse, n. කටු පදුරු ජාතියක්.

Gory, a. ලේ තැවරුණ, ලේ ගා තිබෙන, ශෝණිතෝක්ෂිත; fig. මිනිමරුවූ.

Goshawk, n. රෞද්‍ර උකුස්සෙක්.

Gosling, n. පාත්ත පැටියා.

Gospel, n. (ක්‍රිස්තියානි) ශුභාරංචිය, මංගලවෘත්තාන්තය; ක්‍රිස්තියානි ශුභාරංචි පොතක්.

Gospel, a. (ක්‍රිස්තියානි) ශුභාරංචි ගුරුකමට එකඟ, ශුභාරංචි.

Gospel-truth, n. ශුභාරංචි සත්‍යය or ගුරුකම; fig. ස්ථිර සත්‍යය.

Gossamer, n. සිහින් මකුළු නූල්, එවැනි සිහින් ද්‍රව්‍ය.

Gossip, n. දෙඩවා ඇවිදින්නා; නිෂ්ඵල දෙඩවිල්ල, කටවාචාලය.

Gossip, v. දෙඩවා ඇවිදිනවා; කටවාචාල් කියනවා.

Gossiping, p. or a. දෙඩවාඇවිදින &c., n. දෙඩවා ඇවිදීම &c.

Got, pret. of Get. ලබාගත්තා &c.

Goth, n. පුරාණ වනචර ජාතියක කෙනෙක්; fig. වනචරයා, අශිෂ්ටයා.

Gothic, a. ගොත් නම්වූ මිනිස්සු ජාතියට අයිති, ගොතික; තුඩුබෝක්කු සහිතව ගෙවල් සෑදීමේ පුරාණ ක්‍රමයකට අයත්, තුඩුබෝක්කු ආකාර, ගොතික.

Gothic, n. ගොතික භාෂාව. [ෂ්ටතාව.

Gothicism, n. ගොතික රීතිය or ආකාරය; fig. අශි

Gouge, n. බොකු නියන, කටම්බු නියන.

Gouge, v. බොකු නියනෙන් කපනවා, (ඇස් &c.) උදුරපනවා.

Gourd, n. ලබු, පුහුල්; ලබුවැල, ලබුගෙඩිය, පුහුල් or පුහුල්ගෙඩිය.

Gourmand, n. Fr. කෑදරයා &c. See Gormand.

Gout, n. වාදම, වාදම්රෝගය, වාතරක්තය, වාත ශෝණිතය, පාදශෝථය.

Gouty, a. වාදම්රෝගී, වාතරක්ත.

Gov., Governor, ආණ්ඩුකාරයා, ආණ්. (වැනිය).

Govern, v. ආණ්ඩුකරනවා; regulate හසුරුවනවා; subdue මැඩපවත්වනවා, පාලනයකරනවා, පරිපාලනය කරනවා, හික්මවනවා, අභිභවනයකරනවා; in gram. බලපවත්වනවා, එක්තරා විභක්තියක් ඕනෑකරනවා, as: *Kill* governs the acc. මරනවා යන්නේ බලයට කර්මවිභක්තිය ඕනෑකරනවා or මරනවා යන්නට කර්මවිභක්ති ඕනෑකරනවා.

Governable, a. ආණ්ඩුකළ හැකි &c.; හික්මවියහැකි, දම්‍ය, ශාසනීය, අභිභවනීය. [රවීම.

Governance, n. ආණ්ඩුකිරීම, ආණ්ඩුකාරකම; හැසි

Governed, a. ආණ්ඩුකරනලද &c., ශාසිත; restrained සංයත, ප්‍රත්‍යාහෘත.

Governess, n. ගුරුවරි, ඉගැන්නුම්කාරි, ගෑනු ගුරුන්නාන්සේ.

Governing, p. or a. ආණ්ඩුකාරන, බල පවත්වන &c.; ආණ්ඩුකාර; ශාසනික.

Government, n. ආණ්ඩුකිරීම, හැසිරවීම &c., ප්‍රශාසනය; ආණ්ඩුව, ලෝකාධිපත්‍යය, (of the mind) ශාසනය; the system ආණ්ඩු ක්‍රමය; the governing body ආණ්ඩුකාර මණ්ඩලය; in gram. විභක්තියක් කෙරෙහි ඇති වචනයක බලය, කාරණාවට යෝග්‍ය විභක්තිය, විභක්ත්‍යාධිකාරය.

Governmental, a. ආණ්ඩුව සම්බන්ධ, ආණ්ඩුකාර; ආණ්ඩුව විසින් කරනලද.

Governor, n. ආණ්ඩුකාරයා ආණ්ඩුකාරතැන, His Excellency උතුමාණන් වහන්සේ; tutor ආචාර්යයා; governor of an engine වේගය හසුරුවන ගෝල, වේගයන්ත්‍රය.

Governor-General, Governor-in-chief, n. අග්‍ර ආණ්ඩුකාරතුමා, ශ්‍රේෂ්ඨාධිපතියා, අග්‍රරජ.

Governorship, n. ආණ්ඩුකාර ධුරය.

Gown, n. ස්ත්‍රීන්ගේ දිග ඇඳුමක්, ගවුම; (උසස් සිත්ගේ) උත්තර සාටකය, උත්තරාසංගය උපාධිධාරීන්ගේ දිග කබාය.

Gownman, Gownsman, n. උත්තරසාටකයක් අඳින්නා, (විශේෂ අඳින) නීතිධාරියා or පාඨශාලාවික සාමාජිකයා.

Grab, v. හදිසියෙන් සැරලෙස අල්ලනවා, උදුරාගන්නවා, පැහැර ගන්නවා.

Grab, n. සැරලෙස අතින් or කට්න් ඇල්ලීම, ඩැහැගැසීම.

Grace, n. favour කරුණාව, අනුග්‍රහය, දයාව, ප්‍රසාදය: by the Grace of God දේවප්‍රසාදයෙන්; influence ආනුභාවය, අනුභාවය, චිරප්‍රසාදය; spiritual state යුතු ආත්මික භාවය; grace at meals සතුතිකිරීම, ස්තුති යාච්ඤාව; elegance ශ්‍රිය, ශ්‍රියාව, ශෝභනකම, සුලලිතතාව; අගු ධිරාළ කෙනෙකුගේ නාමය මුලට යොදන ගරු පදයක්.

Grace, v. අලංකාරකරනවා, සජ්ජිතකරනවා, සරසනවා, උතුම්කරනවා.

Graceful, a. (හැඩයෙන් or ක්‍රියාවෙන්) ශෝභන, අලංකාර, මනෝඥ, ශ්‍රියාවන්ත, රූපශෝභාවක් ඇත්තාවූ, සුලලිත, සුන්දර.

Gracefulness, n. ශෝභනකම &c., මනෝඥතාව, රූපශෝභාව, රූපලාවණ්‍යය, ලාලිත්‍යය, සෞන්දර්යය.

Graceless, a. භක්තිහීන; ගුණරහිත, දුශ්චරිත.

Gracelessness, n. අභක්තිය, අගුණතාව, දුශ්චරිතතාව.

Graces, the, n. pl. in myth. රූපලාවණ්‍ය සෞන්දර්ය දිව්‍යාංගනාවෝ තුන්දෙනෙක්; good graces කරුණාව, මිත්‍රභාවය.

Gracious, a. කරුණාවන්ත, කරුණාභරිත, ගුණවන්ත, දයාන්විත, දයාබර, ප්‍රසන්න; දේවකරුණාව සහිත.

Graciously, ad. කරුණාවන්තලෙස, &c., ප්‍රියලෙස, සිත්කලුලෙස.

Graciousness, n. කරුණාවන්තකම &c., කරුණාන්විතතාව, නිහතමානිත්වය.

Gradation, n. ක්‍රමයෙන් නැගීම, අඩියෙන් අඩියට යාම ; ක්‍රමය, පිළිවෙළ ; ප්‍රමාණය.

Grade, n. තරාතිරම ; ක්‍රමයේ යම් අඩියක්, ප්‍රමාණය ; (නගින බසින) බෑවුමේ ප්‍රමාණය, ග්‍රාදිය.

Grade, v. (පාරේ &c. නැගුම) ප්‍රමාණයකරනවා, තරාතිරමේ හැටියට තෝරනවා.

Gradient, n. (පාරක් නගින බසින) බෑවුමේ ප්‍රමාණය ; බෑවුම ; adj. නගිනබසින.

Gradual, a. ක්‍රමක්‍රමයෙන් වෙන්නාවූ, ටිකෙන් ටික—හෙමින්—වෙන්නාවූ, ක්‍රමික, ආනුපූර්වික.

Gradually, ad. ක්‍රමයෙන්, ක්‍රමක්‍රමයෙන්, ටිකෙන් ටික, හෙමින්.

Graduate, v. t. යම් ක්‍රමයකට බෙදා ලකුණුකරනවා; (පාට &c.) ක්‍රමයෙන් වෙනස්කරනවා, ක්‍රමයෙන් වෙනස්කර ගානවා.

Graduate, v. i. (අග්‍ර පාඨශාලාවක ක්‍රමයෙන් ඉගෙන) පටබැඳි නමක් ලබාගන්නවා.

Graduate, n. (එසේ අග්‍ර පාඨශාලාවකින්, බලයලත් සභාවකින්) පටබැඳි නමක් ලැබූ අය, පටබැඳි නමැත්තා, උපාධිධාරියා.

Graduated, pp. *or* a. පණ්ඩිත සභාවකින් පටබැඳි නමක්ලැබූ ; ක්‍රමයකට ලකුණුකර තිබෙන, අනුක්‍රමාඞ්කිත.

Graduation, n. ක්‍රමයකට බෙදා ලකුණුකිරීම, ක්‍රමාඞ්කනය, අනුක්‍රමාඞ්කනය ; ක්‍රමයකට වැඩිවීම *or* වෙනස්වීම ; (උගත්කමට) පටබැඳි නමක් දීම *or* ලබාගැනීම.

Graduator, n. (ක්‍රමයකට) රේඛා-ඡේදක යන්ත්‍රය, ක්‍රමකාරක යන්ත්‍රය.

Graft, v. (දලු, රිකිලි) පාස්සනවා, පාහනවා, අඞ්කුර සංයෝගකරනවා ; (එසේ) පාස්සා වැඩිලිකරනවා ; fig. ඒකාබද්ධකරනවා.

Graft, n. ගහේ පාස්සන දලුව *or* රිකිල්ල, අඞ්කුරය.

Grain, n. corn ධාන්‍ය, භෝග ; one grain ඇටයක්, as : ධාන්‍ය ඇටයක්, බීජ ඇටයක් වැලිඇටයක් &c.; the weight මංචාඩියකින් හතරෙන් පංගුවක් ; fig. පොඩ්ඩක්, පොදක්, ඉතා සවල්පයක්, ඇබිත්තක් ;
 the grain of wood &c. (ලීවල කෙඳි, ගල්වල ඇට, යනාදී දේවල) මරුවැටී තිබෙන ආකාරය, ද්‍රව්‍යමරුව ;
 against the grain මරුහරහ, fig. ජම්මයට විරුද්ධව, ප්‍රතිපලෙස.

Grain, v. යම් ලී ජාතියකට සමානවෙන්ට තීන්ත ගානවා ; ඇට ආකාරයට සාදනවා, කැටගස්වනවා.

Grained, pp. *or* a. ලී ආකාරයට තීන්ත ගානලද ; ඇට ආකාර.

Grains, n. pl. (තම්බා) ඉතුරු යවඇට *or* වෙන ඉතුරු ධාන්‍ය ඇට.

Grallatores, **Grallatoriæ**, n. pl. දිය කුරුලු ජාති, ජලචර පක්ෂියෝ, ජල පක්ෂිජාති.

Grallatorial, **Grallatory**, a. දිය කුරුලු, ජලපක්ෂි.

Grallic, a. (දියේ ඇවිදීමට) උස් කකුල් ඇත්තාවූ, (දිය කුරුල්ලෝ).

Gram, n. කඩල, (small green) මුං ඇට.

Gram, n. බර ප්‍රමාණයක්.

Graminaceæ, **Gramineæ**, n. pl. තෘණ ජාති. [ර.

Gramineal, **Gramineous**, a. තෘණ ජාතිවූ ; තෘණකා

Graminifolious, a. තෘණකාර කොළ ඇත්තාවූ, තෘණපත්‍රාකාර.

Graminivorous, a. තෘණ ජාති කන්නාවූ, තෘණභක්ෂක, ශශ්‍යභක්ෂක.

Grammar, n. ව්‍යාකරණ ශාස්ත්‍රය, ව්‍යාකරණය, වියරණ ; ව්‍යාකරණ පොත, වෛයාකරණ ග්‍රන්ථය.

Grammar, a. ව්‍යාකරණ, වියරණ.

Grammarian, n. ව්‍යාකරණ දන්න අය, ව්‍යාකරණ ශාස්ත්‍රඥයා, ව්‍යාකරණඥයා, වෛයාකරණයා.

Grammar-school, n. (ලතින් හා ග්‍රීක්) භාෂා උගන්වන පාඨශාලාව, භාෂා පාඨශාලාව.

Grammatical, a. ව්‍යාකරණයට අඩංගු, වියරණ, වෛයාකරණ ; ව්‍යාකරණයට එකඟ.

Grammatically, ad. ව්‍යාකරණානුකූලව, ව්‍යාකරණයට එකඟලෙස.

Grammatist, n. නිවට ව්‍යාකරණඥයා.

Gramophone, n. ශබ්ද වාහිනී යන්ත්‍රය, දෙඩන පෙට්ටිය, කථා පෙට්ටිය.

Grampus, n. ලොකු මත්ස්‍ය ජාතියක්, තලපතා ; fig. (කවටකමට) තරබාරුවා.

Granary, n. අටුව, පත්තායම, ධාන්‍යාගාරය, කුසලය, මරාරය, කෝෂ්ඨකය.

Grand, a. මහත්, ප්‍රධාන, උතුම්, උසස්, උත්කෘෂ්ට, ප්‍රවර, අනගි, විශිෂ්ට, ගරුගම්භීර, මහෝන්නත.

Grandchild, n. පුතාගේ *or* දුවගේ දරුවා, මුනුබුරා *or* මිනිබිරි.

Grand-cross, n. අතිශ්‍රේෂ්ඨකමක පටබැඳි නාමයක්.

Granddaughter, n. මිනිබිරි, මිනිබිරියෙක්.

Grand-duke, n. (යුරෝපයේ රජකම්කරන) අතිශ්‍රේෂ්ඨ වංශාධිපතියා.

Grandee, n. (ස්පාඤ්ඤයේ) ශ්‍රේෂ්ඨ වංශාධිපතියෙක්.

Grandeur, n. මහත්තත්වය, ඓශ්චර්යය, ගරුගම්භීරකම, ගාම්භීර්යය, අත්‍යුත්කෘෂ්ටතාව, ශ්‍රේෂ්ඨත්වය, මහිමය, විභූතිය, මහෝන්නතතාව.

Grandfather, n. සීයා, ආතා, අත්තා, මුත්තා, මුත්තණුවෝ.

Grandiloquence, n. අහංකාර වාක්පටුත්වය.

Grandiloquent, a. ව්‍යක්ත කථිකයෙකු මෙන් කථා කරන, අහංකාර වාක්පටු.

Grand-jury, n. (ප්‍රථම විභාගයක් කරන) මහ විනිශ්චය මණ්ඩලය *or* ප්‍රථම ජූරි මහත්වරු, ප්‍රථමාධිකරණ පරීක්ෂා සභාව.

Grandly, ad. උතුම්ලෙස, අත්‍යුත්කෘෂ්ටලෙස, විරාජමානලෙස, ගරුගාම්භීරලෙස.

Grand-master, n. (Freemasons නම් සභාවේ) අත්‍යුත්තම ප්‍රධානියා. [ගෑනු අත්තා.

Grandmother, **Grandmamma**, n. ආත්තා, ආච්චි;

Grand-seignior, n. තුර්කියේ අගරජ.

Grand-vizier, n. තුර්කියේ ශ්‍රේෂ්ඨාමාත්‍යයා. [ක්.

Grandsire, n. මුත්තා ; මුතුන්මිත්තන්ගෙන් කෙනෙ

Grandson, n. මුනුබුරා, පෞත්‍රයා, පපුත්‍රයා ; great-grandson දෙමුනුබුරා. [පළේ ගෙදර.

Grange, n. (මඩු, අටු, ශාල්, යනාදිය සහිත) ගොවි

Graniferous, a. බීජඇට දරන.

Graniform, a. බීජඇට ආකාර.

Granite, n. කළුගල් වර්ගයක්.

Granitic, **Granitical**, a. කළුගල්වූ, කළුගල් ආකාර.

Granivoræ, n. pl. බීජඇට කන කුරුලු ජාති, බීජාදන පක්ෂියෝ.

Granivórous, a. බීජඇට කන්නාවූ, බීජභක්ෂක.

Granny, n. ආච්චි

Grant, v. (ඉල්ලනවාට) දෙනවා, දානයකරනවා, ප්‍රදානය කරනවා ; සන්නස් පත්‍රයකින් දෙනවා ; allow ඇත්තක් මෙන් කියන්ට ඉඩදෙනවා, පිළිගන්නවා.

Grant, n. දීම, දානයකිරීම; ප්‍රදානය; සන්නස &c., see Deed; grant-in-aid ආධාර දානය, ආධාර මුදල.

Granted, pp. *or* a. දෙනලද &c., දුන්; එත්තුගත්.

Grantee, n. ප්‍රදානය *or* සන්නස ලබන්නා.

Granting, p. දෙමින් &c.; in S. adj., that grants or is granted දෙන &c.; granting that this is true මෙය සැබෑබව එත්තුගත්තත් *or* එත්තුගත්තොත්.

Grantor, n. ඔප්පුවකින් භාරදෙන්නා.

Granular, a. (බීජ, වැලි, යනාදි) ඇටවලින් යුක්ත, ඇට ආකාර.

Granulate, v. ඇට ආකාරයට ගැලෙහනවා *or* සෑදෙනවා; එසේ ගැලෙහන්ට සලස්වනවා; ඇට හැඩයට මදක් රළුකරනවා.

Granulate, a. ඇට ආකාර, බීජඇට මැනි රළුකම ඇත්තාවූ.

Granulation, n. ඇට ආකාරයට ගැහීම &c.; වණයක අලුත් මස් ලන ආකාරය *or* අලුත් මස් ලෑම.

Granule, n. (of sand &c.) කුඩා ඇටයක්; කුඩා කැටයක්.

Granulous, a. ඇට ගහන, කුඩා කැට ගහන.

Grape, n. මුද්‍රිකඵල, මිදිඵල, මුද්දිරප්පලම්, ද්‍රාක්‍ෂාව.

Grapery, n. මුද්‍රිකවැල් වවන ස්ථානය, මුද්‍රිකවත්ත, මිදිවැල් මඩුව.

Grapeshot, n. එකට බැඳි වෙඩ්බුණ්ඩ *or* බැඳි කුඩා උණ්ඩ ගණනක්.

Grape-vine, n. මුද්‍රිකවැල, මිදිවැල, ද්‍රාක්‍ෂාලතාව.

Graph, n. විත්‍රිතය.

Graphic, Graphical, a. තීක්‍ෂණලෙස *or* පැහැදිලිලෙස සටහන්, සුචිත්‍රලිඛිත; මනාකොට විස්තර කරන, සුචිත්‍ර ලේඛක.

Graphically, ad. (ඇසට පෙනෙන්නාක් මෙන්) තීක්‍ෂණලෙස, ප්‍රත්‍යක්‍ෂලෙස, පැහැදිලිලෙස, ඉතා විස්තරලෙස, සුචිත්‍රාකාරයෙන්, විශේෂිතවිසයෙන්.

Graphiology, n. ලේඛන ශාස්ත්‍රය, සුචිත්‍ර ලේඛන විස්තරය. [විස්තරය.

Graphiology, n. ලේඛන ශාස්ත්‍රය, සුචිත්‍ර ලේඛන

Graphite, n. මිනිරත්, මීරත්.

Grapholite, n. ලියන ගල්ලෑලි ගල, ලියන ලෑලි පලා ගන්න ගල් ජාතිය, ලේඛ්‍ය ශෛලය.

Graphometer, n. කෝණංශ මානක යන්ත්‍රය.

Grapnel, n. කුඩා නැංගුරමක්.

Grapple, v. (අතින් *or* කොක්කකින්) තදින් අල්ලා ගන්නවා; grapple with පොරබදනවා; fig. පොරට සිටිනවා, (කෙනෙක් *or* කාරණ සමග) සටන්කර ගන්නවා.

Grapple, n. තදින් අල්ලාගැනීම &c., තද පොරය; ලොකු කොක්කක්.

Grappling-irons, n. pl. නැවක් තදින් අල්ලාගන්න කොකු, ග්‍රාහක වස්ග.

Grasp, v. (අතින් &c.) අල්ලාගන්නවා; තේරුම් ගන්නවා, වටහාගන්නවා; grasp at අල්ලාගන්ට—අත්කර ගන්ට—හදනවා.

Grasp, n. අල්ලාගැනීම, අත්කරගැනීම; අහුරට ගැනීම; හස්තග්‍රාහය; fig. grasp of a subject කාරණයක් තේරුම්ගැනීම, අවබොධකරගැනීම, උද්ග්‍රහණය.

Grasping, a. යමක් අත්කරගන්ට ලැදිවූ, තණ්හාවූ.

Graspingly, ad. අත්කරගන්න අදහසින්, තණ්හාවෙන්, ලෝභීව.

Grass, n. තණකොළ, තණ, තෘණ.

Grass, v. තණ පිඩලිවලින් වසනවා, යම් තැනක තෘණ වවනවා.

Grass-cutter, n. පන්නයා, තණකොළ කපන්නා.

Grass-green, a. පලාවන් තණ ඇත්තාවූ, පලාවන්, තෘණවණී.

Grasshopper, n. පළඟැටියා, පොළඟැටියා, තණ ගිරවා, පලාගිරවා. [ය.

Grassiness, n. තණකොළ ගහනකම, තෘණ බහුලත්වය.

Grass-land, n. තණකොළ වවන බිම, තෘණ භූමිය, තණබිම. [බිමක්.

Grass-plat, Grass-plot, n. තණ පාත්තියක්, තණ

Grassy, a. තණකොළ ගහන, තෘණ සහිත, තෘණ බහුල; තෘණ සමාන.

Grate, n. ගරාදිය; ගරාදි මැස්ස; (ගරාදි ආකාර) ගිනිමැස්ස *or* ගිනිකුඩුව.

Grate, v. ගරාදි දමනවා, ගිනිකුඩු දමනවා.

Grate, v. සැර ශබ්ද නැගෙන හැටියට සූරනවා *or* උරනවා, අතුල්ලනවා, ඝර්ෂණයකරනවා; (පොල් මාගේ) ගා කුඩුකරනවා, කුඩුගානවා; සිරීමෙන් *or* තදලෙස ගෑමෙන් සැර ශබ්දයක් නගිනවා; fig. Such language grates upon my ear or feelings එයාකාර භාෂණ මගේ කනට අමිහිරියි *or* එයින් මගේ කන *or* හිත රිදීදවනවා.

Grated, pp. *or* a. ගරාදි—ගිනිමැසි—දමනලද; කුඩුගාපු සහිත.

Grateful, a. කෘතෝපකාර සලකන, කෘතවේදී, කෘත ගුණ දන්නා, සතුතිවන්ත, කෘතඥ; Pleasing මිහිරි, ප්‍රසන්න.

Gratefully, ad. කෘතෝපකාර සලකා &c., කෘතඥ විසයෙන්.

Gratefulness, n. කෘතෝපකාර සැලකීම &c. කෘතඥතාව; මිහිරිකම, ප්‍රසන්නකම.

Grater, n. (යමක් කුඩුකර ගාන) පිරක්, හිරමනය.

Gratification, n. ප්‍රසන්නකිරීම &c., ප්‍රසන්නය, සතුට, සතුටුකම; ප්‍රසන්න කරවන්නේදී; of the five senses පංචකාමය—පස්කාමරස—භුක්තිවිඳීම.

Gratified, pp. *or* a. ප්‍රසන්නකරනලද &c.; ප්‍රමෝදිත. See Delighted.

Gratify, v. ප්‍රසන්නකරනවා, සතුටුකරනවා; (කෝප, අභිලාස &c.) සන්සිඳුවනවා, පිරිමසාගන්නවා.

Gratifying, a. ප්‍රසන්නකරන &c., ප්‍රීතිදායක, තුෂ්ටිජනක, තුෂ්ටිජනන, තුෂ්ටිදායක, සුඛාවහ.

Grating, n. ගරාදිය, ගරාදි මැස්ස; තදලෙස ගෑම *or* ඉලීම; තද ගෑමේ ශබ්දය.

Gratis, ad. නොමිලයේ, නිකමට.

Gratitude, n. කෘතෝපකාර සැලකීම, කෙළෙහි ගුණ සැලකීම, සතුතිවන්තකම, කෘතඥගුණය, කෘතඥතාව.

Gratuitous, a. නොමිලයේ—තෑගි විසයෙන්—නිකමට දෙන්නාවූ *or* කරදෙන්නාවූ, සචිඡන්ද; fig. නිකරුණේ කරන (අපහාස &c.), නිකරුණේ කියන, සාක්‍ෂිනැති, (කීම් &c.).

Gratuitously, ad. නොමිලයේ, නිකමට, තෑගි විසයෙන්; fig. නිකරුණේ, සාක්‍ෂි රහිතව.

Gratuity, n. තෑග්ග, ත්‍යාගය, දානය, ප්‍රදානය, පාරිතෝෂිකය.

Gratulate, v. See Congratulate.

Gratulation, n. ප්‍රීති සොම්නස. See Congratulation.

Gravamen, n. L. in law පැමිණිල්ලේ කාරණව; ආරෝපිත දෝෂය.

Grave, n. ජීනිවළ, සොහොන, සොහොන් ගෙය, last resting place අන්තශයනාව.

Grave, a. පහත්, අනුදාත්ත, (ශබ්දය); සැහැල්ලු නොවූ, බරපතළ, බැරෑරුම්, වැදගත්; සන්සුන්.

Grave, v. කැටයම්කරනවා, see Engrave; රූප or පිළිම කපා සාදනවා; (නැවක පතුළ or පිටපැත්ත) සුරා ශුද්ධකරනවා.

Grave-clothes, n. pl. මිනියට අන්දවන ඇඳුම්, මිනී ඇඳුම්, මිනී පිළි.

Grave-digger, n. මිනීවළවල් හාරන්නා or කපන්නා.

Gravel, n. බොරළු, මාවැලි, ශර්කරා; the disease අශ්මරිය, පාණ්ඩුශර්කරාව.

Gravel, v. බොරළු දමනවා, බොරළුවලින් වසනවා.

Gravelly, a. බොරළු ඇත්තාවූ, බොරළු ගහන, ශර්කරාවත්.

Gravel-walk, n. (සක්මන්කිරීමට) බොරළු දමාපු පාර.

Gravely, ad. සන්සුන්ලෙස, ශාන්තලෙස, බරපතළ කොට.

Graveness, n. සන්සුන්කම, ශාන්තතාව, තලතුනා ගතිය.

Graver, n. කැටයම්කාරයා; කැටයම් ආවුදය.

Gravestone, n. සොහොන් ගල, චෛත්‍යය.

Gravid, a බරවූ, sp. දරුබර, ගර්භිණීවූ.

Gravimeter, n. (ද්‍රව්‍ය or ධාතු මනින) විශ්ලේෂණකාර යන්ත්‍රය.

Graving-dock, n. (ශුද්ධකිරීමට &c. නැව් තබාගන්න) නෞකා තටාකය.

Graving, n. කැටයම්කිරීම &c.; කැටයම, කැටයම් [මැඩ.

Gravitate, v. (පොළොවේ ආකර්ෂණ බලයෙන් පොළොවට or එකිනෙකට) ඇදෙනවා, ආකර්ෂණය වෙනවා; fig. යම් දිසාවකට or දෙයකට ආකර්ෂණය වෙනවා.

Gravitating, p. or a. ඇදෙමින් &c.; ඇදෙන, ආකර්ෂණයවෙන.

Gravitation, n. පොළොවට &c. ඇදීම, ආකර්ෂණය; ආකර්ෂණ බලය.

Gravitative, a. ආකර්ෂණයකරන, ආකර්ෂක.

Gravity, n. බර, බරකම, භාරත්වය, ගුරුත්වය; (ද්‍රව්‍ය එකිනෙකට ඇදෙන) ආකර්ෂණය, ආකර්ෂණ ශක්තිය; fig. බරපතළකම; සන්සුන්කම; (ශබ්දයක) පහත්කම.

Gravy, n. (බදිනකොට වැටෙන) මස්තෙල්, ඉස්ම.

Gray, Grey, a. අළුපාටවූ, ධූම්‍රවර්ණ; පැසුණ, පැහිච්ච, පකව, පලිත, (ඉසකේ, රැවුල).

Gray, n. අළුපාට, ධූම්‍රවර්ණය; අළුපාටවූ අශ්වයෙක් (or වෙන සතෙක්.)

Gray-beard, n. පැසුණ රැවුල; රැවුල පැසුණ අය, නාකියා.

Gray-eyed, a. අළුපාට ඇස් ඇති, ඇස් අළුපාටවූ.

Gray-haired, Gray-headed, a. ඉසකේ පැසුණ, පැහිච්ච ඉසකේ ඇති, පකව කේශ, පලිත; (person) පලිතයා.

Gray-head, n. නරඉස, පැහිච්ච ඉස.

Grayish, a. මදක් අළුපාට, (ඉසකේ) ටිකක් පැසුණ.

Graze, v. (from Grate) ටිකක් වැදී—තැවරී—තට්ටු වෙවී—ගෑවී—යනවා.

Graze, v. (from Grass) තණකොළ කනවා or කකා යනවා; තණකොළ කවනවා or තණ කන සතුන් පාලනයකරනවා.

Grazier, n. (පිට්ටනිවල තණකොළ කවා) සතුන් තර කරන්නා, පශුපෝෂකයා, ගෝපාලකයා, එඬේරා.

Grazing, n. තණකොළ කඩාකෑම, (වැවෙන) තණකොළ කන්නට ඇරීම &c.

Grease, n. තෙල, තෙල්; v. තෙල් ගානවා, තෙල් ගල්වනවා.

Grease-spot, n. තෙල් ලපය.

Greasiness, n. තෙල් ගතිය; මේදුරතාව, මත්‍ස්‍යතාව.

Greasy, a. තෙල් ආකාර, තෙල් මිශ්‍ර, තෙල් ගෑවී තිබෙන, ව්‍යාමය; මේදුර, මත්‍ස්‍ය.

Great, a. ලොකු, මහත්, විපුල; විශාල; බහුල, බොහෝ; උතුම්, උත්කෘෂ්ට, ප්‍රඥ; බලවත් (සිහිය) ගුණවන්ත (සිත); වැදගත්.

Great, the, n. pl. උත්තමයෝ, ප්‍රඥ අය; great and small ලොකුකුඩා අයවල්.

Great-coat, n. උඩ කබාය, වැහි කබාය.

Great-grandfather, n. මුත්තාගේ පියා, මීමුත්තා.

Great-grandmother, n. ආත්තාගේ මව, මීආත්තා.

Great-grandson, n. මුනුබුරාගේ පුත්‍රයා, ප්‍රපෞත්‍රයා.

Great-gun, a. කාලතුවක්කුව; fig. blow great guns මාරුත වේගය හමනවා.

Great-hearted, a. සිතින් උතුම්වූ, උදාර අදහස් ඇති මහා සත්ත්ව, මහාත්මික, අතිගුණවන්ත.

Greatly, ad. බොහෝසෙසින්, අතිශයින්; ප්‍රධාන වශයෙන්; උතුම්ලෙස.

Greatness, n. මහත්කම, විශාලකම; බහුලතාව; උතුම්කම; උත්කෘෂ්ටතාව, ප්‍රඥතාව; බලවත්කම; වැදගත්කම, ගරුත්වය.

Great-powers, the, n. pl. බලවත් or බලසම්පන්න ආණ්ඩු, මහා රාජ්‍යවල්.

Great-seal, n. රාජ මුද්‍රාව, රාජ පේරස.

Greaves, n. pl. (පුරාණයේ) කකුල් වැසුම්, ජංඝාත්‍රාණ.

Greece, n. ග්‍රීක් රට, ග්‍රීසිය, යවනය. Grecian, a. ග්‍රීසි රටට අයිති, ග්‍රීක්.

Grecian, n. ග්‍රීකයෙක්; ග්‍රීක් භාෂාව දන්න කෙනෙක්, (පුරාණයේදී) ග්‍රීක් භාෂාකාර යුදෙව්වෙක්.

Greedily, ad. ගිජුලෙස, තණ්හාවෙන්, ලෝභලෙස.

Greediness, n. ගිජුකම, තණ්හාව, ලෝභකම.

Greedy, a. ගිජු, ගිද්ධ, ලොල්, කෑදර, ලුබ්ධ, ලෝලුප, තණ්හාවූ, ලෝභවූ.

Greek, n. ග්‍රීකයා, ග්‍රීක් ජාතියේ කෙනෙක්; ග්‍රීක් භාෂාව.

Greek-church, n. ග්‍රීක් ක්‍රිස්තියානි සභාව, ග්‍රීක් සභාව.

Greek-fire, n. (වතුරෙන්වත් නොනිවෙන) ග්‍රීක් අග්නි ද්‍රව්‍ය, ජලයෙහි දහනීය ද්‍රව්‍ය.

Green, a. කොළපාටවූ, පලාවත්, පලාශ; fresh අමු; young-leaved පැළපත (ගොයම්); tender ළපටි; fig. ළපටි, තිවට, මෝඩ.

Green, n. කොළපාට, අමුපාට, පලාශය; තෘණ බිම, පිට්ටනිය; pl. අමු කොළ, ගෝවා, පලා.

Green-crop, n. තණකොළ, ගෝවා, ආදී අස්වැන්න.

Green-eyed, a. පලාවත් ඇස් ඇත්තාවූ; fig. ඊර්ෂ්‍යාවූ.

Greenfinch, n. කුරුලු ජාතියක්.

Greengage, n. (plum කියන) ගෙඩි වර්ගයක්.

Green-grocer, n. අමු එළවලු සහ ගෙඩි විකුණන්නා, පලාඑළවළු-වෙළෙන්දා.

Greenhorn, n. fig. ළපටියා, අනුවණ තරුණයා, නිව [වයා.

Greenhouse, n. (වීදුරු පට්ටම් හා වහලක් ඇති) පැළෑටි ගෙය.

Greenish, a. කොළපාටට හුරු, මද පලාවත්.

Greenness, n. පලාවත්කම, පලාශතාව, lit & fig. අමුකම, අමුගතිය, ළපටිකම.

Green-room, n. නාට්‍යශාලාවේ රහස් කාමරය or ඇතුල් ගෙය, නේපථ්‍යය, නේපථ්‍ය ශාලාව.

Greens, n. pl. (ගෝවා ආදී) අමු එළවළු, පලා.

Green-sickness, n. chlorosis සුදුමැලිකමද අජීර්ණයද සහිත ස්ත්‍රීන්ගේ රෝගයක්.
Green-stone, n. පලාවන් ගල්වර්ගයක්.
Green-sward, n. තණකොළ වැවෙන පොළව, තණ බිම, තණභූමිය.
Green-vitriol, n. තුත්තත්, පච්ච සිනක්කාරත්.
Greet, v. ආචාරකරනවා; ශුභ සිද්ධවේවයි කියනවා or ලියාඅරිනවා; (සමමුඛවෙනවිට යම් සවභාවක් පා) යමකුට කථාකරනවා or යමකු පිළිගන්නවා, සම්මුඛවෙනවිට මනාපයක් අමනාපයක් පානවා.
Greeting, n. ආචාරකිරීම &c.; ආචාරය, අභිවාදනය.
Gregarious, a. (බැටළුවන්මෙන්) රැළ වශයෙන් සිටින්නාවූ, රැළ ආකාර, යූථචාරී.
Gregariously, ad. රැළ වශයෙන්, රංචු වශයෙන්.
Grenade, a. අත්ගිනිඋණ්ඩය. [යා.
Grenadier, n. (උස් තොප්පියක් අඳින) පාබළ හේවා
Grey, a. කළු මිශ්‍රවූ සුදුපාට ඇත්තාවූ, ධූසර. See Gray.
Greyhound, n. හුලං බල්ලා. [පෙනේරය.
Griddle, n. කැවුම් බදින තාච්චුව, බදින වළඳ; ලෝහ
Gridiron, n. (ගරාදි ආකාරවූ, මස් බදින) යකඩ මැස්ස; නැව් දරන මැස්ස, නෞකාධාරිය.
Grief, n. කනගාටුව, කනස්සල්ලුව, කාන්සාව, දොම්නස, ඛේදය, ශෝකය, සන්තාපය, මනස්තාපය; දුඃඛදායක කාරණාව, දුක, දෙලොව.
Grievance, n. දුක, දුක උපදවන කාරණාව, දුකට හේතුව, පීඩාව, වරද, අයුත්ත, දුක්ගැනවිල්ල, මැසිවිල්ල, his grievance ඔහු විඳින—or කියන—අයුක්තිය, ඔහු තබන වරද, ඔහුගේ ගත්ත.
Grieve, v. කනගාටුකරනවා, දුක්දෙනවා, සිත වේදනාකරනවා; කනගාටු—දුක්—ශෝක—වෙනවා, දොම්නස්වෙනවා, වැලපෙනවා.
Grievous, a. බරවූ, තදබල, බරපතළ; සාහසික; කනගාටුවූ, දුඃඛිත, වේදනා සහිත, ශෝකජනක, ඛේදජනක, දුඃඛදායක.
Grievously, ad. තදබලලෙස, බරපතළලෙස; සාහසිකලෙස; කනගාටුලෙස; දුඃඛිතලෙස.
Grievousness, n. තදබලකම, බරපතළකම; සාහසිකතාව; ඛේදජනකතාව.
Griffin, n. in myth. සිංහ රාජාලි මිශ්‍රවූ රූපික සතෙක්, රාජාලිසිංහයා; fig. ආරක්ෂකයා.
Grig. n. මැලියාඳ; fig. ප්‍රීතියෙන් දඟලන්නා.
Grill, v. (අඟුරු or යකඩ මැස්ස පිට) බදිනවා, පුලුස්සනවා; fig. (බදිනාසේ) වදකරනවා.
Grilled, pp. or a. or be. බැදපු &c., පුලුටු; අව්වෙන් වදවිඳිනවා, ඉතා උෂ්ණුහුම්වෙනවා.
Grim, a. ප්‍රචණ්ඩ, භයානක; රෞද්‍ර පෙනීමක් ඇත්තාවූ, අවලක්ෂණ, අප්‍රිය.
Grimace, n. මුහුණ විසුළුකිරීම or විරූපකිරීම, නියවීම, මුඛවිකාරය.
Grimalkin, n. නාකි බළලා. [කුණු.
Grime, n. (හමේ or වෙන දෙයක) තද කිලුට, දූලි
Grime, v. (ඇසට පෙනෙනලෙස) කිලුටුකරනවා, මලිනකරනවා.
Grim-faced, a. චණ්ඩ මුහුණක් ඇත්තාවූ, ප්‍රචණ්ඩ මුඛ, දුර්මුඛ.
Griminess, n. කිලුටුකම, අපවිත්‍රකම, මලිනකම.
Grimly, ad. චණ්ඩලෙස, රෞද්‍ර පෙනුමක් ඇතුව, දුර්මුඛලෙස.
Grimness, n. චණ්ඩකම, ප්‍රචණ්ඩතාව, කර්කශ පෙනුම, අප්‍රියතාව.

Grim-visaged, a. ප්‍රචණ්ඩ මුඛ, කෲර මුඛ, දුර්මුඛ.
Grimy, a. කිලුටු, අපවිත්‍ර.
Grin, v. හියවනවා, දත් නියවනවා, දත් විරිත්තනවා.
Grin, n. දත් නියවීම, නියවිල්ල, විරිත්තිම.
Grind, v, (corn &c) අඹරනවා, මර්දනයකරනවා, සුනුවිසුනු කරනවා, කුඩුකරනවා; ඇඹරෙනවා, මර්දනයවෙනවා; (a tool) හනට—හනගලට—අල්ලනවා, හනගානවා; (glass &c. ඇතිල්ලීමෙන් &c.) සිලුටුකරනවා, මදිනවා;
grind or rub together (එකිනෙකට) තදලෙස තවරනවා or ගානවා, ඝර්ෂණයකරනවා; ඇතිල්ලෙනවා; (දත්) කුරුකනවා;
fig. පීඩාකරනවා, පොඩිකරනවා, මඩිනවා.
Grinder, n. අඹරන්නා &c.; ඇඹරුම් ගල; (කෑම අඹරන) ලොකු දතක්, හක්කේ දතක්. [නය.
Grinding, n. ඇඹරීම &c., ඝර්ෂණය, මර්දනය, පරිමර්ද
Grindstone, n (ආවුද මුවහත්කරන) කරකවන ගල, හනපෝරුව; curry stone, කහඹිරිස්-ගල.
Grip, v. අතින් &c. අල්ලාගන්නවා, තදින් අල්ලනවා; n. අතින් &c. අල්ලාගැනීම.
Gripe, v. තදින් අල්ලනවා, අතින් මිරිකනවා; බඩ රිදවනවා, බඩ රිදෙනවා.
Gripe, n. තදින් ඇල්ලීම &c.; පීඩාව, පීඩිතකම.
Gripes, **Griping**, n. බඩරුජාව, බඩේ කැක්කුම, බඩ රිදුම.
Grisly, a. භයානක, ඝෝරතර, මනාඝෝර; මදක් සුදුමැලි See Grizzly.
Grist, n. එක වරකට අඹරන ධාන්‍ය; භෝග; fig. ලාභ.
Gristle, n. ශරීරයේ ලපටි ඇට ජාතිය, මෘදු ඇටය, තරුණාස්ථිය.
Gristly, ad. තරුණාස්ථිවූ, තරුණාස්ථි ආකාර, නහර ඇති (මස්).
Grit, n. (ගොරෝසුවූ) රළුපිටි, මදක් කොටාපු ධාන්‍ය; එවැනි රළු කුඩු, සිහින් වැලිඇට සමාන කැට; වැලිගල් ජාතියක්.
Gritty, a. (අතට or කටට දැනෙනලෙස) සිහින් වැලි ඇට or පස්කැට ඇත්තාවූ, ශර්කරාවත්.
Grizzled, **Grizzly**, a. අළුපාට, ධූමපාට ඇත්තාවූ; grizzly bear අළුවලහා.
Groan, v. කෙඳිරිගානවා, තතනනවා, (වේදනාවෙන් or අප්‍රසන්නයෙන්) ගොරවනවා.
Groan, **Groaning**, n. කෙඳිරිගෑම, තැතනීම, ගෙරවීම.
Groat, n. පැත්සංතරේ මිලයක්; fig. සුළු ගණනක්.
Groats, n. pl. මදක් කොටාපු or අඹරපු ඕට්ස් (oats) කියන ධාන්‍ය or පොතු ඇරපු ධාන්‍ය.
Grocer, n. තේ, සීනි, කුළු බඩු, වේළුණ එල, ආදිය විකුණන්නා, කුළු බඩු වෙළෙන්ද, සිල්ලර වෙළෙන්ද.
Grocery, n. තේ, සීනි, යනාදි බඩු, කුළු බඩු.
Grog, n. වතුර මුසු මද්‍යය, මද්‍යපානය.
Groin, n. ඉකිළිය, ඌරුසන්ධිය; දෙබෝක්කු සන්ධිය.
Groined, a. බෝක්කු සන්ධි ඇත්තාවූ.
Groom, n. අශ්වපාලයා, අස්ගොව්වා, අස්වහේරු, අශ්වකාරයා, කුදිරකාරයා. රජගෙදර සේවක මුලාදෑනියෙක්.
Groom, v. (සතෙකු) පාලනයකරනවා, (අශ්වයකු) ශුද්ධකරනවා.
Groove, n. furrow හීවිට; රෑලිවල &c. හාරපු—කපාපු—එවැනි ඉර, හෝලිය, පීලිය.

Groove, v. (තියනෙක &c.) ඉරි—ඇලි—කපනවා, පිලිකරනවා.

Grooved, pp. *or* a. ඉරි—ඇලි—කපනලද &c., පිලිවූ.

Grope, v. (අන්ධකාරයෙහි මෙන්) අතගායනවා, අත පතගා සොයනවා; fig. සැහෙන දනුම නැතුව සොයායනවා.

Gross, a. සිහින් නැති, දළු, ගොරෝසු, සාඝ, ඝන, රළු; මුළු (ගණන් &c.); තරබාරු, පලදළු; fig. ශිෂ්ටාචාර මදි, අධම, නීච; අපවිත්‍ර; තදබල, ගජ, (වරද, බොරු &c.).

Gross, n. දුසින් දෙළහ; by the gross දුසින් දෙළහ බැගින්; in gross මුළුවසයෙන්; gross weight (පෙට්ටි ආදිය ඒක්ක බඩුවල) මුළුබර.

Grossification, n. ඝනකිරීම, ඝනවීම; in bot. බීජ කෝශ ඉදිමීම, ඩිම්බකෝෂශෝථය.

Grossly, ad. රළුලෙස, දළුලෙස; නීචලෙස; තදබල ලෙස (නපුරු &c.).

Grossness, n. සාඝතාව, ඝනතාව, ඝනකම දළුකම, ගොරෝසුකම; රළුකම; තරබාරුකම, ස්ථූලතාව; fig. අශිෂ්ටාචාරකම &c., see adj.

Grot. **Grotto**. n. පොළවේ කුහරයක්, ගුහාව.

Grotesque, a. විපුළු හැඩයක් ඇත්තාවූ, විපුළු ආකාර, විහිළු, විකෘතාකාර.

Grotesque, n. විපුළු හැඩය, හාස්‍යජනක විකෘතිය.

Grotesquely, ad. විපුළු ආකාරයෙන්, විහිළුලෙස, විකෘතාකාරයෙන්.

Grotesqueness, n. විපුළු ආකාරය, විහිළු හැඩය, හාස්‍යජනක විකෘතාකාරය.

Ground, n. බිම, භූමිය, බූමඩල, පොළොව *or* පොළෝ තලය; soil පස්; in painting මුල් තීන්ත, මූල වර්ණය; (රෙදිවල) ප්‍රධාන පාට, මුල් සායම; fig. (අත්තිවාරමක්වූ) කාරණය, හේතුව; gain ground දියුණුවෙනවා, සඵලවෙනවා, (මතයක්) පතළ වෙනවා, වැඩිවෙනවා; lose ground පසුබසිනවා, පසුබටවෙනවා, පරාජයවේගන යනවා.

Ground, v. බිම සිටවනවා; (නැවක්) ගොඩට—අස් යට—ඇතෙනවා *or* ඇති හිටිනවා; fig. පිහිටුවන වා; ground anyone in (යමෙකුට මුල් කාරණ, ගුරුකම &c.) පුහුණුකරවනවා.

Ground, pp. *or* a. (from Grind) අඹරනලද &c., විමද්දිත, මෘදිත, පිෂ්ට.

Grounded. pp. බිම සිටුවා; ගොඩ ඇති; පිහිටි, ප්‍රතිෂ්ඨිත; (ශිල්පශාස්ත්‍රවල) පිහිටුවනලදුව, පුහුණු ව, සුශික්ෂිතව.

Ground-floor, n. (ගෙයි &c.) බිම තට්ටුව, පහත් තලපුව.

Ground-form, n. in gram. ප්‍රකෘතිය, පියවිය.

Groundless, a. fig. අහේතුක, නිෂ්කාරණ, නිකරුණ, අමූලික, නිම්මූල.

Groundlessly, ad. නිෂ්කාරණයේ, අකාරණයේ, නිකරුණේ, අභූතයෙන්.

Groundlessness, n. අහේතුකතාව, නිෂ්කාරණත්වය, නිකරුණකම, අමූලිකතාව, නිම්මූලතාව.

Ground-line, n. (සිතියමක) භූමිතල රේඛාව.

Ground-plane, n. සිතියමේ භූමිතලය. [යම.

Ground-plot, n. ගෙපළ, ගෙබිම; ගෙයි බිමේ සිති

Ground-rent, n. බිම් කුලිය.

Grounds, n. pl. බිම් &c.; හේතු, කාරණ; sediment මඩ්ඩි.

Ground-swell, n. (සැර රළුගැසීමට පසුව පවතින) මුහුදු සෙලවීම.

Groundwork, n. අඩිතාලම, අත්තිවාරම, පදනම; මූල් කාරණාව.

Group, n. ළඟ ළඟවූ දේ සමූහයක් *or* සත්වයෝ සමූහදෙනෙක්, කුඩා පංක්තියක්, (මිනිස්සු ගෙවල්, ආදී) සමූහය, රංචුව, සමුදයය, පොකුර, කැටිය, යාය.

Group, v. පඞ්ක්තිවසයෙන් තබනවා, රංචුවසයෙන් තබනවා, පෙළින් පෙළ තබනවා, වින්‍යාසය කරනවා.

Grouped, pp. *or* a. පඞ්ක්ති වසයෙන් තබනලද &c., කැටිකරනලද, කැටිකැටි ආකාරයෙන් තිබෙන *or* සිටින.

Grouping, n. පඞ්ක්ති වසයෙන් තැබීම &c.; පඞ්ක්ති වසයෙන් තබන ආකාරය, (අක්ෂර) වින්‍යාසය.

Grouse, n. (හබන් කුකුළාට සමාන) පක්ෂිවර්ගයක්.

Grout, n. දළුපිටි; වක්කරන හුනුබදම; මණ්ඩි.

Grout, v. සන්ධිවල හුනුබදම වක්කර පුරවනවා.

Grove, n. කුඩා වනය, ගස් පඞ්ක්තිය, වෘක්ෂ වාටිකාව, වෘක්ෂඛණ්ඩය, අරඹ; B. ආරාමය.

Grovel, v. බිම වැතිර—නැමී—හැසිරෙනවා, වැතිරෙනවා, බඩගායනවා; fig. අධමලෙස—නීචලෙස—හැසිරෙනවා

Groveller, n. බිම වැතිරෙන්නා &c., පහත්—මෙලොව—දේම සොයන්නා.

Grovelling, a. අධමලෙස — නීචලෙස — ක්‍රියාකරන, අධම කල්පනා—ආශා—යනාදිය සහිත, අධම, නීච.

Grow, v. i. (ගස්, වැල &c.) වැවෙනවා, (සත්තු) වැඩෙනවා;

- germinate පැළවෙනවා, ඇස්වෙනවා, sprout ලියලනවා, දලුලනවා;
- grow out of, arise අටගන්නවා;
- increase වැඩිවෙනවා; improve දියුණුවෙනවා;
- grow large, small, old &c. ලොකු, කුඩා, මහලු &c. වෙනවා;
- grow up, grow together, close, යාවෙනවා, ඇහිරෙනවා.

Grow, v. t. වවනවා, වැවිලිකරනවා.

Grower, n. වවන්නා, වැවිලිකාරයා; a fast *or* slow grower &c. ඉක්මනට, හෙමින් &c. වැවෙන එකක්.

Growing, a. වැවෙන, පැළවෙන, ලියලන, දලුලන; වැඩෙන; වැඩිවෙන. [කොඳුරනවා.

Growl, v. ගොරවනවා; fig. තදලෙස—තරහලෙස—

Growl, n. ගෙරවීම; fig. කොදිරීම.

Grown, pp. *or* a. *or* be. වැවී &c.; වැවුණ; වැඩුණ; වැවී තිබෙනවා &c. see verb; grown over with weeds &c. වල් වැවී වැසී තිබෙනවා.

Growth, n. වැවීම &c.; වැවිල්ල, වැවිලි; increase අස්වැන්න; improvement වැඩිදියුණුව.

Grub, v. (ලමයි සෙල්ලමට මෙන්, ඌරන් මෙන්) බිම *or* පස් හාරනවා; grub up (ගස් &c.) හාරා උදුරනවා.

Grub, n. (ගස් සිදුරුකරන) පණුවා, of bees පිළවා, of beetles කම්බිපණුවා.

Grubber, n. හාරන්නා; ගස්මුල් උදුරන යන්ත්‍රයක්.

Grudge, v. ඊර්ෂ්‍යාකරනවා, කුඩුකේඩුකම කරනවා; අමනාපයෙන් දෙනවා, ලෝභකම්කරනවා, මසුරු වෙනවා.

They grudge him everything ඔහු මොන දෙයක් වත් ලබනවාට ඔව්හු අප්‍රියකරති *or* මොන දෙයක් තුමුත් ඔහුට දෙන්නේ අමනාපයෙනුයි &c.

Grudge, n. ක්‍රෝධය, වෛරය, ඊෂ්‍යාව; අමනාපවීමේ පරණ හේතුවක්.

Grudgingly, ad. අමනාපයෙන්, ලෝභලෙස, මසුරු ලෙස.

Gruel, n. කැඳ, උළුකැත්, හුළුකැත්; (somewhat thick) තරල, යාගු.

Gruesome, a. බියකරු, භයානක, කැත.

Gruff, a. (අත්දමෙන්, කථාවෙන්,) මදක් රෞද්‍ර, පරුෂ; gruff voice රළු හඬ, බැරෑඩි හඬ.

Gruffly, ad. මදක් රෞද්‍රලෙස, පරුෂලෙස, කර්කශ ලෙස.

Gruffness, n. මද රෞද්‍රකම, පරුෂකම; බැරෑඩිය, බැරෑඩිකම.

Grumble, v. අමලාද කියනවා, මැසිවිලි කියනවා, කොඳුරනවා; of sound ගොරවනවා, ගුගුරනවා.

Grumbler, n. අමලාද කියන්නා &c., අසතුටුකාරයා.

Grumbling, n. මැසිවිලි කීම, මැසිවිල්ල, කෙඳිරීම, අමලාදය.

Grumblingly, ad. අමලාද වශයෙන්, මැසිවිලි කියා, මැසිවිලි ඇතුව.

Grumous, a. උකු, කැටිගැහුණු; in bot. බැඳි ඇට ආකාර, ආකීර්ණ.

Grumpy, a. කර්කශ, අසතුටු, අමලාද ගතිවූ.

Grunt, v. (ඌරු වාගේ) ගොරවනවා.

Grunt, n. (එක ශුද්ධ්මකින් කරන) ගුගුරු ගෙරවීම, (ඌරගේ) ගොරෝසු හඬ.

Gryllidæ, n. pl. L. තණකොළ ජාති, පලඟ ජාති.

Gryllus, n. තණකොළවා, පලාකොළවා, පළඟැටියා, පලඟයා.

Guana, Iguana, n. තලගොයා, කබරගොයා.

Guano, n. මුහුදු පක්ෂීන්ගේ අශුචි යන පොහොර, පක්ෂි පොහොර.

Guarantee, n. (අන් කෙනකුගේ ගිවිසුම් or කීම) සහතිකකිරීම, ඇපවීම; එසේ සහතිකකරන්නා, ඇපකාරයා.

Guarantee, v. සහතිකකරනවා, ඇපවෙනවා.

Guaranteed, pp. or a. සහතිකකරනලද, ඇපදී තිබෙන, (දෙයක්).

Guard, v. ප්‍රවේසම්කරනවා, බලාගන්නවා, ආරක්ෂා කරනවා, රැකවල් කරනවා, මුරකරනවා.

Guard, n. ආරක්ෂාව; රැකවල, මුර, මුරකාරයා, මුරකාර සේනාව, රැකවල් සේනාව, ආරක්ෂාකාර සමුදව, මුර කණ්ඩායම; advanced-guard or van-guard පෙරටු සමුදව, උත්තර සමුදව; rear-guard පසු සමුදව, පශ්චිම සමුදව; life-guard, life-guards රාජාරක්ෂක සේනාව; (දුම්රිය &c.) බලාගන්නා, භාරකාරයා; කඩුම්ට වලයම, ඔර්ලෝසු මාලය.

Be on guard මුරට සිටිනවා; be on one's guard ප්‍රවේසම්වෙනවා, බලාගන්නවා.

Guarded, pp. or a. ප්‍රවේසම්කරනලද &c., පාලිත; ප්‍රවේසම්වූ, සිහිකල්පනා සහිත (කීම or ක්‍රියා).

Guardedly, ad. ප්‍රවේසම්ලෙස, සිහිකල්පනා ඇතුව.

Guardian, n. ප්‍රවේසම්කරන්නා, ආරක්ෂාකාරයා, රැකවලා, රක්ෂකයා, භාරකාරයා, (public) රාජ පුරුෂයා.

Guardian, a. ආරක්ෂක, පාලක; guardian-angel ආරක්ෂක දේවදූතයා.

Guardianship, n. ආරක්ෂක ධුරය; භාරකාර ධුරය.

Guard-room, n. මුර ගෙය, මුර කාමරය, මුර මඩුව.

Guard-ship, n. (වරායේ) මුරනැව, රැකවල් යුද්ධ-නැව, රෝන්ද නැව.

Guava, n. පේර, පේර ගෙඩිය; පේර ගහ.

Gudgeon, n. (පහසුවෙන් අසුවෙන) කුඩා මාළු ජාතියක්; fig. පහසුවෙන් රැවටෙන්නා.

Guerdon, n. විපාකය, ප්‍රතිඵලය.

Guerilla, a. (හිරිහැරකිරීමට) කුඩා සමූහ විසින් නැවත නැවත පහරදී යන්නාවූ, ක්ෂුද්‍රයුද්ධාකාර.

Guerilla, n. එසේ කරන යුද්ධය, හිරිහැර කරන අනියම් යුද්ධ ක්‍රමයක්, ක්ෂුද්‍ර යුද්ධය.

Guess, v. අනුමානයට සිතනවා, අනුමානයෙන් කල්පනාකරනවා.

Guess, n. අනුමානයට සිතීම, අනුමාන කල්පනාව, නිකම් කල්පනාව, ශංකා සහිත කල්පනාව, අනුමිතිය.

Guess-work, n. අනුමාන පිට ක්‍රියාකිරීම, අනුමාන පිට කරනදේ, අනුමාන වැඩේ.

Guest, n. සත්කාර—සංග්‍රහ—ලබන ආගන්තුකයා or මිත්‍රයා, සංග්‍රහකරන ලබන්නා, අමුත්තා, අතිථියා, ප්‍රාහුණයා.

Guest-chamber, n. entertainment hall සංග්‍රහ-ශාලාව; stranger's room ආගන්තුකාගාරය, ආගන්තුක කාමරය, ප්‍රාහුණාගාරය.

Guidance, v. n. මග පෙන්වීම &c. දක්ෂමනිකම, අනුශාසනය; ගෙනයාම; හැසිරවීම.

Guide, v. lit. & fig. මග පෙන්වනවා, මග කියාදෙනවා; lead ගෙනයනවා, කැඳවාගන යනවා; advise දක්ෂමුතුකම දෙනවා; manage හසුරුවනවා.

Guide, n. මග පෙන්වන්නා, මාර්ගෝපදේශකයා; මග පෙන්වන—කාරණා දක්වන—විස්තර අඩංගු—පොතක්; දක්ෂමුතුකම්දෙන්නා, හසුරුවන්නා.

Guide-post, n. මග පෙන්වන කණුව, අත ගහපු කණුව.

Guide-wheel, n. (දුම්රිය) හරියට ගෙනයන රෝද.

Guild, n. සමාගම, නාගරික සමාගමක්, වෙළඳ සමාගමක්, ශ්‍රේණිය.

Guile, n. වංකකම, වංචාකාරකම, දගය, ප්‍රයෝගය, රැවටිලිකාරකම.

Guileful, a. වංක, වංචාකාර, දඟකාර, ප්‍රයෝග, ප්‍රයෝගකාර &c.

Guilefulness, n. වංකකම, වංචාකාරකම &c.

Guileless, a. අවංක, වංචා රහිත, දඟ ප්‍රයෝග නැති.

Guilelessly, ad. අවංකලෙස, වංචා රහිතව, දඟ ප්‍රයෝග නැතුව.

Guilelessness, n. අවංකකම, අවංක-ගතිය, වංචා රහිතකම &c.

Guillotine, n. ඉස කපාදමන යන්ත්‍රයක්, ශිරස්ඡේදන යන්ත්‍රය.

Guillotine, v. යන්ත්‍රයෙන් හිස සිඳිනවා or ශිරශ්ඡේදනයකරනවා.

Guilt, n. වරදකාරකම, අපරාධකාරකම, වරද, සාවද්‍යතාව.

Guiltily, ad. වරදකාරලෙස, අපරාධලෙස, සාවද්‍ය ලෙස.

Guiltiness, n. වරදකාරකම, අපරාධභාවය, සාවද්‍ය.

Guiltless, n. වරද නැති, නිවැරදි, නිරපරාධ, නිරවද්‍ය, අනවද්‍ය, අනපරාධි.

Guiltlessly, ad. වරද නැතුව, නිවැරදිලෙස, නිරවද්‍යලෙස.

Guiltlessness, n. වරද නැතිකම, නිවැරදිකම, නිරපරාධිතාව, නිර්දෝෂභාවය, නිරවද්‍යතාව, අනවද්‍යතාව.

Guilty, a. වරදකාර, වැරදිකාර, අපරාධී, අපරාධකාර, සාවද්‍ය, පව්වූ.

Guinea, n. සිලින් විසිඑකේ මිලයක්, ගිනිය.

Guinea-fowl, n. (ගිනි නම්වූ රටෙන් ගෙනා) ගිනි කුකුළා, ගිනි කිකිළි.

Guinea-pig, n. ගිනි ඌරා *or* ගිනි හාවා.

Guise, n. වේශය, පෙනුම, පිටත ආකාරය, පිටත විලාසය.

Guitar, n වීණාව, වේණුව, සිත්තාරව.

Gulf, n. ඉතා ලොකු වරායක්, මහ බොක්ක වරාය; (පොළවේ) අගාධයක්, පාතාලය; whirlpool මහ දියසුළිය, මහ දියසළාව, ආවර්තය; fig. අගාධය නමැති අනුපතිය.

Gulf-stream, n. උතුරු අත්ලන්තික් සාගරයේ ජල ශ්‍රෝතස *or* සැඩපාර.

Gull, v. රවටනවා, වඤ්චාකරනවා; n. රැවටිල්ල; පහසුවෙන් රැවටෙන්නා.

Gull, n. මුහුදු පක්ෂියෙක්, නොයෙක් මුහුදු පක්ෂි ජාතීන්ට කියන නම.

Gullet, n. උගුර, කෑමබීම බඩට බසින නළය, ගල නාලය, ආහාරනාළය.

Gullible, a. පහසුවෙන් රැවටෙන්නාවූ, රැවටෙනසුලු.

Gully, n. (ජලයෙන් පොළවේ) හෑරීගියේන පාර, කඩුරැල්ල, පටු මිටිතැන.

Gulp, v. (වතුර &c.) ගිජුලෙස *or* සැරෙලෙස බොනවා, හුස්ම කටට ගෙන ගිලිනවා.

Gulp, n. ගිලගන්න පමණ දිය, කටපුරා පානය.

Gum, n. of the mouth, the gums විදුරුමස, දන්ත මාංසය.

Gum, n. මැලියම, ලාටුව, නියඝ්‍රාසය; gum-arabic අරාබියේ ගසක මැලියම, අරාබි මැලියම.

Gum, v. මැලියම්වලින් අලවනවා, මැලියම් ගා අල වනවා; මැලියම් ගානවා.

Gumboil, n. විදුරුමසේ ගඩුවක්, පණුගෙඩිය, සෙම් ගෙඩිය.

Gumlac, n. දුම්මල, ලාකඩ, ලතුදිය, අලතාව.

Gumminess, n. මැලියම් ආකාරකම, ඇලෙන ගතිය.

Gummy, a. මැලියම් ඇත්තාවූ, මැලියම් මිශ්‍ර *or* ගෑවී තිබෙන, ඇලෙනසුලු.

Gumption, n. (vul.) හපන්කම, දක්ෂකම.

Gum-resin, n. මැලියම් මුසු දුම්මල. මැලියම්-දුම්මල, එළංකහාව.

Gum-water, n. දියවූ මැලියම, මැලියම් දිය.

Gun, n. තුවක්කුව; cannon මහ ගජනාව, කාල තුවක්කුව.

Gun-barrel, n. තුවක්කු-කානුව, තුවක්කු-නළය.

Gun-boat, n. කාලතුවක්කු ඇති කුඩා නැව.

Gun-carriage, n. කාලතුවක්කුවක් දරන ගැල, කාල තුවක්කුගැල.

Gun-cotton, n. (වෙඩිබෙහෙත් මෙන්) පිපිරෙන පුළුන්, වෙඩිපුළුන්, ගිනිපුළුන්.

Gun-fire, n. වෙඩිල්ල පත්තුකරන වේලාව, උදේ වෙඩිල්ල, සවස වෙඩිල්ල.

Gunner, n. කාලතුවක්කුකාරයා.

Gunnery, n. කාලතුවක්කු-ශාස්ත්‍රය; කාලතුවක්කු සංසුරුවන විධිය.

Gunny, n. ගෝණිය, ගෝණි රෙදි.

Gun-powder, n. වෙඩි බෙහෙත්.

Gunshot, n. වෙඩි උණ්ඩයක් කෙළින් යන දුර

Gunshot, a. වෙඩිල්ලකින් *or* වෙඩි මුණ්ඩයකින් වූණාවූ (සිදුර, තුවාලය &c.)

Gunsmith, n. තුවක්කු සාදන්නා, තුවක්කු ශිල්පියා.

Gunsmithery, n. තුවක්කු සෑදීමේ කර්මාන්තය, තුවක්කු ශිල්පය.

Gunstock, n. තුවක්කු වල්ල.

Gunwale, Gunnel, n. නැව්කදේ උඩ තට්ටුවේ අයින, බරුකහ.

Gurgle, v. ගඩගඩගා වැක්කෙරෙනවා, එවැනි ශබ්ද ඇතුව ගලායනවා; වැක්කෙරෙන වතුර මෙන් ශබ්දකරනවා, ගඩගඩ ගානවා.

Gurgling, n. ගඩගඩ ගා ගලායාම, ගඩගඩ ගෑම.

Gush, v. වේගයෙන් පිටාර යනවා, හදිස් ගලනවා.

Gush, n. වේගයෙන් පිටාරයාම &c.; පිටාරයන දිය *or* ලේ &c.

Gushing, a. වේගයෙන්— බොහෝසෙයින්—පිටාර යන්නාවූ &c.; fig. (ප්‍රේමය, සන්තෝෂය &c.) බොහෝසෙයින් පාන්නාවූ.

Gusset, n. (ඇඳුමක මසන) තුන්හුලස් රෙදිකෑල්ලක්.

Gust, n. හදිසි හුළං-ගැසීමක්, සැඩපවන් පහරක්, වායුවේගය, ප්‍රබලවාතය; of passion හදිසි කිපීමක්.

Gust, n. රසඥානය; රුචිය, ස්වාදය; අති ප්‍රීතිය.

Gustatory, a. රස විඳීමට අයිති, රුචිවූ, ස්වාද.

Gusto, n. රස විඳීමේ ප්‍රීතිය; fig. මහත් ප්‍රීතිය.

Gusty, a. හදිසි හුළං-ගැසීම් ඇත්තාවූ, කුණාටුවුඩු, සැඩපවන් පහර වදින, (තැනක් *or* දවසක්).

Gut, n. බඩවැල, අතුණ, අන්ත්‍රය.

Gut, v. බඩවැල් අරක්දමනවා; (ගෙයක &c.) ඇතුල් කොටස් බැහැර කරනවා; කොල්ලකනවා, සම්පූර්ණයෙන්ම හිස්කරනවා.

Gutta-percha, n. දුම්මල ජාතියක් *or* මැලියම්-දුම්මල ජාතියක්.

Gutted, pp. *or* a. බඩවැල් අරිනලද; ඇතුල් කොටස් බැහැරකළ.

Gutter, n. (වහලතැති) කානුව, අගල, පෙතල, වහ ලේ පීල්ල, පීනිල්ල; ground below the eaves අගුව.

Gutter, v. අගල් ආකාරයට හාරා සාදනවා *or* හෑරෙනවා. [ර.

Gutter-shaped, a. අගල් හැඩය ඇත්තාවූ, පීලි ආකා

Guttifer, n. in bot. මැලියම් *or* දුම්මල වැස්සෙන ගහක්, නියඝ්‍රාස වෘක්ෂය.

Guttural, a. උගුරට අයිති; බොටුවේ උපන්, කණ්ඨජ (ශබ්දය); n. කණ්ඨජාක්ෂරය.

Guy, n. (බරක් ඉහළ පහළ කරවන) ලනුවක්, ආධාර ලනුව; also Effigy, which see.

Guzzle, v. ගිජුලෙස ගිලගන්නවා, හුස්ම—*or* තෘෂ්ණ වෙන්—බොනවා, කටගන්නක් බොනවා.

Guzzler, n. ගිජුලෙස බොන්නා, බොනයා. සුරාබූතියා.

Gymnasium, (gym. ජිම්), n. (පොරඇල්ලීම ආදිය පුහුණුකරන) ස්ථානය, ව්‍යායාම ශාලාව, සරඹ ශාලාව, ව්‍යායාමපළ, සෙල්ලම්පළ, කෙළිමඬල, ක්‍රීඩා මණ්ඩලය; ශාස්ත්‍ර ශාලාව, ශාස්ත්‍රෝද්ග්‍රහණ ශාලාව.

Gymnast, n. ශරීරව්‍යායාම පුහුණු කරවන්නා *or* පුහුණු කරගන්නා.

Gymnastic, a. (පොරඇල්ලීම ආදී) ශරීරව්‍යායාම සම්බන්ධ, ශාරීරික ව්‍යායාම පිළිබඳ; ශරීරාභ්‍යාස.

Gymnastically, ad. ශරීරව්‍යායාමාකාරයෙන්, ව්‍යා යාම ක්‍රමයෙන්.

Gymnastics, n. pl. ශරීර ව්‍යායාම පිණිස කරන සෙල්ලම්, ශරීර ව්‍යායාමක්‍රමය, ව්‍යායාම විද්‍යාව.

Gymnocarpous, a. in bot. (වැස්මක් නැති) නග්නක ඵල ඇත්තාවූ, නග්නක ඵලිනී. [යා.

Gymnosophist, n. (ඉන්දියාවේ) නග්නක ශාස්ත්‍රකාර

Gymnosophy, n. නග්නක ශාස්ත්‍රකාරයන්ගේ ධර්මය, නග්නකශාස්ත්‍රධර්මය.
Gymnosperm, n. in bot. කෝෂ රහිත බීජඇති පැළ, නග්න බීජ ඇති පැළ.
Gymnospermous, a. නග්න බීජ ඇත්තාවූ.
Gynandria, (gyn. ජින්), n. බද්ධ ස්ත්‍රී පුරුෂ කේශර වත් පැළජාති.
Gynandrian, Gynandrous, a. බද්ධ ස්ත්‍රී පුරුෂ කේශරවත්.
Gynarchy, n. ස්ත්‍රියක් කරන ආණ්ඩුව, ස්ත්‍රී රාජාණ්ඩුව.
Gyrate, (gy. ජෛ), v. තැනක් වටකර භ්‍රමණයකර නවා, වටකර යනවා.
Gyrate, a. in bot. භ්‍රමණකාර, වේෂ්ඨිත.
Gyration, n. භ්‍රමණයකිරීම, භ්‍රමණය, කරකැවීම.
Gyratory, a. භ්‍රමණයකරන.
Gyre, n. භ්‍රමණය, භ්‍රමය, චක්‍රය, වෙළාපු පටක්.
Gyroma, n. කරකැවීම, භ්‍රමණය, ආවර්තනය.
Gyromancy, n. භ්‍රමණ-දෛවශාස්ත්‍රය, භ්‍රමණයෙන් ජ්‍යෙතකීම.
Gyroscope, n. කරකැවෙන දේ පෙන්වන කාණ්ණ සිය, භ්‍රමණ දර්ශන කාණ්ණසිය.
Gyve, n. විලංගුව, මාංචුව; v. විලංගු දමනවා, මාංචු ලනවා.

H.

Ha, int. ඔහෝ, අහෝ; ha, ha, සිනාවට කියන ශබ්ද.
Habeas-Corpus, L. (කෙනෙක් ගැන දෙන) බලපත්‍රය.
Habena, n. (තුවාල බඳින) බඳපටිය, ඔතන පටිය.
Haberdasher, n. (පිත්තපටි, නූල්, ඉඳිකටු, යනාදී) සුළු බඩු විකුණන්නා, තොරොම්බල් පෙට්ටිකාරයා.
Haberdashery, n. පිත්තපටි ආදී සුළු වෙළඳම් බඩු, තොරොම්බල් බඩු.
Habergeon, n. උරච්ඡදය, නිවුලකය, ලයවැස්ම, උරස්ත්‍රාණය,
Habiliment, n. වස්ත්‍රය, ඇඳුම.
Habit, n. පුරුද්ද, පරිචිතිය, සිරිත, ගතිය, භාවිතාව, භාවිතය, ව්‍යවහාරය; pl. also ලීලා, ඇසිරීම; riding dress (ස්ත්‍රීන්ගේ) අශ්වාරෝහණ ඇඳුම.
Habitable, a. වාසයකළ හැකි (භූමිය), විසීමට සුදුසු, වාසයෝග්‍ය, වාසභව්‍ය.
Habitableness, n. වාසයකිරීමට සුදුසුකම; වාසභව්‍යතාව.
Habitat, n. වාසයකරන්නා &c. See Inhabitant.
Habitat, n. (සතෙකුගේ or ගසක) ජම්මරට, ජම්ම ස්ථානය, ජනමභූමිය, ගෝචරස්ථානය, විෂයස්ථානය.
Habitation, n. වාසස්ථානය, පදිංචිය, වාසය, නිවාසය, නිවස, නිවේශනය, නිකේතය, නිකේතනය.
Habitual, a. පුරුදුවූ, ව්‍යවහාර, ව්‍යවහාරික, නිරන්තර, භාවිත.
Habitually, ad. නිතරම, නිරන්තරයෙන්, නිතිපතා පුරුද්දක් වශයෙන්.
Habituate, v. පුරුදුකරනවා, පළපුරුදුකරනවා, පරිචයකරනවා.
Habituated, pp. or a. පුරුදුකරනලද &c., පුරුදුවූ, පළපුරුදු, පරිචිත.
Hack, v. (පොරොවෙන් මෙන්) නරකලෙස කොටනවා, කඩතොලුකරනවා; hack to pieces කොටා කැබලි කරනවා, පෙති ගහනවා.
Hack, n. කුලී අශ්වයා, කඳශ්වයා; කොයි වැඩටත් ගන්න කෙනෙක්.
Hackery, n. තනිගොන් කරත්තය, තිරික්කලය.
Hacking, p. කොටමින් &c., see verb; hacking cough කොට කැස්ස.
Hackle, a. හණකොඳි පීරන පනාව, හණකොඳි පනාව; (නොකැටපු) පුළුන්.
Hackle, v. හණකොඳි පීරනවා, සිහිදු කෙඳිවලින් දළු ඒවා වෙන්කරනවා.
Hackney, n. කුලී අශ්වයෙක්, කොයි වැඩටත් ගන්න අශ්වයෙක්; කුලීකරත්තයක්; prostitute පණ්‍යාංගනාව, පණ්‍යස්ත්‍රී.
Hackney, a. කුලියට දෙන්නාවූ (අශ්වයා, කරත්තය), පණ්‍ය; අධිකලෙස වැඩගත්.
Hackney, v. බොහෝකොට වැඩගන්නවා, අධිකලෙස භාවිතාකරනවා or පාවිච්චිකරනවා.
Hackney-coach, n. කුලීකරත්තය.
Hackney-coachman, n. කුලීකරත්තය දක්කන්නා, කුලී කරත්තකාරයා.
Hackneyed, pp. or a. අධිකලෙස භාවිතාකරනලද, අධිකලෙස ව්‍යවහාරවූ,
Had, pret: or pp. of Have.
Haddock, n. මාළු විශේෂයක්.
Hades, n. Gr. අදෘශ්‍ය ස්ථානය, මළවුන්ගේ වාසස්ථානය, පරලොව, පාතාලය, නරකය.
Hadj, n. මහමත් වන්දනාව.
Hadjee, n. (මක්කමට ගිය) මහමත් වන්දනාකාරයා, හජ්ජි.
Hæmatemesis, n. ලේ වමනයකිරීම.
Hæmatosis, n. (අභ්‍යන්තර) ලේවීම, ලේ හැදීම.
Hæmoptysis, n. ලේ කෙළගැසීම, ලේ කාරාදැමීම.
Haft, n. (ආයුදයක) මිට; v. මිටක් ගහනවා, මිටක් දමනවා.
Hag, n. මැහැල්ලී, අපිරි මැහැල්ලී; කොඩිවිනකාරී, මන්ත්‍රකාරී, මායාකාරී.
Haggard, a. කෙට්ටු, දුක්ඛිත පෙනීමක් ඇත්තාවූ, කෙට්ටුකමින් අපිරිවූ.
Haggle, v. සුළු ගනුදෙනුවක් or කාරණයක් ගැන අමාරුකම්කරනවා or විවාදකරනවා, කෝමෙල් කරනවා.
Haggle, v. අදක්ෂලෙස — රළුකර — කපනවා, කඩතොලුකරනවා.
Haggled, pp or a. අදක්ෂලෙස කඩතොලු ආකාරයට—කපාපු.
Haggler, n. සුළු දෙයක් ගැන අමාරුකම් කරන්නා, කෝමෙල්කාරයා.
Haggling, p. or a. අමාරුකම්කරන, කෝමෙල්කරන; අදක්ෂලෙස කපන.
Hagiographa, n. pl. ශුද්ධ ලියවිලි, ධර්මග්‍රන්ථ; R. C. ශුද්ධවන්තයන්ගේ ජීවිතකථාන්තර.
Hagiographer, n. ශුද්ධලියවිල්ලක් ලියූ කෙනෙක්, ධර්මග්‍රන්ථ-ලේඛකයා.
Hagiologist, n. ශුද්ධලියවිලි ලිවීම ගැන විස්තරකරන්නා, ධර්මග්‍රන්ථෙතිහාසිකයා.
Hagiology, n. ශුද්ධලියවිලි ලිවීම ගැන විස්තරකිරීම.
Hah, excl. අපොයි, ඔහෝ.
Hail, n. හිමකැට වැස්ස, ගල් වැස්ස, ගල්වළාව, පහන්වැස්ස, පාෂාණවැස්ස, මරුකළු, පයෝගඩය, කරකාවර්ෂය, පයෝඝනය, විරෝදකය.
Hail, v. ගල්වැහි — පාෂාණවැස්ස &c. — වහිනවා, මරුකළු &c. වැටෙනවා.
Hail, v. ශබ්ද නගා අඬගසනවා.
Hail, excl. ශුභ සිද්ධවේවා, සුවපත් වේවා.

Hail-fellow, n. යස යහළුවා.

Hailstone, n. පාෂාණ වැනි කැටයක්, ගල්වැස්සෙහි කැටයක්.

Hair, n. කෙස්, කේශ; කෙසෙ, of the head ඉස කෙස්, ඉසකෙරැස්, ඉසකේ; of the mane &c. මයිල්; of animals රෝම, ලෝම, ලොම්, තනුරුහ; a hair කෙස් ගහක්, ඉසකේ ගහක්; on plants බූව; hair-plait ගෙතූ ඉසකේරොද; hair knot කොණ්ඩය; කේශ කලාපය, මුහුලස, ධම්මිල්ලය.
To stand on end රෝමෝද්ඝමයවෙනවා, ලොමු දැහැගන්නවා.

Hair-breadth, n. ඉසකේ ගහක ප්‍රමාණය, fig. දුරින් ඉතාමත්ම සවල්පයක්; adj. as: hair-breadth escape කෙස් ගහක ප්‍රමාණයෙන් බේරීම, යන්තම් ගැලවීම.

Hairbrush, n. ඉසකේ බුරුසුව.

Haircloth, n. රෝම රෙද්ද, මයිල් පිළිය.

Hairdresser, n. කරනැවැමියා &c. See Barber.

Hair-pencil, n. (සිත්තම්කිරීමට ගන්න) සිහින් රෝම තෙල්ල, තෙලිකූර.

Hair-pin, n. කූර, හරතෙල් කට්ට.

Hair-shirt, n. රෝම කමිසය.

Hair-splitting, n. fig. ඉතා සුළු වෙනසක් සැලකීම වැදගැම්මක් නැති වෙනස්කම් කිරීම.

Hair-spring, n. සිහින් දුන්නක්, ඉසකේ දුන්න.

Hairy, a. රෝමවත්, රෝමශ, ලෝමමය, කෙස් ගහන, කේශාකාර, කේශී. [ගෙල්ල.

Halberd, n. කෙටේරිය, පොරෝ තලයක් ඇති

Halberdier, n. පොරෝ ගෙල්ලයක දරන්නා.

Halcyon, a. ශාන්ත, නිශ්චල, ප්‍රසන්න, halcyon days ශාන්තාදනත දවස්.

Halcyon, n. මත්ස්‍ය විශියක්, දිය පිළිහුඩුවා.

Hale, a. නිරෝගී, දුර්වලකමක් නැත්තාවූ, සැපවූ, සනීප ඇති.

Haleness, n. නිරෝගීකම, සවිබල ඇතිකම.

Half, n. දෙකෙන් පංගුව, භාගය, අර්ධය, අඩ; පළුව.

Half, a. භාග, අර්ධ, අඩ, අද්ධික; by halves භාග වශයෙන්, අඩ වශයෙන්.

Half-brother, n. අර්ධ භ්‍රාතෘ, අර්ධ සහෝදරයා.

Half-caste, a. මිශ්‍ර ජාතිවූ.

Half-dead, a. අඩපණ ඇත්තාවූ, බාගෙට මැරුණු, මෘත කල්ප, මෘතප්‍රාය.

Half-crown, n. සිලිම් දෙකහමාරක් වටින මිලයක්, කුරුම් බාගය.

Half-hearted, a. උත්සාහ මදිවූ, ජවලය මදිවූ, අනු ද්වේෂී; අධෛර්යමත්, උදාසීන.

Half-holiday, n. වරුවක නිවාඩුව, අඩදින නිවාඩුව.

Half-moon, n. අඩහඳ, අර්ධචන්ද්‍රයා; අර්ධචන්ද්‍රා කාරය.

Half-pay, n. පඩි භාගය, අර්ධ වේතනය.

Half-round, n. චක්‍රභාගය, මණ්ඩලාර්ධය; adj. අර්ධ චක්‍රාකාර.

Half-sister, n. අර්ධ-සහෝදරී, අර්ධ භ්‍රාත්‍රී.

Half-sphere, n. අර්ධ ගෝලය. See Hemisphere.

Half-starved, a. සාගින්නෙන් අඩපණවූ, හාමත්වූ, මෘතප්‍රාය.

Half-way, a. දුරින් මැදවූ, මැදක් දුරවූ; ad. භාගයක් දුරට, භාගයක් දුරින්.

Half-witted, a. සිහි මදිවූ, සම්පූර්ණ සිහිය නැත්තාවූ, අර්ධබුද්ධි, අල්පබුද්ධි.

Half-yearly, a. හමසකට වරක් සිදුවෙන or කරන, අර්ධසංවත්සරික, ෂාණ්මාසික.

Half-yearly, ad. අවුරුද්දට දෙවරක්, හමසකට සැර යක් or වරක්.

Halitus, n. L. හුස්ම, මීදුම, වාශ්පය.

Hall, n. ශාලාව, මණ්ඩපය, සැල, හල.

Hallelujah, imp., int., & n. යෙහෝවඃ වර්ණනා කරව්, සවාමීන් වහන්සේට ප්‍රශංසා කරව්; වර්ණනාව.

Hall-mark, n. නීතියෙන් නියම මාත්තු ඇති බවට රිදී රත්රන් බඩුවලට යොදන ලකුණ.

Halloo, int. ඔයි, හෝයි.

Halloo, v. ඔයි කියා හඬ නගනවා, මොරගසනවා, කොක්සං‍ඩදෙනවා. [දීම්.

Hallooing, n. ඔයි කියා හඬනැගීම &c., කොක්සන්

Hallow, ශුද්ධකොට වෙන්කරනවා, කැපකරනවා, සංස්කාර කරනවා; (ශුද්ධකොට) ඉතා ගෞරව කරනවා.

Hallowed, pp. or a. ශුද්ධකොට වෙන්කරනලද &c., (ආගමික කාරණ නිසා) අති පිරිසිදු, පවිත්‍රීකෘත, පවිත්‍රිත.

Hallucination, n. රැවටිලි කල්පනාව, මුළාව, මායාව.

Halo, n. (ඉර හඳ තරු වටකර සමහරවිට පෙනෙන) එළිමඬල, ප්‍රභා මණ්ඩලය, රැස්වළල්ල, රශ්මිමාලාව, පරිවේශය, අංශුමාලාව; (සිතියම් ඉසේ) පරිවේශ යක්.

Haloed, a. අංශුමාලා මණ්ඩිත, අංශුමාලා පරික්ෂිප්ත.

Halt, v. නවතිනවා; නවත්වනවා, ඇන හිටිනවා; තොණ්ඩිගහනවා, කොරගහනවා; fig. සැකෙන් ඇනහිටිනවා.

Halt, Halting, n. නැවතීම; තොණ්ඩි ගැසීම; සැකෙන් සිටීම.

Halter, n. අශ්වයාගේ ඔළුවේ දමන ලනුව or පටිය, ඉස්පටිය; එල්ලුම් ලනුව or කඹේ.

Haltingly, ad. තොණ්ඩිගසා (යනවා), ගොතගසා, හෙමිහිට, නවතනවතා.

Halve, v. දෙකට බෙදනවා, දෙපළුකරනවා.

Halves, n. pl. භාග, අර්ධ, පළුදෙක; go halves දෙකෙන් පංගුවකට හවුල්වෙනවා.

Ham, n. කලවාගාතය අමු—or ලුණුදමාපු—ඌරු ගාතය.

Hames, n. pl. අශ්වයාගේ බෙල්ලේ ඇඳුමේ බැම්ම, බෙල්ලේ බැම්ම.

Hamitic, a. නෝවාගේ පුත්‍රවූ හැම් සම්බන්ධ, හැම් ගෙන් පැවත එන්නාවූ, හැම්ගෙන් පැවත එන්නන් සම්බන්ධ.

Hamlet, n. ගම, ග්‍රාමය, පුංචිගම, කුඩාගම.

Hammer, n. මිටිය; of a gun ගිනිමිටිය; මිටියට සමාන යමක්.

Hammer, v. මිටියෙන් ගසනවා or තළනවා; fig. hammer out උත්සාහයෙන් යොදනවා; hammer at a thing යමක් ගැන ප්‍රයත්න කරනවා.

Hammered, pp. or a. මිටියෙන් ගසනලද, මිටියෙන් තළනලද or තළාපු.

Hammer-headed a. මිටියක් ආකාර ඉසක් ඇත්තාවූ (මෝරා &c.).

Hammer-man, n. මිටියෙන් තළන්නා, මිටියෙන් වැඩ කරන්නා.

Hammock, n. එල්ලන ඇඳ, තොටිල්ල, දෝලාව.

Hamous, a. in bot. වකුටු තොංගලක් ඇත්තාවූ, කුටිලාග්‍ර.

Hamper, n. ලොකු වැල් කූඩය *or* පෙට්ටිය, පැස.

Hamper, v. බාධාකරනවා, පැටලිලිකරනවා, (කිරීම) අමාරුකරනවා, අවහිරකරනවා, අවහිරකම්වලට අසුකරනවා.

Hampered, pp. බාධාකරනලදුව, බාධා වී; S. adj. බාධාකරනලද, බාධාවූ, අවහිරවූ.

Hamstring, n. කලවේ නහරය.

Hamstring, v. කලවේ නහරය කපනවා, කකුල් නහරය කපනවා, කුදිකපනවා.

Hamstrung, pp. *or* a. කලවේ නහරය කපනලද &c., කුදිකපාපු, (සතා).

Hand, n. අත, හස්තය, භුජය, කර; of a clock කටුව; a measure අඟල් හතරක්; fig. අත්අකුරුවල අත් දම; direction පැත්ත, දිශාව; at hand ළඟ. ළංව තිබෙන; action අතපෙවීම, ක්‍රියාකිරීම; වැඩකාරයා, කම්කරුවා: one of our hands (for work &c.) අපේ කෙනෙක්; he is a good hand at this ඔහු මේකට හපනෙකි; under his hand ඔහුගේ අත්සන ඇතුව, අත්සන පිට; off hand අප්‍රමාදව, සූදානමක් නැතිව, එකපාරටම; change hands අත් මාරුකරනවා; හිමිකම මාරුකරනවා *or* මාරු වෙනවා; from hand to mouth (say) එදිනෙදට; aid of the hand හස්තාවලම්බනය.

Hand, v. අතින් අරන්දෙනවා; (තැපිය යමෙකුට) අල්ලනවා; hand over භාරදෙනවා, පාවාදෙනවා, පවරනවා; hand down to posterity පරම්පරාවෙන් පරම්පරාවට භාරදෙනවා.

Hand-bill, n. කොට කැත්ත; අච්චුගසාපු තනි පත්‍ර යක්, අච්චුකොළයක්, පත්‍රිකාව [තක්.

Hand-book, n. අත් පොත, මග පෙන්වන පුංචි පො

Hand-breadth, n. අල්ලේ පළලක්, this is four hand-breadths මේකා හතර අල්ලක පළලයි.

Handcuff, n. මාංචුව, අත් විලංගුව, අත්දම; හස්ත බන්ධනය.

Handcuff v. (යමෙකුට) මාංචු &c. දමනවා.

Handcuffed, pp. මාංචු &c. දමා, he is handcuffed ඔහුට (ඔහුගේ අත්වල) විලංගු &c. දමා තිබෙනවා.

Handful, n. අතලොස්ස, pl. අතලොසු, අතලොහු; අහුර, pl. අහුරු; fig. සවල්පයක්, (මිනිස්සු &c.) අහුරක්.

Hand-grenade, n. අතින් විසිකරන ගිනි උණ්ඩය, අත් ගිනිඋණ්ඩය.

Handicap, n. දුවන සියලු ආකාර අශ්වයන් ගැන තබන ඔට්ටුව.

Handicap, v. බාධාකරනවා, රෝධනය කරනවා, අමාරුකරනවා, අවහිරකරනවා.

Handicraft, n. හස්තකර්මාන්තය, ශිල්පය, අත්වැඩ.

Handicraftsman, n. හස්තකර්මාන්තකාරයා, ශිල්පියා.

Handily, ad. දක්ෂලෙස, පහසුලෙස, පහසුවෙන්.

Handiness, n. දක්ෂකම, පහසුකම, පහසුව.

Handkerchief, n. ලේන්සුව, රෙදිකඩ, ඉදුල්කඩ, අත් පිස්නාව.

Handle, v. අතට ගන්නවා, අතගගානවා, අතපොව නවා, අතගා බලනවා, අල්ලාබලනවා; use පාවිච්චි කරනවා; manage හසුරුවනවා, පරිපාලනය කර නවා.

Handle, n. මිට; of a plough නිමුත්මිට, නගුල්මිට; fig. (අල්ලාගැනීමේ) විධියක්, වාසියක්, ප්‍රස්තාවක්.

Handling, n. අතට ගැනීම &c., පරිහරණය; (කාරණ) විස්තරකිරීම *or* ගෙනපෑම.

Hand-loom, n. අතින් රෙදි වියන යන්ත්‍රය, අත් අළුව.

Handmaid, n. අතවැසි ස්ත්‍රී, වැඩකාරී, පරිචාරිකාව, අන්තේවාසිකාව; දාසී.

Hand-rail, n. අත්වැල, පාණිලතාව.

Hand-saw, n. අත් කියත.

Hand-shaped, a. අත් හැඩය ඇත්තාවූ; අතින් හැඩ හුරුකළාවූ, හස්ත නිර්මිත. [ම.

Hand-sign, n. හස්ත මුද්‍රාව, හස්ත සංඥාව, අත වැනී

Handsome, a. ලක්ෂණ, රූප ඇත්තාවූ, ශෝභන, රූප සම්පන්න, මනෝඥ, කාන්ත, සුන්දර, සුන්දරතර, රමණීයක, රුචිරාන්ත, ප්‍රියදර්ශන; උදාර, වදාන්‍ය; ලොකු, මහත්, විශාල, හොඳ (පඩිය).

Handsomely, ad. ලක්ෂණලෙස, මනෝඥලෙස; ත්‍යාගි චිත්තලෙස.

Handsomeness, n. ලක්ෂණකම, රූප, ශෝභනකම, රූපසම්පත්තිය, සුන්දරත්වය.

Handwriting, n. අත්අකුරු, ලිඛිතාක්ෂර; අත්ලිය විල්ල, හස්ත ලේඛනය.

Handy, a. (අතින්) දක්ෂවූ, හපන්; ළඟවූ, පහසුවූ.

Hang, v. t. එල්ලනවා, එල්ලා තබනවා, ලම්බනය කරනවා, අවලම්බනය කරනවා; එල්ලා මරනවා, එල්ලාදමනවා.

Hang, v. i. එල්ලෙනවා, ලම්බනයවෙනවා, hang down එල්ලී වැටෙනවා, අවලම්බනය වනවා; hang one's self එල්ලී මැරෙනවා; hang on: *linger* ප්‍රමාදවෙනවා, පවතිනවා. *be a burden* බරවෙනවා; hang on or upon any one's word යමෙකුගේ වචනවලට — කථාවට — සිත යොමුකරගෙන ඉන් නවා.

Hanger, n. එල්ලන්නා &c.; යමක් එල්ලාතබන ඇණය &c; කොටවකුටු කඩුව.

Hanger-on, n. (කෑම බීම ගැන &c.) අනුන් පිට බර වෙන්නා, නිතරම ළුප්පා කන අය; පරාධීනයා.

Hanging, a. එල්ලෙන, එල්ලී තිබෙන, ලම්බ, ලම්බමාන, ලම්බිත, අවලම්බිත, විලම්බිත, ප්‍රලම්බ; එල්ලුම්ගහට—මරණයට—පත්කරවන (කාරණවක්).

Hanging, n. එල්ලීම, එල්ලා දැමීම &c.; ලම්බනය, අවලම්බනය, pl. එල්ලන රෙදි, තිර.

Hangman, n. වදකරුවා, වධකයා, අලුගෝසුවා.

Hank, n. නූල් කැරැල්ල.

Hanker after, v. (යමකට) හිත ඇදෙනවා, ආශාවෙන් සිටිනවා, ලෝභවෙනවා, අභිමතවෙනවා.

Hankering, p. *or* a. තදවී තිබෙන *or* පවතින (ආශාව); n. තද ආශාව, අභිමතය.

Hansom-cab, n. රෝද දෙකේ අශ්ව රථයක්, අස් ගැලක්. [සිද්ධිය.

Hap, n. අහම්බෙන් සිද්ධවෙන දේ, අහම්බය, හදිසි

Hap-hazard, n. අනුමානය, අහම්බය, චෛතන්‍යදයක්, වෙච්චාවේ යන විධිය.

Hapless, a. අවාසනාවන්ත, අභාග්‍ය, අහේතුවූ.

Haply, ad. බාගවෙලාවට, අහම්බෙන්වත්, වෙද්දෝ හෝසි. [වා;

Happen, v. සිද්ධවෙනවා, සිදුවෙනවා, ඉබේට වෙන happened to see &c., අහම්බෙන් දුටුවා, දකින්ට යෙදුණ *or* ලැබුණ;

happen to know යම් කිසි කාරණවකින් දැනගෙන සිටිනවා.

Happily, ad. වාසනාවන්තලෙස, කල්‍යාණලෙස; යෝග්‍යලෙස, දක්ෂලෙස; වාසනාවකට මෙන්.

Happiness, n. ප්‍රීතිය, සෙත, සැපත, වාසනාවන්තකම, සුඛය, සෞඛ්‍යය, සුගතිය, ආනන්දය, සෞභාග්‍යය.

Happy, a. ප්‍රීතිමත්, සතුටින් සිටින්නාවූ, සානන්ද; වාසනාවන්ත, ශුභානවිත, ක්ෂේමවත්, ක්ෂේම, සුඛ, සද; යෝග්‍ය, සමුචිත, දක්ෂ, (උත්තර &c.).

Harangue, v. (සමූහයකට, සේනාවකට) ප්‍රසිද්ධ කථාවක් කරනවා; සැරලෙස—ඝෝෂා ඇතුව—දෙසාබානවා. [බැම.

Harangue, n. ප්‍රසිද්ධ කථාව; හයියෙන් කරන දෙසා

Harass, v. වෙහෙසනවා, ලේල්ලම්කරනවා, හිරිහැරකරනවා, දුකින්—පීඩාවෙන්—පෙළනවා.

Harassing, p. *or* a. වෙහෙසන &c., හිරිහැර, දුඃඛදායක.

Harbinger, n. පෙරටුව යන හේවාරුළු *or* පණිවිඩකාරයා, පුරෝගාමියා, දූතයා; කලින් පෙනෙන ලකුණ, පූර්වනිමිත්ත.

Harbour, n. වරාය, නැව්තොට, ද්‍රෝණිමුඛය; fig. රක්ෂස්ථානය.

Harbour, v. (රක්ෂස්ථානයකට මෙන්) පිළිගන්නවා, මුවාකරනවා, ගෝපනයකරනවා; මුවාවෙනවා, ගෝපනයවෙනවා; (සිතිවිලි &c. සිතහි) තබාගන්නවා.

Harbour-dues, n. (වරායේ සිටීමට ගෙවන) වරාය බද්ද, වරාය සුංගම.

Harbourer, n. අන්‍යයෙකුට රක්ෂස්ථාන දෙන්නා, මුවාකරන්නා.

Harbour-master, n. වරාය භාරකාරතැන, වරාය බලාගන්නා, වැල්ලේ සාප් ත්තා.

Hard, a. හයිය, තද, දැඩි, දෘඪ; severe, heavy තද, තදබල, බරපතළ, බරපතල්, (වැඩ, වැරද්ද, දුක &c.); harsh පරුෂ, සැර; difficult අමාරු &c.

Hard, ad. තදලෙස, තදින්, සැරලෙස; අමාරුවෙන්, අමාරුලෙස; hard by ළඟ, කිට්ටුවෙන්; go hard with any one යමෙකුට අමාරුවෙනවා.

Hard-bodies, n. pl. iu nat. philos. දෘඪ වස්තු, දෘඪ ද්‍රව්‍ය.

Hard-cash, n. (නෝට්ටු නොව) රිදී රත්රන් කාසි.

Hard-drinker, n. කටගන්නක් බොන්නා, තද බොනයා, බේබද්ද, සුරාධූර්තයා.

Hard-drinking, n. තදලෙස මත්පැන් බීම, සුරාධූර්තතාව

Hard-earned, a. තද වැඩෙන්—අමාරුවෙන්—සපයාගත් (මිල &c.).

Harden, v. තදකරනවා, හයිකරනවා, දෘඪකරනවා; දැඩිකරනවා, මුරණ්ඩුකරනවා; තදවෙනවා &c; දැඩිවෙනවා &c.

Hardened, pp. *or* a. තදකරනලද, තදකරපු, &c, තදවූ, දැඩිවූ, දෘඪවූ, මුරණ්ඩුවූ.

Hard-faced, a. රෞද්‍ර මුහුණක් ඇත්තාවූ, පුළුටු මුහුණක් ඇත්තාවූ, මුරණ්ඩු පෙනුමක් ඇති.

Hard-fisted, a. හයි අත් ඇත්තාවූ; fig. close-fisted ලෝභවූ, මසුරු.

Hard-headed, a. නුවණැති, සූක්ෂ්ම බුද්ධි, තීක්ෂ්ණ.

Hard-hearted, a. සිත දැඩිවූ, හිතතද, අකරුණාවන්ත, කෲර.

Hardihood, n. සවිවූ ධෛර්යය, නිර්භීතකම, බුහුටිකම; ගරුනැති දැඩිකම.

Hardiness, n. (ශරීරයේ) සවිය, සවිබලය; ධෛර්යය.

Hardly, ad. අමාරුවෙන්, යන්තම්; තදලෙස, සැරලෙස.

Hard-mouthed, a. කට දැඩිවූ, (කටකලියාවට) කීකරු නොවූ.

Hardness, n. තදකම, දෘඪතාව; අමාරුව, අමාරුකම; දැඩිකම, මුරණ්ඩුකම.

Hardship, n. (දරස්ට) අමාරුකද්, දුකබිත්තකම, පීඩිතකම; තද අපුසන්නිය.

Hard-visaged, a. තද මුහුණක් ඇත්තාවූ, රෞද්‍ර පෙනුමක් ඇති.

Hardware, n. ලෝහ භාණ්ඩ, (තාලි, තාච්චි, පිහියා, යතුරු, මෙවලම්, යනාදි) ලෝහබඩු.

Hard-won, a. අමාරුවෙන් දිනාගත්, උත්සාහයෙන් ලබාගත්, (ජය &c.).

Hard-working, a. වීර්යයෙන් වැඩකරන, උත්සාහවන්ත.

Hardy, a. (ශරීරයෙන්) සවිවූ, සවිබල ඇත්තාවූ; ධෛර්යමත්, බුහුටි.

Hare, n. හාවා, ශශකයා; the const. ශශක රාශිය.

Hare-brained, a. fig. නොසැලකිලි, ලිහිල්, අනස්ථිර.

Harehound, n. හාවන් දඩයම්කරන බල්ලා, ශශ සුනකයා.

Harelip, n. (හාවාගේ තොල මෙන්) දෙකට බෙදුණ තොල.

Harelipped, a. උඩුතොල බෙදිතිබෙන, බෙදුණ තොලක් ඇති.

Harem, n. (ඉස්ලාම්වේ &c.) වලව්වෙන් ස්ත්‍රීන්ටම නියමවූ කොටස *or* ශාලාව, අන්තඃපුරය, ඇතොපුර, භෝගාවාසය, ශුද්ධාන්තය, අවරෝධය.

Hark, int. *or* imp. අහපන්, අසන, (ඇසෙන ශබ්දයක් *or* කාරණයක් ගැන).

Harlequin, n. නාඩගමේ කවටයා, විසිතුරු වස්ත්‍ර අඳින බහුරූපයා, කෝනංගියා.

Harlequinade n. (නාඩගමේ) බහුරූප කෙළිය.

Harlot, n. වේශ්‍යාවී, [ord. වෛශ්‍යාවී], වේශ්‍යා ස්ත්‍රී, ගණිකාව, වෙසඟිව, වෙසඟන.

Harlotry, n. වෙශ්‍යාකම් කිරීම, වේසාකම.

Harm, n. අවැඩය, අනදරය, උපද්‍රවය, පාඩුව, හානිය, වරද, හිංසාව, අනතුර, අනර්ථය, අලාභය, අලාභහානිය.

Harm, v. අවැඩකරනවා, අනදරකරනවා, උපද්‍රවකරනවා, පාඩුකරනවා &c.

Harmful, a. අවැඩ සහිත, අවැඩකරන, අනදර—උපද්‍රව &c.—උපදින &c. See Injurious.

Harmless, a. අවැඩ රහිත, අනදර නැත්තාවූ, නිරුපද්‍රව, අනපකාරී, නිර්දෝෂ; uninjurios අහිංසක, අවැඩ &c. නොකරන *or* නුපදවන.

Harmlessly, ad. අවැඩ රහිතව, නිරුපද්‍රවලෙස; අනදරනොකර, අහිංසකලෙස.

Harmlessness, n. අවැඩරහිතකම, අනදරනැතිකම; අහිංසකකම.

Harmonic, Harmonical, a. තූර්යනාදයට අයිතිවූ, තූර්ය, ගාන්ධර්ව; නාදයෙන් එකඟ; සංනාද.

Harmonics, n. එකිනෙකට එකඟවූ ශබ්ද *or* තූර්යනාද, නාදසංගතිය; උපනාද; තූර්යනාද ශාස්ත්‍රය, ගාන්ධර්ව විද්‍යාව.

Harmonious, a. එකඟ, එකමුතු; සඳග, සමවූ, අනුකූල, අවිරුද්ධ; (ශබ්දයෙන්) මිහිරි, සුමිහිරි, මධුරස්වර.

Harmoniously, ad. එකඟලෙස &c. සමඟතලෙස; නාදයෙන් එකඟලෙස, මිහිරිලෙස &c.

Harmoniousness, n. එකඟකම, එකමුතුකම &c.

Harmonist, n ගාන්ධර්ව ශාස්ත්‍රඥයා, තාල යොදන්නා; of the Gospels සමපද සංග්‍රහකරන්නා.

Harmonium, n. ඒ නම ඇති තූර්යභාණ්ඩයක්.

Harmonize, v. i. (ශබ්දයෙන්, සිතින්, අභිප්‍රායෙන්) එකඟව &c. තිබෙනවා, ඒකමුතුව &c. සිටිනවා, සැසඳෙනවා.

Harmonize, v. t. එකඟකරනවා &c.; තාලයට නිසි උපනාද නියමකරනවා, උපනාද යොදනවා.

Harmony, n. එකඟකම, සමකම, කඩවසම, එක මුතුකම, සමගිකම ; තාලයේ උපනාද or සමශබ්ද ක්‍රමය ; (ශුභාරංචි පොත්වල &c.) සමපද සංග්‍රහය.

Horness, n. (අසරුවාගේ) යුද්ධ-ඇඳුම් or ආයිත්තම් ; අශ්ව ඇඳුම.

Harness, v. (අසරුවෙකුට) යුද්ධ-ඇඳුම් අන්දවනවා, සන්නද්ධකරනවා ; (අශ්වයාට) ඇඳුම් දමනවා.

Harnessed, pp. *or* a. ආයුධ ඇඳගත සිටින සන්නද්ධ වූ ; ඇඳුම් දමාත්බෙන (අශ්වයා).

Harness-maker, n. අශ්ව ඇඳුම් සාදන්නා.

Harp, n. වීණාව, වේණාව ; Lyra, the Lyre වීණා නමවූ තරුවැල, වීණා රාශිය.

Harp, v. වේණා ගානවා, වීණාව ගායනාකරනවා ; fig. harp on anything යමක් නැවත නැවත—අති ශයින්—කියකියා සිටිනවා.

Harper, n. වීණාව ගායනාකරන්නා, වේණාකාරයා, වීණාවාදකයා.

Harping, n. වේණා ගෑම &c., වීණා ගායනාව, වීණා නාදය.

Harpoon, n. තල්මසාට අනින හෙල්ලය, ඇවිලුම් කිලිය, මස්මරන හෙල්ලය, මණිඩාව.

Harpoon, v. මත්ස්‍යයන්ට හෙල්ලයෙන් අනිනවා, හෙල්ලයෙන් මස්මරනවා.

Harpoon-gun, n. හෙල්ලයක් විදින තුවක්කුව, හෙල්ල තුවක්කුව. [ආකාර.

Harp-shaped, a. වේණා හැඩය ඇත්තාවූ, වීණා

Harpy, n. in myth. පියාපත්ද සත්‍රී මුහුණක්ද ඇති ඝෝරතර කිලි සතෙක් ; ගිජු ලිහිණි ජාතියක් ; fig. තද කොල්ලකාරයා.

Harrier, n. (හාවන් දඩයම්කරන) බලු ජාතියක් ; උක්සෝ ජාතියක්, කුරුලුගොයා. [හය.

Harrow, n. දතිපෝරුව, කෝවිශය, ලෝහට භේද

Harrow, v. දතිපෝරුවෙන් පොඩිකරනවා, පෝරු ගානවා ; (in swamps) මඩවනවා, කරු ගානවා ; fig. හිත රිද්දවනවා, පොඩිකරනවා.

Harrowing, a. fig. හිත රිද්දවන, හිත පොඩිකරන, හෘදය පළන, ළය පැළෙන.

Harry, v. හිරිහැරකරනවා, වදබන්දනකරනවා, පීඩා කරනවා ; කොල්ලකනවා.

Harsh, a. (අතට) රළුවූ, කොරෙස් ; (දිවට) කහට ; (කනට) අමිහිරි ; (ක්‍රියාවෙන් &c.) සැර, පරුෂ, තද, අකෝමල, රූක්ෂ, කර්කශ, නිෂ්ඨුර.

Harsh-featured, a. තද—රෞද්‍ර—මුහුණක් ඇත්තාවූ.

Harshly, ad. රළුලෙස, තදලෙස, සැරලෙස, අමිහිරි ලෙස &c.

Harshness, n. රළුකම ; කහට ; අමිහිරිකම ; in word or deed සැරකම, පරුෂකම, නිෂ්ඨුරතාව, පාරුෂ්‍ය, රූක්ෂතාව.

Hart, n. (පිරිමි) ගෝනා, මුවා.

Hartshorn, n. (මුවඅංවලින් or සත්තු ඇටවලින් සාදන) රසායන ජාතියක්.

Haruspice, n. පේනකීමට මංග බඩවැල් බලන්නා, (එසේ) පේන කියන්නා.

Harvest, n. ගොයම් කපන කාලය, ශස්‍යකාලය, ශස්‍යකර්තන සමය ; ගොයම්, අස්වැන්න, පලදාව ; fig. ඵලවිපාකය.

Harvest, v. ගොයම් කපාගන්නවා ; අස්වැන්න—පල දාව—එකතුකරගන්නවා.

Harvested, pp. *or* a. කපාගත්තාවූද (ගොයම්,) කඩා එකතුකරගත් (පලදාව).

Harvest-home, n. ගොයම් එකතුකරගැනීමේ මඟුල, අලුත්බත්මඟුල.

Harvesting, p. *or* n. ගොයම් කපාගනිමින් &c.; ගොයම් කපාගැනීම, අස්වැන්න එකතුකරගැනීම.

Harvest-moon, n. බිනරමාසේ පුණ්ණචන්ද්‍රයා.

Harvest-time, n. ගොයම් කපන කාලය, ශස්‍ය කර්තන සමය.

Hash, v. කෑලිකර කපනවා, පෙති ගසා උයනවා.

Hash, n. කෑලිකර උයාපු මිශ්‍ර කෑම ; fig. make a hash of anything යමක් අවුල්ලෙස කරනවා or නරක්කරනවා. (මස් &c.).

Hashed, pp. *or* a. කෑලිකර කපාපු, පෙතිගසා උයාපු,

Hasp, n. (ඉබියතුරක් &c. දමන) කොක්ක, පත්ත.

Hassock, n. දණගසන කොට්ටය, පා කොට්ටය.

Hastate, Hastated, a. හෙල්ලතලයේ හැඩය ඇති, ශල්‍යතලාකාර, (කොළ).

Haste, n. කඩිනම, කඩිමුඩිය, ඉක්මන, කලබලය ; lit. & fig. ඉක්මන්කම.

Haste, Hasten, v. කඩිනම්කරනවා, ඉක්මන්කරනවා, ඉක්මන්කරවනවා, ඉක්මන්වෙනවා.

Hastily, ad. ඉක්මනින්ම, ඉක්මන්ලෙස, හුනුහුනුව ; ඉක්මන්කමින් ; without care අපරීක්ෂාවෙන්.

Hastiness, n. lit & fig. ඉක්මන්කම, ඉක්මන්ගතිය, කිපීම.

Hasty, a. කඩිනම, හුනු, ඉක්මන් ; fig ඉක්මන් ගති යක් ඇත්තාවූ, ඉක්මන්.

Hasty pudding, n. කිරි හා පිටි තම්බා සාදන කෑම් ජාතියක්, තම්බාපු කිරිපිටි.

Hat, n. තොප්පිය, හිස වැස්ම ; fig. R. C. (රතු තොප්පිය නිසා) අනුනායක ශ්‍රේෂ්ඨකම.

Hat-band, n. තොප්පි-පටිය.

Hat-box, Hat-case, n. තොප්පි-පෙට්ටිය.

Hat-brush, n. තොප්පි මදින කොස්ස, තොප්පි-කොස්ස.

Hatch, v. බිජු රකිනවා, බිජු රකෙනවා ; fig, රහසින් යොදනවා, කුමන්ත්‍රණකරනවා.

Hatch, n. එකවැරේ උපදින පැටවි ගණන.

Hatch, n. යට දෙර කෑල්ල ; නැවේ තට්ටුවක සිදුරේ වැස්ම.

Hatched, become, v. බිජු රකෙනවා, බිජු කටුව පිපිරෙනවා *or* බිඳෙනවා.

Hatchel, n. *or* v. the same as Hackle.

Hatchet, n. අත් පොරව, කැත්ත, පරශුව ; bury the hatchet, fig යුද්ධය නවත්වනවා.

Hatching, n. බිජු රකීම, බිජුවේ අවගැනීම ; උපා යෙදීම, කුමන්ත්‍රණය.

Hatchway, n. නැව් තට්ටුවල සිදුර.

Hate, v. වෛරවෙනවා, වෛරකරනවා, ද්වේෂ කරනවා, අප්‍රිය කරනවා, පිළිකුල් කරනවා.

Hate, Hatred, n. වෛරය, එදිරිය, ද්වේෂය, ක්‍රෝධය, නිරිස්සීම, ආඝාතය ; fix hatred on වෛර බඳිනවා.

Hateful, a. ද්වේෂකටයුතු, ද්වේෂ්‍ය, ඉතා අප්‍රිය, පිළිකුල්, අශික්ෂිත.

Hatefully, ad. ද්වේෂ කටයුතුලෙස, etc.

Hatefulness, n. ද්වේෂ කටයුතු බව, ද්වේෂ්‍යතාව.

Hatred, n. වෛරානුබන්ධය, බද්ධවෛරය &c. See Hate.

Hatter n. තොප්පි සාදන්නා *or* විකුණන්නා, තොප්පි වෙළෙන්ද.
Haughtily, ad. උඩඟුලෙස, සාවඥලෙස ; ආඩම්බර ලෙස.
Haughtiness, n. උඩඟුකම, උදුරම්කම, උදුරතර කම, ඔද, ගර්වය, අභිමන් ගතිය.
Haughty, a. උඩඟු, උදුරම්, උදුරතර, උන්නත, අහංකාර, ආඩම්බර, ගර්විත, අභිමාන, ප්‍රවල, ප්‍රෞඪ.
Haul, v. වීර්යයෙන් අදිනවා, බලේට ඇදගෙන යනවා.
Haul, n. තද ඇදීම &c.; දැලෙන් ඇදගත්ත ප්‍රමාණය, මාළු වටය.
Haulage, n. ඇදීම &c.; අදින තරම ; ඇදීමේ ගාස්තුව, ඇදුම් කුලිය.
Haulm, n. මෑ, කඩල, බතල, යනාදියේ දඬු *or* පිදුරු.
Haunch, n. උකුල් ගාත්‍රය ; තට්ටම.
Haunt, v. නිතරම ගැවසෙනවා, අධිකලෙස ආශ්‍රය කරනවා ; (ප්‍රේතයෝ යම් තැනක) වසනවා, අරග් ගන්නවා, (with noise) හොල්මන්කරනවා.
Haunt, n. නිතරම ගැවසෙන ඉඩම.
Haunted. a. යක්ෂ, ප්‍රේත ආදි අමනුෂ්‍යයන් ගැවසෙන්නාවූ, අරග්ගෙන සිටින, අමනුෂ්‍ය පරිගෘහීත, හොල්මන්කරන, පිශාච, (ඉඩම).
Haunter, n. නිතරම ගැවසෙන්නා, අධිකලෙස ආශ්‍රයකරන්නා.
Haus frau, n. ගෙදර ඇත්තී, ස්වාමිදුව.
Hautboy, n. නළා ජාතියක්.
Hauteur, n. F. උදුරම, උඩඟුකම.
Have, v. Render by the verb *to be* (යමෙකුට) තිබෙනවා, සිටිනවා, ඇතුව තිබෙනවා &c. ඇත, ඇත්තේ.
I have written the lettter ලියුම ලිවීමි *or* ලියා තිබෙනවා.
He has come ඔහු ඇවිත් සිටිනවා *or* ආවා.
I have been there එහි ගියෙමි *or* ගිහින් ආවෙමි.
Have—exercise—mercy කරුණා කරනවා.
Have in honour ගෞරවකොට සලකනවා.
They have to go ඔවුන්ට යනවම ඕනෑකරනවා *or* යන්ට තිබෙනවා *or* ඔවුන් යන්ටම ඕනෑ.
They had—would—rather go ඔව්හු යාමට වඩා කැමතිවෙත්.
They had better go ඔවුන් යනවානම් වඩා හොඳයි. See Receive, Hold, Obtain &c. &c.
Haven, n. වරාය, නැව්තොට, මුහුදු තුඩුව; fig. රක්ෂා ස්ථානය, ක්ෂේමස්ථානය, ආශ්‍රය.
Haversack, n. යුද්ධ භේවායාගේ කෑම මල්ල.
Having, p. say ඇතුව, for S. adj. (that has &c.) ඇත්තාවූ, ඇතුව සිටින, ඇතුව තිබෙන, සහිත, සංයුක්ත, සහගත, උපගත, අන්විත. [&c.
Having, n. ඇතුව සිටීම, ඇතුව තිබීම, සංයුක්තතාව
Havoc, Havock, n. බොහෝසෙයින් මරාදැමීම, වැනසීම, නාසතිකරදැමීම, නාශනය, විනාශය, නාස්තිය; commit havoc (එසේ) මරාදමනවා &c.
Haw, n. කටු ගස් ජාතියක ගෙඩි ; (ඒ කටු ගස්වලින් කොටුකරපු) කුඩා ඉඩම, බඩවැටිය.
Haw, v. as, Hum and Haw කථාකිරීමේදී ඇනහිට අමුතු ශබ්දකරනවා, ඇනහිට කථාකරනවා, පැකිළෙනවා.
Hawk, n. උස්සා, උකුස්සා.
Hawk, v. පුරුදුකරපු උස්සෙකු ලවා කුරුල්ලන් අල්ලනවා, උස්සෙක් ලවා දඩයම් කරවනවා.

Hawk, v. කාරනවා ; hawk up කාරාදමනවා. Hawking, n. කෑරීම.
Hawk, v. වෙළඳාම් බඩු විකිණීමට තැනින් තැන ගෙනයනවා, (වීදියේ) කෑගසා විකුණනවා.
Hawker. n. බඩු විකිණීමට ගෙනයන්නා, තොරොම්බල් පෙට්ටිකාරයා.
Hawked-eyed, a. (උස්සා මෙන්) තීක්ෂණාක්ෂි, තියුණු නුවනැති.
Hawse-hole, n. (නැවේ) ගල්කඹ සිදුර.
Hawser, n. කඹය, පුංචි ගල්කඹය, නැංගුරම් කඹය.
Hawthorn, n. කටුගස් ජාතියක්.
Hay, n. කපා වේළාපු තණකොළ, වියළි තණ, ශුෂ්ක තෘණ, පිදුරු.
Haycock, n. වේළුණ තණකොළ ගොඩක්, වියළි තණකොළ කැටිය.
Hay-fever, n. (වියළි තණවලින් අටගන්න) ග්‍රීෂ්ම කාලයේ උණ.
Hayloft, n. වියළි තණ තබන උඩුමහල, පිදුරු මැස්ස.
Haymaking, n. තණකොළ කපා වේළීම. [ඩ.
Haystack, n. ලොකු වියළි තණ ගොඩක්, පිදුරු ගො
Hazard, n. වෙන්ට හෝ නොවෙන්ට පුළුවන් උපද්‍රවය, ඉතා අනුමාන කාරණයක්, සංශය කාරණය.
Hazard, v. (අනතුරුවෙන්ට පුළුවන් නුමුත්) අනුමාන පිට කරනවා.
I will do it, though I hazard my life මගේ ජීවිතය අනතුරුවට පමුණුවන නුමුත්—ජීවිතය හානිවෙතත්—ඒක කරමි.
Hazardous, a. අලාභහානිවෙන්ට පුළුවන්වූ, අනතුරු සහිත, උපද්‍රව සහිත, භයානක.
Haze, n. (වඩා තෙතමන නැති) සිහිදු මීදුම.
Hazel, n. මද ඇති ඇට දරන ගස් ජාතියක්.
Hazel, a. ඒ ගස් ජාතියට අයිති ; ඒ ඇටවල පාට ඇති. තඹවන්.
Haziness, n. මීදුම සහිතකම, ආකාශයේ නොපැහැදිලිකම ; (කථාවේ &c.) අඳුරුකම.
Hazy, a. සිහිදු මීදුම සහිතවූ ; fig. නොපැහැදිලි.
He, pron. ඌ, උහු, එයා, හෙතෙම, ඔහු, උන්දෑ, උන්නැහේ, උන්නාන්සේ, උන්වහන්සේ.
He, a. පිරිමි, as: a he-goat (පිරිමි) එළුවෙක් &c.
Head, n. ඉස, හිස, ඔළුව, ශිරස, ශීර්ෂය, උතුමඟ, උත්තමාංගය ; top මුදුන; මස්තකය ;
height, crisis මුදුන් භාවය, සැර භාවය ;
chief ප්‍රධානියා, මූලිකයා ;
head of a family පවුලේ ප්‍රධානියා, කුලදෙටුවා
chief place, source ප්‍රධාන ස්ථානය, මුල ;
front, prow ඉස්සරහ පංගුව, ඇණිය ;
head of an axe තලය ; of a river ගඟක මුල ; of a bed ඉද්දර ; of corn, ear කරල ; of a nail &c. කුඩය, කුඩේ ;
heads of a discourse &c. දේශනාවේ ප්‍රධාන කොට්ඨාස *or* මාතෘකා ;
give a horse &c. his head පවියෙන් නොනවත්වා යන්ට අරිනවා ;
he has no head, fig. ඔහුට ඥාන ශක්තිය—සිහි නුවණ—වඩා නැත ;
hide one's head, fig. සැඟවෙනවා, ලජ්ජාවෙනවා;
look ahead, lit & fig. ඉස්සරහ බලනවා, දුරදිග බලනවා ; [&c.
thirty head of cattle &c. ගවයෝ තිස්දෙනෙක්
Head, a ප්‍රධාන, මූලික.

Head, v. කාරණාවක ප්‍රධානියාව ක්‍රියාකරනවා, ප්‍රධානකම්කරනවා; මුලට—පෙරටුව—ඉස්සරව—යනවා *or* කරනවා;
the wind heads us හුළඟ අපට ඉස්සරහට—විරුද්ධව—ගසනවා, ප්‍රතිවාතය හමනවා;
write a title or heading මාතෘකාවක ලියනවා *or* දමනවා;
(lop) (ගස්වල) මුදුන කපාදමනවා.

Headache, n. ඉස ඇම්ම, ඉස කැක්කුම, ඉස රුජාව, ඉසේ රදය.

Head-band, n. සිරස් පටිය, ඉසේ පටිය, ඉසේ බැම්ම.

Head-dress, n ඉසපළඳනාව, ඉසවැස්ම, ඉසකඩ, ශිරෝවේෂ්ටනය, මස්තකාභරණය.

Heading, n. title, මාතෘකාව; මුලට ලියාතිබෙන කාරණා, සූචිස ඛ්‍යාතය; foam on liquor බීම්ජාති වල පෙන. [කැල්ල.

Headland, n. දේශ තුඩුව; ශිඛරවල කෙළවර බිම්

Headless, a. ඉස නැති ඉසක්—මස්තකයක්—නැති, අශිරස්ක, අමස්තක; fig. ප්‍රධානියෙක් නැති; සිහි නුවණ නැති. [විළිය.

Head-light, n. (මෝටර්රියේ, දුම්රියේ, etc.) ඉස්සරහ

Head-line, n. පත්ඉරුවේ මුදුන් පේළිය.

Headlong, ad. මුණින්; වේගයෙන්, ඉතා සැරෙන්; කල්පනානොකර, ඉක්මන්කමින්.

Headlong, a. (මුණින් වැටෙන තරම්) බෑවුම් වැස්සු; වේගවත්; ඉක්මන්, අප්‍රවේසම්.

Headman, n. ප්‍රධානියා, පළමුවෙනියා, නායකයා, of a village ගම්දෙටුවා, ග්‍රාමාධිපතියා, of a district රටේ මහත්මයා.

Head-master, n. ප්‍රධාන ගුරුවරයා, මුල් ගුරුවරයා, ප්‍රධානාචාර්ය තුමා. Head-money, n. ඇඟබද්ද.

Head-quarters, n. ප්‍රධානියා සිටින ස්ථානය; සේනාපතියාගේ ස්ථානය *or* නිවාසය.

Head-sea, n. ඇණියට විරුද්ධ රළපහර, ඉස්සරහට ගසන රළ (මුහුද).

Headship, n. ප්‍රධානකම, ප්‍රධානත්වය, ආධිපත්‍යය.

Headsman, n. ඉස ගසන වදකරුවා, තරම ගසන්නා, ශීර්ෂච්ඡේදනයකරන්නා, ශිරශ්ඡේදකයා.

Head-stone, n. මුදුන් ගල; (ඉස ළඟ සිටවන) සොහොන් ගල.

Headstrong, a. හිතුවක්කාර, මුරණ්ඩු.

Headway, n. (නැවක්) ඉස්සරහට යන ප්‍රමාණය; ඉස්සරහට යාම; make headway, n. ඉස්සරහට වෙනවා, ඉෂ්ටකරගෙන යනවා.

Head-wind, n. විරුද්ධ හුළඟ, ප්‍රතිවාතය.

Head-work, n. ඉසින් — මොළයෙන් — සිහියෙන් — කරන වැඩේ.

Heady, a. (මත්පැන් මෙන්) ඉසට වදින, මත්කරන; හිතුවක්කාර, මුරණ්ඩු.

Heal, v. සුවකරනවා, සනීපකරනවා, ව්‍යුපශමනය කරනවා; (වණ, කැපුම් &c.) සුවවෙනවා; fig. භේද &c. බේරනවා, සමාදානයකරනවා.

Healer, n. සුවකරන්නා &c., සුවකරන ද්‍රව්‍යය.

Health, n. සනීපය, ආරෝග්‍යය, සැපය, සුවය, නිරෝගීභාවය, සවස්ථතාව, ස්වාස්ථ්‍යය.

Healthful, a. ජම්මයෙන් සනීප ගතියක් ඇත්තාවූ, සනීප ඇත්තාවූ, නිරෝගී; සනීප වඩන්නාවූ, සුඛදායක; සනීපබව පෙන්වන; fig. සවභාව හොඳ බව පෙන්වන (ලකුණක්).

Healthfulness, n. සනීප ගතිය, නිරෝගීතාව; සනීප වඩන ගුණය &c.

Healthiness, n. සනීප ගතිය, නිරෝගීකම, ආරෝග්‍යය, අරෝගීතාව, නිරාමයත්වය.

Health-officer, n. (පොදුජනයාගේ) සුවදුක් බලාගන්න මුලාදෑනියා, සුඛ පරීක්ෂකයා, සනීප ආරක්ෂාකාරයා, සෞඛ්‍ය මුලාදෑනියා.

Healthy, a. සනීප ඇත්තාවූ, නිරෝගී, සනීප වඩන්නාවූ, සනීපදායක.

Heap, n. ගොඩක්, රැස, රාශිය, පුංජ, නිචය, ප්‍රචය, සංචය.

Heap, v. ගොඩගසනවා, ගොඩකරනවා; (ගොඩක් මෙන්, රාශිවශයෙන්) රැස්කරනවා, රාශිකරගන්නවා.

Heaped, pp. *or* a. ගොඩගසනලද, ගොඩකරන &c.; රාශීකෘත, රාශීභූත, රාශිගත.

Heaping, n. ගොඩකිරීම &c., රාශීකරණය.

Hear, v. අසනවා, අහනවා, ශ්‍රවණයකරනවා, ඇහුම්කන්දෙනවා; ඇසෙනවා, ඇහෙනවා, දැනගන්නට ලැබෙනවා; නඩු අසනවා *or* විභාගකරනවා; යාච්ඤා අහනවා *or* පිළිගෙන ඉෂ්ටකරනවා.

Heard, v. pret. ඇසුවා &c., ඇසුණා &c.; that is heard, audible ඇසෙන, ශ්‍රවණ, ශ්‍රූයමාන.

Hearer, n අසන්නා &c.; පුරුදු වශයෙන් යමෙකුගේ දේශනා &c. අසන්නා.

Hearing, n. ඇසීම &c., ශ්‍රවණය; the faculty කන් ඇසීම; the organ ශ්‍රවණේන්ද්‍රියය; within hearing ඇසෙන දුර; out of hearing නෑසෙන දුර; be dull of hearing (say) කන් ඇසෙනවා මදියි.

Hearken, v. අහගත ඉන්නවා; ඇහුම්කන්දෙනවා, කන්දෙනවා, regard සලකනවා.

Hearsay, n. කියනවා ඇසූ දේ, නිකම් ආරංචිය, කටකතාව, මුඛ වෘත්තාන්තය. [තය.

Hearse, n. මිනී ගෙනයන රථය, මිනීරථය, මිනීකරත්

Heart, n. lit. & fig. හෘදය, ළය, හිත, චිත්තය; of trees හරය, අරටුව; of a city &c. මැද කොට්ඨාසය; of a matter කාරණාවක පරමාර්ථය;
fig. හරය; ධෛර්යය; කැමැත්ත;
learn by heart කටපාඩම්කරනවා, හදුරනවා;
lay to heart හිතට ගන්නවා, සිතෙහි තබාගන්නවා *or* ධාරණයකරගන්නවා;
take tc heart (යමක් ගැන) කනගාටු සිතනවා.

Heartache, n. ධත් ශෝකය, හෘදයවේදනාව.

Heart-affecting, a. සිතට වදින, හෘදයංගම.

Heart-appalling, n. හිත ත්‍රාසකරන, හෘදය භීත කරන.

Heart-breaking *or* rending, a. ළය *or* පපුව පැළෙන, හෘදය පලන, හිතබිඳින.

Heart-broken, a. ළය පැළුණ, ශෝකනිහත, ශෝක මූර්ඡිත, ශෝකාභිභූත.

Heartburn, n. කෑම බොක්කේ දැවිල්ල, ආමාශදාහය.

Heart-burning, n. අප්‍රසන්නතාය, අසතුටුකම, සිත්-කෝපය.

Heart-cheering, a. සිත සනසන, සිත ප්‍රාණවත්කරන, සිතට ප්‍රීතිදායක.

Heart-delighting, a. චිත්තානන්දකර, සිත්-කලු.

Hearten, v. ධෛර්යය දෙනවා, ධෛර්යකරනවා, සිත සවිබලකරනවා.

Heartfelt, a. හිතට වැදුණ, හෘදගත, හෘදයඞ්ගම, අවබක.

Hearth, n. ලිප, ලිප වටකරතැන; උදුනේ පල්ල; fig. ගෙදර, නිවාසය.

Hearth-rug, n. (ලිප ළඟ එලන) සත පලස.

Hearthstone, n. ලිපළඟ බිමේ ගල, ලිප්ගල.
Heartily, ad. හිතපත්ම, මුළු හිතෙන්; ජ්වලිතලෙස, ඕනෑකමින්, උනන්දුවෙන්; ආශාවෙන්, තෘප්තියට.
Heartiness, n. අව්‍යාජ හිතේසිකම; ජ්වලිතකම, ඕනෑකම, අභිමතතාව.
Heartless, a. හිත නැත්තාවූ, (හිත) උණුවීමක් *or* අනුකම්පාවක් නැති, හරනැති, අහිත, දයා නැති. ක්‍රෑර, අකාරුණික.
Heartlessly, ad. අහිතලෙස, සැලකිල්ලක් නැතුවම, දයා නැතුවම.
Heartlessness, n. අහිතභාවය, හරනැතිකම, දයා නැතිකම, ක්‍රෑරකම.
Heart-rending, a. පපුව පැළියන තරම්, හදදෙදරන, චිත්තපීඩාකර, අති දුඃඛජනක.
Heart-robbing, a. සිත් ගන්නා, මනෝහර, මනෝහාරී, චිත්තාපහාරී.
Heart's-blood, Heart-blood, n. හෘදයරුධිරය, fig. පණ පවා, ප්‍රාණයම.
Heart-searching, a. සිත සෝදිසිකරන, අදහස් මිව සත; heart-knowing චිත්තඥ.
Heart-seed, n. පෙනෙලි වැල. [කාර.
Heart-shaped, a. හෘදයෙහි හැඩය ඇත්තාවූ, හෘදයා
Heart-sick, a. *or* be. හිතෙන් ඉතා සෝකවූ, හෘදය ශෝකාචිත, ආතුරචිත්ත.
Heart-thrilling. See Heart-delighting.
Heart-wood, n. ගහේ තද ලී, හරය, අරටුව.
Hearty, a. හිතෙන්ම පැමිණෙන, අව්‍යාජ, හෘදයික, හෘදයංගම; ජ්වලිත, උනන්දු; වීර්යවිත්ත, ශක්තිමත්; සම්පූර්ණ.
Heat, n. ග්‍රීෂ්මය, උෂ්ණය, උෂ්ණතාව, රස්නය, උණුසුම, ගිනියම, ගිනිස්, තාපය, ප්‍රතාපය, වේගය, දාහ ගතිය, සූර්යතාපය, සූර්යසන්තාපය; fig. සැරකම, වේගය, උනන්දුකම
heat of the day දවාලේ රස්නය වැඩි වේලාව, ග්‍රීෂ්ම වේලාව;
run one heat එකහැරයක් දුවනවා.
Heat, v. රත්කරනවා, උණුසුම්කරනවා; make red hot ගිනියම්කරනවා; රත්වෙනවා &c., උෂ්ණවත් වෙනවා; fig. සැරකරනවා, අවුස්සනවා.
Heated, pp. *or* a. රත්කරනලද &c., රත්වූ, උෂ්ණවත්, තපන, සන්තපත, දීපත; ඇවිස්සුණ, ප්‍රකුපිත.
Heater, n. රත්කරන්නා &c.; (වෙන ද්‍රව්‍ය රත්කරන) රත් යකඩය.
Heath, Heather, n. පඳුරුජාතියක්; (ඒ) පඳුරු ගැව සියත් බිම *or* පලාත
Heathen, n. මිථ්‍යාදෘෂ්ටියා, මිථ්‍යාලබ්ධිකයා, මිසදිටුවා, බොරු දෙවිදේවතාවන් අදහන්නා; the heathen මිසදිටුවෝ &c.
Heathen, Heathenish, a. මිථ්‍යාදෘෂ්ටි, මිථ්‍යාලබ්ධික, මිසදිටු; වනචර, මෙල්ච්ඡ.
Heathendom, n. ලෝකයේ මිථ්‍යාදෘෂ්ටි ආගම් පවතින පළාත් *or* මුළුකොටසංකය, මිථ්‍යාලබ්ධි ලෝකය.
Heathenishness, n. මිථ්‍යාදෘෂ්ටි භාවය; ඉතා වනචර ගතිය.
Heathenism, n. මිථ්‍යාදෘෂ්ටිය, මිථ්‍යාදෘෂ්ටිකම, මිථ්‍යාදෘෂ්ටි ඇදහීම, අවසමය, රූප සේවනය; වනචර කම.
Heating, n. රත්කිරීම &c. see verb, තපනය, තාපනය, සන්තාපනය.
Heating, a. රත්කරන &c., උෂ්ණය උපදවන, තාපක, තාපන, දීපන.

Heave, v. (බරක්) උස්සනවා, ඔසවනවා, ඉහත්කරනවා; retch ඔක්කාරකරනවා;
heave a sigh &c. සුසුම්ලනවා, හුල්ලනවා;
heave ahead (නැව) ඉස්සරහට කරනවා; [වා;
heave to (නැව ගුළඟ ඉදිරිපිටට) හරවා නවත්වන
of the breast or sea (හනිද්වීමෙන් &c. පපුව, මුහුද) ඉහළ පහළ යනවා, ඉහත්වෙනවා, පෙලවෙනවා, වංචලවෙනවා, රළගසනවා. [රය.
Heave, n. ඉහත්කිරීම, ඉහත්වීම; ඔක්කාරය, උද්ගා
Heaven, n. ස්වර්ගය, දිව්‍යලෝකය, දෙව්ලොව, සග; the sky අහස; the heavens ඉහළ—ආකාශයේ පෙනෙන—ලෝකවල්: i. e. ඉරහඳතාරකා.
Heaven-directed, a. අහස දෙසට හැරී — එල්ලවී — තිබෙන්නාවූ; දේව ආනුභාවෙන් පෙලඹවූ *or* ඥනය ලබන *or* මග පෙන්වනු ලබන. [තාව.
Heavenliness, n. ස්වර්ගීයතාව, අත්‍යුත්කෘෂ්ටාත්මික
Heavenly, a. ස්වර්ග, ස්වර්ගීයික, දිව්‍ය, සග, සුර; fig. ඉතා යහපත් *or* ආත්මික.
Heavenly-minded, a. ස්වර්ගානුකූල සිතක් ඇති, ස්වර්ගීයමනස්, සිතින් ඉතා උතුම්, අත්‍යාත්මික.
Heavenly-mindedness, n. ස්වර්ගානුකූල ස්වභාව, අත්‍යාත්මික භාවය.
Heavenward, Heavenwards, ad. ස්වර්ගය දෙසට, ස්වර්ගය කෙරෙහි සිත යොමුකර.
Heave-offering, n. ඔසවන — එසවීමේ — පූජාව, උපෙතොල්ලීය නෛවේද්‍ය පූජාව.
Heavily, ad. බර ආකාරයෙන්ආමාරුවෙන්; fig. තද ලෙස, දුකසිතලෙස. එක්ව පුළුවනු
Heaviness, n. බර, බරසහියාතක. බරපතළකම; fig. අමාරුකම, තදකම, පීඩ්නකබර, කාන්සාව, මිලානිකකම.
Heavy, a. බරවූ, භාර; බර ආකාර, බරපතළ, අධික, ඝන; අමාරු; තද, දුකසහිත; උනන්දු නැති, මිලානික.
Heavy-armed, a. බර යුද්ධායුධ සන්නද්ධ.
Heavy-hearted, a. හිතෙන් කාන්තාවූ, දුක්ඛිත.
Heavy-laden, a. බොහෝ බර—පැටවිලි—පටවාපු, බොහෝ බර සහිතවූ.
Hebdomadal, Hebdomadary, a. සත්දවසක්—සුමානයක්—අඩංගු; සතිපතා, සුමානපතා.
Hebraic. a. හෙබ්‍රෙව්, හෙබ්‍රෙව්විරුත්ව *or* හෙබ්‍රෙව් භාෂාවට අයිති.
Hebraism, n. හෙබ්‍රෙව් භාෂා රීතියක්.
Hebraist, n. හෙබ්‍රෙව් භාෂාව දන්න කෙනෙක්, හෙබ්‍රෙව් භාෂාඥයා.
Hebrew, a. *or* n. හෙබ්‍රෙව්; හෙබ්‍රෙව්වා, හෙබ්‍රෙව් කෙනෙක්; හෙබ්‍රෙව් භාෂාව.
Hecatomb, n. සතුන් සියයක් අඩංගු පූජාව, ශතගෝපූජාව, ශතගෝමේධය; සතුන් රසියක් අඩංගු පූජාව.
Hectic, a. වරින් වර අල්ලන්නාවූ, ස්වාභාවික, hectic fever ස්වාභාවික—ක්ෂයරෝග—ජ්වරය, ප්‍රලේපක ජ්වරය.
Hectometre, n. මීටරයමෙන් සිය ගුණයක්, ශත මීටරය, හැක්ටොමීටරය.
Hector, n. තර්ජනකාරයා, සැරකාරයා.
Hector, v. නිතරම තර්ජනයකරනවා, සැරකරනවා.
Hedge, n. වැට, ඔඩවැටිය; v. වැට බඳිනවා; කොටු කරනවා; දෙපක්ෂයටම ඔට්ටු තබනවා.
Hedgehog, n. (කුඩා ජාතියක) ඉත්තෑවා.
Hedge-bill, Hedging-bill, n. වැට කපන කැත්තක්.

Hedgerow, n. බඩවැටිය, පැළෑණි වැට. Hedge-stake, n. ඉන්න.

Hedonism, n. ප්‍රීතිවීම or සුඛාසේවනයම ජීවිතයේ පරමාර්ථය වශයෙන් උගන්වන ධර්මය.

Heed, v. සලකනවා, කල්පනාකර බලනවා, ඇහුම්කන්දෙනවා, හිතට ගන්නවා, බලාගන්නවා, ප්‍රවේසම්වෙනවා.

Heed, n. සැලකීම &c., සැලකිල්ල ; take or pay heed සලකනවා &c.

Heedless, a. නොසැලකිලි, අප්‍රවේසම්, අපරීක්ෂාකාරී, අනවහිත, අසාවධාන. [කමින්.

Heedlessly, ad. නොසැලකිලිලෙස &c., නොසැලකිලි

Heedlessness n. නොසැලකිලිකම &c., අපරීක්ෂාකාරීත්වය.

Heel, n. විලුඹ, පාදමූලය, පාෂ්ණිය ; (සපත්තුවල, මේස්වල) විලුඹ ; යම්දෙයක අඩිය or අඩියේ පස්සා කොටඨාසය.

Heel, v. (සපත්තුවල &c.) විලුඹ දමනවා ; heel over (නැවක් මෙන් පැත්තකට) ඇලවෙනවා.

Hegira, n. ක්‍රි. ව. 622 දී මක්කමින් මහම්මත්ගේ පලායාම ; මහම්මත් වර්ෂයේ මුල

Heifer, n. නෑම්බි, වැස්සි, තරුණ එළදෙනක්.

Heigh-ho, int. අයියෝ, අඃ.

Height, n. උස, (තරු) ඉහළින්වෙන ප්‍රමාණය, උන්නත්වය, උන්නතිය ; උස්තැනක්, ඉහළ, මුදුන ; උසස්කම, සමෘද්ධභාවය ; (ලෙඩේ) සැර අඩිය ;
reach the height of power &c. (බලයෙන් &c.) අග තැන් පැමිණෙනවා, අග්‍රප්‍රාප්තවෙනවා, (of learning) පාරප්‍රාප්තවෙනවා, n. පාරප්‍රාප්තිය.

Heighten, v. උස්කරනවා ; but gen. fig. (හොඳ නරක යම් විශියකින්) වැඩකරනවා, වඩා බලවත් කරනවා, අධික කරනවා, as : ප්‍රීතිය—දුඃඛය—අනතුර—වැඩිකරනවා, බලගතුකරනවා.

Heightening. n. වැඩිකිරීම &c., බරපතලකිරීම, ප්‍රචුරීකරණය.

Heinous, a. අති දුෂ්ට, ඉතා තදබල, ඝෝර, දරුණු, පාපිෂ්ට, සාහසික, (වරද).

Heinously, ad. ඉතා දුෂ්ටලෙස, ඉතා නපුරුලෙස, සාහසිකලෙස.

Heinousness, n. අති දුෂ්ටභාව, සාහසිකකම

Heir, n. උරුමක්කාරයා, අයිතිකාරයා, හිමි අය, ප්‍රවේණිකාරයා ; heir apparent or young prince යුවරජ.

Heiress, n. උරුමක්කාරී, හිමිකාරී, ප්‍රවේණිකාරී.

Heirloom, n. පරම්පරාගතව උරුමවෙන බඩුවක්, පාරම්පරීණ වස්තුවක්.

Heir-presumptive, n. අනුමානික උරුමක්කාරයා.

Heirship, n. උරුමක්කාරකම.

Heliac, Heliacal, n. සූර්ය ; සූර්යාලෝක බඳුබ, ඉර එක්ම නගින or බසින, (තාරකා)

Heliacally, ad. සූර්යාලෝක බඳුව.

Helianthus, n. සූර්යාවර්ත පුෂ්පය, සූර්යකාන්ති පුෂ්පය. [ධ්‍යමීය.

Heliocentric, a. ඉරේ සිට පෙනෙන ආකාර, සූර්යම

Heliocentrically, ad. ඉර මධ්‍යයකොට (තබා), සූර්යමධ්‍යමීයලෙස.

Heliography, n. සූර්යාලෝකයෙන් සිතියම්කිරීම.

Heliolatry, n. සූර්යාට නමස්කාරකිරීම, ඉරුදෙවියන් ඇදහීම, සූර්යභක්තිය.

Heliometer, n. (පෙනෙන ප්‍රමාණයේ හැටියට මනින) සූර්යවිෂ්කම්භමානක යන්ත්‍රය.

Helioscope, n. සූර්යදර්ශක කණ්ණාඩිය.

Hell, n. නරකාදිය, නිරය, නරකය, අපාය, අවීචිය ; සූදුකෙළින ගෙයක් ;
of hell නරකාදියේ, &c., or adj. අපායගත, නාරක ; become of hell-condition අපායගතවෙනවා.

Hell-born, n. creature in hell නිරිසතා, නාරකීකයා ; of hell-condition (not necessarily in hell) අපායගතයා.

Hellenism, n. ග්‍රීක් භාෂා රීතියක්.

Hellenist, n. ග්‍රීක් භාෂාකාර යුදෙව්වෙක් ; ග්‍රීක් භාෂාව දන්න කෙනෙක්.

Hellish, a. නාරක, නාරකසළු, අපායගත : fig. නාරකීක, රකුසු, ඉතා දුෂ්ට.

Hellishness, n. රාක්ෂසාකාරකම, ඉතා දුෂ්ටකම.

Helm, n. සුක්කානම, අරිත්‍රය, නෞකාදණ්ඩය ; fig. භාරදුරුවන තැන, helm of state ආණ්ඩු ස්ථානය or ආණ්ඩු බලය.

Helmet, n. ආරක්ෂා තොප්පිය, යුද්ධ-තොප්පිය, ශිරස්ත්‍රාණය, ශිරස්කය.

Helminthic, n. කෘමිනාශෞෂධය, පණු බෙහෙතක්.

Helminthologist, n. කෘමිවිද්‍යාඥ ඇත්තා.

Helminthology, n. කෘමි විද්‍යාව, කෘමි විස්තරය.

Helmsman, n. සුක්කානම්කාරයා, අරිත්‍රකාරයා.

Help, n. උපකාරය, උදව්ව, ආධාරය, පිහිට, පිහිටාධාරය, සරණ, ප්‍රතිෂ්ඨාධාරය, පිළිසරණ. There is no help for it ඊට කරන්ට දෙයක් නැත.

Help, v. උපකාරකරනවා &c., see Aid ; prevent වලක්වනවා :
I cannot help this මේක වලක්වන්ට මට බැරිය.
I cannot help speaking මට කථානොකර බැරිමය.
Help to a thing යමක් අරන්දෙනවා, ලබාදෙනවා &c.

Helped, pp. උපකාරකර &c. ; adj. (those &c. helped) උපකාරකරනලද, උපකාර &c. ලැබූ, උපකෘත.

Helper, n. උපකාරකරන්නා &c., see Aider, සහකාරයා, උපකාරකයා.

Helpful, a. උපකාරක, උපකාර සහිත, ආධාරවූ, පරෝපකාර, උපස්තම්භක, උදව්වෙන්නාවූ, සහායව සිටින, පිටිවහල්වූ, very helpful අත්‍යාධාර, අත්‍යන්තෝපකාරී, ප්‍රතිෂ්ඨාධාර.

Helpfulness, n. උපකාරකත්වය, අධාර බලය, පිටිවහල්කම, පරෝපකාරිතාව, පරෝපකාරිත්වය.

Helping, a. උපකාරකරන &c., උපකාරකාර, උදව්කාර, ආධාර, පිහිටාධාර.

Helpless, a. අසරණ, (තමාගේම) බලපුළුවන්කමක් නැත්තාවූ, පිළිසරණක් නැති, පිහිටාධාර ඕනෑවූ, අනාථ, නිස්සරණ.

Helplessly, ad. නිෂ්ඵලලෙස.

Helplessness, n. (කිසිවක් කරගන්ට) බැරිකම, බලපුළුවන්කමක් නැති බව, අසරණකම.

Helpmate, n. උදව්කාර යහළුවා, සහකාරයා.

Helter-skelter, ad. කලබලලෙස, වියවුල්ලෙස. [වා.

Helve, n. පොරෝමිට ; v. මිටක් දමනවා, මිට ගහන

Hem, n. වාටිය, ගැටිය, අද්දර, විසනාන්තය, of B. P.'s robe නුවාව ; v. වාටි මහනවා ; hem in වට ලනවා. [ශබ්දය.

Hem, n. (යමෙකුට ඇහෙන්ට කරන) හෙම් යන

Hem, v. හෙම් කියා ඕනෑවාට කහිනවා.

Hematemesis, n. ලේ වමනයකිරීම, රුධිර-වාන්තිය.

Hematology, n. රුධිර විද්‍යාව, රුධිර විස්තරය.

Hemi. (හෙමි), prefix අර්ධ යන අර්ථ ඇති උපසර්ගය.
Hemicrania, Hemicrany, n. ඉසේ පැත්තක රුජාව, අඩ ඉසරුජාව, අර්ධශිරෝරුජාව.
Hemiopia, n. අඩක් පමණක් පෙනෙන ඇස්රෝග යක්, අර්ධදෘෂ්ටිතාව.
Hemiplegia, Hemiplegy, n. අංසබාග රෝගය, පක්ෂා ඝාතය, භග්නපාර්ශ්වය.
Hemiplegic, a. අංසබාගයෙන් පෙළෙන or එය පිළිබඳ, පක්ෂාඝාත, භග්නපාර්ශ්ව.
Hemisphere, n. අර්ධ ගෝලය, අර්ධ මණ්ඩලය; අර්ධ භූගෝලය; අර්ධ භූගෝල සිතියම; northern උත්තරාර්ධ ගෝලය, southern දක්ෂිණාර්ධ ගෝලය, eastern පූර්වාර්ධ ගෝලය, western අපරාර්ධ ගෝලය.
Hemispheric, a. අර්ධ ගෝල, අර්ධ භූගෝල.
Hemispheroidal. a. අර්ධගෝලයට සමාන, අර්ධගෝලාකාර. [ය.
Hemistich, n. කවිපදයකින් භාගයක්, අර්ධ කවිපද
Hemlock, n. විස ගස් ජාතියක්, එයින් සාදපු විස බෙහෙත්.
Hemoptysis, Hemoptoe, n. ලේ කෙළගැසීම, රක්ත නිෂ්ඨීවනය.
Hemorrhage, n. ලේ ගලායාම, ලේයාම; flooding කිලිමාලය, රුධිර ස්‍රාවය, රක්තාවසේචනය.
Hemorrhagic, a. ලේයාම සම්බන්ධ; කිලිමාල, රුධිර ස්‍රාව.
Hemorrhoidal, a. අර්ශස්, අරිශස්, අර්ශස්රෝගි, ගුදකීල.
Hemorrhoids, n. අර්ශසය, අර්ශස්රෝගය, ගුදකීලය.
Hemp, n. හණ, නියද, කිත්තත්, ගෙල්ගාර, කංසා.
Hemped, a. හණවලින් කරනලද, ශණමය, ශාණ.
Hemstitch, v. නූල් ඇර මහනවා; n. නූල්ඇර මැහීම.
Hen, n. කිකිළි; female bird කිරිල්ලී.
Hence, ad. මෙතනින්, මෙතන සිට; මෙයින්; එහෙයින්, එබැවින්.
Henceforth, Henceforward, ad. මෙතැන් පටන්, මින් මතු, මින් ඉදිරියට.
Hen-coop, n. කුකුල් කූඩුව, කුකුල් කූඩය.
Hendecagon, n. (පැති හා) කොන් එකොළහක් ඇති හැඩය, ඒකාදශ කෝණය, ඒකාදශාස්‍රය.
Hendiadys, n. එක අර්ථයක් වචන දෙකකින් පෙන්වන විධිය, එක අර්ථයක් අඟවන වචන යුගලය, ඒකාර්ථවාක්‍යයුග්මය.
Hen-pecked, a. භාර්යාවගේ අණට යටත්වූ (පුරුෂයා), ස්ත්‍රීවශවර්තී, දයිතාධීන; n. දයිතාධීනයා.
Hen-roost, n. කුකුළන්ගේ පැදුම, කුකු ළු ලෙන්.
Hepatalgia, n. අක්මා වේදනාව, යකෘත් වේදනාව.
Hepatic, a. අක්මාවට අයිති, අක්මා, යකෘත්.
Hepatics, n. pl. අක්මා ආබාධ, කැවුලෙත් රෝගාතුර කම, යකෘද්‍රෝග; අක්මා විස්තර පොත්.
Hepatitis, n. අක්මා දැවිල්ල.
Hepatography, Hepatology, n. අක්මාව ගැන විස්තර කිරීම, යකෘත් විස්තරය.
Hepatoscopy, n. මෘග අක්මා බැලීමෙන් පේන කීම, යකෘතාවපීජනාව.
Heptachord, n. සප්තනාද ක්‍රමය, නාද සතක් අඩංගු ගීය. [කය.
Heptaglot, a. සප්තභාෂාකෘත; n. සප්තභාෂා පුස්ත
Heptagon, n. (පැති හා) කොන් සතක් ඇති හැඩය, සප්තකෝණය, සප්තභුජය, සප්තාස්‍රය.
Heptagonal, a. පැති or පට්ටම් සතක් ඇත්තාවූ, සප්තාස්‍ර, සප්තකෝණ, සප්තභුජ.

Heptahedron, n. පට්ටම් සතක් ඇති ඝන දෙයක්, සප්තාංශඝනයක්.
Heptandria, n. pl. in bot. පුරුෂ කේසර සතක් ඇති පැළ ජාති.
Heptangular, a. කොන් සතක් ඇති, සප්තකෝණ, සප්තාස්‍ර.
Heptaphyllous, a. කොළ සතක් ඇත්තාවූ, සප්ත පත්‍ර, සප්තපර්ණී.
Heptarchy, n. සත්දෙනෙකු විසින් පවත්වන ආණ්ඩුව, සප්තරාජ්‍යය, සප්ත ආණ්ඩුව, (සැක්සොන්) සප්ත රජුන්ගේ රාජ්‍යය.
Her, pron. possessive ඇගේ, objective ඇ.
Herald, n. (යුද්ධය, සමාදානය &c.) ප්‍රසිද්ධකරන්නා, ප්‍රකාශකරන්නා, ප්‍රකාශකයා; පෙරවුම් යන පණිවිඩකාරයා, රාජදූතයා, අග්‍රගාමියා, පුරෝගාමියා.
Herald, v. කලින් ප්‍රසිද්ධකරනවා, කලින් ප්‍රකාශකර දක්වනවා.
Heraldry, n. ප්‍රසිද්ධ පණිවිඩකාර ධුරය; පෙළපත්—වංශකොඩි—යනාදිය සටහන්කරන ශිල්පය; වංශ සලකුණු විස්තරය.
Herb, n. පලා, පලා ජාතිවල ගහක්, ඖෂධිය.
Herbaceous, a. පලාවිශේෂාකාර, ඖෂධි. [ළ.
Herbage, n. පලා ජාති, ඖෂධි ජාති; තෘණ, තණකොළ
Herbal, n. ඖෂධි නාමාවලිය, ඖෂධි විස්තර පුස්තකය; වේලාපු පලා ගණනක්, ශුෂ්කෞෂධි සම්භාරය.
Herbalist, n. පලා ජාති එකතුකරන්නා, පලා ජාති වෙළෙන්ද; ඖෂධි ශාස්ත්‍රඥයා.
Herbarium, n. ශුෂ්කෞෂධිසම්භාරය; වේලාපු පලා තබාගන්න පොත &c. [කයෝ.
Herbivora, n. pl. පලා ජාති කන සත්තු, ඖෂධි භක්ෂ
Herbivorous, a. පලා or තෘණ කන්නාවූ, ඖෂධි භක්ෂක.
Herborization, n. අලුත් පැළ ජාති සෙවීම; ලෝහ සහ ගල්වල ඇති පැළරූප.
Herborize, v. see Botanize; ලෝහවල &c. පැළ රූප සාදනවා or සැදෙනවා.
Herculean, a. (හර්කියුලීස් නම්වූ ග්‍රීක් යෝධයාට සුදුසුවූ): යෝධවූ, යෝධාකාර, බලගතු, ඉතා ශක්තිමත්, ඉතා අමාරු.
Herd, n. (ගව, අශ්ව, ඌරු, යනාදී ලොකු or රෞද්‍ර සත්තු) රැළ, රංචුව; පෙළ.
Herd-boy, n. ගොපළු කොල්ලා, ගෝපාල ගැටයා.
Herd together, v. රැළවිසයෙන් සිටිනවා, මෑගරැළ මෙන් එකතුව වසනවා.
Herdsman, n. ගෝපාලයා, ගෝපාලකයා, පශුපාලයා, (ලොකු සිව්පාවුන්ගේ) එඬේරා.
Here, ad. මෙහි, මෙහේ, මෙතන; here and there එහි මෙහි, ඔබ මොබ, එදෙස් මෙදෙස්, අතරින් පතර; here and hereafter දැනුත් මතුත්; it is neither here nor there, lit. ඒක මෙහිවත් එහිවත් නැත, fig. නුඹුත් ඒක කාරියක් නොවේ or ඒක මෙතනම කාරණවකී. [යේ.
Hereabout, Hereabouts, ad. මෙහි ළඟ, මෙහි සමීප
Hereafter, ad. මින් පසු, මීටපස්සේ, මින් මතු යම් කලක, ඉතු ජීවිතයේදී.
Hereafter, n. මතු පැවැත්මක්, මතු ජීවිතය.
Hereby, ad. මෙයින්.
Hereditament, n. උරුමවියහැකි වස්තුවක්.
Hereditary, a. (මුතුන්මුත්තන්ගෙන්) උරුමවූ, ප්‍රවේණි, ආවේණික, පරම්පරාගත, පාරම්පරීණ, පුත්‍රපෞත්‍රීණ; සහජ (ගුණ, රෝග &c.).

Herein, ad. මෙහි, මෙයින්.
Hereof, ad. මෙයින්, මේ ගැන.
Hereon ad. මේ කෙරෙහි, මේ ගැන.
Heresiarch, n. ප්‍රධාන මිථ්‍යාලබ්ධිකයා, මිථ්‍යාලබ්ධියේ ප්‍රධානියා.
Heresy, n. අසම්‍යක් මතිය, අසම්‍යක් දෘෂ්ටිය, මිථ්‍යා මතිය, දුලබ්ධිය, අධර්මය ; අවමතය.
Heretic, n. අසම්‍යක්දෘෂ්ටියා, මිථ්‍යාලබ්ධිකයා, තීර්ථකයා, මිථ්‍යාමතිකයා, පාෂණ්ඩකයා.
Heretical, a. වැරදි or මිථ්‍යා ගුරුකම් සහිතවූ, අසම්‍යක්දෘෂ්ටිවූ, මිථ්‍යාමතික.
Heretically, ad. අසම්‍යක් දෘෂ්ටිලෙස, මිථ්‍යා ගුරුකම් වශයෙන්.
Hereto, ad. මීට.
Heretofore, ad. මීට පළමුවෙන්, මීට ප්‍රථම, මීට පූර්ව.
Hereunto, ad. මේ පිණිස, මෙතනට, මෙදක්වා.
Hereupon, ad. එවිට, එතකොට. Herewith, ad. මේ සමග, මේ ඇතුළුව.
Heritable, a. උරුමවිය හැකි.
Heritage, n. උරුමය, ප්‍රවේණිය, දායය, උරුම වස්තුව, පෙතෘකධනය.
Hermaphrodite, n. ස්ත්‍රී පුරුෂ දෙලිඟු ඇති සතා, ද්විලිංගාන්විතයා ; in bot. ස්ත්‍රී පුරුෂ ද්විකේශර පුෂ්පය.
Hermaphrodite, Hermaphroditic, a. ද්විලිංගාන්විත, ද්විලිංගවත්.
Hermeneutic, Hermeneutical, a. විස්තරකරන, සත්ත [සර. [කරන, විස්තර.
Hermeneutically, ad. විස්තරාකාරයෙන්, විස්තර ශාස්ත්‍රාකාරයෙන්. [ය.
Hermeneutics, n. pl. විස්තර ශාස්ත්‍රය, සත්ත ශාස්ත්‍ර
Hermeneutist, n. විස්තර ශාස්ත්‍රඥයා.
Hermetic, Hermetical, a. රසායන ; (ලවන, ගන්ධක, රසදිය, යන) ත්‍රිද්‍රව්‍ය දෘෂ්ටි ; (වාතුවත් ඇතුල් නොවෙනලෙස) සම්පූර්ණයෙන් වසාතිබෙන.
Hermetically, ad. (දිය — වාතය — ඇතුල්නොවෙනලෙස බෝතලයක් &c.) සම්පූර්ණයෙන්ම (වසනවා), වාතබාධකලෙස.
Hermit, n. වනවාසියා, තාපසයා, තපස්විවරයා, යෝගියා, වානප්‍රස්ථයා.
Hermitage, n. තාපසයාගේ නිවස, තාපසාශ්‍රමය, තාපසාරාමය, අසපුව, පන්සල, ආශ්‍රමය, අරණ්‍යවාසය.
Hermitical, a. තාපස, තපස්, තාපසාකාර, වනවාස.
Hernia, n. (ඇතුල් බොක්ක ඉරී) බඩවැලෙන් විකක් පිටවීම, අණ්ඩවාතය, කෝෂවෘද්ධිය.
Herniology, n. අණ්ඩවාත විස්තරය.
Hero, n. වික්‍රමවන්තයා, ධෛර්‍ය්‍යවන්තයා, වීරයා, යෝධයා, ඕජසිකයා, ශූරයා ; ප්‍රබන්ධයේ ප්‍රධාන අය, නායකයා.
Heroic, a. වික්‍රමවත්, වීර ශූර, ධෛර්‍ය්‍යවත්, නිර්භීත ; (පුරාණ) වීරයන් or යෝධයන් සම්බන්ධවූ (කාලය, කවි, කම්).
Heroically, ad. ධෛර්‍ය්‍යවත්ලෙස, නිර්භීතලෙස, ශූරලෙස, ශූරවීරලෙස.
Heroi-comic, Heroi-comical, a. හාස්‍ය ශූරාකාර (නාඩගම &c.),
Heroine, n. ධෛර්‍ය්‍යවන්ති, නිර්භීත ස්ත්‍රී, වීරවරිය ; ප්‍රබන්ධයේ ප්‍රධාන තැනැත්තී, නායිකාව.
Heroism, n. (අනතුරුවලදී පාන) ධෛර්‍ය්‍යවත්කම, නිර්භීතකම, ශූරත්වය, ශෞර්‍ය්‍යය, ශූරතාව, වීරතාව, වීරත්වය, වීර්‍ය්‍යය, වික්‍රමය, පරාක්‍රමය.

Heron, n. කොක්කු ජාතියක්, ජලාටනයා, ක්‍රෞඤ්ච පක්ෂියා.
Hero-worship, n. වීරයන්ට ගරුබුහුමන් කිරීම, වීරවරයන් පිදීම.
Herpes, n. චර්මරෝගයක්, දද්දුව, දද්‍රුණය, දර්ද්‍රුව, පාමන් රෝගය.
Herpetic, Herpetical, a. දද්‍රු, දද්‍රුණ, දද්‍රුණ, පාමින.
Herpetologist, n. උරග විද්‍යාව ඇත්තා, උරග විද්‍යාඥයා.
Herpetology, n. බඩගායන සතුන් ගැන විස්තරය, උරග විද්‍යාව, උරග විස්තරය.
Herring, n. මුහුදු කුඩා මත්ස්‍ය ජාතියක්, හුරුල්ලා.
Hers, pron. ඇගේය, as : මේක ඇගේය, bring hers ඇගේ එක ගෙනෙන් ; but ඇගේ පොත &c. her book &c.
Hesitancy, Hesitation, n ඇනහිටීම &c., see verb, සාංකාව, තාත්තුවාව, දෙගිඩියාව, සන්දේහය, සංශය ; වික්කල.
Hesitate, v. සාංකාවෙන් or වළිතකමින් ඇනහිටිනවා, නාවරවෙනවා, අනුමානයෙන් ලතවෙනවා, පැකිලෙනවා, සාංකාකරනවා ; තාත්තුවාවේ සිටිනවා ; stammer වික්කල් ගහනවා.
Hesitating, a. ඇන හිටින, නාවරවෙන, සාංකාකරන, තාත්තුවාවේ සිටින, දෙගිඩියාවූ ; වික්කල්ගහන.
Hesper, Hesperus, n. සන්ධ්‍යා තාරකාව, ඉරබටු තරුව.
Hesperian, a පශ්චිම, බස්නාහිර, බටහිර ; n. පශ්චිම දේශවාසියා, අපරදිග්වාසියා.
Hetero, prefix අන්‍ය, වෙනස්, අසම, යන අර්ථ ඇති උපසර්ගය.
Heteroclite, Heteroclitic, Heteroclitical, a. අනියම්, අනියම් ආකාර, අක්‍රමික, විපර්‍ය්‍යාස.
Heterodox, a. අසම්‍යක්, අසම්‍යක්දෘෂ්ටි, මිථ්‍යාලබ්ධික, විපර්‍ය්‍යාසගාමී, අපර්වන්නී, ධර්මවිරුද්ධ, ධර්මවිපරීත, භින්නමත, අශාස්ත්‍රීය.
Heterodoxy, n. අසම්‍යක්දෘෂ්ටිය &c. See Heresy.
Heterogeneous, a. ජාතියෙන් අසමාන, අසමාන ජාතික, භින්නජාතිය, විජාතිය ; නානාප්‍රකාර, විවිධාකාර, විවිධ, නානාවිධ.
Heterogeneousness, n. ජාතියේ අසමානකම, අසමානාව ; විවිධාකාරත්වය.
Heteropathy, n. (රෝගයට) විපර්‍ය්‍යාස-වෛද්‍යක්‍රමය, ප්‍රතිවිෂ-වෛද්‍යක්‍රමය.
Hew, v. (දර, ගස්, ගල් &c.) කපනවා, කොටනවා ; hew out කපාගේන්නවා, (රූප &c.) කපා සාදනවා.
Hewed, Hewn, pp. or a. කපනලද &c., කපාපු, ජින්න, (පොරවෙන්) කොටාපු, (නියනෙන් &c.) කපා සාදපු.
Hex, prefix. හය යන අර්ථ ඇති උපසර්ගය.
Hexaglot, a. ෂඩ්භාෂා මය ; n. ෂඩ්භාෂාමය පුස්තකය.
Hexagon, n. (පැති හා) කොන් හයක් ඇති හැඩය, ෂට්කෝණය, ෂඩස්‍රය, ෂඩ්භුජය.
Hexagonal, a. (පැති හා) කොන් හයක් ඇත්තාවූ, ෂට්කෝණ, ෂඩස්‍ර, ෂඩ්භුජ.
Hexahedron, n. a cube පැති හයක් ඇති ඝන හැඩය, ෂඩංගඝනයක්, ෂට්ඵලකය.
Hexameter, n. පද හයක් ඇති කවි පාදයක්, ෂට්පදකවිපාදය. [ජාතියක්.
Hexandria, n. in bot. පුරුෂකේශර හයක් ඇති පැළ
Hexandrian, Hexandrous, a. පුරුෂකේශර හයක් ඇති.

Hexangular. a. කොන් හයක් ඇති, ෂඩ්කෝණ, ෂඩස්‍ර.
Hexapetalous, a. පෙති හයක් ඇති, ෂට්පත්‍ර.
Hexaphyllous, a. කොළ හයක් ඇති.
Hexapla, n. (හයපටක්), භාෂා හයකින් ලියාපු ශුද්ධ ලියවිලි පොතක්, ෂට්කාපුස්තකය.
Hexaplar, a. තීරු හයක් ඇත්තාවූ, ෂට්ක, ෂඩ්ගුණ.
Hexapod, a. පාද හයක් ඇති, ෂට්පදික; n. පා සයක් ඇති සත්තවයා, ෂට්පදිකයා.
Hexarchy, n. හයදෙනෙකු විසින් පවත්වනු ලබන ආණ්ඩුව, ෂඩ්රාජ්‍යය.
Hey, excl. *or* inter. (ප්‍රීතියට කියන) ඔහෝ! ආ?
Heyday, excl. ඔහෝ, අහ; n. ක්‍රීඩා ප්‍රීතිය, සැප සෙල්ලම, උල්ලසිතතාව.
H. H., His Highness, උතුමාණන්වහන්සේ.
Hiatus, n. හිස් තැන, ඡූකය, (අක්ෂර, වචන &c.) මැකුණු තැන, අතර, අන්තරය, ඡේදය, භඞ්ගය; in gram. ළඟ ළඟ ප්‍රාණාක්ෂර: (සභා ආගම් යන ශබ්ද මෙනි).
Hibernal, a. ශීත කාලයට අයිති, ශීතකාලසම්බන්ධි, ශීතකාලික, හෛමන්ත, හෛමන්තික.
Hibernate, v. (වඩාම නින්දෙන්) ශීතකාලය පසුකරනවා.
Hibernation, n. (පිටතට නොයොස් *or* නිදාගෙන) ශීත කාලය පසුකිරීම.
Hibernian, a. අයර්ලන්තයට අයිති, අයර්ලන්ත; n අයර්ලන්තවාසියා.
Hibiscus, n. වද ගහ, බන්ධුජීවක, the flower වද මල, සපත්තුමල, බන්ධුජීවක කුසුමය.
Hiccough, Hiccup, n. ඉක්කාව, හික්කාව; v. හික්කා ගහනවා, ඉක්කා වැටෙනවා.
Hidden, pp. *or* a. සැඟවී තිබෙන, නිදන්කර තිබෙන රහස්වූ, ගම්භීර, ගුප්ත, ගූඪ, ඡන්න, ප්‍රතිච්ඡන්න පච්ඡන්න, පිළිසන්.
Hide, v. සඟවනවා, සඟවා තබනවා, හංගනවා, වල ගහනවා, වසන්කරනවා, නිදන්කරනවා; සැඟවෙනවා, හැංගෙනවා, ගුප්තවෙනවා.
Hide, v. තළනවා.
Hide-and-seek, n. සැඟවෙන්නා සෙවීම යන ක්‍රීඩාව, හැංගිමුත්තන් කෙළිය.
Hide, n. හම, චර්මය.
Hide-bound, a. හම හිරවූ (සතා); පොත්ත හිරවූ (ගස).
Hideous, a. ඉතා අප්‍රිය, විරූපක, ඝෝරරූප; (කනට) ඉතා අමිහිරි, කුත්සිත, කන පැලෙන; භයානක, භීෂණ, බියකරු, ඝෝර, ඝෝරාකෘති.
Hideously, ad. ඉතා අප්‍රියලෙස &c.; භයානකලෙස, ඝෝරතරලෙස.
Hideousness, n. අප්‍රියතාව, විරූපකතාව, ඝෝරරූපය; ඉතා අමිහිරිකම; භයානකකම, ඝෝරත්වය, රෞද්‍රතාව.
Hiding-place, n. සැඟවෙනතැන; රක්ෂස්ථානය.
Hidrotics, n. pl. ස්වේදජනෞෂධ, ස්වේදන ද්‍රව්‍ය, ඩාදිය දමවන බෙහෙත්.
Hie, v. හනික යනවා, යුහුව යනවා *or* එනවා, ඉක්මන් කරනවා.
Hierarch, n. ආගම ගැන බලපවත්වන්නා, දේව සභා ආණ්ඩුකාරයා.
Hierarchy, n. ආගම ගැන ආණ්ඩුකිරීම, දේව සභා–ආණ්ඩුව; දේවසභා–ආධිපත්‍යය, ආගම් සම්බන්ධ ශාසනය; දේවසභා–ආණ්ඩුකාර මණ්ඩලය, දේව සභාපතියෝ.

Hieratic, Hieratiacal, a. පූජක, යාජක, හෝත්‍රකාරක, (sp. මිසර පූජකයන්ගේ අක්ෂර).
Hierocracy, n. පූජකයින් *or* දේවගැතියන් විසින් ආණ්ඩුකිරීම; පූජක ආණ්ඩුව, දේවගැති ආණ්ඩුව.
Hieroglyph, Hieroglyphic, n. (මිසරවරුන්ගේ ශුද්ධ) රූප අකුරු *or* සිතියම් අකුරු, පූජකාක්ෂරය; තේරුමක් ඇති සංඥාව, ගූඪාක්ෂරය.
Hieroglyphic, Hieroglyphical, a. ප්‍රතිරූපාකාර, සණ්ඨානාකාර, චිත්‍රක, ගුප්ත, (සලකුණු, අක්ෂර).
Hieroglyphist, n. ප්‍රතිරූපාක්ෂරඥයා.
Hierology, n. (sp. මිසරවරුන්ගේ) ශුද්ධලියවිලි—ශිලාලේඛන—ආදී ශාස්ත්‍රය, ශිලාලේඛන විස්තරය.
Hieromancy, n. පුදපූජා බලා පේනකීම, (දිව්‍යකීමේ) නෛවේද්‍ය ශාස්ත්‍රය.
Hierophant, n. (ආගමේ කාරණ ප්‍රකාශකරන) පූජකයා, වේදාධ්‍යාපකයා.
Higgle, v. බඩුවල සුළු මිලගණනක් ගැන රෙල්ලම් කරනවා, කේවෙල් කරනවා.
High, a. උස්වූ, උස ඇත්තාවූ; ඉහත්වූ;
fig. (socially, mentally &c.) උසස්වූ, උතුම්, උත්කෘෂ්ට, කුලීන;
උදාරම්, උදාර, උන්නත, උච්ච; high & low උත්කෘෂ්ටනිකෘෂ්ට;
violent සැර (වචන, හුළඟ), බලාත්කාර (අත); excessive අධික;
full සම්පූර්ණ: high time සම්පූර්ණ වේලාව &c., high noon සම්පූර්ණ මද්දහන, it is high day බොහෝ—හොඳට—දවල්වෙලයි.
High, ad. උසට, ඉහළට; fig. උසස් අභියකට.
High-altar, n. R. C. (මහ පූජාව ඔප්පුකරන) මහ පූජාසනය, මහ අල්තාරය.
High-born, a. (ජම්මයෙන්) වංශවත්, කුලයෙන් උතුම්වූ, වරවංශෝද්භූත, මහාකුලජ, කුලීන, ජාතිමත්, ජාති සම්පන්න, අභිජාත; ආජානේය(අශ්වයා)
High-caste, a. වංශවත්, කුලීන, මහාකුලීන &c.
High-church, n. පාරිදශික ක්‍රමය, චාරිත්‍ර, ආදිය අති උතුම්කොට සලකන එංගලන්ත සභා නිකාය, උන්නත සභා නිකාය, චාරිත්‍රානුකූල නිකාය.
High-church, a. උන්නත නිකායාකාර, චාරිත්‍රානුකූල.
High-churchism, n. චාරිත්‍රානුකූල ධර්මය, චාරිත්‍ර දෘෂ්ටිය.
High-churchman, n. චාරිත්‍රානුකූල ලබ්ධියා, චාරිත්‍ර දෘෂ්ටියා.
High-coloured, a. දිලෙන පාට ඇත්තාවූ, අතිවර්ණගත, අතිරඤ්ජිත; සායම් පොවාපු (කථාව &c.).
High-flown, a. අති ගම්භීර, වාක්‍යෝජනාන්ත, (භාෂණ); උදාරම්, ආඩම්බර, ගර්විත, උන්නත, (කල්පනා &c.).
High-handed, a. බලාත්කාර, සැරකාර, අනුන් නොසලකා ක්‍රියාකරන, පුළුවන්කාරකම් පාන.
Highland, n. කඳුකරය, කඳු බිම, කඳු රට; a. කඳුකර, ස්කොට්ලන්තයේ කඳුකර රටට අයිති.
Highlander, n. කඳුරට වැසියා, උඩරට වැසියා.
High-life, n. වංශවතුන්ගේ ජීවිතය, උසස්ලෙස විසීම, කුලීන භාවය; in high life වංශවතුන් අතරෙහි.
High-living, n. සැප ජීවිකාව, අධික සැපදායක භෝජනය-; උන්නත ජීවිකාව.
Highly, ad. බොහෝසෙයින්, අති; උතුම්කොට, උතුම්ලෙස; ඉහළින්ම, උදාරම්ලෙස; උඩඟුලෙස.
High-mass, n. R. C මහ පූජාව.

High-minded, a. උඩඟු, ආඩම්බර; සිතින් උතුම්වූ, උසස් සිත් ඇති, මහා මනසක.

Highness, n. උස්කම, ඉහත්කම; fig. උසස්කම, ශ්‍රේෂ්ඨතාව; of price &c. අධිකකම, වැඩිකම; (ශබ්දයේ) හීන සැරකම.

High-place, n. (බයිබලයෙහි) පූජාව ඔප්පුකරන උසස්ථානය, උච්චස්ථානය.

High-priced, a. මිලගණන අධික, බොහෝ මිල ගණනකට විකිණෙන, බහුමූල්‍ය.

High-priest, n. උත්තමපූජකයා, නායකපූජකයා; B. නායක හාමුදුරුවන්වහන්සේ, නායක ස්ථවිර යන් වහන්සේ.

High-principled, a. උසස් ප්‍රතිපත්තිවල පිහිටි, උදාර වූ අදහස් පිට ක්‍රියා කරන, ප්‍රතිපත්ති ගරුක, පූර්ණ ශීල, අති විශ්වාස්‍ය.

High-road, n. ප්‍රසිද්ධ මාර්ගය, මහාපථය, මහාමාර්ගය, මහපාර, මහමාවත.

High-sea, n. නද රළ ගැසීම, මහ රළපතර, වාරකම.

High-seas, n. pl. මහා සමුද්‍ර: sail on the high-seas මහ මුහුදුවල යාත්‍රා කරනවා.

High-sounding, a. මහ හඬ ඇති; fig. බැරෑරුම්, උත්තතාකාර, (නාම &c.).

High-spirited, a. ඉතා ප්‍රාණවත්, ඉතා උනන්දු, වේගවත්, සැරවැර, කිපෙන; ධෛර්යවත්.

High-tide, High-water, n. සම්පූර්ණ වඩදිය, වඩිප්ප.

High-time, n. හොඳටම සම්පූර්ණ වේලාව *or* කාලය.

High-treason. n. රාජද්‍රෝහිකම, රාජද්‍රෝහය, රාජ අපරාධය.

High-water-mark, n. (වෙරළෙහි සම්පූර්ණ) වඩදියේ රැකුණ.

Highway, n. ප්‍රසිද්ධ මාර්ගය, ප්‍රසිද්ධ පාර, මහමාවත, මහා පථය; fig. (යම් ස්වභාවයකට පැමිණෙන) පහසු මාර්ගය *or* විධිය.

Highwayman, n. මංකොල්ලකාරයා, මංපහරන හොරා.

High-wrought, a. ඉතා නිපුණලෙස සාදනලද; අධිකලෙස ඇවිස්සුණ.

Hilarious, a. (සිනා—සෝභා—ක්‍රීඩා—සහිතව) ප්‍රීති සන්තෝෂවූ.

Hilarity, n. සෙල්ලමින් හටගන්න ප්‍රීතිය, ප්‍රීති සන්තෝෂය, හර්ෂය, ප්‍රහර්ෂය, ආනන්දය, උත්සවය.

Hill, n. හෙල, මිටි කන්ද.

Hilliness, n. කඳු හෙල් ඇතිකම, හෙල් ගොඩැලි සහිතකම.

Hillock, n. මිටි හෙල, ගොඩැල්ල.

Hilly, a. හෙල් ඇත්තාවූ, හෙල් ගොඩැලි සහිත, කඳු හෙල් ගැවසීගත්, කඳුකර.

Hilt, n. (කඩු ශස්ත්‍රාදියේ) මිට, කඩු මිට.

Hilted, a. මිටක්—මිට—ඇති.

Him, pron. obj. of He, ඔහු, උන්නැහේ &c.; used also for *to him* ඔහුට; I gave him a book *or* I gave a book to him ඔහුට පොතක් දුනිමි.

Himalayan, a. හිමාලකන්දට අයිති, හිමාල; විශාල, යෝධ.

Himself, pron. nom. & obj. ඔහුම, තමාම:

He himself is my friend ඔහුම මගේ මිත්‍රයායි.

He killed himself ඔහු තමා මරාගත්තේයි ord. මරාගත්තා &c.

He hanged himself ඔහු එල්ලී මැරුණේය.

He went by himself ඔහු තනියම ගියා.

Hin, n. Heb. තැළි හයක මිම්ම.

Hind, n. මුවදෙන, මෘගධේනුව, මුවැත්නි, ගෝනදෙන, ගෝනැත්නි.

Hind, n. ගොවියාගේ වැඩකාරයා, පිට්ටරයා.

Hind, Hinder, (හෛණ්ඩ්), a. පස්සා (අය, එක, කකුල් &c.), පස්සේ ඇත්තාවූ, පස්සේ (ඒවා &c.).

Hinder (හිණ්ඩර්), v. වලක්වනවා, බාධාකරනවා; නතරකරනවා.

Hinderance, Hindrance, n. වැලැක්වීම &c., බාධනය; බාධාව, බාධකතාව, බාධකවූ දේ, වලක්වන දේ, අවහිරකම, නිවාරණය, සංරෝධය, අන්තරාය, විඝ්නය.

Hindered, a. වලක්වනලද &c., බාධිත, වාරිත, නිවාරිත, රුද්ධ. [රණ.

Hindering, a. වලක්වන &c., see verb, බාධක, නිවා

Hindi, n. හින්දි භාෂාව.

Hindmost, Hindermost, (හෛණ්ඩ්), a. (සියල්ලට වඩා) පස්සටම *or* පස්සේම *or* පස්සෙන්ම ඇත්තාවූ, (ස්ථානයෙන්) කෙළවරවූ, අන්තිම.

Hindoo, Hindu, n. හින්දුකාරයා, හින්දු භක්තිකයා.

Hindooism, Hinduism, n. හින්දු ආගම, හින්දු භක්තිය, වේදාගම.

Hindostanee, n. *or* a. හින්දුස්ථානි භාෂාව; හින්දුස්ථානි භාෂාවට අයිති, හින්දුස්ථානි.

Hind-quarter, n. (සත්තකුගේ) පශ්චා ගාත්‍රය.

Hinge, n. අසව්ව, සරනේරුව, සන්ධිය; fig. All turns on that hinge *or* all hinges on that ඒක සිද්ධවෙන ප්‍රකාරයටම සියල්ල වෙයි.

Hinge, v. අසව් දමනවා, සරනේරු දමනවා, සන්ධිය කින් බඳිනවා; fig. සන්ධියකින් මෙන් හැරෙනවා *or* සිද්ධවෙනවා.

Hint, v. හඟවනවා, අඟවනවා, (අතින් &c.) සංඥා කරනවා; (ඉසින්) ඉඟිකරනවා; (වචනයකින්, බැල්මකින් &c.) සිහිකරවනවා.

Hint, n. හැඟවීම &c.; සංඥාව, ඉංගිතය, ඉඟිය.

Hip, n. උකුල, ශ්‍රෝණිඵලකය; hip joint උකුල් සන්ධිය; hip bone උකුල් ඇටය.

Hip-bath, n. උකුල දක්වා නාන බාල්දිය; ශ්‍රෝණි අවගාහය.

Hipped-roof, Hip-roof, n. දෙකෙළවර ඇලවූ වහල.

Hippodrome, n (අශ්වයන් එළවන) අශ්ව-මණ්ඩපය, අශ්ව-නාඩගම්පළ.

Hippopathology, n. අශ්ව-වෛද්‍ය ශාස්ත්‍රය, අස් වෙදකම.

Hippophagous, a. අශ්ව-මාංස භක්ෂක.

Hippophagy, n. අශ්ව-මාංස භක්ෂණය.

Hippopotamus, n. (දිය අශ්වයා, ගංගා අශ්වයා), දිය ඇතා.

Hire, n. කුලිය, බැලය, වේතනය, දීමෙල; as a lease බද්ද; wages පඩිය; bribe අල්ලස.

Hire, v. කුලියට ගන්නවා; hire out කුලියට දෙනවා. See Bribe & Lease.

Hired, pp. *or* a. කුලියට ගන්නලද, කුලියට ගත්; කුලිකාර.

Hired-service, n. කුලීවැඩ, බැළමෙහෙය.

Hireling, n. කුලියට—පඩියට—වැඩකරන්නා පඩිකාරයා, කුලිකාරයා, බැළමෙහෙකරුවා, වෛතනිකයා.

Hireling, a. කුලියට &c.—අල්ලසට—වැඩකරන කුලීකාර, ලාභය බලා ක්‍රියාකරන.

Hirer, n. කුලියට &c. ගන්නා, කුලී දී ගන්නා.

Hirsute, a. කේශ, මයිල් ඇත්තාවූ, රෝම ඇත්තාවූ.

Hirudo, n. කුඩැල්ලා, පුඩාවා, ජලූකාවා, දියවෙද.

Hirundo, n. වැහිලිහිණියා.

His, pron. උගේ, ඔහුගේ, උන්නැහේගේ &c.; (reflexive) තමාගේ.

His own, pron. emphatic, උගේම, ඔහුගේම &c., තමාගේම. [විලිත් රචවූ.

Hispid, a. මසිල් ගැවසියත්, මසිල් සහිත, මසිල්

Hiss, v. හිස් යන ශබ්දයකරනවා, හූගානවා, පිඹිනවා; එසේ කිරීමෙන් යමෙකුට නින්දාකරනවා. We hissed him ඔහුට හූගා නින්දාකළෙමු.

Hiss, n. හිස් යන ශබ්දය, සර්පයාගේද පාත්තයාගේද &c. හඬ; නින්දා පිණිස කරන ඒ ශබ්දය, හූගෑම.

Hissing, n. හිස් යන හඬ &c.; see Hiss, n.; හූ ගෑමේ හේතුව or හූ ගෑමෙන් නින්දා ලබන දේ.

Hist, int. නිශ්ශබ්දවෙයන්. See Hush.

Histogeny, n. (දේහවලද වෘක්ෂවලද) සූක්ෂ්මභූත-ග්‍රන්ථනය.

Histography, n. (ඒ) සූක්ෂ්මභූත-ග්‍රන්ථන-විස්තරය.

Histologist, n. (ප්‍රාණි වස්තුවල) සූක්ෂ්මභූත-ග්‍රන්ථන-ශාස්ත්‍රඥයා.

Histology, n. (ඒ) සූක්ෂ්මභූත-ග්‍රන්ථන-ශාස්ත්‍රය.

Histonomy, n. සූක්ෂ්මභූත-ග්‍රන්ථන-ධර්මය.

Historian, n. කථාන්තර පොත් ලියන්නා, ඓතිහාසික ග්‍රන්ථ රචනාකරන්නා, ඉතිහාස කරන්නා, ඉතිහාසවේදියා, ඓතිහාසිකයා.

Historic, Historical, a. කථාන්තර (පොත &c.) කථාන්තරයට අඩංගු (කාරණ, සත්‍ය); ඉතිහාසික, ඓතිහාසික, පෞරාණික.

Historically, ad. සිද්ධවූ දෙයක් කොට; කථාන්තර කාරයෙන්, ඉතිහාසික ලෙස. It is historically false ඒක සිද්ධවූණේනම් නැත or සිද්ධවූණයයි කීම අසත්‍යයි. [කයා.

Historiographer, n. කථාන්තර ලියන්නා, කථාලේඛ

Historiography, n. කථාන්තර ලිවීම, කථාලේඛනය.

History, n. කථාන්තරය, කථාවස්තුව, ඉතිහාසය, පුරාවෘත්තය;

description of animals &c. ඇති වස්තු විස්තරය, සත්ත්ව විස්තරය;

sacred history ධර්මකථාව.

Histrionic, Histrionical, a. නාඩගමට අයිති, නාට්‍ය සම්බන්ධ, නාටකීය.

Histrionically, ad. නාඩගම් විසයෙන්, රංගාකාරයෙන්, නෘත්‍යාකාරයෙන්.

Histrionics, n. නාඩගම, රඟුම් දැක්වීම, බරතසත.

Hit, v. ගහනවා, ගසනවා, හැප්පෙනවා; තට්ටු වෙනවා, වදිනවා, ගැටෙනවා, හැපෙනවා; suit හරියනවා; hit off එකපාරට ඉළවකරනවා or හරියට දක්වනවා; hit on or upon (a plan &c. උපායක්, විධියක්) අහම්බෙන් වාගේ සම්බවෙනවා or යොදනවා.

Hit, n. ගැසීම &c.; පහරක්; අහම්බෙන් හරියන or සිද්ධවෙන යමක්, හරියට වදින කීමක්.

Hitch, v. කොක්කකට &c. අමුණනවා, යොත් &c. අමුකර—සවිකර—තබනවා; අමාරුවෙන් අඩියෙන් අඩියට යනවා, අමාරුවෙන් ඔනෑ පැත්තට වෙනවා or තල්ලුවෙනවා.

Hitch, n. අමුණීම &c.; (යමක් අමුණනබන) කොක්ක, ඇණය &c.; හදිසි නැවතීම or බාධාව; පුඩුව.

Hither, ad. මෙතනට, මෙහාට; hither and thither එහාට මෙහාට, එදෙස් මෙදෙස්.

Hither, a. hither side මෙහාපැත්ත, on &c. the hither side මෙහාපැත්තෙහි &c., මෙහායින්.

Hitherto, ad. මේ දක්වා, දැන් දක්වා, මෙවෙනතුරු, මෙතෙක්කල්. මේවෙනතෙක්; මෙතැනට.

Hitherward, Hitherwards, ad. මේ දෙසට, මේ දිහාවට, මෙතන දෙසට.

Hive, n. මීය, මීවිදය බඳින කූඩුව or පෙට්ටිය; (මීමැසි කූඩුවේ) මීමැසි රාශිය; fig. කැල, රාශිය.

Hive, v. මීමැසි කූඩුවට ඇතුල්කරනවා; මීමැසි කූඩුවේ එකතුවෙනවා; එකතුව වාසයකරනවා; (වස්තු &c.) රැස්කර තබනවා.

H. M. S., His *or* Her Majesty's service *or* ship රජ්ජුරුවන්ගේ—රැජිනියන්ගේ—සේවය *or* නැව, රාජකාරිය.

Hoar, a. (හිම මෙන්) සුදු, ශ්වේත, ශුභ්‍ර, බවල, පැහුණු (ඉසකේ).

Hoard, n. රාශිය නිධිය, නිධානය, නිදන.

Hoard, v. ලෝභලෙස රැස්කර තබාගන්නවා, නිදන් කරනවා.

Hoarding, p. රැස්කර තබමින් &c.; a. (කෑම) රැස්කර තබන (සත්තු).

Hoarding, n. රැස්කර තැබීම &c.; (ගොඩනැගිලි අතර තබන) කොරටුව, වැට. [ශීතල.

Hoar-frost, n. මිදිච්ච පිනි; පිනි මිදෙන තරම් ඇති

Hoariness, n. ඉසකේවල පැහිච්චිකම, පැසුණු ඉසකේ සහිතකම; සුදුපාට.

Hoarse, a. බැරෑඬි, හඬ ගොරෝසුවූ, භින්නස්වර.

Hoarseness, n. බැරෑඬිකම, බැරෑඬිය, ශ්‍රීවාරවය.

Hoary, a. ඉසකේ පැසුණු, පැසුණු කෙස් ඇත්තාවූ; පලිතකේශ; එමැනි පාට ඇත්තාවූ.

Hoax, n. සරදම් පිණිස කරන වංචාව, කවට උපාය or දඟය. [කරනවා.

Hoax, v. සරදමට රවටනවා, සෙල්ලමට යම් දඟයක්

Hob, n. බොස්ගෙඩිය, රෝදනාභිය; ල්පය.

Hobble, v. විකක් කොරගගහ යනවා, අනියම් විධියකට අඩිතබාගන යනවා.

Hobble, n. කොරගැහීම, කොර විධිය; fig. කැඩිච්ච විධිය; අමාරුව, ව්‍යාකූලය.

Hobby, n. (නිතර වැඩිගන්න) සවි මිටි අශ්වයා; ලී අශ්වයා; ඉතා ප්‍රසන්න or කිරීමට ඉතාමත්ම රුචි වැඩය, විනෝදය පිණිස කරන ක්‍රියාව.

Hobgoblin, n. ප්‍රේතයා, භූතයා.

Hobnail, n ලාඩම් ඇණය, කුඩේ ලොකු ඇණය.

Hock, n. (මනුෂ්‍ය) දන සන්ධියේ පස්සා පංගුව, කුදිය; (මෘග) පස්සා ගාත්‍රයේ මැද සන්ධිය.

Hock, n. මුද්‍රිකපාන ජාතියක්.

Hockey, n. පොලු පන්දු ක්‍රීඩාව, හොකී ක්‍රීඩාව.

Hocus-pocus, n. විජ්ජාකාරයා, ඇස්බැන්දුම්කාරයා; සෙප්පිඩ්විජ්ජාව; v. fig. රවටනවා.

Hod, n. බදාම ලෑල්ල, බදාම කූඩය, (කරපිට) බදාම ගෙනයන බරුව.

Hoe, n. උදැල්ල; v. උදැල්ලෙන් කොටනවා.

Hog, n. (කප්පාදුකළ) ඌරා; සූකරයා; කප්පාදුකළ අවුරුද්දක බැටළුවා; fig. කෑදර නීචයා.

Hoggish, a. fig. ඌරු, සෞකර, සූකරීය, කෑදර, කෑත, නීච.

Hoggishly, ad. ඌරු ආකාරයෙන්, කෑදරලෙස &c.

Hoggishness, n. ඌරු ගතිය, කෑදරකම, ලෝභකම, කෑතකම

Hog-plum, n. ඇඹරැල්ල, ආම්‍රාතකය.

Hogshead, n. ගැලොන් හැටක් පමණ අල්ලන මිම්ම; (එපමණ අල්ලන) ලොකු භාජනය *or* ලේඝරය.

Hog-skin, n. පදම්කළ ඌරුහම ; a. ඌරුහම්.

Hog's-lard, n. ඌරු තෙල.

Hoist, v. (යන්ත්‍රයකින්, ලනුවලින් &c.) උස්සනවා, ඉහත්කරනවා ; (කොඩි &c.) නගනවා, ඔසවනවා.

Hoist, n. (කොඩියේ or රුවලේ) උස ; උස්සන යන්ත්‍රය.

Hoity-toity, excl. අපොයි ; a. චපල, හිතුබුද්ධිවූ.

Hold, v. seize, keep hold of අල්ලනවා, අල්ලාගන්නවා ; contain (of quantity) අල්ලනවා ; stop නැවතිනවා, restrain නවත්වනවා ; [තවා ; hold that (think, believe) සිතනවා, විශ්වාසකර keep, possess තබාගෙන සිටිනවා, ඇතුව සිටිනවා ; maintain, keep on, continue පවත්වනවා, අත්නැර කරනවා ;

hold good, true &c. හරිවම—සත්‍යවම—තිබෙනවා; hold fast තදින් අල්ලාගන්නවා ; තදින් අල්ලා or සවිව තිබෙනවා ;

This nail will hold මේ ඇණය තියෙයි or සවිව තිබෙයි or තදවෙයි ;

hold forth : *speak*, දේශනාකරනවා &c., *offer* දෙනවා, පානවා ;

hold out : *continue* පවතිනවා, *offer, give* පානවා, දෙනවා ;

hold to ඇලෙනවා, භජනයවෙනවා, අල්ලාගෙන—අත්නැර—සිටිනවා ; [සිටිනවා ;

hold up : *raise erect* ඔසවනවා, (one's self) කෙළින් *sustain* උසුලනවා ; hold, stop (imp.) නැවතියන්.

This vessel holds water (say) මේ භාජනයෙන් වතුර යන්නේ—වෑස්සෙන්නේ—නැත.

Hold, n. ඇල්ලීම, අල්ලාගැනීම, අල්ලාගෙන සිටීම ; අතින් ඇල්ලීමට තැනක් or දෙයක් ; බලපැවැත්වීමට වාසියක් or මිසියක් ; (ධන) අල්ලන බලය ; හිරඅඩස්සිය, හිරගෙය ; බලකොටුව ; නැවේ ඇතුල් කොටඨාසය.

Holder, n. (යමක්) අල්ලාගෙන සිටින්නා ; (ඉඩම් &c.) ධාරියා, ධුරන්ධරයා ; that by which anything is held රෙදිකඩ, මිට, ග්‍රහණය ; (ගම්බිම්වල) බදුකාරයා ; (මුදල් ලැබෙන්ට) මුදල්පත්‍රය ඇත්තා.

Holdfast, n. (යමක් සවිකිරීමට දමන) කොක්ක, ඇණය &c.

Hole, n. හිල, සිදුර, අස්ස, වළ, විවරය, රන්ධ්‍රය, ඡිද්‍රය ; fig. (වළක් සමාන) නිච තැනක්, මුලුහැරය, hole or corner අස්සක් මුල්ලක්.

Hole, v. හිල්කරනවා, සිදුරුකරනවා ; වළවල් හාරනවා ; (බෝලය) වළේ දමනවා.

Holiday, n. නිවාඩු දවස, අවකාශ දවස, නිෂ්කාලංක or විශ්‍රාම ගැනීමේ දවස, උත්සව දවස ; a. නිවාඩු දවසට අයිති, උත්සව.

Holily, ad. ශුද්ධලෙස, පිරිසිදුලෙස, දේවභක්තිලෙස.

Holiness, n. ශුද්ධකම, පිරිසිදුකම, පවිත්‍රතාව, පූජ්‍යවත්‍වය, දේවභක්තිය.

Holland, n. සිහින් හණරෙදි.

Hollands, n. (හොලන්ඩ් රටේ) ජින් නම්වූ මත්පැන්.

Holloa, Hollo, Holla, n. or excl. ඔයි ; v. ඔයි කියා යමෙකුට මොරගසනවා.

Hollow, n. කුහරය, බිල, ගුහාව, පතන, ගැඹුරු නැති වළ, පහත්වූ තැනක්.

Hollow, a. කුහරවූ, පහත්වූ, හිලුණුවූ (ඇස් &c.); හිස්, පුහු ; ඝෝෂාකාර (ශබ්දය); fig. හිස්, වංක, වංචාකාර.

Hollow, v. කුහර or බොකු හැඩයට සාදනවා or හාරනවා, බොකු ගසනවා ; become hollow කුහර වෙනවා, (ගස) කුණු බසිනවා. [ස්වූ.

Hollow-backed, a. ඇතුළට පිට නැමී තිබෙන, පිට ව

Hollow-boned, a. ඇට කුහරවූ, කුහරාසථි, අදඩාසථි, (සතා, කුරුල්ලා). [තාවූ.

Hollow-eyed, a. ඇස් ගිලීතිබෙන, හිලුණු ඇස් ඇත්

Hollow-hearted, a. වංක සිතක් ඇත්තාවූ, හරනැති, අවිශ්වාස, කුහක.

Hollowness, n. කුහරත්වය, හිස්කම, ශූන්‍යතාව, අසාරත්වය, fig. වංකකම, අවිශ්වාසකම, කුහකකම.

Hollow-square, n. (පාබලසේනා ගැසෙන හැඩයක් වන) මැද හිස්වූ චතුරස්‍රය. [යක්.

Holly, n. ගස් ජාතියක්. Hollyhock, n. මල්පැළ ජාති

Holocaust, n. මුළු වසයෙන්ම දවනපූජාව, මුළු පූජාව, හෝමය, සර්වදාහ පූජාව.

Holograph, n. දෙන අය විසින්ම ලියනලද ඔප්පුව or කැරය.

Holster, n. සෑදලයේ පිස්තෝල මැස්ම, අසරු පිස්තෝල කොපුව.

Holy, a. (සිතෙන්, ක්‍රියාවෙන්) ශුද්ධවූ, පිරිසිදු, පවිත්‍ර, සකනිවතන, පූජ්‍ය ; දේවසේවයට කැපවූ.

Holy of holies, n. (යුදෙව් දේව මන්දිරයේ) අති ශුද්ධ ස්ථානය. [වහන්සේ.

Holy Ghost, Holy Spirit, n. දේව ශුද්ධාත්මයාණන්

Holy-office, n. R. C. (නොඇදහිලිකාරයින්) පරීක්ෂක සභාව.

Holy-one, n. (දේව) ශුද්ධතැනන්වහන්සේ ; holy-one දේවසේවයට කැපවූ අය.

Holy-orders, n. දේවගැති ධුරය ; B. ascetic state ප්‍රව්‍රජ්‍යාව ; take holy orders දේවගැති ධුරයට පත්වෙනවා ; B. P. පැවිදිවෙනවා, ප්‍රව්‍රජිත වෙනවා.

Holy-rood, n. R. C. (sp. දේවස්ථානයේ) කුරුසි සුරුවම.

Holy-stone, v. (තැළිතවිවු ලෑලි) ගලෙන් පිරිමදිනවා.

Holy-week, n. (ක්‍රිස්තුස්වහන්සේගේ වදවිඳීම සිහි කරන) ශුද්ධ සතිය.

Holy-writ, n. ශුද්ධ ලියවිල්ල.

Homage, n. බැහැදකීම, (උතුම්කොට සලකා) යටහත්ලෙස ගෞරව දීම, ආදර ගෞරව පෙන්වීම, සම්මානනය, අවනත භාවය ; වැඳීම, නමස්කාරය.

Home, n. ගෙදර, නිවාසය, නිවස, වාසස්ථානය, ස්වගෘහය ; සියරට, ස්වදේශය.

Be at home in anything යමකට හොඳට පළපුරුදුව සිටිනවා.

Home, a. ගෙදරට අයිති, සියරටට අයිති ; fig. තද, as : a home thrust තද පහරක්, හොඳට වදින පහරක්. [නය).

Home-brewed, a. ගෙදර—තමා විසින්—සෑදුවාවූ (පා

Home-department, n. (ආණ්ඩුවේ) ස්වදේශ කාර්‍ය—කොටඨාසය.

Homeless, a. ගේදොර නැති, වාසස්ථානයක් නැති.

Homeliness, n. (තමාගේම) ගෙදර වැනි ස්වභාව ; වඩා රූප—උතුම්—නැතිකම ; චාත්කම.

Homely, a. ගෙදර වැනි, ගෙදර ආකාර, (ස්ථානයක් or කෙනෙක්) ; වඩා රූප නැති ; චාත්වූ.

Home-made, a. ගෙදර සාදනලද or සාදපු, ගෘහ නිර්මිත.

Home-office, n. (ආණ්ඩුවේ) ස්වදේශ–කාර්‍ය–ශාලාව or කන්තෝරුව.

Homeopathic, a. සමවෛද්‍යක්‍රමාකාර.

Homeopathist, n. (රෝගයට) සමවෛද්‍යක්‍රමය පිළිගන්නා, සමවෛද්‍යක්‍රමයෙන් ප්‍රතිකාරකරන්නා, සමක්‍රමික වෛද්‍යයා.

Homeopathy, n. (රෝගයට) සමවෛද්‍යක්‍රමය.

Homer, n. Heb. ගැලොන් හැත්තෑපහක් පමණ අල්ලන දිය මිම්මක්; බුසල් අටක් පමණ අල්ලන ධාන්‍ය මිම්මක්.

Homeric, a. හෝමර් නම් ග්‍රීක් කිවියා පිළිබඳ; හෝමර් කාව්‍යාකාර, හෝමරික, (පද).

Home-secretary, n. (අණ්ඩුවේ) ස්වදේශ භාර ලේකම් තැන.

Homesick, a. ගෙදරින්—ස්වදේශයෙන්—දුරව සිටින නිසා දුක් ඇත්තාවූ, විප්‍රෝෂිත දුක—විවාසන දුක—ඇත්තාවූ. [වාං.

Homespun, a. ගෙදර කැට වියාපු, ස්වදේශකෘත,

Homestead, n. ඩිලවිම or නිවස තිබෙන තැන, නිවසට අයිති යාවූ ඉඩම; ජන්ම ස්ථානය, මුල් ගේදෙර.

Homeward, ad. ගෙදර දෙසට, ස්වදේශය දෙසට; a. ගෙදර දෙසට—ගෙදරට—සියදෙසට—යන්නාවූ.

Homeward-bound, a. වාසස්ථානය — ස්වදේශය — දෙසට ගමන්කරන or යන්වයන.

Homicidal, a. මිනීමරු, මනුෂ්‍යඝාතක, මිනීමැරීමට පෑදිවූ-

Homicide, n. මනුෂ්‍යයෙකු මරාදැමීම, මිනීමැරීම, මනුෂ්‍යඝාතනය; මනුෂ්‍යඝාතනය කරන්නා, මනුෂ්‍ය ඝාතකයා.

Homiletic, **Homiletical**, a. දේශනා-ශාස්ත්‍රාකාර, දේශනා-ශාස්ත්‍ර.

Homilectics, n. දේශනාවේ විධිය උගන්වන ශාස්ත්‍රය, දේශනා ශාස්ත්‍රය.

Homily, n. දේශනාව, පැහැදිලි කථාව.

Homo, prefix, Gk. සම, සමාන, එව, යන අර්ථ ඇති උපසර්ගය.

Homocentric, a. එක නාභිය ඇත්තාවූ, එක කේන්ද්‍රය සහිත, (වෘත්ත).

Homæopathy, &c. See Homeopathy &c.

Homogamous, a. in bot. සම්ජනික කොටස් ඇත්තාවූ, සමජනික ලිංගවත්.

Homogeneous, **Homogenial**, a. (යමකට) ජාතියෙන් or ද්‍රව්‍යමලින් සමාන, සමජාතිවූ, සම්ජාතිය, සජාතිය, සමභාව, සවර්ණ; මුළුවසයෙන් එකාකාර.

Homologous, a. (අර්ථයෙන්, ප්‍රමාණයෙන්, ආකාරයෙන්) සමානවූ, තුල්‍ය, සමවාච්‍ය.

Homologue, n. (වෙන දෙයකට) සමාන — තුල්‍ය — සොපඩිනය, සාම්‍යය; the wing is the homologue of the arm පියාපත හස්තසාම්‍යයයි.

Homomorphous, a. හැඩයෙන් සමාන, සමාන රූප, සමවේශ.

Homonym. n. (bear වලසා, bear දරනවා, යනු වෙන් අර්ථයෙන් වෙනස්වූ) සම ශබ්දයක්.

Homonymous, a. වෙනස් අර්ථ ඇති, සන්දිග්ධාර්ථ.

Homophonous, a. සමශබ්ද ඇත්තාවූ, සම ශබ්ද, (අක්ෂර).

Homunculus, **Homuncle**, n. කුඩා මිනිහා, මිට්ටා, කුරු.

Hon., a. Honourable ශ්‍රේෂ්ඨ, උත්තම, ගරු, **Hone**, n. ආයුධ මුවහත් තබන ගල, කරගල, හනගල; v. ගලට අල්ලා මුවහත් කරනවා.

Honest, a. අවංක, විශ්වාස, වංචා රහිත, සත්‍යවාදී.

Honestly, ad. අවංකලෙස, විශ්වාසලෙස, වංචා රහිතව, සත්‍යවාදීලෙස &c.

Honesty, n. අවංකකම, විශ්වාසකම, වංචාරහිතකම, සත්‍යවාදිකම. [සා.

Honey, n. මීපැණි, පැණි, මධු. **Honey-bee**, n. මීමැස්

Honey-comb, n. මීවදය, මධුකෝෂය; මීවදයට සමාන යමක්.

Honey-combed, a. (මීවදයට සමාන) සිල් ඇත්තාවූ, සිදුරු ගහන. [ශිරි.

Honeyed, **Honied**, a. මීපැණි ගා තිබෙන, ඉතා මිහිර,

Honeymoon, n. විවාහයේ පළමුවෙනි මාසය, පාණිග්‍රහ මාසය.

Honeysuckle, n. මල්වැල් ජාතියක්. [කාර.

Honey-tongued, a. මෘදු කථාකාර, මධුර භාෂී, ඉච්චා

Honi soit qui mal y pense, Fr. නපුර පවරන්නාට ලජ්ජාවේවා.

Honorarium, **Honorary**, n. මහත්සියට ගෞරවයක් වසයෙන් දෙන ගිල, පාරිතෝෂික මුදල, ප්‍රසාදය.

Honorary, a. (වැඩ හෝ පඩි නැතුව නාමයේ ගෞරවය පමණක් ලබන) ගරු or ගෞරවාන්විත (සාමාජිකයා, නිලය, පට්ටැදි නාමය).

Honorific, a. ගෞරව වාචී; n ගෞරව වාචකය.

Honour, n. නම්බුව, ගෞරවය, මාන්නය, ගරුමාන්නය, ගරුත්වය, බහුමානය, සම්මානනය, අභිමානය;

do the honours (of the occasion) ගෞරවදායක කෘත්‍ය කරනවා;

the honours of war යුද්ධයෙන් ලබන හැකි ගරු නම්බු ආදිය. [නාමය—පා.

on or upon my honour මගේ ගෞරවය—ගොඳ

Honour, v. නම්බු දෙනවා, ගෞරවකරනවා, ගරුනම්බුකරනවා, ගරු කරනවා, සම්මානනයකරනවා, බුහුමන්කරනවා, සම්භාවනාකරනවා; විලපත්‍රය කට ගෙවනවා.

Honourable, a. නම්බුකාර, පූජ්‍ය, මාන්‍ය, සම්මානනීය, ගෞරවාහී, සම්භාවනීය, ගරුකටයුතු, ගරුතර, භවත්, ගෞරවාන්විත, ගරුගම්භීර; සිහින් උතුම්වූ, අවංක; in rank වංශාධිපති, උත්කෘෂ්ට, ශ්‍රේෂ්ඨ, මහෝන්නත.

Honourableness, n. නම්බුකාරකම, මාන්‍යත්වය, etc.; අවංකකම, උතුම්කම.

Honourably, ad. නම්බුකාරලෙස, ගරුතරලෙස, ගෞරවකර, ගෞරව දී; මට්නාලෙස; අවංකලෙස.. [න්විත, පූජිත.

Honoured, pp. or a. ගෞරවකරනලද &c., ගෞරවා

Honouring, n. නම්බුදීම &c., සම්භාවනය.

Honourless, a. නම්බු නැති, ගෞරව රහිත, නිකෘෂ්ට.

Hood, n. ඉසේ වැස්ම, ඉස් පසිය; වැස්ම; වියන් තට්ටුව; of a vehicle අඹරුව, සිබුව, වියන් තට්ටුව, හෙත්ද තට්ටුව; of a cobra නයාගේ පෙණය.

Hood, v. ඉසේ වැස්ම දමනවා, ඇස් වසනවා.

Hoodwink, v. fig. ඇස් බඳිනවා, උපායකින් රවටනවා, කණාගහනවා.

Hoodwinked, pp. or a. ඇස් බඳිනලද &c., උපායකින් රවටුණ.

Hoof, n. කුරය. **Hoofed**, a. කුර අත්තාවූ.

Hoof-bound, a. කුර වේලී තදවී තිබෙන (සතා).

Hoof-mark, n. කුර ලාඤ්ඡනය, කුර ලකුණ.

Hook, n. කොක්ක, හාක්කය; hooked stick කොක්ක, බඑව; fish hook බිලිකටුව, ඇඹුලුම්බිලිය, වඩිශය; stickle දෑකැත්ත.

By hook or by crook යම්කිසි උපායකින්, කොහොමහරි, යුක්තියෙන් හෝ අයුක්තියෙන්.

Hook, v. කොක්කකින් අල්ලනවා *or* අසුකරනවා; කොක්ක *or* හාක්කය දමනවා, කොකු අමුනනවා; (කොක්කක් මෙන්) නැමෙනවා, වකුටුවෙනවා; fig. අසුකරගන්නවා.

Hookah, n. (තුර්කිවරුන්ගේ) දිග දුම්කොළ නළය, ගුඩක්කු යන්ත්‍රය, ගඩුගුඩාව.

Hook-beaked, Hook-billed, a. හොට—තුඩ—වකුටු, වකුටු හොට ඇත්තාවූ. [ත.

Hook-bill, n. වකුටු හොට, වකුටු තුඩ; වකුටු කැත්

Hooked, a. කොක්කක් ඇති, කොක්කක් ආකාර; වකුටු.

Hooks, n. pl. කොකු; hooks and eyes කොකු පුඩු.

Hooligan, n. පාරේ තොමනා අන්දමින් හැසිරෙන්නා, මැරවරයා, දාමරිකයා.

Hoop, n. වළල්ල (pl. වළලු), චක්‍රය, පට්ටම, of straw &c. to set a chatty on දරණුව.

Hoop, v. වළල්ලක් *or* වළලු දමනවා.

Hoop, Whoop v. මොරගහනවා; n. මොරගැසීම, මොරසැඩ.

Hooping-cough, n. කක්කල් කැස්ස.

Hoot, v. (නින්දා පිණිස යමෙකුට) කෑගසනවා; hoot out කෑගසා නෙරපනවා; (බකමූණා මෙන්) හූ කියනවා. [ගෑම, හූකීම.

Hooting, n. (නින්දා පිණිස) කෑමොරගැසීම; බකමූණු

Hop, v. කුන්ඩු ගහනවා, (කුරුල්ලෙක් මෙන්) පැන පැන යනවා; නටනවා (coll.).

Hop, n. කුන්ඩුගැසීම &c., එක කකුලකින් කරන පැනුම, පිනුම, කුන්ඩුව; නැටීම.

Hop, n. (බීර පානයේ දමන) තිත්ත වැල් ජාතියක්.

Hope, v. බලාපොරොත්තුවෙනවා, (යමක්) පතනවා, ප්‍රාර්ථනාකරනවා, අපේක්ෂාකරනවා.

Hope, n. බලාපොරොත්තුව, පැතුම, පැතීම, ප්‍රාර්ථනාව, ප්‍රාර්ථනය, අපේක්ෂාව, සම්ප්‍රතීක්ෂාව; in phren. ප්‍රාර්ථනේන්ද්‍රියය.

Cape of Good Hope සුබ පැතුම් තුඩුව.

Hoped, a. hoped for බලාපොරොත්තුවූ, පතනලද, පැතූ, පතන, ප්‍රාර්ථිත; that may be hoped for පැතියහැකි, ප්‍රාර්ථනීය.

Hopeful, a. බලාපොරොත්තු දායක, (වේයයි යමෙකුට) සිතියහැකි, කල්‍යාණකර; to be hopeful බලාපොරොත්තු සහිතව *or* අපේක්ෂකව සිටිනවා.

Hopefully, ad. බලාපොරොත්තු උපදවනලෙස; බලාපොරොත්තුවෙන්—අපේක්ෂාවෙන්—යුක්තව.

Hopefulness, n. බලාපොරොත්තුවීමට කාරණා සහිතකම; බලාපොරොත්තු ඇතුව සිටීම, අපේක්ෂකතාව.

Hopeless, a. giving no hope (වේයයි යමෙකුට) සිතන්ට බැරිවූ, බලාපොරොත්තු නූපදවන; having no hope බලාපොරොත්තුවක් නැති or බලාපොරොත්තු රහිත, ප්‍රාර්ථනාශූන්‍ය, නිරපේක්ෂක.

Hopelessly, ad (වේයයි) සිතන්ට බැරිතරමට, බලාපොරොත්තුවක් නැති ලෙස &c. They are hopelessly involved මිදේයයි සිතිය නොහැකිලෙස &c. පටලැවී සිටිති.

Hopelessness, n. (වේයයි) බලාපොරොත්තුවක් නැතිකම &c., see adj.

Hoplite, n. (පුරාණ ග්‍රීසියේ) බරආයුධ සන්නද්ධ භටයා.

Hopper, n ධාන්‍ය මිරුම, ධාන්‍ය පෙට්ටිය; ආප්ප.

Hopple, v. (සතෙකු නුදුවන ලෙස) කකාල් ඇදනවා

Hopples, n. pl. (සතෙකුට දමන) විලංගු, පාහැකිල්ල, පාදසංබලාව.

Hopscotch, n. කුන්ඩු සෙල්ලම. **Hop-vine**, n. හොප් නම්වූ තිත්තවැල.

Hop-garden, n. ඒ තිත්තවැල් වවන වත්ත.

Horal, Horary, a. පැය, ඝටිකා, මුහුර්ත; පැගණන් දක්වන; පැයක් පවතින.

Horde, n. (පාදඩ *or* නැතින් තැන ඇවිදින) සමූහය, (වනචර) උදවිය, රංචුව, කණ්ඩායම, රළ, කැල.

Horde together, v. වනචරාකාරයෙන්—සමූහාකාරයෙන්—වාසයකරනවා.

Horizon, n. (පොළොව සහ අහස එකතුවූ තැන පෙනෙන) දෘෂ්ටිමණ්ඩල චක්‍රය, දිගන්තය, තලචක්‍රය, ක්ෂිතිජය, හරිජය.

Horizontal, a. (උස්පාත් නැති) හරි හරස්වූ, ජලමට්ටම්වූ, හරි සමතලාවූ, හරි බිමටම්වූ, ක්ෂිතිජස; දිගාවූ. [දිගට.

Horizontally, ad. ජලමට්ටමට, ක්ෂිතිජසම; හරහට,

Horn, n. අඟ (pl. අං), ශෘඞ්ගය; the substance අං ද්‍රව්‍යය, අං; wind-instrument හොරණෑව, සෝර් පිය.

Horned, a. අං ඇත්තාවූ, ශෘඞ්ගී; අලුත් හඳේ හැඩය ඇත්තාවූ, ශෘඞ්ගවත්, ශෘඞ්ගාකාර.

Hornet, n. දෙබරා.

Horned-owl, n. (අං මෙන් පිහාටු ඉපෙ ඇති) බකමූණා, අං බකමූණා [තැටුමක්.

Hornpipe, n. තුයණ් භාණ්ඩයක්; උනන්ඩු තාලයක්;

Horny, a. අං ද්‍රව්‍යවූ, අං, ශෘඞ්ගමය, ශාඞ්ගී; අං ද්‍රව්‍ය සමාන; තද, දැඩි.

Horography, n. (සූර්ය) හෝරා යන්ත්‍ර ශිල්පය.

Horologium, n. (දක්ෂිණ තරු පංක්තියක් වන) හෝරා යන්ත්‍ර රාශිය.

Horology, n. හෝරා යන්ත්‍ර ශාස්ත්‍රය.

Horometer, n. හෝරා යන්ත්‍රය, ඝටිකා යන්ත්‍රය.

Horometry, n. හෝරා මැනීම; හෝරාමානක විධිය.

Horoscope, n. කේන්ද්‍රය, හඳහන, ජන්මපත්‍රය.

Horoscopy, n. කේන්ද්‍ර බැලීම, කේන්ද්‍රකීම, හඳහන්කීම.

Horrent, a. උද්ගත රෝමාකාර.

Horrible, a. භයංකාර, භීත, භීංසන, භයානක. ඝොරතර, භීම, භීෂණ, ඝෝර, දරුණ.

Horribleness, n. භයංකාරකම, etc.

Horribly, ad. භයංකාරලෙස &c.

Horrid, a. ඝොරතර, ඝෝර, ඉතා අප්‍රිය, දරුණු, භයානක.

Horridness, n. ඝොරතරකම, ඝෝරතාව, දරුණුකම, සාහසිකතාව.

Horrific, a. භීතකරවන, බිය උපදවන, භයානක, භයංකාර.

Horrified, pp. *or* a. භීතකරනලද, භීතවූ, ත්‍රස්ත.

Horrify, v. භීතකරනවා, භීතියෙන් *or* දූෂ්‍ය ක්‍රියාව කින් ත්‍රස්තකරනවා.

Horrifying, a. භීතකරන, ත්‍රස්තකරන.

Horripilation, n. රෝමහර්ෂය, රෝමොද්ගමනය, ලොම් කෙළින් සිටීම, ලොමුදැහැගැන්ම.

Horror, n. පිළිකුල, බිය, භීතිය, භීෂණය; භීති උපදවන කාරණාව; භයානක දේ.

Horror-stricken, Horror-struck, a. භයින්—ඝෝරතර දෙයකින්—ත්‍රස්තවූ.

Hors-de-combat (හොර්-ඩ-කොම්බා), Fr. තුවාලවී මෙන් සටනින් පිටවීම, සටන්කරන්ට බැරිවීම.

Horse, n. අශ්වයා, සෛන්ධවයා, තුරඟා, තුරංගයා; අසරුසේනාව; (ඇඳුම්, තුවා &c, දමන) රාමුව, කවුස්තොක්කය, ලීයස්වය.

Horse, v. අශ්වයෙකු පිටට නගිනවා ; (ගමනකට &c.) අශ්වයන් සපයාදෙනවා. [රෝහය.
Horseback, n. අශ්වයෙකු පිටට නැගීසිටීම, අශ්වා We went on horseback අසුන් පිටින් ගියෙමු.
Horse-barracks, n. අසරු-බැරැක්කය, අසරුහල.
Horse-bean, n. (අශ්වයන්ට දෙන) රට කඩල.
Horse-block, n. (අශ්වයෙකු පිටට නැගීමට තබන) පිළ, අශ්ව-කොටය.
Horse-box, n. (අශ්වයෙකු ගෙනයන) අශ්වකූඩුව *or* පෙට්ටිය ; (ලගින) අස්හල, අස්කූඩුව.
Horse-breaker, Horse-trainer, n. අශ්වයන් පුරුදු කරන්නා.
Horse-coper, n. අශ්ව වෙළෙන්ද.
Horse-dealer, n. අශ්ව වෙළෙන්ද.
Horse-doctor, n. අස්වෙද.
Horse-fly, n. ඇට මැස්සා. Horse-guards, n. pl. මුර කාර අසරුසේනාව. [ම.
Horsehair, n. *or* a. අස්කෙඳි, අශ්ව මසිල්, අශ්ව රෝ
Horsekeeper, n. අශ්වපාලයා, කුදිරකාරයා, අස් ගොව්වා.
Horse-laugh, n. කොක්සන්දීම, හයියෙන් හිනාවීම.
Horse-leech, n. මහදිය කූඩැල්ලා, දියවෙද. [යා.
Horseman, n. අසරුවා, අශ්වාරෝහකයා, අශ්වාරූඪ
Horsemanship, n. අශ්වයා පිටින් නැගීයන ක්‍රමය ; අසුන් පුරුදුවන ක්‍රමය, අශ්වවිද්‍යාව. [මෝල.
Horse-mill, n. අශ්වයෙකු කරකවන මෝල, අස්
Horse-play, a. රෞද්‍ර සෙල්ලම.
Horse-power, n. අශ්වයාගේ ශක්තියේ ප්‍රමාණයට යන්ත්‍රයක බලය දැනගන්න ක්‍රමය. අශ්ව බලය, අශ්වවේගය.
Horse-race, n. තරඟ අසුන් දිවීම, අසුන් විහිදුවීම, අශ්වරේස්.
Horse-racing, n. (දිනුමට) අසුන් පැන්නවීම.
Horse-radish, n. කුරුකාඬකය ; the tree මුරුංගා ගහ.
Horse-road, n. අශ්ව පාරක්. Horse-rug, n. අස්-කම්බිලිය, අස්-පලස.
Horse-shoe, n. අශ්ව-ලාඩම ; ලාඩම් හැඩය ; a. අශ්ව ලාඩම් හැඩය ඇත්තාවූ.
Horse-shoeing, n. අශ්වලාඩම් ගැසීම, අශ්වලාඩම් ගසන කර්මාන්තය.
Horse-whip, n. අශ්ව කසය, සබුක්කුව ; v. අශ්ව කසයෙන් තලනවා.
Hortative, Hortatory, a. අවවාදකාර, අනුශාසනා සහිත, දැනුමුතුකම් දෙන, (දේශනාව &c.).
Horticulture, n. වතු *or* උයන් වැවීමේ ශාස්ත්‍රය, උද්‍යාන විද්‍යාව, වතුකාර කර්මාන්තය,
Horticulturist, n. උද්‍යාන ශාස්ත්‍රඥයා.
Hortus-siccus, n. L. lit. ශුෂ්කෝද්‍යානය : *i. e.* පිළි වෙළට තබා තිබෙන වේලුණ පැළෑටසක්.
Hosanna, int. Heb. (lit. ගැළෙව්ව මැනව), ප්‍රශංසා වේවා, හෝසන්නා. [ලය.
Hose, n. මේස් ; hose-pipe (වතුර ගෙනයන) හම් නා
Hosier, n. මේස් වෙළෙන්ද, මේස් ආදිය විකුණන්නා.
Hosiery, n. මේස්—අත්මේස්——ආදී බඩු.
Hospice, n. (ඇල්ප්ස්) නම් කඳුවල මගීන් පිළිගන්න සත්කාරාශ්‍රමය.
Hospitable, a. ආගන්තුක සත්කාරකරන, සත්කාර කිරීමට ලැදිවූ, අතිථිපූජක ; සංග්‍රහ සහිතවූ.
Hospitably, ad. ආගන්තුක සත්කාරලෙස, සත්කාර කාරයෙන්.

Hospital, n. ආරෝග්‍ය ශාලාව, ගිලන්හල, ඉස්පිරි තාලය.
Hospitality, n. ආගන්තුක සත්කාරය, ආගන්තුකයන් ට—මිතුරන්ට—කරන උපස්ථානය, සත්කාරය, අතිථිසත්කාරය, අතිථිපූජනය.
Hospital staff, n. ආරෝග්‍ය ශාලාවේ වෙදකම්කරන් නෝ, වෛද්‍ය මණ්ඩලය.
Hospitium, n. තිතිශිෂ්‍ය ශාලාව ; (මගීන් පිළිගන්න) සත්කාරාශ්‍රමය.
Host, n. සංග්‍රහකාරයා, (අන්‍යයන් ගෙදරට පිළිගන්න) සත්කාරකාරයා ; තානායම්කාරයා.
Host, n. සේනාව, සමුදුව ; සමූහයා, රාශිය.
Host, n. R. C. සත්ප්‍රසාද පූපය, සත්ප්‍රසාද රොටිය.
Hostage, n. (සතුරන්ට භාරදෙන) ඇපකාරයා, ශරීර බන්ධකයා.
Hostel, n. ලැගුම් ගන්නා ස්ථානය, නවාතැන, ශිෂ්‍ය නිවාසය. [කාරී.
Hostess, n. සංග්‍රහකාරී, සත්කාරකාරී ; තානායම්
Hostile, a. සතුරු, එදිරි, විරුද්ධ, විපක්ෂ, පටිහැනි, ප්‍රත්‍යර්ථික. [&c.
Hostilely, ad. සතුරුකමින්, එදිරිලෙස &c., එදිරිව
Hostility, n. සතුරුකම, සතුරු භාවය, එදිරිකම, විරුද්ධකම, විපක්ෂතාව, ශත්‍රුතාව.
Hostler, n. තානායමෙහි අශ්වයන් බලාගන්නා, අශ්ව පාලයා.
Hot, a. රත්වූ, උණු, උෂ්ණ, උෂ්ණය—ග්‍රීෂ්මය—රස්නය —ඇත්තාවූ, ග්‍රීෂ්මාසික, තපන, ඝර්මික ; ගිනියම් ; fig. සැර (කෝපය, සටන, රස &c.).
Hot-bed, n. (පෝර හුණක් දමා වීදුරු වසා සාදපු) උණුහුම් පාත්තිය ; fig. (දුෂ්ටකම් &c.) අවශක්වන තැනක්, of sedition &c. ද්‍රෝහෝත්පාදක ස්ථානය &c.
Hotel, n. තානායම, හෝටලය, භෝජන ශාලාව ; (ප්‍රත්‍යන්ත) ප්‍රාසාදය.
Hotel-dieu (ඕටෙල්ඩියු), n. Fr. (lit. දේව ප්‍රාසාදය) ආරෝග්‍යශාලාව.
Hot-headed, a. හිතුවක්කාර, ඉක්මන්කාර, සැරවූ, චණ්ඩ, සාහසික.
Hot-house, n. (ගස්, පැළ, යනාදිය වවන) උණුහුම් මඩුව, උෂ්ණාගාරය.
Hotly, ad. සැරලෙස, තදලෙස, වේගයෙන්.
Hotness, n. රත්කම, උෂ්ණත්වය, රස්නය, ගිනියම.
Hot-press, v. (කඩදාසි &c.) උණුහුම් තහඩුවලින් මිරිකනවා, උණුහුමෙන් මිරිකනවා.
Hot-pressed, a. උණුහුම් තහඩුවලින් මිරිකනලද &c.
Hot-tempered, a. තරහකාර, සැරලෙස ඉක්මණට කිපෙන.
Hottentot, n. දකුණු අප්‍රිකාවේ ජාතියක කෙනෙක් ; fig. චණ්ඩයා. [කය.
Houdah Howdah, n. සිවිගෙය, රන්සිවිගෙය, වරණ්ඩ
Hough, v. ශාතයේ නහරය කපනවා, කුදි කපනවා.
Hound, n. දඩයම් බල්ලා.
Hound, v. hound on උසිගන්වනවා, පොලඹවනවා ; hound out (බල්ලන් ලවා මෙන්) පන්නා දමනවා.
Hour, n. පැය, කණිසම, හෝරාව, මුහුර්තය, ඝටිකාව ; by the hour පැය ගණනේ (ගෙවනවා &c.) ; fig. වේලාව, සමයිය, ප්‍රස්තාව : the hour of death &c. මැරෙන වේලාව, මරණසන්තය.
Hour-circle, n. මධ්‍යාහ්න රේඛාවක් *or* චක්‍රයක්, the hour circles (පැයක වේලාවක් *or* අංශ පහළොවක් එකිනෙකට දුරවූ) පොළවේ මධ්‍යාහ්න රේඛා.

Hour-glass, n. (වේලාව පෙන්වන) හෝරා වීදුරුව
Hour-hand, n. (ඔරලෝසුවේ) පැකටුව.
Houri, n. (මහමදුන්ගේ) සුරාඞ්ගනාව.
Hourly, ad. පැයෙන් පැය, පැයෙන් පැයට, පැයට වරක්; නිතිපතා.
Hourly, a. පැයෙන්පැයට සිදුවෙන *or* කරන.
House, n. ගෙය, ගේ, ගෙදර, ගෘහය, නිවස; houses and homes ගෙවල්දොරවල්;
household ගෙසිවැසියෝ; family, lineage පවුල, කුටුම්බය, වංශය;
house of God දේවස්ථානය, දේවමන්දිරය, දෙවි මැදුර;
House of Commons මහජන මන්ත්‍රීසභාව;
House of Lords ස්වාමිවරුන්ගේ මන්ත්‍රීමණ්ඩලය *or* සභාව, ස්වාමි මන්ත්‍රීසභාව; trading company වෙළඳසමාගම;
house of correction දඬුගේ.
House, v. ගෙට *or* ගෙදරට *or* රක්ෂස්ථානයකට ගන්නවා, නවාතැන්දෙනවා.
House-agent, n. (ගෙවල් විකුණන, කුලියට දෙන) ගෘහ කළමනාකාරයා.
Housebreaker, n. උමංකණින්නා, ගෙවල් බිඳින හොරා, සන්ධිභාරකයා.
Housebreaking, n. (දවාලේදී) ගෙවල් උමංකෑම, (හොරකම් පිණිස) ගේ බිඳ ඇතුල්වීම.
Household, n. ගෙසි වැසියෝ, ගෙදර වාසීහු, ගෘහ පිරිවර. [රිකා.
Household, a. ගේ, ගේදොර, ගෙදර, ගෘහස්ථ, ආගා
Householder, n. ගෙදර ස්වාමියා, ගෘහමූලිකයා, ගෘහ ස්වාමියා, ගෘහපතියා, ගෘහස්ථයා, කුටුම්බිකයා.
Household-stuff, Household-goods, n. ගෙසි බඩු, ගෙදර බඩු, ගෙසි බඩුමට්ටු, ගෘහෝපකරණ.
Housekeeper, n. (ගේ භාරවූ) ප්‍රධාන මෙහෙකාරී, ගේදොර බලන්නා.
Housekeeping, n. පදිංචියට ගෙයක් තබාගන සිටීම, ගෘහකාර්යය, ගෘහස්ථාශ්‍රමය; I have gone into housekeeping ගෙයක් අරන් සිටිමි, ගෘහාවාසජීවනව සිටිමි.
Houseless, a. ගෙයක් දොරක් නැති, වාසස්ථානයක් නැති, අශරණ.
Housemaid, n. මෙහෙකාරී, දාසී.
House-painter, n. ගෙවල්වල තීන්ත ගාන්නා, ගෘහ චිත්‍රකාරයා.
House-warming, n. ගෙවදීම, ගෙවදීමේ මංගල්‍යය, ගෘහප්‍රවේශය.
Housewife, n. ගෙදර ඇත්තී, පවුලේ ස්වාමිදුව, ගෘහ මූලික ස්ත්‍රී; ගේදොර බලාගන්නී; ඉඳිකටු ආදිය දමන පෙට්ටිය *or* මල්ල, මැහුම් පෙට්ටිය.
Housewifery, n. ගෙදර ස්වාමිදුවගේ වැඩපළ, ගෙදර වැඩ, ස්ත්‍රීකාර්යය.
Housing, n. (බඩු, ධාන්‍ය, ගොයම් &c.) ගෙයි තැබීම හැදවැස්ම, of elephant හස්ත්‍යලංකාරය.
Hovel, n. පැල, (පහත් තරමක) මඩුව, පන්දලම, කිළිය.
Hover, v. (යම් තැනකට උඩින් *or* අවට) පියාඹා සිටිනවා, පියාපත් ගස ගසා සිටිනවා; hover about (යම් තැනක් *or* කෙනෙක් අවට *or* ළඟ) ඇවිද ඇවිද සිටිනවා *or* සුසංගුවෙනවා *or* හුඳුරුව ගැවසෙනවා; fig. හැකොක් බලා සිටිනවා.

How, ad. කොහොමද, කොයි ආකාරද, කොයි ප්‍රකාරයෙන්ද, කෙසේද, කෙලෙසද; how much කොපමණද, කොච්චරද; how many කීයක්ද, කීදෙනෙක්ද; what price or time කීයද.
How, excl. හැටි: how he suffers ඔහු වේදනා විඳින හැටි! *or* ඔහු කොපමණ වේදනා විඳිනවාද! what ignorance this is මේ අඥනකමේ හැටි!
Howbeit, ad නුමුත්, එහෙත්, එසේ නුමුත්, එතකුදු වුවත්, කොයිහැටි නුමුත්.
However, ad. කොයිහැටි නුමුත්, කොහොම නුමුත්, කොයි ආකාර නුමුත්, එහෙත්; however much කොපමණ නුමුත්, however little, large &c. කොපමණ ටික නුමුත්, කොපමණ ලොකු නුමුත්.
Howitz, Howitzer, n. ගිනිඋණ්ඩ කාලතුවක්කුව.
Howl, v. උඩුබුරුලනවා; මුරගහනවා, කෑගසා වැල පෙනවා; (තද හුළඟමෙන්) ගොරවනවා
Howl, n. උඩුබුරුලන හඬ; කෑගසා වැලපීම.
Howling, n. උඩුබුරුලෑම; කෑගසා වැලපීම, ගෙරවීම.
Howsoever ad. කොයිආකාරයෙන් නුමුත්, කොයි හැටි නුමුත්, එහෙත්.
Hoy, n. පඩව්ව, යාත්‍රාව.
H. R. H. His *or* Her royal Highness රාජෝත්තමයාණෝ; adj. රාජෝත්තම.
Hub, n. රෝදනාභිය, බොස්ගෙඩිය.
Hubbub, n. කෝලාහල හඬ *or* ඝෝෂාව, ගෝට්ටිය, උද්ඝෝෂණය.
Huckle, n. උකුළ. See Hip. **Huckled-backed, a.** කර නැමීතිබෙන.
Huckster, n. පොට්ටනිකාරයා, සුළු බඩු වෙළෙන්දා; කුවිලයා.
Huckster, v. සුළු බඩු වෙළඳාම්කාරනවා.
Huddle, v. අවුල්ලෙස තෙරපී එකතුවෙනවා, හිරිකී සිටිනවා, සුරිකනවා; අවුල්ලෙස එකට දමනවා, තෙරපවනවා, ඉක්මන්කමින් දමනවා *or* දමාගන්නවා.
Hue, n. පාට, වර්ණය, පැය.
Hue, n. කෑගැසීම; hue and cry (මරදකාරයන් අල්ලන්ට පවත්වන) කෑමොරගැසීම.
Huff, n. කිපීම, අහංකාරය පෑම.
Huff, v. අහංකාරකම පානවා, උඩඟුකමින් හැරකර කරනවා; (මරදක් නිසා) ක්‍රීඩා කැටයක් අහක්කර ගන්නවා, බලාජ්ගන්නවා.
Huffish, a. අහංකාර, හැරකාර.
Hug, v. තදින් බදාගන්නවා, ආලිංගනය කරනවා; hug the land ගොඩ කිට්ටුවෙන් යාත්‍රාකරනවා.
Hug, n. තදින් බදාගැනීම. **Huge, a** ඉතා ලොකු, යෝධ, ගජ, මහත්, විශාල, අලි.
Hugely, ad. ඉතාමත්ම, අධිකලෙස, අතිශයින්ම.
Hugeness, n ඉතා ලොකුකම, etc.
Huguenot, n. (පුරාණයේදී) ප්‍රන්සයේ රෙපුමාදු ආගම්කාරයා.
Hulk, n. පුරාණ නැව්කද, මරුකඹල; the hulks හිර ගෙවල් කොට භාවිතාකළ නැව් කඳන්.
Hull, n. ලෙල්ල, ධාන්‍ය පොත්ත, දහයියා, සිවිය; නැව්කද, නැව් බද; hull-down (නැව ඈත නිසා) කඳ පහත්වී *or* නොපෙනී.
Hull, v. ලෙලිගහනවා, පොතු &c. අරිනවා; (කාලතුවක්කු උණ්ඩයකින්) නැව්කද සිදුරුකරනවා.
Hulotheism, n. ද්‍රව්‍ය මිස වෙන දෙවියෙකුනෙක් නැත යන විශ්වාසය, ද්‍රව්‍යදේවදෘෂ්ටිය.

Hum, v. (මීමැස්සන් මෙන්) හීන් හඬක් පවත්වනවා, ගුම්දෙනවා ; කටාවෙහි ඇත තිව්දිදී හීන් ශබ්දයක් කරනවා ; තාලයක් *or* ගීතිකාවක් හීන් හඬින් කියනවා.

Hum, n. මීමැසි හඬ, ගුමුනාදය, ගුම්නාද, කෝඳුරු හඬ ; සීන් පහත් හඬක්.

Human, a. මනුෂ්‍ය, මානුෂ, මානුෂික, නර, මනුෂ්‍ය ගතිය ඇත්තාවූ ; මිනී (මස්, බිල්ල &c.). [වර්ගය.

Human-kind, Human-race, n. මනුෂ්‍ය ජාතිය, මනුෂ්‍ය

Humáne, a. කරුණාවන්තන, කාරුණික, දයාමත්, (මෘගයින්ට පවා) දයාව පාත්තාවූ, දයාබර, දයාලු, සානුකම්පී.

Humánely, ad. කරුණාවන්තලෙස, දයාවන්තලෙස.

Humanism, n. පණ්ඩිත ශාස්ත්‍ර-මණ්ඩලය. [යා.

Humanist, n. පණ්ඩිත ශාස්ත්‍රඥයා ; මානුෂික භාවඥ

Humanitarian, n. ක්‍රිස්තුස්වහන්සේ දෙවියන්වහන් සේ නොව මනුෂ්‍යයෙක් පමණක් බව විශ්වාසකරන්නා, මනුෂ්‍යභාවද්‍රෂවියා.

Humanitarianism, n. මනුෂ්‍යභාවද්‍රෂවිය.

Humanity, n. මනුෂ්‍යකම, මනුෂ්‍යභාවය, මිනිසත්බව; the human race මනුෂ්‍යජාතිය, මනුෂ්‍ය වර්ගයා ; kindness දයාව &c. ; humanities ව්‍යාකරණ, කාව්‍ය, භාෂා, ආදී පණ්ඩිත ශාස්ත්‍ර.

Humanize, v. වනචර *or* චණ්ඩ ගතිය අරිනවා ; දයා *or* මෘදු භාවයකට පමුණුවනවා.

Humanizing, p. *or* a. වනචරගතිය—චණ්ඩගතිය—අරින, හිත මෘදුකරන.

Humanly, ad මනුෂ්‍යාකාරයෙන්, මනුෂ්‍ය දැනගැම්මේ හැටියට.

Humble, a. තරම්න් පහත්වූ, අධම, නිකෘෂ්ට, නියාලු ; සිහින් යටහත්, පහත්, යටත්පහත්, බැගෑපත්, නිහතමාන, නිරහංකාර.

Humble, v. පහත් අඩියකට පමුණුවනවා, යටත් කරනවා, යටත්පහත් කරනවා, අවමානකරනවා ; (in mind) යටහත්කරනවා, යටහත් සවභාවකට පමුණුවනවා ; (pride) කර බාවනවා, ඔද බිඳිනවා, subdue මැඩපවත්වනවා ; humble one's self යට හත්වෙනවා, නිහතමානවෙනවා.

Humbled, pp. *or* a. පහත් අඩියකට පමුණුවනලද &c., ඔද බිඳුණ, අභිභූත.

Humbleness, n. පහත්කම, යටහත්කම, බැගෑපත් කම, නිහතමානබව. [බිඳින.

Humbling, a. සිත යටහත්කරන, අවනතකරන, ඔද

Humbly, ad. යටත්ලෙස, යටහත්ලෙස, බැගෑපත් ලෙස, බැගෑව. [විලිකරනවා,

Humbug, (low) n. රැවටිල්ල, රැවටිලිකාරයා ; v. රැව

Humdrum, a. උනන්දු නැති, ගුඩ්ඩවූ ; n. ගුඩ්ඩයා, මලානිකයා.

Humeral, a. උරයට අයිතිවූ, බාහුශීර්ෂ.

Humerus, n, උරය, බාහුශීර්ෂය. [ර්ද්‍ර.

Humid, a. තෙත, තෙත්වූ, තෙතමන ඇත්තාවූ, ආ

Humidity, n. තෙතමන, තෙත්ගතිය, ආර්ද්‍රතාව, දියසිරුම ; vapour ජලජබුම.

Humiliate, v. පහත් අඩියකට පමුණුවනවා, අධම කරනවා යටත්පහත් කරනවා, (යමෙකුගේ) ඔද බිඳිනවා.

Humiliating, a. පහත් අඩියකට පමුණුවන &c.

Humiliation, n. පහත් අඩියකට පැමිණවීම &c. ; පහත් සවභාවකට පැමිණීම ; පහත්භාවය, යටත් පහත් සවභාව, මානභංගය. [කම.

Humility, n. සිතේ යටත්පහත් භාවය, නිහතමාන

Humming, n. මීමැසි හඬ &c., see Hum, මානනය ; humming top බමරය ; humming-bird අමෙරිකාවේ කුඩා කුරුලු ජාතියක්.

Hummock, n. මුහුදේ වටකුරු ගොඩක්, සාමාන්‍ය මට්ටමට වඩා උස්වූ තැනක්, ගොඩැල්ල.

Humorist, Humourist, n. කවට කථිකයා, කවටයා ; සරදම්ගතියක් ඇත්තා.

Humorous, a. කවටකථික, කවට, හාස්‍යජනක, සරදම් සහිත, රසික.

Humorously, ad. කවට ආකාරයෙන්, හාස්‍යජනක ලෙස, සරදම්ලෙස.

Humorousness, n. කවට ගතිය ; හාසජනකතාව, හාස්‍යතාව, රසිකත්වය.

Humour, n. ඇගේ යම් දියජාතියක්; of a sore සැරව; of the mind සිතේ ගතිය *or* යම් වේලාවක තිබෙන සවභාව ; (සිනා උපදවන) සරදම් ගතිය, සරදමට—පරිහාසයට—දක්ෂකම, රසිකතාව.

Humour, v. යමෙකුගේ කැමැත්තට ඉඩ දෙනවා *or* (ඒ හැටියට කිරීමෙන් ඔහු) ප්‍රසන්නකරනවා ; (යමක් නොවලක්වා ඊට) නිදහස දෙනවා.

Humoural, a. සෙම්—පිත්—ආදියට අයිතිවූ *or* එයින් අටගත්තාවූ ; humoural pathology. See Humouralism.

Humouralism, n. සෙම්—පිත්—ආදියෙන් අටගැනීම ; එයින් සියලු රෝග උපදිනවා යන මතය, සෙම්, පිත්, ආදී රෝගෝත්පත්තිය.

Hump, n. of an animal මොල්ලිය, ගොත්ගෝරිය, අංසකූටය ; of a person කුදය ; ඉදිමුම.

Humpback, n. වකුටු පිට ; the person කුද.

Humpbacked, Hunchbacked, a. කුදු, වකගැසුණ, වකුටු පිටක් ඇත්තාවූ, කුබ්ජ.

Humus, n. lit, බිම, පොළව ; සම්පූර්ණලෙස පස්වූ සත්තු ද්‍රව්‍ය *or* ගස්කොළත් ආදී ද්‍රව්‍ය, පෝරපස.

Hunch, n. මොල්ලිය &c., see Hump ; ඝන කෑල්ලක්, මැඳල්ල.

Hundred, a. සිය, ශත ; n. සියයක්, සියදෙනෙක් ; part of a county පත්තුව.

Hundred-eyed, a. ඇස් සියයක් ඇති.

Hundred-fold, a. සිය ප ගුණක්වූ, ශත ගුණ ; n. සිය පංගුවක්, ශතගුණයක් ; a hundred times or repe--titions සියවරක්, සියසැරයක්.

Hundredth, a. සියවෙනි.

Hundredweight, n. රාත්තල් එකසිය දෙලොසක්, හොණ්ඩරය. [යා.

Hungarian, a. *or* n. හංගේරියාවට අයිතිවූ ; හංගේරි

Hung-beef, n. ලුණුදමා වේලාපු හරක්මස්, වේලුණ දඩමස්.

Hunger, n. බඩගින්න, සාගින්න, ක්ෂුධාව, බුභුක්ෂාව ; fig. ආශාව.

Hunger, v. බඩගිනිව *or* සාගින්නෙන් සිටිනවා ; fig. ආශාවෙනවා.

Hunger-bitten, a. සාගින්නෙන්—සාගතයෙන්—පෙළුණු, ක්ෂුධාර්ත, ක්ෂුත්පීඩිත.

Hungry, a. බඩගිනි, බඩගින්නෙන් සිටින, සාගින්න—ක්ෂුධාව—ඇත්තාවූ, බුභුක්ෂිත, ක්ෂුධිත.

Hunt, v. දඩයම්කරනවා, ලුහුබැඳයනවා ; hunt after සොයායනවා ; hunt down සොයාගෙන—පීඩාකර—නැතිකරනවා ; hunt out or up සොයාගන්නවා.

Hunt, Hunting, n. දඩයම්කිරීම &c., දඩයම ; සෙවීම, hunt දඩයම් සමාගම.

Hunter, n. දඩයක්කාරයා, දඩයම්කාරයා, වැද්දා; දඩයම් අශ්වයා; දඩයම් බල්ලා.

Hunting-horn, n. දඩයම්-හොරණෑව.

Hunting-match, n දඩයම්-පොරය.

Huntsman, n. දඩයක්කාරයා; දඩයම් කුසුරුවන සේවකයා.

Hurdle, n. ලීකෝටු වියාපු මැස්සක්, ලීකෝටු මැස්ස.

Hurdy-gurdy, n. තත්ඇති කරකවන තූර්යභාණ්ඩයක්.

Hurl, v. තදින් විසිකරනවා, හෙළනවා; n. තදින් විසිකිරීම, හෙළීම.

Hurled, pp. *or* a. තදින් විසිකරනලද &c., ප්‍රක්ෂිප්ත.

Hurling, n. තදින් විසිකිරීම, හෙළීම, ප්‍රක්ෂේපණය.

Hurly-burly, n. කෝලාහලය, කලබැගෑනිය.

Hurrah, int. හුරා යන ඔල්වරසන්, සාධු; v. ඔල්වරසන් දෙනවා.

Hurricane, n. සැර සුළි හුළඟ, චණ්ඩ වාතය, තද මාරුතය, චණ්ඩ වාතය, චණ්ඩ මාරුතය.

Hurried, a. ඉතා කඩිනම්කරනලද &c., වේගවත්.

Hurry, v. ඉතා කඩිනම්කරනවා, ඉක්මන්කරවනවා, ඉතා ඉක්මන්වෙනවා, ඉතා තුරිතවෙනවා.

Hurry, n. සැර ඉක්මන, වේගය, කලබලය, කඩිමුඩිය.

Hurt, v. (ඇඟ, සිත) රිදවනවා, වේදනාකරනවා, (a sore or boil) ඔද්දල්කරනවා, උද්දනවා; S. v. i. රිදෙනවා, ඉදිදෙනවා, පැරෙනවා; fig. අවැඩකරනවා, අනාදරකරනවා.

Hurt, n. තුවාලය, අනාදරය, අවැඩ, අප්‍රයෝජනය.

Hurtful, a. (සිතට) වේදනා සහිත; (ශුභයට &c.) අනාදරවූ, අවැඩදායක, අලාභහානි සහිත.

Husband, n. (කසාදබැඳපු) පුරුෂයා, ස්වාමිපුරුෂයා, රාළ, මිලලකයා.

Husband, v. (බලය, වස්තු &c.) ප්‍රවේසමෙන්—සකසුරුවම්කමින්—පාවිච්චිකරනවා, ප්‍රවේසම්කරගන්නවා.

Husbandman, n. ගොවියා, ගොවිතැන්කරන්නා, කෘෂිකයා, කෘෂිකයා, ක්ෂේත්‍රපතියා.

Husbandry, n. ගොවිතැන්කිරීම, ගොවිකම, ගොවිකර්මාන්තය, ගොවිතැන, කෘෂිකර්මය.

Hush, int. *or* imp. නිශ්ශබ්දවෙයන්, ශ්ශ්.

Hush, v. නිශ්ශබ්දකරනවා, නිශ්චලකරනවා, නළවනවා; නිශ්ශබ්දවෙනවා; hush up ප්‍රකාශනොකර වසාතබනවා, යටපත් කරනවා, සඟවනවා.

Hush-money, n. යමක් ප්‍රකාශනොකර සිටීමට දෙන මුදල, එළිනොකරවන අල්ලස.

Husk, n. ලෙල්ල, සිවිය, පොත්ත, දහයියා; v. ලෙල්ල &c. අරිනවා, ලෙලිගහනවා.

Huskily, ad. රළු හඬින්, බැරෑඹිලෙස.

Huskiness, n. ලෙල්ල ඝනකම, රළුකම; fig. හඬේ රළුකම, බැරෑඹිකම.

Husky, a. ලෙලි—දහයියා &c.—ඇත්තාවූ; ලෙලි ඝනවූ; (හඬින්) රළුවූ, ගොරෝසුවූ, බැරෑඹි.

Hussar, n. (සැහැල්ලු ආයුධ දරන) අසරුවා.

Hussy, n. පහත් ස්ත්‍රී, මෙකී.

Hustings, n. pl. නාගරික සභාමණ්ඩලය; මන්ත්‍රීවරුන් තෝරාගන්න මඩුව; එහි කථිකායතනය.

Hustle, v. තදලෙස තෙරපනවා, අවුල්ලෙස පුරිකනවා.

Hut, n. පැල, මඩුව, කුටිය, කිළිය; v. (හේවායන්) මඩුවල සිටිවනවා.

Hutch, n. පෙට්ටිය, කූඩුව; (රටහාවුන් &c. ඇතිකරන) කූඩුව

Huzza, v. ඔල්වරසන් පවත්වනවා, ඔල්වරසන් දෙනවා; n. ඔල්වරසන්.

Hyacinth, n. මල්පැළ ජාතියක්; රතුකැටයක්.

Hyaline, a. වීදුරු, කාච්ක; කාචකාකාර.

Hyaloid, a. කාචකාකාර (අක්ෂිජවිකාච &c.).

Hybrid, a. (වෙනස්වූ සත්තු *or* පලාජාති දෙකකින් උපයෙන්) මිශ්‍රවූ, දෙමුහුන්, අවජාතක, සංකර, සාංකීර්ණ.

Hybrid, n. මිශ්‍ර ජාති සතෙක්, මිශ්‍ර ජාති ගහක්, සංකර ජාතිය.

Hydra, n. in myth. බොහෝ ඉස්ඇති දිය සර්පයෙක්, ජලව්‍යාලයා, ජල භුජඞ්ගමයා; fig. බහු වේශ ඇති නපුරක්, බහුවිධ දුෂ්ටතාව.

Hydra-headed, a. බොහෝ ඉස් ඇත්තාවූ, නිතර අමුතුවෙන් අටගන්න.

Hydrant, n. වතුර නළය, වාරියන්ත්‍රය, ජලයන්ත්‍රය.

Hydraulic, a. ජලවේග ශාස්ත්‍රයට අයිති; වාරි බලයෙන් වැඩකෙරෙන, (යන්ත්‍රය); hydraulic lime දියේ තදවෙන හුනු, ජලචූර්ණ; hydraulic press මිරිකන ජලයන්ත්‍රය.

Hydraulics, n. ජලවේග ශාස්ත්‍රය; ජලයන්ත්‍ර ශාස්ත්‍රය, ජලයන්ත්‍ර ශිල්පය.

Hydriad, n. in myth. ජලාංගනාව.

Hydrocephalus, n. ඉසේ දිය රැඳීම, ජල මස්තකය, මස්තකාධ්මාතය.

Hydrodynamics, n. (කාරක හෝ අකාරක) ජලවේග ශාස්ත්‍රය.

Hydrogen, n. ජලකර වායුව.

Hydrographer, n. ජලස්ථාන විස්තරකාරයා, ජලස්ථාන චිත්‍රකාරයා, මුහුදු—මැටි—ආදිය සිතියම්කරන්නා.

Hydrography, n. ජලස්ථාන විස්තරකිරීම, ජලස්ථාන මානක ශාස්ත්‍රය.

Hydrologist, n. ජල ස්වභාව ශාස්ත්‍රඥයා.

Hydrology, n. ජල ශාස්ත්‍රය, ජල ස්වභාව ශාස්ත්‍රය.

Hydromancy, n. ජලයෙන් පේන කීම.

Hydrometer, n. (දිය ජාතිවල බර ප්‍රමාණය පෙන්වන) දියබර-යන්ත්‍රය, ජලපරිමාපක යන්ත්‍රය.

Hydrometry, n. ජලමානක ශාස්ත්‍රය.

Hydropathic, a. ජලවෛද්‍ය ක්‍රමාකාර.

Hydropathist, n. ජලවෛද්‍ය ක්‍රමයෙන් ප්‍රතිකාර කරන්නා, ජලක්‍රමික වෛද්‍යාචාර්යයා.

Hydropathy, n. වතුරෙන් රෝග සුවකරන විධිය, වතුර පිළියම ජල වෛද්‍ය ක්‍රමය.

Hydrophis, n. ජල සර්පයා, දියනයා.

Hydrophobia, n. ජලභීතික රෝගය, පිස්සු සතුන් විසින් හපාකෑමෙන් අටගන්න පිස්සුව.

Hydrophthalmia, n. දිය ඇස, ජලාක්ෂි රෝගය, ජලාක්ෂිය.

Hydropic, Hydropical, a. උදර රෝගකාර &c., see Dropsical; උදරරෝගාකාර.

Hydroscope, n. ජලඝටිකා යන්ත්‍රය, ඝටිකා පාත්‍රය, පැතැවිය.

Hydrostatic, Hydrostatical, a. අචලජල ශාස්ත්‍රයට අඩංගු, අචලජලශාස්ත්‍ර;
hydrostatic balance (දියේ බර හැටියට යමක් කිරා බලන) අචලජලතුලාව; hydrostatic press. See Hydraulic press.

Hydrostatics, n. නිශ්චල දියේ බර—ඉලිප්පවන බලය—ආදිය දක්වන ශාස්ත්‍රය, අචලජල ශාස්ත්‍රය.

Hydrotic, n. දිය අරින බෙහෙත, ජලහර ඖෂධය.

Hydrous, a. දිය ආකාර, ජල සහිත.

Hyemal, a. ශීත කාලයට අයිති, ශීත කාලීන.

Hyena, n. (වල් බලු or) වෘක ජාතියක්, බලුදිවියා.

Hyetography, n. වර්ෂා විද්‍යාව, වර්ෂා ශාස්ත්‍රය, වර්ෂා විස්තරය. [ශාස්ත්‍රඥයා.

Hygeist, n. ආරෝග්‍ය ශාස්ත්‍රඥයා, ආරෝග්‍ය වෛද්‍ය

Hygiene, Hygienics, n. සනීප ආරක්ෂාව පිළිබඳ ශාස්ත්‍රය, ආරෝග්‍ය ශාස්ත්‍රය.

Hygienic, a. සනීප ආරක්ෂාවට අයිති, සනීපාරක්ෂක.

Hygrometer, n. වාතයේ තෙතමන මනින යන්ත්‍රය, වාතාර්ද්‍රමානකයන්ත්‍රය.

Hygrometry, n. ද්‍රව්‍යවල තෙතමන මැනීම, sp. වාතාර්ද්‍රමානක ශාස්ත්‍රය.

Hygroscope, n. වාතාර්ද්‍ර ප්‍රකාශක යන්ත්‍රය.

Hygroscopic, Hygroscopical, a. වාතාර්ද්‍ර ප්‍රකාශක.

Hyloist, n. ධාතුදේවදෘෂ්ටියා.

Hylotheism, n. ධාතු මිස වෙන දෙවිකෙනෙක් නැතැයි විශ්වාසකිරීම, ධාතුදේවදෘෂ්ටිය.

Hylozoism, n. ධාතු ප්‍රාණ සහිතය යන ධර්මය, ධාතු ප්‍රාණකදෘෂ්ටිය.

Hylozoist, n. ධාතුප්‍රාණක දෘෂ්ටිය.

Hymen, n. in myth. විවාහ දේවතාවා; in anat. පුෂ්පමාංශිහික ජවිකාව; in bot. කලිකා සිවිය or පිට වැස්ම.

Hymeneal, Hymenean, a. වෛවාහික, විවාහයට අයිති; n. වෛවාහික කාව්‍යය.

Hymn, n. ගීතිකාව, ගීතිය, ගීය.

Hymn, v. ප්‍රශංසාවට ගීතිකාකරනවා, ගී කීමෙන් වර්ණනාකරනවා. [ගීයක්.

Hyper, prefix, Gk. අති or අධික යන අර්ථ ඇති උපස

Hyperbola, n. (ඡේදිත සෘජු ශංඛයක) එක් වක්‍ර රේඛාවක්, අධිවෘත්තය, හයිපර්බලය.

Hyperbole, n. (ඇත්තට වැඩියෙන් or අඩුවෙන්) අතික්‍රමික වාක්‍යය, අධිකතර කීම, අධික භාෂණය, අතිශයෝක්තිය, අත්‍යුක්තිය.

Hyperbolic, Hyperbolical, a. අතික්‍රමික, අතිශයෝක්ති; එක් වක්‍ර රේඛා ආකාර.

Hyperbolically, ad. අතිකාමිකලෙස, අතිශයෝක්තියෙන්; ඒ වක්‍ර රේඛා ආකාරයෙන්.

Hyperborean, a. උතුරු, උතුරට අයිති, ඉතා උතුරු දිශාවේ වැසි; අතිශීත.

Hypercritic, n. අධිකලෙස ගුණදෝෂ දක්වන්නා.

Hypercritical, a. අධිකලෙස ගුණදොස් දක්වන.

Hyphen, n. (-) මේ සංයෝග-රේඛාව.

Hypnology, n. නිද්‍රා-විස්තරය.

Hypnotic, a. නිද්‍රාජනක, සෞප්තික, නිදිගන්වන: n. නිද්‍රාජනකෞෂධය.

Hypochondria, n. තලංගු ස්වභාවක් උපදවන අජීර්ණ රෝගයක්; in anat. බඩවත. [වතට අයිති.

Hypochondriac, a. තලංගු ස්වභාවක් ඇත්තාවූ; බඩ

Hypochondriac, n. තලංගු ස්වභාවක් ඇත්තා, තලංගුවෙන් මලානිකයා.

Hypocrisy, n. වංචකකම, කපටිකම, කුහකකම, කෛරාටිකකම.

Hypocrite, n. බොරුවට යම් ස්වභාවක් පෙන්වන්නා, වංචක අය, කපටියා, කුහකයා, කෛරාටිකයා, වේශධාරියා. [ක.

Hypocritic, Hypocritical, a. වංචක, කපටිකාර, කුහ

Hypocritically, ad. වංචකලෙස &c., කපටිකමින් &c., ව්‍යාජලෙස, ව්‍යාජයෙන්.

Hypotenuse, n. (සෘජුත්‍රිකෝණයේ) දිගිභුජය, හරි මුල්ල ඉදිරිපිට-රේඛාව, අධඃසන්තතිය, කර්ණය, ශ්‍රැතිය.

Hypothecate, v. උකස්කරනවා, උකස්තියනවා, ඇපයක් කොට දෙනවා or නියමිකරනවා.

Hypothecation, n. (ඇපය භාරනොදී) උකස්කර තැබීම.

Hypothesis, n. (හේතුවක් or සැබෑවක් කොට සිතාගන්න or පිළිගන්න) අනුමාන කල්පනාව, කල්පිතාර්ථය; in geom. සැබෑකොට පිළිගන්න කාරණාව, සාධ්‍ය කාරණාව, සාධ්‍යය.

Hypothetic, Hypothetical, a. (තර්කකිරීමට) සිතාගන්න, (සැබෑවෙතත් නොවෙතත්) සැබෑවක් කොට පිළිගන්න, (කාරණ).

Hypsometry, n. (ස්ථානවල) උස මැනීම, ඌර්ධ්වත්ව මානකය.

Hyssop, n. කුඩා පලා ජාතියක්, හිසොප්.

Hysteria, Hysterics, n. ස්ත්‍රීන්ට සෑදෙන සන්නි රෝගයක්, වාතොන්මාදය, මූර්ඡාව.

Hysterical, a. ගැස්ම — කලාන්ත — ආදිය අල්ලන (ස්ත්‍රී &c.).

Hysterology, Hysteron-proteron, n. (කථාවේ) පූර්වාපර විධිය, වාක්‍යපෙරළිය, වාක්‍යපූර්වාපරය.

Hysterotomy, n. in sur. (භ්‍රෑණය ගැනීමට) ගර්භ-ඡේදනය.

Hystrix, n. ඉත්තෑවා.

I.

I, වේ ඉ යන ශබ්ද ඇති අක්ෂරය, as: icicle වේසිකල් pine පෛන්, pin පින්.

I, pron. මම.

Iambic, Iambus, n. (delight, ඉතා. පුරාණ. යනාදී වචනවල මෙන්) මුලට ලඝු ශබ්දයක් හා ඊළඟට ගුරු ශබ්දයකින්යුත් ගණයක්.

Iambics, n. pl. එයාකාර ශබ්දඇති කවි.

Ibex, n. එළු ජාතියක්. Ibid, Ibidem, L. එම තැන.

Ibis, n. කොක්කු ජාතියක්; (මිසරවරුන් විසින් නමස්කාරකළ) එක් ජාතියක කොකා.

Ice, n. මිදිච්ච වතුර, මිදුණු දිය, හිම, අයිස්.

Ice, v. (හිම මෙන් පෙනෙන්ට) සීනි සුදුකර කැවිලි සදනවා.

Iceberg, n. (මුහුදේ පාවෙමින් යන) මිදිච්ච දියකන්ද, හිම පර්වතය.

Ice-boat, n. (මිදිච්ච වතුර බිඳගනයන or මිදිච්ච වතුර උඩ යන) මිදිච්ච දිය පාරුව. [&c.).

Ice-bound, a. මිදිච්ච වතුරට හිරවී තිබෙන (පාරුව

Ice-cream, Iced-cream, n. සිසිලෙන් මිදවාපු යොදේ.

Iced, pp. or a. සුදුකළ සීනිවලින් වසාපු; මිදිච්චි වතුරෙන් සිසිල්කළ.

Ice-house, n. මිදිච්ච දිය තබාගන්න ගබඩාව.

Icelander, n. වේස්ලන්තයේ වැසියෙක්.

Icelandic, a. වේස්ලන්තයට අයිති, වේස්ලන්තික.

Icelandic, n. වේස්ලන්ත භාෂාව.

Ich dien (ඉෂ් ඩීන්), Ger. සේවයකරමි යන අර්ථය ඇති වේල්ස් කුමාරයාගේ මාතෘකාව.

Ichneumon (Ich ඉක්), n මිසරදේශයේ මුගටි ජාතියක්; මැසි ජාතියක්.

Ichnography, n. ගොඩනැගිල්ලක බිම — අඩියේ — සිතියම, බිමේ දළෑත, භූමිසංස්ථානය.

Ichnology, n. (පොළවේ පුරාණ පර්වතාදී තට්ටුවල) පාදලාඤ්ඡන විස්තරය.

Ichor (ඓකොර්), n. දිය සැරව, පූයරසනය, පූය ශෝණිතය, මදජලය. [කන.

Ichorous (ඓකොරස්), a. දිය සැරව ආකාර, පූයර්

Ichthyography, Ichthyology, n. මත්ස්‍ය-විස්තරය, මත්ස්‍ය-විද්‍යාව.

Ichthyophagist, n. මත්ස්‍ය-භක්ෂකයා.

Ichthyopha-gous, a. මත්ස්‍ය-භක්ෂක.

Ichthyophagy, n. මත්ස්‍ය-භක්ෂණය.

Ichthyosaurus, Ichthyosaur, n. (දැන් යටබුත්වූ) මත්ස්‍ය-කුම්භීලයා.

Icicle, n. (වතුර බින්දු වැගිරෙද්දී මිදී හැදෙන) හිම කූර, හිම බිඳුව, තුෂාරකණය.

Iciness, n. ඉතා සීතලකම, අතිශීතතාව.

Iconoclast, n. රූප පිළිම කඩන්නා; fig. රූප ඇදහීමට විරුද්ධවෙන්නා. [මට විරුද්ධ.

Iconoclastic, a. රූප පිළිම කඩාදමන; fig. රූප ඇදහී

Iconography, n. රූප පිළිම විස්තරය.

Iconolatry, n. රූප ඇදහීම, රූප පිළිම වැඳීම.

Iconology, n. රූප පිළිම ධර්මය.

Icosahedral, a. පට්ටම් විස්සක් ඇත්තාවූ, විංශත්‍යංශ, විංශති ඵලක.

Icosahedron, n. පට්ටම් විස්සක් ඇති ඝනදෙයක්, විංශත්‍යංශ ඝනයක්, විංශති ඵලකය.

Icosandria n. pl. පුරුෂකේශර විස්සක් ඇති පැළ ජාති.

Icy, a. හිම මිශ්‍ර, හිම සමාන; හිම මෙන් ශීතල; fig. සිතේ උණුසුම් ගතියක්—ප්‍රේමයක්—හැඟකිල්ලක්—නැත්තාවූ.

Id. (ඉඩ්), for *Idem.* I'd (අයිඩ්), for *I would* or *I had*

Idea, n. කල්පනාව, මතය, අභිප්‍රාය: [නැත.

I have no idea of that ඒගැන මට තේරුමක්

I have no idea of going මම යන්ට සිතන්නේ නැත, යන්ට මගේ අභිප්‍රායක් නැත.

Ideal, a. මානසික, මනසිජ, මනෝගත, මානස; කල්පනාවෙහි පමණක් ඇත්තාවූ, මනඃ කල්පිත; චිත්තාකාරයට අයිතිවූ, චිත්තාකාර.

Ideal, n. සිතාගත්ත ඉතා සම්පූර්ණ *or* උතුම් එක: this is my ideal මගේ කල්පනාවේ හැටියට ඉතා උතුම් *or* සම්පූර්ණ එකනම් මේකයි.

Idealism, n. (පිටත ද්‍රව්‍ය නොව මනඃකාරය පමණක් ඇතැයි *or* දැනෙනවායයි උගන්වන) මනඃකාරත්ව ධර්මය, අද්‍රව්‍යදර්ශනය, අමූර්තිවාදය.

Idealist, n. මනඃකාරත්වධර්මදර්ශියා, අද්‍රව්‍යදර්ශියා.

Ideality, n. මනඃකාරත්වය, අමුතු සිතිවිලි උපදවා ගැනීමේ බලය, in phren. චිත්තජනකේන්ද්‍රියය.

Idealize, v. කල්පනාවෙන් සිතාගන්නවා, සිතට දෘශ්‍යමානවෙනවා.

Ideally, ad. සිතෙන්, කල්පනාවෙන්, මනඃකාරයෙන්.

Idem, L. එම එක.

Identical, a. that same එම, ඒ *or* මේ &c....ම, අනන්‍ය; This is the identical book මෙය ඒ පොතමයි.

Identically, ad. වෙනසක් නැතුව, අනන්‍යාකාරයෙන්.

Identification, n. එයම බව—*or* අහවල් එකයයි—දැනගැනීම *or* ඔප්පුකිරීම &c.

Identify, v. යමක් අහවල් එකයයි දැනගන්නවා *or* නියම කොට කියනවා; එක්කරනවා, එක්සත් කරනවා.

Identity, n. ඒකත්වය, එකමබව, අනන්‍යතාව, නිර්විශේෂත්වය.

I affirm the identity of this book, that that is this very book එය මේ පොතම බව කියමි.

Ideographic, Ideographical, a. සිතියම්, ඉලක්කම්, ආදියෙන් මෙන් ශබ්ද නොව කල්පනා—*or* කාරණ—හඟවන්නාවූ (සලකුණු), චිත්‍රාලේඛ්‍යාකාර.

Ideographics, n. (වචන නොව කල්පනා හැඟීමට) චිත්‍රාලේඛ්‍ය ලිපියක්.

Ideologist, n. චෛතසික-ධර්මඥයා.

Ideology, n. චෛතසික-ධර්ම ශාස්ත්‍රය, චෛතසික ධර්ම-විස්තරය.

Ides, n. පසළොස්වක (වන පුරාණ රෝමයේ ලිතේ හැටියට මාර්තු, මැයි, ජූලි, ඔක්තෝබර් යන මාස වල පසළොස්වෙනිද සහ අනික් මාසවල දහතුන් වෙනිදය).

Id est, L. that is එනම්.

Idio, prefix, පුද්ගලික, ඒ ඒ අයටම අයිති, විශේෂ, යන අර්ථඇති උපසර්ගය.

Idiocracy, Idiocratic. See Idiosyncrasy &c.

Idiocy, n. සහජ බුද්ධි නැතිකම, පිස්සුකම, බුද්ධි වෛකල්‍යය; fig. අමනකම, මූර්ඛතාව, ජඩතාව.

Idiom, n. භාෂාවේ නියම අන්දම, භාෂා රීතිය, වාග් රීතිය, වාග්ව්‍යවහාරය.

Idiomatic, a. භාෂා රීතියටම අයිති; භාෂා රීත්‍යනුකූල, වාග්ව්‍යවහාරානුකූල.

Idiopathic, a. ස්වකීය රෝගාකාර, ස්වකීය ව්‍යාධිත, නිදාන.

Idiopathy, a. (වෙන රෝගයකින් අටනොගත්ත) ස්වකීය රෝග ස්වභාව.

Idiosyncrasy, n. (සාමාන්‍ය අන්දමට වෙනස්වූ යමෙකුගේ) ස්වකීය ගතියක්, විශේෂ ස්වභාවයක්.

Idiosyncratic, a. විශේෂ ස්වභාවයක් ඇති.

Idiot, n. සහජ බුද්ධි නැත්තා, පිස්සා; මෝඩයා, මුග්ධයා, අමනයා.

Idiotic, Idiotical, a. සහජ බුද්ධි නැත්තාවූ, පිස්සු; මෝඩ, මූර්ඛ, අමන, දුර්මතික.

Idiotism, n. භාෂා විශේෂයක්, විශේෂ වාක්‍ය විධියක්. See Idiom.

Idle, a. නිකම් සිටින, නිකම් තිබෙන; කම්මැලි, අලස; නිරර්ථක, නිෂ්ප්‍රයෝජන.

Idle, v. නිකම් සිටිනවා; කම්මැලිකමින් සිටිනවා *or* පසුවෙනවා; idle away time කාලය නිකම් ගත කරනවා.

Idleness, n. නිකම් සිටීම, කම්මැලිකම, අලසකම.

Idler, n. කම්මැලියා, අලසයා.

Idly, ad. නිකම්, කම්මැලිලෙස &c., see adj.

Idol, n. දේව රූපය, දේව ප්‍රතිමාව, පිළිමය; fig. සිත අයිකලෙස ඇලුම්වෙන දේ, (යමෙකු) අතිශයින් ප්‍රේමවෙන දේ.

Idolater, n. රූපවලට වඳින්නා, රූප අදහන්නා, දේවතාවන් අදහන්නා.

Idolatrous, a. රූප අදහන්නාවූ; රූප අදහීමට අඩංගු, දෙවිදේවතාවන් සම්බන්ධ; fig. (මැවිල්ලකට) අනිසි තරමට ඇලුම්වූ.

Idolatry, n. රූප ඇදහීම &c., රූප පිළිමවලට නමස්කාරකිරීම, රූපවන්දනාව, රූපසේවනය: fig. අතිශයින් මැවිල්ලකට ආලයකිරීම.

Idolize, v. (මැවිල්ලකට) අනිසි තරමට ඇලුම්වෙනවා *or* ගෞරවකරනවා.

Idyl, n. ලුහුඬු කථා කාව්‍යය, එඬේර කාව්‍යය, ලඝු කථාකාව්‍යය.

Idyllic, a. කථාකාව්‍ය, එඬේර කාව්‍යයම්.

If, conj. නම්, හොත්, as: එනවානම්, නොහොත්, ආවොත්; even if නමුත්, නුමුත්.

Even if he came ඔහු ආනුමුත්, ආවත්.

If not නැත්නම්, නොවේනම්: if it is not this මේක නොවේනම්.

If it were not for this &c. ("If not for this" would be wrong) මේක &c. නැත්නම් or නොලැබෙනවානම් or මේක නිසා නොවේනම්.

If it had not been for this &c. මේක නොතිබුණා නම් &c.

Igneous, a. අග්නි, ගිනි ; ගින්න සමානවූ; in geol. ගින්නෙන් — ගිනිබලයෙන් — හැදුණ (පර්වත &c.), අග්නිමය, ආග්නේය.

Ignescent, a. (මානෙන් ගැසුවාම) ගිනිපුපුරු නික්මෙන ; n. ගිනිපුපුරු නික්මෙන ගලක්, ගිනිගල.

Ignicolist, n. ගින්නට වන්දනමාන කරන්නා, ගිනි පුදන්නා.

Ignis-fatuus, n. මඩුරු තැන්වල මීදුමෙන් රෑ හැදෙන එළියක් ; lit. & fig. මිරිඟුයින්න, බොරු එළිය.

Ignite, v. පත්තුකරනවා, ගිනි දල්වනවා, ගිනි තිබනවා, අවුළුවනවා ; පත්තුවෙනවා, ඇවිළෙනවා, ගිනි ගන්නවා.

Ignition, n. පත්තුකිරීම, පත්තුවීම, ඇවිළීම &c.

Ignoble, a. කුලහීන, අකුලීන ; අවමානය, පහත්වූ, අධම, නීච.

Ignobly, ad. අවමානයලෙස, අධමලෙස, නීචලෙස.

Ignominious, a. අවනම්බුවූ, නීච, තුච්ඡ, නින්දිත, ගර්හණීය.

Ignominiously, ad. අවනම්බුලෙස, නීචලෙස &c.

Ignominy, n. අවමානය, අපකීර්තිය, ලජ්ජාව, තුච්ඡතාව, නින්දිතකම, ගර්හණීයතාව.

Ignoramus, n. නූගතා, (උගතෙකු මෙන් කටයුතුකරන) අඥානයා, නිවටයා ; lit. නොදනිමු, (ජූරිවරුන්ගේ එක් මුහුණියක්).

Ignorance, n. නූගත්කම, නොදැනුම්කම, අඥානකම, අවිද්‍යාව, අඥානතාව.

Ignorant, a. නූගත්, අපණ්ඩිත, අඥාන, අව්‍යක්ත, විඥානීත.

Be ignorant of a thing යමක් නොදැන සිටිනවා or ඒගැන තේරුමක් නැතුව සිටිනවා.

Ignorantly, ad. අඥානලෙස ; නොදැනුවත්ව, නොදැනුම්කමින්.

Ignore, v. (නොදන්නාක් මෙන්) නොසලකා අරිනවා.

Iguana, n. කබරගොයා, තලගොයා.

Iguanodon, a. (අසි හැමක් දිග ඇති) යටලුත් කිඹුලා, නශ්‍ය-කුම්බීලයා.

I.H.S., Jesus Hominum Salvator මනුෂ්‍යයන්ගේ ගැලවුම්කාරවූ ජේසුස් වහන්සේ.

Ileum, n. කුඩා අතුණුවල පහත් කොටඨාසය.

Ileus, n. වාතශූලය ; අතුණු පෙරළීම.

Iliac, a. කුඩා අතුණු සම්බන්ධ ; iliac passion කුඩා අතුණුශූලය.

Ilk, a. එම, එසේම. [සය.

Ill, a. නරක (wind, temper, state) ; n. නරකක්, අගු

Ill, be, n. ලෙඩවූ—අසනීපව—ආතුරව—සිටිනවා.

Ill, prefix, අව, නරක, දුස්, යන අර්ථ ඇති උපසර්ගය.

Ill-affected, a. (යමෙක් කෙරෙහි) අවගතියක් ඇත්තාවූ or විරුද්ධවූ, විපක්ෂ.

Illapse, v. ඇතුළට ලිස්සී යනවා, වැටී යනවා.

Ill-arranged, a. හොඳ පිළිවෙළකට නැත්තාවූ, දුෂ්ප්‍රයුක්ත, දුෂ්ක්‍රම.

Illation, n. අනුමිතිය, නිගමනය.

Illative, a. අනුමිතිවූ, අනුමිති ආකාර, අනුයායිනී, අනුමේය, ආනුමානික, ආනුෂංගික.

Ill-behaved, a. අවිනීත, දුර්විනීත, අශෝභනලෙස හැසිරෙන, දුශ්ශීල, දුරාචාර.

Ill-behaviour, n. අවිනීතතාව, අශෝභන හැසිරීම, අවකාල්ක්‍රියාව, දුශ්චරිතය.

Ill-blood, n. අවගතිය, ක්‍රෝධය, සතුරුකම.

Ill-bred, a. හොඳලෙස ඇතිදැඩිනූණු, හැනෑදුණු, ශිෂ්ටාචාර මදි, අශිෂ්ට.

Ill-disposed, a. අවගතියක් ඇත්තාවූ, කරුණා රහිත, විරුද්ධ, නොහොඳ, නොමනාප.

Illegal, a. නීතිවිරෝධ, අනසු, නීතියට එකඟනැති, අව්‍යවස්ථිත.

Illegality, n. නීතිවිරෝධතාව, අනසුව, අව්‍යවස්ථිතිය.

Illegally, ad. නඩුමාර්ගයට විරුද්ධව, නීතිවිරෝධව, අනසුලෙස, අව්‍යවස්ථිතලෙස.

Illegibility, n. (අකුරු) කියවන්ට බැරි අවුල්කම or නොපැහැදිලිකම.

Illegible, a. කියවීමට පැහැදිලි මදිවූ, කියවන්ට බැරි, (අකුරු, ලියවිලි).

Illegitimacy, n. අවිජාතකතාව ; අනසුකම, අව්‍යවස්ථිතතාව ; අයුතුකම.

Illegitimate, a, අවිජාත, අවිජාතක, වේසාකමට උපන් ; අනසු, නීතියට විරුද්ධවූ ; නියම විධියට එකඟනැති, අයුතු, අනියම්, in logic අනනුමේය, නිරනුමේය.

Illegitimate, v. අවිජාතකයෙක් බව ඔප්පුකරනවා, අවජාතයෙක් කොට නියමකරනවා.

Illegitimately, ad. අවිජාතකලෙස ; අනසුලෙස, අයුක්තියෙන් ; in logic අනනුමිති ආකාරයෙන්.

Ill-fated, a. අවාසනාවන්ත.

Ill-favoured, a. අවලක්ෂණ, විරූප.

Ill-furnished, a. උවමනා මදිවූ, හොඳ අඩුවැඩිය—බඩු—නැත්තාවූ ; ඔනෑ දැනගැනීම—ඥානය—ආදිය මදිවූ.

Ill-health, n. රෝගීතාව, අසනීපය.

Illiberal, a. ත්‍යාගශීලීනතනොවන, ලෝභවූ, මසුරු ; ගුණ මදිවූ, තද, අගුණවාදී.

Illiberality, n. ලෝභකම, මසුරුකම ; අගුණවාදීතාව.

Illiberally, ad. ලෝභලෙස, මසුරුලෙස ; අගුණවාදීලෙස.

Illicit, a. අනසු, අයුතු, තහනම්, නියමයට විරුද්ධවූ, නීතිවිරෝධ.

Illimitable, a. ප්‍රමාණයකළ නොහැකි, අප්‍රමාණ, අනන්ත, අප්‍රමේය. See Boundless.

Illimitably, ad. ප්‍රමාණයකළ නොහැකිලෙස &c.

Ill-informed, a. කාරණ වඩා තේරුම් නැත්තාවූ, වඩා දැනගැනීම නැති.

Illiteracy, n. නූගත්කම, අපණ්ඩිතතාව, අකුරු නොදැනීම.

Illiterate, a. අකුරු බැරිවූ or වඩා ඉගෙනනොගත්, නූගත්, අපණ්ඩිත.

Ill-nature, n. අයහපත් ස්වභාව, අවගුණය, අවගතිය, ඝෝරකකම, අකාරුණිකකම.

Ill-natured, a. අවගුණ ඇත්තාවූ, අවගති, කරුණා රහිත, සැරවූ, කෝපවූ.

Ill-naturedly, ad. අවගතියෙන් අකාරුණිකතලෙස, සැරලෙස

Illness, n. රෝගාතුරකම, රෝගය, ලෙඩ, අසනීපය, ව්‍යාධිය.

Illogical, a. තර්කශාස්ත්‍රයට එකඟ නැති, තර්කානුකූල නොවූ, අනනුයායිනී, හරිලෙස කාරණ ගෙනහැර නොදක්වන, න්‍යාය විරුද්ධ, අතාර්කික.

Illogically, ad. තර්කශාස්ත්‍රයට එකඟ නැතිලෙස, etc.

Illogicalness, n. තර්කශාස්ත්‍රයට එකඟ නැතිකම, න්‍යාය විරුද්ධත්වය.

Ill-timed, a. වේලාවට—ප්‍රස්තාවට—නුසුදුසු, ප්‍රස්තා අනනුකූල.

Ill-turn, n. අකාරුණිකවනත ක්‍රියාවක්, අවැඩදායක ක්‍රියාවක්.

Illude, v. උපායකින් රවටනවා, පැතුම නිෂ්ප්‍රභා කරනවා. See Delude.

Illuminate, v. එළියකරනවා, ආලෝකකරනවා; ගිනිමැලි—පහන්—ආදියෙන් දීප්තිමත්කරනවා; ලක්ෂණ අක්ෂර—සිතියම්—ආදියෙන් පොත්පත් අලංකාරකරනවා, විසිතුරු කරනවා, සරසනවා.

Illuminated, pp. *or* a. එළියකරනලද &c.; විරෝචමාන, දීප්ත, ප්‍රදීප්ත, ප්‍රද්‍යෝතිත, දිමුතු.

Illumination, n. එළියකිරීම &c.; තේජනය, ප්‍රදීපාලෝකය, දීපාවලිතනාව, of pages පත්‍රරඤ්ජනය.

Illuminator, n. එළියදෙන දේ, ආලෝකකරන්නා, උද්දීපකයා, (පොත්පත්) සජ්ජිතකරන්නා, රඤ්ජනකාර ශිල්පියා.

Illumine, Illume, v. එළියකරනවා, ආලෝක කරනවා; රඤ්ජනයකරනවා, සජ්ජිතකරනවා; සිත පහදවනවා, අවබෝධකරවනවා.

Illusion, n. රැවටීම, රැවටිලි මතයක් *or* පෙනීමක්, මායාව, මෝහය.

Illusive, Illusory, a. (බොරු පෙනීමෙන් &c.) රැවටෙන්ට සලස්වන, වැරදිවූ, ජාලිනි, ඉන්ද්‍රජාලික, මායාමය.

Illustrate, v. උපමා—නිදර්ශන—සිතියම්—ආදියෙන් විස්තරකරනවා, නිදර්ශනයකින් පැහැදිලි කරනවා, නිරූපණය කරනවා; සිතියම්වලින් අලංකාරකර එසදනවා.

Illustration, n. විස්තරකිරීම, විස්තරය, නිදර්ශනය, නිරූපිතය, ආදර්ශය, උදාහරණය, උද්දේශය, දීපකය, (පොතේ) සිතියම.

Illustrative, a. පහදන, විස්තර, උද්දේශක, විභාවක, ප්‍රකාශක.

Illustrious, a. උතුම්, උත්කෘෂ්ට, ප්‍රවර, කීර්තිමත්, ශ්‍රීමත්, ප්‍රසිද්ධ, විශ්‍රුත, විශිෂ්ට, ශ්‍රේෂ්ඨ, උත්තරීතර, විශාරද, මහායශස්ක. [&c.

Illustriously, ad. උතුම්ලෙස, උත්කෘෂ්ටාකාරයෙන්

Illustriousness, n. උතුම්කම, උත්කෘෂ්ටතාව, ප්‍රවරතාව, කීර්තිමත්කම, ශ්‍රීමත්කම &c.

Ill-will, n. අවශතිය, නොමනාපය, තරහ, එදිරිකම, සතුරුකම.

Image, n. පිළිමය, රූපය, ප්‍රතිමාව, ප්‍රතිබිම්බය, පිළිබිඹුව, සුරුවම; of demons බලිය; likeness ස්වරූපය, සමානත්වය.

Image, v. (කැඩපතෙහි) ප්‍රතිබිම්බය පෙනෙනවා; (සිතින්) රූපය—ආකාරය—සිතාගන්නවා.

Image-breaker, n. රූප පිළිම කඩන්නා.

Imagery, n. (රූප—සිතියම්—ආදිය වැනි) සිතේ දර්ශන *or* සිතිවිලි, මනඃ කල්පිතය, මනෝ සඞ්කල්පය; (සිතියම් අඳින්නාක් මෙන් කථාවෙන් හෝ ලියවිලි ලෙන්) ලක්ෂණ දක්වීම, උදාහරණ, සිතියම්-සමාන භාෂණ.

Image-worship, n. රූප පිළිමවලට වැඳනමස්කාර කිරීම. See Idolatry.

Imaginable, a. සිතිය හැකි, සිතාගත හැකි, විභාවනීය, චින්තනීය, චින්ත්‍ය.

Imaginary, a. මානසික, මනසිජ, මනොායත, චින්තාමය, මනඃ කල්පිත, සංකල්ප, (ඇත්ත නොවන) සිතේ පමණක් ඇත්තාවූ, නිකම් සිතන, හිතළු.

Imagination, n. සිතීම &c.; (සිතියම්, රූප, හැඩ, ලක්ෂණ, ආදිය) සිතාගන්න බලය, චින්තෝත්පාදක බලය, කල්පනා ශක්තිය; සිතිවිලි, කල්පනාව.

Imaginative, a. (එසේ සිතියම් ආදී) සිතිවිලි උපදවා ගන්න, චින්තෝත්පාදක, පරිකල්පක; සිතිවිලි ලෙස්ම අවශ්‍යත්තාවූ.

Imagine, v. (සිතියම් ආකාරයෙන්) සිතනවා, සිතාගන්නවා, කල්පනාකර බලනවා, සංකල්පනය කරනවා; නිකම් සිතනවා, සිතෙනවා.

Imagined, pp. *or* a. සිතනලද &c., සිතුණ, චින්තිත.

Iman, Imam, n. මහමත් පූජකයෙක්.

Imbank, &c. See Embank &c.

Imbecile, a. (ශරීරයෙන් හෝ සිතියෙන්) දුර්වලවූ, බෙලහීන, ශිලන්.

Imbecile, n. දුර්වලයා, බෙලහීනයා.

Imbed, v. ඇතුළට වද්දනවා *or* ගිල්වනවා, (පස් ආදියේ) ගිල්වා තබනවා.

Imbedded, pp. *or* a. ඇතුළට වද්ද තිබෙන &c., ගිලී තිබෙන.

Imbibe, v. බොනවා, බීගන්නවා, පානයකරගන්නවා, උරනවා; fig. (ගුරුකම් &c.) සිතට ගන්නවා, පිළිගන්නවා.

Imbitter, v. (සිත) දුකට පත්කරනවා, දුක් දෙනවා, (සිත, ජීවිතය) කාන්සාකරනවා; කෝපකරනවා.

Imbittered, pp. *or* a. (අප්‍රසන්න කාරණාවකින්) ශෝකයට පත්වූ; කෝපයෙන් සිටින, රුෂිත.

Imbolden, v. See Embolden.

Imbosom, v. ළුරුල්ලේ තබාගන්නවා, තුරුල්කර ගන්නවා, (ප්‍රේමයෙන්) සිතෙහි තබාගන්නවා; වැදි කරනවා, මැද පිහිටුවනවා.

Imbricated, a. උළුකැට වාගේ නැමිතිබෙන, උළුකැට හැඩය ඇත්තාවූ; in bot. (වහලේ උළුකැට මෙන්) එකිනෙක පිට පිහිටි.

Imbroglio (ඉම්බ්‍රෝලියෝ), n. It. ආරවුල, පැටලිල්ල.

Imbrue, v. පොඟවනවා, පොවනවා, sp. (මිනීලේ වලින් අත් &c.) තෙමනවා *or* ගල්වනවා.

Imbue, v. (lit. සායම් පොවනවා), fig. යම් ගුණයකින්, ගුරුකමකින්, ක්‍රෝධයෙන් &c. යුක්තකරනවා, පිළිගස්වනවා.

Imbued with, be, v. (සිත්-ස්වභාවයකින්) යුක්ත, සංයුක්ත, ප්‍රතිසංයුක්ත, සමුපෙත, සමන්නාගත, සමපේත, සමන්විත, සහගත, භරිත, අභිසංස්කෘත, (ව සිටිනවා *or* යුක්තයි &c.) S. adj. යුක්ත. &c.

Imitate, v. සමානලෙස කරනවා *or* සාදනවා, වෙන දෙයක හැටියට කරනවා, යමක් ආදර්ශයට ගන්නවා, අනුහාරකරනවා, අනුගමනය කරනවා, විඩම්බනය කරනවා.

Imitation, n. සමානලෙස කිරීම &c., අනුහාරය; අනුකරණය, වෙනදෙයක හැටියට කරපු—සාදපු—දේ, අනුකෘතිය, ප්‍රතිරූපය.

Imitative, a. සමානලෙස කරන, අනුහාරාකාර, අනුකාරී, අනුගාමී; අනුකෘත.

Immaculate, a. සම්පූර්ණයෙන්ම නිර්මලවූ, නිර්මල ස්වභාවයක් ඇත්තාවූ, නිෂ්කල්ප්‍රී, අකලංක, කැළැල්නැති, නිකැළැල්.

Immaculateness, n. සම්පූර්ණ නිර්මලත්වය, නිර්මලකම etc.

Immanent, a. ඇතුළත්වූ, ඇතුළේම ඇත්තාවූ, අනන්තරස්ථ, අනන්තර්ගත.

Immaterial, a. අද්‍රව්‍ය, අරූපික, අශරීරික, ආත්මවූ, ආත්මීය, ආත්මික ; fig. නොවැදගත්, වැදගැම්මක් නැති.

Immaterialism, n. (ආත්ම මිස) ද්‍රව්‍ය නැත යන ධර්මය, අද්‍රව්‍යදෘෂ්ටිය.

Immaterialist, n. අද්‍රව්‍යදෘෂ්ටියා.

Immateriality, n. ද්‍රව්‍ය නොවන භාවය, අද්‍රව්‍යභාවය.

Immaterialize, v. අද්‍රව්‍යකරනවා, අශරීරකරනවා.

Immaterially, ad. ද්‍රව්‍යනැතුව, අද්‍රව්‍යවශයෙන්, අශරීරිකලෙස ; නොවැදගත්ලෙස.

Immaterialness, n. අද්‍රව්‍යභාවය, අශරීරිතාව ; නොවැදගත්කම.

Immature, a. නොපැසුණු, පැහිලා නැති, ඉදිලා නැති, අපරිපාක, කලව්, අමු, සම්පූර්ණ වයසට—ශක්තියට—නොපැමුණුණ, අපරිණත ; fig. අසම්පූර්ණ, සම්පූර්ණ නොකළ.

Immaturely, ad. පැසෙන්ට ඉස්සර &c., නොපැසි තිබෙද්දී &c., අමුවෙන් ; නිසි කලට පළමුවෙන්.

Immatureness, Immaturity, n. නොපැසුණු ගතිය, අමුකම, අපක්වතාව, අපරිපක්වතාව, අවිපාකය ; අසම්පූර්ණකම.

Immeasurable, a. (යමෙකුට) මනින්ට බැරිවූ, අමේය, අපරිමේය, අප්‍රමේය, අපරිමිත, අසංඛ්‍ය, අප්‍රමාණ, අපරිමාණ, ඉමක්නැති.

Immeasurableness, n. මනින්ට බැරි ප්‍රමාණය, අමේයතාව &c. අප්‍රමාණකම.

Immeasurably, ad. මනින්ට බැරිලෙස, අපරිමේයාකාරයෙන්, අප්‍රමාණලෙස.

Immediate, a. (අතරේ නැති) අනතුරුවූ (හේතුව &c.); (ඊ) ළඟ, යාවූ, අල්ලාපු, කිට්ටු ; දැන්ම—එවලේම—එකෙණෙහිම—ඇත්තාවූ *or* තිබුණ (ළතුකම, ඕනෑකම, අනතුරුව &c.).

Immediately, ad. අනතුරුව, අප්‍රමාදව, වහාම, මේ දැන්ම, සැණෙකින්ම, ක්ෂණයකින්ම, හැටියේම, එවලේම &c.

Immemorial, a (පටන්ගැම්ම මතක නැති—නොදන්න—තරමට) ඉතා පුරාණවූ, ස්මරණාතික්‍රාන්ත, අස්මාතීත.

Immense, a. අප්‍රමාණ, ප්‍රමාණාතික්‍රාන්ත, අනන්ත, අතිශය ; අති මහත්, අති විශාල. [ශයින්ම.

Immensely, ad අප්‍රමාණලෙස, අනන්තලෙස, අති

Immensity, n. අප්‍රමාණකම, ප්‍රමාණාතික්‍රාන්තතාව &c., අප්‍රමේය භාවය, ආනන්ත්‍යය ; අතිමහත්කම, විශාලත්වය, මහත්වය ; of space අප්‍රමාණවකාශය, දිගන්තරාලය.

Immensurability, n. මනින්ට බැරි මහත්කම *or* විශාලකම, අප්‍රමේයතාව.

Immerge, v. ගිල්වනවා, ගල්වනවා ; (සූර්යාලෝකයෙහි තාරකා මෙන්) ඇතුල්වී නොපෙනීයනවා, අන්තර්ධානවෙනවා.

Immerse, v. ගිල්වනවා, ගිල්ලවනවා, නිමග්නකරනවා, අවගාහනයකරනවා,.

Immersed, be, v. ගිල්වනු ලබනවා &c., නිමග්නවෙනවා, (වතුරෙහි, ශෝකයෙහි, සැපෙහි &c.) ගිලී—යටවී—නිමග්නව—සිටිනවා ; adj. ගිලීතිබෙන &c., අවගාහිත, මග්න, නිමග්න.

Immersion, n. ගිල්වීම &c., මජ්ජනය, නිමජ්ජනය, ගිලී සිටීම &c.; in astr. (ආලෝකයට, සෙවණට) ඇතුල්වී—ගිලී—වැසී—නොපෙනීයාම.

Immersionist, n. (බව්තීස්මය පිණිස) ගිල්වන්නා, අවගාහනයකරන්නා *or* එයම විශ්වාසකරන්නා.

Immethodical, a. පිළිවෙළක් නැති, අක්‍රමක, අක්‍රමික, අපිසිවිත්.

Immigrant, n. (විසීමට) අන් රටකින් එන්නා, රටට ඇවිත් වාසය කරන්නා, අමුත්තු වැසියා.

Immigration, n. රටකට ඇවිත් සිටීම, (වාසය පිණිස) රටකට පැමිණීම.

Imminent, a. ළඟ, ආසන්න සිදුවෙන්ට යන්නාවූ, උපස්ථිත, සමුපස්ථිත, සමුපගත, සමීපවර්ති, (යම් නරකක්).

Immission, n. ඇතුළට ඇරීම, ඇතුල්කිරීම. Se., Inject &c.

Immobility, n. අචලතාව සොලවන්ට බැරි ස්ථිරකම, නොසෙල්වෙන සුලු බව, නිශ්චලත්වය.

Immoderate, a. පමණ නොදන්නා, අධිකතර, ප්‍රමාණාතික්‍රාන්ත, අමාත්‍රඥ, අතිමාත්‍ර, අත්‍යන්ත.

Immoderately, ad. ඉතාවැඩියෙන්, අධිකලෙස &c., අතිශයින්ම, අත්‍යන්තලෙස.

Immodest, a. ලජ්ජා රහිත, සංඝෙ නැති, විළිබිය නැති, අවිනීත, අපිරිසිදු, කැත.

Immodestly, ad. ලජ්ජා රහිතව, විළිබිය නැතුව, අපිරිසිදුලෙස.

Immodesty, n. ලජ්ජා රහිතකම, විළිබිය නැතිකම &c.

Immolate, v. මරා යාගකරනවා, යාගපූජා බජපූ කරනවා, බිලිපූදනවා.

Immolated, pp. *or* a. යාගකරනලද &c., ප්‍රමිත.

Immolation, n. මරා යාගකිරීම &c., යාගපූජාව.

Immoral, a. දුෂ්ට, ධූර්ත, අවකල්ක්‍රියාකාර, ගුණධර්ම කිසිත් නොමැති, දුශ්චරිත, ධර්මඝ්න, ධර්මාපේත, දුශ්ශීල, අශිෂ්ට, දුරාචාර.

Immorality, n. දුෂ්ටකම, ධූර්තතාව, අවකල්ක්‍රියාව, දුසිරිත, දුශ්චරිතය, අනාචාරය ; practise immorality දුෂ්ටකම් කරනවා, අවකල් ක්‍රියාවෙහි හැසිරෙනවා, දුසිරිතෙහි යෙදෙනවා.

Immorally, ad. දුෂ්ටලෙස, දුශ්චරිතලෙස &c.

Immortal, a. අමරණීය, නොනස්නා, අමෘත, අමර, අජරාමර ; සැමකල්ම පවතින, අනන්ත, නිත්‍ය, සනාතන, සර්වකාලින.

Immortality, n. නොනස්නාබව, අමරණීයත්වය, අමරතාව, නිත්‍යතාව, ආනන්ත්‍යය.

Immortalize; v. (කීර්තිය, නාමය, සම්මෘතිය etc.) සැමකල්ම පවතින්ට සලස්වනවා, අමරණීය බවට පමුණුවනවා.

Immortally, ad. අමරණීයලෙස, etc.

Immovability, n. නොසෙලවෙන ගතිය, ස්ථිරකම, සවිය, තදකම, අභිනිවේශනය, අකම්ප්‍යතාව, ස්ථාවරත්වය, අචලතාව.

Immovable, a. සොලවන්ට බැරිවූ, වෙනස්කරන්ට නොහැකි, නොසෙලවෙන, නිශ්චල, අචල, ස්ථාවර, ස්ථිර, සවිවූ, තදවූ, අකම්ප්‍ය.

Immovables, n. pl. (ගෙයකට &c. අයිති) අචල බඩු.

Immovably, ad. නොසෙලවෙනලෙය, අචලලෙස, සවිලෙස &c., see adj.

Immunity, n. (ප්‍රතුකම, වැඩ, දූක, ආදී බර සියල්ලෙන්) නිදහස්කම, නිදහස, මිදීම.

Immure, v. (ගේ, කොටු, ආදී) ස්ථානයක වසා තබනවා, හිරඅඩස්සිකරනවා.

Immutability, n. වෙනස්නොවෙන සුලුබව, අවිකාර [ත්වය.

Immutable, a. වෙනස්කළ නොහැකි, වෙනස්නොවෙන, වෙනස්නොවෙනසුලු, නොපෙරළෙන, අවිකාර. [කාරලෙස.

Immutably, ad. වෙනස්නොවී, අභිඥසිතලෙස, අවි

Imp, n. කුඩා ප්‍රේතයා, ක්‍ෂුද්‍රභූතයා, fig. මැරවර ළමයා.

Impact, n. ඝාතනය ; වැදීම, සංඝට්ටනය.

Impair v. (ශක්තිය, සතිපය, අගය, etc.) අඩුකරනවා, නරක්කරනවා, දුර්වලකරනවා, පරික්ෂයකරනවා.

Impaired, pp. *or* a. අඩුකරනලද &c., අඩුවූ, පිරිහුණු, පරික්ෂීණ.

Impale, v. උල තබනවා ; ඉනි හිටවා කොටුකරනවා.

Impalpable, a. (අතට නොදැනෙන තරමට) ඉතා සිහින්වූ, නොදැනෙන්නාවූ, අස්පෘශ්‍ය, අතිසූක්ෂම.

Impalpably, ad. අතට නොදැනෙනලෙස, අස්පෘශ්‍යාකාරයෙන්. [ගතකරනවා.

Impanate, a. පූපසහගත, රොටිවල අඩංගුවූ ; v. පූප

Impanation, n. (සමහරෙක් සිතන ක්‍රිස්තුස්වහන්සේගේ ශරීරය) පූපගතවීම, පූප-සහභූතස්වීම.

Impanator, n. (ලූතර්ගේ සභාවේ හැටියට) පූප-සහභූතස්වදලවියා.

Impannel, v. (විනිශ්චය මණ්ඩලය) නියමකරනවා, (ජූරි වරුන්ගේ) නම් ලියනවා.

Imparasyllabic, a. (මරනැගීම් ඔදී) අතුල්‍යශබ්ද-මාත්‍රික.

Imparity, n. අතුල්‍යතාව, අසමකම ; ඔත්තකම.

Impart, v. (කොටසක්) දෙනවා, ප්‍රදානයකරනවා ; (සිල්) සමාදම්කරවනවා ; (කාරණාවක්) දැනුම්දෙනවා, දන්වනවා.

Impartial, a. පාක්ෂිකගතියක් නැති, පක්ෂ භජනය නොකරන, අපක්ෂ, අපක්ෂපාත ; සාධාරණ, අගති විරහිත.

Impartiality, n. අපාක්ෂිකගතිය, අපක්ෂපාතකම, සාධාරණකම, සාධාරණත්වය, සර්වසමතාව.

Impartially, ad. අපාක්ෂිකගතියෙන් &c., අපක්ෂපාතලෙස, සාධාරණලෙස, සර්වසමතාවෙන්.

Impartible, a. indivisible අභේද්‍ය ; communicable දියහැකිවූ &c. See Impart.

Impassable, a. යන්ට මගක්—හැකියක්—නැති, පසුකරයන්ට නුපුළුවන්, අතරණීය, දුස්තර, දුර්ගම, දුර්.

Impassably, ad. පසුකර යා නොහැකිලෙස, etc.

Impassibility, n. දුක් වේදනා ආදිය නොවිඳින ගතිය, ඒවා නොදැනෙන ගතිය.

Impassible, a. දුක් &c. නොවිඳින, ඒවා නොදැනෙන ගතියක් ඇත්තාවූ.

Impassioned, a. (ප්‍රාණවත්කමින්, සැරකමින්) කම්පාවෙන, කම්පිත, විකම්පිත, ඇවිස්සෙන, ඉතා උනන්දු, උද්‍යෝගවත්, වේගවත්, ප්‍රාණවත්, පොළඹවන සුලු (කථිකයා, කථාව &c.), සුරක්ත.

Impassive, a. සිතෙන් කම්පානොවන, අකම්ප්‍ය, උනන්දුනොවන.

Impassiveness, n. සිතෙන් කම්පානොවන ගතිය, අකම්ප්‍යතාව, නොදැනීම.

Impatience, n. නොඉවසිලිවන්තකම, අක්ෂාන්තිය, අමණිණය, ඉක්මන්කම.

Impatient, a. ඉවසිලි නැති, ඉවසිලිවන්තකම මදවූ, අසහමාන, අමණිණ, ඉක්මන්.

Impatiently, ad. නොඉවසිලිලෙස, අමණිණකාරයෙන්, අක්ෂාන්තිලෙස.

Impeach, v. (රාජද්‍රෝහිකම ගැන) විනිශ්චයට පමුණුවනවා, වරද නගනවා, චෝදනා කරනවා, දෝෂාරෝපණකරනවා ; දෙස් තබනවා.

Impeachable, a. විනිශ්චයට පැමිණවිය හැකිවූ, දෝෂාරෝපණීය.

Impeachment, n. විනිශ්චයට පැමිණවීම &c. ; දෝෂාරෝපණය.

Impeccability, Impeccancy, n. පව්කළනොහැකි ගතිය, අපාපතාව, නිෂ්පාපත්වය.

Impeccable, a. පව්කළනොහැකිවූ, පාප ගතියක් නැත්තාවූ, අපාප, නිෂ්පාප.

Impecuniosity, n. මුදල්, ධන, ආදිය නැතිකම, දිළිඳුකම, නිර්ධනතාව.

Impecunious, a. මිල මුදල් නැති, දිළිඳු, අධන.

Impede, v. බාධාකරනවා, වළක්වනවා, විඝ්නකරනවා, නතරකරනවා, අවහිරකරනවා. [රිත.

Impeded, pp. *or* a. බාධාකරනලද, &c. බාධිත, නිවා

Impediment, n. බාධාව, අවහිරකම, නිවාරණය, ප්‍රතිබන්ධය, අමාරුව ; (කථාවේ) වික්කලය.

Impeding, a. බාධාකරන &c., බාධක ; n. බාධාකිරීම &c., බාධනය. [වා.

Impel, v. පොළඹනවා, පොළඹවනවා, සිත එළවන

Impelled, be, v. පොළඹවනු ලබනවා, පෙළඹෙනවා, එළඹෙනවා.

Impellent, a. පොළඹන &c.; n. පොළඹන බලය, සිත එළවන කාරණාව.

Impend, v. උඩින් එල්ලී තිබෙනවා, ප්‍රලම්බනය වෙනවා, විලම්බනයවෙනවා, ප්‍රලම්බිතව තිබෙනවා ; fig. පැමිණෙන්ට — සිද්ධවෙන්ට — ළංව තිබෙනවා. ආසන්නව තිබෙනවා

Impending, a. එල්ලී තිබෙන, ප්‍රලම්බ, ප්‍රලම්බිත ; ළංවූ, ආසන්න.

Impenetrability, n. සිදුරුකළ නොහැකි තදකම, සොයා දැනගත නොහැකි රහස්කම ; in nat. philos. (වස්තුවල) අනන්‍යගම්‍යතාව.

Impenetrable, a. සිදුරුකළ නොහැකි, (යමක් *or* යමෙකුට) ඇතුල්විය නොහැකිවූ (ද්‍රව්‍ය, තැනක් &c.); fig. ඇතුළ බලන්ට බැරිවූ ; සොයා දැනගත නොහැකිවූ ; be, v. (එකක් ඇති තැනම වෙන එකක් නැති ලෙස) අනන්‍යගම්‍යව තිබෙනවා.

Impenetrably, ad. සිදුරුකළ—ඇතුල්විය—නොහැකි ලෙස, අති ඝනලෙස, අති දැඩිකාරයෙන්.

Impenitence, Impenitency, n. පසුතැවිලි නැතිකම, අපශ්චාත්තාපය, පාපය ගැන මනස්තාප නැතිකම, මුරණ්ඩුකම. [වන, මුරණ්ඩු.

Impenitent, a. පසුතැවිලිනොවන, මනස්තාප නො

Impenitent, n. පසුතැවිලිනොවෙන්නා &c., පශ්චාත්තාපනුණ කෙනෙක්. [ලෙස.

Impenitently, ad. පසුතැවිලිනොවී, අපශ්චාත්තාප

Imperative, a. ආඥා සහිතවූ, අණදෙන්නාවූ ; ඔනෑම කරන ; n. in gram. ආඥා විධිය.

Imperatively, ad. ආඥා වශයෙන් ; නැතුව බැරිලෙස, imperatively necessary, ඕනෑමකරනවා.

Imperator, n. (පුරාණ රෝමවරුන්ගේ) අග්‍රාධිපතියා; සේනාපතියා, අගරජ.

Imperceptible, a. (පංචේන්ද්‍රියයන්ට) නොදැනෙන, ඉතා සිහින්වූ, ඉන්ද්‍රියාගෝචර, අදෘශ්‍ය, අප්‍රත්‍යක්ෂ, අවිෂය, අවිභාවනීය, අවිභාවිත.

Imperceptibleness, Imperceptibility, n. නොදැනෙන සුලුබව, ඉන්ද්‍රියාගෝචරතාව, අවිභාවනය.

Imperceptibly, ad. නොදැනෙන තරම් (කුඩා &c.), ඉන්ද්‍රියාගෝචරාකාරයෙන්.

Imperfect, a. අසම්පූර්ණ, අඩුලුහුඩු, ඌන ; වරදින සුලු ; in gram. *past.* අතීත (කාලය).

Imperfection, Imperfectness, n. අසම්පූර්ණකම, අඩුලුහුඬුකම, ඌනත්වය; වරදීත සුලුබව.

Imperfectly, ad. අසම්පූර්ණලෙස, අඩුලුහුඬුලෙස, ඌනාකාරයෙන්.

Imperial, a. අග්‍රරාජ්‍යය සම්බන්ධ, අගරජුට අයිතිවූ, රජාධිරාජ; මහාරාජික, රාජ, රාජකීය; (ආණ්ඩුවෙන්) නියමවූ (මහත or ප්‍රමාණ).

Imperialist, n. අධිරාජ්‍ය පාක්ෂිකයා, අග්‍රරාජ-පාක්ෂිකයා, අගරජුගේ යටත් වැසියෙක් or සේවකයෙක්.

Imperiality, n. අගරජුගේ බලය; (ආකරවලට &c.) ආණ්ඩුවට ගෙවන ආදායම.

Imperially, ad. රජාකාරයෙන්, රාජකීයලෙස, අගරජෙක්ලෙස.

Imperil, v. අනතුරුවට පමුණුවනවා. See Endanger.

Imperious, a. (බල පවත්වන්නෙක් මෙන්) උද්දච්ච, උද්දතර, උඩඟුකම් කරන; බලකරන, ඔහෙම කරන.

Imperiously, ad. අණකරන ස්වභාවයෙන් &c. See Imperatively.

Imperiousness, n. උද්දච්චකම &c., see adj., අභිමන් ගතිය.

Imperishable, a. නාසවිය නොහැකිවූ, විනාශයට නොයන, අනාශ්‍ය, ජරාවට නොපැමිණෙන, අජර, නිර්ජර, අජරාමර.

Imperishableness, n. නාසවිය නොහැකිකම, අනාශ්‍යතාව, අජරත්වය &c., අජරාමරතාව.

Imperishably, ad. නාසවිය නොහැකිලෙස, අනාශ්‍යාකාරයෙන්, අජරාකාරයෙන් &c.

Imperium in Imperio, L. ආණ්ඩුවට ඇතුළත් ආණ්ඩුව, උපරාජාණ්ඩුව.

Impermeability, n. (දිය, වායු) පසාරු නොවන දැඩිතාව.

Impermeable, a. (දිය, වායු) පසාරු — ඇතුල් — විය නොහැකිවූ (දැඩි ද්‍රව්‍ය).

Impersonal, a. අපුද්ගලික; in gram. අකර්තෘක; n. අකර්තෘක ක්‍රියාව.

Impersonate, v. ශරීරයකින් යුක්තකරනවා, මූර්තිමත්කරනවා; පණනැති දේ සත්වයෙක් කොට කල්පනාකරනවා or දක්වනවා.

Impertinence, Impertinency, n. ගරුසරු නැතිකම, අනිසි මැදිවීම.

Impertinent, a. අසම්බන්ධවූ, කාරණයට අඩංගුනැති; අනිසිලෙස මැදිවෙන, ගරුසරු නැති.

Impertinently, ad. අසම්බන්ධාකාරයෙන්, ඉතාංගුනැතිලෙස; ගරුසරු නැතිලෙස.

Imperturbable, a. චංචලකළ නොහැකිවූ, අචල, නිශ්චල, අක්ෂෝභ්‍ය, අක්ෂෝභනීය.

Imperturbation, n. නිශ්චලකම, අචලත්වය.

Impervious, a. (යමක්) ඇතුල්විය නොහැකි, සිදුරු කළ නොහැකි; යමක් පසාරු නොවෙනසුලු, අප්‍රවේශ්‍ය.

Imperviousness, n. ඇතුල්විය නොහැකිකම &c., අප්‍රවේශ්‍යතාව.

Impetigo, n. විසර්ප ජාතියක්.

Impetuosity, Impetuousness, n. fig. වේගවත්කම, සැර ඉක්මන්කම.

Impetuous, a. මහත් වේගවත්, වේගයෙන් යන or ක්‍රියාකරන, සැරවූ, ඉක්මන්.

Impetus, n. වේගය, බර සහිත වේගය, වදින සැරකම.

Impiety, n. දේවභක්ති නැතිකම, අභක්තිය, දේව ගරු නැතිකම, දේවාපහාසය.

Impinge, v. වදිනවා, තට්ටුව — හේත්තුව — යාව — තිබෙනවා.

Impingent, a. වදින, තට්ටුවෙන, තට්ටුවූ, හේත්තුවූ, යාවූ.

Impious, a. දේව අභක්තික, දේව අපහාසික, අභක්ත, අසාධු, අපුණ්‍ය.

Impiously, ad. දේව අභක්තිලෙස, etc.

Impiousness, n. දේව අපහාසිකකම, etc.

Implacability, n. සමානොවෙන සුලුබව &c., අශාම්‍යතාව, අසාන්ත්වනීයතාව.

Implacable, a. ශාන්තිකරගත නොහැකිවූ, සමානොවෙන, සමාදාන නොවෙන, වෛරය හාරින or නොසංසිඳෙන, අශමනීය, අශාම්‍ය, අසාන්ත්වනීය.

Implacable, ad. ශාන්ති—සමා—නොවෙනලෙස &c., ක්‍රෝධය බැඳී.

Implant, v. fig. (දැනගැන්ම, ගුණ, කල්පනා &c. සිතෙහි or සිහියේ) පිහිටුවනවා, පදියම්කරනවා.

Implanted, pp. or a. (සිතෙහි &c.) පිහිටුවනලද, පිහිටුවාපු, පදියම්කළ.

Implead, v. පැමිණිලිකරනවා, නඩු කියනවා.

Implement, n ආයුධය, ආවුදය, අවිය, මෙවලම, උපකරණය.

Impletion, n. පූර්ණකිරීම; පූර්ණත්වය.

Implicate, v. (වරදකට &c. යමෙකු) පටලවනවා, අසුකරනවා or හවුල්කරනවා or හවුල්බව පෙන්වනවා.

Implicated, be or a. (නරකකට) හවුල්ව සිටිනවා, පටලැවී සිටිනවා; හවුල්වූ, අසුවූ.

Implication, n. පටලැවීම &c.; (යමකින්) හැඟෙන කාරණාව, අනුශංසය, අනුමිතිය.

Implicit, a. (නොකීනුමුත්) හැඟෙන්නාවූ, අනුයාසින්; සැකනැති, හිතෛෂික, සම්පූර්ණ (විශ්වාසය &c.).

Implicitly, ad. හැඟෙන හැටියට; නිසැකලෙස, මුළු සිතෙන්.

Implied, a. (නොකී නුමුත්) හැඟෙන, අන්තර්ගත, ආනුෂංගික.

Impliedly, ad. හැඟෙනලෙස, ආනුෂංගිකාකාරයෙන්.

Implore, v. ඉතා ඔනෑකමින් ඉල්ලනවා, යාච්ඤාකරනවා, උදක්ම යදිනවා, අයදිනවා, (with both hands raised) දෙඅත් මුදුන්දී ඉල්ලනවා.

Imploringly, ad. ඉතා ඔනෑකමින්, කන්නලව්කරමින්, උදක්ම, දෙඅත් මුදුන්දී.

Imply, v. t. හඟවනවා, (යම් අභිප්‍රායක් or කල්පනාවක් &c. අඩංගුබව) හැඟෙනවා, තේරුම්යනවා, අන්තර්ගතව—ආනුෂංගිකව—තිබෙනවා.

Impolite, a. අශිෂ්ට, අශීලාචාර.

Impolitic, a. අනුවණවූ, නුවණැති නුරුනැති.

Imponderability, n. (දැනගත නොහැකි) බරක් නැතිගතිය, බරනැතිකම, නිර්භාරත්වය.

Imponderable, Imponderous, a. (විද්‍යුත, රස්නය, ආදී දේ මෙන්) බරනැත්තාවූ, අභාර, නිර්භාර.

Imponderables, n. pl. (දැනෙන) බරක්නැති දේ, අභාර වස්තු.

Import′, v. පිට රටකින් or තැනකින් ගෙනෙනවා or ගෙන්වනවා; (අභිප්‍රායක් &c.) හැඟෙනවා, see Denote; වැදගත්ව තිබෙනවා.

Im′port, n. පිට රටකින් ගෙනෙන දේ or වෙළඳම; අභිප්‍රාව; වැදගත්කම.

Importance, n. වැදගත්කම, වැදගැම්ම, බරපතලකම, බලපැවැත්ම, බාරදූරකම; self-importance ආඩම්බරකම; make of the highest importance පරමාර්ථකරගන්නවා, මුදුන්පත්කරගන්නවා. ප්‍රමුඛකරගන්නවා.

Important, a. වැදගත්, බරපතළ, බලප්පවටු, බාර ධුර, උත්කෘෂ්ට, ප්‍රභූ; self-important ආඩම්බර, උඩඟුරම්.

Importation, n. පිට රටකින් ගෙනඒම; පිට රටකින් ගෙනෙන දේ; (අන් කාරණ, කල්පනා &c.) පිටතින් ගෙනඒම.

Imported, pp. *or* a. පිට රටකින් *or* තැනකින් ගෙනා.

Importer, n. පිට රටකින් ගෙනෙන්නා *or* ගෙන්වා ගන්න වෙළෙන්ද.

Importunate, a. ඕනෑකමින් ඉල්ලන, කන්නලව් කරන, පෙරත්තකරන.

Importunately, ad. අධික ඕනෑකමින් *or* කන්නලව් කරමින්, උදක්ම, (ඉල්ලනඃ).

Importune, v. ඉතා ඕනෑකමින් ඉල්ලනවා, උදක්ම යදිනවා, කන්නලව් කරනවා, (to obtain) පළිගසනවා, (to accept) පෙරත්තකරනවා.

Importunity, n. ඉතා ඕනෑකමින් ඉල්ලීම &c., කන්නලව්ව, පෙරත්තය.

Imposable, a. නියමකළ හැකි, පැවරිය හැකි.

Impose, v. (lit. පිට තබනවා), lay hands on අත් තබනවා;
(a tax, duties &c.) appoint නියමකරනවා, නියෝග කරනවා;
force upon, impute unjustly, වැඩ &c. පවරනවා, දෙස්පවරනවා;
become thus imposed පැවරෙනවා; impose on; deceive රවටනවා.

Imposing, a. බරපතළ පෙනීමක් ඇත්තාවූ; හිතට වදින, බැරෑරුම්, (පෙනීම, චාරිත්‍ර).

Imposition, n. තැබීම &c.; නියමකළ තීරුව, නියමය; රැවටිල්ල, වංචාව, ප්‍රයෝගය.

Impossibility, n. (වෙන්වීම) බැරිකම, නුපුළුවන්කම, අශක්‍යතාව.

Impossible, a. (වෙන්වම, කරන්ට) බැරිවූ, නුපුළුවන්වූ, නොහැකි, අසාධ්‍ය, අශක්‍ය.

Impost, n. සුංගම &c., see Tax; බෝක්කුවේ බර දරන කොටස, පදනම.

Imposthumate, v. අබ්බුදයක් හැදෙනවා, පැසවනවා,

Imposthumation, n. අබ්බුදයක් හැදීම, පැසවීම; අබ්බුදය, විද්‍රධිය.

Impostor, n. ප්‍රයෝගකාරයා, වංචාකාරයා, වව්වා ඩියා, ව්‍යාජ පෙනීමක් දරා සිටින්නා.

Imposture, n. වංචාකාර උපාය, දඟය, ප්‍රයෝගය.

Impotence, n. ශක්ති නැතිකම, බල රහිතකම, බෙලහීනකම, දුර්වලකම.

Impotent, a. ශක්ති නැති, වීර්ය රහිත, බෙලහීන, දුර්වල.

Impotently, ad. ශක්ති නැතුව, බෙලහීනලෙස &c.

Impound, v. කොටුවක ඇතුළත්තබනවා; අත්කරගන්නවා.

Impoverish, v. දිළිඳුකරනවා, දිළිඳුභාවයට පමුණුවනවා, දරිද්‍රභාවයට පත්කරනවා, හිඟමනට බස්සනවා; fig. (ගස්වල, බිම්වල) සාරය *or* සාරවත්කම අඩුකරනවා *or* නැතිකරනවා, නිස්සාර—අසාර—කරනවා.

Impoverishment, n. දිළිඳුකිරීම &c., දිළිඳුවීම &c.; නිස්සාරවීම.

Impracticability, Impracticableness, n. (මනුෂ්‍ය බලයෙන්) කළනොහැකි බව, අකතිව්‍යතාව, අසාධනීයතාව, දුෂ්කරත්වය; මුරණ්ඩුකම.

Impracticable, a. (යමෙකුට) කළනොහැකිවූ, අකතිව්‍ය, හසුරුවාගත නොහැකි *or* අමාරු, අසාධනීය; මුරණ්ඩු.

Impracticably, ad. කළනොහැකිලෙස, etc.

Imprecate, v. (යම් නරකක් වේවයි කියා) යදිනවා, දෙස් තබනවා, ශාපකරනවා.

Imprecation, n. (නරකක් ගැන) යැදීම, දෙස්තීම, යැදුම, ශාපය.

Imprecatory, a. (නරකක් ගැන) යැදුම් ආකාර, දෙස්තීම් අඩංගු, ශාපවාක්‍යාකාර, අනිෂ්ටාශංසක.

Impregnability, n. බිඳහෙළන්ට &c. බැරිකම, අබණ්ඩ්‍යතාව, අජේයතාව.

Impregnable, බිඳහෙළන්ට—බිඳගෙන ඇතුල්වෙන්ට—අල්ලාගන්ට—බැරිවූ, අලඞ්ඝ්‍ය, අනභිභවනීය, අජේය, (තැනක්,බලකොටුවක්); මැඩපවත්වන්ට බැරිවූ (හිත &c.). [ණඩ්‍යාකාරයෙන්.

Impregnable, ad. බිඳහෙළන්ට &c. බැරිලෙස, අබ

Impregnate, v. දරුගැබ අටගන්වනවා, ගර්භාධානය කරවනවා; (එල ඉපදවීමට) රේණු දමනවා; (යමකින්) සංයුක්තකරනවා; (හිතට &c.) ගුණ—ගුරුකම්—වද්දනවා. [etc.;

Impregnated, pp. *or* a. දරුගැබක් අටගන්වනලද, water impregnated with salt &c. ලුණුමුසු දිය; යමකින් සංයුක්ත.

Impregnation, n. දරුගැබ අටගැන්වීම &c.; (ද්‍රව්‍ය, රස &c. වෙනදෙයකට) වැද්දවීම *or* පෙවීම.

Impress[1], v. මුද්‍රයක්—අච්චුවක්—ලකුණක් &c.—ගසනවා *or* ඔබනවා; (සිතෙහි) ධාරණයකරගන්නවා; (සිතට) වද්දවනවා; බලෙන් රාජකාරියට ගන්නවා.

Im press, n. එබීමේ ලකුණ, මුද්‍රලාඤ්ජනය, ලාඤ්ජනය, සණ්ඨානය.

Impressed, pp. *or* a. මුද්‍රයක් &c. ඔබනලද, මුද්‍රිත; බලෙන් රාජකාරියට ගන්නාලද.
The truth impressed upon the mind සිතට වැදිගිය සත්‍යය.

Impressible, a. (ලකුණක් වෙන හැටියට) එබියහැකිවූ (දේ), එබීමෙන් ලකුණක් රැඳිය හැකිවූ; fig. කාරණ හිතට වැදීයන *or* දැනෙන (අය).

Impression, n. අච්චුවක් &c. එබීම, මුද්‍රාඞ්කණය; (යම් දෙයක් එබීමෙන් වෙන්නාවූ) ලකුණ, ලාඤ්ජනය, (මොලොක් දෙයක් එබීමෙන් කරගන්න) සණ්ඨානය, හැඩය; (යමක් කිරීමෙන්) යමකට වෙන්නාවූ වෙනස; සිතට වැදීයාම, වැටහීම, හැඟීම; වැදීයන කල්පනාව. See Edition.

Impressive, a. සිතට වැදීයන්නාවූ, සිත්කාවදින, බරපතළ, (කථාව, කාරණ &c.).

Impressively, ad. සිනට වැදීයනලෙස, බරපතළලෙස, බලගතුලෙස.

Impressiveness, n. සිතට වැදීයනසුලුබව, (සිතට හැඟෙන) බරපතළකම.

Impressment, n. (සේවයට) බලකිරීම, බලෙන් රාජකාරියට ගැනීම.

Imprimatur, L. lit. අච්චුගසනු ලබාවා; fig. යමක් කිරීමට දෙන අවසරය *or* ඊට එකඟවීම.

Imprint, v. මුද්දරයක් &c. ගසනවා; එබීමෙන් ලකුණු කරනවා, මුද්‍රණය කරනවා; on the mind, memory &c. ධාරණයකරවනවා.

Imprison v. හිරඅඩස්සිකරනවා, හිරකරනවා, හිරේ දමනවා, දඬුකඳේ ලනවා.

Imprisoned, pp. *or* a. හිර අඩස්සිකරනලද &c. හිර අඩස්සිවූ, හිරේ ඉන්න.

Imprisonment, n. හිරඅඩස්සිකිරීම &c., හිරඅඩස්සිය; false imprisonment අනඩු හිරඅඩස්සිය.

Improbability, n. ඓයයි සිතීමේ දුෂ්කරතාව &c., පරිශංකනීයතාව.

Improbable, a. ඓයයි සිතන්ට අමාරුවූ, හැබෑවෙන්ට නුපුළුවන්, සිදුවීම දුෂ්කරවූ, ඉතා අනුමාන, පරිශංකනීය.

Improbity, n. වඤ්චකකම.

Impromptu, ad. L. (කලින්) සූදානමක් නැතිව, එවේලේම, හිටිහැටියේ; adj. සූදානම්නොවී කරන.

Impromptu, n. (සූදානමක් නැතුව) ඕනෑ විටම කියන කරන යමක්, as: විරිඳුකීම.

Improper, a. අයුතු, අනිසි, අයෝග්‍ය, නොහරුප්, නොශෝභිත, අනුචිත, නුසුදුසු, නොගැලපෙන, අසාරූප්‍ය, වැරදි; improper fraction විෂම භාගය, භාගානුබන්ධය.

Improperly, ad. අයුතුලෙස &c., අයෝග්‍යාකාරයෙන්, නොහරුප්වසයෙන් &c.

Impropriate, v. සභා-වස්තු ගිහියෙකුට භාරකරනවා,

Impropriation, n. සභා–වස්තු ගිහියෙකුට භාරකිරීම, ගිහියෙකුට භාරවූ දේවගැති ජීවිකා–සම්පත.

Impropriety, n. අයුතුකම &c., නොශෝභිතාකම. අනුචිතතාව; රීතියට එකඟනැති විධියක්.

Improvable, a. වඩා හොඳකළහැකිවූ &c., සකස්කළහැකි (බිම &c.); යහපතට හරවාගත—භාවිතාකළ—හැකි (ප්‍රස්තා, සංඥ &c.).

Improve, v. වඩා හොඳකරනවා, වඩා හොඳ—යහපත්— ස්වභාවකට පමුණුවනවා, දියුණුකරනවා, වැඩිදියුණුකරනවා, වර්ධනයකරනවා; improve an occasion, event &c., ප්‍රස්තාව &c. යහපත පිණිස අල්ලාගන්නවා; වඩා හොඳවෙනවා, වැඩිදියුණුවෙනවා, වැඩෙනවා, අභිවර්ධනයවෙනවා; in health සනීපවේගන එනවා.

Improvement, n. වඩා හොඳකිරීම &c.; වැඩිදියුණුව, වෘද්ධිය, අභිවෘද්ධිය, දියුණුව; අලුත්වැඩියාව; අමුතු වාසිය; application (දේශනාව) අදාළකිරීම.

Improvident, a. මතු කාලයට හිසි දේ සපයා නොගන්න, මතු කාලය ගැන නොසැලකිලිවූ.

Improvisate, v. විරිඳු කියනවා, ඒ ඒ වේලේම කවි යොදා කියනවා.

Improvisation, n. විරිඳුකීම; ඕනෑ වේලේම තාලයක් යොදා ගායනාකිරීම.

Improvisator, n. විරිඳු කියන්නා.

Improvise, v. ඕනෑ වේලාවේදීම කවි—කථා—යොදා කියනවා; ඒ වේලේම පිළියෙළකරගන්නවා.

Imprudence, n. අනුවණකම, නුවණ මදිකම, අපරීක්ෂාකාරකම, වටපිට නොබලා ක්‍රියාකිරීම, අවිචක්ෂණතාව.

Imprudent, a. අනුවණ, නුවණ මදි නුවණට නුහුරු (ක්‍රියා &c.).

Imprudently, ad. අනුවණලෙස &c., අප්‍රවේසම්ලෙස.

Impudence, n. ගරුනැති නිර්භීතකම, බුහුටිකම, ගරුනැතිකම, ලජ්ජානැතිකම, විළිබියනැතිකම.

Impudent, a. ගරුනැති, ලජ්ජානැති, අවිනීත, ධෘෂ්ට.

Impugn, v. (අදහස් පිට &c.) දෝෂාරෝපණයකරනවා; (මතයට &c. විරුද්ධව) විවාදකරනවා, සටන්කරනවා *or* ආක්‍රමණයකරනවා.

Impugnable, a. දෝෂාරෝපණීය (අදහස් &c.) විවාදනුගත (මත &c.).

Impulse, n. පෙලඹීමේ සැරය, වැදීමේ බලය *or* වේගය; සිත පොලඹවන අදහස, ආනුභාවය.

Impulsion, n. වැදීමේ පෙලඹවීම, පොලඹන බලය *or* ආනුභාවය, ප්‍රේරණය, ප්‍රචෝදනය.

Impulsive, a. පෙලඹවීමේ බලයක් ඇත්තාවූ; හදිසි අදහස්වලින් ක්‍රියාකරන.

Impunity, n. අඩුව—අලාභය—අනතුරුව—නොලැබ සිටීම *or* ඊට අසුනොවී සිටීම, (විවාසින්) බේරී *or* මිදී සිටීම. Poison cannot be taken with impunity විස බී අනතුරට නොපැමිණ සිටින්ට බැරිය.

Impure, a. අපවිත්‍ර, අපිරිසිදු, අශුද්ධ, අනිර්මල, කැතවූ, පිළිකුල්, දුෂ්‍ය; අමිශ්‍ර නැති *or* මිශ්‍ර (ද්‍රව්‍ය).

Impureness, Impurity, n. අපවිත්‍රකම &c., අවකල් ක්‍රියාව; අමිශ්‍ර නැතිකම.

Imputable, a. (යමෙකුගේ) ගණනට තැබිය හැකිවූ, (යමෙක් කෙරෙහි) පැවරිය හැකිවූ, ආරෝපණීය.

Imputation, n. ගණන් තැබීම &c.; ආරූඪකරන කාරණාව, පවරන දෝෂය.

Impute, v. (හොඳක් හෝ නරකක් යමෙකුට) ගණන් තබනවා *or* ආරූඪකරනවා, (දොස්) ආරෝපණය කරනවා *or* පවරනවා.

In, im, il, ir, prefixes, L. අන් *or* අ, නිර්, ඇතුල්, අභි, යන අර්ථ ඇති උපසර්ග.

In, prep. & ad. තුළ, තුළේ, තුළෙහි, ඇතුළේ, ඇතුළෙහි, අන්තරයෙහි. [යෙන්.
In fact ඇත්තටම. In his name ඔහුගේ නාම

Inability, n. නුපුළුවන්කම, (ශරීරයේ *or* සිතියේ) බලය නැතිකම, අසමර්ථතාව, අපොහොසත්කම, ශක්තිහීනතාව, දුර්වලත්වය.

Inaccessibility, Inaccessibleness, n. ළංවීමට හැකියක් නැතිකම, අගම්‍යතාව &c.; අප්‍රාප්‍යතාව.

Inaccessible, a. ළංවෙන්ට නුපුළුවන්වූ *or* ළංවීමට හැකියක්නැති (තැනක්), අගම්‍ය, අනාගම්‍ය; ළංවී අත්කරගන්ට බැරි, අප්‍රාප්‍ය (දෙයක්); තමාට ළංවෙන්ට ඉඩනොදෙන (කෙනෙක්).

Inaccessibly, ad. ළංවෙන්ට බැරිලෙස, අගම්‍යාකාරයෙන්, අප්‍රාප්‍යාකාරයෙන්. [ථාර්ථතාව.

Inaccuracy, n. හරිනැතිකම, වැරදිකම, වැරැද්ද, අය

Inaccurate, a. හරිනැති, වැරදි, අයථාර්ථ, අසම්‍යක්.

Inaccurately ad. වැරදිලෙස, ඇත්තට වඩා වෙනස්ලෙස, අයථාර්ථලෙස. [ඩුව.

Inaction, n. ක්‍රියානොකර සිටීම, නිකම් සිටීම, නිවා

Inactive, a. ක්‍රියානොකරන, ක්‍රියා ශූන්‍ය, නිශ්චල. අලස, කම්මැලි, කඩිසරනැති, මන්දෝත්සාහී.

Inactivity, n. ක්‍රියාකාර නොවන බව; අලසකම, උනන්දුනැතිකම, මන්දෝත්සාහය.

Inadequacy, n. මදිකම, අසම්පූර්ණකම, නොසෑහුම්කම *or* අපොහොසත්කම.

Inadequate, a. මදිවූ, අඩුවූ, අසම්පූර්ණ, (තරමින්) නොසෑහෙන *or* අපොහොසත්. [ර්ණලෙස.

Inadequately, ad. මදිලෙස, අඩුලුහුඩු ඇතුව, අසම්පූ

Inadmissibility, n. පිළිගැනීමට (යම් දෙයක *or* කීමක &c.) අයුතුභාවය, අනාදේයතාව; (අවසර දීමට) අයෝග්‍යතාව.

Inadmissible, a. පිළිගන්ට අයුතුවූ, අනාදේය; කිරීමට අවසරනැති *or* නොසෑහෙන (ක්‍රියාවක්).

Inadvertence, Inadvertency, n. කල්පනා නැතිකම, අනවධානය, අනවධානතාව; (එසින් වෙන්නාවූ) වැරදිල්ල, බැරිවීම, ප්‍රමාද දෝෂය, ප්‍රමාදය.

Inadvertent, a. කල්පනා නැතිකමින්—වැරදිල්ලෙන්—අවගන්න, ප්‍රමාද.

Inadvertently, ad. කල්පනා නැතිකමින්, අප්‍රවේසම්කමින්, ප්‍රමාදයෙන්, අනවධානයෙන්.

Inalienable, a. පිට කෙනෙකුට—පරහට—අයිතිකර දෙන්ට බැරිවූ, (යමෙකුගෙන්) අහිමිකළ නොහැකි, (උරුමය &c.); යමෙකුගෙන් වෙන්කළ නොහැකිවූ (ප්‍රේමය &c.). [යා.

Inamorato (ඉනෑමොරාටෝ), n. mas. Fr. ප්‍රේමවන්තයා

Inamorata, n. fem. ප්‍රේමවන්තී.

Inane, a. හිස්වූ, සිහිකල්පනා නැති, අර්ථයක් නැති, අසාර, ශූන්‍ය, නිෂ්ඵල; n. හිස්, අවකාශය.

Inanimate, a. පණනැති, අප්‍රාණික, අප්‍රාණී, අජීවී, විචේතන, අචේතන, අචේතනික; fig. උනන්දුනැති, උත්සාහනැති.

Inanition, n. ශූන්‍යතාව, ශූන්‍යභාවය; (කාමිත්කමින් අටගත්ත) දුර්වලකම.

Inanity, n. හිස්කම, සිහිකල්පනා නැතිකම. [ව.

Inapplicability, n. අදාලනැතිකම, etc., අයෝග්‍යතා

Inapplicable, a. අදාලනොවන, නොවැටහෙන, හරි නොයන, නොයෙදෙන, නොගැලපෙන, අයෝග්‍ය, අප්‍රයෝජනවත්.

Inapposite, a. ඉනාගුනැති, අබ්ත්තැතැති, අනුචිත, නිරනුකූල.

Inappreciable, a. (නොදනෙන තරමට) ඉතා අඩුවූ (අගය or තරම), ඉතා ස්වල්ප (වෙනසක්).

Inappropriate, a. නුසුදුසු, නුහුරු, ඉනාගු නැත, ප්‍රසංගානුකූලනොවන, හරිනැති, අයෝග්‍ය.

Inapt, a. නුසුදුසු, අයෝග්‍ය.

Inaptitude, n. (යමකට) නුහුරු ගතිය, අසමර්ථකම, අපොහොසත්කම, අනුචිතභාවය, අයෝග්‍යතාව.

Inarticulate, a. (විවිතයක ශබ්ද මෙන්) වෙනස්වූ ශබ්ද නැති, ප්‍රභේද ස්වර රහිත, (හඬ), නොපැහැදිලිවූ; in zool. සන්ධි or පරුස් නැති. [දිලිලෙස.

Inarticulately, ad. ප්‍රභේද ස්වර රහිතව, නොපැහැ

Inarticulateness, n. (භාෂා සම්බන්ධ) අප්‍රභේදතාව or ප්‍රභේද ශබ්ද රහිතකම; (කටහඬේ) නොපැහැදිලිකම.

Inartificial, a. ස්වභාවික, අකෘත්‍රිම, අකෘතක; නියම සූත්‍රයකින්ම නොසෑදූ; නියම චාරිත්‍රවලට එකඟ නැති, චාත්.

Inasmuch as, conj. නිසා, බැවින්, හෙයින්, හින්ද.

Inattention, n. හිත යොමුනොකිරීම, අප්‍රවේසම්කම, අසාවධානය, අනවධානය, අනභිනිවේශය.

Inattentive, a. හිත යොමුනොකරන, කන්නොදෙන්නාවූ, අප්‍රවේසම්, නොසැලකිලි, අසාවධාන.

Inattentiveness, n. නොසැලකිලිකම, අසාවධානතාව.

Inaudible, a. නෑසෙන්නාවූ, අශ්‍රාව්‍ය, (ශබ්ද).

Inaudibly, ad. නෑසෙනලෙස, අශ්‍රාව්‍යාකාරයෙන්.

Inaugural, a., පටන්ගැන්ම පිළිබඳ, සිරිත් පරිදි ආරම්භකරන.

Inaugurate, v. (වැදගත් දේ) පුරනවා, පටන්ගන්නවා, ආරම්භකරනවා; නියම පිටින ආකාරයෙන් නිලයක් භාරකරනවා or නිලයකට පත්කරනවා; පටන්ගැනීමේ—කැපකිරීමේ—සිරිත් පවත්වනවා.

Inauguration, n. පටන්ගැනීම &c., පටන්ගන්න මංගලය, කැපකිරීම; ගෙවැදීම.

Inauspicious, a. හොඳ නිමිති නැත්තාවූ, අහේතුවූ, දුර්භාග්‍ය, අභාග්‍ය, අවාසනාවන්ත, අකල්‍යාණ, අභද්‍ර, අශුභ, අනිෂ්ට, අනිවූ, අසුබ, අවමඟුල්.

Inauspiciously, ad. හොඳ නිමිති නැතුව, අහේතුලෙස, etc.

Inauspiciousness, n. අහේතුතාව, අවාසනාවන්තකම, අශුභත්වය, අකල්‍යාණත්වය.

Inborn, Inbred, a. ජන්ම, සහජ.

Incalculable, a. ගණන්කළ නොහැකි, ගණනාවක් නැති, අගණ්‍ය, අගණනීය, අසංඛ්‍ය, අප්‍රමාණ.

Incalculably, ad. ගණන්කළ නොහැකිතරම්, අප්‍රමාණලෙස.

Incandescence, n. ගිනියම, ගිනියමේ සුදු දිලිසීම, ශ්වේත දීප්තිය.

Incandescent, a. ගිනියම්වූ, රස්නයෙන් දිලිසෙන, ග්‍රීෂ්මයෙන් දීප්තිමත්.

Incantation, n. මැතිරීම, යාතිකාව, තොවිලය, යන්ත්‍රය, මන්ත්‍රය; utter incantations දපනවා, ජප කරනවා; perform them මතුරනවා, යන්ත්‍ර මන්ත්‍ර කරනවා, බලිඅරිනවා.

Incapability, n. of containing ඉඩ මදිකම; of doing නුපුළුවන්කම, අසමර්ථකම; disqualification අයෝග්‍යතාව.

Incapable, be, v. (යමක් ඇල්ලීමට) ඉඩ මදිව තිබෙනවා; නුපුළුවන්ව—අපොහොසත්ව—බලරහිතව—අයෝග්‍යව—සිටිනවා.

Incapable, a. බලපුළුවන්කම නැති, අක්ෂම, අසමර්ථ, අශක්ත, අයෝග්‍ය.

Incapacitate, v. බලනැතිකරනවා; අයෝග්‍යකරනවා; අයෝග්‍යකොට නියමකරනවා.

Incapacity, n. බලනැතිකම, අපොහොසත්කම, කාර්‍යාක්ෂමතාව, අප්‍රභූත්වය; අයෝග්‍යකම, අවහිරකම.

Incarcerate, v. See Imprison.

Incarnadine, v. රතුකරනවා. [වා.

Incarnate, v. ශරීරයක් පලදවනවා, මූර්තිමත්කරන

Incarnate, a. මාංසවූ ස්වභාවක් ඇත්තාවූ, මාංස ශරීරයක් ඇති, මූර්තිමත්, දේහධාරී.

Incarnated, pp. or a. ශරීරයක් පැලදගත්, ශරීරයක් ඇති, මූර්තිමත් &c.

Incarnation, n. ශරීරයකින් ලොව පහළවීම, ශරීරයක් ගැනීම, මූර්තිමත්වීම; අවතාරය; in sur. තුවාලවල අමු මස් ලියලීම, අමු මාංසවලින් පුරුණුවීම.

Incarnative, n. අමු මස් ලියලවන බෙහෙත.

Incase, v. පෙට්ටියක &c. දමා වහනවා, යමකින් වසා තබනවා.

Incautious, a. ප්‍රවේසම් නැති, අප්‍රවේසම්, බලානොගත්ත, අසමීක්ෂ්‍යකාරී, අවිමෘශ්‍යකාරී.

Incautiously, ad. අප්‍රවේසම්ලෙස, බලානොගෙන, අපරීක්ෂාවෙන්.

Incautiousness, n. අප්‍රවේසමකම, අපරීක්ෂාව.

Incendiarism, n. ගෙවල් ආදිය ගිනිතිබීමේ අපරාධය, අගාරදාහය.

Incendiary, n. (කැමැත්තෙන්ම ගෙවල් ආදිය) ගිනි තබන්නා; fig. දබර, භේද, ආදිය අවුස්සන්නා.

Incendiary, a. ගිනි ලන්නාවූ; ගිනිතිබීම සම්බන්ධවූ; දබර ආදිය අවුස්සන, උල්පන්දම් දෙන.

In'cense, n. (පූජාවක්කොට පත්තුකරන) සුවඳ ද්‍රව්‍ය, කට්ටකුමංචල්, සාම්බරානි, තුවරලා; සුවඳ දුම්, හෝම දුම්, සුගන්ධය.

Incen'se, v. කෝපවෙනලෙස අවුස්සනවා, කෝප කරනවා, උදහස්කරනවා, ප්‍රකෝපනයකරනවා.

Incensed, pp. or a. කෝපකරනලද &c., කෝපවූ, ප්‍රකුපිත.

Incentive, n. (හිත) පොලඹන කාරණව, පෙලඹීමේ අදහස.

Incentre, n. අන්තර්කේන්ද්‍රය.

Inception, n. පටන්ගැන්ම, ආරම්භය.

Inceptive, a. පුරණ, ප්‍රාරම්භ, ප්‍රාථමික; n. පටන් ගැම්ම, ප්‍රාරම්භය.

Incessant, a. නොර නැති, කඩනුවූ, අනවරත, නිරන්තර, නෛත්‍යක, නිත්‍ය.

Incessantly, ad. නොරනැතුව, නිතොරව, නොකඩ වම, නිරන්තරයෙන්ම &c.

Incest, n. කිට්ටු නෑයෙකු සමග සංවාසයකිරීම, දුෂ්ට සංවාසය.

Incestuous, a. එසේ දුෂ්ටලෙස සංවාසයකරන්නාවූ.

Inch, n. අඟල, අඟුල; by inches අඟලක් පාසා අඟලක්, fig. ඉතා හෙමින්, විකෙන්විත.

Inch-meal, ad. අඟලෙන් අඟල, විකින්විත.

Incidence, n. තවටුවීම; (එකක් තව එකකට) වැටෙන—තට්ටුවෙන—හේත්තුවෙන—ප්‍රමාණය or ආකාරය; angle of incidence ප්‍රපතන කෝණංශය.

Incident, be, v. සිදුවෙනවා, සිද්ධවෙන්ට පුළුවන්ව තිබෙනවා.

Sorrow is incident to this life දුක මේ ජීවිතයේදී සිද්ධවෙනවා or සිද්ධවෙන දෙයක්.

Incident, a. වැටෙන, ප්‍රපතන, (රශ්මි &c.).

Incident, n. සිද්ධවෙන කාරණවක්, අතුරු කාරණවක්, අමුතු සිද්ධියක්.

Incidental, a. අහම්බෙන් වෙන්නාවූ, අමුතු, අනියම්; ප්‍රාසංගික.

Incidentally, ad. අහම්බෙන්, අමුතුවෙන්, අනියම් [ලෙස.

Incinerate, v. පුළුස්සා අළුකරනවා.

Incipient, a. මුල්වූ or පටන්ගන්න, ආරම්භක, incipient disease පටන්ගන්න or හැදීගන්නවන ලෙඩක්.

Incision, n. කැපීම, ඡේදනය; කැපුම, ඡේදය.

Incisive, a. කපන, ඡේදි; fig. තියුණු, ඇනුම්පද ආකාර. [දන්තයක්.

Incisor, n. (කෑම කපන) ඉස්සරහ දතක්, ඡේද

Incite, v. අවුස්සනවා, පොලඹනවා, ධෛර්‍යයදෙනවා, උනන්දුකරනවා; to quarrel රණ්ඩුවට අවුස්සනවා.

Incitement, n. ඇවිස්සීම &c., (හිත) අවුස්සන කාරණව, අදහස &c.

Inciting, a. අවුස්සන &c., ප්‍රවර්තක.

Incivility, n. (අනුන්ට පාත) අවිනීතතාව, ගරුනැතිකම, ගරුනැති හැසිරීම, අශිෂ්ටාචාර ක්‍රියාවක්.

Inclemency, n. මෘදුනැති ගුණය, අකාරුණිකකම; (සෘතුවේ) සැරකම, තදකම.

Inclement, a. මෘදුනැති, දයානැති; (අධික වැස්ස; ශීතලාදියෙන්) තද, සැර.

Inclination, n. ඇලවීම, නැමීම; ඇලවෙන ගුණය, of a planet's axis පරමාපමය; angle of inclination සම්ප්‍රපතන කෝණංශය; wish කැමැත්ත, සිතේ ඇදීම.

Inclin'e, v. lean ඇලවෙනවා, ඇලකරනවා; bend නමනවා, පරිණත—අවනත—කරනවා; නැමෙනවා, නැඹුරුවෙනවා, පරිණතවෙනවා &c.; fig. තරමකට කැමතිවෙනවා, සිත ඇදෙනවා, කැමතිකරනවා.

In'cline n. down බෑවුම, up නැගුම; inclined plane බෑවුම.

Inclined, pp. or a. ඇලවූ, ඇලකරනලද &c., ප්‍රවණ, ප්‍රණත, පරිණත, අවනත; මදක් කැමතිවූ, ළැදි.

Inclose, v. **Inclosure**, n. See Enclose & Enclosure.

Include, v. ඇතුල්කරනවා, අඩංගුකරනවා, අයිත්තුකරනවා, අන්තර්ගතකරනවා, ප්‍රවේශකරනවා.

Included, pp. or a. ඇතුල්කරනලද &c., ඇතුළේ දැමූ, අඩංගු, අයිත්තු, අන්තර්ගත, පරියාපන්න.

Inclusion, n. ඇතුල්කිරීම &c., ප්‍රවේශය.

Inclusive, a. or be අඩංගුකරන &c.; ඇතුලත්ව—අඩංගුව—තිබෙනවා &c.; inclusive of those days ඒ දවස් අඩංගුකර, those days inclusive ඒ දවස් ඇතුළුව. [කර &c.

Inclusively. ad. ඇතුළුව, අඩංගුවෙනලෙස, අඩංගු

Incognito, ad. නොදන්නලෙස, අප්‍රසිද්ධයෙන්, සැඟවිල්ලේ, අලක්ෂිතව.

Incognizable. a. ඇඳිනගන්ට බැරි, අලක්ෂිත.

Incoherence, Incoherency, n. නොගැළපීම, නොගැලපෙනසුළුබව; එකඟ නැතිකම, අසංගතතාව &c.

Incoherent, a. නොගැළපෙන, ගැළපීනැති; එකඟ නැති, ආකූල, අසම්බන්ධ.

Incombustible, a. අළුකළ නොහැකි, දලා නොයන, අදහනීය, අදාහ්‍ය.

Income, n. (වැඩිපල, නිල, ඉඩම්, ආදියෙන්) ලැබෙන වසතුව, ආදායම, පඩිය, එලප්‍රයෝජනය, ලාභය, අය.

Income-tax, n. යමෙකුට උපදින වසතුවලින් ගන්න ආදායම, ආදායම් බද්ද.

Incommensurability, Incommensurableness, n. ප්‍රමාණයේ අසමානකම, අසම්ප්‍රමේයතාව.

Incommensurable, a. ප්‍රමාණයෙන් අසමාන, අසම්ප්‍රමේය, අසාපවර්ත්‍ය.

Incommensurate, a. මිම්මෙන් or ප්‍රමාණයෙන් සම නැති, අසම්මිත, අතුල්‍ය; මදිවූ, ඕනෑ තරමට නැති.

Incommode, v. අපහසුකරනවා, සවලාවගයෙන් හිරිහැරකරනවා.

Incommodious, a. අපහසු, ඉඩපාඩු මදි, සැහෙන පහසුකම් නැති.

Incommunicable, a. (තමා විසින් අන්‍යයෙකුට) දිය නොහැකි, මාදම්කළ නොහැකි, අසම්වාදේය; දන්විය නොහැකි.

Incommunicative, a. දන්වන්ට—කියාදෙන්ට—ළැදි නැති, අවාචික.

Incommutable, a. මාරුකළ නොහැකි, වෙලෙන්දුකළ නොහැකි, අනාදේශ්‍ය.

Incomparable, a. සමානකළ නොහැකි, අනුපම, අනුපමේය, අසදෘශ; අසහාය, අතුල්‍ය, අප්‍රතිරූප.

Incompatible, a. එක්ව තිබෙන්ට බැරිවූ, විරුද්ධ, පරස්පරවිරෝධී; නුහුරු, ඉන ගු නැති.

Incompatibles, n. pl. එකිනෙකට විරුද්ධ—පරස්පරවිරෝධී—රසායන ද්‍රව්‍ය or කාරණ.

Incompetent, a. බලපැවැත්කම නැති or මදි, (වසතුවෙන්, ධනයෙන්) අපොහොසත්, අසමර්ථ; legally අයෝග්‍ය, නොසැහෙන.

Incomplete, a. නිස්ද්ධනොකළාවූ, නිස්ද්ධ නැති, වෙර නැති, නොනිමි, අසම්පූර්ණ, අසමාපත.

Incompleteness, n. අසම්පූර්ණකම, අසමාප්තතාව, අසමාප්තිය.

Incomprehensible, a. තේරුම්ගත නොහැකි, අවබෝධකළ නොහැකි, අවිච්ඡේද්‍ය.

Incompressible, a. මිරිකිය නොහැකි, ප්‍රතිසංහාරය කළනොහැකි, (ද්‍රව්‍ය).

Inconceivable, a. (යමෙකුට) සිතන්ට බැරිවූ, තේරුම්ගත නොහැකි, අචින්තනීය, අචින්ත්‍ය.

Inconclusive, a. (තර්කශාස්ත්‍රයේ හැටියට) හරි තීරණයක්—සිද්ධාන්තයක්—නැත්තාවූ, අනිශ්චයකාරී, අවිනිශ්චිත, අනෑනිතිගමනාකාර.

Inconclusively, ad. වැරදි තීරණයකට පැමිණෙන ලෙස, නිරනුකූලලෙස, අවිනිශ්චිතලෙස.

Incondensable, a. ඝනකළනොහැකි (වායු &c.); සංක්ෂේපකළ නොහැකි.

Incongruity, n. අසමකම, නුහුරුකම, එකඟ *or* ඉතාංගු නැතිකම, අසදෘශතාව, අතුල්‍යත්වය.

Incongruous, a. අසම, නුහුරු, ඉතාංගුනැති, අසදෘශ.

Inconsequential, Inconsequent, a. (කියන කාරණ වලින්) ඔප්පුනොවෙන, නිරනුෂංගික; unimportant වැදගැම්මක් නැති.

Inconsequentially, ad. ඔප්පුනොවෙනලෙස, නිරනුෂංගිකාකාරයෙන්.

Inconsiderable, a. කල්පනාවට ගන්ට නොවටින, නොවැදගත්, සුළු, අල්ප.

Inconsiderate, a. කල්පනානොකරන, කාරණ හිතට නොගන්න, නොසැලකිලි, අවිචාරී.

Inconsistence, Inconsistency, n. (කාරණවල, ක්‍රියා වල) එකඟනැතිකම, ප්‍රතිවිරුද්ධතාව, පරස්පර විරෝධය; නුහුරුකම, අයෝග්‍යතාව.

Inconsistent, a. එකඟනැති, නොගැළපෙන, ප්‍රතිවිරුද්ධ, පූර්වාපරවිරෝධ, පරස්පර විරෝධ; විසිය කට නැති, ආකුල, අනියම්.

Inconsolable, a. (යමෙකුට) සනසන්ට බැරිවූ, සැනසිය නොහැකි, නොසැනසෙන තරම් සෝකවූ.

Inconspicuous, a. දකීමට පැහැදිලිනැති, අප්‍රත්‍යක්‍ෂ; අප්‍රකට, අප්‍රසිද්ධ.

Inconstancy, n. අස්ථිරකම, චපලත්වය, අනිත්‍යතාව.

Inconstant, a. අස්ථිර, චපල, වෙනස්වෙන්නාවූ, අනිත්‍ය.

Incontestable, a. අරෝ — විවාද — සැක — කරන්ට ඉඩනැති, නිසැක.

Incontestably, ad. අරෝවක් &c. වීමට ඉඩ නැති ලෙස, නිරුත්තරලෙස.

Incontinence, n. අභිලාෂවලට ඉඩදීම, ඉන්ද්‍රියයන්ගේ අසංයමය, කාමුකත්වය, බ්‍රහ්මචර්යහීනබලිනාය.

Incontinent, a. අභිලාස මැඩපවත්වා නොගන්න, සල්ලාල, කාමුක.

Incontrovertible, a. විවාදකිරීමට ඉඩනැති, නිර්විවාද, නිරුත්තර, (කාරණ).

Inconvenience, n. අපහසුකම, අචාසුකත්වය, අසිරුව, නුසුදුසුකම, අපහසු කාරණව.

Inconvenience, v. අපහසුතාම පමුණුවනවා, හිරිහැර කරනවා.

Inconvenient, a. අපහසු, අසිරු, නුසුදුසු, අචාසි සහිත, ඉඩපාවූ මදි.

Incorporate, v. එකක්වෙන හැටියට හාමුකරනවා, මිශ්‍රකරනවා, හාමුවෙනවා &c.; සංයෝගකරනවා, සමාගමක් කොට සම්බන්ධකරනවා.

Incorporate, Incorporated, a. හාමුවූ, මිශ්‍රවූ; සංයෝජිත, සමාගමක්ලෙස සම්බන්ධවූ.

Incorporeal, a. අශරීර, අශරීරී, අශාරීරික, නිරූප, අරූපික, විදේහ, අංකමවූ.

Incorporeality, n. අශාරීරකකම, අරූපිකතාව, විදේහතාව, ආත්මතාව.

Incorrect, a. හරිනැති, වැරදි, අයථාථ, අසත්‍ය, අසම්‍යක්.

Incorrectness, n. හරිනැතිකම, වැරදිබව, අසත්‍යතාව.

Incorrigible, a. මට්ටුකළ නොහැකි, හික්මවන්ට බැරිතරමට මුරණ්ඩු.

Incorrigibleness, Incorrigibility, n. මට්ටුකළ නොහැකි බව &c., මට්ටු නොවෙන ගතිය.

Incorrodible, a. මලකඩ නාල්ලන, මලකඩ නොකන.

Incorrupt, be, v. නරක්නොවී තිබෙනවා *or* සිටිනවා, අදූෂිතව සිටිනවා.

Incorrupt, a. නරක්නොවී සිටින, අදූෂිත, අදූෂක.

Incorruptible, a. නරක්කළ නොහැකි, අදූෂණීය, අදූෂ්‍ය; නරක්නොවෙන, ජරාවට නොපැමිණෙන, අජර; fig. (අත්ලස් දීමෙන් &c.) නපුරට — අසාධාරණකමට — හරවාගත නොහැකි.

Incorruption, n. නරක්වීනැතිබව; ජරාවට නොපැමිණෙන බව.

Incorruptness, n. නරක්නොවී තිබීම, අජර භාවය; (සිතේ, කල්ක්‍රියාවේ) අදූෂිතතාව, අවංකකම.

Incrassate, v. ඝනකරනවා, ඝනවෙනවා; උකුකරනවා, උකුවෙනවා.

Incrassate, Incrassated, a. ඝනවූ, තරවූ; in bot. (මල ළඟ) ඝනව තිබෙන (නටුව).

Increase, v. වැඩිවෙනවා, බෝවෙනවා, බහුලවෙනවා; in size මහත්වෙනවා, ලොකුවෙනවා, වැඩෙනවා; වැඩිකරනවා &c.

Increase, n. (of the v. i. only) වැඩිවීම &c.; වැඩිවී තිබෙන පංගුව *or* ගණන *or* දේ, අස්වැන්න; වර්ධනය, සංවර්ධනය.

Increased, pp. *or* a. වැඩිවූ, බෝවූ &c.; වැඩිකරන ලද &c., සංවර්ධිත.

Increasingly, ad. වඩවඩා, තවතව. [ශ්‍යත්වය.

Incredibility, n. විශ්වාසකළනොහැකි බව, අවිශ්වා

Incredible, a. විශ්වාසකරන්ට—විශ්වාසයට ගන්ට—නුපුළුවන්, විශ්වාස කළනොහැකි, අවිශ්වාස්‍ය, (දේ).

Incredibly, ad. විශ්වාසකළ නොහැකි තරමට; (දකින කල් &c.) නොසිතූ තරමට (කුඩා, ලොකු, නපුරු &c.), අවිශ්වාස්‍යලෙස.

Incredulity, n. අවිශ්වාසකිරීම, අවිශ්වාසය, විශ්වාස කිරීමට ලැදිනැත්තකම. [යි.

Incredulous, a. (යමක්) අවිශ්වාසකරන සුලු, අවිශ්වා

Increment, n. වැඩිවීම, වැඩිවේගතයාව; වැඩිවී තිබෙන කොටසාසය *or* තරම.

Incriminate, v. දෝෂාරෝපණයකරනවා, වරදකට *or* චෝදනාවකට අසුකරනවා.

Incrust, v. පොත්තකින් මෙන් වසනවා. See Crust.

Incrustation, n. (එසේ) වැසීම; (පොත්තක් මෙන් සාදු *or* සෑදී තිබෙන) පිට වැස්මක් *or* තට්ටුවක්.

Incubation, n. බිජු රැකීම; med. රෝගයක විෂ වැද රෝගය සෑදීම *or* සෑදීමේ කාලය, විෂවර්ධනය.

Incubus, n. හිරිවැටීමක් සහිත ස්වප්නය; fig. ඉතා බරවෙන කාරණවක්, පහකරගන්ට බැරි බරක් *or* බාධාවක්.

Inculcate, v. (ගුරුකම් *or* යුතුකම් නැවත නැවත ඉගැන්වීමෙන්) සිතට වද්දවනවා, (සිතෙහි) ධාරණය කරවනවා, උගන්වනවා.

Inculpate, v. වරද තබනවා, දෙස්පවරනවා, දෝෂාරෝපණයට අසුකරනවා.

Incumbency, n. (යමක් පිට) පිහිටාතිබීම; (යුතුකම් කිරීමේ) ඕනෑමගතිය; (ස්ථානයක) නිලධාරීකම, භාරකාරධුරය, අධිකාරීධුරය, පදවිය; (යම් තැනක) දේවගැති නිලය.

Incumbent, a. (යමක් පිට) පිහිටා—බරව—තිබෙන, පිහිටි; fig. නියමවූ, කරන්ටම ඕනෑවූ, (යුතුකමක්).

Incumbent, n. (යම් ස්ථානයක) දේවගැතිකම භාරකාරයා; යම් තැනක නිලධාරියා, ස්ථානාධිපතියා; lay chief of temple බස්නායක නිලමේ.

Incumber, v. See Encumber &c.

Incur, v. (දුක්, අලාභ, වියදම්, යනාදිය) පමුණුවා ගන්නවා, ඒවාට අසුවෙනවා, ඒවා විඳින්ට or දරන්ට සිදුවෙනවා, incur blame දෙස් අහන්ට සිදුවෙනවා, දෝෂාරෝපයවෙනවා.

Incurability, n. සුවකළනොහැකි බව, අසාධ්‍යභාවය.

Incurable, a. සුවකළ නොහැකි, අසාධ්‍ය, දුඃසාධ්‍ය; හරිගස්සන්ට නුපුළුවන් (ගතියක්).

Incurable, n. සුවපත්නොවන—අසාධ්‍ය—රෝගකාරයා or රෝගියා.

Incursion, n. (සුළු සටනක් or කොල්ලකෑම පිණිස) රටකට or පළාතකට වැදීම, ආක්‍රමය.

Incursive, a. (යම් තැනකට) සටන් පිණිස වදින.

Incurvate, n. නමනවා, වකුටුකරනවා; adj. ඇතුළට නැමී තිබෙන, නත, වකුටු.

Indebted, be, v. (මුදල් or වෙන උපකාර ගැන) ණයව—ණයගැතිව—ණයකාරයෙක්ව—සිටිනවා.

Indebtedness, n. ණය ගතිය; lit. & fig. ණයවසිටීම, ණයතුරුස්කම, බැඳීසිටීම.

Indecency, n. අශික්ෂිතකම, නොහොබිනාකම, අශෝභනකම, පිළිකුල, කැතක්‍රියාව, දුශ්චරිතය.

Indecent, a. අශික්ෂිත, ශිෂ්ටනුවූ, අශෝභන, පිළිකුල්, කැත, දුශ්චරිත, අනාචාර.

Indecision, n. නියමයකට නොපැමිණීම, සාක්කුචාව, දෙගිඩියාව, සාංකාවෙන් ඇතනිවීම, ඒකාන්ත නොවනබව, සථිරනැතිකම.

Indecisive, a. නියම නින්දුවකට නොපමුණුවන, අනිශ්චායක; සාංකාවූ, චපල, ඒකාන්තනොවන, අනිශ්චිත.

Indeclinable, a. අවිභක්තික, විභක්ති රහිත, වර නැඟිය නොහැකි, වරනොනැඟෙන, අව්‍යය; n. අවිභක්ති වාචකය, අව්‍යයය.

Indecorous, a. අවිනීත, (ලීලාවෙන්) අශෝභන, නොහොබින, අයෝග්‍ය, අනාචාර.

Indecorum, n. අවිනීතතාව, (හැසිරීමේ) අශෝභනකම, නොහොබිනාකම &c.

Indeed, ad. ඇත්තටම, සැබෑවටම; int. සැබෑද!

Indefatigable, a. වෙහෙසට කළනොහැරෙන, වෙහෙස නොයිහන, නොවෙහෙසෙන, ඉතාමත්ම වීර්යවන්ත, ශ්‍රමක්ෂම,

Indefeasible, a. පරාදකළ නොහැකි, අජේය, නිෂ්ප්‍රභාකළ නොහැකි.

Indefectible, a. නොවරදින, සිරවද්‍ය, පලුදුනොවන.

Indefensible, a. නිදෙස්කළ නොහැකි, නිදෙස්කොට දක්විය නොහැකි, ආරක්ෂාකළ නොහැකි.

Indefinable, a. නියමියට විස්තරකළනොහැකි, විශේෂ-ලක්ෂණ නොකිය හැකිවූ.

Indefinite, a. අනියමිවූ, නිශ්චයක් නැති, අනියත, අනියමිත, අනිශ්චිත, අප්‍රමාණ; සත්තක නැති.

Indehiscent, a. විවෘතනොවන, අවිවෘත, (ඵලවට) නොඇරෙන, (පොල්මෙනි).

Indelible, a. මකන්ට බැරි, මකාඅරින්ට බැරි, (ලකුණු, පාට &c.); මැකීනොයන; නොමැකෙන (හිතේ හැඟීම්), අමතක නොවන.

Indelibly, ad. මැකීනොයනලෙස; අමතක නොවන [ලෙස.

Indelicacy, n. පිරිසිදු මදිකම, අවිනීතතාව &c., see adj. & Indecorum.

Indelicate, a. පිරිසිදු මදිවූ, අපිරිසිදු, අවිනීත; කැත, රළු, අනාචාර, (ක්‍රියා, කථා).

Indemnification, n. අලාභය හරිගස්සාදීම; අලාභය නිසා ගෙවන ගණන, වන්දිය.

Indemnify, v. අලාභය හරිගස්සාදෙනවා or ගෙවනවා, නිලවිකරනවා.

Indemnity, n. අලාභහානියෙන් ආරක්ෂාකිරීම, වන් [දිය.

Indent, v. දැති ආකාරයට කපනවා, කත්තුකපනවා, කඩතොලුකරනවා; become indented කඩතොලුවෙනවා; අලුත් වගන්තියක්බව හැඟවීමට පේළියේ මැදහරියෙන් පටන් ගන්නවා.

Indentation, n. දැති කැපීම &c.; කත්තුව, pl. (as on the edge of a knife) කඩතොලු.

Indenture, n. පොරොන්දු පත්‍රය, ගිවිසුම් පත්‍රය, බැඳුම්කරය.

Independence, n. කිසිවෙකුට යටත් නැති බව, අපරාධීනතාව, අනධීනතාව; (අනුන්ගේ කල්පනාවම පිළිනොගන්න) ස්වතන්ත්‍රතාව, ස්වාධීනතාව, සිතේ—කල්පනාකිරීමේ — නිදහස්භාවය, සෙව්වරිතාව; of government ස්වාධිපත්‍යය.

Independency, n. තමාගේම බලයෙන් or වස්තුවෙන් ජීවිතා සිටීම; ඊට සෑහෙන වත්කම. See Independence & Congregationalism.

Independent, a. අන්‍යයෙකු යටතේ නොසිටින, නිදහස්, අපරාධීන, ස්වාධීන, නිරාලම්බ, ස්වතන්ත්‍ර, සෙව්වරි; separate වෙන්වූ, වෙනම.

Independent, n. ස්වාධිපත්‍ය සංඝිකයා. See Congregationalist.

Independently, ad. අන්‍යයන් කෙරෙහි පිහිටානොසිට, නොබැඳී, සෙව්වරිව, තමාගේම චින්තාමින් &c; වෙනම, තනිව.

Indescribable, a. විස්තරකොට දක්වන්ට බැරි, විස්තර කළ නොහැකි, තොරතුරු කියාදිය නොහැකි, අවර්ණනීය.

Indestructiblity, n. අනාශ්‍යතාව, අඛණ්ඩනීයතාව, අඛණ්ඩ්‍යත්වය, අක්ෂයත්වය.

Indestructible, a. නැතිනාසකළ නොහැකි, අනාශ්‍ය, අඛණ්ඩනීය, අඛණ්ඩ්‍ය.

Indeterminable, a. නිශ්චයකළ නොහැකි, නියම කොට දැනගත නොහැකි.

Indeterminate, a. නියම නැති, අනියමිවූ, අනිශ්චිත, සහතික නැති, ඒකාන්ත නැති.

Index, n. (පොතක) පටුන, (pl. පටුන්), සූචිපත්‍රය; යමක් පෙන්වන ලකුණ; in arith. exponent ප්‍රදර්ශකාංකය, සුවකය; index finger දබරැඟිල්ල; R. C. index prohibitory තහනම් පොත් විවිවෝරුව, index expurgatory තහනම් පද වට්ටෝරුව.

Index, v. පටුනක් දමනවා, සූචිපත්‍රයක් ලියනවා, පටුනේ තබනවා.

India, n. ඉන්දියාව, ඉන්දියා දේශය, භාරතදේශය.

Indiaman, n. (ඉන්දියාවට යන) ඉන්දියානු නැවක්.

Indian, a. (නැගෙනහිර or බස්නාහිර or අමෙරිකාවේ) ඉන්දියානු, ඉන්දිය.

Indian, n. ඉන්දියාවේ ස්වදේශියෙක්; අමෙරිකාවේ මුල් වැසියෙක්.

Indian-corn, n. ඉරිඟු, බඩඉරිඟු.

Indian-ink, n. සහාවූ කළු තීන්ත ජාතියක්, ඉන්දියානු තීන්ත.

India-rubber, Indian-rubber, n. ගහක ලාටු, මකන ලාටු කෑල්ල.

Indicant, a. පෙන්වන, දක්වන; n. ප්‍රතිකාර ඇඟිසය.

Indicate, v. පෙන්වනවා, දක්වනවා, හඟවනවා, mark සලකුණුකරනවා, නිවේදනකරනවා.

Indication, n. පෙන්වීම &c.; ලකුණ, සංඥාව.

Indicative, a. (යමක්) පෙන්වන (ලකුණක්), ඔප්පු වක්වූ, නිමිත්තකරන, අභිව්‍යඤ්ජක, සූචක, දර්ශක; in. gram. ප්‍රකාශ: indicative mood ත්‍රෛකාලික ක්‍රියාව; n. ප්‍රකාශ විධිය.

Indicator, n. පෙන්වන්නා, දර්ශකයා, ප්‍රකාශකයා, ප්‍රකාශක ලකුණ; දඹරැහිල්ලේ තහරයක්.

Indict (ඉන්ඩයිට්), v. (නඩුශාලාවකදී) වරද තබනවා, චෝදනා කරනවා, දෝෂාරෝපණය කරනවා.

Indictable (ඉන්ඩයිටබල්) a. (නඩු ක්‍රමයෙන්) දෝෂාරෝපණීය, වරද ගනු ලැබිය හැකි.

Indictment (ඉන්ඩයිට්මෙන්ට්), n. (නඩු ක්‍රමයෙන්) වරද තැබීම, දෝෂාරෝපණය, දෝෂාරෝපණ පත්‍රය

Indifference, n. නොසැලකිලිකම, මධ්‍යස්ථභාවය, නිරීහතාව; උපේක්ෂාව, අපාක්ෂ ගතිය

Indifferent, a. නොසැලකිලි: උපේක්ෂක; මධ්‍යස්ථ, වඩා හොඳනැති.

Indifferent, be, v. කිසි පක්ෂයකට ලැදිනොවී — අපක්ෂපාතව—උපේක්ෂකව— සිටිනවා; නොසැලකිලිව සිටිනවා,

Indifferently, ad. නොසැලකිලිලෙස; මධ්‍යස්ථ තරමට, වඩා හොඳනැතිලෙස; උපේක්ෂාකාකාරයෙන්.

Indigence, Indigency, n. දිළිඳුකම, හීනකම, නිහාලුව, නිහාලුකම, දරිද්‍රතාව, කාර්පණ්‍යය.

Indigene, n. (රටක) ජන්මස්ථානයා, ස්වදේශියා, ස්වදේශජයා, ස්වදේශජ දෙයක් *or* සතෙක්.

Indigenous, a. සියරටෙහිම වැවෙන, ස්වදේශජ, නිෂ්පන්න; ස්වදේශ, ස්වදේශික, ජන්ම.

Indigent, a. දිළිඳු, දුක්පත්, දුප්පත්, දුගී, දරිද්‍ර, නිර්ධන, නිවත්.

Indigested, a. අජීර්ණවූ, ජීර්ණනූණ, නොදිරූ, නොපැසුණු, අපක්ව; fig. නිසි පිළිවෙලට තබානොගත්, සම්පූර්ණයට යොදනොගත්, හොඳ පිළිවෙලක් නැති (යෝජනා &c.).

Indigestible, a. ජීර්ණවීමට—දිරවීමට—අපහසු, දිරවිය නොහැකි, ජීර්ණනොවන.

Indigestion, n. අජීර්ණවීම, අජීර්ණය, අජීරණය; අජීර්ණ රෝගය, ආමය.

Indignant, a. තදින් අමනාපවූ, කෝප සහිත.

Indignation, n. (තමා විඳින අයුක්තිය ගැන) තද අමනාපය, අප්‍රසන්නය, කෝපය, උදහස.

Indignity, n. අවනම්බුව, සුළුකම්කිරීම, හෙළාදැකීම, නිග්‍රහය, අවඥාව.

Indigo, n. නිල්සායමක්; අවරිය, නිල් අවරිය, නීලිය, නීලිකාව.

Indirect, a. කෙළින් නැති (පාර, විධිය &c.); අනෘජු, ඇද, වංක, අනියම්.

Indirectly, ad. කෙළින් නැති විධියකින්, ඇතින්, වටකර ගිහින්, වෙනකෙනෙකු ලවා.

Indiscreet, a. අනුවණ, නුවණින් ක්‍රියානොකරන, සිහිකල්පනා රහිත, අප්‍රසමීක්ෂණ, නුවණට හුරු නැති.

Indiscretion. n. අනුවණකම, අප්‍රසමීක්ෂණතාව, නුවණට හුරුනැති ක්‍රියාව.

Indiscriminate, a. ප්‍රභේදයක් නැත්තාවූ, නිර්විශේෂ, වෙනස්කම් සැලකීමක් නැති (ක්‍රියා), අතට අසු වෙන සියල්ල අඩංගු, අවුල්, ව්‍යාකූල.

Indiscriminately, ad. ප්‍රභේදයක් නැතුව, වෙනස්කම් නොබලා, කොයිඑක නුමුත් අඩංගුකර, ව්‍යාකූලාකාරයෙන්.

Indispensable, a. ඕනෑමකරන, නැතුව බැරිලෙස ඕනෑමවූ, අවශ්‍ය, අත්‍යාවශ්‍යක, ආවශ්‍යක.

Indispensableness, n. ඕනෑමකරන ගතිය, ඕනෑකිරීම, අවශ්‍යතාව.

Indispose, v. අකමැතිකරවනවා; විකක් අසනීප කරනවා.

Indisposed, be, v. අකමැතිව—මනාපනැතුව—සිටිනවා; ආතුරව—අසනීපෙන්—සිටිනවා.

Indisposition, n. අකමැත්ත, කැමති නැතිකම, ලැදි නැතිකම; මද අසනීපය, ආතුරකම.

Indisputable, a. අරෝකළ නොහැකි, සැකකළ නොහැකි, විවාදකළ නොහැකි නිසැක, (කාරණ), අතර්ක්‍ය.

Indisputably, ad. අරෝවක්—සැකයක්—නැතිලෙස, නිසැකලෙස, අතර්ක්‍යාකාරයෙන්.

Indissoluble, a. අසම්බන්ධකළ—වෙන්කළ—අවලංගුකළ—නොහැකි, අසම්බන්ධනොවෙන &c., නොබිඳෙන, අඛණ්ඩ, අභේද්‍ය.

Indissolubly, ad. අසම්බන්ධ නොවෙනලෙස &c., අඛණ්ඩාකාරයෙන්.

Indistinct, a. ප්‍රභේද නැති, නොපැහැදිලි, අඳුරු, අප්‍රසාද, අවිශද, අස්පෂ්ට.

Indistinctly, ad. ප්‍රභේද විදිලෙස, අප්‍රභේදව, නොපැහැදිලිලෙස &c., වියවුල්ලෙස.

Indistinctness, n. ප්‍රභේද නැතිකම, අප්‍රභේදතාව, නොපැහැදිලිකම &c., අප්‍රසාදය.

Indistinguishable, a. ප්‍රභේදලෙස දැනගත නොහැකි, වෙනස් විසයෙන් දැනගත නොහැකි, ප්‍රභේදකළ නොහැකි, අප්‍රභේද්‍ය. See Imperceptible.

Indite, v. (අනුවිල් ඒවාය කියා ලියන්ට *or* කියන්ට) ඍයාදෙනවා; ප්‍රබන්ධකරනවා, රචනාකරනවා.

Individual, a. එක එක වෙන්වූ, තනිවූ, තනි තනි, පුද්ගලික, පෘථක්භූත, ප්‍රත්‍යේක.

Individual, n. තනි එකක් *or* කෙනෙක්, පුද්ගලයෙක්.

Individuality, n. තනිවූ එකාංගභාවය, තනිපැවැත්ම, ස්වභාවයේ වෙනස්කම, පෘථක්ත්වය, ස්වලක්ෂණය; in phren. වෙන්විසයෙන් වියනු දැනගන්නා මොළයේ කොට්ඨාසය, ව්‍යතිරික්තාගෙන්ද්‍රිය.

Individualize, v. එක එක වෙන්විසයෙන් — ප්‍රත්‍යේකාකාරයෙන්—කල්පනාකර බලනවා *or* තනිකර කියනවා.

Individually, ad. එක එක වෙන් විසයෙන්, පුද්ගලික විසයෙන්, අංග විසයෙන්, තනිකර *or* තනිලෙස, තනිතනිව, ප්‍රත්‍යේකාකාරයෙන්.

Indivisibility, n. බෙදිය නොහැකි බව &c., අභේද්‍යතාව, අභාජ්‍යතාව.

Indivisible, a. බෙදන්ට—අසම්බන්ධකරන්ට—බැරිවූ, කෑලි කළනොහැකි, අඛණ්ඩනීය, අභේද්‍ය.

Indocile, a. නොහික්මුණු, අවිධේය.

Indocility, n. මට්ටුනොවන ගතිය, නොහික්මුම්කම, දුරණ්ඩුකම.

Indoctrinate, v. (ගුරුකම, කල්පනා, යමෙකුට) උගන්වනවා, පුහුණුකරවනවා, (යමෙකු) ශික්ෂාවලින් පුහුණුකරනවා, ශික්ෂාවල පහදවනවා.

Indoctrinated, pp. *or* a. උගන්වනලද &c., පුහුණුවූ, ප්‍රගුණිත, ශික්ෂිත.

Indolence, n. අලසකම, කම්මැලිකම.

Indolent, a. අලස, කම්මැලි.

Indomitable, a. මැඩපවත්වන්ට බැරි, දමනයකළ නොහැකි, යටත්කළ නොහැකි, අනාධ්‍යෂ්‍ය, අදම්‍ය.

Indoor, a. ගෙසිම—ගේ ඇතුලෙහි — ඇත්තාවූ *or* කරන &c. (වැඩ &c.).

Indorse, v. &c. See Endorse &c.

Indubitable, a. අනුමානකළ නොහැකි, අනුමානනැති, නිසැක, අසංශය, නිඃසංශය, අශඞ්කිත

Induce, v. (යමක් කිරීමට) කැමතිකරවනවා, පොළඹනවා, සිත එළවනවා; (අවශක්ත) සලස්වනවා, (යම් සවභාවක්) සිද්ධකරවනවා.

Inducement, n. කැමතිකරවන කාරණාව (ප්‍රයෝජනය *or* වෙන අදහසක්); in law ආරම්භ නිවේදනය. [ත්වූ.

Inducible, a. (යමෙකුට) කැමතිකරවන්ට &c. පුළුවන්

Induct, v lit. ප්‍රවිෂ්ටකරනවා; (නියම සිරිත්ලෙස) නිලයට පත්කරනවා *or* නිලය භාරකරනවා, උපනයනයකරනවා.

Inductile, a. (තඟඩි තලන්ට බැරිලෙස) තදවූ, නොනැමෙන, අප්‍රණම, (ලෝහ).

Induction, n. නිලයට පත්කිරීම &c., උපනයනය; නිදර්ශනවලින් ඔප්පුකිරීම යන තර්ක ක්‍රමය, නිදර්ශනා පෝෂනය.

Inductive, a. නිදශන ගෙනහැරපා ඔප්පුකරන, ආනුමානික, නිදර්ශනානුයායි, (ක්‍රමය, විධිය *or* ශාස්ත්‍රය).

Inductively, ad. නිදර්ශන ගෙනහැරපා, නිදර්ශනානුමිතියාකාරයෙන්.

Indue, v. See Endue.

Indulge, v. (යමෙකුගේ කැමැත්තට, ආශාවට &c.) ඉඩදෙනවා, නිදහසදෙනවා, (එයින් ඔහු) ප්‍රසන්නකරනවා; (තමාම යමකින්) සැප විඳිනවා, සුඛනිවිඳිනවා.

Indulgence, n. (එසේ) ඉඩදීම &c.; අවසරය, අවිරෝධය, අනිෂේධය; ලත්කරුණාව, අනුග්‍රහය; R. C. අදණ්ඩනාවසරය, පුණ්‍යඵලය.

Indulgent, a. (එසේ) ඉඩදෙන, නොවලක්වන, අබාධක; මෘදු, මහානු, අනුග්‍රාහින්.

Induplicate, a. in bot. ප්‍රාන්තසන්නත (පත්‍ර, පුෂ්ප).

Indurate, v. තදකරනවා, දෘඪකරනවා, දෘඪීකරනවා; තදවෙනවා &c.

Induration, n. තදකිරීම &c.; දෘඪකම, දෘඪතාව.

Industrial, a. මැඩපල — ශිල්ප — ආදිය සම්බන්ධ, ශිල්ප, කර්මාන්ත සම්බන්ධ, කාර්මික.

Industrial-exhibition, n. ශිල්ප කර්මාන්ත ප්‍රදර්ශනය.

Industrial-school, n. කර්මාන්ත පාසැලය, ශිල්පශාලාව, කාර්මික පාඨශාලාව.

Industrious, a. කඩිසර, වීර්යවන්ත, බොහෝ මැඩපලවල &c. යෙදී සිටින, වෙහෙසමහන්සි ගැනීමට ලැදිවූ, අනලස, සෝත්සාහි, උද්යෝගි.

Industry, n. කඩිසරකම &c., උත්සාහවන්තකම, සෝත්සාහතාව.

Indwelling, a. ඇතුලෙහි වාසයකරන, සිතෙහි පවතින *or* පදියම්වූ, අන්තර්ගත.

Inebriate, v. මත්කරනවා, වෙරිකරනවා, ප්‍රමත්තකරනවා.

Inebriated, a. මත්වී සිටින, මත්වූ, වෙරිවූ, මත්ත, ප්‍රමත්ත. [තාව.

Inebriation, Inebriety, n. මත්වීම, මත්කම, ප්‍රමත්ත

Ineffable, a. කියනොහැකි, කියා නිමකළ නොහැකි, අවාච්‍ය, අකථ්‍ය, අවර්ණනීය.

Ineffably, ad. නොකියහැකි තරමට, කියා නිමකළ නොහැකිලෙස, අවාච්‍යාකාරයෙන් &c.

Ineffaceable, a. මකන්ට — සුරුඅරින්ට — බැරිවූ, (සිතෙන් &c.) පහකළ නොහැකි.

Ineffective, a. (කාරණාව ඉෂ්ටකිරීමට) බලය නැත්තාවූ, බලරහිත, සිද්ධනොකරන, අසාධක.

Ineffectively, Ineffectually, ad. නිෂ්ඵලලෙස, අසාධකාකාරයෙන්.

Ineffectual, a. සිද්ධනොවෙන ආකාර, බලයෙන් — ගුණයෙන්—මිදිවූ, නිෂ්ඵල, අසාධක.

Inefficacious, a. සෑහෙන බලය *or* ගුණය නැත්තාවූ, ආනිසංසය මිදිවූ, අසාර, අසාර්ථක.

Inefficacy, n. බලය මදිකම, ගුණ නැතිකම, අසාරත්වය, අසාර්ථකතාව.

Inefficient, a. (බලයෙන්, ගුණයෙන්) අපොහොසත්, අසමර්ථ, අදක්ෂ, ශක්තිහීන, අක්ෂම, අයෝග්‍ය.

Inelastic, a. ආපසු පනින ගතියක් නැති, ආපසු නොඇදෙන, අසම්ප්‍රසාරක. See Elastic.

Inelasticity, n. අසම්ප්‍රසාරකතාව; fig. දෙවනු ප්‍රාණවත්නොවෙනගතිය.

Inelegant, a. අශෝභන, අමනෝඥ, අදර්ශනීය, අසුන්දර.

Ineligible, a. (යම් නිලයකට) අයෝග්‍ය, අනියෝජ්‍ය, සුදුසුකමක් නැත්තාවූ, සුදුසුකම් නැති, නොසෑහෙන.

Ineloquent, a. අදක්ෂ කථාකාර, අදක්ෂ කථික, අවාග්මි; අමනෝඥ, (වාක්‍ය, වගන්ති).

Inept, a. අනුචිත, නුසුදුසු, ගුණාංගනැති, අයෝග්‍ය; අදක්ෂ, මෝඩ.

Ineptitude, n. අනුචිතතාව, නුසුදුසුකම, ගුණාංගනැතිකම; අදක්ෂකම.

Inequality, n. අසමතාව, අතුල්‍යතාව, ඒකාකාර නැතිකම, විෂමතාව, සමතලා නැතිකම.

Inequitable, a. අසාධාරණ, නිර්ධර්මී, අධාර්මික, අනඩු, විපක්ෂ.

Inert, a. (ක්‍රියාකිරීමට) බලයක් නැති, බලහීන, අකර්මක, අචේෂ්ටිත, නිශ්චේෂ්ට (අප්‍රාණික ද්‍රව්‍ය); fig. උනන්දුනැති, අලස, කුසීත, අල්පචේෂ්ටිත.

Inertia, Inertness, n. (ද්‍රව්‍යවල) බලනැතිකම, අකර්මකතාව; fig. උනන්දු නැතිකම, අලසකම

In esse, L. ඇතුව තිබෙනවා *or* ඇත්තාවූ, වර්තමාන; n. වර්තමානතාව.

Inestimable, a. අගය කියනොහැකි, මිලකළ නොහැකි, අනර්ඝ, ඉතා අනර්ඝ, අනර්ඝ්‍ය.

Inevitable, a. (යමෙකුට) මිදෙන්ට — බේරෙන්ට — බැරිවූ, වැළකිය නොහැකි, වෙන්වම බිනැවූ, අනිවාරණීය, අවාර්‍ය, අවශ්‍ය, නියත, (කාරණ, විපත &c.); අපරිහාර්‍ය, ආනුෂංගික.

Death is an inevitable lot මරණය නම් අසුනොවී සිටින්ට—මිදෙන්ට &c.—බැරිවූ නියමයක්.

Inevitably, ad. මිදිය නොහැකිලෙස, අවශ්‍යයෙන්ම, අපරිහාර්‍යාකාරයෙන්, ආනුෂංගිකාකාරයෙන්.

Inexact, a. ස්වල්ප වැරදි සහිත, හරිනැති, අසත්‍ය, අතථ්‍ය.

Inexcusable, a. නිදෙස්වෙනලෙස වග කියනොහැකිවූ, නිරවද්‍යනොවන, සමාව දිය නොහැකි, සාවද්‍ය, (ක්‍රියා). He is inexcusable in that ඒ ගැන ඔහු නිදෙස්කරන්ට බැරිය *or* ඔහු නිරුත්තරව සිටිනවා.

Inexcusableness, n. සමාව දිය නොහැකිබව, සාවද්‍යතාව.

Inexhausted, a. කම්මුතුවටම වියදම්නූණ (වස්තු, බලය, ගුණාංග &c.); කෙළවරක් නැති, අශ්‍රම.

Inexhaustible, a. See Exhaustless.

Inexorable, a. (ඉල්ලීමට) කරුණානොකරන, බුරුල නොදෙන; වෙනස් නොවෙනලෙස සපිරිවූ (නීති, ඉරණම් &c.). [මිත.

Inexpedient, a. (කාරණාවට) නුසුදුසු, අයෝග්‍ය, අනු

Inexperience, n. අත්දැකීම — අත්හද බැලීම — නැතිකම, නුපුරුදුකම, පළපුරුදුනැතිකම, අනාභ්‍යාසය, අනාභ්‍යාසභාවය.

Inexperienced, a. අත් දැකීමක් නැති, අත්හද නොබැලූ, නුපුරුදු, පළපුරුදුනැති, අනභ්‍යාස.

Inexpert, a. අදක්ෂ, පුහුණු නැති, අසමර්ථ, අපේශල, අචතුර.

Inexpiable, a. (මත්දි දීමෙන් &c.) දොස් අරින්ට බැරිවූ, මැකිය නොහැකි, ශෙවාගත—දුරුකළ—නොහැකිවූ, (වරද).

Inexplicable, a. විසදන්ට — පහදන්ට — බැරිවූ (කාරණ, ක්‍රියා, රහස්), අව්‍යාඛ්‍යේය.

Inexplicit, a. අප්‍රත්‍යක්ෂ, නොපැහැදිලි.

Inexpressible, a. කියනොහැකි, කියාදෙන්ට බැරි, (කාරණ); අනුච්චාර්‍ය, අභාෂ්‍ය, (ශබ්ද). See Ineffable &c.

Inexpressive, a. (තේරුම, කාරණ) වඩා නොහඟවන or නොහැඟෙන (වචන, මුහුණ, සිනියම්) අව්‍යාවක, අල්පවාචක.

In extenso, L. සම්පූර්ණලෙස, දිගටම.

Inextinguishable, a. නිවන්ට බැරිවූ, නිවිය නොහැකි, නිර්වාපණීය, නිවාරණය කළනොහැකි, ශූන්‍යකළ නොහැකි.

Inextricable, a. පහදඅරින්ට—බේරන්ට—ලිහන්ට—බේරෙන්ට—බැරිවූ, නිදහස්කළ නොහැකි, අනුද්ධරණීය, දුස්තාර්‍ය.

Infallibility, n. වරදින්ට බැරි ගතිය, නොවරදින ගතිය, නොවරදින සුලුබව.

Infallible, a. වරදින්ට බැරි, නොවරදින සුලු.

Infamous, a. අවනම්බුවූ, අපකීර්ති, නින්දිත, ඉතා දුෂ්ට, අධම, ලජ්ජාකර, නින්දාකර.

Infamy, n. අවනම්බුව, නින්දාව, අපකීර්තිය, නින්දිතකම.

Infancy, n. ළදරුකම, බිළිඳු කාලය, බාලාවස්ථාව, බාල්‍යය; in law බාල වයස, බාලකත්වය; (යමක, ශාසනයක &c.) ආරම්භ කාලය.

Infant, n. ළදරුවා, බිළින්ද; in law බාලයා, බාලකයා.

Infant, Infantile, a. ළදරු, බිළිඳු, බාල.

Infanta, n. fem. (ස්පාඤ්ඤයේද ප්‍රතිකාලේද කුළුදුල් නොවන) රාජකුමාරිකාවක්.

Infante, n. mas. (එසේම) රාජකුමාරයෙක්.

Infanticide, n. ළදරුවෙකු මරාදැමීම, බාලඝාතනය. බාලහත්‍යාව; ළදරුවෙකු — ළදරුවන් — මරන්නා, බාලඝාතකයා.

Infantine, a. ළදරුවකුවැනි, ළමා.

Infantry, n. පාබලසේනාව, පදිකසේනාව, පදාතිසේනාව, පත්තිය.

Infant-school, n. ළදරු සෙකොලය.

Infatuate, v. සිහි මුළාකරනවා, ප්‍රමූඪකරනවා, මෝහයෙන් මත්කරනවා, සම්මෝහනයකරනවා; අනුවණ භජනයකින් උන්මත්තකරනවා.

Infatuated, a. සිහිමුළාවූ, මෝහිත, විමෝහිත, සම්මෝහිත, මූඪ, සම්මූඪ.

Infatuation, n. සිහි මුළාකිරීම &c.; තද අනුවණකම or උමතුකම, සම්මූඪතාව, මෝහිතතාව.

Infect, v. (රෝගයේ &c.) විෂ වද්දවනවා, ලෙඩබෝකරනවා, (හුළඟේ) විෂ or කුණුවාතය පතුරුවනවා; fig. (හිතට &c.) අගුණ වද්දවනවා, හිත &c. නරක්කරනවා, දූෂණයකරනවා.

Infected, pp. or a. විෂ වැදීතිබෙන &c.; (හිතෙන්) දූෂිත.

Infection, n. විෂ වැද්දවීම &c., විෂ වැදීම, ලෙඩබෝවීම; බෝවෙන විෂ or අගුණය, වසංගතය.

Infectious, a. බෝවෙන, සංක්‍රාමක, (රෝග or fig. අගුණ), වසංගත.

Infectiousness, n. බෝවෙන ගතිය, සංක්‍රාමිත්වය.

Infelicitous, a. අවාසනාවන්ත, අභද්‍ර, අක්ෂේම, අකල්‍යාණ, අධන්‍ය; unsuitable අදාලනැති, අනුචිත, අයෝග්‍ය.

Infelicity, n. අවාසනාවන්තකම, අවාසනාව; අභද්‍රතාව &c., අසෞභාග්‍යය; අදාළ නැතිකම, අනුචිතතාව.

Infer, v. අනුමේයාකාරයෙන් කල්පනාකරනවා, අනුමිති වශයෙන් යම් නිර්ණයකට පැමිණෙනවා, නිගමයකරනවා, (සාක්ෂිවලින් &c.) තේරුම්යනවා, හැඟෙනවා.

Inferable, Inferible, a. අනුමේයාකාරයෙන් කල්පනාකළහැකි &c., අනුමේය, ආනුමානික.

Inference, n. (යමකින්) ඔප්පුවෙන or තේරුම්යන කාරණාව, අනුමිතිය, නිගමනය.

Inferential, a. අනුමේයාකාරයෙන් තේරුම්යන, අනුමිති ආකාර, (නිගමනය &c.).

Inferior, a. වඩා පහත් තරම්වූ, (අගමෙන් &c.) වඩා අඩුවූ. බාල; නූච්පවූ, අධම, නීච, පහත්, නිකෘෂ්ට, අමුඛ්‍ය; in bot. අධඃස්ථ (මණිය & සීමබකෝෂය).

Inferiority, n. පහත් තරම, පහත්අඩිය, අඩුකම, අධමකම, අමුඛ්‍යතාව, කනිෂ්ඨතාව.

Infernal, a. නිරයට අයිති, නරකීය, නාරක, පාතාලීය, පාතාල; යක්ෂ, රකුසු, නපුරු.

Infernal, n. නිරිසතා, අපායගතයා, නාරකීකයා, නෛරයිකයා; infernal regions පාතාලය, නිරය, රසාතලය.

Infertile, a. නිස්සාර, අසාර, නිසරු, සශ්‍රීක නැති.

Infest, v. (හිරිහැරයක් වෙනලෙස) ගහසැරේව සිටිනවා or ගැවසෙනවා, බහුලව වෙසෙනවා,

Robbers, chetahs, rats &c., infest this jungle හොරු &c. මේ කැලේ ගහසැරේට ගැවසෙනවා or ඉන්නවා.

Infidel, a. ආගම අවිශ්වාසකරන නොඇදහිලිකාර, ශ්‍රද්ධානැති, අභක්තික.

Infidel, n. ආගම අවිශ්වාසකරනතා or ප්‍රතික්ෂේප කරන්නා.

Infidelity, n. ආගම අවිශ්වාසකිරීම &c.; ද්‍රෝහිකම, (පරදාර සේවනයෙන් &c.) අවිශ්වාසකම් කිරීම, විසහැරය, පතිව්‍රත බිඳුම.

Infinite, a. අනන්ත, ඉමක්—නිමක්—කෙළවරක් &c.—නැත්තාවූ; අප්‍රමාණ, අපරිමේය, අප්‍රමේය, අපරිමිත, අපර්‍යන්ත.

Infinitesimal, a. අනන්තලෙස — අප්‍රමාණ තරම්—කුඩාවූ, අති ක්ෂුද්‍ර, ඉතා සියුම්, අතිසූක්ෂම, අණු, පරමාණු ආකාර.

Infinitesimally, ad. අති ක්ෂුද්‍රාකාරයෙන්.

Infinitive, n. infinitive mood භාවක්‍රියාවේ අනියම විසිය or සම්ප්‍රදාන විභක්තියක්.

Infinitude, Infinity, n. අනන්තකම, අප්‍රමේයතාව, ආනන්ත්‍යය, අනන්තතාව, අපරිමිතතාව, ඉමක්—නිමක් &c.—නැතිකම; of time අනාද්‍යනන්තතාව, of space අප්‍රමාණාවකාශය.

Infirm, a. දුර්වල, බෙලහීන, කෙඩෙත්තු, සවිනැති, ගිලන්, ඔබලන්, ආබාධ.

Infirmary, n. See Hospital.

Infirmity, n. දුර්වලකම &c., ගිලන්කම, ආතුරකම, ආබාධය; ශරීර or සිහියේ දුර්වල ගතියක්.

Infix, v. ඇතුළට වද්දනවා; ඇතුළෙහි පිහිටුවනවා; (සිතෙහි) පදියම් කරනවා, ප්‍රතිෂ්ඨාපනයකරනවා.

Inflame, v. fig. අවුළුවනවා, පත්තුකරනවා, අවුස්සනවා; (තරඟ, තෘෂ්ණා &c.) ඇවිස්සෙනවා; (පපුවේ &c.) දැවිල්ලක් අවගන්නවා.

Inflamed, a. ඇවිස්සුණු (තෘෂ්ණා &c.); දැවිල්ලක් ඇත්තාවූ, රත්වූ, (අත &c.).

Inflammable, a. පහසුවෙන් අවුළුවන්ට — පත්තුකරන්ට—පුළුවන්වූ, ඇවිළෙන — ගිනිගන්න — ගතියක් ඇත්තාවූ, දාහ්‍ය, දහනීය.

Inflammation, n. ශරීරදාහය, දැවිල්ලක්, of the bowels, &c. බඩදැවිල්ල, පපුවේ දැවිල්ල &c.

Inflammatory, a. දැවිල්ලක් උපදවන; දැවිල්ලක් සහිත; අවුළුවන, අවුස්සන, (කථා &c.).

Inflate, v. හුළං පුරවනවා, පුප්පනවා, පුම්බවනවා; fig. (උඩඟුකමින් &c.) පුරවනවා.

Inflated, pp. *or* a. හුළං පුරවනලද &c., හුළං පුරවාපු, වාතපූර්ණ; fig. උඩඟු.

Inflater, n. හුළං පුරවන්නා, හුළං පුරවනබටය.

Inflation, n. හුළං පිරවීම &c.; වාතපූර්ණතාව, පිපුණු—ඉදිමුණු—භාවය; උඩඟු ගතිය.

Inflect, v. (අමුතු අතකට ටිකක්) නමනවා, වෙනස් කරනවා, නතකරනවා; in gram. වර නගනවා; the voice වෙනස් ශබ්ද ඇතුව හඬ නගනවා.

Inflected, pp. *or* a. නමනලද &c., නැමී තිබෙන, නත, නාමිත; in gram. ප්‍රත්‍යය සහිත, සවිභක්තික.

Inflection, n. නැමීම &c.; කටහඬේ වෙනස්වීම *or* වෙනස් ශබ්දය; වරනගන ක්‍රමය.

Inflectional, a. නැමීම—වරනැගීම &c.—සම්බන්ධ.

Inflective, a. නමන, නතකරන; වරනගන &c.

Inflexible, a. නමන්ට බැරිවූ, නැමිය නොහැකි, නොනැමෙන සුලු, fig. ස්ථිර; මුරණ්ඩු.

Inflexibly, ad. නොනැමෙනලෙස, යටත්නොවෙන ලෙස, ස්ථිරලෙස, මුරණ්ඩුලෙස.

Inflict, v. යම් අමාරුවක් පවරනවා; inflict punishment, a fine, sorrow, retribution &c. (යමෙකුට) දඬුවම් පමුණුවනවා, අච්චුකරනවා, දඩයක් ගසනවා, දුක්දෙනවා, එලදෙනවා &c.

Infliction, n. අමාරු පැවරීම, දඬුවම් පැමිණවීම &c.; පවරන දුක, විපත, අමාරුව, බර &c.

Inflorescence, n. මල් පිපීම, පීදීම, මල්හටගැනීම; මල් වෘන්තයෙහි පිහිටා තිබෙන ආකාරය, ජෘම්භණාකාරය.

Influence, n. ආනුභාවය, අනුහස, වරම, ප්‍රභාව, ප්‍රභුත්වය, ක්‍රියාකරවන ගුණය *or* බලය.

He has great influence with people ඔහු මිනිසුන් කෙරෙහි (යම් ගුණයකින්) බල පවත්වනවා *or* ඔහු කියන කරන දේ මිනිස්සු බොහෝ හෙයින් සලකනවා.

Influence, v. ද්‍රව්‍ය *or* හිත කෙරෙහි බල පවත්වනවා, ආනුභාවයෙන් ක්‍රියාකරවනවා.

Do not influence him ඔහු කැමතිකරවන්ට—අදින්ට—එපා.

The distress of others does not influence him අනුන්ගේ දුක ඔහුගේ හිතට වැදියන්නේ නැත &c.

He is influenced by fear ඔහු (එසේ) කරන්නේ භයෙනුයි.

Influential, a. (යම් ගුණයකින්) බල පවත්වන, බලගතු, බලවත්, ප්‍රබල, ශක්තිමත්, ප්‍රතාපවත්, වැදගත්.

Influenza, n. බෝවෙන හෙම්බිරිස්සාව *or* සෙම්ප්‍රතිශ්‍යාව, මාරක ප්‍රතිශ්‍යාව, මාරක පීනස.

Influx, n. (දිය, එළිය &c.) ඇතුළට ගැලීම, වැදීම *or* පැමිණීම, ප්‍රවේශය, ආගමනය, අන්‍යප්‍රවාහය; යම්තැනකට හුඟක් පැමිණීම.

Infold, v. ඇතුල්කර දවටනවා; in the arms බදනවා, වැළඳගන්නවා, තුරුල්කරගන්නවා, ආලිංගනය කරනවා.

Inform, v. දන්වනවා, දැනුම්දෙනවා, කියාදෙනවා, හැලකරනවා, ඔත්තුකියනවා; inform against any one යමෙකුට විරුද්ධව වරදක් කියා හිටිනවා, ගතු කියනවා.

Informal, a. නියම විධියට නැති, අනියම්, අනියමාකාර, නීතිවිරුද්ධ.

Informality, n. නියම විධියට නොකිරීම, අනියම්කම, අව්‍යවස්ථාව.

Informally, ad. නියම විධියට නැතුව, අනියම්ලෙස.

Informant, n. දන්වන්නා &c. [යා.

Informer, n. දැනුම්දෙන්නා, ගතුකාරයා, ඔත්තුකාර

In forma pauperis, L. දිළිඳ්දෙකු ආකාරයෙන්, පිනට, (නඩු කියනවා).

Information, n. දන්වන කාරණාව, (හැලවූ) ප්‍රවෘත්තිය, පුවත, තොරතුර, ආරංචිය; charge දෝෂාරෝපණය, ගතුව, ගත්ත; දැනගැම්ම, සංජානනය.

Infraction, **Infringement**, n. කඩකිරීම, (ආඥා) උල්ලංඝනය, ව්‍යතික්‍රමය, භංගය.

Inframundane, a. පොළවට යටින් ඇත්තාවූ, ලෝකාධ්‍යස්ථ.

Infrangible, a. බිඳිය නොහැකි, අභිදුර; කඩනොකළ යුතු, අච්ඡේද්‍ය, අච්ඡේදනීය, අඛණ්ඩනීය, අනතික්‍රමණීය, අලංඝනීය.

Infrequency, n. ගනසැරේ නැතිකම, විරලතාව.

Infrequent, a. ගනසැරේ නැති, විරල, ඉඳහිටලා *or* දුරවාරේ සිදුවෙන.

Infrequently, ad. ගනසැරේ නැතුව, කලාතුරකින් පමණක් (වෙනවා &c.), දුලභලෙස, විරලලෙස.

Infringe, v. තරමකට කඩකරනවා, භින්නකරනවා, උල්ලංඝනයකරනවා; infringe upon another's rights අන්‍යයෙකුගේ අයිතිවාසිකමට වදිනවා *or* අයිතිවාසිකමින් කොටසක් අල්ලාගන්නවා.

Infringement, n. කඩකිරීම, භංගය, ව්‍යතික්‍රමය, ලංඝනය, උල්ලංඝනය.

Infuriate, v. ඉතා කෝපකරනවා, කෝපාවිෂ්ටකරනවා, (උදහසින්) උමතුකරනවා.

Infuriated, pp. *or* a. ඉතා කුපිත, උදහසින් උමතුවූ.

Infuse, v. (මිශ්‍රවෙන්ට ටිකක්) වක්කරනවා *or* දමනවා; (කසායක් වෙනලෙස) පොඟවනවා *or* වතුරේ දමනවා; fig. සිතට වද්දවනවා.

Infusion, n. වක්කිරීම &c., ආසේචනය; කසාය, සාරය, රසය.

Infusorial, a. අතික්ෂුද්‍ර ප්‍රාණී.

Infusory, n. Infusories, Infusoria, pl. (දියේ ඉන්න) අතික්ෂුද්‍ර ප්‍රාණියා; අතික්ෂුද්‍ර ප්‍රාණීයෝ.

Ingathering, n. (ගොයම් පලදාව) රැස්කරගැනීම; ශස්‍යකාලය.

Ingenious, a. (යමක් යොදන්ට) දක්ෂවූ. නිපුණුනුවණැති, තීක්ෂණ බුද්ධිමත්, උපායඥ, සමර්ථ, හපන්, විදග්ධ, චතුර, නිපුණ, විචක්ෂණ; දක්ෂලෙස යෙදූ (දෙයක්).

Ingeniousness, **Ingenuity**, n. දක්ෂකම &c.; (දක්ෂ යෙදූමේ) අරුමකම.

Ingenuous, a. අවංක, අප්‍රයෝග, අව්‍යාජ, අකුටිල, සෘජු, අගති විරහිත, ගති සහිත.

Ingenuousness, n. අවංකකම, අව්‍යාජතාව, අකුටිලතාව, අගති රහිතකම.

Inglorious, a. ගෞරව රහිත ; අගෞරවයෙන් යුක්ත, අපකීර්ති, අශ්‍රීමත්, නිඃශ්‍රීක, ලජ්ජාකර.

Ingloriously, ad. ගෞරව රහිතව ; අගෞරවාකාරයෙන්, අපකීර්තිලෙස.

Ingot, n. (අච්චුවක වක්කරගත් රත් රිදී) කැටියක් ; ලෝහ කැල්ලක්.

Ingraft, v. (අතු) පාස්සනවා, පාහනවා, පුරුද්දනවා, සන්ධිකරනවා ; ඒකාබද්ධකරනවා ; fig. (සිතෙහි) පදියම්කරනවා, ප්‍රතිෂ්ඨාපනයකරනවා.

Ingrain, v. (වියන්ට පළමුවෙන්) කෙඳිවලටම සායම් පොවනවා ; ස්වභාවෙන්ම යම් ගුණයක් පිහිටුවනවා, සංයුක්තකරනවා.

Ingrained, pp. *or* a. ද්‍රව්‍ය තුළටම සායම් පොවාපු &c. ; සහජයෙන් හටගත්.

Ingratiate, (one's self), v. *say* අන්‍යයෙකු තමා කෙරෙහි ප්‍රසන්නකරවා ගන්නවා *or* යමෙකු ප්‍රසන්නකරගන්නවා, හොඳ හිත ගන්නවා, යමෙකුගේ ප්‍රසන්න මිත්‍රයෙක් වෙනවා.

Ingratitude, n. කෘතෝපකාර *or* කෘතගුණ නොසැලකීම, කෙළෙහිගුණ නොදන්නාබව, අකෘතවේදීත්වය, කෘතඝ්නතාව, අකෘතඥතාව, සතුතිවන්ත නොවීම.

Ingredient, n. (මිශ්‍ර ද්‍රව්‍යවලින්) යම් ද්‍රව්‍ය ජාතියක්, කොට්ඨාසයක්.

Ingress, n. ප්‍රවිෂ්ටවීම, ඇතුල්වීම, ප්‍රවේශය ; ඇතුල්වීමේ මග *or* අවසරය.

Ingulph, v. See Engulph.

Inhabit, v. dwell in වාසයකරනවා, පදිංචිවෙනවා, වසනවා.

Inhabitable, a. වාසය කළහැකි, වාසයට සුදුසු, වාසයෝග්‍ය (ස්ථානය &c.) See Habitable.

Inhabitant, n. වාසයකරන්නා &c,. පදිංචිකාරයා, වැසියා වාසියා. නිවාසියා.

Inhabited, a. (සත්තු) වාසයකරන, සත්ත්වාවාස ; (thickly) ජනගහනවූ, ආකීර්ණ, (රටක්).

Inhale v. ආශ්වාසකරනවා, හුස්ම ගන්නවා, (හුස්ම, වායුවර්ග etc.) ඉහළට ඇද ගන්නවා, by the nostrils නස්‍යකරනවා.

Inhaler, n. ආශ්වාසකරන්නා ; (උණුහුම් වායු, ධූම &c. ඇදගන්න) ආශ්වාස–යන්ත්‍රය.

Inharmonious, a. එකඟ නැති, නොසැසඳෙන, නොගැළපෙන, අසඞ්ගත, අමිහිරි (ශබ්ද)

Inhere, v. යමක් තුළ පිහිටා තිබෙනවා, අන්තර්ගතව—අන්තර්භූතව—තිබෙනවා, සහජව තිබෙනවා.

Inherence, Inherency, n. ඇතුළේ පිහිටා තිබීම &c., අන්තර්ගතතාව, අන්තර්භූතතාව.

Inherent, a. තුළ පිහිටා—ඇලී—තිබෙන, වෙන්නොවෙන හැටියට අඩංගුවූ, අන්තර්ගත, අන්තර්භූත, අන්තඃස්ථ, ප්‍රකෘතිස්ථ, ස්වාභාවික, සහජ, නිජ.

Inherit, v. උරුමයක් කොට ලබනවා, උරුමකරගන්නවා, (යමෙකුට) උරුමවෙනවා, හිමිවෙනවා, ප්‍රවේණියෙන් ලැබෙනවා ; fig. ජම්මවශයෙන් ගුණයක් ලැබෙනවා.

Inheritable, a. උරුමකරගත — උරුමවිය — හැකි ; ජම්මයෙන් ලැබියහැකි.

Inheritance, n. උරුමකරගැනීම &c. ; උරුමය, ප්‍රවේණිය, පරවෙණිය, මව්පිය උරුමය.

Inheritor, n. උරුමකරගන්නා, උරුමය භුක්තිවිඳින්නා, උරුමක්කාරයා.

Inheritress, Inheritrix, n. උරුමකරගන්නී &c., උරුමක්කාරී.

Inhibit, v (ආඥාවෙන්) තහනම්කරනවා, නවත්වනවා, ප්‍රතිෂේධකරනවා, වළක්වනවා.

Inhibition, n. තහනම්කිරීම &c. ; තහනම, නැවැත්වීම, තහනම් පත්‍රය, ප්‍රතිෂේධක පත්‍රය.

Inhospitable, a. ආගන්තුකසත්කාරනොකරන, අසත්කාර, අනාතිථ්‍ය ; උපස්ථාන රහිත, සංග්‍රහ—බිනෑදේ—රහිත (රටක්).

Inhospitableness, n. ආගන්තුකසත්කාර නැතිකම, අසත්කාරය ; උපස්ථාන රහිතතාව.

Inhuman, a. මනුෂ්‍ය ගතියට එකඟනොවූ, අමනුෂ්‍ය, අසත්පුරුෂ, දයාවනැති, කෲර, ප්‍රචණ්ඩ.

Inhumanity, n. කරුණාව *or* අනුකම්පානැතිකම, කෲරකම, ප්‍රචණ්ඩතාව.

Inhume, v. භූමිදානකරනවා ; in chem. (උණුහුම් පස්) වසා පැසවනවා.

Inimical, be, v. සතුරුව–එදිරිව–විරුද්ධව–සිටිනවා, අනාදරව තිබෙනවා.

Inimitable, a. සමානලෙස කළනොහැකි, අනනුකරණීය, අනුපමේය, අනුපම, අප්‍රතිම, අසම, අසදෘශ, අතුල්‍ය, අසාධාරණ (දේ. ක්‍රියා), අසදෘශ.

Inimitably, ad. සමානලෙස කළනොහැකි තරම්, අසදෘශලෙස.

Iniquitous, a. අපරාධී, අපරාධකාර, අධර්මිෂ්ඨ, දුෂ්ට, අධම්, අනඩු, පාපිෂ්ඨ.

Iniquity, n. අපරාධය, අපරාධකම් &c., අයුක්තිය, දුෂ්ට ක්‍රියාව.

Initial, a. පටන්ගැන්මට තිබෙන, මුල්වූ, ප්‍රාරම්භ, ප්‍රාථමික, ආදිම, පූර්.

Initial, n. නාමයක *or* වචනයක මුල් අකුර, මූලාක්ෂරය.

Initial, v. නාමයේ මුල් අකුරු ලියනවා, මුල් අකුරු පමණක් ලියා අත්සන්කරනවා.

Initiate, v. පුරනවා, ආරම්භකරනවා, පටන් ගන්නවා; (of a building) ගෙවදිනවා ; (යමෙකු) මුල් ගුරුකම්වලින් ප්‍රගුණකරනවා, (මුල් ගුරුකම් *or* යුතුකම් දන්වා ශාස්ත්‍රයකට, සභාවකට *or* නිලයකට) ඇතුළත්කරනවා, දීක්ෂණයකරනවා, උපනයනය කරනවා.

Initiated, a. පුරනලද &c., උපනීත, මුල් ගුරුකම්වලින් ප්‍රගුණිත, දීක්ෂිත.

Initiation, n. ආරම්භකිරීම &c.; (නිසි ක්‍රමයෙන් *or* සිරිත්වලින්) ඇතුළත්කිරීම, උපනයනය, දීක්ෂාව.

Initiative, Initiatory, a. ආරම්භකරන, ආරම්භක, ප්‍රාරම්භක.

Initiative, n. ආරම්භක ක්‍රියාව &c., සමාරම්භක කෘත්‍යය, ක්‍රියාරම්භය ; ආරම්භක අවසරය.

Inject, v. (එළිය, දිය &c.) ඇතුළට විද්දනවා, (බඩට, ලේ නහරවලට &c.) වස්තිකරනවා, බෙහෙත් විදිනවා.

Injection, n. ඇතුළට වැද්දීම &c.; ඇතුළට වද්දන බෙහෙත, වස්තිය.

Injudicious, a. අනුවණ, සිහිකල්පනා මඳ, කායසීචින්තක, නුවණට නුහුරු, ප්‍රඥ ගෝචර නූවූ, අවිචක්ෂණ, අවිචාරක, අවිචාරී.

Injunction, n. අණ, ආඥාව, නියෝගය, විධානය ; බරපතළ අවවාදයක් *or* දැනමුතුකමක් ; (නඩු මාර්ගයේ තහනමක්.

Injure, v. (යමෙකුට) අනදරකරනවා, හානිකරනවා, අලාභකරනවා, පීඩාකරනවා, තුවාල කරනවා, රිදවනවා, අවැඩකරනවා, තරමකට තරක්කරනවා.

Injured, a. අනදරකරනලද &c., හානියට පත්වූ, අනතුරුවට පත්වූ, උපද්‍රැත, තරක්වූ.

Injurious, a. අනදරවූ, අවැඩිදයක, අගුණ සහිත, අනර්, අනර්දයක, අනර්කර, හිංසක, බාධක, අහිත, අහිතකර, හානිකර.

Injuriously, ad. අනදරවෙනලෙස, අවැඩදයකලෙස &c., හිංසකලෙස.

Injuriousness, n අනදර සහිතකම, අවැඩදයකකම &c., හිංසකකම.

Injury, n. අනදරය, හානිය, අවැඩ, පාඩුව, උපද්‍රවය, හදිය, ආදීනවය, අනතුර.

Injustice, n. අයුක්තිය, අනඩුව, අසාධාරණකම, අකටයුතුකම, අධර්මය *or* අධර්ම ක්‍රියාව.

Ink, n. (ලියන) තින්ත, for ola leaves දුම්මල තෙල්.

Ink, v. (ලියන) තින්ත ගානවා, තීන්ත ඉහිනවා.

Inkling, n. සංඥව, යත්තම් දැන්වීම, අනුමාන සිතිවිල්ලක් ; මද ලැදිකමක්.

Ink-roller, n. අච්චු අකුරුවලට තින්ත ගාන යන්ත්‍ර පොල්ල, තින්ත රෝල, තින්ත පොල්ල.

Inkstand, n. තින්ත කුඩුව, තින්ත කුප්පිය.

Ink-table, n. තින්ත මේසය.

Inky, a. තින්ත-ගෑවී තිබෙන්නාවූ ; කළුවූ, කළුපාටවූ, කෘෂ්ණ වර්ණ.

Inlaid, a. (යමක්) ගිල්වා තිබෙන, ඔබ්බවා තිබෙන, ප්‍රතිබද්ධ, with silver රජතාචිත, with gold සවර්ණාචිත.

Inland, a. මුහුදෙන් දුරවූ, මුහුදුබඩ නොවන, පිවිසර, රටමැද, ගොඩතර, (පලාත් &c.) ; රටටම අයිති, ස්වදේශ, (වෙළඳාම් &c.).

Inlay, v. (ඇත්දත්, මුතුඇට, මැණික්, ආදිය වෙන දේවල) ගිල්වනවා, වද්දනවා, ඔබ්බනවා.

Inlaying, n. (අලංකාරයට ඇත්දත් &c.) ගිල්වීම, ගිල්වන වැඩේ, ඔබ්බන කර්මාන්තය.

Inlet, n. ඇතුල්වෙන මග, දොරය, මාර්ගය ; මුහුදු තුඩුව, පටු වරාය, බොකුවරාය, කලපුව. [ම.

In limine, L. පටන්ගැම්මේදීම, ආරම්භයේදීම, මුලදී

Inly, ad. ඇතුලෙහි, සිතෙහි, සිත තුල, සිතෙන්.

Inmate, n. (යම් ගෘහයක) සහ වාසියා *or* පොරොත්තුවෙන්නා, පදිංචිකාරයා, නේවාසිකයා, නිවැසියා, ගෘහවාසියා, an inmate of the asylum, prison &c. ආරෝග්‍ය ශාලාවේ ඔත්පළ කෙනෙක්, හිරකාරයෙක් &c.

In medias res, L. කාරණ මැදට *or* කාරණවලට (බැස).

Inmost, Innermost, a. ඉතා ඇතුල්වූ, අභ්‍යන්තර, මැදම තිබෙන.

Inn, n. තවාතැන, තානායම, විශ්‍රාම ශාලාව, අම්බලම ; අතිථිශාලාව.

Innate, a. සහජ, නිජ, ජන්ම, ඖත්පත්තික, අන්තර්ජාත, නිසර්ග, නෛසර්ගික.

Inner, a. වඩා ඇතුල්, අභ්‍යන්තර, අන්තරස්ථ, අන්තරීය, ආභ්‍යන්තරික ; ඇතුලත්, අධ්‍යාත්මික.

Inning, n. ගොයම් එකතුකරගැනීම ; (පන්දුපිත්ත අල්ලන) හැරය, වාරය.

Innkeeper, n. තානායම්කාරයා.

Innocence, Innocency, n. අහිංසකකම ; නිදෙස්කම, නිර්දෝෂත්වය, නිරපරාධකම, නිරවද්‍යකම : අවංකකම, ශුද්ධතාව.

Innocent, a. harmless අහිංසක ; faultless නිදෙස්, නිර්දෝෂ, නිරපරාධ, නිවැරදි, නිරවද්‍ය ; guileless අවංක.

Innocently, ad. නිදෙස්ලෙස &c.; අවංක සිතින්, නපුරු අදහසක් නැතුව.

Innocuous, a. අනදර නූපදවන, නිරුපද්‍රව, අහිංසක, අවිහිංසක.

Innovate, v. පුරුද්දට වෙනස්ලෙස කරනවා, අලුත් ඒකක් කරනවා, අළුත් *or* නවීනක්‍රම ඇතිකරනවා.

Innovation, n. වෙනස්ලෙස කිරීම &c., නවීකරණය, අලුත් විධිය, පුරුද්දට වෙනස් එකක්.

Innoxious, a. The same as Innocuous.

Innuendo, n. සංඥවක්, අනියම්ලෙස ඇඟවීම, වදින්ට කී කීම, වක්‍රෝක්තිය, ඔච්චම් කීම, ඔච්චම්ව.

Innumerability, n. ගණන්කළ නොහැකි තරම, ගණනාවක් නැතිකම, අසංඛ්‍යතාව &c.

Innumerable, a. ගණන්කළ නොහැකි, ගණන් නැති, ගණනාවක් නැති, අසංඛ්‍ය, අගණනීය, අගණ්‍ය, අගණිත, ගණනාතීත, සංඛ්‍යාතීත, අප්‍රමේය, ගණනපථාතික්‍රාන්ත, සංඛ්‍යා විෂයාතික්‍රාන්ත.

Innutritious, a. පෝෂ්‍යයකරන ගුණ නැත්තාවූ, අපෝෂක, පෝෂ්‍ය ගුණ නැති, පෝෂ්‍යයක් නැති, පෝෂ්‍යදයක නුවූ, අහාර, (ආහාර).

Inoculate, v. engraft පාස්සනවා ; vaccinate අත් විදිනවා, එන්නත්කරනවා.

Inoculation, n. පැස්සීම ; අත් විදීම &c.

Inoculator, n. පාස්සන්නා ; අත් විදින්නා &c.

Inodorous, a. නිර්ගන්ධ, සුගද දුගද නැති.

Inoffensive, a. අනදර නොකරන, අහිංසක, නිරපරාධ, නිර්දෝෂී, අගති රහිත.

Inoffensiveness, n. අගති රහිතකම, අහිංසකකම, අවිහිංසාව, නිරුපද්‍රවතාව.

Inoperative, a. (කාරණව ඉෂ්ටකිරීමට) බලය නැති, අකර්මක, අකාර්යසාධක ; ගුණ නැති (බෙහෙත්).

Inopportune, a. කාලයට අයෝග්‍ය, ප්‍රස්තානුකූල *or* ප්‍රස්තාවෝචිත නුවූ, අකල්වූ, අස්ථාන, අසාමයික.

Inopportunely, ad. කාලයට අයෝග්‍යලෙස &c.

Inordinate, a. ප්‍රමාණාතික්‍රාන්ත, අධිකතර, ආත්‍යන්තික, අයුතු, අතික්‍රමික ; අක්‍රමික.

Inorganic, Inorganical, a. ඉන්ද්‍රිය රහිත, ගාත්‍රා නැති, අඞ්ගරහිත, අප්‍රාණික, නිර්ජීව.

Inosculate, v. in anat. (කැපුණ නහර මෙන් නැවත) සන්ධිකරනවා, යාකරනවා, එක්කරනවා, සන්ධිවෙනවා &c.

In perpetuum, L. හැම කලටම, සදාකාලයටම. **In posse**, L. මතුවිය—සිවිය—හැකිවූ.

Inquest, n. විභාගකිරීම, සෙවීම ; sp. ජූරි විභාගය.

Inquire, v. අහනවා, විචාරනවා, ප්‍රශ්නකරනවා, විපරම්කරනවා, විමසනවා ; inquire into විභාගකරනවා, පිළිවිසිනවා, සොයනවා, සෝදිසි කරනවා.

Inquirer, n. විචාරන කෙනෙක් &c.; (දූතගැම්ම, ප්‍රාණ හැළවීම) සොයන්නා, අපරාධ පරීක්ෂක මූලාදෑනියා.

Inquiring, a. විචාරන.

Inquiry, n. ඇසීම &c., ප්‍රශ්නය, විභාගය, සෝදිසිය.

Inquisition, n. විභාගකිරීම, සෝදිසිකිරීම ; R. C. (අසම්‍යක්දෘෂ්ටීන් විනිශ්චයකරන) පරීක්ෂක සභාව.

Inquisitive, a. ප්‍රශ්න ඇසීමට ලැදිවූ, සෝදිසිකරන, විපරම්කරන, ජිඥාසු ; අන්‍යයන්ගේ කාරණ දැනගන්ට ආශාවූ. Sec Curious.

Inquisitor, n. විභාගකාරයා ; පරීක්ෂක නිලධාරියා ; R. C. පරීක්ෂක සංඝයෙක්.

Inquisitorial, a. විභාගකිරීම සම්බන්ධ; අධික ප්‍රශ්න අසන්නාවූ; අන්‍යයන්ගේ කාරණා දැනගැනීමට ආශා අධික; R. C. පරීක්ෂක සභාකාර.

Inroad, n. (සුද්ධ පිණිස රටක්) ඇතුළට වැදීම. See Incursion.

Insalubrious, a. අසනීප වඩින, අසනීප උපදවන, රෝග උපදින, සනීපදායක නුවූ, (රට &c.).

Insane, a. ඕල්මාද, උන්මාද, උන්මත්ත, උමතු, විකාර, පිස්සු, වියරු, සිහිවිකල. [නවා.

Insane, become, v. ඕල්මාදවෙනවා &c., පිස්සු වැටෙ

Insanely, ad. උමතු ආකාරයෙන්, පිස්සෙකු ලෙස, මෝඩලෙස.

Insanity, Insaneness, n. ඕලමාදය, උන්මාදය, උන්මත්තතාව, උමතුකම, විකාරය, පිස්සුව, පිස්සුකම, වියරුව.

Insatiable, a. සත්නොසිඳෙන, තෘප්තියට නොපැමිණෙන, ඉතා ගිජු අතෘප්ත, අතෘප්තිකර.

Insatiableness, Insatiability, n. සත්නොසිඳෙන ගතිය, අතෘප්තිය, අතෘප්තතාව.

Inscribe, v. පිට ලියනවා, (ගලේ) කොටනවා; (යමෙකුගේ නාමයට) ලියා ඔප්පුකරනවා; engrave කැටයම්කරනවා; (එකක් තුළ එකක්) අඳිනවා.

Inscription, n. පිට ලිවීම &c.; පිට ලියන දේ *or* වගන්තිය, title මාතෘකාව; engraving කැටයම; (on stone) ශිලාලේඛනය, සිලාලිපිය, ගල් සන්නස.

Inscrutability, n. දැනගත නොහැකි බව, අචින්ත්‍යතාව.

Inscrutable, a. සොයා දැනගත නොහැකි, අචින්ත්‍ය.

Insect, n. මැසි, කුහුඹු, ආදී කුඩා සතෙක්, ක්ෂුද්‍ර ප්‍රාණියා.

Insectivorous, a. (මැසි, කුහුඹු, ආදි) කුඩාසතුන් කන්නාවූ, කෘමි භක්ෂක.

Insecure, a. ස්ථිර නැති, සවිනැති, අවිශ්වාස, අනතුරු විය හැකි. See Dangerous.

Insecurity, n. ස්ථිර නැතිකම &c., අවිශ්වාස—විශ්වාස නැති—ස්වභාව.

Insensate, a. සිහි කල්පනා නැති, මෝඩ, අචේතන.

Insensibility, n. දැනීමක් නැතිකම, සිහිනැතිකම; දැඩිකම, අමන්දතාව; torpor ප්‍රමෝහය, මූර්ඡාව.

Insensible, a. (ඇඟේ, හිතේ) දැනීමක් නැත්තාවූ, තේරුමක් නැති, දැනීම නැති, සිහි නැති; දැඩි, මුරණ්ඩු; නොදැනෙන ආකාර; ඉන්ද්‍රියාගෝචර, අවිෂය, (වෙනස්වීම &c.).

Insensibly, ad. නොදැනෙන ආකාරයට, නොදැනෙන ක්‍රමයකින් (වෙනස්වෙගන යනවා &c.).

Inseparable, a. වෙන්කළ නොහැකි, ප්‍රභේද කළ නොහැකි, අභේද්‍ය.

Insert, v. ඇතුල්කරනවා, ගලපනවා; අතරේ තබනවා, රුවනවා; in a newspaper බහනවා, බහාලනවා. See Include.

Insertion, n. ඇතුල්කිරීම &c.; ගලපා — ගැළපී — තිබෙන ආකාරය; in bot. යෝගාකාරය; epigynous insertion (පුරුෂ කේසර) ඌර්ධ්ව ඩිම්බකෝෂ යෝගය, hypogynous insertion අධෝඩිම්බකෝෂ යෝගය, perigynous insertion පරිඩිම්බකෝෂ යෝගය.

Insessores, n. pl. L. ගස් අතුවල ලගින කුරුලු ජාති, ශාඛාපක්ෂියෝ.

Insessorial, a. ශාඛාපක්ෂි.

Insheathe, v. කොපුවක තබනවා.

Inside, n. ඇතුල් පැත්ත, ඇතුළත, අභ්‍යන්තරය.

Inside, a. ඇතුල්, ඇතුළෙහි ඇත්තාවූ, අභ්‍යන්තර.

Inside, ad. *or* perp. ඇතුළෙහි, ඇතුළට, ඇතුළෙන්, තුළ, තුළට &c.

Insidious, a. රැකසිටින, ද්‍රෝහි, ප්‍රයෝග; fig. රහස්, අප්‍රකට, (රෝග). [නෙන ලෙස.

Insidiously ad. ද්‍රෝහිලෙස; අප්‍රකටලෙස, නොදැ

Insight, n. (ඇතුළත *or* සැබෑ ගතිය දැකීමට) තීක්ෂණ දර්ශනය, තියුණු බුද්ධිය, අන්තර්දර්ශනය, සිහිපරීක්ෂාව.

Insignia, n. pl. L. (තිල, තම්බු, පටබැඳි නාම, ආදි දේවල) සලකුණු; (ඇඳිනගැනීමේ) ලකුණු, කඩ්ඩි කස්තාන; of royalty කකුධභාණ්ඩ.

Insignificance, Insignificancy, n. වැදගැම්මක් නැතිකම, සුළුපටුකම, අප්‍රධානත්වය, අධමකම, ක්ෂුද්‍රතාව.

Insignificant, a. නොවැදගත්, වැදගැම්මක් නැති, සුළු, සුළුපහේ, අප්‍රධාන, අධම, අල්ප, ක්ෂුද්‍ර.

Insincere, a. වංක, අවිශ්වාස, රැවටිලි, අසත්‍ය, කුහක, ව්‍යාජ.

Insincerity, n. වංකකම, අවිශ්වාසකම, රැවටිලිකාරකම, කුහකකම, ව්‍යාජතාව.

Insinuate, v. ක්‍රමයෙන්—හෙමිහිට—ඇතුල්කරනවා; insinuate one's-self ක්‍රමයෙන්—උපායෙන්—ඇතුල්වෙනවා *or* ඇතුළට වදිනවා.

Water insinuates itself into every crevice වතුර සියලු සිදුරුවලට ක්‍රමයෙන් ඇතුල්වී විරෙනවා; fig. ක්‍රමයෙන් — උපායෙන් — *or* ප්‍රේමයෙන්— සිත් ගන්නවා; hint හඟවනවා, සිතවනවා.

Insinuation, n. ක්‍රමයෙන් ඇතුල්කිරීම &c.; සංඥාව, පර්‍යායෝක්තිය; සිතවන කාරණාව.

Insipid, a. රස නැති, අරස, නිරස, විරස, කිවුල්වූ; fig. අරුචි, අසාර, නිස්සාර, මලානික, උත්සාහනැති, උනන්දු නැති, (කවි &c.).

Insipidity, Insipidness, n. රස නැතිකම, විරසතාව, කිවුල, ආරස්‍යය; fig. මලානිකකම, අසාරකම, අරුචිය.

Insist, v. බරපතළලෙස—ස්ථිරලෙස—කියනවා, බලකර කියනවා, උදක්ම කියා සිටිනවා.

We insisted that this was just, *or* on the justness of this මෙය යුතුමයයි-මෙහේ යුක්තියමයි-කියා කියා සිටියෙමු.

Insistence, n. බලකරකීම, බුරුල නොදී තදව සිටීම.

Insnare, v. මලපතින් අල්ලනවා; රැවටිල්ලෙන් — උපායෙන්—අසුකරනවා.

Insobriety, n. බීමත්කම, මත් ගතිය.

Insolate, v. අව්වෙන් වේලවනවා *or* පැසෙන්ට අව්වේ තබනවා.

Insolation, n. අව්වෙන් වේලවීම &c.; (ඇඟට *or* පැළවලට) ඉරේ රස්නපහරක්.

Insolence, n. උඩඟු හැසිරීම, උඩඟුකම, පුදුකම කිරීම, හෙළාදැකීම.

Insolent, a. (අනුන් කෙරෙහි) උඩඟුකම පාන්නාවූ, සුළුකම්කරන, හෙළාදකින, අහංකාර, ආඩම්බර, ගර්විත.

Insoluble, a. දියකළ නොහැකි; තේරුම්කළ නොහැකි, විසඳිය නොහැකි.

Insolvable, a. පැහැදිය නොහැකිවූ, අවසාමේය; නිදහස්කළ නොහැකි. [ත්වය.

Insolvency, n. ණය ගෙවන්ට බැරිකම, වස්තුභංග

Insolvent, a. ණය ගෙවන්ට බැරි, වස්තුභංගත්වයට පත්, බංකොලොත්වූ; ණය ගෙවීමට වස්තු නැත්තාවූ (බුද්ගලයා); වස්තුභංගත්ව (නීතිය &c.).

Insolvent, n. වස්තුභංගත්වයට පත්වූ අය, බංකොලොත් වැටුණු අය.

Insomnia, n. නින්ද නොයාම, නිදාගන්ට බැරිකම.

Insomuch, ad. *or* conj. තරමට, ලෙස: Insomuch that they wondered ඔවුන් පුදුමවෙන තරමට.

Inspan, v. ඈඳනවා.

Inspect, v. (යමක්කරනවා) බලාඉන්නවා, සමීක්ෂණය කරනවා; පරීක්ෂාකරනවා, සෝදිසිකර බලනවා, විභාග කරනවා.

Inspection, n. බලාඉඳීම &c., සමීක්ෂණය, නිරීක්ෂණය, පරීක්ෂණය, විභාගය.

Inspector, n. (වැඩ &c.) බලන්නා, සෝදිසිකරන්නා, බලන මුලාදෑනියා, විභාගකරු, පරීක්ෂකයා, පරීක්ෂක මුරවඩරයා.

Inspectorship, n. (වැඩ &c.) බලන මුලාදෑනිකම, පරීක්ෂක ධුරය.

Inspiration, n. ආශ්වාසකිරීම &c.; ආශ්වාසය; ආනුභාවය, දේවානුභාවය.

Inspire, v. ආශ්වාසකරනවා; (කල්පනා, ප්‍රේමය &c.) සිතට වද්දනවා, (ප්‍රේමයෙන්, වෛරයෙන්, ධෛර්යයෙන් &c.) අවුස්සනවා, ප්‍රාණවත් කරනවා, ප්‍රබෝධ කරනවා; සිතට ආනුභාව දෙනවා, දේවානුභාවයෙන් දන්වනවා.

Inspiring, a. ධෛර්ය උපදවන, උනන්දු—ප්‍රාණවත්—කරන, ප්‍රබෝධක.

Inspirit, v. ජවලිතකරනවා, උනන්දු — ප්‍රාණවත් — කරනවා.

Inspissate, v. ඝනද උකුකරනවා, ඝනකරනවා.

Inst., for Instant වර්තමාන (මාසය).

Instability, n. අනිස්ථිරකම, අස්ථිරතාව, අස්ථිරත්වය, අනිත්‍යතාව; චඤ්චලත්වය, චපලත්වය.

Install, v. into name and caste කුල වද්දනවා. See Induct.

Installation, n. කුලවැද්දීම; (ව්‍යවහාර චාරිත්‍රවලින්) නිලයකට පත්කිරීම *or* නිලයක් භාරකිරීම, අභිෂේකය.

Instalment, n. කුලවැද්දීම &c.; මුළු ගණනින් ගෙවන [කොට්ඨාසය.

Instance, n. occasion, ප්‍රස්තාව, සන්සිය; sample ආදර්ශය, නිදර්ශනය, උදාහරණය, occurrence of සිද්ධියක් *or* සිද්ධවෙන ගණනකින් එකක්, as: An instance of terrible cruelty දරුණු ක්‍රූරකම් කිරීමක්; request &c., as: I did it at his instance ඔහුගේ ඉල්ලීම—පෙලඹීම—අනුමතිය—නිසා ඒක කළෙමි.

Instance. v. නිදර්ශනයක්—එකක්—සඳහන්කරනවා.

Instant, a. එවෙලේම — එකෙණෙහිම — වෙන්නාවූ *or* වුණාවූ (ප්‍රීතිය &c.): the 3rd inst. මේ මාසයේ තුන්වෙනි දින.

Instant, n. මොහොත, ඇසිල්ල, ක්ෂණය.

Instantaneous, a. එකෙණෙහිම—මොහොතකින්ම—වෙන්නාවූ *or* වුණාවූ, එවෙලේම සිදුවන, ක්ෂණික, තාත්කාලික.

Instantaneously, ad. ක්ෂණයෙහිම, එකෙණෙහිම, මොහොතකින්ම.

Instantly, ad. මේ දැන්ම; එකෙණෙහිම, ඒ වේලාවේදීම. Instanter, the same.

Instate, v. පිහිටුවනවා, නිලයකට පත්කරනවා. See Install.

Instead, prep. වෙනුවට, නිලවීවට.

Instep, n. පාදයේ උඩපැත්ත, උඩුපතුල, පිටිපතුල.

Instigate, v. (නපුරට) පොලඹනවා, පොලඹවනවා, මෙහෙයනවා, අනුමතිකරනවා, අනුබල දෙනවා.

Instigated, pp. *or* a. පොලඹනලද &c., ප්‍රවර්තිත ප්‍රෝත්සාහිත, ප්‍රේරිත, චෝදිත, ප්‍රචෝදිත.

Instigation, n. පෙලඹීම &c.; පොලඹන කාරණාව, පරීක්ෂාව.

Instigator, n. පොලඹන්නා &c., ප්‍රයෝජකයා, ප්‍රවර්තකයා.

Instil, v. (lit. ඇතුළට බිඳු බිඳු වත්කරනවා); fig. (ගුරුකම්, කල්පනා &c.) විකෙන් වික—හෙමිහිට—සිතට වද්දවනවා *or* ඒවා ක්‍රමයෙන් පුහුණුකරවනවා.

Instinct, be, v. Instinct with life &c. පණ ඇතුව—ප්‍රාණවත්කමින්—පෙලඹෙනවා *or* සෙලවෙනවා.

Instinct, n. (අත්දැකීම *or* ඉගෙනීම නැතුව තිබෙන මෘගයින්ගේ) ස්වාභාවික ඥානය, සහජ දැනීම *or* ක්‍රියාකරවීමේ සිහිය, ඉව; සහජ බුද්ධිය.

Instinctive, a. (කල්පනා නැතුව) සහජ බුද්ධියෙන්—ජම්මයෙන්—ඉබේම මාගේ—වෙන්නාවූ (ක්‍රියා &c.).

Instinctively, ad. කල්පනානොකර, හඳිසි දැනීමකින්, සහජ බුද්ධියෙන්.

Institute, v. (සභාවක්) පිහිටුවනවා; (නීතියක්) පනවනවා; (විභාගයක්) පටන්ගන්නවා *or* කරනවා.

Institute, n. පනත, නියෝගය, ප්‍රඥප්තිය; ප්‍රඥප්ති ග්‍රන්ථය; ශාස්ත්‍ර සභාව, පණ්ඩිත සභාව.

Instituted, pp. *or* a. පිහිටුවනලද &c., නියෝජිත, ප්‍රඥප්ත.

Institution, n. පිහිටුවීම &c.; නියෝගය, ප්‍රඥප්තිය; පිහිටුවාපු සභාවක්; පත්කිරීම. See Induct.

Institutive, a. *or* be v. පිහිටුවන &c., නියෝජක; නියෝජනාවලම්බිත.

Institutor, n. පිහිටුවන්නා &c., see verb, නියෝජක [යා.

Instruct, v. උගන්වනවා, පුහුණු කරනවා, ප්‍රගුණ කරනවා; අනුශාසනා කරනවා, ඤායාදෙනවා, උපදෙස් *or* ගුරුකම් දෙනවා, දැනමුතුකම් දෙනවා; ආඥා දෙනවා.

Instructed, a. උගන්වනලද &c., ශික්ෂිත, සුශික්ෂිත, අධ්‍යාපිත.

Instruction, n. ඉගැන්වීම &c., උපදේශනය, අධ්‍යාපනය, විඥාපනය; අනුශාසනාව, උපදේශය, දැනමුතුකම, ගුරුහරුකම, ශික්ෂාව; ආඥාව, විනිවිධානය.

Instructive, a. අනුශාසනා — උපදේශ — ශික්ෂා — සහිත, ගුරුකම් අඩංගුවූ, ශික්ෂක.

Instructor, n. උගන්වන්නා &c., ගුරුවරයා, ආචාර්යයා, ශික්ෂකයා, අනුශාසකයා, උපදේශකයා, අධ්‍යාපකයා, විඥාපකයා.

Instructress, n. fem. උගන්වන්නී &c., ශික්ෂක ස්ත්‍රී &c., ගුරුවරී, ශික්ෂකී.

Instrument, n. ආවුදය, මෙවලම, ආයුධය, ශස්ත්‍රය; උපකරණය; of music තූර්යභාණ්ඩය, තූර්යය; in law ඔප්පුව, පොරොන්දු පත්‍රය; fig. උපකරණයක්වූ—ආවුදයක්වූ—කෙනෙක්, කළමනාකාරයා.

Instrumental, a. තූර්යභාණ්ඩවූ, තූර්යභාණ්ඩයකින් උපදින (නාද); in gram. කරණ (විභක්තිය); be instrumental උපකරණයක්ව—මාර්ගයක්ව—ආවුදයක්ව—සිටිනවා, හේතුක.

Instrumentality, n. උපකරණයක්ව—ආවුදයක් සේ—තිබීම *or* සිටීම, උපකරණත්වය, කාරකකම.

Instrumentally, ad. තූර්ය භාණ්ඩාකාරයෙන්; fig. උපකරණාකාරයෙන්.

Insubordinate, a. යටත්නොවෙන, අකීකරු, පෙරළිකාර, කැරලිකාර.

Insubordination, n. (ප්‍රභු ආධිපත්‍යයට) යටත්නොවී සිටීම, අකීකරුකම &c.

Insufferable, a. (යමෙකුට) ඉවසන්ට *or* දරන්ට බැරිවූ, රුස්සන්ට බැරි, නොරිස්සෙන, අසහ්‍ය.

Insufficiency, n. මදිකම, නොසෑහෙන තරම, අපොහොසත්කම, ඌනතාව.

Insufficient, (තරමින්, ගණනින්) මදි, නොසෑහෙන, (බලයෙන්, සමර්ථකමින් &c.) අපොහොසත්, අසමර්ථ, අක්ෂම.

Insufficiently, ad. මදිලෙස &c.

Work insufficiently මදිලෙස වැඩකරනවා *or* වැඩකරනවා මදියි. [නැත &c.

Eat insufficiently යැපෙන තරමට කන්නේ

Insular, a. දියෙන් වටවූ, දිවයිනකට අයිති, ද්වීපාකාර, ද්වීප්‍ය; විශාල කල්පනා නොමැති.

Insularity, n. ද්වීපාකාරත්වය; වෙන්වූ ස්වභාව, ප්‍රතිබිම්කතාව.

Insulate, v. (වෙන කිසිවකට යානොකර) තනිකර තබනවා, තනිකරනවා, වෙන්කර තබනවා.

Insulated, pp. *or* a. යානොවී—තවිටුනොවී—තිබෙන, තනි, වෙන්වූ, ප්‍රතිබිම්කත.

Insulation, n. තනිකර තැබීම &c.; වෙන්ව—තවිටුනොවී—තිබීම, තනිව සිටීම, තනිකම.

Insulator, n. (විදුලි ද්‍රව්‍ය නොයනලෙස) ආරක්ෂකය.

Insult, v. සුළුකම්කරනවා, නිග්‍රහකරනවා, හෙලා දකිනවා, අපහාසකරනවා, අවනම්බුකරනවා, පරිභවකරනවා, බණිනවා, ගරහනවා, බාහිරකරනවා.

Insult, n. සුළුකම්කිරීම &c., නිග්‍රහය, බැණුම, අපහාසය, අවක්ෂේපය, පරිභවය.

Insulting, a. සුළුකම්කරන &c., නිග්‍රහ, අපහාස.

Insultingly, ad. නිග්‍රහලෙස &c.

Insuperable, a. බැරිතරම් අමාරුවූ, පහකරගත නොහැකිවූ (බාධා &c.), අලංඝ්‍ය, අලංඝනීය, දුරතික්‍රම.

Insupportable, a. දරන්ට — උසුලන්ට — ඉවසන්ට — බැරිවූ, නොරිස්සිය හැකි.

Insurance, n. අලාභ, මරණය, ආදිය ගැන පොරොන්දු කිරීම; the premium ඊට ගෙවන ගණන, භාණ්ඩාරක්ෂක මුදල, අලාභාරක්ෂක ගණන; the policy සහතික පත්‍රය, උපද්‍රවාරක්ෂක පත්‍රය.

Insure, v. සත්‍යකකරනවා *or* සත්‍යකලෙස සලස්වනවා; ("ඉන්ෂුර්") අලාභ ගෙවනලෙස &c. පොරොන්දුකරවාගන්නවා *or* පොරොන්දු වෙනවා.

Insurgency, n. බලය පා ආණ්ඩුවට විරුද්ධවීම, කැරලිගැසීම, කැරැල්ල.

Insurgent, n. බලය පා ආණ්ඩුවට විරුද්ධවෙන්නා, කැරලිගසන්නා, කැරලිකාරයා.

Insurmountable, a. නගින්ට බැරි තරම් උස්වූ *or* අමාරුවූ, අලංඝ්‍ය; fig. මැඩපවත්වන්ට — පහකරගන්ට —බැරි (අමාරු, බාධා &c.).

Insurrection, n. කැරලිගැසීම, කැරැල්ල.

Insurrectional, **Insurrectionary**, a. කැරලිකාර, කැරලිගැසීම සම්බන්ධ, කැරලි ආකාර.

Insusceptible, a. දැනීමේ ඉන්ද්‍රිය රහිත, දැනීම නැත්තාවූ *or* මදිවූ; (කරන යමකින්) වෙනස්නොවෙන.

Intact, be, v. This is intact (say) මේකට අත ගැසුවේ—මේක කැඩුවේ—විවෘතකළේ—නැත.

Intaglio (ඉන්ටාල්'යො), n. It. ගිල්වාල කැටයම, ගිල්වාල සණ්ඨානය.

Intangible, a. (යමෙකුට) සොයාකල නොහැකි, අස්පෘශ්‍ය, අස්පර්ශනීය, අස්ප්‍රෘශ්‍යවත්; අතට නොදැනෙන, නොහැඟෙන.

Intangibleness, **Intangibility**, n. අස්පෘශ්‍යතාව &c.; fig. (යමෙකුට) අල්ලන්ට — තේරුම්ගන්ට — බැරි ස්වභාව. [අභිනයය.

Integer, n. මුළු එක, සමස්තය; අඛණ්ඩ ගණනක්,

Integral, **Integrant**, a. අඛණ්ඩ, සමස්ත; මුළු එකෙන් සම්පූර්ණ කොටසක්වූ.

Integrate, v. ප්‍රකෘතිකරනවා, ප්‍රකෘතිමත්කරනවා, සම්පූර්ණකරනවා.

Integrity, n. අඛණ්ඩතාව, පූර්ණතාව, සම්පූර්ණත්වය; අවංකකම, විශ්වාසකම, සරලතාව.

Integumation, n. (සත්තු *or* ගස්) සිවි විදෑම, චර්ම විසතරය.

Integument, n. (ජර්ම වැස්ම වන) සිවිය, පොත්ත, හම, ප්‍රච්ඡාදනය.

Integumentary, a. සිවියට &c. අයිති, වැසුම් ආකාර, ප්‍රච්ඡාදන, චර්මී.

Intellect, n. කල්පනාකිරීමේ බලය, සිහිය, බුද්ධිය, සිහිබුද්ධිය, ඥානශක්තිය, ඥානාක්ෂිය. [ම.

Intellection, n. කල්පනාකිරීම, හැඟීම, තේරුම්ගැනී

Intellectual, a. සිහිය — සිහිබුද්ධි — ඇත්තාවූ, සම්ඥානක, බුද්ධිමත්, මේධාවී; සිහියට අයිති, සිහිය සම්බන්ධ, සිහිය පිළිබඳ.

Intellectually, ad. බුද්ධියෙන්, මේධාවී ආකාරයෙන්.

Intelligence, n. ඥානය, ඥානාලෝකය, බුද්ධිමත්කම, ඥානශක්තිය, මානසත්වය; (පරලොව) සිහි ඇති සත්වයෙක්, බුද්ධිමතෙක්; ආරංචිය, අස්න, හසුන.

Intelligent, a. බුද්ධිමත්, සිහිපරීක්ෂා ඇති, දැනුම් තේරුම් ඇති, ප්‍රතිභාන ශක්ති සම්පන්න, ගුණවිභාග, ප්‍රාඥ, නැණවත්, දනුමැති. අවබෝධවූ.

Intelligently, ad. බුද්ධිමත්ලෙස &c., තේරුම්ගෙන, දැනුම්තේරුම් ඇතුව.

Intelligibility, **Intelligibleness**, n. පැහැදිලිකම, ප්‍රත්‍යක්ෂතාව, සුගමතාව, සුබාවබෝධබව.

Intelligible, a. පැහැදිලි, තේරුම්යන්නාවූ, සුබාවබෝධ, සුගම.

Intemperance, n. පමණ නොදන්න ක්‍රියාකිරීම; මද්‍යපානය අධික තරම් බීම; බීමත්කම.

Intemperate, a. පමණ නොදන්න ක්‍රියාකරන; බේබද්ද.

Intemperately, ad. පමණ නොදන්න, ප්‍රමාණාතික්‍රාන්තලෙස, අතික්‍රමිකලෙස.

Intemperateness, n. අධිකත කම, ප්‍රමාණාතික්‍රාන්තතාව, අතික්‍රමිකතාව.

Intend, v. අදහස්කරනවා, අභිප්‍රාකරනවා, අරමුණුකරනවා, හිතනවා.

Intense, a. අධිකතර, සැර, තද, තදබල, දැඩි, දැඩිතර, (වේදනා, ප්‍රීති, ජ්වලිතකම &c.). [කමින්.

Intensely, ad. අතිශයින්, සැරලෙස &c., ඉතා මහත්

Intenseness, **Intensity**, n. අධිකකම, (ස්වභාවක *or* ගුණයක) සැරකම &c.

Intensify, v. (ගුණයක් *or* ස්වභාවක්) වඩා බලවත් කරනවා, අධිකකරනවා, වැඩිකරනවා.

Intensive, a. විසතිර්ණ; බලගතු; in gram. බලවාචක (ක්‍රියාව).

Intent on *or* **upon**, be, v. (යමකට හිත, කල්පනාව, ආශා) යොමුකරගෙනම සිටිනවා; S. adj. කුතුහල, ඒකාග්‍රභාග.

Intent, n. අදහස, අභිප්‍රාය, ඒකාන්ත මතිය; තේරුම, භාවාර්ථය.

Intention, n. අදහස, අභිමතාර්ථය, අධ්‍යාශය, අරමුණ.

Intentional, a. අදහස්කරපු, අදහසකින්ම *or* හිතාමතාම කරපු, (යහපතක්, අයහපතක්).

Intently, ad. (හිත, කන්, ඇස්) යොමුකරගෙන, ඕනෑකමින්, ජ්වලිතලෙස.

Intentness, n. (හිත &c.) යොමුකිරීම, අභිෂ්ඨානය, ඒකාන්තිකත්වය.

In'ter, prefix, L. අතරෙහි, මාරුවට, අන්‍යෝන්‍ය, යන අර්ථ ඇති උපසර්ගය.

Inter', v. භූමදානකරනවා, තැන්පත්කරනවා, වළලනවා.

Intercalar, Intercalary, a. මැදිකරපු, මධ්‍යස්ථකෘත, (පදයක්, වේලාවක්, දවසක්).

Intercalate, v. (පදයක්, දිනක්) අමුතුවෙන් මැදිකරනවා, අන්තර්ගතකරනවා.

Intercede, v. මැදහත්වෙනවා, මැදහත්කම්කරනවා, යමෙකු වෙනුවට *or* උදෙසා කථාකරනවා *or* යාච්ඤා ඔප්පුකරනවා

Intercellular, a. in bot. කුහරවලට *or* රන්ධ්‍රවලට අතරෙහි ඇත්තාවූ, රන්ධ්‍ර මධ්‍යස්ථ.

Intercept, v. (යමෙක් යන පාරේදී ඔළුව) සම්මුඛවී නවත්වනවා, (යමක් යන අතරතුරේදී) අල්ලනවා; බාධාකරනවා, නවත්වනවා.

Intercept, n. අන්තර්ච්ඡේද්‍යය.

Intercession, n. මැදහත්වීම &c.; මැදහත්කම, යමෙක් උදෙසා ඔප්පුකරන ඉල්ලුම.

Intercessional, Intercessory, a. මැදහත්කම—මැදහත්වීම—අඩංගුවූ, මැදහත්, (ඉල්ලීම් &c.).

Intercessor, n. මැදහත්වෙන්නා, මැදහත්කම්කරන්නා, මැදහත්කාරයා.

Interchange, v. හුවමාරුකරනවා, මාරුකරනවා; මාරුවෙන් මාරුවට වෙනවා, මාරුවෙනවා.

Interchange, n. හුවමාරුකිරීම &c.; හුවමාරුව, ගනුදෙනුව.

Interchangeable, a. (ස, ශ, යනු මෙන්) මාරුකළ හැකිවූ, ආදේශ්‍ය; මාරුවෙන්නාවූ.

Intercostal, a. ඉලඇට අතරෙහි තිබෙන, පාර්ශ්වකාන්‍යන්තර, (නහර &c.). [ය.

Intercostal, n. ඉලඇට යාවූ පංගුව, පාර්ශ්වක ප්‍රදේශ

Intercourse, n. අන්‍යෝන්‍යයන් සමග හැසිරීම, ආශ්‍රය කිරීම, ආශ්‍රය, සමාගම් පැවැත්වීම, සහභාගිකම, සංසර්ගිකත්වය, පසිරුපාසනය; have or hold in-'tercourse with සේවනයකරනවා, ආශ්‍රයකරනවා, ඇසුරුකරනවා, පසිරුපාසනය කරනවා.

Interdict', v. තහනම්කරනවා, ප්‍රතිෂේධනයකරනවා, වලක්වනවා; සමාගම් පැවැත්වීමෙන් පහකරනවා.

In'terdict, n. තහනම, ප්‍රතිෂේධය; තහනම් පත්‍රය.

Interdiction, n. තහනම්කිරීම &c.; තහනම් &c.

Interdictive. Interdictory, a. තහනම්කරන &c., ප්‍රතිෂේධක.

Interest, v. please ප්‍රීතිකරනවා, විනෝදකරනවා; be of interest to, concern ප්‍රසන්නයක්ව තිබෙනවා; වැදගත්ව තිබෙනවා; interest one's self in වැදගැම්මට ගන්නවා, සමාදරයෙන් සලකනවා.

Interest, n. ප්‍රසන්නයක්ව තිබීම, සමාදරය, සැලකීම, ඇල්ම; වැදගත්ව තිබීම, සලකන කාරණාවක්; පංගුව, පංගුකාරකම, ප්‍රයෝජනය, අයිතිවාසිකමක්; පොලිය; put to interest පොලියට දෙනවා, පොලිකරනවා.

Interested, a. *as a sharer* පංගුකාරවූ; තමාගේම ප්‍රයෝජනය සම්බන්ධ; සම්බන්ධකම ඇති, සැලකිලි සහිත.

Interesting, a. ප්‍රීති උපදවන, ප්‍රසන්න, සිත් ගන්න, චිත්තාකර්ෂණ, සිතට මැදියන, (කථා &c.).

Interfacial, a. පැති — පව්ටම් — දෙකකට අතරෙහි ඇත්තාවූ, අන්තඃපාර්ශ්ව, (කොන්).

Interfere, v. (අනුන්ගේ කාරණාවලට) මැදිවෙනවා *or* (ඒවා) ඇඟට ගන්නවා; යමකට බාධාවක්ව තිබෙනවා, විරුද්ධව තිබෙනවා.

Interim, n. L. අතරතුර වේලාව *or* කාලය; අතර වාරය, අතරතුර.

Interior, a. ඇතුල්, අභ්‍යන්තර, ආභ්‍යන්තරික, අන්තඃ (කෝණය etc.), මධ්‍යස්ථ, මධ්‍යම; පිට්සර, පිට්සර බද.

Interior, n. ඇතුල් පංගුව, ඇතුළත, අභ්‍යන්තරය; of a house ඇතුල්ගේ, නිවේශාන්තරය; (රටේ) පිට්සර.

Interior-opposite, a. අන්තඃ ප්‍රතිමුඛ (කෝණය).

Interjacent, a. අතරේ පිහිටි.

Interject, v. අතරේ — අතරට — දමනවා; fig. අතරතුරේදී හදිසියෙන් යමක් කියනවා.

Iuterjection, n. අතරේ දැමීම &c.; විස්මයාර්ථ වාචකය, ඝෝෂණිකාර්ථ වාචකය. See Exclamation.

Interlace, v. (වැල්, නූල්, ආදිය) එකිනෙකට අනුකරනවා, ගොතනවා; (කාරණා) මිශ්‍රකරනවා, පවලම්නවා.

Interlard, v. අමුතු දේ *or* කාරණා මාරුවට ඇතුල්කරනවා; fig. (ඉච්චා, දෙස්, ආදී) අමුතු දේ කියකියා කථාකරනවා.

Interleave, v. (පොතක කොළ අතරේ) අමුතු කොළ දමනවා.

Interline, v. (ලියාපු—අච්චුගහාපු—වගන්තිවල) පේළි අතරෙහි ලියනවා.

Interlinear, Interlineary, a. පේළි අතරෙහි ලියාපු, රේඛාන්තර ලිඛිත.

Interlineation, n. පේළි අතරෙහි ලිවීම; පේළි අතරෙහි ලියාපු දේ, රේඛාන්තර ලිඛිත පද.

Interlocution, n. අන්‍යෝන්‍ය කථාව, දෙබස; in law අසම්පූර්ණ — නිරවසාන — නියෝගයක් *or* මධ්‍ය නියමයක්.

Interlocutory, a. දෙබස් ආකාර; in law නඩුව මැදදී කරන (නියමයක්).

Interlocutor, n. දෙබසකදී — *or* සාමාන්‍ය කථාවකදී —කථාකරන්නෙක්.

Interloper, n. අනිසිලෙස අමුතුවෙන් පැමිණෙන කෙනෙක්, අවසර නැතුව මැදිවෙන්නා.

Interlude, n. (ප්‍රධාන නාට්‍ය අතරෙහි කරන) අතුරු නාට්‍යයක්; (තූර්ය භාණ්ඩයෙන් කරන) අතුරු ගායනාවක්.

Interlunar, Interlunarv. a. සඳපාන නැති, අමාවාස්‍යා කාලික.

Intermarriage, n. අන්‍යෝන්‍යයන් අතරෙහි සරණපාවාදීම හා ගැනීම, නිරගනුදෙනුකිරීම, ආවාහවිවාහ.

Intermarry, v. (පවුල්, වංශ *or* ජාතීන් අතරෙහි) සරණපාවාදෙන්වන් ගත්වත් යෙදෙනවා, නිර ගනුදෙනුකරනවා.

Intermeddle, v. අනුන්ගේ කාරණාවලට මැදිවෙනවා, (ඒවා) ඇඟට ගන්නවා.

Intermediate, a. මධ්‍යස්ථ, මධ්‍යම, අතරතුරේ—මැද—ඇත්තාවූ, අන්තර; intermediate points (of a compass) අන්තර් දිශාංශයෝ.

Intermediate, n. in chem. වෙන ද්‍රව්‍ය මිශ්‍රකිරීමට දමන ද්‍රව්‍ය, මිශ්‍රක ද්‍රව්‍ය.

Interment, n. භූමදානකිරීම, තැන්පත්කිරීම, වැළලීම, භූමදානය.

Interminable, a. අවසානනොවන, නිමනොවන, අපර්යන්ත, නිමක්—නිස්ඳුලක්—නැති, අනන්ත ; without end or beginning අක්මුල් නැති.

Intermingle, v. අතරෙහි දමනවා, මිශ්‍රකරනවා, මිශ්‍රවෙනවා ; confusedly සමාකූලකරනවා, සමාකූලවෙනවා. [වීම.

Intermission, n. අත්හිටීම, කලකට නැවතීම, නොර

Intermit, v. කලකට අත්හිටවනවා; කලකට අත්හිටිනවා, නවතිනවා, වරනවා.

Intermittent, a. කලකට අත්හිටින, වරින්වර නැඟෙන, සාන්තර. (ගුණයක්, ස්වභාවයක්, රෝගයක).

Intermittent, n. ඇරී නැවත පැමිණෙන විරන—රෝගයක්, සාන්තරජ්වරය &c.

Intermix, v. සම්මිශ්‍රකරනවා, එකට කලවම්කරනවා, හැමුකරනවා ; සම්මිශ්‍රවෙනවා &c.

Intermixture, n. සම්මිශ්‍රවූ ද්‍රව්‍ය, කලවම, සම්මිශ්‍රණය.

Intermundane, a. ලෝකවලට අතරෙහි තිබෙන, ලෝකාන්තර.

Intern. v. (යුද්ධ කාලයේදී) හිර බාරේ තබනවා.

Internal, a. ඇතුල්, ඇතුළතවූ, අභ්‍යන්තර, අන්තර්ගත, අන්තඃසර, අන්තර්වර්ති ; රටටම අයිංගුවූ, ස්වදේශී ; mental මනෝගත, ආධ්‍යාත්මික ; internal & external අභ්‍යන්තරබාහිර.

Internally, ad. ඇතුළෙහි, ඇතුළතින්, අභ්‍යන්තරයෙහි, අන්තඃසර්වගයෙන් ; මනෝගතාකාරයෙන් &c. [න්තර.

International, a. ජාතීන් අතරෙහි පවතින, ජාත්‍ය

Internecine, a. එකිනෙකා නසාගන්න, අන්‍යෝන්‍ය නාශක, අන්‍යෝන්‍ය ඝාතක.

Internode, n. in bot. සන්ධි අන්තරය.

Inter nos, L. අප අතරේම (රහස් &c.)

Internuncio, n. පාප්ලන්තාන්සේගේ රාජපණිවිඩකාරතැන or කුඩා තානාපතියා.

Interplead, v. අතුරු නඩුවක් කියනවා.

Interpolate, v. (පොත්පත්වල හොරෙන්) අමුතු පද or පාඨ දමනවා ; in alg. &c. ක්‍රමයේ අතුරු ගණන් අයිංගුකරනවා.

Interpolation, n. අමුතු පද දැමීම &c.; දමාපු අමුතු පදය.

Interposal, Interposition, n. අතරෙහි තැබීම &c.; මැදහත්කම.

Interpose, v. අතරෙහි තබනවා, මැදිකරනවා, මධ්‍යස්ථවෙනවා, මැදහත්වෙනවා ; මැදිවෙනවා, මැදිවීයමක් කරනවා.

Interpret, v. තේරුංදෙනවා &c. see Explain ; translate පිටපත්කරනවා, භාෂාවකට නගනවා, තෝල්ක කියනවා, තුප්පහිකම් කියනවා.

Interpretation, n. තේරුංදීම &c.; විස්තරය &c.; තේරුංදෙන අභිප්‍රාය ; by interpretation තෝල්ක අනුසාරයෙන්.

Interpreter, n. තේරුංදෙන්නා ; පිටපත්කරන්නා, තුප්පහිකම්කියන්නා, තෝල්ක කියන්නා, තෝල් කතැන.

Interregnum, n. රජෙකු නැති කාලය, අරාජක කාලය, රාජාන්තරය.

Interrogate, v. විචාරනවා, ප්‍රශ්නකරනවා, පිළිවිසිනවා, අසනවා.

Interrogative, a. විචාරන &c. ; in gram. ප්‍රශ්නවාචක, n. ප්‍රශ්නවාචකය. [යෙන්.

Interrogatively, ad. ප්‍රශ්නාකාරයෙන්, ඇසීමක් වශ

Interrogatory, n. ප්‍රශ්නය, ඇසීම.

In terrorem, L. තරවටුවට, තර්ජනයට.

Interrupt, v. (කථාකරද්දීම &c. වෙන කෙනෙක්) මැදිවී — කථාවට බැස — නවත්වනවා or බාධාකරනවා, පෙළට කරගනයාම වලක්වනවා, කඩකරනවා, බෙදනවා.

Interruption, n. මැදිවීම, නැවැත්වීම, නැවතීම &c.; බාධාව, පෙළකැඩීම, ප්‍රතිච්ඡේදනය.

Intersect, v. හරහට කපනවා, විච්ඡේදනයකරනවා ; (ඉරි දෙකක් මෙන්) හරහට වැටෙනවා or තිබෙනවා, අන්‍යෝන්‍යච්ඡේදනය කරනවා or වෙනවා.

Intersection, n. හරහට කැපීම &c., විච්ඡේදනය, අන්‍යෝන්‍යච්ඡේදනය ; හරහට වැටෙන තැන.

Intersperse, v. (වෙන දේ අතරෙහි) තැනින්තැන දමනවා or විසුරුවනවා or ඉසිනවා, ගවසනවා.

Interstice, n. (දේවල් අතරෙහි තිබෙන) කුඩා විවරය, අතරක්, සිදුරක්, විච්ඡේදය, spaces අතුරු සිදුරු : above the wall බලල්ලැව.

Intertropical, a. ක්‍රාන්තිවලයෙහි ඇත්තාවූ, ක්‍රාන්තිවලයාන්තර.

Intertwine, v. දෙකක් or කීපයක් එකිනෙක වටකර ඔතනවා, වෙලනවා, පටලවනවා ; එතෙනවා, වෙලෙනවා.

Interval, n. (ස්ථාන—කාල—ශබ්ද—දෙකකට අතරේ තිබෙන) අවකාශ ප්‍රමාණය, අන්තරාලය, අන්තරය, ඉඩ, අතරක්, අතරතුර, විවේක කාලය, විශ්‍රාම කාලය ; ශබ්දවල වෙනස ; at intervals අන්තරාන්තරයෙහි, වරින් වර, අතරවාරේ.

Intervene, v. (ස්ථාන or කාල දෙකක්) අතරට පැමිණෙනවා or තිබෙනවා ; fig. මැදිවෙනවා ; මැදහත්වෙනවා, මධ්‍යස්ථවෙනවා.

Intervening, p. or a. අතරට පැමිණෙන &c., මධ්‍යස්ථ, අන්තර.

Intervention, n. අතරට පැමිණීම &c.; මැදහත්කම, මැදහත්කාරකම.

Intervertebral, a. කොඳුඇට අතරෙහි ඇත්තාවූ.

Interview, n. අන්‍යෝන්‍යයන් දකගැනීම, (දකගන්ට) සම්මුඛවීම, හමුවීම. එක්ව කථාකිරීම, සාකච්ඡාව, සමාභාෂාව.

Interweave, v. එකට—එක්කර—වියනවා, එකට ගොතනවා ; සංයෝග කරනවා.

Interwoven, pp. or a. එකට වියාපු &c., ග්‍රථිත.

Intestate, a. die intestate අන්තිම ගිවිසුම් පත්‍රයක් නොදී මැරෙනවා ; අන්තිම කැමතිපත්‍රයකින් නියම නොකළ (වස්තු).

Intestate, n. අන්තිම කැමති පත්‍රයක් නොදී මැරෙන්නා, (බූදලය) උරුම්කරනොදී මැරෙන්නා.

Intestinal, a. බඩවැලට අයිති, අතුණු, අන්ත්‍රසම්බන්ධ.

Instestinalia, n. pl. ශරීරාභ්‍යන්තර ප්‍රාණියෝ.

Intestine, a. ශරීරාභ්‍යන්තර ; රට තුළම ඇත්තාවූ, දේශීය, ස්වදේශී, (යුද්ධ &c.).

Intestine, n. අතුණ, අන්ත්‍රය, බඩවැල, pl. අතුණු, අන්ත්‍ර, බඩවැල්.

Inthral, v. වාලට ගන්නවා, වහල්කරනවා ; fig. හිර කරනවා, යටත් කරනවා.

Intimacy, n. යහළුකම, ලොකු විශ්වාසකම, තද ඇතුළත්කම, සංගතිය, සන්ථවය, මිත්‍රත්වය.

Intimate, හිතෛෂික, සහකාර, විශ්වාස, (මිත්‍රයා &c.) ; සම්පූර්ණ (දැනගැනීම &c.); be intimate with ආශ්‍රයකරනවා ; සම්බන්ධ—මිශ්‍ර—සහකාර—වෙනවා ; දැන හුරුවූව සිටිනවා.

Intimate, n. යහළුවා, විශ්වාසයා, හිතෛෂිකයා.

Intimate, v. හඟවනවා, සංඥකරනවා, සැලකරනවා.
Intimately, ad. කිට්ටුලෙස, යාබද්ලෙස, හොඳටම; හිතෙත්සිකලෙස.
Intimation, n. හැඟවීම &c., සංඥව, සවල්ප වශයෙන් දැනුම්දීම.
Intimidate, v. භයගන්වනවා; අභෛයීකරනවා.
Into, prep. තුළට, තුළ, ඇතුළට, අභ්‍යන්තරයට.
Intolerable, a. (යමෙක්හුට) ඉවසිය නොහැකි, දරිය නොහැකි, රුස්සන්ට බැරි, නොරිස්සෙන, අසහ්‍ය, දුඃසහ, දුරාසං
Intolerably, ad. ඉවසිය නොහැකි තරම්, අසහ්‍යාකාරයෙන්.
Intolerance, n. ඉවසිලි නැතිකම, නොරිස්සුම්කම, අසහනය.
Intolerant, a. (අමාරු &c) නොඉවසන, නොඉවසිලිවන්ත, අසහන; (අනුන් ගැන) නුරුස්සන, ඉඩ නොදෙන or පීඩාකරන.
Intonation, n. සවර නැගීම, තූර්‍යනාද නැගීම; සවර නඟන—හඬ නඟන—විධිය, උච්චාරණාකාරය.
Intone, v. සින්දු තාලයෙන් මෙන් සවරනගා කියනවා.
Intortion, v. (යම් අතකට) නැබුරුවීම, ඇදගැසීම, ඇඹිලීම.
In toto, L. සම්පූර්ණාකාරයෙන්, සහමුලින්ම, මුළුමනින්ම.
Intoxicant, n. මත්කරන ද්‍රව්‍යයක්; මද්‍යය, මද්‍යපානය, සුරාව, රහමෙර.
Intoxicate, v. මත්කරනවා, වෙරිකරනවා; fig. පිනවනවා; උමතුකරනවා, lit & fig. ප්‍රමත්තකරනවා, ක්ෂීබකරනවා.
Intoxicated, a. මත්වූ, වෙරි, මත්ත, උන්මත්ත, ප්‍රමත්ත, ක්ෂීබ.
Intoxicating, a. මත්කරන &c., සුරා, රහමෙර.
Intoxication, n. මත්වීම &c., මත්කම, මත් ගතිය; lit. or fig. ක්ෂීබතාව, ප්‍රමත්තතාව.
Intra, prefix, L. තුළ යන අර්ථ ඇති උපසර්ගය.
Intractable, a. (යමෙකුට) හික්මවන්ට—දමනය කරන්ට—මෙල්ලකරන්ට—බැරිවූ, නොහික්මෙන, සවච්ඡන්ද, අදම්‍ය, අකීකරු, මුරණ්ඩු, කුළු.
Intractablness, n. නොහික්මුණුකම, මුරණ්ඩුකම, අදම්‍යතාව, කුළු ගතිය.
Intramundane, a. අන්තර්ලෞකික.
Intramural, a. පවුරු ඇතුළෙහි ඇත්තාවූ, අන්තඃප්‍රාචීර.
Intransitive, a. in gram. අකර්මක, අකර්ම, සවයංකර්ම.
Intransitively, ad. අකර්මකාකාරයෙන්.
In transitu, L. යන අතර, යද්දී, පිටත්ව යද්දී.
Intrench, v. වටකර අගුල් කපනවා, අගල් කපා කඳුපුරු බඳිනවා; intrench on, see Encroach.
Intrenched, pp. or a. වටකර අගල් ඇත්තාවූ, කඳුපුරු බැඳ සිටින, පරික්ෂිප්ත.
Intrenchment, n. වටකර අගල් කැපීම &c.; (අගලක් හා ප්‍රාකාරයක්වූ) සුරක්ෂිත තැන. කඳුපුර; fig. සුරක්ෂණයක්, මුවාවක්.
Intrepid, a. තැති නොගන්නාවූ, භය රහිත, නිර්භීත, අභය.
Intrepidty, n. නිර්භීතකම, අභීතිය, අභීතතාව, නිර්භීත ධෛර්‍යය. [ය.
Intricacy, n. පැටලිලි ගතිය, ආකූලත්වය, ව්‍යාකූලත්ව
Intricate, a. පැටලිලි ඇත්තාවූ; (පිළිවෙළක් ඇතුව) නොයෙක් කොටස් ඇත්තාවූ, ගම්භීර.

Intrigue, n. කුමන්ත්‍රණය, රහස් උපාය; මිසතැරය.
Intrigue, v. කුමන්ත්‍රණයකරනවා, රහස් උපා යොදනවා. [විද්‍යබෙ.
Intriguing, a. කුමන්ත්‍රණයකරන &c., කුමන්ත්‍රණකාර,
Intrinsic, a. (ඇතුළෙහිනම්) සැබෑවටම ඇත්තාවූ, ඇත්තටම or ඇති සැබවිමවූ, අන්තර්ගත, (අගය or යම් ගුණයක්, යනාදී අයනපත).
Intrinsically, ad. ඇතුල් සවභාවේ හැටියට, අන්තර්නිත්‍යාකාරයෙන්, ඇත්තටම, තත්වූ පරිද්දෙන්.
Intro, prefix, L. තුළට, ඇතුළට. යන අර්ථ ඇති උපසර්ගය.
Introduce, v. ඇතුළට කැඳවාගන එනවා or පමුණුවනවා; make known අඳුන්වනවා, අඳුන්වා දෙනවා; (යම් රටකට) පළමුකොට ගෙනෙනවා; පළමුකොට ගෙනපානවා; ආරම්භ කරනවා.
Introduction, n. ඇතුළට කැඳවාගන ඒම &c.; පටන්ගැන්ම, ආරම්භය, ප්‍රාරම්භය, විඥපනය, ප්‍රස්තාවනාව.
Introductory, a. පටන්ගැන්මට අයිති, ප්‍රවේශක, ප්‍රාවේශික, ආරම්භක, ප්‍රාරම්භක, ආරම්භ, ප්‍රාරම්භ.
Intromission, ඇතුළට ඇරීම &c. See Intromit.
Intromit, v. ඇතුළට අරිනවා, ප්‍රවිෂ්ටකරනවා, ඇතුල්වෙන්ට ඉඩ අරිනවා: in Scot. law අන්‍යයෙකුගේ දේපළවලට මැදිහත්වෙනවා.
Introrse, a. in bot. ඇතුළට නැමෙන or ඇකිළෙන, අභ්‍යන්තරාවර්ත, (පරාගකෝෂ).
Introspect, v. ඇතුළට බලනවා, ඇතුළත බලනවා, අන්තරීක්ෂණයකරනවා.
Introspection, n. ඇතුළට බැලීම &c., අන්තරීක්ෂණය, තමාගේම හිත සෝදිසිකරබැලීම, ආත්මදර්ශනය.
Intrude, v. අවසර නැතුව ඇතුල්වෙනවා, ඇතුළට or කෙනෙක් ඉදිරිපිටට වදිනවා; අවසර නැතුව මැදිවෙනවා; අවසර නැතුව—බලේට—ගෙනපානවා or පවරනවා.
Intrusion, n. අවසර නැතුව ඇතුල්වීම &c.; in geol, (දියවූ ශල්ජාතියක් තව ජාතියක) ඇතුළට වැදීම.
Intrusive, a. අවසර නැතුව ඇතුල්වෙන &c.; පවිත අස්සට වැදීතිබෙන (පර්වත).
Intrust, v. භාරදෙනවා, විශ්වාසකර භාරදෙනවා, භාරකරනවා. [ලැබූ.
Intrusted, pp. or a. භාරදෙනලද &c.; යම් භාරයක්
Intuition, n. එකපාරට හැඟීමේ නුවණ, ජම්ම හැඟීම; ජම්ම නුවණින් හැඟෙන කාරණාව.
Intuitive, a. එකපාරම ජම්ම නුවණින් පැමිණෙන, සහජ, (දැනීම, ඥානය).
Intuitively, ad. ජම්මනුවණින්, සහජ බුද්ධියෙන්.
Intumescence, n. ශෝථය, ශෝථය, උදුම, ඉදිමුම, තම්ස්සිය.
Intumescent, a. ඉදිමෙන, උදුවෙන.
Intwine, v. see Entwine.
Inundate, v. (ගොඩ) දියෙන් වසනවා, (say) වතුර ගලා—වතුරෙන්—(ගොඩ) යටවෙනවා or වැසී යනවා; fig. මහ රාශියකින් පුරවනවා. See Deluge & Flood.
Inundated, pp. or a. දියෙන් වසනලද &c., ප්ලාවිත, සම්ප්ලුත.
Inundation, n. දියෙන් වැසීම &c., (ගොඩට) වතුර ගැලීම, ජලගැල්ම; fig. මහරාශියක් පැමිණීම.
Inure, v. (යම් අමාරුවකට) පුරුදුකරනවා, භාවිතාවෙන් දැඩිකරනවා; they are inured to the heat &c. රස්නයට පළපුරුදුව සිටිති.

Inutility, n නිෂ්ඵලකම, නිෂ්ප්‍රයෝජනතාව, නිරර්ථකතාව, ව්‍යර්ථතාව.

Invade, v. සටන් පිණිස රටකට වදිනවා, විරුද්ධයට පැමිණෙනවා, ආක්‍රමණයකරනවා, අභිනිර්යාණය කරනවා; (රෝග) වැළඳෙනවා.

Disease invades the body රෝගය නමැති සතුරා ශරීරයට වදිනවා. See Encroach.

Invader, n. ආක්‍රමණයකරන්නා &c., ආක්‍රාමිකයා; අනුන්ගේ අයිතිවාසිකම් අල්ලාගන්නා.

Invading, p. *or* a. ආක්‍රමණයකරන &c., ආක්‍රාමික.

Invalid, a. හරිනොයන, නිරනුයායිනි; වලංගු නැති, සවිනැති, නිසරු.

In'valid, n. ආතුරයා, රෝගාතුරයා, රෝගියා, ලෙඩා, (අසනීපයෙන්) දුර්වලයා.

In'valid, a. ආතුර, රෝගාන්විත, රෝගාතුර, ලෙඩවූ, ආබාධ, රෝගග්‍රස්ත.

Invalid', v. රෝගාතුරකරනවා; ලෙඩෙක්යයි ලේඛනයේ නම ලියනවා.

Invalidate, v. (සාක්ෂි, කාරණ) බලනැතිකරනවා, අවලංගුකරනවා, වලංගු නැති බව ඔප්පුකරනවා.

Invalided, pp. *or* a. රෝගාතුරකමට පත්වූ, ලෙඩෙක් යයි නියමවූ.

Invalidity, n. හරිනොයන භාවය, (කාරණයේ) බල නැතිකම, වලංගු නැතිකම, සවිනැතිකම.

Invaluable, a. අගය නොකියහැකි, මිල කළ නොහැකි (දේ), අමූල්‍ය, ඉතා අනඝ, අනර්ඝ, අනගි, මහාඝ, මානැඝි.

Invaluableness, n. ඉතා අනඝකම, අත්‍යනඝතාව, මහාඝ භාවය &c.

Invariable, a. වෙනස්නොවන, ඒකාකාරවම පවතින.

Invariableness, Invariability, n. වෙනස්නොවෙන බව, ඒකාකාරකම.

Invariably, ad. නොවරද්දා, හැමවිට, නිත්‍යයෙන්ම.

Invasion, n. රටකට වැදීම &c., see Invade, අභිනිර්යාණය, ආක්‍රමණය.

Invective, n. පරුෂ කීමක්, ඇනුම්පදය, නින්දාබස, ආක්‍රෝශවාක්‍යය.

Inveigh against, v. විරුද්ධව කථාකරනවා, දෝෂාරෝපණයකරනවා, අගුණ කියනවා, ගරහනවා.

Inveigle, v. (උපායෙන්, ඉච්චාවෙන &c.) රවටා ඇද ගන්නවා, වසඟවාගෙන් අසුකරනවා.

Invent, v. අමුතුවෙන් — අමුතුදෙයක් — යොදනවා, අලුතෙන් උපදවනවා, නිපදවනවා, පරිකල්පනය කරනවා; falsehood &c. (බොරු) ගොතනවා, (කථා) උපදවනවා, ප්‍රබන්ධකරනවා.

Invented, pp. *or* a. අමුතුවෙන් යොදනලද &c., කල්පිත, පරිකල්පිත.

Inventive, a. අමුතු දේ යොදන, පරිකල්පනබුද්ධි සහිත.

Inventor, n. අමුතු දේ යොදන්නා &c., පරිකල්පකයා,

Invention, n. අමුතුවෙන් යෙදීම &c., පරිකල්පනය, කල්පනය; අමුතුවෙන් යොදාගත් — උපදවාගත් — දේ, අමුතු යෙදුම; බොරු ප්‍රබන්ධය; අමුතු දේ යොදාගැනීමේ සිහිය, පරිකල්පනබුද්ධිය.

Inventory, n. (යම් තැනක අහවල් දේ ඇතක්යා ලියන) බඩු සටහන, බඩු වට්ටෝරුව.

Invermination, n. බඩේ &c. පණු අටගැනීම, කෘමිල භාවය, පණුරෝගය.

Inverse, a. (එකක් වැඩිවෙන තරමට වෙන එකක් අඩුවෙන) පූර්වාපර, විපරීත, ව්‍යත්‍යස්ත, ප්‍රතිසව්‍ය, ප්‍රතීක:

Inversely, ad. පූර්වාපරලෙස, ප්‍රතිසව්‍යාකාරයෙන්, ප්‍රතීකලෙස.

Inversion, n. පෙරළීම &c., see Invert; පෙරළුණු ස්වභාව; පූර්වාපරය, පූර්වාපරභාවය, විපර්යාසය, විපරීතතාව.

Invert, v. turn over පෙරළනවා; reverse පූර්වාපර කරනවා, විපර්යාස කරනවා; පෙරළෙනවා &c.

Invertebral, Invertebrate, a. පිටිකොන්දක් නැති, කශේරු රහිත. [රහිත ප්‍රාණියා.

Invertebrate, n. පිටිකොන්දක් නැති සතා, කශේරු

Inverted, pp. *or* a. පෙරළනලද &c.; ප්‍රතිසව්‍ය, ප්‍රතීක, ප්‍රසව්‍ය.

Invest, v. (වස්ත්‍ර) පෙරවනවා; fig. (සැරසිලි, ගෞරව &c.) පළඳවනවා *or* විසින් සරසනවා *or* උත්තමකරනවා; (වසම, නිලය, ආදියට) පත්කරනවා; besiege වටලනවා; invest money ප්‍රයෝජනය පිණිස යම් අත්දමකට මුදල් පාවිච්චිකරනවා *or* වියදම්කරනවා *or* දමනවා.

Investigate, v. සෝදිසිකර බලනවා, විභාගකරනවා, විමසනවා, පසිඳිනවා, විචාරණයකරනවා, අන්වේෂණයකරනවා, පිරික්සනවා, විමංසනයකරනවා.

Investigated, pp. *or* a. සෝදිසිකරනලද &c., විචාරිත, අන්වේෂිත.

Investigation, n. සෝදිසිකිරීම &c.; සෝදිසිය, විභාගය, විමංසනය, විචාරණය, පරීක්ෂණය, අන්වේෂණය.

Investment, n. පෙරවීම &c.; ප්‍රයෝජන පිණිස මුදල් දමන කාරණාව (මන ගනුදෙනුව, ගෙවල් ගම්බිම් &c. ගැනීම).

Inveteracy, n. කල්ගත ස්වභාව, දෘඪතාව, තදකම, බද්ධතාව.

Inveterate, a. කල්ගත, තද, බලවත් (වෛරය, පුරුද්ද &c.), බද්ධවෛරය, බද්ධරෝගය.

Invidious, a. ඊර්ෂ්‍යාව *or* කුහුස්සේකම් උපදවන, ඊර්ෂ්‍යෝත්පාදක, ඊර්ෂ්‍යාලු, ඊර්ෂ්‍යාකර, (කීම් *or* ක්‍රියා).

Invidiously, ad. ඊර්ෂ්‍යෝත්පාදකලෙස, ඊර්ෂ්‍යා ආකාරයෙන්.

Invigorate, v. ශක්තිමත්කරනවා, ප්‍රාණවත්කරනවා.

Invincible, a. (යමෙකුට) පරාජයකළ නොහැකි, ජය [illegible] හුහුවිමත් මැඩපවත්වන්ට බැරිවූ, දුර්ජය, අජේය, අනභිභවනීය.

Invincibleness, Invincibility, n. පරාජයකළ නොහැකි බව &c., අජේයතාව.

Invincibly, ad. පරාජයකළ නොහැකිලෙස &c., අජේයාකාරයෙන්.

Inviolable, a. (යමෙකු විසින්) අනතුරුකරන්ට — කෙලෙසන්ට — කඩකරන්ට — බැරිවූ *or* අපූජාවූ, අලංඝනීය, අලංඝ්‍ය, අඛණ්ඩ්‍ය.

Inviolableness, Inviolability, n. අනතුරුකරන්ට බැරි ස්වභාව &c., කෙලෙසන්ට අවසර නැතිකම &c., අලංඝ්‍යතාව, අඛණ්ඩ්‍යතාව.

Inviolate, be, v. අනතුරු රහිතව — අදූෂිතව — අඛණ්ඩිතව — තිබෙනවා, ඉදුල්නොවී තිබෙනවා.

Preserve this holy place inviolate මේ ශුද්ධස්ථානය අනපවිත්‍රව — අදූෂිතව — ආරක්ෂාකරපන්.

Invisibility, Invisibleness, n. අදෘශ්‍යමානකම, අදෘශ්‍යතාව, අදර්ශනය, අදෘෂ්ටතාව.

Invisible, a. නොපෙනෙන, නොදක්නා, අදෘශ්‍යමාන, අදෘශ්‍ය.

Invitation, n. ආරාධනාකිරීම &c.; ආරාධනාව, ආරාධනා ලියුම, කැඳවීම් පත්‍රය, ආමන්ත්‍රණය, නිමන්ත්‍රණය; අනුකම්පණය.

Invite, v. ආරාධනාකරනවා, කැඳවනවා, ආමන්ත්‍රණයකරනවා, නිමන්ත්‍රණයකරනවා, ආයාචනාකරනවා; fig. allure කැමතිකරවනවා, අඩගහනවා, අනුකම්පාකරනවා.

Invited, pp. *or* a. ආරාධනාකරනලද &c., ආමන්ත්‍රිත, නිමන්ත්‍රිත.

Invitingly, ad. fig. කැමතිකරවනලෙස, ප්‍රසන්නලෙස, ආකර්ෂණකාරයෙන්.

Invocation, n. යාච්ඤාකිරීම, යැදීම, යාතිකාව.

Invoice, n. (විකුණපු) බඩු සටහන් පත්‍රය, වෙළඳ ගණන් පත්‍රය.

Invoke, v. යදිනවා, යාතිකාකරනවා, යාච්ඤාවෙන් පිහිට ඉල්ලනවා; අයදිනවා.

Involucre, Involucrum, n. in bot. පුෂ්පමූල පත්‍රචක්‍රය *or* ප්‍රාවාරය; in anat. ප්‍රාවාර පටලය.

Involuntarily, ad. සියකැමැත්ත නැතුව, අකමැත්තෙන්; කල්පනාවක් නැතුව, ඉබේට, අචේතනිකලෙස.

Involuntariness, n. කැමැත්ත නැතිකම, අචේතනිකතාව, අස්වෙච්ඡිතාව.

Involuntary, a. සියකැමැත්තෙන් නොකරන, සියකැමැත්ත නැතුව *or* ඉබේම වෙන්නාවූ, අචේතනික.

Involute, Involuted, a. in bot. &c. ඇතුලට නැමියන, අන්තරාවර්තන; ප්‍රාන්තාන්තරාවර්තන (ශාස්ත්‍රයේ).

Involution, n. ඇතුලට නැමී ඇකිළීම, එතුම, පටලැවීම, පැටලිල්ල; in arith. ගණනක් එම ගණනින්ම වැඩිකිරීම, ඝාතය ගුණනය.

Involve, v. (අන්ධකාරය, අනුමානය, යනාදියෙන්) වසනවා, පටලනවා; අඩංගුකරනවා; (නාසයට &c.) අසුකරගන්නවා, පමුණුවනවා; (කාරණ) පැටලිලිකරනවා, සංකීර්ණකරනවා; (ඔතෑ වාර) ගණනක් එම ගණනින්ම වැඩිකරනවා.

Involved, become, v. (යමකට) අසුවෙනවා, (එයින්) වැසියනවා; පටලැවෙනවා; adj. අසුවූ; පටලැවී සිටින &c., ආකුලිත, ආකුලීකෘත.

Invulnerable, a. (යමෙකු විසින්) තුවාලකල නොහැකි, අනතුරුවට අසුනොවෙන.

Invulnerably, ad. තුවාලකල නොහැකිලෙස &c.

Inward, a. ඇතුල්, අභ්‍යන්තර, (සිත) තුල ඇත්තාවූ.

Inward, Inwards, ad. ඇතුලට, ඇතුලත දෙසට.

Inwardly, ad. තුලෙහි, ඇතුලෙහි, සිතෙහි.

Inwrap, v. ඇතුල්කර දවටනවා, දවටා වසනවා.

Inwrought, be, v. (වෙන දේ අතරෙහි) යමක් එකතුකර සාද තිබෙනවා; රූප වියා සරසා තිබෙනවා.

Iota, n. ඉතා කුඩා ග්‍රීක් අකුර වන ඉ යන්න; fig. ඉතා කුඩා ප්‍රමාණය, ලේශය පොඩ්ඩක, බිඳුවක්.

Ipse dixit, L. lit. තමාම කීවා; ඔප්පු නැති කීමක්.

Ipsissima verba, L. ඒ වචනම. [තෙන්ම.

Ipso facto, L. ඒ කාරණයෙන්ම. Ipso jure, L. පනතෙන.

Irascibility, n. ඉක්මනට කිපෙන ගතිය. [ගෙන.

Irascible, a. ඉක්මනට කිපෙන *or* තරහෙන් ඇවිස්

Irate, a. තරහවූ, කිපුණු, කෝප.

Ire, n. තරහ, කෝපය, උදහස, රෝෂය.

Iridescent, a. දේදුන්න වැනි පාට ඇත්තාවූ, ඉන්ද්‍රචාපවර්ණාකාර.

Iris, n. දේදුන්න, ඉන්ද්‍රචාපය; දේදුන්න වැනි පෙනීමක්; ඇසේ කළු-ඉංගිරියාව වටකර කොටඨාසය, කෘෂ්ණමණ්ඩලය.

Irish, a. අයර්ලන්තයට අයිතිවූ, අයර්ලන්ත, අයිරිෂ්.

Irish, n. අයිරිෂ් භාෂාව; Irishman අයර්ලන්තකාරයා, the Irish අයර්ලන්තකාරයෝ.

Irksome, a. (දුරීමට) අපහසු, අමාරු, වෙහෙසකර, අප්‍රිය, දුර්භර, (වැඩ, කාරණ).

Iron, n. යකඩ, යකඩෙන් සාදපු දෙයක්, යකඩය; (for smoothing) ඉස්තිරික්කය; pl. යකඩ දේවල්; fetters යදම්.

Iron, a. යකඩ, අයස්; ලෝහමය; යකඩපාට ඇත්තාවූ; fig. තද, සවි, දැඩි.

Iron, v. ඉස්තිරික්කයෙන් මදිනවා; යදම් දමනවා; (යමකට) යකඩදමනවා.

Iron-bound, a. යකඩින් සවිකරපු; fig. වටකැරිත්—මුහුදුබඩ—පර්වත ඇත්තාවූ.

Iron-casting, n. යකඩ වාත්තුව.

Iron-clad, n. යකඩෙන් වැසී තිබෙන, අයස්ප්‍රච්ඡාදිත; n. යකඩෙන් වැසී තිබෙන—අයස්ප්‍රච්ඡාදිත—යුද්ධනැව.

Iron-filings, n. pl. යහුණු, අයස් චූර්ණ.

Iron-foundry, n. යකඩ වාත්තුකරන පට්ටලය, යකඩ වංකලය.

Iron-hearted, a. (යකඩ වැනි) තද හිතක් ඇත්තාවූ, ක්‍රෑර.

Ironical (අයිරනිකල්), a. (තරකකට යනය කියන්නාක් මෙන්) විරුද්ධාර්ථයක් ඇත්තාවූ, විරුද්ධාර්ථයෙන් කියන, විරෝධාර්ථ සහිත, සෝපහාස, ඔච්චරු.

Ironmonger, n. යකඩබඩු වෙළෙන්දා. Ironmongery, n. යකඩ බඩු.

Ironmould, n. රෙදිවල යකඩමල. [ය.

Iron-wood, n. නා ලීය; the tree නා ගහ, නාග වෘක්ෂ

Iron-work, n. (යම් දෙයක) යකඩ කොටස, යකඩ වැඩ.

Irony, (අයියනි), a. යකඩ මුසු, යකඩ ආකාර, තද.

Irony (අයිරනි), n. විරුද්ධාර්ථයක් ඇති කීම, විරෝධාර්ථ වාච්‍යය, ඇනුම්පදය, කවටකම, ඔච්චරු කීම, සෝපහාසය.

Irradiance, Irradiancy, n. දීප්තිමත්කිරීම, දීප්තිය, රශ්මිය.

Irradiate, v. ආලෝකකරනවා, දීප්තිමත්කරනවා; රැස් විහිදවනවා; (සිත, සිහිය) එළියකරනවා, ප්‍රබෝධ කරනවා.

Irradiated, pp. *or* a. ආලෝකකරනලද &c., දීපිත, දෙදීප්‍යමාන.

Irradiation, n. ආලෝකකිරීම &c.; විහිදෙන ආලෝකය, රශ්මි; (යම්තැනකින්) විහිදෙන ද්‍රව්‍ය.

Irrational, a. මනුෂ්‍ය බුද්ධි නැති, ඥාන ශක්ති රහිත, බුද්ධිහීන, අවිඥානක, තිරශ්චීන; මෝඩ, සිහිනැති.

Irrationality, n. මනුෂ්‍ය බුද්ධි නැතිකම, අවිඥානකතාව &c.; මෝඩකම.

Irrationally, ad. සිහි බුද්ධි නැතුව, මෝඩලෙස.

Irreclaimable, a. (යමෙකුට) හරිගස්සාගත නොහැකි, මට්ටුකල නොහැකි.

Irreconcilable, a. (යමෙකු විසින්) සමාදානකල නොහැකි, අසාමාග්‍රි; එකඟකල නොහැකි, අසංගත, පරස්පරවිරෝධී.

Irreconcilableness, n. සමාදාන කළනොහැකිකම &c., අසාමාග්‍රිතාව &c.

Irrecoverable, a. නැවත ලබාගත නොහැකි *or* හරිගස්සාගත නොහැකි.

Irrefragable, a. කිඳිය නොහැකි (සාක්ෂි), බොරුකල නොහැකි, අඛණ්ඩ්‍ය (ඔප්පු &c.).

Irrefutable, a. බොරුබව ඔප්පුකලනොහැකි, අඛණ්ඩනීය, (සාක්ෂි, විතර්ක).

Irregular, a. නියම විධියට *or* ක්‍රමයට එකඟ නැති; පිළිවෙළක් නැති, අවිධිවත්, විධිහීන, විධිවිරුද්ධ, පිළිවෙළකට නැති; නිෂ්පර්‍යාය, අක්‍රමික; අනියම්, එක විධියකට නැති, ඇදවූ, අනියමිත, විෂම; අනාචාර.

Irregularity, n. පිළිවෙළක් නැතිකම &c., විධිහීනතාව &c., ඇදය, ඇදකුද, උත්ක්‍රමය, නිෂ්පර්‍යායය.

Irrelevance, Irrelevancy, n. අසම්බන්ධතාව, අනන්විතතාව, අදාළනැතිකම.

Irrelevant, a. (කාරණාවට) අයිතිනැති, අදාළනැති, අසම්බන්ධ, අනන්විත; irrelevant stuff විල්පල්.

Irreligious, a. භක්තිනැති, අභක්ති, නොඇදහිලිකාර; immoral, දුශ්ශීල, දුෂ්ට. [ක්තතාව.

Irreligiousness, n. භක්ති නැතිකම, අභක්තිය, අභ

Irremediable, a. හරිගැස්සියනොහැකි, අප්‍රතිකාර්‍ය, අප්‍රතිකාර, අසාධ්‍ය.

Irreparable, a. අලුත්වැඩියා කළනොහැකි, හරිගස්සන්ට බැරි, පිරිමැසිය නොහැකි, අප්‍රතිකාර, (දේ, අලාභ &c.).

Irreproachable, a. (යම්කු විසින්) දෝෂාරෝපණය කළනොහැකි, නිරපරාධ, නිරවද්‍ය.

Irreprovable, a. (යමෙකු විසින්) තරවටුකළ — වරද නැඟිය — නොහැකි.

Irresistibility, n. (යමෙකුට) වළක්වන්ට බැරිකම, අවාර්‍යතාව, අසංහාර්‍යතාව.

Irresistible, a. (යමෙකුට) විරුද්ධව සිටින්ට—වළක්වන්ට—බැරිවූ, අවාර්‍ය, අනිවාර්‍ය, අනිවාරණීය, අසංහාර්‍ය.

Irresolute, a. එක හිතක් ඇත්තාවූ, අනිස්ථිර, අස්ථිර චේතසක, චලිත, සාංශයික.

Irrespective of, be, v. අසම්බන්ධව තිබෙනවා.

This is irrespective of that මෙය ඊට සම්බන්ධ නැත.

Irrespectively of, ad. නොබලා නොසලකා, තිබෙද්දී, කොහොම නුමුත්.

This is good, irrespectively of that flaw ඒ පලුදුව තිබෙද්දීත් මේක හොඳයි.

Irresponsible, a. (ළදරුවෙකු *or* මෘගයෙකු මෙන්) වග කියයුතු බවක් නැති; වගකියන්ට ඕනෑ නැති

Irretrievable, a. නැතිවූණම නැවත ලබාගන්ට බැරි (දේ), නැවත හරිගස්සාගත නොහැකි (අලාභහානි).

Irreverence, n. (දෙවියන්වහන්සේ *or* ආගම ගැන) ගරුනැතිකම, අගරුකම, අගාරුව, නිගාරුව, අසම්මානය, අනාදරය, අගෞරවය, අපහාස ගතිය; ගරුසරුනැතිකම.

Irreverent, a. නිසි භය — ගරු — බුහුමන් — රහිත, අගරු, ගරුසරුනැති; ගරුනැතිකම පෙන්වන (කීම, ක්‍රියා).

Irreversible, a. ව්‍යතික්‍රාන්ත — විපර්‍යාස — කළනොහැකි, අපරාවර්ත්‍ය, අනිවර්තනීය. See Irrevocable.

Irrevocable, a. (කළ කී පසු) වෙනස්කළ නොහැකි, අවලංගුකළ නොහැකි. [&c.

Irrevocably, ad. පසුව වෙනස්කළ නොහැකිලෙස

Irrigate, v. කුඹුරුවලට වතුර අරිනවා, ජලසම්පාදනය කරනවා. **Irrigation**, n. වතුර ඇරීම.

Irritability, n. (ඇඟට) ඉක්මනට දැනෙන — කුපිත වෙන — ස්වභාව; කිපෙන ගතිය.

Irritable, a. (වේදනා, කැසීම, ආදිය) ඉක්මනට දැනෙන (හම, ඇඟ); ඇවිස්සෙන, කිපෙන, ප්‍රකුපිත වෙන.

Irritant, n. (වේදනා, කැසීම, දැවිල්ල, ආදී) අමුතු ගතියක් උපදවන බෙහෙතක් *or* වෙන යමක්, අවුස්සන බෙහෙත, ප්‍රකෝපෞෂධය.

Irritate, v. (එසේ ඇඟට, හමට &c.) අපහසුකරනවා, අවුස්සනවා; හිරිහැරකරනවා, කෝපකරනවා.

Irritating, Irritative, a. අපහසුකරන &c.

Irritation, n. අපහසුකිරීම &c., ප්‍රකෝපය, ප්‍රකෝපනය; අපහසුකම, ඇවිස්සුණ ගතිය, කිපීම, ප්‍රකුපිතතාව.

Irruption, n. කඩාගෙන ඇතුල්වීම; (සටන පිණිස යම් තැනකට බලෙන් ඇතුල්වීම, වැදීම, ආක්‍රමණය.

Is, v. (He, she, it, යනාදි අන්‍යකාරක ඒකවචනය) සිටියි, ඉඳී, තිබේ *or* සිටිනවා &c.

Isagon, n. සමකොන් ඇති හැඩය, සමාස්‍රාකාරය, සමකෝණ මූර්තිය.

Isinglass, n. (මත්ස්‍ය ජාතියකින් සාදන) මාලු ලාටු, මත්ස්‍ය වාතාශය මැලියම්.

Islam, Islamism, n. මහමත් ආගම, මහමදාගම.

Island, Isle, n. ද්වීපය, දිවයින, දූපත, දූව; small කොදෙව්ව.

Islander, n. ද්වීප වාසියා, දිවයින් වැසියා, ද්වීප්‍යයා.

Iso, prefix, Gk. තුල්‍ය, සම, යන අර්ථ ඇති උපසර්ගය.

Isochronal, Isochronous, a. කාලයෙන් තුල්‍ය, තුල්‍ය කාලික.

Isolate, v. තනිකරනවා, තනිකර තබනවා.

Isolated, a. තනිකර—තනිව—තිබෙන, උදකලාවූ.

Isolation, n. තනිව තිබීම, තනිව සිටීම, උදකලාව.

Isosceles triangle, n. ද්විසමභුජ ත්‍රිකෝණය, ද්විසමත්‍රිභුජාව, සමවූ පැතිදෙකක් ඇති ත්‍රිකෝණය.

Israelite, n. ඊශ්‍රායෙල් නම්වූ යාකොබ්ගෙන් පැවත එන කෙනෙක්, ඊශ්‍රායෙලිතයා.

Israelite, Israelitish, a. ඊශ්‍රායෙලිත.

Issue, v. t. (පොත් පත්) නිකුත්කරනවා, පළකරනවා, ප්‍රසිද්ධකරනවා, පිටකරනවා; (අණක් &c.) නිසි බලය ඇතුව දෙනවා; (පාම්වීයට) රැගෙන දෙනවා *or* භාරදෙනවා.

Issue, v. i. නික්මෙනවා, වැස්සෙනවා, පිටතට එනවා *or* යනවා; පිටාරවෙනවා;

from the womb සිහිවෙනවා, ප්‍රසූතවෙනවා; by descent පැවත එනවා;

issue in, end in සිද්ධවෙනවා, as: disease issues in death රෝගයෙන් අන්තිමේට මරණය සිද්ධවෙනවා; [විනාශයයි.

wickedness issues in ruin දුෂ්ටකමේ අන්තිමය නම්

Issue, n. නික්මීම &c.; නික්මෙන දේ; නික්මෙන මග; උපදින දරුවෝ; අන්තිමය, තීරණය, නිෂ්පත්තිය; (පොත්පත්වලින්, මුදල් පත්‍රවලින්) නිකුත්කරන ප්‍රමාණය; රැගෙන—බෙදා—දෙන ප්‍රමාණය; හැරව යාම, හැරව යන වණය. Join issue *or* be at issue යමක් ගැන පොරට සිටිනවා *or* හබ කියනවා.

Issueless, a. පැවත එන්නන්—දරුවන්—දරුවෙක්—නැත්තාවූ, අනපත්‍ය.

Isthmus, n. දේශ සන්ධිය.

It, pron. එය, ඒක; that අරක, ඕක. It rains &c වහිනවා.

It thunders, it lightens &c., අහස ගොරවනවා, විදුලි කොටනවා.

It seems to him that this is right මේක හරි බව —හරිවා වාගේ—ඔහුට පෙනෙනවා.

Italian, a. ඉතාලි; n. ඉතාලි කෙනෙක්, ඉතාලියා; ඉතාලි භාෂාව.

Italicize, v. ඇළවූ අකුරුවලින් ලියනවා *or* අච්චු ගසනවා.
Italics, n. pl. (*Italics* යනු ලෙස) ඇළවූ අච්චු අකුරු.
Itch, n. හෝරි රෝගය, පණු හෝරි; the scabs of it හෝරි, කිලාස. [වෙනවා.
Itch, v. කසනවා, කහනවා, පොපියනවා; fig. ආශා
Itchy, a. හෝරි *or* කුෂට සෑදුණ; කසන්නාක් වැනි; ආශා උපදවන.
Item, n. ගණනකින්—වෙන් වගයෙන්—එක දෙයක්, එකක්; ad. සහ, තව. [නවා.
Item, v. වෙන් වගයෙන්—එක එක—සටහන් කර
Iterate, v. නැවත කරනවා, නැවත කියනවා.
Itinerancy, n. තැනින් තැන යාම &c., චාරිකාව, සංචාරය.
Itinerant, a. (එකතැනම නොසිට) තැනින් තැන යන්නාවූ, මගී, යාත්‍රික, භ්‍රමණ කරු, සඤ්චාරක.
Itinerant, n. තැනින් තැන යන්නා.
Itinerary, n. ගමන් පොත; මග පෙන්වන පොත; a. ගමන්කාර, ගමන්.
Itinerate, v. තැනින් තැන යනවා, ගමන්කරනවා, දේශභ්‍රමණය *or* පර්යටනය කරනවා, සංචාරය කරනවා.
Itself, pron. neu. ඒකම: The book itself පොතම. It will not stand by itself ඒක තනියම හිටින්නේ නැත.
Ivory, n. ඇත්දත, හස්තිදන්තය, ගජදන්තය, (වෙන සමහර සතුන්ගේ) දළ.
Ivory, a. ඇත්දත්, ගජදන්ත, හස්ති දන්ත.
Ivory-nut. n. තල් ගස ජාතියක ඇට.
Ivy, n. ඉත්ත වැල, ගොඩ ඉත්ත වැල.

J:

Jabber, v. දොඩවනවා, වාචාලකම් කියනවා, (as a drunkard) කචිබිචිරි ගානවා.
Jabbering, n. දෙඩවීම &c., දෙඩිවිල්ල, වාචාලකම.
Jack, n. John යන්න වෙනුව කියන සුළු නාමයක්; බර උස්සන යන්ත්‍රයක්; මස් කරකවන යන්ත්‍රයක්; එක්තරා කොඩියක්.
Jack, n. කොස්: කොස් ගහ; කොස් ගෙඩිය, හෙරලි ගෙඩිය, (young fruit) පොලොස් ගෙඩිය.
Jackal, n. නරියා, හිවලා, සිවලා, කැනහිලා, සිගාලයා, ජම්බුකයා. See Fox.
Jackanapes, n. රිළවා සමාන අය, ජේත්තුකාරයා.
Jackass, n. (පිරිමි) කොටළුවා; fig. ගුඩ්ඩයා.
Jackdaw, n. එක් ජාතියක කපුටුවෙක්.
Jacket, n. හැට්ටිය, බාච්චිය, හෙත්තෙරක්කය, ජැකට්ටුව, කඤ්චුකය.
Jack-ketch, n. වදකරුවා, වධකයා, අලුගෝසුවා.
Jack-knife, n. ලොකු දුනු පිහියක්.
Jack-plane n. ලොකු යතුකැටයක්.
Jade, v. වෙහෙස්කේඩු කරනවා, තෙහෙට්ටු කරනවා, වෙහෙස කරනවා; වෙහෙස්කේඩු වෙනවා.
Jade, n. වෙහෙස්කේඩු—නොවටිනා—අශ්වයෙක්; පහත්—නීච—ස්ත්‍රී.
Jag, v. දැති ආකාරයට රළුකර කපනවා, කඩතොලු කරනවා.
Jagged, a. දැති ආකාරවූ, රළු, කඩතොලු ඇත්තාවූ.
Jaggery, n. හකුරු, සකුරු, ගකීරු.
Jaggery-man, n. (of that caste) වහුම්පුරයා, හකුරා.
Jaguar, n. දකුණු අමෙරිකාවේ කොටියා, ජගුවරා.
Jail. See Gaol.
Jail-bird, n. fig. හිරේ වැටුණු කෙනෙක්, හිරකාරයා.
Jail-fever, n. හිරගෙදර අල්ලන උණ රෝගයක්.
Jalap, n. විරේචන බෙහෙත් ජාතියක්.
Jam, n. දොසි ජාතියක්, පැණි දොසි, ජෑම්.
Jam, v. යම් තැනක තදකර පිහිටුවනවා, තද ලෙස තෙරපනවා *or* මිරිකනවා.
Jamb, n. උළුවහු කණුව, බර උසුලන කණුව; v. (යම් තැනක) තද කරනවා.
Jammed, become, v. මිරිකෙනවා, තදවෙනවා. සුරි කනවා.
Jangle, n. (පිඟන් වදින) අමිහිරි ශබ්දය; තරඟය.
Jangle, v. අමිහිරි ශබ්ද කරනවා; තරඟ දොඩනවා, තරඟ කරනවා.
Janitor, n. ද්වාරපාලයා.
January, n. දුරුතු මස, ජනවාරි මාසය.
Japan, n. ජපන් රට; (ඒ රටේ) කළු දුම්මල; කළු දුම්මල ගාපු වැඩ.
Japan, v. කළු දුම්මල ගානවා. [ෂාව.
Japanese, a. *or* n. ජපන්; ජපන් වැසියා; ජපන් භා
Japanning, n. කළු දුම්මල ගාන ශිල්පය.
Jar, n. මැටි—වීදුරු—භාජන ජාතියක්, ජාඩිය, බරණිය, බුජම.
Jar, v. වඤුවලකරනවා; වැදීමෙන්—හෙළවීමෙන්—අමිහිරි ශබ්දයක් වෙනවා; (ශබ්ද, කාරණ) එකිනෙකට විරුද්ධවෙනවා; පොරට හිටිනවා.
Jar, n. හෙලවීම; (එකිනෙකට වදින දේවල) අමිහිරි ශබ්දය; එකඟ නැතිකම; තරඟ භාවය.
Jargon, n. වියවුල් බස්, දෙඩිවිල්ල, ප්‍රලාපය.
Jasmine, Jessamine, n. දෑසමන්, සමන්, පිච්ච, ගැට පිච්ච, දේවලතාව.
Jasper, n. ඔප ඇති තිරුවාන ගල් ජාතියක්, සූර්‍ය කාන්ත.
Jaundice, n. පිත්තකාමලාව, කාමලය, පාණ්ඩුව, පාණ්ඩු රෝගය, සෙංගමාලය.
Jaunt, n. සුළු සෙල්ලම් ගමනක්.
Jauntily, ad. ක්‍රීඩාකාරලෙස, පිටතින් යසලෙස, කලේලියට.
Javanese, a. *or* n. ජා රටට අයිති; ජා වැසියා, ජා මිනිසා; ජා භාෂාව.
Javelin, n. හෙල්ලය, අඩයටිය, ලංසය, කරමුක්කය, ශඞ්කුව.
Jaw, n. හක්ක, හනුව; upper jaw උඩු හක්ක; fig. (E. vul.) දෙඩිවිල්ල, සැරකිරීම; jaws—mouth—of death මරුමුඛය, මරුමුව.
Jaw-bone, n. හකු පාඩාව, හනුවස්ථිය. [යක්.
Jaw-breaker, n. (coll.) ශබ්දකිරීමට අමාරු වචන
Jay. n. ලක්ෂණ කපුටු වර්ගයක්, නීලාංගයා.
Jealous, a. (තමාටම අයිති ප්‍රේමය, ගෞරවය, වාසිය, ආදී දේ අන්‍යයෙකු ලබාගැනීම ගැන) මාත්සර්‍යවූ, මසුරු, ඉතා අමනාප, කුඹුකේඩු, ගෞරවය රැක ගැනීමට ජ්වලිත; suspicious කුකුස්වූ; envious ඊර්ෂ්‍යාවූ.
Jealousy, n. (එසේ අන්‍යයෙකු කෙරෙහි ඇති) නිසි අමනාපය, නිසි මාත්සර්‍යය; කුකුස, ඊර්ෂ්‍යාව.
Jeer, v. කවටකම්කරනවා, සරදම්කරනවා, සමච්චල් කරනවා. කෝංචිකරනවා, පරිහාසකරනවා.
Jeer, n. කවටකම, කෝංචිය, උපහාසය, අපහාසය, පරිහාසය, කවටවූ ඇනුම්පදය.
Jehovah, n. Heb. (අනාද්‍යනන්තයාණන්වන) යෙහෝවා වහන්සේ.
Jejune, a. ශූන්‍ය, හිස්වූ, නිස්සාර.

Jelly, n. සීනි එක්ක තම්බාපු ඵලයූෂ, ජල්ලි; එට සමාන වෙන ද්‍රව්‍ය, මෘදු මැලියම්.

Jelly-fish, n. (ජල්ලි) මැලියම් ආකාර මුහුදු මත්ස්‍ය ජාතියක්, මැලියම් මසා.

Jeopard, v. See Hazard. [ස්වභාව.

Jeopardy, n. අනතුරුවෙන්ට පුළුවන් ස්වභාව, අනතුරු

Jerk, v. හදිසියෙන් සොලවනවා; සැරපහරකින් මෙන් විසිකරනවා.

Jerk, n. හදිසි සෙලවීමක් &c.; හදිසි පැතනැගීමක්.

Jersey, n. සිනිඳු ලොම්; ලොම් ඇඳුම් ජාතියක්.

Jest, n. කවටකම, කවට කීමක්, කොලොප්පම, විහිළුව, සමච්චලය, සරදම, පරිහාසය, හාස්‍යෝත්පාදක දේ.

Jest, v. කවටකම් කරනවා, සමච්චල් කරනවා, සරදම් කරනවා.

Jester, n. කවටකම් කරන්නා &c., කවටයා, නරිනාටකයා, විහිළුකාරයා, විදූෂකයා, වෛහාසිකයා.

Jesuit, n. R. C. ජේසුයිට් නම්වූ සභිකයා; fig. උපායදක්ෂයා, ප්‍රයෝගකාරයා.

Jesuitic, Jesuitical, a. ජේසුයිට් සභාකාර; fig. උපායදක්ෂ, ප්‍රයෝගකාර.

Jesuitism, n. ජේසුයිට් සභාවෙ ධර්මය *or* ප්‍රතිපත්ති; fig. උපායදක්ෂකම &c.

Jesus, n. ක්‍රිස්තුස්වහන්සේ.

Jet, n. of water නළයකින්මෙන් විසිවෙන දිය මැල, of fire එක ගිනිදලුවක්.

Jet, n. කළු පලිඟුව, ගල්වූ කළු ලී ජාතියක්.

Jet-black, a. (ඒ ජාතිය මෙන්) ඉතා කළු.

Jetsam, Jetson, Jettison, n. (නැව නොගිලෙන පිණිස) පැටව්ලි බඩු මුහුදේ දැමීම; නැවෙන් අහක දමන බඩු.

Jetty, n. (බඩු ගොඩබාන පිණිස &c.) වතුරේ නෙරාපු පාලම *or* තට්ටුව, මුහුදු ප්‍රාකාරය, ශංපව්ර, ජැටිය.

Jew, n. යුදෙව්වා. **Jewess**, n. යුදෙව් ස්ත්‍රී.

Jewish, a. යුදෙව්.

Jewel, n. ආභරණය, මැණික, මාණික්‍යය, රත්නය; (said to be in the throat of a snake) නාග මාණික්‍යය.

Jewel-case, n. හෙප්පුව, ආභරණ-පෙට්ටිය, සමුද්ගය.

Jewelled, a. ආභරණවලින් — මැණික්වලින් — සැරසී තිබෙන; වජ්‍ර ඇති (අත් ඔරලෝසුව).

Jeweller, n. ආභරණ සාදන්නා, මැණික් වෙළෙන්දා, මාණික්‍ය වාණිජයා.

Jewellery, Jewelry, n. ආභරණ ජාති, මැණික් ජාති.

Jib, n. ඉස්සරහ තිබෙන ත්‍රිකෝණ රුවල.

Jib, v. (අශ්වයෙක්) දහලා පසුපස්සට යනවා. [මක්.

Jig, n. ඉක්මන් තාලයක්; (එට හරියන) ඉක්මන් නැටු

Jilt, n. පුරුෂයෙකුට විවාහබස් දී දෙවනු රවටන ස්ත්‍රී, චපල ස්ත්‍රී, රැවටිලිකාරි.

Jilt, v. (ස්ත්‍රියක් විවාහබස් ගැන) රැවටිලි කරනවා, විවාහබස් දී දෙවනු අත්අරිනවා.

Jingle, n. කිංකිණික ශබ්දය, කිකිණිහඬ, මිණිගෙඩි වලමෙන් නාදය; එකිනෙකට සමලෙස ශබ්දවීම.

Jingle, v. (මිනිගෙඩි වැනි දේවලට තට්ටුකර) කිංකිණික ශබ්දය උපදවනවා; එවැනි ශබ්ද උපදිනවා.

Jingling, n. කිංකිණික ශබ්දය, ශිඤ්ජාව.

Jiu-jitsu, Ju-jutsu, n. එනම් සරඹ ක්‍රීඩාව.

Job, n. හදිසි ඇනුමක් *or* පහරක්; v. හදිසියෙන් අනිනවා.

Job, n. සුළු වැඩක්, කරන එක මුළු කාරණාවක්; අයුතු ලෙස ලැබෙන වැඩක්.

Jobber, n. සුළු වැඩ — ඒක මෙක — කරන්නා; කළමනාකාර වෙළෙන්දා.

Jobbery, n. (ආණ්ඩුවේ වැඩකින් නිලධාරියෙකු විසින් මෙන්) අයුතු ප්‍රයෝජන ලබාගැනීම *or* අයුතුලෙස වැඩක් ලබාගැනීම, අයුතු උපායෙදීම.

Jobbing, n. එකක් එකක් පාසා වැඩ ගැනීම; කළමනාකාර වෙළඳාම.

Jockey, n. ඔට්ටුවට අශ්වයින් එලවන්නා, ජොකියා; අශ්ව වෙළෙන්දා; fig. වෙළඳාමෙන් රැවටිලිකරන්නා.

Jocose, Jocular, a. කවටකම්—සරදම්—කරන්නාවූ, කවටකථික; කවටවූ, සරදම්.

Jocund, a. සරදම්වූ, ප්‍රීතියෙන්—සෙල්ලමෙන්—ප්‍රාණවත්වූ, සෙල්ලම් සහිත, ප්‍රීතිමත්.

Jocundity, n. සරදම, සරදම් යුතිය, ප්‍රීතිමත්කම.

Jog, v. අතින් *or* වැලමිටින් තට්ටුකරනවා *or* ටිකක් සොලවනවා; ටිකක් බරලෙස අඩි තබා හෙමින් යනවා *or* දුවනවා.

Joggle -- ටිකක් සොලවනවා; fig. joggle the memory මතක් කරවන පිණිස යමක් කියනවා *or* කරනවා.

Jog-trot, n. (coll.) එකාකාර හෙමින් යාම *or* ක්‍රියා කිරීම.

John Bull, n. ඉංග්‍රීසි ජාතියට කියන සරදම් නමක්.

Johnsonian, a. ජොන්සන් ආචාර්යයාගේ (රචනා &c.); fig. (එවැනි) ගම්භීර, ගැඹුරු.

Join, v. සන්ධි කරනවා, ගළපනවා, පුට්ටු කරනවා, හා කරනවා යා කරනවා, හේත්තු කරනවා, එක් කරනවා, එකතු කරනවා, සම්බන්ධ කරනවා, සංයෝග කරනවා; සන්ධිවෙනවා, යාව—බැඳුව—තිබෙනවා, ගැළපෙනවා &c.; බැඳෙනවා, සම්ප්‍රයුක්ත වෙනවා.

Joined, pp. *or* a. සන්ධිකරනලද &c., යාවූ, යාබද, හේත්තු වූ, යෝජිත, සංයෝජිත, සංයුක්ත, සංසක්ත, සඞ්ගත.

Joiner, n. වඩුවා, හා කරන්නා, තක්ෂකයා. **Joinery**, n. වඩුවැඩ, වඩුකර්මාන්තය.

Joining, n. සන්ධිකිරීම &c.; සන්ධිය, සංයෝගය, සන්ධානය.

Joint, n. සන්ධිය, පුරුක, පුට්ටුව, පැස්ම, පර්වය; මස් ශාතය; hinge අසව්ව, සරණේරුව.

Joint, v. අසව් වැනි යමක් දමනවා, කොටඩාස සන්ධි කරනවා; ශාත් වශයෙන් කපනවා.

Joint, a. හවුල්වූ, සහකාර, සහභාගී.

Jointed, pp. *or* a. පුරුක් ඇත්තාවූ; ශාත් වෙන්කර කපාපු.

Joint-heir, n. හවුල් උරුමක්කාරයා.

Jointly, ad. හවුල්ව, සහකාරව, සම්බන්ධව, හවුල් ලෙස &c.

Joint-stock-bank, n. සහභාගී - මුදල් - භාණ්ඩාර - සභාව, සභාගවෙළඳ සමාගම.

Joint-stock-company, n. සහභාගී-මූලධන-සභාව.

Jointure, n. භාර්යාවගේ දායාද ගම්බිම්. [වා.

Joist, n. බාල්කය, පරාලය (rafter); v. බාල්ක දමන

Joke, n. කවටකම, විහිළුව, කොලොප්පම, සරදම, සමච්චලය; in joke කවටකමින්, සරදමට; practical joke සරදම් ක්‍රියාවක්. [See Jest.

Joke, v. කවටකම් කරනවා, මුකුළු කරනවා &c.

Jollity, n. සෙල්ලම, ප්‍රීතිමත්කම.

Jolly, a. සරදම්වූ; ක්‍රීඩාකාර, උල්ලසිත, ප්‍රීතිමත්, ප්‍රමුදිත, සෝත්සව; මදක් තරවූ.

Jolly boat, n. නැවක ඔරුව *or* කුඩා පාරුව.

Jolt, v. (රළු බිම උඩ යන රථයක් මෙන්) සෙලවෙනවා, ගැස්සෙනවා, හැලහැප්පෙනවා; සොලවනවා, හලහප්පවනවා.

Jolt, n. හදිසි සෙලවීමක්, හැලහැප්පීම, ගැස්සීම.

Jostle, v. තෙරපනවා, තෙරපා තල්ලු කරනවා.

Jostling, n. එකිනෙකාට හැපීම, තෙරපීම &c. [ඩස්.

Jot, n. බිඳුව, ඇබිත්ද, සිගිත්ත, කුදුල, අක, පොඩි

Jot, Jot-down, v. ලුහුඬින් සටහන් කරනවා.

Journal, n. එක එක දවසේ කාරණා *or* ගණන් ලියන පොත, දිනපොත; දිනපතා *or* වරින්වර ප්‍රසිද්ධ කරන ප්‍රවෘත්ති පත්‍රය *or* සඟරාව.

Journalism, n. (කාරණා) දිනපොතේ සටහන් කිරීම; ප්‍රසිද්ධපත්‍රයක් පැවැත්වීම.

Journalist, n. දිනපොතක් ලියන්නා; ප්‍රසිද්ධපත්‍රයක් පවත්වන්නා, පත්‍ර කතෘ, පත්‍රයකට *or* සඟරාවකට වාක්‍ය ලියන්නා.

Journey, n. ගමන, ප්‍රයාණය, සඤ්චාරය; to and fro ගමනාගමන.

Journey, v. ගමන්කරනවා, ගමන් යනවා, ගමනක් යනවා.

Journeyman, n. කුලියට වැඩකරන කර්මාන්තකාරයා.

Joust, Just, n. සෙල්ලමට කරන අසරුපොරය, ක්‍රීඩාකාර අසරු සටන.

Jove, n. See Jupiter.

Jovial, a. සරදම්වූ, ක්‍රීඩාකාර, හැප සෙල්ලමට ලැදි, සෙල්ලක්කාර.

Joy, n. ප්‍රීතිය,. ප්‍රීතිමත්කම, සතුට, සන්තෝෂය, සොම්නස, ප්‍රමෝදය, ආනන්දය.

Joy, v. ප්‍රීතිවෙනවා, සන්තෝෂවෙනවා, ප්‍රමුදිත වෙනවා.

Joyful, Joyous, a. ප්‍රීතිමත්, ආනන්දිත, හෘෂ්ට, ප්‍රහෘෂ්ට, ප්‍රමුදිත, ප්‍රමෝදිත.

Joyless, a. ප්‍රීති රහිත, නිරානන්ද; ප්‍රීති නූපදවන.

J. P., Justice of the peace සමාදාන නඩුකාරතැන

Jubilant, be, v. ප්‍රීතිමත්වෙනවා, ජයඝෝෂා නගනවා; adj. ඉතා ප්‍රීතිමත්, ජයඝෝෂාකාර.

Jubilee, n. ජුබිලි උත්සවය, ජුබිලිය, පනස්වෙනි සංවත්සර මංගල්‍යය.

Judaism, n. යුදෙව් ආගම, යුදෙව් ශාසනය; යුදෙව් චාරිත්‍ර පැවැත්වීම.

Judaize, v. යුදෙව් ආගම — යුදෙව් චාරිත්‍ර ක්‍රමය — පවත්වනවා.

Judge, v. විමසනවා, විමසා බලනවා; විනිශ්චය කරනවා, නඩු අසනවා, නඩු විභාග කරනවා; (කල්පනා වෙන්) වරද තබනවා.

Judge, n. විනිශ්චයකාරයා, නඩුකාරයා, අධිකරණ නායකයා, නඩුකාරතැන; විමසන්ට සමර්ථ කෙනෙක්, විනිශ්චයකරු.

Judgeship, n. විනිශ්චයකාර ධුරය, නඩුකාරකම.

Judgment, n. විමසීම &c.; විනිශ්චය, අධිකරණය; මුලිංචිය, නඩුතීන්දුව; කල්පනාව; විමසීමේ සමර්ථකම, නුවණ, සිහිකල්පනාව, සිහි විපරම; දඬුවමක් කොට පැමිණෙන විපතක්; pl. (දේව) නියමවල්.

Judgment-day, n. විනිශ්චය-දවස, අන්තිම දේව විනිශ්චය-දවස.

Judgment-hall, n. විනිශ්චයශාලාව, නඩුශාලාව, අධිකරණ ශාලාව.

Judgment-seat, n. විනිශ්චයාසනය, නඩුආසනය.

Judicatory, a. නඩු විභාග කිරීම සම්බන්ධ, නඩු අසන.

Judicature, n. නඩුඇසීමේ ක්‍රමය, විනිශ්චය-ක්‍රමය; අධිකරණ බලය, නඩු සභාව.

Judicial, a. නඩුමාර්ගීය *or* අධිකරණය සම්බන්ධ, නඩු ආකාර; නඩුසභාවෙන් පැමිණෙන (තීන්දුව); දඬුවමක් කොට වෙන්නාවූ (විපත).

Judicially, ad. නඩුමාර්ගයෙන්, නඩු ආකාරයෙන්; දණ්ඩනාකාරයෙන්, දඬුවමක්කොට.

Judiciary, a. නඩුශාලා සම්බන්ධ; විනිශ්චය කරන *or* තීන්දුව දෙන.

Judiciary, n. විනිශ්චයකාර මණ්ඩලය.

Judicious, a. නුවණක්කාර, නැණවත්, ප්‍රඥාවන්ත, විචාරක්ෂම, සිහිපරීක්ෂා ඇත්තාවූ, නුවණින් හැසිරෙන, අසම්මූඪ.

Judiciously, ad. නුවණක්කාරලෙස &c., සිහිපරීක්ෂා ඇතුව.

Jug, n. පුකුරුව, කොතලය, කූලාව, කෙණ්ඩිය, ජෝගුව, ජග්ගුව.

Jug, v. එවැනි භාජනයක දමා උයනවා.

Juggle, v. විජ්ජාකරනවා, සෙප්පිඩිවිජ්ජා කරනවා, ඇස්බැන්දුම් කරනවා; fig. රවටනවා; n. විජ්ජාව; රැවටිල්ල.

Juggler, n. විජ්ජාකාරයා, ඇස්බැන්දුම්කාරයා, ඉන්ද්‍රජාලිකයා, මායාකාරයා; fig. රැවටිලිකාරයා.

Jugglery, n. විජ්ජාව, ඇස්බැන්දුම, ඉන්ද්‍රජාලය; fig. රැවටිලිකාරකම.

Jugular, a. කුලලට අයිති, කණ්ඨ, ගල; jugular veins කුලලේ ලොකු ලේ නහර, කණ්ඨ රුධිරනාලි.

Juice, n. ඕජස, යූස, ඉස්ම, සවරසය, සෝරසය.

Juiciness, n. ඕජස බහුලකම &c.

Juicy, a. ඕජස &c. ඇත්තාවූ, සවරස, ඕජස බහුල.

Jujube, n. the tree බදර, ඩෙබර, මසන්; the confection පැණිරස ජාතියක්.

July, n. ඇසළමස, ජූලි මාසය.

Jumble, v. අවුල් කරනවා, වියවුල්ලෙස එකට දමනවා *or* මිශ්‍රකරනවා.

Jump, v. පනිනවා, පිම්මේ පනිනවා; fig. pass over නොබලා—ඈර—යනවා; jump to a conclusion එකපාරට (නියමකොට) සිතනවා, හදිසියෙන් නිගමනයකට බහිනවා.

Jump, n. පැනීම, පිනුම, පැනුම, පිම්ම, ප්ලවනය.

Junction, n. සන්ධිකිරීම &c., see Join, යෝගය, සංයෝගය; සන්ධිවෙන තැන, සන්ධිය.

Juncture, n. සන්ධිවීම, ගැළපීම; සන්ධිවෙන තැන, සන්ධිය; (කාරණා සිද්ධ වෙන වැදගත්) වේලාව, ප්‍රස්තාව: at that juncture ඒ වේලාවේදීම.

June, n. පොසොන් මස, ජූනි මාසය.

Jungle, n. කැලෑව, කැලය, වනය, ජංගලය.

Junior, a. (වෙන කෙනෙක් විතර) වයස් ගතනොවී—වයස් නොවී—සිටින, වඩා බාලවූ, කණිෂ්ඨ; ආධුනික (ශිෂ්‍යයා, ලිපිකරුවා &c.).

Junior, n. වඩා බාලවූ අය, මහලු නුවූත් වෙන කෙනෙකුට වඩා වයස් අඩු අය; බාලයෙක්; පාඨශාලාවේ ආධුනිකයා. [නෙකි.

He is my junior ඔහු මට බාල—ආධුනික—කෙ

Juniority, Juniorship, n. වඩා බාල වයස, බාලත්වය, ආධුනිකතාව.

Junk, n. පරණ කඹ කෑලි; චීන නැව් ජාතියක්.

Juno, n. in myth. ජුපිටර් නම්වූ දෙවියන්ගේ භාර්යාවූ දේවතාවී; in astr. කුඩා ග්‍රහ තාරකාවක්.

Junto, n. කුඩා කුමන්ත්‍රණ සභාවක්.

Jupiter, n. ග්‍රීක්, රෝම, යන ජාතීන්ගේ මහදෙවියෝ; the planet බෘහස්පති, ගුරු, සුරගුරු.

Juridical, a. නඩුකාර, විනිශ්චයකාර; නඩුශාලාව සම්බන්ධ.

Jurisdiction, n. ආඥාකිරීමෙන් ලත් බලය, ආඥාකාර—නඩුකාර—බලය ; නඩුකාර පළාත.
Jurisprudence, n. නීති ශාස්ත්‍රය, නීති විද්‍යාව.
Jurist, n. නීති ශාස්ත්‍රඥයා, නීතිය හොඳට දන්නා අය.
Juror, Juryman, n. ජූරියට අයිති කෙනෙක්, විනිශ්චය සභිකයා.
Jury, n. විනිශ්චය - මණ්ඩලය, ජූරිය, ජූරිසභාව, නඩුසභාව. [තැන.
Jury-box, n. නඩුසභා - කුටුම්බ, ජූරිය වාඩිවෙන
Jus gentium, L. ජාතීන්ගේ නීතිය, ජාතීන් අතරෙහි පවතින නීති ක්‍රමය.
Just, a. ධර්මිෂ්ඨ, ධාර්මික, න්‍යායවන්ත ; සාධාරණ ; යුතු ; හරිවූ.
Just, ad. හරියට ; just now මේ දැන්ම ; only just යන්තම් (මිදුණ &c.).
Justice, n. ධර්මිෂ්ඨකම, යුක්තිය, යුත්ත ; ප්‍රතිඵලය ; සාධාරණකම, සාධාරණය ; යුතුකම ; නඩුකාරයා, විනිශ්චයකාරයා. [තුමා.
Justiciary, n. නඩුකාරතැන, නායක විනිශ්චයකාර
Justifiable, a. (යම්කිසිකුට) නිදෙස්කළ හැකි, යුතු බව පෙන්වන්ට පුළුවන්, නිදෝෂී, නිරවද්‍ය.
Justification, v. n. නිදෙස්කිරීම, යුතු බව පෙන්වීම ; ධර්මිෂ්ඨකිරීම ; ධර්මිෂ්ඨකරනු ලැබීම.
Justifier, n. නිදෙස්කරන්නා &c., කමාව් වරදෙන් නිදහස්කරන්නා.
Justify, v. නිදෙස්කරනවා, නිදෙස් බව—යුතු බව—පෙන්වනවා ; ධර්මිෂ්ඨකරනවා, ධර්මිෂ්ඨයෙකු කොට ගණන්ගන්නවා ; (අච්චු අකුරු) එල්ලකරනවා.
Justly, ad. ධර්මිෂ්ඨලෙස, යුක්තියේ හැටියට ; සාධාරණලෙස ; යුතුලෙස, අව්‍යාජයෙන්.
Justness, n. ධර්මිෂ්ඨකම ; සාධාරණකම ; යුතුකම, හරිකම, සමානත්වය.
Jut, v. නෙරනවා, නෙරා තිබෙනවා, තුඩු වෙනවා.
Jute, n. ජලදර, මිගැලිය සමානවූ කෙඳි ඇති ජාතියක්, ජූට්.
Juvenescence, n. තරුණවේගන යාම.
Juvenescent, a. තරුණවෙන්නාවූ.
Juvenile, a. බාල, තරුණ, ළමා ; බාලයින්ට සුදුසු, බාලක්‍රීය, (ක්‍රීඩා &c.).
Juvenility, n. බාලකම, තරුණකම, යෞවනකම ; තරුණ ස්වභාව.
Juxtaposition, n.(එකිනෙකට)ළංව තිබීම, යාබදකම, සමීපතාව, ප්‍රත්‍යාසන්නතාව.

K.

Kaffir, n. කාපිරියා. [න (තව්වු).
Kainozoic, a. in geol. නවීන සත්වාවශ්‍ය, නවීන කාලී
Kale, n. ගෝවා ජාතියක්, බොකුටු ගෝවා.
Kaleidoscope, n. ක්‍රීඩාදර්ශක සමුත්කාංම, නිතර වෙනස් වෙන දර්ශන පෙන්වන කාණ්ඩියක්.
Kalendar, n. ලිත ; නඩු ලේඛනය. See Calendar.
Kangaroo, n. ඕස්ට්‍රේලියාවේ සතෙක්.
Kantian, a. කැන්ට් නම්වූ පණ්ඩිතයාගේ ධර්මකාර : n. කැන්ට්ගේ ධර්මය පිළිගන්නා.
Kantism, n. කැන්ට්ගේ විද්‍යා ධර්මය.
Kantist, n. කැන්ට්ගේ විද්‍යාධර්මය පිළිගන්නා.
Kaolin, n. කිරිමැටි ජාතියක්.
Kedge, Kedger, n. කුඩා නැංගුරමක්.
Kedge, v. (නැංගුරමකින් &c.) ඇද තැනක එහාට මෙහාට කරනවා.

Keel, n. ඒරියාකඳ ; false keel යට ඒරියාකඳක්.
Keel-boat, n. ලොකු පාරුවක්.
Keeler, Keelman, n. පාරුකාරයා.
Keelson, n. ඒරියාකඳේ උඩ බාල්කය.
Keen, a. සැර, උනන්දු (දඩයක්කාරයා &c.), තද (බඩගින්න) ; ශීත (හුළඟ) ; නියුණු, මුවහත් ; fig. තීක්ෂණ, දක්ෂ.
Keenly, ad. සැරලෙස, තදලෙස, තියුණුලෙස.
Keenness, n. lit. & fig. සැරකම, තදකම, තියුණුකම, තීක්ෂණ ගතිය.
Keen-witted, a. තීක්ෂණ ඥානය — තියුණු නුවණ — ඇත්තාවූ, සූක්ෂ්ම බුද්ධි. [නවා ;
Keep, v. තබාගන්නවා, තියාගන්නවා, තබාගන ඉන්keep safe ප්‍රවේසම් කරනවා, ආරක්ෂා කරනවා ;
support රක්ෂා කරනවා, නඩත්තු කරනවා ;
detain නවත්වාගන්නවා, පොරොත්තු කරනවා ;
rear (කුකුළන් &c.) ඇතිකරනවා ; cultivate (මත්තක්) වවනවා ;
observe (අණ, මංගල්‍ය &c.) පවත්වනවා ;
fulfil (පොරොන්දු &c.) ඉෂ්ටකරනවා ;
keep on, keep writing, talking &c. යමක් කරගෙන යනවා, ලියාගෙන යනවා, කථාකරකර ඉන්නවා *or* නොනැවතී කථාකරනවා ;
keep in any state, as : keep in, out, down, up, (*in*) ඇතුළේ තියාගන්නවා, ඇතුළෙහි නැවතී සිටිනවා ; (*out*) ඇතුල්නොවී — අසුනොවී — සිටිනවා, ඇතුල්වෙන්ට නොදී සිටිනවා ; (*down*) පහත්කර තබනවා, පහත්වී—නොනැගිට, නොනැගී—සිටිනවා &c. ; continue පවතිනවා : *keep well* සනීපය පවතිනවා, සනීපෙන් පසුවෙනවා ; *keep sober* මත්නොවී සිටිනවා ; *these keep* මෙච්චර කල් නොවී පවතිනවා [කොටුව.
Keep, n. (නිතැඩි) කෑම, බාදන ගෝජන ; ඇතුල් බල
Keeper, n. තබාගන්නා, ප්‍රවේසම්කරන්නා, ආරක්ෂා කරන්නා &c. ; රැකවලා ; of cattle එඬේරා, පාලකයා, (ගො) පාලයා.
Keeping, n. තබාගැනීම &c., රැකවල ; භාරය. This is in keeping with that මෙය ඊට ඉනංගුව—එකඟව—තිබෙනවා.
Keepsake, n. දෙන අය සිහිවීම පිණිස තබා ගැනීමට දෙන යමක්, සමරණදූතය.
Keg, n. කුඩා පීප්පයක්.
Kelp, n. (වීදුරු &c. සෑදීමට ගන්න) මුහුදු වැල් ජාතියක අළු ; මුහුදුවැල් ජාතියක්.
Ken, v. දකගන්නවා ; දුරදී දැක දැනගන්නවා.
Ken, n. දකින ප්‍රමාණය, දන්න ප්‍රමාණය, දැනුම.
Kennel, n. බල්ලන් ලගින ගෙය, බලු කුටුම ; බලු රැළ ; (සතෙකුගේ) ලෙණ.
Kennel, v. (සතෙකු) කුඩුවක තබාගන්නවා *or* ලග්ගනවා ; ලෙනක &c. ලගිනවා.
Kerchief, n. (ඇඳීමට ගන්න) රෙදිකඩක්.
Kernel, n. මදය, (ගෙඩිවල මැදු) ඇටය ; fig. ප්‍රධාන කොටසාශය.
Kerosine, n. භූමි තෙල්, බූමි තෙල්, ලාම්පු තෙල්.
Kersy, n. දළ ලොම්රෙදි ජාතියක්.
Ketchup, n. හතු ඉස්ම. See Catchup.
Kettle, n. කේතලය, කොතලය.
Kettle-drum, n. පිත්තල දවුල, ජයඝෝෂකාව, පටහය.
Key, n. of a lock යතුර, යතුරු මුද්ද, යතුරු පෙත්ත, කොස්ස, කුඤ්ඤකාව ; fastener සම්බන්ධිරීමට දමන එක ; (of musical instrument) තූර්යභාණ්ඩවලින්

නාදකිරීමට තව්වුකරන ඒඩා, තුයශීතාද කුඤ්චි කාවි ; (of the tune) තාලක්‍රමයේ ප්‍රධාන ශබ්දය ; (of a secret) රහසක් පහදවන විධිය, අමාරු දේ විසඳන එක ; (of lessons) පාඩම් විස්තර පොත.

Key-board, n. තුයශීභාණ්ඩයේ ඇඟිලි තව්බව, යතුරු පේළිරුව.

Key-hole, n. යතුරු සිදුර, යතුරු කාඩුල්ල, කෙසි සිදුර, යතුරු කට.

Keystone, n. බෝක්කුවේ මැද ගල.

Khaddar, n. අතින් කටිනලද නූලෙන් වියාපුරෙදි.

Khaki, a. දුඹුරුකහ ; n. දුඹුරු කහපාට *or* එනම් රෙදිවර්ගය.

Khan, n. පාර්සියාවේ මූලාදිනියෙක්, රදළකෙනෙක්, ආණ්ඩුකාරයෙක් ; (ඒ දේශවල) තානායම.

Kick, v. පයින් ගහනවා ; fig. විරුද්ධකම් පානවා.

Kick, n. පයින් ගහන පහර, පාපහර, පාද ප්‍රහාරය.

Kid, n. එළුපැටියා ; දරුවිය.

Kid, v. (එළුපැටියෙකු) වදනවා ; දරුවිට බඳිනවා.

Kiddle, n. මාළු අල්ලන වැටිය.

Kidnap, v. මිනිසුන් හොරකම් කරනවා *or* අල්ලා වාල් කරගන්නවා, අල්ලා බලෙන් ගෙන යනවා, පැහැර ගෙන යනවා.

Kidnapper, n. කෙනෙකු හොරකම්කරන්නා.

Kidney, n. වකුගඩුව, මූත්‍රාශය ; ඒ හැඩය ඇති අර්තා පල් ජාතියක්.

Kidney-bean, n. රට බෝංචි, කිරි දඹල, බුමු.

Kilderkin, n. ගැලුම් දහඅටක් පමණ අල්ලන මිම්ම ; (එපමණ අල්ලන) පීප්පය.

Kill, v. මරනවා, නසනවා, ප්‍රාණ ඝාතිකරනවා, ප්‍රාණ ඝාතකරනවා, ඝාතනයකරනවා ; කෑමට සතුන්—ඉස්—මරනවා ; (ගුණ, චිත &c.) නසනවා, නැතිකර නවා, සංහනයකරනවා.

Killing, n. මරුද්වීම &c., ප්‍රාණහානිය, ප්‍රාණඝාතය, ඝාතනය.

Kiln, n. උදුන, ලොකු පෝරණුව, ගඩොල් පෝර ණුව, හුනු පෝරණුව &c

Kilometre, n. කිලෝමීටරය, මීටරය මෙන් දහස් ගුණ යක්, සහශ්‍රමීටරය.

Kilt, n. Scot. පුරුෂයන්ගේ කොට සාය.

Kimbo, a-kimbo, ad. Set the arms a-kimbo දෙඅත් ඉන තබා වැලමිට් විහිදුවාගන්නවා.

Kin, n. නෑකම, ඥාති කුලය ; නෑයා, නෑයෝ.

Kin, a. එක ජාතියට *or* පෙළපත්තියට අයිති. See Akin.

Kind, n. වර්ගය, වංශය, ජාතිය; මෝස්තරය, ආකා රය, වැදෑරුම ; this kind of මේ ආකාර, මෙබඳු, මේසා.

Kind, a. කරුණාවන්ත, දයාවන්ත, දයාබර, ගුණ වන්ත, හිතවත්.

Kindergarten, n. ළදරුවන්ගේ සිත් සතුටුවන පිළි වෙළට ඉගැන්වීම කරන පාසැලයක්, බාලාංග පාඨශාලාව.

Kindle, v. පත්තුකරනවා, මොළවනවා ; make to flame දල්වනවා ; පත්තුවෙනවා ; දැල්වෙනවා, ඇවි ළෙනවා ; fig. (ගුණඩඟ) අවුස්සනවා, අවුළුවනවා ; ඇවිස්සෙනවා, ඇවිළෙනවා ; උනන්දුවෙනවා.

Kindliness, n. දයාවන්තකම, මෘදු ගුණය, අනුකම්පා ශක්තිය, මෘදුතාව, සෞම්‍යතාව, කෝමලතාව, මෛත්‍රීකම, මෛත්‍රිය.

Kindly, a. දයාබර, දයාවන්ත, යහපත්, මෘදු ගුණ ඇත්තාවූ, මෛත්‍රී.

Kindly, ad. දයාවන්ත ලෙස, කරුණාවන්ත ලෙස, මෘදුලෙස.

Kindness, n. කරුණාවන්තකම, දයාවන්තකම, කරු ණාව, අනුග්‍රහය, සුකෘතිය.

Kindred, n. pl. ඥාති කුලයේ අයවල්, නෑයෝ, බන්ධු ජනයෝ, නෑසියෝ.

Kindred, a. ජාතියෙන් සම්බන්ධවූ, සමවූ, අනුකූල.

Kine, n. pl. එළදෙන්නු, ගවයෝ.

King, n. රජ, රජ්ජුරුවෝ, රද, නිරිඳු, නරේන්ද්‍රයා, නරපතියා, නරේශ්වරයා, නෘපතියා, පෘථිවිපතියා, භූපතියා, භූපාලයා, මහීපාලයා.

Kingdom, n. රාජ්‍යය ; animal kingdom ජීවගණය ; vegetable kingdom උද්භිද ගණය, තෘණ ගණය ; mineral kingdom ලෝහ ගණය.

Kingfisher, n. දිය පිළිහුඩුවා.

Kingly, a. රජෙකුට අයිති ; රජෙක් සමාන, රාජකීය, රාජාර්හ, රාජයෝග්‍ය.

King-post, n. මුදුන් කණුව, කුරුපාව.

King's Counsel, n. රජනීතිඥයා. [යක්.

King's-evil, n. ගණ්ඩමාලය, කණ්ඨමාලය, වණ රෝග

Kingship, n. රජකම, රජතනතුර, රාජත්වය.

Kink, n. (කරකැවීමෙන් ගැහෙන) ලනු පුඩුව *or* වංගුව ; v. පුඩු *or* වංගු ගැහෙනවා.

Kinsfolk, n. ඥාති සෙනග, නෑයෝ, බන්ධුවරයෝ.

Kinsman, n. නෑ කෙනෙක්, නෑයෙක්, ඥාතියා, බන්ධුවරයා.

Kinship, n. නෑකම, බන්ධුත්වය, බන්ධුතාව, ඥාතිත්වය.

Kiosk, n. උද්‍යාන මණ්ඩපයක්, සුළු බඩු සාප්පුවක්.

Kippered, a. ලුණු දමා වේලාපු ; fish වේළුණු ලුණු මාළු, කරවල.

Kirk, n. Scot. දේවස්ථානය, පල්ලිය ; පල්ලියේ සභාව.

Kirk-session, n. ස්කොට්ලන්ත පල්ලියේ මන්ත්‍රණ සභාව. [සභාව.

Kirtle, n. (පුරාණයේ) පිට ඇඳුමක්, ගවොම, උඩුරු

Kiss, v. තොල්වලින් තව්වුකරනවා, සිඹිනවා, ඉඹි නවා, චුම්බනයකරනවා ; (little children) හාදු—තොත්තු—ගන්නවා *or* දෙනවා

Kiss, Kissing n. සිඹීම &c., තොත්තුව, හාදුව, චුම්බ නය, පරිචුම්බනය.

Kit, n. මෙවලම් මල්ල ; හේවායාගේ අඩුම්කුඩුම්, ඇඳුම් ආදී නියම ගණන.

Kitchen, n. උයන ගෙය, කුස්සිය, මුළුතැන් ගෙය, පාකස්ථානය, පාකාගාරය.

Kitchen-garden, n. එළවළු වත්ත.

Kitchen-maid, n. කුස්සියේ වැඩකාරී, කුස්සි අම්මා.

Kitten, n. බළල් පැටියා ; v. බළල් පැටව් ගහනවා.

Kith, n. මිත්‍රයෝ,

Kitten, n. බළල් පැටියා ; v. බළල් පැටව් ගහනවා.

Knack, n. (යමක් කිරීමට ඇති) පුරුද්ද, හපන්කම, දක්ෂකම.

Knag, n. ලී ගැටය, ග්‍රන්ථිය ; ලී ඇණය ; අං දලුව ; පර්වතයේ *or* කන්දේ රළු මුදුන, ගිරිකුළ.

Knaggy, a. ගැට ගහන, රළු, fig. රළු, මිද රෞද්‍ර.

Knapsack, n. (හේවායාගේ &c.) උපකරණ මල්ල, ඔලොගුව, පිටමල්ල.

Knave, n. රැවටිලිකාරයා, ප්‍රයෝගකාරයා, තක් කඩියා ; හේවා සිතියම් ක්‍රීඩා පත්‍රය.

Knavery, n. රැවටිලිකාරකම &c.

Knavish, a. රැවටිලිකාර, කපටිකාර, චෞර ; සරද මට දඟකරන, කවටවූ.

Knead, v. අනනවා.

Kneading-trough, n. පිටිඅනන ඔරුව.

Knee, n. දණ, දණහිස, කෙළිල්ල, ජානුව; දණිස් හැඩිය ඇති දෙයක්.

Knee-bone, n. දණඋතුකටුව, දණනාලිය, ජානු අස්ථිය.

Knee-cap, Knee-pan, n. දණිස් ඇටය, ජානු ඵලකය, දණමඬල, ජානු මණ්ඩලය.

Knee-joint, n. දණ සන්ධිය, ජානු සන්ධිය.

Kneel, v. දණ නමනවා, දණ ගහනවා; kneeled *or* knelt දණ නැමුවා &c.

Knell, n. අවමංගල්‍ය ඝණ්ඨාර ශබ්දය.

Knick-knack, n. (coll.) සුළු බඩුවක්, සුළු දෙයක්.

Knife, n. පිහිය, පිහියක් pl. පිහියා.

Knife-basket, Knife-box, n. පිහියා දමන පෙට්ටිය, පිහියා-පෙට්ටිය.

Knight, n. පුරාණ යුද්ධ මුලාදෑනියෙක්; දැන් ඒ ගෞරවාන්විත නාමය දරන්නා, එංගාධිපතියා, නයිට් වරයා.

Knight, v. ඒ ගෞරවාන්විත නාමය දෙනවා.

Knight-errant, Knight-errantry. See Errant &c.

Knighthood, n. පුරාණ යුද්ධ මුලාදෑනිකමක්; ඒ ගෞරවාන්විත ස්වභාවය.

Knit, v. ගොතනවා; fig. unite සම්බන්ධකරනවා; knit the brows බැම හකුළුවනවා.

Knitting, n. ගෙතීම &c., ගෙතුම, ගෙතු වැඩේ.

Knitting-needle, n. ගෙතුම් කටුව.

Knob, n. ගැටය, ගුළියක් වැනි දෙයක්, මොට්ටුව, පොහොට්ටුව.

Knock, v. ගහනවා, පහර දෙනවා, ටොකු අනිනවා; knock at තට්ටුකරනවා; knock against වදිනවා, හැපෙනවා; knock up (arouse) තට්ටුකර නැඟිටුවනවා, (fatigue) තෙහෙට්ටුකරනවා; knock down ගසාදමනවා.

Knock, n. ගැසීම, ගහන පහර; තට්ටුකිරීම &c., ටොක්ක.

Knocker, n. ගහන්නා &c.; දොර තට්ටුකරන මිටිය.

Knock-kneed, a. දණ ගැටෙන.

Knoll, n. ගොඩැල්ල, කුඩා හෙල.

Knot, n. ගැටය, ගැටේ, ග්‍රන්ථිය; bunch බුරුත්ත; fig. කුඩා සමූහනිය, කැටිය; බන්ධනය; පහදන්ට අමාරු කාරණයක්, පටලැවිල්ල, ගැටපදය; නාවික සැතැප්ම.

Knot, v. ගැටගසනවා; fig. බන්ධනයකරනවා; v. i. ගැටගැහෙනවා; (ගස්වල) ගැට—පුරුක්—හැදෙනවා.

Knotted, a. ගැටගැසී තිබෙන, ගැට ඇත්තාවූ; in geol. තෙරුම්—ගැට—ඇති (පර්වත)

Knotty, a. ගැට ඇත්තාවූ, ගැට සහිත, ගැටළුවූ, තද; fig. අමාරු, පැටලිලි සහිත.

Knout, n. රුසියන් වදකරුවාගේ කසය.

Know, v. දන්නවා, දැනගන සිටිනවා, දැනුම් ඇතුව—දැනුවත්ව—සිටිනවා; a person අඳුනනවා, දන්නවා.

Knowable, a. දැනගන්ට පුළුවන්, දතහැකි, ඥාතව්‍ය, වේදිතව්‍ය.

Knowing, a. දැනුම්තේරුම් ඇත්තාවූ, දක්ෂ.

Knowingly, ad. දැනගනම, දැනුවත්ව.

Knowledge, n. දැනගැන්ම, දන්නාකම, දැනුම, දැනීම, දත්කම, විඥානය, අභිඥානය, විඥානය, ජානනය, විජානනය, සංජානනය, අවබෝධය, ප්‍රතිපත්තිය.

Known, a. (යමෙකු විසින්) දැනගන තිබෙන්නාවූ; දත්තාවූ, දත්තාවූ, ප්‍රකාශ, ප්‍රකට, ඥාත, අභිඥාත, විඥාත, විදිත, වේදිත; that should be known දැනගතයුතු, ඥේය.

Knuckle, n. අංගුලි සන්ධිය, ඇඟිලි පුරුක; මිනු දණ—ඌරු දණ—අඬංගු ගාතය.

Knuckle, v. knuckle down or under, fig. යටත් වෙනවා.

Koran, n. මහමත් ආගමේ බණ පොත, කුරාන් පොත.

Korlē, n. කෝරළය.

Kraal, n. (අප්‍රිකාවේ) ගම; ගාල; elephant kraal (අලින් ඇල්ලීමට බඳින) අලි ගාල, ඇත්ගාල.

Kudos, n. ප්‍රශංසාව, කීර්තිය.

Kyrle, Gk. ස්වාමීනි; Kyrle eleison ස්වාමීනි දයාවුව මැනව.

L.

L. (50) පනහක්; in accounts පවුම්, as I 1, £2 &c. (පවුම් එකයි &c.).

La, int. මෙන්න; අනේ, හැබෑද?

Label, n. පිට ලියවිල්ල, ලියා අලවන නාම පත්‍රය, ලේබලය Codicil, which see; in arch. දොරටු, කවුළු, ආදියට උඩින් තිබෙන ලිස්තරයක් *or* පිට වැස්මක්.

Label, v. නාම පත්‍රයක් අලවනවා *or* තබනවා, ලේබල් ගහනවා.

Labial, a. තොල්වලට අයිති, ඕෂ්ඨජ.

Labial, n. තොල්වලින් කියවෙන ශබ්දයක්, ඕෂ්ඨජ ශබ්දය; ඕෂ්ඨජාක්ෂරය.

Labiate, a. in bot. ඕෂ්ඨාකාර (මණිය).

Labiodental, a. තොල්වලින් හා දත්වලින් කියවෙන (ශබ්දය), ඕෂ්ඨ දන්තජ (ශබ්දය *or* අක්ෂරය).

Laboratory, n. (රසායන, භිෂජ කොෂ්ඨ, යුද්ධාපුධ, ආදිය) පිළියෙල කරන ආගාරය, රසායනාගාරය, පරීක්ෂණාගාරය, රසායන පරීක්ෂණාගාරය, (එවැනි) වැඩ පට්ටලය, වැඩිහල, ශිල්පශාලාව.

Laborious, a. වීර්ය කරන, වෙහෙස දරන, වෙහෙස මාන්සිගන්න, උත්සාහවන්ත; වෙහෙස මාන්සි සහිත, උගහට.

Laboriously, ad. වීර්යයෙන්, වෙහෙසගෙන, වෙහෙස මාන්සි ඇතුව, උත්සාහයෙන්; අමාරුවෙන්.

Laboriousness, n. වීර්ය කිරීම &c., see adj.; වෙහෙස මාන්සි සහිතකම, අමාරුකම.

Labour, Labor, n. වීර්යය, වෙහෙසමහන්සිය, ආයාසය, ප්‍රයාසය; වැඩය; වදන වේදනාව, විළිරුදාව, ප්‍රසව වේදනාව.

Labour, v. වීර්ය කරනවා, වෙහෙස ගන්නවා, වෙහෙස දරනවා, මහන්සි වෙනවා; (මුහුදේ) සෙලවි සෙලවී අමාරුවෙන් යනවා; වැඩ කරනවා; වදන වේදනා විඳිනවා; labour under difficulty &c. අමාරු—පීඩා &c.—විඳිනවා.

Laboured, a. අමාරුවෙන් කරන බව *or* කළ බව පෙනෙන, දුෂ්කර.

Labourer, n. වීර්ය කරන්නා වැඩ කරන්නා, කම්කරුවා; (ශිල්පයක් නොවන) පහත් බර වැඩ කරන්නා.

Labouring, a. වීර්ය කරන &c.; a labouring man පහත් වැඩ කරන්නා.

Labouring, n. වීර්යකිරීම &c.; නැවේ තද සෙලවීම.

Labour-pains, n. pl. වදන වේදනා, විළිරුදා, ප්‍රසව වේදනා.

Labour party, n. කම්කරු පක්ෂය.

Labour-saving, a. අත්වැඩ අඩුකරන (යන්ත්‍ර).

Labyrinth, n. පැටලිලි මාර්ග ඇති තැනක්, වංකගිරිය ; කණේ ඇතුල් කොටසායක්, අන්තඃකර්ණය ; fig. බේරත්ට අමාරු පැටලිල්ල.

Lac, n. 100,000, ලක්ෂය.

Lac, n. දුම්මල ජාතියක්, ලාකඩ, ලාත, ලාකඩ, liquid ලාක්ෂාරස, ලාතුදිය ; lac dye ලාක්ෂාව.

Lace, n. ගොතාපු පටි ජාතියක්, රේන්ද. රේන්ද පටිය ; shoe-lace &c. සපත්තු බඳින පටිය or ලනුව.

Lace, v. (සපත්තු ආදියට) පටි දමා බඳිනවා, ගොතා or අමුණා බඳිනවා.

Lacerate, v. තැනින් තැන ඉරනවා, තුවාල කරනවා ; fig. දුක්දෙනවා, හිත පළනවා.

Lachrymal, a. කඳුළුවලට, කඳුළු ගලා එන (ඇස්නළ) ; lachrymal gland අශ්‍රුනාලිය.

Lachrymation, n. කඳුළු හෙළීම, කඳුළු වැගිරීම, කඳුළු වැටීම, අශ්‍රුපාතය.

Lachrymose, a. කඳුළු උපදවන, කඳුළු සහිත, කඳුළු වගුරුවන, අශ්‍රුජනක.

Lack, n හිඟකම, පාඩුව, අඩුපාඩුව, නැතිකම, අගහිඟය, අගහිඟකම්, අගාහිගාව, හීනතාව, අභාවය.

Lack, v. හිඟකම් විඳිනවා, හිඟකමින් සිටිනවා ; යමක් නැතුව සිටිනවා, මුලාසිව සිටිනවා, (යමෙකුට යමක්) හිඟව—අඩුව—තිබෙනවා.

Lack-a-day, int අනේ, කාලයේ or කාරණයේ හැටි!

Lackadaisical, a. අනේ කියකියා කඳිසර මදිකමින් ලතවෙන්නාවූ, උනන්දු මදිවූ. [යා.

Lackey, n. අතවැසි මෙහෙකරුවා, පහත් මැඩකාර

Lackey, v. යටත් පහත් ලෙස මෙහෙ කරනවා.

Laconic, Laconical, a. සංක්ෂේප, සංක්ෂිප්ත, ලුහුඬු, ලඝුවාචක, හ්‍රස්වවාචක.

Laconism, Laconicism, n. (කථාවේ &c.) සංක්ෂේප ක්‍රමයක් ; සංක්ෂේප භාෂණය.

Lacquer, Lacker, n. (lac තම්බූ) ඔපතෙල් or දුම්මල ජාතියක්, වාර්නිස් ජාතියක්, වැලිච්චිය.

Lacquer, v. ඒ ජාතියේ ඔපතෙල් ගානවා, ලාක්ෂාරස ගානවා.

Lactation, n. (තනයෙන්) කිරිදීම ; කිරිදෙන කාලය.

Lacteal, a. කිරිවලට අයිති, ක්ෂීරමය, කිරි ආකාර ; ක්ෂීර (නාලි). [ක්ෂීර නාලියක්.

Lacteal, n. (ශරීරයේ) අභ්‍යන්තර යන්නාවූ නළයක්,

Lactescence, n. කිරිවලට හැරීම, කිරි අවගැනීම, ක්ෂීරජනකතාව ; ගස්වල කිරි or සුදු ඔජස.

Lactescent, a. කිරි or සුදු ඔජස උපදවන, ක්ෂීරජනක, ක්ෂීරෝත්පාදක, කිරි or සුදු ඔජස ඇත්තාවූ, ක්ෂීරබහුල.

Lactic, a. කිරිවලින් or ඇඹුල් කිරිවලින් ලබාගන්න, ක්ෂීරක ; lactic acid ක්ෂීරාම්ල.

Lactiferous, a. කිරි—සුදු ඔජස—දරන or උපදවන, ක්ෂීරජනක, ක්ෂීරවාහක.

Lactifuge, n. තනකිරි අඩුකරන බෙහෙත.

Lactometer, n. See Galactometer.

Lacuna, n. Lacunæ, pl. L. ක්ෂුද්‍ර විවරය, කුඩා වළ, හිස් තැන.

Lacustrine, Lacustral, a. විල්, වැව්, ආදියට අයිති.

Lad, n. කොල්ලා, ගැටයා, තරුණයා, පිරිමි ළමයා.

Ladder, n ඉණිමඟ, හිණිමඟ, හිණ, සෝපානය, සෝපාන පඞ්ක්තිය or පද්ධතිය, අධිරෝහණිය.

Lade, v. පටවනවා, පැටවිලිකරනවා ; යම් භාජනය කින් දියජාති ගන්නවා or වක්කරනවා.

Laden, be, v. fig. (කනගාටු, කරදරවල්, ආදියෙන්) බරවී සිටිනවා, පීඩිතව සිටිනවා ; (ඵලවලින් &c.) බරව තිබෙනවා.

Lading, n. පැටවිල්ල, බර.

Ladle, n. ලොකු හැන්ද, කොණෙස්ස, පාණිකාව.

Lady, n. වංශවත් තැනැත්තී, කුලස්ත්‍රී, කුලාඞ්ගනාව, උත්තමාව, ආයණිව, දේවිය, ළමාතැනි, කුමාරිහාමි, හෝනාමහත්මයා.

Lady-day, n. (කන්‍යාමරියාගේ දවස වන) මාර්තු මාසේ විසිපස්වෙනිද.

Lady-like, a. උතුම් ස්ත්‍රියකට සමාන, උතුම් ස්ත්‍රියකට ඔබින ; මෘදු, සුවිනීත. See Genteel.

Lady-love, n (යමෙකුගේ) ප්‍රේමවන්තී, පෙම්වතිය.

Ladyship, n. ස්ත්‍රියෙකුගේ වංශවත්කම ; her ladyship ඒ වංශවත් තැනැත්තී.

Lag, v. හෙමිහිට—ප්‍රමාදව—එනවා or යනවා, සුනංගු වෙනවා.

Laggard, n. or a. සුනංගු වෙන්නා, ප්‍රමාද වෙන්නා, අලසයා ; සුනංගුවූ &c.

Lagoon, n. කලපුව, ඔඩය.

Laic, Laical, a. ගිහි, ගෘහස්ථ, ගාර්හස්ථික.

Laic, n. ගිහියා, ගෘහස්ථයා.

Laid, pert. & pp. of Lay තැබුවා &c. ; laid up අහක තබා තිබෙනවා ; ඔත්පලව සිටිනවා.

Lain, pp. of Lie ශයනයවී &c.

Lair, n. වල් සතෙකු ලගින තැන, තිප්පල, ලෙණ, බෙනය. [යා.

Laird, n. Scot. ස්වාමියෙක්, අධිපතියා, ගම්හිමි හිමි

Laity, n. ගිහියෝ, ගෘහස්ථයෝ. [කලපුව.

Lake, n. වැව, විල, පුෂ්කරිණිය ; salt water lake

Lake, n. (from Lac) ලාක්ෂාවර්ණය, රක්තවර්ණය, අඳුරු රතු පාටක්.

Lama, n. ආසියාවේ තනිර්වරුන්ගේ ශ්‍රේෂ්ඨාධිපතියා or දෙවියෝ ; ටිබෙට් රටේ බෞද්ධ පූජකයෙක්.

Lamaism, n. තනිර්වරුන්ගේ ආගම ; ටිබෙට් රටේ බෞද්ධාගම.

Lamb, n. බැටළුපැටියා, බැටළුපැටවා, බැටළුවස්සා, බැටළු පෝතකයා.

Lamb, v. බැටළු පැටියන් වදනවා.

Lambkin, n. කුඩා බැටළුපැටියා.

Lambent, a. ලෙලදෙන or එහාට මෙහාට වැනෙන (ගිනිදැල්ල).

Lamblike, a. බැටළු පැටියෙකු වැනි or සමාන, fig. මෘදු, යටහත්, නිදොස්.

Lame, a. කොර, තොණ්ඩි, අඞ්ගභාගය ; fig. දුර්වල, හරි නොයන (උත්තර &c.).

Lame, v. කොර කරනවා, අඞ්ගභාග කරනවා.

Lamella, n. තුනී තහඩුවක්, කොරපොත්තක්, පෙත්තක්.

Lamellar, a. තුනී තහඩු ආකාර. See Laminar &c.

Lamely, ad. තොණ්ඩිලෙස ; දුර්වලලෙස, අසම්පූර්ණලෙස.

Lameness, n. අඞ්ගභාගකම, තොණ්ඩි ගතිය ; දුර්වලකම &c.

Lament, v. විලාප කියනවා, වැලපෙනවා, ලතවෙනවා, තැවෙනවා, කනගාටුවෙනවා, ශෝකවෙනවා.

Lament, n. විලාපය, කනගාටුව ; ලතෝනි කාවියම.

Lamentable, a. දුඃඛිත, කනගාටු, ශෝචනීය, ශෝචිතව්‍ය, ශෝච්‍ය, (කාරණ) ; ලතෝනි සහිත (හඬ, නාලය).

Lamentation, n. විලාප කීම &c., විලාපය, ලතෝනිය, අඳෝනාව, පරිදේවනය.

Lamented, pp. or a. (යමෙක්) ලතවී ශෝකවෙන්නාවූ, පරිදේවිත.

Lamina, n. ලෝහම වාගේ තුනී සිවියක්, කොර පොත්ත, පෙත්ත.

Laminar, Laminate, Laminated, a. එකතුවූ කොර පොතු වැනි තහඩු සහිත, පිටපිට තුනී තට්ටු ඇත්තාවූ, පෙති ආකාර.

Lammas-day, n. නිකිනි මස—අගෝස්තු මාසයේ—පළමුවෙනිදා, අගස් මංගල්‍යය.

Lamp, n. පහන, පාතු, දීපය, ප්‍රදීපය, ලාම්පුව.

Lampblack, n. දලි, පහන්දලි, සියත්ඩුඹුලු වර්ගයක්, ඩුඹුලු, කජ්වල.

Lamplight, n. පහන් එළිය, ප්‍රදීපාලෝකය.

Lampoon, n. පහත්වූ නිග්‍රහ ප්‍රබන්ධය, ලියාපු කවිට නිග්‍රහය.

Lampoon, v. කවිට ප්‍රබන්ධයකින් නිග්‍රහ කරනවා.

Lamp-post, n. පහන් කුළුන, පහන් කණුව, දීපයන මහය.

Lamprey, n. ආඳට සමාන මත්ස්‍ය ජාතියක්.

Lampstand, n. පහන්කද, පහන්රුක, දීපවංශය, දීපපාදපය.

Lanate, Lanated, a. ලොම් ආකාර, in bot. ලෝමිශ, ලෝමවත්.

Lance, n. සෙල්ලය, හෙල්ලය, ඉසවිය, ලංසය.

Lance, v. හෙල්ලයකින් අනිනවා; විදින කටුවෙන් කපනවා.

Lance-corporal, n. සුළු සේවා ප්‍රලාදෘතියෙක්.

Lanceolate, Lanceolated, a. in bot. ඊතලය ආකාර, ශූලාකාර.

Lancer, n. සෙල්ල දරන්නා, ශූලධාරියා.

Lancet, n. (වෙදගේ) විදින කටුව; lancet-window ඊතල ආකාර කවුළුව.

Lancinate, v. පරිසපන්දනය වෙනවා.

Lancination, n. ඉරීමක් වැනි වේදනා වීම, ගැහීම, ඇඹිලීම, පරිස්පන්දනය.

Land, n. ගොඩ බිම, ගොඩ; දේශය; පස්, පොළව, භූමිය; estate වත්ත, වතුපිටි, බිම්.

Land, v. (බඩු) ගොඩ බානවා, (වතුරෙන්) ගොඩට ගන්නවා; take across උත්තරණය කරනවා; go ashore ගොඩ බසිනවා.

Land-agent, n. වතුපිටි කළමනාකාරයා.

Landed, pp. or a. ගොඩ බානලද &c.; වතුපිටි හිමිවූ; වතුපිටි ආදී (වස්තු). [සම්පත.

Landed-estate, Land-estate, n. වතුපිටි ගම්බිම් ආදී

Landed-proprietor, n. වතුපිටි ආදිය හිමිකාරයා.

Land-force, n. ගොඩ යුද්ධසේනාව.

Landholder, n. ගම්බිම් හිමියා.

Landing, n. ගොඩ බෑම &c., ගොඩ බනින තැන; පඩි පෙළේ තලයක්.

Landing, a. ගොඩ බෑමට—ගොඩ බැසීමට—අයිති.

Landing-place, n. ගොඩ බාන තැන, ගොඩ බසින ස්ථානය, තරණස්ථානය.

Landlady, n. (කුලියට දෙන, බදුදෙන) ගම්බිම් ගෙවල් ආදිය අයිතිකාරී; තානායම්කාරී. [ස්.

Landlocked, a. ගොඩබිමින් වටකර තිබෙන (තැන

Landlord, n. (කුලියටදෙන, බදුදෙන) ගෙවල් ආදිය අයිතිකාරයා, ගෙවල් හිමියා; තානායම්කාරයා.

Landmark, n. මායිම් ලකුණ, ඉම; මුහුදට පෙනෙන ගොඩ ලකුණක්.

Land-measure, n. in arith. බිම් මැනීම, හතරැස් මැනුම, භූමි පරිමාණය.

Landscape, n. එක බැල්මට පෙනෙන භූමිප්‍රදේශය, දෘෂ්ටිමණ්ඩලය, භූමි දර්ශනය; භූමි දර්ශන චිත්‍රය, දෘෂ්ටිමණ්ඩල සිතියම.

Landscape-painter, n. භූමිප්‍රදේශ චිත්‍රකාරයා, දෘෂ්ටිමණ්ඩල චිත්‍රකයා.

Landslip, n. (කඩාවැටුණු) කණිසිය, කන්දෙන් ලිස්සියන ගල් පස් ආදිය.

Landsman, n. (මුහුදට නොගොස්) ගොඩ සිටින්නා; නුපුරුදු නාවිකයා.

Land-surveying, n. බිම් මැනීම, භූමිමානක ශිල්පය, මිනින්දෝරු වැඩේ.

Land-surveyor, n. බිම් මනින්නා, බිම් මැන සටහන් කරන්නා, මිනින්දෝරුවා.

Land-tax, n. බිම් ආදායම, බිම් බද්ද, of paddy field මඹ බද්ද.

Land-tortoise, Land-turtle, n. ගොඩ ඉබ්බා.

Landward, ad. ගොඩ දෙසට.

Landwind, n. ගොඩ උඩින් — ගොඩ සිට — හමන සුළඟ, ගොඩ හුළඟ.

Lane, n. (දෙපැත්තෙහි වැට ආදිය ඇති) පටු මඟ, පටු මාවත, දෙවට; පටු වීථිය, මුඩුක්කුව.

Language, n. භාෂාව, බස; වාග්ව්‍යවහාරය, කථා ව්‍යවහාරය, කථාවේ අන්දම; භාෂිතය; fig. of flowers &c. (මල්වලින් &c.) හැඟෙන තේරුම, පුෂ්ප-භාෂණය.

Languid, a. දුර්වල, වෙහෙස්කෝඩු, මලානික, උනන්දු නැති.

Languish, v. දුර්වල වෙනවා, වෙහෙස්කෝඩු වෙනවා, මලානික වෙනවා, මැලවෙනවා, වියළෙනවා.

Languishing, a. මලානික ඇස්වලින් මෙන් — ඉතා මෘදුකමින් — බලන, සෞම්‍ය, (පෙනීම, ඇස් &c.), මලානික.

Langour, n. දුර්වලකම, වෙහෙස්කෝඩුව, මලානිකකම.

Laniferous, Lanigerous, n. ලොම් ඇත්තාවූ, රෝමධාරී, ලෝමජනක, ලෝමෝත්පාදක.

Lank, a. ඝන නැති දිග (ඉසකේ); කෘශ, හීන්දෑරි.

Lanky, a. (රිටක් වැනි) හීන්දෑරි උස්වූ.

Lantana, n. ගඳපාන, රට හිඟුරු.

Lantern, n. ලන්තෑරුම, ගමන් පහන; කොතේ මුදුන් කවුළුව; dark lantern අඳුරු වහන පාන; magic lantern (සිතියම් පෙන්වන) මායා ප්‍රදීපය.

Lanuginose, Lanuginous, a. සිහින් රෝම ඇත්තාවූ, බුව ඇත්තාවූ.

Lap, n. දිග කබායේ බුරුල් පහත් පංගුව; of the body උකුල; a fold පටක්. [වා.

Lap, v. (කෑම බීම) ලෙවකාගන්නවා, ලෙවකා බොන

Lap over, v. (විකක් නැමුන්) එකක් පිට එකක් තබනවා, එකකට එකක් අල්ලනවා, අල්ලා තිබෙනවා.

Lapdog, n. (උකුලේ වඩාගන්න) කුඩා බල්ලා.

Lapful, n. උකුල පුරා ගණනක්, of fruit &c. උකුල පුරා ගෙඩි.

Lapidary, n. මැණික් කපන්නා, ගල් ගාන්නා; මැණික් වෙළෙන්දා, ගල් වෙළෙන්දා.

Lapidary, a. මැණික් කැපුම් ආකාර; චෛත්‍ය ලේඛ්‍යාකාර.

Lapse, v. (කාලය) ගතවෙනවා, පසුවෙනවා, ඉකුත් වෙනවා; (භාරක ස්වභාවකට) වැටෙනවා, පසුබට වෙනවා; (අයිතිවාසිකම අන් කෙනෙකුට) පැමිණෙනවා, වැටෙනවා.

Lapse, n. ගතවීම &c., පසුබටය; (මනුෂ්‍යයාගේ) පාපගතවීම.

Lapstone, n. සපත්තේරු ගල.

Lapsus linguæ, L. ආපහු භාෂා ආදී කථා දෝෂය, උච්චාරණ දෝෂය.

Lapwing, n. පක්ෂි වර්ගයක්.
Larboard, n. නැවේ වම් පැත්ත.
Larceny, n. හොරෙන් ගැනීම, (සුළු) හොරකම, අදත්තාදානය.
Lard, n ඌරුතෙල්; v. ඌරුතෙල් ගානවා or මිශ්‍ර කරනවා; ගුණයට යමක් මිශ්‍ර කරනවා.
Larder, n. (මස් ආදිය තබාගන්න) ආහාර ගබඩාව.
Large, a. ලොකු, මහත්, නැබල, විශාල, විපුල, පෘථුල.
Be at large නිදහස්ව සිටිනවා, (cattle) නිදැල්ලේ සිටිනවා; set at large නිදැල්ලේ අරිනවා.
Speak at large සම්පූර්ණලෙස—අතිවිස්තරයෙන්—කථාකරනවා.
Large-hearted, a. ත්‍යාගවන්ත, ත්‍යාගශීල, නිලෝභී; මහානුභාවික.
Largely, ad. විශාලලෙස, බහුලලෙස, ත්‍යාගවන්තලෙස.
Largeness, n. ලොකුකම, මහත්කම, විශාලතාව, විපුලභාවය &c.
Largess, n. ත්‍යාගය, දීමනාව, දානය.
Lark, n. කුරුලු ජාතියක්; විහිළු සරදම.
Lark, v. ඒ කුරුල්ලන් අල්ලනවා; රෞද්‍රලෙස or විහිළුලෙස සරදම් කරනවා.
Larva, n. දළඹුවා, පණුවා. See Grub.
Larviparous, a. (ඉහද නොව) දළඹුවන්—පණුවන්—දමන (සත්තු).
Laryngeal, Laryngean, a. උගුරේ මුදුනට අයිති, ඌර්ධ්වකණ්ඨය.
Laryngitis, n. උඩ උගුරේ දැවිල්ල, ඌර්ධ්වකණ්ඨදාහ
Laryngotomy, n. ඌර්ධ්වකණ්ඨ ඡේදනය, කණ්ඨනාල ඡේදනය.
Larynx, n. උගුර, i. e. උගුරු දණ්ඩේ ඉහළ කොටස, ඌර්ධ්වකණ්ඨය.
Lascivious, a. සල්ලාල, මදමත්, කාමච්චාර, කාමුක, කාමාසක්ත.
Lasciviousness, n. සල්ලාලකම, කාමතෘෂ්ණාව, කාමුකකම, කාමච්චාරය, කාමාසක්තිය.
Lash, n. කස පටිය; කස පහර; fig. ඇනුම් පදය.
Lash, v. කසයෙන් ගහනවා, (ලනුවකින් or එවැනි බුරුල් දෙයකින්) පහර දෙනවා; යමකට බැඳ තබනවා; fig. ඇනුම් පදවලින් පහර දෙනවා, සැර කරනවා; lash out අතින් පයින් සැරලෙස ගහනවා; ~ ැරෙන් දෙසාබානවා.
Lashing, n. කසයෙන් &c. ගැසීම, තැළීම &c.; (බැඳීමට ගන්න) ලනු කැල්ලක්.
Lass, n. කෙල්ල, පොඩ්ඩි, පැටික්කී, ගෑනුළමයා, ගැටිස්සී, දරිකාව, කන්‍යාව, තරුණිය.
Lassitude n. කෝඩුව, විහක්කෝඩුව, මලානිකකම, දුර්වලකම, විෂාදය, ක්ලාන්තතාව, ව්‍යසනතාව.
Lasso, n. (වල් අසුන් &c. අල්ලන්ට විසිකරන) පුඩුවක් ඇති කඹය or මන්ද.
Last, n. සපත්තු-අච්චුව.
Last, a. අන්තිම, කෙළවරවූ, අන්ත්‍ය, පර්යන්ත; the past ගිය, පසුගිය (සතිය &c.); of degree ඉතා, අන්තිම තරම්වූ.
Last, ad. අන්තිමව, කෙළවරට, at last අන්තිමේට, අන්තිමේදී.
Last, v. පවතිනවා; නැති නොවී—කම්මුතු නොවී—මදි නොවී—පවතිනවා.
Lasting, a. පවතින &c.; ස්ථායී, චිරස්ථායී, චිරකාලික, නිත්‍ය, ස්ථිර.
Lastly, ad. අන්තිම කොට, අන්තිමේට.
Latch, n. කුඩා අගුළ, දොර ඇණය or කොක්ක, තරංකය.

Latch, v. (දොර වසා) කුඩා අගුළ &c. දමනවා, අගුළු ලනවා.
Latchet, n. (obs.) (මිරිවැඩියේ) ගැස්පටය or පටිය.
Late, be, v. ප්‍රමාදව or පරක්කුව පැමිණෙනවා, නියි කාලයට or වේලාවට පසුව සිද්ධවෙනවා; it is now very late දැන් බොහෝ කල් ගියා or දවල් වෙලා or රෑවෙලා තිබෙනවා.
Late, a. ප්‍රමාදවූ, පරක්කු, සුනංගු; recent ළඟදී තිබී or සිට දැන් නැත්තාවූ, නැසීගිය, කාලයාත්‍රාකළ; හිටපු, නොබෝද තුරන්වූණුවූ; නොබෝද සිද්ධවූ, අලුතදී වුණුවූ or කළාවූ, අලුත්, අභිනවවූ (යෙදුම &c.).
Late, ad. ප්‍රමාදව, සුනංගුව; in the day බොහෝ දවල්වෙලා, in the night බොහෝ රෑවෙලා, (ආවා &c.); of late මෑතදී, කලක පටන්; too late නියි කාලයට—වේලාවට—පසුව.
Lateen, n. තුන්හුළස් රෑවලක්.
Lately, ad. අලුත, අලුතදී, මෑතදී, නොබෝද, පසුගිය අතර, පසුගියදා.
Latency, n. අප්‍රකාශභාවය, ගුප්තතාව.
Lateness, n. ප්‍රමාදය—නියි කාලයට පසුව—පැමිණීම &c., see verb.
Latent, a. (නොපෙනී, ප්‍රකාශ නොවී) ඇතුළත්ව ඇත්තාවූ, සැඟව තිබෙන, අප්‍රකාශ අප්‍රකට, ලීන, ගූඪ, ප්‍රච්ඡන්න, ගුප්ත (උෂ්ණත්වය, බලය, ආශාව).
Lateral, a. පැත්තට — අංශයට — අයිති, පාර්ශ්වික, පාර්ශ්ව සම්බන්ධ, පාර්ශ්වීය, පැත්තෙන් පැමිණෙන; පැත්ත දෙසට යන්නාවූ.
Laterally, ad. පැත්ත පා, පැත්ත තබා; පැත්ත දෙසට; අංශාකාරයෙන්.
Latex, n. වෘක්ෂෝර්ජස, ගස්කිරි ද්‍රව.
Lath, n. රීප්පය; v. රීප්ප ගහනවා.
Lathe, n. (ලී, ලෝහ &c.) ලියන කඳ, ලියවන පට්ටලය, භ්‍රමිය.
Lather, n. (සබන්වලින් or කාදියෙන් හැදෙන) පෙණ, සබන් පෙණ.
Lather, v. (සබන්වලින් &c.) පෙණ නගිනවා, පෙණ හැදෙනවා; සබන් පෙණ ගානවා.
Lathing, n. රීප්ප ගැසීම; රීප්ප තට්ටුව.
Laticiferous, a. (ගස්වල) බීජධාරී, ක්ෂීරධාරී, (නාල, කූප, ආශය).
Latifoliate, Latifolious, a. පළල් කොළ ඇත්තාවූ.
Latin, n. පුරාණ රෝමවරුන්ගේ භාෂාව, ලතින භාෂාව; පාඨශාලාවේ ලතින් පාඩම.
Latin, a. පුරාණ රෝමවරුන් සම්බන්ධ; Latin Church අපරදිග සභාව or රෝමානු සභාව.
Latinism, n. ලතින් භාෂා රීතියක්.
Latinist, n. ලතින් භාෂාව දන්න කෙනෙක්.
Latinize, v. ලතින් භාෂාරීතියට පෙරළනවා.
Latitude, n. (නිරක්ෂ රේඛාවේ සිට යම් තැනක) දුර ප්‍රමාණය, යම් තැනක අක්ෂය, අක්ෂමාත්‍ර රේඛාව, රේඛාන්තරය; north උත්තර රේඛාන්තරය, south දක්ෂිණ රේඛාන්තරය; fig. (අර්ථයේ) ප්‍රමාණය; නිදහස්කම, නිදහස, ඉඩ.
Latitudinal, a. රේඛාන්තර, අක්ෂීය.
Latitudinarian, n. (නියම ක්‍රමයේ හැටියටම නොව) නිදහස්ලෙස කල්පනා කරන්නා; සමයක්ද්‍රෂ්ටියම බලාපොරොත්තුව කැමති හැටියට අදහන්නා, ආගම් ගැන අනියමලෙස කල්පනාකරන්නා.
Latitudinarian, a. (එසේ) නිදහස්ලෙස — අනියම්ලෙස—කල්පනාකරන &c

Latitudinarianism, n. (විශේෂ) අනිසි නිදහස්කමින්—බුරුල්ලෙස—කල්පනාකිරීම, අසම්‍යක්දෘෂ්ටිය.
Latrine, n. ප්‍රසිද්ධ වැසිකිළිය.
Latten, n. පිත්තල; බෙලෙක් තහඩු; බෙලෙක් ගාපු යකඩ තහඩු.
Latter, a. පසුව පැමිණෙන *or* වෙත්තාවූ &c.; දෙක කින් අන්තිමවූ *or* අන්තිමකොට කීවාවූ, අපරෝක්ත; modern අභිනව.
Latterly, ad. See Lately.
Lattice, n. ජලෝසිය, ජලිස්දෙර, ගරාදිය, ලී ආදි යෙන් සාදපු දැල්වැඩේ.
Lattice, v. ගරාදි ආකාරයට සාදනවා; ජලෝසියක් දමනවා.
Latticed-window, n. ජලෝසි කවුළුව.
Laud, v. වර්ණනාකරනවා, ප්‍රශංසාකරනවා, කීර්තනය කරනවා, සංකීර්තනය කරනවා.
Laudable, a. පැසසියයුතු, ප්‍රශංසනීය, ප්‍රශස්‍ය, කීර්තනීය, ශ්ලාඝ්‍ය, වර්ණනීය, ප්‍රශස්ත, ප්‍රශංසාර්හ.
Laudableness, n. ප්‍රශංසනීයකම, ප්‍රශංස්‍යතාව, etc.
Lauded, a. වර්ණනාකරනලද &c., ප්‍රශස්ත, කීර්තිත, සංකීර්තිත, වර්ණිත.
Laudanum, n. (මද්‍යසාරයෙන්) දියකරපු අබින්.
Laudatory, a. වර්ණනා සහිත, ස්තුතිමය, වර්ණනාත්මක, ප්‍රශංසාමය, ප්‍රශංසාකාර, (පොත්, කවි).
Laugh, v. සිනාසෙනවා, හිනාහෙනවා, හාස්‍යකරනවා; fig. (කඳු හෙල් &c.) ප්‍රීතිය පානවා.
  Laugh out ඇසෙන්ට සිනාසෙනවා.
  We laughed him out of that notion ඔහුට සිනාසීමෙන් ඒ කල්පනාව ඔහුගෙන් පහකළෙමු.
Laugh, n. සිනාව, හිනාව, හාස්‍ය.
Laughable, a. සිනාසීමට කාරණ ඇත්තාවූ, සිනා උපදවන, හාස්‍ය, හාස්‍යෝත්පාදක, හාස්‍යජනක.
Laughing, Laughter, n. සිනාසීම, හිනාහවීම, හාස්‍ය, හසනය.
Laughing-gas, n. සිනා උපදවන වායු විශේෂයක්.
Laughingly, ad. සිනාසෙමින්, හිනා ඇතුව.
Laughing-stock, n. සිනාවට කාරණවූ කෙනෙක් *or* දෙයක් හාස්‍යෝත්පාදක දෙය.
Launch, v. මුහුදට බානවා, දියත්කරනවා; (හෙල් ලක් මෙන් අහින්) විසිකරනවා; fig. launch out විශාලලෙස—දිගට—සැරලෙස—කථාකරනවා; (අලුත් ව්‍යාපාරයක්) ක්‍රියාවෙහි යොදවනවා, පටන් ගන්නවා, ක්‍රියාරම්භකරනවා, අරඹනවා.
Launch, n. දියත්කිරීම, දියත්වීම; පාරු ජාතියක්.
Laundress, n. අපුල්ලන්නී, රදගෑනි, රදවී.
Laundry, n. ඇඳුම් අපුල්ලා මදින ගෙය *or* මඩුව.
Laureate, Poet Laureate, n. (පුරාණයේදී) රජ්ජුගේ කාව්‍යක්කාරයා; (දැනට) ශ්‍රේෂ්ඨ කවීන්ද්‍රයා, රජකිවියා, රාජකීය කවීන්ද්‍රයා.
Laureate, v. (Laurel නම්බු ජාතියගේ) පත්‍රමාලයක් පලඳවනවා; අග්‍රපාඨශාලාවක පටබැඳි නාමයක් දෙනවා.
Laurel, a. දවුල් කුරුඳුගස් වර්ගයක්, මාපත් කුරුඳු; ගෞරවය, කීර්තිය, සම්මානය.
Lava, n. (ගිනිකන්දෙන් නික්මෙන) ලෝදිය, එය නිවීමෙන් හැදෙන ගල් ජාතිය.
Lavatory, n. ඇඟ සෝදගන්න කාමරය, නාන ගෙය; (රන් ලබන්ට) පස් සෝදන ස්ථානය.
Lave, v. සෝදනවා, නාවනවා, නානවා.
Lavender, n. සුවඳ ගස් ජාතියක්, ලැවැන්දර.
Laver, n. (අත් මුහුණ) සෝදගන්න ලොකු තාලිය.
Lavish *or* **Be lavish**, v. අධිකලෙස වියදම්කරනවා *or* දෙනවා; නිෂ්ඵලලෙස වියදම්කරනවා, මුදල් අපතේ අරිනවා *or* නැති කරනවා.
  He is lavish of his money, gift, promises &c. *or* he lavishes money &c. ඔහු බොහෝසෙයින්—අධිකලෙස—මුදල් වියදම් කරනවා, නොමසුරුව තෑගි, පොරොන්දු &c. දෙනවා.
Lavishly, ad. අධිකලෙස, ඉතා වියදම්කාරලෙස, නොමසුරුව, නිලෝභීව.
Law, n. පනත, නීතිය, ව්‍යවස්ථාව; ධර්මය; දේවධර්මය; rule සූත්‍රය, නියමය, රෙගුලාසිය, නියම ක්‍රමය;
  law of nature සවභාව ධර්මය, ජගත් සවභාව;
  laws of animal nature සත්ත්ව සවභාව ධර්ම, ශරීර සවභාව ධර්ම;
  laws of vegetation වෘක්ෂ සවභාව ධර්ම, උද්භිද සවභාව ධර්ම;
  physical laws *or* laws of nature ද්‍රව්‍ය ධර්ම;
  laws of nations මනුෂ්‍ය ජාතීන්ගේ අන්‍යෝන්‍ය නියෝග;
  moral law ධර්මනීතිය, සදාචාර ධර්මය, සාධුධර්මය, ආචාරප්‍රඥප්තිය, ධර්මප්‍රඥප්තිය, ආත්මික ධර්මය; go to law නඩු කියනවා.
Law, a. නීති, ව්‍යවස්ථා; නඩු; law court නඩු ශාලාව.
Law-abiding, a. නීතියට යටත්, නීති ගරු කරන.
Lawful, a. පනතට &c. එකඟවූ, ව්‍යවස්ථානුකූල, නීත්‍යනුකූල, නීතිප්‍රකාර.
Lawfully, ad. නීතිය කඩනොකර, නීතියේ හැටියට, ව්‍යවස්ථානුකූල ලෙස.
Lawfulness, n. නීතියට එකඟකම, යුතුකම, ව්‍යවස්ථානුකූලත්වය.
Lawgiver, n. නීතිදායකයා, ආඥා පනවන්නා, ව්‍යවස්ථාපකයා.
Lawless, a. අණ පනත්වලට අකීකරු, ආණ්ඩුවට යටත්නැති, නොපනත්, දාමරික, කැරලිකාර; අශිෂ්ට; අනඩු.
Lawn, n. තණ සහිත එළිමහන *or* පිට්ටනිය.
Lawn, n. ඉතා සිහින් හණරෙදි, සුදු කපුපිළි ජාතියක්.
Law-officer, n. ආණ්ඩුවෙන් බලය ලත් කෙනෙක්, නඩුකාර බලයක් ඇත්තෙක්.
Lawn-tennis, n. පිට්ටනියක කරන පන්දු ක්‍රීඩාවක්, ටැනිස් ක්‍රීඩාව.
Lawsuit, n. නඩුව, පැමිණිල්ල, හබය, අධිකරණය.
Lawyer, n. නීතිඥයා, පෙරකදෝරුවා අද්වකාත්.
Lax, a. බුරුල්, තදනැති, ලිහිල්, ශිථිල; හැලෙන්නු වෙන, විරේචන වෙන; fig. අනියම්, අස්ථිර, අනාචාර.
Laxative, a. රේචක, විරේචන, පාචන කරවන.
Laxative, n. විරේචන බෙහෙත, විරේචනය, මෘදු විරේකය.
Laxity, Laxness, n. බුරුල්කම &c.; fig. අනියම්කම; අනාචාරකම.
Lay, pret. of Lie, ශයනය වුණ &c.
Lay, v. තබනවා, දමනවා; බිත්තර දමනවා; lay to rest හොවනවා;
  bet ඔට්ටු කරනවා; spread අතුරනවා;
  appoint (taxes &c.) නියම කරනවා;
  allay, appease, නවත්වනවා, සංසිඳුවනවා; lay the blame වරද තබනවා. lay out: *expend* වියදම් කරනවා, *plan* යොදනවා, *arrange* අස් කරනවා &c.;
  lay in *or* up තබා ගන්නවා, සපයා ගන්නවා, රැස්කර ගන්නවා;

lay up ඔත්පලකරනවා, see Laid ; lay up a ship නැව් අහකින් තබනවා ;

lay hold of අල්ලනවා, අල්ලාගන්නවා lay waste විනාසනවා ;

lay open අරිනවා, ඇර තබනවා, විවෘතකරනවා: ප්‍රකාශකරනවා ;

lay the dust දූවිලි නිවනවා, බූලි නිර්වාපනය කරනවා.

Lay, n. කාව්‍යය, කාවියම, ගීය.

Lay, a. ගිහි, ගෘහස්ථ, අගාරක, අගාරික.

Layer, n. තට්ටුව ; (මුල් ඇදීමට) බිමේ දමන අත්ත.

Lay-figure, n. (චිත්‍රකර්මාන්තකාරයා තබාගන්න) ආදර්ශ ප්‍රතිමාව.

Layman, n. ගිහියා, ගෘහස්ථයා, අගාරිකයා. [යා.

Lazar, n. කුෂ්ඨ රෝගියා පරංගි රෝගියා, ලාදුරු කාර

Lazaret, Lazaretto, n. කුෂ්ඨ රෝගාදියෙන් පෙළෙන්නන් වසන ආරෝග්‍ය ශාලාව, ලාදුරු මඩුව, ලාදුරු වත්ත.

Lázily, ad. කම්මැලිලෙස &c., කුසීතාකාරයෙන්.

Laziness, n. කම්මැලිකම, අලසකම, කුසීතතාව.

Lazy, a. කම්මැලි, අලස, කුසීත.

L. B. lb. රාත්තල, lbs. රාත්තල්.

Lea, n. තෘණ බිම, පිට්ටනිය.

Lead (ලෙඩ්), n. the metal ඊයම් ; the plummet ලඹය ; used in printing තුනී ලෝහ කෑලි ; the leads ඊයම් තහඩු පියස්ස.

Lead (ලෙඩ්), v. ඊයම්වලින් වසනවා ; (අච්චු අකුරු පේළි අතරේ) ඊයම් කෑලි දමනවා.

Lead (ලීඩ්), v. (කෙනෙක් or සතෙක්) අතින් අල්ලා යනවා, ගෙන යනවා, කැඳවාගෙන යනවා, අඬගහගෙන යනවා or එනවා ; fig. & lit. මග පෙන්වනවා.

precede පෙරටුව—ඉස්සරව—යනවා ;

command (ගමනකදී or සටනකදී &c. මිනිසුන්) ගෙනයනවා or අධිපතිකම් කරනවා : allure ඇදගන්නවා ;

lead a life ජීවිතයක් පසුකරනවා, of sin, purity &c. පාප—ශුද්ධ—ජීවිතයකින් කල්යවනවා or පසුකරවනවා ;

lead to do a thing කිරීමට කැමති කරනවා or සලස්වනවා ;

lead astray මුළාකරවනවා ; lead captive වාලට ගෙනයනවා ;

lead off අහකට ගෙනයනවා ; පටන්ගන්නවා ;

this road leads to Kandy මේ පාර මහනුවර } කරායයි or මහනුවරට වැටෙයි.

Lead, n. ඉස්සරව පටන්ගැනීම, මූලිකකම, මග පෙන්වීම, ප්‍රධානකම් කිරීම.

Leaden (ලෙඩන්), a. ඊයම් ; fig. බර, අලස, උනන්දු නැති, මොට්ට.

Leader, n. පෙරටුව යන්නා, මග පෙන්වන්නා, මූලිකයා, නායකයා, අධිපතියා; ප්‍රධාන කතෘවාක්‍යය.

Leadership, n. මූලිකකම, මූලිකත්වය. ප්‍රධානත්වය.

Leading, a. ඉස්සරව යන, පෙරටුව යන ; ප්‍රධාන, මූලික.

Leading-strings, n. pl. කුඩා දරුවන් උස්සන පටි ; fig. be in leading strings අනුන්ට යටත්ව—අවලම්බිතව—සිටිනවා.

Lead-pencil, n. පැන්සලය, මිනිරන් කූර, පොත ලොන්කූර.

Lead-works, n. ඊයම්වැඩ කරන ස්ථානය, ඊයම් පට්ටලය.

Leaf, n. කොළය, කොළපත, පත්‍රය, පත, පත් කොළ (pl.); of a book පත්ඉරුව ; thin plate තුනී තහඩුව ; leaf of a table මේස පළුව.

Leafiness, n. කොළ බහුලකම, පත්‍රබාහුල්‍යය.

Leaflet, n. පුංචි කොළය, පුංචි පත්ඉරුව, පත්‍රිකාව.

Leaf-stalk, n. කොළ නටුව or නැට්ට, පත්‍ර වෘන්තය.

Leafy, a. කොළ බහුල, පත්‍ර බහුල, පත්‍රමය, සපත්‍ර.

League, n. හැතැප්ම තුනක ප්‍රමාණය, හැතැප්ම් තුනක්.

League, n. ගිවිසුම, එකසත්වීම, සම්බන්ධවීම, සම්බන්ධය, සංඝාව, සමාජය.

League, v. ගිවිස ගන්නවා, සම්බන්ධ වෙනවා, ගිවිසුම් මෙන් බැඳෙනවා, එකසත් වෙනවා.

Leak, v. කාන්දු වෙනවා, වෑහෙනවා, වැස්සෙනවා.

This tub leaks or water leaks from this tub මේ බාල්දියෙන් වතුර යනවා or කාන්දු වෙනවා &c.; fig. leak out (කාරණ) එළිවෙනවා, පිට වෙනවා.

Leak, n. දිය යන සිදුර, පැල්ම, විවරය ; කාන්දුවීම, වතුරයාම ; spring a leak (නැවකට වතුර ඇතුල් වෙන හැටියට) සිදුරක් ගැහෙනවා.

Leakage, n. කාන්දුවෙන ඒවා or ප්‍රමාණය ; (බීමජාති &c. පිප්පවලින්) කාන්දුවී ගියාට අඩුකරන මිල ගණන.

Leaky, a. (දිය යන) සිදුරු ඇත්තාවූ, දිය කාන්දු වෙන්නාවූ (බාල්දි &c.).

Lean, v. ඇළ වෙනවා, නැමුරු වෙනවා ; lean against හේත්තු වෙනවා, හාත්පසි වෙනවා ; press upon බර වෙනවා.

Lean, a. කෙට්ටු, කෑහැටු, හීන්දෑරි. කෙංජි. කෙසඟ, කෘශ ; තෙලනැති (මස්).

Lean, n. මස්වලින් තෙල නොවන කොටස, තෙල්නැති මස්.

Lean-faced, a. කෙට්ටු—පටු—මුහුණක් ඇති, කෘශ මුඛ ; හීන් (අච්චු අකුරු). [නැතිකම.

Leanness, n. කෙට්ටුකම &c., කෘශතාව ; තෙල

Leap, v. පනිනවා, පිම්මේ පනිනවා, පිමි ගහනවා, පිනුම් පනිනවා ; leap up or upon පැන නගිනවා leap a fence වැටක් උඩින් පනිනවා.

Leap, n. පැනීම, පිනුම, පැනුම, පිම්ම ; පනින දුර ; fig. පැනයාම, නොබලා ඇරීම &c.

Leap-frog, n. මැඩියන් මෙන් පනින කෙළිය, මණ්ඩූක ක්‍රීඩාව.

Leap-year, n. පෙබරවාරි මාසයේ දවස් විසිනවයක් ඇති වර්ෂය, අධික අවුරුද්ද, අධිමාස වර්ෂය, දිනාධික වත්සරය.

Learn, v. ඉගෙනගන්නවා, ඉගනගන්නවා, උද්ග්‍රහණය කරනවා ; by heart හදුරනවා ; study පුහුණුකර ගන්නවා ; ascertain දැනගන්නවා.

Learned, a. උගත්, වියත්, සත්දත්, නිපුණ, පණ්ඩිත, ව්‍යක්ත, විචක්ෂණ, ඡේක, බහුශ්‍රැත, සුධී, විද්වත්, විබුධ.

Learnedly, ad. උගත්ලෙස, පණ්ඩිතලෙස, ව්‍යක්තලෙස, විචක්ෂණකාරයෙන්.

Learner, n. (යමක්) ඉගෙනගන්නා, පුහුණුකරගන්නා, විද්‍යාර්ථියා ; ගෝලයා, ශිෂ්‍යයා.

Learning, n. ඉගනගැනීම ඉගෙනීම, හැදෑරීම &c. ; උගත්කම &c. ; බහුශ්‍රැතතාව &c.

Lease, v. බද්දට දෙනවා, බදුදෙනවා.

Lease, n. බද්දට—බදු—දීම, බද්ද; deed of බදුකරය; life-long lease ප්‍රාණබද්ද.

Leasehold, n. බද්දට අරන් තිබෙන ස්ථානය, බදුගත් ඉඩම්.

Leash, n. (කුරුල්ලෙකු *or* බල්ලෙකු) බැඳ අල්ලා ගන්න පටිය *or* ලණුව; බඳපටිය; (දඩයම් සත්ත) තුන්දෙනෙක්.

Least, a. (සියල්ලෙන්) ඉතා කුඩා, (තරමින්) ඉතා අඩු *or* ස්වල්ප.

Least, ad. (සියල්ලට වඩා) අඩුතරමින්; at least කොහොම නුමුත්; at the least යටත්පිරිසෙයින්; at least one day එක දවසක්වත්.

Least Common Multiple (L. C. M.), n. ගණන් කීපය කින් බෙදියහැකි ඉතා සුළු ගණන, සුළු ගුණකාරය, අවම සාමාන්‍යාපවර්ත්‍යය, අවම සාමාන්‍ය ගුණකාරය, අවම සාමාන්‍ය ගුණිතය.

Leather, n. පදම්කළ හම්, හම, තැම්බූහම්.

Leather, v. (E. vul.) (හම්පටියකින්) තළනවා.

Leather, Leathern, a. හම්, හමි, චර්මමය, චාර්මික.

Leathery, a. හමට සමානවූ, හසිය ඇති.

Leave, n. අවසරය, නිවාඩුව, සමු; give *or* take leave *or* permission අවසර—සමු—දෙනවා *or* ගන්නවා.

Leave, v. අත්අරිනවා, අත්ඇර යනවා, තබා—සිටුවා—යනවා *or* එනවා; යමක් නොගෙන—තිබෙද්දී—යනවා, ඉතුරුකර — ඉතුරුව තිබෙද්දී — යනවා; leave to භාරදෙනවා, දියනවා, උරුමකරදෙනවා; leave out අරිනවා, පැහැරඅරිනවා; leave off නම නිනවා. See Bequeath & Depart.

Leaved, a. (ලොකු, කුඩා &c.) කොළ ඇත්තාවූ; (දෙ, තුන් &c.) බෑ ඇති (දොර &c.).

Leaven, n. මුහුන්, ඇඹුල්පිටි; fig. වෙනසක් ක්‍රමයෙන් උපදවන කාරණයක්, as: අරුකම් නම් වූ මුහුන්.

Leaven, v. මුහුන් දමනවා, පිටපත්ට සලස්වනවා; fig. සංක්‍රමණකරනවා.

Leaves, n. pl. of leaf.

Leave-taking, n. සමුගැනීම, නිවාඩු ගැන්ම.

Leavings, n. pl. අත්ඇරපු දේ, ඉතිරි දේ, of food ඉඳුල් බත්, ඉතුරු කෑම, අන්නශේෂ.

Lecher, n. සල්ලාලයා, කාමුකයා.

Lecherous, a. සල්ලාල, කාමාභිලාෂ ඇති, කාමුක, කාමාතුර, මදමත්.

Lechery, n. සල්ලාලකම, කාමාභිලාෂය, සල්ලාලකම කිරීම.

Lection, n. පොත කියවීම; කියවන ශුද්ධ ලියවිලි කොටඩාසය; (පොතක පාඨක) වෙනස් වගන්තියක්.

Lectionary, n. R. C. (ශුද්ධ ලියවිලි කොටඩාස අඩංගු) දේවමෙහෙයේ පොත.

Lecture, n. (කාරණයක් විස්තරකරන) නියම කථාවක් *or* දේශනාවක්, දෙසීම; reproof අවවාදය, තරවටුව.

Lecture, v. (ඉගැන්වීම පිණිස) නියම කථාවක් කරනවා, ප්‍රසිද්ධ කථාවක් පවත්වනවා; දෙසනවා, තරවටුකරනවා.

Lecturer, n. (නියම කාරණයක් ගැන) ප්‍රසිද්ධ කථාවක් කරන්නා, කථිකාචාර්යයා, කථිකයා, පාඨකයා.

Lecturing, n. නියම කථාවක් කිරීම &c.

Lecturn, Lectern, n. (දේවස්ථානයේ) පොත කියවන කුළුව; B. ධර්මාසනය.

Ledge, n. පිළ, රාක්කය, ලිස්තරය, වැටිය.

Ledger, n. (ගණන් ලියාතබන) ප්‍රධාන ගණන් පොත.

Lee, n. හුළඟින් මුවාවූ පැත්ත; lee-side (of a ship) හුළඟ නොවදින පැත්ත; lee-shore නැවේ මුවාවූ පැත්ත ඉදිරිපිට වෙරළ; under the lee of the land &c. ගොඩ මුවාවෙහි, නැවේ මුවාවෙහි.

Leech, n. කූඩැල්ලා, පූඩාවා, ජලූකාවා, දූල්කාවා, දියකූඩැල්ලා, දියබේද; රුවලේ යට අද්දර.

Leech, v. (ලේ අරින්ට ඇසට) දියකූඩැල්ලන් අරිනවා.

Leek, n. රටළූනු ජාතියක්.

Leer, v. වපරේට—ඇස්කොනින්—හොරැහින්—බලනවා.

Leer, n. වපරේට බැලීම &c., අඩ බැල්ම, කටාක්ෂය, හුමතහබැල්ම.

Lees, n. pl. මණ්ඩි, බොර.

Leeward, a. හුළඟින් මුවාවූ පැත්තේ තිබෙන්නාවූ.

Leeward, ad. හුළඟින් මුවාවූ පැත්තෙහි *or* ඒ පැත්ත දෙසට.

Leeway, n. මුවාවූ පැත්ත දිහාවට නැව් යන ප්‍රමාණය.

Left, n. වම, වාමභාගය.

Left, a. වම්, වාම; left hand වමත; left side වම් පැත්ත.

Left-handed, a. වමත් හුරු.

Left-handedness, n. වමත හුරුකම; අතපුරු වදිකම.

Leg, n. කකුල, කෙණ්ඩය, ගාත්‍රය, ජංඝාව; fore part of the leg ප්‍රතිජංඝාව.

Legacy, n. අන්තිම කැමති පත්‍රයෙන් දෙන වස්තුව *or* දීමනාව.

Legal, a. ව්‍යවස්ථානුකූල, නීතියට එකඟ, නීත්‍යනුකූල, නීතිප්‍රකාර, නියම, යුතු; නඩුක්‍රමය සම්බන්ධ, නඩුක්‍රමයට එකඟ; හැතනම් නීති නීතියෙන්ම වෙන්නාවූ (අනිස්ස, වරද); of the profession නීතිඥවූ; of merit කුසල් ආකාර.

Legal-debts, n. pl. නඩුකියා ලබාගතහැකි ණය.

Legalist, n. (ගැලවීම පිණිස) දේව නීතිය—තමාගේම කුසල—කෙරෙහි පිහිටා සිටින්නා.

Legality, n. නීතියට එකඟකම, ව්‍යවස්ථානුකූලතාව; කුසල කෙරෙහි පිහිටා සිටීම.

Legalize, v. (යමක් සුදුසුවෙන පිණිස) නීතියක් පනවා නියෝගකරනවා *or* අවසර දෙනවා.

Legally, ad. නීතියේ හැටියට, නීතියට එකඟලෙස.

Legate, n. තානාපතියා; sp. පාප් උන්නාන්සේගේ තානාපතියා.

Legatee, n. අන්තිම කැමති පත්‍රයෙන් වස්තුවක් ලැබෙන අය.

Legation, n. තානාපතියා *or* තානාපතියෝ.

Legend, n. (ශුද්ධවන්තයින්ගේ) ජීවිතකථාව *or* ප්‍රබන්ධය; බොරු කථාන්තරය, විශ්වාසකළ නොහැකි තරම් අපූර්ව කථාව, මිථ්‍යා කථාව; පුරාවෘත්තය, පුරාවෘත්ත කථාව; B. ජාතක කථාව.

Legendary, a. කථාප්‍රබන්ධාකාර, පුරාවෘත්ත, බොරු කථාන්තර සහිත, මිථ්‍යාප්‍රබන්ධ.

Legerdemain, n. විජ්ජාව, ඇස්බැන්දුම, ඉන්ද්‍රජාලය, මායාව.

Leger-line, n. (තූර්යනාද සටහන් කිරීමේ) අතිරේක රේඛාව.

Legged, a. as: two-legged &c. කකුල් දෙකක් ඇත්තාවූ, ද්විපාද, සිව්පා &c., long-legged &c., දිග කකුල් ඇති.

Legging, n. කකුලේ පිටත ඇඳුමක්, කකුල් වැස්ම.

Legible, a. කියවීමට—ඇඳිනගැනීමට—පැහැදිලිවූ (අකුරු, ලකුණු).

Legibly, ad. කියවෙනලෙස, පැහැදිලිලෙස, (ලියනවා, සටහන්කරනවා).

Legion, n (පුරාණයේදී තුන්දහසින් *or* පන්දහසකින් යුක්ත) මහ යුද්ධසේනාව; යුද්ධ සමූදය; fig. රාශිය.

Legionary, n. මහ යුද්ධසේනා සම්බන්ධ; යුද්ධසේනා සහිත; රාශිගණන් සහිත.

Legislate, v නීති *or* ව්‍යවස්ථා පනවනවා, නීති සම්පාදනය කරනවා *or* සාදනවා.

Legislative, a. නීති පනවන, නීතිදායක, ව්‍යවස්ථාදායක, ව්‍යවස්ථාපක, නීතිසම්පාදක, නීතිප්‍රතිපාදක, ආඥාපක; නීති පැනවීම සම්බන්ධ.

Legislator, n. නීතිදායකයා, නීතිසම්පාදකයා &c.

Legislature, n. නීතිදායක සභාව, ව්‍යවස්ථාදායක සභාව &c.

Legitimacy, n. අවජාතක නොවන බව, සුජාතතාව, ඖරස භාවය; නීතියට එකඟකම &c., see adj.

Legitimate, a. අවජාතක නොවන, සුජාත; නීතියට අනුකූල; නියම ක්‍රමයට එකඟ, සැබෑ, නිසි, නියම.

Legitimate, v. (අවජාතකයෙකු) සුජාතකයෙකු කොට නීතියෙන් නියමකරනවා.

Legitimately, ad. නීතියට එකඟලෙස; නිසි *or* නියම ක්‍රමයට එකඟලෙස, ක්‍රමායාතයෙන්.

Legume, Legumen. n. බෝංචි, මෑ, ආදී ජාතිවල කරල්, බීජගුප්තිය, පල්ල.

Leguminosæ, n. pl. මෑ, මුං ඇට, කොල්ලු ආදී ජාති, බීජගුප්ති වංශය *or* ලතා.

Leisure, n. නිවාඩුව, අවකාශය, විවේකය, නිෂ්කලංකය, ඉස්පාසුව.

Leisure, a. නිවාඩු, අවකාශ, විවේක.

Leisurely, a. ඉක්මන් නැති, අත්වරිත; ad. ඉක්මන්කම නැතුව &c., හෙමිහිට.

Lemma, n. in math. පූර්ව නිගමනය, පූර්ව සිද්ධාන්තය.

Lemon, n. රට දෙහි, lime දෙහිගෙඩිය, දෙහි, දෙසි.

Lemonade, n. දෙහිවලින් සාදන පානය, පෝත්ස, ලැමනේඩ්.

Lemon-grass, n. පැඟිරිමානා, the oil පැඟිරිතෙල්.

Lend, v. ණයට දෙනවා; කලකට දෙනවා, දෙවනු ගැනීමට දෙනවා; lend one's name *or* aid තමාගේ නාමය සඳහන් කරන්ට අවසර දෙනවා, උපකාරය දෙනවා.

Length, n. දිග, දිග ප්‍රමාණය, ආයාමය; a great length of time බොහෝ වේලා, බොහෝ කල්, දිඝ කාලයක්; at length දිගටම; දිගාවී; (at last) බොහෝ කාලකට පස්සේ, අන්තිමේදී; a length *or* whole piece of cloth කම්බිය.

Lengthen, v. දිඝ කරනවා, දික්කරනවා; ඇඹි කරනවා; a sound ඇදලා කියනවා; දිඝවෙනවා &c.

Lengthiness, n. දිඝකම, දිඝතාව, දිගකම, දිගිවිය.

Lengthwise, ad (යම් දෙයක්) දිග තියා, දිගට, දිග අතට.

Lengthy, a. දිග, දිඝ, දිගිවිවූ, ආයත.

Leniency (ලීනියෙන්සි), n. see Lenity (ලෙනිටි).

Lenient (ලීනියෙන්ට්), a. තදනැති, තදබල නැති, මොලොක්, පහසු, මෘදු, මසෘණ, කරුණාවන්ත.

Lenitive, n. (වේදනා, වණ) මෘදුකරන බෙහෙත; (හිත &c.) මර්දනය කරන කාරණාව.

Lenity, n. මෘදුකම, මෘදු ගුණය, ක්ෂමා ගුණය, කරු[ණාව.

Lens, n. Lenses, pl. (කණ්ණාඩි වීදුරු මෙන්) මටකුරු *or* කුහර *or* බොකු වීදුරුවක්, කාචය;
Convex lens මධ්‍යෝන්නත කාචය;
Concave lens මධ්‍යනිම්න කාචය;
plano-concave (lens) පැතලි හා කුහර; double-concave ද්විකුහර;
plano-convex පැතලි හා මටකුරු; double-convex දෙපැත්ත මටකුරු;
meniscus කුහර හා මටකුරු; concavo-convex අභිකුහර හා මටකුරු.

Lens-shaped, Lenticular, Lentiform, a. කොල්ලු ඇටයේ හැඩය ඇති, දෙපැත්ත මටකුරු.

Lent, n. (සමහර ක්‍රිස්තියානි සභාවල) උපවාස කාලය වන කෙරෙජ්ම කාලය.

Lent, pp. & pret of Lend.

Lentil, n. කොල්ලු *or* කඩල ජාතියක්.

Leo, n. (තාරකාවලින්) ආරණ්‍යරාශිය, සිංහරාශිය.

Leonine, a. සිංහ, සිංහයෙකු වැනි, සිංහාකාර, ශෛසංහ.

Leopard, n. කොටියා, දිවියා, ව්‍යාඝ්‍රයා.

Leper, n. කුෂ්ඨරෝගියා, කුෂ්ඨියා, කිලාසකාරයා, ලාදුරු ලෙඩා.

Lepidopters, Lepidoptera, n. pl. සමනල ජාති.

Leprosy, n. කුෂ්ඨය, කුෂ්ඨ රෝගය, කිලාස රෝගය, ලාදුරු ලෙඩ.

Leprous, a. කුෂ්ඨරෝගී, කුෂ්ඨී, කිලාසරෝගී, ලාදුරු.

Lepus, n. හාවා, රට හාවා, ශශ ජාතිය; the const. ශශකරාශිය.

Less, suffix, රහිත යන අර්ථ ඇති ප්‍රත්‍යයක්, as: childless දරුවෙක් නැති, fatherless පියා නැති, senseless සිහි නැති.

Less, be, v. වඩා කුඩාව—වඩා අඩුව—තිබෙනවා *or* සිටිනවා.

Less, ad. වඩා අඩු තරමින්, අල්පතර.
He speaks less than you, (say) තුඹ විතර ඔහු කථාකරන්නේ නැත.

Less, n. වඩා අඩු ගණන, කුඩා එක, කුඩා අය.

Lessee, n. බද්දකාරයා

Lessen, v. (තරමින්, ගණනින්, මනනින්) අඩුකරනවා, කුඩා—පුංචි—කරනවා, හීනකරනවා; අඩුවෙනවා &c.

Lesser, a. වඩා කුඩා, වඩා අඩුවූ.

Lesson, n. (දේවමෙහෙයේදී) කියවන ශුද්ධ ලියවිලි කොට්ඨාසය; පාඩම; ශික්ෂාව, ගුරුකම.

Lessor, n. බද්ද—බද්දට—දෙන අය.

Lest, conj. නොකරන *or* නොවෙන පිණිස hold it, lest it fall ඒක නොවැටෙන පිණිස ඒක අල්ලාපන්.

Let, v. t. ඉඩදෙනවා, ඉඩඅරිනවා, අරිනවා, අවසර දෙනවා; කුලියට—බද්දට දෙනවා;
let go, relinquish (වා) අත අරිනවා, අත්අරිනවා;
let us go යමු; let him go (imp. to him) ඔහු යාවා, (permissive) ගියාවේ; let down බානවා, පහත් කරනවා.
let blood ලේ අරිනවා; let in ඇතුල්වෙන්ට අරිනවා, inlay ගිල්වනවා;
let out: *free* මුදා අරිනවා, *extend, loosen* (a rope &c.) අරිනවා, බුරුල් කරනවා.

Let, v. i. as: This house does not let (say) කිසිවෙක් මේ ගේ කුලියට ගන්නේ නැත.
A house to let කුලියට දෙන්ට තිබෙන ගෙයක්.
This door lets down මේ දොර පහත් කරන්ට සාද තිබෙනවා *or* පහත්කරන්ට පුළුවන් දොරක්.

Let, n. (in law) බාධාව, පමාවීම.

Lethal, ලීතල් a. මරණය උපදවන, ප්‍රාණහර, ප්‍රාණනාශක, මාරාත්මක, මරණීය.

Lethargic, Lethargical, a. උනන්දු නැති, උත්සාහ නැති, අනුවෙදසර්ශී, අලස.

Lethargy, n. උනන්දු නැතිකම, &c. ආලස්‍යය, නිද්‍රා ලුබ්ධය.

Lethe, (ලීනි), n. Gr. in myth. නිරයේ ගංගාවක්, විස්මරණ ගංගාව; fig. මතකනැතිකම, විස්මරණය, විස්මෘතිය.

Lethean (ලීනියන්), a. මතක නැති කරවන විස්මෘති ජනක. [පත්‍රය;

Letter, n. අකුර, අක්ෂරය; ලියුම, ලියමන, හසුන,
a person of letters ශාස්ත්‍ර දන්න—උගත්—බහු ශ්‍රැත—කෙනෙක්. [අණක්;
a dead etter අවලංගු ලියවිල්ලක් බලය නැති
letters-patent ශ්‍රී සන්නස් පත්‍රයක්, රාජ ලේඛය,
letter of attorney කාරකාවසර පත්‍රය: letter of credit ණය දීමට අවසර පත්‍රය.

Letter, v. (යමක් පිට) අකුරු අඳිනවා.

Letter-foundry, n. අච්චු අකුරු වාත්තුකරන පට්ටලය. මුද්‍රාක්ෂර පට්ටලය.

Lettering. n. අකුරු ඇඳීම, ඇඳ තිබෙන අකුරු *or* වචන, ලිඛිතාක්ෂර. [මුද්‍රිත වාක්‍යය.

Letter-press. n. මුද්‍රිතාක්ෂර, අච්චු ගසාපු විගන්ති,

Letter-writer, n. ලියුම් ලියන්නා, ලියුම් කොටුම්පත් යන්ත්‍රය; ආදර්ශ ලියුම් පොත.

Letting, n. ඉඩදීම &c. see v. t.; බද්දට—කුලියට කොන්ත්‍රාත් කොට—දීමේ බලය.

Lettuce, n. සලාද. [ය.

Levant, the, n. (මධ්‍යධරණී මුහුදට යාබද) පූර්වදිග්භාග

Levant, v. සැඟවී යනවා, නැංගී යනවා.

Levator, n. (තොල, ඇස්පිය ආදිය) ඔසවන්කරන නහරය; ඔසවන්කරන වෛද්‍ය ආවුදයක්.

Levee, n. රජදැක්ම, රාජදර්ශනය, රාජප්‍රදර්ශනය; රජ දක්වෙන පිරිස.

Level a. horizontal ජලමට්ටමවූ; even සමතලා, පැතලි, තැනිතලා; level with එක මට්ටමටම—එක මට්ටමම—තිබෙන.

Level, v. ජලමට්ටම් කරනවා; සමතලා &c; කරනවා, අස්ගහනවා; the paddy field පෝරුගානවා; make level with (something) එක මට්ටමට තබනවා *or* කරනවා, (යටමත්) එකාකාරකරනවා; level at, aim එල්ලකරනවා, (as a remark) වදින්ට කියනවා; adapt අදාළ කරනවා

Level, n. සමතලා රේඛාව, සමතලාව, සමතලා ඉඩම, තැනිතලාව; the comparative height මට්ටම; the same level එක මට්ටම; the same degree එක තරම, එකාකාරකම; the instrument මට්ටම් ලෑල්ල, මට්ටම් පෝරුව, ජලමට්ටම, ලෙවෙලය, වාතරපාසය.

Levelness, n. ජලමට්ටම; සමතලාකම, පැතලිකම; එක මට්ටමට—එල්ලව—තිබීම.

Lever, n. (යමක්) උස්සන—*or* තල්ලුකරන—පොල්ල, උත්තෝලන දණ්ඩ.

Leverage, n. පොල්ල උස්සීමේ බලය.

Leveret, n. හා පැටියා, ශශපෝතකයා.

Leviable, a. අයකළ හැකි, (ආදායම). See Levy.

Leviathan, n. ජලචර භයානක සතෙක්, තිමිංගල මත්ස්‍යයා, තල්මහ.

Levigate, v. (දූවිලි මෙන්) කුඩුකරනවා, සුනුකරනවා, චූර්ණකරනවා. මර්දනය කරනවා; මසාණකරනවා.

Levite, n. ලෙවිගෝත්‍රයේ කෙනෙක්, ලෙවියයෙක්.

Levitical, a. ලෙවිගෝත්‍රයට අයිති, ලෙවිගෝත්‍ර.

Leviticus, n ලෙවිකථාව, (නම්වූ බයිබලයේ පොත.)

Levity, n. හිතේ සැහැල්ලු ගතිය, නොසැලකිලිකම, නිරර්ථකකම, ලඝුතාව, චපලතාව.

Levy, v. (සංගම්) අයකරනවා; (යුද්ධ සමුදුවක් පිණිස මිනිසුන්) පත්කරගන්නවා *or* රැස්කරගන්නවා.

Levy, n. අයකිරීම &c.; අයබද්ද; පත්කරගත්ත යුද්ධ සමූදුව.

Lewd, a. කාමුක, සල්ලාල, කාමාසක්ත, දුරාචාර.

Lewdness, n. සල්ලාලකම, වේශ්‍යාකම; ලජ්ජා නැතිකම, කැතකම. දුෂ්ටකම.

Lex, n. L. නීතිය, ධර්මය; lex talionis ප්‍රතිඵල ධර්මය; lex terrae දේශ නීති ක්‍රමය; lex scripta ලිඛිත නීතිය *or* ව්‍යවස්ථාව.

Lexical, a. අකාරාදි ආකාර, කෝෂයකට අයත්.

Lexicographer, n. අකාරාදිකාරයා, ශබ්දකෝෂ කර්තෘ.

Lexicography, n. අකාරාදි රචනා කිරීම, කෝෂ රචනාව, ශබ්දකෝෂ සෑදීම.

Lexicology, n. ශබ්දයන්ගේ නිරුක්ති, නියම අර්ථ හා ඒවායේ නිවැරදි ව්‍යවහාරය උගන්වන ශාස්ත්‍රය, අභිධාන විද්‍යාව,

Lexicon, n. අකාරාදිය, ශබ්දකෝෂය, ශබ්දසංග්‍රහය, අභිධානය, කෝෂය, නිඝණ්ටුව,

Liable, be, v. (එග කියන්ට &c.) බැඳී සිටිනවා:
He is liable for this debt ඔහු මේ ණය ගෙවන්ට බැඳී සිටිනවා.
He is liable to sin, to error, to faint &c. ඔහු පාපයට වැටෙන්ට පුළුවන, ඔහුට වරදින්ට බැරිනැත, ඔහුට කලාන්ත අල්ලනවා *or* අල්ලන ගතියක් තිබෙනවා.

Liableness, Liability, n. (යමක් ගැන) බැඳී සිටින ගතිය, බැඳීසිටීම &c., (යම් සම්භාවිකට) අනුවෙන *or* අනුවෙන්ට පුළුවන් බව.

Liaison (ලියෙසොං), n. Fr. බන්ධනය.

Liar, n. බොරුකාරයා, මුසාවාදියා.

Libation, n. (මුද්‍රිකපානාදිය) දියර පූජාවක් කොට වක්කිරීම; දියරපූජාව, පානීය නිශේකය.

Libel, n. (යමෙකුට විරුද්ධව ලියවිල්ලකින් *or* සිතියමකින්) පටහන්වූ අපකීර්තිය, කෙලෙම, අපහාසය; පැමිණිලි පත්‍රය *or* පෙත්සම.

Libel, v. (එසේ) නිග්‍රහකරනවා. අපකීර්තියට පමුණුවනවා, කෙලෙම ප්‍රසිද්ධකරනවා, අපහාසකරනවා, කෙලෙසනවා; පැමිණිලි පත්‍රයක් ඔප්පුකරනවා.

Libellous, a. කෙලෙම්—නින්දා—අපහාස සහිත.

Liberal, a. නිලෝභී, ත්‍යාගවන්ත, ත්‍යාගී, දානශීලී, ත්‍යාගශීලී, මුක්තහස්ත; පරාර්ථසිද්ධි; නොමසුරු, හිතහැත්තාවූ; (සිතින් මතයෙන්) තදනැති *or* නිදහස්වූ, නිදහස් මතවාදී; liberal arts අලංකාර ශිල්පශාස්ත්‍ර.

Liberal, n. (ආණ්ඩුවෙන් වඩා බලය දීම යන) නිදහස පක්ෂකයාකරන්නා.

Liberality, n. නිලෝභිතාව, ත්‍යාගවන්තකම, ත්‍යාගශීලීතාව, ත්‍යාගිත්වය, දාක්ෂිණ්‍යය, නොමසුරුකම; දීමනාව, දානය; සිතේ තද නැතිකම, මහාත්මිකතාව.

Liberalize, v. (සිත, මති &c.) වඩා නිදහස් භාවයකට පමුණුවනවා, මහාත්මික කරනවා.

Liberally, ad. නිලෝභී ලෙස &c., නොමසුරුව; සිතින් විශාල ලෙස *or* විශාල කල්පනා ඇතුව, මහාත්මිකාකාරයෙන්.

Liberate, v. මුදනවා, නිදහස් කරනවා, මෝචනය කරනවා, මුක්ත කරනවා, ගලවනවා, from bondage නිවහල් කරනවා, ඉවිටම් කරනවා.

Liberated, a. මුදනලද, මුදපු &c., ඉවටමවූ, මුක්ත, විමුක්ත, විමෝචිත.

Liberation, n. මිදීම මුදාඇරීම, නිදහස්වීම &c., මෝචනය, ප්‍රමෝචනය; (ප්‍රාණ මිදීම වන) මෝක්ෂය, මුක්තිය, විමුක්තිය, නිරෝධය, නිරුද්ධවීම, නිස්තාරය.

Liberator, n. මුදන්නා &c., ගැලවුම්කාරයා, මෝචකයා.

Libertine, n. (පුරාණ රෝමවරුන් අතරෙහි) ඉවටමවූ කෙනෙක්; (දැනට) සල්ලාලයා, කාමාතුරයා, හිතුවක්කාරයා.

Libertine, a. අතිසිලෙස නිදහස්වූ, ශුණධර්මයට යටත් නැති; සල්ලාල, දුරාචාර.

Libertinism, n. (මතයෙන්, ක්‍රියාවෙන්) අතිසි නිදහස්කම, ශුණධර්මයට යටත්නැතිකම; සල්ලාලකම, ලම්පටතාව.

Liberty, n. නිදහස, නිදහස්කම, ස්වාධීනතාව, අනධීනතාව, ස්වතන්ත්‍රතාව, අපරාධීනතාව, මුක්තිය; අවසරය, නිවාඩුව, අතිසි තරමට නිදහස්ලෙස—බුහුටිලෙස ක්‍රියාකිරීම or මැදිවීම.

Libidinous, a. කාමතෘෂ්ණා සහිත, රාගී, මදමත්, කාමුක, කාමාතුර.

Libidinousness, n. කාමුකතාව, රාගානිවිතතාව, මදමත්කම.

Libra, n. the const. තුලාරාශිය, තුලාධාරය, තෞලිය.

Librarian, n. පොත්ගුල or පුස්තකාලය භාරකාරයා.

Library, n. පොත් ගණන; පොත්ගුල, පුස්තකාගාරය, පුස්තකාලය.

Librate, v. (තුලාවක් මෙන්) තුල්‍ය කරනවා, තුල්‍ය වෙනවා, තුලා ආකාරයෙන් සෙලවෙනවා.

Libration, n. (තරාදියක් මෙන්) තුලාකිරීම &c., තුල්‍යභවය. See Equipoise.

Lice, n. pl. of Louse, උකුණෝ, ඌකාමෝ, ලේඛි.

Licence, n. අවසරය, අවසර පත්‍රය, බල-කඩදාසිය, අස්සෝ, අස්ත කඩදාසිය; අතිසි නිදහස්කම or නිසි ලෙදි නොතකා හැසිරීම.

License, v. අවසර දෙනවා, අවසර පත්‍රයක්—බලකඩදාසියක් &c.—දෙනවා.

Licensed-victualler, n. (මද්‍යපාන විකිණීමට) බල පත්‍රයක් ඇති තානායම්කාරයා.

Licensee, n. අවසර පත්‍රයක් ලත් අය, අවසරලත අය.

Licenser, n අවසර දෙන්නා, අස්ත දීමේ බලය ඇත්තා. [පත්‍ර දෙන නඩුකාරයා.

Licensing-magistrate, n. (මද්‍යපාන විකිණීමට) බල

Licentiate, n. (වෛද්‍යකම්කිරීමට, දේවධර්මය උගැන්වීමට &c.) අවසර ලත් තැනැත්තා.

Licentious, a. අනාචාර, කාමුක, සල්ලාල.

Lich, n. මිනිය, මෘතශරීරය, කලේබරය,

Lich-way, n, මිනිය ගෙන යන පාර.

Lichen, in bot. පැතලි පාසි ජාති; in sur. කිලාසයක්, පණු කැම්ල්ලක්. [පාසි ශාස්ත්‍රය.

Lichenography, n. පැතලි පාසි විස්තරය, පැතලි

Licit, a. නීත්‍යනුකූල.

Lick, v. ලොවිනවා, ලෙවකනවා; lick up ලෙවකා ගන්නවා, බීගන්නවා; flog (vul). තලනවා, ගහනවා.

Licking, n. ලෙවීම, ලෙවකෑම, අවලේහය, ලේහනය; flogging තාඩනය, තැළීම.

Lick-spittle, n. (E. low) නිච ඉච්චාකාරයා. [පත.

Lid, n. වැස්ම, පියන, මූඩිය, මලාව, පිධානය, පියන්

Lie, n. බොරුව, කිත්තය. අසත්‍යය, මුසාවාදය; give the lie බොරුයයි—බොරු කීවායයි—කියනවා.

Lie, v. බොරු—බොරුවක් &c.—කියනවා.

Lie, v. දිගාවී—නාන්සිවී—ඉන්නවා, වැටී ඉන්නවා, තිබෙනවා, නිකම් තිබෙනවා; lie down ශයනය කරනවා, වැතිර සිටිනවා, හෝනවා, දිගාවෙනවා, ලගිනවා; be situated පිහිටා තිබෙනවා;
lie or lean against හේත්තුවී තිබෙනවා, නාංසි වෙනවා; [ශයනය කරනවා;
lie heavy on බරව තිබෙනවා; lie with එක්ව
the decision of this lies with you මේක තීරණ කිරීමේ අයිති තුඹටයි;
lie to යාත්‍රාගතාකාර නැවතී තිබෙනවා.

Lief, ad. සතුටින්: [මටත් මේ සතුටුයි.
I would as lief die as live ජීවත්වීමට වාගේ මැරී
I would as lief go as not මටනම් ගියත් එකයි නොගියත් එකයි.

Liege, n සිළිඳුමෙන් බැඳීසිටින වැසියා, යටත් වැසියා, දාසයා; විශාකාර වැසියන් ඇති ස්වාමියා.

Lien, n. ණයකාරයාගේ වස්තු අයිතිකරගැනීමේ බලය, අයිතිකාර බලය, තහනම් බලය.

Lieu, n. in lieu of වෙනුවට, හිලව්වට, මාරුවට.

Lieutenant, n. (කප්පිත්තාගේ &c.) උප මුලාදෑනියා; උප ආණ්ඩුකාරයා.

Lieutenant-General, n. උප සේනාධිපතියා.

Lieutenant-Governor, n. උප ආණ්ඩුකාරතැන.

Life, n. පණ, ප්‍රාණය, ප්‍රාණවායුව පණනල, ජීවිතය; ජීවනය; living being ප්‍රාණියා, ජීවත්වන සත්වයා; fig. ප්‍රාණවත්කම, උනන්දුකම; ජීවන දයකයා; ජීවිත කථාව, ජීවන චරිතය.

Life annuity, n. (ජීවිතාන්තය දක්වා ලබන) ජීවිත සාංවත්සර මුදල.

Life-blood, n. ප්‍රාණ රුධිරය, ජීව රුධිරය; fig. බලය පිහිටා තිබෙන විශ (යන්ත්‍ර) පණ, බලය.

Life-boat, n. (නොගිලෙන) ආ රක්ෂා ඔරුව.

Life-giving, a ජීවදායක, ජීවක, පණ උපදවන, පණ දෙන, පණ පිහිටුවන.

Life-guard, n. ජීවිත රක්ෂක සේවකයෝ, රජුට මුර කරන සේවායා, ආරක්ෂක භටයා.

Life-insurance, n. යමෙකුගේ ඇවෑමෙන් මුදලක් ලැබෙන්ට ගෙවා තැබීමේ ගිවිසුම, ජීවිත සහතික කිරීම.

Life-interest, n. ජීවිතාන්තය දක්වා පවතින වාසිය.

Lifeless, a. පණනැති, අප්‍රාණික, අජීව, අචේතනික; fig. ප්‍රාණවත් නැති, උනන්දුනැති, මලානික.

Lifelessly, ad. මලානික ලෙස, උනන්දු නැති ලෙස.

Lifelessness, n. පණනැතිකම, අප්‍රාණිකතාව; මලානිකකම.

Lifelike, a. ජීවත්ව සිටින්නාක්මෙන් පෙනෙන, පණ ඇති ආකාර, ජීවමානාකාර (ස්වරූපය)

Lifelong, a. ජීවිතාන්තය දක්වා or දිවිහිමියෙකාට පවතින, යාවජීව, (දුක්, සැප &c.).

Life-preserver, n. (අන්තරාවලදී) ප්‍රාණහානියෙන් ගලවන ආවුදයක්, ප්‍රාණාරක්ෂක්—පටිය.

Lifetime, n. ජීවත්වන කාලය, ජීවිත කාලය, ආයුසංස්කාරය.

Lift, v. t. උස්සනවා, උඩගන්නවා, ඉහළකරනවා; lift the eyes, hands &c. ඔසවනවා; fig. උසස්කරනවා; lift up උඩිකුකරනවා; (නඩ) නගනවා; steal හොරකමින් රැගෙන යනවා.

Lift, v. i. උස්සන්ට වීයාකරනවා, ඉහත්වෙනවා.

Lift, n. ඉස්සීම; උස්සන බර; උස්සන යන්ත්‍රය or උපකරණය, සෝපාන යන්ත්‍රය; fig. උදව්වක්.

Ligament, n. බැම්ම, බැඳුම, බන්ධනය; (ශරීරයේ) අස්ථි බන්ධනය, සන්ධි බන්ධනය.

Ligature, n. බැම්ම, බන්ධනය; බන්ධන රේඛාව, බන්ධන නූල *or* පටිය; බැඳි අකුරු.

Light, n. එළිය, ආලෝකය, ප්‍රභාව, ප්‍රදීපය; එළිය දෙන පහන *or* කවුළුව; දැළවිය හැකි—*or* කාන්තිය වැටෙන—ආකාරය; fig. සිතේ ආලෝකය දැනගැම්ම; [ණාව;
light of the countenance මුහුණේ බැබළීම, කරුණාව;
stand in one's own light තමාගේම වාසියට විරුද්ධව සිටිනවා. [ගෙළ, ලා.

Light, a. එළිය ඇත්තාවූ, දීප්තිමත්; සුදුපාටවූ, එළ,

Light, v. එළියකරනවා, ආලෝකකරනවා; යමෙකුට එළිය අල්ලනවා *or* දෙනවා; පත්තුකරනවා, දල්වනවා.

Light on *or* **upon**, v. (පක්ෂියෝ &c.) යමක් පිටට බසිනවා, පතිතවෙනවා, අවතීර්ණවෙනවා; පැමිණෙනවා *or* වදිනවා; ඉබේම සම්බවෙනවා.

Light, a. බරනැති, සැහැල්ලු, ඝුපිල, ලඝු; not of legal weight බර මදි; loose බුරුල් (පස්); තදනැති, පහසු; නොවැදගත්; අනිස්සීර, චපල, සන්සුන් නැති; අනාචාර;
set light by සුළුකරනවා, සුළුකොට සිතනවා;
make light of සුළුකොට සලකනවා;
with a light hand බුරුල් අතින්, අත බුරුලෙන්.

Lighten, v. සැහැල්ලු කරනවා, බර අඩුකරනවා; (ශෝකය &c.) මද්දනය කරනවා *or* ඉවත්කරනවා, තුනීකරනවා,

Lighten, v. එළියකරනවා, ආලෝක කරනවා; it lightens විදුලිකොටනවා. [කොටමින්.

Lightening, p. සැහැල්ලුකරමින්; එළියකරමින්; විදුලි

Lighter, n. එළියකරන්නා, (නැව්වලටද නැව්වලින්ද බඩු ගෙනයන) පඩව්ව, පාරුව, බත්තල.

Lighterage, n. පාරුවලට බඩුපටවාගෙනයාම; පටවා ගෙනයාමේ කුලිය.

Lightest, a. ඉතා සැහැල්ලු; වැඩි එළිය ඇත්තාවූ.

Light-headed, a. ඉහකරකැවිල්ල ඇත්තාවූ; fig. නොසැලකිලිවූ.

Light-hearted, a හිතේ ශෝක නැත්තාවූ, සතුටුසිත් ඇති, ප්‍රසන්න, කරදරනැති, ප්‍රීතිමත්.

Light-horse, n. සැහැල්ලු ආයුධ සන්නද්ධ අසරු සේනාව, ලඝු අශ්ව සේනාව,

Light-horseman, n. ලඝු සන්නාහ සන්නද්ධ අසරු භේවායා, ලඝු අසරු භේවායා.

Lighthouse, n. එළිය තබන කුළුන, දීපගෘහය, ප්‍රදීප ස්තම්භය, ප්‍රදීපාගාරය, පහන් කණුව.

Light-infantry, n. සුළු පාබල සේනාව.

Lightly, ad. සැහැල්ලු ලෙස, බරනොසර, බරනොවෙන ලෙස; ස්වල්ප වශයෙන්; පහසුවෙන්; සුළුකොට; නොසැලකිලි ලෙස.

Lightminded, a. අනිස්සීර—නොසැලකිලි—හිතක් ඇත්තාවූ, සන්සුන්නැති, චපල.

Lightness, a. සැහැල්ලුකම, බරනැතිකම, ලඝුත්වය; fig. සැහැල්ලුගතිය, නොසැලකිලිකම, චපලත්වය.

Lightning, n. the flash විදුලිය, විද්‍යුල්ලතාව,; the electric fluid අකුණ, හෙණ; mitigation සැහැල්ලු කිරීම &c.

Lightning-conductor, Lightning-rod, n. (අකුණ යන පිණිස තබන) කාන්දම් කම්බිය, කාන්දම් පොල්ල.

Lightning-proof, a. හෙණ පහරෙන් ආරක්ෂාවූ, හෙණ නොවදින.

Lights, n. pl. මාංශසින්ගේ පෙනහැල්ල.

Lightsome, a. එළිය වැටෙන, එළිය ඇති; කාන්සා නැති, තුෂ්ටිදායක.

Ligneous, a. කාෂ්ඨමය, දරුමය, ලී, ලී ආකාර.

Lignify, v. ලී ගතියට හරවනවා; ලී වෙනවා, ලී සෑදෙනවා.

Lignin, Lignine, n. ලී කෙඳි ද්‍රව්‍ය, කිරි.

Lignite, n. ලී ආකාර ගල්අඟුරු, කාෂ්ඨ-පාෂාණය.

Like, a, සමාන, සම, තුල්‍ය, සදෘශ, අනුරූප; such like බඳු, ආකාර, වැනි, such as that &c. එබඳු, මෙබඳු &c.

Like, n. සමාන එකක්, සමාන අය, සමාන කෙනෙක්.

Like, ad. සමානව, සමාන ලෙස, මෙන්, වාගේ, එයාකාරයෙන්. [නවා.

Like, v. කැමතිවෙනවා, මනාපවෙනවා, ප්‍රසන්නවෙ

Likelihood, Likeliness, n. සැබෑබවට—පෙනෙයයි සිතීමට—කාරණා ඇති ස්වභාව, වියහැකිකම, වියහැකි බව.

Likely, a. වියහැකිවූ, වෙන්ට පුළුවන්, ඇත්ත වාගේ පෙනෙන; සුදුසුව පෙනෙන, ශෝභන.

Likely, ad. සමහරවිට, බොහෝවේලාවට. [එක්සිත්වූ.

Likeminded, a. සිතින් සමානවූ, සමාන සිත් ඇති,

Liken, v. සමානකරනවා, සදෘශකරනවා, උපමාකරනවා.

Likeness, n. සමානකම, සමානත්වය, තුල්‍යතාව, සරූපතාව, සාදෘශ්‍යය; ප්‍රතිබිම්බය, පිළිරුව, ප්‍රතිමූර්තිය; (යමකට සමානවූ) පින්තාරුව, රූපය, සණ්ඨානය, කඩවසම.
He came in the likeness—guise—of a friend ඔහු මිත්‍ර වේශයෙන් ආයේය.

Likewise, ad. *or* conj. එසේම, එලෙසම, තවද, ඇරත්.

Liking, n. කැමැත්ත, මනාපය, ලැදිකම, ඇලුම්කම, ඇල්ම, පිරිය, ප්‍රියතාව, [තිල්පාට.

Lilac, n. මල්ගස් ජාතියක්; (ඒ මල්වල පාටවන) එළ

Liliaceous, a. මානිල් ජාති වැනි, මානිල් මලකට සමාන. [කුරු.

Liliputian, n. ඉතා මිට්ටා; a. ඉතා මිටි, අතික්ෂුද්‍ර,

Lily, n. water lilies මානිල් *or* මහනෙල්, උපුල්, හෙල් මැලි, රත්පියුම්, හෙළපියුම්, කමල්, නෙළුම්, (ශඞ, කොළ; මල්); garden lily ගෙවතු මානිල්.

Limb, n. අවයවය, ගාත්‍රය, ප්‍රත්‍යංගය; (ගසක) අත්ත; (හදේ &c.) අංශය,

Limb. v. අවයව වෙන්කරනවා.

Limb, n. අද්දර.

Limber, a. පහසුවෙන් නැමෙන, බුරුල්, තදනැති.

Limber, n. කාලතුවක්කුවේ ඉස්සර කොටස. [ඉඩමක්.

Limbo, Limbus, n. පරලෝකස්ථානයක්; හිර අඩස්සි

Lime, n. හුණු, සුධා, චූර්ණ; සමහර ගස්ජාතිවල නම; දෙහි, ජම්බීර. See Bird-lime.

Lime, v. හුණු ගානවා, (පොර පිණිස) හුණු දමනවා.

Lime-dealer, n. හුණු වෙළෙන්දා, හුණ්නා, චූර්ණකාරයා.

Lime-kiln, n. හුණු පෝරණුව, හුණු උදුන.

Limestone, n. හුණුගල්, හිරිගල්.

Limit, n. ඉම, මායිම, සීමාව, අවසිය, මර්යාදාව, අන්තය, පර්යන්තය, අවසානය, කෙළවර; ප්‍රමාණය; prescribed limits නියම ප්‍රමාණ.

Limit, v. (ස්ථාන) මායිම් කරනවා, (අභිප්‍රා භාවිතා) ප්‍රමාණකරනවා. ප්‍රමාණය නියමකරනවා; (කාලයක්) සීමාකරගන්නවා *or* නියමකරනවා, පරිච්ඡින්න කරනවා.

Limitable, a. ප්‍රමාණ කළහැකි, ප්‍රමාණය නියමකළ හැකි.

Limitation, n. ප්‍රමාණකිරීම &c., ප්‍රමාණය, ඉම, සීමාව.

Limited, a. ප්‍රමාණය නියමවූ, අව්‍යාපක, පරිමිත, පරිච්ඡින්න, සීමාසහිත; විශාලනැති, පටු, ස්වල්ප; limited monarchy පරිමිත රාජාණ්ඩුව.

Limitless, a. ඉමක් නැති, අප්‍රමාණ, අපර්‍යන්ත, අනන්ත, අපරිමිත, without begining or end අනවරාග්‍ර, අනාද්‍යනන්ත.

Limn, v. (සායම්සිවල) රූප අඳිනවා, පොත්වල සිතියම් කරනවා. [නා.

Limner, n, සිතියම් අඳින්නා &c,, සිත්තරු, රූප අඳින්

Limp, v. කොරගසනවා, තොණ්ඩිගසනවා. [න්.

Limp, n. කොරගැසීම &c., කොරගසා තබන අඩිය

Limp, a. තද නැති, නැමෙන සුළු.

Limpid, a. පැහැදිලි, වියහිද පෙනෙන, විශද, නිර්මල, විමල, දිලෙන, (දිය).

Limy, a. හුනු ඇස්සාවූ, හුනු මිශ්‍ර.

Linch-pin, n. කඩඇණය.

Linden or Lime, n. (දෙහි නොවන) ගස් ජාතියක්.

Line, n. ඉර (pl. ඉරි), රේඛාව; of the face &c. වැකරැල්ල (pl. වැකරැලි); right line සෘජු රේඛාව; horizontal line ජලතලපිටමිත් ඉර, හරස් ඉර, ක්ෂිතිජ රේඛාව; auxiliary line උපකාරී රේඛාව; base line බරණ රේඛාව; curved line වක්‍රරේඛාව; dotted line තිත් සහිත රේඛාව; joining line සම්බන්ධක රේඛාව; pedal line පාදික රේඛාව; segment of a line රේඛා ඛණ්ඩය; straight line සරල රේඛාව; tangent line ස්පර්ශක රේඛාව; thin line සිහින් රේඛාව; thick line ඝනවූ රේඛාව; vertical line ශෛලීය රේඛාව; line of centres කේන්ද්‍ර රේඛාව; line of vision දෘෂ්ටි රේඛාව; thread &c. නූල, ලනුව; row පේළිය, පෙළ; verse පදය; line of business නියම වැඩපළ; line of conduct හැසිරීමේ ආකාරය; the line (military) නියම පොදු පාබල සේනාව; ship of the line මහා යුද්ධ නැවක්; be in a line or straight with (යම්කිසිවක්) එල්ලේ—එකෙල්ලේ—තිබෙනවා. See Equator & Lineage.

Line, v. ඉරි ගසනවා; (ලීවලින්, රෙදිවලින් &c.) ඇතුල් පැත්ත වසනවා, පෝරු දමනවා; line the road with men, trees &c. පාරේ පැතිවල—පාර දෙපස—මිනිසුන් &c. පෙළට සිටවනවා.

Lineage, n. පෙළපත, පෙළන්තිය, වංශය, අන්වයය, සන්තතිය.

Lineal, a. ඉරි ආකාරවූ, ඉරිවලින් ඇඳතිබෙන (සිතියම): දිග (මිම්ම); යම් පෙළපතකින් පැවත එන්නාවූ, පරම්පරානුගත. [see noun.

Lineally, ad. පෙළන්ති වශයෙන්, වංශයෙන්, &c.,

Lineament, n. of the face මුහුණුවර; රූපාකාරය, දේහලක්ෂණය, කඩවසම.

Linear, a. ඉරි ආකාරවූ, ඉරිවලින් සෑදීතිබෙන; කෙළින් තිබෙන.

Linen, n. එක් ජාතියක හණරෙදි, ලිනන්රෙදි; (එයින් සාදනු කමිස ආදි) යට ඇඳුම්.

Linen, a. හණරෙදි, ලිනන්. [වෙළෙන්ද.

Linendraper, n. හණරෙදි වෙළෙන්දා, කොමු පිළි

Liner, n. නැව් පඞ්ක්තියකින් එකක්.

Linger, v. පමාවෙනවා, ප්‍රමාදවෙනවා, සුතංගුවෙනවා, නතරවෙනවා; (තුරන්වූ නොවී ලෙඩින්) බොහෝ කල් පවතිනවා, පිදුවිනවා.

Lingo, n. vul, භාෂාව, බස.

Linguadental, a. ජිහ්වා-දන්තජ, ජිහ්වාදන්ත්‍ය; n. ජිහ්වා-දන්තජාක්ෂරය.

Lingual, a. දිවට අයිති, දිව සම්බන්ධ, දිවෙන් කරන, ජිහ්වජ, (ශබ්ද); n. (L මෙන්) ජිහ්වජාක්ෂරය.

Linguate, Linguiform, a. දිවේ හැඩය ඇති, ජිහ්වාකාර, ජිහ්වාරූප.

Linguist, n. භාෂා ගැන සමර්ථයා, භාෂාශාස්ත්‍රඥයා, භාෂාවේදියා.

Linguistic, a. භාෂා ශාස්ත්‍රයට අයිති, භාෂා පිළිබඳ. linguistic ability භාෂාපටුත්වය.

Linguistics, n. භාෂා ශාස්ත්‍රය, ශබ්ද ශාස්ත්‍රය.

Liniment, n. ආලේපය, ආලේප බෙහෙතක්, තවන බෙහෙත් විශුර.

Lining, n. ඇතුල්පැත්තේ වැස්ම, පෝරු, පෝරු රෙද්ද; ඉරි ඇඳීම.

Link, n. දම්වැල් පුරුක, පුරුක; ඇඳුත්ත, සන්ධිය, සම්බන්ධය, බන්ධනය; මිනුම් දම්වැලේ පුරුකක්; ඒ පුරුකේ දිග (වින අඟල් 7·92); (හේතුවකට කාරණ මෙන්) සම්බන්ධවූ ගණනකින් එකක්, හඳු අස්සක්.

Link, v. ඇඳනවා, අමුණනවා, ගළපනවා, එකකට එකක් අමුණනවා; සම්බන්ධකරනවා; ඇඳෙනවා, ගැළපෙනවා.

Links, n. (pl) ගොල්ෆ් (Golf) ක්‍රීඩාකරන පිට්ටනිය.

Linnæan, Linnean, a. උද්භිද ශාස්ත්‍රඥවූ ලිනියස් සම්බන්ධ, ලිනියස් ක්‍රමික.

Linnet, n. නාදකරන එක් ජාතියක කුරුල්ලෙක්.

Linoleum, n. හණ ඇටවලින් සාදන තෙල් වර්ගයක්, හදුරණ තෙල්.

Linseed, n. හණ විශේෂ ගසක ඇට.

Linseed-cake, n. ඒ හණඇට පුන්නක්කු.

Linseed-oil, n. ඒ හණ තෙල්.

Lint, n. (වණ පිට තබන හණ කෙඳි), පුලුන්, කපු.

Lintel, n. උඩ පඩිකඩ.

Lion, n. සිංහයා, මෘගපතියා, මෘගරාජයා, මෘගේන්ද්‍රයා; in astr. සිංහ රාශිය; fig. යම් සභාවක or කාලයක අරුම දේ.

Lioness, n. සිංහ ධේනුව, සිංහ දෙන. [ඇති.

Lion-hearted, a. සිංහයා මෙන් ධෛර්‍යවත්වූ, සිංහ හෘද

Lionize, v. ඉතා අරුම දෙයක් කොට සලකනවා or දක්වනවා.

Lion-rampant, n. ඉස්සරහ පාද උස්සා සිටින සිංහයා.

Lion's-share, n. fig. වැඩි පංගුව.

Lip, n. තොල, ඕෂ්ඨය, අධරය, upper උඩුතොල; rim ගැට්ය, අද්දර.

Liquation, n. උණුකිරීම, උණුවීම; උණුකර වෙන් කිරීම.

Liquefaction, n. දියකිරීම, උණුකිරීම, ද්‍රවීකරණය; දියවූ භාවය, ද්‍රවත්වය; ද්‍රවීභූතත්වය.

Liquefiable, a. දියකළ හැකි &c., ද්‍රවණීය, ද්‍රාව්‍ය.

Liquefied, a. දියකළ, උණුකළ, දියවූ &c., ද්‍රවීකෘත, ද්‍රවීභූත.

Liquefy, v. දියකරනවා, උණුකරනවා, ද්‍රවීභූතකරනවා; දියවෙනවා &c.

Liquescent, a. (ඉබේම) දියවෙන, උණුවෙන.

Liquid, a. දියකළ, දිය, දියර, දියාරු, ද්‍රව; fig. සෞම්‍ය (ශබ්ද, අක්ෂර).

Liquid, n. දියර ජාති, දියර, ආපෝධාතුව; (l, m, n, r, යන) සෞම්‍ය ශබ්දයක් or අක්ෂරයක්.

Liquidate, v. ණයක් ගෙවනවා or බේරුදමනවා.

Liquidation, n. ණය ගෙවීම &c.

Liquidator, n. ණය ගෙවන්නා &c. [ය.

Liquor, n. දිය, යුස ; මත්පැන්, මද්‍යපානය, සුරාපාන

Liquorice, n. වැල්මී, මධු යෂ්ටිකා.

Lisp, v. (පොඩි ළමයින් මෙන්) සම්භර ශබ්ද වරදවා කථාකරනවා ; fig. දුර්වලලෙස කථාකරනවා.

Lisp, Lisping, n. (ස, ත, යනු) වැරදිලෙස ශබ්දකිරීම, වැරදි උච්චාරණයක්.

Lissome, Lithesome, a. (ඇඟේ අමාරුවක් නැතුව) පහසුවෙන්—දක්ෂකමින්—ක්‍රියාකරන, තුරිත.

List, n. රෙදි වාටිය, වස්ත්‍රාන්තය, වස්ත්‍රාන්තය ; නාම ලේඛනය, වට්ටෝරුව, ලැයිස්තුව, ආවලිය ; the civil list නිලධාරි ලේඛනය ; fig. Enter the lists (contest) යුද්ධභූමියට—වාදභූමියට—බහිනවා.

List, v. (හේමාකාර පිණිස &c.) නම් ලියා තබනවා, ලේඛනයට ඇතුළත් කරනවා ; (වසේ) ලියවෙන වා, see Enlist ; රෙදි තිර මහනවා, (යම්කට) රෙදි තිරයක් ඇණගසනවා or අලවනවා.

List, v, ඇළවෙනවා ; කැමතිවෙනවා ; *also short for* Listen ; n. පැත්තකට ඇලවීම.

Listen, v. අහනවා. අහගෙන ඉන්නවා, ශ්‍රවණයකරන වා, කන්යොමු කරනවා ; ඇහුම්කන් දෙනවා, කීකරුවෙනවා.

Listless, a. ඇහුම්කන්නොදෙන, උත්සාහනැති, ඇල් මක්නැති, නොසැලකිලි, අලස, අනුත්සුක.

Listlessly, ad. ඇල්මක් — සැලකිල්ලක් — නැතුව, නොසැලකිලිලෙස.

Listlessness, n. ඇල්මක්—සැලකිල්ලක්—නැතිකම, නොසැලකිල්ල.

Lists, n. pl. යම් පොරයකට කොටුකරපු භූමිය, රණ බිම, රඟහ භූමිය.

Litany, n. නියම යාච්ඤා ක්‍රමය, යාච්ඤා පිළිවෙළ.

Literal, a. (උපමා විශයෙන් නොව) වචනවල නියම අභිප්‍රායටම එකඟ, පදගතාර්ථ, පදාර්ථ, යථාර්ථ.

Literalism, n. පදගතාර්ථතාව ; පදාර්ථයම පිළිගැනීම.

Literally, ad. වචනාර්ථය පිට, යථාර්ථාකාරයෙන්, වචනානුසාරයෙන්.

Literalness, n. නියම අභිප්‍රායටම එකඟකම, පදාර්ථ තාව. යථාර්ථතාව.

Literary, a. පොත්පත්—ශාස්ත්‍ර—උගත්කම්—ආදිය සම්බන්ධ, විද්‍යාසම්බන්ධී, ශාස්ත්‍රීක, ශාස්ත්‍රීය, විද්‍යා වත්, පණ්ඩිත, උගත් ; litterateur ශාස්ත්‍රඥයා, පණ්ඩිතයා.

Literate, n. (පට්ටබැඳි නමක් නොලත්) උගතා, විද්‍යාත යා, ශාස්ත්‍රීය කටයුතු කරන්නා, ලියන්ට කියන්ට දන්නා අය.

Literate, a. ලියන්ට කියන්ට පුළුවන් ඉගෙණගත්, උගත්.

Literati, n. pl. L. උගත් අයවල්, විද්‍යාතයෝ, පණ්ඩිතයෝ, ශාස්ත්‍රවන්තයෝ.

Literature, n. පොත්වල කාරණ දන්නාකම ; පොත් පත්, ශාස්ත්‍රීය ග්‍රන්ථ, සාහිත්‍යය.

Lithagogue, n. අශ්මරි ගල් පැහැරකරන බෙහෙතක්, අශ්මරීහරෞෂධය.

Lithe, a. පහසුවෙන් නැමෙන, මෘදු, පහසුවෙන් පාච්චිච්කළ හැකි, (ඇඟ, අවයව).

Lithiasis, n. අශ්මරි ගලක් හැදීම.

Lithic, a. ගල් පිළිබඳ, ශෛල ; අශ්මරි ; lithic *or* uric acid අශ්මරි අම්ල, මූත්‍රාම්ල.

Lithograph, v. යමක් ගල්තහඩුවක කැටයම්කර අච්චුගසනවා, ශිලාවෙන් මුද්‍රණයකරනවා.

Lithograph, n. කැටයම්කළ ගලකින් අච්චුගසාපු සිතියමක් *or* පත්‍රයක්, ශෛල මුද්‍රිතය.

Lithographed, pp. *or* a. කැටයම් ගලින් අච්චුගසන ලද, ශෛල මුද්‍රිත.

Lithography, n. ගල්වල කැටයම්කර අච්චුගැසීම, ශිලාවෙන් මුද්‍රණය කිරීම, ශෛල මුද්‍රාංකනය.

Lithologist, n. පර්වත ශාස්ත්‍රඥයා, ශිලා ශාස්ත්‍රඥයා.

Lithology, n. පර්වත විද්‍යාව, ශිලා ශාස්ත්‍රය ; අශ්මරි විස්තරය.

Lithomancy, n. ගල්වලින් දිවස් කීම.

Lithontryptic, a. අශ්මරි දියකරන, අශ්මරීඝ්න, අශ්ම රීහර, මූත්‍රාශ්මනාශක ; n. අශ්මරීඝ්නෞෂධය.

Lithotomist, n. අශ්මරි ගල් කපන්නා.

Lithotomy, n. අශ්මරි ගල් කපා ඇරීම.

Lithotripsy, Lithotrity, n. අශ්මරි පොඩිකර ඇරීම, අශ්මරි මර්දනය.

Litigant, n. නඩුමාර්ගයෙන් අරෝකරන්නා, පැමිණිලි කාරයා *or* විත්තිකාරයා, නඩුකියන්නා.

Litigate, v. නඩුමාර්ගයෙන් අරෝකරනවා, නඩුමගට බසිනවා, නඩුකියනවා, විත්තිකියනවා.

Litigious, a. නඩුකීමට ලැදි, බොහෝසෙයින් නඩුහබ කියන, විවාදී, විවාද ප්‍රිය ; අරෝකළ හැකි.

Litotes (ලෛටොටීස්), n. Gr. අර්ථය බාලකර කීමෙන් විශේෂාර්ථයක් ප්‍රකාශකරන අලංකාරයක්.

Litter, n. දෝලාව, යානාව, පල්ලැක්කිය, කූනම, සිවිගෙය, ඤවිකාව ; (අශ්වයින්ට &c. ලගින්ට දමන) කොළ, පිදුරු &c. ; රොඩු ; (ඌරු, බලු &c.) පැටව් ගණන.

Litter, v. වල්කරනවා ; (සතුන්ට ලගින්ට) පිදුරු දමනවා ; පැටව් ගසනවා.

Little, a. (මිනිසුන්) පුංචි, කුඩා, ක්ෂුද්‍ර ; (තරමින්, ගණ නින්) සවල්ප, අල්ප, ටික, මඳ, සුළු, සුළුපටු, ලඝු ; no little නොමඳ, අනල්ප.

Little, n. ටිකක්, ස්වල්පයක්, ඩිංගක්, ඩිංගිත්තක්, ඇඹිත්දක්, පොඩ්ඩක් ; little one පුංචිත්තා, පැංචා, fem. පැංචි.

Little, ad. ස්වල්පවශයෙන්, ටිකක්, පොඩ්ඩක්, යන්තම් ; in a little while ටිකකින්, වහා– ස්වල්ප —වේලාවකින්.

Little-minded, a. උතුම් සිතක් නැති, ක්ෂුද්‍රාශය, අල්පබුද්ධික, කෘපණබුද්ධි.

Littleness, n. පුංචිකම, කුඩාකම, ක්ෂුද්‍රතාව ; සුළු කම, සුළුපටුකම ; (ක්‍රියාවේ, සිතේ, සිතියේ) උතුම් මදිකම, අල්පතාව.

Littoral, a. වෙරළට අයිති, වැල්ලට—තීරයට—අයිති, තීරසම්බන්ධ, තීරස්ථ.

Liturgic, Liturgical, a. දේවමෙහෙයේ ක්‍රමයට අයිති, නියම ක්‍රමාකාර (මෙහෙය). [ක්‍රමය.

Liturgy, n. දේව මෙහෙයේ ක්‍රමය, නියම යාච්ඤා,

Live, v. i. ජීවත්වෙනවා, ජීවිකාව කරනවා, දිවි පවත්වනවා, ප්‍රාණවත්ව සිටිනවා, (ගහ &c.) පණ ඇතුව තිබෙනවා, (ගසේ) පණ තිබෙනවා ;

continue පවතිනවා, (නායතිනොවී—නොනැසී—) ඉතුරුවෙනවා ;

live on rice බත් කා රැකෙනවා ;

live by work වැඩකර රක්ෂාවෙනවා, රැකෙනවා ;

live in luxury සැපෙන් වැජඹෙනවා *or* පසු වෙනවා.

live with කෙනෙකු වෙත පොරොත්තුව සිටිනවා, කෙනෙක් සමඟ—එක්ව—වාසයකරනවා ; dwell වාසයකරනවා, වසනවා.

Live, v. t. live a good, bad, happy, life &c. යහපත් ජීවිතයක් &c. කල්යවනවා, සැපෙන් ජීවත්වෙනවා ; live down slander, opposition &c. කේලම් &c. තමාගේ ජීවිතයෙන් නිෂ්ප්‍රභාකරනවා.

Live (ලෛව්), a. පණඇති, පණපිටින් සිටින, ජීවමාන; live coals ගිනි අඟුරු, පත්තුවෙන or දිලියෙන අඟුරු, ජලිතඞ්ගාර.

Lived, a. long-lived බොහෝකල් ජීවත්වෙන, දීර්ඝායුෂ ඇත්තාවූ, දීර්ඝායුෂ්ක, ආයුෂ්මත්, චිරප්‍රවෘත්ත, short-lived ක්ෂණභංගුර, අල්පායුෂ්ක.

Live-fence, n. පැළ ඉනිවැට.

Livelihood (ලෛ...), n. රක්ෂාව, ජීවිකාව, රැකී රක්ෂාව, ආජීවිය. ආජීවනය.

Liveliness (ලෛ...), n. ප්‍රාණවත්කම. උනන්දුකම.

Livelong, a. He slept the livelong day (say) දවස මුළුල්ලේම නිදා උන්නා.

Lively (ලෛ...), a. ප්‍රාණවත්, උනන්දු, උද්යෝගවත්.

Liver, n. කැවුත, අක්මාව, යකෘත්පිණ්ඩය.

Livery, n. (මෙහෙකරුවන්ගේ &c.) නියම වස්ත්‍ර; in law අයිතිවාසිකම—ඉඩම්කඩම්—භාරදීම.

Liveryman, n. නියම වස්ත්‍ර අඳින මෙහෙකරුවා : (ලන්ඩන් නුවර සමහර සමාගම්වල) නියම වස්ත්‍ර අඳින වැසියෙක්.

Lives, n. pl. of life ජීවිතවල් &c.

Live-stock, n. (බැටළු, ගව, අශ්ව, ආදී) ඇතිකරන—තමාගන ඉන්න—සත්තු. [වූ, පාට වෙනස්වූ.

Livid, a. තැල්මක් මෙන් කළුවූ or ඊයම්පාට ඇත්තා

Lividness, n. (මාංසය) තැළුණු පාට, අඳුරුපාට.

Living, a. පණ ඇති, ප්‍රාණවත්, ජීවත්වන, ජීවත්ව සිටින, සජීව, ජීවී, ජීවමාන ; the living පණ ඇත්තෝ, ජීවත්ව සිටින්නෝ.

Living, n. රක්ෂාව, රැකීමරක්ෂාව, ජීවිකාව, ආජීවිය, දිවිවැටුම, දිවිපැවැත්ම ; දේවගැති ජීවිකාව. Get a living ජීවිකාව කරගන්නවා, රැකෙනවා.

Lixivial, a. අළු-ලුණු මුසු. අළු-ලුණු ගුණ ඇත්තාවූ.

Lixiviate, v. (අළු වතුරේ දැමීමෙන්) අළු-ලුණුවලින් ගුණකරනවා.

LL.B., Bachelor of laws නීති පිළිබඳ උපාධියක්

LL.D., Docter of laws නීති පිළිබඳ ශ්‍රේෂ්ඨ උපාධියක්.

Lizard, n. හූණා ; හූණු විශේෂයේ සතා.

Lo, int. බලව, මෙන්න, ඔන්න, අන්න.

Load, v. පටවනවා, පැටවිලිකරනවා; heap upon ගොඩකරනවා ; weight බරකරනවා; load a gun වෙඩිබෙහෙත් දමනවා.

Load, n. පටවන ඒවා, පැටවිල්ල, yoke-load (කත්ලීයෙන් ගෙනයන) කද ; (carried by two as a present) තඩක් ; එකහැරේ ගෙනයන ප්‍රමාණයේ බරක්, කරත්තයක බර &c. ; a large quantity මහත් බරක් or ගණනක්. [භාරාක්‍රාන්ත.

Loaded, a. පටවනලද &c., lit. & fig. බරවූ, භාරවත්

Loading, n. පැටවීම &c. ; පටවන බඩු, පටවාපු බඩු, පැටවිල්ල. [කාව.

Load-star, Lode-star, n. (මග පෙන්වන) ධ්‍රැව තාර

Loadstone, n. කාන්දම, කාන්දම් ගල, අයස්කාන්තය.

Loaf, n. පාන්ගෙඩිය ; of sugar ලොකු සීනි කැටයක්, loaf sugar කැට සීනි, සුදු සීනි.

Loaf, v. පුප්පා කනවා ; නිෂ්ඵලේ එහා මෙහා ඇවිදිනවා. නිකම් කාලය ගත කරනවා, රස්තියාදු වෙනවා.

Loafer, n. පුප්පා කන්නා, පරපිණ්ඩාදයා ; රස්තියාදුකාරයා, කම්මැලියා.

Loam, n. මැටි—වැලි—යකඩමල—ආදිය මුසු පස්.

Loamy, a. එයාකාර පස් මුසු (බිම).

Loan, n. ණයට දීම, ණයට දුන් දේ, පොලියට දෙන මුදල් ; (යමක්) ටික කලකට දීම. See Lend. [වා.

Loath, be, v. (යමක් කිරීමට) ඉතා අකමැතිව සිටින

Loathe, v. පිළිකුල්කරනවා, (අරුචි කෑමට) ඉතා අප්‍රියකරනවා.

Loathsome, a. පිළිකුල්, කැත, ඉතා අරුචි, අප්‍රසන්න. අප්‍රියාව උපදවන, කුත්සිත, ගර්හිත. [කාව.

Loathsomeness, n. පිළිකුල්කම, කැතකම, අරුචි

Lobate, Lobed, a. පළු or පංගු සහිත, ඛණ්ඩාකාර. (කොළ, පාද &c.).

Lobby, n. (ගෙයි ලොකු කාමරවලට ඇතුල්වෙන) කුඩා ශාලාව ; (දොරටුවේ සිට යන) ගෙයි ඇතුල් මග, ප්‍රවේශ ශාලාව.

Lobe, n. (මොළෙන්, අක්මාවෙන්, පෙනහැල්ලෙන් &c.) කොටසක් or පළුවක් ; of the ear කන් පෙත්ත

Lobster, n. පොකිරිස්සා.

Local, a. ස්ථානයකට අයිති. ස්ථානික, ස්ථානීය. දේශජ, දේශීය, ප්‍රාදේශික, පළාත් බද ; ඒ ඒ ස්ථාන සම්බන්ධ ; local administration ප්‍රදේශ පාලනය, local board ප්‍රදේශ සභාව, local government ප්‍රදේශ ආණ්ඩුව ; local option පළාත් කැමැත්ත.

Locality, n. යම් තැනක තිබීම or සිටීම ; (යමක් තිබෙන) තැන, පළාත, ප්‍රදේශය, මණ්ඩය.

Localize, v. යම් තැනකටම නියමකරනවා ; (රෝග &c. පැතිරෙන්ට නොදී) එක් තැනක නවත්වනවා.

Locally, ad. ස්ථාන වශයෙන්, ඉඩමේ හැටියට. පළාතෙනිම.

Locate, v. යම් තැනක පිහිටුවනවා ; යමක් තිබෙන තැන දක්වනවා, තැන නියම කරනවා.

Location, n. තැනක පිහිටුවීම ; ස්ථානය ; in law බදුදීම.

Locative, a. in gram. ආධාර, සප්තමී, (විභක්තිය). අදර (විබත).

Loch, n. Scot. වැව, විල, වාපිය, මුහුදු තුඩුව.

Lochia, n. වැදුවාසින් පසු පහවෙන ලේ ආදිය, සූතිකා රුධිරය.

Lochial, a. සූතිකා රුධිර

Lock, n. අගුල, යතුරු තහඩුව, ද්වාර යන්ත්‍රය ; of a gun තුවක්කුතහඩුව ; (ඉසකේ, ලොම් &c.) රොද, බිබුරු කෙහෙ, අලකය, කේශපාශය ; (පාරු &c. ඉහත්පහත් කරන) ඇලේ කොටුව.

Lock, v. අගුලුදමනවා, අගුළු or අගුල් ලනවා, යතුරු ලනවා ; (රෝද) හිරකරනවා ; in printing (අමුණු අකුරු පෝරුව) තදකරනවා ; in the arms අතින් තදලෙස බදගන්නවා ; lock in or up ඇතුල්කර අගුල දමනවා or වසාදමනවා, හිරඅඩස්සි කරනවා ; හිරවෙනවා, තදවෙනවා.

Locked-jaw, Lock-jaw, n. හනු පූට්වුව, හකුපාඩා තදවීම, හනු ග්‍රහය, හනුස්තම්භය.

Letanus පිටගැස්ම. [ක්.

Locker, n. අගුලක් ඇති ලාච්චුවක් or කුඩා කාමරය

Locket, n. රන් ආභරණයක්, මාල පෙත්ත, ලොවා ධූම. [වුව.

Lock-gate, n. ඇළදොර, දියදොර, ජලදොර, සොරො

Locksmith, n. අගුල්, යතුරු තහඩු, යතුරු ආදිය සාදන්නා, අගුල් ආචාරියා.

Lock-up, n. හිරඅඩස්සි ගෙය, ස්වල්ප කලක් හිරකර තබන ගෙය, දඬුකඳ.

Locomotion, n. තැනින් තැන යාම, ස්ථානාන්තර ගමනය, ගමනාගමනය, ගමනාගමන ශක්තිය, යාමේ බලය.

Locomotive, a. තැනින් තැන යන්නාවූ, යන්ත්‍ර බලය ඇත්තාවූ, ජඩගම.

Locomotive, n. ගමන්කරන ධූමයන්ත්‍රය, ධූමරථය, දුම්රිය.

Locular, Loculose, a. කූප සහිත, රන්ධ්‍රාකාර, ඡේදිත. (බීජකෝෂ).

Locum tenens, L. ප්‍රතිපුරුෂයා, නිලප්කාරයා.

Locus, n. (of a point) පථය.

Locust, n. පලඟැටියා, පොළගැටියා ; ගස් විශේෂයක්.

Lode, n. (ආකරයේ) ලෝහ වැල, ලෝහ තට්ටුව

Lodge, v. කලකට යම් තැනක තබනවා ; (එකක් ඔබින එකකට) අනුකර තබනවා or පිහිටුවනවා ; නවාතැන් දෙනවා ; නවාතැන් ගන්නවා, ටික කලක් පදිංචිවෙනවා, ලැගුම් ගන්නවා, පොරොත්තුව සිටිනවා ; B. P. (during the rains) වස්වසනවා.

Lodge, n. උයනේ කුඩා ගෙය or මඩුව, බංගලාව, දොරටුපාලයාගේ කුඩා ගෙය, වාසය, නවාතැන, ලැගුම්පල ; මිත්‍රු සමාගමකින් එක රැස්වීමක් ; ඔවුන් රැස්වෙන තැන.

Lodger, n. නවාතැන්කාරයා, වෙන කෙනෙකුගේ ගෙදර පොරොත්තුව සිටින්නා.

Lodging, n. නවාතැන, ආගන්තුක ශාලාව, වාසය, ලැගුම් තැන.

Lodgment, n. තැබීම, අනුකර තැබීම ; රැඳීම, රැඳී තිබීම ; රැඳී තිබෙන දේ ; කඳවුර.

Loft, n. (වහලට කිට්ටුවූ) උඩුමහල් තට්ටුව, උඩුමහල, අටුව, අමල්ල.

Loftily, ad. උසස්ලෙස ; උඩඟුලෙස.

Loftiness, n. උස්කම, අධික උස, උත්තුඞ්ගතාව ; සමුන්නතිය ; උසස්කම, උතුම්කම ; උඩඟුකම.

Lofty, a. ඉතා උස්වූ, උත්තුඞ්ග, තුඞ්ග, උච්ච, අත්‍යුච්ච, උන්නත, සමුන්නත, ප්‍රාංශු ; fig. උසස්, උතුම්, උත්කෘෂ්ට, උදාර ; උඩඟු, උද්ධත, ගර්විත.

Log, n. ලීකඳ, කොටය, කඳක් කැබෙල්ල, කොටන් කැබෙල්ල ; නැව් යන ප්‍රමාණය දක්වන ලීය or යන්ත්‍රය ; cut into logs කුණ්ඩ කරනවා.

Logarithm, n. ගණිත ක්‍රමයක්, ගුණන ප්‍රමාණඞ්කය.

Logarithmetic, Logarithmic, a ගුණන ප්‍රමාණාඞ්ක, ගුණන ප්‍රමාණාඞ්කාකාර.

Log-book, n. නැව් ගමනේ තොරතුරු සටහන් පොත, සිහිකටයුතු කාරණ ලියන පොත, සටහන් පොත, ලොග් පොත. [ගෙය.

Log-cabin, Log-house, Log-hut, n දඬු මඩුව, දඬු

Loggerhead, n. ගුඩ්ඩියා, මෝඩයා, මූඩියා. Be at loggerheads පොරට or දබරෙට හිටිනවා.

Logic, n. තර්ක ශාස්ත්‍රය, තර්ක විද්‍යාව, න්‍යාය ශාස්ත්‍රය.

Logical, a. තර්ක ශාස්ත්‍රය සම්බන්ධ, න්‍යායී, තර්ක ශාස්ත්‍රයට එකඟ, තාර්කික, තර්කීය, තර්කානුකූල, යුක්තිසිද්ධ.

Logician, n තර්ක ශාස්ත්‍රඥයා, න්‍යාය ශාස්ත්‍රඥයා, තාර්කිකයා, නෛයායිකයා.

Logically, ad. තර්ක ශාස්ත්‍රයට එකඟලෙස &c.

Logistics, n. pl. හැටේ ක්‍රමයෙන් ගණින විධිය, ඵලවි ක්‍රම ගණිතය.

Logomachy, n. වචන ගැනම වාදකිරීම, කථා පොරය, වාග්යුද්ධය, වාක්කලහය.

Logwood, n. පතඟි සමාන ලී, කිස්පිය.

Loin, n. (සතෙකුගේ) තුනටියේ මස් කෑල්ල.

Loins, n pl. තුනටිය, කටිය, කටි දේශය, කටි ප්‍රදේශය, නිතම්බය, ශ්‍රෝණිය ; ඉඟටිය.

Loiter, v. නතරවෙනවා, පුනඃපුනා වෙනවා, අලසලෙස ඇවිදිනවා ; loiter time away කාලය නිෂ්ඵලලෙස ගතකරනවා.

Loll, v. (අලසලෙස යමකට) හාත්පසිවෙනවා or හේත්තුවෙනවා, බල්ලුදිව්වෙන් කටින් එල්ලෙනවා.

Lollard, n. එක්තරා රෙපුමාදු සමාගමක නම, ලොලාර්ඩ් නම් සභිකයා.

Lolling, n. හාත්පසිවීම &c.; දිවේ දික්වීම, ලලනය.

Lollipop, n. රස කැවිලි වර්ගයක්.

Lone, Lonely, a. තනිවූ, කාත්සියෙන් සිටින, උදකලා, හුදකලා, විවේක, නිර්ජන, විජන, විවික්ත.

Loneliness, n. තනිකම, සහකාරයෙක් නැතිකම, විවේකකම, විවේකත්වය.

Lonesome, a. උදකලාවූ, විවේක. සහකාරයෙක් නැති, විජන.

Long, a. දිග, දික්වූ, දීඝ, දිඝු, ආයත ; a foot long අඩියක් දිග or දික්වූ ; ඇදලා කියන (ශබ්ද), බොහෝ කල් පවතින, චිරාත් (කාලය).

Long, ad. බොහෝ කල්, දීඝ කාලයක්, චිරකාලයක්, චිරාත් කාලයක්, චිරසථායි ;
long ago, long before this &c. (මීට) බොහෝ කල කට පෙර or පූර්වයෙන් ; [or පසුව ;
long after බොහෝ කලකට පස්සෙ or පස්සෙන්
all day long &c., දවස — ජීවිතය &c. — මුළුල්ලේම ; not long since නොබෝදා ; as long as he stays ඔහු සිටින තුරුම or ඒතාක්.

Long, v. ඉතා ආශාවෙනවා, ඇලුම් කරනවා, පතනවා ; (ගර්භිණී) දොළදුකින් ඉන්නවා.

Longer, a. වඩා දිග, දීඝ තර, make longer වඩා දික් කර හාදනවා.

Longer, ad. වඩා කල් ; stay a little longer තව ටිකක් හිටිනවා.

Longest, a. ඉතා දීඝ ; ad. (සීපයකින්) අධික කල.

Long-established, a. බොහෝ කල් පිහිටි, චිරසථිත.

Longevity, n. දීඝායුෂ, දීඝ ජීවිතය, චිරාත්කාලයක් ජීවත්වීම, දීඝායුෂකතාව.

Longeval, Logevous a. බොහෝ කල් ජීවත්වෙන, දීඝායුෂ්ක, දීඝජීවී, චිරජීවී.

Longimetry, n. දිග මැනීම, දූර මැනීම, දූරමානක ශාස්ත්‍රය.

Longing, n. තදින් ආශාවීම, තද ආශාව, ප්‍රාර්ථනාව, අභිරතිය, ඔත්සුක්‍යය ; මනදොළ, දොළදුක.

Longing, a. තදින් ආශාවෙන, පතන, අභිලාෂී.

Longitude, n. (නියමි තැනක සිට) බටහිරට හෝ නැගෙනහිරට ඇති දූර ප්‍රමාණය, රේඛාන්තරය, රේඛාංශය, දේශාන්තර භාගය, භූවිකාය, (east) පූර්ව රේඛාන්තරය, (west) පශ්චිම රේඛාන්තරය, of a planet from Aries සායනය. [යන්නාවූ.

Longitudinal, a. (හරහට නොව) දිගට ඇත්තාවූ or

Longitudinally, ad. දිගට, දිග අතට.

Long-leaved, a. කොළ දික්වූ, දිග කොළ ඇති.

Long-lived, a. දීඝායුෂ ඇත්තාවූ, දීඝායුෂ්ක, චිරායුෂ්ක ; බොහෝ කල් පවතින.

Long-measure, n. දිග මැනීම, දීඝමානක ක්‍රමය.

Long-run, n. fig. මුළු ප්‍රමාණය, in the long run අන්තිමේදී.

Long-sighted, a. දූර පෙනෙන ඇස් ඇති, දීඝදෘෂ්ටි ; fig. දූර බලන, දීඝ දර්ශී, දූරදර්ශී, නැණවත්.

Long-sightedness, n. දුර දැක්ම, දීඝදෘෂ්ටිය, දුරින් පමණක් පැහැදිලි ලෙස පෙනීම; lit. & fig. දීඝ දෘෂ්ටිය, දූරදෘෂ්ටිය, දූරදර්ශිතාය.

Long-suffering, a. බොහෝ කල් ඉවසන, ඉවසිලි වන්ත, බහුක්ෂම, ක්ෂමී.

Long-suffering, n. බොහෝ කල් ඉවසීම, ඉවසිලි වන්තකම, බහුක්ෂමතාව.

Long-winded, a. ඉක්මනට හති නොදමන; fig. හුඟක් වේලා කථාකරන.

Look, v. බලනවා, නරඹනවා, අවලෝකනයකරනවා, නිරීක්ෂණය කරනවා;

look after or to බලාගන්නවා, බලාකරගන්නවා, පාලනයකරනවා;

look for: *seek, look up* සොයනවා, *expect* බලාසිටිනවා;

look into ඇතුළ බලනවා, fig. සෝදිසිකරනවා;

look on බලා ඉන්නවා; look on as (යමක් කොට) සලකනවා.

look out ප්‍රවේසම්වෙනවා; තෝරාගන්නවා.

I look to him for all සියල්ල ඔහුගෙන් ලබන්ට බලාසිටිමි.

He looks—appears—well ඔහු යහට පෙනෙනවා *or* හතිප ආකාරයට පෙනෙනවා.

The house looks towards the north ගෙය උතුරට තිබෙනවා.

Look, n. බැලීම, විලෝකනය, බැල්ම, පෙනුම.

Looking, n. බැලීම &c. අවලෝකනය, නිරීක්ෂණය, ප්‍රේක්ෂණය.

Lookig-glass, n. කැඩපත, මූණ බලන කණ්ණාඩිය, දර්පණය, ආදර්ශය.

Look-out, n. ප්‍රවේසම්වීම, බලා සිටීම; සෝදිසිය, මුරපල; (බලා සිටීමට) උස් තැනක්, උස්කොතක්.

Loom, n. අලුව, ආවාපනය, සූත්‍රයන්ත්‍රය, තන්තුවාපය; of an oar හබල් මිට.

Loom, v. (නැවක්, කන්දක් *or* වලාකුළක් මෙන්) දුරදී ලොකුවට පෙනෙනවා *or* දෘශ්‍යමානවෙනවා; fig. මතු දෙයක් සිතට පෙනෙනවා.

Loop, n. පුඩුව, තොණ්ඩුව; තුවක්කු වළල්ල.

Loop, v. පුඩුවකින් බඳිනවා, පුඩු ගහනවා.

Loophole, n. (වෙඩිතිබ්බමට) තැවේ *or* තාප්පයේ සිදුරක්, විවරයක්, ඡිද්‍රය, කපල්ල; කුරුබිලය; අන්තරායෙන් ගැළවී යන්න මඟ.

Loopholed, a. (වෙඩිතිබීමට *or* විංගායාමට) විවර ඇත්තාවූ.

Loop line, n. ප්‍රතිබිම්බරව මාර්ගය, හිලව් දුම්රියපාර.

Loose, v. ලිහනවා, මුදනවා, නිදහස්කරනවා, අත අරිනවා.

Loose, a. unbound ලිහුණාවූ, නිදහස්වූ; not tight or dense තද නැති, බුරුල්; lax, easy, ලිහිල්, ශිථිල, (බස්); not close විරල, අසංහත; vague අනියම්වූ; of the bowels අධිකලෙස පාචනවෙන්නාවූ; fig. dissolute අවකල්ක්‍රියාකාර, දුරාචාර.

Break loose (ලනුව &c.) කඩාගෙන යනවා, සිඳගෙන යනවා

Let loose ලිහා අරිනවා, මුදා අරිනවා, නිදැල්ලේ අරිනවා.

Loosely, ad. බුරුල්ලෙස; ලිහිල්ලෙස; විරලලෙස &c.; අනියම්ලෙස; අනාචාරලෙස.

Loosen, v. බුරුල්කරනවා, ලිහිල්කරනවා; බුරුල් වෙනවා; රේචනය කරවනවා.

Looseness, n. බුරුල්කම, බුරුල; අනියම්කම; අනාචාරකම; රේචනය, අතිවිරේකය.

Loot, n. කොල්ලය, ලුණ්ඨනය, ලෝත්‍රය; v. කොල්ල කනවා.

Lop, v. අත්තිස්ස—කොළ— කපාදමනවා, පාසින වා, කොටකර කපනවා,' ඔනෑනැති කොටස සිඳදමනවා.

Lop-eared, a. කන් පහත වැටෙන (සත්ව).

Lopping, n. අත්තිස්ස කපාදැමීම &c.; කපාදැමූ අතු *or* රිකිලි.

Loquacious, a. වාචාල, දෙඩමලු, දෙඩවන, අධික කථාකාර, බහුභාෂී.

Loquaciousness, Loquacity, n. වාචාලකම, දෙඩමලුකම.

Lord, n. master ස්වාමියා, අධිපතියා; noble මංගාධිපතියා; husband ස්වාමිපුරුෂයා; the Lord ස්වාමින්වහන්සේ; house of Lords ස්වාමි මන්ත්‍රී සභාව.

Lord, v. He lords it over me ඔහු මා කෙරෙහි උඩඟුකම පානවා *or* මට බලකරනවා *or* අධිපතිකම පානවා.

Lordly, a. උත්තංගව, උන්නත; උඩඟු.

Lord-mayor, n. (London, York, Dublin යන නගර වල) ශ්‍රේෂ්ඨ නගරාධිපාදයාණෝ, නගරාධිපති තුමාණෝ.

Lord-provost, n. (Edinburgh, Glasgow යන නගර වල) ශ්‍රේෂ්ඨාධිපාදයාණෝ.

Lordship, n. ස්වාමිකම, ස්වාමිභාවය, ජනාධිපතිකම, ඊශ්වරත්වය; ඊශ්වරධූරය, ආධිපත්‍යය, මංගාධිපතියාගේ පළාත; his or your Lordship හාමුදුරුවෙනි, හාමුදුරුවනි, ස්වාමිනී.

Lord's-supper, n. (ක්‍රිස්තියානි) ස්වාමින්ගේ රාත්‍රී භෝජනය, R. C. සත්ප්‍රසාදය.

Lore, n. දැනගැනීම, ඉගෙන ගැනීම, උගත්කම, පාණ්ඩිත්‍යය, ඥානය, විද්‍යාව.

Loricace, v. (සන්නාහයකින් මෙන්) ආරක්ෂාවට වසනවා; (කෝවය ඇතුලේ) යමක් ගා විහාලනවා.

Loris, a. උනහපුලුවා.

Lorn, a. අසරණ, පාළු. See Forlorn.

Lorry, n. බඩුපැටවීමට පාවිච්චිකරන මොටෝරියක්, ලොරිය.

Lose, (ලූස්), v. become lost, disappear නැතිවෙනවා, දියපත්වෙනවා; lose a living &c. රක්ෂාව නැතිවෙනවා *or* රක්ෂාවෙන් අහක්වෙනවා; waste නැතිකරනවා, නැතිකරගන්නවා; lose the road &c. වරද්දගන්නවා; be defeated පරදිනවා, පරාද වෙනවා.

Loss, n. නැතිවීම, හානිවීම; හානිය, අලාභය, අලාභහානිය, පාඩුව, වස්තුහානිය; waste නාස්තිය: loss of life &c. ප්‍රාණහානිය, නාශනය, විනාශය.

Sell at a loss පාඩු මිලට විකුණනවා

Bear the loss අලාභය ගෙවනවා *or* ඉවසනවා.

Lost, pp. *or* a. නැතිවූ, නොපෙනීගිය, දියපත්වූ, නාස්තිවූ, හානිවූ, අපගත, ධ්වස්ත, නෂ්ට, අභාවප්‍රාප්ත; in hell අපාගත; gone astray පාර වරද්දගත්තාවූ, lit. & fig. මුළාවූ; bewildered ව්‍යාකූලවූ.

Lot, n. fate ඉරණම, හේතු අහේතුව, දෛවය, දෛවයෝගය, භාග්‍යය; cast lots දාදු දමනවා; allotted share නියමවූ කොටස; portion කොටඨාසය, පංගුව, අංශය, භාගය; (lot of houses or people ගෙවල්, මිනිස්සු) කට්ටිය කැටිය, රාශිය, ගොඩ; a lot of land බිම් කැබෙල්ලක්; lot of lads කොලු පෙළක්. Lot, v. See Allot.

Loth, be, v. See Loath. Lotion, n. බෙහෙත් වතුර.

Lottery, n. සුදුමෙස්—සුදු දූම්මෙස්—බෙදු දීම්, ලොතරැයිය.

Lotus, n. නෙළුම්මල, නෙළුම් ගහ, පද්මය.

Loud, a. හඬිය ඇති; සැර, මහා ශබ්ද ඇති, ඝොෂා සහිත.

Loud, Loudly, ad. හඬයෙන්, මහත් හඬින්.

Loudness, n. ශබ්දයේ සැරකම, යම් හඬක මහත් කම.

Louis-d'or, n. Fr. පිලිප් මිස්සක රත්රන් කාසියක්.

Lounge, v. අලසලෙස තැනින්තැන හැසිරෙනවා. See Loll.

Lounge, n. හාත්පසිවීම; හාත්සිවෙන ආසනය or කම්බිජිය, හාත්සිටුවුව.

Lounger, n. අලසයා, කම්මැලිකමින් සිටින්නා.

Louse, n. Lice, pl. උකුණ, උංකාවා, ලේඩියා, (young) ඇල්මා.

Lousy, a. බොහෝ උකුණන් ඇත්තාවූ.

Lout, n. අඹයා, නිවටයා, අහම්බෑයා, මොට්ටයා.

Louvre, (ලූවර්), n. වියසි කවුළුව, කොතක කවුළුව, වාධු කම්බිය.

Lovable, a. ප්‍රියවබන්නාවූ, ප්‍රේමණීය, ආදරණීය.

Love, v. මෛත්‍රී කරනවා; ආදරේකරනවා, ප්‍රේම වෙනවා, ප්‍රේමකරනවා, පෙම්බඳිනවා, සෙනෙහ කරනවා, ආලය පෙනවා, ආලය කරනවා. ප්‍රියකර නවා.

Love, n. මෛත්‍රිය; ආදරය, ප්‍රේමය, සෙනෙහස, ආලය, ඇලුම්කම, අනුරක්තිය, අනුරාගය, තුරාව; (යමෙක්) ආදරකරන අය or ආලයකරන දේ, පෙම්වතිය.

Love-feast, n. (මැත්ලියස්වරුන්ගේ) ප්‍රේම මංගල්‍යය.

Loveliness, n. අලංකාරකම, අලංකාරය, මනෝඥ තාව, රූපසෞන්දර්යය, ලාවණ්‍යය.

Lovely, a. සිතඅලවන, අලංකාර, අභිරූප, මනෝඥ, මනෝරම්‍ය, මනෝහර, අභිරාම, කමනීය, රමණීය, ශෝභන, ශොබන, කාන්ත, සුභග, රම්‍ය, ලක්ෂණ.

Lover, n. ආදරය ඇත්තා, ප්‍රේමකරන්නා &c., පෙම් වතා, වල්ලභයා.

Love-match, n. ප්‍රේමය නිසාම කරගත්ත කාරබාවු නය, ප්‍රේම කසාදය.

Love-sick, a. ප්‍රේමයෙන්—ආලයෙන්—දුක් විඳින; දුක් මුසු ආලය ඇත්තාවූ, කාමාතුර.

Loving, a. ආදරවන්ත, ප්‍රේමවන්ත, සෙනෙහවන්ත, අනුරක්ත, ප්‍රිය; ආදරය පෙන්වන.

Lovingkindness, n. මෘදු කරුණාවන්තකම, ප්‍රේමවූ දයාව, ආදර කරුණාව, දයාබරකම, කාරුණ්‍යය, වාත්සල්‍යය, අනුකම්පාව.

Low, a. locally පහත්, නිම්න; short මිටි; in degree or quality අධම, පහත්, අල්පාඥම, නිකෘෂ්ට, දීන, බාල; ක්ෂුද්‍ර, හීන, (කුලය), අකුලීන, නිච්කුල; vile නීච, තුච්ඡ; low in price පහත්, අඩු; not loud ගොමින්වූ, හීන්, (ශබ්ද); grave ගෞරවීය (ශබ්ද).

This patient is very low මේ ලෙඩා ඉතා දුබ්ලයි or අන්තිමවෙලයි.

He is a low person ඔහු අධම කෙනෙක්ය.

He is very low ඔහු අඩමව්—පහත බැස—දුබ් ලව—සිටිනවා.

Low, ad. පහතින්, පහතට; අඩු ගණනට; හීන් ශබ්ද යෙන්.

Low, v. තැප්පිනවා, තප්පුලනවා, (එළදෙන) නැගහ නවා.

Low-born, Low-caste, a. අඩු ජම්මක්කාර, හීන ජාතික, අධම, නීච.

Low-bred, a. අධමලෙස ඇතිවුණුවූ, නීච, අධම

Low-church, a. (එංගලන්ත සභාවේ) නිර්දුඩි සභා කාර.

Low-churchism, n. නිර්දුඩි සභාකාරකම, නිර්දුඩි සභාකාර ධර්මය.

Low-country, n. පාතරට.

Lower, v. බස්වනවා, බානවා, පහත්කරනවා; බැගෙන නවා, බසිනවා, පහත්වෙනවා; අඩුකරනවා, අඩු වෙනවා.

Lower, a. වඩා පහත් &c See Low, adj.

Lower (ලෞවර්), v. අඟස කළුකරනවා, වැහි කළු කරනවා, වලාකුල්වලින් මදක් අඳුරුවෙනවා; fig. දුර්මුඛවෙනවා.

Lowering, n. බැස්වීම, පහත්කිරීම; අඩුකිරීම.

Lowest, a. ඉතා පහත්, ඉතා අධම, ඉතා අඩු &c. See Low, adj.

Lowi-lowi, n ලොවිලොවි See Flacourtia.

Lowing, n. තැප්පීම, තැප්පුම, නැගැසීම.

Lowland. n. පහළරට, මිට්තැනිතලාව, මිට්ටිය, නිම්න භූමිය, නිම්නදේශය.

Lowlander, n. පහළ රට වැසියා. [මානය.

Lowliness, n. යටහත්කම, යටත්පහත්කම, නිහතා

Low-lived, a. නීච ජීවිතයක්හ පසුවෙන්නාවූ, සිතවූ.

Lowly, a. යටහත්, යටත්, යටත් පහත්, නිහතමාන, නිරහංකාර; පහත්.

Lowly, ad. යටත්ලෙස; පහත්ලෙස.

Low-minded, a. සිතින් නීචවූ, නැත සිත් ඇති, අධම සිතැති, තුච්ඡ.

Lowness, n. පහත්කම, නිම්නතාව &c., see Low a.; meanness බාලුකම, නීචභාවය, අධමතාව.

Low-spirited, a. මලානික, තලංඇදුනු, ධෛර්යය බිඳුනු, අධෛර්ය, උත්සාහනැති, උදාසීන, විෂණ්ණ.

Low-water, n. සමුදුණී බාදිය; fig. පහත් අවස්ථාවක්, පහත බැසීම.

Loyal, a. රාජපාක්ෂික, ආණ්ඩුවට පක්ෂපාතවූ; ප්‍රසාද වාදී, විශ්වාසවූ.

Loyally. ad. රාජපාක්ෂිකලෙස &c.; විශ්වාසලෙස.

Loyalty, n. රාජපාක්ෂිකත්වය, රාජපක්ෂවාදිකම; පක්ෂපාතීතාව, විශ්වාසකම.

Lozenge. n. ලේහය, මෝදකය රස කැවිලි වර්ගයක්, ලොසෙන්ජර; අච්චා හැඩය. [යා.

Lubber, n. තරබාරු මොට්ටයා, අදක්ෂයා, කම්මැලි

Lubricate, v. (තෙල්, මිසිරන්, ආදිය ගෑමෙන්) සිලුටු කරනවා or සිනිඳුකරනවා, තෙල් දමනවා.

Lubricated, a. සුලුටුකරනලද, තෙල් ගාපු.

Lubricity, n. සිලුටුකම, සිනිඳුකම, ලිස්සෙන ගතිය; fig. චපලත්වය, ලෝලතාව.

Lucid, a. දීප්තිමත්, නිර්මල, විමල, ප්‍රසන්න, විශද, ප්‍රත්‍යක්ෂ, පැහැදිලි; විකලයක් නැති (සිහිය. වේලාව.)

Lucidness, n. දීප්තිය; විශදතාව, ප්‍රත්‍යක්ෂකම, පැහැදිලිකම; විකාරයක් නැතිකම.

Lucifer, n. Venus පහන්තාරකාව, ශුක්‍රතාරකාව, සිකුරුතරුව; සාතන්ට—යක්ෂයාට—කියන නමක්;

Lucifer match ගිනිකූර.

Lucimeter, n. එළියේ ප්‍රමාණය මනින යන්ත්‍රය, ප්‍රභා මානක යන්ත්‍රය.

Luck, n. good or bad සිද්ධිය, ශුභාශුභය, හේතුව අහේතුව; good වාසනාව, සෞභාග්‍යය, ශුභය, ඉෂ්ට විපාකය; fate ඉරණම, භාග්‍යය, දෛවය, දෛවගතිය.

Luckily, ad. වාසනාවට, වාසනාවන්තලෙස.
Luckiness, n. ශුභාවිතතාව, වාසනාවන්තකම, කල්‍යාණතාව.
Luckless, a. අවාසනාවන්ත, අකල්‍යාණ, අභද්‍රක, අනිෂ්ට, අභාග්‍ය, දුර්භාග්‍ය.
Lucky, a. වාසනාවන්ත, හේතුවන්ත, ධන්‍ය, කල්‍යාණ, භද්‍රක, භාග්‍යසම්පන්න.
Lucrative, a. ප්‍රයෝජනවූ, වස්තු or ලාභ උපදවන, මුදල් උපදින, ලාභකර.
Lucre, n. (අතිසි) ප්‍රයෝජනය, වස්තුව, ලාභය, ධනය.
Lucubration, n. (පහන් එළියෙන් or රහසින් සාදපු) රචනාව, ප්‍රබන්ධය.
Luculent, a. ප්‍රභාවත්, දීප්තිමත්, විශද ; ප්‍රත්‍යක්ෂ.
Ludicrous, a. කවට, විහිළු, සිනා උපදවන, හාස්‍යෝත්පාදක, හාස්‍යජනක.
Ludicrousness, n. විහිළුකම, හාස්‍යෝත්පාදකතාව, හාස්‍යජනකතාව.
Luff, v. නැව හුළං දිහාවට හරවනවා
Lug, v. අමාරුවෙන්—තදින්—ඇදගෙනයනවා or ගෙනියනවා.
Luggage, n. (ගමන්කාරයාගේ) බඩුබාහිරාදී, ගමන්බඩු.
Lugubrious, a. දුක් විලාපවූ, විලාප සහිත, ශෝක සහිත, ශෝකී, ළතවෙන්නාවූ.
Lukewarm, a. ඇල්මැරිච්ච, ඇල්මැරුණු, යම්තම් උණු ; fig. ඇල්මැරී සිටින, සැලකිල්මදිවූ, මනෝද්‍රතාහා, උනන්දු රහිත, උදාසීන, නිරුත්සුක.
Lull, v. නිශ්ශබ්දකරනවා ; නලවනවා ; නිශ්ශබ්දවෙනවා ; (හුළඟ) නවතිනවා.
Lull, n. (හුළඟ, රළගැසීම, කෝලාහල, ආදිය) නවතින or මඳිනයවෙන වේලාව, නිශ්ශබ්දවීම.
Lullaby, n. නළවන සින්දුව, දරුනැළවිල්ල.
Lumbago, n. කටිවායුව.
Lumbar, a. තුනටියට අයිති, තුනටියෙහිවූ ; lumbar region තුනටි ප්‍රදේශය.
Lumber, n. ලීදඬු, පාවිච්චි නොකරන වැස් බඩු, අගේ නැති බරවූ දේ or බඩු.
Lumber, v. එබඳු බඩුවලින් පුරවනවා.
Lumbering, p. or a. (බරකරත්තයක් මෙන්) ශබ්ද යක් ඇතුව යන්නාවූ, අදක්ෂලෙස යන්නාවූ ; බඩු දමා අවුල්කරන.
Lumber-room, n. ඕනෑ නැති දේ තබන කාමරය.
Lumber-yard, n. ලී, ද්‍රව, ආදිය තබාගන්න කොටුව, අඩුහල.
Lumbric, n පණුවා
Lumbrical, n. (පණුවෙක් වැනි) ඇඟිලි නහරයක්, පණු ආකාර නහරය.
Luminary, n. (අහසේ) ආලෝකයක් ; fig. ආලෝකය දෙන කෙනෙක්, ආලෝකදායකයා.
Luminiferous, a. එළිය දෙන, දීපක, ප්‍රභාදායක.
Luminous, a. දිලියෙන්නාවූ, බැබළෙන, දීප්තිමත්, තේජවත්, තේජෝමය, භානුමත් ; ඉතා පැහැදිලි, විශද.
Luminousness, Luminositv, n. දීප්තිය, දීප්තිමත්කම ; විශදතාව.
Lump, n. පිඩ, කැටිය, ගුලිය, මැදල්ල, කුට්ටිය ; in the lump මුළු වශයෙන්, ඔක්කෝම එකට.
Lump, v. (සියල්ල) එක ගොඩක් කරනවා, කැටි කරනවා, එක ගොඩක් කොට—එකට—ගණන් ගන්නවා.
Lumpers, n. pl. (නැව්) පැටවිලිකරන—බඩු බාන—මිනිස්සු, පැටවිලිකාරයෝ.

Lumpish, a. මැදල්ලක්—පිඩක්—වැනි, බර ; ගුඩිබ.
Lumpy, a. කැටි මිශ්‍රවූ, කැටි ආකාර, පිණ්ඩිත, පිණ්ඩමය.
Lunacy, n. පිස්සු ශතිය, උන්මාදය &c. See Insanity.
Lunar, Lunary, a. හඳට අයිති, චන්ද්‍රයා සම්බන්ධ, චාන්ද්‍ර ; සඳ ආකාර, චන්ද්‍රයා සමාන, චන්ද්‍රනිභ.
Lunary-cycle, n. See Cycle.
Lunar-month, n. හඳේ ගැවියටි මසක්, චාන්ද්‍රමාසය.
Lunate, Lunated, a. අඩුත් හඳ ආකාර, නව සඳ ආකාර, අර්ධචන්ද්‍රාකාර.
Lunatic, n. පිස්සා, ඔල්මාදකාරයා, උන්මත්තකයා &c.
Lunatic asylum, n. පිස්සන්කොටුව, උන්මත්තකාගාරය, උන්මත්තකාරෝග්‍ය ශාලාව.
Lunation, n. සඳමස, හඳේ මාරුවීමේ කාලය.
Lunch, Luncheon, n. අතුරුපස ; අතුරුපස කනවා.
Lune, n. නවසඳ ආකාර දෙයක්, චන්ද්‍රබිම්බය. [සය.
Lung, n. Lungs, pl. පෙනහල්ල, පෙනපහුව. පුප්පු
Lunge, n. හදිසි තල්ලුවීමක්, (පහරක් දෙන්ට) ඉස්සරහට පැනීම.
Luniform, a. හඳ ආකාර, චන්ද්‍රාකෘති, චන්ද්‍රාකාර.
Lupus, n. L. වෘකයා ; the const. වෘක රාශිය.
Lurch, v. (නැවක් මෙන්) හදිසියෙන් පැත්තකට නැමෙනවා or පෙරළෙනවා.
Lurch, n. හදිසි පෙරළීමක් ; leave in the lurch යමෙක් අමාරුවක සිටිද්දී ඔහු අත්ඇරයනවා, අතරමංකරනවා.
Lure, v. (ඇම්කින්, උපායකින්) ඇදගන්නවා, පොළඹවනවා, ඔජකරනවා. [උපාය.
Lure, n. (එසේ ඇදගන්න) ඇම, පොළඹවන දෙය,
Lurid, a. සුදුමැලිවූ, මිලානික පෙනීමක්, අඳුරු.
Lurk, v. රැක සිටිනවා ; සැඟවී—අප්‍රකාශව—නොපෙනී—සිටිනවා or තිබෙනවා.
Lurking-place, n. රැක—සැඟවී—සිටින ස්ථානය, නිලියනස්ථානය ; ලගින ලෙණ.
Luscious, a. ඉතා මිහිරි, අති මධුර, සුමධුර, රසැති, රසභරිත, සුරස, මධුමය, ප්‍රණීත.
Lusciousness, n. අති මධුරතාව, ඉතා රුචිකම.
Lust, n. කාමය, තෘෂ්ණාව, කාමතෘෂ්ණාව, රාගය, තද ආශාව, අත්‍යභිලාෂය.
Lust, v. ආශා කරනවා, තෘෂ්ණාවට පැමිණෙනවා, අභිලාෂවෙනවා ; මදමත්වෙනවා.
Lustful, a කාමුක, කාමාසික, රාගසහිත, රාගාන්විත, සරාගී, රාගනිශ්‍රිත, මදමත්.
Lustfulness, n. කාමුකතාව, රාග සහිතකම, රාගාන්විතතාව &c., මදමත්කම.
Lustily, ad. හයියෙන්, ශක්තියෙන්, බලවත්ලෙස.
Lustiness, n. ශක්තිමත්කම, ශරීර සවිය, බලශතුකම.
Lusting, n. තෘෂ්ණාවීම, අභිලාෂවීම, මදමත්වීම.
Lustral, a. පිරිසිදුකිරීම සම්බන්ධ, පිරිසිදුකරන, ශෝධක, පාවක.
Lustration, n පවිත්‍රකිරීම, වතුරෙන්—පූජාවලින්—පිළිවෙත්වලින්—පිරිසිදුකිරීම, පාවනය, පවිත්‍රීකරණය.
Lustre, n දීප්තිය, දිස්නය, කාන්තිය, ප්‍රභාව, කීර්තිය, තේජස ; දීප්තිමත් පහන්රුක ; fig. පරිකීර්තිතතාය.
Lustring, n. දිස්නයක් ඇති පටරෙදි.
Lusty, a. මදක් තරබාරු, ශරීර ඇති, ශක්තිමත්, බලශතු.
Lusus naturæ, L. අස්වභාව විකෘතිය.
Lute, n. කින්නාරම, වීණාව.

Lutestring, n. සිත්තාරම් තත &c.; also for Lustring.

Lutheran, a. ලූතර්ගේ සභාවට අයිති, ලූතරික.

Lutheran, n. ලූතර්ගේ සභාවේ සාමාජිකයෙක්, ලූතර්ගේ ඉගැන්වීම් පිළිගන්නා.

Luxate, v. අවයව ඉඩිකරනවා.

Luxation, n. අවයව ඉඩිකිරීම, අවයව ඉඩිවීම.

Luxuriance, n. බහුලත්වය, අති බහුලත්වය, අති බාහුල්‍යය.

Luxuriant, a. බහුලවූ &c. See Exuberant.

Luxuriantly, ad. බොහෝසෙයින්, අතිශයින්, ඉතා බහුලලෙස, (වැවෙනවා).

Luxuriate in, v. (යමකට, යමක් කිරීමට) ප්‍රීතිමත් වෙනවා; සැපෙත් පසුවෙනවා; fig. ප්‍රීතියෙන් බහුලලෙස කථාකරනවා &c.

Luxurious, a. සැපෙත් පසුවෙන, සැපෙහි ගිලී සිටින; සැප, සැපවත්; සැප ගෙනදෙන.

Luxuriously, ad. සැපෙන්, සැපතින්, සැපවත්ලෙස, සැප ලෝලතාවෙන්.

Luxuriousness, n. ස පතෙ අධිකකම, අධික සැපවත් සවභාව, සැපයේ බහුලකම.

Luxury, n. සැප අනුභවය, සැපය, සැප ජීවිකාව; ඉතා රසවත් කෑම, ප්‍රණීතාහාරය.

Lyceum, n. පුරාණ ග්‍රීසියේ ශාස්ත්‍ර උද්‍යානයක්; ශාස්ත්‍ර ගැන ප්‍රසිද්ධ කථාවල් කරන ශාලාව, ශාස්ත්‍ර-ශාලාව; පණ්ඩිත සභාව.

Lycopodium, n. මහ හැඩයා, කුඩා හැඩයා; L. cernum බඩිල්වනස්ස, L. imbricatum නිකට ගණ්ඩාව.

Lye, n. යවක්ෂාර දිය, අළු දියුණු මිශ්‍ර වතුර.

Lying, n. or a. බොරු කීම, මුසාවාදය; බොරු කියන &c.

Lying, p. of Lie හාන්සිවී; lying to (නැවක්) මුහුදේ නැවතී සිටීමින්; lying in දරුවෙක් වදා ඔත්පළව or n. දරුවැදීම, ප්‍රසූතිය.

Lying-in house, n. සූති or සූතිකා ගෘහය, ප්‍රසූතිකාගාරය, සූතිශාලාව.

Lying-in woman, n. ප්‍රසූතිකාව.

Lymph, n. දිය, ඕජස, මේද, නැරව.

Lymphatic, a. දිය, ඕජස්, විම්සාර; n. දිය ඕජස් කූපය or නාලය.

Lynch, v. නඩුමාර්ගය නැතුව අච්චුකරනවා.

Lynch-law, n. අක්‍රමික දණ්ඩනය, අක්‍රමික දණ්ඩනීතිය. [පඩිගතිය.

Lynx, n. වල් බළල් ජාතියක්; the const. බළල් තරු

Lynx-eyed, a. (ඒ සතා මෙන්) තීක්ෂණ ඇස් පෙනීම ඇත්තාවූ.

Lyra, Lyre, n. the const. වීණා රාශිය.

Lyrate, Lyrated, a. in bot. වීණාකාර.

Lyre, n. මහවීණාව. [සම්බන්ධ.

Lyric, Lyrical, a. වීණාවට එකතුව කියන්නාවූ, වීණා

Lyric, n. lyric poem කාව්‍ය විශේෂයක්, වීණා කාව්‍යය.

Lyrist, n. මහවීණාව ගායනාකරන්නා, වීණාකාරයා.

M.

M., 1,000, දහසක්.

M.A. or A.M., master of arts ශ්‍රේෂ්ඨ ශාස්ත්‍රාචාර්ය, උසස් උපාධියක්.

Macadamize, v. කඩාපු ගල් දමා පාර හරිගස්සනවා or සාදනවා.

Macadam-road, n. ගල් දමාපු පාර.

Macaroni, n. කෑමට සිහින් පිටිවලින් සාදපු වැල් or නළ, පිටිවැල්, මුරුක්කු; fig. අවුල; විහිළුකාරයා.

Macaronic, n. අවුල්වූ විහිළු කවි ජාතියක්, නොයෙක් භාෂා මිශ්‍ර වූ ගොතාපු කවිය.

Macaroon, n. කොට්ටම්බා හා සීනි මිශ්‍ර කැවුම, විස්කෝත්තු වර්ගයක්; fig. ජේත්තුකාරයා, කවටයා, විහිළුකාරයා.

Macaw, n. අමෙරිකාවේ ගිරවී ජාතියක්.

Macaw-tree, n. තල්ගස් වර්ගයක්.

Maccabean, a. ඒ නම්වූ වංශය සම්බන්ධ, මකබි වංශික.

Maccabees, n. pl. ඒ නම්වූ වික්‍රම යුදෙව් වංශයක්, මකබිවරු, මකබි යුදෙව් කථාන්තරය.

Mace, n. the spice වසාවාසි.

Mace, n. (මූලාදෘතීන්ගේ ආණ්ඩු) පොල්ල, අණ පොල්ල, බලතණ්ඩය, අත්මුගුර, ජේත්‍රය, ගදාව; බරබෝල්ලීය. [බාරියා.

Mace-bearer, n. ආණ්ඩු අත්මුගුර දරන්නා, ජේත්‍ර

Macerate, v. (දිරවන තරම්) පොඟවනවා, පොඟවා දියකරනවා.

Machiavelian, a. ඒ නම් ඇත්තා සමාන, i. e. රාජෝපාදක්ෂ.

Machiavelian (මැකියවිලියන්), රාජෝපාදක්ෂයා.

Machiavelianism, n. රාජෝපාදක්ෂතාව.

Machination (මැකිනේෂන්), n. උපා යෙදීම, නපුරු උපාය, කුමන්ත්‍රණය, ප්‍රයෝගය.

Machine, n. සූත්‍රය, යන්ත්‍රය, ආවුදය, උපකරණය, මැසිම. [නවා.

Machine, v. (මුද්‍රණ යන්ත්‍රයකින්) මුද්‍රාංකනය කර

Machinery, n. යන්ත්‍රයේ කොටස්; යන්ත්‍ර ජාති; කවියේ සඳහන්වූ භාස්කරේ බලය.

Machinist, n. යන්ත්‍ර සාදන්නා, යන්ත්‍ර ශිල්පියා; යන්ත්‍ර විද්‍යා ඇත්තා.

Macintosh, n. වතුර නොපෙරෙන රෙදි; වැස්සට අඳින ලොකු කබායක්, වැහි කබාය.

Macrocosm, n. මහ ලෝකය, අවකාශ ලෝකය, විශ්වම්ඨලය, සක්වළ.

Macrodiagonal, n. (දෙකකින්) දිසි විෂකර්ණය.

Macula, n. Maculæ pl. ලපය, පුල්ලිය, තිලකය, කළු කැළල. [කරනවා.

Maculate, v. ලප ගහනවා, පුල්ලි ගහනවා, මලින

Maculose, a. ලප—පුල්ලි—ඇත්තාවූ, මලින.

Mad, a. ඔල්මාද, පිස්සු, උමතු, උන්මාද, උන්මත්ත, මත්ත; ඉතා කෝපවූ, කුපිත.

Mad, become or go, v. පිස්සු වැටෙනවා, පිස්සු වැඩෙනවා, පිස්සුවෙනවා, උන්මාදවෙනවා &c.

Madam, n. ලමාතැනි, හාමිනේ, නෝනා, වලව්වේ මහත්මයා.

Madcap, n. උමතුලෙස—සැරලෙස—වල්මත්ලෙස—හැසිරෙන්නා, පිස්සෙකු මෙන් ක්‍රියාකරන්නා.

Madden, v. උමතුකරනවා, කුපිතකරනවා.

Madder, n. මඤ්ඤා මදින වැල, කණ්කිරිය.

Madeira, n. මඩීර දිවයිනේ මුද්‍රිකපානය.

Madhouse, n. උන්මත්තකාලය.

Madly, ad. උමතුලෙස, වියරුලෙස; අනුවණලෙස; ඉතා සැරලෙස, වේගයෙන්.

Madman, n. පිස්සා, උන්මත්තකයා.

Madness, n. වියරුව, පිස්සුකම, උන්මාදය, විමෝහිතභාව; තද අනුවණකම, මූඪතාව; තද රෞද්‍රකම.

Madonna, Madona, n. කන්‍යාමරියාගේ පුරුවම or ප්‍රතිමාව.

Madripore, n. හිරිගල්; හිරිගල් සාදන පණුවා, හිරිගල්පණුවා. [යක්

Madrigal, n. එඬේර කවියක්, සින්දුව; තාල ජාති

Maelstrom, n. (නෝර්වේ නම් රටේ මුහුදුබඩ ළඟ තිබෙන) මහත් ජල සුළිය.

Magazine, n. යුද්ධබාහුඩ ගබඩාව, යුද්ධ භාණ්ඩාගාරය, වෙඩිබෙහෙත් තබනගෙය; (නොයෙක් කාරණා අඩංගුවූ) සංග්‍රහය, සඟරාව.

Magdalen, n. නපුරුකම් අත්ඇරිය වෙසඟන, වේසාකම් අත්හැරි ස්ත්‍රී.

Maggot, n. ඉඳද පණුවා.

Maggoty, a. ඉඳද පණුවන් ඇත්තාවූ (මස් &c.).

Magi, n. pl. පාර්සිවරුන්ගේ පූජකයෝ, පූර්විදිග ශාස්ත්‍රවන්තයෝ.

Magic, n. මන්ත්‍ර ශාස්ත්‍රය, මන්ත්‍ර විධිය, මායම, අත විනය, හූනියම, විජ්ජාව.

Magic, Magical, a. මන්ත්‍ර විධියට අයිති, අනවින, හූනියම්; fig. (මායම මෙන්) අපූර්වූ, මායාවිය.

Magician, n. මායාකාරයා, ඇස්බැන්දුම්කාරයා, හූනියම්කරන්නා, විජ්ජාකාරයා.

Magic-lantern, n. (පහන් එළියෙන් සිතියම් ලොකු කොට පෙන්වන) අපූර්ව කැඩපත, අපූර්ව දර්ශක යන්ත්‍රය.

Magisterial, a. ස්වාමියෙකුට සුදුසුවූ; අධිකාරික, අධිපතිආකාර, ස්වාමියෙකු මෙන් හැසිරෙන, උඩඟු, අභිගර්වික.

Magisterially, ad. ස්වාමියෙකු ලෙස, උඩඟුලෙස, අභිගර්විතාකාරයෙන්.

Magistracy, n. නඩුකාරකම, සුළු නඩුකාර නිලය; සුළු නඩුකාර මණ්ඩලය.

Magistrate, n. සුළු නඩුකාරයා, මහෙස්ත්‍රාත්තැන.

Magna Charta (මැග්න කාට), n. L. (ඉංග්‍රීසි ආණ්ඩුවේ වැසියන්ට අයිති) මහානිදහස් පත්‍රය.

Magnanimity, n. සිතේ අති උතුම්කම, උතුම් ගුණවන්තකම, උදාරතාව, මාහාත්මිය.

Magnanimous, a. සිතින් උතුම්, ඉතා ගුණවන්ත, උදාර අදහස් ඇති, මාහාත්මික, ශ්‍රේෂ්ඨ.

Magnanimously, ad. උතුම් සිතකින්, මාහාත්මිකාකාරයෙන්, අති ගුණවන්තලෙස.

Magnate, n. උත්තමයා, මහාධිපතියා, සිටාණෝ.

Magnesia, a. මෘදු විරේචක බෙහෙත් වර්ගයක්.

Magnet, n. කාන්දම, කාන්දම් ගල, අයස්කාන්තය.

Magnetic, n. කාන්දම් බලය ලැබිය හැකි ලෝහයක්, කාන්දම් ලෝහ වර්ගයක්.

Magnetic, Magnetical. a. කාන්දම් ආකාර, කාන්දම් බලය ඇති, අයස්කාන්ත; fig. ආකර්ෂණකාර.

Magnetically, ad. කාන්දම් බලයෙන්, අයස්කාන්තාකාරයෙන්.

Magnetic-needle, n. කාන්දම් බලය ලත් කූර, කාන්දම් කටුව, මාලිමයන්ත්‍ර සූචිය.

Magnetic-telegraph, n. See Electric-telegraph.

Magnetism, n. කාන්දම්ගලේ ඇදගන්න බලය, ආකර්ෂණ ගුණය; අයස්කාන්ත—ශාස්ත්‍රය.

Magnetise, v. (යමක් තුළ) කාන්දම් බලය පිහිටුවනවා, කාන්දම් පොවනවා, අයස්කාන්තකරනවා; අයස්කාන්තවෙනවා.

Magneto-electricity, n. කාන්දම් විදුලි බලය, අයස්කාන්ත වෛද්‍යුත බලය; අයස්කාන්ත වෛද්‍යුත ශාස්ත්‍රය.

Magnificence, n. පෙනීමේ මහත්තත්වය, ඓශ්වර්යය, උත්කෘෂ්ට අලංකාරය, ශ්‍රීවිභූතිය, ශෝභාව.

Magnificent, a. ඉතා අලංකාර, අති ශෝභන.

Magnifier, n. ලොකුව පෙන්වන්නා &c., see verb; මහත විශාලකර පෙන්වන කණ්ණාඩිය or යන්ත්‍රය.

Magnify, v. ලොකුවට පෙනෙන්ට සලස්වනවා, ලොකුකර පෙන්වනවා, ලොකුවට පෙන්වනවා, විශාලකරනවා; වැඩිකර කියනවා, බොහෝ ගෞරව නවා; ලොකුකොට—බරපතලකොට—සලකනවා; වර්ණනාකරනවා.

Magniloquent, a. ගම්භීර විධියකින් කථාකරන.

Magnitude, n. මහත, තරම, ප්‍රමාණය; මහත්කම, විශාලකම, විපුලතාව; වැදගත්කම.

Magpie, n. කථාකරන කුරුලු ජාතියක්.

Mahogany, n. (පෙනීමෙන් කල්ශිය කොස් ලී සමාන) බුරුත වර්ගයක්.

Mahomedan, Mahometan, n. මහමත් ආගමිකාරයා: a. මහමත් ආගම්කාර.

Mahometanism, n. මහමත් ආගම.

Mahout, n. අලිබලන්නා, ඇත්ගොව්වා.

Maid, Maiden, n. තරුණී, කුමරිය, සුන්දරී, යුවතිය, කන්‍යාව; අවිවාහක ස්ත්‍රී; මෙහෙකාරී.

Maiden, a. තරුණියෙකුට අයිති; අවිවාහක; fig. අලුත්වූ, අනන්‍යපූර්ව.

Maidenhood, n. අවිවාහක ස්වභාවය; fig. අලුත්කම.

Maidenly a. තරුණියක වැනි, තරුණියකට ඔබින, මෘදු, ලජ්ජී.

Maid-servent, n. මෙහෙකාරී.

Mail, n. යකඩ සන්නාහය, වම්මය, උරච්ඡදය, උර සැදය.

Mail, v. යකඩ සන්නාහ පලඳිනවා or පලඳනවා.

Mail, n. ලියුම් මල්ල; ලියුම් ගෙනයන රථය &c.; තැපෑලෙන් ගෙනයන ලියුම් ආදී සියල්ල.

Mail, v. තැපෑලේ දමනවා, තැපෑලෙන් අරිනවා.

Mail-coach, n. තැපැල් කෝච්චිය, ලියුම් ආදිය ගෙනයන රථය.

Mailed, a. සන්නාහ &c. පැලඳ සිටින, වර්මිත, සන්නද්ධ.

Maim, v, අඞ්ගභාග—විකලාඞ්ග—කරනවා; අනතුරු කර බලය අඩුකරනවා. [න්.

Maim, n. අඞ්ගභාගකමක්, න්‍යූනාඞ්ගතාව; අඩුකම

Maimed, a. අඞ්ගභාග, හීනාඞ්ග, න්‍යූනාඞ්ග.

Main, a. ප්‍රධාන, වැදගත්, පරම, ප්‍රමුඛ, මුඛ්‍ය.

Main, n. the main මහා සමුද්‍රය; (වතුර &c. ගෙනයන) ලොකු නළය; with might and main බලයෙන් මෙරෙන්; in the main වැඩි පංගුවෙන්, වැඩිවශයෙන් [කැවුඩ,

Maina, n. ගොත්කවුඩා, මයිනා, සැලළිහිණියා, මල්

Main-deck, n. (නැවේ) ප්‍රධාන තට්ටුව, මහ තට්ටුව.

Mainland, n. මහා දේශය, ප්‍රධාන භූමි ප්‍රදේශය.

Mainly, ad. ප්‍රධානකොට, වැඩිකොට, වැඩිවශයෙන්.

Main-mast, n. මහ කුඹය. Main-sail, n. මහ රුවල.

Main-spring, n. (ඔරලෝසුවේ) වාත සූත්‍ර: fig. ප්‍රධාන බලය.

Maintain, v. conduct, observe පවත්වනවා, පවත්වාගෙන—දරාගෙන—සිටිනවා; preserve ආරක්ෂාකරනවා, පාලනයකරනවා; support with food &c. නඩත්තුකරනවා; affirm කියා සිටිනවා; prove ඔප්පුකරනවා.

Maintenance, n. පැවැත්වීම &c., පාලනය; නඩත්තුව, පෝෂණය; living රක්ෂාව, ජීවිකාව.

Main-top, n. මහකුඹයේ මුදුන් මැස්ස.

Main-yard, n. (මහ කුඹයේ) මහ පරුමාණය.

Maize, n. ඉරිඟු, බඩඉරිඟු, ඉඳල් ඉරිඟු.

Majestic, a. (පෙනීමෙන්, ආකාරයෙන්) උත්කෘෂ්ට, විරාජමාන ; ගරු ගම්භීර, ප්‍රතාපවත්, මනෝඥනත, තේජවන්ත, ශ්‍රීමත්.

Majesty, n. මහත්‍වය, උත්කෘෂ්ටතාව, ගරුගම්භීර කම, තේජස, ප්‍රතාපය, මනෝඥනතතාව ;
His, your, Majesty &c. රජ්ජුරුවන්වහන්සේ, රජවූ ඔබවහන්සේ &c.

Major, a. ප්‍රධාන, අධිකතර, වඩා ලොකු, වැඩිවූ; major premiss (තර්කවාක්‍යයේ) ප්‍රථම පදය.

Major, n. in law සම්පූර්ණවයසට පැමිණිඅය, සම්පූර්ණ වයස්කයා.

Major, n. යුද්ධ මුලාදෑනියෙක්.

Major-domo, n. ගෘහයේ ගබඩාකාරයා ; අමාත්‍යයා.

Major-general, n. සේනාපතියෙක්.

Majority, n. වැඩිගණන, වැඩි පංගුව, වැඩි පක්ෂය ; in law සම්පූර්ණ වයස ; majorship, major නම්වූ මුලාදෑනිකම.

Make, v. t. සාදනවා, හදනවා, තනනවා, ඉදිකරන වා ; make to be something කරනවා, make large &c. ලොකුකරනවා, ලොකුකර සාදනවා ;
cause, compel, සලස්වනවා, බලකරනවා ;
make away with, ඉවත්කර දමනවා, නැතිකර නවා ;
make good සිද්ධකරනවා ; ඉෂ්ටකරනවා ; අලාභ ගෙවනවා, පාඩුව පිරිමසනවා ; [වා ;
make of this මෙයින් සාදනවා *or* තේරුම්ගන්න
make out දැනගන්නවා, ඇඳිනගන්නවා ; ඔප්පු කරනවා, කියාසිටිනවා ;
make over භාරදෙනවා, අත්පත්කර දෙනවා, පවරනවා ;
make a journey ගමනක් යනවා ;
make profit ලාභ උපදවාගන්නවා ;
make the bed ඇඳ අස්කරනවා, ඇඳේ රෙදි හරි ගස්සනවා.

Make v. i. make against විරුද්ධවෙනවා ; make for peace &c. සමාදානය පිණිස වෙනවා *or* හැරියනවා; make for home ගෙදර දෙසට යනවා ; make off පලායනවා, පැනලායනවා ; make up for හිලව් වෙනවා, හිලව්කරනවා. [ය.

Make, n. යමක් සාදනලබන අන්දම, ආකාරය, හැඩ

Maker, n. සාදන්නා, සෑදුම්කාරයා මැවුම්කාරයා, මවන්නා. [ස්ම.

Make-shift, n. (යමක් වෙනුවට) පිරිමසන දේ, පිරිමැ

Make-weight, n. බර සම්පූර්ණකිරීමට එකතුකරන දේ, ඌනපූරණය.

Making, n. සෑදීම; සැලැස්වීම; සාදනලබන අන්දම.

Mal, male, prefix, නරක, අව, දුස් යන අර්ථ ඇති උපසර්ග.

Malacology, n. මෘදු ශරීර ඇති සත්ත්වජාති විද්‍යාව, මෘදු සත්ත්වජාති විද්‍යාව.

Malacostracology, n. කබලෑති සත්ත්වජාති විද්‍යාව.

Maladministration, n. අනිසිලෙස ආණ්ඩුකිරීම, නරකලෙස හැසිරවීම, අනාචාර පාලනය.

Maladroit, a. අවලක්ෂණ, අශෝභන, අදක්ෂ.

Malady, n. රෝගය, ලෙඩ, ව්‍යාධිය ; නරක ස්වභාව.

Mala-fide, L, අවිශ්වාසකමින්, වංචාකාරයෙන්, ද්‍රෝහිකමින්.

Malapert, a. (අනුන් ගැන) ගරු මදිවූ, ලජ්ජා මදි, මුරණ්ඩු, නොහික්මුණු.

Malapropos (මලප්‍රොපෝ), ad. Fr. ඉතාංගු නැති ලෙස, අකාලලෙස.

Malaria, n. (වගුරු ඉඩම්වල) නරක හුළඟ, වස හුළඟ, කුණුවාතය ; ඒ වාතයෙන් හටගන්වන උණ, මැලේරියා නම් ජ්වර රෝගය, කැලෑ උණ, වල් උණ.

Malarious, Malarial, a. නරක වාතය ඇත්තාවූ, උණ රෝගය බහුල, උණ සෑදෙන (පලාත) ; විෂ වාතජ (ජ්වර),

Malay, n. ජාවා, ජා භාෂාව.

Malconformation, n. (කොටස්වල) ඉතාංගු නැති කම, හැඩහුරු මදිකම, විරූපතාව.

Malcontent, Malecontent, a. (ආණ්ඩුව ගැන) අසන්තුෂ්ට, අමනාප, අසතුටුව.

Malcontent, n. අසතුටු අය, කොඳුරන්නා. [තාවූ.

Male, a. පිරිමි ; in bot. පුරුෂ කේශර (පමණක් ඇත්

Male, n. පිරිමියා, පුරුෂයා, පිරිමි සතා ; in bot පුරුෂ කේශර පැළ.

Malediction, n. ශාපකිරීම, දෙස්තැබීම, ඇනීම, දෙමොල් කීම, නරක ගැන ගැටීම, ශාප වාක්‍යය, ශාපය. [කරන්නා.

Malefactor, n. අපරාධකාරයා, වරදකාරයා, දුෂ්ටකම

Male-feasance, Malfeasance, n. in law නපුර කිරීම, අපරාධ ක්‍රියාව.

Malevolence, n. අවගුණය, අවගතිය &c.

Malevolent. a. (අනුන් කෙරෙහි) අවගුණ ඇත්තාවූ, අවගති, කුඩිකේඩි, නපුරු, ක්‍රෝධකාර, අනර්ථකාමී, දුෂ්ට බුද්ධික.

Malformation, n. විකෘතිය, විරූපතාව, අස්වභාව.

Malice, n. කුඩිකේඩිකම, නපුරුකම, ද්වේෂය, ක්‍රෝධය, ව්‍යාපාදය, දුෂ්ටභාවය, ද්‍රෝහ බුද්ධිය.

Malicious, a. කුඩිකේඩි, නපුරු, ක්‍රෝධසිතැති

Maliciously, ad. කුඩිකේඩිකමින් &c., see noun අන තුරු කරන අදහසින්.

Maliciousness, n. කුඩිකේඩිකම &c., නපුරුගතිය.

Malign, a. (අනුන් කෙරෙහි) තද අවගුණ ඇත්තාවූ, සතුරු, එදිරි, අහිතුෂ්ට ; අවැඩදායක (කාරණ).

Malign, v. අගුණ කියනවා, කේලම් කියනවා, අපකීර්ති කරනවා.

Malignancy, n. තද කුඩිකේඩි ගතිය, තද සතුරුකම &c. ; ඉතා සැරකම, විසගතිය.

Malignant, a ඉතා කුඩිකේඩි, සතුරු, ක්‍රෝධ, නපුරු, දුෂ්ට අදහස් ඇති (අය) ; ඉතා සැර, උග්‍ර, විෂ ඇති (ගෙඩි, උණ).

Malignity, n. සැර කුඩිකේඩිකම, තද ක්‍රෝධය, නපුරුකම ; සැර නරක්කම.

Malinger, v. තමා ලෙඩෙක්බව බොරුවට හඟවනවා, බොර ලෙඩ ගන්නවා.

Malingerer, n. බොරු අසනීප හඟවන හේවායා.

Mall, n. ලොකු අතකොලුව, මිටිය ; සඤ්චාරණ පථය.

Mall, v. fig. පොඩිකරනවා

Mallard, n. වල්තාරාවා.

Malleability, n. නැමෙනසුලුබව, අභිදුරතාව. See adj.

Malleable, a. තලා හදගතහැකි ස්වභාවක් ඇත් තාවූ, අභිදුර, (ලෝහජාති).

Mallet, n. අතකොලුව.

Malmsey, n. මිදිවල ජාතියක් ; මිදිරස ජාතියක්.

Malpractice, n. අවකල්ක්‍රියාව, නොපනත්කම, අයුතු හැසිරීම, දුශ්චරිතය, දුරාචාරය, නරකපුරුද්ද, අන ඩු ක්‍රියාව. [යව.

Malt, n. (මද්‍යපානය—බීර—සෑදීමට) පැළකර මැදපු

Malt, v. යව—ධාන්‍ය—පැළකර මදක් බදිනවා.

Maltreat, v. හිංසාකරනවා, පීඩාකරනවා, අඩස්සෙත්ට වම් කරනවා.

Maltreatment, n. හිංසාකිරීම් &c., හිංසාව, පීඩාව, අඩංගේත්වීම්.

Malum in se, L. ස්වභාව් දෙෂයක්.

Malum prohibitum, L. තහනම් නිසා දෙෂයක්.

Malversation, n. අනිසි හැසිරීම, වසැදිාලෙස ක්‍රියා කිරීම, ප්‍රයෝගය.

Mamma, n. අම්මා, මෑණියෝ, මෑණියන්ද, මව්.

Mammal, n. කිරි පොවන තන සහිත සත්වයා.

Mammalia, n. pl. L. පැටියන්ට *or* දරුවන්ට කිරි දෙන සත්වජාති, සස්තන සත්වයෝ

Mammaliferous, a සස්තන සත්වයින්ගේ ධාතු ඇති, සස්තන සත්වාවශේෂධර.

Mammalogy, n. සස්තන සත්ව විද්‍යාව.

Mammifer, n. පියයුරු– තනපුඩු—ඇති සත්වයෙක්, සස්තන සත්වයෙක්.

Mammiferous, a. පියයුරු — තනපුඩු — ඇත්තාවූ, ස්තනධාරී.

Mammillary, a. තනපුඩු සම්බන්ධ, තනපුඩු ආකාර; ස්තනාකාර (ලොහෙපස්).

Mammon, n. වස්තුව, සම්පත, ධනය; ධනේශ්වරයා, ධනදෙවියෝ

Mammoth, n. වරක් සිටිය අලි ජාතියක්; adj. fig. ඉතා ලොකු, අලි, විශාල.

Man, n. මනුෂ්‍යයා, මිනිහා, නරයා; පුරුෂයා, සම්පූර්ණ වයස් ඇති පිරිමියෙක්; an individual පුද්ගලයෙක්.

Man, v. මිනිසුන් සපයාදෙනවා; (යම් තැනකට) මිනිස්සු නැංගිසිටිනවා

Manacle, n. මාංචුව, අත් විලංගුව, හස්තබන්ධනය; මාංචු &c. දමනවා.

Manage, v. direct. conduct හසුරුවනවා, පාලනය කරනවා, පරිපාලනය කරනවා; control, subdue හික්මවනවා, ආඥාවූකරනවා, ආම්බංකරනවා; eke out පිරිමසනවා effect උපායකින්—යම් විධියකින් —ඉෂ්ටකරගන්නවා, සලස්සාගන්නවා.

Manageable, a. (යමෙකුට) හසුරුවන්ට—හික්මවන්ට —ඉෂ්ටකරගන්නට—පුළුවන්වූ. [ම.

Manageableness, n. හැසිරවියහැකිබව &c. හික්මුම්ක

Management, n. හැසිරවීම් &c., කළමනාකාරකම, පාලනය, පරිපාලනය; උපා යොදගැනීම.

Manager, n. කළමනාකාරයා, කළමනාකාරතැන, හසුරුවන්නා &c.

Managership, n. කළමනාරධුරය; කළමනාකිරීම.

Mandamus, n. උසස් නඩු ශාලාවකින් දූත් ආඥා පත්‍රයක්.

Mandarin, n. චීන රටේ පලාත් මූලාදෑනියෙක්, ප්‍රදේශාධිපතියා; ශ්‍රෙෂ්ඨ චීන භාෂාව.

Mandatary, Mandatory, n. විශේෂාඥාවක්—නියෝගයක් ලබන්නා, අවසර පත්‍රයක් ලබන්නා.

Mandate, n. ආඥාව, අණ; R. C. පාප්උන්නාන්සේගේ නියෝගයක්.

Mandatory, a. ආඥාවූ, ආඥා අඩංගුවූ, නියෝගාකාර.

Mandoline, n. එනම් තූර්ය භාණ්ඩය.

Mandible, n. හනුව; හොටේන් උඩ තුඩ *or* යට තුඩ.

Mandibulate, Mandibulated, a. හොටක්—*or* දෙපළ තුඩ ඇත්තාවූ කුඩා සත්තු.

Manducate, v. (කෑම) විකනවා, හපනවා.

Manducatory, a. විකීමට අයිති, විකන.

Mane (මේන්), n. කේශර, (අශ්වයා, සිංහයා, ආදි සතුන්ගේ) බෙල්ලේ මයිල්; සිංහ කේශර &c.

Manege, n. අසුන් හසුරුවන ක්‍රමය, අශ්ව ශිල්පය, අශ්ව ශික්ෂණ විද්‍යාව; අශ්වක්‍රම කොටුව.

Manes (මේනිස්), n. pl. L. මළකෙනෙකුගේ ආත්මය, අවතාරය, ප්‍රේතයා, පිතෘලෝකයා.

Manful, a. පුරුෂාකාර. ධෛර්යවත්, පෞරුෂ.

Manfully, ad. ධෛර්යවත්ලෙස; නම්බුකාරලෙස.

Mange (මේන්ජ්), n. මෘගයින්ගේ හොරිරෝගය, මෘග කුෂ්ඨය.

Manger (මේන්ජර්), n. මෘගයින්ට කෑම් දමන පෙට්ටිය, ගව ඔරුව.

Mangle, v. විධියක් නැතුව් කපනවා, ඉරනවා. කැබලි කරනවා, පොඩිකරනවා.

Mangle n. රෙදි මිරිකා මදින යන්ත්‍රයක්; v. යන්ත්‍රය කින් මදිනවා.

Mangled, a. කැබලිකරනලද &c., පොඩිවූ, ක්ෂත වික්ෂත; මිරිකා මැද්දවූ.

Mangling, n. කැබලිකිරීම, ඉරුදැමීම &c.; (රෙදි) මිරිකා මැදීම.

Mango, n. අඹගහ, අඹගෙඩිය, ආම්‍ර.

Mangostien, n. මැංගුස් නම් ගසක ඵල.

Mangrove, n. කඩොල් ගහ.

Mangy (මේන්ජි), a. හොරි රෝගය ඇති, හොරි, (බල්ලා &c) [න සිදුර

Man-hole, n. (කානුවකට &c.) රිංගන වළ, ඇතුල්වෙ

Manhood, n. මනුෂ්‍යකම, මනුෂ්‍යභාවය, මනුෂ්‍යත්වය, මිනිසත්බව, (සම්පූර්ණ) පුරුෂ භාවය, පුරුෂත්වය, පුංස්ත්වය, පිරිමිකම, පෞරුෂය, වීර්යය, ශූරතාව.

Mania (මේනිය), n. උන්මාදය, උමතුකම, පිස්සුව; fig. a mania for something (යමක් ගැන) අධික ආශාවක්, [කෙනෙක්.

Maniac (මේනියක්), n. පිස්සා, උන්මත්තකයා, වියරු

Maniacal (මනෛයකල්), a. පිස්සු, වියරු, උන්මාද, උන්මත්ත, උමතු.

Manifest, a. ප්‍රකාශ, සුප්‍රකාශ, ප්‍රකට, පැහැදිලි, ප්‍රත්‍යක්ෂ, ව්‍යක්ත, ස්ඵුට, විශද.

Manifest, v. ප්‍රකාශකරනවා, පැහැදිලි ලෙස පෙන්වනවා, ප්‍රත්‍යක්ෂකරනවා

Manifest, n. (රේගුවේදී පෙන්වන) බඩු සටහන්පත්‍රය.

Manifestation, n. the act ප්‍රකාශකිරීම &c., ප්‍රකටීකරණය; the state ප්‍රකාශතාව, ප්‍රකාශාත්මකත්වය, අභිව්‍යක්තිය, ප්‍රාදුර්භාවය.

Manifested, pp. *or* a. ප්‍රකාශකරනලද, ප්‍රකාශවූ &c. ප්‍රකාශිත, ප්‍රකටීකෘත.

Manifestly, ad පැහැදිලිලෙස, ප්‍රත්‍යක්ෂලෙස, ප්‍රකාශලෙස.

Manifesto, n, (ආණ්ඩුවේ, රජ්ජුරුගේ) විශෙෂ ප්‍රකාශපත්‍රය.

Manifold, a. නොයෙක් ආකාර, අනේකාකාර, අනේකවිධ, බහුවිධ, විවිධ, නානාවිධ; අනේක, බොහෝවූ, නෛක.

Manikin, n. කුඩා මිනිහා, මිට්ටා, වාමනකයා; (ශරීර කොටස් දක්වන) දේහරූපය.

Manioc, n. මඤ්ඤොක්කා (ගහ, අල &c.).

Maniple, n. අහුරක්; (රෝමවරුන්ගේ) කුඩා හේවා රංචුවක්; R. C. වමතේ සළුව.

Manipulate, v. (යම් උපකරණ *or* සිහින් වැඩක්) අතින් ඉෂ්ටකරගන්නවා, අතින්කරනවා. [ක්‍රමය.

Manipulation, n, අතින්කිරීම, අත ක්‍රියාකරවීම; උප

Manis, n. කබල්ලෑවා.

Mankind, n. මනුෂ්‍යජාතිය, මනුෂ්‍යවර්ගයා; පුරුෂයෝ, පිරිමිගොල්ල

Manliness, n, පුරුෂාකාරකම, පුරුෂත්වය, නිර්භීත කම, ශූරතාව.

Manly, a. පුරුෂාකාර, පෞරුෂ, සුරවීර.

Manna, n. ඊශ්‍රායල්වරුන්ට ලැබුණු ආහාර ජාතියක් ; සමහර ගස්වල කැපිගැසුණු ලුස.

Manner, n. අන්දම, හැටිය, ආකාරය, විධිය, ප්‍රකාරය, රහ, නියාව, විලාසය, චාරිත්‍රය, සිරිත, පුරුද්ද, ආචාරය.

Mannerism, n. එක් පිටත අන්දමකින්ම කිරීම *or* හැසිරීම ; (ඒ ඒ අයටම අයිති) වෙනස්වූ අන්දමක් *or* විශේෂාකාරය.

Mannerly, a. ආචාරවන්ත, ශිෂ්ටාචාර, සුවිනීත.

Manners, n. pl. හැසිරීම, ලීලා ; ආචාරවන්තකම, ශිෂ්ටාචාරය, සදාචාරය, චාරිත්‍රධර්මය,

Manoeuvre, n. (යුද්ධසේනා, නැව්, ආදිය) දක්ෂලෙස හැසිරවීම ; උපාය, උපක්‍රමය.

Manoeuvre, v. දක්ෂලෙස—නොයෙක් විධියට—හසුරු වනවා, එහාට මෙහාට කරනවා ; උපාවලින් ඉෂ්ටකරනවා.

Man-of-straw, n. fig. පඹයෙක් සමාන කෙනෙක් ; නාමය පමණක් ඇති සිස් කෙනෙක්.

Man-of-war, n: යුද්ධනැව. **Man-of-war's-man**, n. යුද්ධ නැවක නාවිකයා.

Manometer, n. වායුඝන මානක යන්ත්‍රය.

Manor, n. උත්තමයෙක් තමාට තබාගන්න බිම් කොටස, වලව්වේ බිම්.

Manor-house, n. (ඒ බිම්වල ඇති) වලව්ව.

Manse, n. දේවගැති ආවාසය, පාදිලි ගෘහය.

Mansion, n. උතුම් ආවාසය, වලව්ව, මන්දිරය, ප්‍රාසාදය, විමානය, පහය, (in a court) අඩගණ ප්‍රාසාදය, මිදුල් පහය.

Mansion-house, n. නගරාධිපතියාගේ මන්දිරය.

Manslaughter, n. අත්වැරැද්දෙන් මිනිමැරීම, අනියම මිනිමැරීම.

Mantis, n. ගොයම් මැස්සා.

Mantle, n. සළුව, උතුරු සළුව, පොරවනා රෙද්ද ; ප්‍රච්ඡාදනය, වැස්ම, පිටකබාය.

Mantle, v. වැස්මක් දමනවා, වසනවා ; (වලාකුළෙන්) වැසෙනවා ; (ලජ්ජාවෙන්, ප්‍රීතියෙන්) මුහුණ රතු වෙනවා, දිලිසෙනවා.

Mantle-piece, Mantle-shelf, n. ගිනි උඩුවේ රාක්කය.

Manual, a. අතින් කරන, හස්ත ; manual labour හස්තයෙන් කරන වැඩේ *or* වැඩකිරීම, බරවැඩ ; manual exercise ශස්ත්‍රාභ්‍යාසය.

Manual, n. අත්–පොත, සංග්‍රහය.

Manufactory, n. බඩු සාදන ස්ථානය, ශිල්පශාලාව, අත්කම්හල, හස්තකර්මාන්ත ශාලාව.

Manufacture, v. (අතින් *or* යන්ත්‍රවලින්) බඩු සාදනවා, නිර්මාණයකරනවා.

Manufacture, n. බඩු සෑදීම, නිර්මාණය, නිර්මිතිය ; සාදන—සාදපු—බඩුව, කර්මාන්තය.

Manufactured, a. සාදනලද, සාදපු, නිර්මිත, හස්ත කර්මාන්ත.

Manufacturer, n. බඩුසාදන්නා ; බඩුසාදවන ස්වාමියා, මෝල හිමියා.

Manumission, n. ඉව්වම්කිරීම &c.

Mannumit, v. වාල්කමින් නිදහස්කරනවා, නිවහල් කරනවා, ඉව්වම්කරනවා.

Manure, n. පොහොර, පෝර ; v. පෝරදමනවා, පෝර කරනවා.

Manuscript, a. අතින් ලියාපු, අත්අකුරෙන් ලියා තිබෙන.

Manuscript, n. අතින් ලියාපු පොත *or* පත්‍රය, අත් පිටපත.

Man-worship, n. මනුෂ්‍යයෙකුට නමස්කාරකිරීම *or* අනිසි ගෞරව දීම.

Many, a. බොහෝ, නොයෙක්, අනේක, අනල්ප ; so many as these &c. මෙපමණ, එච්චර, එපමණ &c.

Many, n. බොහෝම, බොහෝමයක්, නොයෙක්දෙනෙක් &c ; the many වැඩිදෙනා, පෘථග්ජනයා.

Many-coloured, a. නොයෙක් පාටඇති, නානාවර්ණ, නානාරංග, චිත්‍රවිචිත්‍ර.

Many-times ad. බොහෝවිට, නොයෙක්විට, නොයෙක්වර, බොහෝ වතාවල.

Map, n. භූමි සිතියම, අහස්තල සිතියම ; v. භූමි සිතියම් &c. අඳිනවා, සටහන්කරනවා.

Maple, n. වෘක්ෂජාතියක්.

Maple-sugar, n. ඒ ගසේ යුෂයෙන් සාදන හකුරු.

Mar, v. නරක්කරනවා, විරූපකරනවා, පලුදුකරනවා, අවලක්ෂණකරනවා ; (ප්‍රීති, සැපත &c.) අඩුකරනව, *or* නැතිකරනවා.

Maranatha, n. (විනිශ්චයට) ස්වාමින්වහන්සේ එනවා යන අර්ථය.

Marasmus, n. වැරීම, ක්ෂයරෝගය, මාන්දම.

Marauder, n. තැනින් තැන ගොස් කොල්ලකන අය, කොල්ලකාරයා.

Marauding, n. තැනින්තැන කොල්ලකෑම, විපලවය.

Marble, n. ඔපවැටෙන නානාවර්ණ ගල්ජාතියක්, ශරු ඩය, ශරුඩපාෂාණය, කිරිගරුඬ ගල් ; ගල්බෝලය, විදුරු ගෝලය.

Marble, a. ගරුඬ, කිරිගරුඬ ; කිරිගරුඬ සමාන ; fig. තද, දැඩි,

Marble, v. කිරිගරුඬය මෙන් සායම්කරනවා, නානා වර්ණ කරනවා.

Marcescent, n. පරවෙන, මැලවෙන, විවර්ණවෙන.

March, n. මාර්තුමාසය, මැදින්දින.

March, v. (සේවාසින් මෙන් එක් විධියකට) අඩි තබා යනවා, පයින් යනවා, පෙළට යනවා, නියම විධියකට ඇවිදිනවා, පිළිවෙලට ගමන්කරනවා ; (එසේ) යන්ට සලස්වනවා, ඇවිද්දවනවා.

March, n. එක් විධියකට අඩිතබායාම ; සේවාසින්ගේ යාම, ගමන, ප්‍රයාණය, ප්‍රස්ථානය ; ගමන් තාලයක් ; fig. දියුණුවීම. [ව.

Marches, n. pl. සීමා, සීමා අසබඩ පළාත්, දේශසීමා

Marchioness, n. (fem. of marquis) දෙවෙනි තරමේ වංශාධිපතියාගේ භාර්යාව

Mare, n. අශ්ව එළෙම්බි, අස් එළෙම්බ, අජ්වෙළඹ, අශ්ව ධේනුව.

Mare's nest, n. (අත්භිස්සා මල් ආදිය වාගේ) ඇත්තේම නැති දෙයකට කියන කවට කීමක්, හිස් කල්පනාව.

Margin, n. අයින, අද්දර, ඉවුර, දුරය, තීරය : ප්‍රාන්තය. See Border.

Marginal, a. අයිනට &c. අයිති, (පත්ඉරුවේ) අයිනේ *or* අද්දර ලියාතිබෙන.

Margosa, n. *or* a. කොහොඹ, නිඹ, නිම්බ, මහාතික්ත (ගහ &c., තෙල්). [ක්.

Margrave, n ජර්මනියේ දෙවෙනිතරමේ වංශාධිපතියෙ

Marian, n. කන්නිමරියා සම්බන්ධ ; මේරි නම් බිසව සම්බන්ධ.

Marigold, n. කහපාට මල් ජාතියක්.

Marine, a. මුහුදු, මුහුදට අයත්, සමුද්‍ර සම්බන්ධී, සමුද්‍රීය, සාමුද්‍ර, සාමුද්‍රික, නාවික.

Marine, n. නාවික සේවාය; (රාජ්‍යයේ මුළු) යුද්ධ නැව් ගණන; යුද්ධනාවිකකාරිය, වෙළඳනැව් කට්ටලය.

Mariner, n. නැව්කාරයා, නාවිකයා, නැවියා.

Mariolatry, n. කන්නිමරියාට නමස්කාරකිරීම.

Maritime, a. මුහුදුබඩවූ, මුහුදුකර, සමුද්‍රාසන්න, සමුද්‍ර තීරස්ථ; සාගරය සම්බන්ධ, සාගරික, සමුද්‍රීය; නාවික, නැව් ඇත්තාවූ (රාජ්‍යය).

Mark, n. ලකුණ, සලකුණ, චිහ්නය, ලාඤ්ඡනය; note සටහන; characteristic විශේෂ ලක්ෂණය; proof ඔප්පුව; target ඉලක්කය; brand තත්වම්ඩුව; scar කැළල.

Mark, v. ලකුණුකරනවා, සලකුණුකරනවා; mark out නිමිත්තකරනවා; note down සටහන්කරනවා; observe බලාගන්නවා, සිහියටගන්නවා.

Marked, a. ලකුණ ඇත්තාවූ, ලකුණු—සලකුණු—කර තිබෙන, අඞ්කිත, චිහ්නිත; by some quality (ගුණෙන් &c.) ලක්ෂිත, සුලක්ෂිත.

Marker, n. ලකුණුකරන්නා; සටහන්කරන්නා; ගිණිමට දමන යමක්.

Market, n. කඩය, කඩේ, කඩමණ්ඩිය, කඩපළ, වෙළඳපොළ, ආපණය, පණ්‍යවීථිකාව; ප්‍රසිද්ධ විකිණීම; විකිණෙන මිල ප්‍රමාණය, බඩු මිල.

Market, v. කඩේ—වෙළඳපොළේ—ගනුදෙනුකරනවා.

Marketable, a. (කඩේ &c.) විකුණගන්ට පුළුවන් *or* විකිණෙන (බඩු).

Market-garden, n. විකිණීමට එළවළු ආදිය වවන වත්ත, එළවළු කොටුව.

Market-place, n. කඩමණ්ඩිය, වෙළඳපොළ.

Market-price, Market-rate, n. බඩු විකිණෙන මිල ගණන. [ඇති නුවරක්.

Market-town, n. ප්‍රසිද්ධ කඩපිල්—වෙළඳපොළක්—

Marking-ink, n. රෙදිවල නම් ලියන තීන්ත නොමැකෙන තීන්ත.

Marking-nut tree, n. බදුල්ල ගහ.

Marksman, a. හොඳට ඉලක්ක බලන්නා, කුරුමානම් බැලීමට සමර්ථයා, (සමර්ථ) කුරුමානම්කාරයා.

Marl, n. හුනු මිශ්‍රවූ මැටිජාතියක්, සුදු මැටි.

Marl, v. ඒ මැටි පෝරකොට දමනවා.

Marl, Marline, v. කඹයක් වටකර ලනු ඔතනවා.

Marline-spike, n. ලණු ඔතන යකඩ කටුව.

Marly, a. හුනු මැටි ඇත්තාවූ; හුනු මැටි සමාන.

Marmalade, n. දෝසි ජාතියක්, දොඩම් දෝසි.

Marmoset, n. අමෙරිකාවේ කුඩා රිළව් ජාතියක්.

Marmot, n. ලේනාට සමාන සතෙක්.

Marquis, n. දෙවෙනි තරමේ චංගාධිපතියෙක්.

Marriage, n. විවාහවීම, කාරබැඳීම, කසාද බැඳීම, සරණපාවාගැනීම, කසාදය, විවාහය, දීගය, පාණිග්‍රහණය & පාණිග්‍රාහය (taking the hand), දාරකර්මය, දාරපරිග්‍රහය, පෙළවහ; marriage feast සරණ මංගලය, මඟුල; marriage tie විවාහ බන්ධනය, සරණ බන්ධනය, කාරබන්ධනය.

Marriageable, a මැදිවිය පැමිණුණ, විවාහවීමට සුදුසු, විවාහ්‍ය. [ආවැද්ද.

Marriage-portion, n. (සත්‍රීට දෙන) විවාහ දායාදය,

Marriage-settlement, n. (භාර්‍යාවටත් දරුවන්ටත් වස්තු නියමකරන) විවාහ ගිවිසුම.

Married, a. විවාහ බැඳ—විවාහවී &c.—සිටින, කසාද බැඳපු &c., විවාහිත, පෙළවිස්වූ.

Marrow, n. ඇටමොළ, මිදුළු, ඇටමිදුළු, අස්ථිසාරය, මේද; fig. උතුම් පංගුව, සාරය.

Marry, v. සරණපාවාගන්නවා, විවාහවෙනවා, කාරකාර බඳිනවා, කාරබඳිනවා, කසාද බඳිනවා, පෙළවිස් කරනවා; සරණවෙනවා, (ඇ) දීගයනවා; give in marriage සරණපාවාදෙනවා, දීගදෙනවා.

Mars, n. the planet අඟහරු තරුව, අඟහරුවා, කුජ ග්‍රහයා; රක්තාංගයා; the god යුද්ධ දෙවියෝ.

Marsh, n. වගුර, හැල, වෙල, වගුරු ඉඩම, ගොහොරු බිම; for rice කුඹුර.

Marsh, a. වගුරු, වගුරු ඉඩම්වල වැඩෙන.

Marshal, n. (කාරණා හසුරුවන) අධිපතියෙක්; පෙරටුව යන මුලාදෑනියෙක්; (ප්‍රන්සයේ) ලොකු සේනාධිපතියා; (අමෙරිකාවේ) පළාත් මුලාදෑනියෙක්.

Marshal, n. පිළිවෙළට යොදනවා; මාංග ලකුණු පිළිවෙළට තබනවා.

Marshy, a. වගුරු, වගුරු ඉඩම් ඇත්තාවූ.

Marsupial, a. පැටවුන් ගෙනයාමට කෝෂයක් ඇති, මව් කෝෂ.

Marsupialia, n. pl. පැටියන් ගෙනයන නම් මල්ලක් ඇති සත්වජාති, මව් කෝෂ සත්වජාති.

Mart, n. වෙළඳපොළ, ආපණය, කඩේ.

Marten, n මුගටි ජාතයක්.

Martial, a. යුද්ධයට අයිති, සංග්‍රාමික; යුද්ධාකාරවූ. යුද්ධකාමී, රණප්‍රිය, යුද්ධයට යෝග්‍යවන්.

Martial-law, n. යුද්ධ සේනාව ආණ්ඩුකරන නීතිය, යුද්ධසේනා-නීතික්‍රමය, යුද්ධ නීතිය.

Martin, n. වැහි ලිහිණි ජාතියක්.

Martinet, Martlet, a. (නියම යුද්ධ විධානකමටම) තද ලෙස හසුරුවන්නා.

Martingale, n. කටකලියාවේ යට පටියක්, තලිකාව; ඇණියේ කුඹියේ යටලීය.

Martyr, n. ආගම නිසා දිවි පුදන්නා, වේදසාක්ෂිකයා.

Martyr, v. ආගම අත්නොහරින නිසා මරණයට පත්කරනවා, ඇදහිල්ල නිසා මරනවා.

Martyrdom, n. වේද සාක්ෂිකයෙක්ව මරණය විඳීම, වේදසාක්ෂික මරණය.

Martyrology, n. වේද සාක්ෂිකයන්ගේ නාම ලේඛනය, ආගම නිසා මරනු ලැබුවන්ගේ කථාන්තරය, වේදසාක්ෂික කථාන්තරය.

Marvel, n. විස්මවූ දෙයක්, පුදුමය, අරුමය, අද්භූතය, ආශ්චර්යය, මවිතය.

Marvel, v. පුදුමවෙනවා, විස්මවෙනවා.

Marvellous, a. පුදුම, අරුම, අසිරිමත්; the marvellous (ප්‍රබන්ධයක) ආශ්චර්ය ක්‍රියා,

Masculine, a. පුරුෂ, බලවත්; පුරුෂාකාර, රළු; in gram. පුරුෂ, පුම, පුල්ලිංගික; mas. gen. පුරුෂ ලිංගය, පුල්ලිඟුව, පුම්ලිඟුව.

Mash v. පිනුකරනවා, පොඩිකරනවා; පෙඟෙන්ට දමනවා, තම්බනවා.

Mash, n කලවම, කලවම් කෑම; වතුර දමා මිශ්‍රකළ ද්‍රව්‍ය; තැම්බීම.

Mash-tub, n. පෙඟෙන්ට—තැම්බෙන්ට—ද්‍රව්‍ය දමන බාල්දිය, තම්බන බාල්දිය.

Mask, n. වෙස්මුහුණ; කෝලම් තැටුම; fig. බොරු වේශය, රැවටිල්ල, ව්‍යාජෝපාය.

Mask, v. වෙස්මුහුණක් දමාගන්නවා; fig. වෙස් පෙරළනවා, (ඇත්ත) සඟවනවා.

Masked, pp. *or* a. වෙස්මුහුණක් ඇති; වසාපු, සඟවාපු.

Mason, n. ගල්වඩුවා, ගල්කරුවා, පෙදරේරුවා; for Freemason, which see.
Masonic, a. නිදීස-ශිල්ප-සභික.
Masquerade, n. වෙස්මුහුණු නාඩගම, කෝලම් නැටීම, කෝලම; fig. බොරු වේශය, ව්‍යාජෝපක්‍රමය.
Masquerade, v. වෙස්මුහුණක් දමාගන්නවා, කෝලම් නටනවා.
Mass, n. lump පිඩ, කැදැල්ල, වැදැල්ල; quantity ප්‍රභෙත්, රාශිය, රැස, සම්භාරය; ප්‍රමාණය; main part වැඩි පංගුව; mass of people උදවිය, මහ ජනයා.
Mass, v. එකට ගොඩකරනවා; එකට රැස්කරනවා; become massed රාශිභූතවෙනවා, රැදෙනවා.
Mass, n. R. C. සත්ප්‍රසාදය, පූජාව, high mass මහ පූජාව.
Massacre, v. (මිනිසුන්) කෲරලෙස මරාදමනවා, ඝාතනය කරනවා.
Massacre, n. කෲරලෙස මරාදැමීම, විනාශකිරීම.
Massage, n. ශරීරයේ යම්යම් අවයව මිරිකීමෙන් කරන වෙදකම් ක්‍රමයක්. හස්තපාද සම්බාහනය.
Mass-book, n. R. C. පූජාපාඨ, දේව මෙහෙයේ පොත.
Mass-day, n. R. C. පූජා දින, මහ පූජා දින.
Massive, Massy, a. මහ, බරවූ, අතිභාර, මහත හා බර ඇත්තාවූ, සඩුල, මහත්.
Massivenss, n. මහත්කම, බරකම, අතිභාරත්වය.
Mast, n. කුඹය, කුඹගහ, කූපකය.
Master, n. ස්වාමියා, හිමියා, ප්‍රධානියා, අධිපතියා, නායකයා; බලය පවත්වන්නා, හාමුරුවන්නා; ගුරුවරයා, උපාධ්‍යායයා; මහත්මයා; ප්‍රංශි මහත්මයා; Mr......උන්නාන්සේ; master of science &c. ශාස්ත්‍රයෙහි &c. ඉතා නිපුණ කෙනෙක්.
Master, a. ප්‍රධාන. master-carpenter &c. ප්‍රධාන වඩුවා, බාස්.
Master, v. මැඩපවත්වනවා, යටකරගන්නවා, දමනය කරනවා, හික්මවනවා; a language &c. සම්පූර්ණලෙස ඉගෙනගන්නවා, (භාෂාවෙහි) නිපුණවෙනවා, කෙළපැමිණෙනවා, පාරප්‍රාප්තවෙනවා.
Masterly, a. නිපුණාකාර, දක්ෂ, ප්‍රවරතර, විශිෂ්ටතර.
Masterly, ad. නිපුණාකාරයෙන්, අතිදක්ෂලෙස, ප්‍රවරතරලෙස.
Master-passion, n. ඉතා බලවත් ආශාව, අධිකතර අභිලාෂය.
Master-piece, n. (කලා ශිල්පීන්) ප්‍රධාන *or* ඉතා උතුම් වැඩය, ශ්‍රේෂ්ඨ කෘතිය; විශිෂ්ටතර එකක්.
Mastership, n. අධිපතිකම, ප්‍රධානත්වය, ප්‍රභුත්වය, ආචාර්යත්වය.
Mastery, n. බලය පැවැත්වීම, ජය; ප්‍රධානකම, අතිදක්ෂකම, පටුත්වය, නෛපුණ්‍යය
Mast-head, n. කුඹගහේ මුදුන, කුඹ මුදුන.
Masticate, v. (කෑම ගිලීමට) විකනවා, හපනවා.
Masticatory, a. විකන, විකීමට සුදුසු, (දත්); n. කෙළ වැඩිවීමට කන ද්‍රව්‍ය.
Mastiff, n. ලොකු බලු ජාතියක්.
Mastitis, n. පියයුරු දැවිල්ල.
Mastodon, n. යටබුත්වූ අලි ජාතියක්, චූචුකදන්ත හස්තියා.
Mastoid, a. තනපුඩු සමාන, චූචුකාකාර.
Mat, n. පැදුර, කලාලය; door-mat පාපිස්ස &c. mat-weaver පැදුරු වියන්නා, පන්කරුවා, කින්නරයා.
Mat, v. (බිම &c.) පැදුරුවලින්—පැදුරකින්—වසනවා, S. (බිමේ) පැදුරු අතුරනවා; mat together ඝනලෙස පටලවනවා; become matted ඝනලෙස පටලැවෙනවා, (පිරුනැති ඉසකේ මෙන්) කැටිගැහෙනවා.
Matadore, n. (ගොන් පොරයේදී) ගොනා මරන්නා, වෘෂභඝාතකයා.
Match, n. ගිනිකූර, ගිනිපුල, සේවලනුව.
Match, n. (වෙන දෙයකට &c.) සම දෙයක්, සම—තුල්‍ය—කෙනෙක්, ඉතාංගු දෙයක්; තරඟ ක්‍රීඩාව; පොරට කරන සෙල්ලම, සෙල්ලම් පොරය, of boxing or wrestling මල්ලව පොරය; of marriage විවාහ බන්ධනය, විවාහය, මගුල් ජෝඩුව.
Match, v. සමව තිබෙනවා, (යමකට) හරියනවා; සමානලෙස—සමලෙස—කරනවා; සමාන එකක් පෙන්වනවා; විවාහකරනවා, සරණ පාවාදෙනවා.
Matchless, a. වෙන සම එකක් නැති තරම් උතුම්වූ, අසම, අසහාය, අසදෘශ, අතුල්‍ය, අනුපම, අප්‍රතිම.
Matchlessly, ad. අසහායාකාරයෙන්, අතුල්‍යාකාරයෙන්.
Match-maker, n. ගිනිකූරු සාදන්නා; (අනුන්අතරෙහි) විවාහ සිද්ධ කරවන්නා, මගුල් කපුවා, ජෝඩුකාරයා.
Mate, n. සහකාරයා *or* සහකාරී, පුරුෂයා *or* භාර්යාව, උදව්ව, (කුට්ටම් වශයෙන් ගැසිරෙන සතුන්ගෙන්) පිරිමි සතා *or* ගැහැනුසතා; නැවේ දෙවෙනි මුලාදෑනියා; උදව්කාරයා.
Mate, v. (යමෙකු සමග) සහකාරවෙනවා; විවාහකර ගන්නවා.
Material, a. ද්‍රව්‍යවූ, ද්‍රව්‍යමය; ශාරීරික, මූර්තිමත්; බරපතළ, වැදගත්. [නෑදේ.
Material, n. ද්‍රව්‍යය; sp. in pl. ද්‍රව්‍ය, අඩුමැඩිය, උවම
Materialism, n. ආත්මයක් *or.* ආත්ම වස්තු නැතුව ද්‍රව්‍ය පමණක් ඇතැයි විශ්වාසකිරීම, ද්‍රව්‍යදෘෂ්ටිය, අනාත්මදෘෂ්ටිය, ලෝකායතවාදය; belief in the eternity of matter ශාශ්වතද්‍රව්‍යදෘෂ්ටිය.
Materialist, n. ද්‍රව්‍යදෘෂ්ටියා, අනාත්මදෘෂ්ටියා, අනාත්මවාදියා, ලෝකායතිකයා [ත්මදෘෂ්ටි.
Materialistic, a. ද්‍රව්‍යදෘෂ්ටිය සම්බන්ධ, ද්‍රව්‍යදෘෂ්ටි, අනා
Materiality, n. ද්‍රව්‍යභාවය, ද්‍රව්‍යධර්මය, මූර්තිමත්භාවය.
Materialize, v. ද්‍රව්‍යභාවයට පමුණුවනවා; ද්‍රව්‍යයම කොට සලකනවා.
Materially, ad. ද්‍රව්‍ය වශයෙන්; ස්වභාවාකාරයෙන්; වැදගත්ලෙස, විශේෂ ලෙස.
Materia medica, n. L ඖෂධ ද්‍රව්‍ය, ප්‍රතිකාර ද්‍රව්‍ය, ආදිය; ප්‍රතිකාර ද්‍රව්‍ය ශාස්ත්‍රය; ද්‍රව්‍ය ගුණ නිඝණ්ඩුව, ඖෂධ ගුණ දර්ශනය.
Materiel, n. Fr. (වැඩකට ඕනෑවූ) අඩුමැඩිය, බඩු බාහිරු, උපකරණ.
Maternal, a. මව්, මව්ගතිඇති, මව්ගේ, (ප්‍රේමය, යුතුකම් &c.); මව් පක්ෂයේ (නෑයෙක්): මාතෘ, මාතෘක, මාතෘගෝත්‍ර, මාතෘපක්ෂ.
Maternally, ad. මවක්ලෙස, මාතෘ ආකාරයෙන්.
Maternity, n. මවක් වීම, මව්භාවය, මාතෘත්වය, දරුප්‍රසූතිය.
Mathematic, Mathematical, a. ප්‍රමාණ-ශාස්ත්‍රය සම්බන්ධ ප්‍රමාණ-ශාස්ත්‍රාකාර, ගණිත ශාස්ත්‍රීය, ගණිත විඥානමය.
Mathematically, ad. ප්‍රමාණ-ශාස්ත්‍රාකාරයෙන්; fig. හරියටම; යථාර්ථයෙන්ම.
Mathematician, n. ප්‍රමාණ-ශාස්ත්‍රඥයා, ගණිතඥයා, ගණිත ශාස්ත්‍රඥයා, ගණිතවිඥානඥයා.

Mathematics, n. ගණිතය, ගණිත ශාස්ත්‍රය, ගණිත විද්‍යාව, ගණිත-මානක ශාස්ත්‍රය *or* ප්‍රමාණ-ශාස්ත්‍රය.

Matin, Matinal, a. උදයට අයිති, උදේ, උද්‍යාසන, පූර්වාහ්න.

Matins, n. pl. R. C. උදේ යාච්ඤාව, උදේ පූජාව, පූර්වාහ්න පූජාව.

Matrice, Matrix, n. ගර්භය, ගැබ, කුස.

Matrice, n. යමක් වාත්තුකරන අච්චුව, මැටිකරුව, අකුරු අච්චුව.

Matricide, n. මව් මැරීම, මාතෘඝාතනය; මව්මරන්නා, මාතෘඝාතකයා.

Matriculate, v. ශාස්ත්‍ර සභාවක සාමාජිකයෙක් කරනවා, අග්‍රපාඨශාලා සභාවක ලේඛනයෙහි නම ලියාතබනවා.

Matriculate, n. (එසේ) නම ලියා තබනලද්දෙක්, ශාස්ත්‍ර සභාවක සාමාජිකයෙක්.

Matrimonial, a. විවාහ සම්භාවට අයිති, විවාහය සම්බන්ධ, වීවාහික, වෛවාහික.

Matrimony, n. විවාහක සම්භාවය, ගිහිබන්ධනය, විවාහ බන්ධනය, සරණ සම්බන්ධය, පාණිග්‍රහණය.

Matron, n. විවාහක ස්ත්‍රී, තරමක් වයස්ගිය ස්ත්‍රී, අම්මණ්ඩි; (ආරෝග්‍යශාලාවක) ප්‍රධාන හෙත්තුකාරී.

Matronal, Matronly, a. අම්මණ්ඩියකට ඉතාංගුඩු, අම්මණ්ඩියක් වැනි, සත්පුත්.

Matter, n. ද්‍රව්‍යය, ධාතුව, භූතය; affair කාරණව *or* කාරණය, කරුණ, කරුමය, කාරිය, පලහිලව්ව; pus සැරව.

What is the matter with him? ඔහුට මක්වුණද? ඔහුට වුණ කාරණව මොකද?

It is no matter, never mind කාරියක් නැහැ, කමක් නෑ.

Matter, v. (It, this &c. matters *or* what matters) වැදගත්ව තිබෙනවා. [නැත.

This does not matter මෙකෙත් වැදගැම්මක්

It does not matter to me ඒක මගේ කාරණවක් නෙවෙි *or* එයින් මට වෙනසක් නැත *or* කමක් නැත.

What does it matter to you? එයින් තුඹට ඇති කම මොකද?

It matters a good deal to me එය මට ඉතා වැදගත් එකකි. [ත්න.

Matter-of-fact, n. ඇත්තක්ම; a. බාහිර දේම බලාය

Matting, n. බිම එළන පැදුර; පැදුරු ජාති; පැදුරු වියන පත්, පිදුරු. ආදිය.

Mattock, n. පිකම, කොරවිය.

Mattress, n ඇඳේ මෙත්තය, කුලිච්චිම, ගුදිරිය.

Maturate, v. පැසවනවා; පැසවන්ට සලස්වනවා.

Mature, v. පැසවනවා, මෝරවනවා; පැහෙනවා, මෝරනවා; fig. සම්පූර්ණකරනවා, සම්පූර්ණවෙනවා.

Mature, Matured, a. of fruits &c. පැසී තිබෙන, පැසුණ, පැහිච්ච, මෝරා තිබෙන, මෝරච්ච, පරිපක්ව, පරිණත; of persons සම්පූර්ණ වයසට පැමිණුණ, නුවණ වැඩි, දැනගත්; of plans සම්පූර්ණලෙස යෙදූ, සම්පූර්ණවූ.

Maturity, Matureness, n. පැසුණුබව, පැහිච්චකම, මෝරච්චකම, පරිණාමය, පරිපාකය, පරිණතතාව; සම්පූර්ණභාවය.

Matutinal, a. උද්‍යාසනවූ. See Matin.

Maudlin, a. මදක් මත්වූ; මෝඩවූ, මෝඩලෙස මෘදුවූ.

Maul, v. පොල්ලකින් තළනවා, පොඩිකරනවා. See Mall.

Maund, n. Scot. අත් පැසක්; බෙංගාලේ (රත් බර ක්‍රමයෙන්) රාත්තල් සියයක්, (සෙසු බර ක්‍රමයෙන්) රාත්තල් අසූදෙකක්.

Mausolean, a. ශවගාත චෛත්‍යයකට අයිති, චෛත්‍ය සම්බන්ධ. [බ.

Mausoleum, n. ශවසාත චෛත්‍යය, සොහොන් දාගැ

Mauve, n. රත්නිල්පාට.

Maw, n. (සතුන්ගේ) කෑම බොක්ක, කුරුලු බොක්ක.

Mawkish, a. fig. අප්‍රිය උපදවන, අරුම්, (මෝඩ කීම් &c.).

Maxilla, n. L. හකුපාඩාව, හනුවස්ථිය.

Maxillar, Maxillary, a. හකුපාඩාවට අයිති, හනුවස්ථි

Maxim, n. සූත්‍රය, හැබෑවක් කොට පිළිගන්න ව්‍යවහාර කීමක්, හිතෝපදේශය, ආප්ත වචනය, ආපෝත්පදේශය, සිද්ධාන්තය.

Maximum, a. ඉතා මහත් *or* ඉතා වැඩි (මිල ගණන, බලය, ප්‍රමාණය &c.).

Maximum, n. (වෙන්ට පුළුවන් ඉතා) වැඩි ප්‍රමාණය, සම්පූර්ණ ගණන.

May, n. මැයි මාසය, වෙසක් මස, වෛශාඛ මාසය.

May, v. aux. වෙන්ට පුළුවන් බවද අවසරද ප්‍රාර්ථනාවද පෙන්වන වචනය.

He may do it ඔහු සමහරවිට ඒක කරනවා ඇති *or* ඒක කරන්ට ඔහුට අවසර තිබෙනවා *or* ඔහු ඒක කරපුවාවේ.

May you prosper තුඹට ශුභ සිද්ධවේවා!

May-day, n. මැයි මාසයේ පළමුවෙනිදා.

Mayor, n. නගරාධිපතියා, නගර ශ්‍රේෂ්ඨිකතැන, නගරාධ්‍යක්ෂකතැන, නගරාදිපාදයාණෝ.

Mayoralty, n. නගර ශ්‍රේෂ්ඨික පදවිය, නගරාදිපාද ධුරය, නගරාධ්‍යක්ෂකත්වය.

Mayoress, n. නගරාධිපතිතුමාගේ භාර්යාව.

Maze, n. පැටලිලි මාර්ග ඇති තැනක්; ගහනය, පැටලිල්ල, වියවුල්කම; විසමය, මවිතය.

Maze, v. වියවුල්කරනවා, ව්‍යාකූලකරනවා; මවිත කරනවා.

Mazy, a. පැටලිලි ඇත්තාවූ, අවුල්, වියවුල්, ව්‍යාකූල.

M.D., doctor of medicine වෛද්‍යාචාර්යයා, වෛද්‍ය ශාස්ත්‍රය පිළිබඳ ඉතා උසස් උපාධියක්.

Me, pron. මා; to me මට, from me මගෙන්.

Give it me, *i. e.* to me ඒක මට දියන්.

Mead, n. මීපැණි හා වතුර මිශ්‍රකිරීමෙන් සාදනු ලබන බීම ජාතියක්.

Meadow, Mead, n. තණ පිට්ටනිය.

Meagre, a. කෙට්ටු, කෘශ, හීන්; හිඟ; අසාර; fig. දුර්වල, ඉතා මදි, (වගන්තිය, විස්තරය).

Meagrely, ad. හිඟලෙස, ඉතා මදිලෙස.

Meagreness, n. කෙට්ටුකම, හිඟකම; අසාරකම; අසම්පූර්ණකම.

Meal, n. එක විටක කෑම, කෑම වේල, භෝජනය; early meal (B. P.) පූර්වභක්තය.

Meal, n. අඹරාපු ධාන්‍ය, පරළු වෙන්නොකළ පිටි.

Mealiness, n. පිටි සමානකම, (එයාකාර) සිනිඳුකම, සෞම්‍යකම.

Meal-time, n. කෑම වේලාව. [සෞම්‍ය.

Mealy, a. පිටි සහිත; පිටි සමාන, පිටි වාගේ සිනිඳු,

Mealy-mouthed, a. fig. (අමිහිරි දේ කෙළින් නොකියා) සෞම්‍යලෙස කථාකරන, බාලකර කියන.

Mean, a. මධ්‍යම, මධ්‍යස්ථ, මධ්‍ය: mean centre මධ්‍ය කේන්ද්‍රය; n. මධ්‍ය ප්‍රමාණය; මැදතැන; මැදට තිබෙන දුර.

Mean, a. පහත්, අධම, සුළු, අනාර්‍ය්‍ය; නීච, තුච්ඡ.

Mean, v. intend අභිප්‍රායකරනවා, (යන්ට &c.) සිතනවා;

to have a meaning තේරුම් යනවා, තේරෙනවා.

I mean to go යන්ටම නියමකරගත සිටිමි.

I do not mean to go මම යන්නේ නැත *or* යන්ට මට කල්පනාවක් නැත.

By that I mean, that he means no harm එසින් මම කියන්නේ ඔහු අනතුරක් කරන්ට සිතන්නේ නැත කියායි.

What does this mean? මෙසින් තේරුම්යන්නේ—හැඟෙන්නේ—මොකද?

Meander, v. (වතුර, ගඟ) වංගුවලින් බැසයනවා; (මගක්) වංගු සහිතව තිබෙනවා, වංගුලෙස යනවා, ඇදවෙවී *or* එසි මෙසි ඇම්ද යනවා.

Meaning, n. අභිප්‍රාව, අභිප්‍රාය, තේරුම, අර්ථය.

Meaningless, a. තේරුමක් නැති, අර්ථ රහිත, අර්ථ ශූන්‍ය.

Meanly, ad. පහත්ලෙස &c., see adj.

Meanness, n. පහත්කම &c., අනාර්‍ය්‍යතාව; මසුරුකම, කදර්‍ය්‍යතාව.

Means, n. pl. උපකරණ, උපක්‍රමය, උපාය, හැකිය, විධිය, හේතුව; ජීවිකාව, රක්ෂාවීමට උවමනා දේ, ධනය, වස්තුව.

Means of living රක්ෂාව, ජීවිතෝපාය; අතමිට, වත්කම.

No means of living ජීවිකාවට — රක්ෂාවීමට — හැකියක් නැත, අතමිට නැත.

By all—any—some—means කොහොම නුමුත්, යම් ආකාරයකින්.

By no means කොයි ලෙසවත්, මොන කාරණයක් නිසාවත්.

By means of මාර්ගයෙන්, මගින්, උපකාරයෙන් අනුසාරයෙන්, *or* by instr. case merely.

Meantime, Meanwhile, ad. ඒ අතර, ඒ අතරේ, ඒ අතරතුරේ.

Measled, a. සරම්ප ඇත්තාවූ, සරම්ප ලප—එවැනි ලප—ඇත්තාවූ.

Measles, n. සරම්ප රෝගය, සරම්ප.

Measurable, a. මනින්ට පුළුවන්, මේය, පරිමේය, ප්‍රමේය; මද්දිම තරම්වූ, ප්‍රමාණයක් ඇත්තාවූ, මද.

Measure, v. මනිනවා, ප්‍රමාණය දැනගන්නවා; මැනෙනවා: this measures two feet මේක අඩි දෙකකට මැනෙනවා *or* අඩි දෙකක් දිගයි.

Measure, n. මනින දණ්ඩ, මිම්ම; extent පරිමාණය, ප්‍රමාණය; small degree ටිකක්, මාත්‍රයක්, තරමක්; method, plan විධියක්, උපක්‍රමයක්; metre කවිපදකාරය, තාලය, වෘත්තය; in geol. තට්ටු; beyond measure අප්‍රමාණලෙස.

Measured, pp. *or* a. මනිනලද &c., පරිමිත, ප්‍රමිත; ඒකාකාර (අඩිතැබීම &c.).

Measureless, a. අප්‍රමාණ, අනන්ත, ප්‍රමාණාතික්‍රාන්ත, අමිත, අපරිමිත, අපරිමේය.

Measurement, n. මැනීම; මිනුම, මානය, මිනින්ය; ප්‍රමාණය, පරිමාණය.

Meat, n. (කෑමට ගන්න) මස්; ආහාර; meat and drink කෑම බීම, අන්නපාන; sit at meat, sit at table, කෑම මේසය ළඟ වාඩිවී ඉන්නවා.

Meat-offering n. ආහාර-පූජාව.

Meatus, n. (ශරීරයේ) නාලියක්.

Mechanic, n. කර්මාන්තකාරයා, කම්කරුවා, ශිල්පියා.

Mechanical, a. යන්ත්‍ර—බඩු—ආදිය සෑදීමට අයිති, කර්මාන්ත සාධක, කර්මාන්ත සම්බන්ධ; ශිල්පධර්මයට එකඟවූ, ශිල්ප, ශිල්පික; යන්ත්‍රයක්වූ (යෙදුම); (කල්පනානොකර) යන්ත්‍රයකින් මෙන් කරන *or* කළ (ක්‍රියා).

Mechanically, ad. යන්ත්‍රයකින්, යන්ත්‍ර විධියෙන්; කල්පනා නැතුව.

Mechanically inclined &c. ශිල්පවලට ළැදිවූ, යන්ත්‍ර සෑදීමට සමර්ථ.

Mechanical-philosophy, n. (ද්‍රව්‍යවල) චලාවල ධර්ම [විද්‍යාව.

Mechanical-powers, n. pl. (ඉස්සීමට *or* තල්ලුකිරීමට ගන්න පොල්ල, කප්පිය, ආදී) බලෝපකරණ.

Mechanics, n. බලධර්ම විද්‍යාව, (ද්‍රව්‍යවල බර, සවිය හා වේගයෙන් කෙරෙන දේ පෙන්වන) යන්ත්‍ර ශාස්ත්‍රය, යාන්ත්‍රික විද්‍යාව.

Mechanism, n. යන්ත්‍රයක ආකාරය, යන්ත්‍රයේ විධිය; යන්ත්‍රයේ කොටස්; යන්ත්‍ර සූත්‍රය, යන්ත්‍රෝපක්‍රමය.

Mechanist, n. යන්ත්‍ර සාදන්නා; යන්ත්‍ර-ශාස්ත්‍රඥයා; ජනම බලයෙන්ම සියල්ල සිදුවෙනවායයි විශ්වාස කරන්නා, ජනමබල දෘෂ්ටියා.

Medal, n. පදක්කමක්; පුරාණ මිලයක්.

Medallion, n. ලොකු පුරාණ පදක්කමක්; පුරාණ පදක්කමක සණ්ඨානයක්.

Medallist, n. පදක්කම් ගැන සමර්ථයා; පදක්කමක් ලැබූ කෙනෙක්.

Medalurgy, n. පදක්කම් හා මිල මුද්‍රාංකණ ශිල්පය, පදක්කම් ශිල්පය.

Meddle, v. (අනුන්ගේ කාරණාවලටම) මැදිහත්වෙනවා, ඈඹට ගන්නවා; අත ගහනවා, අත ලනවා, ඇඟිලි ගහනවා.

Meddlesome, a. මැදිහත්වීමට &c.—යමකට අත ගැසීමට—ළැදිවූ.

Medial, a. මධ්‍යස්ථ, මධ්‍යම ප්‍රමාණවූ, මද්දිම.

Median, n. මධ්‍යගය.

Mediate, v. (යුතුලෙස) මැදහත්වෙනවා, මැදහත්කම්කරනවා, මධ්‍යස්ථවෙනවා.

Mediately, ad. (කෙළින්—එකපාරට—නැතුව) යම් උපක්‍රමයකින්.

Mediation, n. මැදහත්වීම &c., මැදහත්කම, මාධ්‍යස්ථ්‍යය. See Intercession.

Mediator, n. මැදහත්කාරයා, මැදහත්වෙන්නා &c.; මධ්‍යස්ථයා.

Mediatorial, a. මැදහත්කාරයාට අයිති, මැදහත්කාර (වැඩ, ආනුභාව &c.).

Mediatorship, n. මැදහත්කාරකම, මධ්‍යස්ථ ධුරය.

Medical, a. වෙද, වෛද්‍ය, වෙදකම සම්බන්ධ, (පොත්, ශාස්ත්‍රය, ශාලාව &c.); පිළියම් කිරීමට අයිති, ප්‍රතිකාර; ඖෂධවූ.

Medically, ad. වෙදකම් වශයෙන්, වෛද්‍යාකාරයෙන්, වෛද්‍යශාස්ත්‍රයෙන්.

Medical-treatment, Medical-practice n වෙදකම, වෙදකම් කිරීම, පිළියම් කිරීම, ප්‍රතිකාර කිරීම; වෛද්‍යකර්මය.

Medicament, n. බෙහෙත, ඖෂධය, පිළියම, ප්‍රති[කාරය.

Medicinal, a. ඖෂධ, ඖෂධීය, ප්‍රතිකාර, සුවකිරීමේ ගුණ ඇත්තාවූ, (ද්‍රව්‍ය).

Medicinally, ad. බෙහෙත් වශයෙන්, ඖෂධාකාරයෙන්; සුවය පිණිස.

Medicine, n. බෙහෙත, බෙහෙත්, ඖෂධය; වෛද්‍යකර්මය, වෛද්‍යශාස්ත්‍රය, ආයුර්වේදය.

Medieval, a. (ක්‍රිස්තියානි යුගයේ) මධ්‍යම කාලීන, මධ්‍යකාලික.
Mediocre, a. මධ්‍යම ප්‍රමාණ, මද්දිම.
Mediocrity, n. මධ්‍යම තරම, මධ්‍යස්ථකම, මධ්‍යස්ථතාව, මධ්‍යස්ථභාවය.
Meditate, v. මෙනෙහි කරනවා, භාවනා කරනවා, intend අභිප්‍රාකරනවා.
Meditation, n. මෙනෙහිකිරීම, භාවනාකිරීම, භාවනාව, විදර්ශනාව, ධ්‍යානය, සමාධිය.
Meditative, a. මෙනෙහිකරන, භාවනාකිරීමට ලැදිවූ, ධ්‍යානපර, ධ්‍යානතත්පර, ධ්‍යායී, සමාධිස්ථ, චින්තාපර.
Mediterranean, a. රට මධ්‍යයෙහිවූ, දේශ මධ්‍යස්ථ; මධ්‍යධරණී (මුහුද).
Medium, n. (සත්තු හැසිරෙන වාතය, ජලය, ආලෝකය ආදි) වටකර ද්‍රව්‍ය or වටකර භාවය; මධ්‍යය; මධ්‍යස්ථභාව, මධ්‍යම ප්‍රමාණය, මද්දිම තරම; උපක්‍රමය, මාර්ගය, අනුසාරය, විසිය, හැවිය.
Medium-sized, a. මහතින් මද්දිම, මධ්‍යස්ථ තරම්වූ.
Medley, n. කලවම, අවුල, ලවපට.
Medulla, n. මිදුලු, ඇටමොළ; of plants මදය.
Medullar, Medullary, a. මිදුලුවූ, මදයවූ; මිදුලු වැනිවූ. Medullary rays, in bot. ගස්මද නහර.
Meed, n. විපාකය, ප්‍රතිඵලය: meed of praise ප්‍රශංසා විපාකය, යුතු ප්‍රශංසාව.
Meek, a. මෘදුගුණ ඇත්තාවූ, මොළොක්, ඉවසිලිවන්ත, නිහතමාන.
Meekly, ad. මෘදුගුණ ඇතුව, මෘදුලෙස &c.
Meekness, n. මෘදු ගුණය, මෘදුකම, යටහත්කම, ඉවසිලිවන්තකම, නිහතමානී ගුණය.
Meershaum, n. මැටි ජාතියක්; (එයින් සාදන) මැටි දුම් කෝව ජාතියක්. [නවා.
Meet, be, v. යුතුව—නිසිව—සුදුසුව—උචිතව—තිබෙ
Meet, n. දඩයක්කාර සම්මුතිය.
Meet, v. සම්බවෙනවා, හරිලනවා, සරිලනවා; assemble රැස්වෙනවා; meet face to face සම්මුඛවෙනවා, මුණගැහෙනවා;
go to meet පෙරමගට යනවා; go to meet with or see සම්බවෙන්ට යනවා;
touch, reach to (එකිනෙකට) තට්ටුවෙනවා, එකතුවෙනවා, හේත්තු වෙනවා;
meet with, receive ලබනවා, ලැබෙනවා: I met with misfortune &c. මට අශුභ පැමුණුණ.
Meeting, n. සම්බවීම &c.; සම්මුතිය, සංගමය, සංගනිය, රැස්වීම, සමාගම, මීටිම; එක්වෙන තැන, සන්ධිවෙන තැන; of four roads සතරමං සන්ධිය, චතුෂ්පථය; prayer meeting යාච්ඤා මෙහෙය.
Meeting-house, n. රැස්වෙන ගෙය, රැස්වීම් ශාලාව, දේවස්ථානය, පල්ලිය.
Meetly, ad. යුතුලෙස, නිසිලෙස, සුදුසුලෙස.
Meetness, n. යුතුකම &c., යෝග්‍යකම, ඉනාගුකම, ඉනාගුම.
Megacosm, n. මහ ලෝකය. [ලයා.
Megalosaurus, Megalosaur, n. (යටබුත්) යෝධ කුම්භී
Megaphone, n. කටහඬ or යම් ශබ්දයක් දුරගෙනියන නළාව or උපකරණයක්.
Megrim, a. ඉසේ අංශයක කැක්කුම, අර්ධශීර්ෂරුජාව.
Meiosis, n. හීන කෘතිය; හීනකෘති වාචිකය.
Melancholy, n. සිත් මලානිකකම, කාන්සාව, තලංගුව, දොම්නස, විෂාදය.
Melancholy, a. ප්‍රීතිනොවෙන ගතියක් ඇත්තාවූ, දොම්නස්, දුකෙන් මලානිකවූ, තලංගුවූ; දුක්ඛිත, ඛේදජනක. [සටනක්.
Melee (මෙලේ), n. Fr. කෝලාහලවූ සටනක්, අවුල්වූ
Meliorate, v. වඩා හොඳ සවභාවකට පමුණුවනවා or පැමිණෙනවා, වැඩිදියුණුකරනවා.
Melioration, n. වඩා හොඳ සවභාවකට පැමිණවීම, &c., වැඩිදියුණුවීම, දියුණුව.
Melliferous, a. මී උපදවන, මධුජනක.
Mellifluent, Mellifluous, a. fig. මිහිරි, මධුර, කර්ණරසායන, (ශබ්ද, කථා, &c.).
Mellow, a. ඉදුණු, බෙරිවුණ, ඉදවුව, මෘදු, මහාණ; fig. (ඇසට, කනට) මිහිරි.
Mellow, v. ඉදවනවා, ඉදෙනවා; මෘදුකරනවා, මෘදුවෙනවා, මහාණවෙනවා.
Mellowness, n. ඉදුණබව, ඉදවීම්කම; (ඇසට, කනට, අතට, දතෙන) මිහිරිකම, මෘදුකම, මහාණතාව.
Melodious, a. මධුර ශබ්ද ඇත්තාවූ, කර්ණරසායන (ශබ්ද, තාල), මධුරස්වර. [ස්.
Melodiously, ad. මධුරලෙස, කර්ණරසායනාකාරයෙ
Melodiousness, n. (ශබ්දවල) මධුරතාව, කර්ණරසායන ගතිය.
Melodrame, n. සින්දු අඩංගු නාඩගම, ගීත සහිත මහාරූපකය.
Melody n. ශබ්දවල මිහිරිකම, ගායනාවේ මිහිරිකම, මාධුර්යය, මධුරතාව; තාලය.
Melon, n. කැකිරි ජාතියක්, පුහුල්, අළුපුහුල්, water melon කොම්බු, පත්තක්කා, (ගෙස් &c.), තරම්බු ජය, කිවිය.
Melt, v. උණුකරනවා, මකනවා, දියකරනවා; උණුවෙනවා &c.; fig. (හිත) මෘදුකරනවා, පොඩ්කරනවා, මෘදුවෙනවා &c.
Member, n. of the boby අවයවය, ගාත්‍රය, ප්‍රත්‍යංගය; of a society සමාගම්කාරයා, සාමාජිකයා, සභිකයා; a part කොටසක්.
Membership, n. සමාගම්කාරකම, සාමාජිකත්වය; society සමාගම.
Membrane, n. (ශරීරයේ කොටස් සහ ගස්වල බීජ ඇට වැසී තිබෙන) හීන් සිවිය, හෝසම, පටලය, ජම්කාව. See Film.
Membraneous, Membranous, a. හීන් සිවි ඇත්තාවූ; හීන් සිවිවූ; හීන් සිවි ආකාර, පටලාකාර.
Memento, n. සිහිකරවන සලකුණ, ස්මරණ සලකුණ; සටහන or සංඥව.
Memoir, n. ලුහුඬු ජීවිත චරිතයක්, වෘත්තාන්ත රචනාව, වෘත්තාන්තය; සභාවක තොරතුරු සට හන්වූ පොත.
Memorabilia, n. pl. L. සිහිකටයුතු දේ, ස්මරණීය කාරණ, අපූරු දේ.
Memorable, a. සිහිකරන්ට වටින, සිහිකටයුතු, ස්මරණීය, සමරණීය; ප්‍රවර, උතුම්, ප්‍රසිද්ධ, වැදගත්.
Memorandum, n. Memorandums or Memoranda, pl, (සිහිවීමට ලියන) සටහන; memorandum-book සටහන් පොත.
Memorial, a. සිහිකරවන, සමාරන.
Memorial, n. (යමක්) සිහිකරවන දෙයක් (චිත වැම ප්‍රතිමා, ශාලා &c.), සමාරකය, tablet ශිලාලේඛනය; (කාරණ මතක්කරවන) ඉල්ලුම් පත්‍රය.
Memorialist, n. ඉල්ලුම්පත්‍රයක් ඔප්පුකරන්නා, ඉල්ලුම්කාරයා. [නවා.
Memorialize, v. (යමෙකුට) ඉල්ලුම්පත්‍රයක් ඔප්පුකර

Memoriter, ad. L. (පොත නොබලා) සිහියෙන්, කට පාඩමින්, ස්මරණයෙන්.

Memory, n. සිහිය, ස්මර ණීන්ද්‍රියය; මතක, සිහිවීම, ධාරණය, ස්මරණය, අනුස්මරණය. See Commit.

Memphian, a. මෙම්පිස් නුවරට අයිති; fig. ඝනාන්ධකාර.

Men, n. pl. පුරුෂයෝ; මනුෂ්‍යයෝ, මිනිස්සු.

Menace, v. තර්ජනයකරනවා, මිරගකියනවා, පාස කියනවා, වාසිබණිනවා; (by gesture) උරුක්කරනවා, උච්ක්කරනවා; fig. අනතුර පැමිණෙන්ට තිබෙන් නාක්මෙන් පෙනෙනවා.

Menace, n. තර්ජනයකිරීම &c., තර්ජනය.

Menagerie, Menagery, n. වල්මෘග කොටුව; වල්මෘග සමූහය, ඒකංසය.

Mend, v. t. අලුත් මැස්යාකරනවා, හරිගස්සනවා, දියුණුකරනවා; increase වැඩිකරනවා.

Mend, v. i. හරිගැස්සෙනවා; වඩිනයවෙනවා; of health සනීපවෙනවා. [දි.

Mendacious, a. මිථ්‍යා, බොරු, බොරුකාර, අසත්‍යවා

Mendacity, n. බොරුකාරකම.

Mendicancy, n. (හිඟන තරමට) දුතා දිළිඳු බව, යාචක භාවය, භික්ෂාචිතය; B. P. පිණ්ඩපාතය, strict mendicancy පිණ්ඩපාතිකාංගය.

Mendicant, n. යාචකයා, හිඟන්නා වණිබ්බකයා, භික්ෂාචාරියා, travelling mendicant මාගීණයා; religious mendicant B. පිණ්ඩපාතිකයා, භික්ෂු කෙනෙක්, ශ්‍රමණයා; සන්නාසියා, ගුරුහාමි, ආඬියා.

Mendicity, n. හිඟන බව, යාචකකම; භික්ෂුභාවය.

Mending, n. අලුත්වැඩියාකිරීම, අලුත්වැඩියාව. See Mend.

Menial, a. වැඩකාර; fig. අධම, පහත්. [fig. අධමයා.

Menial, n. පහත් වැඩකාරයා, අත්පා මෙමෙහෙකරුවා;

Meninges, n. pl. මොළේ සිවි දෙක, මස්තුලුංගජව්කා.

Mensa et toro, L. (කෑමදය අවලංගුනොකර) හඬින්නු අඹින් හා යහනෙන් (වෙන්කරන මුගිංජය).

Menses, n. pl. (ස්ත්‍රීන්ගේ) මාසේ මාරුවීම්, දුණ කිලුටු වීම, ඔසප, ආත්වය.

Mensicus, n. Mensicuses, pl. See Lens.

Menstrual, a. මාසේ මාරුවීමට අයිති, ආර්තව. [වා.

Menstruate, v. මාසේ මාරුවෙනවා, දුණ කිලුටුවෙන

Menstruous, a. මාසේ මාරුවී සිටින, ආර්තව. [ය.

Mensurable, a. මැනියහැකිවූ, මේය, ප්‍රමේය, පරිමේ

Mensuration, n. මැනීම, මානක ක්‍රමය, මානක ශාස්ත්‍රය, මිනිතය.

Mental, a. සිහියට අයිති, බුද්ධියට අයිත්තු, චෛතසික, මානසික, මනඃක, මනෝජ; මනෝමය; mental arithmetic (තොලියා) හිතෙන් ගිණීම, මනෝමය ගණිතය.

Mentally, ad. සිහියෙන්, බුද්ධියෙන්, හිතෙන්, මනෝමය විගයෙන්, චෛතසිකාකාරයෙන්.

Mention, v. මතක්කරනවා, සඳහන්කරනවා, සැල කරනවා, කියනවා.

Mention, n. මතක්කිරීම, සඳහන්කිරීම, සැලකිරීම.

Mentioned, pp. *or* a. මතක්කරනලද &c., සඳහන්වූ.

Mentor, n. ඥානවන්ත මන්ත්‍රියා, දූනමුතුකම් දෙන්නා, උපදේශකයා.

Menu, n. ආහාර ලේඛනය.

Mephitis, Mephitism, n. (කුණුවලින්—ගොහොරු වලින්—නික්මෙන) දුගීන්ධය, කුණු වායුව

Mephitic, a. (එයාකාර) දුගීන්ධවූ, පූතිගන්ධ, කුණුවූ, (මිදුම්, වාතය, ගඳ).

Mercantile, a. වෙළඳාම් කිරීමට අයිත්තු; වෙළඳාම් කරන, වෙළඳ, වාණිජ, ආපණික, ආපණ.

Mercenary, a. ලාභම බලා ක්‍රියාකරන, ලාභම තකන්නාවූ, වසතු තෘෂ්ණා ඇත්තාවූ; කුලියට සේවාකම් කරන, කුලී, වෛතනික.

Mercenary, n. (අන්‍ය රාජ්‍යයක් උදෙසා) කුලියට යන සේවායා, කුලියට වැඩකරන අය, වෛතනිකයා.

Mercer, n. පටපිළී–වෙළෙන්ද, සේද–වෙළෙන්ද.

Merchandise, n. වෙළඳාම, වෙළඳාම් බඩු.

Merchant, n. (මිටි ගණයේ විකුණන) වෙළෙන්ද, වාණිජයා.

Merchantman, Merchant-ship, n. වෙළඳ නැව.

Merciful, a. දයාවන්ත, දයාබර, කරුණාවන්ත, කාරුණික, සමාගුණ ඇත්තාවූ.

Mercifulness, n. දයාවන්තකම, දයාබරකම, කරුණාවන්තකම.

Merciless, a. දයාරහිත, කරුණානොකරන, කරුණා නැති, අකරුණ, කෲර, නද. [ඩු.

Mercurial, a. රසදිය ඇත්තාවූ, රසදියමය; fig උනන්

Mercury, n. රසදිය, පාරද; sublimate of රසකර්පූර; the planet බුදහු, බුධග්‍රහයා, සෝමසුත; in myth. වාක්පටුත්වයේද වෙළඳාමේද දෙවියෝ.

Mercy, n. දයාව, කරුණාව, කාරුණ්‍යය, අනුකම්පාව, කෘපාව, ක්ෂමාගුණය. We were at their mercy (say) ඔවුන්ගේ කැමැත්තක් කරන්ට ඔවුන් අතට අහුව සිටියෙමු [කය.

Mercy-seat, a. කරුණාසනය. Mere, n. විල, තාවා

Mere, a. තනි, නිකම්, අමිශ්‍ර, කේවල, ශුද්ධ. A mere word වචන මාත්‍රයක්.

A mere trifle සුළු එකක්ව, ස්වල්පත්තක්ව.

Merely, ad. ඊතර, පමණ, නිකම්; merely because පල්ගම; the sign merely සංඥාමාත්‍රයම; a word merely වචන මාත්‍රයක්.

Meretricious, a. පිටතපෙනීමෙන් ඇදගන්නාවූ, ව්‍යාජ ශෝභයකින් පොළඹවන, ඇස් රවටන. [නවා.

Merge, v. ගිල්වනවා, ඈඳවනවා; ගිලෙනවා, වැසිය

Meridian, n. (අහසේ උතුරෙන් දකුණට යන) මුදුන් රේඛාව, මධ්‍යම *or* මධ්‍යාහ්න රේඛාව; මද්දහන, මධ්‍යාහ්නය; fig. මුදුන්කම, දුතා උතුම් ස්වභාව.

Meridian, a. මධ්‍යම රේඛාවට පත්; මධ්‍යාහ්න, මද්දහන්; මුදුන්.

Meridional, a. මධ්‍යම රේඛාවට අයිති; දකුණු දිගභාග; දකුණු දෙසට තිබෙන, දක්ෂිණ දේශීය, දක්ෂිණික; meridional distance මධ්‍යම රේඛාවෙන් ඇති දුර ප්‍රමාණය.

Merino, n. හීන් ලොම් පිළි ජාතියක්.

Merit, n. කුසල, පින, පුණ්‍යය; ගුණය, වටිනාකම.

Merit, v. (ඵලවිපාක, දෝෂාරෝපණය, ප්‍රශංසාව, සැලකීම, ආදිය ලබන්ට) වටිනවා, යෝග්‍යව සිටිනවා.

Meritorious, a. කුසල් ඇත්තාවූ, පින්වත්, පුණ්‍ය, පුණ්‍යවත්, භාග්‍යවත්, භාග්‍යවන්ත, ප්‍රශංසනීය, යහපත්, ගුණාන්විත.

Meritoriously, ad. ප්‍රශංසනීය ලෙස, විපාක ලබන්ට යෝග්‍ය ලෙස, දක්ෂිණ්‍යාකාරයෙන්.

Merlin, n. උකුස්සා, කුරුළුගොයා. [ගනාව.

Mermaid, n. in myth. මුහුදු කිඳුරී, දිය කිඳුරී, ජලාං

Merman, n. in myth. මුහුදු කිඳුරා, දියකිඳුරා.

Merriment, n. පරිහාසය, සෙල්ලම, කෙළිසෙල්ලම, උත්සව පැවැත්වීම, ක්‍රීඩාව, හාස්‍යය, ආනන්දය, උල්ලාසතාව, සරදම.

Merry, a. සරදම්වූ, පරිහාස සහිත, සෙල්ලම්වත් ප්‍රීතිමත්, තුෂ්ටිමත්. [රයා.

Merry-andrew, n. කවටයා, විහිළුකාරයා, විගඩම්කා

Mesentery, n. අතුණුබහන.

Mesh, n. දැල් ඇස.

Mesmeric, a. වශීකරණ, මූර්ඡා ආකාර, මූර්ඡිත (ස්වභාව).

Mesmerism, n. (එක්තරා අන්දමකට) මූර්ඡා කිරීම, මූර්ඡාකාර ක්‍රියාකරවන බලය, වශීකරණය, මනෝවශීකරණය.

Mesmerise, v. (ක්‍රියාකරවන්ට පුළුවන් අන්දමකට) මූර්ඡාකරනවා.

Mesocarp, n. in bot. මධ්‍යාවරණය, බීජ කෝෂයේ මැද කොටසය.

Mesozoic, a. in geol. මධ්‍යම සත්ත්වාන්විත, මධ්‍යම කාලීන, (තට්ටු).

Mess, n. අප්‍රියවූ කලවම ; අවුල, වියවුල, පැටලිල්ල.

Mess, n. (එකවරක) කෑම පංගුව ; එකතුව කන අය ගණන.

Mess, v. පොදු මේසයක කෑම කනවා ; damage නරක්කරනවා, කෙලනනවා. [ය.

Message, n. පණිවිඩය, හසුන, දූතවාක්‍යය, සංදේශ

Messenger, n. පණිවිඩකාරයා, දූතයා, සංදේශ හාරකයා, පෙරටුව යන්නා ; පෙරටුව යන නිමිත්ත ; work of a messenger පණිවිඩ පත්‍රය.

Messiah, n. අභිෂේක ලත් තැනැත්තා, ආලේපකරන ලද තැනැත්වහන්සේ, ක්‍රිස්තුස්වහන්සේ ; ගැළවුම්කාරු.

Messiahship, n. අභිෂේක ලත් බව, (මනුෂ්‍යයන් ගැළවීමට අඩංගු) ක්‍රිස්තුස්වහන්සේගේ මෙහෙය.

Messianic, a. ක්‍රිස්තුස්වහන්සේ සම්බන්ධ.

Messieurs, Messrs, n. pl. *or* a. Fr. මහත්වරු, මහත්වරුන්.

Messmate, n. (අනුන් සමග) කෑමට පංගුකාරයා, එකට කන්නා.

Messuage, n. වතුපිටි ඇතුළුවූ වාසස්ථානය, ගේදොර.

Metal, n. ලෝහය, ඛනිජය ; (පාරවල දමන) කඩාපු ගල්කැලි.

Metallic, a. ලෝහ, ලෝකඩ, ලෝහමය, ඛනිජ.

Metalliferous, a. ලෝහජාති ඇත්තාවූ, ලෝහ මිශ්‍ර (බිම්, පස්).

Metallography, n. ලෝහ විස්තරය, ලෝහ විද්‍යාව.

Metallurgic, a. ලෝහ පස් ශිල්පයට අයිති, ලෝහ ශිල්පික.

Metallurgy, n. ලෝහ පස්වලින් ලෝහ වෙන්කරන කර්මාන්තය, ලෝහ කර්මාන්තය.

Metamorphic, a. ගතිය වෙනස්වූ, අන්‍ය රූපීභූත, (පර්වත, ලෝහ)

Metamorphose, v. (අන්දම, ස්වභාව, පෙනීම) වෙනස්කරනවා, වේශය මාරුකරනවා, වෙස් පෙරළනවා.

Metamorphosis, n. (අන්දම &c.) වෙනස්වීම ; මැසි මෙන් සතුන්ට සිද්ධවෙන වෙනස්වීම, වෙස් පෙරළීම, රූප පරිණාමය.

Metaphor, n. උපමා වාක්‍යය, උපහැරණ කීම, රූපකය, රූපකාලංකාරය : (ඒ මනුෂ්‍යයා සිංහයෙක්ය යන උපමා කීම මෙනි).

Metaphorically, ad. උපමා වශයෙන්, උපහැරණ ලෙස.

Metaphysic, Metaphysical, a. පරමාර්ථඥාන ධර්මාකාර, චෛතසික ධර්මාකාර.

Metaphysician, n. පරමාර්ථඥාන ධර්ම-ශාස්ත්‍රඥයා.

Metaphysics, n. හේතු ධර්ම-ශාස්ත්‍රය, පරමාර්ථඥානධර්ම-ශාස්ත්‍රය ; චෛතසික *or* මානසික ධර්ම-ශාස්ත්‍රය.

Metathesis, n. වචනයක අකුරු මාරුකිරීම *or* පෙරළීම, වර්ණ විපර්යාසය, වචනපෙරළිය.

Mete, v. මනිනවා, බෙදදෙනවා.

Metempsychosis, n. සංසාරය, පුනර්භවය, සසරගමන. See Transmigration.

Meteor, n. උල්කාපාතය, උත්පාතය, උල්කාව, දුවමින තරුව, දික්දූනය.

Meteoric, a. උල්කාපාතවලට අයිති, උල්කා සම්බන්ධ, උල්කාපාත අඩංගු, උල්කාපාත වැනි ; ස්වල්පකාලයක් බැබළීමකින් *or* දීප්තිමත්ව පවත්නා.

Meteorite, Meteorolite, n. (ආකාශයෙන් වැටෙන) උල්කා ගල, දිග්දාහ ශෛලය.

Meteorology, n. (වාත, වැස්ස, විදුලිය ආදී) ආකාශයේ කාරණා පෙන්වන ශාස්ත්‍රය, ආකාශ විද්‍යාව, අන්තරීක්ෂජ විෂය විද්‍යාව, වායු විද්‍යාව.

Meter, n. (වායු, වතුර, ආදිය) මනින යන්ත්‍රය, මානක යන්ත්‍රය.

Methinks, Methought, v. මට සිතෙනවා, මට සිතුණා.

Method, n. පිළිවෙළ, ක්‍රමය, නියම අන්දම, විධිය, හැටිය, ප්‍රකාරය, න්‍යාය, පරිපාටිය.

Methodic, Methodical, a. පිළිවෙළකට එකඟ, විධිමත්, ක්‍රමික, ක්‍රමානුගත ; පිළිවෙළකට එකඟලෙස ක්‍රියාකරන. [වස්ථාව.

Methodicalness, n. පිළිවෙළකට ක්‍රියාකිරීම, පාරිපා

Methodism, n. ඒ නම ඇති සභා ක්‍රමය, වෙස්ලියන් විධිවත්කම. [වා.

Methodize, v. පිළිවෙළකට තබනවා *or* නියමකරන

Methodist, n. වෙස්ලියන් සභිකයා.

Metonic-cycle, Metonic-year, n. (අවුරුදු දහනවයක් අඩංගු) චන්ද්‍රකාල මණ්ඩලය. [යක්.

Metonymy, n, වාක්‍යභේද විධියක්. අලංකාර විශේෂ

Metre, n. කවිපද ප්‍රමාණය, කවිපද විධිය, ඡන්දස, වෘත්තය ; පද්‍යය, කවිය.

Metre, n. අඟල් 39. 37 ක මිම්මක්, මීටරය.

Metrical, a. කවි, කාව්‍ය, පද්‍ය, කාව්‍යාකාර.

Metropolis, n. අගනුවර, රාජධානිය.

Metropolitan, a. අගනුවරට අයිති, රාජධානි.

Metropolitan, n. නායක පාදිලිකතැන, පළාතක අගබිෂොප්.

Mettle, n. උනන්දු ගතිය, ප්‍රාණවත්කම, ධෛර්යය, වීර්යය, (අශ්වයෙකුගේ &c) සැරකම. [සෙන.

Mettlesome, a. උනන්දු, වීර්යවත්, සැරකාර, ඇවිස්

Meum et Tuum L. මගේත් තුඹේත්.

Mew, n. කුරුලු ගේ, කුරුලු කොටුව, හිරකරන කොරටුව ; pl. අස්හල, අශ්වමඩුව.

Mew, v. කුඩුවක දමනවා, කොරටුවක වසාතබනවා, හිරකරනවා.

Mew, v. බළලෙක් මෙන් හඬනවා, ඤාවිශානවා.

Mew, n. ලිහිණි වර්ගයක්.

Mewl, v. හෙමින් අඬනවා, කෙඳිරිගානවා.

Miasma. n. Gr. pl. Miasmata, කුණු වාතය, (කුණුවලින් නික්මෙන) දුර්ගන්ධ වායුව, විෂවාතය.

Miasmatic, a. දුර්ගන්ධ වායු සහිත, කුණු වාතයෙන් අටගත්ත, විෂවාත (රෝග).

Mica, n. (සිහින් තහඩු *or* පෙති වශයෙන් බෙදී විනිවිද පෙනෙන) ලෝහ ජාතියක්, තහඩු මිනිරන්.

Michaelmas, n. R. C. සාන්ත මිගෙල්ගේ මංගල්‍යය ; ඒ මංගල්‍ය කාලය (වන සිතර මස).

Mice, n. pl. of Mouse, මවුමීයෝ

Microbe, n. සත්ත්වයින්ගේ ලේවල පවත්නා ඉතා සියුම් ද්‍රව්‍යයක්.

Microcosm, n. lit. ක්ෂුද්‍ර ලෝකය, සූක්ෂ්ම ලෝකය, fig. (ලෝක සහරුවක් වැනි) මනුෂ්‍යයා.

Micrometer, n. ඉතා කුඩා දේ *or* ඉඩස් මනින යන්ත්‍රයක්, සූක්ෂ්ම ද්‍රව්‍ය මානක යන්ත්‍රය.

Microphone, n. හීන්ශබ්ද වැඩිකර අස්වන යන්ත්‍රයක්.

Microphyllous, a in bot. ඉතාකුඩා කොළ ඇත්තාවූ, සූක්ෂ්ම පත්‍රක.

Microscope, n. සූක්ෂ්ම දර්ශක කණ්ණාඩිය, කුඩා ද්‍රව්‍ය මහත්කර පෙන්වන කණ්ණාඩිය.

Microscopic, a. සූක්ෂ්ම දර්ශක කණ්ණාඩියේ උපකාර යෙන් කරන *or* පෙනෙන; ඒ කණ්ණාඩියට සමාන වූ (ඇස්, පෙනීම); අති සූක්ෂ්ම.

Micturate, v. විකින් වික මුත්‍රකරනවා.

Micturition, n. විකින් වික මුත්‍රකිරීම.

Mid, Middle, a. මැද, මද්දිම, මධ්‍යම, මධ්‍යස්ථ, මද්දුමා (දරුවා); middle ages (ක්‍රිස්තියානි යුගයේ) මධ්‍යම ගතවම් කාල; middle term (තර්ක වාක්‍යයේ) මධ්‍ය පදය.

Mid-day, n. ඉරමුදුන් වේලාව, මද්දහන, මධ්‍යාහ්නය, මද්දහන් දවාල.

Middle, n. මැද, මැද්ම, මධ්‍යය; waist ඉඟටිය, middle part මධ්‍ය ප්‍රදේශය.

Middle-age, n. මධ්‍යම වයස. Middle-aged, a. මධ්‍යම-වයස්ක.

Middle-finger, n. මැදගිල්ල. [ධ්‍යමීය.

Middlemost, a. මැදට ඉතා කිට්ටු, මැදම තිබෙන, ම

Middle-sized, a. මහතින් මද්දිම තරම්වූ, මධ්‍යම ප්‍රමාණ.

Middle-voice, n. in gram. ආත්මනේ පදය.

Middling, a. මද්දිම තරම්, මධ්‍යම ප්‍රමාණ, වඩා හොඳ වත් වඩා නරකවත් නැති.

Midge, n. මදුරුවා, හෝහපුටුවා. මධ්‍යය.

Mid-heaven, n. අහස් මැද, ආකාශ මධ්‍යය, ගගන

Midland, a. පිටිසරබද, රට මැද, දේශාභ්‍යන්තර, මධ්‍ය දේශීය.

Midnight, n. මධ්‍යම රාත්‍රිය, මහා රාත්‍රිය, දෙරෑමැද, රෑ දෙගොඩහරිය, මද්දිම රෑ, මහ රෑ; a. මධ්‍යම රාත්‍රි.

Midrib, n. කොළයේ මුදුන් ඉර, මුදුනේ රේඛාව, මුදුන් නාරටිය.

Midriff, n. See Diaphragm.

Midship, a. නැවේ මැද තිබෙන.

Midship, ad. නැවේමැද, මැදට &c.

Midshipman, n. යුද්ධ නැවේ ඉතා පුංචි මුලාදෑනියෙක්, යුද්ධ නැව් ශිෂ්‍යයා.

Midst, n. මැද, මැද්ද, මධ්‍යය. [රෙහි &c.

Midst. ad. in the midst මැද, මධ්‍යයෙහි, අතර, අත

Midsummer, n. නියං *or* ග්‍රීෂ්ම ඍතුවේ මැදකාලය, ඉඹව්ර මැද. [තිබෙන.

Midway, a. පාර මැද තිබෙන; අතරමග, ගමනේ මැද

Midway, ad. පාර මැද &c., මධ්‍යයෙහි.

Midwife, n. වින්නඹු ස්ත්‍රී, වින්නඹු ගෑනි, වින්නඹුව.

Midwifery, n. වින්නඹුකම, වින්නඹුකම් කිරීම, වින්නඹු කම.

Mid-winter, n. ශීත ඍතුවේ මැද කාලය.

Mien, n. (යමෙකුගේ) පෙනීම, ආකාරය, ආකෘතිය, හැඩිය.

Might, pret. of May. (යමක්කිරීමට) පුළුවන්ව තිබුණ; he might do it if he wished කැමති නම් ඒක කරන්ට ඔහුට බැරිනැත *or* තහනමක් නැත.

Might, n. බලය, වේරය, වැරය, ශක්තිය, වීර්යය, වික්‍රමය, පරාක්‍රමය, ප්‍රතාපය.

Mightily, ad. බලවත් ලෙස, බලසම්පන්නව, වික්‍රම වන්ත ලෙස. [තාව.

Mightiness, n. බලවත්කම, වික්‍රමවන්තතාව; උත්කෘෂ්ට

Mighty, a. බලවත්, බලසම්පන්න, ප්‍රබල, ශක්තිමත්, වික්‍රාන්ත, ධෛර්යවන්ත, ප්‍රතාපවත්. [වා.

Migrate, v. විසීමට වෙන රටකට *or* පළාතකට යන

Migratory, a. (කලක්වත් සිටීමට) රටෙන් රටට *or* පළාතෙන් පළාතට යන්නාවූ, ගමන්කාර.

Mikado, n. ජපන් අගරජතුමා

Milch, a. කිරිදෙන ක්ෂීරදායක; milch cow කිරි එළදෙන, කිරිදෙන හරකී.

Mild, a. මෘදු, සෞම්‍ය, සන්සුන්, සැර නැති, ශාන්ත.

Mildew, n. (කොළවලට රෙදිවලට &c. අල්ලන (සුදු) පුස්. [තාවූ.

Mildewed, pp. *or* a සුදු පුස් අල්ලාපු, සුදු පුස් ඇත්

Mildly, ad. මෘදු ලෙස &c. ශාන්තාකාරයෙන්.

Mildness, n. මෘදුකම, මෘදුගුණය, සෞම්‍යකම, සන්සුන්කම, සැරනැතිකම.

Mile, n. (යාර 1760 ක් අඩංගු) හැතැප්ම, සැතපුම ord. හැතැප්ම, ඉංග්‍රීසි ගව්ව.

Mileage, n. හැතැප්ම ගණන; (යාමට *or* ගෙනයාමට ගෙවන) හැතැප්ම ගණනේ වියදම.

Milestone, n. හැතැප්ම කණුව.

Miliary, a. තණහාල් සමාන (දද), දද ඇති, miliary fever ඒ දද සහිත උණ.

Militant, a. යුද්ධයෙහි යෙදී සිටින, සටන් කරමින් සිටින, සංග්‍රාමික.

Military, a. සේවාකමට අඩංගු; සේවාකමට ඉතාංගු; සේවාකම් කිරීමෙන් ලැබූ; සේවා පන්නන්කාර, යුද්ධ, යුද්ධකාර; යුද්ධාකාර; military tenure (බිම්) යුද්ධ නිලකාර ඇකනිය.

Military, n. යුද්ධසේනා ගණන, යුද්ධ සමූදාව, (රාජ්‍යයේ) මුළු සේවා කොටඨාසය, මිලිටේරිය.

Militate, against, v. fig. විරුද්ධ වෙනවා, විරුද්ධව තිබෙනවා.

Militia, n. (සේවාකමට භාරනොවී) යුද්ධය පුරුදු කරනලද සෙනග, සේවා වැසියෝ.

Militiaman, n. සේවා වැසියෙක්.

Milk, n. *or* a. කිරි, ක්ෂීර.

Milk, v. කිරි දෙවීනවා *or* දෙවනවා, දෝනවා.

Milker, n. කිරි දෙවීන්නා; කිරි එළදෙන.

Milk-fever, n. කිරි උණ, ස්තන්‍ය ජ්වරය.

Milk-hedge, n. නවහන්දි ගස.

Milkiness, n. කිරි මිශ්‍ර ගතිය; fig. මෘදුකම.

Milking, n. කිරිදෙවීම, දෝවනය, ක්ෂීර දෝහනය.

Milkmaid, n. කිරි දෙවීන්නී.

Milkman, n. කිරි විකුණන්නා, කිරිකාරයා.

Milk-pail, n. කිරි බාල්දිය. Milk pan, n. කිරිභාජනය.

Milk-rice, n. කිරිබත, ක්ෂීර පායාසය.

Milk-sop, n. කිරි පෙඟූ රොටි; fig. හිතෙන් දුර්වල පුරුෂයා. [දුර්වල.

Milky, a. කිරි මුසු, පායස; කිරි වැනිවූ; fig. මෘදු,

Milky-way, n. (අහසේ පෙනෙන) මන්දාකිනිය, නාග විථිය, අහස් ගඟ.

Mill, n. ඇඹරුම් යන්ත්‍රය, (වෙන වැඩ කරවන) යන්ත්‍රය; මෝල.

Mill, v. අඹරනවා; යන්ත්‍රයකින් පුනුකරනවා; (යන්ත්‍රයකින්) රෙදි ඝනකරනවා; කාසිවල අද්දර මුද්‍ර ගසනවා.

Mill-cog, n. යන්ත්‍රයේ රෝද දත. [යර.
Mill-dam, n. (මෝලේ වැඩට බැඳි) බැම්ම, වේල්ල, ති
Millenarian, Milicnnalist, n. ක්‍රිස්තුස්වහන්සේ අවුරුදු දහසක් පොළවේ පෙනී සිට රජකම් කරනවා ඇතැයි විශ්වාස කරන්නා, සහස්‍රවර්ෂියයා.
Millenarian, a අවුරුදු දහසක් අඩංගු, වර්ෂසහස්‍ර; සහස්‍රවර්ෂිය.
Millenarianism, n. වර්ෂසහස්‍ර දෘෂ්ටිය.
Millennial, a. අවුරුදු දහසකට අයිති, සහස්‍රවර්ෂිය.
Millennium, n. අවුරුදු දහසක කාලය; (එළිදරව් කිරීමේ පොතේ කියා තිබෙන) අවුරුදු දහස. වර්ෂසහස්‍රය.
Millepcd, n. සහස්‍රපදියා, කන්කුණිඩා, හැකරැල්ලා, (ආදී සත්තු).
Miller, n. ධාන්‍ය මෝල බලාගන්නා, මෝල්කාරයා.
Millet, n. තණ, මෙනේරි; තණහාල්, මෙනේරි හාල්; ධාන්‍ය ජාතියක්.
Millimetre, n. මීටරයකින් දහසෙන් කොටස, සහස්‍රම මීටරය, මිලි මීටරය. [ණන්නී.
Milliner, n. ස්ත්‍රීන්ගේ තොප්පි ආදිය සාදන්නී or විකු
Millinery, n. ස්ත්‍රීන්ගේ තොප්පි ආදී වෙළඳාම or බඩු.
Million, n. දශලක්ෂය; a. දශලක්ෂ.
Millionth, a. දශලක්ෂවෙනි.
Millionaire, n. පවුම් දශලක්ෂයක් හිමිකාරයා, ලක්ෂපතියා, ධනේශ්වරයා.
Mill-pond, n. (මෝලේ යන්ත්‍ර කරකවන වතුර අල්ලන) මෝලේ පොකුණ.
Mill-race, n. මෝලේ වතුර පාර, මෝලේ ඇල.
Millstone, n. ඇඹිරුම් ගල.
Mill-wright, n. මෝල සාදන්නා.
Milt, n. බඩදිව; මාළුබිජු. [ගම්කාරයා.
Mime, n. (පුරාණයේ) අනුකාර නාඩගම; අනුකාර නාඩ
Mimic, v. සරදම් පිණිස අන් කෙනෙකු වාගේ ක්‍රියා කරනවා, අනුකාර කරනවා.
Mimic, n. අනිකෙකු ලෙස කිරීමෙන් විහිළුකරන්නා, කවටයා; අන් කෙනෙකුගේ අභිප්‍රායේම යන්නා.
Mimic, Mimical, a. සරදමට — නිකුවට — අනුකාර කරන; විහිළු, විකට.
Mimicry, n. (as above) විහිළුකිරීම, කවටකම්කිරීම, සරදම්—නිගුහ—අනුකාරය, අනුකෘතිය
Mimosa, n. නිදිකුම්බ, ඉඳිකටුතරු.
Minaret, n. මරක්කල පල්ලියේ උස්කොත, ප්‍රාසාද ශෘඞ්ගය.
Mince, v. ඉතා කුඩා කෑලි කොට කපනවා, හීන්කර ලියනවා; සොඳුරු—or සංගුවක් සහවා—කිය නවා; ශබ්ද හීන්කර—or තීක්ෂණකර—කථාකර නවා; (අහංකාරකමින්) ළඟින් අඩිතබා යනවා.
Mince-meat, n. (ඉතා හීන්කර කපාපු) මස්කෑලි, මස් කුඩු.
Mind, n. මනස, චිත්තය, සිහිය, හිත; කැමැත්ත; අදහස, අභිප්‍රාය; කල්පනාව, මතය.
Mind, v. regard හිතට ගන්නවා, බලාගන්නවා, සැලකනවා; guard ප්‍රවේසම්කරනවා, බලාගන්නවා.
Minded, be, v. කැමතිව සිටිනවා; adj. as: right-minded &c. හරි හිතක් ඇති.
Mindful, of, be, v. හිතටගන්නවා, සිහියේ තබා ගන්නවා; සැලකිලි ඇතුව සිටිනවා, බලාගන්නවා, කල්පනාවට ගන්නවා. [අහමරී.
Mindless, a. සිහිබුද්ධි නැති, අනවධාන, අනවහිත,
Mindless, of, be, v. හිතට නොගෙන සිටිනවා, නොසැලකිලිව—අප්‍රවේසම්ව—සිටිනා.

Mine, pron. මගේය, මාගේය, මගේ එක, මගේඒවා.
Mine, n. ආකරය, පතලය, පතස; භාරාපු බිම්ගෙය; of jewels රත්නාකරය; fig. සම්පත් &c. උපදින තැන or විධිය, ධනෝත්පාදක ස්ථානය.
Mine, v. ආකර සාදනවා, පතල් බිනිනවා, ලෝහ භාරගන්නවා; (බිම්ගෙයක්, බෙනයක්) හාරනවා.
Miner, n. ආකරයක වැඩකරන්නා; බිම්ගේහාරන්නා.
Mineral, n. ලෝහ ජාති අඩංගු ද්‍රව්‍ය, ලෝහ ධාතු, ලොහොපස්, ලෝගල්, ඛනිජය.
Mineral, a. ලෝහධාතු, ගල්, ඛනිජ; ලෝහ ද්‍රව්‍ය මිශ්‍රවූ (වතුර &c.).
Mineralise, v. ලෝහජාතියක් කරනවා, ලෝහධාතු සවභාවට හරවනවා; ලෝහද්‍රව්‍ය මිශ්‍රකරනවා.
Mineralogist, n. ලෝහධාතු ශාස්ත්‍රඥයා, ඛනිජ වස්තු පරීක්ෂකයා, ධාතු විද්‍යාඥයා.
Mineralogy, n. ලෝහ විද්‍යාව, ලෝහ ධාතු ශාස්ත්‍රය.
Mingle, v. මිශ්‍රකරනවා, කලවම්කරනවා, හාඩිකර නවා; අඹුල්කරනවා; මිශ්‍රවෙනවා &c., මුසුවෙනවා,
Miniature, n. (ජම්ම ප්‍රමාණට වඩා) කුඩා සිතියම, ක්ෂුද්‍රරූපය.
Miniature, a. ප්‍රමාණයෙන් කුඩා, ක්ෂුද්‍ර, (සිතියම්).
Minim, n. චිච්චා, පුංචිත්තා; තුයංගී ක්‍රමයේ විස්තාරු ලකුණක්; (ඉතා කුඩා දිය මිම්ම එන) බිඳුව.
Minimum, n. ඉතා කුඩා ප්‍රමාණය, ඉතා අඩු ගණන.
Minion, n. ඉම්බාව නිසා ප්‍රේමය or වාසි ලබන්නා; හීන් අච්චු අකුරු වර්ගයක්.
Minister, v. serve මෙහෙකරනවා, උපස්ථාන කරනවා; supply සපයාදෙනවා; attend the sick සාත්තු කරනවා.
Minister, n. (උතුම්) මෙහෙකරුවා, සේවකයා; දේවගැතියා, පාදිලි උන්නාන්සේ, උපාධ්‍යායතැන; ඇමතියා, අමාත්‍යයා, (coll. අමාපතයා), මැතිනුමා; පිටරට තානාපතියා.
Ministerial, a. මෙහෙකරු, සේවක; දෙවගැති; අමාත්‍යධුරයට අයිති.
Ministration, n. මෙහෙකිරීම, &c.; මෙහෙය, උපස්ථානය, උච්ටින, religious ආචතේවය.
Ministry, n. මෙහෙකිරීම, සේවය; දේවගැති ධුරය; දේවගැති කාලය; දේවගැතිවරු; අමාත්‍ය මණ්ඩලය, මන්ත්‍රී මණ්ඩලය.
Minnow, n. මිරිදියේ පුංචි මාළු ජාතියක්.
Minor, a. (ප්‍රමාණයෙන්, වැදගත්කමින්) අඩු, සුළු; in mus. ලතෝනි ක්‍රමය.
Minor, n. (අවුරුදු [illegible]) අඩු වයස් ඇත්තා; minor premiss (තර්කයේ) දෙවෙනි වගන්තිය, හේතුවචයවය.
Minority, n. අඩු වයස් ඇති කාලය, අසම්පූර්ණ වයස, බාලාවස්ථාව, ශිශුත්වය; වඩා අඩු ගණන, ගණනින් අඩු පක්ෂය.
Minster, n. තපස් මඩමේ දේවස්ථානය; ප්‍රධාන දේවස්ථානය. [කාරයා.
Minstrel, n. (පුරාණයේ) ගායනාකාරයා, වීණා සින්දු
Minstrelsy, n. ගායනාකාරකම, තුයංගීවලින් ගායනා කිරීම; ගාන්ධර්ව සමූහය; ගීති සමුච්චයය, ගීරස.
Mint, n. සුවඳතලා, ඉඟුරුතලන්, මිංචි.
Mint, n. මිල මුද්‍රාංකණයකරන ස්ථානය, ටංකශාලාව; fig. රාශි ලැබෙන තැන.
Mint, v. මිල මුද්‍රාංකණයකරනවා, කාසි or මුදල් අච්චු ගසනවා.
Mintage, n. මුද්‍රාඞ්කිත මිල ප්‍රමාණය; මිල මුද්‍රාංකණය කිරීමට ගෙවන ආදයම.

Mint-master, n. ටංකපතියා.

Minuend, n. ශෝධකය.

Minuet, n. හෙමින් නටන නෘත්‍යයක්; ඊට ගායනා කරන තාලය.

Minus, a. අඩු, හීන, රහිත; the sign (—) සෘණය.

Minu′te (මෛනියුට්), a. ඉතා කුඩා, අණුක, සූක්ෂ්ම, අත්‍යල්ප, සුළු, ඉතා නිසැකණ, සියුම්; සුළු දේ පවා සඳහන්වූ (කරුණු); he is very minute in his account ඔහු ඉතා නිසැකණලෙස තොරතුරු සඳහන්කරනවා.

Min′ute (මිනිට්), n. මිනිත්තුව; ඉතා ස්වල්ප වේලාවක්, විකක්; වෘත්තයක අංශයකින් හැටෙන්පංගුව; ලුහුඬු සටහන, ව්‍යවස්ථාව.

Min′ute (මිනිට්), v. ලුහුඬෙන් සටහන්කරනවා.

Minute-book, n. සටහන් පොත, වාර්තා පොත.

Minute-gun, n. මිනිත්තුවට සැරයක් වෙඩි තබන කාල තුවක්කුව, මිනිත් කාලතුවක්කුව.

Minute-hand, n. ඔරලෝසුවෙ මිනිත් පෙන්වන කටුව, මිනිත් කටුව.

Minu′tely, ad. ඉතා කුඩා දේ පවා බලාගෙන, ඉතා නිසැකණ ලෙස, සූක්ෂ්ම ලෙස. [මතාව.

Minu′teness, n. කුඩාකම, සුළුකම, නිසැකණකම සූක්ෂ්

Minu′tiæ, n. pl. L, ඉතා කුඩා දේ, සූක්ෂ්ම කොටස්, සුළු තොරතුරු.

Minx, n. අහංකාර ළමිස්සි, ලජ්ජාබිය ළමිස්සි.

Miocene, a. in geol, මධ්‍යම නූතනතර (තට්ටු).

Mirabilis, n. හෙන්දිරික්කා ගහ.

Miracle, n. ආශ්චර්යය, හාස්කම, ප්‍රාතිහාර්යය, පෙළහර, අද්භූතය, පුදුමය.

Miraculous, a. ආශ්චර්යමත්, ප්‍රාතිහාර්ය; විස්මිත, අද්භූත, පුදුම.

Miraculously, ad. ආශ්චර්ය බලයෙන්, ආශ්චර්යමත් ලෙස &c.; විස්මලෙස. [ව.

Miraculousness, n. ආශ්චර්යමත්කම, ප්‍රාතිහාර්යතා

Mirage, n. මිරිඟුව, මිරිඟු දිය, මරීචිකාව, මෘග තෘෂ්ණාව.

Mire, n. මඩ, ගොහොරුව, කලල, පඞ්කය.

Mire, v. මඩගානවා, මඩ තවරනවා; S. මඩ ගෑවෙනවා or තැවරෙනවා.

Mirror, n. කැඩපත, කණ්ණාඩිය, දර්පණය, ආදර්ශය.

Mirror, v. දර්පනයකින් මෙන් ප්‍රතිබිම්බය පෙන්වනවා; mirrored, a. ප්‍රතිබිම්බිත. [හාස්‍යය.

Mirth, n. සෙල්ලම, ප්‍රීතිය, ප්‍රමෝදය, සරදම, හාස්‍යය.

Miry, a. මඩ, කලල්, ගොහොරු, වගුරු ඇත්තාවූ.

Mis, prefix, අව, නරකලෙස, වැරදිලෙස, & sometimes වෛරය ඇඟවු යන අර්ථ ඇති උපසර්ගයක්.

Misacceptation, n. වැරදිලෙස තේරුම් ගැනීම.

Misadventure, n. අවාසනාව, අභේතුව, අවැඩය, වැරැද්දෙන් සිදුවෙන අනතුර.

Misadvised, a. වැරදි දැනමුතුකම් ලැබුවාවූ.

Misalliance, n. (සොහොන් සමග) නොගැළපෙන—නුසුදුසු—සම්බන්ධවීම, නුසුදුසු විවාහවීම, අයෝග්‍ය විවාහ සම්බන්ධය.

Misanthrope, Misanthropist, n. මනුෂ්‍යයින්ට වෛර වෙන්නා, අනුන් කෙරෙහි ප්‍රේමය නැත්තා.

Misanthropic, Misanthropical, a. මනුෂ්‍යයින්ට වෛර වෙන, අනුන්ට ප්‍රේම නැති, පුරුෂද්වේෂී.

Misanthropy, n. මනුෂ්‍යයින්ට වෛරවීම, අනුන් කෙරෙහි අප්‍රසන්නවීම.

Misapply, v. වැරදිලෙස—අයුතු or වැරදි කෙනෙකුට අදාළකරනවා, (යමක්) අයුතු දේවලට ගන්නවා or පාවිච්චිකරනවා or වියදම්කරනවා.

Misapprehend, v. වැරදිලෙස තේරුම් ගන්නවා.

Misappropriate, v. අයුතුලෙස අත්කර ගන්නවා, අයුතු දේවලට ගන්නවා.

Misbehave, v. අයුතුලෙස—අවිනීතලෙස—හැසිරෙනවා, නරක කල්ක්‍රියාවේ හැසිරෙනවා, අවකල් ක්‍රියාවේ යෙදෙනවා.

Misbehaviour, n. අයුතුලෙස හැසිරීම, අවකල් ක්‍රියාව, දුශ්චරිතය.

Misbelief, n. වැරදි විශ්වාසය; මිථ්‍යාදෘෂ්ටිය.

Miscalculate, v. වැරදිලෙස ගණිනවා; කල්පනාවෙන් වරද්දගන්නවා.

Miscall, v. වැරදිලෙස නම්තබනවා; නම වරද්දගෙන කියනවා.

Miscalled pp. or a. වැරදිලෙස නම්තබනලද, අයුතු නමක් ඇත්තාවූ.

Miscarriage, n. ඉෂ්ටනොවීයාම, වැරදීම, නිෂ්ඵලවීම; ගබ්සාව, ගබ්සාවීම, (ord. ගබ්සාවීම), ගර්භච්‍යුතිය, ගර්භස්‍රාවය.

Miscarry, v. ඉෂ්ටනොවීයනවා, නිෂ්ඵලවෙනවා; ගබ්සාවෙනවා, ගර්භච්‍යුතවෙනවා, ගැබ වැටෙනවා.

Miscellaneous, a. නොයෙක් ජාති මිශ්‍රවූ, නානාජාතිය, නානාප්‍රකාර, නානාවිධ, විවිධ, සාන්නිපාතික, ප්‍රකීර්ණ, සංකීර්ණ.

Miscellany, n. නොයෙක් දේ මිශ්‍රවූ කලවම, ලටපට; නොයෙක් කාරණා අඩංගු පොත, මිශ්‍ර සඟරාව.

Mischance, n. අභේතුව, අවාසනාව.

Mischief, n. අනදරය, අවැඩ, අලාභය, හානිය, අලාභහානිය; දඟය, මැරවර ක්‍රියාව. [දෙන්නා.

Mischief-maker, n. දබර උපදවන්නා, උල්පන්දම්

Mischievous, a. දබර උපදවන &c.; අවැඩකරන, අලාභහානිකරන, පොරකේරු, අනර්ථකාර, (wilfully) හානුක, මැර, මැරවර, දඟකාර; mischievous person මැරයා, මැරවරයා &c.

Mischievously, ad. අවැඩ දායකාකාරයෙන්, අලාභහානිවෙනලෙස; මැරවරලෙස.

Mischievousness, n. අවැඩදායකතාව, අනර්ථකාරකම &c.; මැරවරකම, මැරකම.

Miscible, a. මිශ්‍රණීය, මිශ්‍රණයෝග්‍ය.

Misconceive, v. වරදවා තේරුම්ගන්නවා, වරදවා කල්පනා කරනවා, වැරදිලෙස හැඟියනවා.

Misconception, n. වරදවා තේරුම් ගැනීම, වැරදි කල්පනාව.

Miscon′duct, n. අයුතු හැසිරීම, අයුතු කල්ක්‍රියාව, අවකල්ක්‍රියාව, අනාචාරය, දුරාචාරය.

Misconduct, v. අයුතුලෙස— වැරදිලෙස—හැසුරුවනවා; misconduct one's self අයුතුලෙස හැසිරෙනවා.

Misconstrue, v. වැරදිලෙස තේරුම්කරනවා; වැරදි තේරුමකට ගන්නවා, අර්ථය or අදහස වරද්දගන්නවා.

Miscreant, n. තක්කඩියා, වංචනිකයා, දුර්ජනයා.

Misdeed, n. අයුතු or නරක ක්‍රියාව, වරද, නොපනත්කම, දුෂ්කෘතය.

Misdemeanour, n. අයුතු හැසිරීම, වරද, අයුතු ක්‍රියාව.

Misdirect, v. වැරදි තැනකට මග පෙන්වනවා or යවනවා, වැරදි ලෙස නම්ගම ලියනවා.

Misdoer, n. වැරදිලෙස ක්‍රියාකරන්නා, වරදකරන්නා.

Misdoing, n. වරදකිරීම, වැරදි ක්‍රියාව, වැරැද්ද.

Misemploy, v. නිෂ්ඵලලෙස — වැරදිලෙස — භාවිතා කරනවා.

Miser, n. ලෝභයා, මසුරා, තණ්හාකාරයා, කුම්මැහියා, පැසිඟිනියා, ලෝභියා.

Miserable, a. කාලකණ්ණි, දුඃඛිත, මරාල, නිශ්‍රීක, අවාසනාවන්ත; පහත්, දීන; අසාර.

Miserably, ad. කාලකණ්ණිලෙස &c., දිළිඳු ආකාරයෙන්, මඳිලෙස.

Miserly, a. ලෝභ, ලෝභිවූ, මසුරු, කදර්ය, කෘපණ.

Misery, n. කාලකණ්ණිකම, දුඃඛිතකම, දුක, දුක්විලාසය, අවාසනාවන්තකම.

Misfcrtune, n. අහේතුව, අවැඩය, අවාසනාව, අපලය, විපත, විපත්තිය, ආපදාව, ව්‍යසනය, දුර්දෛවය, දුර්භාග්‍යය.

Misgive, v. My heart misgives me (say) මාගේ සිතෙහි සැක තිබෙනවා or ධෛර්ය මඳයි or මට සැක සිතෙනවා or අධෛර්යවෙනවා.

Misgiving, n. සැක සිතීම, සැක, අවිශ්වාසය.

Misgovern, v. නරකට ආණ්ඩුකරනවා.

Misguide, v. නොමඟ යවනවා.

Mishap, n. අහේතුව, අවාසනාව; අත්වැරැද්ද, පාඩුවාරිය.

Misinform, v. වැරදිලෙස දැනුම්දෙනවා, අසත්‍ය දේ දන්වනවා.

Misinterpret, v. වැරදිලෙස තේරුම්කරනවා, වැරදි තේරුමකට ගන්නවා.

Misjudge, v. (විනිශ්චයකර or විමසා) වැරදි තීන්දුවකට or කල්පනාවකට පැමිණෙනවා, වැරදිලෙස නිශ්චය කරනවා.

Mislay, v. (මතක නැතිවෙන හැටියට) වැරදි තැනක තබනවා.

Misle, Mistle, Mizzle, v. මැහිපොද ගහනවා.

Mislead, v. මුළාකරනවා, නොමඟ යවනවා; වරද්දනවා, රවටනවා, වැරදි අවබෝධයක් ඇති කරනවා.

Mismanage, v. හොඳ නැතිලෙස හසුරුවනවා, අනිසිලෙස පාලනය කරනවා, වැරදිලෙස කාරණා කරනවා.

Misnomer, n. වැරදි නමක් තැබීම, වැරදි නම, කාරණාවට වැරදි වචනයක් කීම.

Misogamy, n. විවාහයට විරුද්ධකම, විවාහද්වේෂය.

Misplace, v. වැරදි තැනක or අස්ථානයෙහි තබනවා; (ආදරය, නම්බුව &c.) ගුණාංගනැති ලෙස or නුසුදුසු කෙනෙකු කෙරෙහි පිහිටුවනවා.

Misprint, n. අච්චුගැසීමේ වැරැද්ද; v. (අකුරක් &c.) වරද්දාගෙන අච්චුගසනවා.

Misprision, n. නොසැලකිල්ල, අවඥාව; in law (අනුන්ගේ) අපරාධයට මදක් හවුල්වීම.

Mispronounce, v. (වචනයක්) වැරදිලෙස උච්චාරණය කරනවා or ශබ්දකරනවා.

Mispronunciation, n. වැරදි උච්චාරණය, වැරදිලෙස ශබ්දකිරීම.

Misquote, v. (වගන්ති) වැරදිලෙස උපුටාගන්නවා or ගෙනපානවා.

Misrepresent, v. ඇත්තට එකඟ නැතිලෙස or වැරදි සෙල දක්වනවා, වරදවා පෙන්වනවා.

Misrepresentation, n. වැරදිලෙස දැක්වීම, වරදවා කීම; වැරදි ප්‍රවෘත්ති.

Miss, n. අවිවාහක තැනැත්තියකට යොදන ගරු පදය; තරුණී, කුල කුමාරී, කන්‍යාව.

Miss, v. නොවැදී — සම්බන්ධනොවී — යනවා, නොලබා සිටිනවා; (පාර &c.) වරදිනවා, වරද්දාගන්නවා; omit අත්අරිනවා; (තුවක්කුව &c.) පත්තුවෙන්නේ —පිපිරෙන්නේ— නැත; (යමක්) නැතිබව දැනගන්නවා.

I miss a book පොතක් නැතිවී තිබෙනබව මට පෙනෙනවා;

I miss my father මගේ පියා නැතිවීක මගේ හිතට වැදියනවා or මගේ පියා මෙහි නැතිබව මට පෙනෙනවා or මෙහි දකින්ට නැත.

Miss, n. (ඉලක්කයට, ලකුණට) නොවැදියාම.

Missal, n. R. C. යාච්ඤා පොත, පූජා පොත, දේව මෙහෙයේ පොත.

Misshape, v. නරක හැඩයකට සාදනවා, විරූපකරනවා.

Missle, n. දමාගසන ආයුධය, විසිකරන දේ, අවියවිය, මුක්තකය, කරමුක්තය.

Missing, a. නැතිවූණ, නැත්තාවූ, (තිබියයුතු තැන) දකින්ට නොවැති.

Mission, n. ධර්ම ප්‍රචාරය වැනි වැදගත් මෙහෙයකට යවනු ලැබීම, දූත ගමන, ධර්මදූත ගමන, පණිවිඩකාරකම; පණිවිඩය, දූත මෙහෙය; දූත පිරිස, ධර්මදූත පිරිස, ක්‍රිස්තියානි සමය ප්‍රචාරක සභාව, මිෂන් සභාව, මිෂනාරි සමාගම, මිසම.

Missionary, n. (ආගම පතළකිරීමට) යවනලද කෙනෙක්, ප්‍රේරිතතැන, මිෂනාරිතැන, ධර්මදූතයා, සමය ප්‍රචාරකයා.

Missionary, a. (as above) යවනුලැබීම සම්බන්ධ; මිෂනාරි, සමය ප්‍රචාරක.

Missive, n. යවනලද දෙයක්, (යවන or එවන) ලියුම, පණිවිඩය, සන්දේශය, සැලපතය.

Misspend, v. අයුතුලෙස වියදම්කරනවා or ගතකරනවා.

Misspent, pp. or a. අයුතුලෙස—නිෂ්ඵලලෙස—වියදම් කළ &c.

Mist, n. මීදුම, ඉතා සිහිඳු මැහිපොද, ධූමිකාව; දුමාරයක් වැනි යමක්.

Mistake, v. වරද්දාගන්නවා, වැරදිලෙස තේරුම්ගන්නවා or සිතනවා.

Mistake, n. වරද්දාගැනීම, වැරදීම, වැරදිල්ල, වරද, මතිභ්‍රමය.

Mistaken, pp. or a. වරද්දාගත සිටින, වරද්දාගත් (කෙනෙක්); වැරදි (මතය &c.).

Mister, Mr., a. මහත්මයාවූ.. (but in S)...මහත්මයා or... උන්නාන්සේ.

Mistily, ad. මීදුම ඇතුව මෙන්, fig. අඳුරුලෙස, නොපැහැදිලිලෙස.

Mistletoe, n. ගස් උඩ වැවෙන පැළ වර්ගයක්.

Mistranslate, v. වරදවා or වැරදිලෙස පිටපත්කරනවා.

Mistress, Mrs., a. නෝනාමහත්මයාවූ...(in S)... නෝනාමහත්මයා or ... නෝනා, ... කුමාරිහාමි, ... ලමාතැනි, ...ලමාතෙනි, ...එතනා.

Mistress, n. ගෙදර ඇත්තී, හාමිනේ, ස්වාමිදුව; ඉගැන්නුම්කාරී, ගුරුන්නාන්සේ; අනියම් භාර්යාව.

Mistrust, v. අවිශ්වාසකරනවා, සැකකරනවා.

Mistrust, n. අවිශ්වාසය, සැකය, ශංකාව.

Misty, a. මීදුම සහිතවූ; fig. නොපැහැදිලි, අඳුරු.

Misunderstand, v. වැරදිලෙස තේරුම්ගන්නවා.

Misunderstanding, n. වැරදිලෙස තේරුම්ගැනීම; භේදය.

Misuse, v. වැරදිලෙස—or නපුරට—පාවිච්චිකරනවා; (යමෙකුට) අයුතුකම්කරනවා or අකරුණාව පානවා.

Misuse, n. වැරදිලෙස පාවිච්චිකිරීම, අයුතු පාවිච්චිය, අයුතු භාවිතාව.

Mite, n. ඉතා කුඩා පණුවා, ගුල්ලා; කුඩා මිලයක්; පොඩ්ඩ, ඉතා කුඩා or පුංචි දෙය, ලේශය, ලවය.

Mitigate, v. (දුක, අමාරුව &c.) සැහැල්ලුකරනවා, අඩුකරනවා, මදීනයකරනවා, ශමනයකරනවා.

Mitigation, n. සැහැල්ලුකිරීම &c., සැහැල්ලුවීම &c., සංහනය, තාක්කුව.

Mitre, n. උසස් දේවගැතිවරු භාවිතා කරන තොප්පි වර්ගයක්, පාරිදශික මකුටය ; fig. පාරිදශික ශ්‍රේෂ්ඨකම.

Mitre, v. මකුටය පලඳවනවා ; අංශ. 45 ක හැඩයෙන් සන්ධිකරනවා.

Mitred, a. පාරිදශික මකුටය අඳින්නාවූ, ඒ ශ්‍රේෂ්ඨකම ඇත්තාවූ.

Mitriform, n. (ඒ) මකුටාකාර ; in bot. දුගැබ් හැඩය ඇත්තාවූ.

Mitten, n. (ඇඟිලි නැති *or* බෙදීනැති) අත්මැස්ම, අත්මේස්.

Mittimus, n. හිරඅඩස්සියේ වරෙන්තුව, හිරකඩදාසිය; අධිකරණ බලපත්‍රය.

Mity, a. කුඩා පණුවන් ඇත්තාවූ, කුඩා පණුවන් බහුල, (චීස් &c.).

Mix, v. මිශ්‍රකරනවා, කලවම්කරනවා, හාමුකරනවා, මිශ්‍රණයකරනවා, ප්‍රතිවාපකරනවා, (in cookery) පිදනවා ; මිශ්‍රවෙනවා &c., සම්මිශ්‍රවෙනවා.

Mixed, a. මුසු, කලවම්කරපු, කලවම්වූ, මිශ්‍ර සම්මිශ්‍ර, මිශ්‍රිත ; various අනේකාකාර.

Mixtilineal, Mixtilinear, a. මිච්ඡාකාර රේඛා ඇත්තාවූ, වකුවූ සෘජු රේඛා මිශ්‍ර, (හැඩය).

Mixture, n. මිශ්‍රකිරීම, කලවම, මිශ්‍රණය, සම්මිශ්‍රණය, මිශ්‍රය ; මිශ්‍ර බෙහෙත් වතුර ; admixture ප්‍රතිවාපය.

Mizzen-mast, n. අවරයේ කුඹගහ.

Mizzle, v. මැහිපොද ගහනවා. [කාරක.

Mnemonic, Mnemonical, a. මතක්කරවන, සමෘත්‍යුප

Mnemonics, n. සමරණ ශාස්ත්‍රය, සමරණ විද්‍යාව, සමෘත්‍යුපකරණ විද්‍යාව.

Moan, v. කෙඳිරිගානවා, වැලපෙනවා ; n. moaning කෙඳිරිගෑම, කෙඳිරිය, වැලපීම.

Moat, n. (බලකොටුවක් වටකර) අගළ, පරිඛාව, (dry) පාපොලොත් අගළ.

Mob, n. කෝලාහලකාර සමූහය, කලහකාර *or* දුමරික පිරිස, කැරලිකාර සමූහය, පොත්කරම.

Mob, v. (සමූහයක් විසින් කෝලාහල ඇතුව) අඩත් තේට්ටම්කරනවා *or* හිරිහැරකරනවා.

Mobility, n. චඤ්චලත්වය, සෙලවියහැකි බව.

Moccasin, n. (අමෙරිකාවේ ඉන්දියන්වරුන්ගේ) සම් වහන් ජාතියක්.

Mock, v. කවටකම්කරනවා, සමච්චල්කරනවා, සරදම්කරනවා, විහිළුකරනවා, කවටකම පිණිස අනුහාරයකරනවා ; (කවටකම පිණිසම මෙන් ප්‍රාර්ථනා, උත්සාහ &c.) හිස්කරනවා, නිෂ්ප්‍රභාකරනවා.

Mock, a අනුහාර, සැබෑනොවන, බොරු, ව්‍යාජ (සටනක් &c.).

Mockery, n. කවටකම්කිරීම &c., කවටකම, පරිහාසය, විහිළුව ; කවටවූ තනුව ; කවටකම්කරන දේ ; හිස්—රැවටිලි—පෙනීම.

Modal, a. අන්දම පමණක් ඇත්තාවූ, අන්දම පෙන්වන්නාවූ.

Mode, n. අන්දම, ආකාරය, හැටිය, විධිය, න්‍යාය, නියාව, ක්‍රමය, ප්‍රකාරය.

Model, n. ආදර්ශ බඹුව, (හැඩය පෙන්වන) ආදර්ශය, අනුරූපය, සෝරනිය, මෝස්තරය ; අච්චුව.

Model, v. හැඩහුරුකරනවා ; (ඉටි වැනි මොළොක් ද්‍රව්‍යවලින් ආදර්ශයකට අනුව) සාදනවා, (රූප) අඹනවා.

Model, a. ආදර්ශවූ, ආදර්ශයට ගතයුතු, ආදර්ශමත්.

Modelling, n. හැඩහුරු කිරීම ; හැඩහුරු කිරීමේ ශිල්පය.

Moderate, a. පමණ දන ක්‍රියාකරන, මාත්‍රඥ ; මැදහත් පැවතුම් ඇති, මද්දිම තරම්වූ, මධ්‍යස්ථ ප්‍රමාණ, ප්‍රමාණවත්, මධ්‍යස්ථ, මද, අධික නොවන, අනධික.

Moderate, v. (වැඩිමෙන්ට නැර) මදක් අඩුකරනවා, බාලකරනවා, මර්දනයකරනවා, මධ්‍යස්ථකරනවා ; අඩුවෙනවා &c., සමපලවෙනවා ; Scot. හසුරුවනවා.

Moderately, ad. පමණ දන, මධ්‍යස්ථ ප්‍රමාණයෙන්, මධ්‍යමාකාරයෙන්, ප්‍රමාණයකට. [තාව.

Moderateness, n. පමණ දන ක්‍රියාකිරීම ; මධ්‍යස්ථ

Moderation, n. පමණ දන ක්‍රියාකිරීම, මර්දනයකිරීම ; මධ්‍යස්ථභාවය, අනතික්‍රමය ; සන්සුන්කම, ඉවසිලිවන්තකම. [යා.

Moderator, n. මර්දනයකරන්නා ; සම්මුතියේ ප්‍රධානි

Moderatorship, n. (සම්මුතියක් හසුරුවන) ප්‍රධානත්වය.

Modern, a. මෑත කාලවලට අයිති, අභිනව, නූතන, නවීන, නව්‍ය, නව.

Modern, n. මෑත කාලවල කෙනෙක්, pl. නවීනයෝ.

Modernism, n. අභිනව චාරිත්‍රයක් ; අභිනව භාෂා රීතියක්.

Modernization, n. නවීකරණය.

Modernize. v. (පුරාණ දේ *or* අන්දම) අලුත් විධියට හරවනවා, නවීනකරනවා.

Modest, a. නිසි භයලජ්ජා ඇත්තාවූ, විළිබිය ඇත්තාවූ, ලජ්ජා කෝල ඇති, ලජ්ජී, ලජ්ජාවනිත, අප්‍රගල්භ, විනීත, සාධුශීල, යටහත්, නිරහංකාර ; මද, අනධික.

Modestly, ad. නිසි භයලජ්ජා ඇතුව, අප්‍රගල්භාකාරයෙන් ; පල්ලාලකම නැතුව, පිරිසිදුලෙස.

Modesty, n. නිසි ලජ්ජාව, හිරිඔතප, විනය, විනීතභාව, අප්‍රගල්භතාව.

Modicum, n. ටිකක්, අල්පයක්, ස්වල්පයක්.

Modification, n. ටිකක් වෙනස්කිරීම &c., මදවීම ; වෙනස්වූ හැඩය *or* ස්වභාව.

Modify, v. (හැඩය, ස්වභාව) ටිකක් වෙනස්කරනවා ; (තරම) මදකරනවා, ප්‍රතිවාපයක් දමනවා, මදක් මර්දනයකරනවා.

Modish, a. සාමාන්‍ය විධියට එකඟවූ ; සිරිත්ම බලා ක්‍රියාකරන, හැඩකාර.

Modliar, Mudaliyar, n. මුදියන්සේ, මුදියන්සේරාළහාමි, මුදලිතුමා, මුදලිඳු.

Modulate, v. නිසි තරමට කරනවා *or* හසුරුවනවා ; the voice හඬ හසුරුවනවා, හඬ නිසිලෙස වෙනස්කර කථාකරනවා, නිසිලෙස ස්වරනගනවා.

Modulation, n. නිසි තරමට වෙනස්කිරීම &c.

Modus operandi, L. ක්‍රියාකිරීමේ විධිය, කාරකාකාරය.

Mogul, a. මොන්ගෝලිය ජාතිකයින්ට අයත්.

Mohair, n. එක් එළු ජාතියක රෝම ; කොමු, කොමු පිළි. [කාරයා.

Mohammedan, n. මහමත් ආගම්කාරයා, මහමදුගම්

Mohammedan, a. මහමත් ආගමට අයිති, මහමත් ආගම්කාර.

Mohammedanism, n. මහමත් ආගම, මහමදුගම.

Moiety, n. අර්ධය, අඩ, දෙකෙන් පංගුව, භාගය.

Moil, v. වියෂ්ටියෙන් වෙහෙසෙනවා, පරිශ්‍රමයෙන් වැඩකරනවා, බරවැඩකරනවා.

Moist, a. තෙත, තෙත්වූ, ආර්ද්‍ර.

Moisten, v. තෙත්කරනවා, තෙමනවා.

Moistness, n. තෙත් ගතිය, ආර්ද්‍රතාව.

Moisture, n. තෙත, තෙතමන, දියසීරාව.

Molar, Molar tooth, Molars. n. හක්කේ දතක්, හක් කේ දත්.

Molasses, n. උක්පැණි, උක්රස, මධුරස, පැණි.

Mole, n. (ඇඟේ) ලපය, උපන් ලපය, තිලකය; ඉත්තා, කුඩ පිත්‍රිකය, ගුලි ගෙඩිය.

Mole, n. මුහුදු ප්‍රාකාරය; එසින් සෑදෙන වරාය, ප්‍රාකාර වරාය.

Mole, n. වැලිමීයා.

Molecule, n. ද්‍රව්‍යවල අතික්ෂුද්‍ර කොටසක්, අණුව, සූක්ෂ්මාණුව, භූතමාත්‍රය.

Molecular, a. අතික්ෂුද්‍ර ද්‍රව්‍යාකාර, භූතමාත්‍ර; molecular attraction භූතමාත්‍රාකර්ෂණය.

Moleskin, n. වැලිමීයාගේ හම; ඊට සමාන රෙදි ජාතියක්.

Molest, v. හිංසාකරනවා, ලෙල්ලම්කරනවා, හිරිහැර කරනවා, ගැහැටකරනවා, පෙළනවා, (මැදිවීමට) අත ගහනවා or වෙන යමක් කරනවා.

Molestation, n. හිංසාකිරීම &c., හිංසාව, ලෙල්ලම, හිරිහැරය.

Mollient, a. මොලොක්කරන, සනිඳ. See Emollient.

Mollify, v. මොලොක්කරනවා, මෘදුකරනවා; සන්හායකරනවා, මර්දනයකරනවා.

Mollusc, n. Molluscs or Mollusca, pl. කබලැති සත්තු, කෝශික සත්ත්වජාති, (සහ) ගොම්බෙල්ලා වැනි සත්තු, මෘදුදේහප්‍රාණියෝ.

Molluscan, n. මෘදුදේහප්‍රාණියා.

Molluscan, Molluscous, a. මෘදුදේහප්‍රාණිවූ, මෘදුදේහ ප්‍රාණ්‍යාකාර.

Molten, a. උණුකරපු; වාත්තුකරපු.

Moment, n. ක්ෂණය, මොහොත, ඇසිල්ල; fig. වැදගත්කම.

Momentarily, ad. මොහොතෙන් මොහොත.

Momentary, a. ක්ෂණයක් පවතින, මොහොතකින්ම සිදුවුණු, ක්ෂණික, ක්ෂණ මාත්‍ර, අචිර.

Momentous, a. ඉතා වැදගත්, ඉතා බරපතල, අති සාරධූර. [ප්‍රමාණය.

Momentum, n. බර සහිත වේගය, බර සහිත වේග

Mon, Mono, prefix, Gr. තනි, එකලා, විවේක, යන අර්ථ ඇති උපසර්ග.

Monachism. n. වනවාසය, අරණ්‍යවාසය, තාපසකම, තාපස වෘත්තිය, ප්‍රව්‍රජ්‍යාව. [ප්‍රාණියා.

Monad, n. පරමාණුව; අභේද්‍ය දෙය; ඒකත්වක්ෂුද්‍ර

Monarch, n. අත්‍යන්තෝමතික රජ; රජ්ජුරුවෝ, රජ, නරේන්ද්‍රයා, මහීපාලයා.

Monarchic, Monarchical, a. අත්‍යන්තෝමතික (ආණ්ඩුව); රාජාණ්ඩු ක්‍රමය සම්බන්ධ.

Monarchism, n. අත්‍යන්තෝමතික රාජාණ්ඩු ක්‍රමය; රාජාණ්ඩුවට භජනයවීම.

Monarchy, n. (absolute) අත්‍යන්තෝමතික රාජාණ්ඩුව; (limited) පරිමිත රාජාණ්ඩුව; (constitutional) ව්‍යවස්ථාපිත රාජාණ්ඩුව; the kingdom රාජ්‍යය.

Monastery, n. තාපස විහාරය, වෙහෙර, ආරාමය, පන්සල, ආශ්‍රමය, අසපුව. [ආශ්‍රමික.

Monastic, a. තාපසාරාමයට අයිති, තාපස, තපස්,

Monasticism, n. තාපසකම, තාපස ජීවිතය, තාපසභාව, තාපස වෘත්තිය.

Monday, n. සඳුදා, සොම්දින.

Monetary, a. මුදල්සම්බන්ධ, මුදල්.

Money, n. මුදල්, මිල, කාසි, සල්ලි. [ත්.

Moneyed, a. මුදල්වූ; බොහෝ මුදල් ඇත්තාවූ, ධනව

Money-market, n මුදල් ගනුදෙනුව.

Money-matter, n. මුදල් කාරණාවක්.

Money's-worth, n. (දෙන) මුදල වටිනා දෙය, (මුදල වාගේ) සම්පූර්ණ වටිනාකම.

Monger, n. as: iron-monger යකඩ බඩු වෙළෙන්දා.

Mongoose, n. මුගටියා, හෝතඹුවා, නකුලයා.

Mongrel, a. (අඩු තරම්) මිශ්‍ර, මිශ්‍රජ, කලවම්; n. මිශ්‍ර ජාතියක—මිශ්‍රජ—සතෙක්.

Moniliform, a. in bot. ඇටවැල ආකාර (රැඩු); අල මාලා ආකාර (මුල්).

Monition, n. (කලින් දෙන) දැනුම්දුනුකම, උපදේශය, පූර්වානුශාසනය; පෙර හැඟීම.

Monitor, n. කලින් දැනුම්දුනුකම් දෙන්නා or දැනුම්දෙන්නා; (පාඨශාලාවල) උපගුරුවරයා or ශිෂ්‍ය ගුරුවරයා.

Monitory, a. කලින් දැනුම්දුනුකම් දෙන, අවවාද සහිත, පූර්වානුශාසක.

Monk, n. තාපසයා, තවුසා, පැවිද්දා, ප්‍රව්‍රජිතයා, භික්ෂුව, යතිතුමා

Monkey, n. ශාඛාමෘගයා, small රිලවා, large වඳුරා; වානරයා; fig. ගර්හාවට or සරදමට කියන නමක්.

Monkish, a. තාපස, තපස්, ශ්‍රමණාකාර.

Monochromatic, a. ඒකවර්ණ ඒකවර්ණ රශ්මි දර්ශක.

Monochrome, n. ඒකවර්ණ චිත්‍රය.

Monocular, Monoculous, a. ඒකාක්ෂි.

Monocule, Monoculus, n. ඒකාක්ෂ ප්‍රාණියා.

Monogamy, n. එක භාර්යාවක් පමණක් පාවාගැනීම.

Monogram, n. (නමක් or සංඥවක් පිණිස අක්ෂර කීපයක් එකට ලියාපු) තනි සලකුණ, ඒකාක්ෂර සලකුණ.

Monograph, n. (එක කාරණාවක්ම ගැන ලියාපු) තනි ලියවිල්ල, ලිපිය.

Monogynia, n. pl. in bot. ඒකස්ත්‍රීකේසරගස් ජාති.

Monolith, n. එක ගලකින්ම සාදනලද කුළුනක් &c., ගල්ටැඹ, තනි ගල.

Monolithic, Monolithal, a. එක ගලකින්ම සාදනලද, ඒකශිලාකාර.

Monologue, n. තනියම කරගන්න කථාව, ආත්මභාෂණය; එක්කෙනෙකුටම කීමට සාදනලද ප්‍රබන්ධය, ඒකකථික ප්‍රබන්ධය.

Monomania, n. එක කාරණාවක්ම ගැන ඇති උන්මාද ගතිය.

Monomaniac, n. (එබඳු) උමතු අය.

Monomial, a. alg. ඒකපද; n. ඒකපදය, ඒකපද නිර්දේශය, අමිශ්‍ර නිර්දේශය.

Monopetalous, a. in bot. ඒකපත්‍රික (පුෂ්පය).

Monophyllous, a. in bot. ඒකපත්‍ර; අභේද්‍ය පත්‍රික.

Monopolist, n. බඩු සියල්ල ලබාගන්නා &c., see verb.

Monopolize. v. (මිල වැඩිකර විකිණීමට) බඩු සියල්ල ලබාගන්නවා; මුළු බලය or අයිතිය එක් කෙනෙකු අතටම ගන්නවා, (යම් වෙළඳාමක් කිරීමට අනුන්ට තහනම්වෙන හැටියට ඊට) තමාටම අවසර ලබාගන්නවා; (කථාකිරීම, සැලකීම, ප්‍රේමය &c.) මුළුමනින්ම ආරූඪකරගන්නවා.

Monopoly, n. (ඉහත කීලෙස) සියල්ලම ලබාගැනීම or ආරූඪකර ගැනීම; සම්පූර්ණ වෙළඳ බලය, තනි අයිතිය, (යමක්කිරීමට ඇති) එකම අවසරය.

Monosperm, n. එක බීජයක්ම ඇති පැළයක්, ඒක බීජ පැළය.

Monospermous, a. එක බීජයක්ම ඇති, ඒකබීජ.

Monosyllabic, a. එක ශබ්දයක්ම ඇති, ඒකස්වර, ඒකස්වරවාචික, (වචන); ඒකස්වර වචන ඇති, (වාක්‍යාදී).

Monosyllable, n. (ඒ, ඉන්, කන්, යනාදිය මෙන්) එක ශබ්දයකින් කියවෙන වචනය, ඒකස්වරවාචකය.

Monotheism, n. එක දෙවියෙකු පමණක් සිටිත වාය යන විශ්වාසය, ඒකදේවදෘෂ්ටිය, කේවලේශ්වර වාදය, අද්වෛතය, අද්වෛතවාදය.

Monotheist, n. ඒකදේවදෘෂ්ටියා.

Monotheistic, a. ඒකදේවදෘෂ්ටි, අද්වෛතවාදී.

Monotone, n. ඒකාකාර ශබ්දය, එකම ශබ්දයක් ඇති හඬ, ඒකස්වරරාවය.

Monotonous, a. එකම විධියටම ඇත්තාවූ (හඬ, දර්ශනය, කාර්‍ය, ජීවිතය &c. &c.), ඒකාකාර, ඒකප්‍රකාර, වෙනස්වීමක් නැති.

Monotonously, ad. (වෙනස්නොකර) එක විධියටම, ඒකාකාරයෙන්ම.

Monotony, n. (අරුචිවෙනලෙස) එකම විධියටම ඇති බව, (හඬේ, කාර්‍යයේ, රචනාවේ, පෙනීමේ &c.) ඒකාකාරකම.

Monsieur, n. මහත්මයා කියන්නාක් වැනි ප්‍රංශජාතික යන්ගේ ගරු පදයක්.

Monsoon, n. ඉන්දියන් සාගරයේ නිරිත දිගින්ද ඊසාන දිගින්ද නම්ාසෙන් හමාසෙට හමන හුළඟ, මෝසම් සුළඟ; ඍතුභේදය, ඍතුමාරුවීම

Monster, n. ජම්මයට විරුද්ධවූ දේ or සතා, අස්වභාව දේ or සතා, විරූපයා, (ක්‍රියාවෙන්) භයානකයා, අමනුෂ්‍ය අය, ප්‍රේතයෙක් වැනි කෙනෙක්, අති දුෂ්ටයා, රාක්ෂයා. [&c.).

Monster, a. අතිමහත්, ගජ, (යම් දෙයක්, සමූහයක්

Monstrosity, n. ජම්මයට විරුද්ධභාවය, ජම්මයට විරුද්ධ එක, අස්වභාවදෙය, අද්භූත වස්තුව.

Monstrous, a. ජම්මයට විරුද්ධ, අස්වභා, විරූප, භීෂණ, භයානක, ඝෝරරූප; ගජ, යෝධ, අති විශාල, ඉතා මහත්.

Monstrously, ad. අස්වභාවාකාරයෙන්, විරූපාකාරයෙන්, භීෂණලෙස; ගජාකාරයෙන්.

Month, n. මාසය, මාසේ, මස; solar month සූර්ය මාසය, lunar month චන්ද්‍ර මාසය, first half of lunar month පූර්ව පක්ෂය, latter half අපර පක්ෂය.

Monthly, a. මාස්පතා; ad මාස්පතා, මාසෙන් මාසේ, මාසයෙන් මාසයට, මාසයක් පාසා.

Monument, n. කාරණ සිහිකරවන දේ or සලකුණ; කොත, වැඹ, චෛත්‍යය, සොහොන්ගෙය, දාගැබ, ස්තූපය, ස්මරණ ස්තම්භය, ස්මාරකය.

Monumental, a. චෛත්‍ය, සොහොන් කොතට අයිති; චෛත්‍යාකාර, ස්මාරක.

Mood, n. (යම් වේලාවක ඇති) සිතේ ස්වභාව, ගතිය, විලාසය; in gram. ක්‍රියා විධිය; in logic තර්ක විධිය.

Moody, a අගති, කෝපවූ, තරහ; කාන්සාවූ.

Moon, n. හඳ, සඳ, චන්ද්‍රයා, සෝම; in first half පුර සඳ, day of full moon පූර්ණිමය, පසළොස්වක

Moon-beam, n සඳරැස, චන්ද්‍රරශ්මිය.

Moonless, a. හඳපාන නැති (රාත්‍රිය &c.).

Moonlight, n. හඳපාන, සඳපාන් එළිය, චන්ද්‍රාලෝකය, චන්ද්‍රප්‍රභාව. [ක.

Moonlight, a. හඳපාන්, හඳපාන ඇත්තාවූ, චන්ද්‍රාලෝ

Moon-like, a. moon-shaped චන්ද්‍රාකෘති, හඳ වැනි.

Moonshee, n (ඉන්දියාවේ) පණ්ඩිතයා, පණ්ඩිත ගුරුවරයා. [හිස්කම.

Moonshine, n. හඳ එළිය, හඳපාන; fig. හිස්වූ දේ,

Moonstone, n. චන්ද්‍රකාන්ත පාෂාණය, සඳකැත් පහණ, සඳකැත්මිණ.

Moonstruck, a. හඳේ බලයෙන් පීඩිත, පිස්සු, උන්මාද.

Moor, n. මහ විශාල බිම, see Heath; උතුරු අප්‍රිකාවේ ජාතියක කෙනෙක්.

Moor, v. නැංගුරම් or කඹ දමා නැව සවිකරනවා.

Moorage, n. නැංගුරම්දමා නවත්වන ස්ථානය.

Moorland, n. වගුරු බිම, කුඩා කෙල්ද වඩ ඉඩම්ද ඇති පාළු බිම. [යවනයා.

Moorman, n. මරක්කලයා, යෝනා, යෝනකයා,

Moose, n. උතුරු අමෙරිකාවේ ගෝනා.

Moot, v. කාරණ වාද වශයෙන් විමසනවා, වාදවිවාද කරනවා.

Moot-case, Moot-point, n. විවාදකළනැකි—විවාදගත—නියමනැති—අනිශ්චිත—අනුමාන—කාරණයක්.

Mop, n. (බිම පේදීමට පාවිච්චිකරන) රෙදි මුස්න.

Mop, v. මතුර දමා රෙදි මුස්නෙන් සෝදනවා; mop up රෙදි මුස්නෙන් පතන මාත්තුකරනවා.

Mope, v. (සිතින්) මලානිකවෙනවා, දුක්වෙනවා, දොම්නස්වෙනවා, කනස්සලුවෙනවා.

Mopish, a. මලානික, මලාමැලි, දෞර්මනස්‍ය, කනස්සලු, උදාසීන, විෂණ්ණ.

Moral, a. කල්ක්‍රියාවට—චරිතයට—අයිති, ගුණ දෙස් සම්බන්ධ, ගුණධර්ම සම්බන්ධ, කුසලාකුසල සම්බන්ධ, දේවනීතියට or යුතුකමට අබංගු, (හැසිරීම, කාරණ); යහපත අයහපත දන්නාවූ (සත්වයෙක්); සුසිරි, සුචරිත, සදාචාර, සුශීල, සිල්වත්, සාධුවෘත්ත, සච්චරිත; moral certainty, impossibility &c, (සම්පූර්ණ ඔප්පු නැති නමුත්) සාක්ෂියේ හැටියට ස්ථිරලෙස සිතියයුතු එකක්, නොවියහැකි දෙයක්; moral law ශීලධර්මය, ආචාර ධර්මය; moral sense ශීල—යහපත අයහපත දැනෙන—ඥානය.

Moral, n. (යමකින් ලැබෙන or තේරුම් යන) ගුරුකම or දැනමුතුකම or ශික්ෂාව, ධර්මෝපදේශය; pl. සුශීලධර්ම, නීතිකථා, see Ethics; conduct ලීලා, කල්ක්‍රියා.

Morale (මොරාල්), n. Fr. (හමුදා සමූහයක) මනෝ ගතිය, යුතු අයුතු ස්වභාව.

Moralist, n. සුතු කල්ක්‍රියා උගන්වන්නා, නීති ශාස්ත්‍රෝපදේශකයා; පිටත සුචරිතකම පිටව පිහිටා සිටින්නා; moral philosopher නීතිවේදියා, නීතිශාස්ත්‍රඥයා.

Morality, n. කල්ක්‍රියාවේ ගුණය; සුචරිතය, සදාචාරය, සච්චරිතය, සාධුශීලතාව, සාධු වෘත්තය, ධර්මචරණය ධර්මානුසාරීත්වය, සුශීලධර්මය; නීතිශාස්ත්‍රය.

Moralize, v. කල්ක්‍රියාවට—සුචරිතකමට—අදාළකරනවා, උපදේශ වශයෙන් භාරවා ගන්නවා; යුතුකම්—ශීලධර්මය—ගැන කාරණ කියනවා or ලියනවා.

Morally, ad. කල්ක්‍රියාවෙන්, කල්ක්‍රියාවේ හැටියට, ගුණාගුණවශයෙන්, (නොදය or නරකය); සුචරිත ලෙස, සුශීලලෙස; සාක්ෂියේ හැටියට, සිතියහැකි ලෙස.

Moral philosophy, n. ගුණාගුණධර්මය.

Morass, n. ගොහොරුව, වගුර, හැල. See Marsh.

Morbid, a. රෝගාතුර, ගිලන්, අශුභ, (සිතේ or සිතිගේ) අකල්‍ය, දුර්වල, (භාවය &c.).

Morbidly, ad. රෝගයකින් මෙන්, හරි මදි සවභාව කින් අකාල්‍යාකාරයෙන් &c. [ව්‍යාධිකර.
Morbific, Morbifical, a. රෝගෝත්පාදක, රෝගකර,
Mordacious, a. හපාකන; fig. ඇනුම්පද කියන, කිමෙන් හැරවූ.
More, a. තව, වඩා, අධික: bring more sand තව වැලි ගෙනෙන්; there are more people here than there එහි සිටිනවාට වඩා මෙහි මිනිස්සු ඉන්නවා.
More, ad. තව, වඩා, වැඩියෙන්, අධිකලෙස: more excellent වඩා උතුම්.
  Speak no more තව කථා නොකරන්.
  When he is no more ඔහු නැතිද.
  He is now no more ඔහු දැන් නැත.
  As he cried out, they beat him the more ඔහු කෑගැසූ බැවින් ඔවුන් වැඩියෙන්—අධික ලෙස—ඔහුට තැළුවෝයි.
  More and more වඩවඩා, වැඩි වැඩියෙන්.
  More or less න්‍යූනාධික, පමණ.
More majorum (මෝර මැජෝරුම්), L. මුතුන්මුත්තන්ගේ සිරිතේ හැටියට.
Moreover, ad. තවද, ඒ ඇර, ඇරත්.
Moribund, a. මැරී ගෙනයන, අභාවයට යන.
Morn, Morning, n. උදය, උදේ, උදෑසන, දිනාරම්භය, පූර්වාහ්නය, ප්‍රාතඃකාලය; this morning අද උදේ; tomorrow morning හෙට උදේ; the morning of life ජීවිතයේ බාල or යෞවන කාලය, යොවුන් විය.
Morning, a. උදේ, උදෑසන, උදේ කරන or සිදුව වෙන, පූර්වාහ්න, ප්‍රාතඃකාලික.
Morning-star, n. පහන් තරුව, සිකුරු තරුව.
Morocco, n. අප්‍රිකාවේ පළාතක්; අගනා හම්වර්ගයක්.
Morose, a. අගති, කෝප, හිතෙන් පරුෂ, අප්‍රසන්න, කර්කශ. [කම.
Moroseness, n. අගතිය, හිතේ පරුෂකම, කර්කශ
Morphia, Morphine, n. අබින් සාරය, නින්ද යාමට දෙන බෙහෙතක්.
Morphology, n. in bot. වෘක්ෂ කොටස්වල වෙනස්වීමේ විස්තරය, රූපවිකාර ශාස්ත්‍රය; රූපාකෘති ශාස්ත්‍රය.
Morrow, n. හෙට, සෙට; (කී කලට) පසුවද,
Morsel, n. (කෑම &c.) පොඩිඩ, සිංග, කුඩා කෑබෙල්ල, ඇකිස්ස, ඇබිත්ද.
Mortal, a. මරණීය, මැරෙන සුළු, මරණයට යටත්, මර්ත්‍ය, මර්ත්‍යවත්; මරණය පමුණුවන, ප්‍රාණඝාතිකර, ප්‍රාණහර, ප්‍රාණඝාතක, මාරාත්මක, මාරක, අසාධ්‍ය (තුවාලය); පාරාජිකා (පව්); මරණීය මනුෂ්‍යයන්ට අයිති, මනුෂ්‍ය, මානුෂ, මානුෂික; fig. ඉතා තද, වස, (වෛරය, සතුරා &c.)
Mortal, n. මරණීය කෙනෙක්, මර්ත්‍යයා, මනුෂ්‍යයා.
Mortality, n. මරණීයබව, මැරෙන සවභාව; මරණය; මැරෙන ගණන or ප්‍රමාණය; fig. (මරණීයවූ) මනුෂ්‍ය ජාතිය, මනුෂ්‍ය වර්ගයා.
Mortally, ad. ප්‍රාණඝාති වෙන ලෙස, අසාධ්‍ය ලෙස; fig. ඉතා වස ලෙස.
Mortar, n. වංගෙඩිය; (ගිනි උණ්ඩ අරින) කොට කාලතුවක්කුව; හුනු බදම.
Mortar-battery, n. කොට කාලතුවක්කු කණ්ඩායම; කොට කාලතුවක්කු කොටුව.
Mortgage, n. උකස, උගස; උකස් තැබීම. [නවා.
Mortgage, v. උකස් තබනවා or තියනවා, උකස්කර
Mortgaged, pp. or a. උකස්කොට තබා තිබෙන, උකස්කරපු.

Mortgage-deed, n. උකස්කරය.
Mortgager, n. උකස් තබන්නා &c.
Mortgagee, n. උකස් ගන්න අය, උකස්කරය අයිතිකාරයා, උකස් හිමියා.
Mortification, n මාංස කුණුවීම; ආත්මකාලම්බය, fig. මැඩපැවැත්වීම; අප්‍රසන්න කිරීම, අප්‍රසන්නවීම.
Mortify, v. t. lit. නසනවා, මාංස කුණුකරනවා; fig. (අභිලාස &c.) මැඩපවත්වනවා; (යමෙකු) ඉතා අප්‍රසන්නකරනවා.
Mortify, v. i. ඇගේ මාංසය කුණුවෙනවා.
Mortise, n. කුසිම්බි හිල; bore විදමන, තව්ව.
Mortise, v. කුසිම්බි හාරනවා; කුසිම්බිකර වද්දනවා.
Mortmain, n. (ගම්බිම්, ගෙවල්, යනාදිය) අහිමිනොවෙන ලෙස හිමිකරදීම or හිමිව සිටීම.
Mortuary, a. අවමඟුලට අයිති.
Mortuary, n. මෘතශරීරය තබන ස්ථානය, සොහොන් පළ; මළ අය ගැන දෙන තෑග්ග.
Mosaic, Mosaic-work, n. අනඝ ගල්, වීදුරු, මැණික්. ආදිය අල්ලා තබන වැඩය, චිත්‍ර කර්මාන්තය.
Mosaic, a. (ඊශ්‍රායෙලිත) මෝසෙස් සම්බන්ධ, මෝසෙස්ගේ ශාසනයට අයිති. [කාරයා.
Moslem, Muslim, n. මහමත් ආගම්කාරයා, මුස්ලිම්
Mosque, n. මහමත් දේවස්ථානය, මරක්කල පල්ලිය.
Mosquito, n. මදුරුවා, මශකයා.
Mosquito-curtains, n. මදුරුවන්ගෙන් ආරක්ෂා කරන තිර, මදුරු තිර, මදුරු දැල්.
Moss, n. පාසි, වනස්ස; පෙද, සෙවෙල්; club-moss බඩල්වනස්ස, විල්වනස්ස, මහනැඩයා.
Mossy, a. පාසි ගැවසිගත්, පාසි—සෙවෙල්—ඇත්තාවූ, වනස්ස ගහනවූ.
Most, a. වැඩි, අධික, (පංගුව, ගණන, මිනිස්සු &c.).
Most, ad. ඉතා, අති, අධිකතර, බහුතර.
Most, n. වැඩි පංගුව, වැඩි ගණන; at most වැඩිවුණොත්, වැඩිවුණත්;
  The Most High මහෝත්තමයාණෝ &c.
Mostly, ad. වඩාම්, වැඩියෙන්, වැඩිවශයෙන්. This is mostly rubbish මෙයින් වැඩි පංගුව රොඩුයි.
Mot (මෝ), n. Fr. වචනයක්, මාතෘකාවක්.
Mote, n. පොඩිය, දූවිලි පොද, ඉතා කුඩා දේ, පරමාණුව.
Moth, n. ඉපියා; the grub කාවා; රාත්‍රි සමනලයා.
Moth-eaten, a. කාවන් විසින් කනලද, (රෙදි &c.).
Mother, n. මව්, අම්මා, අම්මණ්ඩි, මෑණියෝ, මෑණියන්ද, මාතා.
Mother, a. මව්, මව්වූ, මාතෘභූත. [ය.
Mother-country, n. ජම්ම රට, ජාත භූමිය, ජන්මභූමි
Motherhood, n. මව්කම, මාතෘත්වය.
Mother-in-law, n. නැන්දා, නැන්දම්මා, i. e. භාර්යාවගේ or පුරුෂයාගේ මව්.
Motherliness, n. මවක් වැනි ගතිය, මව්ගත්කම.
Mohtelyr, a. මවක් වැනි, මවක් ලෙස හැසිරෙන, මවුවත්, සෙනෙහෙවත්.
Motherly, ad. මවක් ලෙස, මව්ගේ දයාව ඇතුව මෙන්. [පැත්ත.
Mother-of-pearl, n, බෙලිකටුවල or සිප්පිවල ඇතුල්
Mother-tongue, n. ජම්ම භාෂාව, මව් භාෂාව.
Mother-wit, n. ජම්ම ගපත්කම, ජම්ම සිහිය.
Motion, n. සෙල්වීම, සෙලවීම, චඤ්චලවීම, චඤ්චලය, චලනය, ගමන, දඟුම; බඩයාම, පාචනවීම; proposal යෝජනාව.
Motion, v. (අතින්, ඉසින් &c.) සංඥකරනවා.

Motionless, a. නිශ්චල, අචල, නොසෙල්වෙන, සෙල වීමක්—චඤ්චලවීමක් නැති. [ශේත්‍රුම.

Motive, n. අදහස, අභිප්‍රාය, පෙළඹීමේ කාරණාව or

Motive-power, n. ක්‍රියාකරවන බලය or අදහස.

The motive power of this engine is steam මේ යන්ත්‍රය කරකවන බලය නම් දුමයි or කරකැවෙන්නේ ධූම බලයෙනි.

The motive power for doing good is love යහපත කරවන බලය නම් ප්‍රේමයයි.

Motley, a. නානාවර්ණ සහිත, විසිතුරු; විවිධාකාර, අවුල්ලෙස මිශ්‍රවූ.

Motor, n. ක්‍රියාකරවන්නා, මොටෝ යන්ත්‍රය, ක්‍රියා කරවන නහරය.

Motor, Motory, a. ක්‍රියාකරවන, හසුරුවන, චාලක.

Motor-boat, n. මොටෝ බෝට්ටුව.

Motor-car, n. මොටෝරිය.

Motor-cycle, n. මොටෝ සයිකලය.

Motorist, n. මොටෝරිය පදවන්නා.

Mottle, n. ලප ඇතිකම, නානාවර්ණ පුල්ලි ඇතිබව.

Mottled, a. ලප ඇත්තාවූ, විචිත්‍රවර්ණ පුල්ලි ඇත්තාවූ, චිත්‍රිත.

Motto, n. ආදර්ශ පාඨය, ආදර්ශ වාක්‍යය.

Mould, n. පස්, පෝර පස්; minute fungus පුස්.

Mould, v. become mouldy පුස් අල්ලනවා, පුස් බැදෙනවා.

Mould, n. matrice අච්චුව, මැව්කරුව; pattern ආදර්ශය; shape හැඩය.

Mould, v. හැඩයකට සාදනවා, හැඩහුරු කරනවා, වාත්තු කරනවා; knead අනනවා.

Moulder, n. හැඩයකට සාදන්නා &c.

Moulder v. දිරනවා, චූර්ණවෙනවා, දිරායනවා.

Mouldiness, n. පුස් ගතිය, පුස් බැඳීතිබෙන බව.

Moulding, n. casting වාත්තුව; (ලිස්තර, රූප, ආදී) සැරසිලි කොටසක්.

Mouldy, a. පුස් බැදුණ, පුස් ඇත්තාවූ.

Moult, v. පිහාටු, රෝම, සිවිය, ආදිය වැටෙනවා.

Fowls moult කුකුලන්ගේ පිහාටු වැටෙනවා.

Mound, n. ප්‍රාකාරය, පස්ගොඩ, ගල්ගොඩ, ගොඩැල්ල; of white ants තුඹස, හුඹස

Mount, v. i. ascend නගිනවා, නැගෙනවා, ආරූඪ වෙනවා;
(අශ්වයා) පිටට නගිනවා; (කොත &c.) උස්ව තිබෙනවා, ඉහළට තිබෙනවා or ඉහළ යනවා; (මිල &c.) වැඩිවෙනවා, ඉහළ යනවා; mount guard මුර සිටිනවා.

Mount, v. t. උස් තැනක තබනවා; ආරූඪකරනවා; (පිට නගින්ට) අශ්වයන් සපයාදෙනවා; (picture &c.) රාමු දමනවා, (සෙවෙනිවල මැණික්) බඳිනවා, (යමකින්) සැරසිලි කරනවා, (කාලතුවක්කු) ආරූඪ කරනවා or පිහිටුවනවා.

Mount, n. උස්වූ ගොඩ, හෙල, කන්ද.

Mountain, n. කන්ද. (pl. කඳු), පර්වතය, පව්ව, mountains and hills කඳු හෙල්.

Mountain, a. කඳු, පර්වත, ගිරි; mountain range කඳු වැටිය, කඳුපෙළ.

Mountaineer, n. කඳු රට වැසියා, පර්වත වාසියා; කඳු නගින්නා: වනචරයා.

Mountainous, a. කඳු ගැවසීගත්, කඳුකර, පර්වතීය, පර්වතමය.

Mountebank, n. නිෂ්ඵල පුච්චම්බකාර බෙහෙත් වෙළෙන්ද, පුච්චම්බකාර තුගත් වෙද; පුච්චම්බකාරයා.

Mounted, pp. or a. ආරූඪ, අශ්වාරූඪ; රාමු දමා තිබෙන &c. See v. t.

Mounting, n. ඉහළයාම &c., see verbs; ආරෝහය, ආරූඪකරන අන්දම, සමාරෝහය; (රාමු, සෙවෙනි, ආදිය) පිහිටුවන සැරසිල්ල.

Mourn, v. දුක්වෙනවා, ශෝකකරනවා, ලතවෙනවා, වැලපෙනවා, විලාප කියනවා.

Mourner, n. දුක්වෙන්නා &c.; අවමංගලයේ සෙනෙක්, අවමංගලයට යන කෙනෙක්.

Mournful, a. දුක්වෙන්නාවූ, කනගාටුවූ; විලාප සහිත; ඛේදජනක, ශෝකජනක.

Mournfully, ad, දුක් විලාසයෙන්, කනගාටු ඇතුව, විලාප ඇතුව.

Mourning, n. ලතවීම &c., පරිදේවනය, පිරිදෙවීම, අවමංගල්‍ය ඇඳුම.

They are in mourning ඔවුන් කළු අඳිනවා or ඇඳ සිටිනවා.

Mourning-coach, n. අවමංගල්‍ය රථය.

Mouse, n. මවුමීයා, මූෂිකයා. [වා.

Mouse, v. මවුමීයන් අල්ලනවා, (අල්ලන්ට) රැකසිටින

Mouse-trap, n. මිවුමී උගුල, මීකතුර. [දැලිරෙද.

Moustache, n. උඩු රැවුල, දැළිය, දැළිකාව; (young)

Mouth, n. කට, මුඛය; the exterior තොල්ස, of a river මෝය; vicinity of river mouth ගංමෝදර; of a vessel, bag &c. කට; fig. අනුන් වෙනුවෙන් කථාකරන්නා.

Make mouths තොල්ස — තොල් — දික්කරනවා, මුහුණ පැඹිරිකරනවා [වා.

Stop the mouth කට පියවනවා, නිශ්ශබ්දකරන

Mouth, v. අධික ශබ්ද ඇතුව—හැගසා—කථාකරනවා.

Mouthful, n. කට පිරෙන තරමක්, කබලක්, පිඩක්, උගුරක්, a mouthful of water or food වතුර උගුරක්, කෑම කටක්.

Mouth-piece, n. (නළාව &c. පිඹීමට) කටට ගන්න කෑල්ල, ඉපියාව; fig. අනුන් වෙනුවෙන් කථාකරන්නා.

Movable, a. (තිබෙන තැනින්) අහක්කළ හැකිවූ, (තිබෙන තැනට) සවිකර නැත්තාවූ, අස්ථාවර, චඤ්චල, චල, ජඞ්ගම, මාරුකළහැකි: වෙනස්වෙන.

Movables, n. pl. චඤ්චල බඩු; movables and fixtures චඤ්චල නිශ්චල බඩු.

Move, v. t. remove (යමක් or යමෙක් ඇති තැනින්) මාරුකරනවා, අහක්කරනවා, ගෙනයනවා; shake සලනවා, සොලවනවා, චලනය කරනවා, චඤ්චල කරනවා; agitate affect, incite කම්පාකරනවා, චඤ්චල කරනවා; අවුස්සනවා, පොලඹවනවා; propose යෝජනාකරනවා.

Move, v. i. සෙලවෙනවා, කම්පිත වෙනවා, චලනය වෙනවා, තැනින් තැන යනවා, අහක්වෙනවා; තැනින් තැන හැසිරෙනවා, සඤ්චාරය කරනවා; අලුත් නිවාසයකට යනවා.

Moved, be, v. මාරුකරනු ලබනවා &c., see v. t.; (සිත &c.) කම්පාවෙනවා, චඤ්චලවෙනවා, ඇවිස්සෙනවා, පෙලඹෙනවා.

Movement, n. සෙලවීම, චඤ්චලවීම, චඤ්චලය, ප්‍රයාණය; forward, backward &c. ඉස්සරහට—පස්සට පැත්තකට &c.—වීම or යාම, ගමන; ව්‍යාපාරය; සෙලවෙන අන්දම; (සිතේ) කම්පාව, චඤ්චලය; කාලයෙන් එක ක්‍රමයකට යන කොටඩාසය; ඔරලෝසුවේ ඇතුල් පංගුව.

Mover, n. සොලවන්නා &c., ක්‍රියාකරවන්නා ; පොළඹවන්නා &c. ; of a resolution යෝජකයා, යෝජනාකරු.

Moving, a. හිත කම්පාකරන, හිතට වැදීයන ; moving power (යන්ත්‍ර &c.) ක්‍රියාකරවන බලය, කාරක බලය.

Mow, n. පිදුරුගොඩ, ගොයම්ගොඩ, ගොයම් කොළය, පත්තායම.

Mow, v. (scythe නම්වූ) ලොකු දෑකැත්තෙන් කපනවා ; fig. (ඒ ආවුදයෙන් මෙන්) එකපාරට නාශකරදමනවා.

M.P., Member of Parliament, මහජන මන්ත්‍රණ සභාවේ සාමාජිකයා, මන්ත්‍රීශ්වරයා : ම.ස.සා.

Mr., Mrs., see Mister & Mistress.

M.R.C.S., Member of the Royal College of Surgeons රාජකීය ශල්‍ය සභාවේ සාමාජිකයා : රා.ශ.ස සා.

MS., manuscript, අත් අකුරු පත්‍රය, අත් ලියවිල්ල, අත් ලිපිය, අත් පිටපත ; MSS., manuscripts, අත් අකුරු පත්‍ර, අත් ලියවිලි, හස්ත ලේඛන.

Much, a. බොහෝ, අධික ; very much අත්‍යන්ත ; not much බොහෝ &c....නැත, වඩා...නැත.

Much, ad. බොහෝ, බොහෝම, බොහෝ සෙයින්, බෙහෙවින්; අතිශයින්, අත්‍යර්ථයෙන් ; much more than that ඊට වඩා බොහෝසෙයින්, much shorter &c. ඊට—ඊට වඩා—බොහෝම කුඩායි; as much මිතර, පමණ, මෙපමණ &c.

He works too much, comes too often, ඔහු වැඩ කරනවා වැඩියි, එනවා වැඩියි.

Much, n. බොහෝම, බොහෝවයක්, හුඟක් ; as much as this &c. මෙපමණ &c.; twice &c., as much as this මීට වඩා දෙපාගුණයක්, දෙගුණයක්. තුන්පාගුණයක් &c.

Make much of අගේ—උතුම්—කොට සලකනවා,

Mucilage, n. එලවළු ජාතිවල සිඳුවු යුෂ, සෙවෙල ; සඳුම්හුළු ; දියවූ මැලියම.

Mucilaginous, a. සිඳුවු යුෂ or සෙවෙල ඇත්තාවූ ; සිඳුවු යුෂ ආකාරවූ, බෙලසුල්

Muck, n. තෙතවූ කුණුකසල, අමේධ්‍යය, මල, කලල්, ගොහොරු.

Mucous, a. සිඳුවු යුෂ—ඔජස—ඇත්තාවූ, බෙලසුල් ; mucous membrrne ශ්ලේෂ්මා—ඔජස—ජනක සිවිය ; ඔජස් සිවිය.

Mucus, n. (සෙවෙල් වැනි) ශ්ලේෂ්මාව, සොළ, සොටු, සීදන්, සිදන්, සඳුම්හුළු.

Mud, n. මඩ, ගොහොරු, ගොහොඩු, කලල ; make into mud කලල්කරනවා.

Muddiness, n. of water &c. පැහැදිලි නැතිකම, කිලුටුකම, කැලත, මඩ ගතිය, බොර ගතිය ; fig. of thought &c. නොපැහැදිලිකම, අවුල්කම, මොට්ටකම.

Muddle, v. බොරකරනවා ; (කාරණ) අවුල්කරනවා, පටලවනවා ; (මද්‍යපානයෙන්) සිහිය ටිකක් අවුල් කරනවා, ටිකක් වෙරිකරනවා.

Muddy, a. මඩවූ, මඩ ඇත්තාවූ, ගොහොරු, මඩෙන් කිලුටු, බොරවූ ; මඩ පැහැ ඇත්තාවූ ; අඳුරු ; සිහිය මොට්ටවූ ; muddy-place මඩ ගොහොරුව, මඩ කැසිත්ත ; muddy water බොර වතුර.

Muddy v. බොරකරනවා, මඩකරනවා, මඩගානවා, කිලුටුකරනවා.

Mud-guard, n. රථ රෝදයෙන් විසිවෙන මඩ ආදිය වැලැක්වීමට කරනලද වැස්ම.

Muff, n. උණ්ණ රෝමයෙන් සාදනලද අත්වැස්ම.

Muff, n. ගුඩිඩයා,

Muffin, n. මපිත්, සැහැල්ලු රොටි ජාතියක්, තිරිඟු පිටි ආප්ප.

Muffle, v. යමක් වෙළා වසනවා; (දවුලේ ශබ්දය බාල කරන පිණිස රෙද්දක් &c.) වෙළනවා ; fig. කාරණ යටකරනවා සඟවනවා.

Muffler, n. මුහුණ or බෙල්ල වටකර වෙළාගන්න රෙද්ද, මුහුණු වැස්ම.

Mufti, n. මහමත් ධර්මාචාර්යයා.

Mug, n. කොතලය, පුකුරුව, පාන පාත්‍රය.

Muggy, a. තෙත්වූ ; වාතයේ උෂ්ණත්වම් තෙත්ගතියක් සහිත (දවසක්).

Muhandiram, n. මුහන්දිරම, මුහන්දිරම් මහත්මයා.

Mulatto, n. කාපිරි හා යුරෝපාකාර මව්පියන්ගෙන් උපන් කෙනෙක්. [ය.

Mulberry n. රට ඇඹිල්ල (ගෙඩිය or ගස), නුදම්ගස

Mulch, n. කුණුවෙන පිදුරු, රොඩු, ආදිය.

Mulch, v. (ගස් මුල් ළඟ) පිදුරු, පෝර, ආදිය දමනවා.

Mulct, n. or v. දඩය ; දඩගහනවා.

Mule, n. අශ්වතරයා ; mule or mule-jenny නූල් කටින යන්ත්‍රයක්.

Mule-driver, Muleteer, n; අශ්වතරයන් දක්කන්නා;

Mulicbrity, n ස්ත්‍රීභාවය, ස්ත්‍රීත්වය, ගැහැනුකම. fig. කෝමලතාව. [කාර.

Mulish, a. fig. (අශ්වතරයා මෙන්) මුරණ්ඩු, හිතුවක්

Mulishness, n. මුරණ්ඩුකම, හිතුවක්කාරකම.

Mull, v. (උණුකර සුගන්ධ ද්‍රව්‍ය දමා) මිද්‍රසවල ගැරගතිය බාලකරනවා.

Mullagatawny, n. ගම්මිරිස් හොදි, මිළගුතන්නි.

Muller, n. අත් ඇඹරුම්ගල, දරුගල, පින්න අඹරන ගලක්.

Mullet, n. මත්ස්‍ය ජාතියක්.

Mullion, n. කවුළුවේ කෙළින් තිබෙන මැද ලීයක්, පතේලේ ලීයක්. [ණ.

Multangular, a. බොහෝ කොන් ඇත්තාවූ, බහුකෝ

Multicapsular, a. බීජකෝෂ බහුල.

Multidentate, a. බොහෝ දත් ඇත්තාවූ, දන්තබහුල.

Multifarious, a. බහුවිධ, ද්විධ, නානාවිධ, අනේකාකාර, අනේකප්‍රකාර, නානාප්‍රකාර.

Multiform, a. නොයෙක්—අනේක—බොහෝ—හැඩ or ස්වරූප or විධි ar අන්දම් ඇත්තාවූ, අනේක ස්වරූප, නානාරූප, බහුරූප, අනේකාකාර, නානාකාර.

Multiformity, n. නොයෙක් &c. හැඩහුරුකම, ස්වරූප බහුලත්වය, අනේක ස්වරූපතාව.

Multijugous, a. බොහෝ යුගම ඇත්තාවූ, යුගමබහුල.

Multilateral, a. බොහෝ පැති—පට්ටම්—ඇත්තාවූ, අංග බහුල, බහුවංශ,

Multinomial, a. (alg.) අනේක පද.

Multinomial, n. අනේකපදය, අනේකපද නිර්දේශය.

Multipartite, a. බහුභේදිත, නොයෙක් කොටස් ඇති.

Multiped, n. බහුපාදිකයා.

Multiple, n. ගුණිතය, ගුණකාරය, අපවර්ත්‍යය: lowest common multiple අවම සාමාන්‍ය අපවර්ත්‍යය.

Multiplicand, n. ගුණ්‍යය, වැඩිකරන්ටතිබෙන ගණන.

Multiplication, n. බෝවීම &c., see Multiply ; in arith. ගුණකිරීම, වැඩිකිරීම, ගුණනය, of fractions භින්න ගුණනය. [ත්වය.

Multiplicity, n. බහුලතාව, බාහුල්‍යය ; නානාප්‍රකාර

Multiplied, pp. *or* a. බෝවී, වැඩිවී ; බෝවූ ; වැඩිකළ, ගුණිත.

Multiplier, n. බෝකරන්නා, වැඩිකරන්නා ; in arith. ගුණකය.

Multiply, v. (සතුන්, ගස්) බෝකරනවා ; (anything) වැඩිකරනවා ; බෝවෙනවා, වැඩිවෙනවා, ගහන වෙනවා, බහුල වෙනවා ; in arith. ගුණකරනවා, වැඩිකරනවා.

Multitude, n. මහත් ගණනක්, රාශිය, සමූහාරය, රැස, කැල, සැදෑබිය, බිම්බරය, සමූහයා ; උදවිය, මහ ජනයා.

Multitudinous, a. බොහෝවූ, රාශිගණන්, බහුල, අනේක.

Multitudinousness, n. රාශිගතතාව, සමූහභාවය, බහුලතාව, බාහුල්‍යය.

Multocular, a. බොහෝ ඇස් ඇත්තාවූ.

Multum in parvo, L. විසින් බොහෝම, බොහෝ දේ අඩංගු කුඩා දෙයක්.

Mum, be, v. නිශ්ශබ්දව සිටිනවා ; int. *or* imp. නිශ්ශබ්ද වෙයන්.

Mumble, v. හීන්—නොපැහැදිලි—හඬින් කථාකරනවා, කොඳුරනවා ; තොල් නැර විකනවා.

Mummery, n. කෝලම, විහිළුකිරීම, විහිළුකාව.

Mummy, n. (සුවඳ ගැල්වූ) වියළි මිනියක්, beat to a mummy තළා පොඩිකරනවා.

Mummify, v. See Embalm.

Mump, v. See Mumble.

Mumpish, a. නොමැළිව, උනන්දු නැති, අශනි.

Mumps, n. අඩප්පරය, ඇස් කාත්සාව. [නවා.

Munch, v. (යමක්) කට පිසා විකනවා, විකවිකා ඉන්

Mundane, a. මෙලොවට අයත්, භූමික, ලෞකික, ඓහලෞකික, ඓහික.

Municipal, නාගරික, නගරසභා, පෞර ; ඒ ඒ රාජ්‍යය වම අයිතිවූ *or* රාජ්‍යයේ පොදු (සිති).

Municipality, n. බලය ලත් නගරය, නාගරික සභාව ; නාගරික පළාත.

Munificence, n. උතුම් ත්‍යාගවන්තකම, දානපතිභාවය.

Munificent, a. ඉතා ත්‍යාගවන්ත, නිලෝභී, දානපතිවූ, වදාන්‍ය.

Muniment, n. ප්‍රාකාරය, බලකොටුව ; ආරක්ෂාව ; in law සන්නස, තුඩපත, කැරය.

Munition, n. see Ammunition ; යුද්ධෝපකරණ, යුද්ධ සමුදුවේ ආහාර ගණන ;
munition-ship යුද්ධෝපකරණ ගෙනයන නැව.

Mural, a. භිත්තියකට *or* තාප්පයකට අයිති, තාප්ප ආකාර, ප්‍රාකාරාකාර.

Murder, n. මිනිමැරීම, මිනිමැරුම, මනුෂ්‍යඝාතනය.

Murder, v. මිනිමරනවා, මනුෂ්‍ය ඝාතනය කරනවා ; fig. පණ්නැතිකරනවා, නාසනවා, නාස්තිකරනවා.

Murderer, n. මිනිමරන්නා &c., මිනීමරුවා, මනුෂ්‍ය ඝාතකයා.

Murderous, a. මිනීමරු ; මිනීමැරීමටලැදි, මාරාත්මක, ඉතා කෲර.

Muriform, a. in bot. ගඩොල් මෙන් පෙනෙන, ගඩොල් ආකාර.

Murky, a. අඳුරු, ධූමාර, මැලි, (දවස, ආකාශය).

Murmur, n. (මීමැසි හඬ ආකාර) හීන් ශබ්දය ; කොඳුරන ශබ්දය, කෙඳිරීම, මැසිවිල්ල, අපවාදය.

Murmur, v. හීන් ශබ්දයක් කරනවා ; කොඳුරනවා, පළිගහනවා, මැසිවිලි කියනවා.

Murrain, n. ගව වසංගතය, හරක් ලෙඩ.

Musca, n. මැස්සා, මැසි ජාති ; උතුරු තරු පංක්තියක්, මක්ෂිකා රාශිය.
[ය.

Muscæ volitantes, n. L. ඇස් රෝගයක්, නේත්‍ර කාචි

Musci, n. pl. පාසි ජාති.

Muscle, n. මස් ගොබය, පේශිය, බලනහරය, මස නහරය, ස්නායුව ; මට්ටියා.

Muscovite, n. මොස්කෝ නුවර කෙනෙක් *or* රුසියන් ජාතියේ කෙනෙක්.

Muscular, a. පේශීන්ට අයත් ; මස්ගොබමයවූ (ශෝථාස) ; මස නහරවල (ශක්තිය) ; මස නහරවලින් වෙන්නාවූ (කෘත්‍ය) ; කාය බලසම්පන්න, ශක්තිමත්.

Muscularity, n. මස්ගොබ ලොකුකම, ශක්තිමත්කම, බලගතුකම.

Muse, v. භාවනාකරනවා, මෙනෙහිකරනවා

Muse, n. භාවනාව, මෙනෙහිකිරීම ; (භාවනාව නිසා වටපිට දේ) සිහිනොකර ඉඳීම.

Muse, n. in myth. (සරස්වතී *or* වාග්දේවී වැනි කාව්‍ය, තූර්‍ය යනාදී ශාස්ත්‍ර නවය කෙරෙහි බලය පවත්වන) ශාස්ත්‍ර දේවී ; pl. ශාස්ත්‍ර දේවතාවියෝ නවදෙනා.

Museum, n. අපූර්ව දේ තබාගන්නා ස්ථානය, කටුගේ, කෞතුකාගාරය. [ය.

Mushroom, n. හත්ත, බිම්මල, වැලි බිම්මල, ඇත්තෑක

Music, n, සංගීතය, ගායනාව, තූර්‍යනාදය, තූර්‍යරාවය ; සංගීත ශාස්ත්‍රය, තූර්‍ය ශාස්ත්‍රය, ගාන්ධර්වවිද්‍යාව ; සටහන්කරපු තාල.

Musical, a. සංගීත, තූර්‍යවිධියට අයිති, ගායීය ; තූර්‍ය නාද උපදවන, තූර්‍ය ; මිහිරි, මධුර ශබ්ද ඇත්තාවූ ; musical instrument තූර්‍යය, තූර්‍ය භාණ්ඩය, වාද්‍යය, වාද්‍ය භාණ්ඩය.

Musically, ad. තූර්‍යනාදයෙන්, මධුර ශබ්ද ඇතුව.

Music-book, n. තාල පොත, ගායන පොත.

Musician, n. සංගීතකාරයා, ගායනාකාරයා, තූර්‍ය වාදකයා, තූර්‍යභාණ්ඩකාරයා ; ගාන්ධර්ව ශාස්ත්‍රඥයා.

Music-master, n. සංගීතාචාර්‍යයා, තූර්‍යක්‍රමය උගන්වන්නා.

Musk, n. කස්තූරි, මෘග කස්තූරි, කස්තූරිකා, මුවමද.

Musk-bag, n. කස්තූරිමල්ලිකාව, කස්තූර්‍යාශය.

Musk-deer, n. කස්තූරි මෘගයා.

Musket, n. තුවක්කුව.

Musketeer, තුවක්කුවක් දරන භේවායා, අත්තුවක්කුකාරයා. [තා.

Musket-proof, a. තුවක්කු වෙඩිල්ලෙන් සිදුරු නොව

Musketry, n. තුවක්කු, තුවක්කු ආයුධ ; තුවක්කු වලින් වෙඩිතිබීම.

Muskiness, n. කස්තූරි ගන්ධය, කස්තූරි පුස්ම.

Musk-rat, n. හික්මීයා, ගන්ධමූෂිකයා ; (අමෙරිකාවේ) කස්තූරි මීයා.

Musky, a. කස්තූරි ගන්ධ—කස්තූරි පුස්ම—ඇත්තාවූ.

Muslin, n. සිහින් කපු පිළි ජාතියක්, මුස්ලින්, කම්බි රෙදි, කම්බිය.

Musquito, n. මදුරුවා, මශකයා.

Mussulman, මහමත් ආගම්කාරයා.

Must, v. pres. *or* fut. ඕනෑ : I must go to-day or to-morrow මම අදවත් හෙටවත් යන්ට—යන්ටම—ඕනෑ ; (for *past tense* say) I was obliged—it was necessary for me—to go මට යන්ට ඕනෑව තිබුණ, මට යන්ටම ඕනෑවුණ *or* ඕනෑකළා.

Must, n. (නොපැසුණු) අලුත් මුද්‍රිකා යුෂ. [බීජය.

Mustard, n. අබ, සර්ෂප ; අබ පැළය, අබඇටය, සර්ෂප

Mustard-cruet, n. අබ කුප්පිය.

Muster, v. (හේවායන් &c.) රැස්කරනවා, පෙරෙට්ටු කරවනවා; රැස්වෙනවා, එකතුවෙනවා, පෙරෙට්ටු කරනවා; muster up courage &c. අමාරුවෙන් නුමුත්—වීර්‍යයෙන්—ධෛර්‍ය්‍ය උපදවාගන්නවා.

Muster, n. (පෙනීසිටීමට) රැස්වීම, පෙරෙට්ටුව; බඩු වල එකතුවීම; රැස්වූ මිනිසුන්ගේ නාමලේඛනය; pass muster පරීක්‍ෂණය දරනවා, පරීක්‍ෂාකලාව නිදොස්ව පෙනෙනවා.

Muster-roll, n. පෙරෙට්ටුවේ නාමලේඛනය.

Mustiness, n. පුස් ගතිය, තෙතෙන් උපදිනු ගඳ ගතිය.

Musty, a. පුස් ගතිය ඇත්තාවූ, තෙතමනෙන් දුගඳ ඇත්තාවූ; පරණවූ.

Mutability, n. වෙනස්වියහැකි ස්වභාව, වෙනස්වෙන ගතිය, අනිත්‍යතාව, අස්ථිරතාව, අනිස්ථිරකම.

Mutable, a. වෙනස්විය හැකි, වෙනස්කල හැකි, වෙනස්වෙන්නාවූ, අස්ථිර, චපල, අනිත්‍ය.

Mutation, n. වෙනස්වීම, වෙනස්කිරීම.

Mutatis mutandis, L. වෙනස්කරන්ට තිබෙන ඒවා වෙනස්කරලා.

Mute, a. නිශ්ශබ්ද, තුෂ්ණීම්භූත; ගොළු; in gram. අඝෝෂ.

Mute, n. නිශ්ශබ්ද අය, තුෂ්ණීම්භූතයා; ගොළුවා; in gram. අඝෝෂාක්‍ෂරය.

Mutely, ad. නිශ්ශබ්දලෙස, නිශ්ශබ්දව, තුෂ්ණීම්භූතව.

Muteness, n. නිශ්ශබ්දකම, තුෂ්ණීම්භූතතාව, කථා නොකර සිටීම.

Mutilate, v. අවයවයක් *or* කොටසක් සිඳදමනවා *or* වෙන්කරනවා. අඞ්ගච්ඡේදනයකරනවා, අඞ්ගඝාත කරනවා, පංගුවක් සිඳදමා නර..කරනවා.

Mutilation, n. අවයවයක් &c. වෙන්කිරීම, කපාදැමීම, අඞ්ගච්ඡේදනය, ව්‍යවච්ඡේදය; පංගුතාව; sp. කප්පාදුකිරීම.

Mutineer, n. කැරලිකාර හේවායෙක්, කැරලිකාර නැව්කාරයෙක්.

Mutinous, a. කැරලිකාර, කුමන්ත්‍රණකරන, (හේවායෝ, නැව්කාරයෝ).

Mutiny, n. (හේවායින්ගේ *or* නැව්කාරයින්ගේ, කැරලිගැසීම, කැරැල්ල, කුමන්ත්‍රණය.

Mutiny, v. (අධිපතින්ට විරුද්ධව) කැරලිගසනවා: කුමන්ත්‍රණයකරනවා.

Mutter, v. කට හරියට නැර යමක් කියනවා, ඕන් හඬින් කථාකරනවා, පිරිමනවා, කොඳුරනවා.

Mutter, n. ඕන හඬින් කථාකිරීම, කෙඳිරීම.

Mutton, n. එළු මස් *or* (more accurately) බැටළු මස්.

Mutton-chop, n. බැටළු ඉලමස් කෑල්ලක්.

Mutual, a. පරස්පර, අන්‍යෝන්‍ය, දෙපක්‍ෂයටම අයිති, mutual aid පරස්පරෝපකාරය; mutual acquaintances පරස්පරඥයෝ; mutual consent පරස්පරානුමතිය; they are mutual friends ඔවුන් දෙදෙනම—අන්‍යෝන්‍යයන්ට—මිත්‍රව සිටිති.

Mutually, ad. පරස්පරලෙස, etc., හුවමාරුලෙස.

Mutually-destructive, a. පරස්පරවිරෝධී, පරස්පර නාශක.

Muzzle, n. කට, හොස්ස, නළයේ තොංගල, තුවක්කු කට; කටබැඳුම, මුඛබන්ධනය, මුස්කව්විය.

Muzzle, v. (හපානොකන පිණිස) කට බඳිනවා, කට -බැඳුම දමනවා; fig. (අනතුරුකිරීමෙන්) වලක්වනවා.

My, adj. pron. මගේ, මාගේ; my own මගේම.

Mycelium, n. Mycelia, pl. හතු ජාතිවල බීජ *or* මුල්, දිලීරමුල.

Mycology, n. හතු ජාති විස්තරය, දිලීර විස්තරය. දිලීර ශාස්ත්‍රය.

Myographist, n. ස්නායු විස්තරකාරයා, මහනහර විස්තරකරන්නා.

Myography, n. ස්නායු විස්තරය, මහනහර විස්තරය.

Myope, n. දුරතෙපෙනෙන ඇස් ඇත්තා, අදීඝ දෘෂ්ටියා.

Myopy, n. දුර නොපෙනීම, අදීඝ දෘෂ්ටිය.

Myriad (myri මිරි), n. දසදහස, දශ සහස්‍රය; මහා රාශිය, ඉතා ලොකු ගණනක්.

Myriapod, n. Myriapods *or* Myriapoda, pl. දසදහස් පාවා, දශසහස්‍රපාදිකයා; රාශි පදික ජාති.

Myriarch, n. දශසහස්‍රාධිපතියා, දසදහස්දෙනෙකුගේ අධිපතියා.

Myrmidon, n. රෞද්‍රයන්ගෙන් අධිපතියෙකුගේ චණ්ඩ රංචුවේ කෙනෙක්; උද්ධකාර චණ්ඩයා.

Myrobalan, n. අරළු, බුළු, නෙල්ලි, තිපල්.

Myrrh, n. ගන්ධරස ජාතියක්; සුවඳ ලාටු.

Myrtle, n. සුවඳ ගස් ජාතියක්, මරද, රට මරද.

Myself, pron. I myself මමම, me myself &c. මාම, මගෙන්ම, මටම.

I defend myself මා ආරක්‍ෂාකරගනිමි.

I help myself මමම ගනිමි *or* කරගනිමි &c.

Mysterious, a. රහස්, ගුප්ත, ගූඪ, නොරබුරු; අපූර්ව, ගම්භීර.

Mysteriously, ad. රහස්ආකාරයෙන්, රහසක් මෙන යෙන්, අඳුරුලෙස, අප්‍රකටලෙස; අපූර්වලෙස.

Mysteriousness, n. රහස් ගතිය, ගම්භීරතාව, අඳුරු කම, අප්‍රකටකම; අපූර්වකම.

Mystery, n. රහස, ගුප්ත දෙයක්, අපූර්ව දෙයක්; the mysteries (පුරාණයේ) ආගමේ රහස් කෘත්‍ය.

Mystic, Mystical, a. අඳුරු, ගුප්ත, පැහැදිලි නැති, රහස්තේරුමක් ඇත්තාවූ; උපහැරණ, දෘෂ්ටාන්ත.

Mystically, ad. රහස් තේරුමින් ඇතුව, අඳුරුලෙස.

Mysticism, n. ගුරුකම්වල අඳුරුකම; (දේවකාරණ ගැන) ගුප්ත විධියක්, පරමවිඥානය.

Mystics, n. pl. (රහස් දැනගන්නවායයි කියන) මුනිවරයෝ *or* ධ්‍යානතත්පරයෝ, පරමඥානවන්ති තයෝ.

Mystify, v. (කාරණවක) අඳුරුකරනවා, පැටලිලි කරනවා, (කෙනෙක්) ව්‍යාකූලකරනවා. [රය.

Myth, n. මිථ්‍යාකථාව, මිථ්‍යාප්‍රබන්ධය, බොරු කථානත

Mythic, Mythical, a, මිථ්‍යාකථාකාර, මිථ්‍යාප්‍රබන්ධ.

Mythically, ad. මිථ්‍යාප්‍රබන්ධාකාරයෙන්.

Mythological, a. මිථ්‍යාප්‍රබන්ධාකාර.

Mythologist, n. මිථ්‍යාප්‍රබන්ධ විද්‍යාකාරයා, මිථ්‍යාප්‍රබන්ධ විස්තරකාරයා.

Mythology, n. (දෙවිදේවතාවන් ගැන) මිථ්‍යා ඉතිහාස ක්‍රමය, මිථ්‍යා ප්‍රබන්ධ රාශිය, දේව කථා.

N.

N. North. n. උතුර; adj. උතුරු.

Nab, v. (E. vul.) හදිසියෙන් අල්ලනවා *or* ඩැහැගන්නවා.

Nabob, n. ඉන්දියාවේ උපආණ්ඩුකාරයෙක්, අනුරජ; fig. මහා ධනවන්තයා.

Nadir, n. පොළවේ අනික් පැත්තේ පෙනෙන අහස් මුදුන, යට අහස් මුදුන.

Nag, n. අශ්වයා. මද්දම තරමවූ අශ්වයා.

Naga, n. නාගයා.

Naiad, n. Naiades, pl. in myth. ජලාංගනාවක්, (ගංගා ආදිය කෙරෙහි) අධිපති ජල දේවතාවියක්.

Nail, n. of birds and animals, නිය, නියපොත්ත; of metal ඇණය, ඇණේ; of measure අඟල් 2¼.
   Hit the nail on the head ඇණයේ කුඩේටම ගහනවා, fig. හරි තැනටම තව්වුකරනවා, හරි එකම කියනවා *or* කරනවා.

Nail, v. ඇණගහනවා, ඇණයක් ගහනවා, ඇණගසා සවිකරනවා.

Nail-brush, n. නිය සෝදන බුරුසුව, නිය බුරුසුව.

Nailer, n. ඇණ සාදන්නා, ඇණ සාදන ආචාරියා, ඇණආචාරියා.

Nail-headed, a. ඇණ කුඩේයේ හැඩය ඇති.

Nainsook, n. මුස්ලින් රෙදි වර්ගයක්, නැන්සුක් රෙදි.

Naissant, p. *or* a. (වංශ සලකුණේ) කෙලින්ම් සිටින (සත්ත්ව රූප). [නිවට.

Naive (නාඊව්), n. Fr. (ළමයෙකු මෙන්) අව්‍යාජ,

Naked, a. නග්න, හෙලුවැලි, නිර්වස්ත්‍ර; වැසුම නැත්තාවූ; සැරසිල්ලක් නැති, වාත්; වැස්මුර කිසිවක්ම නැති; ආධාරයක් නැති.

Nakedly, ad. වැස්මක් නැතුව, සැරසිල්ලක් නැතුව, වැස්පුර කිසිවක් නැතුව, කොච්චම, නිකම්ම.

Nakedness, n. නග්නකම, නග්නත්වය, නිර්වස්ත්‍රකම &c.; හිස්කම.

Namby-pamby, a. බොරු ලක්ෂණයක් *or* ශිෂ්ටාචාර ගතියක් පාන, ව්‍යාජ ශිෂ්ටාචාර. [ය.

Name, n. නාමය, නම, අභිධානය; reputation කීර්ති

Name, v. නම්තබනවා, නමක් තබනවා, නම්කරනවා; specify by name නම කියනවා, නම සඳහන්කරනවා; mention සඳහන්කරනවා.

Named, pp. (in S. adj.) නම්වූ, (යොහන් යන) නම— නාමය —ඇත්තාවූ, ...සංඥක,...අභිධාන, (අය); නම සඳහන්කලාවූ *or* නම සඳහන්වූ, (දේ *or* අය).

Nameless, a. නමක් නැත්තාවූ, නාමරහිත, නිර්නාමික; නම සඳහන්ව නැත්තාවූ, අනාමක, අප්‍රසිද්ධ.

Namely, ad. එනම්.

Namesake, n. සම නාමයක් ඇත්තාවූ. He is a namesake of mine ඔහු මගේ නම ඇත්තෙක්.

Nankeen, n. පඬුමන් කපුරෙදි වර්ගයක්.

Nap, n. ටික වේලාවක නින්ද, මඳ නින්ද.

Nap, v. ටික වේලාවක්ම නිදනවා; fig. අවදිනොවී— නොබලා—සිටිනවා. [බුව.

Nap, n. (ලාක්ක රෙදිවල) සිනිඳු රෝම; (කොළවල)

Nape, n. කුලල් සන්ධිය, ගලවලුව, පිටිකර, ඝාටය.

Napery, n. මේසරෙදි ජාති, කෑම මේසයේ අතුරණ රෙද්ද—තුවා—යනාදිය. [තෙල්.

Naphtha, n. භූමිතෙල් වර්ගයක්, කීල්වලින් පෙරන

Naphthaline, n. කාඩුත් ආදී කුඩා සතුන් වඳකිරීමට දමන බෙහෙත් ගුලි වර්ගයක්, කපුරු බෝල.

Napkin, n. අත් පිස්නාකඩ, ඉදුල්කඩ, නැප්කිම, කුඩා තුවාය.

Nappy, a. සිනිඳු රෝම ඇත්තාවූ (රෙදි), බුම ඇත්තාවූ (කොළ &c.).

Narcissus, n. in myth. පුරාණයෙහි සිටිය ලක්ෂණ තරුණයෙක්; මල් ජාතියක්, ගොඩමානිල් ජාතියක්.

Narcotic, a. මූර්ඡාකරවන, නිද්‍රාජනක, නහර නිශ්චල කරන *or* මොට්ටකරන, (බෙහෙත් *or* වෙන ද්‍රව්‍ය).

Narcotic, n. (අබින්, දුම්කොළ, ආදිය මෙන්) නිදිමත උපදවන බෙහෙත්, නිද්‍රාජනක ද්‍රව්‍ය.

Narcotism, n. ඖෂධජ නිද්‍රා ස්වභාව.

Nard, n. ජටාමාංසය. See Spikenard.

Narrate, v. (සිදුවුණ කාරණ, තොරතුරු) කියාදෙනවා, දිගට කියාගන යනවා *or* ලියා දන්වනවා, විස්තර කරනවා.

Narration, n. (තොරතුරු) කියාදීම, දිගට *or* පිළිවෙලට කීම; විස්තරය, කියනලද *or* ලියනලද කථාව, කථෝපාඛ්‍යානය.

Narrative, n. කථාන්තරය, කථාව, කථනය, කථා වස්තුව, කථා ප්‍රබන්ධය. [ණ කී අය.

Narrator, n. තොරතුරු—කථා—කියාදෙන්නා, කාර

Narrow, a. පටු, පළල නැති, හුපුච්ල්, හිරවූ, ටික, මද; fig of narrow soul, mind &c. (අන්‍යයන් ගැන) හිත—ගුණ—සිතිකල්පනා—මදිවූ; narrow investigation තීක්ෂණ විභාගය; to have a narrow escape යන්තම්—අමාරුවෙන්—ගැළවෙනවා.

Narrow, Narrows, n. sing. & pl. පටු ඉඩම, පටු පාර. See Strait.

Narrow, v. පටුකරනවා, ක්‍රමයෙන් පටුකරගනයනවා; පටුවෙනවා, පටුවේගනයනවා.

Narrowly, ad. fig. හිත — ගුණ — සිතිකල්පනා — මදිකමින්; තීක්ෂණලෙස; යන්තම්, අමාරුවෙන්, see adj.

Narrow-minded, a. පටුකල්පනා ඇති, සිතිකල්පනා මදිවූ, ගුණ මදිවූ, අදහස් විශාල නැති.

Narrowness, n. පටුකම, හුපුච්ල්කම, හිරකම, මදකම, හිඟකම &c. see adj.

Nasal, a. නාසය සම්බන්ධ, නාසික, නාසිකා, අනුනාසික, නාස්‍ය.

Nasal, n. නාසිකාස්වරය, නාසිකාක්ෂරය; නාසිකෞෂධය, නාස්‍ය බෙහෙත.

Nascent, a. අටකැතිගන එන්නාවූ, හැදීගන එන්නාවූ, (කල්පනා, ආශා, සභා &c.). [ර.

Nasiform, a. නාසේ හැඩය ඇත්තාවූ, නාසිකා ආකා

Nastily, ad. කැතලෙස, &c., see adj.; අගතියෙන්.

Nastiness, n. කැත, කැතකම, පිළිකුල, පිළිකුල්කම; කැත කථාව; අගතිය.

Nasturtium, n. කක්කුටු පලා.

Nasty, a. කැත, කිලුටු, ඉතා අපවිත්‍ර, පිළිකුල්, දූෂක; ඉතා අරුචි; අගති.

Natal, a. උත්පත්තියට අයිති, උත්පත්ත, උත්පත්ති, උපන්, ජන්ම (දවස &c.).

Natant, a. in bot. පාවෙන, ඉපිලෙන, (පලා); (වංශ ලකුණෙහි) පීනන (මත්ස්‍ය රූප).

Natatores, n. pl. පීනන පක්ෂි ජාති.

Natatorial, a. පීනන, පීනන අවයව ඇත්තාවූ, (පක්ෂි ජාති).

Nation, n. මනුෂ්‍ය ජාතියක්, දේශයක *or* රාජ්‍යයක මනුෂ්‍යයෝ, මුළු ජාතියක සෙනග.

National, a. යම් මනුෂ්‍ය ජාතියකට අයිතිවූ, ජනම, ජාතීය, ජාතික: national anthem ජාතික ගීය; මහජනයාට අයිති පොදු.

Nationality, n. (ඒ ඒ මනුෂ්‍ය) ජාතියේ විශේෂණය *or* ජාතියේ විශේෂ ස්වභාව, ජාතියේ ස්වභාව; ජාතිය, one's nationality යමෙක් අයිති ජාතිය:
   What is your nationality නුඹ කොයි ජාතියේ කෙනෙක්ද? Ans. සිංහල කෙනෙක්, ඉංග්‍රිසිකාරයෙක් &c.

Nationalize, v. මුළු ජාතියට *or* රාජ්‍යයට අයිතිකරවනවා *or* අදාලකරනවා; ජාතිය විසින් පිළිගන්නවා.

Nationally, ad. ජාති වශයෙන්, ජාතියක් *or* රාජ්‍යයක් කොට.

Native, a. ජන්ම, ජම්ම, සහජ; දේශජ, ස්වදේශික, ස්වදේශීය, ස්වදේශ; උපන්, උත්පත්ති, (රට &c.).

Native, n. ස්වදේශිකයා, ජන්මස්ථානයා; (යම් රටක) දේශජ දේ (ගස්, සත්තු &c.).

Native country, &c., n. උපන් රට, උපන් ගම &c., ස්වදේශය, ජන්මභූමිය.

Nativity, n. උත්පත්තිය, උප්පැත්තිය, ඉපදීම; horoscope කේන්දරය. [ජාතික ;

Natural, a. ජන්ම, සහජ, ස්වභාවජ, ප්‍රකෘති, ඖපප ස්වාභාවික, ස්වභාවට එකඟ, නිසර්ග සිද්ධ, නෛසර්ගික ; [ය);

ස්වභාවයෙන්ම—ඉබේම—වෙන්නාවූ (නිස්දුම්, මරණ ස්වභාවයෙන් or පහසුවෙන් වෙන්නාවූ (කාලපතාකයක් &c.) ; &c.);

(නිතර) ස්වභාවෙන් පැමිණෙන, ස්වභාව, (ධර්ම දූව්වා — වංචා — ආදී අමුතු ගතියක් නැත්තාවූ, අව්‍යාජ, අවංක ;

illegitimate අවජාතක; natural history ප්‍රාණිවිවස්තු ශාස්ත්‍රය, ප්‍රාණිවිවස්තු විස්තරය.

Natural, n. සහජබුද්ධි නැත්තා; in mus. මුල් ස්වර ලකුණ.

Naturalism, n. සහජභාවය; (බයිබලයේ ආගමයන්වල් දේවිස්ලය නැතුව වුණයයි කියන්නන්ගේ) ස්වභාව ධර්මය or ස්වභාවධර්ම දැණුවිය, ස්වභාවධර්මවාදය.

Naturalist, n. ප්‍රාණිවිවස්තු ශාස්ත්‍රඥයා; (යථෝක්ත) ස්වභාව ධර්මය විශ්වාස කරන්නා, ස්වභාවධර්ම දැණුවියා.

Naturalize, v. (ගස්, සත්තු) දේශගුණයට පුරුදුකරනවා; (අන්‍යභාෂාවක වචන) ස්වභාෂාවට අඩංගුකරගන්නවා; විදේශියෙක් ස්වදේශයෙක් කොට නියම කරනවා; (ජන්ම ස්වභාවක් මෙන් යම්කට) පුරුදු කරනවා.

Naturalized, pp. or a. දේශගුණයට පුරුදුකර &c. පුරුදුකරපු or පුරුදුවූ &c.

Naturally, ad. ස්වභාවෙන්ම, ජන්මස්වභාවේ හැටියට; වංචා ආදී අමුතුගති රහිතව.

Naturalness, n. ස්වභාවාකාරත්වය, ස්වාභාවිකත්වය, ජන්ම ගතිය; අමුතු ගතියක් නැතිකම.

Nature, n. මුළු මැවිල්ල, සෘෂ්ටිය; එය මවාපු බලය; ජනමය, ස්වභාව ගතිය, ස්වභාව ධර්මය, ප්‍රකෘතිය, තත්ත්වය, නිසර්ගය; ජාතිය, ප්‍රකාරය.

Naught, Nought, n. කිසිත් නැතිකම, ශූන්‍යය; බිංදුව.

There is naught කිසිවක් නැත.

Come to nought නැතිවෙනවා, නිෂ්ප්‍රභාවෙනවා.

It is naught ඒකේ වැදගැම්මක් නැත.

Set at naught සුළුකරනවා, නොසලකා අරිනවා.

Naughtiness, n. (ළමයින්ගේ) සුළු අගතිය or අකීකරුකම, දඟය.

Naughty, a. සුළුලෙස අගතිවූ, හොඳ මදි, නරක, අකීකරු, දඟකාර.

Naumachy, n. (පුරාණ රෝමවරුන්ගේ) නෞකායුද්ධප්‍රදර්ශනය; නෞකා යුද්ධ-ප්‍රදර්ශන ස්ථානය.

Nausea, n. බඩ දැකලීම, ඔක්කාරය; fig. තද අප්‍රියාව or අරුචිය.

Nauseate, v. (අරුචි කෑමට මෙන්) පිළිකුල්කරනවා, පිළිකුල් සිතනවා.

Nauseous, a. (වමනය කරවන තරම්) අරුචි, පිළිකුල්, අප්‍රිය උපදවන.

Nauseousness, n. පිළිකුල්කම, අරුචිය.

Nautch, n. (ඉන්දියාවේ) නාට්‍යය, නෘත්‍යය, නැටුම; nautch-girl නාටක ස්ත්‍රී, නළඟන.

Nautical, a. නාවික, යාත්‍රාකාර.

Nautiform, a. නැව් කඳේ හැඩය ඇත්තාවූ.

Nautilus, n. (මුහුද පිට යාත්‍රාකරන) රුවල් බෙල්ලා.

Naval, a. නැව් සම්බන්ධ, නාවික, නාවුක, නාව්‍ය, නැව්යාත්‍රාකාර.

Nave, n. බොස්පෙසිය, රෝදනාභිය, කිඹුල්මුව; දේවස්ථානයේ මධ්‍යභාගය.

Navel, n. පෙකණිය, නැබ, නාභිය, බුරිය.

Navel, a. පෙකණි ; navelstring පෙකණිවැල.

Navigable, a. නැව් ගිය හැකි, යාත්‍රාකළ හැකි, නාව්‍ය, (ගංගා, මුහුද &c.).

Navigableness, Navigability, n. නාව්‍යතාව, නැව් ගිය හැකිබව.

Navigate, v. මුහුදේ යාත්‍රාකරනවා; (යාත්‍රාකිරීමේදී) නැව හසුරුවනවා.

Navigation, n. මුහුදේ යාත්‍රාකිරීම; නැව හැසිරවීම; මාලිම ශාස්ත්‍රය, මාලිමය.

Navigator, n. නැව යාත්‍රාකරන්නා, යාත්‍රාකරුවා, මාලිමයා; මාලිමිශාස්ත්‍රඥයා.

Navvy, Navvie, n. (ඇළ කැපීම්, දුම්රියපාර සෑදීම්, ආදී වැඩ කරන) කුලීකාරයා.

Navy, n. නැව් සාමූහියම; මුළු යුද්ධනැව් ගණන; නෞකායුද්ධසේනාව.

Nay, ad. නෑ, නැනෑ, නැත; එපමණකුත් නොව; n. නැත කීම.

Nazarene, n. නාසරත් නුවර වැසියෙක්; නාසරත් යේසුස්වහන්සේගේ ගෝලයෙක්.

Nazarite, n. යුදෙව් තාපසයා.

N. B., nota bene, L. හොඳට බලනු. [වසිදිය.

Neap-tide, n. (අලුත් හඳ දවස්වල සිදුවෙන) බාල

Near, a. (of place, time, degree) ළඟ, තුදුරු, කිට්ටු, සමීප, ආසන්න, අවිදූර; fig. of relationship ඇවැස්ස, කිට්ටුවන්ත, කිට්ටු (නෑකම් &c.); ලෝභ, මසුරු.

Near, ad. ළඟ, තුදුරුව &c.; ළඟට, කිට්ටුවට, සමීපයට, කරා; ළඟින්, කිට්ටුවෙන්, සමීපයෙන්; draw near ළං—කිට්ටු—සමීප—ආසන්න—වෙනවා or ළං &c. වේගන එනවා.

Near, v. ළංවෙනවා, කිට්ටුවෙනවා &c. see ad.

Nearly, ad. කිට්ටුවෙන්, ටිකක් අඩුවෙන්, ආසන්න වශයෙන්.

I am nearly dead with fatigue &c. මැරෙන තරම් මට වෙහෙසයි, පිපාසයෙන් මරණාසන්නව සිටිමි, මැරෙන්ට ළඟයි.

The work is nearly done වැඩේ නිස්දුවෙන්ට කිට්ටුයි.

This is nearly as large as that මේක මහතින් ඊට වඩා අඩුයි.

Nearness, n. කිට්ටුකම; සම්බන්ධකම; ආසන්නකිට්ටුවන්තකම; මසුරුකම.

Near-sighted, a. දුර නොපෙ දිසිදැළුවි නැති.

Neat, n. ගව ජාතිය, ගෙරි ජා

Neat, a. නිසි අන්දමට ඇත්ත_. _ _යුතු, පවිත්‍ර, යහ, කදිම.

Keep the place neat and clean ස්ථානය එළිපහළිකරගන්නවා.

Neat-herd, n. ගව එඬේරා.

Neatly, ad. නිසි පවිත්‍ර අන්දමට, යහ රුවට, කදිම ලෙස, එළිපහළි ඇතුව.

Neatness, n. පිරිසිදුකම, නිසි ශෝභන පිළිවෙළ, කදිමකම.

Neat's-foot-oil, n. වහුපාදවලින් සාදන තෙල්, වහු පාද තෙල්.

Neb, n. තුඩ, හොට, මංචුව.

Nebula, n. of the eye මල්පොළු; (රාත්‍රියේ තාරකා අතරේ පෙනෙන) තාරකා මේඝය; pl. Nebulæ තාරකා මේඝ.

Nebular, a. තාරකාමේඝ (ධර්මීය).

Nebulosity, n. තාරකාමේඝාකාරය; වලාකුල් ආකාර කම; නොපැහැදිලිකම.

Nebulous, a. තාරකාමේඝ වැනිවූ, තාරකාමේඝ සම්බන්ධ; වලාකුල් ආකාර; fig. නොපැහැදිලි, අනියම්.

Necessarily, ad. ඕනෑමකරනලෙස, වෙන ආකාරය කිසි වෙන්ට බැරිලෙස, සත්තකටම, ඉදුරාම, අවශ්‍යයෙන්ම.

A stone thrown up necessarily falls උඩ විසිකළ ගලක් නොවැටී තිබෙන්ටම බැරිය.

Necessary, a. ඕනෑමවූ, අවශ්‍ය, අවශ්‍යක, ආවශ්‍යක; නොවීතිබෙන්ට බැරි, මෙන්ටම ඕනෑවූ; නිදහස් කැමැත්තක් නැත්තාවූ.

Necessary, n. ඕනෑම දෙයක්, උවමනාවක්, pl. උව මනා දේ, උවමනාවල්, අඩුමැඩිය; (to be done) කටයුතු, කටයුතු දේ; the four necessaries of B.P සිව්පසය.

Necessitarian, Necessarian, n. නිදහස් කැමැත්තක් නැතැයි විශ්වාස කරන්නා, ඉරණම්ධර්මදෘෂ්ටියා.

Necessitate, v. ඕනෑමකරවනවා, (කාරණාවලින්) බල කරනවා, සලස්වනවා. Need of food necessitates labour කෑම ඕනෑ නිසා වැඩකරන්ට ඕනෑම කරන වා &c.

Necessitous, a. දිළිඳු, අගහිඟකම් ඇත්තාවූ, උවමනා මල් නැති, අකිඤ්චන.

Necessity, n. අවශ්‍යකතාව, ඕනෑකම, බලවත් ඕනෑ කමක්, ඕනෑම දෙයක්; දිළිඳුකම, අගරණකම, අකිඤ්චනතාව; (යමක් or සියලු දේ) සලස්වන බලය, fate ඉරණම; inevitableness අපරිහාර්යතාව.

Neck, n. බෙල්ල, කුළල, ගෙල, ග්‍රීවය; of birds බො වුව; of a bottle බෝතල කර; of land බිම් තීරුව, දේශ තුඩුව.

Neckcloth, Neckerchief, n. බෙල්ලේ රෙදිකඩ, දසිය, කරපටිය.

Necklace, n. ඇටවැල, මාලය, හුනුවැල, of coral පබළුදම, පබළු වැල, of pearls මුතුහර, මුක්තා වලිය, මුක්තාලතාව.

Necrology, n. (සිද්ධවෙන මරණ ගැන ලියන) මරණ ලේඛනය, මරණ වට්ටෝරුව.

Necromancer, n. මළවුන්ගෙන් විචාරන්නා, ආත්ම බන්ධනකාරයා; මන්ත්‍රකාරයා, නෛමිත්තකයා.

Necromancy, n. මළවුන්ගෙන් විචාරීම, මන්ත්‍රකිරීම, ඇස්බැන්දුම්කිරීම. [ඇමිය.

Necropolis, n. ශ්මශානස්ථානය, ශ්මශානය, සොහොන්

Necroscopic, a. මෘතකාය පරීක්ෂක, මළමිනිය විභාග කිරීමක් සහිත.

Necrosis, n. මාංසය කුණුවීම, විද්‍රධිය; අස්ථි විද්‍රධිය; in bot. ගස්වල රෝගයක්.

Nectar, n. in myth. දිව්‍යපානය, අමෘත රසය, අමෘ තය, සුධාව, අමාපැන; ord. ඉතා රස පානය; පිනි දිය, මල්පැණි, පුෂ්ප මධුව.

Nectaruim, Nectary, n. (මලේ) පිනිදිය කෝෂය, පුෂ්පස්වේදගය.

Need, n. ඕනෑකම, අවශ්‍යකත්වය, උවමනාව, අයාම, හිඟකම, අගහිඟකම්. [සිටිනවා.

He is in need ඔහු හිඟකමින්—දිළිඳුකමින්—

Need, v. (මට) ඕනෑ, ඕනෑව තිබෙනවා, ඕනෑකරනවා.

He needs this or he is in need of this මෙක ඔහුට ඕනෑ or ඕනෑකරනවා &c.

Needful, a. ඕනෑවූ, උවමනා, නැතුව බැරි, අවශ්‍ය, ආවශ්‍යක.

Needle, n. ඉඳිකටුව; of mariner's compass මාලිම යන්ත්‍ර කටුව.

Needle-case, n. ඉඳිකටු කුඩුව, ඉඳිකටු කූලාව.

Needleful, n. ඉඳිකටුවේ දමන ප්‍රමාණ නූලක්.

Needle's-eye, n. ඉඳිකටු මල. Needless, a. ඕනෑනැති, ඕනෑනොකරන, අකාරණ, නිරර්ථක, නිෂ්ප්‍රයෝජන.

Needlessly, ad. ඕනෑකමක් නැතුව.

Needle-woman, n. මහන්නී, මැහුම්කාරී.

Needlework, n. මැහුම් වැඩය, මැහුම.

Needs, ad. as:—He must needs go &c. ඔහු යන්ටම ඕනෑ.

He must needs do injury අලාභකරන්ටම ඕනෑ කමකළා or කැමතිවුණා.

Needy, a. හිඟකමින් සිටින, අගහිඟකම් ඇත්තාවූ, දිළිඳු.

Ne exeat, L. in law (රටින්) අහක්ව නොයාව (යන තහනම).

Nefarious, a. අධාර්මික, අපරාධික, අති දුෂ්ට, පාපිෂ්ඨ, දරුණු, අධම, සාහසික.

Negation, n. නැතයිකීම; නැතිකම, අභාවය, නිෂේධය; in logic අභාව නිගමනය.

Negative, a. නැතයිකියන, එපා or බැරිය කියන, (උත්තර &c.); ශූන්‍ය; නැතිකම පෙන්වන, නිෂේධ, නිෂේධාර්; negative sign ඌනකලන ලකුණ (ඍණ —මෙය); negative quantity ඌනකලන ගණන, ශූන්‍ය ගණන.

Negative, n. නැතයිකීම, නැතයියමින, නැත්ත, ප්‍රති ෂේධය; තහනම් බලය; in gram. අභාවවාචකය.

Negative, v. නැතැයි—නැත බව—බොරු බව—වැරදි බව — ඔප්පුකරනවා; (යෝජනාවක්) ප්‍රතික්ෂේප කරනවා, තහනම්කරනවා.

Negatively, ad. නැති බව ඔප්පුකිරීමෙන්, නැතැයි යන විසියෙන්, අභාව වශයෙන්, අනනුකූලතාකාර යෙන්.

Neglect, v. නොකරඇරිනවා, නොසලකා අරිනවා, පැහැර අරිනවා, අතපසු කරනවා; උපේක්ෂණය කරනවා.

Neglect, n. නොකරඇරීම &c.; අප්‍රවේසම්කම, නො සැලකිල්ල, උපේක්ෂාව.

Neglected, pp. or a. නොකරඅරිනලද &c., නොකළ, උපේක්ෂිත.

Neglectful, a. නොකර අරින &c.; අප්‍රවේසම්, නොසැ ලකිලි, උපේක්ෂක.

Negligence, n. නොකරඇරීම &c., උපේක්ෂණය; (යුතුකම්) නොකර අරින or අතපසුකරන බව, නොසැලකිලිකම, උපේක්ෂකතාව.

Negligent, a. see Neglectful; අතපසුකරන පුරුද්දක් ඇත්තාවූ.

Negligently, ad. අප්‍රවේසම්ලෙස, හිත යොමුනොකර, නොසැලකිලිලෙස.

Negotiable, a. මාරුකරගත හැකි or වලංගුවූ (මුදල් පත, වසතු).

Negotiate, v. ගනුදෙනු කරගන්නවා, ඒ පිණිස සාකච්ඡාකරගන්නවා, (මුදල්පත්‍ර) මාරුකරගන්නවා or විකුණගන්නවා; ගිවිසගන්නවා, මන්ත්‍රණයකර ගන්නවා.

Negotiation, n. ගනුදෙනුකරගැනීම &c., පිළිසුමක් ඇතිකිරීම. [ගැනී.

Negress, n. fem. of Negro, කාපිරි ගැනී, කාපිරි

Negro, n. කාපිරියා, කාපිරියා, ඒ සමාන වෙන ජාති වල කෙනෙක්.

Negus, n. කොයෙක් ද්‍රව්‍ය මිශ්‍රවූ මිශ්‍රපාන ජාතියක්.

Neigh, v. හේෂාරවකරනවා ; n. හේෂාරවය, අශ්ව නාදය.

Neighbour, n. අසල්වාසියා, අසල වැසියා, සාමන්ත වාසියා, සමීපවාසියා.

Neighbourhood, n. අසල, අසලපහල, වටකර තැන්, සාමන්තය ; අසල්වාසි උදවිය.

Neighbouring, a. අසල්වාසි, අසල, අසල පහල, ළඟ ළඟ, සමීප, ප්‍රත්‍යාසන්න, සාමන්ත, පසල්.

Neighbourly, a. අසල්වාසියෙකු ලෙස හැසිරෙන *or* මිත්‍රවූ, යහළු ; අසල්වාසියෙකු විසින් කටයුතු.

Neighing, n. හේෂාව.

Neither, conj. *or* pron. වත්...වත් නැත &c. : neither did he say so ඔහු එසේ කිවේවත් නැත, කීවේවත් නැත ; neither of them is here දෙදෙනාගෙන් කොයි එකාවත් මෙහි නැත, දෙකම මෙහි නැත ; it is neither this nor that එය මේකවත් ඒකවත් නොවේ.

Nem. con., nemine contradicente, L. කිසිවෙක් විරුද්ධවනොවී *or* අකමැති නොවී.

Nem. diss., nemine dissentiente, L. කිසිවෙක් අකමැති නොවී, අසම්මත නොවී.

Nemesis, n. ග්‍රීක්වරුන්ගේ පළිගැනීමේ දෙවිදුව ; පළිගැනීම. [දූෂ්‍යයා.

Neologian, Neologist, n. අභිනව දූෂ්‍යයා, නූතන

Neological, a. අභිනව ගුරුකම් සහිත, අභිනව දෘෂ්ටි.

Neologism, n. අභිනව වචන්—අභිනව ගුරුකම්—සාම්ප්‍රදායිකිරීම ; අභිනව වාක්‍ය, අභිනව දෘෂ්ටිය.

Neology, n. (sp. ක්‍රිස්තියානි ආගම ගැන ජර්මනියේ) අභිනව ගුරුකම, අභිනව ධර්ම, අභිනව දෘෂ්ටිය.

Neophilosopher, n. අභිනව තර්කශාස්ත්‍රඥයා.

Neophyte, n. අලුත ආගමට හැරුණු කෙනෙක්, අලුත් ශෝල්‍යයා, ආධුනිකයා, නවක භික්ෂුව.

Nepenthes, n. pitcher-plants බාදුරුවැල් ජාතියක්.

Nephew, n. බෑනා, E. සහෝදරයකුගේ *or* සහෝදරියකගේ පුතා only.

Nephritic, a. වකුගඩු සම්බන්ධ ; වකුගඩු රෝගී ; වකුගඩු රෝග සුවකරන.

Nephritic, n. වකුගඩු රෝග බෙහෙත, අශ්මරීනාශ ඖෂධය.

Nephrology, n. වකුගඩු විස්තරය.

Nephrotomy, n. වකුගඩුවලින් අශ්මරිගල් කපාඇරීම, අශ්මරීඡේදනය.

Ne plus ultra, L. මෙන්ට පුළුවන් පමණ, අතිප්‍රමාණ,

Nepotism, n. බෑනාවරුන්ට ආලයකිරීම, නෑයින්ටම ඇති පක්ෂපාතකම.

Neptune, n. in myth. සමුද්‍ර දෙවියෝ ; in astr. ග්‍රහ තාරකාවක්. [(පර්වත &c.).

Neptunian, a. මුහුදු, සමුද්‍ර ; ජලජ, ජලයෙන් හැදුණු,

Nerve, n. the nerves (ලේනහර නොවන,) දැනීමේ සහ ක්‍රියාකරවීමේ නහර, ඉන්ද්‍රිය-ස්නායු ; in bot. පත්‍රවටය ; fig. ශක්තිය, ධෛර්‍ය, ස්ථිරකම, නිර්භීතකම.

Nerve, v fig. බලවත් කරනවා, ධෛර්‍යමත් කරනවා.

Nerveless, a. බෙලහීන, දුර්වල, ධෛර්‍ය නැති, අධෛර්‍ය.

Nervine, n. නහරවලට ගුණ දෙන බෙහෙතක්, නහර බෙහෙත.

Nervous, a. නහර සම්බන්ධ (රෝග &c.) ; බලගතු, සම්බල, (භාෂා &c.) ; බලවත් (කල්පනා, වශක්තිවල පිහිය &c.) ; (නහර, හිත) විසිත, බියාදු.

Nervously, ad. බලවත් ලෙස ; නහර—හිත්—චංචල ඇතුව.

Nervousness, n. (වශක්තිවල) බලගතුකම ; (නහරවල) චංචල ගතිය, බියාදුකම.

Ness, n. දේශතුඩුව.

Nest, n. කැදැල්ල, කූඩුව, බෙනය ; ගුළක් රැඳෙන තැන, (එකක් තුළ එකක් අඩංගුවූ පෙට්ටි, කූඩා, ආදි) ගණනක් ; a nest of thieves &c. හොරු &c. සිටින තැනක් *or* හොරු පෙළක්.

Nest-egg, n. කූඩුවේ තබාගන්න බිත්තර, කූඩුවේ බිත්තර.

Nestle, v. (කුරුල්ලා පැටව් කැදැල්ලේ ඉන්නාක් මෙන්) සමතැනක ඉවාවෙනවා, සැනසිල්ලේ ඇතුව පිහිටනවා, තුරුල්වෙනවා.

Nestling, n. කැදැල්ලේ පැටියා.

Net, n. දැල, ජාලය, hand net අත්දැල, casting-net විසිදැල, weighted net බරදැල.

Net, v. දැල් ගොතනවා ; දැල් ආකාරයට සාදනවා.

Net, nett, a. neat අමිශ්‍ර, තනි ; net weight, cost &c, (පෙට්ටි, මැසුම්, ආදිය නැතුව බඩුවලට) තනි බර, තනි වියදම ; net profit (වියදම් ගෙවා ලැබෙන) ප්‍රයෝජනය, ලාභය.

Net, v. (වියදම්වෙන ගණන ඇර) වැඩි ලාභ උපදවා ගන්නවා : I netted ten rupees by that work ඒ වැඩෙන් රුපියල් දහයක්ම ලාභ ලැබුවෙමි.

Nether, a. යට, පහළ ; nether regions අධඃස්ථලය, පාතාල ලෝකය, පාතාලය.

Nethermost, a. ඉතා යට, ඉතා පහළ, ඉතා පහත්වූ.

Netting. n. දැල, දැල්ගෙතුම, net work දැල් වැඩ.

Nettle, n. කහඹිලියා, මාලස්සා

Nettle, v. කහඹිලියා ගානවා ; fig. කුපිතකරනවා.

Neuralgia, Neuralgy, n. නහර කැක්කුම.

Neuralgic, a. නහර සම්බන්ධ, නහරවලට අයිති, නහර, (කැක්කුම).

Neurologist, n. නහර විස්තරකාරයා, නහර රෝග පිළිබඳ විශේෂඥයා. [ධර්මය.

Neurology, n. නහර විස්තරය, නහර විද්‍යාව ; ස්නායු

Neurotic, n. නහර රෝගයක් ; ස්නායු රෝග නාශ ඖෂධය ; adj. ස්නායු (රෝග *or* බෙහෙත්).

Neurotomy, n. ස්නායු ඡේදනය, ශිරාව්‍යවච්ඡේද විද්‍යාව.

Neuter, a. in gram. of nouns නපුංසක (ලිඟුව), අලිංග, අප්‍රාණික, (වචන) ; of verbs අකර්මක ; in bot. ස්ත්‍රී පුරුෂ කේශර රහිත.

Neuter, be. v. කොයි පාර්ශ්වයකටවත් නොබැඳී සිටිනවා, අපාර්ශ්වගතිව—අපක්ෂව—සිටිනවා.

Neuter, n. අපක්ෂයා, අපක්ෂයා ; (පැණි එකතුකරන මීමැස්සන් මෙන්) අලිංග සතෙක් ; ස්ත්‍රීපුරුෂකේශර රහිත පැළය ; අකර්මක ක්‍රියාව.

Neutral, a. පාර්ශ්වනුවූ, අපක්ෂ, අපක්ෂපාති, මධ්‍යස්ථ ; n. අපක්ෂවාදියා. [ව.

Neutrality, n. අපක්ෂකම, අපාර්ශ්ව ගතිය, මධ්‍යස්ථතා

Neutralize, v. අපක්ෂ ගතියට පමුණුවනවා, අපක්ෂ කරනවා ; එක බලයකින් වෙන බලයක් නැතිකරනවා, බලනැතිකරනවා, නිෂ්ප්‍රභාකරනවා, නිරුකරණයකරනවා.

Neutrally, ad. අපක්ෂලෙස, අපාර්ශ්වලෙස.

Never, ad. කවදාවත් නැත, කවදාවත්මත් නැත, කිසිකලක නැත.

Never-ceasing, a. කිසිකලක නොනවතින, කිසි නිස්ඳුමක්ම නැති. [නැති, අනන්ත.

Never-ending, a. කිසිකලක නිස්ඳුනොවන, නිමක්

Nevertheless, ad. එසේ නුමුත්, එසේ නමුත්, එසේවී නුමුත්, එහෙත්, කොයි හැටි නුමුත්.

New, a. අලුත්, අමුතු, අභිනව, නව, නවීන, නූතන, නව්‍ය, නවක.

New-born, a. අලුත උපන්, ජාතමාත්‍ර.

New-comer, n. අලුත ආ කෙනෙක්, අමුත්තා

New-tangled, a. (අපූර්වයක්කොට) අලුත සාදපු, අලුත උපදවාගත්.

Newly, ad. අලුතෙන්, අලුතදී, අමුතු ආකාරයක්න්.

New-moon, n. අලුත් හඳ, නවසඳ, අභිනව චන්ද්‍රයා; new-moon day අමාවක, අවපසළොස්වක.

Newness, n. අලුත්කම, අමුතුභාවය, නවීනතාව, නූතනත්වය.

News, n. ආරංචිය, ආරංචි, අස්න, හසුන, පුවත, පවත්, ප්‍රවෘත්ති. [කාරයා.

Newsmonger, n. ආරංචි අසන දක්වන අය, ආරංචි

Newspaper, n. ආරංචි පත්‍රය, ප්‍රවෘත්ති පත්‍රය, පුවත් පත.

News-room, n. ප්‍රවෘත්ති පත්‍ර ශාලාව.

News-vender, n. ප්‍රවෘත්ති පත්‍ර විකුණන්නා.

Newt, n. හූනු ජාතියක්, දිය හූනා.

New Testament, n. ක්‍රිස්තියානි ශුද්ධ ලියවිලි පොත, අලුත් ගිවිසුම් පොත, අලුත් ගිවිසුම.

Newtonian, a. අයිසැක් නිව්ටන් නමැති ශාස්ත්‍රඥයා *or* ඔහුගේ ඉගැන්වීම පිළිබඳ.

New-year's day, n. අවුරුද්දේ පළමුවෙනිදා, අලුත් අවුරුදු දා, අවුරුද්ද දවස.

New-year's gift, n. අවුරුද්ද දවසේ තෑග්ග, අලුත් අවුරුදු තෑග්ග.

Next, a.. next to that or it ඊළඟ, ඒගාව තිබෙන, ඊට අනතුරුව තිබෙන, අනන්තර, තදනන්තර, ඉක් බිති; next week &c. එන සුමානය, ලබන සතිය &c.; the next day පසුවදා; the next time අනිත් සැරේ, නැවත වෙනකොට.

Next, ad. ඒගාවම, ඊළඟම, අනතුරුව. [ඇත්තාවූ.

Nib, n. තුඩ, හොට; පෑන්තලය. **Nibbed**, a. තුඩක්

Nibble, v. ටික ටික විකනවා *or* කනවා; කොත්තු කරනවා, ඇම් කොටනවා; fig. ඉතා සුළුපට වශයෙන් කරනවා; සුළු වරද තබනවා.

Nice, a. රසවත්, රුචි, රිසි, සුරසවූ, මධුර, ප්‍රණීත; මනෝඥ, කදිම, සියුම්, තීක්ෂ්ණ. See Fastidious.

Nicely, ad. කදිමලෙස, තීක්ෂණලෙස, කලේලියට.

Niceness, n. සියුම්කම, තීක්ෂණකම; සුළු දේ ගැන අධික සැලකීම.

Nicety, n. see niceness; ඉතා සුළු වෙනසක්, සූක්ෂම ප්‍රභේදයක්; to a nicety හරියටම; සුරස භෝජනයක්, ප්‍රණීතාහාරයක්.

Niche, නිච්, n. (යමක් තැබීමට භිත්තියක තිබෙන) කුහරය, විවරය, සුරුවම් කූඩුව.

Nick, n. සිදුර, කත්තුව; in the nick of time හරි වේලාවටම. See Notch

Nickel, n. එනම් ලෝහ වර්ගය. [දේ

Nicknacks, n. pl. සුළු කුඩා බඩු, (ප්‍රීතිය ව ඇති) සුළු

Nickname, n. කවටකමට *or* නින්දා වශයෙන ව්‍යවහාර කරන නාමය, කවටනම, විකටනම; v. නමක් &c. තබනවා.

Nicotine, n. දුම්කොළ සාරය.

Nidification, n. (කුරුල්ලන් විසින්) කූඩු බැඳ බිජු රැකීම &c.

Nidus, n. නීඩය, බිජු කූඩුව, ඉහද කූඩුව.

Niece, n. ලේලි, යෙහෙළි, E. සහෝදරයෙකුගේ *or* සහෝදරියකගේ දුව only.

Niggard, n. මසුරා, ලෝභයා.

Niggardly, a. මසුරු, ලෝභ, කදර්‍ය, මාත්සර්‍ය.

Nigh, be, v. ළංව—කිට්ටුව—සමීපව—ආසන්නව—තිබෙනවා *or* සිටිනවා, ළඟ තිබෙනවා *or* සිටිනවා; S. adj. ළංවූ &c., ළඟ, ප්‍රත්‍යාසන්න.

Nigh, ad. ළඟ, ළඟින්, ළඟට, කිට්ටුවෙන්, කිට්ටුවට, සමීපයෙන්, සමීපයට.

Night, n. රාත්‍රිය, රෑ, රාත්‍රිභාගය, නිශාභාගය; to-night අද රාත්‍රිය, අද රෑ; last-night ඊයේ රාත්‍රිය, ඊයේ රෑ; by night රාත්‍රියෙන්, රැයින්; came late at night බොහෝ රෑවෙලා ආවා.

The night of ignorance, sorrow &c. අඥානකම්—දුක—නමැති රාත්‍රිය.

Night-blindness, n. රාත්‍රියට ඇස් නොපෙනීම, රෑ අන්ධකම; night-blind person රෑ කණා.

Night-dress, night-gown, n. රෑ ඇඳුම, රෑ ගවුම.

Night-fall, n. රෑවෙන වේලාව, සන්ධ්‍යා කාලය, දිනාවසානය, නිශාමුඛය.

Nightingale, n. (රාත්‍රියේ නාදකරන) රෑ කුරුල්ලා, රාත්‍රි කෝකිලයා.

Nightly, ad. රාත්‍රියෙන් රාත්‍රියට, සෑම රාත්‍රිවල; adj. රැයක් පතා සිද්ධවෙන *or* කරන.

Night-man, n. රෑ කුණු අදින්නා.

Nightmare, n. හිරිවැටීමක් සහිත සිහිනය, භය සහිත, *or* බියකරවන සිහිනය, දුඃස්වප්නය.

Night-soil, n. වැසිකිළිවල කුණු, අශුචි ගොඩ.

Night-walking, n. නින්දෙන් ඇවිදීම; (නුවරට) රාත්‍රියෙහි එහිමෙහි ඇවිදීම. [රයා.

Night-watch, n. රාත්‍රියාමය; රාත්‍රි රැකවල, රෑ මුරකා

Nigrescent, a. කළුවේගන යන්නාවූ, මඳක් කළු.

Nihil debit, L. ඔහු ණයතුරුස්නැත (යන විත්තිකීම).

Nihil decit, L. විත්තිකාරයා "කිසිත් කියන්නෙත් නැත" යන හැටියට තීන්දුව දීම.

Nihilism, Nihility, n නොපැවැත්ම, කිසිත් නැතිකම, අභාවය, නාස්තිත්වය, ශූන්‍යතාව, ශූන්‍යතා ධර්මය.

Nihilist, n. ශූන්‍යධර්මවාදියා.

Nil desperandum, n. L. කිසිවක් ගැන ප්‍රාර්ථනා ශූන්‍ය නොවේවා.

Nimble, a. (පහසුවෙන්) ශීඝ්‍ර, ඉක්මන්, කම්සර, ලඝු, තුරිත.

Nimbleness, n. (පහසු *or* සැහැල්ලු) ශීඝ්‍රකම, ඉක්මන්කම, තුරිතතාව.

Nimbus, n. රශ්මිමාලාව, (පිළිරූවල) ශීර්ෂ-රශ්මි-චක්‍රය, රැස්වළල්ල; fig. වැහිවලාකුළ.

Nine, n. නවය, නමය; adj. නව, නම, (දෙනෙක්).

Ninefold, a. නවපට; නවගුණ, නවවිධ; n. නවපටක්, නවගුණයක්, නව පංගුවක්.

Nine-pins, n. ලීකොට නවයක් ඇති ක්‍රීඩාව.

Nine-points circle, n. නවබින්දු වෘත්තය.

Nine-pounder, n. රාත්තල් නවයක උණ්ඩයේ කාල තුවක්කුව.

Nineteen, a. *or* n. දහනව (දෙනෙක් &c.); දහනවය, එකුන්විස්ස, නවදශය.

Nineteenth, a. දහනවවෙනි, දහනමවෙනි, එකුන්විසි.

Ninetieth, a. අනූවෙනි. Ninety, n. අනූව ; adj. අනූ,

Ninth, a. නවවෙනි, නමවෙනි, නවම ; n. නවයෙන් පංගුවක්.

Nip, v. කොණ්ඩගහනවා, කොණිත්තනවා, මිරිකනවා. (නියපොත්තෙන්) කඩාදමනවා ; nip off කොණ්ඩ දමනවා ; fig (දලු කැඩීමෙන් සේ) වැඩීම නවත්වනවා, නැතිකරනවා : nipped in the bud ළපටි කල්හි—බාල වියෙහිදීම—කඩාදමනු ලැබුවා, කඩා වැටුණු, පරවුණු ; (යෝජනා, උපා &c.) මුලදීම නිෂ්ඵල වාවුණු.

Nip, n. කොණ්ඩහීම, කොණිත්තිම &c. ; (ඇඟිලි, දත්, අඬු, යනාදියෙන්) මිරිකීම ; (කොළ) ශීතලට මැලවීම, ඇකිළීම ; කොණ්ඩ කැඩූ පූංචි කෑල්ලක්, සිංගක්.

Nipper, n. කොණ්ඩගහන්නා, (අප &c., acc.) කොණ්ඩගහන or මිරිකන දෙය ; අශ්වයාගේ ඉස්සරහා දතක් ; pl. කුඩා අඬුව, පත් අඬුව.

Nipple, n. තනපුඩුව, තනග, චූචුකය ; තුවක්කු කන, නිපුල.

Nit, n. ලේඛියා. Nitty, a. ලේඛි ගහනවූ.

Nitre, n. වෙඩි ලුණු, යවකාර ලුණු.

Nitrogen, n. වායු විශේෂයක්, ජීවානතක වායුව.

Nitrous, a. වෙඩිලුණු අඩංගු, වෙඩිලුණු ගුණ ඇත්තාවූ.

N.N.E., north-north-east. උතුරටත් ඊශානටත් අතරෙනි, උත්තරීශාන.

N.N.W., north-north-west උතුරටත් වයඹටත් අතරෙනි, උත්තරවායව්‍ය.

No, ad. නැත, නැහැ, නෑ. No., Fr. nombre අඞ්ක, නො. See Number.

No, a. කිසි...නැත, කිසි...නොවේ, නෙවේ : There is no one කිසිවෙක් නැත, කිසි මනුෂ්‍යයෙක් නැත ; it is no one එය කිසිවෙක් නෙවේ ; it is no trifle සුළු දෙයක් නොවේ ; no little නොමඳ, අනල්ප.

Noachian (නොඒකියන්), a. නෝවා සම්බන්ධ, නෝවා කාලික.

Nobility, n උත්තමකම, ශ්‍රේෂ්ඨකම, වංශවත්කම, වංශාධිපතිකම ; වංශාධිපතියෝ, රදළ පෙළ, රදළ වරු.

Noble, a. උතුම්, උසස්, උත්තම, උදාරතර, ශ්‍රේෂ්ඨ, උත්කෘෂ්ටතර, උත්කෘෂ්ට, කුලවත්, වංශවත්, වංශාධිපති, සිවු, අභිජාත. [වරයා.

Noble, Nobleman, n. ශ්‍රේෂ්ඨයා, වංශාධිපතියා, සිවු

Nobleness, n උතුම්කම, උතුම් ගුණවන්තකම ; උත්තමකම, ශ්‍රේෂ්ඨකම, වංශවත්කම, වංශාධිපතිකම [පෙළ.

Nobless, Noblesse, n. Fr. වංශවත් අයවල්, රදළ

Nobly, ad. උතුම්ලෙස, උතුම් ගුණවන්තකමින් ; වංශවත් පෙළපතකින්.

Nobody, n. කිසිවෙක්—කවුරුවත්—කවරෙක්වත්—කෙනෙක්—නැත or නොවේ.

Nobody came කිසිවෙක් &c. ආවේ නැත ; there is nobody කිසිවෙක්—කිසිකෙනෙක් &c.—නැත ; it is nobody එය කෙනෙක් &c. නොවේ ; he is nobody ඔහු වැදගත් කෙනෙක් නොවේ.

Nocturn, n. රෑ පිළිබඳ දේව මෙහෙයක්.

Nocturna, n. pl. රාත්‍රි සමනල ජාති.

Nocturnal, a. රාත්‍රිය පිළිබඳ, රාත්‍රියේ කරන or සිදුවෙන, රාත්‍රි, රාත්‍රිගත, නිශාචර.

Nocturnally, ad. රාත්‍රියේදී ; රාත්‍රියෙන් රාත්‍රියට, රැයක් පතා.

Nocturnals, n. pl. රාත්‍රි පක්ෂීන් වන බකමූණු ජාති,

Nod, v. (විකක් ඉස්සරහට or පහතට) ඉස නමනවා ; ඉස නමා සංඥකරනවා ; ඉස විකක් නමා ආචාර කරනවා ; නිදාවැටෙනවා.

Nod, n. ඉස වැනීම &c. ; fig. අණ.

Noddle, n. (E. සරදමට) ඔළුව, ඔළු ගෙඩිය.

Noddy, n. ගුඩ්ඩයා ; මුහුදු පක්ෂි ජාතියක් ; පත් ක්‍රීඩාවක් ; ගැල් වර්ගයක්.

Node, n. ගැටය ; (නහරවල or අස්ථිවල) ඉදිමුම ; in astr. (ascending) රාහු, (descenbing) කේතු ; in bot. ගැටය, සන්ධිය.

Nodular, a. ගැට ආකාර, ග්‍රන්ථ්‍යාකාර.

Nodule, n. කුඩා ගැටයක්, ගුළියක් or කැටියක්.

Noetic, a. සිත පිළිබඳ. Nog, n. ලී ඇණය.

Noggin, n. කුඩා ලී කෝප්පයක්.

Noise, n. ඝෝෂාව, ගෝට්ටිය, ඝෝස, රැව්ව, රාවය, හඬ, ශබ්දය, නාදය ; ජනශ්‍රැතිය, ජනප්‍රවාදය.

Noiseless, a. ඝෝෂා රහිත, නිශ්ශබ්ද.

Noisily, ad. ඝෝෂා කරකර, ඝෝෂා ඇතුව &c.

Noisiness, n. ඝෝෂාකාරකම, ඝෝෂා සහිතතාව.

Noisome, a. (සතිපයට) අනදරවූ, අගුණ සහිත ; පිළිකුල්, දුර්ගන්ධ.

Noisy, a. ඝෝෂාකරන, ගෝට්ටිකරන, කෑගසන ; මහ ශබ්දයක් ඇත්තාවූ.

Nolens, volens, L. අකමැති වුවත්, කැමති වුවත්.

Nollè prosequi. Nolle pros., L. නඩුව නවතුරට කියන්ට අකමැතිය (කියා නවත්වනවා).

Nomad, n. තණ බිම් සොයමින් ඇවිදින එඬේර ගෝත්‍රයක කෙනෙක් ; එසේ තැනින් තැන හැසිරෙන්නා.

Nomadic, a. සඤ්චාරණයකරන. [නා.

Nomenclator, n. (දේවලට) නම් තබන්නා, නම් කරන්

Nomenclature, n. (භාෂාවක) වචන ලේඛනය or නාමාවලිය, නිඝණ්ඩුව, ශබ්ද සංග්‍රහය ; ශාස්ත්‍ර වචන කෝෂය, ශිල්ප වචන කෝෂය.

Nominal, a. නම් සම්බන්ධ, නම් අඩංගු ; නාම මාත්‍ර, නමින් පමණක් ඇත්තාවූ or වෙන්නාවූ : a nominal fine ඉතා සුළු දඩයක් ; a nominal friend නාමයෙන් පමණක් මිත්‍රව සිටින්නෙක්.

Nominally, ad. නමින් පමණක්. නාමයෙන්නම්, පිටත ආකාරයෙන් පමණක්.

Nominate, v. (යම් තනතුරකට) නම සඳහන්කරනවා or යෝජනා කරනවා ; පත්කරනවා.

Nomination, n. (නිලයකට පුද්ගලයෙක් තෝරා) නම සඳහන්කිරීම, ; නම සඳහන්වීම ; පත්කිරීම ; නම සඳහන්කිරීමේ බලය, පත්කිරීමේ බලය. [කර්තෘ.

Nominative, a. ප්‍රථමා, කර්තෘ ; n. ප්‍රථමා විභක්තිය,

Nominee, n. (යම් නිලයකට) නම සඳහන් කරනලද අය, නියමවූ or පත්වූ අය.

Nomography, n. නීති පනත් විස්තරය.

Non, prefix :—අ, නො, නි, නු, යන අර්ථ ඇති නිපාතයක්, නිෂේධ නිපාතයක්. [කම.

Non-ability, n. නුපුළුවන්කම, බැරිකම ; අවසරනැති

Non-acceptance, n. පිළිනොගැනීම, බාර නොගැනීම ප්‍රතික්ෂේප කිරීම.

Nonage, n. (නීතියේ හැටියට) අසම්පූර්ණ වයස, බාලාවස්ථාව.

Nonagenarian, n. අවුරුදු අනූවක් වයස් ඇත්තා, නවතිවයස්කයා.

Nonagesimal, n. ක්‍රාන්තිකක්ෂයේ මුදුන ; adj. ක්‍රාන්තිකක්ෂයේ මුදුන්.

Nonagon, n. (පැති හා) කොන් නවයක් ඇති හැඩය, නවකෝණය, නවභුජය, නවාස්‍රය.
Non-appearance, n. නොපෙනීම, (නඩු ගාලාවේ) පෙනීනොසිටීම, නොපැමිණීම.
Non-arrival, n. නොපැමිණීම, සේන්දුනොවීම, අප්‍රාප්තවීම, අප්‍රාප්තිය.
Non-assumpsit, L. පොරොන්දුත්තුණය (යන විත්තිය).
Non-attendance, n. (ඇවිත් සිටියයුතුතැනට) නොපැමිණීම, නොපෙනීම, නොසිටීම, අනභිමුඛය.
Nonchalance, n. නොසැලකිලි භාවය, උපේක්ෂාව.
Nonchalent, a. නොසැලකිලි, නිරුත්සුක, උදාසීන.
Non-clerical, a. පාදිලි නොවන, පැවිදි නොවන, ගිහි, ගෘහස්ථ.
Non-coincident, a. අසංපාත.
Non-commissioned, a. උතුම් හේවා *or* නාවුක මුලාදැනිකමට බලය නොලත්, සුළු මුලාදැනි; non-commissioned officer සුළු මුලාදැනියා.
Non compos mentis, L. හරි සිහිය නැති, උන්මාද; උන්මත්තකයා.
Non-conducting, a. (lit. නොසංගනයන), විදුලිය, රස්නය &c. ගමන්නොකරන. අනාකර්ෂක (ද්‍රව්‍ය).
Non-conductor, n. විදුලිය &c. ගමන්නොකරන දෙයක් *or* (ඒවා) ඇදනොගන්න දෙයක්, අනාකර්ෂක ද්‍රව්‍යයක්.
Nonconforming, a. (යම් නියම ක්‍රමයකට) යටත්නොවන, නොබැඳෙන, එකඟනොවන.
Nonconformist, n. (sp. නියම ආගමකට *or* එංගලන්ත සභාවට) යටත්නොවෙන්නා, සම්මතනොවෙන්නා, පිළිනොගන්නා, නොබැඳි අය.
Nonconformity, n. (නියම ක්‍රමයකට) යටත්නොවී සිටීම &c. අනනුවර්තනය, අනනුරෝධය.
Non-contagious, a. (එක් කෙනෙකුගෙන් තවත් කෙනෙකුට අල්ලන හැටියට) බෝනොවන, විසංක්‍රාන්තනොවන, අනුවාව, (රෝග).
Non-content, n. (යෝජනාවකට) එකඟනැත්තා අසම්මතයා.
Nondescript, a. *or* n. (අසවල් ජාතිය කියා) විස්තර කරන්ට අමාරුවූ (දෙයක් *or* කෙනෙක්), අනියම් (දේ &c.).
None, pron. කිසිවෙක් නැත, කවුරුවත් නැත; එකක් වත් නැත; none other අන් කිසිවෙක්—අන්කිසිවෙක් නැත *or* නොවේ, වෙන නැත. [සර්වනාමය.
Non-elastic, a. ආපසු පනින ගතියක් නැති, ඝට්ටිත
Non-electric, n. විදුලිබලය නොරැඳෙන ද්‍රව්‍යයක්.
Nonenity, n. නොපැවැත්ම, නැති එක, අවිද්‍යමාන තාව, ශූන්‍යතාව, නාස්තිත්වය; ගණනකට නැති අය.
Nones, n. pl. මාර්තු, මැයි, ජූලි, ඔක්තෝම්බර් යන මාසවල හත්වෙනිද සහ අනික් මාසවල පස්වෙනිද.
Non-essential, a. (කාරණාවට සම්බන්ධ නුවූත් ඊට) ඕනෑම නොකරන, අවශ්‍යම නුවූ, නිරවශ්‍ය, අනාවශ්‍යක.
Non est inventus, L. සම්බන්ධුණය (යන ද්‍රන්ට්වසි).
Nonesuch, n. අසමාන අය *or* දෙය.
Non-existence, n. නොපැවැත්ම, අවිද්‍යමානකම, අභාවය, අසද්භාවය, අසම්භවය, නාස්තිත්වය.
Non-existent, a. අවිද්‍යමාන, අභූත, නැත්තාවූ.
Nonillion, n. ඉලක්කම් පනස් පහකින් ලියන ගණන, ලක්ෂබිඳුව.
Non-juring, a. රාජපක්ෂවාදිකම ගැන නොදිවුරන.
Non-juror, n. (එසේ) නොදිවුරූ කෙනෙක්, නොදිවුරු රන්නෙක්.

Non-liquet, L. in law අප්‍රත්‍යක්ෂය (යන නිශ්චය).
Nonpareil, a. අතුල්‍ය, අසහාය, අනුපම, අප්‍රතිම, අද්විතීය.
Nonpareil, n. අසහාය දේ, අසහාය අනඝියාව; (අනඝි) පඳුරෙක් ජාතියක්; කුඩා අච්චු අකුරු ජාතියක්.
Nonplus, n. (අමාරු නිසා නැවතී සිටින) නිරවුල් සව භාවය, පරාජය, බැරි අමාරුව.
Nonplus, v. බාධාකරනවා, නිරුත්තරකරනවා, කල් පිකලකරනවා.
Non-resident, n. තමාගේම ගම්බිම්වල වාසයනොකරන්නා, තමාගේම පදවියෙහි වාසයනොකරන්නා.
Nonsense, n. තේරුමක් නැති බස්, නිරර්ථක කථා, ප්‍රලාප, අනර්ථතත්.
Nonsensical, a. නිරර්ථක.
Non sequitur, L. lit. අනුව යන්නේ නැත; in logic අනනුමිතිය, නිරනුමිතිය.
Nonsuit n. පැමිණිල්ල අත්ඇරීම පිණිස නොපෙනී සිටීම, පැමිණිල්ල අත්හැරීම.
Nonsuit, v. පැමිණිල්ල බැහැරකළායයි ලියා තබනවා, පැමිණිල්ල නිෂ්ප්‍රභාකරනවා.
Non-usance, n. භාවිතානොකිරීම, භාවිතාව අත් ඇරීම.
Noodle, n. ගුජ්ජියා, තකතිරුවා.
Nook, n. මුල්ල, කොණ, පටු තැනක්, nook & corner අස්සක් මුල්ලක්.
Noon, n. ඉරමුදුන් වේලාව, මද්දහන් වේලාව, මද්දහන, මධ්‍යාහනය.
Noonday, Noontide, a. ඉරමුදුන් වේලාවට අයිතිවූ, මද්දහන්, මධ්‍යාහන.
Noose, n. පුඩුව, තොණ්ඩුව, මල, මලපුඩුව, කඹ මල, පාශය.
Noose, v. පුඩුවකින් &c. අල්ලනවා *or* අසුකරනවා; පුඩුවක් ගහනවා.
Nor, conj. neg. ත්... ත් නැත,......ත් නොවේ, වත්......වත් නැත, වත්......වත් නොවේ; nor is that here ඒකත් මෙහි නැත; nor is it that ඒකත් නොවේ; there is neither that nor the other ඒකත් අනික් එකත්—ඒකවත් අනික් එකවත්—නැත; it is neither ඒක දෙකම නොවේ.
Norm, n. මිම්ම, පරිමාණය; සූත්‍රය, ආදර්ශය.
Norma, n. the const. පරිමාණ රාශිය.
Normal, a. lit. මිම්ම ප්‍රකාරවූ, පරිමාණකාර, පරිමාණනුසාර; (යමකට) අඩෝල්ලම්බ; fig. නියම විධියට එකඟ, නොවෙනස්, සාමාන්‍ය, ස්වාභාවික; ඉගැන්වීමේ විධිය උගන්වන, විධිවත්.
Normal, n. in geom. (යමකට) අඩෝල්ලම්බ රේඛාව.
Normally, ad. නියම විධියේ හැටියට.
Normal-school, n. (ඉගැන්වීමේ විධිය උගන්වන) විධිවත් පාඨශාලාව. [විශේෂණය.
North, n. උතුර, උතුරුදිග, උත්තරදිශාව, උත්තර
North, a. උතුරු, උත්තර. [ඊශානදිග.
North-east, n. ඊශානදිග, ඊශාන කොණ; a. ඊශාන.
North-easter, n. ඊශානදිග හුළඟ.
Northerly, ad. උතුර දෙස *or* දෙසට; උතුරෙන්, උතුරුදිගින්.
Northerly, a. උතුරට—උතුරදෙස—තිබෙන, උතුරෙන් එන්නාවූ, උතුරු.
Northern, a. උතුරු, උතුරෙහි *or* උතුර දෙසට ඇත්තාවූ.

Northing, n. යම් තැනක සිට උතුර දෙස තිබෙන දුරස්තරය, උතුරු අන්තරය; in astr. (තිරශ්චයේ සිට තාරකාවක) උත්තරාන්තරය.
North-polar, a. උත්තරධ්‍රැව (පළාත් &c.).
North-pole, n. උත්තරධ්‍රැවය.
North-star, n. උතුරු තාරකාව, උත්තරධ්‍රැව තාරකාව.
Northward, **Northwards**, ad. උතුරදෙසට.
North-west, n. වයඹදිග, වයඹ, වයඹ කොණ.
North-west, a. වයඹ, වයඹදිග; වයඹදිගින් එන්නාවූ.
North-western, a. වයඹදිග, වායව්‍ය දිගාවේ තිබෙන, වයඹට යන්නාවූ.
Nose, n. නාසය, නාහේ, නාසය, නාසිකාව, ඝ්‍රාණය; (යම් දෙයක) තුඩ *or* කට.
Be led by the nose අනිකෙක් කියන කියන හැටියට කරනවා.
Thrust in one's nose බලේට *or* අයුතුලෙස මැදිවෙනවා.
Nosegay, n. (නෙලාගත්) මල්පොකුර, මල්කලාපය, මල්කලඹ, පුෂ්පප්‍රකරය.
Nose-jewel, n. නාසාභරණය.
Nosography, n. රෝගවිස්තර ශාස්ත්‍රය.
Nosology, n. රෝග ප්‍රභේද ශාස්ත්‍රය, රෝග නිදාන ශාස්ත්‍රය.
Nostalgia, n. විප්‍රෝෂිත දුක, පිවාසන දුක.
Nostril, n. නාස් පුඩුව, නාසාපුටය.
Nostrum, n. රහස් බෙහෙත, අප්‍රකට බෙහෙත; විශාජෞෂධය.
Not, ad. නැත, නෑ, නැහැ; නොවේ, නෙවේ.
Nota bene, N. B., L. හොඳට බලනු.
Notabilia, n. pl. L. සැලකියයුතු දේ.
Notable, a. සිහිකරන්ට වටින, සැලකියයුතු, අපූර්, කීර්තිමත්, ප්‍රසිද්ධ, විශේෂ, විශිෂ්ට, උත්කෘෂ්ට.
Notable, n. ප්‍රධානයෙක්, ප්‍රසිද්ධ කෙනෙක්, උත්තමයෙක්.
Notably, ad. ප්‍රසිද්ධාකාරයෙන්, ප්‍රත්‍යක්ෂලෙස.
Notarial, a. නොතාරිස්කෙනෙක් විසින් කරනලද, නොතාරිස්, (කෘත්‍ය ධුරය &c.).
Notary, n. නොතාරිස්, ඔප්පු—සාක්ෂිපත්‍ර—ආදිය ස්ථිරකරන ලේකම් කෙනෙක්.
Notation, n. සටහන්කිරීම, සලකුණුකිරීම, අඞ්කනය; සලකුණු ක්‍රමය, of music ප්‍රස්තාරය.
Notch, n. කත්තුව, කත්තුමල්ලිය, ඉරිප්පුව, pl. කත්තු &c., කඩතොලු.
Notch, v. කත්තු කපනවා, කත්තුමල්ලි කපනවා; become notched කඩතොලු වෙනවා.
Note, n. සලකුණ, සටහන, සාලක්ෂ්‍යය; foot-note අධෝලිපිය; explanation සන්නය, විස්තරය, දීපිකාව; short letter කොට ලියමන, ලියුම් කැබෙල්ල, තුණ්ඩුව, කොළකෑල්ල; promissory note ණයකරය, ණයපත්‍රය, නෝට්ටුව; in music ගාන්ධර්වස්වරය, විරිබිඹය; ස්වර ලකුණ, ස ගීත සටහන; fame කීර්තිය; a person of note ප්‍රසිද්ධ-ප්‍රධාන-උතුම්-කීර්තිමත්-කෙනෙක්; take notes කොටින් සටහන්කරගන්නවා; notes සටහන්වූ දේ, ලියාපු දේසනාව.
Note, v. සිහියට ගන්නවා, (හිතෙන්) බලාගන්නවා; සටහන්කරනවා.
Note-book, n. සටහන් පොත, අත්පොත, නෝට්පොත; ණයපත්‍ර පොත.
Noted, a ප්‍රසිද්ධ කීර්තිමත්.
Noteworthy, a. සැලකියයුතු, සිතට ගතයුතු, වැදගත්.
Nothing, n. කිසිවක් නැත, මොකක්වත් නැත, අභාවය, ශූන්‍යය.
there is nothing here මෙහි කිසිවක් නැත.
that is nothing ඒක කිසිවක් නෙවේ *or* ඒකේ වැදගැම්මක් නැත.
rise from nothing *or* low condition පහත්-සුළු-ස්වභාවයක සිට උසස්වෙනවා;
come to nothing අභාවයට පැමිණෙනවා; make nothing of සුළු දෙයක්කොට සලකනවා.
I can make nothing of this මට මෙයින් කිසිවක් සාදන්ට-*or* තේරුම්ගන්ට-බැරිය.
Nothingness, n. කිසිත් නැතිකම, අභාවය, ශූන්‍යතාව, see Non-entity; fig. නොවටිනාකම.
Notice, n. බලාගැනීම, සැලකීම; දැන්වීම, සැලකිරීම, නිවේදනය, විඥාපනය, විඥාපන පත්‍රය.
Give notice කලින් දැනුම්දෙනවා, සැලකරනවා.
Take notice of බලාගන්නවා, සලකනවා, සැලකීමට-සිහියට-හිතට-කල්පනාවට-ගන්නවා.
Notice, v. බලාගන්නවා, සලකනවා, සලකා යමක් කියනවා *or* කරනවා, කල්පනාවට ගන්නවා.
Noticeable, a බැලියයුතු, සැලකියයුතු; ප්‍රකට, ප්‍රත්‍යක්ෂ.
Notification, n. දැන්වීම, දැනුම්දීම, සැලකිරීම; දැන්වන පත්‍රය.
Notify, v. දන්වනවා, දැනුම්දෙනවා, සැලකරනවා.
Notion, n. කල්පනාව, මතය, මතිය.
Notional, a. සිතිවිලිලෙහිම ඇත්තාවූ, මනඃ කල්පිත, මනෝගත, මනසිජ; නිෂ්ඵල සිතිවිලි-ඇති.
Notoriety, n. අපකීර්තිය ලැබ සිටීම, නරක ප්‍රසිද්ධිය, ප්‍රසිද්ධකම.
Notorious, a. (නරකක් ගැන) ප්‍රසිද්ධවූ, අපකීර්තියක් උසුලන ප්‍රකාශිත, ලෝකප්‍රසිද්ධ.
Notoriously, ad. ප්‍රසිද්ධාකාරයෙන් ; it is notoriously false ඒක බොරු බව හොඳට ප්‍රසිද්ධයි
Notwithstanding, conj. *or* prep. ඒ කොයිහැටි නුමුත්, එහෙත්, එසේ නුමුත්; එසේව තිබෙද්දීත්.
Nought, n. See Naught & Nothing.
Noun, n. නාම වචනය, නාම පදය.
Nourish, v පෝෂ්‍යයකරනවා, පොෂණයිපත් කරනවා, පුෂ්ටිමත්කරනවා ; සාත්තුකරනවා ; fig. දියුණුකරනවා. [පාලීන.
Nourished, a. පෝෂ්‍යයකරනලද &c., පෝෂිත, පුෂ්ට,
Nourishing, a. පෝෂ්‍යයකරන, පෝෂණය සහිත, පෝෂක, සාරවත්, පුෂ්ටිදායක.
Nourishment, n, පෝෂ්‍යයකිරීම &c.; පෝෂ්‍යය, පෝෂාගුණය, පෝෂණය, පුෂ්ටිය; ආහාරය.
Nous, n. Gr. බුද්ධිය, සිහිය.
Novel, a. අලුත්, නව, අභිනව, නූතන, නවීන, නව්‍ය, අලුත්, ආධුනික; අපූර්.
Novel, n. (සැබෑ කථාවක්ම නොවන) අලුත් ප්‍රබන්ධය, ප්‍රබන්ධ කථාව, නව කථාව.
Novelist, n. අලුත් ප්‍රබන්ධ සාදන්නා, නවකථාකාරයා, ප්‍රබන්ධ කථා කතෘ.
Novelty, n. අලුත් කම, නවතාව, නූතනත්වය; අලුත් *or* අලුත් දෙයක්, අපූරු බඩුව.
November, n. ඉල්මස, නොවැම්බර් මාසය.
Novice, n. ආධුනිකයා; අලුත් ගෝලයා, නවශිෂ්‍යයා, නවක භික්ෂුව, සාමණේර නම.

Novitiate, n. ආධුනිකභාවය, ආධුනික කාලය, ආධුනිකයා.

Now, ad. දැන්, just now මේ දැන්, දැන්ම; now and then ඉදහිටලා, එහෙමත් වතාවක්.
Isaac was now old ඊසාක් එකල මහලුව සිටියා.
He now says one thing and now another ඔහු පළමුකොට එකක් කියනවා දෙවනුව වෙන එකක් කියනවා.

Now, conj. ඉතින්, ඉදින්.

Nowadays, ad. මේ දවස්වල, මෙකල්හි, දැන්කාලයේ.

Noway, Noways, ad. කොයි ප්‍රකාරයකින්වත් නැති.

Nowhere, ad. කොතනනමත්-කොතනකවත්- කොහේවත් නැත, කොහිකිවත් නැත.

Nowise, ad. කිසිසේ -කොයි ප්‍රකාරයකින්වත්- කොහෙත්ම-නැත

Noxious, a. අනදරවූ, අගුණ සහිත, අවැඩ, විනාශදායක, උපද්‍රව සහිත, අන්තරායකර, බාධක.

Noxiousness, n. අගුණය, අවැඩදායක ස්වභාව.

Nozzle, n. හොම්බ, භාජනවල් වැනි යම් දෙයක තොංගල, (නළයක කට)

Nubile, a. මැස්විය පැමිණි, විවාහයට සුදුසු, විවාහයෝග්‍ය, විවාහ්‍ය.

Nucleus, n. (lit. ඇට මදය); මැදපංගුව, මධ්‍ය කොටස (හාත්පසින් ද්‍රව්‍ය රැස්වෙන) මධ්‍යය, මධ්‍යස්ථානය, ගර්භය.

Nude, a. නග්න, හෙළුවැලි, නිර්වස්ත්‍ර; void අවලංගු.

Nudge, v. (වැලමිටින්) හෙමින් තට්ටුකරනවා; n. එසේ තට්ටුකිරීම.

Nudity, n. නග්නකම, නිර්වස්ත්‍රකම; pl. නිර්වස්ත්‍ර කොටස.

Nudum pactum, L. අවලංගු—හිස්—ගිවිසුම.

Nugatory, a. නිෂ්ඵල, බල නැති, හිස්; render nugatory නිෂ්ඵලකරනවා &c., නිෂ්ප්‍රභාකරනවා, නිරාකරණයකරනවා.

Nugget, n. (රත් රිදී) කැටියක්, කැබෙල්ලක්.

Nuggety, a. කැටි ගගනවූ,

Nuisance, n. හිංසාවක්වූ දෙයක් or කෙනෙක් (කසළ ආදී) අප්‍රිය දේ, අනදරවූ දේ කරදරය, හිරිහැරය, පීඩාව.
(අනදරවූ දේ, කරදරය, හිරිහැරය, පීඩාව.)

Null, be, v. අවලංගුව—නිසරුව—නිෂ්ප්‍රභාව—වත්මීව තිබෙනවා.

Nullify, v. බලනැතිකරනවා, වලංගු නැතිකරනවා, නිෂ්ප්‍රභාකරනවා.

Nullity, n. කිසිත් නැතිකම, හිස්කම, නිෂ්ඵලතාව, ශූන්‍යතාව; වලංගුනැතිකම.

Numb, a. (සවලපවගයෙන්) පණ නැතිවූ, හිරිවැටුණු.

Numb, v. (සවලපවගයෙන්) පණනැතිකරනවා, හිරිවැටෙන්ට සලස්වනවා.

Number, n. ඉලක්කම, අංකය; නොම්මරය; ගණනක්, කීපයක්, කිප දෙනෙක්; of a series කලාපය; in gram. ඒක සංඛ්‍යාව, බහුසංඛ්‍යාව; in poetry, pl. කවිපදයේ ස්වරක්‍රමය.

Number 5 *or* No. 5: අංක 5 දරන *or* අංක පහේ (ගෙය &c.)

Number, v. ගණිනවා, ගණන්කරනවා; ගැණෙනවා; ඉලක්කමකින් සලකුණුකරනවා, නොම්මරය ලියනවා, අංකය දමනවා.

Numbered, a. ගණිනලද &c., ගැන්න, ගැනපු, ගණිත, අංකිත.

Numberless, a. ගණන් නැති, ගණනාවක් නැති, ගණනාතීත, අසංඛ්‍ය, අගණ්‍ය, අගණනීය.

Numbers, n. සංඛ්‍යා කථාව (නම්වූ බයිබලයේ පොත).

Numbles, n. මුවාගේ බඩවැල්.

Numbness, n. හිරිවැටීමේ පණනැතිකම, හිරිගතිය, තොදැනීමේ ස්වභාව, සුපතිය.

Numerable, a. ගැන්න හැකිවූ &c., ගණනීය, සංඛ්‍යෙය.

Numeral, n. ඉලක්කම, අංකය, ගණන් පෙන්වන [ලකුණ.

Numeral a. ගණන් සම්බන්ධ, ගණන් සහිත, සංඛ්‍යාවාචක.

Numerally, ad. ගණන් වශයෙන්, සංඛ්‍යාකාරයෙන්.

Numerate, v. (ඒකස්ථානය දශස්ථානය යනාදී ලෙස කියා) ගණන්කරනවා.

Numeration, n. ස්ථානාකාරයෙන් ගණන කීම; ගණන්කිරීම, ගණනාව, සංඛ්‍යානය,

Numerator, n. ගණන්කරන්නා; of a fraction ලවය.

Numeric, Numerical, a. ගණන්, ගණන් *or* සංඛ්‍යා සම්බන්ධ, ගණනාකාර.

Numerically, ad. ගණනින්, ගණන් වශයෙන්, ගණනේ හැටියට, සංඛ්‍යාකාරයෙන්.

Numerous, a. බොහෝවූ, බහුල, අනේක, රාශිගණවූ.

Numerousness, n. බහුලකම, බහුලත්වය, බාහුල්‍යය.

Numismatic, a. මිල—පදක්කම්—සම්බන්ධ, මුද්‍රා.

Numismatics, n. (පුරාණ) මිල හා පදක්කම් සම්බන්ධ ශාස්ත්‍රය, මුද්‍රාවිද්‍යාව.

Numismatologist. n. මුද්‍රා-ශාස්ත්‍රඥයා.

Numismatology, n. කථාන්තරාකාර මිල හා පදක්කම් විස්තරය, කථාන්තරාකාර මුද්‍රාවිද්‍යාව.

Nummary, a. මුදල් *or* කාසි පිළිබඳ.

Numskull, n. මොට්ටයා, ගුඩ්ඩයා, තකතිරුවා.

Nun, n. (අවිවාහකකමටත් ආගමටත් කැපවූ) තාපසී, පරිව්‍රාජිකාව, මෙහෙණින්න, භික්ෂුණිය.

Nuncio, n. (රජෙක් වෙතට යවන පාප්වහන්සේගේ) තානාපතියා, දූතයා.

Nunnery, n. තාපසින්ගේ ආරාමය (සත්‍රීන්ගේ) තපස්මඩම, මෙහෙණවර.

Nuptial, a. විවාහවීම සම්බන්ධ, විවාහ, සරණ, (දවස, මංගලය &c.;) වෛවාහික.

Nurse, n. කිරිමව්, ආමා; ආයා; සාත්තුකාරී, සාත්තුකාරයා; be at nurse කිරිමව් බාරේ ඉන්නවා.

Nurse, v. කිරිදෙනවා; සාත්තුකරනවා, සාත්තුසප්පායම්කරනවා; rear ඇතිකරනවා; promote වර්ධනයකරනවා.

Nursery, n. ළමයින්ගේ කාමරය, බාලාගාරය; (බීජ පැළකරන) පැළැටි පාත්තිය, පැළැටි වත්ත, තවාන; යමක් වැඩෙන ස්ථානය. [වත්ත.

Nursery-garden, n. ගස් පැළකරන වත්ත, පැළැටි

Nursery-man, n, පැළැටි වතුකාරයා, තවාන්කාරයා.

Nursing, n, කිරිදීම &c., see verb; attendance සාත්තුව.

Nursling, n. කිරිදරුවා, අතදරුවා, ළදරුවා.

Nurture, v. පෝෂණයකරනවා; ඇතිකරනවා, ඇතිදැඩිකරනවා; දියුණුකරනවා. [කිරීම

Nurture, n. lit. & fig. පෝෂ්‍යය, පෝෂණය, දියුණු

Nut, n, (පොල් මාගේ) කටු ඇතිගෙඩි ජාති; ඉස්කුරුප්පු පෙත්ත.

Nutant, a. in bot. අග—අග්හිස්ස—නැමෙන.

Nutation, n, in astr. පෘථිවිබුරුවාවනතිය.

Nut-cracker, n. (ගෙඩිවල සදු බිඳින) කටු අඬුව, සිරය.

Nut-gall, n. අරළු ඇට සමාන ඇට ජාතියක්.

Nutmeg, n. සාදික්කා (ගස, ගෙඩිය, ඇටය), ජාතිඵලය, ජාතිකෝශය.

Nutriment, n. පෝෂ්‍යය, ආහාරය; පෝෂ්‍ය ගුණය.

Nutrition, n. පෝෂ්‍යයකිරීම, පෝෂණය, සාරවත්කිරීම; පෝෂ්‍යය, පෝෂ්‍ය ගුණය.

Nutritious, Nutritive, a. පෝෂ්‍යයකරන (කෑම), පෝෂණ ගුණ ඇත්තාවූ, පෝෂ්‍ය දායක, පෝෂ්‍ය දායී, පුෂ්ටිකර,

Nutshell, n. ගෙඩිවල කටුව; cocoa-nut shell පොල් කටුව, පොලොත්ත, with the husk පොල් කෝම්බය.

Nutting, n. (nuts නම්වූ) ගෙඩි කඩාගැනීම. [වූ.

Nutty, a. ඒ ගෙඩි ගහනවූ; ඒ ගෙඩිවල රස ඇත්තා

Nux vomica, n. ගොඩකදුරු.

Nyctalopia, Nyctalopy, n. (ඇස්රෝගයක් නිසා) අඳුරේදී ඇස් පෙනීම, රාත්‍රි දෘෂ්ටිය.

Nymph, n. in myth, (වන, ජල, කඳු, ආදී තැන්වල ඉන්න) දිව්‍යාංගනාව, දෙවඟන, දේවතාවී, අප්සරාව ; ලස්සන තරුණියක්.

O.

O, intj. අහෝ, අහෝ, අපොයි.

Oaf, n. මොට්ටයා, ගමරාළයා, ගුඩ්ඩයා. අබ්බාගාතයා.

Oak, n. අලොත් ගස.

Oak, Oaken, a. අලොත්ලීවූ. [ගෙඩි.

Oak-apple, n. (අරළුගෙඩි සමාන) අලොත්ගසේ

Oakum, n. (පරණයොත් ලිහීමෙන් ගන්න) කිත්තම්-සෙල්ලාර—කෙඳි.

Oar, n. හබල, අවලත, පළුපත.

Oared, a. හබල් ඇත්තාවූ ; a four-oared boat හබල් හතරක් ඇති ඔරුව.

Oarsman, n. හබලෙන් පදින්නා.

Oasis, n. (කාන්තාරයේ) සාරවත් තැනක්, ක්ෂේම භූමිය; fig. (දුක් අතරෙහි) සැප කාලයක්.

Oath, n. දිවුරුම, දිවිරිල්ල, ශපථය : oath of allegiance රාජ පාක්ෂිකභාවයේ දිවුරුම.

Oatmeal, n. ධාන්‍ය පිටි ජාතියක්.

Oats, n. pl. ධාන්‍ය ජාතියක්; ඒ ධාන්‍යවල ගොයම.

Obduracy, n. නොහික්මුම්කම, සිත් දැඩිකම, මුරණ්ඩුකම, දැඩිතාව.

Obdurate, a. නොහික්මෙන, හිත්දැඩිවූ, මුරණ්ඩු, ඇට්ටර, දැඩි. [ලෙස.

Obdurately, ad. නොහික්මුම්කමින් &c., මුරණ්ඩු

Obedience, n. කීකරුකම, (අණට) යටත්වීම, ආඥාකරණය. [අනුකූල.

Obedient, a. කීකරු, යටත්වෙන්නාවූ, යටහත්,

Obediently, ad. කීකරුලෙස, කීකරුව, යටත්ව.

Obeisance, n. වැඳීම, ආචාරය, අභිවාදනය, ප්‍රණාමය, ප්‍රණතිය, ප්‍රණිපාතය, නමස්කාරය.

Obeisant, a. යටත්වූ, වැඳීමට-ආචාරකිරීමට-ලැදි.

Obelisk, n. සතරැස් කුළුණ, චතුරස්‍රස්තම්භය; (†) මේ ලකුණ.

Obese, a. ස්ථූල, තරබාරු.

Obeseness, Obesity, n. ස්ථූලතාව, තරබාරුකම.

Obey, v. කීකරුවෙනවා, යටත්වෙනවා, නැමෙනවා, අවනතවෙනවා, හික්මෙනවා; the ship obeys the helm නැව සුක්කානමට හැරෙනවා, යටත්වෙනවා.

Obfuscate, v. අඳුරුකරනවා.

Obfuscation, n. අඳුරුකිරීම, අඳුරුවීම.

Obit, n. කාලක්‍රියාව ; අවමංගල්‍යය; (මැරුණ කෙනෙක් ගැන පවත්වන) සාංවත්සර මෙහෙය.

Obitual, a. සාංවත්සර අවමංගල (දවස් &c.,)

Obituary, n. මරණ ගැන පළකරන දැන්වීම or ප්‍රවෘත්තිය, මැරුණ කෙනෙක් පිළිබඳ ජීවිත විස්තරය; R. C. මළ ලේඛනය, සාංවත්සර අවමංගල ලේඛනය.

Obituary, a. කෙනෙකුගේ මරණය සම්බන්ධ, මරණ පිළිබඳ.

Object, v. විරුද්ධව කථාකරනවා, විරුද්ධවෙනවා.

Object, n. දෙය, ද්‍රව්‍යය, අරමුණ, ආරම්මණය, කාරණ, කාරණාව; purpose අදහස, අභිප්‍රාය, පරමාර්ථය. අභිමතාර්ථය; අදහස් උපදවන කාරණාව; in gram. කර්ම විභක්ති වචනය; make one's chief object ප්‍රමුඛකරගන්නවා.

Objection, n. විරුද්ධවීම, විරුද්ධව පාන කාරණාව, විරුද්ධ කාරණාව. විරුද්ධත්වය, විරුද්ධය.

Objectionable, a. විරුද්ධව කථාකළ යුතු, විරුද්ධ විය යුතු, නොනිසි.

Objective, a. සිතට or සිහියට ඇතුළත් නැති, අනාධ්‍යාත්මික, පිටාතර, බාහිර; in gram. obj. case කර්ම විභක්තිය or මා—me—වැනි විභක්තිය.

Objectively, ad. තමාගේ කල්පනාවට ඇතුළත් නැති දෙයක් කොට.

Objectiveness, Objectivity, n. (කල්පනාවට) ඇතුළත්නැතිකම, වහිගීතතාව.

Objectless, a. දෙයක්-කාරණාවක්-අදහසක්—නැති.

Objector, n. විරුද්ධව කථාකරන්නා, විරුද්ධකම කියා සිටින්නා, විරුද්ධවෙන්නා.

Objurgation, n. දිවිරුම්පිට සැරකිරීම, දෙස්තැබීම.

Oblate, a. (දෙඩම් වාගේ) පැතලි ගෝලාකාර, පැතලි පරිමණ්ඩල. [මණ්ඩලතාව.

Oblateness, n. පැතලි ගෝලාකාරය, පැතලි පරි

Oblation, n. පූජාව, පුදය, යාගය, හෝමය, හව්‍යය, බලිය, උපහාරය; ඔප්පුකරන දෘතය.

Obligation, n. (යුතුකමෙන්) බැඳිසිටීම, ගැතිබව; in law පොරොන්දු ඔප්පුව.

I am under obligation to him ඔහුට ප්‍රත්‍යුපකාරකිරීමට බැඳී සිටිමි or ඔහුගෙන් මට පිහිට ලැබුණා.

I am under obligation to be kind to him ඔහුට කාරුණාව පෙන්වීම මගේ යුතුකමකි or පෙන්වන්ට බැඳී සිටිමි.

Obligatory, be, v. (කිරීම) ඔතෑමකරනවා, යුතුකමක්ව තිබෙනවා, (යමක්) කටයුත්තකි.

Oblige, v. (ඔතෑකමකින්, නීතියෙන්, යුතුකමින්) බලකරනවා, සලස්වනවා; කරුණාකරනවා, උපකාරකරනවා.

Obliged, be, v. බලකරනුලබනවා &c.,

I am much obliged to you, (lit. බැඳීසිටිමි), say නුඹට බොහෝසෙයින් ස්තුතිකරමි.

Obliging, a. උපකාරකිරීමට ලැදිවූ, (උපකාරාදියෙන් අනුන්) සතුටුකරන, අනුරෝධී, අනුකූල, සුශීල, කරුණාවන්ත.

Oblique, a. ඇළවූ කෙළින් නැති, සෘජුනොවන, ඇද, ජිහ්ම; in gram. oblique case ප්‍රථමා හැර අනික් විභක්තියක්.

Oblique-angled, a. L. මෙවැනි කොන් නැත්තාවූ, අසරලාස්‍ර, අනෘජුකෝණ, ජිහ්මකෝණ.

Obliquely, ad. ඇලව, කෙළින් නැතුව, පැත්තකින්, ඇදව, වකුටුව.

Obliquity, n. ඇදය, ඇදකුදය, අනෘජුභාවය, වංක කම, කුටිලතාව.

Obliterate, v. මකනවා, මකාදමනවා, කවුගානවා, කවුගාදමනවා; සිඳ දමනවා.

Oblivion, n. මතකනැතිකිරීම, මතකනැතිවියාම, අමතකවීම, විස්මෘතතාව; of offences වරද මකා දැමීම or කමාකිරීම.

Oblivious, a. මතකනැතිකරන or වෙන, අමතක, විස්මෘති. [ආයත.

Oblong, a. පළලට වඩා දිගිටිවූ or දිගවූ, දීර්ඝ,

Oblong, n. පළලට වඩා දිගඇති හැඩය, ආයතය. sp. ආයත චතුරස්‍රය. [අපවාදය.

Obloquy, n. අගුණ කීම, නින්දාව, නිග්‍රහය, ගර්හාව,

Obnoxious, be, v. (වගකීමට, දොෂාරෝපණයට, අමවූවට) යෝග්‍යව සිටිනවා. [අනදරවූ.

Obnoxious, a. අප්‍රියකටයුතු, ඉතා අප්‍රිය, ද්වේෂ්‍ය;

Obnoxiousness, n. (වගකීමට &c.) යෝග්‍යකම; අප්‍රියතාව, සාහසිකතාව,

Obovate, a. in bot. (පටු තොංගල පහත තිබෙන) ප්‍රතිකාණ්ඩාකාර (පත්‍ර.)

Obscene, a. කැත, අශික්ෂිත, කුත්සිත, පිළිකුල්, අශුද්ධ, අපවිත්‍ර, දුෂ්‍ය; අශුභ, අවමඞ්ගල.

Obsceneness, Obscenity, n. කැතකම, අශික්ෂිතකම, දුෂ්‍යතාව, කැත ක්‍රියාව &c., කුණුහරුපය, කුණුහබ්බය.

Obscuration, n. අඳුරුකිරීම &c. see verb; අඳුරුවීම.

Obscure, v. අඳුරුකරනවා, අඳුරේ හෙළනවා, පැහැදිලිකම or දීප්තිය අඩුකරනවා.

Obscure, a. dim අඳුරු, නොපැහැදිලි, අවිශද, අනුමාන, නොපහන්; abstruse ගූඪ, නිගූඪ, ලීන, not manifest or public අප්‍රකාශ, අප්‍රකට, අප්‍රසිද්ධ, low අඛම, මුළුනැර (තැනක්), අවිඛ්‍යාත.

Obscurely, ad. අඳුරුලෙස, නොපැහැදිලිලෙස, අනුමානලෙස; අප්‍රකාශලෙස.

Obscureness, Obscurity, n. අඳුරුකම, නොපැහැදිලිකම, &c.; අප්‍රකාශකම, අප්‍රසිද්ධකම, අප්‍රසිද්ධ ගතිය; පහත් ස්වභාව, අවිඛ්‍යාතතාව.

Obsecrate, v. යදිනවා, කන්නලව්කරනවා.

Obsecration, යැදීම &c. [අන්ත්‍යක්‍රියා.

Obsequies, n. pl. අවමංගල්‍ය චාරිත්‍ර, ආදාහන කෘත්‍ය,

Obsequious, a. (අනුන්ගේ කැමැත්තට) අධිකලෙස, යටත් පහත්, අත්‍යනුකූල, කුඩාකම් පාන.

Observable, a. බලන්ට—හිතටගන්ට—වටින, නිරීක්ෂ්‍ය, දකින්ට තිබෙන.

Observance, n. බැලීම, බලාගැනීම, හිතට ගැනීම, පැවැත්වීම, පිළිපැදීම, රක්ෂාකිරීම, ප්‍රතිපදාව; (පවත්වන) චාරිත්‍රය. පිළිවෙත, ආගමික කෘත්‍යය, ශීලය, ප්‍රතිපත්තිය, ව්‍රතය, නියමය.

Observant, a. හොඳට බලන, බලාගන්න. හිතට ගන්න, හිත යොමුකරන, පරීක්ෂක.

Observation, n. බැලීම &c.; කියන කියමන; ඉරහඳ තාරකාවල උස අංශප්‍රමාණාදිය මැනබැලීම.

Observatory, n. ඉරහඳතාරකා බලන තැන, තාරකා පරීක්ෂණාගාරය.

Observe, v. බලනවා, බලාගන්නවා, පරීක්ෂාකරනවා, නිරීක්ෂණය කරනවා, නරඹනවා, හිතට ගන්නවා; remark කියනවා; (commands &c.) පවත්වනවා, පිළිපදිනවා, රක්ෂාකරනවා; (a ceremonial) පිළිවෙත් කරනවා, පිළිවෙත් පවත්වනවා.

Observer, n. බලාසිටින්නා, බලන්නා &c.; පවත්වන්නා &c.

Observing, a. හොඳට බලන, See Observant.

Obsolescent, a. භාවිතාව නැතිවේගනයන, අභාවයට යන, යටබුන් වෙන්නාවූ, (වචන, කීම්, තේරුම්, සිරිත් &c.)

Obsolete, a. භාවිතාව නැතිවීගියාවූ, අභාවයටගිය, අව්‍යවහාර, යටහත්වූ, යටබුන්; in nat. hist. නොපැහැදිලි, අජාමනිත. [විඝනය.

Obstacle, n. බාධාව, අමාරුව, අවහිරය, ප්‍රතිබන්ධය,

Obsta principiis, L. ආරම්භයටම විරුද්ධවෙනු.

Obstetrics, n. ගර්භිණීතන්ත්‍ර ශාස්ත්‍රය, ප්‍රසව කර්මය. [දෘඪතාව.

Obstinacy, n. මුරණ්ඩුකම; තදකම, අමාරුකම,

Obstinate, a. මුරණ්ඩු, හිත් දැඩිවූ, හිතුවක්කාර, ඇට්ටර; තද.

Obstinateness, n. මුරණ්ඩුකම, දැඩිකම, හිතුවක්කාර කම; තදකම. [ඩගය.

Obstipation, n. ඇහිරීම; in med. මලබද්ධය, විෂ්ඨ

Obstreperous, a. ඝෝෂාකාර, කෝලාහලවූ, ගෝට්ටිකාර.

Obstruct, v. බාධාකරනවා; block up අහුරනවා. අවහිරකරනවා, අකුල් හෙළනවා; delay පමාංගු කරනවා; forbid [illegible]කරනවා.

Obstruction, n. බාධාකිරීම &c., නිරාකරණය; බාධාව, බාධක දේ, අවහිරකම, අබස්සිය, ප්‍රතිබන්ධනය. රෝධනය, බාධකතාව.

Obstructed, pp. or a. බාධාකරනලද &c., ප්‍රතිබද්ධ, රුද්ධ, බාධිත, නිවාරිත. [නිවාරණ.

Obstructive, a. බාධාකරන, බාධාවූ, බාධක,

Obstruent, n. ශරීරයේ අබස්සියක් කරන දේ, නිරාකරණය, බාධක දේ.

Obtain, v. ලබාගන්නවා, සම්බකරගන්නවා, අත්කරගන්නවා, අත්පත් කරගන්නවා; (සිරිතක් &c.) විළංගුව තිබෙනවා or පතළව තිබෙනවා.

Obtainable, a. ලබාගත හැකිවූ, ලභ්‍ය, ප්‍රාප්‍ය, සම්ප්‍රාප්‍ය.

Obtained, pp. ලබාගත &c.; that has been obtained ලබාගන්නාලද, ලබාගත් &c., ලබ්ධ, ප්‍රාප්ත, සම්ප්‍රාප්ත.

Obtaining, n. ලබාගැනීම &c., සම්ප්‍රාප්තිය.

Obtrude, v. (උපකාර, දීමනා, දැනමුතුකම් &c.,) බලෙන් මෙන් දෙනවා or පවරනවා; ගෙට or පිනිපුත් අතරට වදිනවා; අනිසිලෙස මැදිවෙනවා, See Intrude.

Obtrusion, n. බලෙන් මෙන් දීම &c.

Obtrusive, a. බලෙන් මෙන් දෙන &c.; එසේ දීමට &c. ලෑදිවූ.

Obtuse, a. මොට්ට, තීක්ෂණ නැති, අතීක්ෂණ, දැනීම මදිවූ. මන්ද බුද්ධි.

Obtuse-angled, a. L මෙයට වඩා ලොකු කොණක් ඇත්තාවූ, අධික කෝණ.

Obtuseness, n. මොට්ටකම, තීක්ෂණ නැතිකම, අතීක්ෂණතාව, දැනීම මදිකම, මන්දබුද්ධිය.

Obverse, a. in bot මුදුනට වඩා පතුල පටුවූ, ප්‍රතීක, (පත්‍ර &c.).

Obverse, n. කාසියේ ඉස්සරහ පැත්ත, or මුණ පැත්ත, ප්‍රමුඛය.

Obviate, v. (පැමිණෙන්ට තිබෙන අමාරු, විරුද්ධ කාරණ &c.) වලක්වනවා, පහකරනවා, (මගින්) ඉවත් කරනවා

Obvious, a. පැහැදිලිලෙස පෙනෙන, පැහැදිලි, ප්‍රත්‍යක්‍ෂ, ප්‍රකට, සුප්‍රකට, සුවිශද, හඬුට, සුගම.

Obviously, ad. පැහැදිලිලෙස &c., පැහැදිලිව &c., This is obviously wrong මෙය වැරදිබව ප්‍රත්‍යක්‍ෂයි &c.

Obviousness, n. පැහැදිලිකම, ප්‍රත්‍යක්‍ෂතාව.

Occasion, n. ප්‍රසඟාව, ඉඩ, අවස්ථාව, සන්ධිය, සමය; advantage ප්‍රයෝජනය; cause හේතුව; need ඕනෑකම.

Occasion, v. සලස්වනවා, සිද්ධකරනවා. That occasioned his death ඔහුගේ මරණය සිද්ධවුණේ එයින්නුයි.

Occasionally, ad. ඉඳහිටලා, සමහරවිට—වෙත්තාවූ, අතරවාර.

Occasional, a. ඉඳහිටලා, එහෙමත් වේලාවකදී, කලාතුරකින්, කලාතුරකින් විටක්, අතරවාරේ, දුරුවාරේ.

Occident, n. පශ්චිමදිසාව, බස්නාහිර—බටහිර—අවර—දිශ.

Occidental, a. පශ්චිම, ප්‍රතීචීන, බටහිර, බස්නාහිර, අවර; (of gems) ද්විතීය ප්‍රමාණ (මැණික්).

Occipital, a. ඉසේ පස්ස කොට්ඨාසයට අයිතිවූ, ශීර්ෂාපරපාර්ශ්ව.

Occiput, n. ඉසේ පස්ස කොට්ඨාසය, ශීර්ෂාපර පාර්ශ්වය.

Occult. a. රහස්, ගුප්ත, අද්භූත; occult science ගුප්ත ශාස්ත්‍රය, ගුප්ත විද්‍යාව.

Occultation, n. ගුප්තවීම, සැඟවීම; in astr, (ග්‍රහ තාරකා &c. එකිනෙකට) මුවාවීම, අදෘශ්‍යවීම, අන්තර්ධානය.

Occulted, a. in astr. මුවාවූ, අදෘශ්‍යව තිබෙන, අන්තර්ධාන.

Occultness, n.. ගුප්තතාව, අදෘශ්‍යත්වය.

Occupancy, n. අත්කරගැනීම, අත්කරගෙන සිටීම, භුක්තිවිඳීම, (ගෙයක, තැනක) වාසයකිරීම, පදිංචිව සිටීම.

Occupant, n. අත්කරගෙන සිටින්නා, භුක්තිවිඳින්නා, (ගෙයි) වාසය කරන්නා, පදිංචිකාරයා, of the throne සිංහාසනාරූඪයා.

Occupation, n. අත්කරගැනීම &c.; (යෙදීසිටින) රක්‍ෂාව, තනතුර, ව්‍යාපාරය.

Occupied, a. යමෙක් වාසයකරන &c. (ගෙයක්, බිම), මිනිසුන් ඇති or මිනිසුන්ගෙන් ගැවසිගත්.

Occupier, n. අත්කරගෙන සිටින්නා &c.; of a house ගෙයක වැසියා, ගෙදර ස්වාමියා, ගෘහමූලිකයා.

Occupy, v. යම් තැනක පිහිටා සිටිනවා or තිබෙනවා, (a house &c.) ගෙයක වාසයකරනවා; (ඉඩ, කාලය, සැලකිම) අල්ලනවා, ගතකරනවා, ගන්නවා; occupy one's-self in anything යමක යෙදී සිටිනවා, ව්‍යාපෘතවෙනවා, නිබංගුවෙනවා; (හිත) යෙ මූකරනවා.

This occupies the whole day මුළු දවස මේකට ගතවෙනවා or අල්ලනවා.

This occupies me the whole day මුළු දවස මේකේ යෙදී සිටිමි.

This occupies the mind හිත මේකට අල්ලනවා or යොමුවෙනවා,

Occur, v. සිද්ධවෙනවා; ඇතැම් තැනක—එහෙමත් තැනක—තිබෙනවා or සම්බවෙනවා; it occurs to anyone යමෙකුට සිතෙනවා, කල්පනා වෙනවා.

Occurrence, n. සිද්ධිය, සිද්ධවෙන දේ; සිද්ධවීම &c., see verb. [සිද්ධිය.

Ocean, n. සාගරය, සයුර, සමුද්‍රය, මහමුහුද, ජලනිධිය.

Ocean, Oceanic, a. මුහුදු, සාගර, සාගරික, සාමුද්‍ර, සාමුද්‍රික, සමුද්‍රීය.

Ocean-steamer, n. මුහුදු දුම්නැව,

Ocelot, n. (කලවැද්ද සමාන) අමෙරිකාවේ වල් බළල් ජාතියක්.

Ocellus, n. කුඩා ඇස.

Ochra, n. Hibiscus esculentis බණ්ඩක්කා.

Ochre, n. නොයෙක් පාට ඇති මැටිජාතියක්, ගුරුකාලි, සිරියල්.

Octachord, n. අෂ්ටනාද ක්‍රමය; අෂ්ටනාද භාණ්ඩය.

Octaglot, n. අෂ්ටභාෂා පුස්තකය.

Octagon, n. (පැති හා) කොන් අටක් ඇති හැඩය, අෂ්ටකෝණය, අෂ්ටභුජය, අෂ්ටාස්‍රය; අටපට්ටම, අටපට්ටම් ඉඩම, අෂ්ටාංශසංස්ථානය.

Octagonal, a. කොන් අටක් ඇත්තාවූ, අටැස්, අෂ්ටකෝණ, අෂ්ටාස්‍ර, අටපට්ටම්.

Octahedron, n. අටපට්ටම් ඇති ඝන දෙයක්, අෂ්ටාංග ඝනය, අෂ්ට ඵලකය.

Octandria, n. pl. in bot. පුරුෂ කේශර අටක් ඇති පැළජාති, අෂ්ට පුරුෂ කේශර වංශ.

Octangular, a. කොන් අටක් ඇති, අෂ්ටකෝණ, අෂ්ටාස්‍ර.

Octant, in geom. චක්‍රයෙන් අටෙන් පංගුව; in astr. අෂ්ටමභාගසංස්ථානය.

Octave, n. (දවස්වලින් or තූර්යක්‍රමයෙන්) අටවෙනි එක, මංගල්‍යයකට පසුව අටවෙනි දවස; අටක් අඩංගු එක.

Octavo or 8vo., a. සම්පූර්ණ කොළය අටට නැමුවාවූ, අට ප්‍රමාණයේ මහත ඇත්තාවූ; n. අටට නැමූ කොළය, අට ප්‍රමාණ පොත.

Octennial, a. අට අවුරුද්දකට වරක් වන, අෂ්ට වර්ෂික; අට අවුරුද්දක් පවතින, අෂ්ටවර්ෂස්ථායී.

Octillion, n. ඉලක්කම් හතලිස් නවයකින් ලියන ගණන.

October, n. වප් මස, ඔක්තෝබර මාසය.

Octodecimo or 18mo., a. දහඅට ප්‍රමාණ; n. දහඅට ප්‍රමාණ පොත.

Octogenarian, n. අසූ අවුරුදු වයස් ඇත්තා, අශීති වයස්කයා.

Octogynia, n. pl. in bot. ස්ත්‍රීකේශර අටක් ඇති පැළ ජාති, අෂ්ට ස්ත්‍රීකේශර වංශ.

Octolocular, a. අෂ්ටරන්ධ්‍ර බීජකෝෂයක් ඇත්තාවූ, අෂ්ටරන්ධ්‍ර.

Octopetalous, a. පෙති අටක් ඇති, අෂ්ටපත්‍ර. [යා.

Octopod, n. අටපාවා, අෂ්ටපාදිකයා, අෂ්ටපාද සත්ත්වයා.

Octospermous, a. බීජ අටක් ඇත්තාවූ, අෂ්ටබීජ.

Octuple, a. අටපටක් ඇත්තාවූ; අටගුණ, අෂ්ටගුණ.

Ocular, a. ඇස සම්බන්ධ, ඇසින්ම දකින, ඇසටම පෙනෙන, ප්‍රත්‍යක්‍ෂ.

Oculist, n. ඇස් වෙද, අක්‍ෂිවෛද්‍යාචාර්යයා.

Odd, a. not even ඔත්ත, ඔජ; left over ඉතුරු; unlike &c. අසම, අපූර්ව, අමුතු, දුලභ, විකාර, විහිළු; odds & ends කෑබලි කෑලි.

Odd-fellows, n. pl. මිතුරු සමාගමක නම.

Oddity, n. අපූර්වකම, අපූරුව, දුලභය, අපූර්ව දේ, අපූර්ව කෙනෙක්, විකාරකම.

Oddly, ad. අපූර්වලෙස, අශෝභනලෙස, විහිළුලෙස.

Oddment, n. ඉතුරු දෙය.

Oddness, n. ඔත්තය; අපූර්වතාව, අපූරුව, පුදුමය, අශෝභනකම, විහිළු පෙනුම.

Odds, n. ඔත්තෙ; (අසමකමින්—වැඩිකමින්—ඇති) වාසිය or අවාසිය, වෙනස; තරඟය, be at odds පොරට සිටිනවා.

Ode, n. සින්දුව, ගීය, සොලෝව, ශ්ලෝකය, ප්‍රබන්ධ කාව්‍යය.

Odious, a. ද්වේෂ කටයුතු, ද්වේෂ්‍ය ඉතා අප්‍රිය, පිළිකුල්, කුත්සිත, අශික්ෂිත.

Odiousness, n. ද්වේෂ්‍යතාව, අශික්ෂිතතාව.

Odium, n. ද්වේෂය, තද අප්‍රියකම; odium theologicum ධර්මභේද ද්වේෂය.

Odontalgia, Odontalgy, n. දත්කැක්කුම.

Odontology, n. දන්තවෛද්‍යශාස්ත්‍රය, දන්තවෛද්‍ය විස්තරය. [තාවූ.

Odoriferous, a. සුගන්ධ, සුවඳ පතුරුවන, සුවඳ ඇත්

Odorous, a. සුගන්ධ, සුවඳ.

Odorousness, n. සුවඳ ගතිය, සුගන්ධිතාව.

Odour, n. ගන්ධය, සුගන්ධය or දුර්ගන්ධය; fig. as:
He is in bad odour with them (say) ඔව්හු ඔහු කෙරෙහි අප්‍රියය.

Odourless, a. කිසිම ගන්ධයක් නැත්තාවූ, නිර්ගන්ධ.

Of, prep. ගේ, ගෙන්, යේ, යෙන් &c. යන සම්බන්ධ සහ අවධි විභක්ති පෙන්වන විභක්ති ප්‍රත්‍යය:
He is a friend of these men ඔහු මේ මිනිසුන්ගේ මිත්‍රයෙකි.
He is one of these men ඔහු මේ මිනිසුන්ගෙන් එක්කෙනෙකි. [ලක්ය.
This is a piece of the tree මේක ගසෙන් කෑල්
This is a branch of the tree මේක ගසේ අත්තක්ය.
This is one of those මේක ඒවායින් එකකි.
This is one that number මේක ඒ ගණනේ—ගණනෙන්—එකකි.
Of late අලුත සිට, අලුතදී. Of old පුරාණයේදී.
Of course අනුමාන නැතුව, ඉදුරුම.

Off, a. එහා පැත්තට අයිති, දුරස්ථ, එහා, ඈත: the off bullock (ගොන්බානකින්) එහා ගොනා.

Off, ad. ඈතින්, ඈතට, අහකින්, අහකට, ඉවත ඉවතට. [නොමී.
Off hand එවලේම, එකපාරට, කලින් සූදානම්
Off and on ඉඳහිටලා.
Come off අහකට එනවා; ගැලවෙනවා; සිද්ධ වෙනවා.
Go off අහක්ව යනවා; (a gun) පත්තුවෙනවා, (a trap) ගැස්සෙනවා.
Well or badly off පහසුවෙන්—සශ්‍රීකවයෙන්—සුවසේ or අපහසුවෙන්—අමාරුවෙන්—දිළිඳුව—සිටිනවා.

Off, intj. යව, පල, දුවට; off now ඉතින් යනු.

Offal, n. (මස්වලින් අහක්දමන) නොවටිනා කෑලි, ඇවකටු ආදී කැබලි; ඉඳුල්කෑම, අනාථශේෂ; ඉතිරි නරක කෑලි; රොඩු.

Offence, n. අමනාපය, අප්‍රසන්නය, තරහ, කෝපය; වරද, මැරැද්ද, පාපය, ද්‍රෝහය; විරුද්ධයට පැමිණීම, සටන; give or take offence අප්‍රසන්නකරනවා or අප්‍රසන්න වෙනවා.

Offend, v. අමනාපකරනවා, අප්‍රසන්නකරනවා; වරද කරනවා; offend the conscience හෘදය සාක්ෂියට විරුද්ධවෙනවා.

Offender, n. අමනාපකරන්නා &c.; වරදකාරයා.

Offensive, a. අමනාප කරන, අප්‍රසන්නකම උපදවන, අමනෝඥ, අප්‍රිය, විරුද්ධ; අගුණ සහිත, ඉතා අමිහිරි, කැත; සටන්කිරීමට—පහරදීමට—දැඩිවූ, ආක්‍රමණ, (උපකරණ, ගිවිසුම); a league offensive & defensive ආක්‍රමණාරක්ෂක ගිවිසුම.

Offensive, the, n. පහරදෙන්ට—සටන්කරන්ට—පටන් ගැනීම, ආක්‍රමණය: they took the offensive සටන් කරන්ට පටන්ගත්තේ—ආක්‍රමණයකළේ—ඔව්හුයි.

Offensively, ad. අප්‍රසන්නකම උපදවනලෙස, (අනුන්ට) අප්‍රසන්නලෙස; ඉතා අමිහිරිලෙස, අමනෝඥ කාරයෙන්.

Offensiveness, n. අප්‍රසන්නය උපදවන ගතිය, අප්‍රියතාව; (ක්‍රියාවක) සාහසිකතාව; (යම් දෙයක) අරුචිරතාව.

Offer, v. present පූජාකරනවා, පුදනවා, ප්‍රදානය කරනවා, පිරිනමනවා, ඔප්පුකරනවා, තේවකරනවා, to demons දොළදෙනවා; offer one's self පිදෙනවා, කැපවෙනවා;
surrender, give පරිත්‍යාගකරනවා;
attempt or propose දෙන්ට—යමක් කරන්ට—සදනවා or කැමතිවෙනවා or කැමතියයි කියනවා;
offer a price ගණනකට ඉල්ලනවා; offer opposition &c. විරුද්ධකම් පානවා;
offer violence අඩන්තේට්ටම් කරනවා; වා;
it offers advantages එයින් වාසි ලැබෙන්ට තිබෙන
opportunities &c. offer ඉඩප්‍රස්ථා &c. පැමිණෙනවා or ලැබෙනවා.

Offer, n. දෙන්ට &c. කැමතියයි කීම; ගණනකට ඉල්ලීම, (එසේ) කියන මිල ගණන, පොරොන්දුව.

Offering, n. පූජාකිරීම &c.; පූජාව, පුදය, තේවය, පිදවිල්ල, පිදවිත්ත, පිදේනිය, බලිබිලිය, පූජනය, දක්ෂිණාව, පින්කම.

Offertory, n. (සම්මොදුම් එකතුකරන අතර පවත්වන) දේවමෙහෙයේ කොටසය. මිලපූජාව or මුදල් පරිත්‍යාගය.

Off-hand, a. එවලේම — සූදානමක් නැතුව — කරන (කථාව, ක්‍රියාව, උත්තරය &c.).

Off-handed, a. අප්‍රවේසම්ලෙස — මදක් රළුලෙස — උත්තර දෙන්නාවූ or හැසිරෙන්නාවූ.

Office, n. (නියම) ධානාන්තරය, ස්ථානාන්තරය, නිලය, ධුරය, නිලතලය, රාජකාරිය, තනතුර, වැඩවිසම්; (අවයවයක &c.) නියම කෘත්‍යය;
any one's good offices යමෙකුගේ පිහිටාධාරය;
religious formulary දේවමෙහෙයේ යම් ක්‍රමයක්, as: ආමදන මෙහෙය &c.; [ලය.
place of business කන්තෝරුව, වැඩපළ, කාර්යා

Office-bearer, n. නිලයක් උසුලන්නා, නිලධාරියා, ධුරන්ධරයා.

Officer, n. නිලධාරියා, ප්‍රාඥතියා, විදානෙ, ඔපිසර, කොස්තාපල්; chief නිලමේ.

Officer, v. මුලාදෑනීන් සපයාදෙනවා; (හමුදාවකට or නැවකට) මුලාදෑනීන් පත්කරනවා.

Official, a. නිලයට අයිති, නිලයක් සම්බන්ධ; රාජකාරිය පිළිබඳ; නිලධාරිවූ; මුලාදෑනි බලය or ආණ්ඩු බලය සහිත.

Official, n. නිලකාරයා, මුලාදෑනියා, නිලධාරියා; පාරිෂද්කතැනගේ නියෝජිතයා.

Officially, ad. නිලයේ බලයෙන්, ආණ්ඩු බලයෙන්, මුලාදෑනිවශයෙන්.

Officiate, v. නිලයේ කටයුතු කරනවා or බලාගන්නවා, නිලකරනවා, (දේවමෙහෙය) පවත්වනවා.

Officinal, a. චිකිත්සාවට සාප්පුවේ තබාගන්න, ආපණික, වික්‍රෙය, (ඖෂධය).

Officinal, n. සාප්පුවේ බෙහෙතක්, වික්‍රෙයෞෂධය.

Officious, a. (කාරුණ්‍ය, උපකාරය, සැලකීම, ආදිය) අධිකලෙස පාන්නාවූ, මැදිවෙන්නාවූ.

Officiousness, n. (යමක් කරදීමට) අධික ජ්වලිතකම, මැදිවීම.

Offing, n. (ගොඩසිට ටිකක් ඈතින් තිබෙන) දියඹ.

Offscouring, n. සෝදදමන කිලුට, කුණු, කසළ.

Offset, n. (මෙත්කරගතහැකි) මොරෙසියා, අංකුරය, කුරුල්ලා, රිකිල්ල; මෙත්කරන කොටඩාසයක්; කඳුතලාව; ඝිතතිපිළ; යමක් වෙනුවට තබන ගණනක්, එලෙන්දුව.

Offset, v. ගණනක් වෙනුවට වෙන ගණනක් අල්ලනවා *or* ලියාතබනවා, එලෙන්දුකරනවා.

Offshoot, n. (ගහකින් අවගන්න) පැළය, අංකුරය *or* අත්ත; අවගත් දේ.

Offspring, n. දරුකයා, දරුවා, දූදරුවෝ, පැවතඑන් නෝ, ප්‍රජාව; අවගන්න දේ.

Oft, Often, Oftentimes, ad. නොයෙක්විට, වරින් වර, බොහෝවිට.

Ogle, v. අඩිබැල්මෙන් බලනවා, වපරකර බලනවා, ඇස්කොණින් බලනවා; n. වපර බැල්ම.

Ogre, n. (බොරු ප්‍රබන්ධවල) මිනිමස් කන යෝධයා, රාක්ෂයා.

Ogress, n. රාක්ෂසි.

Oh, intj. අනේ, අහෝ, අසියෝ, අපොයි.

Oil, n. තෙල්, තෛලය.

Oil, v. තෙල් ගානවා, තෙල් දමනවා, තෙල් වික්කරනවා.

Oil-cake, n. පුන්නක්කු.

Oil-cloth, n. තෙල් ගාපු රෙද්ද, ඉටිරෙද්ද.

Oil-colour, n. තෙලින් මිශ්‍රකළ තීන්ත ද්‍රව්‍ය, තෙල් තීන්ත.

Oiliness, n. තෙල් ගතිය; සිඳුවුකම, මසෘණතාව; fig. අනිසි මෘදුකම, සනිග්ධතාව.

Oil-manufacturer, n. තෙල් හිඳින්නා.

Oil-man, n. තෙල් විකුණන්නා.

Oil-mill, n. තෙල් මෝල, සෙක්කුව.

Oil-painting, n. තෙල් තීන්තෙන් ගාන ශිල්පය; තෙල් තීන්ත සිතියම.

Oily, a. තෙල් ඇත්තාවූ, තෙල් මිශ්‍ර; තෙල් ආකාර (පෙනීම &c.), මසෘණ.

Ointment, n. තෛලය, තෛලම, කල්කය, විලේපය, අඤ්ජනම.

Old, a. of things පරණ; of animates නාකි, මහලු, වයස්ගත, ජරපත්, see Aged & Ancient; former පුරාණ, ඉස්සර, ආදි, පරණ, (කෙනෙක්, මිත්‍රයෙක් &c.); of long-standing, බොහෝ කල්ගිය, කල්ගත; three months old තුන් මාසයක් වයස් ඇත්තාවූ *or* තුන්මාසයක (ළමයා).

Old-age, n. මහලු වයස, මහලුකම, වෘද්ධ වයස, වෘද්ධභාවය.

Old-maid, n. ටිකක් වයස්ගත අවිවාහක ස්ත්‍රී, අවිවාහක මැහැල්ලී.

Oldness, n. පරණකම, පැරණි *or* පුරාණකම; මහලුකම; කල්ගිය භාවය.

Old Testament, n. යුදෙව් පරණ තෙස්තමේන්තුව, පුරාණ ගිවිසුම *or* පුරාණ ශුද්ධලියවිලි.

Oleaginous, a. තෛලමය, තෙල් ඇත්තාවූ, තෙල් මිශ්‍ර, මසෘණ.

Oleander, n. අරලිය.

Oleaster, n. වල් ඔලිව්ගහ, කවු ඇඹිල්ල, කවුවෙලහ, වැල් ඇඹිල්ල.

Olfactory, a. ගඳ සුවඳ දැනගන්නා, ඝ්‍රාණේන්ද්‍රිය සම්බන්ධ, නාසා.

Oligarchy, n. ස්වල්පදෙනකු විසින් පවත්වනු ලබන ආණ්ඩුව, රදළ ආණ්ඩුව.

Olive, n. ඔලිව් ගහ, රට වෙරළු; fig. සමාදානයේ සලකුණ.

Olive, a. ඔලිව් ගහට අයිති, ඔලිව් (ගහ, පාට &c.).

Olive-branch, a. ඔලිව්ගහේ අත්තක්; fig. සමාදානයේ සලකුණ.

Olive-oil, n. ඔලිව් තෙල්.

Olympiad, n. අවුරුදු සතරක කාලය.

Olympian, a. in myth. (දෙවිදේවතාවුන්ගේ නිවාසය වන) ඔලිම්පස්කන්දට අයිති; (ජුපිතර් දෙවියන්ගේ නාමයට පැවැත්තු) ඔලිම්පිය නම්වූ, ඔලිම්පිය, (සැණකෙළිය).

Olympic games, Olympics, n. pl. (ඔලිම්පිය කියන නගරයේ පැවැත්තු) ඔලිම්පිය සැණකෙළි.

Om, n. වේදධ්‍යයනයෙහිදී පළමුවෙන්ම කියන 'ඕං' යන ශබ්දය, ප්‍රණවය.

Omega, n. ග්‍රීක්භාෂාවේ අන්තිම අක්ෂරය; fig. අන්තිමය; alpha & omega පටන්ගැන්ම හා කෙළවර, ආද්‍යන්තය.

Omelet, n. (බිත්තරවලින් සාදා) බදින කැවුමක්.

Omen, n. පූර්වලක්ෂණය, පෙර ලකුණ, නිමිත්ත, පූර්වනිමිත්ත, පෙරනිමිත්ත.

Omentum, n. බඩවැල් මල්ල, අතුණුවැපිය, අන්ත්‍රාවරණය.

Omer, n. Heb. ඒඵාවෙන් දසයෙන් පංගුවක්, නැළි හතරක මිම්මක්.

Ominous, a. පූර්වලකුණුවලින් පෙන්වන, පූර්වනිමිති සහිත; නරක පෙරනිමිති ඇති, අශුභශංසි, අනිෂ්ට සූචක; ominous of anything යමකට ලකුණක්ව—පූර්වනිමිත්තක්ව—තිබෙනවා.

Ominously, ad. පූර්වලකුණක් කොට, පූර්වනිමිති වශයෙන්.

Ominousness, n. පූර්වනිමිති සහිතතාව, පූර්වලකුණු භාවය.

Omission, n. නොකර ඇරීම &c., see verb.

Omit, v. (අඩංගු—සඳහන්—ඉළුව—නොකර) අරිනවා, අත්අරිනවා, පැහැරඅරිනවා, නොකරඅරිනවා

Omnibus, n. (සියල්ලන්ට) පොදු රථය, ප්‍රසිද්ධ කෝච්චියක්, බස්රිය.

Omnifarious, a. සියලු ආකාර අඩංගුවූ, සර්වාකාර, සර්වප්‍රකාර.

Omnific, a. සියල්ල මවන, සර්වභූත කතෘවූ.

Omnipotence, Omnipotency, n. සර්වපරාක්‍රමය, සර්වබලසම්පන්නතාව, සර්වබලධාරීත්වය, සර්වසාමර්ථ්‍යය, සියලු බල ඇතිකම

Omnipotent, a. සර්වපරාක්‍රම, සර්වශක්තිමත්, සියලු බල ඇත්තාවූ, සර්වබලධාරී.

Omnipotent, the, n. සර්වපරාක්‍රමයාණන්වහන්සේ, සර්වපරාක්‍රමයාණෝ.

Omnipresence, n. සැමතැනම පැවතීම *or* පිහිටීම, සර්වව්‍යාපිතිය.

Omnipresent, a. සෑම තැනම ඇත්තාවූ *or* සිටින්නාවූ, සෑම තැනම පිහිටිවිත, විශ්වව්‍යාපක, සර්වව්‍යාපි, සර්වගත, සර්වාත්මක.

Omniscience, Omnisciency, n. සර්වඥත්වය, සර්වඥතාව, සර්වඥතාඥානය, සියල්ලදත්කම.

Omniscient, a. සර්වඥ, සියල්ල දන්නාවූ, ත්‍රිකාලඥ, all-seeing සර්වදර්ශී.

Omnivorous, a. සියලු ආකාර දේ කන්නාවූ, සර්වභක්ෂක, සර්වභෝජී.

Omphalocele, n. පෙකණි ඕදුම, නාභිකණ්ටකය.

Omphalotomy, n. පෙකණිවැල කැපීම, නාභිනාල ඡේදනය.

On, prep. පිට, උඩ, පිටට, උඩට, මතුපිට, කෙරෙහි; මිට, කාල; render also by loc. & abl. cases &c.:—
on the right hand &c. දකුණෙහි;
on Sunday ඉරිදා, ඉරිදාදවසෙහි; on the way මඟදී; be on the watch රැක සිටිනවා; be on fire ගිනි ගෙන—ඇල්ලා—තිබෙනවා;
on coming එනකොට, ආකල; on foot පයින්; on horse-back අශ්වයා පිටින්;
on a sudden හදිසියෙන්; on high ඉහළ, ඉහළට;
on the other hand අනික් අතට;
on this ground මේ හිමෙහි, fig. මේ කාරණාව නිසා.

On, ad. තව දුරට, තව, ඉස්සරහට; put a hat &c. on තොප්පිය &c. දමාගන්නවා, ඇඳුම් ඇඳගන්නවා.

Onanism, n. අයථා ශුක්‍ර මෝචනය, හස්තෝපක්‍රමය, කර කර්මය.

Once, ad. එකවිටක්, එකසැරයක්, එකවතාවක්, එකවරක්; at once එක පැහැරම, එකපාරට, එක විටම, එකවර, එකවිල්ලේ, එකහෙළාම; formerly වරක්, ඉස්සර, එක්කලෙක; this once මේ එකම සැරේ, මේ විතාවේ පමණක්.

On dit (ආංඩි), Fr. මිනිස්සු කියනවා, (මෙහෙමයයි) ආරංචියි, (කියා)දී.

One, a. එක, එක්: one child, thing &c. එක ළමයෙක්, එකදෙයක්; one only එකම; one-horse තනි අශ්ව (රථ).
It is all one whether you go or stay තුඹ ගියත් එකයි හිටියත් එකයි.
Let us be at one එකඟව සිටිමු.

One, pron. එකක්, එකෙක්, එක්කෙනෙක්; (saw &c.) one another අන්‍යෝන්‍යයන්.

Oneiromancy, n. සීනයෙන් පේනකීම.

Oneiroscopy, n. සීන තේරුම්කරදීම, ස්වප්න විචාරය.

Oneness, n. singleness එකම්කම, ඒකත්වය; similarity එකාකාරකම, එකහකම.

Onerous, a. බරපතළ, භාරධූර.

One-sided, a. එක පැත්තක් පමණක් ඇත්තාවූ; fig. ඒකපාක්ෂිවූ, පාක්ෂිගත.

One-story, One-storied, a. එකම තට්ටුවක් ඇති, උඩුමහල් නොවන, (ගෙය).

Onion, n. ලූනු, රතුලූනු.

Onkotomy, n. in-sur. ගඩු කැපීම, අර්බුද ඡේදනය.

On-looker, n. බලාසිටින්නා. [අනතෘ.

Only, a. එකම, තනි, කේවල, හුදකලාවූ, අද්විතිය.

Only ad. පමණක්, පමණයි, විතරක්, විතරයි. See Alone. [ආවා.
He only came ඔහු ආවා පමණයි, } ඔහු පමණක්
Only he came ආවේ ඔහු පමණයි, }

Onomatology, n. නාමෝත්පත්ති ශාස්ත්‍රය, නාමෝත්පත්ති විස්තරය.

Onomatopœia, n. ශබ්දයේ හැටියට වචන සෑදීම, ශබ්දානුකරණය, අනුකරණ ශබ්දය; එවැනි වචන භාවිතාකිරීම. [නාම).

Onomatopoetic, a. ශබ්දානුරූප, ශබ්දානුකරණ, (වචන,

Onset, n. විරුද්ධයට පැමිණීම, පහරදීම, ආක්‍රමණය.

Onslaught, n. පහරදීමට වේගයෙන් වැදීම, වේගවත් ආක්‍රමණය.

Ontologist, n. සත්තාවිඥානියා, භූතවිඥානවාදියා.

Ontology, n. පැවැත්මේ ශාස්ත්‍රය, සත්තාව or භූත විඥානය. [වැඩිය.

Onus, n. L. බර; onus probandi ඔප්පුකිරීම යන

Onward, a. ඉස්සරහට or ඉදිරියට යන්නාවූ, දියුණු වෙන්නාවූ, (යාම, ගමන).

Onward, Onwards, ad. ඉස්සරහට, ඉස්සරහ දිහාවට.

Onyx, n. (නියපොත්තට සමානවූ) තබමාණික්‍යය, අගත්ති වර්ගයක්.

Oologist, n. (පක්ෂි) අණ්ඩ ශාස්ත්‍රඥයා.

Oology, n. අණ්ඩශාස්ත්‍රය, අණ්ඩ විස්තරය.

Ooze, v. වෑස්සෙනවා, (දියජාති) හෙමින් නික්ම යනවා, මාරුනවා, කාන්දු වෙනවා.

Ooze, n. මඩ, සෙවෙල, ගොහොරුව.

Oozy, a. සෙවෙල් ඇති, ගොහොරු.

Oozing, n. වෑස්සීම &c., ස්‍රාවය; pl. කාන්දුවෙන දේ.

Opacity, n. විනිවිද නොපෙනෙන බව; නොපැහැදිලි කම; fig. සිහියේ මොට්ටකම.

Opal, n. (සුදු, රතු, කහ, යන පාට ඇති) විචිත්‍රකාන්ති මාණික්‍යය, අග්නි මාණික්‍යය.

Opaque, a. විනිවිදනොපෙනෙන, අස්වච්ඡ; නොපැහැදිලි, මොට්ට (සිහිය).

Open, v. t. (දොර, පියන, පොත &c.) අරිනවා, (කට) අරිනවා, අයනවා; open out, expand විදහනවා, විවෘතකරනවා, (මල්) ප්‍රබුද්ධ කරනවා, පොබයනවා; (the mind) ප්‍රබෝධකරනවා, පොබයනවා; initiate පුරනවා, පටන් ගන්නවා, (house, church &c.) ගෙවදිනවා, විවෘතකරනවා; explain තේරුම්දෙනවා, දක්වනවා.

Open, v. i. ඇරෙනවා, විවෘතවෙනවා, (flowers &c.) පිපෙනවා, ජෘම්භිත වෙනවා; (සිත) ප්‍රබෝධ වෙනවා; පටන්ගන්නවා; (කාරණා, තේරුම) පෙනී යන එනවා, එළිදරව්වෙලා එනවා.

Open, a. unclosed නොවැසී—ඇරී—තිබෙන, පියන් නැති, විවෘත; expanded පිපී තිබෙන, ජෘම්භිත; uncovered අනාවරණ; clear එළි මහන්වූ, එළි පහළි; public ප්‍රසිද්ධ, ප්‍රකාශ, අඳපත; honest අවංක; unsheltered මුවාවක් නැති; not settled බේරු නැති.

Open air, n. එළිය, ගෙයින් පිටත, එළිමහන, එළි මහන, අභ්‍යවකාශය.

Open-handed, a. fig. නිර්ලෝභී, මුක්තහස්ත, උදාර

Open-hearted, a. අවංක, නිර්ලෝභී, තාභාගී, සත්‍යවාදී.

Opening, a මුලට තිබෙන, මුල්වූ, පළමුවෙනි, ප්‍රාරම්භ.

Opening, n ඇරීම &c.; ඇරී තිබෙන තැන, විවරය, කවුළුල, කට, සිදුර; පටන්ගැන්ම, ප්‍රාරම්භය.

Openly, a l. නොසඟවා, අවංකලෙස; ප්‍රසිද්ධලෙස, ප්‍රකාශලෙස, පැහැදිලි ලෙස, එළිපිට, ප්‍රත්‍යක්ෂ ලෙස. [ගයන්නාවූ.

Open-mouthed, a. fig. කට අයාපු, ගිජු; කෑමොර

Openness, n. මුවාවක්—වැස්මක්—බාධාවක්—නැති කම; එළිමහන්ගතිය; ප්‍රසිද්ධකම, පැහැදිලිකම අවංකකම. [නාටකය.

Opera, n. නාටක කාව්‍ය ප්‍රබන්ධය, ගායන නාඩගම,

Opera-glass, n. (නාඩගම්පළේ පාවිච්චිකරන) කුඩා සමුක්කාව.

Operate, v. (අතින් or යන්ත්‍රයෙන් ක්‍රියා) කරනවා, (හිත කෙරෙහි) බලය පවත්වනවා; (බෙහෙත්) ක්‍රියාකෙරෙනවා, ගුණ ගුණ ලැබෙනවා; in sur. ශල්‍යකර්මයක් කරනවා.

Operatic, a, නාටක කාව්‍ය, තූර්ය නාදගම සම්බන්ධ, නාටකාකාර.

Operation, n. කිරීම &c,, see verb, ක්‍රියාකිරීම; ආනිසංසය, ගුණය ; ශල්‍යකර්මයක්.

Operative, a. (කාරණාව ඉෂ්ටවෙනලෙස) බලය පැවැත්වෙන, ගුණ සහිත, ක්‍රියාකෙරෙන, ක්‍රියාකාර, කාරක, ක්‍රියාකාරක.

Operative, n. හස්තකර්මාන්තකාරයා, ශිල්පියා.

Operator, n. (අනික් &c.) කරන්නා, ක්‍රියාකරවන්නා, ශල්‍යකර්මය කරන්නා.

Operculate, Operculated, a. in bot. පියනක් ඇත්තාවූ, පිධාන සහිත, (බීජකෝශය).

Operculum, n. in bot. &c. වැස්ම, පියන, පිධානය, ආවරණය.

Operose, a. අමාරු, උගහට, භාරදූර.

Ophidian, a. සර්ප ජාති සම්බන්ධ, සර්ප.

Ophidians, Ophidia, n. pl. සර්පයන් අඩංගු සත්ත්ව ජාති, සර්ප ජාති.

Ophiology, n. සර්ප විද්‍යාව, සර්ප විස්තරය.

Ophiophagous, a. සර්පභක්ෂක, සර්පයන් කන.

Ophthalmia, Ophthalmy, n. ඇස් රෝගයක්, ඇස් රුදාව, අක්ෂිදාහය.

Ophthalmography, n. අක්ෂි විස්තරය.

Ophthalmology, n. අක්ෂි විද්‍යාව, අක්ෂි විස්තරය.

Ophthalmotomy, n. අක්ෂිච්ඡේදනය, අක්ෂිගෝලච්ඡේදනය.

Opiate, n. අබින් මිශ්‍රවූ බෙහෙත්, නිදිබෙහෙත්, නිද්‍රාජනක ද්‍රව්‍ය; fig. (සිත &c. අනිසිලෙස) නිශ්චල කරවන දේ.

Opine, v. සිතනවා, කල්පනා කරනවා.

Opinion, n. කල්පනාව, මතය. I have no opinion on that subject ඒ කාරණාව ගැන මට තේරුමක්—මගේ මතයක්—නැත.

I have no opinion of that එය උතුම්කොට නොසලකමි or එය කෙරෙහි මගේ විශ්වාසයක් නැත.

I have a good opinion of that එය උතුම්කොට සලකමි or හොඳයයි සිතමි.

Opinionated, a. තමාගේම මතය කෙරෙහි විශ්වාස වැඩිවූ, කල්පනාවෙන් මුරණ්ඩු, හිතුවක්කාර.

Opinionative, a. තමාගේම මතයට ඉතා ඇලුම්වූ, හිතුවක්කාර.

Opium, n. අබින්, මාඩා, the plant කන්සා.

Opossum, n. අමෙරිකාවේ වල් සතෙක්.

Opponent, n. විරුද්ධකාරයා, එදිරිකාරයා, විරුද්ධවාදියා, ප්‍රතිරෝධකයා.

Opportune, a. (කාලයට or ඕනෑකමට) හරියන්නාවූ, යෝග්‍ය, නිසි, ප්‍රස්තාවානුකූල, ප්‍රස්තාවෝචිත, සාමයික, සමයානුකූල, කාලයෝග්‍ය, කාලෝචිත, සත්‍යෝචිත.

Opportunely, ad. කලටවේලාවට සුදුසුලෙස, යෝග්‍යලෙස, ප්‍රස්තාවානුකූල ලෙස &c.

Opportunity, n. සුදුසු කාලය, ප්‍රස්තාව, ඉඩප්‍රස්තාව; පාච්චලය.

Oppose, v. (යමක් යමකට) විරුද්ධයට ගෙනපානවා; විරුද්ධකම් පානවා, විරුද්ධවෙනවා, ප්‍රතිපක්ෂවෙනවා, බාධාකරනවා.

Opposed, a. විරුද්ධ, ප්‍රතිවිරුද්ධ, විරෝධි, විපක්ෂ, ප්‍රතිපක්ෂ, ප්‍රතිකූල, ප්‍රත්‍යනීක.

Opposer, n. විරුද්ධකම්කරන්නා, විරුද්ධවෙන්නා, විරෝධකාරයා, විපක්ෂයා &c.

Opposing, a. විරුද්ධකම් පාන &c. විරුද්ධයට පැමිණෙන or සටන්කරන, විපක්ෂ &c. පවතිනැති.

Opposite, a. in front අභිමුඛයෙහිවූ, ඉස්සරහ, ඉස්සරහපිට, ඉදිරිපිට, ප්‍රතිමුඛ; contrary විපර්යස්ත, විපරීත, ප්‍රතිකූල, විරුද්ධ; in bot. පුෂ්පමාකාර (පත්‍ර). [ඒක.

Opposite, n. විරුද්ධ එක; විපර්යස්ත එක, ව්‍යස්ත

Opposition, n. විරුද්ධකම්කිරීම, විරුද්ධවීම, විරෝධය, විරුද්ධකම, විරුද්ධතාව, විපක්ෂතාව, විරුද්ධවාදිකම; the opposing side විරුද්ධ පක්ෂය; contrariety විපර්යාසය, ප්‍රතිකූලතාව; in astr. පර්යවසිතිය.

Oppress, v. හිංසාකරනවා, හිරිහැර කරනවා, පීඩාකරනවා, පෙළනවා, මඩිනවා, බලකරනවා, (දුකක් සේ) බරව—තදව—තිබෙනවා.

Oppressed, a. හිංසාකරනලද &c. පීඩිත, උපද්‍රැත.

Oppression, n. හිංසාකිරීම &c.; හිංසාව, හිරිහැරය, පීඩාව, තෙරුක්කුව, පීඩනය, පීලනය, බලාත්කාරය, බරකම; of breathing හුස්ම ඇදීමේ අමාරුව, දුෂ්කරාශ්වාසය.

Oppressive, a. හිංසාකරන &c., හිංසා සහිත &c., see noun; පීඩාකර, පීඩක, බාධක, බලාත්කාර, බරවූ, තද.

Oppressively, ad. හිංසාකර &c. or හිංසාකරමින් &c. බලාත්කාරයෙන්, තදලෙස.

Oppressiveness, n. තදකම, බරකම, හිංසා සහිතකම, හිංසා ගතිය.

Oppressor, n. හිංසාකරන්නා &c., හිරිහැරකාරයා, පීඩකයා, බලාත්කාරකාරයා.

Opprobrious, a. නින්දිත, නින්දාවූ, ගර්හා සහිත, නිග්‍රහ, අපහාස, ආක්‍රෝශක, පරුෂ.

Opprobriousness, n. නින්දිතකම, අපහාසය, ආක්‍රෝශකතාව.

Opprobrium, n. නින්දිතකම, නින්දාව, ගර්හාව, ආක්‍රෝශය.

Oppugn, v. ආක්‍රමණයකරනවා &c. See Oppose.

Opsiometer, n. දර්ශනමානක යන්ත්‍රය.

Optative, a. in gram. ආශංසන; n. ආශං නාමිකය or ආශංසනක්‍රියාව. [දෘෂ්ටි

Optic, Optical, a. දෘෂ්ටියට අයිතිවූ, දෘෂ්ටිය සම්බන්ධ,

Optician, n. කණ්ණාඩි සමුත්තා ආදිය සාදන්නා, කණ්ණාඩි වෙළෙන්දා.

Optics, n. දෘෂ්ටි විද්‍යාව, ආලෝක විද්‍යාව, දර්ශනාලෝක ශාස්ත්‍රය දර්ශන යන්ත්‍ර ශාස්ත්‍රය.

Optimism, n ඇත්තාවූ ලෝක ක්‍රමය ඉතා යහපත් යයි සිතීම, සියල්ලම යහපත පිණිසය යන මතය, සර්ව ශුභවාදය, පාරමිතා මතය.

Optimist, n. පාරමිතා මතිකයා, සර්ව ශුභවාදියා, පාරමාර්ථික දෘෂ්ටියා.

Option, n. කැමැත්ත, මනාපය, ආශංසනය; තෝරාගැනීමේ බලය or අවසරය.

Optional, a. කැමැත්තට අයිති, කැමැත්තට භාරවූ, විකල්පිත, ස්වච්ඡන්ද. [ය; සම්පත.

Opulence, n. පොහොසත්කම, ධනවත්කම, ආඪ්‍යත්ව

Opulent, a. පොහොසත්, ධනවන්ත, ධනවත්, සමෘද්ධ, ආඪ්‍ය; opulent person පොහොසතා &c.

Opus operatum, L. lit. කෘතක්‍රියාව; in theol. චාරිත්‍රයේ පිටත ක්‍රියාව.

Or, conj. නොහොත්, නැතහොත්, නැත්නම්. එක්කෝ, හෝ; *or ... or*, either...*or* වත්...වත්, හෝ...හෝ.

Oracle, n. දිවස්කීම, පේනකීම; පේනකීමට ඥානය දෙන දේවතාවා; පේනකියන තැන or දේවාලය; අතිශුද්ධස්ථානය; fig. (යමක් නිශ්චය කිරීමට) ඥානය ඇත්තා, ඥානවන්තයා; ඥානවන්තකීම, දේව වාක්‍යය.

Oracles, n. pl. (ක්‍රිස්තියානි ව්‍යවහාරයේ හැටියට; දේව වාක්‍යවල්.

Oracular, a. දිවස් කියන, දිවස් කීම වැනිවූ; (දිවස් කීම මෙන්) ඥානකට තේරුම්යන, ද්ව්‍යර්ථ, අඳුරු; (දිවස් කියන්නෙකු මෙන්) ඥානයෙන් or බලය ඇතුව කියන්නාවූ.

Oracularly, ad. දිවසින් මෙන්, බලය ඇතුව, සහතික ලෙස, (කථාකරනවා or කියනවා).

Oral, a. මුඛ වාක්‍යවූ, (නොලියා) කටින්ම කියන, කටවචන, වාඞ්මය.

Orally, ad. මුඛ වාක්‍යයෙන්, කටින්ම, කට වචන යෙන්, කට උත්තර වශයෙන්.

Orange, n. දොඩම, පැණිදොඩම, නාරං, ජම නාරං, දොඩම් ගෙඩිය &c.

Orange, a. දොඩම්, දොඩම්පාට—කහපාට—ඇත්තාවූ, කහපාට. [ස්ථානය.

Orangery, n. දොඩම් වත්ත, දොඩම් ආදිය වවන

Orang-outang, n. (ඉන්දියාවේ) වානරයා, ලොකු වානර ජාතියක්.

Oration, n. ව්‍යක්ත කථාව, ප්‍රසිද්ධ කථාව, දේශනාව.

Orator, n. ප්‍රසිද්ධ කථාකාරයා, ව්‍යක්ත කථිකයා, වාක් චතුරයා, වාගීශ්වරයා, වාග්මීනයා.

Oratorical, a වාක් චාතුර්යය පිළිබඳ, ව්‍යක්ත කථික, දක්ෂ කථික.

Oratorio, n. ශුද්ධ ධම් සංගීතය.

Oratory, n. ව්‍යක්ත කථික ශාස්ත්‍රය; ව්‍යක්ත ලෙස කථාකිරීම, කථිකත්වය, වාක් පටුත්වය, වාක් චාතුර්යය; යාච්ඤා ගෘහය, යාච්ඤා පල්ලිය.

Orb, n. ගෝලය, බෝලය, (ඉර හඳ තාරකා යනාදී) ලෝකයක්, මණ්ඩලය, බිඹුව; චක්‍රය; අක්ෂිය.

Orbed, Orbicular, a. ගෝලයක් වැනිවූ, ගෝලවූ, ගෝලාකාර; චක්‍රාකාර, වටකුරු.

Orbiculate, Orbiculated, a. මණ්ඩලාකාර, in bot. මණ්ඩල පත්‍ර.

Orbit, n. කක්ෂය, ග්‍රහතාරකා ගමන්කරන මාර්ගය, ග්‍රහ මාර්ගය, වෘත්ත ගමන; ඇසේ වළ; කුරුළුඇස් වළල්ල. [රාමය.

Orchard, n. පලතුරු වත්ත, උයන, අරඹ, B. වලා

Or'chestra, * n. (නාඩගමේ &c.) ගායනා මණ්ඩපය; (එහි) ගායනා සමූහයා, ගායනා කණ්ඩායම.

Orches'tral, a. ගායනා මණ්ඩප (ක්‍රම, තාල &c.).

Orchid, n. කෝෂමූල පැලයක්.

Orchis, n. කෝෂමූල පැල ජාතියක්.

Orchidaceæ, n. pl. කෝෂමූල පැල ජාති.

Orchidaceous, a. කෝෂමූලාකාර, කෝෂමූල.

Orchotomy, n. කෝෂච්ඡේදනය, කප්පාදුකිරීම.

Ordain, v. පත්කරනවා, B. පැවිදිකරනවා, උප සම්පදාකරනවා; නියෝගකරනවා, නියමකරනවා.

Ordained, pp. *or* a. පත්කරන ලද &c., පත්වූ, උප සම්පන්න, ප්‍රව්‍රජිත.

Ordeal, n. (දුෂ්ට දමීමෙන්, ගින්නෙන් &c. පුරාණයේදී භාවිතාකළ) විභාග විධියක්; *now* fig. බරපතළ පරීක්ෂාව *or* අමාරුව.

* In this and the next six words *Ch* is pronounced *K*.

Order, n. පිළිවෙළ, ක්‍රමය, අනුක්‍රමය, පටිපාටිය, පරිපාටිය—ascending order ආරෝහණ පරිපාටිය descending order අවරෝහණ පරිපාටිය; command නියමය, ආඥාව, අණ, අනුමැතිය; බඩු ඉල්වා යවන ලියුම, ඕඩරය; class වර්ගය, ජාතිය, වංශය; society සමාගම; holy orders දේවගැති ධුරය; පූජක පිරිස, ආර්යසංඝයා, මහාසංඝයා; take orders දේවගැති කමට පත්වෙනවා, පැවිදිවෙනවා; in order to පිණිස, අරබයා.

Order, v. අණකරනවා, ආඥාකරනවා, අණදෙනවා; නියමකරනවා, බඩු ඉල්වා යවනවා; හසුරුවනවා.

Orderly, a. පිළිවෙළක් ඇත්තාවූ, පිළිවෙළට තබා තිබෙන, නියමයට එකඟ, යථාක්‍රම, ක්‍රමික, ක්‍රමානුගත, ක්‍රමානුසාරි; not unruly ශාන්ත, හන්සුන්; in mil. කළමනාකාර (මුලාදෑනියා), කටයුතු (සටහන් පොත).

Orderly, ad. පිළිවෙළින්, ක්‍රමයෙන්, යථාක්‍රමයෙන්.

Orderly, n. (මුලාදෑනියෙකුගේ) උදව්කාර සේවයා; පණිවිඩ ගෙනයන සේවකයෙක්.

Ordinal, n. (පළමුවෙනි දෙවෙනි යනාදී) ක්‍රමික සංඛ්‍යා වක්, ක්‍රමාඞ්කය; (adj. ක්‍රමික); (දේවගැති ධුරයට) පත්කිරීමේ පොත. [පනත.

Ordinance, n. නියමය, නියෝගය, ආඥාව, ව්‍යවස්ථාව,

Ordinarily, ad. සාමාන්‍ය ලෙස, සාමාන්‍යයෙන්, ව්‍යවහාර ලෙස, වැඩිකොටම.

Ordinary, a. සාමාන්‍ය, පොදු, භාවිතාවූ, ව්‍යවහාර, අවිශේෂ; උතුම් නොවන, ලක්ෂණ මදිවූ *or* අවලක්ෂණ.

Ordinary, n. (සභාවේ කාරණා ගැන) සාමාන්‍ය නඩු කාරතැන, පාරිෂදිකතැන; chaplain in ordinary (සේවයෙහිම යෙදී සිටින) නියම දේවගැතියා; the usual order නියම—සාමාන්‍ය—ක්‍රමය.

Ordinate, n. විධිප්‍රකාරවූ, ක්‍රමික, යථාක්‍රම.

Ordination, n. පත්කිරීම &c., see Ordain; by laying on hands හස්තෝපකර්මය, හස්තාලේපය.

Ordination, a. පත්කිරීමට අයිති, පත්වීමේ (මෙහෙය), හස්තෝපකර්ම.

Ordnance, n. කාලතුවක්කු, යුද්ධායුධ.

Ordnance-stores, n. pl. කාලතුවක්කු උපකරණ, යුද්ධෝපකරණ.

Ordnance-survey, n. (රටේ තොරතුරු දැනගැනීමට ආණ්ඩුව විසින්) රට මැන සටහන්කිරීම, දේශප්‍රමාණීකරණය.

Ordure, u. අශුචි, පුරීෂ, අමේධ්‍යය, මල.

Ore, n. ලෝපස්; ලෝහ.

Organ, n. of sense ඉන්ද්‍රියය, අවයවය; of action ක්‍රියේන්ද්‍රියය; the five organs පඤ්චේන්ද්‍රියය; musical තූර්ය භාණ්ඩයක්, ඕර්ගලය; fig. means උපක්‍රමයක් (වූ කෙනෙක්), උපක්‍රමයක්, (යම් සභා වකට etc. අයත්) පත්‍රය *or* සඟරාව.

Organic, Organical, a. ඉන්ද්‍රියයන් සහිත, ඉන්ද්‍රියවත්; ඉන්ද්‍රියයන් සම්බන්ධ; ප්‍රකෘති කොටස් *or* ධාතු ඇත්තාවූ, අවයව ඇත්තාවූ; ධාතු *or* අවයව සම්බන්ධ (රෝගය *or* ජීවියාගේ ආකෘතිය); organic bodies ඉන්ද්‍රියවත් වස්තු (වන ශරීර වෘක්ෂාදිය); organic substances ඉන්ද්‍රියවත් වස්තු ද්‍රව්‍ය; organic remains (පාෂාණීභූත) ඉන්ද්‍රියවත් ධාතු.

Organically, ad. ඉන්ද්‍රියයන් ඇතුව; ඉන්ද්‍රියයන්—ධාතු—අවයව—ප්‍රකාරයට; ප්‍රකෘති ද්‍රව්‍යවලින්.

Organism, n. නොයෙක් කොටස් වලින් යොදන වස්තුව (වන ශරීර වෘක්ෂාදිය.)

Organist, n. (ඕර්ගලය යන) තූර්‍ය භාණ්ඩය ශායනා කරන්නා.

Organization, n. යෙදීම &c., see verb, ග්‍රන්ථනය; යොදපු රූපය, යොදපු හැඩය, ග්‍රන්ථිතාකාරය.

Organize, v. (ඉන්ද්‍රියයන් අවයව ආදී) නියි කොට්ඨාස ඇතුව යොදනවා, ග්‍රන්ථනයකරනවා, පිළිවෙළට යොදනවා, පිළිවෙළකරනවා, සකස්කරනවා, සංවිධාන කරනවා; (නිලධාරීන් නියමකර සමාගමක් වශයෙන්) සම්බන්ධකරනවා.

Organized, pp. *or* a. (එසේ) යොදනලද.

Organographist, n. වෘක්ෂෙන්ද්‍රිය-විස්තරකාරයා.

Organography, n. in bot. වෘක්ෂෙන්ද්‍රිය-විස්තරය.

Organology, n. සචෙතනෙන්ද්‍රිය-විස්තරය.

Organon, Organum, n. ශාස්ත්‍ර විභිවත්ක්‍රමය, සූත්‍ර සකන්ධය.

Orgies, n. බීගෙන කරන සෙල්ලම්, pl. සුරාධූර්ත මංගල්‍ය කෘත්‍ය මත්පැන් මංගල්‍යය.

Oriel, n. ලොකු බොකු කවුළුව. [මත්.

Orient, a. උදාවෙන්නාවූ; පෙරදිග, ප්‍රාචීන; දීපන්

Orient, n. පූර්වදේශය, පූර්වදිශාව, පෙරදිග.

Oriental, a. පූර්වදේශීය, පෙරදිග, ප්‍රාචීන, ප්‍රාච්‍ය, නැගෙනහිරෙන් පැමිණෙන.

Oriental, n. පූර්වදේශවාසියා, ප්‍රාචීනයා.

Orientalism, n. (පෙරදිග) ආසියාවේ ගුරුකමක් *or* ධර්මයක් *or* රීතියක්.

Orientalist, n. පූර්වදේශ භාෂා ශාස්ත්‍රාදිය දන්නා, ප්‍රාචීන භාෂා ශාස්ත්‍රඥයා.

Orientalize v. පූර්වදේශ විධියට එකඟකරනවා, ප්‍රාචීනාකාර කරනවා.

Orifice, n. (නළයක් වැනි දෙයක) කට, විවරය, මුඛය, ද්වාරය, සිදුර.

Origin, n. පටන්ගැන්ම, මුල, ආරම්භය, මූලාරම්භය, උත්පත්තිය, නිදානය, සම්භවය, ප්‍රභවය.

Original, a. මුල්වූ, මූලික, පළමුකොටම තිබුණවූ, පූර්ව, ප්‍රථම, ආදිම; (කාරණ, සිතිවිලි) අලුතෙන් උපදවන, ඊනෝත්පාදක, නිර්මාණ.

Original, n. (කොටුම්පතක් — සිතියමක් — නොවන) මුල් පිටපත, (සිතියමක් පෙන්වන) ජනම එක, මුල් භාෂා රචනාව.

Originality, n. මුල්වූ එක බව, මූලිකතාව; අලුතෙන්—සිතෙන්—උපදවාගැනීමේ *or* යොදාගැනීමේ සමර්ථකම, නිර්මාණ ශක්තිය, උත්පාදක ශක්තිය.

Originally, ad. මුලදී, පටන්ගැන්මේදී, මුල පටන්.

Originate, v. උපදවනවා, හටගන්වනවා, පටන්ගන්නවා, මුලදී අටගන්නවා, උපදිනවා.

Origination, n. ඉපදවීම, පටන්ගැනීම, පටන්ගැන්ම; පටන්ගත්—අටගත්—විධිය, ප්‍රකෘත්‍යාකාරය.

Originator, n. උපදවන්නා, මූලිකයා, උත්පාදකයා.

Orion, n. the const. ආග්‍රහායණී රාශිය, මුවසිරිය නම් නැකත් තරුව, මෘගශීර්ෂ රාශිය.

Orison, n. යාච්ඤාව, ඉල්ලීම, ඔරසම.

Orlop, n. නැවේ යට තට්ටුවක්.

Ormolu, n. රසවත් පිත්තල.

Ornament, n. ආසිත්තම, ආභරණය, සැරසිල්ල, මණ්ඩනය, භූෂණය, විභූෂණය, අලඞ්කාරය, for the forehead පත්‍රපාශ්‍යාව, for the feet පාදාභරණය, පාදවලලය.

Ornament, v. සරසනවා, ආසිත්තම්කරනවා, සැරසිලි කරනවා, අලංකාරකරනවා.

Ornamental, a. සැරසිලිවූ, ආසිත්තම් ආකාර, භූෂණකාර, ශෝභාකර, විසිතුරු, අලංකාර.

Ornamentally, ad. සැරසිලි විසයෙන්, ආසිත්තම් ආකාරයෙන්, සමලංකෘත ලෙස &c.

Ornamentation, n. සැරසීම &c., භූෂණය; ආසිත්තම, සැරසිල්ල.

Ornamented, a. සරසාපු, සැරසී තිබෙන, සැරසිලි සහිත, මණ්ඩිත, ශොභිත, විභූෂිත, ප්‍රතිමණ්ඩිත.

Ornate, a. අලංකෘත, සමලංකෘත, සජ්ජිත, ශෝභිත.

Orniscopics, n. See Ornithomancy.

Ornithologist, n. පක්ෂි විද්‍යාඥයා, පක්ෂිවිස්තරකාරයා.

Ornithology, n. පක්ෂි විද්‍යාව, පක්ෂි විස්තරය.

Ornithomancy, n. පක්ෂීන් බලා පේන කීම, පක්ෂි නිමිත්තාවලෝකනය.

Orography, n. කඳු විස්තරය, අද්‍රි විස්තරය, පර්වත විස්තරය.

Orologist, n. කඳු ශාස්ත්‍රඥයා, &c. [විද්‍යාව.

Orology, n. කඳු ශාස්ත්‍රය, පර්වත ශාස්ත්‍රය, පර්වත

Orphan, n. පියා — මව් — මව්පිය දෙදෙනා—නැතුණ ළමයා, අනාථ දරුවා *or* ළමයා.

Orphanage, n. මව්පියන් නැතිබව, අනාථභාවය; මව්පියන් නැති ළමයි සිටින රක්ෂාස්ථානය, අනාථ දරු නිවාස, අනාථ දරු මඩම.

Orpiment, n. පීත ද්‍රව්‍ය ජාතියක්, හිරියල්, හරිතාලය.

Orrery, n. (මඤ්ඤ සූත්‍ර) ග්‍රහ තාරකාවල ප්‍රමාණය හා ගමන් දක්වන යන්ත්‍රය, සූර්‍ය ඝමණ්ඩල යන්ත්‍රය.

Ortho, prefix, Gk. ඍජු, කෙලින්, සම්‍යක් යන අර්ථ ඇති උපසර්ගය.

Ortho-centre, n. සම්‍යක් කේන්ද්‍රය.

Ortho-centric, a. සම්‍යක් කෛන්ද්‍රික.

Orthodox, a. සම්‍යක් දෘෂ්ටි, ධර්මයට එකඟවූ, ධර්මානුකූල, සම්‍යක් මතික, සත්‍ය ලබ්ධික.

Orthodoxy, n. සම්‍යක්දෘෂ්ටිය, ධර්මයට-එකඟකම, සම්‍යක්මතිය.

Orthoepist, n. හරියට උච්චාරණයකරන්නා, ශුද්ධෝච්චාරණඥයා.

Orthoepy, n. හරිආකාර වචන ශබ්දකිරීම, හරි උච්චාරණය, ශුද්ධෝච්චාරණය.

Orthogonal, a. සම්‍යක් කෝණික.

Orthographic, a, හරි අක්ෂරවලින් ලියාපු, හරි අක්ෂර වින්‍යාසාකාර; අක්ෂර වින්‍යාස.

Orthographically, ad. හරි අකුරුවලින්; අක්ෂර වින්‍යාසාකාරයෙන්.

Orthography, n. ශුද්ධාක්ෂර වින්‍යාසය; වචන හරිලෙස ලිවීම; in gram. අක්ෂර වින්‍යාස විද්‍යාව, අක්ෂර ශාස්ත්‍රය, අක්ෂර සංඥාව, සංඥා විධිය; in geom. (ගෘහාදීන්ගේ පැත්ත) ඍජු ලෙස ඇඳීම, ඍජු චිත්‍ර විධිය.

Orthology, n යෝග්‍ය විස්තරය.

Orthometry, n. කවිපද හරිලෙස යෙදීම.

Orthopedy, n. පාද විකෘත්‍යුපශමනය, පාදයන්හි විරූපකම සුවකිරීම.

Orthoptera, n. pl. ඍජු පක්ෂප්‍රාණී ජාති, තණ කොළ ආදී ප්‍රාණීයෝ.

Orthopterous, a. ඍජුපක්ෂ, ඍජු පියාපත් ඇත්තාවූ.

Orts, n. pl. ඉතුරු කෑබලි, කෑලි, ඉඳුල් කෑම.

Oscillate, v. ඔන්චිල්ලාව මෙන් වැනෙනවා, පැද්දෙනවා, පැදෙනවා.

Osculate, v. සිඹිනවා, චුම්බනය කරනවා; in geom. තට්ටුවෙනවා.

Osier, n. ගංනලා ගස්ජාතියක්.

Osprey, n. මුහුදු රාජාලියා, කුරලියා, මත්ස්‍ය නාශකයා.

Osseous, a. හත්තව ඇටවූ, ඇට ආකාර, අස්ථිමය.

Ossification, n. ඇටකටු සෑදීම; ශරීරයේ නහරාදිය ඇටකටු වාගේ හයිවීම, ඇටවීම, අස්ථිකෘතිය.

Ossify, v. ඇටකටු මෙන් හයිවෙන්ට සලස්වනවා, අස්ථිකරනවා; අස්ථිවෙනවා.

Ossivorous, a. ඇටකටු කන්නාවූ, අස්ථි භක්ෂක, අස්ථිභෝජී.

Ostensible, a. දක්වන, පෙනපාන or කියන, ප්‍රකාශවූ (කාරණ &c.).

Ostensibly, ad. (ඇත්ත කොහොම නමුත්) දක්වන ලෙස නම්, කියන හැටියට නම්.

Ostensive, a. දක්වන, දර්ශක; in math. කෙළින්ම ඔප්පුකරන, සෘජු සාධක (විධිය).

Ostentation, n. නිරර්ථක — අහංකාර — පෙන්වීම, ගර්විත ප්‍රදර්ශනය.

Ostentatious, a. නිරර්ථකකමින් පෙන්වන, පාරට්ටු කරන, අහංකාර, ආඩම්බර, ගම්භීර.

Ostentatiousness, n. අහංකාරකම, (රටට) පෙන්වන ගතිය, ගර්විත භාව.

Osteologist, n. අස්ථිශාස්ත්‍රඥයා, අස්ථි විස්තරකාරයා.

Osteology, n. ඇට පිළිබඳ ශාස්ත්‍රය, අස්ථි විද්‍යාව, අස්ථි විස්තරය.

Osteotomy, n. අස්ථිච්ඡේදනය.

Ostiary, n. දොර්ය. දොර්ශ-කට [කාරයා.

Ostler, Hostler, n. අශ්වපාලයා, අශ්වකාරයා, තුදිර

Ostracism, n. (සමාගමෙන් or සමාජයෙන්) පහකිරීම, පිටවහල් කෙනෙක් කොට හැලකීම.

Ostracise, v. පහකරනවා, ඉවත්කරනවා, වෙන්කර නවා, පිටවහල්කරනවා, නෙරපනවා.

Ostrich, n. ඉතා ලොකු පක්ෂි ජාතියක්, පැස්බරා.

Otalgia, Otalgy, n. කර්ණශූලය, කන්කැක්කුම.

Other, a. වෙන, වෙනත්; the other අනික්, අනිත්; the other day එදා or එක කාලකට ඉස්සර දවසක්; every other day දවසක් ඇර දවසක්; other world පරලොව, පරලෝකය.

Otherwise, ad. වෙන ආකාරයකින්, වෙනස් ලෙස; නැත්නම්, එසේ නැත්නම්.

Otiose වැඩ කර්මාන්තාදිය නැත්තාවූ, නිවාඩු ඇත් තාවූ, අවකාශවූ.

Otium cum dignitate, L. ලොකුකම සහිත අවකාශය.

Ottar, Otto, Attar, n. (මල්වල) සුවඳ රස, පුෂ්ප තෙල, පුෂ්ප සාරය.

Otter, n. දියබල්ලා, ජලනකුලයා. [&c.).

Ottoman, a. තුර්කිවරුන්ට අයිති, තුර්කි, (ආණ්ඩුව

Ottoman, n. තුර්කියා; මෙත්ත ඇති ආසනයක්.

Ought, n. යමක්, යම් දෙයක්, මොකවත්.

Ought, v. aux. ඕනෑ, ඕනෑව තිබෙනවා, යුතුයි, යුතුව තිබෙනවා.

This ought to be done *or* (one) ought to do this මේක කරන්ට ඕනෑව තිබෙනවා, මේක කළ යුතුයි.

Ounce, n. රන් රිදී රත්තලෙන් දොළහෙන් පංගු වක්, සාමාන්‍ය බඩු රත්තලෙන් දහසයෙන් පංගු වක්, අවුන්සයක්.

Ounce, n. දිවියා.

Our, adj. pron. අපේ, අපගේ, අපට අයිති.

Ouranography, Uranography, n. (ඉර හඳ තාරකා ඇතුළුව) අහස්තල විස්තරය.

Ours, pron. අපෙයි, අපේ එක &c.; a horse of ours අපේ අශ්වයින්ගෙන් එකෙක්, අපේ අශ්වයෙක්.

Ourselves, pron. we ourselves අපිම; us ourselves, &c. අපම &c.

Oust, v. පිටතට දමනවා, පිටවහල්කරනවා, පහකර නවා, දුරලනවා, නෙරපනවා, ඇරදමනවා.

Out, ad. පිටත, පිටතට, පිටතින්, එළියේ, එළිපහලි යට, දෙව්ට.

He is out ඔහු ගෙදර නැත, පිටතට ගියා, පිට තින් සිටිනවා.

The matter is out කාරණය එළිවී තිබෙනවා.

The fire is out ගින්න නිවී තිබෙනවා.

The time is out කාලය කම්මුතුයි, ඉකුත්වී තිබෙනවා.

Hear them out ඔවුන් කියන දේ කම්මුතුවට අසාපන්.

He spoke out ඔහු හඬියෙන් කථාකළා; පැහැ දිලි ලෙස—නොසඟවා—කථාකළා.

Out of, ad. prep. out of the house &c. ගෙදර පිට තින්, ගෙදරින් පිටතට, නිලයෙන් ඇරී, අහක්වී; out of the ground, sky &c බිම ඇතුළතින්, බිමෙන්, අහසින් &c.; out of work, food &c. වැඩ, කෑම &c. නැතුව; out of danger අනතුරු නැතුව, අනතුරෙන් මිදී; out of kindness &c. කරුණාවෙන් &c. (යමක් කළා).

He is out of pocket thereby එයින් ඔහුට පාඩුවී තිබෙනවා.

The book is out of print (අච්චුගසාපු) පොත් සියල්ල විකිණී කම්මුතුයි;

An out of the way place මුළුහැර—දුරබැහැර—ස්ථානයක.

Out, prefix, පිටත, වෙන එකකට or කෙනෙකුට වඩා, යන අර්ථ ඇති උපසර්ගය.

Out-balance, v. බරින් or ගුණයෙන් වඩා වැඩිවෙනවා.

Outbid, v. (වෙන කෙනෙකුට වඩා) වැඩිගණනකට ඉල්ලනවා, මිල ගණන වැඩිකර ඉල්ලනවා.

Outbreak, n. කිදගනර්ම, කිදගනයාව; (කිකිළි, ගඩු, රෝග) සැරලෙස අවගැනීම.

Outburst, n. සැරලෙස නික්මීම or අවගැනීම, (රෝග, කෝපය, වාක්‍ය) හදිසියෙන් නිකුත්වීම.

Outcast, a. පරවූ, පිටවහල්වූ; හීන ජාති, කුලභ්‍රෂ්ට, නිකෘෂ්ට, නේෂාද, චණ්ඩාල, කාඩ, පාදඩ.

Outcast, n. පිටවහලා, කුලභ්‍රෂ්ටයා; vile one චණ්ඩා ලයා, කාඩියා, පාදඩයා, නේෂාදයා.

Outcrop, v. මතුවෙනවා.

Outcry, n. කෑමොරගැසීම, ඝෝෂාව්‍ය, ඝෙ.ෂාව.

Outdo, v. (වෙන කෙනෙකුට වඩා) අධිකලෙස or ඉහළින් කරනවා.

Outdoor, a. ගෙයින් පිටවූ, එළියේ (කරන්නාවූ &c.).

Outer, a. පිට, පිටත, පිටාතර, බාහිර, බාහ්‍ය, වහිගීත.

Outermost, a. (කීපයකින්) ඉතා පිටවූ, පිටාතර, අති බාහ්‍ය, මධ්‍යයෙන් ඉතා දුර.

Outfit, n. (නැවකට, ගමනකට &c.) උවමනාවල්, උව මනා උපකරණ, අඩුවැඩිය. [යා.

Outfitter, n. උවමනා දේ සපයාදෙන්නා, සම්පාදක

Outfitting, n. උවමනා දේ සම්පාදනය කිරීම, සම්පා දනය කරන බඩු.

Outgoing, a. පිටතට යන්නාවූ, පිටත්ව යන්නාවූ.

Outgoing, n. පිටතට යාම, පිටත්ව යාම; වියදම් වෙන ගණන, වියදම.

Outgrow, v. (වෙන යමකට or යමෙකුට) අධිකලෙස වැවෙනවා or වැඩෙනවා or ලොකුවෙනවා.

The child outgrows his clothes ඇඳුම් පුංචිවෙන හැටියට ළමයා වැඩෙනවා.

Out-house, n. (ගෙදරට පිටතින් තිබෙන) පිට ගෙය, අතුගේ, වැසිකිළිය.

Outing, n. සුළු සෙල්ලම් ගමනක් *or* ඇවිදීමක්.

Outlandish, a. පරදේශක, පිටරට ; පිටිසර, විනාවර.

Outlast, v. (වෙන යමකට වඩා) අධික කල් පවතිනවා *or* චිරස්ථායිවෙනවා.

Outlaw, n. ආණ්ඩුවේ ආරක්ෂාවෙන් ඉවත්කරනලද කෙනෙක් ; මංකොල්ලකාරයා.

Outlaw, v. ආණ්ඩුවේ ආරක්ෂාවෙන් පහකරනවා, රාජාශ්‍රයෙන් ඉවත්කරනවා *or* පිටමංකරනවා ; අසුවී නැති කෙනෙක් වරදට පත්කරනවා.

Outlawry, n. (එසේ) පහකිරීම, පිටවහල්කිරීම.

Outlay, n. වියදම් කරන ගණන, වියදම.

Outlet, n. පිටවෙන මග, පිටවීමේ හැකියක්, පිටවාන, පිටාරය.

Outline, n. පිටත ආකාරයේ සටහන, වහිරාකාරය ; fig. (කාරණාවක *or* යෝජනාවක) සංක්ෂේප සටහන.

Outline, v. පිටත හැඩය *or* ආකාරය අඳිනවා ; (යෝජනාවක්) සංක්ෂේපලෙස සටහන් කරනවා, හැකොවින් දක්වනවා.

Outlive, v. (වෙන යමකට &c.) වඩා කල් ජීවත් වෙනවා *or* පවතිනවා.

Outlook, n. කලින් බලාසිටීම ; පිටත බලන ස්ථානය, දෘෂ්ටිය, දෘෂ්ටිපථය, දර්ශනය, පෙනීම ; බලාපොරොත්තුව.

Outlying, a. පිටත—පිටතින්—ඇත්තාවූ, පිටිසරබද, ප්‍රත්‍යන්ත ; මුළුහැර.

Outmost, a. See Outermost.

Outnumber, v. (වෙන යමකට වඩා) ගණනින් අධික වෙනවා *or* අධිකව සිටිනවා *or* තිබෙනවා.

Outpost, n. අන්දූයමෙන් පිටත ස්ථානයක්, කඳවුරෙන් පිට මුරපළක් ; පිටත මුරපළේ සේනාව.

Outpouring, n. වැගිරවීම, වැගිරීම, පිටාරයාම.

Output, n. (යම් කාලයක් තුළදී) නිපදවූ *or* පිටකළ ද්‍රව්‍ය ප්‍රමාණය.

Outrage, n. තද බලාත්කාරය, දුෂ්ට ක්‍රෑරකම, ඉතා සැරලෙස හැසිරීම, බරපතල් නපුරුකම, නපුරු අනාචාරය, සාහසය, සාහසික ක්‍රියාව.

Outrage, v. තදලෙස—නපුරුලෙස—බලාත්කාරකම් කරනවා ; නනිස්නාවූ කරනවා.

Outrageous, a. ඉතා අධිකතර ; ඉතා සැර, අති සාහසික, නප ; චණ්ඩ, කෝලාහල.

Outrageousness, n. අත්‍යන්තභාව ; ඉතා සැරකම, සාහසිකභාව &c.

Outreach, v. (වෙන යමකට *or* යමෙකුට) වඩා දුරට දිගුව තිබෙනවා, වඩා දුරට දිගුකරනවා.

Outrider, n. ඔබමොබ අශ්වයා පිටින් ගමන්කරන්නා ; උප අසරුවා, මෙහෙකරු අසරුවා, තුරුප්පු කාරයා. [දණ්ඩක්.

Outrigger, n. කොල්ලෑව , (නැවෙන්) දිගුකරන හරස්

Outright, ad. එවෙලේම, කඩිනමින්ම, වහාම ; මුළුමනින්ම, සහමුලින්ම.

Outrun, v. (වෙන යමෙකුට) වඩා ඉක්මනින් දුවනවා ; fig. (වසතුව, ඥාණය, ආදි) යමක් ඉක්මවනවා.

Outset, n. පටන්ගැම්ම, මුල, ආරම්භය, මූලාරම්භය, ආදිය.

Outside, n. පිට පැත්ත, පිටත කොට්ඨාසය, පිටස්තරය, පිටභාගය ; of bark *or* fish පිටමත ; five at the outside ඉතා වැඩි තරම නම් *or* වැඩිවුණොත් පහයි.

Outside, a. පිට, පිටත, පිටස්තර, පිටාතර, බාහිර.

Outskirt, n. ඉම, අසින, උපාන්තය, ප්‍රාන්තය, යාවූ වටකර ස්ථානය, සීමා ප්‍රදේශය.

Outspoken, a. නොසඟවා කථාකරන, අවංක, වංචා රහිත.

Outspread, v. විදහනවා, අතුරනවා, විසුරුවනවා.

Outspread, a. විහිදී තිබෙන, අතුරා තිබෙන, ප්‍රකීර්ණ, විසතීර්ණ, අසංගත, ආසතෘත, ප්‍රසාරිත.

Outstanding, n. නෙරා—මතුවී—තිබෙන, ප්‍රකටව පෙනෙන ; අයනොකළාවූ, නොගෙවිවාවූ, (ණයගණන්).

Outstare, v. රඬා බලා ලජ්ජාකරනවා *or* (ඉවසිය නොහැකි තරම් යමෙකු දෙස) ඇස් හෙළාගනම සිටිනවා.

Outstep, v. (වෙන යමෙකුට) වඩා ඉක්මනට අඩිතබාගන යනවා ; fig. අතික්‍රාන්තකරනවා.

Outstretch, v. දික්කරනවා, දිගුකරනවා, විදහනවා.

Outstrip, v. (වෙන යමෙකුට) වඩා ඉක්මනට යනවා, ඉස්සරවෙනවා, පසුකර යනවා.

Outwalk, v. (වෙන යමෙකුට) වඩා ඉක්මනට *or* වඩා වෙලා පයින් යනවා.

Outward, a. පිටස්තර, පිටත, පිටාතර, බාහිර, වහිගත, වහිර්භූත.

Outward, **Outwards**, ad. පිටතට, පිටත දෙසට.

Outward-bound, a. පිට රටකට යන *or* යාත්‍රාකරන නැවක්.

Outwardly, ad. පිටින්, පිටතින්, පිටස්තරයෙන්, පිටස්තර පෙනීමෙන්.

Outweigh, v. (වෙන යමකට) වඩා බරව තිබෙනවා ; වඩා බරපතලව—වඩා වැදගත්ව—තිබෙනවා.

Outwit v. අධික සමර්ථකමින් දිනාගන්නවා, උපායෙන් ජයගන්නවා ; හපන්කමින් රවටනවා.

Outwork, n. (ප්‍රධාන පවුරට *or* බලකොටුවට පිටතින් තිබෙන) පිට බලකොටුව, වහිර්ප්‍රාකාරය.

Ova, n. pl. L. (සතුන්ගේ, sp. කුඩා සතුන්ගේ) බිත්තර ; of flies ඉඳද ; of fish මීනාණ්ඩ.

Oval, a. බිත්තරයේ හැඩයඇති, අණ්ඩාකාර, අණ්ඩවෘත්ත ; බිත්තරවට අයිතිවූ. [ඕවලය.

Oval, n. බිත්තරයේ හැඩය, අණ්ඩාකාරය, අණ්ඩවෘත්තය,

Ovary, n. (ගෑනු සතා *or* පලතුරු ඇල) බිත්තර හැදෙන ස්ථානය, ඩිම්බකෝෂය.

Ovate, a. in bot. (පටු තොංගල ඉහළ තිබෙන) බිත්තර හැඩය ඇත්තාවූ, අණ්ඩාකාර (කොළ).

Ovation, n, (පුරාණ රෝමයේ) දෙවෙනි තරමේ ජය මංගල්‍යය ; (දනට ජනයා විසින් යමෙකු) ප්‍රීතිඝෝෂාවෙන් පිළිගැනීම.

Oven, n. උදුන, පෝරණුව.

Over, prep. උඩ, උඩින්, ඉහළ ; අනික් පැත්තේ *or* පැත්තට, හරහ, හරහට, (ගඟ) එතර, එතරට ; upon කෙරෙහි ; throughout මුළුල්ලෙහි ; more than වඩා, වැඩි.

Over, ad. පැත්තෙන් පැත්තට ; over there අරහේ, අනික් පැත්තෙහි.

(*Often untranslatable*, as :— He has gone over to the enemy, to India &c., ඔහු සතුරන්ට එකතුවුණා *or* සතුරු පක්ෂයට ගියා, ඉන්දියාවට ගියා ; I deliver it over to you ඒක නුඹට භාර දෙමි ; turn over පෙරළනවා, පෙරළෙනවා).

in excess වැඩියෙන්, අධිකලෙස ; over against ඉදිරිපිට, ඉස්සරහපිට ;

think over a subject කාරණාවක් මුළු වගයෙන් කල්පනාකරනවා ;

give over everything සියල්ල භාරදෙනවා;
give over, give over talking &c. නවතිනවා, නවකථාතොකර නවතිනවා.

Over, a. උඩ, උඩ තබන්නාවූ; be over, ended නිත්දුව තිබෙනවා, අවසාන වෙනවා, සමාරවෙනවා &c.

Over, prefix, උඩ, උඩින්, අනික් පැත්තට, අධිකලෙස යන අර්ථ ඇති උපසර්ගය.

Overact, v. අධිකලෙස කරනවා or ක්‍රියාකරනවා.

Overarch, v. උඩින් බෝක්කු නමනවා, බෝක්කු වශයෙන් නැමෙනවා or නැමීතිබෙනවා.

Overawe v. භයගන්වා නවත්වනවා, භයින් or ගරුනම්බුවෙන් යටත් කරනවා.

Overawed, be, භයින් &c. නවත්වනු ලබනවා or යටත් වෙනවා or අභිභවනයවෙනවා

Overbalance, v. (වෙන යමකට වඩා) අධිකබරව—බරපතලව—වැදගත්ව—අනසිව—තිබෙනවා.

Overbear, v. භයින්—බලයෙන්—සැරකමින්—යටත් කරනවා, යටකර ගන්නවා, බලකරනවා.

Overbearing, a. බලකිරීමට ලැදිවූ, උඩඟුකම් පාන්නාවූ, උද්ධර, ආඩම්බර.

Overboard, ad. නැවේ සිට පිටතට, නැවෙන් මුහුදට, or ඔරුව පාරුව යනාදී නැස්වලින්, (වැටෙනවා &c.).

Overburden, v. අධිකලෙස බරකරනවා, අධිකලෙස බර තබනවා.

Overburdened, a. අධිකලෙස බර දරන, අත්භාරාක්‍රාන්ත; fig. දුක් කනගාටු ආදිය නමැති බරට යටවී ඉන්නාවූ.

Overcast, v. (අහස) වලාකුල්වලින් වැසෙනවා, කළුවරකරනවා; අඳුරු කරනවා; වටකර නූල් දුවවනවා.

Overcautious, a. අධිකලෙස ප්‍රවේශම්වූ. ප්‍රවේශම් වැඩි, අධික සැක ඇත්තාවූ.

Overcharge, v. අධික මිල ගණන් දමනවා, ප්‍රමාණයට වඩා අයකරනවා; (තුවක්කුවේ) අධික වෙඩි බෙහෙත් දමනවා; අධිකලෙස පුරවනවා.

Overcoat, n. උඩ කබාය, මැහි කබාය.

Overcome, v. යටකරගන්නවා, මැඩපවත්වනවා, අභිභවනය කරනවා, පරදවනවා, පරාජයකරනවා; ජයගන්නවා, පරයනවා.

Overcome, be, v. අභිභවනයවෙනවා, පරාජයවෙනවා, පැරදෙනවා.

Overconfident, be, v. or a, අධිකලෙස විශ්වාස කරනවා, අධික සහතික කමින් සිටිනවා; අධිකලෙස විශ්වාසකරන &c., අතිවිශ්වාසී.

Overdo, v. අධිකලෙස කරනවා; අධිකලෙස වෙහෙස or තෙහෙට්ටුකරනවා; අධික තරමට පිසනවා

Overdone, pp. or a. අධිකලෙස කරනලද &c.; තෙහෙට්ටුවූ. වතක් කෝඩුවූ, බෙරිවූ (බත්).

Overdose, n. වැඩි තරමක්, වැඩි තරමක or ගතයුතු ප්‍රමාණයට වඩා බෙහෙත් &c.

Overdraw, v. (ගන්ට තිබෙන ගණනට වඩා) අධික මුදල් ගන්නවා, [illegible] ගණන ඉස්මවනවා; (සිතියම්) අධිකලෙස ඇඳ පෙන්වනවා; නිසි ප්‍රමාණය ඉක්මවා කියනවා, වැඩිකර දක්වනවා, බේගල් කියනවා.

Overdrive, v. අධිකලෙස දක්කනවා, ඉතාවේගයෙන්—අධිකවේලා—දක්කනවා.

Overdue, a. (ගෙවියයුතු, වියයුතු &c.) කාලය පසුවූ.

Overestimate, v. අධිකකොට අගයකරනවා or තක්සේරු කරනවා; අධිකලෙස උතුම්කොට කල්පනාකරනවා, ප්‍රමාණයට වඩා අගය කොට සලකනවා.

Over-excitement, n. අධික ඇවිස්සීම, අධික උනන්දු[කම, අතිචංචලය.

Overfatigue, v. අධිකලෙස වෙහෙසකරනවා, අනිසි තරමට තෙහෙට්ටු කරනවා, n. අධික වෙහෙස &c.

Overflow, v. ඉතිරෙනවා, ඉතිරයනවා, පිටාරෙ යනවා, (ඉවුර උඩින්) ගලා එනවා, (ගොඩට) ගලා යනවා; fig. ඉතිරෙන තරම් වැඩිවෙනවා, ඉතිරෙනවා.

Overflow, n. පිටාරය; පිටාරවෙන ජීවා, ඉතිරෙන [ජීවා.

Overflowed, a. වතුරට යටවී තිබෙන.

Overflowing, a. ඉතිරෙන. බහුලවූ, ඉතිරෙන තරම් පිරුණු.

Overgrow, v. (යමක් or යම් තැනක් වැසෙන තරම්) සෑම තැන වැවී යනවා; with weeds වල් වැසෙනවා; (වෙන යමකට වඩා) අධිකලෙස or ලොකුවට වැවෙනවා or වැඩිවෙනවා; නිසි තරමට වඩා වැවෙනවා or වැඩෙනවා or වැඩිවෙනවා.

Overgrown, a (තෘණ, වල්, ආදිය) වැවී වැසුණාවූ; නිසි තරමට වඩා ලොකුවූ or වැඩුණු.

Overgrowth, n. නිසි තරමට වඩා වැඩිවී තිබෙන කොට්ඨාසය, සෑදී තිබෙන වැඩිපුරකම.

Overhang, v. (යමකට උඩින්) ඉස්සරහට නැමී—එල්ලී—තිබෙනවා or තෙරා තිබෙනවා,

Overhasty, be, v. or a. අධික ඉක්මන්කමින් ක්‍රියාකරනවා, ඉක්මන් වෙනවා; ඉක්මන්කම වැඩි.

Overhaul, v. පෙරලා විභාගකරනවා; එක එක විභාගකර බලනවා; ලිහුබැඳ සිටවුකරගන්නවා.

Overhead, ad, (ඉසට) උඩින්, ඉහළින්, ඉහළ.

Overhear, v. (වෙන කෙනෙකුට කියන දේ) ඇසෙනවා.

Overheated, be, v. අධිකලෙස උණුහුම්වෙනවා, අධිකලෙස ඕදිය දමනවා or දමාගන ඉන්නවා.

Overjoy, v. ඉතා ප්‍රීතිමත්කරනවා, ප්‍රීතියෙන් පිනවනවා, ප්‍රීතියෙන් කුල්මත් කරනවා.

Overjoyed, a. ඉතාමත්ම ප්‍රීතිමත්, ප්‍රීතියෙන් පිනන.

Overlaid, a. overlaid with (යමක් හා or දවා) වසන ලද &c.

Overland, a. ගොඩින් යන්නාවූ (ගමන් &c.), ස්ථල[ප්‍රයාණ.

Overlap, v. එකක් පිට එකක් අල්ලා තබනවා; එකක් පිට එකක් ටිකක් අල්ලා—වැටී—තිබෙනවා.

Overlay, v. (යමක්) ගා වසනවා, වසාලනවා; එකක් පිට එකක් තබනවා.

Overleap, v. උඩින් පනිනවා; fig. ඉක්මවනවා, උල්ලංඝනයකරනවා.

Overleaping, n. උඩින් පැනීම &c., උල්ලංඝනය.

Overlie, v. යමක් පිට පෙරළී සිටිනවා, යමක් උඩ තිබෙනවා.

Overload, v. අධික බර පටවනවා, අධිකලෙස බර කරනවා.

Overlook, v. look over (යමෙකුගේ කරට) උඩින් බලනවා; උස් තැනක සිට පහත් තැන් බලනවා: this hill overlooks the town (say) මේ කන්දට නුවර පෙනෙනවා or මේ කන්දේ සිට නුවර දකින්ට පුළුවන; inspect බලා විභාගකරනවා; superintend මූලාදෘනිකම්කරනවා, විධි විධාන කරනවා; neglect නොසලකාඅරිනවා, මතකනැති කරනවා, (invol.) බැරුව ඇරෙනවා; (දෙස්) නොසලකාඅරිනවා or කමාකරනවා.

Overlooker, n. (වැඩ &c.) බලන්නා, බලා විභාග කරන්නා, කන්කානම.
Overmaster, see Overpower.
Overmuch, a. වැඩිවූ, වැඩිතරම්, අධිකතර.
Overnight, ad. ඉස්සරිස්ද රාත්‍රියේදී, ඉහනිස්ද රෑ, ඉකුත්වූ රෑ.
Overplus, n. ඉතුරු පංගුව, වැඩිහරිය, වැඩිපුර දේ, වැඩිවූනත්කම, අතිරික්තය.
Overpower, v. බලයෙන් යටකරගන්නවා, මැඩපවත්වනවා, අභිභවනය කරනවා, බලාත්කාරයෙන් පරදවනවා.
Overpowering, a. (යමෙකු) යටත්කරන, මැඩ පවත්වන, (බලය &c.); (හිත) අල්ලාගන්න, වශහ කරන, (සාර්ථම &c.).
Overrate, v. See Overestimate.
Overreach, v. අධිකලෙස තෙරනවා or විහිදී—දික්වී තිබෙනවා; fig. අධික ගපස්කමින් රවටනවා, රැවිල්ලෙන් වාසි ලබාගන්නවා. [රැවවිල්ල.
Overreaching, n. අධිකලෙස තෙරීම &c., see verb;
Over-ride, v. අධිකලෙස අසුන් පිට යනවා; මැඩ පවත්වනවා.
Overrule, v, බලයෙන් හපුරුවනවා, බලකරනවා, මැඩිපවත්වනවා; (නඩුමාගීයෙන්) ඌනකරනවා, නිෂ්ප්‍රභාකරනවා.
Overrun, v. (යම් තැනක් වැසෙන තරම් තෘණාදිය) අධිකලෙස වැවෙනවා; (සත්තු, සේනා, හොරු &c.) ගහනවෙනවා or සෑමතැනම දුව ඇවිදිනවා.
The place is overrun with weeds, rats &c. වල් වැළ ඒ ඉඩම වැසී තිබෙනවා, ඒ ඉඩමෙහි මීයෝ පුරාම ඉන්නවා.
Oversee, v. (වැඩ &c.) බලාගන්නවා, මූලාදෑනිකම් කරනවා, පාලනයකරනවා, ප්‍රතිපාලනය කරනවා.
Overseer, n. (වැඩ &c.) බලන්නා, බලාගන්නා, පරීක්ෂකයා, මූලාදෑනියා, කන්කානම්.
Overset, v. පෙරළනවා, පෙරළාදමනවා.
Overshadow, v. say (යමක් පිට) සෙවණ වැටෙනවා; this tree over-shadows us මේ ගසේ සෙවණ අප පිට වැටෙනවා; මුවාකරනවා.
Overshadowing, a. සෙවණ දෙන, lit. & fig. මුවා කරන.
Oversight, n. (වැඩ &c.) බලාගැනීම, පාලනය, ප්‍රතිපාලනය; (නොදැක) බැරිවීම, ප්‍රමාදදෝෂය.
Oversleep, v. අධික වේලා නිදාඉන්නවා, හරි වේලාවට නොපිබිදී නිදනවා.
Overspread, v. වසාලනවා; (සෑමතැන) විහිදීයනවා or පැතිරෙනවා,
Overspreading, a. විහිදියන, විහිදී තිබෙන.
Overstate. v. අධිකලෙස කියනවා, වැඩිකර කියනවා, න්‍යායම් පොවා කියනවා.
Overstep, v. නියම තැනට එපිට අඩි තබනවා or අඩි තබා යනවා, ප්‍රමාණය ඉක්මවනවා, අතික්‍රමණය කරනවා, උල්ලංඝනය කරනවා.
Overstock, v. (ගස්, බඩු, සිවුපාවුන් &c. යම් තැනක ඕනෑවාට වඩා) අධිකලෙස පිහිටුවනවා, අධිකලෙස පුරවනවා.
Overstrain, v. අධිකලෙස අදිනවා or තදකරනවා; අධිකලෙස වෙහෙසෙනවා or වෑයම් කරනවා.
Overt, a. ප්‍රකාශ, ප්‍රකට, ප්‍රසිද්ධ, ප්‍රත්‍යක්ෂ, හැංගී නැත්තාවූ, (ක්‍රියා).
Overtake, v. (යමෙක් පස්සේ ගොස්) කිට්ටුකර ගන්නවා; එළවා අල්ලනවා, අහම්බෙන් අසුකරනවා.

Overtask, v. වැඩි වැඩ නියමකරනවා,. අධිකලෙස බරකරනවා.
Overthrow, v. පෙරළාදමනවා,. හෙළාදමනවා, බිද හෙළනවා, නටබුන් කරනවා; පරාජයකරනවා.
Overthrow, n. පෙරළාදැමීම &c.; පරාදය, පරාජය, විනාශය.
Overtime, n. (නියමයට වඩා) වේලාව, නියම වේලාවෙන් පසු කාලය.
Overtly, ad. ප්‍රකටලෙස, ප්‍රසිද්ධලෙස.
Overtop, v. (වෙන දේවලට or අයිත්ට) වඩා උස් වෙනවා, (උසින්, උතුම් කමින් &c.) අධිකතර වෙනවා.
Overture, n. proposal (ඉදිරිපිට පාන) යෝජනාව; musical ප්‍රාරම්භ ගායනාව, (තූර්යභාණ්ඩවල) ප්‍රාරම්භ තාලය. [දමනවා.
Overturn, v. පෙරළනවා, පෙරළාදමනවා, හෙළා
Overvalue, v. අධිකකොට අගයකරනවා or තක්සේරුකරනවා
Overweening, a. තමා උතුම්කොට අධිකලෙස සිතන්නාවූ, අහංකාර, අභිමානී, අත්‍යභිමානී; overweening pride අධිකතර ආඩම්බරකම.
Overweight, n. අධික බර, වැඩි බර.
Overwhelm, v. (මුහුදු රැළවලින් &c., fig. ණයෙන්, දුකෙන්, විනාශයෙන් &c.) යටකරදමනවා, (දුකනි &c.) ගිල්වාදමනවා, නිමග්නකරනවා.
Overwork, n. වැඩි වැඩය; (නියමයට වඩා කරන) වැඩිපුර වැඩය.
Overwork, v. (නිසි තරමට වඩා) අධිකලෙස වැඩ කරවනවා, අධිකලෙස තෙහෙට්ටු කරනවා or වෙහෙසනවා.
Overwrought, a. අධිකලෙස වැඩිකරවනලද, අධික වැඩෙන් දුර්වලවූ or අසනීපවූ. [නාලිය.
Ovicular, a. බිත්තර, අණ්ඩ. Oviduct, n. අණ්ඩ
Oviform, Ovoid, Ovoidal, a. බිත්තරේ හැඩය ඇත්තාවූ, අණ්ඩාකාර.
Ovine, a. බැටළුවන්ට අයිති, බැටළු.
Oviparous, a. බිත්තර උපදවන, බිත්තරදමන, අණ්ඩජරාශිකා: produced from an egg අණ්ඩජ.
Oviposit, v. (මැසි ආදි සතුන් විසින්) ඉහඳ දමනවා.
Ovipositor, n. ඉහඳ දමන අවයවය, ඉහඳ තුඩ.
Owe, v. ණයව—ණයතුරුව—සිටිනවා; fig. I owe this privilege to his kindness (say) මෙවාසිය මට ලැබීතිබෙන්නේ ඔහුගේ කරුණාවෙන්ය.
I am indebted to him for his kindness ඔහුගේ කරුණාව නිසා මම ඔහුට ණයකාරයෙක්ව සිටිමි.
Owing, p. It is owing to him that we are here අපි මෙහි සිටින්නේ ඔහු නිසයි or කාරණකොට ගෙනයි.
This prosperity is owing to many causes මේ සමෘද්ධිය රඳා—පිහිටා—තිබෙන්නේ බොහෝ කාරණා පිටයි or පැමිණෙන්නේ බොහෝ හේතුවලින්ය.
Owl, n. බකමූණා, බස්සා.
Own, v. possess හිමිව—අයිතිකාරයාව—සිටිනවා; confess කියාසිටිනවා, (එසේයයි) පිළිගන්නවා.
He owns this land මේ බිම ඔහුට අයිතියි or හිමිව තිබෙනවා.
Own, a. ස්වකීය, සිය, ස්ව, my own &c. මගේම, තුගේම &c.
Owner, n. අයිතිකාරයා, හිමිකාරයා, හිමියා.

Ownership, n. අයිතිවාසිකම, හිමිකම, අයිතිකම, අයිතිකාරකම, ස්වාමිත්වය. [ශෙරියා.

Ox, n. ගවයා; කප්පාදුකළ ගොනා, හරකා,

Oxen, n. pl. (පිරිමි ගැනු) ගවයෝ, හරක්, ගෙරි.

Oxide, n. අම්ලකාරජය, of iron අයෝමලකාරජය, යකඩමලය. [දුරන්නා.

Oxonian, n. ඔක්ස්ෆෝඩ් විශ්වවිද්‍යාලයේ උපාධියක්

Ox-stall, n. ගව පට්ටිය, හරක් පට්ටිය.

Oxygen, n. අම්ලකරවායුව. Oxygenated, a. අම්ලකරවායු මිශ්‍රවූ.

Oyster, n. කාවාටියා, බෙල්ලා. [පරය.

Oyster-bed, n. කාවාටි ඉන්න මුහුදු පල්ල, කාවාටි

Oyster-shell, n. කාවාටි කටුව, බෙලිකටුව.

Ozena, n. නාසයේ වණයක්, නාස්පුඩු වණයක්.

P

Pabular, a. ආහාරවූ; ආහාර දෙන්නාවූ, ආහාර දායක. [ගෝචරය.

Pabulum, n. පෝෂණය, ආහාරය, කෑම, ගොදුර,

Pace, n. අඩිය තබන දුර, පදපාතය; අශ්ව තබායන අන්දම; (යන or ක්‍රියාකරන) වේගයේ ප්‍රමාණය; අශ්වයා දුවන එක් විධියක්; keep pace with යමෙක් යන or කරන තරමට යනවා or කරනවා, සම ප්‍රමාණයෙන් යනවා &c.

Pace, v. අඩිතබා යනවා, සක්මන්කරනවා; අඩි ප්‍රමාණයෙන් මනිනවා; වේගය සසුරුවනවා.

Paced, a. as: slow-paced හෙමින් යන්නාවූ, quick-paced ශීඝ්‍රවූ.

Pacha (පෂා); n. තුර්කි ආණ්ඩුකාරයෙක්, (තුර්කි) දිසාපති තැන.

Pachyderm (chy කි), n. (වමාරා නොකන කුර ඇති) ඝනචම් සත්වයා. [ජාති.

Pachydermata, n. pl. (එයාකාර) ඝනචම් සත්ව

Pachyadermatous, a. කුරද ඝනචම්ද ඇත්තාවූ.

Pacing, n. අඩි තබා යාම &c.; පදවික්ෂේපය; අඩි, ප්‍රමාණ මැනීම.

Pacific, a. සමාදාන, සමගි, සාමාග්‍රි, සාන්ත්ව, ශාන්ත, ශාන්තදාන්ත, ශමකාරී, ශාන්තිකර.

Pacific, n. ශාන්තිකර සාගරය.

Pacifically, ad. සමාදානයෙන, සමගිකමින්, සාමාග්‍රියෙන්. [verb.

Pacification, n. (භේද &c.) සමාදානකිරීම &c., see

Pacify, v. සමාදානකරනවා. සමාදානයට පමුණුවනවා, සාමාග්‍රිකරනවා, ශාන්තකරනවා; quieten නිශ්චලකරනවා, සන්සිඳුවනවා, තලවනවා, සනසයකරනවා.

Pack, n. මිටිය, බඩු මිටිය; ක්‍රීඩාපත්‍ර මිටිය, කඩදාසි කුට්ටම; (දඩයම් බලු) රැළ, (හොරු &c.) රැළ or පෙළ or රංචුව.

Pack, v. t. (බඩු) මිටි බඳිනවා, (පෙට්ටියක, කරත්තයක) පැටවිලිකරනවා, අඩුක්කරනවා, පැක්කරනවා, අහුරනවා; pack off (පැටවිලිකර or සූදානම්කර or කඩිනමින්) පිටත්කර අරිනවා; pack a jury පක්ෂපාත අයවලුන් පත්කරවනවා.

Pack, v. i. පහසුවෙන් or හොඳට අඩුක්වෙනවා; සමූහයක් එකට මැදෙනවා, ආකීර්ණවෙනවා, සංකූලවෙනවා; pack off ඉක්මනින් පිටත්ව යනවා.

Package, n. මිටිය, බඩු මිටිය; පැටවිලිකිරීමේ වියදම, පැටවුම් ගාස්තුව.

Packet, n. කුඩා මිටිය, පොදිය; (වරායෙන් වරායට මගීන් හා බඩු ගෙන යන) නැවක්, තැපැල් නැව.

Pack-horse, n. (පිටින්) බර ගෙනයන අශ්වයා, නම ලම් අශ්වයා.

Packing, n. මිටි බැඳීම &c. see verb; නොසෙල්වීමට දමන ද්‍රව්‍ය.

Packing-case, n. (ගෙනයන පිණිස) බඩු අඩුක්කරන පෙට්ටිය, බඩු පෙට්ටිය, පකිස්පෙට්ටිය.

Packing-needle, n. ගෝනි කටුව.

Pack-man, n. විකිණීමට බඩු පොට්ටනියක් ගෙන යන්නා, බඩු පොට්ටනි කාරයා.

Pack-thread, n. ලොකු නූල්, සෙල්ශාර.

Pact, n. ගිවිසුම, ගිවිසිල්ල, පොරොන්දුව.

Pad, n. foot-pad මංකොල්ලකාරයා, මංපහරන හොරා.

Pad, n. පැතලිවූ තද කොට්ටයක්, ගුදිරිය, තුනී මොළොක් සෑදලයක්; තුනී මෘදු කැටියක්, of straw දරණුව, චුම්බටකය, සුන්බුව.

Pad, v. (කබා, සෑදල, යනාදියෙහි) පෝරු දමනවා; (රෙදිකෑලි, ලොම්, කොහු, ආදිය දැමීමෙන්) නිසි තරමට ඝනකරනවා, පුරවනවා. [පෝරු.

Padding, n. (ඝනකිරීමට &c.) යමකට දමන ද්‍රව්‍ය,

Paddle, n. හබල, අවලය; පදින උපකරණය; වතුර-රෝදයේ ලෑල්ලක්.

Paddle, v. පදිනවා; (ළමයි වාගේ) අත වතුරේ දමා සොලවනවා or වතුර ටිකක් ඇති තැන්වල පාගා ඇවිදිනවා.

Paddle-box, n. (දුම්නැවේ) රෝද පෙට්ටිය.

Paddle-wheel, n. (වතුරේ කරකැවෙන) දුම්නැවේ රෝදය.

Paddock, n. කුඩා පිට්ටනිය. [නමක්.

Paddy, n. වී; අයර්ලන්තකාරයාට කියන සරදම්

Paddy-bird, n. වීකුරුල්ලා, ගොයම් කුරුල්ලා.

Paddy-field, n. කුඹුර, කෙත, වෙල; one bed of ලියැද්ද, කනාමය; stretch of fields කුඹුරුයාය, වෙල්විල්ලය. [නමා.

Padlock, n. ඉබියතුර, කෙසියතුර; v. ඉබියතුර දමා

Pæan, Pean, n. ප්‍රීති ගීතිකාව, ජය ගීතිකාව.

Pædotrophy, n. බාලපෝෂණ ශාස්ත්‍රය.

Pagan, a. මිථ්‍යාදෘෂ්ටි, මිත්‍යවූ, රූප ඇදහිලිකාර, දේවතාවන් අදහන; n. මිථ්‍යාදෘෂ්ටියා &c.

Paganism, n. මිථ්‍යාදෘෂ්ටිය, මිථ්‍යාදෘෂ්ටිකම, දේවතාවන් ඇදහීම. [වනවා.

Paganize, v. මිථ්‍යාදෘෂ්ටියට—රූප ඇදහීමට—හර

Page, n. අතවැසියා, B. P.'s ඇබිත්තයා.

Page, n. පත්ඉරු පිටක්, pl. පිටවල් or පිටු; (as books or writings) පත්ඉරු, පොත්පත්.

Page, v. පිටුවල ගණන (නොම්මරය) ලියනවා, පත්‍රාඞ්කය ලියනවා.

Pageant (පැජන්ට්), n. පෙරහර, පෙරහැර, අලඞ්කාර දර්ශනය; ස්ථිර නැති පිටාතර පෙනීම.

Pageantry, n. පෙරහර, පිටත ලක්ෂණකම පෙන්වීම; හිස් පෙන්වීම.

Pagina, n. in bot. කොළයේ පැත්ත, පත්‍ර තලය.

Paging, n. පිටුවල ගණන ලිවීම; පිටුවල ගණන.

Pagoda, n. චෛත්‍යය, කෝවිල, දේවාලය; දේව රූපය; පරණ කාසියක්, පගෝඩිය. [ස්ත්‍රය.

Paideutics, n. ඉගැන්නුම් ශාස්ත්‍රය, බාලප්‍රබෝධ ශා

Pail, n. (ලී යකඩ or බෙලෙක්) බාල්දිය.

Pail-brush, n. බාල්දි කොස්ස.

Pain, n. වේදනාව, රිදුම, කැක්කුම, ශාය; of mind දුක, ඛේදය; pains, travail, රුජාව, විස්‍රරුජාව; pains, effort, මාන්සි, වෙහෙස, ආයාසය.

Pain, v. t. වේදනාකරනවා, රිද්දවනවා; දුක්දෙනවා.

Painful, a. වේදනාකරන, වේදනා උපදවන, වේදනා සහිත ; දුඃඛජනක, පීඩාකර, ඛේදජනක, කන ගාටු දායක.

Painfully, ad. වේදනා ඇතුව, වේදනා උපදවන ලෙස ; ඛේදජනකලෙස.

Painfulness, n. වේදනාව, වේදනා සහිතකම; හිත් වේදනාව උපදවන සවභාව, ඛේදජනකතාව.

Painless, a. වේදනා නැත්තාවූ, රුජාරහිත, (සවභාව *or* ක්‍රියාව).

Painstaking, මහන්සි ගන්නාවූ, උත්සාහවන්ත.

Paint, n. සායම, නිත්ත.

Paint, v. colour පාට ගානවා, සායම් ගානවා, නිත්ත ගානවා; paint pictures සිත්තම්කරනවා, පින්තාරුකරනවා; fig. (සිතියමකින් මෙන්) ප්‍රත්‍යක්ෂ ලෙස දක්වනවා.

Painted, a. පාට ගානලද, පාට ගාපු &c., චිත්‍රගත, චිත්‍රිත, රඤ්ජිත.

Painter, n. පාට ගාන කර්මාන්තකාරයා ; සිත්තම් කාරයා, &c. චිත්‍රකර්මාන්තකාරයා, චිත්‍රකාරයා, සිත්තරා, අලික්කැමියා.

Painting, n. පාට ගෑම &c. ; ආලේඛ්‍යය, චිත්‍ර කර්මාන්තය, චිත්‍රකර්මය, චිත්‍රශිල්පය; චිත්‍ර ශාස්ත්‍රය, සිතියම් ශාස්ත්‍රය ; පාට ගාපු සිතියම, පින්තාරුව.

Pair, n. කුට්ටම, කුට්ටම, ජෝඩුව, යුවළ, යුගලය, සඟළ ; (ගොන් &c.) බාන.

Pair, v. දෙක දෙක තබනවා, කුට්ටම් වශයෙන් තබනවා *or* බේරනවා ; (පිරිමි ගෑනු වශයෙන්) දෙන්න දෙන්න එක්වෙනවා; ජෝඩු ගැහෙනවා, කුට්ටම් වශයෙන් හරියනවා.

Pair off, v. සමූහයකින් දෙන්න දෙන්න බැගින් අහක්ව යනවා.

Pal, n. කුලුපග මිත්‍රයා, යහළුවා.

Palace, n. මාළිගාව, රජවාසල, රාජමන්දිරය, රජ ගෙදර, රාජභවනය. [(තට්ටු).

Palæozoic a. in geol. මූලසත්ත්වාන්විත, මූලකාලීන.

Palanquin, Palankeen, n. දෝලාව, පල්ලක්කිය, කුණම, සිවිගේ, අන්දෝරුව, හිදෙවිව.

Palanquin-bearer, n. දෝලාකාරයා.

Palatable, a. රුචි, පුරසවූ, රස ඇති, ප්‍රිය.

Palatal, a. උඩුතල්ලට අයිතිවූ, තාලු ; තාලුජ; n. තාලුජාක්ෂරය.

Palate, n. තල්ල, උඩුතල්ල, තාලුව; fig. (යමකට ඇති) ආශාව, රුචිය.

Palatial, a. මාළිගාවට අයිති; ප්‍රාසාදමය, රාජමන්දිරාකාර.

Palaver, n. නිෂ්ප්‍රයෝජන කථාව; ඉච්චා කථාව; (අප්‍රිකාවේ) සාකච්ඡාව.

Pale, n. ගරාදිවැටේ ලෑල්ලක්, ගරාදි ලෑල්ලක්; කොටුව, fig. pale of Christianity &c. ක්‍රිස්තියානි කොටුව (වන සභාව *or* ආගම).

Pale, a. සුදුමැලි; සුදුආකාර, එළලු, පාණ්ඩු; පාට මදිවූ ; දීප්තිය මදිවූ, අඳුරු.

Pale, v. දීප්තිය—පාට—අඩුවෙනවා *or* පහවෙනවා.

Paleaceous, a. පොතු සහිත, තුෂ ඇති; පොතු ආකාර, තුෂ ආකාර. [කම.

Paleness, n. සුදුමැලිකම, සුදුමැලි පාට; පාට අඩු

Paleo, Palæo, prefix, Gk. පුරාණ, පුරාතන. යන අර්ථ ඇති උපසර්ගය.

Paleoethnology, n. පුරාතන මනුෂ්‍යජාති විද්‍යාව, පුරාතන මනුෂ්‍යජාති විස්තරය.

Paleography, n. පුරාණ ලේඛන විද්‍යාව, පුරාලේඛ විද්‍යාව, පුරාලිපි විද්‍යාව, පුරාණ ලේඛන විස්තරය; පුරාණ ලේඛනාකාරය.

Paleology, n. පෞරාණික වස්තු විද්‍යාව, පෞරාණික වස්තු ශාස්ත්‍රය.

Paleontography, n. පාෂාණීභූතධාතු විස්තරය.

Paleontologist, n. පාෂාණීභූතධාතු ශාස්ත්‍රඥයා, පෞරාණික ධාතු ශාස්ත්‍රවේදියා,

Paleontology,. n. පාෂාණීභූතධාතු ශාස්ත්‍රය.

Paleosaurus, n. (පාෂාණීභූත) පෞරාණික කිඹුලියා. [ශාස්ත්‍රය.

Paleozoology, n. (පාෂාණීභූත) පෞරාණික ප්‍රාණි

Palfrey, n. කුඩා අශ්වයා.

Palimpsest, n. (එක ලියවිල්ලක් මකා තව ලියවිල්ලක් ලියාපු) ද්විතීය ලිඛිත පත්‍රය.

Palindrome, n. මුල සිට අගටත් අගසිට මුලටත් එක ලෙසම කියවෙන, වඩුමඩුව, වැනි ශබ්දයක් *or* වාක්‍යයක්.

Palingenesia, n. නැවත ඉපදීම, පුනරුත්පත්තිය.

Palisade, n. උල්වූ ඉණිවැට, ගරාදි වැට.

Palisade, v. උල්වූ ඉණිවැට බැඳ කොටුකරනවා, ගරාදිවැටක් බඳිනවා.

Pall, n. (උත්තමයින්ගේ) උතුරුසළුව ; මිනීපෙට්ටිය උඩ දමන රෙද්ද.

Pall, v. රස—ශක්තිය—ප්‍රාණවත්කම—පිරිහෙනවා : (එවා) ශීතකරනවා.

Palladium, n. (පුරාණ ට්‍රෝයිනුවර ආරක්ෂාවට තබාගත්) දේවතාරූපයක්; fig. ආරක්ෂක බලයක්

Pall-bearer, n. මිනීපෙට්ටිය උසුලන්නා.

Pallet, n. (සිත්තරාගේ) සායම් තහඩුව, වර්ණඵලකය ; කුම්භකාරයාගේ අතකොලුව; රන් ගාන තෙලිතූරක්.

Pallet, n. කුඩා ඇඳක්; පිදුරු කුල්ච්චිය, පලාල මෙත්තය.

Palliase, n. පිදුරු කුලිච්චිය, පිදුරු මෙත්තය.

Palliate, v. (දොෂ) අඩුකරනවා, බාලකරනවා, සැහැල්ලුකරනවා, (සැර කම, වේදනාව) මර්දනය කරනවා,

Palliation, n. (දොෂ, සැරකම) අඩුකිරීම &c.

Palliative, a. (දොෂ, සැරකම, වේදනාව, ලෙඩ) අඩුකරන &c., සහනය කරන.

Palliative, n. (as above යම් අයහපතක්) අඩුකරන කාරණාව *or* මර්දනය කරන පිළියම.

Pallid, n. සුදුමැලි පාණ්ඩු,

Pallor, n. සුදුමැලිකම, පාණ්ඩුවර්ණය.

Palm, n. of the hand අත්ල, අල්ල, (pl. අතුල්), පාණිතලය ; the measure අල්ල, අල්ලක පළල, අඟල් තුන ; tree (පුවක් කිතුල් පොල් ආදී) තාලවර්ගයේ ගස් තෘණරාජවෘක්ෂ ; palm branch තල් අත්ත ; fig. ජයලකුණ, ජයකොන්තය.

Palm, v. palm off or upon වංචාවෙන් *or* බලයෙන් පවරනවා.

Palmate, Palmated, a. අත් හැඩය ඇති, හස්තාකාර, හස්තතලාකාර ; දල්පා ඇති, ජාලපාද.

Palmer, n. (පුරාණයේදී ලකුණක් වශයෙන්) තලාතු රැගෙන ආ වන්දනාකාරයා, තාල පත්‍ර වන්දනාකාරයා.

Palmiped, n. දල්පා ඇති කුරුල්ලා, (තාරාවා &c.).

Palmistry, n. අල්ල බලා ශාස්ත්‍රකීම, හස්තරේඛා විද්‍යාව, සාමුද්‍රිකා ශාස්ත්‍රය.

Palmy, a. සඵල, සශ්‍රීක, සමෘද්ධ.

Palmyra, n. තල් ගස, තෘණරාජය, තාල වෘක්ෂය; palmyra fan තල්මැට, palmyra umbrella තලපත.

Palpable, a. අතගා බැලියහැකිවූ, ස්පර්ශකළ හැකි, ස්පෘශ්‍ය, (දේ); පැහැදිලි, ගජ, (වරද &c.); ප්‍රකට, ප්‍රත්‍යක්ෂ.

Palpably, ad. ස්පර්ශකළ හැකිලෙස, ස්පෘශ්‍යාකාර යෙන්; ඉතා පැහැදිලි ලෙස, ප්‍රත්‍යක්ෂලෙස.

Palpation, n. අතගා බැලීම, ස්පර්ශපරීක්ෂාව.

Palpitate, v. (හෘදය) ගැහෙනවා, තිගැස්සිවෙනවා.

Palpitation, n. හෘදය ගැහීම or තද ලෙස තට්ටුවීම, තිගැස්සිය.

Palsied, a. අංගභාග රෝගකාර, පක්ෂාඝාත.

Palsy, n. අංගභාගරෝගය, පක්ෂාඝාතය; v see Paralyze. [ගරනවා.

Palter, v. සුළුලෙස දහකරනවා, වංකලෙස හැසි

Paltry, a. සුළු, සුළුපටු, ස්වල්ප, ලඝු. අධම, නිච, නොවැදගත්.

Paludal, a. වගුරු, වගුරු ආකාර.

Pamper, v. අතිත්‍යප්තිමත්කරනවා, පමණට වඩා ඇසුනිම්දිනවා; ආශාවට ගෞරවය දෙනවා, සතුටු කරවන දේ දෙනවා.

Pamphlet, n. කුඩා පොත, පත්‍රිකාව.

Pamphleteer, n. කුඩා පොත් ලියා ප්‍රසිද්ධකරන්නා, පත්‍රිකාකාරයා.

Pan, n. තට්ටිය, තාච්චිය, large කොරහ, කටාහය, small තැඹිලිය, ඇතිලිය, වළඳ; of a gun තුවක්කු කත; කුහරවූ යමක්.

Panacea, n. සියලු රෝග සුවකරන බෙහෙත, සර්ව රෝගෞෂධය, සර් ප්‍රතිකාරය.

Pancake, n. (තාච්චියේ බදින) සිහින් මුසු තුනී කැවුමක්, වෙල්ලවැහුම.

Pancreas, n. (ශරීරය ඇතුලෙහි) බඩට යාවූ මස් පිඩක්, පොල්ගෙඩිය.

Pandect, n. සම්පූර්ණ ශාස්ත්‍ර පොතක්, (ශාස්ත්‍රයක් ගැන) සම්සන්දර්ශකය.

Pandemic, a. මුළු සෙනඟට අයිති or සිද්ධවෙන. See Epidemic.

Pandemonium, n. in myth. සර්වයක්ෂ ශාලාව, සර් පිශාච භවනය, නිරය; fig. කෝලාහල, දුෂ්ටකම්, ආදිය ඇති ස්ථානයක්.

Pander, v. (යමෙකුගේ කාමාධිරාගය මුදුන්පත් කර ගැනීමට උවමනා දේ) සපයා දෙනවා; fig. යමෙකුගේ ආශාවට or කැමැත්තට නීචලෙස යටත් වෙනවා or ගෞරව ලබාදෙනවා.

Pandit, n. පණ්ඩිතයා, පඬිවරයා, උගතා.

Panduriform, a. රෞක්සඳසඳ ආකාර (කොළ).

Pane, n. (කවුළු) වීදුරු තහඩුව.

Panegyric, n. උතුම් වර්ණනා කථාව, වර්ණනාව, ප්‍රශංසාව, ගුණවර්ණනාව, ස්තුතිවාක්‍යය, ස්තුතිපාඨය, ස්තෝත්‍රය, ගුණකීර්තනය, ගුණෝත්කීර්තනය.

Panegyric, Panegyrical, a. වර්ණනා සහිත, වර්ණනාත්මක, ප්‍රශංසාකර, ස්තුතිමය.

Panegyrist, n. වර්ණනා කථාවක් කරන්නා, වර්ණනා රචනාවක් කරන්නා. වන්දිභට්ටයා, ස්තුතිපාඨකයා.

Panegyrize, v. උතුම් ලෙස වර්ණනා කරනවා. See Eulogize.

Panel, n. රාමුවක හිල්වාතිබෙන ලෑල්ලක්, පනේලය; ජූරිවරුන්ගේ නාම ලේඛනය or නාම වට්ටෝරුව; ජූරිසභාව.

Panelling, n. පනේල වැඩ, පනේල විධියට සාදපු දේ.

Pang, n. හදිසි බලවත් වේදනාව, වේදනා පහරක්, රිදුම, රුදාව.

Pangolin, n. ant-eater කබල්ලෑවා.

Panhellenium, n. සර් ග්‍රීක් මන්ත්‍රණ සභාව.

Panic, n. නිෂ්කාරණ භය, අකාණ්ඩ භීතිය, ත්‍රාසය, වල්මත්වීම, කලබලවීම, බත්පුව.

Panicle, n. in bot. අවතංසාකෘතිය, අවතංසප්‍රකාරය.

Panic-monger, n. නිෂ්කාරණ භය උපදවන්නා or ඉප දවීමට ළැදි අය.

Paniculate, Paniculated, a. අවතංසාකෘති, වෘන්ත නානා ඡේදිත, (ප්‍රකාරය).

Pannier, n. (අශ්වයා පිට එල්ලන) අස්කූඩය, අස්පැස.

Pannikin, n. කුඩා ලෝහ භාජනයක්.

Panoply, n. සම්පූර්ණ සන්නාහය, සර්වාඞ්ග කවචය.

Panorama, n. සියලු දිශා දර්ශනය, සියල්ල දක්වන දීර්ඝ සිතියමක්. [වන.

Panoramic, a. සර්වදර්ශක, සමස්ත දර්ශන, සියල්ල දක්

Pant, v. හතිදමනවා, හතිවැටෙනවා; fig. pan for or after ඉතා ආශාවෙනවා. [වගීයක්.

Pantaloon, n. කෝලමා, විනිවිකාරයා; pl. කලිසම්

Pantechnicon, n. සර්කර්මාන්ත ප්‍රදර්ශන ශාලාව.

Pantheism, n. මුළු ලෝකය දෙවියෝය යන දෘෂ්ටිය, ජගදීශ්වර වාදය, අද්වෛත වාදය; සියලු දෙවියන් ඇදහීම, සර් දේව දෘෂ්ටිය.

Pantheist, n. සර් දේව දෘෂ්ටියා, සර් ලෝක දේව දෘෂ්ටියා, අද්වෛතවාදියා.

Pantheistic, Pantheistical, a. සර් දේවදෘෂ්ටි &c.

Pantheon, n. සියලු දෙවිවරුන්ට කැපවූ දේවාලය, සර් දේවාලය; අදහනු ලබන දේව සමූහයා or දේවතා පිරිස.

Panther, n. අඳුන්දිවියා.

Panting, n. හතිදැමීම &c., තදුන්නුව.

Pantile, n. උළුකැටය.

Pantograph, n. සිතියම් කෙටුම්පත් යන්ත්‍රය.

Pantography, n. සාමාන්‍ය විස්තරය, සමස්ත විස්තරය.

Pantomime, n. අංගවික්ෂේපයෙන් කවටකම්කරන්නා or අනුකාරය කරන්නා; නිශබ්ද අභිනයකාර දක්වන නාඩගම.

Pantomimic, n. නිශබ්ද අනුකාරකාර, නිශබ්ද අනුකාර නාඩගම්.

Pantry, n. කෑම පවත්න කාමරය, ආහාර ගබඩාව.

Pap, n. තනපුඩුව; තලප; මදුලු.

Papa, n. අප්පා, පප්පා. See Father.

Papacy, n. පාප්ලුත්නාන්සේගේ ධුරය, පාප් පදවිය; පාප්වරු, පාප් සභාව; පාප් ශාසනය.

Papal, a. පාප් පදවියට අයිති; පාප් සභාවට අයිති; පාප්ලුත්නාන්සේගෙන් පැමිණෙන.

Papaw, n. පැපොල්, ගස්ලබු, කසිස් (ගස &c.) පැපොල.

Paper, n. කඩදාසිය, කබදාසිය, කඩදාසි කොළය; ලියවිල්ල, ලිපිය; ප්‍රවෘත්ති පත්‍රය.

Paper, a. කඩදාසි, කඩදාසි.

Paper, v. (භිත්ති &c.) කඩදාසිවලින් වසනවා, කඩදාසි අලවනවා.

Paper-cap, n. කඩදාසි තොප්පිය.

Paper-case, n. කඩදාසි දමන පෙට්ටිය.

Paper-currency, n. කඩදාසි (නෝට්ටු) මිල ගණන.

Paper-cutter, n. (කඩදාසි කපන) කඩදාසි පිහියේ.

Paper-hanger, n. (භිත්තිවල විසිතුරු) කඩදාසි අලවන කර්මාන්තකාරයා. [දාසි.

Paper-hangings, n. pl. (භිත්ති වසන) විසිතුරු කඩ

Paper-kite, n. සරුංගලය.
Paper-machine, n. කඩදාසි සාදන යන්ත්‍රය.
Paper-money, n, (නෝට්ටු යන) කඩදාසි මිල.
Paper-stainer, n. කඩදාසි විසිතුරු කරන්නා.
Papilio, n. සමනලයා.
Papilionaceous, a. in. bot. සමනල ආකාර, චිත්‍රපත්‍ර ඕඝාකාර, (මල්)
Papilla, n. කුඩා තනපුඩුව; Papillæ, pl. (දිවේ &c.) නහර තුඩු, තනතු අග, මෑණලාග.
Papillary, Papillous, a. නහර තුඩු සහිත, නහර තුඩු ආකාර, මෑණලාග්‍රාකාර.
Papist, n. රෝමානු ආගම්කාරයා, පාප්වහන්සේගේ සභාව භජනය කරන්නා. [නු.
Papistic, Papistical, a. රෝමානු ආගම්කාර, රෝමා
Papistry, n. පාප් සභාව; රෝමානු ආගම.
Pappy, a. මඩුලට සමානවූ, බෙරිවූ.
Par, n. ඒකාකාරකම, සමකම, සමතාව, සාම්‍යය, තුල්‍යතාව.
They are now on a par ඔව්හු දැන් ඒකසමානව සිටිති.
Exchange is at par අඩු වැඩි නැතුව මුදල් මාරු වෙනවා, මුදල් හුවමාරුව ඒකසමානයි.
Parable, n. උපමාව, උපහැරණය, උදාහරණය, දෘෂ්ටාන්තය.
Parabola, n. පැරබලය, අනුවෘත්තය.
Parabolic, Parabolical, a. උපමාවූ, උපහැරණ, උදාහරණ, දෘෂ්ටාන්ත; එක්තරා හැඩයක් ඇත්තාවූ, අනුවෘත්තාකාර.
Paraclete, n. සනසන්නා or මැදහත් වෙන්නා (එනම් ශුද්ධාත්මයාණන් වහන්සේ.
Parade, n. පෙළහර; නිරර්ථක පෙන්වීම; හේවා අභ්‍යාසය, පෙරෙට්ටුව, යුද්ධ ශික්ෂාව.
Parade-ground යුද්ධාභ්‍යාස භූමිය.
Parade, v. පෙළහර පවත්වනවා; අහංකාරකමින් දක්වනවා; ප්‍රදර්ශනයට යුද්ධ පිළිවෙළට යොදනවා or යෙදෙනවා, යුද්ධාභ්‍යාසය පවත්වනවා; පෙළට ගමන් කරනවා, පෙනීමට සංචාරණය කරනවා.
Paradigm, n. (ව්‍යාකරණ) සංඥානාදි, ආදර්ශ පිළිවෙළ, මාලාව, as: ක්‍රියා මාලාව &c.
Paradise, n. ඒදන් උයන; පරලෝක ක්ෂේමස්ථානය, දිව්‍යලෝකය, ස්වර්ගය, පරදීසය.
Paradisiacal, a. ඒදන් උයනට අයිති; දිව්‍යලෝක, ස්වර්ගීය.
Paradox, n. (පෙනීමට) පූර්වාපර විරෝධයක්.
Paradoxical, a. (පෙනීමට) පූර්වාපර විරුද්ධවූ; පූර්වාපර විරෝධ විසියට ලැදිවූ.
Paragon, n. සම්පූර්ණ ආදර්ශය; ඉතා උතුම් එකක්, අනුපම or අදවිතිය වස්තුව.
Paragraph, n. (කථාවකින් or ලියවිල්ලකින්) සුළුවූ කොටසක්, වාක්‍යඛණ්ඩය, සංක්ෂේප වාක්‍යය.
Paralipomena, n. pl. අත්හැරිය කාරණ අඩංගු සංග්‍රහය, ඌනපූරණය, පරිශිෂ්ට සඞ්ග්‍රහය.
Parallel, a. සමාන්තර, සරල සමාන්තර, තුල්‍යාන්තර; (තොයෙක් කාරණවලින්) එක සමාන or තුල්‍ය.
Parallel, n. (= මේ ඉරි දෙක මෙන්) වෙන ඉරක් දිගටම සම දුරවූ ඉරක්, සමාන්තරය, තුල්‍යාන්තරය, සමාන්තර රේඛාව; of latitude පරිඛාන්තරය; fig. ඒකසම ගතිය, එක සමවූ දේ, සදෘශ එකක්.
Parallel, v. සමාන්තර කරනවා; සමකරනවා, සදෘශ කරනවා, සමව තිබෙනවා. [කම
Parallelism, n. සමාන්තරත්වය; සමකම, ඒකසමාන

Parallelogram, n. දිසි චතුරශ්‍රය, සමාන්තරාශ්‍රය.
Parallelopiped, Parallelopipedon, n. දිසි චතුරශ්‍ර ඝනයක්,
Paralogism, n. අනුයායිසි නිගමනය, නිරනුමාණික සිද්ධාන්තය.
Paralysis, n. බල නැතිවීම, (ශාත්‍රයක) අවලංගුවීම, අංසබාග රෝගය, පක්ෂඝාතය.
Paralytic, n. අංසබාග රෝගකාරයා, පක්ෂඝාත රෝගකාරයා. [ගි.
Paralytic, a. අංසබාග රෝගකාර &c., අංසබාගරෝ
Paralyze, v. අංසබාග රෝගයට පමුණුවනවා, අංසබාග රෝගය උපදවනවා, පක්ෂඝාත කරනවා; fig. බලනැතිකරනවා.
Paramount, a. පරම, ප්‍රධාන, ප්‍රමුඛ, ඉතා උතුම්, අනුත්තමාංශව, පරමොත්තමාංශව.
Paramour, n. තපුරු ප්‍රේමවන්තයා, උපපතියා, ජාරයා, හොර පුරුෂයා, සොරසැමියා, පරපුරුෂයා, fem. තපුරු ප්‍රේමවන්තී, සොර අඹුව, ජාරී.
Parapet, n. (තනමත්තක් උස්වූ) මිටි පවුර, ප්‍රාකාරය, තාප්පය, හිතනිය.
Paraphernalia, n. pl. (මනමාලියගේ වස්ත්‍රාභරණාදි) අයිතික වස්තු; gen. හැරසිලි, ආයිත්තම්, ආදිය, උපකරණ.
Paraphrase, n. සන්නය, විස්තරය, භාෂාවේගේ හැටියට පිටපත්කිරීම or තේරුම් කිරීම.
Paraphrase, v. සන්නකරනවා, විස්තරලෙසකියනවා, භාෂාවේගේ හැටියට තේරුම්කරනවා.
Paraphrastic, a. (වචනලෙසම නොව) නිදහස්ලෙස විස්තරවූ, අයිතික වචනවලින් තේරුම්කරන්නාවූ.
Paraplegia, Paraplegy, n. උඩුව්පක්ෂඝාතය or අඩබ්පක්ෂඝාතය.
Parascene, Parascenium, n. නාට්‍යශාලාවේ සැරසෙන ගෙය or රඟසාගාරය.
Parasite, n. ඉච්චාකාර කෑම ලබන්නා, පරපාකන අය; in bot. අන් ගස්වල වැවෙන ගහක් or පැළයක්, පිළිල, (pl. පිළිල්), තුරුලිය, පරපුෂ්ට පැළයක්, වෘක්ෂාදනය; in zool. අන් සතුන් තුළ or මත තුරක්, වෘක්ෂාදනය; in zool. අන් සතුන් තුළ or මත ජිවත්වෙන සතෙක්, පරපුෂ්ට ප්‍රාණියා, පරපුෂ්ටයා.
Parasitic, Parasitical, a. ඉච්චාකාරවූ, පරපාකන්නාවූ, අනුන් or අන් දෙයක් පිට බරවෙන්නාවූ; පරපුෂ්ට, වෘක්ෂාදන.
Parasol, n. කුඩය, අව්පත, තලපත, ආතපත්‍රය, ඡත්‍රය, හිරවරණය.
Parboil, v. ස්වල්ප වශයෙන් තම්බනවා; lit. & fig. to spoil thereby ඇට්ටකුණු කරනවා.
Parcel, n. මිටිය, පොදිය, කට්ටුව, පොට්ටනිය, පාර්සලය; quantity or number (මිනිස්සු &c.) වගයක්, පෙළක්.
Parcel, out, v. කොට්ඨාස වශයෙන් බෙදනවා.
Parch, v. කරකරනවා, බදිනවා; වියළනවා, ශුෂ්ක කරනවා; කරවෙනවා &c.
Parched, a. බැදපු &c., වේළුණු, ශුෂ්ක.
Parched corn, n. පොරි, විලඳ.
Parchment, n. ලියන හම, හම්පොත්ත, ලිවීමට පදම් කරපු හම.
Pardon, v. ක්ෂමාකරනවා, සමාකරනවා, සමාව දෙනවා &c. See Forgive.
Pardon, n. ක්ෂමාව, සමාව, සමාව; අපරාධයෙන් නිදහස්කිරීම, ප්‍රමෝචනය.
Pardonable, a. සමාව කළහැකිවූ (දොස්), වඩා දොස් නැත්තාවූ.

Pare, v. සහිනවා, පිට පොත්ත සපාදමනවා, පෙට්ටි සපා අරිනවා; fig. ටිකින් ටික අඩුකරනවා.

Paregoric, n. වේදනා සමනය කරන බෙහෙතක්, වේදනා මර්දනෞෂධය.

Parent, n. පියා or මව, pl. මව්පියෝ, දෙමව්පියෝ, දෙගුරු, මාතෘපිතෘ, පූර්වාචාර්යයෝ, පෙරගුරු; fig. උපදවන්නා, යමක් උපදින හේතුව.

Parentage, n. මව්පිය පෙළපත, වංශය.

Parental, a. මව් or පිය or මව්පිය (ප්‍රේමය &c.).

Parenthesis, n. Parentheses, pl. (වෙන වගන්තියක මැදිකරන) ඇනල්—අමුනු—වගන්තිය, අමුතුවෙන් එක්කාසුකරන වාක්‍යශම, අන්තර්වාක්‍යය, ඕරහම.

Parenthetic, Parenthetical, a. වගන්තියක මැදිකළ අමුනු, මාධ්‍යස්ථාපිත: අන්තර්වාක්‍ය භාවිතා කරන.

Parenthetically, ad. වගන්තියේ මැදිකර, අන්තර්වාක්‍යාකාරයෙන්.

Pariah, n. පිටමිනලා, නීචයා, පරයා; පරබල්ලා, අමලේ බල්ලා.

Parietal, a. භිත්ති සම්බන්ධ, ශිරාස්ථාන්තර, parietal bones ඉස්කබලේ පැත්තේ ඇට, පෝන්ඩු.

Paring, n. සැසීම &c., see verb; පෙලේල, පතුර.

Pari passu, L. සම ඉස්වත්තකින්, සම වේගයෙන්.

Parish, n. කච්චේරිය, කුඩා ප්‍රදේශය; දේවගැති පළාත. [අයිති.

Parish, a. ප්‍රාදේශීය, නාගරික; දේවගැති පදවියට

Parish-child. ප්‍රදේශයේ වියදමින් ඇතිකරන ළම යෙක්. [නා.

Parish-clerk, n. දේවමන්දිරයේ ප්‍රධානතර ලේඛ

Parishioner, n. කච්චේරියේ වැසියෙක්, දේවගැති පළාතේ කෙනෙක්. [තාම.

Parity, n. එකාකාරකම, සමකම, සමානභාවය, තුල්‍ය

Park, n. (වලව්වකට අයිති) මංගස්ථාවරය; (තුම්බරක) සෙල්ලම් පිට්ටනිය, උද්‍යානය, උයන; park of artillery, කාලතුවක්කු පංතිය, කාලතුවක්කු කන්ඩායම.

Parlance, n. කථාව, කතාබහ, කථනය, භාෂණය.

Parley, v. කථාබස් කරගන්නවා, සාකච්ඡා කරගන්නවා; මන්ත්‍රණය කරනවා. [කිරීම.

Parley, n. කථාබස්කරගැනීම, සාකච්ඡාව, මන්ත්‍රණය

Parliament, n. මහජන මන්ත්‍රීසභාව, රාජමන්ත්‍රණ සභාව, පාර්ලිමේන්තුව, මන්ත්‍රීමණ්ඩලය.

Parliamentary, a. මන්ත්‍රීසභාව සම්බන්ධ; මන්ත්‍රණ සභාව විසින් කරනලද; මන්ත්‍රණසභාකාර.

Parlour, n. ගෙයි කථාබස් කරමින් හිඳින ශාලාව, දෙවෙනි ශාලාව, (පවුල රැස්වෙන) සාමාන්‍ය කාමරය.

Parochial, a. කච්චේරියට අයිති, කුඩාප්‍රදේශ සම්බන්ධ. See Parish.

Parody, n. (වෙන කවියකට or කථාවකට) සමාන සරදම් කවිය or කවිචි කථාව.

Parody, v. සමාන සරදම් කවියක්—or කථාවක්—කරනවා.

Parole, n. (හේවායන් අතරෙහි) මුඛමාත්‍ර ප්‍රතිඥාව; මුරවචනය, මුරසීම.

Paroquet, Parrakeet, n. බටුගිරවා, පසුගිරවා, මලිත්තා, බටගොයා.

Paronomasia, Paronomasy, n. ශ්ලේෂාලඞ්කාරයක්.

Paronomastic, a. ශ්ලේෂ.

Paronyme, n. සමෝත්පන්න වාක්‍යය.

Paronymous, a. සමෝත්පන්න, ප්‍රකෘතියෙන් සමාන; සමානාර්ථ.

Paroxysm, n. (වේදනා, තරහ, හිනා &c. විකවේලා වක්) තදලෙස ඇල්ලීම or සැරවීම, තද කෝපය.

Paroxysmal, a. මාරයක් වාරයට අල්ලන or සැර වෙන, ගැස්ම ආකාර, (රෝග &c.).

Parricidal, a. පිතෘඝාතන; පිතෘඝාතක.

Parricide. n. පියා මැරීම, පිතෘඝාතනය; පියා මරන්නා, පිතෘඝාතකයා.

Parrot, ගිරවා, සුවපෝතකයා, පෙත්තා.

Parry, v. (පහරක් වදින්ට නොදී) වලක්වනවා or වෙන දිශාවකට හරවනවා, පහර අල්ලනවා; fig. (පහර, ඇනුම්පද) නිෂ්ප්‍රභා කරනවා.

Parse, v. (ව්‍යාකරණයේ හැටියට) පදවිභාගකරනවා, පද බෙදනවා. [ආගම.

Parsee, n. පාර්සිකාරයා. Parseelsm, n. පාර්සි

Parsimonious, a. ලෝභ, මසුරු, කුම්මැහි.

Parsimony, n. ලෝභකම, මසුරුකම. මුදල් මසුරු ලෙස වියදම්කිරීම.

Parsing, n. පද විභාගකිරීම, පදවිභාගය, පද බෙදීම.

Parsley, n. රට අසමෝදගම්, පිතර්සෙලි, පිටහැලි.

Parson, n. පළාතක නියම දේවගැතියා, පාදිලිරුන් නාන්සේ. [නිවස.

Parsonage, n. දේවගැති මාළිගාව, දේවගැතියාගේ

Part, n. පංගුව, කොටස, කොටුවාසය, මුළුගණනින් විසක්, කොටසක්, කොටසක්; share කොටස; බෙදීම; party, side, පාර්ශවය, පක්ෂය; district දිශාභාගය; part of speech gram. (නාම, ක්‍රියා, නිපාත වැනි) පදය: what part of speech is this මෙය කවර පදයක්ද?

my part is to be silent මගේ යුතුකම නම් නිශ්ශබ්දව සිටීම;

for my part, I shall be silent මම නම් නිශ්ශබ්දව සිටින්නෙමි;

he will take what I say in good part මා කියන දේ ඔහු හොඳ අදහසින්—අගතිරහිතව—පිළිගනී.

Part, v. වෙන්කරනවා; බෙදනවා, කොටස්කරනවා; වෙන්වෙනවා, කැඩෙනවා; part from වෙන්වෙනවා; වෙන්වී—දුරස්ව—යනවා; part with; දීදමනවා or අලෙවිකරනවා, අත්හරිනවා, වෙන්වෙනවා.

Partake of, v. with others පංගුකාරවෙනවා, සහභාගීවෙනවා, භාගීවෙනවා, සම්බන්ධවෙනවා, අනුමෝදන්වෙනවා; have a part of or the nature of පංගුවක් වශයෙන් යමක් ඇතුව තිබෙනවා or යම් ආකාරයක්ව තිබෙනවා; partake of food, drink &c. අනුභවකරනවා, පානයකරනවා, භුක්තිවිඳිනවා, සප්පායම්වෙනවා.

Partaker, n. පංගුකාරයා, හවුල්කාරයා; අනුභව කරන්නා &c.

Parterre, n. මල්පාත්ති පැත්ත, මල්පාත්ති ගණනක්.

Partial, a. පංගුවක් වශයෙන් ඇත්තාවූ, අසම්පූර්ණ; පක්ෂවූ, පක්ෂපාත, පක්ෂවාදී, පාක්ෂික; be (යමකට) ඉතා ලැදිව සිටිනවා.

Partiality, n. පක්ෂපාතකම, පක්ෂවාදීකම, පාක්ෂික ගතිය, පක්ෂතාව, පක්ෂපාතය, පක්ෂභජනය, පක්ෂ ග්‍රහණය; ලැදිකම, ඇල්ම, අභිරුචිය.

Partially, ad. පංගුවක් වශයෙන්, පක්ෂවාදී ලෙස, පාක්ෂිකගතියෙන්, පක්ෂපාතව.

Particeps criminis, n. L. අපරාධයකට හවුල්කාරයා, අපරාධ සහකාරයා.

Participant, n. පංගුකාරකම භුක්තිවිඳින්නා, (කෑමෙන්, ප්‍රීතියෙන්, සෝකයෙන් &c.) කොටසක් පිළිගන්න අය, සහභාගියා, සංවිභාගියා.

Participate, v. පංගුකාර වෙනවා, පංගුකාරකම ලැබීමට සූදානම්වෙනවා, (යමක් කිරීමට or විඳීමට) සහභාගි වෙනවා, හවුල්වෙනවා, අනුමෝදන් වෙනවා, සමාදන්වෙනවා.

Participation, n. පංගුකාරවීම &c.; පංගුකාරකම, හවුල්කාරකම, හවුල, සහභාගිකම.

Participator, n. පංගුකාරවෙන්නා &c., පංගුකාරයා, හවුල්කාරයා.

Participial, a. පූර්වක්‍රියාවිධිය ඇත්තාවූ, මිශ්‍රක්‍රියාවිධිය ඇත්තාවූ, පූර්වක්‍රියා &c. සහිත, කෘදන්ත.

Participle, n. past පෙරකිරිය, පූර්වක්‍රියාව; present මිශ්‍රක්‍රියාව; කෘදන්තය.

Particle, n. පොද, සියුම්කැටය, ඉතා කුඩා කොටස or කැබෙල්ල, පරිත්තය, ලවය, ලේශය, ලේශමාත්‍රය, අණුමාත්‍රය; in gram. නිපාතය.

Particular, a. එකකටම or එක්කෙනෙකුටම අයිතිවූ, සාමාන්‍ය නොවන, පුද්ගලික, එක්තරා, අන්‍යතර, විශේෂ, හරි; එක එක තීක්ෂණලෙස සලකන්නාවූ.

Look at this particular thing මේකම—මේක විශේෂලෙස—බලාපන්.

Particular, n. (නියමවූ or සඳහන්වූ) එකක්, each particular එක එක දෙය or කාරණාව; pl. තොරතුරු, විස්තර. [කතාව, විශේෂත්වය.

Particularity, n. එක එක සඳහන්කිරීම; පුද්ගලි

Particularize, v. එක එක සඳහන්කරනවා, වෙන්වශයෙන් තොරතුරු කියනවා.

Particularly, ad. වෙන් වශයෙන්, පුද්ගලික වශයෙන්; විශේෂලෙස, විශේෂයෙන්.

Parting, n. වෙන්කිරීම &c., see verb; බෙදුම.

Parting, a. තුරන්වෙනකොට දෙන අනතිම (දනය, දුනමුනුකම් &c.).

Partisan, n. පාර්ශවයකට ඇලුම්වූ අය, පක්ෂවාදියා, එක පක්ෂයක් භජනයකරන්නා.

Partisanship, n. පාර්ශවයකට ඇති ඇලුම්කම, පක්ෂවාදිකම, පාර්ශවගතිය.

Partition, n. වෙන්කිරීම, බෙදීම, වියෝගය; බෙදුම; සථාන වෙන්කිරීමට or බෙදීමට තබන දේ (වින තිරය, භිත්තිය &c).

Partition, v. (තිර, භිත්ති, ආදියෙන්) වෙන්කරනවා, බෙදනවා; බෙදාදෙනවා, කොටස්කරනවා.

Partly, ad. භාග වශයෙන්, කොටස්ලෙස, පංගුවක්... පංගුවක්: partly good & partly bad පංගුවක් හොඳයි පංගුවක් නරකයි.

Partner, n. පංගුකාරයා, හවුල්කාරයා, කොටස්කාරයා; (නැටීමෙහි) සහකාරයා or සහකාරී; husband or wife පුරුෂයා or භාර්යාව; උදව්ව.

Partnership, n. පංගුකාරකම; (වෙළඳාමෙහි &c.) හවුල්කාරකම, සහභාගිකම.

Part-owner, n. පංගුවක් හිමිකාරයා, හවුල්කාරයා.

Partridge, n. ඇටිකුකුළා, කපිඤ්ජලයා, චිත්‍රපක්ෂියා.

Parturient, a. වදමින් සිටින, වදන්ට සිටින, වැදීමට ආසන්න, (ස්ත්‍රී, ගැබ්ගත්තා). [බෙහෙතක්.

Parturifacient, n. ප්‍රසූතෞෂධය, ඉහිකරවන බෙ

Parturition, n. (දරු &c.) වැදීම, ප්‍රසූතකිරීම, ප්‍රසවය, ප්‍රසූතිය.

Party, n. සම්බන්ධ පක්ෂයක්, සමාගම්කාර උදවිය; මංගල්‍ය පිරිස or සෙනග; මිනිස්සු ගණනක්, කණ්ඩායම, ගොල්ල, පක්ෂය, පාර්ශවය;

a party to a thing යමකට එකඟ කෙනෙක් or පංගුකාරයෙක්;

both parties දෙගොල්ල, දෙපාර්ශවය, දෙපිළ.

Party-coloured, a. නොයෙක් පාට ඇත්තාවූ, විසිතුරු, විචිත්‍ර. [ගතිය.

Party-spirit, n. පක්ෂයකටම ඇති ලැදිකම, පාර්ශ්ව

Party-wall, n. මධ්‍ය භිත්තිය, මැද බිත්තිය.

Paschal, a. පාස්කු, උපරිගමන මංගල්‍යයට අයිතිවූ.

Pashaw, n. See Pacha.

Pass, v. යනවා, සඤ්චාරණයකරනවා; (තැනක් &c.) පසුකරගෙන යනවා, පසුකරනවා, ඉක්මවනවා, අතික්‍රමණයකරනවා, ඊට එපිටට යනවා;

pass a thing round එකිනෙකාට අල්ලනවා or දෙනවා;

pass one's opinion තමාගේ මතය කියනවා or ප්‍රකාශකරනවා.

pass an account ගණන හරියයි පිළිගන්නවා;

pass away, ගතවෙනවා, පසුවෙනවා, පහවෙනවා, අපත් වෙනවා, මියයනවා, ඉක්මෙනවා, ඉක්ම යනවා, ඉකුත් වෙනවා, අතික්‍රාන්ත වෙනවා;

pass by ලඟින් යනවා; පසුකර අරිනවා; නොසලකා අරිනවා, සමාකරනවා;

pass on ඉස්සරහට—තව දුරට—යනවා;

pass over උඩින්—අනික් පැත්තට—එගොඩ—මෙගොඩ—යනවා or එනවා;

pass through මැදින්—අස්සෙන්—යනවා, (දූක් &c.) විඳිනවා;

pass under යටින් යනවා;

pass a law &c පණවනවා, නියෝග කරනවා; නියමවෙනවා, වලංගුවෙනවා;

pass time (කාලය) ගතකරනවා, පසුකරනවා;

pass an examination විභාගයෙක් සමර්ථවෙනවා or දක්ෂවෙනවා, විභාගයෙක් පාස්වෙනවා.

pass a resolution යෝජනාවක් සම්මතකරනවා or පිළිගන්නවා;

come to pass සිද්ධවෙනවා;

such work will or will not pass එයාකාර වැඩ හැහේ, හරියයි or නොහැහේ, මදිවෙයි.

Pass, n. කඳුපාර, දුර්මාර්ගය, (මැදින් or අස්සෙන් යන) පටුපාර, කපොලු පාර; (යාමට) අවසර පත්‍රය; හරඹ ක්‍රමයේ පහරක්; (මුජ්ජාකිරීමට කරන) අත්හරඹය, හස්ත කෞතුකය.

Passable, a. පසුකරන්ට—යන්ට එන්ට—පුළුවන්වූ (තැනක්, පාරක් &c.); වලංගු (මිල); මදක් හොඳ, පිළිගතහැකි.

Passage, n. යාම, ඊම, ගමන, සංක්‍රමණය; (of a river) එගොඩවීම; ගමන් වේලාව or කාලය; මග, මාවත, (පතක්) පැනවීම; occurrence සිද්ධිය; passage at arms ලුහුඩු සටනක්, පොරයක්; (ලියවිල්ලෙක්) කොටසක්, වගන්තියක්.

Pass-book, n. (ණයකාරයාගේ) ගණන් පොත, ගනුදෙනු පොත, පාස්පොත.

Passenger, n. යන්නා, මගියා; (නැවෙන් &c. යන) ගමන්කාරයා.

Passer-by, n. ලඟින් යන්නා, මගියා.

Passible, a. දුකීම ඇත්තාවූ, ඉන්ද්‍රියඥාන සහිත.

Passiflora, Passion-flower, n. හොඩල වැල, හොඩල මල &c.

Passim, L. එහිමෙහි, කොතනත්.

Passing, a. ලඟින් යන; සිද්ධවේගනයන, ගතවේගන යන, වර්තමාන; නොපවතින, පහවෙන, අචිර; as adv. ඉතා (අපූර්, ශිහිරි &c.).

Passing. n. යාම, සඤ්චාරණය, ගතවීම &c., see verb.

Passing-bell, n. (ප්‍රාණය ඉකුත්වෙන විට තට්ටුකරන) සුකුත්ච්ඡේ ඝණ්ටාරය, මරණසූචක ඝණ්ටාරය.

Passion, n. (දුක්) විඳීම; තද කෝපය, වියරුව, අමනිය, චිත්තාවේගය ; පිත් වණ්ඩවලිය, ආලිය, තද ආශාව, කාමාශාව, රාගය, ක්ලේශය ; අනුරාගය, අනුරතිය.

Passionate, a. කිපෙන, තරඟ යන, අමනීණ, සැර; අධික ආලය ඇති, රාගී, කාමුක.

Passionately, ad. ඉතා කුපිතවෙලා, සැරලෙස, අමනීණකාරයෙන්; ඉතා ජ්වලිතලෙස.

Passionateness, n. කිපෙන ගතිය &c., සැරකම, අමනීණත්වය.

Passionless, a. නොකිපෙන, කෝප රහිත, ශාන්ත; කෙලෙස් නැති, නිකෙලෙස්, අකාම, රාගහීන, වීතරාග, විරාගී, ක්ෂීණාශ්‍රව.

Passionlessness, n. නොකිපෙන ගතිය &c.; ක්ලේශ රහිතකම, වෛරාග්‍යය, අකාමතාව, අනභිරතිය.

Passion-week, n. ක්‍රිස්තුස්වහන්සේ වද විඳ සතිය.

Passive, a. ඉවසිලිවන්ත, උපුලන, විඳගන්නා, අවිරුද්ධ, නිශ්චේෂ්ට; in gram. passive verb කර්මණි වාච්‍යය, කර්මකාරක ක්‍රියාව.

Passively, ad. ඉවසිලිවන්තලෙස, අවිරුද්ධව, ශාන්තාකාරයෙන් ; in gram. කර්මණිවාච්‍යයෙන්.

Passiveness, n. ඉවසිලිවන්තකම, අවිරුද්ධකම ; inertia, passivity නිශ්චේෂ්ටතාව, අකර්මණ්‍යතාව.

Passover, n. (ඊශ්‍රායෙල්වරුන්ගේ චාරිත්‍රයක් වන) පාස්කුව, උපරිගමන මංගල්‍යය.

Passport, n. අවසර පත්‍රය, ගමනාවසර පත්‍රය ; fig. (යම්තැනකට පැමිණීමට) ආරක්ෂක බලය.

Password, n. මුර වචනය.

Past, pp. *or* a. of Pass, ගොස්, ගතවී &c. ; පසුවුණ, පහුවුණ, ගතවූ, පසුගිය, ගිය, ඉකුත්වූ, අතීත, සමතීත, (කාලය, කාරණ); cleared away පහවුණ, දුරවුණ.

Past, the, n. පසුගිය කාලය, අතීත කාලය, අතීතය ; පසුගිය කාරණ.

Paste, n. වතුර මුසු පිටි, තලප, පාප්ප ; අනාපු පිටි ; (බොරු මැණික් සාදන) ශුක්ෂම කාච ජාතියක්.

Paste, v. පාප්පවලින් අලවනවා, පාප්ප ගා අලවනවා.

Pasteboard, n. ඝන කඩදාසිය ; adj. ඝන කඩදාසි.

Pastern, n. අශ්ව කකුලේ පහත් පුරුක.

Pastern-joint, n. අශ්ව කකුලේ පහත් සන්ධිය.

Pasteurize, v. කිරි උණු කිරීමෙන් මෙන් විෂබීජ විනාශ කරනවා.

Pastil, Pastille, n. වණ්ඩිල්ලෙවම් ; මිශ්‍ර සුවඳකුර, සඳුන්කුර, පැණිරස ජාතියක්.

Pastime, n. සෙල්ලම, විනෝදය.

Pastor, n. පාලකයා ; දේවගැතියා, සභානායකයා, පාදිලිඋන්නාන්සේ.

Pastoral, a. එඬේර, පශුපාලක, පශුපාලනවිස්තර, (කවි, කම්); දේවගැති, දේවගැති ධුරයට අයිති.

Pastoral, n. එඬේර *or* පිටිසර ජීවිතය පිළිබඳ කාව්‍යය. [ගැති මණ්ඩලය.

Pastorate, n. දේවගැතිකම, දේවගැති ධුරය ; දේව

Pastry, n. (පස්තැල ආදී) පිටිකෑම ජාති, කැවිලි. [දා.

Pastry-cook, n. පිටිකෑම සාදන්නා, කැවිලි වෙළෙන්

Pasturage, n. (තෘණ කැපීමට) පශුපාලනය, එඬේරකම කිරීම ; තණබිම, තණ පිට්ටනිය, ගෝප්‍රචාරය; තෘණ ගෝචරය.

Pasture, n. (කඩාකෑමට තිබෙන) තණ, තෘණ, ගෝචරය ; තණ පිට්ටනිය.

Pasture, v. තණ කවනවා *or* කන්නට අරිනවා ; තණ කඩාකනවා. [වර්ගයක්.

Pasty, a. අනාපු පිටි සමාන, සුදුමැලි; n. ලොසි කැවිලි

Pat, be, (coll.) v. සුදුසුව තිබෙනවා, හරියනවා.

Pat, v. හෙමින් තට්ටුකරනවා ; n. සැහැල්ලු පහරක්; (තට්ටුකිරීමෙන් හැඩගැසුණු) කෑල්ලක්, පිඩක්.

Patch, n. අණ්ඩය, ලාප්පය, ලප්පය.

Patch, v. අණ්ඩයක්—අණ්ඩ &c.—දමනවා, පිළිතුණ්ඩුවක් දමා හරිගස්සනවා ; patch mats පත් බානවා; fig. patch up ස්වල්ප වශයෙන් හරිගස්සනවා.

Patchwork, n. කෑලි මැහුම, කෑලිවලින් හරිගස්සාපු මැඩය, කෑලි රෙද්ද ; හොදමදි මැඩේ.

Pate, n. ඉස්මුදුන, ඔලුව ; වහුලූසේ හම ; බලකොටු පිළ *or* ආලින්දය.

Patella, n. ජානුඵලකය &c., see Knee-cap.

Paten, Patin, n. සත්ප්‍රසාද පූජාපත්තර.

Patent, a. පතළ, ප්‍රකට, ප්‍රත්‍යක්ෂ ; in bot. විහිදී තිබෙන, විසතීර්ණ ; බල පත්‍රයකින් ස්ථිරවූ (යන්ත්‍ර, බෙහෙත් &c.).

Patent, n. (අයිතිවාසිකම ස්ථිරකරන) බලපත්‍රය ; v. (එබඳු) බලපත්‍රයක් දෙනවා *or* ලබාගන්නවා.

Patentee, n. (එබඳු) බලපත්‍රය හිමියා.

Patent-office, n. බලපත්‍ර කන්තෝරුව.

Patera, n. පාත්‍රය , in arch. පාත්‍රාභරණය.

Paternal, a පියා සම්බන්ධවූ, පියසතු, පියාට අයිති, පිතෘ, පිතෘක, පෛතෘක, පියපාක්ෂික; [ණිය ;

paternal inheritance පිය උරුමය, පිය ප්‍රවේ

paternal relative පියපාක්ෂිකයේ නෑයා, පිතෘ ඥාතියා.

Paternally, ad. පියෙක්ලෙස, පිය පාක්ෂයෙන්.

Paternity, n. පියකම, පිතෘත්වය, පිතෘභාවය.

Paternoster, n. (lit. අපේ පියාණනි), ස්වාමින්වහන්සේගේ යාච්ඤාව.

Pater patriæ, L. ස්වකීය දේශයේ පියා *or* පාලකයා.

Path, Pathway, n. යෙනෙන මග, පාර, පාමග, අතුරුපාර, අඩිපාර, මාවත, මාර්ගය, පථය, (අභ්‍යවකාශ, වන්දු රෙඛි &c.) යන පාර; fig. මාර්ගය, ක්‍රියා මාර්ගය, චරිතය.

Pathetic, Pathetical, a. සිතට වැදියන, අනුකම්පා උපදවන, සංවේගජනක, ශෝකජනක, ඛේදජනක. [ජනක කවිමිසිය.

Pathetic, the, n. දයාව උපදවන විධිය, අනුකම්පා

Pathless, n. මගක් නැති, පාරක් නැති, අමාර්ග.

Pathognomonic, a. රෝගවිශේෂ, රෝගලාක්ෂණික, (නාමය).

Pathognomy, n. (හොඳ හෝ නරක) ක්ලේශ-ප්‍රකාශක-ශාස්ත්‍රය, ක්ලේශ-සලකුණු-ශාස්ත්‍රය.

Pathologic, a. රෝග විස්තර, රෝගවිස්තරානුවේද.

Pathologist, n. රෝගවිස්තරකාරයා, රෝගවිස්තරානුවේදඥයා.

Pathology, n. රෝගවිස්තරය, රෝගවිස්තරානුවේදය, රෝග නිදාන ශාස්ත්‍රය, රෝගලක්ෂණ විද්‍යාව.

Pathos, n. අනුකම්පා උපදවන ගුණය, කරුණා රසය, කාරුණ්‍යය, කරුණාජනකතාව.

Patience, n. ඉවසිලිවන්තකම, ක්ෂාන්තිය, ක්ෂමාව, සහනත්වය, මනීණය, තිතික්ෂාව.

Patient, a. ඉවසිලිවන්ත, ඉක්මන් නැති, ක්ෂාන්ත.

Patient, n. (වෙදකම් ලබන) ලෙඩා, අසනීපකාරයා, රෝගියා.

Patiently, ad. ඉවසිලිවන්තලෙස &c., ක්ෂාන්තියෙන්, මනීණකාරයෙන්.

Patly, ad. සුදුසුලෙස, යෝග්‍යලෙස, හරියතලෙස.
Patness, n. සුදුසුකම. [ය.
Patois (පට්වා), n. Fr. අධම භාෂා ක්‍රමයක්, අපභ්‍රංශ
Patres conscripti, n. pl. L. (රෝමයේ මන්ත්‍රීවරු වන) ලිඛිත පිතෘවරු.
Patriarch, n. කුලජ්‍යෙෂ්ඨයා, කුලදෙවියා, ගෝත්‍රපතියා, මුල්පියා, මුල් මුත්තා; (ක්‍රිස්තසභාවේ) අත්‍යග්‍ර පාරිදර්ශිකතැන.
Patriarchal, a. කුලජ්‍යෙෂ්ඨ, කුලජ්‍යෙෂ්ඨාකාර; අත්‍යග්‍ර පාරිදර්ශික, (ක්‍රමය, ආණ්ඩුව).
Patriarchate, n. අත්‍යග්‍රපාරිදර්ශික ධුරය ; අත්‍යග්‍රපාරිදර්ශික මන්දිරය.
Patriarchism, n. කුලජ්‍යෙෂ්ඨ-ශාසනය, මුල් මුත්තෙක් ආණ්ඩුකිරීම.
Patrician, n. ශ්‍රේෂ්ඨයා, රෝමයේ මුල් මන්ත්‍රීවරුන් ගෙන් පැවතඑ උත්තමයෙක්.
Patrician, n. ශ්‍රේෂ්ඨ, උත්තම, වංශාධිපති.
Patrimonial, a. ප්‍රවේණි, පුත්‍රපෞත්‍රීණ, පිතෘප්‍රාප්ත, පෛතෘක. [ධනය.
Patrimony, n. පිය උරුමය, ප්‍රවේණිය, පෛතෘක
Patriot, n. ස්වකීය රටට ආලය කරන්නා, ජාති හිතෛෂියා.
Patriotic, a. ස්වකීය දේශයට — ජාතියට — ඇලුම් කරන, ජාති හිතෛෂි.
Patriotism, n. ස්වකීය ජාතියට ඇති ආලය, ස්වදේශ මාත්සල්‍යය, ජාතිමමත්වය, ජාති හිතෛෂි භාවය, ජාතික ඇල්ම, ජාති ආලය.
Patristic, Patristical, a. ක්‍රිස්තියානි සභා-පිතෘවරුන් සම්බන්ධ, සභාපිතෘශ්‍රී.
Patristics, n. pl. සභා-පිතෘ ජීවිත හා බණ් විස්තරය.
Patrol, n. මුර සංචාරණය, සංචාරණ මුරකාර සේනාව.
Patrol, v. මුරට සංචාරණය කරනවා, පැට්‍රෝල් යනවා.
Patron, n. පාලකයා, විශේෂාරක්ෂාකාරයා, උපකාරකාරයා, අනුග්‍රාහකයා; R.C. patron saint (යමෙකුගේ or යම් දේශයක &c.) ආරක්ෂක ශුද්ධවරයා; in law දේවගැති ප්‍රතිෂ්ඨාදායකයා.
Patronage, n. විශේෂ ආධාරය, ප්‍රධානත්වය, පාලනය, ප්‍රතිපාලනය, ප්‍රතිෂ්ඨාධාරය, සාහාය්‍යය ; දේවගැති ප්‍රතිෂ්ඨාදායක බලය.
Patronise, v. ප්‍රතිපාලනයකරනවා, පිහිටාධාරවෙනවා, භජනය කරනවා ; fig. උපකාර කාරයෙක් ලෙස හැසිරෙනවා.
Patronymic, n. ගෝනම, පියාගෙන් ලැබෙන නාමය, පියනම, පිතෘනාමය, පෛතෘකනාමය.
Patronymic, a. ගෝනමයක් ආකාර, පිතෘනාමාකාර.
Patten, n. කුළුනු අඩිය; යකඩ වළල්ලක් ඇති සෙරෙප්පුව. [ප්‍රලාපය.
Patter, Pattering, n. පටපටගාන ශබ්දය; දෙඩවිල්ල,
Patter, v. (මැණි බිඳුමෙන්) පටපට යන ශබ්දයකරනවා, පටපටගානවා.
Pattern, n. මුල් ආදර්ශය, මෝස්තරය, පතොරම, නිදර්ශනය, අනුරූපය ; ආකාරය, චිත්‍රිතාකාරය.
Pattern-drawer, n. ආදර්ශ අඳින්නා, ආකාරය යොදන්නා.
Pattern-moulder, n. (වාත්තු පිණිස) අච්චු සාදන්නා, අච්චුකර්මාන්තකාරයා.
Patty, n. කුඩා කැවිලි ජාතියක්, පත්තැල.
Patty-pan, n. කුඩා බෙලෙක් පිරිසියක්.
Patulous, a. in bot. විහිදෙන, පැතළි, (මල් හැඩිය).
Paucity, n. ගණනින් ස්වල්පතාව, ස්වල්ප ගණන, අඩුකම, හීනකම, දුර්ලභකම.

Paunch, n. කෑම බොක්ක ; v. බඩවැල් අරිනවා, බඩවැල් අදිනවා.
Pauper, n. දිළින්දා, හිඟන්නා, sp. ආණ්ඩුවෙන් උපකාර ලබන දිළින්දා, අසරණ පින්පඩිකාරයා.
Pauperism, n. දුක්ඛ දිළිඳුභාවය, දරිද්‍රතාව, ආණ්ඩුවෙන් &c. නඩත්තුව ලැබීම.
Pauperise, v. දුක්ඛ දිළිඳුභාවයට පමුණුවනවා, අනාථකරනවා.
Pause, n. නැවතීම, නැවතිල්ල, විරාමය, විශ්‍රාමය; නැවතීමේ ලකුණ, විරාම සලකුණ [විත (.) මෙය or (⌒) මෙය.] [ඇනහිටිනවා.
Pause, v. ටිකක් නවතිනවා, නාවර්ථවෙනවා, (කීමෙදී)
Pave, v. (බිම) ගල්—ගඩොල්—අල්ලනවා fig. (යමකට) මාර්ගය පිළියෙලකරනවා.
Pavement, n. ගල් අල්ලාපු—ගල් අල්ලා තිබෙන—බිම, පාර. [අල්ලන්නා.
Paver, Pavier, n. (බිම) ගල් අල්ලන්නා, පාරවල ගල්
Pavilion, n. කූඩාරම, මණ්ඩපය. [බිම.
Paving, n. බිම ගල් ඇල්ලීම ; ගල් අල්ලාපු බිම, ගල්
Pavo, n. මොනරා, ශිඛියා, මයූරයා; the const. ශිඛි රාශිය.
Pavonine, a. මොනර පිල්හැටට සමාන, ශිඛිපුච්ඡාකාර, දේදුනුවන්. [&c.).
Paw, n. නිය ඇති මෘගපාදය ; අත (In contempt
Paw, v. (අශ්වයා &c. මෙන්) ඉස්සරහ කකුලෙන් පහුරුගානවා.
Pawn, n. උකස ; දාම්පේට්ටා ඉත්තා ; be in or at pawn යමක් උකස්කොට තබා තිබෙනවා.
Pawn, v. උකස් තබනවා, (යමක්) උකස්කොට තබනවා, උකස්කරනවා.
Pawnbroker, n. උකස් බාරගෙන ණයදෙන්නා, උකස් පිට මුදල් ණයට දෙන්නා, උකස් වෙළෙන්දා.
Pax-wax, n. සිව්පා බෙල්ලේ ලොකු නහරය, පශුග්‍රීව තරුණස්ථිය.
Pay, v. ගෙවනවා, පඩි—කුලී—දෙනවා ; requite ප්‍රතිඵල දෙනවා, revenge පළිගන්නවා ; [වා ;
pay ready money අත්පිට මුදල් දෙනවා or ගෙවනවා
pay for (යමකට) මිල—අලාභ—ගෙවනවා, වන්දි දෙනවා, (වරදකට) ප්‍රතිඵල—අච්චු—විඳිනවා.
pay honour, homage &c. ගෞරවය දෙනවා, බැහැදකිනවා ;
pay vows බාරවිල් ඔප්පුකරනවා ;
pay out, slacken (ලණු &c.) බුරුල්කර දෙනවා, ඕනෑතරමට යන්ට අරිනවා.
This business will pay මේ වැඩෙන් ප්‍රයෝජන—ලාභ—ලැබේ.
Pay, n. පඩිය, කුලිය, බැළය, වැටුප්. See Payment
Payable, a. (debts &c. payable) ගෙවියයුතු, ගෙවිය හැකි, (ණය &c.).
Pay-day n. ණය—කුලී &c.—ගෙවන දවස, පඩිදිනය, ගෙවීමට නියම දවස.
Payee, n. ගෙවිල්ල ලබන්නා, මුදල් ලැබියයුතු අය.
Payer, n. ගෙවන්නා.
Paymaster, n. පඩි ගෙවන්නා, විපාක &c. දෙන්නා ; පඩි ගෙවන මුලාදෑනියා. [ය.
Payment, n. ගෙවීම &c , see verb; පඩිය, ඵලවිපාක
Pay-sheet, n. පඩිලැයිස්තුව.
Pea, n. රට මෑ, බෝල මෑ, පට්වානි කඩල.
Peace, n. සමාදානය, සමගිකම, සාමය, සාමාග්‍රිය, ශාන්තිය ; [වා ;
be at peace සමාදානයෙන්—සමගිකමින්—සිටින

make peace සමාදන කරනවා, සමගි කරනවා, සමාදනයට — සමගිකමට — සාමාග්‍රිතාවට — පමුණුවනවා; [සිටිනවා;
hold one's peace නිශශබ්දව — තුෂ්ණීම්භූතව—
peace, excl. නිශශබ්දවෙයන්, ෂව්.

Peaceable, a. සමාදනයට ලැදි, සමාදන, අවාදි, සාමාග්‍රි, ශාන්ත.

Peaceableness, n. සමාදනයට ලැදිකම, සමාදනකම, සාමාග්‍රිතාව, ප්‍රශාන්තිය.

Peaceably, ad. සමාදනලෙස, සමාදනයෙන් &c., සන්සුන්ලෙස.

Peace-breaker, n. සමාදනය කඩකරන්නා.

Peaceful, a. සමාදනවූ, සාමාග්‍රි, සමාදනයෙන් සිටින, ශාන්තදන්ත; නිෂ්කාණ්ඩිය.

Peacefully, ad. සමාදනයෙන් &c., සමාදනලෙස &c., නිශ්චිල්ලෙස. [තාව.

Peacefulness, n. සමාදන ගතිය, සාමාග්‍රිතාව, ශාන්ත

Peace-maker, n. සමාදනකරන්නා &c., see Peace.

Peace-offering, n. ශුභසිද්ධි පූජාව, ශුභ පූජාව; fig. සාමාග්‍රිජනක ත්‍යාගය, වන්දිදනය.

Peace-officer, n. සමාදන මුලාදෑනියා, විදනාරාළ, විදනෙ. [පක්ෂය.

Peace-party, n. සමාදන සජන පක්ෂය, සමාදන

Peace-society, n. (යුද්ධ නැතුව විරෝධ බේරුමන්ට උත්සාහකරන) සාමාග්‍රිසභාව.

Peach, n. පීච් නම්වූ ගහ or ගෙඩිය, රට ඇටඹ.

Peacock, n. මොනරා, මයුරා, මයූරයා.

Peacock's feathers, n. මොනරපිල්, ඇස්පිල්.

Peacock's cry, n. කේකානාදය, කේකාරවය.

Peahen, n. මොනරී, මොනර කිකිළි.

Peak, n. gen. මුදුන් තුඩුව; of a mountain කඳුමුදුන, කූටය, පර්වත ශිඛරය.

Peaked, a. මුදුන් තුඩුවක් ඇත්තාවූ, ශෘංගවත්; peaked house කූළුගේ, කූටාගාරය.

Peal, n. of thunder ගර්ජනා ශබ්දය; of bells ඝණ්ටා නාද; of laughter සිනා ඝෝෂාව.

Peal, v. thunder &c. ගර්ජනාකරනවා, නාදකරනවා; peal forth praise නාදයෙන් වණ්ණනාකරනවා.

Pear, n. පේරගෙඩියට සමාන ගෙඩි ජාතියක්.

Pearl, n. මුතුඇටය, (pl. මුතු ඇට, මුතු), මුක්තාය, මුක්තා ඵලය; මුතුඇට ආකාර යමක්, ඉතා අනගි දෙයක්; කුඩා අච්චුඅකුරු වර්ගයක්.

Pearlaceous, a, මුතුසිප්පි බඩවතසමානවූ.

Pearl-barley, n. (පිකක් අඹරාපු) වටකුරු යව.

Pearl-diver, n. මුතු කිමිදින්නා.

Pearl-diving, Pearl-fishing, n. මුතු කිමිදීම.

Pearl-necklace, n. මුතුවැල, මුත්හර, මුක්තාලතාව, මුක්තාවලිය, මුක්තාහාරය.

Pearl-oyster, n. මුතුබෙල්ලා, මුක්තාගාරය.

Pearly, a. මුතු ඇත්තාවූ, මුතු ගහනවූ; මුතු සමාන, පිරිසිදු, විශද.

Peasant, n. ගොවිවැඩ කරන්නා, ගොවියා, පිටිසර වැසියා, ග්‍රාමිකයා.

Peasantry, n. පිටිසර මිනිස්සු, ග්‍රාමීය ලදවිය.

Peas, n. pl. රටමෑ ඇට.

Pease, n. pl. රටමෑ ධාන්‍ය, පට්ටානි කඩල; split pease පියලි රටමෑ.

Peat, n. (මගුරු තැන්වල) දිරාපත් ගස්මුල් දර.

Peat-bog, n. ගස්මුල් ගහනවූ වගුර.

Pebble, n. වටකුරු ගලක්, බොරළු ගලක්; කණිණසි පළිඟුගල.

Pebbly, a. වටකුරු ගල්—ගෝලිගල්—ගහනවූ.

Peccability, a. පව්කළහැකි ස්වභාව.

Peccable, a. පව්කළ හැකිවූ, පව් සිද්ධවිය හැකි.

Peccadillo, n. සුළු වරදක්, සුළුපවු දෙයක්.

Peccant, a. පව්කාර, පාපී, වරදකාර, සදෝස්, සාවද්‍ය, නරක, අයහපත්, අසනීප, අකලී.

Peccavi, L. පව්කළෙමි, වරදකළෙමි, (යන කියාදීම).

Peck, n. බුසලෙන් හතරෙන් පංගුව යන මිම්ම, නැළි හතක්.

Peck, v. හොටගහනවා, හොටෙන් කොටනවා; peck up හොටෙන් ඇහිදකනවා; (බිම &c.) ඌලකින් කොටනවා.

Peckish, a. fig. කෑම කන්නට කැමතිඋ, බඩගිනි; දෙස්තෑබීමට ලැදිවූ.

Pectinal, a. පනාව ආකාර; n. පනාදත් ආකාර මසා

Pectinate, Pectinated, a. පනාදත් ආකාර.

Pectinibranchiata, n. pl. L. පනා කරමල් ඇති කෞඤ්ච-පාදිකයෝ. [ශ්වසරන මරල්.

Pectoral, a. ළයට අයිති; pectoral fins, pectorals,

Pectoral, n. උරච්ඡදය, ළයවැස්ම; පපුවේ බෙහෙතක්, ළය විරේචනය.

Peculate, v (තමාගේ භාරේ ඇති දේ) හොරෙන් ගන්නවා, හොරකම් කරනවා.

Peculation, n. හොරෙන් ගැනීම &c.

Peculator, n. හොරෙන් ගන්නා.

Peculiar, a. විශේෂව—විශේෂජාතියකටම—නියමවූ, individual පුද්ගලික, not general සාමාන්‍යනොවන, අවසාධාරණ, special විශේෂ; සුදුම. [ඥතිය.

Peculiarity, n. විශේෂභාවයක්, විශේෂයක්; අවසා

Peculiarly, ad. සාමාන්‍යනොවනලෙස, විශේෂාකාරයෙන්. [න.

Pecuniarily, ad. මුදල්වශයෙන්, මුදලෙන්, මුදල් ගැ

Pecuniary, a. මුදල් සම්බන්ධ; pecuniary matter මුදල් පලහිලව්ව.

Pedagogue, n. ගුරුවරයා, ගුරුන්නාන්සේ; තමන්ගේ උගත්කම ගැන පාරට්ටුකරන්නා, අහංකාර උගතා.

Pedal, (පිඩල්), a. පාදයට අයිතිවූ, පාදික.

Pedal, (පෙඩල්), n. (නාදපෙට්ටියේ) අඩිලෑල්ල.

Pedant, n. අහංකාරකමින් උගත්කම පාන්නා, පණ්ඩිතමානියා.

Pedantic, a පණ්ඩිතමානී.

Pedantically, ad. පණ්ඩිතමානිලෙස.

Pedantry, n. පණ්ඩිතමානිකම, පාණ්ඩිත්‍යාභිමානය.

Pedate, a. in. bot. වෘන්තච්ඡේදිත (පත්‍රය).

Pedatifid, a. in bot. ඡේදිතාකාර (පත්‍රය).

Peddle, v. සුළුබඩු විකිණීමට ගෙනයනවා; fig. සුළුදේ ගැන මාන්සිගන්නවා.

Peddler, Pedler, Pedlar, n. තොරොම්බල් පෙට්ටිකාරයා, පොට්ටනිකාර වෙළෙන්ද.

Pedestal, n. කුළුනක පහත් කොටඨාසය, කුළුනු පාදය, සැණුවක or පිළිමයක අඩිය.

Pedestrian, a. පයින් යන.

Pedestrian, n. පයින්ම යන්නා; පයින්ඇවිදින්ට සමතා, බවුමට ඇවිදින්නා. [දීමේ පුරුද්ද.

Pedestrianism, n. පයින්ම ගමන්කිරීම, පයින් ඇවි

Pedicel, Pedicle, n. ඡේදිත පුෂ්පවෘන්තය, ක්ෂුද්‍රවෘන්තය, කුඩා නැට්ට.

Pedicellate, a. පුෂ්පවෘන්තජ.

Pedigree, n. පෙළපත්තිය, පෙළපත, වංශය, ගෝත්‍රය, අන්වය, සන්තතිය; පෙළපත් ලේඛනය, වංශානු චරිතය.

Pediment, n. ගෘහාභිමුඛ භූෂණයක්.
Pedlar, n. See Peddler.
Pedobaptism, n. ළදරුවන් බව්තීස්මකිරීම, ළදරු බව්තීස්මය.
Pedobaptist, n. ළදරුවන් බව්තීස්මකරන්නා, ළදරු බව්තීස්මය භජනය කරන්නා.
Peduncle, n. මල්නටුව, පුෂ්පවෘන්තය, ප්‍රසවබන්ධනය; in zool. බන්ධනය.
Pedunculate, Pedunculated, a. පුෂ්පවෘන්තජ, ප්‍රසව බන්ධනජ.
Peel, n. (මෘදු) ලෙල්ල, සිවිය.
Peel, v. ලෙල්ල &c. ගලවනවා, *or* අරිනවා, ලෙලි ගහනවා, පොතු අරිනවා, උදුප්පනවා, ඔයනවා.
Peel, n. (පාන් පුළුස්සන්නාගේ &c.) පිටි හැන්ද.
Peeler, n. ලෙලිගහන්නා &c., කුරුඳු තලන්නා; පොල් උල.
Peep, v. පෙනෙන්ට පටන්ගන්නවා, මතුවෙනවා, සිදුරකින් බලනවා, එබී බලනවා, එබිකන්කරනවා; කුකුළු පැටවෙක් etc. මෙන් අඬනවා.
Peep, n. පෙනෙන්ට පටන්ගැනීම &c.; peep of day අරුණෝදය.
Peeper, n. එබීබලන්නා &c.; (coll.) ඇහැ.
Peep-hole, n. එබීබලන සිදුර, රහසින් බලන සිදුර.
Peer, v. හොඳට බලනවා, එබීබලනවා.
Peer, n. (තරමින් &c.) සම කෙනෙක්, සම අය, තුල්‍යයා; ශ්‍රේෂ්ඨයා, වංශාධිපතියා.
Peerage, ශ්‍රේෂ්ඨතාව, වංශාධිපතිකම; ශ්‍රේෂ්ඨයෝ &c., රදළ පෙළ.
Peeress, n. වංශාධිපති දේවි.
Peerless, a. සමානකෙනෙක් නැති, අසහාය, අසම ධුර, අප්‍රතිම, අනුපම, අතුල්‍ය, අද්විතීය.
Peerlessness, n. අසහායතාව, අසමධුරතාව &c.
Peevish, a. කොඳුරන, අසතුටු ගතියක් ඇති, චරිස් සල. [සලය.
Peevishness, n. කොඳුරන ගතිය, අසතුටුකම, චරිස්
Peg, n. ලී ඇණය, වල් ඇණය, කාඳත්ත.
Peg, v. ලී ඇණ දමා සවිකරනවා.
Pegasus, n. in myth. පියාපත් අශ්වයා; in astr. උතුරු තරු පංක්තියක්, පක්ෂාශ්වරාශිය; in zool. පියාපත් මත්ස්‍යයා.
Pegged, pp. *or* a. ලී ඇණ ඇත්තාවූ, ලී ඇණවලින් බැඳපු (සපත්තු &c.).
Pelagian, Pelagic, a. මුහුදු, සමුද්‍ර.
Pelagianism, n. පිලේජියස් නම්වූ අයගේ ධර්මය *or* ගුරුකම.
Pelf n. මිල, ධන, අභාග්‍යශ් ලාභ.
Pelican, n. ඔටුමානා, ඔටුබලාකයා; කරවැල්කොකා
Pelisse, n. (ස්ත්‍රීන්ගේද ළමයින්ගේද) දිග කබායක්.
Pell, n. චර්මය, සිවිය, හම; ලියන සම්පොතු මිටියක්.
Pellet, n. ගුළිය, කුඩා ගෝලය, බුසිය.
Pellicle, n. තුනී සිවිය, හැවය, පටලය.
Pell-mell, n. කෝලාහල ලෙස, අවුල්ලෙස.
Pellucid, a. විනිවිද පෙනෙන, ඉතා පැහැදිලි, විශද, ස්වච්ඡ, නිර්මල, විමල, ප්‍රසන්න. [&c.
Pellucidness, n. විනිවිද පෙනෙන ගතිය, විශදතාව
Pelt, n. (පදම්නොකළ) හම; (විසිකළ දෙයක) පහරක්.
Pelt, v. (pelt him ඔහුට) යමක් විසිකරනවා, pelt stones ගල්විසිකරනවා.
Peltate, Peltated, a. in bot. මැද නටුව ඇති, මධ්‍ය වෘන්ත, (පත්‍ර).

Pelt-monger, n. හම් වෙළෙන්දා.
Peltry, n. ලොම් සහිත හම්, රෝම හම්.
Pelvis, n. යටිබඩේ කුහරය, අධෝකුහරය.
Pen, n. පෑන, තටුපෑන, අක්ෂර තූලිකාව, the style පන්හිඳ, උල්කටුව.
Pen, v. ලියනවා, රචනාකර ලියනවා.
Pen, n. පට්ටිය, කොටුව; v. පට්ටියේ දමනවා *or* වසාතබනවා; fig. හිංකරනවා.
Penal, a. දණ්ඩන: දඬුවම් නියමකරන (නීතිය); දඬුවම් කරන (මුහිංඩිය *or* විසිය); දඬුවමට පමුණුවන, දණ්ඩනීය, දණ්ඩයෝග්‍ය, (ක්‍රියාව, වරද).
Penal-code, n. දණ්ඩ නීතිය, දණ්ඩනීතිසංග්‍රහය.
Penally, ad. අණවුවක්කොට, දඬුවම් වශයෙන්, දණ්ඩනාකාරයෙන්.
Penalty, n. නියම අණවුව, දඬුවම; fine දඩය.
Penance, n. වරද නිසාකරගන්න දඬුවම, පව්ගැන පසුතැවීම, තපස, තපසභාව, තපශ්චර්‍යාව.
Penates, n. pl. L. ගෘහදේවතාවෝ.
Pence, pl. පැනස ගණන.
Pence-table, n. පැන්ස සංකලන චක්‍රය.
Penchant (ප ශාන්), n. Fr. ලැදිකම, ඇලුම්කම.
Pencil n. පැන්සලය, පොතලොත්කූර, චිත්‍රකූර; brush තුලිකාව; pencil of rays ප්‍රභාජලය, රශ්මිපේළිය.
Pencil, v. පැන්සලයෙන් ලියනවා *or* අඳිනවා *or* සටහන් කරනවා.
Pendant, n. එල්ලෙන සැරසිල්ල, අවලම්බිත භූෂණය; කණ්ණාවත සය, කුණ්ඩලාභරණය, කඩුක්කම; නැවේ පටු දිග කොඩිය.
Pendent, a. පහත එල්ලෙන, අවලම්බන, අවලම්බිත, ප්‍රලම්බ; නෙරාතිබෙන.
Pendente lite, L. නඩුව නිශ්චලවෙනකල්.
Pending, n. කරන්ට යන; ඉවර නැති, තීන්දු නැති, the suit is still pending නඩුව තවම තීන්දුනැත; prep. pending the suit නඩුව තීන්දුනොවී තිබෙද්දී *or* තීන්දුවෙනතුරු.
Pendulous, a. එල්ලෙන, ලම්බ, අවලම්බ, ප්‍රලම්බ.
Pendulum, n. එහා මෙහා වැනෙන ලෙස එල්ලන ලද බරුව, පැද්දෙන ලම්බකය, ඔරලෝසුවේ බට්ටා, ඔරලෝසු ඔන්චිල්ලාව.
Penetrability, n. සිදුරුකළහැකි ස්වභාව, අන්තර්ගම්‍යතාව. [ම්‍ය.
Penetrable, a. සිදුරුකළ—ඇතුල්වියහැකි, අන්තර්ගම්
Penetralia, n. pl. L. (යමතැනක, දේවාලයක &c.) ඉතා ඇතුල් කොටස, අභ්‍යන්තර ස්ථාන; fig. ගුඪ රහස්, රහස් දේ.
Penetrate, v. ඇනෙනවා, ඇතුල්වෙනවා, ඇතුළට වදිනවා, විනිවිදයනවා, පසාරුකරගෙන යනවා; eat into කාවදිනවා; fig. (කාරණාවක අදහස &c.) අල්ලාගන්නවා, හැඟියනවා, තේරුම්යනවා.
Penetrating, p. *or* a. ඇනෙන &c., තීක්ෂ්ණ, (ආවුධ කීම &c.); තියුණු නුවණැති, සිහිනුවණැති &c.
Penetration, n. ඇනීම &c.; හැඟීයාම &c. සිහිපර රම, වත්බුද්ධිය.
Penetrative, a. ඇනෙන බලයක් ඇති, ඇනෙන &c. See Penetrating.
Penguin, n. කිමිදින මුහුදු කුරුලු ජාතියක්.
Pen-holder, n. පෑන් මිට.
Penicillate, n. කොට කෙඳි මිටියක් සමාන, තුලිකා ආකාර.
Peninsula, n. අර්ධද්වීපය, අපරිමණ්ඩලද්වීපය.

Peninsular, a. අර්ධද්වීපාකාර අර්ධද්වීප, අර්ධද්වීපස්ථ.

Penis, n. පුරුෂලිංගය, පුරුෂාවයවය, පිරිමි ඇඟ.

Penitence, Penitency, n. (පාපය *or* වරද ගැන) පසුතැවිල්ල, පශ්චාත්තාපය, අනුතාපය.

Penitent, a. පසුතැවිලිවෙන, පශ්චාත්තාපවෙන, පශ්චාත්තාපවූ. [අය.

Penitent, n. පසුතැවිලිවෙන්නා &c., පශ්චාත්තාපවූ

Penitential, a. පසුතැවිල්ල — පශ්චාත්තාපය — සම්බන්ධ, පශ්චාත්තාපයෙන් යුක්ත, පශ්චාත්තාපජ.

Penitentiary, n. දණ්ඩනාගාරය, දඬුගේ; R. C. (පසුතැවිලිවෙන්නන් ගැන දෙන) අවසරපත්‍ර ශාලාව.

Penitently, ad. පසුතැවිල්ල ඇතුව, පසුතැවිල්ලෙන්, පශ්චාත්තාපයෙන් යුක්තව.

Penknife, n. පෑනපිහියේ, පෑනමස්පිහියේ, කුඩා දුනු පිහියේ.

Penman, n. ලිවීම උගන්වන්නා, ලේඛනාචාර්යයා; සමර්ථ ලේඛකයා. [රය.

Penmanship, n. ලිවීම, ලේඛකශිල්පය; ලියන ආකා

Pennant, Pennon, n. කුඩා කොඩිය; (යුද්ධ නැව්වල) දිග පටු කොඩිය, broad pennant මුදුන් චතුරස්‍ර කොඩිය.

Pennate, Pennated, a. පියාපත් ඇත්තාවූ; in bot. පිහාටුව ආකාර.

Penniless, a. මිලමුදල් නැති, දිළිඳු, අධන, නිර්ධන.

Penny, n. පෙනි නම්වූ මිලය, ශත පහේ මිලය, පැන්සයක්; fig. සුළු ගණනක්; pl. pennies ඒ මිලවලින් ගණනක්, pence ඒ මිලවල වටිනාකම.

Penny-postage, n. තැපැල් වියදමට පැන්සයක් අය කිරීම, තැපැල් පැන්සක්‍රමය.

Pennyweight, n. පෙනිවේට් නම්වූ බර, අවුන්සයකින් විස්සෙන් පංගුව.

Pennywise, a. හුණක් නැතිවෙනලෙස එකක් ගැන ලෝභවූ, සල්ලියක නැණවත්.

Pennywort. n. මහ ගොටුකොළ, හීන් ගොටුකොළ.

Pennyworth, n. පැන්සයක ඒවා, සවල්පයක්; fig. වියදමේ සම්පූර්ණ වටිනාකම, හොඳ ලාභයක්.

Penology (පී...). n. දණ්ඩනීති ශාස්ත්‍රය.

Pensile, a. එල්ලෙන, ලම්බ, ලම්බමාන, අවලම්බන, අවලම්බිත.

Pension, n. පින්පඩිය, පැන්ෂොං පඩිය, විශ්‍රාම වැටුප, සංවත්සර ප්‍රදානය; v. පින්පඩි &c. දෙනවා.

Pensionary, a. පින්පඩියකින් නඩත්තුවෙන; පින් පඩියක්වූ.

Pensionary, n. පින්පඩියක් ලබන්නා; (හොලන්තරටේ) නගරාදිපාදයාණෝ.

Pensioner, n. පින්පඩිකාරයා, පැන්ෂොංකාරයා, විශ්‍රාම වැටුප්ලබන්නා, අනාථයා; (සමහර අග්‍ර පාඨශාලාවල) දෙවෙනි තරමේ ශිෂ්‍යයා.

Pensive, a. කනගාටුවෙන් මෙන් සිතාබලන, චින්තාපර, කලංගු, කනස්සලු; කලංගු ආකාර (වාක්‍ය).

Pensively, ad. කනගාටුවෙන් මෙන්, කලංගුලෙස, දෙමනසින්.

Pensiveness, n. කලංගුකම, දෙමනස් ස්වභාව. [ලද.

Pent, pp. *or* **a. from Pen: pent up** හිරවූ, වසා තබන

Pentacapsular, a. බීජකෝෂ පහක් ඇත්තාවූ, පඤ්චබීජකෝෂ.

Pentachord, n. තත් පහක වීණාව, පඤ්චතාර වාද්‍යය, පඤ්චනාද ක්‍රමය

Pentacoccous, a. බීජ පහක් ඇත්තාවූ, පඤ්චබීජ.

Pentaglot, a. පඤ්චභාෂාකාර; n. පඤ්චභාෂා පුස්තකය.

Pentagon, n. (පැති හා) කොන් පහක් ඇති හැඩය, පඤ්චකෝණය, පඤ්චාස්‍රය, පඤ්චභුජය.

Pentagonal, a. (පැති හා) කොන් පහක් ඇත්තාවූ, පඤ්චකෝණ, පඤ්චාස්‍ර.

Pentagynia, n. pl. in bot. පඤ්චස්ත්‍රීකේශර පැළ.

Pentagynian, Pentagynous, a. in bot. පඤ්චස්ත්‍රීකේශරවත් (පැළ.)

Pentahedral, Pentahedrous, a. පට්ටම් පහක් ඇත්තාවූ, පඤ්චාංශ.

Pentahedron, n. පට්ටම් පහක් ඇති ඝන දෙයක්, පඤ්චාංශ ඝනයක්,

Pentameter, n. පද පහක් ඇති කවිපාදයක්, පඤ්චපද කවිපාදය.

Pentandria, n. pl. in bot. වෙන්වූ පුරුෂකේශර පහක් ඇති පැළ ජාති, පඤ්චපුරුෂකේශර පැළ.

Pentandrian, Pentandrous, a. in bot. පඤ්චපුරුෂකේශරවත් (පැළ).

Pentangular, a. See Pentagonal.

Pentapetalous, a. in bot. පෙති පහක් ඇති, පඤ්චපත්‍ර.

Pentaphyllous, a. කොළ පහක් ඇති, පඤ්චපර්ණ.

Pentarchy, n. පස්දෙනෙක් පවත්වන ආණ්ඩුව, පඤ්චරාජ්‍යය. [පඤ්චබීජ.

Pentaspermous, a. in bot. බීජ පහක් ඇත්තාවූ.

Pentastyle, n. ඉදිරිපිට කුළුණු පහක් ඇති ගොඩනැගිල්ලක්, පඤ්චස්තම්භ මන්දිරය.

Pentateuch, n. පරණ ගිවිසුමේ — යුදෙව් ශුද්ධලියවිලිවලින් — මුල් පොත් පහ, පඤ්චපුස්තක පිටකය.

Pentecost, n. (යුදෙව්වරුන්ගේ) පනස්වෙනි දින මංගල්‍යය; ශුද්ධාත්මයාණන් ලැබුදවස, පෙන්තකොස්ත දවස.

Pentecostal, a. පනස්වෙනි දින මංගල්‍ය; පෙන්තකොස්ත ආකාර.

Pent-house, n. (ගෙට අල්ලාපු) එක බෑවුමේ මඩුව, පලය.

Pent-roof, n. එක බෑවුමේ වහල.

Penult, Penultima, n. අන්තිම ශබ්දයට මුලින් තිබෙන ශබ්දය, උපධාව, උපෝත්තමය, උපාන්ත්‍යය, උපාන්ත්‍යාක්ෂරය.

Penultimate, a. අගට මුල්වූ, උපධා, උපාන්ත්‍ය, උපෝත්තම; n. උපෝත්තම ශබ්දය.

Penumbra, n. in astr. (ග්‍රහණයේ) බාල ඡායාව; (සිතියමේ) සෙවණ අද්දර, ඡායාප්‍රාන්තය.

Penurious, a. මුදල් ගැන ලෝභවූ, ලෝභී, මසුරු.

Penuriously, ad. ලෝභලෙස &c.

Penuriousness n. ලෝභකම &c.

Penury, n. දිළිඳුකම, නිහාල්ලුව, නිවත්කම, දීනතාව, අධනතාව, දරිද්‍රතාව, දාරිද්‍ර්‍යය.

Peon, n. පියොන්කාරයා, නියම පණිවිඩකාරයා.

People, n. සෙනග, ජනයා, මහජනයා, ජනයෝ, මිනිස්සු, මනුෂ්‍යයෝ,

People, v. (යම් තැනක) මිනිස්සු පදිංචිකරවනවා, බෝකරනවා, ජනගහනයකරනවා, (මිනිස්සු &c.) පදිංචිවෙනවා, බෝවෙනවා, ජනගහනව සිටිනවා,

Peopled, pp. *or* **a. a country peopled with various races** නොයෙක් ජාතීන් පදිංචි—වාසයකරන—රටක්; **thickly-peopled** ජනගහන.

Pepper, n. මරිච; **black,** ගම්මිරිස්, කළු මිරිස් **white** සුදු මිරිස්, **cayenne** මිරිස්.

Pepper, v. ගම්මිරිස් &c. ඉහිනවා; **fig.** (යමෙකුට) ගල් &c. විසිකරනවා.

Pepper-box, n. මිරිස්කුඩු-කුප්පිය, මිරිස් හෙප්පුව.
Pepper-corn, n. ගම්මිරිස් ඇටය; fig. ඉතා ටික වටිනාකමක්; pepper-corn rent ඉතා සුළු කුලියක්.
Peppery, a. ගම්මිරිස්—මිරිස්—ආකාර; මිරිස් වැඩිවූ, මිරිස් මුසු; fig. ඉක්මනට කිපෙන.
Pepsin. n. ආමාශයේ ඕජස් වර්ගයක්, පාචක ද්‍රව්‍ය විශේෂයක්.
Peptic, a. ජීර්ණය සම්බන්ධ ; පාචක.
Peptics, n. pl. ජීර්ණකරවන බෙහෙත්, පාචකෞෂධ.
Per, prefix, L. මැදින්, මුළුල්ලෙහි, ඉතා *or* පූර්ණ, ලෙස *or* අතින්, මගින්, යන අර්ථ ඇති උපසර්ගයක්.
Peradventure, ad. සමහරවිට, බාගවේලාවට.
Perambulate, v. මුළුල්ලෙහි යනවා *or* ඇවිදයනවා, සංක්‍රමණය කරනවා.
Perambulation, n. (එසේ) තැනින්තැන ඇවිදයාම &c., (මායිම් &c.) ඇවිද බැලීම ; ඇවිද බලන—බලය පවත් වන—පළාත.
Perambulator, n. ගමනමානක යන්ත්‍රය; බාලරථය.
Per annum, L. අවුරුද්දට.
Per capita, L. එකිනෙකාට, එක එක අයට.
Perceivable, a. ඉන්ද්‍රියයන්ගෙන් දැනගත හැකිවූ, දැනෙන. See Perceptible.
Perceive, v. (යමෙකුට) දැනෙනවා, පෙනීයනවා, හැඟෙනවා, වැටහෙනවා, කල්පනාවෙනවා.
Percentage, n. සියයට ගෙවන ප්‍රමාණය, සියයේට ගණන.
Per centum, Per cent, L. සියයට (පහ &c. බැගින්).
Perceptibility, n. දැනෙන ස්වභාවය, ඉන්ද්‍රියගෝචරත්වය, චෛතසිකත්වය &c., විභාවනීයතාව.
Perceptible, a. දැනෙන තරම්වත් ඇත්තාවූ, දැනෙන &c., See Perceive, ඉන්ද්‍රියගෝචර, චෛතසික, විභාවනීය.
There is no perceptible difference දැනෙන—දැනෙන තරමට—වෙනසක් නැත, පෙනෙන්ට වෙනසක් නැත.
Perceptibly, ad. දැනෙනලෙස, පෙනෙන ආකාරයට.
Perception, n. the act දැනීම &c., see verb, ඉන්ද්‍රිය ඥානය, විභාවනය, the faculty ඉන්ද්‍රියබුද්ධිය, ඥාන ශක්තිය.
Perceptive, a. දැනීමේ බලය ඇත්තාවූ, ඉන්ද්‍රියබුද්ධි සහිත.
Perch, n. මිරිදියේ කුඩා මත්ස්‍ය වර්ගයක්.
Perch, n. (කුකුල්) ලැගුම් ලීය, ලගින තැන; දුරමැනීමේ මිම්මක්, ගාර පනම්ටරක දිග.
Perch, v. (කුරුල්ලන් මෙන්) ලගිනවා ; (යමක් පිට) බැස—නැගී—හිටිනවා, පතිතවෙනවා.
Perchance, ad. සමහරවිට, බාගවේලාවට.
Perchers, n. pl. ගස් අතුවල ලගින කුරුලු ජාති, ශාඛාපක්ෂියෝ.
Percipient, a. දැනීමේ බලය ඇති.
Percipient, n. දැනීමේ බලය—දැනීම—ඇත්තා.
Percolate, v. කාන්දුවෙනවා, වෑහෙනවා, වැස්සෙනවා, පෙරෙනවා. [යාම.
Percolation, n. කාන්දුවීම, වෑහීම, වැස්සීම, පෙරී
Percuss, v. හයියෙන් ගහනවා, (ශබ්දය දැනගන්ට) එද්දවනවා.
Percussion, n. හයියෙන් ගැසීම, වැද්දවීම; ප්‍රහාර වේගවලය; in med. (ළයට &c.) තට්ටුකිරීම ; centre of percussion සංඝට්ටන මධ්‍යස්ථානය.
Percussion-cap, n. (තුවක්කුකතේ දමන) වෙඩි බෙහෙත් පියන.
Percussive, a. විදින, සංඝට්ටන, ව්‍යාඝාතක.
Per diem, L. දවසට (රුපියලක් &c.)
Perdefoil, n. අවුරුදුපතා කොළ වැටෙන ගහ.
Perdition, n. පරලොව විනාශය, අපායේ දුක පරලොවදී අත්වූවට පත්වීම.
Peregrinate, v. තැනින්තැන ගමන්යනවා, සැරිසරනවා.
Peregrination, n. තැනින්තැන—රටෙන් රටට—ගමන්යාම, සැරිසැරීම, ඈත මෑත ඇවිදීම, දේශභ්‍රමණය.
Peremptorily, ad. ආඥාවශයෙන්, ඒකාන්තයෙන්ම, තදලෙස.
Peremptory, a. ආඥා ආකාර, තදබල, ඒකාන්ත, නිශ්චිත, නියත, සහතික, ස්වච්ඡන්ද.
Perennial, a. මුළු අවුරුද්දේ පවතින, චිරස්ථායී, නොරනැති, අනවරත, නිත්‍ය ; in bot. ද්විවර්ෂිකජීවී, n. ද්විවර්ෂිකජීවී වෘක්ෂය.
Perennity, n. මුළු අවුරුද්දේ පැවතීම ; නිත්‍යතාව.
Per fas et nefas, L. යුක්තියෙන් හා අයුක්තියෙන්, කොයිහැටියකින් හෝ මුත්.
Perfect, a. සම්පූර්ණ, පරිපූර්ණ, පූර්ණ, defectless අඩුලුහුඬුනැති, අනූන ; without impurity නිර්මල faultless නිර්දෝෂ, පලුදුනැති; පරම, උත්කෘෂ්ට, උත්තම ; නිපුණ, ප්‍රවීණ, පාරගත, පාරප්‍රාප්ත; perfect tense සම්පූර්ණ—අතීත—ක්‍රියාව.
Perfect, v. සම්පූර්ණ කරනවා, සමාප්තකරනවා, නිෂ්පාදනකරනවා.
Perfected, pp, *or* a. සම්පූර්ණකරනලද &c., සම්පූර්ණවූ, පරිසමාප්ත, ප්‍රසාධිත ; පාරප්‍රාප්ත (උගතා).
Perfectible, n. (යමෙකුට) සම්පූර්ණකළ හැකි, සම්පූර්ණවිය හැකි.
Perfection, n. සම්පූර්ණකම, පූර්ණත්වය, පරිපූර්ණතාව, අනූනතාව ; B. පාරමිතාව ; නිර්මලතාව &c. ;
a perfection, සම්පූර්ණ ශතියක්, අත්‍යුත්කෘෂ්ට ගුණයක්; natural perfection සම්පූර්ණ ස්වාභාවිකතාව ; to perfection, see Perfectly.
Perfectionist, n. මේ ජීවිතයේදී සම්පූර්ණ ආත්මගුණයට ප්‍රාප්තවියහැකියයි විශ්වාසකරන්නා, සම්පූර්ණ ප්‍රාප්ති දළවියා.
Perfectly, ad. සම්පූර්ණලෙස, සම්පූර්ණයෙන්ම, මුළුමනින්ම, හරියටම.
Perfectness, n. සම්පූර්ණකම, සම්පූර්ණය &c., see Perfection ; (යම් ශිල්ප ශාස්ත්‍රාදියකින්) කෙළ පැමිණීම, පාරප්‍රාප්තිය.
Perfidious, a. ද්‍රෝහි, ද්‍රෝහකාර, විශ්වාසඝාතක, විශ්වාසභංග.
Perfidiousness, n. ද්‍රෝහිකම, ද්‍රෝහකාරකම, විශ්වාසඝාතකත්වය.
Perfidy, n. ද්‍රෝහය, ද්‍රෝහකාර ක්‍රියාව, විශ්වාසඝාතය, විශ්වාසභංගය.
Perfoliate, a, in bot. වෘන්ත ඡිද්‍රිත, (වෘන්තයෙන්) සුෂිර, (පත්‍ර).
Perforate, v. සිදුරුකරනවා, විදිනවා.
Perforated, pp. *or* a. සිදුරුකරපු, විදපු &c., ඡිද්‍රිත.
Perforation, n. සිදුරුකිරීම &c., සිදුර, හිල, ඡිද්‍රය, රන්ධ්‍රය. [ආවුදයක්.
Perforator, n. සිදුරුකරන—විදින—කටුව *or* වෙන
Perforce, ad. බලාත්කාරයෙන්, බලාත්කාරයට, බලාත්කාරය නිසා.
Perform, v. ඉෂ්ටකරනවා, ඉටුකරනවා, සම්පූර්ණ කරනවා, සාධනයකරනවා, ප්‍රතිපාදනයකරනවා.

Performance, n. ඉෂ්ටසිද්ධිම &c.; ඉෂ්ටකරන දේ, කෘත්‍යය; රඟුම් දැක්වීම.

Performer, n. ඉෂ්ටකරන්නා &c.; නැටුම්කරුවා, නැට්ටුක්කාරයා, fem. නළඟන &c. See Actor.

Per'fume, n. සුවඳ ද්‍රව්‍ය, සුගන්ධ ද්‍රව්‍ය; සුවඳ, පුෂ්ඵ, සුගන්ධය.

Perfume', v. සුවඳකරනවා, සුවඳකවනවා, සුවඳ ගල්වනවා, අනුවාසනයකරනවා.

Perfumed, pp. *or* a. සුවඳකරපු &c., වාසිත, සුවඳ මුසු, සුගන්ධි, සුරභිත.

Perfumer, n. සුවඳකරන්නා &c., සුවඳ වෙළෙන්දා.

Perfumery, n. සුවඳ ද්‍රව්‍ය ජාති; සුවඳ ද්‍රව්‍ය පිළියෙළකිරීම, [ලෙස.

Perfunctorily, ad. නොසැලකිලිලෙස, උපේක්ෂක

Perfunctory, a. නොසැලකිලිලෙස—වඩා කැමැත්තක් නැතුව—ක්‍රියාකරන, උපේක්ෂක ක්‍රියාකාර.

Perhaps, ad. සමහරවිට බාගවේලාවට.

Peri, prefix, අවට, හාත්පස, ළඟ, යන අර්ථ ඇති උපසර්ගය.

Perianth, n. මණිබඳ—පුෂ්පචක්‍රය, තැරියබැඳි—පෙතිවළල්ල, තැරිපෙති වළල්ල.

Pericardiac, Pericardial, a. හෘද පටලයට අයිතිවූ, හෘදයාශ.

Pericardium, n. හෘදයාශය, හෘදය පටලය.

Pericarp, Pericarpium, n. බීජකෝෂය, (එලවල) ලෙල්ල, කටුව, ඵලාවරණය, ආවෘතාවරණය.

Pericranium, n. ඉසේ හම, ඉස්කබල් සිවිය, ශිරශ්චර්මය. [සථානය.

Perigee, Perigeum, n. (චන්ද්‍රචාරයෙන්) පෘථිවිසමීප

Perigynous, a, පුෂ්ප ඩිම්බකෝෂය අවට තිබෙන.

Perihelion, Perihelium, n. (ග්‍රහතාරකාචාරයෙන්) සූර්යයාට කිට්ටුවූ තැන, සූර්යසමීපස්ථානය.

Peril, n. අනතුර, අන්තරාව, අන්තරාය, උපද්‍රවය, උවදුර. [තුමුත්.

In peril of life ජීවිතය හානිවෙන්ට පුළුවන්

Peril, v. See Imperil.

Perilous, a. අනතුරු &c. සහිත, අන්තරායදායක, උපද්‍රව විය හැකිවූ, භයානක.

Perimeter, n. මුළු අවට මැනීම *or* මිම්ම, සමසතර පරිධිය, පර්යන්තමානය.

Period, n. කාලචක්‍රය &c., see Cycle; (රෝගයක &c.) නියම කාලය; epoch වකවානුව, අවස්ථාව, සමය, කාලපරිච්ඡේදය, යුගය; සම්පූර්ණ වගන්තියක්; ඒව තබන ලකුණ වන (.) මෙය.

Put a period to anything යමක් අවසානකරනවා *or* අවසානයට පමුණුවනවා.

Periodic, Periodical, a. කලින් කල සිදුවන, කාලාන්තර, කාලචක්‍රක.

Periodical, n. කලින් කල පළකරන සඟරාව, කාලාන්තර සංග්‍රහය.

Periodically, ad. කලින්කලට, කාලාන්තරයෙන්, යථාක්‍රමයෙන්.

Periodicity, n. නියමලෙස කලින්කලට සිදුවීම, කාලාන්තර භාවය. [සිවිය.

Periosteum, n. අස්ථිපටලය, සන්ධි ඇට වැසී තිබෙන

Peripheric, Peripherical, a. පරිධි, පරිධි ආකාර.

Periphery, n. පරිධිය, කවයක වටප්‍රමාණය.

Periphrase, Periphrasis, n. වචන වැඩිවූ වගන්තිය, අධිකවාක්‍යය.

Periphrastic, a, වචන වැඩිවූ, අධිකවාක්‍ය, අතිවිස්තරවූ, අධිකවාක්‍ය කථාකාර.

Peripneumonia, Peripneumony, n. See Pneumonia.

Periptery n. in arch. හාත්පසින් කුළුනු ඇති මන්දිරය; පරිසනමහමන්දිරය.

Periscian, n. Periscians *or* Periscii, pl. හාත්පසින්ම සෙවණ වැටෙන රටක වැසියා.

Perish, v. නාස්තිවෙනවා, විනාශවෙනවා, නැති වෙනවා, වැනසෙනවා, නටබුන්වෙනවා, සිඳීවා වෙනවා, නිරුද්ධවෙනවා; මැරෙනවා, මියනවා, දිරාපත්වෙනවා, අබලීවෙනවා.

Perishable, a. නාස්තිවෙන්නාවූ &c., වඩා කල් නොපවතින, අනිත්‍ය, විනශ්වර, අශාශ්වත.

Perishableness, n. නාස්තිවියහැකි බව, වඩා කල් නොපවතින ගතිය, අනිත්‍යතාව &c.

Peristalic, n. (අතුණුවල &c.) සංගපුරිආකාර (ඇකිළීම *or* චාරය. See Spiral.

Peritoneum, n. බඩේ ඇතුල් සිවියක්, අධෝකුක්ෂි—පටලය.

Peritonitis, n. අධෝකුක්ෂි—දාහය.

Periwig, n. බොරු කොණ්ඩය, ඉසකේ වැස්ම.

Periwinkle, n. කුඩා ගොම්බෙලි වර්ගයක්.

Perjure, v. `perjure one's-self බොරුවට දිවුරනවා, බොරු දිවුරනවා.

Perjured, pp. *or* a, බොරුවට දිවුරු &c. (අය)

Perjury, n. බොරුවට දිවුරීම &c.

Perk, a. කෙළින්; v. අහංකාරකමින් මෙන් ඉස ඔසවනවා.

Permanence, Permanency, n. වෙනස් නොවී පැවතීම, ස්ථිරකම, චිරස්ථිතිය, නිත්‍යතාව.

Permanent, a. පවතින, නිත්‍ය, ස්ථිර, චිරස්ථිත, චිරස්ථ, චිරස්ථායි.

Permanently, ad. පවතිනලෙස. නිත්‍යයෙන්ම, චිරස්ථායිව,

Permeable, a. (දිය, වායු) පසාරුවිය—ඇතුල්විය—හැකි (ද්‍රව්‍ය ද්‍රව්‍ය).

Permeate, v. (ද්‍රව්‍ය වෙන ද්‍රව්‍යවලට) ඇතුල්වෙනවා, උරනවා, ව්‍යාපනව පවතිනවා.

Permeation, n. (එසේ) ඇතුල්වීම &c., diffusion ව්‍යාපනිය.

Permissible, a. ඉඩ—අවසර—දියහැකිවූ (ක්‍රියා &c.,)

Permission, n. ඉඩදීම, අවසරදීම, සමුදීම; අවසරය, අනුඥනය, සමනුඥනය, අනුදැනීම, වරප්‍රසාදය; obtain permission අවසර ලබාගන්නවා, වරගන්නවා.

Permissive, a. ඉඩදෙන, අවසර සහිත, අනුඥන, (වාක්‍ය &c.)

Permit, v. ඉඩඅරිනවා, අවසරදෙනවා, අවකාශ දෙනවා, අනුදන්වනවා, (to go) සමුදෙනවා.

Per'mit, n. අවසරපත්‍රය, බලකඩදාසිය; අවසරය.

Permutation, n. මාරුකිරීම, හුවමාරුකිරීම, හුවමාරුව; in gram. ආදේශකිරීම.

Pernicious, a. නාස්තික, විනාශකාර, අනදරවූ, අමැඩදායක, අනර්ථදායක.

Perniciously, ad. නාස්තිකලෙස &c. [&c.,

Perniciousness, n. නාස්තිකතාව, අනදර සහිතකම

Peroration, n. (කථාවේ) අවසාන කොටස.

Perpendicular, a. (පොළව දෙසට) කෙළින් වැටී තිබෙන. සරිකෙළින් පිහිටි, ලම්බ, සෘජුවලම්බ, අධෝලම්බ, අවලම්බ, අවලම්බන.

Perpendicular, n. ඉරක් දෙසට කෙළින් වැටී තිබෙන ඉරක්, අවලම්බරේඛාව, ලම්බකය, අවලම්බය. අවලම්බනය.

Perpendicularity, n. ලම්බකතාව, සෘජුවලම්බතාව.

Perpendicularly, ad. (පොළව දෙසට) කෙළින් වැටෙනලෙස, (රේඛාවකට) සෘජුවලම්බකලෙස, ලම්බාකාරයෙන්

Perpetrate, v. (යම් නරකක්) කරනවා, (හොඳ නැති එකක් සේ) කරනවා.

Perpetrator, n. of a crime අපරාධයක් කරන්නා, of a joke කවටකමක් කරන්නා.

Perpetual, a. අනවරත, නිමක් *or* කෙළවරක් නැති, නිරන්තර, අනුබද්ධ, නිත්‍ය, නිත්ත, සර්වකාලීන, සදාකාලික, චිරස්ථායී, නෛත්‍යක, ශාශ්වත; perpetual & transient නිත්‍යානිත්‍ය.

Perpetually, ad. අනවරතලෙස &c., නිරන්තරයෙන්ම &c., නිතිපතා.

Perpetuate, v. පවතින්ට සලස්වනවා, චිරස්ථායි කරනවා, සෑම කල්ම—පරම්පරාවෙන් පරම්පරාවට—පවත්වනවා, පරම්පරාගත කරනවා.

Perpetuity, n. නිරන්තර පැවතීම, නිත්‍යතාව, නෛත්‍යය, ශාශ්වතතාව; in perpetuity සෑම කලටම, පරම්පරාවෙන් පරම්පරාවටම.

Perplex, v. ආකූලකරනවා, ව්‍යාකූලකරනවා, අවුල් කරනවා, සැක උපදවනවා, විමතිකරනවා, වික්ෂේප කරනවා.

Perplexed, pp. *or* a. ආකූලකරනලද &c., ආකූල, ව්‍යාකූලිත.

Perplexity, n. අවුල්කම, සැක සිතීම, තාත්තුමාව, විමතිය, විපිළිසර, ආකූලත්වය, වික්ෂිප්තිය, ව්‍යාකූලතාව.

Perquisite, n. (පඩි නොවන) පිට ලාභයක්, ප්‍රසාදය.

Perry, n. රටපේර පානය. [කිත්ම.

Per saltum, L. පිනුමකින්, පැනලා, එක පහර

Per se, L. එයින්ම, තනියම, ඒකම, තමාම.

Persecute, v. පීඩාකරනවා, හිරිහැරකරනවා; sp. ආගම නිසා වධකරනවා, පීඩනයකරනවා, වධ හිංසා කරනවා. [විඳීම.

Persecution, n. පීඩාකිරීම &c. පීඩනය; පීඩා &c.

Perseverance, n. අත්නෑර කිරීම, නොකඩවම කරගෙනයාම; අත්නෑර කරන ස්වභාවය, ස්ථිරකම, ධෛර්යය, උත්සාහය, දීඝ්‍රප්‍රයත්නය, ව්‍යවසායය.

Persevere, v. අත්නෑර කරනවා, නොකඩවා කරගෙනයනවා, වීර්යකරනවා, උත්සාහකරනවා.

Persevering, p. *or* a. අත්නෑර කරන &c., ප්‍රයත්නවත්, උද්‍යෝගී, මහෝත්සාහී.

Persian, a. පාර්සියාවට අයිති, පාර්සි ; n. පාර්සිකාරයා.

Persic, n. පාර්සි භාෂාව.

Persiflage, (පර්ෆ්සිලාෂ්) n. Fr. සැහැල්ලු කථාව, කැල්ල, කවට කථාව.

Persist, v. අත්නෑරම කරගෙනයනවා, sp. මුරණ්ඩු ලෙස ප්‍රයත්නකරනවා.

Persistence, Persistency, n, අත්නෑරම කරගෙනයාම, නිත්‍යෝත්සාහිතාව; in nat. phil. (එකපාරටම නොනවතින) චිරස්ථ ගුණය.

Persistent, a. අත්නෑරම කරගෙනයන &c., අතිප්‍රයත්නවත්; in bot. පවතින, අප්‍රපතන, (පත්‍ර, පුෂ්ප).

Person, n. කෙනෙක්, යමෙක්, පුද්ගලයෙක්, අය, තැනැත්තා, fem. තැනැත්ති; in gram. උත්තමපුරුෂය, මධ්‍යමපුරුෂය, ප්‍රථමපුරුෂය;
his person &c. (ඔහුගේ) ඇඟ, ඇඟපත, ශරීරය;
in person තමාම; we went in person අපිම ගියෙමු ;
in the person of යමෙක් තුළ, කෙරෙහි, කරණකොටගෙන &c. :
I showed him kindness in the person of his friend ඔහුගේ මිත්‍රයා පිළිගැනීමෙන් &c. ඔහුට කරුණාව පෑවෙමි.

Personable, a. *or* be, v. in law නඩු කියහැකි ආකාර, යමක් පිළිගතහැකි ආකාර, (කෙනෙක්).

Personage, n. තැනැත්තා, තැනැත්ති; of eminence &c. උත්තමයා, උත්තමී.

Personal, a. කෙනෙකුට අයිති, කෙනෙක් සම්බන්ධ, පුද්ගලික, විශේෂ ; in gram. නියම (සර්වනාම), කර්තෘක (ක්‍රියා) ; [ල බඩු.
personal property පුද්ගලික වස්තු, in law චලවු
personal identity සත්‍යජිතාදෘතම්‍යය, තාදෘතම්‍යය.

Personality, n. පුද්ගලභාවය, තාදෘතම්‍යය ; (කෙනෙකුටම වදින) විශේෂ භාෂණය.

Personally, ad. තමාම, පුද්ගලික වශයෙන් : he told me personally ඔහු කීවේ මටමයි, he personally told me මට කීවේ ඔහුමයි, he came personally ඔහුම ආවා ; එක්තරා කෙනෙකුට අදාළකර *or* කෙනෙක් ගැනම.

Personate, v. වෙන කෙනෙක් හැටියට පෙන්වනවා; he personates a king තමා රජෙක් බවට වෙස්මාරු කරනවා, රජෙකුගේ වේශයෙන් පෙනිසිටිනවා.

Personification, n. "ශාස්ත්‍රය තමාගේ ශිෂ්‍යයන්ට ප්‍රතිඵල දෙනවා" යන්න මෙන් අප්‍රාණික දේ සප්‍රාණිකකොට දැක්වීම.

Personify, v. (යම් දෙයක්) කෙනෙකුකොට කල්පනාකරනවා *or* දක්වනවා, උපමාවෙන් සප්‍රාණික කරනවා, (කීර්තිශරීරය මෙනි).

Personnel, n. Fr. යම් මැඩක නියුක්තපිරිස, (යුදෝපකරණ &c. නොව) රාජකාරිකාරයෝම, සෙනඟම. [කාර.

Perspective, a. දූරදර්ශක ශාස්ත්‍ර; දූරදර්ශිත චිත්‍රශිල්පා

Perspective, n. දූරදර්ශනය; දූරදර්ශිත චිත්‍රශිල්පය; දූරදර්ශන සිතියම.

Perspectively, ad. දූරදර්ශනාකාරයෙන්, දූරදර්ශක ශාස්ත්‍රයෙන්. [ප්‍රසාදය.

Perspicacity, n. තීක්ෂ්ණ ඥානය, වණ්ණබුද්ධිය, දක්ෂ

Perspicuity, Perspicuousness, n. පැහැදිලිකම, ප්‍රත්‍යක්ෂතාව, විශදතාව.

Perspicuous, a. පැහැදිලි, ප්‍රත්‍යක්ෂ, ප්‍රකාශ, විශද, හොඳට තේරුම්යන, සරල, සරලවාදී, (භාෂණ).

Perspiration, n. ඩාදියදැමීම; ඩහදිය, ඩාදිය, දහදිය, ස්වේදය, ස්වේදෝද්ගමය.

Perspiratory, a. ඩාදිය දමවන, ස්වේදජනක.

Perspire, v. ඩාදිය—දහදිය—දමනවා.

Perspiring, a. ඩාදියදමන &c., ස්වේද, ස්වේදිත.

Persuade, v. (කිරීමට) කැමතිකරවාගන්නවා, සිත චලවනවා ; (විශ්වාස කිරීමට) ලගස්වනවා, පිළිගන්වනවා.
I persuaded him of the truth of this මෙක සැබෑයයි ඔහුට පිළි ගැන්වීමි.
I am persuaded that this is true මෙක සැබෑයයි විශ්වාසකරමි.
Persuade one's-self විශ්වාසකිරීම අමාරු නුමුත් විශ්වාසකරනවා.. [&c.

Persuasible, Persuadable, a. කැමතිකරවාගත හැකි

Persuasion, n. කැමතිකරවීම &c. ; පිළිගැනීම, විශ්වාසකිරීම; විශ්වාසය, ඇදහිල්ල; නිකාය, සභාව.

Persuasive, a. (යමෙකු) කැමතිකරවාගත්ත, සිත අල්ලා—එළවා—ගත්තසුලු.

Persuasive, n. (යමෙකු) කැමතිකරවාගත්ත දේ, සිත එළවන දක්ෂතාකම.

Persuasiveness, n. කැමතිකරවන — සිත අල්ලා ගන්න—බලය *or* ගතිය *or* විධිය.

Pert, a. නිසි සැකබය මදිවූ, වම්බු, බුහුටි.

Pertain, v. අයිතිව—අයිත්තුව—අදාලව—තිබෙනවා, අයිතියි &c.

Pertinacious, a. *or* be, v. (මතයක්, අදහසක් &c.) තදින්—මුරණ්ඩුලෙස—අල්ලාගත සිටින ; (උපාය ගය) අත්නාරින.

Pertinaciously, ad. තදින්, දෘඪාකාරයෙන්, මුරණ්ඩු ලෙස, අත්නෑරම.

Pertinacity, Pertinaciousness, n (මතයක් &c.) තදින් අල්ලාගත සිටීම, තද හපනය.

Pertinence, Pertinency, n. අදාලකම, අනුකූලතාව, සමුචිතතාව.

Pertinent, a. අදාල, අයිත්ත, අනුකූල, සමුචිත.

Pertly, ad. නිසි සැකබයනැතුව, වම්බුලෙස; බුහුටි ලෙස.

Fertness, n. නිසි සැකබයනැතිකම, වම්බුකම සුළු බුහුටිකම.

Perturb, v. චලිතකරනවා, චකිතකරනවා, කැළඹ නවා, ක්ෂුභිත කරනවා.

Perturbation, n. චලිතය, චකිතය, කැළඹීම.

Perturbed, pp. *or* a. චලිත, චකිත, කැළඹී සිටින.

Pertussis, L. කක්කල් කැස්ස.

Peruke, n. See Periwig.

Perule, n. ඩිම්බාවරණය, බීජවැස්ම

Perusal, n. කියවාබැලීම.

Peruse, v. (පොත &c.) හැලකිල්ලෙන් කියවා බල නවා ; පරීක්ෂා කරනවා.

Peruvian, a. පීරූනම් රටට අයිතිවූ.

Peruvian bark සිංකෝනා.

Pervade, v. t., S. v. i., (යම් තැනක) පැතිරෙනවා, පැතිරියනවා, විසතීර්ණවෙනවා, ව්‍යාප්තවෙනවා.

Pervaded, pp. *or* pret. පැතිරී &c.; pervaded by, adj. (ධූම, ගුණ &c.) පැතිරී තිබෙන &c., ව්‍යාප්ත.

Perverse, a. හිතුවක්කාර, විපරීතකාරී, අගති, අනෘජු, අකීකරු, මුරණ්ඩු.

Perversely, ad. හිතුවක්කාරකමින්, විපරීතාකාර යෙන්, අගතිලෙස &c.

Perverseness, Perversity, n. හිතුවක්කාරකම, විප රීතගතිය, අගතිය, අනෘජුතාව &c.

Perversion, n. fig. පෙරලාගැනීම, පෙරළීම &c., විකාරය, විප්‍රකාරය, විපර්‍යාසය.

Pervert, v. පෙරලනවා, විකාරකරනවා, විපර්‍යාස කරනවා, අයුතු පැත්තකට හරවාගන්නවා, මුළා කරනවා.

Perverted, pp. *or* a. පෙරලාපු &c., පෙරළුණ, මුළාවූ, විපරීත, [&c.

Pervious, a. අත්‍යාගම්‍ය, ප්‍රවේශ්‍යවූ. See Penetrable

Pessimism, n. ලෝකක්‍රමය අයහපත්‍ය ගත මතය, නිකෘෂ්ටාභිප්‍රායික දෘෂ්ටිය, සර්වාශුභවාදය.

Pessimist, n. නිකෘෂ්ටාභිප්‍රායදෘෂ්ටියා.

Pest, n. වස ගතය; fig. හිරිහැරය, පලිබෝධය.

Pester, v. හිරිහැරකරනවා, කරදරකරනවා, ගැහැට කරනවා, බරකරනවා.

Pest-house, n. වසංගත ආරෝග්‍යශාලාව, මහාමාරි ශාලාව.

Pestiferous, a. වසංගත ආකාර; fig. නාසතික, හා නුක, අනදරවූ, මැරවර.

Pestilence, n. වසංගතය, ජනපදරෝගය, මාරක රෝගය, මාරකය, මාරිය, මහාමාරිය.

Pestilent, a. වසංගතජනක, විනාශක; fig. අවැඩ දායක.

Pestilential, a. වසංගත ආකාර, මාරක; වසංගත උපදවන; fig. අනර්ථදායක.

Pestle, n. මෝල, මෝල්ගහ, මොහොල, පිලිමෝල.

Pet, n සුළු තරහ, අසතුට.

Pet, a. සුරතල් (සතා &c.); හිත බැඳෙන, ආලයවෙන, (වැඩ, මත &c.)

Pet, n. සුරතල් දරුවා, සුරතල් සතා, සුරතලා—ආල යවෙන—දේ.

Petal, n. මල්පෙත්ත, (pl. මල්පෙති), මල් කොළය, පුෂ්ප පත්‍රය.

Petaled, Petalous, a. මල්පෙති ඇත්තාවූ, පුෂ්පපත්‍ර.

Petaloid, Petal-shaped, a. මල්පෙත්තක හැඩය ඇත්තාවූ, පුෂ්පපත්‍රාකාර.

Petard, n. පිපිරෙන යුද්ධායුධයක්, වෙඩිකූලාව *or* පෙට්ටිය.

Petiolar, Petiolary, a. කොළ නැට්ටට අයිති, නැටි මෙන් හැදෙන, පත්‍රවෘන්තජ.

Petiolate, Petioled, a. නැට්ටක් ඇති (කොළ) වෘන්ත ධාරී (පත්‍ර).

Petiole, n. කොළ නැට්ට, කොළ නටුව, පත්‍ර වෘන්තය.

Petition, n. ඉල්ලුම, ඉල්ලීම, අයදුම; ඉල්ලුම්පත්‍රය, අයදුම්පත, පෙත්සම.

Petition, v. ඉල්ලුම්කරනවා, අයදිනවා; ඉල්ලුම්පත්‍ර යක් &c. ඉදිරිපත්කරනවා *or* ඔප්පුකර සිටිනවා.

Petitionary, a. ඉල්ලුම් ආකාර, ඉල්ලුම් සහිත.

Petitioner, n. ඉල්ලන්නා &c., ඉල්ලුම්කාරයා, ඉල් ලුම්කරුවා, පෙත්සම්කරු. [කිරීම.

Petitioning, n. ඉල්ලීම, අයදීම, ඉල්ලුම්පත්‍රයක් ඔප්පු

Petitio Principii, L. in logic කාරණාව ඔප්පු නො කර පැවරීම, නිගමනානුගත වාක්‍යය.

Petrean, a. ගල්, පර්වත, පර්වතාකාර

Petrel, n. මුහුදු පක්ෂියෙක්.

Petrifaction, n. ගල්වීම, පාෂාණවීම, පාෂාණීභූත වීම; පාෂාණීභූත ධාතුව.

Petrifactive, a. ගල්වීම-ගල්කිරීම-සම්බන්ධ ; පාෂාණ කාරක.

Petrified, pp. *or* a. ගල්වී තිබෙන, පාෂාණීභූත; fig. (භයින් &c.) ගල් ගැහුණු, ගලනාංගුවූ.

Petrify, v. ගල්කරනවා, පාෂාණකරනවා; ගල්වෙ නවා, පාෂාණීභූත වෙනවා; fig. ගල් ගැහෙනවා, ගලනාංගුවෙනවා.

Petrol, n. පැට්‍රෝල් තෙල්.

Petroleum, n. භූමිතෙල්. Petroline, n. පිරිසිදුකළ භූමිතෙල්.

Petrology, n. ශෛලවිස්තරය, ශෛලවිද්‍යාව.

Petticoat, n. ස්ත්‍රීන්ගේයට ඇඳුමක්, සාය ; petticoat government ස්ත්‍රිය විසින් ආණ්ඩුකරනු ලැබීම.

Pettifogger, n. සුලු නඩු භාරගන්න පෙරකදෝරුවා ; fig. සුලු කාරණා කරන්නා.

Pettish, n. සුළු දේ ගැන තරහගන්න, ලාමක.

Petty, a. සුළු, සුළුපටු, නොවැදගත්, ලඝු, කුඩා, අල්ප.

Petty-jury, n. (අවිශේෂ) සාමාන්‍ය විනිශ්චය මණ්ඩ ලය, ජූරිසභාව

Petty-larceny, n. සුළු හොරකම. Petty-magistrate, n. සුළු නඩුකාරයා. [චාරය.

Petty-sessions, n. pl. (අශ්‍රේෂ්ඨ) සාමාන්‍ය නඩුවිභාග

Petulance, Petulancy, n. ලාමක තරහ, චරිස්සලය.

Petulant, a. සුළුලෙස — ලාමකලෙස — කිපෙන, චරිස්සල.

Pew, n (දේවස්ථානයෙහි) වැසෙන ආසනය, දෙරක් ඇති ආසනය, ආසන කුඩුව.

Pewter, n. බෙලෙක් මුසු ඊයම් *or* තුත්තනාගම් මුසු ඊයම්; ඒ ලෝහයෙන් සාදපු බඩු.

Phaeton, n. රෝද හතරේ රථ විශේෂයක්.

Phalanges, n..pl. ඇඟිලි ඇට, අංගුලාස්ථි, අංගුල්‍යස්ථි.

Phalanx, n. සතරැසට සිටින හේවා රංචුව, සතරැස් හේවා රංචුව; in anat. ඇඟිලිඇට පේළි; fig. ඝනව—ස්ථිරව—සිටින සෙනඟක්.

Phanerogamian, Phanerogamous, a. දෘශ්‍ය ස්ත්‍රී පුරුෂ කේශර (සහිත පුෂ්ප.)

Phantasm, n. (සිකම් සිතන) අද්භූත රූපය, හිස් දර්ශනයක්, මායාව.

Phantasmagoria, n. අපූර්ව කැඩපතෙන් පෙන්වන සිතියම්, අපූර්ව දර්ශන.

Phantasmatography, n. (දේදුන්න ආදිය ගැන) ආකාශදර්ශන විස්තරය.

Phantom, n. අවතාරය, භූතයා; හිස් කල්පනාවක්.

Pharisaic, Pharisaical, a. ඵරිසිවරුන් සම්බන්ධ; ඵරිසිවරුන් සමාන, ශඨ්විනභක්තික.

Pharisaism, n. ඵරිසි නිකායේ ධර්මක්‍රමය, චාරිත්‍ර භජන බාහිරභක්තිය.

Pharisee, n. ඵරිසියා. i. e. උපාසකයා, (ඒ සුදෙව් උපාසකයන් මෙන්) චාරිත්‍රම භජන ව්‍යාජභක්තිකයා.

Pharmaceutic, Pharmaceutical, a. බෙහෙත් සෑදීමට අයිති, ඖෂධශිල්පී.

Pharmaceutics, n. ඖෂධපරිෂ්කාර ශාස්ත්‍රය, රසායනසාධ්‍ය ශාස්ත්‍රය.

Pharmacography, n. ඖෂධද්‍රව්‍ය විස්තරය, රසායන විස්තරය. [ශාස්ත්‍රය.

Pharmacology, n. රසායනද්‍රව්‍ය විද්‍යාව, රසායනද්‍රව්‍ය

Pharmacopœia, n. රසායන ග්‍රන්ථය, ඖෂධවිස්තර ග්‍රන්ථය; නියම ඖෂධ ලේඛනය.

Pharmacy, n. බෙහෙත් සෑදීම, බෙහෙත් සෑදීමේ විද්‍යාව, ඖෂධාලය.

Pharos, n. දීපස්තම්භය. See Lighthouse.

Pharyngitis, n. උගුරේ උඩපංගුවේ දැවිල්ල, කණ්ඨවිවරදාහය.

Pharyngography, Pharyngology, n. කණ්ඨවිවර විස්තරය.

Pharyngotomy, n. කණ්ඨවිවර ඡේදනය.

Pharynx, n. උගුරේ විවරය *or* උඩපංගුව, කණ්ඨ විවරය.

Phase, Phasis, n. පෙනුම, පෙනෙන ආකාරය, දෘශ්‍යප්‍රමාණය; තත්ප්‍රකාශ භාවය.

Pheasant, n. වලිකුකුළා, වනකුකුළා.

Phenix, n. in myth. (දැලාගොස් එහි අළුවලින්ම නැවත නැගිටිනවායයි කියා තිබෙන) පුනරුත්ථාන පක්ෂියා; fig. අමරණීයකමට උපමාවක්; in astr. පුනරුත්ථානපක්ෂිරාශිය.

Phenogamian, Phenogamous, n. in bot. ස්ත්‍රීපුරුෂ කේශර ප්‍රකාශ (පුෂ්ප).

Phenomenal, a. දෘශ්‍යවස්තු සම්බන්ධ, දෘශ්‍යාකාර; විද්‍යමානාකාර, විද්‍යමාන.

Phenomenon, n. Phenomena, pl. පෙනීම, දෘශ්‍ය වස්තුවක්; විද්‍යමාන යමක්; අපූර්ව දර්ශනය, අපූර්වයක්.

Phial, n. කුප්පිය, කුඩා බෝතලය.

Philanthropic, Philanthropical, a. ගුණවන්ත, සුජන, ජනප්‍රිය, ජනහිත නිරත, ජනහිත, පරශ්‍රීකාමී; ශුභජනක.

Philanthropist, n. ගුණවන්තයා, මනුෂ්‍යයන්ට යහපත කරන්නා.

Philanthropy, n. ගුණවන්තකම, ප්‍රියතාව; මනුෂ්‍යයන්ට යහපතකිරීම.

Philippic, n. ඇනුම්පද සහිත කථාව.

Philologer, Philologist, n. භාෂාශාස්ත්‍රඥයා, ශබ්ද ශාස්ත්‍රඥයා, නෛරුක්තිකයා.

Philologic, Philological, a. භාෂාශාස්ත්‍රාකාර, භාෂා ශාස්ත්‍ර, ශබ්දශාස්ත්‍ර.

Philologically, ad. භාෂාශාස්ත්‍රාකාරයෙන්, භාෂා ශාස්ත්‍රයෙන් &c.

Philology, n. භාෂාශාස්ත්‍රය, ශබ්දශාස්ත්‍රය, නිරුක්තිය. [වීම.

Philomathy, n. ඉගෙනගැන්මට—උගත්කමට—ආලය

Philoprogenitiveness, n. in phren. බාලයන්ට ප්‍රේම වීම, පුත්‍රස්නේහය, අපත්‍යප්‍රේමෙන්ද්‍රියය.

Philosopher, n. න්‍යායශාස්ත්‍රඥයා; (යම් ශාස්ත්‍රයක) පාරප්‍රාප්ත පණ්ඩිතයා.

Philosophic, Philosophical, a. න්‍යායශාස්ත්‍ර, ශාස්ත්‍රාකාර, න්‍යායාකාර; fig. බුද්ධිසංයුක්ත, නිශ්චල.

Philosophize, v. ශාස්ත්‍රවිධියකින් හේතු විභාගකරනවා.

Philosophy, n. හේතුතාශාස්ත්‍රය, භාවශාස්ත්‍රය, න්‍යායශාස්ත්‍රය; (යම් ශාස්ත්‍රයක) ධර්මස්කන්ධය; (පාඨශාලාවක) ශාස්ත්‍රක්‍රමය.

Philter, n. සිත්ගන්නා බෙහෙතක් *or* මන්ත්‍රයක් ඉනාව, ප්‍රේමජනකෞෂධය. [විස්තරය.

Phlebography, n. රක්තනාලී විස්තරය, රුධිරනාඩි

Phlebotomy, n. ලේ ඇරීමට නහරයක් කැපීම.

Phlegm, n. සෙම, ශ්ලේෂ්මාව.

Phlegmatic, a. සෙම වැඩිවූ, ශ්ලේෂ්මාධික; ශ්ලේෂ්මාජනක; fig. උනන්දු නැති, අනුෂ්ණ.

Phonetic, Phonetical, a. මුඛශබ්දාකාර, ශබ්දයන් පිළිබඳ.

Phonetics, Phoaics, n. මුඛශබ්ද ශාස්ත්‍රය, ස්වරවිද්‍යාව; මුඛශබ්ද සටහන්කිරීම.

Phonograph, n. මුඛශබ්දවාචකාක්ෂරය, ශබ්දාක්ෂරය; the machine ශබ්දමුද්‍රායන්ත්‍රය.

Phonographic, Phonographical, a. මුඛශබ්දවාචක.

Phonographically, ad. ශබ්දයේ හැටියට, ශබ්දවාචකාකාරයෙන්.

Phonography, n. ශබ්දයේ හැටියට ලිවීම, ශබ්දාක්ෂර ලේඛ්‍යක්‍රමය; කොටින් ලියන ක්‍රමයක්.

Phonology, n. මුඛශබ්ද ශාස්ත්‍රය, මුඛශබ්ද විස්තරය.

Phonotype, n. මුඛශබ්දමුද්‍රාක්ෂරය.

Phonotypy, n. ශබ්දවල හැටියටම අච්චුගැසීම. මුඛශබ්දමුද්‍රාංකනය.

Phosphorescence, n. (අග්නි රහිත සමහර ද්‍රව්‍යවල) ජම්ම දීප්තිය, ගිනිගෙන මෙන් දිලිසීම, කබ්බය.

Phosphorescent, a. (රුබදුල්ලා මෙන්) ජම්ම දීප්තියෙන් දිලිසෙන, කබ්බ.

Phosphoric, a. (phosphorus නම්) ප්‍රකාශද ද්‍රව්‍යවූ, ප්‍රකාශද ද්‍රව්‍යාකාර; phosphoric acid ප්‍රකාශිකාම්ල.

Phosphorus, n. ප්‍රකාශද නම් රසායන ද්‍රව්‍යය.
Photograph, n. ඡායාරූපය.
Photographer, n. ඡායාරූප ගන්නා, පින්තූර ගන්නා.
Photographic, Photographical, a. ඡායාරූප, ඡායාරූපාකාර, ඡායාරූප ශිල්පික.
Photographist, n. ඡායාරූප ශිල්පියා, ඡායාරූප කාරයා.
Photography, n. සූර්යාලෝකයෙන් සිතියම්කිරීම, ඡායාරූප ශිල්පය.
Photology, n. ආලෝක ශාස්ත්‍රය.
Photometer, n. ආලෝක මානක යන්ත්‍රය.
Phrase, n. ලුහුඬු වගන්තියක්, වාක්‍යඛණ්ඩයක්, කියමනක්, එක්තරා අර්ථවාචකයක්; භාෂාරීතිය, වාග්ව්‍යවහාරය, ගායනා කොට්ඨාසයක්.
Phrase, v. යම් විධියකින් කියනවා, වගන්තියක් යොදා කියනවා.
Phraseology, n. කීම්වල අන්දම, වාක්‍ය විධිය; වාග්ව්‍යවහාරය.
Phrenitis, n. මොළයේ දැවිල්ල, මස්තුලුංග දාහය.
Phrenology, n. බුද්ධිප්‍රකාශක ශීර්ෂශාස්ත්‍රය, කපාල ලක්ෂණ විද්‍යාව.
Phthisical, a. ක්ෂයරෝගී, ශෝෂ.
Phthisis, n. ක්ෂයරෝගය, ශෝෂය.
Phylactery, n. නූල් යන්ත්‍රාදී යමක්, (යුදෙව්වරුන් අතරෙහි ශුද්ධලියවිලි පද ලියාපු) පට්ටබන්ධනය.
Phyllanthus, n. හුණුකිරිල්ල, බිං කිරිල්ල. වැල් කයිල, තෙල්ලි.
Phyllophorous, a. කොළ දරන, පත්‍රධාරී.
Physianthropy, n. (ශරීර ගතිය, රෝග, ප්‍රතිකාර, යන) මනුෂ්‍යජන්මස්වභාව—ශාස්ත්‍රය.
Physic, n. ප්‍රතිකාර ශාස්ත්‍රය; බෙහෙත්, ඖෂධය; විරේචන බෙහෙත.
Physic, v. බෙහෙත් දෙනවා, විරේචනයකරවනවා.
Physical, a. බාහිරජම්ම, අනාත්ම, ද්‍රව්‍යවූ; ශාරීරික, ශරීර; ඉන්ද්‍රියගෝචර; physical education ශරීරය පුහුණුකිරීම, ශරීරාභ්‍යාසය.
Physically, ad. ද්‍රව්‍යධර්මයෙන්; ශරීර බලයෙන්.
Physician, n. වෛද්‍යාචාර්යයා, වෛද්‍යාචාරියා, වෛද්‍යවරයා, වෙද, චිකිත්සකයා.
Physics, n. ස්වභාව—ධර්මශාස්ත්‍රය, ප්‍රාකෘතික විද්‍යාව; ද්‍රව්‍යධර්මශාස්ත්‍රය *or* චලාචල ද්‍රව්‍යධර්ම ශාස්ත්‍රය.
Physiognomy, n. (ස්වභාවප්‍රකාශක) මුඛවිද්‍යාව; මුහුණේ හැඩය *or* පෙනුම, මුහුණුවර, මුඛලක්ෂණය, මුඛ දෘෂ්ටිය.
Physiogony, n. ලෝකෝත්පත්තිය.
Physiography, n. ලෝකවිස්තරය, ලෝකවස්තු—ශාස්ත්‍රය.
Physiology, n. ශාරීර විඥානය; ප්‍රාණිකවස්තු—ධර්මශාස්ත්‍රය; සත්ත්වධර්මශාස්ත්‍රය. වෘක්ෂධර්මශාස්ත්‍රය.
Physique, n. ස්වභාවදේහ ලක්ෂණය. [ශය.
Phytography, n. උද්භිදක්‍රම ශාස්ත්‍රය, උද්භිද විස්ත
Phytology, n. See Botany.
Piacular, n. See Expiatory.
Pia mater, n. L. in anat. මස්තුලුංග ජවිකාව, මොළයේ පටලය *or* වටකර සිවිය. [න්නා.
Pianist, n. පියානෝ නම් තූර්යභාණ්ඩය වාදනය කර
Piano, ad. It. හීන්—මෘදු—හඬින්.
Piano-forte, Piano, n. පියානෝව, එනම් තූර්යභාණ්ඩය. [ක්.
Piazza, n. මහාවරණ්ඩය, ඉස්තෝප්පු ආකාර මාවත
Pica, n. අච්චුඅකුරු දෙවර්ගයක්. **Pice**, n. තුට්ටුව.

Pick, v. pick up ඇහිදිනවා, අහුලනවා; pluck off (fruit &c.) නෙලනවා, කඩනවා;
pick out තෝරනවා;
pick a bone &c. (ඇටයෙන් මස්) ගලවා—වෙන්කර—කනවා;
pick one's teeth කටුවකින් දත් ශුද්ධකරනවා *or* හාරනවා;
pick a lock කටුවකින් යතුරුතහඩුව අරිනවා;
pick any one's pocket ඔඩොක්කුවෙන්—සාක්කුවෙන්—හොරකම් කරනවා, ගැටකපනවා;
pick a quarrel දබරයට කාරණාවක් අල්ලාගන්නවා;
pick a hole in any one's coat. යමෙකුගේ දෝෂයක් සොයා පෙන්වනවා;
pick to pieces (ඇඳුමක &c) මැහුම් ගලවා කෑලි කරනවා, fig. (මනාද නාමය, තර්කය &c.) දොස් පෙන්වා නරක්කරනවා.
Pick, n. තෝරා ගැනීම, උත්තරම; පිකාස; දත්කටුව; (ගල්වඩුවාගේ) උල්වූ මිටිය. [සිය.
Pickaxe, n. පිකාව, උල්වූ කෙටේරිය, ගල්කටුව, පිකා
Picket, n. උල; (වැටට) උල්වූ ලෑල්ල; මුරකණ්ඩායම: උලක් පිට පයින් සිටවීමේ දඬුවම, උල දඬුවම.
Picket, v. උල් ගිටවා කොටුකරනවා; (සතෙක් හිට වාපු) ඇත්තක බඳිනවා; උලක් පිට පයින් සිටවනවා; වර්ජන ව්‍යාපාරයකදී කර්මාන්තශාලාවක වැඩෙහි නියුක්තවීමට නෝ ගෙම්ඳද පළ වලින් බඩු ගැනීමට ඉඩනොදී රැක සිටිනවා *or* මුරකරනවා.
Pickle, n. (මස් &c. ආරක්ෂාවට) ලුණුවතුර *or* විනාකිරි; අච්චාරු; fig. අච්චාරුව, අවුල, පීයවුල.
Pickle, v. (මස් &c.) ලුණුවතුරේ *or* විනාකිරිවල දමා ආරක්ෂාකරනවා; (එළවළු) අච්චාරුදමනවා,
Picklock, n. යතුරුතහඩුව අරින කටුවක්; (එයින්) යතුරුතහඩු අරින්නා.
Pickpocket, n. ඔඩොක්කුවේ—සාක්කුවේ—අත දමා හොරකම්කරන්නා, ඔඩොක්කු හොරා, ගැට කපන්නා. [නය.
Picnic, n. සෙල්ලම් ගමන, සෙල්ලම් ගමන් භෝජ
Pictorial, a. සිතියම් සම්බන්ධ; සිතියම් සහිත; චිත්‍රෝත්පාදක (බුද්ධිය).
Pictorial, n. සිතියම් වලින් සැරසූ පත්‍රය *or* සඟරා කලාපය.
Pictural, a. සිතියම් සම්බන්ධ; සිතියම්වලින් පෙන්වන, සිතියම් ආකාර.
Picture, n. සිතියම, සිතුවම, පින්තාරුව, පින්තූරය, ප්‍රතිරූපය, චිත්‍රය; සමානත්වය, කඩවසම.
Picture, v. සිතියම් ඇද දක්වනවා; fig. සිතියමකින් මෙන් දක්වනවා, දර්ශනයකරවනවා, සංකල්පනය කරනවා.
Picture-frame, n. සිතියම් රාමුව. **Picture-gallery**, n. සිතියම් ශාලාව, චිත්‍රශාලාව, චිත්‍රමණ්ඩපය.
Picturesque, a. ලක්ෂණ සිතියමක් සමාන, චිත්‍රාකාර; දර්ශනාකාර; දර්ශනීය, විචිත්‍ර.
Picturesqueness, n. සිතියම් ආකාර පෙනීම, චිත්‍රාකාරත්වය &c.
Pie, n. (මස්, ගෙඩි &c. අඩංගුවූ) කෑම වර්ගයක්, පස්තෑල, අලජාති තබාගත්ත වළ &c.
Pie, n. කපුටු වර්ගයක්; කලවම් අච්චුඅකුරු.
Piebald, a. විසිතුරු, නානාවර්ණ, පුල්ලි—ගෝමර—ඇති (අශ්වයා &c.).

Piece, n. කැබෙල්ල, කැබැල්ල, කෑල්ල, කඩ, (large) මැදුල්ල, (small) පොඩිත්ත; portion පංගුව half පළුව; whole piece of cloth රෙදි කච්චිය; single (work) තනි — සම්පූර්ණ — එකක්, රචනාවක්; a piece of money එක මිලයක්, කාසියක්; piece of ordnance කාලතුවක්කුව.

A-piece එකිනෙකට. Of a piece එකවල්ලෙන්, එකාකාර.

Go to pieces කෑලි කෑලි කැඩෙනවා, කැබලි වෙනවා.

Piece, v. කෑල්ලක් — කෑලි — දමා හරිගස්සනවා, (කෑලි) පූට්ටුවෙනවා.

Piecemeal, ad. කෑලිවශයෙන්, විකෙන්වික; a. කෑලි ආකාර. [වැඩක්.

Piece-work, n. එක නියම වැඩක්, කොන්ත්‍රාත්

Pied (පෛඩ්), a. විසිතුරු ලප ඇති, පුල්ලි ඇති.

Pier, n. (පාලමේ &c.) කණුව; මුහුදු ප්‍රාකාරය; නෞරාපු තිරස්ථානය, ගොඩබසින පාලම.

Pierce, v. t. අනිනවා, විදිනවා, සිදුරුකරනවා, හිල් කරනවා; (වහයක් &c.) අමාරුවෙන් පසාකර යනවා; (රහස් &c.) අමාරුවෙන් දැනගන්නවා.

Pierce, v. i. ඇනෙනවා, විදියනවා, (හිතට) වැදිය නවා, ඇනෙනවා.

Pierced, a. අනිනලද &c., විදුබ, නිර්භින්න, ඡිද්‍රිත.

Piercer, n. අනින—ඇනෙන—විදින—ආවුදය; අනින් නා &c.

Piercing, a. අනින, ඇනෙන &c., හිතට වදින &c., ඇනුම්පද සහිත.

Pier-glass, n. (එල්ලා තබන) මහාභිත්තිදර්පණය.

Pietism, n. දැඩිභක්තිය.

Pietist, n. (sp. ජර්මනි) දැඩිභක්තිකයා.

Piety, n. භක්තිමත්තකම, භක්තිය බැතිය, දේව භක්තිය. [කෑල්ලක්.

Pig, n. ඌරා or ඊරී, සූකරයා; (වක්කළ) දිග ලෝහ

Pig, v. (ඊරී) පැටව්ගහනවා: fig. (ඌරන් මෙන්) එකට වාසයකරනවා.

Pigeon, n. පරවියා, කොබෙයියා, කපෝතයා, පාරාපතයා, කකුටපාදියා.

Pigeon-breasted, a. පරවියා මෙන් උස්වූ ළයක් ඇති, පරවි–ළය ඇති.

Pigeon-hearted, a. බියසුළු, බයාදු.

Pigeon-hole, n. පරවිකූඩු සිදුර; (එවැනි) කඩදාසි—කුඩුසිදුර.

Pigeon-pea, n. රටතෝර (ගස්, ඇට).

Piggery, n. ඌරු හල, ඌරු කොටුව.

Piggish, a. ඌරු, කෑන, කෑදර.

Pigheadeda., මුරණ්ඩු, මොට්ට, හිතුවක්කාර.

Pig-iron, n. (ලෝපස්වලින් වක්කළ) යකඩ පොලු.

Pigment, n. සායම, (සිත්තමවලට ගන්න) වර්ණද්‍රව්‍ය; වකුළුවර්ණ ද්‍රව්‍ය. [නයා,

Pigmy, a. or n. මිටි, ක්ෂුද්‍ර; මිට්ටා, කුරුමිනිහා, වාම

Pigsty, n. ඌරු හල, ඌරු මඩුව.

Pigtail, n. ඌරු වල්ගය; දිග කෙස්රොද; දුම් කොළ මිටියක්.

Pike, n. හෙල්ලය; මත්ස්‍ය ජාතියක්, පිටංකාහයා.

Piked, a. තුඩක් ඇති, උල්වූ.

Pike-headed, a. උල්වූ ඉසක් ඇති.

Pilaster, n. සතරැස් කුළුණ, චතුරස්‍රස්තම්භය

Pile, n. ගොඩක්, අඩුක්කුව, ගොන්න; funeral pile සෑය, දරසෑය; pile of buildings ගොඩනැගිල්ල, ගොඩනැගිලි.

Pile, v. ගොඩකරනවා, අඩුක්කරනවා, අඩුක්කුකර නවා, අහුරනවා, අසුරනවා; (ගැවියවත් වඩා) උසට පුරවනවා; ජම්බාර ගහනවා. [ද්‍රව්‍ය.

Pile, n. (ගොඩනැගිලි &c. උස්සන්ට දමන) උල්වූ

Pile, n. (ලොක්කරෙදිවල) සිහින් රෝම, බුව.

Pile-driver. Pile-engine, n. ජම්බාර යන්ත්‍රය.

Piles, n. pl. අර්ශස්රෝගය, අරිසස්, මූලරෝගය, ගුදකීලය, (bleeding) රක්තාර්ශස.

Pileus, n. in bot. හතුකුඩය, දිලීර මස්තකය.

Pilfer, v. කුඩා දේ—විකෙන්වික—හොරෙන් ගන්නවා, සුළු හොරකම් කරනවා.

Pilgrim, n. වන්දනාකාරයා, වන්දනාවට යන්නා; fig. පරදේශියා.

Pilgrimage, n. වන්දනාවට යාම, වන්දනා ගමන, වන්දනාව; fig. පරදේශිව සිටින කාලය, ප්‍රවාස කාලය.

Piliferous, Piligerous, a. in bot. කේශධාරී, කේශ සහිත.

Piliform, a. in bot. කේශාකාර, බුව ආකාර.

Pill, n. බෙහෙත් ගුළිය; fig. අරුචිදෙයක්.

Pillage, n කොල්ලකෑම; කොල්ලය; in arch. (කුළුනක් පිටි පස්සේ) සතරැස් කණුවක්.

Pillage, v. කොල්ලකනවා, බලෙන් පැහැරගන්නවා.

Pillar, n. කණුව, කුළුනු කණුව, කුළුන, ටැඹ, pl. ටැම්, ස්තම්භය; fig. උපුලන්නා, දරාසිටින්නා, ආධාර කාරයා.

Pillion, n. තුනී හැදයක්. Pillory, n. තදබල ලෙස අවවු කරන වීසියක්, දඬු රාමුවක්.

Pillow, n. කොට්ටය, හිම්බෝභනය, කත්වසින, an old one මාවුලාව.

Pillow-case, n. කොට්ටේ වැස්ම, කොට්ටඋරය.

Pilose, Pilous, a. රෝමවත්, රෝමශ, ·කේශාකාර.

Pilot, n. වරායක් or ඇතුළට or වරායකින් පිටතට නැව් ගෙන යන්නා; අහස් නැව පදවන්නා; මග පෙන්වන්නා,

Pilot, v. නැවකට මග පෙන්වනවා; fig. අමාරුවලදී මග පෙන්වනවා. [යන්ත්‍රය.

Pilot-engine, n. පෙරටුව යන දුම්රිය, පෙරටු දුම්

Pilule, n. කුඩා ගුළිය.

Pimp, n. කාමුකයන්ට ස්ත්‍රීන් සපයාදෙන්නා; v. ස්ත්‍රීන් සපයා දෙනවා.

Pimpinella, n. වල් අසමෝදගම්.

Pimple, n. කුරුලෑව, කිබිල, බිබිල.

Pimply, a, කුරුලෑ, &c. ඇත්තාවූ, කිබිලි ගහනවූ.

Pin, n. අල්පෙනෙත්ගිය, කූර, ඇණය; ඇඹරුම් පොල්ල.

Pin, v. අල්පෙනෙත්ති ගහනවා, ඇණයක් දමා සවි කරනවා, තුරකින් &c. සවිකරනවා; (යමක් යමනට) සවිකර තබනවා; (යම් තැනක) වසා තබනවා or හිරකරනවා.

Pinafore, n. උඩුමැස්මක්, ළයකඩ. Pincers, Pinchers, n. pl. අඬුව. [මක.

Pince-nez, n. නාසය උඩ සවිකරන කන්නාඩි කුට්ට

Pinch, v. with the fingers කොණ්ඩනවා, කොණිත් තනවා; in general මිරිකනවා; fig. with want, cold &c. අමාරුකරනවා; අමාරු විඳිනවා; stint මසුරුකමකරනවා.

Pinch, n. (ඇඟිලි තුඩුමෙන්) එක්කොට තද කිරීම, ඇඟිලි තුඩුවලින් ගතහැකි තරම, වික, සවලාය; අසීරුව, අමාරුව, පීඩාව.

Pincushion n. අල්පෙනෙත්ති කොට්ටය. [ජාති).

Pine, n. දේවදරු, පීතදරු, භද්‍රදරු (සමාන ගස්

Pine, v. කෙට්ටුවෙනවා, ක්‍ෂයවෙනවා, දුර්වලවෙනවා; pine for (දෙල) දුකින් පසුවෙනවා *or* ආශාවෙනවා

Pineapple, n. අන්නාසි, අන්නාසිගෙඩිය &c.

Pinery, n. අන්නාසි වත්ත, අන්නාසි කොටුව, අන්නාසි මඩුව.

Ping-pong, n. ක්‍රීඩාවක නමක්.

Pinhole, n. අල්පෙනෙත්ති සිදුර, කුඩා සිදුර.

Pinion, n. පියාපතේ පිට සන්ධිය; පියාපත; පිහාටුව; (ලොකු රෝදයක් සම්බන්ධ) කුඩා දතිරෝදයක්; හස්තබන්ධනය.

Pinion, v. පියාපත් බඳිනවා; අත් බඳිනවා, පිටිතලා බඳිනවා; fig. සිරප්පාඩුකරනවා. [ශ්‍රේෂ්ඨ දේ.

Pink, n. රතු මල් ජාතියක්; මදරතු පාටක්; fig.

Pink, a. (ඒ මල් මෙන්) මද රතු, ශ්වේතරක්ත, පාටල, [මිල.

Pin-money, n. සවෘතීය වියදම් පිණිස භාර්‍යාවට දුන්

Pinnace, n. රුවල් හා හබල් ඇති කුඩා නැවක්; හබල් අටක ඉස්කෝච්චිය.

Pinnacle, n. උස් කොතක්; මුදුන, මස්තකය, කූටය; ප්‍රාසාදශ්‍රය, ශෘඞ්ගය.

Pinnate, **Pinnated**, a in bot. පිහාටුවක් සමාන, පක්ෂමාකාර, (කොළ); in zool. වරල් ඇත්තාවූ.

Pinnatifid, a. in bot. පක්ෂමාකාර ඡේදිය (පත්‍ර).

Pinnatiped, a. අංගුලිබද්ධ පාදික, බද්ධපාදාංගුලි, (තාරාවන් මෙනි).

Pinnulate, a. ඡේදිත පක්ෂමාකාර (පත්‍ර).

Pint, n. මනාව; ගැලෝමෙන් අටෙන් පංගුව.

Pioneer, n. පෙරටු සේවායා, පෙරටුවෙන් මග හරිගස්සන්නා, පයිනේරුවා, මූලික වැඩකරන්නා.

Pioneer, v. පෙරටුවෙන් ගොස් මග හරිගස්සනවා, පයිනේරුවැඩ කරනවා.

Pious, a. දේවභක්ති, භක්තිවන්ත, ඇදහිලිවන්ත, ශ්‍රද්ධාවත් (ord. සද්ධාවන්ත), ධර්මපර, ශීලවන්ත.

Pip, n. දොඩම් ආදී ගෙඩිවල ඇට; කුකුල් දිවේ කර ගැටය. [පය; පීප්පය.

Pipe, n. නලය, නාලය; නලාව; දුම්කෝව, පයිප්

Pipe, v. නලා පිඹිනවා; හීන් ශබ්දයක් වෙනවා.

Pipe-clay, n. පිඟන්මැටි, කිරිමැටි, මකුළු, [වා.

Pipe clay, v. මකුළුවලින් සුදුකරනවා, මකුළු ගානවා

Piper, n. නලා පිඹින්නා, නලාකාරයා; මත්ස්‍ය ජාතියක්. [වැල් ජාති.

Piper, n. ගම්මිරිස්, වල් ගම්මිරිස්, බුලත්, යනාදි

Pipkin, n. මැටි භාජනයක්, ලොකු ජාඩියක්.

Pippin, n. රටඇඹුල් ජාතියක්. [රස; fig. සැරකම.

Piquancy, n. (දිවට) තියුණු ශක්තිය, කටුකකම, කුළු

Piquant, a. තියුණු, කටුක, කුළු; සැර, ඇනෙන.

Pique, v. මදක් තරහ—අමනාප—කරනවා, අවුස්සනවා; ඊර්ෂ්‍යා උපදවනවා; pique one's self on anything (යමක් ගැන) ගර්විතවෙනවා,

Pique, n. මද තරහ &c., ගැඹුරු වේදනාව.

Piracy, n. (නැවෙන්) මුහුදු කොල්ලකෑම; රචනාවක අයිතිවාසිකම සොරා ගැනීම.

Pirate, n. මුහුදු කොල්ලකාරයා; කොල්ලකාර නැව; රචනාචෞරයා. [ගන්නවා.

Pirate, v. මුහුදෙහි කොල්ලකනවා; රචනා සොරා

Piratical, a. මුහුදු කොල්ලකාර: රචනාචෞර.

Pirouette (පිරුඑට්). n. Fr. නෘත්‍ය භ්‍රමණය; අශ්ව භ්‍රමණය. [(පයින්) කරකැවෙනවා.

Pirouette, v. නෘත්‍යයෙන් &c. භ්‍රමණයකරනවා.

Piscatorial, **Piscatory**, a. මත්ස්‍ය; මත්ස්‍යඝාතක.

Pisces, n. pl. L. මීන, මීනරාශිය, කුම්භ (රාශිය).

Piscivorous, a. මත්ස්‍යභක්ෂක, මාළු කා රක්ෂාවෙන.

Pish, n. ෂීඃ; v. ෂීඃ කියනවා.

Piss, n. & v. මූත්‍ර; මුත්‍ර පහ කරනවා.

Pistil, n. in bot. පුෂ්පකණිකාව.

Pistol, n. කොට අත්තුවක්කුව, පිස්තෝලය; v. පිස්තෝලයෙන් වෙඩි තියනවා. [ඩය යන දුර.

Pistol-shot, n. පිස්තෝල වෙඩිල්ල; පිස්තෝල උණ්

Piston, n. (යන්ත්‍ර නලයක ඉහළ පහළ යන) ඇතුල් තහඩුව.

Piston-rod, n. ඇතුල් තහඩු කම්බිය

Pit, n. වළ, ආවාටය, හාරුවළ; mine පතස, පතහ, ආකරය; abyss පාතාලය; arm-pit කිහිල්ල; pit of the stomach බඩතුර; for cock-fighting කුකුල් කොටුව; of a theatre (නාට්‍යශාලාවේ) පහත් තට්ටුව.

Pit, v. (යමක් එබීමෙන් &c.) කුඩා වළවල් කරනවා; පොරට සිටවනවා.

Pit-a-pat, ad. (හෘදය &c.) ගැහි ගැහී, චකිතව, නිගැස්සිව.

Pitch, n. කීල්, see Bitumen; v. කීල්ගානවා.

Pitch, n. degree ප්‍රමාණය, තරම: බෑවුමේ, නැඹුමේ, උස්කමේ &c. ප්‍රමාණය, (නාල ශබ්දයක) ඉහත් පහත් ප්‍රමාණය; විසකිරම.

Pitch, v. t. විසිකරනවා, හෙළනවා, දමනවා; the tent &c. කූඩාරම පිහිටුවනවා, කඳවුරු බඳිනවා; the tune තාලය පුරනවා *or* ශබ්දනගනවා.

Pitch, v. i. pitch headlong මූණින් වැටෙනවා, ඉස ඉස්සරහටකර පතිනවා; කූඩාරම් ගහනවා; (නැවක්) උස්පාත්වෙනවා; pitch upon a thing යමක් තෝරාගන්නවා.

Pitched, pp. *or* a. කීල්ගාපු; විසිකරපු &c.; පිළිවෙළට යෙදූ (සටනක්).

Pitcher, n. විසිකරන්නා &c.; මැටි භාජනයක්, පැන් කළයක්, කෙණ්ඩිය, කුණ්ඩිකාව.

Pitcher-plant, n. බාදුරු, බාදුරු වැල්. [ව.

Pitchfork, n. (පිදුරු ආදිය ඉස්සීමට ගන්න) රිටිකරු

Pitchy, a. කීල් ආකාර; කීල්ගාපු; fig. කළු, කළුවර.

Piteous, a. දුක්ඛිත, කනගාටු දායක, අනුකම්ප්‍ය; having pity අනුකම්පක, දයාවත්, කාරුණික.

Piteously, ad. දුක්ඛිතලෙස &c.

Piteousness, n. දුක්ඛිතකම &c.

Pitfall, n. බොරුවළ, පෙතිවළ.

Pith, n. (ගස්වල &c.) මදය, මජ්ජාව; fig. බලය; වැදගත්කම; (වගන්තිවල) වැරය; පරමාර්ථය, සාරය.

Pithily, ad. fig. බලගතුලෙස, වැරෙන්, සාරතාවෙන්, (කථාකරනවා &c.).

Pithless, a. මද නැති, මජ්ජා රහිත, එලතු; fig, අබල, අසාර, දුර්වල, (කීම &c.).

Pithy, a. මද ඇති, මද වැස්වූ; fig. බලගතු, සාරවත්.

Pitiable, a. කාලකණ්ණි, අනුකම්ප්‍ය.

Pitiful, a. දයාවන්ත, දයාවත්, අනුකම්පක; කාලකණ්ණි; fig අධම, සුළු.

Pitifully, ad. දයාවන්තලෙස &c.; කාලකණ්ණිලෙස; අධමලෙස, තුච්ඡලෙස

Pitiless, a. දයානැති, කරුණා රහිත, නිරනුකම්පක, කෲර. [යා.

Pitman, n. ආකරයේ වැඩකරන්නා; යට කියත්කාර

Pit-saw, n. ලොකු දතිකියත.

Pittance. n. ලැබෙන සවල්පය; ආහාර කොටස; සුළු තරමක් *or* ගණනක්, පොඩිස්ස, ඇබිත්ත.

Pity, n. දයාව, අනුකම්පාව, ලෙහි කරුණාව, කෘපාව ; it is a pity ඒක කනගාටු කාරණවකි, අදෝමය.

Pity, v. දයාවෙනවා, අනුකම්පාවෙනවා, අනුකම්පා කරනවා.

Pivot, n. (යමක් කරකැවෙන) මැද ඇණය, කූඹිරය.

Pix, n. (මාත්තුම බලන) රත්රිදී මිල තබන පෙට්ටිය, මාත්තු පෙට්ටිය; R. C. සත්‍ප්‍රසාද සමුද්ගය.

Placable, a. ශාන්තිකරගත හැකිවූ, කමාවෙන, සමාදානවෙන, සාමාශ්‍රී.

Placard, n. (භිත්තිවල &c. අලවන) ප්‍රසිද්ධ පත්‍රය, පලක්කට්ටුව.

Placard, v. (වීජේ වීථියේ &c.) ප්‍රසිද්ධ පත්‍ර අලවා තබනවා, පලක්කට්ටු ගහනවා.

Place, n. ඉඩම, පළ, තැන, ස්ථානය ; room, space ඉඩ ; employment ස්ථානාන්තරය තනතුර; in the first place &c. පළමුකොට ;
in place of that ඒ වෙනුවට ; take place සිදු වෙනවා ;
give place ඉඩදෙනවා, යටත්වෙනවා, මගඅරිනවා.

Place, v. තබනවා, පිහිටුවනවා, ධාරණයකරනවා, රෝපණය—ආරෝපණය—කරනවා, place together *or* on එකට තබනවා, සමාරෝපණය කරනවා ;
place at interest පොලියට දමනවා.

Placed, pp. S. adj. තබාපු &c., ආරෝපිත, සමාරෝපිත.

Place-man, n. නිලධාරියා. **Place-monger,** n. නිල ගනුදෙනුකාරයා.

Placenta, n. වැදෑමහ ; in bot. බීජබන්ධනය, (free) මුක්ත බීජ-බන්ධනය, (parietal) කෝෂ බද්ධ-බීජ බන්ධනය, (axile) අක්ෂබීජ-බන්ධනය.

Placental, a. වැදෑමහ සම්බන්ධ ; බීජ බන්ධනය සම්බන්ධ ; බීජබන්ධන.

Placentation, n. බීජබන්ධනාකාරය. **Placentiferous,** a. බීජබන්ධනධාරී.

Placid, a. නිශ්චල, සන්සුන්, ශාන්ත.

Placidity, Placidness, n. නිශ්චලකම &c., ශාන්ත ගතිය.

Plagiarism, n. රචනාවලින් සොරා ගැනීම, ග්‍රන්ථ චෞර්යය.

Plagiarist, n. කාව්‍ය—වාක්‍ය—රචනා—සොරාගන්නා, ශබ්ද චෞරයා, රචනා චෞරයා.

Plagiarize, v. රචනා සොරාගන්නවා, තමාගේම රචනා—වාක්‍ය &c.—කොට බොරුවට පානවා *or* අන්‍යයෙකුගේ රචනා — වාක්‍ය &c. — අත්කරගන්නවා.

Plague, n. වසූරි රෝගයක් &c., see Pestilence ; fig. හිරිහැරය, කරදරය ; ව්‍යසනය.

Plague, v. හිරිහැරකරනවා, අපහසුකරනවා, කරදරම්—පෙළම්—කරනවා.

Plague-spot, n. වසංගත ඇති තැන ; වසංගත ලපය.

Plaid, n. විචිත්‍ර ලෝම සළුව.

Plain, a. even සමතලා, පැතලි ; clear පැහැදිලි, පැහැපත්, ප්‍රත්‍යක්ෂ ; unadorned වාත්, අවිචිත්‍ර, සායම් පොවා නැති, බෙගල් නැති (කීම), artless අවංක ; ordinary සාමාන්‍ය, අනුත්කෘෂ්ට, නිකම් ; අප්‍රණීත (කෑම).

Plain, n. සමතලාව, තැනිතලාව, තලාව, තැන්න, සමබිම, සමභූමිය.

Plainly, ad. පැහැදිලිලෙස, ප්‍රත්‍යක්ෂලෙස ; වාත් ලෙස ; අනුත්කෘෂ්ටලෙස.

Plainness, n. සමතලාකම ; පැහැදිලිකම ; වාත්කම, අවිචිත්‍රතාව ; අනුත්කෘෂ්ටතාව ; අප්‍රණීතතාව.

Plaint, n. ලතෝනිය ; ගත්ත ; පැමිණිලි පෙත්සම.

Plaintiff, n. පැමිණිලිකාරයා.

Plaintive, a. ලතෝනි ආකාර, ලතෝනි සහිත, දුක් මුසු විලාප.

Plain-work, n. (ලියවැල් ආදිය නොවන) නිකම් මැහුම, වාත් මැස්ම.

Plait, n. පට, ගෙතුම,

Plait, v. පට නමනවා, ගොතනවා, ගෙතුම් වැඩ කරනවා.

Plan, n. පලෑන, ආකාර සටහන ; යෙදුම් විධිය, යෙදුම, උපක්‍රමය

Plan, v. ප්ලෑනක් සාදනවා, ආකාරය සටහන්කරනවා ; යොදනවා.

Plane, n. in geom. & astr. සමතලයක් ; plane of the earth's orbit පෘථිවි ගමන් මාර්ග තලය ; inclined plane ඇලවූ තලය, බෑවුම ; carpenter's plane යත්‍ර කැටය, යත්ත ; rough plane රෝපලය, රෝපල් යත්ත ; v. යතුගානවා.

Planet, n. ග්‍රහතාරකාව, ග්‍රහයා, නැකැත්තරුව.

Planetary, a. ග්‍රහතාරකා සම්බන්ධ ; ග්‍රහතාරකා සහිත ; (ග්‍රහතාරකා මෙන්) පරිභ්‍රමණ.

Planifolious, Planipetalous, a. in bot. පැතලි පෙති ඇත්තාවූ, සමතලා පත්‍රක, (මල්).

Planimetry, n. සමතලා මැනීම, ක්ෂේත්‍රමානක ක්‍රමය.

Planish, v. (ලෝහ තහඩු) තලා සමතලා කරනවා.

Planisphere, n. පැතලි ගෝල සිතියම.

Plank, n. ඝන ලෑල්ල, ඝන පුවරුව, ඝන පෝරුව, ඝන පදරය.

Plank, v. ඝන ලෑලි දමා වසනවා, ඝන ලෑලි ගහනවා.

Plano, prefix. පැතලි, සමතලා යන අර්ථ ඇති උපසර්ගය.

Plano-concave, a. පැතලි හා කුහරාකාර.

Plano-conical, a. පැතලි හා ශංකාකාර.

Plano-convex, a. පැතලි හා වටකුරු.

Plano-horizontal, a. පැතලි හා ජලමට්ටම්වූ.

Plant, n. පැළය, පලතුර, පලා ජාතියකින් එකක්, කුඩා ගහ, ගච්ඡය ; කර්මෝපකරණ.

Plant, v. හිටුවනවා, හිටවනවා, ඉන්දනවා, රෝපණයකරනවා, බීජ ඇට දමනවා ; පිහිටුවනවා.

Plantain, n. කෙසෙල්, කෙහෙල්, රඹ, කදලි, (ශෙඩි &c.), wild ඇටකෙසෙල්.

Plantation, n. ගස් වවන වත්ත, වෘක්ෂෝද්‍යානය, වැවිල්ල.

Planted, pp. *or* a. හිටවාපු &c., රෝපිත.

Planter, n. වැවිලිකාරයා, වතුකාර මහත්මයා ; පිහිටුවන්නා.

Planting, n. පිහිටුවීම &c., රෝපණය, වැවිලිකිරීම, වතු වැවිලිකාර වැඩ.

Plashing, n. (වැටේ) ගස් භාගයක් කපා නමා ගෙතීම ; සායම් ඉසීම.

Plaster, n. (භිත්තිවල ගාන) හුනුබදාම ; අලවන බෙහෙත් කඩ, ප්ලෑස්තරය.

Plaster, v බදාමගානවා, කපරාරුකරනවා *or* කපලාරුකරනවා, සුධාකර්මයකරනවා ; fig. පදුරු වසනවා, පලිප්පු දමනවා.

Plasterer, n. කපරාරුකාරයා, බදාම ගාන්නා.

Plastering, n. බදාමගෑම &c., කපරාරුවැඩ, කපරාරුව, කපලාරුව, සුධාකර්මය.

Plastic, a. හැඩගුරුකරන, මූර්තිදායක ; (හැඩගුරු කළහැකිවූ) මෙලෙක්, අදැඩි.

Plasticity, n. (මැටි ඉටි ආදි ද්‍රව්‍යවල) මෙලෙක්කම, අදැඩිතාව.

Plat, v. ගොතනවා, වියනවා.

Plat, Platting, n. ගෙතීම, ගෙතුම. See Plot.

Plate, n. තහඩුව, ලෝහ තහඩුව; පිඟාන, මඩික්කුව; රන් රිදී භාණ්ඩ; wall-plate යටලීය; piller-plate කැපීනු යටලීය; තහඩුවකින් අච්චුගසාපු සිතියම, තහඩු සිතියම. [නවා.

Plate, v. තහඩුගසා වසනවා; (රන් රිදීවලින්) විසාල

Plateau (ප්ලැටෝ), n. පැතලි පලල් භූමිය; උස්වූ සමතලාව, කඳුතලාව.

Plated, pp. *or* a. තහඩුගසා තිබෙන; (රන්රිදී) විසාලනලද, පිරියම්කළ.

Plate-glass, n. ඝන වීදුරු තහඩුව. **Plate-rack**, n. පිඟන් රාක්කය.

Platform, n. මැස්ස, තට්ටුව, මණ්ඩපය; කථිකාසනය, කථික භූමිය, වේදිකාව; of railway පිල.

Plating, n. තහඩුගැසීම &c.; (රන්රිදීවලින්) විසාලන ශිල්පය.

Platinum, n. එනම් ලෝහ වර්ගය. [අරුම් කීම.

Platitude, n. (කීම්වල) අසමර්ථකම, රස මදිකම, pl.

Platoon, n. යුද්ධභටයින්ගේ කණ්ඩායමක්.

Platoon-firing, n. පෙළ දිගට ක්‍රමයෙන් වෙඩිතිබීම.

Platter, n. තැටිය, පලංගානම, අන්නපාත්‍රය.

Plaudit, n. වර්ණනාව, ප්‍රශංසාව, සාධුකාර හඬ, අත්පොලසන් දීම.

Plausible, a. (මැරදී තුබුත්) හරිවා වාගේ පෙනෙන; සැබෑලෙස මෙන් කථාකරන, ප්‍රශංසා කටයුතු, ප්‍රශංසනීය.

Play, v. සෙල්ලම්කරනවා, ක්‍රීඩාකරනවා, කෙළිනවා; සරදම් කරනවා; on the stage නාඩගම් නටනවා, රඟුම් දක්වනවා, නෘත්‍යකරනවා; on an instrument ගායනාකරනවා, වාදනයකරනවා, වයනවා, කන්තාරුකරනවා; play upon a word වචනයක් පෙරළනවා; play a trick දඟයක් කරනවා; move, operate (යන්ත්‍රය &c.) සෙලවෙනවා, ක්‍රියාකරනවා, ඉළුවකරනවා.

Play, n. සෙල්ලම, ක්‍රීඩාව, කෙළිය; සරදම; නාඩගම, නාටකය, නාට්‍යය, නෘත්‍යය, රඟුම; නාඩගම් කථාව, නෘත්‍ය රචනාව; සෙලවීම &c.; play of colours වර්ණ මාරුවෙවී යාම, විවිධ කල්පනා (ඉපදීම).

Player, n. සෙල්ලම්කරන්නා &c., සෙල්ලක්කාරයා, ක්‍රීඩාකාරයා; නාඩගම්කාරයා, නෘත්‍යකාරයා, නැට්ටුක්කාරයා, fem. නෘත්‍යකාරී &c., නිළි, see Actor; තූර්යගායනාකාරයා. [ළිමා.

Playfellow, Playmate, n. එකට සෙල්ලම්කරන යහ

Playful, a. සෙල්ලක්කාර &c., ක්‍රීඩාපර, සරදම්වූ.

Play-goer, n. නිතර නිතර නෘත්‍ය බැලීමට යන අය.

Play-ground, n. ක්‍රීඩාභූමිය, සෙල්ලම් පිට්ටනිය, ක්‍රීඩා මඩල, (room) ක්‍රීඩා මඩුව.

Play-house, n. නෘත්‍ය ශාලාව.

Plaything, n. කෙළිබඩුව, see Toy; fig. සුළුදෙයක්.

Play-wright, n. නාටක ලියන්නා, නාට්‍ය ග්‍රන්ථකරු.

Plea, n. in law ගෙනහැර දක්වන කාරණාව; විත්තිය; කත්තලවීම. see Excuse.

Plead, v. වගකියනවා, කාරණා ගෙනහැරදක්වනවා; විත්තිකියනවා; උදක්ම ඉල්ලනවා, කත්තලව් කරනවා.

He pleads poverty තමාගේ දිළිඳුකම කාරණාවක් කොට ගෙන පානවා.

Pleadings, n. pl. කත්තලව්; in law වාද විවාද—පැමිණිලි හා විත්ති—කාරණා.

Pleasant, a. ප්‍රසන්න, ප්‍රිය, රම්‍ය, මිහිරි, මධුර, රුචි, රිසි, මියුරු.

Pleasantry, n. සරදම, පරිහාසය, සරදම් කථාව.

Please, v. ප්‍රසන්නකරනවා, සන්තෝෂකරනවා, සතුටුකරනවා.

If I please to go මම යන්ට කැමති නම්.

Please do this කරුණාකර මේක කරනු.

Pleased, be. v. ප්‍රසන්නවෙනවා, ප්‍රසන්නයි &c., S. adj. ප්‍රසන්න &c., සුපසන්වූ, තුෂ්ට, අභිමත, මුදිත, ප්‍රමුදිත, ප්‍රමෝදිත.

Pleasing, a. ප්‍රසන්නකරන &c., ප්‍රසන්න, ප්‍රීතිදායක, තුෂ්ටිදායක. [මනෝඥ.

Pleasurable, a. සැප ගෙනදෙන, ප්‍රීතිජනක, රුචිර,

Pleasure, n. ප්‍රීතිය, සැප, සැපත, ආනන්දය, ප්‍රමෝදය; කැමැත්ත, සොම්නස, සන්තෝෂය, තෝෂය, සන්තුෂ්ටිය, තුෂ්ටිය.

He takes pleasure in work ඔහු වැඩකිරීමට ඉතා සතුටුයි *or* ප්‍රීතියි.

Pleasure, a. ප්‍රීති, ආනන්ද, සෙල්ලම්, (ගමන්, භූමිය, උයන &c.).

Plebeian, n. මහජනයා සම්බන්ධ, පෘථග්ජන, නිකැළඹ; n. නිකැළඹයා.

Plebs, n. පෘථග්ජනයා.

Pledge, n. උකස, උගස, ඔප්පනය, ඇපය, පොරොන්දුව; යමෙකුට ආචාරසිරිත් වශයෙන් බොන බීම.

Pledge, v. උකස්කරනවා, උකස්තියනවා; ඇප දෙනවා, සහතික ලෙස පොරොන්දු වෙනවා; පොරොන්දුකරවා ගන්නවා; ආචාරයක් වශයෙන්—නමක් සඳහන්කර—බොනවා.

Sign the pledge අමද්‍යපානයට අත්සන්කරනවා.

Pleiads, Pleiades, n. pl. in astr. කැතිනැකත, ගත්දින්න, අග්නිදේවා.

Plenary, a. පූර්ණ, සම්පූර්ණ, පරිපූර්ණ.

Plenipotentiary, n. පරිපූර්ණ කළමනාකාරයා, පරිපූර්ණ නානාපතියා.

Plenish, v. සපයනවා, සම්පාදනය කරනවා.

Plenitude, n. පූර්ණත්වය, පරිපූර්ණතාව, සම්පූර්ණත්වය.

Plenteous, Plentiful, a. බහුල, බාහුල්‍ය, නොමද, හොඳට සෑහෙන.

Plenty, n. බහුලකම, බාහුල්‍යය, නොමද තරම, සමෘද්ධතාව, සදබම්පතනිය.

Plenum, n. ලෝකාන්තර පූර්ණත්වය, ශූන්‍යතාශූන්‍යත්වය.

Pleonasm, n. අධික වචන ඇති කීම, අතිශයෝක්ත වාක්‍යය.

Pleonastic, a. වචනාධික, අතිශයෝක්ත.

Plesiosaur, Plesiosaurus, n. යටබූත් මුහුදු කිඹුල් ජාතියක්, සාගර කුම්භිලයා.

Plethora, n. ලේ අධිකකම, රත්පිත, රක්ත පිත්තය; අධික පූර්ණකම.

Plethoric, a. අධික ලේ ඇත්තාවූ, රක්තපිත්ත; අධික පූර්ණ.

Pleura, n. පෙනහැලි පටලය, පුප්ඵුසජවිකාව.

Pleurisy, Pleuritis, n. පපුවේ දැවිල්ලක්, පුප්ඵුසජවිකා දාහය.

Pleuro-pneumonia, n. පුප්ඵුස-ජවිකා-දාහය.

Plexiform, a. දැල් වැඩ ආකාර, ජාලරූපි.

Pliable, Pliant, a. පහසුවෙන් නැමෙන; fig. හිස් මුවවූ, ආයත්ත, අසච්ඡන්ද.

Pliers, n. pl. කුඩා අඬුව, පත් අඬුව.

Plight, v. බඟදෙනවා, වදන්දෙනවා *or* ස්ථිර පොරොන්දුවක් දෙනවා.

Plight, n. විලාසය, sp. පැටලිලිභාවය, ව්‍යසනභාවය.
Plinth, n. කුළුනු සතරැස් අඩිය; පදනම.
Pliocene, Pleiocene, a. in geol. නවීනතර (තට්ටු).
Plod, v. නොකඩව හෙමින් යනවා or යමක් කරනවා, සවිරලෙස උද්‍යෝගය කරගෙන යනවා.
Plodding, a. හෙමින් වීර්‍යයකරගෙනයන, නොඉක්මන්, කම්සරකාර. [බිම් සටහන.
Plot, n. of ground බිම් කැබෙල්ල, බිම්කෑල්ල; plan
Plot, v. බිම් සටහනක් අඳිනවා.
Plot, n. කුමන්ත්‍රණය, උපාය, උපක්‍රමය, උගුල; (රචනාවේ) කථා සංයෝගය; v. කුමන්ත්‍රණය කරනවා, උපා යොදනවා.
Plough, n. නගුල; v. හානවා, හීහානවා, සීසානවා
Plough-boy, n. හාන කොල්ලා; ග්‍රාමික කොල්ලා.
Ploughed, pp. or a. හාපු, හලන, කෘෂට.
Plough-handle, n. නගුල් මිට, නිමුත් මිට, ලාංගල දණ්ඩය.
Ploughing, n. හෑම, සීසෑම, කම්ණය.
Ploughshare, n. නගුල් දත.
Pluck, v. pluck up or out උද්ධරනවා, උපුටනවා; (පිහාටු) උගුලනවා; (ගෙඩි &c.) කඩනවා, නෙලනවා. [කම.
Pluck, n. පපුකැනැත්ත; fig coll. ධෛර්‍යය, බුහුටි
Plucked, pp. or a. උද්ධරපු &c.; fig. coll. (විභාගයේදී) කපු දැගිය, අසමර්ථවූ.
Plucky, a. ධෛර්‍යමත්, බුහුටි.
Plug, n. ඇබය, අඩය, ජේනුව, පොරොප්පය; v. ඇබ ගහනවා &c.
Plum, n. ඒ නම්වූ ඵලජාති; වියළි මුද්‍රික ඵල.
Plumage, n. පිහාටු, i. e. පක්ෂියෙකුගේ පිහාටුගණය, පත්‍ර සකණ්ඩය.
Plumb, n. ලම්බය, ලම්බකැටය; a. ලම්බයට හරිවූ, සෘජු ආලම්බ.
Plumb, ad. කෙළින් පහතට; fig. plump කෙළින් එකපාරට. [වා.
Plumb, v. ලම්බ බානවා, ලම්බය අල්ලා කෙළින්කරන
Plumbago, n. මිනිරන්, අභ්‍රක; a plant එල නෙටුල්.
Plumbean, Plumbeous, a. ඊයම්, ඊයම් ආකාර; fig. මොට්ට.
Plumber, n. ඊයම් වැඩකරන්නා, ඊයම්කරුවා.
Plumbery, n. ඊයම් කර්මාන්තය; ඊයම් බඩු; ඊයම් පට්ටලය or වංකලය.
Plumbing, n. ඊයම් වැඩ කිරීම, ඊයම් වාත්තුකිරීම; ආකර සෝදිසිකිරීම.
Plumb-line, n. ලම්බ ලනුව, ලම්බ නූල; ලම්බ රේඛාව.
Plumb-rule, n. ලම්බ රූල්ල, බිලියම.
Plum-cake, n. මුද්‍රික එල කැවිලි.
Plume, n. පිහාට්ට.
Plume, Plumule, in. bot. බීජාංකුරය, මොට්යා.
Plume, v පිහාටුවලින් සරසනවා; fig. plume one's self ගර්විතවෙනවා.
Plumiped, a. පක්ෂ්මපාදික; n. පක්ෂ්මපාදික පක්ෂියා.
Plummet, n. (ගැඹුර බලන) බරුව; ලම්බය, බිලියම.
Plump, a. වටකුරුවට පුණ්, තර, තප්පාලි; fig. ගජ (බිත්ත).
Plump, v. හදිසියෙන් බර ලෙස වැටෙනවා or වැටෙන්ට අරිනවා; වටකුරුවට පුණ්වෙනවා; (තෝරාගැනීමට) එක්කෙනෙක්ම අරබයා කැමැත්ත දෙනවා.
Plunder, v. කොල්ලකනවා; n. කොල්ලය. [රා.
Plunderer, n. කොල්ලකන්නා, කොල්ලකාරයා, හො

Plunge, v. t. සැරෙන් ගිල්වනවා, (හෘදයට &c.) එක පහරකින් අනිනවා; (යම් ගතියකට, කැරළිගැසීමට &c.) මුළුමනින්ම පමුණුවනවා, (ව්‍යසනයෙහි &c) සිඳවනවා.
Plunge, v. i. (වතුරට, දබරයට &c.) පනිනවා, වේගයෙන් වදිනවා; (අශ්වයෙක්) සැරලෙස පනිනවා.
Plunge, n. වේගයෙන් පැනීම &c., see v. i.
Pluperfect, a. in gram. අතීත සම්පූර්ණ (කාලය or ක්‍රියාව): I had come ඇවිත් සිටියෙමි, ලියා තිබුණ, යනු මෙනි.
Plural, a. එකකට වැඩිවූ, බහු වාචක; n. බහු සංඛ්‍යාව, බහු වචනය.
Pluralist, n. එකකට වැඩි—බහු—පදවිධාරියා, බහු පදවිධාරි දේවගැතියා.
Plurality, n. එකකට වැඩි ගණන, බහුලකම, බහුලත්වය; වැඩි ගණනක්, බහු පදවි පිරිකාව.
Pluralize, v. බහුවාචක කරනවා, බහුවාචක ප්‍රත්‍යය දමා කියනවා.
Plurilocular, a. in bot. (එකගෙඩියේව) බීජ කෝෂ කීපයක් ඇති, බහු බීජ ඛිත්.
Plus, L. in alg. සංකලනයේ ලකුණ වන + මෙය, එකතුකිරීමේ ලකුණ.
Plush, n. විල්ලුද සමාන රෙදි ජාතියක්.
Pluto, n. in myth. පාතාල දෙවියෝ.
Plutocracy, n. ධනවතුන් විසින් කරනුලබන ආණ්ඩුව.
Plutonic, a. අග්නිජ; plutonic action පෘථිව්‍යග්නි බලය; plutonic rocks අග්නිජපර්වත.
Plutonism, n. (පෘථිවියේ) අග්න්‍යුත්පත්ති මතය.
Plutonist, n. අග්න්‍යුත්පත්ති මතිකයා.
Pluvial, Pluvios, a. වර්ෂාකාර, වර්ෂා බහුල.
Pluviameter, n. වර්ෂා මානක යන්ත්‍රය.
Ply, v. යොමුකරනවා, වීර්‍යයෙන්—නැවත නැවත—පාවිච්චිකරනවා or ඒ ඒ ක්‍රියාවල් කරගෙන යනවා, as: ply the hammer, needle &c. මිටියෙන් තලතලා—ඉඳිකටුව දමදමා—සිටිනවා;
ply with reasons &c. යමෙකුට නොයෙක් කාරණ, ඉල්ලීම් &c. ගෙන දානවා; (නැවක් මෙන්) නියමයට ගමනාගමනය කරනවා.
P. M. post meridian, ad පස්වරුවේ, අපරභාගයේ, අ. භා.
Pneumatic, Pneumatical, (pneu නපු), a. වායුවූ; වායු බලයෙන් වැඩකෙරෙන, වායු, (යන්ත්‍රය); වායු ශාස්ත්‍රාකාර, වායු ශාස්ත්‍ර; ආත්ම, ආත්ම සම්බන්ධ.
Pneumatics, n. වායු ශාස්ත්‍රය.
Pneumatocele, n. වාතාණ්ඩ කෝෂය.
Pneumatology, n. වායු ශාස්ත්‍රය; වායු විස්තරය; ආත්ම ශාස්ත්‍රය; ආත්ම විස්තරය.
Pneumonia, Pneumonitis, n පපුවේ දැවිල්ල, පෙනහැල්ලේ දැවිල්ල, පුප්ඵුස දාහය.
Poach, v (eggs) බිත්තර බිඳ තම්බනවා; හොරෙන් දඩයම් කරනවා. [කැළල.
Pock, n. බිබිල, වසූරි බිබිල; pock-mark වසූරි බිබිලි,
Pocket, n. ඔඩොක්කුව, සාක්කුව, පසුම්බිය, කුරපයිය, මඩිය, මඩිස්සලය.
Pocket, v. ඔඩොක්කුවේ &c. දමනවා; හොරෙන් ගන්නවා; fig. pocket an insult &c. ඉවසනවා.
Pocket-book, n. (යමක් ලිවීමට or දැමීමට තබාගන්න) අත්පොත, නෝට්ටු පොත.
Pocket-knife, n. පැන පිහියේ, කුඩා පිහියේ.

Pocket-money, n. සිල්ලර වියදමට ළඟ තබාගන්නා සුළු මුදල. [මා.
Pod, n. කරල, පල්ල, බීජගුප්තිය ; v. කරල් හැදෙන
Podagra, n. පාදරෝගිය.
Podagric, a. පාදරෝගාකාර, පාදරෝගි සහිත.
Podology, n. පාද විස්තරය.
Podosperm, n. in bot. බීජ සූත්‍රය.
Pœcilopods, Pœcilopoda, n. pl. (කබලෑති) විවිධ පාදික ප්‍රාණියෝ.
Poem, n. කවිය, කාව්‍යය, කාව්‍ය ප්‍රබන්ධයක්.
Poesy, n. කාව්‍ය ශාස්ත්‍රය ; කාව්‍යය.
Poet, n. කාව්‍ය කර්තෘ, කාව්‍යක්කාරයා, කිවිවරයා ; කවින්ද්‍රයා.
Poetaster, n. කුකවි ලියන්නා.
Poetess, n. කාව්‍යක්කාරී.
Poetic, Poetical, a. කාව්‍ය ; කාව්‍යාකාර, උත්කෘෂ්ට චේතනා සහිත.
Poetry, n. කවි &c., කාව්‍යය, පද්‍යය ; පද්‍ය බන්ධනය, පද්‍ය රචනාකිරීම ; කාව්‍ය ශාස්ත්‍රය ; fig. එවැනි උත්කෘෂ්ට චේතනා.
Poignancy, n. තියුණුකම, සැරකම.
Poignant, තියුණු, සැර, ඇනෙන.
Point, n. තුඩ, තුඩුව, තොන්ගල, කොණ, අග, උල, මුණය ; සටුව ; තැන, නියම තැන ; point of time (ඒ) කාලයම, වේලාවම ; ලිවීමේ ලකුණක් (වන [, ; .] ආදී එකක) ; බිඳුව ; (කථාවේ, කීමේ) විශේෂ අභිප්‍රාව or කාරණව ; to the point කාරණ වටම ; the point of death මරණසන්නය.
Point, v. උල්කරනවා, තුඩුකරනවා ; ඇඟිල්ල දිගු කරනවා, අතින් පෙන්වනවා, point out පෙන්ව නවා ; (වගන්තියේ) ලකුණු දමනවා ; (ගඩොල්වල) බදාම දමනවා ; aim (තුවක්කුව &c.) එල්ලකරනවා ; (එයින්) මානනවා, (යම්දිශාවකට යමක්) හරවනවා, fig. (කීමක්, ගුරුකමක්) අදාළකරනවා, (යමෙකුට) වදින්ට කියනවා.
Point-blank, a. කෙළින්ම මානන (වෙඩිල්ල) ; සහ තික ලෙසම කියන (කීම &c).
Point-duty, n. වීථියක ගමනාගමනයකරන රථවාහන හා මගීන් නිසිලෙස හැසිරවීමට සිටින පොලිස් භට යාගේ රාජකාරිය.
Pointed, a. උල්වූ ; තියුණු, ඇනෙන, පැහැදිලි, අදාළ.
Pointedly, ad. තියුණු ලෙස, ඇනෙන ලෙස, තොස හවා, අදාළකර.
Pointer, n. පෙන්වීමේ ආවුදය (කටුව, කෝටුව &c) ඔරලෝසු කටුව &c. ; දඩයම් බලු වර්ගයක්.
Pointing, n. උල්කිරීම &c. ; (වගන්තියේ) ලකුණු දමන විධිය ; ලකුණු දමාතිබෙන ආකාරය ; භිත්ති යේ ගඩොල්වල දමා තිබෙන ද්‍රව්‍ය.
Pointless, a. තුඩක් නැති, මොට්ට ; නොඇනෙන. මොච්ච, (කීම). [කාරයා.
Pointsman, n. දුම්රිය පීලි තල්ලුකරන්නා, පොයින්තු
Poise, n. තුලාවේ පඩිය ; fig. See Equipoise.
Poise, v. නොවැටෙන හැටියට යමක් පිට තබනවා. See Balance.
Poison, n. වස, විස, විෂ, පාසානම්.
Poison, v. වස දෙනවා, වස දී මරනවා ; විෂ වද්දවනවා, විෂකරනවා ; fig. (හිත &c.) නරක්කරනවා, ක්‍රෝධයෙන් පුරවනවා.
Poisonous, a. වස, විසකුරු, විෂධර, විෂඝෝර.
Poke, v. (උලකින්, කෝටුවකින්, අතින් &c.) අනිනවා, ලියක් &c. දමා හෝදිසිකරනවා.
Poke, n. (එසේ) ඇනීම, අනින පහර.
Poker, n. අගින—තල්ලුකරන—ආවුදය, (ගල්අඟුරු හොලවන) යකඩය, යකඩ කූර.
Polar, a. පෘථිවි ධ්‍රැව සම්බන්ධ, ධ්‍රැව, ධ්‍රැව ප්‍රදේශ.
Polarity, (ධ්‍රැව දිශාවට ඇදෙන) අනුකම්පනවය, කාන්දම් ගුණය.
Polarization, n. කාන්දම් ගුණය වැද්දවීම ; කාන්දම් ගුණතාව.
Pole, n. in astr. ඛගෝලාක්ෂාග්‍රය ; in geog. පෘථිව්‍ය ක්ෂාග්‍රය, ධ්‍රැවය ; magnetic poles කාන්දම් අග, අයස්කාන්තාග්‍ර.
Pole, n. රිට, දණ්ඩ ; yoke තඩිය ; mast කුඹය ; යාර පහමාරක මිම්ම ; a carriage pole කුබරය, වීරු කාලේ, එරිගෘකද.
Pole, n පෝලන්ත වැසියා.
Polecat, n. උගුඩුවා, මුගටි වර්ගයක්.
Polemic, Polemical, a. විතර්කීණ, වාදකාර.
Polemic, n. වාදකාරයා.
Polemics, n. විතර්කණය, ධර්මවිතර්කණය, වේදවිතර්කය, වාද ලියවිලි. [ය.
Pole-star, n. ධ්‍රැවතාරකාව, ධ්‍රැවාධාරය, නක්ෂත්‍ර නාභි
Police, n. නගරාරක්ෂක දෙපාර්තමේන්තුව, පොලීසිය ; රාජපුරුෂයෝ, පොලිස්භටයෝ, නගරාරක්ෂක සේනාව.
Policeman, Police-officer, n. රාජපුරුෂයා, කොස්තාපල්, පොලිස්කාරයා, පොලිස්නිලධාරියා.
Police-office, Police-station, n. රාජපුරුෂ ශාලාව, පොලිස් කන්තෝරුව, පොලීසිය.
Policy, n. ආණ්ඩු ක්‍රමය, රාජනයය, හසුරුවන විධිය ; හැසිරවීමේ සමත්කම, නුවණක්කාරකම, උපාය ; in com. ඔප්පුව, ඔප්පුපත්‍රය, කැරය.
Polish (පෝලිෂ්), a. පෝලන්තයට අයිති, පෝලන්ත.
Polish (පලිෂ්), v. ඔපනගනවා, ඔපදමනවා, පලිප්පු දමනවා ; ඔපවැටෙනවා ; fig. (ලීලා &c.) සංස්කාර කරනවා, සුශික්ෂිතකරනවා.
Polish, n. ඔපය, දිස්නය, පලිප්පුව ; fig. අතිශිෂ්ට තාව, සුශික්ෂිතතාව. [ශිෂ්ටාචාර, සුශික්ෂිත.
Polished, pp. or a. ඔපනගාපු &c., ඔප ඇති ; අති
Polite, a. ආචාරවන්ත, ආචාරසම්පන්න, ශිෂ්ටාචාර, සුශික්ෂිත.
Politic, a. (යෝජනාකිරීමට) නුවණක්කාර, කාර්‍ය චින්තක ; (යෝජනාවට) උචිත, ප්‍රඥාගෝචර.
Political, a. ආණ්ඩුකිරීමට අඩංගු, දේශපාලන, ආණ්ඩුකාර : රාජ්‍යානුකූල, රාජ්‍ය සම්බන්ධ.
Politician, n. රාජ්‍යක්‍රම ශාස්ත්‍රඥයා, දේශපාල නඥයා, රාජ්‍ය කාරණාවලට භාරවූ අය.
Politics, n. රාජ්‍යක්‍රම ශාස්ත්‍රය, දේශපාලනය ; රාජ්‍යානුකූල කාරණ. [කම.
Polity, n. ආණ්ඩුක්‍රමය, රාජධර්මය, රාජ්‍ය විධිවත්
Polka, n. භ්‍රමණ නෘත්‍යයක්, භ්‍රමණනෘත්‍ය තාලය ; සැට්ට වර්ගයක්.
Poll (පෝල්). n. ඉස ; නාමවට්ටෝරුව ; (බලය ඇති අයගේ) නාමලේඛනය ; ඡන්දය විමසීම, නිලධාරීන් තෝරා ගැනීම, නිලධාරීන් තෝරාගන්න ස්ථානය.
Poll (පෝල්), v. අග්ගිස් කපනවා, ලොම් කපනවා ; (නුවරුන්ගේ &c.) නම් ලියාතබනවා.
Pollard, n. කප්පාදුකළ ගහ, කොටකර කැපූ ගහ ; පිටි මුසු පරඩි. [නීමට) නම් ලිපිකරුවා.
Poll-clerk (පෝල් ක්ලාක්), n. (නිලධාරීන් තෝරා ගැ

Pollen, n. පරාග, රොන්, රේණු, රජස්.
Pollen-tubes, n. pl. in bot. පරාගනාළි.
Polliniferous, a. පරාගවත්.
Poll-tax (පෝල් ටැක්ස්), n. ඇඟබද්ද.
Pollute, v. කිලුටුකරනවා, මලිනකරනවා, දූෂ්‍යකර නවා, දූෂණයකරනවා ; කෙලෙසනවා, ඉඳුල්කර නවා. See Defile &c.
Pollution, n. කිලුටුකිරීම &c., දූෂණය ; කල්මෂය, කලංකය, පූතිභාවය.
Polo, n. අශ්වයන් පිට හිඳ කරන ක්‍රීඩාවක්.
Polonga, n. පොළඟා, තිත් පොළඟා.
Poltroon, n. තැවිජයා, නිවටයා, බයගුල්ලා ; a. තුවජ, නිවට, බයගුළු. [සඟිය.
Poly, prefix. බහු. නොයෙක්, යන අර්ථ ඇති උප
Polyadelphia, n. pl. බහුබද්ධ පුරුෂකේශර පැළ ජාති.
Polyandria, n. pl. බහුපුරුෂකේශර පැළජාති.
Polyandrian, **Polyandrous**, a. in bot. බහුපුරුෂ කේශර.
Polyandry, n. පුරුෂයන් දෙන්නෙක් *or* වැඩි දෙ නෙක් ඇතුව සිටීම, බහුපුරුෂතාව.
Polyarchy, **Polycracy**, n. බොහෝදෙනෙකු විසින් පවත්වන ආණ්ඩුව, බහු ආධිපත්‍ය-රාජ්‍යය. [ප්‍රද.
Polycarpous, a. බොහෝ ඵල දරන, බහුඵල, බහුඵල
Polycotyledonous, a. බහුභේදිත බීජ සහිත, බීජයේ බොහෝ කියලි ඇති, (ගස්).
Polygamist, n. බහුවිවාහිතයා ; බහුවිවාහිත දූෂ්‍යයා. See Polygamy.
Polygamous, a. බහුවිවාහිත.
Polygamy, n. බහුවිවාහිතතාව *or* බහුභාර්‍යත්වය, එක කාලයේ පුරුෂයන් හෝ භාර්‍යාවරුන් දෙන් නෙක්වත් ඇතුව සිටීම. [වලින් යුත්.
Polygenous, a. නොයෙක් ආකාර, නොයෙක් දේ
Polyglot, a. බහුභාෂාඥ ; බහුභාෂාලිඛිත, බොහෝ භාෂාවලින් ලියාපු.
Polyglot, n. බහුභාෂාලිඛිත පුස්තකය, නොයෙක් භාෂාවලින් ලියාපු පොත.
Polygon, n. පැති හා කොන් කීපයක්ම ඇති හැඩය, බහුකෝණය, බහුභුජය.
Polygonum, n. කිඹුල්වැන්න, (barbatum) රත්කිඹුල් වැන්න, (tomentosum) හෙළකිඹුල්වැන්න.
Polygraph, n. (අත්ලියවිල්ලක කෙටුම්පත් වැඩි කරන) බහුලේඛන යන්ත්‍රය.
Polygynia, n. pl. බහුස්ත්‍රීකේශර පැළ ජාති.
Polygyny, n. බහුභාර්‍යත්වය.
Polyhedral, n. බහුඅංශ, බහුඵලක.
Polyhedron, n. බහුඅංශ ඝනයක්, බොහෝ පට්ටම් ඇති ඝන දෙයක්, බහුඵලකය.
Polymathic, a. බහුශ්‍රැත.
Polymathy, n. බහුශ්‍රැතතාව.
Polymorphous, a. බහුමූර්ති, බහුරූපී, නොයෙක් හැඩ ඇති.
Polynesia, n. ශාන්තිකර සාගරයේ ඒ නම්වූ ද්වීපරා ශිය, ද්වීපබාහුල්‍යය.
Polynesian, n. ශාන්තිකර ද්වීපරාශියට අයිතිවූ, ද්වීප බාහුල්‍ය, (වැසියෝ &c.).
Polynomial, a. *or* n. in alg. බහුනාමාන්තගත ; බහු නාමාන්තගත ගණනක්.
Polype, **Polyp**, n. බොහෝ පාද — *or* මුල් — ඇති දෙයක්. See Polypes. [ප්‍රාණියෝ.
Polypes, n. pl. (හිරිගල් සාදන) සාගර බහුපාදික—
Polypetalous, a. බහුපුෂ්පපත්‍ර බොහෝ පෙති ඇති, (මල්.)
Polyphagous, a. බහුආකාරාන්නභක්ෂක.
Polyphyllous, a. බහුපත්‍ර.
Polypus, n. බොහෝ මුල් ඇති දෙයක් ; (නාසේ) දළුව, ගර්භයේ කෙප්පය, ගෙඩිය.
Polysperm, n. බහුබීජඵල වෘක්ෂය.
Polystyle, n. බහුස්තම්භ—මන්දිරය. [වක.
Polysyllabic, a. බහුස්වරවාචක, ත්‍රිත්වසිකස්වරවා
Polysyllable, n. බහුස්වරවාචකය, ත්‍රිත්වසිකස්වරවා චකය. [ශිල්ප, (ශාලාව).
Polytechnic, a. බහුශිල්ප සහිත. බහුශිල්පශාස්ත්‍ර
Polytheism, n. බහුදේවදෘෂ්ටිය.
Polytheist, n. බහුදේවදෘෂ්ටිකයා.
Polytheistic, a. බොහෝ දෙවිවරු ඇත යන මතවා සය සම්බන්ධ, බහුදේවදෘෂ්ටි.
Pomace, n. ජම්බු වැනි ගෙඩිවල මද.
Pomade, **Pomatum**, n. සුවඳ තෙලම්.
Pomegranate, n. දෙළුම, දෙළුම් (ගෙඩි &c.)
Pommel, n. පොහොට්ටුව. කඩුපොහොට්ටුව, හැඳ පොහොට්ටුව.
Pommel, v. ඝන දෙයකින් තළනවා, ගුටි අනිනවා.
Pomp, n. ගර්විත ප්‍රදර්ශනය, ඓශ්වර්‍යය, අලංකා රය ; උද්දාම, ගර්විතතාව.
Pomposity, n. ගර්විත ලීලාව, උද්දාම ගතිය.
Pompous, a. ගර්විත ප්‍රදර්ශනාකාර, ඓශ්වර්‍යවත් ; උද්දාමයෙන හැසිරෙන.
Pond, n. පොකුණ, තටාකය, ජලාශය, පුෂ්කරි ණිය, ගෙඩිගුව්ල, පල්වලය.
Ponder, v. කල්පනාකර බලනවා, විකල්පනයකර නවා ; මෙනෙහිකරනවා.
Ponderability. n. කිරාබැලිය හැකි භාවය, බරක් ඇති ගතිය, භාරත්වය.
Ponderable, a. (විද්‍යුත් ආදී දේ නොව) කිරාබැලිය හැකිවූ, (වික නුමුත්) බරක් ඇති, (ද්‍රව්‍ය).
Ponderosity, **Ponderousness**. n. බරකම, අතිභා රත්වය, බර හා මහත ඇති භාවය. [ඇත්තාවූ.
Ponderous, a. ඉතා බරවූ, අතිභාරවූ, බර හා මහත
Poniard, n. කුඩා කිරිච්චිය ; v. කිරිච්චියෙන් අනි නවා. [සේ, B. සංඝරාජ.
Pontiff, n. නායක පූජකයා, R. C. පාප්වහන්
Pontific, **Pontifical**, a. පූජක, නායක පූජක ; විරාජ මාන ; sp. පාප්වහන්සේ සම්බන්ධ.
Pontificals, n. pl. පූජක වස්ත්‍ර, පලඳනා, (ආදිය).
Pontificate, n. නායක පූජකකම ; sp. පාප්වහන් සේගේ පදවිය ; (ඒ) නායකපූජක කාලය, පාප් පදවි කාලය.
Pontoon, n. පාලමක් සෑදීමට පාවිච්චිකරන පාරු වක්, පාලම් පාරුවක් ; පාරුව ; පාරු පාලම.
Pony, n. Ponies, pl. මිටි අශ්වයා, පෝනියා.
Poodle, n කුඩා බලු ජාතියක්. [See Pond.
Pool, n. වතුර රැඳී තිබෙන තැනක්, පොකුණ &c.
Pool, **Poule**, n. සමහර ක්‍රීඩාවල ඔට්ටු ; ඔට්ටු තබන තැන.
Poonac, n. පුනක්කු. [නවා.
Poop, n. අවරයේ උඩුතට්ටුව; v. උඩුතට්ටුවට වදි
Poor, a. දිළිඳු. දුප්පත්, දරිද්‍ර ; දුර්වල, අධම, සුළු ; හොඳනැති, අඩුතරම් ; කෙට්ටු, කෘශ, (සවභාව) ; අසරණ, කාළකණ්ණි ; අසාර (බිම, කවි &c.) ; the poor දිළිඳුන්දෙ. [ශාලාව.
Poor-house, n. දිළිඳුන් නඩත්තුකරන ශාලාව, පින්

Poor-laws, n. pl. දිළිඳුන් නඩත්තුකිරීම සම්බන්ධ නීතික්‍රමය, අසරණ නීතික්‍රමය.
Poorly, be, v. මදක් අසනීපව සිටිනවා ; ad. හොඳ මදිලෙස.
Poorness, n. හොඳ මදිකම, අඩුකම ; lit. & fig. අසාරකම. [ආදායම.
Poor-rate, n. දිළිඳුන් උදෙසා කරන අයබද්ද, දුගී
Poor-spirited, a. අධෛර්‍ය්‍ය, බයගුලු.
Pop, n. පප් වැනි ඉක්මන් ලුහුඬු ශබ්දය.
Pop, v. හදිසියෙන් නික්මෙනවා *or* එහාටමෙහාට පනිනවා ; හදිසියෙන් දමනවා.
Pop-corn, n. පොරි, මිලද, ලාජා, ලාජාපුෂ්ප.
Pope, n. පාප්වහන්සේ.
Popery, n. රෝමානුආගම.
Popedom, n. පාප්තැනගේ පදවිය *or* ශාසනය.
Popgun, n. බට තුවක්කුව, පුංචි සෙල්ලම් තුවක්කුව.
Popish, a. රෝමානු ආගම සම්බන්ධ, රෝමානු ආගමාකාර.
Poppy. n. කන්සා ගස් අඬංගු ගස් ජාති.
Populace, n. මහජනයා, සාමාන්‍ය රටවැසියෝ, පොදු උදවිය.
Popular, a. මහජනයාගේ, සාමාන්‍ය, (මතයක් &c.) ; (පොදු උදවියට) සුඛාවබෝධ, අගුඩ ; ජනප්‍රිය.
Popularity, n. ජනප්‍රියතාව : his popularity (say) මහජනයා ඔහුට ප්‍රිය බව.
Popularize, v. පොදු උදවියට සුදුසු — යෝග්‍ය — කරනවා ; මහජනයා අතරෙහි ව්‍යාපන — පතළ — කරනවා. [හැටියට.
Popularly, ad. (මිනිසුන්ගේ) සාමාන්‍ය කල්පනාවේ
Populate, v. (නිස්රටක *or* පළාතක) සෙනග පදිංචි කරනවා, ජනගහනය කරනවා.
Population, n. රටවැසියෝ, දේශවාසීහු ; ජනගහනය, ජනගහනයේ ප්‍රමාණය.
Populous, a. ජනගහන, ජනබහුල, ජනාකීර්ණ.
Populousness, n. ජනගහනකම, ජනබහුලතාව, ජනබාහුල්‍යය.
Porcelain, n. අතිශ් සිනිඳු පිරිසි කෝප්ප ආදී ජාතියක්, මකුල්මැටි භාජන.
Porch, n. පියස්සක් ඇති දොරටුව, මණ්ඩපය, ද්වාර මණ්ඩපය.
Porcine, a. සූකර, ඌරු.
Porcupine, n. ඉත්තෑවා ; porcupine quill ඉත්තෑකුර.
Pore, n. ඛාසිදුර, ස්වේදකූපය, තනුකූපය, රෝමකූපය; pores ඛාසිදුරු &c.; in nat. phil. භූතමාත්‍රජිද්‍ර.
Pore over, v. (දැනගැනීමට යමක්) බලබලා සිටිනවා, (කාරණාවකට) හිත යොමුකරගෙන සිටිනවා.
Pork, n. ඌරුමස්, ඌරුමාලු, සූකරමාංස. [ඌරා.
Porker, n. ඌරුනාම්බා, මස්කෑම පිණිස ඇතිකරන
Porkling, n. ඌරු පැටියා.
Porosity, Porousness, n. බුරුල් ගතිය, සිදුරුඇති භාවය ; (ඝන ද්‍රව්‍යවල තුමුත්) භූතමාත්‍ර සඡිද්‍රතාව.
Porous, a. සිදුරු ඇති, කූප සහිත, බුරුල් ; in nat. phil. ඡිද්‍ර සහිත, සඡිද්‍ර, (ද්‍රව්‍ය).
Porphyry, n. ලෝහකැට මුසු ගිනිගල් ජාතියක්.
Porpoise, n. මත්ස්‍ය ජාතියක් : මුහුදුඌරා, උලුපියා.
Porridge, n. තලප, කැඳ.
Porringer, n. තලපතැටිය.
Port, n. වරාය, නැව්තොට ; the vicinity තොටමුණ ; port-hole &c. නැව් කවුළුව ; නැව්කවුළු පියන ; නැවේ වම්පැත්ත ; කළු මුද්‍රිකපානය. [මං.
Port, v. the helm සුක්කානම වම්පැත්තට හරවන

Portable, a. කොටඹාය ගලවා ගෙනගිය හැකිවූ (බඩු) ; (අතින් &c.) පහසුවෙන් ගෙනගිය හැකිවූ, අභාර, අකුලින.
Portage, n. ගෙනයාම ; ගෙනයාමේ කුලිය.
Portal, n. කුඩා දොරටුව ; ප්‍රවේශනස්ථානය, ද්වාරය ; ද්වාරකෝෂ්ඨකුව. [ඒයදම්.
Port-charges, Port-dues, n. වරායේ බදු, වරායේ
Portcullis, n. (නුවර දොරකඩට බාන) ආරක්ෂක ගරාදිදොර.
Porte, Sublime Porte, n. තුර්කි ආණ්ඩුව.
Portend, v. කලින් පෙන්වනවා, පූර්වනිමිතිවලින් පෙනියනවා.
Portent, n. (ව්‍යසන ගැන) පූර්වනිමිත්ත, උත්පාතය.
Portentous, a. නිමිති සහිත, පූර්වලකුණක්ව තිබෙන.
Porter, n. දොරටුපාලයා, ද්වාරපාලයා ; (කරෙන්) බර ගෙනයන මිනිසා, භාරවාහකයා ; කළු බීම ජාතියක්. [වැවේ.
Porterage, n. බඩු ගෙනයාමේ කුලිය ; බර ගෙනයන
Portfolio, n. (කඩදාසි තබාගන්න) ලොකු පිටකොළ වැස්ම ; රාජ්‍ය මන්ත්‍රීවරයෙකුගේ ධුරය හා කටයුතු.
Portico, n. (දොරකඩ ඉදිරිපිට) බරාඳය, මණ්ඩපය.
Portion, n. පංගුව, කොටඹාසය, භිත්තය ; (නියම) කොටස, දෑවැද්ද, දායාදය.
Portioned, pp. *or* a. කොටඹාස — කොටස් — කරන ලද &c., භේදිත ; be portioned with (යමක්) දෑවැද්දක් කොට ලබා සිටිනවා.
Portliness, n. සමුන්නත රූපතාව, සමුන්නත මිනීතිය ; ස්ථූලතාව.
Portly, a. සමුන්නතරූපී, සමුන්නතාකාර ; ස්ථූල.
Portmanteau, n. ගමන් හම්පෙට්ටිය.
Portrait, n. රූප සිතියම, ඡායාරූපය ; fig. රූපවිස්තරය, ආකාර විස්තරය. [කාරයා.
Portrait-painter, n. රූපසිතියම් අඳින්නා, රූප චිත්‍ර
Portray, v. (යමක්) සිතියම් කරනවා ; විස්තරකොට දක්වනවා, ලක්ෂණ දක්වනවා.
Portuguese, a. පෘතුගීසි, පරංගි ; n. පෘතුගීසියා, පරංගිකාරයා, ප්‍රතිකාල්දේශවාසියා ; පෘතුගීසි භාෂාව.
Pose, v. (ප්‍රශ්නයකින් &c.) අමාරුවට පමුණුවනවා, නිරුත්තරකරනවා.
Poser, n. අමාරුවට පමුණුවන්නා &c. ; (යමෙකු) නිරුත්තරකරන ප්‍රශ්නය.
Position, n. පිහිටි තැන, පිහිටීම, අවස්ථාව, ස්ථානාන්තරය, තනතුර, පදවිය, තත්ත්වය ; of the body—standing, sitting, lying or walking—ඉරියව්ව ; පිළිගෙන සිටින ධර්මය.
Positive, a. ඒකාන්ත, නියත, සත්තක, සහතික, තිරසාර, අවශ්‍ය ; existent භූතවත් ; appointed නියමිත, නියම, ව්‍යවහාරික ; see Dogmatic ; positive degree, in gram. (ගුණවාචකයේ) සාමාන්‍ය ප්‍රමාණය.
Positively, ad. ඇත්තටම, ඒකාන්තලෙස &c., නිශ්චය ලෙස, තිරසාරයෙන්ම &c., ඉදුරාම.
Positiveness, n. ඒකාන්තකම &c., අවශ්‍යතාව, තථ්‍යතාව, භූතතාව.
Positivism, n. දර්ශන ධර්මවිය.
Positivist, n. දර්ශන ධර්මවියා. [කැරල.
Posse (පසෙ), n. L. සන්නද්ධ සෙනගක් ; උදවිය,
Possess, v. t. S. v. i. (යමෙකුට) අයිතිව — හිමිව — තිබෙනවා, ඇතුව තිබෙනවා *or* සිටිනවා ; possess one's-self of, හිමි — අයිති — අත් — කරගන්නවා.

Possessed of, be, v. අයිතිව &c. තිබෙනවා ; S. adj. සමන්විත, සමන්නාගත, උපෙත, සමුපෙත, සම්පන්න ; possessed by demons යක්ෂාභිග්‍රහිත, භූතාවිෂ්ට.

Possession, n. ඇතුව තිබීම &c. ; අයිතිය, භුක්තිය, උරුමය ; හිමිවූ දේ; pl. වස්තු, සම්පත්ති, අයත් රට වල් ආදිය ; by demons යක්ෂාවේශය, යක්ෂබන්ධනය, භූතාවේශය ; [නාවා;
give possession of හිමිකරදෙනවා, අත්කරදෙ
take...අත්පත්කරගන්නවා, හස්තප්‍රාප්තකරගන් නවා, සින්නකර ගන්නවා ;
keep...අත්අඩංගුවේ — සන්තකයේ — තබාගන් නවා, හිමිකරගත සිටිනවා ; (as a demon of a tree) අරක්ගන්නවා, අධිග්‍රහණය කරනවා.

Possessive, a. හිමිකම සම්බන්ධ ; n. සම්බන්ධ විභක්තිය.

Possessor, n. ඇත්තා, අත්කරගත සිටින්නා, භුක්ති විඳින්නා ; හිමියා. [තාව.

Possibility, n. වියහැකිකම, බැරිනැතිකම, ශක්‍ය
There is no possibility of doing this මෙක කිරීමට කිසිම හැකියක් නැත.

Possible, a. වියහැකිවූ, බැරිනැති, කළහැකි, පුළුවන්, සාධනීය, ශක්‍ය, (දේ). [වේලාවට.

Possibly, ad. යම්කිසි බලයකින් *or* හැකියකින්, බාග

Post, n. කණුව, කුරුපාව ; ස්ථානය, තැන ; මුරපළ, ස්ථානස්ථානය, කඩවත ; ප්‍රසිද්ධ නිලය, ධානානතරය, තනතුර, පදවිය ; තැපැල ; letter paper ලියුම් ලියන කඩදාසිය, ලියුම් කඩදාසි.

Post, v. කණුවකට අලවා තබනවා ; ප්‍රසිද්ධලෙස ගරහනවා ; තැනක පිහිටුවනවා ; තැපැලේ දමනවා ; ප්‍රධාන ගණන්-පොතේ ලියාතබනවා; travel quickly ඉක්මනින් ගමන්කරනවා.

Post, prefix, L. පසු, පසුව, පශ්චිම, යන අර්ථඇති උපසර්ගය.

Postage, n. තැපැල් වියදම, තැපැල් ගාස්තුව.

Postage-stamp, n. තැපැල් මුද්දරය.

Postal, a. තැපැලට අයිතිවූ, තැපැල්.

Post-card, n. තැපැල් පත.

Post-date, v. හරි දිනට පසු දිනක් ලියනවා, මතු දිනක් දමනවා.

Postdiluvial, Postdiluvian, a. (නෝවාගේ කාලයේ) මහ ජලගැල්මට පශ්චිම.

Postdiluvian, n. මහ ජලගැල්මට පශ්චිමයා.

Post-entry, n. (වැරද්දෙන් ඇරුණු දේ) පසුව ලිවීමක්, දෙවනු ලිවීමක්.

Poster, n. (කණුවල, භිත්තිවල &c.) අලවන්නා, See Placard.

Posterior, a. පසුව පැමිණෙන, පසුව වූණ, අපර.

Posteriors, n. pl. පස්සා කොටස, තට්ටම.

Posterity, n. පැවතඑන්නෝ, දරුමුනුබුරෝ, සන්තතිය ; මතුපරම්පරා. [කුරුබිලිය.

Postern, n. කුඩා රහස් දොරය, කුඩා දොරකඩ ;

Post-existence, n. පසුවූ පැවැත්ම ; මතු ජීවිතය.

Post-existent, a. (යමකට) පසුව තිබුණාවූ *or* වෙන්නාවූ.

Postfix, v. (අකුරක් &c. වචනයක) අගට සම්බන්ධ කරනවා ; n. ප්‍රත්‍යය, අනුබන්ධය.

Post-free, Post-paid, ad. *or* a. තැපැල්වියදම ගෙවා; තැපැල්වියදම ගෙවා අරින.

Post-haste, ad. (තැපැල මෙන්) ඉක්මනින්ම.

Posthumous, a. (පියාගේ *or* මව්ගේ මරණින්) පසුව උපන් ; කතෘගේ මරණින් පසුව ප්‍රසිද්ධකළ ; මරණින් පසුව ඇතිවන (කීර්තිය).

Postillion, n. රථයේ අශ්වයෙකු පිට නැගී දක්කන්නා, අශ්වාරූඪ රථාචාරියා.

Postman, n. තැපැල්කාරයා, ලියුම් බෙදන්නා.

Post-mark, n. ගහපු තැපැල් ලකුණ.

Postmaster, n. තැපැල්මහත්මයා, තැපැල් කන්තෝරුවක් භාර නිලධාරියා. [ය &c.)

Post-mortem, a. L. මරණින් පසු කරන &c. (විභාග

Post-office, n. තැපැල් කන්තෝරුව.

Post-pliocene, a. in geol. (පර්වතවලින්) පශ්චිම නවීනතර (තට්ටු). [කරනවා.

Postpone, v. කල්දමනවා, අනපසුකරනවා, නාවර

Post-prandial, a. කෑමෙන් පසු පවත්වන (කථා &c.).

Postscript, n. අත්සනට යටින් ලියන වගන්ති, ඌනපූරණයක් : P. S. ප. ලි.

Postulate, v. in logic & math. (ඔප්පුනොකර) සත්‍ය කොට නියමකර ගන්නවා.

Postulate, n. සත්‍යකොට නියමකරගන්න—පිළිගන්න—දේ *or* වාක්‍ය, මූලසත්‍යයක්.

Posture, n. පිහිටි ආකාරය &c. see Attitude ; කාරණවල ආකාරය.

Posture, v. යම් ආකාරයකට පිහිටුවනවා, අංග විකෘති පානවා.

Posy, n. මල්පොකුර ; මුද්දවක මාතෘකාව.

Pot, n. වළඳ, කළය, මුට්ටිය, හැලිය, තාලිය.

Pot, v. කුඩා භාජනවල දමා තබාගන්නවා ; (පැළ) මල්පෝච්චිවල හිටුවනවා.

Potable, a. බීමට යොග්‍ය.

Potamography, Potamology, n. ගංගා විස්තරය.

Potash, n. යවකාර ලුණු, යවක්ෂාර.

Potation, n. බීම, මද්‍යපානයකිරීම ; බොන ප්‍රමාණය.

Potatoe, n. අර්තාපල්, රටඉන්නල, (sweet) බතල.

Pot-bellied, a. බඩ ලොකුවූ, බඩබකු ; n. බඩබක්කා.

Pot-boy, n. තැබෑරුමේ කොල්ලා.

Pot-companion, n. සුරාපාන යහළුවා.

Potency, n. (යමක) ගුණය, බලය ; (යමෙකුගේ) බලය, වික්‍රමය, ප්‍රභුතාව.

Potent, a. ගුණ ඇති, බලවත් ; බලසම්පන්න, වික්‍රමාන්විත, ප්‍රභු.

Potentate, n. (ආණ්ඩුබලය පවත්වන) බලසම්පන්නයා, වික්‍රමවන්තයා, නරේන්ද්‍රයා.

Potential, a. (නැති නුමුත්) වියහැකිවූ ; potential mood අසම්භාවන විධිය.

Potentiality, n. වියහැකිකම.

Potentially, ad. බලයේ හැකියටනම් ; බලයෙන්නම් (ගිනිවතුර ගින්න මෙන්ය &c.).

Pother, n. කලබලය ; දූවිලි, දුම්, ආදිය ගැසීම.

Pot-herb, n. (හොදිවල &c. දමන) සැල්දිරි ආදි එළවලු.

Pot-hook, n. උදුන් කොක්ක ; ඒ කොක්ක වැනි අකුරක් *or* ලකුණක්.

Potion, n. බොන පානය ; දියබෙහෙත් පංගුව.

Pot-lid, n. භාජන මූඩිය, මූඩි පියන.

Pot-luck, n. කෑමට ඇති දේම.

Potsherd, Potshare, n. කැබිලිත්ත, තුතුව, පිඟන්—බෝතල—කටුව.

Pottage, n. තම්බා පොඩිකළ මස් ; Scot. කලප.

Potter, n. බඩහැලයා, කුම්භකාරයා, කුඹලා, කුලාලයා. [ශගා ඉන්නවා.

Potter, v. එකමෙක සුළුලෙස කරනවා, අතපත

Pottery, n. මැටිභාජන ජාති ; කුඹල් පට්ටලය, කුම්භ කාර ශාලාව.

Pottle, n. (බෝතල් තුනක), සේරු දෙකක දිය මිම්ම ; කුඩා පැස.

Pouch, n. කුඩා තුරපසිය ; හෙරපු බඩ ; පක්ෂිතුණ්ඩා ශය ; in bot. පුෂ්පාශය *or* මණ්ඩාශය.

Poulterer, n. කුකුළන් ආදිය විකුණන්නා, කුකුල් වෙළෙන්ද. [තවා.

Poultice, n. (ගඩුවලට බඳින) පාප්ප ; v. පාප්ප බඳි

Poult, n. කුකුල් පැටියා.

Poultry, n. කුකුල් ආදිය.

Poultry-yard, n. කුකුල්කොටුව.

Pounce on *or* upon, v. (පක්ෂියෙකු මෙන් යමක් පිටට) හදිසියෙන් බසිනවා *or* පනිනවා ; fig. අල්ලා ගන්නවා, අත්කරගන්නවා

Pound, n. රාත්තල : (සිලිම් විස්සක් වටින) පවුම.

Pound, n. මුළාවූ මෑගකොටුව ; v. කොටුවේ වසා තබනවා.

Pound, v. (හාල්) පාහිනවා, කොටනවා ; තළනවා, පොඩිකරනවා, සුනු විසුනුකරනවා.

Poundage, n. වසාතැබූ මෑගයින්ට ගෙවන ගණන, මෑගකොටු ගාස්තුව. [වේ වසාතැබූ.

Pounded, pp. *or* a. කොටු &c., see Ground ; කොටු

Pounder, n. මෝල්ගහ &c., see Pestle ; a six-pounder &c. රාත්තල් හයක උණ්ඩයේ කාලතුවක්කුව.

Pour, v. වක්කරනවා, වත්කරනවා, වගුරුවනවා ; වැක්කෙරෙනවා, වැගිරෙනවා, ගලනවා. පිටාර යනවා ; fig. අතිශයින් නික්මවනවා ; නික්මෙනවා *or* පැමිණෙනවා.

Pout, v. තොල් තෙරවනවා *or* උල්කරනවා, මුහුණ පැහිරිකරගන්නවා.

Poverty, n. දිළිඳුකම, දුප්පත්කම, දරිද්‍රතාව, ධන හීනතාව ; හීනකම, ඌනත්වය ; නිස්සාරකම, අසා රත්වය.

Poverty-stricken, a. ඉතාදිළිඳු, දුප්පත්.

Powder, n. කුඩු, සුනු, චූර්ණය ; වෙඩිබෙහෙත්.

Powder, v. කුඩුකරනවා, සුනුකරනවා ; කුඩු ඉසිනවා.

Powder-flask, Powder-horn, n. වෙඩිබෙහෙත් කාර කාය *or* කුලාව.

Powder-magazine, n. වෙඩිබෙහෙත් ගබඩාව.

Powder-mill, n. වෙඩිබෙහෙත් මෝල.

Powder-mine, n. වෙඩිබෙහෙත් කිංගෙය.

Powder-puff, n. පුයරමල. [ආකාර.

Powdery, a. කුඩු ඇත්තාවූ ; කුඩුවෙන්නාවූ ; කුඩු

Power, n. physical *or* mental බලය, පුළුවන්කම, ශක්තිය, ශක්තතාව, ඥානශක්තිය ;
  spiritual ආනුභාවය, අනුහස, වරම ;
  social ප්‍රභුත්වය, ප්‍රභුතාව, පරාක්‍රමය ;
  ruling ආධිපත්‍යය, ආණ්ඩු බලය ; [&c. ;
  degree of power බලප්‍රමාණය ; efficacy සාරත්වය
  powerfulness බලවත්කම. බලගතුකම, බල සම්පන්නතාව ;
  power of (over) life & death ජීවිතය හා මරණය කෙරෙහි ඇති බලය ;
  power of attorney කළමනාකාර බලය *or* බල පත්‍රය.

Powerful, a. බලය &c. ඇත්තාවූ ; ශක්තිමත් ; බල වත්, බලගතු, බලසම්පන්න, ප්‍රභු, පරාක්‍රම, in med. සාරණීය.

Powerfully, ad. බලවත්ලෙස, බලගතුලෙස ; අති සාරණීයලෙස.

Powerless, a. බල නැති &c., ශක්තිහීන, බෙලහීන, අබල, දුර්වල ; ගුණ නැති, අසාර. [ලෙස.

Powerlessly, ad. බල නැතුව, බෙලහීනලෙස, දුර්වල

Pox, n. කුණුලෙඩ ; see Chicken-pox & Small-pox.

Practicable, a. (යමෙකුට) කළහැකිවූ, සාධ්‍ය, සාධ නීය ; භාවිතාකළ හැකි, සුගම්‍ය.

Practical, a. ක්‍රියාකිරීමට අඩංගු, ක්‍රියාකාර, ප්‍රායෝ ගික ; අත්හද බැලූ, අද්දුටු, අත්හද දැනගත් ; භාවි තාකළ හැකි, ප්‍රයෝජනවත්. See Joke.

Practically, ad. ක්‍රියාකිරීමෙන්, භාවිතාවෙන්, ක්‍රියා කිරීමේදී.

Practice, n. habit පුරුද්ද, පළපුරුද්ද, පරිචය, චරි තය, ප්‍රතිපත්තිය, ක්‍රියා මාර්ගය ; use ව්‍යවහාරය, භාවිතාව ; performance කිරීම, පැවැත්වීම ; ක්‍රියාව : Corrupt practice දූෂ්‍ය ක්‍රියාව, illegal practice නීතිවිරෝධි ක්‍රියාව ; (to learn) අභ්‍යාසය ; in arith. ජේදිවිධිය.

Practise, v. පුරුදු කරනවා, ව්‍යවහාරකරනවා, (වෙද කම් &c.) කරනවා ; අභ්‍යාසකරනවා, පරිශීලනය කරනවා, පරිචයකරනවා.

Practised, pp. *or* a. පුරුදුවූ, පළපුරුදු, ප්‍රගුණිත, නිපුණ, කෘතහස්තවූ, අභ්‍යස්ත, ආචරිත.

Practitioner, n. යමක් පුරුදු කරන්නා, sp. නීතිඥයා & වෙදකම් කරන්නා.

Prætorium, n. (පුරාණ රෝමවරුන්ගේ) සේනාපති යාගේ කුඩාරම් මිදුල ; තබුශාලාව ; ප්‍රාසාදය.

Pragmatic, Pragmatical, a. කිරීමට ළැදිවූ, මැදි වෙන්නාවූ.

Prairie, n. (අමෙරිකාවේ) විශාල තෘණතලාව.

Praise, n. ප්‍රශංසාව, වර්ණනාව, ප්‍රශංසනය, පැසසුම, ගුණෝත්කීර්තනය.

Praise, v. ප්‍රශංසා — වර්ණනා — පැසසුම් — කරනවා, පසසනවා.

Praised, pp. &c., S. adj. (යමෙකු විසින්) ප්‍රශංසාකර න ලද &c., ප්‍රශංසිත, වර්ණිත, ශ්ලාඝිත.

Praiseworthy, a. ප්‍රශංසනීය, ප්‍රශංසාර්හ, ප්‍රශස්‍ය, ශ්ලාඝ්‍ය.

Prance, v. (අශ්වයෙක්) උඩපැන පැන යනවා.

Prank, n. හිතුබුද්ධිය, සරදම් ක්‍රියාවක්, සමච්චලය, සෙල්ලම, විහිළුව. [&c. See Babble.

Prate, v. දොඩවනවා, ප්‍රලාපකියනවා ; n. දෙඩවිල්ල

Prattle, v. (ළමයකු මෙන්) බොළඳලෙස කථාකර නවා, දොඩවනවා.

Prattle, n. පුරතල් බස, බොළඳ බස, දෙඩවිල්ල.

Prawn, n. ඉස්සා.

Praxis, n. භාවිතාව, අභ්‍යාසය ; (ජව) නිදර්ශනය.

Pray, v. යාච්ඤා කරනවා, යාච්ඤාවෙනවා ; යදිනවා, අයැදිනවා ; ඉල්ලනවා. [Petition.

Prayer, n. යාච්ඤා කිරීම &c., යාච්ඤාව &c. See

Prayer-book, n. යාච්ඤාපොත.

Prayerful, a. යාච්ඤාකිරීමට ළැදිවූ, යාච්ඤාවෙන් යුක්ත. [යුක්තව.

Prayerfully, ad. යාච්ඤා ඇතුව, යාච්ඤා ස්වභාවකින්

Prayerless, a. යාච්ඤා නොකරන, යාච්ඤා ඔප්පු නොකරන.

Prayer-meeting, n. යාච්ඤා සම්මුතිය, යාච්ඤා මීටිම.

Pre, Prefix, පූර්ව, කලින් යන අර්ථ ඇති උපසර්ගය.

Preach, v. දේශනාකරනවා, දම්දෙසනවා, (යමක්) දේශනාකර උගන්වනවා, (ශුභාරංචිය &c.) ප්‍රකාශ කරනවා ; a sermon, දේශනාවක් කරනවා.

Preacher, n. දේශනාකරන්නා &c, දේශනාකාරයා.

Pre-adamic, Pre-adamitic, a. ආදම්ගේ කාලයට පූර්වවූ *or* ප්‍රථමවූ.

Pre-adamite, (පෑවිච්චියේ) ආදම්ට පූර්ව වැසියෙක් *or* කෙනෙක්.,

Pre-admonish, v. කලින් දැනුම්දීකම් දෙනවා &c. See Admonish.

Pre-admonition, n. පූර්වානුශාසනය, කලින් දෙන *or* දුන් දැනුම්දීකම.

Preamble, n. (කථාවේ, රචනාවේ &c.) ප්‍රාරම්භය, ප්‍රස්තාවනාව.

Prebend, n. (සංඝ වස්තුවෙන්) නියම ප්‍රදානයක්.

Prebendary, n. (ප්‍රධාන දේවස්ථාන වස්තුවෙන්) නියම ප්‍රදානයක් ලබන දේවගැතියා.

Precarious, a. අස්ථිර, අනිත්‍ය, අනියත, අනුමාන, අඩමාන, නැතිවිය හැකිවූ (රක්ෂාව &c.).

Precaution, n. කලින් ප්‍රවේසම්වීම ; v. කලින් දැනුම්දීකම් දෙනවා.

Precede, v. ඉස්සරව—පෙරටුව—යනවා *or* එනවා ; (වෙන යමකට) වඩා වැදගත්ව—උතුම්ව තිබෙනවා *or* සිටිනවා.

Precedence, Precedency, n. ප්‍රථමවීම, ඉස්සරව &c. යාම *or* සිද්ධවීම &c. ; ප්‍රථමවීමේ *or* උතුම්ව සිටීමේ අයිතිවාසිකම, ප්‍රධානත්වය.

Prece'dent (ප්‍රිසීඩන්ට්), a. ඉස්සර, ඉස්සරවෙන්නාවූ, පූර්ව, පෙරවූ, පෙරටුව යන.

Pre'cedent (ප්‍රෙසිඩන්ට්), n. (මග පෙන්වන) පූර්ව නිදර්ශනය, in law පූර්ව නිදර්ශන තීන්දුවක්.

Preceding, a. ඉස්සරව—පෙරටුව යන *or* ගිය *or* සිද්ධවුණු, අග්‍රගාමී, පුරෝගාමී, පළමු, පූර්ව. [යා.

Precentor, n. ප්‍රධාන ගීතිකාකාරයා, ගීකියන මූලික

Precept, n. නියෝගය, අණ, ප්‍රඥප්තිය, ශික්ෂාව, ශික්ෂාපදය.

Preceptive, a. (හැසිරීම—කල්ක්‍රියාව—ගැන) නියෝග සහිත &c., උපදේශක, උපාධ්‍යාය.

Preceptor, n. ගුරුවරයා, ආචාර්යයා, ශික්ෂකයා, උපදේශකයා, උපාධ්‍යායයා.

Precession, n. lit. ඉස්සරහට යාම *or* වීම ; in astr. of the equinoxes විෂුවස නසිපුරෝගමනය.

Precinct, n. සීමාව, ප්‍රදේශය, පර්යන්තය ; temple precincts විහාරස්ථානය ; precincts of the palace රාජමන්දිරාභ්‍යන්තරය.

Precious, a. අනඝ, අගේඇති, අනගි, මහාඝ, මාහැඟි.

Preciousness, n. අනඝකම, අනගිකම, මහාඝතාව, අනර්ඝත්වය, මාහැඟිකම.

Precious-stone, n. අනඝ—අගේඇති—ගලක්, මැණික් ගල. See Jewel.

Precipice, n. ප්‍රපාතය, ඉතා පල්ලම්වූ බෑවුම, පර්වත ප්‍රාන්තය.

Precipitance, Precipitancy, n. (යමක් කිරීමට *or* සිතීමට ඇති) අධික ඉක්මන් ගතිය, වේගවත්කම, අසමීක්ෂ්‍යකාරිත්වය.

Precipitant, n. වේගයෙන් බැසයන, අති වේගවත්, ඉතා ඉක්මන්. [යනයක්.

Precipitant, n. in chem. (මිශ්‍රිත ද්‍රව්‍ය) ප්‍රභේදක රසා

Precipitantly, Precipitately, ad. වේගයෙන්, නුසුදුසු ඉක්මන්කමින්, අපරීක්ෂාවෙන්.

Precipitate, v. මුනින් හෙළනවා ; අධිකලෙස ඉක්මන් කරනවා ; (බොර මෙන්) මුදවනවා *or* බේරී වැටෙනවා.

Precipitate, a. වේගයෙන් බසින *or* ගලන *or* වැටෙන; —අති වේගවත්, අප්‍රවේසම්.

Precipitate, n. (සම්මිශ්‍රිතව තිබී දෙවනු) ප්‍රභේදිත රසායන ද්‍රව්‍ය.

Precipitation, n. මුනින් හෙළීම &c., see verb ; අධික ඉක්මන්කම, අපරීක්ෂා වේගය, අසමීක්ෂණය.

Precipitous, a. අධික පල්ලම්වූ, ප්‍රපාතවූ ; අධික ඉක්මන්, අසමීක්ෂ්‍යකාරී.

Precis, n. ලුහුඬු පිටපත.

Precise, a. නියමාකාරවූ, සම්පූර්ණයෙන්ම හරිවූ. යථාර්ථ ; පිටත දේ ගැන අධික සැලකිල්ලවූ.

Precisely, ad. හරියටම, නියමලෙසම ; ඕනෑවාට වඩා තීක්ෂ්ණ ලෙස.

Precisian, n. හරියටම කරන්නා, (සූත්‍රාදිය ගැන) අති තීක්ෂ්ණකාරයා.

Precision, n. සම්පූර්ණ හරිකම, නියමයටම එකඟකම, නියතතාව, යථාර්ථතාව.

Preclude, v. කලින් වළක්වනවා, අගුල් දමනවා, බාධා කරනවා, නිවාරණයකරනවා.

Preclusive, a. කලින් වළක්වන &c., බාධක, නිවාරණ.

Precocious, a. නියම කලට පළමුවෙන් පැසුණු, පැහිච්ච, බාල වයසේදීම සමර්ථවූ, වයසට වඩා සිහිපරීක්ෂා ඇත්තාවූ *or* වැඩුණුවූ.

Precociousness, Precocity, n. කලින් පැසීම, (බාලයෙකුගේ) අධික සමර්ථකම *or* වැඩීම.

Preconceive, v. කලින් මතයක් තබාගන්නවා *or* සිතාගන්නවා. [&c.

Preconceived, pp. *or* a. කල්තියා සිතින් යොදාගත්

Preconception, n. කලින් උපදවාගත් මතය *or* සිතූ සිතිවිල්ල.

Preconcert, v. කලින් සම්මත කරගන්නවා, කලින් මන්ත්‍රණයකර යොදාගන්නවා.

Precursor, n. පෙරටුව යන්නා *or* යනදේ, පූර්වනිමිත්ත.

Precursory, a. ප්‍රාග්ගාමී, පෙරටුව—ප්‍රථමයෙන්—යන්නාවූ *or* එන්නාවූ, පූර්වනිමිත්තක්වූ.

Predacious, a. ගොදුරු අල්ලා කන.

Predal, a. ගොදුරුවූ ; කොල්ලකන.

Predate, v. සැබෑ දිනය වෙනුවට ඊට ප්‍රථම දිනයක් දමනවා. [ලකාර.

Predatory, a. ගොදුරු අල්ලන ; කොල්ලකන, කොල්

Predecease, v. කෙනෙකුට ඉස්සරින් මැරෙනවා ; n. එසේ මැරීම.

Predecessor, n. (යම් නිලයක) හිටපු කෙනෙක්, my predecessor මට ප්‍රථම අය.

Predestinarian, n. සියලු දේ කලින් නිමකරන ලද්දේ යයි විශ්වාසකරන්නා, අග්‍රනිරූපණ දෘෂ්ටියා.

Predestinate, Predestine, v. පෙර — කලින් — පූර්වයෙන් — නියමකරනවා, අග්‍රනිරූපණයකරනවා.

Predestination, n. පෙර නියමකිරීම &c. See Fore-ordination.

Predetermination, n. කලින් නියමකිරීම &c., කලින් කළ අරමුණ, පූර්වාභිසන්ධානය.

Predetermine, v. කලින් නියමකරනවා, පූර්වයෙන් අභිසන්ධානය කරනවා, See Determine.

Predial, a. ගම්බිම් ආකාර (වස්තු) ; ගම්බිම්වලට අයිතිවූ ; බිම්වල අටගන්න.

Predicable, a. (යමක් ගැන) කියහැකිවූ, ආරෝපණීය, වාච්‍ය.

Predicable, n. (යමක්ගැන කියහැකිවූ) ජාතිය, වර්ගය, ප්‍රභේදය, ගුණය, අසම්බය යන පංගෙන් එකක්, වාච්‍යයක්.

Predicament, n. (ඒ පංගෙන්) පංක්තියක් ; තත්ත්වය, ස්වභාව ; අමාරුව, අසීරු අභිය, දුෂ්කර තත්ත්වය.

Predicate, v. යමක් අසවල් ආකාරයයි කියනවා, ආරෝපණය කරනවා.

Predicate, n. යමක්ගැන කියන කාරණාව, ආරෝපිත දේ, වාච්‍යය, උක්තවාක්‍යය.

Predict, v. මතු දේ කියනවා, දිවස් කියනවා &c, See Foretell.

Prediction, n. මතු දේ කීම &c.; අනාගත වාක්‍යය, වේයයි කී දේ.

Predilection, n. කලින් ඇති ලැදිකම, පූර්වාශාව.

Predispose, v. කලින් කැමතිකරවනවා or ලැදිකර වනවා; කලින් යෝග්‍යකරනවා.

Predisposition, n. කලින් ඇති ලැදිකම; (රෝගයකට &c.) පූර්වෝපීතතාව.

Predominance, Predominancy, n. ප්‍රධානකම, ප්‍රධානත්වය, ප්‍රාධාන්‍යය; අධිකකම. [අති බහුල.

Predominant, a. ප්‍රධාන, අධික බලය ඇති; අධික,

Predominate, v. (අන්‍යයන්ට වඩා) අධික බලය පවත්වනවා; (ගණනින් &c.) අධිකව තිබෙනවා or සිටිනවා.

Pre-eminence, n. අත්‍යුත්කෘෂ්ටතාව, අත්‍යුත්තමතාව, අධික උතුම්කම, අති විශිෂ්ටතාව, ප්‍රමුඛතාව, ශ්‍රේෂ්ඨත්වය.

Pre-eminent, a. අත්‍යුත්කෘෂ්ට, ජ්‍යෙෂ්ඨ, ශ්‍රේෂ්ඨ, උත්තම, මුඛ්‍ය, ප්‍රවරතර, (නරකක් ගැන) ලෝක ප්‍රසිද්ධ, සාහසික.

Pre-eminently, ad. අත්‍යුත්කෘෂ්ට ලෙස, අතිශයින්ම, සාහසික ලෙස

Pre-emption, n. (අනුන්ට) ඉස්සරව මිලේට ගැනීම or ගැනීමේ අවසරය. [ගන්නවා.

Preen, v. (කුරුල්ලෝ) පිහාටු ශුද්ධකර—සරිගස්සා—

Pre-engage, v. කලින් පොරොන්දුකරවාගන්නවා &c. See Engage. [සිටිනවා.

Pre-exist, v. (වෙන යමකට) ඉස්සරව—පූර්වයෙන්—

Pre-existence, n. (වෙන යමකට) ඉස්සරව සිටීම or තිබීම, පූර්වයෙන් සිටීම; B. &c. පූර්වජාතිය, පෙර ජාතිය.

Preface, n. ප්‍රාරම්භ කථාව, ප්‍රස්තාවනාව, සංඥාපනය, උපන්‍යාසය.

Preface, v. මුලට—ප්‍රාරම්භ වශයෙන්— යමක් කියනවා or ලියනවා.

Prefatory, a. මුලට කියන or ලියන, ප්‍රාරම්භ.

Prefect, n. (පුරාණ රෝමවරුන් අතරෙහි) අධිපතියා; in France දිශාපතියා.

Prefer, v. වඩා කැමති වෙනවා : I prefer this to that ඒකට වඩා මම මේකට කැමතියි; (ඉල්ලීම් ඔප්පු කරනවා.

Preferable, n. වඩා යහපත්යයි හැලකියයුතු, වඩා හොඳ or සුදුසු, වරණීය.

Preference, n. වඩා කැමතිවීම.

Preferment, n. වඩා උතුම් අධියකට පත්වීම, වඩා උසස් අධිය or තිලය.

Prefigurative, a. සිතියමකින් &c. කලින් දක්වන, පූර්ව ප්‍රතිරූපාකාර.

Prefigure, v. සිතියමකින්—ලකුණකින්—ආදර්ශයකින් —කලින් දක්වනවා, පූර්ව ප්‍රතිරූපයකින් දක්වනවා.

Prefix, v. මුලින් යාකරනවා, මුලට තබනවා; n. උපසර්ගය, උපසර්ග පදය.

Preformative, n. (වචනයකට එකතුකරන) පූර්ව සංකලනාක්ෂරය.

Pregnancy, n. ගර්භිණීවසිටීම, දරුගැබ, දරුබරකම; fig. (සිහියේ &c.) සාඵල්‍යය, සාරණීයතාව.

Pregnant, a. ගර්භිණීවූ, බඩදරු, බඩදරුවෙන් සිටින, දරිඇති දරුබර: fig. පරිපූර්ණවූ; ඵලවිපාක බහුල: the pregnant one ගර්භිණී, බැරිණී.

Prehensile, a. අල්ලාගැනීමට බලයඇත්තාවූ, ග්‍රාහක, (අත, නිය, වල්ගය &c.)

Prehension, n. අල්ලාගැනීම. [ය.

Pre-indication, n. පූර්වලක්ෂණය, පූර්වනිමිත්ත, පූර්වරූප

Prejudge, Prejudicate, v. (අසන්ට) පළමුවෙන්—කල්මත්තෙන්—විනිශ්චයකරනවා, විභාග නොකර නිත්දුවකට පැමිණෙනවා.

Prejudice, n. (පක්ෂව හෝ විපක්ෂව) කල්මත්තෙන් ඇති කල්පනාව, පූර්වමතිය, පක්ෂවාදිකම; injury අවැඩය, අවාසිය. See Bias.

Prejudice. v. කල්මත්තෙන් පාක්ෂිකගති කරනවා; අවැඩ—අවාසි—කරනවා. [දක.

Prejudicial, a. අවැඩදායක, අනර්ථදායක, අවාසිවූ, විරු

Prelacy, n. නායක පදවිය; පාරිදර්ශික ක්‍රමය, පාරිදර්ශික සංඝතිය.

Prelate, n. නායකයා, පාරිදර්ශිකයා අග්‍රපාරිදර්ශිකයා.

Prelatic, Prelatical, a. නායක පදවිය සම්බන්ධ, පාරිදර්ශික. [දේශනාවක්.

Prelection, n. (කියවන) ප්‍රසිද්ධ කථාවක්, ප්‍රසිද්ධ

Preliminary, a. මුලදී — ඉස්සරව — කරන. මුල්, ප්‍රාරම්භ. [—කාරණාව.

Preliminary, n. ප්‍රථමයෙන් කරන දේ, මුල්—ප්‍රාරම්භ

Prelude, n. ප්‍රාරම්භ ගායනාව, ප්‍රස්තාවනාව; ප්‍රාරම්භය; පූර්ව ලක්ෂණය.

Prelude, v. ප්‍රාරම්භ ගායනාවක් කරනවා; ප්‍රාරම්භයක්—පූර්ව ලක්ෂණයක්—කොට පැමිණෙනවා.

Premature, a. නියම කලට පළමුවෙන් පැසුණු or සිදුවූ.

Prematurely, ad. නියම්—න්සි—කලට පළමුවෙන්.

Premeditate, v. කලින් කල්පනා කරනවා or අරමුණු කරනවා or යෝජනාකරනවා.

Premier, a. ප්‍රථම, ප්‍රධාන, පරම, ප්‍රමුඛ. [යා.

Premier, n. ප්‍රධානාමාත්‍යයා, මහාමාත්‍යයා, අග්‍රාමාත්‍ය

Premiership, n. ප්‍රධානාමාත්‍යකම, &c., අග්‍රාමාත්‍ය ස්ථානාන්තරය.

Premise' (ප්‍රෙමෛස්), v. කල්තියා—ප්‍රාරම්භයක් or මුල් කාරණකොට — නියමකර කියනවා or ලියනවා.

Prem ises, n. pl. Prem ise, Prem iss, (ප්‍රෙමිස්) sing., in logic තර්කාංග, තර්කාංගය; pl. ඔප්පුකළ or ඒත්තුගත්තලද කාරණ; in law පත්‍රයේ නියමවූ කාරණ; ගේදොර, ඉඩම්කඩම්.

Premium, n. විපාකය, විශේෂ ත්‍යාගය, ප්‍රදානය, තිළිණය; භාණ්ඩාරක්ෂක මුදල, ආරක්ෂා කිරීමට පොරොන්දුවීම ගැන ගෙවන මුදල; අධික ලාභය; (ණය) පොලිබඳ විපාකය.

Premonish, v. කලින් දැනුම්දෙනවා. [නිමිත්ත.

Premonition, n. පූර්වෝපදේශය, පූර්ව ලක්ෂණය, පූර්ව

Premonitory, n. කලින් දැනුම්දෙන, පූර්වෝපදේශක, පූර්වනිමිති ආකාර. [&c.

Prentice, n. or v., Prenticeship, n. see Apprentice

Preoccupancy, Preoccupation, n. (අන්‍යයෙකුට) පළමුවෙන් අල්ලාගෙන සිටීම &c.

Preoccupy, v. පළමුවෙන් අල්ලාගෙන — යම් තැනක පිහිටා — සිටිනවා, ඉස්සරවෙනවා, (සිතෙහි &c.) කලින් පිහිටෙනවා or පැමිණෙනවා, (යමක වෙන යමකට) පළමුවෙන් ව්‍යාප්තවෙනවා or යෙදෙනවා.

Preordain, v. පූර්වයෙන් නියමකරනවා. See Predetermine.

Preparation, n. සූදානම්කිරීම &c., see verb; සූදානම; පිළියෙළකළ දේ, සම්මිශ්‍රණය,

Preparative, Preparatory, a. සූදානම්කරන, කලින් උචිතකරන, කලින් ඕනෑකරන, ප්‍රාරම්භක.

Preparative, n. (යමක් or යමෙකු) සූදානම්—උචිත—කරන දෙය or බලය, ප්‍රාරම්භක දේ.

Prepare, v. සූදානම් කරනවා, පිළියෙළ කරනවා, පෑස්නිකරනවා, සකස්කරනවා, පරිකර්මයකරනවා; සම්පාදනය කරනවා; සූදානම්වෙනවා.

Prepared, pp. or a. සූදානම්කරපු &c., සූදානම්වූ, සජ්ජිත, කල්පිත. [තාව.

Preparedness, n. සූදානම, සූදානම් ගතිය, සමුද්‍යුත

Prepay, v. කලින් ගෙවනවා, a letter මුද්‍ර ගසා අරිනවා, තැපැල් වියදම ගෙවා අරිනවා.

Prepense, a. as: malice prepense කලින් අදහස්කළ—අරමුණුකරගත්—නපුර or ක්‍රෝධය.

Preponderance, Preponderancy, n. (වෙන යමකට වඩා) අධිකබර; fig. අධික බරපතලකම, අධිකකම.

Preponderate, v. අධික බරව තිබෙනවා; fig. අධික බරපතලව්—අධිකව්—තිබෙනවා.

Preposition, n. අව්‍යය විශේෂයක්, (විභක්ති) නිපාතය (e.g., by, for, on, etc.).

Prepositional, a. නිපාත, විභක්ත්‍යර්ථ වාචක.

Prepositive, n. පූර්ව වචනයක්, පූර්ව නිපාතයක්.

Prepossess, v. ඉස්සරව අල්ලාගන්නවා, (සිත) කලින් ආකර්ෂණයකරගන්නවා, පාක්ෂිකගතිකරනවා.

Prepossessing, a. (පෙනුමෙන් &c.) සිත ආකර්ෂණය කරන, මනෝහර, මනෝඥ, පුරුබුහුටි.

Prepossession, n. ඉස්සරව අල්ලාගත සිටීම &c., පූර්ව භුක්තිය; කලින් තිබෙන ලැදිකම, පූර්ව පාක්ෂික ගතිය, පූර්ව ගජනය, පූර්ව බන්ධනය.

Preposterous, a. පූර්වාපර විරෝධි, ප්‍රතික, විපරීත, විකල, අයුතු, මෝඩ.

Preposterously, ad. පූර්වාපර විපරීතාකාරයෙන්, ප්‍රතිකාකාරයෙන් &c. [&c.

Preposterousness, n, පූර්වාපර විරුද්ධකම, ප්‍රතිකතාව

Prepuce, n. (පුරුෂලිංගයේ) චර්මාග්‍රය.

Prerequisite, a. කලින් තිබියයුතු or ඕනෑවූ.

Prerequisite, n. කලින් තිබියයුත්තක් or උවමනාවක්.

Prerogative, n. විශේෂ බලය or අයිතිවාසිකම.

Presage, n. පූර්වනිමිත්ත, පූර්වලක්ෂණය; v. see Forebode.

Presbyter, n. (සභාවේ) වැඩිමහල්ලා, දේවගැතියා.

Presbyterial, Presbyterian, a. වැඩිමහල් සභාකාර, වැඩිමහල් සභික. [සභාකාරයා.

Presbyterian, n. වැඩිමහල් සභාදෘෂ්ටියා, වැඩිමහල්

Presbyterianism, n. වැඩිමහල් සභා කාර ක්‍රමය, වැඩිමහල් සභා-ආණ්ඩු ක්‍රමය.

Presbytership, n. (සභාවේ) වැඩිමහල් ධුරය, වැඩිමහල් පදවිය. [මන්ත්‍රණ සභාව.

Presbytery, n. සභාවේ වැඩිමහල්ලෝ, වැඩිමහල්

Prescience, n. පූර්වඥානය.

Prescient, a. පූර්ව ඥාන සහිත, මතු දේ දන්නාවූ.

Prescind, v. කපාදමනවා. වෙන්කරනවා.

Prescribe, v. නියමකරනවා, නියෝගකරනවා, සංවිධාන කරනවා; in med. යෝගකරනවා.

Prescription, n. නියමකිරීම &c.; ඖෂධ යෝගය, බෙහෙත් වට්ටෝරුව; භුක්තියේ අයිතිවාසිකම.

Prescriptive, a. භුක්තියෙන් පැමිණෙන or පිහිටා තිබෙන.

Presence, n. ඉදිරිපිට සිටීම or තිබීම, අභිමුඛය, හමුව. පෙරමුණ; පෙනුම, පිටත ස්වභාවය.

Presence-chamber, Presence-room, n. රජ දර්ශන ශාලාව, උත්තමයෙකුගේ දක්මේ ශාලාව.

Pres'ent, a. ඉදිරිපිට සිටින or තිබෙන, අභිමුඛ. සමක්ෂ; වර්තමාන; දැනට තිබෙන or කලපනා කරන; the present තත්කාලය, වර්තමාන කාලය; at present දැන්නම්, දැනට.

Pres'ent, be, v. ඉදිරිපිට—අභිමුඛව—සිටිනවා, එළඹ—පැමිණ—සිටිනවා.

Pres'ent, n. තෑග්ග, ත්‍යාගය, දීමනාව, පරිත්‍යාගය, ප්‍රදානය; in law කැරය, ඔප්පුව.

Present', v. introduce අභිමුඛයට—ඉදිරිපිටට—කැඳවාගෙන එනවා, අඳුන්වනවා, අභිමුඛ කරනවා; present reasons &c. පානවා, ගෙන පානවා, දක්වනවා; offer, give ඔප්පුකරනවා, පිළිගන්වනවා, ප්‍රදකරනවා, දානය කරනවා, ප්‍රදානයකරනවා, තෑගි දෙනවා, තෑගිකරනවා, පරිත්‍යාග කරනවා; to the B. priesthood සාංඝික කරනවා. See Aim & Nominate.

Presentable, a. අභිමුඛ කිරීමට—දක්වීමට—ඔප්පුකිරීමට &c.—සුදුසුවූ or යෝග්‍ය.

Presentation, n. අභිමුඛයට කැඳවාගෙන ඒම &c ; ප්‍රදර්ශනය; (දේවගැතිකම පිණිස යමෙකු) ඔප්පුකිරීම or සඳහන්කිරීම; (එසේ) ඔප්පුකිරීමේ බලය.

Presentiment, n. කලින් දැනීම, පූර්වමතය, (නරකක් වේයයි) කලින් සිතීම. [or කලකිත්.

Presently, ad. වඩා ප්‍රමාද නැතුව, ස්වල්පවේලාවකින්

Presentment, n. දැක්වීම, ඔප්පුකිරීම; පෙනුම, දර්ශනය; (මහ ජූරිසභාව විසින්) දෝෂාරෝපණයකිරීම.

Preservation, n. ආරක්ෂාකිරීම &c.; ආරක්ෂාව, සංරක්ෂණය, පරිරක්ෂණය, ගෝපනය.

Preservative, a. ආරක්ෂක, රක්ෂක &c.; n. ආරක්ෂක දෙයක්, රක්ෂක ගුණයක්.

Preserve, v. ආරක්ෂාකරනවා, ප්‍රවේසම්කරනවා, රැකවල්කරනවා, රක්ෂණයකරනවා, සංරක්ෂණය—පරිරක්ෂණය—කරනවා; පවත්වනවා; (නරක් නොවී තිබීමට) සීනි &c. දමනවා, ද්‍රෝසිකරනවා

Preserve, n. ද්‍රෝසි; (දඩයමට &c.) සතුන් තබාගන්න ඉඩම.

Preserved, pp. or a. ආරක්ෂා කරපු &c., රක්ෂිත, සංරක්ෂිත, සුරක්ෂිත; ද්‍රෝසි කළ (ගෙඩි), ලුණු දමාපු (මස් &c).

Preserved, be, v. ආරක්ෂාවෙනවා, රැකෙනවා, ආරක්ෂිතවෙනවා &c. [රක්ෂකයා.

Preserver, n. ආරක්ෂාකරන්නා &c., ආරක්ෂාකාරයා,

Preside, v. ප්‍රධානකම් කරනවා, නායකකම් කරනවා, සභාවක මුලසුන දරනවා, හසුරුවනවා, විධි විධාන කරනවා.

Presidency, n. ප්‍රධානත්වය, නායකකම, මූලාදෘනිකම, මූලත්වය, සභාපතිකම, විධිවිධානය; ප්‍රධානත්වයේ—නායක කමේ—කාලය; ප්‍රධානත්ව ප්‍රදේශය; බ්‍රිතාන්‍ය ඉන්දියාවේ ප්‍රධාන කොටස් or පළාත් තුනෙන් එකක්.

President, n. ප්‍රධානියා, නායකයා, නායකතුමා, මූලාදෘනියා, සභාපතියා, සභාපතිතැන; ශ්‍රේෂ්ඨාධිපතියා.

Presidential, a ප්‍රධානියා සම්බන්ධ, ප්‍රධාන, නායක &c.; ප්‍රධානකම් කරන.

Presidentship, n. ප්‍රධානත්වය, නායක පදවිය, සභාපති ධුරය; ශ්‍රේෂ්ඨාධිපති නිලය; ප්‍රධානත්වයේ කාලය &c.

Presignify, v. කලින් සැලකරනවා *or* දැනුම්දෙනවා *or* හඟවනවා.

Press, v. t. ඔබනවා, මිරිකනවා, බරකරනවා, තද කරනවා, හිරකරනවා; throng තෙරපනවා; hug තදින් බදාගන්නවා; force බලකරනවා. See Importune.

Press, v. i. එබෙනවා, මිරිකෙනවා, බරවෙනවා; තද වෙනවා; crowd පුරිකනවා.

Press, n. මිරිකන යන්ත්‍රය; අච්චු යන්ත්‍රය, මුද්‍රාංකණ යන්ත්‍රය, මුද්‍රණ යන්ත්‍රය, hand-press හස්ත මුද්‍රණ යන්ත්‍රය, steam-press ධූම මුද්‍රණ යන්ත්‍රය; මුද්‍රණාලය, අච්චුකන්තෝරුව, (මුද්‍රාංකණය වන) පොත් පත්; ඇඳුම් පෙට්ටිය *or* අල්මාරිය; තද බිනෑකම.

Press-cutting, n. ආරංචිපත්‍රයකින් කපාගත් කොටස.

Press-gallery, n. මන්ත්‍රණ සභාවෙහි පත්‍ර වාර්තාකාරයන්ගේ ආසන පිහිටි ස්ථානය *or* තට්ටුව.

Press-gang, n. (මිනිසුන් රාජකාරියට ගන්න) බලාත්කාර රංචුව.

Pressing, a. ඔබන &c.; තද, සැර, බලගතු, (ඕනෑකම, ඉල්ලීම &c.).

Pressing, n. එබීම, මිරිකීම &c., see verbs.

Pressman, n. අච්චුගසන්නා, මුද්‍රණකාරයා (ප්‍රවෘත්ති පත්‍ර ආදියට) ලිපි සපයන්නා. [ශාලාව.

Press-room, n. අච්චු යන්ත්‍ර ශාලාව; මිරිකන යන්ත්‍ර

Pressure, n. එබීම &c; මිරිකන බලය *or* බර; fig. බලගතුකම, බරපතළකම; (අමාරුවල &c.) තද බලකම; high *or* low pressure ධූමසංකූල *or* ධූමාසංකූල (යන්ත්‍රය), (වාත &c.) පීඩනය.

Press-work, n. අච්චුගැසීමේ වැඩ, මුද්‍රාංකණ කර්මය.

Prestige (ප්‍රෙස්ටීජ්), n. Fr. (කල්ක්‍රියාවේ, ස්වභාව ගුණයේ) ආනුභාවය, ගෞරවය, ගරුත්වය.

Presumabe, a. (නොදන්න නමුත්) සිතිය හැකිවූ, විශ්වාස්‍ය (දෙයක්).

Presume, v. (සත්‍යක ලෙස නොදන්න නමුත්) සිතනවා, විශ්වාසකරනවා; (අවසර නැතුව) බුහුටි වැසිකමින් හැසිරෙනවා, අයුතු තරමට විශ්වාසය තබනවා. [එඩි, ප්‍රගල්භ.

Presuming, p. (එසේ) සිතමින් &c.; a. අධික බුහුටි,

Presumption, n. (එසේ) සිතීම &c.; (යම් ආකාරයක්) අනුමානයටවත් සිතීමට ඇති කාරණාව; නොහිසි බුහුටිකම, එඩිය, ප්‍රගල්භතාව, අනිසි පැතුම.

Presumptive, a. (ඒකාන්ත නැති නමුත්) සාක්ෂියේ හැටියට සිතිය යුතු (හේතු &c.); presumptive evidence (යම් ආකාරයක්යයි) සිතවන සාක්ෂි, කෙළින් නැති සාක්ෂි. See Heir.

Presumptuous, a. අනිසි ධෛර්‍ය්‍ය ඇති, අනුවණලෙස නිර්භීතවූ; අනිසි බුහුටිකම් ඇත්තාවූ, එඩි, අහංකාර, හිතුවක්කාර.

Presumptuously, ad. අනිසි ධෛර්‍ය්‍යයෙන්, අනුවණ නිර්භීතියෙන් &c. [Presumption,

Presumptuousness, n. අනිසි ධෛර්‍ය්‍ය &c., See

Presuppose, v. (පූර්වයෙන් යමක් ඇතැයි) කල්පනා කරනවා *or* පිළිගන්නවා *or* හැඟෙනවා: speech presupposes thought කථාව ඇත්නම් (ඊට ප්‍රථමයෙන්) කල්පනාව ඇති බව එයින් තේරුම්යනවා.

Pretence, n. බොරුවට හැඟවීම &c., බොරු උපාය, ව්‍යාජෝපාය See Claim, n.

Pretend, v. බොරුවට අඟවනවා, ව්‍යාජයෙන් ක්‍රියා කරනවා, (හිඳගන්නවා — ලියනවා &c. — වාගේ) පෙන්වනවා; අයිතිවාසිකම් කියා සිටිනවා. See Claim.

Pretension, n. අයිතිවාසිකම කියාසිටීම; his pretension to ignorance (බොරු නුමුත් සැබෑ නුමුත්) තමා නොදන්නවායයි කියා සිටීම.

Pretentious, a. බොරු උසස් බවක් අඟවන, පෙනීමෙන් උත්කෘෂ්ට, බැරෑරුම්, (වැඩක් &c.); ආඩම්බර, අහංකාර.

Preterit, Preterite, a. in gram. පසුවූණ, පසුගිය, අතීත; n අතීත කාලය.

Preterition, n. පසුවීම, අතීතභාවය; in rhet. පසුකර යද්දීම සඳහන් කිරීම

Pretermit, v. අත්හරිනවා, නොසලකා අරිනවා.

Preternatural, a. අස්වාභාවික, ස්වභාවට වෙනස්වූ, අනියම්, අද්භූත, විශේෂ, අපූර්ව.

Preterperfect, Preterpluperfect, a. See Perfect &c.

Pretext, n. බොරු විලාසය, ව්‍යාජ කාරණාව, අපදේශය, ව්‍යපදේශය. [නියා.

Pretor, n. (පුරාණ රෝමවරුන්ගේ) නඩුකාර මූලාදෑ

Pretorial, Pretorian, a. (ඒ) නඩුකාර මූලාදෑනියා සම්බන්ධ, නඩුකාර.

Prettily, ad. ලක්ෂණ ලෙස &c., සුවිනීත ලෙස.

Prettiness, n. ලක්ෂණකම &c. see adj.

Pretty, a. ලක්ෂණ, ප්‍රිය, දක්ෂිය, කදිම, යස, සුරුබුහුටි; (ironically) යස, කදිම.

Pretty, ad. ටිකක්, මදක්, as: pretty well, good. large, &c. ටිකක් හොඳයි, ටිකක් සනීපයි, ටිකක් හොඳ (යමක්), තරක නෑ.

Pretypify, v. See Prefigure.

Prevail, v. ජයගන්නවා, දිනනවා; ඉෂ්ටකරගන්නවා; බහුලව—ශහනව—ව්‍යාප්තව—තිබෙනවා; prevail on or upon කැමතිකරවා ගන්නවා.

Prevailing, a. ජයගන්න &c., ආධිපත්‍යය ඇති; අතිබහුල.

Prevalence, Prevalency, n. සාමාන්‍යකම, බහුලත්වය, විසතිණිතාව, ව්‍යාප්තිය.

Prevalent, a. සාමාන්‍ය, ශහනව තිබෙන, බහුල, විසතිණි, ව්‍යාප්ත, ප්‍රචලිත.

Prevaricate, v. වංකලෙස—ව්‍යාජලෙස—කියනවා, ඇත්ත සඟවා කියනවා; in law ව්‍යාජෝපායකින් ක්‍රියාකරනවා *or* පැමිණිලිකරනවා.

Prevarication, n. වංකලෙස කීම &c., අවිවේකලපය, වාක්ඡලය; ව්‍යාජ පැමිණිල්ලක් පිණිස කුමන්ත්‍රණය කිරීම. [න.

Prevenient, a. පූර්වයෙන්—පෙරටුව—යන *or* පැමිණෙ

Prevent, v. වලක්වනවා, වලහනවා, අඟුල් දමනවා, නිවාරණයකරනවා. [ණය.

Prevention, n. වැලැක්වීම, අඟුල්දමීම &c., නිවාර

Preventive, a. වලක්වන &c., බාධක, නිවාරණ.

Preventive, n. (යමක්) වලක්වන දේ *or* බෙහෙත, නිවාරණෞෂධය.

Previous, a. ඉස්සර, පළමු, ප්‍රථම, පූර්ව.

Previously, ad. ඉස්සරව, පළමුවෙන්, ප්‍රථමයෙන්, කලින්.

Prevision, n. කලින් දැකීම, කලින් දැනීම.

Prey, n. කොල්ලය &c., see Plunder; අල්ලාගන්න ගොදුර; beast of prey සතුන් අල්ලා කන සතා.

Prey on *or* upon, v. කොල්ලකනවා; සතුන් අල්ලා කනවා; (හිතට) කාවදිනවා *or* බරවෙනවා.

Price n. (විකිණීමේ) මිල, මිල ගණන, පණ්‍යමූල්‍යය; වටිනාකම, අගය; විපාකය.

Price-current, n. (වෙළඳාම් බඩුවල &c.) මිල ගණන් පත්‍රය, පණ්‍යමූල්‍ය පත්‍රය.

Priced, a. as : high-priced උස් ගණන්, මිල අධික, low-priced, පහත් ගණන්, මිල අඩු, (බඩු).

Priceless, a. අගය කියනොහැකිවූ, මිලකළනොහැකි, ඉතා අගේ ඇති, අනගි, අනඝ, අනර්ඝ.

Prick, v. අනිනවා, විදිනවා ; ඇණයේ *or* කටුවේ ගහනවා ; the ears කන් නැබුරුකරනවා *or* යොමුකරනවා ; fig. (හිතට) ඇනෙනවා ; පොලඹනවා.

Prick, n. කටුව ; ඇනුම් සිදුර.

Pricker, n. අනින කටුව.

Pricking, n. ඇනීම ; ඇගේ ඇඹිලිල්ල, ඇඹිලිල්ලක වේදනාව.

Prickle, n. (ගහේ *or* මාලුවාගේ) කටුව, දත්ත.

Prickliness, n. කටු ගහනකම.

Prickly, a. කටු ගහනවූ.

Prickly-pear, n. කටුපතුක්.

Prickly-night-shade, n. කටුවැල්බටු, තිදිගයිකාව.

Pride, n. උඩඟුකම, උදරම්කම, අහංකාරකම, ආඩම්බරය, බැරෑරුම්කම, මද, අභිමානය, ගර්වය, දර්පය ; (නිසි) ගර්විතතාව ; ගර්විත කාරණය ; ඓශ්වර්යය ; pride of wealth ඉසුරුමදය, වස්තුමදය.

Pride, v. pride one's self on (තමාගේම යමක් ගැන) ආඩම්බර වෙනවා, සතුටුවෙනවා.

Prier, n. හොඳට සෝදිසිකර බලන්නා ; ඔත්තු බලන්නා.

Priest, n. පූජකයා, යාජකයා, යාඥිකයා ; R. C. ගුරුප්‍රසාදීතැන, පාදිරි උන්නාන්සේ ; E. C. පාදිලි උන්නාන්සේ, H. කපුවා, කපුරාළ, කපුපත්තිනියා, කපුබත්තනයා ; B. භික්ෂුව, මහණුන්නාන්සේ, (elderly) තෙරුන්නාන්සේ, ස්ථවිරයන් වහන්සේ &c. See Ascetic & Monk.

Priestcraft, n. පූජකයන්ගේ රැවටිලික්‍රියා, පූජක උපාය, *or* ප්‍රයෝගය.

Priestess, n. පූජකී, යාජකී ; B. ශ්‍රමණී, භික්ෂුණී.

Priesthood, n. the office *or* condition පූජක ධුරය, පූජකකම ; R. C. ගුරු ප්‍රසාදි පදවිය ; B. මහණකම, පැවිදිබව, ශ්‍රමණභාවය, ප්‍රව්‍රජ්‍යාව, (high) සංඝ නායක ධුරය ; the order පූජක සංඝතිය, ගුරු ප්‍රසාදි සංඝතිය ; B. සංඝයා, සංඝයාව, ගණ සංඝතිය.

Priestly, a. පූජක, යාජක, ගුරුප්‍රසාදි; B. සංඝ, පැවිදි, ප්‍රව්‍රජිත, ශ්‍රමණ.

Prig, n. අහංකාරකාරයා, වම්බුවා; හොරා ; v. හොරා ගන්නවා.

Priggish, a. අහංකාර, ජේත්තුකාර, වම්බු.

Prim, a. (ඇවතුම් දේ, ඇඳුම්, ආදිය ගැන) යස, කදිම, කලේලි.

Primacy, n. අග්‍රපාර්ශ්වකත්වය, අග්‍රරාජගුරුප්‍රසාදිත්වය ; ශ්‍රේෂ්ඨතාව.

Prima-donna (ප්‍රීමඩොන), n. It. (තූර්ය නාඩගමේ) ශ්‍රේෂ්ඨ ගීතිකාකාරී.

Prima facie (ප්‍රෙම ෆේෂිසි), L. ප්‍රථම දර්ශනයේදී, දුටුහැටියේම, (කරිවාවාගේ පෙනෙන &c.).

Primage, n. (නැව්කාරයන්ට දෙන) පැටවීමේ කුලිය *or* සලාකය.

Primarily, ad. මුලදී, ප්‍රථමදී, පළමුකොට.

Primary, a. මුල්වූ, මූලික; පළමු, පළමුවෙනි ; ප්‍රධාන, ශ්‍රේෂ්ඨ.

Primary, n. ප්‍රධාන එක, ප්‍රධාන එකක් ; පියාපතේ ප්‍රධාන පිහාටුවක් ; in geol. (පර්වතවලින්) ප්‍රථම මහා ප්‍රවිභාගය.
[තැන.

Primate, n. අග්‍රපාර්ශ්වකතැන, අග්‍රරාජගුරුප්‍රසාදි

Prime, a. මුල්, මූලික ; ප්‍රධාන, ශ්‍රේෂ්ඨ ; ඉතා හොඳ ; prime number (5. 7. 11. ආදිය මෙන් එඒ ගණනින්ම මිස වෙන ගණනකින් බෙදියනොහැකි) මූලිකාංකය, මූලික සඞ්ඛ්‍යාව ; prime factor මූලික සාධකය.

Prime, n. ප්‍රධාන කොටස්ථානය, ඉතා හොඳ පංගුව, the prime of life &c. (ජීවිතයේ) උතුම් කාලය, යෞවන වයස, යොවුන් විය, ඉතා උතුම් සවභාව.

Prime, v. (තුවක්කු කතේ &c.) වෙඩිබෙහෙත් දමනවා ; මුල් තීන්ත ගානවා.

Prime-minister, n. අගමැතියා &c. See Premier.

Primer, n. මුල් පාඩම් පොතක්, පළමුවෙනි පාඩම් පොත ; අච්චුඅකුරු වර්ගයක්.
[පූර්.

Primeval, a. පූර්වකාලීන, පෞරාණික, පුරාතන, මුල්,

Priming, n. (තුවක්කු කතේ &c.) දමන වෙඩිබෙහෙත් ; ගාන මුල්තීන්ත.

Primitive, a. පුරාණ, පූර්ව ; පුරාණකාර ; මුල්, ධාතු, ප්‍රකෘති, (වචනයක්); primitive colours මූලිකවර්ණ (මන රතු, කහ නිල්).

Primitively, ad. මුලදී, පුරාණයේදී ; ප්‍රකෘතියෙන්.

Primitiveness, n. මුල් ගතිය, පෞරාණිකතාව ; ප්‍රකෘතිතාව.

Primly, ad. යසට, කලේලියට. See Prim.

Primo-genitor, n. මුල් පියා, මුල් පියාණෝ, මූලික පිතෘ.

Primo-geniture, n. කුලුදුල්කම, වැඩිමහල්කම, ජ්‍යේෂ්ඨතාව ; කුලුදුල්කමේ අයිතිවාසිකම.

Primordial, a. ආදිකාලීන, මූලික, ප්‍රථම, පළමු ; n. ආරම්භය, ධාතුව.

Primrose, n. මල් වර්ගයක්.

Primus, a. L. ප්‍රථම, ප්‍රධාන ; primus inter pares සමානවුන් අතරෙහි ප්‍රධානියා.
[යුවරජ.

Prince, n. රජ, අධිපතියා ; කුමාරයා, රාජකුමාරයා,

Princely, a. රජෙක් වැනි, නෘපෝචිත, මහෝත්තම, මහෝත්තම, ඓශ්වර්යමත්, ධනවත්, ඉතා මහත්.

Prince-royal, n. වැඩිමහල් රාජකුමාරයා.

Princess-royal, n. වැඩිමහල් රාජකුමාරී.

Princess, n. රැජිනී ; රාජකුමාරී, කුමාරිකාව ; වල්ලභ කුමාරී.

Principal, a. ප්‍රධාන, ප්‍රමුඛ, පරම, ප්‍රකෘෂ්ට, පාමොක් ; in mus. මූලික.

Principal, n. ප්‍රධානියා, නායකයා, ප්‍රමුඛයා ; ප්‍රධාන කාරණය ; ප්‍රධාන ද්‍රව්‍යයක් *or* බාල්කයක්; මුල්මුදල, අරමුදල.

Principality, n. ආධිපත්‍ය ප්‍රදේශය, රාජකුමාර ප්‍රදේශය ; obs. අධිපතියා.
[Chiefly.

Principally, ad. ප්‍රධානකොට, වැඩිකොට. See

Principia, n. pl. L. මුල් ගුරුකම්, මූලික ශික්ෂා.

Principle, n. හේතුව, මූල, ධාතුව ; මුල් කාරණය, මූලික ධර්මය, මූලික සත්‍යය ; පිළිගත්ත සත්‍යය *or* ධර්මය ; rule of action ප්‍රතිපත්ති ධර්මය, සූත්‍රය.

Print. v. අච්චුගහනවා, මුද්‍රණයකරනවා, මුද්‍රාංකණයකරනවා ; ඔබා ලකුණුකරනවා ; get printed and published අච්චුගස්වා ප්‍රසිද්ධකරනවා.

Print, n, එබීමේ ලකුණ ; අච්චු සිතියම, අච්චුගසාපු පත්‍රය ; සිතියම් පිළී ; be in print අච්චුගසා තිබෙනවා. See Out of.

Printed, pp. *or* a. අච්චුගසාපු &c., මුද්‍රාංකිත.

Printer, n. අච්චුගසන්නා &c., මුද්‍රාංකණකාරයා ; පිළී සිතියම්කරන්නා.

Printing, n. අච්චුගැසීම &c., මුද්‍රාංකණ කර්මාන්තය.

Printing-ink, n. (අච්චුගැසීමට පාවිච්චිකරන) මුද්‍රාංකණ තීන්ත. [&c., See Press.
Printing-machine, Printing-press, n. මුද්‍රණ යන්ත්‍රය
Printing-office, n. අච්චුගසන කන්තෝරුව, මුද්‍රණ ශාලාව, මුද්‍රායන්ත්‍රාලය, මුද්‍රණාලය.
Print-works, n. pl. පිළී අච්චුගසන පට්ටලය.
Prior, a. (වෙන යමකට) ඉස්සර, ප්‍රථම, පූර්ව.
Prior, n. R. C. තාපසාරාමයේ ප්‍රධානියා.
Prioress, n. R. C, තාපසින්ගේ ආශ්‍රමයේ ප්‍රධානී.
Priority, n. (කාලයෙන්) ඉස්සරවීම, ප්‍රථමවීම ; (තරමින්) ප්‍රමුඛත්වය.
Priory, n. (Prior *or* Prioress නම්වූ ප්‍රධානියෙක් ඇති) තාපසාරාමය, ආශ්‍රමය.
Prism, n. in geom. දික් තුල්‍යාංග ඝනයක්, ප්‍රිස්මය ; in optics දික් ත්‍රිකෝණ ඝන වීදුරුවක්, ත්‍ර්‍යංග ඝනකාචකය.
Prismatic, Prismatical, a. ත්‍ර්‍යංගඝනකාචකාකාර ; (ත්‍ර්‍යංග) ඝනකාචකජ ; ඝනකාචක.
Prismatoidal, Prismoidal, a. දික් තුල්‍යාංග ඝනාකාර, ත්‍ර්‍යංගඝනාකාර.
Prison, n. හිරගේ, හිරගෙදර, දඬුගේ, බන්ධනාගාරය, බන්ධනාලය, කාරාගාරය.
Prison-discipline, n. හිරගෙයි දණ්ඩනීතිය, හිරකාරයන් හසුරුවන ක්‍රමය.
Prisoner, n. හිරකාරයා, හිරඅඩස්සියේ සිටින්නා.
Pristine, a. මුල්වූ, ආරම්භ, ආදි, පලමු, ප්‍රථම, පුරාණ, පුරාතන, පෞරාණික.
Privacy, n. අප්‍රසිද්ධිය, විවේකය ; විවේකස්ථානය, රහස ; රහස්කම, රහස්ගතිය.
Private, a. අප්‍රසිද්ධ, පුද්ගලික, පොදුනොවන ; රහස්, රහසිගත, රහස්‍ය, ප්‍රච්ඡන්න ; in private, see Privately. [වායා, බැලයා.
Private, n. (මුලාදෑනියෙක් නොවන) පොදු හේ
Privateer, n. (ආණ්ඩුව අසන්තක) පුද්ගලික යුද්ධ නැවක්.
Privately, ad. අප්‍රසිද්ධයෙන්, අප්‍රසිද්ධලෙස, රහස් ලෙස, රහසිගතව, රහසින්, පුද්ගලික වශයෙන් :
It does not affect them privately ඔවුන්ටනම්—ඔවුන්ගේම කාරණාවලටනම්—එයින් වෙනසක් නැත.
Sell privately අත යට විකුණනවා.
Privateness, n. අප්‍රසිද්ධකම, රහස්කම, රහස් ගතිය.
Privation, n. අගහිඟකම්, හානිය, විහීනතාව, see Destitution ; නැතිකම, අභාවය.
Privative, a. හානිකරන, නිෂේධ, අභාව සූචක ; නැත්තාවූ, විහීන, අභාව.
Privative, n. අභාවවාචකය ; in gram. නිෂේධ නිපාතය, නිෂේධාර්ථ නිපාතය, න-කාරාර්ථ නිපාතය.
Privilege, n. වාසිය, විශේෂ ප්‍රයෝජනය *or* අයිතිවාසිකම, බලප්‍රෑවන්කම, පාච්චලය.
Privilege, v. වාසියක් &c. දෙනවා, වාසි දෙනවා, විශේෂ නිදහසක් දෙනවා.
Privileged, pp. *or* a. විශේෂ වාසියක් ඇත්තාවූ, විශේෂ නිදහස්කම් ලබන.
Privity, n. (රහසක්) දැනුවත්ව සිටීම, දැනුවත්කම, (එයින් පැමිණෙන) හවුල්කම ; pl. රහස් අවයව.
Privy, a. අප්‍රසිද්ධ, පුද්ගලික ; අප්‍රකාශ, රහස් ; be privy to (රහසක්) දැනුවත්ව සිටිනවා.
Privy, n. in law හවුල්කාරයා ; වැසිකිළිය, අතුගේ, දියගේ, වර්චස් කුටිය. [ව.
Privy-council, n. විශේෂ—රහස්—රාජමන්ත්‍රණ සභා

Prize, n. (යුද්ධවලදී අල්ලාගත්) කොල්ලය ; විශේෂ විපාකය, ප්‍රදානය, (දිනාගත්) තෑග්ග, ත්‍යාගය ; දදු දැමීමෙන් ලැබෙන දිනුම.
Prize, v. පොල්ලකින් උස්සනවා *or* තල්ලුකරනවා.
Prize, v. appraise තක්සේරුකරනවා, අගයකරනවා ; value highly අගේකොට සලකනවා.
Prize-fighter, n. ඔට්ටුවට ගහගන්නා. [ලය.
Prize-ring, n. ඔට්ටුවට ගහගැනීම සම්බන්ධ මණ්ඩ
Pro, prefix, L. & Gk. අරබයා, පෙරටුව, පෙරටුවෙන්, යන අර්ථ ඇති උප සර්ගය.
Pro and con, L. අරබයා හා විරුද්ධ, කිරීමට නොකිරීමට, වීමට නොවීමට, (ඇති කාරණ), පක්ෂවිපක්ෂ (අය).
Probability, n. වියහැකි බව, (සත්තක නැති නුමුත්) සැබෑ බවට කාරණ ඇති ස්වභාව, ඇත්තවාගේ පෙනීම, අනුමානය.
Probable, a. වෙන්ට පුළුවන්, වියහැකි. ඇත්තවාගේ පෙනෙන, සත්‍යසංකාශ.
Probably, ad. සමහරවිට, බාගවේලාවට : It is probably true ඒක සැබෑවෙන්ට ඇත.
It will probably rain to-day අද වහින්ටම වාගේ පෙනෙනවා.
Probate, n. (ඔප්පුකළ) අන්තිමකැමති පත්‍රයේ නියම කොටුම්පත ; අන්තිමකැමති පත්‍ර ඔප්පුකිරීමේ නීති බලය.
Probate-court, n. අන්තිමකැමති පත්‍ර නඩුශාලාව.
Probate-duty, n. අන්තිමකැමති පත්‍ර ආදායම.
Probation, n. සෝදිසිය, පරීක්ෂණය ; සෝදිසි පිට සිටීම ; සෝදිසි පිට සිටින කාලය, සෝදිසි කාලය.
Probational, Probationary, a. සෝදිසියට අයිතිවූ, සෝදිසි, පරීක්ෂණ.
Probationer, n. සෝදිසි පිට සිටින්නා ; ආධුනිකයා ; Scot. (දේශනා කිරීමට) අවසර ලත් බමු ශිෂ්‍යයා.
Probator, n. in law දෝෂාරෝපණකාරයා.
Probatory, a. පරීක්ෂක ; ඔප්පු සහිත, ඔප්පු ආකාර.
Probe n. (තුවාල &c.) සෝදිසිකරන කූර, පරීක්ෂක කූර.
Probe, v. (තුවාල &c.) කූරෙන් සෝදිසිකරනවා ; fig. හොඳට සෝදිසිකර බලනවා.
Probity, n. අවංකකම, විශ්වාසකම, ප්‍රගුණතාව.
Problem. n. අනුමාන කාරණාවක් ; ප්‍රශ්නය ; in geom. සාධ්‍යය, නිෂ්පාද්‍යය, උද්දේශකය.
Problematic, Problematical, a. අනුමාන, අනිශ්චිත, පරිශංකනීය.
Pro bono publico, L. මහජනයාගේ යහපත පිණිස.
Proboscideæ, Proboscidians, n. pl. හොඬවැලක් ඇති සත්ත්ව ජාති, වසාත්‍ර ඝසන සත්ත්වයෝ.
Proboscis, n ඇත් හොඬවැල, හොඬ, (ක්ෂුද්‍ර ප්‍රාණීන්ගේ) හොඬවැල.
Procedure, n. ක්‍රියාකිරීම, හැසිරීම ; යමක්කරන අත්දම, ක්‍රියා පිළිවෙළ *or* ක්‍රමය.
Proceed, v. ඉදිරියට යනවා, තව දුරට යනවා ; තව දුරට කියනවා *or* කරගෙන යනවා, වෙන කාරණාවකට බහිනවා ;
proceed against ආක්‍රමණයකරනවා ; පැමිණිලි කරනවා ;
proceed from නික්මෙනවා, පැමිණෙනවා ; begin පටන්ගන්නවා ; [ගෙන යනවා.
proceed carefully ප්‍රවේශමලෙස යනවා *or* කර
the work proceeds වැඩ කෙරීගෙන යනවා, ඉෂ්ට වෙමින යනවා.

Proceeding, n. යාම &c., ක්‍රියාව, ක්‍රියාකිරීම, ක්‍රියා ක්‍රමය ; in law pl. නඩු ක්‍රියා, නීතිකෘත්‍ය.
Proceeds, n. pl. යමකින් උපදින ලාභ, ලාභ ගණන.
Process, n. ක්‍රමය, ප්‍රක්‍රියාව, පිළිවෙළ ; නීතිකෘත්‍යය, නඩු ක්‍රමය ; in anat. මොළෙන් පළුවක් ; අමුතු ඇටි දළුවක් ; in process of time කල්යාමෙන්, කාලාන්තරයෙන්. [පෙරහැර.
Procession, n. නික්මයාම ; පෙළට යාම, පෙරහර.
Processional, a. පෙරහර පෙරහැර ; n. R. C. පෙරහර ක්‍රම පොත.
Proclaim, v. ප්‍රසිද්ධකරනවා, ප්‍රකාශලෙස දන්වනවා, අණබෙර ප්‍රසිද්ධකරනවා.
Proclamation, n. (ආණ්ඩුව විසින්) ප්‍රසිද්ධකිරීම &c., ප්‍රකාශය, අණබෙරය ; (ප්‍රසිද්ධකරන) රාජ නියෝගය ; ආණ්ඩු නියෝග පත්‍රය.
Proclivity, n. ළැදිකම, ඇලුම්කම, ඇල්ම.
Proconsul, n. (රෝමවරුන්ගේ) උපශ්‍රේෂ්ඨාධිපතියා ; දිසාපතියා.
Procrastinate, v. අතපසුකරනවා, කල්දමනවා, ප්‍රමාදකරනවා, මිඩංගු කරනවා, නාවරකරනවා ; ප්‍රමාදවෙනවා, නාවරවෙනවා.
Procreate, v. ජාතකකරනවා, උපදවනවා.
Proctor, n. පෙරකදෝරුවා ; (පාඨශාලා ශිෂ්‍යයන්ගේ) චරිත මුලාදෑනියා.
Proctorial, a. පෙරකදෝරු. [කම.
Proctorship, n. පෙරකදෝරුකම ; චරිත මුලාදෑනි
Procumbent, a. මූණින් වැටී සිටින, අධෝමුඛ, මූණිස්තලාවූ ; in bot. (වැල් මෙන්) බිම දුවන.
Procurable, a. ලබාගත හැකිවූ, සපයාගත හැකි, ලභ්‍ය, සම්ප්‍රාප්‍ය.
Procuration, n. කළමනාකාරකම ; කළමනාකාර පත්‍රය ; කළමනාකාර මුදල.
Procurator, n. කළමනාකාරයා ; කළමනාකාර බලපත්‍රයක් ඇත්තා ; (රෝමවරුන්ගේ) කළමනාකාරාධිපතියා.
Procure, v. සපයාගන්නවා, මෙහෙයනවා, සම්බකරගන්නවා, ලබාගන්නවා ; සලස්වනවා. [Pimp.
Procurer, n. සපයාගන්නා, සපයන්නා &c. See
Procuress, n. දූතිකාව, කුටච්චිනිය.
Prodigal, a. (මුදල්, කාලය &c.) අධිකලෙස වියදම් කරන *or* නැතිකරගන්න, අපතේ අරින, සකසුරුවම් නොවන, නාස්තිකාර, නොමසුරු.
Prodigal, n. අධිකලෙස වියදම්කරන්නා &c.
Prodigality, n. අධිකලෙස—අනිසිලෙස—වියදම්කිරීම &c. ; නොමසුරුකම.
Prodigious, a. ඉතා මහත්, අතික්‍රමික, ගජ, අද්භූත.
Prodigy, n. අරුමයක්, අද්භූතය, අස්වභාවික දෙයක් *or* සතෙක්.
Produ'ce, v. ඉදිරියට ගෙනෙනවා, පානවා ; උපදවනවා ; නිපදවනවා, උපද්දනවා, අටගස්වනවා, දක්වනවා ; ඵල දරනවා ; cause සලස්වනවා ; in geom. (ඉරක්) යම් තැනක් දක්වා අඳිනවා, දිගි කරනවා. [ප්‍රයෝජනය.
Pro'duce, n. අස්වැන්න, පලදාව, උපදින ලාභය, ඵල
Produced, be, v. ඉදිරියට ගෙනෙනුලබනවා, &c. ; ජනිතවෙනවා &c. ; S. adj. ජනිත, උත්පාදිත, සමුත්පාදිත, සමුද්භූත, නිෂ්පන්න.
Producible, a. ඉදිරියට ගෙනත් දක්වන්ට පුළුවන්වූ ; ඉපදවිය හැකි &c.
Product, n. අස්වැන්න &c., see Produce ; අටගන්න—උපදවන—දෙය, සිද්ධිය ; in arith. ගුණිතය, ඝාතය :

Production, n. ඉදිරියට|ගෙන දක්වීම &c., see verb, උත්පාදනය, සමුත්පාදනය, නිෂ්පාදනය, ජනනය ; උපදවන—සාදන—දෙය.
Productve, a. උපදවන, ජනක, උත්පාදක, සාධක ; සාරවත්, ඵලධර, ඵලප්‍රද.
Proem, n. උපන්‍යාසය, ප්‍රාරම්භය &c. See Preface.
Proemial, a. උපන්‍යාස, ප්‍රාරම්භ &c. [see verb.
Profanation; n. (ආගමට අසිනි දේ) කෙලෙසීම &c.,
Profane, a. (එසේ) කෙලෙසන, දේව අපහාසික, (කෙනෙක්, ක්‍රියා, බස්, සිත) ; අකැප, නිකම්, පොදු ; ලෝක, ලෞකික : (දේ, කථාන්තර).
Profane, v. කෙලෙසනවා, දූෂණයකරනවා, අපහාස කරනවා. [ලෙස.
Profanely, ad, කෙලෙසනලෙස, දේව අපහාසික
Profaneness, Profanity, n. කෙලෙස්ම, දේව අපහාසය ; දේව අපහාසිකතාව.
Profess, v. (තමා ගැනම යමක්) කියාසිටිනවා, කියාපානවා, ප්‍රකාශලෙස කියනවා, ප්‍රසිද්ධකරනවා.
Professedly, ad. කියාසිටිනලෙස &c., ප්‍රකාශලෙස ; කියන හැටියටනම්.
Profession, n. කියාසිටීම &c. ; (උතුම්) නිලතලය ; ධානාන්තරය, රක්ෂාව, වෘත්තිය, ශිල්පකාර මණ්ඩලය ; ආගම් සමයකට බැඳීම.
Professional, a. නිලතල, ධානාන්තර ; ශිල්පකාර.
Professionally, ad. නිලයේ හැටියට ; ශිල්පකාරාකාරයෙන්.
Professor, n. කියාසිටින්න ; (ක්‍රිස්තියානි) නාමය දරන්නා *or* සභාමකට බැඳීසිටින්නා ; උසස් ආචාර්යවරයා.
Professorship, n. ආචාර්ය ධුරය, ආචාර්යත්වය.
Proffer, v. දෙන්ට—යමක් කරන්ට—හදනවා, තැත් කරනවා.
Proffer, n. දෙන්ට &c. හැදීම ; දෙන්ට හදන දේ.
Proficience, Proficiency, n. දියුණුව, පුහුණුව, පළපුරුදුකම, අභිවර්ධනය, දක්ෂකම, නිපුණත්වය. ප්‍රවීණකාව. [ප්‍රවීණ.
Proficient, a. පුහුණුවූ, ප්‍රගුණිත, පළපුරුදු, දක්ෂ,
Proficient, n. පුහුණු කෙනෙක් &c., දක්ෂයා.
Profile, n. අංගරූපය, අංගරූප සිතියම ; in arch. වහිරාකාරය ; හරස් ආකාර සිතියම. [දය.
Profit, n. ලාභය, ප්‍රයෝජනය, ඵලවිපාකය, ඵලෝ
Profit, v. t. ලාභ &c., උපදවනවා *or* ගෙනදෙනවා ; වැඩ — යහපත — සිද්ධකරනවා. [වා.
Profit, v i. ලාභ — යහපත — ලැබෙනවා ; දියුණුවෙන
This profits them *or* They profit by this මෙයින් ඔවුන්ට ලාභ &c. ලැබෙනවා, වැඩ සිද්ධවෙනවා *or* ඔවුන් දියුණුවෙනවා.
Profitable, a. ලාභ &c. උපදින, ප්‍රයෝජනවත්, වැඩදායක, අර්ථකර, ඵලාවහ.
Profitableness, n. ප්‍රයෝජනවත්කම, ප්‍රයෝජනත්වය, වැඩදායකකම. [ලෙස &c.
Profitably, ad. ලාභ ලැබෙනලෙස, ප්‍රයෝජනවත්
Profitless, a. ලාභ නොලැබෙන, ප්‍රයෝජන නැති, අප්‍රයෝජන, නිෂ්ඵල. [ධූර්තතාව.
Profligacy, n. අවකල් ක්‍රියාකාරකම, අනාචාරය,
Profligate, a. අවකල්ක්‍රියාකාර, අනාචාර.
Pro forma, L. නියමය නිසා, චාරිත්‍රය නිසා.
Profound, a. ගැඹුරු, අගාධ, (තැනක්) ; ගම්භීර, ගූඪ, (කල්පනා) ; අති (විචක්ෂණයා), අතිවිචක්ෂණ, බහුශ්‍රැත, (දෙනය, උගතා &c.) ; සම්පූර්ණ, මහත්, අධික, තද, (රහස්, යටහත්කම, නිශ්ශබ්දකම, නින්ද &c.).

Profoundly, ad. ගම්භීරලෙස, ගූඪාකාරයෙන් ; අතිශයින්ම.

Profoundness, Profundity, n. අගාධතාව, ගම්භීරතාව, ගාම්භීර්‍ය්‍ය ; (යටහත්කමේ, ශෝකයේ &c.) අධිකකම. [අත්‍යන්තත.

Profuse, a. නොමසුරු, අධිකතර, බහුල, අතික්‍රමික,

Profusion, n. අධිකකම, බාහුල්‍යය, අතික්‍රමිකතාව, ප්‍රමාණාතික්‍රාන්තිය.

Progenitor, n. මුතුන්මුත්තන්ගෙන් කෙනෙක්, මුල්පියා, පූර්වදේවයා.

Progeny, n. දරුවෝ, පැවතඒන්නෝ, අපත්‍යවරු, ප්‍රජාව ; උපදින සත්තු.

Prognosis, n. රෝගයේ ආකාරය කලින් දැනගැනීම or දැක්වීම.

Prognostic, a. නිමිත්තකරන ; n. (රෝගය ගැන) පූර්වමතය ; පූර්වනිමිත්ත, පූර්වලකුණ.

Prognosticate, v. (පූර්වලකුණුවලින්) කලින් දක්වනවා, නිමිති කියනවා, ජේන කියනවා.

Prognostication, n. කලින් දැක්වීම &c., පූර්වලකුණ.

Prognosticator, n. කලින් දක්වන්නා &c., නෛමිත්තිකයා.

Programme, n. (කරන්ට යන දේ ගැන) දැන්වීම් පත්‍රය, පූර්වලේඛනය, වැඩ පිළිවෙළ, කර්තව්‍ය සටහන.

Pro'gress, n. ඉස්සරහට යාම or ඒම, තැනින්තැනට යාම, ප්‍රගමනය ; වැඩිවේගන යාම, වර්ධනය, අභිවෘද්ධිය, වැඩි දියුණුව. [දියුණුවෙනවා.

Progress', v. ඉස්සරහට යනවා &c. ; වර්ධනයවෙනවා,

Progression, n. ඉස්සරහට යාම &c. ; වර්ධනයවීම ; in math. ක්‍රමිකවෘද්ධිය. [ගත යන.

Progressive, a. ඉස්සරහට යන ; වර්ධනවෙන, වැඩිවේ

Progressively, ad. වඩ වඩා, ක්‍රමක්‍රමයෙන්.

Prohibit, v. තහනම්කරනවා, බාධාකරනවා, වළක්වනවා, ප්‍රතිෂේධකරනවා.

Prohibition, n. තහනම්කිරීම &c., තහනම, තහනම් පත්‍රය, ප්‍රතිෂේධය නිෂේධය.

Prohibitive, Prohibitory, a. තහනම්කරන, &c., බාධක, ප්‍රතිෂේධක, නිවාරක.

Project', v. ඉස්සරහට විසිකරනවා ; නෙරවනවා ; යෝජනාකරනවා ; හැඩය අඳිනවා ; නෙරනවා, නෙරා තිබෙනවා.

Pro'ject, n. යෝජනාව, අරමුණ, උපක්‍රමය.

Projectile, a. විසිකරන, (බලය) ; n. (යම් බලයකින්) විසිවෙන දේ.

Projection, n. විසිකිරීම &c. ; නෙරන—නෙරා තිබෙන — පංගුව, නෙරුම ; ප්‍රක්ෂේපය ; යෝජනාව ; ඇඳපු රූපය or හැඩය. [නා.

Projector, n. යෝජනා—උපක්‍රම—උපා—යොදන්

Prolapse, v. (ශරීරයෙන්) පහත වැටෙනවා or බසිනවා ; n. පහත බැස්ම. [මණ්ඩල.

Prolate, a. (රටදෙහි මෙන්) දිසිගෝලාකාර, දිසිපරි

Prolegomena, n. pl. Gr. (රචනාවක) ප්‍රාරම්භ වාක්‍ය ; ප්‍රාරම්භ කථා, ප්‍රාරම්භ විස්තර.

Prolepsis, n. විරුද්ධකම්වලට කලින් උත්තරදීම, පූර්වබාධනය ; (හරි කාලයට) ප්‍රථම වකවානුවක් ලිවීම.

Proleptic, Proleptical, a. පූර්වබාධක ; ප්‍රථම, පූර්ව ; කලින් කරන, පූර්ව, (ප්‍රතිකාරයක්).

Prolicide, n. (කුසේදී හෝ පසුව හෝ කරන) අපත්‍ය ඝාතනය.

Prolific, a. ඵලධාරී, උත්පාදක, සාවක, බෝවෙන, සඵලික ; in bot. දම්ධාරී (පුෂ්ප).

Prolix, a. දිසි කථාකාර, විස්තරවැඩි, අතිදිසි, අතිශයෝක්ති. [ප්‍රපඤ්චය.

Prolixity, n. දිසි කථාකාරකම &c., අතිශයෝක්තිය,

Prolocutor, n. සම්මුතියේ ප්‍රධානියා.

Prolocutorship, n. සම්මුතියේ ප්‍රධානත්වය.

Prologue, n, ප්‍රාරම්භ කථාව, ප්‍රස්තාවනාව, ප්‍රවේශකය, පූර්වරඞ්ගය.

Prolong, v. (කථාව, වැඩ, කාලය &c.) දිසි කරනවා, තව දුරට දික්කරනවා.

Prolongation, n. (කාලයෙන් or ප්‍රමාණයෙන්) දිසිකිරීම. ප්‍රමාදකිරීම.

Promenade, v. (ප්‍රීතියට &c.) සක්මන්කරනවා, ඇවිදිනවා, සැරිසරනවා.

Promenade, n. සක්මන්කිරීම &c., සක්මන, සංචාරණය ; සක්මන් පළ, සංචාරණස්ථානය.

Prominence, Prominency, n. නෙරා තිබෙන යමක්, නෙරුම, ඉලිප්පුම ; නෙරා තිබෙන ප්‍රමාණය ; fig. ප්‍රමුඛත්වය. සුප්‍රකාශතාව, ප්‍රසිද්ධිය. [කාශ.

Prominent, a. නෙරා—ඉලිප්පී—තිබෙන ; ප්‍රමුඛ, සුප්‍ර

Prominently, ad. නෙරුමක් ලෙස, ඉලිප්පුම් ආකාරයෙන් ; fig. ප්‍රමුඛව, ප්‍රමුඛලෙස &c.

Promiscuous, a. මිශ්‍ර, කලවම්, හවුල්වූ, හාමු, සංකීර්ණ ; පොදු, සාමාන්‍ය.

Promise, n. පොරොන්දුව, ප්‍රතිඥාව, ප්‍රතිඥානය, ගිවිසුම, පිළිත ; පොරොන්දුවූ දේ ; ප්‍රාර්ථනාජනක දේ (වන ආරම්භයක්, සිද්ධියක්, කෙනෙක් &c.)

Promise, v. පොරොන්දුවෙනවා, පොරොන්දු කරනවා, බහදෙනවා, ගිවිසිනවා, ප්‍රතිඥාකරනවා ; ප්‍රාර්ථනා—අපේක්ෂා—උපදවනවා.

Promised, pp. or a. පොරොන්දුවූ &c., ප්‍රතිඥාත.

Promisee, Promissee, n. පොරොන්දුවක් ලබන්නා.

Promiser, n. පොරොන්දුවෙන්නා &c.

Promising, p. or a. පොරොන්දුවෙමින් &c. ; අපේක්ෂාජනක, කල්‍යාණකරවූ, ශෝභන.

Promissory, a. පොරොන්දුවක් සහිත, පොරොන්දු ; promissory note ණය කැරය, නෝට්ටුව.

Promontory, n. උස් දේසතුඩුව.

Promote, v. දියුණු—අභිවර්ධනය—කරනවා ; පොළඹනවා, අනුබල දෙනවා, ආධාරකරනවා ; වඩා උසස් අයියකට පත්කරනවා.

Promotion, n. දියුණුකිරීම &c., see Preferment.

Promotive, a. දියුණුකරන &c., වර්ධක, අභිවර්ධක, සංවර්ධක. [ලම්බ.

Prompt, a. අප්‍රමාද, ඉක්මන්, කඩිනම්, තුරිත, අවි

Prompt, v. පොළඹනවා, එළඹවනවා, අනුමතකරනවා ; (වචන, සිතිවිලි) මතක්කරවනවා.

Prompted, be, v. පොළඹනු ලබනවා &c., පෙළඹෙනවා, එළඹෙනවා.

Promptitude, Promptness, n. (ප්‍රස්තාවට ඔන්න) කඩිනම්කම, තුරිතකම, අවිලම්බතාව.

Promulgate, v. ප්‍රසිද්ධකරනවා, පතළකරනවා, පළකරනවා, පතුරුවනවා.

Prone, a. නැමී තිබෙන, අවනත, මූණින් වැටී සිටින ; steep ප්‍රපාතවූ ; disposed ලැදි, ඇලුම්.

Proneness, n. අවනතතාව, මූණින් වැටී සිටීම ; ප්‍රපාතතාව ; ලැදිකම, ඇලුම්කම.

Prong, n. (කරුවක) දත්තක්, උල, කටුව. [ක.

Pronominal, a. සර්වනාමාකාර, සර්වනාම, සර්වනාමවාච

Pronoun, n. සර්වනාමය : (personal or definite) නියම සර්වනාමය ; (indefinite) අනියම් සර්වනාමය ; (inter.) ප්‍රශ්න සර්වනාමය.

Pronounce, v. ශබ්දෝච්චාරණයකරනවා, උච්චාරණය කරනවා, ශබ්දකරනවා, ව්‍යාහරණය කරනවා; a speech කථාවක් පවසනවා; a decision තීන්දුවක් දෙනවා, මුහිංඩියක් කියනවා; declare තීන්දුවට කියාසිටිනවා; an opinion මතයක් කියනවා. [උච්චාරණීය.

Pronounceable, a. (යමෙකුට) උච්චාරණයකළ හැකිවූ,

Pronouncing, p. *or* a. උච්චාරණයකරමින් &c.; උච්චාරණ ප්‍රකාශක (අකාරාදිය).

Pronunciation, n. උච්චාරණයකිරීම &c., උච්චාරණය.

Proof, n. ඔප්පුකිරීම, පරීක්ෂාකර බැලීම; ඔප්පුව, සාක්ෂිය, ඔප්පුසාක්ෂිය, සාධනය, ප්‍රාමාණ්‍යය; ශෝධ්‍යපත්‍රය; put to the proof පරීක්ෂාකර බලනවා.

Proof, a. as: bullet-proof &c., rain-proof වැස්සට නොතෙමෙන; be proof against anything යමකට යටත්නොවෙන *or* අසුනොවන.

Proof-spirit, n. එකබරට මිශ්‍රවූ ජල හා මද්‍යසාරය, ජලතුල්‍ය-මද්‍යසාරය.

Prop v. රුකුල් දෙනවා, කරු ගසනවා, අඩතබනවා; fig. රුකුල් දෙනවා, උපුලනවා.

Prop, n. රුකුල, කරුව, බලකරුව, ආධාරය.

Propaganda, n. රෝමානු මිෂියොනාරි සභාව; ආගමිකවූ *or* නුවූ යම් ධම් ක්‍රමයක් *or* වැඩ පිළිවෙළක් මිනිසුන් අතර ප්‍රචලිත කිරීම, ප්‍රචාරණය, ප්‍රචාරය.

Propagandism, n. (ආගමක් &c.) පතළකිරීම, පතළකිරීමේ ක්‍රමය.

Propagandist, n. (ගුරුකම් &c.) පතළ කරන්නා, පතළකිරීමට කැපවූ අය.

Propagate, v. බෝකරනවා; බෝවෙනවා; පතුරුවනවා, පතුරුවා අරිනවා, පතළකරනවා, (ධර්මය etc.) ප්‍රචාරය කරනවා.

Propagation, n. බෝකෙරීම &c, ප්‍රචාරය.

Propagator, n. බෝකරන්නා &c.

Propel, v. (යම් බලයකින්) තල්ලුකරනවා *or* විසිකරනවා *or* (යන්ත්‍ර) ක්‍රියාවනවා, පද්දවනවා.

Propellent, a. තල්ලුකරන (බලය &c.).

Propeller, n. (නැව පද්දවන) අවර රෝදය; අවර රෝදයක් ඇති දුම්නැව.

Propense, be, v. ලැදිව—ඇලුම්ව—සිටිනවා.

Propensity, n. ලැදිකම, ඇලුම්කම, ආකර්ෂණයවීම, ඇදීම.

Proper, a. peculiar, අසාමාන්‍ය, නියම, පුද්ගලික; suitable යුතු, සුදුසු, යෝග්‍ය, උචිත; proper names සංඥා නාම.

Properly, ad. suitably යුතුලෙස &c.; strictly හරියටම (මෙසේ වියයුතුයි).

Property, n. නියම ගුණයක්, ලක්ෂණයක්, විශේෂ විභාගයක්; (යමෙකුට) අයිති දේ, වස්තුව; සම්පත, ධනය, දේපළ, ඉඩම්කඩම්, ගම්බිම.

Property-tax, n. වස්තු බද්ද.

Prophecy, n. මතු දේ කීම, අනාගතවාක්‍යය; අනාගතවාක්‍ය පොත.

Prophesy, n. මතු දේ කියනවා, අනාගතවාක්‍යකියනවා; දේවවාක්‍ය විස්තරකරනවා.

Prophet, n. අනාගතවක්තෘ; දේව වාක්‍ය විස්තර කරන්නා.

Prophetess, n. අනාගතවක්ත්‍රී.

Prophetic, Prophetical, a. අනාගතවාක්‍ය, මතු දේ දක්වන; අනාගත වක්තෘවූ, දෛවඥ, (ස්වභාව, තිලය).

Prophetically, ad. අනාගතවාක්‍යාකාරයෙන්, අනාගතවාක්‍යයෙන්.

Prophylactic, a. in med. බාධක නිවාරක; n. නිවාරණෞෂධය. [නෑකම.

Propinquity, n. කිට්ටුකම, ආසන්නතාව; කිට්ටු

Propitiate, v. සන්තෝෂයකරනවා, සමගිකරගන්නවා, ආරාධනයකරනවා.

Propitiated, pp. *or* a. සන්තෝෂයකරනලද &c., ආරාධිත.

Propitiation, n. සන්තෝෂයකිරීම &c.; (බිලිබලයෙහි) පාපනාශක පූජාව, පාප පූජාව, වන්දි පූජාව.

Propitiatory, a. සන්තෝෂයකරන &c., සාමාග්‍රි, සාන්තව; පාපනාශක. [ය.

Propitiatory, n. (යුදෙව් දේවමන්දිරයේ) කරුණාසන

Propitious, a. කරුණාවන්ත, දයාබර; කරුණාකරන; ශුභ, කල්‍යාණකර.

Proportion, n. ප්‍රමාණය, තරම; නිසි ප්‍රමාණය; සමප්‍රමාණය; in arith. අනුපාතය, සමප්‍රමාණ ක්‍රමය, ත්‍රෛරාශිකය; symmetry ඉතාංගුකම, හුරුකම, කඩවසම.

Proportion, Proportionate, v. ප්‍රමාණයකරනවා, සමප්‍රමාණයකරනවා; ඉතාංගුකරනවා.

Proportionable, Proportional, Proportionate, a. ප්‍රමාණයට එකඟවූ, සමප්‍රමාණකාර, සමප්‍රමාණ, අනුපාතවූ; ඉතාංගු.

Proportional, n. සමප්‍රමාණ ගණනක්.

Proportionally, Proportionately, ad. ප්‍රමාණකාරයෙන්, ප්‍රමාණයේ හැටියට සමප්‍රමාණයෙන්.

Proportionateness, n. නිසි පමාණකාරය; සමප්‍රමාණතාව; ඉතාංගුකම.

Proportionless, a. නිසි ප්‍රමාණයක් නැති, දුෂ්ප්‍රමාණ, ඉතාංගු නැති.

Proposal, n. යෝජනාව; විවාහබස් ඉල්ලීම.

Propose, v. (අනුන් ඉදිරිපිටදී) යෝජනාවක් පානවා, යෝජනාවක් කරනවා; intend අරමුණුකරනවා; for marriage විවාහමඟ් ඉල්ලනවා

Proposed, pp. *or* a. (යමෙක්) යෝජනාකළ &c., සංකල්පිත.

Proposer, n. යෝජනාවක් කරන්නා &c., යෝජකයා.

Proposition, n. පාන යෝජනාව; in logic කියමන, වගන්තිය, න්‍යායාවයවය; in math. සාධ්‍යය; in poetry ආරම්භ කොටඨාසය. [අඞ්ගු.

Propositional, a. යෝජනා ආකාර, යෝජනාවක්

Propound, v. යෝජනා ගෙන පානවා; කාරණ ගෙනහැරදක්වනවා, තේරුම්කරදෙනවා; a question ප්‍රශ්නයක් අසනවා.

Proprietary, n. හිමිකාරයා; (ධන) හිමිකාර තාපසයා; a. හිමිකාර.

Proprietor, n. හිමියා, හිමිකාරයා, අයිතිකාරයා.

Proprietoress, n. හිමිකාරි &c. [මාසිකම.

Proprietorship, n. හිමිකම, හිමිකාරකම &c., අයිති

Propriety, n. යුතුකම, යෝග්‍යතාව, උචිතතාව, සමුචිතතාව, ඖචිත්‍යය.

Propulsion, v. n. of Propel තල්ලුකිරීම &c.

Propulsive, Propulsory, a. See Propellent.

Pro rata, L. ප්‍රමාණයේ හැටියට.

Pro re nata, L. කාරණයේ—ප්‍රස්තාවේ—හැටියට.

Prorogation, n. (මන්ත්‍රණසභාවේ රැස්වීම) ඊළඟ වාරයට කල්දැමීම.

Prorogue, v. (එසේ) අනික් වාරයට කල්දමනවා.

Prosaic, a. පද්‍ය නොවන, ගද්‍ය, ගද්‍යාකාර; fig. උනන්දු නැති, අදක්ෂ.

Proscenium, n. (පුරාණයේදී) නාට්‍යමණ්ඩපය, (දැන්) නාට්‍යමණ්ඩපක මුවය.

Proscribe, v. (අසුචිනැති කෙනෙක්) වරදකාරයෙක් කොට ප්‍රසිද්ධකරනවා, see Outlaw; (යමෙකු, ගුරුකම් &c.) නරක *or* වැරදි කොට තහනම් කරනවා, ප්‍රතික්ෂේපකරනවා.

Proscribed, pp. *or* a. (අසුනොවී සිටිද්දී) වරදට—මරණයට—පත්වූ; තහනම් (අය, ගුරුකම්, ක්‍රියා &c.).

Proscription, n. (එසේ) මරණයට පත්කිරීම, පිටවහල් කිරීම; තහනම්කිරීම &c.

Prose, n. (ගාථා — කවි — පද්‍ය — නොවන) නිකම් වගන්ති, ගද්‍යය, වාහගම් විසිය.

Prose, a. ගාථා නොවන, වාසගම්, ගද්‍ය.

Prose, v. වඩා ප්‍රසන්න—උනන්දු—නැති විසියකට කථාකරනවා *or* වගන්ති යොදනවා.

Prosecute, v. (අත්නැර) කරගෙන යනවා, (යමක) යෙදී සිටිනවා; පැමිණිලිකරනවා.

Prosecution, n. කරගෙනයාම &c.; පැමිණිලිපක්ෂය.

Prosecutor, n. කරගෙනයන්නා &c.; sp. පැමිණිලිකාරයා.

Prosecutrix, n. පැමිණිලිකාරී.

Proselyte, n. (ආගමකට, පක්ෂයකට, මතයකට) බැඳුණු කෙනෙක්, මත ග්‍රාහියා.

Proselyte, v. (ආගමකට &c.) හරවාගන්නවා, බත්දවාගන්නවා.

Proselytism, n. (ආගමකට &c.) හරවාගැනීම, බත්දවාගැනීම.

Prosodial, a. පද්‍යවිද්‍යා සම්බන්ධ, පද්‍යවිද්‍යාකාර, ඡාන්දස.

Prosodian, **Prosodist**, n. පද්‍යවිද්‍යාකාරයා, පද්‍යශාස්ත්‍රඥයා.

Prosody, n. ඡන්දස් ශාස්ත්‍රය, පද්‍යවිද්‍යාව, පද්‍යබන්ධන ශාස්ත්‍රය.

Prosopopœia, n. උපමාවෙන් සප්‍රාණික කිරීම. See Personify.

Prospect, n. (ඉදිරිපිට තිබෙන) දර්ශනය, පෙනුම, පෙනෙන ප්‍රමාණය; පෙනෙන දිසාව; (යහපත හෝ අයහපත ගැන) බලාසිටීම, අපේක්ෂාව; වේයයි සිතන දේ.

Prospective, a. මතු කාලයටඅයිතිවූ, මතු; මතුකාලය බලන, පූර්ව දර්ශන; දූරදර්ශන; දූරදර්ශන සහිත.

Prospectively, ad. මතුකාලයේ හැටියට, මතුකාලය බැලූවාම.

Prospectus, n. (මතු රචනාවක *or* වැඩක) යෝජනා ප්‍රකාශ පත්‍රය.

Prosper, v. සඵලවෙනවා, සඵලත්වයට පැමිණෙනවා &c; සඵලකරනවා. See adj.

Prosperity, **Prosperousness**, n. සඵලත්වය, සශ්‍රීකකම, සමෘද්ධතාව, සරුකම, භද්‍රතාව.

Prosperous, a. සඵලවෙන &c., සඵලවූ, සශ්‍රීක, සමෘද්ධ, සරු, භද්‍ර.

Prosperously, ad. සඵලලෙස &c.

Prosthesis, n. in sur. (බොරු කකුල් ආදි) පාඩුවක් පිරිමැසීම; (උණ වාරය) අතිකාමීම; in gram. උපසර්ගයක් *or* නිපාතයක් පූර්වයෙන් තැබීම.

Prosthetic, a. (උපසර්ග මෙන්) මුලට බැඳි, පූර්වබද්ධ.

Prostitute, v. දුෂ්‍යකාමට භාරකරනවා *or* විකුණනවා; නපුරු—නොවටිනා—දෙයකට කාපකරනවා; one's self දුෂ්‍යකාමට—නිච්ලෙස—භාරවෙනවා *or* විකිණෙනවා.

Prostitute, n. වේශ්‍යාව, වෙසඟන, වේශ්‍යා ස්ත්‍රී, වෙසී, වෙසඟන, පණ්‍යාංගනාව.

Prostitution, n. වේශ්‍යාකම කිරීම, වෛශ්‍යාකම, වේසාකම; (අගේ ඇති දේ වන ඥානශක්තිය, බල පුළුවන්කම, ආදිය) නොවටිනා—නීච—අදහසකට කැපකිරීම *or* විකිණීම.

Prostrate, a. වැටී—දිගාවී—තලාවී—ඉන්න; at the feet of any one යමෙකුගේ පාමුල වැටී ඉන්න, චරණගත, චරණපතිත, චරණනමිත.

Prostrate, v. බිමගසාදමනවා, හෙළාදමනවා; ඉතා බෙලහීනකරනවා; one's self මූණින් වැටෙනවා. මූණින් තලාවෙනවා, දරගලනවා; fig. යටත්පහත් වෙනවා.

Prostration, n. ගසාදැමීම &c.; පාද ප්‍රණාමය; සිතේ තද තලංගුව; බෙලහීනකම, ශක්තිය අඩුවූ භාවය.

Prosy, a. (ලියකියමනින්) උනන්දු නැති, වඩා ප්‍රසන්න නැති, (අය, විසිය &c.).

Pro tanto, L. එපමණින්, එපමණට

Protasis, n. පූර්වව්‍යක්තිය.

Protean, a. (ප්‍රොටියුස් නම් දේවතාවා මෙන්) වෙස් මාරුකරගන්න, නානා වේශධාරී.

Protect, v. රැකවල් කරනවා, මුවාකරනවා, ආරක්ෂා කරනවා, සුරක්ෂණයකරනවා.

Protected, pp. *or* a. රැකවල්කරපු &c.; ආරක්ෂිත.

Protecting, **Protective**, a. රැකවල්කරන &c., ආරක්ෂක, සංරක්ෂක, පාලක.

Protection, n. රැකවල්කිරීම &c., රැකවල, ආරක්ෂණය, සංරක්ෂණය, ප්‍රතිපාලනය; මුවාව, ආරක්ෂාව, ආරක්ෂක පත්‍රය; වෙළඳම් සංරක්ෂණ ධර්මය.

Protectionist, n. වෙළඳම් සංරක්ෂණ ධර්මය භජනය කරන්නා, සංරක්ෂණ ධර්මනිකයා.

Protector, n. රැකවල්කරන්නා &c., රැකවලා, ආරක්ෂකයා, පාලකයා; අනුරජ.

Protectorate, n. අනුරජකම; (අන් රාජ්‍යයක් කෙරෙහි තිබෙන) ආණ්ඩු ප්‍රතිපාලනය

Protectorship, n. ප්‍රතිපාලන ධුරය, ප්‍රතිරාජ පදවිය.

Protegé (ප්‍රොටෙෂේ), n. Fr. සංරක්ෂිතයා, ප්‍රතිපාලිතයා, යමෙකුගේ ආරක්ෂාව යටතේ සිටින්නා.

Pro tempore, L. ඒ කාලයට, (පුරප්පාඩුවට) කලක්.

Protest', v. ඒකාන්තකොට කියනවා, සහතිකකර කියනවා; විරුද්ධයයි—බිනැකමින්—වැදගත්ලෙස කියාසිටිනවා, විරුද්ධවෙනවා.

Pro'test, n. ඒකාන්තකොට කීම &c.; enter a protest විරුද්ධයයි කියාපානවා *or* ලියා තබනවා.

Protestant, n. රෝමානු ආගම පිළිනොගන්න ක්‍රිස්තියානිකාරයා, රෙප්‍රමාදු ආගම්කාරයා; a. රෙප්‍රමාදු ආගම්කාර, රෙප්‍රමාදු.

Protestantism, n. රෙප්‍රමාදු ආගම, (සභාවේ නියෝග නැතුව) බයිබලයේම ධර්මය.

Protestation, n. ඒකාන්තකොටකීම &c., see verb.

Proteus, n. in myth. මුහුදු දේවතාවෙක්; fig. චපලයා, බහුවේශධාරියා

Proto, prefix. Gk. ප්‍රථම, ප්‍රධාන යන අර්ථ ඇති උපසර්ගය.

Protocol, n. ප්‍රථම ලේඛනය; (යෝජනාවක &c.) ප්‍රථම සටහන.

Protocol, v. ප්‍රථම සටහනක් ලියනවා *or* කරනවා.

Protomartyr, n. ගමක් උදෙසා පළමුකොට මරණය විඳින්නා; ප්‍රථම වේදසාක්ෂිකයා වන ස්තේවන්).

Protoplasm, n. (උද්භිද ජාති රචනුවල &c.) ආද්‍යධාතුව.

Protoplast, n. මුල් එක, මූලය, කෘතප්‍රථමාදර්ශය.

Prototype, n. මුල් ආදර්ශය, පූර්වලාඤ්ජනය, පූර්වප්‍රතිරූපාදර්ශය.

Protozoa, n. pl. ප්‍රථම ප්‍රාණියෝ, ප්‍රථමාතික්ෂුද්‍ර ප්‍රාණීහු.

Protozoic-system, n. ප්‍රථම ප්‍රාණී සහිත පර්වත.

Protract, v. දිගිකරනවා, බොහෝ කල් or වේලා පවත්වනවා, ප්‍රමාදකරනවා.

Protraction, n. දිගිකිරීම &c.; of a field බිමක් සට හන් කිරීම.

Protractor, n. දිගිකරන්නා &c. කොන් සටහන්කරන ආවුදයක්, පරිකණිකය; (අත &c.) ඉස්සරහට අදින මහ නහරයක්, පූර්වාකණික ස්නායුව.

Protrude, v. t. නෙරවනවා, දික්කරනවා; v. i. නෙර නවා, නෙරීයනවා.

Protrusion, n. නෙරවීම, දික්කිරීම; නෙරීම, නෙරා තිබීම, දික්වීම.

Protuberance, n. ඉදිමුම, නෙරුම, ඉලිප්පුම, ගැටය.

Protuberant, a. නෙරා තිබෙන, ඉලිප්පී — මතුවී — තිබෙන.

Protuberate, v. (සාමාන්‍ය මට්ටමට වඩා) මතුවෙනවා, මතුවී—ඉලිප්පී—තිබෙනවා.

Proud, a. උඩඟු, උද්දච්ච, ආඩම්බර, බැරෑරුම්, ප්‍රෞඪ; grand &c. ගම්භීර; proud flesh මස් වැඩීම, මස් දළුව.

Proudly, ad. උඩඟුලෙස &c., ප්‍රෞඪාකාරයෙන් &c.

Provable, a. (යම් ආකාරයකින්) ඔප්පුකළ හැකිවූ, සාධ්‍යමාන, සාධනීය.

Prove, v. (සාක්ෂිවලින්) ඔප්පුකරනවා, සාධනය කර නවා, ප්‍රත්‍යක්ෂකරනවා; test අත්හදා බලනවා; confirm සහතික කරනවා; it proves true, useful &c. ඒක සැබෑ—ප්‍රයෝජනවත්—බව ඔප්පුවෙනවා or පෙනී යනවා.

Proven, a. Scot, proved ඔප්පුකළ &c., ඔප්පුවූ; not proven ඔප්පුනුණ යන තීන්දුව.

Provender, n. (සිව්පාවුන්ට දෙන) වියළි කෑම, කපාපු පිදුරු ආදි ගොදුර.

Proverb, n. උපදේශ වාක්‍යය, ආපෙනෝපදේශය, ආප්තවචනය, පිරුළ, උපමා කීම. [වැනි.

Proverbial, a. උපදේශ, උපදේශාකාර; උපමාවක්

Proverbially, ad. උපදේශකාරයෙන්; උපමාවක් වෙන ලෙස.

Provide, v. සපයනවා, උපයනවා, සම්පාදනය කර නවා, ප්‍රතිපාදනය කරනවා;

provide any one with සපයාදෙනවා &c., (one's self) සපයාගන්නවා &c.; [වෙනවා.

provide against or for සූදානම්කරනවා, සූදානම්

-Provided, pp. or a. සපයා &c.; සපයාපු &c., සම්පා දිත, ප්‍රතිපාදිත.

I will go, provided it does not rain (say) නොවැස්සොත් යන්නෙමි.

Providence, n. කලින් සූදානම්කිරීම; සකසුරුවම් කම; sp. දේව පාලනය, දේවාරක්ෂාව, දේවපිහිට.

Provident, කලින් සූදානම්කරන or සපයන &c., සක සුරුවම්; සම්පාදක, ප්‍රතිපාදක.

Providential, a. දේව පිහිටෙන් &c. නියම්වූ or සිදුවූ, දෛවභූත; කල්‍යාණ, ශුභවූ.

Providentially, ad. දේව පිහිටෙන් &c.; කල්‍යාණකා රයෙන්, ශුභලෙස, වාසනාවට මෙන්. [ලෙස.

Providently, ad. මතුකාලය බලාගෙන, සකසුරුවම්

Province, n. යටත් දේශාන්තරයක්; ප්‍රදේශය, පෙදෙ ස, පලාත; නියම වැඩය, පදවිය; කොට්ඨාසය.

Provincial, a. යටත් දේශාන්තර, ප්‍රදේශික, පලාත්; පලාත් ආකාර, ග්‍රාමික, ග්‍රාම්‍ය.

Provincial, n. ප්‍රදේශ වාසියා, පළාත්වැසියා; R. C. ප්‍රදේශ-තාපස නායකයා. [මක්.

Provincialism, n. ප්‍රදේශ භාෂාරීතියක්, පිටිසර දෙඩී

Provision, n. සැපයීම &c., see Provide; සම්පාදිතවූ දේ, සූදානම, සංවිධානය; (මතු කාලයට සූදානම් වීමේ) නියමයක්; pl. භෝජන, ආහාර; for a journey පාථේයය, මාර්ගෝපකරණ; ගිවිසුම් පත්‍රයේ නියෝග

Provision, v. (නැවකට, හමුදාවකට &c.) ආහාර ජාති සපයා දෙනවා.

Provisional, a. තාවකාල—ප්‍රස්තාවකට—කරන or නියමවූ, කාලීන, පිරිමසන, (පිළිවෙළක්, ආණ්ඩු වක් &c.).

Provisionally, ad. (නියමයටම නොව) කලකට, හදි සියකට ඔනෑ ලෙස, පිරිමැසීමකට.

Proviso, n. (යම් පනතක or ගිවිසුම් පත්‍රයක) විශේෂ නියමයක්.

Provisory, a. විශේෂ නියමයක් සහිත; කලකට ගැ ළපෙන, පිරිමසන.

Provocation, n. කුපිතකිරීම, ඇවිස්සීම, ප්‍රකෝපය; කෝප උපදවන කාරණය.

Provocative, a. (විරුද්ධකම් &c.) අවුස්සන, වඩන.

Provocative, n. (විශේ) අවුස්සන කාරණය, ඇවිස්සීමේ හේතුව, (අපි) වඩන දේ.

Provoke, v. (විරුද්ධකම්, සිතාව &c.) උපදවනවා, අවුස්සනවා, (අපි) වඩනවා; කුපිතකරනවා, කෝප කරනවා, අවුස්සනවා.

P.ovost, n. (පාඨශාලාවක &c.) නායකයා; Scot. නගරාධිපාදයාණෝ; provost-marshal (යුද්ධ නැවේ or හමුදාවේ) විරිතාධිපතියා.

Prow, n. ඇණිය, ඉන්දියාවේ නැව් ජාතියක්.

Prowess, n. වික්‍රමය, පරාක්‍රමය, ශූරතාව, ශෞර්යය, වීර්යය.

Prowl, v. (ගොදුර අල්ලන්ට) සොයා ඇවිදිනවා; (හොරෙන්, අලසකමින්) එහි මෙහි ඇවිදිනවා or ගැවසෙනවා.

Proximate, a. ඉතා කිට්ටු, සමීප, ළඟ, සම්බන්ධ, ප්‍රත්‍යාසන්න, අනන්තර, සන්නිකෘෂ්ට.

Proximately, ad ඉතා කිට්ටුවෙන්ම, සම්බන්ධ ලෙස, ප්‍රත්‍යාසන්නව &c.

Proximity, n. ඉතා කිට්ටුකම or කිට්ටුවන්නකම, සම්බන්ධකම, ප්‍රත්‍යාසන්නතාව &c., සන්නිකර්ෂය.

Proximo, a. (මේ) ළඟ, ලබන, (මාසයේ). [පත්‍රය.

Proxy, n. ප්‍රතිපුරුෂත්වය; ප්‍රතිපුරුෂයා; ප්‍රතිපුරුෂ

Prude, n. ඕනෑ නැති තරමට ලජ්ජා ඇත්තී, අධික ලජ්ජාව පාන්නී.

Prudence, n. නුවණැතිකම, නුවණක්කාරකම, නැණ වත්කම, කාර්යවිචක්ෂණතාව.

Prudent, a. නුවණැති &c., කාර්යවිචක්ෂණ, ඥානවන්ත, ප්‍රාඥ, සිහිපරීක්ෂා ඇති. [(කාරණ).

Prudential. a. නුවණින් අවශ්‍යන්න, නුවණට එකඟ,

Prudently, ad. නුවණින්, නුවණක්කාරලෙස &c.

Prudery, n. අතිලජ්ජාවතීතාව, බොරු අභිකෝලය, අධික ලජ්ජාවෙන් හැසිරීම.

Prudish, a. අතිලජ්ජාවතී, ඉතා කොහොල් &c.

Prune, v. කප්පාදු කරනවා, අතු පාහිනවා; fig. වැඩිපුර ඒවා පහකරනවා.

Prune, n. (පලම් නම්වූ) වියළි ඵල ජාතියක්.

Prurience, n. අත්‍යභිලාෂය.

Prurient, a. කාමුක අදහස්වලට හිත අභිගයින් නැමුණු, අධික ආශා ඇති.

Pry, v. එබී බලනවා හොඳට බලා සෝදිසිකරනවා.

Psalm, n. (සාම් &c.), ගීතිකාව, පසන් ගීය, දේව වණිනා ගීතිකාව.

Psalmist, n. ගීතිකා රචනාකාරයා, sp. (බයිබලයේ) ගීතිකා කතෘ.

Psalmody, n. ගීතිකාකීම ; ගීතිකා රැස.

Psalter, n. ගීතිකා පොත ; R. C. වණිනා වාක්‍ය පොතක්, (ඊට අයිති) කොත්තයක්. [යක්.

Psaltery, n. යුදෙව්වන්ගේ තත්ඇති තුයර්භාණ්ඩ

Pseudo (සුඩො). prefix, බොරු, හොර, අසත්‍ය, යන අර්ථ ඇති උපසර්ගය.

Pseudo-apostle, n. ව්‍යාජ ප්‍රේරිතයා.

Pseudograph, Pseudography. n. හොර ලියවිල්ල, ව්‍යාජ ලේඛනය.

Pseudonymous a. ව්‍යාජනාමධාරී.

Pseudonyme, n. බොරු නාමය.

Pshaw (ෂා), excl. අඃ, ෂි, ඡඃ.

Psilanthropist (සෛ...), n. මනුෂ්‍යභාවමාත්‍රදෘෂ්ටියා. See Humanitarian.

Psittacidæ (සිටි...), n. pl. ගිරවි, රටගිරවි, ආදී ජාති.

Psychical (psych සෛක්), a. ආත්මයට අයිතිවූ, ආත්මී, මානසික.

Psychologic, Psychological, a. ආත්මාකාර, ආත්ම ධර්මාකාර, මනස්ක ධර්මී.

Psychologically, ad. ආත්මාකාරයෙන් &c.

Psychologist, n. ආත්ම ශාස්ත්‍රඥයා, ආත්මධර්ම ශාස්ත්‍රඥයා.

Psychololgy, n. ආත්ම විස්තරය, ආත්ම ශාස්ත්‍රය, අධ්‍යාත්ම විද්‍යාව, චිත්තධර්ම ශාස්ත්‍රය.

Pteromys (ටෙරෝමිස්), n. ඉගිලෙන ලේනා.

Pterygoid, a. පියාපත් හැඩය ඇති.

Ptyalism (ටෛයලිසම්), n. කෙළ වැගිරීම, බහු නිෂ්ඨීවනතාව. [ධය.

Ptysmagogue (ටිස්මගොග්), n. නිෂ්ඨීව වර්ධනෞෂ

Puberal, a. වැඩිවිය පැමිණීම සම්බන්ධ, මල්වර.

Puberty, n. වැඩිවිය පැමිණීම, මල්වරවීම.

Pubescence, n. වැඩිවිය ස්වභාව, මල්වර ස්වභාව ; in bot. pubes මුව.

Pubescent, a. වැඩිවිය පැමිණෙන or පැමුණුණු, මල්වරවෙන ; in bot. මුව ඇත්තාවූ, in zool. සිහින් රෝම ඇත්තාවූ.

Public, n. මහජනයා, පොදුජනයා, සෙනග, උදවිය ; in public ප්‍රසිද්ධයෙන්.

Public, a. මහජනයාට අයිතිවූ, මහජනයාගේ, පොදු ; පසිදු, ප්‍රසිද්ධ, ප්‍රකාශ, සුප්‍රකාශ ; ආණ්ඩුවේ, රාජ්‍ය : Public interest පොදු ප්‍රයෝජනය, Public purposes පොදු වැඩ ; Public works පොදු කර්මාන්ත ; Public accounts ආණ්ඩුවේ ගණන්, Public Revenue ආණ්ඩුවේ ආදායම ; Public Service රාජ්‍ය සේවය ; Public Despatches ප්‍රසිද්ධ පණිවුඩ, Pubiic inquiry ප්‍රසිද්ධ විභාගය ; Public Seal මහා මුද්‍රාව, Public Trustee මහා භාරකාර තැන.

Publican, n. සුරාපානය විකුණන්නා, තැබෑරුම්කාරයා ; (පුරාණයේදී) රේන්දකාරයා.

Publication, n. ප්‍රසිද්ධකිරීම &c., see Publish ; (ප්‍රසිද්ධකළ) පොත, සංග්‍රහය.

Public holiday, ප්‍රසිද්ධ නිවාඩු දවස.

Public-house, n. තානායම, තැබෑරුම, ආපානය, ආපාන ශාලාව.

Publicist, n. මහජන නීතිවිස්තරකාරයා.

Publicity, n. ප්‍රසිද්ධකම, ප්‍රසිද්ධතාව; ප්‍රසිද්ධිය, ප්‍රකාශකම, ප්‍රඛ්‍යාතිය.

Publicly, ad. ප්‍රසිද්ධයෙන්, ප්‍රසිද්ධලෙස, ප්‍රකාශයෙන්.

Publicness, n. ප්‍රසිද්ධකම &c., see Publicity ; (ජනයාට අයිති) පොදුකම.

Public opinion, මහජන මතය. [කයා.

Public-orator, n. (අග්‍ර පාඨශාලාවක) නියම කථි

Public-spirited, a. පොදුජනයාගේ ශුභසිද්ධිය පිණිස ක්‍රියා කරන, ලෝවැඩ කැමති, පරාර්ථකාමී.

Publish, v. ප්‍රසිද්ධකරනවා, ප්‍රකාශකරනවා, විකිණීමට ප්‍රසිද්ධකරනවා ; පතළකරනවා, පළකරනවා.

Publisher, n. ප්‍රසිද්ධකරන්නා &c. ; පොත් ප්‍රසිද්ධකර විකුණන්නා.

Puce, a. අළුපාට, අඳුරු නිල්වන්.

Puck, n. මැරවර—සරදම්—ප්‍රේතයා. [නවා.

Pucker, v. රැළිගහනවා, රැළිගැසෙන හැටියට මහ

Pudding, n. (පිටි, කිරි, බිත්තර, එලාදිය මිශ්‍රකර) තම්බාපු කෑම ජාතියක්, පුඩිං.

Puddle, n. මඩකසිත්ත, ගොහොරු තැන, මඩවතුර ; තෙත මැටි.

Puddle, v. මඩකරනවා, ගොහොරුකරනවා ; මැටි ගහනවා ; (යකඩ වලට) පණ පොවනවා.

Puddly, a. ගොහොරු තැන් ඇත්තාවූ, ගොහොරු, මඩවූ.

Pudenda, n. pl. L. රහස් අවයව.

Pudic, Pudical, a. රහස් අවයව වලට අයිතිවූ, රහස්.

Puerile, a. ලාමක. ළමා, බොළඳ.

Puerility, n. ලාමක කම, බොළඳකම.

Puerperal, a. දරුවැදීම සම්බන්ධ, ප්‍රසූති,(ජ්වරය &c.).

Puff, n. හදිසි හුස්ම පිඹීමක් ; හදිසි හුළං පහරක් ; සිනිඳු කුඩුහන්තක් ; පිපී තිබෙන සැහැල්ලු දෙයක් ; පුයරමල ; fig. හද පාරට්ටුව.

Puff, v. හදිසියෙන් පිඹිනවා ; පිඹදමනවා ; හතිදමනවා ; පිපෙනවා, පුප්පනවා, පුම්බනවා ; fig. හද ලෙස පාරට්ටු කරනවා, පසසනවා or ඉච්චාකරනවා.

Puffiness, n. පිපුණු ගතිය. උඩඟු ගතිය, ඉදිමුම්කම.

Puffy, a. පිපී තිබෙන, උඩඟු ; fig. පුම්බම් ආකාර.

Pug-dog, n. කුඩා බලුවර්ගයක්.

Pugh (පූ), excl. ඡඃ, ෆූඃ.

Pugilism, n. See Boxing. Pugilist, n. මල්ලවයා.

Pugilistic, a. බැටදීම් ආකාර, මල්ලව, මල්ලයුද්ධ, මුෂ්ටිප්‍රහාරක.

Pug-mill, n. මැටි අඹරන මෝල, මැටි මෝල.

Pugnacious, a. ගහගැනීමට ලැදිවූ, දබරයට කැමති, සණ්ඩුකාර ; පොරකාර.

Pugnaciousness, Pugnacity, n. ගහගැනීමට ලැදිකම &c. ; පොරකාරකම. [වෙරෙන්.

Pugnis et calcibus, L. අතින් පයින් ; fig. බලෙන්

Pug-nose, n. කොට සන නාසය.

Pug-nosed, n. කොට සන නාසයක් ඇති.

Puisne (පූනි), a. in law දෙවෙනි, අප්‍රධාන, අශ්‍රේෂ්ඨ : puisne judge අශ්‍රේෂ්ඨාධිකරණතැන.

Puissance, n. බලය, පරාක්‍රමය.

Puissant, a. බලවත්, වික්‍රමාන්විත.

Puke, v. වමාරනවා ; n. වමනයකරවන බෙහෙත.

Pulchritude, n. අලංකාරකම, ශෝභමානත්වය, ලක්ෂණය.

Pule, v. (ළමයෙකු මෙන්) හෙමින් අඬනවා, කොඳුරනවා, චිරිස්සල වෙනවා. See Chirp.

Puling, a. අඬන &c., සුළු, ලාමක.

Pull, v. අදිනවා; ඇදෙනවා; pluck නෙලනවා, කඩනවා;
pull down පහතට අදිනවා, පහත් කරනවා; කඩාදමනවා;
pull off ඇදදමනවා; (ඇඳුම් &c.) ගලවනවා;
pull out or up උදුරනවා, (දත් &c.) උගුල්ලනවා, ඇදදමනවා;
pull to pieces (ඇද) කෑලිකරනවා; [වා.
pull apart ඇද වෙන්කරනවා; ඇදී වෙන්වෙන
Pull, n. ඇදීම; අදින උත්සාහය.
Pullet, n. තරුණ කිකිළි.
Pulley, n. කප්පිය, (single) තනි කප්පිය, (compound) බහුචක්‍ර කප්පිය.
Pulmonary, Pulmonic, a. පෙනහල්ලට අයිතිවූ, පුප්ඵුස, ශෝෂ, (රෝග &c.)
Pulmonic, n. පුප්ඵුසරෝගෞෂධය; පුප්ඵුසරෝගියා.
Pulmoniferous, a. පෙනහැල්ලක් ඇති, පුප්ඵුසධාරී.
Pulp, n. මිදුළු, ලොඩ්ය, ලොද; මදුලු සමාන මොළොක් ද්‍රව්‍ය.
Pulp, v. (කෝපිවල &c.) ලෙලි අරිනවා.
Pulpiness, n. මදුලු ආකාරකම, (තලප ආකාර) මොළොක් ගතිය.
Pulpit, n. දේසනා කුඩුව, දේසනා පුටුව, ධර්මාසනය.
Pulpit-eloquence, Pulpit-oratory, n. දේසනා වාක් පටුත්වය, දේසනා ව්‍යක්තතාව.
Pulpit-orator, n. ව්‍යක්ත දේසනාකාරයා.
Pulpous, Pulpy, a. මදුලුවූ, මදුලු ආකාර, ගුසමුසු.
Pulsate, v. of the pulse නාඩි වැටෙනවා; beat තට්ටු වෙනවා, ගැහෙනවා, පරිස්පන්දනය වෙනවා. See Throb.
Pulsation, n. නාඩ වැටීම, (හෘදයේ &c.) තට්ටුවීම, ගැහීම &c., ස්පන්දනය.
Pulsative, Pulsatory, a. නැවත නැවත තට්ටුවෙන or ගැහෙන, ස්පන්දමාන.
Pulse, n. නාඩි වැටීම, නාඩිය, නාඩිකාව; ගැහෙන පහර, ස්පන්දනය; feel the pulse නාඩි බලනවා or අල්ලනවා; fig. යමෙකුගේ කැමැත්ත or මතය දැනගන්ට යමක් කියනවා or කරනවා.
Pulse, n. මෑ, මුං, කොල්ලු, බෝංචි, ආදි ජාති or ඒ ජාතිවල ඇට.
Pulseless, a. නාඩි වැටීම නැති, නාඩිකාව නැති.
Pulverization, n. කුඩුකිරීම &c.
Pulverize, v. කුඩුකරනවා, සුනුකරනවා, සිලමත්කරනවා, චූර්ණකරනවා.
Pulverized, pp. or a. කුඩුකරපු &c. චූර්ණීකෘත, චූර්ණිත.
Pulverous, a. කුඩුවූ, දූවිලි ආකාර, චූර්ණාකාර.
Pulverulence, n. චූර්ණතාව, කුඩුගතිය, දූවිලි සහිතකම, ධූලි බාහුල්‍යය.
Pulverulent, a. කුඩුවූ, චූර්ණ, ධූලි; දූවිල්ලේ පෙරළෙන (සත්තු).
Pulvinate, a. in bot. පැතලි, ගෝල ආකාර.
Pulvinated, a. in arch. ඉලිප්පුම් ආකාර.
Pumice, n. (ගිනිකන්දෙන් නික්මී තිවුණ) ගල් ජාතියක්, හතු වැනි ගල.
Pump, n. පෝම්පය, ජලයන්ත්‍රය, දිය නගන යන්ත්‍රය.
Pump, v. යන්ත්‍රයෙන් දිය නගනවා, පෝම්පකරනවා; fig. (ප්‍රශ්න ඇසීමෙන් &c.) රහස් කාරණ දැනගන්නවා, යමෙකුගෙන් කියවාගන්නවා.
Pumpion, Pumpkin, n. රටලබු, වට්ටක්කා, අළු පුහුල්, කූෂ්මාණ්ඩ.

Pun, n. or v. හාස්‍යවක්‍රෝක්තිය, සරදමට ද්වාර්ථවචන කීම or කියනවා.
Punac, n. පුන්නක්කු, ඩුරුවට.
Punch, n. (යකඩ තහඩු &c. සිදුරුකරන) තෝප්පු කටුව; බුකුල.
Punch, v. තෝප්පු කටුවෙන් හිල්කරනවා; බුකුල් අනිනවා.
Punch, n. (වතුර, සීනි, දෙහි, සුවඳ, සුරා) මිශ්‍රවූ පානය, පොන්ච.
Punch, Punchinello, n. කවට කපිත රූකඩය; විගඩම් කාරයා.
Puncheon, n. තෝප්පු කටුව; රුකුල් ලී කණුවක්; ගැලුම් 84 ක් or 120 ක් අල්ලන මිම්ම.
Punching-machine, n. (යකඩ තහඩු) හිල්කරන යන්ත්‍රය.
Punchi, a. මිටි තරබාරු, කොට පළල්වූ.
Punctiform, a. උල් හැඩිය ඇත්තාවූ, තුඩ ආකාර.
Punctilio, n. (හැසිරීමේ, චාරිත්‍රයේ &c.) සුළු නියමයක් or සුළු තික්ෂණ කාරණාවක්.
Punctilious, a. (ව්‍යාකාර) සුළු නියමවල් or සුළු සිරිත් පවා සලකන.
Punctiliously, ad. සුළු නියමවල් පවා සලකා, සුළු දේ පවා වැදගත් ලෙස සලකා.
Punctual, a. නියම වේලාවටම කරන, වේලාව හරියට බලාගෙන ක්‍රියාකරන, සාමයික.
Punctuality, n. නියම වේලාවටම කිරීම, කලට වේලාවට ඉෂ්ටකරන ගතිය
Punctually, ad. නියම කලටම, කලට වේලාවට.
Punctuate, v. (. ; : . ආදී) පද භාජක ලකුණු දමනවා. [නය.
Punctuation, n. පද භාජක ලකුණු දැමීම, පද භේද
Puncturation, n. in sur. ඉදිකටුවලින් හම විදීම.
Puncture, v. (කටුවකින්) විදිනවා, කොත්තුකරනවා; n. සිදුර, හිල.
Pungency, n. කටුක රස, කුළුරස, කහට, තිව්‍රතාව; fig. ඇනුම්කම, සැරකම.
Pungent, a. කටුක, සැර, තිව්‍ර, තියුණු, දිව හාරවන; (සිතට) ඇනෙන, වැදීයන.
Punic, a. කාර්තේජ්වරුන් සම්බන්ධ; fig. ද්‍රෝහී, ව්‍යාජ; n. කාර්තේජ් භාෂාව.
Puniness, n. පුංචිකව, කුඩාකම, සුළුපටුකම.
Punish, v. අමරුකරනවා, දඬුවම් කරනවා,. දණ්ඩනය කරනවා.
Punishable, a. අමරු &c. ලැබියයුතු, දඬුවමට යෝග්‍ය, දණ්ඩනීය. [තාව &c.
Punishableness, n. අමරු ලැබියයුතුකම, දණ්ඩනීය
Punishment, n. අමරුකිරීම &c.; අමරුව, දඬුවම, දණ්ඩනය.
Punitive, a. අමරුවක් වසයෙන් කරන (යමක්), දඬුවම් ආකාර, දණ්ඩන. [කාව.
Punka, Punkah, n. එල්ලන මහ පවන් අත්ත, පං
Punster, n. සරදමට දෙඅර්ථ කීම් භාවිතා කරන්නා, හාස්‍යවක්‍රෝක්ති දක්ෂයා.
Punt, n. තල්ල පැතලි පාරුව; v. රිටි ගසා පදිනවා.
Puny, a. කුඩා, සුළුපටු, බල නැති, අබල.
Pup, n. බලු පැටියා; v. (බැල්ලි) පැටව් ගහනවා.
Pupa, Pupe, n. Pupæ or Pupes, pl. දළඹු කෝෂය; දළඹු කෝෂ ප්‍රාණියා.
Pupil, n. ගෝලයා, ශිෂ්‍යයා, in law නිසි වයස් නොපැමිණි ළමයෙක්; of the eye කළු ඉහිරියාව, ඇසි කිනිය.

Pupilage, n ශෝල්‍යකම, ශිෂ්‍යතාව ; ළිශුත්වය, බාලා වස්ථාව.

Pupilary, a. ශෝල්‍ය, ශිෂ්‍ය ; කළු ඉගිරියාවට අයිතිවූ.

Pupivorous, a. දලඹු කෝෂ භක්ෂක.

Puppet, n. රූකඩය, බෝනික්කා ; fig. (අන්‍යයෙකුගේ කැමැත්තට යටත්) රූකඩයක් වැනි අය, රූකඩයා.

Puppet-player, n. රූකඩ නටවන්නා.

Puppet-show, රූකඩ නැටීම, රූකඩ කෙළිය.

Puppy, n. බලු පැටියා ; fig. ආඩම්බර තරුණයා.

Pur, Purr, n. බළලාගේ පුරුපුරුගෑම ; v. (බළලා) පුරුපුරුගානවා.

Purana, n. හින්දු පුරාණය.

Purblind, a. ඇස් අඳුරුව. See Near-sighted.

Purchasable, a. මිලේට ගතහැකිවූ, මිලදී ගතහැකි.

Purchase, v. මිලේට—කාසිවලට &c.—ගන්නවා, මිල &c. දී ගන්නවා ; fig. (යමක් දී *or* කර *or* දුක්, මාන්සි &c. විඳ) ලබාගන්නවා ; යම් උපකාරයකින් තල්ලුකරනවා.

Purchase, n. මිලේට ගැනීම &c. ; මිලේට ගත් දේ ; (යමක් දී &c.) ලබාගත් දේ ; (බරක් තල්ලුකිරීමට, ඉස්සීමට &c. ඇති) උපකරණය *or* වාසිය.

Purchase-money, n. (යමක්) ගැනීමට දෙන මුදල.

Purchaser, n. මිලේට ගන්නා &c., ගැනුම්කාරයා.

Pure, a. පවිත්‍ර, පිරිසිදු, ශුද්ධ, සංශුද්ධ, විශුද්ධ, නිර්මල, අමල, විමල ; undefiled අදූෂිත ; faultless නිදොස් ; mere තනි, කේවල.

Purely, ad. පවිත්‍රලෙස &c. ; නිදොස් ලෙස ; මුළුමනින්ම, තනියම. [ම.

Pureness, n. පවිත්‍රකම &c. ; අදූෂිතභාව ; නිදොස්භාවය.

Purgation, n. පවිත්‍රකිරීම &c., see Pure, කුණු අහක් කිරීම ; නිදොස් කිරීම.

Purgative, a. පවිත්‍ර කරන ; sp. විරේක, විරේචන කරන &c. See Purge. [ධය.

Purgative, Purge, n. විරේක බෙහෙත, විරේචනෞෂධය.

Purgatorial, a R. C. ශුද්ධ ගිනි ස්ථානයට අයිතිවූ, ශුද්ධ ගිනි ස්ථානික. [ය.

Purgatory, n. R. C. ශුද්ධ ගිනි ස්ථානය, පුර්ගතෝරිය.

Purge, v. t. පවිත්‍ර කරනවා &c., See Pure, කුණු පහකරනවා ; (පාත) පහදවනවා ; (වරදෙන්) නිදොස්කරනවා ; (බඩ) විරේචන කරනවා.

Purge, v. i. (පාත) පැහැදෙනවා ; විරේචිත වෙනවා, බඩ උගුලනවා, බඩ ගහායනවා.

Purging, n. පවිත්‍රකිරීම &c. ; විරේචනය, විරේකය, බඩ ඉගිලීම &c.

Purification, n. පවිත්‍රකිරීම &c., පවිත්‍රීකරණය, සංශුද්ධිය, විශුද්ධිය, විශෝධනය. [ශිත.

Purified, pp. *or* a. පවිත්‍රකළ &c., සංශෝධිත, විශෝධිත.

Purify, v. පවිත්‍රකරනවා &c., see Pure to විමල, සංශෝධනය කරනවා ; පවිත්‍රවෙනවා, පැහැදෙනවා.

Puritan, n. දේව වාක්‍යයම පවත්වන්නා, සුපිරිසිදු දහම්වාදියා ; a. සුපිරිසිදු දහම්.

Puritanic, Puritanical, a. සුපිරිසිදු දහමින් සම්බන්ධ ; අති පරිශුද්ධ දහම්.

Puritanism, n. (මුලදී එංගලන්ත සභාවෙන් වෙන්වුණ අයින්ගේ) සුපිරිසිදු දහම්වාදය.

Purity, n. පවිත්‍රකම &c., see Pureness, ශුද්ධිය, ශුද්ධත්වය, විශුද්ධිය, නිර්මලත්වය.

Purl, n. ගෙත්තම් වැඩක් ; ගෙතුම් මිසියක්.

Purl, n. (ගල් අස්සෙන් ගලා බහින) ඔයක හීන් ශබ්දය ; v. හීන් ශබ්දයක් කරනවා.

Purlieu, n. හාත්පස තැන. See Environs.

Purlin, n. (වහලේ) අට්ටවාලය, මැද යටලීය.

Purloin, v. හොරෙන් ගෙනයනවා, සොරාගන්නවා ; (වාක්‍ය &c.) අත්කරගන්නවා.

Purparty, n. in law බුද්ගලයෙන් නියම කොටසක්.

Purple, n. රත්නිල් පාට, නිලරක්ත වර්ණය ; නිලරක්ත වස්ත්‍රය ; fig. පුරාණ රෝම ශ්‍රේෂ්ඨාධිපත්‍යය.

Purple, a. රත්නිල්, නිලරක්ත, දම්පාට, බඹුරු.

Purple, v. රත්නිල් පාට පොවනවා, රත්නිල්කරනවා.

Purport, n. අදහස, අර්ථය, අභිප්‍රාව.

Purport, v. අරමුණුකරනවා, අදහස්කරනවා ; තේරුම් යනවා, හැඟෙනවා.

Purpose, n. අදහස, අරමුණ, අභිමතාර්ථය ; on purpose, see Purposely.

Purpose, v. අදහස්කරනවා, අභිප්‍රාකරනවා, අරමුණුකරනවා, සිතනවා. [කරන.

Purposeless, a. අදහසක් නැති ; අදහසක් නැතුව කරන.

Purposely, ad. අදහස් කරගෙන, අදහසක් පිණිස, ඕනෑකමින්ම, ඕනෑවාට.

Purpura, n. (සායම් ලබන) රත්නිල් මුහුදු බෙල්ලා ; in med. රත්කිල් දද.

Purr, v. බළලෙකු මෙන් 'පුරු' යන ශබ්දයෙන් හඬනවා ; n. ඒ හඬ.

Purse, n. මුදල් පසිය, පසුම්බිය, මස්සලය, හැඹිලිය ; දෙන මිල ගණනක්.

Purse, v. මුදල්පසියේ දමනවා ; purse up (කට, තොල්) රැල්කරනවා, තදකරගන්නවා.

Purseful, n. මුදල්පසිය පුරා ගණනක්.

Purse-proud, a. ධනගර්විත. [ගාරිකයා.

Purser, n. නැව් ගබඩාකාරයා, (නෞකා) භාණ්ඩාගාරිකයා.

Purslane, n. ගෙද, ඕස්ගෙද.

Pursuance, n. කරගෙන යාම ; in pursuance of orders අණ ලැබුණ පරිද්දෙන්.

Pursuant of, be, v. (යමක) පරිද්දෙන් තිබෙනවා, එකඟව තිබෙනවා.

Pursue, v. (යමෙක්—පාරක් &c.—යනයන දිහාවට) අනුව යනවා ; (යම් මාර්ගයකින්, විධියකින්) තවතව යනවා, කරගෙන යනවා ; strive to gain ලබාගන්ට උත්සාහකරනවා ; chase លුහුබඳිනවා, එළවාගෙන යනවා ; persecute පීඩාකරගෙන යනවා.

Pursuer, n. අනුව යන්නා &c. ; in Scots law පැමිණිලිකාරයා.

Pursuit, n. පසුපස්සේ යාම, លුහුබැඳීම ; කරගෙනයාම, ලබාගන්ට උත්සාහකිරීම ; වැඩේ, නියම තනතුර.

Pursuivant, n. උප රාජ පණිවිඩකාරයා.

Pursy, a. මිටි තරබාරු ; හුස්ම අදින.

Purulence, Purulency, n. හැරව අවගැනීම, හැරව යාම, හැරව, පූයාව.

Purulent, a. හැරවවූ, හැරව ආකාර, පූයාකාර.

Purvey, v. (ආහාරාදිය) සපයනවා, උපයනවා, සම්පාදනය කරනවා.

Purveyance, n. (ආහාරාදිය සැපයීම &c. ; සම්පාදනය කළ ආහාරාදිය.

Purveyor, n. ආහාර සපයාදෙන්නා &c. See Pimp.

Purview, n. පනතක ප්‍රධාන කොටස්කාසය, නීති පරමාර්ථය.

Pus, n. හැරම, සැරව, පූයාව.

Puseyism, n. පුසි නම් ආචාර්යයාගේ ධර්මය, පුසි ධර්මය, පුසි දහම්වාදය.

Puseyite, n. පුසි ධර්මය භජනයකරන්නා, පුසි දහම්වාදියා ; පුසි දහම්වාදික.

Push, v. t. තල්ලුකරනවා ; push down or out තල්ලු කරදමනවා ; hasten ඉක්මන්කරවනවා ; urge on උනන්දුකරනවා ; press, urge, තදින් කරනවා ; butt අනිනවා.

Push, v. i. වීර්ය කරනවා, push on ඉක්මන්කරනවා, ඉස්සරහට කරනවා ; press against බරව තිබෙනවා.

Push, n. තල්ලුකිරීම ; දුනුඩු තද වීර්යය ; ඇනුම් පහර ; හදිසි බනෑකමක් or අමාරුවක්.

Pushed, be, v. තල්ලුකරනු ලබනවා &c. ; straitened අමාරුවට පැමිණෙනවා.

Pushing, a. (මැඩම, දියුණුවට &c) වීර්යවන්ත.

Pusillanimity, n. බයාදුකම, බයගුල්ලකම.

Pusillanimous, a. දුර්වල සිත් ඇති, ධෛර්ය නැති, බයාදු, බයගුල්ලු.

Puss, n. බළලාටත් හාවාටත කියන පුරතල් නම, පුස්, පූසා.

Pustular, a. in bot. දදුරු සහිත, දද ගහනවූ, බිබිළි ගැවසී ගත්, (කොළ &c.).

Pustulate, v. බිබිළි අවගන්නවා, දද සෑදෙනවා.

Pustule, n. සැරව ඇති බිබිළ, දද.

Pustulous, a. බිබිළි ගහනවූ.

Put, v. තබනවා, තියනවා, ලනවා, දමනවා ; යම් සවභාවකට) පමුණුවනවා ;

put a question ප්‍රශ්නයක් අසනවා ; put about හරවනවා ; අපහසුකරනවා ; [වනවා ;

put away අහකදමනවා ; put a stop to නවත්

put down බිම දමනවා, පහත්කරනවා ; යටත් කරනවා, පරදවනවා ;

put in : *to or at a place* (වරායකට &c. නැවෙන්) ඇතුල් වෙනවා ;

fear භයගන්වනවා ; *mind* මතක්කරවනවා ;

practice (කී හැටියට) ක්‍රියාකරනවා ; *writing* ලියා තබනවා ;

a claim &c. (ඉල්ලීමක් &c.) ඔප්පුකරනවා, පානවා ; *an appearance* පෙනී සිටිනවා ;

put off : *clothes* ගලවනවා, අහක තබනවා ;

delay කල්දමනවා, කල්දමනවා ;

from shore දියත්කරනවා, පිටත්වෙනවා ;

put on : පිට තබනවා ; *clothes* දමාගන්නවා, ඇඳ ගන්නවා ; *impose* පවරනවා, ආරූඪකරනවා ;

put out : පිටත දමනවා ; *eyes* අන්ධකරනවා ;

out of joint අවසන්ධිකරනවා ;

to interest පොලීකරනවා ; *a fire* නිවනවා ;

buds දළුලනවා, ලියලනවා ;

the hand &c. දිගුකරනවා ; agitate කලඹනවා ;

put to : එකතුකරනවා ; *death* මරනවා ; *sleep* නිදිගන්වනවා, නිදිකරවනවා ;

the sword කඩුවෙන මරනවා ; *the test* පරීක්ෂා කරබලනවා ;

the torture වදකරනවා ; *to or on trial* විනිශච යට පමුණුවනවා ;

trouble මාන්සි දෙනවා ; *work* වැඩ දෙනවා, වැඩකරවනවා ;

put up නවාතැන් ගන්නවා ; put up with ඉවසනවා ; (යමෙකු වෙත) නවතිනවා.

Putative, a. (යම් ආකාරයක්යයි) සිතනු ලබන, කල්පිත.

Putlog, n. (භිත්තියෙ දමන) මැස්සේ හරස් පොල්ල.

Putrefaction, n. දිරීම, දිරායාම, කුණුවීම ; කුණු ගතිය. [වන.

Putrefactive, a. දිරීම සම්බන්ධ ; දිරවන, කුණුකර

Putrefied, pp. *or* a. දිරාගිය, දිරාපත්, කුණුවූ.

Putrefy, v. දිරනවා, දිරායනවා, දිරාපත්වෙනවා, කුණුවෙනවා ; දිරවනවා, කුණුකරවනවා.

Putrescence, n. දිරායාම, කුණු ගතිය.

Putrescent, a. කුණුවෙන ; කුණුවීම සම්බන්ධ.

Putrid, a. (ගඳගහන) දිරාපු, කුණුවූ, පල්, පිළුනු ; කුණුවීමෙන් අවගන්න ; putrid flesh කුණු මාංසය, පූති මාංසය.

Putridness, Putridity, n. ගඳගහන දිරච්ච ගතිය, කුණු ගතිය &c.

Puttees, n. pl. දණින් පහළ කකුළ වටේ ඔතන පටි.

Putty, n. (වීදුරු අල්ලන) තෙල් මුසු හුනු–බදාම, ලයිනෝරු බදාම, පොටි ; plaster ඇබරුම් බදාම.

Putty, v. ලයිනෝරු බදාම දමනවා or අල්ලනවා.

Puzzle, v. ආකූලකරනවා, වල්මත්කරනවා, කලබලකරනවා ; puzzle over a thing යමක් ගැන ආකූල ඇතුව කල්පනාකරනවා.

Puzzle, n. ආකූල, සමාකූල ; සමාකූලකරවන බඩුවක් *or* අමාරුවක, තේරවිල්ල, ප්‍රහේලිකාව.

Pye, n. අවුල්වූ කලවම ; කලවම් අච්චු අකුරු.

Pygmy, a. *or* n. *or* v. ඉතා මිටි, ක්ෂුද්‍ර ; මිට්ටා ; ඉතා මිටි—අතික්ෂුද්‍ර—කරනවා.

Pyjamas, n. pl. නිදාගන්නාවිට අඳින ඇඳුමක්.

Pylorus, n. කෑමබොක්කේ පහත් සිදුර, ආමාශයේ අධෝමුඛය.

Pyramid, n. පැතලි පතුල් ඇති දාගැබ, ත්‍රිභුජාංග ඝනයක්, ත්‍රිභුජාංග ඝන චෛත්‍යය, පිරමීඩය.

Pyramidal, Pyramidic, Pyramidical, a. ත්‍රිභුජාංග ඝනාකාර.

Pyre, n. සෑය, දරසෑය, චිතාව, චිතකය, චිතාග්නිය.

Pyretics, n. pl. උණ සුවකරන බෙහෙත්, ජ්වරෞෂධ.

Pyretology, n. උණ ගැන විස්තරය, ජ්වර විස්තරය, ජ්වර විද්‍යාව.

Pyrexia, n. උණ, ජ්වරය.

Pyrexial, Pyrexical, a. ජ්වර ; සන්තාපාතුර.

Pyrites, n. ගෙන්දගම් මුසු ලෝහ.

Pyrolatry, n. අග්නි නමස්කාරය.

Pyrologist, n. උෂ්ණ ධර්මඥයා.

Pyrology, n. උෂ්ණ ධර්ම ශාස්ත්‍රය, උෂ්ණ ධර්ම විස්තරය.

Pyromancy, n. ගින්නෙන් පේනකීම, අග්නි නිමිත්තාව ලෝකනය.

Pyromantic, a. අග්නි දෛවඥ ; n. අග්නිදෛවඥයා.

Pyrometer, n. අත්‍යුෂ්ණමානක යන්ත්‍රය.

Pyrometry, n. අත්‍යුෂ්ණමානක ශාස්ත්‍රය ; රත්වීමෙන් මහත්වෙන ප්‍රමාණය මැනීම.

Pyroscope, n. (විහිදෙන) අග්නිතාපමානක යන්ත්‍රය.

Pyrosis, n. ආමාශ දාහය.

Pyrotechnics, Pyrotechny, (පිරොටෙක්නික්ස් &c.) n. (ආකාශ වෙඩි ආදි) ගිනිකෙළි සෑදීමේ ශිල්පය, අග්නි භාණ්ඩ ශිල්පය ; අග්නි භාණ්ඩ ශාස්ත්‍රය.

Pyrotechnist, n. අග්නි භාණ්ඩ ශිල්පියා ; අග්නි භාණ්ඩ ශාස්ත්‍රඥයා.

Pyrrhonism, n. සර්වසංශය දෘෂ්ටිය. [කයා.

Pyrrhonist, n. සර්වසංශය දෘෂ්ටියා &c., සර්වසංශයාත්මි

Python, n. පිඹුරා

Pythoness, n. පේන කියන්නී, නිමිතිකාරි.

Pythonic, a. පේන කියන, නිමිතිකාර.

Pythonism, n. පේනකීම, නිමිතිකීම. [ඥයා.

Pythonist, n. පේන කියන්නා, නිමිතිකාරයා, දෛව

Pyx, Pyxis, n. See Pix.

Pyxidium, n. in bot. සමුද්ගාකාර ඵලය, සමුද්ග ඵලය. [රාශිය.

Pyxis nautica, n. in astr. මාලිමා යන්ත්‍ර-තාරකා

Q.

Q. question. ප්‍රශ්නය. **Q. C.** for Queen's Counsel.

Q. E. D. quod erat demonstrandum, L ඔප්පුකරන්ට තිබුණ එකයි. [එකයි.

Q. E. F., quod erat faciendum, L. කරන්ට තිබුණ

Quack, n. (ක්වැක් යන) තාරාවක්ගේ හඬ; fig. පුම්බම්කාරයා; වාටු වෙදා.

Quack, v. තාරාවෙකු මෙන් හඬනවා; fig. පුම්බම් කරනවා; වාටු වෙදකම් කරනවා.

Quack, a. පුම්බම්කාර, හිමට, වාටු, (වෙදා, බෙහෙත්).

Quackery, n. වාටු වෙදකම. See Empiricism.

Quacksalver, n. පුම්බම්කාර හිමට වෙදා.

Quadr, Quadra, Quadri, Quadru, prefixes, චතුර් යන අර්ථ ඇති උපසර්ග.

Quadra, n. in arch. හතරැස් දූරය, චතුරස්‍ර ප්‍රාන්තය.

Quadragene, n. R. C. හතලිස් දවසකට අදාළවන්නාව හරය. [කාලය. See Lent.

Quadragesima, n චත්වාරිංශ දින කාලය. කොරෙස්ම

Quadragesimal, a. කොරෙස්ම කාලයට අයිතිවූ.

Quadrangle, n. චතුරස්‍රය, චතුෂ්කෝණය; චතුරස්‍රාංගණය, හතරැස් මිදුල.

Quadrangular, a. (පැති හා) කොන් හතරක් ඇත්තාවූ, හතරැස්, චතුරස්‍ර, චතුෂ්කෝණ; in bot. හතර කොනැති, චතුෂ්කෝණකාර.

Quadrant, n. in geom. චක්‍රයෙන් චතුර්භාගය, වෘත්ත පාදය; (උස මනින) චතුර්භාග යන්ත්‍රය.

Quadrantal, a. චතුර්භාගය අන්තර්ගත, චතුර්භාගය ආකාර, වෘත්ත පාදික.

Quadrat, n. (අච්චුගසන) වචන වෙන්කරන ලෝහ කෑල්ල, ඡිද්‍රපූරණය, කවඩුව එක, කවාඩර්.

Quadrate, a. සෘජු චතුෂ්කෝණ; තුල්‍යචතුර්භාගභේද්‍ය; fig. සම, ඉකාංගු.

Quadrate, n. සෘජු චතුෂ්කෝණය; in astr. quartile චතුර්භාගාන්තරය *or* නවත්‍යංශාන්තරය.

Quadrate, v. චතුරස්‍රකරනවා, fig. සමවෙනවා, ඉකාංගුවෙනවා.

Quadratic, a. චතුරස්‍ර; quadratic equation වර්ගගණනාකාර තුල්‍යගණිත.

Quadratrix, n. වක්‍ර හා සෘජු රේඛා තුල්‍යකරණය, වක්‍ර රේඛා සමවූ සෘජු රේඛා දර්ශකය.

Quadrature, n (වක්‍ර *or* වක්‍ර) චතුරස්‍රකිරීම; also Quadrate, n.

Quadrennial, Quadriennial a. හතර අවුරුද්දක් අඩංගුවූ; චතුස්සංවත්සරික.

Quadrennially, ad. හතර අවුරුද්දකට වරක්, චතුස්සංවත්සර වශයෙන්.

Quadricapsular, a. in bot. චතුර්බීජකෝශ (ඵල).

Quadricornous, a. අං හතරක් ඇත්තාවූ, චතුශ්ශෘංග.

Quadricorns, n. pl. ඉස්කොඩු හතරක් ඇති ප්‍රාණීහු.

Quadridentate, a. in bot. (කොළයේ අද්දර) දත් හතරක් ඇති, චතුර්දන්ත.

Quadrifarious, a. in bot. ශ්‍රේණි හතරකට පිහිටි.

Quadrifoliate, a. in! bot. කොළ හතරක් ඇති, චතුෂ්පත්‍ර.

Quadrijugate, Quadrijugous, a. චතුර්යුග්මපත්‍රක.

Quadrilateral, a. පැති හතරක් ඇත්තාවූ, චතුරංග; n. චතුරංගය, චතුරස්‍රය, චතුර්භුජය.

Quadrilateralness, n. චතුරංගභාවය, චතුරංගතාව.

Quadriliteral, a. අකුරු හතරක් ඇත්තාවූ, චතුරක්ෂර.

Quadrille, (කඩ්රිල්) n. (හතරදෙනෙකු විසින් කරන) පත්‍ර ක්‍රීඩාවක්; චතුරංග නෘත්‍යයක්; (ඊට එකඟ) තාලයක්.

Quadrillion, n. ඉලක්කම් විසිපහකින් ලියන ගණන, දහස්කෝටි ප්‍රකෝටියක්.

Quadrilobate, Quadrilobed, a. in bot. පළු—බියලි—හතරක් ඇති, බික් හතරක් ඇති.

Quadrilocular, a. චතුරන්ධ්‍ර බීජකෝෂයක් ඇත්තාවූ, චතුරන්ධ්‍ර.

Quadrinomial, a. *or* n. in alg. චතුෂ්පද, හතර කොටස්ඇති, (ගණනක්).

Quadripartite, a. in bot. &c. කොටස් හතරකට බෙදුණු, චතුර්භේදිත.

Quadripartition, n. හතරකට බෙදීම, චතුර්භේදය.

Quadripennate, a. පියාපත් හතරක් ඇති, චතුෂ්පත්‍ර.

Quadrisyllable, n. චතුශ්ශබ්දවාචකය.

Quadrivalve, Quadrivalvular, a. in bot. චතුර්ද්වාර.

Quadrivalves, n. pl. හතරබියලි දොරක්.

Quadroon, n. මිශ්‍ර ජාතිකයෙක්.

Quadruman, n. (රිළවා මෙන්) අත් හතරක් ඇති සතෙක්.

Quadrumana, n. pl. චතුර්හස්ත සත්වජාති.

Quadrumanous, a. චතුර්හස්ත.

Quadruped, n. සිව්පාවා, චතුෂ්පාදිකයා.

Quadruple, a. *or* n. චතුර්ගුණ, චතුෂ්කය; චතුර්ගුණයක්, හතර පංගුවක්.

Quadruple, Quadruplicate, v. හතරපංගුකරනවා, චතුර්ගුණ කරනවා.

Quaff, v. නිදහස්ලෙස බොනවා. හුඟක් කටටගෙන පානයකරනවා.

Quaggy, a. මඩක් වගුරු ආකාර, වගුරු, හැල්පත්වූ.

Quagmire, n. මඩක් වගුරු ආකාර බිමක්, වගුර, හැල් පත. [ගත්තවා.

Quail, v. භයින් වකිතවෙනවා *or* ඇකිළෙනවා, තැති

Quail, n. කුඩා ඇට්කුකුළා. [විකාර.

Quaint, a. සාමාන්‍ය විධියට වෙනස්වූ, අනියම්, අපූර්ව,

Quake, v. වෙව්ලනවා, ගැහෙනවා, කම්පාවෙනවා, චලිතවෙනවා, සෙලවෙනවා.

Quake, n. වෙව්ලුම, කම්පාව; quaking, වෙව්ලීම &c., ප්‍රකම්පනය.

Quaker, n. වෙව්ලන්නා &c.; ඒ නම්වූ භක්තිකයා.

Quakerism, n. ඒ නම්වූ සභාවේ ආකාරය *or* ලීලා.

Qualification, n. (ගුණයෙන්, සමර්ථකමෙන්, ලත් බල යෙන් &c.) යෝග්‍යතාව, සුදුසුකම, අවසරය; ප්‍රමාණයකිරීම, බාලකිරීම.

Qualified, pp. *or* a. නිසි බලපුළුවන්කම—සමර්ථකම—ඇත්තාවූ, යෝග්‍ය, සමුචිත; පරිමිත, මඳක් බාල කරනලද.

Qualify, v. t (ගුණෙන් &c.) යෝග්‍ය—සමුචිත—කරනවා, (යමකට) නිසි බලය &c. දෙනවා; limit (සීමක් &c.) ප්‍රමාණයකරනවා, modify මඳක් බාල කරනවා.

Qualify, v. i. (ගුණෙන්, නිසි බලය *or* අවසරය ලබා ගැනීමෙන්) යෝග්‍යවෙනවා.

Qualitative, a. ගුණ නිශ්චයකරන; in chem. qualitative analysis ගුණ නිශ්චයකරන—ප්‍රභේදක—පරීක්ෂණය.

Quality, n. ගුණය, ගුණාංගය, අංගය, ගතිය, ස්වභාව; තරාතිරම; කුලීනතාව; වංශවත් අය.

Qualm, n. ඔක්කාරය ; fig. (තමාගේම ක්‍රියාවක් ගැන) කනගාටු සිතීම. පශ්චාත්තාපය.
Qualmish, Qualmy, a. බඩ දඟලන, ඔක්කාර ඇති.
Quamdiu se bene gesserit, L. හොඳ ලෙස හැසිරෙන තෙක්. [න.
Quandary, n. කුකුස් සවභාව, අමාරුව, අනුමාන තැ
Quantitative, a. තරම—ප්‍රමාණය—සහිත ; in chem. quantitative analysis ප්‍රමාණය නිශ්චය කරන පරීක්ෂණය.
Quantitive, a. ප්‍රමාණය දැනගත හැකිවූ, ප්‍රමාණය නිශ්චයකළ හැකිවූ (ද්‍රව්‍ය).
Quantity, n. තරම, ප්‍රමාණය, ගණන ; (large) හුණක්, සමූහාරයක්, පුඤ්ජය, ප්‍රචයය ; (small) ටිකක් &c. ; in metre මාත්‍රාව : shortening the quantity මාත්‍රා හානිය, lengthening it මාත්‍රාවෘද්ධිය.
Quantum, n. L. තරම, ප්‍රමාණය.
Quantum, meruit, L. යෝග්‍ය ප්‍රමාණයට (යත්න පිට නඩු කීම).
Quantum sufficit, L. සෑහෙන තරම.
Quaquaversal, a. (මැද සිට) හාත්පසින් නැඹුරු or අවනත.
Quarantine, n. (මරයට එන නැවකින් යාම්රම වලක්වන) තහනම්කාලය : the ship is in quarantine නැව තහනම්කර තිබෙනවා ; බෝවෙන රෝගීන් වෙන්කර තබන කාලය.
Quarantine, v. නැව තහනම්කරනවා, තහනමේ පිහිටුවනවා.
Quarrel, n. දබරය, ඩබරය, සණ්ඩුව, සඬංගුව, කෝලාහලය, කලහය, භණ්ඩනය ; තරඟය, භේදය, භේද කාරණාව.
Quarrel, v. දබරකරනවා, සණ්ඩුකරනවා, සණ්ඩු දබර කරනවා, තරක් වෙනවා, තරක් කරනවා, සඬංගුකරනවා, කලහකරනවා, තරඟකරනවා ; be at variance භේද වෙනවා, find fault අවලාද කරනවා ; make to quarrel or fight කොටවනවා.
Quarrelsome, a. දබරකිරීමට ළැදිවූ, සණ්ඩුකාර, තරකකාර, කලහකාර.
Quarry, n, (කුරුළුගොයා විසින්) දඩයම්කරන සතා ; (දඩයම් බල්ලන්ට දෙන) දඩයම් සතාගේ බඩ වැල් ; දඩයමෙන් ඇල්ලූ සත්තු. [පතහ.
Quarry, n. ගල් වළ, ගල් කඩාගන්න පතහ, ගල්
Quarry, v. ගල්පතහෙන් ගල් කපාගන්නවා, ගල් කඩාගන්නවා.
Quarryman, n. ගල් කඩාගන්නා, ගල්කරුවා.
Quart, n. ගැලුමෙන් හතරෙන් පංගුව, මනා දෙකක්, නැළිය. [රය).
Quartan, a. හතරවෙනි දින (උණ), චාතුර්ථක (ජ්වර
Quarter, n. හතරෙන් පංගුව, චතුර්භාගය, චතුර්ථාංශය ; of an animal, limb ගාත්‍රය ; (ධාන්‍ය මිම්මෙන්) සේරු අටක්, කාර්තුව ; in weight රාත්තල් විසි අටක් ;
of an hour &c. පැය කාලක්, රුපියල් කාලක් ;
of the year මාස තුනක්, පළමුවෙනි තුන්මාසය &c.
of the globe දිසාව, දිශ, දිග්භාගය, පූර්වදිග්භාගය &c., දිසා හතර, හතර දිග්භාගය.
of the moon's period: first quarter &c. පළමුවෙනි පාදය, දෙවෙනි පාදය &c.; first half පූර්වපක්ෂය, latter half අපර පක්ෂය ;
district &c. දිසාව, පළාත ; quarters නියම තැන්, නවාතැන ;
of a ship අවර ළඟ භාගය ;
in war, give or ask quarter (නොමරා) ඉතුරු කරනවා, කරුණාව ඉල්ලනවා.
Quarter, v. හතරට බෙදනවා ; කොට්ඨාසවලට බෙදනවා ; (හේවායන්ට) නවාතැන් නියමකරනවා ; නවාතැන් ගන්නවා.
Quarter-day, n. (පොලී &c. ගෙවීමට) තුන්මාසයේ නියම දවස.
Quarter-deck, n. (නැවේ) අවරයේ උඩ තට්ටුව.
Quarterly, ad. or a. ත්‍රෛමාසික, තුන්මසකට වරක්, අවුරුද්දට සතරවරක් (කරන &c.)
Quarterly, n. තුන්මසකට වරක් ප්‍රසිද්ධ කරන පත්‍රය or සඟරාව.
Quarter-master, n. in mil. (නවාතැන්, ආහාරාදිය, සම්පාදක මුලාදෑනියා ; (නැවේ මාලිමාගත්‍ර, කොඩි, ආදිය) ප්‍රතිපාලක සුළු මුලාදෑනියා. [නියා.
Quarter-master-general, n. ප්‍රධාන සම්පාදක මුලාදෑ
Quartern, n. මනාවෙන් හතරෙන් පංගුව.
Quartern-loaf, n. රාත්තල් හතරේ පාන්ගෙඩිය.
Quarter-sessions, n. තුන්මසකට වරක් පවත්වනු ලබන නඩුවිභාග වාරය.
Quartette, Quartet, n. කොට්ඨාස හතරක් ඇති යමක් ; සිව්පද කවියක් ; හතරදෙනෙකුට නියමවූ තාලය, චතුරංග තාලය.
Quartile, n. See Quadrate.
Quartine, n. in bot. (බීජයේ) චතුර්ථාවරණය.
Quarto, a. සම්පූර්ණ කඩදාසි කොළය හතරට නැමූවාවූ, හතර ප්‍රමාණයේ මනන ඇත්තාවූ ; n. හතර ප්‍රමාණ පොත,
Quartz, n. තිරුවාන ගල, තිරුවාන.
Quartzose, Quartzy, a. තිරුවාන, තිරුවාන ආකාර.
Quash, v. යටකරදමනවා ; නිෂ්ප්‍රභාකරනවා.
Quasi, L. වැනි, ආකාර, තරමක : quasi contract &c. තරමක ගිවිසුමක් &c.
Quaternary, n. හතරක් ; a. හතරක්වූ, හතර හතර ඇත්තාවූ, චතුරාකාර (පත්‍ර) ; in geol. සතරවෙනි (තට්ටු).
Quaternion, n, චතුෂ්ටය, චතුෂ්කය.
Quatrain, n. සිව්පද කවියක්, චතුෂ්පාද කාව්‍යයක්.
Quaver, v. ලෙලදෙනවා ; ලෙළවා ගීකියනවා, ලෙළවා ගායනාකරනවා.
Quaver, n. ලෙළදීම &c. ; (සංගීත්) ලලිතය, මිඩු නිසවරය ; මිඩුතිලකුණ (මන ♪ මෙය).
Quay (කී), n. (බඩු ගොඩබාන &c.) වෙරළේ තට්ටුව. මුහුදු ප්‍රාකාරය, වරායේ බැම්ම.
Quayage, n. බඩුගොඩ බාන ස්ථානයෙහි බද්ද.
Quean, n. තරුණ ස්ත්‍රී, වේසා ස්ත්‍රී.
Queasy, a. බඩ දඟලන, වමනේ එන.
Queen, n. මහේසිකාව, මහීෂිය, දේවිය, බිසව, මහා රාජිනී, රාජිනිය ; වේයන්ගේ—මීමැස්සන්ගේ—සාරණීය ගැණුසතා. See Dowager.
Queen-like, Queenly, a. මහේසිකාවක් සමාන ; මහේසිකාවකට ඔබින.
Queen-post, n. වහලේ කණුවක්, අඩකුරුපාව.
Queen's-advocate, Queen's-counsel, n. රාජකීය නීතිඥයා.
Queen's-bench, n. රාජකීය විකරණ සභාව.
Queen's-evidence, n. (අපරාධයට) හවුල්කාරයෙකුගේ සාක්ෂිය.
Queen's-prison, n. ණයකාර බන්ධනාගාරය. [හිරා.
Queen's-stores, n. pl. ආණ්ඩුවේ යුද්ධකාර බඩුබා

Queer, a. අතිශයම් ආකාර, අමුතු ගතියක් ඇති, අපූර්ව, විකාර.

Quell, v. (කැරැල්ල, කෝලාහලය, චංචලය) මැඩ පවත්වනවා, නවත්වනවා, සංහනයකරනවා.

Quench, v. නිවනවා, coll. නිමනවා; මැඩපවත් වනවා, (ආශා) සංසිඳුවනවා.

Quenchable, a. සංසිඳවිය හැකි.

Quenchless, a. නිවිය නොහැකි &c., නොනිවෙන, සංනොසිඳෙන,

Quercus, n. අලෝන්ගහ.

Querimonious, a. See Quernlous.

Querist, n. ප්‍රශ්නකාරයා.

Quern, n. ධාන්‍ය අඹරන ගල.

Querulous, a. අවලාදකාර, දෙස්කියන, කොඳුරන ගතියක් ඇත්තාවූ.

Querulously, ad. අවලාද විහයෙන් &c.

Querulousness, n. අවලාද ගතිය &c.

Query, n. ප්‍රශ්නය; v. ප්‍රශ්නකරනවා, විචාරනවා; සැක සිතනවා.

Quest, n. සෙවීම, අන්වේෂණය.

Question, n. ඇසීම, ප්‍රශ්නය, විචාරණය, පැවිජාව; චෝදනාව, අනුයෝගය; සැකය, සංශය.

The point in question විචාරණ කාරණව or සංශය කාරණව, අනුමාන කාරණව.

A leading question මග පෙන්වන—පොළඹවන—ප්‍රශ්නයක්.

There is no question about it or it is past question ඒ ගැන අනුමාන නැත.

It is out of question ඒක අනුමාන එකක් නොවේ, ඒක වෙන්ට බැරිය.

Call in question අනුමානයයි කියනවා, අනුමාන කරනවා, සැක සිතනවා.

Question, v. අහනවා, අසනවා, විචාරනවා, ප්‍රශ්න කරනවා; පිළිවිසිනවා, විභාගකරනවා; (යමක් ගැන) සැකකරනවා, සැක සිතනවා, අවිශ්වාස කරනවා.

Questionable, a. අනුමාන සහිත, අවුතුවා වාගේ පෙනෙන, සැක කටයුතු, ශංකනීය.

Questionist, n. ප්‍රශ්නකාරයා; (අශ්‍රපාඨශාලාවල) විභාගයට සිටින්නා. [යා.

Questman, n. (බලය ලත්) පරීක්ෂකයා or විභාගකාර

Questor, n. (පුරාණ රෝම ආණ්ඩුවේ) මුදල් භාර කාරයා, භාණ්ඩාගාරිකයා.

Quib, n. කවටකම, ඇනුම්පදය.

Quibble, n. අසත්‍ය කීමක්, ව්‍යාජෝක්තිය, රැවටිලි වාක්‍යය.

Quibble, v. (කාරණ) පෙරළා කියනවා, අසත්‍ය ලෙස කියනවා. See Cavil.

Quick, a. ශීඝ්‍ර, තුරිත, ඉක්මන්, අනලස්, ඉහපඩ, කඩිසර, ප්‍රාණවත්, උනන්දු, quick as thought මනෝජාසි; ad. ශීඝ්‍රලෙස &c.

Quick, n. (සප්‍රාණි) මාංසයම; quick-hedge පැළ ඉණිවැට.

Quicken, v. lit. & fig. ප්‍රාණවත්කරනවා; ප්‍රාණවත් වෙනවා; fig. උනන්දු කරනවා, ශීඝ්‍රකරනවා, ඉක් මන්කරවනවා.

Quickened, pp. or a. ප්‍රාණවත්කරනලද &c., ප්‍රාණවත්වූ; අධික ශීඝ්‍ර.

Quickener, n. ප්‍රාණවත්කරන්නා &c., ජීවනදායකයා; ප්‍රාණවත්—උනන්දු—කරන දෙයක්.

Quicklime, n. වතුර නොගැසූ පිලිස්සූ හුනු.

Quickly, ad. ශීඝ්‍රලෙස &c., see adj.; අප්‍රමාදව, ඉක් මනින්. [කම.

Quickness, n. ශීඝ්‍රතාව, ශීඝ්‍රකම &c.; of mind දක්ෂ

Quicksand, n. සොරවැල්ල, බොරු වැල්ල.

Quickset, a. පැළඉණි (වැට &c.). [නුවණැති.

Quicksighted, a. lit. & fig. තියුණු දෑසැති, තියුණු

Quicksilver, n. රසදිය, රසදිය, පාරද. [විටක්.

Quid, n. of tobacco දුම්කොළ විටක්, of betel බුලත්

Quiddity, n. සාරය; තියුණු සුළු දෙයක්, තියුණු සුළු ප්‍රශ්නයක්.

Quidnunc, n. (L. ඉතින් මොකද?), සියල්ල දන්නාක් මෙන් පාන්නා.

Quid pro quo, L. (වෙන යමකට) තුල්‍ය එකක්, සම දෙයක්, ප්‍රතිදානය, ප්‍රතිඵලය, එලෙක්දුව, සමාසිය

Quiescence, n. අකාරකතාව, අචලය, නිශ්චලය, නිසොල්මන් ගතිය; ශාන්තිය; in gram. අඝෝෂතාව.

Quiescent, a. අකාරක, අචල &c.; ශාන්ත; අඝෝෂ, ශබ්දනොකරන, (අක්ෂර &c.).

Quiet, a. නොසෙල්වෙන, නිසොල්මන්, නිශ්චල; සන්සුන්, ශාන්ත; කෝලාහල—කරදර—ආදිය නැති; හික්මුණු.

Quiet, Quietude, n. නිශ්චලය, ශාන්තිය, සමාදානය, කෝලාහල නැත්කම.

Quiet, Quieten, v. නිශ්චලකරනවා, ශාන්තකරනවා; soothe නළවනවා.

Quietly, ad. නිශ්චලලෙස, ශාන්තියෙන්, සමාදාන යෙන්, ඉවසිල්ලෙන්, සන්සුන්ලෙස.

Quietness, n. නිශ්චලකම, ශාන්තතාව, ප්‍රශාන්තිය, කරදර ආදිය නැතිකම.

Quietus, n. නිළකලං කය, විශ්‍රාමය; මරණය; නිදහස් පත්‍රය, ශාන්තිකර පත්‍රය.

Quill, n. (පාත්තයින්ගේ &c.) ලොකු පිහාටුවක්; (පිහාටු) පෑන; of the porcupine ඉත්තෑකූර.

Quilt, n. (ඇඳේ) ගන ඇතිරිල්ලක්, ඝනාස්තරණයක්.

Quilt, v. දෙතුන්පට එකට මහනවා.

Quinary, a. පහ බැගින් ඇති, පඤ්චපඤ්චාකාර, පඤ්චක.

Quinate, a. in bot. පඤ්චච්ඡේදිත (පත්‍රය).

Quince, n. කත ගෙඩි ජාතියක්.

Quindecagon, n. පඤ්චදශකෝණය.

Quinia, Quinine, n. සින්කෝනා පොතුවලින් සාදන බෙහෙත, කවිනෙන්.

Quinquagesima Sunday, n. (පාස්කුවට පූර්වයෙන්) පනස්වෙනි ඉරිදා.

Quinquangular, a. කොන් පහක් ඇත්තාවූ, පඤ්චාස්‍ර, පඤ්චකෝණ.

Quinquecapsular, a. in bot. පඤ්චබීජකෝශ (ඵල),

Quinquedentate, a. in bot. &c. දති පහක් ඇති, පඤ්චදන්ත.

Quinquefarious, a. in bot. පේළි පහකට පිහිටි.

Quinquefoliate, a. in bot. කොළ පහක් ඇති, පඤ්චපත්‍ර.

Quinqueliteral, a. පඤ්චාක්ෂර, අක්ෂර පහක් ඇති.

Quinquelobate, a. ඛිණ්ඩ පහක් ඇති.

Quinquelocular, a. පඤ්චවරණවූ බීජකෝෂයක් ඇත්තාවූ, පඤ්චවරණවූ.

Quinquennial, a. පස්අවුරුද්දක් පවතින; පස්අවුරුද්දකට වරක් සිදු වෙන, පඤ්චවාර්ෂික, පඤ්චසංවත්සරික.

Quinquepartite, a. in bot. &c. කොට්ඨාස පහකට බෙදුණු, පඤ්චභේදිත.
Quinquevalve, Quinquevalvular, a. in bot. පස් පියන් ඇති, පඤ්චද්වාර.
Quinsy, n. උගුරේ කරමල් ශෝථය. [බර.
Quintal, n. රාත්තල් සියයක හෝ හොණ්ඩරයක
Quintan, n. පස්වෙනි දින (උණ), පඤ්චමදින, (ජ්වරය).
Quintessence, n. ශ්‍රේෂ්ඨ සාරය, අමිශ්‍ර සාරය ; ඉතා බලගතු පංගුව, උතුම් කොටස.
Quintetto, n. පඤ්චාංග තාලය.
Quintine, n. in bot. (බීජයේ) පඤ්චමාවරණය.
Quintillion, n. ඉලක්කම් තිස්එකකින් ලියන ගණන, සියනහුතය.
Quintuple, a. පස්පංගුවක්වූ, පඤ්චගුණ. [වා.
Quintuple, v. පස්පංගුකරනවා, පඤ්චගුණකරන
Quip, n. (කීමෙන්) පහරක් ; v. පහරදෙනවා. See Quib. [රය.
Quire, n. කඩදසිකොළ විසිහතරක මිටිය, කෛවය
Quirk, n. see Quip ; හිතුබුද්ධි කීමක් ; අනියම් එකක්, අනියම් තාලයක්.
Quirked-moulding. n. අසික වකුටු ලීස්තරයක්.
Quit, v. අත්ඇරයනවා, වර්ජනාකරනවා ; නිදහස් කරනවා. See Acquit.
Quit, be, v. නිදහස්ව—නිදොස්ව—සිටිනවා. [මම.
Quite, ad. සම්පූර්ණලෙස, සහමුලින්ම ; ඉතා, හොඳ
Quit-rent, n. (නිලකාර නැති) නිදහස් බිම් බද්ද.
Quits, be, v. එකිනෙකාට ණයතුරුස්නොවී—නො බැඳී—සිටිනවා, එලෙන්දුයි. [ඵලය.
Quittance, n. (ණයකින් &c.) නිදහස්කිරීම ; ප්‍රති
Quiver, n. ඊකොපුව, ඊතුරය, හියවුර, ශරාශ්‍රය.
Quiver, v. ලෙළදෙනවා, වෙවුලනවා. පොපියනවා.
Quivering, n. ලෙළදීම &c., පොපිසීම, සපන්දනය.
Qui vive, Fr. be on the *qui vive* රැක—පිපිද—බල බලා—සිටිනවා
Quixotic, a. මෝඩලෙස ජවලිතවූ, විකාරෝද්‍යෝගී.
Quiz, v. (කථාවෙන්) සමච්චල්කරනවා, කොංච් කරනවා ; සරදමට &c. ඇස් හෙළාගන සිටිනවා.
Quiz, Quizzer, n. කොංචිකරන්නා, කොංචිකිරීමට ඇස් හෙළාගන සිටින්නා.
Quoad hoc, L. මේකනම්, මේ ගැනනම්.
Quo animo, L. මොන අදහසින්ද ? [එක.
Quod erat demonstrandum, L. ඔප්පුකරන්ට තිබුණ
Quod erat faciendum, L. කරන්ට තිබුණ එක, කතව්‍යව තිබුණ දේ.
Quodlibetical, a. හිය හිය අතට—කැමති කැමති අතට—සිද්ධවෙන (කථා).
Quoin, n. කුඤ්ඤය ; හිතනි කෝණය. පිට කොන.
Quoit, n. පැතළි ක්‍රීඩා—වළල්ල ; the game of quoits පැතළි වළලුක්‍රීඩාව.
Quondam, L. වරක් සිටිය ; quondam friend වරක් මිත්‍රව සිටිය කෙනෙක්,
Quorum, n. (කාරණකිරීමට සාමාජිකයන්ගෙන්) සෑහෙන ගණනක්, අවශ්‍ය සඞ්ඛ්‍යාව ; විශේෂ අධිකරණ සභාවක්. [මි.
Quorum pars fui, L. ඔවුන්ගෙන් කෙනෙක්ව සිටියෙ
Quota, n. (යමකින්) නියම පංගුව, කොටස.
Quotation, n. (අන්‍යයෙකුගේ වචන) ගෙනපෑම &c. ; ගෙනපාන—උපුටාගත්—වගන්තිය, පාඨ කැබෙල්ල, සඳහන්වූ මිල ගණන.
Quote, v. (පොතකින් පතකින්) ගෙන පානවා, උපුටාගන්නවා ; (මිල ගණන්) සඳහන් කරනවා.

Quoth, v. quoth I, quoth he, quoth she (only) මම &c. කියන්නේනම්.
Quotidian, a. දිනපතා ; n. දිනපතා උණ ; දිනපතා සිද්ධියක්.
Quotient, n. in arith. ඵලය, භාජිතය, ලබ්ධිය, කොට්ඨාසිකය. [පත්‍රය.
Quo warranto L. "මොන බලයෙන්ද" යන විභාග
Q. V., quantum vis කැමති පමණ ; quod vide එය බලනු.

R.

R., rex රජ : (වික්‍රමබාහු) රජ ; regina රැජින, (වික්ටෝරියා) රැජින.
R. A., Royal Academy රාජකීය සිත්තම් ශාලාව ;
Rear-admiral බාල නැව්කාර සේනාපතියා ;
Royal Artillery රාජකීය කාලතුවක්කු-සමූහව.
Rabbet, v. *or* n. See Rebate.
Rabbi, Rabbin, n. යුදෙව් ආචාර්යයා, අධ්‍යාපකයා.
Rabbinic, Rabbinical, a. යුදෙව් ආචාර්ය (භාෂාව, කථා, මත), යුදෙව් ආචාර්යාකාර.
Rabbinic, n. යුදෙව් ආචාර්ය භාෂාව, මෑත හෙබ්‍රෙව් භාෂාව.
Rabbinism, n. යුදෙව් ආචාර්ය රීතියක් ; යුදෙව් ආචාර්ය බස්.
Rabbinist, n. යුදෙව් ආචාර්ය මතිකයා.
Rabbit, n. රටහාවා.
Rabbit-warren, n. රට හාවුන්ගේ කොටුව.
Rabble, n. කෝලාහල කැල ; අධම උදවිය.
Rabid, a. පිස්සු, වියරු, (බල්ලා &c.) ; ප්‍රචණ්ඩ, උමතු.
Rabies (රේබිඊස්), n. (බලු) පිස්සුකම, පිස්සුව, වියරුව.
Raca, n. (නින්දාවට කියන) හිස් මිනිහා, මූඪයා.
Race, n. වංශය, අන්වය, සන්තතිය, ජාතිය.
Race, n. වේගයෙන් දිවීම ; දිනුමට දිවීම ; අසුන් පැන්නවීම, අසුන් ඊනිදුම ; සැර වතුර පාර ; මෝලේ වතුරපාර ; fig. (ජීවිත) ගමන, කල්කිරීම ; the races අසුන් දුවවීමේ සම්ප්‍රීතිය. [නවා.
Race, v. වේගයෙන් දුවනවා ; පොරට—දිනුමට—දුව
Race-course, n. අසුන් පන්නවන භූමිය, රේස්පිට්ට නිය ; වතුර ඇළ. [යා.
Race-horse, n. දිනුමට දුවන අශ්වයා, ජවාසික අශ්ව
Racemation (රැසිමේෂන්), n. (මුද්‍රික ආදී) වල්ල ; මුද්‍රික මැවීම.
Raceme (රැසීම්), n. in bot. (මල් වෙන්වූ) මල් නැනැත්ත, සනවිනානැහිය.
Racemed (රැසි...), Racemiferous (රැසි...), a. මල් කිනිති ඇති *or* දරන. [වැවෙන.
Racemose, Racemous (රැසි...), a. කිනිති වසයෙන්
Racer, n. දිනුමට දුවන්නා ; also Race-horse.
Rachis (රේකිස්), n. in bot. සස්‍යවෘන්තය ; සංයුක්ත පුෂ්පවෘන්තය ; in zool. කශේරුව, පිටිකොන්ද.
Rachitis (රකෛටිස්), n. කශේරු දාහය පිටිකොන් දේ දැවිල්ල. See Rickets.
Racial, a. ජාතිය පිළිබඳ.
Racily, ad. fig. සුරසලෙස &c.
Raciness, n. lit. & fig. සුරස ගතිය &c. See Racy.
Raciug, n. වේගයෙන් දිවීම &c., see verb.
Rack, v. (ලොකු රාමුවක බැඳ) ඇඟ අදිනවා ; වධ කරනවා ;
be racked with pain වේදනා විඳුවනවා ; [වා.
rack one's brains අතිවීර්යයෙන් කල්පනා කරන

Rack, n. චබක රාමුව ; (යමක්) අදින රාමුව ; (යමක් තබන) ගරාදි රාමුව ; දැති පොල්ල.
Rack, n. වේගවත් තුනී වලාකුල් ; v. (වලාකුල්මෙන්) වේගයෙන් යනවා ; (අශ්වයා) ලඟින් අඩි තබා දුවනවා.
Rack, v. See Decant.
Racket, n. කලබල ගෝට්ටිය, කෝලාහල හඬ, සොල්මන ; (ටැනිස් ක්‍රීඩාවේ) දැල්පත්ද පිත්ත ; දැල්පිති පන්දු ක්‍රීඩාව.
Rackety, a. ගෝට්ටිකාර.
Racking, a. ඉතා වේදනා සහිත, අතිව්‍යථාකාර.
Racking-pace, n. (අශ්වයා) ලඟින් අඩි තබා දුවන විධිය. [බිද්ද.
Rack-rent, n. (ගෙයක, ඉඩමක) අධිකතර කුලිය or
Racy, a. lit & fig. සුරසවූ, අතිරස, රුචිර, බලගතු, (පානය, කථාව &c.).
Raddle, v. එකට ගොතනවා ; n. මාවර ලීය ; අතු තමා වියාපු වැට.
Radial, a. මැද බාහුවේ පිට ඇටයට අයිතිවූ ; චක්‍ර නාභියෙන් විහිදෙන &c., see Radius.
Radian, n. අරීනය
Radiance, n. දීප්තිය, ද්‍යුතිය, ප්‍රභාව.
Radiant. a. රශ්මි විහිදුවන, රශ්තය විහිදවන ; (රශ්මි ආකාරයෙන්) විහිදෙන ; දිලිසෙන, දීප්තිමත්, උජ්වල.
Radiant, n. in optics රශ්මි නික්මෙන තැන ; in geom. මැද සිට තිබෙන සෘජු රේඛාව.
Radiary, n. Radiata, L. pl. චක්‍රප්‍රාණියා, ත්‍රිජ්‍යා ප්‍රාණියා.
Radiate, v. (රශ්මි මෙන්) විහිදෙනවා ; විහිදවනවා.
Radiate, a. in bot. රශ් ආකාර, විහිදෙන පෙති ඇත්තාවූ.
Radiation, n. රශ් විහිදීම, රශ්මීන් විහිදවීම ; (රශ්තය) විහිදීයාම ; (මැද තැනකින් රේඛා මෙන්) විහිදීම. [දවන දෙය.
Radiator, n. විහිදවන්නා ; (රශ්මි, රශ්තය &c.) විහි
Radical, a. ධාතුවෙන්ම අටගත්ත, සවභාවවූ ; මූලික, මුල්වූ ; in bot. මුලින් අටගත්ත. මූලජ ; radical sign වර්ගමූල ලකුණ (එන √ මෙය) ; radical quantity වර්ගමූල ගණන.
Radical, n. ධාතු වචනයක්, ධාතු අක්ෂරය, ප්‍රකෘතිය, පියවිය ; in politics අතිපරිශෝධකයා ; in chem. ධාතුව.
Radicalism, n. අතිපරිශෝධක ධර්මය. [මෙන්.
Radically, ad. මුලින්ම ; ප්‍රකෘත්‍යාකාරයෙන්, ධාතු
Radicant, Radicating, a. (කඳෙන්, කොළයෙන් &c.) මුල් ලියලන.
Radication, n. මුල් ඇදීම, මුල් බැසීම ; මුල් පිහිටන විධිය, මූලාකාරය.
Radicle, n. බීජ ඉපියාව, බීජාබෝකලනය, කුඩා මුල් or මුලේ කෙළ.
Radish, n. රාබු අල, රාබු.
Radius, n. Radii, pl. අර්ධවිෂ්කම්භය, ත්‍රිජ්‍යාව, චක්‍ර අරය ; in anat. මැද බාහුවේ පිට ඇටය, ප්‍රකෝෂ්ඨ වහිරස්ථිය.
Radius vector, L. in astr. (ග්‍රහ තාරකාවක) කක්ෂාර්ධ—විෂ්කම්භය, කක්ෂ ත්‍රිජ්‍යාව.
Radix, n. ධාතුව, මූලය, ප්‍රකෘතිය, පියවිය, මුල.
Raff, n. තක්කඩි අය.
Raffish, a. නොවටිනා, තක්කඩි. [වා.
Raffle, v. දුදු ආදිය දැම්මෙන් බඩුවක් හිමිකර දෙන
Raffle, n. දුදුවෙන් හිමිකරදීම, ලොතරැය්යක්.
Raft, n. පහුර, උඩුපය, තෙප්පම, පඩව්ව ; of two boats අඟුල.
Rafter, n. පරාළය, උමක්ලිය ; main rafter කාප්ප කකුල, hip rafter මූලප්පරාළය, valley rafter කානු පරාළය.
Rag, n. වැරහැල්ල, කඩමාල්ල, සලෙයිකඩ, රෙදි කඩ, pl. වැරහැලි, කඩ මාලු, කඩමලු රෙදි.
Ragamuffin, n. අධමයා, නීචයා.
Rag-bolt, n. කඩතොලු ඇණය, දෙවිත් ඇණය.
Rage, n. සැර වියරුව, තද උදහස or කෝපය ; අත්‍යාශාව.
Rage, v. සැර වියරුවෙන් &c. හැසිරෙනවා, සැර වියරු පානවා, ගෝචගන්නවා ; (මුහුද, රෝග &c). ඉතා සැරව—බහුලව—තිබෙනවා.
Rag-fair, n. වැරහැලි කඩය, පරණ ඇඳුම් ආදිය විකුණන කාඩේ.
Ragged, a. වැරහැලි, කඩමාලු, ඉරිච්ච ; වැරහැලි අඳින ; jagged කඩ තොලුවූ, රළු ; ragged school ඉතා දිළිඳුන්ගේ පින් පෙසාලය. [රළුකම.
Raggedness, n. වැරහැලි ගතිය කඩමලු ඇඳ සිටීම ;
Raging, n. සැර වියරුව පෑම &c., තද සැරකම ; of the sea චාරකන.
Ragman. n. කඩමලු වෙළෙන්ද.
Ragout (රගූ), n. Fr. රුචිර ඉස්ම ; අතිරුචිරාහාරය.
Raid, n. (සටනක් &c. පිණිස) තැනකට වැදීම, ආක්‍රමණය.
Rail, n. අත්වැල් ; of a fence මාවරය ; of railway යකඩ පිල්ල, යකඩ කම්බිය ; go by rail දුම්රිය පාරෙන් යනවා.
Rail, v. මාවර බැඳ කොටුකරනවා.
Rail, v. බණිනවා, නින්දාකරනවා, ගරහනවා, ගර්හා කරනවා, නිගාකරනවා.
Railer, n. බණින්නා &c.
Rail-fence, Railing, n. මාවර වැට ; railing මාවර ලීදඬු ආදිය.
Railing, n. බැණීම &c., ගැරහුම, ගර්හාව, නිග්‍රහය.
Raillery, n. කවටකම, සමච්චලය, සරදම් බස්.
Railroad, Railway, n. දුම්රිය පාර, ධූමරථ මාර්ගය.
Railway-chairs, n. pl. (දුම්රිය පාරේ) යකඩ පිලි බැඳුම් or කෙවෙනි.
Railway-crossing, n. දුම්රිය මාර්ගය හරහා පාර, දුම්රියපාරේ ගේට්ටුව. [ණ.
Railway-plant, n. දුම්රිය බඩුබාහිරු, දුම්රිය උපකර
Railway-sleepers, n. pl. (පිලි තබා තිබෙන) දුම්රිය බාල්ක, සිලිපර කඳං.
Railway-station, n. දුම්රිය පළ.
Raiment. n. ඇඳුම, ඇඳීම, වස්ත්‍ර, හත්කඩ.
Rain, v. වහිනවා, වැහි වහිනවා ; lit. & fig. වස්වනවා, වර්ෂණයකරනවා.
Rain, n. වැස්ස, වර්ෂාව ; pl. or a. වැහි, වැසි, වර්ෂා, (වතුර, වලාකුල් &c.).
Rainbow, n. දේදුන්න, ඉන්ද්‍රචාපය, ඉඳුහැව්ව.
Rain-gauge, Rain-gage, n. වර්ෂාමානක යන්ත්‍රය.
Rainy, a. වැහි, වැහි ඇත්තාවූ, වර්ෂාබහුල, (කාලය, දිශාව).
Raise, v. උස්සනවා, ඉහත්කරනවා, උඩගන්නවා, ඔසවනවා ; fig. උසස්කරනවා, උසස් අඩියකට පමුණුවනවා ;
grow &c. වවනවා, ඇතිකරනවා ; build ගොඩනගනවා :

heap up ගොඩකරනවා, රාශිකරනවා;
increase (ගණන &c.) වැඩිකරනවා;
produce, incite, උපදවනවා, අවුස්සනවා; [වා;
raise from death &c. මරණයෙන් &c. නැගුටුවන
raise the voice හඬ නගනවා; හඬ වැඩිකර නවා.
raise money, troops &c. උපදවනවා, ලබාගන්නවා, රැස්කරනවා; [කරනවා.
raise a siege වටලෑම පැහැරඅරිනවා or බැහැර

Raisin, n. වියළි මුදිකළුල, වියළි මුද්දිරප්පලම්, කිස්මිස්.

Rajah, Raja, n. (ඉන්දියාවේ) රජෙක්, රාජයා.

Rajpoot, n. යුද්ධ කුලයේ කෙනෙක්.

Rake, n. දැති ගොයියා, මීටක් ඇති බිම්පනාව; (කුඹගේ &c.) ඇළය, ඇළ ප්‍රමාණය.

Rake, v. දැතිගොයියා ගානවා, බිම්පනාවෙන් සමතලාකරනවා;
(පිදුරු &c.) දැතිගොයියා ගා එකතුකරනවා;
(නැවක—සේනාවක—හරහටතොව) දිගඅතට ගවසිතියනවා; [කරනවා;
fig. බලයෙන් මෙන් එකතුකරනවා or සෝදිසි
rake up (යටවූ දෙය්) මතුකරනවා.

Rake, n. සල්ලාලයා, ස්ත්‍රීලෝලයා, ස්ත්‍රී ධූර්තයා; v. සල්ලාලකම් කරනවා. [(නැවක්).

Rakish, a. සල්ලාල, ධූර්ත; කුඹ පස්සට ඇළවූ

Rally, v. (විසිරුණ සේනාවක් මෙන්) නැවත රැස්කරනවා or රැස්වෙනවා; නැවත හොඳ ස්වභාවකට—සතිපයට &c.—පමුණුවනවා or පැමිණෙනවා.

Rally, v. (සරදම් බසින්) කෙළිකරනවා or සමච්චල් කරනවා.

Ram, n. (පිරිමි) බැටළුවා, තිරළුවා; in astr. මේෂ රාශිය; ජම්බාරය, ජම්බාර මිටිය. See Battering-ram.

Ram, v. (බර පහරවලින්) වද්දවනවා; තාප්ප මෝලෙන් තළනවා; තද කරදමනවා.

Ramble, v. තැනින්තැන ඇවිදිනවා, මුළාව ඇවිදිනවා, සැරිසරනවා, fig. අනියමලෙස කථාකරනවා, අමුතු කාරණාවලට බැස කථාකරනවා, නොමග යනවා. [පරිභ්‍රමණය.

Ramble, n. තැනින් තැන ඇවිදීම &c., පයගමනය,

Ramblingly, ad. අනියමලෙස, පිළිවෙලක් නැතුව.

Ramentaceous, a. in bot. කොරපොතු වැසිතිබෙන, සඟලක.

Raments, Ramenta, n. pl. (ගස් කඳුවල, නටුවල) බුරුල් කොරපොතු, සුඹුළු, ශිථිලශල්ක.

Rameous (රේමියස්), a. අත්තකට අයිතිවූ.

Ramification, n. අතු විහිදීම &c.; අතු ආකාරයට සෑදීම; (ලොකු අත්තකින් අවගත්ත) කුඩා අත්තක්; in bot. අතු අවගත්ත විධිය.

Ramify, v. අතු විහිදෙනවා; නොයෙක් අතට බෙදී යනවා, අතුමෙන් බෙදී තිබෙනවා; නොයෙක් අතට—අතු මෙන්—බෙදනවා.

Rammer, n. වද්දවන්නා; වද්දවන ආවුදය, තාප්ප මෝල; ramrod අච්චුකූර.

Ramose, Ramous, a. in bot. අතු ඇත්තාවූ.

Ramp, v. වැලක් දුවනවා, පනිනවා, පස්සා ගාත් දෙකින් කෙළින් වී සිටිනවා; n. පැනීම.

Rampancy, n. අධිකලෙස වැඩීම; අධිකකම, අතික්‍රමිකතාව.

Rampant, a. අධිකලෙස වැඩී තිබෙන, බහුල; fig. අතික්‍රමික; in her. (වංශ රූපයක්) නැගී—කෙළින් වී—සිටින.

Rampart, n. කොටු පවුර, කොටු තාප්පය, ප්‍රාකාරය; fig. ආරක්ෂාවක්, මුවාවක්.

Ramulous, a. රිකිලි බහුල, ක්ෂුද්‍රශාඛා බහුල.

Ran, pret. of Run, දිවුවා.

Rancid, a. මුඩු, පිළුණු, ඇඹුල්, පූතිගන්ධික.

Rancidity, Rancidness, n. මුඩුකම, පිළුණු ගතිය, දුගඳ.

Rancorous, a. ක්‍රෝධකාර, කුහුකේඩු, තපුරු.

Rancour, n. ක්‍රෝධය, කුහුකේඩුකම, තපුර, දැඩි ද්වේෂය.

Random, a. ප්‍රවේසම් මදි, අප්‍රවේසම්, අපරීක්ෂාකාර; at random අප්‍රවේසම්ලෙස &c., කල්පනානොකර.

Range, v. පෙළට—පිළිවෙලට—ක්‍රමයකට—තබනවා, අස්කරනවා; යම් දිශාවකට පිහිටා තිබෙනවා; (prices &c.) ක්‍රමයට යනවා, *i. e.* අඩුවෙනවා or වැඩිවෙනවා;
rove at large නිදැල්ලේ යනවා, එහි මෙහි යනවා or ගමන්කරනවා.

Range, n. පෙළ, වැටිය, ආවලිය; (යමක්) යන දුර ප්‍රමාණය, (ක්‍රියාකිරීමේ, බලයේ, ඥානයේ &c.) ප්‍රමාණය; පෝරණු පෙළ; ඉණිමං පෙත්ත.

Ranger, n. (රටේ එහිමෙහි යන) අසරු සේවායා; වනපාලකයා; දඩයම් බල්ලු ජාතියක්.

Ranidæ, n. pl. මණ්ඩූක ජාති.

Ranine, a. මණ්ඩූක, ගෙමබ්.

Rank, n. රංචුව, පෙළ, පේළිය, පඞ්ක්තිය; තරම, තරාතිරම, වංශය, නිලය, පදවිය; high rank කුලීනතාව, උත්කෘෂ්ටතාව;
the ranks පොදු සේවායෝ, the rank and file මුළු පොදු සේනාව.

Rank, v. t. පෙළට තබනවා, පෙළගස්වනවා; පිළිවෙළට තබනවා.

Rank, v. i. යම් වර්ගයකට—තරමකට—අයිතිවෙනවා or අඩංගුව තිබෙනවා; fall into line පෙළගැසෙනවා.

Rank, a. ඉතා බහුලලෙස වැවෙන, අධිකතර; දළ; ඉතා සාරවත් (පස්); මුඩු ගඳ ඇත්තාවූ; පිළුණු—කුණු—රස ඇත්තාවූ; අධික, තද, (වෛරය); set rank (යතුකැටය &c.) හොඳට මතුකරනවා.

Rankle, v. අධික සැරවෙනවා, එදිරි බඳිනවා, (කල්පනාවක්, කීමක්, එදිරිය &c. සිතෙහි) ඇවිලෙනවා, ඇවිස්සෙනවා.

Rankness, n. (වැවීමේ) අතිබහුලත්වය, අධිකකම; දළකම &c., see adj.

Ransack, v. කොල්ලි සොයායනවා, කොල්ලකනවා; සැමතැනම සොයා බලනවා.

Ransom, n. මිදීමේ මිල, මුදාගැනීමේ මිල; මිදීම; (අඩවුවෙන්) නිදහස්වීමේ ද්‍රව්‍ය.

Ransom, v. මිල දී මුදනවා or මුදාගන්නවා; (යම් විධියකින්) නිදහස්කරනවා.

Rant, v. නිෂ්ඵල ඝෝෂාවෙන් කථාකරනවා, දෙඩනවා, වල්පල් දෙඩනවා.

Rant, n. නිෂ්ඵල ඝෝෂාවෙන් කථාකිරීම &c., දෙඩවිල්ල, වල්පල්.

Ranter, n. ඝෝෂාකර කථාකරන්නා or දේශනා කරන්නා; ranters ඝෝෂාකාර සභාගමක නමක්.

Ranz des vaches (රාන් ඩේ වාෂ්), Fr. (හොරනෑවෙන් ගායනාකරන) ස්විස්ගෝපාල මන්ත්‍ර.

Rap, v. තට්ටුකරනවා, තුරිත පහරක් දෙනවා; n. ඉක්මන් පහරක්, on the head ටොක්කක්.
Rap, v. ප්‍රමදකරනවා; become rapt ප්‍රමදවෙනවා. See Enrapture &c.
Rapacious, a. (ගොදුරු මෙන්) අල්ලාගැනීමට ලැදිවූ, ගිජු, ලෝභිවූ, කොල්ලකාර.
Rapaciousness, Rapacity, n. බලෙන් &c. අල්ලාගැනීමට ලැදිකම &c., කොල්ලකාර ගතිය.
Rape, n. බලාත්කාරයෙන් ගෙනයාම, ස්ත්‍රීහරණය, කන්‍යාපහරණය, කන්‍යාදූෂණය, ප්‍රසභ සංවාසය.
Rapid, a. ඉක්මන්, සුළු, ශීඝ්‍ර, වේගවත්, තුමුවු, දෘත.
Rapids, n. pl. ඇල්ලි, සැඩපාරේ බෑවුම.
Rapidity, Rapidness, n. සුළුකම, ඉක්මන, ශීඝ්‍රකම, වේගය.
Rapier, n. (අනිත) කුඩා කඩුවක්.
Rapier-fish, n. තලපතා.
Rapine, n. බලෙන් ගැනීම, කොල්ලකෑම.
Rapper, n. තට්ටුකරන්නා; දොර තට්ටුකරන මිටිය.
Raptores, n. pl. සතුන් අල්ලා කන පක්ෂි ජාති, (රාජාලි ආදි) ගිජු කුරුළු ජාති.
Raptorial, Raptorious, a. ගිජු, (ගොදුරු) හදිසියෙන් අල්ලාගන්න, (සත්තු, අවයව).
Rapture, n. මහත් සතුට, අතිශය ප්‍රීතිය, අත්‍යානන්දය, ප්‍රහර්ෂය, ප්‍රමෝදය, අභිප්‍රමෝදය.
Rapturous, a. අත්‍යානන්දිත &c., අතිප්‍රමෝදිත; ඉතා පිනවන.
Rara avis, L. දුර්ලභ පක්ෂියෙක්, fig. (වඩා සම්බන්නො වෙන ආකාර) අපූර්ව කෙනෙක්.
Rare, a. not dense ඝනනුවූ, තුනී; thinly scattered විරල; seldom occurring වඩා සිදුනොවන; scarce දුර්ලභ; costly අනගි. [ගතිය.
Rarefaction, n. (වායු &c.) තුනිකිරීම, තුනීවීම; තුනි
Rarefied, pp. or a. තුනිකරනලද, තුනීවූ.
Rarefy, v. තුනිකරනවා; තුනීවෙනවා.
Rarely, ad. කලාතුරකින් අහම්බෙකින්, ඉඳහිටලා, එහෙමත් වතාවක පමණක්, වඩා...නැත. [කම.
Rareness, n. තුනිකම, විරලතාව; දුර්ලභතාව; අනගි
Rarity, n. තුනිකම &c.; (අනගි) දුර්ලභ වස්තුවක්, අපූරුදෙය.
Rascal, n. තක්කඩියා, කෛරාටිකයා, ප්‍රයෝගකාරයා, ජඩයා.
Rascality, n. තක්කඩිකම &c.
Rascallion, n. චණ්ඩාලයා.
Rascally, a. තක්කඩි &c., චණ්ඩාල, චණ්ඩි.
Rase, v. සූරා අරිනවා, මකාදමනවා; (ගොඩනැගිලි) බිම හෙලාදමනවා.
Rash, a. අපරීක්ෂාවෙන් ක්‍රියාකරන, අප්‍රවේසම්, අනුවණලෙස බුහුටිවූ, ඉක්මන්, කලබල.
Rash, n. පලු, කරප්පන්.
Rasher, n. ඌරුමස් පෙත්තක්.
Rashly ad. අපරීක්ෂාවෙන්, අප්‍රවේසම්ලෙස, අනුවණ බුහුටිකමින්.
Rashness, n. අපරීක්ෂාව, අප්‍රවේසම්කම, අනුවණ බුහුටිකම.
Rasores, n. pl. (කුකුළා, මොනරා, ආදි) පහුරුගාන පක්ෂි ජාති, කුක්කුට ජාති. [අයිතිවූ.
Rasorial, a. in ornith. පහුරුගාන, කුක්කුට ජාතියට
Rasp, n. දතිපිර, පුල්ලරම, හිරමණය.
Rasp, v. දතිපිරි ගානවා, දතිපිරෙන් ගානවා, හිරමණෙන් ගානවා.
Raspberry, n. රට කටුඹිලි ජාතියක්, වැල්බුටා.
Rasure, n. කටුගෑම. See Erasure.
Rat, n. මීයා, මූෂිකයා; smell a rat, fig. අනුමාන පිට බලාසිටිනවා.
Ratable, a. අගයකළ හැකිවූ, තක්සේරුකළ හැකි; අයබදු ගෙවීමට යටත්වූ.
Ratan, Rattan, n. වේවැල, මාවේවැල; rattan basket වේවැල් පෙට්ටිය, කුරුණි පෙට්ටිය.
Ratchet, n. (ඔරලෝසු) දත්තක්, රෝදයක් අල්ලන දත්ත.
Ratchet-wheel, n. දත්තෙන් අල්ලන රෝදයක්, උල් දති රෝදය.
Rate, n. ප්‍රමාණය, ක්‍රමය, ගණන් ආකාරය; rate of speed &c. වේග ප්‍රමාණය, අඩුවීමේ or වැඩිවීමේ ප්‍රමාණය &c.; at the rate of a rupee the day දවසට රුපියලක් බැගින්; a tax (අගයේ ප්‍රමාණයට නියමවූ) අයබද්ද.
Rate, v. අගයකරනවා, තක්සේරුකරනවා; ප්‍රමාණය නියමකරනවා; (මිලයෙන් &c.) යම් තරමකට නියම වෙනවා.
Rate, v. දොසනවා, දොසාබනිනවා, සැරකරනවා, තරවටු කරනවා, shout at ගෝරනාඩුවෙනවා.
Rate-payer, n. අයබදු ගෙවන්නා.
Rather, ad. මදක්, ටිකක්, (ප්‍රිය, ලොකු &c.); වඩා, වැඩියෙන්; එසේ නොව, අනික් අතට; වඩා කැමැත්තෙන්.
Ratification, n. ස්ථිරකිරීම; වලංගුකිරීම.
Ratify, v. ස්ථිරකරනවා; make valid වලංගුකරනවා.
Ratio, n. ප්‍රමාණය; geometrical ratio (ගණනක) භාජ්‍යඵල ප්‍රමාණය, arithmetical ratio ගණනාන්තර ප්‍රමාණය.
Ratiocination, n. අනුමිති ආකාර විමර්ශනය, අනුයායි අපෝහනය.
Ration, n. (දවසට නියම) කෑමබීම කොටස, කෑම බීම සලාකය.
Rational, a. සම්ඥානක, සචේතන, චෛතසික, සිහිබුද්ධි ඇති, (සත්වයෙක්); සිහිකල්පනා ඇති, නුවණැති (කෙනෙක්); සිහියට හුරු (කාරණ); in alg. rational quantity නිශ්චිත ගණනක්. See Surd.
Rationale (රෑෂනේලි), n. (යමක හේතුව &c.) ප්‍රදර්ශනය, නිර්දේශක කාරණ.
Rationalism, n. (දේවධර්මීය අඩංගුනැති) බුද්ධිමතික දෘෂ්ටිය, හේතුවාදය.
Rationalist, n. බුද්ධිමතියා, (දේවධර්මයේ ආශ්චර්ය කාරණ එපාකරන) බුද්ධිමතික දෘෂ්ටිකයා, න්‍යාය වාදියා.
Rationalistic, a. බුද්ධිමතික, බුද්ධිමතික දෘෂ්ටි.
Rationality, n. සම්ඥානකතාව &c.; සිහියට හුරුකම.
Rationally, ad. හරි සිහියෙන්, සිහියට එකඟලෙස.
Ratlin, Ratline, n. (කුඹයට හයින) රැහැන් ඉණිමග.
Ratsnake, n. ගැරඩියා.
Rattle, v. කටකට—සටසට—ගානවා; එවැනි ශබ්දයක් වෙනවා; ඉක්මනට ඝෝෂා ඇතුව කථාකරනවා.
Rattle, n. කටකට යන ශබ්දය; ගෝට්ටිකාර කථාව or දෙඩමිල්ල; කටකටගාන යන්ත්‍රය or කෙළිබඩුව.
Rattle-brained, Rattle-headed, a. ගෝට්ටිකාර, නොසැලකිලි, අස්ථිර. [සර්පයා.
Rattlesnake, n. ඝෝෂකලාංගුල සර්පයා, ඝෝෂක
Rat-trap, n. මී උගුල, මීකතුර.
Raucity, n. Hoarseness, which see.

Ravage, v. කොල්ලකනවා, ආලාපාළුකරනවා, විනාශකරනවා, නාශනිකරනවා.

Ravage, n. කොල්ලකෑම &c.; (කාලයෙන්, සතුන්ගෙන් &c. පැමිණෙන) නාශනය, තටබුන.

Rave, v. උමතුකමින් කථාකරනවා; උමතුලෙස—සරෝෂයෙන්—දෙඩවනවා or ඝෝරනාදිවෙනවා.

Ravel, v. පටලවනවා, පටලැවෙනවා; ravel out (වියමනේ, රෙද්දේ) නූල් ඇදගන්නවා, ඇදදමනවා; නූල් ඇදෙනවා; ගැට—පැටලිල්ල—ලිහනවා.

Ravelin, n. වහිරෝපබල ප්‍රාකාරය, පිට උපබල කොටුව.

Ravelled, pp. *or* a. නූල් ඇදී—ගැළවී—තිබෙන; පටලවාපු, පටලැවී තිබෙන.

Ravellings, n. pl. ඇද—ගැළවී—තිබෙන නූල්.

Raven (රේ...), n. කපුටු වර්ගයක්, ද්‍රෝණකාකයා, පර්වතකාකයා.

Raven, v. ගිජුලෙස කනවා *or* ගිලගන්නවා, (ගොදුරමෙන්) බලෙන් අල්ලාගන්නවා.

Ravenous, a. ගිජුලෙස කන, ගිජු, කෑදර; be (ගොදුරට &c.) තෘෂ්ණාවෙනවා.

Ravine (රවීන්), n. කඳුරැල්ල, ගිරිකඳුර, පටු මිටියාවත, දුර්ගමාර්ගය, ගිරිනිම්නය, ගිරිකන්දරය.

Raving (රේ...), n. උමතුකමින්—වියරුකමින්—කථාකිරීම &c.

Raving, a. වල්පල්—වල්බූත—කථාකරන, උමතුවූ.

Ravish, v. තනිස්තාඩු කරනවා, දූෂණය කරනවා; අත්‍යානන්දනය කරනවා, ප්‍රීතිමත්කරනවා.

Ravished, be, v. තනිස්තාඩු කරනුලබනවා, දූෂණය වෙනවා; අත්‍යානන්දිතවෙනවා.

Ravishment, n. තනිස්තාඩුකිරීම &c., see Rape; අත්‍යානන්දනය, ඉතා ප්‍රීතිමත්කම.

Raw, a. අමු, ආම; හම සිරීගිය, හම නැති, (තැන); වණවූ; හරිගස්සා නැති, නොකැවට, (පුළුන් &c.); ශීත තෙතමන ඇති (දවස, හුළඟ); අමිශ්‍ර, මිතුර නුමුසු, (මද්‍යසාරය); fig. පුහුණු නැති, නුපුරුදු.

Raw-boned, a. මාංස මඬානැති, කෙට්ටු, කෘශ.

Rawness, n. අමුකම; හම නැතිකම; ශීතතෙතමන ඇති ගතිය; fig. අමුකම.

Ray, n. එක රශ්මියක්, අංශුවක්, එක රැසක්, කිරණය; කාන්තිය; මරලේ ඉරටය; ray of intellect ඥාන එළිය, අල්පඥානයක්.

Ray, n. මඩුවා ආදී මත්ස්‍ය ජාති.

Rayed, be, v. ඉරි ඇද—වැටී—තිබෙනවා, ඉරිවලින් ලකුණුකර තිබෙනවා, රේඛාන්විත.

Raze, v. බිමටම හෙළාදමන්වා, තටබුන් කරනවා; මකනවා. See Erase.

Razor, n. දැලිපිහියේ, දැලිපිහියක්, කඩකැත්ත, ක්ෂුරය.

Razor-strop, n. දැලිපිහියේ කරගල, තැලිසම.

Re, prefix, නැවත, දෙවනු, පුනර්, යන අර්ථ ඇති උපසර්ගය. [රූ. ඉ.

R. E., Royal engineer, රාජකීය ඉංජිනේරුතැන,

Reabsorb, * v. දෙවනු බීගන්නවා.

Reabsorption, n. දෙවනු බීගැනීම.

Reach, n. (යමක්) අත දිගුකර ගන්නවා *or* දිගුකර දෙනවා; අත &c. දිගුකර තට්ටුකරනවා;
arrive at සේන්දුවෙනවා, ළඟාවෙනවා, පැමිණෙනවා, attain to ප්‍රාප්තවෙනවා;
extend to යමක් දක්වා තිබෙනවා, (යමකට) තට්ටුවී තිබෙනවා;
include (say) අඩංගුව තිබෙනවා *or* හරියනවා;
reach out දිගුකරනවා, දිගුව තිබෙනවා;
reach after අල්ලන්ට—ලබාගන්ට—උත්සාහකරනවා. See Retch.

Reach, n. දිගුවීම; දිගුවෙන හරිය, දිගු ප්‍රමාණය, තට්ටුවෙන දුර, දුර යන ප්‍රමාණය, දුර ප්‍රමාණය; ප්‍රාප්තවීමේ ප්‍රමාණය *or* බලය; (කාලයෙන්, ඉවමෙන් *or* බලය ඇතුව) පවතින හරිය; ගඟ *or* ගඟබඩ කෙළින්ව තිබෙන පංගුව.

React, v. නැවත කරනවා; (යමක බලයට) ප්‍රතිබලයක් උපදිනවා *or* විරුද්ධව ක්‍රියාකෙරෙනවා, ප්‍රතික්‍රියා කරනවා, ප්‍රතිබලයක් පවත්වනවා, ප්‍රතිකූලවෙනවා, ප්‍රතිවාරණයකරනවා; in chem. අන්‍යෝන්‍ය බලයකින් ක්‍රියාකෙරෙනවා.

Reaction, n. ප්‍රතිබලයක් ඉපදීම &c., ප්‍රතිවාරණය; action and reaction are equal and contrary කෘත්‍යය හා ප්‍රතිකෘත්‍යය තුල්‍යව ප්‍රතිකූලව තිබෙනවා.

Reactionary, a. ප්‍රතිකූලවිෂයෙන් උපදින *or* කරන, ප්‍රතිකූල, ප්‍රතිවාරණ.

Read (රීඩ්), v. (pret. read රෙඩ්) කියවනවා, පොත &c. කියනවා, පඨනය කරනවා; (to one's self) පොත බලනවා; it reads thus (පොතෙහි) මෙසේ කියා තිබෙනවා; fig. ලකුණුවලින් දැනගන්නවා.

Read, (රෙඩ්), a. *or* be, v. as: well-read බහුශ්‍රැත; බොහෝ පොත් බලා උගත්ව සිටිනවා.

Readable (රීඩබල්), a. කියවිය හැකි; කියවීමට යෝග්‍ය *or* සුදුසු *or* ප්‍රසන්නවූ (පොත් &c.), පඨනීය, පාඨ්‍ය.

Reader (රීඩර්), n. කියවන්නා &c.; යාචකයා, කියවන්නා; බොහෝ පොත්පත් බලන්නා; කියවන පාඩම් පොත; of proofs ශෝධ්‍යපත්‍ර බලන්නා.

Readily (රෙ...), ad. අප්‍රමාදව; සතුටුව, සන්තෝෂයෙන්; easily අනායාසයෙන්.

Readiness, n. සූදානම් ගතිය, ලෑස්තිකම, සමුද්‍යතතාව; දක්ෂකම්; ළැදිකම; පහසුකම්.

Reading (රී...), a. පොත්පත් බලන *or* බැලීමට ළැදිවූ.

Reading, n. කියවීම &c.; lecture පාඨනය; කියා තිබෙන අන්දම *or* වාක්‍යය, පදකාරය, පාඨය; තේරුම්කරන ආකාරය. [සනය.

Reading-desk, n. පොත කියවන ආසනය, පුස්තකා

Reading-room, n. පුසිද්ධ පොත්පත් ශාලාම, කියවීම්ශාලාව. [වා.

Readjust, n. නැවත හරිගස්සනවා; දෙවනු බේරන

Readmission, Readmittance, n. නැවත ඇතුල්වෙන්ට ඉඩදීම; නැවත පිළිගැනීම.

Ready (රෙඩි), a. අප්‍රමාද, තුරිත; දක්ෂ; easy පහසු; ready money අතමුදල, අත්පිට මුදල්;
be *or* in S. adj. සූදානම්, ලෑස්ති, සමුද්‍යත; prone to ළැදි:
a person ready to go &c. යන්ට සූදානම් කෙනෙක්; ගැහැගැනීමට ළැදි කෙනෙක්;
make ready සූදානම්කරනවා &c. See Prepare.

Ready-made, a. කලින් සාදපු, පාවිච්චියට සූදානම් කර තිබෙන.

Ready-reckoner, n. ගණිත ගණන් පොත, ගණන් ගැණපු පොත.

Reagent (රී...), n. in chem. (රසායන ද්‍රව්‍ය) ප්‍රකාශක ද්‍රව්‍යයක්.

* For words in Re not given, or for the full rendering of those given, see the words without Re—as Absorb- -and prefix නැවත *or* දෙවනු to it.

Real, a. ඇත්තටම ඇත්තාවූ, භූතවත්; සත්‍ය, සැබෑ, නියත, වාස්තවික; අවඞ්ක, අව්‍යාජ; in law නිශ්චල (වස්තු); real presence R. C. (සත්ප්‍රසාදයෙහි ක්‍රිස්තුස්වහන්සේගේ) සත්‍යසම්බන්ධය.

Realism, n (නාම හා ශබ්ද පමණක් නොව) ද්‍රව්‍යත් ඇතැයි විශ්වාසකිරීම, වාස්තවික දෘෂ්ටිය.

Realist, n. වාස්තවික දෘෂ්ටියා.

Realistic, a. වාස්තවික දෘෂ්ටි; ඇති සැටිම දක්වන, තත්ත්වාකාර.

Reality, n. ඇත්තටම තිබීම or සිටීම, පැවැත්ම, විද්‍යමානතාව; ඇත්ත, සත්‍යය, සත්‍යතාව, යථාර්ථතාව, යාථාර්ථ්‍යය

Realization, n. ඉෂ්ටකිරීම &c.; සැබෑවූ දෙයක්කොට හැඟීම; ඵලසිද්ධිය.

Realize, v. effect ඉෂ්ටකරනවා; obtain ලබාගන්නවා; feel *or* perceive mentally තත්වූ පරිද්දෙන් සිතාගන්නවා *or* දැනෙනවා; turn into real estate චංචල වස්තු *or* මුදල් නිශ්චල වස්තුවලට මාරුකරනවා.

Really, ad. ඇත්තටම, සැබෑවටම, ඉදුරුම, තථ්‍යයෙන්.

Realm (රෙල්ම්), n. රාජ්‍යය.

Ream, n. කවයර් විස්සක් *or* දුසිම් 40 ක් අඩංගු කඩදාසි මිටියක්, කඩදාසි රීම.

Reanimate, v. නැවත ප්‍රාණවත් කරනවා *or* ජීවත් කරනවා; නැවත උත්සාහවත් කරනවා *or* ධෛර්යවත් කරනවා. [Annex.

Reannex, v. නැවත සම්බන්ධකරනවා &c. See

Reap, v. ගොයම් කපනවා; fig. ඵලවිපාක ලබනවා *or* ලැබෙනවා.

Reaping-hook, n. දෑකැත්ත.

Reaping-machine, n. ශස්‍යච්ඡේදන යන්ත්‍රය.

Reappear, n. නැවත පෙනෙනවා, පුනර්දෘශ්‍යමාන වෙනවා.

Rear, v. ඔසවනවා; ඇතිකරනවා, ඇතිදැඩිකරනවා; (අශ්වයෙකු මෙන්) කෙළින් නගිනවා; of plants තවන්කරනවා, වවනවා.

Rear, n. පස්සා කොටඨාසය, පස්සා පැත්ත; of an army පස්සා රංචුව; be in the rear පස්සේ සිටිනවා.

Rear-admiral, n. පශ්චිම නෞකාධිපතියා.

Rear-front, n. හැරුණු පස්සා රංචුව.

Rear-guard, Rearward, n. පශ්චා රැකවල් සේනාව.

Rear-rank, n. පස්සා රංචුව.

Reason, n. cause හේතුව, හේතු කාරණාව; object, motive, කාරණාව, කරුණ, අදහස; intellect බුද්ධිය, සිහිබුද්ධිය;
   what is just යුක්තිය, යුතුකම; in reason, in all reason යුක්තියේ—සිහියේ—හැටියටනම්;
   by reason of නිසා &c., see Because of.

Reason, v. අනුමිති ආකාරයෙන් විමශීනයකරනවා; තර්කණයකරනවා, විතර්කණයකරනවා;
   reason with (යමෙකුට) කාරණා පෙන්වාදෙනවා, අවවාද වශයෙන් කථාකරනවා;
   reason a matter කාරණාවක් කල්පනාකර බලනවා *or* වාදවශයෙන් විමසනවා.

Reasonable, a. rational, සිහිබුද්ධි ඇති; සිහිබුද්ධියෙන් ක්‍රියාකරන; යුක්තියට එකඟ, යුතු; සිහියට හුරු; අනාසික, මධ්‍යස්ථ, සෑහෙන.

Reasonableness, n. සිහියට හුරුකම; යුක්තියට එකඟකම; අනාසිකතාව. [ත්.

Reasonably, ad. සිහියට හුරුලෙස, අනාසිකාකාරයෙ

Reasoning, n. විමශීනයකිරීම &c., විමශීනය, තර්කණය, විතර්කණය.

Reasonless, a. සිහිබුද්ධි නැති; සිහියට හුරුනැති; නිකරුණ, කරුණක් නැති.

Reassemble, v. නැවත රැස්වෙනවා &c.

Reassert, v. නැවත කියාසිටිනවා &c.

Reassimilate, v. නැවත සමානවෙනවා &c.

Reassume, v. නැවත ආරූඪකරගන්නවා.

Reassure, v. නැවත සහතිකකරනවා &c.; නැවත අභයදෙනවා; see also Insure.

Reassured, be, v. නැවත අභයට පැමිණෙනවා, නැවත ධෛර්යයට පැමිණෙනවා.

Reassuring, a. නැවත අභයදෙන *or* නිසැකකරන, නැවත ධෛර්යදෙන.

Reave, v. පැහැර ගන්නවා.

Rebatement, n. අඩුවීම, අඩුකිරීම; අඩුකරන ගණන.

Rebate, v. (ලෑල්ලේ) තට්ටුවක් අරිනවා, තට්ටුවක් ඇර පුරුද්දනවා.

Rebate, n. ඇරපු තට්ටුව.

Rebel', v. කැරළිගසනවා; රාජනීතියට—රාජාඥාවට—යටත්නොවී විරුද්ධවෙනවා.

Reb'el, n. කැරළිගසන්නා &c., කැරළිකාරයා, රාජද්‍රෝහියා; a. කැරළිකාර. [ය.

Rebellion, n. කැරළිගැසීම &c., කැරැල්ල, රාජද්‍රෝහ

Rebellious, a. කැරළිකාර, රාජද්‍රෝහි, ආධිපත්‍යයට විරුද්ධකම් පාන.

Rebelliousness, n. කැරළිකාරකම, රාජද්‍රෝහිකම.

Rebound, v. (වැදුණු තැන හිට) ආපසු පනිනවා, පස්සට පනිනවා.

Rebound, n. ආපසු පැනීම.

Rebuff, n. හදිසි පහරදීම *or* මැලැක්වීම, හදිසි තහනමක් *or* තරවටුවක්.

Rebuild, v. නැවත ගොඩනගනවා &c.

Rebuilt, be, v. නැවත ගොඩනගනුලබනවා.

Rebuke, v. තරවටුකරනවා, අවවාදකරනවා.

Rebuke, n. තරවටුකිරීම &c.; තරවටුව, අවවාදය.

Rebus, n. Rebuses, pl. වාචික චිත්‍රය, එක් ජාතියක තේරවිල්ලක්.

Rebut, v. (දෝෂාරෝපණයට, තර්කයට) උත්තර දෙනවා, (ඒවා) නිෂ්ප්‍රභාකරනවා, විඛණ්ඩනයකරනවා.

Rebuttal, n. උත්තර දීම &c., විඛණ්ඩනය.

Recalcitrant, a. lit. පස්සට පයින් ගහන; fig. ප්‍රතිරෝධක.

Recall, v. හැරීඑන්ට කියා අඬගසනවා *or* අණකරනවා; ආපසු ගෙන්වා ගන්නවා, (නිලයෙන්) පැහැර ගන්නවා; (දුන් අණක්) අවලංගුකරනවා; to mind සිහිකරගන්නවා.

Recall, n. දෙවනු අඬගසාගැනීම &c.

Recant, v. (කී දේ) දෙවනු ප්‍රතික්ෂේපකරනවා, ව්‍යතික්‍රමණයකරනවා

Recapitulate, v. (කී දේ) දෙවනු සංග්‍රහකර කියනවා, සංග්‍රහකරනවා.

Recapitulation, n. දෙවනු සංග්‍රහකර කීම &c.; සංග්‍රහය *or* සංක්ෂේප සංග්‍රහය. [සංග්‍රහාකාර.

Recapitulatory, a. දෙවනු සංග්‍රහකරන; සංක්ෂේප

Recaption, Recapture, n. දෙවනු අල්ලාගැනීම &c.; දෙවනු අල්ලාගත් දේ.

Recapture, v. (අල්ලාගත්තාවූද දේ) දෙවනු අල්ලා ගන්නවා *or* ගලවා ගන්නවා.

Recast, v. නැවත වීසිකරනවා; දෙවනු වාත්තුකරනවා; fig. නැවත අලුත් විධියකට ගෙනෙනවා *or* අමුණනවා.

Recede, v. පස්සට වෙනවා *or* යනවා ; පසුබසිනවා, පසුබිටවෙනවා.

Receipt, (රිසීට්), n. ලැබීම ; කුවිතාන්සිය, සිට්ටුව ; ඖෂධ යෝගය, (වෙන) ද්‍රව්‍ය යෝගය ; receipts & expenditure අයවැය.

Receipt, v. ලැබුණ බවට අත්සන්කරනවා. [තා.

Receipt-book, n. ද්‍රව්‍යයෝග පොත ; කුවිතාන්සි පො

Receipted, pp. *or* a. අත්සන්කරපු (පත්‍රය).

Receive, v. ලැබෙනවා, ලබනවා, අත්වෙනවා, අත්පත්වෙනවා ; accept පිළිගන්නවා, භාරගන්නවා ; contain අල්ලනවා.

Receiver, n. ලබන්නා, ප්‍රතිග්‍රාහකයා ; පිළිගන්නා, භාරගන්නා ; (දිය, වායු &c.) අල්ලන භාජනය.

Recency, Recentness, n. ළඟදී—අලුතෙන්—වූ බව, අභිනවතාව.

Recension, n. (පොතක) හරිවැරදි බැලීම, සංශෝධනය, ශුද්ධිය.

Recent, a. අලුතෙන්—නොබෝදා—සිදුවූ *or* කළ &c., see Late ; අලුත්, අභිනව, මෑත ; in geol. මනුෂ්‍යෝත්පත්තියට මෑත, නූතන.

Recently, ad. පසුගිය අතර, පසුගියදා, ළඟදී, මෑතදී, නොබෝදා, (වුණ &c.).

Receptacle, n. භාජනය, යමක් තබන *or* රැඳෙන තැන, as: වළ, මල්ල, කුඩුව &c.; in bot. සිම්බකෝශාධාරය.

Receptibility, n. පිළිගත හැකිකම, ලැබිය හැකිකම.

Reception, n. ලැබීම &c., see Receive ; පිළිගැනීම, පිළිගනුලැබීම ; පිළිගන්න අන්දම ; රජ්ජුක්ම.

Receptive, a. (පැමිණෙන දේ) ගන්න, ඒත්තුගන්න, දැනෙන සවභාවක් ඇති.

Receptivity, n. (එසේ) ඒත්තුගන්න—තේරුම්ගන්න—ශක්තියක්, අල්ලන බලයක්.

Recess, n. (මැඩෙක් &c.) නුරන්වීම, විශ්‍රාමය ; විවේකත්වය ; අප්‍රසිද්ධ තැන ; (කාමරයක) අභ්‍යන්තරස්ථානය, ගර්භය ; ගුහාවක් වැනි තැනක් ; වෙරළේ බොකු තැනක්. [දීම

Recession, n. පස්සට වීම &c., see Recede ; බුරුල

Recher'che (රෙෂෙෂේ), Fr. අතිරුචිර, අතිප්‍රණීත ; අතිතීක්ෂණ, ඉතාරුව.

Recipe (රෙසිපි), n. බෙහෙත් වට්ටෝරුව, ඖෂධයෝගය ; චිකිත්සාව ; වෙන ද්‍රව්‍යයෝගය.

Recipient, n. ලබන්නා, (යමක්) අත්පත්වෙන්නා, ප්‍රතිග්‍රාහකයා ; (යම් ගුණයක්, ක්‍රියාවක් &c.) ආගත දෙයක්.

Reciprocal, a. මරුවෙත් මාරුවට වෙන්නාවූ ; අන්‍යෝන්‍ය, පරස්පර ; reciprocal proportion පරස්පර ප්‍රමාණය. [කාරයෙන් &c.

Reciprocally, ad. අන්‍යෝන්‍යකාරයෙන්, පරස්පරා

Reciprocate, v. මාරුවෙත් මාරුවට කරනවා ; අන්‍යෝන්‍යයන්ට කරනවා, අන්‍යෝන්‍යකාරයෙන් &c. කරනවා.

Reciprocating, p. *or* a. මාරුවෙන &c.; reciprocating motion ගමනාගමනාකාර සංචාරණය.

Reciprocation, n. මාරුවෙත් මාරුවට කිරීම &c., මාරුවීම.

Reciprocity, n. අන්‍යෝන්‍යතාව, පරස්පර සම්බන්ධය, ව්‍යතිෂක්තතාව, ව්‍යතිෂංගය, කෘත්‍යප්‍රතිකෘත්‍යය.

Recital, n. (වචන, කථාව, තොරතුරු) කියාදීම, කීම, සමුදීරණය.

Recitation, n. (කථාවක්, පාඩමක්) නියම වසයෙන්—*or* ප්‍රසිද්ධයෙන්—කීම, හැදෑරීම.

Recitative, a. නියම වසයෙන් කියන ; තූර්යනාදකාර, ගාන්ධර්වකාරයෙන් කියන.

Recitative, n. ගාන්ධර්වකාරයෙන් — ගාන්ධර්ව සමාන නාදයෙන්— කීම ; කථා ආකාර තාලය.

Recite, v. (යමෙකුගේ වචන) ගෙන කියනවා ; (තොරතුරු) කියා දෙනවා ; කට පාඩමෙන් කියනවා, හදාරනවා, සමුදීරණයකරනවා.

Reck, v. ප්‍රවේසම් *or* සැලකිලි සහිත වෙනවා.

Reckless, a. අප්‍රවේසම්, නොසැලකිලි.

Reckon, v. count ගණිනවා, ගණන්කරනවා &c ;
regard ගණනට—ගණනකට—වැදගැම්මට—ගන්නවා ; සලකනවා ;
consider (යමක් කොට &c.,) කල්පනාකරනවා ;
reckon upon, expect, (වේයයි) විශ්වාසකරනවා ;
reckon with (යමෙකු සමග) ගණන් බලනවා, වගකියනවා *or* වග කියවාගන්නවා.

Reckoning, n. ගැනීම &c. ; කාලය—වේලාව—ගණන් බැලීම ; ගණන් බේරීම ; (ගෙවියයුතු) ගණන ; (නැවේ ගමන) මැනීමේ ගණන.

Reclaim, v. (නරක්වූ දෙයක් *or* කෙනෙක්) නැවත හරි සවභාවකට පමුණුවනවා, හරිගස්සාගන්නවා ; (මුහුදෙන් *or* කැළෑවෙන් බිම්) ලබාගන්නවා, සකස් කරගන්නවා, අස්වද්දනවා.

Reclaimable, a. නැවත හරිගස්සාගත හැකිවූ &c.

Reclamation, n. නැවත හරිගස්සාගැනීම &c.

Reclinate, a. in bot. පහතට ඇලවූ, අවනත, පරිණත. [ණය.

Reclination, n. ඇලවීම &c. ; ඇලවූ—පරිණත—ප්‍රණා

Recline, v. ඇලවෙනවා, ඇලව තිබෙනවා ; හාන්සිවෙනවා.

Recluse, n. තාපසයා, තවුසා, වනවාසියා, සන්නාසියා, වානප්‍රස්ථයා.

Recognition, n. ඇඳිනීම, සිහිකරගැනීම *or* සිහිවීම ; (එසේයයි) පිළිගැනීම, අභිඥානය ; සිහිකළ බවට—පිළිගත් බවට—ඇති ලකුණ *or* දෙන ප්‍රතිඵලය.

Recognizable, a. (පෙනීමෙන්) ඇඳිනිය—ඇඳිනගත—හැකිවූ ; පිළිගතහැකි.

Recognizance, n, (නඩුකාරයෙක් ඉදිරිපිටදී) පොරොන්දුවෙන් බැඳීම, ප්‍රතිඥනය, ඇප පත්‍රය.

Recognize, v. (කවුද කියා &c. දුටුවිට) අඳුනනවා, මතක්වෙනවා ; පිළිගන්නවා.

Recognized, pp. *or* a. අඳුනනලද ; පිළිගන්නලද, ප්‍රත්‍යභිඥත.

Recoil, v. (වැදී—හැප්—ඇණගැසී—) පස්සට පනිනවා, පොලාපනිනවා, පස්සට වෙනවා ; පසුබසිනවා ; ආපසු හැරී එනවා *or* හැරී වදිනවා.

Recoil, n. ආපසු පැනීම &c. ; තුවක්කුවේ &c. පොලාපැනීම.

Re-collect (රී...), v. නැවත එකතුකරනවා, (විසිරුණ දේ) නැවත එක්කාසුකරනවා.

Recollect (රෙ), v. මතක්කරගන්නවා, සිහිකරගන්නවා, ස්මරණය කරනවා, (යමෙකුට) මතක්වෙනවා &c.

Recollection, n. මතක්කරගැනීම &c., ස්මරණය, අනුස්මරණය &c. ; අනුස්මරණ බලය.

Recombine (රී...), v. නැවත එක්කරනවා &c.

Recommence (රී...), v. නැවත පටන්ගන්නවා &c.

Recommend, v. යමක් *or* යමෙකු ගැන හොඳ සාක්ෂි දෙනවා &c., රෙක්මන් කරනවා. See Commend. His skill recommends him to notice ඔහුගේ සමර්ථකම නිසා ඔහු සලකනුලැබීමට යෝග්‍යයි.

I recommend you to go යන හැටියට තුඹට දූන මුහුකම් දෙමි.

Recommendation, n. හොඳ සාක්ෂි දීම &c., ප්‍රශංසනය; ප්‍රශංසාව, රෙකමන් කිරීම, රෙක්මන, රෙකමදරුව; ප්‍රශංසා හේතුව, ප්‍රශංසනීය යෝග්‍යතාව.

Recompense, v. ප්‍රතිඵල දෙනවා, ඵලවිපාක දෙනවා, (වැඩිට &c.) ගෙවනවා, හිලව්කරනවා.

Recompense, n. ප්‍රතිඵලය, විපාකය, වන්දිය. See Compensation. [Compose.

Recompose, (රී...), v. නැවත තනනවා &c. See

Reconcilable, a. (යමෙකු විසින්) සමාදානකළ හැකිවූ; බෙරිය හැකි (විභේද); එකඟකළ හැකි, ප්‍රතිවිරුද්ධ නොවන.

Reconcile, v. සමාදානකරනවා, සමඟකරනවා, මිත්‍රකරනවා; සතුටුවෙන්ට—or යටත්වෙන්ට—සලස්වනවා; බේරනවා; එකඟකරනවා.

Reconciled, pp. or a. සමාදානකරනලද &c., සමාදානවූ &c., (අමිත්‍රව සිට) මිත්‍රවූ;
the mind reconciled to affliction දුකට තුටුත් සතුටුවූ—යටත්වූ—සිත.

Reconcilement, Reconciliation, Reconciling, n. සමාදානකිරීම &c.; සමාදානවීම &c.; සාන්ත්වනය, සන්ධානය, සන්ධාන කරණය. [ණ.

Recondite, a. රහස්, ගූඪ, ගූඪ, ගම්භීර; අප්‍රසිද්ධ

Reconnoitre, v. (ස්ථානය, සතුරු සේනාව &c.) දූන ගැනීමට බලනවා, දර්ශනයකරනවා, අවලෝකනය—ප්‍රේක්ෂණය—කරනවා.

Reconsider (රී...). v. නැවත කල්පනාකරනවා; (නියමිකළ යමක්) දෙවනු කල්පනාකර බලනවා.

Reconstruct, v. නැවත ගොඩනගනවා or සාදනවා or තනනවා.

Record', v. සටහන්කරනවා, ලියාතබනවා; in the mind සිතෙහි ධාරණය කරගන්නවා.

Rec'ord, n. සටහන, ලේඛනය.

Recorder, n. ලේකම්තැන; (සමහර නගරවල) නඩුකාරතැන.

Record-office, n. ප්‍රසිද්ධ ලේඛන ශාලාව.

Re-count (රී...), v. නැවත ගණිනවා.

Recount (රී...), v. වෙන්වශයෙන් කියාදෙනවා.

Recoupe (රිකූප්), v. හිලව්කරනවා, වලෙන්දුකරනවා, අලාභ ගෙවනවා.

Recourse n. Have recourse to විධියක් or මාර්ගයක් or උපායක් පාවිච්චිකරනවා.
We had recourse to our friends, to violence &c. අපේ මිත්‍රයින් ගෙන් උපකාර ඉල්ලුවෙමු, බලාත්කාරයෙන් &c. ඉෂ්ටකරන්ට උත්සාහ කළෙමු, බලාත්කාර විධිය පාවිච්චිකළෙමු.

Recover, v. නැවත ලබාගන්නවා; නැවත හොඳ ස්වභාවයකට පමුණුවනවා; (අලාභ) ලබාගන්නවා; සුවවෙනවා, සනීපවෙනවා, ව්‍යපගමනයවෙනවා; (දුකට පසුව) නැවත සැනසීමට—සමෘද්ධියට—පැමිණෙනවා.

Recoverable, a. නැවත ලබාගත හැකිවූ (නැතිවූණ දේ); හරිගස්සාගත හැකිවූ (නරක්වූ දේ); ලබාගත හැකිවූ (අලාභ, ණය &c.).

Recovery, n. නැවත ලබාගැනීම &c., see verb, සුවය, ව්‍යපගමනය.

Recreancy, n. බයගුල්ලු යටත්වීම.

Recreant, a. බයගුල්ලුකමින් යටත්වෙන, නීච බයගුලු, භයකාර, ස්ත්‍රීණචිත්තාන්ත; (ඇදහිල්ල &c.,) නිවලෙස අත්අරින.

Recreant, n. බයගුල්ලා &c., නීච භයකාරයා.

Re-create (රිකිුඒට්), v. නැවත මවනවා &c.

Recreate (රෙකිුඒට්), v. (obs.) ප්‍රාණවත්කරනවා.

Recreation, n. පහසුගැනීම, නිස්කලංකය; සෙල්ලම, විනෝදය.

Recrement, n. බොර, මණ්ඩි, පෙණ.

Recrementitious, a. බොර ආකාර &c.

Recriminate, v. එකට එක වරද තබනවා, ප්‍රතිදෝෂාරෝපණය කරනවා.

Recrimination, n. එකට එක වරදතැබීම &c., ප්‍රතිදෝෂාරෝපණය.

Recruit, v. (ක්ෂයවූ කොටස) නැවත උපදවාගන්නවා or ප්‍රතිපාදනය කරනවා, (සනීප &c.) ප්‍රකෘතිමත්කරගන්නවා; යුද්ධසමුද්‍රවට මිනිසුන් පත්කරනවා.

Recruit, n. සම්පාදිත උපමනා; sp. අලුත් හේවායා, කෝප්ලු හේවායා.

Recruiting-party, n. හේවාකමට මිනිසුන් සොයන කණ්ඩායම.

Rectangle, n සෘජු චතුරස්‍රය, සෘජුචතුෂ්කෝණය, සෘජුකෝණාස්‍රය.

Rectangled, Rectangular, a. සෘජුකෝණ, සරලාස්‍ර, සෘජුකෝණස්‍ර.

Rectifiable, a. (යමෙකුට) හරිගැස්සිය හැකිවූ &c.

Rectification, n. හරිගැස්සීම &c., විශෝධනය, පරිශෝධනය; in geom. (වක්‍රරේඛාවකට සෘජුරේඛාවක්) තුල්‍යකිරීම. [ශෝධිත.

Rectified, pp. or a. හරිගස්සාපු &c., විශෝධිත, පරි

Rectify, v. හරිගස්සනවා; purify විශෝධනයකරනවා, පරිශෝධනය කරනවා.

Rectilineal, Rectilinear, a. සරල රේඛික, සෘජුරේඛා සහිත, සෘජුරේඛා, (හැඩය).

Rectilinearity, n. සෘජුරේඛා ආකාරය.

Rectitude, n. (සිතේ) සෘජුතාව, අවංකකම, ප්‍රගුණතාව, සත්‍යතාව.

Rector, n. (එංගලන්ත සභාවේ) ප්‍රධාන දේවගැතියෙක්; (සමහර අග්‍ර පාඨශාලාවල &c.) ශ්‍රේෂ්ඨාධිපතියා; (ප්‍රසිද්ධ පාඨශාලාවක) ප්‍රධානියා or ප්‍රධාන ගුරුවරයා.

Rectorship, n. (ඒ) ප්‍රධාන දේවගැතියාම, (ඒ) ශ්‍රේෂ්ඨාධිපති ධුරය; (ඒ) ප්‍රධානත්වය.

Rectory, n. (ඒ) ප්‍රධාන දේවගැති පදවිය; ප්‍රධාන දේවගැති මිලදීව.

Rectum, n. අතුණුවලින් පහත් පංගුව, පහත් අතුණ, අධෝඅන්ත්‍රය.

Rectus in curia, L. නඩුශාලාවෙහි නිදෝෂය.

Recumbence, Recumbency, n. ඇලවූ ගතිය, හාන්සි ගතිය, ශයනය.

Recumbent, a. ඇලවූ, හාන්සි, හාන්සිව සිටින.

Recuperative, a. හරිගැස්සෙන; සුවවෙන (බලය), ව්‍යපගමනීය (ස්වභාව).

Recur, v. නැවත—වරින්වර—සිද්ධවෙනවා; නැවත මතක්වෙනවා; යම් උපක්‍රමයක් පාවිච්චිකරනවා.

Recurrence, Recurrency, n. නැවත සිද්ධවීම; යම් විධියක් පාවිච්චිකිරීම.

Recurrent, a. වරින්වර සිද්ධවෙන.

Recurvate, v. පස්සට නැමෙනවා.

Recurring, a. පුනරාවර්තී (දශමය) [අවනත.

Recurvate, a. පස්සට නැමීතිබෙන; in bot. නැඹුරු,

Recusant, a. or be, v. යටත්නොවන, එකමුතු නොවන, පිළිනොගන්න, අසම්මත.

Recusant, n. නියම සභාවට යටත් නොවෙන්නා, ප්‍රතිපක්ෂපක්ෂයා; also Nonconformist, which see.
Red, a. *or* n. රතු, රක්ත, රෝහිත; රතුපාට, රක්ත වර්ණය.
Redaction, n. (පොත්පත්වල කාරණ, තීති, ආදිය) පිළිවෙළට තැබීම; ක්‍රමානුකූල සංග්‍රහය, සංස්කරණය.
Redan, n. (Λ) මේ හැඩය ඇති බලකොටුවක්, ද්විකෝණ ප්‍රාකාරය *or* ඒක කෝණ ප්‍රාකාරය.
Red-ant, n. දිමියා, small ඇඹලයා.
Redden, v. රතුකරනවා, රතුවෙනවා; (කෝපයෙන් &c.) මුහුණ දිලිසෙනවා.
Reddish, a. මදක් රතු, මන්දරක්ත.
Reddition, n. නැවත දීම; විස්තරය. [ගෛරික.
Reddle, Red-ochre, n. රතු මැටි ජාතියක්, සිංගුරු,
Redeem, v. වටිනාකම — මිල — දී මුදාගන්නවා, වන්දි දී ගලවනවා; (දුකින්, පාපයෙන් &c.) නිදහස්කරනවා &c., මෝචනයකරනවා; a promise පොරොන්දුව ඉෂ්ටකරනවා; a note මිලපත්‍රයක් නිදහස් කරගන්නවා.
Redeemable, a. මිල &c. දී මුදාගත හැකිවූ &c., ගලවාගත හැකිවූ, මෝචනීය.
Redeemed, pp. *or* a. (යමෙකු විසින්) මුදනලද, මුදගත් &c., මෝචිත, මුක්ත.
Redeemer, n. මිල &c. දී මුදන්නා, මෝචකයා, sp. ලෝක ගැලවුම්කාරයා, මිදුම්කාරයාණන් (වන යේසුස් වහන්සේ). [මුදනවා.
Redeliver (රී...), v. නැවත භාරදෙනවා; නැවත
Redemise (රී...), v. (දුන් අයට) නැවත උරුමකරදෙනවා.
Redemise, (රී...) n. නැවත උරුමකරදීම.
Redemption, n. නැවත උරුමකරදීම.
Redemption, n. මිල දී මුදාගැනීම &c., see Redeem; උකස මුදාගැනීම; උකස මුදාගැනීමේ බලය; (පාපයෙන් හා නිරයෙන්) ගලවාගැනීම, ප්‍රාණමෝචනය, ප්‍රාණ මුක්තිය.
Redemption, a. මිල දී මුදාගැනීම සම්බන්ධ; මුදන.
Red-handed, a.lit. රක්තහස්ත සහිත; used as adv., fig. නපුර කරද්දීම (අසුවුණා).
Red-heat, n. රතුවෙන තරම් ඇති උෂ්ණය, ගිනියම, රක්තෝෂ්ණය. [ෂ්ණ.
Red-hot, a. රතුවෙන තරම් රත්වූ, ගිනියම්, රක්තෝ
Redintegrate, v. නැවත සම්පූර්ණකරනවා, ප්‍රකෘතිමත් කරනවා.
Redintegration, n. නැවත සම්පූර්ණකිරීම &c.; in chem. (මිශ්‍ර ද්‍රව්‍ය) අමිශ්‍ර කිරීම, අමිශ්‍රණය.
Redisseizor (රී...), n. (යමෙකු භුක්තියෙන්) දෙවෙනි වර ඉවත්කරන්නා. See Disseize.
Red-lead, n. සාදිලිංගම්, රක්තචූර්ණ. [වසක්.)
Red-letter, a. රතු අක්ෂර සහිත; fig. කල්‍යාණකර (ද
Redness, n. රතුපාට, රතුකම, රක්තවර්ණය, රක්තත්වය, (මුහුණේ) දිලිසීම. [නාව.
Redolence, Redolency, n. ගන්ධය, ගන්ධ සහිත
Redolent, a. ගන්ධ සහිත; a place redolent of arrack අරක්කු ගඳ සහිත තැනක්.
Redouble, v. දෙපංගුවක් — දෙගුණයක් — කරනවා *or* වෙනවා; බොහෝසෙයින් වැඩිකරනවා.
Redoubt, n. (පිටත බලකොටුවක) ඇතුල් කොටුව.
Redoubtable, a. භයජනක, භයදායක, වික්‍රාන්ත, ශූර.
Redound, v. ප්‍රතිඵල — විපාක — වශයෙන් සිද්ධවෙනවා, අනුවර්තිවෙනවා.
This redounds to his honour මෙයින් ඔහුට ගෞරව පැමිණෙනවා *or* මේක පෙරළී ගෞරවයක් වෙනවා.
Redress, v. (අයුක්ති) හරිගස්සනවා *or* සහනයකරනවා *or* ඉවත්කරනවා.
Redress n. හරිගැස්සීම &c.; (අයුක්ති) හරිගස්සන විධියක් *or* සහනය, වන්දිය.
Red-tape, n. රතු පටිය; fig. red-tapism තද වසිවත් කම, බුරුලක් නැති විධිවත්කම. [කාරයා.
Red-tapist, n. තද විධිවත් අය, බුරුල නොදෙන නිල
Reduce, v. වඩා පහත් අවස්ථාවකට පමුණුවනවා, අඩු කරනවා; යම් ස්වභාවයකට පමුණුවනවා; ක්‍රමයකට — පිළිවෙළකට — පමුණුවනවා; subdue අභිභවනයකරනවා; in arith. අන්‍යවර්ගීකරනවා, in alg. තුල්‍ය ගණනක් මාරුකරනවා; (ලෝහ, ලෝපස්) උණුකර පිරිසිදුකරනවා; (සිහියමක කෙටුම් පතක්) කුඩාකර අඳිනවා; in sur. (අවස්ථාවයි — බිඳුණ — ඇට) හරිගස්සනවා.
Reduced, pp. *or* a. වඩා පහත් අස්ථියකට පමුණුවන ලද *or* පැමුණුණු &c.; දිළිඳුකමට පැමුණුණු; දිළිඳුවූ, පහත වැටුණ, (ස්වභාව).
Reducible, a. (යමෙකු විසින්) වඩා පහත් අස්ථියකට පැමිණවිය හැකි &c. [අනාගීකරණය.
Reductio ad absurdum, L. පූර්වාපරවිරෝධී කරණය,
Reduction, n. පහත් අස්ථියකට පැමිණවීම *or* පැමිණීම; අඩුකිරීම *or* අඩුවීම.
Redundance, Redundancy, n. වැඩිපුරකම, අධිකකම, ආධික්‍යය, අතිරික්තතාව. [bose.
Redundant, a. වැඩිපුර, අධික, අතිරික්ත. See Ver-
Reduplicate, v. ද්විගුණ කරනවා, ද්විත්වකරනවා.
Reduplication, n. ද්විගුණකිරීම; දෙවෙනි වර කීම, පුනරුක්තිය; in gram. ද්විත්වරූපය.
Red-water, n. (පශු ජාතීන්ගේ) රක්තමූත්‍ර රෝගය.
Re-echo (රීඑකො), v. දෙවෙනි වර ඝෝෂාකාර දෙනවා; n. දෙවෙනි ඝෝෂාකාරය.
Reed, n. බටය, බටලීය, නලගහ; නලාව; ඊපියාව.
Reeded, a. බටලී ගසා තිබෙන; බටලී හැඩයට සාදා තිබෙන, නලාකාර.
Reed-mace, n. හම්බු පන්, බෝරුපන්.
Reed-pipe, n. (පිඹින) බටලී නලාව.
Reedy, a. බටගස් ගහනවූ, නලාකූල; reedy-toned බටලී ශබ්දකාර, බැරෑඩි.
Reef, n. රුවලෙක් පංගුවක්, රුවල් නිරයක්.
Reef, v. රුවල් නිරයක් ඇකුලා බඳිනවා.
Reef, n. මුහුදේ ගල්වැටිය *or* ගල්පරය.
Reefy, a. ගල්වැටි ගහනවූ (තැනක්).
Reek, n. දුමාරය, හුමාරය, ධූමිකාව.
Reek, v. දුම්ගහනවා, දුමාර නගිනවා; fig. (නරකක්) නැගී විහිදෙනවා. [මලින.
Reeky, a. දුම්ගසන, දුමාර නගින; දුම් වැදී තිබෙන,
Reel, n. නූල් ඔතන රෝදය; බීරව්ව; Scot. ඉක්මන් නැටුමක්.
Reel, v. වැනෙනවා, වැනි වැනී යනවා, ඔප්පාවෙනවා, ලප්පාවෙනවා.
Re-elect, v. නැවත තෝරාගන්නවා.
Reeling, n. නූල් එතීම; වැනීම &c.
Re-embark v. (re-රී), නැවත නැවිනගිනවා &c.
Re-embody, v. නැවත මූර්තිමත්කරනවා &c.
Re-enforce, v. අලුත් බලයෙන් *or* උපකාරයෙන් බලවත්කරනවා, බලය වැඩිකරනවා.

Re-enforced, be, v. (තම නැව්, සේනා *or* වෙත උප කාරයක් ලැබීමෙන්) අමුතුවෙන් බලවත්කරනු ලබ නවා, තව බලවත්වෙනවා.

Re-enforcement, n. තව දුරට බලවත්කිරීම ; අමුතු බලය, අමුතු උපකාරය. [Engage &c.

Re-engage, v. නැවත නියමකාරගන්නවා &c. See

Re-enter, v. නැවත ඇතුල්වෙනවා &c. ; දෙවනු කැට යම ආවුදයෙන් කපනවා. [ගැනීම.

Re-entry. n. in law (අහිමිවුණ බිම්) නැවත අත්කර

Reeve, v. (නැව් යොතක් &c.) අමුණනවා.

Re-exchange, n. නැවත මාරුකිරීම &c. ; (මිලපත්‍ර) නැවත මාරුකිරීමේ වියදම. [gration.

Re-existence, n. නැවත ජීවත්වීම. See Transmi-

Refection, n. අතුරුපස.

Refectory, n. අතුරුපස ශාලාව, භෝජන ශාලාව.

Refer, v t commit (නියමකිරීමට කාරණ) බාරදෙ නවා, පංගාඩම්කරනවා ; assign (යම් වර්ගයකට) අඩංගුකරනවා *or* නියමකරනවා ; (අසවල් හේතු වෙන් වුණායයි) සිතනවා ;

I referred you to him ඔහුගෙන් අහන්ට කියා &c. තුඹට කීමි *or* ඔතෑ කාරණාව ගැන තුඹ ඔහු ළඟට යැවුවෙමි.

Refer to, v. i. (යමක් ගැන) කියනවා *or* කියා තිබෙ නවා : I referred to this මම කීයේ මේ ගැනයි *or* මෙය සඳහන්කළෙමි.

I refer to him about it ඒ ගැන ඔහු අතින් අහමි *or* පිහිට ඉල්ලමි &c.

Referable, be, v. as : To what is this referable මෙය මොකන් ගැන කිය හැකිද *or* මොන හේතු වෙන් වුණේද ? අසවල් ආකාරයයි—උඩඟුකමින් &c. වුණායයි—සිතිය යුතුයි. [කාරයා.

Referee, n. (තීරීමට කාරණ) බාරගන්නා, බේරුම්

Reference, n. (කාරණ) බාරදීම &c., see verbs ; සඳ හන්වූ—අහවන—කාරණාව, සටහන.

Referential, a. *or* **be, v.** (නොකී නුමුත් යමක්) අඟ වන (කීමක් &c.).

Refine, v. පිරිසිදු කරනවා, සංශෝධනය කරනවා ; (මණික් ආදිය ඇර) පහදවනවා, සංශුද්ධකරනවා, නිර්මලකරනවා ; manners, person. සුවිනීතකර නවා, ශිෂ්ටාචාරකරනවා ; taste, perception, ඉන්ද්‍රි යබුද්ධිය තීක්ෂ්ණකරනවා, උතුම්කරනවා ; පිරිසිදු වෙනවා, පැහැදෙනවා, පාදිනවා.

Refined, pp. *or* **a.** පිරිසිදුකරපු &c., පිරිසිදුවූ, සංශෝ ධිත ; පැහැදී තිබෙන, නිර්මල ; සුවිනීත, ශිෂ්ට, අති ශිෂ්ටාචාර ; තීක්ෂ්ණ, උතුම.

Refinement, n. පිරිසිදුකිරීම &c., සංශෝධනය ; පිරි සිදුවීම &c. ; ඉතා පිරිසිදුකම ; සුවිනීතතාව, ශිෂ්ටා චාරත්වය ; තීක්ෂ්ණතාව ; (ප්‍රයෝගයේ, තර්කයේ) අතිතීක්ෂ්ණතාව.

Refinery, n. (ලෝහ, සීනි &c.) පිරිසිදුකරන ස්ථානය, ලෝහ පට්ටලය &c. [තීක්ෂ්ණකිරීම.

Refining, n. පිරිසිදුකිරීම &c., see verb ; අතිකලෙස

Refit (රී...), v. නැවත හරිගස්සනවා, අලුත්වැඩියා කරනවා, (උච්චමනා) නැවත සපයනවා.

Reflect, v. (එළිය, රස්නය &c.) ආපසු හරවනවා, පරාවර්තනයකරනවා ; a mirror reflects light කැඩපතෙන් එළිය ආපසු හැරෙනවා *or* වැටෙ නවා, බිම තවෙනවා, පරාවෘත්තවෙනවා ; [වා ; consider කල්පනාකරබලනවා, මෙනෙහිකරන reflect on, censure, දොස් පවරනවා; දොස් පැව රෙන හැටියට යමක් කියනවා.

Reflected, pp. *or* **a.** ආපසු හරවාපු *or* හැරුණ, බිම්බිත, පරාවෘත්ත. [ය.

Reflecting-circle, n. කෝණමානක පරාවර්තන චක්‍ර

Reflection, n. (එළිය &c.) ආපසු හැරවීම &c., පරා වර්තනය ; ප්‍රතිවෘත්තවීම &c., පරාවෘත්තිය ; ප්‍රතිච්ඡායාව, ප්‍රතිබිම්බය ; කල්පනාකර බැලීම, මනසිකාරය, චින්තාව ; කල්පනාවල් කීම ; දොස් පැවරීම.

Reflective, a. (එළිය &c.) ආපසු හරවන, පරාවර්තන ක ; කල්පනාකර බලන, චින්තාපර.

Reflector, n. (එළිය &c.) ආපසු හරවන—ප්‍රතිවර්තන—දෙයක්, කැඩපත &c. ; කල්පනාකර බලන්නා.

Reflex (රී...), a. ආපසු විසිවෙන *or* හැරියන, ප්‍රත්‍යා වෘත්ත, (එළිය, ආනුභාව &c.) ; ප්‍රත්‍යාවර්තී (කෝණය) ; in bot. පස්සට නැමීතිබෙන, ප්‍රත්‍යානත.

Reflex (රී...), n. (සිතියමේ) එක්තැනකින් තව තැන කට වැටෙන එළිය, ප්‍රතිවෘත්තාලෝකය.

Refluent, a. පස්සට ගලන, ආපසු ගලන, පසුබසින *or* බැසයන (වඩදිය). [ම.

Reflux (රී...). n. පස්සට ගැලීම, පසුබැසීම, බැසයා

Re-form (...), v. නැවත සාදනවා ; නැවත සෑදෙ නවා, නැවත නිසි හැඩයට පැමිණෙනවා, නැවත පෙළගැසෙනවා.

Reform (රී...), v. (නීති, චාරිත්‍ර, ලීලා, කාරණ, ආගම, එකතෙක්) හරිගස්සනවා, පරිශෝධනය කරනවා, ප්‍රතිසංස්කරණය කරනවා, ප්‍රකෘතිමත් කරනවා, හරි ස්වභාවකට පමුණුවනවා ; හරි ස්වභාවකට පැමිණෙනවා, නපුරු ස්වභාවෙන් මිදෙනවා.

Reform, n. හරිගැස්සීම &c.; නපුර අත්ඇරීම, හරි ස්වභාවකට පැමිණීම.

Reformation (රෙ...), n. හරිගැස්සීම &c., පරිශෝධ නය ; sp. (ලූතර්ගේ කාලයේදී වුණ) ක්‍රිස්තියානි ආගම ප්‍රකෘතිමත්කිරීම, ප්‍රකෘතිස්ථාපනය.

Re-formation (රී...), n. නැවත සෑදීම &c., see Re-form, පුනර්නිර්මිතිය.

Reformative, a. නැවත හැඩහුරුකරන ; හරි ස්වභා වට පමුණුවන, ප්‍රකෘතිස්ථාපක.

Reformatory, a. (නීති &c.) හරිගස්සන පරිශෝධක &c., ප්‍රකෘතිස්ථාපක, නපුරෙන් ගලවන, (මඩ &c.)

Reformed, pp. *or* **a.** නැවත හරිගස්සනලද &c., පරි ශෝධිත, ප්‍රකෘතිස්ථිත, ප්‍රකෘතිස්ථාපිත ; හරි ස්ව භාවකට පැමුණුණ &c. See Reform.

Reformer, n. (නීති &c.) නැවත හරිගස්සන්නා, පරි ශෝධකයා, (ආණ්ඩුව &c.) පරිශෝධනය සජනය කරන්නා ; (ආගමේ) ප්‍රකෘතිස්ථාපකයා.

Refract, v. (එළිය, රශ්මි) පැත්තකට නමනවා, පරි ණතකරනවා, භින්න කරනවා.

Refracted, pp. *or* **a.** *or* **be, v.** නැමුණු, පරිණත, භින්න, වක්‍රීකෘත ; නැමෙනවා, පරිණතවෙනවා.

Refracting, a (රශ්මි) නැඹුරුකරන, නමන, පරිණත කරන, පරාවර්තක.

Refraction, n. (රශ්මි) නමා ඇරීම, නැඹුරුකිරීම &c., වක්‍රීකරණය ; නැමීම, නැඹුරුකම, පරිණතිය ; පරි ණතප්‍රමාණය ; double refraction ද්වාංශයකට බෙ දියාම, ද්විපරිණතිය. [ය.

Refractor, n. (එළිය, ප්‍රතිච්ඡායාව) පරාවර්තනකාදර්ශ

Refractoriness, n. මුරණ්ඩුකම &c. ; කුළුකම, කුළෑටි කම, කුල්මත්කම ; තදකම.

Refractory, a. මුරණ්ඩු, අකීකරු, ඇවටර ; කුළු, කුළෑටි, (මෘගයා) ; තද.

Refragable, a. බිඳිය හැකි, ඛණ්ඩ්‍ය, ඛණ්ඩිතව්‍ය. (සාක්ෂි, තර්කණ).

Refrain, v. වැලකෙනවා, වලකිනවා, මැදිනොවී සිටිනවා.

Refrain, n. නැවත නැවත කියන ගීතිකා පදය, පුනරුකති පදය, පුනගීයනාව.

Refrangible, a. පැත්තකට නැමිය හැකිවූ, පරිණත විය හැකි, පරාණත විය හැකි.

Refresh, v. වෙහෙස අරවනවා *or* නිවිනවා, සනපනවා, සන්තර්පණය කරනවා, ප්‍රාණවත්කරනවා; (සිත) සනසනවා, සැනසනය දෙනවා.

Refreshment, n. වෙහෙස ඇරීම &c., වෙහෙස ඇර ගැනීම, සන්තර්පණය; ප්‍රාණවත්වීම, සැනසනය; (ශක්තිජනක) කෑමබීම, විශ්‍රාමය.

Refrigerant, **Refrigeratory**, a. සිසිල් කරන, ශීතජනක, සන්තාපහර. [ඍඩය.

Refrigerant, a. සන්තාපහරණෞෂධය, ශීතජනෞෂධ

Refrigerate, v. සිසිල්කරනවා, ශීතකරනවා.

Refrigerator, n. ශීතාරක්ෂක පෙට්ටිය; refrigeratory ශීතජනක යන්ත්‍රය, ශීතභාජනය.

Refuge, n. මුවාව, ආවරණය, රක්ෂාස්ථානය, සරණ, පිළිසරණ, ශරණය; take refuge මුවාවෙනවා, රක්ෂාස්ථානයකට යනවා, fig. සරණයනවා.

Refugee, n. ආරක්ෂාව පිණිස අන්රටකට යන්නා, ශරණගතයා.

Refulgence, **Refulgency**, n. උජ්ජ්වලතාව, කැලුම, විරාජමානතාව.

Refulgent, a. උජ්ජ්වලිත, කැලුමැති, කාන්තිමත්, බබළන, විරාජමාන, සමුල්ලසිත.

Refund, v. (ලැබූ *or* ගත්තු මුදල්) නැවත දෙනවා, නැවත ගෙවනවා.

Refusal, n. (ඉල්ලූ—අණකළ—දේ) දෙන්නේ—කරන්නේ—නැතැයි කීම; (ඉල්ලීම *or* ඔප්පුකරන දේ) ප්‍රතික්ෂේප කිරීම; පිළිගැනීමේ *or* ප්‍රතික්ෂේපයේ අවසරය *or* බලය.

Refuse′, v. දෙන්නේ—කරන්නේ—නැත කියනවා, බැරිය කියනවා; reject එපාකරනවා, ප්‍රතික්ෂේප කරනවා.

Ref′use, n. අහක දමන දේ, බොර, ලටපට, රොඩු බොඩු, නොවටිනා පංගු.

Ref′use, a. අහක දමන (පංගු), බොර, නොවටිනා.

Refutable, a. වැරදි බව ඔප්පුකළ හැකිවූ, ඛණ්ඩිතව්‍ය, ඛණ්ඩනීය.

Refutation, n. වැරදි බව ඔප්පුකිරීම, මාගාඛණ්ඩනාය, විඛණ්ඩනය; නිරුත්තරකිරීම.

Refute, v. (කීම්, තර්කණ) වැරදි බව ඔප්පුකරනවා, ඛණ්ඩනය—විඛණ්ඩනය—කරනවා; (යමෙකු) නිරුත්තරකරනවා See Confute &c.

Regain, v. නැවත ලබාගන්නවා, නැවත සම්බකර ගන්නවා, නැවත ප්‍රාප්තවෙනවා.

Regal, a. රාජයෝග්‍ය, රාජකීය, රජ, රාජ, රාජාර්හ.

Regale, v. (කෑමෙන් &c. ප්‍රීතිලෙස) සංග්‍රහකරනවා, සන්තර්පණයකරනවා; (ඉන්ද්‍රියයන්) ප්‍රමෝදකරනවා; මංගල්‍යභෝජන අනුභවකරනවා.

Regalement, n. සංග්‍රහකිරීම &c.; සංග්‍රහය, සන්තර්පණය; ප්‍රමෝද්‍යය.

Regalia, n. pl. (ඔටුන්න ආදී) රාජලක්ෂණ, රාජභාණ්ඩ; රාජවිශේෂ, රජුගේ අයිතිවාසිකම්; නිලතල ආයිත්තම්, (අදින) සභා සලකුණු.

Regality, n. රජකම, රාජත්වය &c. See Royalty.

Regard, v. හිතටගන්නවා, බලාගන්නවා, සලකනවා, තකනවා; (අහවල් ආකාරයයි *or* යමක් කොට) කල්පනා කරනවා; esteem ගරුකරනවා, සලකනවා.

Regard, n. සැලකීම, සැලකිල්ල, තැකීම, ආදරය.

In regard to this, regarding this මේ ගැන නම්.

Out of regard තකා. සලකාගෙන, (යමෙකු කෙරෙහි) ආදරයෙන්.

It has regard to this *or* it regards this ඒක අදාළ වෙන්නේ මෙකටයි; ඒක කියන්නේ මේ ගැනයි. [න.

Regardful, a. හිතටගන්න, බලාගන්න, සලකන, තක

Regardless, n. හිතට නොගන්න &c., නොසැලකිලි, අප්‍රවේසම්. [ශියෙමි.

I went regardless of danger අනතුර නොසලකා

Regards, n. pl. (යමෙකුට දක්වා අරින) මිත්‍රක්කර ගැනීම, ආදරය.

Regatta, n. යාත්‍රා පොරය, ඔරු එලවීම.

Regency, n. යුව රාජාණ්ඩුව; පතිරාජකම, අනුරාජකම, යුවරාජකම.

Regeneracy, **Regenerateness**, n. ආත්මික ප්‍රත්‍යුත්පන්න සවභාව, හිත නැවත උපන් සවභාව, ආත්මික පුනර්ජීවය.

Regenerate, v. ආත්මික ලෙස නැවත උත්පාද කරනවා, ප්‍රත්‍යුත්පාදකරනවා, (හිත) ආත්මික ශුද්ධ සවභාවකට පමුණුවනවා; (ලෝකයා, සභාවන්) මුලින්ම අලුත්වැඩියා කරනවා *or* හරි සවභාවකට පමුණුවනවා, විශෝධනය කරනවා.

Regenerate, **Regenerated**, a. ආත්මික ලෙස නැවත උපන්, සිතෙන් ප්‍රත්‍යුත්පන්න *or* පුනරුත්පන්න, සිතෙන් ප්‍රත්‍යුත්පාදිත *or* පුනරුත්පාදිත.

Regenerating, **Regeneratory**, a. සිත—සිතේ ශක්තිය—නැවත උත්පාදකරන &c., see verb, ආත්මිකලෙස ප්‍රත්‍යුත්පාදක &c.; (ලෝකයා) විශෝධක, පරිශෝධක.

Regeneration, n. සිත නැවත උත්පාද කිරීම &c. ආත්මික ප්‍රත්‍යුත්පාදනය *or* පුනරුත්පාදනය.

Regent, a. බාල රජ වෙනුවට ආණ්ඩුකරන්නා, පතිරජ, අනුරජ, යුවරජ; ආණ්ඩුකාරයා. [ධුරය.

Regentship, n. පතිරජකම, අනුරජකම, ආණ්ඩුකාර

Regicidal, a. රාජඝාතක, රාජඝ්න. [මරන්නා.

Regicidal, n. රාජඝාතනය; රාජඝාතකයා, රජෙකු

Regime (රෙෂීම්), n. Fr. diet පත්තියම; dieting පත්තියම් ඇල්ලීම; ආණ්ඩු ක්‍රමය, සාම්ප්‍රදාය, හැසිරවීම.

Regimen (රෙජිමෙන්), n. නියම ආහාර ක්‍රමය, පත්තියම; හැසිරවීම; හසුරුවන ක්‍රමය, ශාසනය; in gram. වචන සම්බන්ධාකාරය.

Regiment, n. (රංචු කීපයක් අඩංගු) හේවා කණ්ඩායම, රෙජමේන්තුව.

Regimental, a. හේවා කණ්ඩායමට අයිතිවූ, හේවා කණ්ඩායම්.

Regimentals, n. pl. හේවා කණ්ඩායමේ නියම ඇඳුම් පැළඳුම්, හේවා ආයිත්තම්.

Region, n. පළාත, ප්‍රදේශය, දිගාව, දිග්භාගය; (ශරීරයේ) යම් ප්‍රදේශයක්.

Register, n. සටහන, ලේඛනය, සටහන්පොත, තෝම්බුව; (නැවක) ජාතිනාම-පත්‍රය; of a stove, organ &c. පරිමාණ තහඩුව; (වේගය &c.) ප්‍රකාශක යන්ත්‍රය; in printing (පත්‍රුරුවල දෙපිටේ පේළි) තුල්‍යකිරීම, සමකිරීම.

Register, v. නියම ලෙස සටහන්කරනවා, ලියාපදිංචිකරනවා, ලියාපදිංචිකරනවා, රෙජිස්ටර්කරනවා.

Registered company, n. ආණ්ඩුව විසින් ලියාපදිංචි කළ සමාගම.

Registered letter, n. (තැපැල් කන්තෝරුවෙහි) සටහන්වූ ලියුම.

Register-grate, Register-stove, n. හුළං තහඩුවක් ඇති පෝරණුව.

Register-office, n. රාජලේඛන ශාලාව, තෝම්බු කන්තෝරුව, නම් සටහන් කන්තෝරුව.

Registrar, n. තෝම්බු ලේකම, of marriages &c. විවාහ — මරණ — ලේකම, විවාහ ලේකම්තැන; registrar-general රාජ ලේඛනාධිපතියා, රෙජිස්ට්‍රාර් ජනරාල්තැන.

Registrarship, n. තෝම්බු ලේකම්-නිලය.

Registration, n. සටහන්කිරීම &c.

Registry, n. සටහන්කිරීම &c.; රාජ ලේඛනාගාරය; සටහන්වූ කාරණ, සටහන.

Regium donum, L. රාජදානය, රාජකීය ආධාරදානය,

Regius professor, n. රාජ ස්ථාපිතාචාර්යයා.

Regius professorship, n, රාජ ස්ථාපිතාචාර්යත්වය.

Reglet, n. පැතලි ලීස්තරය; in printing තුනී ලෑලි පටිය.

Regnancy, n රජකම්කිරීම, ආණ්ඩුකිරීම, රාජ්‍යාධිකාරය; ප්‍රාධාන්‍යය.

Regnant, a. රජකම්කරන &c., රාජ්‍යාධිකාර, රාජක; ප්‍රබල, අධික බලය ඇති. [කරනවා.

Regrating, n. (පරණ ගල්) සැහැදමනවා, සුරා ශුද්ධ

Regress, n. ආපසුයාම, ආපසු ඊම, ප්‍රත්‍යාවර්තනය; ආපසු යාමේ හැකියක්, ප්‍රතිප්‍රයාණ මාර්ගයක්.

Regressive, a. ආපසු යන, ප්‍රත්‍යාවර්තන, ප්‍රතිප්‍රයාණ, ප්‍රතිවර්තක.

Regret, n. කනගාටු සිතීම, කනගාටුව, ඛේදය, අනුශෝකය; මනස්තාපය, තැවීම, තැවුම, පසුතැවිල්ල, උත්කණ්ඨාව.

Regret, v. (සිදුවූ යමක් ගැන) කනගාටු සිතනවා, කනගාටුවෙනවා; තැවෙනවා, පසුතැවිලිවෙනවා.

Regular, a. according to rule නියමයට එකඟ, අනුසූත්‍ර, අනුලෝමික, ව්‍යුත්පත්තානුසාරී; in gradation ක්‍රමික, පිළිවෙත්; uniform ඒකාකාර, සම; fixed නියම, ස්ථාවර. See Methodic & Periodic.

In geom regular figure සමඥාතරූපය, (සියලු පට්ටම් හා කොන්) ඒකාකාර හැඩය;

regular body or solid සමඥාතඝනය, සමඝනය.

Regular, n. නියම් යුද්ධ සේනාවේ භේවායෙක්, නියම භේවායා; R. C. (යම් සමාගමක) නියම් සාමාජිකයා, පැවිද්ද, ප්‍රව්‍රජිතයා.

Regularity, n. නියමයට එකඟකම, අනුසූත්‍රතාව &c. see adj. [යෙන් &c.

Regularly, ad. නියමයට එකඟලෙස, අනුසූත්‍රාකාර

Regulate, v. හසුරුවනවා, විධානකරනවා; ප්‍රමාණකරනවා, හරිගස්සනවා, ක්‍රමයකට පමුණුවනවා.

Regulation, n. හැසිරවීම &c.; නියමය, විධානය, ව්‍යවස්ථාව, පනත, නියෝගය, රෙකුලාසිය; B. P. ධාතිකාවත;

regulation size &c. නියම මහත &c.; rules & regulations විධිවිධාන.

Regulator, n. හසුරුවන්නා &c.; (ඔරලෝසුවේ) ඉස ස්ක්‍රුත්ත; (යන්ත්‍ර වේගය &c.) ප්‍රමාණකරණය.

Regurgitate, v. (කිරි) වමනයකරනවා; (වතුර වැටෙන තැනින්) සැරලෙස නැගී වැක්කෙරෙනවා.

Rehabilitate, v. (නැතිවුණ නිලයෙහි &c.) නැවත පිහිටුවනවා, නැවත පත්කරනවා.

Rehearsal, n. (තොරතුරු &c.) කියාදීම, see Recital; (නාට්‍යයක් දක්වීමට etc.) කලින් පුරුදුවීම, (සභාවේ) පුනර්කථිතය, (තුර්යවල) පූර්වගායනාව.

Rehearse, v. කියාදෙනවා &c., see Recite; (නාට්‍ය කාරුවන්මෙන්) කලින් පුරුදුවෙනවා, පූර්වයෙන්—කල්තියා—ප්‍රගුණකරගන්නවා.

Reign (රේන්), v. රජකම්කරනවා, රාජ්‍යයකරනවා, ආණ්ඩුකරනවා, රාජ්‍යානුශාසනා කරනවා; බල පවත්වනවා.

Reign, n. රජකම්කිරීම &c., ආණ්ඩුව, රාජ්‍යානුශාසනය; රාජ්‍යකාලය; (යමක) බලපැවැත්වීම.

Reimburse (රීඉම්...), v. (යන්තු, නැතිවුණ or වියදම්වුණ ගණන) නැවත දෙනවා, දෙවනු ගෙවනවා.

Reimbursement (රීඉම්...), n. (එසේ) නැවත දීම &c., හිලව්කිරීම.

Rein (රේන්), n. කටකලියා පටිය, පටිය, නහලනුව, තෝක්ලනුව; fig. හසුරුවන බලය;

take or hold the reins හසුරුවනවා, බලපවත්වනවා.

give the reins ඒ බලය දෙනවා, (අභිලාසවලට) ඉඩදෙනවා.

Rein, v. පටියෙන් හසුරුවනවා; fig. මැඩපවත්වනවා

Reincarnation, n. පුනරුත්පත්තිය, පුනර්ජීවය.

Reindeer, n. පිනිමුවා.

Reindeer-moss, n. පිනිමුව පාසි.

Re infecta, L. කාරණාව නොකරනලදුව or කරලා නැති නිසා.

Reinforce (රීඉන්...), &c. See Re-enforce &c.

Reins, n. pl. obs. වකුගඩු, තුනටි ප්‍රදේශ; ඇතුල් කොටස්, ආශා.

Reinstall, v. තනතුරකට නැවත පත්කරනවා.

Reinstate (රීඉන්...), v. (අහක්වුණ ස්ථානයෙහි or නිලයේ) නැවත පිහිටුවනවා &c., see Instate.

Reinsurance (රීඉන්...), n. (අලාභ ගෙවීමට) නැවත පොරොන්දු කරවාගැනීම &c., සත්‍යකෘතපත්‍රයක් ලබාගැනීම. See Insurance &c.

Reinsure (රීඉන්...), v. (අලාභයෙන් ආරක්ෂිතවසනු ගැන) දෙවනු පොරොන්දුකරවාගන්නවා.

Reinvigorate (රීඉන්...), v. නැවත ශක්තිමත්කරනවා &c., see Invigorate & Reanimate.

Reiterate (රීඉට), v. නැවත නැවත කියනවා, නැවත කරනවා.

Reiterated (රීඉට...), pp. or a. නැවත නැවත කී, පුනරුක්ත; නැවත—නැවත නැවත කළ, පුනඃකෘත.

Reiteration (රීඉට...), n නැවත නැවත කීම &c., පුනරුක්තිය; පුනඃකරණය.

Reject, v. අහකදමනවා, ඉවත ලනවා, පැහැර අරිනවා; එපාකරනවා, ප්‍රතික්ෂේපකරනවා.

Rejected, pp. or a. අහක දමාපු &c., ප්‍රතික්ෂිප්ත.

Rejection, n. අහකදැමීම &c., ප්‍රතික්ෂේපය.

Rejoice, v. ප්‍රීතිවෙනවා, සන්තෝෂවෙනවා, ප්‍රමෝදවෙනවා; ප්‍රීතිකරනවා &c.

Rejoicing, n. ප්‍රීතිවීම &c. of v. i., ප්‍රීතිය, සන්තෝෂය, සතුළුවිය, ප්‍රමෝදය.

Rejoin (රී...), v. නැවත සන්ධිකරනවා &c. See Join.

Rejoin (රී...), v. නැවත සම්බන්ධවෙනවා or නැවත කැටුව යනවා; ප්‍රත්‍යුත්තරදෙනවා.

Rejoinder, n. පිළිතුර, ප්‍රත්‍යුත්තරය, ප්‍රතිවාක්‍යය; උත්තරය; in law (පැමිණිලි ප්‍රත්‍යුත්තරයට) විත්ති ප්‍රත්‍යුත්තරය.

Rejuvenate, v. නැවත තරුණ කරනවා, නැවත තරුණ භාවයට පමුණුවනවා, තිරිහං කරනවා. See Juvenescence.

Rekindle, v. නැවත පත්තුකරනවා &c. See Kindle.

Relapse, v. නැවත පසුබසිනවා, නැවත පසුබටවෙනවා; (ලෙඩක් සුවවී නැවත තුබුණ අස්දමට) හැරෙනවා.

Relapse, n. (ලීලාවෙන් or සනිපයෙන්) නැවත පසුබැසීම &c., දෙවෙනි පසුබටය. [කියනවා.

Relate, v. t. (තොරතුරු) කියාදෙනවා, විස්තරකොට

Relate to, v. i. සම්බන්ධව—අනුකූලව—තිබෙනවා, අදාළව තිබෙනවා.

Related, a. සම්බන්ධ, අදාළ, අයුක්ත.

Related, be, v. සම්බන්ධව තිබෙනවා or සිටිනවා; by kindred නෑයෙක්ව සිටිනවා, S. adj. නෑවූ, නෑකම් ඇත්තාවූ, බන්ධු, ඥාති, සගෝත්‍ර.

Relation, n. කියාදීම &c.; සම්බන්ධය, සම්බන්ධතාව, අදාළකම, සම්ප්‍රයෝගය; in geom. ප්‍රමාණය; නෑයා &c., See Relative, n.

Relationship, n. නෑකම, ඥාතිත්වය, බන්ධුත්වය.

Relative, a. සම්බන්ධ &c., see Related, (සම්බන්ධ කමින් අටගත්ත) සම්බද්ධ, සම්බන්ධක, සම්බන්ධී, සම්බන්ධජ, (වටිනාකම, වැදගත්කම, මහත, දුත කම් &c.); mutual අන්‍යොන්‍ය.

Relative, n. නෑයා, ඥාතියා, බන්ධුවරයා, බන්ධුකෙනෙක්, නෑකුලයේ කෙනෙක්; in gram. relative pronoun සම්බද්ධ සර්වනාමය.

Relatively, ad. (තනියම නොව වෙන යමකට) සමානකර බැලූවාම, සම්බන්ධාකාරයෙන්.

Relax, v. බුරුල්කරනවා, බුරුලදෙනවා, ලිහිල්කරනවා, (උත්සාහ, සැරකම &c.) අඩුකරනවා; (බඩ) රේචනයකරනවා; (ශරීරය) මදක් දුර්වලකරනවා; බුරුල්වෙනවා; (වැඩෙන්) විශ්‍රාමගන්නවා, නිෂ්කලංකගන්නවා.

Relaxation, n. බුරුල්කිරීම &c.; රේචනය; විශ්‍රාමය, නිෂ්කලංකය.

Relaxed, pp. or a. බුරුල්කරපු &c., බුරුල්වූ &c., ශලථ; විරේචිත.

Relay, n. (මිනිසුන්, අශ්වයන්, බල්ලන් &c.) මාරුකිරීමට පිහිටුවන ගණනක්, මාරුවීමේ ගණන, (මාරුවීමට) මිනිස්සු &c.

Release, v. අතඇරිනවා, යන්ට අරිනවා, ලිහනවා; නිදහස්කරනවා, මුදනවා, ගලවනවා. See Free & Liberate.

Release, n. අතඇරීම &c.; නිදහස්වීම &c., විමුක්තිය &c.; නිදහස්කැරය or සිත්නක්කරය.

Relegate, v. අහකට අරිනවා; (යම් තැනකට) පිට මහල්කර අරිනවා.

Relent, v. (හිතෙන්) තදකම අරිනවා, සැරකම ඇර මෘදුවෙනවා or දයාවන්තවෙනවා, බුරුලදෙනවා.

Relentless, a. තදකම නාරින, දයාවක් නැති, සැර කම් බාලනොවන.

Relentlessly, ad. තදකම නෑර, දයාවක් නොමැතිව, නිරනුකම්පක ලෙස.

Relessee, n. නිදහස් කැරය ලබන්නා.

Relessor, n. නිදහස් කැරය දෙන්නා.

Relevance, Relevancy, n. අදාළකම, අනුකූලතාව; සැහුම්කම.

Relevant, a. අදාළ, අනුකූල; in Scotch law සෑහෙන.

Reliable, a. (යමෙකුට) විශ්වාසකළහැකිවූ, විශ්වාස්‍ය, විශ්වාසාර්හ, විශ්වාස.

Reliance, n. විශ්වාසකිරීම, (යමක් කෙරෙහි ඇති) විශ්වාසය.

Relic, n. (යටබුත්—නැතිවූ—දේවලින්) ඉතුරු දෙයක්, ශේෂය, sp. ධාතුව; pl. sp. කලේවරය; ධාතු; (මළවුන්ට අයිතිව තිබුණ), ශේෂ භාණ්ඩ.

Relict, n. කණවැන්දුම්, වැන්දඹු ස්ත්‍රී.

Relief, n. සහනය, පහසුව, පිහිට; සහනදායක දේ; (මුරකාරයා) මාරුකිරීම; in sculp. &c. රූපය—නෙරා—මතුවී—තිබෙන තරම, රූපනෙරුම, නෙරුම.

Relievable, a. සහනය කළහැකි &c.; සහනය විය හැකි &c

Relieve, v. සහනය කරනවා, සහනය—පහසු—දෙනවා, විශ්‍රාම ලබාදෙනවා, අමාරුවක් සැහැල්ලුකරනවා or බාලකරනවා or එයින් මුදනවා; (හිතේ) බර පහකරනවා or මද්දනයකරනවා; පිහිටවෙනවා; (මුර, නැව් &c.) මාරුකරනවා, නිදහස්කරනවා.

Relieved, be v. සහනයවෙනවා &c., සහනය—පහසු—පිහිට—ලබනවා or ලැබෙනවා.

Relieving-officer, n. (ආණ්ඩු ගණයෙන්) දන්වැට දෙන මුලාදෑනියා.

Relievo, n. It. නෙරුම, රූපනෙරුම, සිතියම්නෙරුම.

Religieux (රෙලිෂියූ), n. Fr. තාපසයා.

Religieuse (රෙලිෂියූස්), n. තාපසී.

Religion, n. ආගම, ඇදහිල්ල, සමය, ශාසනය, සජ්ජන, ලබ්ධිය, භක්තිය; piety භක්තිවන්තකම &c.

Religionist, n. ආගම්කාරයා, සමයක්කාරයා, ලබ්ධිකයා; වාචාල ලබ්ධිකයා.

Religious, a. ආගම්, ආගම් සම්බන්ධ, ආගමානුකූල, ධර්මානුකූල, ඇදහිලි, භක්තික, ලබ්ධික, සාමයික; ආගමට කැපවූ or භාරවූ; ආගම් සලකන; pious භක්තිවන්ත.

Religiously, ad. භක්තිවන්තලෙස, දේවභක්තියෙන්; ආගමේ චාරිත්‍රයක්කොට, ධර්මානුකූලලෙස; reverently නමස්කාරයෙන්; ආගමේ කාරණාවක්සේ.

Religiousness, n. ආගම කෙරෙහි භක්තිවන්තවීම, භක්තිවන්තකම.

Relinquish, v. අත අරිනවා, අත්අරිනවා, වර්ජනය කරනවා.

Relinquishment, n. අතඇරීම &c., වර්ජනය. [ඩුව.

Reliquary, n. ධාතුසමුද්ගය, ධාතුපෙට්ටිය, ධාතුකර

Relique, n. ධාතුව. See Relic.

Reliquiæ, n. pl. L. මළ කෙනෙකුගේ ධාතු, කලේවරය; සත්ත්වධාතු, පාෂාණීභූත ධාතු; in bot. (නොවැටුණ වියළි) ශේෂපත්‍ර.

Relish, v. (යමෙක් කෑමට &c.) කැමතිවෙනවා, ගෞරවකරගන්නවා, (යමක් යමෙකුට) මිහිරිව—රුචිව—රිසිව—තිබෙනවා.

Relish, n. රස විඳීම, රුචිය, රුචිරය, (කෑමට &c. ඇති) ප්‍රීතිය; ව්‍යඤ්ජන; fig. ලැදිකම, රුචිරය.

Reluctance, Reluctancy, n. අකමැත්ත, අසතුට, අප්‍රියකම, අමනාපය, විරක්තිය.

Reluctant, a. අකමැති, (යමක් කිරීමට) අසතුටු, අප්‍රිය, අමනාප, විරක්ත.

Rely on, v. විශ්වාසකරනවා, විශ්වාසය තබනවා.

Remain, v. endure පවතිනවා, (නැතිනොවී) තිබෙනවා, චිරස්ථායිවෙනවා; be left ඉතුරුවෙනවා; stay behind (නොගොස්) සිටිනවා; tarry පොරොත්තුවෙනවා, හිටිනවා, නතරවෙනවා.

Remainder, n. ඉතුරු පංගුව, ශේෂය, අවශේෂය, ඉතිරි ගණන, of scraped coconut අඩලය.

Remaining, a. ඉතුරුවෙන, ඉතුරු, ඉතිරි, අවශේෂ, අවශිෂ්ට,සෙසු.

Remains, n. pl. ඉතුරු ඒවා &c., of food ඉතිරි කෑම; a corpse කලේබරය.

Remand, v. (දෝෂාරෝපිත අය දෙවනු විභාගකිරීමට) නැවත හිර අඩස්සි කරනවා or හිරභාරයට ගන්නවා.

Remand, n. (එසේ) හිර අඩස්සි කිරීම; (එසේ) හිරි අඩස්සිව සිටීමේ කාලය.

Remark, n. කියමන, වාක්‍යය, සටහන.

Remark, v. (අගවල් ආකාරයකි) බලාගන්නවා or සලකනවා; remark that, remark upon, (සිතන දකින අසන දේ ගැන යමක්) කියනවා or සටහන්කරනවා.

Remarkable, a. අපූර්ව, අරුම, අද්භූත, විශිෂ්ට, විශාරද.

Remarkably, ad. අපූර්වලෙස &c.; ඉතාම, අතිශයින්, විශේෂයෙන්.

Remediable, a. සුවකළ හැකිවූ, සාධ්‍ය, (රෝග); හරිගැස්සිය—පහකළ—හැකි (නරකක්).

Remedial, a. පිළියම්, ප්‍රතිකාරාකාර, උපශමනාකාර; (නරකක්) හරිගස්වන, සහනදායක, (මාගී).

Remediless, a. පිළියම් නැති, අප්‍රතිකාර, අසාධ්‍ය, නිරුපශමනීය, හරිගැස්සිය නොහැකි, සහනයක් නැති.

Remedy, n. පිළියම, ප්‍රතිකාරය, ව්‍යුපශමය, බෙහෙත ඖෂධය; හරිගැස්සීමේ හැටියක්. [සනවා.

Remedy, v. (රෝග) සුවකරනවා, (නරකක්) හරිගස්

Remember, v. මතක්වෙනවා, සිහිවෙනවා, සිහිපත් වෙනවා &c., see Recollect; මතක තබාගන්නවා, සිතෙහි ධාරණයකරගන්නවා.

Remembrance, n. මතක්වීම &c., මතක, අනුස්මෘතිය, අනුස්මරණය.

In remembrance of මතක්වීම—මතක්කරගැනීම—අනුස්මෘතිය &c. පිණිස.

Remembrancer, n. මතක්කරවන්නා, අනුස්මෘතිජනක දෙය (වන ත්‍යාගය, සලකුණ &c.); (රාජ භාණ්ඩාගාරයේ) ලේකම්තැන.

Remiges, n. pl. පියාපත්වල ලොකු පිහාටු.

Remind, v. මතක්කරවනවා, සිහිකරවනවා, සිහිපත් කරවනවා, සමාරණයකරනවා.

Reminiscence, n. මතක්වීම &c.; මතක්වෙන දේ, සමෘතිය; මතක්වූ දේවල සංග්‍රහය, සමෘත කාරණ-සංග්‍රහය.

Remise, v. නැවත ඔප්පුවකින් හිමිකරදෙනවා.

Remiss, a. නොකර අරින, අතපසුකරන, ප්‍රමාද, දීඝ සූත්‍ර, මන්දෝත්සාහි.

Remissible, a. ක්ෂමාකළහැකි (වරද).

Remission, n. (සැරකමේ, වේදනාවේ, ව්‍යාධියේ) මදක් අඩුවීම, මද්දනයවීම; බුරුළුදීම; of a claim අත්ඇරීම; (වරද) ක්ෂමාකිරීම; of money මුදල් ඇරීම.

Remissly, ad. අතපසුකර, ප්‍රමාදවී, මන්දෝත්සාහිව, කඩිසර නැතිලෙස.

Remissness, n. අතපසුකරන ගතිය, දීඝසූත්‍රතාව, කඩිසර නැතිකම.

Remit, v. (සැරකම, තරහ, ව්‍යාධිය) අඩුකරනවා; අඩුවෙනවා, මද්දනයවෙනවා; (දඬුවම්) නොකර අරිනවා; (හිරයෙට) දෙවනු අරිනවා; (මුදල්, මුදල් පත්‍ර &c.) අරිනවා.

Remitment, n. (හිරයෙට) දෙවනු ඇරීම; (වරද) ක්ෂමාකිරීම.

Remittal, n. (අයිතිවාසිකම) අත්ඇරීම, භාරදීම.

Remittance, n. (මුදල් &c.) දුර තැනකට ඇරීම; අරින දේ or මිල ගණන.

Remittent, a. අඩුවී නැවත වැඩිවෙන, අඩුවැඩිවෙන, (රෝග), remittent fever මන්දසික ජ්වරය.

Remnant, n. ඉතුරු පංගුව, ඉතුරු කෑල්ල.

Remonstrance, n. (යමක් අයුතුයයි) උදක්ම අවවාද කිරීම or තරවටු කිරීම, තරවටුව, ප්‍රත්‍යවවාදය; R.C. සත්‍යප්‍රසාද-ප්‍රදර්ශක එලකය; ඔස්තෙන්සෝරිය.

Remonstrant, a. උදක්ම අවවාද කරන, අවවාද සහිත, තරවටු ආකාර, ප්‍රතිරුද්ධ &c.

Remonstrate, v. (නොකරන හැටියට) උදක්ම අවවාද කරනවා, තරවටුකරනවා, විරුද්ධයට කාරණ ගෙනහැර පානවා.

Remorse, n. (තමාගේම වරදක් ගැන ඇති) හෘදය ශෝකය or හෘදය වේදනාව, දුඃඛපශ්චාත්තාපය.

Remorseless, a. දයාවක් නොමැති, නිරනුකම්පක, කෲර.

Remote, a. දුර, දුරස්තර, දූර, විදූර, දූරීභූත; මඳ (සමානකම &c.).

Remotely, ad. දුරින් &c., දූරීභූතාකාරයෙන්; දුර නෑකමකින්; මඳලෙස.

Remoteness, n. දුරව තිබීම, දුරස්තරකම, දූරතාව &c., අල්පකම. [&c.

Removable, a. අහක්කළහැකි &c.; මාරුකළහැකි

Removal, n. අහක්කිරීම &c., අපනයනය, දූරීකරණය, ප්‍රතිබාහනය.

Remove, v. t. away අහක්කරනවා, බැහැරකරනවා, පැහැරගන්නවා, අපනයනයකරනවා;

out of the way බැහැරලනවා; [නවා;

to another place or court ගෙනයනවා, මාරුකර

from office or life මාරුකරනවා, ඉවත්කරනවා, තුරන්—තුරන්දු—කරනවා;

to a distance දුරලනවා, දුරුහරනවා, දූරීභූත කරනවා.

Remove, v. i. වෙන තැනකට යනවා, පදිංචියෙන් මාරුවෙනවා.

Remove, n. ස්ථානය මාරුකිරීම or මාරුවීම; ප්‍රයාණය; one remove ක්‍රමයකින් එක අඩියක්; යම් දුරක් or දුර ප්‍රමාණයක්.

Remunerable, a. විපාක ලැබියයුතු; එල විපාක ලැබිය හැකිවූ.

Remunerate, v. විපාක—එල විපාක—දෙනවා, හිඟි ගණනක් ගෙවනවා. See Recompense.

Remuneration, n. (වැඩට, අලාභයට &c.) විපාකදීම &c.; දෙන විපාකය, ප්‍රතිදානය.

Remunerative, a. හිඟි එලවිපාක උපදින, එලදායක, ප්‍රයෝජනවත් (වැඩ).

Renaissance (රෙනේසාන්ස්), n. Fr. (යටගියාවූ ශිල්ප ශාස්ත්‍රාදිය) නැවත අවගැනීම, පුනරුත්පත්තිය, පුනරුද්ධානය; adj. පුනරුත්පත්ති, ප්‍රත්‍යුත්පත්ති, (ව්‍යාධිය &c.). [(රෝග).

Renal (රීනල්), a. වකුගඩුවලට අයිතිවූ, වකුගඩු,

Renard, Reynard, n. නරියාට ව්‍යවහාරකරන නමක්.

Renascence, Renascency, n. නැවත ප්‍රාණවත්වීම or ඉපදීම, පුනරුත්පත්තිය, ප්‍රත්‍යුත්පත්තිය.

Renascent, a. නැවත ප්‍රාණවත්වෙන &c.

Rencounter, n. හදිසි සම්මුඛවීම; පොරට වැදීම, පොරය, හදිසි සටනක්, රණකියෝජයක්.

Rencounter, v. අහම්බෙන් සම්මුඛවෙනවා ; සටන් කරගන්නවා.

Rend, v. ඉරනවා, පළනවා ; in pieces ඉරුදමනවා, ඉරා කැබලිකරනවා.

Render, v. good or evil ප්‍රතිඵල දෙනවා, යහපත අයහපත කරදෙනවා ; render back නැවත දෙනවා ; render up නැවත භාරදෙනවා ; render a reason කාරණාවක්—යමක්හේතුවක් කොට—කියනවා ; render an account වගකියනවා ; render assistance උපකාරකරනවා ; render soft, strong &c. මෘදු—සවි—කරනවා &c. ,
cause to be (යම් ආකාරයක්) වෙන්ට සලස්වනවා; translate පිටපත්කරනවා ; render fat තෙල් උණු කරනවා.

Rendering, n. ප්‍රතිඵලදීම &c. ; පිටපත ; පළමුවෙනි කපලාරුව.

Rendezvous (රණ්ඩෙවූ), n. Fr. රැස්වීමට නියමතැන, සංගමස්ථානය.

Rendezvous, v. නියම තැනකට රැස්වෙනවා *or* රැස් කරනවා. [දීම.

Rendition, n. (හිමිකම, භුක්තිය) භාරකිරීම, අත්සර

Renegade, n. (ධර්මය &c.) අතඅරින්නා, වර්ජකයා, සතුරු පක්ෂයට එකතුවෙන්නා.

Renew, v. අලුත්වැඩියා කරනවා &c., see Renovate ; නැවත කරනවා ; නැවත සවිරකරනවා ; අමුතුවෙන් ප්‍රාණවත්කරනවා ; (ණයකැරය) අමුතුවෙන් සවිර කරනවා ; අලුත් ශුද්ධ සවභාවකට පමුණුවනවා &c. see Regenerate.

Renewable, a. අලුත්වැඩියා කළහැකිවූ &c., ප්‍රතිසංස්කරණීය ; sp. අමුතුවෙන් සවිරකළ හැකි (ණය කැරය).

Renewal, Renewing, n. අලුත්වැඩියාකිරීම &c. ; අලුත් ආත්මික සවභාවකට පැමිණීම, පුනරුත්පත්තිය.

Renewed, pp. *or* a. අලුත්වැඩියාකළ &c. ; ආත්මික ලෙස, පුනරුත්පන්න.

Reniform(රි..), n. වකුගඩු හැඩය ඇත්තාවූ, වකුගඩු ආකාර.

Rennet, Runnet, n. (කිරි මුදවන) වසු බඩ සාරය.

Renounce v. (අයිතිවාසිකම්, පුතුකම්) තමාට අයිති නැතැයි කියනවා, එපාකරනවා, ප්‍රතික්ෂේපකරනවා ; අත්අරිනවා.

Renouncement, Renouncing, n. See Renunciation.

Renovate, v. අලුත්වැඩියාකරනවා, ප්‍රකෘතිමත්කරනවා, ප්‍රතිසංස්කරණය කරනවා, අලුත්කරනවා, නවීනකරනවා.

Renovated, pp. *or* a. අලුත්වැඩියාකළ &c., ප්‍රකෘතිමත්, ප්‍රතිසංස්කෘත, නවීකෘත, නවීභූත.

Renovation, n. අලුත්වැඩියාකිරීම &c., ප්‍රතිසංස්කරණය, නවීකරණය ; ප්‍රකෘතිමත්වීම.

Renown, n. කීර්තිය, ප්‍රකීර්තිය, යසස, යශෝඝෝෂාව, ලෝකවිශ්‍රැතිය, ප්‍රසිද්ධිය. [ප්‍රථිත.

Renowned, a. කීර්තිමත් &c., ලෝකප්‍රසිද්ධ, විශ්‍රැත,

Rent, pp. of Rend, ඉරූ, ඉරී &c. ; a. ඉරතලද, ඉරුණු &c., ප්‍රවිජිත.

Rent, n. ඉරුම, පැළුම, පැල්ම ; fig. භේදය.

Rent, n. (ඉඩම්කඩම්වල) කුලිය, බදුමිල, බද්ද.

Rent, v. කුලියට—බද්දට—දෙනවා *or* ගන්නවා, බදු දෙනවා *or* බදුගන්නවා.

Rental, n. (ඉඩම්කඩම්වල) කුලී ගණන, බදු ගණන ; rent-roll කුලී—බදු—ලේඛනය.

Renter, n. (ගෙයක්, ඉඩමක්) කුලියට ගන්නා, බදුකාරයා ; රේන්දකාරයා.

Renunciation, n. අයිතිවාසිකමඑපාකිරීම, ප්‍රතික්ෂේප කිරීම ; අතඇරීම, පරිත්‍යාගය, ප්‍රත්‍යාඛ්‍යානය.

Reorganization (රි...), n. (සමාගමක් කොට) නැවත සම්බන්ධකිරීම.

Reorganize (රි...), v. නැවත සම්බන්ධකරනවා, නිසි ක්‍රමයකට නැවත පිහිටුවනවා.

Repair, v. t අලුත්වැඩියාකරනවා, හරිගස්සනවා, පිළියම්කරනවා &c., see Renovate ; an injury අලාභය ගෙවනවා, හිලව්කරනවා.

Repair, Repairing, n. අලුත්වැඩියාකිරීම &c. ; repairs හරිගැස්සීමේ වැඩ.

Repair to, v. i. (යම්තැනකට) යනවා, නැවත නැවත යනවා, හැරීයනවා.

Repand, Repandous, a. in bot. අද්දර වකුවූ (පත්‍ර).

Reparation, n. ප්‍රකෘතිමත් කිරීම *or* වීම ; sp. අලාභය ගෙවීම &c., වන්දිය.

Reparative, a. ප්‍රකෘතිස්ථාපක ; (වරද) හරිගස්සන.

Repartee, n. සමර් පිරුළුව, (සරදම් *or* ඇනුම් ආකාර) මුඛරි වාක්‍යය. [ස

Repast, n. කෑම වේලක්, කෑමක්, සංග්‍රහය, අනුරූප

Repay, v. නැවත ගෙවනවා ; ප්‍රතිඵල දෙනවා, ප්‍රතිදානයකරනවා.

Repayable, a. නැවත ගෙවියයුතු, ප්‍රතිදේය ; නැවත ගෙවියහැකි.

Repayment, n. නැවත ගෙවීම &c. ; නැවත ගෙවන ගණන *or* දේ, ප්‍රතිදානය, ප්‍රතිඵලය.

Repeal, v. අවලංගුකරනවා ; n. අවලංගුකිරීම.

Repeat, v. නැවත කරනවා, නැවත කියනවා ; හදුරා —කටපාඩමින්—කියනවා.

Repeat, n. (නැවත ගීතිකාකිරීමට *or* ගායනාකිරීමට) පුනරුක්ති ලකුණ (වින ⋮ මෙය). [කත.

Repeated, pp. *or* a. නැවත කළ, නැවත කී, පුනරු

Repeatedly, ad. නැවත නැවත, කීපවිටක්ම.

Repeater, n. නැවත කරන්නා &c. ; දෙවනු තට්ටුකරවන ඔරලෝසුව ; in arith. පුනරංක ගණනක්.

Repel, v. ආපසු පන්වනවා, ආපසු තෙරපාදමනවා ; බලයට බලපානවා ; fig. විරුද්ධකම් පානවා, ප්‍රතික්ෂේප කරනවා ; in med. යම් සන්නිපාතයක් &c. නවත්වනවා *or* බාලකරනවා.

Repellency, n. ලංවෙන්ට නොදී වළක්වන ගතිය, ප්‍රතිබන්ධක ගුණය.

Repellent, a. ආපසු පන්වන &c. ; ප්‍රතිබන්ධක, අප්‍රසන්න ගතියක් ඇත්තාවූ.

Repellent, n. අබ්බුද්දිය විසුරුවා අරින බෙහෙතක්.

Repent, v. පසුතැවිලි වෙනවා පශ්චාත්තාපවෙනවා, මනස්තාපවෙනවා ; (දෙවියන්වහන්සේ ගැන තම නිසි කාරණ අරබයා) යම් නියමයක් ගැන අනුතාප වෙනවා *or* පරාවර්තවෙනවා *or* එය වෙනස් කරනවා.

Repentance, n. පසුතැවිලිවීම &c., පසුතැවිල්ල, විපිළිසර, පශ්චාත්තාපය, අනුතාපය &c., පරාවර්තනය.

Repentant, a. *or* be, v. පසුතැවිලිවෙන &c., පසුතැවිලිවූ &c., (වරදක් ගැන) කනගාටුව සිටිනවා.

Repercussion, n. පස්සට පැනීම. [ගාරය.

Repertory, n. සූචිපත්‍රය, සංග්‍රහය, කෝෂය ; භාණ්ඩා

Repetend, n. in arith. පුනරංකය.

Repetition, n. නැවත කිරීම &c., see Repeat, නැවත නැවත කිරීම &c. See Tautology.

Repine, v. කනස්සලුවෙනවා, කොඳුරනවා, අසතුටු වෙනවා, ළතවෙනවා.

Replace, v. (තිබුණ ඉඩමෙහි) නැවත තබනවා; අමුතු තැනක තබනවා; හිලව්කරනවා, (පහවුණ එකක් or කෙනෙක් වෙනුවට) සම එකක් සපයනවා or පත්කරනවා.

Replacement, n. නැවත තැබීම &c.; මාරුකිරීම; in chem. ආදේශ ගුණය.

Replenish, v. නැවත පුරවනවා, නැවත පූරණයකරනවා, පරිපූර්ණ කරනවා.

Replete, be, v. පූර්ණව—පරිපූර්ණව—අතිසම්පන්නව—සමෘද්ධව—ආඪ්‍යව—භරිතව—තිබෙනවා &c. or සිටිනවා

Repletion, n. පූර්ණකම, පරිපූර්ණත්වය, අතිසම්පන්නතාව, තෘප්තිමත්කම; ලේ අධිකකම &c. See Plethora. [ලේ පත්‍රය.

Replevin, n. තහනම් බඩු ඇපදී ගැනීම; ඇපදී ගැනී

Replevy, v. තහනම් බඩු ඇපදී ගන්නවා.

Replicate, Replicated, a. in bot. පස්සට නැමීතිබෙන, පශ්චාන්නත.

Replication, n. උත්තරය; sp. පැමිණිලි ප්‍රත්‍යුත්තරය, පැමිණිලි පක්ෂයේ උත්තරය.

Reply, v. උත්තරදෙනවා, පිරුළුදෙනවා; in law විත්තියට උත්තරදෙනවා.

Reply, n. උත්තරය, පිරුළ, පිළිතුර, පිළිවදන.

Report, v. ආරංචිකරනවා, දන්වාදෙනවා, ප්‍රසිද්ධකරනවා; (නියමකොට) සැලකරනවා, වාර්තාකරනවා, රපෝර්තුකරනවා; වාර්තා තිලිය කරනවා; report one's self (ප්‍රධානියා ඉදිරිපිට) පෙනීසිටිනවා.

Report, n. ආරංචිකිරීම &c.; ආරංචිය, ජනප්‍රවාදය, ලෝකප්‍රවාදය; (නියම) වාර්තාව, රපෝර්තුව; repute සම්භාවනාව, (evil or good) කීර්තිය; පිපිරීමේ ශබ්දය.

Reporter, n. ආරංචි කරන්නා, සැලකරන්නා, වාර්තාකරු, (කාරණා) සටහන්කර දන්වන්නා.

Reporters'-gallery, n. (ප්‍රසිද්ධ ශාලාවක) වාර්තාකාර තට්ටුව.

Reporting, n. ආරංචි කිරීම &c., see verb; sp. (ප්‍රවෘත්ති පත්‍රවලට අයිති) වාර්තාකරු ධුරය.

Repose, v. හාන්සිවෙනවා, සැතපෙනවා; repose confidence විශ්වාසය තබනවා.

Repose, n. ශයනය, සැතපීම, නිද්‍රාව; විශ්වාසය, ශාන්තිය; නිශ්චලය, නිශ්චලතාව.

Reposit, v. (ප්‍රවේසමට) තබනවා, තබාගන්නවා, ස්ථාපනය කරනවා.

Repository, n. (ආරක්ෂාවට or විකිණීමට) බඩු තබන ස්ථානය, භාණ්ඩාගාරය, කෝෂ්ඨාගාරය.

Repossession (රී...), n. නැවත හිමිකරගැනීම, නැවත අත්කරගෙන සිටීම, පුනර්ලාභය.

Reprehend, v. තරවටු කරනවා, දෝෂාරෝපණය කරනවා; වරදයයි කියනවා.

Reprehensible, a. දෝෂාරෝපණීය, සාවද්‍ය, ගර්හණීය. [රෝපණය.

Reprehension, n. තරවටුකිරීම &c., තරවටුව, දෝෂා

Reprehensive, Reprehensory, a. තරවටු ආකාර, දෝෂාරෝපක.

Represent, v. (සිතියමකින් මෙන්) දක්වනවා, ප්‍රදර්ශනය කරනවා; (කාරණා) රඟමෙන් දක්වනවා or වෙන කෙනෙකු මෙන් පෙනී සිටිනවා; කෙනෙක් or සමාගමක් &c. හිලව්වට පෙනීසිටිනවා; කාරණා ගෙන පානවා, කියා සිටිනවා.

Representation, n. දක්වීම &c; (යමක් දක්වන) සිතියම, රූපය &c.; රඟුම; ගෙන පාන කාරණා; (සෙනඟ වෙනුවට සිටින) කළමනා මණ්ඩලය or මන්ත්‍රී මණ්ඩලය.

Representative, a. (ආකාරය) දක්වන, සදෘශක; හිලව්වට සිටින or ක්‍රියාකරන, ප්‍රතිපුරුෂ; නියෝජිත කළමනාකාර සභා (ආණ්ඩුව).

Representative, n. (යමක් or යමෙක්) වෙනුවෙන් පෙනීසිටින්නා, නියෝජිතයා; in law උරුමක්කාරයා; in nat. hist. (යම් වර්ගයකට) සම්පූර්ණ ආදර්ශය.

Representatively, ad. නියෝජිතයෙකුලෙස; නියෝජිතයෙකු ලෙස.

Repress, v. මැඩපවත්වනවා, වළක්වනවා, යටකර දමනවා, සංයමනය කරනවා.

Repression, n. මැඩපැවැත්වීම &c.

Repressive, a. මැඩපවත්වන &c., සංයමන.

Reprieve, v. (මරණ දඬුවම) කල්දමනවා or අත්හිටවනවා; (වේදනාවෙන්) කලකට නිදහස්කරනවා.

Reprieve, n. (මරණය) කල්දැමීම &c.; (වේදනාව, දුක) කලකට සංහනයවීම.

Reprimand, v. තදින් තරවටු කරනවා, (වරදක් ගැන) අවවාදකරනවා, සන්තර්ජනය කරනවා.

Reprimand, n. තදින් තරවටුකිරීම &c., තද තරවටුව, සන්තර්ජනය.

Reprint (රී...), v. නැවත අච්චුගසනවා, තව වරක් මුද්‍රණය කරනවා.

Re'print (රී..), n. නැවත අච්චුගසාපු පොත or පොත් ගණන.

Reprisal, n. පළිගැනීම, හිංසාවට එකටෙක කිරීම, ප්‍රතිහිංසාව, ප්‍රතිඵලය.

Reproach, v. දොස්තබනවා, අවලාදකරනවා, අවලාද කියනවා, සැරකරනවා, ගරහනවා, නිග්‍රහකරනවා.

Reproach, n. අවලාදය, ගැරහුම, ගර්හාව, නිග්‍රහය, පරිවාදය; අවනම්බුව, නින්දාව, නින්දිත—ගර්හණීය—දෙයක් or කෙනෙක්.

Reproachful, a. අවලාද සහිත, අවලාද, ගැරහුම් &c., නින්දා, නින්දක; නින්දිත, ගර්හණීය.

Reproachfully, ad. අවලාද වශයෙන්, ගැරහුම්ලෙස &c.; නින්දිත ලෙස &c.

Reprobate, v. (ඉතා දුෂ්ටයයි යමකට) දෙව්ෂකරනවා; (යමකට) අප්‍රියකරනවා; reject ප්‍රතික්ෂේප කරනවා.

Reprobate, n. දුෂ්ටයා, ජඩයා, ධූර්තයා, සාහසිකයා, a. දුෂ්ට &c.

Reprobation, n. දෙව්ෂකිරීම &c.; විනාශයට—අම්වුවට—පත්කිරීම or පත්වීම.

Reproduce (රී...), v. නැවත අටගන්වනවා or උපදවනවා, නැවත සාදනවා or කරනවා, නැවත හලස්වනවා.

Reproductive (රී...), a. නැවත අටගන්වන &c.; (වියදම්වූ ගණනින්) එළ ප්‍රයෝජන නැවත උපදවන, ප්‍රයෝජනෝත්පාදක.

Reproof, n. තරවටු කිරීම &c.; තරවටුව, අවවාදය; සන්තර්ජනය, වාග්දණ්ඩය.

Reprove, v. තරවටු කරනවා, සැරකරනවා, (වරද ගැන) අවවාදකරනවා, දොසාබානවා, සන්තර්ජනය කරනවා.

Reptant, a. in bot. වැල් ආකාර, ලතා ආකාර.

Reptation, n. බඩගා යාම. [කීටයා.

Reptile, n. බඩ ගා යන සතා, ක්ෂුද්‍රපාදකයා; fig.

Reptile, Reptilian, a. බඩගා යන *or* ක්ෂුද්‍රපාදික (ජාතිවන සර්ප, ගෙමබි, සුනු ආදිය).

Republic, n. මහජන-ආණ්ඩුරාජ්‍යය, මහජන-ආණ්ඩුව, මහජන-සම්මත ආණ්ඩුව, සමූහාණ්ඩුව ; republic of letters පණ්ඩිත ලෝකයා, පණ්ඩිත මණ්ඩලය. [ර.

Republican, n. මහජන-ආණ්ඩු; මහජන-ආණ්ඩු ආකා

Republican, n. මහජන-ආණ්ඩුව භජනයකරන්නා.

Republicanism, n. මහජන-ආණ්ඩු ක්‍රමය; මහජන ආණ්ඩු භජනය.

Repudiate, v. (මත, බම්, ණය &c.) තමාට නැතැයි කියනවා, ප්‍රතික්ෂේපකරනවා.

Repudiation, n. තමාට නැතැයි—තමා යුතුකමින් බැඳී නැතැයි—කීම &c., ප්‍රතික්ෂේපය. See Disclaim.

Repugnance, n. අකමැත්ත, අප්‍රසන්නය, විරක්තිය, විරෝධය, විරුද්ධතාව, ප්‍රතිකූලතාව.

Repugnant, a. අකමැති, අප්‍රසන්න, විරුද්ධ, විරක්ත, විරෝධි, ප්‍රතිකූල.

Repulse, v. ආපසු පන්වනවා ; fig. දුර්මුඛ පානවා, ප්‍රතික්ෂේපකරනවා. [ය.

Repulse, n. ආපසු පැන්වීම ; fig. ප්‍රතික්ෂේපය, බාධක

Repulsion, n. (ද්‍රව්‍යවල, භූතමාත්‍රවල) ප්‍රතිඝාති බලය, ප්‍රතිරුද්ධ ගුණය.

Repulsive, a. ප්‍රතිරුද්ධ, බාධක ; fig. (පෙනීමෙන්, ක්‍රියාවෙන්) කැත, අප්‍රිය, අශික්ෂිත.

Reputable, a. (ලීලාවෙන්) නම්බුකාර, සුශීල, අගිම, අපකීර්තිනොවන.

Reputation, Repute, n. (His reputation ඔහු ගැන තිබෙන) සාමාන්‍ය කල්පනාව, ජනප්‍රවාදය ; කීර්තිය, සම්භාවිතය ; of no repute නම්බුකාර—කීර්තිමත්—නොවන. [කරනවා.

Repute, v. (යම් ආකාරයක්යයි) සිතනවා, කල්පනා

Request, v. ඉල්ලනවා, අයදිනවා, ඉල්ලා සිටිනවා.

Request, n. ඉල්ලීම, අයදීම, යාචනාව, ආයාචනාව ; ඉල්ලන දේ, ඉල්ලුම, අයදුම ; be in request (යමක් *or* යමෙකු) ඕනෑකරනවා *or* ඉල්ලනවා.

Requiem, n. L. මෘතසංගීතය ; R. C. දුක් පූජාව, මළවුන්ගේ පූජාව.

Requirable, a. ඕනෑමකරන ; බලේට ඉල්ලිය හැකිවූ.

Require, v. බලේට ඉල්ලනවා : I require you to go (say) යන හැටියට තුඹට අණකරමි *or* තුඹ යන්ට ඕනෑයයි කියමි ; need ඕනෑකරනවා.

Requirement, n. බලේට ඉල්ලීම &c., අණ ; අණකරන දේ ; ඕනෑකරන දේ.

Requisite, a. *or* be, v. ඕනෑමකරන, ඕනෑම, අවශ්‍ය, ආවශ්‍යක ; ඕනෑමකරනවා, අවශ්‍යව තිබෙනවා.

Requisite, n. ඕනෑම කරන දෙයක් &c,. උවමනාව.

Requisition, n. ඉල්ලීම ; ආමන්ත්‍රණ පත්‍රය.

Requital, n. ප්‍රතිඵල දීම &c., ප්‍රතිදානය, ඵලවිපාකය, ප්‍රතික්‍රියාව.

Requite, v. ප්‍රතිඵල දෙනවා, එකටෙකකරනවා, ප්‍රතිදානය දෙනවා. See Recompense. [තිකාව.

Reredos, n. පූජාසන තිරෝධානය ; තිරෝධානය, ජව

Rereward, n. පශ්චිම සේනාව, පශ්චිම රැකවල් සේනාව.

Rescind, v. අවලංගුකරනවා, (නියමයක්) දෙවනු නිෂ්ප්‍රභාකරනවා. [නම්) ඇරීම.

Rescission, n. අවලංගුකිරීම, නිෂ්ප්‍රභාකිරීම, (නහ

Rescript, n. (පුරාණ රෝමයේ අගරජ්ජුගේ) විශේෂෝත්තරය *or* විශේෂාවසරය ; රාජාඥාව, නියෝගය.

Rescue, v. ගලවනවා, ගලවාගන්නවා, මුදනවා, විනිර්මුක්ත කරනවා.

Rescue, n. ගලවාගැනීම, මුදාගැනීම &c., විනිර්මුක්තිය ; (තහනම් බඩු) බලෙන් ගලවාගැනීම.

Research, n. හොඳට සොයාබැලීම, සෝදිසිය, ගවේෂණය, පරීක්ෂණය, පරේෂණය, මීමාංසනය.

Reseize (රී...), v. නැවත අල්ලාගන්නවා ; in law නැවත අත්කරගන්නවා, නැවත භුක්තියට පැමිණෙනවා.

Resemblance, n. සමානකම, සමානත්වය ; සාදෘශ්‍යය, උපමිතිය, ප්‍රතිමාව. [*or* සිටිනවා.

Resemble, v. සමානයි, සමානව—සදෘශව—තිබෙනවා

Resent, v. (යමෙකුගේ මැදිවීමට &c.,) අමනාපවෙනවා, අමනාපය පානවා, තුරුස්සනවා.

Resentful, a. (එසේ) ඉක්මනින් අමනාපවෙන, නොරිස්සුම්, අශාන්ති.

Resentment, n. (අපට කළ ක්‍රියාවට) අමනාපවීම, තද අමනාපය, අසහනය, කෝපය.

Reservation, n. ඉතුරුකර තබාගැනීම &c. ; (mental) එළිනොකර ඉඳීම ; ඉතුරුකරගත් දේ, තබාගන්න ලද දේ ; ප්‍රකාශ නොකළ කාරණාව, සංවෘත කාරණය ; in law (කැරයේ) ව්‍යතිරේක වාක්‍යය, ව්‍යතිරේකය.

Reserve, v. (පංගුවක් හෝ සියල්ලම) ඉතුරුකර තබාගන්නවා, (මතුවට) තබාගන්නවා ; වියදම්නොකර—නොදී—තබාගන්නවා.

Reserve, n. ඉතුරුකරගැනීම ; මතුවට ඉතුරුකරගත් දේ, තබාගන්න දේ &c., see Reservation ; (of an army) වැඩිපුර සේනාව, අතිරේක සේනාව; නිදහස් ලෙස කථානොකරන ගතිය, සංවෘත සවභාව, කොහොල්කම ; be in reserve මතුවට තබාතිබෙනවා.

Reserved, pp. *or* a. ඉතුරුකර තබාපු &c.; නිදහස් ලෙස කථානොකරන, සංවෘත, කොහොල්.

Reservedly, ad. නිදහස් ලෙස කථානොකර &c., සංවෘතියෙන්, ඉතා ප්‍රවේසමෙන්.

Reservoir, n. වතුර රඳවාගන්න ස්ථානය, ජලාශය, වැව.

Reset (රීසෙට්), v. නැවත පිහිටුවනවා, (අච්චුඅකුරු) නැවත යොදනවා ; Scot. හොර බඩු පිළිගන්නවා.

Reset (රී...), n. නැවත පිහිටුවීම &c. ; අකුරු නැවත යොදපු පිට.

Reshipment (රී...), n. (නැවකට බඩු) නැවත පැටවීම ; නැවත පටවාපු බඩු

Reside, v. වාසයකරනවා &c., see Dwell (but not fig.) ; (of demons) අරක්ගන්නවා, අරක්ගෙන සිටිනවා.

Residence, n. වාසයකිරීම &c., පදිංචිය, අධිවාසිතාව; වාසස, නිවාසය, විමානය, භවනය, B. P. ආරාමය, පිරිවෙන.

Resident, a. වාසයකරන, වැසි, පදිංචි, පදිංචිකාර. නිවාසි, නේවාසික, අධිවාසි.

Resident, n. වාසයකරන්නා, පදිංචිකාරයා, නේවාසිකයා ; දිව්‍යප්‍රේෂිත නානාපතියා.

Residual, a. ඉතුරු, ඉතිරි, අවශිෂ්ට ; n. in math, ශේෂවාචකය, ශේෂභාගය.

Residuary, a. අවශේෂ, අවශේෂය සම්බන්ධ ; residuary legatee (අන්තිම කැමති පත්‍රයේ හැටියට) සමස්තාවශේෂය ලබන්නා.

Residue, n. ඉතුරු කොට්ඨාසය, ඉතිරි පංගුව, අවශේෂය, ශේෂභාගය.

Residuum, n. L. (සංශෝධනයෙන් මණිසි ආදි) ඉතුරු පංගුව, බේරෙන ඒවා

Resign, v. අහක්වීමට අවසර ඉල්ලනවා, ඉල්ලා අහක් වෙනවා, (ලත් බලය, නිලය &c.) නැවත භාරකර අරිනවා; resign one's self භාරවෙනවා, යටත්වෙනවා.

Resignation, n. අහක්වීමට අවසර ඉල්ලීම &c.; අහක්වීමට ඉල්ලා අරින පත්‍රය; (දේව කැමැත්තට) භාර වීම, යටත්වීම; (එසේ) යටත්වෙන ස්වභාවය, තිතික්ෂාව.

Resigned, pp. *or* a. ඉල්ලා අහක්වූ; දේවකැමැත්තට භාරවෙන, යටත්වෙන, ඉවසිලිවන්ත. [bound.

Resilience, Resiliency, n. ආපසු පැනීම See Re-

Resin, n. දුම්මල, ලාටු, ලාටුම්, සඳෙලුමල.

Resiniferous, a දුම්මලදයක, සඳෙලුමල දරන.

Resinous, a දුම්මල ආකාර, දුම්මල &c., සඳෙලුමල සහිත.

Res integra, L. in law අලුතු දෙයක්, අලුතු ශිෂ්ටුමක්, තවීන කාරණය.

Resist, v. විරුද්ධවෙනවා, විරුද්ධකම් පානවා, බාධනයකරනවා; (යම් බලයකට යටත්නොවී, නොබිඳී) දරාසිටිනවා

Resistance, n. විරුද්ධවීම &c., බාධනය; බාධක බලය.

Resisting, p. *or* a. විරුද්ධවෙන, බාධක; resisting medium (යම් දෙයක ගමනට) බාධක අවටභාගය.

Resistless, a. (යමෙකුට) වැලැක්විය නොහැකිවූ &c. See Irresistible.

Resistlessly, ad. වැලැක්විය නොහැකි ලෙස &c., අබාධනාකාරයෙන්.

Resistlessness, n. වැලැක්විය නොහැකි භාවය, අබාධනතාව.

Resolute, a. ධෛර්‍යමත්, නිර්භීත, ස්ථිර, සිතින් සම්මූ, බුහුටි, ස්ථිරචේතසක.

Resolutely, ad. ධෛර්‍යමත් ලෙස &c., ස්ථිර සිතින්, සිත් සම්යෙන්.

Resoluteness, n. ධෛර්‍යමත්කම &c., සිත් සම්ය, ස්ථිර චේතසකතාව.

Resolution, n. ධෛර්‍යය, සිත් සම්ය;
analysis, separation, ප්‍රතිභේදනය, විප්‍රයෝගය, කොටස්වශ වෙන්කිරීම *or* වෙන්වීම;
in alg. &c. බේරීම, විභේදනය: explanation විසඳීම, බේරුම්කිරීම;
resolve, purpose, යෝජනාව, කතිකාව, සම්මතිය, සම්මතය, decision නියමය;
in med. dispersion විසුරුවා ඇරීම, දුරිකරණය.

Resolvable, a. separable වෙන්කළ හැකිවූ, ප්‍රතිභේද්‍ය, විභේද්‍ය.

Resolve, v. separate කොටස්ශ වෙන්කරනවා, බේරනවා, ප්‍රතිභේදනය කරනවා, විප්‍රයෝගකරනවා, විභේදනය කරනවා;
explain විසඳනවා, පහදනවා;
decide යෝජනාවක් නියමකරනවා *or* පිළිගන්නවා, determine සනිටුහන්කරනවා;
solve, disperse (ගඩු &c.) විසුරුවා අරිනවා, දියකර අරිනවා.

Resolve, n. ස්ථිර අරමුණ, නියම අදහස, අභිසන්ධානය, දෘඩාශයය, සනිටුහන; නියමය, නියෝගය.

Resolved, be, v. (කොටස්ශ වශයෙන්) වෙන්කරනු ලබනවා &c., (ධාතු වශයෙන්) වෙන්වී තිබෙනවා *or* වෙන්වෙනවා, ප්‍රතිභේදිත වෙනවා; නියමකර තිබෙනවා, සනිටුහන් කරගෙන සිටිනවා.

Resolvent, a. (ගඩු &c.) දියකරඅරින බෙහෙතක්.

Resonance, n. ඝෝෂකාර දෙන ගුණය, ඝෝෂකාර ස්වභාව, අනුනාදය.

Resonant. a. ඝෝෂකාරදෙන, අනුනාදී, ප්‍රතිරාව.

Resort to, v. (යම් තැනකට) නැවත නැවත යනවා, (එහි) ගැවසෙනවා; (යමක් ඉෂ්ටකිරීමට යම් විසියක්) භාවිතාකරනවා &c See Recourse.

Resort, n. (තැනකට) නැවත නැවත යාම, ගැවසීම; ගැවසෙන තැන; උපක්‍රමය.

Resound, v. ඝෝෂකාරදෙනවා &c., see Echo; resound (his) praise (යමෙකුට) ශබ්දනගා වර්ණනා කරනවා, (යමෙකුගේ) යශෝඝෝෂාව පතුරුවනවා.

Resound (රීසෞන්ඩ්), v. නැවත ශබ්දකරනවා *or* නැවත ශබ්දවෙනවා.

Resource, n. (යමක් ඉෂ්ටකිරීමට, හිතැකමකට) උපක්‍රමය, හැකිය, උපාය, අභ්‍යුපාය; pl. අරමුදල්, ධන.

Respect, v. regard සලකනවා, esteem උතුම්කොට—සාදරයෙන්—සලකනවා; relate to අදාළව-සම්බන්ධව—තිබෙනවා.

Respect, n. සැලකීම &c.; සාදරය, සම්මානය, ගෞරවය; pay respect to සාදරය &c. පානවා, ගරුකරනවා; (undue) respect of persons තරාතිරම් බැලීම;
with respect to this, in this respect, respecting this, මෙය ගැන නම්, මෙය බැලූවිට;
in all respects සර්වතෝභාවයෙන්.

Respectability, n. (ලීලාවෙන්) අසිව්කම, සුශීලතාව; වැදගත්කම, සම්මානතාව.

Respectable, a. අසිව්, සුශීල, වැදගත්, තම්බුකාර, සැලකියයුතු, මාන්‍ය, සම්මාන්‍ය, මධ්‍යස්ථ ප්‍රමාණ (කම් &c.).

Respectably, ad. අසිව්ලෙස, සුශීලාකාරයෙන්, ගරුලෙස; මධ්‍යස්ථ ප්‍රමාණයෙන්.

Respected, pp. *or* a. සාදරයෙන් සලකනු ලබන, සම්මානිත.

Respectful, a. සාදර, නිසිලෙස ගරුකරන, ගෞරව සහිත.

Respectfully, ad. සාදරයෙන්, සම්මානයෙන්, ගෞරව පූර්වකව, සාදර පෙරදැරිකොට, ගරුකර.

Respectfulness, n. සාදරයෙන් හැසිරීම, ආදර සහිතතාව, ගරුකිරීම.

Respective, a. එකිනෙකට අයිතිවූ, එකඑක්කේම, පුද්ගලික, ප්‍රත්‍යේක, (ස්ථාන, යුතුකම් &c).

Respectively, ad. එකිනෙකට, එකිනෙකාට, පුද්ගලික වශයෙන්, ප්‍රත්‍යේකාකාරයෙන්.

Respirable, a. ආශ්වාස ප්‍රශ්වාස කිරීමට සුදුසු (වාත).

Respiration, n. ආශ්වාස ප්‍රශ්වාස කිරීම, හුස්මගෙන ඇරීම, ආශ්වාස ප්‍රශ්වාසය.

Respirator, n. ආශ්වාස ප්‍රශ්වාස-මුඛාවරණය, කට දූල් වැස්මක්. [අයිති.

Respiratory, a. ආශ්වාස ප්‍රශ්වාස, හුස්ම ගැනීමට

Respire, v. ආශ්වාස ප්‍රශ්වාසකරනවා, හුස්මහෙලනවා, හුස්ම හෙළාගන්නවා.

Respite (රෙස්පිට්), n. නැවතිල්ල, අපගමය, විරාමය, නිෂ්කල්පකය; (මරණය &c.) කල්දැමීම.

Respite (රෙස්පිට්), v. අපගමය &c. දෙනවා; (කලකට) සහනයකරනවා; අතපසුකරනවා, (මරණය &c.) කල්දමනවා.

Resplendence, Resplendency, n. දීප්තිමත්කම, විරාජමානතාව &c. see adj.

Resplendent, a. දීප්තිමත්, විරාජමාන, උජ්ජ්වලිත, ප්‍රජ්වලිත, භාස්වර.

Respond, v. උත්තරදෙනවා, ප්‍රතිවාක්‍ය කියනවා; (යමෙකුගේ කීමට, ඉල්ලීමට or ක්‍රියාවට) අනුකූලව ක්‍රියාකරනවා, එකඟවෙනවා, (කීම &c.) පිළිගන්නවා.

Respondent, be, v. (කීමට, බලාපොරොත්තුවට) උත්තරයක්ව—අනුකූලව—තිබෙනවා.

Respondent, n. විත්තිකාරයා, විත්තිකාරී, ප්‍රතිපක්ෂයා; ප්‍රතිජීතකීකාරයා, ප්‍රතිවාදියා.

Response, n. උත්තරය, පිළිවදන, පිළිතුර; ප්‍රත්‍යුත්තරය; ප්‍රතිගීතිය.

Responsibility, Responsibleness, n. වගකීම, වගකියයුතුබව; බරපතළකම.

Responsible, a. වගකියයුතු, වගකියන්ට ඔබිනැවූ (කෙනෙක්); වගකියයුතු, බරපතළ (නිලයක් &c.).

Responsion, n. (අග්‍ර පාඨශාලාවේ) මධ්‍යම විභාගය.

Responsive, a. උත්තරදෙන &c., ප්‍රතිවාක්‍යකාර; අනුකූල.

Responsory, a. උත්තර අඩංගු, ප්‍රත්‍යුත්තර; n. ප්‍රත්‍යු [ත්තරය

Rest, n. නැවතිල්ල, නිෂ්කලංකය, නිවාඩුව, විරාමය; sp. from toil or fatigue විශ්‍රාමය, විශ්‍රාන්තිය; from agitation අචලතාව, නිශ්චලය; peace ශාන්තිය; sleep &c. නින්ද, ශයනය; resting place වාසස්ථානය, පිහිටි තැන or පිහිටීමට තැනක්; prop රුකුල; in mus. (ගායනාවේ) විරාමය, විරාම සලකුණ; fig මරණය.

Rest, the, n. ඉතුරු පංගුව, ශේෂය, &c., see Remainder, සෙසු ඒවා, සෙස්සෝ.

Rest, v. නවතිනවා, නිෂ්කලංක &c. ගන්නවා; නිශ්චල වෙනවා; lie down හාන්සිවෙනවා; rest on පිහිටා—බරව—තිබෙනවා, fig. විශ්වාසකරනවා, (යමෙක් කෙරෙහි) පිහිටා -- සමාලම්බිතව—සිටිනවා; rest against (යමකට) හේත්තුවෙනවා; rest with (නියමකිරීමට යමෙකුට) ඇර—භාරදී—තිබෙනවා; place on පිහිටුවනවා, තබනවා, සමාලම්බනය කරනවා.

Restaurant (රෙස්ටොරං), n. Fr. භෝජන සංග්‍රහ ශා [ලාව.

Rest-house, n. අම්බලම, තානායම, ප්‍රසිද්ධ විශ්‍රාම ශාලාව.

Resting-place, n. නවතින ස්ථානය, විශ්‍රාම ස්ථානය.

Restitution, n. (පැහැරගත් දේ) නැවත දීම; අලාභ ගෙවීම, වන්දිය, හිලව්කිරීම.

Restive, a. දඟලන, දඟකාර, මුරණ්ඩු, (අශ්වයා &c.).

Restless, a. චංචල, නිතර දඟලන, නිශ්චල නොවන, අශාන්ත; නින්ද මදි, නිදිමරණ, (රාත්‍රිය), අනිද්‍ර; නොසංසිඳෙන (ආශා); තැනින් තැන යාමට ලැදිවූ.

Restlessness, n. චංචලභාවය, දඟලන ගතිය; අශාන්තිය, අනිද්‍රතාව &c.

Restoratian, a. (නැතිවූ දේ) නැවත දීම &c., ප්‍රතිසංස්කරණය; සනීපවීම; see Renovation; in E. hist. රජකම නැවත පිහිටුවීම; in theol. සර්වමනුෂ්‍ය-විමෝචනය, (පාපයෙන් හා දුකින්) සියල්ලන් ගළවාගැනීම.

Restorationist, n. සර්වමනුෂ්‍ය-විමෝචනදෘෂ්ටියා.

Restorative, a. සනීපකරන, ශක්තිජනක; n. ශක්තිජනකෞෂධය.

Restore, v. (නැතිවූ දේ) නැවත දෙනවා; නැවත පිහිටුවනවා, නැවත පත්කරනවා; (නැතිවූ ස්වභාවට or තැනට) නැවත පමුණුවනවා, ප්‍රතිසංස්කරණය කරනවා, ප්‍රකෘතිමත්කරනවා &c., see Repair; සනීපකරනවා; restore to life නැවත පණ උපදවනවා.

Restored pp. or a. නැවත දෙනලද &c.; ප්‍රකෘතිමත්වූ; සනීපවූ.

Restrain, v. මදස් නවත්වනවා, වලක්වනවා. See Repress.

Restraint, n. මදස් නැවැත්වීම &c.; තහනම, සංයම [ය.

Restrict, v. (සම්පූර්ණ නිදහස නොදී) ප්‍රමාණ කරනවා, අවහිරකරනවා, සීමාසහිත කරනවා.

Restriction, n. ප්‍රමාණකිරීම &c., බාධනය; බාධාව; අවහිරකම.

Restrictive, a. ප්‍රමාණ කරන &c., බාධක.

Result, v. result from (හේතුවකින්, කාරණාවලින් &c.) අටගන්නවා; අනුමිතිවශයෙන් ඔප්පුවෙනවා; result in යම් නින්දුවකට පැමිණෙනවා: this will result in evil අවැඩ සිදුවීමට මෙක හේතුවක් වෙයි, මෙයින් අවැඩ සිදුවෙයි.

Reusl[t], n. (යමකින් සිදුවෙන) ඵලය, ප්‍රතිඵලය, විපාකය, නින්දුව.

Resultant, a. or n. (සම්බන්ධ දෙකකින් &c.) අටගත්ත, සංයෝගජනිත, (බලය &c.).

Resumable, a. නැවත ගතහැකිවූ, &c., see verb.

Resume (රේසුමේ), n. Fr. (කී දේවල) සංක්ෂේප සංග්‍රහය.

Resume (රෙසුම්), v. (දුන්—අත්ඇරිය—දේ) නැවත ගන්නවා, පුනරුද්ධාකරගන්නවා; (නැවැත්තූ එක) නැවත පටන්ගන්නවා.

Resurrection, n. නැවත නැගිටීම, sp. [illegible]ගේ නැවත නැගිටීම or ජීවත්වීම, උත්ථානය, පුනරුත්ථානය, පුනරුජ්ජීවනය.

Resurvey, v. නැවත පරීක්ෂාකර බලනවා, නැවත මැන බලනවා.

Resuscitate, v. නැවත ප්‍රාණවත්කරනවා, නැවත පණ උපදවනවා; නැවත ප්‍රබෝධකරනවා.

Resuscitation, n. නැවත ප්‍රාණවත්කිරීම &c.; ප්‍රතිජීවනය, පුනරුත්ථානය.

Ret, v. පොඟවනවා, (පෙඟවීමෙන් මදක්) දිරවනවා

Retail, v. සිල්ලර විකුණනවා; පංගුවශයෙන්—නොයෙක් දෙනෙකුට—කියාදෙනවා.

Retail, n. සිල්ලර විකිණීම; a. සිල්ලර විකුණන.

Retain, v. අත්නැර සිටිනවා, තබාගන සිටිනවා, තබාගන්නවා, නවත්වා ගන්නවා; (වැඩට &c. මිනිසුන්) සිටවාගන්නවා, (නීතිඥයෙකු &c.) නියම්කරගන්නවා, අල්ලාගන්නවා; (රස්තය, තෙතමන &c. යමකින්) නවත්වනවා.

Retainer, n. අත්නැර සිටින්නා &c.; අතවැසියා, අයිනයා, (pl.) අගම්පඩි සේනාව; (නඩුව &c. භාරදීමට ගෙවන) ගණන.

Retaining-wall, n. පස් නවත්වන තාප්පය, පතාබැම්ම.

Retake, v. (අල්ලාගත් අයගෙන් බිඩු &c.) දෙවනු අල්ලාගන්නවා.

Retaliate, v. (තරකට) එකටෙක කරනවා or කියනවා, පළිගන්නවා, ප්‍රතිකර්මයකරනවා.

Retaliation, n. එකටෙක කිරීම &c., ප්‍රතිකර්මය, ප්‍රතිඝාතිය, ප්‍රතිහිංසාව.

Retard, v. වේගය බාලකරනවා; පුනංගුකරනවා, ප්‍රමාදකරනවා, බාධාකරනවා, ප්‍රලම්බනයකරනවා.

Retch, v. ඔක්කාරකරනවා, වමනයකරන්ට උත්සාහකරනවා.

Retching, n. ඔක්කාරකිරීම &c., ඔක්කාරය, උද්ගා [රය.

Retention, n. අත්නැර සිටීම &c., see Retain; of memory මතක්කර ගැනීමේ බලය, සම්රණ බලය, ධාරණ ශක්තිය; in med. (කුඩුව්, මුත්‍ර, ආදිය) ධාරණය, ධාරණ බලය; අඩස්සිය.

Retentive, a. ධාරණයකරගන්න, ධාරණ, (සමරණය).

Reticence, Reticency, n. කාරණ එළිනොකර සිටීම, තුෂ්ණිම්භාවය, නිශශබ්දකම.

Reticular, Reticulate, Reticulated, a. දැල් ආකාර, ජාලාකාර; reticulated work දැල් ආකාර වැඩ, අච්චාහැඩ–ගල්වැඩ.

Reticulation, n. දැල්වැඩ; ජාලාකාරත්වය.

Reticule, n. දැල් ආකාර මල්ල; සමුක්කා දැල.

Retiform, a. දැල්වූ, ජාලා.

Retinitis, n. දෘෂ්ටිජාලිකා දහය

Retina, n. (නේත්‍රාභ්‍යන්තර) දෘෂ්ටිජාලිකාව.

Retinue, n. පිරිවර, පිරිවර ජනයා, පරිවාර ජනයා; පිරිස, සෙනඟ.

Retire, v. (තැනකින් or තනිව සිටීමට) අහක්ව යනවා, ඉවත්ව යනවා, අපයාතයකරනවා; (නිලයෙන්) අහක්වෙනවා or අස්වෙනවා; (වෙරළ, ඉම &c.) පස්සටවී තිබෙනවා; (වතුර ගැල්ම) පසුබසිනවා, බැසයනවා; (මුදල් පත්‍රයක්) ගෙවා ගෙන්නවා.

Retired, a. අහක්වුණ, අස්වූ, අප්‍රසිද්ධ; මුළුතැර, පිටිසරබද.

Retirement, v. අහක්ව යාම &c.; අප්‍රසිද්ධ ගතිය, අප්‍රසිද්ධයෙන් පසුවීම, විවේකිත්වය.

Retiring, a. අප්‍රසිද්ධව සිටීමට ලැදිවූ, ලජ්ජාශීලී, බුහුටි නැති, අප්‍රගල්භ, අප්‍රෞඩ. [වෙනවා.

Retort, v. ඇනුම්පදයෙන් උත්තරදෙනවා. බහින්බස්

Retort, n. ඇනුම්පදයෙන් උත්තරදීම &c.; ඇනුම්පද උත්තරය; මණ්ඩ භාරක භාජනය, (රසායන පෙරන) ගෝල වීදුරුව, (ගල්අඟුරු) දුම් උදුන.

Retouch, v. or n (සිතියමක්, රචනාවක් &c. වඩා හොඳකිරීමට) තව පිකාපිකා හරිගස්සනවා; (එසේ) හරිගැස්සීම.

Retrace, v. ආපසු අඩිතබා යනවා, ආපසු යනවා; (පැහැදිලිකිරීමට එම ඉරි, සිතියම්) නැවත අඳිනවා.

Retract, v. (කී දේ) අත්අරිනවා, ව්‍යතික්‍රමණය කරනවා; (මෘග නියපොතු) අකුලාගන්නවා.

Retractile, a. පස්සට ඇදගත–අකුලාගත–හැකිවූ. ඇකිළෙන, (නිය, නහර &c.).

Retraction, n. (කීදේ) අත්ඇරීම &c., ව්‍යතික්‍රමය; (නහරයක &c.) ඇකිළීම.

Retractive, a. පස්සට ඇදගන්න, පශ්චාත්කර්ෂික.

Retractor, n. පශ්චාත්කර්ෂික නහරයක්; වෙද ආවුදයක්.

Retraxit, L. (lit. පහකරගත්තා), නඩුව අත්ඇරීම.

Retreat, v. (ආරක්ෂාවට &c.) ආපසු යනවා, පසුබසිනවා, (තැනක් අත්ඇර) යනවා, විප්‍රයාණයකරනවා &c., see noun; retreat into ඇතුළට යනවා.

Retreat, n. ආපසු යාම &c., විප්‍රයාණය; පරාවෘත්තිය; අප්‍රසිද්ධ ස්වභාව, අප්‍රසිද්ධ තැන; රක්ෂස්ථානය; (හේවායන්ට) අහක්වයාමේ අණබෙරය.

Retrench, v. වියදම අඩුකරනවා, සකසුරුවම්කරනවා; mil. ඇතුල්කොටුවක් සාදනවා.

Retribution, n. විපාක දීම, ඵලවිපාකය, ප්‍රතිඵලය, ප්‍රතික්‍රියාව. [නාපනක.

Retributive, a. විපාක දෙන, ප්‍රතිඵලදායක or දණ්ඩ

Retrieve, v. (නැතිවූ ධන, කීර්තිය &c.) නැවත ලබාගන්නවා, නැවත උපදවාගන්නවා. [ය.

Retro, prefix, ආපසු, පස්සට, යන අර්ථ ඇති උපසර්ග

Retroact, v. විරුද්ධව ක්‍රියා කරනවා.

Retroaction, n. ප්‍රතිබලයක් පැවැත්වීම, ප්‍රතිකූල විගයෙන් ක්‍රියාකිරීම; පසුවූ යමකට වෙනසක් කිරීම or වෙනසක් වීම.

Retrocede, v. (ප්‍රථම හිමිකාරයාට) නැවත භාරදෙනවා; ආපසු යනවා, පසුබසිනවා.

Retrocedent, a. ශරීරයේ තැනින් තැන මාරුවෙන, ශරීරයේ සඤ්චාරණ (රෝග).

Retroflex, Retrofracted, a. in bot. පස්සට නැමුණ, පශ්චාන්නත.

Retrogradation, Retrogression, n. පස්සට යාම &c.; පසුබටය; in astr. පශ්චිමචාරය.

Retrograde, Retrogressive, a. පස්සට යන &c., see verb; පශ්චිමචාර.

Retrograde, v. පස්සට යනවා, පස්සට වෙනවා, පසුබසිනවා, පසුබටවෙනවා; (ග්‍රහතාරකා) පශ්චිම දෙසට යනවා.

Retrospect, Retrospection, n. පසුගිය කාරණ බැලීම, අතීතය බැලීම, අතීත දේ කල්පනාකර බැලීම, අතීතකාල නිරීක්ෂණය; retrospection අතීත නිරීක්ෂණේන්ද්‍රියය.

Retrospective, a. පසුගිය දේ කල්පනාකර බලන; අතීතයට අදාළවෙන or වැටහෙන.

Return, v. i. හැරියනවා, හැරීඑනවා, නැවත පැමිණෙනවා, පුනරාගමනය කරනවා; (කාරණාවකට) නැවත බසිනවා.

Return, v. t. ආපසු ගෙනයනවා, ආපසු යවනවා or එවනවා; (ඉල්ලාගත්–භාරගත්–දේ) නැවත දෙනවා or භාරදෙනවා; (තිබුණ තැන්හි) නැවත තබනවා; (an answer) උත්තර–ප්‍රත්‍යුත්තර–දෙනවා. See Render.

Return, n. හැරීයාම &c., ප්‍රත්‍යාවර්තනය, ප්‍රත්‍යාවෘත්තිය, ආපසු ගෙනයාම &c., වාර්තාව: return of election expenses ඡන්දයේ වියදම් වාර්තාව; profit ලාභය, ප්‍රතිලාභය; ජයග්‍රහණය; requital ප්‍රතිදානය, ත්‍යාගය.

Returnable, a. නැවත දියහැකිවූ; නැවත දියයුතු, භාරදියයුතු (වාර්තා &c.).

Return-day, n. වාර්තාව–සිතාසිය–භාරදියයුතු දවස, විත්තිකාරයා පෙනීසිටියයුතු දවස.

Returning-officer, n. වාර්තාකරන නිලධාරියා.

Return-ticket, n. ගමනාගමන සීට්ටුව, (දුම්රියේ etc.) යන්ට එන්ට දෙන අවසර පත්‍රය.

Retuse, a. in bot. අග්‍රකුහර, අග්‍රකුපාකාර, (පත්‍ර).

Reunion, n. නැවත එක්වීම or හෙත්තුවීම, නැවත ගැළපීම &c., see v. i.; පුනඃ සංයෝගය; සමමුතිය; B. of soul & body ප්‍රතිසන්ධිය.

Reunite, v. නැවත හෙත්තු–සන්ධි–කරනවා, නැවත ගළපනවා, නැවත ඒකාබද්ධකරනවා, නැවත සම්බන්ධකරනවා, නැවත සමාදානකරනවා &c.; නැවත හෙත්තුවෙනවා &c., see Unite.

Reveal, v. එළිකරනවා, එළිදරව්කරනවා, ප්‍රකාශකරනවා. [රය.

Reveille (රෙවෙල්යේ), n. Fr. in mil. අලුයම් අණබෙ

Revel, v. සෝභා ඇතුව මංගල්‍ය පවත්වනවා; fig. ප්‍රීතියෙන් පිනනවා or පිනා යනවා.

Revel, Revelling, n. සෝභා සහිත මංගල්‍යයක්, මද්‍යපානෝත්සවය.

Revelation, n. එළිකිරීම &c.; sc. (දේවානුභාවෙන් දී තිබෙන) ශුද්ධ ලියවිලි, දේවවාක්‍ය, දේවප්‍රකාශනය; එළිදරව් කිරීම නම්වූ පොත.

Revel-rout, n. සෝභාකාර—කෝලාහල—මංගල්‍ය පිරිස. [කාර ක්‍රීඩාව.

Revelry, n. සෝභාකාර මංගල්‍ය පැවැත්වීම ; සෝභා

Revenge, v. පළිගන්නවා, එදිරි පිරිමහනවා.

Revenge, n. පළිගැනීම, එදිරි පිරිමැහීම, ප්‍රතික්‍රියාව.

Revengeful, a. පළිගැනීමට ලැදිවූ, පළිගන්න &c., ක්‍රෝධකාර, නපුරු.

Revenue, n. ආදායම් මුදල, ආදායම, අය, අයබද්ද.

Revenue-officer, n. රේගුවේ නිලකාරයා.

Reverberant, a. ඝෝෂාකාරදෙන, අනුනාදී.

Reverberate, v. ඝෝෂාකාරදෙනවා, ප්‍රතිරාවයකරන වා ; ඝෝෂාකාර වෙනවා &c. ; (එළිය, ගිනිදැල්ල) වැටෙනවා or ආපසු හරවනවා.

Reverberation, n. ඝෝෂාකාර දීම &c., see Echo ; (එළිය &c.) වැටීම.

Revere, Reverence, v. ඉතා ගරුකොට සලකනවා, ගෞරව කරනවා, බුහුමන්කරනවා, සම්මානනය කරනවා, සම්භාවනයකරනවා.

Revered, a. ගරුකොට සලකනු ලබන, සම්මානිත, මහිත, පූජිත.

Reverence, n. ඉතා ගරුකොට සැලකීම &c., සම්මා නනය, බුහුමන්, බහුමානය ; his reverence &c. හාමුදුරුවෝ.

Reverend, a. ගරුකටයුතු, ගෞරවාර්හ, පූජ්‍ය ; Rev. ගෞ., ගරු.

Reverent, a. ගරුකොට සලකන, ගරුකම පාන, ගෞරව සහිත, සම්මානන. [සාදර.

Reverential, a. ගරුකරන, සම්මානන ප්‍රකාශක,

Reverentially, Reverently, ad. ගරුකමින්, ගරුකම පා, සම්මානනාකාරයෙන්.

Reverie, n. හීනයක් වැනි සිතිවිල්ල, අසම්බන්ධ සිතිවිලිපෙළ, චිත්තසංහතිය ; ධ්‍යානය, සමාධිය.

Reversal, n. වෙනස්කිරීම, වෙනස්වීම, විපර්යාසය.

Reverse, v. පෙරළනවා, පූර්වාපරකරනවා, විපර්යාස කරනවා ; (මුසිංචි) අවලංගුකරනවා.

Reverse, n. වෙනස්වීම, පරාවර්තනය ; විලෝමය, විප ර්යාසය, ව්‍යසනය, අවාසනාව; (මිලයේ) පිටිපැත්ත.

Reverse, a. ප්‍රසව්‍ය, පූර්වාපරභූත, ප්‍රතිලෝම, ප්‍රතිකූල.

Reversed, pp. or a. පෙරළී තිබෙන, විපරීත, විපරි වර්තිත, ව්‍යත්‍යස්ත ; අවලංගුකළ. [වර්ත්‍ය.

Reversible, a. (අනික් අතට) හරවාගත හැකිවූ, පරා

Reversion, n. (යම් නියමයක හැටියට ලැබෙන) මතු භුක්තියක් ; මතු භුක්තියේ අයිතිවාසිකම, මාරුව.

Reversionary, a. (වෙන යමෙකුට) පසුව ලැබෙන්ට තිබෙන, මතුභුක්තියේ, (උරුමය &c).

Reversioner, n. (යම් වස්තුවක්) මතු භුක්තිවිඳින්ට සිටින්නා, මතු භුක්තියේ හිමියා.

Revert, v. (කාරණවකට) නැවත බසිනවා, (ඒ ගැන) නැවත යමක් කියනවා ; (අහක්වූණ භුක්තිය) හිමියාට නැවත ලැබෙනවා.

Revetment, n. (බලකොටු) ගල්බැඳීමෙන් සවිකිරීම ; ගල්බැම්ම.

Review, v. නැවත බලනවා, නැවත කල්පනාකර බල නවා ; ගුණදොස් පරීක්ෂාකරනවා ; (සේනා &c.) සමීක්ෂණයකරනවා, ප්‍රදර්ශනයකරනවා.

Review, n. නැවත බැලීම &c., පරීක්ෂණය, සමීක්ෂණ ය, ගුණදොෂ විවේචනය ; of troops සේනා ප්‍රදර්ශ නය ; a periodical පරීක්ෂක සඟරාව.

Revile, v. බණිනවා, නින්ද—ගර්හා—ගැරහුම්—අපහාස —පරිභව—කරනවා. [කයා.

Reviler, n. බණින්නා &c., ගැරහුම්කාරයා, ආක්‍රෝශ

Reviling, n. බැණීම &c., නින්දාව &c., ආක්‍රෝශය.

Revisal, n. හරිවැරදි බැලීම &c. සංශෝධනය, පරි ශෝධනය.

Revise, v. හරිවැරදි බලනවා, හරිගස්සනවා, සංශෝ ධනයකරනවා &c. [ධ්‍ය පත්‍රයක්.

Revise, n. නැවත බලා හරිගැස්සීම ; දෙවෙනි ශෝ

Revision, n. හරිවැරදි බලා හරිගැස්සීම &c.. ශුද්ධිය, see Revisal ; හරිගැස්සූ—සංශෝධිත—පොත.

Revision, Revisory, a. හරිවැරදි බලන &c., සංශෝ ධක, (සභාව, මැඩ).

Revival, n. නැවත ජීවත්වීම &c., (කලානතාවී) නැවත සිහියට පැමිණීම, පුනර්ජීවනය, පුනරුත්ථානය. නැවත ජීවත්කිරීම &c., (ආගම—ප්‍රාණගැළුම්ම— භක්තිය—ගැන) අලුතු සැලකීම, අලුතු උනන්දුකම.

Revivalist, n. (ආගම &c. ගැන අලුත්) උනන්දුකරන් නා, ප්‍රාණවත්කරන්නා.

Revive, v. i. නැවත ජීවත්වෙනවා, නැවත පණ උප දිනවා, නැවත ප්‍රාණවත්වෙනවා ; නැවත උනන්දු වෙනවා ; in chem. (සංමිශ්‍රකෘත ලෝහ) ප්‍රකෘතිමත් වෙනවා.

Revive, v. t. නැවත ජීවත්කරනවා, නැවත පණ උපද වනවා, නැවත ප්‍රාණවත්කරනවා &c.; (කල්පනා, යෝජනා &c.) නැවත උපදවනවා, නැවත එළියට ගෙනෙනවා or මතක්කරනවා.

Revivification, n. නැවත ජීවත්කිරීම, &c., see v.; (ලෝහ) ප්‍රකෘතිමත් කිරීම.

Revivify, v. නැවත ජීවත්කරනවා, නැවත ප්‍රාණවත් කරනවා, නැවත උනන්දුකරනවා.

Revocable, a. අවලංගුකළ හැකි.

Revocation, n. අවලංගුකිරීම, අස්කිරීම, තහනම් ඇරීම.

Revoke, v. (අණක්, නීතියක්) අවලංගුකරනවා, අස් කරනවා, තහනම් අරිනවා.

Revoke, n. (කාඩ්දැමීකෙළියේ) නියමය කඩකිරීම ; v. කඩකරනවා.

Revolt, v. ආධිපත්‍යයට විරුද්ධවෙනවා, කැරළිගස නවා, ද්‍රෝහිකම් කරනවා ; (යම් දුෂ්ටකමකින්) පිළිකුල් සිතවනවා.

Revolt, n. ආධිපත්‍යයට විරුද්ධවීම &c., කැරැල්ල, රාජද්‍රෝහය.

Revolting, p. or a. කැරළිගසමින් &c.; පිළිකුල් සිත වන, කැත, අසික්කිත.

Revoltingly, ad. පිළිකුල් සිතවනලෙස, කැතලෙස, අසික්කිතලෙස.

Revolute, a. in bot. & zool. පස්සට ඇකිළෙන, පශ්චාද්වක්‍ර, පශ්චාත්නත.

Revolution, n. rotation කරකැවීම, කැරකීම ; going round භ්‍රමණය, පරිභ්‍රමණය ; return ආවර්තනය, පරිවර්තනය; of gov. ආණ්ඩු පෙරළිය, ආණ්ඩු විපර්යාසය. රාජ්‍ය පරිවර්තනය, රාජ්‍යවිප්ලවය, රාජ්‍ය විප්ලවය.

Revolutionary, a. ආණ්ඩුපෙරළිය සම්බන්ධ or උපද වන, රාජවිපර්යාසජනක රාජ්‍යපරිවර්තක, විප්ලව සම්බන්ධී.

Revolutionize, v. (ආණ්ඩුව or යම ක්‍රමයක්) විපර්යාස කරනවා, අතිශයින් වෙනස්කරනවා.

Revolve, v. i. කරකැවෙනවා, කැරකෙනවා; වටකර යනවා, භ්‍රමණය කරනවා, පරිභ්‍රමණය කරනවා, පරිවර්තනයවෙනවා.

Revolve, v. t. (යමක් ගැන) කල්පනාකරකර ඉන්න වා, (ප්‍රශ්න &c.) චින්තනයකරනවා.

Revolver, n. කරකැවෙන පිස්තෝලය.
Revolving, a. කරකැවෙන &c., ආවර්තිතමාන, පරිවර්තිතමාන.
Revulsion, n. ප්‍රසන්නකම පහවීම, බලගතු අප්‍රසන්නකම; in med. (ශරීරයේ එක්තැනකින් වෙන තැනකට) රෝගය ඇදගැනීම, රෝගවිකර්ෂණය.
Reward, v. විපාකදෙනවා, ඵලදෙනවා &c., see Recompense.
Reward, n. විපාකය, ප්‍රතිඵලය; (මැඩිවිල) ඵලප්‍රයෝජන; (යමක් කළාට ලැබෙන) තෑග්ග, පාරිතෝෂිකය; reward offered for anything පියැල්ල.
Reynard, n. නරියා, හිවලා.
R. H. A., Royal Horse Artillery, රාජකීය අසරු කාලතුවක්කු හමුදාව, රා. අ. හ.
Rhabdology, n. කෝටුගණිත විධිය.
Rhabdomancy, n. කෝටුවෙන් ජෙනකීම, යෂ්ටිකා මන්ත්‍රනාව.
Rhapsodic, Rhapsodical, a. ව්‍යාකූල වාක්‍යාකාර, ව්‍යාකූල.
Rhapsodist, n. ව්‍යාකූල කථාකාරයා, ව්‍යාකූල රචනාකාරයා; විරිද්දකාරයා.
Rhapsody, n. වියවුල් කථාව, ව්‍යාකූල කථනය, ආකූල වාක්‍ය, ආකූල රචනාව.
Rheometer, n. වෛද්‍යුත - ප්‍රමාණමානක - යන්ත්‍රය. See Electric-machine &c.
Rhetoric, n. ව්‍යක්ත කථික ශාස්ත්‍රය; අලංකාර ශාස්ත්‍රය; වාග්මිතාව.
Rhetorical, a. ව්‍යක්තකථික ශාස්ත්‍ර; වාග්මී, ව්‍යක්ත කථික; උපමා ආකාර, උපමා සහිත.
Rhetorician, n. ව්‍යක්තකථික ශාස්ත්‍රඥයා, අලංකාර ශාස්ත්‍රඥයා.
Rheum (rheum රූම්), n. ශ්ලේෂ්මාශිකය; සෙම, ශ්ලේෂ්මා, ආදිය.
Rheumatic, a. වාතරෝගකාර, වාතරෝගී, වාත ග්‍රස්ත; වාතරෝග, වාතරෝගාකාර; rheumatic fever වාතජ්වරය.
Rheumatism, n. වාතරෝගය, වාතරක්තය.
Rheumy, a. ශ්ලේෂ්මාශික, වාතික; ශ්ලේෂ්මාකාර.
Rhinal, a. නාසය පිළිබඳ.
Rhinencephalic (rhi රෛ), a. මස්තුලුංග නාසික, මොළයෙන් පැමිණෙන නාසේ, (නහර).
Rhinoceros, n. බඩිඟයා, ගෙතිලයා.
Rhinoplastic, a. නාසිකාසාධක.
Rhinoplasty, n. නාසිකාසාධනය.
Rhizophagous, a. මුල් කන, මූලභක්ෂක.
Rhisophora, n. කඩොල්ගස.
Rhizophorous, a. (කඩොල්ගස මෙන්) මූලධාරී.
Rhododendron, n. මාරත්මල්—හෝපලු—අශෝක—ගස.
Rhomb, Rhombus, n. පැති සම අළුවාහැඩය, සමාංශාතුල්‍ය චතුරස්‍රය.
Rhombic a. සම අළුවාහැඩය ඇත්තාවූ, සමාංශාතුල්‍ය චතුරස්‍ර.
Rhombohedron, n. ඝන අළුවාහැඩයක්, ඝනසමාංශාතුල්‍ය චතුරස්‍රය.
Rhomboid, n. දිග අළුවාහැඩය, ආයතාතුල්‍ය චතුරස්‍රය, ජිහ්මකෝණස්‍රය.
Rhomboidal, a. දිග අළුවාහැඩය ඇති, ආයතාතුල්‍ය චතුරස්‍ර.
Rhubard, n. රූබාර්බ් නම්වූ පැළය; (එහි මුල වන) රූබාර්බ් විරේක බෙහෙත.

Rhyme (රෛම්), n. සමානත්‍ව ශබ්දය, එළිසමකම; කවිය; without rhyme or reason හැවියක් කාරණාවක්—අස්මුත්—නැතුව.
Rhyme (රෛම්), v. එළිසමව තිබෙනවා; ශබ්දයෙන් සමකරනවා, එළි සමකොට ලියනවා.
Rhythm, Rhythmus (rhyth රිත්), n. ඡන්දස, ශබ්ද සමතාව, සමපද ක්‍රමය, සමපදපාතය. [ත.
Rhythmical, a. ඡන්දස් සහිත, ශබ්ද සමවූ, සමපදපා
Rhythmometer, n. ශායතාගබ්දකාල-මානක යන්ත්‍රය.
Rib, n. ඉල ඇටය, ඇළ ඇටය, පර්ශුකාව; නැවේ පැත්තේ පරාලයක්, අංශදණ්ඩය; in bot. (කොළයේ) මුදුන් නාරටිය; in arch. බෝක්කු දමයක.
Rib, v. (ඉලඇට සමාන) දම්—රිටි—කම්බි— ආදිය දමනවා; (රෙදි) රැළි ආකාර සාදනවා.
Ribald, a. හිච, තුච්ඡ, කැත; n. හිචයා, තුච්ඡයා, කැතයා.
Ribaldry, n. හිච කථාව, කැත කථාව, ක්‍ෂුද්‍රහරුපය.
Ribbed, a. ඉලඇට ඇත්තාවූ; (පැතිවල, බෝක්කු වල &c.) දම ඇත්තාවූ; රැළි ආකාර.
Ribbon, n. පීත්ත පටිය. සේද පටිය; (නැව් සෑදීමේ) ලීපටිය, දිග ලෑල්ල.
Ribbonism, n. අයිරිෂ් රහස් සභාවක ධර්මය.
Rice, n. හාල්, සාල්, සහල්; boiled බත්, භක්ත, භක්ත.
Rice-flour, n. හාල් පිටි.
Rice-milk, n. කිරිබත්.
Rice-paper, n. සුදු චීන කඩදාසිය.
Rice-weevil, n. ගුල්ලා.
Rich, a. පොහොසත්, ධනවත්, ධනවන්ත; විරාජමාන, ඉසුරුමත්, අලංකාර, අනඝ, (ද්‍රව්‍ය, වර්ණ දර්ශන &c.); fertile &c. සාරවත්, සරු, සශ්‍රීක; luscious අතිප්‍රණීත, අතිසුරස, (කෑම); full පරිපූර්ණ; අතිමධුර (හඬ); a rich person වස්තුකාරයා, පොහොසතා, ධනවතා &c., the rich (pl.) වස්තුකාරයෝ.
Riches, n. වස්තුව, සම්පත, සම්පත්තිය, ධනය, or pl. වස්තු, සම්පත්.
Richly, ad. වස්තු සහිතව; පරිපූර්ණ ලෙස, අතිශයින් ම; ඉසුරුමත්ලෙස.
Richness, n. පොහොසත්කම &c.; විරාජමානතාව &c., see adj.
Ricinic acid, n. (එඬරුතෙල්වලින් පෙරන) ජීරණකාම්ලය, එඬරු ඇඹුල.
Rick, n. ගොයම් කොළය, ගොයම් ගොඩ, පිදුරු ගොඩ, ගොයම්—පිදුරු—කැටිය &c. [ම.
Rickets, n. pl. (කුඩා ළමයින්ගේ) ඇට සන්ධි දුර්වලක
Rickety, a. ඇට සන්ධි දුර්වලවූ.
Ricochet, v. උණ්ඩය බිම් පැනපැන යනලෙස වෙඩි තබනවා; n. පැනුම් වෙඩිල්ල.
Rid, v. rid any one of anything (යමෙකු සතුරන් ගෙන්, කරදරවලින් &c.) නිදහස්කරනවා, (යමෙක් වෙතින් සතුරන් &c.) පහකරනවා, ඉවත්කරනවා.
Rid, be, v. (දුකින් &c.) නිදහස්ව—බේරී—සිටිනවා.
Riddance, n. නිදහස්කිරීම &c.; නිදහස්වීම, බේරීම.
Riddle, n. ලොකු පෙනේරය; v. පෙනේරෙන් බේර නවා, ගරනවා; (මුණ්ඩවලින් &c.) බොහෝසෙසින් සිදුරුකරනවා. [කාරණාව.
Riddle, n. තේරවිල්ල, ප්‍රහේලිකාව; බේරන්ට අමාරු
Ride, v. රථවාහනයෙන් &c. යනවා, sp. අශ්වයා පිටින් යනවා; (නැව &c.) වතුරපිට පාවෙවී — ඉලිප්පී— තිබෙනවා.
Ride, n. රථවාහන ගමනක්, sp. අශ්වාරෝහක ගමනක්; අශ්වාරෝහණ මාර්ගය, අශ්ව පාර.

Rider, n. රථවාහනයෙන් යන්නා &c., අශ්වාරෝහකයා, හයාරූඪයා; අශ්වයන් මෙළුවලිල්කරන්නා; ඌනපූරණ වාක්‍යය, ඌනපූරණ වගන්තිය; උපසර්ජනය; ලෝහගණ්ඨිය; in bot. බද්ධපත්‍රය.

Ridge, n. මුදුන් වැට්ය; of roof වහල් මුදුන; of mountain කඳුමුදුන් වැටිය, කඳුහිරිය; made by the plough හීවිවි කන්ද.

Ridge, v. මුදුන්වැටි ආකාරයට සාදනවා, (බිම) කඳුහිරි දමනවා, රැළිගස්වනවා.

Ridge-band, n. (අශ්ව ඇඳුම්වලින්) පිට පටිය. [ය.

Ridge-piece, Ridge-plate, Ridge-pole, n. මුදුන් යටලී

Ridge-tile, n. මුදුන් උළුකැටය.

Ridgy, a. මුදුන් ආකාර, මුදුනක් *or* මුදුන් ඇත්තාවූ, කඳුහිරි.

Ridicule, n. කවටකම, සමච්චලය, පරිහාසය, උපහාසය, පරිහාසණය.

Ridicule, v. කවටකම් කරනවා, සමච්චල් කරනවා &c., see Deride.

Ridiculous, a. විසුළු, හාස්‍යෝත්පාදක, පරිහාස්‍ය, උපහාස්‍ය.

Riding-master, n. අශ්වාරෝහණාචාර්යයා.

Riding-school, n. අශ්වාරෝහණ මණ්ඩපය. [වා.

Rife, be, v. (disease *or* යම් තරකත්) බහුලව තිබෙන

Riffraff, n. නොමඑනා පංගුව, fig. තුච්ඡ උදවිය, ජඩජනයා, කාඩයෝ. [කනවා.

Rifle, v. බලෙන් පැහැරගනනවා, ඉක්‍ෂුන කොල්ල

Rifle, n. රැළිතුවක්කුව; rifle-ball රැළිතුවක්කු මුණ්ඩය; rifle-corps රැළිතුවක්කු හමුදාව; rifleman රැළිතුවක්කුකාරයා.

Rifle, v. (තුවක්කු කාණුව ඇතුළේ &c.) රැල්ලක් දමනවා, පිලිකරනවා.

Rift, v. පැලෙනවා, ගැහෙනවා, විවරවෙනවා; n. පැල්ම, විවරය.

Rig, v. (යම් අපූර්ව විසියකින්) අත්දමනවා *or* දමාගන්නවා; (නැව්කට) කඹ ආදිය දමනවා; ඕනෑ ඇඳුම් පිහිටුවනුවා.

Rig, n. කූඹ කඹ ආදිය පිහිටුවන ආකාරය, කූඹ ආකාරය; coll. ඇඳුම්; trick ප්‍රතිහාරය; run a rig දඟයක්—අපූර්වයක්—කරනවා.

Rigger, n. නැව්–කඹ ආදිය පිහිටුවන්නා; පටියකින් කරකවන රෝදය, පටිරෝදය.

Rigging, n. නැව්–කූඹවල යොත්, රුවල්වල කඹ ආදී පංගුව, බැඳුම්.

Right, a. straight සෘජු; not wrong නිවැරදි, හරි, නිසි, සමුචිත, යුතු, සම්‍යක් (දෘෂ්ටිය etc.), ධර්ම්‍ය; not left දකුණු; right side දකුණු පැත්ත, දකුණත්පස, (ඇගේ) දකුණැලය; (රෙද්දේ) හොඳපිට.

Become right හරිගැහෙනවා, හරිගැස්සෙනවා.

Right, ad. හරිලෙස, යුතුලෙස &c.; ඉතා, අති.

Right, n. හරි එක, යුතු එක, යුත්ත, යුක්තිය; අයිතිවාසිකම; දකුණ, on the right &c. දකුණෙහි &c.; set or put to rights හරිගස්සනවා; by rights යුතුකමේ හැටියට නම්; bill of rights අයිතිවාසිකම් ප්‍රකාශක පත්‍රය.

Right, v. (යමෙකුට) යුක්තිය කරදෙනවා *or* (යමෙකු) අයුක්තියෙන් බේරනවා; (ඇලවුණ නැව) කෙළින් කරනවා *or* කෙළින්—සෘජු—වෙනවා.

Right-angle, n. (∟ මෙවැනි) සෘජුකෝණය, නවත්‍යංශ කෝණය.

Right-angled, a. සෘජුකෝණ &c., සෘජුකෝණයක්—සෘජුකෝණ—ඇත්තාවූ.

Righteous, a. ධර්මිෂ්ඨ, ධාර්මික, දැහැමි, දැහැමි, යහපත්: යුක්තියට එකඟ, යුතු, යෝග්‍ය, (අප්වුම &c.).

Righteousness, n. ධර්මිෂ්ඨකම, ධාර්මිකභාවය.

Rightful, a. හරි, යුතු, ධර්ම්‍ය, නීතියට—නියමයට—එකඟ.

Right-hand, n. දකුණත, දකුණු අත; a. දකුණතෙහි තිබෙන, දකුණතේ.

Right-handed, a. දකුණත හුරු.

Right-hearted, a. සිතින් සෘජු, යහපත්.

Rightly, ad. හරිලෙස, යුතුලෙස, යුක්තියෙන්; සමුචිතලෙස.

Right-minded, a. අගති රහිත, අවංක, සෘජු.

Rightness, n. හරිකම, යුතුකම, ඇත්තට එකඟකම, යුක්තතාව.

Rigid, a. පහසුවෙන් නොනැමෙන, තද, තඩිය ඇති (ද්‍රව්‍ය); අඹරිනොවන, බුරුල නැති, (ප්‍රසිංගිය); (මතයෙන්, නීතියෙන්) අතිස්ථිර, දැඩි, තද, නියම ලෙසම ක්‍රියාකරන, බුරුල නොදෙන, උග්‍ර.

Rigidity, n. නොනැමෙන ගතිය, තදකම &c.; (පෙනුමෙන්, හැසිරීමෙන්) පහසු මදිකම, දෘඪතාව.

Rigidly, ad. තදව, දෘඪාකාරයෙන්, බුරුලනොදී.

Rigidness, n. නොනැමෙනසුළුබව, තදකම, (මතයේ, ක්‍රියාවේ) අතිදෘඪතාව, අතිස්ථිරතාව.

Rigmarole, n. හෑල්ල, දිග විසඩුල් කථාව; a. හෑල්ලක්වූ, විකාලාවී.

Rigor, Rigour, n. හදිසි සීතල වෙව්ලුමක්; rigor-mortis මලාසින් පසු ශරීරය දරදඬුවීම.

Rigorism, n. අතිදැඩි ධර්මය *or* භක්තිය, දැඩි ප්‍රතිපත්ති මාර්ගය. [රයා.

Rigorist, n. (ධර්මයෙන් *or* ප්‍රතිපත්තියෙන්) අතිදෘඪකා

Rigorous, a. (මතයෙන්, ක්‍රියාවෙන්) බුරුලනොදෙන, බුරුලනොගන්න, අතිදැඩි, තද, තදබල, කර්කශ; අතිශීතල.

Rigour, n. තදකම, සැරකම; අතිදෘඪතාව, බුරල නැතිකම, අතිශිථිලතාව; අතිශීතලය.

Rilievo, n. It. in sculp. See Relief.

Rill, n. කුඩා දොළ, කුඩා ඇළ; v. කුඩා ඇළක් මෙන් ගලායනවා.

Rim, n. මුවවිට, වාටිය, ගැටිය; of a wheel දැම්වටය, නිම්වළල්ල.

Rim, v. ගැටියක්—වළල්ලක් &c.—දමනවා.

Rime, n. මිදුණු පිනි, තුෂාරය, හිමාප්‍රපාතය; v. පිනි මිදෙනවා, හිමාප්‍රපාතය සෑදෙනවා.

Rimose, Rimous, a. in bot. (පොතු මෙන්) රැළි ආකාර, රළු, සිදුරු ගහනවූ.

Rind, n. ලෙල්ල, සිවිය, පොත්ත.

Rinderpest, n. ගව වසංගතය, බෝවෙන හරක් ලෙඩක්.

Ring, n. චක්‍රය, කවය, වළල්ල, මඬුල්ල; වටවූ මග; for the finger මුදුව, මුද්ද; for the feet පාමුද්ද; for the ear කඩුක්කම, bracelet කංකණය; signet or official ring පේරුස්මුද්ද; (ගොංපොර, මුෂ්ටි ප්‍රහාර ක්‍රීඩා ආදිය පවත්වන) කෙළිමඩල, මලවරඞ්ගය.

Ring, v. මුද්දක්—වළල්ලක්—දමනවා; (ගහක් වටකර) වළල්ලක් කපනවා *or* පොත්ත අරිනවා.

Ring, v. (සීනුව &c.) නාදකරනවා, නද්වුකරනවා; නාදවෙනවා, නාදදෙනවා; fig. (ප්‍රවෘත්ති &c.) සෑම තැන ඇසෙනවා, (එයින්) ශ්‍රෝංකාර වෙනවා.

Ring, n. (සීනුවේ &c., ලෝහවල, පිඟන්වල &c.) ශබ්දය, නාදය; උද්ඝෝෂණය. See Chime.

Ringed, a. වළල්ලක්—වළලු—ඇත්තාවූ; in bot. වළල්ලක් හටාගිතෙවින or වළලු සහිත, (ශාත).

Ring-fence, n. වටකරම තිබෙන වැට, හාත්පස වැට.

Ring-finger, n. (වමතේ) මුදුඇඟිල්ල or වෙදඇඟිල්ල.

Ringing, n. වළල්ලක් දැමීම &c.; නාදකිරීම &c., see verbs.

Ringleader, n. කැරැල්ලක මූලිකයා, නපුරු කණ්ඩායමක ප්‍රධානියා.

Ringlet, n බොකුටු ඉසකේ රොද, ලොම් රොද, බොකුටු කෙස්ස.

Ringworm, n. පණුකැවිල්ල, උඩුගොවු ලපය.

Rinse, v. (පිරිසිදුකිරීමට) වතුරේ දමාගන්නවා, වතුර වක්කර හොලවා නමනවා; the mouth (කට) කුම්මුදවනවා.

Riot, n. (සමූහයක) කෝලාහලය, කලහය, පොදු සමාදානය කඩකිරීම, සමාදානභංගය; උද්ඝෝෂණ මංගල්‍යය, උද්ඝෝෂණෝත්සවය; run riot පමණ නොදන—අනිතුම්කලෙස—හැසිරෙනවා.

Riot, v. කෝලාහලකරනවා; උද්ඝෝෂණෝත්සව පවත්වනවා, (තෘෂ්ණාකාරයෙන්) විජෘම්භණයකර නවා.

Rioter, n. කෝලාහලකාරයා; උද්ඝෝෂණෝත්සව පවත්වන්නා [විහණ.

Riotous, a. කෝලාහල; උද්ඝෝෂණෝත්සව, විජෘ

Rip, v. ඉරනවා, ඉරා වෙන්කරනවා, (කපා or ඇද) දෙකඩකරනවා, කැලිකරනවා; rip out, pull out ඇදදමනවා. [ස්.

Rip, n. ඉරුම, පැලීම; ඉරාවිවෘත දෙයක් or කෙනෙ

Riparian, a. ගංඉවුරට අයිතිවූ, ඉවුරු.

Ripe, a. පැසුණු, පැහුණ, පැහිච්ච, මේරූ, පිලිකුත්; mellow ඉදුණ, ඉදිච්ච, පැසව: fig. සම්පූර්ණ, පාර ප්‍රාප්ත; be ripe for anything යමකට සූදානම්ව තිබෙනවා or සිටිනවා.

Ripen, v. පැසෙනවා, ඉදෙනවා; පැසවනවා; fig. සම්පූර්ණකරනවා, සම්පූර්ණවෙනවා.

Ripeness, n. පැසුණ—ඉදුණ—භාවය, පරිපාකය; (ශරීරික) පැසවා තිබීම; (යමක් පිණිස ඇති) සම්පූර්ණකම, සූදානම.

Ripple, n. කුඩා දියරැළ; v. කුඩා රැළි නගිනවා; කුඩා රැළි ගස්වනවා. See Hackle.

Ripple-mark, n. (වෙරළේ) රැළි ලාඤ්ඡනය; in geol. (පර්වතවල තිබෙන) රැළි ලාඤ්ඡනය.

Rip-rap, n. (වතුරේ or මඩ පල්ලේ දමන) බුරුල් ගල් අස්තාලම.

Rise, v. නැගිටිනවා; ascend නගිනවා; උස්වෙනවා, ඉහත්වෙනවා; originate උපදිනවා; increase වැඩි වෙනවා; in dignity &c. උසස් වෙනවා; expand පිපෙනවා; the sun &c. උදාවෙනවා; (ඕමෙන් &c.) මතුවෙනවා;

rise from death මරණයෙන් නැගිටිනවා, පිවත් වෙනවා;

the court &c. rises නඩුසභාව ඇරෙනවා, අව සානවෙනවා;

one's spirits rise සැනසෙනවා, ප්‍රීතිවෙනවා;

anger &c. rises ඇවිස්සෙනවා. See Ascend.

Rise, n. නැගීම; උස්වීම, ඉහත්වීම; ඉපදීම; වැඩිවීම; උසස්වීම, උන්නතිය; ඉහත්වෙන ප්‍රමාණය; උස් තැන ගොඩැල්ල.

Risibility, n. සිනාසෙන ශක්තිය; හාසේන්ද්‍රියය.

Risible, a. සිනාසීමට ලැදි; හාස්‍යකර, හාසොත්පා දක, හාස්‍යජනක (දේ).

Rising, n. නැගීම; නැගිටීම &c., see verb, උදගමය, උදෙනිය; of the court &c. අවසානය; rebellion කැරලිගැසීම.

Risk, n. අනතුරු වියහැකි සම්භාවි, අනතුරු වීමේ අනුමානය; වියහැකි අනතුරුව; run a risk අන තුරක් වේද කියා අනුමාන තුබුත්—අනතුරක් විය හැකි තුබුත්—(යමක්) කරනවා; take the risk උප ද්‍රව &c. වුණොත් අලාභය ගෙවනවා.

Risk, v. අනුමාන තුබුත් යමක් කරනවා අනුමානයට පැමිණුවනවා. See Hazard.

Risus, n. L. සිනාවක්, හාස්‍යය; risus sardonicus ඓකවිර හාස්‍යය, පැහිරි මුහුණ; (පිටගැස්මේ) මුඛ විකෘතිය.

Rite, n. පිළිවෙත, දේවමෙහෙයේ චාරිත්‍රයක්, ආග මික චාරිත්‍රයක්.

Ritual, a. පිළිවෙත්, චාරිත්‍ර, මෛතික; n. චාරිත්‍ර ක්‍රමය, චාරිත්‍ර පොත.

Ritualism, n. චාරිත්‍ර ක්‍රමය; sp. (බසිබලයේ නියෝග ඉතාවින) චාරිත්‍ර පැවැත්වීම; චාරිත්‍ර දැනුමය.

Ritualist, n. (වියාකාර) චාරිත්‍ර පවත්වන්නා, චාරිත්‍ර දැනුවියා.

Ritualistic, a. චාරිත්‍ර පවත්වන, චාරිත්‍ර දැනුම්, චාරිත්‍රානු කූල; ritualistic party චාරිත්‍රානුකූල නිකාය.

Rivage, n. ඉවුර, වෙරළ.

Rival, n. (මිත්‍රලෙස තුබුත්) දිනාගන්ට උත්සාහක රන්නා, (මිත්‍ර හෝ අමිත්‍ර) තරඟකරන්නා, අපෙරා කාරයා. [තරඟකාර &c.

Rival, a. දිනාගන්ට—සමවෙන්ට—උත්සාහකරන,

Rival, v. (ප්‍රමාණයෙන්) සමවෙනවා, සමව තිබෙනවා or සිටිනවා, (යහපතින් අයහපතින්) එකසමානව සිටිනවා.

Rivalry, Rivalship, n. දිනාගන්ට උත්සාහකිරීම, තරඟය.

Rive, v. පළනවා; පැළෙනවා. See Cleave.

Riven, pp. පළා; පැළී; a. පළා—පැළී—තිබෙන, දෙවන, විදාරිත.

River, n. ගඟ, ගංගාව, නදිය.

River-bed, n. ගංපල්ල.

River-horse, n. See Hippopotamus.

Rivet, n. මිරියම්කරන කම්බි ඇණය, තර ඇණය.

Rivet, v. (කම්බි ඇණ) මිරියම්කර සවිකරනවා; fig. තදකර තබනවා.

Rivulet, n. ඇළ, දොළ බය, හොය.

Rix-dollar, n. රිදීපහ.

R. M., Royal Marines. රාජකීය නාවික සේනා, රා. නා. සේ.

R. M. S., Royal Mail Steamer. රාජකීය තැපැල් දුම්නැව, රා. තැ. දු. [නෞ.

R. N. Royal Navy රාජකීය යුද්ධනෞකා, රා. යු.

Roach, n. මිරිදියේ කුඩා මසෙක්; රුවල්වල බොකු කිරීම.

Road, n. මග, පාර, මාර්ගය, මාවත, පථය; the roads, roadstead, නැංගුරම් දමන දියඹය, මුහුදු බොක්ක, නැව්තොට.

Road-metal, n. (පාරේ දැමීමට) කඩාපු ගල්.

Roadway, n. පාරේ මැද කොටඨාසය.

Roam, v. තැනින්තැන යනවා, ඉබාගාතේ යනවා, See Ramble, v. & n.

Roan, a. හෙල් ලප මුසු අඳුරුරතු; n. පදම්කළ බැටළු හම් ජාතියක්.

Roar, v. (සිංහයා, අහස &c. මෙන්) හයියෙන් ශෝර වනවා, ගුගුරවනවා, ගර්ජනා කරනවා, බෙරිහන් දෙනවා; (වේදනාවෙන් &c.) කෑගසනවා, හයියෙන් අඬනවා.
Roar, n. සිංහනාදය, ගෙරවීම, ගිගුරුම, ගර්ජනාව, බෙරිහම; අට්ටහාසය, මහාහාසය.
Roarer, n. ගර්ජනාකරන්නා; ශබ්දකර හුස්ම හෙළන අශ්වයා.
Roaring, n. ගෙරවීම &c., see verb; of drums ඝෝෂ සිය; (අශ්වයාගේ) ප්‍රශ්වාස රෝගය, ඝනප්‍රශ්වාසය.
Roast, v. (මස්) පුලුස්සනවා, පිලිස්සෙනවා, පලහනවා; අසිකලෙස රස්නයෙන් වේළවනවා; fig. හැරලෙස පරිහාසකරනවා.
Rob, v. rob any one &c. of anything (යමෙකුගෙන්, තැනකින්, දෙයකින්, යමක්) හොරෙන් ගන්නවා, බලෙන්—හොරෙන්—වංචාවෙන්—පැහැරගන්නවා, කොල්ලකනවා; that robs me of my hope එයින් මගේ බලාපොරොත්තුව නැති වෙනවා. See Deprive.
"*Rob goods*" is improper.
Robber, n. කොල්ලකාරයා, කොල්ලකන්නා, හොරු, (බලෙන් &c.) පැහැරගන්නා.
Robbery, n. කොල්ලකෑම, (බලෙන් &c.) පැහැර ගැනීම, හොරකම. [ගාර පටි.
Robbins, Rope-bands, n. pl. (රුවල් බඳින) සෙල්
Robe, n. උතුරුසළුව, පොරෝනය, උත්තරාසංගය, උත්තර ශාටකය; B. P.'s සිවුර, සඟළ සිවුර, කාෂායවස්ත්‍රය, චීවරය.
Robe, v. උතුරුසළුව &c. පෙරවනවා, පෙරවාගන්නවා; fig. robe in splendour තේජස නැමති වස්ත්‍රය පලඳිනවා.
Robin n. රතුළය කුරුල්ලා, අච්චිච්යා.
Robust, a. ශක්තිමත්, සවිබල ඇත්තාවූ, සම්පූර්ණ සනීප ඇත්තාවූ, බලගතු.
Robustness, n. ශක්තිමත්කම, සවිබල සනීපය. (සිහියේ) බලගතුකම.
Rock, n. පර්වතය, ගල, පව්ව, ශිලාව, ප්‍රස්තරය.
Rock, a. ගල්, පර්වත; ශිලා, ශෛලමය: rock inscri-ption ශිලාලේඛනය.
Rock, v. (තොටිල්ලක් මෙන්) පද්දනවා, (එහාටමෙහාට) සොලවනවා; පැදෙනවා, ඔප්පාවෙනවා, සෙලවෙනවා.
Rock-alum, n. ගල්සීනක්කාරම්.
Rock-crystal, n. පිරිසිදු තිරුවාන.
Rocker, n. පද්දන්නා &c.; තොටිල්ලේ අසිලියක්.
Rockery, n. (පැළ හිටුවන) ගල්ගොඩ.
Rocket, n. ආකාශ වෙඩිල්ල.
Rockiness, n. ගල් ගහනකම, පර්වත බහුලකම.
Rocking-chair, n. පැදෙන පුටුව.
Rocking-horse, n. පැදෙන ලී අශ්වයා.
Rocking-stone, n. පැදෙන ලොකු ගල.
Rock-pigeon, n. පර්වතපරවියා.
Rock-salt, n. ආකර ලුණු, සහිඳලුණු, ඛණ්ඩලවණ.
Rock-temple, n. ගල් විහාරය.
Rock-temple, n. විහාරය.
Rocky, a. ගල් ගහනවූ, පර්වත බහුල; fig. දැඩි, මුරණ්ඩු.
Rod, n. කෝටුව, තුනී ලීයක්, (දඬුවම්) වේවැල; බිලිපිත්ත; යාර පහමාරක මිම්ම.
Rodent, n. (මීයා, හාවා, යනාදී සතුන් මෙන්) දත් වලින් කපන සතෙක්.

Rodentia, n. pl. කපන සත්ත්වජාති.
Rodiya, n. රොඩියා, සැඩොලා, චණ්ඩාලයා.
Rodomontade, n. හිස් පුම්බීම, පුම්බිම්කාර දෙඩවිල්ල, පුරාජේරුව.
Roe, Roebuck, n. කුඩා මුව ජාතියක්; roe මුවදෙන,
Roe, n. spawn මාළු බිත්තර, මීනාණ්ඩ.
Rogation-week, n. විශේෂ යාච්ඤා සතිය.
Rogue, n. කාඩයා, තක්කඩියා, චණ්ඩාලයා, වම්බුවා, කෛරාටිකයා, හොරු; (සුරතලට කියන) මැරයා.
Roguery, Roguishness, n. තක්කඩිකම &c., ප්‍රයෝගය; සරදම, සරදම් මැරකම.
Rogue's-march, n. (භේවායෙක් රංචුවෙන් නෙරපන විට ගාන) තක්කඩිකාර තාලය. [කාර.
Roguish, a. තක්කඩි &c., ප්‍රයෝගකාර; සරදම් ආ
Roistering, a. ඝෝෂාකාර.
Role, n. නාට්‍යකරුවෙකුගේ ක්‍රියා කොටස; ආරූඪ කරගත් වේශය.
Roll, v. along පෙරළාගන යනවා, කරකවාගන යනවා, පෙරළිගන යනවා;
on an axis කරකවනවා, කරකැවෙනවා;
wrap a round ඔතනවා, වෙළනවා;
curl up අකුළනවා, ඇකිළෙනවා;
roll into balls ගුළිකරනවා, ගෝලකරනවා;
roll the ball පන්දුව විසිකරනවා;
roll out, spread අඹරා පැතළිකරනවා, ඇඹරී මෙන් පැතිරෙනවා;
press with a roller කරකැවෙන යන්ත්‍රයකින් &c. මිරිකනවා, තද කරනවා;
reel වැනෙනවා, ඔප්පාවෙනවා; [වා;
travel round පරිභ්‍රමණයකරනවා, වටකර යන
roll in mud &c. පෙරළෙනවා, වැතිරෙනවා;
waves roll රැළගසනවා, රැළ නැඟී යනවා;
roll the drum දවුල අඩවනවා.
Roll, n. පෙරළාගනයාම &c.; වටකුරු දෙයක්, අකුළාපු දෙයක්, අකුළාපු පිටියක්, see Cylinder; අකුළන පොතක්; of court &c. (නඩුශාලාවේ) ලේඛන; ලේකම් පොත; ලිඛිතවම්ය.
Roll-call, n. පෙරෙට්ටුවේ නම් කීම, නම් අඬ ගැසීම.
Roller, n. (කරකැවෙන) දවුල්කද වැනි හැඩයක්, වටකුරු කඳක්; (ඔතා බැඳීමට ගන්න) දිග පටිය.
Rollers, n. pl. (වෙරළට ගසන) මහරැළවල්, රැළ පතර, රැළගෙඩි.
Rollicking, a. වැනිවැනි යන, තෙංකෙළින.
Rolling-pin, n. අඹරන පොල්ල.
Rolling-plant, Rolling-stock, n. ගමන්කරන ධූම රථාදිය, (ධූමමාර්ග) යාත්‍රෝපකරණ.
Roly-poly, n. අකුළාපු පුඩින්.
Romaic n. වර්තමාන ග්‍රීක් භාෂාව; a. වර්තමාන ග්‍රීක් (රට *or* භාෂාව).
Roman, a. රෝමයට අයිතිවූ, රෝමවරුන්ට අයිති; රෝමන්; රෝමානු (ආගම &c.); roman type සෘජු අච්චුඅකුරු, රෝමන් අකුරු. [කම් ඇත්තා.
Roman, n. රෝම නුවර වැසියා, ඒ නුවර අයිතිවාසි
Roman Catholic, a. රෝමානු, රෝමානු කතෝලික; n. රෝමානුආගම්කාරයා.
Romance, n. (සැබෑ නොවන) අපූර්ව කථාන්තරය, බොරු ප්‍රබන්ධය, මිථ්‍යාකථාව, ප්‍රබන්ධ කථාව.
Romance, v. අපූර්ව කථාන්තර කියනවා, බොරු ප්‍රබන්ධ කියනවා, බේගල්කියනවා.
Romance, n. පුරාණ ලතින් භාෂාවෙන් හිතාවූ භාෂාවක්; a. අභිනව රෝමන්.

Romanesque, n. *or* a. (දකුණු ප්‍රත්සයේ) රෝමන් භාෂාව ; රෝමන් ඉදිකෙරුම් විධිය ; පරිකථා චිත්‍රා කාරය, වීර්‍යප්‍රබන්ධ සිතියම.

Romanism, n. රෝමානු ආගම. [යා.

Romanist, n. රෝමානු ආගම්කාරයා, රෝමානුකාර

Romanize, v. ලතින් වචන අඩංගුකරනවා, ලතින් රීතියට එකඟකරනවා ; රෝමානු ආගමට හරවා ගන්නවා ; රෝමානු ආගමට එකඟවෙනවා.

Romantic, a. අපූර්ව කථා ආකාර, අද්භූත ; අපූර්ව විචිත්‍රා ලංකාර (පෙනුම, රට).

Romish, a. රෝමානු ආගම්කාර, රෝමානු, රෝමානු ආකාර.

Romp, n. තෝංකෙළිය, පෝංකෙළිය, පැන දුවන සෙල්ලම ; තෝංකෙළින කෙල්ල.

Romp, v. පැනදුව සෙල්ලම් කරනවා, තෝංකෙළ සෙල්ලම්කරනවා.

Rood, n. අක්කරයෙන් හතරෙන් පංගුව ; කුරුසි සුරුවම. [ම.

Rood-loft, n. R. C. (පල්ලියේ) කුරුසි සුරුවම් තට්ටු

Roof, n. මහල, පියස්ස, (pl. පියසි) පලය, සෙවිල්ල, ඡදනය ; of the mouth උඩුතල්ල ; of a vault බෝක්කුවේ ඇතුල්පැත්ත.

Roof, v. මහලක්—පියස්සක්—දමනවා ; cover the roof (උළු, පිදුරු &c.) සෙවිලිකරනවා, හොයනවා.

Roofing, n. මහලක් &c. දැමීම ; මහල් සෑදීමේ ද්‍රව ආදිය, මහලේ අඩුමැස්ය.

Roofless, a. මහලක් නැති (ගෙය) ; fig. ගෙයක් දෙරක් නැති (අය). [කාරයා.

Rook, n. කපුටු වර්ගයක්, චෞරකාකයා ; fig. වංචා

Rook, v. රැවටිලිකරනවා.

Rookery, n. (කූඩු බඳින) චෞරකාකස්ථානය, කපුටු රැඳුම ; fig. වේසාගේ.

Room, n. space, opportunity, ඉඩක්, අවකාශය, ඉස්පාසුව ; apartment කාමරය ; in the room of any one යමෙක් වෙනුවට ; make room ඉඩදෙනවා, මඟ අරිනවා.

Roomy, a. බොහෝ ඉඩ ඇත්තාවූ, විශාල, සෑහෙන කාමර ඇත්තාවූ.

Roost, n. (කුරුලු *or* කුකුල්) රැඳුම් ලීය ; (එකට ලගින) කුකුල් රැළ ; at roost ලැග ඉන්නවා ; v. (කුරුල්ලන් මෙන්) ලගිනවා, ඇහිරෙනවා.

Rooster, n. කුකුළා, සැවුලා.

Root, n. මුල, මූලය ; base අඩිය ; origin (of words &c.) ප්‍රකෘතිය, ධාතුව, මුල් ධාතුව, ශබ්දයෝනිය ; cause හේතුව ; in arith. (වර්ග, ඝන etc.) මූලය.

Root, v. take root මුල් අදිනවා, මුල් ඇද සවිවෙනවා ; (ඌරන් මෙන්) බිම හාරනවා ; root up or out, eradicate මුලින් උදුරාදමනවා, සිඳ දමනවා.

Root-eating, a. මුල් කා රක්ෂාවෙන, මූලභක්ෂක.

Rooted, pp. *or* a. මුල් ඇද සවිවී තිබෙන ; fig. (සිතෙහි &c.) පිහිටා—ධාරණයවී—තිබෙන, අවස්ථාපිත, අති ස්ථිර, (ගුරුකම්, වෛරය &c.).

Root-leaf, n. මුලින්ම වැවෙන කොළය, මූලජ පත්‍රය.

Rootlet, n. කුඩා මුල, මුලේ කෙන්ද.

Rope, n. කඹය, බන්ධන, බාන, රැහැන, යොත, රජ්ජුව.

Rope, v. ලොකු ලණුවකින් බඳිනවා ; (කොහොල්ලෑ මෙන්) කෙඳි ආකාරයට ඇදෙනවා.

Rope-dancer, n. කඹේ නටන්නා.

Rope-ladder, n. ලණු පාමඟ, රැහැන් හිණ.

Rope-maker, n. ලණු යොත් ආදිය සාදන්නා, ලණු අඹරන්නා.

Ropery, Rope-walk, n. ලණු සාදන කොටුව, කඹ කොටුව.

Rope-yarn, n. ලණු අඹරන කෙඳි, කොහු—සෙල්ගාර—ආදී කෙඳි.

Ropy, a. (කොහොල්ලෑ මෙන්) දිගට—කෙඳි ආකාරයට—ඇදෙනසුලු, කෙඳි ආකාර.

Rosaceous, a. සෙව්වන්දි මල්ජාතියට අයිතිවූ ; සෙව්වන්දිපෙති ආකාර.

Rosary, n. සෙව්වන්දි පාත්තිය ; fig. රචනා පුෂ්ප-කලාපය ; R. C. කොන්තය, අක්ෂමාලාව, ජප මාලාව, B. නවගුණවැල.

Rose, n. රෝසමල, සෙව්වන්දි (මල, ගහ &c.) ; සෙව්වන්දි හැඩය ඇති දේ, (වතුර ඉසින) නලයේ ඉස ; under the rose, *sub rosa*, අප්‍රකාශයේ, රහසෙහි.

Roseate (රෝසිඒට්), a. සෙව්වන්දි සමාන, මදරත, පාටල, රෝසපාට.

Rose-apple, n. ජම්බු, රටජම්බු. [ම).

Rosellate, a. in bot. සෙව්වන්දිපෙති ආකාර (පිහිටි

Roseola, Rose-rash, n. රතු දදය, රක්තවිසර්පියක්.

Rose-quartz, n. රතු තිරුවාන.

Rose-red, a. සෙව්වන්දි මෙන් රතු.

Ro'set, n. රක්තවර්ණ ද්‍රව්‍ය ජාතියක්.

Rosette', n. චිත්‍ර පටි මලක් ; in arch. සෙව්වන්දි ආකාර සැරසිල්ලක්, සෙව්වන්දි ආභරණය.

Rose-water, n. සෙව්වන්දි පිනිදිය, රෝසවතුර.

Rosin, n. see Resin ; v. දුම්මල ගානවා. [කම.

Rosiness, n. පාටෙන් සෙව්වන්දිමල සමානකම, රතු

Rostel, n. (පැළත බිසින) බීජකලන තුඩ &c., see Radicle.

Roster, n. (සේවා, නැව්කාර) කෘත්‍යක්‍රම ලේඛනය, කටයුතු නාම වට්ටෝරුව. [ර.

Rostral, a. හොට ආකාර, වක්‍රවූ ; නෞකාතුණ්ඩාකා

Rostrate, Rostrated, a. තුඩ ආකාර තෙරුමක් ඇත්තාවූ, තුඩ ඇත්තාවූ, වක්‍රවූමත්.

Rostrum, n. beak වක්‍රවූව ; of a ship නැව් ඇණියේ තුඩ, නෞකාතුණ්ඩය ; platform කථිකාසනය ; in bot. තුණ්ඩාකෘතිය.

Rosy, a. රෝසමල සමාන, සෙව්වන්දි පාට ඇත්තාවූ, රක්ත, රෝහිත. [මිහමං.

Rot, v. දිරනවා, දිරාපත්වෙනවා, කුණුවෙනවා ; දිර

Rot, n. දිරුම ; dry rot කුඩුවීම ; බැටළු ලෙඩක්, දිරුම් ලෙඩ.

Rotary, a. (චක්‍රාකාරයෙන්) කරකැවෙන, කැරකෙන, චක්‍රභ්‍රමණකාර.

Rotate v. කරකැවෙනවා, කැරකෙනවා ; a in bot. මණ්ඩලාකාර.

Rotation, n. කරකැවීම, කැරකීම, කැරකිල්ල, චක්‍රභ්‍රමණය ; in rotation මාරුවෙන් මාරුවට, ක්‍රමානුක්‍රමයෙන්. [සනායුව.

Rotator, n. (යමක්) කරකවන එක ; in anat. භ්‍රමණ

Rotatory, a. කරකැවෙන, භ්‍රමණ.

Rote, n. අර්ථය නොදැන නැවත නැවත කීම, නැවත නැවත කීමෙන්ම හඳුරාගැනීම, කටපාඩම, by rote කටපාඩමෙන්.

Rotiform, a. රෝද හැඩය ඇත්තාවූ, චක්‍රාකාර.

Rotten, a. දිරුණු, දිරාගිය, දිරච්ච, කුණුවූ ; සවිනැති ; fig. අවිශ්වාස.

Rottenness, n. දිරුම්කම, දිරච්ච ගතිය ; කුණුගතිය අවිශ්වාස්‍යතාව.

Rotten-stone, n. (ලෝහ මැදීමට ගන්න) මෙලෙක් ගල් ජාතියක්, දිරුණු හුනුගල්.

Rotund, a. චක්‍රාකාර, වටකුරු, ගෝලාකාර; in bot. මණ්ඩලාකාර.

Rotunda, Rotundo, n. වටකුරු ගොඩනැගිල්ල, චක්‍රා [ගාරය.

Rotundifolious, a. වටකුරු කොළ ඇත්තාවූ, මණ්ඩල පත්‍ර.

Rotundity, n. වටකුරුකම, චක්‍රතාව, ගෝලත්වය, වර්තුලතාව.

Roué, (රූඒ), n. Fr. තද සල්ලාලයා.

Rouge (රූෂ්), n. Fr. රක්තවර්ණ ද්‍රව්‍ය ජාතියක්, මරල; v. කම්මුල් රතුකරනවා.

Rouge-et-noir (රූෂේනවාර්), n. Fr. රතු හා කළු පත්‍ර ක්‍රීඩාව.

Rough, a. on the surface රළු, කොරහැඩි, ගොරෝසු, දළ, unplaned යතුනොගාපු, unpolished නොමැද්දවූ (මැණික්); acrid කහට; harsh in sound මධුරනූවූ, අමිහිරි; in manner &c. රෞද්‍ර, රළු, පරුෂ, රූක්ෂ, රූක්ෂරූ.

Rough, n. රළු — දළ — අමු — මැදලා නැති — ගතිය; රෞද්‍රයා, චණ්ඩයා.

Rough, v. rough it අපහසුකම්—හොඳ මදි දේ—ඉවසනවා or විඳිනවා.

Rough-cast, v. අසම්පූර්ණලෙස — රළුලෙස — යොදනවා or නිර්මාණයකරනවා, මදලෙස හැඩහුරුකරනවා; බොරළුබදම—වැලිබදම—ගානවා.

Rough-cast, n. අසම්පූර්ණ යෙදුම, අසම්පූර්ණ මූර්තිය; බොරළු බදම, වැලිබදම.

Rough-diamond, n. නොකැපූ වජ්‍රය; fig. (ගුණෙන්) උතුම්වූ අශිෂ්ටයා.

Rough draft *or* **draught**, n. (යෝජනාවක) අසම්පූර්ණ — ප්‍රථම — සටහන, මදලෙස — විකවික — ඇන්දවූ සිතියම.

Rough-dried, a. ජෙලවා නොමැද්දවූ.

Roughen, v. රළුකරනවා, රළුවෙනවා.

Rough-hew, v. රළුලෙස කපනවා; මදලෙස—විකක්—හැඩහුරුකරනවා.

Rough-hewn, a. රළුලෙස කපා නොමැද්දවූ; fig. අමද්දිත, අශිෂ්ට.

Roughish, a. මදක් රළු &c., see Rough, a.

Roughly, ad. රළුලෙස, දළලෙස; අමිහිරිලෙස; රෞද්‍රලෙස &c., සැරලෙස.

Roughness, n. රළුකම, කොරහැඩිකම, දළකම; කහට ගතිය, අමිහිරිකම &c.; (මුළලගේ &c.) තද කමු, සැරකම.

Rough-rider, n. අශ්වයන් හෙල්මල්කරන්නා; (සමුද්‍රවේ) උප-අශ්වා රෝහකයා.

Rough-shod, a. දති-ලාඩම් ගහපු; ride rough-shod, fig. අනුන්ට වදදී ක්‍රියාකරනවා.

Roulette (රූලෙට්), n. Fr. ගෝලචක්‍ර ක්‍රීඩාව; (කැටයම්කාරයාගේ) බිඳු පේළි ආවුදය.

Round, a. වටකුරු, වර්තුල; චක්‍රාකාර; ගෝලාකාර; නාලාකාර; fig. smooth මසෘණ; not small නොමද (තරම්); positive සහතික (කීම); a round number *or* sum අඛණ්ඩ ගණනක්, නොමද මිල ගණනක්.

Round, ad. *or* prep. වටකර &c. see Around; ad. චක්‍රාකාරයෙන්, කෙළින් නොව ඇතින්.

Get round any one උපායෙන් &c. දිනාගන්නවා *or* වාසි ලබාගන්නවා.

Bring round නැවත සිහියට—සනීපයට—පමුණුවනවා.

Come round එසේ පැමිණෙනවා, නැවත සමාදන වෙනවා, නැවත හරි සවභාවට පැමිණෙනවා.

Round, n. වටකුරු දෙයක්, වර්තුලය, circle චක්‍රය, sphere ගෝලය; circuit වටකර යාම; step of a ladder ඉණිමං පෙත්ත, පාශ්‍රි පෙත්ත;

a sort of tune භ්‍රමණවෘත්තය, a volley වෙඩි මුරය;

round of applause එක සැරයක සාධුකාර හඬ, ප්‍රශංසා ඝෝෂාව.

Round, v. වටකුරු කරනවා, වටකුරුවෙනවා; (දේශ තුන්වක් &c.) වටේට යනවා; round off, fig. හොඳ ලෙස නිෂ්පූකරනවා.

Roundabout, a. කෙළින් නැති, වටපිට—වටකර—ඇතින්—යන; prep. වටකර.

Roundabout, n. බඹර ඔන්චිල්ලාව; වටකුරු සැට්ට ජාතියක්.

Round-hand, n. වටකුරු අත්අකුරු මිසිය, ලොකු [අකුරු.

Ronnd-house, n. කූඩා හිර අඩස්සි ගෙය; අවරයේ කූඩා ගෙයක්.

Roundish, a. මදක් වටකුරු.

Roundly, ad. fig. සම්පූර්ණලෙස, පැහැදිලි ලෙස, බුහුටිලෙස.

Roundness, n. වටකුරුකම &c., see Rotundity; (කථාවේ) මසෘණතාව.

Round-robin, n. වටකුරුවට අත්සන් කරපු පත්‍රය.

Roundel, n. වටකුරු දෙයක්, චක්‍රය.

Rouse, v. ප්‍රබුද්ධවනවා &c., see Arouse; පිබිදෙනවා.

Rout, n. ඝෝෂාකාර සමූහය; (උත්තමයින්ගේ) මංගල්‍ය පිරිස.

Rout, n. සමුද්‍රව කැඩිත්කඩ විසුරුවාදැමීම &c., පුරාබ සේනා සංඝය.

Rout, v. කැඩිත්කඩ විසුරුවාදමනවා, රුවූ කඩා පත්වා දමනවා, ව්‍යාකූලවෙන ලෙස පරාජයකරනවා, බල විනාශයකරනවා.

Route (රූට්), n. (පාරක් නැති තුමූත්) යන මාර්ගය, ගමන් මාර්ගය, යන මග.

Routine (රූටීන්), n. පුරුද්ද, පුරුදු පිළිවෙළ, දවස් පතා ක්‍රමය, දිනපතා වැඩ පිළිවෙළ, දිනචරියාව.

Rove, v. තැනින්තැන ගමන්කරනවා &c. See Roam.

Rover, n. තැනින්තැන ගමන්කරන්නා &c., මුහුදු කොල්ලකාරයා.

Roving, n. තැනින්තැන යාම &c.; (ලොම්, පුළුන්, ආදී) කෙඳි ඇද කැවීම; ගෙතුම් ලිහීම.

Row (රෝ), v. (ඔරුව) පදිනවා; (ඔරුවෙන්) පැද ගන යනවා; n. පදින සංචාරක ගමනක්; rowing පැදීම, පැදුම.

Row (රෝ), n. පේළිය, පෙළ, වැළ, ආවලිය.

Stand in row පෙළට හිටිනවා, පේළිගැසෙනවා.

Set in a row පෙළට හිටවනවා *or* තබනවා, පෝලිංගහනවා.

Row (රෞ), n. ගෝට්ටිය, කෝලාහලය, සඬංගුව; make a row ගෝට්ටිකරනවා &c., කැකෝගසනවා.

Rowdy, n. කෝලාහලකාරයා, චණ්ඩියා, මැරවරයා.

Rowdy, a. චණ්ඩි, තක්කඩි, මැර, මරවර.

Rowel (රෞවල්), n. කූඩා කටු චක්‍රය; කටකලියා වළල්ල; වණයක අමුණන නූල.

Row-lock (රෝ...), හබල් පාසය, අවලම්ල.

Royal, a. රජ (ගෙදර &c.), රාජ, නෘප, රාජකීය; kingly රාජාර්හ; royal decree රාජ විධානය, රාජ නියෝගය, රාජනියමය; palace yard රාජාංගණය; royal road රජ මාවත; royal garden රාජෝද්‍යානය.

Royal, n. ලොකු කඩදාසි වර්ගයක්; උඩුරුවලක්; මුව්අං-අත්තක්.

Royalism, n. රාජාණ්ඩු භජනය. [කයා.

Royalist, n. රාජාණ්ඩුව භජනයකරන්නා, රාජපාක්ෂි

Royally, ad. රාජ යෝග්‍යාකාරයෙන්, රාජාභිකාර යෙන්, අත්‍යුත්කෘෂ්ටලෙස.

Royalty, n. රජකම, රාජත්වය; රජ්ජුරුවෝ; රාජ ශ්‍රිය &c., Regalia; රජ්ජුව or හිමිකාරයාට ගෙවන බදු or තීරු, ග්‍රන්ථයක් නිපදවූවෙකුට ඉන් විකි ණෙන එක එක කොපියක් පාසා දෙන ගාස්තුව.

Rt. Hon., Right Honourable අතිගරු, ගරුතර, අති මාන්‍ය.

Rt. Rev., Right Reverend අති ගෞරවාර්හ, අතිපූජ්‍ය, අති ගෞරවණීය. [නවා;

Rub, v. අතුල්ලනවා, උලනවා, wipe පිහිනවා, පිරිමදි
rub off අතුල්ලාදමනවා පිහාදමනවා; rub out මකනවා, මකාදමනවා;
rub up පිහිනවා, පිහ ශුද්ධකරනවා or ඔප් නග නවා, fig. (මතක &c.) නැවත විකක් උපදවා ගන්නවා.
rub against, touch තෙරපනවා, තෙරපෙනවා, හැප්පෙනවා; rub anything on ගානවා, තවරනවා, වකනවා, (ගොම &c.) පිරිබඩලනවා.

Rub, n. ඇතිල්ලීම, ඉලීම &c.; fig. බාධාවක්, අමාරුවක්; ඇනුම්පදයක්.

Rubber, n. අතුල්ලන්නා &c.; පිහීමට ගන්න රෙදි කඩ &c.; හනගල; පත්‍රක්‍රීඩා විසියක්.

Rubbish, n. බුත් කැබිලි, කැටකැබිලි, කුණු, කුණු කන්දල්, රොඩු, අගේ නැති දේ, ලටපට, වල්පල්, Talk rubbish ලටපට—වල්බූත—දොඩනවා.

Rubbishy, a. කුණුකන්දල් ඇත්තාවූ; රොඩු වැනි, නොවටිනා.

Rubble, Rubble-stone, n. හැඩිය නැති, ගල් කැබලි, රළු ගල්. [රළු ගල් වැඩේ.

Rubble-wall, Rubble-work, n. රළු ගල් තාප්පය,

Rubefacient, a. රතුකරන, රක්තජනක; රක්තජන කෞෂධය. [රතු.

Rubescent, a. රතුවේගන එන්නාවූ; rubicund මද

Rubicon, n. Pass the rubicon, fig. පසුබැසිය නොහැකි අඩියක් තබනවා.

Rubric, n. (මුලදී රතු අකුරුවලින් අච්චුගැසූ) යාච්ඤා පොතේ නිදේශ පද, මාතෘකාව.

Rubrical, a. (එම) නිදේශ පද සම්බන්ධ.

Ruby, n. රතුකැටය, ලෝහිතාංකය, පද්මරාගය; සිහින් අච්චු අකුරු වර්ගයක්.

Ruby, a. රතුකැටයක් වැනි, රක්තවර්ණ.

Ruck, n. රැල්ල; v. රැළි ගස්වනවා; රැළි වැටෙනවා.

Rudder, n. සුක්කානම, අරිත්‍රය; fig. (යමක්) හසුරුවන දෙය or බලය.

Ruddiness, n. රතුපාට, (සුදු ජාතීන්ගේ) මුහුණේ රතුපාට, මුහුණේ දිලිසීම. [ගෙන.

Ruddy, a. රතුපාට ඇත්තාවූ, රතුපාටෙන් මුහුන දිලි

Rude, a. හැඩහුරු මදිවූ, රළු, අශෝභන, (දෙයක්); impolite අශිෂ්ට, අශිෂ්ටාචාර, අවිනීත; illiterate අපණ්ඩිත, නූගත්, in art & science අශිල්පී, ශිල්ප ශාස්ත්‍ර රහිත; rough, severe, රළු, තද, සැර.

Rudely, ad. හැඩහුරු මදිලෙස &c.; අශිෂ්ටලෙස &c., රළුලෙස &c.

Rudenture, n. (කුළුනුවල) රජ්ජවාකෘතිඅලංකරණය, සැරසිලි කඹය.

Rudiment, n. (මුලට තිබෙන) අසම්පූර්ණාකෘතිය, ආරම්භාකෘතිය, ධාතුව; pl. (ඉගනගැනීමේ, ශිල්ප ශාස්ත්‍රවල) මුල් කාරණ, මූලිකශික්ෂා, ශික්ෂා ධාතු.

Rudimental, Rudimentary, a. අසම්පූර්ණාකෘති, ආරම්භාකෘති, ධාතුවූ, භ්‍රෑණභාව; මුල්, මූලික.

Rue, v. rue anything යමක් ගැන කනගාටුවෙනවා, දුක්වෙනවා, තැවෙනවා.

Rueful, a. ඛේදජනක, දුක්ඛිත; දුක්මුසු, ශෝකී සහිත.

Ruff, n. බෙල්ලේ ලොව්වචිය, රැළිපස්මෙත්තුව; (කළුගේ) වලයාකාර තෙරුමක් or තෙරුපු වළල්ලක්. [රෞද්‍ර.

Ruffian, n. චණ්ඩයා, රෞද්‍රයා; adj. ruffianly චණ්ඩ,

Ruffianism, n. චණ්ඩකම &c., චණ්ඩ ලීලාව.

Ruffle, n. රැළිමස්තය, රැළිපටිය, ලොව්වචිය; වංචලය, ආරාවුල, කරදරය.

Ruffle, v. රැළි දමනවා; lit. & fig. චංචලකරනවා, සංචල්කරනවා; අවුස්සනවා, කුපිතකරනවා.

Ruffle, Ruff, n. දවුලේ චංචල හඬ; v. (දවුලගසා) චංචලහඬ නගනවා.

Ruffled, pp. or a ලොව්වචි ඇත්තාවූ; සෙලවෙන, චංචලවූ, වලිත.

Rug, n. පලස, ලොම් බුමුතුරුණුව, කම්බිලිය.

Rugged, a. සමතලා නැති, ගල් ගහනවූ, රළු, තද, පරුෂ.

Rugose, Rugous, a. රැළි ඇත්තාවූ, රැළි ආකාර, වලීකාකෘති.

Rugulose, a. in bot. කුඩා රැළි ආකාර, (පත්‍ර).

Ruin, n. විනාශය, විනාශ භාවය, ජරාවාසය, විනෂ්ටිය, විනාශනය; බුස්සිනියාව, ව්‍යසනය; විනාශක හේතුව, (යමක්) නිෂ්ඵලකරන කාරණය; ජරාවාස—ජරාපත්—ගොඩනැගිල්ල, ඉතුරු සුන්බුන් කොටස; become ruins ජරාවාසවෙනවා, ගරාවැටෙනවා.

Ruin, v. විනාශකරනවා, නාස්තිකරනවා, පාළුකරනවා; ව්‍යසනයට පමුණුවනවා, නිෂ්ප්‍රභාකරනවා, (of hell) අපාගතකරනවා.

Ruined, pp. or a. විනාශකරනලද &c., විනාශවූ; ව්‍යසනයට—විසතුභංගත්වයට—පත්වූ; ජරාවාසවූ, ගරාවැටුණ, කඩාවැටුණ, නටබුන්, නෂ්ටප්‍රාප්ත; අපාගත, විනාශවූ.

Ruinous, a. ජරාපත්, ජරාවාස; විනාශක.

Ruinousness, n. ජරාවාසකම; විනාශකතාව.

Rule, n. ඉරිගහන ලිය, ඉරිදණ්ඩ; මනින දණ්ඩ, මානක දණ්ඩය, foot-rule කෝදුව;
prescribed method සූත්‍රය, නියමය, අණ, order රෙකුලාසිය, විධික්‍රමය, habit පුරුද්ද;
government ආණ්ඩුව, අණසක; rule in arith. ගණිත පථය; rule of three ත්‍රෛරාශිකය.

Rule, v. ආණ්ඩුකරනවා, අධිපතිකම්කරනවා; හසුරුවනවා, මැඩපවත්වනවා, ශික්ෂාකරනවා; decide නියමකරනවා, මුසිංචියක් දෙනවා; rule lines ඉරි ගහනවා; (මිලගණන්) යම් ආකාරයක් වෙනවා or යනවා.

Ruler, n. ආණ්ඩුකාරයා, මහීපාලයා, ආණ්ඩුකරන්නා &c., ඉරි ගහන ආවුදය, රේඛණිය.

Rum, n. රම් නම්වූ මද්‍යපානය, ඉක්ෂු සුරාව; a. අපූර්ව, අනියම්.

Rumble, v. (බරකරත්තයක් මෙන්) හෙමින් ගුගුරනවා, බුරුබුරුගානවා. [නය.

Rumble, n. හඬිය නැති ගිගිරුම; රථයේ පස්සා ආස

Ruminant, a. (කෑම) වමාරා කන, රෝමන්ථ.

Ruminant, n. (කෑම) වමාරා කන සතෙක්.
Ruminantia, n. pl. රෝමන්ථ සත්ත්ව ජාති, රෝමන්ථ සත්ත්වයෝ.
Ruminate, v. වමාරා කනවා, රෝමන්ථයකරනවා; fig. මෙනෙහිකරනවා.
Ruminate, Ruminated, a. in bot. විචිත්‍ර වද ඇත්තාවූ (ශෙඩි).
Rumination, n. වමාරා කෑම &c., රෝමන්ථය; fig. මෙනෙහිකිරීම.
Rummage, v. (a place යම් තැනක බඩු) පෙරළා සොයනවා; n. පෙරළා සෙවීම.
Rumour, n. ආරංචිය, ලෝකවාදය, ජනවාදය, doubtful rumour දූසාමාන කථාව. [වෙන.
Rumoured, be, v. ආරංචිවෙනවා, ආර-ංචි; a. ආරංචි
Rump, n. තට්ටම, (සතෙකුගේ) පස්සාපංගුව, සට්ටම; rump steak කලවයෙන් මස්කෑල්ලක්.
Rumple, v. වැකරැළි ගහනවා &c., see Crumple.
Rumpus, n. (coll.) ගෝට්ටිය, ආරාවුල.
Run, v. i. දුවනවා, සැරෙන් යනවා; of the blood ධාවනයකරනවා;
flee පලායනවා; flow ගලායනවා; liquify දිය වෙනවා;
spread ඉක්මනට පැතිරියනවා, පැතිරෙනවා, පතළවෙනවා;
of a ship &c. ගමන්කරනවා, (to & fro) ගමනාගමනය කරනවා;
of time ඉක්මනට ගතවෙනවා; run mad පිස්සු වැටෙනවා, උන්මාදවෙනවා;
run or lie towards (යම් තැනක් දෙසට) දිගට යනවා *or* පිහිටා තිබෙනවා;
run to weeds &c. වල් වැවෙනවා, to seed බීජ සෑදෙනවා, පීදෙනවා;
a sore &c. runs හැරව—ලේ &c.—යනවා; run on දිගට කරගෙන යනවා, කියායනවා;
run out කම්මුතුවෙනවා, නැතිවෙනවා; run up ගණන්යනවා, වැඩිවෙනවා.

Run, v. t. දුවවනවා; (නැව් &c.) යාත්‍රාකරනවා, ගමනාගමනයකරවනවා, දක්කනවා; [නවා;
melt and pour into දියකර—උණුකර—වක්කර
run down ලුහුබැඳ අල්ලනවා; (නැව්කට) හපා සිඳවනවා; දොස් කියා සුළුකරනවා; (කොඩි &c.) ඉක්මනින් බානවා;
run over උඩින් දුවනවා *or* යනවා, (යන රථයට යමක්) යටවෙනවා; ලුහුඬින් කියනවා, සවල්ප වශයෙන් බලනවා;
run out තෙරවනවා; run through ඉක්මනින් වියදම්කරනවා; (කඩුවකින් &c.) පසාරුකරනවා;
run up වැඩිකරනවා, (අසියේ හිට) එකතුකරනවා; ඉක්මනින් ඉඟත්කරනවා *or* ඔසවනවා. See Risk.

Run, n. දිවීම; නිතර යනෙන පාර, ගමනාගමනය; යන—යාත්‍රාකරන—දුරප්‍රමාණය; පිටපිට සිදුවීම *or* කිරීම, (යමක්) බහුලලෙස කිරීම *or* ගැනීම *or* (බැංකුවෙන් &c.) අයකිරීම.
In the long run අන්තිමේදී, කල්යාමෙන්.
The common run පොදුජනයා, සාමාන්‍ය ජාතිය.
Runagate, Runaway, n. සැඟවී යන්නා, පලායන්නා, යුතුකම් අත්ඇර යන්නා.
Runcinate, a. දන්ති ආකාර, දන්තාකාර, දන්තජාත, දන්තුර, (පත්‍ර).

Rundle, Rung, n. ඉණිමං පෙත්ත.
Rundlet, Runlet, n. කුඩා බාල්දියක්.
Rung, n. නැව්තට්ටුවේ බිම්ලෑල්ලක්; ඉණිමං පෙත්ත.
Runic, a. ගොත් ආදී ජාතීන්ට අයිතිවූ, ගොතික (අක්ෂර); n. ගොතික භාෂාව.
Runnel, n. කුඩා ඇළ, කුණ්ඩදිය.
Runner, n. දුවන්නා *or* ගමනාගමනයකරන දේ; පණිවිඩකාරයා; වැල, වැල් ආකාර රිකිල්ල.
Runner-up, n. ක්‍රීඩා තරඟයකදී දිනුම්කරු ළඟට එන අය *or* දෙවෙනියා.
Running, a. දිනුමට දුවන (අශ්වයා); පිටපිටම—නොකඩවම — වෙන්නාවූ *or* කරන, අනවරත; හැරව යන (වණය). [හැරව.
Running, n. දිවීම &c. see verbs; ගලන ජලය, යන
Running-fire, n. පිටපිටම වෙඩිතිබීම.
Running-knot, n. ඇදෙන ගැටය.
Runt, n. (ජම්ම තරමට වඩා) කුඩා සතා.
Rupee, n. රුපියල.
Rupture, n. බිඳුම, භංගය; (ලේ නහරයක) පැළීම, පිපිරීම; අණ්ඩවාතය, අන්ත්‍රවෘද්ධිය.
Rupture, v. පුපුරනවා, කඩනවා, භින්නකරනවා; පිපිරෙනවා &c., ගැහෙනවා.
Rural, a. පිටිසර, ගම්බද, පිටිසර ආකාර.
Rural-dean, n. පළාතක උපනායක දේවගැතියා.
Ruralism, n. පිටිසර—ග්‍රාම්‍ය—රීතියක්.
Ruralist, n. පිටිසරට ගොස් වාසයකරන්නා, ග්‍රාමවාසියා.
Ruralize, v. පිටිසරට ගොස් වාසයකරනවා, පිටිසර පුරුවෙනවා.
Ruralness, n. පිටිසර ආකාරකම, ග්‍රාම්‍යතාව.
Ruse, n. උපාය, ප්‍රයෝගය, දඟය.
Rush, v. සැරෙන්—වේගයෙන්—යනවා *or* දුවනවා, තල්ලුවෙනවා; rush in ඉක්මන් කමින් ඇතුල්වෙනවා *or* වදිනවා; rush out එළියට පැනයනවා *or* එනවා, (වතුර) සැරෙන් පිටාරයනවා.
Rush, n. සැරෙන් යාම &c., වේග ගමන, තල්ලුව; සැර ඉක්මන්කම.
Rush, n. පොතු කොළය, පන්, පොතුපන්; fig. නොවටිනා දෙයක්. [එළිය.
Rush-candle, Rush-light, n. පන් ඉටිපන්දම, පන්බඩ
Rush-mat, n. පන් පැදුර, කලල් පැදුර, කලාලය.
Rushy, a. පන් ගහනවූ.
Rusk, n. තද රොටි—බිස්කෝත්තු—වර්ගයක්.
Russ, Russian, a. රුසියාවට — රුසියන්වරුන්ට — අයිතිවූ, රුසියන්.
Russian, n. රුසියන් භාෂාව; රුසියන් කෙනෙක්, pl. රුසියන්වරු.
Russet, a. දුඹුරු; දළ; n. දුඹුරු ජම්බු වර්ගයක්.
Rust, n. මල, මලකඩ, යකඩමල, අයෝමල; බැදෙන කුණු; ගොයම් රෝගයක්.
Rust, v. මල &c. අල්ලනවා *or* බැදෙනවා; fig. (නිකම් ඉඳීමෙන්, වැඩ නොගැනීමෙන්) පිරිහෙනවා *or* බලය අඩුවෙනවා.
Rust-eaten, a. මලකඩ කාපු.
Rustic, a. පිටිසර, ග්‍රාමික, ග්‍රාම, ග්‍රාම්‍ය, අශිෂ්ට, වාන්; in speech ග්‍රාම්‍යාලාප; in arch. ග්‍රාම්‍යාකාර (වැඩ).
Rustic, n. පිටිසරයා, ග්‍රාම්‍යයා, ගම්වැසියා.
Rustically, ad. පිටිසර ආකාරයෙන්, ග්‍රාම්‍යාකාරයෙන්, අශිෂ්ටලෙස, වාමට.
Rusticate, v. පිටිසර වාසයකරනවා *or* වාසයකරවනවා; කාලකට පාඨශාලාවෙන් පහකරනවා.

Rustic-chair, Rustic-seat, n. දළ අතු පුටුව, ශාඛාසනය.
Rusticity, n. ග්‍රාමිකතාව, ග්‍රාම්‍යතාව, අශිෂ්ටතාව, වාත්කම.
Rustiness, n. මලකඩ බැඳුණු ගතිය.
Rustle, v. (සෙලවෙන කොළ මෙන්) සරසරගානවා.
Rustling, n. සරසර ගෑම, මම්මරය.
Rusty, a. මලකඩ &c. අල්ලාපු, මල බැඳුණු ; become rusty, see Rust, v. රළු (ස්වභාව) ; බැරැඩි (ගඳ).
Rut, n. (මෘග) මදය ; v. (මෘගයෝ) මද වැටෙනවා.
Rut, n. පාරේ රථචක්‍රයෙන් සෑදෙන වළ or ඇල්ල, ඇල්ල, බිමේ කොටාපු ඇල්ල.
Ruthless, a. අනුකම්පා නැති, කෲර.
Rye, n. කළු තිරිඟු, කුඩා තිරිඟු වර්ගයක්.
Ryot, n. (ඉන්දියාවේ) ගොවිතැන් කරන්නා, ග්‍රාම්‍යයා.

S

S. for south, දකුණ or දකුණු දිශාව.
Sabaoth, n. සේනා : Lord of Sabaoth සේනාවල ස්වාමීන්වහන්සේ.
Sabbatarian, n. සත්වෙනි දින පවත්වන්නා, සත්වෙනි දින මතිකයා ; (ක්‍රිස්තියානි) නිවාඩු දවස තදලෙස පවත්වන්නා.
Sabbath, n. (යුදෙව්වරුන්ගේ) සත්වෙනි දින ; (ක්‍රිස්තියානි) නිවාඩු දවස, සබත්දවස, විශ්‍රාම දින, ඉරිදා.
Sabbath-breaker, n. සබත් දවස කඩකරන්නා or කෙලසන්නා.
Sabbatic, Sabbatical, a. ශුද්ධවූ නිවාඩුදවස සම්බන්ධ; ශුද්ධ විශ්‍රාමදිනාකාර, විශ්‍රාම සහිත; (sabbatic year යුදෙව්වරුන්ගේ සත්වෙනි අවුරුද්ද වන) විශ්‍රාම වර්ෂය.
Sabellianism, n. (සබෙලියස් නම්වූ අයගේ ගුරුකම වන) ද්විත්වකත්ව දෘෂ්ටිය.
Sabian, a. ග්‍රහතාරකා නමස්කාර.
Sabianism, n. ග්‍රහතාරකා නමස්කාරය.
Sable, n. කළු ලොම් ඇති මුගටි ජාතියක් ; කළු මුගටි ලෝම ; a. කළු, කෘෂ්ණ.
Sabre, n. වකුටු කඩුව, වක්‍ර ඛඩ්ගය ; v. කඩුවෙන් ගසනවා or මරනවා.
Sac, n. මල්ල, බොක්ක.
Saccate, a. in bot. මලු හැඩය ඇති, ආශයාකාර, ආශයාවෘත (පත්‍ර &c.).
Sacchariferous (saccha සැක්ක), a. පැණිරස දරන, මධුරධාරී (ශස්).
Saccharify, Saccharize, v. පැණිරස උපදවනවා.
Saccharine, a. පැණි, පැණිරසවූ, පැණි — සීනි — සහිත.
Saccharometer, n. (ද්‍රව්‍යවල) පැණි ප්‍රමාණය දන්නා ගන්න යන්ත්‍රයක්.
Saccharum, n. උක් ජාතිය. See Sugar-cane.
Sacerdotal, a. පූජකකමට අයිතිවූ, පූජක. [ව.
Sacerdotalism, n. පූජක ධුරය—පූජකයන්—සැලකීම
Sachel, n. පොත්පසිය, කුරපසිය.
Sack, n. ගෝණිය, මල්ල ; බුරුල් සැට්ට වර්ගයක්.
Sack, v. (නුවරක් &c.) කොල්ලකනවා, විද්ධ්වංසනය කරනවා, වනසනවා, ගම් පහරනවා ; (වැඩෙන්) අහක්කරනවා.
Sack, n. කොල්ලකෑම &c. ; කොල්ලය ; get the sack අහක්කරනු ලැබීම. [නය.
Sackage, Sacking, n. කොල්ලකෑම, වැනසීම, විද්ධ්වංස
Sackcloth, Sacking, n. ගෝණිරෙදි, හණපිළි.
Sackful, n. (කෝපි) මල්ලක්.
Sacrament, n. (ආගමේ) විශේෂ චාරිත්‍රයක්, විශේෂ ධර්මචාරිත්‍රයක්, සක්‍රමේන්තුව, as: බව්තීස්මය, sp. රාත්‍රිභෝජනය, R. C. සත්‍යප්‍රසාදය.
Sacramental, a. විශේෂ ධර්මචාරිත්‍ර, සක්‍රමේන්තු, (කෘත්‍ය); දිවුරුමෙන් බැඳි (host).
Sacramentarian, n. (ක්‍රිස්තියානි රාත්‍රි භෝජනය ගැන) සමරණ චාරිත්‍රමතියා.
Sacramentarian, Sacramentary, a. රාත්‍රිභෝජනය සම්බන්ධ ; සමාරණ චාරිත්‍ර.
Sacrarium, n. (රෝමවරුන්ගේ) ගෘහදේවාලය.
Sacrarium, n. (රෝමවරුන්ගේ) ගෘහදේවාලය.
Sacred, a. (ආගමට) ශුද්ධවූ, කැපවූ, තිරී, පූජනීය, අතිපරිශුද්ධ, පූණ්‍ය, පවිත්‍ර.
Sacredly, ad. කැපවූ දෙයක් කොට, පූජාභිකාරයෙන්, නොකෙලසනලෙස. [&c.
Sacredness, n. (ආගම සම්බන්ධ) ශුද්ධතාව, ශුද්ධකම,
Sacrifice, v. පූජාකරනවා, යාගකරනවා, යාගපූජා කරනවා, to demons බිලි පුදනවා ; fig. (වාසියක් පිණිස or යමෙක් උදෙසා යමක්) නැතිකරගන්නවා, නාසනිකරනවා.
Sacrifice, n. පූජාකිරීම &c.; පූජාව, යාගය ; to demons බිල්ල, බලිය, බලිකර්මය, බලිපූජාව, බිලිපූදය ; fig. (යමක් අරබයා) නැතිකරගන්න දේ, නාසනිය, පරිත්‍යාගය.
Sacrificial, a. පූජාකරන, යාජක ; පූජා සම්බන්ධ, යාගපූජා සහිත.
Sacrilege, n. ආගමට කැපවූ දේ කෙලසීම or සොරාගැනීම, (ආගමේ) ශුද්ධ දේ දූෂණය කිරීම, තිරිදූෂණය.
Sacrilegious, a. කැපවූ දේ කෙලසන &c., තිරිදූෂණ.
Sacrist, n. (ප්‍රධාන දේවස්ථානයේ) ව්‍යත්‍ය පොත් භාරකාරයා.
Sacristan, n. see Sexton. Sacristy, n. see Vestry.
Sacrum, Os-sacrum, n. පිටිකොන්දේ පහත් ඇටය, අධෝකශේරුකාස්ථිය.
Sad, a. දුක් පෙනීමක් ඇති, මලානික, නලංගු, කාන්සාවූ, කනස්සලු, දුක්මුසු, කනගාටු ; ඛේදජනක ; නොහොඳ, නරක, හිංසක ; තද.
Sadden, v. නලංගු—කාන්සා—කනස්සලු—කරනවා ; (පාන් &c.) තදකරනවා.
Saddle, n. සෑදය, සෑදලිය, පර්යාණය ; සෑද ආකාර දෙයක් ; තුනටි මස්කෑල්ල.
Saddle, v. (අශ්වයා පිට) සෑද දමනවා ; fig. බර තබනවා, බරකරනවා.
Saddle-horse, n. සෑද දමන අශ්වයා.
Saddler, n. සෑද සාදන්නා.
Saddlery, n. අශ්ව ඇඳුම් සෑදීමේ අඩුවැඩිය; අශ්ව ඇඳුම ; සෑද සෑදීම.
Sadducee, n. යුදෙව් සද්දූසිවරයා, නිරුත්ථාන දෘෂ්ටියා.
Sadduceism, n. සද්දූසිවරුන්ගේ ගුරුකම, නිරුත්ථාන දෘෂ්ටිය. [ලෙස.
Sadly, ad. නලංගුලෙස, කාන්සාලෙස, කාලකණ්ණි
Sadness, n. නලංගුකම, කාන්සා ගතිය, දුක් ආකාර පෙනුම.
Safe, be, v. ප්‍රවේසමෙන්—අනතුර නැතුව—නිරුපද්‍රවව—සුරක්ෂිතව—සිටිනවා or තිබෙනවා.
Safe, a. අනතුරනැති, නිරුපද්‍රව, සුරක්ෂිත, ප්‍රවේසම්.
Safe, n. සේප්පුව, සුරක්ෂණ පෙට්ටිය or අල්මාරිය, සුරක්ෂණාගාරය.
Safe-conduct, n. ගමන් රැකවල, ආරක්ෂක බලපත්‍රය.

Safeguard, n. ගමන් රැකවල &c., රැකවල, ආරක්ෂක බලය, ආරක්ෂාව, ගෝපනය. [ලෙස.

Safely, ad. ප්‍රවේසමෙන්, අනතුරක් නැතුව, සුරක්ෂිත

Safeness, Safety, n. අනතුරු නැතිකම, නිරුපද්‍රැත තාව, සුරක්ෂිතතාව ; security සුරක්ෂණය.

Safety-belt, n. (ගිලී මැරීමෙන්) ආරක්ෂක පටිය.

Safety-lamp, n. (ආකරවල) ආරක්ෂක පහන.

Safety-valve, n. (ධූමයන්ත්‍රයේ) ආරක්ෂක පියන.

Saffron, n. කහ, කසා, කුංකුම.

Saffron, Saffron-coloured, a. කහපාට ඇත්තාවූ, කහවත්, පීතකවර්ණ.

Sag, v. (බරට) ක්‍රමයෙන් පහත්වෙනවා or පහත්කර නවා, ඇලවෙනවා or නැඹුරුවෙනවා.

Sagacious, a සිහිනුවණැති, සිහිවිපරම්ඇති, සූක්ෂම බුද්ධි, දැනුමැති, තේරුම් ඇති.

Sagaciousness, Sagacity, n. සිහිනුවණ &c., පටිභා නය ; (මාංශසිත්‌ගේ) තීක්ෂණ දැනුම. [හුරු.

Sage, a. නුවණැති, නැණවත්, ඥානවන්ත ; නුවණට

Sage, n. ප්‍රඥාවන්තයා, ප්‍රාඥයා, ඥානවන්තයා.

Sagely, ad. නුවණින්, නැණවත්ලෙස &c., ප්‍රඥාවෙන්.

Sagittal, a. ඊශන සමාන, ශරාකාර ; sagittal suture (ඉස්කබල් පෝඩුවල) ශරාකාර සන්ධිය.

Sagittarius, n. ධනුර්ධරයා ; in astr. ධනුව, ධනුරාශිය, චාපරාශිය. [යා.

Sagittary, n. centaur, in myth. මනුෂ්‍යාශ්වධනුර්ධර

Sagittate, a ඊතලාකාර. [ජාති,

Sago, n. සව්හාල් ; sago palm සව්හාල් ලබන තලගස්

Said, pp. & pret. of Say, කීවා, කිවුවා ; the said කී, කිවූ, උක්ත, ප්‍රෝක්ත, සංඛ්‍යාත.

Sail, n. රුවල ; නැව, නැව් ; සමුද්‍රාර්ෂ යාත්‍රාවක්.

Set sail රුවල් ගහනවා ; (නැව) පිටත්වෙනවා.

Strike sail හදිසියෙන් රුවල් බානවා.

Sail, v. (හුළඟින්) යාත්‍රාකරනවා, (නැව) යනවා ; නැවෙන් යනවා ; නැවෙන් පිටත්වෙනවා ; (දඬු මොණර යන්ත්‍රය &c. මෙන්) හුළඟින් යනවා ; පියා පත් නොගසා ඉගිලෙනවා.

Sailer, n. as : a fast-sailer &c. ඉක්මන් නැවක්, හෙමින් යන නැවක් or ඔරුවක් &c.

Sailing, n. යාත්‍රාකිරීම &c., යාත්‍රාව.

Sailing-master, n. යුද්ධනැව් යාත්‍රා මුලාදෑනයා.

Sailing-match, n. යාත්‍රා පොරය.

Sailing-vessel, n. රුවල් නැව, රුවල් ඔරුව &c.

Sailor, n. නැව්කාරයා, නාවිකයා, නැවියා, මරියා.

Sail-yard, n., see Yard.

Saint, n. සුද්ධවන්තයා, ශුද්ධවරයා, අතිභක්තිවන්තයා ; R. C. සාන්තුවරයා, මුනිවරයා, මුනීන්ද්‍රයා, ශුද්ධවූ... මුනීන්ද්‍රයා &c. ; Hindoo ඉසිවරයා, සාමියා.

Sainted, a. ඉතා ශුද්ධවූ ; සවර්ගෝපගත ; R. C. සාන්තු වරයෙක්කොට පත්වූ.

Saintly, a. සුද්ධවන්තයෙකු වැනි, අතිශුද්ධවූ, අති භක්තිවන්ත.

Saints-bell, Sacring-bell, n. R. C. පූජා ඝණ්ටාව, සාන්තුස් සීනුව.

Saint's-day, n. සාන්තුවරයාගේ මංගල්‍ය දින, මුනීන්ද්‍ර යාගේ මංගල්‍ය දින.

Saintship, n. සුද්ධවන්තකම, ශුද්ධවර ගතිය ; මුනිවර ගතිය.

Saint Vitus's dance, n. නහර ගැහෙන රෝගයක්, නහර ගැහුම.

Sake, n. (say) පිණිස, නිසා, අරබයා, උදෙසා, පෙර දැරිකොට, පෙරදැරිව :

For the sake of health, profit &c., ලාභය පෙර දැරිකොට ;

For his sake ඔහු අරබයා or උදෙසා or නිසා.

Salacious, a. සල්ලාල, කාමුක.

Salad, n. සලාද, අමු ව්‍යඤ්ජන.

Salad-oil, n. සලාද තෙල්, ඔලිව් තෙල්.

Salaam, Salam, n. (සමාදානවේවා යන අර්ථ ඇති) පෙරදිග ආචාර වාක්‍යයක්. [කයා.

Salamander, n. (කටුස්සාට මදක් සමාන) දිය මණ්ඩු

Salamandrine, a. දියමණ්ඩූක ; fig. අදාහ්‍ය.

Salamander's hair, see Asbestus.

Salary, n. පඩිය, වැටුප්, දීමෙල, වෘත්තිය.

Sale, n. විකිණීම, විකුණුම, වික්‍රයණය, විපණය ; by auction වෙන්දේසිය.

Saleable, a. විකිණෙන, විකිණිය හැකිවූ, පණ්‍ය.

Sale-price, n. (බඩු) විකුණන මිල.

Sale-room, n. විකුණුම්—පණ්‍ය—ශාලාව, වෙන්දේසි ශාලාව. [කාරයා.

Salesman, n. (සාප්පුවේ බඩු) විකුණන්නා, විකුණුම්

Salient, a. (ගෙම්බා මෙන්) පැනපැන යන ; (හෘදය මෙන්) නටටුවෙන ; in fort. නෙරාපු (කොන) ; in her. උඩ පනින, ඌර්ධ්වගත, (සතෙක්) ; fig. සුප්‍රකාශ, ප්‍රත්‍යක්ෂ, ප්‍රධාන, විශිෂ්ට.

Saliferous, a. ලුණු දරන, ලවණධාරී.

Salifiable, a. ලුණුගති කළහැකිවූ or ලුණු වර්ගයක් වියහැකිවූ.

Salify, v. (ඇම්ල් මිශ්‍රකිරීමෙන්) ලුණුගතියට පෙරළ නවා, ලවණ කරනවා.

Saline, a. ලුණුවූ, ලවණ ; n. ලුණු උල්පත, ලවණ ජලාශය. යන්ත්‍රයක්.

Salinometer, n. (දියේ) ලුණුවල ප්‍රමාණය දැනගන්නා

Saliva, n. කෙළ.

Salival, Salivary, a. කෙළ ආකාර, කෙළවූ ; කෙළ, ලාලා (කූප), ඛේට (ග්‍රන්ථි).

Salivant, a. or n. කෙළ උපදවන, ලාලා ජනක, (ඖෂධය).

Salivate, v. (රසදියෙන් &c.) කෙළ වැඩිකරනවා.

Sallow, a. සුදුමැලි, පඬුවන්, පාණ්ඩු.

Sallowness, n. සුදුමැලිකම, පඬුපාට.

Sally, n. (සේනාවක) හදිසි වැදීම, වේගවත් ආක්‍ර මණය ; (සමුද්‍රාර්ෂයට &c.) යම් තැනකට වැදියාම, සෙල්ලම් ගමන ; of wit &c. සමරී භාෂණය, මුඛරි වාක්‍යය, හදිසි ක්‍රියාවක්.

Sally, v. (බලකොටුවෙන්, පහරදෙන්ට,) පැනවෙනවා, පැනයනවා, වේගයෙන් ආක්‍රමණයකරනවා.

Sally-port, n. කුරුබිලිය, කුඩා උමග, ගුළුවඩිම්විය.

Salmon (සැමන්), n. එනම් මත්ස්‍ය වර්ගය, පීත මත්ස්‍යයා.

Saloon, n මහ ශාලාව ; (නැවක) ප්‍රසිද්ධ ශාලාව ; (නාඩගම්පළේ) අඳුරු පස ශාලාව ; නෘත්‍ය ශාලාව.

Salt, n. ලුණු, ලවණ ; in chem. අම්ල මිශ්‍ර යවක්ෂාරජ ද්‍රව්‍ය ; purgative salts කළු ලුණු, කාලලවණ, සම්භවලුණු ; fig. ආරක්ෂක බලය ; (කථාවේ) තීක්ෂණතාව, ඇනුම.

Salt, a. ලුණු රස ඇත්තාවූ, ලුණු මුසු, ලුණු, ලාවණ, ලාවණික.

Salt, v. ලුණු දමනවා, ලුණු ගානවා, ලුණු ඉහිනවා.

Saltate, v. පනිනවා, පැනපැන යනවා.

Saltation, n. පැනීම ; හෘදය ගැහීම.

Saltatores, Saltatoria n. pl. (තණකොළ පෙත්තා ආදී) පනින සත්ත්වජාති.

Saltatory, a. පතිත, නටන.
Salt-cellar, n. ලුණු කූප්පිය, ලුණු සලේරුව.
Saltern, n. ලුණු පට්ටලය.
Salt-fish, n. ලුණු මාලු, ජාඩි, dried කරවල.
Saltigrade, a. පතිත ගතියක් ඇති.
Saltigrades, n. pl. පතිත මකුළුවෝ.
Saltish, a. මදක් ලුණුරස ඇත්තාවූ.
Saltless, a. ලුණු නැති, ලුණුරස නැති.
Salt-marsh, Salt-meadow, n. කරදිය ගලන පිට්ටනිය, කරදිය පිට්ටනිය.
Salt-mine, n. ලවණාකරය.
Saltness, n. ලුණු ගතිය, ලුණුරස, ලාවණ්‍යය.
Salt-pan, Salt-pit, n. ලේවාය.
Saltpetre, n. වෙඩිලුණු &c., see Nitre.
Salt-tax, Salt-duty, n. ලුණු තීරුව, ලුණුබද්ද.
Salt-water, n. ලුණුවතුර, ලුණුදිය, කරදිය.
Salubrious, a. සනීප වඩන, සුබදායක, (රට, බැඩ.)
Salubriousness, Salubrity, n. සනීප වඩන ගතිය, සුබදායකතාව.
Salutary, a. ශුභසිද්ධිජනක, වැඩදායක, ප්‍රයෝජන වත්, (දැනුමුතුකම &c.).
Salutation, n. ආචාරකිරීම, වාක්සමාචාරය, ආචාරය, ප්‍රණිපාතය, ප්‍රණාමය, නමස්කාරය, අභිවාදනය, mutual ආචාරසමාචාරය.
Salutatory, a. ආචාර, ප්‍රණිපාත &c., සුවදුක් ඇසීම සහිත, පිළිසඳර.
Salute, v. ආචාරකරනවා, mutually ආචාරසමාචාර කරනවා; වෙඩිතිබීමෙන්, මල්වරහඩින් &c. ගෞරව දෙනවා; wish long life to ආවඩනවා. [වරය.
Salute, n. ආචාරය &c.; ආචාර වෙඩිල්ල, ආචාර මල්
Salvability, n. ගලවාගත හැකි බව.
Salvable, a. (අපායෙන්) ගලවාගත—ගැලවිය—හැකි වූ, මෝක්ෂකාමී.
Salvage, n. (නැව හෝ එහි බඩු ගලවාගත්තත්ට දෙන) ගලවාගැනීමේ සුල්කය; (නැව් සිඳීමේදී) ගලවාගත් බඩු ගණන.
Salvation, n. ගැලවීම, මිදීම, ගලවාගැනීම, ආරක්ෂා කිරීම, ආරක්ෂණය, ත්‍රාණය, පරිත්‍රාණය, මුක්තිය; sp. (පාපයෙන් හා නිරයෙන්) ගැලවීම, ප්‍රාණගැලවීම, ප්‍රාණ මිදීම, ආත්මපරිත්‍රාණය.
Salvation army, ගැලවීමේ හමුදාව. [තෙක්.
Salvationist, n. ගැලවීමේ හමුදාවට බැඳී සිටින කෙ
Salve (සාව්), n. කල්කය, (සුවය පිණිස ගාන) තෙලම, විලේපය.
Salve v. කල්ක ගානවා.
Salver, n. ඉලත්තට්ටුව, කුඩා බත්දේසිය.
Salvo, n. ඉතුරු කරගත්—ව්‍යතිරේක—දේ; of artillery &c. ආචාරවෙඩි තිබීම. [සා.
Salvor, n. (අනතුරට පත්වූ) නැව or එහි බඩු ගල්වන්
Samaritan, a. or n. සමාරිය; සමාරිය පළාතේ වැසියා, සමාරියයා; සමාරිය භාෂාව: fig. a good Samaritan ගුණවන්තයා, සත්පුරුෂයා.
Same, the, a. එම, that or this same book ඒ or මේ පොතම, එම or මෙම පොත; equal, similar, සම, සමාන, නිර්විශේෂ.
It is all the same ඒත් එපමණයි or එකයි.
Sameness, n. එම එකව තිබීම, එකාකාරකම, සම භාවය, සාම්‍යය, සමානතාව. See Identity.
Samiel, Simoom, n. (අරාබියේ) කාන්තාරවල හමන වියළි ගිනිමය හුළඟක්.
Sample, n. ආදර්ශය, නිදර්ශනය, මෝස්තරය.

Sample, v. (මෙලඳම් බඩුවලින්) මෝස්තර පිළියෙල කරනවා or ගන්නවා.
Sampler, n. (පුරුදුවීමට කරන) අකුරු මැහුම; මෝස් තර පිළියෙල කරන්නා.
Sanable, a. සුවකළ හැකිවූ, සාධ්‍ය.
Sanative, Sanatory, a. සුවකරන, ප්‍රතිකාර ගුණයක් ඇති, සුඛජනක.
Sanatorium, n. සනීප ගනු පිණිස යන ස්ථානය, සුබ දායී ප්‍රදේශය.
Sanctification, n. (ආත්මය, හිත) පිරිසිදුකිරීම, පිරිසිදුවීම &c.; ආත්මපරිශුද්ධතාව, හිත්පිරිසිදුකම.
Sanctify, v. (පාපයෙන්) පිරිසිදුකරනවා, පවිත්‍රකර නවා, පරිශුද්ධතාවට—අපාප ගතියට—පමුණුවන වා; (දේවමෙහෙය පිණිස) ශුද්ධකොට වෙන්කර නවා, කැපකරනවා.
Sanctifying, p. or a. පිරිසිදුකරන &c., පිරිසිදුකම වර්ධනයකරන.
Sanctimonious, a. ශුද්ධවන්තයෙකු මෙන් පෙනෙන, පරිශුද්ධතාව පාන.
Sanction, n. අවසරය, කැමැත්තදීම, අනුඥාය, අනු දැනීම.
This has the sanction of usage ව්‍යවහාරයේ හැටියට මෙය යුතුයි or මීට අවසර තිබෙනවා.
Sanction, v. අවසර දෙනවා &c., එකඟවෙනවා. See Permit.
Sanctity, n. (ආගම or ආත්මය සම්බන්ධ) ශුද්ධ ගතිය, ශුද්ධවන්තකම; (දිවුරුමේ &c.) අඛණ්ඩ්‍යතාව.
Sanctuary, n. (ආගම් සම්බන්ධ) ශුද්ධස්ථානය, අති ශුද්ධස්ථානය, දේවස්ථානය; R. C. පූජාස්ථානය; fig. ශුද්ධ රක්ෂාස්ථානය.
Sanctum, n L. fig. (කතෘගේ &c.) රහස්‍යාගාරය; sanctum sanctorum අතිපරිශුද්ධස්ථානය.
Sand, n. වැලි, පුලින, වාලුකා, grain of වැලි ඇටයක්; sands (වෙරළේ) වැල්ල; (කාන්තාරයේ) වැලි භූමිය; v. වැලි ඉසිනවා.
Sandal, n. මිරිවැඩිය, වහන, සෙරෙප්පුව, මරවැඩිය, පාදුකාව; the pair මිරිවැඩි &c., වහන්සළ.
Sandal-wood, n. හඳුන් ලී, හඳුන්, සඳුන්, චන්දන.
Sand-bag, n. වැලි පුරවාපු මල්ල, වැලි මල්ල.
Sand-bank, n. වැලි ගොඩැල්ල, වැලි කණිසිය, වැලි කන්ද.
Sand-eel, n. වැල්ලේ හාරාගන—රිංගා—ඉන්න මසා.
Sand-flea, n. වැලිමැක්කා.
Sand-glass, n. වැලි හෝරා වීදුරුව.
Sandiness, n. වැලි ගතිය, වැලි ආකාරකම; වැලි ගහනකම.
Sand-paper, n. වැලි කඩදාසිය, වීදුරු කඩදාසිය, (leaves) කොරොස්ස කොළය, බුදුසියා කොළය.
Sandstone, n. වැලි ගල, වැලි පර්වත.
Sand-storm, n. (සද හුළඟට ගහගෙන යන කාන්තාර යේ) වැලි කුණාටුව.
Sandwich, n. මස් දමාපු පාන්පෙති.
Sandy, a. වැලි මුසු, වැලි ගහනවූ, වැලි ආකාර; වැලිපාට ඇත්තාවූ.
Sane, a. උන්මාදනොවන, හරි සිහි ඇති, සිහිය හොඳ.
Saneness, Sanity, n. හරි සිහි ඇති බව.
Sang, pret. of Sing ගීතිකාකළා.
Sangfroid (සංෆ්‍රෝ), n. Fr. අචලතාව, නොසැල කිල්ල.
Sanguiferous, a. ලේ ගෙනයන, රක්තවාහී, රුධිර වාහන, (නහර).

Sanguification, n. අන්නරස ලේකිරීම *or* වීම.

Sanguify, v. අන්නරසය ලේකරනවා *or* වෙනවා, රුධිරවෙනවා.

Sanguinary, a. බොහෝ ලේ වගුරුවන, බොහෝ මැරුම් සහිත, (සටන); මිනීමැරීමට—ප්‍රාණඝාතන යට—ලැදිවූ, මිනීමරු.

Sanguine, a. පැතුම් ගතියක් ඇත්තාවූ, අපේක්ෂා වෙන් යුක්ත, අපේක්ෂක, දෘඪ ආශා සහිත, විශ්වාස ඇති.

Sanguineness, n. චිත්තෝෂ්ණ ස්වභාව, අපේක්ෂා වෙන් යුක්තතාව, අපේක්ෂකතාව.

Sanguineous, a. ලේ අධික, රක්තපිත්ත ; රක්තාකාර, රක්තවර්ණ.

Sanguinivorous, a. ලේ බී රක්ෂාවෙන, රුධිරපායි, (සත්ත්වයා).

Sanhedrim, n. (යුදෙව්වරුන්ගේ) මහාමන්ත්‍රණ සභාව.

Sanies, (සේනිජ්ස්), n. රතු හැරව.

Sanious, a. රතු හැරව ආකාර, රතු හැරව යුත.

Sanitary, a. සනීප වඩන, සනීපාරක්ෂක, සෞඛ්‍ය, සෞඛ්‍යාරක්ෂක. [සර්‍වය

Sanity, n. හොඳ සිහිය ඇතිබව, ස්වස්ථතාව, ස්වා

Sanscrit, **Sanskrit**, n. සංස්කෘත, සංස්කෘත භාෂාව.

Santonine, n. වල්කොලොදු බෙහෙත, පණු බෙහෙතක්.

Sap, n. (ගස්වල) ඕජස, යූෂය, ස්වරස, මජ්ජාව.

Sap, v. (ස්ථාන නාසක්කිරීමට) යටින් හාරනවා, උමං කණිනවා ; fig. (සනීපයට, කීර්තියට &c.) ක්‍රම යෙන් අන්තරාකරනවා *or* ඒවා හීනකරනවා.

Sap, n. (වටලෑමේදී) හාරන බිංගෙය, උමග; ආරක්ෂක අගළ.

Sapan, **Sapan-wood**, n. පතගි, පතගි ගහ, පතගි ලී.

Saphena, n. කකුල්වල පිට ලේනහරය.

Sapid, a. රස ඇති, රසවත්, රුචි.

Sapidity, **Sapidness**, n. රස ඇතිකම &c.

Sapience (සේ...), n. (ඔසියරුලෙස කියන) යස නැණ වත්කම, යස නුවණක්කාරකම.

Sapient (සේ...), a. (එසේම) යස නැණවත් &c., යස ප්‍රඥවන්ත.

Sapless, a. ඕජස නැති, යූස නැති, ස්වරස නැති, වියළි, කාෂ්ට.

Sapling, n. තරුණ ගහ, පැළය.

Saponaceous, a. සබන් ආකාර, මසෘණ.

Saponify, v. (යම් ද්‍රව්‍ය) සබන්කරනවා.

Saponine, n. පෙතෙල සාරය.

Sapper, n. sappers & miners හැරුම්ද ගොඩනැගීම්ද කරන භේවායෝ, යුද්ධකර්මාන්තකාර භේවායා.

Sapphire, n. නිල මාණික්‍යය, නිල්මිණ, නිල්කැටය, මහනිල්කැටය, ඉන්ද්‍රනීලය.

Sapphirine, a. නිල්කැට සමාන, නිල්කැට ආකාර n. නිල්කැට සමාන ගලක්.

Sappiness, n. ඕජස බහුලතාව, ස්වරස බහුලතාව.

Sappy, a. ඕජස පුණිවූ, බහු ස්වරස, ගොබඩු.

Sap-tube, n. ඕජස් නාලිය.

Sap-wood, n. ගොබඩු ලී.

Saracen, n. අරාබියා.

Saracenic, a. අරාබිවරුන්ට අයිතිවූ; අරාබි ආකාර (ඉදිකරුම්).

Sarcasm, n. ඇනුම්පදය, ඔසියරු කීම.

Sarcastic, a. ඇනුම්පද ආකාර, ඔසියරු ; ඇනුම්පද කියන.

Sarcenet, n. සිහින් පටරෙදි වර්ගයක්.

Sarcocarp, **Sarcoderm**, n. (ඵලවල) මාංසාවරණය, මදුලු වැස්ම.

Sarcology, n. ශරීරයේ මෘදු කොටස්හා විස්තරය, ශරීරමාංස විස්තරය.

Sarcoma, n. වායුගෙඩිය, මස් ගෙඩියක්.

Sarcomatous, a. වායුගෙඩියක් ආකාර.

Sarcophagus, a. මාංස භක්ෂක, මස් කන. [යක්.

Sarcophagus, n හුනුගල් ජාතියක්; ගල් මිනීපෙට්ටි

Sarcosis, n. මාංස ලියලීම *or* වැඩීම, මාංසවෘද්ධිය.

Sarcotic, a. මාංසවර්ධක ; n. මාංසවර්ධ ඖෂධය.

Sardine, n. සාර්ඩීන් නම්වූ කුඩා මත්ස්‍ය ජාතියක්, සූඩයා.

Sardius, n. රතුකැට ජාතියක්, ලෝහිතාංකය.

Sardinian, a. සාර්ඩීනියාවට අයිති ; n. සාර්ඩීනියාවේ කෙනෙක්.

Sardonic, a. ක්‍රෝධකාර, නියපිලි, (සිනාව).

Sardonyx, n. ශෝණතබමාණික්‍යය. See Onyx.

Sarking, n. තුනී ලෑලි තට්ටුව.

Sarment, **Sarmentum**, n. වැල් ආකාර රිකිල්ල.

Sarmentose, **Sarmentous**, a. in bot. වැල් ආකාර.

Sarsaparilla, n. Indian ඉරමුසු.

Sartor, n. ඇඳුම් මහන්නා.

Sartorious muscle, n. කකුලේ හරස් නහරය.

Sash, n. රෙදි පටියක්: ඉහපටියක් *or* කරපටියක්, වාපනය.

Sash, n. ජනේලේ වීදුරු රාමුව.

Sash-door, n. වීදුරු තහඩු දොර.

Sash-window, n. වීදුරු රාමු ජනේලය, (ඉහළ පහළ යන) පියන් ජනේලය.

Satan, n. Heb. lit. එදිරිකාරයා *or* සතුරා ; සාතන්, යක්ෂයා.

Satanic, **Satanical**, a. සාතන් සමාන, සාතනික, යක්ෂාකාර, රකුසු, ක්‍රෝධකාර.

Satch, n. කුඩා මල්ල.

Sate, **Satiate**, v. අතිතෘප්තියට පමුණුවනවා, අති තෘප්තිමත්කරනවා.

Satellite, n. (හඳ වැනි) උපග්‍රහයා, පිරිවර ග්‍රහයා ; fig. යටත් අනුචරයා. [තෘප්තිය.

Satiety, n. (අරුචි තරම්) අධික තෘප්තිමත්කම, අති

Satin, n. *or* a. ඔප ඇති පටරෙදි, සිනිඳු රෙදි, කෞශේය රෙදි.

Satin-wood, n. බුරුත ලී, බුරුත.

Satire, n. ඇනුම් පදය &c., see Sarcasm, විද්‍රූපණය ; විද්‍රූපක රචනාව. [විද්‍රූපක.

Satiric, **Satirical**, a. ඇනුම්පද ආකාර &c., විද්‍රූපණ,

Satirist, n. ඇනුම්පද ආකාරයෙන් රචනාකරන්නා, විද්‍රූපක රචනාකාරයා.

Satirize, v. ඇනුම්පදවශයෙන් කථාකරනවා *or* දෙස්තබනවා, විද්‍රූපණයකරනවා.

Satisfaction, n. සතුටුවීම, සතුටුකම ; ශාන්තිය ; තුෂ්ටිය, සන්තුෂ්ටිය, සන්තෝෂය, තෘප්තිය ; (යම් ආකාරයක් බවට ඇති) නිශ්ශංකාව ; තුෂ්ටිජනක දේ, (අලාභ ගැන) සතුටුකරන දේ, වන්දිය.

Satisfactorily, ad. සතුටුකරනලෙස, හොඳට සෑහෙන ලෙස.

Satisfactory, a. සතුටුකරන, සතුට උපදවන, සතුටු දායක, තුෂ්ටිකර, සෑහෙන.

Satisfied, pp. *or* a. සතුටුකරනලද &c., සතුටු ; නිතෘෂ්ණ ; තුෂ්ට, සන්තුෂ්ට ; ශාන්ත.

I am satisfied that this is true මෙය සත්‍ය බවට මට ශංකා නැත.

Satisfy, v. සතුටුකරනවා, (නියි) තෘප්තියට පමුණුවනවා. සතප්පවනවා, සන්තර්පණයකරනවා; (ආශා) සන්සිඳුවනවා; satisfy claims &c. ණය සමපූර්ණයෙන් ගෙවනවා, යුතුකම් ඉෂ්ටකරනවා; satisfy justice නියි ඵලවිපාක දෙනවා; satisfy one of a fact ඇත්තක් බව යමෙකුට ඔප්පුකරනවා *or* ඒත්තුගන්වනවා.

Satrap (සේට්‍රැප්), n. (පාර්සියාවේ) පුරාණ පළාත් ආණ්ඩුකාරයෙක්.

Satrapy (සේට්‍රපි), n. එම ධුරය.

Saturant, n. (ආමාශයේ) අම්ලනාශකෞෂධය. [වා.

Saturate, v. පූරණයට පොඟවනවා. අතිපූර්ණකරන

Saturation, n. පූරණයට පෙඟවීම &c.. අතිපූරණය, අතිපූර්ණත්වය.

Saturday, n. සෙනසුරාදා, ශනිදින.

Saturn, n. in myth. ජුපිතර්ගේ පිතෘ වන දෙවියෙක්; in astr. ශනිග්‍රහයා, නිලඟ, සෙනසුරා.

Saturnalia, n. pl. (පුරාණ රෝමවරුන් අතරෙහි) සටර්න්ගේ මංගල්‍යය.

Saturnalian, a. සටර්න්ගේ මංගල්‍ය; fig. (එවැනි) අනාචාර, ධූර්ත.

Saturnian, n. in myth. සටර්න් දෙවියන්ගේ ශාසනයට අයිතිවූ; fig. සුවර්ණ, කල්‍යාණ, ක්ෂේම, (යුගය).

Saturnine, a. ශනිග්‍රහාකාර; fig. උනන්දු නැති, අනුලණ, මොට්ට.

Satyr (සේටර්), in myth. වනදේවතාවෙක්.

Sauce, n. දිය ව්‍යංජන, ව්‍යංජන ඉස්ම, සොයි.

Saucer, n. පීරිසිය.

Sauce-pan, n. මිටක් ඇති කුඩා භාජනයක්, අප්පල් ලය, සාස්පාන.

Saucily, ad. ගරුනැතුව, භයලජ්ජා නැතුව.

Saucy, a. ගරුනැති &c.

Sauciness, n. ගරුනැතිකම, භයලජ්ජා නැතිකම, චම්බුකම.

Saunter, v. හෙමින්—අලසලෙස—යනවා *or* ඇවිදිනවා; නතරවෙනවා.

Sauria, Saurians, n. pl. (හූනා, කිඹුලා, ආදීන් මෙන්) කොරපොතුද පා සතරක්ද ඇති සත්ත්ව ජාති.

Sausage, n. ලිංගුස්. [ප්‍රචණ්ඩ.

Savage, a. වනචර, ම්ලේච්ඡ; රෞද්‍ර, රුද්‍ර, ප්‍රචණ්ඩ.

Savage, n. වනචරයා, ම්ලේච්ඡයා; රෞද්‍රයා, රුද්‍ර කෙනෙක් &c.

Savagely, ad. රෞද්‍රලෙස &c., කෲරලෙස. [&c.

Savageness, n. වනචරකම, ම්ලේච්ඡතාව; රෞද්‍රකම

Savagism, n. වනචර ගතිය, ම්ලේච්ඡ භාවය, අශිෂ්ටතාව.

Savanna, Savannah, n. විශාල තෘණතලාව.

Savant (සවාං), n. Fr. පණ්ඩිතයා, ශාස්ත්‍රඥයා.

Save, v. rescue ගළවනවා, මුදනවා &c., see Liberate; preserve ආරක්ෂාකරනවා; save time or money කාලය &c. නිෂ්ඵලලෙස වියදම්නොකර සිටිනවා *or* වියදම්කිරීම වළක්වනවා, (මුදල්) ගලවාගන්නවා; prevent වළක්වනවා; reserve ඉතුරුකරනවා, ඉතුරුකර තබනවා; lay by වියදම් නොකර තබාගන්නවා, ඉතුරුකරගන්නවා.

Save, prep. මිස, හැර, මිනා; twenty save one එකක් අඩු විස්සක්.

Saving, n. ඉතුරුකරගැනීම; ඉතුරුකරගන්න දේ, pl. ඉතුරුකරතබන මුදල්.

Savings-bank, n. මුදල් ටිකටික බාරගන්න බැංකුව, ඉතිරි මුදල් බැංකුව, සේවිංස් බැංකුව.

Saviour, n. ගළවන්නා, sp. (ලෝක) ගැළවුම්කාරයාණන්වහන්සේ. [ය.

Savour, n. රස, ස්වාදය, ගන්ධය; sp. සුරස, සුගන්ධ

Savour of, v. (යමක) රස—ගන්ධය—ඇතුව තිබෙනවා; fig. savour of pride &c. උඩඟුකම මෙන් පෙනෙනවා.

Savoury, a. සුරස, රුචිර, ප්‍රණීත, සුගන්ධ.

Saw, pret. of see, දුටුවා, දැක්කා.

Saw, n. ව්‍යවහාරකීම, උපමාකීම, ආප්තවචනය.

Saw, n. කියත, කරපත්‍රය මහකියත; බණිස්කියත; bow saw දුනු කියත; circular saw මඬල කියත; cross-cut saw හරස් කියත.

Saw, v. (කියතෙන්) ඉරනවා; ඉරෙනවා; this saws easily මේය පහසුවෙන් ඉරෙනවා.

Saw-dust, n. කියත්කුඩු.

Saw-fish, n. කියත් මත්ස්‍යයා, දතිමෝරා, තලපතා.

Saw-mill, n. දැවමෝල, (යන්ත්‍රවලින්) ලී ඉරන මෝල.

Saw-pit, n. දැව ඉරන වළ.

Sawyer, n. ලී *or* දැව ඉරන්නා, කියත්කාරයා.

Saxatile, a. පර්වත සම්බන්ධ, පර්වතවාසි, පර්වතාශ්‍රය.

Saxicavous, a. පර්වතරන්ධ්‍රවාසි (ක්ෂුද්‍ර ප්‍රාණීයෝ)

Saxifrage, n. අශ්මරීහරෞෂධය, අශ්මරීහර පැළයක්; පර්වත පැළජාතියක්, පාෂාණභේදය, පොල්පලා.

Saxifragous, a. See Lithontryptic.

Saxon, n. සැක්සන් නම් ජාතියේ කෙනෙක්, සැක්සන් කාරයා; සැක්සන් භාෂාව; a. සැක්සන්.

Saxonism, n. සැක්සන් භාෂාරීතියක්. [රනවා.

Say, v. කියනවා, පවසනවා, තෙපලනවා, noun. වදු That is to say එය මොකද කීවොත් *or* එනම්.

Say, n. his &c. say ඔහු කියනදේ; a say කීමට බලයක් *or* අවසරයක්:

I have no say in the matter කාරණය ගැන යමක් ක්‍රියන්ට මට අවසර නැත.

Saying, n. කීම, පැවසීම, තෙපලීම, වැදුරීම; කියමන, කියුම, ආභාෂය; ව්‍යවහාර—උපමා—කීම.

Scab, n. කබොල්ල, කබල, විචර්චිකාව; බැටළු කුෂ්ඨරෝගයක්; fig. (E. vul.) අධමයා.

Scabbard, n. කඩු කොපුව, ඛඩ්ගකෝෂය; v. කොපුවේ දමනවා.

Scabby, a. කබොලු ගහනවූ, හොරි, කුෂ්ඨ ඇති.

Scabies (සේබිඊස්), n. L. හොරි රෝගය.

Scabious, a. කබොලු සහිත, හොරි, කුෂ්ඨාකාර.

Scabrous, a. in bot. රළු, කොරහැඩි; in sound සැර, අමිහිරි.

Scaffold, n. for building &c. මැස්ස, අට්ටාලය, පලංචිය, stage තට්ටුව; පේරක තට්ටුව.

Scaffold, v. මැස්සක්—මැහි—දමනවා *or* උස්සනවා.

Scaffolding, n. මැස්ස, මැහි; මැහි දැව—පොලු—ආදිය, මැහි අඩුමැස්ස.

Scalariform, a. in bot. හිණ ආකාර, සෝපානාකාර.

Scald, v. උණුවූ දිය ජාතියකින් දවනවා, උණුවතුරේ දමනවා.

Scald, v. උණුදියෙන් වූ දැවීම *or* තුවාලය.

Scaldhead, n. ඉසේ බිබිළිදද.

Scalding-hot, a. දවන තරම් උණුවූ (දිය).

Scale, n. තරාදි තට්ටුව; scales තුලාව, තරාදිය; the Scales, see Libra; of fish &c. කොරපොත්ත; පෙත්ත.

Scale, v. කොරපොතු අරිනවා, පෙති අරිනුවා *or* ඇරෙනවා.

Scale, n. (අඩුවැඩිවෙයිගන යන) ක්‍රමයක්; ක්‍රමයකට ලකුණුකර තිබෙන මිම්මක්, ක්‍රමික මිම්මක්; in music ශබ්ද ක්‍රමය.

Scale, v. (ඉණිමගකින් මෙන්) නගිනවා, scale walls පවුරු උඩින් නැගියනවා. [ජය.

Scalene, a. අතුල්‍ය, විෂම, scalene triangle විෂමත්‍රිභූ

Scaliness, n. කොරපොතු ගහනකම, ශල්කතාව.

Scaling-ladder, n. (බලකොටුවකට &c.) නගින ඉණිමග, ප්‍රාකාරාධිරෝහණිය.

Scall, n. ඉස්සොරි, කොරළු, කුෂ්ඨය.

Scallop, n. කබලු මත්‍ස්‍ය වර්ගයක්; අද්දර මංගුව; v. (අද්දර) මංගුමංගුකරනවා, මංගු කපනවා.

Scalp, n. ඉස්මුදුනේ හම, ඉස්කබල් හම; v. ඉස්මුදුනේ හම ගලවනවා.

Scalpel, n. in sur. කැපුම්කෙටුම් පිහියේ.

Scalping-knife, n. ඉස්මුදුන හම කපන පිහියේ.

Scaly, a. කොරපොතු ගහනවූ, කොරපොතු ආකාර, කොරහැඩි, ශල්ක.

Scaly-winged, a. කොරපොතු පියාපත් ඇත්තාවූ.

Scamp, n. තස්කරයා, ප්‍රයෝගකාරයා, මගෝඩියා.

Scamper, v. ඉක්මන්කමින් පැනයනවා, සැරෙන් දුවනවා; n. සැරෙන් පැනයාම &c.

Scan, v. තීක්ෂණලෙස බලා සෝදිසිකරනවා; (verses) ප්‍රස්තාරකරනවා, ඡන්දස්මාත්‍රා ගණිනවා.

Scandal, n. කේලම, ඕපාදූපය, උපවාදය; නින්දිත කම, ගර්හණීය දෙයක්.

Scandalize, v. (me මා ගැන) කෙලම් කියනවා; (me මා නින්දිත යමකින්) අමනාපකරනවා. [නින්.

Scandalous, a. නින්දිත, ගර්හණීය, අවනම්බුවූ, අපකී

Scandalousness, n නින්දිතකම, ගර්හණීයතාව, අපකීර්තිය.

Scandalum magnatum, scan. mag., L. in law උත්තමයෙක් ගැන කළ අපහාසය.

Scandent, a. in bot. (වැල් මෙන්) නගින, අල්ලා—වෙළී—නගින, ලතා වේෂ්ටන.

Scanning, n. බලාසෝදිසිකෙරීම &c., see Scan, ඡන්දස්විභාගය, ප්‍රස්තාරය. [මෙනි).

Scansores, n. pl. නියවලින් නගින කුරුළුජාති, (ගිරවි

Scansorial, a. නියවලින් නගින; නියවලින් නැගීමට සුදුසු (පාද &c.).

Scant, Scanty, a. සෑහීමට ටිකක් අඩු, සම්පූර්ණ මදි, හිඟ, මද, මන්ද.

Scantiness, n. සෑහීමට අඩුකම, සම්පූර්ණමදිකම, හිඟකම, මදකම, මන්දතාව.

Scantling, n. කුඩාතරමක්, මදක්; ලී ඉරන ප්‍රමාණය; ඉරාපු කුඩා ලීයක්, (පරාල, රීප්ප, ආදී) කුඩා ලීදඬු.

Scape, n. in bot. (මල් ආදිය දරන) මුල්නටුව, මූල වෘන්තය.

Scapegoat, n. (යුදෙව්වරුන් අතරෙහි) පාපබාරී එළුවා; fig. අනුන්ගේ වරද දරන්නා, අන්‍යදෝෂ බාරියා.

Scapegrace, n. කමකටනැති අය, ධූර්තයා.

Scapement, n. escapement (ඔරලෝසුවේ) පැදුම කොටස, වාර විපර්‍යාසසමිතිය.

Scaphoid, a. ඔරුහැඩය ඇති, නෞකා ආකාර, (අස්ථි).

Scapula, n. උරපත්ත, pl. උරපතු.

Scapular, a. උරයට අයිතිවූ, උර, දසරු; n. scapulars දසරු ලේනහර; පියාපත්වල දසරු පිහාටු.

Scapular, Scapulary, n. R. C. (ගුරුප්‍රසාදිතැනගේ) උරපටියක්, බෙත්තිඤ්ඤදය.

Scar, n. කැළල; blemish පලුදුව; v. කැළලක් වෙනවා, පලුදුකරනවා.

Scar, Scaur, n. Scot. කන්දේ — පල්ලමේ — මුඩු තැනක්, මුඩු පර්වතය.

Scarab, Scarabee, Scarabæus, n. කුරුමිනියා; කුරුමිනි රූපය.

Scaramouch, n. (පුරාණ නාට්‍යයමේ) බහුභූතයා, විගඩම්කාරයා.

Scarce, a. දුර්ලභ, වඩා නැති, විරල; be, v. හිඟයි, විකයි, ස්වල්පයයි, වඩානැත.

Scarcely, ad. (සෑහීමට) මදිව, ස්වල්පවශයෙන්; අමාරුවෙන, යන්තම්ම.

Scarceness, Scarcity, n. දුර්ලභභාවය, වඩා නැතිකම, හිඟකම, අයාම.

Scare, v. භයගන්වනවා, භයගස්වා, පන්නනවා; තුලප්පුකරනවා.

Scarecrow, n. වක-පෝරුව, පඹයා; fig. නිෂ්කාරණයේ භයකරවන දේ.

Scarf. n. (පොරවන) දිග පටුරෙද්ද, පටු සළුව, දිග උතුරුසළුව.

Scarf, v. (දව) මූට්ටුකරනවා, පුරුද්දනවා.

Scarfing, n. මූට්ටුකිරීම, පිරිද්දීම; මූට්ටුව, පිරිද්දුම.

Scarfskin, n. පිට හම, හෝහම.

Scarifier, n. (ලඟ ලඟ) විද ලේ අරින්නා &c. දැතිපෝරුව.

Scarify, v. (කිප පලක විකස්ම) කපා—විද—ලේ අරිනවා, වක්කම් අල්ලනවා

Scarlatina, Scarlet-fever n. රතු උණ, උද්ධිය.

Scarlet, a. දිලිහෙන රතු, උජ්ජ්වල ලෝහිත.

Scarlet, n. දිලිහෙන රතුපාට, උජ්ජ්වල ලෝහිත වර්ණය.

Scarlet-bean, Scarlet-runner, n. රතු මල් බෝංචි.

Scarp, n. (බලකොටුවක) පිට බෑවුම; in her. අභිපති පටිටය.

Scarp, v. (පාරක් පිණිස) කන්දේ බෑවුම කපනවා.

Scathe, n. අලාභය, හානිය.

Scathe, v. හානි කරනවා.

Scathless, be *or* as ad. අනතුරනොවී බේරෙනවා *or* තිබෙනවා, අනතුරුවට අසුනොවී සිටිනවා.

Scatter, v. t. ඉහිරවනවා, විසුරුවනවා; spread පතුරුවනවා; v. i. ඉහිරෙනවා, විසිරෙනවා.

Scattered pp. *or* a. ඉහිරවනලද &c., ඉහිරී—විසිරී තිබෙන, විසිරිසිටින, කීර්ණ, විකීර්ණ, ප්‍රකීර්ණ.

Scavenger, n. කුණු අදින්නා, පිරිශුද්ධකරන්නා, නගර ශෝධකයා පුක්කුසයා, ශහලයා.

Scene, n. පෙනුම, දර්ශනය; place of occurrence (යමක්) සිදුවූ තැන; රඞ්ගය, රඞ්ගභූමිය, නෙපථ්‍යය; part of a play අඞ්කපරිච්ඡේදය, ප්‍රවේශය; රූගුම් සිතියම, රංගචිත්‍රය; ජවනිකාව; අපූර්ව සිද්ධියක්.

Scenery n. රටේ පෙනුම, දේශදර්ශනය; ස්වාභාවික දර්ශනය; සත්‍යප්‍රදර්ශක චිත්‍රය, නාට්‍යචිත්‍ර.

Scenic, Scenical, a. සත්‍යප්‍රදර්ශක; නාට්‍ය, නාටක, නාටකීය.

Scenographic, Scenographical, a. දූරදර්ශනාකාරයෙන් ඇඳපු, දූරදර්ශනාකාර.

Scenography, n. දූරදර්ශනාකාරයෙන් ඇඳීම, දූරදර්ශන චිත්‍රශිල්පය.

Scent, n. ගන්ධය: සුගන්ධය *or* දුර්ගන්ධය; සුවඳ, සුවඳ; the faculty ගන්ධය දැනීම, ඝ්‍රාණය; the track of scent ඉව, ඉවපාර: follow the scent ඉව අල්ලා යනවා.

Scent, v. ගන්ධය දැනෙනවා, ආඝ්‍රාණයවෙනවා ; ඉව අල්ලනවා ; perfume සුවඳකරනවා, සුවඳ කවනවා.

Scent-bottle, n. සුවඳ කූප්පිය, සුවඳ බෙහෙප්පුව.

Scentless, a. පුස්බනැති, ගන්ධරහිත, නිගන්ධ.

Sceptic (සෙකප්ටික්), n. gen. ශංකාකාරයා, අවිශ්වාසියා, සන්දිග්ධමතියා ; sp. දේවධර්මය අවිශ්වාස කරන්නා.

Sceptical, (සෙක...), a. ශංකාකාරන, අවිශ්වාසකරන, අවිශ්වාසී, සන්දේහකාරී, සංශයකාරී, සාංශයික.

Scepticism (සෙක...), n. ශංකාධර්මය, සන්දිග්ධමතිත්වය, අනුමානය, අවිශ්වාසය ; sp. දේවධර්මය අවිශ්වාසකිරීම.

Sceptre, n. ජයකොන්තය, රාජදණ්ඩය, සෙංකෝලය; fig. රජකම, රාජබලය, රාජාධිකාරය, ප්‍රභුත්වය, ආධිපත්‍යය ; in astr. රාජදණ්ඩ රාශිය.

Sceptred, a. ජයකොන්තය ඇත්තාවූ, රාජදණ්ඩධාරී.

Schedule (ෂෙඩියුල්), n. බඩු වට්ටෝරුව, බඩු සටහන, (නාම etc.) ලේඛනය (අනිම කැමැති පත්‍රයේ &c.) උපලේඛනය. [නවා.

Schedule, v. (බඩු) වට්ටෝරුකරනවා, සටහන්කර

Scheme, (සකීම්), n. යෝජනා ක්‍රමය, උපක්‍රමය, ක්‍රියා මාර්ගය, වැඩ පිළිවෙල, උපාය, අනුමානය, යෙදුම.

Scheme, v. යෝජනා යොදනවා, උපක්‍රමයක්—උපායක්—යොදනවා.

Scheming, a. යෝජනා යොදන &c., උපා යෙදීමට ලැදිවූ, උපායවත් ; n. යෝජනා යෙදීම &c.

Schism, n. භේදය, විභේදය, සභාභේදය, සංඝභේදය, වෙන්වීම.

Schismatic, Schismatical, a. භේදකාර &c., භේද—විභේද—සහිත, භේදක. [න්නා.

Schismatic, n.(සභාවකින්) වෙන්වෙන්නා, භේද කර

Schist (ෂිස්ට්), n. in geol. තහඩුවශයෙන් ගැලවෙන ගල්ජාති, තහඩුගල.

Schistic, Schistose, Schistous, a. තහඩු ආකාර, පත්‍රාකාර.

Scholar n. (සකො...), ශෝලයා, ශිෂ්‍යයා ; (උපකාර ලබන) පරාධීන ශිෂ්‍යයා, නිදහස් ශිෂ්‍යත්වයක් ලත්තා ; a learned person පඬිවරයා, පණ්ඩිතයා, උගතා, විචක්ෂණයා, විද්වතා.

Scholarly, a. පණ්ඩිත, උගත්, විචක්ෂණ ; පණ්ඩිතකමට එකඟ, පණ්ඩිතශෝචර.

Scholarship, n. පණ්ඩිතකම, පණ්ඩිතත්වය, පාණ්ඩිත්‍යය, උගත්කම, විචක්ෂණතාව ; status of *or* fund for a scholar ශිෂ්‍යත්වය.

Scholastic, Scholastical (සකොෑ...), a. ශෝල, ශිෂ්‍ය, පාඨශාලා සම්බන්ධ ; (මධ්‍යමකාලීන, medieval) ආචාර්යවරුන් සම්බන්ධ ; (ඔවුන් මෙන්) අතිතීක්ෂණ, පණ්ඩිතමානී.

Scholastically, ad. අතිතීක්ෂණකාරයෙන්.

Scholasticism, n. අතිතීක්ෂණ පණ්ඩිතත්වය.

Scholiast, n පුරාණ විස්තරකාරයා, අර්ථකථාචාර්යයා.

Scholium, n. Scholiums *or* Scholia, pl. (අද්දර ලියාපු) විස්තර වාක්‍යය ; (රාද්ධාන්තයක් සම්බන්ධ) අනුලිපිය.

School (schoo සකූ) n. ශෙකාලය, අක්ෂරශාලාව, පාසැල, පාඨශාලාව ; ශිල්පශාලාව, ශාස්ත්‍රශාලාව, විද්‍යාලය, විද්‍යාපීඨය ; ශිෂ්‍යසමූහය ; a sect ධර්මසභාවක්, නිකාය ; the schools, sp. (මධ්‍යමකාලීන) පණ්ඩිතශාලා *or* ධර්මශාලා.

School, v. (in anything යමක්) පුහුණුකරවනවා ; දැනුමුතුකරනවා, හරවවාකරනවා.

School-divinity, School-theology, n. (medieval) මධ්‍යමකාලීන අතිතීක්ෂණ ධර්මශාස්ත්‍රය.

Schoolfellow, n. ඉස්කෝලයේ—පාඨශාලාවේ—සහකාරයා.

Schoolhouse, n. ඉස්කෝලය, පාඨශාලාව &c., see School.

Schooling, n. ඉගැන්වීම, හරවවාව, දැනමුතුකිරීම.

School-inspector, n. පාඨශාලා පරීක්ෂක තැන.

Schoolman, n මධ්‍යමකාලීන ධර්මශාස්ත්‍රඥයා ; pl. මධ්‍යමකාලීන ශාස්ත්‍රකාරයෝ.

Schoolmaster, n. ගුරුවරයා, ගුරුන්නාන්සේ, ආචාර්යවරයා.

Schoolmistress, n. ගුරුවරී, ගුරුන්නාන්සේ, ගැහැණු ගුරුන්නාන්සේ. පාඨශාලාචාර්යාවිය.

Schooner, n. කුඹ දෙකක් ඇති කුඩා නැවක් *or* කප්පරය *or* සුලුප්පුව.

Sciagraph, n. in arch. (ගොඩනැගිල්ලක) හරස් ආකාර සිතියම.

Sciagraphy, n. ඡායා වැටෙන හැටියට ඇඳීම, ඡායා චිත්‍ර ශිල්පය *or* ශාස්ත්‍රය.

Sciatic, Sciatical, a. උකුල් සන්ධියට අයිතිවූ, උකුල් සන්ධි ; ශ්‍රෝණිරකත.

Sciatica, n. උකුල්සන්ධි වාතරෝගය, ඌරුස්තම්භය, ශ්‍රෝණිරකතය.

Science, n. ඥානය, විඥානය, තත්වඥානය, විධිමත් ඥානය, ශාස්ත්‍රය, ක්‍රමික විද්‍යාව.

Scientific, Scientifical, a. ශාස්ත්‍රානුකූල, ශාස්ත්‍රානුසාර, ශාස්ත්‍රීය, ශාස්ත්‍ර ක්‍රමිකවිද්‍යාන්විත ; ක්‍රමිකවිද්‍යාජනක ; (of a person) ශාස්ත්‍රඥ, ශාස්ත්‍රවන්ත, ශාස්ත්‍රධාරී.

Scientist, n. ශාස්ත්‍රඥයා, ශාස්ත්‍රධාරියා.

Scilicet, L. එනම්, කෙසේදයත්.

Scimitar, n. කොට වකුටු කඩුව, වක්‍ර ඛඩ්ගය.

Scintillate, v. (ගිනිපුපුරු මෙන්) දීප්ත විහිදෙනවා' (තරු මෙන්) දිලිසෙනවා.

Scintillation, n. දීප්ත විහිදීම, දිලිසීම.

Sciolism, n. මඳ දැනීම, අල්පඥානය. [නාව

Sciomancy, n. ඡායාවලින් පේනකීම, ඡායා-ආවේශ

Scion, n. අංකුරිකිල්ල, කෙරවිල්ල, පාස්සාපු දළුව ; වංශවත් පවුලක බාලයෙක් ; උරුමක්කාරයා.

Scioptic, Scioptric, n. ප්‍රතිබිම්බප්‍රකාශක දර්පණය. See Camera obscura.

Scioptrics, n. (අඳුරු ශෙයකදී පිටත දේවල) ප්‍රතිබිම්බප්‍රකාශක ශාස්ත්‍රය *or* ශිල්පය.

Scirrhous, a. තද, ගැට ආකාර, (ශරීරයේ මස්පිඩු).

Scirrhus, n. (ශරීරයේ) තද—ගැට ආකාර—ශෙඩියක්.

Scissible, Scissile, n. (කතුරෙන් &c.) කැපිය හැකිවූ, පෙළදකිය, ඡේද්‍ය.

Scission, n. කපා වෙන්කිරීම, කැපීම, ඡේදනය.

Scissors, n. කතුර, කත්රිකාව, පොඩිවෙට්ටුව.

Scissure, n. දිගඅතට කළ කැපුම.

Sclerodermi, Sclerodersms, n. pl. (sclero ස්ක්ලෙරො), තද කොරපොතු මත්ස්‍යයෝ.

Sclerogen, n. in bot. (වෘක්ෂරඹුවල සෑදෙන) දෘඪකාෂ්ඨ ද්‍රව්‍ය.

Sclerotic, a. තද, දෘඪ ; n. ඇසේ පිට සිවිය, නේත්‍රජම්කාව ; දෘඪකරන ඖෂධය.

Scoff, v. ගැරහුමෙන් කවටකම්කරනවා, සමච්චල් කරනවා, ගරහනවා.

Scoff, n. නිග්‍රහ කවටකම, සමච්චලය, ගැරහුම, ගැසීම.

Scoffingly, ad. කවටකමින්, කවටකම්කර &c., ගැරහුම්ලෙස.

Scold, v. දෙසනවා, දෙසාබානවා, සැරකරනවා, සැරවෙනවා, නාඹුවෙනවා, වගපලකියනවා, දොස් කියනවා, බණිනවා, පරිභව කරනවා, ආක්‍රෝශ පරිභව කරනවා.

Scold, n. දෙසාබාන ස්ත්‍රී, ගෝරනාඩුකාරී, සණ්ඩු කරන ස්ත්‍රී.

Scolding, n. දෙසීම, දෙසාබෑම &c., නාඹුව ; a. දෙසා බාන &c.,

Sconce, n. ඉටිපන්දම් අත ; මස්තකය, ඉස ; v. see Ensconce.

Scoop, n. කිණිස්ස, වතුර ඉහදමන—ගන්න—බාල්දිය, ඉස්කෝප්පය.

Scoop, v. (ද්‍රව්‍ය) කිණිස්සෙන් ගන්නවා ; (බරුවෙන් &c.) ඉහදමනවා ; කුහරකරනවා, කුහර හැඩයට හාරනවා,

Scope, n. fig. (ක්‍රියාකිරීමට &c.) ඉඩ, අවකාශය, නිදහස ; extent ප්‍රමාණය ; purport භාවාර්ථය, design අදහස.

Scopiform, a. මුස්නක හැඩය ඇත්තාවූ,මාර්ජනාකාර.

Scorbutic, Scorbutical, a. පරංගිආකාර ; පරංගි රෝගාකාර. See Scurvy.

Scorch, v. පිච්චී කරකරනවා, කරවෙනවා ; ශුෂ්ක කරනවා, (අව්වෙන් &c.) දනවා, සන්තාපනවෙනවා.

Scorched, pp. *or* a. කරකරපු, කරවූ ; රස්නයෙන් වියළි, ශුෂ්කවූ, සන්තාපිත, සන්තප්ත, දග්ධ, දැවී තිබෙන.

Score, n. (ගණනක් ලකුණුකරන) කත්තුව or ඉර ; ඇඳපු රේඛාව ; (එයින් ලකුණුකරන) ගණනක් ; විස්සක් ; on that score ඒ කරුණ නිසා *or* ගැන ; in mus. සටහන්වූ තාලය ; quit scores ගණන් එලෙස්දූකරනවා ; a long *or* short score දිග ගණනක්, ලොකු ණයක්, ස්වල්ප ගණනක් *or* ණයක්.

Score, v. කෝඳ්ලනවා, කත්තුවලින් *or* ඉරිවලින් ලකුණුකරනවා, ඉරිගහනවා ; ගණනක්—ණයක්—සටහන්කරනවා.

Scored, pp *or* a. කත්තුවලින් &c. ලකුණුකරපු &c. ; කත්තු—ඉරි—ඇත්තාවූ.

Scorer, n. කැපුම්වලින් ලකුණුකරන්නා, ගණන් සටහන් කරන්නා ; ගස් ලකුණුකරන ආවුදයක්.

Scoria, n. Scoriæ, pl. ලෝහ බොර, ලෝහශේෂය, of iron යබොර ; of volcanoes අඟුරු අළු ආදිය.

Scoriaceous, Scoriform, a. බොර ආකාර, යබොර ආකාර, අඟුරු ආකාර ; බොර &c.

Scorify, v. (ලෝහ) බොරකරනවා, පුලුස්සා අළුකරනවා.

Scon, v. නිවකොට—තුච්ඡකොට—සලකනවා, පිරිහෙළනවා, හෙළාදකිනවා, පරිභවකරනවා, නිග්‍රහ කරනවා.

Scorn n. නිවකොට සැලකීම &c., අවමතිය, අවඥාව, නිග්‍රහය, පරිභවය.

Scorner, n. නිව *or* සුළුකොට සිතන්නා &c., see v., නිග්‍රහකාරයා.

Scornful, a. අනුන් සුළුකරන, උදරම්, සාවඥ ; නිග්‍රහ.

Scornfully, ad. සුළුකම්කරමින්, උදරම්ලෙස, නිග්‍රහ වශයෙන්.

Scorpio, n. in astr. වෘශ්චික රාශිය, වෘශ්චිකයා.

Scorpion, n. ගෝනුස්සා, වෘශ්චිකයා.

Scot, n. බද්ද, දඩය.

Scot, n. ස්කොට්ලන්තකාරයා.

Scotch, a. ස්කොට්ලන්ත ; n. ස්කොට් භාෂණය *or* භාෂාමිශ්‍රය ; the Scotch ස්කොට්ලන්තකාරයෝ.

Scotch, v. (රෝද නැවැත්වීමට) අඩයක් දමනවා ; යන්තම් කපනවා *or* තුවාලකරනවා ; n. නවත්වනඅඩය *or* පොල්ල ; සුළු කැපුම.

Scot-free, be, v. *or* ad. බද්දට—අනතුරට—අසුනොවී සිටිනවා *or* බේරෙනවා.

Scotodinia, n. ඇස් අඳුරුකම සහිත හෝත්තුව, අඳුරු භ්‍රමණය.

Scotograph, n. අන්ධකාරයේ ලියන ආවුදයක්.

Scotoma (ස්කොටෝම), n. ඇසට පෙනීමේ අඳුරු ලපයක්, දෘෂ්ටිකාලතිලකය.

Scotticism, n. ස්කොච් භාෂා රීතියක්.

Scottish, a. ස්කොට්ලන්ත.

Scoundrel, n. තද තක්කඩියා, ප්‍රයෝගකාරයා, අධමයා.

Scoundrelism, n. තද තක්කඩිකම &c., කපටිකම.

Scour, v. (වතුර දමා) තදින් අතුල්ලනවා *or* සෝදනවා ; තදින් විරේචන කරනවා ; සෑමතැනම සොයායනවා *or* ගමන්කර යනවා ; සැරෙන් දුවනවා.

Scour, n බඩගෑයාම.

Scourge, n. කසය, කටුකැම්විය ; (දඬුවමක් වැනි) විපත, වදය, පීඩනය ; පීඩාවක්වූ දේ, වදකරන්නා.

Scourge, v. කසෙන් තළනවා ; සැරලෙස දඬුවම් කරනවා *or* පීඩාකරනවා.

Scout, n. ඔත්තුකාරයා, චරපුරුෂයා ; බාල දක්ෂයා.

Scout, v. සුළුකරනවා, නිග්‍රහකර එපාකරනවා.

Scowl, v රවා බලනවා, බැම නටවා බලනවා, දුර්මුඛ වෙනවා, මූණ පැහිරි කරනවා ; n. see Frown.

Scrabble, v. කුරුටු ගානවා.

Scrage, n. කෙට්ටුවූ හැඩනැති ගාත්‍රයක් *or* දෙයක් ; scrag of mutton එළු බොටු මස්කෑල්ල.

Scragged, Scraggy, a. කෙට්ටු, රළු හා කෙට්ටුවූ, (ඇඟ) ; රළු (කන්ද).

Scramble, v. up *or* down අතපය ගසා නඟිනවා *or* බසිනවා ; after *or* for අත දමා අල්ලාගන්ට ලබාගන්ට—ලබාගන්ට—වියෑකරනවා *or* දඟලනවා.

Scramble, n. අතපය ගසාගැනීම &c. ; (එකිනෙකා විසින්) ලබාගන්ට කෝලාහලලෙස වියෑකිරීම, කෝලාහල වියෑය.

Scrap, n. කුඩා කැබෙල්ල, තුණ්ඩුව, කුඩා පංගුව ; pl. ඉතිරි කැබලි, of food ඉඳුල් කෑම, අන්නශේෂය.

Scrap-book n. පුහුඩු කාරණා සටහන් කරගන්න පොත, සිතියම් ආදිය අලවාපු පොත

Scrape, v. සූරනවා ; scrape off සූරාදමනවා, පෙරංගානවා, කුරුටුගානවා ; scrape the feet පාද බිම ගානවා ; scrape together අමාරුවෙන් විකින්වික එකතු කරගන්නවා ; grate සීරීමෙන් ශබ්ද නැගෙනවා.

Scrape, n. සීරීම ; සීරීමේ—ගෑමේ—ශබ්දය ; වැඳීම (E low) ; අමාරුව.

Scraped, become, v. (හම &c.) සීරෙනවා, සීරියනවා.

Scraper, n. යමක් සූරන—ගාන—ආවුදය, සපත්තු පිහින යකඩය &c. ; fig. අසමර්ථ විණකාරයා ; මසුරා, තණ්හාකාරයා.

Scraping, n. සීරීම &c., see v. ; සූරාදමන—සූරාගන්න—ඒවා.

Scrap-iron, n. යකඩ කැබලි, පරණ යකඩ කෑලි.

Scratch, v. as animals පහුරුගානවා, කුරුකුරු ගානවා; with the finger nails කසනවා; mark with lines &c. ඉරිගහනවා; scractch out සුරා දමනවා. මකනවා.

Scratch, n. නියවලින්—කටුවකින්— &c.—කළ ඉර or ටකුණ, පහුරුගෑ තැන; fig. coll. to the scratch සෝදිසියට or ඕනෑ තැනට (එනවා &c.).

Scrawl, v. තරකට—හැඩනැතිලෙස—ඉක්මනින්ම—ලියනවා or අඳිනවා.

Scrawl, n. තරකට ලියාපු එකක්, පිළියකට නැති ලිවීමක්.

Scream, v. (සන්තෝෂින්—හිත් හඩින්—වේදනාව or භය නිසා) කෑගසනවා.

Scream, n. (එසේ) කෑගැසීම, කෑගසන තීක්ෂණ හඬ.

Screech, v. (සත්‍රී යන ශබ්දයේ හැටියට) තීක්ෂණ හඬින් කෑගසනවා.

Screech-owl, n (එවැනි හඬින්) කෑගසන බස්සා.

Screen, n. මුවාව, ආවරණය, ඉස්කිරිම; කඩතුරාව, ජවනිකාව, තිරය; tat පැටැල්ල; sieve ලොකු පෙනේරය.

Screen, v. මුවාකරනවා, ආවරණයකරනවා; කඩතුරා වකින් &c. වෙන්කරනවා; (වැලි &c.) ගරනවා.

Screw, n. ඉස්කුරුප්පුව, සුළි ඇණය, සංගකුරි ඇණය; fig. ලෝභියා.

Screw, v. ඉස්කුරුප්පු දමනවා, ඉස්කුරුප්පු ඇණ යකින් තදකරනවා, ඉස්කුරුප්පුවෙන් මිරිකනවා; fig. මිරුපමෙනලෙස කරකවනවා, (මුහුණ) පැහිරි කරනවා. See Extort.

Screw-bolt, n. ඉස්කුරුප්පු පෙති ඇණය, මුරිච්චි ඇණය.

Screw-driver, n. ඉස්කුරුප්පු නියන.

Screw-jack, n. බර උස්සන ඉස්කුරුප්පු යන්ත්‍රය.

Screw-pine, n. මුදුකෙයියා, දුනුකෙයියා, මැටකෙ යියා.

Screw-plate, n. (ඉස්කුරුප්පු සාදන) ඉස්කුරුප්පු තිල් තහඩුව.

Screw-press, n. ඉස්කුරුප්පුවකින් කරකවා මිරිකන යන්ත්‍රය, මුරිච්චි යන්ත්‍රය.

Screw-propeller, n. (දුම්නැව යාත්‍රාකරවන) ඉස් කුරුප්පු රෝදය.

Screw-steamer, n. ඉස්කුරුප්පු රෝද දුම්නැව, දුම් නැව.

Screw- tap, n. (ඉස්කුරුප්පු සුළි කපන) ඉස්කුරුප්පු කටුව.

Scribble, v. අප්‍රවේසම්ලෙස—අවලක්ෂණලෙස—ඉක් මනින්—ලියනවා, කුරුටුගානවා; n. එසේ ලියාපු ලියමිල්ල.

Scribbler, n. අප්‍රවේසම්ලෙස ලියන්නා; වඩා දක්ෂ නුවූ ග්‍රන්ථ කර්තෘ or ලියුම්කරුවා.

Scribe, n. ලියන්නා, ලිපිකරුවා, ලේඛකයා; ලේකම, ලේකම්තැන; (යුදෙව්වරුන් අතරෙහි ශුද්ධලියවිලි කෙටුම්පත්කළ) ධර්මාචාර්යයා.

Scribe, v. in carp. (ලෑලි ටකුණුකර) හරස් පිළියට ගේත්තුකරනවා.

Scrimp, v. කොටකරනවා, හීනකරනවා, හිඟකර නවා; be කොටව &c. තිබෙනවා; n. මසුරා.

Scrip, n. කුඩා පසුම්බිය, කුරපසිය.

Scrip, n. ලියාපු තුණ්ඩුව, (මෙළඳ හවුල්කාර) කොටස්හා පත්‍රය or පත්‍ර.

Scrip-holder, n. (හවුල්කාර) කොටස්හා පත්‍රධාරියා.

Script, n. අත්අකුරු මැනි අච්චුඅකුරු; ලිපි.

Scriptural, Scripture, a. බයිබලයේ ශුද්ධලියවිලි වල ඇත්තාවූ, ශුද්ධලියවිලිවලට අනුකූල, ශුද්ධ ලියවිලි ප්‍රකාර.

Scripturally, ad. ශුද්ධලියවිලිවලින්, ශුද්ධලියවිලි වලට අනුකූලලෙස, ශුද්ධලියවිලි ප්‍රකාරයට.

Scripture, n. ලියවිල්ල; sp. the Scriptures බයිබලය, ශුද්ධලියවිල්ල, ශුද්ධලියවිලි, දේවධර්මය.

Scrivener, n. (පුරුම්ලයෙන්) ප්‍රසිද්ධ ලිපිකරුවා; (දූනට) මුදල් ණයටදෙන්නා or මුදල් පොලියට දමන කළ මනාකාරයා.

Scrobiculate, a. in bot. කුඩාවළවල් ගහනවූ, ක්ෂුද්‍ර කුහර බහුල.

Scrofula, n. කණ්ඨමාලය &c., see King's evil.

Scrofulous, a. කණ්ඨමාලාකාර; කණ්ඨමාල රෝග කාර.

Scroll, n. අකුළන පත්‍රයක්, අකුළන ලියවිල්ලක්; scroll-work කරකවාපු සැරසිල්ලක්, ලියකම, ලතා කර්මය.

Scrotal, a. අණ්ඩකෝෂ.

Scrotiform, a. in bot. අණ්ඩකෝෂරූපී.

Scrotocele, n. අණ්ඩවාතය.

Scrotum, n. අණ්ඩකෝෂය.

Scrub, v. (බුරුසුවකින්, මුස්නෙන් or අතින්) තදින් උලනවා, තදින් අතුල්ලනවා.

Scrub, n. තදින් ඉලීම &c.; fig. තදින් වැඩකරන මසුරා; thicket ළිටි කැලෑව, අකුල.

Scrubby, a. කුඩා, සුළු; fig. අධම, මසුරු.

Scruple, n. සැකය, අනුමානය; මංචාඩි පහක බර; fig. සංශිත්තක්.

Scruple, v. සැකකරනවා, අනුමානයෙන් සිටිනවා.

Scrupulosity, Scrupulousness, n. (හරිද නැද්ද කියා) හොඳට බලාගන්න සවභාව, යුක්තිචින්තකතාව.

Scrupulous, a. (එසේ) හොඳට බලාගන්න, ඉතා ප්‍රවේසම්, යුක්තිචින්තක. See Conscientious.

Scrutineer, n. පරීක්ෂකයා, විභාගකාරයා.

Scrutinize, v. හොඳින් සෝදිසිකර බලනවා, පරීක්ෂා කර බලනවා, විභාගකරනවා.

Scrutiny, n. හොඳින් සෝදිසිකර බැලීම &c., සෝ දිසිය, පරීක්ෂණය, විභාගය.

Scud, v. (නැවක් මෙන් හුළඟට ගහගන) සැරෙන් යනවා, වේගයෙන් දුවනවා.

Scud, n. සැරෙන් යාම &c., වේග ගමන; සැරෙන් යන තුනී වලාකුල්.

Scuffle, n. අවුල්වූ පොරය, කලහය, සණ්ඩුව.

Scuffle, v. අවුල්ලෙස පොරකනවා, වියවුල්ලෙස කලහකරනවා.

Scull, n. කුඩා ඔරුව, ඔරුපිලාව; කොට හබල.

Scull, v. කොට හබල්වලින් පදිනවා, අවරයේ එක හබලකින් පදිනවා.

Scullery, n. මළක් පිඟන් ආදිය සෝදන තබාගන්න කාමරය, පලච්චි කාමරය.

Scullion, n. වලන් පිඟන් ආදිය සෝදන වැඩකාරයා, පාත් වැඩකාරයා or වැඩකාරී.

Sculp, for L. sculpsit (ඔහු) කැටයම්කළේය.

Sculptor, n. කැටයම්කාරයා; (ලී or ගල් කඳකින් රූප) කපා සාදන්නා, කොටා සාදන්නා, තෙලන්නා.

Sculptress, n. කැටයම්කාරී.

Sculptural, a. කැටයමට අයිතිවූ කැටයම්.

Sculpture v. කැටයම්කරනවා; (ප්‍රතිමා) කපා සාදනවා or තෙලනවා.

Sculpture, n. කැටයම, කැටයම් වැඩය, කැටයම් කර්මාන්තය, කැටයම් ශිල්පය; (පිළිම) කපා සාදන ශිල්පය, ප්‍රතිමා ශිල්පය.

Scum, n. පෙණ, පෙද, නගින කුණු, slime සෙමෙල්; fig. කුණුකසළ, නොවටිනා පංගුව.

Scum, v. නගින පෙණ අරන්දමනවා.

Scumble, v. (සිතියමේ තින්ත පිට) අඩුතු තනී තීන්ත ගානවා.

Scummings, n. pl. අරන්දමන පෙණ.

Scummy, a. පෙණ ගහනවූ.

Scupper, n. Scuppers, Scupper-holes, pl. නැව්තට්ටු වෙත් වතුරයන හිල, වතුර හිල.

Scurf, n. හෝගමේ කොරළ, of the head ඉස්සොරි; වියළි තුනී කොරපොතු.

Scurfy, a. කොරළ—සිනිඳු කොරපොතු—ඇත්තාවූ, කොරපොතු ආකාර.

Scurrile, Scurrilous, a. නින්දාකරන, බණින, ආක්‍රෝශක; නින්දාවූ, ගර්හා සහිත, නිග්‍රහ, බැණුම් දෙඩුම් සහිත.

Scurrility, n. නින්දා බස්, බැණුම්දෙඩුම්, නිග්‍රහය, උපවාදය, කුණුහරුපය, නින්දාතය.

Scurrilousness, n. කර්‍කශ කැතකම, අපහාසකම, ආක්‍රෝශකතාම.

Scurvily, ad. fig. නිවලෙස, අභිමතාකාරයෙන්, අගති ලෙස.

Scurvy, a. scurfy කොරළ ඇත්තාවූ, කබොලු ගහනාවූ; නිච, අභිමට, අගති.

Scurvy, n. (ලේ නරක්වීමෙන් අටගන්න) පැල්ලම් ලෙඩක්, පරංගි වගීයක්.

Scut, n. (හාවාගේ මෙන්) කොටවල්ගය.

Scutate, Scutiform, a. in bot. වට පලිහක් වැනි, ඵලකාකාර; in zool. scutate ලොකු කබල් ඇති.

Scutcheon, n. කෙසි සිදුරේ ලෝහවැස්ම, යතුරු කඩුලු වැස්ම. See Escutcheon.

Scutching-machine, n. (හණ ආදී) කෙඳි තලන යන්ත්‍රය.

Scuttle, n. පැතලි කූඩය; ගල් අඟුරු බාල්දිය.

Scuttle, n. (නැව් තට්ටුවේ or ගෙයි වහලේ) වැස්මක් ඇති කවුළුව, නැව් තට්ටුවේ සිදුර වැනි වළක්.

Scuttle, v. නැව්කඳේ හිල් කපනවා, (නැව) හිල් කපා කිඳවනවා.

Scuttle, v. (ඉක්මන්ලෙස, තුරිතලෙස, සලපතල ලෙස) දුවනවා.

Scuttle, n. වේගේ ඇවිම. See Scud.

Scuttle-butt, Scuttle-cask, n. (නැව් තට්ටුවේ තබන) වතුර පීප්පය or බාල්දිය.

Scythe, n. දිග පලල් දෑකැත්තක්, මහදෑකැත්ත; (පුරාණ යුද්ධ රථවල) රෝදකඩුව.

Sea, n. මුහුද, මූද, සමුද්‍රය, සාගරය, සයුර; in Scrip. also වැව, ජලාශය; a sea or wave රැළක්; a heavy sea මුහුදේ තද සෙලවීමක්; fig (දිය ජාතියකින්) මහ රාශියක්.

Sea, a. මුහුදු, සමුද්‍ර, සමුද්‍රිය, සාගර.

Sea-beach, Sea-shore, n. වෙරළ, මුහුදුබඩ, සමුද්‍ර තීරය.

Sea-board, Sea-coast, n. මුහුදුකර, මුහුදු ප්‍රදේශය.

Sea-born, a. මුහුදෙන් අටගත්, සමුද්‍රජ; මුහුදේදී උපන්.

Sea-breeze, n. මූදු හුළඟ.

Sea-captain, n. නැවේ මුලාදෑනියා.

Sea-chart, n. මුහුදු සිතියම.

Sea-devil, n. (ඉස්ගෙඩියා සමාන) ලොකු මුහුදු මත්ස්‍යයෙක්.

Sea-eel, n. මුහුදු ආඳා.

Sea-elephant. n. මුහුදු අලියා.

Seafaring, a. මුහුදු ගමන්කාර, මුහුදු යාත්‍රාකාර, සමුද්‍රයායි, නැව්කාර.

Sea-fight, n. මුහුදු සටන, සමුද්‍රයුද්ධය.

Sea- fowl, n. මුහුදු පක්ෂියා.

Sea-gage, n. නැව කිඳෙන—බහින—ප්‍රමාණය.

Sea-girt, a. මුහුදෙන් වටවූ, සමුද්‍ර පරික්ෂිප්ත, සාගරාන්ත.

Sea-god, a. සමුද්‍ර දෙවියෙක්.

Sea-goddess, n. සමුද්‍ර දේවතාවියක්.

Seagoing, a. මුහුදේ යාත්‍රාකරන, මුහුදු.

Sea-green, n. සමුද්‍ර නිලවණී.

Sea-gull, n. මුහුදු ලිහිණියා.

Seal, n. (දිය ගොඩ යන) උභයගති සත්ව ජාතියක්, පාදික මත්ස්‍යයා or මත්ස්‍ය බල්ලා.

Seal, n. මුද්‍රය, හස්මුද්ද, මුද්‍රාව; seal-ring අංගුලි මුද්‍රාව; පත්‍රයක් සවිකර තිබෙන දේ; fig. ස්ථිර කිරීම, යමක් ස්ථිරකරන දේ or ක්‍රියාව.

Seal, v. මුද්‍රකරනවා, මුද්‍රතබනවා, මුද්‍රගහනවා, හස් ඔබනවා; ලාකඩ දමා වසාතබනවා; fig. රහසේ—සිතෙහි—තබාගන්නවා; ස්ථිරකරනවා.

Sealed, pp. *or* a. මුද්‍රකරනලද &c., මුද්‍රකරපු &c. මුද්‍රිත.

Seal-engraving, n. මුද්‍රකැටයම් ශිල්පය.

Sea-leopard, n. (a seal) මුහුදු කොටියා.

Sea-level, n. මුහුදු මට්ටම.

Sea-life n. නාවික ජීවිතය.

Sealing, n. මත්ස්‍යබල්ලන් ඇල්ලීම; sealing-voyage මත්ස්‍යබල්ලන් ඇල්ලීමට යන මුහුදු යාත්‍රාව.

Sealing-wax, n. ලාකඩ.

Sea-lion, n. (a seal) මත්ස්‍ය සිංහයා.

Seam, n. රෙදි මූට්ටුව; ලෑලි සන්ධිය; (ආකර) ලෝහ තට්ටුව; in geol. තුනී තට්ටුව.

Seam, v. එකට මහනවා, මූට්ටුකරනවා.

Seaman, n. නාවිකයා &c., see Sailor; සමර් යාත්‍රාකාරයා.

Seamanship, n. යාත්‍රාකාර ඥානය, මාලිම දැනගැන්ම.

Sea-mark, n. (මුහුදට පෙනෙන) යාත්‍රා සලකුණ, ගොඩ ලකුණ.

Seamed, pp. *or* a. එකට මහපු &c., මූට්ටු—සන්ධි—ඇත්තාවූ.

Seamless, a. මූට්ටු—සන්ධි—නැති; මුළුල්ලම වියාපු (ඇඳුම්.)

Sea-monster, n. භයානක මුහුදු සතෙක්.

Seamstress, Sempstress, n. මහන්නී, මැහුම්කාරී.

Seance (සේආන්ස්), n. Fr. විභාග සම්මුතිය.

Sea-nymph, n. සමුද්‍ර දිව්‍යාංගනාව, සමුද්‍රාංගනාව, මූදුමනිමෙබලාව.

Sea-ooze, n. වෙරළේ මඩ, මුහුදුපල්ලේ මඩ.

Sea-otter, n. කරදිය බල්ලා, සමුද්‍ර නකුලයා.

Seaport, n. මුහුදු වරාය ළඟ නුවරක්.

Sear, v. පිච්චි දමනවා, කරකරනවා, තදින් මිය ලනවා; fig. දැඩිකරනවා.

Sear, a. වියළි, වේළිච්ච, ශුෂ්ක, (කොළ). In the sear and yellow leaf, fig. ගතනිඝින වයසේදී, වෘද්ධ වයසේදී.

Sear-fish, n. තෝරමාලු, තෝර මත්ස්‍යයා.

Search, v. examine සෝදිසිකරනවා, ගවේෂණය—පර්යේෂණය—කරනවා ; search out සොයා—විභාගකර—දැනගන්නවා; search for සොයනවා, සොයා බලනවා, මෙහෙයාබලනවා.
Search, n. සෝදිසිකිරීම &c., සෝදිසිය, සමීක්ෂණය, ගවේෂණය &c.
Searcher, n. සෝදිසිකරන්නා &c., විභාගකාරයා, පරීක්ෂකයා ; පරීක්ෂක ආයුධය.
Searching, a. තීක්ෂ්ණ, ප්‍රවේසම්, (විභාගය &c.).
Search-light, n. නැව්වල යම් යම් දේ පරීක්ෂා කිරීමට පාවිච්චි කරන තද විදුලි එළිය.
Search-warrant, n. සෝදිසි බලපත්‍රය, සෝදිසි වරන්තුව.
Sea-room, n. (වෙරළ පර්වත ආදිය ළඟ නැති) මුහුදේ ඉඩ, විශාලස්ථානය.
Sea-rover, n. See Pirate.
Sea-salt, n. ලේවා ලුණු.
Sea-shell, n. හක්ගෙඩි බෙලිකටු සිප්පි ආදිය, මුහුදු කටුව.
Sea-sick, a. මුහුදුවමන, (සෙලවීම නිසා) වමාරන.
Sea-sickness, n. මුහුදු මතය, වමනය.
Season, n. කාලය, අවදිය, සමය, ප්‍රස්තාව, අවස්ථාව, මෝසම ;
of the year ඍතුව, ඍතු කාලය ; change of season ඍතුච්ඡේදය, ඍතුවිපර්යාසය ;
of harvest කන්න, (the greater) මහ, මාස් මෝසම, (the lesser) යල, යල්කන්න &c.
Season, v. food &c. රසකරනවා, ලුණු මිරිස් ආදිය දමනවා, ප්‍රතිවාප දමනවා ; wood &c. මෝරවනවා, පදම්කරනවා, v. i මෝරනවා ; accustom පුරුදු කරනවා. [කූල.
Seasonable, a. කාලයට—ප්‍රස්තාවට—සුදුසු, ප්‍රස්තානු
Seasonableness, n. ප්‍රස්තාවට සුදුසුකම, ප්‍රස්තානුකූලතාව.
Seasoning, n. රසකිරීම &c. ; ලුණු මිරිස් ආදිය, කුළුබඩු, ප්‍රතිවාපය.
Seat, n. (ඉඳගන්න දේ වන) ආසනය, අස්න, හසුන, බංකුව, පුටුව, කොලොම්බුව, ඉඳගන්න තැන ; of a chair පුටු තට්ටුව ; නියම වාසස්ථානය, විමානය ; take a seat වාඩිවෙනවා, වාඩිගන්නවා.
Seat, v. ඉඳගන්වනවා, වාඩිකරවනවා ; seat one's self ඉඳගන්නවා ; seat a place යම් තැනක අසුන් පිහිටුවනවා ; (පුටුවේ &c.) තට්ටුව හරිගස්සනවා.
Seating, n. ඉඳගැන්වීම &c. ; අසුන් සැදීමේ අඩුවැඩිය.
Sea-tortoise, Sea-turtle, n. මුහුදු ඉබ්බා, කැස්බා, කැස්බෑවා.
Sea-urchin, n. ඉකිරියා.
Sea-ward, ad. *or* a. මුහුද දෙසට (තිබෙන).
Sea-water, n. මුහුදුදිය, කරදිය.
Sea-weed, n. මුහුදු පැළ.
Sea-worn, a. මුහුදට ගෙවීගිය.
Sea-worthy, a. යාත්‍රාවට සුදුසු (නැව).
Sebaceous, a. සත්තු තෙලවූ, තෙල ආකාර, තෙල ඇති.
Sebacic a. තෛලජ ; sebacic acid තෛලජාම්ල.
Sebate, n. තෛලාම්ලජ ලවණ.
Secant, a. ඡේද, ඡේදන ; n. (රේඛාවක් හරහට වැටෙන) ඡේදනරේඛාව.
Secede, v. (සමාගමකින්) වෙන්වෙනවා, අහක් වෙනවා, ඈරෙනවා, තුරන්වෙනවා.
Secern, v. (ලෙසින් පිත්, සෙල්ෂ්මා, ආදි) ඕජස් බේරනවා *or* උපදවනවා.
Secernent, n. ඕජස් බේරවන බෙහෙත ; pl. ඕජස් බේරන අවයව (වන අක්මාව, වකුගඩු ආදිය).
Secession, n. (සමාගමකින්) වෙන්වීම &c., විගමය. See Secede.
Seclude, v. වෙන්කර තබනවා, තනිකර වසා තබනවා, විවේකකරනවා.
Secluded, pp. *or* a. වෙන්කර තබාපු &c., වෙන්වූ, අප්‍රසිද්ධ, විවේක, විවික්ත.
Seclusion, n. වෙන්කර තැබීම &c., අප්‍රසිද්ධකම, විවේකත්වය.
Second, a. දෙවෙනි, ද්විතීය ; අප්‍රධාන, දෙවෙනි ප්‍රමාණ ; in gram sec. per. මධ්‍යමපුරුෂය.
Second, n. දෙවෙනියා ; උදව්කාරයා ; of time තත්පරය ; in mus. ශබ්දාන්තරය.
Second, v. (අන්‍යයෙකුගේ උත්සාහයට &c.) උපකෘත්‍ය—උපකාරී—වෙනවා ; (a proposal) ස්ථිරකරනවා, අනුමතකරනවා.
Secondarily, ad. දෙවෙනිව ; දෙවෙනි ප්‍රමාණයෙන්, අප්‍රධානව &c., see adj.
Secondary, a. දෙවෙනි ; දෙවෙනි ප්‍රමාණ, අප්‍රධාන, බාල ප්‍රමාණ, නොවැදගත්.
Secondary, n. දෙවෙනි—අප්‍රධාන—දෙයක්, දෙවෙනියෙක්, අප්‍රධාන යෙකෙනෙක්, ප්‍රතිපුරුෂයෙක් ; in geol. (පර්වතවලින්) ද්විතීය මහා ප්‍රවිභාගය ; in astr. හරස් චක්‍රය, උපචක්‍රය ; of quills (පියාපතේ) දෙවෙනි සඬියේ පිහාටුවක්.
Second-class, a. දෙවෙනි ප්‍රමාණ, බාලතරම් ; n. දෙවෙනි පංක්තිය, දෙවෙනි කලැසිය.
Second-estate, n. (එංගලන්තයේ) ස්වාමිමන්ත්‍රී මණ්ඩලය.
Second-hand a. අලුත්නොවන, (අන්‍යයෙක්) පාවිච්චි කරපු, පරණ ; අන්‍යයෙකුගෙන් ලබන *or* ලැබූ (දැනගැනීම).
Secondly, ad. දෙවනුව.
Secondo, Seconds, n. in mus. උපතාලය.
Second-rate, a. (මහනින්, උත්තමකමින්, අගයෙන් &c.) දෙවනි ප්‍රමාණ, අනුත්කෘෂ්ට.
Second-sight, n. මත - දුර—දේ දකින බලය, අනාගතදෘෂ්ටිය.
Secrecy, Secretness, n. රහස්කම, රහස් ගතිය, රහස්‍යතාව &c., සුගුප්තිය ; එළිනොකර සිටීම *or* සිටීමේ භාවය.
Secret, a. රහස්, රහසිගත, රහස්‍ය, ගුප්ත, සුගුප්ත, ගෝපනීය, අප්‍රකාශ, අප්‍රකාශිත, එළිදරව් නැති.
Secret, n. රහස, රහස්‍යය, ගූඪය, එළිදරව් නැති දෙයක් ; in secret රහසින් ; pl. රහස් අඟ.
Secretarial, a. ලේකම්ධුරයට අයිතිවූ, ලේඛක.
Secretariat, Secretaryship, n. ලේකම් ධුරය, ලේකම් නිලය, මහසෙක්‍රතාරිස් ධුරය.
Secretary, n. ලේකම, ලේකම් තැන, සෙක්‍රතාරිස්, (of State) මහලේකම් තැන, අමාත්‍ය ලේඛකයා, මහ සෙක්‍රතාරිස්තැන.
Secrete, v. hide සඟවනවා, one's self සැඟවෙනවා in animals and plants (ලෙසින් *or* සවරයෙන් ද්‍රව්‍ය) බේරනවා. See Secern.
Secretion, n. (ලෙසින් &c. ද්‍රව්‍ය) බේරීම, සේදනය (එසේ) බේරෙන—සේදිත ඕජස (වන පිත් සෙවිඳදිය).

Secretive, Secretory, a. (එසේ) බේරන, බේරන බලයක් ඇති, ඡේදක, (අවයව) ; secretive සහ වනාළිය.

Secretiveness, n. in phren. කාරණයසඟවන මොළේ කොටස.

Secretly, ad. රහසින්, රහසිගතව, ගුප්තලෙස, අප්‍රකාශලෙස.

Sect, n. නිකාය, ලබ්ධිය, (ආණ්ඩුවේ සමාගමට නොබැඳි) සමාගමක්.

Sectarian, a. නිකායික, ලබ්ධික ; එක සභාවකටම ලැදිවූ.

Sectarian, n. තමාගේම සභාවටම ලැදි අය, නිකායිකයා.

Sectarianism, n. තමාගේම සභාවටම ලැදිවීම, ලබ්ධිභජනය, නිකායටම ලැදිවීම.

Sectarianize, v. එක සභාවකටම හිමිකරනවා *or* ලැදිකරවනවා.

Sectary, n. නිකායක සාමාජිකයා, ආණ්ඩුවේ සභාවට නොබැඳි අය.

Sectile, a, (පිහියකින්) පෙති ගැලවිය හැකිවූ, ඡේදනීය, (තඹවූ මිනිරන් ආදී ලෝහ).

Section, n. කොට්ඨාසය, කොටස, පංගුව, පඟතිය, half පළුව ; of a book පරිච්ඡේදය, කාණ්ඩය ; of a building &c. හරස් ආකාර සිහියම, හරස් ප්‍රතිමය. ; in geom., see Intersection.

Sectional, a. කොට්ඨාසයකට අයිතිවූ, කොට්ඨාසාකාර.

Sector, n. (කෝණ, අන්තර, ආදියේ) ප්‍රමාණමානක යන්ත්‍රය ; of a circle (වක්‍රයේ මැද සිට කේමිය දක්වා අඳින) වක්‍රත්‍රිභුජය.

Secular, a. අනාත්මික, මෙලොව, ඓහික, ලෝක, ලෞකික, ඓහලෞකික ; R. C. නොපැවිදි ; in geol. & astr. ශතවර්ෂයකින්—ශතවර්ෂ ගණනකින්—ප්‍රකාශවෙන, ශතවර්ෂ, යුගාන්තර, යුගකාලීන, (වෙනස්කම් &c.).

Secular-education, n. (ආගමේ කාරණ රහිත) ලෝක ශාස්ත්‍රෝද්ග්‍රහණය, ලෞකික පුහුණුව ; secular science බාහිර ශාස්ත්‍රය.

Secular-games, n. (පුරාණ රෝමවරුන් අතරෙහි) ශතවර්ෂ-ක්‍රීඩා, ශතසංවත්සර ක්‍රීඩා.

Secularism, n. මෙලොව කාරණ පමණක් සැලකීම, ඓහිකදෘෂ්ටිය.

Secularist, n. ඓහිකදෘෂ්ටියා.

Secularity, n. ලෞකිකකම.

Secularization, n. ආගමට අයිති දේ අහිමිකිරීම &c., ගිහියෙට ගැනීම.

Secularize, v. ආගමට අයිති දේ ලෝකදේවලට පෙරළනවා, ආගමෙන් අහිමිකරනවා, ලෝකභාවයට පමුණුවනවා ; ලෞකිකභාවයට පමුණුවනවා.

Secund, a. in bot. (මල්, කොළ, ආදිය දණ්ඩේ) එක පැත්තේම ඇත්තාවූ, ඒකාංශධාරී.

Secundine, n. in bot. (බීජකෝෂයේ) ද්විතීයාවරණය ; pl. වැදෑමහ, ගැබමල.

Secundem artem, L. ශිල්පශාස්ත්‍රයේ ප්‍රකාරයට, සමර්ථලෙස.

Secure, a. අනතුරු නැති, ආරක්ෂා සහිත, සුරක්ෂිත ; සවිවූ, ස්ථිර ; trusty විශ්වාසකළ හැකිවූ, විශ්වාසී ; be, (විශ්වාසය නිසා) අප්‍රවේසම්ව සිටිනවා ; he is secure of success &c. (say) ඔහුට සඵලවෙන බව &c. සත්තකයි.

Secure, v. අනතුරුයෙන් මුදනවා, ආරක්ෂාකරනවා, ආරක්ෂාව සහිතකරනවා.
from escape යන්ටනොදී ප්‍රවේසම්කරගන්නවා, අල්ලාගන්නවා ;
fasten (දොර &c.) තදකරනවා ;
obtain ලබාගන්නවා, අත්කරගන්නවා ;
cause සලස්වනවා ; ensure නොවරද්ද ඉෂ්ට කරනවා.

Securely, ad. අනතුරු—අන්තරා—නැතුව, සුරක්ෂිතව.

Securifer, n. Securifers, Securifera, pl. කැතිමැස්සා.

Securiform, a. in bot. කෙටේරි හැඩය ඇති, පරශුවාකාර.

Security, n. අනතුරු නැතිකම, සුරක්ෂිතතාව ; defence සුරක්ෂණය, ආරක්ෂාව ; surety, pledge, ඇපකාරයා, ඇපය, උකස, ඇපඋකස්. Give security ඇප බඳිනවා. See Bail.

Sedan, n. දෝලාව &c., see Palanquin.

Sedate, a. සන්සුන්, නිශ්චල, තැලතුනා, චඬ සිත නැති.

Sedateness, n. සන්සුන්කම &c., තලතුනා ගතිය &c.

Sedative, a. මර්දනයකරන, සංහනයකරන ; නිශ්චල කරන.

Sedative, n. (වේදනාව, චඤ්චලය, කුපිත ගතිය) මර්දනෞෂධය, ශාන්ති කරෞෂධය.

Se defendendo, L. තමා ආරක්ෂාකරද්දී, ආත්මසංරක්ෂණය පිණිස, (මිනිමැරුවා).

Sedentary, a. ඉඳගෙන පසුවෙන, ඉඳගෙන වැඩකරන ; ඉඳගෙනඉඳීම ඕනෑ කරන, අචල, (වැඩ).

Sedentary, n. Sedentaries, Sedentaria, pl. අචල මකුළුවා, අචල මකුළු ජාති.

Sedge, n. දියේ පන් ජාතියක්.

Sediment n. මණ්ඩි.

Sedimentary, a. මණ්ඩි ආකාර, මණ්ඩිවූ ; මණ්ඩිමය (පර්වත).

Sedition, n. කැරළිගැසීම, කුමන්ත්‍රණයකිරීම, කැරැල්ල, කුමන්ත්‍රණය.

Seditious, a. කැරළිගසන &c., කැරළිකාර, කුමන්ත්‍රණකාර, කැරළිගැසීමට පොලඹන.

Seditiousness, n. කැරළිකාරකම &c., කුමන්ත්‍රණය කිරීමට ලැදිකම.

Seduce, v. නපුරට හරවාගන්නවා *or* කැමතිකරවා ගන්නවා ; sp. (ස්ත්‍රියක් දූෂණයට) කැමතිකරවා ගන්නවා.

Seduction, n. නපුරට හරවාගැනීම &c., sp. කාමෘකාජලය, (ස්ත්‍රී) විමෝහනය.

Seductive, a. නපුරට කැමතිකරවන, මුළාකරන, ඔජකරන.

Sedulity, Sedulousness, n. නිත්‍යෝත්සාහතාව, ව්‍යාපෘතතාව, වීර්යවන්තකම.

Sedulous, a නිත්‍යෝත්සාහ, ව්‍යාපෘත, අනලස, වීර්යවන්ත.

See, n. පාරිදශික පළාත, අග්‍රපාරිදශික පළාත, of Rome පාප්උන්නාන්සේගේ ආධිපත්‍යය.

See, v. දකිනවා, (මට) පෙනෙනවා, දර්ශනයකරනවා ; look බලනවා ; perceive mentally පෙනෙනවා, තේරුම්යනවා ; see to, see that, see about බලාගන්නවා, බලාකරගන්නවා, බලා තමාගන්නවා.
I will not see wrong done (say) අයුක්තිය කරන්ට ඉඩනොදෙන්නෙමි.

See, int. බලාපන්, මෙන්න, ඔන්න, අන්න.

Seed, n. බීජය, බීජ, බිත්තර, බිජුවට; ශුක්ල, ශුක්‍ර; race, offspring වංශය, ප්‍රජාව.

Seed, v. බීජ ගන්නවා; (ගහෙන්) බීජ වැටෙනවා *or* ඉහිරෙනවා.

Seed-bud, n. බීජ මොට්ටුව.

Seed-cake, n. සුවඳ ඇට මුසු කැවුම, මාදුරු කැවුම.

Seed-coat, n. in bot. the aril බීජවහිරාවරණය, බීජයේ පිටත සිවිය.

Seed-corn, **Seed-grain**, n. වැපිරීමට ගන්න ධාන්‍ය, බිත්තර ධාන්‍ය, බීජ.

Seed-leaf, n. in bot. (බීජයෙන් අවගන්න) මුල් කොළය.

Seedling, n. බීජයකින්ම අවගත් පැළය, බීජ පැළය.

Seed-lobe, n. cotyledon බීජ පළුව, බියල්ල.

Seedsman, n. බීජ වෙළෙන්දා.

Seed-time, n. වපුරන කාලය, වාපකාලය.

Seedy, a. බීජ ගහනවූ, බීජ අටගෙන තිබෙන; fig. පරණවූ, පරවූ—මැලවූ—පෙනීමක් ඇති.

Seeing, p. දකිමින් &c.; conj. නිසා, (යම් ආකාරයක්) ව තිබෙද්දී.

Seeing, n. දැකීම &c., දර්ශනය, වීක්ෂණය.

Seek, v. සොයනවා, මෙහෙයා බලනවා; (කරන්ට *or* ලබාගන්ට) උත්සාහ කරනවා; request ඉල්ලනවා.

Seem, v. (යම් ආකාරයකට, යමක්වා වාගේ) පෙනෙනවා.

Seeming, a. (ඇත්ත කොහොම වුණත්) තිබෙන් නාක්මෙන් පෙනෙන, පෙනීමේ හැටියට තිබෙන, (මිත්‍රකම &c.).

Seemingly, ad. පෙනීමේ හැටියට, පෙනීමෙන් නම්.

Seemliness, ad. ඔබිනාකම &c., ශෝභමානතාව.

Seemly, a. ඔබින, යෝග්‍ය, ඉතාංගු, ශෝභන; make seemly යෝග්‍යකරනවා &c., සොබවනවා.

Seen, pp. *or* a. දුටු &c., see v.; දකිනලද &c., දෘෂ්ට, වීක්ෂිත, ප්‍රේක්ෂිත.

Seer, n. දකින්නා, sp. අනාගතවක්තෘ, භවිෂ්‍යද්වාදියා.

Seesaw, n. (ඔන්චිල්ලාව මෙන්) පැද්දීම; ඉහළපහළ යාම, පැදෙන ක්‍රීඩාව.

Seesaw, v. පැත්තෙන් පැත්තට පැද්දෙනවා, ඉහළ පහළ යනවා.

Seethe, v. (උණුවතුරෙන්) තම්බනවා, තැම්බෙනවා; (ලිපේ වතුර මෙන්) ඉතා උණුව තිබෙනවා.

Seghol (සෙගොල්), n. Heb. එ යන ශබ්දය ඇති ලකුණ වන (∵) මෙය.

Segment, n. (ඡේදිත) කොට්ඨාසය, ඛණ්ඩය, of a circle වක්‍රච්ඡේදය, වෘත්ත ඛණ්ඩය, of a sphere ගෝලච්ඡේදය, ගෝලඛණ්ඩය.

Segmental, a. කොට්ඨාස, කොට්ඨාසාකාර.

Segmentation, n. කොට්ඨාසකිරීම *or* බෙදීම; චක්‍රච්ඡේදනය, ගෝලච්ඡේදනය.

Segregate, v. වෙන්කර තබනවා, තනිකර පිහිටුවනවා.

Segregated, pp. *or* a. වෙන්කරපු, වෙන්වූ, තනිවූ.

Seidlitz-powder, n. (චීනම්බු) ලවණ බෙහෙත් කුඩු.

Seigneurial, **Seigniorial**, a. උත්තමයෙකුට අයිතිවූ, අධිපති, ස්වතන්ත්‍ර.

Seignior (සීන්‍යර්), n. ස්වාමියා, මහතා, මහත්මයා.

Seigniory, (සීන්‍යරි), n. ස්වාමිකම; ආධිපත්‍ය ප්‍රදේශය.

Seismic, a. භූමිකම්පා පිළිබඳ.

Seismography (seis සෙයිස්), n. භූමිකම්පා විස්තරය.

Seismograph, n. භූමිකම්පා ප්‍රකාශක යන්ත්‍රය.

Seismology, n. භූකම්පා ශාස්ත්‍රය.

Seismometer, n. භූකම්පාමානක යන්ත්‍රය.

Seismoscope, n. භූකම්පාදර්ශක යන්ත්‍රය.

Seizable (seiz සීස්), a. අල්ලාගත හැකිවූ, තහනම් කළ හැකිවූ, ග්‍රාහ්‍ය.

Seize, v. හදිසියෙන් අල්ලාගන්නවා, බලෙන් අත්කර ගන්නවා, ග්‍රහණය කරනවා, for debt &c. (බඩු) තහනම්කරනවා; with the mouth & fig. ඩැහැ ගන්නවා.

Seizin, n. අල්ලාගත් දෙය.

Seizure, n. අල්ලාගැනීම &c., ග්‍රහණය, පරිග්‍රහය; අල්ලාගත් දේ; of disease &c. (රෝග යමෙකුට) ඇල්ලීම, වැලඳීම.

Sejugous, a. in bot. ෂඩ්යුග්ම පක්ෂාකාර (පත්‍ර).

Selachia (සිලේෂිය &c.), n. (මෝරා වැනි) තරුණාස්ථි-මත්ස්‍ය ජාතිය.

Selachian, n. තරුණාස්ථි-මත්ස්‍යයෙක්.

Selah, n. Heb. (ගායනාවේදී) නැවතීම.

Seldom, ad. කලාතුරකින්, එහෙමත් වතාවක් පමණක්.

Select, v. තෝරාගන්නවා, තෝරනවා; a. තෝරන ලද, මනෝනීත, අනගි.

Selection, n. තෝරාගැනීම; තෝරාගත් දේ; තෝරාගත් ගණනක් අඩංගු එක (පොත &c.).

Selectness, n. මනෝනීතභාවය, අනගිකම.

Selenography, n. චන්ද්‍ර විස්තරය, චන්ද්‍රගෝල විස්තරය, චන්ද්‍රගෝල ශාස්ත්‍රය.

Self, n. තමාම, තමුන්ම; fig ආත්මාර්ථය.

Self, affix, as: I myself මමම, thou thyself තුඹම &c., they themselves ඔවුන්ම, the book itself පොතම.

Self, prefix, ස්ව, ස්වකීය, ස්වයම්, තමා, තමා ගැන &c. යන අර්ථ ඇති උපසර්ගය.

Self- abasement, n. (වරද *or* අධමකම නිසා) යටත් පහත්වීම, තමා ගැන යටත්ලෙස කල්පනාකිරීම, කුඩාකම් පෑම.

Self-abhorrence, n. තමාට පිළිකුල්කිරීම, ආත්ම [දෛන්‍යය.

Self-acting, a. ස්වකර්මක, ආත්මකර්මක, ස්වාභ්‍යන්තර ක්‍රියාකාරක, ඇතුල් බලයෙන් ක්‍රියාකරන.

Self-adjusting, a. ස්වකීය බලයෙන් හරිගැහෙන, ස්වභාවයෙන්ම හරියන.

Self-applause, **Self-praise**, n. තමාට ප්‍රශංසාකර ගැනීම, ආත්මවර්ණනාව.

Self-approbation, n. තමා ගැන සතුටුවීම, ආත්ම සම්මතිය.

Self-assumed, a. තමාම ආරූඪකරගත්.

Self-banished, a. කැමැත්තෙන්ම පිටවහල්ව සිටින, ආත්මවිවාසිත.

Self-born, **Self-produced**, a. ආත්මභූත, ස්වජ, ස්වජනිත, self-made ස්වයංකෘත.

Self-conceit, n. තමා උතුම්කොට කල්පනාකිරීම, අහංකාරකම, ආත්මමානිතාව. See Conceited.

Self-condemnation, n. තමාගේ වරද හෘදසාක්ෂියට දැනීම, ආත්මදෝෂාරෝපණය.

Self-condemned, a, තමා වරදකාරයෙක් බව දැනෙන *or* කියන දෙයින් ඔප්පුවෙන, ආත්මදෝෂාරෝපිත, ස්වමුඛයෙන් දෝෂාරෝපිත.

Self-confidence, **Self-reliance**, n. තමා කෙරෙහිම විශ්වාසය තබාගැනීම, ආත්මවිශ්වාසය.

Self-confident, **Self-sufficient**, a. තමාගේම බලපුළුවන්කම් ආදිය ගැන විශ්වාසය ඇත්තාවූ, ආත්මාශ්‍රය, අහංකාර.

Self-conscious, a. තමා ගැන දැනගත සිටින, ආත්මඥ, ආත්මබුද්ධික.

Self-consciousness, n. තමා ගැන දැනගත සිටීම, ආත්මඥතාව, ආත්මබුද්ධිය.

Self-contradictory, a. පූර්වාපරවිරෝධි, පරස්පරවිරුද්ධ See Contradiction.

Self-control, Self-restraint, n. තමාගේම හිත හා ක්‍රියා හසුරුවාගැනීම, ආත්මසංයමය, සංයමය, සංවරය.

Self-deception, n. තමා ගැනම—තමාගේම වැරදි දෙන්—රැවටීම, වරද්දාගැනීම, ආත්මවඤ්චනය.

Self-defence, n. තමා—තමා සතු දේ—ආරක්ෂා කරගැනීම, ආත්මාරක්ෂාව.

Self-denial, n. සියකැමැත්ත නොකර ඇරීම, ස්වකීය ආශා මැඩපවත්වාගැනීම, ආත්මාභිභවනය, ආත්ම පරිත්‍යාගය.

Self-denying, a. සියකැමැත්ත අත්අරින &c., ආත්මාභිභවන, ආත්මපරිත්‍යාගී.

Self-destruction, n. සියපණ හානිකරගැනීම or නසාගැනීම, ආත්මඝාතය.

Self-determining, a. සියකැමැත්තෙන්ම ක්‍රියාකරන, ස්වච්ඡන්ද.

Self-devotion, n. (යමකට) සියකැමැත්තෙන්ම කැපවීම or භාරවීම, ආත්මසමර්පණය.

Self-educated, a. තමාගේම තනි වීයත්යෙන් උගත් කම්ට පැමිණුණ, ආත්මශික්ෂිත.

Self-elective, a. තමා—තමූන්—පත්කරගැනීමේ බලය ඇති, ආත්මනියෝජක.

Self-esteem, n. තමා උතුම් කොට සිනීම, ආත්මසම්භාවිතය, ආත්මසම්මානය.

Self-evident, a. කීමෙන්ම—කාරණවෙන්ම—ඔප්පු වෙන, අතිප්‍රත්‍යක්ෂ, ප්‍රාප්ත.

Self-examination, n. ස්වකීය ස්වභාව විභාගකර බැලීම, ආත්මවිභාගය, ආත්මපරීක්ෂණය.

Self-existence, n. ස්වකීය බලයෙන් ජීවත්වීම or පැවතීම, ස්වයම්භවය. ස්වභවය.

Self-existent, a. ස්වකීය බලයෙන් ජීවත්වෙන or පවතින, ස්වයම්භූ.

Self-importance, n. තමා වැදගත් කෙනෙකු කොට සැලකීම, ආඩම්බරකම, බැරෑරුම.

Self-interest, n. ස්වකීය ප්‍රයෝජනය, ආත්මාර්ථය.

Selfish, a තමාගේම කාරණ පමණක් සලකන, ලෝභී, ආත්මාර්ථකාමී, ස්වාර්ථපර, ස්වාර්ථපරායණ.

Selfishness, n. ලෝභකම, ආත්මාර්ථයම සැලකීම, පරාර්ථය නොසැලකීම, ස්වාර්ථපරායණතාව.

Self-knowledge, n. තමාගේම ස්වභාව දැනගැනීම, ආත්මඥානය, ආත්මවිඥානව.

Self-luminous a. තමාගේම එළියෙන් බැබළෙන.

Self-possessed, a. චකිතනොවන, අව්‍යාකූල, නිශ්චල.

Self-possession, n. චකිතනොවන ගතිය, අව්‍යාකූලතාව. නිශ්චලකම.

Self-registering, a. (රස්නය, වාතවේගය &c.) ස්වලේඛක, ස්වප්‍රකාශක, (යන්ත්‍රය).

Self-respect, n. තමාගේම තත්වය—හොඳ නාමය—ගැන නිසි සැලකිල්ල, ආත්මගෞරවය.

Self-righteous a. තමා කුසල් ඇත්තෙක්යයි—ධර්මිෂ්ඨයෙක්යයි— සිතන, ආත්මධර්මිෂ්ඨමානික.

Self-same, the a. එම...ම: the self-same day එම දවසම, ඒ දවසම.

Self-satisfied, a. තමා ගැන සතුටුවෙන, ආත්ම සන්තුෂ්ට.

Self-seeking, a. ආත්මාර්ථයම සලකන or සොයන, ආත්මාර්ථකාමී; n. ආත්මාර්ථයම සැලකීම &c. [ෂක.

Self-supportng, a. තමා විසින් රැකෙන, ස්වයංපෝ

Self-will n. හිතුමතක්කාරම, සෛවරිතාව, සම්බුද්ධිය, ස්වච්ඡන්දතාව.

Self-willed, a. හිතුවක්කාර, සෛවරී, සම්බුද්ධියට ලැදි, ස්වච්ඡන්ද, අනන්‍යනෝමතික.

Sell, v. විකුණනවා, මිලේට දෙනවා; privately අතයට විකුණනවා; by auction වෙන්දේසියෙන් විකුණනවා, වෙන්දේසිකරනවා, වෙන්දේසියේ දමනවා; fig. ද්‍රෝහිකමින් පාවාදෙනවා; v. i. විකිණෙනවා.

Selvedge, n. Selvage, n. (රෙද්දේ වියාපු) මාවිය, තෙරිය.

Semaphore, n. දූරස්ථ ඥාපක යන්ත්‍රය.

Semblance, n. සම්භාත්වය, ස්වරූපය, ප්‍රතිබිම්බය, උපමිතිය.

Semen (සීමෙන්), n. L. බීජ, sp. සත්වව ශුක්ල, ශුක්‍ර ධාතු.

Semi (semi සෙමි), prefix, අඩ, අර්ධ, යන අර්ථ ඇති උපසර්ගය.

Semi-amplexicaul, a. in bot. (නැටිට වටේ) අඩවශයෙන් වෙළී තිබෙන, අර්ධාලිංගන, (පත්‍ර).

Semi-annual, see Half-yearly, a. Semi-annular, see Half-round, a.

Semi-barbarian, a. අර්ධවනචර, අර්ධමෙල්ඡ, අර්ධශිෂ්ට or අර්ධාශිෂ්ට. [මෙය.

Semibreve, n. ගාන්ධර්වශාස්ත්‍රයේ ලකුණක් වන (○)

Semicircle, n. අර්ධචක්‍රය, අර්ධමණ්ඩලය, අඩකවය, අඩවළල්ල.

Semicircular, a. අර්ධචක්‍ර, අර්ධචක්‍රාකාර &c., see Circular, a.

Semicolon, n. (එක් අර්ථයක් නිනන්ලබව පෙන්වන) පද බෙදීමේ ලකුණක් වන (;) මෙය.

Semicolumnar, a අර්ධ කුළුනු ආකාර, පැතළි හා වට කුරු, (පත්‍ර &c.).

Semi-conscious, a. (ක්ලාන්තවීමේදී මෙන්) අඩසිහියෙන්—අඩදැනුම් ඇතුව—සිටින, අර්ධමූර්ඡිත.

Semi-cylindric, Semi-cylindrical, a. අර්ධනාලාකාර, අර්ධනාලාකෘති.

Semi-diameter, n. අර්ධවිෂ්කම්භය, ත්‍රිජ්‍යාව.

Semi-double, a. in bot. අර්ධ ද්විගුණ, පත්‍රගත පුරුෂ කේශර, (පුෂ්ප).

Semi-floscular, Semi-flosculous, a. in bot. සෘජු පෙති ඇත්තාවූ. සෘජුපත්‍ර, (පුෂ්ප).

Semi-fluid, a. අඩදියවූ. උකු. අර්ධද්‍රව, අර්ධද්‍රවීභූත

Semi-ligneous, a. in bot. අඩවශයෙන් ලී ආකාර.

Semi-lunar, Semi-lunary, a. අර්ධචන්ද්‍රාකාර, අඩසඳ ආකාර.

Seminal, a. බීජ සම්බන්ධ, බීජාකාර &c., see Semen.

Seminary, n. තවාන, තවාන් පාත්තිය; පාඨශාලාව, ඉගැන්නුම්පළ, සෙමිනේරිය.

Semination, n. බීජ වැපිරීම or ඉසිරීම; බීජ වැටීම or ජම්ම ඉසිරීම.

Seminiferous, a. බීජජනක, බීජධාරී.

Semi-opaque, a. මදක් විනිවිද පෙනෙන.

Semi-orbicular, a. අර්ධගෝලාකාර; අර්ධමණ්ඩලාකාර

Semi-osseous, a. අර්ධාස්ථ්‍යාකාර, අර්ධාස්ථි.

Semi-palmate, Semi-palmated, a. in zool. අඩදල්පා ඇති, අර්ධජාලපාද.

Semi-primigenous, a. in geol. ප්‍රථම හා ද්විතීය ද්‍රව්‍ය ද්‍රව්‍ය අතරෙහි සෑදුණ, අර්ධමූලික.

Semi-quadrate, Semi-quartile, n. in astr. අර්ධචතුර්ථාංශාන්තරය, අෂ්ටභාගාන්තරය.
Semi-quaver, n. (ගාන්ධර්ව) අර්ධචූලිකස්වරය; අර්ධචූලික ලකුණ (මත 𝅘𝅥𝅯 මෙය).
Semitic, a. නෝවාගේ පුත්‍රවූ ෂෙම් සම්බන්ධ, ෂෙමික, (ජාතීන්, භාෂා).
Semitone, n. (ගාන්ධර්ව) අර්ධස්වරාන්තරය, අර්ධස්වරය.
Semi-transparent, a. අඩවශයෙන් විනිවිද පෙනෙන, අර්ධස්වච්ඡ.
Semi-vitreous, a. මදක් වීදුරු වැනි, අර්ධකාචාකාර, අර්ධකාචක.
Semi-vitrefaction, n. අර්ධකාචකකරණය; අර්ධකාචක භාවය.
Semi-vocal, a. අර්ධවශයෙන් ශබ්දවෙන, අර්ධඝෝෂ, අර්ධස්වර.
Semi-vowel, n (ව, ය, යනු මෙන්) අර්ධස්වරය, අර්ධප්‍රාණාක්ෂරය.
Semi-weekly, ad. සතියකට දෙවරක්.
Semolina, Semoule, n. roulon (සම්පූර්ණ පිටි නොකළ) රළු පිටි, ඇටපිටි, රුලන්. [ත.
Sempiternal, a. සදාකාලික, අනන්ත, නිත්‍ය, සනාතන
Sempstress, n. මහන ස්ත්‍රී, මහන්නී.
Senary, a. හයක් අඩංගු, ෂට්ක
Senate, n මන්ත්‍රිමණ්ඩලය, මන්ත්‍රණසභාව; in Ame., උත්තම මන්ත්‍රිමණ්ඩලය; (අග්‍ර පාඨශාලාවල) ප්‍රතිපාලක මණ්ඩලය.
Senate-house, n. මන්ත්‍රිමණ්ඩල ශාලාව.
Senator, n. මන්ත්‍රීශ්වරයා.
Senatorial, a. මන්ත්‍රිමණ්ඩල; මන්ත්‍රීශ්වර, (උතුම්කම, යුතුකම් &c.).
Senatorship, n. මන්ත්‍රිධූරය; මන්ත්‍රිශ්වරත්වය.
Send, v. (to the first or sec. per.) එවනවා, (to the third per.) යවනවා, අරිනවා, gen. ප්‍රේරණයකරනවා; impel, let go, throw අරිනවා, විසිකරනවා; send out or forth පිටත්කර අරිනවා, නිකුත්කර අරිනවා, (එළිය, පුෂ්ඹ &c.) පතුරුවනවා; send for එන්ට කියා කියාඅරිනවා, ගෙනෙන්ට කියා අරිනවා; send word කියා—ලියා—දන්වා—අරිනවා.
Senescence, n. මහලුවේගන යාම.
Senile, a. වයෝවෘද්ධ, මහලු; වෘද්ධතා සම්බන්ධී.
Senility, n. වයෝවෘද්ධකම, වෘද්ධතාව, වෘද්ධාවස්ථාව; වයෝවෘද්ධ දුර්වල බුද්ධිය.
Senior, a. වඩා වයස් ඇත්තාවූ, වැඩිමහල්; (නිලයක &c.) අධික කල්ගත; අධික උතුම්.
Senior, n. වඩා වයස් ඇත්තා, වැඩිමහල්ලා; අධික කල්ගත අය; අධික උතුම් අය; මහල්ලා.
Seniority, n. වැඩිමහල්කම, පූර්වජතාව; අධික කල්ගතතාව; අධික උතුම්කම. [කොළ.
Senna, n. විරේචන කොළ ජාතියක්, සෙනෙහෙ
Sennight, n. දවස් සතක්, සුමානයක්.
Sensation, n. දැනීම, දැනුම, වේදනය; හැඟීම, චිත්තභෝගය; සිත් චංචලය, චිත්තවෘත්තිය.
Sensational, a. දැනීම සහිත; sp. සිත අවුස්සන, විස්මපත්කරන.
Sense, n. දැනීමේ ශක්තිය or බලය, වේදනා ස්කන්ධය, ඉන්ද්‍රියබුද්ධිය;
sensation දැනීම &c.; the organ ඉන්ද්‍රියය, (the five) පංචේන්ද්‍රියයෝ; [නුවණ;
of the mind සිතට හැඟීම, සිහිය, සිහිබුද්ධිය, meaning තේරුම, අර්ථය. Be in one's senses සිහියෙන්—සිහිඇතුව—සිටිනවා.

Senseless, a. lit. & fig. දැනීමනැති, දැනුමනැති, සිහිනැති, foolish සිහිනුවණ නැති, නුනුවණ, අමන, අල්පබුද්ධි.
Sensibility, Sensibleness, n. දැනීමේ බලය, දැනීම, හැඟීම, දැනෙනසුලුබව; තීක්ෂ්ණ දැනීම, හැඟීමේ නිපුණකම.
Sensible, a. දැනීමේ බලය—දැනුම—ඇත්තාවූ; (ඉන්ද්‍රියයන්ට or සිතට) දැනෙන (චෙතස්කම්) &c., see Perceptible; prudent සිහිනුවණ ඇති, නැණවත්, ධීමත්; සිහියට හුරු.
Sensible of or to, be, v. (යමක්) තීක්ෂ්ණලෙස දැනෙනවා, හැඟෙනවා; (හරි තුලාවක් මෙන් චෙතස්කම &c.) තීක්ෂ්ණලෙස ප්‍රකාශකරනවා.
Sensibleness, n. සිහිනුවණ ඇතිකම, නැණවත්කම, සිහිනුවණ; සිහියට හුරුකම.
Sensibly, ad. දැනෙනලෙස, ප්‍රකාශවෙනලෙස; නුවණට හුරුලෙස.
Sensitive, a. දැනීම සම්බන්ධ or ඇත්තාවූ; අති තීක්ෂ්ණ දැනීම ඇත්තාවූ, තීක්ෂ්ණලෙස දැනෙන.
Sensitiveness, n. අති තීක්ෂ්ණ දැනීම or සිතට බලවත් ලෙස හැඟීම,
Sensitive-plant, n. නිදිකුම්බ වැල.
Sensorium, n. (ඉන්ද්‍රියයන්ගෙන්) දැනීම ලැබෙන මොළ කොට්ඨාසය, ඉන්ද්‍රිය මස්තුලුංගය.
Sensory, n. දැනීමේ නහර සන්ධියක්, ඉන්ද්‍රිය නහර සන්ධියක්; a. දැනීම ඇත්තාවූ (නහර).
Sensual, a. ඉන්ද්‍රියයන්ටම අයිතිවූ, විෂය පිළිබඳ; මාංසික, කාමාභ්‍යාසවූ, කාමුක, කාම, රාග නිශ්‍රිත, පංචකාමයට ලැදි.
Sensualism, n. මාංසික ගතිය, කාමුකතාව; in mental phil. sensationalism චෛතසික ගති ඉන්ද්‍රියයන්ගෙන්ම අවගත්තා යන මතිය, ඉන්ද්‍රියජ ධර්මදෘෂ්ටිය.
Sensualist, n. මාංසිකයා, කාමුකයා, සල්ලාලයා.
Sensuality, Sensualness, n. මාංසිකකම, සල්ලාලකම, කාමුකකම, රාගචරිතය.
Sensualize, v. මාංසික ගතියට පමුණුවනවා, සල්ලාලකමට ලැදිකරවනවා.
Sensuous, a. ඉන්ද්‍රියයන්ට අදාළ, ඉන්ද්‍රියගෝචර; අනුරාගවශයෙන් සිතට වැදියන.
Sent, pp. or pret. of Send, ඇර, යවා, එවා; ඇරියා, යැවුවා, එවුවා &c.
Sentence, n. මුගිංචිය, තීන්දු නියමය, තීන්දුව, නියමය; sentence of death මරණ මුගිංචිය; in gram. සම්පූර්ණ වගන්තිය or වාක්‍යය.
Sentence, v. condemn වරදට—අච්චුවට—පත්කරනවා; pass sentence මුගිංචිය කියනවා, අච්චු නියම කරනවා.
Sententious, a. හිතෝපදේශාකාර, සූත්‍ර—මති—ආදිය බහුල, (කථා, රචනා, කථාකාරයා &c.).
Sententiously, ad. හිතෝපදේශාකාරයෙන්, සංක්ෂේපයෙන් හා බලගතු ලෙස.
Sententiousness, n. හිතෝපදේශාකාරත්වය, බලවත් සංක්ෂිප්තතාව.
Sentient, a. දැනීමේ බලය ඇත්තාවූ, සචේතන, සංවේදක.
Sentiment, n. opinion මතය, කල්පනාව; meaning අභිප්‍රාය; emotion හැඟීම; චිත්තවෘත්තිය, චලචිත්තතාව; (ශෘංගාර, බීභත්ස ආදී) රසය.
Sentimental, a. මත සහිත; අතිතීක්ෂ්ණ කල්පනා සහිත or භාවිතාකරන; බොරු මෘදුකම් පාන.

Sentimentalism, Sentimentality, n. ව්‍යාජ චිත්තමෘදුත්වය, අතිචලචිත්තතාව.

Sentimentalist, n. උත්කෘෂ්ට චින්තාකාරය භජනය කරන්නා, අතිසූක්ෂම චිත්තාභෝගය ඇත්තා.

Sentinel, Sentry, n. මුරකාරයා; sentry මුර, රැකවල.

Sentry-box, n. මුරකුඹුව.

Sepal (සී...), n. තැරිපෙත්තක්, මණිපත්‍රයක්, පුෂ්පමූල පත්‍රයක්. [කාර.

Sepaloid (සෙ...), a. තැරිපෙත්තක් වැනි, මණිපත්‍රා

Sepalous, a. තැරිපෙති, තැරිපෙති ඇති, මණිපත්‍ර සහිත.

Separability, n. (යමෙකුට) වෙන්කළහැකි බව &c., විච්ඡේද්‍යතාව, ප්‍රභේද්‍යතාව.

Separable, a. වෙන්කළ හැකිවූ &c., භේද්‍ය, විභේද්‍ය, ප්‍රභේද්‍ය.

Separate, v. වෙන්කරනවා, ඈත්කරනවා, අසම්බන්ධකරනවා, වියෝගකරනවා, විසංයෝගකරනවා; sort බේරනවා, ප්‍රභේදකරනවා; වෙන්වෙනවා &c.; බේරෙනවා &c.

Separate, a. වෙන්වූ, තනි, අසම්බන්ධ, ප්‍රභේද.

Separated, pp. *or* a. වෙන්කරපු &c., භේදිත, ප්‍රභේදිත, ප්‍රභින්න, වියෝජිත, වියුක්ත. [ලෙස.

Separately, ad. වෙන්වශයෙන්, තනිතනිව, අසම්බන්ධ

Separateness, n. වෙන්වූ ස්වභාව, තනිකම, අසම්බන්ධතාව, ප්‍රභේදතාව.

Separation, n. වෙන්කිරීම &c., see verb, විභජනය, පෘථක්කරණය; ඉවත්වීම, වියෝගය, විප්‍රයෝගය, විරමණය, විගමය; divorce දික්කසාදවීම.

Separatism, n. (සභාවකින්) වෙන්වීම, විභේදවීම.

Separatist, n. වෙන්වෙන්නා, විභේදවෙන්නා. See Schismatic.

Separatory, n. in chem. ද්‍රව්‍යභේදක භාජනය, ද්‍රව්‍යාධාරය; in sur. ප්‍රතිභේදකායුධය, ප්‍රතිභේදකය.

Sepia, n. cuttle-fish, n. කාලාඤ්ජන මත්ස්‍යයා; the ink, මත්ස්‍යකාලාඤ්ජන.

Sepoy (සී...), n. (ඉන්දියාවේ) භේවායා, ඉන්දියානු භේවායා. [ගිය.

Sept, (සෙ...), prefix, සත්, සප්ත, යන අර්ථ ඇති උපසර්

Septangle, n. **Septangular,** a. see Heptagon & Heptangular.

September, n. නිකිණි මස, සැප්තැම්බර් මාසය.

Septenary, a. සතක් අඩංගු, සප්තක, සප්තසප්තාකාර; n. හතේ ගණනක්.

Septenate, a. in bot. සප්තභේදිත (පත්‍ර).

Septennial, a. හත්අවුරුද්දක් පවතින; සත්අවුරුද්දකට වරක් සිද්ධවෙන, සප්තවර්ෂ, සප්තසංවත්සරික.

Septic, Septical; a. දිරවන, කුණුකරවන.

Septic, n. දිරවන—කුණුකරවන—ද්‍රව්‍යය.

Septicity, n. දිරවන ගුණය.

Septicidal, a. in bot. බිත් බෙදෙන, භිත්තිභේද්‍ය, (බීජකෝශ).

Septiferous, a. in bot. භිත්තිධාරී, වෙන්කරන පටල ඇති, (බීජකෝශ).

Septifolious, a. in bot. සප්තපත්‍ර, කොළ සතක් ඇති.

Septifragal, a. in bot. භිත්තිසංධිභේද්‍ය (බීජකෝශ).

Septilateral, a. පැති සතක් ඇත්තාවූ, සප්තාංග.

Septillion, n. ඉලක්කම් හතළිස්තුනකින් ලියන ගණන.

Septuagenarian, n. සැත්තෑ අවුරුදු වයස් ඇත්තා, සප්තතිවයස්කයා.

Septuagenary, a. සැත්තෑවක් අඩංගු, සප්තති; n. සැත්තෑ ගණනක්.

Septuagesima, n. කොරෙස්ම කාලයට පළමුවෙන් තුන්වෙනි ඉරිදා, සැත්තෑවෙනි දින.

Septuagint *or* **LXX,** n. සැත්තෑදෙනකුන් විසින් ග්‍රීක් භාෂාවට නඟනලද යුදෙව් ශුද්ධලියවිලි *or* ග්‍රීක් පරණ තෙස්තමේන්තුව, සප්තතිකෘත පුස්තකය.

Septuagint, a. සප්තතිකෘත පුස්තකයට අයිතිවූ, සප්තතිකෘත.

Septum, n. **Septa,** pl. in bot. බීජකෝශ භිත්තිය gen. ඡේදකප්පිකාව.

Septuple, a. සත්පංගුවක්වූ සත්ගුණ, සප්තගුණ; v. සත්ගුණකරනවා.

Sepulchral, a. සොහොන්, භූමදාන, චෛත්‍ය; ශෝකරෞද්‍ර, බැරෑඹි, දුක්මුසු, (හඬ).

Sepulchre, n. සොහොන, සොහොන් ගෙය, මිනීවළ; v. භූමදානකරනවා.

Sepulture, n. භූමදානකිරීම, භූමදානය, සොහොන් ගෙයි තැබීම.

Sequel (සී...), n. යමකින් අවගන්න—පසුව පැමිණෙන—දේ, අනුවයන දේ, අනුගාමික දේ, අනුවර්තනය, ඵලෝදය, (යමක) නිස්ථාව *or* අන්තිමය.

Sequela, n. **Sequelæ,** pl. රෝගයකින් ඉතුරුවෙන හිලස්කමක්, ශුභණිය, ශේෂභාගය.

Sequence (සී...), n. අනුව සිද්ධවීම, අනුෂංගය; අනුක්‍රමණය, අනුක්‍රමය, සම්බන්ධය; පිළිවෙළ; R. C. (පූජා මෙහෙයේ) අනුග ගීතිය.

Sequential, a. අනුගාමික, අනුෂංගික, සම්බන්ධ.

Sequester, Sequestrate, v. (ණයකාරයාගේ—*or* අරෝවේ—වස්තු) පැහැර ගන්නවා, තහනම්කරනවා, තහනමට ගන්නවා; (වරදකාරයෙකුගේ වස්තු) ආණ්ඩුවට අල්ලාගන්නවා; sequester one's self අප්‍රසිද්ධයෙන් සිටීමට තුරන්වෙනවා.

Sequestration, n. (අරෝවේ වස්තුව දෙපාර්ශ්වයෙන්ම) කලකට පැහැරගැනීම, වස්තු තහනම්කිරීම &c.; තහනමට තිබීම.

Seraglio (සෙරල්යො), n. pl. තුර්කි රාජමන්දිරය; harem අන්තඃපුරය.

Serai (සෙරයි), n. (ඉන්දියාවේ සහ තාතිරියේ) විශ්‍රාම ශාලාව, තානායම.

Seralbumen, n. ලේවලින් ලබාගන්න ශුද්ධමදය.

Seraph, n. **Seraphs** *or* **Seraphim,** pl. උජ්ජ්වලිත දේවදූතයෙක්, විරාජිත දේවදූතයා.

Seraphic, a. උජ්ජ්වලිත දේවදූත (ශෝභා &c.); (ප්‍රේමයෙන් &c.) උජ්ජ්වලිත; (ආත්මගුණයෙන්) අත්‍යුන්නත, අතිපිරිසිදු, ඉතා උතුම්.

Seraphine, Seraphina, n. සෞෂිරයි තූර්යය, කුඩා ඕගිලයක්, සරපිනාව.

Serapis, n. පුරාණ මිසරවරුන්ගේ දේවතාවෙක්.

Seraskier, n. තුර්කි සේනාපතියා.

Sere, a. වියළි, ශුෂ්ක.

Serenade, n. (රාත්‍රියේදී එළියේ කරන) සාදර ගායනාව; සාදරගායනා කාලය.

Serenade, v. (යමෙකුට ගෞරව පිණිස එසේ) සාදර ගායනාකරනවා.

Serenata (සෙරනාට), n. ප්‍රේම ගීතිකා කාලය.

Serene (සෙරීන්), a. කුණාටු—කුලං—ආදිය රහිත, නිශ්චල; ශාන්ත, ශාන්තදාන්ත, සන්සුන්; Serene Highness තේජවන්ත උතුමාණන් වහන්සේ.

Serenely, ad. නිශ්චලලෙස, ශාන්තියෙන්, ශාන්තලෙස &c.

Serenity (සෙරෙනිටි), n. කුණාටු ආදිය නැතිකම; නිශ්චලකම, ශාන්තිය, ශාන්තදාන්තතාව.
Serf, n. ගොවි දාසයා, ප්‍රවේණි දාසයා.
Serfdom, n. ගොවි දාසකම.
Serge, n. ලොම්රෙදි වර්ගයක්, සිහින් කම්බිලි රෙදි.
Sergeant, Serjeant (සාජන්ට්), n. පොලිස් මුලාදෑනියෙක්, සරියම්, ආරච්චිරාළ; (සමුද්‍රවේ) සුළු මුලාදෑනියෙක්; sergeant-at-law ශ්‍රේෂ්ඨ නීතිඥයෙක්.
Sergeant-at-arms, n. (මන්ත්‍රණසභාවක) සමාදාන මුලාදෑනියා.
Sergeant-major, n. උදව්කාර සුළු මුලාදෑනියා.
Sergeantship, n. පොලිස් මුලාදෑනිකම; සේවා සුළු මුලාදෑනිකම; ශ්‍රේෂ්ඨ නීතිඥ ධූරය.
Serial (සී* ..), a. පිළිවෙළට කාණ්ඩ වශයෙන් ප්‍රසිද්ධ වෙන, පෙළ ආකාර, අනුපූර්.
Serial, *n. අනුක්‍රම—කාලාන්තර—සංග්‍රහය; කාලාන්තර රචනාව *or* කථනය.
Seriatim, *ad. L. අනුක්‍රමයෙන්, අනුපූර්වාකාරයෙන්.
Sericeous, a. in bot. & zool. සිහින් බූව ඇත්තාවූ
Series, *n. අනුක්‍රම ගණනක්, පෙළ, ගණය, ශ්‍රේණිය; in arith. ක්‍රමික ගණනක්.
Serio-comic, Serio-comical, * a. සත්පුත්-විපුළු, හාස්‍යජනක සත්පුත්.
Serious, * a. (ගතියෙන්, හිතෙන්) සැහැල්ලුනොවන, නොසැහැල්ලු. සෙල්ලක්කාරනොවන, කල්පනා, සත්පුත්, සැලකිලි, ආගම සලකන; වැදගත්, බර පතල, (කාරණ).
Serious, * be, v. (සරදමට නොව) ඕනෑකමින් — ඇත්තලෙස — කියනවා *or* කරනවා, අව්‍යාජව සිටිනවා.
Seriously, * ad. නොසැහැල්ලුලෙස, සත්පුත්ලෙස; වැදගත්ලෙස; ඕනෑකමින්, අව්‍යාජලෙස.
Seriousness, * n. නොසැහැල්ලු ගතිය, කල්පනා ගතිය, සත්පුත්කම; ආගම සලකන ගතිය; බර පතලකම; අව්‍යාජතාව.
Sermon, n. දේශනාව, අනුශාසනාව.
Sermonize, v. දේශනාවක් කරනවා, දෙසනවා; දේශනා ලියනවා *or* රචනාකරනවා.
Serous, * a. තුනී ඕජස ආකාර, දියවූ හැරව ආකාර; මෝරුදිය වැනි.
Serpent, n. සර්පයා, උරගයා; fig. වංකයා *or* නපුරා.
Serpentarius, n. ophiuchus උතුරු තරුපංක්තියක්, සර්පරාශිය.
Serpent-fish, n. (පටියක් වැනි) සර්පමත්ස්‍යයා.
Serpentiform, a. සර්පරූපී.
Serpentigenous, a. සර්පයෙකුගෙන් අවගත්, සර්පජ.
Serpentine, a. ගන්ධවාරණ සර්පයෙක් සමාන, වංගු ආකාර, වක්ව යන.
Serpentine, Serpentine-stone, n. (සර්පයා වාගේ) ලප ඇති ගල්ජාතියක්, සර්පලප ගල.
Serpula, n. Serpulæ, Serpulidae, Serpulidans, pl. ආකුංචිත නාලප්‍රාණියා.
Serpulite, n. (ඒ ප්‍රාණීන්ගේ) පාෂාණීභූතාකුංචිත නාලය.
Serrate, Serrated, a. in bot. අසින දැති ආකාර, (කොළ).
Serration, Serrature, n. කියතේ හැඩය, දැති ආකාරය, කරපත්‍රාකාරය, අසිනේ ඉරිප්පු ගතිය.
Serried, a. ඝන, ආකීර්ණ; සංකුල.
Serrulate, Serrulated, a. in bot. අසින සිහින් දැති ආකාර, ක්ෂුද්‍ර කරපත්‍රාකාර.
Serrulation, n. සිහින් දැති ආකාරය, ක්ෂුද්‍ර කරපත්‍රාකාරය.
Serum, * n. ලේවල දියාරු පංගුව, රුධිරසේවිතසාරය, මාංසසාරය, වම්සාරය, දියාරු සැරව.
Servant, n. වැඩකාරයා, වැඩකරුවා, මෙහෙකරුවා, සේවකයා, දාසයා; fem. වැඩකාරි, දාසි.
Serve, v. (යමෙකුට) වැඩකරනවා, මෙහෙකරනවා, මෙහෙවරකරනවා; as a debtor කඹුරනවා; (of higher service) සේවයකරනවා;
serve in the army &c. සේවාකම්කරනවා, යම් තිලයක් කරනවා; [වා;
serve with anything යමක් දෙනවා *or* සපයන
serve up food කෑම් අරිනවා;
serve out බෙදාදෙනවා, serve him out ඔහුගෙන් පලිගන්නවා;
serve a writ &c. බලපත්‍රයක් බාරදෙනවා;
serve a purpose *or* for anything යමකට හරි යනවා *or* සෑහෙනවා;
serve anyone well or ill යමෙකුට යහපත අයහපත කරනවා;
be in subjection to යටහත්ව—දාසව—සිටිනවා.
Server, n. මෙහෙකරුවා; කුඩා බත්දේසිය.
Service, n. (යමෙකුට කරන) මෙහෙ, මෙහෙය, මෙහෙවරය, බැලමෙහෙය, සේවය, පරිචයර්‍යාව;
Divine service දේවමෙහෙය, ආවතේවය; දේව මෙහෙයේ යම් ක්‍රමයක්: සරණවීමේ මෙහෙය &c.; [ප්‍රයෝජනය;
public රාජකාරිය, රාජකාර්‍යය; use, profit, of food කෑම ඇරීම, කෑම අරින පිළිවෙළ; of plate (කෑම මේසයේ) භාණ්ඩ ගණන;
be in service මෙහෙකරුකමේ—දාසකම්වල—සිටිනවා.
Serviceable, a. වැඩට ගතහැකිවූ, ප්‍රයෝජනවත්, වැඩදායක, කාර්‍ය්‍ය. [පොත.
Service-book, n. දේවමෙහෙයේ පොත, යාච්ඤා
Servile, a. දාසවූ, දාසාකාර, අධීන; ඉච්චාවට යටත් වෙන, නිචලෙස යටත්වෙන:
servile fear දණ්ඩභීතිය; servile speech බැගෑපත් තීම. දීනෝක්තිය;
in gram. අප්‍රකෘති: servile letter අප්‍රකෘතාක්ෂරය *or* නිශාබිදුක්ෂරය.
Servilely, ad. අනිසි—ඉච්චාකාර—යටත්කමින්, නිච යටත්කමින්. [යටත්කම.
Servileness, Servility, n. දාසකම, වහල්කම; නිච
Servitor, n. මෙහෙකරුවා, පරිවාරකයා; of B. P. උපස්ථායකයා, කැපකරුවා, අතවැසියා, ඇබිත්තයා; (Oxford නම්) අශූපාඨශාලාවේ නිදහස් ශිෂ්‍යත්වයක් දරන්නා.
Servitorship, n. මෙහෙකරුකම, පරිවාරකත්වය.
Servitude, n. දාසකම, දාසත්වය, වහල්කම, වැඩකාරකම; අධීනතාව, යටත්භාවය.
Sesame (සෙසමි), **Sesamum**, n. gingely තල, තිල; the oil තලතෙල්, තිලතෙල, තිලරස.
Sesqui, prefix, (එක ගණනකට, මහතකට *or* ජාතියකට වඩා වෙන එකකට) භාගයක් වැඩි, භාගාධික, යන අර්ථ ඇති උපසර්ගය.
Sesquialter, Sesquialteral, Sesquiplicate, a. එකකට එකහමාරක් යන ප්‍රමාණකාර, (දෙකට 3—හයට 9—මෙන්) භාගාධික ප්‍රමාණ, භාගාධික; in bot. sesquialteral floret කුඩා මලක් බැඳි මල, භාගාධික පුෂ්පය.

Sesquicarbonate, n. (මෙන ද්‍රව්‍යවලින් එකපංගුවක් මිශ්‍රවූ) භාගාධික-අංගාරිකාම්ලය *or* භාගාධික-අංගාරිකාමල ලවණ.

Sesquiduplicate, a. එකට 2½—දෙකට 5—යන ප්‍රමාණකාර, ඒකසභාගාධික.

Sesquitone, n. (ශාබ්දි) ඒකසාබ් ස්වරාන්තරය, ඒකසාබ් ස්වරය.

Sessile, a. in bot. & zool. (නැට්ටක් *or* බැම්මක් නැතුව) කඳට බැඳී, නැට්ට නැති, අවෘන්ත, (පත්‍ර).

Session, n. (යම් සභාවක) රැස්ව ඉඳීම, සභා වාරය, as: නඩුසභා වාරය, ශ්‍රේෂ්ඨාධිකරණ සභා වාරය; මහාජනසභා වාරය; Scot. සුළු ධම්සභාව.

Sessional, a. සභාවාරයට අයිතිවූ, සභාවාර.

Set v. t. (යම් තැනක *or* ආකාරයකට) තබනවා *or* පිහිටුවනවා; නියමකරනවා;
 set against විරුද්ධ — අප්‍රසන්න — කරවනවා; (one's-self) විරුද්ධවෙනවා;
 set apart වෙන්කර තබනවා; කැපකරනවා;
 set aside අහක තබනවා, අහක්කරනවා, එපාකරනවා, අවලංගුකරනවා.
 set down බිම තබනවා, බානවා; ලියා තබනවා;
 set in order හරිගස්සනවා, අස්කරනවා, පිළිවෙළට තබනවා;
 set off එලෙන්දුකරනවා; සරසනවා; අලංකාරකර—සායම් පොවා—කියනවා;
 set on පොළඹනවා, උසිගන්වනවා; (මැඩට &c.) පත්කරනවා;
 set on fire ගිනිතිබනවා, ගිනිගන්වනවා; fig. ජ්වලිතකරනවා;
 set up සිටුවනවා, හිටවනවා; *a shop &c.* කඩයක් දමනවා; *type* අච්චුඅකුරු—මුද්‍රණාක්ෂර—යොදනවා, වර්ණයෝජනයකරනවා; *a shout &c.* ශබ්ද—මොරහඬ—නගනවා, මොරගසනවා;
 set the eyes—the mind—on ඇස් හෙළනවා, සිත යොමුකරනවා *or* බඳිනවා;
 set the sail රුවල ගහනවා, set sail *or* sails රුවල් ගහනවා;
 set a razor දැළිපිහියක් මුවහත්කරනවා;
 set, make firm *or* fast තදකරනවා, මුදවනවා; ස්ථිරකරනවා;
 set to music (කවියට) තාලයක් සාදනවා *or* නියමකරනවා;
 set him to this, assign this to him, මේක ඔහුට පැවරීම්කරනවා.

Set, v. i. (ඉර) බහිනවා, අස්තංගතවෙනවා; congeal, harden මිදෙනවා, උකුවෙනවා, හයිවෙනවා;
 set about, set to, පටන්ගන්නවා; set off or forth පිටත්වෙනවා;
 set on විරුද්ධයට වදිනවා, ආක්‍රමණයකරනවා;
 set towards යම් දිශාවකට යනවා *or* ගලනවා;
 set sail නැවෙන් පිටත්වෙනවා; set up ස්වාමියෙක්ව—ව්‍යාපාරිකයෙක්ව—යම් කර්මාන්තයක් *or* වෙළඳාමක් පටන්ගන්නවා;
 set up for a pandit &c. තමා පණ්ඩිතයෙක්යයි &c. හඟවනවා.

Set, pret., pp. *or* a. තැබුවා, තබා, තබනලද &c.; fixed නියම, ස්ථිර, ප්‍රතිෂ්ඨිත, (ක්‍රමය); prepared සූදානම්කළ (කථාව).

Set, n. (මෙවලම් ආදිය) කට්ටමක් *or* ගණනක්; (මුළු එකට) අඛණ්ඩ පංගු, සම්පූර්ණ ගණනක්; (මිනිස්සු &c.) පෙළක්, ගණනක්; හිටවන පැළෑටියක්;
 a dead set කිසි බුරුළක් නැති ගතිය; තද වියෑයක් *or* විරුද්ධකමක්.

Seta, n. Setæ, pl. in bot. & zool. (පිටත) කෙන්ද, pl. කෙඳි, කේශරය, මසිල් ගහක්, බූව, රෝම.

Setaceous, a. කේසර *or* කෙඳි ඇත්තාවූ; setiform කේශරාකාර, කෙන්දක ආකාර.

Set-down, n. (නිශ්ශබ්දකරන) තද තරවටුව, දෙසාබෑම.

Setiferous, a. කෙඳි — මසිල් — දරන, කේශරධාරී, setigerous කෙඳි—කේශර—ඇත්තාවූ.

Setireme, n. (පීනන කුරුමිනි ආදි සතුන්ගේ) මසිල් ඇති කකුල, කේශරපාදය.

Set-off, n. එලෙන්දු ගණන *or* කාරණාව, එලෙන්දුව; සිතනි පිළ; in printing (එක පිටකින් අනික් පිටට) වදින තීන්ත, තීන්ත වැදීම.

Seton, n. in sur. (හැරව යන පිණිස හම සිදුරුකර) කෙඳි—නූල්—දැමීම.

Setose, Setous, a. in bot. මසිල්—බූව—ඇති, තද බූව ඇති, කේශරවත්.

Set-out, n. coll. බඩු දැක්වීම, දක්වන බඩු, ප්‍රදර්ශනය.

Settee, n. ඇඳි බංකුව, සැටිය; ත්‍රිකොන් රුවල් නැව් ජාතියක්.

Setter, n. තබන්නා, පිහිටුවන්නා &c.; යමක් පිහිටුවන ආවුදය; (දඩයම දක්වන) දඩයම් බල්ලා.

Setting, n. තැබීම &c., see verbs; of the sun &c. අස්තය: සූර්යාස්තය, චන්ද්‍රාස්තය, තාරකාස්තය; (ගල් &c.) ඔබ්බන — පිහිටුවන — ද්‍රව්‍ය; ගමන—ගලන—දිසාව.

Settle, n. උස් ඇඳි බංකුව.

Settle, v. t. යම් ස්ථිර ස්වභාවකට පමුණුවනවා, ස්ථිරකරනවා, ස්ථිරලෙස පිහිටුවනවා, චිරස්ථායිකරනවා; in residence පදිංචිකරවනවා; in marriage විවාහකරවනවා, සරණපාවාදෙනවා; in office පත්කරනවා; an account or question බේරනවා, බේරුම්කරනවා, තීරණයකරනවා; anything loose සවිකරනවා, හයිකරනවා; quieten නිශ්චල—අචල—කරනවා; a grant &c. on or upon නියමකරනවා, හිමිකරදෙනවා.

Settle, v. i. ස්ථිර ස්වභාවකට පැමිණෙනවා, අචලවෙනවා; නියමයට පදිංචිවෙනවා; (දිය, බොර &c.) මිදෙනවා, බේරෙනවා; සවිවෙනවා, හයිවෙනවා; (අත්තිවාරම &c. බරට) බහිනවා; flies &c. පතිතවෙනවා, වහනවා.

Settled, pp. *or* a. ස්ථිරවූ, නියම; අචල, නිශ්චල; හයිවී තිබෙන &c.

Settlement, n. (එසේ) ස්ථිරකිරීම &c.; නියම දායාදය; සෙනගක අලුත් පදිංචිය, අලුත්වෙන් පදිංචිවූ සෙනග.

Settler, n. අලුත් දේශයක පදිංචිවෙන්නා. See Colonist.

Set-to, n. (ගහගැනීම් ආදී) පොරය, පොරකෑම; තද තකී පොරය.

Seven, n. *or* a. හත, සත, සප්තය; හත්, සත්, සප්ත.

Seven-fold, a. සත්පට; සත්ගුණ, සප්තගුණ; n. සත්පංගුවක්, සත්ගුණයක් &c.

Seven-horse, a. seven-horse power සප්ත අශ්ව-බල (යන්ත්‍ර).

Seventeen, n. දහහත, දහසත, සතළොස, සප්තදශය; a. දහහත්, සප්තදශ.

Seventeenth, a. දහහත්වෙනි &c.; n. දහහතෙන් පංගුවක්.

Seventh, a. හත්වෙනි, සත්වෙනි; n. සතෙන් පංගුවක්; in mus. ක්‍රමයේ හත්වෙනි ශබ්දය.

Seventhly, ad. හත්වෙනුව, සත්වෙනුව. [වක්.
Seventieth, a. හැත්තෑවෙනි ; n. සැත්තෑවෙන් පංගු

Seventy, n. හැත්තෑව, සැත්තෑව, සප්තතිය ; a. හැත්තෑ &c , සප්තති.

Sever, v. වෙන්කරනවා, දෙකඩකරනවා (කැපීමෙන්, ඉරීමෙන්) බෙදනවා, වියෝගකරනවා, විච්ඡින්නකරනවා, අසම්බන්ධකරනවා.

Several, a. or n. කීප, ස්වල්ප, නොයෙක් ; කීපයක්, ස්වල්ප ගණනක් ; joint & several සම්බන්ධ හා වෙනවෙනම (කැරය &c.).

Severally, ad. වෙන්වශයෙන්, වෙනම, පුද්ගලික ලෙස.

Severance, n. වෙන්කිරීම &c., විච්ඡේදනය ; වෙන්වීම ; වෙන්වූ ස්වභාවය.

Severe, a. (ගතියෙන්, ලීලාවෙන් &c.) තද, සැර, දඬි, තදබල, බුරුල නොදෙන ; බුරුල නැති, අමාරු ; plain වඩා සැරසිලි නැති, වාත්.

Severely, ad. තදලෙස &c., බුරුල නොදී.

Severity, n. තදකම, සැරකම, හාඩුව, දඬිතාව &c., බුරුල නැතිකම &c.

Sew (සෝවු), v. මහනවා, sew up මහදමනවා or මහා වසනවා.

Sewage (සුඉජ්), n. කානුවලින් බැසයන කැතකුණු.

Sewer, n. කානුව, පල්දෙරුව, ප්‍රණාලය.

Sewerage, n. (පිහිටුවාපු) කානු or කානු ක්‍රමය ; කානුවල කැතකුණු. [මැහුම.
Sewing n. (සොඉන්), n. මැහීම, මැහුම ; මහපු ඒවා,

Sewing-machine, n. මහන යන්ත්‍රය.

Sex, n. ලිංගය, ලිඟුව ; the male sex පුරුෂයෝ, පිරිමි ; the female sex or sp. the sex ස්ත්‍රීහු ; in bot. ස්ත්‍රීත්වය, පුරුෂත්වය.

Sexagenarian, n. හැටඅවුරුදු වයස් ඇත්තා, ෂෂ්ටි වයස්කයා.

Sexagenary, a. හැටක් අඩංගු, ෂෂ්ටි ; n. හැටක් අඩංගු, දෙයක්, හැට ගණනක්.

Sexagesima, n. කොරොස්ම කාලයට පළමුවෙන් දෙවෙනි ඉරිදා, සැටවෙනි දින.

Sexagesimal, a. හැටවෙනි ; හැටප්‍රමාණයෙන් ගණිත ; sexagesimals, sexagesimal fractions හැටෙවන් ගණිත ක්‍රමය, ෂෂ්ටික්‍රම ගණිතය.

Sexennial, a. හයඅවුරුද්දක් පවතින, ෂඩ්වර්ෂස්ථ ; අවුරුදු හයකට වරක් සිද්ධවෙන, ෂඩ්වර්ෂ, ෂට්සංවත්සරික.

Sexennially, ad. හයඅවුරුද්දකට වරක්, ෂට්සංවත්සර වශයෙන්.

Sexless, a. ලිංගරහිත, ලිඟු නැති, අලිංග.

Sexlocular, a. ෂඩ්ගර්භස්ථම්බකෝෂයක් ඇත්තාවූ, ෂඩ්ගර්භ.

Sextant, n. in geom. වෘත්තයෙන් ෂඩ්භාගය ; (උස or අන්තරය මනින) ෂඩ්භාගයන්ත්‍රය.

Sextile, n. in astr. (තරු දෙකක &c.) ෂඩ්භාගාන්තරය or ෂෂ්ටාංශාන්තරය.

Sextillion, n. ඉලක්කම් තිස්හතකින් ලියන ගණිත, දශනිඛර්වතය.

Sexton, n. (දේවස්ථානය, සොහොන් භූමිය ආදිය බලාගන්න) දේවස්ථාන මෙහෙකරුවා.

Sextuple, a. හයපංගුවක්වූ, ෂඩ්ගුණ ; n. හයපංගුවක් ; v. ෂඩ්ගුණකරනවා.

Sexual, a. ලිංග සම්බන්ධ, ලිංගාකාර, ස්ත්‍රීපුරුෂ ; මෛථුන ; sexual system, in bot. ස්ත්‍රීපුරුෂ විධිය.

Sexuality, n. ලිංගසහිතතාව, ස්ත්‍රීපුරුෂත්වය.

Shabbily ad. dress shabbily, පරණ—නොදනැති—ඇඳුම් අඳිනවා ; (act.) මසුරුලෙස &c.

Shabbiness, n. (ඇඳුම්වල) පරණකම, නොවටිනාකම ; fig. මසුරුකම &c.

Shabby, a. ගෙවීගිය, පාට තරක්වූ, ඉරුණු, පරණ ; පරණ ඇඳුම් අඳින, පෙනීමෙන් අධම ; fig. මසුරු, කැත, නීච. [Fetter, v. & n.

Shackle, v. විලංගු දමනවා, මාංචු ලනවා &c., see

Shaddock, n. pumelo, *citrus decumana* මහනාරම්, ජම්බෝල.

Shade, n. සෙවණ, හෙවණ, සෙවණැල්ල, අඳුර ; (එළියට, රස්නයට &c.) මුවාව ; cover (වීදුරු) ආවරණය, වැස්ම ; (සිතියමේ) අඳුරු ප්‍රදේශය, fig. a shade larger &c. කිංචිත්තක්—ඉතා ස්වල්පවශයෙන්—වඩා ලොකුයි ; a spirit අවතාරයක්, භූතයා.

Shade, v. (එළියෙන් &c.) මුවාකරනවා, සෙවණකරනවා ; (ක්‍රමයට, නිසි තරමට) පාට අඳුරුකරගානවා ; fig. අඳුරුකරනවා.

Shades, the, n. pl. in myth. අවතාරස්ථානය, පාතාලය ; fig. අඳුර, අන්ධකාරය.

Shading, n. මුවාකිරීම &c., see verb ; පාට අඳුරුකරගා තිබෙන ආකාරය, අඳුරුකිරීම.

Shadow, n. (යමක) ඡායාව, සෙවණ, සෙවණැල්ල, කැලිපත ; අඳුරු පෙනීමක් ; ඡායාවක් වැනි දෙයක් or කෙනෙක් ; type ප්‍රතිරූපාදර්ශය ; reflection ප්‍රතිබිම්බය.

Shadow, v. සෙවණකරනවා ; ස්වල්පවශයෙන්—ප්‍රතිරූපාදර්ශයකින්—පෙන්වනවා.

Shadowy, a. සෙවණ ඇත්තාවූ, අඳුරු, නොපැහැදිලි.

Shady, a. අව්වෙන් මුවාවූ, සෙවණ සහිතවූ.

Shaft, n. දික්වූ සෘජු දෙයක් : අඩයටිය or ඊතලය ; ආකරයේ ළිඳ ; කුළුනු කඳ ; පිහාටු නාරටිය ; of vehicle බෝත්ලිය, ඊරකද ; handle මිට ; යන්ත්‍ර අලවංගුව.

Shag, n. ගොරෝසු—දළ—රෝම ; දළ රෝම ඇති රෙදි ජාතියක් ; පෙනිගසාපු දුම්කොළ.

Shaggy, Shagged, a. දළරෝම ඇත්තාවූ, මයිල් or රෝම රැළිවූ.

Shagreen, n. (බිබිලි මතුගෙන්) රළුකරපු හම් ජාතියක්, රළු හම්.

Shah, n. පාර්සියාවේ රජ්ජුරුවෝ, පාර්සි රජ.

Shake, v. t. සොලවනවා, හොලවනවා, චංචලකරනවා, කම්පාකරනවා, ලෙලවනවා, වෙව්ලනවා ; shake off or down සොලවාදමනවා ; weaken දුර්වලකරනවා ; shake hands අතදෙනවා, fig. සමාදානවෙනවා, එකඟවෙනවා ; සමුගෙන යනවා.

Shake, v. i. සෙලවෙනවා &c., සැලෙනවා, ලෙලදෙනවා, වෙව්ලනවා.

Shake, n. සෙලවීම &c., සැලීම, චංචලය, කම්පාව ; in mus. ශබ්ද ලෙලවීම or ලෙලදීම.

Shakedown, n. පිරිමසන ශයනාසනය or පැදුර.

Shaken, pp. or a. සොලවා &c., සෙලවී &c. ; සොලවාපු &c., චලිත, කම්පිත, විධූත, ලෝලිත, ආන්දෝලිත.

Shakespearian, a. ෂේක්ස්පියර් නම් අය සම්බන්ධ, (විධිය &c.).

Shakiness, n. සෙලවෙන—සැලෙන—ගතිය, චංචලත්වය, වෙව්ලුම්කම.

Shaking, n. සෙලවීම &c., see verb ; වෙව්ලුම, කම්පනය.

Shake, n. පාබලසේවායෙකුගේ තොප්පියක්, සේවා තොප්පියක්.

Shaky, a. සෙලවෙන, චංචල, වෙව්ලන; කඩා වැටෙන්ට යන, අස්ථිර.

Shale, n. සතුන්ගේ කබලූ වැනි යමක්, පොත්ත; in geol. තහඩු ගල්.

Shall, v. aux. මතුකාලය සම්බන්ධ උපකාර ක්‍රියා වචනයක්.

I *or* we shall go to-morrow මම *or* අපි හෙට යනවා, යන්නෙමි, යන්නෙමු.

Thou shalt go, ye, he *or* they shall go තුඹ &c. යන්ට ඕනෑ *or* යන්ට සලස්වන්නෙමි *or* යන්ට අරින්නෙමි.

Shall I, we, he or they go? මම &c. යන්ටද? මම යම්ද? අපි යමුද?

Shall you go? තුඹ යනවාද *or* යන්නෙහිද?

Shallow, a. ජම්බුරු නැති, ගැඹුරු නැති, නොගැඹුරු; fig. ගූඪ නැති, අවිචක්ෂණ.

Shallow, n. (වතුර) ගැඹුරු නැති තැනක්; වැලි කණිසිය.

Shallow-brained, a. වඩා මොළේ නැති, දූනගැම්ම මදි, අඥාන.

Shaly, a. කබලූ ආකාර, පොතු—තහඩු—ආකාර, (ගල්).

Sham, n. රැවටිල්ල, ව්‍යාජෝපාය; a. බොරු, ව්‍යාජ, නිකම් පෙන්වීමට කරන, (සටන &c.).

Sham, v. (යම් ස්වභාවයක්) බොරුවට අඟවනවා, ව්‍යාජයෙන් ක්‍රියාකරනවා.

Shamble, v. දුර්වලලෙස ඇවිදිනවා, කකුල්ගගා [යනවා.

Shambles, n. pl. මස්කඩේ, අංගාණිය, මාංසාපණය; (ආකරයේ) පිළි, ශාලාරය.

Shame, n. ලජ්ජාව, ඔතප; ලජ්ජාජනක කරුණ, අවනම්බුව.

Shame, v. ලජ්ජාවට පමුණුවනවා, ලජ්ජාකරනවා.

Shamefaced, a. පහසුවෙන් ලජ්ජාවෙන, ලජ්ජාශීලී, ත්‍රපාන්විත.

Shameful, a. ලජ්ජාජනක, නින්දිත, දූෂක, සාහසික, ගර්හණීය.

Shameless, a. ලජ්ජානැති, අලජ්ජී, විළිබිය නැති, අශික්ෂිත.

Shampoo, Champoo, v. ඇඟ මද්දනයකරනවා.

Shampooing, n. ඇඟපත මිරිකීම, අංගමද්දනය, සම්බාහනය.

Shamrock, n. ත්‍රිපත්‍රිකාණ වර්ගයක්; අයලිත්ත පුෂ්ප සංඥාව.

Shank n. කෙණ්ඩය, ප්‍රතිජංඝාව; කෙණ්ඩයේ ඇටය, ප්‍රතිජංඝාස්ථිය; (ආවුදයක) මිට, දිගමිට, (නැංගුරම්) කඳ.

Shanty, n. පැල, මඩුව, කිළිය.

Shape, n. හැඩය, මූර්තිය, ස්වරූපය, කඩවසම, අඩ හැරය; ආකාරය, අන්දම; pattern ආදර්ශය.

Shape, v. හැඩහුරුකරනවා, නිර්මාණයකරනවා; යොද නවා, අදලකරනවා; හැඩහුරුවෙනවා.

Shapeless, a. හැඩයක් නැති, හැඩ නැති, හැඩහුරු සාමක් නැති.

Shapely, a. හැඩහුරු, රූපයෙන් කදිම, ශෝභන.

Shard, n. කැබිලිත්ත; (කුරුමිනියාගේ &c.) පියාපත් කබල; මත්ස්‍යජාතියක්.

Sharded, a. පියාපත් කබල් ඇත්තාවූ (කුරුමිනි ජාති &c.).

Share, n. කොටස, පංගුව, භාජිතය; ploughshare නගුල් තල &c.

Share, v. (කොටස් වශයෙන්) බෙදාදෙනවා, බෙදා ගන්නවා, හවුලේ භුක්තිවිඳිනවා; අනුමෝදම් වෙනවා &c., see Participate.

Share-bone, n. in anat. (ශරීරයේ) අබෝකුඟර පූර්වාස්ථිය.

Sharebroker, n. (සභාවල මුදල්) කොටස් කළමනා කාරයා, කොටස් වෙළෙන්දා.

Shareholder, n. (වෙළඳ සභාවක) කොටස් හිමියා, කොටස්කාරයා.

Sharer, n. හවුල්කාරයා, පංගුකාරයා, සහභාගියා.

Shark, n. මෝරා, දූෂ්ඩංශකයා; fig. ප්‍රයෝග කාරයා, තක්කඩියා.

Shark, v. තක්කඩිකම්කරනවා, තක්කඩිකමින් රක්ෂාවෙනවා.

Sharp, a....edged මුවහත්වූ, මුවාත ඇති, තියුණු, තීක්ෂණ; sharp pointed උල්වූ, සිහින් තුඩක් ඇති, කුශාග්‍ර; narrow පටු, තුනී, (මුණ); clever හපන්, වජ්‍රබුද්ධි, කුශාග්‍රබුද්ධි, කුශාග්‍රීය, තීක්ෂණ දූනීම ඇති; grasping තණ්හාවූ, ආත්මාර්ථයට දක්ෂ; harsh, severe, සැර, පරුෂ, තද, (දිවට) කටුක, ඇඹුල්.

Sharp, n. in mus. (නියම ක්‍රමයට වඩා) ඉහත්වූ ශබ්දය; තීක්ෂණ ශබ්ද ලකුණ.

Sharp-edged, a. තියුණු මුවාත ඇති.

Sharpen, v. මුවහත්කරනවා, මුවාත—මුවහත්—තිය නවා, තියුණුකරනවා; උල්කරනවා; තීක්ෂණකර නවා, උනන්දුකරනවා; සැරකරනවා &c. see adj. & n.; තියුණුවෙනවා &c.

Sharpened, pp. *or* a. මුවහත්කරපු &c. නිශිත.

Sharper, n. තක්කඩියා, දඟකාරයා, වම්බුවා, ගඩුවා.

Sharply, ad. lit & fig. තියුණුලෙස; තීක්ෂණලෙස severely සැරලෙස.

Sharpness, n. මුවහත, මුවාත, lit. & fig. තියුණුකම, තීක්ෂණකම; වජ්‍රබුද්ධිය &c.; සැරකම &c., see adj.

Sharp-shooter, n. සමර්ථ දුනුවායා, (තුවක්කුවෙන්) සමර්ථ කුරුමානම්කාරයා, වාලවේධියා.

Sharp-shooting, n. සමර්ථලෙස වෙඩිතිබීම; fig. සමර්ථ—තියුණු—තර්ක සටන.

Sharp-sighted, a. තියුණු ඇස්පෙනුමැති, තීක්ෂණ දෘෂ්ටි; sharp-witted තියුණු දූනුමැති, කුශාග්‍රීයමති.

Shaster, Shastra, Sastra, n. හින්දු බම් පුස්තකය.

Shatter, v. සිඳදමනවා, පොඩිකරදමනවා, සිඳදම නවා, (සන්ථපය, සිතිය) භානිකරනවා, තවබුන්කර නවා; කෑලි කෑලි බිඳෙනවා, පොඩිවෙනවා, පිරි බුන්වෙනවා.

Shatter-brained, a. සිහිවිකල්, උමතු; නොසැලකිලි.

Shave, v. සහිනවා, (off) සැහැදමනවා, (in slices) තුනී කෑලිකොට කපනවා; graze යන්තම් තට්ටුවී —ගෑවී—යනවා; රැවුල කපනවා, රැවුල බානවා, (ඉස) මුඩුකරනවා, මුඩුකරනවා.

Shave, n. සහින ආවුදයක්, වෑ වර්ගයක්; රැවුල කැපීම.

Shaved, Shaven, pp. *or* a. සැහැ තිබෙන; රැවුල කපාපු &c., මුණ්ඩ, මුණ්ඩිත.

Shaving, n. සැහීම &c., see verb, මුණ්ඩනය; සැහු තුනී කෑල්ල, යතු රොඩ්ඩ.

Shawl, n. පොරවන රෙද්ද, උත්තරසාටකය, සාළුව.

She, pron. fem. ඈ, ඕතොමෝ; adj. ගැහැනු, as: ගැහැනු සතා, she-bear වැලහින්නී.

Sheaf, n. Sheaves, pl. ගොයම් මිටිය, උප්පිඩ, ශස්‍ය කලාපය.

Shear, v. (ලොම් ආදිය) කතුරෙන් කපනවා, පරිවාප කරනවා.
Shearing, n. ලොම් කැපීම &c., පරිවාපය.
Shearing-machine, n. ලෝහ තහඩු ආදිය කපන යන්ත්‍රය, ලෝහච්ඡේදන යන්ත්‍රය.
Shearling, n. පළමුවෙනි වරට ලොම් කැපූ බැටළුවා.
Shears, n. ලොකු කතුර.
Sheath, n. කොපුව, (බඩිය &c.) කෝෂය; in bot. (තෘණාදියේ) කෝෂය, තණකොපුව; in zool. පියාපත් වැස්ම, පාවිකාව.
Sheathe, v. කොපුවේ දමනවා; (පටල — කබර — තහඩු—ආදියෙන්) වසනවා, තහඩුගහනවා.
Sheathe the sword, fig. සටන නවත්වනවා, සමාදානවෙනවා.
Sheathing, n. කොපුවේ දමීම &c.; (නැවේ පිට පැත්තේ) තහඩු වැස්ම; (එව ගත්ත) ලෝහ තහඩු.
Sheave, n. කප්පියේ රෝදය, කප්පි චක්‍රය; sheave hole කප්පි රෝද සිදුර.
Shed, v. t. වගුරුවනවා, (කඳුළු) හෙළනවා, the skin, හැව දමනවා. S. v. i. වැගිරෙනවා, (බීජ) වැටෙනවා, ඉහිරෙනවා; (සුවඳ) වහනයවෙනවා, පැතිරෙනවා.
Shed, n. මඩුව, පැල.
Shedder, n. වගුරුවන්නා &c. [—දේ.
Shedding, n. වැගිරවීම &c.; වගුරුවන—ඉහිරෙන
Shed-roof n. එක බෑවුමේ වහල, එක පලය.
Sheen, n. දීප්තය, දිප්තිය.
Sheep, n. sing. & pl. බැටළුවා, බැටළුවෝ; fig. අධික ලජ්ජාවතියා, බයගුල්ලා.
Sheepcote, Sheepfold, Sheep-pen, n. බැටළු කොටුව, බැටළු පට්ටිය, බැටළු ගාල.
Sheep-dog, n. (බැටළුවන් බලාගන්න) එඬේර බල්ලා.
Sheep-hook, n. බැටළු කොක්ක.
Sheepish, a. බැටළුවෙක් වැනි, අධික ලජ්ජාවතී, කුඩාකම් පාන.
Sheep-run, Sheep-station, n. බැටළුවන් ඇතිකරන පළාත, sheep-walk බැටළු ප්‍රචාරය.
Sheep's-eye, n. ත්‍රපාවතී බැල්ම, අඩබැල්ම, ප්‍රේමාක්ෂිය, කටාක්ෂය.
Sheep-shearer, n. බැටළුලොම් කපන්නා.
Sheep-shearing, n. බැටළුලොම් කැපීම.
Sheep-skin, n. බැටළු හම, පදම්කළ බැටළු හම; a. බැටළු හම්.
Sheer, a. අමිශ්‍ර, ශුද්ධ, මහ &c., as: a sheer falsehood පල් බොරුවක්, a sheer precipice කෙළින් ප්‍රපාතයක්ම, sheer roguery, මහ තක්කඩිකම. See Perpendicular.
Sheer, v. එහාවමෙහාට වෙලා යනවා, sheer off ක්‍රමයෙන් අහක්ව යනවා, අහකට හැරී යනවා; sheer up ක්‍රමයෙන් හැරී එනවා.
Sheer-hulk, n. (බර උස්සන) බැඳි-පොලු-නැව්කඳ.
Sheers, n. pl. (බර උස්සන) බැඳි-පොලු-යන්ත්‍රය.
Sheet, n. [illegible] : sheet of metal ලෝහ තහඩුවක්, sheet of water විශාල වතුර තලය, දිය තලාව; of a bed ඇතිරිල්ල; of paper කඩදාසි කොළය, කොළපත; රුවලේ පහත් යොත.
Sheet-anchor, n. (නැවේ) මහ නැංගුරම; fig. ප්‍රධාන රක්ෂාව, අන්තඃසරක්ෂාව.
Sheeting, n. ඇතිරිලි රෙදි.
Sheet-iron &c., n. යකඩ තහඩු යපත.
Sheet-lightning, n. (පහර නැති) පැතළි විදුලිය.

Sheik (ෂීක්), n. (අරාබිවරුන්ගේ) මැසිමහල්ලා, නායකයා.
Shekel, n. Heb. අවුන්ස්භාගයක බර; සිලිම් දෙකක මාරක මිලයක්.
Shekinah, n. Heb. (දේවකරුණාසනය පිට පැවතුණ) දීප්තිමත් වලාව; දේවතේජස.
Shelf, n. රාක්කය, උඩිකල්ල, (over the door) උඩ ලිපත; පැතළි වැලිකණ්ඩිය; පැතළි පර්වත තට්ටුවක්.
Shelfy, a. පැතළි වැලිකණ්ඩි ගහනවූ, පර්වත තට්ටු ගහනවූ.
Shell, n. හසිය ඇති පිට වැස්ම; (සමහර ශෙල්වලද බීජවලද බෙල්ලන්ගේද වැස්ම වැනි) කටුව, කබල, හසිය ඇති ලෙල්ල or පොත්ත, සිප්පිය; of coconut පොල්කටුව, පොලොත්ත, with the husk පොල්කෝම්බය; bomb ගිනිඋණ්ඩය; rough coffin දළ මිනීපෙට්ටිය.
Shell, v. ලෙල්ල අරිනවා, ලෙලි ගහනවා; (යම් තැනකට) ගිනිඋණ්ඩ වෙඩිතියනවා.
Shellac, Shell-lac, & පිරිසිදුකළ ලාකඩ පෙති.
Shell-fish, n. තද කබලැති මාලු, තද කබලු මත්ස්‍ය.
Shell-lime, n. බෙලිකටු හුනු.
Shell-marl, n. (දිරාගිය) බෙලිකටු මුහුමැටි.
Shelly, a. බෙලිකටු—සිප්පි—ආදිය ගහනවූ; බෙලිකටුවූ. [සරණ.
Shelter, n. මුවාව, රක්ෂාස්ථානය, ආවරණය, පිහිට,
Shelter, v. මුවාකරනවා, ආවරණයකරනවා, ආරක්ෂාකරනවා, ගෝපනයකරනවා; මුවාවෙනවා, ගෝපනයවෙනවා.
Sheltered, pp. or a. මුවාවූ, ආරක්ෂිත, from the wind නිවාත.
Shelve, v. රාක්කයේ &c., තබනවා; fig. අහක තබනවා, තුරන්කරනවා; පල්ලමට තිබෙනවා.
Shemite, n. ෂෙම්ගෙන් පැවත ආ කෙනෙක්, ෂෙම් වංශයේ කෙනෙක්. See Semitic.
Sheol, n. Heb. see Hades.
Shepherd, n. බැටළුඑඬේරා, බැටළුපාලයා; fig. සභාපාලකයා &c., see Pastor.
Shepherdess, n. බැටළුපාලී.
Sherbet, n. සුවඳකරපු දෙහි පානය, සරුවත්.
Sheriff, n. (එංගලන්තයේ නඩුතීන්දු ඉෂ්ටකරවන) කෝරළේ මුලාදෑනියා.
Sherry, n. (ස්පාඤ්ඤයේ) ෂෙරිමුද්‍රිකපානය.
Shew, Shewed, Shewn, (පෙවු &c.). See show &c.
Shibboleth, n. fig. (සමාගමක, පක්ෂයක) පරීක්ෂණය, පරීක්ෂණ වාක්‍යය.
Shield, n. පලිහ, (pl. පලිස්), ඵලකය; escutcheon, which see; in bot. (පැතළි පාසිවල) බීජමඬල; fig. ආරක්ෂාව, ආරක්ෂණය.
Shield, v. (අනතුරෙන්) මුවාකරනවා, ආරක්ෂාකරනවා, රැකවල්කරනවා.
Shield-bearer, n. (උත්තමයෙකුගේ) පලිහ දරන්නා, ඵලකවාහකයා.
Shift, v. මාරුකරනවා, පිහිටි ආකාරය වෙනස්කරනවා, වෙන තැනක තබනවා, පහකරනවා, බැහැරකරනවා; පිරිමහනවා, (රක්ෂාවට) උපා යොදනවා; මාරුවෙනවා, පිහිටි ආකාරය වෙනස්වෙනවා.
Shift, n. වැඩ වාරය, වාරයෙන්වාරයට මිනිසුන් මාරුකිරීම; උපාය, ව්‍යාජෝපාය; ස්ත්‍රීන්ගේ යට ඇඳුම; make shift යම් උපායකින් යන්තම් ඉෂ්ටකරනවා, පිරිමසාගන්නවා.

Shifting, n. මාරුකිරීම &c.; a. මාරුවෙන, වෙනස් වෙන, shifty චපල.
Shiftiness, වෙනස්වෙන ගතිය, චපලත්වය.
Shiftless, a. (රක්ෂාවට &c.) උපා යෙදීමට සිහිමදි, අදක්ෂ, නිවට.
Shillalah, Shillaly, n. Irish පොල්ල.
Shilling, n. සිලිම.
Shilly-Shally, n. මෝඩලෙස කල්දැමීම, මෝඩ තාත් තුවාව.
Shimmer, v. දිලිසෙනවා, බබලනවා; n. දීප්තය, දිලිසීම, බැබළීම.
Shin, n. තනිදණ්ඩ, pl. තනිදඬු; තනිදඬු ඇටය.
Shine, v. බබලනවා, බැබළෙනවා, දිලිසෙනවා, දීප්ති මත්ව තිබෙනවා, by reflection, ඔප—දීප්තය—කාන්තිය—වැටෙනවා; fig. ප්‍රවරව—විඛ්‍යාතව—විශාරදව—විඛ්‍යාතව—සිටිනවා; n. ඔප, දීප්තය.
Shingle, n. (සෙවිලිකිරීමට ගන්න) ලීපතුර; in geol. ගල්පතුරු, බොරළුකැට.
Shingle, v. පතුරු, සෙවිලිකරනවා.
Shingle-roofed, a. පතුරු සෙවිලිකරපු.
Shingles, n. pl. ලීපතුරු; in med. see Herpes.
Shingling, n. පතුරු සෙවිලිකිරීම; පතුරුසෙවිල්ල; වාත්තු යකඩවලට පණ පෙවීම.
Shingly, a. ගල්පතුරු—බොරළුකැට—ගහනවූ.
Shining, a. බබලන &c., පැහැපත්, දීප්තිමත්, රාජිත, භ්‍රාජිත, භාසකර, භානුමත්; fig ප්‍රවර &c.
Shiny, a. වලාකුල් නැති, අව්ව පායන, සූර්යරශ්මි සහිත.
Ship, n. නැව, නෞකාව.
Ship, v. (බඩු) නැවකට පටවනවා, (මිනිසුන්) නත් වනවා, නැවෙන් පටවා අරිනවා; නැවට ගන්නවා, (රළ) නැව තුළට වදිනවා, නැව පිටට එනවා; (සුක්කානම &c.) නියම තැන එල්ලනවා or පිහිටු වනවා.
Ship-broker, n. නැව් කළමනාකාරයා.
Ship-building, n. නැව් සෑදීම, නැව් සෑදීමේ ශිල්පය.
Ship-carpenter, Shipwright, n. නැවේ වඩුවා.
Ship-chandler, n. (යොත්, රුවල්, ආදී) නැව් බඩු බාහිරා වෙළෙන්දා.
Ship-mate, n. සහකාර නැව්කාරයා.
Shipment, n. නැවකට පැටවීම &c., see verb; පට වන බඩු ගණන.
Ship-money, n. (නැව් සෑදීමට ඉස්සර අයකළ) නැව් ආදායම.
Shipper, n. (බඩු) නැවකට පටවා අරින්නා.
Shipping, n. නැව් ගණන, නැව්; a. නැව් සම්බන්ධ; shipping articles යාත්‍රා ගිවිසුමේ කාරණ.
Ship-rigged, a. හතරැස් රුවල් (නැව).
Ship-shape, in, ad. fig. හරි අන්දමට.
Ship's-husband, n. (වරායේදී නැවට) උම්මනා සපයා දෙන්නා.
Shipwreck, n. නැව් බිඳීම, නෞකාභඬ්ගය; fig. නට බුන්වීම, නාසතිය.
Shipwreck, v. නැව් බිඳීමට—නැව් බිඳීම විඳීමට—පමුණුවනවා.
Shipwrecked, pp. *or* a. ගිලුණු; නැව් බිඳීමට පැමුණුණු.
Shire, n. county, කෝරළය.
Shire-clerk, n. කෝරළේ ලිපිකරුවා *or* ලේකම.
Shirk, v. කටයුතුදේ නොකරඅරිනවා, කොන්වෙ නවා; n. කොන්වෙන්නා.
Shirt, n. කමිසය.

Shirting, n. කමිස පිළී.
Shiver, v. ගසා පොඩිකරදමනවා; පොඩි කෑලි වී බිඳෙනවා, බිඳී පොඩිවෙනවා.
Shiver, v. වෙව්ලනවා, ගැහෙනවා, කිළිපොළනවා.
Shiver, n. වෙව්ලුම, කිළිපෙළීම.
Shivering, n. ගසා පොඩිකිරීම &c.; වෙව්ලීම &c.
Shoal, n. (වතුරේ ඉන්න මත්ස්‍ය) රාශියක්, අසිනක්, වචයක්; ගැඹුරු නැති තැන; වැලිකණ්ඩිය.
Shoal, v. රාශිවශයෙන් පීනනවා *or* ඉන්නවා; ගැඹුර අඩුවෙනවා.
Shoal, a. ගැඹුරුනැති.
Shoaly, a. ගැඹුරුනැති තැන් ඇත්තාවූ, වැලිකණ්ඩි ඇති.
Shock, n, තද වැදීම, දුඃඛසංඝට්ටනය, සැර කම්පාව; (විදුලි) පහර; (හිතට වදින) තද පහර, හෘදය-කම්පාව; හදිසි අරුචිය *or* පිළිකුල් සිතීම.
Shock, v. (පිළිකුල් *or* භයානක දෙයකින්) විසම්පත් කරනවා *or* හිත කම්පාකරනවා, ත්‍රස්තකරනවා.
Shock, n. (කෙළින් හිටවාපු) ගොයම් මිටි කැටයක්: කොට ඉසකේ්බුසිය.
Shocked, be, v. (අප්‍රසන්න දෙයකින්) විසම්පත්වෙනවා &c.; a. විසම්පත්වූ, කම්පිත, ත්‍රස්ත.
Shocking, a. විසම්පත්කරන &c., භයානක, දරුණු, සාහසික.
Shod, be, v. සපත්තු දමා සිටිනවා; ලාඩම් ගසා තිබෙනවා; well or ill shod හොඳ *or* නරක සපත්තු දමා ගත සිටිනවා &c.
Shoddy, n. පරණ අලුත් ලොම් මුසු රෙදි ජාතියක්.
Shoe, n. සපත්තුව, පාවහන; for cattle ලාඩම.
See Sandal; (රථරෝදය අල්ලන) යකඩ පිල්ල.
Shoe, v. ලාඩම ගසනවා; ආරක්ෂාවට පතුලේ යමක් දමනවා.
Shoeblack, n. සපත්තු මදින්නා.
Shoe-blacking, n. සපත්තු දලී.
Shoeflower n. සපත්තුමල, වදමල, (double) බඳුවද මල; සපත්තුමල් ගහ &c.
Shoemaker, n. සපත්තු සාදන්නා, සපතේරුවා, සොම්මරයා, පාදුකාකාරයා.
Shoemaking, n. සපතේරු වැඩය, සොම්මරු කර්මාන්තය.
Shoer, n. ලාඩම් ගහන්නා, ලාඩම්කාරයා.
Shoe-string, n. සපත්තු පටිය.
Shoot, v. වෙඩිතියනවා; (ඊගස්) විදිනවා; වෙඩිතියා මරනවා; (යන්ත්‍රයකින් *or* බලයකින්) අරිනවා *or* විසිකරනවා *or* හලනවා; (ඊගහ, උණ්ඩය &c.) විසි වෙනවා, සැරෙන් යනවා;
shoot out, jut, නෙරවනවා, නෙරනවා;
shoot, ahead (දිවීමෙන් &c.) පසුකර යනවා, ඉස්සරවෙනවා;
bud &c. ලියලනවා, පැළවෙනවා, මෝදුවෙනවා; ඉක්මනට වැඩෙනවා; of pain ඇම්ලෙනවා.
Shoot, n. ශොබය, රිකිල්ල, පල්ලවය, අඞ්කුරය, ප්‍රරෝහය; (බඩු බස්වන) පීල්ල *or* කම්බිය.
Shooting, n. වෙඩිතිබීම &c.; of pain ඇම්ලිල්ල.
Shooting-star, n. දුවැටෙන තරුව &c., see Meteor.
Shop, n. සාප්පුව, කඩය, කඩපිල, සල්පිල, අවන් හල, ආපණය, ආපණශාලාව; workshop පට්ටලය.
Shopkeeper, n. සාප්පුකාරයා, කඩකාරයා, ආපණිකයා.
Shoplifter, n. සාප්පුවකින් හොරකම්කරන්නා, සාප්පු හොරා.

Shopman, n. සාප්පු උදව්කාරයා, කඩකාරයාගේ උදව්කාරයෙක්.

Shopping, n. බඩු ගන්ට සාප්පුවලට යාම, කඩේයාම.

Shore, n. වෙරළ, වැල්ල, ගොඩ, ගංඉවුර, ගංතෙර, තෙර, තීරය.

Shore, n. රුකුල, බලකරුව ; v. රුකුල් තබනවා, රුකුල් තබා සවිකරනවා.

Shoreless, a. වෙරළක් නැති ; fig. අප්‍රමාණ, අනන්ත.

Shorn, pp. *or* **a. of Shear,** ලොම් කපා ; ලොම් කප නලද, රෝමච්ඡේදිත, මුණ්ඩිත.

Short, a. in length කොට, හ්‍රස්ව, ලඝු, in height මිටි, in time ටික, ස්වල්ප, ටික කලක් පවතින, in degree අඩු, මදි, concise ලුහුඬු, සංක්ෂිප්ත ;

be short of (say) ඇත්තේ වි... සිටි, ස්වල්පයක් පමණයි ; [වා ;

cut short කොටකර කපනවා ; fig. ලුහුඬුකරන

fall short මදිවෙනවා, අඩුලුහුඬු ඇතුව තිබෙනවා;

turn or stop or break short එකපාරටම හැරෙනවා *or* නවතිනවා *or* කැඩෙනවා *or* v. t. හරවනවා &c. ;

in short ලුහුඬෙන්, කොටින්ම, (සීඝ්‍රයෙන්) ;

the long and short of it , එහි මුළු කාරණාව නම්.

Shortage, n. ඌනය, අඩුව, අඩුලුහුඬුවුණු ප්‍රමාණය.

Shortcoming, n. අඩුලුහුඬුකම, pl. යුතුකම්නොකර අරින දෙස්, වරදවල්, ප්‍රමාද දොෂ.

Short-cut, n. කොට *or* ලඟපාර.

Short-dated, a. ළඟ දින දුනම ඇත්තාවූ (ණය ප...).

Shorten, v. කොටකරනවා &c., see adj., අඩුලුහුඬු කරනවා ; කොටවෙනවා &c.

Short-hand, n. ලුහුඬු ලිවීමේ විධියක්, ලඝුලේඛය.

Short-handed, a. උවමනා ප්‍රමාණ ආධාරකාරයින් නොමැති.

Short-lived, a. ස්වල්ප කලක්ම ජීවත්වෙන *or* පවතින, මඳායුෂ, අල්පායුෂ.

Shortly, ad. ටිකවේලාවකින් *or* කලකින්, තව ටිකකින්.

Shortness, n. කොටකම, මිටිකම &c., හ්‍රස්වතාව, ලඝුතාව.

Shorts, n. pl. (ශොරෝට්ස් පිටි මුසු) සිහින් පරළු.

Short-sighted, a. දුර නොපෙනෙන ඇස් ඇති, දුර නොදකින ; fig. නුවණ මදි, අදූරදර්ශී.

Short-winded, a. ඉක්මනින් හතිදමන, කොටින් හුස්ම හෙළන.

Shot, n. වෙඩිල්ල ; වෙඩිල්ල යන දුර ; මුනිස්සම්, ලුණ්ඩය, උණ්ඩය ; a good shot හොඳ වෙඩිල්ල ; සමර්ථ කුරුමානම්කාරයා.

Shot, v. (the gun කාලතුවක්කුවේ) උණ්ඩ දමනවා.

Shot-belt, n. මුනිස්සම් පටිය.

Shot-hole n. මුනිස්සම්—මුණ්ඩ—උණ්ඩ—සිලක්.

Shot-proof, a. මනිස්සම් &c. පසාරුනොවන.

Shot-tower, ...ස්සම් සාදන කුළුන, මුනිස්සම් කුළුන.

Should, v. aux. ඕනෑය, යුතුයි : I, we, should (thou wouldest, he, ye, they, would) do it, if it were necessary ඕනෑව තිබුණොත් ඒක කරන්නෙමි, කරන්නෙමු.

All should do it now සියල්ලන් විසින් ඒක දැන් කරන්ට ඕනෑය *or* කළයුතුයි.

They should have done it yesterday ඊයේ ඒක කරන්ට ඕනෑව තිබුණා.

We should have done it if possible පුළුවන්ව තිබුණානම් අපි (ඊයේ) ඒක කරනවා ඇති.

Shoulder, n. උරය, උරහිස, කර, දසරුව ; pl.. උර &c., upper part of the back පිටිකර; (කරක් වැනි) තෙරුම ; (සතෙකුගේ) අත්ගාතය ; fig. ශක්තිය, උසුලන බලය ;

put one's shoulder to anything බරක් ඉසිලීමට &c. උපකාරකරනවා.

Shoulder, v. උරෙන් — උරහිසින් — තල්ලුකරනවා ; කරේ තබාගන්නවා, කරට ගන්නවා.

Shoulder-belt, n කරේ පටිය, බාපත පටිය.

Shoulder-blade, n. උරපත්ත, pl. උරපතු.

Shout, v. මොරගසනවා, බල්වරනඩ දෙනවා, කෑගසනවා, කෑමොරගසනවා ; shout at ගෝරනාඩු වෙනවා.

Shout, n. ඝෝෂාකිරීම, මොරගැසීම, බල්වරහඩ, හොල්මන.

Shove, v. තල්ලුකරනවා, shove along තල්ලුකරගන යනවා ; shove off තල්ලුකර අරිනවා, (ඔරුව) තල්ලුකර දියත්කරනවා. [ත්ද.

Shovel, n. (පස් &c. උස්සන) හැත්ද, සොප්ප හැ

Shovel, v. සොප්ප හැත්දෙන් එකතුකරනවා &c. ; fig. (වස්තු &c.) රැසිගණන් එකතුකරගන්නවා.

Shovelful, n. (පස් &c.) සොප්ප හැත්දක්.

Show (ෂෝවු), v. පෙන්වනවා, දක්වනවා, ප්‍රදර්ශනය කරනවා, සන්දර්ශනය කරවනවා ; (මිරුදුකම්, කරුණා &c.) පානවා ; be visible පෙනෙනවා ; it &c. shows එයින් පෙනෙනවා, පෙනෙන්ට—දැනගන්ට—තිබෙනවා, ඔප්පුවෙනවා.

Show, n. පෙනුම, පිටත පෙනීම, දැක්ම, දැකුම ; දැක්වීම, ප්‍රදර්ශනය ; අරුම දේ ප්‍රදර්ශනය.

Show-bill, n. (විකිණීමට &c. තිබෙන බඩු) ප්‍රදර්ශක පත්‍රය, ප්‍රසිද්ධ කොළය.

Show-bread, Shew-bread, n. (යුදෙව් මන්දිරයේ) පිදීමේ රොටි, ප්‍රදර්ශිත පූප. [ණාව.

Show-case, n. බඩු දක්වන අල්මාරිය, ප්‍රදර්ශන මඤ්ජූ

Shower (ෂෞර්), n. වැහිවලාව, වැස්සම ; අහසෙන් වැටෙන ගණනක්, ගල්වැස්සක් &c. ; (වැටෙන *or* ලැබෙන ආශීර්වාද, ප්‍රදාන, ශාප &c.) වර්ෂණය, රාශිය.

Shower, v. fig. බොහෝසෙයින් වගුරුවනවා, (මල්, ගල්, ආශීර්වාද &c.) වර්ෂණයකරනවා.

Shower-bath, n. වැටෙන වතුරෙන් නෑම ; (ඊට ඕනෑවූ) සිදුරු ඇති බාල්දිය, වැසි බාල්දිය.

Showery, a. වැහිවලා වසින, වැහිවලා, (දවසක්).

Showily (ෂෝවිලි), ad. පිටත දැකුම් ඇතුව, අසික ලක්ෂණකමින්.

Showiness, n. අසික පිටත දැකුම, කලේලියේ වැසිකම, ගර්විත ප්‍රදර්ශනය.

Showman, n. අරුම දේ පෙන්වන්නා.

Shown, pp. of Show, පෙන්වා &c., ප්‍රදිෂ්ට, ප්‍රදර්ශිත.

Show-room, n. බඩු දක්වන කාමරය, ප්‍රදර්ශන ශාලාව.

Showy, a. පිටත ලක්ෂණකම පාන, කලේලි වැස්වූ, ගර්විතප්‍රදර්ශක.

Shred, v. (රෙදි &c.) දිග පටු කෑලි කපනවා *or* ඉරනවා, හීන් තීරු ඉරනවා.

Shred, n. (ඉරාපු) දිග පටු කැබෙල්ල, හීන් තීරුව.

Shrew, n. චරිත්සල්කාරී, දොසාබාන්නී, දබරකාරී, පෙරළිකාරී. [ඩෙ.

Shrewd, a. සිහිනුවණැති, නුවණක්කාර, හපන්, විද

Shrewdly, ad. සිහිනුවණින් &c., සූක්ෂ්මබුද්ධියෙන්.

Shrewdness, n. සිහිනුවණ, නුවණක්කාරකම &c., සූක්ෂ්මබුද්ධිය.

Shrewishness, n. චරිස්සල්කාරකම, දෙසාබාන ගතිය &c., see Shrew.

Shrewmouse, Sorex, n. කෘමිභක්ෂක මූෂිකයා.

Shriek, v. (වේදනා *or* භය නිසා) හීත් හඬින් කෑගසනවා. See Scream.

Shrill, a. තීක්ෂ්ණ, තියුණු, (ශබ්දය).

Shrillness, n. (හඬේ) තීක්ෂ්ණකම &c.

Shrimp, n. කුනිස්සා; fig. මිට්ටා, හීනයා.

Shrine, n. ධාතුසමුද්ගය, කරඬුව, දාගැබ, චෛත්‍යය; ශුද්ධස්ථානය, සිද්ධස්ථානය; පූජාසනය.

Shrink, v. (වේළීමෙන් &c.) කුඩාවෙනවා, හීනවෙනවා, ඇකිළෙනවා; (ලෑලි) වියළෙනවා; (රෙදි) කුඩාවෙන්ට වතුරේ දමනවා; fig. (භයින් &c.) ඇකිළෙනවා, කොන්වෙනවා, භයවෙනවා.

Shrinkage, n. කුඩාවීම, හීනවීම, ඇකිළීම; අඩුවෙන ප්‍රමාණය.

Shrinking, n. කුඩාවීම &c.; shrinking from pain or duty &c. වේදනාවට භයවීම, යුතුකමින් වැළකීම *or* කොන්වීම.

Shrivel, v. ඇකිළෙනවා, රැළි වැටෙනවා, වැකරැළි ගැහෙනවා, (පොල්) ගුඩුවෙනවා; රැළි ගස්වනවා.

Shroud, n. මිනීවැස්ම, මිනී ඇඳුම; pl. කුඹයොත්.

Shroud, v. මුවාකරනවා; මිනියට වැස්ම පෙරවනවා.

Shrovetide, Shrove Tuesday, n. පාපෝච්චාරණ අඟහරුවාදා, අළුබදාදට පෙර දින.

Shrub, n. පඳුර, මිටි ගහ, සතම්බය.

Shrubbery, n. පඳුරු වත්ත, පඳුරු ගහනවූ ඉඩම.

Shrubby, a. පඳුරු ගහනවූ; පඳුරු ආකාර.

Shrug, v. (අනුමාන &c. හැඟවීමට) කර උස්සනවා *or* සොලවනවා.

Shrug, n. කර ඉස්සීම *or* සෙලවීම.

Shrunk, pret. *or* pp. of Shrink, කුඩාවුණ &c.; a. කුඩාවුණ &c., සංගෘත.

Shudder, v. (භයින් &c.) වෙව්ලනවා, ගැහෙනවා, ත්‍රස්තවෙනවා.

Shudder, n. (භයින් *or* දරුණු දෙයකට) වෙවිලීම &c., වෙව්ලුම, ත්‍රාසය.

Shuffle, v. එහාට මෙහාට කරනවා, (ඩයිස්) කලවම් කරනවා; කකුල් ගානවා, කකුල් ගා යනවා; fig. ඇත්ත සඟවා කියනවා, ව්‍යාජලෙස ක්‍රියාකරනවා.

Shuffle, Shuffling, n. එහාට මෙහාට කෙරීම &c.; (බේරීමට) ව්‍යාජෝපාය.

Shuffler, n. (ක්‍රීඩාපත්‍ර) කලවම්කරන්නා; ව්‍යාජලෙස ක්‍රියාකරන්නා.

Shun, v. (a person යමෙකුට) මග අරිනවා; (a thing යමකින්) වළකිනවා, දුරුවෙනවා, බේරෙනවා; (යුතුකම්) නොකර අරිනවා *or* නොකර කොස් වෙනවා.

Shunt, v. (දුම්රිය) අයින්කරනවා, මග අරවනවා; n. අයින්කිරීම &c.

Shut, v. වහනවා, වසනවා, පියනවා; වැහෙනවා, පියවෙනවා; shut in (යම් තැනක) වසා තබනවා; shut out අතුල් දමනවා, ඇතුල්වීම වලක්වනවා; shut off (steam, water &c.) නවත්වනවා, (පියන &c.) වසා නවත්වනවා.

Shutter, n. ජනේල දොර, කවුළු දොර.

Shuttle, n. නඩාව, තරස් දණ්ඩ, නහරය.

Shuttle-cock, n. පිහාටු ප්‍රොප්පය (යන කෙළිබඩුව); පිහාටු ප්‍රොප්ප කෙළිය.

Shy, a. (ළඟට එන්ට) භයවූ, භයලජ්ජාඇති, කොහොල් අස්කෝල; සැක සිතන, ප්‍රවේසම්වෙන්නාවූ.

Shy, v. (අශ්වයෙකු මෙන්) භයින් පැත්තකට පනිනවා *or* මග අරිනවා.

Sialogogue, n. ලාලාජනකෞෂධය. See Salivant.

Siberian, a. සෛබීරියාවට අයිති, සෛබීරියාව ආකාර; (එවැනි) ඉතා ශීතල.

Sibilant, a. ඌෂ්මජ, සුශාත; n. ඌෂ්මජාක්ෂරය, ඌෂ්මාක්ෂරය.

Sibyl, n. (පුරාණයේ) දෛවඥ ස්ත්‍රී, දෛවඥී, පේන කියන්නී.

Sibylline, a. දෛවඥයුක්ත; දෛවඥලිඛිත (පුස්තක).

Sic, ad. L. මෙසේමය.

Siccative, a. වියළන, ශුෂ්කකරන; n. ශුෂ්කකරන ද්‍රව්‍යයක්.

Sick, be, v. වමනයකරනවා; feel sick බඩ දඟලනවා; fig. be sick of (යමකට) අරුචිකරනවා, පිළිකුල් කරනවා.

Sick, a. අසනීප, ලෙඩින් ඉන්න, ව්‍යාධිත; n. the sick ලෙඩ්ඩු, රෝගාතුරයෝ.

Sick-bed, n. ලෙඩාගේ යහන, ලෙඩ ඇඳ.

Sicken, v. අසනීපවෙනවා, ලෙඩවෙනවා; fig. අරුචි — පිළිකුල් — කරනවා; පිළිකුල්කරවනවා. See Disgust.

Sickish, a. මඳක් අසනීප.

Sickle, n. දෑකැත්ත.

Sick-leave, n. අසනීප නිසා ගන්නා නිවාඩුව.

Sick-list, n. ලෙඩුන්ගේ නාමලේඛනය.

Sickliness, n. අසනීප ගතිය, ලෙඩ ගතිය, ගිලන්කම; රෝග බහුලකම.

Sickly, a. ස්වභාවෙන් අසනීපවූ, ගිලන්; රෝග ජනක, රෝග බහුල, (රට, කාලය).

Sickness, n. වමනේ යාම; ආබාධය, ලෙඩ.

Sick-room, n. ලෙඩා ඉන්න කාමරය.

Sic passim, L. සෑම තැන මෙසේය.

Sic transit gloria mundi, L. මෙසේ ලෝකෛශ්වර්යය පහවෙනවා.

Side, n. පැත්ත, අංශය, පට්ටම; edge අයින, (පාරේ) පස, both sides දෙපස; region දිසාව; slope බෑවුම; (ශරීරයේ) ඇළය, ඇළපත, ඇකය, පාර්ශ්ව භාගය; party *or* section පාර්ශ්වය, පක්ෂය: (ඔහු ගේ) පක්ෂය, (මව්) පක්ෂය; choose sides (තරගෙට) පාර්ශ්ව නියමකරනවා; take sides, see verb.

Side, a. පැත්තේ, අංශ, පට්ටම්. See Lateral.

Side with, v. පක්ෂයකට වෙනවා *or* එකඟවෙනවා, පක්ෂයක් &c. භජනයකරනවා.

Sideboard, n. වීදුරු ආදිය තබන මේසය, සයිඩ්බෝඩ් [මේසය.

Sided, a. පැත්තක් &c.—පැති—ඇත්තාවූ, five-sided &c. පස්පට්ටම්, පස්පැති.

Sidelong, ad. පැත්ත පා, පැත්ත තබා; adj. පැත්ත පා—පැත්ත දෙසට—කරන.

Sidereal, a. තාරකා සම්බන්ධ, තාරකා, තරු, ආකීර්ණ; sidereal day or year තාරකා දින, තාරකා වර්ෂය, ආකීර්ණවර්ෂය.

Siderography, n. වානේ කැටයම්කිරීම, වානේ කැටයම් ශිල්පය.

Sideromancy, n. ගිනියම් යකඩෙන් පේනකීම, අයසාවප්ජීනාව.

Sideroscope, n. ද්‍රව්‍යවල යකඩ තිබෙන බව පෙන්වන ආවුදයක්, අයස් ප්‍රකාශක යන්ත්‍රය.

Side-saddle, n. ස්ත්‍රී නැගියන හැදය, ස්ත්‍රීහැදය, ස්ත්‍රී සෑදලය.
Side-taking, n. පක්ෂයක් වීම, පක්ෂයකට බැඳීම, පක්ෂභජනය.
Side-view, n. පැත්ත බැලීම ; පැත්ත පෙන්වීම.
Side-walk, n. (පාර අයිනේ) අඩිපාර, කාණු පාර.
Sideways, ad. පැත්ත පා, පැත්ත තබා ; පැත්ත දෙසට, පැත්තෙන්.
Side-wind, n. පැත්තකින්—පැත්තකට—හමනහුළඟ; fig. අනෘජු විධියක්.
Siding, n. පක්ෂභජනය ; (දුම්රියට) අයිනේ කොට පාරක්, ශෙසිම.
Sidle, v. පැත්ත පා යනවා or එනවා, පැත්ත පා ළංවෙනවා.
Siege, n. (අල්ලාගැනීමට) වටලෑම, දුර්ගාවරෝධය ; fig. lay siege to (යමක් ළුළුවකරන්ට or යමෙකුගෙන් ලබන්ට) අතිශයින්ම—නොකඩවම—ප්‍රයත්න කරනවා.
Siege-train, n. වටලෑමේ උපකරණ.
Sierra (සිඑර), n. පර්වත කූටාවලිය, රළු කඳුවැටිය.
Siesta (සිඑස්ට), n. මධ්‍යාහ්න ශයනය, දවාලේ සුළුඩ නින්ද.
Sieve, n. පෙනේරය, චාලනය.
Sift, v. පෙනේරෙන් බේරනවා, හලනවා, සලනවා, ගරනවා; fig. හොඳට සෝදිසිකරනවා, (අඳුරු or අවුල්වූ දේ) විමසනවා, බේරනවා.
Sifter, n. බේරන්නා &c. ; පෙනේරේ, පෙනේරය &c.
Sigh, v. සුසුම්ලනවා, හුල්ලනවා ; n. sighing සුසුම් ලෑම, හීල්ලීම. [ණය ;
Sight, n. the act. දැකීම, දැකුම, අවලෝකනය, වීක්ෂ
the faculty පෙනීම, දෘෂ්ටිය ; the object පෙනුම, පෙනීම, චක්ෂුර්විෂය, දර්ශනය ; aid to බලන සිදුර or ලකුණ.
At sight දැකීමේදී, දුටුවිට. In or out of sight පෙනෙන්ට තිබෙනවා or නැත.
Sight, v. දැකගන්නවා; දැකීමට හරිලෙස පිහිටුවනවා.
Sightless, a. ඇස්පෙනීම—දැකීම—නැති, අන්ධ.
Sightliness, n. දර්ශනීයතාව, ශෝභනකම.
Sightly, a. දර්ශනීය, ශෝභන.
Sight-seeing, n. අමුතු දේ—අරුම දේ—බැලීම.
Sigma, n. S යන ග්‍රීක් අක්ෂරය.
Sigmoid, Sigmoidal, a. (S යන්න මෙන්) වංගු දෙකක් ඇති, ද්විවක්‍ර, ද්විධාවක්‍ර.
Sign, n. mark ලකුණ, සලකුණ, හලකුණ, අඩයාලම, ලාඤ්ඡනය ;
nod &c. සංඥාව ; indicatoin නිමිත්ත, කැට ; proof ඔප්පුව ;
sign-board නාමපෝරුව, නාම ලෑල්ල ;
in astr. රාශි දොළහෙන් එකක්, චක්‍රයෙන් තරු රාශියක්, ලග්නය.
Sign, v. ලකුණුකරනවා &c., ලකුණක් තබනවා &c. ; සංඥාකරනවා ; අත්සන්කරනවා, අත්හන්කරනවා, අත්සන්දමනවා.
Signal, n. සංඥාකරනවා, සනිටුහන්කරනවා.
Signal, a. විශේෂ, පරම, අපූර්.
Signalize, v. උතුම්කරනවා, විශෙෂකරනවා, උතුම් කොට සලකනවා.
Signal-lamp, n. සංඥා පහන, සලකුණු පහන, ප්‍රකාශක-දීපය. [න්.
Signally, ad. අපූර්ලෙස, විශේෂාකාරයෙන්, අතිශයි
Signalman, n. සලකුණුකාරයා, සලකුණු මුරකාරයා.
Signal-post, n. සංඥා කණුව, සලකුණු කණුව, ප්‍රකාශක-ස්තම්භය.
Signatory, n. අත්සන් තබන්නා or කරන්නා ; a. අත්සන් කිරීම පිළිබඳ.
Signature, n. අත්සන; ලාඤ්ඡනය ; in printing අංකෝ ලාඤ්ඡනය.
Sign-board, n. (යමෙකුගේ රක්ෂාව හෝ වෙළඳ බඩු සඳහන්කර දමා තිබෙන) දැන්වීම් ලෑල්ල.
Signet, n. රාජමුද්‍රය, රාජමුද්‍රිකාව; signet-ring පේරස, අස්මුද්ද.
Significance, Significancy, n. හැඟෙන දේ, අභිප්‍රාය ; මහාර්ථතාව ; වැදගත්කම.
Significant, a. බලවත් අර්ථාවක, මහාර්ථ ; නිමිත්තක.
Significantly, ad. සංඥාවශයෙන්, යමක් හඟවන ලෙස.
Signification, n. සැලකිරීම ; (වචනයක, ලකුණක, ක්‍රියාවක) තේරුම, අර්ථය.
Significative, a. යමක් හඟවන, නිමිත්තක.
Signify, v. සැලකරනවා, (යම් අන්දමකින්) දැනුම් දෙනවා or හඟවනවා ; denote, mean, (යමකින්) තේරුම්යනවා, (යමක්) අර්ථාන්විතව තිබෙනවා ;
signify much or little වැදගත්ව—නොවැදගත්ව—තිබෙනවා ;
it does not signify එයින් වැදගැම්මක්—කමක්—නැත.
Sign-manual, n. සිය අත්සන, sp. රාජ අත්සන.
Sign- post, n. නාමපෝරු කණුව, ප්‍රසිද්ධපත්‍ර කණුව.
Silence, n. නිශ්ශබ්දය, නිශ්ශබ්දකම, නිශ්ශබ්දතාව, තුෂ්ණීම්භූතතාව, මෞනය, කථානොකර සිටීම, (යමක්) නොකියා—නොලියා—ඇරීම.
Silence, v. නිශ්ශබ්දකරනවා, නිසොල්මන්කරනවා ; නිරුත්තරකරනවා.
Silent, a. නිශ්ශබ්ද, තුෂ්ණීක, තුෂ්ණීම්භූත; වඩා කථා නොකරන ; in gram. අඝෝෂ (අක්ෂරය) ; to be silent about anything යමක් ගැන නිශ්ශබ්දව &c.—සඳහන්නොකර—සිටිනවා. [ව.
Silently, ad. නිශ්ශබ්දව, තුෂ්ණීම්භූතව, ඝෝෂාරහිත
Silentness, n. නිශ්ශබ්දකම, තුෂ්ණීම්භූතතාව, ඝෝෂා රහිතකම.
Silex (සෙලෙක්ස්), Silica (සිලිකා), n. ගිනිගල් ධාතුව, අග්නිපාෂාණ ද්‍රව්‍යය.
Silica, Silicic acid, n. අග්නිප්‍රස්තරාම්ලය.
Siliceous, Silicious, a. ගිනිගල් ධාතු, අග්නිප්‍රස්තර, අග්නිප්‍රස්තරාකාර.
Siliciferous, a. ගිනිගල් ද්‍රව්‍ය ඇති, අග්නිප්‍රස්තරධාරී.
Silicify, v. (ගිනිගල් ද්‍රව්‍ය වැදීමෙන්) ගිනිගල්—අග්නිප්‍රස්තර—කරනවා ; අග්නිප්‍රස්තරවෙනවා.
Silicle, Silicula, n. (දෙපැත්තේ බීජ ඇති) කොට පළල් පල්ල, පුළුල් බීජකෝෂය.
Siliqua, Silique, n. (දෙපියනේ බීජ ඇති) දිග පටු පල්ල, දීර්ඝ බීජකෝෂය.
Siliquose, Siliquous, a. දිග පටු පලු—දීර්ඝ බීජකෝෂ—ඇත්තාවූ.
Silk, n. පටනූල්; පටරෙදි, පටපිළිය, සේද, vegetable silk තිහිරිපිළිය, වාකචීරය.
Silk, a. පට, සේද, තිහිරි, වාකචීර.
Silken, a. පට &c. ; silky පට වැනි, මසෘණ, ඉතා සෞම්‍ය. [කම.
Silkiness, n. පට ආකාරකම, මසෘණතාව, සෞම්‍ය
Silk-mercer, n. පටරෙදි–තිහිරිපිළි—වෙළෙන්දා.
Silkworm, n. පටපණුවා.

Sill, n. එළිපත්ත, පඩිකඳ, ඉදුකිල; කවුළු පඩිකඳ.

Silliness, n. නිවටකම, අමනකම, මෝඩකම, බුද්ධිහීනතාව.

Silly, a. නිවට, අමන, මෝඩ, අනුවණ, බුද්ධිහීන.

Silt, n. (වතුර පාරවලින් බේරී) රැඳෙන මඩ වැලි ආදිය, රොණ.

Silt, v. silt up (කානු, මෝය &c.) රොණින් ඇහිරෙනවා *or* වැසෙනවා.

Silurian, a. ඒනම්වූ පාෂාණීභූත තට්ටු සම්බන්ධ, සෛලූරික.

Silvan, Sylvan, a. වන, වනාන්තරාකාර, වනගහන; වනාන්තරගත, වනවාසී.

Silver, n. රිදී, රජතය; රිදී මිල; රිදී භාණ්ඩ.

Silver, a. රිදී, රජත; රිදීපාට ඇත්තාවූ, රිදී දිස්න ඇත්තාවූ; හීන් මෘදු (හඬ).

Silver, v. රිදියෙන් වසාලනවා, රසදිය මුසු බෙලෙක් වලින් වසනවා; fig. රිදියෙන් මෙන් දිස්න නගනවා, ඉසකේ පැහෙනවා.

Silver-beater, n. රිදී තලන්නා.

Silver-haired, a. ඉසකේ පැසුණු, රජතකේශ.

Silvering, n. රිදියෙන් වසාලන ශිල්පය; වසාලන රිදී *or* රජතවර්ණය.

Silver-leaf, n. (තලාපු) රිදී කොළය, රජතපත්‍රය.

Silver-plate, n. රිදී තහඩුව; රිදී භාණ්ඩ, රිදී බඩු.

Silver-plated, a. රිදියෙන් වසනලද *or* වසාපු, රිදීගානලද.

Silversmith, n.. රිදීකරුවා, බඩාලා, තට්ටදත්තා මිනිහා.

Silver-tongued, a. කථාවෙහි දක්ෂ.

Silver-wedding, n. විවාහයෙන් විසිපස්වන වර්ෂය සිහිවීමට පවත්වනු ලබන උත්සවය, රිදීමඟුල.

Silvery, a. රිදී මුසු; රිදීමෙන් පෙනෙන &c., see Silver, a.

Simia, n. රිළවා—වඳුරා—ආදී සියලු සත්ත්ව ජාති: ශාඛාමෘගයා.

Similar, a. සමාන, සම, ඒකාකාර, ඒකබඳු, සදෘශ, සංකාශ.

Similarity, n. සමානකම, සමකම &c., සමානත්වය, සදෘශතාව &c.

Similarly, ad. එමෙන්ම, එමලෙසම්, එයාකාරයෙන්ම, සමානලෙස &c.

Simile (සිමිලි), n. උපමාව, උපහැරණය.

Similiter, n. එමෙන්ම—එම විත්තියම—පිළිගැනීම (යත නීතිවිෂය).

Similitude, n. similarity සමානකම &c.; simile උපමාව &c.

Simious, a. ශාඛාමෘගාකාර, ශාඛාමෘග.

Simmer, v. උණුවෙවී සිස්ගානවා.

Simoniac, n. දේවගැතිකම විකුණන්නා.

Simoniacal, a. දේවගැතිකම විකිණීම සහිත; දේවගැතිකම විකුණන.

Simony, n. දේවගැතිකම විකිණීම (යත වරද).

Simoom, Simoon (සෙ...), n. (අරාබිය වැනි දේශවල හමන) කාන්තාර වාතය, ග්‍රීෂ්ම හුළඟ.

Simper, n. මෝඩ සිනාව, ව්‍යාජමන්දහාසය; v. මෝඩලෙස සිනාසෙනවා.

Simple, a. unmixed අමිශ්‍ර, single කේවල, තනි; unconfused අනාකූල; easy ලිහිල්, ශිථිල; plain වාත්, පැහැදිලි; silly නිවට, ලාමක; sincere අවංක, අව්‍යාජ; in geom. alike ඒකාකාර; in chem. undecomposed අවියෝජිත, අවියුක්ත.

Simple, n. අමිශ්‍ර දෙයක්, අමිශ්‍රෞෂධය.

Simple-hearted, Simple-minded, a. අවංක සිතක් ඇති, අව්‍යාජ.

Simpleness, Simplicity, n. අමිශ්‍රතාව; අනාකූලතාව; ලිහිල්කම; වාත්කම; නිවටකම, අමනකම; අව්‍යාජය.

Simpleton, n. නිවටයා, තකතිරුවා, අමනයා.

Simplify, v. අමාරු අරිනවා, ලිහිල්—පහසු—ශිථිල—කරනවා, අනාකූලකරනවා.

Simply, ad. ලිහිල්ලෙස, පහසුවෙන්; වාත්ලෙස; නිකම්, පමණක්; නිවටලෙස.

Simulate, v. යම් ස්වභාවයක් බොරුවට හඟවනවා, ව්‍යාජයෙන් පානවා. See Feign &c.

Simultaneous, a. එකවිටම සිද්ධවෙන *or* කරන, සමකාලික.

Simultaneously, ad. එකවිටම, සමකාලිකව, එක කාලයේදීම.

Sin, n. පාපය, පව, දේවපනත කඩකිරීම, දූතගත වරදකිරීම.

Sin, v. පව්කරනවා &c., අධර්මිෂ්ඨකම් කරනවා.

Sinaitic (සෛනෙඉටික්), a. සිනායිකන්ද සම්බන්ධ, සිනායිකන්දේදී වුණු &c., සිනායික.

Sinapisine, n. හෙළඅබ සාරය, සෙව්තසම්ප සාරය.

Sinapism, n. mustard poultice අබ බෙහෙත්කඩ.

Since, conj. නිසා, බැවින්; prep. පටන්, සිට; ad. ප්‍රථමයෙන්.

Since he did it ඔහු ඒක කළනිසා *or* කළතැන් පටන්.

Some time since කලකට ප්‍රථමයෙන්.

Sincere, a. අවංක, වංචාරහිත, අප්‍රයෝග, සැබෑ, විශ්වාස.

Sincerity, n. අවංකකම &c., කපටිනැතිකම, සෘජු භාවය.

Sinciput, n. ඉසේ ඉස්සරහ කොටසභාගය, පූර්වාර්ධශීර්ෂය.

Sine (සෛන්). n. (පරිධියෙන් විෂ්කම්භයට කෙළින් වැටෙන) විෂ්කම්භාවලම්බරේඛාව, ලම්බජ්‍යාව; versed sine (විෂ්කම්භයෙන් පංගුවක් වන) ප්‍රතිලම්බජ්‍යාව.

Sine (සෛනෙ), prefix, L. නැති, රහිත, නැතුව.

Sinecure (සෛනෙකයුර්), n. වැඩරහිත වසම, වැඩ නැති දේවගැති ජීවිකාව.

Sinecurism, n. වැඩනැති ජීවිකා භාවය.

Sinecurist, n. වැඩනැති ජීවිකාවක් ඇත්තා.

Sine die (සෛනෙ ඩෛයි), L. දින නියමනොකර (ගියා).

Sine qua non, L. නැතුව බැරි—ඔනෑමකරන—එකක්.

Sinew, n. මස්ගොබ බැම්ම, බලනහරය, ස්නායුබන්ධනය; pl. fig. ශක්තිය, ශක්තිජනක කාරණ, (යුද්ධයේ) බලනහර.

Sinewy (සිනයුඉ), a. ස්නායුබන්ධන, ස්නායුබන්ධනාකාර; ස්නායුබලවත්, ශක්තිමත්.

Sinful, a. පව්කාර, පව්වූ, පාප, පාපගත, කලුෂ, (very) පාපිෂ්ඨ, පාපතර.

Sinfully, ad. පව්කාරලෙස, පව්වූලෙස &c., පාපිෂ්ඨාකාරයෙන්.

Sinfulness, n. පව්කාරකම, පව්වූකම, පාප ගතිය, පාපිෂ්ඨතාව &c.

Sing, v. ගීතිකාකරනවා, ගීකියනවා; (කාරණ) ගීයෙන්—කවියෙන්—කියනවා; of birds නාදකරනවා; of brooks &c. සිසිගානවා.

Singe (සින්ජ්), v. (මතුපිට, රෝම &c.) ටිකක් දවනවා *or* දනවා.

Singer, n. ගීතිකාකරන්නා &c., ගීතිකාකාරයා, ගීතිකාකාරී, ගායකයා ; නාදකරන කුරුල්ලා.
Singing, n. ගීතිකාකිරීම, &c., ගායනය; adj. ගීතිකාකරන &c., ගීතිකාකාර, ගායක.
Singing-master, n. ගීතිකාකාරාචාර්යයා. [ක.
Single, a. තනි, එකම, තේවල ; unmarried අවිවාහ
Single out, v. වෙන්වසයෙන් තෝරාගන්නවා or වෙන්කරනවා.
Single-handed, a. or ad. තනිව, තනියම.
Single-minded, a. මායාරහිත, අවංක.
Singleness, n. තනිකම, එකමකම, ඒකතාව ; of purpose &c. අවංකකම.
Single-seeded, a. ඒකබීජ (කෝෂ &c.).
Single state, n. තනි ගතිය ; sp. අවිවාහකභාවය.
Single-stick, n. හරඹ කෝටුව; හරඹ කෝටු ක්‍රීඩාව.
Singly, ad. තනියම ; එකක්පාසා එකක්, පුද්ගලික වශයෙන්, ප්‍රත්‍යේකාකාරයෙන්.
Singular, a. single එකම ; peculiar අසාමාන්‍ය, අසභාය, විශේෂ, අපූර්, අනියම් ; in gram. ඒකවාචක, singular number ඒකසංඛ්‍යාව, එකබස.
Singularity, n. අසාමාන්‍යභාව &c., විශේෂය &c., අනියම් ගතිය.
Singularly, ad. අසාමාන්‍යාකාරයෙන්, අපූර්ලෙස, අනියම්ලෙස.
Sinhalese, a. or n. සිංහලයා, සිංහල භාෂාව ; a. සිංහල.
Sinister, a. වමට අයිතිවූ, වම් ; fig. ප්‍රයෝග, අධූත, වංක, අහේතු, අකල්‍යාණ.
Sinistral, Sinistrous, a. වම්, වාම, වමට හැරී තිබෙන, වාමාවර්ත, (හක්ගෙඩිය) ; fig. විපරීත.
Sink, v. i. be submerged lit. &. fig. කිඳෙනවා, කිඳනවා, ගිලෙනවා ; sink as in mud එරෙනවා, in the surface එබෙනවා, (ඇස්) ගිලෙනවා ; descend බහිනවා ; (මිලගණන් &c.) අඩුවෙනවා ; (හිත්ද) යනවා; fig. (බරකට මෙන්) යටවෙනවා ; (හිතට) වදිනවා.
Sink, v. t. lit. &. fig. (in a fluid or some evil) කිඳවනවා, ගිල්වනවා, permanently කිඳවාතබනවා, කිඳවාදමනවා &c. ; එරවනවා ; බබනවා ; (a well &c.) හාරනවා ; lower බස්වනවා ; අඩුකරනවා ; sink money (යමකට) මුදල් දමනවා or වියදම් කරනවා.
Sink, n. (කුස්සියේ) කුණුවතුර බාල්දිය, කුණුවතුර පෙට්ටිය ; fig. කුණු or දුෂ්ටකම රැඳෙන තැන, කසලගොඩ.
Sinless, a පව්නොකළ, අපාප, පාපය—පව්—නැති, නිර්මල.
Sinner, n. පව්කළ අය, පව්කරන්නා, පව්කාරයා, පසුතැවිලිනුණ අය ; වරදකාරයා. ශමනය .
Sin-offering, n. පාපනාශක පූජාව, පාපපූජාව, පාප
Sinuate, v. (පාරක් or ගඟක් මෙන්) වංගු වී යනවා ; වංගුකරනවා.
Sinuate, Sinuated a. in bot. අද්දර වකුවු, ප්‍රාන්ත වක්‍ර, (පත්‍ර).
Sinuosity, n. (හැරිහැරී යන) වක්‍රභාවය, වක්‍රගාමිභාවය, වංගු ආකාරය.
Sinuous, Sinuose, a. වක්‍ර, වක්‍රගාමී, වංගුවෙවී යන, (පාර, ගඟ &c.).
Sinus (සෛනස්), n. gen. කුඩා කුහරය ; (වෙරළේ) බොකු තැනක්, මුහුදු-බොක්ක, වෙරළේ විවරයක්; in anat. අස්ථිකුහරයක් ; in sur. හැරව ඇති කුහරය.

Sip, v තොල්ගා බොනවා, ටිකින්ටික කටට ඇද බොනවා.
Sip, n. කටට ගන්න ටික, උගුරක් ; (බොන) ස්වල්පයක්.
Siphon, n. (siph සෛෆ්), නාලය, sp. (දිය ජාති අදින) වක නළය, දිය අදින නළය.
Siphonobranchiata, n. pl. ජලනාලකෞෂක පාදිකයෝ. See Gastropods.
Siphonobranchiate, a. (කරමොලට වතුරයන) ජලනාලසහිත, සජලනාල.
Siphonostomata, n. pl. (පොතුමසුන් ජාතියක් වන) නාලමුඛප්‍රාණීයෝ.
Siphuncle, n. ක්ෂුද්‍රනාලය, නාලාකාර ඡිද්‍රය.
Siphuncled, Siphunculated, a. ක්ෂුද්‍රනාලයක් ඇති, ක්ෂුද්‍රනාලී.
Siphunculus, n. වෙරළේ පණුවා.
Sir, n. මහත්මයා, i. e. මහත්මයාණනි ; to a cleric හාමුදුරුවනි, ඇවැත්නි, ආයුෂ්මතුනි ; adj. (පටබැඳිනමක් වන) වංශාධිපති.
Sircar, n. (හින්දු) ලිපිකරුවා.
Sirdar, n. (හින්දු) මූලාදෑනියා.
Sire (සෛසර්), n. (රජ්ජුට කියන) ස්වාමිනි ; (කවියේ) පිතෘ ; gen. මෘගජනකයා.
Siren (සෛරෙන්), n. in myth. ජලාංගනාව or පක්ෂාංගනාව ; fig. චිත්තාකර්ෂණකාරී.
Siren, a. (ඒ) ජලාංගනා ආකාර &c. ; fig. (ගායනවේ නාදයෙන් &c.) චිත්තාකර්ෂණ.
Sirene (සෛරීන්) n. (තුයර්) නාදවිලන-මානකයන්ත්‍රය.
Siriasis, n. (සූර්යතාපයෙන් අටගත්ත) මස්තුලුංගදාහය.
Sirius, n. සාරමේය තාරකාව.
Sirloin, n. (හරක්මස්වලින්) තුනප් කෑල්ල.
Sirocco, n. (ඉතාලියේ &c. හමන) ග්‍රීෂ්මාසික හුළඟ.
Sirup, Syrup, n. සිනි මුසු යුෂ, සිනියුෂ, පැණි.
Sirupy, a. සිනියුෂ ඇති, සිනියුෂ ආකාර.
Siskin, n. නාද කරන පක්ෂියෙක්.
Sister, n. සහෝදරී, සොහොයුරී, elder අක්කා, younger නංගී, නගා, නැගනිය, භගිනී ; සමාගමක සාමාජිකාව, සහෝදරී.
Sisterhood, n. ස්ත්‍රී සමාගමක් ; (සමාගමක) සාමාජිකාවියෝ.
Sister-in-law, n. (පුරුෂයාගේ or භාර්යාවගේ) සහෝදරී, සහෝදරයාගේ භාර්යාව, නෑනා, බෑණ නියෝ.
Sisterly, a. සහෝදරියක් වැනි, සෙන්හවන්ත.
Sit, v. sit down ඉඳගන්නවා, hon. වාඩිවෙනවා, හිඳින් ගන්නවා, නිසීදනයකරනවා ;
be seated ඉඳගෙන ඉන්නවා &c. ; sit up (දිගාවී මෙන්) නැගිට ඉන්නවා ; භාත්සිනොවී ඉන්නවා; sit (of birds) ඉන්නවා, ලැගඉන්නවා, (බිත්තර) රකිනවා ; fit or lie හරියනවා, පිහිටෙනවා.
Site (සෛට්), n. ඉඩම, ස්ථානය ; of a house ගෙපළ, ගෙබිම.
Sitiology, Sitology, n. ආහාර විස්තරය. See Dietetics.
Sitting, a. ඉඳගෙන ඉන්න &c. ; රකින ; in bot. අවෘන්ත.
Sitting, n. ඉඳගැනීම &c. ; (සභාවක් රැස්ව) ඉඳීම, උපාසනය ; ඉඳීමේ වේලාව ; (පල්ලියේ) වාඩිවෙන ඉඩම , බිත්තරකීම.
Sitting-room, n. වාඩිවෙන ශාලාව, උපාසනාගාරය ; ඉඳගැනීමට ඉඩ.

Situated, be, v. (යම් දිසාවක් දෙසට, යම් ආකාරය කට) පිහිටාතිබෙනවා, පිහිටාසිටිනවා; fig. (හොඳ නොහොඳලෙස) පිහිටාසිටිනවා, යම් සවභාවක සිටිනවා.

Situation, n. පිහිටීම, ස්ථානය, ඉඩම; සවභාව, අවස්ථාව; තනතුර, ස්ථානාන්තරය.

Situs (සෛටස්), n. in bot. (කොට්ඨාස) පිහිටි ආකාරය, අවස්ථිතාකාරය.

Sitz-bath, n. ඉඳගෙන නෑම; ඉඳගෙන නාන්ට හැකි භාජනයක්.

Siva, n. ශිවදෙවියෝ.

Sivatherium, n. (නිශීත) චතුශ්ශෘංග-හස්තියා. *or* මුව [ජාතියක්.

Six, n. *or* a. හය, සය, ෂඩ්, ෂට්, ෂඩ් &c.; be at sixes a d sevens ආකුල ව්‍යාකුලව සිටිනවා.

Sixfold, a. හය පට; හයගුණ, ෂඩ්ගුණ; n. හය පංගුවක්, සගුණයක් &c.

Sixpenny, a. පැන්ස හයක් වටින, පැන්ස හයක, පනම්හතරක, (එකක් &c.).

Sixteen, n. දහසය, සොළොස, ෂෝඩශය; a. දහසය, දහස, සොළොස්, ෂෝඩශ.

Sixteenmo, Sexto-decimo, n. සොළොස් ප්‍රමාණ පොත. See Octavo &c.

Sixteenth, a. දහසයවෙනි, සොළොස්වෙනි; a. දහසයෙන් පංගුවක්.

Sixth, a. හයවෙනි, සයවෙනි, ෂෂ්ඨ; n. හයෙන් පංගුවක්, ෂඩ්භාගය.

Sixthly, ad. හයවෙනුව, හවෙනුව, සවෙනුව.

Sixtieth, a. හැටවෙනි; n. හැටෙන් පංගුවක්.

Sixty, n. හැට, සැට, ෂෂ්ටිය; a. හැට, සැට, ෂෂ්ටි.

Size, n. (කුඩා නුවුත් ලොකු නුවුත්) මහතේ ප්‍රමාණය, මහත, තරම.

Size, v. මහතේ හැටියට බේරනවා *or* එකට තබනවා.

Size, n. (මතුපිට ගාන) දියවූ පශුමැලියම; ඔප තෙල්ජාතියක්; v. දිය මැලියම් &c. ගානවා.

Sized, a. as: small-sized, medium-sized &c. මහතින් කුඩා *or* මධ්‍යම, මධ්‍යම ප්‍රමාණ &c.

Sizing, n. දියවූ පශු මැලියම්; දිය මැලියම් ගෑම.

Skate, n. මඩුවා; (ලිස්සායාමට) යකඩ වහන්; v. යකඩ වහන් දමා යනවා.

Skean, n. කඩු විශේෂයක්.

Skein, (ස්කේන්), n. නූල් කැරැල්ල, නූල්මල.

Skeleton, n. ඇට සැකිල්ල, අස්ථිපඤ්ජරය, අස්ථිසංකලිකාය, නරකඩකාලය.; (ශෛයක &c.) කුඩුව; (රචනාවක) ප්‍රධාන කොටස් *or* සංක්ෂේප සටහන; become a skeleton ඇටකටු ගැහෙනවා.

Skeleton, a. කුඩුවක්වූ; සංක්ෂේප සටහනක් ආකාර; skeleton-key, තුනී යතුරුපෙත්ත.

Sketch, n. (රචනාවක, සිතියමක) ලුහුඬු සටහන, සවල්පාවශයෙන් ඇඳපු සිතියම.

Sketch, v. ලුහුඬින් සටහන්කරනවා; කඩවසම සවල්පවශයෙන් අඳිනවා.

Sketchy, a. ලුහුඬු, සංක්ෂේපයෙන් සටහන්වූ *or* ඇඳපු, අසම්පූර්ණ.

Skew, a. ඇදවූ, අනෘජු, ඇළේට තිබෙන.

Skew, v. ඇදකරනවා, ඇළේට තබනවා.

Skew-bridge, n. අනෘජු පාලම, ඇළේට සාදපු පාලම *or* බෝක්කුව.

Skewer, n. මස් කූර; v. (සම්කිරීමට) කූර දමනවා.

Skew-wheel, n. ඇද දතිරෝදය.

Skid, n. (නැව් පැත්තේ එල්ලන) ආරක්ෂක දණ්ඩය; (රෝදයක් අල්ලන) රෝද දම්වැල.

Skiff, n. කුඩා ඔරුව; v. කුඩා ඔරුවෙන් යනවා *or* එගොඩ මෙගොඩ වෙනවා.

Skilful, a. සමර්ථ, සමත්, දක්ෂ, ප්‍රවීණ, චතුර.

Skilfulness, Skill, n. සමර්ථකම &c., නිපුණත්වය &c., ප්‍රාවීණ්‍යය.

Skilled, a නිපුණ, අභිඥ, ප්‍රගුණිත, පළපුරුදු, කන් වැසි.

Skim, v. පෙණ අරිනවා *or* අරත්දමනවා, පාදනවා; the surface ගෑවී ගන යනවා *or* නොගෑවී ළඟින්ම යනවා; glide along අත්තවු නොගසා ඉහි ලෙනවා, ලිස්සායනවා; fig. චික චික කර—බලා &c.—යනවා.

Skimmer, n. පෙණ අරින හැන්ද, පාදන හැන්ද.

Skimmed-milk, Skim-milk n. යොදේ ඇරපු කිරි.

Skin, n. හම, සම, චර්මය, සිවිය, ජම්කාව, of snakes හැවය; rind ලෙල්ල; cast the skin හැව දමනවා.

Skin, v. හම ගහනවා, ලෙලි ගහනවා, පොතුඅරිනවා; skin over හමෙන් වැහෙනවා.

Skin-deep, a. හමෙම තිබෙන; ඇතුළට වැදීනැති, සුළු.

Skinflint, n. fig. ඉතා මසුරු කෙනෙක්.

Skinless, a. හමක් &c. නැති.

Skinny, a. මාංස අඩුවූ, කෙට්ටු, කෘශ; fig. මසුරු.

Skip, v. පනිනවා, පැනපැන යනවා; gambol පෙංකෙළිනවා; omit ඇරයනවා.

Skip, n. පැනීම, පැනුම; ඇරයාම, නොකර ඇරීම; skep කුඩුව.

Skipper, n. (වෙළඳම් නැවේ) ප්‍රධානියා, නෞපතියා.

Skipping-rope, n. පිනීමේ ලනුව, පැනුම ලනුව.

Skirmish, n. අතුරු සටනක්, සුළු ලුහුඬු පොරයක්.

Skirmish, v. අතුරු සටනක් &c. කරනවා, (රංචුවක් *or* සවල්පදෙනෙක්) සටන්කරනවා.

Skirt, n. edge අයින, වාටිය; රෙදිපාදය, රෙද්ද, කම්බාය, සාය, of B. P. අඳනය; (මාංශ) බඩ මැද හම.

Skirt, v. අද්දර—අයින—දිගට යනවා or තිබෙනවා, අද්දරට යාව තිබෙනවා, අද්දර ළඟින් යනවා, අයිනේ—අයිනේ—යනවා.

Skirting, Skirting-board, n. (කාමරය වටකැර) බිම අද්දර ලෑල්ල; skirting සාය රෙදි.

Skittish, a. පෙංකෙළින, චකිත, කුළප්පුවෙන; චපල, ලලිත.

Skittles, n. pl. ක්‍රීඩා විශේෂයක්.

Skivers (සෛක...), n. pl. පලාපු බැටළුහම, (පදම් කළ) බැටළුහම් පළි.

Skulk, v. තුප්පලෙස හැංගෙනවා, කොස්වෙනවා, මුළුගැහෙනවා.

Skull, n. ඉස්කබල, ඔළුකබල, කපාලය, කභාලය, ශිරෝස්ථිය.

Skull-cap n. ඉස්මුදුන් තොප්පිය.

Skunk, n. (අමෙරිකාවේ) දුගඳ මුකටියා.

Skurry, n. hurry-skurry සලපතලකම, හැර ඉක්මන.

Sky, n. අහස, ආකාශය, අහස්තලය, ගුවන, ගුවන් තලය, ගගනතලය. [වර්ණ.

Sky-blue, a. (ආකාශය මෙන්) මද නිල්වූ, ආකාශ

Skylark, n. (නගින අතර නාදකරන) ආකාශනාද පක්ෂියා.

Skylarking, n කුඹ යොත්වලට නැගී සෙල්ලම් කිරීම; රෞද්‍ර සෙල්ලම.

Sky-light, n. වහලේ කවුළුව, ආකාශ කවුළුව.

Sky-rocket, n. ආකාශ වෙඩිල්ල.

Sky-sail, n. ඉතා ඉහත් රුවල, ආකාශ රුවල.

Skyward, ad. *or* a. අහස දෙසට (තිබෙන &c.).
Slab, n. පැතලි ගල්ලෑල්ල; ඝන ලෝහ තහඩුව; (කදෙන් ඉරන) පිට ලෑල්ල.
Slabber, Slaver, v. කෙළ—දියකෑම—වැගිරෙන්ට අරිනවා, (ඇඳුම්වලට) කෙළ &c. වැටෙනවා.
Slabberer, Slaverer, n, කෙළතොල්ලා, සිහියෙන් දුර්වලයා.
Slabbiness, n. ඝන ලෑලි ආකාර ගතිය, ඝන තහඩු සහිතකම.
Slack, a. බුරුල්, තද නැති, ලිහිල්; ප්‍රමාද, මන්දෝත්සාහී.
Slack, n. (ලණුවෙක්) බුරුල් පංගුව, බුරුල; ගල්අඟුරු කුඩු.
Slack, Slacken, v. බුරුල්කරනවා; (තදකම, වේගය, උත්සාහය &c.) අඩුකරනවා, මන්දනයකරනවා; හුනුගල්වලට වතුර දමනවා; බුරුල්වෙනවා &c.
Slackness, n. බුරුල්කම &c.; ප්‍රමාද ගතිය, මන්දෝත්සාහිතාව.
Slack-water, n. වඩ බාදිය අතුරු වේලාව.
Slag, n. ලෝහ බොර &c., see Scoria.
Slaggy, a බොර ආකාර.
Slain, pp. *or* a. of Slay, මරු; මරනලද &c.
Slake, v. (ආශා, sp. පිපාසය) සංසිඳුවනවා; හුනු වලට වතුර දමනවා.
Slaked lime, n. (වතුර ඉසීමෙන්) අළුවූ හුනු, දියහුනු.
Slam, v. (දොර, පියන, පොත) හයියෙන් ගසා වසනවා; (කාඩ්දනු කුට්ටම) එකපහරටම දිනාගන්නවා.
Slam, n. (දොර &c. වසන) ඝෝෂාඇති පහර &c., සැර පහර.
Slander, n. කේලම, ඕපාදූපය, පෛශුන්‍යය, පෛශුන්‍ය, උපවාදය, පරාපවාදය.
Slander, v. කේලම් කියනවා, ඕපාදූප &c. කියනවා, දූෂා කියනවා. See Calumniate.
Slanderer, n. කේලම් කියන්නා &c., කේලමා.
Slanderous, n. කේලම්කියන &c.; කේලම් සහිත, පෛශුන්‍ය, උපවාද &c.
Slanderously, ad. කේලම්වශයෙන්, පෛශුන්‍යාකාරයෙන් &c.
Slanderousness, n. කේලම්සහිතකම, පෛශුන්‍යතාව.
Slang, n. ශිෂ්ට නුවූ *or* අව්‍යක්තභාෂාව, පහත් ව්‍යවහාර කීම.
Slant, Slanting, a. ඇල, ඇද, බෑවුම්වූ.
Slant, v. ඇලකරනවා, ඇදකරනවා, ඇලවෙනවා &c.; n. බෑවුම.
Slantingly, Slantwise, ad. ඇල ලෙස, ඇලේට, ඇලකර, ඇලව, ඇදව.
Slap, n. අතුල්පහර, තලප්‍රහාරය, පැතලි දෙයකින් දෙන පහර.
Slap, v. අතුල්පහර දෙනවා, පැතලි දෙයකින් පහර දෙනවා.
Slap, ad. හදිසි තද පහරකින් (ගසනවා, වැටෙනවා &c.).
Slash, v. (කඩුවෙන්, පිහියෙන්, කසයෙන් &c.) තද පහර දෙනවා *or* කපනවා, පහරකින් මෙන් දිග කැපුම් කරනවා.
Slash, n. (එසේ) තද පහර දීම &c.; දිග කැපුම.
Slate, n. තහඩුගල් ජාති; (සෙවිලිකිරීමට *or* ලිවීමට ගන්න) ගල්ලෑල්ල, ගල්තහඩුව, ශිලාපෝරුව.
Slate v. ගල්ලෑලි සෙවිලිකරනවා.
Slater, n. ගල්ලෑලි වඩුවා.
Slate-pencil, n. (ලියන) ගල්කූර, ගල් පැන්සලය.

Slanting, n. ගල්ලෑලි සෙවිලිකිරීම; ගල්ලෑලි තට්ටුව *or* සෙවිල්ල.
Slattern, n. යසලෙස—ශෝභනලෙස—නාඳින ස්ත්‍රී, (වැඩ—ඇඳුම්—පෙනීම—ගැන) නොසැලකිලිකාරී.
Slaty, a. තහඩුගල් ආකාර, තහඩු ආකාර; අළුපාට—දුම්පාට—ඇත්තාවූ.
Slaughter, v. (කෘරලෙස *or* බොහෝසෙයින්) මරු දමනවා, ඝාතනය කරනවා; (කෑමට) සතුන් මරනවා.
Slaughter, n. මරුදැමීම &c., ඝාතනය, of cattle ගෝඝාතනය, පශුඝාතනය.
Slaughter-house, n. හරක්මරන මඩුව, ගෝඝාතස්ථානය, ආඝාතස්ථානය.
Slave, n. වාලා, දාසයා; fem. වාලී, දාසී, මෙහෙය; fig. (පාපයට &c.) බැඳි අය, යටපත් අය; තදබල වැඩ කරන්නා.
Slave, v. fig. තදබලලෙස වැඩකරනවා, ඉතාමත්ම වෙහෙසෙනවා.
Slave-dealer, Slave-trader, n. වාලුන් ගනුදෙනු කරන්නා, වාල් වෙළෙන්දා.
Slave-dealing, Slave-trade, n. වාල් වෙළඳාම &c.
Slave-holder, n. වාලුන් තබාගන්නා, වාලුන් හිමියා.
Slaver, n. වාල් වෙළඳාම් නැව.
Slavery, n. වාල්කම, දාසකම.
Slavish, a. වාලෙකු නැති, නීචලෙස යටත්වෙන; නීච, තදබල.
Slavonic, Sclavonic, a. පෝලන්තයේ පුරාණ වාසීන් සම්බන්ධ, සලවනික.
Slavonic, Sclavonic, n. සලවනික භාෂාව.
Slay, v. (ආයුධයකින්, බලාත්කාරයෙන්) මරනවා, මරුදමනවා.
Sled, Sledge, Sleigh (සෙලයි), n. (රෝද නැති) ලිස්සන කරත්තය, තුෂාර රථය.
[ඔය.
Sledge, n. sledge-hammer කුළුගෙඩිය, යකුළ, ලොකු
Sleek, a. සිනිඳු, සිලුටු, මසෘණ; fig මෘදු, ඉච්චාකාර.
Sleep, v. නිදාගන්නවා, නිදනවා, බුදියාගන්නවා, බුදියනවා, නිද්‍රෝපගතවෙනවා, සැතපෙනවා, of infants දොයියනවා; be asleep නිදාගෙන ඉන්නවා &c.
Sleep, n. නින්ද, සැතපුම, නිද්‍රාව.
Sleeper, n. නිදාඉන්නා &c.; අත්තිවාරම් දාමය, (දුම්රිය පාරේ) පිහිලි බාල්කය, සිලිපරය.
Sleepily, ad. නිදිමතලෙස, බුදිමත ආකාරයෙන්, උනන්දු නැතිලෙස.
Sleepiness, n. නිදිමතකම, බුදිමතකම, නිදිමතය, තන්ද්‍රතාව &c.
Sleeping, a. නිදන, නිදාඉන්න &c., නිද්‍රෝපගත; නිදි, නිද්‍රාජනක.
[රය.
Sleeping berth, n. (දුම්රියක *or* නැවක) නිදන කාම
Sleeping partner, n. යම් වෙළඳාමකට මුදලක් දී උනන්දුවක් නොමැතිව හවුලුතු කරන හවුල් කාරයා.
Sleepless, a. නිදානොගත්, නිදිමරන, නින්ද නොයන, අනිද්‍ර.
[යෙන්.
Sleeplessly, ad. නිදානොගෙන, නිදිමරා, අනිද්‍රාකාර
Sleeplessness, n. නින්දනොයාම ඔබ, අනිද්‍රතාව.
Sleepy, a. නිදිමත, බුදිමත, තන්ද්‍ර; fig. උනන්දු නැති.
Sleet, n. වැහි මිශ්‍ර තුෂාරය, වැහි තුෂාරය.
Sleeve, n. (ඇඳුමේ) අත; fig. laugh in one's sleeve රහසින් සිනාසෙනවා; pin to any one's sleeve අන්‍යයෙකුගේ කැමැත්තේ හැටියට කරනවා &c.

Sleeve, v. (ඇඳුමකට) අත් මහනවා; sleeved අත් ඇති (ඇඳුම).

Sleighing (ස්ලේයිං), n. තුෂාර රථයෙන් යාම.

Sleight (ස්ලයිට්), n. (අනිත් කරන) ව්‍යාජෝපාය &c., see Legerdemain.

Slender, a. සිහින්, තුනී, ඝනනැති, (දෙයක්); සිහින්ඇඟි කෘශාංග, ක්ෂීණ, (කෙනෙක්); අල්ප, මදි, අඩු (බුද්ධිය, බලපුළුවන්කම, භාවය &c.).

Slenderness, n. සිහින්කම &c.; සිහින්ඇඟිකම, කෘශාංගත්වය, ක්ෂීණතාව &c.

Slept, pret. & pp. of Sleep නිදාගත්තා &c.

Slew, pret. of Slay, මැරුවා &c.

Slice, n. පෙත්ත, පැතලි කැබැල්ල.

Slice, v. පෙතිගහනවා, පැතලි කැබලිකොට කපනවා.

Slick, n. පොසිකරපු ලෝපස්, කුඩුකළ රත්පස්.

Slid, pret. of Slide ලිස්සුණා.

Slid, Slidden, pp. ලිස්සා &c.

Slide, v. i. ලිස්සනවා, ලිස්සෙනවා, ලිස්සායනවා, ලිස්සීයනවා; ක්‍රමයෙන් වෙනස්වෙමින යනවා or යම් ස්වභාවකට වැටෙනවා; slide by, fig. ඉක්මනින් පහවීයනවා.

Slide, v. t. ලිස්සවනවා, ලිස්සවාගන යනවා.

Slide, n. ලිස්සීම, ලිස්සුම; ලිස්සන තැන, (බඩු) ලිස්සවා බාන බෑවුම; ලිස්සා වැටෙන ඒවා.

Slider, n. ලිස්සන්නා &c.; (යන්ත්‍රයේ, ආවුදයේ) ලිස්සන කොටඨාසය, ලිස්සුම් පොල්ල &c.

Slide-rail, n. (දුම්රිය අයිත්කිරීමට තිබෙන) ලිස්සුම් පිහිල්ල.

Slide-valve, n. (යන්ත්‍රයේ දුමේ යාමඊම හසුරුවන) ලිස්සුම් පියන.

Sliding-door, n. ලිස්සුම් දොර.

Sliding-rule, n ගණන් කෝදුව.

Slight, a. ටික, අල්ප, ස්වල්ප; දුර්වල, අබල; නොවැදගත්, සුළු.

Slight, n. (යමෙකුට කරන) සුළුකමක්, සුළුකිරීම, අවඥාව.

Slight, v. නොසලකා අරිනවා, සුළුකොට සලකනවා, සුළුකරනවා.

Slightly, ad. ටිකක්, අල්පලෙස, ස්වල්ප වශයෙන්; සුළුකොට.

Slightness, n. අල්පකම, ස්වල්පකම; දුර්වලකම; සුළුකම.

Slim, a. තුනී, සිහින්, සිහින්ඇඟි, ක්ෂීණ.

Slime, n. (බදුම සමාන) මඩ, ගොහොරුව, සෙවෙල, පෙද.

Slimy, a. ගොහොරු &c. ඇත්තාවූ, ගොහොරු; ගොහොරු ආකාර, සෙවෙල් වැනි.

Sling, n. ගල් පටිය; ගල් පටියෙන් වීසිකිරීම; (අත එල්ලන) පටිය; (බඩු බාන) කඹය.

Sling, v. වීසිකරනවා පටියෙන් වීසිකරනවා; කඹයෙන් උස්පාත් කරනවා.

Slink, v. නිවලෙස හැංගී යනවා, තුච්ඡලෙස අහකට යනවා; (මෘගදෙන) ගස්සාදමනවා.

Slip, v. ලිස්සනවා &c., see Slide, රූරනවා, රූටනවා;
   slip along ලිස්සී යනවා, ලිස්සලිස්සා යනවා;
   slip away රහසින් යනවා; ඉක්මනින් ගතවෙනවා;
   slip down ලිස්සී වැටෙනවා &c.; ලිස්සවා—ඇද—පහත්කරනවා;
   slip in or into ඇතුලට වැටෙනවා, රහසින් ඇතුල් වෙනවා or ඇතුල්කරනවා;
   slip off පහසුවෙන් or ඉක්මනින් ගලවනවා; ඉක්මනින් or රහසින් අහක්ව යනවා; යම් තැනකින් වැටෙනවා;
   slip on ඉක්මනින් දමාගන්නවා; අහම්බෙන් පිටට වැටෙනවා;
   slip out යම් තැනකින් වැටෙනවා or ඇදදමනවා; රහසින් අහක්ව යනවා or බේරෙනවා;
   slip any one or give any one the slip යමෙකුගෙන් රහසින් මග ඇර යනවා, මිදීයනවා;
   loose ලිහා අරිනවා or ඇදලා අරිනවා
   take off (රිකිලි) ඇද වෙන්කරනවා; omit පැහැර අරිනවා.

Slip, n. ලිස්සීම &c., ලිස්සුම; ඇදලා වෙන්කළ රිකිල්ල; ලිහෙන බල්ලු පටිය; (කඩදාසි &c.) දිග කෑල්ලක්, තීරුව; (ගංබඩ) බෑවුම; නැව් උස්සන යන්ත්‍රය, ඌෂ්මකරන යන්ත්‍රය; in geol. බෙදුම; mistake වැරදිල්ල, ප්‍රමාදදෝෂය, slip of the pen ලිපිදෝෂය.

Slip-knot, n. ලිස්සන ගැටය, අදිනහැර ගැටය.

Slipper, n. සෙරෙප්පුව, පාදුකාව, විසේලය; (රෝදයට අල්ලන) යකඩ පිල්ල.

Slipperiness, n. ලිස්සෙන ගතිය, සිලුටුකම &c.; මිදී යන ගතිය &c.

Slippery, a. ලිස්සෙන, සිලුටු, මසෘණ, (තැනක්); මිදී යන, ඇදීයන; චපල, අස්ථිර.

Slip-shod, a. go slip-shod සපත්තු හරියට දමානොගන යනවා; fig. හරි පිළිවෙළට නැති or නොකරන.

Slit, v. (රෙදි ආදී මෘදු දේ) දිගඅතට කපනවා or ඉරනවා, දිග ඉරුමක් කරනවා.

Slit, n. පටු කැපුම or ඉරුම, පැල්ම, විවරය.

Sloam, n. (ගල්අඟුරු ආකරවල) මැටිතට්ටුව.

Slobber, v. see Slabber.

Slogan, n. ස්කොට්ලන්ත සටසින්ගේ යුද්ධ ඝෝෂාව; රණබිමදී මාතෘකා කර ගන්නා පාඨයක්.

Sloop, n. එක කුඹයක් ඇති නැවක්, කප්පරය, සුලුප්පුව.

Slop, n. ඉහිරුණ වතුර, මඩකසිත්ත; pl. දියකෑම; (ගෙයි) කිලුටු වතුර.

Slop, v. (යමක් පිට) වතුර වැටෙන්ට අරිනවා, අප්‍රවේසම්කමින් ඉහිරවනවා.

Slope, n. පල්ලම, බෑවුම, බැස්ම.

Slope, v. ඇළකරනවා, පල්ලම්කරනවා; ඇළවෙනවා &c., ඇළවතිබෙනවා &c.

Sloping, a. ඇළවූ, පල්ලම්වූ, බෑවුම් ආකාර.

Sloppiness, n. මඩ ගතිය, ගොහොරුකම.

Sloppy, a. මඩ ආකාර. ගොහොරු.

Slopes, n. pl. බුරුල් ඇඳුමක්, බුරුල් කලිසම; කලින් සාදපු ඇඳුම්—ඇතිරිලි—ආදිය.

Slop-seller, n. ඇඳුම් වෙළෙන්දා.

Slop-shop, n. ඇඳුම් සාප්පුව

Slot, n. පැතලි පොල්ල; කුස්මකී හිල, තව්ව; v. කුස්මකී හිල් හාරනවා.

Slot, n. (අසිලකුණින් හෝ ඉවෙන් දැනගන්නා) මුවෙක් ගිය පාර.

Sloth, n. පාද අලසකම, කම්මැලිකම; (අමෙරිකාවේ) තඹුපාදියා.

Slothful, a. ඉතා අලස, කම්මැලි.

Slotting, n. කුස්මකී හිල් හෑරීම; slotting-machine කුස්මකිහිල් හාරන යන්ත්‍රය.

Slouch, n. ඔළුව කඩාගත ඉඳීම; අශෝභන සක්මන් ඊසිය.

Slouch, v. (තොප්පිය &c.) පහත්කර අඳිනවා, විකක් පහත—පැත්තකට—එල්ලනවා, පැත්තකට එල්ලී—පහත්වී—තිබෙනවා; අඹම කෙනෙකු මෙන් හැසිරෙනවා.

Slough, (සෞ) n. මඩවගුර, ගොහොරු තැන, මඩිත්ත.

Slough (ස්ලෆ්), n. (සර්පයාගේ &c.) හැවය, අහිහැවය; (වණයේ) කුණු මාංසය, ගත හැරව.

Slough (ස්ලෆ්), v. slough off කුණු මාංස—ගත හැරව—වැටෙනවා or වෙන්වෙනවා.

Sloughy (සෞයි), a. වගුරු ඇති, වගුරු ආකාර; (ස්ලෆි) කුණු මාංසාකාර.

Sloven, n. ගුලාමා, ඇඳුම් ආදිය ගැන නොසැලකිලි අය, යසමදි අය.

Slovenliness, n. ගුලාම්කම, යසරුව නැතිකම, පවිත්‍ර මදිකම.

Slovenly, a. ගුලාම්, යසරුව නොසලකන, පවිත්‍ර මදි, පිළිවෙළ මදි, නොසකස්.

Slow, a. හෙමින් යන or ක්‍රියාකරන, ඉක්මන් නැති, අතුරිත, පමාවූ; ප්‍රමාද, සුතංගු.

Slow, v. වේගය අඩුකරනවා or අඩුවෙනවා.

Slowly, ad. හෙමින්, හෙමිහිට, හිත්හැරේ, ඉක්මන් නැතුව, තිව්හැතෙන්.

Slowness, n. ඉක්මන් නැතිකම, අතුරිතකම, දීඝසූත්‍රතාව.

Slow-paced, a හෙමින් යන, මන්දගාමී.

Slow-worm, n. ගැඩවිලා.

Sludge, n. දියවූ මඩ, පල්.

Slue, v. ඇදලා හරවනවා or කරකවනවා.

Slug, n. පලාපණුවා; මුණ්ඩ වඩියක්, ලෝහ කැට යක්; slugs අභිසංස්කෘත ලෝපස්.

Sluggard, n. තද අලසයා, කුසීතයා.

Sluggish, a. උනන්දු නැති, මන්දෝත්සාහී, අතුරිත, සුතංගු; මන්දගාමී, (ගඟ &c.).

Sluice, Sluice-gate, n. දිය දොර, ජලද්වාරය, සොරොව්ව; fig. (යමක්) ගලාඑන ද්වාරය, උල්පත.

Slum, n. නුවරක අඹම කොටඨාසය, හීච මුඩුක්කු ඇති පැත්ත.

Slumber, v. අඩනින්දෙන් නිදනවා, සැතපෙනවා; fig. උනන්දුනොවී සිටිනවා; නොඇවිස්සී තිබෙනවා.

Slumber, n. අඩනින්ද, සැතපීම.

Slung, pret. & pp. of Sling.

Slunk, pret. & pp. of Slink නිවලෙස සංගවීගියා &c.

Slump, v. i. (මිදුණු දිය පිට යන කල්හි මෙන්) හදිසියෙන් ගිලෙනවා; n. බඩුමිල හදිසියෙන් පහත වැටීම.

Slump, v. t. එක ගොඩකට විසිකරනවා.

Slur, v. කිලුටුකරනවා, කොලහනවා; අප්‍රවේසම් ලෙස—ස්වල්පවශයෙන්—කරනවා; in mus. ශබ්ද එකිනෙකට අල්ලා ගායනාකරනවා.

Slur, n. පැල්ලම, lit. & fig. කැළල, අපවාදය; in mus. සංඅභිරේඛාව (වන ⌒ මෙය).

Slush, n. ඉතා දියමඩ, බුරුල් මඩ, ජලමිශ්‍ර තුෂාර; තෙල් කලවම.

Slushy, a. දිය මඩ ඇත්තාවූ, ජල මිශ්‍ර තුෂාර සහිත; මෘදු තෙල ආකාර.

Slut, n. කිලුටු or අපවිත්‍ර ගෑනි, අඹම ස්ත්‍රී.

Sluttish, a. කිලුටු, නොසැලකිලි.

Sly, a. ප්‍රයෝග, දඟකාර, රහසිගතව ක්‍රියාකරන, රහසිගත; on the sly රහසින්.

Slyly, Slily, ad. ප්‍රයෝගලෙස &c., රහසිගතව.

Slyness, Sliness, n. දඟකාරකම, රහසින් ක්‍රියාකරන බව.

Smack, v. with the lips, තළුගසනවා, තළුමරනවා; with the hand &c. අතුල්පහර දෙනවා; කසය පුපුරවනවා; smack—savour—of anything යමක රස—ගුණ—සහිතව තිබෙනවා.

Smack, n. තළුගැසීම &c; තළුගැසීමෙ ශබ්දය &c.; (යම් දෙයක) රස මදක් or ගුණ මදක්, ඕංගිත්තක්.

Smack, n. එක රුවලක් ඇති කුඩා නැවක්, හම්බාන, කප්පරය.

Small, a. in size කුඩා, පුංචි, හීන්, තුනී, ක්ෂුද්‍ර, කනිෂ්ඨ, short අකුටු, මිටි, කොට; in number or quantity ටික, අල්ප, ස්වල්ප, මද; in degree අඩු, සුළු, සුළුපටු; හීන් (ශබ්ද).

Small, the, n. හීන්—තුනී—පටු—කොටඨාසය or තැන.

Small-arms, n. pl. (කාලතුවක්කුව නොවන) කුඩා යුද්ධායුධ.

Small-beer, n. සැර නැති බීර.

Small-clothes, n. කලිසම.

Small-craft, n. කුඩානැවක් or කුඩා නැව් ජාති.

Small-hand, n. හීන් අකුරු.

Smallish, a. මදක් කුඩා &c.

Smallness, n. කුඩාකම &c.

Small-pox, n. වසූරිය, මසූරිය, මසූරිකාව, මහලෙඩ.

Smart, v. පුපුරුගහනවා, විසගහනවා, කිස්කනවා; (තපුරුකමෙ, මෝඩකමෙ) එල විඳිනවා; (අයුකති යෙන්) සිත් වේදනා විඳිනවා, සිතට ඇනෙනවා.

Smart, n. පුපුරුගැහීම &c., කිස්කෑම; fig. සිත් වේදනාව.

Smart, a. සැර (පහර); දක්ෂ, කඩිසර, තුරිත; කළේලි.

Smarten, v. උනන්දුකරනවා, තුරිතකරනවා.

Smartly, ad. සැරලෙස; හපන්ලෙස &c.; අසික කලේලියට.

Smartness, n. සැරකම; හපන්කම &c., කෞශල්‍යය; අසික කලේලිය.

Smash, v. පොඩිකරදමනවා, බිඳිනවා; n. පොඩිකර දැමීම; නාශනය.

Smatter, v. දැනගැම්ම මදිකමින් කථාකරනවා, ශාස්ත්‍ර ගණ්ඩයෙන් කථාකරනවා.

Smatter, Smattering, n. ස්වල්පදැනගැම්ම, අල්පමාත්‍ර ඥානය, ශාස්ත්‍රගණ්ඩය.

Smatterer, n. අල්පදැනගැම්ම ඇත්තා, ශාස්ත්‍ර ගණ්ඩයා.

Smear, v. ගානවා, තවරනවා, ලේපකරනවා; ගෑවෙනවා, තැවරෙනවා.

Smeared, pp. or a. ගා &c.; ගාපු &c., ගෑවී—තැවරී—තිබෙන, ලිප්ත, ආලිප්ත.

Smearing, n. ගෑම, තැවරීම, ලේපනය, ලිම්පනය; ගෑවීම.

Smell, n. the faculty ගන්ධය දැනීම, ඝ්‍රාණය, ඝ්‍රාණේන්ද්‍රිය; scent ගන්ධය, ගඳ.

Smell, v. ගන්ධය දැනෙනවා, ඝ්‍රාණය—ආඝ්‍රාණය—වෙනවා or කරනවා; sniff ඉඹිනවා, ඉවඅල්ලනවා; emit scent සුගඳ දෙනවා; ගඳ—දුගඳ—ගහනවා; this cask smells of arrack මේ පිප්පයේ අරක්කු ගඳ—පුස්බ—තිබෙනවා.

Smelled, Smelt pret & pp. ගන්ධය දැනුණ &c.

Smelling, n. ගන්ධය දැනීම &c., ඝ්‍රාණය, ආඝ්‍රාණය, ඝ්‍රාණේන්ද්‍රියය, ඝ්‍රාණවිඥානය.

Smelling-salts, n. (ඉඹීමට) සුවඳ රසායන වර්ගයක්.
Smelt, v. (ලෝහ) උණුකරනවා, මකනවා.
Smeltery, n. ලෝහ උණුකරන පට්ටලය.
Smile, n. මදලෙස සිනාසෙනවා, smile upon සුමුඛ වෙනවා, ප්‍රසන්නය පානවා; fig. අප්‍රාණික දේ (තුමූත්) ප්‍රසන්නව පෙනෙනවා, (ඉරණම &c.) කල්‍යාණව තිබෙනවා.
Smile, n. මදලෙස සිනාසීම &c. මදසිනාව, මදහස, මන්දහාස්‍යය; scornful smile &c. ගර්හා සිනාව අවඥාවාස සිනාව &c.
Smiling, p. *or* a. සිනාසෙන, සිනාසෙනසුලු, සිනා, සස්මිත, ප්‍රසන්න, (කෙනෙක්, මුහුණ.)
Smirch, v. කිලුටුකරනවා, කුණු ගානවා.
Smirk, v. ව්‍යාජලෙස සිනා මුහුණක්—*or* මෘදු ගුණයක් —පානවා *or* මදක් සිනාසෙනවා.
Smirk, n. ව්‍යාජමන්දහාස්‍යය, ව්‍යාජසුමුඛ පෑම.
Smite, v. ගහනවා, පහරදෙනවා, ඝාතනයකරනවා; the hands together, අත් හපාගහනවා; pret. smote ගැහුවා &c.
Smith, n. ආචාරියා, ලෝකරුවා, ලෝකුරුවා. See Blacksmith &c.
Smithing, n. ආචාරිවැඩ, ලෝහ කර්මාන්තය.
Smithy, n. කම්මල, යකම්මල, ආචාරි පට්ටලය, යකඩ වැංකලය, ලෝහල.
Smitten, pp. of Smite ගහනුලැබ, පහරලැබ; fig. (ආශාවක් &c) හිතට වැදී.
Smock, **Smock-frock**, n. (ග්‍රාම්‍යයාගේ) බුරුල්වූ පිට ඇඳුමක්.
Smoke, n. දුම, දුමාරය, ධූමය; fig. පහවෙන දේ, හිස්කම.
Smoke, v. (ගින්නෙන්) දුම්ගහනවා, දුමාරය නගිනවා, දුම—ධූම—නගිනවා; දුම් ගස්වනවා; (කෑමට) දුම් වදිනවා, දුම් කවනවා; දුමෙන් වේලවනවා; දුම් කොළ බොනවා.
Smoked, pp. *or* a. දුම් වැදී තිබෙන (කෑම); smoke-dried දුමෙන් වේලවාපු (මස් &c.).
Smoker, n. දුම් බොන්නා, ධූමපානය කරන්නා.
Smokiness, n. දුම්ගසන ගතිය &c., see Smoky.
Smoking-room, n දුම් බොන ශාලාව.
Smoky, a. දුම්ගසන, දුම් ගහනවූ; දුම් වැදීතිබෙන, දුඹුල් (රස); දුමාර ආකාර, ධූමාකාර.
Smooth, a. සිලුටු, මටසිලුටු, සිනිඳු, මසෘණ; රළු නැති, රැළ—වැකරැලි—නැති; bland සෞම්‍ය; (කතාව) මධුර.
Smooth, v. සිලුටු—සිනිඳු—මසෘණ—කරනවා, රළුකම —රැළි—වැකරැලි—අරිනවා; සමතලාකරනවා; සෞම්‍ය—මධුර—කරනවා; fig. අමාරු—අපහසුකම් —අරිනවා, (කාරණ) මදිදනයකරනවා.
Smooth-faced, a. මෘදු--සෞම්‍ය—පෙනීමක්ඇත්තාවූ.
Smoothly, ad. එඩා නොහෙල්වී (යනවා, ගලනවා); ඇනහිටින්නේ නැතුව; මසෘණලෙස, සෞම්‍යලෙස, (කථාකරනවා); අමාරු—බාධා—නැතුව, සමාදන ලෙස.
Smoothness, n. සිලුටුකම &c.; රළු නැතිකම &c.; සෞම්‍යතාව.
Smoothed-tongued, a සෞම්‍යකථාකාර; ඉච්චාකාර.
Smother, v. හුස්ම නවත්වා මරනවා; (දුම්ල්ලෙන් &c.) වසනවා; (ගින්න) වසා නිවනවා; fig. (කාරණ) යටපත්කර දමනවා.
Smoulder (සෙමෝ...), v. නොදල්වී දුවෙනවා *or* දලා යනවා; fig. (වෛරය &c.) රහස්ලෙස පවතිනවා.

Smudge, v. (දුඹුලුමලින්, තීන්තෙන් &c.) කිලුටුකර නවා, මලිනකරනවා.
Smuggle, v. (තීරුව නොගෙවා බඩු) හොරෙන්—රහසින්—ගෙනෙනවා *or* ගෙනයනවා.
Smuggler, n. හොරෙන් ගෙනෙන්නා; බඩු හොරෙන් ගෙනෙන නැව.
Smut, u. දුඹුලු පොදක්; දුඹුලු ලපය; අශිෂ්ට *or* අසභ්‍ය ඝෝෂාව. (ධාන්‍යවල) දුඹුලු රෝගය.
Smutch, v. කළුකරනවා.
Smutty, a. දුඹුලු ගෑවී—වැදී—තිබෙන, මලින, කිලුටු, අශිෂ්ට, අසභ්‍ය.
Snack, n. කෑම ලොඩ්ඩක්, ඉක්මන් අතුරුපසක්; go snacks (coll.) හවුලේ පොඩ්ඩක් ලබනවා.
Snaffle, n තනි යකඩයක් ඇති කටකලියාව, තනි කටකලියාව.
Snag, n. ඉතුරු අතුකැල්ල; රළු තෙරුම, ගැටය; (කිඳුණු ශාඛයින්) තෙරන කැල්ල.
Snag, v. පොරවෙන් රළු ලෙස කපනවා; (පල්ලේ තිබී) තෙරුපු ශාඛකට වදිනවා. *or* අහුවෙනවා.
Snaggy, a. ඉතුරු අතුකැලි බහුලවූ, රළු තෙරුම්—ගැට—ගහනවූ.
Snail, n. ගොම්බෙල්ලා, කුණුමැල්ලා, ගොලුයා; fig. අතුරිතයා, අලසයා.
Snake, n. සර්පයා, උරගයා, භුජඞ්ගයා; v. (නැවේ කඹයක් වටකර) හීන් ලනු වෙලනවා.
Snake-catcher, **Snake-charmer**, n. සර්පයන් අල්ලන්නා, නයි නටවන්නා, අහිගුණ්ඨිකයා.
Snake-gourd, n. පතෝල, පටෝල, දුම්මැල්ල. (වැල, කරල).
Snakish, **Snaky**, a. සර්පයන් සහිත; සර්පාකාර; වක්ව යන; fig. රැවටිලි, ඉච්චාකාර. [බිදෙනවා;
Snap, v. එකපාරට කඩනවා, බිඳිනවා *or* කැඩෙනවා,
snap at හපාකන්ට හදනවා; fig හදිසියෙන් සැරකරනවා;
snap up ඩැහැගන්නවා; fig. හදිසියෙන් අල්ලා ගන්නවා *or* අත්කරගන්නවා;
snap the fingers අඟුරු—අසුරු—ගහනවා.
Snap, n. එකපාරට කැඩීම *or* බිඳීම; හපාකන්ට තැත්කිරීම *or* හදිසි හැපීම &c.; පිපිරුමේ—හැස් සීමේ—ශබ්දය; (යමක් වසා තිබීමට) වැටෙන කොක්ක, කුඩා යතුර;
in a snap *or* moment අසුරු සැණෙකින්.
Snappish, a. හපන, හපාකන්ට ලැදි; fig. සැරකෙරීමට ලැදී.
Snappishly, ad. තරහලෙස, සැරලෙස.
Snap-shot, n. ඉක්මනින් ගත්තා ඡායා රූපය.
Snare, n. මල, මලපත, පුඩුව, තොණ්ඩුව, උගුල, පාශය. [අසුකරනවා.
Snare, v. මලෙන් &c. අල්ලනවා; fig. ප්‍රයෝගයෙන්
Snarl, v. (බල්ලා මෙන්) ගොරවනවා; fig. කොඳුර නවා, රළුලෙස කථාකරනවා.
Snarl, n. හීන් ගෙරවීම; කෙඳිරීම &c.
Snarler, n. තරහෙන් ගොරවන්නා, කොඳුරන්නා, තරහකාරයා.
Snatch, v. හදිසියෙන් අත දමාගන්නවා *or* උදුරාගන් නවා; snatch at උදුරාගන්ට හදනවා *or* හදිසියෙන් අත දමනවා.
Snatch, n. හදිසියෙන් අත දමාගැනීම &c.; දුහුවී බලවත් උත්සාහයක් *or* ක්‍රියාකිරීමක්; යමකින් අල්ලාගත්ත විකක්: a snatch of sleep විකක්වත් නිදාගැනීම, දුහුවී නින්දක්.

Sneak, v. නිවලෙස—අධමලෙස—ඉච්චාවෙන්—හැසිරෙනවා ; sneak off &c. නිවලෙස සැඟවීයනවා.

Sneer, v. (බැල්මෙන්) නිග්‍රහකරනවා, මුහුණ පැඟිරිකර ගර්හාකරනවා or සුළුකරනවා.

Sneer, n. (බැල්මෙන්) නිග්‍රහකිරීම &c., නිග්‍රහ බැල්ම, නිග්‍රහය.

Sneeze, v. කිඹිහිනවා, කිඹිසිනවා, කිව්සිනවා.

Sneeze, n. කිඹිහීම &c., කිඹිහිල්ල.

Sniff, v. ඉහිනවා, සිඹිනවා, ඉව අල්ලනවා, ඉවකරනවා.

Snifting-valve, n. (ධූම යන්ත්‍රයෙන්) වායු යන දොරය, වායුදොරය.

Snip, v. එකපාරට කතුරෙන් කපනවා.

Snip, n. (එසේ) කතුරෙන් කැපීම, කතුරු කැපුමක් ; කපාපු කුඩා කෑබෙල්ල.

Snipe, n. වටුවා, කැස්වටුවා, තිත්වටුවා &c. ; fig. මෝඩයා.

Snippet, n. කුඩා කෑබෙල්ල.

Snivel, v. සොටු යනවා ; (ළමයින් මෙන්) නාසේ ශබ්ද ඇතුව අඬනවා.

Sniveller, n. නාසේ ශබ්ද ඇතුව අඬන්නා ; fig. සුළු කාරණාවකට වැලපෙන්නා.

Snob, n. තමා උත්තමයෙක්යයි අඟවන අධමයා, ව්‍යාජෝත්තමයා.

Snobbish, a. (ඒයාකාර) ව්‍යාජෝත්තම, අධම.

Snobbishness, Snobbism, n. ව්‍යාජෝත්තමතාව, උඩඟු අධමකම.

Snooze, n. ස්වල්ප නින්ද ; v. මඳ වේලාවක් නිදනවා.

Snore, v. නින්දෙන් ගොරවනවා ; n. නින්දෙන් ගෙරවීම.

Snort, v. (අශ්වයෙකු මෙන්) නාසයෙන් හුස්ම ඇර ශබ්දකරනවා, හුං-කාර කරනවා.

Snot, n. (E. low) සොටු, සොටු.

Snotty, a. සොටුවලින් කිලුටු ; fig. කැත, අධම.

Snout, n. හොම්බ, තොම්බ, හොස්ස ; නළ-කට.

Snow, n. තුෂාරය, හිම.

Snow, v. තුෂාර වැටෙනවා ; snow up තුෂාර වැටී ඇහිරෙනවා.

Snow-ball, n. තුෂාරගෝලය ; v. තුෂාරගෝල වීසිකරනවා.

Snow-capped, Snow-capt, a. තුෂාර මස්තක, මුදුනේ හිම ඇති.

Snow-drift, n. තුෂාර ගොඩ, තුෂාර වැපිය.

Snow-drop, n. සුදු මල් වර්ගයක්, තුෂාර පුෂ්පය.

Snow-flake, n. තුෂාර පෙත්තක්.

Snow-line, n. තුෂාර දියනොවෙන මට්ටම, තුෂාර මට්ටම.

Snow-plough, n. (තුෂාර අහක්කරන) තුෂාර නගුල.

Snow-shoe, n. (තුෂාර පිට යාමට සාදපු) තුෂාර පාදුකාව.

Snow-storm, n. තුෂාර කුණාටුව.

Snow-white, a. තුෂාරාකාර සුදු, හිම මෙන් සුදු.

Snowy, a තුෂාර ඇති, තුෂාර ගහනවූ, තුෂාර බහුල ; තුෂාරාකාර, නිර්මල.

Snub, v. ඇනුම්පදයකින් පහරක් දෙනවා, ඔසියරු කීමකින් තරවටුකරනවා.

Snub-nose, n. කොට නාසය.

Snub-nosed, a. කොට නාසයක් ඇති.

Snuff, n. කරඬු පඟන්කඩය, අඟුරු පහන්කඩය ; දුම්කුඩු.

Snuff, v. (කුඩු &c.) නාසයට ඇදගන්නවා, or උරනවා ; සැරලෙස හුස්ම නාසයට ඇදගන්නවා ; (එසින්) ඉව අල්ලනවා ; පහන්කඩේ අඟුර කපනවා.

Snuff-box, n. දුම්කුඩු හෙප්පුව.

Snuffers, n. පහන් කතුර.

Snuffle, v. නාසයෙන් ශබ්දකර කථාකරනවා ; නාසයෙන් අමාරුවෙන් ආශ්වාසප්‍රශ්වාසකරනවා.

Snuffles, n. සොටුවලින් නාසේ හිරවීම, නාසේ අඩස්සිය.

Snug, a. මුවාවූ අප්‍රකාශවූ (තැනක්) ; be, v. මුවාවී, අප්‍රකාශව සිටිනවා ; (කාරණ) එළිනොකර සිටිනවා ; නිසි පිළිවෙළට තිබෙනවා.

Snuggery, n. යහ හැඟසිලි තැනක්.

So, ad. & conj. thus, in this manner මෙසේ, මෙලෙස, මෙයාකාරයෙන් ;

in that manner, එසේ &c., ඔයාකාරයෙන් ;

so...as පමණ, තරම් : මේක පමණ &c. ඒක ලොකු නැත ;

so as, so that (කරන &c.) ලෙස, හැටියට, මෙන්, තරම් ;

so, so then, therefore, මෙසේ &c., මෙසේනම්, එබැවින්, ඉන්නිසා ;

so likewise, so also, එමෙන්ම, එම ආකාරයෙන්ම ;

so...as this or that මෙපමණ, එපමණ, ඔපමණ, මෙච්චර &c., මෙසා ;

so so වඩා වරදක් නැත ; only so so වඩා හොඳ—සතිප—නැත ; and so forth යනාදිය.

The so-called friend මිත්‍රයායයි කියනලද අය.

This is *so* good &c. මෙය බොහෝම හොඳයි &c.

Soak, v. t. පොඟවනවා ; fig. සටයන්නාසේ බොනවා.

Soak, v. i. (දියට යමක්) පොඟනවා, පෙඟෙනවා ; (දිය යමකට) පෙවෙනවා ; soak up බීගන්නවා.

Soakage, n. (යමකට) පෙඟෙන—බීගන්න—ප්‍රමාණය.

Soaking, p. or a. පොඟවමින් &c. ; හොඳට පෙඟෙන or තෙමෙන (වැස්ස).

Soap, n. සබන් ; v. සබන් ගානවා.

Soap-berry tree, n. පෙනෙල ගහ, ජේතිලය, අරිෂ්ටය, අරිෂ්ටකය.

Soap-boiler, n. සබන් සාදන්නා.

Soap-boiling, n. සබන් හැදීමේ වැඩය.

Soap-bubble, n. සබන් වතුරෙන් නගින ගෝලය.

Soap-suds, n. pl. සබන්-වතුර.

Soapy, a. සබන්මුසු, සබන් ගාපු ; සබන් ආකාර, මසෘණ.

Soar, v. ඉහළ පියාසරකරනවා, ආකාශයේ ඉහත්පී ඉන්නවා ; fig. අත්‍යුත්කෘෂ්ටලෙස කල්පනා—or ප්‍රාර්ථනා—කරනවා, අත්‍යුත්කෘෂ්ට වාග්ශාකාරයෙන් කථාකරනවා.

Sob, v. ඉකිබිඳිනවා, ඉකිගසනවා, උක්කගහනවා.

Sob, n. sobbing, ඉකිබිඳීම, ඉකිගැහුම.

Sober, be, *or* a. මත්ගොපී සිටිනවා ; මත්නොවෙන, බේබදුකම නොකරන ; උමතුනොවන, සන්සුන් ; නිශ්චල, අපක්ෂ, නුවණවහුරු, (කල්පනා) ; දීප්තය නැති, නොබැබළෙන, (පාට, පෙනීම).

Sober, v. මත්ගතිය අරිනවා ; fig. උමතුකම අරිනවා, සන්සුන්කරනවා.

Soberly, ad. fig. උමතුනොවී, සන්සුන්ලෙස, නිශ්චලලෙස.

Sober-minded, a. සත්පුත් ගතියක් ඇත්තාවූ, සත් පුත්, ශාන්ත.

Soberness, Sobriety, n. වෙරි නැතිකම, මත්නොවන ගතිය ; සත්පුත්කම, තලතුනාකම.

Soboliferous, a. මුලින් පැළ අටගන්න, මොරෙසියන් දරන. [නාමය.

Sobriquet (සෝබ්‍රිකේ), n. Fr. කවට නමක්, පරිහාස

Soccer, n. පා පන්දු ක්‍රීඩාව.

Sociability, Sociableness, (socia සෝෂ). n. සාමාන්‍ය මිත්‍රභාවය, මිත්‍රවත්සලතාව, සුශීලතාව, සාංගති කතාව.

Sociable, a. සමාගම් පැවැත්වීමට ළැදිවූ, සංගම ප්‍රිය, මිත්‍රවූ &c., see Social.

Sociably, ad. අනුත්ට මිත්‍රවගයෙන්, මිත්‍රවත්සලාකාර යෙන්, සාංගතිකලෙස.

Social, a. (රටවාසීන්ගේ, අසල්වාසීන්ගේ, පවුලේ) අන්‍යෝන්‍ය, සාංසර්ගික, (පුතුකම් &c.), සමාජයක් පිළිබඳ (: social service සමාජ සේවය *or* සේවාව) ; sociable සාමාන්‍යයෙන් මිත්‍රවූ, මිත්‍රවත්සල, සුශීල, සාංගතික.

Socialism, n. see Communism.

Socialist, n. වස්තු සමෙභෝගමතිකයා.

Sociality (සෝෂිඇලිටි), n. see Sociability.

Socialize, v. රාජ්‍යයක්—සෙනගක්—කොට එකට වාසයකරවනවා. [යෙන්.

Socially, ad. සාංසර්ගිකාකාරයෙන් ; තරාතිරම් වශ

Society, n. සමාගම, සභාව, සඞ්ගමය, සමාජය ; රට වැසියෝ, මහජනයා, ලෝකයා ; සහභාගි ජනයා ; උතුම් උදවිය.

Socinian, n. මනුෂ්‍යභාව දෘෂ්ටියා. See Humanitarian.

Socinianism, n. සොසෙනස් නම්වූ අයගේ ගුරුකම්, sp. මනුෂ්‍යභාව දෘෂ්ටිය.

Sociology, n. social science සමාජ විඥානය.

Sock, n. කොට මේස්එක, pl. කොට මේස්.

Socket, n. (ඉටිපන්දම &c. හිටවන) නළය, වළ, කෙවෙනිය, විදමන, තව්ව ; ඇස්වළ.

Socket-chisel, n. කුඹ්ම්බි හිල් ශාරන නියන, තව් නියන.

Socket-joint, n. කුහර සන්ධිය.

Socle, n. මිටි පදනම.

Socratic, Socratical, a. සොක්‍රටීස් නම පණ්ඩිත යාගේ තර්කවිධිය ආකාර, සොක්‍රටික න්‍යාය ශාස්ත්‍ර, සොක්‍රටික (විධිය). [ගහනවා.

Sod, n. තණ පිඩැල්ල ; පිඩැල්ල, v. (බිමේ) පිඩැලි

Soda, n. සෝඩා නම්වූ රසායන ද්‍රව්‍ය, සජ්ජිකා, ක්ෂාර *or* සජ්ජිකාක්ෂාර.

Sodden, pp. of Seethe තම්බා, තැම්බී ; තම්බාපු, තැම්බීතිබෙන.

Sodomite, n. සොදොම් නුවර වාසියෙක් ; (ඒ නුවරුන් මෙන්) අස්වාභාවික දූෂකයා. [නය.

Sodomy, n. අස්වාභාවික දූෂක ක්‍රියාවක්, පුං මෛථු

Sofa, n. (දෙඅස් ඇති) කවිච්චිය, හාන්සි ආසනය, සෝපාව.

Sofi, n. පාර්සියාවේ මහමත් තාපසයා.

Sofism, n. මහමත් තාපසයින්ගේ රහස් ගුරුකම, මහමත්තාපස ධර්මය.

Soft, a. මෘදු, මොළොක්, මෙළෙක් ; අදෘඪ, තදනැති, සැරනැති ; with smoothness සෞම්‍ය, මසෘණ, කෝමල ; tender ළපටි, සුකුමාර ; මධුර (නාද,) මන්ද (එළිය), නිශ්චල, සුමිහිරි, (නින්ද) ; fig. සජීර මදි, (කොයිච්කටත්) යටත්වෙන ; සිහිමදි, ළපටි.

Soften, v. මෘදුකරනවා &c., තදකම &c. අරිනවා ; (තරම, වරද &c.) බාලකරනවා, මද්දනයකරනවා ; මෘදුවෙනවා &c., තදකම &c. ඇරෙනවා.

Softening, n. මෘදුකිරීම &c., මෘදුවීම &c., in paint. (ක්‍රමයෙන්) වර්ණ මිශ්‍රණය.

Soft-headed, a. සිහියෙන් දුර්වල, සිහිමදි, මෝඩ.

Soft-hearted, a. සිතින් මෘදු, සෞම්‍ය, දයාබර, සෘදයවත්.

Softish, a. මදක් මෘදු &c., ළපටි ආකාර.

Softly, ad. මෘදුලෙස &c., සැර නැතිලෙස ; හෙමින්, හෙමින්, ඝෝෂා නොකර.

Softness, n. මෘදුකම &c., අදෘඪතාව &c., සෞම්‍ය තාව &c., මාද්දවය, රළුනැතිකම, දළනැතිකම.

Soft-palate, n. උඩුතල්ලේ පස්සා පංගුව, මෙළෙක් උඩුතල්ල.

Soft-palate, n. උඩුතල්ලේ පස්සා පංගුව, මෙළෙක් උඩුතල්ල.

Soft-soap, n. දිය සබන්.

Soft-stem, n. (වැල් මෙන්) මෙළෙක් දණ්ඩ.

Soft-water, n. ආම්ලරහිත ජලය, හුනු නුමුසු වතුර, වැහිවතුර.

Soi-disant (ස්වාඩිසාං), Fr. (අසවලෙක්යයි) තමාට කියාගන්න *or* හඟවන.

Soil, n. පස්, පාංශුව ; බිම ; කුණු, කසළ ; කිලුට, පැල්ලම. [වා.

Soil, v. කිලුටුකරනවා, මලිනකරනවා, අපවිත්‍රකරන

Soiled, pp. *or* a. කිලුටුකරපු &c , කිලුටුවූ, මලින.

Soiree (ස්වාරේ), n. Fr. (මිත්‍රවූ) සන්ධ්‍යා සම්මුතිය.

Sojourn, v. (කලකට) පොරොත්තුවෙනවා, හිටිනවා, ප්‍රවාසයකරනවා ; B. P. during the rains වස් වසනවා.

Sojourn, n. පොරොත්තුවීම &c., පොරොත්තුව, ප්‍රවාසය.

Sol, n. L. සූර්යයා.

Sol. Solicitor නීතිඥයා.

Sol, n. තූර්යක්‍රමයේ පස්වෙනි ශබ්දය.

Solace, v. සනසනවා, සැලවනවා, සැනසිලිකරනවා.

Solace, n. සැනසිලිදායක කාරණාව, සැනසිල්ල, අස් වැසිල්ල.

Solanum, n. අත්තපල්, වම්බටු, තක්කාලි, ආදිය අඩංගු ගස් ජාතිය.

Solar, a. සූර්යයාට අයිතිවූ, සූර්ය : solar cycle සූර්ය කාලචක්‍රය ; [චක්‍රය.
solar day &c. සූර්ය දිනක්, සූර්යමාසයක්, සූර්ය
solar spots සූර්ය ලප, සූර්ය පල්ලම්.
solar system සූර්යතාරකා පංක්තිය.

Sold, pret. & pp. of Sell වික්කා, විකුණුණ ; විකුණ, විකොට, විකුට.

Solder, v. (ලෝහ) පාස්සනවා, පාසනවා.

Solder, n. (පෑස්සීමට ගන්න) ඊයම් ආදී ද්‍රව්‍ය.

Soldier, n. භේවායා, සේවායා, භේවාපත්තක්කාරයා, භේවාභටයා, යුධභටයා, හොල්දදුවා.

Soldier-like, Soldierly, a. භේවායෙකු වැනි, වික්‍රමා කාර, නිර්භීත, උත්සාහාකාර.

Soldiership, n. භේවාභට ගුණාංගය, යුද්ධදක්ෂකම.

Soldiery, n. භේවාසෝ, භේවාසමූහය, භේවා සමුදාය.

Sole, n. gen. පතුල, යටිපතුල ; of the foot පාද පතුල, පාදතලය ; සපත්තුවේ අඩිය *or* පතුල ; the fish පතාමැසියා, පලාමඩුවා.

Sole, v. පතුලක් දමනවා, (සපත්තුවට) අමුතු අඩියක් දමනවා.

Sole, a. the sole එකම, අනන්‍ය, අද්විතීය.

Solecism, n. රීතියට විරුද්ධ කීමක්, අපභ්‍රංශ වාක්‍යයක්, ප්‍රතිවිරෝධයක්.

Solely, ad. පමණක්, විතරක්, තනියම, එකලාව.

Solemn, a. (ආගමික—පරලොව—කාරණා මෙන්) හිතට වැදියන, හෘදයංගම, (මරණය මෙන්) ඉතා බරපතළ, ඉතා වැදගත්, ඉතා ගරුගම්භීර; (පෙති මෙන්) ඉතා සන්සුන්.

Solemness, Solemnity, n. හිතට වැදියන භාවය, හෘදයංගමභාව &c., ඉතා සන්සුන්ලීලාව

Solemnity, n. (ආගමේ) බරපතළ චාරිත්‍රයක්, වැදගත් පිළිවෙතක්.

Solemnize, v. ආගමේ චාරිත්‍ර ඇතුව පවත්වනවා; නිසි සන්සුන්කමට පමුණුවනවා.

Solemnly, ad. හිතට වැදීයනලෙස, හෘදයංගමාකාරයෙන්; ඉතා සන්සුන්ලෙස; ඉතා බරපතළ දෙයක් කොට; නියම චාරිත්‍ර ඇතුව.

Soleness, n. එකමකම, අනන්‍යතාව, අද්විතීයතාව.

Sol-fa, v. තූර්යක්‍රමයේ ශබ්ද නගනවා *or* ඒ ශබ්ද වලින් ගීකියනවා.

Solfatara (සොල්ෆටාරා), n. It. ගිනිකන්දෙන් ගෙන්දගම් ආදිය නික්මෙන විවරය, ගන්ධක මුඛය.

Solicit, v. මදක් ඔනෑකමින් ඉල්ලනවා, අයදිනවා, ආයාචනාකරනවා; fig. අනුකර්ෂණයකරනවා, පොළඹනවා. [අනුකර්ෂණය.

Solicitation, n. ඔනෑකමින් ඉල්ලීම &c., ආයාචනාව,

Solicitor, n. ඔනෑකමින් ඉල්ලන්නා; නීතිඥයා, අද්වකාත්තැන, පෙරකදෝරුවා.

Solicitor-general, n. රාජබන්ධ නීතිඥතැන, දෙවෙනි රාජකීය නීතිඥතැන.

Solicitorsnip, n. නීතිඥධුරය, පෙරකදෝරුකම.

Solicitous a. (යමක් කිරීමට *or* වීමට) ඉතා කැමතිවූ *or* ආශාවෙන්නාවූ; (කොහොම වේද කියා) අනුමාන සිතින් සිටින *or* සංවේගවූ.

Solicitude, n. තද කැමැත්ත, සැලකිල්ල; අනුමානයෙන් සිටීම, සංවේගය.

Solid, a. (දියමත් හුමාලමත් නොවන) ඝන, සම්බල, (ශිතනි &c.); ස්ථිර, චලංගු, බලගතු, බරපතළ, (කාරණා, තර්ක); බරවූ; solid angle, in geom. (කොන් තුනක්වත් අඩංගු) ඝන කෝණය.

Sold, n. ඝන දෙයක්, ඝනයක්; pl. in anat. (ශරීරයේ) දෘඪ කොටස් (වන අස්ථි, මාංසාදිය).

Solidification, n. ඝනකිරීම &c., (දියව තිබී) ඝනවූ ස්වභාව, මිදුණු ගතිය.

Solidify, v. (දිය ජාති) ඝනකරනවා, දෘඪ—ඝන—කරනවා, මුදවනවා; ඝන—දෘඪ—ඝන—වෙනවා, මිදෙනවා.

Solidity, Solidness, n. ඝනභාවය, දෘඪතාව; සවිය, සම්බලකම &c., see adj.

Solidly, ad. ඝනලෙස, සවිලෙස, බලගතුලෙස.

Solid-measure, n. ඝන මැනීම, ඝනමානක ක්‍රමය.

Solidungulate, Soliped, n. (අශ්වයා මෙන්) කුර බෙදිනැති සතෙක්.

Solidungulous, Solipedal, Solipedous, a. කුර බෙදී නැති. [නවා.

Soliloquize, v. තනියම—උදකලාව—කථාකරගන්

Soliloquy, n. (අනුන් ඉදිරිපිටදී නුමුත්) තනියම කථාකරගැනීම, තනියමකරගන්න කථාව, උදකලාවූ කථාව; උදකලාවූ කථා රචනාව.

Solitaire, n. උදකලාව වාසයකරන්නා, වනවාසියා; තනි බොත්තමක්; උදකලාවූ ක්‍රීඩාව.

Solitariness, n. තනිකම, උදකලාවූ ගතිය &c., විවේකභාවය &c.

Solitary, a. තනි, උදකලා, එකලාවූ, විවේක, ඒකචාරී, ඒකීභූත.

Solitude, n. උදකලාව [සිටීම; උදකලාවූ ගතිය, විවේකභාවය, විවික්තතාව; විවේක ස්ථානය, පාළු ඉඩම.

Solo (සෝලෝ), n. (එක්කෙනෙකු විසින් ගායනා කිරීමට සාදපු) ඒක තාලය, එකලාවූ වෘත්තය.

Solstice, n. (පෙතිමේ හැටියට ජූනි හා දෙසැම්බර මාසවල සිදුවෙන) සූර්යනිවෘත්තිය, අයනය, අයන කාලය, ක්‍රාන්තිය, ක්‍රාන්තිකාලය, summer උත්තරායනය, උත්තරක්‍රාන්තිය, winter දක්ෂිණයනය, දක්ෂිණක්‍රාන්තිය.

Solstitial, a. සූර්යනිවෘත්තිය සම්බන්ධ, සූර්යනිවෘත්ති, අයන *or* ක්‍රාන්ති සම්බන්ධී.

Solubility, n. දියකළ—දියවිය—හැකි ස්වභාව, ද්‍රාව්‍යතාව.

Soluble, a. දියකළ හැකි, දියවිය හැකි, ද්‍රාව්‍ය.

Solution, n. දියකිරීම &c., ද්‍රවීකරණය; දියවූ ද්‍රව්‍ය, ද්‍රවීභූත මිශ්‍රණය:
a solution of salt දියකළ—දියවූ—ලුණු, ලුණු වතුර;
(කාරණා, අමාරු, ප්‍රශ්න) විසඳීම, විවරණය; solution of continuity, in sur. විච්ඡේදනය.

Solutive, a. දියකරන, ද්‍රාවක, වියෝජක; විරේක.

Solvability, n. ණය ගෙවිය හැකිකම; දියකළ හැකිකම &c., see Solubility.

Solvable, a. විසඳිය හැකි &c., see Solve.

Solve, v. විසඳනවා, (ගැටපද) විවරණයකරනවා, (ශංකා) පහදනවා.

Solvency, n. ණය ගෙවන්ට පුළුවන් වත්කම, ණය ගෙවිය හැකිකම.

Solvent, a. (ද්‍රව්‍ය) දියකරන, වියෝගකරන, (රසායන &c.); ණය ගෙවන්ට හැකිවූ *or* වත්කම ඇත්තාවූ; ණය ගෙවීමට සෑහෙන (මුදලයක්).

Solvent, n. (යමක්) දියකරන ද්‍රව්‍යය, වියෝජකය.

Somatist (soma සෝම), n. ශරීරවාදියා, අනාත්මවාදියා.

Somatology, n. ශරීර ද්‍රව්‍යවිද්‍යාව, අනාත්මද්‍රව්‍යවිද්‍යාව; in anat. ශරීරවිස්තරය. [සළු.

Somber, a. අඳුරු, දීප්තිනැති, (පාට); ප්‍රීති මදි, කනස්

Some, a. සමහර, ඇතැම්, පංගුවක්, පෙළක්, (මිනිස්සු &c.); යම් (යහපතක් &c.); of some size &c. මදක්—විකක්—ලොකු &c.; some twenty විස්සක් පමණ.

Some, pron. සමහරු, සමහරෙක්, සමහරක්, පංගුවක්...පංගුවක්.

Somebody, Someone, n. යමෙක්, කවුරුවත්, කවුදෝ; he is somebody ඔහු වැදගත් කෙනෙකි.

Somehow, ad. යම්කිසි අන්දමකින්, කොයි හැටියකින් නුමුත්, කොහොම නුමුත්.

Somersault, Somerset, n. කරණම, පිනුම; throw a somerset කරණම්—පිනුම්—දමනවා.

Somesuch, a. එයාකාර, එවැනි, එහෙම, (යම්).

Something, n. යමක්, යම්කිසිවක්, යම දෙයක්; මොකවත්, විකක්.

Sometime, ad. (මතු) කවදා නුමුත්, යම්කලෙක; (obs.) වරක්, ඉස්සර.

Sometimes, ad සමහරවිට, බාගදව, ඉඳහිටලා.

Somewhat, n. මොකක් හුමුත්, යම්කිසි දෙයක් ; ad. මඳක් ටිකක්.

Somewhere, ad. කොතන හුමුත්, කොහේ හුමුත්, යම්කිසි තැනක. [දීම.

Somnambulation, Somnambulism, n. නින්දෙන් ඇවි

Somnambulic, a. නින්දෙන් ඇවිදින ; නින්දෙන් ඇවිදීම සම්බන්ධ.

Somnambulist, n. නින්දෙන් ඇවිදින්නා.

Somniferous, Somnific, a. නිද්‍රාජනක, නිදිගන්වන.

Somniloquy, Somniloquism, n. නින්දෙන් කථාකිරීම.

Somnolence, Somnolency, n. නිදිමත, නිදිමතකම, තෙද්‍රතාව.

Somnolent, a. නිදිමත, තෙද්‍ර.

Son, n. පුතා, පුත්‍රයා, පුතණුවෝ ; fig. sons of light ආලෝකයේ පුත්‍රයෝ, son of Belial දුෂ්ටයා.

Sonant, a. ඝෝෂාකරන, ශබ්දදෙන, ශබ්දික ; n. ඝෝෂාක්ෂරය.

Sonata (සොනාට), n. It. තූර්‍ය තාලයක්.

Song, n. ගීතිකාව, ගීතිය, ගීය ; සින්දුව, ශ්ලෝකය ; කාව්‍ය ; කුරුළු නාදය ; fig. සුළු දෙයක්ම.

Songster, n. ගීකියන්නා, ගීකීමට හපනා ; නාදකරන කුරුල්ලා.

Songstress, n. ගීකියන්නී, සින්දුකාරී. [වන්.

Soniferous, Sonorific, a. ශබ්දදෙන, ශබ්දජනක, සවන

Son-in-law, n. (දුවගේ පුරුෂයා වන) බෑනා, දුව දුන් බෑනා.

Sonnet, n. පද දහහතරක කාව්‍ය ; ලුහුඬු කාව්‍යක්.

Sonneteer, n. ලුහුඬු කවි සාදන්නා, කුඩා කාව්‍ය රචනා කරන්නා.

Sonometer, n. ශබ්දමානක යන්ත්‍රය, ශබ්දපරීක්ෂක යන්ත්‍රය.

Sonorous, a. (තට්ටුකළාම සීනු කෝප්ප ආදිය මෙන්) නාදදෙන, නාදජනක, ශබ්දදෙන, ශබ්දකර, රවණ ; පූර්ණ හා මධුර (හඬ).

Sonorousness, n. නාදජනකතාව &c. ; (හඬේ, නාමයේ &c.) පූර්ණ හා මධුරතාව.

Sonship, n. පුත්‍රකම, පුත්‍රභාවය, පුත්‍රත්වය.

Soon, ad. ස්වල්ප කලකින්, ටික වේලාවකින්, ඉක්මනින්.

As soon as, see As. He would as soon do this as that ඒක වාගේ මේකකරන්ට කැමතිවේසි.

Soot, n. දුඹුලු, දුඹුල් ; v. දුඹුලුවලින් කිලුටුකරනවා.

Sooth, n. (obs.) සත්‍යය, in sooth සැබෑවටම.

Soothe, v. නළවනවා, සනසනවා ; (වේදනා &c.) සහනයකරනවා, සංසිඳුවනවා ; ප්‍රසන්නකරනවා.

Soothing, p. *or* a. නළවන &c., නැළවුම්, සැනසිලි.

Soothsay, v. ශාස්ත්‍ර කියනවා, ජේන කියනවා.

Soothsayer, n. ජේන කියන්නා, ශාස්ත්‍ර කියන්නා, නිමිතිකාරයා.

Soothsaying, n. ජේනකීම, නිමිතිකීම, ශාස්ත්‍රකීම්.

Sootiness, n. දුඹුලු ඇතිකම, දුඹුලු බහුලකම ; දුලිපාට ඇතිකම.

Sooty, a. දුඹුලු අවගත්ත ; දුඹුලුවූ, දුඹුලු මුසු ; දුඹුලු සෑම් තිබෙන, දුඹුලුවලින් කිලුටු ; දුලිපාට ඇති, දුඹුලු ආකාර.

Sop, n. පොඟවාපු කෑම කැබැල්ල ; fig. එළිනොකරන—සහනයකරන—දීමනාව ; v. පොඟවනවා.

Sophism, n. (හරිවා වාගේ පෙනෙන) ව්‍යාජතර්කය, ව්‍යාජදක්ෂ තර්කය.

Sophist, n. (පුරාණ ග්‍රීකයන්ගේ) පණ්ඩිතාචාර්‍යයා ; බොරු තර්කකරන්නා, වාදීවාකයා.

Sophister, Soph, n. (පාඨශාලාවල) අනාධුනිකයා, ළදන ප්‍රාපණයා.

Sophistic, Sophistical, a. තර්කයෙන් මුළාකරන, ව්‍යාජදක්ෂ, වාද්වාක, (තර්ක &c.).

Sophisticate, v. නරක්කරනවා. See Adulterate.

Sophistry, n. දක්ෂකමින් බොරු තර්කකිරීම ; (තර්කයේ) දක්ෂව්‍යාජතාව, වාද්වාකතාව.

Soporiferous, Soporific, a. දැඩි නිද්‍රාජනක, නිදිකරවන, (ද්‍රව්‍ය).

Soporific, n. නිද්‍රාජනකෞෂධය. See Narcotic.

Soppy, a. පෙඟී තිබෙන, ඉතා තෙත්වූ.

Soprano (සොප්‍රානො), n. It. in mus. (ගීකීමේ) ඉහළ ස්ත්‍රී හඬ, ඌර්ධ්ව ශබ්දය.

Sorcerer, n. මායාකාරයා, කට්ටාඩියා, වින කාරයා, මන්ත්‍රකාරයා.

Sorcery, n. යන්ත්‍ර මන්ත්‍රකිරීම, මායම, මායාකර්මය &c., see Enchantment & Magic.

Sordes (සෝර්ඩිස්) n. කැතකුණු, අශුචි, මණ්ඩි.

Sordid, a. අධම, නීච, තුච්ඡ ; තණ්හාවූ, ප්‍රලෝභ, කැත.

Sordidly, ad. අධමලෙස &c.; තණ්හාවෙන්, ප්‍රලෝභලෙස, කැතලෙස.

Sordidness, n. අධමකම &c. ; තණ්හාව, ප්‍රලෝභය, කැතකම.

Sore, n. වණය, ව්‍රණය, හොරිය, ගඩුව.

Sore, a. වණවූ, තුවාලවී තිබෙන, වේදනා ඇත්තාවූ, (තැනක්).

Sore, be, v. වේදනා තිබෙනවා, (තට්ටුකළාම) රිදෙනවා, ඉදිදෙනවා ; fig. (යමක් ගැන පහසුවෙන්) හිතට වේදනාවෙනවා, කනගාටු සිතෙනවා.

Sore, Sorely, ad. තදලෙස, සැරලෙස, බොහෝ වේදනාවෙනලෙස.

Soreness, n. (ශරීරයේ යම් තැනකට *or* හිතට) පහසුවෙන් වේදනාවෙන — රිදෙන — ඉදිදෙන—නතිය ; (යමක් ගැන) ඉක්මනට දුක්වීම, හිත් වේදනාව.

Sorites (සොරෛටීස්), n. (සංක්ෂේප) න්‍යායනාංබලතාව.

Sororicide, n. සහෝදරියක් මරාදැමීම, භාතෘඝාතනය ; භගිනිඝාතකයා.

Sorrel, a. අළුරු රතු (පාට) ; n. දලාමල පැළ, ඇඹුලැඹිලිය.

Sorrily, ad. අධමලෙස, නීචලෙස, කාලකණ්ණිලෙස.

Sorriness, n. අධමකම &c.

Sorrow, n. කනගාටුව, කාන්සාව, ශෝකය, දුක, ලතැවිල්ල.

Sorrow, v. කනගාටු—කාන්සා—ශෝක—දුක්—වෙනවා, ලතවෙනවා, විස්සෝපවෙනවා.

Sorrowful, a. කනගාටු, කනගාටුවෙන් &c. සිටින, ශෝකාතුර, ඛේදවන්ත, දුක්මුසු, ඛේදජනක (කාරණ) ; sorrowful condition කනගාටු ස්වභාව. දුක් විලාසය.

Sorrowfully, ad. කනගාටුලෙස, කනගාටුවෙන් &c., ඛේදජනකතාව. [ක.

Sorrowless, a. කනගාටුනැති &c., නිශෝක, විශෝ

Sorrow-stricken, a. ශෝකයෙහි ගිලිසිටින, දුකට යටපත්වූ.

Sorry, be, v. කනගාටුවෙනවා, තැවෙනවා; adj. කාලකණ්ණි, අධම, නොවටිනා, ඉතා මදි.

Sort, n. වර්ගය &c., see Kind, n. ; this sort of thing &c. මෙබඳු—මෙහෙම—දෙයක්, මෙබන්දක් ; out of sorts මඳක් අසනීපයි.

Sort, v. (වර්ග වශයෙන්) තෝරනවා, බේරනවා; sort out (ගණනකින්) තෝරාගන්නවා; sort themselves (වර්ගවලට) බෙදෙනවා or බේරෙනවා.

Sortie, n. (බලකොටුවෙන්) නික්ම මැදීම, වේගවත්—හදිසි—ආක්‍රමණය.

Sortilege, n. දුදු දැමීමෙන් පේනකීම.

Sorus, n. Sori, pl. in bot. (මීවනවල) ක්‍ෂුද්‍රබීජ කෝෂ රාශිය.

Sot, n. බේබද්දා, බොනයා, සුරාධූර්තයා.

Soteriology, n. සතිපය ගැන විස්තරය, ආරෝග්‍ය විස්තරය, ආරෝග්‍ය ශාස්ත්‍රය.

Sottish, a. බේබද්ද, සුරාධූර්ත; මුග්ධ, මොට්ට.

Sotto voce, It. in mus. හීන් හඬින්, මන්දනාදයෙන්.

Souchong (සූෂං), n. Chin. සිහින් තේකොළ.

Sough (සූෆ් or සෞ), n. (මුහුදු රළවලිද සුළඟේද) හීන් ශබ්දය.

Sought, pp. & pret. of Seek. සොයා &c.

Soul, n. ආත්මය. ප්‍රාණය; life පණ, ප්‍රාණවත්කම; person කෙනෙක්, තැනැත්තා; fig. ඇතුළත් බලය, පොලඹින්නා; සිතේ උතුම්භාවය, උත්තමත්වය; inclination ළැදිකම, ආශාව.

Soul-destroying, a. ආත්මවිනාශක.

Soulless, a. ආත්මය—ප්‍රාණය—නැති, අනාත්ම; fig. උත්සාහනැති, හියසනැති.

Soul-searching, a. ආත්මපරීක්ෂක, චිත්තපරීක්ෂක.

Soul-stirring, a. සිත අවුස්සන, උද්වේගකර.

Sound, n. (ඇසෙන) ශබ්දය, හඬ, රාවය.

Sound, v. t. (යමක්) ශබ්දකරවනවා; (කටින් or දෙයකින්) ශබ්ද උපදවනවා, ශබ්දකරනවා, ශබ්ද—හඬ—නගනවා, රාවයකරනවා, නාදකරනවා, (වීණාව &c.) වාදනයකරනවා; sound a note යම් ශබ්දයක් නගනවා or කරනවා; fig. sound a note of warning &c. හඬනගා අනතුර දක්වනවා; sound any one's praise යමෙකුට හඬනගා වර්ණනාකරනවා, යමෙකුගේ යශෝඝෝෂාව—කීර්ති ශබ්දය—පතුරුවනවා.

Sound v. i. (යමකින්) ශබ්ද නගිනවා, නාදදෙනවා, (හොඳ or නරක, ඝන or කුහර &c. වාගේ) ශබ්ද නගිනවා, ශබ්දවෙනවා; (යම් ආරංචියක් &c.) පතළවෙනවා.

Sound, a. කැඩිබිඳීනැති, නොකැඩිච්ච, අඛණ්ඩ, අඛණ්ඩිත, දිරානැති, පලුදුනැති, කිසිම පලුදුවක් නැති; අරෝගී, නිරෝගී; හරි, සම්‍යක්, චලංගු, ස්ථිර, (බණ, කාරණ, තර්ක); උන්මාද—දුර්වල—නොවන (සිහිය), of sound mind හරි සිහි ඇති; තදබල (තැළීම).

Sound, n. පටු මුහුදුතුඩුව, පටු මුහුදු සන්ධිය; මාළු සුළංබොක්ක.

Sound, v. ලඹයෙන් ගැඹුර බලනවා; පරීක්ෂාකර බලනවා; fig. (යමෙකුගෙන්) දැනගැනීමට උත්සාහ කරනවා: n. in sur. පරීක්ෂක ආවුදයක්.

Sound-board, Sounding-board, n. ශබ්ද පතුරුවන ලෑල්ල, ශබ්දඵලකය.

Sound-headed, a. හොඳ සන්තුවණ ඇති, කායික චින්තක. [ශක්.

Sound-hearted, a. හොඳ සිතක් ඇති, අවංක, විශ්වාස.

Sounding-line, n. ගැඹුර බලන ලඹලනුව.

Sounding-post, Sound-post, n. (රවිකිඤ්ඤයේ ඇතුළ්) නාද කණුව.

Soundings, n. pl. (මුහුදේ) ගැඹුර දැනගතහැකි තැන්; පල්ලෙන් උස්සාගන්න ද්‍රව්‍ය.

Soundless, a. ශබ්දනැති, ශබ්ද නොනගින; ගැඹුර දැනගතනොහැකි.

Soundly, ad. හොඳටම, තදලෙස; හරියටම.

Soundness, n. කැඩිබිඳී නැතිකම, අඛණ්ඩතාව, පලුදු නැතිකම; නිරෝගිතාව; හරිකම, සම්‍යක්ත්වය &c., see adj.

Soup (සූප්), n. හොද්ද, pl. හොදි, මස් හා එළවළු තම්බා සාදපු ඉස්ම.

Soup-kitchen, n. (අහිංසකයන්ට හොදි සාදා දෙන) හොදි ශාලාව.

Sour, a. පැහිරි, ඇඹුල්, පැහිරිරස; fig. අශනී, අප්‍රසන්න ගතියක් ඇති, චරිත්සල; පැහිරි (මුහුණ).

Sour, v. fig. අසතුටු—කර්කශ—ගතියකට පමුණුවනවා or S. පැමිණෙනවා.

Sour, become, v. ඇඹුල්වෙනවා, පිළිත්—පිළිනු—වෙනවා; fig. නරක්—කර්කශ—වෙනවා.

Source (සෝ ..), n. යමක් නික්මෙන උල්පත or මුල උපත, මූලය, නිදානය, ප්‍රභවය.

Sour-crout, Sour krout, n ඇඹුල් ගෝවා අච්චාරු.

Sourish, a. මදක් ඇඹුල් &c.

Sourly, ad. fig. චරිත්සලයෙන් &c. [සලය &c.

Sourness, n. පැහිරිරස, ඇඹුල, ඇඹුල්කම; fig. චරිත්

Sour-sop, n. රට අනෝද or අනෝනා (ශෝසිය, ශශ &c.)

Souse, v. සැරෙන් වතුරේ දමනවා, (යමක් පිටට) සැරෙන් වතුර හෙළනවා.

South, n. දකුණ, දකුණුදිශ, දකුණුදිසාව, දක්ෂිණ දිග්භාගය.

South, a. දකුණු. දකුණුදිශ, දකුණුදිසාවේ, දක්ෂිණ.

South-east, n. අග්නිදිග, ගිනිකොන, අග්නිකෝණය, අග්නිකෝණ දිග්භාගය.

South-east, South-easterly, a. අග්නිදිග, අග්නිදිග දෙසට යන්නාවූ or අග්නිදිගින් එන්නාවූ.

South-eastern, a. අග්නිදිග, අග්නිදිග දෙසට තිබෙන.

South-easter, n. අග්නිදිග සුළඟ.

Southerly (sŭth, ŭ as in tub) a. දකුණුදිග, දකුණු දිශ දෙසට යන or දකුණුදිගින් එන, (සුළඟ).

Southern (Sŭth) a. දකුණු, දක්ෂිණදිග්භාග, දකුණුදිශ දෙසට ඇත්තාවූ.

Southerner, Southron (sŭth), n, දකුණුදිසාවේ—දකුණු රටේ—වැසියා.

Southernmost (sŭth), a. දකුණුදිසාවෙහි ඉතා දුර.

Southing, n. දකුණ දෙසට යාම or වීම; දක්ෂිණාන්තරය. See Northing.

Southward, ad. දකුණ දෙසට, දකුණුදිසාව දෙසට.

South-west, n. නිරිත, නිරිතදිග, නිරිතකොන.

South-west, South-westerly, a. නිරිත, නිරිතදිග; නිරිත දෙසට තිබෙන or යන, නිරිතදිගින් එන.

South-wester, n. නිරිතදිග සුළඟ; කුණාටු තොප්පිය.

South-western, a. නිරිතදිග, නිරිතදිග දෙසට තිබෙන.

Souvenir (සූවෙනිර්), n, Fr. සිහිවීමට යමක්, සිහිකර වීමට දෙනලද්ද, සමාරකය.

Sovereign, n. රජ or රැජින, නෘපතියා, භූපතියා; රත්රන් පවුම.

Sovereign, a. ආණ්ඩුබලයෙන් ශ්‍රේෂ්ඨ, ශ්‍රේෂ්ඨාධිපති; ශ්‍රේෂ්ඨ (ප්‍රතිකාර, බලය, ගුණය).

Sovereignty, n. රජකම, රාජත්වය, රාජ්‍යය, භූපතිතාව, භූපතිත්වය, ප්‍රභුතාව, සර්වාධිපත්‍යය.

Sow (සෞ), n. ඌරි, ඌරියෙක්; (වක්කරන) ප්‍රධාන ලෝහකානුව; (එහි වක්කළ) පලල් ලෝහ කැල්ල.

Sow (සොවු),* v. වපුරනවා ; ඉහිනවා ; fig. (භේද &c.) පතුරුවනවා.

Sowed,* pret. *or* pp. වැපුරුවා &c.; වපුරා &c.

Sowing,* n. වැපිරීම &c., වාපය, වපනය ; extent of (කැළියක් &c.) වපසරිය. [යන්ත්‍රය.

Sowing-machine,* n. බීජ වපුරන යන්ත්‍රය, වාපන

Sown,* pp. *or* a. වපුරා &c. වපුරා තිබෙන &c., වාපිත.

Spa, n. ලෝහ මුසු වතුර උල්පත.

Space, n. room ඉඩ ; narrow fissure හිඩැස ; interval අන්තරය, අතුර, අන්තරාලය ; of time කාලාන්තරය, extended space, දිගන්තරය, දිගන්තරාලය, between worlds ලෝකාන්තරය ; spaces and vacancies අතුරු සිදුරු ; a little space ඉඩ ටිකක් ; ටික වේලාවක්. [වා.

Space, v. (වචන *or* පේළි) ඈත්කරනවා, වෙන්කරන

Spacious, a. බොහෝ ඉඩ ඇති, ලොකු, විශාල, විස්තීර්ණ.

Spade, n. (බිම කොටන) ඉස්කෝප්පය, යවුල ; ඒ සිතියම ඇති ක්‍රීඩාපත්‍රයක් : ඉස්කෝප්ප තුන &c.

Spadeful, n. (පස් &c.) ඉස්කෝප්පයක්.

Spade-work, n. මුලින් කළයුතු (බර) වැඩ කොටස.

Spadiceous, n. a තඹවන් ; in bot. කෝෂාන්තාගීතා කාර, කෝෂාභ්‍යන්තර වෘන්ත.

Spadicose, a. in bot. කෝෂාභ්‍යන්තර වෘන්තජ.

Spadix, n. in bot. කෝෂාභ්‍යන්තර පුෂ්පය ; of palms පොල් මල, පුවක් මල &c.

Spake, pret. of Speak, nearly obs. කථාකළා.

Span, n. වියත, විදතරිය ; (දේදුන්නේ, අහසේ &c) බෝක්කු පළල ; (අගුව &c) බාන ; fig. ටිකෙහි කලක්.

Span, v. වියතින් මනිනවා, වියතින් අල්ලනවා ; (බෝක්කුවක්මෙන්) මුව පළලට යනවා *or* තිබෙනවා.

Spandrels, n. pl. (බෝක්කුව උඩ දෙපැත්තේ තිබෙන) ත්‍රිකොන් සිදුර, ත්‍රිකෝණ සිදු.

Spangle, n. දිලිහෙන කුඩා දෙයක්, ලොම්බිරිච්චිය.

Spangle, v. දිලිහෙන දේවලින් ගවසනවා ; ලොම්බිරිච්චිවලින් සරසනවා.

Spangled, pp. *or* a. දිලිහෙන දේවලින්—ලොම්බිරිච්චිවලින්—සැරසී තිබෙන, දිස්න ඇති දේවලින් දිලිහෙන, ලොම්බිරිච්චි ගැවසීගත්.

"The spangled heavens" තරු ගැවසීගත් අහස *or* තරුවලින් දිලිහෙන අහස.

Spaniard, n. ස්පාඤ්ඤ ජාතියේ කෙනෙක්, ස්පාඤ්ඤයා. [නීච ඉච්චාකාරයා.

Spaniel, n. දක්ෂ කීකරු දඩයම් බලුවර්ගයක් ; fig.

Spanish, a. ස්පාඤ්ඤ n. ස්පාඤ්ඤ භාෂාව.

Spank, v. (තට්ටමට) අතුල්පහර දෙනවා ; spank along උනන්දුලෙස අඩිතබා යනවා.

Spanker, n. ශජ එකක්, ශජ කෙනෙක් ; sp. ලොකු රුවලක්.

Spanner, n. මුව පළලට තිබෙන කලම්පය *or* බැම්ම ; ඉස්කුරුප්පුපෙනි තදකරන ආවුදය, අඩු මිටිය.

Span-new, a. මෑදත් අලුත්වූ.

Span-roof, n. දෙබෑ වහල. [කුරු දුවදඩු.

Spar, n. දිස්නඇති තහඩු ගල්ජාති ; කුඹ ආදි වට

Spar, v. (ගහගන්නාක්මෙන්) මිට හරඹකරනවා, අත්මෙස් දමා ගහගන්නවා ; fig. තරඟකරනවා.

Spar, n. sparring අත්මිටි හරඹය. සෙල්ලමට ගහගැනීම &c.

Spar-deck, n. නැවේ උඩතට්ටුව.

Spare, a. scant හිඟ ; thin හීන්, කෙට්ටු ; surplus වැඩිමනත්, leisure නිවාඩු.

Spare, v. be sparing of මදලෙස—මසුරුලෙස—සේවනයකරවා *or* පාවිච්චිකරනවා *or* වැඩ ගන්නවා ; save from යමකින් වලක්වනවා, ගලවනවා ; (වේදනා, දඬුවම් &c.) නොකර අරිනවා ; reserve ඉතුරු කරනවා ; spare him anything *or* anything for him ඔහුට යමක් ඉතුරුකර දෙනවා.

I cannot spare this මෙක නැතුව මට බැරිය, මෙක දෙන්ට මට හැකියක් නැහැ.

Spareness, n. හිඟකම ; හීන්කම, කෙට්ටුකම.

Sparerib, n. (ඌරුමස්වලින්) හීන් ඉලඇට කෑල්ල.

Sparing, a. යමක් මදලෙස සේවනයකරන, මසුර.

Sparingly, ad. මදලෙස, සුරුවම්ලෙස, මසුරුලෙස.

Spark, n. ගිනිපුපුර, ගිනිරොණ ; fig (දිලිහෙනදෙය කින්, උනන්දුකමින්, ප්‍රාණවත්කමින්) මදක්, ටිකක් ; උනන්දු ගර්විත කෙනෙක්.

Sparkle, v. (ගිනිපුපුරු—වජ්‍ර—මෙන්) දිලිහෙනවා, කාන්තිය විහිදෙනවා.

Sparrow, n. ගේකුරුල්ලා—වීකුරුල්ලා—ආදි කුරුළු ජාතිය, චටකයා.

Sparrow-hawk, n. කුරුළුගොයි ජාතියක්.

Sparry, a. දිස්නඇති තහඩුගල් ආකාර, ස්ඵටිකාකාර.

Sparse, a. ඝනසැරනැති, එහි මෙහි පමණක් ඇත්තාවූ, විරල ; in bot. විසිගීත.

Sparsely, ad. ඝනසැරනැතිලෙස &c.

Sparseness, n. ඝනසැරනැතිකම &c.

Spartan, a. ස්පාට රටට අයිතිවූ, ස්පාටික ; අභීත, ධෛර්යමත්.

Spasm, n. හදිසි හිරිවැටීම, මස් පෙරළීම, ගැස්ම.

Spasmodic, a. හදිසි හිරිවැටීම—මස්පෙරළීම—ගැස්ම—ආකාර ; fig. හදිසි, ඉදහිටලා සැරලෙස සිදුවෙන *or* කරන, (උත්සාහ &c.).

Spastic, a. ගැස්ම සහිත, ගැස්ම ආකාර, ගැස්ම වසයෙන් කම්පිත.

Spasticity, n. ගැස්ම අල්ලන ස්වභාව.

Spat, v. කෙළ ගැසුවා.

Spatha, Spathe (ස්පේ...), n. පුෂ්පකෝෂය, of palms කොළපුව.

Spathaceous, Spathose, a. පුෂ්පකෝෂයක් ඇත්තාවූ, පුෂ්පකෝෂධාරි.

Spathic, a. පෙති ආකාර &c., see Lamellar.

Spatter, v. (යමකට) ඉහිනවා, ඉස කිලුටුකරනවා ; fig. අපකීර්තිකරනවා.

Spatula, Spattle, n. (ප්ලාස්තර ගාන) පළල් පිහියේ, ප්ලාස්තර පිහියේ. [(කොළ, සිප්පි).

Spatulate, a. in nat. hist. පැතලි අණ්ඩාකාර

Spavin, n (අශ්ව කකුලේ) තද සහිත ඉදිමුම.

Spawn, n. මාලු බිජු, මත්ස්‍යාණ්ඩ ; ගෙම්බා බිජු, මණ්ඩූකාණ්ඩ ; හතු බිජු ; fig. (ගැරහුමට) කීව දරුවා, තුච්ඡ ගෝත්‍රය.

Spawn, v. (මාලු, ගෙම්බා, ආදි ජාති) බිජු දමනවා ; fig. (ගැරහුමට) උපදවනවා *or* උපදිනවා.

Spay, v. (ශූනුසතා කපා) වඳකරනවා.

Speak, v. කථාකරනවා, කථනයකරවා, පවසනවා, දෙඩනවා, hon. වදාරනවා ; make a speech කථාවක් කරනවා ; speak well or ill of ගුණ *or* අගුණ කියනවා ; fig. show ප්‍රකාශකරනවා : it speaks for itself එයින්ම ප්‍රකාශවෙනවා *or* ඔප්පුවෙනවා.

Speaker, n. කථාකරන්නා &c., කථාකාරයා, කථිකයා; මහජන-මන්ත්‍රණ සභාපතියා.

Speakership. n. මහජන-මන්ත්‍රණසභාපතිකම.

Speaking, n. කථාකිරීම &c., කථාව, කථනය, භාෂණය.

Speaking-trumpet, n. කථා හොරණෑව.

Speaking-tube, n. කථානාලය.

Spear, n. හෙල්ලය, සෙල්ලය, කුන්තය; v. හෙල්ලයෙන් ඇනිනවා.

Spearman, n. හෙල්ලය දරන්නා &c., see Lancer.

Special, a. එක් වර්ගයකට අයිතිවූ, පොදුනොවන, නියම, විශේෂ, පුද්ගලික; අපූර්ව.

Specialist, n. (එක් නියම වැඩක්ම කරන) විශේෂ ශිල්පියා, sp. (එක් රෝගයකටම වෙදකම්කරන) විශේෂ වෛද්‍යාචාර්යයා, විශේෂ ශාස්ත්‍රඥයා, විශේෂඥයා.

Speciality, n. වෙන ඒවාට වෙනස්වූ භාවය, විශේෂ ගුණය, විශේෂතාව, විශේෂය.

Specially, ad. විශේෂලෙස, එක්තරා කාරණාවකට, ප්‍රධානකොට, වෙසෙසින්.

Specialty, n. විශේෂ එකක්, විශේෂ ලක්ෂණයක්; විශේෂ ගිවිසුම්පත්‍රයක් *or* ණයකරයක්.

Specie, n. රන්රිදී කාසි.

Species, n. වර්ගය, see Genus; in med. (මිශ්‍රණයෙන්) එක වර්ගයක්; in log. නියම වර්ගයක්; in alg. ගණන් වර්ග සලකුණ.

Specific, Specifical, a. වර්ගප්‍රකාශක, වර්ගීය, විශේෂණ, (අනවල් එක *or* ආකාරයයි) නියමවශයෙන් දක්වන, නියමවූ; (රෝගයකට) විශේෂ, නියම, (බෙහෙත්);
  specific gravity (යම් වර්ගයක) භාරත්ව ප්‍රමාණය, විශේෂභාරත්වය;
  specific character නියම විශේෂණය.

Specifically, ad. වර්ගප්‍රකාශකාකාරයෙන්, විශේෂණාකාරයෙන් &c., විශේෂලෙස.

Specification, n. නාමවශයෙන් සඳහන්කිරීම &c.; තොරතුරු සඳහන්වූ පත්‍රයක්, (වරද &c.) විස්තර පත්‍රයක්.

Specify, v. නාමවශයෙන්—අනවල් එක *or* ඒවායයි—සඳහන්කරනවා, එකඑක වෙනම—විස්තරවශයෙන්—කියනවා

Specimen, n. ආදර්ශය, නිදර්ශනය, මෝස්තරය (පෙන්වන විකක්).

Specious, (ස්පීෂස්), a. (ඇත්ත කොහොම නුමුත්) හරි *or* යුතුවා වාගේ පෙනෙන, ප්‍රසන්න.

Speciousness (ස්පී...), n. යුතුවා වාගේ පෙනීම, (ඇත්දමේ, පෙනීමේ කථාවේ) ප්‍රසන්නතාව.

Speck, n. ඉතා කුඩා බිඳුව *or* ලපය *or* තිත, අංගුව, පල්ලය.

Speck, v. ඉතා කුඩා බිඳු &c. ගහනවා, තිත් ඉසිනවා.

Speckle, v. බිඳු &c. ගහනවා, පුල්ලි ඉසිනවා, ගෝමර දානවා.

Speckled, pp. *or* a. කුඩා ලප ඇත්තාවූ, ගෝමර ගැවසිගත්.

Spectacle, n. පුදුම පෙනුමක්, අපූර්ව දර්ශනය.

Spectacles, n. pl. පුදුම පෙනීම් &c.; sp. ඇස් කණ්ණාඩිය.

Spectator, n. බලාසිටින්නා, සියැසින් දකින්නා, ප්‍රේක්ෂකයා.

Spectatress, n. fem. බලාසිටින්නී &c.

Spectral, a. භූතරූපාකාර, භූතරූප, අවතාර.

Spectre, n. භූතරූපය, අවතාරය, ප්‍රේතයා.

Spectrum, n. Spectra, pl. ඇස් වසාගත් හැටියේම පෙනෙන රූපය, ශේෂ දර්ශනය, ශේෂදර්ශනරූපය; in optics ඝනකාචජාලෝකරූපය; solar spectrum ඝනකාචජ-සූර්යාලෝක-රූපය; spectrum analysis ඝනකාචජාලෝක-විභාගය.

Specular, a. ලෝහ කැඩපත ආකාර, දර්පණාකාර; ප්‍රදර්ශක. See Speculum.

Speculate, v. අනුමානයට සිතාබලනවා; (විකිණීමට) අනුමාන පිට මිලේට ගන්නවා.

Speculation, n. අනුමානයට සිතාබැලීම &c.; අනුමාන සිතිවිල්ල.

Speculative, a. අනුමානයට සිතාබලන &c.; කල්පනාවට—මතයට—පමණක් අයිතිවූ; අනුමාන පිට මිලේට ගැනීම් සම්බන්ධ.

Speculator, n. අනුමානයට සිතාබලන්නා; sp. (ප්‍රයෝජන පිණිස භාණ්ඩ) අනුමාන පිට මිලේට ගන්නා.

Speculum, n. ලෝහ කැඩපත, දර්පණය; in sur. ප්‍රදර්ශකායුධය, විකාශවරායුධය.

Speech, n. the faculty භාෂණේන්ද්‍රියය, කථාකිරීමේ බලය; language භාෂාව; utterance කථාව, කථනය, භාෂණය, බස, තෙපුල, කියුම.

Speechify, v. කථාවක් දෙඩනවා (E. ගැරහුමට *or* සරදමට කියනවා).

Speechless, a. ගොළු; කථානොකරන, නිශ්ශබ්ද, තුෂ්ණීක.

Speed, n. ඉක්මන, හුනුස්සුකම, තුරිතතාව, වේගය, ශීඝ්‍රතාව.

Speed, v. i. ඉක්මන්වෙනවා, ඉක්මන්කරනවා, හුනුස්සුවෙනවා &c.; දියුණුවෙනවා; fare යම් ආකාරයකට වෙනවා &c.

Speed, v. t. ඉක්මන්කරවනවා, කඩිනම්කරනවා, &c.; දියුණුකරනවා.

Speedily, ad. ඉක්මනින්, හනික, හුහුම, හැණෙන්, සැණෙකින්; ස්වල්ප වේලාවකින්.

Speedometer, n. (රථයක) වේගමාපක යන්ත්‍රය.

Speedy, a. ඉක්මන්, හුනුස්සු, තුරිත, කඩිසර.

Spell, v. වචනයක අකුරු කියනවා, correctly නිසි වින්‍යාසයට අක්ෂර ලියනවා *or* කියනවා.

Spell, n. මන්ත්‍රය, මැතිරීම, ජීවම; of work &c. වාරය.

Spell-bound, a. *or* be, v. මන්ත්‍රයෙන් බැඳි, lit *or* fig. සම්මුග්ධ, සම්මෝහිත, ශල්‍යාංගු, ජීවමකට බැඳි.

Spelling, n. වෙන්වශයෙන් අකුරුකීම, අක්ෂරවින්‍යාසය. See Orthography.

Spelling-book, n. අකුරු පාඩම් පොත, නම්පොත.

Spencer, n. කොට කබායක්; ත්‍රිකෝණ රුවලක්.

Spend, v. වියදම්කරනවා; (කාලය) පසුකරනවා, මිඩංගුකරනවා &c.; නැතිකරනවා &c., see Expend.

Spendthrift, n. මුදල් අපතේඅරින්නා, අධික වියදම්කාරයා, (ධන) නාස්තිකාරයා.

Spent, pret. *or* pp. *or*. a. වියදම්කළා &c.; වියදම්වූ &c.; (උණ්ඩයේ &c.) සැරකම නැතිවූ.

Sperm, n. බීජ, ශුක්‍රධාතුව, spawn මාලු බිජු &c.

Spermaceti, n. තල්මසාගේ සුදු තෙල *or* තල්මසාගේ ඉසෙන් ලබාගන්න සුදුතෙල.

Spermaceti-whale, Sperm-whale, n. තල්මසුන් වර්ගයක්.

Spermaphore, n. in bot. බීජබන්ධනය. See Placenta.

Spermatic, Spermatical, a. බීජ සම්බන්ධ, ශුක්‍රධාතු, ශුක්‍රකර.

Spermatocele, n. ජේලා ඉදිමුම, අණ්ඩකෝෂ-ශෝථය.

Spermatology, Spermology, n. බීජ විස්තරය, ශුක්‍ර ධාතු විද්‍යාව.

Spermatophorous, a. බීජධාරී, ශුක්‍රධාරී. [ප්‍රාණියා

Spermatozoon, n. Spermatozoa, pl. බීජපරමාණු

Spermidium, n. achenium (බීජාකාර) ක්ෂුද්‍රබීජ කෝෂය.

Spermoderm, n. මුළු බීජවැස්ම, සමස්ත බීජාවරණය.

Sperm-oil, Spermaceti-oil, n. (එක්වර්ගයක තල්මසුන් ගේ ඉසින් ලබන) තල්මස තෙල්.

Spermologist, n. බීජවිස්තරකාරයා.

Spew, v. වමනයකරනවා; fig. as out of the mouth පිළිකුල්කොට අහකදමනවා.

Sphacelate, v. (මාංසය) කුණුවෙනවා or කුණු කරනවා; (අස්ථි) පරික්ෂයවෙනවා, දිරවනවා.

Sphacelus, n. (මාංසයේ) සම්පූර්ණ කුණුවීම, සම්පූර්ණ කුණු ගතිය; අස්ථි මෘතිය.

Sphenoid, Sphenoidal, Spheno, a. කූඤ්ඤ ආකාර; sphenoid bone (ඉස්කබලේ) කූඤ්ඤ ආකාර අස්ථිය.

Sphere, n. පරිමණ්ඩලය, ගෝලය &c., see Globe; celestial ඛගෝලය; (තරු ආදී) ලෝකයක්; fig. හැසිරෙන මණ්ඩලය, පදවිය.

Spherical, a. පරිමණ්ඩල, ගෝලාකාර; spherical angle ගෝලකෝණය; spherical triangle ගෝල ත්‍රිකෝණය; spherical trigonometry ගෝල ත්‍රිකෝණමානක ශාස්ත්‍රය.

Spherically, ad. පරිමණ්ඩලාකාරයෙන්, ගෝලාකාර යෙන්, වට්කුරුවට. [කම.

Sphericity, n. පරිමණ්ඩලතාව, ගෝලතාව, වටකුරු

Spherics, Spherical geometry, n. ගෝලවිස්තරය, ගෝලමානක ශාස්ත්‍රය.

Spherograph, n ගෝලයාත්‍රාමානක යන්ත්‍රය.

Spheroid, n. (අසම්පූර්ණ) පරිමණ්ඩලාකාරය, ගෝලා කාරය.

Spheroidal, a. පැතලි or දිඝපරිමණ්ඩලාකාර &c., see Oblate & Prolate.

Spheroidicity, n පැතලි මණ්ඩලාකාරය &c., දිඝ ගෝලාකාරය &c.

Spherometer, n. අල්පවක්‍රතමානක යන්ත්‍රය; අල්පවක්‍ර මානක යන්ත්‍රය.

Sphincter, n. වක්‍රසන්ධායුව, විවරසංකෝචක සන්ධායුව.

Sphinx, n. in myth. (ස්ත්‍රී ඉසකේද පියාපත්ද ඇති සිංහාදීන් වැනි) ශලශුභරාක්ෂසයා; in ent. රාත්‍රී සමනල ජාතියක්, [illegible]

Sphragistics, n. (පුරාණ) මුද්‍රාවිද්‍යාව, මුද්‍රාවිස්තරය.

Sphygmic (sphyg ස්ෆිග්), a. නාඩියට අයිතිවූ, නාඩි.

Sphygmograph, Sphygmometer, n. නාඩි ප්‍රකාශක යන්ත්‍රය, නාඩිමානක යන්ත්‍රය.

Spicate, a. in bot. ධාන්‍යශීර්ෂාකාර. (spi ස්පෛ as far as Spikenard).

Spice, n. කටුක ද්‍රව්‍යය, කුළුබඩුව, සුගන්ධ ද්‍රව්‍යය; (රස දීමට දමන ද්‍රව්‍ය) මදක්.

Spice, v. කුළුබඩු—සුගන්ධ ද්‍රව්‍ය—දමනවා, රස කරනවා.

Spiced, pp. or a. කටුක ද්‍රව්‍යාදිය දමාපු, රසකරපු.

Spicery, n. කටුක ද්‍රව්‍ය, කුළුබඩු, සුගන්ධ ද්‍රව්‍ය.

Spicily, ad. fig. ලක්ෂණයට, කලේලියට.

Spiciness, n. කටුක ද්‍රව්‍ය සහිතකම, කුළුරස; fig. රුචිය; කලේලිය.

Spick-and-span, a. අලුත්.

Spicose, Spicous, a. (ගොයම් මෙන්) කරල් ඇත්තාවූ, ධාන්‍යශීර්ෂාකෘති, කුර ආකාර.

Spicular, n. in bot. කුඩා කටුව, ක්ෂුද්‍ර ශල්‍යය.

Spicular, a. in bot. තුඩ ආකාර, කටු ආකාර; කටු ඇති.

Spiculate, a. in bot. මෘදු කටු ගහනවූ; කුඩා කටු සහිත කටුවක් ඇති.

Spicule, n. ඉතා කුඩා කටුව.

Spiculum, n. Spicula, pl. in sur. තුඩවූ ඇට කැබෙල් ලක්; in zool. මුදුනතු කටුව.

Spicy, a. කුළුරස ඇති, කටුකද්‍රව්‍ය මිශ්‍ර; සුගන්ධ; fig. රුචිර, කලේලි.

Spider, n. මකුළුවා, මර්කටයා; ලිපේ යකඩ ශරාදියක්; spider's web මකුළු හුය, මකුළු දැල.

Spigot (ස්පිගට්), n. බාල්දියේ ඇබය.

Spike, n. කුර, ලොකු ඇණය, උල; in bot. ධාන්‍ය ශීර්ෂාකෘතිය, කැත, කරල, of corn ශස්‍යමඤ්ජරිය, වීකරල &c.

Spike, v. කුර—ඇණ—ගසනවා, කුරු ගවසනවා, කුර ගසා අහුරනවා; කුරකා ගහනවා.

Spikelet, n. කුඩා කුර &c.; in bot. කුඩාමල්කැත, ධාන්‍යකරලෙන් පංගුවක්.

Spikenard, n. ජටාමාංස, ජටාලාව, ආකජටාම.

Spill (ස්පි...&c.), n. කුඩා ලීකුර, කුඩා ලී ඇණය or ඇබය, අකුලාපු කඩදාසි කුර.

Spill, v. invol. ඉහිරෙන්ට අරිනවා, ඉහිරෙනවා, වැක්කෙරෙනවා; vol. shed ඉහිරවනවා වගුරු වනවා.

Spill-water, n. වතුර වැක්කෙරෙන—පිටාරයවෙන—කාබ්ල්ල, පිටාරය or පිටාර ඇළ.

Spilt, pret. & pp. or a. of Spill ඉහිරුණ &c.; ඉහිරෙව්වා &c.; ඉහිරුණ &c.

Spin, v. (නූල්) කටිනවා; whirl කරකවනවා, කරකැවෙනවා; a top බඹර ගහනවා; spin out, fig. (කාලය, කථාව &c.) දිඝීකරනවා.

Spinach, Spinage (ස්පිනෙජ්), n. නිවිති කොළ.

Spinal (ස්පෛ...) a. පිටිකොන්දට අයිතිවූ, පිටි කොන්ද, කශේරු; spinal column කොඳුඇට පෙළ; spinal cord, spinal marrow කොඳුඇට මිදුළු. [දණ්ඩ.

Spindle (ස්පි...), n. ඉද්ද; axis කුඹිරය; දිගිටි සිහින්

Spindle, v. දිගිටි සිහින්ලෙස වැවෙනවා, ටිට් ආකාර යට වැවෙනවා. [ඇත්තාවූ.

Spindle-legged, Spindle-shanked, a. දිග සිහින් කකුල්

Spine (ස්පෛ...&c.), n. මුදුන් ඇටය, පිටිකොන්දේ ඇටය &c., see backbone; සිහින් කටුව; in bot. තද කටුව.

Spinescent, a. in bot. තද කටු ආකාරයට සෑදෙන; ශල්‍යාග්‍ර.

Spiniferous, a. කටු දරන, ශල්‍යධාරී.

Spiniform, a. ශල්‍යාකෘති.

Spinner, Spinneret (ස්පි . &c.), n. (මකුළු නූල් &c.) කටින අවයවය.

Spinning, n. කැටීම &c.

Spinning-jenny, n. නූල් කටින යන්ත්‍රය.

Spinning-wheel, n. නූල් කටින රෝදය.

Spinose, Spinous, Spiny. (ස්පෛ...&c.), a. කටු ගහනවූ, ශල්‍යධාරී, ශල්‍ය බහුල.

Spinosity, n. කටු ගහනකම, ශල්‍යබහුලත්වය.

Spinozism, a. සියල්ල දේවකමේ ද්‍රව්‍යවලින්ම මවා තිබෙන්නේය යන මතය, සර්වදේවද්‍රව්‍යවාදත්වය.

Spinozist, n. ස්පිනෝසාගේ ධර්මමතිකයා, සර්වදේවද්‍රව්‍ය දෘෂ්ටියා.

Spinster (ස්පි...), n. කටින්නී ; අවිවාහක ස්ත්‍රී.

Spinule (ස්පා. &c.), n. කුඩා කටුව, ක්ෂුද්‍රශල්‍යය.

Spinulose, Spinulous, a. කුඩා කටු ගහනවූ, ක්ෂුද්‍ර ශල්‍යධාරී.

Spiracle, n. (ශරීරයට, ගහට &c.) වායු &c. යන්නාන කුඩා සිදුර, ක්ෂුද්‍ර ඡිද්‍රය, කූපය.

Spiral, a. *or* n. ඉස්කුරුප්පු ආකාර (ඇකිළිල්ල), සංශසුරි ; දඟර, දරණු ආකාර (ඇකිළිල්ල) ; දර අණුව, දඟරය, අලකය.

Spirally, ad. ඉස්කුරුප්පු ආකාරයට, සංශසුරි ආකාරයට ; දඟර ආකාරයට.

Spiral-vessel, n. in bot. (ශාකාළුව්ල &c.) දඟර සෙඩි නාඩිය.

Spire, n. (කොත්ත් තිබෙන) දිග කටුවක හැඩය, සෘජුශංශාකාරය, උල් කොත ; ශංඛශංඛය ; of grass &c. තණශහ.

Spirit, n. ආත්මය, ප්‍රාණය ; අශරීරික සත්ත්වයා ; the Holy Spirit ශුද්ධාත්මය &c. ;
spectre අවතාරය ; disposition සිතේ ශතිය ; අවශතිය &c. ; courage ධෛර්යය, බුහුටිකම ; essence සාරය ;
spirit of wine මද්‍යසාරය ; ord. spirit රහමෙර, අරක්කු, ආසවය ;
real meaning අභ්‍යන්තරාර්ථය ; high *or* low spirits උත්සාහකම, ප්‍රීතිමත්කම ; කාන්සාව, නලංගුව.

Spirit, v. fig. රහස් බලයකින් මෙන් ගෙනයනවා ; රහසින් පැහැරගන්නවා.

Spirited, a. උත්සාහ, ප්‍රාණවත්, ධෛර්යමත් ; mean; spirited &c. නිච—උත්තන &c.—ශතියක් ඇති.

Spirit-lamp, n. මද්‍යසාර පහන.

Spiritless, a. උත්සාහ නැති, අධෛර්ය ; නලංගු.

Spirit-level, n. මද්‍යසාර මට්ටම් යන්ත්‍රය, වාතරපාස්, ලෙවෙල.

Spiritoso, ad. It. in mus. උත්සාහලෙස.

Spirit-rapper, n. (මෙසවලට &c. තට්ටුකරවනවායයි ශඟවන) භූතාත්මබන්ධනකාරයා.

Spirit-rapping, n. භූතාත්ම-බන්ධනය.

Spirits, n. pl. සිතේ යම් ශතියක්, උත්සාහ ශතිය &c. ; රහමෙර ජාති.

Spiritual, a. immaterial අද්‍රව්‍ය &c. ; of spiritual beings ආත්මවූ, අධි දෛවික ; of the moral state ආත්මික, පරිශුද්ධ, විශුද්ධ ; ecclesiastic සාමයානුකූල, ලෞකිකනොවන.

Spiritualism, n. ද්‍රව්‍යහැකුම ආත්මවසතු පමණක් ඇතැයි විශ්වාසකිරීම, ආත්මදෘෂ්ටිය *or* සජීවාත්ම දෘෂ්ටිය ; ආත්මබන්ධනය, ආත්මවිචාරණය, භූත විද්‍යාව.

Spiritualist, n. සජීවාත්මදෘෂ්ටියා ; ආත්මබන්ධන දෘෂ්ටියා, ආත්මවිචාරණ දෘෂ්ටියා, භූතවිද්‍යාඥයා.

Spirituality, n. අද්‍රව්‍යභාවය, ආත්මතාව ; ආත්මික භාවය, ආත්මිකකම, පරිශුද්ධතාව ; ආගමානුකූල දෙයක්.

Spiritualize, v. ආත්මික — පරිශුද්ධ — කරනවා, ආත්මිකභාවයකට පමුණුවනවා ; ආත්මිකාර්ථයකට ගන්නවා *or* තේරුම්කරනවා.

Spiritually, ad. ආත්මිකලෙස, පරිශුද්ධාකාරයෙන්.

Spiritual-mindedness, n. සිතේ ආත්මිකභාවය.

Spirituous, a. රහමෙර, මෛරය, මද්‍යසාරාකාර.

Spiritus asper, n. in Gr. gram. මහාප්‍රාණ ප්‍රකාශක ලකුණ වන (ʻ) මෙය ; spiritus lenis අල්පප්‍රාණ ප්‍රකාශක ලකුණ වන (ʼ) මෙය.

Spirometer (ස්පා...), n. ප්‍රශ්වාසමානක යන්ත්‍රය.

Spirt, Spurt, v. දියවැලක් සැරෙන් පිටාරවෙනවා *or* නික්මෙනවා ; සැරෙන් පිටාර විසිකරනවා.

Spirt, n. පිටාරවෙන හදිසි—සැර—දියවැලක් ; හදිසි උත්සාහයක්.

Spit, n. (පිළිස්සීමට මස් ගහන) කූර, මස්කූර ; තුඩක් ඇති දිග දෙයක් ; (මතුරට නෙරාපු) පටු බිම ; v. (මස්) කූරේ ගහනවා, කූර ගහනවා.

Spit, v. කෙළ ගහනවා ; fig. විකට්ක වහනවා.

Spit, Spittle, n. කෙළ.

Spite, n. එදිරිය, එදිරිකම, ක්‍රෝධය, අවගුණය, වෛරය, ව්‍යාපාදය, භේදම. We went in spite of what he did and said ඔහු කළකී දේ නොසලකා ගියෙමු.

Spite, v. (spite him ඔහුට) එදිරියෙන් &c. ක්‍රියා කරනවා, භේදමට කරනවා, එදිරිකම්කරනවා

Spiteful, a. එදිරිය සහිත, අවගුණ, ක්‍රෝධකාර, කුහුලකේඩු.

Spittoon, n. පසික්කම.

Splanchnic (ස්ප්ලෑංක්නික්), a. අතුණු, අන්ත්‍ර.

Splanchnography, Splanchnology, n. අන්ත්‍රනිරූපණය, අන්ත්‍රවිද්‍යාව.

Splash, v. (මතුර, මඩ &c. යමකට) ඉහිනවා, ඉහිර වනවා, ඉහිරෙනවා. [ඛිඳුව &c.

Splash, n. ඉහිරුණ වතුර බිඳුව, ඉහුණ මඩ *or* මඩ

Splash-board, n. (මඩ නවත්වන) කරත්තයේ ඉස්සරහලෑල්ල, මඩලෑල්ල.

Splashers, n. pl. (මඩෙන් &c. රෝද) ආරක්ෂක ලෑලි.

Splay, n. (දොරකඩ &c. පැතිවල) ඇළය, සුවාය.

Splay, v. ඇළේට සාදනවා.

Splay-footed, a. පාද පිටට හැරීතිබෙන.

Splay-mouth, n. පළල් කට, බකුකට ; splay-mouthed person කටබක්කා.

Spleen (spleen ස්ප්ලීන්), n. බඩ දිව, පිළාව, උදර ග්‍රන්ථිය, ගුල්මය, ප්ලීහාව ; fig. අවශතිය, දෞමනස.

Spleenish, Spleeny, a fig. අශති, අවශති, ඊර්ෂ්‍යාල.

Spleenwort, n. asplenum, මීවන වර්ගයක්.

Splenalgy (splen ස්ප්ලෙන්), n. බඩදිවේ වේදනාව, ගුල්ම වේදනාව.

Splendent, a. දිප්තිමත් &c., see Resplendent.

Splendid, a. තේජවන්ත, අත්‍යලංකාර, ඉසුරුමත්, විරාජමාන ; in excellence ප්‍රවරතර, විශිෂ්ටතර, ශූරවීර.

Splendour, n. තේජස, කාන්තිය, අත්‍යලංකාරය, ඉසුර, ඉසුරුමත්කම, විරාජමානතාව, ප්‍රභාව, &c. ; ප්‍රවරතාව &c., උත්කෘෂ්ටතාව.

Splenetic, a. ගුල්මරෝගකාර ; fig. අශති, ඊර්ෂ්‍යාල.

Splenic, a. බඩදිවට අයිතිවූ, ගුල්ම.

Splenitis, n. බඩදිව-දැවිල්ල, ගුල්ම-දාහය.

Splenization (ස්ප්ලි...), n. බඩදිවට පෙනහල්ලේ සමානවීම, (පුප්ඵුසයේ) ගුල්මාකෘතිභූතිය.

Splenology, n. ගුල්ම විස්තරය.

Splenotomy, n. ගුල්මච්ඡේදනය.

Splice, v. පුරුද්දනවා, පූට්ටුකරනවා ; n. පිරිද්ද සන්ධිය, පූට්ටුව.

Splint, Splinter, n. කීර, පොඩි කීර, පතුර, පපටි කාව ; in sur. ලීපටිය ; (අශ්වයෙකුගේ) ඇට දළුව.

Splint, Splinter, v. කීරි කොට පලනවා *or* කඩනවා, පතුරුගහනවා ; (කැඩුණු අතට &c.) ලීපටි බඳිනවා.

Splint-bone, n. කෙණ්ඩයේ කුඩා ඇටය.

Splinter, v. i. කීරි වශයෙන් පැළෙනවා, පතුරු ගැලවෙනවා.

Split, v. t. පලනවා, මාත්කරනවා, දෙදරවනවා ; fig. භේදකරවනවා.

Split, v. i. පැළෙනවා, මාත්වෙනවා, දෙදරනවා, බල්ගැලවෙනවා ; fig. භේදවෙනවා ; (පවීතයකට සේ යමකට) වැදී නාසනිවෙනවා.

Split, n. පැල්ම, ගැහුණු තැනක්, විවරය ; fig. භේදය.

Splutter, v. ආකුල ලෙස ඉක්මනින් කථාකරනවා.

Spoil, n. plunder කොල්ලය &c. ; v. කොල්ලකනවා.

Spoil, v. තරක්කරනවා, නැතිකරනවා ; තරක් වෙනවා, ඌරු—ඌරල්—වෙනවා &c., see Corrupt.

Spoilt, a. තරක්කරපු &c., තරක්වී තිබෙන &c. ; spoilt child මට්ටම් නොකළ ළමයා.

Spoke, n. රෝද දත, රෝද ගරාදිය, චක්‍ර අරය, දණ්ඩිය ; ඉණිමංපෙත්ත.

Spoke, pret. of Speak කථාකළා.

Spoken, pp. *or* a. කථාකර ; භාෂිත, ලපිත.

Spoke-shave, n. චක්‍රවු යන්ත්‍ර, ගරාදි-යන්ත්‍ර, සූරන යන්ත්‍ර.

Spokesman, n. අනුන් වෙනුවට කථාකරන්නා, නියෝජිත කථාකාරයා.

Spoliation, n. කොල්ලකෑම, ලුණ්ඨනහරණය, අයුක්ති යෙන් අල්ලාගැනීම.

Spondee, n. ද්විගුරුපදය.

Spondiac, a. ද්විගුරුපදාකාර, ද්විගුරුපද.

Sponge, n. මුහුදුහත්ත, ගල්මල ; මුහුදුහත්තට සමාන යමක් ; පිට්මුසු මුහුන්.

Sponge, v. මුහුදුහත්තෙන් සෝදනවා *or* පිසදමනවා ; sponge on one යමෙක් වෙත පුප්පා කනවා.

Sponge-cake, n. සැහැල්ලු කැවුම් වර්ගයක්.

Spongiform, a. මුහුදුහත්තක් ආකාර, කූප සහිත.

Sponginess, n. මුහුදුහතු ගතිය, බුරුල්වූ කූපසහිත ගතිය.

Spongioles, n. pl. in bot. ගස්මුල්වල බුරුල් හීන් තොංගල්, ශිථිල මූලාග්‍ර.

Spongy, a. මුහුදුහතු වැනි, සඡිද්‍ර ; චගුරුබිම සමාන.

Sponsal, a. විවාහවීම සම්බන්ධ, විවාහ, වල්‍ලභ.

Sponsion, n. ඇපවීම, කළමනාකාර පොරොත්තුව.

Sponsor, n. ඇපකාරයා ; sp. ඉස අත්තබන පියා *or* මව්, මිතෘගදූ, පසඳගදූ.

Sponsorial, a. ඇපකාර.

Sponsorship, n. ඇපකාරකම.

Spontane'ity Sponta'neousness, n. සියකැමැත් තෙන්ම කිරීම *or* කරන භාවය, සවච්ජන්දතාව &c. ; ඉබේම වීම.

Sponta'neous, a. සියකැමැත්තෙන්ම කරන, සවච්ජන්ද ; ඉබේම වෙන්නාවූ.

Sponta'neously, ad. සියකැමැත්තෙන්ම, සවච්ජන්ද කාරයෙන් &c. ; ඉබේම.

Spook, n. අවතාරය.

Spoon, n. බීරච්ච ; v. බීරච්චල ඔතනවා.

Spoon, n. හැන්ද, pl. හැඳි ; spoonful, (සිනි) හැන්දක්, චිකක්.

Spooney, Spoony, a. මෝඩලෙස මෑදුවූ, අමන ; n. මෝඩයා, අමනයා.

Spoon-meat, n. (හැන්දෙන් අරන් කන) දිය කෑම.

Spoor, n. සත්තු ඉව, දඩයම් සතෙකුගේ ඉව. See Trail.

Sporadic, a. (මාරක නොවන) තනි, විරල, චිහෙමත් තැනක ඇති (රෝගය).

Sporangium, Sporidium, n. (පුෂ්පශූන්‍ය පැළවල) ක්ෂුද්‍රවීජකෝශය.

Spore, Sporule, n. (පුෂ්පශූන්‍ය පැළවල) ක්ෂුද්‍රවීජය, වීජබූලිය.

Sporophore, n. ක්ෂුද්‍රවීජධාරි නාඩිය.

Sport, n. play සෙල්ලම &c. ; fun සරදම &c., පරිහාසය ; hunting සෙල්ලම් දඩයම, කිලිබෑම &c.

Do a thing in sport සරදමට &c. යමක් කරනවා.

Be the sport of circumstances &c. කාරණ කාරණවලට අනුවෙනවා, හුළඟට ගසාගන යනවා.

Sport, v. සෙල්ලම්කරනවා &c. ; සෙල්ලමට දඩයම් කරනවා ; sport a hat &c. (coll.) තොප්පියක් දමාගන පානවා ; sport with සුළු දෙයක් කොට සලකනවා *or* අතට ගන්නවා.

Sportful, Sportive, a. සෙල්ලමට ලැදිවූ, ක්‍රීඩාකාර ; සරදම්වූ.

Sportfully, ad. සෙල්ලමෙන්, ක්‍රීඩා වශයෙන්, සර දමට, සරදම්ලෙස.

Sporting, a. සෙල්ලම්කරන &c. ; දඩයක්කාර, sp. අනුන් දුවවීම—ඔට්ටු තැබීම—ආදියට ලැදිවූ, සෙල්ලක්කාර, තෙහියාඩම්කාර.

Sporting, n. සෙල්ලම්කිරීම &c., see verb.

Sportive, a. සෙල්ලක්කාර, ක්‍රීඩාපර.

Sportsman, n. සෙල්ලක්කාරයා, දඩයක්කාරයා ; දඩයමට දක්ෂයා.

Sporuliferous, a. ක්ෂුද්‍රවීජධාරි (පාසි, මීවන, පඹ &c.)

Spot, n. තිත, ලපය, පුල්ලිය, ශෝමරය, බිඳුව, කලංකය ;

on the eye පොල ; කුඩා ඉඩමක්, යම් තැනක් ;

on the spot චිතැනම, චිවලේම ; fig. stain පැල්ලම. [කරනවා.

Spot, v. තිත් ගහනවා, ලප දමනවා ; fig. කැළැල්

Spotless, a. තිත්නැති, ලප &c. නැති, lit. & fig. අමල, විමල, නිර්මල, අකලංක.

Spotty, a. තිත් &c. ඇත්තාවූ, තිත් ගහනවූ.

Spousal, a. විවාහික &c., see Conjugal & for n. Espousals. [*or* වල්ලභි.

Spouse, n. පුරුෂයා *or* භාර්යාව, උදවිච, වල්ලභයා

Spout, n. පීල්ල, පිහිල්ල ; of a vessel කොම්බය.

Spout, n. (කෙම්බයකින් මෙන්) හැරෙන් පිටාර වෙනවා *or* තික්මවා අරිනවා, (ලේ, වතුර) විදිනවා ; fig. (coll.) කථාවක් දෙඩනවා.

Spouter, n. දෙඩවන්නා, කථාවක් දෙඩන්නා.

Sprain, n. උළුක්කුව, ඇමැට්ටිය.

Sprain, v. උළුක්කුකරනවා, S. උළුක්කුවෙනවා.

Sprang, pret. of Spring, පැන්නා.

Sprat, n. හාල්මැස්සා.

Sprawl, v. වැතිරෙනවා ; අතපය විහිදනවා *or* විහිද ගන ඉන්නවා ; හුසිහුසු තරමට විහිදෙනවා.

Spray, n. රිකිල්ල ; (විසිවෙන) වතුරපොද, හිරිකඩ.

Spread, v. t. (a cloth &c.) අතුරනවා, වතුරනවා, දිග අරිනවා, චළනවා, ආස්තරණයකරනවා ; (butter &c.) ගානවා ; extend විහිදුවනවා, විස්තීර්ණ කරනවා ; expand විදහනවා ; (news &c.) පතළ කරනවා, පළකරනවා, පතුරුවනවා ; (disease &c.) බෝකරනවා ; (a heap) තුනීකරනවා.

Spread, v. i. ඇතිරෙනවා, දිගඇරෙනවා; විහිදෙනවා, පතළවෙනවා &c., පැතිරෙනවා ; බෝවෙනවා.

Spread, pret. & pp. ඇතුරුවා, අතුළා, ඇතුරුණ &c. ; අතුරා, අතුට ; ඇතිරී &c.

Spread, n. ඇතිරෙන ප්‍රමාණය, විහිදෙන හරිය ; spreading පතළවීම, පැතිරීම, බෝවීම.

Spreading, n. ඇතිරීම &c., see verbs, ප්‍රසර්පණය, විසර්පණය.

Spree, n. (නොයෙක්විට බේබද්දකම් සහිත) සැප සෙල්ලම් ප්‍රසභාවක්.

Sprig, n. රිකිල්ල, කිනිත්ත ; කුඩයක් නැති කුඩා ඇනය.

Sprig, v. කුඩා ඇන ගහනවා. [නාව.

Sprightliness, n. උනන්දුකම, ප්‍රාණවත්කම, තූර්ය

Sprightly, a. උනන්දු, ප්‍රාණවත්, තුරිත.

Spring, v. i. sprout පැලවෙනවා, arise උපදිනවා, අවගන්නවා ; by race පැවතඑනවා ; leap, bound, පැනෙනවා, පනිනවා. See Sprung.

Spring, v. t. (නොසිතූ එකක්) හදිසියෙන් පානවා ; (a mine) පුපුරවනවා ; (an arch යම් තැනක සිට) නමන්ට පටන්ගන්නවා ; (a trap) ගස්වනවා. See Leak, n.

Spring, n. leap. පැනුම ; elasticity ආපසු පැනීමේ බලය ; bow &c. දුන්න ; fountain, source උල්පත, ප්‍රාරම්භය, හේතුව ; spring of the year වසන්ත කාලය, පුෂ්පසමය.

Springback, n. (පොත අරිනවිට) පනින පිටකොළය, දුනු පිටකොළය.

Spring-balance, n. දුනු තරාදිය.

Spring-box, n. (ඔරලෝසුවේ) දුන්න තිබෙන පෙට්ටිය, දුනු-පෙට්ටිය.

Spring-board, n. පනින දුනු පෝරුව.

Spring-carriage, n. දුනු රථය ; spring-cart දුනු ඇති කරත්තය.

Springe (ස්ප්‍රින්ජ්), n. දුනු තොණ්ඩුව, දුනුමල.

Spring-gun, n. දුනු තුවක්කුව.

Spring-head, n. lit. & fig. උල්පත, ප්‍රධාන මූලය.

Springiness, n. ආපසු පනින ගතියක්, පනිනසුලුබව, පනින බලය.

Springing, n. පැළවීම &c., see verbs ; of an arch බෝක්කු කර මට්ටම.

Spring-tide, n. (නවසඳ සහ පසළොස්වක) අධික වඩදිය.

Spring-time, n. වසන්තකාලය ; fig. of life තරුණ වයසාව.

Spring-wheat, n. වසන්තකාලයේ වපුරන තිරිඟු ජාතියක්, වසන්ත ගෝදුම.

Springy, a. elastic ආපසු පනින ගතියක් ඇති, (මිරිකාඇරියාම) පනින සුලු ; පනින්ට ශක්තිමත්.

Sprinkle, v. ඉසිනවා, ඉහිනවා ; this with sand &c. මේකට වැලි ඉහිනවා.

Sprinkled, be, v. ඉසිනු ලබනවා &c., ඉස—ඉසී—තිබෙනවා.

Sprinkling, n. ඉසීම &c. ; fig. (of people &c.) මිරලමු (මිනිස්සු) ගණනක්.

Sprit, n. ඇලවූ රිට.

Sprit sail, n. ඇලවූ රිටේ රුවල.

Sprite, (ස්ප්‍රයිට්), n. අවතාරය, භූත රූපය, රකුසා.

Sprout, v. පැලවෙනවා, ඇස්වෙනවා ; දළුලනවා.

Sprout, n. දළුව, කිරබාව, ඉකිරිය, රිකිල්ල, අංකුරය, පල්ලවය, young corn පැළපත. See Bud.

Spruce, n. යසට අඳින, කලේලි, ජේත්තුකාර.

Spruce, v. යසට — කලේලියට — ජේත්තුකාරලෙස — අඳිනවා or සැරසෙනවා. [පෙනීම.

Sprucely, ad. යසට &c. Spruceness, n. කලේලි

Sprung, pret. or pp. of Spring, පැළවුණ &c. ; the lid &c. has sprung පියන පිට පැනලා තිබෙනවා.

Spry, a. ප්‍රාණවත්, උනන්දු, තුරිත, ඉක්මන්.

Spud, n. (දිග තියනක් සමාන) දිසි කුඩාරය.

Spume, n. පෙණ, පෙද ; v. පෙණ දමනවා, පෙණ නගිනවා.

Spumescence, Spuminess, n. පෙණ නගිනසුලු, පෙණ සහිතකම.

Spumiferous, Spumy, a. පෙණ දමන, පෙණ නගින, පෙණ ඇති.

Spunk, n. දිරච්ච ලී ; උනන්දුකම, ධෛර්යය. (E. low.)

Spur, n. (අශ්වයන් ඉක්මන්කරවන) සත්කටුව ; fig. පොලඹින කාරණය ; cock's spur පොරකටුව ; (ගඟක) ප්‍රධාන මූලක් ; කඳු අත්තක් ; gen. තනි නෙරුම.

Spur, v. සත්කටුවෙන් අනිනවා, සත්කරනවා ; fig. පොලඹවනවා, උනන්දුකරනවා.

Spurge, n. එළ — බූ — හිං — මූදු — දඳකිරිය, දලුක්, හිතුක්, තවගන්දි.

Spurious, a සැබෑනොවන, බොරු, ව්‍යාජ, අසත්‍ය.

Spurn, v. පයින්ගසා අසත්කාරකරනවා ; නිවකොට එපාකරනවා, අවඥකොට ප්‍රතික්ෂෙපකරනවා ; එපාකර සුළුකරනවා.

Spurt, v. දලුවක ආකාරයෙන් දියපිටවෙනවා or. පිටකරනවා ; s. සිදුරකින් එසේ දියපිටවීම.

Spur-wheel, n. (නාභියට) සෘජු දැතිරෝදය.

Sputter, v. (නළයකින් or කටින් බිඳු) විසිකරනවා, විසිවෙනවා, ඉසෙනවා ; fig. ඉක්මන්කමින් වියවුල් ලෙස වචන පිටේත්තුකරනවා, දෙඩවනවා.

Sputum, n. කෙළ, (කැසදමන) ශ්ලේෂ්මාව.

Spy, n. ඔත්තුකාරයා, ඔත්තු බලන්නා, චරපුරුෂයා.

Spy, v. ඔත්තු බලනවා ; රහස්ලෙස බලනවා ; දුරින් දකිනවා.

Spy-glass, n. කුඩා සමුක්කාව, කැසිකාරය.

Squabble, n. අරෝව, සුළු දබරය, අඬදබරය, සණ්ඩුව, සංගුව, ගැහිල්ල.

Squabble, v. අරෝකරනවා, සණ්ඩුදබරකරනවා, තරක්වෙනවා.

Squad, n. භෝවා කැටියක් or කුඩා රංචුවක්.

Squadron, n. රැස්වූ භෝවාකණ්ඩායම ; අසරුකණ්ඩායමක් ; යුද්ධනැව් කණ්ඩායමක්.

Squalid, a. අඩම දිළිඳු, කැත, නීච, මලින.

Squalidity, Squalidness, n. අඩම දිළිඳුකම, කැත, සවභාව &c.

Squall, v. (හයින්, සාරයෙන්, වේදනාවෙන්) කෑගසනවා, හයියෙන් අඬනවා.

Squall, n. (ළමයෙකුගේ &c.) කෑගැසීම &c. ; හදිසි සැඩපවන, හදිසි කුණාටුව : black squall වලාකුල් සහිත සැඩපවන, white squall වලාකුල් රහිත සැඩපවන.

Squally, a. හදිසි සැඩපවන් ගසන, හදිසි කුණාටු සහිත, (දවසක් &c.).

Squaloid, a. (squa ලොයිඩ්), මෝරමත්‍ස්‍ය, මෝර මත්‍ස්‍යාකාර.

Squalor (ස්කොව...), n. පිටත අඩමකම, කැත සවභාව, අපවිත්‍රකම.

Squama, n. Squamæ, pl. L. in bot. කොරපොත්ත, ශල්කය.

Squamiform, n. කොරපොතු හැඩය, ශල්කාකෘතිය.

Squamigerous, a. කොරපොතු දරන, ශල්කධාරී.

Squamose, Squamous, a. කොරපොතු සහිත සශල්ක.

Squander (ස්කව...), v. නිෂ්ඵලලෙස වියහියදම්කර නවා, (ධන) අපතේ අරිනවා.

Square, a. සතරැස්, චතුරස්‍ර, සතරකොන්, චතුෂ්කෝණ; forming a right angle සෘජුකෝණ; broad, stout, පළල්, සවුල;
  fig. impartial &c. සාධාරණ, සෘජු, (ක්‍රියා);
  sqr. measure සතරැස් මිම්ම, වර්ග මිම්ම; sqr. number වර්ග ගණන;
  sqr. root වර්ගමූලය.

Square, be, v. සතරැස්ව තිබෙනවා &c.; (යමකට) සෘජුව—සරලව—සමාන්තරව—තිබෙනවා; (ගණන්) එලෙස්සුව—තුල්‍යව—බේරී—තිබෙනවා.

Square, n. සතරැස් හැඩය, චතුරස්‍රය, චතුෂ්කෝණය; වීදියේ සතරැස් ඉඩමක්; වර්ග ගණන, වර්ගය; ඉරි මට්ටම, මට්ටම්පෝරුව, මට්ටම් ලෑල්ල; සතරැස් සේනාසන්නිධායම; on the square, fig. සාධාරණ ලෙස, සෘජුලෙස; all square සියල්ලම බේරිලයි or හරියි.

Square, v. සතරැස්—චතුරස්‍ර &c.—කරනවා; සෘජු කෝණයක් කරනවා; (යමකට) තුල්‍ය—සරල—කරනවා; ගණනක් එයින්ම වැඩිකරනවා, වර්ගකර නවා; (කුඹ දූව, රුවල්) නැවට හරස්කරනවා;
  the fists අත්මිටි හරබකරනවා, ගහන්ට තත්කර නවා; fig. (යමකට) හරියන්ට සලස්වනවා, අනුකූල—යෝග්‍ය—කරනවා; (ගණන්) එලෙන්සු කරනවා, බේරනවා.

Squared, pp. or a. සතරැස්කරපු &c.; වර්ගීකෘත (අංකය).

Squareness, n. සතරැස්කම, චතුරස්‍රතාව; සෘජුකෝණතාව &c., see adj.

Square-rigged, a. සතරැස් රුවල් ඇති.

Squarrose, Squarrous (ස්කව...), * a. කඩතොලු—කොන්—ඇති, ශෘංගවත්.

Squash,* v. (මඩුලු මෙන්) පොඩිකරනවා, පැතලියට පොඩිකරනවා.

Squash, * n. මඩුලු ආකාර මෘදු ද්‍රව්‍ය; (මෘදු බරවූ දෙයක්) වැටී පොඩිවීම, මිරිකී පොඩිවීම; රටලබු.

Squashy,* a. මඩුලු ආකාර; දිය මඩ ඇත්තාවූ.

Squat,* v. ඇනතියාගන්නවා, ඇනඉන්නවා, උක්කු ටිකයෙන් ඉන්නවා; (බිමට) පහත්වෙනවා; (ඔප්පු කැරයක් නැතුව) බිම් අත්කරගන්නවා; adj. සවුල මිටි.

Squatter,* n. ඇනඉන්නා; බිම් අත්කරගත ඉන්නා.

Squatting, * n. ඇනතියාගැනීම, ඇනඉඳීම &c., උක්කුටිකය.

Squaw, n. (අමෙරිකන් ඉන්දියානු) ගෑනී, භාර්යාව.

Squeak, v. ලුහුඩු හීන් හඬින් කෑගසනවා, හීන් ශබ්ද යක් කරනවා or වෙනවා.

Squeak, n. (උෟරුගේද මීයාගේද &c.) තියුණු කෑගැසීම; (රෝදයේ &c.) තියුණු ශබ්දය.

Squeal, v. (උෟරෙකුලෙස &c. බොහෝවේලා) තියුණු හඬින් කෑගසනවා.

Squeamish, a. බඩ දඟලන; (කෑම ගැන) ඉක්මනින් පිළිකුල් සිතන.

Squeeze, v. මිරිකනවා, ඔබනවා, තදකරනවා, වඩින වා; squeeeze out (as seeds) ඔරවනවා. See Press.

Squeeze, n. මිරිකීම &c.; තද බදාගැනීම.

Squib, n. රතිඤ්ඤ; ඇනුම්පදය, සුළු නිග්‍රහ ප්‍රබන්ධය.

Squib, v. ඇනුම්පද—ඔසියරු—කියනවා.

Squint. v. වපරේට බලනවා, වපරකර බලනවා, ඇස් කුරුසිකරනවා, ඇස්කොණින් බලනවා; ඇස් වපරේම තිබෙනවා. [පිහිණිකම.

Squint, n. වපර බැල්ම, වපරේට බැලීම; ඇස්වල

Squint-eyed, a. ඇස් වපරේට තිබෙන, පිහිණි. See Cross-eyed.

Squire, n. සුළු වංශාධිපති නාමයක්: Squire Jones ජෝනිස් රාළහාමි or අප්පුහාමි. [ල.

Squirearchy, n. (සුළුසිරිමට කියන) රාළහාමිගොල්

Squirrel, n. ලේනා, දඬුලේනා; pl. ලේන්නු, acc. ලේනුන්.

Squirt, v. t. (වයති කුඩුවකින්—නළයකින්—මෙන් සැරෙන් දිය අරිනවා; v. i. (ලේ, දිය) විදිනවා.

Squirt, n. වසතිකුඩුව; විසිවෙන දියවැල.

St., Saint ශුද්ධවරයාවූ, ශු.; Street (කොළඹ) වීදිය.

Stab, v. අනිනවා, ඇන මරනවා; fig. රහසින් අප කීර්තිකරනවා.

Stab, n. ඇනීම, ඇනුම් පහර; fig. රහස් ඕපාදූපය.

Stabat Mater, L. (අඹමින්) "සිටියා මෑණියෝ" නමවූ චිලිළුව ලතින් ගීතිය.

Stability, Stableness, n. නොසෙලවෙනසුලුබව, අචලතාව &c.; ස්ථිරකම, ස්ථිරභාවය, අචපලතාව; චිරස්ථිතිය.

Stable, a. materially නොසෙලවෙන, අචල, ස්ථාවර; mentally ස්ථිර, අචපල; enduring චිරස්ථ.

Stable, n. අශ්ව මඩුව, අස්පට්ටිය, අස්හල, ඉස්තාලය.

Stable, v. (සතෙක්) මඩුවේ &c. බඳිනවා or තබාගන් නවා.

Stable-boy, Stable-man, n. (අශ්වයන් ඇතුළුව) අශ්ව මඩුව බලාගන්නා. [ටිය.

Stabling, n. (සතෙකු) මඩුවේ තබාගැනීම; අස්පට්

Staccato (ස්ටකාටෝ), ad. It. in mus. ශබ්ද වෙන් වශයෙන් (කියා).

Stack, n. (පිදුරු, දර, ආදී) ගොඩක්, අඩුක්කුව, කොළකැටිය, ගොයම් කොළඹ; (එක්ව තිබෙන දුම්කොම්, තුවක්කු) ගණනක්. කරනවා.

Stack, v. ගොඩගහනවා, ගොඩකරනවා, අඩුක්කු

Stack-stand, n. ගොයම්කොළ මැස්ස.

Stack-yard, n. ගොයම්කොළ කොටුව.

Stacte (ස්ටක්ටෙ), n. ගෝපරසභාරය.

Stadium, n. පුරාණ මිම්මක්: හැතැප්මෙන් අටෙන් පංගුව; (දිවීමේ &c.) රංග භූමිය.

Stadtholder, n. (හොලන්ඩරටේ) ශ්‍රේෂ්ඨාධිපාදයාණෝ, දිශාධිපාදයාණෝ.

Staff, n. long යෂ්ටිය, පොල්ල; short මුගුර, ලගුඩ; of authority අණ පොල්ල; in mus. (ගායනඩම්) පෙළ; (සේනාපතියාගේ උදව්කාර) මුලාදෑනි පෙළ; ලිපිකරු පෙළ &c.; staff-officer උදව්කාර මුලාදෑනි යෙක්.

Stag, n. මුවන්ගෙන් පිරිමිසතා, මුවා, ගෝනා.

Stage, n. platform මැස්ස, තට්ටුව, වේදිකාව, high stand අට්ටාලය, අටල්ල; theatre රැඟුම, රංගය; රඟමඩල; ගමනෙහි එක කොටසක්, යන දුර; නවාතැන; (වැඩේ &c.) යම් ප්‍රමාණයක්, (කෙරි ගතයාගේ) අඩියක්; period අවස්ථාව; fig. (යමක් කරන) භූමිය, ප්‍රදේශය, මණ්ඩලය, කාර්‍යමණ්ඩලය.

Stage-coach, n. (තැනින්තැන අශ්වයන් මාරුකරන) ප්‍රසිද්ධ කෝච්චිය.

Stage-player, n. actor ප්‍රසිද්ධ නැට්ටුක්කාරයා, නාඩගම්කාරයා, නාට්‍යකරුවා, නළුකයා. [කාරයා.

Stager, n. old stager චිරසර්‍ථයා, මහල්ලා; අද්දුටු දක

Stagger, v. i. වැනෙනවා, වැනිවැනි යනවා; fig. අනුමාන සිතනවා, දෙගිඩියාවෙනවා.

Stagger, v. t. fig. අනුමාන සිතවනවා; සැරලෙස චකිතකරනවා, ත්‍රස්තකරනවා.

Stagger, n. වැනීම, වැනුම; pl. (මෘගයින්ට අල්ලන) සලාන්ත රෝගය.

Stag-hound, n. මුවදඩයම් බල්ලා.

Staging, n. මැස්ස.

Stagnancy, n. නූතන ගතිය, අචලතාව; ක්‍රියාක්‍රියමක් නැතිකම, උනන්දු නැතිකම.

Stagnant, a. නූතන, ගලාතොයන, අචල, stale පල්වූ; fig. දියුණු නොවන, උනන්දු නැති.

Stagnate, v. ගලානොගොස් නවතිනවා, අචලවෙනවා, (එයින්) පල්වෙනවා; fig. දියුණුනොවී තිබෙනවා.

Staid, pp. or pret. of Stay, සිට &c.; adj. අචපල, සන්සුන්.

Staidly, ad. අචපලලෙස, සන්සුන්ලෙස.

Stain, v. colour සායම් පොවනවා; variegate විචිත්‍රකරනවා; discolour දුර්වර්ණකරනවා, spot පැල්ලම් දමනවා, කිලුටුකරනවා; fig. කැළල්කරනවා, කෙලහනවා.

Stain, n. (පෙවුණ) ලපය, සායම් පැල්ලම, ආවුටුම, ලාවටුව; fig. කැළල, පැල්ලම, කලංකය.

Stainless, a. lit. & fig. කැළල් නැති, අමල, අකලංක.

Stair, n. පඩිය, stairs, stair-case, පඩි පෙළ, ආරෝහණය; up-stairs උඩුමහලේ down-stairs පහත් තට්ටුවේ, (තිබෙනවා &c.).

Stake, n. ඉන්න, උල, තෙප්ඉන්න, තෙප්උල, උල්වූ ලීය, large පතකඩය; wager ඔට්ටුව; at stake (ඔට්ටුවක් මෙන්) අනුමාන පිට, ඔට්ටුකර.

Stake, v. ඉණි හිටවනවා; ඉන්නකට බඳිනවා; ඉණිවලින් කොටුකරනවා; (යමෙකු) උලතබනවා; ඔට්ටු තබනවා.

Stake-holder, n. ඔට්ටු බලාගන්නා.

Stalactic, Stalactical, Stalactitic, a. චූර්ණකණ්ණාකාර, චූර්ණකණ්, තුෂාරකණ්ණාකාර. [ඇති.

Stalactiform, a. චූර්ණකණ්ණාකෘති, හුනුකූරක හැඩය

Stalactite, n. (ගුහාවල වැස්සෙන වතුරෙන් සෑදී) එල්ලෙන හුනුකූර, චූර්ණකණ්ණිය.

Stalagmite, n. (බිම වැටී සෑදෙන) හුනු ගොඩැල්ල, චූර්ණගණ්ඩය.

Stalagmitic, a. (එයාකාර) හුනුගොඩැලි ආකාර; ගොඩැලි හුනු සමාන.

Stale, a. (කල්යාමෙන්, බොහෝ සේවනයකිරීමෙන්) රස නැතිවූ, නරක්වූ, පල්වූ, පරණ, ප්‍රීතිය නැතිවූ, අරුචි, විරස, නීරස.

Stale, v. (මෘගයෝ) මූත්‍රකරනවා; n. මෘගමූත්‍රය.

Staleness, n. රස නැතිකම, අරුචිකම, පල්කම, පරණකම.

Stalk, n. of corn ගොයම් දණ්ඩ; of leaf &c. නැට්ට (pl. නැටි), නටුව, තුවටුව, වෘන්තය; inside the fruit වහල්ල.

Stalk, v. (ආඩම්බරකමින් or ඉක්මන්කමින්) අඩි උස්සා තබායනවා; (මුවන් පසුපස්සේ) අසිනියා යනවා.

Stalking, n. මුවාවෙහි ගොස් වෙඩිතිබීම, මුවාවෙහි පස්සෙන් යාම.

Stalking-horse, n. මුවාව පිණිස ගන්න අශ්වයා, මුවාවේ අශ්වයා; decoy buffalo දඩමීමා; fig. ව්‍යාජෝපාය.

Stalky, a. නැට්ටක් ආකාර, තද; නටු ගහනවූ.

Stall, n. පට්ටිය, සතාලය, ගාල: අස්හල, ගෝමඩල; මඩුවේ එකෙක් බඳින ඉඩම; වෙළඳමැස්ස, සල්පිල, ආපණ ශාලාව; of theatre or cathedral ආසන කුඩුව.

Stall, v. පට්ටියේ—ගාලේ—සතාලයේ—බඳිනවා or තබාගන්නවා.

Be stalled (තම කරන්ට බැරුව) හිරවෙනවා, බැරිවෙනවා.

Stall-fed, a. පට්ටියේ තියාගත පෝෂ්‍යකළ, පට්ටියේ පෝෂ්‍යවූ.

Stallion, n. අශ්වමදයා.

Stalwart, a. මහත් ශක්තිමත්, බලගතු, ඓමසම්පන්න.

Stamen, n. Stamens, Stamina, pl. (මල්වල) පුරුෂකේශරය; stamina සවිබලය.

Staminal, a. පුෂ්පපුරුෂකේශර; සවිබල සහිත.

Stamineous, a. පුෂ්පපුරුෂකේශර; පුරුෂකේශර සහිත, පුරුෂකේශර බද්ධ.

Staminiferous, a. පුරුෂකේශරධාරී (පුෂ්පය); පුරුෂකේශර පුෂ්පධාරී (පැළ).

Stammer, v. ගොතගහනවා, ගොතගගහ කථාකරනවා, වික්කල්ගහනවා.

Stammerer, n. ගොතගහන්නා &c., වික්කලයා.

Stammering, a. ගොතගහන &c., වික්කල්, ගොත; n. වික්කලය &c.

Stamp, v. අඩිගහනවා, පයගහනවා; pound කොටනවා &c.; තැපැල් මුද්‍රයක්—මුද්‍ර—ගහනවා; ලකුණක් ගහනවා, හස් ඔබනවා; coin මිල මුද්‍රගහනවා; from මුද්‍රගසා සාදනවා.

Stamp, n. මුද්‍රාව; මුද්‍ර ලකුණ; තැපැල් මුද්දරය; (යමක් කැපීමට) ඔබන යන්ත්‍රය, අච්චුව; fig. හැඩය, අන්දම, ආකාරය; stamper කොටන—පොඩිකරන—යන්ත්‍රය.

Stamp-duty, n. මුද්දර ගාස්තුව. [මුද්‍රිත.

Stamped, pp. or a. කොටනලද &c., මුද්දරගහපු &c.,

Stampede, n. (මෘග සමූහයක් &c.) කුලප්පුවෙන් දිවීම, කුලප්පුවී පලායාම.

Stamping-machine, n. (ලෝපස් &c.) කුඩුකරන යන්ත්‍රය.

Stanch, Staunch, v. (ලේ යාම) නවත්වනවා or නවතිනවා, ලේ හිටවනවා.

Stanch, a. ස්ථිර, අචපල, නොසෙල්වෙන, දෘඪ.

Stanchion, n. (ලෝහ or ලී) රුකුල, රුකුල් කණුව.

Stand, v. නැගිට හිටිනවා, සිටිනවා, (නොවැටී) කෙළින් තිබෙනවා; (ගේ, ගහ &c. යම් තැනක) පිහිටා තිබෙනවා, තිබෙනවා; (යම් ආකාරයකට: පළමුවෙනිව, අන්තිමව &c.) සිටිනවා; (යාමේදී) නවතිනවා, හිටිනවා, හිටලා තිබෙනවා; continue පවතිනවා, (firm) ස්ථිරව සිටිනවා, (valid) වලංගුව තිබෙනවා; (විභාගයට, පත්වීමට &c.) හිටිනවා or ඉල්ලාසිටිනවා.

stand aside අහකින් තිබෙනවා, කොන්වෙලා හිටිනවා; [වා;

stand by ළඟ සිටිනවා; (ආරක්ෂාවට) උදව්වෙන

stand for or towards (නැව යම් තැනක් දෙසටම) හැරියනවා;

stand out: *project* නෙරනවා; *refuse to yield* යටත්නොවී සිටිනවා; *stand out to sea* පිටතට යාත්‍රාකරනවා;
stand anything: trial, fire &c. දරනවා, ඉවසනවා, රැස්සනවා;
stand one's ground සිටින තැන අත්නැර—නොපැරදී—හිටිනවා.

Stand, n. නැවතීම, නැවතිල්ල; (සිටීමේ) ස්ථානය; මැස්ස, තට්ටුව; small table කනප්පුව, පුංචි මේසය; for carriages රථස්ථානය, කරත්ත තිබෙන තැන;
stand of arms යුද්ධායුධ කූට්ටම;
make a stand (පලානොගොස්) නැවතිහිටිනවා; fig. විරුද්ධවෙනවා; be at a stand තවත් යමක් කරන්ට බැරුව—බාධාවී—හිටිනවා.

Standard, n. flag ධ්වජය; measure නියම මිම්ම, නියම ප්‍රමාණය; support රුක්ල් කණුව, හිටවාපු රිට; in bot. (ශිඛරියකට &c.) නොබැඳි ගහ, තනි ගහ; උඩුමල්පෙත්ත, පුෂ්ප ධ්වජය.

Standard-bearer, n. ධ්වජධාරියා, ධජ දරන්නා, කොඩිකාරයා.

Standing, a. නැගිට හිටින &c., see verb; නියම, පවතින, නිත්‍ය; නොගලන.

Standing, n. නැගිට හිටීම &c.: තරාතිරම, පදවිය, වහම.

Stand-point, n. හිටින ස්ථානය; fig. (කාරණ බැලීමට ඇති) මූලික ධර්මය.

Stanhope, n. උඩුවියනක් නැති සැහැල්ලු රථයක්.

Stank, Stunk, pret. of stink, ගඳගැහුවා.

Stannary, n. බෙලෙක් ආකරය.

Stannic, a. බෙලෙක්, කසතීර.

Stannic acid, n. කසතීරාම්ලය.

Stanniferous, a. බෙලෙක් සහිත, කසතීරධාරී.

Stanza, n. කවි පංක්තිය, කවිය, ගාථාව, ශ්ලෝකය.

Staphyloma, n. (ඇහේ පොත්තේ) පොළ, අක්ෂිජවිකා රෝගයක්.

Staple, n. (රටේ) ප්‍රධාන වෙළඳුම *or* වැවිල්ල; fibre (කපුවල &c.) පට්ටා, කෙඳි; fig. ප්‍රධාන පංගුව, ප්‍රධාන ධාතුව, වැඩි පංගුව.

Staple, a. නියම, ප්‍රධාන, ස්ථිර, (වෙළඳුම *or* වැවිලි).

Staple, n. (උළුවහු කණුවේ &c. ගහන) කොක්ක.

Star, n. තාරකාව, තරුව, නක්ෂත්‍රය; (තම්බුවේ) තාරකා රූපය; asterisk තරු ලකුණ; fig. උතුම් කමින් *or* දීප්තියෙන් විශේෂ දෙයක්, අතිවිශද—විශාරද—කෙනෙක්, අතිදක්ෂ නළුවා *or* නාටිකාව.

Starboard, n. නැවේ දකුණු පැත්ත; a. දකුණු පැත්තේ.

Starch, n. (ධාන්‍යවලින්ද අලවලින්ද &c. ලබාගන්න) පිටි ධාතු; රෙදි වලට දමන කැඳ.

Starch, v. කැඳ දමනවා.

Starched, a. කැඳ දමනලද; fig. උඩඟු.

Starchy, a. පිටිධාතුවූ; පිටිධාතු ආකාර; කැඳ වැනි.

Stare, v. ඇස් ඇර හොඳට බලනවා, ඔරවා බලනවා; it stares you in the face ඒක තුඹේ ඇස් ඉදිරිපිටම තිබෙනවා.

Stare, n. තද බැල්ම, ඔරවා බැලීම.

Star-fort, n. නොයෙක් කොන්ඇති බලකොටුව, තාරකා බලකොටුව.

Star-gazer, n. (E. සරදමට කියන) ජ්‍යොතිකයා, නක්ෂත්‍රකාරයා.

Stark, ad. මුළුමනින්ම (පිස්සු, නගන).

Starless, a. තාරකා නැති, තාරකා නොපෙනෙන.

Starlight, n. තාරකා එළිය, තරුඑළිය; a. තරු පෙනෙන.

Starling, n. කුරුළු වර්ගයක්; (ආරක්ෂාවට දමන) පාලම් අත්තිවාරම වටකර ද්‍රව්‍යයක්, පාලම් ආරක්ෂක ද්‍රව්‍යයක්.

Star-lit, a. තාරකා ආලෝක සහිත.

Starry, a. තාරකාවලින් ගැවසීගත්; තරුවැනි.

Start, v. i. තිගැස්සිවෙනවා, ගැහෙනවා, හදිසියෙන් පනිනවා; set out පිටත්වෙනවා; from its place (ලෑල්ලක් &c.) පනිනවා; start up හදිසියෙන් නැගිටිනවා.

Start, v. t. game &c. නැගුටුවනවා, පන්නවනවා; begin පටන්ගන්නවා, පුරනවා; පිටත්කරනවා; a board &c. මතුකරනවා.

Start, n. තිගැස්සිය, ගැහිල්ල, චකිතය; get the start ඉස්සරවී පිටත්වෙනවා *or* පටන්ගන්නවා, මුලදී ඉස්සරවෙනවා.

Starting, n. තිගැස්සීම &c.; starting-point පටන් ගන්න—පිටත්වෙන—තැන.

Startle, v. චකිතකරනවා, තිගැස්සිකරනවා, භයගන්වනවා.

Starvation, n. ශීතලෙන් &c. නැසීම, හාමත්වීම &c.

Starve, v. ශීතලෙන්—හාමත්කමින්—නසිනවා *or* නසනවා; හාමත්වෙනවා, තද නිහාලුවෙන් පසු වෙනවා.

Starveling, a. *or* n. හාමත්වූ, අපෝෂිත, (අය *or* සතා), අපෝෂිතයා &c.

Starving, a. ශීතලෙන් නසින &c., ක්ෂුධාපීඩිත, නිරන්න.

State, n. ස්වභාව, ගතිය, තත්ත්වය, අත්දම, විලාසය, period (of childhood &c.) අවස්ථාව; රාජ්‍යයා, මහජනයා: State Council රාජ්‍ය සභාව, රාජ්‍යමන්ත්‍රණ සභාව, Officer of State රාජ්‍යාධිකාරී, Secretary of State රාජ්‍ය ලේඛකාධිකාරී; (සභා ආණ්ඩුව නොවන) රාජාණ්ඩුව; pomp ඓශ්වර්යය.

State, v. කියාසිටිනවා, කියාපානවා, කරුණු ගෙන හැර පානවා, විස්තරලෙස කියනවා *or* ලියාතබනවා.

State, a. ආණ්ඩුවට—රාජ්‍යයට—අයිතිවූ, ප්‍රසිද්ධ; state affairs රාජ්‍යකෘත්‍ය, ආණ්ඩු කටයුතු.

State-carriage, n. රාජරථය, මඞ්ගලරථය.

State-criminal, n. රාජ වරදකාරයා, රාජද්‍රෝහියා.

Stated, a. කියාපානලද &c., නිවේදිත; නියම, නියමිත, වරින්වර නියමලෙස කරන *or* සිද්ධවෙන, ස්ථාවර. [යෙන්.

Statedly, ad. වරින්වර නියමලෙස, නියමිතාකාර

Stateliness, n. උන්නතාකාරය, සමුන්නතතාව &c.; (උඩඟු) ගම්භීරතාව.

Stately, a. (පෙනීමෙන්, අත්දමෙන්, වාක්‍යයෙන්) උන්නතාකාර, සමුන්නත, උතුම්, ගම්භීර, ප්‍රතාපවත්.

Statement, n. කියාසිටිනදේ &c., කියන තොරතුරු, කියමන, භාෂිතය, නිවේදනය.

State-paper, n. රාජපත්‍රයක්, රාජවට්ටෝරුවක්.

State-room, n. රාජමන්දිර ශාලාව, ප්‍රාසාදශාලාව; (නැවේ උතුම්) ශයනාගාරයක්.

States-general, n. (වංශාධිපති, පාදිලි, පොදුජන යන) ත්‍රිජනභේද සම්මුතිය; මන්ත්‍රණසභාව.

Statesman, n. රාජනීති *or* ආණ්ඩුක්‍රම නිපුණ අය, රාජ්‍යක්‍රම ශාස්ත්‍රඥයා, දේශපාලනඥයා; තමාගේම බිම්වල වාසයකරන්නා.

Static, Statical, a. අචලද්‍රව්‍ය සම්බන්ධ; (වස්තුවල) අචල (බර *or* බලය).

Statics, n. pl. (වස්තූමල, ද්‍රව්‍යවල) අචලතාර ශාස්ත්‍රය, අචලබල විද්‍යාව.

Station, n. (සිටින, තිබෙන) ස්ථානය *or* ඉඩම; නියම ස්ථානය *or* පළාත; දුම්රියපළ, ස්ටේෂන්පළ; in bot. (ගස්වල) නියම රට, නියම ප්‍රදේශය; limit, gravet කඩඉම; employment ධුරාන්තරය; rank තරාතිරම.

Station, v. (යම් තැනක) සිටිනවා *or* සිටීමට පත් කරනවා.

Stationary, a. අචල, නොසෙල්වන; ගමන්නොකරන, ස්ථානික, ප්‍රතිෂ්ඨාපිත; fig. දියුණුනොවෙන.

Stationer, n. පැන්, කඩදාසි, ආදිය විකුණන්නා, ලිපිභාණ්ඩ වෙළෙන්දා.

Stationery, n. (පෑන්, තීන්ත, ආදී) ලිපිභාණ්ඩ.

Station-master, n. දුම්රියපළේ ප්‍රධානියා, දුම්රිය ස්ථානාධිපතියා, ස්ටේෂන් මාස්ටර්.

Statistic, Statistical, a. (රටේ &c.) තොරතුරු ලේඛන සම්බන්ධ.

Statistician, n. සංඛ්‍යාලේඛන ශාස්ත්‍රඥයා.

Statistics, n. pl. (රටේ *or* ජනයාගේ *or* වෙන කාරණවක) තොරතුරු ගණන් ලේඛනය, සංඛ්‍යාලේඛනය, සංඛ්‍යාවාර්තාව; සංඛ්‍යාලේඛන ශාස්ත්‍රය.

Statuary, n. (කැපීමෙන්) පිළිම සාදන ශිල්පය: ප්‍රතිමාශිල්පියා; ප්‍රතිමා පිළිම ආදිය.

Statue, n. ප්‍රතිමාව, පිළිමය, ප්‍රතිමා රූපය, ප්‍රතිබිම්බය.

Statuette, n. ක්ෂුද්‍රප්‍රතිමාව, කුඩා පිළිමය.

Stature, n. (කෙළින් සිටින) උස ප්‍රමාණය.

Status, n. තරම, තරාතිරම, තත්ත්වය.

Status quo, L. තිබුණ සවභාවම (සන්ධි ගිවිසුමක්).

Statutable, a. නීතියට—පනතට—එකඟ, නීත්‍යාකාර, නීත්‍යනුකූල.

Statute, n. නීතිය, ව්‍යවස්ථාව, ආඥාව, පනත; නියෝගය, නියමය.

Statute-book n. නීතිපොත, නීතිපනත්-පොත, ව්‍යවස්ථා-පුස්තකය, නීතිස්කන්ධය.

Statutory, a. පනවනලද, නීතියෙන් නියමවූ, ව්‍යවස්ථාපිත, නීතිප්‍රකාර: Statutory declaration නීතිප්‍රකාර ඝෝෂිතය.

Staunch, See stanch. [පංචය.

Stave, n. පීප්ප ලෑල්ල; ගීතිකා පංගුව; තාලරේඛා

Stave, v. (බාල්දියක් &c.) හපා—ගසා—හිල්කරනවා; lit. & fig. ලංවෙන්ට නොදී වලක්වනවා, කල්දමනවා.

Stay, v. i. නවතිනවා, හිටිනවා, සිටිනවා, බලාසිටිනවා, පොරොත්තු වෙනවා, පවතිනවා; පිහිටා සිටිනවා.

Stay, v. t. නවත්වනවා, සුතංගුකරනවා; prop රුකුල්දෙනවා.

Stay, n. නැවතීම &c. of v. i., නැවතිල්ල, පොරොත්තුව, ස්ථිතිය; රුකුල, ආස්ථාව; කුඹ කඹයක්.

Stays, n. pl. බොස්තොරොක්කය; රුකුල්, බද පොලු, බද කම්බිය, බන්ධන දණ්ඩ.

Stead, (ස්ටඩ්), n. in his stead ඔහුවෙනුවට; this stands him in good stead මෙය ඔහුට වාසියකි.

Steadfast, a. අචල, සම්; ස්ථිර, අචපල, විශ්වාස්‍ය.

Steadily, ad. අචලලෙස, නොසෙල්වී, නොවැනී; ස්ථිරලෙස, අචපලලෙස.

Steady, a. අචල, නොවැනෙන; එකාකාර, වෙනස් නොවෙන; ධෛර්‍යමත්, ස්ථිර &c., see Steadfast.

Steady, v. නොසෙල්වෙන පිණිස අල්ලනවා, අචල කරනවා, වාරුකරනවා.

Steak (ස්ටේක්), n. බදින මස්පෙත්ත, මස්කෑල්ල.

Steal (ස්ටීල්) v. හොරකම්කරනවා, සොරා ගන්නවා, හොරෙන් ගන්නවා; රහසින්—නොදැනෙනලෙස—ලබාගන්නවා; steal away රහසිගතව යනවා *or* නොදැනෙනලෙස පහවෙනවා; steal in &c. රහසින් ඇතුල්වෙනවා.

Stealth (ස්ටෙල්ත්), n. රහස්කම, රහස් උපක්‍රමය; by stealth රහසින, හොරෙන්.

Stealthy (ස්ටෙල්ති), a. රහස්, රහස් උපක්‍රමයෙන්—හොරෙන්—කරන.

Steam (stea ස්ටී), n. (උණුවතුරේ) දුම, දුමාරය, හුමාරය, හුමාලය; high steam සංකූලධූම, low steam අසංකූලධූම.

Steam v. දියදුම් වද්දනවා, දුම් අල්ලනවා, දුමෙන්—කඩපිම්මෙන්—වණ්ඩුවෙන්—තම්බනවා; (වතුරෙන් &c.) දුම් නගිනවා.

Steam-boat, Steam-vessel, n. දුම් පාරුව. දුම්නැව, ධූමයාත්‍රාව.

Steam-engine, n. ධූමයන්ත්‍රය.

Steamer, n. දුම්නැව, ධූමයාත්‍රාව; (යමක් තම්බන) ධූමභාජනය, වණ්ඩුව.

Steam-gauge, n. ධූමමානක යන්ත්‍රය.

Steam-navigation, n. ධූමමාලිම ශිල්පය, ධූමබලයෙන් යාත්‍රාකිරීම.

Steam-pipe, n. දුම්නළය, ධූමනාලිය.

Steam-whistle, n. දුමෙන් පිඹවන නළාව.

Steamy, n. දුම ආකාර, දුම ගහනවූ, ධූම සහිත.

Stearine, n. (සත්ව) ඝන තෙල.

Steed, n. ආජානේය අශ්වයා, ආජානේයයා.

Steel, n. *or* a. වානේ; කඩුව &c.; පිහියා පීර; fig. of steel අතිදෘඪ. [කරනවා.

Steel, v. වානෙන් වහාලනවා, තදකරනවා; fig. දෘඪ

Steel-engraving, n. වානේ කැටයම් ශිල්පය; වානේ කැටයම; වානේ කැටයම් සිතියම.

Steel-pen, n. වානේ පෑන.

Steel-plated, a. වානේ තහඩුවලින් වහාපු.

Steel-yard, n. වෙල්ලිය, වෙල්ලීමිට, තරාදි දණ්ඩ.

Steep, a. අධික පල්ලම්වූ, ඉතා බෑවුම්වූ, ප්‍රපාත.

Steep, n. අධික පල්ලම්වූ තැනක්, බෑවුම, ප්‍රපාතය.

Steep, v. පොඟවනවා; fig. imbue පුරවනවා, පූර්ණ කරනවා.

Steeped, be, v. *or* a. පෙඟී තිබෙනවා, පෙඟෙනවා; fig. (දුෂ්ටකම්න් &c.) පරිපූර්ණ, සංයුක්ත.

Steeple, n. (පල්ලියේ) උස් කොත.

Steeple-chase, n. (උස් කොතක් දෙසට) දිනුමට දිවීම, අනියම් අසුන් පැන්නවීම.

Steepness, n. පල්ලම් ගතිය, අධික බෑවුම ඇතිකම, බෑවුම්කම.

Steer, n. කප්පාදු ගොන් නාම්බා.

Steer, v. සුක්කානමෙන් යාත්‍රාකරවනවා, සුක්කානම අල්ලනවා; lit. & fig. යම් දිශාවක් දෙසට යනවා.

Steerage, n. සුක්කානමෙන් හැසිරවීම *or* හැරීම; ඇණියේ ශාලාව.

Steering-wheel, n. සුක්කානම හරවන රෝදය, සුක්කානම් රෝදය.

Steersman, n. සුක්කානම්කාරයා, සුක්කානම අල්ලන්නා.

Steganography, n. රහස් විධියකින් ලිවීම.

Stegnosis, n. see Constipation.

Stegnotic, a. ගුදග්‍රාහකරන.

Stellar, Stellary, a. තාරකා සම්බන්ධ, තාරකා සහිත, ආකීර්ණ, තරු.

Stellate, Stelliform, a. තාරකාවක හැඩය ඇති, තාරකා ආකාර.

Stelliferous, a. තාරකා බහුල, බොහෝ තාරකා සහිත.

Stellular, Stellulate, a. කුඩා තාරකා ආකාර, තරු ලකුණු සහිත.

Stem, n. of tree කඳ, of leaf නැට්ට &c., see Stalk, පොල්පිති නාරටිය, of coco flower බුව්වු නාරටිය; of a ship ඇණියේ දුවය, ඇණිය; race සන්තතිය *or* වංශය.

Stem, v. (සැඩපාර වැනි යමක්) නවත්වනවා; සැඩ පාරට විරුද්ධව යාත්‍රාකරනවා, සැඩපාර කපා යනවා.

Stench, n. දුගඳ, පල්ගඳ, දුර්ගන්ධය, පූතිගන්ධය.

Stencil, n. සිතියම් *or* අක්ෂර කපාපු තහඩුව, සිතියම් තහඩුව, අකුරු තහඩුව.

Stencil, v. (හැඩය) කපාපු තහඩුවකින් සිතියම්කර නවා *or* එයින් තීන්ත ගා අකුරු සාදනවා.

Stenographer, n. ලඝු ලේඛකයා.

Stenographic, a. ලඝු ලේඛක.

Stenography, see Shorthand.

Stentorian, a. හයිය ඇති (හඬ), මහත් හඬඇති, මහාසවන, (පෙනපපුව).

Step, n. අඩිය, පදපාතය; අඩිය තබන දුර; අඩිතබන ආකාරය; ටික දුරක්; foot-print අඩිලකුණ; of stairs පඩිය, of ladder අඩිය *or* පෙත්ත; gradation ක්‍රමය; steps තරප්පුව, පඩිපෙළ; take a step, lit. & fig. අඩියක් තබනවා, පටන් ගැම්මට යමක් කරනවා; step by step අඩියක් පාසා අඩියක්, අඩියෙන් අඩියට, ක්‍රමක්‍රමයෙන්.

Step, v අඩියක් තබනවා, අඩිතබනවා, අඩිතබා යනවා.

Step, prefix, කසාද බැඳීමෙන් නෑකමක් අටගත් බව පෙන්වන උපසර්ගය.

Step-father, n. (මව්ගේ පුරුෂයා වන) කුඩප්පා, බාප්පා.

Step-mother, n. (පියාගේ භාර්යාව වන) කුඩම්මා, බාලම්මා.

Step-brother, *or* sister, n. (ඒ කුඩප්පාගේ &c. දරුවූ) සහෝදරයා *or* සහෝදරී.

Step-daughter, *or* son, n. පුරුෂයාගේ *or* භාර්යාවගේ දුව *or* පුතා, පොඩි පුතා, පොඩි දුව.

Steppe, n. (රුසියාවේ) විශාල තලාවක්.

Stepping-stone, n. අඩිතබන ගල; fig. දියුණුවීමේ උපකාරයක් *or* ක්‍රමයක්.

Stercoraceous, a. අශුචි—ගොම—ආකාර.

Sterculia, n. තෙලඹුගහ.

Stereography, n. ඝන දෙයක් ලෙසට ඇඳ පෙන්වීම, ඝනාකෘති ලේඛය.

Stereometer, n. විශේෂභාරමානක යන්ත්‍රය. See Gravimeter.

Stereometry, n. ඝනවස්තුමානක ශාස්ත්‍රය, ඝනද්‍රව්‍ය ප්‍රමාණය මැනීම.

Stereoscope, n. ඝනදර්ශක කණ්ණාඩිය, ඝන රූප මෙන් සිතියම් පෙන්වන කණ්ණාඩිය.

Stereoscopic, a. ඝනදර්ශක, ඝනදර්ශක කණ්ණාඩි යෙන් පෙන්වන.

Stereotomy, n. නොයෙක් හැඩවලට ඝන දේ කැපීම, ඝන ඡේදනය.

Stereotype, n. අච්චුඅකුරු තහඩුව, අක්ෂරලේඛ පත්‍රය.

Stereotype, v. (පොත්) අකුරු තහඩුවලින් අච්චු ගසනවා; අකුරුතහඩු වාත්තුකරනවා.

Stereotype, a. අකුරු තහඩුවලින් අච්චුගසාපු.

Stereotyped, pp. *or* a. fig. වෙනස්නොවෙන, දෘඪ, ප්‍රතිෂ්ඨාපිත (මත).

Stereotypography, n. ඝනාක්ෂර මුද්‍රාංකණ ශිල්පය,

Sterile, a. වඳ; අසාර &c., see Barren.

Sterility, n. වඳ ගතිය; අසාරකම &c.

Sterling, a. නියම, රාජනියම, (පවුම &c.); fig. අමිශ්‍ර, අව්‍යාජ, සැබෑ, විශ්වාස්‍ය.

Stern, a. (ගුණෙන්, පෙනීමෙන්) තද, දෘඪ, බුරුල නොදෙන.

Stern, n. අවරය; stern-board, stern-way, (නැවේ) පස්සට යාම *or* වීම.

Stern-chaser, n. අවරේ කාලතුවක්කුව.

Sternmost, a. අවරයට පස්සෙන් අධික දුරවූ.

Sternum, n. වක්ෂෝස්ථිය, ළය ඇටය.

Sternutation, n. කිඹිහීම, ඡිකකාව.

Sternutative, Sternutatory, a. කිඹිස්සවන, ඡිකකක, (ඖෂධය &c.) [(හුස්ම).

Stertorous, a. (නින්දෙන් *or* ලෙඩේදී) ගොරවන

Stethoscope, n. පුප්ඵුස ශබ්ද ශ්‍රවණ නාලිය, පපුව පිටින් පරීක්ෂාකරන නළය. [විභාගය.

Stethoscopy, n. (ශබ්දශ්‍රවණ නාලියෙන්) පුප්ඵුස

Stevedore, n. නැව්වල බඩු බාන හෝ පටවන තැනැත්තා.

Stew, v. (වතුර ටිකකින්) හෙමින් තම්බනවා *or* තැම්බෙනවා.

Stew, n. (එසේ තැම්බීමෙන් සාදපු) හොදි මුසු මස් පෙති, ඉස්ටූ; දුම්ගැසීම; වේශ්‍යාගේ; සලපතළ සංවේගය.

Steward, n. ගබඩාකාරයා, භාණ්ඩාගාරිකයා; (නැවේ කෑම ශාලාවේ) සේවකයෙක්; (ගම්බිම්, මංගල්‍ය කෑම, ආදිය බලාගන්න) කළමනාකාරයා; R. C. කට්ටලකාරයා, අත්උදව්කාරයා.

Stewardess, n. (නැවේ ස්ත්‍රීන්ගේ) සේවකියක්.

Stewardship, n. ගබඩාකාරකම, භාණ්ඩාගාරිකකම, කළමනාකාරකම.

Stew-pan, n. වළඳ &c., see Pan. [Antimony.

Stibial, a. පිතසාරි ආකාර &c. **Stibium,** n. see

Stich (ස්ටික්), කවි පදයක්, කවි පේළියක්, කාව්‍ය පාදය, ශ්ලෝකය.

Stichomancy (ස්ටිකො...), n. අහුවෙන පදයකින් පේනකීම, පාදවර්ජනාව.

Stick, n. ලිය, පොල්ල, කෝටුව, ඉත්ත; හැරමිටිය; ඇනුම් පහරක්.

Stick, v. t. අනිනවා, (ඌරෙකු &c.) ඇන මරනවා; (ඇතුළට *or* යමකට) ගසාතබනවා; (යම් තැනක) තබනවා, හිටවනවා, ගහනවා; අලවනවා; stick out නෙරවනවා.

Stick, v. i. ඇලෙනවා, ඇලී—හිරවී—තිබෙනවා, (යමකට) අහුවී—තදවී—තිබෙනවා; in the throat, උගුරේ හිරවෙනවා; හිලේ ගැනෙනවා *or* ගන්නවා; hesitate ඇනහිටිනවා; stick out නෙරනවා; stick to, fig. (කී දේ &c.) අත්නැරම—එපා නොකර—සිටිනවා, කියාලාම සිටිනවා; අත් නැර—ඇලුම්ව—සිටිනවා; (යමක) නිතර යෙදීසිටිනවා; stick at nothing කිසිවකින් බාධානොවී—මොකක් නමුත්—කරනවා.

Stickiness, n. ඇලෙන ගතිය.
Sticky, a. see Glutinous.
Stickle, v. for (යමක් ගැන) තරඟකරනවා, අරෝ කරනවා; at (යමක් නිසා) බාධාවෙනවා, සැක කරනවා, වලකිනවා.
Stickler, n. තරඟකරන්නා, අරෝකාරයා; (සුළු දේ නිසා) බාධාවෙන්නා &c.
Stiff, a. පහසුවෙන් නොනැමෙන, දරදඬු, තද, දෘඪ, සැර; ඊකු (තලප &c.); පහසුමදිවූ, අඹිට්ල, (කථාව); අකෘතානුකූල, යටහත්නොවන, (කෙනෙක්, අත්දම or හැසිරීම.)
Stiffen, v. තද—දෘඪ—කරනවා or වෙනවා, ඊකුකර නවා; ඊකුවෙනවා; (භීතිය &c.) දරදඬුගැහෙනවා, ගල්ගැහෙනවා, (අත &c.) හිරිවැටෙනවා.
Stiffening, n. තද—ඊකු—කිරීමට දමන දේ (වන පෝරු, කැද, පිටි &c.)
Stiffly, ad. තදලෙස, දෘඪාකාරයෙන් &c., see adj.
Stiff-necked, a. fig. මුරණ්ඩු, හිත දැඩි.
Stiffness, n. නොනැමෙන සුලුබව, තදකම &c., ගල් ගැහුණු සවභාව.
Stifle, v. (මිරිකීමෙන්, උගුරේ යමක් දැමීමෙන්, දුමෙන් &c.) හුස්ම නවත්වනවා or නවත්වා මර නවා; fig. (ශබ්ද, පතළවීම, කාරණ &c.) මඟ දමනවා, යටපත්කරනවා.
Stigma, n. fig. කැළල, කලංකය, අපකීර්තිය, අව නම්බුව; in bot. ස්ත්‍රීකේශර කලංකය.
Stigmata, n. pl. (ක්ෂුද්‍රප්‍රාණීන්ගේ) හුස්මකූප, ශ්වාස කූප; තුවාල කැළැල්. [ජනක.
Stigmatic, Stigmatical, a. කැළලකරන, කලංක
Stigmatize, v. කැළල්කරනවා, අපකීර්තිකරනවා, (දුෂ්ටයයි) කෙලෙහනවා.
Stile, n. (වැටක් or පවුරක් උඩින් යන) පඩි පෙළ or ඉණිමග, පනින කඩුල්ල, ඉදිකඩ.
Stiletto, n. අනින කුඩාරය; අනින ලෝහ කටුව, හිල්කටුව.
Still, v. අචලකරනවා, නිශ්චලකරනවා, (කෝලාහල) නවත්වනවා.
Still, a. අචල, නිශ්චල, නිශ්ශබ්ද, නිසොල්මන්.
Still, ad. තවම, මේවෙනතුරු, ඒවෙනතුරු; තව, තවදුරටත්.
Still, conj. එහෙත්.
Still, n. අරක්කු පෙරන කල්දේරම, පෙරන යන්ත්‍රය, සලාභය; පෙරන මඩුව.
Still-born, a. බඩමළ උපන්, මැරී උපන්.
Stillness, n. අචලතාව, නිශ්චලකම, නිශ්ශබ්දකම, තුෂ්ණීකතාව.
Stilt, n. බොරුපාව, බොරු කකුල; go on stilts බොරුකකුල්වලින් යනවා.
Stilted, a. ව්‍යාජෝත්සාහමය, උදුරම්, බඹුලැන, (කථාව.)
Stimulant, n. ශක්තිජනකෞෂධය, බලවඩන බෙහෙත; pl. gen. මද්‍යපාන ජාති.
Stimulate, v. ප්‍රාණවත්කරනවා, උනන්දුකරනවා, අනුබලදෙනවා, අවුස්සනවා, උත්‍පල්ලවනවා; in med. බලවඩනවා, ශක්තිය උපදවනවා.
Stimulation, n. ප්‍රාණවත්කිරීම &c.; ශක්තිය වැඩි වීම, ශක්තිවෘද්ධිය.
Stimulative, a. ප්‍රාණවත්කරන &c.; n. ප්‍රාණවත් කරන — ශක්තිජනක — හේතුව.
Stimulus, n. උනන්දුකරන කාරණය; in med. ශක්ති ජනකෞෂධය; in bot. දංශකේශරය

Sting, v. දෂ්ටකරනවා, අනිනවා; ඉතා වේදනා කරනවා.
Sting, n. දෂ්ටකිරීම &c.; අනින කටුව, තුඩ, දංශය; in bot. දංශකේශරය; fig. ඇනුම, ඇනුම් බලය, ඇනුම් පදය.
Stinginess, n. ලෝභකම, කෑතකම, මසුරුකම, ආබගිකම.
Stingless, a. අනින කටුවක්නැති, අහිංසක.
Stingy, a. ලෝභ, කෑත, මසුරු, ආබගි.
Stink, n. දුගඳ, ගඳ, දුර්ගන්ධය, හඩුගඳ; v. ගඳ ගහනවා.
Stint, n. නියම තරම, ප්‍රමාණය, හිඟකම; without stint. හිඟනැතුව
Stint, v. (තරම, ගණන) හිඟලෙස නියමකරනවා.
Stipe, n. පිත්ත.
Stipend, n. නියම පඩිය, බැළය, වැටුප්, වේතනය.
Stipendiary, a. පඩි ලබන, වෛතනික, (නඩුකාරයා &c.)
Stipendiary, n. පඩිලබන්නා, පඩිකන්නා, පඩි කාරයා, වෛතනිකයා.
Stipple, v. තිත්වශයෙන් කැටයම්කරනවා or සිතියම්කරනවා.
Stipule, n. (කොළයේ) අඩිකොළය, (වෘන්තයේ) උප පත්‍රය.
Stipulaceous, Stipular, a. (නැටිමේ) අඩිකොළ, උපපත්‍ර; උපපත්‍රාකාර; උපපත්‍රබද්ධ.
Stipulate, a. අඩිකොළ ඇති, උපපත්‍ර සහිත, (පත්‍ර &c.).
Stipulate, v. ගිවිසිනවා, බඟදෙනවා, බැඳෙනවා; පොරොන්දුකරවාගන්නවා.
Stipulation, n. ගිවිසීම &c., ගිවිසුම, පොරොන්දුව.
Stir, v. t. සලනවා, චලනයකරනවා, (අත පය) හොලවනවා; (වතුර &c.) කලතනවා, අලලනවා, කළඹනවා; stir up අවුස්සනවා, උනන්දුකරනවා, (කාරණ, ප්‍රශ්න) මතුකරනවා.
Stir, v. i. සෙලවෙනවා; (තැනකින්) අහක්ව යනවා, නැගිටිනවා.
Stir, n. සැලීම, සෙලවීම, චංචලය; සලපතළකම; කෝලාහලය.
Stirring, a. සලන, හොලවන, අවුස්සන; උනන්දු කඩිසර.
Stirrup, n. stirrup-strap (සැදලයේ) පාපටිය; stirrup-iron පාපටියේ යකඩ වළල්ල.
Stitch, v. මහනවා, sp. back-stitch, ගැටසරවී—ගුටි මැහුම්—මහනවා.
Stitch, n. ඉදිපහරක්, ඉදිකටුපාරක්; of pain ඇඹිලිල්ල, ඇම්ම.
Stithy, n. කිනිහිරය.
Stock, n. (ගසේ &c.) කඳ, pl. කඳන්; ලී කඳන්; තුවක්කුවල්ල; තද කරපටියක්; දළුව පාස්සන අත්ත; handle මිට; lineage පෙළපත්තිය; fund අරමුදල; quantity ඇති ප්‍රමාණය or ගණන, බඩු බාහිරු; fig. මොට්ටයා; stocks ආණ්ඩුවේ ණය මුදල්; for the feet දඬුකඳ;
for ship-building නැව් මැස්ස.
Take stock වෙළඳ බඩු ගණන් බලනවා.
Stock, v. සපයාදෙනවා; (යම් තැනක) සපයා තබනවා, හැමෙන පමණ සම්පාදනයකරනවා.
Stockade, n. ආරක්ෂක උල්වැට, දඬුවැට.
Stockade, v. උල් වැටක්—දඬුවැටක්—බඳිනවා, උල් වැටක් බැඳ කොටුකරනවා.

Stockbroker, n. (ආණ්ඩුවේ *or* නියම සභාවල) ණය මුදල් කොටස් කළමනාකාරයා.
Stock-exchange, n. (ඒ) ණයමුදල් කොටස් කළමනාකාර ශාලාව.
Stock-farmer, n. පශුජාතීන් ඇතිකරන්නා.
Stockholder, n. (ආණ්ඩුවේ) ණයමුදල්පත්‍රහිමියා, (වෙළඳ සභාවක) කොටස් හිමියා.
Stocking, n. මේස්එක, pl. මේස් &c.
Stocking-frame, n. මේස් ගොතන යන්ත්‍රය.
Stock-jobber, n. ප්‍රසිද්ධ ණයකොටස් ගනුදෙනු කරන්නා.
Stock-still, be *or* stand, v. (කණුවක් මෙන්) අචල වම—ගල්ගැහී—සිටිනවා.
Stoic, n. පුරාණ එක් ග්‍රීක් පඬිවරයෙකුගේ ධර්මය පිළිගත් අය, සැපදුක් දෙක ගැන නොසලකා ක්‍රියා කරන කෙනෙක්, උදාසීනයා.
Stoic, Stoical, a. ඒ කෙනෙක් සම්බන්ධ, උදාස්ත, සම්බුද්ධි, උපේක්ෂක.
Stoically, ad. උදාසීනලෙස, සම්බුද්ධියෙන්, උපේක්ෂාකාරයෙන්.
Stoicism, n. දුඃඛාතීත ධර්මය, ශෝකාපනෝද දෘෂ්ටිය, උපේක්ෂකතාව, උදාසීනතාව.
Stoke, v. ගිනිඋදුන බලාගන්නවා.
Stoke-hole, n. (නැවේ) ගල්අඟුරු බාන වළ, ගල් අඟුරු වළ.
Stoker, n. ගිනිඋදුන බලාගන්නා.
Stole, n, R. C. පූජක පටිය, ස්තෝල පටිය, Ch. of E. පාදිලි සළුපටිය.
Stole, pret. of Steal, හොරකම්කළා.
Stolen, pp. *or* a. of Steal, හොරකම්කර; හොරකම් කරපු.
Stolid, a. සිහියෙන් මොට්ට, මෝඩ, අමන.
Stolidity, n. සිහියේ මොට්ටකම &c., මූඪත්වය.
Stoma, n. Stomata, pl. Gk. in bot. කටක් වැනි සිදුරක්, පුඹුළුකට, වෘක්ෂ ජීවිකා මුඛය.
Stomach, n. කෑම බොක්ක, ආමාශය, ආහාරාශය; the second පක්වාශය.
Stomach, v. E. coll. ඉවසනවා, රුස්සනවා.
Stomachic, Stomachical, a. ආමාශයික; අග්නිදීපක; ආමාශය ශක්තිමත්කරන.
Stomachic, n. ආමාශය ශක්තිමත්කරවන ඖෂධය.
Stomach-pump, n. ආමාශ-වස්තිය.
Stomapod, n. Stomapods, Stomapoda, pl. පාදි කමුඛ ප්‍රාණියා.
Stomate, Stomatous, a. සිදුරු—කට—ඇත්තාවූ, පුඹුළු කට ඇති.
Stone, n. ගල, පාෂාණය; (ගෙඩිවල) හරිය ඇති ඇටය; අනඝ ගල, මැණික් ගල; in the bladder &c. අශ්මරී ගල; the disease අශ්මරීය; පේලාව; රාත්තල් දහහතරේ බර; සොහොන් ගල.
Stone, a. ගල්, පාෂාණ, ශෛලමය; ගල් ආකාර (මැටි භාජන.)
Stone, v. (යමෙකුට, යමකට) ගල් ගසනවා; ගල්ගසා මරනවා; (ගෙඩි වලින්) ඇට අරන්දමනවා.
Stone-blind, a. සම්පූර්ණයෙන් අන්ධවූ.
Stone-blindness, n. සම්පූර්ණ අන්ධකම.
Stone-cutter, n. ගල්කපන්නා, ගල්වඩුවා.
Stone-cutting, n. ගල් කැපීම, ශෛලච්ඡේදන ශිල්පය.
Stone-dead, a. (ගලක් මෙන්) කොහෙත්ම පණනැති, be මැරිලාමයි.
Stone-fruit, n. තදි ඇට ඇති ගෙඩි.

Stone-hammer, n. ගල් කඩන මිටිය, ගල් මිටිය.
Stone-mason, n. ගල් කපන ශිල්පියා, ගල්වඩුවා.
Stone-pit, Stone-quarry, n. ගල්වළ &c., see Quarry.
Stone's-cast, Stone's-throw, n. ගලක් විසිකරන දුර.
Stoneware, n. ගල් ආකාර මැටි භාජන, ගල් භාජන.
Stone-work, n. ගල් වඩුවැඩ, ගල්වැඩ, ගල්පවුර.
Stony, a. ගල් ගහනවූ, ගල් බහුල, ශෛලවත්; fig. දැඩි.
Stony-hearted, a. හිත දැඩි, මුරණ්ඩු, කෲර.
Stood, pret. of Stand, v. සිටියා &c.
Stool, n. පාපුටුව, කොලොම්බුව, ඇඳි නැති පුටුව, කුඩා බංකුව; පැහැරුම් පුටුව; පැහැරුම.
Stoop, v. (යමෙක්) නැමෙනවා, එබෙනවා, නැබුරු වෙනවා, වකගසාගන්නවා; fig. යටත්වෙනවා, අවනතවෙනවා.
Stoop, n. (යමෙකුගේ) පහතට නැමීම &c., අවනතිය.
Stop, v. නවත්වනවා, තොරකරනවා, වලක්වනවා, බාධාකරනවා, නිවාරණයකරනවා; නවතිනවා, තොරවෙනවා; close වසනවා, අහුරනවා; stop musical strings තත් ඔබනවා.
Stop, n. නැවතීම, නැවතිල්ල; බාධාව, තහනම; තූර්යභාණ්ඩ පියනක්, නළා පියනක්; තත් ඔබන තැන; point ලිවීමේ ලකුණක්; full stop (.) මෙය, නැවතීමේ ලකුණ, native stop කුණ්ඩලිය (වන෴ මෙය).
Stop-cock, n. (වතුර &c. අරින නවත්වන) නළ ඇබය.
Stop-gap, n. ඇහිරිල්ල; fig. යමෙක් හිලව්වට සිටින්නා.
Stoppage, n. නැවැත්වීම &c., see verb; (කුලියෙන් &c.) අඩුකරන ගණන; of the bowels &c. අබස්සිය, අබස්සි රෝගය, ජලමල අබස්සිය.
Stopper, n. නවත්වන්නා &c.; Stopple, plug ඇබය &c.; බඳින බනුව, බැම්ම.
Stopple, n. ඇබය, මූඩිය.
Storage, n. ගබඩාවේ තැබීම, ගබඩාකිරීම; ගබඩාවේ තබාගැනීමේ කුලිය.
Storax, n. ශිලාපුෂ්පය, ශිලාජතුව, ශෛලජය.
Store, n. (සපයාපු) ගණනක්, හුඟක්, සම්භාරයක්; store-room, store-house ගබඩාව, කෝෂ්ඨාගාරය, භාණ්ඩාගාරය; shop සාප්පුව; stores (ඕනෑවූ යුද්ධ &c.) භාණ්ඩ, උපකරණ, උමවතා, බඩුබාහිරා, අඩුමැඩිය.
Store, v. සපයාතබනවා; ගබඩාවේ තබනවා, ගබඩා කරනවා.
Store-keeper, n. ගබ්ඩාකාරයා; සාප්පුකාරයා.
Storied, a. as: one storied එක තට්ටුවක් ඇති, උඩුමහල් නැති, two-storied උඩුමහලක් ඇති, ද්විභූමක, three &c. උඩුමහල් දෙකක් ඇති, දෙමහල්.
Stork, n. කොකා.
Storm, n. කුණාටුව, චණ්ඩමාරුතය; fig. කෝලාහල බලාත්කාරය; වේගවත් ආක්‍රමණය *or* පහරදීම.
Storm, v. (බලකොටුවක් &c. අල්ලන්ට) වේගයෙන් ආක්‍රමණයකරනවා, සැරලෙස වදිනවා; fig. ඝෝර නාදවෙනවා, ගෝරිගන්නවා.
Storm-cloud, n. කුණාටු වලාකුළ.
Storminess, n. කුණාටු සහිතකම &c.; fig. කෝලාහල ගතිය.
Storming-party, n. ආක්‍රමණ කාණ්ඩායම.
Stormless, a. කුණාටු රහිත.

Stormy, a. කුණාටුවූ, කුණාටු සහිත, චණ්ඩමාරුත ගහන.

Story n. Stories, pl. කථාව, පරිකථාව, කථාන්තරය, වෘත්තාන්තය ; බොරුව.

Story, n. ගෙයි තට්ටුවක්, upper story උඩුමහල, සොල්දර තට්ටුව, දෙවෙනි උඩුමහල &c.

Story-teller, n. කථාවල් &c. කියන්නා ; බොරු කියන්නා.

Stoup (ස්ටුප්), n. Scot. දියබිම්මක්, දිය භාජනයක් ; R. C. ආසිරිපැන් භාජනය.

Stout, a. සවිබල, බලගතු ; තරබාරු, ස්ථූල ; stout person පතයා, තඩියා.

Stout, n. කළු බීර. [ලෙස.

Stoutly, ad. බලගතුලෙස, ධෛර්යයෙන්, මුරන්ඩු

Stoutness, n. සවිබලය, බලගතුකම ; තරබාරුකම, ස්ථූලතාව &c.

Stove, n. ගිනිපෙට්ටිය, ගිනිඋදුන, පෝරණුව, ලිප.

Stow, v. (නිසි තැනක) තබාගන්නවා, අස්කරනවා, ගබඩාකරනවා.

Stowage, n. තබාගැනීම &c. ; තබාගැනීමට ඉඩ ; තබාගැනීමේ—පැටවීමේ—කුලිය.

Strabismus, n. වපරැස්කම ; වපරේට බැලීම, වපර බැල්ම.

Straddle, v. පාද විදහනවා, පාද විදහා යනවා.

Straggle, v. (හරි මාර්ගයෙන්) ඈත්ව යනවා, නොමග යනවා, ඉබාගාතේ යනවා, වැලහෙනවා ; අධික ලෙස විහිදී වැවෙනවා.

Straggler, n. ඈත්ව යන්නා &c. ; (සහකාරයින්ගෙන්) මැලහී යන්නා ; අධිකලෙස වැවුණු රිකිල්ල &c. ; වෙන්ව තනිව තිබෙන දෙයක්.

Straight, a. කෙළින් තිබෙන, ඇදනැති, ඍජු, සරල ; in a line with එකේල්ලේ තිබෙන ; fig. අවංක, ඍජු.

Straight, ad. කෙළින්ම, තැනකටම *or* කෙනෙක් වෙතටම ; මේ දැන්ම.

Straight-edge, n. ඍජු ලෑල්ල, මට්ටම් ලෑල්ල.

Straighten, v. ඇද අරිනවා, කෙළින්කරනවා, ඍජු කරනවා, සරලකරනවා.

Straightforward, **Straightforwards**, ad. කෙළින් ඉස්සරහටම, වංගු නැතුව.

Straightforward, a. fig. ඍජු, අවංක, අගති රහිත.

Straightness, n. ඇදනැතිකම, ඍජුතාව, සරලතාව &c.

Straightway, ad. මේ දැන්ම, කඩිනමින්ම, එකෙණෙහිම, එවිගසම, වහාම.

Strain, v. අධිකලෙස අදිනවා *or* තදකරනවා *or* අමාරුකරනවා ; (එයින්) දුර්වලකරනවා, sprain උලුක්කුකරනවා ; අතිශයින් වියර්කරනවා ; at stool & fig. තටමනවා ; filter පෙරනවා.

Strain, n. අධික ඇදීම &c. ; අධික වීර්යය, දුඃඛෝත්පාදනය ; අමාරු වෑයම ; උලුක්කුව ; තැමිල්ල ; (ලියන කියන) ආකාරය, විලාසය ; ගායනාව, (එයින්) යම් කොටසක් ; ගායනා නාදය.

Strainer, n. පෙරහන්කඩ, පෙරහන, පරිස්සාවනය, මවුල්ල, pl. මවුලු.

Strait, a. narrow පටු, අවහිරවූ ; අමාරු ; මසුරු.

Strait, n. සමුද්‍ර සන්ධිය ; තද අමාරුව.

Straiten, v. ඉඩ මදිකරනවා, හිරකරනවා, අවහිර කරනවා ; fig. අමාරුවට—හිඟකමට—පමුණුවනවා.

Strait-laced, a. fig. (අත්දම, චාරිත්‍ර, මත, ගැන) බුරුල නැති, තද, දැඩි.

Straitness, n. පටුකම, අවහිරකම ; අමාරුකම, අගහිඟකම.

Strait-waistcoat, **Strait-jacket**, n. (උන්මත්තයාට අන්දවන) අවහිර කබාය.

Stramineous, a. පිදුරු ආකාර, පිදුරු ; in bot. පිදුරු වන්.

Stramonium, **Stramony**, n. රටඅත්තන. see Datura.

Strand, n. වෙරළ, ඉවුර ; (ලනු) පට.

Strand v. (නැව &c.) ගොඩ ඇනෙනවා ; වෙරළට වද්දවනවා, වෙරළ ගහනවා.

Strange, a. අපූර්ව, අපූරු, පුදුම, අද්භූත ; අමුතු, පර නාදුනන

Strange-looking, a. අපූරු පෙනුමක් ඇති.

Strangely, ad. අපූර්වලෙස, අපූරුලෙස, පුදුමලෙස.

Strangeness, n. අපූර්වතාව, අපූරුකම, අමුතුකම.

Stranger, n. අමුත්තා, නාදුනන කෙනෙක් ; ආගන්තුකයා, අතිථියා.

Strangle, v. හුස්ම හිරවන්වා මරනවා, බෙල්ල මිරිකා මරනවා ; fig. මුල පටන්ම වලක්වනවා.

Strangling, **Strangulation**, n. හුස්ම හිරවන්වා මැරීම &c. strangulation බඩවැලේ අඩස්සියක්.

Strangulated, a. in sur. අඩස්සිවූ ; in bot. තැනින් තැන හිරවූ.

Strangurious, a. මූත්‍රකෘච්ඡ්‍ර රෝගී ; මූත්‍රාඝාත &c.

Strangury, n. මූත්‍රකෘච්ඡ්‍රය, මූත්‍රාඝාතය.

Strap, n. හම් පටිය, සම් පටිය ; යකඩ බදනහඩුවක්.

Strap, v. පටියෙන් බඳිනවා ; පටියෙන් තළනවා. See Strop. [ගතු.

Strapping, a. (ශරීරයෙන් ලොකු, ශක්තිමත්, බල

Strap-shaped, a. in bot. ligulate පටි ආකාර.

Stratagem, n. උපාය, උපක්‍රමය, උපාමාරුව, ප්‍රයෝගය.

Strategic, **Strategical**, a. උපාසහිත, උපක්‍රමික.

Strategetics, **Strategy**, n. යුද්ධ ශාස්ත්‍රය, සංග්‍රාම ශාස්ත්‍රය ; strategy, fig. උපා යෙදීම, උපාදක්ෂකම.

Strategist, n. යුද්ධ ශාස්ත්‍රඥයා &c., උපාදක්ෂයා.

Stratification, n. (පස්, ලෝහ) තට්ටු සෑදීම, තට්ටු සෑදී තිබීම ; තට්ටු ආකාරය

Stratified, **Stratiform**, a. තට්ටු වශයෙන් තිබෙන, තට්ටු ආකාර.

Stratify, v. in geol. තට්ටු වශයෙන් තබනවා, තට්ටු කරනවා, S. තට්ටු සෑදෙනවා.

Stratocracy, n. සේනාපති ආණ්ඩුව, සේනාවල් විසින් ආණ්ඩුකිරීම.

Stratography, n. සේනා විස්තරය, සේනා සම්බන්ධ කාරණ විස්තරය. [තට්ටු.

Stratum, n. Strata, pl. තට්ටුව, sp. භූමි තට්ටුවක්,

Stratus, n. තට්ටු ආකාර වලාව, තට්ටු වලාපටලය, වලා තට්ටුව.

Straw, n. *or* a. පිදුරු, මැඩුවම් ; a straw පිදුරුගහක්, මැඩුවම්ගහක්.

Strawberry, n. කුඩා ගෙඩි වර්ගයක්.

Straw-plait, **Straw-plat**, n. ගොතාපු පිදුරු පටිය.

Straw-roofed, a. පිදුරු සෙවිලිකරපු.

Stray, v. මංමුළාවෙනවා, මුළාවෙනවා, වල්මත් වෙනවා, වැලහෙනවා, ව්‍යභිචාරීවෙනවා.

Stray, a. මුළාවූ, වැලහුණ, ව්‍යභිචාර, අවලම් (බල්ලා).

Streak, n. ඉර, රේඛාව, වර්ණරේඛාව, වර්ණලේඛාව ; (නැවේ) ලෑලිපෙළ.

Streak, v. (වෙනස් පාට ඇති) ඉරි අඳිනවා, රේඛා වශයෙන් වර්ණගානවා.

Streaked, Streaky, a. වෙනස් පාට ඉරි ඇත්තාවූ, වර්ණරේඛා සහිත.

Stream, n. current දියවැල, දියපාර; brook &c. ඔය, ගඟ, ආර, වතුර බස්නාව; of a mountain කඳු ඇළිය; of people &c. මිනිස්සු වැලක්, වැලට යන මිනිස්සු; of light රශ්මිජාලය; of air හුළංපාර, වායුගමන; go up *or* down the stream උඩුගං—යටිගං—බලා යනවා.

Stream, v. flow ගලනවා, stream out බොහෝ සෙයින් පිටාරවෙනවා; වැලට යනවා; රේඛාවශයෙන් දිගට—විහිදෙනවා.

Streamer, n. දිගඇරපු කොඩිය, වැනෙන ධජය.

Streamlet, n. ඇළ, දෙළ.

Streamy, a. ඇළදොළ බහුල; වැනෙන රේඛා සහිත.

Street, n. වීථිය, වීදිය, රථිකාව.

Street-walker, n. ප්‍රසිද්ධ වෙසඟන.

Strength, n. of body ශක්තිය, සවිය, බලය, වැර වාරුව; of mind ඥානශක්තිය, චිත්තශක්තිය, ස්ථිරකම;
of things සවිය, හයිය, of places &c. බලසම්පන්නතාව, බලගතුකම;
of liquids &c. සැරකම, ගුණය, ප්‍රමාණය;
of the army &c. හමුදාවල—යුද්ධනැව්වල—ගණන *or* බලය;
validity වලංගුව; defence ආරක්ෂක බලය.

Strengthen, v. ශක්තිමත්—සවි—කරනවා, බලගතු බලවත්—කරනවා &c., ස්ථිරකරනවා; ශක්තිමත් වෙනවා, වඩා සවිවෙනවා.

Strengthener, n. ශක්තිමත්කරන්නා &c., (යමක්) සවිකරන දේ, ශක්තිජනකෞෂධය.

Strenuous, a. බලගතු, බලවත්, තදබල, (උත්සාහ, ඕනෑකම්, ආගා).

Stress, n. තදබලකම, සැරකම; වැසි බර, වැසි අමාරුව, වැසි බරපතලකම.

Stretch, v. t. (තව දිගට *or* පළලට) අදිනවා; ඇද තදකරනවා; (කාරණ) වැඩිකර කියනවා; stretch out (අත &c.) දිගුකරනවා.

Stretch, v. i. (තව දිගට &c.) ඇදෙනවා; ඇදී තද වෙනවා; (නොකැඩී) දික්වෙනවා; spread out විහිදී තිබෙනවා; extend to (යම් තැනක් දක්වා) දිගුව—පිහිටා—පැතිරී—තිබෙනවා.

Stretch, n. දිගුවෙන හරිය; යන දුරප්‍රමාණය; (බලයෙන්, අරියෙන්) අධික ප්‍රමාණය; අත්‍යුත්සාහය.

Stretcher, n. අදින්නා &c., (යමක්) අදින දෙයක්, අඳින ආවුදයක්; (ලෙඩෙක් &c. ගෙනයන) මැස්ස *or* ඇල්ල.

Strew, v. ඉහිරවනවා, තුනියට දමනවා; leaves strew the ground කොළ බිම වැගිරී තිබෙනවා.

Striæ, n. pl. L. (සිප්පිවල &c. ඇළි ආකාර) ඉරි, රේඛා, වැකරැළි.

Striate, Striated, a. සිහින් ඇළි—ඉරි—වැකරැළි—ඇත්තාවූ, රේඛා සහිත.

Stricken, a. පහරලැබූ, පීඩිත.

Strickle, Strike, n. ධාන්‍ය කපන පොල්ල; හනගලක්.

Strict, a. තද, දැඩි, බුරුලනොදෙන, බුරුල නැති; නියමයටම එකඟවූ, යථාර්ථ.

Strictly, ad. තදලෙස &c. Strictness, n. තදකම &c., යථාර්ථතාව.

Stricture, n. ගුණදොස් කීමක්, ගුණදෝෂවාක්‍යය; in med. හිරවීම, අඩස්සිය.

Stride, v. දුරින් අඩිතබා යනවා; පාද විදහනවා.

Stride, n. දුරින් තබන අඩිය; පාද විදහීම.

Strife, n. පොරය, තරඟය, දබරය අරෝව, ආරාවුල.

Strigæ, n. pl. L. කුළුහුනල; in bot. ලසු දැඩිකේශර.

Strigose, Strigous, a. දැඩිකේශරධාරී (පත්‍ර).

Strike, v. t. ගසනවා, පහරදෙනවා; තට්ටුකරනවා; down or off ගසාදමනවා; off (ගණනින්) අඩුකරනවා, කටුගානවා; අච්චුගසනවා;
the head තැරිය ගහනවා; *level* (ධාන්‍ය) කපනවා;
in වද්දනවා; up (තාලය) පටන්ගන්නවා;
with fear, wonder, &c. භයගන්වනවා; විස්මපත් කරනවා;
strike sail *or* flag රුවල්—කොඩිය—බානවා;
strike a bargain (යමක් ගැන) ගිවිසගන්නවා.

Strike, v. i. වදිනවා, ඝට්ටනයවෙනවා, වැදෙනවා හැපෙනවා, තට්ටුවෙනවා; strike in ඇතුළට වදිනවා; strike in with එකඟවෙනවා, එකමුතු වෙනවා; cease work වැඩෙන් ඇරෙනවා, වැඩ අත් අරිනවා.

Strike, n. ධාන්‍ය කපන පොල්ල; බුසල; වැඩ අත් ඇරීම; in geol. තට්ටුව පිහිටි ආකාරය.

Strike-measure, n. (බුසල &c.) කපාපු මිම්ම.

Striking, a. හිතට වැදියන, පුදුම, අපූර්ව, ප්‍රත්‍යක්ෂ.

Striking, n. ගැසීම &c., ඝට්ටනය, සංඝට්ටනය.

String, n. ලනුව, fibre කෙන්ද, tendon බලනහරය; string of shoe &c. පටිය; in mus. තත; row පෙළ; (of beads &c.) වැල.

String, v. අමුණනවා; (දුන්නට &c.) තත් දමනවා.

Stringed, a. අමුණපු; තත් ඇති.

Stringency, n. තදකම, තදබලකම, බුරුලනැතිකම.

Stringent, a. තද, තදබල, බුරුලනැති, (අණ &c.).

String-halt, n. (පස්සා ගාතයේ) නහර ගැහිල්ල, කොක්ස් ගැහිල්ල.

Stringy, a. කෙඳි ආකාර, තන්තුවත්; කෙඳි ආකාරයට ඇදෙන.

Strip, v. strip off (ඇඳුම, වැස්ම, පොතු &c.) ගළවනවා, අරිනවා, උලුප්පනවා;
strip him ඔහු නිර්වස්ත්‍රකරනවා, නග්නකරනවා,
of all සියල්ල ඔහුගෙන් පැහැරගන්නවා;
strip a tree of leaves &c. ගසෙන් කොළ සියල්ල ඇදදමනවා, එල සියල්ල කඩාගන්නවා.

Strip, n. පටු තීරය, as: රෙදි තීරයක්, බිම්තීරයක් &c.

Stripe, n. වෙනස් පාටක් ඇති තීරයක්, වර්ණරේඛාව; පටිපහර, කසපහර; (එයින් අටගත්ත) වැවිර.

Stripe, v. වෙනස් පාටට තීර ගානවා, රේඛාවර්ණගානවා; (පට්ටයෙන් &c.) තලනවා.

Stripling, n. කොල්ලා, බාලයා, තරුණයා.

Strive, v. endeavour උත්සාහකරනවා, වෑයම්කරනවා, වලිගහනවා, යත්නකරනවා; quarrel තරඟ කරනවා.

Strobile, n. බඹර හැඩය ඇති ගෙඩියක්.

Strobiliform, a බඹරහැඩය ඇති, ශංඛාකෘති.

Stroke, n. පහර, ගැසීම, ගැහිල්ල, බැටය, ඝට්ටනය; තට්ටුකිරීම, තට්ටුවීම; stroke of business *or* policy ගනුදෙනු ක්‍රියාවක්, යම්ක්‍රමයක් *or* උපක්‍රමයක්; ගසන ඉරක්; (පැදීමේ) හබල් පහරක්.

Stroke, v. අතගානවා, පිරිමදිනවා.

Strokesman, n. ආදර්ශමත් පැදුම්කාරයා, මුල් පැදුම්කාරයා.

Stroking, n. අතගෑම, පිරිමැදීම; (ගල්වල) රැළි ඇ [වා.
ළි—කැපීම.

Stroll, v. හෙමින් ඇවිදිනවා, නිවිහැනේ ගමන් කරන

Stroll, n. හෙමින් ඇවිදීම &c., සක්මන.

Strolling, a. තැනින්තැන යන, සංචාරක; පාදඩ.

Strombuliform, a. in geol. ශංඛාකෘති, බඹර ආකාර.

Strong, a. ශක්තිමත්, බලගතු, සවිය—හයිය—වැර—ඇති, ශක්තිසම්පන්න බලවත්, බලසම්පන්න; සැර, තද, මද්‍ය, අති, බරපතල, (සුළඟ, රස &c.).

Strong & weak බලාබල.

Strong-scented බහුගන්ධ.

Stronghold, n. කොටුව, බලකොටුව; රක්ෂස්ථානය

Strongish, a. මදක් ශක්තිමත් &c.

Strongly, ad. බලගතුලෙස, වෙරෙන්; බලවත්ලෙස, තදලෙස

Strop, n. see Razor-strop; v. (දැළිපිහියේ) තැළුස ගේ ගානවා.

Strophe, (ස්ට්‍රෝෆි), n. පළමුවෙනි කවිපදය *or* ප්‍රථම කාව්‍යය; antitrophe ප්‍රතිකාව්‍යය.

Strophiolate, Strophiolated, a. in bot. මාලා සහිත, මාලික, (බීජ).

Strophiole, n. (බීජඇස වටකර) ක්ෂුද්‍රමාලාප, බීජමාලාව.

Strove, pret of Strive උත්සාහකළා &c.

Struck, pret. & pp. of Strike · be struck ගසනුලබනවා &c., පහරලබනවා, පහරකනවා.

Structural, a. සාදපු අත්දමට අයිතිවූ, ආකෘතික, ග්‍රන්ථිතාකාර.

Structure, n. සාදතිබෙන අත්දම, පිහිටි ආකාරය, යෙදුම, ආකෘතිය; ගොඩනැගිල්ල.

Struggle, v. බලවත්ලෙස දඟලනවා, in death මරගාතකරනවා; fig. තදින් ව්‍යායාමකරනවා, අතිශයින්ම උත්සාහකරනවා, මරගාතකරනවා.

Struggle, n. දඟලීම &c., දඟලුම, බලවත් ව්‍යායාමය, තැටමිල්ල, මරගාතය, තද පොරය.

Strum, v. නිවටලෙස ගායනාකරනවා, තමිබුසාර ශෝච්චිකරනවා. [ous.

Struma, n. see Scrofula. Strumous, a. see Scroful-

Strumpet, n. වේශ්‍යාගෑනි, වෙසඟුව.

Strung, pret. & pp. of String ඇමුණුවා, &c., adj. අමුණපු &c., ග්‍රන්ථිත.

Strut, v. උදරම්ලෙස,—ප්‍රෞඪාකාරයෙන්—අඩිතබා යනවා.

Strut, n. උදරම්ලෙස ඇවිදීම; (වහලේ &c.) ඇලවූ කුරුපාව. [කදුරු.

Strychnia, Strychine, n. ගොඩකදුරු කුඹු &c., දිවි

Stub, n. see stump.

Stubble, n. ඉපනැල්ල, pl. ඉපනැලි.

Stubborn, a. මුරණ්ඩු, ඇට්ටර, කුළු; දැඩි. [නවා.

Stucco, n. සිනිඳු හුනුබදාම වර්ගයක්; v. හුනුබදාම ගා

Stuck, pret. *or* pp. of Stick. Stuck-up, a. ආඩම්බර, ගර්විත.

Stud, n. කුඩා ලොකු ඇණය, හැරසිලිවූ පොහොට්ටුව; දෙකුඩ බොත්තම; ලී කණුවක්,.රුකුල.

Stud, v. පොහොට්ටුවලින් හැරසිලිකරනවා; ගවසනවා: a country studded with trees ගස් ගවසාපු—ගැවසීගත්—රටක්.

Stud, n. (බෝවීමට තබාගත්ත) අශ්වරැළක්, අශ්වයන් හා එලෙම්බ රැළ.

Studding-sail, n, පටු පිට රුවල.

Student, n. ශිෂ්‍යයා; ශාස්ත්‍රෝද්ග්‍රහණය කරන්නා, (යම කාරණාවක්) උද්ග්‍රහණයකරන්නා *or* සෝදිසිකර බලන්නා.

Studentship, n. ශිෂ්‍යත්වය; ශිෂ්‍යත්ව කාලය.

Studied, pp. *or* a. උද්ග්‍රහණයකරපු, ඉගෙනගත් &c.; කලින් සූදානම්කළ *or* අරමුණුකළ (කථා &c.).

Studio, n කැමියම් පට්ටලය, චිත්‍රකාර ශාලාව, ශිල්පාලය.

Studious, a. පොත්පත් බැලීමට—ඉගැනීමට—ළැදි; ශාස්ත්‍රෝද්ග්‍රහණයෙහි ව්‍යාපෘත, විද්‍යාභ්‍යාසයෙහි නියුක්ත, විද්‍යාර්ථී; කාරණ සෝදිසිකර බලන, භාවනාකරන; studious of යමක් ගැන කල්පනාව එළවන, හිතට ගන්න.

Studiously, ad. හොඳට කල්පනාව එළවා, හිතටගෙන, කඩිසරලෙස, ප්‍රවේසම්ලෙස.

Studiousness, n. ඉගෙනීමට ළැදිකම &c., කල්පනාව එළවන සුලුබව.

Study, v. ඉගෙනගන්නවා, උද්ග්‍රහණයකරනවා, අධ්‍යයනයකරනවා විද්‍යාභ්‍යාසයකරනවා; (යමක් ගැන) කල්පනාව එළවනවා, හොඳට කල්පනාකර බලනවා; උත්සාහකරනවා.

Study, n. ඉගෙනගැනීම &c.; අධ්‍යයනය, විද්‍යාභ්‍යාසය; උත්සාහය; පුහුණුකරන කාරණාව; ඉගෙනගන්න කාමර.

Stuff, n. නොයෙක් ලෙදි ගණනක්, අඹුවැඩිය; (යමක් සාදතිබෙන) ද්‍රව්‍ය, ධාතු; ලොම්පිළි; rubbish ගෙරූ, ලටපට, of speech වල්පල්, ලටපට.

Stuff, v. (ද්‍රව්‍ය දමා) පුරවනවා; (පඩුව &c.) ඝිරකරනවා, අඩස්සිකරනවා, (සත්තු හමක්) පුරවනවා; හිරිලෙස කනවා.

Stuffing, n. (මෙත්ත &c.) පුරවන ද්‍රව්‍ය, පිරුම; (මස් වල දමන) කුළු ද්‍රව්‍ය.

Stultify, v. අනුවණ බව පෙන්වනවා, පරස්පරවිරොධයකරනවා, නිරාකරණයකරනවා; in law උන්මාද බව ඔප්පුකරනවා.

Stumble, v. පැකිලෙනවා, හැප්පෙනවා; fig. වරදකට වැටෙනවා, පැකිලෙනවා; stumble upon ඉබේට සම්බවෙනවා.

Stumble, n. පැකිලීම, පැකුලුම; දෝෂය.

Stumbling-block, n. පැකිලවන කාරණාව, බාධාව.

Stump, n. (කඳ කපා) ඉතුරු මුල, කොටය, (දතින්, අතින් &c.) ඉතුරු පංගුව; පන්දුකෙළියේ ලියක්.

Stump, v. කොටකර කපනවා, කප්පාදුකරනවා; stump about &c. බරලෙස අඩිතබා යනවා; stump out පන්දුකෙළියේ ලියක් ගසාදමනවා.

Stump-orator, n. (කොයිදෙයකටත් නැගී) දෙසාබාන ප්‍රසිද්ධ කථාකාරයා, කොටයේ දෙසාබාන්නා.

Stumpy, a. කොටයක් වැනි, මිටි ගතවූ.

Stun, v. (පහරකින් *or* ගර්ජනාවෙන්) සිහිනැතිකරනවා, තෝන්තුකරනවා, බිහිරිකරනවා, අඩපණකරනවා, (දරුණුකමින්) ගල්තාංගුකරනවා.

Stunt, v. (වැඩීමෙන්) වලක්වනවා, මිටිකරනවා.

Stunted, pp. *or* a. ලකුණටක, මිටි.

Stupe, v. *or* n. Foment, which see.

Stupefaction, n. සිහිනැතිකිරීම &c., see verb; සිහිනැති භාවය, ප්‍රමෝහය, සම්මූර්ජනය.

Stupefactive, a. සිහිනැතිකරන &c., සම්මෝහන.

Stupendous, a. ඉතා අරුම, අත්‍යන්ත, (මහත, බලය).

Stupid, a. මෝඩ, තකතිරු, අමන, මුග්ධ, මොට්ට, මන්දබුද්ධි.

Stupidity, n. මෝඩකම &c., ගොන්කම.

Stupified, pp. *or* a. සිහිනැතිකරනලද &c., ගල්තාංගු, සම්මූර්ජිත.

Stupify, v. මදක් සිහිනැතිකරනවා, සිහිය මොට්ටකරනවා, ගල්තාංගුකරනවා..

Stupor, n. දැනීම—සිහිය—නැතිවූ ස්වභාවය, අස්වාභාවික සුප්තිය, සම්මෝහිතතාව.
Stupose, a. in bot. බූව මුඩුවක් ඇති, කේශර තුලිකා සහිත.
Stuprate, v. තනිස්නාබුකරනවා.
Stupration, n. තනිස්නාබුව.
Sturdy, a. සවිබල, බලගත්, තද, දෘඪ.
Stutter, v. ගොතගසමින් කථාකරනවා &c., see stammer.
Sty, n. ඌරුහල, ඌරුකොටුව, ඌරුමඩුව; fig. දූෂණස්ථානය; stye on the eyelid නගනය.
Stygian (ස්ටිජියන්), a. in myth. නරකාදියේ ගඟට අයිතිවූ; fig. නාරකික.
Style, n. අන්දම, ආකාරය, විධිය, රඟ, නියාව; භාෂා විලාසය; of proceedings චාරිත්‍ර ක්‍රමය; for writing පන්හිද, උල්කටුව; in bot. ස්ත්‍රීකේශරය.
Style, v. අසවල් එකය කියනවා:

I style or call this good &c. මෙය හොඳයයි කියමි.

I style him father &c. ඔහුට පියායයි කියමි.

Styliform. a. පන්හිදේ හැඩය ඇත්තාවූ, ලේඛනියාකාර, උල්වූ.
Stylish, a. හැඩකාර, කලේලි, පිටස්තරින් උතුම්වූ.
Stylite, n. (පුරාණයේ) කණු මුදුන් තාපසයා, ස්තම්භ සතකවාසියා.
Stylobate, n. දිග කුළුනුපාදය, කුළුනුපෙළේ අඩිය, ස්තම්භපංක්තිමූලය, දීසිස්තම්භමූලය.
Stylography, n. පන්හිදෙන් ලිවීම.
Styloid, a. උල්කටුවට මදක් සමානවූ, මන්දලේඛනියාකාර, (අස්ථිංකුරය).
Styptic, a. or n. ලේයාම නවත්වන (බෙහෙත), රුධිරස්‍රාවබාධක (ඖෂධය).
Stypticity, n. වියළවන—අකුළුවන—ගතිය, රුධිරස්‍රාවබාධකතාව.
Styx, n. in myth . පාතාලගංගාව, පරලොවගංගාව; පාතාලගංගා දේවතාවා.
Suave, a. ප්‍රසන්න, මනෝඥ.
Su'able (සූ වබල්), a, (පැමිණිලිකාරයා විසින්) සිතාසිකළ හැකිවූ; විභාගකිය යුතුවූ.
Suasion (සෙව්...), n කැමතිකරවීම.
Suaviter in modo (ස්වා). L. (ක්‍රියාකිරීමේ) අන්දමෙන් ප්‍රසන්නලෙස.
Suavity, n. (කථාකරන, ක්‍රියාකරන) අන්දමේ ප්‍රසන්නකම, ප්‍රසන්න අන්දම, මනෝඥතාව.
Sub Suc &c., prefix අඩු, පහත්, උප, අනු, යන අර්ථ ඇති උපසර්ග.
Subacid, a. or n. මදක් ඇඹුල්; මදක් ඇඹුල් ජාතියක්, මන්දාම්ල.
Subacute, a මදක් සැර, මන්දදෘඪ, (උණ &c.).
Subaerial, a. (මුහුදේ නොව) ගොඩ, ගොඩබිමේ, එළියේ.
Subagent, n. උපකළමනාකාරයා. Subah (සුබා), n. [පළාත.
Subahdar, n. පළාත් මුලාදෑනියා, ප්‍රදේශාධිපතියා; (සමුද්‍රවක මුලාදෑනියෙක්.
Subaltern, a. අඩුතරම්වූ, පහත්, යටත්.
Subaltern, n. (සේනාවේ) උපමුලාදෑනියා.
Subalternation, n. ක්‍රමයෙන්—පිළිවෙළට—මාරුවීම. See Alternation.
Subangular, a. මන්දකෝණකාර.
Subaqueous, a. වතුර යට—වතුරේ—ඇත්තාවූ.
Sub-base, n. in mus. (ඔර්ගලයේ) ඉතා පහත් නාද කොටඨාසය.

Sub-caudal, a. වල්ගයට යටින් තිබෙන.
Sub-chief, n. අනුනායකයා.
Subclass, n. උපපංක්තිය.
Sub-committee, n. අනුකාරක සභාව.
Subcontract, n. අනු කොන්ත්‍රාත්තුව.
Subcontractor, n. අනු කොන්ත්‍රාත්කාරයා.
Subcordate, a. මන්දහෘදයාකාර.
Subcutaneous, a. හම යට ඇත්තාවූ, චර්මාභ්‍යන්තර.
Subdeacon, n. උපසේවකයා, අනුපස්ථායකයා,
Subdean, n. උපානුනායක දේවගැතියෙක්.
Subdivide, v. (බෙදූ කොටඨාස) දෙවනු බෙදනවා, නැවත බෙදෙනවා.
Subdivision, n. දෙවනු බෙදීම &c ; පංගුවකින් පංගුවක්.
Subdue, v. මැඩපවත්වනවා, අභිභවනයකරනවා, හික්මවනවා, මට්ටුකරනවා. දමනයකරනවා; (සැරකම &c.) මර්දනයකරනවා; (ආශා &c.) මැඩපවත්වනවා; (හිත) මෘදුකරනවා, යටත්කරනවා.
Subdued, pp. or a. මැඩපවත්වාපු &c., හික්මුණු, මට්ටුවී සිටින &c., අභිභූත, දමිත, සංයමිත, self-subdued, ප්‍රයත, සංයත.
Subduplicate, n. (ගණන් දෙකක) වර්ගමූල ප්‍රමාණය.
Sub-editor, n. උපකතෘ.
Subgenus, n. (වර්ගයක් දෙකක් අඩංගු) උපජාතියක්. See Genus.
Subglobulor, a. මදක් වටකුරු, මන්දගෝලාකාර.
Sub-head, n. අනුශීර්ෂය.
Subjacent, a. පහතින් තිබෙන, පහළ, (තැන්).
Sub'ject, a. යටත්වූ, වසඟ, අධීන, අන්‍යාධීන; liable to (යමකට) යටත්වූ. වැටෙන, (රෝග &c.) වරින් වර අල්ලන.
Sub'ject, n යටත් වැසියා; (කථාවේ, රචනාවේ &c) කාරණාව, මාතෘකාව, ප්‍රධාන කොටඨාසය or ප්‍රකාශිතය, ප්‍රකාශිත දේ; in logic & gram විශේෂ්‍යය, ප්‍රථමාවිභක්තියේ අය; in anat. (කපන) කලේබරය.
Subject', v. යටත්කරනවා, වසඟකරනවා, අභිභවනයකරගන්නවා; (අමාරුවට &c.) පමුණුවනවා, විඳින්ට සලස්වනවා.
Subjection, n. යටත්කිරීම &c.. අභිභවනය; state of වසඟය, අධීනතාව &c., වශ්‍යතාව.
Subjective, a. සිතට or සිහියට ඇතුළත්, මනාභ්‍යන්තර, මනසකාර, අධ්‍යාත්මික.
Subjectiveness, Subjectivity, n. සිතටම &c. ඇතුළත් බව, මනාභ්‍යන්තරතාව.
Subject-matter, n. (කල්පනාකරන or කථාකරන) කාරණාව, කරුණු.
Subjoin, v. අගට සම්බන්ධකරනවා or එක්කාසුකරනවා, තව දුරට කියනවා or ලියනවා, ඌනපූරණය කරනවා.
Sub judice, L. (කාරණාව) නඩුකාරයා ඉදිරිපිට, නියමනොකර, (තිබෙනවා).
Subjugate, v. (යුද්ධයෙන්, බලයෙන්) යටපත්කරගන්නවා, අභිභවනයකරනවා.
Subjugation, n. යටපත්කරගැනීම &c., අභිභවනය, මෙල්ලය; of self සංයමනය.
Subjunctive, a. අගට සම්බන්ධවූ &c., see Subjoin.
Subjunctive, n. in gram. subjunctive mood අසම්භාවන ක්‍රියාව, අසම්භාවන විධිය.
Sublapsarian,, a. පාපගතපශ්චිම; n. පාපගතපශ්චිම දෘෂ්ටියා.
Sublapsarianism, a. පාපගතපශ්චිම දෘෂ්ටිය.

Sublet, v. (කුලියට *or* බද්දට ගත් එක) දෙවනු කුලියට *or* බද්දට දෙනවා, බද්දෙන් බද්ද දෙනවා.
Sublieutenant, n. දෙවෙනි උපමුලාදෑනියා.
Sublimate, Sublime, v. (උෂ්ණයෙන්) ඝන ද්‍රව්‍ය වාත—ධූම—කිරීමෙන් පරිශුද්ධකරනවා, පුටපාකය කරනවා, ඌර්ධ්වපාතනයකරනවා; fig. පරිශුද්ධ කරනවා, උත්කෘෂ්ටකරනවා.
Sublimate, n. (එසේ) පරිශුද්ධකළ ද්‍රව්‍ය, ඌර්ධ්වපාතිත රසායනයක්. [පාතිත.
Sublimate, Sublimated, a. පරිශුද්ධ, සංශුද්ධ, ඌර්ධ්ව
Sublimation, n. (එසේ) පරිශුද්ධකිරීම &c., පුටපාකය, ඌර්ධ්වපාතනය.
Sublime, a. අත්‍යුර්ධ්වගත (තැන), මහෝන්නත, අත්‍යුත්කෘෂ්ට, ඉතා උසස්, (කල්පනා &c.).
Sublime, the, n. (ලෝකයේ, රචනාවේ, විධියේ) අත්‍යුර්ධ්ව ගතිය &c., මහෝන්නත විධිය &c.
Sublimely, ad. අත්‍යුර්ධ්වගතාකාරයෙන්, මහෝන්නත ලෙස &c.
Sublimeness, Sublimity, a. මහෝන්නතතාව, අත්‍යුත්කෘෂ්ටතාව, අත්‍යුර්ධ්වගතතාව.
Sublime porte, n. see Porte.
Sublingual, a. දිව යට තිබෙන, ජිහ්වාබාසර්.
Sublunary, a. lit. හඳට යටින් තිබෙන; මෙලොව, ලෞකික.
Subluxation, n. අසම්පූර්ණ අවසන්ධිවීම.
Submarine, a. මුහුදු දිය යට තිබෙන, මුහුද ඇතුළේ වැවෙන *or* හැසිරෙන, සමුද්‍රාබාසර්; submarine telegraph මුහුදු විදුලිකම්බිය; [වඩවාග්නිය.
submarine fire වඩවාග්නිය, වඩබාග්නිය, සමුද්‍ර
Submarine, n. දිය යටින් යන නැව, අධෝයාත්‍රාව.
Submaxillary, a. හකුපාඩාව යට තිබෙන, හනුබාසර්.
Submental, a. නිකට යට තිබෙන.
Submerge, v. දියට යටකරනවා, ගිල්වනවා; වතුරට යට වෙනවා, ප්ලාවිතවෙනවා.
Submergence, Submersion, n. දියට යට කිරීම &c., වතුර යට තිබීම, ප්ලාවය. [(පත්‍ර).
Submersed, a. in bot. වතුර යට වැවෙන, ජලවර්ධිත,
Submission, n. යටත්වීම &c., see verbs; මෙල්ලවීම, වශභාවය.
Submissive, a යටත්වෙන &c., see v. i., හික්මුණු, කීකරු, බැහැපත්, මෙල්ල, අවනත.
Submissiveness, n. යටත්වෙන ගතිය &c., හික්මුණුකම &c., මෙල්ලකම.
Submit, v. i. යටත්වෙනවා, බාරවෙනවා, වශඟවෙනවා, කරබානවා, හික්මෙනවා, මෙල්ලවෙනවා; tolerate ඉවසනවා.
Submit, v. t. (අන්‍යයෙකුගේ කැමැත්තට *or* තීරණය කිරීම පිණිස) භාරදෙනවා, භාරකරනවා.
Subordinate, a. අප්‍රධාන, අනුත්තම, අමුඛ්‍ය; යටත්, පරවශ, වශඟ; වඩාපහත්.
Subordinate, n. අප්‍රධානියා &c., වශඟයා, අන්‍යයකු යටතේ—ශ්‍රේණියේ—සිටින්නා.
Subordinate, v. අප්‍රධානකරනවා, යටත්කරනවා, වශඟකරනවා, (වෙන යමකට) වඩා පහත්කරනවා; අප්‍රධානකොට සලකනවා.
Subordinately ad. අප්‍රධානකොට; වශඟව, යටත්ව, (යමෙක්) යටතේ.
Subordination, n. අප්‍රධානකම, අප්‍රධානත්වය &c., වශඟකම, යටත්කම; (එකකට එකක්) අඩුවෙන ක්‍රමය.

Suborn, v. හොරෙන් කරවාගන්නවා; බොරු දිවුරවනවා.
Subovate, a. in bot. මන්දාණ්ඩාකාර.
Subpetiolate, Subsessile, a. හ්‍රස්වවෘන්තධාරී.
Subpœna, v. & n. සිතාසිකරනවා; සිතාසිය.
Sub-principal, n. අනුනායකයා, උපප්‍රධානියා.
Sub-prior, n. අනුනායක තාපසයා.
Subquadrate, a. මන්දචතුරස්‍ර.
Subquadruple, a. හතරෙන් පංගුවක් අඩංගු.
Sub-renter, n. (of tolls &c.) අනු රේන්දකාරයා.
Subrogation, n. in law. (හිමියා වෙනුවට) වෙනකෙනෙකු නියමකිරීම, අන්සතුකිරීම.
Sub-rosa, L. see Rose
Subsalt, n. මන්දලවණ ද්‍රව්‍ය.
Subscribe, v. අත්සන්කරනවා; (ගණනක් දීමට &c.) පොරොන්දු වෙනවා, දායකවෙනවා, සම්මාදම් දෙනවා; fig. සම්මතවෙනවා, එකඟවෙනවා.
Subscriber, n. අත්සන්කරන්නා &c., දායකයා.
Subscription, n. අත්සන්කිරීම &c.; අත්සන; දායක මුදල, සම්මාදම. [පශ්චිම.
Subsequent, a. පසුව වූණ *or* සිදුවෙන *or* කරන, ඊළඟ,
Subsequently, ad. පසුව, පස්සේ, ඉක්බිත්තෙන්.
Subserve, v. අප්‍රධානව උදව්වෙනවා, යම් තරමකින් උපකාරයක් වෙනවා.
Subservience, Subserviency, n. උදව්වට සුදුසුකම, ප්‍රයෝජනවත්කම.
Subservient, a. උදව්වට සුදුසු, ප්‍රයෝජනවත්, උදව්වක්ව සිටින.
Subside, v. (මණ්ඩි &c.) බහිනවා, මිදෙනවා, (ජල ගැල්ම, අත්තිවාරම් &c.) බහිනවා; (හැරකම &c.) අඩුවෙනවා, මද්දනයවෙනවා, නිශ්චලවෙනවා.
Subsidence, Subsidency, n. ක්‍රමයෙන් බැසීම, අඩුවීයාම &c. [යක.
Subsidiary, a. උදව්වෙන, උපකාරක, උපකාරද
Subsidiary, n. උදව්කාරයා, ආධාරයටසිටින්නා, උපකාරක දේ.
Subsidize, v. (කරදෙන යමක් නිසා *or* කුලියට) උදව් මුදල් දෙනවා.
Subsidized, pp. *or* a. උදව් මුදල් ලබන (තැපැල් කෝච්චිය &c.).
Subsidy, n. (තැපැල් ගෙනයාමට, යුද්ධෝපකාරයට &c. දෙන) උදව් මුදල.
Sub silentio, L. තුෂ්ණිම්භූතව, නිශ්ශබ්දකමින්.
Subsist, v. විද්‍යමානව තිබෙනවා *or* සිටිනවා; රක්ෂාවෙනවා, ජීවත්වෙනවා, යැපෙනවා.
Subsistence, n විද්‍යමානතාව, පැවැත්ම; ජීවිකාව, යැපීම, රක්ෂාව. [ස්ථිත.
Subsistent, a. ඇත්තාවූ, විද්‍යමාන; අඩුත්තු, අන්ත
Subsoil, n. යට පස්, subsoil plough යට පස් නගුල.
Subsoil-ploughing, n. යට පස් හෑම.
Subspecies, n. අනුවර්ගයක්.
Substance, n. පැවැත්ම, ධාතුව, වස්තුව, ද්‍රව්‍යය; wealth සම්පත, වස්තුව; main part වැඩිපංගුව; general sense භාවාර්ථය, පිණ්ඩාර්ථය.
Substantial, a. පැවැත්මක් ඇත්තාවූ, විද්‍යමාන, වාස්තවික; සවිවූ, ඝනවූ; සම්පත් ඇත්තාවූ, මදක් පොහොසත්.
Substantiality, Substantialness, n. පැවැත්මක් ඇතිකම, විද්‍යමානතාව; වාස්තවිකතාව, ද්‍රව්‍යභාවය.
Substantially, ad. ඇත්තටම, වාස්තවිකාකාරයෙන්; සවිලෙස; වැඩිවශයෙන්, භාවාර්ථයෙන්.

Substantials, n. pl. ඕනෑම කොටස්.

Substantiate, v. ඔප්පුකරනවා, ප්‍රත්‍යක්ෂකරනවා.

Substantive, a. ඇත්තටම තිබෙන; ද්‍රව්‍යවූ; in gram. නාමවචනාකාර, නාමවාචක; verb substantive ව්‍යක්තිවාචක ක්‍රියාව; n. නාමවචනය, නාමපදය.

Substitute, v. නිලව්කරනවා, ඒලෙන්ද්‍රකරනවා; in gram. ආදේශකරනවා.

Substitute, n. නිලව්වට සිටින්නා, නිලව්කාරයා, ප්‍රතිපුරුෂයා; නිලව්වට තිබෙන දේ.

Substitution, n. නිලව්කිරීම &c.; නිලව්වට සිටීම; in gram. ආදේශය.

Substitutional, **Substitutionary**, a. නිලව්වට කරන *or* සිටින, ප්‍රතිපුරුෂ; ඒලෙන්ද්‍ර ආකාර; in gram. ආදේශාකාර.

Substratum, n. (භූමියේ) යට තට්ටුවක්; in meta. (ගුණධාරී) ධාතුව; fig. substratum of truth &c. සත්‍ය කොටසය.

Subsultory, a. නාඩි *or* නහර) ගැහෙන, ගැහීම සහිත, (විසිය).

Subsultus, n. (නාඩිවල, නහරවල) අනියම් ගැහීම.

Subtend, v. (කොන් ඉදිරිපිට ඉරි මෙන්) ඉස්සරන පටම දිගට තිබෙනවා.

Subterfuge, n. බේරීමේ උපාය, ව්‍යාජෝපාය.

Subterranean, **Subterraneous**, a. භූමිය ඇතුලෙහි තිබෙන, අන්තර්භෞම.

Subtile, a. fine සිහින්, සියුම්; in intellect කුශාග්‍රීය, තීක්ෂ්ණ; &c., see Subtle. [තාව &c.

Subtileness, **Subtilty**, n. සිහින්කම &c.; කුශාග්‍රීය

Subtilize, v. සිහින්කරනවා, සියුම්කරනවා, ඌර්ධ්ව පාතනයකරනවා; (තර්කණ, වෙනස්කම්) අතිතීක්ෂ්ණ කරනවා.

Subtle, a. ප්‍රයෝගකාර, ප්‍රයෝගයට දක්ෂ; දක්ෂ ප්‍රයෝග.

Subtleness, **Subtlety**, n. ප්‍රයෝගකාරකම &c. For adv. see Slyly.

Subtract, v. සංඛ්‍යාවක් පැහැරගන්නවා, අඩුකරනවා.

Subtracted, pret. pp. *or* a. පැහැරගත්, අඩුකරපු, ව්‍යවකලිත.

Subtraction, n. පැහැරගැනීම, අඩුකිරීම; in arith. අඩුකිරීම, ව්‍යවකලනය; of fractions භින්නව්‍යව කලනය. [න.

Subtractive, a. පැහැරගන්න බලයක් ඇති, අඩුකර

Subtrahend, n. අඩුකරන ගණන, ව්‍යවකලනීය ගණන.

Suburb, n. පිටකොටුව, පිටනුවර, උපනගරය; suburbs, confines, නගරෝපාන්තය.

Suburban, a. පිටකොටුවේ &c. වාසයකරන *or* තිබෙන. පිටනුවර &c., නුවර සමීප, නගරෝපාන්ත.

Subversion, n. lit. & fig. පෙරලීම &c., විපර්‍යාසය, විනාශය.

Subversive, a. පෙරලෙන &c., විනාශදායක.

Subvert, v. lit. & fig. පෙරලනවා, පෙරළාදමනවා, විපර්‍යාසකරනවා, මුලාකරනවා.

Subway, n. see Tunnel.

Succedaneum, n. see Substitute.

Succeed, v. (යමෙකුට *or* යමකට) පසුව පැමිණෙනවා, (යමෙකුගේ) ඇවෑමෙන් පැමිණෙනවා;
 succeed one another අනුපූර්වයෙන් පැමිණෙනවා *or* යනවා;
 accomplish, have success ඉෂ්ටකරනවා, ඉෂ්ටවෙනවා, මුදුන් පැමිණෙනවා, සඵලවෙනවා, සාර්ථකවෙනවා.

Succeeding, p. *or* a. පසුව පැමිණෙන *or* පැමුණුණ; මුදුන්පත්වෙන &c.

Success, n. ඉෂ්ටවීම, මුදුන්පත්වීම &c., සඵලත්වය, සාර්ථකවීම, අර්ථසිද්ධිය, ඵලප්‍රාප්තිය, සාඵල්‍යය, සාමර්ථ්‍යය.

Successful, a. ඉෂ්ටවෙන, සඵලවෙන &c, සාර්ථක, දියුණු.

Successfully, ad. ඉෂ්ටවෙනලෙස &c., සඵලලෙස &c.

Successfulness, n. ඉෂ්ටවීම &c., see Success.

Succession, n. පසුව — ඇවෑමෙන් — අනුපූර්වයෙන් — පැමිණීම; අනුපූර්ව ගණන *or* පෙළ, අනුපූර්වය, අනුක්‍රමය; ඇවෑමෙන් පැමිණීමේ හිමිකම *or* බලය; by descent අන්වය. [ය.
 Apostolic succession ප්‍රේරිතයන්ගේ ක්‍රමානුක්‍රම

Successional, a. අනුපූර්වාකාර, ක්‍රමානුක්‍රමාකාර; අන්වයාකාර.

Successive, a. එකක් පාසා එකක්—පිටපටම—පැමිණෙන, වරින්වර කරන, අනුපූර්ව, ක්‍රමායාත.

Successively, ad. පිටපිටම, ක්‍රමානුක්‍රමයෙන්, අනුපූර්වයෙන්.

Successor, n. (යමෙකුට) පසුව පැමිණෙන්නා *or* (යමෙකුගේ) ඇවෑමෙන් පත්වූ අය.

Succiferous, a. ඕජස් දරන, මජ්ජාධාරී, මජ්ජාජනක.

Succinct, a. සංක්ෂිප්ත, සංක්ෂේප. See Concise.

Succour, v. පිහිටවෙනවා, පිහිටාධාරවෙනවා; n. පිහිට, පිහිටාධාරය.

Succulent, a. බොහෝ යුෂ ඇත්තාවූ, ඕජස බහුල, මජ්ජාබහුල. (පත්‍ර &c.).

Succumb, v. (අමාරුවකට, බලයට, දුකට) යටවෙනවා, යටත්වෙනවා, කරබානවා.

Such, a. (කියන &c.) ආකාර, බඳු, පමණ; as that or this එයාකාර, මෙයාකාර, ඔයාකාර, එබඳු &c., එවැනි &c., එහෙම &c., එපමණ &c., ඒසා, මෙසා;
 such as one never saw &c. before පෙර නුදුටුවිරූ *or* ආකාර;
 such a thing &c. එබන්දක් &c., එවැන්නක් &c., එබන්ද, එබන්දේ &c.
 Drunkards and such බේබද්දෝ එහෙම.
 Such a thing &c. (specified) අසවල් එකය — අසවලාය — කියා; such and such අසවල් ඒවාය කියා &c.

Suck, v. උරනවා, උරාගන්නවා, උරා බොනවා; සුප්පනවා; (තනයෙන්) කිරි බොනවා; absorb බීගන්නවා; draw in ඇදගන්නවා; suck out උරා—කටින් ඇද—දමනවා.

Suck, **Sucking**, n. උරාගැනීම &c., ස්තනපානය.

Sucker, n. උරන්නා &c.; piston (නළයේ) ඇතුල් තනබුව; (ගල් &c.) උස්සන හම; of a tree මුල් පැළය.

Sucking-bottle, n. කිරි පොවන බෝතලය, (ළදරුවාගේ) කිරිබෝතලය.

Suckle, v. (ළදරුවාට) කිරි දෙනවා, තනකිරි දෙනවා, කිරි පොවනවා.

Suckling, n. කිරිදරුවා, කිරිබොන පැටියා, පොව්වා.

Suction, n. (කටට *or* නළයකට) ඇදගැනීම.

Suction-pump, n. වතුර පෝම්පය.

Suctorial, a. උරණසුළු, උරා රක්ෂාවෙන, ආවූෂණ, (පක්ෂියෝ &c.).

Sudation, n. ඩාදිය දැමීම, ස්වේදනය. See Perspiration &c.

Sudatory, a. ඩහදිය දමන.

Sudden, a. හදිසි, අහම්බ, ක්ෂණික.
Suddenly, ad. හදිසියෙන්, අහම්බෙන්, ක්ෂණිකාකාරයෙන්.
Suddenness, n. හදිසිකම, ක්ෂණිකතාව.
Sudorific, a. ඩහදිය උපදවන, ස්වේදජනක; n. ස්වේදජනකෞෂධය, ස්වේදනෞෂධය; by steam ස්වේදුව.
Sudra, **Soodra**, a. ශුද්‍ර ජාතියට අයිතිවූ, ශුද්‍ර; n. ශුද්‍රයා, අන්ත්‍යවර්ණියා.
Suds, n. pl. සබන් පෙණ: in the suds, fig. කරදර විඳිනවා. [නවා.
Sue, v. පැමිණිලිකරනවා, නඩුකියනවා; ඉල්ලුම්කර
Suet, n. (වකුගඩු වටකර) තෙල, තද තෙල.
Suety, a. තද තෙල ආකාර.
Suffer, v. විඳිනවා, විඳවනවා; bear දරනවා, patiently ඉවසනවා, වානවා; permit අවසරදෙනවා.
Sufferable, a. විඳිය — දරිය — ඉවසිය — හැකිවූ (දුක් &c.).
Sufferance, n. විඳීම &c.; permission අවසරය.
Sufferer, n. විඳින්නා &c., sp. දුක්වේදනා විඳින්නා.
Suffering, n. විඳීම &c., sp. වේදනා විඳීම, වේදනාව.
Suffice, v. සෑහෙනවා, යැපෙනවා, යපෙනවා, barely පිරිමැසෙනවා.
Sufficiency, n. සෑහුම්කම, සෑහෙන—යැපෙන—තරම, ඇති පදම; for one's living අතමිට, වත්කම.
Sufficient, a. සෑහෙන, යෝග්‍ය; සෑහෙන පමණ &c., ඇති තරම්.
Sufficiently, ad. සෑහෙනලෙස &c., සෑහුම්ලෙස, ඇති පදමට.
Suf'fix, n. අනුබන්ධය, ප්‍රත්‍යය.
Suffix', v. අනුබන්ධයක් &c. දමනවා, අගට සම්බන්ධ කරනවා.
Suffocate, v. හුස්ම නවත්වා මරනවා, හුස්ම අසුරනවා, දුමෙන් *or* තරක වාතයෙන් මරනවා.
Suffocated, be, v. හුස්ම ගන්ට බැරුව මැරෙනවා, දුම &c. වැදී මැරෙනවා.
Suffocation, n. හුස්ම නවත්වා මැරීම; හුස්ම ගන්ට බැරුව මැරීම, දුම &c. බී මැරීම.
Suffragan, a. උදව්කාර; n. උපපාරිදක්ෂිකතැන, (තිරගු) පාරිදක්ෂිකතැන.
Suffrage, n. (යමක් නියමකිරීමට) කැමැත්ත දීමේ බලය, අවසරය.
Suffuse, v. (ලේ, කඳුළු, දිය *or* පාට යම් තැනක) පැතිරියන්ට සලස්වනවා, පතුරුවනවා, ව්‍යාපනය කරනවා.
Suffused, be, v. පැතිරෙනවා, ව්‍යාපනවෙනවා, (ඇස් කඳුළුවලින්) පිරෙනවා, (අහසේ &c. යම් පාටක්) වැටෙනවා, පැතිරියනවා.
Suffusion, n. පැතිරවීම, පැතිරීම &c., ව්‍යාපනය, ව්‍යාපනිය, ව්‍යාප්තතාව; ව්‍යාප්ත ගුණය.
Sugar, n. *or* a. සීනි, හකුරු, ගකීරු; cane juice උක් පැණි.
Sugar, v. සීනි දමනවා, පැණිරස කරනවා; සීනි වක් කර වසනවා.
Sugar-candy, n. සුකිරි, ඛණ්ඩශර්කරා, ගල්කණිවූ.
Sugar-cane, n. උක්ගහ, උක්ගහ, උක්දණ්ඩ, ඉක්ෂුව, ගුඩතෘණ.
Sugar-loaf, n. ලොකු සීනිකැටයක්.
Sugar-mill, n. උක් මෝල; ඉක්ෂුයන්ත්‍රය.
Sugar-plum, n. සීනි ගුලිය, සීනිබෝලය.
Sugar-tongs, n. සීනි අඬුව.

Sugary, a. සීනි මුසු, පැණිරස, සීනි ආකාර.
Suggest, v. හඟවනවා, සිතවනවා; අනුමතකරනවා.
Suggestion n. හැඟවීම &c.; හඟවන කාරණාව; අනුමතිය.
Suicidal, a. ආත්මඝාතය සම්බන්ධ, ආත්මඝාතක, තමාම මරාගැනීමට ලැදි.
Suicide, n. තමාම මරාගැනීම, සියපණ හානිකර ගැනීම, ආත්මඝාතය; ආත්මඝාතකයා &c.; commit suicide තමාම මරාගන්නවා &c , ආත්මඝාතනය කරනවා.
Suidæ, n. pl. L. ඌරු ජාති, සූකර ජාති.
Sui generis, L. අනන්‍ය, අසහාය, විශේෂාකාර.
Suit (සූට්), n. ජෝඩුව, කට්ටම; of clothes ඇඳුම් ජෝඩුව, ඇඳුම් කට්ටලය &c.; request ඉල්ලුම, අයදුම; විවාහයක් ඉල්ලීම; lawsuit නඩුව.
Suit, v. (යමකට) ඉනංගුව තිබෙනවා &c., see adj., හරියනවා, සෑහෙනවා; ඉනංගුකරනවා &c., අදාළ කරනවා; සතුටුකරනවා.
Suitable, a. ඉනංගු, සුදුසු, යෝග්‍ය, අනුකූල, අනුරූප, සෑහෙන.
Suitableness, n. ඉනංගුකම &c., යෝග්‍යතාව &c., සෑහුම්කම.
Suite (ස්වීට්), n. retinue පිරිවර; of furniture &c. ජෝඩුවක්, සම්බන්ධ ගණනක්.
Suitor, (සූ...), n. පැමිණිලිකාරයා, නඩුකියන්නා, විත්තිකාරයා; ඉල්ලුම්කාරයා; විවාහයක් ඉල්ලන්නා.
Sulcate (සල්...), **Sulcated**, a. in nat. hist. ඇලි ඇත්තාවූ, හීවිච් ආකාර, වැකරැලි ආකාර. [නවා.
Sulk, v. බුම්මනවා, බුම්මාගන ඉන්නවා, බූකවාගන්
Sulkiness, Sullenness, n. බුම්මන ගතිය, බූකවාගන ඉඳීම, නිශ්ශබ්ද අගතිය. [ණිවූ.
Sulky, Sullen, a. බුම්මන ගතියක් ඇති, අගති, මුර
Sully, v. කිලුටුකරනවා, මලිනකරනවා; මලිනවෙනවා; fig. කැලල්කරනවා.
Sulph, Sulpho, prefixes, ගන්ධක මිශ්‍ර—ගන්ධක— යන අර්ථ ඇති උපසර්ග.
Sulphate, n. ගන්ධකාම්ල මිශ්‍ර ද්‍රව්‍යජ ලවණ, ගන්ධාම්ලජ ලවණ.
Sulphur, n. ගන්ධකය, ගෙන්දගම්, කෙන්දගම්.
Sulphurate, v. ගෙන්දගම් වද්දවනවා, ගන්ධකධූම වද්දවනවා. [මිශ්‍ර.
Sulphureous, Sulphurous, a. ගන්ධකාකාර, ගන්ධක
Sulphuret, n. ගන්ධක මිශ්‍ර සජ්ජිකා; sulphuret of iron පුෂ්පකාසීස, පාංශුකාසීස.
Sulphuretted, a. ගන්ධක මිශ්‍ර: sulphuretted hydrogen ගන්ධක මිශ්‍ර ජලකරවායුව.
Sulphuric, a. ගන්ධකජ: sulphuric caid (අම්ලකර වායු මිශ්‍ර) ගන්ධකජාම්ලය.
Sulphury, a. ගෙන්දගම් ආකාර, ගෙන්දගම් මුසු.
Sultan, n. තුර්කි අගරජ.
Sultana, Sultaness, n. තුර්කි අග්‍රරාජිනී.
Sultry, a. ග්‍රීෂ්මාධික, හුළං නැති රස්නය වැඩිවූ, (දවස).
Sum, n in arith. ගණිත ක්‍රමයක්; sp. එකතුවූ ගණන, මුළුගණන, ඓක්‍යය. පරිසංඛ්‍යාව; gen. මුදල් ගණනක්; chief import භාවාර්ථය.
Sum up, v. (ගණන්) එකතුකරනවා, සංකලනයකරනවා; (කාරණා) සංග්‍රහකරනවා, භාවාර්ථය කියනවා.
Summarily, ad. ලුහුඬින්, සංක්ෂේපයෙන්, කොටින්, ඉක්මනින්.

Summarize, v. භාවාර්ථය ලුහුඬෙන් කියනවා, සංක්ෂේපයෙන් සංග්‍රහකරනවා.

Summary, a. ලුහුඬු, සංක්ෂේප; n. ලුහුඬු සංග්‍රහය.

Summer, n. ග්‍රීෂ්ම කාලය, ගිම්හාන සෘතුව, නියඟ, නියං සෘතුව.

Summer, v. ග්‍රීෂ්ම කාලය පසුකරනවා; adj. ග්‍රීෂ්ම කාලයේ, නියං.

Summer, n. හරස් බෝක්කුවේ මුල් ගල; බිමේ ලොකු හරස් බාල්කයක්; ලොකු උඩ පස්කද.

Summer-house, n. ග්‍රීෂ්මකාලයේ ගෘහය or නිවාසය, ජලයන්ත්‍ර ගෘහය.

Summesault. Summerset, n. see Somersault.

Summit, n. මුදුන, මස්තකය, of mountain ශිඛරය; summit level ඉතා උස් මට්ටම.

Summon, v. සිතාසිකරනවා; එන්ට අණකරනවා, කැඳවනවා; fig. (ධෛර්යය &c.) උපදවාගන්නවා.

Summons, n. සිතාසිකිරීම, සිතාසිය, සිතාසි පත්‍රය; එන්ට-අණකිරීම.

Summum bonum, L. ප්‍රධාන යහපත, ශ්‍රේෂ්ඨ ශුභය.

Sump, n. (උණුකළ ලෝහ වක්කරන) ලෝහාගය; ලවණතටාකය; ආකර ජලාශය.

Sumpter, n. තවලම් සතා, sumpter-horse තවලම් අශ්වයා.

Sumptuary, a. වියදම ප්‍රමාණයකරන, වියදම්, (නීති).

Sumptuous, a. බොහෝ වියදම් අල්ලන, අනගි, ඉසුරුමත්, විරාජමාන.

Sun, n. ඉර, සූර්යයා; sun-beams අව්ව; under the sun, fig. ඉර යට, පොළවෙහි.

Sun, v. අව්වේ තබනවා; one's self අව්ව තපිනවා.

Sun-baked, Sun-dried, a. අව්වෙන් වේළුණාවූ or වියළාපු (ගඩොල් &c.).

Sunbeam, n. ඉරුරැස, සූර්යරශ්මිය, අව්ව.

Sun-burned, Sun-burnt, a. අව්වෙන් දැවාවූ, අව්වෙන් දන; අව්වෙන් පාට අඳුරුවූ (මුහුණ &c.).

Sunday, n. ඉරිදා, ඉරිදා දවස, රිවිදින, රවිවාරය.

Sunday, a. ඉරිදා, ඉරිදාදවසේ; Sunday school ඉරිදා පාඨශාලය, රිවිදින පාසැල. [නවා.

Sunder, v. වෙන්කරනවා, බෙදනවා, වියෝගකර

Sundered, a. වෙන්කරනලද &c., වියෝජිත, වියුක්ත, විප්‍රයුක්ත.

Sun-dial, n. සූර්ය-ඝටිකා යන්ත්‍රය, සූර්යඡායා යන්ත්‍රය.

Sundries, n. pl. නොයෙක් දේ, නොයෙක් ආකාර ගණන්.

Sundry, a. නොයෙක්, අනේක, නානාප්‍රකාර.

Sunflower, n. සූර්යකාන්ති (ගහ, මල &c.).

Sunken, a. කිඳී—ගිලී—තිබෙන, පල්ලට වැටී තිබෙන.

Sunless, a. ඉර නොපායන; එළිය—අව්ව—නොවැටෙන, අඳුරු.

Sunlight, n. ඉරේ එළිය, සූර්යාලෝකය.

Sunn, Sunn-hemp, n. හණකෙඳි. See Hemp.

Sunny, Sunshiny, a. අව්ව පායන, අව්ව වැටෙන, සූර්යාලෝකය ඇති.

Sun-proof, a. අව් රශ්මිය පසාරුනොවන.

Sunrise, Sunrising, n. ඉර උදාවීම, ඉරපායන වේලාව, පහන්වීම, සූර්යෝදය, සූර්යෝදකමය.

Sunset, Sunsetting, n. ඉර බහින වේලාව, ඉරබැස්ම, සූර්යයා අස්තඞ්ගතවීම.

Sunshine, n. අව්ව, ඉරුරැස්, සූර්යතේජස.

Sunstroke, n. coup-de-soleil (කුඩෙසොලෙල්), (අව්) රශ්ම පහරක්. [වා.

Sup, n. or v. see Sip; රාත්‍රී කෑම කනවා, රෑට කන

Super, prefix, අධික, අති, අතිශයින්, යන අර්ථය ඇති උපසර්ගය.

Superable, a. මැඩපවත්වාගත හැකිවූ, පහකරගත හැකිවූ, (බාධා &c.).

Superabound, v. අධිකව—අතිශයින්ම—අතිරික්තව—තිබෙනවා or සිටිනවා.

Superabounding, Superabundant, a. අධිකව තිබෙන &c., අධික, අතිරික්ත &c., see Excessive.

Superabundance, n. අධිකකම &c., අතිබහුලත්වය &c., see Excess.

Superadd, v. තවදුරට යමක් එකතුකරනවා or වැඩියෙන් කරනවා.

Superaddition, n. යමක් වැඩියෙන් එකතුකිරීම &c.; වැඩියෙන් දමන එක or ගණන.

Superannuate, v. කල්ගත නිසා නිලයෙන් මාරුකරනවා or අහක්කරනවා.

Superannuated, pp. or a. මහලුකම or ඔබලත්කම නිසා නිලයෙන් තුරන්වූ.

Superb, a. (පෙනෙන) අත්‍යුත්කෘෂ්ට, අත්‍යලංකාර, අභිරාම, අනඝ, මාහැඟි.

Supercargo, n. (ගනුදෙනුකිරීමට) නැව් බඩු භාරකාරයා.

Supercelestial, a. අහසට උඩින් තිබෙන, ආකාශගෝචර, ඛගෝලෝචර.

Superciliary, a. in anat. ඇස්බැමට උඩින් තිබෙන, භ්‍රෑවසමීප.

Supercilious, a. උඩඟු, උදාරම්, අතිගර්විත, ප්‍රෞඪ, අභිමාන.

Supereminent, a. ඉතාම උසස්, අතිශ්‍රේෂ්ඨ, අත්‍යුන්නත &c., see Eminent.

Supererogation, n. වැඩිපුරලෙස ඉෂ්ටකිරීම; (works of) අතිරික්ත ක්‍රියා.

Superessential, a. or n. ඉතාමත්ම ඕනෑවූ, අත්‍යවශ්‍යක, (යමක්).

Superexcellent, a. ඉතාමත්ම හොඳ or යහපත්, අත්‍යනඝ &c., see Excellent.

Superfetation, n. (ගැබ්ගෙන සිටිද්දී) දෙවෙනි පිළිසිඳීමක්, ද්විතීය ගර්භ ග්‍රහණය.

Superficial, a. මතුපිටම තිබෙන, මතුපිට, පිටත, අනභ්‍යන්තර; නොගැඹුරු; fig. අගම්භීර, අවිචක්ෂණ, (ඥානය &c.).

Superficially, ad. මතුපිටින් පමණක්, මතුපිට—පිටත—ආකාරයෙන්; නොගැඹුරුලෙස &c.

Superficialness, n. මතුපිටම තිබීම, අනභ්‍යන්තරතාව, ගැඹුරුනැතිකම &c.

Superficies, n. පිටත—මතුපිට—කොට්ඨාසය, තලය, (ඝන නැතුව) දිග පළල මතුපිට, පෘෂ්ඨය.

Superfine, a. ඉතා සියුම් or සිහින්, අතිසූක්ෂ්ම.

Superfluity, n. ඕනෑවාට වඩා තිබීම, වැඩිපුරකම &c.; අධිකතර යමක්. [ධික.

Superfluous, a. ඕනෑනැති, වැඩිපුර, අධිකතර, අත්‍යා

Superfluousness, n. වැඩිකම, වැඩිපුරකම &c., see Excess.

Superhuman, a. මනුෂ්‍යයාට වඩා උසස්වූ, මනුෂ්‍යාධික, අතිමානුෂ, උත්තරි මනුෂ්‍ය.

Superimpose, v. යමක් පිට තබනවා, යමක් කෙරෙහි පිහිටුවනවා.

Superimposition, n. යමක් පිට තැබීම &c.; යමක් කෙරෙහි පිහිටා තිබීම.

Superincumbent, a. වෙන යමක් පිට පිහිටා—බරව—තිබෙන, යමකට බරවූ.

Superinduce, v. (යමක් තිබෙද්දීම) වෙන යමක්— රෝග &c.—පමුණුවනවා or අටගන්වනවා.

Superintend, v. බැඩබලනවා, විධානකරනවා; පාල නයකරනවා, පරිපාලනයකරනවා, මූලාදෘනිකම් කරනවා.

Superintendence, n. විධානකිරීම &c., විජිච්ධානය, පරිපාලනය, අධ්‍යක්‍ෂතාව.

Superintendent, Superintending, a. බැඩ බලන &c., පරිපාලක, අධ්‍යක්‍ෂ.

Superior, a. (තරමින්, නිලයෙන් &c.) වඩා උතුම් or උසස්, වඩා අනඝ, very superior අත්‍යුත්කෘෂ්ට, ඉතා හොඳ; superior to (temptation &c. පරීක්‍ෂා වට, අල්ලස් ගැනීමට &c.) යටත්නොවන තරම් උසස් or යහපත් or ස්ථිර &c.; in bot. උපරි, ඌර්ධ්වසථ, (මණිය, පුෂ්පය).

Superior, n. (නිලයෙන් &c.) වඩා උසස් කෙනෙක්; (යම් ගුණයකින්) වඩා උතුම අය, වඩායහපත් අය; (තපස් මඩමේ) ප්‍රධානියා or ප්‍රධානී.

Superiority, n. (වික තුමුත් බොහෝසේ තුමුත්) වඩා උතුම්කම &c., see adj., උත්තරීතරතාව.

Superlative, a. තරමින් ඉතා උසස්, අතිශ්‍රේෂ්ඨ; in gram. අතිප්‍රමාණ.

Superlative, n. in gram. (best, smallest, ශ්‍රේෂ්ඨ, කණිෂ්ඨ යනු මෙන්) අතිප්‍රමාණවාචකය.

Superlatively, ad. ඉතාමත්ම, අතිප්‍රමාණයෙන්, (හොඳ or නරක &c.).

Supermundane, Supramundane, a. පොළවට උඩින් තිබෙන, ලෝකෝත්තරවසථ.

Supernal, a. උච්චස්ථානික, ස්වර්ගීය.

Supernatant, a. මතුපිට පාවෙමින් තිබෙන or ප්ලවන.

Supernatural, a. ලෝකධර්මයට වෙනස්වූ, අමානුෂ, අතිමානුෂ, සෘද්ධිමය, ආශ්චර්යමත්.

Supernaturalism, n. බයිබලයේ ආශ්චර්යවල් දේවානුභාවෙන් වූණය යන මතය, දේවානුභාව දෘෂ්ටිය.

Supernaturalist, n. දේවානුභාව දෘෂ්ටියා.

Supernaturalistic, a. දේවානුභාව දෘෂ්ටි.

Supernaturally, ad. ලෝකධර්මයට වෙනස්ලෙස, ආශ්චර්යමත්ලෙස.

Supernumerary, a. or n. ඕනෑ or නියම ගණනට වැඩිවූ (දෙයක් or කෙනෙක්).

Superpose, v. එකක් පිට එකක් තබනවා or පිහිටු වනවා.

Superposition, n. යමක් පිට තැබීම; යමක් පිට පිහිටි දෙය; in geol. පර්වත තට්ටු එකක් පිට එකක් පිහිටි ක්‍රමය, ඌර්ධ්වසථ ක්‍රමය.

Superscribe, v. පිට—පිටතින්—උඩින්—ලියනවා or කැටයම්කරනවා.

Supersciption, n. පිට &c. යමක් ලිවීම &c.; පිට ලියාපු or කැටයම්කරපු දෙය.

Supersede, v. (නීතියක්, දෙයක් or යමෙකු) මාරු කර අරිනවා, යටපත්කරනවා; abrogate අවලංගු කරනවා. Paper has superseded palm leaves (say) පුස්කොළ වෙනුවට දත් කඩදසි පාවිච්චි කරනවා.

He has superseded his friend ඔහු තමාගේ මිත්‍රයා වෙනුවට පත්වී සිටිනවා.

Supersedeas, n. L. in law තඩුක්‍රියා නවත්වන අණ or නිවාරණඥපත්‍රය.

Supersession, n. මාරුකර—පහකර—ඇරීම &c., see verb; යමක් පිට වාඩිවීම.

Superstition, n. (ආගම සම්බන්ධ) මිථ්‍යා කල්පනා වක්, මිථ්‍යාදෘෂ්ටිය, මිථ්‍යා ඇදහිල්ල or විශ්වාසය; නියම නැති චාරිත්‍රය, අතිරික්ත පිළිවෙත; (යන්ත්‍ර මන්ත්‍ර, භූත, නිමිති, ආදිය ගැන) නිරර්ථක විශ්වාසය.

Superstitious, a. (එබඳු) මිථ්‍යාකල්පනා සහිත, මිථ්‍යාදෘෂ්ටි &c., නිරර්ථක—අඥාන—විශ්වාසයක් ඇත් තාවූ.

Superstratum, n. උඩ තට්ටුවක්, ඌර්ධ්වස්තරයක්.

Superstructive, a. වෙන යමක් පිට ගොඩනගාපු.

Superstructure, n. (යමක් — අත්තිවාරමක් — පිට පිහිටි) ගොඩනැගිල්ල; උඩ ගොඩනැගිල්ල.

Supersulphate, n. අධික ගන්ධකාම්ලජ ලවණ. See Sulphate. [ර්ධ්වසථ.

Superterrestrial, a. පොළවට උඩින් තිබෙන, ඌ

Supervene, v. (වෙන යමක් ඇර) පසුව—අනුව—පැමිණෙනවා or සිද්ධවෙනවා.

Supervenient, Supervening, a. පසුව—අනුව—පැමි ණෙන &c.

Supervisal, Supervision, n. කාර්යදර්ශනය, පරිපාල නය &c., see Superintendence.

Supervise, v. පරීක්‍ෂාකරබලනවා, පරිපාලනයකර නවා &c., see Superintend.

Supervisor, n. පරීක්‍ෂකයා &c., (රේගුවේ) පරීක්‍ෂක—පරිපාලක—මූලාදෘනියා.

Supervisory, a. පරීක්‍ෂක; පරිපාලක, අධ්‍යක්‍ෂ.

Supination, n. උඩුබැල්මෙන් ඉඳීම; අල්ල උඩුඅතට හැරවීම.

Supinator, n. in anat. අල්ල උඩුඅතට හරවන මහ නහරය, පාණ්‍යූර්ධ්වකර-ස්නායුව.

Supine, a. උඩුබැල්මෙන් ඉන්න; fig. මනෝද්‍යෝගහීන, අලස, නොසැලකිලි.

Supine, n. in L. gram. ක්‍රියා නාමයක්.

Supper, n. රාත්‍රී කෑම, සන්ධ්‍යාභෝජනය.

Supperless, n. රෑට කෑම නැති.

Supplant, v. උපායෙන් අහක්කරගන්නවා, අහක් කරගත් අය වෙනුවට පැමිණෙනවා.

Supple, a. පහසුවෙන් නැමෙන; (අනුන්ට) යටත් වෙන, විනයසථ.

Sup'plement, n. ඌනපූරණය, උපග්‍රන්ථය, පරිශිෂ්ටය, අතිරේකය; in trig. (අර්ධවෘත්තයට) ඌනාංශගණන.

Supplement, v. ඌනපූරණයක් දමනවා, අඩුව පුර වනවා, මැසිපුර යමක් එකතුකරනවා, තවදුරට යමක් කරනවා.

Supplemental, Supplementary, a. ඌනපූරණකාර &c., ඌනපූරණ, අධ්‍යාහාර &c. [සථතාව.

Suppleness, n. පහසුවෙන් නැමෙනසුළුබව &c., විනය

Suppliant, Supplicant, a. අයදින, උදක්ම ඉල්ලන, යාච්ඤා සහිත.

Suppliant, Supplicant, n. යටහත්ලෙස අයදින්නා &c., යාච්ඤා ඔප්පුකරන්නා.

Supplicate, v. අයදිනවා &c., ආයාචනා කරනවා, යාච්ඤාවෙන් ඉල්ලනවා.

Supplication, n. අයදීම &c.; කන්නලව්ව, අයදුම, යටහත් යාච්ඤාව, ආයාචනාව.

Supplicatory, a. අයදුම් ආකාර &c., ඉල්ලුම්—යාච්ඤා—සහිත.

Supply, v. (අඩුකම් or ඕනෑකම්) සපයනවා, සපයා දෙනවා, සම්පාදනයකරනවා, සම්බන්ධකරදෙනවා, සම්බන්ධකරගන්නවා, ලබාදෙනවා &c., see provide; (හිස්තැන්) පුරවනවා.

This supplies us with a living &c. මෙයින් අපට රක්ෂාවක් ලැබෙනවා, ඕනෑකම් පිරිමැසෙනවා.

This will supply the place of that එය නිලවීමට මේක හරියයි.

Supply, n. (ඕනෑ දේවලින්) සෑහෙන ගණනක්, ඕනෑ දේ; pl. සපයාපු දේ; ප්‍රතිපාදිත දේ; in gov. (වියදමට) නියම මිල ගණන්; සම්පාදනය, demand and supply ඕනෑ ප්‍රමාණය හා සැපයීම.

Support, v. (බරක් or යමෙකු) උසුලනවා, (දුක් &c.) දරනවා, ඉවසනවා; (කීර්තිය or යම් ස්වභාවයක්) පවත්වනවා; with a living නඩත්තුකරනවා, රක්ෂා කරනවා; aid පිහිටාධාරවෙනවා; අනුබලදෙනවා, රුකුල්දෙනවා; prop up කරු ගසනවා; support a feeble person වාරුකරනවා, වත්තම්කරනවා; support a proposal යෝජනාවක් ස්ථිරකරනවා; prove ඔප්පුකරනවා.

Support, n. උසුලන බලය or දෙය (වත) කණුව, රුකුල, අත්තිවාරම &c.; වාරුව, සැරමිටි වාරුව, අත්වාරුව; නඩත්තුව, පරිපාලනය; පිහිටාධාරය, අනුබලය.

Supportable, a. ඉසිලිය — දැරිය — ඉවසිය — හැකිවූ; ඔප්පුකළ හැකි.

Supporter, n. උසුලන්නා &c., ආධාරකාරයා, පිටිවහල්කාරයා, පරිපාලකයා, උපස්ථම්භකයා, පක්ෂවාදියා.

Suppose, v. සිතනවා, කල්පනාකරනවා; assume යම් ආකාරයක්යයි පිළිගන්නවා. Eyes suppose the existence of light එළිය ඇතිබව ඇස්වලින් හැඟෙනවා.

Supposition, n. සිතීම, කල්පනාව, (සත්‍යාසත්‍යතාව නොදන්න නුමුත්) නිකම් සිතීම or පිළිගැනීම, අනුමාන කල්පනාව.

Suppositional, a. නිකම්—අනුමානයට—සිතාගත්ත, ශංකනීය.

Supposititious, a. ව්‍යාජ, ව්‍යාජෝපායෙන් කළ, අසත්‍ය, හොර.

Suppositive, a. අනුමානවාචක; n. අනුමානවාචකය.

Suppository, n. අධෝමාර්ගයේ දමන බෙහෙත් ගුළිය.

Suppress, v. (ආශා &c.) මැඩපවත්වනවා; (ඇත්ත &c.) යටපත්කරනවා, යටපත්කරදමනවා, වසා දමනවා; (උත්සාහ, ශාරීරික ජම්මකෘත්‍ය) වලක්වනවා.

Suppression, n. මැඩපැවැත්වීම &c.; (ජම්මකෘත්‍ය) වැලැක්වීම or හැවතීම, අබස්සිය.

Suppressive, a. මැඩපවත්වන &c.

Suppurate, v. (වණ) පැසවනවා, පැසෙනවා; පැසෙන්ට සලස්වනවා.

Suppuration, n. පැසවීම, පැසීම; පැසවා යන හැරම.

Suppurative, a. පැසවන &c. n. පැසෙන්ට සලස්වන බෙහෙත, පාකෞෂධය.

Supra, prefix, උඩ, උසින්, එපිට, යන අර්ථ ඇති උපසර්ගය.

Suprafoliaceous, a. in bot. කොළ නටුවට උසින් පිහිටි, වෘන්තෝර්ධ්වස්ථ.

Supralapsarian, a. පාපගතපූර්ව; n. පාපගතපූර්ව දෘෂ්ටියා.

Supralapsarianism, n. පාපගතපූර්ව දෘෂ්ටිය.

Supra-orbital, a. ඇස්වළට උසින් තිබෙන, අක්ෂිකූපෝර්ධ්වස්ථ.

Supremacy. n. (සියල්ලට වඩා) අධික උතුම්කම, අත්‍යුත්තමතාව &c., ශ්‍රේෂ්ඨත්වය, ප්‍රාධාන්‍යය, ආධිපත්‍යය, සර්වාධිපතිකම, ශ්‍රේෂ්ඨාධිපතිතාව.

Supreme, a. ඉතා උතුම්, පරමාත්‍යුත්තම, අත්‍යුත්කෘෂ්ට, අතිශ්‍රේෂ්ඨ; ඉතා වැඩි, (දෝෂ &c.); supreme court ශ්‍රේෂ්ඨාධිකරණ ශාලාව, ශ්‍රේෂ්ඨ උසාවිය.

Supreme, the, n. මහෝත්තමයාණෝ, මහෝත්තම දෙවියන්වහන්සේ.

Supremely, ad. අත්‍යධිකාකාරයෙන්; ඉතාමත්ම, අතිශයින්ම.

Sur, prefix, උඩ, අධික, යන අර්ථ ඇති උපසර්ගය.

Surbase, n. කුළුණුපාද ලිස්තරය, කුළුණු අස්සේ උඩ ලිස්තරය.

Surbed, v. හුලස් යටකර පිහිටුවනවා, හුලඟට බඳිනවා.

Surcease, v. නවත්වනවා; n. නැවැත්වීම.

Surcharge, v. (ලේ නාහර &c., තුවක්කු &c.) අධික ලෙස පුරවනවා; වැඩි මිල ගණන් දමනවා.

Surcharge, n. අධික පූරණය, අධික බර, වැඩි මිල ගණන.

Surcingle, n. (වටකර දමන) බඳපටිය; ඔට්ටුකච්චිය.

Surcle, Surculus, n., Surculi, pl. (ගසක) මුල් පැළය. See Sucker.

Surcoat, n. කොට උඩ කබාය; පුරාණ පොරවනයක්.

Surculose, Surculous, a. බොහෝ මුල් පැළ දරන, මුල් පැළ බහුල.

Surd, n. surd-number හරියට දැනගත නොහැකි ගණනක්, අනිශ්චිත ගණනක්; අඝෝෂාක්ෂරය.

Sure, a. certain සත්තක &c., අනුමාන නැති; firm ස්ථිර, ස්ථාවර, විශ්වාස්‍ය.

He is sure of that ඒ බව ඔහුට සත්තකයි &c., or එය ඔහුට ලැබෙනවාටි අනුමාන නැත.

He is sure to come ඔහු එනවාට අනුමාන නැත or එන බව සත්තකයි.

Sure-footed, a. නොපැකිලෙන, නොවැටෙන.

Suretiship, n. ඇපකාරකම.

Surety, n. සත්තකකම් &c., නිශ්චිතිය; security උකස, ඇපය, ඇපකාරයා.

Surf, n. (වෙරළට ගසන) රළපහර, රළුගෙඩිය.

Surface, n. මතුපිට පැත්ත, මතුපිට තලය, පෘෂ්ඨය; of the earth &c. පොළෝතලය, භූතලය, පෘථිවි තලය, මහීතලය, මිහිපිට; අහස්තලය.

Surfeit, v. අතිතෘප්තිමත්කරනවා; අතිතෘප්තිමත් වෙනවා, ඇට්ටමුරුත්තාවෙනවා; fig. අරුචිවෙන තරම් වැඩිකරනවා.

Surfeit, n. අතිතෘප්තිය, ඇට්ටමුරුත්තාව.

Surge, n. මහ රළපහර — මහ රළු ගෙඩිය — ගැසීම, කල්ලෝලය.

Surge, v. (රළ මෙන්) නගිනවා or (සමූහයක් මෙන්) එහාට මෙහාට වෙනවා.

Surgeon, n. ශල්‍ය වෛද්‍යවරයා.

Surgeoncy, Surgeonship, n. ශල්‍යවෛද්‍ය ධුරය.

Surgery, n. ශල්‍යවෛද්‍යකර්මය; ශල්‍යවිධිය, ශල්‍ය ශාස්ත්‍රය; ශල්‍යශාලාව; ඖෂධාගාරය.

Surgical, a. ශල්‍යකර්මයට අයත්, ශල්‍ය.

Surly, a. කර්කශ, රළු, අශාන්ත, අප්‍රසන්න.

Surmise, v. අනුමානයට සිතනවා, කල්පනා වෙනවා, නිකම් සිතෙනවා.

Surmise, n. අනුමානයට සිතීම &c., අනුමාන කල්පනාව.

Surmount, v. (අමාරු, බාධා) යටකරගන්නවා, පහකරගන්නවා, මැඩපවත්වනවා, (එයින්) ජය ගන්නවා.

Surmounted, pp. &c., a. යටකරනලද &c.; අර්ධචක්‍රාකාර (බෝක්කුව).

Surname, n. ගේ නම, ගෝත්‍රනාමය, උපනාමය; අධික නමක්.

Surname, v. අධික නමක් දෙනවා.

Surpass, v. (ගුණයකින්) අධික—අතික්‍රමික—වෙනවා, අධිකව සිටිනවා, අතික්‍රමණයකරනවා, ඉක්මවනවා, පරදවනවා.

Surpassing, a. අතික්‍රමික, පරම, අධිකතර, අත්‍යන්ත.

Surplice, n. (දේවගැතින්ගේ) සුදු පලඳනාව.

Surplus, n. මැදිපුර කොටස or දේ, ඉතිරි පංගුව &c., see Overplus.

Surplusage, n. අධික—ඉතුරු—පංගුව; in law ඕනෑ නැති කාරණ, අතිරික්තිය.

Surprise, v. (පුදුමවෙනලෙස) හදිසියෙන් ඉදිරියට පැමිණෙනවා; මවිත—විශ්මපත්—කරනවා.

Surprise, n. හදිසියෙන් ඉදිරියට පැමිණීම &c.; පුදුමය, මවිතය.

Surprising, a. විස්මපත්කරන, පුදුම, මවිත, අද්භූත.

Surrender, v. (සතුරන්ට &c.) යටත්වෙනවා, භාර වෙනවා; භාරකරනවා, පාවාදෙනවා; n. යටත් වීම &c.

Surreptitious, a. රහසින්—හොරෙන්—කරන or කරපු.

Surreptitiously, ad. රහසින්, හොරෙන්, අවසර නැතුව.

Surrogate, n. (පාරිදශීකත්‍රනගේ) නියෝජිතයා: විවාහ-අවසරපත්‍රදෙන නිලකාරයා.

Surround, v. වටකරනවා, වටකරගන්නවා, වටලනවා.

Surrounded, pp. &c., a. වටකරපු &c., පරිවේෂ්ටිත, පරික්ෂිප්ත, පරිවාරිත.

Surrounding, a. වටකරන &c., වටකර, අවට, භාත්පස, පරිවේෂ්ටක.

Surrounding, n. වටකිරීම &c., පරිවේෂ්ටනය; pl. භාත්පස කාරණ.

Sursolid, n. ගණිතය පස්වෙනි අංශය or බලය. See Cube.

Surtout (සර්ටූ), n. මදක් දිග කබායක්, නිචෝලය.

Surveillance (සර්වේල්‍යන්ස්), n. Fr. බලාගැනීම, පරීක්ෂණය.

Survey', v. (උස් තැනකින්මෙන්) බලනවා, සමීක්ෂණය—පරීක්ෂණය—කරනවා; බිම් මනිනවා, මිනින්දෝරුවැඩ කරනවා; (රටේ අස්දම &c.) පරීක්ෂාකර බලනවා, සෝදිසිකර බලනවා.

Sur'vey, n. බැලීම &c., සමීක්ෂණය &c.; මැනීම; පරීක්ෂාකර බැලීම.

Surveying, n. බැලීම &c.; මිනින්දෝරු වැඩේ; භූමි මානක ශාස්ත්‍රය.

Surveyor, n. පරීක්ෂාකර බලන්නා; මිනින්දෝරු මහත්මයා, මැනුම් කාරයා.

Surveyorship, n. මිනින්දෝරු නිලය.

Survival, n. අධික කල් ජීවත්වීම; (රෝගයකින් &c. නොමැරී) ඉතුරුවීම.

Survive, v. outlive අධික කල් ජීවත්වෙනවා; ඉතුරුවෙනවා.

Survivor, n. අධික කල් ජීවත්වෙන්නා or ජීවත්වූ අය; ඉතුරු අය.

Survivorship, n. අධික කල් ජීවත්වීම; ඉතුරු අයගේ අයිතිවාසිකම or උරුමය.

Susceptibility, Susceptibleness, n. පහසුවෙන් වෙනස්විය හැකි සවභාව; ඉක්මනින් දැනෙන සුලු බව; සිත් මෘදුකම.

Susceptible, Susceptive, a. පහසුවෙන් වෙනස්විය හැකිවූ; දැනෙන ගතියක් ඇත්තාවූ; හිත මෘදුවූ, කාරණ හිතට වැදීයන.

Suspect, v. surmise අනුමානයට සිතනවා; distrust අවිශ්වාසකරනවා, doubt සැකකරනවා.

Suspend, v. hang එල්ලනවා; stop අත්හිටවනවා, ටිකකට නවත්වනවා or ප්‍රමාදකරනවා; exclude (නිලයෙන් &c.) ටික කලකට බැහැරකරනවා, තහනම්කරනවා.

Suspended pp. &c., a. එල්ලාපු &c., ලම්බිත, අවලම්බිත; බැහැරවූ, තහනම්වූ; තවම නියමනැති (මුසිංචිය &.); (වතුරෙහි) දියනොවී පවතින.

Suspenders, n. pl. කලිසම් පටි.

Suspense, n. කලකට නැවතීම, අත්හිටීම; අනුමාන පිට හිටීම, නියම නැතිකම, අනුමානය.

Suspense-account, n. තීන්දු නැති ගණන.

Suspensible, a. එල්ලා තැබියහැකිවූ, ඉසිලිය හැකි.

Suspension, n. එල්ලීම, එල්ලාතැබීම &c.; අවලම්බිත භාව; ටිකකට නැවතීම; (වතුරෙහි ඝන ද්‍රව්‍ය) දියනොවී පැවතීම.

Suspension-bridge, n. එල්ලෙන පාලම.

Suspensor, n. අණ්ඩකෝෂ පටිය; in bot. බීජකලන බන්ධනය.

Suspensory, a. or n. යමක් එල්ලන බැදුම, අවලම්බන බන්ධනය.

Suspicion, n. අනුමානයට සිතීම &c., see Suspect, සැක සිතීම, සැකය. On suspicion අනුමාන පිට, ශංකා පිට.

Suspicious, a. අවිශ්වාස—සැක—කිරීමට ලැදිවූ, ශංකාකර; සැකකළ යුතුවූ, ශංකාජනක, කුකුස්.

Suspiciously, ad. අවිශ්වාසකරමින්; සැක උපදවන ලෙස &c.

Suspiciousness, n. අවිශ්වාස—සැක—කරන ගතිය, කුකුස්කම; සැකකළයුතු බව &c., ශංකනීයතාව.

Sustain, v. උසුලනවා, දරනවා, වාවනවා; (යම් නරකක්) විඳිනවා, ලබනවා; prove ඔප්පුකරනවා, ස්ථිරකරනවා; maintain පවත්වනවා, නඩත්තු කරනවා; aid පිටිවහල්වෙනවා, අනුබල දෙනවා, උපස්තම්භකවෙනවා.

Sustained, be, v. උසුලනු ලබනවා &c.; ඔප්පුවෙනවා; නඩත්තුවෙනවා, රක්ෂාවෙනවා, රැකෙනවා.

Sustenance, n. නඩත්තුව, රක්ෂාව; food කෑමබීම. ප්‍රාණධාරණය.

Sustentation, n. ඉසිලීම; පැවැත්වීම; නඩත්තු කිරීම; නඩත්තුව.

Sutler, n. යුද්ධ සේනාවක් සමග ගමන් කරමින් ආහාර ද්‍රව්‍ය ආදිය විකුණන්නා.

Suttee, n. පුරුෂයාගේ මෘතශරීරය සමග පුලුස්සනු ලබන්නී, සතී; එසේ පුලුස්සා දැමීම.

Sutteeism, n. වැන්දඹුව පුලුස්සාදැමීම.

Suttle, n. suttle weight (වැසුම් නැතුව බඩුවලම) භාණ්ඩ බර.

Sutural, a. කැපුම් මූට්ටු ආකාර; sutural dehiscence (බීජකෝෂයේ සන්ධි විවෘතය.).

Suture, n. in sur. ශරීර කැපුමක් මැසීම, මූට්ටුව, ක්ෂත සංයෝගය; in anat. ඉස්කබලේ ඇට සන්ධියක්; in bot. (බීජකෝෂවල &c.) සන්ධිය, පට්ටය: dorsal suture පිට සන්ධිය, පෘෂ්ඨ සන්ධිය.

Sutured, a. මූට්ටුකරපු, මූට්ටු—සන්ධි—සහිත, සන්ධි සංයෝජිත.

Suzerain, n. සිටුවරයා, ප්‍රධාන අධිපතියා.

Swab, n. කොහු මුස්න; v. (නැව් තට්ටු) කොහු මුස්නෙන් සෝදනවා or තෙත මාත්තුකරනවා.

Swaddle, v. (ළදරුවෙකුට මෙන්) රෙදි ඔතනවා, රෙදි වෙළනවා.

Swag, v. බර නිසා පහත්වෙනවා; (එල්ලෙන බරක් මෙන්) පැදෙනවා.

Swagger, v. ලොකුමට කථාකරනවා, පුම්බම් දොඩනවා; (ඔනෑවාට or ආඩම්බරකමට) වැනිවැනී යනවා.

Swain, n. පිටිසර තරුණයා, ග්‍රාම්‍ය තරුණයා; ප්‍රේමවන්තයා.

Swallow, n. වැහිලිහිණියා, දියලිහිණියා.

Swallow, v. ගිලිනවා, ගිලගන්නවා; ගිලෙනවා; බීගන්නවා; fig. ශීඝ්‍ර ලෙස අත්කරගන්නවා; එකපාරට සැබෑකොට ඒත්තුගන්නවා.

It swallows up time &c. ඒකට කාලය &c. අල්ලනවා, ගතවෙනවා, නාසතිවෙනවා.

Swallow, n. උගුර, ගෙල; එකසැරේ ගිලින තරම.

Swallowing, n. ගිලීම, ගිලගැනීම &c., ගිලනය.

Swamp, n. ගොහොරු බිම, ගොහොරුව, වගුර.

Swamp, v. (ඔරු &c.) ගිල්ලවාදමනවා, වතුර පුරවා කිඳවනවා; fig. අමාරුවල ගිල්ලවනවා.

Swamped, be, v. වතුරෙන් පිරී ගිලෙනවා or කිඳෙනවා &c.

Swampy, a. ගොහොරු, වගුරු.

Swan, n. හංසයා, රාජහංසයා, හිසරා.

Swannery, n. හංසයන් ඇතිකරන ස්ථානය, හංස කොටුව.

Swan's-down, n. සිහින් හංස පිහාටු; සිහින් රෝම පිළි ජාතියක්.

Sward, n. See Green-sward.

Swarm, n. කුඩා සත්තුරැළ: of bees මීමැසිරැළ, බිඟු පෙළ, බමරවැළ, බමරකැල, of flies මැසිරැළ; gen. රාශිය, සමූහය.

Swarm, v. මීමැසි කුඩුවෙන් රාශිවශයෙන් යනවා; සමූහයක් වශයෙන් සුරීකනවා;

this place swarms with rats මෙහි රාශි ගණන් මීයෝ ඉන්නවා.

Swart, a. අඳුරු, මදක් කළු.

Swarthy, a. පාටෙන් අඳුරු, මදක් කළු; කළු.

Swash-plate, n. (කැරකෙන) ඇලවූ මඬල තහඩුව, ඇලවූ මඬලය.

Swath, n. කැපී වැටෙන ගොයම් සීරිය or තෘණ [සීරිය.

Swathe, v. ඔතනවා, වෙළනවා; n. ඔතන පටිය.

Sway, v. (එල්ලෙන දෙයක් මෙන්) පැද්දෙනවා or ඇලවෙනවා, පැත්තකට බරවෙනවා or නැමෙනවා; පද්දවනවා or ඇලකරනවා; fig. හසුරුවනවා, බල පවත්වනවා. See Influence, v.

Sway, n. පැත්තකට බරවී යාම; fig. හැසිරවීම &c.; හසුරුවන බලය, අනුහස.

Swear, v. දිවුරනවා. දිවුරා කියනවා, දිවුරුම් පිට කියනවා; දිවුරවනවා; curse දෙස් තබනවා, දෙස් කියනවා.

Sweat, n. ඩාදිය &c., see Perspiration; live by the sweat of the brow, fig. තද වැඩෙන් රක්ෂාවෙනවා.

Sweat, v. ඩාදිය—දාඩිය—දමනවා; දාඩිය දම්මවනවා; fig. තදවැඩ කරනවා; (තණ ගොඩක් මෙන්) උණුහුම් වෙන අටගන්නවා.

Sweating, n. ඩාදිය දැමීම &c.; තදලෙස වැඩකරවීම; රත්රන් කාසි සෙලවීමෙන් අඩුකිරීම.

Sweaty, a. ඩාදිය දමන, ඩාදිය සහිත, ඩාදියෙන් තෙත්වූ.

Swede, n. ස්වීඩන් දේශවාසියා.

Swedish, a. ස්වීඩන් රට පිළිබඳ; n. ස්වීඩන් රටේ භාෂාව.

Sweep, v. අතුගානවා, පිහදමනවා, අමදිනවා;

fig. sweep off (අතින් &c.) එකපාරට පහකර දමනවා;

sweep over (බිම &c.) උඩින් අදිනවා, ඇදයනවා or ඇදීයනවා,

with the eye ඉක්මනින් පැත්තෙන් පැත්තට බලනවා;

sweep by or along උදාරම්ලෙස—සැරෙන්—යනවා or ලඟින් යනවා; (වතුර මෙන්) සැරලෙස ගලා යනවා.

Sweep, n. අතුගෑම, ඇමදීම &c.; පැද්දෙන දුර ප්‍රමාණය, (කඩුව &c.) හරඹකරන—දිගුකරන—හරිය; වටකර යන හරිය or දිසාව; (නැව්ඇණියේ &c.) වටකුරු හැඩය, වක්‍රාකෘතිය; (වතුර අදින) ආඩියන්ත්‍රය; දුම් කූච්චු සුරත්තා.

Sweeping, p. or a. අතුගාන &c; fig. සියල්ල අසුකරන, ප්‍රභේද නැති, (කීම් &c.)

Sweepings, n. pl. අතුගාන රොඩු &c., අතුගාගත්ත දේ.

Sweep-net, n. මහජාලාව, ලොකු දැල.

Sweepstakes, n. ඔට්ටු සියල්ලම, මුළු ඔට්ටුව.

Sweet, a. in taste පැණිරස: in taste, sound or scent මිහිරි, මියුරු, මධුර; fragrant සුවඳ; in appearance &c. ලක්ෂණ, සෞම්‍ය, ප්‍රසන්න; fresh දුඹුඹු නැති, ඇඹුල්—පිළුණු—කුණු—නොවී තිබෙන.

Sweet, n. පැණිරස දෙයක්, sweetmeat පැණිරස කැවිල්ල; sweetbread, see Pancreas.

Sweeten, v. පැණිරසකරනවා, සීනි දමනවා; නරක ගතිය අරිනවා, මිහිරිකරනවා, මධුරකරනවා, පිරිසිදුකරනවා, සුවඳකරනවා; පිරිසිදුවෙනවා &c.

Sweetheart, n. ප්‍රේමවන්තයා, ප්‍රේමවන්තී.

Sweetish, a. මදක් පැණිරස.

Sweetly, ad. මිහිරිලෙස, මධුරාකාරයෙන්, ප්‍රසන්න ලෙස.

Sweet-meat, n. පැණිරස කැවිලි.

Sweetness. n. පැණිරස, මධුරරස, මිහිරිකම &c., මාධුර්‍ය්‍යය, සුවඳ &c.

Sweet-potato, n. බතල.

Sweet-scented, a. සුවඳ, සුස්ඹ ඇති.

Sweet-tempered, a. සෞම්‍ය—ප්‍රසන්න—ගතියක් ඇත්තාවූ.

Swell, v. i. ඉදිමෙනවා, තඩිස්සිවෙනවා, puff out ඌදුවෙනවා, expand ප්‍රපෙනවා; (මහතින්, ගණනින් &c.) මහත්වෙනවා, වැඩිවෙනවා; bulge නෙරනවා; (මුහුදු) රැළ නගිනවා.

Swell, v. t. ඉදිමෙන්ට සලස්වනවා, ඌදුකරවනවා, පුප්පනවා &c.; නෙරවනවා.

Swell, n. (ශබ්දයේ) ක්‍රමයෙන් වැඩිවීම, ශබ්දවෘද්ධිය; (මුහුදු) දියවැල, ඉහළපහළ යාම; coll. fig. ජේත්තුකාරයා.

Swelling, n. ඉදිමීම &c.; ඉදිමුම, තඩිස්සිය, ශෝථය, ශෝථය; නෙරුම.

Swelter, v. උෂ්ණයෙන් ඩාදිය දමනවා, රස්නයෙන් අමාරු විඳිනවා.

Swerve, v. (නියමයෙන්, පාරෙන්, රේඛාවෙන්) අහක්වෙනවා, අහක්වයනවා, ක්‍රමයෙන් හැරී යනවා, (යුතුකමින්) මුළාවෙනවා.

Swift, a. rapid ඉක්මන්, ශීඝ්‍ර, වේගවත්, ජවසම්පන්න, ජවාධික; අප්‍රමාද.

Swift, n. ශීඝ්‍ර වැහිලිහිණියා.

Swiftly, ad. ඉක්මනින්ම, හැරෙන්, වේගයෙන්, ශීඝ්‍ර ලෙස, හනික.

Swig, v. (E. vul.) ගිජුලෙස බොනවා; n. බොන හුඟක්.

Swill, v. හුඟක් බොනවා; (බිම) වතුර හුඟක් වක්කර සෝදනවා.

Swill, n. බොන හුඟක්; swillings (ඌරන්ට දෙන) ඉඳුල් වතුර.

Swim, v පීනනවා; float පාවෙනවා;
 the head swims ඉසකරකැවිල්ලක් තිබෙනවා or අල්ලනවා;
 the floor swims with water බිම වතුරෙන් වැසී යනවා or වැසීතිබෙනවා.

Swindle, v. (යමෙකු) රවටා ලාභ ලබාගන්නවා. See Defraud.

Swindler, n. (අනුන්) රවටා ලාභ ලබාගන්නා, රැවටිලිකාරයා.

Swine, n. sing. or pl. ඌරා, ඌරෝ, සූකරයා, සූකරයෝ.

Swineherd, n. ඌරන් බලන්නා, සූකරපාලකයා.

Swing, v. (ඔන්චිල්ලාව මෙන්) පද්දනවා or පැද්දෙනවා, වනනවා or වැනෙනවා, එල්ලී වැනෙනවා, ඔප්පාවෙනවා, ආන්දෝලනයවෙනවා; (නැංගුරම් දමාපු නැව) හැරෙනවා.

Swing, n. ඔන්චිල්ලාව, ඕවිල්ල, පැද්දෙන යොත; පැත්තෙන් පැත්තට පැදීම, ආන්දෝලනය; පැදෙන ප්‍රමාණය; fig. කැමති ප්‍රමාණය, කැමති හරිය.

Swing-bridge, Swivel-bridge, n. (පැත්තකට) හරවන පාලම.

Swingle-tree, Swing-tree, n. (අශ්වයාගේ පටි බඳින) හරස් පොල්ල.

Swing-wheel, n. (ඔරලෝසු ඔන්චිල්ලාව) පද්දන රෝදය.

Swinish, a. fig. ඌරන් වැනි, ඌරු, සෞකර, කැදර, කැත, කිව.

Swiss, n. ස්විට්සර්ලන්ත වැසියා; ස්විස් භාෂාව.

Switch, n. තුනී ලීකෝටුව, ඉපල; දුම්රිය පාරේ හල්ලූකරන පීලි. විදුලිබලය යැවීමට හෝ නැවැත්වීමට යොදනලද උපක්‍රමය.

Switch, v. කෝටුවෙන්—ඉපලෙන්—ගසනවා.

Swivel, n. කැරකැවෙන කොක්ක or වළල්ල; කර කැවෙන කාලතුවක්කුව.

Swollen, pp. of Swell, ඉදිමී &c., adj. ඉදිමී—වැසිවී—තිබෙන &c.

Swoon, v. ක්ලාන්තවෙනවා, මූර්ඡාවෙනවා, සිහි නැතිවෙනවා.

Swoop, v. (රාජාලියා මෙන්) හදිසියෙන්—වේගයෙන්—බසිනවා; swoop up වේගයෙන් හැස අල්ලා යනවා.

Swop, v. (E. low.) හුවමාරුකරනවා.

Sword (Sword සෝර්ඩ්), n. කඩුව, ඛඩ්ගය, කග, අසිය; fig. යුද්ධය, or යුද්ධායුධය; (අච්චුසිරීමේ) බලය, ආධිපත්‍යය.

Sword-bearer, n. (නගරාධිපාදයාගේ) ඛඩ්ගධාරියා.

Sword-belt, n. කඩු පටිය, ඛඩ්ගබන්ධනය.

Sword-blade, n. කඩුතලය, ඛඩ්ගපත්‍රය, අසිපත්‍රය, අසිපත.

Sword-fish, n. ඛඩ්ගමත්ස්‍යයා, තලපතා.

Swordsman, n. කඩුකාරයා, නෛස්ත්‍රිංශිකයා.

Swordsmanship, n. කඩු හරඹ ක්‍රමය, කඩු හරඹයට සමර්ථකම.

Swore, pret. of Swear දිවුරුවා.

Sworn, pp. or a. දිවුරූ; දිවිරූ.

Sworn-foe, n. (දිවුරූ) නියමවූ සතුරා, තද සතුරා or තද විරුද්ධකාරයා.

Swum, pp. of Swim පීනා.

Swung, pret. & pp. of Swing.

Sycnocarpous (syc සික්), n. in bot. චිරසර් ඵලධාරී.

Sycophancy, n. (උසස්තමයින්ට) ඉච්චාකිරීම, කිව ඉච්චාව, කයිවාරු ගතිය.

Sycophant, n. කිව ඉච්චාකාරයා, කයිවාරුකාරයා.

Sycophantic, a. කිව ඉච්චාකාර, කයිවාරු.

Syllabic, Syllabical (syl සිල්), a. (වචනයෙන්) එක එක ශබ්දය කියන, ප්‍රභේදශබ්දාකාර, සමුක්තශබ්දාකාර.

Syllabicate, v. (වචනවල) ශබ්ද වෙන්කර කියනවා, ශබ්දප්‍රභේදකරනවා.

Syllabication, n. ශබ්ද වෙන්කර කීම &c., ශබ්ද ප්‍රභේදනය.

Syllable, n. (වචනයෙන්) එක ශබ්දයක් or (එකට කියවෙන) බැඳි ශබ්දයක්, ප්‍රභේද ශබ්දය, සමුක්ත ශබ්දය: ශබ්-ද කා-ර-තොත් ය-න වෙන්-වූ මේ-වා මෙන්-ය.

Syllabus, n. නිර්ජේද්‍යපත්‍රය.

Syllepsis, n. in gram. අභිප්‍රායාර්ථ ග්‍රහණය; වෛකල්පික සම්බන්ධය.

Sylleptic, Sylleptical, a. අභිප්‍රායාර්ථ ග්‍රහණ, අභිප්‍රායාර්ථග්‍රහණාකාර &c.

Sylleptically, ad. අභිප්‍රායාර්ථ ග්‍රහණයෙන් &c.; වෛකල්පික සම්බන්ධයෙන් &c.

Syllogism, n. ත්‍රිපද තර්කවාක්‍යය, න්‍යාය වාක්‍යය.

Sollogistic, a. ත්‍රිපද තර්කවාක්‍යාකාර, ත්‍රිපද තර්කණකාර, න්‍යායවාක්‍යාකාර.

Syllogistically, ad. ත්‍රිපදතර්කණ විධියෙන් &c., න්‍යායවාක්‍යාකාරයෙන්.

Syllogize, v. ත්‍රිපදවිධියෙන්—න්‍යායවාක්‍යාකාරයෙන්—තර්කණයකරනවා.

Sylph, n. ආකාශභූතයා.

Sylph-like, a. ආකාශභූතයකු වැනි.

Sylvan, a. see Sylvan; n. Sylvan [illegible], වනදෙවියෝ.

Sym or Syn, or Syl, prefix, සමග, සං, යන අර්ථ ඇති උපසර්ගය.

Symbol (sym සිම්), n. (තේරුම් සහිත) සලකුණ, අඩයාලම; සඥය, සඥවාරිත්‍රය. See Emblem.

Symbolic, Symbolical, a. සලකුණු ආකාර; සඥාකාර, සඥ.

Symbolism, n. සලකුණුවලින් හැඟවීම; සඥවාරිත්‍ර ක්‍රමය; in chem. ද්‍රව්‍යසංයෝගය.

Symbolize, v. සලකුණුවලින් හඟවනවා, සඥවී—සඥවාරිත්‍රයක්ව—තිබෙනවා.

Symmetrical, a. (ප්‍රමාණයෙන් &c.) අනුකූල, අනුරූප, සමප්‍රමාණ, ඉතාංගු; in bot. සමගණිත.

Symmetry, n. (ප්‍රමාණයේ, ගණනේ, ගුණාංගවල) සමතාව, අනුකූලතාව, අනුරූපතාව, සමප්‍රමාණතාව, ඉතාංගුකම; in bot. (පුෂ්පපත්‍රවල &c.) සමගණිතය.

Sympathetic Sympathetical, a. පරස්පරානුකූල, පරස්පරානුමත, සහභාගි දුකින් සහිත; compassionate සානුකම්පක, දයාන්විත, කරුණාපූර්වක; in med. පරස්පරානුබලජ, සම්බන්ධ.

Sympathetically, ad. පරස්පරානුකූල වශයෙන් &c.; අනුකූලාකාරයෙන්; අනුකම්පාවෙන්.
Sympathize, v. අනිකෙකු සමග දුක්වෙනවා or ප්‍රීතිවෙනවා, අනුකම්පාවෙනවා; දැනීමෙන්—මත යෙන්—අදහසින්—එකමුතුවෙනවා, mutually පරස්පරානුකූලවෙනවා.
Sympathy, n. පරස්පරානුකූලතාව, පරස්පරානුමත තාව; සහභාගි දැනීම, සමහෘදයතාව; compassion සානුකම්පාව;
in med. (ශරීර කොටස්වල) පරස්පරානුබල තාව, (වේදනාවෙන්, රෝගයෙන්, ප්‍රීති යෙන්,) සම්බන්ධතාව. [සුම්හිරි.
Symphonious, a. නාදයෙන් එකඟ, සමානස්වර,
Symphonize, v. නාදයෙන් එකඟව—අනුකූලව—තිබෙනවා.
Symphony, n. නාදවල එකඟකම. අනුකූල සෞන්ද ර්යය &c; අනුකූල නාද තාලය, අනුකූල තූර්ය භාණ්ඩ තාලය.
Symphisis, n. in anat. (නොනැමෙන) තරුණස්ථි සම්බන්ධය; in sur. නල ඇහිරීම, නාලාපවාරණය; (කැපුමෙ) ක්ෂණික සංයෝගය.
Sympiesometer, n. වායුභාරමානක යන්ත්‍රය.
Symploce (සිම්පෙලොසි), n. මූලාග්‍ර-වචන පුනරුක්තිය.
Symposium, n. සම්පානය, සම්පානෝත්සවය.
Symptom, n. (යමක් ප්‍රකාශවෙන) ලකුණ, නිමිත්ත, රෝගලක්ෂණය.
Symptomatic, Symptomatical, a. ලකුණක්වූ &c., ලාක්ෂණික, ලාක්ෂණික, සවිශේෂණ; Symptomatic disease ලාක්ෂණික රෝගයක්, ව්‍යාධිජව්‍යාධිය.
Symptomatically, ad. ලකුණුවලින්, ලාක්ෂණිකාකාර යෙන්, විශේෂණවලින්.
Symptomatology, n. රෝගලක්ෂණ විස්තරය, සවි ශේෂණ විද්‍යාව.
Syn, prefix, see Sym. (syn සින්.)
Synæresis, Syneresis, n. ප්‍රාණ-අක්ෂර (ප්‍රාණාක්ෂර මෙන්) සංයෝගකිරීම.
Synagogue, n. (යුදෙව්භක්තික) සමමුතිය; සමමුති ශාලාව, සිනගෝගය.
Synalepha, Synalœpha, n. අනන්‍යවර්ණලෝපය, අනන්‍යප්‍රාණාක්ෂර ලොපය.
Synantherous, a. බද්ධපරාගකෝෂවත්.
Synarthrosis, n. in anat. (ඉස්කබලේ &c.) අස්ථි සම්බද්ධතාව.
Syncarpium, n. සම්බද්ධඵලය, සම්බද්ධාවරණ ඵලය, බීජ් ඇති ගෙඩියක්.
Syncarpous, a. සම්බද්ධාවරණ, බීජ් ඇති, (ඵල.)
Synchondrosis, n. (අස්ථිවල) තරුණස්ථි-සම්බද්ධතාව, තරුණස්ථියෙන් සම්බද්ධව තිබීම. [taneous &c.
Synchronal, Synchronous, a. සමකාලික. See Simul-
Synchronism, n. සමකාලිකතාව; සමකාලක්‍රමික සංග්‍රහය.
Synchronize, v. (දෙකක්වත්) එක කාලයට අයිතිව තිබෙනවා, සමකාලිකව තිබෙනවා.
Synclinal, a. (දෙකක් අහිගේ ලංවෙනලෙස) දෙබෑ වුනවූ, දම්බාපරිණත, (භූමිතට්ටු &c.).
Syncopate, v. මධ්‍යවර්ණ ලොප්කරනවා; in mus. (ස්වර, විරිඛ) සංයෝග කරනවා.
Syncopation, n. මධ්‍යවර්ණ ලොප්කිරීම &c.
Syn'cope (සිංකොපි), n. මධ්‍යවර්ණ ලෝපය; in mus. ස්වරසංයෝගය; in med. swoon තද ක්ලාන්තය, මූර්ඡාව, කණමලය.

Syncretism, n. (ප්‍රතිවිරුද්ධ බම්) සම්මිශ්‍රණය, ප්‍රති විරුද්ධ සංයෝගය.
Syndesmography, Syndesmology, n. අස්ථිබන්ධන විස්තරය, අස්ථිසේත්‍රවිස්තරය.
Syndesmosis, n. in anat. බැමිවලින් ශරීරඇට ගැළපීම, අස්ථිසේත්‍රසම්බන්ධය.
Syndesmotomy, n. අස්ථිසේත්‍ර විච්ඡේදය.
Syndic, n. (ආණ්ඩුවේ, ණයහිමියන්ගේ &c.) විශේෂ කළමනාකාරයා.
Syndicate, n. විශේෂ කළමනාකාර සභාව; විශේෂ කළමනාකාර ධුරය.
Synecdoche, (සිනෙක්ඩොකී), n. in rhet. (කව්‍යවේ) සමස්තාංශාදේශ විධිය, as: රුවලක් එනවා මහලක් නැති දිළිඳ්ද, i. e. නැවක් එනවා, ගෙයක් නැති දිළිත්ද.
Synecdochical, a. සමස්තාංශාදේශාකාර (කීමක්).
Syngenesia, n. බද්ධපරාගකෝෂ පැළ ජාතිය. [මත්.
Syngenesian, Syngenesious, a. බද්ධපරාගකෝෂ
Synod, සභාසංගමය, මන්ත්‍රිමණ්ඩල සමමුතිය; මන්ත්‍රි මණ්ඩලය.
Synodal, Synodic, a. සභාසංගම, සභාසංගමයේ &c.
Synodic, (ග්‍රහතාරකාවල) සමාවර්තන, සමාගති, (කාලය, භ්‍රමණය).
Synonym, Synonyme, n. සමානාර්ථ පදය, පර්‍යාය පදය, තුල්‍යාර්ථක ශබ්දය.
Synonymist, n. සමානාර්ථපද සංග්‍රහකරන්නා.
Synonymize, v. සමානාර්ථපද භාවිතාකරනවා. [ය.
Synonymous, a. සමානාර්ථවාචක, තුල්‍යාර්ථක, පර්‍යා
Synonymy n. සමානාර්ථතාව &c.; සමානාර්ථ වචන භාවිතාකිරීම.
Synopsis, n. (කාරණාවල) සංක්ෂේප සන්දර්ශනය, සාර සංග්‍රහය.
Synoptic, Synoptical, a. සංක්ෂේප සන්දර්ශන &c. [ය.
Synosteography, Synosteology, n. අස්ථිසන්ධි විස්තර
Synosteotomy, n. අස්ථිසන්ධි විච්ඡේදය.
Synovia, n. සන්ධිතෙල, සන්ධිස්වරය, සඳමිදුළු.
Synovial, a. සන්ධිස්වරබාරී, සඳමිදුළු.
Syntactic, Syntactical, a. වාක්‍යවින්‍යාස.
Syntax, Syntaxis, n. වාක්‍යවින්‍යාසය.
Syntetic, n. ක්ෂයවෙන, ශෝෂ.
Syntexis, n. ක්ෂයරෝගය, ශෝෂය.
Synthesis, n. (ද්‍රව්‍ය, වෙන්වූ දේ, කාරණ) සංයෝග කිරීම, සංයෝගය, සංයෝජනය.
Synthetic, Synthetical, a. සංයෝග, සංයෝජන, සමාසාකාර.
Syphilis, n. කුණුලෙඩ, උපදංශය; (පරම්පරා යාවූ කල) පරංගිලෙඩ.
Syphilitic, a. කුණුලෙඩවූ, උපදංශ, කුණුලෙඩ සහිත්; පරංගි.
Syriac, a. සිරියාවට අයිති, සිරියාවේ; n. සිරියා භාෂාව.
Syrian, a. සිරියාවේ; n. සිරියාවේ වැසියෙක්.
Syringe, n. වස්තිකුඹුව, වස්තිය; v. වස්තිකරනවා.
Syrup, n. පැණිය.
System, (බොහෝ කොටස් අඩංගු) සංයෝජිත පිළිවෙළ; අනුක්‍රමය, විධික්‍රමය, of laws ආඥාචක්‍රය, ධර්මානුක්‍රමය; of astronomy නක්ෂත්‍රක්‍රමය, නක්ෂත්‍ර ශාස්ත්‍ර ක්‍රමය; of theology දේවධර්මානුක්‍රමය.
Systematic, Systematical, a. පිළිවෙළක් සහිත, ක්‍රමික, අනුක්‍රමික, ක්‍රමානුකූල. විධිවත්, විධිප්‍රකාර.
Systematize, v. පිළිවෙළකරනවා.

Systematology, n. (යමක් ගැන) අනේකක්‍රම විස්තරය.
Systemic, a. මුළු පංක්තියට අයිතිවූ, සමස්තාකාර; in med. මුළු ශරීරයට අයිතිවූ, සාමාන්‍ය.
Systole (සිස්ටොලි), n. in gram. ශබ්ද හ්‍රස්වකරණය; in anat. හෘදයසංකෝචනය.
Systolic, a. ශබ්ද හ්‍රස්වකරණ; හෘදයසංකෝචන.
Syzygy (සිසිජි) n. Syzygics, pl. පෘථිවිග්‍රහතාරකා සංයෝගය.

T.

Tabbard, n, (පුරාණයේ) දෙපැති ඇරපු කබායක්.
Tabbarder, n. පැති ඇරපු කබාය අඳින්නා.
Tabby, a. විසිතුරු ධූමවර්ණ, අළුපාට ඇති, අළුපාට රැළි ඇති, (බළලා)
Tabby, n. පාටෙන් රැළි ආකාර සේද; concrete ඝන මිශ්‍රණයක්; අළුපාට බළලා.
Tabby, v. (පටරෙදිවල) රැළි ආකාර දිස්නයක් දමනවා.
Tabernacle, n. කුඩාරම, මඩුව, මණ්ඩපය, (යුදෙව්) දේවස්ථානය; R. C. ශුද්ධභාජන මණ්ඩපය.
Tabernacle, v. කුඩාරමක වාසයකරනවා, පොරොත්තුව සිටිනවා.
Tabes, n. ශෝෂ රෝගය, වැරීම, මාන්දම.
Tabetic, a. ශෝෂරෝගී, ශෝෂවෙන, වැරෙන.
Tabid, a. ශෝෂවූ, වැරුණු.
Tablature, n. භිත්ති සිතියමක් *or* වියන්තට්ටු සිතියමක්; ඉස්කබලේ දෙපළුවීම, ශිරෝස්ථි-භේදය.
Table, n. මේසය, ඵලකය; මේසේ භෝජනය; පැතලිවූ දෙයක්, තලාවක්; හම්පුණි මණ්ඩල වීදුරුවක්; in arch. භූෂණ ඵලකය; in anat. කපාලාංගයක්, ඉස්කබලේ පළුවක්; index පටුන, list වට්ටෝරුව; in astr. පතකය, ග්‍රහතාරකා ලිත; in arith. ගුණන් චක්‍රය; the Lord's table රාත්‍රි භෝජන මේස ~.
Table, a. මේසයට අයිතිවූ, මේසයේ; පැතලි, තලාවූ.
Table, v. වට්ටෝරුකරනවා; මේසේ උඩ තබනවා, (යෝජනා) සටහන්කර තබනවා; (දව) පුච්චූ කරනවා.
Tableau, (ටැබ්ලෝ), n. Fr. ප්‍රසාද චිත්‍රය, ප්‍රත්‍යක්ෂ සිතියම.
Table-beer, n. සැර නැති බීර.
Table-cloth, n. මේස රෙද්ද.
Table d'hôte (ටාබල්ඩෝට්), n. Fr. හෝටලේ පොදු කෑම මේසය.
Table-land, n. උස් සම භූමිය, උස් තැන්න, කඳු තලාව.
Table-layers, n. pl. in geol. (අභේදිත) ඝන ගල්තට්ටු.
Table-linen, n. මේසරෙදි, ඉඳුල්කඩ, ආදිය.
Table-spoon, n. ලොකු හැන්ද, බෙදන හැන්ද.
Tablet, n. පැතලි කුඩා දෙයක්, කුඩාඵලකය; ලියන පුවරුව, කුඩා ගල්ලෑල්ල; ශිලාලේඛනය. [ම.
Table-talk, n. කෑම වේලාවේ කථාබස *or* සාකච්ඡා
Table-turning, n. වංචාවෙන් මේස කරකැවීම, ඵලකභ්‍රමණය.
Taboo, v. තහනම්කරනවා, ප්‍රතිෂේධකරනවා; n. තහනම, ප්‍රතිෂේධය.
Tabour, Tabor, n. කුඩා රබාන, අතතය; v. රබන් ගහනවා; ගනහැරේ තට්ටුකරනවා.
Tabular, a. පැතලි ආකාර, ඵලකාකාර, තහඩු ආකාර; පිළිවෙලට වට්ටෝරුකර තිබෙන, වට්ටෝරු ආකාර, සංහිතා ආකාර.
Tabulate, v. පිළිවෙලට සටහන්කරනවා, වට්ටෝරු කරනවා, සංහිතා වශයෙන් ලියාතබනවා.
Tace (ටේසි), Tacet, L. in mus. නිශ්ශබ්දවෙනු.
Tachometer (ch ක), n. වේගප්‍රකාශක යන්ත්‍රයක්, වේගමානක යන්ත්‍රයක්. [කෙන.
Tacit, a. නිශ්ශබ්ද (සම්මතය), (නොකීනුමුත්) හැ
Tacitly, ad. නිශ්ශබ්දකමින්, විරුද්ධනූණ නිසා, (එක හවුණ &c.). [කා.
Taciturn, a. වඩා කථානොකරන, අල්පවාදී, තුෂ්ණී
Taciturnity, n. කථාකිරීමට අකමැති ස්වභාව, අල්පවාදීතාව.
Tack n. පුංචි ඇණයක්; (යාත්‍රාවේ බඳින) රුවල් කඹයක්; යාත්‍රාපැත්ත, යාත්‍රාංශය: port tack වම්පැත්තේ යාත්‍රාව.
Tack, v. පුංචි ඇණවලින් හවිකරතබනවා; නූල අදිනවා; (අනික්අතට) රුවල් හරවා යාත්‍රාකරනවා.
Tackle, n. උපකරණ, පත්න; කප්පි උපකරණ; යොත්, කඹ, ආදී නැව් පන්නය; tackling කඹවල අඩුමැසිය, කඹපන්නය.
Tact, n. (අමාරු ගැන) නුවණක්කාරකම, නුවණ, චාතුර්‍ය්‍යය, උපායකෞශල්‍යය.
Tactic, Tactical, a. සංග්‍රාම-ක්‍රමාකාර &c.; යුද්ධොපාක්‍රම-ශාස්ත්‍ර &c.
Tactician, n. සේනාස්ථාපක දක්ෂයා, යුද්ධෝපාක්‍රම-ශාස්ත්‍රඥයා.
Tactics, n. pl. (යුද්ධය පිණිස) යුද්ධසමුද &c. පිහිටුවන විධිය, සේනාස්ථාපක ක්‍රමය, සංග්‍රාම-ක්‍රමය, යුද්ධෝපා-ක්‍රමය; යුද්ධෝපාක්‍රම-ශාස්ත්‍රය; gen. ක්‍රියාකාරක විධිය.
Tadpole, n. (ගෙම්බ්) ඉස්ගෙඩියා.
Tactile &c. see Tangible &c.
Taction, n. ඇල්ලීම, ස්පර්ශය.
Taffeta, n. සේද රෙදි වර්ගයක්.
Tag, n. සපත්තුපටි පුරය; v. පටිපුර දමනවා, යමක් දමා සන්ධිකරනවා.
Taglia (ටල්‍යා), n. It. බහුචක්‍ර කප්පිය.
Tag-rag, n. නීච උදවිය.
Tag-rose, n. බැටළුවල්ගයේ රෝගයක්.
Tail, n. වල්ගය, වල්ගේ, නගුට, මාලයිය, පුච්ඡය; of birds & fishes පෙද; එල්ලෙන පංගුව; පස්සා පංගුව; අන්තිම පංගුව; දිග තුනී පංගුව; ධූමකේතුවේ වල්ගය; කබායේ පහත් පංගුව.
Tail, v. in arch. tail in (දව අග) භිත්තියේ ඇතුල් කරනවා.
Tail-drain, n. අග කානුව, ලොකු කානුව.
Tailed, a. වල්ගයක් ඇති, short tailed &c. කොට වල්ගයක් ඇති &c.
Tail-light, n. රථය පිටිපස එළිය.
Tailor, n. ඇඳුම් මහන්නා, මැහුම්කාරයා, සන්නාලියා.
Tailor, v. පුරුෂයින්ගේ ඇඳුම් මහනවා, මැහුම්වැඩ කරනවා.
Tailoress, n. (පුරුෂ...) ඇඳුම් මහන්නී, මැහුම්කාරී.
Tail-race, n. (මෝලෙන් බසින) පාත වතුරපාර; tail-water පාතින් යන වතුර,
Taint, n. මදලෙස තිබෙන ගඳක් *or* නරක රසක් *or* ගුණයක්; fig. කැළලක්.
Taint, v. මදලෙස ගඳ *or* නරක රසක් වද්දනවා, මදක් නරක්කරනවා, යම් නරක ගුණයකින් විකක් සංයුක්තකරනවා *or* ඒ ස්වභාවට පමුණුවනවා; ගඳ &c. අල්ලනවා *or* වදිනවා &c., පල්වෙනුවා; fig. කැළල් කරනවා.

Tainted a. ටිකක් කුණුවූ, පල්, පිළුනු, ටිකක් නරක් වූ, දූෂිත.

Take, v. ගන්නවා, අරගන්නවා, අරන්යනවා, ගෙන යනවා; a person අඹගහගන — කැඳවාගන — යන වා; obtain ලබාගන්නවා; accept පිළිගන්නවා, භාරගන්නවා;
take amiss &c. නරකයයි &c, සිතනවා;
take for: take them for trees ඒවා ගස්යයි සිත නවා.
take away අහකට ගෙනයනවා &c., deprive of පැහැරගන්නවා;
take down බානවා, අවරෝපණයකරනවා; අඩු කරනවා; ලියාගන්නවා;
take hold of, catch, seize, අල්ලනවා, අල්ලා ගන්නවා;
take in ඇතුළට ගන්නවා; පිළිගන්නවා; කොටු කරනවා; රවටනවා; [කනවා;
take notice බලාගන්නවා, හිතට ගන්නවා, සල
take to (යමකට) කැමතිවෙනවා;
take up උස්සනවා; භාරගන්නවා; පටන්ගන් නවා; (කාලය &c.) අල්ලනවා; හිරගණනට ගන්නවා; arms යුද්ධකරන්ට යනවා;
take food, drink or medicine, කනවා, බොනවා, ගන්නවා; [වා;
take a likeness රූපයක් අඳිනවා, සිතියම්කරන
take the meaning, understand තේරුම්ගන් නවා;
take a road or course මාර්ගයකින් යනවා, විධිය කින් හැසිරෙනවා or කරනවා;
take steps or means යමක් කරනවා, යම් විධිය ක් පාවිච්චිකරනවා;
take time &c. කාලය, ගණන් &c. අල්ලනවා, ඕනෑකරනවා; [වා.
take insults &c. නිග්‍රහ &c. රුස්සනවා, ඉවසන
For many other renderings see the connected words, as: take root, take leave, under Root & Leave. [ණය.

Take, n. (මසුන් &c.) අල්ලන ප්‍රමාණය, ගන්න ප්‍රමා

Taking, a. හිත අසුකරගන්න, චිත්තාකර්ෂණ.

Taking, n. ගැනීම &c., see verb, ග්‍රහණය, ආදානය.

Talbot, n. දඩයම් බලු ජාතියක්.

Talc, n. ගිරිජාමල, අභ්‍රක, සව්වජපත්‍ර, මෙලෙක් තහඩු මිනිරන්.

Talcky, Talcose, a. ගිරිජාමලාකාර &c., අභ්‍රක මිශ්‍ර.

Tale, n. කථාව, ප්‍රබන්ධය; complaint ගත්ත; number ගණන.

Tale-bearer, n. ගතුකියන්නා, ගතුකාරයා, කේලමා.

Talent, n. පුරාණ බරක්; පුරාණ මිල ගණනක්: of silver පවුම් 350 or 390 පමණද, of gold පවුම් 5475 පමණද වටින ගණනක්; fig. බලපුළුවන්කම, තලෙන්තය: බුද්ධිබලය, බුද්ධිප්‍රභාව, විශේෂ සමර්ථකම.

Talented, a. ඉතා සමර්ථ, විශේෂ බුද්ධියකින් යුක්ත, සුප්‍රජ්ඥ.

Tales (ටේලීස්) n. pl. Talesman, n. sing. ජූරිසභා වට ඌනපූරණ අය.

Talionis see Lex. Taliped n. see Club-foot. [න.

Talipot, n. talipot-palm, තල ගහ; branch තල අත්

Talisman, n. මතුරාපු රූපය; මතුරාපු නූල; fig. ආරක්ෂක බලයක් or දෙයක්.

Talismanic, a. මායම්ආකාර; fig. (මායමෙන් සේ) ආරක්ෂක බලයක් ඇති.

Talk, v. කථාකරනවා, කථාබස්කරනවා, කථනය කරනවා, දොඩනවා.

Talk, n. කථාව, කථාබස, කථනය, දෙඩීම; කථා ශව් කාරණව; conversation සාකච්ඡාව; rumour ආරංචිය.

Talkative, a. වාචාල, කටවාචාල්, කථාප්‍රසංග. See Loquacious.

Talker, n. කථාකරන්නා &c.; දොඩන්නා, වාචාලයා, පාරට්ටුකාරයා.

Tall, a. උස ඇති (කෙනෙක් or ගහක් වැනි යමක්).

Tallness, n. උස්කම, උස ඇති බව.

Tallow, n. උණුකර හිවුණු සත්තු තෙල.

Tallow, v. සත්තු තෙල ගානවා; (පශු ජාතීන්) තර කරනවා.

Tallow-candle, n. සත්තු තෙල් පන්දම.

Tallow-chandler, n. තෙල් පන්දම් ආදිය සාදන්නා or පන්දම් වෙළෙන්දා. [වෙන.

Tallowy, a. සත්තු තෙල ආකාර, ඒ තෙල ගෑවී ති

Tally, n. (වෙන කෝටුවකට සමාන) කත්තු කපාපු කෝටුව, තුල්‍ය ගණන් කෝටුව; තුල්‍ය දෙයක්.

Tally, v. equal තුල්‍ය — සම — සමාන — වෙනවා; තුල්‍ය කරනවා &c.

Talmud, a. යුදෙව් උපදේශසංග්‍රහය (වන දේවධර්ම, මුඛපාඨ, විස්තර, ආදියයි): තල්මුඩ් නම් උපදේශ සංග්‍රහ පුස්තකය.

Talmudic, Talmudical, a. යුදෙව් උපදේශසංග්‍රහ (කථා &c.).

Talmudist, n. යුදෙව් උපදේශසංග්‍රහඥයා.

Talon, n. (ගතුන්අල්ලන) පක්ෂිනඛය; in arch. පක්ෂි නඛ ලිස්තරය.

Talus (ටේ...) n. in anat. astragalus පාද මුදුන් ඇට ය, පාදමස්තකාස්ථිය; in arch. බෑවුම; in geol. බෑවුම්වූ ගල්ගොඩ.

Tamarind, n. සියඹලා ගහ, සියඹලා කරල් &c.

Tambour, n. රබන් විශේෂයක්.

Tambourine, (මැඹුරීන්), n. අතතය, කිකිණි රබාන, සැලබෙරය.

Tamable, a. හීලෑකළ හැකිවූ &c., දමනීය, දම්‍ය.

Tame, v. හීලෑකරනවා, ආම්බංකරනවා, මෙල්ලකර නවා, දමනයකරනවා.

Tame, a. හීලෑ, හේ, ගෘහ්‍යක; subdued දමිත; spiritless උනන්දු නැති &c.

Tamely, ad. fig. උනන්දු නැතිලෙස, අධෛර්යාකාර යෙන්, නිවි, යටත්පහත්කමින්. [&c.

Tameness, n. හීලෑකම, හේකම &c., අධෛර්යතාව

Tamil, Tamul, a. දෙමළ, ද්‍රවිඩ; n. දෙමළ භාෂාව; දෙමළා, ද්‍රවිඩයා.

Tamis, n. මයිල් පෙරහන්කඩ, මවුල්ල.

Tamp, v. (වෙඩිබෙහෙත් හිල) අහුරනවා; හෙමින් තට්ටුකරනවා.

Tamper with, v. නුසුදුසුලෙස — ඕනෑකමක් නැතුව — මැදිවෙනවා or අතගහනවා; සුළුලෙස අත්හදබල නවා or කරනවා. [ද්‍රව්‍ය.

Tamping, n. (හිල්වල) ද්‍රව්‍ය දමා ඇහිරීම; ඇහිරීමේ

Tampion, Tompion, n. කාලතුවක්කු මූසිය or ඇබය.

Tan, v. (හම්) පදම්කරනවා; (මුහුණේ පාට &c.) අව්වෙන් අඳුරුවෙනවා.

Tan, n. (පදම්කිරීමට ගන්න) ගස් පොතු; a. තඹ (පාට).

Tandem, ad. පෙළට: drive a tandem (අශ්වයන්) පෙළට බැඳ දක්කනවා, තණිබල් දමනවා.

Tang, n. අමුතු සැර රසයක්; යම් රසයක්; (ලෝහ වලි ශබ්ද වැනි) ශබ්දයක්.
Tang, n. (මිට ගහන) ආවුද දිවත.
Tangency, n. (සෘජු රේඛාවේ) වක්‍රස්පර්ශිකතාව.
Tangent, n. (චක්‍රයට ඇතුල්නොවෙනලෙස ඊට තට්ටු වෙන) ස්පර්ශික සෘජු රේඛාව.
Tangential, a. (චක්‍ර) ස්පර්ශක සෘජුරේඛා ආකාර; tangential force භ්‍රමණ සෘජුකරන බලය. See Centrifugal.
Tangible, a. අතගැසිය හැකිවූ, අතට දැනෙන, ස්පර්ශනීය, ස්පෘශ්‍ය, (ද්‍රව්‍ය); fig. තේරුම්ගත හැකිවූ (කල්පනා).
Tangle, v. t. පටලවනවා &c., see Entangle; fig. සල්ලයකට අසුකරනවා.
Tangle, v. i. (නූල &c.) පටලැවෙනවා; පටලැවී තිබෙන නූල &c.; fig. සල්ලය.
Tank, n. තටාකය, ජලාශය, වෙහෙත්ත, ගල්කෙම, &c. see Cistern.
Tankard, n. (පියනක් ඇති or නැති) ලොකු ලෝහ කුසලාතක්.
Tannery, n. හම් පදම්කරන පට්ටලය.
Tannic acid, n. (සමහර ගස්වල) පොතු කහට, වෘක්ෂජම්කාමලය.
Tan-pit, n. හම්පදම්කරන වළ, පදම් තටාකය.
Tantalize, v. (පොරොන්දු—බලාපොරොත්තු—තෘෂ්ණා සාකිරීමෙන්) හිරිහැරකරනවා, ලෙල්ලම්කරනවා.
Tantamount, be, v. (යමකට) තුල්‍යව—සමව—සම ප්‍රමාණව—තිබෙනවා.
Tap, v. හෙමින් තට්ටුකරනවා; n. හෙමින් තට්ටු කිරීම.
Tap, n. (දියගන්න) පිජ්ප නළය; ඇබය; තැබෑරුමේ පානය දෙන ඉඩම; also Screw-tap.
Tap, v. (දිය ගන්ට) පිජ්පයක් විදිනවා or නළයක් ගහනවා.
Tape, n. පටුරෙදි පටිය; tape-line (මනින) අඩි පටිය.
Taper, n. කුඩා ඉටිපන්දම, දිගතුනී ඉටිපන්දම.
Taper, v. ක්‍රමයෙන් තුනී—උල්—කරනවා; උල්වෙන ලෙස හීන්වේගන යනවා.
Tapestry, n. arras. (භිත්තිවල &c. එල්ලන) විචිත්‍ර රෙදි, විචිත්‍ර ජවනිකාව.
Tapestry, v. විචිත්‍ර ජවනිකා එල්ලනවා, රෙදි එල්ලීමෙන් සජ්ජිතකරනවා.
Tape worm, n. (බඩේ) පැතලි පණුවා, බඩ පණුවා, ටේප් පණුවා.
Tapioca, n. මඤ්ඤොක්කා කැට පිටි.
Tapir (ටේපර්) n. (අමෙරිකාවේ) සොඬ ඌරා.
Tapirotherium, (ටේ...) n. in geol. (පාෂාණීභූත) යෝධ සොඬ ඌරා.
Tapis (ටාපි), n. on the tapis fig. (කාරණව) කල්පනාවට ගෙන තිබෙනවා.
Tapping, n. පිජ්ප විදීම &c., see verb; in sur. (සිදුරුකර ජලෝදරයෙන්) දියඇරීම.
Tap-room, n. තැබෑරුමේ පානශාලාව.
Tap root, n. යටට බසින ප්‍රධාන මුල, මුදුන් මුල, සෘජු මූලය.
Tap-rooted, a. මුදුන් මුලක් ඇති, සෘජු මූලික.
Tar, n. කීල්, තාර; fig. නැවියා; v. කීල් ගහනවා.
Tarantula, Tarentula, n. දිම්මකුළුවා.
Tardigrada, n. pl. L. තජ්‍රපාදික සත්ත්වජාති, tardigrade තජ්‍රපාදික සත්ත්වයෙක්.
Tardiness, n. ඉක්මන් නැතිකම; සුතංගුවීම, සුතංගු කම, ප්‍රමාදය, විලම්බය; අකමැත්ත.

Tardy, a. හෙමින් යන or ක්‍රියාකරන; සුතංගු, විලම්බමාන; අකමැති.
Tare, n. වල් වර්ගයක්; භාණ්ඩ වර්ගයක්; (බඩු දමාපු) වැසුම්වල බර, ඊට අඩුකරන ගණන.
Target, n. කුඩා පලිහක්; ඉලක්කය.
Targeteer, n. පලිහක් දරන්නා, ඵලකධාරියා, ඵලකපාණියා.
Targum, n. (යුදබලියම්ලිවල) කල්දි භාෂා පිටපත, කල්දි භාෂාවේ පිටපත.
Tariff, n. (රේගුවේ) තීරු වට්ටෝරුව; තීරු ප්‍රමාණය, තීරුව.
Tarn, n. (කඳුවල) කුඩා වැවක්, වගුර.
Tarnish, v. (දීප්තය, ඔප) අඳුරු—මලින—කරනවා or අඳුරුවෙනවා &c.; fig. කෙලෙසනවා, කැළැල් කරනවා.
Tarpaulin, n. තාර ගාපු රෙද්ද, කීල් රෙද්ද, කීල් රෙදි.
Tarry, v. remain පොරොත්තුවෙනවා, පොරොත්තුව සිටිනවා; delay නාවරවෙනවා, මිඩංගුවෙනවා.
Tarry (ටාරි), a. කීල්—තාර—ආකාර, කීල් ගෑවී තිබෙන.
Tarsus, n. (කෙණ්ඩයට යාවූ) පාදයේ මුල් පංගුව; (කුඩා ප්‍රාණීන්ගේ) පාද අසිය; ඇසිපියේ තහඩුව, අක්ෂිපුට සහායුම.
Tart, n. ඵල—ෆෙස්—මුසු කැවිල්ල.
Tart, a. acid ඇඹුල්; fig. severe සැර; ඇනුම්පද ආකාර.
Tartan, n. චතුරස්‍රාකාර විචිත්‍ර පිළි.
Tartar, n. ද්‍රාක්ෂාරසාමලය; of the teeth දත්මැලියම්, දන්තමලය.
Tartar, n. තාර්ටරි රටේ වැසියා; fig. (අල්ලන්නාට වඩා) බලගතු කෙනෙක්, යෝධයෙක්.
Tartarean, a. නාරකික, අපායික, පාතාල සම්බන්ධ.
Tartaric acid, n. (මුද්‍රික—සියඹලා—අත්තාසි—ආදි) ඵලවල ඇඹුල, ඵලාම්ලය.
Tartarous, a. ඵලාම්ල සහිත, ඵලාම්ලාකාර.
Tartarus, n. පරලොව පාතාලය; ruler of සමවර්තියා, යමරජ්ජුරුවෝ.
Tartly, ad. fig. සැරලෙස, ඇනුම්පදකාරයෙන්.
Tartness, n. ඇඹුල්කම; සැරකම.
Task, n. (වැඩෙන් or පාඩමෙන් කීපයක) නියම පංගුව; බරවූ—අප්‍රසන්නවූ—වැඩක්; take to task තරවටුකරනවා.
Task, v. (කිරීමට) වැඩේ &c. ප්‍රමාණය නියම කරනවා.
Taskmaster, n. අධික වැඩ නියමකරන්නා, තදින් වැඩ කරවන්නා.
Task-work, n. ප්‍රමාණය නියමවූ වැඩේ, වැඩ පංගුව.
Tassel, n. සැරසිලි පොහොට්ටුව; (පොතේ දමන) සේද පටිය; ඉරිඟු මල වැනි මලක්.
Taste, v. t. රස බලනවා, තළගසනවා, ස්වාදනය කරනවා; ටිකක්ම කනවා or බොනවා; fig. (දුක or සැප) විඳිනවා.
Taste, v. i. රස දැනෙනවා; taste of (යමක) රස තිබෙනවා.
Taste, n. රස, ස්වාදය; රස දැනීම; ස්වාදනේන්ද්‍රියය; (රස බැලීමට or fig. යමක් විඳීමට) ටිකක්, මදක්; fig. (අලංකාරාදි උතුම් ගුණාංග ගැන) තියුණු ඥානය; good or bad taste (පෙනීමෙන්, ක්‍රියාවෙන් &c.) මනෝඥකාරය, අමනෝඥකාරය &c.
Tasteful, Tasty, a. මනෝඥකාර, ඉතංගු; (යමක්) මනෝඥලෙස &c. කරන.
Tastefully, Tastily, ad. මනෝඥලෙස &c., ශෝභන ලෙස.

Tasteless, a. රස නැති &c., see Insipid, අරුචි.
Tasting, n. රස බැලීම &c., see verb, සවාදනය, ආසවාදනය.
Tat, n. පැලැල්ල ; tat-door පැලලි දොර.
Ta-ta, n. දෙදෙනකු වෙන්ව යන්ට කියන ආචාර පදයක්.
Tatter, n. වැරහැල්ල &c., see Rag.
Tatterdemalion, n. වැරහැලි අඳින්නා, වැරහැලි කාරයා.
Tattered, pp. *or* a. ඉරිච්ච, වැරහැලි, (ඇඳුම් &c.).
Tattle, v. නත්දෙඩනවා, ප්‍රලාප කියනවා ; අයුතු ලෙස රහස් දක්වනවා.
Tattle, Tattling, n. නත්දෙඩීම &c., නිෂ්ඵල දෙඩීම, ප්‍රලාපය.
Tattoo, n. (සේනායක් අතරෙහි) සවස් අණබෙරය.
Tattoo, v. හමකොටා සායම් ගල්වනවා.
Taught pret. *or* pp. of Teach. ඉගැන්නුවා &c.; who is taught උගන්වනලද, ශික්ෂිත, අධ්‍යාපිත.
Taught, Taut, a. (නැව්කාරයන් අතරෙහි) බුරුල් නැති, තද ; සකස්වූ.
Taunt, v. සැරලෙස—නිග්‍රහලෙස—දොස්තබනවා, අපහාසකරනවා. [&c.
Tauntingly, ad. සැරලෙස දොස්තබමින්, නිග්‍රහලෙස
Tauriform, a. ගොනාගේ හැඩය ඇති, වෘෂභාකෘති.
Taurine, a. ගොනාට අයිතිවූ ; ගව, ගෙරි.
Taurus, n. ගොනා, ගවයා ; in astr. වෘෂභරාශිය.
Tautologic, Tautological, a. පුනරුක්ත.
Tautology, n. අර්ථය නැවත නැවත කීම, පුනරුක්තිය.
Tavern, n. තැබෑරුම, සුරාසැල, ආපානය.
Taw, v. (තෙලින් &c.) හම් පදම්කරනවා.
Taw, n. ක්‍රීඩා ගල් බෝලය ; ගල්බෝල ක්‍රීඩාව.
Tawdriness, n. අගේ නැති කලේලිය, කලේලි වැසිකම.
Tawdry, a. අගේ නැති කලේලි, කලේලි වැසිවූ.
Tawny, a අඳුරු කසාවන්, පිඟු, පිඟුවන්, පිංගල.
Tax, n. සුංගම, ශුල්කය, තීරුව, ආදායම, බද්ද, අය බද්ද ; fig. තබන බරක් *or* අමාරුවක්.
Tax, v. සුංගම් &c. ගන්නවා ; (නඩුගාස්තු) තක්සේරු කරනවා *or* නියමකරනවා ; fig. tax with (බරක් *or* දොසක්) පවරනවා ; tax one's memory or energies අමාරු නුමුත් මතක තබාගන්නවා *or* යමක් කරන වා *or* අමාරුවෙන්—වියසියෙන්—කරනවා.
Taxation, Taxing, n. සුංගම් &c. නියමකිරීම *or* ගැනීම &c., තක්සේරුව.
Tax-gatherer, n. සුංගම්—ආදායම්—අයකරන්නා.
Taxidermic, a. චර්මපරිකර්ම, චර්මපරිකර්ම ශිල්පි.
Taxidermist, n. චර්මපරිකර්ම ශිල්පියා, සත්ත්ව හම් සකස්කරන්නා.
Taxidermy, n. (පණ පිටින් මෙන් පෙනෙන්ට) සත්ත්ව හම් සකස්කිරීම, චර්මපරිකර්ම ශිල්පය.
Taxonomy, n. පංක්තිවලට යෙදීමේ ශාස්ත්‍රය, පංක්ති යෝජක ශාස්ත්‍රය.
Tea (tea ටී), n. තේ ගහ ; තේකොළ ; තේ වතුර ; (කොළ) කසායක්.
Teach, v. උගන්වනවා &c., see Instruct.
Teachable, a. ඉගනගැනීමට—ගුරුකම් ලැබීමට— ලැදිවූ, ශික්ෂිතව්‍ය, ශික්ෂ්‍ය.
Teacher, n. ගුරුවරයා, ශික්ෂකයා. See Instructor.
Teaching, n. ඉගැන්වීම &c., ශික්ෂාව, අධ්‍යාපනය ; ගුරුකම &c., see Instruction.
Tea-cup, n. තේ කෝප්පය.

Tea-dealer, n. තේකොළ වෙළෙන්දා.
Teak, n. තේක්ක (ගහ &c.), අර්ජුනවෘක්ෂය.
Tea-kettle, n. තේ කේතලය, කේතලය.
Teal, n. පේරා.
Team, n. (කරත්තයට බඳින) අශ්ව ජෝඩුව්, අශ්ව රංචුව, ගොන්බාන, ගොන් රංචුව ; (ක්‍රීඩාවකදී *or* තරඟයකදී) එක පාර්ශවයක පිරිස *or* කණ්ඩායම, පිළ.
Teamster, n. බානක් *or* රංචුවක් දක්කන්නා.
Tea-pot, n. තේ පෝච්චිය.
Tea-poy, n. කනප්පුව.
Tear (ටෙයර්), v. ඉරනවා ; tear up, tear to pieces ඉරා දමනවා, ඉරා කෑලිකරනවා ;
tear off *or* down *or* from බලෙන් ඇදදමනවා ;
tear up by the roots මුලින් උදුරනවා, උදුරා දමනවා ;
tear—rush—along වේගයෙන් යනවා.
Tear (ටෙයර්), n. ඉරුම.
Tearing, n. ඉරීම &c.
Tear, n. කඳුළ, pl. කඳුළු, නෙත්සිලිල, අශ්‍රැව, බාෂ්පය ; shed tears කඳුළු වගුරුවනවා *or* හෙළනවා.
Tearful, a. කඳුළු හෙළන, කඳුළු සහිත, කඳුළු මුසු.
Tearless, a. කඳුළු නොහෙළන, කඳුළු රහිත.
Tease, v. (ලොම් &c.) පීරනවා ; කෑලිකරනවා, කෙඳි වෙන්කරනවා.
Tease, v. (යමෙකුට) තඩලම්—ලෙල්ලම්—කරදර— කරනවා, වෙහෙසනවා.
Tea-service, n. තේ කෝප්ප පීරිසි ආදී ජෝඩුවක්.
Tea-set, n. තේ මේසයකට උචිතකරන පීරිසි කෝප්ප ආදී බඩු.
Teasing, n. තඩලම්කිරීම &c., තඩලම, ලෙල්ලම, කරදරය, ඇවිටිය.
Tea-spoon, n. කුඩා හැන්ද, තේ හැන්ද.
Teat, n. තනපුඩුව, තනග, චූචුකය.
Tea-taster, n. රස බැලීමෙන් තේවල හොඳ නරක බලන්නා.
Teated, a. in bot. චූචුකාකාර.
Technic, Technical (tech *or* tec ටෙක්), a. කාර්මික, ශිල්පශාස්ත්‍ර සම්බන්ධ, ශිල්පශාස්ත්‍ර ; ශිල්පශාස්ත්‍රාචී, පාරිභාෂික.
Technics, n. ශිල්පවිද්‍යා ; ශිල්පධර්මය.
Technological, a. ශිල්පවිස්තර ; ශිල්පනාම විස්තර.
Technologist, n. ශිල්පවිස්තරකාරයා ; ශිල්පනාම විස්තරකාරයා.
Technology, n. ශිල්පවිස්තරය, ශිල්පනාම විස්තරය.
Tectibranchiata, n. pl. ඡාදිත කෝෂ්ඨකපාදික ජාති. See Gastropods. [(යා).
Tectibranchiate, a. *or* n. ඡාදිත කෝෂ්ඨකපාදික
Ted, v. විසුරුවා හරිනවා.
Tedious, a. (දිසි නිසා) වෙහෙසකරන, වෙහෙස ගෙනදෙන, ශ්‍රමජනක, කරදර සහිත.
Tediousness, Tedium, n. (එසේ) වෙහෙසකරන ශක්තිය, (වෙහෙස සිතවන) පරිශ්‍රමජනකතාව.
Teem, v. abound බොහෝසෙයින් වැසිවෙනවා, බහුලව *or* ඝනව තිබෙනවා *or* සිටිනවා.
Teens, n. pl. (13 සිට 19 දක්වා) teen යන ප්‍රත්‍යය ඇති ගණනක් : the girl in her teens දශගණනක ළමිස්සි.
Teeth, n. pl. of Tooth ; in the teeth, fig. විරුද්ධවම, මුහුණටම.

Teeth, v. දත් එනවා *or* හැදෙනවා. See Dentition.
Teetotal, n. අමද්‍යපාන, අමද්‍යප.
Teetotaler, n. මද්‍යපානයෙන් සහමුලින් වලකින්නා.
Teetotalism, n. මද්‍යපානයෙන් වැලකීම, මද්‍යවර්ජනය, අමද්‍යප ධර්මය.
Teetotum, n. කුඩා බඹරය, ඇඟිලි බඹරය.
Tegmen, n. (බීජයේ) ද්විතියාවරණය.
Tegmenta, n. Pl. L. (දළුවල) ශල්ක.
Tegument, n. (පියාපත්වල &c.) ජනමාවරණය, ශරීරාවරණය, (වන හම &c.).
Tegumentary, a. ජනමාවරණකාර &c., ශරීරාවරණ, ප්‍රච්ඡාදන.
Teinoscope, n. prism-telescope ත්‍රිඃශශනකාවක කණ්ණාඩිය.
Telamones (ටෙලමෝනිස්), n. pl. (යනමගමයනක) බාරි පුරුෂ රූප.
Telegram, n. විදුලි ප්‍රවෘත්තිය, විදුලි පණිවුඩය.
Telegraph, n. see Electric telegraph.
Telegraph, v. විදුලි කම්බියෙන් හැලකරනවා *or* දන්වා අරිනවා.
Telegraph-cable, n. මුහුදු විදුලිකම්බිය.
Telegraphic, a. විදුලිකම්බියෙන් හැලකරන, විදුලි කම්බි, විදුලි; වෛද්‍යුත යන්ත්‍ර.
Telegraphist, n. විදුලිප්‍රවෘත්ති-ශිල්පියා.
Telegraphy, n. විදුලිකම්බියෙන් හැලකිරීම, විදුලි ප්‍රවෘත්තිශිල්පය.
Teleosaur, Teleosaurus, n. in geol. (පාෂාණීභූත) දිසි මුඛ කුම්භීලයා.
Telephone, n. විදුලි බලයෙන් දුරසිට කථාකරන යන්ත්‍රය, දුරභාෂණ යන්ත්‍රය, ටැලිෆෝන් යන්ත්‍රය.
Telescope, n. සමුක්කාව, දුරදර්ශක කණ්ණාඩිය.
Telescopic, Telescopical, a. සමුක්කාවෙන්ම &c. පෙනෙන; දුරදර්ශක.
Telestich (ටෙලෙසටික්), n. අන්ත්‍යවර්ණ නාමපදය.
Telic, a. in gram. පිණිස යන අර්ථය පෙන්වන, ඥබන්ධහවාවක.
Tell, v. කියනවා, කියාදෙනවා, දක්වනවා; tell off, count ගණිනවා; fig. බලසහිතව තිබෙනවා, හිතට වදිනවා.
Teller, n. කියන්නා &c.; ගණින්නා; බැංකුවේ මුදල් කළමනාකාරයා, සරප්පු. [&c.).
Telling, a. බලසහිත, බලගතු, හිතට වදින, (කථා
Tell-tale, n. ගතුකියන්නා; (යමක්) පෙන්වන දෙයක්, ප්‍රකාශක යන්ත්‍රය.
Telluric, a. පෘථිවි, පෘථිවිජ.
Telluric acid, n. (ටෙලූරියුම් නම්වූ) ශුභ්‍රලෝහාම්ලය.
Tellurion, n. පෘථිවි විවෘත්ති ප්‍රකාශක යන්ත්‍රය.
Tellurium, n. ටෙලූරියුම් නම්වූ ලෝහය, ශුභ්‍රලෝහය.
Temerity, n. අනුවණ ධෛර්‍ය්‍යය, අනුවණ බුහුටිකම.
Temper, v. ප්‍රමාණයකරනවා, නිසි තරමට මිශ්‍රකරනවා, moderate බාලකරනවා; (ලෝහවලට) පණ පොවනවා.
Temper, n. මිශ්‍ර ගතිය, මිශ්‍රණය; සිතේ ස්වභාව *or* ගතිය; sp. තරහගතිය, අගතිය; ලෝහවල ගතිය.
Temperament, n. ජම්මගතිය, ස්වභාව; ශරීර ගතිය, ආත්මගතිය; in mus. ශබ්දමද්දීනය.
Temperence, n. පමණදන ක්‍රියාකිරීම, අනතික්‍රමය, මාත්‍රඥතාව; in eating පරිමිතාහාරතාව.
Temperate, a. පමණදන ක්‍රියාකරන, මාත්‍රඥ; තරහරහිත, අකෝප, සන්සුන්; in food &c. පරිමිතාහාර, මදලෙස කනබොන; in heat මන්දෝෂ්ණ; temperate zone සමශීතෝෂ්ණ කලාපය.
Temperately, ad. පමණදන, මදලෙස, මාත්‍රඥතාවෙන්, අනතික්‍රමිකලෙස; සන්සුන්ලෙස.
Temperateness, n. පමණදන ක්‍රියාකරනබව &c., see adj.; මන්දෝෂ්ණතාව, සමශීතෝෂ්ණතාව.
Temperature, n. ශීතෝෂ්ණ ප්‍රමාණය.
Tempered, pp. ප්‍රමාණයකරනලද &c.; adj. as: good or bad tempered &c. සුගති *or* දුගති, කිපෙන *or* නොකිපෙන.
Tempest, n. කුණාටුව, චණ්ඩමාරුතය; fig. තද වංචලය *or* කෝලාහලය.
Tempestuous, a. කුණාටුවූ, චණ්ඩමාරුත සහිත; තදලෙස ගසන (හුළඟ); fig, කෝලාහල.
Templar, n. (පුරාණයේදී ශුද්ධ ගොරෝන ආරක්ෂක) සුදබකාර භක්තිකයා; (දනට ලත්බත්) මන්දිරනීතිශිෂ්‍යයා.
Temple, n. දේවමන්දිරය, දේවමාලිගාව, දේවස්ථානය; B. විහාරය, වෙහෙර, පන්සල; H. දේවාලය, දෙවොල, දේවාගාරය, කෝවිල.
Temple, n. නළල් කෙළවර, නළල්තලය.
Templet, n. පෙදරේරු අච්චුවක්, කර්මාන්ත අච්චුවක්; කොට කුරුපාවක්.
Temporal, a. කාලික, සදකාල නොවන, අශාස්වත, මෙලොව පිළිබඳ, ලෞකික, ඓහික; in gram. temporal augment කාලාර්ථාගම.
Temporal, a. නළල්කෙළවරට අයිතිවූ, නළල්තල, (නහර &c.).
Temporalities, Temporals, n. pl. (පාදිලිතැනට, පැවිදි අයට &c. ලැබෙන) ඓහිකවස්තු.
Temporality, n. (ඊවැනි) ඓහිකවස්තුව; pl. සාමසික දේපොළ.
Temporally, ad. මෙලොව ජීවිතයට පමණක්; කලකට පමණක්.
Temporarily, ad. කලකට පමණක්, ස්වල්පකලකට.
Temporariness, n. කලකට පමණක් පැවතීම, ස්වල්පකාලිකතාව, අනිත්‍යතාව.
Temporary, a. කලකට පමණක් පවතින. තාවකාලික, ස්වල්පකාලික, අනිත්‍ය.
Temporize, v. (ප්‍රස්තාවට *or* කාරණාවලට) නුසුදුසු ලෙස යටත්වෙනවා *or* එකඟවෙනවා.
Tempt, v. (sp. නරකකට) පොලඹනවා, පරීක්ෂාකරනවා. See Entice.
Temptation, n. පෙලඹීම &c., පරීක්ෂණය; පරීක්ෂාව, පරීක්ෂක හේතුව. See Inducement.
Tempted, a. පොලඹනලද &c., පරීක්ෂිත.
Tempter, n. පොලඹන්නා &c., පරීක්ෂකයා.
Ten, n. දහය, දසය, දශය; adj. දහ, දස, දශ.
Tenable, a. අල්ලාගත—තියාගත—සිටිය හැකිවූ (තැනක්); irrefragable අඛණ්ඩ්‍ය.
Tenaceous, a. adhesive තදින් ඇලෙන; ඝන, දෘඪ; niggardly දීමට අකමැති, ලෝභ.
Tenaceous of, be, v. (ඇති දේ, මත &c.) අත්නැර සිටිනවා, තදින් අල්ලාගෙන සිටිනවා.
Tenaceously, ad. තදින්, බුරුල නැතුව, දෘඪලෙස.
Tenaceousness, Tenacity, n. තදින් ඇලෙන ගතිය, දෘඪ සම්බන්ධතාව, (රත්රන්වල &c.) නොකැඩෙන සුලුකම; (මතියකට &c. ඇති) තද ඇල්ම.
Tenacious, a. තදින් අල්ලාගන්නා, ග්‍රාහී.
Tenancy, n. (තැනක් *or* ගෙයක්) කුලියට—බද්දට—අරන් සිටීම, බදුගෙන සිටීම.

Tenant, n. (ගෙයක් &c.) කුලියට ගෙන සිටින්නා, බද්දකාරයා.
Tenant, v. කුලියට—බද්දට—අරන් වාසයකරනවා.
Tenantable, a. වාසයට සුදුසු, වාසයකළ හැකිවූ, (ගෙයක්).
Tenantless, a. වැසියෙක් නැති, හිස්, (තැනක්).
Tenantry, n. බද්දකාර උදවිය.
Tend, v. t. බලාගන්නවා, පාලනයකරනවා, the sick සාත්තුකරනවා.
Tend, v. i. යම් දිශාවකට යනවා *or* හැරෙනවා; (යහපත හෝ අයහපත ඉපදවීමට) ආධාරව තිබෙනවා.
Tendency, n. යම් දිශාවකට යන්ට හදන ගතිය, අදින සවභාව, ප්‍රවණතාව; ආධාරතාව, ළැදිකම.
Tender, n. සහකාරි කුඩා නැව *or* පාරුව; (ධූමරථයේ) සහකාරි රථය.
Tender, v. දෙන්ට හදනවා, දෙන්ට කැමතියයි කියනවා; (සතුති &c.) ඔප්පුකරනවා.
Tender, n. දෙන්ට හැදීම &c.; දෙන්ට හදන දෙය *or* මිල ගණන; (වැඩක් &c. කිරීමට) ඉල්ලුම්කරන ගණන, ඉල්ලුම.
Tender, a. ලපටි, ළා, ළාබාල, මෙළෙක්, සියුමැලි, මෘදු; sore ඉදිදෙන; feeling දයාවත්; pathetic හිතට වැදීයන.
Tender of, be, v. (යමක් ගැන, යමක් නොකිරීමට) ඉතා ප්‍රවේසම්වෙනවා.
Tenderly, ad. මෘදුලෙස, සෞම්‍යලෙස, දයාවෙන්.
Tenderness, n. ලපටිකම &c.; (තව්වුකළාම) ඉදිදෙන සුලුබව; සිත් මෘදුකම, සෞම්‍යගුණය, (වරද—අනතුර—නොකිරීමට ඇති) මෘදු හැලකිලිකම.
Tendinous, a. පේශිසේත්‍ර, පේශිසේත්‍රාකාර; සේත්‍ර ගහනවූ.
Tendon, n. (මස්ගොබයේ) සේත්‍රය, පේශිසේත්‍රය, සන්ධි බන්ධනය, ස්නායුව.
Tendril, n. ලතාපසුර, පහුර.
Tenebrious, Tenebrous, a. අඳුරු, අන්ධකාර, තිරණ.
Tenebrosity, n. අඳුරුගතිය, අඳුර.
Tenement, n. වාසයකරන ගෙදර *or* ගෙය; කුලියට—බද්දට—අරන් සිටින ඉඩම; pl. ඉඩම්කඩම්.
Tenesmus, n. තැටමීම, තැටමිල්ල, තැටමුම් ගතිය.
Tenet, n. (විශ්වාසකරන) ධර්මය, ඇදහිල්ල, මතය.
Tenfold, a. දසපට; දසගුණ; n. දසපංගුවක්, දසගුණයක්.
Tennis, n. ටෙනිස් ක්‍රීඩාව.
Tenon, n. කුඩුම්බිය. Tenon-saw, n. කුඩුම්බ කියත.
Tenor, n. සාමාන්‍යාකාරය, සාමාන්‍ය අන්දම; භාවාර්ථය; in mus. (පුරුෂ) මධ්‍යම නාදය; මධ්‍යම නාදකාරයෝ, මධ්‍යමනාද තූර්යය.
Tenotomy, n. in sur. පේශිසේත්‍රඡේදනය.
Tense, a. බුරුල්නැති, (ඇදීමෙන්) තදවී තිබෙන, තද.
Tense n. in gram. (අතීත, වර්තමාන, අනාගතාදී) කාලභේදය, කාලය.
Tenseness, Tension, Tensity, n. බුරුල් නැතිකම, තදකම.
Tension, n. (ලනු &c. දිගඅතට) ඇදීම, ඇද තදකිරීම, කාඨින්‍යය; කාඨින්‍ය ප්‍රමාණය; තද ප්‍රමාණය.
Tension-bar, Tension-rod, n. බන්ධන කම්බිය, කාඨි කායස් දණ්ඩය.
Tensor, n. see Extensor.
Tent, n. කූඩාරම, ඉව්ගෙය. [කඩය.
Tent, n. (තුවාලයක් තුළ ගහන) රෙදිකඩ, ඔබ්බු පාත්

Tent, v. ඔබ්බු පාත්කඩයක් ගහනවා; also Probe.
Tentacle, n. Tentacles, Tentacula, pl. (කුඩා සතුන්ගේ) ඉස්කොන්ද *or* රැවුල, කෙඳි *or* මයිල්.
Tentative, a. (කොහොම වේද කියා කලින්) සෝදිසිකරන, පරීක්ෂක.
Tented, a. කූඩාරම්වල සිටින, කූඩාරම් ඇත්තාවූ; කූඩාරම්වලින් ගැවසිගත්.
Tenter, n. රෙදි අදින යන්ත්‍රය; tenter hooks අදින යන්ත්‍රයේ කොකු; be on tenter-hooks, fig. තද වේගයෙන්—වේදනාවෙන්—සිටිනවා.
Tenth, a. දහවෙනි, දසවෙනි; n. දහයෙන් පංගුවක්. See Tithe. [පත්‍ර.
Tenuifolious, a. පටු—සිහින්—කොළ ඇත්තාවූ, ක්ෂීණ
Tenuirosters, Tenuirostres, n. pl. ක්ෂීණචඤ්චු-පක්ෂි ජාති.
Tenuirostral, a. සිහින් තුඩ ඇත්තාවූ, ක්ෂීණචඤ්චු, (පක්ෂියෝ).
Tenuity, n. තුනීකම, සිහින්කම, ක්ෂීණතාව, (වාතයේ &c.) අඝනතාව.
Tenuous, a. තුනී, තුනී ආකාර, සිහින්, ක්ෂීණ අඝන.
Tenure, n. ඉඩම්කඩම් භුක්තිවිඳීමේ නියමය *or* ගිවිසුම; භුක්තිවිඳීම, භුක්තිය.
Tepefy, v. ඇල්මරනවා, මඳක් උණුහුම්කරනවා; ඇල්මැරෙනවා &c.
Tephrosia, n. T. purpurea පිල. T. tinctoria අළුපිල, T. villosa බුපිල.
Tepid, a. ඇල්මැරිච්ච, මඳක් උණුහුම්, මන්දෝෂ්ණ.
Tepidness, Tepidity, n. ඇල්මැරිච්චගතිය, මඳ උණුහුම &c.
Ter, prefix, තුන්වෙනි, තුන්සැරයක්, යන අර්ථ ඇති උපසර්ගය.
Teraph, n. Terapphs, Teraphim, pl. ගෘහදේවතාවා, ගෘහදේවතා රූපය.
Teratology, n. (සත්ව *or* වෘක්ෂ) විකෘති විස්තරය, විරූප විස්තරය.
Tercine, n. in bot. (බීජකෝෂයේ) තෘතීයාවරණය.
Terebinth, n. the turpentine tree ධූපවෘක්ෂය, රසාභව වෘක්ෂය. [සහිත.
Terebinthine, a. වෘක්ෂධූප, රසාභවාකාර, ධූපාංගරස
Terebrate, v. විදිනවා, සිල්කරනවා
Terebrating, a. විදින (සත්තු).
Teredo, n. (ලී විදින) මුහුදු පණුවා, නැව්පණුවා.
Terete, a. (තුනීවේගන යන) නාලාකෘති (පත්‍ර).
Tergeminal, Tergeminous, a. in bot ත්‍රියුග්මධාරී.
Tergiferous, a. (කොළවල) යටපැත්තේ බීජ දරන, පෘෂ්ඨබීජධාරී.
Tergiversation, n. ව්‍යාජෝපාය, චපලත්වය.
Term, n. නියම කාලය *or* වාරය, (යමක්) පවතින කාලය; a term of years අවුරුදු ගණනක්; the term of life දිවිහිමිය;
in gram. වාචකය; (ශිල්පශාස්ත්‍රයක) විශේෂ වචනයක්;
in logic භාෂිතය; in arith. (මිශ්‍ර ගණනෙන්) යම් සංඛ්‍යාවක්;
in contracts, terms (ගිවිසුමේ) නියමවල් *or* නියම කාරණ; [නාමය.
in gen. වාචකය, වචනය, ශබ්දය, බස, සංඥා
Bring to terms යටත්වෙන්ට—එකඟවෙන්ට—සලස්වනවා.
Come to terms, make terms එකඟවෙනවා, ගිවිසගන්නවා.

Term, v. නම්කරනවා, අහවල් එකයයි—අහවල් ආකාරයයි—කියනවා.

Termagant, a. පෙරළිකාර, කෝලාහල; n. පෙරළිකාරී, දබරකාරී.

Termes (ටර්මීස්), Termites, n. pl. උදේහිකා ජාති, වේයෝ, උපචිකාවෝ, termite වේයා, උදේහිකාවා &c.

Terminable, a. මායිම්කළ හැකිවූ, ප්‍රමාණයකළ හැකි, නිෂ්ඨකළ හැකි.

Terminal, a. අගට අයිතිවූ, කෙළවර, පර්‍ය්‍යන්තසථ; in bot. අගට වැවෙන, අග්‍රසථ.

Terminalia, n. කොට්ටම්බා, බුලු, අරළු, හංපලන්ද, කුඹුක්, යන ගස් ජාති.

Terminate, v. මායිම්—අග—අද්දර—නිශ්චකරනවා; නිෂ්ඨකරනවා, නිෂ්ඨවෙනවා &c., see End ,v.

Termination, n. මායිම, අග; නිෂ්ඨකිරීම &c.; නිෂ්ඨාව, සමාරය, පර්‍ය්‍යවසානය; in gram. ප්‍රත්‍යය.

Terminational, a. අගට—නිෂ්ඨාවට—අයිතිවූ, නිෂ්ඨ; ප්‍රත්‍යයවූ.

Terminator, n. in astr. (චන්‍ද්‍රාලෝක) සීමා රේඛාව.

Terminology, Termonology, n. ශිල්පශාස්ත්‍ර වචන විස්තරය, යම් ශිල්පයක or ශාස්ත්‍රයක විශේෂ වචන විස්තරය. [or මූල.

Terminus, n. සීමාව, අග; (දුම්රිය පාරේ) කෙළවර

Termite, n. වේයා.

Tern, n. මුහුදු පක්ෂියෙක්.

Ternary, a. තුනතුන ආකාර, තුනක් අඩංගු, ත්‍රික; n. තුනේ ගණනක්, ත්‍රිකයක්. [(පත්‍රය).

Ternate, a. in bot. ත්‍රිපර්ණී, ත්‍රිපත්‍රිකා, ත්‍රිභේදිත,

Terra, n. L. පෘථිවිය; පාංශු, මැටි.

Terrace, n. attached to a house මලුව, ආලින්දය, balcony සඳැල්ල; flat roof පැතලි පියස්ස; shelf of land උස්වූ පළල් බිම්තීරුව, උස්වූ තට්ටුව; a street එක පැත්තක් උස්වූ වීදිය, වීථි තට්ටුව.

Terrace, v. තට්ටු වශයෙන් සමතලාකරනවා, තට්ටුවක් සාදනවා.

Terraced, a. තට්ටු වශයෙන් සමතලාකරපු, තට්ටුවක් ඇති, ආලින්ද &c. සහිත.

Terra cotta, n. සිහින් මැටි, මකුල්; මකුල් භාණ්ඩ.

Terra firma, n. L. සවි බිම, (මුහුද නොව) ගොඩබිම.

Terra incognita, n. L. නාඳුනන දේශයක්, නොදන්න ප්‍රදේශයක්. [(පෘථිවිය).

Terraqueous, a. සමුද්‍රභූමාන්විත, ජලපාංශු සහිත,

Terrene, a. ගොඩබිමට අයිතිවූ; පස් ආකාර; භූමික.

Terrestrial, a. පොළෝ, භූමික, ස්ථලජ, පෘථිවි, භූම්‍යන්තරික; ලෞකික, මෙලොව; n. ලෝවැසියා.

Terrible, a. භයානක, දරුණු, බියකරු, භීතිදායක, භීම, භයඞ්කර. [බල්ලා.

Terrier, n. (දඩයම් සතා ලුහුබැඳ බිලවලට වදින) බිල්

Terrific, a. භයංකාර, භෛරව, භීෂණ, ඝෝර; in appearance ඝෝරදර්ශන.

Terrified, a. ඉතා භයගන්වනලද &c., see verb & Frightened.

Terrify, v. ඉතා භයගන්වනවා, භීතකරනවා.

Terrigenous, a. පොළොවෙන් අවගත්න, භූමිජ, පෘථිවිජ.

Territorial, a. රට—ගම්බිම්—දේශ—සම්බන්ධ, දේශික: පළාත්. [පළාත.

Territory, n. රටරාජ්‍යය, දේශය, රාජ්‍යය; ප්‍රදේශය,

Terror, n. ඉතා භයපත්වීම, භීතිය, ත්‍රාසය, සන්ත්‍රාසය, සාධ්වසය &c., see Horror. [තාව.

Terrorism, n. ඉතාමත්ම භයපත්වූ ස්වභාව, භීෂණ

Terse, a. කොටින් පැහැදිලිවූ, ප්‍රසාද, විමලාර්ථක, (කථාවේ or රචනාවේ අත්දම). [පිහාටු.

Tertials, n. pl. (පියාපතේ) මුල් සන්ධියේ ලොකු

Tertian, a. දවසක්ඇර දවසක් පැමිණෙන (රෝගය).

Tertian ague, n. තෘතීය ජ්වරය, දවසක් ඇර දවසක් පැමිණෙන උණ.

Tertiary, a. තුන්වෙනි, තුන්වෙනි එකට අයිතිවූ; n. in geol. තෘතීය මහාප්‍රවිභාගය.

Tertium quid, L. තුන්වෙනි යම කිසිවක්, (අමුතු) තුන්වෙනි දෙයක්.

Tesselate, v. අෂ්ටාපදාකාරයට සාදනවා, චතුරස්‍ර වලින් විචිත්‍රකරනවා.

Tesselated, a. අෂ්ටාපදාකාර, චතුරස්‍රවලින්—ඝන චතුරස්‍රවලින්—විචිත්‍රවූ.

Tessera, n. Tesseræ, pl. (විචිත්‍ර කර්මාන්තවල) ක්ෂුද්‍ර ඝන චතුරස්‍රය. See Mosaic work. [කාර.

Tesseral, a. ක්ෂුද්‍රඝන චතුරස්‍ර; tessular ඝනචතුරස්‍රා

Test, n. පරීක්ෂණය, පරීක්ෂාව; පරීක්ෂක විධිය, නිශ්චය ලකුණ; (ලෝහ) පරීක්ෂක කෝවය, touchstone උරගල.

Test, v. විභාගකර—පරීක්ෂාකර—බලනවා; experiment අත්හදා බලනවා; by touchstone උරගානවා; refine කෝවේ දමා පිරිසිදු කරනවා.

Testa, n. (බෙලිකටුව වැනි) සත්තු කටුව; in bot. (බීජයේ) පිටවැස්ම, පොල්ල, බහිරාවරණය.

Testacea, Testaceans, n. pl. (බෙල්ලන්මෙන්) පිට කටු ඇති සත්ත්වජාති, දෘඪාවරණ ප්‍රාණියෝ, ශංඛ—ශාංඛික—ප්‍රාණියෝ. [විද්‍යාව.

Testacelogy, n. පිටකටු ඇති සත්ත්වවිද්‍යාව, ශංඛ

Testaceous, a. (බෙල්ලන් මෙන්) කටු ඇත්තාවූ, ශංඛාන්විත.

Testament, n. අන්තිම කැමති පත්‍රය, හිමිසුම් පත්‍රය; sp. ක්‍රිස්තියානි ශුද්ධ ලියවිලි, (පරණ or අලුත්) තෙස්තමේන්තුව. [නියමවූ.

Testamental, a. අන්තිම කැමති පත්‍ර, හිමිසුම්පත්‍රයෙන්

Testate, a. die testate අන්තිම කැමති පත්‍රයක් දී මැරෙනවා; හිමිසුම් පත්‍රයෙන් නියමවූ (වස්තු).

Testator, n. හිමිසුම්—අන්තිම කැමති—පත්‍රයක් දී මැරුණ අය. [වියන.

Tester, n. canopy (ඇඳේ &c.) උඩුවියන, තේන්ද

Test-glass, Test-tube, n. (රසායන) පරීක්ෂක නාලය.

Testicle, n. අණ්ඩය, කෝෂය, මුෂ්කය.

Testiculate, a. in bot. අණ්ඩකෝෂාකෘති (මූල).

Testify, v. (වැදගත්ලෙස or දිවුරුමක් පිට) සාක්ෂි දෙනවා, ඔප්පුදෙනවා.

Testimonial, n. (යමෙකුගේ ගුණාංග ගැන දෙන) සාක්ෂිපත්‍රය; සාදරදීමනාව, (මරණින් පසුතබ) සාදරගෞරව චෛත්‍යය &c.

Testimony, n. සාක්ෂිය, සාක්ෂි, ඔප්පුසාක්ෂිය, ඔප්පුව.

Test-paper, n. (ද්‍රව්‍ය විභාගකිරීමට රසායන පොවාපු) පරීක්ෂක කඩදාසිය.

Testudinal, a. ඉබ්බාට සමානවූ; ඉදිබූ.

Testudinate, Testudinated, a. ඉබ්බාගේ පිටට සමානවූ, බෝක්කු ආකාර.

Testudo, n. ඉබ්බාගේ පොල්ල, කැස්බෑපොල්ල; in anc. Rome පලිස් මුවාව, ඵලකාවරණය.

Testy, a. කහස්සලු, අසතුටු, චරිස්සල, කිපෙන.

Tetanic, a. පිටගැස්ම සහිත, පිටගැස්මේ.

Tetanus, n. පිටගැස්ම.

Tete-a- tete, (ටේට් අ ටේට්), Fr. මූණට මූණ ලා, රහස් කථාව.

Tether, v. දිගේලිකරනවා, fig. (ක්‍රියාකිරීමට) බාධාකරනවා.

Tether, n. (සතෙක් බඳින) ලනුව, දම්වැල &c.; fig. බාධාව.

Tetra, prefix, සතර, සතරගුණ, සතරවාර, යන අර්ථ ඇති උපසර්ගය.

Tetrabranchiata, n. pl. (nautilus වැනි) සතර කර [මල් ප්‍රාණියෝ.

Tetrachord, n. in anc. mus. චතුර්නාද ක්‍රමය.

Tetradactyl, n. චතුෂ්පාදාංගුලි සත්ත්වයා.

Tetradactylous, a. චතුෂ්පාදාංගුලි.

Tetradynamia, n. pl. (හයකින්) චතුර්දීර්ඝ පුරුෂ කේශර පැළ ජාති.

Tetradynamian, Tetradynamous, a. චතුර්දීර්ඝ පුරුෂ කේශරවත්.

Tetragon, n. (පැති හා) කොන් සතරක් ඇති හැඩය, චතුෂ්කෝණය, චතුරස්‍රය, චතුර්භුජය.

Tetragonal, a. කොන් සතරක් ඇති, සතර කොන්, චතුෂ්කෝණ.

Tetragynia, n. චතුස්ස්ත්‍රීකේශර පැළ ජාති.

Tetragynian, Tetragynous, a. චතුස්ස්ත්‍රී කේශරවත්.

Tetrahedral, a. චතුස්සම ත්‍රිභුජාංග, ත්‍රිකොන් පට්ටම් සතරක් ඇති (ඝන දෙයක්); in bot. චතුරංශ.

Tetrahedron, n. චතුස්සම ත්‍රිභුජාංග ඝනයක් &c.

Tetrahexahedron, n. චතුර්විංශති සමාංශ ඝනයක් *or* චතුෂ්ෂඩංශ ඝනයක්.

Tetrandria, a. චතුෂ්පුරුෂ කේශර පැළ ජාති.

Tetrandrian, Tetrandrous, a. චතුෂ්පුරුෂකේශරවත්.

Tetrapetalous, a. පෙති හතරක් ඇති, චතුෂ්පත්‍ර.

Tetraphyllous, a. කොළ හතරක් ඇති.

Tetrapla, n. (තීරු හතරකින්) පිටපත් හතරක් අඩංගු බයිබලය, චතුර්භාෂා පුස්තකය.

Tetrapterans, n. pl. චතුෂ්පක්ෂම ප්‍රාණියෝ, පියාපත් හතරක් ඇති කුඩා සත්තු.

Tetrarch, n. සතරෙන් පංගුවක අධිපතියා, චතුර්ථාංශාධිපතියා.

Tetrarchate, Tetrarchy, n. චතුර්ථාංශාධිපතිතාව; (ඒ) චතුර්ථාංශ ප්‍රදේශය.

Tetrasepalous, a. තැටි පෙති හතරක් ඇති, චතුර්මණිපත්‍ර.

Tetraspermous, a. බීජ හතරක් ඇති, චතුර්බීජ.

Tetrasyllabic, a. චතුශ්ශබ්ද, චතුස්ස්වර.

Tetrasyllable, n. චතුශ්ශබ්ද මාවකය, චතුස්ස්වර මාවකය.

Tetter, n. හමේ රෝගයක්. See Herpes.

Teutonic, a. පුරාණ ජර්මන්වරුන්ට අයිතිවූ; n. පුරාණ ජර්මන් භාෂාව.

Tewel, n. දුම්නළය, දුම්කෙමිය; ගිනිඋදුනේ නළය.

Text, n. විස්තරකරන වගන්තිය *or* පාඨය *or* කෙටුම් පත, පෙළ; ආදර්ශ පදය, ඔප්පු පදය.

Text-book, n. නියම පාඩම් පොතක්, ගුරුපොත; ශුබලියම්ලි පද පොතක්.

Textile, a. වියපු (පිළි); විශන්ට පුළුවන්වූ (පුළුන්, කෙඳි &c.).

Textual, a. පදයට අඩංගු (අර්ථය); පදකාර (බෙදීම &c.); පාඩම් (පිණිස සාදපු).

Textualist, n. ඇත්තාවූ පදයම පිළිගන්නා; පද හොඳින් දන්න කෙනෙක්.

Texture, n. වියපු පිළිය; වියාතිබෙන ආකාරය; සම්බන්ධාකාරය.

Thalamus, n. හිමබකෝශධාරිය; in anat. මොළෙන් කොටසක්.

Thalia, n. in myth. පශුපාල කාව්‍ය දේවතාවී.

Thalian, a. පශුපාල කාව්‍ය *or* හාස්‍යකාව්‍ය, පශුපාල කාව්‍යාකාර.

Than, conj. වඩා වැඩියෙන්; other than this &c. මෙයඇර වෙන, otherwise than thus &c. මීට වෙනස් ලෙස.

Thank, v. සතුතිකරනවා, සතුති දෙනවා. I shall thank you to go = යන හැටියට තුඹට අණකරමි. (This is not a respectful request.)

Thankful, a. සතුතිවන්ත &c., see Grateful. [&c.

Thankfulness, n. සතුතිවන්තකම &c., කෘතඥතාව

Thankless, a. සතුතිනොකරන, කෙළෙහිගුණ නොසලකන; සතුති නොලැබෙන (වැඩ &c.).

Thank-offering, n. (ලැබුණ කරුණාව නිසා දෙන) සතුති පූජාව.

Thanks, n. pl. දෙන සතුතිය, *also for* සතුතිවේවා *or* සතුතිකරමි.

Thanks-giving, n. සතුතිදීම, සතුතිකිරීම; ... day සතුති ඔප්පුකරන නියම දිනක්.

Thankworthy, a. සතුතිකළ යුතු, සතුති ලැබියයුතු.

That, a. Those, pl. ඒ, අර, ඔය; pron. ඒක, අරක, ඕක; pl. ඒවා, අරවා, ඕවා.

That, conj. පිණිස: That—so that—in order that —he may or might go ඔහු යන පිණිස.

බැවින්: In that he came ඔහු ආබැවින් *or* ආවාසින්.

යයි *or* කියා: I said that it was good ඒක හොඳයයි—හොඳය කියා—කීවෙමි.

Thatch, v. පිදුරු සෙවිලිකරනවා, අතු ආදිය සෙවිලිකරනවා. [පිදුරු &c.

Thatch, n. පිදුරු සෙවිල්ල, අතු සෙවිල්ල; සෙවිල්ලේ

Thatching, n. පිදුරු සෙවිලිකිරීම &c.; සෙවිල්ලට ගන්න පිදුරු &c.

Thaumatrope, n. කරකවන විස්ම සිතියමක්, භ්‍රමණ විස්මචිත්‍රය, (අලාත චක්‍රය මෙනි).

Thaumaturgic, a. විස්මපත්කරන, විස්මජනක.

Thaumaturgist, n. අද්භූතදේ—ඉන්ද්‍රජාල—කරන්නා; ඉන්ද්‍රජාල විශ්වාස කරන්නා.

Thaumaturgy, n. අද්භූතයක් කිරීම, ඉන්ද්‍රජාලකිරීම.

Thaw, v. (මිදිච්චවතුර &c.) දියකරනවා *or* දිය වෙනවා.

Thaw, n. (හුළඟ උණුහුම්වීමෙන්) ඒ දියවීම, (මිදිච්ච වතුර) දියවෙන උණුහුම.

The, def. article *or* adj. as: the book &c. පොත *or* ඒ පොත, අශ්වයා *or* ඒ අශ්වයා.

Theatre, n. නාඩගම් මඩුව, රඟමඩල, නාට්‍යශාලාව, නාට්‍යමණ්ඩපශාලාව; (ඊටසමාන) ආසනමණ්ඩලය; රංගභූමිය; කාපිකශාලාව *or* ප්‍රදර්ශනශාලාව.

Theatric, Theatrical, a. නාඩගම් මඩුවට අයිතිවූ, නාඩගම්, රංග, විසුක; fig. නාඩගම් ආකාර, ගර්විතප්‍රදර්ශක. See Dramatic.

Theatrically, ad. නාඩගම් ආකාරයෙන්, ගර්විත ප්‍රදර්ශකාකාරයෙන්.

Theatricals n. pl. නාඩගම්, රඟුම්, රඟුම් දක්වීම.

Theca n. in bot. ක්ෂුද්‍රබීජකෝශය; in anat. කොපුව, කෝශය.

Thee, pron. Thou යන්නේ කර්මවිභක්තිය: තා, තුඹ, ඔබ &c.

Theft, n. හොරකම්කිරීම, සොරු ගැනීම, හොරකම.

Theine, (තිඉන්), n. තේ සාරය; (එම ද්‍රව්‍ය වන) කෝපි සාරය *or* Caffeine.

Their, pron. *or* a. ඔවුන්ගේ, තමුන්ගේ; theirs ඔවුන්ගේය, ඔවුන්ගේ එක *or* ඒවා.

Theism, n. ආණ්ඩුකාර දෙවිකෙනෙක් ඉන්න බව විශ්වාසකිරීම, දේවදෘෂ්ටිය.

Theist, n. දේවදෘෂ්ටියා; sp. ශුද්ධලියවිලි ප්‍රතික්ෂේපක දේවදෘෂ්ටියා.

Theistic, Theistical, a. දේවදෘෂ්ටි, දේවදෘෂ්ටි ධර්මික.

Them, pron. (කර්මවිභක්තියේ) ඔවුන්, ඒවා; they themselves ඔවුන්ම, තමුන්ම.

Theme, n. (කථාවේ *or* රචනාවේ) කාරණාව; in gram. ක්‍රියාප්‍රකෘතිය.

Themis, n. in. myth. නීතියුක්ති දේවතාවී; තිමිස් ග්‍රහතාරකාව.

Then, ad. එවිට, එකල, එතකොට, එවකට, එවර, එයෑවර, එසඳ, ඉක්බිති; by then එකලට ඉස්සර, එකලට; till then ඒවෙනතුරු, ඒවෙනකල්, ඒතාක් කල්.

Then, conj. එබැවින්, එසේනම්, එතකොට.

Thence, ad. එතනින්, එතන සිට.

Thenceforth, Thenceforward, ad. එතැන් පටන්, ඒ කාලයේ සිට.

Theobroma, n. කොකලත් ගස.

Theobromine, n. කොකලත් සාරය.

Theocracy, n. (පුරාණ යුදෙව් රාජ්‍යය මෙන්) දෙවියන් වහන්සේ විසින්ම ආණ්ඩුකිරීම, දේවරාජ්‍යානුශාසනය, දේවානුශාසනය; දේවශාසන රාජ්‍යය.

Theocrasy n. නානා දෙවිවරුන් ඇදහීම; in anc. phil. ධ්‍යානදේවසායුජ්‍යය.

Theocratic, a. දෙවියන්වහන්සේ විසින්ම ආණ්ඩු කරන, දේවානුශාසන.

Theodolite, n. (මිනින්දෝරු) අංශමානක යන්ත්‍රය.

Theogony, n. in myth. දෙව්දේවතා උත්පත්තිය; දේවසන්තති විස්තරය.

Theologian, Theologist, n. දේවධර්මශාස්ත්‍රඥයා, දේවධර්මාචාර්යයා, දේවධර්මධරයා.

Theologic, Theological, a. දේවධර්මශාස්ත්‍ර, දේවධර්ම; දේවධර්මාචාර්ය.

Theologically, ad. දේවධර්ම ශාස්ත්‍රයෙන්, දේවධර්මාකාරයෙන්.

Theology, n. දේවධර්මශාස්ත්‍රය, ශුද්ධලියවිලි ධර්ම ශාස්ත්‍රය.

Theophany, n. (මනුෂ්‍යයාට) දෙවියන්වහන්සේගේ දෘශ්‍යමානවීම, දේවප්‍රකාශය.

Theorem, n. ඔප්පුකරන්ට තිබෙන කියමන, සාධ්‍යය, ප්‍රමේයය; සූත්‍රය.

Theorematic, Theoremic, a. සාධ්‍යාකාර, ප්‍රමේයාකාර.

Theoretic Thoretical, a. (කල්ක්‍රියාවට අඩංගුනැති) ශංකනීය-විස්තරාකාර, අනුමානයට සිතාගත්ත; අනිශ්චිත විධික්‍රම.

Theorist, Theorizer, n. ශංකනීය විස්තර පාන්නා &c.

Theorize, v. ශංකනීය විස්තර ගෙනපානවා, අනිශ්චිත විධික්‍රම සිතාගන්නවා.

Theory, n. (සිතාගත්ත) අනිශ්චිත විධික්‍රමයක් *or* සූත්‍රක්‍රමයක්; ශංකනීය විස්තරය, (යමක් තේරුම් ගැනීමට සිතාගත්ත) විස්තරක්‍රමය, අනුමාන සිතිවිල්ල, මතය; යම් ශිල්පයක—ධර්මක්‍රමයක—ශාස්ත්‍ර විස්තරය.

Theosophic, Theosophical, a. අනන්තදේවාශ්‍රයාකාර, අනන්තදේවසහායත්ව, දේවපරමවිඥාන, පරම විඥානාඪ්‍ය.

Theosophism, Theosophy, n. අනන්තදේවාශ්‍රය, අනන්තදේව-සහායත්වය; (එයින් පැමිණෙන) දේව පරමවිඥානය.

Theosophist, n. අනන්තදේව පරමවිඥානයා, පරම විඥානවාදියා.

Therapeutic, a. සුවකරන, ව්‍යාපශමන, ප්‍රතිකාර.

Therapeutics, n. සුවකිරීමේ පිළිවෙත්කම, ව්‍යාපශමන විද්‍යාව, ප්‍රතිකාර විද්‍යාව.

There, ad. එහි, එහිදී, එහාට, එතන &c.; excl. ඔන්න, අන්න; untranslatable particle, as: There was a book here මෙහි පොතක් තිබුණා.

Thereabout, Thereabouts, ad. එහි ළඟ; (ten &c. thereabouts දහයක්) පමණ.

Thereafter, ad. ඉන් පසු, ඉක්බිත්තෙන්.

Thereat, ad. එහි, එහිදී; ඊට, ඉන්නිසා.

Thereby, ad. එයින්, ඒ කාරණකොටගෙන.

Therefore, conj. එබැවින්, ඉන්නිසා, එහෙයින්, එසේ හෙයින්.

Therefrom, Thereof, Thereout, ad. එයින්, ඒකෙන්, ඒක තුළෙන්.

Therein, ad. එහි, ඒකේ, ඔහේ, ඒක තුළ.

Thereon, ad. එය පිට, එය කෙරෙහි.

Thereto, adv. එයට, ඊට.

Thereupon, ad. එය පිට; එවිට, එවලේම.

Therewith, adv. ඒ සමඟ.

Thermal, a. උණුසුම්, උෂ්ණ; thermal-rays උෂ්ණ රශ්මි.

Thermo-elctricity, n. උෂ්ණලෝහජ වෛද්‍යුත ද්‍රව්‍ය.

Thermometer, n. උෂ්ණමානක යන්ත්‍රය, ශීතෝෂ්ණ මානක යන්ත්‍රය.

Thermometric, a. උෂ්ණමානක; උෂ්ණමානක යන්ත්‍රයෙන් ප්‍රකාශිත.

Thermostat, n. උෂ්ණ ප්‍රමාණකාරක යන්ත්‍රය.

Thermotics, n. උෂ්ණ ශාස්ත්‍රය, උෂ්ණ විද්‍යාව.

Thesaurus, n. භාණ්ඩාගාරය, sp. විද්‍යානිධානය, විද්‍යා කෝෂය, අකාරාදිය.

These, pron. pl. මේවා, මොවුන්; adj. මේ.

Thesis, n. (ඔප්පුකිරීමට) පාන යෝජනාව *or* කියමන; (රචනාකිරීමට) නියම කාරණාව, රචනා කාරණාව; (උසස් විද්‍යාපීඨයක උපාධියක් බලාපොරොත්තුවෙන් කරනලද) රචනාව *or* නිබන්ධනය, උපාධි ප්‍රබන්ධය.

Theurgy, n. මායාකාර ශාස්ත්‍රය, මායාකාර බලය.

They, pron. ඔව්හු, ඔවුන්, උන්, ඒවා; they—people—say &c. මිනිස්සු කියනවා.

Thick, a. ඝන, ශන, සාන්ද්‍ර, ගොරෝසු, මොට්ට; sp. of liquids තලප ආකාර, උකු, muddy බොර.

Thick, be, v. crowded, frequent, ගහනව තිබෙනවා, S. adj. a place thick with trees &c. ගස් ගහනවූ තැනක්, ආකීර්ණ.

Thick, n. ඝන—ගහන—කොට්ඨාසය, වඩා ගහන තැන; through thick and thin, fig. පහසු අපහසු විඳලා *or* පරදවා.

Thick, ad. ගහනලෙස, ඝනසැරේ, ඝනකමට.

Thicken, v. ඝනකරනවා &c., ගහනකරනවා; උකු කරනවා &c., see adj.; ඝනවෙනවා &c.

Thickening, n. ඝනකිරීම, &c.; (කැඳ &c.) උකුකිරීමට දමන ද්‍රව්‍ය.

Thicket, n. අකුල, ලැහැබ, වනලැහැබ, වනගහනය;

Thick-head, n. fig. මොට්ටයා.

Thick-headed, a. මොට්ට, ගුඩ්ඩ.

Thickly, ad. ඝනලෙස, ගනසැරේ, ආකීර්ණලෙස.
Thick-ness, n. ඝනත්වය, ගනකම, ඝනකම, &c.; of voice බැරෑඩිකම ; dulness මොට්ටකම.
Thick, a. ගනසැරේ හිටවාපු ; මිටි පලල් (කෙනෙක්.)
Thief, n. Thieves, pl. හොරා, (pl. හොරු), චෞරයා, මෝෂකයා.
Thieve, v. i. (නොයෙක්) හොරකම් කරනවා. But say, *Steal things*, not *Thieve things*.
Thievery, n. හොරකම්කිරීම, හොරකම්, අදත්තාදානය, චෞරකර්මය, මෝෂණය.
Thievish, a. හොරකම්කරන, හොරකමට ලැදි; හොරවූ, චෞරාකාර.
Thigh, n. කලවය, කලවේ ; thigh bone කලවේ ඇටය.
Thimble, n. දිදුලය, දිදුලේ ; (ලනුවක බඳින) පිලිවිල්ල.
Thimble-rig, n. (දිදුල *or* කුඩා කෝප්ප තුනකින් කරන) දිදුල විජ්ජාව.
Thin, a. තුනී, හීන්, සිහින් ; කෙට්ටු, කෘශාඞ්ග, ක්ෂීණ ; උකුනොවන, දියආකාර ; sparse විරල, අනාකීර්ණ.
Thin, v. තුනීකරනවා, හීන්කරනවා ; දියකරනවා ; විරලකරනවා.
Thine, pron. තාගේය, තුඹේය &c., ඔබගේය, තාගේ එකය *or* ඒවාය, ඔබගේ එකය &c.
Thing, n. දෙය, දේ, යමක්, කාරණාවක්; (of a person) that poor thing &c. ඕකා, ඒකා, *or* (in pity) ඒ අසරණයා ; pl. ඇඳුම්, බඩුබස්සල්, පත්ත, අඩුමැඩිය.
Think, v. සිතනවා, හිතනවා, කල්පනාකරනවා, (මට) සිතෙනවා *or* කල්පනාවෙනවා ; consider සිතා බලනවා &c.; muse මෙනෙහිකරනවා ; think much of, sp. උතුම්කොට සිතනවා.
Thinker, n. හොඳට—ගම්භීරලෙස—සිතා බලන්නා, චින්තකයා.
Thinly, ad. ගනසැර නැතුව, තුනීමතේ, විරලලෙස.
Thinness, n. තුනීකම &c.; කෙට්ටුකම, කෘශාඞ්ගතාව &c.; උකුනැතිකම ; විරලතාව &c.
Thinnish, a. මදක් තුනී *or* හීන්.
Thin-out, v. i. in geol. (ගල්තට්ටු) ක්‍රමයෙන් තුනීවී නැතිවෙනවා *or* තුනීවේගන යනවා.
Thin-skinned, a. සම තුනීවූ, ක්ෂීණවිම් ; fig. විරුද්ධකම් අමාරුවෙන් විඳින.
Third, a. තුන්වෙනි, තෘතීය ; n. තුනෙන් පංගුවක් ; in gram. third per. ප්‍රථමපුරුෂය, අන්‍යකාරක.
Third-estate, n. (එංගලන්තයේ) පොදුජනයා ; මහජන-මන්ත්‍රී-සභාව.
Thirdly, ad. තුන්වෙනුව.
Third-rate, a. අඩු ප්‍රමාණ, පහත් පඞ්තියේ.
Thirst, n. පිපාසය, පිපාසාව, පවස, තෂිය ; fig. තද ආශාව.
Thirst, v. පිපාසව සිටිනවා, (යමෙකුට) පිපාස තිබෙනවා, පිපාසයි ; fig. ඉතා ආශාවෙනවා.
Thirsty, a. පිපාසවූ, පිපාස ඇති, පිපාසිත.
Thirteen, a. දහතුන්, ත්‍රයෝදශ ; n. දහතුන, දහතුන්දෙනා,
Thirteenth, a. දහතුන්වෙනි ; n. දහතුනෙන් පංගුවක්.
Thirtieth, a. තිස්වෙනි ; n. තිහෙන් පංගුවක්.
Thirty, a. තිස් ; n. තිහ &c.
This, pron. මේක, මෙය, මෙයා, මූ, මොහු adj. මේ, See pl. These. By this මෙලහකට ; මෙයින්.

Thistle, n. කුඩා කටු පැළ ජාතියක්, ගොකටු, ගෝක්ෂුර.
Thither, ad. එහාට, එතනට ; ඒ අතට.
Thitherward, Thitherwards, ad. ඒ දිහාවට, ඒ දෙසට, එතන දෙසට.
Thole, Thowl, n. හබල්පාසයේ ඇණය, අවලමලේ ඇණය.
Thong, n. පටු හම්පටියක්, වරපටය, හම් ලනුව.
Thoracic (තොරැසික්) a. පපුවට අයිතිවූ, ඌර්ධ්වාඞ්ග.
Thorax, n. (ඉදිරිපසු) මුළු පපුව, ඌර්ධ්වාඞ්ගය.
Thorn, n. කටුව, කණ්ටකය, ශල්‍යය ; කටුගහ, කණ්ටක වෘක්ෂය ; fig. පීඩාවක් *or* දුකක්.
Thorn-apple, n. රට අත්තන.
Thorn-hedge, n. කටුගස් වැට.
Thorny, a. කටුසහිත, කටු ගහනවූ, කණ්ටක බහුල: fig. දුක් පීඩා සහිත.
Thorough a. සම්පූර්ණ, a through cleansing හොඳටම පවිත්‍ර කිරීම.
Thorough-bred, a. උතුම් වංශයක, ආජානේය, (අශ්වයා &c.).
Thoroughfare n. යන්ට ප්‍රසිද්ධ පාරක් ; (යම්පාරකින්) යන්ට අවසර.
Thorough-going, Thorough-paced, a. (ක්‍රියාවෙන්; මතයෙන්) අඩුකම්නැති, සම්පූර්ණ, සැකසය නැතුව ක්‍රියාකරන.
Thorp, n. ගෙවල් රැස, කුඩාගම.
Thou, pron. (ගෞරවාගෞරව රහිත) තුඹ, (යාචක, වේදී) ඔබ &c.
Though, conj. එහෙත් &c., see Although ; as though—as if—it were good (හොඳනැති නමුත්) ඒක හොඳවා වාගේ.
Thought, pp. & pret. of Think සිතා ; සිතුවා &c.
Thought, n. සිතීම &c., see Think ; සිතිවිල්ල, කල්පනාව, චින්තනය ; design අදහස ; regard සැලකිල්ල.
Thoughtful, a. සිතාබලන, කල්පනාසහිත, චින්තාපර.
Thoughtfully, ad. සිතා බලා &c., කල්පනා ඇතුව.
Thoughtfulness, n. සිතාබලන ශක්තිය, කල්පනාසහිතතාව, චින්තාපරතාව.
Thougtless, a. සිතා නොබලන, කල්පනා රහිත, නොසැලකිලි, අපරීක්ෂාකාර.
Thousand, n. දහස, දහ, සහස්‍රය; a. දහස්, දස්, සහස්‍ර.
Thousand-fold, a. දහස් පංගුවක්වූ, දහස්ගුණ, සහස්‍රගුණ.
Thousandth, a. දහස්වෙනි ; n. දහසකින් පංගුවක්.
Thraldom, n. දාසකම, වාල්කම.
Thrall, n. වාලා, දාසයා.
Thrash, Thresh, v. E. ගොයම් ගහනවා, S. මඩිනවා, පාගනවා ; (යමෙකුට) හොඳට තළනවා.
Thrashing-floor, n. කමත, පාවර, කලමඩල, කලවිට.
Thrashing-machine, n. (ගොයම්) මඩින යන්ත්‍රය.
Thread, n. නූල, හුය ; කෙන්ද ; of a screw සංශුරිය; (කථා) සම්බන්ධය.
Thread, v. (ඉඳිකටු මලේ) නූල දමනවා, ඉඳිකටුමල ලනවා ; fig. thread one's way (බාධා අතරෙන්) පාර සොයා යනවා.
Threadbare, a. නූල් පෑදුණ, ගෙවීගිය, පරණ, (ඇඳුම්); fig. පරණ, බලනැති, (කථා, තර්ක &c.).
Thread-worm, n. (බඩේ, අතුණුවල) නූල්පණුවා.
Threat, n. තර්ජනය, විගකීම, තාඩුව.
Threaten, v. තර්ජයකරනවා &c., see Menace, පාරම් බානවා, තාඩුකරනවා.

Threatening, a. තර්ජනය සහිත, තර්ජනාකාර; n. තර්ජනයකිරීම &c.

Three, a. තුන්, ත්‍රි, ත්‍රෛ; n. තුන, ත්‍රය.

Three-cornered, a. කොන් තුනක් ඇති, ත්‍රිකෝණ; in bot. දීසිත්‍රිකෝණ.

Three-fold, a. තුන්පටක් ඇති; ත්‍රිගුණ; n. තුන්පංගුවක්, ත්‍රිගුණයක්.

Three-ply, a. තුන්පටක් ඇති.

Three-score, a. හැට, සැට, ෂෂ්ටි; n. හැටක්, සැටක්, ෂෂ්ටියක්.

Three-sided, a. පැති තුනක් ඇත්තාවූ, තුන්පට්ටම්, තුන්හුලස්, ත්‍රයංශ.

Threnetic, a. ශෝකාතුර, විලාප.

Threnody, n. ළතෝනි ගීය.

Threshold, n. එළිපත්ත, පඩිකඩ, එසිකා ස්තම්භය; fig. දොරකඩ, ආරම්භය.

Threw, v. pret. of Throw, විසිකළා.

Thrice, ad. තුන්වරක්; fig. ඉතා.

Thrift, Thriftiness n. සකසුරුවම්කම, තිසි පිරිමැසීම. See Frugality.

Thriftless, a. සකසුරුවම් නැති, තිසිපිරිමැස්මක් නැති.

Thrifty, a. සකසුරුවම්වූ, කසිකර සහ ප්‍රවේසම්වූ.

Thrill, v. වංචලකරනවා or වංචලවෙනවා, (ප්‍රීතියෙන්) පිනවනවා or පිනනවා, (භයානකකමින්) ත්‍රාසකරනවා or ත්‍රාසවෙනවා.

Thrill n. of delight or horror වංචලය, කම්පාව, ස්ඵුරණය; පිනායාම, හර්ෂය; ත්‍රාසය.

Thrilling, a. වංචලකරන &c. of v. t.; සිත පැලෙන (ශබ්දය).

Thrive, v. සවිලවෙනවා, සශ්‍රිකවෙනවා, දියුණුවෙනවා, වර්ධනයවෙනවා.

Throat, n. උගුර, උගුරුදණ්ඩ, ගෙල, කණ්ඨය.

Throb, v. (හෘදය, නාඩිය) ගැහෙනවා, සැලෙනවා, ඔබිලිගහනවා, පුපුරු ගහනවා, ස්පන්දනයවෙනවා.

Throb, Throbbing, n. (හෘදය &c.) ගැහුම, ගැහීම &c., ස්පන්දනය, පරිස්පන්දනය.

Throe, n. of pain බලවත් වේදනා පහරක්; sp. pl. of parturition විළිරුජා, තිහඩුරුව.

Throne, n. සිංහාසනය, රාජාසනය; පාරිදර්ශිකාසනය: fig. රාජාධිපත්‍යය; විශේෂ දේවතේජස්ථානය.

Throne, v. සිංහාසනාරූඪකරනවා; අත්‍යුත්කෘෂ්ට කරනවා.

Throng, n. තෙරපෙන සමූහය, සංකුල සමූහය.

Throng, v. (මා) තෙරපනවා; (the streets &c. වීදිවල) පුරීකනවා, රැස්වෙනවා, රාශිගණන් ඉන්නවා.

Throttle, n. උගුරුදණ්ඩ; v. උගුර—බෙල්ල—බොටුව—මිරිකා මරනවා.

Throttle-valve, n. (ධූමයන්ත්‍රවල) ධූම ප්‍රමාණකරන පියන.

Through, prep. මැදින්, අතරෙන්, හරහෙන්; මුළුල්ලෙහි; by means of කරණකොටගෙන, හේතුකොටගෙන &c., see Means.

Through, ad. carry through සම්පූර්ණකරනවා; go through, suffer, විඳිනවා; go through with anything යමක් කෙළවර දක්වා කරගෙන යනවා.

Throughout, prep. මුළුල්ලේම, මුළුල්ලෙහි.

Throughout, ad. සෑම තැනම, සහමුලින්ම, මුලපටන් අග දක්වා.

Through-ticket, n. මුළු ගමන් සීට්ටුව.

Through-train n. මුළු ගමන—කෙළවර දක්වා—යන දුම්රිය.

Throw, v. විසිකරනවා, වික්ෂේපණයකරනවා; හෙළනවා, දමනවා;

...away අපතේ අරිනවා, අහක දමනවා, නැතිකරගන්නවා;

...off පහකරනවා, බැහැරකරනවා, (ඇඳුම්) ගලවාදමනවා;

..out අහක්කරනවා; වපාකරනවා; (a hint &c. කාරණාවක්) හඟවනවා;

...up (වැඩක්, රක්ෂාවක් &c.) අත්අරිනවා, අත්ඇරදමනවා; වමනයකරනවා, වමාරනවා;

...one's self down බිම වැටෙනවා or (ඇඳේ &c.) දිගාවෙනවා;

...one's self on (his) mercy &c. කරුණාවට භාරවෙනවා, කරුණාව ඉල්ලනවා.

Throw, Throwing, n. විසිකිරීම, &c. වික්ෂේපණය.

Thrush, Throstle, n. නාදකරන කුරුල්ලෙක්.

Thrush, n. අක්කාරම, උල්ලේඛගම; පශුපාද ව්‍රණය.

Thrust, v. සැරෙන් තල්ලුකරනවා; අනිනවා; trust in සැරෙන්, රුවනවා, බලේට ඇතුල්කරනවා; thrust one's self in (බලෙන් මෙන්) ඇතුළට වදිනවා.

Thrust, n. සැරෙන් තල්ලුකිරීම &c., ඇනුම් පහරයක්; in arch. (භිත්ති &c.) පිටකරන බර.

Thud, n. බොල් හඬක් උපදවන පහර.

Thumb, n. (අතේ) මාපටැඟිල්ල, අංගුෂ්ඨය.

Thumb, v. නිවට ලෙස—නුපුහුණු ලෙස—අතගානවා, අතට ගන්නවා. [යන්ත්‍රය.

Thumbkin, Thumb-screw, n. මාපටැඟිලි මිරිකන

Thump, n. බර පහරක්, ගුටිය, බුකුල.

Thump, v. (මුගුරෙන්, මිටෙන් &c.) පහර දෙනවා, ගුටි—බුකුල්—අනිනවා.

Thunder, n. අහස් ගර්ජනාව, හිගුම, හිගුරුම, මේඝ ගර්ජනය, ඝනඝෝෂම, ඝනඝෝෂ; fig. භීතිදායක තර්ජනය; (ප්‍රශංසාවේ &c.) මහා ඝෝෂාව.

Thunder, v. (අහස) ගර්ජනාකරනවා, ගුගුරනවා; (වෙන දේවලින්) හිගුරුම්දෙනවා, ගුගුරවනවා, ඝෝෂාකරනවා; fig. සැරලෙස තර්ජනයකරනවා.

Thunderbolt, n. අකුණ, අකුණු. පහර, හෙණය, අසනිය; fig. තද තර්ජනය.

Thunder-clap, n. අහස් ගර්ජනාවක්, හිගුරුමක්.

Thunder-cloud, n. ගර්ජනා මේඝය, අකුණු වලාකුළ.

Thunder-shower, n. හිගුරුම් සහිත වැහිවලාව.

Thunder-storm, n. හිගුරුම් සහිත කුණාටුව.

Thunder-struck, a. fig. මවිතවූ, ත්‍රාසවූ, විස්මයාකූල.

Thurible, n. R. C. සුවඳදුම්-භාජනය &c., see Censer.

Thuriferous, a. කුන්දුරධාරී.

Thurification, n. සුවඳදුම් ගැස්වීම.

Thursday, n. බෘහස්පතින්දා, ගුරුදින.

Thus, ad. මෙසේ, මෙලෙස, මෙයාකාරයෙන්, මෙමෙනම.

Thwack, v. (පොල්ලකින් මෙන්) තද පහරක් දෙනවා; n. තද පහර.

Thwart, v. බාධාකරනවා, (අදහස) වලක්වනවා, නිෂ්ප්‍රභාකරනවා.

Thy, a. නුඹේ, ඔබගේ &c.

Thyself, pron. thou thyself නුඹම &c.

Thyrse (තර්ස්), Thyrsus (තර්සස්), n. in bot. ඝනාවනංශ ප්‍රසරය.

Thyrsoid (තර්ස්...), a. ඝනාවතංසාකාර, ඝනාවතංසාකෘති.

Tiara, n. (පුරාණපාර්සික) තලප්පාව, ශිරෝවේෂ්ටනය, (යුදෙව් උත්තම පූජකයාගේ) මකුටය; R. C. (පාප්උත්තානන්සේගේ) ත්‍රිකිරීටය; gen. ලලාටපට්ටය.

Tiaraed, a. ශිරෝවේෂ්ටනයෙන් &c. සජ්ජිත.

Tibia, n. කෙණ්ඩයේ ලොකු ඇටය තනි දඬු ඇටය, මහා ප්‍රතිජංඝාස්ථිය.

Tibial, a. (ඒ) කෙණ්ඩ ඇටයට අයිතිවූ, මහා ප්‍රතිජංඝාස්ථි.

Tic-douloureux (ටික්ඩූලූරූ), n. Fr. මුහුණේ නහර කැක්කුම.

Tick, n. කිනිතුල්ලා, pl. කිනිතුල්ලෝ.

Tick, n. (පුළුන් ආදිය දමන) මෙත්තේ උරය.

Tick, v. ටික් යන ශබ්දය කරනවා, හීන් ශබ්දයෙන් තට්ටුකරනවා *or* තට්ටුවෙනවා; පෑනෙන් බිඳු—කුඩා ඉරි—ගහනවා, tick off ඉරිගසා ලකුණු කරනවා.

Tick, n. (ඔරලෝසුවේ &c.) ටික් යන ශබ්දය; බිඳුවක් *or* කුඩා ඉරක්; on tick ණයට (ගන්නවා *or* දෙනවා).

Ticket, n. තුණ්ඩුව, සීට්ටුව, උච්චීට්ටුව, දැනුම් පත්‍රය, සලකුණු පත්‍රය, of entrance ප්‍රවේශපත්‍රය.

Ticket, v. (යමකට) තුණ්ඩුවක් ගහනවා *or* අල්ලනවා.

Ticking, n. මෙත්ත උර රෙදි; ටික් යන ශබ්දය කිරීම &c.

Tickle, v. කිතිකවනවා, පොපියවනවා; itch කසනවා, පොපියනවා; fig. සුළුලෙස සන්තෝෂ කරනවා.

Ticklish, a. පහසුවෙන් පොපියන; යමක් ඉක්මනින් දූනන *or* කිපෙන &c.; අමාරු, අනුමාන, අනතුරු සහිත, (කාරණ).

Tidal, n. වඩබාදියට අයිතිවූ; වඩබාදිය ඇත්තාවූ (ගංගාව &c.). [බාදිය;

Tide, n. වඩබාදිය: high වඩදිය, වසිජ්ජ, low
fig. the tide of prosperity &c. සවුලබ්බය නමැති වඩදිය, සමෘද්ධිය.

Tide, v. වඩබාදියෙන් යාත්‍රාකරනවා; fig. tide over අමාරුවකින් මිදෙනවා *or* ඉතුරුවෙනවා.

Tide-gate n. වඩදිය ද්වාරය.

Tide-gauge, n. වඩබාදියමානක යන්ත්‍රය.

Tide-tables, n. pl. වඩදිය වේලා පටුන. [යෙක්.

Tide-waiter, n. (තීරු ගන්න) රේගුවේ මුලාදෑනි

Tidiness, n. Tidy, a. see Neatness & Neat.

Tidings, n. pl. ආරංචි, වෘත්තාන්ත; සන්දේශ &c., see News.

Tidy, v. නිසි පිළිවෙළට හරිගස්සනවා, අස්කරනවා, ශෝභනකරනවා.

Tie, v. බඳිනවා, (ලනුව) ගැටගහනවා, ගැටලනවා; lit. & fig. හිරකරනවා, තදලෙස නියමකරනවා.

Tie, n. බැම්ම, ගැටය, බන්ධනය, fast tie තිරිහය; neck-tie දැසිය; of votes &c. තුල්‍ය ගණන, තුල්‍යාකාරය; lit. & fig. සම්බන්ධය.

Tie-beam, n. කාප්ප බාල්කය.

Tied, pp. *or* a. බැඳපු &c., බැඳි, බඳ, ආබද්ධ.

Tier (ටිර්), n. (පෙලක් පිට පෙලක් තිබෙන ඒවායෙන්) පෙළ, පේළිය.

Tie-rod, n. බන්ධන යකඩ කම්බිය.

Tiers-état (ටිර්සෙටා), n. Fr. (ප්‍රංසයේ) පොදු ජනයා; මහජන මන්ත්‍රි-සභාව.

Tiff, n. සුළු තරහය; ලුහුඬු චරිස්සලය *or* අමනාපය.

Tiffin, n. අතුරුපස, ටිපින්.

Tiger, n. ව්‍යාඝ්‍රයා, දිවියා, කොටියා.

Tight, a. බුරුල්නැති, තද, හිරවූ; හිදැස් නැති, හිල් නැති, සිදුරු නැති.

Tighten, v. තදකරනවා, හිරකරනවා.

Tightness, n. තදකම, හිරකම, බුරුල් නැතිකම; fig. මසුරුකම.

Tights, n. pl. හිරවූ කලිසම, පටු කලිසම.

Tigress, n. ව්‍යාඝ්‍රධේනුව, කොටිදෙන, දිවිනිය.

Tile, n. උළුකැටය, pl. උළුකැට *or* උළු; (බිම &c. අල්ලන) පැතලි කැට. See Drain-tiles.

Tile, v. උළු සෙවිලිකරනවා; පැතලි කැට අල්ලනවා.

Tile-drain, n. මැටිනළ කානුව; v. මැටිනළ කානු සාදනවා.

Tilery, n. උළු සාදන ස්ථානය, උළුපට්ටලය.

Tiling, n. උළු සෙවිලිකිරීම; උළු සෙවිල්ල, උළු.

Till, n. (සාප්පුවේ) කාසි ලාච්චුව, කාසි පෙට්ටිය, කැටය.

Till, ad. (කරන &c.) තුරු, කල්, තෙක්; till now or then මේ—ඒ—වෙනතුරු &c. *or* තුරා. prep. (ඒ, මෙ, අද, මරණය &c.) දක්වා. [න්වා.

Till, v. (බිම) අස්වද්දනවා; (ඕමේ) ගොවිකම් කර

Tillage, n. අස්වැද්දීම; ගොවිකම, ගොවිකර්මාන්තය.

Tiller, n. සුක්කානම් මිට.

Tilt, n. උඩුවියන, විතානය; of a cart අඹරුව.

Tilt, v. (අසුන් පිටින්) සෙල්ල දරා පොරට දුවනවා. See Joust.

Tilt, v. ඇළකරනවා; ඇළවෙනවා; n. ඇළකම.

Tilth, n. සීසෑම, ගොවිකම.

Tilt-hammer, n. (ලෝහ තළන) යන්ත්‍ර මිටියක්.

Tilting, n. ඇළකිරීම &c.; යන්ත්‍ර මිටියෙන් තැළීම *or* පණපෙවීම.

Timber, n. ලීදඬු, දැව, බාල්ක, ගස් කඳන්.

Timber, v. ලීදඬු දැව ආදිය සපයාදෙනවා *or* හරිගස්සා දෙනවා.

Timber, a. ලීදඬු (මැඩ, වෙළඳාම &c.); දැව ආදියට සුදුසු (ගස්).

Timber-measure, n. දැව මැනීම, ලීදඬු මනින විධිය.

Timber-yard, n. ලීදඬු කොටුව, දඬුහල.

Timbrel, n. (පුරාණයේ) එකැස් බෙරය, කිකිණි රබාන.

Time, n. in gen. කාලය, (මෙ, ඒ, සෑම) කල, (එක්) කලක්; included in a day වේලාව; period අවස්ථාව, අවදිය; occasion ප්‍රස්තාව, සන්ධිය, වතාව, සමය; of repetition සැරය, වර, වාරය, වලිය, වතාව: once සැරයක්, twice දෙසැරයක්, දෙවරක් &c.; three or four times තුන් හතර සැරයක් &c., in quantity තුන්හතර පංගුවක්; in mus. &c. pace (යන, කරන) ප්‍රමාණය, නියම ප්‍රමාණය.

At times වරින්වර, සමහර වතාවල, බාගදට.

In time වේලාසනින්, අප්‍රමාදව, නිසි වේලාවට; කල්යාමෙන්.

Lose time ප්‍රතංගුවෙනවා; (ඔරලෝසුව) පස්සට—පමා—වෙනවා.

Time, v. වේලාව—කාලය—නියමකරනවා; (යමකට ගතවෙන) වේලාව &c. බලාගන්නවා; ප්‍රස්තාවානුකූල කරනවා.

Time-book, n. (වැඩකරන) වේලාව ලියාතබන පොත, වැඩ වේලා පොත.

Time-honoured, a. බොහෝකල් ගෞරවකළ.

Time-keeper, n. ඔරලෝසුව; (මිනිස්සු වැඩකළ) පැගණන් ලියාතබන්නා.
Timeliness, n. කලට වේලාවට යෝග්‍යතාව, ප්‍රසථානුකූලතාව &c.
Timely, a. කලට වේලාවට යෝග්‍ය, ප්‍රසතානුකූල, සමයානුකූල, කාලානුරූප.
Time-piece, n. ඔරලෝසුව, හෝරායන්ත්‍රය.
Time-server, n. (ඒ ඒ වේලාවල හැටියට) අනුන්ට සුසුදුසුලෙස යටත්වෙන්නා, දෙපිට කපන්නා.
Time-table, n. (දුම්රිය ආදිය පිටත්වෙන) වේලා පත්‍රය, කාල ලේඛනය, කාල සටහන.
Time-worn, n. කල්යාමෙන් ගෙවීගිය or නරක්වූ.
Timid, Timorus, a. බයාදු, සැකභය ඇත්තාවූ, භීරුක.
Timidity, n. බයාදුකම, සැකභය, භීරුතාව.
Timidly, ad. බයාදුලෙස, සැකෙන් භයෙන්, චකිත ලෙස.
Tin, n. බෙලෙක්, කසීර; බෙලෙක් භාජනය.
Tin, v. බෙලෙක්වලින් වසාලනවා, බෙලෙක් තහඩු ගහනවා.
Tinctorial, a. වර්ණ සහිත, වර්ණදායක.
Tincture, n. in med. සාරය; (යමකට මිශ්‍රවූ) අමුතු රස—ගුණ—සවල්පයක්; a tincture of pride &c. උඩඟුකම ටිකක්.
Tincture, v. අමුතු රසයක්—ගුණයක්—සවල්පවශයෙන් දෙනවා, යමකින් සවල්පවශයෙන් සංයුක්ත කරනවා. See Imbue.
Tinder, n. මදක්, පුලුස්සාපු රෙදිකෑලි, ගිනිපුළුන්.
Tinder-like, Tindery, a. fig. පහසුවෙන් ඇවිලෙන or ගිනිගන්න.
Tine, n. (ගෑරුප්පුවක &c.) දත්තක්; three tined &c. දැති තුනක් ඇති.
Tinfoil, n. බෙලෙක් කොළ, කසීර පත්‍රය, a leaf of it බෙලෙක් කොළයක්.
Tinge, v. සායම් පොවනවා; අමුතුගුණයකින් සවල්ප වශයෙන් සංයුක්තකරනවා.
Tingle, v. පුපුරුගහනවා, ඊළගහනවා; (වේදනාවිකක් සහිතව) පොපියනවා; (කන්) ලෙලදෙනවා. [රුවා.
Tinker, n. (භාජන ආදී භාජන හරියස්සන) ලෝකු
Tinker, v. පරණ භාජන හරිගස්සනවා, අලුත්වැඩියා කරනවා; fig. අවලක්ෂණ ලෙස හරිගස්සනවා.
Tinkle, v. කිකිණිශබ්ද දෙනවා, ටිංටිංගානවා.
Tinkling, n. කිකිණිශබ්ද දීම &c.; tinkle කිකිණි හඬ. [කරුවා.
Tinman, n. බෙලෙක් භාජන සාදන්නා, බෙලෙක්
Tin-mine, n. බෙලෙක් ආකරය.
Tinny, a. බෙලෙක් මුසු; බෙලෙක් ආකාර.
Tinning, n. බෙලෙක්වලින් වසාලීම &c., see verb.
Tin-plate, n. බෙලෙක්වලින් වසාපු තුනී යකඩ තහඩුව, බෙලෙක් තහඩුව.
Tinsel, n. නොවටිනා දිලිසෙන දෙයක්; තුනී බෙලෙක් හැරසිලි වගීයක්, තෑල.
Tinsel, v. අගේනැති දේවලින් සරසනවා.
Tint, v. සවල්පවශයෙන් පාටක් ගානවා or සායම් පොවනවා. [ණය.
Tint, n. පාට, මන්දවර්ණය; පාට ආකාරය, වර්ණ ප්‍රමා
Tintinabular, a. (මිනිගෙඩියෙන් මෙන්) ශබ්ද නගින, ටිංටිංගාන.
Tiny (ටෛනි), a. ඉතා කුඩා, ක්ෂුද්‍ර, පුංචි.
Tip, n. අග, තොංගරි; මෘදු පහරක්; fig. සංඥව.

Tip, v. උල්කරනවා; අගට වැස්මක්—මිල්ලක්—දමනවා; හෙමින් තට්ටුකරනවා; පෙරළනවා; සන්තෝෂයක්—මුදලක්—දෙනවා; tip a wink ඉඟි කරනවා.
Tippet, n. පිටිකර හා බෙල්ල වැස්මක්.
Tipple, v. (පුරුද්දක් වශයෙන්) මත්පැන් බොනවා.
Tippler, n. (පුරුද්දට හා අධිකලෙස) මත්පැන් බොන්නා, බොනයා, රාසොඬා.
Tipsy, a. මත්වූ, වෙරි, මණ්ඩංවූ.
Tiptoe, n. පාද ඇඟිලි අග. On tiptoe පාඇඟිලි තබා (යනවා); fig. උනන්දුව, පිබිද, (බලාසිටිනවා).
Tiptop, n. ඉතා උස් තැන, මුදුනම; a. ඉතා උස්වූ, ඉතා උසස්, අනගි.
Tirade, n. වැලට කියාගෙනයාම, of abuse වැලට බැණීම, දීර්ඝාපවාදය.
Tire, n. රෝද පට්ටම, නිම්වළල්ල; පෙළ.
Tire, v. වෙහෙසකරනවා &c., see Fatigue; වෙහෙස වෙනවා, ගැහැටවෙනවා.
Tired, a වෙහෙසවූ &c.; be tired of, කරලා අලස වෙනවා, අරුචි සිතනවා.
Tiresome, a. වෙහෙසකරන, වෙහෙස—හිරිහැර—සහිත, හිරහැර. See Tedious &c.
Tiring-room, n. නාට්‍ය ශාලාවක නාට්‍යකරුවන්ට ඇඳුම් ඇඳීමට වෙන්කර තිබෙන කාමරය, නේපථ්‍යය.
Tissue, n. වියමන; in anat. & bot. සූක්ෂම ද්‍රව්‍ය ග්‍රන්ථිය, සූක්ෂම ග්‍රන්ථිතාකෘතිය; fig. series සම්බන්ධ පෙළ, ග්‍රන්ථිතශ්‍රේණිය.
A tissue of falsehood ගොතාපු බොරු වැලක්.
Tissue-paper, n. ඉතා තුනී කඩදාසි.
Tit, n. ක්ෂුද්‍ර දෙයක්, කුඩා අශ්වයෙක්, කුඩා ස්ත්‍රියක්; tit for tat එකටෙක.
Titan, n. in myth. ස්වර්ග සහ පෘථිවියේ කුලුදුලා; pl. ඔහුගෙන් පැවත ආ යෝධයෝ. [ශජ.
Titan, Titanic, a. ඒ යෝධයන් සම්බන්ධ; fig. යෝධ,
Tit-bit, Tid-bit, n. යස මෘදු කෑල්ලක්.
Tithe, n. දහයෙන් පංගුවක්, sp. (ආගමට දෙන) ඔතු; v. ඔතු ගන්නවා.
Tithonic, a. (ද්‍රව්‍යවල) අන්‍ය ගුණජනක (රශ්මි).
Tithonicity, n. අන්‍ය ගුණජනකතාව.
Titillate, v. see Tickle.
Titillation, n. කිතිකැවීම, කැසීම; fig. සුළු ප්‍රීතියක්.
Title, n. (පොතක &c.) නම, මාතෘකාව;
of dignity පටබැඳි නම, පටබැඳි නාමය;
right of ownership අයිතිවාසිකමේ බලය.
Title, v. නමක්—මාතෘකාවක්—තබනවා.
Titled, be, v. ...යන නම &c. තබා තිබෙනවා; adj. පටබැඳි නමක් ඇත්තාවූ.
Title-deeds, n. pl. ඔප්පුව, ඔප්පින්නය, **ඔප්පුතප්පු** &c., see Deed.
Title-page, n. නාම පිට, මුඛපත්‍රය.
Titmouse, n. Titmice, pl. කුඩා කුරුලු ජාතියක්.
Titter, v. ශබ්ද එකක් නවත්වා සිනාසෙනවා; n. චිටිචිටිගාන සිනාව.
Tittle-tattle, n. නිෂ්ඵල දෙඩීම, ප්‍රලාපය; නිෂ්ඵල ලෙස දොඩන්නා.
Tittle-tattle, v. නිෂ්ඵල—සුළු—කාරණ දොඩනවා &c., see Tattle.
Titular, a. (වැඩ—භුක්තිය—නැතුව) නාමය පමණක් ඇත්තාවූ, තිතලාරු.

Titular, Titulary, n. (නිලය-&c. නැති නුමුත්) නාමය දරන්නා, නාමධාරියා.
Titulary, a. නාමයක් සම්බන්ධ, පටබැඳි නාමයක් සහිත.
To, prep. (ඔහු) ට, ගට, ළඟට, වෙතට; addressed to (අනවලා) නමට; to and fro එහාටමෙහාට, ගම නාගමින; as far as දක්වා, හරියා; concerning ගැන; (with verbs, as) to go යන්ට.
To his face ඔහුගේ මුහුණ ඉදිරිපිටදී, ඔහු අභිමුඛයෙහි, ඔහුටම.
Toad, n. ගෙම්බියා.
Toad-stool, n. බිස හතු වර්ගයක්.
Toady, v. නීචලෙස ඉච්චා කරනවා.
Toadyism, n. නීච ඉච්චාව.
Toast, v. පාන්පෙති &c. කරකරනවා; n. කරකල පාන්පෙත්ත, ටෝස් කෑල්ල.
Toast, v. (යමෙකුගේ) ශුභයට—ගෞරවයට—බොනවා; (විශේෂ) නමක් — මාතෘකාවක් — සඳහන් කරනවා; toaster එසේ නම් සඳහන්කරන්නා.
Toast, n. (යමෙකුගේ) ශුභය පිණිස බීමට සඳහන් කරන නම or මාතෘකාව, චූර්ණිකාව.
Toaster, n. (කරකිරීමට) පාන්පෙති &c. අල්ලන ගෑප්පුව, පාන්පෙති ගෑප්පුව.
Toast-rack, n. (කරකල) පාන්පෙති ගරාදි රාමුව.
Tobacco, n. දුම්කොළ.
Tobacconist, n. දුම්කොළ වෙළෙන්දා.
Tobacco-pipe, n. දුම්කොළ බොන පයිප්පය, දුම් කෝව.
Tocology, Tokology, n. see Abstetrics.
Tocsin, n. alarm-bell අනතුර දක්වන සීනුව, උපද්‍රව ඝණ්ඨාරය.
Tod, n. (ලොම්) රාත්තල් විසිඅටක මිටියක්.
To-day, n. අද, අද දවස.
Toddle, v. (කුඩා ළමයෙකු මෙන්) ළඟින් අඩිතබා—වැතිමැති—ඇවිදිනවා.
Toddy, n. රා, සුරා, sweet තෙලිජ්ජ, මීරා; උණුවතුර මුසු මද්‍යය.
Toe, n. පයේ ඇඟිල්ල, පදඟිල්ල, පාදාංගුලිය; big or great toe පයේ මාපටැඟිල්ල, පාදාංගුෂ්ඨය; කුරයේ ඉස්සරහ අද්දර.
Toed, a. පදඟිලි ඇත්තාවූ, narrow-toed &c. පටු පදඟිලි ඇත්තාවූ &c.
Toffy, n. උක්පැණි කැවිල්ල.
Toga, n. (පැරණි රෝමවාසීන් අතර) පිරිමින්ගේ පිට ඇඳුමක්.
Togated, Toged, a. උත්තරසාටකයක් අඳින, උත්තරසාටකාකාර.
Together, ad. (වෙන්නොව) එක්ව, එක්ක, සම්බන්ධව, සංයෝගව; එකතැනට; එකවේලේම; come together එකතුවෙනවා or එක්වෙනවා; together with him &c. ඔහුත් එක්ව or කැටිකරගෙන; all together එකහෙළා.
Toggery, n. (E. coll.) ඇඳුම්, අඩුමැහුම්.
Toggle-joint, n. වැලමිට සමාන සන්ධියක්, වැලමිටි සන්ධියක්.
Toil, n. බර වැඩේ, වෙහෙස සහිත ව්‍යායාමය, ශ්‍රමය, පරිශ්‍රමය.
Toil, v. බර වැඩ—තද වැඩ—කරනවා, වෙහෙසෙනවා, තදලෙස ව්‍යායාමකරනවා.
Toilet, n. ඇඳගැනීම, ඇඟ සකස්කරගැනීම, ඇඳගන්න විධිය &c.
Toilet-table, n. see Dressing-table.
Toilsome, a. වෙහෙසමහන්සි සහිත, උගහට, පරිශ්‍රම ජනක.
Token, n. සලකුණ, නිමිත්ත, සංඥව.
Told, pret. & pp. of Tell, කීවා &c.; කියා &c.; S. adj. කී. &c.
Tolerable, a. ඉවසිය හැකිවූ &c., see verb; මදක් හොඳ, මධ්‍යස්ථ ප්‍රමාණ.
Tolerance, Toleration, n. ඉවසීම &c., ඉවසිල්ල.
Tolerant, a. ඉවසන, රුස්සන, ඉවසිලිවන්ත.
Tolerate, v. ඉවසනවා, රුස්සනවා, විාගන ඉන්නවා, නොවලක්වා ඉන්නවා.
Toll, n. (පාලම්, තොටුපල &c.) රේන්දය; ශුල්කය.
Toll, v. රේන්දය අයකරනවා; ශුල්කය ගන්නවා.
Toll, v. මළ සීනුව තට්ටුකරනවා or තට්ටුවෙනවා.
Toll, n. මළ සීනුවේ ශබ්දය.
Tollage, n. තොටුපල් බද්ද.
Toll-bar, Toll-gate, n. රේන්දපළේ ලිය or ගේට්ටුව.
Toll-bridge, n. රේන්ද ගෙවන පාලම.
Toll-house, n. රේන්දපළේ ගේ.
Toll-man, Toll-gate Keeper, n. රේන්දකාරයා.
Tomahawk, n. (අමෙරිකාවේ ඉන්දියානු) යුද්ධකුඩේ රිය, යුද්ධ පොරව.
Tomahawk, v. යුද්ධකුඩෙරියෙන් ගහනවා or මරනවා.
Tomato, n. තක්කාලි (ගෙඩි, පැළ).
Tomb (ටූම්), n. සොහොන, මිනීවළ; සොහොන් ගෙය.
Tombstone, n. සොහොන් ගල, සොහොන් චෛත්‍ය [ය.
Tom-cat, n. (පිරිමි) බළලා.
Tome, n. see Volume. [තාවූ.
Tomentose, Tomentous, a. in bot. සිහින් බූව ඇත්
Tomentum, n. in bot. සිහින් බූව.
Tomfool, n. විහිළුකාරයා, විගඩම්කාරයා. See Foolery.
To-morrow, n. හෙට, හෙට.
Tom-tom, n. රබාන, බෙරය, භේරිය.
Tom-tom beater, n. දවුල්කාරයා, බෙරවායා &c., see Drummer.
Ton, n. රාත්තල් 2240ක බර, හොන්ඩර විස්සක්; (නැව්ක) ඝනඅඩි හතළිහක්.
Tone, n. (තූර්යයක &c.) ශබ්දය, විරිඝබය, ස්වරය, ස්වරාකාරය; කටහඬ, හඬේ ආකාරය or ගුණය; tone of joy &c. ප්‍රීතිහඬ, ලතෝනි හඬ; in mus. ස්වරපාදයක්, ශබ්ද අඩියක්; half tone ස්වරාංශය; fig. in med. (රෝගාරෝග්‍යතාව ගැන) ශරීර ශක්තිය; [ය.
in paint. වර්ණසම්බන්ධාකාරය, වර්ණසම්මිශ්‍රණ ශක්ති
Tone, v. අමුතු හඬකින් කියනවා, ව්‍යාජස්වරයකින් කියනවා; tone down (වර්ණ &c.) බාලකරනවා.
Toneless, a. ස්වර රහිත, තූර්යස්වර ශූන්‍ය.
Tongs, n. දිග අඬුව, යකඬුව, සන්ඬංශය, සන්ඬංශකය.
Tongue, n. දිව, ජිහ්වාව, of a buckle &c. දිවත, කුඹිම් බිය; fig. කථාබලය, කථා විධිය; භාෂාව; hold one's tongue නිශශබ්දවෙනවා, කට වහගන්නවා.
Tongue-shaped, a. දිවේ හැඩය ඇති, ජිහ්වාකෘති (පත්‍ර &c.).
Tongue-tied, a. දිව හිරවූ, මික්කල්; නිදහසේ කථාකිරීමට නොහැකි or අවසර නොමැති.
Tonguing, n. (දිවතක් කපා or) දිවතකින් පුට්ටුකිරීම.
Tonic, a. ශක්තිජනක; ස්වර සම්බන්ධ. [ය.
Tonic, n. ශක්තිජනකෞෂධය; in mus. මූලික ස්වර

To-night, n. අද රාත්‍රිය.
Tonnage, n. (යම් නැවකින් ගෙනගිය හැකි) බර ප්‍රමාණය, (ටොන් මිම්මෙන් හැටියට) නැවක මහත; නැව් තීරුව.
Tonsil, n. උගුරු කරමලය.
Tonsilitis, n. උගුරු කරමල දූෂය.
Tonsorial, a. ඇම්බැට්ට, කරනැවැමි, මුණ්ඩන.
Tonsure, n. ඉසකේ කැපීම; ඉස්මුඩුන මුඩුගෑම, මුණ්ඩිත තාව; R. C. (පාදිරි) ඉස්මුඩුන් වැස්ම.
Too, ad. වැඩි: too high &c. උස වැඩියි, පහත වැඩියි &c.; conj. ත්; he too ඔහුත්.
Took, pret. of Take, ගත්තා &c.
Tool, n. ආවුදය, ආයුධය, මෙවලම, අවිය, fig. (අන්‍ය යෙකුගේ) ආවුදයක් වැනි කෙනෙක්.
Tool-chest, n. මෙවලම් පෙට්ටිය.
Tool-maker, n. ආවුද &c සාදන්නා.
Toot, v. වූට් යන ශබ්දය කවින්—or හොරණෑමෙන්—කරනවා.
Tooth, n. දත, දන්තය; fang දළ; prong, cog, දත්ත; fig. To have a sweet tooth පැණිරසට කැමතිවීම. To show the teeth (දත් නියවීමෙන් මෙන්) අනතුර කරන්ට හැදීම. See also Cast.
Tooth-ache, n. දත් කැක්කුම, දත් රිදුම.
Tooth-brush, n. දත්මදින බුරුසුව, දත්-කොස්ස, දැහැටිය, දම්වීය.
Toothed, a. දත්—දැති—කඩතොලු—ඇත්තාවූ. See Dentate.
Toothless, a. දත් නැති, දැති නැති; අදන්ත.
Tooth-pick, n. දත්කටුව.
Tooth-powder, n. දත් මදින කුඩු &c, see Dentifrice.
Toothsome, a. රුචි, රසි, රසවත්.
Top, n. මුදුන, තලක්කවටුව, මස්තකය, පිට, මතුපිට; of mast කුඹ මුදුන් තට්ටුව; end of twig අග්ගිස්ස; cover of cart &c. අඹරුව; fig. උසස් ප්‍රමාණය, අධික තරම, මුදුන් සවභාව.
Top, v. මුදුනේ යමක් දමනවා; අග්ගිස්ස—මුදුන—කපාදමනවා, මුදුන් පංගුව ගන්නවා; (අන්‍යයන්ට) වඩා උසස්වෙනවා, මුදුන් පැමිණෙනවා.
Top, n. the toy බඹරය, අත් බඹරය.
Topaz, n. පුෂ්පරාගය, පීතමණිය, පීතාශ්මය.
Top-dressing, n. මතුපිට පොර දැමීම; මතුපිට පොර.
Tope, n. ස්තූපය, දාගැබ.
Topee, n. තොප්පි විශේෂයක්.
Toper, n. කවගත්තක් බොන්නා, බොනයා, බේබද්ද.
Top-gallant, a. (යට කුඹයට ඉහළින්) තුන්වෙනි, ඉහළ, (කුඹය or රුවල).
Top-heavy, a. ඉහළින් බරවූ ඉහළින් බර වැඩිවූ.
Tophaceous, a. (පෙනහල්ලේ) ගල් වැනිවූ, පාෂාණාකාර, පුපුරුසාගමරි.
Tophet, n. Heb. (හින්නොම් මිටියාවතේ) අග්නිස්ථානය; fig. නිරය.
Tophus, n. අස්ථිශෛල්‍යය, ඇටසන්ධි ඉදිමුම.
Topic, n. (කථාවේ, තර්කයේ, රචනාවේ) කාරණාව or එක් කරුණක්, මාතෘකාව.
Topical, a. වෙන්වූ කාරණාවක් සහිත; in med. ශරීර ප්‍රදේශීය.
Topically, ad. වෙන්වූ කාරණ වශයෙන්; ප්‍රදේශාකාරයෙන්.
Top-knot, n. කොණ්ඩය, මුහුළ, කුඩුම්බිය, චූඩාව, ශිඛාව.

Top-mast, n. (ඉහළින්) දෙවෙනි කුඹය, මැද කුඹය.
Topmost, a. ඉතා ඉහළ, (සීපයකින්) ඉතා උස්වූ.
Topographer, Topographist, n. ස්ථාන විස්තරකාරයා.
Topographic, Topographical, a. ස්ථානවිස්තර, ස්ථාන සටහන්වූ.
Topography, n. ස්ථානවිස්තරය, ස්ථාන තොරතුරු සටහන්කිරීම, ස්ථාන සටහන.
Topple, v. (හිසකියක් or ගසක් මුණින් මෙන්) හෙළා දමනවා or වැටෙනවා. [ල.
Top-sail, n. (ඉහළින්) මැද කුඹයේ රුවල, මැද රුවල.
Top-stone, n. මුදුන් ගල.
Topsy-turvy, be, or turn &c., v. පෙරලාතිබෙනවා, පෙරළෙනවා, ඉදිරිපසුකරනවා.
Torch, n. හුළ, ගිනිහුළ, පන්දම, විලක්කුව.
Torch-light, n. හුළු එළිය &c.
Tore, pret. of Tear, ඉරුවා &c.
Toreumatography, Toreumatology, n. පුරාණ කැටයම් රූප විස්තරය.
Torment', v. වධකරනවා, වදවේදනාදෙනවා; හිරිහැරකරනවා.
Tor'ment, n. තද වේදනාව, වදවේදනාව; හිරිහැරය.
Tormenter, Tormentor, n. වධකරන්නා &c.; රෞද්‍ර දුක්ගෙනෙන්නා.
Torn, pp. or a. of Tear, ඉරූ &c.; ඉරුණු, ඉරුණ, ඉරිච්ච. [wind.
Tornado, n. චණ්ඩ මාරුතය, භ්‍රමිය &c., see Whirl-
Torose, Torous, a. in nat. hist. තඩිස්සි—ඉලිප්පුම—ඇත්තාවූ, ශෝථාකාර.
Torpedo, n. වෛද්‍යුත මත්ස්‍යයා; (නෞකා) නාශක වෛද්‍යුත යන්ත්‍රය. [වන.
Torpescent, a. පණඅඩුවේගනවන, පණ නැතිවේගන
Torpid, a. පණ නැතිවුණාවූ, සුප්ත; fig. උනන්දු නැති, මොට්ට, දැනීම මදි.
Torpidity, Torpidness, Torpitude, Torpor, n. (ශීතයට &c.) පණනැතිවූ භාවය, සුප්තතාව, සුප්තිය; fig. උනන්දු නැතිකම &c.
Torpify, v. (ශීතයෙන් &c.) පණ නැති—or අඩු—කරනවා.
Torrefy, v. ගින්නෙන් වේලවනවා, ශුෂ්කකරනවා; (ලෝහ) භස්මකරනවා.
Torrent, n. වේගවත් වතුරබස්නාව, වේගවත් දිය වැල, මහෞඝය, ජලප්‍රවාහය.
Torrid, a. ග්‍රීෂ්මාධික, ගිම්භාන, අත්‍යුෂ්ණ; torrid zone උෂ්ණකලාපය. [වීම.
Torsion, n. වලිකැවීම, ආකුඤ්චනය, වේඨනය, වෙ
Torso, n. (ඉස හා අවයව නැති) රුකඳ, කවන්ධ රූපය.
Tortile, a. වලිකවාපු, ආකුඤ්චිත, දඟර.
Tortoise, n. කැස්බෑවා, ඉබ්බා, ඉදිබුවා, කැසුබුවා, ගල්ඉබ්බා.
Tortoise-shell, n. කැස්බෑලෙල්ල, කැස්බෑපොත්ත; adj. කැස්බෑලෙලි, කැස්බෑපොතු; (පෙනීමෙන්) කැස්බෑලෙලි සමාන (බළලා).
Tortuous, a. වකුටු, වංගු ඇති; fig. කුටිල, වංක.
Torture, v. අතිශයින් වධකරනවා, සැර වදවේදනා දෙනවා, උපපීඩනයකරනවා; හිංසාකරනවා.
Torture, n. තද වදවේදනාව, උපපීඩනය, බලවත් සිත්වේදනාව; හිංසාව.
Torulose, Torulous, a. in bot. තාලසංඝත්‍යාකෘති.
Torus, n. in arch. සහම්භශෝර්ෂ-පාදය, අඩක් වට කුරු අසිය; in bot. සිම්බකෝෂබාරිය.

Tory, n. (පුරාණ චාරිත්‍ර *or* ව්‍යවහාර) සංරක්ෂණ පාක්ෂික ගණිකයා. See Conservative.

Toryism, n. ඒ සංරක්ෂණබම්, සංරක්ෂණ පාක්ෂිකබම්.

Toss, v. t. අතින්—අංවලින්—උඩ විසිකරනවා; about එහාටමෙහාට විසිකරනවා, සොලවනවා, lit & fig. පෙරළනවා; toss off එකපාරට බොනවා; toss up ඔට්ටුවට මිලයක් විසිකරනවා.

Toss, v. i. toss about එහාටමෙහාට විසිවෙනවා *or* පෙරළෙනවා, තදලෙස සෙලවෙනවා; be tossed about (දුකින් &c.) පෙළෙනවා.

Toss, n. tossing උඩ විසිකිරීම &c.; of the head (ආඩම්බරකමින් &c.) ඔළුව ඉස්සීම; of the sea මාරියාව.

Total, a. මුළු, සම්පූර්ණ, අනූන, අඛණ්ඩ; n. මුළු ගණන, එකතුව.

Totality, n. මුළු ගණන, සමස්තය.

Totally, ad. මුළුමනින්ම, එහෙමපිටින්ම, සම්පූර්ණයෙන්ම.

Toto celo, L. මුළු ආකාශ ප්‍රමාණයෙන්, fig. මුළුමනින්ම වෙනස්ව.

Totter, v. (සම්මදිකමින්) සෙලවෙනවා, වැනෙනවා.

Touch, v. vol. (යමකට) අත ගහනවා, අතගානවා, තට්ටුකරනවා, ස්පර්ශකරනවා; (යමක්) සවල්පවිශයෙන් කරනවා;

touch at a place ස්ථානයකට පැමිණ අප්‍රමාදව යනවා;

touch on or upon යන්තම්—අල්පලෙස—සඳහන් කරනවා;

touch up ටිකක්ම හරිගස්සනවා *or* සකස්කරනවා; fig. පහරකින්මෙන් අවුස්සනවා.

Touch, v. invol. තට්ටුවෙනවා, වදිනවා, ගැටෙනවා, ස්පර්ශවෙනවා, තට්ටුව—වැදී—හේත්තුව—ස්පෘෂ්ටව—තිබෙනවා.

Touch, n. touching අතගෑසීම &c., ස්පර්ශය, ස්පෘෂ්ටිය; සැහැල්ලු පහරක්; the sense of ස්පර්ශේන්ද්‍රියය; a touch of anything (යම් දෙයකින්, ගුණයකින් &c.) මදක්.

Touch-hole, n. තිරුවා කත, තුවක්කු කත.

Touchiness, n. ඉක්මනින් අමනාපවෙන ගතිය, නොඉවසිල්ල.

Touching, prep. ගැන, ගැනනම්; adj. හිතට වදින, හිත කම්පාකරන.

Touchingly, ad. හිතට වදිනලෙස &c.

Touch-paper, n. වෙඩිලුණු පොගවාපු කඩදාසිය, ගිනිකඩදාසිය.

Touchstone, n. උරගල, නිකසය, නිකෂ පාෂාණය.

Touchwood, n. දිරූණ ඩියළි ලී, අලකඩ ලී.

Touchy, a. ඉක්මනින් අමනාපවෙන *or* කිපෙන, ඉවසිලිමදි.

Tough, a. (නැමුණත්) පහසුවෙන් නොකැඩෙන, හයි; තද, හයිය ඇති, (මස්); (ශරීරයෙන්) සවිබල; දුෂ්කර, අමාරු (වැඩ).

Toughen, v. හයි—තද—හයි—සවිබල—කරනවා; හයිවෙනවා &c.

Toughness, n. ඉක්මනින් නොකැඩෙන සුලුබව, හයිය; තදකම &c.

Tour (ටූර්), n. තැනින්තැන ගමන්කිරීම, සංචාරණය, පරිභ්‍රමණය.

Tourist, (ටූරිස්ට්) n. තැනින්තැන ගමන්යන්නා, විනෝදය පිණිස දේශාටනය කරන්නා, සංචාරකයා, දේශාන්තර චාරියා.

Tournament, n. සටන් ප්‍රකාශක ක්‍රීඩාව, තරඟ ක්‍රීඩාව, ක්‍රීඩා සටන, බොරු සටන.

Tout, v. (නම්, අත්සන්, වැඩ &c.) ඉල්ලා ඇවිදිනවා, තරව්කරනවා.

Tow (ටෝ), n. දළ හණ කෙඳි, සිත්තත්.

Tow (ටෝ), v. (ඔරුවක් &c.) කඹයකින් ඇදගෙන යනවා; tow-line (නැව &c.) අදින කඹය.

Towage, n. කඹයෙන් ඇදගෙනයාම; (නැව &c.) අදින කුලිය.

Toward, Towards, ad. දෙසට, දිහාවට, දිසාවට, අතට; towards four &c. හතරට ළඟසි *or* ළඟ ගණනක්.

Tow-boat, n. අදින පාරුව &c. [නාව.

Towel, n. තුවාය, (ඇඟ පිසින) රෙදිකඩ, ඇඟපිස්

Towel-horse, n. තුවාය දමන රාමුව, ලියස්වය.

Towelling, n. තුවාසාදන රෙදි, තුවා රෙදි.

Tower, n. උස් කොටුව, අට්ටල.

Tower, v. tower above (වෙන යමකට වඩා) ඉතා උස්ව තිබෙනවා; fig. උසස්ව සිටිනවා.

Tow-path (ටෝ...), n. (පාරුව) ඇදගෙනයන පාර.

Town, n. නුවර, නගරය, පුරය, නියම්ගම, නිගමය, පට්ටනය; the people නුවරු.

Town-clerk, n. නුවර ලේකම.

Town-crier, n. නුවරඅණබෙරකාරයා.

Town-council, n. නාගරික සභාව.

Town-councillor, n. නාගරික මන්ත්‍රීවරයා.

Town-hall, n. නුවර ශාලාව, නාගරික ශාලාව.

Town-house, n. (යමෙකුගේ) නගරගෘහය, නුවර තිබෙන ගෙය.

Township, n. නගරප්‍රදේශය, කඩවත් අතරතුරේ නගරය.

Townsman, n. නුවර වැසියා, පෞරජනයා.

Townspeople, Townsfolk. n. pl. නුවර මිනිස්සු, නගර වාසීහු.

Town-talk, n. නගරකථාව, පොදු කථාව, නුවරුන්ගේ කථාවේ කාරණාව.

Toxicologist, n. විෂවිද්‍යාකාරයා, විෂවිජ්ජාකාරයා.

Toxicology, n. විෂවිද්‍යාව, විෂශාස්ත්‍රය.

Toxodon, n. (මහානිශීත) ධනුර්දන්තයා.

Toy, n. කෙළිබඩුව, සෙල්ලම් බඩුව; නොවටිනා දෙයක්.

Toy, v. සෙල්ලම් ආකාරයෙන් යමක් කරනවා, ක්‍රීඩාවශයෙන් හැසිරෙනවා.

Toyman, n. කෙළිබඩු වෙළෙන්ද.

Trace, n. (පහවූ දෙයකින් වූණ) ලාඤ්ජනය, ඉතුරු ලකුණ, අඩිලකුණ, අඩිපාර; (යමක මුසු) සිංගිත්තක්, අංශුව.

Trace, v. ආකාරය අදිනවා, සලකුණුකරගෙන යනවා; අඩිපාර—*or* වෙන ලකුණු—බලා පසුපස්සේ යනවා.

Trace, n. (අශ්වයා &c. රථය) අදින පටියක්, අදින කඹයක් &c.

Tracery, n. ලතාකර්මය, ලියවැල, ලියකම.

Trache′a (che කී), n. ශ්වාසනාලය, ග්‍රීවානාඩිය.

Trache′æ, n. pl. (ක්ෂුද්‍රප්‍රාණීන්ගේ) ශ්වාසනාලි; (පැළවල) සංශුෂිරනාලි.

Trache′al, a. ශ්වාසනාල, ග්‍රීවානාඩි.

Trachelip′odous, (chel කෙල්), a. ග්‍රීවාපාදික.

Trachel′opods, n. pl. ග්‍රීවාපාදිකයෝ.

Tracheotomy, n. ශ්වාසනාල ඡේදනය, ග්‍රීවානාඩි ඡේදනය.

Trachitis (ට්‍රැකෛටිස්), n. ශ්වාසනාල දහය.
Tracing, n. (පාරක් පිණිස &c.) සලකුණුකිරීම; සලකුණු පාර; ලුහුඬු සටහන.
Tracing-paper n. (සිතියම්) කොටුම්පත් කඩදාසිය.
Track, n. (ගිය බවට) දිගට තිබෙන සලකුණු or තැනින්තැන තිබෙන ලකුණු, as; අඩිලකුණු, රෝදලාඤ්ඡනය &c.; පටු පාර, අඩිපාර.
Track, v. අඩිලකුණු—අඩිපාර &c.—බලා පසුපස්සේ යනවා.
Trackless, a. අඩිලකුණු නැති, අඩිපාරක් නැති, (මුහුද, කාන්තාරය &c.).
Tract, n. පුංචි පොත, පොත් පිංච, පත්‍රිකාව; of land (විශාල) බිම්කෑල්ල, ප්‍රදේශය, කුඹුරු යාය; of water දියතලාව; of space දිගන්තරය.
Tractable, a. හික්මෙන, අසවච්ඡන්ද, විධේය &c., see Docile.
Tractarian, n. (Oxford පාඨශාලාවේ ධර්මචාරීන්-) පත්‍රිකාකාරයා.
Tractarian, a. (ඒ) පත්‍රිකාකාර දෘෂ්ටි.
Tractarianism, a. (ඒ) පත්‍රිකාකාර-දෘෂ්ටිය; ධර්මචාරීන්ද්‍රදෘෂ්ටිය. See Puseyism.
Tractile, a. (කම්බි or කෙඳි වගයෙන්) දිගට ඇදිය හැකිවූ. See Ductile. [ණය.
Traction, n. ඇදීම, ඇදගනයාම, කර්ෂණය; ආකර්ෂ
Traction, Tractive, a. අදින, කර්ෂණ, කර්ෂක.
Tractor, n. අදින බලය, කර්ෂක බලය, කර්ෂකය, කර්ෂකායුධය. [ගම.
Tract-society, n. පත්‍රිකා සමාගම, පුංචි පොත් සමා
Trade, n. වෙළඳාම, වණික් කර්මය; කර්මාන්තය, ශිල්පය, තනතුර; වෙළඳාම්—කර්මාන්තකාර—උදවිය.
Trade, v. වෙළඳාම්කරනවා, ගනුදෙනුකරනවා, in anything බඩු ජාතියක් වෙළඳාම්කරනවා.
Trader, n. වෙළෙන්දා, ගනුදෙනුකාරයා, පණ්‍යාජීවයා.
Trade-mark, n. වෙළඳ ලකුණ. [කයා.
Tradesman, n. සාප්පුකාරයා, කඩකාරයා, ආපණි
Trades-people, n. සාප්පුකාර—කඩකාර—මිනිස්සු, ආපණික ජනයෝ.
Trades-union, n. කර්මාන්තකාර සමාගම.
Trade-wind, n. නියම සෘතු හුළඟ, සෘතුවාතය.
Tradition, n. පරම්පරාගත කථාව, සම්ප්‍රදායය, මුඛපාඨය.
Traditional, Traditionary, a. මුඛපරම්පරාගත, පරම්පරීණ, පාරම්පර්‍යය (වාක්‍ය).
Traditionary, Traditionist, n. පරම්පරීණ කථා පිළිගන්නා.
Traduce, v. කේලම්කියනවා, අපකීර්තිකරනවා &c., see Slander.
Traffic, n. ගනුදෙනුව, වෙළහෙළඳාම්; (පාරක) යනෙන මිනිස් හා බඩු.
Traffic, v. වෙළඳාම්කරනවා &c., see Trade.
Tragedian, n. දුඃඛනාට්‍ය රචනාකාරයා; දුඃඛනාට්‍යකරුවා.
Tragedy, n. දුක් මුසු නාඩගම, ශෝකාන්ත නාටකය, ශෝකාත්මක නාටකය; මනුෂ්‍යඝාතන සිද්ධිය, (මිනී මැරීම් ආදී) දරුණු සිද්ධියක්.
Tragic, Tragical, a. ශෝකාන්තනාටක; ප්‍රාණහර, දරුණු; ඛේදවාචක, ශෝකාත්මක.
Tragi-comedy, n. දරුණු මිශ්‍ර නාඩගම, දුඃඛහාස්‍ය නාට්‍යය. [හාස්‍ය.
Tragi-comic, Tragi-comical, a. දරුණු මිශ්‍ර, දුඃඛ

Trail, n. (යන) දඩයම් පාර, ඉව, ඉව්පාර or අඩිපාර, (වැටී or දමා) දිගට තිබෙන යමක්; කාලතුවක්කු රථයේ පිරුකඳ; follow the trail ඉව අල්ලා—අඩිපාර or ලකුණු බලා—යනවා.
Trail, v. (යමක්) බිම අදිනවා, ඇදගනයනවා; බිම or පස්සේ ඇදියනවා.
Train, n. පස්සේ ඇදියන දේ; ඇඳුමේ පස්සා දිගපංගුව; retinue පිරිවර &c.; series (දිගට යන or තිබෙන) පෙළ, වැල, ක්‍රමය, ශ්‍රේණිය; of railway දුම්රිය පෙළ, දුම්කෝච්චිය.
Train, v. පුහුණුකරනවා, ප්‍රගුණකරනවා, අභ්‍යාසකරනවා, පළපුරුදුකරනවා, (*animals only*) මෙල්ලකරනවා; (trees ගස්) හැඩකරනවා; (කාලතුවක්කු) හරවා මානනවා.
Train-bearer, n. (උත්තමයෙකුගේ) දිග ඇඳුමේ කොණ දරන්නා.
Trained, be, v. පුහුණුකරනු ලබනවා &c., පුහුණුවෙනවා &c.; adj. පුහුණු, පළපුරුදු, ප්‍රගුණිත, ආචරිත, ශික්ෂිත.
Training-school, n. (ගුරුවරුන් etc.) පුහුණුකරවන පාසැල, අභ්‍යාස පාඨශාලාව.
Train-oil, n. තල්මස තෙල්.
Trait, n. රේඛාව, ලක්ෂණය, ප්‍රකාශ ගුණයක්.
Traitor, n. ද්‍රෝහියා, ද්‍රෝහකාරයා, රාජද්‍රෝහියා, මිත්‍රද්‍රෝහියා, විශ්වාසඝාතකයා.
Traitorous, a. ද්‍රෝහි, ද්‍රෝහකාර.
Traitress, n. ද්‍රෝහකාරී. [වා.
Traject, v. එහා පැත්තට විසිකරනවා, ඔබ්බට අරින
Trajectory, n. යමක් විසිවී යන වක්‍රවූ පාර, වක්‍ර ගමන.
Trammel, n. හැසිල්ල; අණ්ඩාකාරය අදින ආවුදයක්; fig. බාධාව.
Trammel, v. හැසිල්ල දමනවා; හිරකරනවා, බාධාකරනවා. [කරනවා.
Tramp, v. පයින් යනවා, තැනින්තැන පයින් ගමන්
Tramp. n. පයින් යාම; තැනින්තැන පයින් යන්නා: පාදඩයා.
Trample, v. පාගනවා, down පාගාදමනවා; corn මඩිනවා, මඩවනවා; fig. මඩිනවා, පාගනවා, හෙළාදකිනවා.
Trampled, be, v. පෑගෙනවා, මැඩෙනවා, ඇඹෙනවා, පාගනු ලබනවා &c
Tram-road, Tram-way. n. යකඩ පිළිලි පාර.
Trance, n. මූර්ඡාව, ප්‍රමෝහය, විසංඥාව, ධ්‍යානය.
Tranquil, a. නිශ්චල, ශාන්ත, ශාන්තදාන්ත.
Tranquility, Tranquilness, n. නිශ්චලකම, නිශ්චලය, ශාන්තිය &c., උපශාන්තිය, ශාන්තතාව &c.
Tranquilization, n. නිශ්චලකිරීම &c., ප්‍රශාන්තකරණය; ප්‍රශාන්තතාව, සමිතතාව.
Tranquilize, v. නිශ්චලකරනවා, ශාන්ත—ප්‍රශාන්ත—උපශාන්ත—කරනවා; soothe නලවනවා.
Trans, Tra, prefixes, එහාට, අනික් පැත්තට, මැදින්, විපර්‍යාසයෙන්, මුළුමනින්ම, යන අර්ථ ඇති උපසර්ග.
Transact, v. සම්පූර්ණයෙන් කරනවා, ඉෂ්ටකරනවා, ප්‍රතිපාදනයකරනවා.
Transaction, n. ඉෂ්ටකිරීම &c., ප්‍රතිපාදනය; කළමනාව, කෘත්‍යය; pecuniary මුදල් පලහිලව්ව; of barter ගනුදෙනුවක්.
Transalpine, a. (රෝමයේ සිට) ඇල්ප්ස් කඳුවැටියට එපිට or උතුරු.
Transatlantic, a. (එංගලන්තයේ සිට) අත්ලන්තික් සාගරයට එපිට.

Transcend, v. (යමකට වඩා *or* යම් ගුණයකින්) උසස් *or* අධිකෝත්තමවෙනවා, අධිකෝත්තමව තිබෙනවා *or* සිටිනවා, සමතික්‍රාන්තවෙනවා &c., උත්තරීතරවෙනවා &c.

Transcendence, Transcendency, n. අධිකෝත්තමතාව &c., අත්‍යුත්තමතාව &c., අධිකෝත්තමතිය, සමතික්‍රාන්තිය.

Transcendent, a. අත්‍යුත්තම, අත්‍යුත්කෘෂ්ට; in phil. මනුෂ්‍යඥානාතික්‍රාන්ත.

Transcendental, a. අත්‍යුත්කෘෂ්ට, අත්‍යුත්තරීතර, ලෝකෝත්තර; in phil. මනුෂ්‍යඥානසාරාතික්‍රාන්ත, පරම විඥාන.

Transcendentalism, n. ඥානසාරාතික්‍රාන්ත - ධර්මය, පරමවිඥාන-ධර්මය; ව්‍යාජතිගූඪ විධිය.

Transcendentalist, n. පරමවිඥාන දෘෂ්ටිකයා.

Transcendently, ad. අත්‍යුත්කෘෂ්ටාකාරයෙන්, උත්තරීතරලෙස, අතිශයින්ම.

Transcribe, v. කොටුම්පතක්—පිටපතක්—ලියනවා.

Transcript, n. කොටුම්පත, පිටපත, sp. ලියාපු කොටුම්පත; gen. සමාන එකක්.

Transept, n. දේවස්ථානයේ හරස් භාගය.

Transfer', v. (අමුතු තැනකට *or* කෙනෙකුට) මාරු කරනවා, පරිවර්තනයකරනවා, (අයිතිවාසිකම) භාරදෙනවා *or* මාරුකරනවා.

Trans'fer, n. transference මාරුකිරීම &c., පරිවර්තනය; transfer, deed of sale සින්නක්කරය.

Transferable, a. මාරුකළහැකිවූ, පරිවර්තනීය.

Transfer-paper, n. කොටුම්පත් කඩදාසිය.

Transfiguration, n. පෙනීම &c. වෙනස්කිරීම *or* වෙනස්වීම, වෙස් පෙරළීම, වේශ විපර්‍යාසය.

Transfigure, v. පෙනීම—හැඩය—වෙනස්කරනවා, වෙස්පෙරළනවා, වේශය මාරුකරනවා.

Transfix, v. (කටුවකින්, හෙල්ලයකින් &c.) ඇන පසාරුකරනවා.

Transform, v. ආකාරය—වේශය—වෙනස්කරනවා, මුළු ස්වභාව වෙනස්කරනවා, අමුතුස්වභාවයකට පමුණුවනවා, විපර්‍යාසකරනවා. [නවා.
Transform brass into gold පිත්තල රත්රන් කර

Transformation, n. ආකාරය වෙනස්කිරීම *or* වෙනස්වීම &c.

Transfuse, v. (දියජාති &c. යම් තැනක) ව්‍යාපනය කරනවා, (නහරවලට අන්‍යලේ) අරිනවා *or* ඇතුල් කරනවා.

Transgress, v. කඩකරනවා, උල්ලංඝනයකරනවා, අතික්‍රමණයකරනවා.

Transgressed, pret. *or* pp. S. adj. කඩකරනලද, කඩකරපු &c., උල්ලංඝිත, අතික්‍රාන්ත.

Transgression, n. කඩකිරීම &c., උල්ලංඝනය, ව්‍යතික්‍රමය; අපරාධය.

Tranship, Trans-ship, v. නැවකින් නැවකට මාරුකරනවා *or* ගෙනයනවා.

Transient, Transitory, a. නොපවතින, අනිත්‍ය, විනශ්වර, අචිර, ක්ෂණභංගුර, ක්ෂණභූත, ක්ෂණික.

Transientness, Transitoriness, n. නොපවතින ගතිය, අනිත්‍යතාව &c.

Transit, n. (තැනකින් වෙන තැනකට) යාම, of goods (say) ගෙනයාම; in astr. සංක්‍රමය, සංක්‍රාන්තිය, of the sun &c. සූර්යසංක්‍රාන්තිය.

Transition, n. (තැනකින් වෙන තැනකට *or* අමුතු ස්වභාවයකට) පැමිණීම; (අමුතු කාරණාවකට) බැසීම; සංක්‍රමණය.

Transition, Transitional, a (එසේ) පැමිණීගතවූත, මාරුවෙන, සංක්‍රමාකාර.

Transitive, a. යන, සඤ්චාර; ... verb සකර්මක ක්‍රියාව.

Translate, v. convey ගෙනයනවා; transfer (අමුතු තැනකට) මාරුකරනවා; of language පිටපත් කරනවා, භාෂාවකට නගනවා, පරිවර්තනය කරනවා, තෝල්ක කියනවා, (ලියවිලි) සත්නකරනවා.

Translation, n. ගෙනයාම &c.; පරිවර්තනය, පිටපත, සත්නය.

Transliterate, v. යම්කිසි භාෂාවක ශබ්ද අන්කිසි භාෂාවක අක්ෂරයන්ගෙන් ප්‍රකාශකරනවා *or* ලියනවා.

Translucent, a. semi-transparent අර්ධස්වච්ඡ; fig. භානුමත්, විශද.

Translucid, a. පැහැදිලි.

Transmarine, a. මුහුදෙන් එපිට.

Transmigrate, v. එකරටකින් වෙන රටකට යනවා; ශරීරයකින් ශරීරයකට ආත්මය වෙනස්වී යනවා, සසර ගමන්කරනවා.

Transmigration, n. of the soul ආත්මපුනරුත්පත්තිය, සංසාරය, සසර, පුනර්ජීවය, පුනරාවර්තිය.

Transmigratory, a. පුනරාවර්ති, සංසාරගාමි.

Transmissible, Transmittable, a. (යම් තැනකට *or* යමක් මැදින්) ඇරිය හැකිවූ (දෙයක්).

Transmission, n. (තැනකට &c.) ඇරීම; යන්ට ඇරීම &c., see verb.

Transmit, v. (තැනකට *or* යමෙක් වෙතට) අරිනවා; (රස්නය, එළිය, ශබ්දය &c.) යන්ට—නොවලක්වා—අරිනවා; metals transmit heat රස්නය ලෝහ ජාති පසාරුවෙනවා *or* ලෝහ මැදින් යනවා; වීදුරුවෙන් එළිය පෙනෙනවා, ලීයෙන් ශබ්දය දුවනවා &c.

Transmutation, n. යමක් අමුතු එකක් කිරීම. as: ඊයම් රිදීකිරීම; in geom. හැඩය වෙනස්කිරීම, අන්‍යාකාරකිරීම, ආකෘත්‍යාදේශය; in bot. (පැළවල) ආකාරය වෙනස්වීම, ආකෘති විපර්‍යාසය.

Transmute, v. යමක් වෙන එකක් කරනවා, අමුතු ස්වභාවයකට පමුණුවනවා, මුළුමනින්ම—ජම්මයම—වෙනස්කරනවා. See Transform.

Transom, n. (නැව් අවරයේ, කවුළුවේ &c.) හරස් දණ්ඩ.

Transom-window, n. හරස් දණ්ඩක් ඇති ජනේලය, හරස්දඬු කවුළුව.

Transparency, n. එත්එද පෙනීම, විනිවිදපෙනෙන ගතිය, ස්වච්ඡතාව; fig. විශදතාව, ප්‍රසාදය.

Transparent. a. විනිවිදපෙනෙන, ස්වච්ඡ; fig. විශද, ප්‍රසාද, ප්‍රත්‍යක්ෂ. [&c.

Transpiration, n. (දිය, ඛාදය, කුපවලින්) පහව යාම

Transpire, v. තනු කුපවලින්—පත්‍රතලයෙන්—අරිනවා *or* පහකරනවා *or* පහවෙනවා; (යමක්) එළිවෙනවා, ප්‍රසිද්ධවෙනවා; සිද්ධවෙනවා; of time කල් ඉක්මෙනවා, අතික්‍රාන්තවෙනවා.

Transplant, v. (පැළ, ගස්) උපුටා වෙන තැනක හිටවනවා; අමුතු තැනක *or* රටක පිහිටුවනවා *or* පදිංචිකරවනවා.

Transport', v, ගෙනයනවා; banish රටනංවනවා &c.; enrapture අත්‍යානන්දනය කරනවා, (ප්‍රීතියෙන්) පිනවනවා; enrage &c. කෝපයෙන්—රාගයෙන්—පුරවනවා.

Trans'port, n. ගෙනයාම ; transport-ship හේවායන්, යුද්ධභාණ්ඩ &c. ගෙනයන නැව ; of delight අත්‍යානන්දය ; of rage කෝපාවේශය ; convict රටින් පිටත හලද වරදකාරයා.

Transportation, a. ගෙනයාම ; රටින් පිට දැමීම.

Transporting, p. ගෙනයමින් &c.; adj. පිනවන &c., අතිප්‍රමෝදක.

Transpose, v. (දෙකක් or ගණනක්) පිහිටි ආකාරය—පිළිවෙල—මාරුකරනවා, විපර්‍යාසකරනවා, පූර්වාපරකරනවා; in gram. අක්ෂර &c. මාරුකරනවා or පෙරළනවා; in mus. මූලශබ්දය — or ක්‍රමය—වෙනස්කරනවා,

Transposition, Transposal, n. (එසේ) පිළිවෙළ මාරුකිරීම or මාරුවීම &c., විපර්‍යාසය; in gram. පද පෙරළිය.

Transubstantiate, v. එක ද්‍රව්‍යජාතියක් වෙන ද්‍රව්‍ය කරනවා, භාවය වෙනස්කරනවා.

Transubstantiation, n. (එසේ) ද්‍රව්‍ය අමුතු වස්තු කිරීම &c., R. C. සත්‍ප්‍රසාද ද්‍රව්‍ය ක්‍රිස්තුස්වහන්සේගේ මාංසය හා රුධිරය කිරීම or වීම, සත්‍යසම්බන්ධ ඇතිය.

Transudation, n. කුපමලින් පිටවීම.

Transude, v. කුපවලින් පිටවෙනවා.

Transversal, Transverse, a. හරස්, හරහට යන or වැටී තිබෙන.

Transversal, n. in geom. (රේඛා) හරහට වැටෙන රේඛාව, හරස්රේඛාව.

Transverse, n. (දිග අතට නොවන) හරස් විෂ්කම්භය.

Transversely, ad. හරහට, හරස් අතට.

Trap, n. උගුල, හබක, මලපත &c., see Snare; fig. අසුකිරීමේ උපායක්, මලපත; (දුගඳ වලක්වන) කානු පියනක්; බෝල ක්‍රීඩාවක්: traps අඩුමුකුට්ටු, දේපළ. [Snare.

Trap, v. මලපතින් අල්ලනවා &c., see Entrap and

Trap, Trap-rock, n. පඩිපෙළ ආකාර පර්වත, මධ්‍යම කාලීන පර්වත.

Trap-door, n. බිම්දොර, වියන්තට්ටුවේ දොර.

Trapezian, Trapeziform, a. විෂමචතුරස්‍ර, විෂමචතුරස්‍රාකාර

Trapezium, n. in geom. විෂමචතුරස්‍රය; in anat. (අත් කරේ) විෂමාස්ථිය.

Trapezohedron, n. (පැති එකාකාර) චතුර්විංශති විෂමාංශ ඝනයක්.

Trapezoid, n. in geom. ද්විභංග විෂමචතුරස්‍රය; in anat. (අත් කරේ) ක්ෂුද්‍ර විෂමාස්ථිය.

Trapezoidal, a. ද්විභංග විෂමචතුරස්‍ර.

Trappings, n. pl. ආයිත්තම්, සුළු හැරසිලි; of elephants &c., ආභරණය. [දේ.

Trash, n. අගේ නැති දේ, ලටපට, (කෑමට) නුසුදුසු

Trashy, a. අගේනැති, නොවටිනා, ලටපට ආකාර.

Traumatic, a. තුවාල ආකාර, තුවාල, ක්ෂත, ක්ෂතජ.

Traumatic, n. තුවාල බෙහෙත්, ක්ෂත ඖෂධය.

Travail, v. වදන වේදනා විඳිනවා, විළි පහරනවා, මිළිලනවා.

Travail, n. වදන වේදනා විඳීම &c., වදන වේදනාව, විළිරුජාව, ප්‍රසව රුජාව.

Trave, Travis, n. අස් ඇන්ද; දූවය, බාල්ක පෙළ.

Travel, v. ගමන්කරනවා, ගමන් යනවා; about සැරිසරනවා, සංචාරණයකරනවා; to and fro ගමනාගමනයකරනවා. නය.

Travel, n. ගමන්කිරීම &c.; ගමන; සංචාරණය, අව

Traveller, n. ගමන් යන්නා, ගමන්කාරයා, මගියා, මාර්ගිකයා, සඤ්චාරකයා, in foreign countries දේශාන්තරචාරියා, දේශාටනය කරන්නා, දේශාටකයා; ගමන්කාර කළමනාකාරයා; ලිස්සියන මලල්ල.

Traverse, a. හරස්; n. හරස් දෙයක්: හරස් පවුරක්; හරස් මග.

Traverse, v. හරහට යනවා, සැරිසරනවා, සංක්‍රමණය කරනවා; හරස් කරනවා, යම් දිගාවකට හරවනවා, විරුද්ධයට හරඹකරනවා; (in law) deny ප්‍රත්‍යාඛ්‍යානයකරනවා, විරුද්ධවෙනවා.

Travesty, v. හාස්‍ය විධියකට පිටපත් කරනවා, විහිළුවට පෙරළනවා.

Travesty, n. පරිහාස්‍ය පිටපත, උපහාස්‍ය විපරීතිය, විහිළු පෙරළිය.

Trawl, v. අදින දැලෙන් මාලු අල්ලනවා.

Trawler, n. අදින දැලෙන් මාලු අල්ලන්නා or අල්ලන නැව &c.

Tray, n. බත්දෝසිය; (wicker) වට්ටිය; betel tray ඉලත්තට්ටුව, බුලත් හෙප්පුව.

Treacherous, a. ද්‍රෝහී, ද්‍රෝහකාර, වංචාකාර, මායා, අවිශ්වාසික.

Treacherousness, Treachery, n. ද්‍රෝහිකම &c., විශ්වාසභංගය.

Treacle, n. උක්පැණි, පැණි, උක්රස, මධුරස.

Tread, v. පාගනවා, (down) පාගාදමනවා; පාගා යනවා, අඩිතබායනවා.

Tread, n. අඩි තැබීම; පඩියේ උඩ පැත්ත; කුරුලු සංසර්ගය.

Treading, n. පෑගීම &c.

Treadle, n. (යන්ත්‍රයේ) අඩි ලෑල්ල.

Tread-mill, n. අඩිතැබීමෙන් කරකවන යන්ත්‍රය, පාදචෝලය.

Treason, n. රාජද්‍රෝහය, රාජද්‍රෝහිකම, රාජාපරාධය; ද්‍රෝහිකම.

Treasonable, a. රාජද්‍රෝහී, ද්‍රෝහකාර.

Treasure, n. මුදල් සම්පත්තිය, ධනය, වස්තුව; අනර්ඝ යමක්.

Treasure, v. මතුවට රැස්කරතබනවා, නිදන්කරනවා.

Treasurer, n. මුදල් භාරකාරයා, භාණ්ඩාගාරිකතැන, ගබඩානිලමේ. [කා ධුරය.

Treasurership, n. මුදල් භාරකාර ධුරය, භාණ්ඩාගාරි

Treasure-trove, n. සම්බවෙන නිධානය.

Treasury, n. මුදල් ගබඩාව, භාණ්ඩාගාරය; (ආණ්ඩුවේ) මුදල් භාරකාර කොට්ඨාසය, මුදල් භාරකාර නිලකාරයෝ.

Treat, v. manage හසුරුවනවා, (යම් ආකාරයකින් යමක් ගැන) හැසිරෙනවා or ක්‍රියාකරනවා;

We treated him well—as a friend &c.—ඔහු ගැන හොඳලෙස ක්‍රියාකාළෙමු &c.

Of what did he treat ඔහු කථාකළේ—දේශනාකළේ—මොකක් ගැනද?

treat with food &c. සංග්‍රහකරනවා, කිම අරන් දෙනවා;

treat a disease or patient පිළියම්—ප්‍රතිකාර—වෙදකම්—කරනවා;

in chem. (රසායන ද්‍රව්‍ය යමකට) අල්ලනවා or ගානවා or දමනවා; [නවා.

treat with ගිවිසීමට—බේරුගැනීමට—කථාකරනවා

Treat, n. සංග්‍රහ කෑම, සංග්‍රහව; විනෝදයට කත යමක්; මහත් ප්‍රීතිදායක දෙයක්.

Treatise, n. (එක් කාරණාවක් ගැන කළ) රචනාව, සංග්‍රහය.
Treatment, n. හැසිරවීම, හැසිරීම, ක්‍රියාකිරීම; වෙදකම, වෙදකමේ අත්දම.
Treaty, n.ගිවිසුම; be in treaty යමක් බේරීමට කථා කරනවා, මන්ත්‍රණයකරනවා.
Treble, a. ත්‍රිගුණ; in mus. තියුණු *or* උස් (ශබ්දය); තියුණු ශබ්දයෙන් ගීකියන.
Treble, in mus. (සංගීතයක් කරන) උච්චනාද කොට්ඨාසය.
Treble, v. ත්‍රිගුණ—තුන්ගුණ—කරනවා; ත්‍රිගුණ වෙනවා.
Tree, n. ගහ, ගස, (pl. ගස්), වෘක්ෂය, රුක; ගහට සමාන යමක්.
Tree-fern, n. පඹ ගහ, ගස්පඹ ජාතිය.
Tree-frog, n. ගස්-ගෙම්බා
Trefoil, n. ත්‍රිපර්ණිය, ත්‍රිපත්‍රතෘණ; in arch. ත්‍රිපත්‍රිකා ආභරණය.
Trellis, Trellis-work, n. ගරාදිය, කතුරු වැට, දැල්වැඩ.
Tremble, v. වෙව්ලනවා, ලෙලදෙනවා, තැතිගන්නවා, කම්පාවෙනවා.
Trembling, Tremor, n. වෙව්ලීම, වෙවිලීම &c. වෙව්ලුම, පොපිය, තැතිය, කම්පාව, විධුතිය.
Trembling, a. වෙව්ලන &c., ප්‍රකම්පමාන, සචල.
Tremendous, a. භයංකාර, ඉතා මහත්, ඉතා බරපතළ, ගජ.
Tremor, n. වෙව්ලීම.
Tremulous, a. වෙව්ලන, සැලෙන, චංචල, ධූලිත.
Tremulousness, n. වෙව්ලන ගතිය &c., චංචලතාව &c.
Trench, n. අගළ, ඇළ, පරිඛාව, පාපොලොන් අගළ.
Trench, v. අගල්—ඇළ—කපනවා; බිම යටට හානවා *or* කොටනවා; also Intrench; trench on, see Encroach.
Trencher, n. ලී පිඟාන; fig. මේසය, කෑම.
Trench-plough, n. යටට හාන නගුල; v. යටටහානවා.
Trend, v. යම් ගුහාවක් දෙසට යනවා *or* (වෙරළ මෙන්) විකින්විකා හැරියනවා.
Trend, n. යම් දිශාවකට විකෙන්විකා හැරීයාම.
Trepan, n. in sur. චක්‍රකියත; v (ඉස්කබලෙන් කෑල්ලක්) චක්‍ර කියතෙන් ඡේදනයකරනවා.
Trepan, Trapan, v. උපායෙන්—රැවටිල්ලෙන්—අසු කරනවා.
Trepan, &c., n. උපාය, මලපත; රැවටිලිකාරයා.
Trephine, n. කුඩා චක්‍රකියත; v. (ශිරෝස්ථිය) කුඩා චක්‍රකියතෙන් ඡේදනයකරනවා.
Trepidation, n. වෙව්ලුම, තිගැස්සිය, තද චකිතය.
Trespass, v. (තැනකට) අවසර නැතුව වදිනවා *or* ලංඝනයකරනවා; අයුක්තිකරනවා; trespass on one's time, kindness, patience &c. යමෙකුගේ කාලය අල්ලාගන්නවා වැනිසි, කරුණාව ඉල්ලනවා—බලාසිටිනවා—වැනිසි, ඉවසන්ට බැරි තරම් යමක් කරනවා.
Trespass, n. ලංඝනයකිරීමේ වරද, විලංඝනය, උල්ලංඝනය, කඩකිරීම, අයුතු ඇතුල්වීම.
Trespass-offering, n. වරද ගැන ඔප්පුකරන පූජාව, වරද පූජාව.
Tress, n. රොද, බොකුටු ඉසකේ රොද.
Tressed, a. රොද—වකුටු ඉසකේ—ඇත්තාවූ; වකුටු රොද ආකාර.
Trestle, Tressel, n. රුකුල් පුටුව, රුකුල් මැස්ස.

Tret, n. (බඩුවල බොල් රොඩු ආදිය නිසා අඩුකරන) බොල් ගණන.
Trevet, n. කකුල් තුනේ මැස්ස.
Tri, prefix, ත්‍රි, තුන, තුනතුන, ත්‍රිගුණ, යන අර්ථැති උපසර්ගය.
Triacontahedral, a පට්ටම් තිහක් ඇත්තාවූ, ත්‍රිංශතංශ, (ඝනයක්).
Triad, n. බැඳි තුනක්, ත්‍රිත්වයක්, ත්‍රිකයක්; in mus. (ප්‍රධාන) ත්‍රිනාදය.
Triadelphous, a in bot. පුරුෂකේශර මිටි තුනක් ඇති (මල්).
Trial, n. පරීක්ෂාකරබැලීම, අත්හදාබැලීම, පරීක්ෂණය කිරීම, පරීක්ෂණය; විභාගය, නඩුවිභාගය, විනිශ්චය කිරීම; පරීක්ෂාව, තද දුක.
Triandria, n. pl. ත්‍රිසමපුරුෂකේශර පැළ.
Triandrial, Triandrous, a. ත්‍රිසමපුරුෂකේශරවත්.
Triangle, n. තුන්හුලස් හැඩය, ත්‍රිකෝණය, ත්‍රිභුජය, ත්‍රිපුටකය, ත්‍ර්‍යස්‍රය; ත්‍රයංගයක්.
Triangular, a. තුන්හුලස්වූ; කොන් තුනක් ඇති, ත්‍රිකෝණ, ත්‍රිභුජ; triangular compasses ත්‍රිභුජ කවකටුව.
Triangularity n. ත්‍රිකෝණාකාරය, ත්‍රිභුජත්වය, කොන් තුනක් ඇති බව.
Triangulate, v. තුන්හුලස් හැඩවලට—ත්‍රිකෝණවශයෙන්—බෙදනවා, ත්‍රිකෝණකරනවා.
Triarchy, n. තුන්දෙනෙක් පවත්වන ආණ්ඩුව.
Tribal, a. ගෝත්‍ර, පෙළපත්; tribal-chief ගෝත්‍රපතියා, කුලපතියා.
Tribe, n. ගෝත්‍රය, පෙළපත, පෙළන්තිය; caste කුලය; portion ප්‍රවිභාගය, කට්ටිය, පෙළ.
Tribometer, n. තැවරෙන ප්‍රමාණය මනින යන්ත්‍රය, ආඝර්ෂමානක යන්ත්‍රය.
Tribulation, n. තද දුක, විපත් විපත්තිය, පීඩිතකම.
Tribunal, n. නඩු ආසනය, විනිශ්චයාසනය; නඩු සභාව, අධිකරණසභාව.
Tribune, n. (පුරාණ රෝමවරුන්ගේ) මහජනාරක්ෂකයා; in France කථිකාසනය.
Tribuneship, Tribunate, n. (ඒ) මහජනාරක්ෂක ධුරය.
Tributary, a කප්පන් දෙන; කප්පන් ආකාර; පරවශ; ආධාරව—දායකව—තිබෙන.
Tributary, n. කප්පන් දෙන රාජ්‍යයක්; අතු ගඟ, ශාඛාගඞ්ගාව.
Tribute, n. කප්පම; සුංගම; දෙන—ඔප්පුකරන—යමක් (වන ප්‍රශංසාව, ගෞරවය &c.).
Tricapsular, a. ත්‍රිබීජකෝශවත් (පුෂ්ප).
Trice, n. ක්ෂණය; in a trice ක්ෂණයකින්, ඉක්මනින්ම.
Trice, v. (යොතකින්) ඉහළ අදිනවා *or* ඇද බදිනවා.
Tricennial, a. තිස්අවුරුද්දක් පවතින, ත්‍රිංශත්වර්ෂ; ත්‍රිංශත්සංවත්සරික.
Tricentenary, n. තුන්සිය අවුරුදු කාලය, ශතවර්ෂත්‍රය.
Triceps, n. in anat. අගඉස් තුනක් ඇති නහරයක්, මුල් තුනක් ඇති නහරයක්, ත්‍රිශීර්ෂනාඩිකාව.
Trichiasis (ch.ක), n). ඇස්පිහාටු පෙරළිය, ඇස්පිහාටු පෙරළි රෝගය.
Trichina, n. Trichinæ, pl. අන්ත්‍රකෘමි ජාතියක්; මාංසකෘමියා.
Trichiniasis, n. මාංසකෘමි රෝගය, ඒ කෘමි සහිත මස් කෑමෙන් අටගන්න රෝගය.
Trichinous, a. මාංසකෘමි රෝගී.
Trichoptera, n. pl. කේශ පියාපත් ඇති මැසි ජාති, කේශපක්ෂ-මක්ෂිකාවෝ.

Trichord, n. තත් තුනක වීණාව.

Trichotomous, a. තුන්කොටස්වලට — තුනතුන —බෙදුණු, ත්‍රිභේදිත.

Trichotomy, n. තුනට බෙදීම, ත්‍රිභේදනය.

Trick, n. රැවටිලි උපාය, මංචාව, ප්‍රයෝග ක්‍රියාව, පහට්ටුව, පොරඩාව, දඟය ; දක්ෂෝපාය ; jugglery ඉන්ද්‍රජාලය ; habit පුරුද්දක්, නරක පුරුද්දක්.

Trick, v. (යමෙකු) උපායකින් රවටනවා, පහට්ටු කරනවා ; trick out අපූරුලෙස—විසුළු ආකාර ගෙන්---අන්දවනවා *or* සරසනවා.

Tricker, **Trickster**. n. ප්‍රයෝගකාරයා, දඟකාරයා, රැවටිලිකාරයා, පොරඩාකාරයා.

Trickery. n. ප්‍රයෝගකාරකම &c., දඟය, පොරඩාව.

Trickish, a. ප්‍රයෝගකාර &c., ප්‍රයෝග—දඟ—රැවටිලි—කරනසුලු.

Trickle, v. වාසිතවා, කාන්දුවෙනවා, ඉතා තුනීලෙස උනනවා *or* ගලායනවා.

Trickster, n. ප්‍රයෝගකාරයා, උපායදක්ෂයා.

Triclinium, n. in anc. Rome (තුන්දෙනෙකුට) භෝජන ආසනය ; භෝජන ආසනාගාරය.

Tricoccous, a. බීජ තුනක් ඇති (පල්ල), ත්‍රිබීජ (ගුළිකය *or* කෝෂය).

Tricolour, n. Fr. tricolor (නිල්, සුදු, රතු, යන) ත්‍රිවර්ණධ්වජය.

Tricornigerous, **Tricornous**, a. අං තුනක් ඇති.

Tricuspid, **Tricuspidate**, a. තුඩ තුනක් ඇති, අග්‍රයන් තුනක් ඇති.

Tricycle, n. රෝද තුනේ පදින රථය.

Tridachtylous, a. (පාද *or* අත්) ඇඟිලි තුනක් ඇති, ත්‍ර්‍යංගුලි.

Trident, n. දත් තුනේ කරුව, ත්‍රිශූලය ; in myth. (සමුද්‍රදෙවියන්ගේ) ත්‍රිශූලරාජදණ්ඩය. [ත්‍රිශූල.

Tridented, a. දති—උල්—තුනක් ඇති, ත්‍රිදන්ත.

Tridentate, a. දත් තුනක් ඇති, ත්‍රිදන්ත.

Tridentine, a. ට්‍රෙන්ට් නම් නගරයට අයිතිවූ, ට්‍රෙන්ට් නාගරික ; ට්‍රෙන්ට් මන්ත්‍රණසභා.

Triennial, a. තුන්අවුරුද්දක් පවතින, ත්‍රිවර්ෂීය ; තුන් අවුරුද්දකට වරක් සිද්ධවෙන, ත්‍රෛවාර්ෂික

Trier, n. උත්සාහකරන්නා ; අත්හදා බලන්නා ; නඩු අසන්නා.

Trifarious, a. in bot. තුන්පෙළකට තිබෙන, ත්‍ර්‍යාවලී.

Trifid, a. in bot. ත්‍රිභේදිත, තුනට බෙදුණු, (කොළ).

Trifle, n. සුළු දෙයක් ; හැඟැල්ලු කෑම *or* කැවුම් ජාතියක්.

Trifle, v. හැඟැල්ලුලෙස—නොවැදගත්ලෙස—හැසිරෙනවා *or* කථාකරනවා, සරදම්කරනවා ;
trifle away නිෂ්ඵලලෙස වියදම්කරනවා *or* ගත කරනවා.

Trifling, a. හැඟැල්ලු ලෙස—සත්පුත් නැති ලෙස—හැසිරෙන ; සුළු, සුළුපටු, සුළුපහේ.

Triflingly, ad. හැඟැල්ලුලෙස, නොසත්පුත්ලෙස, සරදම්ලෙස.

Triflorous, a. ත්‍රිපුෂ්පධාරී.

Trifolium, n. ත්‍රිපර්ණතෘණ ජාති.

Trifoliate, **Trifoliolate**, a. (එක නැටම) ත්‍රිපත්‍රධාරී, ත්‍රිපත්‍රිකාධාරී.

Triform, a. හැඩ තුනක් ඇති, ත්‍රිවිධාකාර.

Trifurcate, **Trifurcated**, a. තුන් අතකට—අතු තුනකට—බෙදුණු, ත්‍රිභේදිත.

Trigamous, a. (එක පොකුරේම) ත්‍රිවිධ පුෂ්පධාරී, ත්‍රිලිංග පුෂ්පධාරී.

Trigamy, n. එකවර පුරුෂයන් හෝ භාර්යාවන් තිදෙනෙක් ඇති බව.

Trigger, n. තුවක්කු කොක්ක, අමුක්කුව ; රෝද කොක්ක.

Trigon, n. ත්‍රිකෝණය ; ත්‍රිකෝණ වීණාව.

Trigonal, **Trigonous**, a. ත්‍රිකෝණ : in bot. තුන්හුලස් (දණ්ඩ).

Trigonometric, **Trigonometrical**, a. ත්‍රිකෝණමානක ශාස්ත්‍රාකාර, ත්‍රිකෝණ මිතිවත්.

Trigonometry, n. ත්‍රිකෝණමානක-ශාස්ත්‍රය, ත්‍රිකෝණ මිතිතය, කෝණ ශාස්ත්‍රය.

Trigraph, **Triphthong**, n. ඒකාබද්ධ ත්‍ර්‍යක්ෂරය, ඒකාබද්ධ ත්‍රිප්‍රාණාක්ෂරය, (adi*eu* වැනිය).

Trigynia, n. pl ත්‍රිස්ත්‍රීකේශර පැළ.

Trigynian, **Trigynous**, a. ත්‍රිස්ත්‍රීකේශරවත්.

Trihedral, a. තුන්පැති, පට්ටම් තුනක් ඇති, ත්‍රිසමාංග.

Trihedron, n. තුන්පැති හැඩය &c., ත්‍රිසමාංගාකෘතිය, ත්‍රිසමාංගයක්.

Trijugate, **Trijugous**, a. ත්‍රියුගලපත්‍රක.

Trilateral, a. පැති තුනක් ඇති, තුන්පට්ටම්, ත්‍ර්‍යංග.

Trilingual, a. භාෂා තුනකින් කථාකරන *or* ලියා තිබෙන, ත්‍රිභාෂා.

Triliteral, a. අකුරු තුනක් ඇත්තාවූ, ත්‍ර්‍යක්ෂර ; n. ත්‍ර්‍යක්ෂර වචනයක්.

Trilith, n. ගල් තුනකින් සාදපු චෛත්‍යය, ත්‍රිශිලා චෛත්‍යය.

Trilithic, a. ත්‍රිශිලාචෛත්‍ය, ත්‍රිශිලාචෛත්‍යාකාර.

Trill, v. *or* n. රෙලෙදෙනවා &c., see Quaver.

Trillion, n. ඉලක්කම් දහනවයකින් ලියන ගණන, දසදහස් ප්‍රකෝටිය.

Trilobite, n. (නිශීත) තුන්පළු කබලුමසා.

Trilocular, a. in bot. ත්‍රෛරන්ධ්‍ර සිමබකෝශවත්, ත්‍රෛරන්ධ්‍ර.

Trilogy, n. සම්පූර්ණ කොටස් තුනක් ඇති නාඩගම, ත්‍රිභේදිත මහාරූපකය.

Trim, a. යසට — හොඳ පිළිවෙළකට — ඇත්තාවූ, කලේලි.

Trim, n. හොඳ *or* නරක ස්වභාව *or* පිළිවෙළ ; be in trim හොඳ පිළිවෙළකට—යසට—තිබෙනවා *or* සිටිනවා.

Trim, v. නිසි පිළිවෙළට පමුණුවනවා, හරිගස්සනවා, (ජ පිණිස) අතු පාහිනවා, රැවුල &c. කපනවා, සනිනවා ; සරසනවා ; suit both parties දෙපිට කපනවා.

Trimerous, a. in bot. කොටස් තුනතුන ආකාර, ත්‍රිකාකාර.

Trimester, n. ත්‍රෛමාසික කාලය.

Trimeter, n. ත්‍රිපදය.

Trimetic, a. ත්‍රිපද ; ත්‍රිවිධ.

Trimly, ad. හොඳ පිළිවෙළකට, යසට, කලේලියට.

Trimmer, n. හරිගස්සන්නා &c. ; (නිතතියේ) පිරිමැසුම් බාල්කයක්.

Trimmings, n. pl. (රෙද්ද ආදී ඇඳුම්වල) අඩුමැසිය, සැරසිලි කොටස් ; කපාඅරින කෑබලි.

Trimness, n. පිටත යස ගතිය, කදිමකම, කලේලිය.

Trimurti, n. (හින්දු වේදයේ) ත්‍රිමූර්තිය, ත්‍රිමූර්ති දෙවියෝ.

Trinal, **Trine**, a. තුන්පට, ත්‍රිගුණ ; ත්‍රිවිධ.

Trine, n. in astr. (ග්‍රහතාරකා දෙකක) අංශ එකසිය විස්සක දුර, (රාශි චක්‍රයෙන්) ත්‍රිභාගාන්තරය.

Trinervis, Trinervate, a. නාරටි තුනක් ඇති, ත්‍රිනාඩිකා, (කොළ).

Tringle, n. (කුඩා) චතුරස්‍ර කූඤ්ඤය.

Trinitarian, a. ත්‍රිත්වාකාර &c., ත්‍රිත්ව &c.; ත්‍රිත්ව දෘෂ්ටි, ත්‍රෛකත්වදෘෂ්ටි.

Trinitarian, n. ත්‍රිත්වදෘෂ්ටියා, ත්‍රෛකත්වදෘෂ්ටියා.

Trinity, n. (පිය පුත් ශුද්ධාත්ම යන) ත්‍රිත්වය, ත්‍රිකත්වය, ත්‍රෛකත්වය.

Trinket, n. වඩා අගේ නැති කුඩා දෙයක්; සුළු ආභරණය.

Trinomial, a. in alg. ත්‍රෛසංඛ්‍යා; n. ත්‍රෛසංඛ්‍යා ගණනක්.

Trio, n. සම්බන්ධ තුන්දෙනෙක්, ත්‍රිකයක්; in mus. ත්‍ර්‍යංග තාලයක්.

Trip, v. පැකිලෙනවා, පැකිලී වැටෙනවා; fig. වරද්දිනවා, වරද්දගන්නවා; trip up පැකිලවනවා, lit. & fig. පැකිලීවැටෙන්ට සලස්වනවා.

Trip along &c., v. තුරිතලෙස—පහසුවෙන්—අස්තබ්ධ යනවා or දුවනවා.

Trip, n. පැකිලීම &c., ලිස්සී වැටීම; වැරද්දීල්ල; සුළු—සන්තෝෂ—ගමනක්.

Tripartite, a. තුන්පංගුවකට බෙදුණු, ත්‍රිභේදිත.

Tripartition, n. තුනට බෙදීම, ත්‍රිභේදනය; ත්‍රිභේදය.

Tripe, n. තම්බාපු ලොකු ගව-බොක්ක.

Tripersonal, n. ත්‍රිත්ව සහිත, ත්‍රිත්වාකාර, ත්‍රිත්වභාවාකාර.

Tripersonality, n. ත්‍රිත්වභාවය, ත්‍රිත්ව සහිතතාව, ත්‍රෛකතාව.

Tripetalous, a. පෙති තුනක් ඇති, ත්‍රිපත්‍ර, (පුෂ්ප).

Tripthongal, a. ඒකාබද්ධ ත්‍රිප්‍රාණාක්ෂර. See Trigraph.

Triphyllous, a. කොළ තුනක් ඇති, ත්‍රිපර්ණී.

Tripinnate, Tripennate, a. තුන්විධියකින් පිහාටුවක් සමාන, ත්‍රිවිධපක්ෂමාකාර.

Triple, a. තුන්පට, ත්‍රිගුණ; තුන්වරක් කරන; v. see Treble.

Triple-crown, n. see Tiara, R. C.

Triple-crowned, a. ත්‍රිකිරීටධාරී.

Triplet, n. එකාකාර තුනක්, ත්‍රිකයක්, බැඳි තුනක්; තුන්පද කවියක්; in mus. (දෙකක වේලාවේ) ත්‍රිස්වරය.

Triplicate, a. තුන්පංගුවක්වූ, ත්‍රිගුණ, ත්‍රිගුණප්‍රමාණ.

Triplicate, n. දෙවෙනි කෙටුම්පතක්; සමානවූ තුන්වෙනි එකක්.

Triplication, n. ත්‍රිගුණකිරීම.

Triplicity, Tripleness, n. ත්‍රිගුණතාව.

Tripod, n. ත්‍රිපාදසනය; කකුල් තුනේ පුටුව; කකුල් තුනක් ඇති දෙයක්.

Triptote, n. in gram. ත්‍රිවිභක්ති වචනය.

Triptych, (ට්‍රිප්ටික්), n. ත්‍රිපංගුඵලකය; ද්විපිධාන ඵලකය.

Trireme, n. අවලපේළි තුනක පාරුව or නැව.

Trisagion, (ට්‍රිසේගියන්), n. ත්‍රිශුද්ධවාචකය or ශුද්ධ ශුද්ධ ශුද්ධ (යන පදය).

Trisect, v. තුනට කපනවා or බෙදනවා.

Trisected, pp. or a. තුනට කපා &c., ත්‍රිච්ඡේදිත.

Trisection, n. තුනට කැපීම, ත්‍රිච්ඡේදනය, ත්‍රිධාකරණය.

Trisepalous, a. පෙති තුනක් ඇති, ත්‍රිපත්‍ර, (නැටිය, මණිය).

Trisoctahedron, n. පට්ටම් විසිහතරක් ඇති ඝන දෙයක්, චතුර්විංශත්‍යංග ඝනයක්.

Trisyllabic, a. ත්‍රිස්වර, ත්‍රිස්වර වාචක.

Trisyllable, n. ත්‍රිස්වරවාචකය, ත්‍රිස්වරවචනය. (Tri-sec-tion, ක-ර-තොත්, සවල්-ප-යෙන්, යන කොටස්වල තුනක් ඇති වචන මෙනි.).

Trite, a. (බොහෝසෙයින් සේවිතයකළ බැවින්) රුචි නැතිවීගිය, පරණ, සෑම කටවලින් කියවෙන, (කිම).

Triternate, a. ත්‍රෛගුණ ත්‍රිපත්‍රිකා (කොළය).

Tritheism, n. පියපුත්ශුද්ධාත්ම යන තුන දෙවිවරු තුන්දෙනෙක්මයයි විශ්වාසකිරීම, ත්‍රෛදේවභාව දෘෂ්ටිය.

Tritheist, n. ත්‍රෛදේවභාවදෘෂ්ටියා.

Tritheistic, n. ත්‍රෛදේවභාවදෘෂ්ටි.

Triton, n. in myth.. (සමුද්‍ර දෙවියන්ගේ පුත්‍රවූ) සමුද්‍ර දේවයෝනියා.

Triturate, v. සිහින්ඩුවට කුඩුකරනවා, සිලමන්කරනවා, අතිචූර්ණකරනවා.

Triumph, a. (පුරාණයෙහි) ජය පෙළහර; (දැන්) ජයගැනීම, ජය, විජය සිද්ධිය; ජයප්‍රීතිය.

Triumph, v. ජයගන්නවා, දිනාගන්නවා; ජයඝෝෂා පවත්වනවා.

Triumphal, a. ජය සම්බන්ධ, ජයසමාරම්භ; ප්‍රීති ප්‍රකාශක.

Triumphant, a. ජයගත්, විජයමාන; ජය ගැන ප්‍රීතිවෙන.

Triumphantly, ad. ජයගනිමින්, ජයාකාරයෙන්; ජය ඝෝෂාවෙන්.

Triumvir, n. සම්බන්ධ තුන්දෙනෙකුගෙන් කෙනෙක්, ත්‍රිත්වසංයෝගාධිපතියා.

Triumvirate, n. එක නිලයෙහි තුන්දෙනෙකුගේ සංයෝගය, ත්‍රිකාධිපත්‍යය.

Triune, a. ත්‍රෛක, ත්‍රෛකත්ව.

Trivalve, n. පියන්තුනේ සිප්පිය; තුන්කබල් බෙල්ලා.

Trivalvular, a. පියන් තුනක් ඇති, ත්‍රිපිධාන, (කටුව).

Trivial, a. සුළු, සුළුපටු, නොවටිනා නොවැදගත්.

Trivium, n. (ව්‍යාකරණය, තර්කය, ව්‍යක්ත කථනය යන) ත්‍රෛශාස්ත්‍රමාර්ගය, ත්‍රිමාර්ගය.

Trocar, n. (උදරරෝගියාගෙන් ජලය ගන්න) ජලාසූචිය.

Trochaic (ch. ක),* a. ප්‍රථම ශබ්ද බරවූ, ප්‍රථම ශබ්ද භාර, (කවිපදය).

Trochee*, n. (Ring'ing යි'ම් යනාදී වචනමෙන් බර ශබ්දය මුලට ඇතුව) ශබ්ද දෙකක් ඇති කවිපදයක්, ප්‍රථමශබ්දභාර පදය.

Trochilics,* n. pl. චක්‍රභ්‍රමණ ශාස්ත්‍රය. [ත්‍රය.

Trochoid, * n. (කෙළින් දුවන) චක්‍රසඤ්චාරණකා

Trochometer,* n. (දකුළින් දුවන) චක්‍රභ්‍රමණමානක යන්ත්‍රය.

Troglodyte, n. ගුහාවාසියා.

Troglodytic, a. ගුහාවාසි, ගුහාවාසීන් ආකාර.

Troll, v. (වළල්ලක් &c.) කරකවාගෙන යනවා, (ගෝලයක් &c.) බිම පිසිකර අරිනවා; තුරිතලෙස—පහසුවෙන්—වචන පිටෝඅකරනවා; රෝද බිලිපිත්තෙන් බිලිබානවා; කැරකීගෙන යනවා.

Trollop, n. යසට නාඩින ස්ත්‍රී. [මැස්ස.

Trolly, n. (දුම්රියපාරේ තල්ලුකර යන) රෝද

Trombone, n. තුන්නළාහොරණෑව, බස්තේරුව.

Troop, n. රැස්වූ සෙනගක්, සේනාව, සමූහය, යුද්ධ සමූහය; pl. සේවායෝ, යුද්ධසේනා.

Troop, v. සමූහ වශයෙන් රැස්වෙනවා; සමූහයක් වශයෙන් යනවා.

Trooper, n. අසරුවා, අසරු සේවායා.

Trope, n. උපමා වාක්‍යය, උපමේයෝපමාව, උපක්ෂේපය.

Trophy, n. ජය සලකුණ, ජයස්මාරණ සලකුණ; වර්ණිත සලකුණ.

Tropic, n. සූර්යාවර්තනස්ථානය, of Cancer කර්කටකනිවර්තනය, of Capricorn මකර-නිවර්තනය; the space between ක්‍රාන්තිවලය, ක්‍රාන්තිමණ්ඩලය; pl. tropics ඝර්මකලාපය.

Tropical, a ක්‍රාන්තිවලයට—උෂ්ණකලාපයට—අයිති වූ, ඝර්මකලාපික, උෂ්ණකලාපයේ &c.; උෂ්ණකලාපාකාර. See Intertropical.

Tropological, n. උපමාවාක්‍යාකාර, උපක්ෂේප.

Tropology, n. උපමාවාක්‍යාකාරය, උපමාවාක්‍යතාව, උපක්ෂේපතාව.

Trot, v. බලුහැල්මේ දුවනවා *or* දුවවනවා; n. බලුහැල්මේ දිවීම.

Trotter, n. බලුහැල්මේ දුවන සතෙක්; pl. උයාපු බැටළු—ඌරු—පාද.

Troubadour (ට්‍රෑබඩූර්), n (පුරාණ) විරිදු කවිවරයා.

Trouble, n. සංවේගය, දුක, කනගාටුව, දුක් කනගාටුව, විපත; වෙහෙස, කරදරය.

Trouble, v. පෙළනවා, කනගාටුකරනවා, දුක් දෙනවා, කරදරකරනවා; වෙහෙස දෙනවා, ලෙල්ලම්කරනවා.

Troublesome, a. වෙහෙස දෙන, ලෙල්ලම්කරන; කරදර, වෙහෙසමාන්සි සහිත, අමාරු.

Troublous, a. පෙළීම්—දුක් කනගාටු—සහිත; පීඩනෝත්පාදක.

Trough, n. (සතුන්ගේ) කෑම ඔරුව, ද්‍රෝණිය, නිපානය; in geol. ද්‍රෝණි ආකාර තැන; of the sea රළ-පල්ලම, තරංගද්‍රෝණිය.

Trounce, v. (E. coll.) තර්ජනාකරනවා, හොඳට තළනවා.

Trousers, n. pl. කලිසම, සරුවාලය, S. pl. pairs of කලිසම් &c.

Trousering, n. කලිසම් සාදන පිළි, කලිසම් රෙදි.

Trousseau (ට්‍රෑසෝ'), n. Fr. (මනමාලියගේ) ඇඳුම් පැළඳුම් පෙට්ටිය.

Trout, n. මිරිදියේ කුඩා මත්ස්‍ය ජාතියක්.

Trover, n. in law (ඉබේ සම්බන්ධුණ) බඩු අත්කර ගැනීම; ඒගැන හිමිකාර නඩුව.

Trow, (ට්‍රෝවු), v. obs. (යම් ආකාරයක්යයි) සිතනවා, විශ්වාසකරනවා.

Trowel, n. හුනුහැන්ද; (වතුකාර) කුඩා සෙකේප්පය, හැන්ද.

Troy, Troy-weight, n. රත්බර ක්‍රමය, රත්බර, රත්තලට ඖන්ස දොළහේ ක්‍රමය.

Truant, a. අලස, පැනලායන; n. අලසයා &c.; play truant (වැඩට, සෙකෝලයට, නොගොස්) මග අරිනවා &c.

Truce, n. කලකට සටන අත්හිටවීම; ලුහුඬු සන්ධියක්.

Truck, n. (මිල නැතුව) බඩු ගනුදෙනුව; (මිල නොව) බඩු පසිකොට දීම.

Truck, n. (රෝද දෙකේ) අත්කරත්තය; (දුම්රිය පාරේ) බඩුකරත්තය.

Truckle, v. නිචලෙස යටත්වෙනවා, අන්‍යයෙකුගේ කැමැත්තටම යටත් වෙනවා.

Truculent, v. චණ්ඩ, ප්‍රචණ්ඩ, කෲර &c., see Ferocious.

Trudge, v. අනලස්ව පයින් යනවා; වීර්යයෙන් අසීනබා යනවා.

True, a. සැබෑ, සත්‍ය; අව්‍යාජ, අවංක, විශ්වාස්‍ය; exact හරිගටම තිබෙන.

True-bill, n. in law සත්‍ය දෝෂාරෝපණ පත්‍රය (යන නියමය).

True-hearted, a. අවංක හිතක් ඇති, හිතෙන් සැබෑවූ.

Trueness, n. සැබෑකම, සත්‍යතාව &c.; සම්පූර්ණ හරිකම.

Truffle, n. සුවඳ ගත්ත, සුගන්ධ දිලිරය.

Truffled, a. සුවඳගත්තු මුසු.

Truism, n. ප්‍රත්‍යක්ෂ සත්‍යය, සැමදෙනා පිළිගත්ත සැබෑවක්.

Truly, ad. සැබෑලෙස &c., සැබෑවටම, සත්‍යතාවෙන්, සත්‍යාකාරයෙන් &c.

Trump up, v. (කථා &c.) බොරුවට උපදවනවා, මොන සාක්ෂි නුමුත් සොයාපානවා.

Trump, n. දිනුම් කඩදසි ගණන, දිනුම් ක්‍රීඩාපත්‍රය.

Trumpery, n. හැල්ල; ලටපට, අගේ නැති දේ; a. සුළුපටු, නොවටිනා.

Trumpet, n. හොරණෑව, බස්තේරුව, සින්නම; ear-trumpet ශ්‍රවණනාලිය.

Trumpet, v. හොරණෑවෙන් දන්වනවා; fig. ප්‍රසිද්ධකරනවා.

Trumpet-call, n. හොරණෑවෙන් දෙන අණ; හොරණෑ ශබ්දය.

Trumpeter, n. හොරණෑකාරයා, හොරණෑව පිඹින්නා; ප්‍රසිද්ධකරන්නා.

Trumpet-flower, n. (රට) අත්තන, උන්මත්ත.

Truncate, v. මුදුන—තොංගල—කපාදමනවා.

Truncate, a. in bot. අග්‍රභින්න (පත්‍ර), තොංගල කොට.

Truncated, a. මුදුන කපාදැමූ, අග්‍රච්ඡේදිත, (cone *or* pyramid).

Truncation, n. මුදුන කපාදැමීම, අග්‍රච්ඡේදනය; අග්‍ර—කෝණ—ච්ඡේදිතතාව. [ය.

Truncheon, a. මුගුර, ලගුඩය, අණපොල්ල, කොනත

Trundle, v. (වළල්ලක් මෙන්) පෙරළාගනයනවා, පෙරළීගනයනවා; (කුඩා රෝද ඇති දෙයක්) ඇදගනයනවා.

Trunk, n. (ශරීරයේ, ගසේ &c.) කඳ, pl. කඳන්; proboscis හොඬ, හොඬවැල; (සමෙන් වසා තිබෙන) බඩුල්පෙට්ටිය, පේටකය.

Trunk-line, n. (දුම්රිය &c. යන) ප්‍රධාන පාර, ප්‍රධාන දුම්රිය පාර.

Trunnion, n. (කුඹීරයක් සමාන) කාලතුවක්කු පොහොට්ටුව.

Truss, n. bundle (පිදුරු &c.) මිටිය, කට්ටය; in sur. අන්ත්‍රවෘද්ධිබන්ධනය; in bot. මුදුනේ මල් පොකුර, අග්‍රපුෂ්පප්‍රකරය; in arch. කාප්පය.

Truss, v. එක්කර බඳිනවා; (ඉවීමට කුකුළන් &c.) කුර ගසා බඳිනවා.

Trussed-roof, n. කාප්ප ඇති වහල, කාප්ප වහල.

Trussing, n. එක්කර බැඳීම &c.; කාප්ප දැව.

Trust, n. විශ්වාසකිරීම, විශ්වාසය, විශ්වාස කාරණය; භාරයේ තිබෙන දේ, give on trust (විශ්වාසය පිට) ණයට දීම.

Trust, v. rely on විශ්වාසකරනවා; hope බලාපොරොත්තුවෙනවා; intrust භාරකරනවා; sell on trust ණයට දෙනවා.

Trust-deed, n. භාරදීමේ පත්‍රය, භාරකාර ඔප්පුව.

Trustee, n. (නඩුමාර්ගයෙන් නියමවූ) භාරකාරයා, (යමක්) භාරගන්නා.

Trusteeship, n. භාරකාරකම, භාරකාරත්වය
Trustful, a. විශ්වාසකරන, විශ්වාසප්‍රතිපන්න.
Trustfully, ad. විශ්වාස ඇතුව, විශ්වාසය තබා.
Trustiness, Trustworthiness, n. විශ්වාස්‍යතාව, විශ්වාසාභිතාව, විශ්‍රබ්ධතාව.
Trustworthy, Trusty, a. විශ්වාස කටයුතු, විශ්වාස්‍ය, විශ්වාසාභී, විශ්‍රබ්ධ, කුලූපග.
Truth, n. සැබෑව, සත්‍යය, ඇත්ත; (කථාවේ &c.) සැබෑකම, යථාතාව, නිබොරුකම, සම්‍යක්ත්වය; in truth ඇත්තවම, සැබෑවටම.
Truthful, a. truth speaking සැබෑව—ඇත්ත—කියන, සත්‍යවාදී, සත්‍ය ව්‍රත; true සබෑවට—ඇත්තට—එකඟ, සැබෑවූ.
Truthfulness, n. සැබෑව &c. කියනසුලුබව, සත්‍යවාදීකම; සැබෑකම, සත්‍යතාව.
Truthless, a. සැබෑ නැති, අසත්‍ය, අවිශ්වාස, ව්‍යාජ.
Try, v. endeavour උත්සාහකරනවා; experiment අත්හදාබලනවා; test පරීක්ෂාකර බලනවා; try judicially නඩුකියනවා, නඩුගන්නවා; විනිශ්චය කරනවා; strain, the eyes &c. ඇස්වලට—ශක්තියට &c. —අමාරුවෙනවා *or* කරනවා; try on (ඇඳුම් &c.) දමා බලනවා.
Trying, p. උත්සාහකරමින් &c.; adj. අමාරු, උකටලී, පරිශ්‍රමජනක.
Try-sail, n. (චණ්ඩමාරුත) ත්‍රිකෝණ රුවල.
Tryst, n. දෙදෙනෙක් හමුවීමට නියමකරගැනීම; එසේ නියමකරගත් තැන, සංකේතස්ථානය.
Tub, n. බාල්දිය, හඹුඹරුව.
Tube, n. නළය, නාලය, නාලිය, නාඩිය; tubing නළ &c. See Tubular. [ශෝථය.
Tuber, n. අල, කන්දය; in anat. අස්ථිශිඛය; in sur.
Tubercle, n. තද කුරුලෑව, දෘඪ පිඩකය, දෘඪ සෞත්‍රවය; in bot. ගැටය.
Tubercular, n. පිඩක බහුල; පිඩකජ, සෞත්‍රවජ; සෞත්‍රවජනක.
Tuberculosis, n. ක්ෂය රෝගය.
Tuberculous, n. පිඩක—සෞත්‍රව—සහිත; සෞත්‍රවජනක, සෞත්‍රවරෝගී.
Tuberiferous, Tuberose, Tuberous, a. අල දරන. කන්දධාරී.
Tuberosity, n. අල හැඩය, කන්දාකෘතිය, (අස්ථියක) ශිඛාකෘතිය.
Tubular, a. නළහැඩය ඇති, නාලාකෘති; tubular vessel නාලිය &c., see Tube, රසායනාව.
Tubulated, a. නාලාකෘති; නාලයක්—නාලමුඛයක්—ඇත්තාවූ.
Tubule, n. කුඩා නළය, ක්ෂුද්‍රනාලිය.
Tubuliform, a. නාලාකෘති.
Tubulibranchia, n. pl. නාලකෝෂක පාදිකයෝ.
Tubulons, a. නාලාකාර, නාලාකෘති, නාලාත්මක, (පුෂ්ප &c.).
Tuck, v. ඔපනැයි මහනවා, ඔපනැයි දමනවා; tuck in *or* up ඇතුළට නමා—රුවා—තබනවා.
Tuck, n. ඔපනැයිය, රැල්ල.
Tucker, n. ළය ලොව්වීය, රවුක්කය.
Tuesday, n. අඟහරුවාද, කුජදින.
Tufa, Tuff, n. කූපපාෂාණය.
Tufaceous, a. කූපපාෂාණ; කූපපාෂාණකාර.
Tuft, n. (ඉසකේ කෙඳි, පිහාටු &c.) කුඹිම්බිය, කොණ්ඩය, පොහොට්ටුව, ශේඛරය, of the coconut පොල්මුඹුව.

Tufted, a. කුඹිම්බියක් ඇත්තාවූ &c., ශේඛරිත.
Tuft-hunter, n. fig. අසිකලෙස උත්තමයන් ප්‍රසන්න කරන්නා,
Tug, v. වියදීයෙන් අදිනවා *or* ඇදගනයනවා.
Tug, n. වියදීයෙන් ඇදීම &c.; (වෙන නැව් අදින) ඇදුම් දුම්නැව.
Tuition, n. ඉගැන්වීම, පුහුණුකිරීම, ශික්ෂණය.
Tulip, n. මල් ජාතියක්.
Tumble, v. හදිසියෙන් වැටෙනවා, කඩාවැටෙනවා; about පෙරළෙනවා, පෙරළනවා, හෙළනවා, කඩා දමනවා; කරණම්දමනවා &c.
Tumble-down, a. කඩාවැටෙන, කඩාවැටෙන්ට යන, ජරාවාසවූ.
Tumbler, n. කරණම්දවන්නා, පිනුම්කාරයා, පළිවකයා; (යමක්) බොන වීදුරුව, තඹලේරුව; පෙරළීම් පරවියා.
Tumblerful, n. තඹලේරුවකට අල්ලන ප්‍රමාණය.
Tumbrel, Tumbrill, n. යුද්දෝපකරණ රථය; වේවැල් හොඳුරු පෙට්ටිය.
Tumefaction, n. තන්ස්සිකිරීම, තන්ස්සිවීම, ඉදිමීම, ඉදිමුම.
Tumefy, v. තන්ස්සිකරනවා, තන්ස්සිවෙනවා, ඉදිමෙනවා, ශෝථවෙනවා.
Tumid, a. තන්ස්සිවී—ඉදිමී—ශෝථවී—තිබෙන; fig. පුම්බම්කාර, බහුමැති, (කථා)
Tumidness, n. තන්ස්සිගතිය, ඉදිමුම්කම, ශෝථතාව.
Tumour, n. තන්ස්සිය, ඉදිමුම, ශෝථය, සෞත්‍රවය, සෞත්‍රවකය.
Tump, n. ගොඩැල්ල; v. (ගස්මුල් වටකර) ගොඩැලි කරනවා.
Tumular, a. ගොඩක්වූ, ගොඩක් ආකාර,. ගොඩැලි ආකාර, ප්‍රචයාකාර. [බහුල.
Tumulose, Tumulous, a. ගොඩැලි ගහනවූ, ප්‍රචය
Tumult, n. කෝලාහලය, කුතුහලය, කෝතුහලය, කලහය, සටකපටය.
Tumultuous, a. කෝලාහල &c., කෝලාහල ආකාර &c., ආරාවුල්වූ.
Tumulus, n. ගොඩ, ගොඩැල්ල, ගොඩැල්ලක්වූ හොහොන්පල. [මිම්ම.
Tun, n. ලොකු බාල්දිය, ලේගරය; පිප්ප දෙකේ
Tune, n. තාලය, වෘත්තය, තාලම; be in tune (තූර්යයේ) ශබ්ද—ශබ්ද ක්‍රමය—හරිව තිබෙනවා; fig. හරි—තිසි—ස්වභාවෙහි සිටිනවා; in phren. නාදේන්ද්‍රියය.
Tune, v. (තූර්යභාණ්ඩ) නිසි ශබ්දක්‍රමයට එකඟකරනවා, ශබ්ද හරිගස්සනවා.
Tuneful, a. (ශබ්දයෙන්) මිහිරි &c., Harmonious.
Tuner, n. තූර්යනාද හරිගස්සන්නා.
Tunic, n. (පුරාණ) දිග යට ඇඳුමක්, (දැන්) R. C. දිග ඇතුල්වස්ත්‍රයක්; ඉහපටි කබායක්; ජම්මවැස්ම, පටලය, ජම්කාව, ප්‍රච්ඡාදනය.
Tunicary, n. Tunicaries, *or* Tunicata, pl. චම්ජම්කාප්‍රාණියා [දිත.
Tunicated, a. in. bot. පටල ඇති, ජම්කාවෘත, ප්‍රච්ඡා
Tunicle, n. කුඩා ජම්ම වැස්මක් &c., ක්ෂුද්‍ර ප්‍රච්ඡාදනය.
Tuning-fork, n. වානේ ශබ්දකාර කරුව, ශබ්දදෙන ආවුදයක්.
Tuning-key, n. තූර්ය ඇණ යතුර.
Tunnel, n. බිම්ගෙය, උමග, උමංගෙය; v. උමං හාදනවා, මගක් හාරනවා.

Tunnelled, a. උමඟක් ඇති, සිදුරු—නළ—මග—නාරු තිබෙන.

Tup, n. (පිරිමි) බැටළුවා.

Turban, n. තලප්පාව, ඉසකඩ, ශිරෝවේෂ්ටනය; සක්නැබ, ශංඛනාභිය.

Turbid, a. muddy බොරවූ, මඩවූ, කලුෂ, ආවිල, අනච්ඡ.

Turbinate, Turbinated, a. සංඛසූරි, ශංඛාකාර; in bot. බඹරහැඩය ඇති.

Turbine, n. හරස් ජලරෝදය.

Turbulence, Turbulency, n. අතිචංචලය; කෝලාහල ගතිය &c.

Turbulent, a. අතිචංචල; කෝලාහල, කෝතුහල, කලහකාර.

Tureen, n. හොදි භාජනය.

Turf, n. තණ පොලව; තණ පිඩැල්ල; also Peat; fig. අශ්වධාවන භූමිය; අශ්ව පැන්නවීම; v. see Sod.

Turfiness, n. තණපොළෝ ගතිය; තණපොළෝ බහුලකම.

Turfing-spade, n. තණ පිඩලි කපන සෝප්පය.

Turgent, Turgescent, a. තඩිස්සිවෙන, ඉදිමෙන, ඌදුවෙන.

Turgescence, n. තඩිස්සිවීම &c., ඌදුගතිය, ඉදිමුම් කම; fig. පුම්බම්කාරකම.

Turgid, a. ඉදිමී—ඌදුවී—ගෝප්පවී—තිබෙන, fig. ගර්විත, පුම්බම්කාර.

Turgidity, Turgidness, n. ඉදිමුම්කම, ඌදුගතිය &c.

Turk, n. තුර්කියේ වැසියා; fig. චණ්ඩයා.

Turkey, n. කළුකුමා.

Turkey-hen, n. කළුකුමී.

Turkey-red, n. පච්චවඩම් පාට, රක්තවර්ණය. [කි.

Turkish, a. තුර්කියට—තුර්කිවරුන්ට—අයිතිවූ, තුර්

Turmeric, n. curcuma longa කහ, අරත්කහ, කහා, පීතමූලය.

Turmoil, n. තද වෙහෙසීම, ආරාවුල, කලබලය.

Turn, v. t. round or aside හරවනවා; over පෙරළනවා; make revolve කරකවනවා;
  turn aside, avert, වලක්වනවා, නවත්වනවා;
  away or off අහක්කරනවා, පහකරනවා, නෙරපනවා; [වා;
  down or in නමනවා, පහතට—ඇතුළට—නමන
  in a lathe (ලියන කදෙන්) ලියනවා;
  inside out &c. ඇතුල්පැත්ත පිට පෙරළනවා, මාරුකරනවා; [නවා;
  into Sinhalese &c. සිංහලකරනවා, සිංහලට නග
  into anything යමකින් යමක් කරනවා *or* සාදනවා;
  into money මුදල්කරනවා;
  out පිටකරනවා, පිටමංකරනවා, පිටතට අරිනවා; එළියට—පිටතට—ගෙනෙනවා;
  sour &c. ඇඹුල්—පිළිනු කරනවා, යම් ස්වභාවකට පමුණුවනවා *or* පෙරළනවා;
  any one's brain *or* head උන්මාද—විකල්—කරනවා;
  evil into good &c. අයහපත යහපතට පෙරළනවා, වෙනස්කරනවා; [වා;
  the edge *or* point මුවාත—තුඩ—පස්සට නමන
  the mind &c. to යමකට හිත—කල්පනා—යොමු කරනවා, හරවනවා.

Turn, v. i. කැරෙනවා; පෙරළෙනවා; කරකැවෙනවා; change වෙනස්වෙනවා;
  turn black &c. කළුවෙනවා, යම් ස්වභාවයකට පැමිණෙනවා;
  aside or away අහක්ව—අහකට—යනවා;
  in or out &c. ඇතුළට—පිටට &c.—නැමෙනවා *or* හැරෙනවා; නිදාගන්ට යනවා; නින්දෙන් නැගිටිනවා;
  turn out to be anything යමක් බව අන්තිමේදී පෙනෙනවා;
  turn out well or ill &c. හොඳ—නරක—වෙනවා, ප්‍රයෝජනවත් වෙනවා &c.;
  turn up ඉහළට හැරෙනවා *or* නැමෙනවා; (නැතිවූ දේ) ඉබේ සම්බවෙනවා, එළිවෙනවා.

Turn, n. හැරීම; කැරකීම; පෙරළීම; (ලනු) වෙළුම; වංගුව; වෙනස්වීම, විපර්යාසය;
  my turn &c. මගේ වාරය, මුරය, by turns වාරයෙන් වාරයට, මාරුවෙන් මාරුවට;
  good or bad turn (යමෙකුට) හොඳක් හෝ නරකක් කිරීම, ප්‍රතික්‍රියාව;
  turn of a sentence &c. (වගන්තියේ) ආකාරය, අස්දම. [නා.

Turn-coat, n. අනුකූලෙස තමාගේ පක්ෂය අත්අරින්

Turner, n. ලියන වඩුවා, ලියන ශිල්පියා, භ්‍රමකාරයා, බමකරුවා.

Turnery, n. (ලී &c.) ලියන ශිල්පය; ලියන කදෙන් සාදපු බඩු.

Turning, n. හැරවීම &c., see verbs; වංගුව; (ලී &c.) ලියන කර්මාන්තය.

Turning-point, n. හැරෙන තැන *or* මොහොත, වෙනස්වෙන මොහොත.

Turnip, n. ඒ නම්වූ අලජාතිය, ශිඛාකන්දය.

Turnkey, n. (හිරගෙයි) යතුරු බාර පියොන්කාරයා.

Turnpike, n. රේන්දපළේ රිට *or* ගේට්ටුව, පාරේ රේන්දපළ.

Turnpike-road, n. රේන්දපළ ඇති පාර, රේන්ද පාර.

Turn-screw, n. ඉස්කුරුප්පු නියන.

Turnstile, n. කැරකෙන කඩුල්ලේ රාමුව.

Turn-table, n. (දුම්රියයන්ත්‍රය) හරවන යකඩ මැස්ස.

Turpentine, n. වෘක්ෂධූප, ධූපාංග, ටර්පැන්ටෙන්.

Turpentine-tree, n. ධූපවෘක්ෂය &c., see Terebinth.

Turpitude, n. නපුරුකම, අත්‍යපරාධිකතාව, සාහසිකතාව. [රෝජය.

Turquoise, Turkois, n. නිල් ගලක්, පච්ච ගල, පේ

Turret, n. කොත, ප්‍රාසාදශෘංගය, වඩකිය.

Turreted, a. කොත ආකාර, ප්‍රාසාදශෘංගාකෘති; කොත් ඇත්තාවූ.

Turret-ship, n. යකඩ කොත් ඇති යුද්ධනැවක්.

Turriculated, a. in conch. ක්ෂුද්‍රශෘංගාකෘති.

Turtle, n. කැස්බෑවා; turtle-dove කොබෙයියා.

Turtle-soup, n. කැස්බෑ හොද්ද.

Tuscan, a. ඒ නම්වූ—ටුස්කනිකා—ඉදිකෙරුම් (විධිය).

Tuscan, n. ටුස්කනියේ වැසියා.

Tusk, n. (ඇත්, ඌරු, ආදී) දළය, දන්තය.

Tusked, a. දළ ඇත්තාවූ, දළ සහිත.

Tusker, n. දළ ඇති ඇතා, දළකාරයා. [වා.

Tussle, n. එක්ව දඟලීම, පොරකෑම; v. පොරකන

Tussock, n. තණ පඳුර; tussac-grass (වගුරේ) දළ තණකොළ.

Tutelage, n. (ළමයෙකු) ඇතිකිරීම, භාරකාර ධුරය; ආරක්ෂක ධුරය.

Tutelar, Tutelary, a. ආරක්ෂක, පාලක, භාරකාර, of religion ශාසනභාර.

Tutenag, n. තුත්තනාගම්; චීනතඹ.
Tutor, n. teacher ගුරුවරයා, ආචාර්යවරයා; in law (ළමයෙකුගේ) භාරකාරයා.
Tutorage, n. ඉගැන්වීම, උපදේශකිරීම; භාරකාරකම.
Tutoress, n. ගුරුවරී, &c., see Governess.
Tutorial, a. ගුරුවර ආකාර, ආචාර්ය, ගුරුවරයාගේ, (යුතුකම් &c.).
Tutorship, n. ගුරුවරකම, ආචාර්යත්වය.
Twaddle, n. අමන දෙඩවිල්ල, හෑල්ල; v. හෑල්ලක් දොඩනවා.
Twain, a. or n. දෙ, දෙ; දෙකම, දෙන්නාම.
Twang, v. (ඇද හදිසියෙන් අරින තතක් මෙන්) ටං යන ශබ්දය වෙනවා or කරනවා.
Twang, n. ටං—ටවං—යන ශබ්දය; (කථාවේ අතිසි) නාසේ—නාසික—ශබ්දය.
Tweak, v. or n. see Twitch.
Tweed, n. ලොම්රෙදි වර්ගයක්. [අඬුව.
Tweezers, n. pl. (කේශ ඇදදමන) කුඩා අඬුව, නෑ
Twelfth, a. දොළොස්වෙනි; n. දොළොසෙන් පංගුවක්.
Twelve, n. දොළහ, දොළොස, ද්වාදශය; adj. [මක්.
දොළොස්.
Twentieth, a. විසිවෙනි, විංශති; n. විස්සෙන් පංගු
Twenty, n. විස්ස, විංශතිය; adj. විසි.
Twice, ad. දෙවරක්, දෙසැරයක්; in number or degree දෙපංගුවක්, දෙගුණයක්.
Twiddle, v. සැහැල්ලුලෙස තට්ටුකරනවා or ගානවා.
Twig, n. රිකිල්ල, කොරවිල්ල.
Twiggy, a. රිකිලි බහුල.
Twilight, n. හිමිදිරිය, ඉර උදාවීමට හා බැසීමටත් පෙර පවතින එළිය, අරුණෝදය, සන්ධ්‍යාකාලය, සන්ධ්‍යාංශය.
Twilight, a. හිමිදිරි; fig. අඳුරු, නොපහන්.
Twill, v. ඉරි උස්සා—හිරි ආකාරයට—වියනවා; n. හිරි රෙදි.
Twin, n. නිඹුල්දරුවන්ගෙන් එකෙක්, නිඹුල්ලා; pl. නිඹුල්ලු; fig. සමාන එකක්.
Twin, a. නිඹුල්, යමක; fig. සමාන, සහකාර.
Twin-brother &c., n. නිඹුල් සහෝදරයා &c.
Twine, v. t. වෙළනවා, ඔතනවා, පටලවනවා; embrace බදනවා.
Twine, v. i. වෙළෙනවා, එතෙනවා, පැටලෙනවා.
Twine, n. තුනී ලනුව, සෙල්ගාරය; වෙළුම; වෙළීම.
Twinge, n. හදිසි වේදනාවක්, ඇම්ලිල්ල; fig. of conscience හෘදය සාක්ෂි පහරක්.
Twining, a. in bot. වෙළෙන, වෙළී නගින, (වැල්).
Twinkle, v. (තරු මෙන්) දිලිසෙනවා; eyes ඇසිපිය හෙළනවා or ගහනවා.
Twinkle, Twinkling, n. දිලිසීම &c.; ඇසිල්ලක්, නිමේෂය; in a twinkling ඇසිල්ලකින්.
T[illegible]l, v. සැරෙන්—වේගයෙන්—කරකවනවා or කරකැවෙනවා, බමනවා or බැමෙනවා.
Twist, v. (ලනු &c.) වලිකවනවා, වෙළීකවනවා, ගත ගහනවා; අඹරනවා; ගොතනවා; වෙළනවා; pervert පෙරළනවා; twist about ඇඹරෙනවා, ඇකිළෙනවා.
Twist, n. (අඹරපු) නූල, පටනූල, තුනී ලනුව; වෙළීම, වෙළුම, වේඨනය; ඇකුළුම; විකෘතිය.
Twit, v. දොස් මතුකර චෝදනාකරනවා, ඇනුම්පද කියනවා.
Twitch, v. හදිසියෙන් අදිනවා, හදිසියෙන් ඇදගන්නවා, හදිසියෙන් උදුරනවා; (නහර &c.) ගැහෙනවා.
Twitch, n. හදිසි ඇදීම &c.; නහර ගැහීම.
Twitter, v. (මැහිලිහිණියන් මෙන්) චිප්චිප්ගානවා; (නහර) චංචලවෙනවා.
Twitter, n. චිප්චිප්ගෑම; (නහර) චංචලය.
Two, n. දෙක, දෙන්නා; adj. දෙ, දෙ.
Two-decker, n. තට්ටු දෙකේ නැව.
Two-edged, a. දෙමුවහත්.
Two-faced, a. මුහුණු දෙකක් ඇති; fig. වංක, ව්‍යාජ.
Twofold, a. දෙපට, දෙවට; in degree දෙගුණ; in kind දෙයාකාර, ද්විප්‍රකාර.
Two-lobed, a. bilobate පෙති දෙකක් ඇති, දෙපෙති, ඛියලි ආකාර.
Tying, p. බඳිමින් &c., see Tie.
Tympan (tym ටිම්) n. (අච්චුයන්ත්‍රයේ) කඩදසි රාමුව.
Tympanic, a. අභ්‍යන්තකර්ණනාල. See Tympanum.
Tympanites, Tympany, n. වාතයෙන් බඩේ පිපීම, වාතපූර්ණතාව, වාතපූර්ණෝදරය.
Tympanize, v. (දවුලේ &c.) හම ඇද බඳිනවා.
Tympanum, n. of the ear අභ්‍යන්තකර්ණනාලය; in arch. පැතලි ඇමුණයක්; පතේලය; in mech. (බර ඉස්සීමට) දවුල් ආකාර රෝදයක්.
Type (ටෛප්), n. සදෘශය, ප්‍රතිරූපාදර්ශය, පූර්වලාඤ්ජනය, පූර්වඡායාව; අච්චුඅකුර, මුද්‍රාක්ෂරය, මුද්‍රණාක්ෂරය; in med. (රෝගයේ) විශෙෂාකාරය; in nat. hist. &c. සම්පූර්ණාදර්ශය, මූලිකාදර්ශය.
Type-founder, n. අච්චුඅකුරු වාත්තුකරන්නා.
Type-foundry, n. අච්චුඅකුරු පට්ටලය.
Type-metal, n. අච්චුඅකුරු ලෝහ, මුද්‍රාක්ෂර ලෝහ.
Typhoid, a. සන්නිපාතජ්වර &c.; n. typhoid fever සන්නිපාතජ්වරය, පිත්තජ්වරය, අන්ත්‍රජ්වරය.
Typhoon, n. tornado (චීන මුහුදේ) චණ්ඩමාරුතය.
Typhus, n. සාංසික සන්නිපාතජ්වරයක්.
Typic, Typical (ටිපික් &c.), a. සදෘශාකාර, ප්‍රතිරූපාකාර, පූර්වලාඤ්ජනාකාර; in bot. &c. සම්පූර්ණාදර්ශාකාර, සම්පූර්ණාදර්ශ. [&c.
Typically, ad. සදෘශාකාරයෙන්, ප්‍රතිරූපවශයෙන්
Typify, v. සදෘශවශයෙන් &c. හඟවනවා, පූර්වප්‍රතිරූපයෙන් දක්වනවා.
Typographic, Typographical (ටෛ...), a. මුද්‍රණශිල්පී; උපමා ආකාර.
Typographically, ad. මුද්‍රණශිල්පයෙන්, මුද්‍රාංකණකාරයෙන් &c.
Typography, n. මුද්‍රණශිල්පය, මුද්‍රාංකණ ශිල්පය.
Typolite, n. (වෘක්ෂ or සත්ත්ව) ප්‍රතිරූප පාෂාණය.
Typology, n. සදෘශධර්මය, සදෘශවිස්තරය, පූර්වලාඤ්ජනධර්මය &c.
Tyrannic, Tyrannical, a. අත්‍යන්තෝමතික; බලාත්කාර, පීඩාකාර.
Tyrannicide, n. බලාත්කාරරාජ-ඝාතනය; බලාත්කාර රාජ-ඝාතකයා.
Tyrannize (ටි...), v. බලාත්කාරකම්කරනවා, බල කරනවා, මඩිනවා.
Tyranny, (ටි...), n. බලාත්කාර ආණ්ඩුකිරීම, බලාත්කාරය, පීඩනය, ක්‍රෑරකම.
Tyrant (ටෛ...), n. බලාත්කාරයෙන් ආණ්ඩුකරන්නා; gen. බලාත්කාරකාරයා, පීඩාකාරයා, (අනුන්) මඩින්නා.
Tyre, n. රෝද පට්ටම.
Tyrian (ටි...), a. තිර්නුවරට අයිතිවූ; තිලරක්ත (සායම්); n. තිර්නුවර වැසියා.

Tyro (ටයිරෝ), n. ආධුනිකයා, ආධුනික ශිෂ්‍යයා; ශාස්ත්‍රශණ්ඩයා

U.

Ubiquitary, n. සෑමතැනම සිටින්නා *or* පිහිටින්නා, සර්වඥතත්වයා'

Ubiquitous, a. සෑමතැනම ඇත්තාවූ, සර්වඥතත්ව, සර්වාත්මක, විශ්වව්‍යාපී.

Ubiquity, n. සෑමතැනම පැවතීම.

Ubi supra, L. ඉහතකී තැන, යථෝක්තස්ථානයෙහි.

Udal, a. allodial (in Orkney and Shetland) ප්‍රවේණි (ඉඩම්). [කාරයා.

Udaller, n. ප්‍රවේණිඉඩම් ඇත්තා, නිදහස් ප්‍රවේණි

Udder, n. කිරිබුරුල්ල.

Ugliness, n. අවලක්ෂණකම, විරූපතාව.

Ugly, a. අවලක්ෂණ, කැත, අප්‍රිය, විරූප, අරූප, නිග්‍රික.

Ukase, n. Rus. රාජනියෝගය, රාජාඥාව.

Ulcer, n. ව්‍රණය, ව්‍රණය, නාඩිව්‍රණය, අරමණ ව්‍රණය.

Ulcerate, v. ව්‍රණවෙනවා; ව්‍රණ අවගත්වෙනවා.

Ulcerated, a. ව්‍රණවූ.

Ulceration, n. ව්‍රණවීම &c.; ව්‍රණය.

Ulcerous, a. ව්‍රණ ආකාර, ව්‍රණකාර, සැරව යන; ව්‍රණ ඇති.

Ulna, n. වැද බාහුවේ ඇතුල් ඇටය, ප්‍රකෝෂ්ඨාස්ථ්‍යන්තරාස්ථිය.

Ulnar, a. ප්‍රකෝෂ්ඨාභ්‍යන්තරාස්ථි; වැලමිටට අයිති.

Ult., for Ultimo, L. ගිය, පසුගිය, (මාසේ).

Ulterior, a. (යමකට) වඩා දුරවූ, එපිට, එපිට තිබෙන.

Ultimate, a. කෙළවරවූ, අන්තිම, අන්ත, අන්ත්‍ය, පර්යන්ත.

Ultimately, ad. අන්තිමේට, අන්තිමේදී.

Ultima thule, n. L. ඉතා දුර මායිම, අතිදූරීභූත පර්යන්තය.

Ultimatum, n. (ගිවිසගැනීමට පාන) අන්තිම වාක්‍යය, අන්තිම යෝජනාව.

Ultimo, a See Ult.

Ultimus hæres, n. L. in law අන්තිම උරුමක්කාරයා.

Ultra, a. & prefix, අති, ඉතා, අධික.

Ultraism, n. (යමක් කිරීම *or* වෙනස්කිරීම ගැන) අතික්‍රමික ධර්මය. See Radicalism.

Ultraist, n. අතික්‍රමික මතිකයා.

Ultramontane, a. (ඇල්පස්) කඳුවැටියට එපිට; sp. (ඇල්පස්) කඳුවැටියට දකුණු; sp. (පාප්උන්නාන්සේගේ සර්වප්‍රාධාන්‍යය ගැන &c.) ඉතාලික, අතික්‍රමික, (මතිය).

Ultramontanism, n. (ඒ) ඉතාලික මතිය *or* ධර්මය, අතික්‍රමික ධර්මය.

Ultramontanist, n. ඉතාලික මතිකයා, අතික්‍රමික මතිකයා.

Ultramundane, a. ලෝකයෙන් එපිට, එහිලෝක.

Ululate, v. උඹුබුරුලනවා.

Ululation, n. උඹුබුරුලෑම.

Umbel, n. කුඩේ හැඩය ඇති මල්පොකුර, ඡත්‍රපුෂ්ප ප්‍රකරය, ඡත්‍රපුෂ්පය.

Umbellar, a. ඡත්‍රපුෂ්ප, ඡත්‍රපුෂ්පාකාර.

Umbellate, Umbellated, a. ඡත්‍රපුෂ්පධාරී, ඡත්‍රපුෂ්ප ප්‍රකරධාරී; ඡත්‍රපුෂ්ප ප්‍රකරාකෘති.

Umbellet, Umbelule, n. මන්දඡත්‍රාකාර පුෂ්පය, ක්ෂුද්‍ර ඡත්‍රපුෂ්පය.

Umbellifer, n. ඡත්‍රපුෂ්ප—ඡත්‍රපුෂ්පප්‍රකර—ධාරි පැලය.

Umbelliferæ, n. pl. ඡත්‍රපුෂ්පධාරි පැළජාති. [ධාරී.

Umbelliferous, a. ඡත්‍රාකෘතිපුෂ්පධාරී, ඡත්‍රපුෂ්පප්‍රකර

Umbilic, Umbilical, a. පෙකනි, නාභ්‍ය; umbilical cord පෙකනිවැල, නාභිනාඩිය; in bot. බීජබන්ධන නාඩිය. [කෘති.

Umbilicate, Umbilicated, a. නාභ්‍යචිත; නාභ්‍යා

Umbilicus, n. පෙකනිය, නාභිය; in bot. hilum බීජාක්ෂිය; in conch. ශංඛනාභිය.

Umbo, n. පලිස් පොහොට්ටුව; in bot. &c. මොට්ටු වක් ආකාර නෙරුම, ගැටය. [ව.

Umbra, n in astr. ලෝක සෙවණැල්ල, ලෝකච්ඡායා

Umbrage, n. සෙවණ, ගස්මුවාව; අමනාපය: take umbrage (තමාට අයුක්තිය කළායයි සිතා) අමනාපවේනවා.

Umbrageous, a. සෙවණ සහිත, සෙවණදායක, සෙවණ ඝනවූ.

Umbrella, n. කුඩය, කුඩේ, ඡත්‍රය, ඡේසත.

Umbrella-stand, n. කුඩ රඳවුව, කුඩ හිටවන රඳවුව.

Umpire, n. නියම් බේරුම්කාරයා, ප්‍රමාණපුරුෂයා.

Un, prefix, අන්, අ, අව, නිර්, නි, නු, නො.

Unabashed, * a. ලජ්ජාවට නොපැමුණුණ. [හුණ.

Unabated, a. අඩුනොවී තිබෙන, අඩුනැති, නොපිරි

Unabbreviated, Unabridged, a. කුහුඩුනොකළ &c., අසංක්ෂිප්ත.

Unabiding, a. නොපවතින, අනිත්‍ය.

Unable, be, v. නුපුළුවන්කම—බැරුව—නොහැකිව—සිටිනවා; S. adj. නුපුළුවන්, බැරි, නොහැකි, නොහෙන.

Unabolishable, a. අවලංගුකළ නොහැකි &c.

Unabrogated, a. අවලංගුනොකළ *or* අවලංගුනොකරනලද &c.

Unaccented, a. බර ස්වරයක් නැති, අස්වරිත.

Unacceptable, a. පිළිගත නොහැකි, අප්‍රසන්න, අප්‍රතිග්‍රහණීය.

Unaccommodating, a. අනුපකාරවූ, අකෘතානුකූල්‍ය.

Unaccomplished, a. ඉෂ්ටනොවී තිබෙන; ඉතා උගත් නොවන, අපණ්ඩිත.

Unaccordant, a. එකඟනැති, ඈනංගුනැති, නිරනුකූල.

Unaccountable, a. inexplicable විසඳන්ට—තේරුම් ගන්ට—බැරිවූ (දේ):
irresponsible වගකියන්ට බැරිවූ *or* ඕනෑනැති.

Unaccountably, ad. තේරුම්ගන්ට බැරිතරම්, අපූර්ව ලෙස. [නැති.

Unaccustomed, a. පුරුදුනැති, නුපුරුදු, හාමිතා

Unadapted, be, v. නුසුදුසුව—අයෝග්‍යව—තිබෙනවා *or* සිටිනවා.

Unadjusted, a. හරිගස්සා—බේරා—බේරී—නැති.

Unadorned, a. සරසා—සැරසී—නැති, අසජ්ජිත.

Unadulterated, a. (අන් ද්‍රව්‍ය) අමිශ්‍ර, පිරිසිදු.

Unadvisable, a. නුවණට හුරු නොවන, නොසෑහෙන, අයෝග්‍ය, අනුචිත.

Unadvised, a. අනුවණ, අප්‍රවේසම්, අප්‍රසමීක්ෂණ.

Unadvisedly, ad. අනුවණලෙස, කල්පනානොකර, අප්‍රවේසම්ලෙස &c.

Unaffected, be, v. සිතට වැදීනැත &c.; adj. ජම්ම, ස්වාභාවික; අව්‍යාජ; නිරහංකාර.

Unaffectedly, ad. අව්‍යාජලෙස, අවංකලෙස; නිරහංකාරලෙස. [කාරය

Unaffectedness, n. අව්‍යාජතාව, අවංකකම; නිරහං

* Consult the words without the privative *Un*, as: Abash &c.

Unallied, a. නොබැඳි, අසම්බන්ධ ; වැදගත් නෑයෙක් නැති.

Unalloyed, a. (අන් ද්‍රව්‍ය) අමිශ්‍ර, මාත්තුව අඩුනැති ; fig. සම්පූර්ණ (ප්‍රීති &c.).

Unambiguous, a. අනුමානනැති, පැහැදිලි, ප්‍රත්‍යක්ෂ.

Unamiable, a. ප්‍රේමණීයනොවන, අප්‍රසන්න.

Unanimity, Unanimousness (යූ...), * n. එක්සිත්කම, එකමුතුකම, සම්මතතාව, සම්මතිය, ඒකචෛතන්‍යය.

Unanimous,* a. එක්සිත්වූ, එකමුතු, එකසත්, එකඟ, සම්මත, ඒකමතික, ඒකච්ඡන්ද, ඒකචෛතන්‍ය.

Unanimously,* ad. එක්සිත්ව, එකමුතුව, ඒකච්ඡන්දයෙන්ම, සම්මතව, එකහෙළා.

Unanswerable, a. උත්තර දිය නොහැකිවූ, නිරුත්තර, දුරුත්තර, අඛණ්ඩනීය.

Unanswerably, ad. උත්තර දිය නොහැකිලෙස, නිරුත්තරාකාරයෙන් &c.

Unappeasable, a. සමාදානකරගත නොහැකිවූ, සන්සිඳවිය නොහැකි.

Unapproachable, a. ළංවිය නොහැකිවූ, අනභිගමනීය, අනාගම්‍ය.

Unarmed, a. යුද්ධායුධ රහිත, නිරායුධ, අසන්නද්ධ, අශස්ත්‍ර; in bot. &c. කටු නැති, ශල්‍ය රහිත, අශල්‍ය.

Unarticulated, a. අනුච්චාරිත, වෙන්වශයෙන් නොකී or නොකියන ; සන්ධි රහිත, අසන්ධි.

Unasked, a. අසනු—ඉල්ලනු—නොලැබූ, නාසනලද &c. ; we came unasked අපෙන් නොඉල්ලූ නමුත් ආවෙමු.

Unaspirated, a. මහාප්‍රාණ නැති, අල්පප්‍රාණ, අල්පප්‍රාණාක්ෂර.

Unassailable, a. (යමෙකු විසින්) ආක්‍රමණයකළ නොහැකි, දෝෂාරෝපණයකළ නොහැකි.

Unassignable, a. නියමකළ නොහැකිවූ, කියනොහැකි (කාරණ) ; මාරුකළ නොහැකි (කොටස්).

Unassimilated, a. සමානනොවී තිබෙන ; (ශරීර ද්‍රව්‍යවලට) සම ද්‍රව්‍ය—සංගත—නුණ.

Unassorted, a. වර්ගවලට නොබෙදුණු or බේරී නැති, අභේදිත, මිශ්‍ර.

Unassuming, a. උදරම්කම නොපාන, උදරම්නොවන, යටහත්.

Unattached, a. නාල්ලනලද, අල්ලානැති ; නොබැඳි, අසංයෝජිත ; ඇලුම්නැති.

Unattainable, a. ලබාගත නොහැකිවූ, අලභ්‍ය, අප්‍රාප්‍ය, අසම්ප්‍රාප්‍ය, දුරධිගම.

Unattempted, a. කරන්ට උත්සාහනොකළ (දේ).

Unattended, a. පිරිවර—යමෙක්—රහිතව යන or සිටින, පරිවාරශූන්‍ය ; සාත්තු නැති.

Unattested, a. ඔප්පුසාක්ෂි නැති, සහතිකනොකළ.

Unattractive, a. සිත් නොඇදගන්නාසුලු, අනාකර්ෂක, අමනෝඥ, අප්‍රිය, අමනෝහර.

Unauthorized, a. නිසි බලයක් නොලැබූ, අවසර නැති ; ඔප්පුසාක්ෂි නැති.

Unavailing, a. නිෂ්ඵල, ප්‍රයෝජන නැති, අප්‍රයෝජන, (උත්සාහ &c.).

Una voce (යූන වෝසි), L. එක හඬින්, එක්සිත්ව.

Unavoidable, a. අසුනොවී මිදිය නොහැකි, වැලැක්විය නොහැකි, අපරිහාර්‍ය, අනිවාර්‍ය.

Unavoidably, ad. බේරෙන්ට බැරිලෙස &c., අපරිහාර්‍යාකාරයෙන්.

Unawakened, a. පිබිදුනුණ &c., අවදි නැති, පිබිදි නැති, අප්‍රබුද්ධ.

Unaware, be, v. දැනනොගෙන—නොදැනුවත්ව—සිටිනවා.

Unaware, Unawares, ad. දැනනොගෙන, නොදැනුවත්ව, අහම්බෙන්.

Unbalanced, a. සම—තුල්‍ය—කරලා නැති, අතුල්‍ය ; බේරී නැති (ගණන්).

Unbar, v. දොරේ පොල්ල අරිනවා, අගුල අරිනවා.

Unbarred, a. පොල්ල ඇරපු, පොල්ල—අගුල—දමා නැති.

Unbearable, a. (යමෙකුට) දරිය—ඉවසිය—නොහැකිවූ, දුර්ධර.

Unbecoming, a. නොසෑහෙන, නොහොබින, අශෝභන, අයෝග්‍ය, අසරණ.

Unbefriended, a. මිත්‍රයන් රහිත, මිත්‍රෝපකාර රහිත,

Unbegotten, a. ජාතක—ජනිත—නුණ, අජනිත.

Unbelief, n. විශ්වාසනොකිරීම, අවිශ්වාසය; නොඇදහීම, අශ්‍රද්ධාව.

Unbeliever, n. විශ්වාසනොකරන්නා ; නොඇදහිලිකාරයා, ශ්‍රද්ධානැත්තා.

Unbend, v. (දුන්නක් &c.) ලිහාඅරිනවා, නැම්ම අරිනවා, නිරවනතකරනවා ; නිරවනතවෙනවා ; fig. පහසු—නිවාඩු—අවකාශ—ගන්නවා, වෙහෙස ඇරගන්නවා.

Unbending, p. ලිහාඅරිමින් &c., adj. නොනැමෙන ; fig. යටත්නොවෙන, ස්ථිර.

Unbent, a. ලිහාඇරපු &c. ; නොනැමු, lit. & fig. නිරවනත, අනත ; fig. යටත්නුණ, අමර්දිත.

Unbiassed, a. පාර්ශ්වයකට නොබැඳි, පාර්ශ්වගතිකනුවූ, සාධාරණ, සෘජු.

Unbidden, a. අණ—ආරාධනා—නොලැබූ ; we came unbidden අණ &c. නොලැබ ආවෙමු &c., see Spontaneous.

Unbind, v. (බැඳපු යමක්) ලිහනවා, බැමි මුදනවා.

Unblamable, a. නිදොස්, නිර්දෝෂ, අනවද්‍ය, නිරවද්‍ය.

Unbleached, a. සුදුනොකරපු, අමු, (රෙදි &c.).

Unblemished, a. පලුදුනැති, කැළැල්නැති, නිර්මල.

Unblest, a. ආශිර්වාද නොලත්, සවුලනැති ; අවාසනාවන්ත.

Unblown, a. පිදීනැති, අජෘම්භිත ; ඉහඳ දමානැති ; හුළං නොපිරෙවූ.

Unblushing, a. ලජ්ජානොවන, විලිබිය නැති.

Unbolt, v. අගුල අරිනවා.

Unbolted, a. අගුල ඇරපු, අගුල දමානැති, නිරර්ගල, (දොර) ; පෙරෙන්රෙන් නොහැළු (පිටි).

Unborn, a. නූපන්, අජාත.

Unbosom, v. (සිතේ රහස් or කල්පනා) කියාදෙනවා, එළිදරව්කරනවා.

Unbound, a. නොබැඳි, ලිහනලද ; පිටකොළ නැති (පොත).

Unbounded, a. සීමා—මායිම්—නැති, අප්‍රමාණ, අනන්ත.

Unbrace, v. පටි— බැමි—මුදනවා, ලිහනවා.

Unbreathable, a. ආශ්වාසකළ නොහැකි (වායු).

Unbridled, a. කටකලියාව නැති ; fig. මැඩනොපවත්වාපු, (ආශා &c.),

Unbroken, a. නොකැඩිච්ච, නොකැඩුණු, අඛණ්ඩ, අඛණ්ඩිත, අභින්න ; fig. අදමිත, අනභිභූත ; මෙව්වල් නොකළ, පුරුදුනැති.

Unbrotherly, a. සහෝදරාකාර නොවන, සහෝදරයෙකුට නොහොබින, අභ්‍රාතෘය.

Unburden, v. බර අහක්කරනවා ; the mind සිතේ දුකකීමෙන් සහනය ලබාගන්නවා.

Unbutton, v. බොත්තම් අරිනවා.
Uncalled, a. (යමෙක්) අඬනොගැසූ; uncalled for ඕනෑ නැති, අයුතු.
Uncandid, a. මදක් වංක, මඳවංචාජ, අනෘජු.
Uncanonical, a. සූත්‍රයට—නියමයට—එකඟනැති.
Uncaused, a. උත්පාදනොකරනලද, හේතුවකින් අට නොගත්, අනුත්පාදිත.
Unceasing, a. නොනවතින, තොරනැති, අනවරත, අවිරත.
Unceasingly, ad. නොනැවති, තොරනැතුව &c., නිත රම, නිත්‍යයෙන්ම.
Unceremonious, a. පිටත චාරිත්‍ර නැති; ආචාරසමා චාර නොසලකන, ගරුනැති.
Unceremoniously, ad. පිටත චාරිත්‍ර නැතුව, ගරු නැතුව.
Uncertain, a. අනුමාන තිරසාර—නියත—නිශ්චය— නැති, අනිශ්චිත, අස්ථිර, දුසාමාන. [ශ්චය.
Uncertainty, n. අනුමානකම &c., අනිශ්චිතිය, අනි
Unchangeable, a. වෙනස්කළ නොහැකිවූ &c., see Immutable. [ස්ථිර.
Unchanging, a. වෙනස්නොවන, නිර්විකාර, අචපල,
Uncharitable, a. අකාරුණිකත්‍ව, අනුපකාරී; දෙස් තැබීමට ලැදි.
Unchaste, a. අපිරිසිදු, සල්ලාල, කාමුක.
Unchequered, a. නානාප්‍රකාර නොවන, ඒකාකාර.
Unchivalrous, a. (ස්ත්‍රීන් ගැන) නිසි සැලකිල්ල මදි, ශිෂ්ටාචාර මදි.
Unchristian, a. ක්‍රිස්තියානි ධර්මයට—*or* ස්වභාවයට— එකඟනැති *or* විරුද්ධ.
Uncial, n. (පුරාණ) ලොකු අකුරක්, මහාඅක්ෂරය.
Uncial, a. මහාක්ෂර ලිඛිත, මහාක්ෂර, (ලියවිලි).
Unciform, a. කොක්කක හැඩය ඇති, වක්‍ර, (අස්ථිය),
Uncinate, a. in bot. තුඩහැඩුණු, වක්‍රාකාතිකලඝබාරී.
Uncircumcised, a. අචර්මච්ඡේදිත. [යෝ.
Uncircumcision, n. අචර්මච්ඡේදිතතාව; අචර්මච්ඡේදිත
Uncivil, a. නිරාචාර, අශිෂ්ටාචාර, අවිනීත, අගරු.
Uncivilized, a. වනචර, මෙලෙච්ඡ; අශිෂ්ට.
Unclaimed, a. අයිතිවාසිකම කියා නොඉල්ලූ (බඩු).
Unclasp, v. (ඈඳතිබෙන) කොක්ක—ගාංචුව &c.— ගලවනවා *or* ලිහනවා.
Unclassical, a. ශ්‍රේෂ්ඨ පණ්ඩිත නොවන, අපණ්ඩිත.
Uncle, n. පියාගේ *or* මව්ගේ සහෝදරයා, maternal මාමා, paternal මහප්පා, බාප්පා.
Unclean, a. අපිරිසිදු, අපවිත්‍ර, අශුද්ධ, කිලුටු, කැත.
Uncleanness, n. අපිරිසිදුකම &c.; දූෂකතාව, කාමුක තාව.
Unclog, v. සිලිංගු—අමාරු &c.—අරිනවා, ලිහනවා, බාධා පහකරනවා. [නවා.
Unclose, v. පියාපුදෙයක්—පියන—දොර—මිට—අරි
Unclosed, a. නොපියාපු, නොවසාපු, ඇරීතිබෙන; බේරී නැති.
Unclothe, v. වස්ත්‍ර මුදනවා *or* ඉවත්කරනවා.
Unclouded, a. වලාකුල් රහිත, දීප්තිමත්, අඳුරු නැති.
Uncoil, v. වෙළුම—දඟරය—අරිනවා.
Uncoiled, a. වෙළුම &c. ඇරපු *or* ඇරීතිබෙන, නො වෙළාපු, දඟරනැති.
Uncoined, a. මුද්‍ර නොගසාපු, සිලනොකළ, (රිදී &c.).
Uncoloured, a. පාට ගාලා නැති &c.; fig. බේගල් රහි ත, සායම් නොපොවාපු, ඇත්තට එකඟ.
Uncomfortable, a. අපහසු, සැනසිලි නැති, හිරිහැර සහිත.

Uncommon, a. සාමාන්‍ය නොවන; වඩා නැති, දුලභ, විශේෂ.
Uncommonly, ad. සාමාන්‍ය නොවන තරම්, ඉතා, (හොඳ *or* නරක &c.).
Uncompassionate, a. අනුකම්පා නැති, නිරනුකම්පක, කරුණා රහිත.
Uncomplimentary, a. ප්‍රශංසානොකරන, දෙස් නඟ වන; ප්‍රශංසා රහිත.
Uncompounded, a. අමිශ්‍ර; in gram. අසාමාසික, අසමාසවත්, (වචන).
Uncompromising, a. (අන්‍ය විධියකට) පිකක්වත් බුරු ල—ඉඩ—නොදෙන, තමන්ට බැරි,අනිදණ්ඩ, (සත්‍ය තාව, සතුරු කම &c.).
Unconcerned, a. නොසැලකිලි; උපේක්ෂක.
Unconditional, a. කලින් නියමයක් නැති, පොරොන් දුවක් නැති.
Unconfirmed, a. ස්ථිරකරලා නැති, සාක්ෂි නැති; අත්තැබීමෙන් ස්ථිරකරනු නොලැබූ.
Unconformable, a. එකඟනැති, නිරනුරූප; in geol. අසමාන්තර(තට්ටු). [පත.
Unconfused, a. නිරවුල්වූ, අනාකුල, නිරාකුල, අවික්ෂි
Uncongenial, a. (සිතින් &c.) අසම, සිතට එකඟ නැති, නිරනුකූල.
Unconnected, a. එකතුනැති, අසංයුක්ත, අසම්බන්ධ, අසංසක්ත; වියවුල්.
Unconquerable, a. (යමෙකුට) පරාජයකළ නොහැ කිවූ, අනභිභවනීය; මැඩපවත්වාගත නොහැකි.
Unconquered, a. පරාජයනූණ, පරාජයනොවී සිටින, අපරාජිත, අනභිභූත.
Unconscionable, a. යුතුවාට වැඩිවූ, අධිකතර, (ඉල් ලීම &c.); යුතුතරම නොසලකන.
Unconscionably, ad. යුතුවාට වැඩියෙන; යුතුප්‍රමා ණය නොසලකා.
Unconscious, a. සිහිය — දැනීම — නැති, මූර්ඡිත, විසංඥ, අචේතන.
Unconscious of, be, v. (යමක් ගැන) දැනුම්තේරුම් නැතුව සිටිනවා.
Unconsciously, ad. සිහිනැතුව, කල්පනානොකර.
Unconsecrated, a. ශුද්ධකොට වෙන්කරලා නැති, අකැපවූ.
Unconstitutional, a. නීයම් ක්‍රමයට එකඟනැති, රාජ්‍ය ස්ථානුකූලනුවූ, නිරඥාතයුත්. [බස්කාර.
Uuconstrained, a. බලාත්කාරයට යටත්නැති, නිද
Uncontaminated, a. අපවිත්‍රනොකරනලද, අපවිත්‍ර නූණ &c., අදූෂිත.
Uncontrollable, a. හසුරුවාගත—මැඩපවත්වාගත— නවත්වාගත නොහැකිවූ, අනිවාර්‍ය.
Uucontrolled, a. හසුරුවනු—වලක්වා &c.—නොල බන, අසංයත.
Unconverted, a. ස්වභාව වෙනස්නූණ; sp. ආගමට— ඇදහීමට — නොහැරුණ, ආත්මිකලෙස නැවත නූපන්, අභක්ති, නොඇදහිලිකාර.
Unconvertible, a. ස්වභාව වෙනස්කළ—මාරුකළ— පෙරළිය—නොහැකි (යමක්).
Unconvicted, a. වරද ඔප්පුනූණ; වරදට පත්නූණ; (කෙනෙක්).
Uncord, v. ලනුව මුදනවා *or* ලිහනවා.
Uncorrected, a. හරිගස්සානැති, අසංශෝධිත; මට් ටුනොකළ.
Uncorrupted, a. නරක්නොකර—නරක්නොවී—තිබෙ න, අදූෂිත.

Uncourtly, a. රජපිරිසට අයෝග්‍ය; ශ්‍රේෂ්ඨලීලා නැති, අවිනීත, අශිෂ්ට.
Uncouth, a. අදක්ෂ, අවලක්ෂණ, හැඩහුරුමදි අවිනීත
Uncovenanted, a. ගිවිසුමෙන් පොරොන්දුනූණ, අප්‍රතිඥත.
Uncover, v. වැස්ම—වැසුම්—අරිනවා, අනාවරණය කරනවා, විවරණය කරනවා; තොප්පිය—තලප්පාව—ගලවනවා.
Uncovered, a. වැස්ම අරිනලද &c., වැස්මක් නැති, අනාවෘත.
Uncreated, a. තවම මවනු නොලැබූ; අනුත්පාදිත, අසෘෂ්ට, අනිර්මිත.
Uncritical, a. (ගුණදෙස්) නිශ්චයකිරීමට අසමර්ථ or නිරනුකූල.
Uncrowded, a. ගහන නැති, නිරාකීර්ණ, අසංකූල.
Uncrowned, a. රාජාභිෂේක නොලත්, ඔටුන්නක් නැති, ඔටුනු නොපලන්; ඔටුන්න නැතිවූ.
Uncrystalline, a. මද්ණකැටවල හැඩය නැති, මද්ණකෘති. See Crystallized.
Unction, n. ආලේපය, අභිෂේකය; (හිතට වැදීයන) මසෘණතාව; extreme unction අන්තිම ආලේපය.
Unctuous, a. තෙල් ආකාර, මසෘණ, මේදුර; fig. මසෘණ, සනිග්ධ.
Uncultivated, a. ගොවිතැන් නොකළ, අස්වද්දනැති, (බිම්); fig. අනභිවර්ධිත, අශිෂ්ටාචාර, අවිනීත.
Uncurl, v. (ඉසකේවල) වක්‍රවුකම අරිනවා or ඇරෙනවා.
Unda'ted, a. දින—දතම—ලියානැති, දිනදතම නැති.
Un'dated, a. රැළ ආකාර, in bot. අද්දර රැළ ආකාර, ඌර්මිමත් ප්‍රාන්ත (පත්‍ර).
Undaunted, a. භයනැති, අභීත, නිර්භීත, අභීරු.
Undecagon, n. (පැති හා) කොන් එකොළසක් ඇති හැඩය, ඒකාදශ කෝණය, ඒකාදශාස්‍රය.
Undecayed, a. හීනනූණ, හීනනොවී තිබෙන, නොදිරූ, දිරාපත්—ජරාපත්—ක්ෂය—නූණ.
Undecaying, a. හීනනොවන &c., අක්ෂය, අජර, අව්‍යය, අමෘත.
Undeceive, v. රැවටිල්ලෙන්—වැරදි කල්පනාවෙන්—මුදනවා, (යමෙකුගේ) වැරදි කල්පනාව පහකරනවා or හඟවාදෙනවා.
Undecided, a. නියමකරලා — බේරා — නැති, අවිනිශ්චිත; චපල, අස්ථිර.
Undeclinable, a. ඒපාකළ නොහැකිවූ, වැලකිය නොහැකි (දේ).
Undeclined, a. එපානොකළ &c.; in gram. විභක්ති රහිත, අවිභක්තික.
Undefaced, a. නොමැකුණු, විරූපවූ.
Undefended, a. රැකවල් කරලා නැති, &c., රැකවලක් නැති, ආරක්ෂිත; in law විත්තිකීමට නීතිඥයෙක් නැති.
Undefiled, a. කිලුටුනොකරනලද &c., අදූෂිත, විමල.
Undefined, a. විසඳානැති, අනියම්, විශේෂණ කියා නැති.
Undeniable, a. නැත කිය නොහැකිවූ, අශංකනීය, අප්‍රත්‍යාඛ්‍යෙය.
Under, prep. beneath යට, යටට, යටින්, පහත &c., පහළ, &c.; less than අඩු, පහතින්; subject to (මා) යටතේ, වසගේ;
under the guise &c. වේශයෙන්, වේශය—නාමය—දරා, උපායෙන්, උපා ඇතුව; [නවා ;
under obligation &c. බැඳී—පොරොන්දුවී—සිටි
under arms යුද්ධායුධ පැළඳගත, යුද්ධසන්නද්ධව;
under consideration (කාරණේ) කල්පනාවට ගෙන තිබෙනවා, කල්පනාකරනවා.
Under, prefix, යට, යටත්, පහත, උප; අඩු, අඩුවෙන්.
Underagent, n. උපකළමනාකාරයා, යටත් කළමනාකාරයා.
Underbid, v. (වෙනකෙනෙකුට or වෙන කෙනෙකුට වඩා) අඩු ගණනකට ඉල්ලනවා.
Underclay, n. in geol. (ගල්අඟුරු තට්ටුවට යටින් තිබෙන) යට මැටි තට්ටුව.
Under-clerk, n. උපලිපිකරුවා.
Undercliff, n. in geol. (වෙරළේ කඩාවැටී තිබෙන) පහත් පර්වත වැටිය.
Underclothes, n. pl. යට ඇඳුම්; n. sign. undergarment යට ඇඳුමක්.
Undercroft, n. (පල්ලියේ බිමට යටින් තිබෙන) අන්තර්භෞමාගාරය; උමඟ.
Undercurrent, n. යට සැඩපාර, අධෝජලස්‍රෝතය; fig. of thought &c. (යට සැඩපාරක්මැනි) අප්‍රකාශ කල්පනාව.
Underdone, a. නිසි තරමට කරලා—උයා—නැති.
Underdrain, n. (බිමේ මට්ටමට) යට කානුව.
Underdrain, v. බිමට යටින් කානු සාදනවා, යට කානු දමනවා.
Underestimate, v. (ඇත්තට වඩා) අඩුමිලට සිතනවා; යමක අගය පහත්කර මිල කරනවා, අඩුවෙන් තක්සේරුකරනවා.
Underfed, a. මන්දපෝෂිත, පෝෂිත මදි.
Undergo, v. (යම් තරකක්) විඳිනවා, දරනවා.
Undergraduate, n. (පාඨශාලාවේ) පට්ටබැඳි නමක් නොලත් ශිෂ්‍යයා, ආධුනික ශිෂ්‍යයා.
Underground, a. බිමට යටින් තිබෙන, අන්තර්භෞම.
Undergrowth, n. (වනයේ ගස් යට වැවෙන) පඳුරු ලතා තෘණාදිය, අකූල.
Underhand, a. රහස්, අප්‍රකාශ, ව්‍යාජ, රැවටිලි.
Underived, a. වෙන යමකින් නොපැමිණුණ, අව්‍යුත්පන්න, නිෂ්පන්න. [වනවා.
Underlay, v. යමක් යට—යටින්—තබනවා or පිහිට
Underlet, v. see Sublet; (සුදුසුකමට වඩා) අඩු කුලී යට දෙනවා.
Underlie, v. යට—යටින්—පිහිටා තිබෙනවා.
Underline, Underscore, v. යටින් ඉරි ගහනවා or අඳිනවා.
Underling, n. අප්‍රධානියෙක්, සේවකයෙක්; අධමයා.
Undermine, v. යටින් හාරනවා &c.; see Sap.
Undermost, a. ඉතා යටවූ, ඉතා පහතින් තිබෙන.
Underneath, ad. or prop. යට, යටට, යටින්, පහළ &c.
Underpaid, a. සෑහෙන පඩි or මිල ගණන නොලබන.
Underpinning, n. (එළිපත්ත, බිත්ති &c.) යට ගල් ඇල්ලීම; යට ගල් පේළිය
Underplot, n. (නාඩගම සම්බන්ධ) අප්‍රධාන ක්‍රමයක්, උපනාඩගම.
Underrate, v. see Underestimate.
Under-secretary, n. උපලේකම, උපලේකම්තැන.
Undersell, v. (වෙන කෙනෙකුට) වඩා අඩු ගණනකට විකුණනවා. [කාරයා.
Under-servant, n. අප්‍රධාන සේවකයා, උපවැඩ
Under-sheriff, n. කෝරළේ උපමූලාදෑනියා, උපපිස්කාල්තැන.
Under-shot, a. යටින් වතුර යන, යටින් යන වතුරෙන් කරකැවෙන (රෝදය).

Undershrub, n. (අවුරුදු පතා) ඊකිලි වැවෙන පඳුර.
Undersign, v. යටින් අත්සන් කරනවා.
Undersigned, n. sing. *or* pl. යටින් අත්සන්කරන්නා &c., යටින් අත්සන්දැමූඅය.
Undersized, a. (සාමාන්‍ය තරමට වඩා) මහතින් අඩු.
Understand, v. (මම) තේරුම්ගන්නවා, (මට) තේරෙනවා, තේරුම් යනවා, (ඒ ගැන *or* ඒක) තේරුම—දැනුම—තිබෙනවා;
what is unexpressed හැඟෙනවා;
from information දැනුම්දී—ආරංචි—තිබෙනවා;
cause to understand අවබෝධකරනවා; හඟවනවා.
Understanding, n. intellect සිහිය &c., අවබෝධය; knowledge දැනගැනීම &c.; agreement එකමුතුකම, සම්මතය.
Understate, v. (ඇත්තට වඩා) අඩුකර කියනවා.
Undertake, v. (යමක් කිරීමට) භාරගන්නවා *or* පොරොන්දුවෙනවා, ඇහට ගන්නවා, a journey ගමනක් යනවා. [කාරයා.
Undertaker, n. භාරගන්නා &c.; sp. අවමංගල්‍ය භාර
Undertaking, n. භාරගත්ත වැඩේ *or* කාරණාව, කළමනාව, කටයුත්ත, කාර්‍ය්‍යය.
Undertone, n. හීන් හඬ, හයිය නැති හඬ.
Undervalue, v. අඩුගණනකට තක්සේරුකරනවා; සුළුකොට සිතනවා, සුළුකරනවා.
Underwent, pret. of Undergo.
Underwood, n. වනයේ පඳුරු ආදිය.
Underwork, v. රහසින් විරුද්ධකම්කරනවා; අන්‍යයෙකුට වඩා) අඩු ගණනකට වැඩකරනවා.
Underwrite, v. යටින් ලියනවා; sp. අලාභ ගෙවන ලෙස අත්සන් කරනවා. See Insure.
Underwriter, n. අලාභ ගෙවනලෙස අත්සන්කරන්නා, උපද්‍රවාරක්ෂකයා.
Undeserved, a. ලබන්ට නොවටින, අයෝග්‍ය, අයුතු, (ප්‍රශංසාව *or* දෝෂාරෝපණය &c.).
Undeserving, a. (යමක් ලබන්ට) නොවටිනා, අයෝග්‍ය, අයුතු, (අය). [කල්පිත.
Uhdesigned, a. අදහස් — අභිප්‍රා — නොකළ, අසං
Undesignedly, ad. අදහස්නොකර, අහම්බෙන්.
Undesigning, a. නපුරු උපා නොයොදන, අප්‍රයෝග, අව්‍යාජ.
Undesirable, a. ආශානොවිය යුතු, අප්‍රසන්නවිය යුතු, අලෝභ්‍ය.
Undetached, a. වෙන්නුණ, අවියෝජිත, අවියුක්ත.
Undetermined, a. නියමනොකරනලද, නියමනුණ. බේරුනැති, නොබේරුණ.
Undeviating, a. (නියමයෙන්) අහක්ව—එපිට—නොයන, අලංඝන, සෘජු.
Undigested, a. ජීර්ණනුණ, අජීර්ණ; fig. හොඳලෙස නොයෙදූ (යෝජනා).
Undignified, a. උතුම්නොවන, (පෙනීමෙන්, ක්‍රියාවෙන්) අධම, නිකෘෂ්ට.
Undiminished, a. අඩුනුණ, හීනනුණ, අපරික්ෂීණ.
Undimmed, a. අඳුරුනුණ, දීප්තිය පහනුවූ, දීප්තිමත්.
Undiscerned, a. නෙපෙනෙන, නොදැනෙන, තේරුම් නොයන. [See Imperceptible.
Undiscernible, a. දකිය නොහැකි, අවීක්ෂණීය.
Undiscerning, a. සිහිපරීක්ෂා මඳි, ප්‍රභේදලෙස නොදැනෙන, (අය).
Undisciplined, a. පුහුණුනුවූ, අමු, අවිනීත; නොහික්මුණ, අශික්ෂිත.

Undisguised, a. බොරු වේශයක් නැති, ඡද්මරහිත, ප්‍රත්‍යක්ෂ.
Undismayed, be, v. භ්‍රසනනොවී සිටිනවා &c.; adj. නිර්භීය, අසම්භීත.
Undisputed, a. විවාද රහිත, අරෝවක් නැති.
Undistinguishable, a. see Indistinguishable.
Undistinguished, a. ප්‍රභේද ලකුණක් නැති, ප්‍රභේද ලෙස නෙපෙනෙන, නිර්විශේෂ; අවිශිෂ්ට, උතුම් නොවන.
Undistracted, a. අව්‍යාකූල, අවිකාර, අවික්ෂිප්ත, අසම්මූඪ, ඒකාග්‍ර.
Undisturbed, a. වංචලනැති, අචලිත, අවික්ෂිප්ත; කෝලාහල නැති; නිශ්චල, ශාන්ත.
Undivided, a. නොබෙදුණු, බෙදීනැති, අභේදිත, අභින්න, අවිච්ඡින්න, අවියුක්ත; පළු—බින්—නැති.
Undo, v. (කළදේ) විපර්‍යාසකරනවා, (බැඳි දේ &c.) ලිහනවා, ගලවනවා; render void නිෂ්ඵලකරනවා; ruin විනාශකරනවා.
Undoubted, a. අනුමාන නැති, සැකනැති.
Undoubtedly, adv. නොඅනුමානවම, නිසැකින්ම.
Undress', v. ඇඳුම් ගලවනවා *or* අරිනවා, පැලඳුම් අරිනවා.
Un'dress, n. නිකම් ගෙදර ඇඳුම්; (සේවායාගේ) අනියම් ඇඳුම්.
Undue, a. අයකරන්ට අයුතු; අනිසි, අධික.
Undulate, v. (රළ මෙන්) ඉහළ පහළ සැලෙනවා, උන්නතාවනතවෙනවා, ඌර්මිමත්වෙනවා.
Undulated, **Undulating**, a. ගොඩැලි ආකාර (බිම), උන්නතාවනත, ඌර්මිමත්.
Undulation, n. ඉහළපහළ සැලීම &c.; උන්නතාවනතතාව, ඌර්මිමත්තාව.
Undulatory, a. උන්නතාවනතාකාර, උන්නතාවනත &c. සැලීම); [මතය.
undulatory theory (ආලෝක ගමනේ) ඌර්මිවාදී
Unduly, ad. අනිසිලෙස, අනිසි තරමට, අධිකලෙස, අතිප්‍රමාණයෙන්.
Undutiful, a. අකීකරු, නොහික්මුණු.
Undying, a. නොනසින, අමරණීය &c., see Immortal.
Unearth, v. බෙනයෙන් පන්නනවා; පොළවෙන් හාරගන්නවා; fig. (රහස් දේ) සොයා දැනගන්නවා.
Unearthly, a. මෙලොවට අයිත්තුනැති, නිලෞකික.
Uneasily, ad. අපහසුලෙස, අපහසුවෙන්, අමාරුවෙන්.
Uneasiness, n. අපහසුව, අපහසුකම, අමාරුව; අශාන්තිය, අශාන්තතාව &c.
Uneasy, a. අපහසු; අශාන්ත, චංචල, මදක් දඟලන; be, v. අපහසුවෙන්—අශාන්තව &c—සිටිනවා.
Uneatable, **Inedible**, a. කෑමට නුසුදුසු, අභක්ෂණීය, අභක්ෂ්‍ය, අඛාද්‍ය.
Uneducated, a. වඩා ඉගෙනීම නැති, අපණ්ඩිත, නූගත්.
Unembarrassed, a. අමාරුවට නොපැමිණ සිටින, පැටලීලී රහිත, අනාකූල. [ශීත නොවන.
Unembodied, a. අශාරීරික, අමූර්තිමත්; එකට අන්ත
Unemployed, a. වැඩක් නැති; කිසිවක් නොකර සිටින; භාවිතානොවන. [නි.
Unencumbered, a. බරක් නැති, බාධා රහිත, ණයනැ
Unending, a. කෙළවරක් නැති, නිත්දු නැති, අවසානනොවන, අනන්ත.
Unendowed, a. දායාදනැති; උරුම සම්පතක්—නියම අරමුදලක්—නැති; [වා.
be unendowed with (යමකින්) අප්‍රයුක්තව සිටින

Unendurable, a. ඉවසිය නොහැකි, දැරිය නොහැකි.

Unengaged, a. නියමනුණ, නොබැඳි; විවාහබස් නුදුන්; අව්‍යාපෘත.

Unenglish, a. ඉංග්‍රීසි රීතියට—ඉංග්‍රීසි විධියට—එකඟ නැති.

Unenlightened, a. ආලෝක රහිත; fig. දැනගැම්ම නැති, අශික්ෂිත, අප්‍රබෝධිත, අප්‍රබුද්ධ.

Unenviable, a. ඊර්ෂ්‍යාව—ආශාව—නූපදවන, අකම තිය. අප්‍රිය (ප්‍රසිද්ධියක්, ස්වභාවක් &c.).

Unequable, a. ඒකාකාර නොවන, විවිධාකාර.

Unequal, a. ඒකාකාර නොවන, අසම, අසමාන, අතුල්‍ය; be, v. (යමකට) මදිව—අපොහොසත්ව—සමරී මදිව—සිටිනවා *or* තිබෙනවා.

Unequalled, a. අසහාය, අතුල්‍ය, අනුපම, අප්‍රතිම, අසමබුර.

Unequivocal a. අසන්දිග්ධාර්ථ, ඒකාර්ථ; අනුමාන නැති, නිරනුමානික.

Unerring, a. නොවරදින, වැරදිය නොහැකිවූ, සත්තක.

Unessential, a. (නැතුව බැරිතරමට) ඉතා වැදගත් නොවන, අනවශ්‍ය, අප්‍රධාන. See Non-essential.

Unevangelized, a. ශුභාරංචිය දැනනොගත් *or* පිළි නොගත්.

Uneven, a. සමතලානැති, එක මට්ටමට නැති, නිම්නෝන්නත; විෂම, අසම; odd. ඔත්ත.

Unexampled, a. ආදර්ශයක් නැති, නිදර්ශනයක් රහිත, අනන්‍ය, අසහාය.

Unexceptionable, a. දෙස් තැබිය නොහැකි, නිදෙස්, අනවද්‍ය, නිරවද්‍ය.

Unexpected, a. (යමෙක්) බලානොසිටිය, බලාපොරොත්තුනුණ, නිරපේක්ෂිත, කාකතාලීය.

Unexpectedly, ad. බලානොසිටිදදී &c., නිරපේක්ෂිතාකාරයෙන්, අහම්බෙන්.

Unexplored, a, විපරම්නොකළ &c., සොයානොබැලූ, අනන්වේෂිත.

Unexpressive, a. (අදහස) බලවත්ලෙස නොදක්වන *or* නොහඟවන, අබල, (කීම &c.).

Unfading, a. පරනොවන, අක්ෂය, අජර, අජරාමර, අක්ෂීණ.

Unfailing, a. හීනනොවෙන, අඩුනොවෙන, ඌනනොවෙන, නොපිරිහෙන; නොවරදින, සත්තක.

Unfair, a. අසාධාරණ, අයුතු.

Unfaithful, a. අවිශ්වාස්‍ය, අවිශ්වාස, ද්‍රෝහකාර.

Unfaltering, a. වික්කල්නැති, ඇනනොහිටින; නොවරදින, ස්ථිර.

Unfamiliar, a. දැන පුරුදුනැති, නුපුරුදු, නොහසළ.

Unfashionable, a. සාමාන්‍ය විධියට—හැඩයට—එකඟනැති, හැඩකාරනොවන.

Unfashioned, a. හැඩහුරුකරලා නැති, හැඩහුරු නැති, අනිර්මිත.

Unfasten, v. ලිහනවා, (බැඳි යමක්) මුදනවා, අරිනවා.

Unfathomable, a. මනින්ට බැරිතරම් ගැඹුරු, අගාධ, අනවගාහ්‍ය; fig. සම්පූර්ණයෙන් දැනගත නොහැකිවූ, අප්‍රමේය.

Unfavourable, be, v. අමිත්‍රව — නොළැදිව — අකමැතිව—විමුඛව—සිටිනවා; adj. අකල්‍යාණ, වාසි නැති, අනිෂ්ට, අරිෂ්ට, (ප්‍රශ්න &c.).

Unfavourably, ad. අමිත්‍රව &c., අමිත්‍රකමින් &c.; අකල්‍යාණකාරයෙන් &c.

Unfeeling, a. හෘදයකම්පා රහිත, දැඩි, මුරණ්ඩු; දයා නැති, කෲර.

Unfeigned, a. නිබොරු, අවංක, අකුටිල, අව්‍යාජ.

Unfenced, a. වැට බැඳිනැති, වැට නොබැන්ද, වැටක් නැති.

Unfermented, a. රානුවූ, නොපැසුණ, (පානය &c.); මුහුන් නොදැමූ, මුහුන්නැති, රොටී.

Unfetter, **Unshackle**, v. විලංගු &c. ලිහනවා, මුදනවා, නිදහස්කරනවා.

Unfettered, a. විලංගු ලිහාපු; විලංගු නොදමාපු; බාධා නැති, නිදහස්.

Unfilial, a. දරුවෙකුට නොහොබිනා.

Unfinished, a. නිත්දුනැති, හමාරනුණ, අබාල, අසමාප්ත.

Unfit, a. නුසුදුසු, අයෝග්‍ය, නොසෑහෙන, නොගැළපෙන, අනුචිත.

Unfit, v. නුසුදුසුකරනවා, අයෝග්‍ය—අනුචිත—කරනවා.

Unflagging, a. මලානිකනොවෙන පසුනොබසින, නොපසුබස්නා.

Unfledged, a. පිහාටුනැති, පුබ්බර; unfledged bird පුබ්බරු;

Unflinching, a. (භයින් &c.) නොඇකිළෙන, පසුබට නොවෙන, දෘඪකාරී.

Unfold, v. (අකුළාපු දේ) දිගඅරිනවා; දිගඇරෙනවා; (මල් මෙන්) පිපෙනවා, ජෘම්භිතවෙනවා; fig. විස්තරකරනවා, එළිදරව්කරනවා.

Unforeseen, a. කලින් නුදුටු, කලින් දැනනොගත්.

Unforgiven, a. සමාකරනු නොලැබූ, සමාවනොලත්.

Unfortified, a. (බලකොටුවකින්) බලවත්කරලා නැති, අනාරක්ෂිත; fig. (හිතෝ) ධෛර්‍ය රහිත, මූවා වක් නැති.

Unfortunate, a. අවාසනාවන්ත, සඵලනොවෙන, මන්දභාග්‍ය, අභාග්‍ය. දුර්භාග්‍ය, අධන්‍ය.

Unfortunately, ad. අවාසනාවට මෙන්; අකල්‍යාණකාරයෙන්, අවාසනාවන්තලෙස.

Unfounded, **Ungrounded**, a. fig. සැබෑවක් නැති, සත්‍යක්ෂීන, අසත්‍ය, අමූල, නිර්මූල.

Unfriendly, a. අමිත්‍ර, අමිතුරු, විපක්ෂ, අකල්‍යාණ.

Unfruitful, a. ඵල නොදරන, අඵල, අසාර, වඳ; නිෂ්ඵල.

Unfurl, v. (කොඩි, රුවල් &c.) දිගඅරිනවා, ලිහනවා.

Unfurnished, a. බඩු නැති, හිස්, උපකරණ නැති; (යමකින්) අසංයුක්ත.

Ungainly, a. (ක්‍රියා අත්දමෙන්) අශෝභන &c., see Uncouth.

Ungallant', a. (ස්ත්‍රීන්ට) ආචාරමදි, අවිනීත.

Ungenerous, a. ත්‍යාගශීලිත්වනොවන, ලෝභ; ගුණ වන්තනොවන.

Ungenial, a. ජම්මයට—ස්වභාවට—අයෝග්‍ය, නිසරු.

Ungentlemanly, a. උත්තමයෙකුට ඉනංගුනැත්, වැදගත් නුවූ, අනාචාරවන්ත, අවිනීත.

Ungird, v. ඉහපටිය—බඳපටිය—බැම්ම—ලිහනවා *or* මුදනවා.

Unglazed, a. වීදුරුකවුළු නැති, වීදුරු අල්ලා නැති; ඔපදමා නැති (වළන් &c.).

Ungodliness, n. අභක්තිය &c.; පාපිෂ්ඨකම, අධර්මය, අනාචාරය, ධර්මාපේතතාව.

Ungodly, a. අභක්ති, දේවාභක්ති, ධර්මාපේත; පාපිෂ්ඨ, අනාචාර.

Ungovernable, a. (යමෙකුට) ආණ්ඩුකළ නොහැකිවූ, මැඩපවත්වාගත නොහැකි, නොහික්මෙන, අදම්‍ය, අනභිභවනීය.

Ungraceful, a. (හැඩයෙන් *or* ක්‍රියාවෙන්) අශෝභන, අදක්ෂ, අකෞශල්‍ය.

Ungracious, a. (අත්දමෙන් *or* ස්වභාවෙන්) අප්‍රිය, අමනෝහර, අශනි.

Ungrammatical, a. ව්‍යාකරණානුකූල නොවන, ව්‍යාකරණයට එකඟනැති, අපභ්‍රංශ.
Ungrateful, a. කෙලෙහිගුණ නොදත්තාවූ, කෘතෝපකාර නොසලකන, ගුණමකු, අකෘතඥ.
Ungratefulness, n. කෘතෝපකාර නොසැලකීම, ගුණමකු ගතිය, see Ingratitude.
Ungratified, a. ප්‍රසන්නකරනු නොලැබූ, ප්‍රසන්නනුණ, තිරානන්දිත, අප්‍රමෝදිත ; නොසංසිඳුණු.
Ungrudgingly, ad. අලෝභලෙස, නොමසුරුලෙස, නොමසුරුව, අකමැති නැතුව, නිරාලයෙන්.
Ungual, a. නියපොතු බැඳි, කුරබැඳි, කුර සහිත, (පාද).
Unguarded, a. රැකවලක් නැති, අගුප්ත, අරක්ෂිත ; බලානොගත්ත, අප්‍රවේසම්.
Unguardedly, ad. බලානොගෙන, අප්‍රවේසම්ලෙස.
Unguent, n. තෙලම්, කල්කය, විලවුන්, විලේපය.
Unguentary, Unguent'ous, a. තෙලම් ආකාර, තෙලම්, කල්කාකාර.
Unguical, Unguicular, a. නිය ආකාර, unguiform නියපොත්තක හැඩය ඇති.
Unguiculate, Unguiculated, a නිය සහිත ; in bot. සවෘන්ත (පුෂ්පපත්‍ර).
Unguis, n. නියපොත්ත, පක්ෂි නඛය ; in bot. මල් පෙති නටුව, පුෂ්පපත්‍ර වෘන්තය. [කෘතිය.
Ungula, n. in geom. (ඡේදිත සෘජුශංඛයෙන්) ඛුර
Ungulate, Ungulated, a. කුරහැඩය ඇති, ඛුරාකෘති.
Unhallowed, a. අශුද්ධ, දේව අපහාසික, දුෂ්ට.
Unhandsomely, ad. අශෝභනලෙස ; අවිනීතලෙස ; අගුණවාදීලෙස. [ශුද්.
Unhandy, a. (අතින්) අදක්ෂ, නිවට ; පහසුනැති, අප
Unhappily, ad. අවාසනාවන්තලෙස, කාලකණ්ණි ලෙස ; අවාසනාවට මෙන්.
Unhappy, a. අවාසනාවන්ත, අශුභ, කාලකණ්ණි ; කනගාටු.
Unharness, v. (අශ්ව) ඇඳුම් ගලවනවා *or* අරිනවා ; අසන්නද්ධකරනවා.
Unhealthiness, n. අසනීප ගතිය, ගිලන්කම ; රෝග බාහුල්‍යය, ව්‍යාධිජනකතාව.
Unhealthy, a. සනීප ගතියක් නැති, ගිලන් ; රෝග බහුල, අසනීප වඩන, ව්‍යාධිජනක ; අසුබ—රෝග—ප්‍රකාශක (ලකුණ).
Unheard, a. නෑසුණ, අශ්‍රුත ; unheard of නොඇසූ, ආරංචිනුණ ; අප්‍රසිද්ධ ; අමුතු.
Unheroic, a. වික්‍රම රහිත, අශූර.
Unhesitating, a. ඇනනොහිටින ; ශංකාරහිත ; අප්‍රමාද, අවිලම්බ.
Unhesitatingly, ad. ඇනනොහිට ; ශංකාරහිතව ; අප්‍රමාදව &c.
Unhinge, v. (දොර &c.) අසව්ගලවා බානවා, fig. බුරුල්කරනවා, අස්ථිර කරනවා.
Unholiness, n. අපිරිසිදුකම, අපරිශුද්ධතාව, අශුද්ධිය, අභක්තිය, දුෂ්ටකම.
Unholy, a. (ආගම ගැන *or* හිතෙන්) අපරිශුද්ධ, අශුද්ධ, අපිරිසිදු ; අකුප ; දේවාභක්ති, දුෂ්ට.
Unhonoured, a. ගෞරව නොලත්, ගරුනම්බු නොලැබූ, අසම්මානිත.
Unhoped for, a. බලාපොරොත්තුනුණ, නොපැතූ, අප්‍රාර්ථිත.
Unhorse, v. අශ්වයා පිටින් හෙළනවා *or* බසින්ට සලස්වනවා. [ඥත.
Unhumbled, a. යටහත්නුණ, බිඳනොබිදුණ, අනති

Unhurt, be, v. තුවාලනොවී—අනදරනොවී—නිරුපද්‍රවව—සිටිනවා.
Uni (යුක්ති), prefix, එක, එක්, එකම, ඒක, යන අර්ථ ඇති උපසර්ගය.
Uniaxial, a. ඒකකුඩ්ර ඇති, ඒකාක්ෂ, (ශෛල).
Unicellular, a. ඒකඡිද්‍ර සහිත, ඒකඡිද්‍ර, ඒකරන්ධ්‍ර.
Unicapsular, a. ඒකබීජකෝෂවත් (පුෂ්ප).
Uniclinal, a. in geol. එකම බෑවුම් තට්ටුවක් ඇති, ඒකප්‍රණත, (පර්වත තට්ටුව).
Unicorn, n. කඟවේණ, ඒකශෘංගයා, in Scrip. Rhinocerous ; sea-unicorn කඟතල්මහ.
Unicornous, a. එකම අඟක් ඇති, ඒකශෘංග.
Unidiomatic, a. භාෂාරීතියට එකඟනැති. [වකත.
Unifacial, a. එකම ඉස්සරහ පැත්තක් ඇති, ඒක
Unific, a. එකසත්කරන, ඒකසාධක, සම්ප්‍රයෝග කරන. (වෘත්තාය).
Uniflorous, a. ඒකපුෂ්පධාරී, එක මලක්ම දරන.
Uniform, a. එකාකාර, එක හැඩයක් ඇති, එක ගතියක් ඇති, සම, නිර්විශේෂ.
Uniform, n. (සේවාසිස්ගේ &c.) නියම ඇඳුම.
Uniformitarian, n. in geol. (භූමිතට්ටු සාධිත) ඒකබද්ධවාදියා.
Uniformity, n. එකාකාරකම, එකාකාරත්වය, සමතාව, සමානත්වය, සාරූප්‍යය, නිර්විශේෂතාව.
Uniformly, ad. එකාකාරව, එකාකාරයෙන, නිර්විශේෂයෙන්.
Unify, v. එකසත්කරනවා, එකතුකරනවා, සම්ප්‍රයෝගකරනවා.
Unigeniture, n. ඒකජනිතතාව, ඒකජාතකතාව.
Unigenous, a. එක ජාතියේම, එක ජාතියටම අයිතිවූ, සජාති.
Unijugate, a. ඒකයුග්ම පත්‍රිකා (පත්‍රය).
Unilateral, a. එකපැත්තක්ම ඇති, ඒකාංග ; එක පැත්තක පිහිටි, ඒකාංගක.
Uniliteral, a. එක අකුරක්ම ඇති, ඒකාක්ෂර.
Unillumined, a. එළියනැති, නිරවබෝධිත. [රඹු.
Unilocular, a. in bot. ඒකරන්ධ්‍ර බීජකෝෂවත්, ඒක
Unimaginative, a. අමුතු සිතිවිලි නූපදවන, චින්තනානුත්පාදක.
Unimbued with, be, v. (යම්කින්) අසංයුක්තව සිට නවා &c., see Imbued.
Unimpaired, a. නොපිරිහුණ, අඩුනුණ, අපරික්ෂීණ, (ශක්තිය &c.).
Unimpassioned, a. (ප්‍රාණවත්කමින් &c.) කම්පානොවෙන, නොඇවිස්සෙන, උනන්දුනැති, අවිකම්පිත, අක්‍රෝධ. [නිම්ල.
Unimpeachable, a. දෙස් තැබියනොහැකිවූ, නිරවද්‍ය,
Unimpeded, a. බාධා නැති, අබාධිත, අනිවාරිත.
Unimportant, a. වැදගත් නැති, නොවැදගත්, අප්‍රධාන, සුළු, නිකෘෂ්ට.
Unimproved, a. වඩා යහපත් සවභාවකට නොපැමිණුණ, වර්ධනයනුණ, අවර්ධිත.
Unimuscular, a. එකම මහ නහරයක් ඇති, ඒකස්නායු, (බෙලි &c.).
Uninfected, a. විෂවැදී නැති, විෂරහිත, අදූෂිත.
Uninfectious, a. බෝනොවෙන, (රෝග).
Uninhabitable, a. වාසයකළ නොහැකි, විසීමට නුසුදුසු, අවාසභව්‍ය.
Uninhabited, a. වාසින් රහිත, ජනශූන්‍ය, නිර්ජන.
Uninjured, a. හානියට—අනදරයට—පත්නුණ, අනතුරක් නැති, නිරුපද්‍රැත, අක්ෂත, අවික්ෂත.

Uninspired, a. විශේෂ දේවානුභාව රහිත; දේවානුභාවෙක් නොකී or නොලිබූ.

Uninstructed, a. නූගත්වනලද, නූගත්; be, v. අණ—අවසර—නොලැබ සිටිනවා. [යක් නැති.

Uninsured, a. (අලාභ ගෙවීම ගැන) සහතික පත්‍ර

Unintellectual, a. සිහිබුද්ධියෙන් උතුම් නොවෙන, මන්දබුද්ධි.

Unintelligible, a. (යමෙකුට) තේරුම්ගත නොහැකිවූ, දුරවබෝධ, දුර්බෝධ, අබෝධ්‍ය.

Unintentional, a. (යමෙක්) අදහස්නොකළ, අදහස් කරගනම නොකළ.

Unintentionally, ad. ඕනෑවාටම නොකර, බැරිවෙලා.

Uninterested, a. නොසලකා සිටින; පංගුකාර නොවන, අවිපක්ෂ.

Uninteresting, a. ප්‍රීති නුපදවන, සිත් නොඅලවන, රසවත්නූවූ.

Unintermitting, a. නොනවතින, නොරනැති, නිරන්තර, අනවරත.

Uninterrupted, a. (යමෙක්) නොවලක්වන, බාධා කරලා නැති, අපරිච්ඡින්න, අවිච්ඡින්න.

Unintoxicating, a. මත්නොකරන, අමද්‍ය, (පානය).

Uninured, a. (අමාරුවකට) පුරුදු නැති, පළපුරුදු නැති, (රට) සපි—දැඩි—මදි.

Uninvited, a. කැදවනු නොලැබූ, අනිමන්ත්‍රිත. [න.

Uninviting, a. චිත්තනිරාකර්ෂණ, අප්‍රසන්න, ප්‍රියනුපදව

Union, n. එක්වීම, සම්බන්ධවීම, යෝගය, සන්ධිය, සංයෝගය, සම්ප්‍රයෝගය; එක්සත්වීම, එක්සත් කම, සම්බන්ධතාව;

unanimity එකමුතුකම; harmony ඉතා-ගුකම;

united society එක්සත් සමාගම;

poor-house එක්සත් පින්ශාලාව.

Unionism, n. (ශිල්පීන්ගේ) එක්සත්වීමේ ධර්මය.

Unionist, n. එක්සත් ධර්මවාදිකයා.

Union-jack, n. ඉංග්‍රීසි කොඩිය. [යා.

Uniparous, a. එකෙකුම වදන, ඒකජනක, (සත්ත්ව

Uniped, a. ඒකපාදික; n. ඒකපාදිකයා, එකපා සතා.

Unique (යූනික්), a. අනන්‍ය, අද්විතීය, අසහාය.

Unisexual, a. in bot. ඒකලිංගකේශරවත් (පුෂ්ප).

Unison, Unisonance, n. සමශබ්දතාව; unison, fig. එකමුතුකම.

Unisonant, Unisonous, a. සමශබ්ද සහිත, සමශබ්ද.

Unit, n. ඒකමාත්‍රකයක්, එකක්ම; in math. &c. (එකක් කොට නියමවූ) ඒකප්‍රමාණය; in arith. place of units ඒකස්ථානය. [දැළවියා.

Unitarian, n. දේවත්‍රිත්වප්‍රතික්ෂේපකයා, දේවෛකත්ව

Unitarianism, n. දේවත්‍රිත්වප්‍රතික්ෂේප ධර්මය, දේවෛකත්ව දෘෂ්ටිය.

Unite, (යුනෛට්), v. join සන්ධිකරනවා &c., ඒකාබද්ධකරනවා, එකසත්කරනවා; සන්ධිවෙනවා &c.; සම්මිශ්‍රවෙනවා.

United, a. සන්ධිකරනලද &c., සන්ධිත, මිලිත, ඒකාබද්ධ, සංයුක්ත, එක්සත්, ඒකච්ඡන්ද.

United Kingdom (බ්‍රිතාන්‍යය වන) එක්සත් රාජ්‍යය.

United States (අමෙරිකාවේ) එක්සත් රාජධානිය.

Unitedly, ad. සම්බන්ධව, එ[illegible]ත්ව, එකමුතුව, හවුල්ව, එකහෙළා.

Unity (යුනිටි), n. ඒකත්වය, ඒ[illegible]ව, සමතාව; එකසත්කම; එකඟකම, එක[illegible]කම, සම්මිත තාව; සමගිකම. [මෙනි).

Univalve, n. එකපියන් සිප්පිය, (ගොම්බෙල්ලා

Univalve, Univalvular, a. ඒකපිධාන, එකපියන්, (කවු, සිප්පි).

Universal, a. සියල්ල අඩංගුවූ, සර්වමය, සමස්ත, සාමන්‍ය, සමන්ත, චක්‍රවර්ති, universally diffused සර්වව්‍යාපි; සර්වභෞතික; universal dominion චක්‍රවර්ති රජකම, සක්විති රජය, ...sovereign චක්‍රවර්ති රජ්ජුරුවෝ.

Universal, n. in logic සර්වව්‍යාපක වාක්‍යය. [ය.

Universalism, n. in theol. සර්වමනුෂ්‍ය-විමෝචන දෘෂ්ටි See Restoration &c.

Universality, n. සර්වමයතාව, සමන්තතාව, සර්වව්‍යාපිතිය, සර්වව්‍යාපකතාව; සැමතැනම පැවතීම, සැමදෙනා විසින් කිරීම &c.

Universally, ad. සමස්තාකාරයෙන්, සමන්තාකාරයෙන්, සැමදේ ගැනම, සැමතැත්වලම, සැමප්‍රස්තාවලදීම &c,

Universe, n. (සියලු ලෝකවල් අඩංගු) මුළු මැවිල්ල, මුළු ලෝකය, ලෝක සියල්ලම, සර්වසෘෂ්ටිය, භූතග්‍රාමය.

University, n. බලයලත් ශාස්ත්‍ර සභාව, අග්‍රපාඨශාලා සභාව; අග්‍ර පාඨශාලාව, සමස්ත ශාස්ත්‍රශාලාව, විශ්ව විද්‍යාලය.

Univocal, a. එක තේරුමක්ම ඇති, ඒකාර්ථ; in mus. සමශබ්ද. [වාචකය.

Univocal, n. එක තේරුමක්ම ඇති වචනයක්, ඒකාර්ථ

Unjointed, a. සන්ධි රහිත, in bot. ගැට නැති, ග්‍රන්ථි රහිත. See Disjointed. [ණ, අනුචිත.

Unjust, a. අධර්මිෂ්ඨ, අධර්ම්‍ය, අයුක්තිකාරන, අනාචාර

Unjustifiable, a. (යමෙකුට) නිදෙස්කළ නොහැකිවූ, දෝෂාරෝපණීය. [කමාව නොලත්.

Unjustified, a. නිදෙස්නූණ; ධර්මිෂ්ඨකරනු නොලැබූ,

Unkennel, v. බෙනයෙන් පන්නනවා; (බල්ලා &c.) කූඩුවෙන් මුදනවා; fig. සොයා එළිකරනවා.

Unkind, a. අකාරුණිකවන්ත, මෘදුගුණ මදි, ක්‍රෑර.

Unkindness, n. අකාරුණිකවන්තකම, දයා නැතිකම; අනුපකාරය.

Unknit, v. ගෙතුම මුදනවා.

Unknot, v. ගැට ලිහනවා. [අවේද්‍ය.

Unknowable, a. දැනගත නොහැකිවූ, අවිඡේද්‍ය,

Unknowingly, ad. නොදැනම, නොදැනුවත්ව.

Unknown, a. නොදැන තිබෙන, නොදන්න, නාඳුනන, නොදත්, අප්‍රකාශ, අප්‍රකට, අඥාත, අපරිඥාත, අවිඥාත.

Unlace, v. (සපත්තුවල &c.) පටි ලිහනවා, (සිදුරුවල) අමුණපු පටිය මුදනවා.

Unlade, v. (බර or බඩු) බානවා.

Unlamented, a. (කිසිවෙක්) ලතනොවෙන, ශෝකගාවුනූණ, අපරිදේවිත.

Unlash, v. බැඳුම්—බැඳි දේ—ලිහනවා. [වා.

Unlatch, v. (දොරේ) කොක්ක—කුඩා අගුළ—අරින

Unlawful, a. නීතියට විරුද්ධ, නීතිවිරෝධ, අනාචිත, අව්‍යවස්ථිත; අවසර නැති, අයුක්ත. See Illegal &c.

Unlearn, v. ඉගනගත් දේ මතකනැති කරනවා, පුරුද්ද නැතිවෙනවා.

Unlearned, Unlettered, a. නූගත්, අපණ්ඩිත, අව්‍යක්ත, අවිචක්ෂණ. [ප්‍රාණ, (පූප).

Unleavened, a. මුහුන් දමා නැති, මුහුන් නැති, නොපි

Unless, conj. හොත්, නැත්නම්: I shall go, unless he comes ඔහු නාවොත් යන්නෙමි. I shall not go, unless he comes ඔහු නාවොත්—ආවොත් මිස නැත්නම්—නොයන්නෙමි.

Unlicensed, a. බලකඩදාසියක් නැති, අජ්ඤාවක් නැති, බලය or අවසර නොලත්. [නවා &c.

Unlike, be, v. අසමානව—අසමව—අසදෘශව—තිබෙ

Unlikely, a. ඇත්තමෙන් නොපෙනෙන, සත්‍යාසංකාශ, දුනා අනුමාන, සිදුවීම දුෂ්කර.

Unlimber, v. කාලතුවක්කු ගැලෙන් මුදනවා, බැම්මෙන් &c.—බැමි—ලිහනවා.

Unlimited, a. මායිම්නැති, අප්‍රමාණ, අපරිමිත, අපර්‍යන්ත ; අනියම්, අනියමිත.

Unlink, v. (ඈඳුනිබෙන යමක්) ලිහනවා, කොක්ක අරිනවා, වෙන්කරනවා.

Unliquidated, a. ගෙවා—බේරා—නැති, නොගෙවූ &c., (ණය).

Unload, Unlade, v. (නැවෙන් &c.) බඩු බානවා.

Unlock, v. යතුර අරිනවා ; fig. (හෘදය, නිධානය &c.) එළිපුට ගෙනෙනවා.

Unlooked-for, a. බලානොසිටිය, බලාපොරොත්තු නුණ; නොසිතූ.

Unloose, v. see Loose, v. [නොර්ඝ.

Unlovely, a. ප්‍රේමණීයනුවූ, මනෝහර නොවන, අම

Unluckily, ad. අවාසනාවට, අවාසනාවන්තලෙස, අකල්‍යාණකාරයෙන්. [ණ.

Unlucky, a. අවාසනාවන්ත, සඵලනොවන, අකල්‍යා

Unmade, a. නොහැදී, සාදනැති ; අස්කරලානැති (ඇඳ).

Unman, v. අපුරුෂකරනවා, අධෛර්‍යකරනවා, අපුරුෂත්වයට පමුණුවනවා.

Unmanageable, a. (යමෙකුට) හසුරුවන්ට—හික්මවන්ට—බැරිවූ or දුෂ්කර.

Unmanly, a. අපුරුෂාකාර, බයගුලු, හිතෙන් අධම.

Unmannerly, a. නිරාචාර, අශිෂ්ටාචාර, අවිනීත.

Unmarked, a. ලකුණුකරලා නැති, ලකුණු නැති, අකෘතාංක ; undistinguished අලක්ෂිත, අවිශේෂිත; not observed බලානොගත්තලද.

Unmarred, a. තරක්කරලා නැති, තරක්නොවී—අඩු නොවී—තිබෙන ; (පෙනීමෙන්) අවිරූප.

Unmarriageable, a. විවාහවීමට අයෝග්‍ය, අවිවාහ්‍ය.

Unmarried, a. විවාහනොවී—කසාදනොබැඳ—සිටින, අවිවාහිත, අවිවාහක.

Unmask, v. වෙස්මුණ පහකරනවා, වේශය අරිනවා; (ප්‍රයෝග, බොරු &c.) එළිදරව්කරනවා.

Unmatched, a. අසහාය, අතුල්‍ය, අනුපම, අප්‍රතිම.

Unmeaning, a. තේරුමක් නැති, අර්ථහීන, ව්‍යර්ථ, ව්‍යර්ථක. [ණ.

Unmeasured, a. නොමැන්න ; අමිත, අපරිමිත, අප්‍රමා

Unmentionable, a. සඳහන්නොකළයුතු, අවාච්‍ය ; n. pl. අවාච්‍යවස්තු. [කැර.

Unmerciful, a. දයානැති, කරුණානොකරන, සැර,

Unmerited, a. see Undeserved.

Unmethodical, a. අවිධිමත්, අක්‍රමික ; පිළිවෙළකට—ක්‍රමයකට—ක්‍රියානොකරන. [ළකිලි.

Unmindful, a. හිතටනොගන්න, අප්‍රවේසම්, නොසැ

Unmingled, Unmixed, a. අමිශ්‍ර, අමිශ්‍රිත, අසංකීර්ණ; පිරිසිදු.

Unministerial, a. දේවගැතියාට—දේවගැතිකමට—ශෝභනානුනැති ; අමාත්‍ය ධුරයට නොහොබින. [න.

Unmissed, a. නැති බව—නැතුවා වාගේ—නොදැනෙ

Unmistakable, a. (යමෙකුට) වරද්දගත නොහැකිවූ, වැරදිලෙස තේරුම්ගත නොහැකි.

Unmitigated, a. අඩු—සහනය—නොකළ, සහනයක් නොලත්.

Unmoved, be, v. මාරුනොවී—සෙලනොවී—කම්පා නොවී—අචලව—තිබෙනවා or සිටිනවා &c.

Unmusical, a. තූර්‍යනාද නැති, ස්වරඥන්‍ය, මධුරශබ්ද නැති, අමධුරශබ්දජනක, අමධුර; තූර්‍යනාද ගැන අසමර්ථ.

Unmuzzle, v. කටබැම්ම ලිහනවා.

Unnatural, a. ජනමස්වභාවට විරුද්ධ, or එකඟනැති, අස්වාභාවික, අමනුෂ්‍ය.

Unnecessarily, ad. ඕනෑකමක් නැතුව. [ක.

Unnecessary, a. ඕනෑනැති, ඕනෑනොකරන, අනවශ්‍ය

Unnerve, v. අධෛර්‍යකරනවා, අබලකරනවා, දුබල කරනවා.

Unnoticed, a. නොදකිනලද, නුදුටු; බලානොගන්න ලද, නොසලකාඇරිය.

Unnumbered, a. නොගණිනලද &c., අසංඛ්‍යාත, ගණන්නැති &c., see Innumerable.

Unobjectionable, a. විරුද්ධකමක්නැති, දොසක් කියනොහැකි.

Unobservant, Unobserving, a. නොබලන, බලා නොගන්න, හිතට නොගන්න.

Unobserved, a. නොදකිනලද, බලානොගත්, (දේ).

Unobstructed, a. බාධානැති, අබාධිත, නිරර්ගල.

Unobtainable, a. ලබාගත නොහැකි, අලභ්‍ය, අප්‍රාප්‍ය, අසම්ප්‍රාප්‍ය.

Unobtained, a. (යමෙක්) ලබානොගත්, අප්‍රාප්ත, අසම්ප්‍රාප්ත, අනාප්ත, අපර්‍යාප්ත.

Unobtrusive, a. (තමාගේම මත &c.) අනිසිලෙස නොපවරන, බුහුටිනැති, අප්‍රගල්භ.

Unoccupied, a. වැසියෙක්—කිසිවෙක්—නැති, හිස්, ශූන්‍ය ; වැඩක් නැති. [නිරවද්‍ය.

Unoffending, a. (අනුන්ට) වරද නොකරන, අහිංසක,

Unofficial, a. නියම නිලයකට අයිත්නැති, නිලයේ බලයෙන් නොකරන ; නිලධාරියෙක් නොවන.

Unopened, a. ඇරලා—ඇරී—නැති &c., වසාතිබෙන, අවිවෘත.

Unopposed, a. (කිසිවෙකු විසින්) විරුද්ධකම් නොකරනලද, විරුද්ධත්වයක් නොමැති, අබාධිත, බාධාරහිත.

Unopposing, a. විරුද්ධකම් නොකරන, විරුද්ධනොවන, අවිරුද්ධ, අවිරෝධ, අප්‍රතිකූල.

Unorganized, a. නිසි අවයව ඇතුව නොයොදපු, අග්‍රන්ථිත, අසම්බන්ධ.

Unorthodox, a. අසම්‍යක්දෘෂ්ටි, අසම්‍යක්මතික, ධර්මයට ප්‍රතිකූල.

Unostentatious, a. නිරහංකාර, අගර්ව, අගර්විත.

Unowned, a. අයිතිකාරයෙක් නැති, අහිමි; (සැබෑයයි) පිළිනොගත්තලද.

Unoxidized, Unoxygenated, Unoxygenized, a. අම්ල කරවානු අමිශ්‍ර.

Unpack, v. බඩුමිටි මුදනවා, (පෙට්ටි) අරිනවා.

Unpaid, a. නොගෙවනලද, නොගෙවාපු, (ණය); පඩි—කුලී—නොලැබූ.

Unpalatable, a. lit. & fig. රසනැති, අරුචි, අප්‍රිය.

Unparalleled, a. අතුල්‍ය, අනුපම. See Unequalled.

Unpardonable, a. කමාකළ නොහැකි, ඉවසිය නොහැකි, of B. P. පාරාජිකා, (වරද).

Unpardonably, ad. කමාව ලැබිය නොහැකිලෙස, කමාව නොලැබෙන තරම්.

Unparliamentary, a. මන්ත්‍රණසභාවට අයෝග්‍ය, මන්ත්‍රණසභාවිනිශ්චිත.

Unpensioned, a. පින්පඩි නොලබන, පින්පඩි නොලත්.

Unperceivable, a. ඉන්ද්‍රියාගෝචර, අවිභාවනීය. See Imperceptible.
Unperceived, a. නොදුටු—නොහැකි—තිබෙන, නොදැනෙන, අවිභාවිත. [ක්ෂිප්ත.
Unperplexed, a. අනාකූල, නිරාකූල, අව්‍යාකූලිත, අවි
Unphilosophical, a. ශාස්ත්‍රයට—ශාස්ත්‍රවිධියට—නිරනුකූල, අශාස්ත්‍ර.
Unpin, v. අල්පෙනෙත්ති ගළවනවා.
Unpitied, a. අනුකම්පාව නොලත්, අනුකම්පාව—දයාව—නොලබන.
Unpleasant, a. අප්‍රසන්න, අප්‍රිය, අමිහිරි.
Unpoetic, Unpoetical, a. කාව්‍යාකාර නොවන, කාව්‍යාලංකාර රහිත, උත්සාහයට චේතනා රහිත.
Unpointed, a. තුඩක් නැති, අතීක්ෂ්ණ; පදභාජක ලකුණු නැති; ප්‍රාණාක්ෂර ලකුණු නැති. [නැති.
Unpolarized, a. (ධ්‍රැව දිශාවට හැරෙන) කාන්දම්ගුණ
Unpolished, a. ඔප නගානැති, ඔප නැති; fig. අශිෂ්ටාචාර, අවිනීත, ග්‍රාම්‍ය. [රූ.
Unpolite, Impolite, a. අශිෂ්ට, අශිෂ්ටාචාර &c., අග
Unpolluted, a. අමල, නිර්මල, විමල, අදූෂිත.
Unpopular, a. මහජනයා ප්‍රියෙ ාවන, ජනාප්‍රිය.
Unpopularity, n. ජනාප්‍රියතාව: his unpopularity ඔහු කෙරෙහි ඇති ජනාප්‍රියතාව.
Unpractised, a. පුරුදුනැති, පුහුණු නැති, අප්‍රගුණිත, අනභ්‍යස්ත, අකෘතහස්ත.
Unprecedented, a. පූර්වනිදර්ශනයක් නැති, පූර්වනිදර්ශනහීන, අයථාපූර්ව.
Unprejudiced, a. පූර්වමතියක් නැති, අපාක්ෂිකගත, අපක්ෂ, අපක්ෂවාදී, අගති විරහිත. [අයෝග්‍ය.
Unprelatical, a. සභානායකයාට—පාරිදර්ශකයාට—
Unpremeditated, a. කලින් කල්පනාකරනොගත්, අසම්පාදිත, (කථා &c.); කලින් අදහස්නොකළ (ක්‍රියා &c.). [නැති.
Unprepared, a. කලින් සූදානම්නොකළ, සූදානම්
Unprepossessing, a. (පෙනීමෙන් &c.) චිත්තනිරාකර්ෂක, අමනෝහර.
Unpresuming, a. අධික බුහුටි නැති, අප්‍රගල්භ, නිසි භයලජ්ජා ඇති.
Unpretending, Unpretentious, a. බැරෑරුම්නොවන, ආඩම්බර නැති, නිරහංකාර, යටහත්.
Unprincipled, a. ප්‍රතිපත්ති ශූන්‍ය, අධාර්මික, අගති, මත්‍රීභූත.
Unprinted, a. අච්චුනොගසාපු, අමුද්‍රාංකිත; අවිචිත්‍ර, (පිළි).
Unproductive, a. අසාර, ඵලප්‍රයෝජන නොදෙන.
Unprofessional, a. තිලකලයට අයිත්තු නැති; තිලකලයට අයෝග්‍ය. [නිෂ්ඵල.
Unprofitable, a. ලාභ නූපදින, නිෂ්ප්‍රයෝජන, අඵල,
Unpromising, a. (ඉෂ්ටවීමට) නිමිති නැති, අකල්‍යාණ, පරිශංකනීය.
Unpronounceable, a. (යමෙකුට) උච්චාරණයකළ නොහැකිවූ, අනුච්චාර්‍ය.
Unpropitiated, a. (අමනාපය) සංහනය නුණ, සමගි නුණ, අසංරාධිත.
Unpropitious, a. අකමැති; අකල්‍යාණකර, අමාංගලික &c., see Inauspicious.
Unprotected, a. රැකවලක් නැති, අරක්ෂිත.
Unprovoked, a. කුපිතනොවී—නොඇවිස්සී—සිටින; අන්‍යයෙකුගේ වරදෙත් අටනොගත්, නිසි හේතු නැසි, (අඩස්තෝට්ටම් &c.). [ලත්.
Unpunished, a. දඬුවම්නොලැබ සිටින, දඬුවම් නො

Unpurified, a. ශුද්ධ or පවිත්‍ර නොකළ, අපිරිසිදු, අසංශෝධිත.
Unqualified, a. නිසි බලපුළුවන්කම නැති, අයෝග්‍ය; unmodified බාලනොකරනලද, අපරිමිත.
Unquenchable, a. නිවන්ට බැරිවූ &c., see Quenchless.
Unquestionable, a. විවාදරහිත, අශංකනීය, අවශ්‍ය. See Indubitable.
Unquestionably, ad. අනුමාන නැතුවම, අශංකනීයාකාරයෙන්, අවශ්‍යයෙන්ම.
Unquestioned, a. (කිසිවෙක්) අනුමානනොකරන, අරෝවක් නැති &c., see Undoubted; විභාගනොකරනලද.
Unquiet, a. නිශ්චලනොවන, නිශ්චලයක් නැති, චංචල, සමාදාන නැති, අශාන්ත.
Unravel, v. see Ravel out: පැටලිල්ල ලිහනවා, වියවුල බේරනවා; (යෝජනාව) ක්‍රමයෙන් එළිදරව්වෙනවා, විවෘතවෙනවා.
Unread, a. පොත් කියවා නොමැති, නොකියවූ.
Unreal, a. ඇත්තම නොවන, අද්භූත, පෙනීම පමණක් ඇති, අසත්‍ය.
Unreasonable, a. සිහියට හුරුනැති, සිහිබුද්ධියෙන් ක්‍රියානොකරන; නිසිතරමට වැඩි, අත්‍යාධික, ප්‍රමාණාතික්‍රාන්ත.
Unreasonableness, n. සිහියට හුරුනැතිකම &c.; අධිකකම, අත්‍යාධිකතාව &c. [ලන.
Unreasoning, a. සිහිබුද්ධි නැති; කල්පනාකර නොබ
Unreclaimed, a. සකස්කරනොගත් (බිම &c.); නරක සවභාවයෙන් නොමිදුණු.
Unreconciled, a. සමාදාන නුණ, සමගිකමට නොපැමිණුණු; එකඟනොකරනලද, ප්‍රතිවිරුද්ධ.
Unredeemed, a. (යමකු විසින්) මිලදී මුදානොගත්; ඉෂ්ටනොකළ (පොරොන්දුව); මුදල් නොගෙවූ (මිලපත්‍රය).
Unreeve, v. අමුණපු යොත්—කප්පියේ යොත්—ලිහනවා, ඇමිණීම අරිනවා.
Unrefined, a. පවිත්‍රනොකළ, අමු, (සීනි &c.); in manners අවිනීත, අශිෂ්ට, ග්‍රාම්‍ය.
Unreformed, a. නපුරෙන් නොමිදුණු, හරිසවභාවට නොපැමිණුණු, අප්‍රකෘතිස්ථ.
Unrefreshed, a. වෙහෙස ඇරීනැති, අසන්තර්පිත.
Unregeneracy, n. ආත්මිකලෙස නැවත නූපන් සවභාව, ආත්මිකාප්‍රත්‍යුත්පන්නතාව, අභක්ති සවභාව.
Unregenerate, Unrenewed, a. ආත්මිකලෙස නැවත නූපන්, සිතෙන් අප්‍රත්‍යුත්පන්න, අභක්ති.
Unrelated, a. නෑකමක් නැති, නෑයෙක් නොවන; අසම්බන්ධ, අයිත්තුනැති.
Unrelaxing, a. බුරුල්—ලිහිල්—අඩු—නොවෙන (උත්සාහ, හැරකම &c.).
Unrelenting, a. බුරුලනොදෙන, තදකම නාරින &c., see Relentless.
Unrelieved, a. සහනයනුණ, බාලනුණ, (වේදනා &c.); සහනය &c. නොලත්, සහනයක් නැති, අනුකම්පාවක් නැති; මාරුනුණ (මුරකාරයා &c.).
Unrelinquished, a. අත්නාරිනලද, අත්නෑරිය, අවර්ජිත.
Unremitting, a. අඩුනොවෙන, බාලනොවෙන; නොරනැති, නිරන්තර.
Unremunerative, a. නිසි ඵලවිපාක නූපදින, ප්‍රයෝජනනැති, අප්‍රයෝජන, (වැඩ &c.).
Unrepentant, a. පසුතැවිලි නොවන.

Unrenowned, a. කීර්ති රහිත, ප්‍රසිද්ධ.

Unreserved, a. ඉතුරු නොකරනලද, සම්පූර්ණ; නිදහස්ලෙස—නොසඟවා — කථාකරන, කොහොල් නැති.

Unreservedly, ad. මුළුමනින්ම, සම්පූර්ණයෙන්ම, නොමසුරුව; නිදහස්ලෙස, නොසඟවා.

Unresigned, a. භාරනොකරනලද; (දේවකැමැත්තට) යටත්නූණ, යටත්—භාර—නොවී සිටින.

Unresisting, a. විරුද්ධකම නොපාන, විරුද්ධ නොවෙන, යටත්වෙන.

Unresolved, be, v. සනිටුහන්—අදහස්—නොකර සිටිනවා; adj. අප්‍රතිභේදිත &c.

Unrest, n. චංචලභාවය.

Unrestrained, a. නොනවත්වනලද, අවාරිත; අසංයත ආශා &c.).

Unrestricted, a. ප්‍රමාණනොකරනලද, අනසීට, අවහිරනැති, අපරිමිත.

Unrevealed, a. ප්‍රකාශ නොකරනලද, එළිදරව් නොකළ.

Unrevised, a. හරිවැරදි නොබැලූ, අසංශෝධිත.

Unriddle, v. (තේරවිල්ලක් මෙන්) අමැරුවක් විසඳනවා, පහදනවා.

Unrig, v. නැවේ කඹ ආදිය ගලවා බානවා.

Unrighteous, a. අධාර්මික, අධර්මිෂ්ඨ, අධර්මචාරී, අසාධාරණ, පාපිෂ්ඨ.

Unrighteousness, n. අධාර්මිකත්වය, අධර්මිෂ්ඨකම, අධර්මය. අසාධාරණකම &c.

Unripe, a. අමු, ආම, නොපැසුණු &c., නොමේරූණ &c., අපක්ව.

Unrivalled, a. see Unequalled and Peerless.

Unroll, v. (අකුළාපු දෙයක්) දිගඅරිනවා.

Unroof, v. වහල—සෙවිල්ල—අරිනවා, පියස්ස ගලවනවා.

Unroot, v. මුලින් උදුරා දමනවා.

Unruffled, a. (වතුර මෙන්) සෙලවෙනොවී තිබෙන, රැළි නැති, අචලිත; නිශ්චල, ශාන්ත.

Unruly, a. අකීකරු, නොහික්මුණ, කුළු, කුලෑටි, දුෂ්ට.

Unsaddled, a. හැදය දමානැති, හැදය ගලවාපු, (අශ්වයා).

Unsafe, a. අප්‍රවේසම්, අනතුරු සහිත, නිරුපද්‍රව නොවන, උවදුරුවිය හැකිවූ.

Unsaid, a. නොකිවූ, නොකී, අනුක්ත, නොකියා අරින, (දේ).

Unsaleable, a. විකිණිය නොහැකි (දේ), නොවිකිණෙන, අවික්‍රය.

Unsanctified, a. (පාපයෙන්) පිරිසිදුනූණ, අශුද්ධ, අපරිශුද්ධ.

Unsanctioned, a. අවසර දීලා නැති, අවසර නැති, නිරනුඥාත.

Unsated, a. අතිතෘප්තියට නොපැමිණුණ, අතෘප්තිමත්, නොසංසිඳුණ.

Unsatisfactorily, ad. සතුටුනොකරනලෙස. නොසෑහෙනලෙස, මදිලෙස.

Unsatisfactory, a. සතුටුනොකරන, සතුටුදායක නොවන, නොසෑහෙන, (වැඩ &c.)

Unsatisfied, a. තෘප්තියට නොපැමිණුණ, අතෘප්ත, අසන්තර්පිත, නොසංසිඳුණ, (ආශා); නොගෙවූ. නොබේරූ. (ගණන්).

Unsatisfied, be, v. (යමක් ගැන) සතුටුනොවී සිටිනවා, (අසවල් ආකාරයකි) පිළිනොගෙන සිටිනවා &c.

Unsatisfying, a. සතුටුකමට—තෘප්තියට—නොපමුණුවන, අසන්තර්පණ.

Unsaved, a. නොගලවනලද, ප්‍රාණගැලවීමනොලැබූ. (අනතුරෙන්) නොමිදුණ.

Unsavoury, a. රසනැති, දුගඳ, lit. & fig. අරුචි, අමධුර, අමිහිරි.

Unsay, v. කී දේ දෙවනු නැත කියනවා, කී දේ අත්අරිනවා.

Unscathed, a. escape unscathed අනතුරට අසුනොවී—නිරුපද්‍රැතව—මිදෙනවා.

Unscholarly, a. අපණ්ඩිත, අපණ්ඩිතාකාර, පණ්ඩිත විධියට එකඟනැති, අව්‍යක්ත.

Unscientific, a. ශාස්ත්‍රානුකූලනොවන, අශාස්ත්‍ර, අශාස්ත්‍රීය. [ලෙස.

Unscientifically, ad. අශාස්ත්‍රාකාරයෙන්, අශාස්ත්‍රීය

Unscreened, a. මුවාකරලා නැති, මුවාවක් නැති; ශරා නැති (වැලි &c.).

Unscrew, v. ඉස්කුරුප්පු ගලවනවා.

Unscriptural, a. ශුද්ධලියවිලිවලට—බයිබලයට—එකඟනැති *or* විරුද්ධ *or* නිරනුකූල.

Unscrupulous, a. හරිවැරදිකම ගැන නොසැලකිලි, සුකෘතාපේක්ෂක.

Unseal, v. (ලියුමේ &c.) මුද්‍රය කඩනවා.

Unsealed, a. මුද්‍රය කඩාපු, මුද්‍ර නැති.

Unsearchable, a. සොයා දැනගත නොහැකි, සැඟවුණු. රහස්, අචින්ත්‍ය. [අසර්‍ථන.

Unseasonable, a. අකාල, අකාලික, නොකල්,

Unseasonableness, n. අකාල ගතිය, අකාලතාව &c.

Unseasoned, a. පදම්කරලා නැති, අමු. (ලී); (රටට &c.) පළපුරුදු නැති; ලුණුමිරිස් ආදිය දමා නැති.

Unseat, v. ආසනයෙන් පහකරනවා.

Unsectarian, a. අනිකායික, අලබ්ධික; එකසභාවකට පමණක් නොලැදි, අවිපක්ෂ.

Unseemly, a. නොශෝභන, අශෝභන, අයෝග්‍ය.

Unseen, a. නොපෙනෙන, අදෘශ්‍ය, අදෘශ්‍යමාන, අදෘෂ්ට.

Unselfish, a. ආත්මාර්ථයම නොසලකා ක්‍රියාකරන අලෝභී, අස්වාර්ථපර.

Unserviceable, a. වැඩට ගත නොහැකිවූ, අප්‍රයෝජන, නිෂ්ඵල.

Unsettle, v. (පිහිටි දේ &c.) බුරුල්කරනවා, චංචලකරනවා, අස්ථිරකරනවා.

Unsettled, a. බුරුල්කරපු &c., බුරුල්වූ, අස්ථිර, ස්ථිර නොවී තිබෙන, අප්‍රතිෂ්ඨිත; බේරා නැති, බේරී නැති, (බොර &c.) මිදීනැති, පැන දීනැති; නියම වාසස්ථානයක් නැති.

Unsevered, a. වෙන්වනැති, අවියෝජිත, අවිච්ඡේදිත, අවිවර්ජිත. [කරනවා.

Unsex, v. පුරුෂගුණතාව — ස්ත්‍රීගුණතාව — නැති

Unshaken, a. නොසොලවාපු, නොසෙල්වී තිබෙන, ස්ථිර, අචලිත, අකම්පිත. අරූප.

Unshapely, a. හැඩහුරුනැති, රූපයෙන් අශෝභන,

Unsheathe, v. (කඩුව &c.) කොපුවෙන් අදිනවා *or* ඇදගන්නවා, විකෝෂ කරනවා.

Unship, v. (බඩු) නැවෙන් &c. බානවා; (සුක්කානම &c.) ගලවනවා

Unshrouded, a. මුවානොවී — නොවැසී — තිබෙන, විවෘත, ප්‍රකාශ.

Unsightly, a. අදර්ශනීය, අශෝභන, අවලක්ෂණ.

Unskilful, a. අසමර්ථ, අදක්ෂ, සමර්ථ නැති &c.

Unskilled, a. නිපුණ, පළපුරුදු නැති, පුහුණු නැති, අදක්ෂ, අසමර්ථ.

Unsociable, Unsocial, a. සමාගම් පැවැත්වීමට ලැදි නැති or නුසුදුසු, අසාංගතික.
Unsoiled, a. කිලුටුකරලා නැති, නොකිලිටි; fig. නොකැළැල්.
Unsolicited, a. නොඉල්ලනලද; fig. නිරනුකර්ෂිත.
Unsophistical, Unsophisticated, a. අවංක, අව්‍යාජ; අමිශ්‍ර.
Unsorted, a. වගීවලට තෝරා—බේරා—බෙදී—නැති.
Unsound, a. පලුදුවක් ඇති, අඩුලුහුඩු; ගිලන්, දුර්වල; වැරදි, සාවද්‍ය, අසම්‍යක්, අසත්‍ය, වාජ්‍යක, (බඹ්, මත, &c.).
Unsoundness, n. පලුදු ගතිය, අඩුලුහුඩුකම &c.; සාවද්‍යතාව &c., අසම්‍යක්ත්වය.
Unsparing, a. ඉතුරු නොකරන, නොමසුරුව දෙන, නිෂ්කාරුණික, දරුණු, බලවත් (දෝෂාරෝපණය).
Unspeakeble, a. කියනොහැකි, අවචනීය. See Ineffable.
Unspeakably, ad. කියනොහැකිලෙස, අවචනීයා කාරයෙන්, මුව නොසෑහෙන සේ.
Unspiritual, a. ආත්මිකනොවන, (හිතෙන්) මාංසික, ලෞකික.
Unspoken, a. නොකියනලද, නොකී, අනුක්ත; කථා නොකරන (භාෂා &c.).
Unspotted, a. තිත් ගසා නැති &c., see Spot & Spotless.
Unstable, a. සෙලවෙන, අස්ථාවර; unstaid අස්ථිර, නොතිර, චපල; අනිත්‍ය, අධ්‍රැව.
Unstained, a. සායම් පොවා නැති &c.; කැළැල් නැති &c., see Stainless.
Unstamped, a. මුද්‍ර ගසා නැති, (තැපැල්) මුද්‍ර නැති.
Unsteadily, ad. සෙලවෙමි, චංචලව, වැතිවැති, අස්ථිරලෙස, චපලලෙස.
Unsteadiness, n. සෙලවෙන සුලුබව, චංචලත්වය, අනවස්ථිතිය &c.
Unsteady, a. සෙලවෙන, චංචල, අනවස්ථිත; අස්ථිත, චපල.
Unstitch, v. මැහුම—මැහුම් නූල්—ගලවනවා or ලිහනවා.
Unstop, v. ඇහිරුම අරිනවා, මූඩිය ගලවනවා.
Unstratified, a. තට්ටු ආකාර සෑදී නැති, තට්ටු ආකාර නොවන.
Unstring, v. (නහර &c.) බුරුල්කනවා, තත්—ලනු —අමුණපු දේ—මුදනවා. [meditated.
Unstudied, a. අභ්‍යාසනොකරනලද &c., see Unpre-
Unsubdued, a. මැඩගොපවයවාපු &c., අනභිභූත, අදමිත, අසංයමිත.
Unsubstantial, a. අවිද්‍යමාන, අවාසනමික, අභූත; සවිනැති. [නැති.
Unsubstantiated, a. ඔප්පුකරලා නැති, ඔප්පුසාක්ෂි
Unsuccessful, a. ඉෂ්ටනුණ, හරිනොගිය, සඵලනුණ, නිෂ්ඵලවූ, අසාර්ථක, අසමෘද්ධවූ.
Unsuitable, a. නුසුදුසු, අයෝග්‍ය, ඉනංගු නැති, නොසෑහෙන, අනුචිත.
Unsuited, be, v නුසුදුසුව &c.—අදාලනොවී—නිරනු කූලව—තිබෙනවා.
Unsullied, a. කිලුටු නැති, අමලින, නිර්මල; fig. කැළැල් නැති, නිර්මල.
Unsung, a. කාව්‍යයෙන් කියානැති, කාව්‍යයෙන් අවර්ණිත.
Unsupplied, a. සපයානැති; be unsupplied with (යමක්) නැතුව—නොලැබ—සිටිනවා.

Unsupportable, a. ඉවසිය — දරිය — විඳිසිය — නොහැකිවූ.
Unsurpassed, a. අනතික, අනාක්‍රාන්ත. This is unsurpassed in value මිට වඩා අගයි එකක් නැත.
Unsuspicious, a. අවිශ්වාසකිරීමට ලැදිනැති, කුකුස් නොවන; සැකනුපදවන (ක්‍රියා &c.).
Unsworn, a. නොදිවුරවනලද, නොදිවුරවාපු, දිවුරු මෙන් නොබැඳි; දිවුරුම පිට නොයි.
Unsymmetrical, a. (ප්‍රමාණයෙන් &c.) නිරනුකූල, අසමප්‍රමාණ, අසම ගණිත.
Unsystematic, a. පිළිවෙළක් නැති, ක්‍රමානුකූල නුවූ, අක්‍රමික.
Untainted, a. කුණුරස—කුණුගඳ—නැති, පල්නොවී තිබෙන; fig. අමල, නිරවද්‍ය.
Untamable, a. හීලෑකළ නොහැකිවූ &c., අදමනීය, දුර්දාන්ත.
Untamed, a. හීලෑනොකරනලද &c., වල්; fig. See Unsubdued.
Untaught a. නූගත්වනලද, නූගත්, අනධ්‍යාපිත.
Untempted, a. නොපොළඹනලද නිරාකර්ෂිත.
Untenable, a. අත්කරගත සිටිය නොහැකිවූ; යුතු බව පෙන්විය නොහැකිවූ, බණ්ඩ්‍ය.
Untenantable, a. වාසයට නුසුදුසු.
Untenanted, a. වැසියෙක් නැති.
Unthankful, a. සතුතිවන්ත නොවන, කෙළෙහිගුණ නොසලකන, අකෘතඥ.
Unthinking, a. කල්පනා නැති &c., see Thoughtless.
Unthought-of, a. කල්පනානුණ, නොසිතුණ, අචින්තිත.
Unthread, v. (ඉදිකටු මලෙක්) නූල අදිනවා; අමුණපු දේ මුදනවා. [Thriftless.
Unthrify, a. (මුදල් &c.) අපතේ අරින &c., see
Untidy, a. (ගේදොර, ඇඳුම, ආදිය) නිසි අන්දමට—යසට—තබානොගන්න, කලේලි නැති, අපිරිසිදු.
Untie, v. ගැටලා තිබෙන යමක්—ගැට—ලිහනවා; fig. පහදනවා.
Untied, a. ගැට ලිහා තිබෙන, ගැට ගසා නැති, නොබැඳි.
Until, ad. & prep. තුරු, තුරා &c.; දක්වා, එතකල් &c., see Till.
Untile, v. (වහලෙන්) උළු අරිනවා, උළු බානවා.
Untimely, a. කලට වේලාවට අයෝග්‍ය &c., see Unseasonable.
Untiring, a. වෙහෙසනොවෙන, [illegible] unflagging මලානික නොවෙන.
Untold, a. නොකියනලද, නොකී, නොකියාපු; ගණන් නැති, අගණිත.
Untouched, a. (කිසිවෙකු විසින්) අත නොගසනලද, (යමක්) තවටුනුණ, නොවැදුණ, අස්පෘෂ්ට; the disease is untouched thereby එය රෝගයට ඇල්ලුවේ නැත.
Untoward, Untowardly, a. නොහික්මුණ්, නොහික් මෙන; අපහසු; අශෝභන.
Untractable, a. හසුරුවාගත නොහැකිවූ, මුරණ්ඩු, කුළු, දඩ.
Untrained, a. පුහුණුනුණ, පුරුදුනැති, කෝචූ, අව්වල් නොකළ.
Untrammelled, a. හැකිල්ල දමා නැති; අබාධ, අබාධිත, නිදහස්.
Untravelled, a. (මිනිස්සු) නොයන (පාර); (අන් දේශවල) ගමන්නොකළ.

Untried, a. පරීක්ෂාකර නොබැලූ, අත්හදා නොබැලූ, අපරීක්ෂිත ; නැසූ, ඊනිශ්චයනොකළ, (නඩුව).

Untrod, Untrodden, a. (කිසිවෙක්) නොගිය, නොපාගනලද.

Untroubled, a. නොපෙළෙන, පෙළීම්නැති, දුක්තත ගාවු නැති, අපීඩිත ; නොකැළඹුණ, අචලිත.

Untrue, a. සැබෑනැති, අසත්‍ය, බොරු ; අවිශ්වාස්‍ය.

Untrustworthy, a. නොඇදහියයුතු, අවිශ්වාස්‍ය.

Untruth, n. සැබෑනැතිකම, අසත්‍යතාව ; අසත්‍ය කීම, බොරුව.

Untruthful, a. අසත්‍ය, අසත්‍යවාදී, බොරු කියන, බොරුකාර.

Untutored, a. නුගත්වනලද.

Untwine, Untwist, v. වෙළී—ඇඹරී—තිබෙන දේ මුදනවා, වෙළීම අරිනවා.

Unused, a. භාවිතානොකරනලද &c., භාවිතානැති, අව්‍යවහාර.

Unused to, be, v. (යමකට) නුපුරුදුව සිටිනවා, පුරුදු නැත.

Unusual, a. සාමාන්‍යනොවන, අසාමාන්‍ය. වඩා නැති ආකාර.

Unusually, ad. අසාමාන්‍ය තරම්, සාමාන්‍ය තරමට වඩා, (කුඩා, ලොකු &c.)

Unutterable, a. කියනොහැකිවූ, අභාෂ්‍ය &c., see Unspeakable.

Unuttered, a. නොකියනලද, අවාදිත, අනුච්චාරිත, අභාෂිත.

Unvanquished, a. පරාජයනුණ &c., see Unconquered.

Unvarnished, a. ඔපතෙල් ගාලා නැති ; fig. සායම් නොපොවාපු (කථා &c.)

Unvarying, a. වෙනස්නොවෙන, අවිවිධාකාර, එකාකාර.

Unveil, v. මුහුණුවැස්ම අරිනවා, තිරය—වැස්ම—අරිනවා, (statue &c.) විවෘතකරනවා.

Unventilated, a. හුළඟ ඇතුල් නොවෙන or නොවදින, වාතාශ්‍රය නොමැති.

Unversed, a. නිපුණ නැති &c., see Unskilled.

Unviolated, a. කඩනොකරනලද, අලංඝිත ; නොකෙලෙසනලද, අදූෂිත.

Unvitiated, a. නරක්නොවී තිබෙන or සිටින, අදූෂිත.

Unvitrified, a. වීදුරුගතියනැති, වීදුරුනුණ, කාචනුණ.

Unwarily, ad. අප්‍රවේසම්ලෙස &c., see Incautiously.

Unwarlike, a. යුද්ධයට නුසුදුසු or නුපුරුදු, යුද්ධකාමී නොවන, අසංග්‍රාමික.

Unwarned, a. (අනතුර ගැන) කලින් දැනුම්දීකම් නොලැබූ.

Unwarped, a. ඇකිළීනැති, පිටපැනී නැති ; fig. සෘජු, අපාක්ෂිගත.

Unwarrantable, a. අයෝග්‍ය, අනිසි, අයුතු, අව්‍යවස්ථිත, අනඩු.

Unwarranted, a. අවසර නැති, අනියමිත ; (යහපත් බව) [illegible]නිකනොකළ.

Unwasted, a. නාතිනාසතිනුණ, අනිසිලෙස වියදම් නුණ, අපතේ නොයය , අක්‍ෂය &c.

Unwavering, a. නොසෙලවෙන, අචපල, දෙගිඩියා නොවන, ස්ථිර.

Unwearied, a. වෙහෙසනැති, අශ්‍රාන්ත &c., see Indefatigable.

Unwelcome, a. පිළිගන්වකැමතිනැති or අප්‍රියකරන.

Unwell, be, v. අසනීපයි, අසනීපෙන්—අසනීපව—සිටිනවා.

Unwholesome, a. ගුණනැති, අපථ්‍ය, අගුණ, නුගුණ, නිර්ගුණ, අමැඩදූයක, (කෑම, ගුරුකම් &c.).

Unwholesomeness, n. ගුණ නැතිකම, අපථ්‍යතාව, අගුණය &c.

Unwieldy, a. (බර නිසා) හසුරුවන්ට අමාරුවූ.

Unwilling, a. කැමතිනැති, නොකැමැති, අප්‍රසන්න, විරක්ත, (අය).

Unwillingly, ad. අකමැතිව &c. අකමැත්තෙන්.

Unwillingness, n. කැමතිනැතිකම &c., අකමැත්ත, විරක්තිය.

Unwind, v. ඔතාපු—එතී—වෙළී—තිබෙන නූල &c. දිගඅරිනවා or ඇරෙනවා.

Unwise, a. අනුවණ, නුනුවණ, ප්‍රඥාහීන, අප්‍රාඥ.

Unwittingly, ad. නොදැන, නොදැනුවත්ව.

Unwomanly, a. ස්ත්‍රියකුට නොහොබින ; ස්ත්‍රී ආකාර නොවන.

Unwonted, a. පුරුදුනැති, වඩා සිදුනොවෙන, අසාමාන්‍ය.

Unwooded, a. ගස් පඳුරු ආදිය නැති, වෘක්ෂ රහිත, වනළැහැබ නැති.

Unwooed, a. විවාහබස් නොඉල්ලනලද.

Unworldly, a. ලෞකික කාරණ උනුම්කොට නොසලකන, අලෞකික.

Unworthily, ad. (කාරණාවට) නොසෑහෙනලෙස, අයෝග්‍යලෙස.

Unworthiness, n. නොවටිනාකම, නොසෑහුම්කම, අයෝග්‍යතාව &c.

Unworthy, a. නොවටිනා, නොසෑහෙන, අධම, නීච.

Unworthy, of, be, v. (යම් යහපතකට) අයෝග්‍යව—නුසුදුසුව—සිටිනවා or තිබෙනවා, වටින්නේනැත, ඔබින්නේ නැත.

Unwounded, a. තුවාලවී නැති, අක්ෂත.

Unwritten, a. ලියා නැති, නොලියාපු, අලිඛිත.

Unyielding, a. නොනැමෙන, හල්ලුනොවෙන ; යටත් නොවෙන, දැඩි.

Unyoke, v. වියගහෙන් ලිහනවා, වියෝගකරනවා.

Up, ad. උඩ, උඩට, ඉහළ, ඉහළට ; of price ඉහළ ගිහින්, වැඩිවී ;

risen නැගිට, නැගී, උදවී ; built ගොඩනගා ;

up and down ඉහළපහළ, එහිමෙහි ; up to දක්වා, තරම් ;

up with it ඔසා ඔසවාපන් ; up stream උඩුගං බලා ;

come up with (යාමෙන් යමෙකු) කිට්ටුකර ගන්නවා ;

draw up (යෝජනා &c.) රචනාකරනවා ; (සේනා) පිළිවෙළට සිටුවනවා ;

the time is up කාලය—වේලාව—ගතවෙලයි.

Up, prep., (gen. by dat.), go up the tree &c. ගහට—කන්දට—යනවා, නැගියනවා.

Up, a. උඩ යන, ප්‍රධාන තැනට යන, (දුම්රිය, දුම්රිය පාර &c.).

Upas, n. විසගස් ජාතියක් ; fig. විෂ විහිදවන උපත.

Upbear, v. ඔසවනවා, උසුලනවා, වාවනවා.

Upbraid, v. අවලාදකරනවා, දෙස්කියා සැරකරනවා, දෙස් මතුකරනවා.

Upbraiding, n. අවලාදකිරීම &c., අවලාදය, පරිවාදය.

Upcast, a. ඉහළ විසිකළ ; ඉහළ යන ; ඉහළට හැරුණ, ඉහළ බලන.

Upheave, v. පහතින් —මුලින් — උස්සනවා, ඉහත් කරනවා.

Upheld, pret. & pp. of Uphold ඉසිලුවා &c.

Uphill, a. (කන්දට නැගීම සමාන) අමාරු, දුෂ්කර ; උගහට.

Uphold, v. (වැටෙන්ට නොදී) උසුලනවා, වාවනවා ; maintain පවත්වනවා &c.
Upholder, n. උසුලන්නා ; පවත්වන්නා &c., see Supporter.
Upholsterer, n. (ඇඳන්, පුටු, තිර, ආදී) ගෙසි බඩු සපයන්නා.
Upholstery, n. (ඇඳන්, පුටු, තිර, ආදී) ගෙසි බඩු.
Upkeep, n. පැවැත්වීම, නඩත්තුව, පාලනය.
Upland, n. ගොඩබිම, උස්බිම, ඉහළ පළාත ; adj. ගොඩ බිම්, ගොඩ බිමේ.
Uplander, n. ඉහළ පළාත් වැසියා.
Uplift, v. උස්සනවා, ඔසවනවා ; (හඬ) නගනවා.
Upon, prep. පිට, උඩ &c., *the same as* "On, prep." *excepting* "on Sunday, on fire, on foot, on horse-back."
concerning ගැන ; upon the river ගඟ ළඟ, ගඟබඩ ;
upon a given signal &c. නියම සංඥාවක් කළ විට, නියම දවසකදී ;
came upon them හදිසියෙන් ඔවුන් හමුවුණ *or* ඔවුන්ට මුණ ගැසුණ ; be upon the look-out බලබලා සිටිනවා.
Upper, a. උඩ, උඩු, ඉහළ ; උඩුමහල් (කාමරය) ; උසස්, ශ්‍රේෂ්ඨ, the upper class උඩත්පිරිස.
Upper-hand, n. (යමෙකුට වඩා) වැඩිබලය *or* වාසිය *or* උත්කර්ෂයතාව.
Uppermost, a. the highest ඉතා ඉහළ ; ඉතා උසස්, ශ්‍රේෂ්ඨ : predominant ප්‍රධාන.
Upper-servant, n. උසස් වැඩකාරයෙක්.
Upper-story, n. ඉහළ, උඩුමහල, මතුමහල.
Uppish, a. (E. col.) එඩි.
Uppishness, n. එඩිය, ආඩම්බරකම.
Upright, a. (උඩ අතට) කෙළින් තිබෙන, සෘජු ; fig. අවංක, සාධාරණ.
Upright, n. කෙළින් තිබෙන දෙයක් : කණුව, රුකුල, කුරුපාව.
Uprightly, ad. fig. සෘජුලෙස &c.
Uprightness, n. සෘජුතාව &c.
Uprising, n. නැගිටීම, නැගීම ; adj. නැගිටින, නගින.
Uproar, n. මහාඝෝෂාව, කෝලාහලය, කුතුහලය, කලහය.
Uproarious, a. මහාඝෝෂාකාර, ගෝරව්වකාර, කෝලාහල.
Uproot, v. මුලින් උදුරනවා, මුලින් උදුරනවා &c., see Eradicate.
Upset, v. lit. & fig. පෙරළනවා ; නිෂ්ප්‍රභාකරනවා ; n. පෙරළීම &c.
Upset-price, n. (වෙන්දේසියේ) පටන්ගන්න—මුල් —ගණන.
Upshot, n. (යමකින් සිද්ධවෙන) තීන්දුව, ඵලය.
Upside-down, ad. පෙරළා, පිටපෙරළි, යටිකුරු අතට ; fig. වියවුල්ව.
Upstairs, ad. උඩුමහලේ, උඩුමහලට, ඉහළ &c. ; adj. උඩුමහල්, ඉහළ.
Upstart, a. හදිසියෙන් — ඉක්මනින් — උසස්කමට පැමුණුණ ; n. අලුත් උත්තමයා.
Upward, a. උඩ යන, උඩුඅතට යන *or* තිබෙන, (මාර්ගය &c.).
Upward, Upwards, ad. උඩට, උඩුඅතට, උඩුකුරු අතට, ඉහළ, ඉහළට ; upwards of twenty විස්ස කට වැඩි.

Uranography, Uranology, n. (ග්‍රහතාරකා සහිත) අහස්තල විස්තරය.
Uranus, n. in myth. සටර්න් නම් දෙවියන්ගේ පියා වන දෙවියෙක් ; in astr. යුරේනස් ග්‍රහතාරකාව.
Ur'ban, a. නගර, නාගරික, (වාසියෝ, චාරිත්‍ර &c.).
Urbane, a. ශිෂ්ටාචාර, ආචාරවත්.
Urbanity, n. ශිෂ්ටාචාරය &c.
Urchin, n. ප්‍රංචිත්තා ; also Hedgehog.
Ureter, n. (වකුගඩුවෙන් බහින) මූත්‍රනාලිය.
Ureteritis n. මූත්‍රනාලි දාහය.
Urethra, n. මූත්‍රමාර්ගය.
Urethral, a. මූත්‍රමාර්ග, මූත්‍රමාර්ගයෙන් යන.
Uretic, n. see Diuretic ; adj. මූත්‍රවර්ධක.
Urge, v. පොළඹනවා &c., see Incite, සිත එළවන වා. උපුල්ලවනවා, මදක් බලකරනවා, to quarrel උභාදමනවා ; urge to eat &c. පෙරත්ත කරනවා &c., see Importune ; urge on ඉක්මන් කරවනවා ; ඉක්මන් වෙනවා, වියගියෙන් යනවා. [තය.
Urgency, n. මහත් ඕනෑකම ; කත්තලව්ව, පෙරත්
Urgent, a. ඉතා ඕනෑකම්කරන, වැදගත් (කාරණ) ; ඕනෑකමින් කරන (ඉල්ලීම).
Urgent, be, v. ඉතා ඕනෑකමින් ඉල්ලනවා, පෙරත්ත කරනවා. [ලෙස.
Urgently, ad. ඉතා ඕනෑකමින්, උදක්ම, බලවත්
Urinal, n. මූත්‍රභාජනය ; කෙසකිළිය, මූත්‍රකුටිය.
Urinary, a. මූත්‍ර.
Urinate, v. මූත්‍රකරනවා, සුළුදිය පහකරනවා.
Urine, n. මූත්‍රය, සුළුදිය ; excess of දියවැඩියාව.
Urinometer, n. මූත්‍රභාරපමාණක යන්ත්‍රය.
Urn, n. අළුණුකුරුව ; ලෝහකුරුව, භාජනයක් ; in bot. පාසි බීජකෝෂය ; anc. ධාතුකුරුව.
Uroscopy, n. මූත්‍රය බලා රෝගය දැනගැනීම, මූත්‍ර නිදානය.
Ursa, n. L. වැලහින්නි ; in astr. ursa major මහා සප්තර්ෂිය, ursa minor ක්ෂුද්‍රසප්තර්ෂිය. [පි.
Ursiform, a. වලස්හැඩය ඇති, හල්ලාකෘති, හල්ලිරූ
Us, pron. අප ; to us අපට, from us අපෙන් *or* අපගෙන්.
Usable, a. භාවිතා—පාවිච්චි—ව්‍යවහාර—කළහැකිවූ.
Usage, n. ව්‍යවහාරය, පාවිච්චිය, ව්‍යවහාරවිධිය, රීතිය, වහර, හැසිරෙන විධිය.
Usance, n. භාවිතාව, නිසි භාවිතාව ; (ගෙවීම ප්‍රමාද කරන) පුරුදුකාල් ගණන.
Use, v. පාවිච්චිකරනවා, භාවිතාකරනවා, ව්‍යවහාර කරනවා ; consume සේවනයකරනවා ;
use up සේවනයකර — පාවිච්චිකර — කම්මුතු කරනවා ;
use any one well or ill යමෙක් ගැන හොඳලෙස &c. ක්‍රියාකරනවා.
I used to go යන්ට පුරුදුව සිටියෙමි.
I use to go, is not to used.
Use, n. පාවිච්චිකිරීම &c., පාවිච්චිය, භාවිතාව, ව්‍යව හාරය ;
use for that එයින් ඕනෑකමක් ;
benefit ප්‍රයෝජනය.
Used to, be, v. පුරුදුව—පළපුරුදුව—සිටිනවා, පුරු දුයි, පළපුරුදුයි.
Useful, a. ප්‍රයෝජනවත්, වැඩදායක, අර්ථසාධක.
Useless, a. ප්‍රයෝජන නැති, අප්‍රයෝජන, නිෂ්ප්‍රයෝජන වැඩනැති, නිසරු, කම්පල නැති, නිරර්ථක, ව්‍යර්ථ.

Usher, n. අඩුක්වාදෙන්නා, ප්‍රවේශකයා; උපගුරු වරයා, උපාධ්‍යායනීයා.
Usher, v. අභිමුඛකරනවා, ළඟාකරනවා; පෙරටුව යනවා *or* එනවා.
Ustulation, n. මදක් පිලිස්සීම, සරකිරීම, ශුෂ්ක කිරීම.
Usual, a. සාමාන්‍ය, සාමාන්‍යයෙන් කරන *or* සිද්ධවෙන, ව්‍යවහාර.
Usually, ad. සාමාන්‍යයෙන්, සාමාන්‍යලෙස, වැඩි කොටම.
Usucaption, n. භුක්තිවිඳීමෙන් ලැබෙන අයිතිවාසි කම, භුක්තියේ අයිතිවාසිකම.
Usufruct, n. (අන්‍යසන්තක දේ) භුක්තිවිඳීමේ ඵල ප්‍රයෝජනය, ඵල භුක්තිය.
Usufructuary, a. පොලී ඔලුව්වට බුක්ති විඳින.
Usurer, n. anc. මුදල් පොලියට දෙන්නා; now අධික පොලී ගන්නා. [ගන්න.
Usurious, a. අධික පොලී සහිත; අධික පොලී
Usurp, v. (අනුන් සන්තක බලය *or* අයිතිවාසිකම) අයුක්තියෙන් අත්කරගන්නවා *or* ආරූඪකර ගන්නවා.
Usurper, n. sp. රාජ්‍යය අයුක්තියෙන් අත්කරගන්නා, අයුක්තියෙන් සිංහාසනාරූඪවෙන්නා.
Usury, n. anc. පොලිය, now අධික පොලිය.
Usus loquendi, L. කථාවිධිය, වාග්ව්‍යාපාරය, වාග්ව්‍යව හාරය.
Utensil, n. භාජනය, (කුස්සියේ) හැලිය &c.; (chamber...) තරදිය හැලිය.
Uterine, a. ගර්භයට අයිතිවූ, ගාර්භ, ගාර්භික; එක් කුසේ, ඒකගර්භ, (සහෝදරයා &c.).
Uterus, n. ගර්භය, ගර්භකෝෂය, ගර්භාශය.
Utile (යුටිලි), n. L. ප්‍රයෝජනවත් දෙයක්.
Utilitarian, a. අර්ථසාධක; අර්ථසාධක ධර්ම; n. අර්ථ සාධක ධර්ම මතිකයා.
Utilitarianism, n. ප්‍රයෝජනය සඳහා ක්‍රියාකළයුතුය යන ධර්මය, අර්ථසාධක ධර්මය, අර්ථසාධකධර්ම මතිය.
Utility, n. ප්‍රයෝජනවත්කම, වැඩදායකතාව, අර්ථ සාධකතාව.
Utilize, v. ප්‍රයෝජනවත් දෙයකට—වැඩකට—ගන් නවා *or* පාවිච්චිකරනවා.
Utmost, a. (සියල්ලට වඩා) ඉතා දූර (තැන); ඉතා මත්ම, අත්‍යධික.
Utmost, n. වියහැකි — පුළුවන් — පමණ, අත්‍යධික ප්‍රමාණය.
Utopia, n. fig. (සම්පූර්ණයයි කියන) අභූතස්ථානය, මෝඝාශද්වීපය.
Utopian, a. (අහස්මල් වැනි) වියනොහැකි, අභූත, මෝඝාශ, කාල්පනික.
Utopianism, n. සිද්ධවිය නොහැකි කල්පනාව, මෝඝා ශක්‍රමය.
Utricle, n. in bot. ක්ෂුද්‍රජවිකා ආශය; (ඒකබීජ) ජවිකාකෝශය.
Utricular, a. ක්ෂුද්‍රජවිකා රන්ධ්‍රාන්විත, ක්ෂුද්‍රජවිකා කෝශාන්විත.
Utter, a. සම්පූර්ණ, අත්‍යධික.
Utter, v. කියනවා, පවසනවා, තෙපලනවා, hon. වදාරනවා; (මල්පල්) දොඩනවා; (ශබ්ද) උච්චාරණය කරනවා; (මිල පත්‍ර, මිල) නිකුත්කරනවා.
Utterable, a. කියහැකි, භාෂ්‍ය; උච්චාර්‍ය්‍ය.
Utterance, n. (යමක්) කීම &c.; කියමන, භාෂිතය; කථාකරන අන්දම; උච්චාරණය.

Utterly, ad. මුළුමනින්ම, සහමුලින්ම.
Uttermost, a. අතිදූර; අතිප්‍රමාණ. [රය.
Uvea, n. in anat. (ඇසේ) කෘෂ්ණමණ්ඩලාභ්‍යන්ත
Uveous, a. මුද්‍රිකාඵල සමාන, ද්‍රාක්ෂා ආකාර.
Uvic, a. ද්‍රාක්ෂාජ.
Uvula, n. උඩුදිව, රසදිව, පුංචිදිව, ප්‍රතිජිහ්වාව.
Uvular, a. උඩුදිවට අයිතිවූ &c., උඩුදිවේ &c.
Uxorious, a. භාර්‍යාවට ඉතා ඇලුම්වූ.
Uxoriousness, n. භාර්‍යාවට ඉතා ඇලුම්කම.

V.

Vacancy, n. හිස්කම, පාළුකම, ශූන්‍යතාව; of office පුරප්පාඩුව, ඇබෑර්තුව; leisure අවකාශය; space අවකාශය, ඉඩ, අතුර, pl. අතුරු සිදුරු; of mind කල්පනා නැතිකම, අමනකම.
Vacant, a. හිස්, පාළු, ශූන්‍ය, රික්ත; පුරප්පාඩු, ඇබෑර්තු, (තිලය); අවකාශ (වේලාව, ඉඩම); කල්පනා නැති, චින්තාශූන්‍ය, (සිත), අමන (බැල්ම).
Vacantly, ad. කල්පනා නැතුව, කල්පනා නැතුවාක් මෙන්.
Vacate, v. (තමා සිටින ඉඩම *or* තිලය) අත්අරිනවා, (එයින්) අහක්වෙනවා.
Vacation, n. (එසේ) අත්ඇරීම; (පාඨශාලාවේ &c.) නිවාඩු කාලය, නිවාඩුව, පුරප්පාඩු කාලය.
Vaccinate, v. අත්එද්නවා, එන්නත්කරනවා, අත් එන්නත්කරනවා.
Vaccine, a. ගෙරිදෙනගෙන් ලැබෙන, ගෙරි, ගෝජ, (හැරව).
Vacillate, v. දෙගිඩියා — චලිත — චපල — අස්ථිර — වෙනවා, වැනෙනවා.
Vacillating, a. දෙගිඩියා, චලිත, චපල, අස්ථිර, දෝලායමාන.
Vacillation, n. දෙගිඩියාවීම &c., දෙගිඩියාව, චලිත තාව &c.
Vacuist, n. (ආකාශ) ශූන්‍යතාධර්ම-මතිකයා.
Vacuity, n. හිස්කම, හිස් තැනක්, අවකාශය, රික්ත තාව.
Vacuum, n. (වාතවත් නැති) සම්පූර්ණ ශූන්‍යස්ථලය, ශූන්‍යය, ශූන්‍යස්ථානය.
Vacuum-pump, n. වාතශූන්‍ය ජලයන්ත්‍රය.
Vade-mecum, n. නිතරම කැටිකරගනයන දෙයක්, අත්පොත.
Vagabond, a. පාදඩ, කාඩ, වෙට්ට, අවලම්.
Vagabond, n. පාදඩයා &c., අවලමා, බඹුරා.
Vagabondism, n. පාදඩකම, කාඩකම, වෙට්ටකම, අවලම් ගතිය.
Vagary, n. සිස් කල්පනාව, විශඩිව.
Vagina, n. යෝනිමාර්ගය, සෘතුමාර්ගය; in bot. කෝශ වෘන්තය, තාලවෘන්තය.
Vaginal, a. යෝනිමාර්ගයට අයිතිවූ &c.; in bot. කෝශාකෘති.
Vaginant, a. in bot. කෝශාකාර, කෝශ, (වැස්ම *or* ආවරණය).
Vaginate, Vaginated, a. in bot. කෝශාන්විත, කෝශසථ.
Vagino-pennous, a. කෝශපියාපත් ඇති, කෝශ සථපක්ෂම, (කුරුමිනියෝ &c.). [කම.
Vagrancy, n. පාදඩකම; නියම පිවිසාවක් නැති
Vagrant, a. පාදඩ, අවලම්; n. කඩිප්පුලියා, පාදඩයා &c., see Vagabond.
Vague, a. පැහැදිලිනැති, අනුමාන, අනියම්, ඌහාමාන.

Vain, a. ආඩම්බර, ගර්විත ; fruitless නිෂ්ඵල, empty හිස්, අභූත, නිරර්ථක, අසාර ; in vain අනර්ථයේ &c., see ad.

Vainglorious, a. ආඩම්බර, ගර්වත, ගරුකම් කථා කරන.

Vainglory, n. ආඩම්බරය, ගර්වය, බොරු අහංකාරය.

Vainly, ad. ආඩම්බරලෙස &c. ; නිෂ්ඵලලෙස, නිෂ්ඵලයේ, නිරර්ථකලෙස &c.

Vainness, n. ආඩම්බරකම &c. ; නිෂ්ඵලකම, නිරර්ථකභාව, අසාරකම. [ළිය.

Valance, n. ඇන්දේ ලොවිච්චිය, ජනේලේ ලොවිච්

Vale, n. මිටියාවත &c., see Valley.

Valediction, n. ආයුබෝවන් කීම, (යාමේදී) ශුභසිද්ධවේවයි කීම.

Valedictory, a. farewell අන්තිම ආචාරයට අයිතිවූ, අන්තාචාර.

Valedictory, n. අන්තිම ආචාරයේ—සමුගැනීමේ—ප්‍රසිද්ධ කථාව.

Valentine, n. (විවාහබස් ඉල්ලන) ප්‍රේම ලියමන.

Valet, n. (උත්තමයෙකුගේ) අතවැසි මෙහෙකරුවා ; හැඩිවඩන නිලමේ ; B. P. අන්තේවාසිකයා.

Valetudinarian, n. සනීප මදි අය, ගිලනා ; adj. අසනීප, ගිලන්.

Valiant, a. ධෛර්යමත්, වික්‍රමවන්ත, වික්‍රාන්ත, ශූරවීර, නිර්භීත.

Valid, a. ස්ථිර, සත්‍ය, සම්‍යක්, අඛණ්ඩ්‍ය ; වලංගු.

Validity, n. ස්ථිරකම, සත්‍යතාව, සම්‍යක්ත්වය, අඛණ්ඩ්‍යතාව &c.

Valise, n. ගමන් හම් මල්ල or හම් මඩිස්සලය.

Vallation, n. අවට බැඳි ප්‍රාකාරය &c., see Circumvallation.

Valley, n. මිටියාවත, මිටිතැන, දෙණිය, වලකඩ, පවාව, නිම්නස්ථානය, නිම්නභූමිය ; දෙපියසි මැද කානුව.

Valorem, n. L. ad. valorem වටිනාකමේ ප්‍රමාණයෙන් (තීරු ගැසීම or ගන්න තීරුව.)

Valorous, a. ධෛර්යමත්, නිර්භීත, ශූර.

Valour, n. ධෛර්යය, නිර්භීතතාව, වීර්යය, ශෞර්යය, වික්‍රමය, පරාක්‍රමය. [ජනවත්.

Valuable, a. අනගි, අගේ ඇති, මාහැඟි ; ඉතා ප්‍රයෝ

Valuables, n. pl. (මැණික්, ආභරණාදි) අනගි වස්තු, මාහැඟි දේවල්.

Valuation, n. තක්සේරුකිරීම, තක්සේරුව, තක්සේරු ගණන.

Value, n. වටිනාකම, අගය, (මුදලින්) මිල ගණන ; ප්‍රයෝජනය, ගුණය, අනගිකම ; හරි අර්ථය.

Value, v. තක්සේරුකරනවා, මිලකරනවා, අගයකරනවා ; අනගිකොට—අගේකොට—සලකනවා.

Valueless, a. නොවටිනා, අගේ නැති, ප්‍රයෝජන නැති.

Valvate, a. in bot. පියන් ආකාර, පියලිවශයෙන් ඇරෙන.

Valve, n. නාලිමුඛ-ද්වාරය, නාල්ද්වාරය, (එකඅතකට ඇරෙන) පියන ; in anat. ජම්කාද්වාරය, පටල පියන ; in bot. පියල්ල.

Valved, Valvular, a. පියන් සහිත, පියන් ආකාර.

Vamp, n. සපත්තුවේ උඩුගම ; v. vamp up අණ්ඩ දමනවා.

Vampire, n. in myth. ලේ බොන යකා, රාක්ෂසයා ; fig. ප්‍රයෝගයෙන් කොල්ලකන්නා ; in zool. ලේ-වවුලා.

Vampirism, n. fig. extortion අයුක්තියෙන් ලබාගැනීම.

Van, a. (සමුද්‍රයේ or නැව්කණ්ඩායමේ) පෙරමුණ, ඉස්සරහ රංචුව.

Van, n. caravan ලොකු සැහැල්ලු කරත්තය.

Van-couriers, n. pl. පෙරටු භේවායෝ, පෙරටු සමුදුව.

Vandal, n. පුරාණ උතුරු ජර්මනියේ ම්ලේච්ඡජාතියේ කෙනෙක් ; fig. ශිල්පශාස්ත්‍රනාශකයා, ශිල්පශාස්ත්‍ර විරෝධියා, මෙල්ච්ඡයා.

Vandal, Vandalic, a. වැණ්ඩැල් ජාතියට අයිතිවූ ; වැණ්ඩැල් ආකාර මෙල්ච්ඡ, වැන්ඩලික.

Vandalism, n. (වැණ්ඩැල් ආකාර) ම්ලේච්ඡතාව, ශිෂ්ටාචාරයට විරුද්ධකම.

Vane, n. හුළඟට හැරෙන තහඩුව or රූපය, හුළං තහඩුව.

Vanguard, n. පෙරටු රැකවල් සේනාව.

Vanish, v. නොපෙනී යනවා, අන්තර්ධානවෙනවා &c., see Disappear.

Vanishing-point, n. චිත්‍රරේඛා සංගතස්ථානය.

Vanity, n. ආඩම්බරකම &c. ; අනර්ථය, නිෂ්ඵලකම &c., see Vain.

Vanquish, v. පරාජයකරනවා, (තර්කයෙන් &c.) පරදවනවා. See Conquer.

Vantage, n. වාසිය : vantage-ground වාසි භූමිය, වාසි ස්වභාවය.

Vaporable, a. (උෂ්ණයෙන්) දුම කළ හැකිවූ, වාෂ්පය විය හැකිවූ. [වා.

Vaporize, v. වාෂ්පීභූත කරනවා, වාත බවට හරවන

Vaporous, a. මීදුම—දුමාර—ගහනවූ, ජලජධූම සහිත ; fig. හිස්, වාතාකාර.

Vapour, n. (උණුවතුරේ) දුම &c., see Steam, ජලජධූම, වාෂ්පය. [නවා.

Vapour, v. fig. පුම්බම්කරනවා, ගරුකම් කථාකර

Vapourer, n. පුම්බම්කාරයා &c., see Braggart.

Vapourish, Vapoury, a. මීදුම් ගහනවූ ; fig. නහර දුර්වලවූ, නලංගු ස්වභාවක් ඇති.

Vapourize, v. (උෂ්ණයෙන්) මීදුම කරනවා, දුමාරගතියට පමුණුවනවා.

Variable, a. වෙනස්වෙන්නාවූ, එකාකාරව නොපවතින, චපල ; in math. අඩුවැඩිවෙන.

Variable, n. අඩුවැඩිවෙන ගණනක්.

Variableness, Variability, n. වෙනස්වෙන ගතිය, එකාකාර නැතිකම, චපලත්වය.

Variance, n. එකඟනැත්කම, භේදය, විභේදය. Be at variance භේදව—විභේදව—සිටිනවා. Set at variance භේදකරවනවා.

Variation, n. alteration වෙනස්වීම ; difference වෙනස ; in gram. ප්‍රත්‍යයප්‍රභේදය ; in mus. මාත්‍රාලංකෘතිය, pl. මාත්‍රාලංකෘති නාද.

Varicocele, n. අණ්ඩකෝෂනාඩි ශෝථය.

Varicose, a. ඉදිමී තිබෙන (ලේ නහර).

Variegate, v. විසිතුරුකරනවා, මෛවරකරනවා, විචිත්‍රකරනවා,

Variegated, a. විසිතුරු, නානාවර්ණ, විචිත්‍ර.

Variegation, n. විසිතුරුකිරීම &c., විචිත්‍රකරණය ; විසිතුරුකම, විචිත්‍රතාව.

Variety, n. විවිධවස්තු සම්මිශ්‍රණය, නොයෙක් වර්ග, නානාත්වය, අනේක ප්‍රකාරත්වය, නානාවිධතාව ; වෙනස් ආකාර එකක් or එකෙක් or අතු වර්ගයක්.

Variola, n. small-pox වසූරිය &c.

Variolar, a. වසූරි, මසූරි.
Variolous, a. වසූරි, වසූරි ආකාර; වසූරිලප ආකාර.
Various, a. නොයෙක්, නොයෙක් ආකාර, අනේකාකාර, අනේකප්‍රකාර, නානාප්‍රකාර, විවිධාකාර, නෛක, නෛකභේද, නෛකරූප, විසදෘශ.
Variously, ad. නොයෙක්ලෙස, නොයෙක් ආකාරයෙන් &c.
Varlet, n. තක්කඩියා; anc. අතවැසි මෙහෙකරුවා.
Varletry, n. සිව් උදවිය.
Varnish, n. ඔපතෙල්; fig. (කීමේ) ඔප, සායම.
Varnish, v. ඔපතෙල් ගානවා; fig. (හොඳලෙස පෙනීමට) සායම් පොවා කියනවා.
Vary, v. t. වෙනස්කරනවා, මඳක් වෙනස්කරනවා, (හැඩය, පෙනීම &c.) නානාප්‍රකාරකරනවා.
Vary; v. i. වෙනස්වෙනවා &c.; වෙනස්ව—විසදෘශව—අසදෘශව—තිබෙනවා.
Vascular, a. (ශරීරයේ or ගසේ) නාලකාකාර, නාලී, නාඩි; vascular tissue (ගස්වල) නාලකාකාර ද්‍රව්‍ය, නාඩිග්‍රන්ථිය;
vascular system, in anat. රුධිරනාල්සකන්ධය, in bot. වායුනාලිසකන්ධය.
Vasculares n. pl. in bot. නාලිග්‍රන්ථිත වෘක්ෂ *or* පැළ.
Vascularity, n. නාලකාකාරත්වය, නාලිග්‍රන්ථිතත්වය.
Vasculiferous, a. රක්තබීජකෝෂධාරී (පැළ).
Vase, n. (මල් &c. තබන) අලංකාර භාජනය *or* කූජලාන; in bot. මණිය.
Vassal, n. නිලකාර ප්‍රවේණිකාරයා; අන්‍යාධීනයා, දාසයා.
Vassalage, n. නිලකාර ප්‍රවේණිකාරකම; අන්‍යාධීනතාව, දාසකම.
Vassalry, n. නිලකාර ප්‍රවේණි උදවිය.
Vast, a. ඉතා මහත්, ඉතා විශාල, අතිභාරදූර, නැබුළු, මෑහත්.
Vastly, ad. ඉතා මහත්ලෙස &c., අතිශයින්ම.
Vat, n. (අමු පානය දමන) ලොකු බාල්දිය *or* තටාකය; හම් පදම්කරන වළ *or* තටාකය.
Vateria indica, n. හල්ගහ, ශාලවෘක්ෂය.
Vatican, n. (රෝමනුවර) රෝමානු ප්‍රාසාදය, පාප් උන්නාන්සේගේ මාළිගාව, වැතිකානය; fig. පාප් උන්නාන්සේගේ ආධිපත්‍යය.
Vaticide, n. අනාගතවක්තෘඝාතනය; අනාගතවක්තෘඝාතකයා.
Vaticinal, a. see Prophetic.
Vaticinate, v. අනාගතවාක්‍ය කියනවා.
Vault, n. අඩිකව පියස්ස, කුක්ෂි පියස්ස, පලල් බෝක්කුව; බෝක්කු වහලක් ඇති බිංගේ; ගුහාව; සොහොන්ගේ; of the sky ගගනෝදරය.
Vault, v. t. (වහල *or* උඩුමියන්තට්ටුව) බෝක්කු නමා සාදනවා.
Vault, v. i. leap පනිනවා, උඩ පනිනවා; කරණම් දමනවා.
Vault, n. පැනුම, (අශ්වයාගේ) උඩපැනීම; කරණම.
Vaulted, a. කුක්ෂිපියස්සක් ඇති, පලල් බෝක්කුවක් ඇති; බෝක්කු ආකාර.
Vaunt, v. & n. පාරට්ටුකරනවා, පාරට්ටුකරගන්නවා &c., see Boast v. & n.
Vaunted, a. boasted පාරට්ටුකරනලද, පාරට්ටුකරකී, (උතුම්කම &c.).
Veal, n. වහු මස්.
Veal-cutlet, n. බැදපු වහුමස් පෙත්ත.
Veda, n. (හින්දු ආගමේ) වේදය, වේද ග්‍රන්ථය.

Vedantism, n. වේදාන්තධර්මය.
Vedette, n. (පිටත මුරපළක) අසරු මුරකාරයා.
Veer, v. (නැවක් *or* හුළඟ මෙන්) ක්‍රමයෙන් හැරෙනවා; (ගල්කඹය &c.) බුරුල්කර දෙනවා, යන්ට අරිනවා.
Veering, n. ක්‍රමයෙන් හැරීම &c.; හුළඟ නොගසන අතට හැරීම.
Vegetable, n. වෘක්ෂලතාදිය, උද්භිද ජාතියක්, වැවෙන යමක්; sp. එළවලු, බිම්පලා, පලා.
Vegetable, a. වෘක්ෂලතාදියට අයිතිවූ, උද්භිද; එළවලු, පලා; vegetable marrow අළුපුහුල් වර්ගයක්.
Vegetal, a. සත්ත්වවෘද්ධි, වෘක්ෂවෘද්ධි, වැඩීම—බෝවීම—සම්බන්ධ.
Vegetarian, n. මස් මාලු නොකා එළවලු ආදිය පමණක් කා ජීවත්වන්නා, මාංසවිවර්ජකයා.
Vegetarian, a. මාංසවිවර්ජක.
Vegetarianism, n. මස් කෑමෙන් වැළකීම, මාංසවිරතිය.
Vegetate, v. වැවෙනවා, sprout පැළවෙනවා; fig. මලානිකලෙස—නිෂ්ඵල ජීවිතයකින්—පසුවෙනවා.
Vegetation, n. වැවීම, පැළවීම &c.; ගස්කොළත් ආදිය, වෘක්ෂලතාදිය, උද්භිද ජාති, පලතුරු, තුරුලිය.
Vegetative, a. වැවෙන, වැවෙනසුළු, උද්භිද; වැවෙන්ට සලස්වන, වර්ධක.
Vegeto, prefix, වෘක්ෂජ, as: vegito-acid වෘක්ෂජාම්ල, vegito-alkali වෘක්ෂජ සජ්ජිකා.
Vehemence, n. (සිතේ *or* ක්‍රියා අන්දමේ) බලගතුකම, ඉතා උනන්දුකම &c.
Vehement, a. (කථාවෙන් &c.) බලගතු, බලවත්, තදබල, ඉතා උනන්දු, ඉතා ජ්වලිත.
Vehemently, ad. බලගතු අන්දමකින්, ඉතා උනන්දුලෙස &c.
Vehicle, n. වාහනය, ගැල රථය, රථවාහනය, යානාව, යානය; බෙහෙත් දමන ද්‍රව්‍ය; දන්වන විධිය, ඉෂ්ට කරන මග.
Vehicular, a. වාහනාකාර, රථවාහන &c.
Veil, n. මුහුණුවැස්ම, තිරය, වහන්තරාව, තිරිහිය; fig. අපදේශය, ව්‍යාජෝපාය.
Veil, v. මුහුණුවැස්මක්—තිරයක් &c.—දමනවා; fig. වසනවා.
Vein, n. (හෘදයට ලේ හැරී එන) ලේ නළයක්; in bot. පත්‍රනාඩිකාව; in geol. (වෙන ද්‍රව්‍ය පිරී තිබෙන) පර්වත විවරය, (විවරයේ) තුනී තට්ටුව; (ලීවල &c.) වර්ණ රේඛාව; fig. vein of humour &c. සරදම් ගතිය.
Vein, v. (නානාප්‍රකාරයෙන්) වර්ණරේඛා ගානවා. See Streak.
Veined. a. නාඩි සහිත, වර්ණරේඛා සහිත; නාඩිකා රචිත (පත්‍ර).
Veining, n. වර්ණරේඛා ගෑම; venation (පත්‍රයේ &c.) නාඩිකා ආකාරය.
Veiny, a. වර්ණරේඛා සහිතතාව; නාඩිකා බහුල.
Vellum, n. ලියන සිනිඳු හම, ලේඛ්‍යචර්මය.
Velocipede, n. වේගපාදරථය: ද්විචක්‍රකය *or* ත්‍රිචක්‍රකය.
Velocity, n. වේගප්‍රමාණය; වේගය, ශීඝ්‍රතාව, ජවය.
Velutinous, a. in bot. විල්ලුද සමාන, විල්ලුද ආකාර, (කොළ &c.).
Velvet, n. *or* a. විල්ලුද.
Velveteen, n. කපු විල්ලුද.

Velvety, a. විල්ලුද සමාන, (විල්ලුද මෙන්) සෞම්‍ය, සිලුටු.

Venal, a. (යමෙකුට) මිලේට ගතහැකිවූ, අත්ලස් ගන්නා, පණ්‍ය.

Venality, n. අත්ලස් ගන්නා සුලුබව, පණ්‍යතාව.

Vend, v. විකුණනවා, මිලේට දෙනවා.

Vendee, n. මිලේට ගන්නා, ගැනුම්කාරයා.

Vender, n. විකුණන්නා, විකුණුම්කාරයා, වික්‍රයිකයා.

Vendible, a. විකිණෙන &c., see Saleable.

Veneer, v. තුනී ලීතහඩු ගසනවා, තුනී ලී තහඩුවලින් වසනවා; n. තුනී ලීතහඩුව.

Veneering, n. තුනී ලීතහඩු ගැසීම &c.; තුනී ලීතහඩු.

Venerable, a. තලතුනා, පූජනීය, පූජාර්හ, පූජ්‍ය, ගෞරව කටයුතු, ගෞරවාර්හ.

Venerableness, n. තලතුනා ගතිය, පූජ්‍යතාව &c.

Venerate, v. (ආධ්‍යාත්මික් කෙනෙක් or ශුද්ධස්ථානයක්) ඉතා අධික කොට සලකනවා &c., see Revere.

Venerated, a. ඉතා අධික කොට සලකනලද &c., see Revered.

Veneration, n. ඉතා අධිකකොට සැලකීම &c.; in phren. සම්මානතේජිලියය.

Venereal, a. මෛථුන; මෛථුනජ; මෛථුනාශා ජනක; උපදංශව්‍යාපගමන; ... disease කුණුලෙඩ, උෂ්ණරෝගය, උපදංශය.

Venery, n. සංවාසය, මෛථුනය, මෛථුන සේවනය.

Venesection, n. රක්තනාඩි ඡේදනය &c., see Phlebotomy.

Venetian, a. වෙනිස් නම් නගරයට අයිතිවූ; n. වෙනිස් නාගරිකයා.

Venetian-blind, n. ජලූසිය, (ඇරෙන වැසෙන) ලීපටි ජවනිකාව.

Vengeance, n. පළිගැනීම, වන්දගැනීම, ප්‍රතික්‍රියාව, අවිඩුද්ම.

With a vengeance සැරලෙස, තදබලලෙස.

Vengeful, a. වෛරී පිරිමසන &c., see Revengeful.

Venial, a. කමාජය හැකිවූ, පාරාජිකානොවන, (පාප), බරපතලනොවන (වරද).

Veniality, n. (දෝෂයේ) කමාවිය හැකි භාවය &c., බරපතල නැතිකම.

Veni, vidi, vici, L. අයිමි, දුටිමි, දිනිමි, ඇවිත් දැක [ජයගතිමි.

Venison, n. දඩයම් මස්, මුවමස්, වියලි මුවමස්, වියලි ගෝනමස්.

Venom, n. of serpents &c. විෂ, විස; fig. ක්‍රෝධය, අවගුණය.

Venomed, a. විෂ වැදී තිබෙන &c., see Envenomed.

Venomous, a. විසකුරු, විෂධර; fig. ක්‍රෝධකාර, අවගුණ, කුඹුකේඩු.

Venomousness, n. විසකුරුකම, විෂගතිය, විෂධර [තාව &c.

Venous, a. (හෘදයට හැරීඑන) ලේනල, ආවර්තනාඩි (රුධිරය); in bot. නාඩිබහුල, නාඩිජාලාකාර, (පත්‍ර).

Vent, n. vent-hole දිය or වාත &c. නික්මෙන මගක්, දිය හිල, වාතහිල; chimney ධූමනාලය; fig. get vent (රහස්) එළිවෙනවා.

Vent, v. හිලකින් යන්ට අරිනවා; give vent to (උද හස &c.) සැරලෙස පානවා or පවසනවා.

Venter, n. in anat. බඩවත, උදරය, යටිබඩ.

Ventiduct, n. (ගෙයි) වාත මග, වාතනාලය.

Ventilate, v. (ගෙට &c.) පවන් ගස්වනවා, පවන් හැසීමට මාර්ග සාදනවා or දොර &c. අරිනවා; fig. (කාරණ) විසඳන්ට අරිනවා, වාදවිවාද කරවනවා.

Ventilation, n. පවන් ගැස්වීම &c.; පවන් ගැසීමට තිබෙන විධිය, වාතාශ්‍රය.

Ventilator, n. පවන් ගස්වන යන්ත්‍රය, පවන් යන්ත්‍රය, පවන් ගැසීමේ විධියක්, වාතමාර්ගයක්.

Ventral, a. බඩට අයිතිවූ, බඩ, උදර, කෞක්ෂ; in bot. ඇතුල් or බඩවත (පැත්ත); ventral suture බඩවත සන්ධිය.

Ventricle, n. කුහුද්‍රාශය, කූපය, කුඩා කුහර, sp. හෘද කූපයක්, මොළේ කූපයක්.

Ventricose, Ventricous, a. in nat. hist. බොක්ක ආකාර, උදරාකාර, කුක්ෂ්‍යාකාර.

Ventricular, a. කුහුද්‍රාශයාකාර, මධ්‍යස්ථාන; කූපයක් සම්බන්ධ.

Ventriloquism, Ventriloquy, n. අන් තැනකින් ඇසෙනලෙස කථාකිරීම, ඉන්ද්‍රජාලකථනය,

Ventriloquist, n. ඉන්ද්‍රජාලාකාරයෙන් කථාකරන්නා, ඉන්ද්‍රජාලකථාකාරයා.

Ventriloquise, v. ඉන්ද්‍රජාලාකාරයෙන් කථාකරනවා.

Venture, v. උපද්‍රවය—අනුතුකම—නිසා අධෛර්‍ය්‍ය නොවී කරනවා, යමක් කිරීමට ධෛර්‍ය්‍ය උපදවා ගන්නවා.

Do not venture near the elephant ඇතාට ලංවී මට බුහුටිවෙන්ට එපා.

Do not venture money in that business ඒ අනුමාන වෙළඳාමට මුදල් දමන්ට එපා.

Venture, n. අනුමාන පිට කිරීම &c., see Risk.

Venturesome, Venturous, a. (අනුමාන පිට කිරීමට) ධෛර්‍ය්‍ය ඇති, බුහුටි.

Venue, n. in law අපරාධය, සිදුවූ ස්ථානය, අපරාධ [ස්ථානය.

Venus, n. in myth. කාමදේවතාවී; in astr. ශුක්‍රතාරකාව, සිකුරුතරුව.

Veracious, a. ඇත්ත—සැබෑව—කියන, සත්‍යවාදී, සත්‍යව්‍රත.

Veracity, n. ඇත්තම කියන සුලුබව, සත්‍යවාදීකම, සත්‍යව්‍රතතාව.

Veranda, Verandah, n. ඉස්තෝප්පුව, වරණ්ඩය, පිළ, ආලින්දය.

Verb, n. ක්‍රියාවචනය, ක්‍රියාපදය.

Verbal, a. වචනම සම්බන්ධ, වාක්‍යාකාර, වාචික; literal පදවී; oral මුඛවාක්‍යවූ; in gram. ක්‍රියා, කෘදන්ත, කිතක; verbal noun &c. ක්‍රියා නාමය, කෘදන්ත නාමය.

Verbally, ad. මුඛවාක්‍යයෙන්; verbatim L. එම වචනම කියා, පදගතාර්ථයෙන්ම.

Verbiage, n. වචන වැඩිකම, වචනබාහුල්‍යය; හිස් දෙඩවිල්ල.

Verbose, a. වචන වැඩිවූ, වචන බහුල, අතිශයෝක්ති, (කථාව); අධික වචනවලින් කථාකරන.

Verbosity, n. වචන අධිකකම &c., අතිශයෝක්තිය.

Verdant, a. අමු තෘණාදියෙන් වැසිතිබෙන (පොළව), තෘණවර්ණවත්; fig. සශ්‍රීක; අමු, ළපටි, නිවට.

Verdict, n. නඩුසභාවේ තීන්දුව නඩුතීන්දුව, තීරණය.

Verdigris, n. පිත්තල මල, නිල් මලකඩ.

Verdure, n. පලාවත්කම, පලාශතාව, පලාශවර්ණය; තිල්ල, ගස්කොළන් ආදිය.

Verge, n. මායිම, අද්දර, අයින; අධිකරණ සීමාව; බලතකිය, ආධිපත්‍ය දණ්ඩය.

Verge, v. පරිණතවෙනවා; ලංවෙනවා, කිට්ටුවෙනවා, ආසන්නවෙනවා.

Verger, n. බලතකිය &c. දරන්නා or ගෙනයන්නා; පල්ලියේ සේවකයා, පල්ලියේ අප්පු.

Verify, v. සැබෑබව ඔප්පුකරනවා, (යමක් විභාගකර) හරිය කියා ස්ථිරකරනවා.
Verily, ad. සැබෑවටම, සැබවින්ම, ඉදුරාම, ඒකාන්ත යෙන්ම.
Verisimilitude, n. ඇත්තවා වාගේ පෙනීම, සත්‍ය සංකාශතාව.
Veritable, a. ඇත්තට එකඟ, සත්‍ය, සැබෑ, සභාතික.
Verity, n. සත්‍යය, සැබෑව; සත්‍යතාව, සැබෑකම.
Verjuice, n. අමු එලවල ඇඹුල්යුෂ.
Vermeologist, n. කීටවිද්‍යාඥයා. See Helminthologist &c.
Vermes (—මිස්), n. pl. L. පණුවෝ, කීටයෝ, පණු ජාති, කීට ජාති.
Vermicelli, n. හීන් පිට්වැල්, හීන් මුරුක්කු.
Vermicide, n. පණුවන් නැතිකරන බෙහෙතක්.
Vermicular, a. පණුවන් සම්බන්ධ, පණු ආකාර, කීටාකාර; sp. කීටප්‍රයාණකාර.
Vermiculate, v. (ඔබ්බා or කැටයම්කර) කීටප්‍රයාණ කම් කරනවා.
Vermiculated, a. කීටප්‍රයාණකාරයට සාදපු, කීට ප්‍රයාණකම්—කීටකම්—සහිත.
Vermiculation, n. කීටකම් කිරීම &c.; (අතුණුවල) සංකුෂ්චි ආකාර ඇකිළීම. [මියා.
Vermicule, n. කුඩා පණුවා, ක්ෂුද්‍රකීටයා, ක්ෂුද්‍රකෘ
Vermiculite, n. කීටගිරිජාමල, පණුමිනිරන්.
Vermiculose, Vermiculous, a. පණුවන් සමාන, කීට සමාන; කීටබහුල, කෘමිබහුල,
Vermiform, a. පණුහැඩය ඇති, කීටාකෘති, කෘමෲකෘති.
Vermifugal, a. කෘමිහර, කීටහර, පණු, (බෙහෙත්).
Vermifuge, n. කෘමිහරෞෂධය, පණුබෙහෙත.
Vermillion, n. ගන්ධක මිශ්‍ර රසදිය, රසපාරද, ඉඟුල්.
Vermin, n. (පණු, මී, මැසි, කුරුමිනි, ආදි) අධම ප්‍රාණීහු, නීච කුඩාසත්තු.
Vermination, n. පණුවන් බෝවීම; තද බඩරුජාව.
Vermiparous, a. පණුවන් අටගන්වන, කීටජනක.
Vermivorous, a. පණුවන් කන්නාවූ, කීටභක්ෂක.
Vernacular, a. ජම්ම, ස්වදේශික; n. ජන්මභාෂාව, ස්වභාෂාව, සියබස. [තරුණ.
Vernal, a. වසන්තකාලයට අයිතිවූ, වසන්ත; fig.
Vernation, n. in bot. (වසන්ත) කලිකාපත්‍රවෘන්තය.
Vernier, n. (scale යන ක්‍රමික මිම්මේ) උපක්‍රමික මිම්ම.
Verrucose, Verrucous, a. ඉන්නන් සහිත, in bot. (ඉන්නා සමාන) ගැට ගසනාවූ.
Verruculose, a. in bot. කුඩා ගැට ඇත්තාවූ (කොළ).
Versatile, a. පහසුවෙන්—or නොයෙක් අතට—හැරෙන, චපල; විවිධාකාර (සමර්ථකම්); in bot. මිම නීතමාන (පරාගකෝෂ මෙනි).
Versatility, n. හැරෙන සුළුබව, චපලත්වය; විවිධාකාරගතිය.
Verse, n. කවිපදය, ගාථාව, සිව්පදය; පද්‍යය, කවිය; in Scrip. පදය.
Versed, in, be, v. (යමකට) නිපුණව සිටිනවා &c., S. adj. නිපුණ &c., see Trained & Sine, n.
Versicoloured, a. නොයෙක් පාට ඇති, නානාවර්ණ.
Versify, v. කවි සාදනවා, පද්‍ය රචනාකරනවා; (කථාවක්, ගද්‍ය) පද්‍යයට නගනවා.
Version, n. පිටපත, සන්නය; (තොරතුරු) කියන ආකාරය, කියාදීම.

Versus, prep. L. විරුද්ධයට, විරුද්ධව.
Vertebra, Vertebre, n. පිටිකොන්දෙන් ඇටයක්, කශේරුකාස්ථියක්.
Vertebræ, n. pl. පිටිකොන්දේ ඇට, කශේරුකාස්ථි or කොඳුඇටය, කශේරුකාව, කශෙරුව.
Vertebral, a. කොඳුඇට සම්බන්ධ, කොඳුඇට, කශේරු; කශේරුවක් ඇති.
Vertebrate, Vertebrated, a. පිටිකොන්දක් ඇති, කශේරුවක් සහිත.
Vertebrate, n., **Vertebrates, Vertebrata**, pl. කොඳු ඇටයක්—මුදුන්ඇටයක්—ඇති සත්ත්වයෙක්, කශෙරු සත්ත්වයා; කශේරු සත්ත්ව ජාති.
Vertex, n. මුදුන, මස්තකය, ශීර්ෂය; in anat. ඉස් මුදුන, ශීර්ෂමස්තකය.
Vertical, a. මුදුන්වූ, මුදුන්වී තිබෙන; perpendicular සෘජුවලම්බ, ශෛෂීර්; vertical angles, in geom. ශීර්ෂයේ කෝණ; vertical circle, in astr. මස්තක චක්‍රය.
Vertically, ad. මුදුනෙන්; ඉහළට කෙළින්, සෘජුවලම්බාකාරයෙන්, ශෛෂීර්ව; vertically opposite ශීර්ෂ ප්‍රතිබිම්බ (කෝණ).
Verticalness, n. මුදුන්වී තිබීම, මුදුන්වූ භාවය; සෘජුවලම්බතාව.
Verticil, n. in bot. වළල්ල ආකාර මල්ෂපාකුර, චක්‍ර පුෂ්පප්‍රකරය, චක්‍රත්‍රිජ්‍යාපුෂ්පප්‍රකරය.
Verticillate, a. in bot. වළලු ආකාර, චක්‍රාකෘති, චක්‍රත්‍රිජ්‍යාකෘති, (පුෂ්පප්‍රකර).
Vertiginous, a. තෝන්තුවී සිටින, ඉසකරකැවිල්ල ඇති.
Vertigo, n. භ්‍රමණය &c., see Dizziness.
Very, ad. ඉතා, බොහෝම; as adj. He is a very monster &c. ඔහු ඉතා කෲරතරයෙක්මයි.
Vesicant, Vesicatory, n. (හමේ) දියබුබුළු අටගන්වන බෙහෙත.
Vesicate, v. (හමේ බෙහෙත් ගා) බුබුළු අටගන්නවා.
Vesicle, Vesicule, n. බිබිළ, දියබුබුළ; (හමේ or පැළයේ) ක්ෂුද්‍රාශය, ක්ෂුද්‍රකුහර.
Vesicular, Vesiculous, a. බුබුළු ආකාර, ක්ෂුද්‍රාශයාකාර &c.; බුබුළු සහිත, ක්ෂුද්‍රරන්ධ්‍ර සහිත.
Vesper, n. සන්ධ්‍යාව; සන්ධ්‍යාතාරකාව &c., see Evening-star.
Vespers, n. pl. R. C. සවස් යාච්ඤාව, සවස් පූජාව, සන්ධ්‍යාපූජාව.
Vespertine, a. සවස්, සන්ධ්‍යා.
Vespiary, n. මීමැසි—බඹර—දෙබර—ආදීන්ගේ කූඩුවා: මීය, බඹරය, දෙබරය.
Vessel, n. (දියජාති අල්ලන) භාජනය, බඳුන &c., see Pot, Barrel &c., large earthen කොරහ, small metal සෙම්බුව; floating නැව, යාත්‍රාව; animal or vegetable: pipe නාළිය, ලේනහරය &c., sac ආශය, of sap ඔජස් නළය, ස්වරසාශය &c.
Vest, n. see Waistcoat; ස්ත්‍රීන්ගේ යට ඇඳුමක්.
Vest, v. පලඳවනවා; in law අත්කරදෙනවා; අත්පත්වෙනවා, හිමිවෙනවා.
Vesta, n. in myth. (රෝමවරුන්ගේ) අග්නිදේවතාවී.
Vestal, n. අග්නිදේවතාවීගේ කන්‍යා පූජකියක්.
Vestal, a. අග්නිදේවතාවියට අයිතිවූ, නිර්මලකන්‍යාවූ, ශුද්ධ, පවිත්‍ර.
Vested, a. නියම, අචල, ප්‍රතිෂ්ඨාපිත; (ප්‍රයෝජනය or කොටස).

Vestibular, a. ප්‍රවේශස්ථාන, වාසලක් සමාන, දෙර ටුව ආකාර.
Vestibule, n. ප්‍රවේශ ශාලාව, වාසල, වාසල්කඩ, දෙරටුව.
Vestige, n. අඩි ලකුණ; fig. trace ශේෂලාඤ්ඡනය.
Vestment, n. වස්ත්‍රය, පොරෝණුව.
Vestry, n. දේවස්ථාන භාණ්ඩාගාරය, පල්ලියේ ඇතුල් කාමරය; vestry-board දේවස්ථාන කළමනාකාර සභාව.
Vestry-clerk, n. දේවස්ථානයේ ලේකම.
Vesture, n. වස්ත්‍රය, සළුව, උතුරුසළුව; වස්ත්‍ර, වැස්ම &c.).
Veteran, a. කල්ගත, චිරකාල, බහුදක්ෂ, (ශේෂ්ඨයා
Veteran, n. (ශිල්පශාස්ත්‍රයෙහි &c.) කල්හිය කෙනෙක්, චිරකාලිකයා, sp. චිරකාලභටයා.
Veterinarian, Veterinary surgeon, n. පශුවෛද්‍යයා, අශ්වවෛද්‍යයා, අස්වෙද, සත්තු වෙද.
Veterinary, a. පශුවෛද්‍ය.
Veto, n. (රජුගේ &c.) ප්‍රතික්ෂේප බලය, තහනම් බල ය; ප්‍රතික්ෂේපය, තහනම.
Veto, v. (නීති &c.) ප්‍රතික්ෂේපකරනවා, තහනම් කරනවා.
Vex, v. අමනාපකරනවා, හිරිහැරකරනවා, හිංසාකර නවා, තරහකරනවා.
Vexation, n. අමනාපකිරීම &c., හිරිහැරය, හිංසාව; අමනාපවීම, අමනාපය.
Vexatious, a. අමනාපකරන &c., හිරිහැර, හිංසා සහිත.
Vexatiously, ad. අමනාපකරනලෙස &c., හිරිහැර වශයෙන්. [තාව.
Vexatiousness, n. හිරිහැර සහිතකම, හිංසා සහිත
Vexil, Vexillum, n. in bot. (සමනල ආකාර මලේ) උඩුමල් පෙත්ත, පුෂ්පධ්වජය.
Via, prep. පාරෙන්, මාර්ගයෙන්: via Colombo කොළඹ පාරෙන්. [ය.
Via media, L. මධ්‍යමප්‍රමාණ විධියකින්, මධ්‍යම මාර්ගයෙ
Viable, a. ජීවත්වීය හැකිවූ (ළදරුවා).
Viaduct, n. (මිටි බිමක) උස්වූ බෝක්කු පාර, ඌර්ධ්ව මාර්ගය.
Vial, n. කුප්පිය, කුඩා බෝතලය.
Viands, n. pl. උයාපු කෑම, ආහාර, භෝජන. [ය.
Viatecture, n. මාර්ග—පාලම්—ආදිය සෑදීමේ කර්මාන්ත
Viaticum, n. මාර්ගෝපකරණ; R. C. මරණසන්න සත්ප්‍රසාදය,
Vibrate, v. පැත්තෙන් පැත්තට පැදෙනවා or චලන යවෙනවා, ලෙලදෙනවා; ලෙලවනවා.
Vibratile, a චලවර (අවයව වන ක්ෂුද්‍රප්‍රාණීන්ගේ ගමන් කෙඳි).
Vibration, n. ගමනාගමන චලනය; (වෙවුලුම සමාන) චලනයවීම, චලනය, ලෙලදීම &c.
Vibratory, a. පැත්තෙන් පැත්තට පැදෙන &c., චල නාකාර, චපල, ලෙලෙන.
Vibrissæ, n. pl. (ලොකු සතුන්ගේද පක්ෂීන්ගේද) මුඛකේශ, කටකෙඳි.
Vicar, n. ප්‍රතිදේවගැතියා, R. C. Vicar-Apostolic ප්‍රතිරාජ ගුරුප්‍රසාදිතැන; Vicar-General සාමාන්‍ය ප්‍රතිගුරුප්‍රසාදිතැන.
Vicarage, n. ප්‍රතිදේවගැති වලව්ව; Vicarial, a. ප්‍රති දේවගැති.
Vicarious, a. නිලවිවට ඇත්තාවූ, ප්‍රතිපුරුෂ; ප්‍රති ස්ථාන, ප්‍රතිහස්ත, (පූජාව &c.)

Vicarship, n. ප්‍රතිදේවගැති ධුරය. Vice, n. දඬුඅඬුව.
Vice, n. අවකල් ක්‍රියාව, අනාචාරය, දුශ්චරිතය, දුශ්ශී ලය &c., see Immorality; (අශ්වයාගේ) යම් නරක විධියක් or අවගතියක්.
Vice (වෛසි), L. (තෝවිස්) නිලවිවට (යාකොබ් ඉක්නවා). [සඟිය.
Vice (වෛස්), prefix, ප්‍රති, උප, යන අර්ථ ඇති උප
Vice-admiral, n. නාවුක උපසේනාපතියා.
Vice-admiralty, n. නාවුක උපසේනාපති ධුරය; නාවුක උපසේනාපති සභාව.
Vice-chairman, n. සම්මුතියේ උපපතියා or දෙවෙනි යා, උපප්‍රධානියා.
Vice-chamberlain, n. රාජමන්දිරෝපාමාත්‍යයා. See Chamberlain.
Vice-chancellor, n. (අධිශ්‍රේෂ්ඨාධිකරණ ශාලාවේ) උප විනිශ්චයකාර තැන; (අග්‍රපාඨශාලාවේ) උපාධි පතියා.
Vice consul, n. උපතානාපතියා.
Vicegerency, n. ප්‍රතිපුරුෂාධිපති ධුරය &c.
Vicegerent, n. ප්‍රතිපුරුෂාධිපතියා, අනුවාධිපතියා, උපආණ්ඩුකාරයා.
Vice-president, n. අනුනායකයා, උපසභාපතිතැන.
Vice-regal, a. උපරාජ, ප්‍රතිරාජ, අනුරාජකීය.
Viceroy, n. අනුරාජ, උපරාජ, යුවරාජ, ප්‍රතිරාජතුමා.
Viceroyalty, Viceroyship, n. අනුරාජකම &c., ප්‍රතිරා ජත්වය.
Vice versa, L. අනික් අතට, වෙනස්ලෙසනම්.
Vicinage, n. අසල ස්ථානය, සන්නිකර්ෂය.
Vicinity, n. අසල සමීපස්ථානය, සමීපය, සාමන්තය.
Vicious, a. දුෂ්ට, ධූර්ත &c., see Immoral, අචරිත, අනාචාර, දුශ්චරිතකාමී, කෙල්ගහරින්, ජඩ; of animals චණ්ඩ, කුළු, නපුරු.
Viciously, ad. දුෂ්ටලෙස &c.; සාවද්‍යලෙස, විපරීතා කාරයෙන්.
Vicissitude, n. මාරුවීම, අනුපූර්ව විපර්යාසය, වරින්වර සිදුවෙන වෙනස්කම්, දුක්සැප මාරුවීම.
Victim, n. යාගකරන සතා, යාගය &c., see Sacrifice, n.; fig. (නපුරට &c.) නාසකරනු ලබන දේ or අය: a victim to drink මද්‍යපානයට නාසනිවෙන්නා.
Victimize, v. fig. (යමෙකුට) රවටා අලාභහානිකර නවා.
Victor, n. ජයගන්නා, ජයගත් අය, ජයලත්තා, ජය ග්‍රාහකයා. [ක.
Victorious, a. ජයගන්න, ජයගත්, ජයලත්, ජයග්‍රාහ
Victory, n. ජයගැනීම, ජයග්‍රහණය, දිනුම.
Victress, n. ජයගන්නී, ජයලත්තී.
Victual, v. ආහාර සපයාදෙනවා, (නැවක) ආහාර සපයා තබනවා.
Victualler, n. ආහාර ශාලාවක් තබාගන්නා, sp. තැබෑරුම්කාරයා.
Victualling-ship, n. (යුද්ධනැව්වලට) ආහාර ගෙන යන නැව, ආහාරනැව.
Victuals, n. pl. ආහාර, භෝජන, කෑමබීම.
Vide (වෛඩි), v. L. බලනු. Videlicet, viz., ad. එනම්.
Vide ut supra, L. යථෝක්තාකාරය බලනු.
Vidimus, n. (L. බැලුවෙමු), විභාගය, of accounts ගණන් විභාගය.
Vie with, v. (යමෙකු සමග යුතුලෙස) දිනුමට තරඟ වෙනවා or විශේෂකරනවා &c., see Compete.
Vi et armis, L. බලෙන් හා යුද්ධායුධවලින් (ඇතුලට වැදුණි &c.).

View, v. බලනවා, නිරීක්ෂණයකරනවා, ප්‍රේක්ෂණය කරනවා; කල්පනාකරබලනවා; සලකනවා.

View, n. බැලීම &c., නිරීක්ෂණය, ප්‍රේක්ෂණය; scene දර්ශනය, sight දැකුම, පෙනීම; picture සිතියම; opinion කල්පනාව; design අදහස, with a view to අදහසට, සඳහා, පිණිස.

Field of view දර්ශනප්‍රමාණය, පෙනෙන හරිය.

Point of view බැලීමට සිටින තැන, නිරීක්ෂණ කාරය.

Viewless, a. අදර්ශන &c., see Invisible.

Vigil, n. නිදිමැරීම, නිදිවැරීම, නිදිමරා ඉඳීම, අවදිව ඉඳීම; රාත්‍රි දේවමෙහෙය; මංගල්‍ය පූර්වෝපවාසය.

Vigilance, n. අමදිව පිබිද—සිටීම, බලාසිටීම, ජාගරත්වය, පාදුප්‍රවේසම.

Vigilant, a. පිබිද සිටින, කඩිසරව බලාසිටින, පාදු ප්‍රවේසම්වූ.

Vignet'te (වින්‍යෙට්), n. (පොත්පත්වල) භූෂණ ලතා කර්මය or ක්ෂුද්‍රභූෂණචිත්‍රය. [getic.

Vigorous, a. බලගතු, ශක්තිමත්, ප්‍රබල &c., see Ener-

Vigorously, ad. බලගතුලෙස &c.

Vigour, n. (ස්වභාවේ, ශරීරයේ, සිතිගේ, ක්‍රියාවේ) බලගතුකම, ශක්තිය, ප්‍රාණවත්කම, උත්සාහකම.

Vile, a. නීච, ජඩ, තුච්ඡ, දූෂක, දූර්ත.

Vileness, n. නීචකම &c., තුච්ඡතාව &c.

Vilify, v. අපකීර්තිකරනවා, තුච්ඡකරනවා, නිග්‍රහ—නිගා—කරනවා &c., see Revile.

Villa, n. උද්‍යාන ආවාසය, බංගලාව, වලව්ව.

Village, n. ගම, ග්‍රාමය; adj. ගම්, ගමේ, ග්‍රාම.

Villager, n. ගම්වැසියා, ගැමියා; pl. ගම්වැසියෝ &c., ගම්මු.

Villain, n. තක්කඩියා, අතිදුෂ්ටයා, වණ්ඩියා, සාහසිකයා.

Villainous, a. තක්කඩි, අතිදුෂ්ට &c.

Villainousness, n. තක්කඩිකම &c., සාහසිකතාව &c.

Villainy, n. තක්කඩිකම &c., තක්කඩි ක්‍රියාව, තද බල අපරාධය.

Villein, n. අධම ප්‍රවේණිකාරයා. See Serf.

Villi, n. pl. in anat. සිහිනු රෝම; in bot. දිගි කේශ.

Villose, Villous, a. in anat. බූව ආකාර; in bot. කේශවත්, දිග මයිල් ඇති.

Viminal, Vimineous, a. රිකිලි ආකාර, රිකිලි සහිත, රිකිලි. [වණ්.

Vinaceous, a. මුද්‍රික, මුද්‍රිකපාන, ද්‍රාක්ෂා; මුද්‍රිකපාන

Vinaigrette (විනෙග්‍රෙට්), Vinegarette, n. සුගන්ධ සමුද්ගය &c., see Scent-bottle.

Vincible, a. ජේය &c., see Conquerable.

Vinculum, n. in agl. (සංඛ්‍යා) බන්ධන රේඛාව.

Vindicate, v. යුතු—නම්මිතර—නිදොස්—බව පෙන්වනවා, නිදොස්කරනවා; (බලාත්කාරයෙන් හුවුත්) යුක්තිය ඉෂ්ටකරනවා.

Vindicative, Vindicatory, a. යුතුබව පෙන්වන &c.; (වරදට) ප්‍රතිඵලදෙන.

Vindictive, a. පළිගැනීමට ඇදිවූ, පළිගන්න, නපුරු, චණ්ඩකාර.

Vindictively, ad. පළිගන්න පිණිස.

Vindictiveness, n. පළිගන්න සුලුබව &c.

Vine, n. මිදිවැල, ද්‍රාක්ෂාලතාව; වැල, ලතාව.

Vine-clad, a. මුද්‍රිකවැලෙන් වැසිතිබෙන, ද්‍රාක්ෂාලතා ප්‍රච්ඡාදිත.

Vine-dresser, n. මිදිවැල්—මුද්‍රික වත්ත—බලාගන්නා, ද්‍රාක්ෂාලතාපාලකයා.

Vinegar, n. විනාකිරි, කාඩි.

Vinegar-cruet, n. විනාකිරි කුප්පිය.

Vinegar-plant, n. කාඩි සෙමෙල්.

Vinery, n. මුද්‍රික මඩුව, ද්‍රාක්ෂාලතාගාරය.

Vineyard, n. මිදිවත්ත, ද්‍රාක්ෂෝද්‍යානය.

Vinous, a. මුද්‍රිකපාන ආකාර, මද්‍යරසාකාර, මද්‍ය.

Vintage, n. මුද්‍රික ඵලදාව, මිදි අස්වැන්න; මිදිඵල නෙලන කාලය, ද්‍රාක්ෂාචයන කාලය; මෝසමේ—කන්නේ—මිදිරස ප්‍රමාණය.

Vintner, n. මුද්‍රිකපාන වෙළෙන්දා.

Viol, n. තත් හයක වීණාව.

Violate, v. laws &c. කඩකරනවා; place or person දූෂණයකරනවා, කෙලෙසනවා.

Violation, n. කඩකිරීම &c., දූෂණය, තහනම්කිරීම.

Violence, n. බලාත්කාරය, තදබලකම, සාහසිකකම, සැරකම, උග්‍රත්වය. [ත්වීටම්කරනවා.

Do violence to බලාත්කාරකම් කරනවා, අඩත්

Violent, a. බලාත්කාර, තදබල, සැර, චණ්ඩ, ප්‍රචණ්ඩ.

Violently, ad. තදබලලෙස, තදලෙස, තදේට, සැර ලෙස &c. [නිල්, එළරත්නිල්.

Violet, n. අඳුරු නිල්පාට මල්වර්ගයක්; adj. අඳුරු

Violin, n. රෞකිඤ්ඤය.

Violinist, n. රෞකිඤ්ඤවාදකයා.

Violoncellist, n. මහාරෞකිඤ්ඤ වාදකයා.

Violoncello, n. මහාරෞකිඤ්ඤය. [බූවා.

Viper, n. ෂ සර්පයෙක්; fig. ක්‍රෝධකාරයා, කුඹුරෙක්

Viperous a. විෂසර්පාකාර, ක්‍රෝධකාර, කුඹුරෙක්වූ.

Virago, n. පුරුෂාකාර ස්ත්‍රී; පෙරළිකාරී.

Virgate, a. in bot. කෝටුවක හැඩය ඇති, කෝටු ආකාර, යෂ්ට්‍යාකාර. [(අත්දම).

Virgilian, a. වර්ජිල් නම්වූ කවින්ද්‍ර (කවි); වර්ජිලික

Virgin, n. අවිවාහක ස්ත්‍රී, කන්‍යාව, කන්‍යාංගනාව.

Virgin, a. කන්‍යා, කන්‍යාකාර, (ලීලා &c.); fig. අදූෂිත, පිරිසිදු; අසේවිත, අලුත්.

Virginal, n. පුරාණ කලවිර් වර්ගයක් or පියානෝ වර්ගයක්.

Virgin-born, a. කන්‍යාජ, කන්‍යාජාත, (ක්‍රිස්තුස් වහන්සේ).

Virginity, n. කන්‍යාකම, කන්‍යාභාවය, කන්‍යාත්වය, අවිවාහකකම.

Virgo, n. in astr. කන්‍යාරාශිය.

Viridity, n. පලාවත්කම, පලාගතාව.

Virile, a. පුරුෂ, පුරුෂාකාර, පෞරුෂ.

Virility, n. පුරුෂ ශක්තිය, පුංස්ත්වය, පෞරුෂය, පුරුෂ ශක්තිය, ජනනශක්තිය.

Virtu, n. අලංකාර ශිල්පශාස්ත්‍රාගාව; උතුම් අරුම දේ.

Virtual, a. (නාමයෙන්—කීමෙන්—පිටතින්—පෙනීමෙන්—නොවන නුමුත්) ඇත්තටම යම් ආකාරයක් බව හැඟෙන, as: It is a virtual refusal or acceptance &c. නොකී නුමුත් එය ප්‍රතික්ෂේපයක් බව හැඟෙන ක්‍රියාවක් or අත්දමක්, or එය ප්‍රතික්ෂේපයක් මෙනි; පිළිගන්නබව &c. එයින් හැඟෙනවා.

He is the virtual head (නිගමයෙන්—නාමයෙන්—නොවන නුමුත්) බලයෙන්නම් ඔහු ප්‍රධානියාසි.

Virtually, ad. (නාමය කොහොම නුමුත්) ඇත්තේ—බලයේ—හැටියටනම්, හැඟෙනලෙසනම්.

It is virtually abrogated අවලංගුනොකළ නුමුත් එය බල රහිතයි or අවලංගුකළාක්මෙනි.

Virtue, n. ගුණය, ගුණධර්මය, සද්ගුණය, සත්පුරුෂකම, සුචරිතය, සදාචාරය, සුශීලතාව, සාධුවෘත්තය; efficacy, ගුණය, බලය; නිර්මලතාව.

Virtuoso, n. Virtuosi, pl. අලංකාර ශිල්පශාස්ත්‍රඥයා, (පුරාණ වස්තු ගැන) ප්‍රවීණයා.

Virtuous, a. moral යහපත් කල්ක්‍රියාකාර, සුචරිත, සුශීල, ධාර්මික, පුණ්‍යවන්ත, සාධුශීල, ශීලසම්පන්න; chaste නිර්මල.

Virtuously, ad. යහපත් කල්ක්‍රියාවෙන්, සුචරිත ලෙස &c., සුශීලාකාරයෙන් &c.

Virtuousness, n. යහපත් කල්ක්‍රියාකාරකම, සුචරිත තාව &c.

Virulence, n, සැරකම, කකීශකම, ක්‍රෝධය.

Virulent, a. සැර, සැරකාර, කර්කශ, ක්‍රෝධකාර.

Virus, n. (ගඩුවල &c.) විෂ ද්‍රව්‍ය, විෂ, වස.

Vis, n. L. in mech. බලය, සවිය; vis inertiæ අචල බලය, බරේ බලය, fig. උනන්දු නැතිකම; vis vitæ ජම්ම බලය, ප්‍රාණවත්කමේ බලය.

Visage, n. මුහුණ, මුහුණුවර, මුඛය, වදනය.

Visaged, a. යම්ආකාර මුහුණක් ඇති; long-visaged දිග මුහුණක් ඇති, sour-visaged &c. දුර්මුඛ.

Vis-a-vis (විසවි), ad. Fr. මූණට මූණලා; n. ඉදිරිපිට දේ, අභිමුඛයා.

Viscera, n. pl. අන්ත්‍ර; ශරීරාභ්‍යන්තර කොටස්(වන අතුණු, හෘදයවස්තුව, මොළේ ආදිය).

Visceral, a. අන්ත්‍රාදිය සම්බන්ධ, ආන්ත්‍රික, ශරීරාභ්‍යන්තර වස්තුවලට අයිතිවූ.

Viscid, **Viscous**, a. ඇලෙන සුලු &c., see Glutinous.

Viscidity, **Viscosity**, n. ඇලෙන සුලුබව.

Viscount (වෛකෞන්ට්), n. සතරවෙනි තරමේ වංශාධිපතියෙක්, චතුර්වංශාධිපතියා.

Viscountess (වෛ...), n. චතුර්වංශාධිපතිදේවී.

Viscum, n. sing. of Viscera අන්ත්‍රය, ශරීරාභ්‍යන්තර වස්තුවක්.

Vise (විසේ), n. (ගමන්වාසර පත්‍රයේ) පිට අවසර අත්සන.

Vishnu, n. විෂ්ණු, විෂ්ණු දෙවියෝ; adj. වෛෂ්ණව; Vishnuite වෛෂ්ණවයා.

Visibility, **Visibleness**, n. දෘශ්‍යත්වය, දෘශ්‍යමානතාව &c.

Visible, a. පෙනෙන, දෘශ්‍ය, දෘශ්‍යමාන, ප්‍රත්‍යක්ෂ, සමක්ෂ.

Visibly, ad. පෙනෙනලෙස, දෘශ්‍යලෙස &c , දෘශ්‍යමානාකාරයෙන් &c.

Vision, n. the faculty ඇස් පෙනීම, දෘෂ්ටිය; seeing දැකීම, වීක්ෂණය; the object පෙනුම, දකින දේ, lit, *or* fig. දර්ශනය.

Visionary, a. මෝහාශ, ශූන්‍යද්ධ්‍යාන, (අය); මෝහ, ශූන්‍ය, (පැතුම් &c.).

Visionary, n. මෝහාශයා, මෝහප්‍රාර්ථනාධරයා, සිස් පැතුම් ඇත්තා.

Visit, v. බලන්ට — දැකගන්ට—යනවා *or* එනවා; in Scrip. කරුණා—*or* දඩුවම්—කිරීමට එනවා, ප්‍රතිඵල දෙනවා.

Visit, n. බලන්ට—දැකගන්ට—යාම *or* ඊම *or* ඇවිත් සිටීම.

Visitant, n. බලන්ට යන්නා &c., see Visitor.

Visitation, n. බලන්ට යාම *or* ඊම &c., see verb; රාජකාරී—ආණ්ඩුකාර—විභාගය; in Scrip. පාප් නාවූ දේවකරුණාව *or* දෙන දුක.

Visiting, a. බලන්ට—විභාගකිරීමට—යන්නාවූ, නියම පරීක්ෂක, (නිලධාරියා); visiting card ආචාරපත්‍රය, නාමපත්‍රය.

Visitor, n. දැකගන්ට — ආචාරකිරීමට — යන්නා *or* එන්නා; ආගන්තුකයා; පරීක්ෂකයා, විභාගකාරයා.

Visitorial, a. නියම පරීක්ෂාකාර, විභාගකාර.

Visor, **Vizor**, n. ශිරස්කමුඛය; වෙස්මූණ.

Vista, n. (ගස්පේළි අතරෙහි මෙන්) දිගපෙනුම, දිසි දර්ශනය; දිසිදර්ශනස්ථානය.

Visual, a, පෙනීමට අයිතිවූ, පෙනීමේ, දෘෂ්ටි; visual organ දෘෂ්ටීන්ද්‍රියය; visual angle දෘෂ්ටිකෝණය *or* දෘෂ්ටිකෝණ ප්‍රමාණය; visual ray දෘෂ්ටිරශ්මිය.

Vital, a. (සත්ත්ව *or* වෘක්ෂ) ජීවයට—ජීවනයට—ජීවත් වීමට — අයිතිවූ, ජීවන, පණ අඩංගු: life-giving ජීවද, ජීවදායක, පණ දෙන;
supposed vital *or* fatal points මර්මස්ථාන; fig. essential අවශ්‍ය.

Vitality, n. පණ, ප්‍රාණවත්කම, ජීවබලය. [කරනවා.

Vitalize, v. පණ දෙනවා, ජීවත්කරනවා, ප්‍රාණවත්

Vitally, ad. (පණ &c.) නැතිවෙන හෝ නැතිනොවෙනලෙස, අවශ්‍යයෙන්ම.

Vitals, n. pl. ජීවත්වීමට අවශ්‍ය කොටස්.

Vitiate, v. නරක්කරනවා, පලුදුකරනවා, නිෂ්ප්‍රභා කරනවා, දූෂණයකරනවා.

Vitiated, pp. *or* a. නරක්කරපු &c., නරක්වූ, පලුදු සහිත, දූෂිත, විප්‍රදුෂ්ට.

Vitreo-electric, a. කාචජවෛද්‍යුත.

Vitreo-electricity, n. කාචජවිද්‍යුත.

Vitreous, a. වීදුරුවූ, කාච, කාචක; කාචක සමාන, කාචාකාර; කාචජ; vitreous humour (කාචාකාර) අක්ෂිගෝල ස්වරස.

Vitreousness, n. වීදුරු ගතිය, කාචතාව, කාචකතාව.

Vitrescence, n. වීදුරුවිය හැකි ස්වභාව.

Vitrescent, a. වීදුරු—කාච—විය හැකිවූ.

Vitrifaction, n. වීදුරුකිරීම &c. see verb.

Virtifiiable, a. වීදුරුකළ හැකිවූ.

Virtify, v. (ද්‍රව්‍ය වීදුරු—කාච—කරනවා *or* වෙනවා, කාචභාවයට පෙරළනවා.

Vitriol, n. green පච්ච සිනක්කාරං, තුත්තන්, විෂද, පල්මාණික්කං; blue තාම්‍රශබ්ද; oil of vitriol, sulphuric acid ගන්ධකජාම්ලය.

Vitta, a., Vittæ, pl. fillet නළල්පට; in arch සතමක ශීර්ෂාභූෂණය; in bot. (ගනපුෂ්ප බීජවල &c.) සාරශය *or* සාරතෙලනාලිය.

Vittate, a. in bot. වර්ණරේඛා සහිත. [නවා.

Vituperate, v. අවලාදකරනවා, බණිනවා, නිග්‍රහකර

Vituperation, n. අවලාදකිරීම &c., අවලාදය, නිග්‍රහය.

Vituperative, a. අවලාදකරන &c.; අවලාද සහිත, නිග්‍රහාකාර.

Vivace (විවාචේ), ad. It. උනන්දුලෙස, ශීඝ්‍රලෙස.

Vivacious, a. (සිතින්) ප්‍රාණවත්, උනන්දු, තුරිත, සර දම්, (අය, කථා &c.). [තාව.

Vivaciousness, **Vivacity**, n. ප්‍රාණවත්කම &c., තුරිත

Vivarium, **Vivary**, n. සත්තු කොටුව, සත්වෛර්ගස්ථානය, සත්වාගාරය.

Vivat regina, *or* rex *or* respublica, L. රාජිනී—රජ—මහජන-ආණ්ඩුව—ජීවත්වේවා.

Viva voce, L. කටහඬින්, මුඛ වචනයෙන්.

Vivid, a. lucid විශද, ප්‍රසාද, (චිත්‍ර); lively ප්‍රාණවත්.

Vividly, ad. විශදලෙස &c. Vividness, n. විශදතාව &c. [කරනවා.

Vivify, v. පණ උපදවනවා, ජීවත්කරනවා, ප්‍රාණවත්

Viviparous, a. (බිත්තර නොව) ගර්භයෙන් අපත්‍යධාරි; born from the womb ජරායුජ, ජලාබුජ, ගර්භෝත්පත්තිමත්. [කය.

Vivisection, n. පණපිටින් සතුන් කැපීම, ප්‍රාණිච්ඡේද

Vixen, n. දඬරකාරී, පෙරළිකාරී, සණ්ඩුකාරී.

Viz, (say) namely එනම්.

Vizard, n. see Vizor.

Vizer, n. (තුර්කියේ &c.) අමාත්‍යයා; grand vizer අග්‍රාමාත්‍යයා.

Vocable, n. වචනය, වාචකය, නාමය.

Vocabulary, n. වචන පොත, වචන කෝෂය &c., see Nomenclature.

Vocal, a. කටහඬින්—මුඛයෙන්—කරන (ගායනා), කටහඬක් ඇති; be හඬක් නික්මවනවා.

Vocalist, n. ශ්‍රේෂ්ඨ ගීතිකාකාරයෙක්, ශ්‍රේෂ්ඨ ගීතිකාකාරියක්.

Vocalize, v. ප්‍රාණස්වරවලින්—ප්‍රාණස්වර දමා—කියනවා, කටහඬින් පැහැදිලිලෙස කියනවා.

Vocally, ad. (සංඥවෙන් නොව) කටහඬින්, මුඛවචනයෙන්.

Vocation, n. නියම වැඩය or කර්මාන්තය, නිලතලය; anc. ආමන්ත්‍රණය.

Vocative, a. or n. in gram. අලප්, ආලපන, සම්බෝධන, ආමන්ත්‍රණ, (විභක්තිය).

Vociferate, v. කෑගසනවා, මොරගසනවා, කෑගසා—මොරගසා—කියනවා.

Vociferation. n. කෑගැසීම &c.

Vociferous, a. කෑගසන &c., මහත් හඬින් කථාකරන.

Vogue, n. be in vogue දැන් ව්‍යවහාරවෙනවා or ව්‍යවහාරකරනවා; out of vogue ව්‍යවහාරකරන්නේනැත.

Voice, n. කටහඬ, මුඛශබ්දය; fig. අණ, කැමැත්ත දීමේ බලය, see Say, n.: in gram. ක්‍රියාභාවය, as: vol. චේතනික භාවය, invol. අචේතනික භාවය, act. කර්තෘකාරක ක්‍රියාව. See Passive & Neuter.

Voiced, a. as: sweet-voiced මිහිරි හඬක් ඇති, මධුර ශබ්දාන්විත.

Void, be, v. අවලංගුව—නිෂ්ප්‍රභාව—තිබෙනවා; make void අවලංගුකරනවා &c.; be void of anything යමක්—නැතුව—රහිතව—තිබෙනවා or සිටිනවා. See Vacant.

Void, n. හිස් තැන, ශූන්‍යස්ථානය &c., See Vacuum.

Void, v. ශූන්‍යකරනවා; sp. (මල &c.) පහකරනවා.

Voidance, n. ශූන්‍යකිරීම &c., පහකිරීම; පැහැරීම,

Voidness, n. අවලංගුකම, හිස්කම, ශූන්‍යකාම, රික්තතාව.

Volatile, a. (කපුරු &c. මෙන්) වාෂ්පවියන, හිඳෙන; fig. උනන්දු; අස්ථිර, චපල, ප්‍රකෘතිතරල.

Volatileness, **Volatility**, n. වාෂ්පවට හැරෙනසුලු බව; fig. උනන්දුකම &c., තරලතාව.

Volatilize, v. වාෂ්පකරනවා, හින්දවනවා; වාෂ්පවියනවා; හිඳියනවා.

Volcanic, a. ගිනිකඳු සහිත; අග්නිබර, ජ්වාලපර්වත.

Volcano, n. ගිනිකන්ද, ගිනිදුමස් කන්ද, අග්නිඅම්බරය, අග්නිජ්වාල පර්වතය.

Volition, n. (සිතෙන්) නියමකරගැනීම, ඉච්ඡාගැනීම, අභිප්‍රායය.

Volley, n. වෙඩිමුරය, වෙඩිහැරය, වෙඩිජාමය; of stones &c., ගල්මුරය, වීසිකරන රාශියක්; of oaths දෙස් රාශියක්.

Voltaic &c., See Galvanic &c.

Voltigeour, n. (අසරුවා පිටිපස්සේ නඟින) පැනුම්කාර පාබල භේවායා.

Volubility, n. තුරිත කථාකාරකම, කථාවේ තුරිතකම &c., see Fluency.

Voluble, a. තුරිත කථාකාර, පහසුවෙන් කථාකරන; දියමෙන් ගලන &c.

Volume, n. පොත, කාණ්ඩය, කලාපය; size මහත, ප්‍රමාණය.

Voluminous, a. බොහෝ කාණ්ඩ සහිත, කලාපබහුල, විශාල. (රචනාවක්); බොහෝ පොත් ලියූ or ලියන.

Voluntarily, ad. කැමැත්තෙන්ම, සියකැමැත්තෙන්, සවච්ඡන්දයෙන්.

Voluntary, a. සියකැමැත්තෙන්ම ක්‍රියාකරන, ස්වේච්ඡාසේවක, සවච්ඡන්ද.

Voluntary, n. සියකැමැත්තෙන්ම ක්‍රියාකරන්නා, සචේතනිකයා &c.; in mus. ස්වෛරිතාලය, අසම්පාදිත තාලය; in religion ස්වෛරීධර්මමතිකයා.

Voluntaryism, n. (බලයෙන් නොව) කැමැත්තෙන්ම ක්‍රියාකිරීමේ ධර්මය or විධිය, ස්වෛරීධර්මය.

Volunteer, n. වැටුප් නැතුව වැඩකරන්නා, සියකැමැත්තෙන්ම වැඩකට බැඳෙන්නා, ස්වේච්ඡාසේවකයා, sp. ස්වෛරී භේවායා වොලන්ටියරයා.

Volunteer, v. කැමැත්තෙන්ම කරන්ට හඳනවා, කරදෙනවායයි කියනවා.

Voluptuary, n. මාංසික තෘෂ්ණාවල ගිලීසිටින්නා &c., see Sensualist.

Voluptuous, a. සැපසෙල්ලමෙහි ගිලීසිටින, පඤ්චකාමයට ලැදි; සැපසෙල්ලම් කාමාධ්‍යාශාදිය සහිත &c., see Luxurious.

Volute, n. (කුළුනුවල) සංඛසුරි ලතාකර්මය, දඟරලතාකර්මය.

Voluted. a. සංඛසුරි ලතාකර්මාන්විත &c.

Volution, n. එක සංඛසුරි වංගුවක්.

Vomica, n. පෙනහැල්ලේ ගඩුව, පූජුහුවිද්‍රධිය.

Vomit, v. වමාරනවා, වමනයකරනවා, උද්ගාරය කරනවා.

Vomit, n. වමාරන දේ or වැමෑරු දේ, වමනය; උද්ගාරෞෂධය &c., see Emetic.

Vomiting, n. වැමෑරීම &c. උද්ගාරය, වාන්තිය; (ගිනිකන්දෙන් &c.) නික්මවා ඇරීම.

Vomitory, a. වමනයකරවන, උද්ගාර; n. see Emetic.

Voracious, a. ගිජු, කෑදර, තද (බඩගින්න).

Voraciously, ad. ගිජුලෙස.

Voraciousness, **Voracity**, n. ගිජුකම, තදකම.

Vortex, n., **Vortices**, pl. (කැරකෙන දිය, වාත, වැලි, ආදී ද්‍රව්‍යවල) භ්‍රමිය, භ්‍රමය, සුළිය, ආවර්තය, උමසලාව, දියසලා මුඛය.

Vortical, a. සුළි, භ්‍රමාකාර, ආවර්ත, ආවර්තමාන.

Vorticel, n. (දියේ ඉන්න) ක්ෂුද්‍රභ්‍රම ප්‍රාණියා.

Votary, n. (යමකට) ලැදි අය, කැපවූ අය, භාරවූ අය, පූජකයා.

Vote, n. තෝරාගැනීමේ බලය, (නියමකිරීමට) කැමැත්ත දීම, ඡන්දය.

Vote, v. (තෝරාගැනීමට, නියමකිරීමට) කැමැත්ත දෙනවා; (යමෙකු &c.) කැමැත්තදීමෙන් තෝරාගන්නවා or නියමකරනවා.

Voter, n. (ඡන්ද පණිස) කැමැත්ත දීමට බලය ඇත්තා, ඡන්දදායකයා.

Votive, a. බාරයක් පිට දෙන, ප්‍රතිඥත.

Vouch, v. සහතිකකරනවා, සාක්ෂිදී ස්ථිරකරනවා.

Voucher, n. සහතිකකරන්නා &c.; සහතිකපත්‍රය.

Vouchsafe, v. අවසරදෙනවා, අනුදන්වනවා; deign කරුණාවෙන් දෙනවා or කරනවා.

Voussoirs, n. pl. බෝක්කුවේ කුඤ්ඤගල්.

Vow, n. භාරය, බාරය, පොරොත්දුව.

Vow, v. බාරවෙනවා, ආරබාරවෙනවා, වැදගත්ලෙස පොරොත්දුවෙනවා. [ක්ෂර.

Vowel, n. ප්‍රාණක්ෂරය, පණකුර, ස්වරය ; adj. ප්‍රාණ

Vowel-point, n. (හෙබ්‍රෙව් භාෂාවේ &c. ඉස්පිල්ල, පාපිල්ල, කොම්බුව ආදී) ප්‍රාණක්ෂර ලකුණක්.

Vowelled, a. ප්‍රාණක්ෂර දමාපු, ප්‍රාණක්ෂරාන්විත.

Vox, n. L. හඬ : vox dei දෙවියන්ගේ හඬ; vox populi සෙනගගේ හඬ.

Voyage, n. යාත්‍රා ගමන, මුහුදේ යන ගමන.

Voyage, v. යාත්‍රාකර යනවා, මුහුදෙන් යනවා *or* ගමන්කරනවා.

Voyager, n. යාත්‍රාකර යන්නා &c.

V. R. Victoria Regina, වික්ටෝරියා රැජිණි.

V. Rev. Very Reverend, අතිගෞරවකටයුතු, අතිගෞ.

Vulcan, n. in myth. ලෝහකාරාධිපති දෙවියෝ.

Vulcanian, a. ලෝහකාරාධිපති දෙවියන් සම්බන්ධ ; ලෝකරු ; in geol. see Plutonism, and for Vulcanist see Plutonist.

Vulcanize, v. (ගෙන්දගම් &c. මිශ්‍රකර india-rubber තම්බූ ලාටු) උණුකර පණපොවනවා.

Vulgar, a. පොදු ජනයාගේ, ග්‍රාම්‍ය, අසභ්‍ය, (කථා &c.); අශිෂ්ට, අශිෂ්ටාචාර, අධම; vernacular ස්වදේශික (භාෂාව); vulgar fraction අනියම්—පොදු—ඛණ්ඩගණන.

Vulgar, n. පොදු ජනයා, පොදු උදවිය.

Vulgarism, n. නුගත් කථා විධියක්, ග්‍රාම්‍ය කීමක්, ග්‍රාම්‍ය රීතියක්.

Vulgarity, n. අශිෂ්ටතාව, අශිෂ්ටාචාරය, අධමකම.

Vulgarize, v. අශිෂ්ට—අධම—භාවයට පමුණුවනවා.

Vulgarly, ad. අශිෂ්ටාකාරයෙන්, අධමලෙස ; සාමාන්‍යයෙන්.

Vulgate, n. ලතින් භාෂාවේ බයිබලය ; adj. ලතින් බයිබලයට අයිතිවූ.

Vulnerable, a. තුවාල කළහැකි, අනතුරුවියහැකි.

Vulnerary, a. *or* n. තුවාල (බෙහෙත), ක්ෂතෞෂධය.

Vulpine, a. නරියාට අයිතිවූ ; fig. නරි ආකාර, නරි, දඟකාර.

Vulture, n. ගිජුලිහිණියා, ශකුන්තයා, ගෘධ්‍රයා.

Vying, p. of Vie, which see.

W.

W. for West, n. බටහිර, අමරදිග ! අ.

Wabble, v. වැනෙනවා, වැනිවැනී කැරකෙනවා ; n. වැනීම &c.

Wad, Wadding, n. තුවක්කු පාත්කඩ, බූසිය, (පිදුරු ආදී) කුඩා මිටියක්.

Wad, v. බූසි දමනවා, පෝරු දමනවා.

Wadding, n. පුලුන් පෝරු.

Waddle, v. ගාටනවා, ගැටෙනවා, ගාටගාටා යනවා, බකලගහනවා, බකලකර යනවා.

Wade (වේඩ්), v, වතුරේ බැහැලා යනවා, (මඩේ &c.) එරිඑරී යනවා ; fig. wade through a book &c. වීයඝ්යෙන් — ක්‍රමක්‍රමයෙන් — පිටෙන්පිට — පොත බලබලා යනවා.

Wader, n. wading bird දියකුරුල්ලා, ජලචරපක්ෂියා.

Wady, (වඩි), n. කදුර, ගිරිකන්දරය, (නියං සෘතුවේ හිඳීයන) දියපාර.

Wafer, n. (ලියුම් අලවන) මැලියම් පෙත්ත ; R. C. සත්‍රප්‍රසාද පූපපෙත්ත.

Wafer, v. මැලියම් පෙත්ත දමා අලවනවා.

Waft, v. හුළං ගැසීමෙන්—පාවෙන්—ගෙනයනවා, හුළඟට ගසාගන යනවා, පාවෙවී යනවා.

Wag, Waggle (වැග් &c.), v. (ඉස, දිව, නගුට,) වනනවා, වැනෙනවා.

Wag, Waggle, n. වැනුම ; wagging වැනීම.

Wag, n. කවටයා, සරදම්කාරයා. [නවා.

Wage (වේජ්), v. wage war සටන්කරනවා යුද්ධකර

Wager, v. bet. ඔට්ටුකරනවා &c.

Wager, n. ඔට්ටුකිරීම, ඔට්ටුතැබීම, ඔට්ටුව ; lay a wager ඔට්ටුවක් තබනවා.

Wages, n. (වැජෙස්) කුලිය, බැලය, පඩිය, වැටුප්.

Waggery (wag &c. වැග් &c.), n. කවටකම, සරදම ; කොංචිය, සමච්චලය.

Waggish, a. ප්‍රහසනලෙස කවටකම්කරන, සරදම්, කොංචිකාර, සමච්චල්.

Waggishness, කවට ගතිය, සරදම් ගතිය, කොංචිකාරකම, සමච්චල් ගතිය.

Waggon, Wagon, n. රෝදහතරේ බරකරත්තය, සකටය.

Waggoner, n. (රෝද හතරේ) කරත්තකාරයා ; in astr. Charles's Wain වාහනරාශිය.

Waggonette, n. (ඒ හැඩය ඇති) රෝද හතරේ රථය.

Waggon-master, n.(සේනාවේ) බඩුබාහිරාධිපතියා.

Waggon-train. n. බඩුබාහිර ගැල්පෙළ ; goods train බඩු කෝච්චිය.

Wagtail, n. ගොමකුරුල්ලා, වෙරළවටුවා.

Waif (වේ...as far as Wale), n. අයිතිකාරයෙක් නැති බඩුව *or* සතා ; පාදඩයා.

Wail, v. විලාප කියනවා, වැලපෙනවා. [ය.

Wail, Wailing, n. විලාපකීම &c. විලාපය, ලතෝනි

Wainscot, Wainscotting, n. භිත්ති ලෑලි, භිත්ති පතේල වැඩ.

Wainscot, v. (භිත්ති) ලෑලි ගසා වසනවා, ලීපතේල වලින් වසනවා.

Waist, n. ඉහවිය, කටිය, ඉඟ, ඉණ, තනුමධ්‍යය ; නැව් මැද පංගුව.

Waistband, n. ඉඟපටිය ; කලිසමේ ඉඟපටිය.

Waistcoat, n. පපුවේ ඇඳුම, ඇතුල් කොට කබාය.

Wait, v. හිටිනවා, බලාසිටිනවා, නවතිනවා, නැවතී සිටිනවා, පොරොත්තුවෙනවා ; wait on *or* upon සේවයකරනවා, සාත්තුකරනවා ; සම්බවෙන්ට—දක්මට—යනවා. See Await.

Wait, v. lie in wait (අල්ලන්ට) රැකසිටිනවා.

Waiter, n. මෙහෙකරුවා, අතවැසියා, පරිචාරකයා ; බත්දේසිය.

Waiting-maid, Waiting-woman, n. අතවැසි ස්ත්‍රී. පරිචාරිකාව.

Waitress, n. (ප්‍රසිද්ධ ශාලාවක, තානායමේ &c.) සේවිකාව, පරිචාරිකාව.

Waits, n. pl. (වීපියේ) රාත්‍රී ගායනාකාරයෝ.

Waive, v. a claim &c. අයිතිවාසිකම &c. අත්අරිනවා; defer කල්දමනවා. [පාර.

Wake, n. (නැවට පසුපස්සෙන් පෙනෙන) අවර දිය

Wake, Waken, v. පිබිදෙනවා, ඇහැරෙනවා ; පුබුදු වනවා &c., see Awake; fig. උනන්දුවෙනවා; උනන්දු කරනවා.

Wake, n. (සංවත්සර) දේවස්ථානෝත්සවය ; (මිනිය ගැන) නිදිමරා ඉඳීම.

Wakeful, a. නිදිමරන, ඇස්මනින් නින්දනොයන, අනිද්‍ර, වීනිද්‍ර, fig. පිබිද සිටින.

Wakefulness, n. නිදිමරන ගතිය &c., අනිද්‍රතාව, විනිද්‍රත්වය &c.

Waking, n. පිබිදීම &c., ප්‍රජාගරය; waking hours පිබිද සිටින වේලාව.

Wale, n. වැබිර; (නැවේ) පිට ලෑලිනිරය, පසිලෑල්ල.

Wale, v. (පහරෙන්) වැබිරිකරනවා, වැබිරි නංග වනවා.

Walk, v. i. පයින් යනවා, ඇවිදිනවා, අටනයකරනවා, සක්මන්කරනවා, සංචාරනයකරනවා, චංක්‍රමණය කරනවා, *about, around* පරික්‍රමණය කරනවා, හැරිසරනවා; behave හැසිරෙනවා.

Walk, v. ɛ. ඇවිද්දවනවා, සක්මන්කරනවා; හෙමින් දක්කනවා.

Walk, n. පයින්යාම &c. අටනය, සක්මන, සංචාරණය, චංක්‍රමණය, පරික්‍රමණය, ඇවිදින දුර, ගමන; සක් මන් පාර; gait, සංචාරණකාරය; slow pace (දුවම නොව) හෙමින් යාම; sheep-walk &c. බැටළුවාරය, ගෝචාරය, පශුචාරය.

Walking, v. n. පයින් යාම *or* ඊම &c.; p. පයින් යමින් &c.; walking slowly, &c. හෙමින් පයින් යමින් &c.; but "*I came walking*" is wrong; say I walked *or* I came on foot පයින් ආවෙමි.

Walking-stick, n. සැරමිටිය, හැරමිටිය, සැරයටිය, බුස්තම.

Wall n. of house භිත්තිය, බිත්තිය; of garden fort &c. තාප්පය, පවුර, බැම්ම, ප්‍රාකාරය.

Wall, v. තාප්ප—පවුර—බැඳ කොටුකරනවා, තාප්ප බැඳී අහුරනවා, තාප්ප බඳිනවා *or* ගොඩනගනවා.

Walled, a. තාප්පයකින් &c. කොටුකර තිබෙන, තාප්පයක් ඇති.

Wallet, n. ගමන් මල්ල, කුරපයිය, පසුම්බිය.

Wall-eye, n. හෙළැස, (කෘෂ්ණමණ්ඩලය) හෙළවූ—සුදුවූ—ඇස. [&c.

Wall-eyed, a. හෙළැසක්—හෙළැස්—ඇති (අශ්වයා

Wallop, v. obs. උණුවෙවී ශබ්ද නගිනවා; E. coll. තඩිබානවා.

Wallow, v. (මඩේ &c.) පෙරළෙනවා, (බිම) වැතිරෙනවා; fig. භීච්ඡෙය පසුවෙනවා.

Wall-plate, n. යටලීය, බිත්ති යටලීය. [ඩය.

Walnut, n. ආක්ෂෝටවෘක්ෂය, ආක්ෂෝටය, ආක්ෂෝ

Walrus, n. මහාදන්තමත්ස්‍යයා *or* දළතල්මහා.

Waltz, n. කැරකෙන නැටුම, භ්‍රමණනාටකය; භ්‍රමණ නෘත්‍ය තාලය.

Waltz, v. භ්‍රමණනෘත්‍යයෙන් නටනවා.

Waltzing, n. භ්‍රමණනෘත්‍යයෙන් නැටීම.

Wampum, n. (අමෙරිකාවේ ඉන්දියානු) සිප්පි පබලු; සිප්පි පබලු මුදල්. සිප්පි පබලු පට &c.

Wan, a. සුදුමැලි, පාණ්ඩු, ගිලන්, (පෙනීම); be සුදු මැලිව සිටිනවා.

Wand, n. කෝටුව, යෂ්ටිය, ඉන්ද්‍රජාල යෂ්ටිය.

Wander, v. ramble තැනින්තැන යනවා, පරිභ්‍රමණය කරනවා; be delirious සිහිය මුළාවෙනවා; stray, lit. & fig. මුළාව යනවා, නොමගයනවා.

Wandering, n. තැනින්තැන යාම &c.; සිහිමුළාව; දඩාවත, පරිභ්‍රමණය; (කථාකරන, කල්පනාකරන) කාරණයෙන් පැනයාම. [වඳුරා.

Wanderoo, n. වඳුරා, black කළු වඳුරා, large, මහ

Wane, v. අඩුවෙනවා, ක්ෂීනවෙනවා, පිරිහෙනවා.

Wane, n. අඩුවීම &c., පරිහානිය; sp. හඳේ පිරිහීම the period of අපරපක්ෂය, අවරපක්ෂය, the dark period කෘෂ්ණපක්ෂය. [කම.

Wanness, n. සුදුමැලිකම, පඬුපාට, (පෙනීමේ) ගිලන්

Want, n. හිඟකම; අඟහිඟකම, අයාම; ඌනත්වය, ඌවමනාව; poverty දිළිඳුකම, අතමිට නැතිකම.

Want, v. be necessary ඕනෑකරනවා, ඕනෑව තිබෙනවා, ඕනෑවෙනවා, ඕනෑය; [බෙනවා.

be deficient නැතුව—අඩුව—හිඟව—ඌනව—ති

desire (යස්ට &c.) කැමතිසි, කැමතිවෙනවා, ඕනෑකම්කරනවා.

Wanton, a. රාගවත්, රාගනිශ්‍රිත, ලලිත, සවිලාස &c., see Libidinous; unrestrained අසංයත; excessive අතිරික්ත; unnecessary, නිෂ්කාරණ (කෲරකම් &c.).

Wanton, n. රාගවත් කෙනෙක් &c., රාගනිශ්‍රිතයා.

Wanton, v. අසංයතාගාවලින්—ස්වච්ඡන්දලෙස—හැසිරෙනවා; සල්ලාලලෙස හැසිරෙනවා, කොමලකරනවා.

Wantonness, n. රාගනිශ්‍රිතතාව &c.; නිෂ්කාරණකම.

Wag, n. යුද්ධය, සටන, සංග්‍රාමය, විග්‍රහය; man-of-war යුද්ධනැව; be at war යුද්ධකරමින් සිටිනවා; fig. පොරට සිටිනවා.

War, v. make war යුද්ධකරනවා, සටන්කරනවා, සංග්‍රාමකරනවා.

Warble, v. හඬ ලෙළවනවා, ලෙළවා ගීකියනවා, (කුරුල්ලන් මෙන්) ලෙළවා නාදකරනවා.

Warble, n. ලෙළවා කියන ගී නාදය, විබුන්සවරය; ලෙළවා කරන නාදය. [ලා.

Warbler, n. (මිහිරිලෙස ලෙළවා) නාදකරන කුරුල්

War-cry, War-whoop, n. යුද්ධ මොරහඬ, නියම සංග්‍රාම ඝෝෂණය.

Ward off, v. (අනතුර, ආක්‍රමණය) වලක්වනවා, (පහරක්) අල්ලනවා.

Ward, n. මුරය; පහර ඇල්ලීම, ප්‍රතිහරණය; division පළාත, නගරයකින් කොටසක්; (ආරෝග්‍ය ශාලාවේ &c.) කාමරයක්, වාට්ටුව; යතුරුගාර්දය, යතුරු තහඩුවෙන් ඇතුල්පංගුවක්; භාරකාරයෙක් යටතේ සිටින බාලයා, ප්‍රතිපාලිතයා;

be or put in ward හිරඅඩස්සියෙහි සිටීම *or* තැබීම.

War-dance, n. (වනචරයන්ගේ) යුද්ධ නැටුම, සංග්‍රාම නාටකය.

Warden, n. ප්‍රතිපාලකයා, භාරකාරයා, (පාඨශාලාවේ) ප්‍රධානියා. [ship.

Wardenship, n. ප්‍රතිපාලක ධුරය &c., see Guardian-

War-department, n. (ආණ්ඩුවේ) යුද්ධභාරකාර කොටඨාසය.

Warder, n. රැකවලා, දොරටුපාලයා. ද්වාරපාලයා, දෞවාරිකයා, (හිරගෙයි) පියොන්කාරයා.

Wardrobe, n. ඇඳුම් අල්මාරිය, ඇඳුම් ආගාරය; ඇඳුම්, වස්ත්‍ර.

Ward-room, n. (යුද්ධනැවේ) මුලාදෑනීන්ගේ ආගාරය, රැකවල් ආගාරය.

Wardship, n. (බාලයෙකු බලාගත්ත) භාරකාරත්වය: ප්‍රතිපාලිත භාවය.

Wares, n. pl. බඩු, භාණ්ඩ &c., see Goods.

Warehouse, n. බඩු තබන ආගාරය, ගබඩාව, සෙටෝරුව, බඩු ගුදම, භාණ්ඩාගාරය.

Warehouse, v. ගබඩාවේ—භාණ්ඩාගාරයේ—තබනවා, ගබඩාකරනවා.

Warfare, n. යුද්ධකිරීම, &c., සංග්‍රාමකරණය; සටන.

Warily, ad. (අනතුරු ගැන) ඉතා ප්‍රවේසම්ලෙස, හොඳට බලාගෙන.

Wariness, n. ඉතා ප්‍රවේසම්කම, ප්‍රසමීක්ෂණතාව &c.

Warlike, a. යුද්ධයට ලැදිවූ, යුද්ධකාමී, රණකාමී, රණප්‍රිය; සංග්‍රාමික. See Martial.

Warm, a. ඇල්මැරිච්ච, මඳක් උණුහුම්, මන්දෝෂ්ණ; fig. උනන්දු, උෂ්ණ, සැර.

Warm v. ඇල්මරනවා, මඳක් උණුහුම්—උණු—කරනවා; ඇල්මැරෙනවා, උණුහුම්වෙනවා; fig. උනන්දුකරනවා; උනන්දුවෙනවා.

Warm-blooded, a. උණුහුම් ලේ ඇති.

Warm-hearted, a. උෂ්ණහෘදයවත්, ජ්වලිත, හිතෛෂි, ප්‍රේමාන්විත.

Warming-pan, n. (ඇඳේ දමන) ගිනිඅඟුරු භාජනය.

Warmly, ad. මන්දෝෂ්ණයෙන්; fig. උනන්දුලෙස &c., see adj.

Warmness, Warmth, n. මඳ උණුහුම, මන්දෝෂ්ණය මන්දෝෂ්ණතාව; fig. උනන්දුකම, සැරකම, (ප්‍රේමයේ &c.) තදකම.

Warn, v. (අනතුරක් ගැන &c.) කලින් දන්වනවා කලින් අවවාදකරනවා, ඔවාදෙනවා, අනුශාසනාකරනවා.

Warning, n. කලින් දැන්වීම &c.; අවවාදය, ඔවාබස; (වැඩෙන් &c. ඇරීම ගැන) කලින් දැන්වීම. [ම.

War-office, a. යුද්ධකාර්‍ය ශාලාව; යුද්ධකාර්‍ය සභා

Warp, n. (අලුවේ *or* රෙද්දේ) දිග නූල්, (නැව &c.) අදින කඹය.

Warp, v. i. (ලී &c.) ඇකිලෙනවා, නැමෙනවා, පිට පනිනවා, ඇදගැහෙනවා.

Warp, v. t. ඇකිළෙන්ට &c. සලස්වනවා, ඇදකරනවා, ඇදකුදකරනවා; (සිත, සිහිය) මුළාකරනවා, ඇදකරනවා; (නැව්) එහාටමෙහාට කරනවා.

Warrant, v. බලය—අවසර—දෙනවා; (යම් ආකාර යයි) සහතිකකරනවා.

Warrant, n. ලැබුණ බලය *or* අවසරය; බලපත්‍රය, අත්ත කඩදාසිය, අස්නය, වරෙන්තුව; of attorney පෙරකලාසිය.

Warrantable, a. අවසර සහිත, යෝග්‍ය, යුතුබව පෙන්විය හැකි (ක්‍රියා, දේ).

Warranty, n. සහතිකපත්‍රයක්, ප්‍රතිඥපත්‍රයක්, කාරණ සහතිකකිරීම. [නිය.

Warren, n. (රටහාවුන් ආදී) සතුන් ඇතිකරන පිට්ට

Warrior, n. භටයා, යුද්ධභටයා, සේවායා.

Wart, n. ඉන්නා, ඉන්නෙක්, (pl. ඉන්නෝ), චම්කීලය; (අශ්ව කකුළේ) ගෙඩියක්, (ගහේ) ගැටය.

Warty, a. ඉන්නෝ බහුල; ඉන්නා ආකාර.

Wary, a. (අනතුරුගැන) ඉතා ප්‍රවේසම්, ප්‍රසමීක්ෂණ, හොඳට කල්පනාකර බලන.

Was, pret. of Be, (I, he, she, it, was) සිටියෙමි *or*... ව සිටියෙමි, සිටියා, තිබුණ &c.

Wash, v. t. සෝදනවා, සෝද පිරිසිදුකරනවා, දොවනවා, ධෝවනයකරනවා; (clothes) අපුල්ලනවා; wash off or out සෝදඅරිනවා, සෝද දමනවා; (වතුර ඉවුරට &c.) ගලනවා *or* වදිනවා; overlay තුනියට ගානවා *or* වසාලනවා.

Wash, v. i. සේදෙනවා; ඇපිල්ලෙනවා; wash away සේදීයනවා.

Wash, n. washing සේදීම &c., ධෝවනය, ප්‍රක්ෂාලනය; සේදීආ ද්‍රව්‍ය; අපුල්ලන රෙදිගණන; වසාලන *or* ගාන දිය ද්‍රව්‍ය; බෙහෙත්වතුර, රසාඤ්ජනය; ඉඳුල්වතුර; (ගහේ &c.) මැලිකණීසිය.

Wash-board, n. වතුර නවත්වන ලෑල්ල, ජලබාධක ඵලකය; ගිනතියේ අඩි ලෑල්ල.

Washed, a. සෝදනලද &c., ධෞත, ප්‍රක්ෂාලිත.

Washer, n. සෝදන්නා, අපුල්ලන්නා, ප්‍රක්ෂාලකයා; පැතලි පෙතිවළල්ල.

Washerman, n. රජකයා, රදවා, හේනයා, පේඩියා.

Washerwoman, n. රදගැති.

Wash-hand-basin, n. අත් සෝදන භාජනය.

Wash-hand-stand, Wash-stand, n. අත් මූණ සෝදන මේසය.

Wash-house, n. ඇපිල්ලීම් කාමරය, ඇපිල්ලීම මඩුව.

Washing-machine, n. අපුල්ලන යන්ත්‍රය. [ම.

Wash-leather, n. shammy මෘදු හම් වර්ගයක්, තැම්‍රිස

Wash-pot, n. (යමක්) සෝදන භාජනය *or* කොරහ.

Wash-tub, n. (ඇඳුම්) අපුල්ලන බාල්දිය. [මදී.

Washy, a. දිය වැඩිවූ, දියාරු වැඩිවූ, උකු මදී, සැර

Wasp, n. බඹරා.

Waspish, a. කිපෙන, ඇවිස්සෙන.

Wassail, n. පානෝත්සවය; උත්සවමද්‍යපානය; v. පානෝත්සව පවත්වනවා.

Waste, v. t. නාස්තිකරනවා, නැතිනාස්තිකරනවා, අපතේ අරිනවා, ක්ෂීණ—පරික්ෂීණ—කරනවා; (ශක්තිය) ක්ෂයකරනවා; නිෂ්ඵලලෙස වියදම් කරනවා *or* ගතකරනවා.

Waste, v. i. නාස්තිවෙනවා &c., අපතේ යනවා; ක්ෂීණවෙනවා &c.

Waste, a. පාළු, නිර්ජන; නොවවනා, ලටපට; lay waste පාළුකරනවා, ආලාපාළුකරනවා. වනසනවා.

Waste, n. නාස්තිකිරීම, නාස්තිවීම &c.; නාස්තිය, නිෂ්ඵල වියදම; පාළුබිම, කාන්තාරය; refuse ලටපට.

Waste-basket, n. ලටපට කූඩුව, හමස්පෙට්ටිය.

Waste-book, n. පළමු සටහන් පොත, ඉක්මන් සටහන් පොත.

Wasted, a. නාස්තිකරනලද &c., නාස්තිවූ, අපතේගිය; ක්ෂයවූ, ක්ෂීණ, පරික්ෂීණ, පරිහීණ.

Wasteful, a. නිෂ්ඵලලෙස වියදම්කරන, අපතේඅරින.

Wastfulness, n. නිෂ්ඵලලෙස වියදම් කිරීම, නිෂ්ඵලලෙස වියදම් කරන ගතිය, සකසුරුවම් නැතිකම.

Waste-paper, n. පාවිච්චිකළ—අහකදැමූ—කඩදාසිය.

Waste-pipe, n. ඉඳුල්වතුර නළය, වැඩිපුර දියනළය.

Waste-steam pipe, n. වැඩිපුර දුම්නළය

Waste-water, n. වැඩිපුර වතුර.

Watch, n. නිදිමැරීම, පිබිද සිටීම; මුරය, මුරකාරඅය, රැකවල; මුරපළ; මුර වේලාව, මුරය; division of the day යාමය; (වැඩකරන) යාමයේ මිනිස්සු; අත්ඔරලෝසුව.

Be on the watch, keep watch බලාගන්නවා, බලා—රැක—සිටිනවා.

Watch, v. බලාගන්නවා, බලාඉන්නවා; මුරකරනවා, මුරසිටිනවා; lie in wait රැකසිටිනවා.

Watch-case, n. අත්ඔරලෝසු පියන.

Watch-dog, n. රැකවල් බල්ලා.

Watch-fire, n. සංඥ ගින්න, රැකවල් ගින්න.

Watchful, a. හොඳට බලාගන්න, ප්‍රවේසම්වෙන්නාවූ, පරීක්ෂාකාරී, සාවධාන.

Watchfulness, n. හොඳට බලාගැනීම, ප්‍රවේසම්කම, සාවධානතාව.

Watch-glass, n. ඔරලෝසු වීදුරු පියන.

Watch-guard, n. ඔරලෝසු මාලය.

Watchmaker, n. ඔරලෝසු හාදන්නා, ඔරලෝසු කරුවා.
Watchman, n. මුරකාරයා, රැකවල්කාරයා, රැකවලා.
Watch-tower, n. මුර අට්ටාලය, මුර කුලුන.
Watchword, n. මුර වචනය, සංඥාවාක්‍යය.
Water, n. වතුර, දිය, පැන්, සලය; water element ආපෝධාතුව; urine &c., සුළුදිය, දිය.
Diamonds &c. or the first water අතිදීප්තිමත් වජ්‍ර, ශ්‍රේෂ්ඨවජ්‍ර.
Go by water දියෙන්, නැවෙන්, ඔරුවෙන් &c., [යනවා.
Water, v. (ඛිමට &c.) වතුර ඉසිනවා or වක්කරනවා, වතුර අරිනවා; (සතුන්ට) වතුර දෙනවා; (නැවට &c.) වතුර ගන්නවා; (ඇස්වලින් &c.) වතුර—දිය—යනවා, වැක්කෙරෙනවා.
The mouth waters (say) කෙළ හලිනවා, fig. ආශාවෙනවා.
Water, a. වතුර, දිය, ජල.
Water-brash, n. උගුරේ දැවිල්ල.
Water-butt, Water-cask, n. වතුර පීප්පය, වතුර බාල්දිය.
Water-clock, n ජලහෝරායන්ත්‍රය, පැහැටිය.
Water-closet, n. කෙසකිළිය, දියගේ; වැසිකිළිය.
Water-colour, n. මැලියම් වතුරෙන් මිශ්‍රකළ තීන්ත ද්‍රව්‍ය, වතුර තීන්ත.
Water-course, n. ඇල, ගොහොරුව, වතුරපාර, වක්කඩ, වාරිමාර්ගය.
Water-cress, n. කන්කුටු පලා.
Water-cure, n. ජලප්‍රතිකාර විධිය.
Water-dog, n. වතුරේ යන බල්ලා, වතුර බල්ලා.
Water-drain, n. කානුව, ඇල්ල; pl. කානු, ඇලි.
Water-fall, n. ඇල්ල, වාරිප්‍රවාහය, නිර්ඣරය.
Water-fowl, n. දියකුරුල්ලා, ජලපක්ෂියා.
Water-gauge, Water-gage, n. ජලමානකයන්ත්‍රය.
Water-god, n. in myth. ජලදේවියෝ.
Water-gruel, n. දියමය කැඳ.
Water-gully, n. ගැඹුරිතිබෙන වතුරපාර, කඳුරැල්ල.
Wateriness, n. දියාරු ගතිය, දිග මැක්කම, බොහෝ දියසිරු ගතිය.
Watering-place, n. වතුර ලබාගන්න තැන, පැන්පල, ජලස්ථානය; ප්‍රතිකාර ජලස්ථානය.
Watering-trough, n. (ඛිමට) වතුර වක්කරන ඔරුව, වතුර ඔරුව, නිපානය.
Waterless, a. වතුර නැති, ජලරහිත, දියසිරුවනැති.
Water-level, n. ජලමට්ටම; මානදණ්ඩය.
Water-lily, n. නෙළුම්, ඕලු, මානෙල්.
Water-line, n. (නැව්කඳේ) ජලමට්ටම රේඛාව, ජලරේඛාව. [(නැව).
Water-logged, a. වතුර ඇතුල්වූ, වතුරෙන් බරවූ.
Water-man, n. see Boatman.
Water-mark, n. වතුර ගැලීමේ මට්ටම ලකුණ.
Water-melon, n. දියකොමඩුව, පත්තක්කා ගෙඩිය.
Water-meter, n. (නලයෙන් එන) වතුර මනින යන්ත්‍රය.
Water-mill, n. (ජලයෙන් රෝද කැරකෙන) වතුර මෝල.
Water-nymph, n. in myth. naiad, ජලාංගනාව.
Water-plant, n. දිය පැලය.
Water-pot, n. වතුර භාජනය, කළය, කලගෙඩිය.
Water-power, n. (යන්ත්‍ර කැරකැවීමට) ජලබලය.
Water-proof, a. වතුරට නොපෙඟෙන, වතුර නුරන, වතුර පසාරුනොවෙන, (රෙදි &c.)
Water-rat, n. දියමීයා.
Water-rate, n. වතුර අයබද්ද.
Water-shed, n. වතුර නික්ම බසින උස් පලාත, ජල නිගම ප්‍රදේශය.
Water-snake, n. දියබරියා, දියනයා, ජලව්‍යාලයා.
Water-spout, n. (මුහුදෙන් නගින or වලාකුලකින් බසින) ජලස්තම්භය, වතුර කුළුණ.
Water-tight, a. (පිටතටවත් ඇතුළටවත්) දියකාන්දු නොවෙන (පෙට්ටි &c.).
Water-way, n. වාරි මාර්ගය; (නැව්තට්ටුවේ) වතුර පාරේ දුව.
Water-wheel, n. (කැරකෙන) ජලරෝදය, ජලචක්‍රය.
Water-works, n. pl. (වතුර ගෙනෙන, උස්සන &c.) ජලයන්ත්‍රය: (ජල නවත්වන) ජලකර්මාන්ත.
Water-worn, a. වතුරට ගෙවීගිය, වතුරෙන් ගෙවුණු
Watery, a. දිය ආකාර, දිය මැසිවූ, දියාරු; දියවූ, සජල.
Wattle, n. රිකිල්ල, කෝටුව, ලීකෝටු පැලැල්ල; (කුකුල්) තැල්ල.
Wattle, v. ලීකෝටු දමා බඳිනවා, ලපටි කෝටු වියනවා.
Waul, v. බළල්ගතියක් කෑගසනවා; n. බළල් හඬ, wauling බළලුන්ගේ කෑගැසීම.
Wave, n. (දිය) රැළ, ඌර්මිය; (කොඩියේ &c.) වැනීම; ඛණ්ඩුරාකාරය &c., see Undulation.
Wave, v. වැනෙනවා, ඌර්මිමත්වෙනවා; වනනවා, වනා සංඥාකරනවා; brandish හරඹකරනවා; make wavy ඌර්මිමත්කරනවා, ඛණ්ඩුරකරනවා.
Wave, v. a claim, &c., see Waive.
Waved, pp. or pret. or a. වනා; වැනුවා &c.; වනාපු &c., see Wavy.
Waveless, a. රැළ නැති, අචල, නිශ්චල.
Wavelet, n. කුඩා දියරැළ.
Wave-offering, n. (යුදෙව්වරුන්ගේ) වනන පූජාව.
Waver, v. සෙලවෙනවා, දෙගිඩියාවෙනවා, හැකෙන් සිටිනවා &c., see Vacillate.
Wavy, a. රැළ සහිත, ඌර්මිමත්, ඛණ්ඩුර, තරංගිත, රැළ ආකාර.
Wax, n. ඉටි, ලාකඩ; ear-wax, කන්කාඳුරු &c.; සපත්තේරු ඉටි.
Wax, v. ඉටි ගානවා, ලාකඩ ගානවා.
Wax, v. වැඩිවෙනවා, wax and wane අඩුවැඩි වෙනවා; become වෙනවා.
Wax-candle, n. ඉටිපන්දම.
Wax-cloth, n. ඉටිරෙද්ද.
Wax-end, n. (මයිල් ගහක් බැඳි) ඉටි නූල.
Wax-flower, n. ඉටිමල.
Wax-modelling, n. ඉටි රූප ශිල්පය, ඉටිරූප කර්මාන්තය.
Wax-work, n. ඉටි රූප, ඉටි පිළිම; a wax-work figure ඉටි රූපයක් &c.
Waxy, a. ඉටි ආකාර ඇලෙන සුලු.
Way, n. road මාර්ගය, &c. fig. මාර්ගය, හසර, අන්දම, ආකාරය, නියාය, නියාව;
distance දුර: a great way &c. බොහෝ දුර;
direction දිශාව, අත, this way &c මේ දිශාවට, මේ දිශාවෙන් &c ;
passage, or possibility යන්ට ඉඩ, යන්ට—කරන්ට &c.—හැකියක්;
progress (නැවේ) යාම: make way පතල—සමල —වෙනවා;

Be in the way බාධාවක්ව—විරුද්ධව—තිබෙනවා *or* සිටිනවා.

Give way තදව — ස්ථිරව — නොපවතිනවා, තල්ලුවෙනවා, පසුබසිනවා, යටත්වෙනවා.

Make way මග අරිනවා ; ඉස්සරහට වෙනවා.

Make one's way පාර සොයාගෙන &c. යනවා ; fig. උත්සාහයෙන් සඵලත්වයට පැමිණෙනවා.

Way-bill, n. (කෝච්චියෙන් &c. යන) මගීන්ගේ නාම ලේඛනය, (ගෙනයන) බඩු ලේඛනය.

Wayfarer, n. traveller මගියා &c.

Wayfaring, a. මගී, ගමන්කාර.

Waylay, v. (අල්ලන්ට) මග රැක සිටිනවා *or* බලා ඉන්නවා.

Wayside, n. පාර අද්දර, පාර අසින, පාරපස.

Wayward, a. හිතුවක්කාර, හික්මුම් නැති, අකීකරු.

Wayworn, a. ගමන්කිරීමෙන් දුර්වලවූ *or* කොඩෙත්තුවූ.

We, pron. අපි ; we ourselves අපිම, to ourselves &c. අපටම.

Weak, a. දුර්වල, දුබල, බෙලහීන, වහක්කේඩු, ඔතැනි; සවිනැති; සැරනැති ; හීන් ; අවික්‍රම, අබල ; මන්ද බුද්ධි, අමන ; අධෛර්‍ය්‍යී.

Weaken, v. දුර්වලකරනවා &c. ; සවිය—සැරකම—අඩුකරනවා.

Weakly, a. දුර්වල, ඔතැනි, හිලත් ; ad. දුර්වලලෙස.

Weakness, n. දුර්වලකම &c. ; සවිමදිකම &c., අබලත්වය.

Weak-side, n. දුර්වල පැත්ත ; fig. යම් දුර්වලකමක් *or* දුර්වල ගතියක්.

Weal, n.ශුභය ; weal *or* woe ශුභාශුභය.

Wealth, n. වස්තුව, ධනය, සම්පත, සම්පත්තිය, ධන සම්පත්තිය.

Wealthiness, n. පොහොසත්කම, ධනවන්තකම &c. ධනාඪ්‍යත්වය.

Wealthy, a. පොහොසත්, ධනවත්, ධනවන්ත.

Wean, v. (ළමයා) කිරිවරනවා ; fig. (ඇලුම්කම &c. යමකින්) පහකරනවා, අහක්කරනවා.

Weaned, a. කිරිවැරූ (ළමයා) ; the heart weaned &c. (යමකින්) පහවූ, ඇරුණ, (හිත).

Weapon, n. ආයුධය, යුද්ධායුධය, අවිය, අස්ත්‍රය, ශස්ත්‍රය, සැත, of offence ආක්‍රමණායුධය, of defence ආරක්ෂකායුධය, of both ආක්‍රමණාරක්ෂකායුධය ; in bot. pl. කටු, ගලිත, දංශකේසරාදිය.

Wear, v. t. ගෙවනවා, wear down ගෙවා අඩුකරනවා, wear out ගෙවා නරක්කරනවා, (ශක්තිය &c.) ක්‍රමයෙන් හීනකරනවා, හෙම්බත්වු කරනවා.

Wear, v. i. wear away or off ගෙවෙනවා, ගෙවී යනවා, වියකෙනවා ;

wear off (වෙහෙස. තරහ &c. ක්‍රමයෙන් පහ වෙනවා *or* ඇරෙනවා ;

wear out ගෙවී නරක්වෙනවා, පරණවෙනවා ; (ශක්තිය, ඉවසීම &c.) අඩුවෙවී යනවා, පිරිහෙනවා ; (කාලය, ජීවිතය) ගතවෙනවා ;

wear well (වඩා නොගෙවී, නරක්නොවී) බොහෝකල් පවතිනවා

Wear, n. ගෙවීම, ගෙවීයාම ; බොහෝකල් පැවතීම ; wear and tear ගෙවීම නරක්වීම.

Wear, v. (ඇඳුම් &c.) අඳිනවා, පළඳිනවා, දමාගන්නවා ; (වෙසක්, පෙනුමක් &c.) ඇතුව සිටිනවා, දරනවා, ධාරණය කරනවා.

Wear, Weir, n. ගංවේල්ල, නියර, බැම්ම ; (මාලු අල්ලන) ගංවැටිය.

Wearable, a. ඇඳිය — පැළඳිය — හැකිවූ; ඇඳීමට සුදුසු.

Wearily, ad. වෙහෙස ඇතුව ; වෙහෙස උපදින ලෙස.

Weariness, n. වෙහෙස, &c., see Fatigue, n.

Wearisome, a. වෙහෙසකරන, ශ්‍රමජනක &c., see Tiresome.

Weary, a. වෙහෙසවූ, හැහැවූ, උකටලී ; ශ්‍රමජනක ; be weary of (කරලා, දරා) අරුචි සිතනවා, වෙහෙස සිතනවා.

Weary, v. වෙහෙසකරනවා &c., see Fatigue, v. ; වෙහෙස—අරුචි—සිතවනවා ; weary of අරුචි සිතනවා &c.

Weasel, n. මුගටි ජාතියක්.

Weather, n. කාලගුණය, දවසේ ආකාරය : cold—wet—weather ශීත දවසක්, වැහි දවසක් &c. ;

stress of weather කාලයේ තදකම, කුණාටු &c.

Weather, v. (මුහුදු ඉදිරිපිටව යාත්‍රාකර) තැනක් පසුකරනවා ; (කුණාටු. විරුද්ධකම් &c.) අමාරුවෙන් නමුත් දරා ඉතුරුවෙනවා.

Weather-beaten, a. ශීතෝෂ්ණාදියට පළපුරුදුවූ.

Weather-board, n. වහලේ වැහිලෑල්ල ; weather-side යටි හුළං පැත්ත.

Weather-board, v. (ගෙයි භිත්තියට) පිටින් ලෑලි ගහනවා.

Weather-boarding, n. පිටින් ලෑලි ගැසීම ; පිටින් ගහන ලෑලි, ගෙයි පිට ලෑලි.

Weather-bound, a. තද වැස්ස—ශීත—හුළඟ—ආදිය නිසා බාධාවූ, යන්ට බැරිවූ.

Weather-cock, n. vane හුළං කුකුළා ; fig. චපලයා.

Weathered, a. in geol. (හුළඟට &c.) ගෙවුණ *or* පාට වෙනස්වුණ (පර්වත).

Weather-gage, n. (වාසි ඇති) යටි හුළං පැත්ත ; fig. වාසි පැත්ත, වාසිය.

Weather-glass, n. කාලගුණප්‍රකාශක කාචයන්ත්‍රය, දිනගුණ වීදුරුව.

Weather-moulding, n. (දොරකඩ—කවුළු—ආදියේ) වැහි ලිස්තරය, වර්ෂාවලිකාය.

Weather-proof, Weather-tight, a. හුළඟ—වැස්ස—ආදිය පසාරුනොවෙන (වහල &c.)

Weather-wise, a. (වැස්ස—හුළඟ—ආදිය කලින් දන්නා) කාලගුණඥ.

Weave, v. වියනවා ; fig. ගොතනවා, ගළපනවා, ග්‍රන්ථයකරනවා.

Weaver, n. වියන්නා &c., පෙහෙර, පේෂකාරයා, සාලියා, of silk පට්කාරයා ; weaver-bird කූඩු වියන කුරුල්ලා, වීකුරුල්ලා.

Weaving, n. වියීම, ගෙතීම.

Weazen, a. තුනී, weazen-faced තුනී මුහුණක් ඇති.

Web, n. වියමන ; දැල. මකුළුදැල ; (පාත්තයින්ගේ &c.) පාසිවිය, පාදජම්කාව.

Webbed, a. බද්ධ, සිවි ඇති, (පාද ඇඟිලි)

Webbing, n. ඝන හණ පටිය.

Web-footed, a. ජාලපාද, ජාලාකාරපාද, බද්ධපාද.

Wed, v. සරණපාවාගන්නවා &c., see Marry ; fig. සම්බන්ධකරනවා.

Wedding, n. විවාහ බැඳීම, විවාහය, කසාදය ; විවාහ මංගල්‍යය. See Marriage.

Wedding-clothes, n. pl. මණමාල මණමාලී දෙන්නාගේ මංගල්‍ය වස්ත්‍ර.

Wedge, n. කුඤ්ඤය ; කුඤ්ඤ හැඩය ඇති දෙයක්, in geom. (ඵයාකාර) පඤ්චාංශඝනයක්.

Wedge, v. තදේට දමනවා, තදකරනවා ; තුණ්ඩසුදමා තදකරනවා ; wedge themselves තදවෙනවා, crowd සුරිකනවා.

Wedlock, n. විවාහක භාවය, විවාහ බන්ධනය.

Wednesday, n. බදාදා, බුදදින.

Wee, a. කුඩා, පුංචි.

Weed, n. වල් පැළය, pl. වල් පැළ, වල් ; v. වල් උදුරනවා, පරම් අරිනවා ; (නරක දේ &c.) තෝරා දමනවා.

Weeds, n. pl. වැන්දඹුවගේ අවමංගල්‍ය ඇඳුම.

Weedy, a. බොහෝ වල් තිබෙන, වල් වැවී තිබෙන.

Week, n. සුමානය, සතිය.

Week-day, n. (ඉරිදා නොවන) සුමාන දවසක්.

Weekly, ad. *or* a. සුමානපතා, සතිපතා ; ad සතියෙන් සතියට &c.

Ween, v. obs. සිතනවා : It is bad I ween ඒක නරක හෝමා.

Weep, v. අඬනවා, කඳුළු හෙළනවා *or* වගුරුවනවා, වැලපෙනවා.

Weeping, n. ඇඬීම &c., ඇඬුම, විලාපය, රෝදනය.

Weevil, n. ගුල්ලා : ධාන්‍ය ගුල්ලා, ගස්ගුල්ලා.

Weft, n. (රෙද්දේ) හරස් නූල් ; වියමන.

Weigh, v. t. කිරනවා, කිරාබලනවා ; fig. කල්පනාකර බලනවා, කිරා බලනවා ; weign down : you weigh this down (say) මේකට වඩා නුඹ බරයි ; නුඹේ බරෙන්—මේකට—බරවීමෙන්—නුඹ මේක පහත්කරනවා ; weigh anchor නැංගුරම් උස්සනවා.

Weigh, v. i. (මෙපමණ) බරව තිබෙනවා, බරයි : this weighs as mnch as that (කිරා බැලූවාම) මේකත් ඒකත් එක බරයි ;
weigh on, press on, (යමකට) බරව තිබෙනවා ;
weigh down බරෙන් පහත්වෙනවා ; fig. that weighs with him ඒක ඔහුට බරපතලව පෙනෙනවා.

Weigh-bridge, **Weighing-machine**, n. (බරකරත්ත) කිරන තට්ටුව, කිරන යන්ත්‍රය.

Weight. n. බර ; බරක් ; for weighing කළන් පඩිය ; of a net බරුව ; fig. බරපතලකම. [කම &c.

Weightiness, n. බර, බරකම, භාරත්වය ; fig. බරපතල

Weighty, a. බරවූ, භාර ; fig. බරපතල, වැදගත්, බලගතු, බලතර, ගරුක.

Weird, a. පාළු ආකාර, උදකලාවූ, අස්වාභාවික.

Welcome, a. සතුටින් පිළිගත්, ස්වාගත, ප්‍රීතිජනක, ප්‍රිය, අභිමත, (ආගන්තුකයා, තෑග්ගය &c.) ; bid welcome සාදරාචාරයෙන් පිළිගන්නවා.

Welcome, n. සතුටින් පිළිගැනීම, පිළිගන්න ආචාරය, ස්වාගතය.

Welcome, v. සාදරයෙන්—පිළිගන්නවා.

Weld, v: (ලෝහ) උණුකර පාස්සනවා.

Welding, n. පෑස්සීම.

Welfare, **Well-being**, n. ශුභය, ශුභසිද්ධිය, සැපපහසුව, යහත, සුසජීතිය.

Welkin, n. අහස්කුහරය, අහස.

Well, n. ළිඳ, pl. ළිං, (ළිඳට සමාන) වළ ; fig. උපත, උල්පත.

Well, v. (උල්පතකින් මෙන්) උනනවා, නික්මෙනවා.

Well, be, v. සනීපයි, සනීපව—සනීපෙන්—සැපපහසුවෙන්—සුවසේ—සුවව—සිටිනවා ;
it is well he came ඔහු ආවිකා—ආවා—හොඳයි ;
it is well with him now දැන් ඔහුට හොඳයි *or* ඔහු යහතින් සිටිනවා.

Well excl. ඉතින් ; prefix, සු.

Well, ad. හොඳට, හොඳලෙස, හොඳ ආකාරයෙන්, යහපත්ලෙස, යෙහෙන්, යහතින්, යසට, මනාලෙස, මනාසේ, මනාකොට ;
be well off වත්කම ඇතුව—පොහොසත්ව—සිටිනවා ;
he took this as well as that එය පමණක් නොව—එය වාගේ—මේකත් ගත්තා.

Well-accoutred, **Well-appointed**, a. සුසන්නද්ධ ; සම්පූර්ණෝපකරණසහිත.

Well-behaved, a. සුවිනීත, සුචරිත, ශිෂ්ටාචාර, මනාලෙස හැසිරෙන. [කුලීන.

Well-born, a. සුජාත, අභිජාත, කුලෝත්පන්න,

Well-bred, a. සුවිනීතලෙස—උතුම්ලෙස—ඇතිවුණු, හොඳට හැදුණු ; ආජානේය (අශ්වයා).

Well-disposed, a. සුගති, සුමනි ; be, මිත්‍රව—ළැදිව—සිටිනවා.

Welldoer, n. යහපත්ලෙස හැසිරෙන්නා.

Welldoing, n. යහපත්ලෙස හැසිරීම, සත්ක්‍රියාව, සුචරිතය.

Well-done, excl. යසට කරලයි, යසයි, සාධු.

Well-educated, a. හොඳට උගන්වනලද, සුශික්ෂිත, උගත්.

Well-founded, **Well-grounded**, a. සවිලෙස පිහිටි, නිසිකාරණ පිට පිහිටි, (මත &c.).

Well-informed, a. (කාරණ) හරිලෙස දැනගත් ; දනුමැති, බහුශ්‍රැත.

Well-intentioned, **Well-meaning**, a. යහපත් අදහස් ඇත්තාවූ, සදභිප්‍රාය.

Well-known, a. සුප්‍රසිද්ධ, සුප්‍රකාශ, සුප්‍රතීත.

Well-meant, a. (යමෙක්) යහපත්ලෙස අදහස්කළ, යහපත් අදහසකින්කළ.

Well-met, excl. සම්බවුණා—දකින්ට ලැබුණා—යසයි (යන ආචාරය).

Well-nigh, ad. see Almost and Nearly.

Well-read, a. බොහෝ පොත්පත් බැලූ, බහුශ්‍රැත.

Well-spoken, a. හොඳලෙස කථාකරන ; යසට කියනලද *or* පැවසූ.

Well-to-do, a. සවිලවෙන, මදක් පොහොසත්.

Well-wisher, n. අන්‍යයෙකුගේ ශුභසිද්ධියට කැමති අය, පරාර්ථකාමියා.

Welsh, a. වේල්සයේ, වෙල්ෂ් ; n. වෙල්ෂ් භාෂාව ; වෙල්ෂ් ජාතිය. [තක්.

Welsh-rabbit, n. චීස් ගාපු පාන් පෙති *or* පෙත්

Welt, n. දමන තෙරියක්, (සපත්තුවල) සම් තෙරිය ; v. තෙරියක් මහනවා. [රෙනවා.

Welter, v. (මඩේ, ලේවල &c.) පෙරළෙනවා, වැති

Wen, n. මාංශ ගෙඩිය, ඉන්නා.

Wench, n. ගෑවිස්සි ; වේසාවී ; v. වෙසඟුන් අතරෙහි හැසිරෙනවා.

Wend, v. යනවා, යම්තැනකට යනවා *or* එනවා.

Went, v. pret. ගියා ; hon. වැඩියා &c., see Go.

Wept, pret. of Weep. [&c.

Were, v. pret. pl. of Be, සිටියා, ... ව සිටියා, තිබුණා

Wert, v. pret. නුඹ, ඔබ &c. සිටියෙහිය *or* සිටියා...ව සිටියා &c.

Wesleyan, a. or n. වැස්ලියන් සභාවට &c. අයිතිවූ ; වැස්ලියන් සභිකයා. [ධර්මය.

Wesleyanism, n. වැස්ලියන් සභා ක්‍රමය. වැස්ලියන්

West, n. බස්නාහිර, බටහිර, අවරදිග, අවරදිශාව, පශ්චිමදිශාව.

West, a. බස්නාහිර, &c., අවරදිශාවේ &c., පශ්චිම දිග්භාග, පශ්චිම.
Westward, ad. බස්නාහිරට &c., බස්නාහිර දෙසට &c., බස්නාහිරෙන් (තිබෙන).
Westerly, a. බස්නාහිර &c., බස්නාහිරෙන් එන්නාවූ.
Westerly, ad. බස්නාහිර දෙසට.
Western, a. බස්නාහිර &c., පශ්චිම; බස්නාහිරට තිබෙන (හුළඟ &c.).
Westing, n. බස්නාහිර දෙසට යාම or එම; පශ්චිමා න්තරය. See Northing.
Westmost, a. බස්නාහිර දිශාවෙහි ඉතාදුර, අතිපශ්චිම.
Wet, a. තෙත, තෙත්වූ, ආද්‍ර; දියසීරාව ඇත්තාවූ, very wet or well-watered බහූදක, ජලාඪ්‍ය; සජල, rainy වැහි.
Wet, n. තෙතමන, දියසීරාව; වැහිකාලය, වැහිදවස.
Wet, v. තෙමනවා, සේචනකරනවා.
Wet-dock, n. නෞකාතටාකය.
Wether, n. කප්පාදු බැටළුවා.
Wetness, n. තෙත් ගතිය; වැහි බහුලකම.
Wet-nurse, n. කිරිඅම්මා, කිරිමව්, ආමා.
Wet-shod, a. සපත්තු පෙඟුණ (අඩ or සවහාව).
Wetting, n. තෙමීම, තෙත්කිරීම.
Wettish, a. මඳක් තෙත &c.
Whack, n. තද පහර &c., see Thwack.
Whale, n. තල්මහ, තල්මහෙක්, pl. තල්මහසමූහයෝ or තල්මස්සු, acc. තල්මසුන්.
Whalebone, n. (තල්මහගේ හකුපාඩාවේ) තැමෙන ඇටය, තල්මහ ඇට.
Whale-fishery, Whaling, n. තල්මසුන් ඇල්ලීම.
Whaler, n. තල්මසුන් අල්ලන නැව, තල්මහ දඩයම් නැව.
Wharf, n. Wharves, pl., මෙරළේ තට්ටුව, ජල ප්‍රාකාරය &c., see Quay.
Wharfage, n. මෙරළේ තට්ටු ගාස්තුව.
Wharfinger, n. මෙරළේ තට්ටුවක් හිමියා; මෙරළේ තට්ටුව බලාගන්නා.
What, pron. *neu.* මොකද? මොකක්ද? (pl. මොන මාද), *mas.* මොකාද? මොකෙක්ද? මොක්කුද? *adj.* මොන...ද? what time or price කීයද? what quantity, number or size කොපමණද? කොච්චරද? කීයක්ද? කොපමණ මහත්ද? &c. What, if he dies ඔහු මැරෙනවානම්—මැරුණේ ත්—කොහොමද?
What of that ඒකට මොකද—කිමෙක්ද—කාට කිමද?
What, rel. that which, those which එක, ඒවා as: take what you will තුඹ කැමති එක or ඒවා ගනින්;
he knows what to do කරන්ට ඕනෑ දේ—or මොකද කියා—ඔහු දන්නවා.
What, excl. කොපමණ ... ද: what a large horse කොපමණ ලොකු අශ්වයෙක්ද!
what small things &c. කොපමණ කුඩා—අපූර්ව දේවල්ද!
what, though he dies ඔහු මැරෙනවාට මොකද!
Whatever, Whatsoever, rel. *neu.* මොක නුමුත්, මොකක් නුමුත්, මොනවා නුමුත්, මොන දේ නුමුත්; *mas.* මොකෙක් නුමුත්; nothing whatever මොකක්වත් නැත, කිසිවක්ම නැත.
What-not, n. (නොයෙක් දේ තබන) රාක්ක රාමුව.
Wheat, n. තිරිඟු, ගෝධූම.
Wheaten, a. තිරිඟු පිටි (රොටි &c.).
Wheedle, v. ඉච්චාකර—ප්‍රසන්න බසින්—කැමති කරවාගන්නවා.
Wheel, n. රෝදය, සක, චක්‍රය; disk මණ්ඩලය; potter's wheel කුලාල චක්‍රය, කුඹල්සක; for torture වධචක්‍රය; a turn භ්‍රමණය, හැරීම, කැරකීම.
Wheel, v. (රෝද ඇති) යම් කරත්තයකින් ගෙන යනවා; wheel round කරවනවා, කරකවනවා; හැරෙනවා, කැරකෙනවා, භ්‍රමණයකරනවා.
Wheel-barrow, n. එකසක් ගැල, අත්කරත්තය.
Wheeled, a. රෝද ඇති (වාහනය), ... carriage රෝද කරත්තය, චක්‍රයානය.
Wheel-horse, n. රෝද ළඟ ඇඳි අශ්වයා.
Wheeling, n. කරත්තෙන් ගෙනයාම &c., see verb; (සේනා රංචුවේ) භ්‍රමණය or හැරීම.
Wheel-plough, n. රෝද-නගුල.
Wheel-window, n. චක්‍ර-කවුළුව.
Wheel-work, n. රෝද-ගණය, චක්‍රකර්මාන්තය.
Wheel-wright, n. රෝද සාදන්නා, රෝදකරුවා, කරත්ත වඩුවා.
Wheeze, v. බැරෑඞ්/ හඬින් හුස්ම අරිනවා, අමාරුවෙන් ප්‍රශ්වාසකරනවා.
Whelk, n. කබල ඇති මාළු වගියක්.
Whelm, v. ගිල්වනවා &c., see Overwhelm.
Whelp, n. (බලු, සිංහාදීන්ගේ) පැටියා, පැටවා: බලු පැටියා, කුක්කා, සිංහපැටියා, සිංහපෝතකයා &c.
Whelp, v. (බැල්ලී &c.) පැටව් ගහනවා.
When, ad. කොයි වේලාවේද? කොයි කාලයේද? කවදද? [or ආවාම &c.
rel. (ආ, කළ, කරන &c.) වේලාව, කල, විට,
Whence, ad. කොතනින්ද? කොහෙන්ද? කොයිබින්ද? conj. එයින්, එතනින්;
rel., as: The place, house, hole &c. whence this issued මේක නික්මුණ තැන or ගෙය or වළ &c.
Whencesoever, ad. කොතනින් නුමුත් &c., කොතනින් (පැමිණෙන) නුමුත් &c.
Whenever, Whensoever, ad. කොයි වේලාමේ නුමුත් &c., see When.
Where, ad. කොතනද? කොහේද? කොයිබද? කොතනටද? කොයිබටද? conj. එහි &c.;
rel. as: The place where he is, works &c. ඔහු ඉන්න—වැඩකරන—ස්ථානය &c.
Whereabout, Whereabouts, ad. කොයි හරියේද? කොතන හරියේද? කොතන ළඟද?
Whereas, ad. or conj. එසේ හෙයින්, නුමුත්, නමුත්, අතික් අතට.
Whereat, ad. මොකටද? මක්නිසාද?
rel. as: That whereat—at which—he was displeased ඔහු අප්‍රසන්නවුණ කාරණාව;
conj. Whereat he was displeased ඊට—එවිට—ඔහු අප්‍රසන්නවුණ.
Whereby, Wherewith, ad. මොකෙන්ද? මොන විධියෙන්ද? conj. එයින්, ඊට;
rel., as: The means whereby he did it ඔහු ඒක ඉෂ්ටකළ මාර්ගය.
Wherefore, ad. මන්ද? මක්නිසාද? conj. එහෙයින්, එබැවින්, ඉන්නිසා.
Wherein, ad. මොකෙන්ද? මොකක් ඇතුලද? conj. එහි, එහි තුළ;

rel., as: The house wherein he lives ඔහු පදිංචි ගේ.

Whereof, ad. මොකක් — මොනවා — ගැනද? conj. ඒ ගැන ;
rel., as: That whereof you spoke තුඹ කථා කළ—කී—කාරණාව.

Whereon, Whereupon, ad. මොකක් පිටද *or* කෙරෙහිද? conj. එවිට, ඊට, ඒ ගැන ;
rel, as: The place whereon it stands ඒක පිහිටි තැන.

Wheresoever, Wherever, ad. කොහේ නුමුත්, කොතන නුමුත්.

Wherry, n. ඔරුව, සැහැල්ලු පාරුව ; (මාලු අල්ලන) [illegible]

Whet, v. මුවහත්කරනවා ; fig. (කෑමට &c.) ආශා උපදවනවා, අවිඩිනවා.

Whet, n. මුවහත්කිරීම ; fig. ආශා උපදවන දේ.

Whether, conj. as : I know not whether it is this or that මේකද ඒකද කියා නොදනිමි.
It does not matter whether it is this or that—whether he comes or not—මේක නුමුත් ඒක නුමුත්—ඔහු එන නුමුත් නොඑන නුමුත්—කාරියක් නැ.

Whetstone, n. කරගල, ගනගල, ගන.

Whey, n. මෝරු දිය, කිරිමෝරු, දීපෙරළු දිය.

Which, pron. කොයි එකද? කෝකද? කොයි ඒවාද?
adj. කොයි...ද? as; which man &c. කොයි මනුෂ්‍යයාද? කොයි පොතද?
rel. as: the book which you took තුඹ ගත් පොත ;
do not bring the box but the book, which is better පෙට්ටිය නොව පොත ගෙනෙත්, එය වඩා හොඳයි.

Whichever, Whichsoever, pron. කොයිඑක නුමුත්, කොයිඒවා නුමුත් ; [&c.
adj. whichever man &c. කොයි මනුෂ්‍යයා නුමුත්

Whiff, n. (දුම්කොළ බොනවිට &c.) දුම පිඹඇරීම, හුළඟින්—දුමෙන් &c.—හදිසි පහරක්.

Whiff, v. දුම් බී පිඹිනවා.

Whig, n. මහජන පක්ෂය සජනයකරන්නා, මහජන පාක්ෂිකයා.

While, n. වේලාව, කලක් ; in a little while ටික වේලාවකින් &c. ;
worth while (අල්ලන වියදම, කාලය, මාන්සිය &c.) වටිනවා :
It is worth while or not worth while to go යන්ට වටිනවා *or* වටින්නේ නැත.

While, Whilst, ad. අතර, අතරතුරේ, අතරතුරේදී, තුරු.
Whilst he is here ඔහු මෙහි සිටින අතර &c.
Whilst here මෙහිදී.

While away, v. (කාලය &c.) ප්‍රසන්නලෙස පසුකරනවා, ගතකරනවා.

Whim, n. හිතුබුද්ධිය, මනෝලෞල්‍යය, දෙළ.

Whim, n. (ආකරයෙන් ලෝහ) අදින යන්ත්‍රයක්.

Whimper, v. (ළමයකු මෙන්) හෙමින් අඬනවා ; ලතෝනිහඬින් දුක් කියනවා.

Whimsical, a. හිතුබුද්ධි, විගඩම්, මනෝලෞල්‍ය.

Whine, v. ලතෝනි හඬින් අවලාදකරනවා, ළාමක ලෙස කොඳුරනවා.

Whine, n. ලතෝනි හඬ, ලතෝනි මැසිවිල්ල, කෙඳිරීම, අදෝනාව.

Whinny, v. see Neigh.

Whip, n. කසය, සබුක්කුව, හස්මවිටිය ; (කප්පියේ) තනි යොත.

Whip, v. කසයෙන් &c. ගහනවා *or* තළනවා, lit & fig. කසපහර දෙනවා ; බුරුළෙන් මහනවා ; (යොදේ &c.) ගාර්පුවෙන් &c. ගහනවා *or* කලත් තනවා ;
fig. whip in or out &c. ඉක්මනින්ම ඇතුළට දමනවා *or* ඇතුළෙන් ඇදගන්නවා &c. ;
whip round &c. තුරිතලෙස වටකර යනවා &c.

Whip-cord, n. කස අග ලනුව.

Whip lash, n. කස පටිය.

Whip-hand, n. කසය අල්ලන අත ; fig. (යමෙකුට විරුද්ධවූ) වාසිය.

Whip-handle, Whip-stock, n. කසමිට, සබුක්කු මිට.

Whipper, n. කසයෙන් තළන්නා ; කෝටුමස් කරන්නා.

Whipper-in, n. දඩයම් බල්ලන් හසුරුවන්නා ; මන්ත්‍රීවරුන් රැස්කරන්නා.

Whipper-snapper, n. කුඩා සුළුපටු කෙනෙක්.

Whippet, n. දිවීමට පුරුදු කළ බල්ලෙක්.

Whipping, n. කසයෙන් ගැසීම &c., කෝටුමස්කිරීම ; කම්බස්කිරීම ; කෝටුමස්කෑම.

Whir, v. කරකැවී—ඉගිලී—ශබ්ද නගනවා.

Whirl, v. වේගයෙන් කරකවනවා, භ්‍රමණයකරනවා, වේගයෙන් කරකැවෙනවා &c.

Whirl, Whirling, n. වේගයෙන් කරකැවීම &c., බැමීම, භ්‍රමය, භ්‍රමණය, විභ්‍රාන්තිය ; whirl කැරකෙන දෙයක්. [බඹුම.

Whirligig, n. කරකවන කෙළිබඩුවක්, භ්‍රමණ කෙළි

Whirlpool, n. දිය සුළිය, දියස්ලාව, චක්කලම, ජලගුලවය, උමහලාව.

Whirlwind, n. සුළිසුළඟ, චක්‍රවාතය, වායුගුල්මය.

Whirring, n. (මලිකුකුළන්ගේ අත්තටුවල) වරවර යන ශබ්දය.

Whisk, n. පිදුරු කොස්ස, මයිල් කොස්ස &c., චාමරය ; කුඩා ඉරට මුස්ත ; හදිසි හුළං පහරක්, හදිසි පහරක්.

Whisk, v. (දූවිලි &c.) සැහැල්ලු පහරවලින් ගසාදමනවා ; (යොදේ &c.) ඉරට මුස්තෙන් කලත්තනවා ; whisk about තුරිතලෙස එහාට මෙහාට යනවා.

Whiskered, a. කන්මුල්වල රැවුල ඇත්තාවූ, කාඟුල්.

Whiskers, n. pl. කන්මුල්වල රැවුල, කපෝල රෝම, කාඟුල ; බළල් කටේ දිග මයිල්.

Whiskey, Whisky, n. ධාන්‍යාසවය, රසමෙර වර්ගයක්, විස්කි.

Whisper, v. කුසුකුසු ගානවා, කුසුකුසුගා කථාකරනවා, හීන් හඬින් කථාකරනවා, කොඳුරනවා ; fig. රහසින් කථාකරනවා, රහස් දෙඩනවා.

Whisper, n. කුසුකුසුගාන ශබ්දය ; doubtful report ශංකාමාත්‍ර කථාවක් ; whispering කුසුකුසුගෑම &c.

Whisperer, n. කුසුකුසුගා කථාකරන්නා ; fig. රහස් දෙඩන්නා, කේලමා.

Whist, int. නිශ්ශබ්දවෙනු, සට් ; n. නිශ්ශබ්ද පත්‍රක්‍රීඩාව.

Whistle, v. හුරුළු ගානවා, උරුහන් දෙනවා, සිහුරු අඹලනවා ; නළාවකින් හීන් ශබ්දයක් නගනවා ; (හීන් නළාවක්) පිඹිනවා ; හුළඟින් &c. තියුණු ශබ්ද නගිනවා ; (ධූමයන්ත්‍රයෙන්) ශබ්දකරනවා.

Whistle, n. හීත් තලාව ; හීත් තලා හඬ; whistling කුරුළුවම් ශබ්දය ; කුලලේගේ නිපුණු ශබ්දය.

Whit, n. පොඩක්, ටිකක්වත්, පොඩ්ඩක්. [දුත.

White, a. සුදු, ඇලි, හෙළ, ධවල, ශ්වේත, ශුභ්‍ර, අව

White, n. සුදුපාට &c., ශ්වේතවර්ණය &c. ; a white සුදු කෙනෙක් ; the white සුදු තැන, සුදු කොටස. ; of an egg සුදු මදය ; of the eye සුදු මඬල, ශුක්ලමණ්ඩලය.

White-ant, n. වේයා &c., See Termes.

Whitebait, n. ඉතා කුඩා සුදු මාළු ජාතියක්, කුඩා සුඩයෝ. [හාලයා.

White-bear, n. (උතුරු දිගාවේ) සුදු වලසා, ශ්වේත

White-face, White-blaze, n. (අශ්වයකුගේ) සුදු මුහුණ, සුදු තලල.

White-friars, n. R. C. ශ්වේතවස්ත්‍ර තාපසයෝ.

White-heat, n. (ගිනියම් යකඩේ) ශ්වේතෝජ්ණය, සුදු තරම් ගිනියම.

White-lead, n. (තීන්ත මිශ්‍රකරන) සුදු ඊයම් කුඩු. ශ්වේතසීස.

White-light, n. (පාට රහිත) ඉරේ එළිය ; සුදු පහන් එළිය.

White-livered, a. සුදුමැලි, ගිලන් ; fig. බයගුලු ; කුඩු කේඩු, ඉසබද.

Whiten, v. සුදුකරනවා, එළකරනවා, ශ්වේතකර නවා ; සුදුවෙනවා &c.

Whiteness, n. සුදුකම, ශ්වේතතාව, ශුභ්‍රතාව; සුදු මැලිකම ; අමලතාව.

Whites, n. ස්ත්‍රීන්ගේ ලෙඩක්, සුදු හැරම යාම.

White-smith, n. tin-smith බෙලෙක්කරුවා.

White-swelling, n. (සන්ධිවල, sp. දනහිස්ගේ) සුදු ඉදිමුම, ශ්වේතශෝථය.

Whitewash, n. දියකළ සුදුහුණු, සුදුහුණු දිය.

Whitewash, v. සුදුහුණු ගානවා ; fig. පිටතින් නිම්ල—නිදොස් කරනවා.

White-wine, n. එළ මිදියුස, ප්‍රසාදමුද්‍රිකපානය.

Whither, ad. කොතනටද ? කොහාටද ? කොයිබ ටද ? කොහේද ?
rel., as : The place whither you go නුඹ යන තැන.

Whithersoever, ad. කොතනට නුමුත් &c., මොන ස්ථානයකට නුමුත්.

Whiting, n. මුහුදුමාළු ජාතියක් ; whitening පිරිසිදු රටහුණු, ලන්සි හුණු.

Whitish, a. මදක් සුදු, එළලු, හෙළලු.

Whitlow, n. (නිය ළඟ අටගන්න) ශෝථය, ඇඟිල්ලේ ව්‍රණය. [හළුදු.

Whit-Monday, Whitsun-Monday, n. පෙන්තකොස්ත

Whitsunday, Whitsuntide, n. පෙන්තකොස්ත ඉරිදා, පෙන්තකොස්ත මංගල්‍යය.

Whittle, v. (කෝටු &c.) කුඩා පිහියකින් කපනවා or සහිනවා.

Whiz, Whizz, v. (ඊය, උණ්ඩය &c. මෙන්) ෂිස් යන ශබ්දය කරනවා, ෂිස් ගානවා. [රුද?

Who, pron. කවුද ? කවරෙක්ද ? කවරේද ? pl. කවු
rel., as : He—they—I—who came ආ අය, ආ මම. [නුමුත්.

Whoever, Whosoever, pron. කවරෙක් නුමුත්, කවුරු

Whole, a. මුළු, අනූන, සම්පූර්ණ, සමස්ත, අශේෂ, සමග්‍ර ; unbroken අඛණ්ඩ, අඛණ්ඩිත ; be, v. නො බිඳී— අඛණ්ඩිතව — තිබෙනවා, සනීපව — නිරුපද්‍රු තව—සිටිනවා.

Whole, n. මුළු එක, මුළු ගණන, සේරම, ඔක්කොම, සමස්තය ; a whole සම්පූර්ණ එකක්.

Wholeness, n. අනූනතාව, සම්පූර්ණකම, සමස්තතාව ; අඛණ්ඩතාව.

Wholesale n. (සිල්ලර නොව) මිටි ගණනක්—මුළු වශ යෙන්—විකිණීම ; මුළු ගණන.
Take, kill &c. wholesale රාශි වශයෙන් ගන්නවා or මරනවා &c.

Wholesale, a. මිටි—රාශි—ගණන් ආකාර (වෙළඳාම). මිටිගණන් විකුණන or මිලේට ගන්න.

Wholesome, a. සනීප වඩන, සුබදායක, (වැඩ, රට, වායු, කෑම &c.) ; පථ්‍ය (ආහාර), wholesome and unwholesome පථ්‍යාපථ්‍ය ; ශුභජනක, වැඩ දායක, ප්‍රයෝජනවත් (ගුරුකම් &c.).

Wholesomeness, n. සනීප වඩන ශක්තිය, සුබදායක තාව &c.

Wholly, ad. මුළුමනින්ම, සහමුලින්ම, අස්මුල් වශ යෙන්ම &c., see Entirely.

Whom, Whomsoever, pron. obj. cases of Who & Whosoever. කාද ? කවුරුන්ද ?

Whoop, n. (දඩයමේ, යුද්ධයේ) ඔල්වරහඬ, මොර හඬ, කෑමොරගැසීම, war-whoop යුද්ධ මොරහඬ.

Whoop, v. ඔල්වරහඬ දෙනවා, හයියෙන් කෑගහන වා, කෑමොරගහනවා.

Whop, n. E. vul. තද පහරක් ; v. තඩිබානවා.

Whopper, n. ගජ එකක්.

Whore, n. වෙසඟිව, වේසාවි, වේසා ගෑනි, වේශ්‍යාවී.

Whoredom, n. වේසාකම, සල්ලාලකම &c., see Fornication ; fig. බොරු දේවතාවන් ඇදහීම.

Whoremonger, n. සල්ලාලයා, වේශ්‍යාගාමියා, කාම මිථ්‍යාචාරියා.

Whorish, a. වේශ්‍යාකම්කරන, වේසා, කාමමිථ්‍යාචාර.

Whorl, n. in bot. වෘත්තය, as : පුෂ්පවෘත්තය, මණි වෘත්තය ; in conch. Volution.

Whose, pron. poss. case of who කාගේද ? කවරෙකු ගේද ? කවුරුන්ගේද ? rel. as : The man whose this is මේක අයිති මනුෂ්‍යයා.

Whosesoever, pron. කාගේ නුමුත් &c.

Why, ad. inter. මන්ද ? ඇයි ? මක්නිසාද ? [ණම.
rel. as : The reason why he came ඔහු ආ කාර
That is why he told you ඔහු නුඹට කීවේ ඒ නිසයි.
The why of anything යමක හේතුව, යමක් තබෙන්නේ or වෙන්නේ මන්ද කියා.

Wick, n. පාන්කඩය, පාන්තිරය, පාන්වැටිය.

Wicked, a. දුෂ්ට, නපුරු, විෂම, අනාචාර, දුශ්චරිත, සාහසික.

Wickedly, ad. දුෂ්ටලෙස &c., අනාචාරලෙස, අනා චාරයෙන් &c.

Wickedness, n. දුෂ්ටකම &c., දුෂ්ට ක්‍රියාව, අනාචාර කම, අනාචාරකම, අනාචාරය, දුශ්චරිතතාව.

Wicker, a. හින් කෝටුවලින් සාදපු, වැල්, කුළුපොතු (වට්ටි, වැඩ).

Wicker-work, n. වැල්—කෝටු—ශෙතු වැඩ, කුළු පොතු වැඩ.

Wicker-worker, n. කිඹවරයා &c., see Basket-maker.

Wicket, n. කුඩා දොර, කුරුඕලිය ; (ක්‍රිකැට් ක්‍රීඩාවේ) පොලු ඉලක්කය, එයින් පොල්ලක්.

Wide (වෛ), a. පළල්, විශාල, පරිණාහ, පාටුලි ; දුර.

Wide, ad. පළලට, විශාලලෙස ; (ඉලක්කයට &c.) දුරින් ; wide apart දුරින්, විරලලෙස, අසංකුලව.

Wide-awake, a. හොඳට පිබිද — බලාගත — සිවිත, ඉතා උනන්දු. [වා &c.).

Widely, ad. බොහෝ දුරට, විශාලලෙස, (පතලවෙන

Widen, v. පළල්කරනවා, විශාලකරනවා; පළල් වෙනවා &c.

Wideness, n. පළල්කම, විශාලකම, විශාලතාව &c., see adj.

Wide-spread, a. බොහෝදුරට පතලවූ.

Wide-spreading. a. දුරට විහිදෙන.

Widow (ඩි), n. කණවැන්දුම්, වැන්දඹුව, කණවැන්දුම් ස්ත්‍රී, විධවාව.

Widowed, a. කණවැන්දුම්, වැන්දඹු.

Widower, n. කණවැන්දුමා.

Widowhood, n. වැන්දඹුකම, කණවැන්දුම් ගතිය, වෛධව්‍යය.

Width, n පළල, පරිණාහය.

Wield (ඩ්), n. (කඩුව, රාජදණ්ඩය &c. අතින්) හසුරුවනවා, හරඹකරනවා, ලෙලවනවා, (බලය &c.) පවත්වනවා, (ආයුධ) භාවිතාකරනවා.

Wieldly, a. පහසුවෙන් හසුරුවන්ට—භාවිතාකරන්ට—පුළුවන්වූ.

Wife (වෛෆ්), n. භාර්‍යාව, ස්ත්‍රී, අඹුව, භිරය, බිරින්ද, දුරුව, පත්නී,

Wig (ඩි), n. (ඉගේ) බොරු ඉසකේ වැස්ම, බොරු ඉසකෙස්.

Wigged, a. බොරු ඉසකේ ඇත්තාවූ.

Wight, n. අය, සත්වයා.

Wigwam, n. (අමෙරිකන් ඉන්දියානු) පැල, කිලිය.

Wild (වෛ), a. වල්, වන, වනගත, ජාංගල, ආරණ්‍යක, (සත්තු, ගස්);
unruly කුළු, කුලෑටි, (හරක් &c.); savage වනචර, ප්‍රචණ්ඩ;
enraged උමතු, ප්‍රමද; turbulent කෝලාහල; profligate අනාචාර;
disorderly පිළිවෙළකට නැති, ව්‍යාකූල, වල්මත්, අක්‍රමික; කුණටු සහිත; සිහියට හුරුනැති (අදහස් &c.)

Wild-boar, Wild-pig, n. වල්ඌරා.

Wild-cat, n. වල් බලලා, උගුඩුවා, වල්බාවා.

Wilderness, n. කාන්තාරය, පාළු රටක්, මරුකතර, මරුබිම, අඩවිය, ගිරිගැඹුව.

Wildfire, n. හැර ගින්න, හැර ගිනිදුවය; බැවළුගම් දුම්ලිය.

Wild-fowl, n. වල් කුරුල්ලෝ, වනපක්ෂියෝ.

Wild-goose chase, n. fig. ගළපමියනොහැකි උත්සාහයක්, නිෂ්ඵල දඩයමක්.

Wildly, ad. ව්‍යාකූලාකාරයෙන්, වල්මත්ලෙස, වියරුලෙස, උමතුලෙස; අනාචාරලෙස.

Wildness, n. වල්කම, කුළුගතිය, කුලෑටිකම; වනචරකම &c., see adj.

Wild-oats, n. වල් ධාන්‍ය ජාතියක්: sow one's wild oats, fig. කලකට අනාචාරයෙන් හැසිරෙනවා.

Wild-olive, n. වෙරළු (ගහ, ගෙඩි &c.).

Wild-plantain, n. ඇටි කෙසෙල්.

Wild-rice, Wild-paddy, n. Oryza Sativa ඌරුවී.

Wilds, n. pl. පාළු තැන්, මරුකතර පලාත්, කාන්තාර ස්ථාන. [පාය.

Wile, n. රැවටිලි උපාය, ප්‍රයෝග ක්‍රියාවක්, ව්‍යාජෝ

Wilful, a. හිතුවක්කාර, හිතුමුදණි, මුරණ්ඩු, ස්වෛර, කැමැත්තෙන්ම—හිතෑවාවි—කරන (දේ); සම්ප්‍රජාන (බොරු).

Wilfully, ad. හිතුවක්කාරලෙස &c.; කැමැත්තෙන්ම, හිතෑවාට.

Wilfulness, n. හිතුවක්කාරකම &c.; (නරකක්) කැමැත්තෙන්ම &c. කළබව; සම්ප්‍රජානතාව.

Wilily (වෛ), ad. රැවටිලි උපායෙන්, ප්‍රයෝගයෙන්, රැවටිල්ලෙන්.

Will, n. the faculty ඉච්ඡාගැනීමේ බලය, අභිලාෂාන බලය; determination ඉච්ඡාගැනීම, අධිෂ්ඨානය, සනිටුහන; wish කැමැත්ත &c.; last will අන්තිම කැමති පත්‍රය; one's own will අනන්‍යනෝමතිය; at will කැමතිවිටම, මනාප හැටියටම.

Will, v. ඉච්ඡනවා, ඉච්ඡාගන්නවා, අධිෂ්ඨානකරනවා, සනිටුහන්කරනවා; with respect to others නියමකරනවා, අණකරනවා; will property අන්තිම්කැමති පත්‍රයෙන් නියමකරනවා.

Will, v. aux. මතුකාලය සම්බන්ධ උපකාර ක්‍රියා වචනයක්:
I will go යන්නෙමු, යන්නෙමි, I *will* go සත්තකටම යන්නෙමි.
We will go යන්නෙමු, යන්නෙමු.
Thou wilt go, he, ye, they, will go නුඹ &c. යනවා ඇත.

Willing, a. කැමති, මනාප, අභිමත, එකඟ, සම්මත, මනාපයෙන් කරන or පිළිගන්න; be, v. කැමතිසි &c., මනාපව සිටිනවා &c.

Willingly, ad. කැමැත්තෙන්ම, මනාපයෙන්, සන්තෝෂයෙන්, සතුටින්.

Willingness, n. කැමතිවීම, මනාපවීම, මනාපය, අභිමතතාව.

Willow, n. විලෝ නම්වූ ගස් ජාති.

Willowy, a. විලෝ ගස් බහුල; විලෝ ගස් සමාන.

Wilt, v. (පැල) මැලවෙනවා, පරවෙනවා.

Wily (වෛ), a. ප්‍රයෝගයට දක්ෂ, ප්‍රයෝගකාර, දඟකාර, ව්‍යාජෝපා සහිත.

Wimble, n. බුරුමය; v. බුරුමයෙන් විදිනවා.

Wimple, n. (තාපසින්ගේ) බෙල්ලේ වැස්ම.

Win, v. දිනනවා; දිනාගන්නවා, ජයගන්නවා; (උත්සාහයෙන් &c.) ලබාගන්නවා.

Wince, v. (වේදනාවට &c.) ඇකිළෙනවා, ගැහෙනවා, හිතැස්සිවෙනවා.

Winch, n. (යන්ත්‍ර කරකවන) වංගු මිට; (යමක්) තද කරන උපකරණය.

Wind, n. හුළඟ, පවන, සමීරය; හුස්ම; flatulence වාතය, වාතාබාධය.
Take or get wind, fig. එළිවෙනවා, (රහසින් මෙන්) පතලවෙනවා.

Wind (වෛණ්ඩ), v. ඔතනවා, වෙළනවා; එතෙනවා, වෙළෙනවා; (ලනු &c.) ඔතා ගෝලයක් කරනවා; (පාර, ගඟ &c.) වංගු ඇතුව තිබෙනවා, වංගුවෙවී ගනවා;
wind off (නූල් &c.) කරකවා දිගඇරිනවා;
wind up කැරකී තගිනවා; (ඔරලෝසුව &c.) කරකවනවා, කරකවා උස්සනවා; fig. (කාරණා, ගණන්) බේරා තීන්දුකරනවා.

Wind, v. (දුක්කීමෙන්) හති දම්මවනවා; හුස්ම ගන්ට නවත්වනවා, හුස්ම ගන්නවා.

Winder (වෛ...), n. ඔතන්නා &c., ඔතන යන්ත්‍රය; එතෙන වැල, එතෙන පැලය.

Windfall, n. හුළඟට කැඩීවැටෙන ඵල; fig. කාකතාලීය වාසියක්.

Wind-gall, n. (කුරහන්ඩිගේ) මෘදු ගෝඨය.

Wind-gauge, n. වාතවේගමානක යන්ත්‍රය.

Windiness, n. හුළඟේ සැරකම, පවන් වැසිකම; වාචාලකම; fig. හිස්කම.

Winding (වෛ...), a. වංගු සහිත, වංගුවෙවී යන, කැරකෙන (පඩිපෙළ); n. නැම්ම, වංගුව.

Winding-sheet (වෛ...), n. මිනී ඇතිරිල්ල, මිනී වැස්ම.

Wind-instrument, n. පිඹින තූර්යභාණ්ඩය, වාතතූර්යභාණ්ඩය.

Windlass, n. දෙඹකරය, කඹරයාන්ත්‍රය.

Windmill, n. පවන් මෝල, හුළං මෝල.

Window, n. ජනේලය, කවුළුව, සීමැදුර, සිව්මැදුර, ජාලකවුළුව.

Window-blind, **Window-curtain**, n. ජනේලතිරය, ජනේල රෙද්ද, කවුළු කඩතුරාව.

Window-frame, n. ජනේලේ—කවුළු—උළුවස්ස.

Window-sash, n. ජනේලේ වීදුරු රාමුව.

Window-shutter, කවුළුදොර.

Wind-pipe, n. හුස්ම නළය, ශ්වාසනාලය, පිටලගුර.

Wind-sail, n. (රුවල්රෙද්දෙන් සාදපු) පවන්නල පංකාව.

Wind-tight, a හුළඟ නොවදිනලෙස වසාතිබෙන, පවන් නොයන, air-tight වාත නොයන *or* ඇතුල් නොවන.

Wind-up (වෛ...), n. (ගණන් &c.) බේරා නිශ්චිතකිරීම.

Windward, n. යටිහුළං පැත්ත; adj. යටිහුළඟේ තිබෙන.

Windward, ad. යටිහුළඟට, හුළඟ ඉදිරිපිටට.

Windy, a. හුළඟ සැරවූ, සැර හුළං ගසන, හුළඟ හමන, (දවස, තැන); වාතවත්; fig. හිස් දෙඩවිලි සහිත.

Wine (වයින්), n. මුද්‍රිකපානය, වැයින්, මිදිරස, ද්‍රාක්ෂාරසය; (වෙන එලවලින් සාදන) එල මද්‍ය පානය.

Wine-bibber, n. මිදිරස බොනයා.

Wine-glass, n. වැයින් වීදුරුව.

Wine-merchant, n. මුද්‍රිකපාන වෙළෙන්දා.

Wine-press, n. මිදිඑල යන්ත්‍රය, ද්‍රාක්ෂායන්ත්‍රය.

Wing (වි), n. අත්තටුව, අත්හැන්ද, (pl. අත්හැඳි), පියාපත, පියපතර; fig. ආරක්ෂාව, රැකවල, මුවාව; take wing ඉගිලියනවා; fig. පලායනවා, පනාව යනවා;

side අංගය, පැත්ත; (ගොඩනැඟිල්ලක) අංගය, අංග කොටස්ආසය; (සේනාවේ) දකුණතේ— *or* වමතේ—රංචුව, රංචුවේ තොංගල් කොට්ඨාසය;

(නැව් කණ්ඩායමේ) දකුණුපැත්තේ නැව් *or* වම්පැත්තේ නැව්.

Wing, v. fig. පියාපත් දෙනවා, ඉගිලී—ශීඝ්‍රව—යන්ට සලස්වනවා; පැති කොටස්ආස දමනවා *or* එකතු කරනවා; (මුනිස්සන්වලින්) පියාපතට තුවාලකරනවා;

wing one's way *or* flight පියාසරකරයනවා: fig. පියාපත්වලින් මෙන් ශීඝ්‍රව යනවා.

Wing-case, **Wing shell**, n. (කුරුමිනියන්ගේ &c.) පියාපත් වැස්ම, පක්ෂමකෝෂය.

Winged, a. අත්තටු ඇති &c., පියාපත් සහිත; fig. ශීඝ්‍ර.

Wink, v. ඇස්පිය හෙළනවා *or* ගසනවා; significantly ඉඟිකරනවා, ඉඟිමරනවා; fig. wink at (වරදක්) නොසලකා අරිනවා ඉඟිය.

Wink, n. ඇස්පිය හෙළීම &c., ඇසින් කරන සංඥාව,

Winning, a. දිනන &c.; winsome චිත්තාකර්ෂණ, ඉතා ප්‍රසන්න, සුරතල්.

Winning-post, n. දිනුම්වැඹ, ජයකණුව.

Winnow, v. පොළනවා, කුඩු ගසනවා, පූකරනවා; fig. විමසනවා, (වෙන්විභාගයෙන්) බේරනවා.

Winnowing, n. (ධාන්‍ය) පෙළීම &c., නිෂ්පාවය.

Winsome, a. සිත්ගන්නා, ලක්ෂණ, ප්‍රසන්න.

Winter, n. ශීතසෘතුව, ශිශිරකාලය, හේමන්තය.

Winter, v. ශීතකාලය &c. පසුකරනවා; ශීතකාල යෙහි පෝෂ්‍යකරනවා.

Winter-quarters, n. (සේනාවේ &c.) ශීතකාලයේ නවාතැන, ශීතකාල වාසස්ථානය.

Winter-solstice, n. ශීතකාල සූර්යනිවර්තනය. See Solstice.

Wintery, **Wintry**, a. ශීතකාලයට අයිතිවූ, ශීත කාලීන, හේමන්ත, හෛමන්තික; ශීතල, ශීත කුණාටු සහිත, (දවසක්, පෙනීම).

Wipe (වෛ), v. පිහිනවා; wipe away or off පිහදම නවා; wipe out මකනවා, මකාදමනවා, පැහැර අරිනවා; wipe up moisture තෙත වියළිකරනවා.

Wipe, n. පිසීම, පිහදැමීම &c.; fig. ඇනුම් පහරක්.

Wire, n. කම්බිය, of brass පිත්තල කම්බිය, පිත්තල මැල.

Wire, v. කම්බි දමනවා, කම්බියෙන් බඳිනවා; විදුලි කම්බියෙන් සැලකරනවා.

Wiredraw, v. කම්බි අදිනවා; fig. (කථා &c.) තියුණු කරනවා, දිගිකරනවා.

Wire-gauze, n සිහින් කම්බි දැල.

Wire-puller, n. රූකඩ කම්බි අදින්නා, රූකඩ නට වන්නා; fig. රහසින් පොලඹන්නා.

Wire-pulling, n. රූකඩ නැටවීම &c.; fig. අන්‍යයන් ලවා රහසින් ඉෂ්ටකරවීම.

Wire-rope, n. කම්බි කඹය.

Wire-work, n. කම්බි දැල්වැඩ, කම්බි බඩු.

Wireworm, n. කම්බි කෑලි ආකාර පණුවා, කම්බි පණුවා.

Wiriness, n. කම්බි ආකාර ගතිය; fig. (දේහයේ &c.) සවිබලකම.

Wiry, a. කම්බි ආකාර, කම්බිවලට සමාන; fig. හයිය ඇති, සවිබල.

Wisdom, n. ප්‍රඥාව, ප්‍රඥාවන්තකම, නුවණ, නුවණක් කාරකම, නැණවත්කම.

Wisdom-tooth, n. හක්කේ අන්තිම දතක්.

Wise, a. ප්‍රඥාවන්ත, ප්‍රඥාවත්, නුවණැති, නුවණක්කාර, නැණවත්, බුද්ධිමත්, ඥානවන්ත, ඥානවත්, මේධාවත්, පැනවත්, පැනසර, ප්‍රාඥ, consistent with wisdom ප්‍රඥාගෝචර.

Wise, n. විධිය, as: in any wise මොන විධියකින් නමුත්, in this wise මේ විධියෙන්, in no wise කොයි විධියකින්වත්...නැත.

Wiseacre, n. sarcastically පැනසර මෝඩයා, ප්‍රඥා හිමියා.

Wisely, ad. ප්‍රඥාවන්තලෙස, නුවණින්, නුවණක්කාර ලෙස, ප්‍රඥාගෝචරාකාරයෙන්.

Wish, n. කැමැත්ත, මනාපය, අභිමතය, ඡන්දය, desire ආශාව, මනදොළ; පැතුම, ප්‍රාර්ථනාව, ආශංසනය

Wish, v. කැමතියි, කැමතිවෙනවා, කැමතිව සිටිනවා; wish for (ලබන්ට) මනදොළෙන් සිටිනවා, පතනවා; ප්‍රාර්ථනාකරනවා, (අන්‍යයෙකුට...වේවායි) ආශංසනයකරනවා, යදිනවා.

Wishful, be, v. කැමැත්තක් ඇතුව සිටිනවා, ආශාවෙන් සිටිනවා &c.

Wishfully, ad. ආශාවක් ඇතුව, ආශාවෙන්, ආශාවෙන්නාක්මෙන්, (බැලුවා &c.).

Wishing-cap, n. ඉෂ්ට තොප්පිය.

Wish-wash, n. සැර මදි පානය.

Wishy-washy, a. දිය වැඩි, සැර මදි, හොඳ මදි.

Wisp, n. පිදුරු අහුරක මිටිය, පිදුරු අහුරක්; v. පිදුරු අහුරකින් පිහිනවා.

Wist, v. pret. obs. දන්නා, දැනුවත්ව සිටියා.

Wistful, a. කල්පනාවෙන් යුක්ත, සමාහිත, (බැල්ම).

Wistfully, ad. කල්පනාවෙන් යුක්තව, සමාහිතාකාරයෙන්.

Wit, v. *only used in the phrase* to wit එනම්.

Wit, n. සමර්ථ පරිහාසය, සමර්ථ මුඛරිතාව, සමර්ථ වාක්‍යපෙරළිය; පරිහාසයට සමර්ථයා, කවටකතිකයා; නුවණ, නැණවත්කම; be in one's wits සිහි නුවණ ඇතුව සිටිනවා.

Witch, n. මායාකාරී, අනර්ථකාරී, හූනියම්කාරී; v. see Bewitch.

Witchcraft, n. මායම, අනර්ථය, හූනියම &c., see Enchantment.

Witchery, n. මායම, මායාකර්මය &c.; fig. පරිමෝහය, චිත්ත හරණය.

With, prep. සමඟ, එක්ව, එක්ක, ඇතුළුව, කැටුව, අනුව;

cut with a knife &c. (by instr. case), පිහියෙන් කෝටුවෙන් ගහනවා, පෑනෙන් ලියනවා;

contend with them &c. ඔවුන් සමඟ—ඔවුන්ට විරුද්ධව—පොරට සිටිනවා.

Withal, ad. සමඟම, ඇතුළුව, ඇර.

Withdraw, v. පැහැරගන්නවා, අහක්කරගන්නවා; (දෝෂාරෝපණය, නඩුව &c.) අත්අරිනවා, ව්‍යතික්‍රමණයකරනවා; retire අහක්ව—ඉවත්ව—යනවා.

Withdrawment, Withdrawal, n. පැහැරගැනීම &c., ව්‍යතික්‍රමණය.

Wither, v. i. පරවෙනවා, මැලවෙනවා, තව්මැරෙනවා, වේළෙනවා; ක්ෂයවෙනවා.

Wither, v. t. (කොළ &c.) තව්මරනවා, මලවනවා.

Withered, a. පරවී — මැලවී — තව්මැරී — හීඩෙන; ක්ෂයවූ (ඇඟ &c.).

Withering. a. පරවෙන &c.: fig. ඇකිලෙන්ට සලස්වන (ඇනුම්පද).

Withers, n. pl. අශ්ව කර; wither-band සෑදලේ කරබැම්ම.

Withhold, v. (කරන්ට නොදී) වලක්වනවා, නවත්වනවා, වාරණයකරනවා; නොදී අරිනවා.

Within, prep. තුළ. ඇතුළේ, අභ්‍යන්තරයෙහි, අභ්‍යන්තරයෙහි; (කාලය) අතරතුරේ, (මාසයකින්) මෙහා; (බලයට &c.) අඩ-ගුම්, ඇතුළත්ව.

Within, ad. ඇතුළෙහි; ගෙහි; සිතෙහි.

Without, prep. apart from නැතුව, රහිතව, විරහිතව, ඇරලා; outside (නුවරින්) පිටත, (නුවරට) පිටතින්.

Without, ad. පිටත, පිටතට, පිටතින්; පිටතදී, එළියේ &c.

Withstand, a, විරුද්ධවෙනවා, විරුද්ධව සිටිනවා; (යම් බලයකට) යටත්නොවී—නැතිනොවී—ක්ෂයනොවී—පවතිනවා *or* ස්ථිරව—තදව—පවතිනවා.

Witless, a. සිහිනැති, සිහිකල්පනා රහිත, නුනුවණ, අමන.

Witness, n. සාක්ෂිය, සාක්ෂ්‍යය, ඔප්පුව, සාක්ෂි, ඔප්පු, ඔප්පුසාක්ෂි; සාක්ෂිකාරයා,

Witness, v. සියැසින් දකිනවා *or* බලනවා, අවලෝකනයකරනවා; සාක්ෂිදෙනවා; සාක්ෂි පිණිස අත්සන්කරනවා.

Witness-box, n. සාක්ෂි කූඩුව.

Witted, a. as: sharp-witted තීක්ෂ්ණබුද්ධි, dull-witted අතීක්ෂ්ණබුද්ධි, මොට්ට සිහි ඇති.

Witticism, n. සමර්ථ පරිහාස කීමක්, සමර්ථ මුඛරි වාක්‍යය; ව්‍යාජ මුඛරිවාක්‍යය.

Wittily, ad. සමර්ථ පරිහාසයෙන්, කවටකතිකාලෙස, සමර්ථලෙස.

Wittingly, ad. දැනගෙනම, දැනුවත්ව.

Wittol, n. (භාර්යාවගේ) ව්‍යභිචාරය ඉවසන පුරුෂයා.

Witty, a. පරිහාසයට සමර්ථ, සමර්ථ මුඛරි, කවටකතික වාක්‍යපෙරළියට සමර්ථ.

Wizard, n. මායාකාරයා, අනර්ථකාරයා, හූනියම්කාරයා.

Wizened, a. වියළී හීඩුණු; මැකරැළි ඇත්තාවූ, (මුහුණ &c.).

W. N. W., west-north-west, අපර-වයඹ.

Woe, n. කාලකණ්ණිකම, ව්‍යසනය, දුක්ඛිතකම; ශාපය; woe to you නුඹට විපත — දුක — පැමිණේයි.

Woe-begone, a. කාලකණ්ණි, ව්‍යසන සහිත, දුක්ඛිත, (අය, පෙනීම).

Woful, a. කාලකණ්ණි, දුක්ඛිත, (ස්වභාව &c.) දුක්ඛජනක; අධම, නොවටිනා.

Wold, n. plain or down තැනිතලාව, පතන.

Wolf, n. Wolves, pl. වෘකයා, කොක්කා; fig. නාශකයා.

Wolf-dog, n. (වෘකයින්ගෙන් බැටළුවන් ප්‍රවේසම් කරන) ලොකු එඬේර බල්ලා, වෘකදඩයම් බල්ලා.

Wolfish, a. වෘකාකාර, කෲර, ඊර්ෂ්‍යා.

Woman, n. ස්ත්‍රී, ස්ත්‍රියක්, ගෑනී, අංගනාව, නාරී, පරිචාරිකාව.

Womanhood, n. ස්ත්‍රී භාවය, ස්ත්‍රීත්වය බවලත්කම.

Womanish, a. අපුරුෂ, ස්ත්‍රී බඳු, දුර්වල, කෝමල.

Womankind, n. ස්ත්‍රීවරු, බවලත් අය, ස්ත්‍රීගොල්ල, ගෑනුගොල්ල.

Womanlike, a. ස්ත්‍රියක් වැනි.

Womanly, a. ස්ත්‍රියකට ඝටින; ස්ත්‍රියක් සමාන, ලාමකනොවන.

Womb, n. කුස, ගර්භය, ගැබ, ගර්භකෝෂය; fig. පොළොව් ගැබ &c.

Women, n. pl. ස්ත්‍රියෝ, ස්ත්‍රීවරු, ගෑනු, බවලත්තෝ, නාරියෝ. [&c.

Won, pret. & pp. of Win. දිනුවා &c.; දිනූ, දිනාගත

Wonder, n. පුදුමය, විස්මය, අද්භූතය; the cause of it පුදුමයක්, විස්මයක්, අද්භූතයක්, අපූර්වය, අරුමය; in phren. විස්මිත්‍රියය.

Wonder, v. පුදුමවෙනවා, විස්මවෙනවා; සැකකරනවා &c., as:

I wonder why he went ඔහු ගියේ මන්ද කියා සැකකරමි *or* ඔහු ගිය එක මට පුදුමයකි.

Wonderful, Wondrous, a. පුදුම, විස්මවූ, විස්මජනක, අපූරු, අරුම, අද්භූත.

Wonderfully, ad. පුදුමලෙස &c., අද්භූතාකාරයෙන්.

Wonderfulness, n. අපූරුකම, අපූර්වතාව, අරුමකම, අද්භූතතාව.

Wonder-struck, a. පුදුමයෙන් යුක්ත, විස්මපත්, විස්මයාපන්න, විස්මිත.

Wonder-worker, n. පුදුම දේ—අද්භූත දේ—කරන්නා.
Wont, n. පුරුද්ද, භාවිතාව; be, v. පුරුදුව සිටිනවා.
Wonted, a. පුරුදුවූ, ව්‍යවහාර, (මිසිය, වේලාව, ගණන &c.)
Woo, v. විවාහබස් ඉල්ලනවා, මඟුල් අනනවා ප්‍රේමය පානවා; පෙම් බඳිනවා.
Wood, n. වනය, බැද්ද &c., see Forest; ලී, දඬු, දැව, කාෂ්ඨ.
Wood-apple, n. දිවුල්, බෙලි ඵල්, (ගහ, ගෙඩි &c.).
Woodcock, n. වටු ජාතියක්.
Woodcut, n. ලී තහඩුවකින් අච්චුගසාපු සිතියම, ලී කැටයම් සිතියම, කාෂ්ඨචිත්‍රය.
Wood-cutting, n. ලීදඬු කැපීම, දැව ඉරීම; also Wood-engraving.
Wooded, a. වන බහුල, වනලැහැබ ආදියෙන් ගැවසී ගත්.
Wooden, a. ලී, කාෂ්ඨ, කාෂ්ඨමය, දැව.
Wood-engraver, n. ලී කැටයම්කාරයා.
Wood-engraving, n. ලී කැටයම් ශිල්පය, කාෂ්ඨචිත්‍ර ශිල්පය; කාෂ්ඨචිත්‍රය.
Wooden-headed, a. fig. මොට්ටයා, ගුඹ්ඩයා.
Wooden-leg, n. ලී කකුල, බොරු කකුල.
Woodiness, n. වන බහුලකම; ලී ආකාර ගතිය, කෙඳි වැඩිකම.
Woodland, n. වනභූමිය, කැලෑ වැවෙන පළාත; a. වනාන්තර, කැලෑ.
Wood-louse, n. ලී කැරපොත්තා.
Woodman, n. ගස් කපාදමන්නා.
Wood-nymph, n. in myth. වනදේවතාවී, වනදිව්‍යාංගනාව.
Wood-pavement, n. (ගල් වෙනුවට) ලීකොට අල්ලාපු බිම or පාර.
Woodpecker, n. කැබරලා, කෑරලා, කොට්ටෝරුවා.
Wood-pigeon, n. ring-dove කොබෙයියා.
Wood-sorrel, n. හීන් ඇඹුල්ඇඹිලිය.
Wood-worm, n. ලීපණුවා, ගස්පණුවා.
Wood-work, n. ලීවලින් හාදපු ඒවා, ලී වැඩ, කාෂ්ඨ කර්මය.
Woody, a. වන බහුල, වනාන්තරගත, බොහෝ කැලෑ ඇත්තාවූ, ලී ආකාර, ලීකෙඳි ආකාර.
Woody-fibre, Woody-tissue, n. පැළවල කෙඳි, ගස් වල කෙඳි. [ණ්ඩය.
Woody-stem, n. in bot. (ලීමවූ) තද කඳ, කාෂ්ඨස්ක
Wooer, n. විවාහබස් ඉල්ලන්නා &c., see Woo.
Woot, n. (වියම්මහේ) හරස් නූල්; වියමන.
Wool, n. ලෝම, ලොම්, රෝම, (එය සමාන) පුළුන්; in bot. ගනලූව.
Wool-bearing, a. ලෝම දරන, (ඇඟේ) ලොම් ඇති, (සත්තු).
Wool-comber, n. ලොම් පීරන්නා.
Wool-combing, n. ලොම් පීරීම, ලොම් පීරීමේ වැඩේ.
Wool-dyed, a. ලොම්වලටම සායම් පොවා වියපු (රෙදි).
Wool-gathering, n. fig. නිෂ්ඵල කාරණ සිතාගැනීම.
Wool-grower, n. ලෝම පිණිස බැටළුවන් ඇති කරන්නා.
Woolled, a. as: fine-woolled &c. සිනිඳු ලොම් ඇති, දිග ලොම් ඇති.
Woollen, a. ලොම්, ලෝමමය. රෝම, රෝමමය; n. pl. ලොම් පිළි.

Woollen-draper, n. ලොම් පිළි වෙළෙන්දා.
Woolliness, n. ලෝමාකාර ගතිය; ලෝමභාවය.
Woolly, a. ලෝමාකාර; ලෝම ඇති, ලෝමික, රෝමවත්; in bot. ගන ලූව ඇති.
Wool-sack, n. ලෝම මල්ල; fig. ලොකු හැඟැල්ලු දෙයක්; woolsack ප්‍රධානාමාත්‍යාසනය, මහාශය නය.
Wool-stapler, n. ලෝම වෙළෙන්දා; ලෝම වර්ග බේරන්නා.
Word, n. වචනය, වාක්‍යය, බස, තෙපුල, හරුපය, හබය; කීම, ලුහුඬු කථාව; ආරංචිය; පණිවිඩය; පොරොන්දුව; දේවවාක්‍යය, ශුද්ධබල්යවිල්ල;
  a good word හොඳ සාක්ෂ්‍යය, ප්‍රශංසාව; word of honour නම්බුකාර පොරොන්දුව; [වා;
  to have some words තරහකරනවා, විවාදකරන
  in word වචනයෙන්නම්; වචනයෙන්—කටින්—පමණක්;
  in a word කොටින්ම, ලුහුඬෙන්ම;
  by word of mouth කටින්ම, කටකීමෙන්, මුඛ වාක්‍යයෙන්; කියාලාම;
  The Word වාක්‍යයාණන් (වන ක්‍රිස්තුස්වහන්සේ).
Word, v. වචන යොදා කියනවා or ලියනවා, (යම් මිසියකට) රචනාකරනවා.
Wordiness, n. **Wordy**, a. see Verbosity and Verbose.
Wording, n. වචන යොදාකීම &c.; රචනාකරතිබෙන පිළිවෙළ, වචන පිළිවෙළ.
Wore, pret. of Wear, v. (ඇඳුම් &c.) ඇන්දා &c.; ගෙවුණ &c.
Work, v. වැඩකරනවා, වැඩකරවනවා; toil වියර්කරනවා, වෙහෙසෙනවා, වෙහෙසමාන්සි ගන්නවා;
  work at යම් වැඩක් කරනවා, යමක යෙදිසිටිනවා, යමක් ගැන වියර්කරනවා;
  ... into ක්‍රමයෙන් ඇතුළට වදිනවා or ඇතුල් කරවනවා;
  ... out ක්‍රමයෙන් පිටවෙනවා, පිටවේගෙන එනවා, පිටකරනවා;
  .. out, effect ඉෂ්ටකරනවා, උපදවනවා, ක්‍රමයෙන්—වියර්යෙන්—කරනවා or සිද්ධකරනවා;
  work up ක්‍රමයෙන් උස්සනවා; fig. අවුස්සනවා; (ද්‍රව්‍ය) වැඩට ගෙන වියදම්කරනවා;
  ... upon fears or feelings භයින් &c. පොළඹනවා, භයගන්වා සලස්වනවා, හිතට වද්දවනවා; බල පවත්වනවා;
  ... dough, mortar &c. අනනවා, කලවම්කරනවා;
  ... cloth or liquor, see Embroider & Ferment;
  ... the bowels (බඩ) රේචනය කරවනවා;
  ... a machine, plan &c. ක්‍රියාකරවනවා, ඉෂ්ට කරනවා, හසුරුවනවා; a machine &c. works කරකැවෙනවා, දුවනවා, හරියනවා, කෙරෙනවා, ක්‍රියාකෙරෙනවා.
Work, n. වැඩය, වැඩේ, කර්මාන්තය, වැඩපළ; ක්‍රියාව, කර්මය;
  as a book පොත, ප්‍රකරණය, රචනාව, ග්‍රන්ථය, කෘතිය; (උතුම්ශිල්පයක) කෘත්‍යයක්, වැඩක්, (වන සිතියම, කැටයම &c.);
  embroidery ගෙත්තම &c.; pl. (බලකොටුවේ) පවුරු, අගල්, ආදිය.
Workable, a. වැඩගත හැකිවූ; හැසිරවිය හැකිවූ; වැඩගන්ට වටින; (යන්ත්‍ර &c.).
Work-bag, n. මැහුම් මල්ල.
Work-box, n. මැහුම් පෙට්ටිය.

Work-fellow, n. සහකාර කර්මාන්තකාරයා, වැඩේ සහකාරයා.
Work-house, n. පින්ශාලාව, See Poor-house.
Working, n. වැඩකිරීම &c.; පිරිම ; (ආකාරයේ) වැඩ කරන යම් උමගක්.
Working-classes, Working-people, Work-people, n. pl. වැඩ කර්මාන්තකාර මිනිස්සු *or* උදවිය.
Working-day, n. (ඉරිදා නොවන) වැඩකරන දවසක්, සුමාන දවසක්.
Working-drawing, Working-plan, n. වැඩේ සිතියම, වැඩේ පෑන. [යා, කම්කරුවා.
Workman, n. වැඩකරන අය, කර්මාන්තකාරයා, ශිල්පි
Workmanlike, a. ශිල්පී කර්මාන්තකාරයකු මෙන් ; සුදුසු විධියට කළ (වැඩ).
Workmanship, n. කර්මාන්තයේ ආකාරය ; හසත කර්මාන්තය ; කර්මාන්තකාර සමර්ථකම.
Work-shop, n. වැඩ කර්මාන්ත පට්ටලය, කම්හල.
Work-table, n. මැහුම් මේසය.
Workwoman, n. වැඩකරන්නී, මැහුම්කාරී.
World, n. ලෝකය, ලොව ; ලෝකයේ මිනිස්සු, ලෝකයා; ලෞකිකයෝ ; ලෝක දේවල්, ලෝක සිරිත් ; ලෝක ජීවිතය ; in Scrip. sometimes රෝම රාජ්‍යය; this world මේ ලෝකය, මෙලොව, the world to come පරලොව.
Worldliness, n. ලෞකිකකම, සැපසෙල්ලම්වලට ඇලුම්කම, විෂයාසක්තිය.
Worldling, n. ලෞකිකයා, සැපසෙල්ලක්කාරයා, අභක්තිකයා, විෂයාසක්තයා, විෂයාත්මකයා.
Worldly, a. ලෝක, මෙලොව, ඓහික ; ලෞකික, අභක්ත, විෂයාසක්ත.
Worldly-minded a. ලෞකික හිතක්ඇති, ලෝකයේ වලට ඇලුම්වූ, විෂයාත්මක.
Worldly-mindedness, n. ලෞකික ඇල්ම. ලෞකික ස්වභාව *or* ආලය &c., විෂයාත්මකභාව.
World renowned, a. ලෝකප්‍රසිද්ධ.
World-wide, a. මුළුලෝකයෙහි ඇත්තාවූ.
Worm, n. පණුවා, කෘමියා, කීටයා, very large ගැඩ විලා, ගැඩවිල් පණුවා ; in the scalp උකුණුගොව්වා ; (ඇඹ යනාදිය ගළවන) සංගසුරි ආධ්‍රයක් *or* වෙන යමක්.
Worm, v. fig. රහසින් ක්‍රියාකරනවා ; worm out උපා යෙන්—ක්‍රමයෙන්—දැනගන්නවා *or* ලබාගන්නවා ; **worm one's self in,** උපායෙන් ඇතුල්වෙනවා.
Worm-eaten, a. පණුවන් විසින් කාපු, හිල්විතිබෙන. පරණ.
Worm-powder, n පණුබෙහෙත් කුඩු.
Worm-seed, n. වල්කොලොත්තු ඇට.
Worm-wheel, n. සංගසුරි දැතිරෝදය. [gosa.
Wormwood, n. තිත්ත ලී, කොහොඹ &c., see Mar-
Wormy, a. පණුවන් සහිත, කෘමිබහුල.
Worn-out, pp. *or* **a.** ඇඳ පරණවී තිබෙන ; ගෙවී තරක්වී තිබෙන. See Wear-out.
Worry, v. හපහපා මරනවා; පීඩාකරනවා, වදබන්දන කරනවා, හිරිහැර කරනවා, කරදර කරනවා.
Worry, n. වදබන්දනය, හිරිහැරය, කරදර, කරච්චල්.
Worse, a. comp. (වෙන යමකට) වඩා නරක, වඩා නපුරු, වඩා දෙස් සහිත ; be, v. (තිබුණාට) වඩා නරකයි, වඩා නපුරුයි ; වඩා ශායයි, වඩා අසනී පයි, *or* වඩා නරකව තිබෙනවා &c.
Worse, ad. වඩා නරකලෙස, වඩා නපුරුලෙස, වඩා සැරලෙස.

Worship, v. (ආගමේ කාරණ විෂයෙහි) නමස්කාර කරනවා, වන්දනාකරනවා, වඳිනවා, නමදිනවා, වන්දනාමානනයකරනවා ; දේවමෙහෙය පවත්වන වා ; fig. ආදරගෞරවකරනවා.
Worship, n. නමස්කාරයකිරීම &c., නමස්කාරය, වන්දන මානනය ; දේව මෙහෙය ;
Your Worship &c. (ගෞරවණීය) ඔබවහන්සේ, උත්තමයාණෙනි. [&c.).
Worshipful, a. ගෞරවාර්හ, පූජනීය, (නමස්කාර සැන
Worshipper, n. නමස්කාරකරන්නා &c. ; දේවමෙහෙ යේ පංගුකාරයෙක්.
Worst, a. superl. (නුනයින්වත්) ඉතා නරක, ඉතා නපුරු, ඉතා සැර.
Worst, the, n. ඉතානරක ස්වභාව, ඉතාසැර ස්වභාව.
Worst, v. පරදවනවා, පරාජයකරනවා.
Worsted, be, v. පැරදෙනවා, පරාජයවෙනවා.
Worsted, n. ලොම් නූල්, ලෝම නූල් ; adj. ලොම්නූල් (මේස් &c.).
Wort, n. sweet-wort අඹු යව පානය, (රාබුණු) අඹුබීර.
Worth, n. වටිනාකම, අගය, අනර්ඝතාව ; ප්‍රයෝජනය, මැදගැම්ම.
Worth, be, v. වටිනවා, අගිනවා ; S. adj. වටින, අගනා, අගනාවූ.
Worthily, ad. හොඳිනලෙස, යෝග්‍යලෙස, සුදුසු ලෙස.
Worthiness, n. යහපත්කම, ගෞරවණීයතාව, ගරු තරකම, ප්‍රණංසචනකම.
Worthless, a. නොවටිනා, අගේනැති, නිෂ්ප්‍රයෝජන, මැදගැම්මකට නැති, තුච්ඡ.
Worthlessness, n. නොවටිනාකම &c., මැදගැම්මක් නැතිකම.
Worthy, a. වටින, යහපත්, ගරුකටයුතු, ගෞරවාර්හ, ගරුතර, ප්‍රශංසනීය, සම්භාවනීය, මාන්‍ය.
Worthy, of, be, v. (නරකක් හෝ යහපතක් ලබන්ට) යෝග්‍යව — සුදුසුව — සිටිනවා, යෝග්‍යයි &c., වටිනවා.
Worthy, n. යහපත් *or* ගරුකටයුතු අය.
Wot, v. දන්නවා.
Would, v. aux. pret. of Will, as : He would go ඔහු යන්ට කැමතිවුණ *or* ඉවාගත්තා *or* නොගොස් ඉන්සේ නැත.
I would go if I could යන්ට පුළුවන්නම් යන් නෙමි (නුමුත් බැහැ).
He would have gone if he could යන්ට හැකියක් තිබුණානම් ඔහුයයි *or* යන්ට කැමතිව සිටියා.
What wouldst thou තුඹ මොකක් කරන්ට *or* ලබන්ට කැමතිද ?
Would that I were King ! අහෝ මම රජනම් මම් කැමතියි.
Wound, n. තුවාලය, ක්‍ෂතය ; fig. (හිතට, උඩඟු කමට &c.) පහරදෙනවා, අනිනවා, රිද්දවනවා.
Wounded, v. තුවාලකරනලද &c., තුවාලවූ, ක්‍ෂත, ඇනුම්කෑ, පහරකෑ, පහරලැබූ.
Wove, pret. of Weave විවුවා &c.
Woven, pp. වියා, ගොතා &c.
Wrack, n. වෙරළට පාවෙන මුහුදු පැළ වගී.
Wrangle (wra රැ.), v. තරක්කරනවා, තරගෙට කථා කරනවා, අරෝකරනවා, බහින්බස්වෙනවා.
Wrangle, n. wrangling තරක්කිරීම &c., තරගය, අරෝව.

Wrangler, n. තරක්කරන්නා &c.; in Cambridge univ.: (ශ්‍රෙෂ්ඨපඬිතුතිගේ) සමරීයා: senior...ශ්‍රෙෂ්ඨ සමරීයා, second ... ද්විතිය සමරීයා &c.

Wranglership, n. (ඒ) සමරීතාව, ශ්‍රෙෂ්ඨසමරීතාව &c.

Wrap, v. round or about ඔතනවා, වෙළනවා, දවටනවා, පෙරවනවා; fold නමනවා; in paper &c. කඩදාසියෙහි දමනවා *or* දමා බඳිනවා, cover lit & fig. වසනවා.

Wrapper, n. (දවටන) වැස්ම; පෙරවාගන්න ඇඳුම *or* රෙද්ද, සළුව.

Wrapping, n. (වැස්මක් පිණිස) දවටන ඒවා; wrapping-paper දවටන කඩදාසිය.

Wrath (wrath රත්), n. කෝපය, උදහස, රෝෂය, උරණ, දැම්ල්ල; සුතු දේව අමනාපය.

Wrath, be, v. කෝපවෙනවා, උදහස්වෙනවා, උරණ වෙනවා.

Wrathful, a. තරහයන, කෝපවෙන &c. තරහ, කෝපවත්, උදහස් &c.; කෝප සහිත.

Wreak (wrea ර්), v. (උදහස, පළිගැනීම &c.) යමෙකු පිට්ට පමුණුවනවා, ඉෂ්ට කරනවා.

Wreath, n. සංගසුරි ආකාර දෙයක්; මාලාව.

Wreathe, v. සංගසුරි ආකාරයට අඹරනවා *or* ඇඹරෙනවා, (ඒ හැඩයට) ඔතනවා *or* වෙළනවා *or* එතෙනවා &c.

Wreck (wre රෙ), v. (පර්වතවලට &c. වැද්දවීමෙන්) නැව බිඳිනවා &c., see Shipwreck; fig. නාසති කරනවා.

Wreck, n. බිඳුණ නැව, නාසතිවූ නැව; wreckage බිඳුණ නැවෙන් ගොඩට එන බඩු; wreck, fig. නාසතිය, විනාශය; (රෝගයෙන් &c.) කාංගවූ—නාසතිවූ—කෙනෙක්; ඉතුරු සුත්බුත් කොට්ඨාසය.

Wrecker, n. නැව් බිඳීම සලස්වන්නා; බිඳුණ නැවේ බඩු කොල්ලකන්නා.

Wren, n. කුඩා පක්ෂි වර්ගයක්.

Wrench, v. (ඇන &c.) බලෙන් වලිකාවනවා, බලෙන් ඇදගන්නවා *or* ඇද දමනවා; ඇදකරනවා; ඇමැට්ටිකරනවා.

Wrench, n. බලෙන් වලිකෑවීම &c.; සිදුවූ ඇදය; මුරිච්චිපෙති ගළවන ආවුදය, අඬු මිටිය

Wrest, v. බලෙන් ඇදගන්නවා, උදුරාගන්නවා; (වචන) පෙරළනවා.

Wrestle, v. පොරඅල්ලනවා, පොරබදනවා; fig. සටන්කරනවා, වීර්යකරනවා, පොරට සිටිනවා.

Wrestler, n. පොරඅල්ලන්නා &c., මල්ලවයා.

Wrestling, n. පොර ඇල්ලීම &c., අත්පොරය, මල්ල යුද්ධය.

Wretch, n. ඉතා කාලකණ්ණියා; ජඩයා, කාඩයා, අතිදුෂ්ටයා.

Wretched, a. ඉතා කාලකණ්ණි, අතිදුකබිත; නොවටිනා, නීච, තුච්ඡ. [&c.

Wretchedly, ad. ඉතාකාලකණ්ණිලෙස; අධමලෙස

Wretchedness, n. ඉතා කාලකණ්ණිකම &c.; නොවටිනාකම &c.

Wriggle, v. නලියනවා, ඇඹරෙනවා; (එලෙස) එහාටමෙහාට කරනවා.

Wright, n. කම්කරුවා.

Wring, v. තදලෙස අඹරනවා *or* කරකවනවා, මිරිකනවා; fig. (හිත වේදනාවෙන්) පොඩිකරනවා, වේදනාකරනවා;
wring off අඹරා—කරකවා—දමනවා; wring out (වතුර &c.) මිරිකා අරිනවා;
wring out of or from (යමෙකුගෙන්) බලාත්කාරයෙන් ගන්නවා, පීඩාකරගන්නවා, අමාරුවෙන් ලබාගන්නවා.

Wringer, n. මිරිකාඅරින්නා, (වතුර &c.) මිරිකාඅරින යන්ත්‍රය.

Wrinkle, n. රැල්ල, වැකරැල්ල, pl. රැළි &c.

Wrinkle, v. රැළ ගස්වනවා, වැකරැළි ගහනවා; රැළි &c. වැටෙනවා *or* ගැහෙනවා, ඇකිළෙනවා.

Wrinkled, a. රැළිගස්වා— රැළිවැටී—තිබෙන &c., රැළි—වැකරැළි—සහිත.

Wrist, n. අත්කර, මැණික්කටුව, මණිබන්ධය.

Wrist-band, n. කමිසයේ අත්කර, (ඇඳුමේ) බෝරිච්චිය.

Writ, n. ලියවිල්ල, Holy Writ ශුද්ධලියවිල්ල; in law සිතාසිය, බලපත්‍රය *or* ආඥපත්‍රය.

Write, v. ලියනවා, ලිපිකරනවා; write down ලියා තබනවා, සටහන් කරනවා; write to ලියාඅරිනවා. ලියා එවනවා; as an author රචනාකරනවා, ලියා ප්‍රසිද්ධකරනවා.

Writer, n. ලියන්නා, ලිපිකරුවා, ලිපිකාරයා, ලේඛකයා, of a letter ලියුම්කරුවා; රචනාකාරයා, කතෘ.

Writership, n. ලිපිකරු වැඩේ, ලේඛක ධුරය.

Writhe, v. (වේදනාවෙන් &c.) ඇකිළෙනවා *or* ඇඹරෙනවා.

Writing, a. ලිවීමට අයිතිවූ, ලියන, (කඩදාසි, පෑන, තීන්ත &c.).

Writing, n. ලිවීම &c., see verb; ලියවිල්ල, ලේඛනය, අත්අකුරු, අක්ෂර ලිඛිතය; රචනාව; pl. ලියවිලි &c, sp. ඔප්පුතප්පු, කැර.

Writing-book, n. see Copy-book.

Writing-case, n. ලියන හම් පෙට්ටිය.

Writing-desk, n. ලියන පෙට්ටිය; ඇලවූ ලියන මේසය.

Writing-master, n. ලිවීම උගන්වන ගුරුවරයා, ලේඛනාව යන්ගියා.

Writing-school, n. ලියන ඉස්කෝලය, ලේඛනශාලාව.

Writing-table, n. ලියන මේසය.

Written, a. ලියනලද, ලියාපු, ලිඛිත.

Wrong, a. හරිනැති, වැරදි, අයුතු, දෝෂ සහිත, අයථාර්; wrong side of cloth &c. කරපිට, නොපිට, නරක පැත්ත.

Wrong, Wrongly, ad. හරිනැතිලෙස &c., අයථාර්ථාකාරයෙන්.

Wrong, n. වරද, අයුතුකම, අයුක්තිය, අනඩුව, අධර්ම ක්‍රියාව.

Wrong, v. any one යමෙකුට වරද—අයුතුකම්—කරනවා, අයුක්තිය කරනවා, අනඩුකරනවා.

Wrong-doer, n. වරදකරන්නා, වරදකාරයා, අයුක්ති කරන්නා &c.

Wrong-doing, n. වරදකිරීම &c., වරද ක්‍රියාව &c.

Wrongful, a. වරද, වරදකාර &c., (ක්‍රියා).

Wrongfully, ad. වරදලෙස, වරදකාරලෙස, අයුතුලෙස, අයුක්තියෙන්, අනඩුලෙස.

Wrong-headed, a. වැරදි කල්පනා සහිත, වැරදි මතියෙන්, මුරණ්ඩු.

Wrote, pret. of Write ලියුවා *or* ලිව්වා &c.

Wroth, see Wrath.

Wrought, pp. & pret. of Work, worked වැඩිකර; වැඩකළා &c.; adj. සාදනලද; wrought iron පණ පොවාපු යකඩ.

Wrung, pp. & pret. of Wring, තදලෙස අඹරා &c.
Wry, a. ඇදවූ, පරභ, (කුලල &c.), fig. පැහිරි(මුහුණ).
Wry-necked, a. ඇද කුලලක් ඇති.
Wryness, n. ඇදකම, පරභකම.
Wynd, n. Scot. මුඩුක්කුව.
W. S. W., west-south-west අවර-නිරිත.

X.

X, 10, දහයක්.
Xmas, Christmas.
Xtian, Xian, Christian.
Xanthic, a. කසාවන්, පීතවර්ණ.
Xanthic-flowers, n. pl. පීත පුෂ්ප.
Xanthine, n. මඤ්ඩා නාගම, තණ්ත්රි පීතසාරය.
Xanthophylline, n. (වියළි කොළවල) පත්‍රපීත ද්‍රව්‍ය, පත්‍රපීතය.
Xanthous, a. මදක් කසාවන්, මන්දපීතවර්ණ.
Xantippe (සැන්ටිපි), n. සොක්‍රටිස්ගේ භාර්යාව; fig. පෙරළිකාරී.
Xebec, n. කුඩා නැව් වර්ගයක්.
Xerasia, n. ශීර්ෂචර්මශුෂ්කරෝගය, ශීර්ෂශුෂ්කතාව.
Xeroderma, n. චර්මශුෂ්කරෝගය, චර්මශුෂ්කතාව. [ම.
Xerophagy, n ශුෂ්කාහාර භක්ෂණය, වියළි ආහාර කෑ
Xerophthalmia, n. ශුෂ්කාක්ෂි දහය, වියළි ඇස් රෝගය. [සථිය).
Xiphoid, a. ensiform, in anat. බඩනාකෘති (තරුණ
Xiphosura, n. කබලූ මසු ජාතියක්, බඩහලාංගුල මත්ස්‍යයා.
Xylo, prefix, ලී, කාෂ්ඨ, යන අර්ථය ඇති උපසර්ගය.
Xylocopa, n. (ලී) විදින මීමැස්සා, වඩු මීමැස්සා.
Xylocarpus, a. (ලී මෙන්) තදඵල දරන, කාෂ්ඨ ඵලධාරී. [කයා.
Xylographer, n. ලී කැටයම්කාරයා, කාෂ්ඨලේඛ
Xylographic, a. ලී කැටයම් ආකාර, ලී කැටයම්, කාෂ්ඨලේඛක.
Xylography, n. ලී කැටයම්කිරීම, ලී කැටයම, කාෂ්ඨලේඛක ශිල්පය.
Xylophagans, Xylophagi, n. pl. ලීකන කුඩා සත්තු, කාෂ්ඨභක්ෂක ප්‍රාණීයෝ.
Xylophagous, a. ලී කන, කාෂ්ඨභක්ෂක.
Xylophilans, n. pl. දිරූණ ලී කන කුරුමිනියෝ &c.

Y.

Y, n. (සමුක්කාව &c.) උසුලන කරුව.
Yacht (යට්), n. ක්‍රීඩා නැව, සෙල්ලම් නැව.
Yacht-club, n. ක්‍රීඩානැව් සමාගම.
Yachter, n. ක්‍රීඩානැව් යාත්‍රාකාරයා.
Yachting, n. ක්‍රීඩානැව් යාත්‍රාකිරීම; adj. ක්‍රීඩානැව් යාත්‍රාකාර. [මංගයා.
Yahoo, n. (එක් කතෘකෙනෙකුගේ පොතේ) මනුෂ්‍ය
Yahooism, n. මනුෂ්‍යභාවය.
Yak, n. ගව වර්ගයක්, සෙමරා.
Yam, n. අල: කදල, කටුවල, උයල &c.
Yankee, Yankee-doodle, n. අමෙරිකාවේ එක්සත් රාජධානියේ මැසියාට ව්‍යවහාරකරන කවට නාමය.
Yankee-doodle, n. (එක්සත් රාජධානියේ) අමෙරිකා තාලය.
Yard, n. the measure අඩි තුනක්, යාරුව; අඩි තුනේ මිම්ම, දෙපියක් දණ්ඩ; inclosure මිදුල, කොටුව, පච්චිය, අංගණය, සෙණ්ඩුවාලුව; of a mast කුඹ දුවය.
Yard-arm, n. කුඹ දුවයෙන් භාගයක්. [දණ්ඩ.
Yard-measure, Yard-stick, n. අඩි තුනේ මිම්ම, යාරු
Yare, a. සූදානම්, කඩිසර, ශීඝ්‍ර.
Yarn, n. ලොම් නූල්, ලෝම නූල්, කැටපු හණකෙඳි, කැටපූ පුළුන්; කබ්පවක්; fig. දිග කථාවක්, දිග හැල්ලක්.
Yataghan, n. (තුර්කි) වකුටු කිරිච්චිය.
Yaw, v. මාත බුබුළු, අටගන්නවා; (නැව) ඇදව යනවා: ඇදේට—එහාට—මෙහාට—යාත්‍රාකරනවා,
Yaw, n. (නැවේ) ඇදව යාම, ඇද යාත්‍රාව.
Yawl, n. (නැවේ ඔරුවක්.
Yawn, v. ආනනවා, ඈනුම් අරිනවා; fig. (පාතාලයක් මෙන්) විවෘතව තිබෙනවා.
Yawn. n. yawning ඈකීම &c., ඈනුම.
Yawning, a. ආනන &c.; විවෘත, ඇරිතිබෙන, (මළ).
Yaws, n. ගඩු සහිත රෝගයක්, විසපි රෝගයක්.
Ye, pron. තොපි, උඹලා, නුඹලා, තමුසේලා. තමුන් නාන්සේලා, ඔබවහන්සේලා. [නා.
Yea, ad. එහෙයි, එහෙමයි; n. එසේය කීම or කියන්
Year, n. අවුරුද්ද, වර්ෂය, සංවත්සරය; in years වයෝ ගතම. [ය.
Year-book, n. අවුරුදුපතා පොත, සංවත්සර පුස්තක
Yearling, a. or n. අවුරුද්දක; අවුරුද්දක සතා.
Yearly, a. අවුරුදුපතා, සංවත්සර, සාංවත්සරික.
Yearly, ad. අවුරුදුපතා, අවුරුද්දට වරක්. සංවත්සර කාරයෙන්. [වෙනවා.
Yearn, v. මුළු හිතෙන්ම ආශාවෙනවා; දයානුකම්පා
Yearning, n. ඉතාමත්ම ආශාවීම &c., adj. දයානුකම්පා සහිත, දයානුකම්පාවෙන.
Yeast, n. මුහුන්, මණ්ඩ.
Yeasty, a. මුහුන් සහිත, මණ්ඩාකාර, පෙණඇති.
Yelk, n. see Yolk. (නවා.
Yell, v. (වේදනාවෙන්, භයින් &c.) සැරලෙස කෑගස
Yell, n. කෑගසන සැර හඬ, yelling සැරලෙස කෑගැසීම.
Yellow, n. කහපාට, පීතවර්ණය, පීතය.
Yellow, a. කහපාට ඇති, කහවන්, කසාවන්, පීතවර්ණ, පීත. [සිරියල්.
Yellow-arsenic, Yellow-orpiment, n. පීතපාෂාණ,
Yellow-fever, n. කසාවන් උණ, පීතවර්ණ ජ්වරය.
Yellowish, a. මදක් කසාවන්, පඬුවන්, පාණ්ඩුර.
Yellowness, n. කසාවන් ගතිය, පීතතාව.
Yellows, n. අශ්වපිත්තකාමලය; ගස් රෝගයක්.
Yelp, v. (දඩයම් බල්ලන්මෙන්) බුරනවා, කෑගසනවා, මොරදෙනවා.
Yeoman (යෝමැන්), n. ගොවියා; රජගෙදර සේවකයෙක්; (නැවේ) ගබඩාකාරයෙක්.
Yeomanry, n. ගොවි උදවිය; ගොවි අසරුහමුදුව.
Yes, ad. ඔව්, එහෙයි, එහෙමයි.
Yesterday, n. ඊයේ.
Yestereve, Yesterday-evening, n. ඊයේ සවස.
Yesternight, n. ඊයේ රාත්‍රිය, ඊයේ රාත්‍රියේ ඊයේ රෑ.
Yet, ad. තවම, මේවෙනතුරු, with past tense ඒ වෙනතුරු; තව තවත්, තව දුරට; මතු යම් කලක.
Yet, conj. එහෙත්, කොයිහැටි නුමුත්, කොහොම නුමුත්.
Yield, v. t. (ඵල, අස්වැන්න) දරනවා, දෙනවා. (ඵල ප්‍රයෝජන &c.) උපදවනවා. S. උපදිනවා or ලැබෙනවා; yield up භාරදෙනවා, අත්කරදෙනවා; concede (යම් ආකාරයක්යයි) පිළිගන්නවා; yield obedience &c. කීකරුවෙනවා, ගෞරවදෙනවා &c.

Yield, v. i. submit යටත්වෙනවා &c. පිරුද්ධකම් අත්අරිනවා.

Yield, n. පලදාව, අස්වැන්න, ඵලප්‍රයෝජනය, (යමකින්) ලැබෙන තරම.

Yielding, n. දරීම &c.; adj. යටත්වෙන &c.; නික්මුණු, අවිනත.

Yoke, n. වියගහ ; for human shoulders කඳිය, කත්ලිය, භාරයෂ්ටිය ; a pair බාන, වියගොත්, ගොත්ගෙය ; of a rudder සුක්කානම් ලීය ;
  fig. bond ආබද්ධය ; servitude දාසකම.

Yoke, v. the cattle වියගහේ බඳිනවා ; the loads කඹලනවා, කඹලාගන්නවා ; link ඈඳනවා, බඳිනවා (ප්‍රේමයෙන් &c.) ආබද්ධයකරනවා.

Yoke-fellow, Yoke-mate, n. සහකාර දාසයා, හවුල් සේවකයා.

Yolk, n. කහමදය ; බැටවිගහමේ බිජස.

Yon, a. අර.

Yonder, a. අර දුර, දුරවූ අර ; ad. දුරවූ අරෙහට *or* අරෙහේ, from yonder දුරවූ අරෙහෙන්, අර දුර තැනින්.

Yore, ad. of yore පුරාණයෙහි, පුරාණයේදී, පුරාතන.

You, pron. තොපි, උඹලා, නුඹලා &c., see Ye, used also for තෝ, උඹ, නුඹ &c.

Young, a. බාල, ළාබාල, ළපටි, තරුණ, යෞවන.

Young, n. sing. *or* pl. පැටියා, පැටවා, පෝතකයා, (fem. පෝතකී), පොල්ලා ; pl. පැටියෝ, පැටවු &c.; the young, sp. බාලයෝ, තරුණයෝ.

Younger, a. comp. (වෙන එකෙකුට) වඩා බාල, වඩා තරුණ ; younger brother මලයා, මල්ලි, මලයණ්ඩියා, a younger brother මල්ලිකෙනෙක්, බාල සහෝදරයෙක්.

Youngest, a. superl. ඉතා බාල, කණිෂ්ඨ.

Youngish, a. මදක් බාල, මදක් තරුණ.

Youngling, n. බාල සතා, තරුණ සතා.

Youngster, n. බාලයා, කොල්ලා, ගැටයා.

Your, a. තොපගේ, උඹලාගේ &c., also for තාගේ, උඹේ, ඔබගේ &c.

Yours, pron. තොපගේය, ඔබගේය &c. *or* තොපගේ එකය, නුඹේ ඒවා &c.

Yourself, pron. you yourself තෝම, නුඹම &c.; pl. you yourselves තොපිම, තමුසේලාම &c.

Youth, n. බාල කාලය, බාලාවස්ථාව, sp. තරුණ කාලය, තරුණාවස්ථාව ; තරුණයා, යෞවනයා, කොල්ලා ; the youth of any place යම් තැනක තරුණයෝ.

Youthful, a. තරුණ, යෞවන, යුව ; තරුණකාලයේ (ශක්තිය, ආශා, ක්‍රීඩා &c.).

Youthfulness, n. තරුණකම, යෞවන බව. [ර.

Yttria, n. ඉට්රිය නම්වූ ලෝහ මලකඩ, ඉට්රිය මණ්ඩු

Yttrious, a. ඉට්රිය මණ්ඩුරාකාර, ඉට්රිය මණ්ඩුර සහිත.

Yttrium, n. ඉට්රියම් නම්වූ ලෝහ, ඉට්රියම.

Yug, Yog, n. (වේදයේ) යුගය.

Yule, n. obs. නත්තල් ෆ ගලස‍ය, නත්තල.

Yule-log, n. නත්තල් දරකඳ, නත්තල් කොටන් කැබෙල්ල.

Z.

Zambo, n. මිශ්‍ර කාපිරියා.

Zany, n. විහිළුකාරයා, විගඩම්කාරයා, නැණහීනයා.

Zanyism, n. විහිළුකම, විගඩම, නැණහීනකම.

Zeal, n. ජ්වලිතකම, උත්සාහවන්තකම, උනන්දුව, උද්යෝගය, නියැලිකම, නිරතතාව.

Zealot, n. ජ්වලිතයා, අත්‍යුද්යෝගියා.

Zealous, a. ජ්වලිත, උත්සාහවන්ත, උද්යෝගී, නියැලි, නිරත. [බුරුම්.

Zebra, n. (අප්‍රිකාවේ) වණ්ඩිරේඩා ගද්දභයා, පාට පටි

Zebu, n. මහාංසකූට ගවයා, බොල්ලිය ලොකු හරකා.

Zed, n. Z යන අකුර.

Zedoary, n. හරංකහ.

Zein (ශීසින්), n. ඉරිඟු මැලියම්, ඉරිඟු සියඹලය.

Zemindar, n. (ඉන්දියාවේ) භූමිධාරියා, ප්‍රදේශ බදු කාරයා.

Zenana, n. අන්තඃපුරය &c., see Harem.

Zend, n. පර්සියාවේ පුරාණ භාෂාවක්.

Zend-Avesta, n. සොරොඇස්ටර් නම් ශාස්තෘවරයාගේ ඉගැන්වීම අඩංගු බමී පුස්තකය.

Zenith, n. අහස් මුදුන ; fig. (තේජසේ &c.) මුදුන, මුදුන් සවභාව, ඉතා උස් අසිය.

Zenith-distance, n. (තරුවක &c.) අහස් මුදුනේ තිබෙන දුර, අහස් මුදුන් දුර.

Zeolite, n. (රත්කරනවිට බුබුළු නගින) වෛතපාෂාණය, බුබුළුගල.

Zephyr, n. බටහිර සුළඟ, පශ්චිම පවන ; fig. මෘදු පවන, මන්දමාරුතය.

Zero, n. (යම් ක්‍රමයක) ආරම්භ සිඳුම ; fig. පහත් තැන, පහත.

Zest, n රස, රුචිරය ; fig. ප්‍රසන්නය, ආශාව : give zest to ප්‍රසන්නයක් මෙන්ට සලස්වනවා, ප්‍රසන්න කම උපදවනවා. [ශුංප්‍රසන්දතායා.

Zeuglodon, n. (නිශීත) සංයුක්ත දත් ඇති තල්මස.

Zigzag, a. කුණ්ඩලි ආකාර, තියුණු වංගුවංගු ඇත්තාවූ, (පාර &c.).

Zigzag, n. තියුණු වංගු ඇති දෙයක් ; v. තියුණු වංගු හැඩයට සාදනවා.

Zinc, n, තුත්තනාගම් ; v. තුත්තනාග ... ෆ්ත් . විසා ලනවා, තුත්තනාගම් තහඩු ගහනවා.

Zinckiferous, a. තුත්තනාගම් සහිත (පොළව).

Zinckite, n. තුත්තනාගම්වල රතු මලකඩ.

Zincky, a. තුත්තනාගම් මුසු, තුත්තනාගම් ආකාර.

Zincographer, n. තුත්තනාගම් කැටයම්කාරයා.

Zincography, n. තුත්තනාගම් කැටයම්සිරිව, තුත්තනාගම් කැටයම් ශිල්පය.

Zinc-white, n. සුදු තුත්තනාගම් කුඩු.

Zingiber, n. ඉඟුරු ජාති, ඉඟුරු.

Zion, n. යෙරුසලමේ රාජමන්දිර පර්වතය ; fig. ක්‍රිස්තියානි දේවසභාව.

Zizyphus, n. බදර, මහඩෙබර, මසන්.

Zodiac, n. ජ්‍යෝතිශ්චක්‍රය, රාශිචක්‍රය ; signs of the zodiac දොළොස් රාශිය, රාශිගෘහ, රාශිලග්න.

Zodiacal, a. රාශිසංඥක, රාශිචක්‍ර ; zodiacal light (උදේ සවස පෙනෙන) ක්‍රාන්තිකක්ෂාලෝකය.

Zohar, n. Heb. යුදෙව් අවුවා පොතක්.

Zollverein, n. (ජර්මන්) එක්සත් තීරු සමාගම.

Zonar, Zonnar, n. (මහමත් ආගම්කාරයෙක් නොවන බවට අඳින) විශේෂ බඳපටිය.

Zone, n. බඳපටිය ; in geog. කලාපය, වලය *or* මණ්ඩලය : the torrid උෂ්ණකලාපය ; the temperate සමශීතෝෂ්ණ කලාප දෙක ; the frigid ශීතකලාප දෙක ; gen. (යමක් වටකර තිබෙන) චක්‍රයක්, චක්‍ර වලයක් *or* කලාපයක්.

Zoned, a. බඳපටියක් ඇත්තාවූ; (වය සමාන) චක්‍ර කලාප සහිත.

Zonule n. කුඩා බඳපටිය, ක්‍ෂුද්‍රචක්‍රකලාපය.

Zoogony, n. සත්ත්වෝත්පත්තිය, සත්ත්වෝත්පත්ති ශාස්ත්‍රය. (Zoo, zo-o, සො ඔ).

Zooid, n. සත්ත්වාකෘති පැළය.

Zoolatry, n. මෘග නමස්කාරය, මෘග ඇදහීම. [ස්ත්‍ර.

Zoological, a. සත්ත්වවිද්‍යා, සත්ත්වවිස්තර, සත්ත්වශා

Zoological-garden, n. සියලු ආකාර සතුන් තබාගන්න වත්ත, සජීවමෘගෝද්‍යානය, සත්ත්වෝද්‍යානය.

Zoologically, ad. සත්ත්වවිද්‍යා ආකාරයෙන් &c., සත්ත්වධර්මාකාරයෙන්.

Zoologist, n. සත්ත්ව ශාස්ත්‍රඥයා.

Zoology, n. (මෘග හා මනුෂ්‍ය) සත්ත්වවිද්‍යාව, සත්ත්ව විස්තරය, සත්ත්වශාස්ත්‍රය.

Zoonic, a. සත්ත්වශරීරයෙන් ලැබෙන; සත්ත්වශරීරජ, ශරීරජ, (රසායන &c.). [ස්ත්‍රය.

Zoonomy, n. (මෘග හා මනුෂ්‍ය) සත්ත්වප්‍රාණධර්ම ශා

Zoophagan, n. මාංසභක්‍ෂක මෘගයා, ක්‍රව්‍යභක්‍ෂකයා.

Zoophagous, a, සත්ත්වභක්‍ෂක, මාංසභක්‍ෂක.

Zoophoric, a. සත්ත්වරූපධාරී, මෘගරූපධාරී, (ස්තම්භය &c.).

Zoophyte, n. (හිරිගල, මුහුදුහත්ත, ආදි) පැළ ආකාර සතා, වෘක්‍ෂප්‍රාණියා. [කාර.

Zoophytic, a. පැළ සත්තු, වෘක්‍ෂප්‍රාණි, වෘක්‍ෂප්‍රාණ්‍යා

Zoophytology, n. වෘක්‍ෂප්‍රාණිවිද්‍යාව, වෘක්‍ෂප්‍රාණි විස්තරය.

Zoospore, n. (සමහර මුහුදු පැළවල) සජීව බීජය, ප්‍රාණිබීජය.

Zootomical, a. මෘගකායච්ඡේද්‍ය; මෘගකායච්ඡේද විද්‍යා.

Zootomist, n. මෘගකායච්ඡේදකයා, මෘගකායච්ඡේද විද්‍යාකාරයා.

Zootomy, n. මෘගකායච්ඡේද විද්‍යාව, ප්‍රාණිවිච්ඡේදය, ප්‍රාණිව්‍යවච්ඡේද විද්‍යාව.

Zygodactyles, Zygodactyli (zy සෛ), n. pl. (ගිරවුන් මෙන්) යුග්මාංගුලිපාදික පක්‍ෂියෝ.

Zygodactylic, Zygodactylous, a. යුග්මාංගුලිපාදික.

Zygoma, n. කම්මුල් පැත්තේ ඇටය, කපෝලාස්ථිය.

Zygomatic, a. කම්මුල් පැත්තේ ඇටයට අයිති. කපෝලාස්ථි.

Zymology, n. පැසීම *or* රෑහීම සම්බන්ධ විද්‍යාව, කිණ්ව විස්තරය, කිණ්වධර්මය. [ස්ත්‍රය.

Zymometer, Zymosimeter, n. කිණ්වභූතිමානය

Zymosis, n. රුධිරකිණ්වභූතිය, ලේ පැසෙන රෝග ගතිය. [කණ්ඩය.

Zymotic, a. පැසීම ආකාර, පැසීමෙන් උපදනා.

Zymotic diseases, n. මාරකරෝග, කිණ්වජරෝග.